...ario

...rzeichnis

...ts

INTRODUZIONE

→ INTRODUCTION

→ EINLEITUNG

→ INTRODUCTION

Italia 2007

Sommario

Sommaire

Inhaltsve[rzeichnis]

Conte[nts]

2

DISTINZIONI 2007

➜ AUSZEICHNUNGEN 2007

➜ LES DISTINCTIONS 2007

➜ AWARDS 2007

PER SAPERNE DI PIÙ

➜ GUT ZU WISSEN

➜ POUR EN SAVOIR PLUS

➜ FURTHER INFORMATION

Come leggere la guida

INFORMAZIONI TURISTICHE

Distanza dalle città di riferimento, uffici turismo, siti turistici locali, mezzi di trasporto, golfs e tempo libero...

GLI ALBERGHI

Da 🏨 a 🏠:
categorie di confort.
🏠: forme alternative di ospitalità
I più ameni: in rosso.

I MIGLIORI ESERCIZI A PREZZI CONTENUTI

- Bib Gourmand.
- Bib Hotel.

LE TAVOLE STELLATE

- ✿✿✿ Vale il viaggio.
- ✿✿ Merita una deviazione.
- ✿ Ottima cucina.

I RISTORANTI

Da XXXXX a X:
categorie di confort
I più ameni: in rosso.

ANZOLA DELL'EMILIA – Bologna (BO) – 562 J15 –
AOSTA (AOSTE) P – (AO) – 561 E3 – 34 270 ab. – alt
per Pila (A/R) : a Pila 1 400 / 2 750 m 1 7 –
Roma 746 – Chambéry 197 – Genève 139
Novara 139 – Torino 113
Piazza Piramidi, 057 36 02 31, apt12a
Aosta Arsanieres (giugno-15 ottobre),
- Fax 016 55 60 46
Collegiata di Sant'Orso Y : capitelli
di Sant'Orso Y - Monumenti roman

Marinella
via San Giocondo 33 – 0165 23 45 4
–info@hotelmarinella.com – Fax 0
– 15 dicembre-15 aprile e 15 giugn
42 cam – 60/95 € 85/130
Rist San Giorgio – 0165 23 45
Rist La Taverna – pizzeria – M
In pieno centro storico, conf
bianche colonne, parquet e a
tavolini nella raffinata sala da

La Villa
via Ponte Suaz 26 – 016
– chiuso dal 2 novembre
36 cam – 60/70 € 70
Rist – (solo per alloggia
Tipica atmosfera di m
ospitale albergo ad an
e i colori ambrati son

Cavallino
via Torino 12 – 0
– Fax0165 33 57
Rist – (solo la se
Spec. Gelato a
ripiena all'am
L'ingresso s
te con tavoli

Riviera
località P
– Fax 01
Rist –

ALTRE PUBBLICAZIONI MICHELIN

Riferimento alla carta Michelin ed alla Guida Verde in cui figura la località.

LOCALIZZARE LA CITTÀ

Posizione della località sulla carta regionale alla fine della guida (n° della carta e coordinate).

LOCALIZZARE L'ESERCIZIO

Localizzazione sulla pianta di città (coordinate ed indice).

GLI ALBERGHI TRANQUILLI

Albergo tranquillo.

Albergo molto tranquillo.

DESCRIZIONE DELL'ESERCIZIO

Atmosfera, stile, carattere e specialità.

INSTALLAZIONI E SERVIZI

PREZZI

Principi

« Quest'opera nasce col secolo e durerà quanto esso. »

La prefazione della prima Edizione della Guida MICHELIN 1900, divenuta famosa nel corso degli anni, si è rivelata profetica. Se la Guida viene oggi consultata in tutto il mondo è grazie al suo costante impegno nei confronti dei lettori.

Desideriamo qui ribadirlo.

I principi della Guida Michelin:

La visita anonima: per poter apprezzare il livello delle prestazioni offerte ad ogni cliente, gli ispettori verificano regolarmente ristoranti ed alberghi mantenendo l'anonimato. Questi pagano il conto e possono presentarsi per ottenere ulteriori informazioni sugli esercizi. La posta dei lettori fornisce peraltro preziosi suggerimenti che permettono di orientare le nostre visite.

L'indipendenza: la selezione degli esercizi viene effettuata in totale indipendenza, nel solo interesse del lettore. Gli ispettori e il caporedattore discutono collegialmente le scelte. Le massime decisioni vengono prese a livello europeo. La segnalazione degli esercizi all'interno della Guida è interamente gratuita.

La selezione: la Guida offre una selezione dei migliori alberghi e ristoranti per ogni categoria di confort e di prezzo. Tale selezione è il frutto di uno stesso metodo, applicato con rigorosità da tutti gli ispettori.

L'aggiornamento annuale: ogni anno viene riveduto e aggiornato l'insieme dei consigli pratici, delle classifiche e della simbologia al fine di garantire le informazioni più attendibili.

L'omogeneità della selezione: i criteri di valutazione sono gli stessi per tutti i paesi presi in considerazione dalla Guida Michelin.

… e un unico obiettivo: prodigarsi per aiutare il lettore a fare di ogni spostamento e di ogni uscita un momento di piacere, conformemente alla missione che la Michelin si è prefissata: contribuire ad una miglior mobilità.

Editoriale

Caro lettore,

Abbiamo il piacere di presentarle la nostra 52a edizione della Guida Michelin Italia. Questa selezione, che comprende i migliori alberghi e ristoranti per ogni categoria di prezzo, viene effettuata da un'équipe di ispettori professionisti del settore. Ogni anno, percorrono l'intero paese per visitare nuovi esercizi e verificare il livello delle prestazioni di quelli già inseriti nella Guida.

All'interno della selezione, vengono inoltre assegnate ogni anno da ✿ a ✿✿✿ alle migliori tavole. Le stelle contraddistinguono gli esercizi che propongono la miglior cucina, in tutti gli stili, tenendo conto della scelta dei prodotti, della creatività, dell'abilità nel raggiungimento della giusta cottura e nell'abbinamento dei sapori, del rapporto qualità/prezzo,ma anche della continuità.

Anche quest'anno, numerose tavole sono state notate per l'evoluzione della loro cucina. Una « **N** » accanto ad ogni esercizio prescelto dell'annata 2007, ne indica l'inserimento fra gli esercizi con una, due o tre stelle.
Desideriamo inoltre segnalare le « *promesse* » per la categoria superiore. Questi esercizi, evidenziati in rosso nella nostra lista, sono i migliori della loro categoria e potranno accedere alla categoria superiore non appena le loro prestazioni avranno raggiunto un livello costante nel tempo, e nelle proposte della carta. Con questa segnalazione speciale, è nostra intenzione farvi conoscere le tavole che costituiscono, dal nostro punto di vista, le principali promesse della gastronomia di domani.

Il vostro parere ci interessa, specialmente riguardo a queste « *promesse* ». Non esitate quindi a scriverci, la vostra partecipazione è importante per orientare le nostre visite e migliorare costantemente la vostra Guida. Grazie ancora per la vostra fedeltà e vi auguriamo buon viaggio con la Guida Michelin 2007.

Consultate la Guida Michelin su
www.ViaMichelin.com
e scriveteci a :
laguidamichelin-italia@it.michelin.com

Categorie & simboli distintivi

LE CATEGORIE DI CONFORT

Nella selezione della Guida Michelin vengono segnalati i migliori indirizzi per ogni categoria di confort e di prezzo. Gli esercizi selezionati sono classificati in base al confort che offrono e vengono citati in ordine di preferenza per ogni categoria.

🏨🏨🏨🏨🏨	XXXXX	Gran lusso e tradizione
🏨🏨🏨🏨	XXXX	Gran confort
🏨🏨🏨	XXX	Molto confortevole
🏨🏨	XX	Di buon confort
🏨	X	Abbastanza confortevole
⌂		Forme Alternative di Ospitalità (b&b, agriturismo)
senza rist		L'albergo non ha ristorante
con cam		Il ristorante dispone di camere

I SIMBOLI DISTINTIVI

Per aiutarvi ad effettuare la scelta migliore, segnaliamo gli esercizi che si distinguono in modo particolare. Questi ristoranti sono evidenziati nel testo con ✿ o ☺ e **Rist.**

LE MIGLIORI TAVOLE

Le stelle distinguono gli esercizi che propongono la miglior qualità in campo gastronomico, indipendentemente dagli stili di cucina. I criteri presi in considerazione sono : la scelta dei prodotti, l'abilità nel raggiungimento della giusta cottura e nell'abbinamento dei sapori, il rapporto qualità/prezzo nonché la costanza.

✿✿✿ **Una delle migliori cucine, questa tavola vale il viaggio**
Vi si mangia sempre molto bene, a volte meravigliosamente.

✿✿ **Cucina eccellente, questa tavola merita una deviazione**

✿ **Un'ottima cucina nella sua categoria**

I MIGLIORI ESERCIZI A PREZZI CONTENUTI

☺ **Bib Gourmand**
Esercizio che offre una cucina di qualità, spesso a carattere tipicamente regionale, a meno di 28 € (35 € nelle città capoluogo e turistiche importanti). Prezzo di un pasto, bevanda esclusa.

☺ **Bib Hotel**
Esercizio che offre un soggiorno di qualità a meno di 85 € per la maggior parte delle camere. Prezzi per 2 persone, prima colazione esclusa.

GLI ESERCIZI AMENI

Il rosso indica gli esercizi particolarmente ameni. Questo per le caratteristiche dell'edificio, le decorazioni non comuni, la sua posizione ed il servizio offerto.

a **Alberghi ameni**

a **Ristoranti ameni**

LE SEGNALAZIONI PARTICOLARI

Oltre alle distinzioni conferite agli esercizi, gli ispettori Michelin apprezzano altri criteri spesso importanti nella scelta di un esercizio.

POSIZIONE

Cercate un esercizio tranquillo o che offre una vista piacevole ?
Seguite i simboli seguenti :

Albergo tranquillo

Albergo molto tranquillo

Vista interessante

Vista eccezionale

CARTA DEI VINI

Cercate un ristorante la cui carta dei vini offra una scelta particolarmente interessante ?
Seguite il simbolo seguente:

Carta dei vini particolarmente interessante

Attenzione a non confrontare la carta presentata da un sommelier in un grande ristorante con quella di una trattoria dove il proprietario ha una grande passione per i vini della regione.

Installazioni & servizi

30 cam	Numero di camere
	Ascensore
A/C	Aria condizionata (in tutto o in parte dell'esercizio)
cam	Esercizio con camere riservate in parte ai non fumatori. In Italia la legge vieta il fumo in tutti i ristoranti e le zone comuni degli alberghi
	Connessione Internet ad alta definizione in camera
	E sercizio accessibile in parte alle persone con difficoltà motorie
	Pasti serviti in giardino o in terrazza
Spa	Wellness centre: centro attrezzato per il benessere ed il relax
	Cura termale, Idroterapia
	Sauna - Palestra
	Piscina: all'aperto, coperta
	Giardino – Parco
	Spiaggia attrezzata
18	Campo di tennis, golf e numero di buche
	Pontile d'ormeggio
150	Sale per conferenze: capienza massima
6/30	Saloni particolari: capienza minima e massima delle sale
	Garage nell'albergo (gratuito la prima notte per chi presenta la guida dell'anno)
	Garage nell'albergo (generalmente a pagamento)
P	Parcheggio riservato alla clientela
P	Parcheggio chiuso riservato alla clientela
	Accesso vietato ai cani (in tutto o in parte dell'esercizio)
M	Stazione della metropolitana piú vicina a Roma e Milano
20 aprile-5 ottobre	Periodo di apertura (o chiusura), comunicato dal proprietario

I prezzi

I prezzi che indichiamo in questa guida sono stati stabiliti nell'estate 2006 e sono relativi all'alta stagione; potranno subire delle variazioni in relazione ai cambiamenti dei prezzi di beni e servizi.Essi s'intendono comprensivi di tasse e servizio (salvo specifica indicazione es. 15%).
Gli albergatori e i ristoratori si sono impegnati, sotto la propria responsabilità, a praticare questi prezzi ai clienti.
In occasione di alcune manifestazioni (congressi, fiere, saloni, festival, eventi sportivi...) i prezzi richiesti dagli albergatori potrebbero subire un sensibile aumento.
In bassa stagione, chiedete informazioni sulle eventuali promozioni offerte dagli albergatori.

LA CAPARRA

Alcuni albergatori chiedono il versamento di una caparra. Si tratta di un deposito-garanzia che impegna sia l'albergatore che il cliente. Chiedete di fornirvi nella lettera di conferma ogni dettaglio sulla prenotazione e sulle condizioni di soggiorno.

CARTE DI CREDITO

Carte di credito accettate :

AE – Carta SI – Diners – MC – VISA: American Express – Carta SI – Diners Club – Mastercard (Eurocard) – Visa

CAMERE

50/60 €	Prezzo minimo/massimo per una camera singola
80/100€	Prezzo minimo/massimo per una camera per due persone
cam - 60/70€	Prezzo della camera compresa la prima colazione
10€	Prezzo della prima colazione(se non inclusa) (supplemento eventuale se servita in camera)

MEZZA PENSIONE

½ P 77/120€	Prezzo minimo/massimo della mezza pensione (camera, prima colazione ed un pasto) in alta stagione per persona. Questi prezzi sono validi per la camera doppia occupata da due persone, per un soggiorno minimo di tre giorni; la persona singola potrà talvolta vedersi applicata una maggiorazione. La maggior parte degli alberghi pratica anche la pensione completa.

RISTORANTE

	Esercizio che offre un pasto semplice per meno di 22 €
	Menu a prezzo fisso: (pasto composto da: primo, piatto del giorno e dessert)
Rist - Menu15/25€	Minimo 15 €, massimo 25 €
bc	Bevanda compresa
Rist - carta 30/46€	**Pasto carta:** Pasto alla carta bevanda esclusa. Il primo prezzo corrisponde ad un pasto semplice comprendente: primo, piatto del giorno e dessert. Il secondo prezzo corrisponde ad un pasto più completo (con specialità) comprendente: antipasto, due piatti, formaggio o dessert. Talvolta i ristoranti non dispongono di liste scritte ed i piatti sono proposti a voce.

Le città

GENERALITÀ

20100	Codice di avviamento postale
Piacenza	Provincia alla quale la località appartiene
✉ *28042 Baveno*	Numero di codice e sede dell'Ufficio Postale
P	Capoluogo di Provincia
561 D9	Numero della carta Michelin e coordinate riferite alla quadrettatura
Toscana	Vedere la Guida Verde Michelin Toscana
108 872 ab	Popolazione residente
alt. 175	Altitudine
Stazione termale / *Sport invernali*	Genere della stazione
1500/2000 m	Altitudine della località e altitudine massima raggiungibile con gli impianti di risalita
2	Numero di funivie o cabinovie
4	Numero di sciovie e seggiovie
	Sci di fondo
EX A	Lettere indicanti l'ubicazione sulla pianta
18	Golf e numero di buche
	Panorama, vista
	Aeroporto
	Trasporti marittimi
i	Ufficio Informazioni turistiche

INFORMAZIONI TURISTICHE

INTERESSE TURISTICO

★★★	Vale il viaggio
★★	Merita una deviazione
★	Interessante

UBICAZIONE

	Nella città
	Nei dintorni della città
Nord, Sud, Est, Ovest	Il luogo si trova a Nord, a Sud, a Est, a Ovest della località
per ① *o* ④	Ci si va dall'uscita ① *o* ④ indicata con lo stesso segno sulla pianta e sulla carta stradale Michelin
6 km	Distanza chilometrica

INFORMAZIONI PER L'AUTOMOBILISTA

C.I.S.	☎ 1518 (informazioni viabilitá)
A.C.I.	☎ 803 116 (soccorso stradale)

Le piante

Alberghi
Ristoranti

CURIOSITÀ

Edificio interessante
Costruzione religiosa interessante

VIABILITÀ

Autostrada, doppia carreggiata tipo autostrada
Numero dello svincolo
Grande via di circolazione
Senso unico – Via regolamentata o impraticabile
Zona a traffico limitato
Via pedonale – Tranvia
Pasteur Via commerciale – Sottopassaggio-Parcheggio
Porta – Sottopassaggio – Galleria
Stazione e ferrovia
Funicolare – Funivia, Cabinovia
Ponte mobile – Traghetto per auto

SIMBOLI VARI

Ufficio informazioni turistiche
Moschea – Sinagoga
Torre – Ruderi – Mulino a vento
Giardino, parco, bosco – Cimitero – Via Crucis
Stadio – Golf – Ippodromo
Piscina: all'aperto, coperta
Vista – Panorama
Monumento – Fontana – Fabbrica
Centro commerciale
Porto turistico – Faro – Torre per telecomunicazioni
Aeroporto – Stazione della Metropolitana – Autostazione
Trasporto con traghetto:
- passeggeri ed autovetture
③ Simbolo di riferimento comune alle piante ed alle carte Michelin particolareggiate
Ufficio postale centrale
Ospedale – Mercato coperto
Edificio pubblico indicato con lettera:
P H J Prefettura –Municipio – Palazzo di Giustizia
M T - Museo - Teatro
U - Università,
POL. - Carabinieri- Polizia (Questura, nelle grandi città)

Mode d'emploi

INFORMATIONS TOURISTIQUES

Distances depuis les villes principales, offices de tourisme, sites touristiques locaux, moyens de transports, golfs et loisirs...

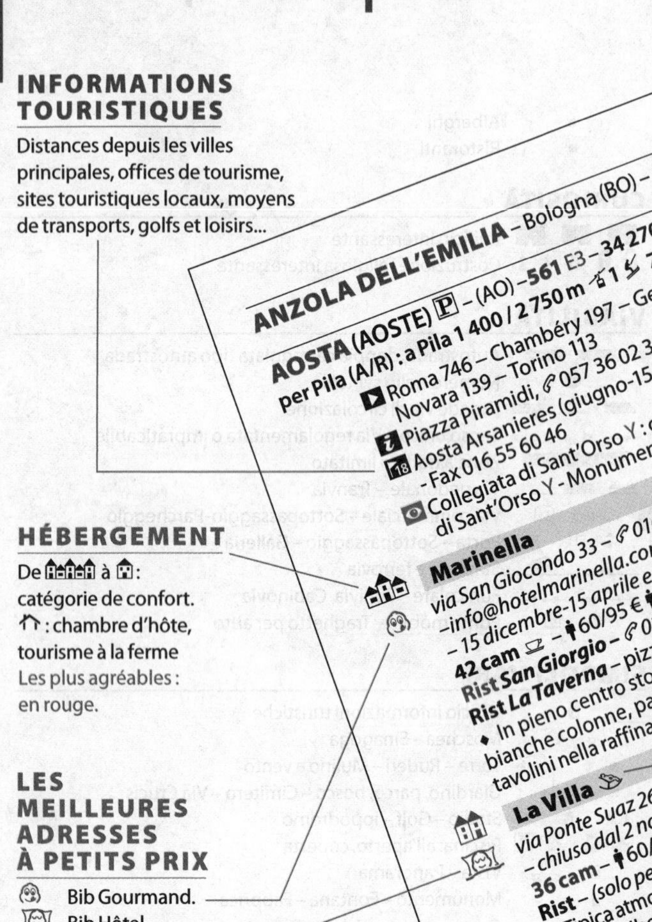

ANZOLA DELL'EMILIA – Bologna (BO) – 562 J15 –
AOSTA (AOSTE) – (AO) – 561 E3 – 34 270 ab. – alt.
per Pila (A/R) : a Pila 1 400 / 2 750 m 1 7
Roma 746 – Chambéry 197 – Genève 139
Novara 139 – Torino 113
Piazza Piramidi, 057 36 02 31, apt12ab
Aosta Arsanieres (giugno-15 ottobre).
- Fax 016 55 60 46
Collegiata di Sant'Orso Y : capitelli
di Sant'Orso Y - Monumenti romani
Marinella
via San Giocondo 33 – 0165 23 45 4
–info@hotelmarinella.com – Fax 01
– 15 dicembre-15 aprile e 15 giugno
42 cam – 60/95 € 85/130 €
Rist San Giorgio – 0165 23 45
Rist La Taverna – pizzeria – Me
• In pieno centro storico, confo
bianche colonne, parquet e ar
tavolini nella raffinata sala da
La Villa
via Ponte Suaz 26 – 0165
– chiuso dal 2 novembre a
36 cam – 60/70 € 70
Rist – (solo per alloggiat
• Tipica atmosfera di m
ospitale albergo ad an
e i colori ambrati sono
Cavallino
via Torino 12 – 0
– Fax0165 33 57 5
Rist – (solo la se
Spec. Gelato al
ripiena all'ama
• L'ingresso so
te con tavoli
Riviera
località Po
– Fax 016
Rist – M
• Loca

HÉBERGEMENT

De 🏨🏨 à 🏨 : catégorie de confort.
⌂ : chambre d'hôte, tourisme à la ferme
Les plus agréables : en rouge.

LES MEILLEURES ADRESSES À PETITS PRIX

- Bib Gourmand.
- Bib Hôtel.

LES TABLES ÉTOILÉES

- ✿✿✿ Vaut le voyage.
- ✿✿ Mérite un détour.
- ✿ Très bonne cuisine.

LES RESTAURANTS

De XXXXX à X : catégorie de confort
Les plus agréables : en rouge.

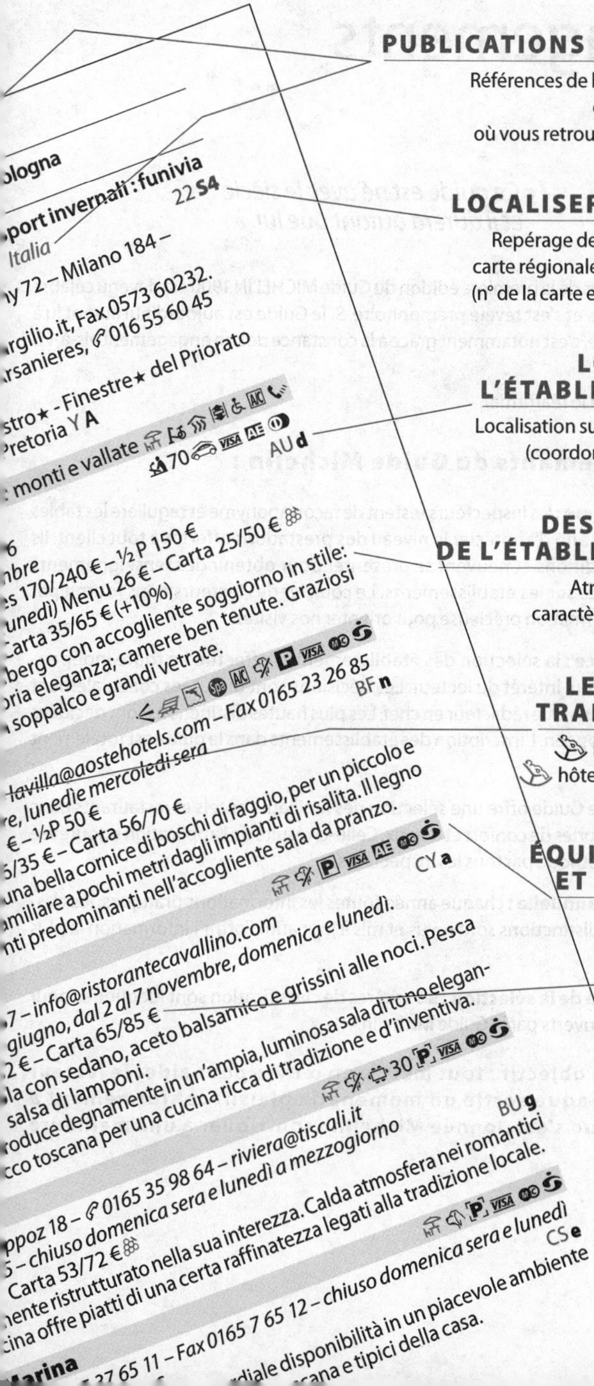

AUTRES PUBLICATIONS MICHELIN

Références de la carte Michelin
et du Guide Vert
où vous retrouverez la localité.

LOCALISER LA VILLE

Repérage de la localité sur la
carte régionale en fin de guide
(n° de la carte et coordonnées).

LOCALISER L'ÉTABLISSEMENT

Localisation sur le plan de ville
(coordonnées et indice).

DESCRIPTION DE L'ÉTABLISSEMENT

Atmosphère, style,
caractère et spécialités.

LES HÔTELS TRANQUILLES

hôtel tranquille.
hôtel très tranquille.

ÉQUIPEMENTS ET SERVICES

PRIX

Engagements

« Ce guide est né avec le siècle
et il durera autant que lui. »

Cet avant-propos de la première édition du Guide MICHELIN 1900 est devenu célèbre au fil des années et s'est révélé prémonitoire. Si le Guide est aujourd'hui autant lu à travers le monde, c'est notamment grâce à la constance de son engagement vis-à-vis de ses lecteurs.
Nous voulons ici le réaffirmer.

Les engagements du Guide Michelin :

La visite anonyme : les inspecteurs testent de façon anonyme et régulière les tables et les chambres afin d'apprécier le niveau des prestations offertes à tout client. Ils paient leurs additions et peuvent se présenter pour obtenir des renseignements supplémentaires sur les établissements. Le courrier des lecteurs nous fournit par ailleurs une information précieuse pour orienter nos visites.

L'indépendance : la sélection des établissements s'effectue en toute indépendance, dans le seul intérêt du lecteur. Les décisions sont discutées collégialement par les inspecteurs et le rédacteur en chef. Les plus hautes distinctions sont décidées à un niveau européen. L'inscription des établissements dans le guide est totalement gratuite.

La sélection : le Guide offre une sélection des meilleurs hôtels et restaurants dans toutes les catégories de confort et de prix. Celle-ci résulte de l'application rigoureuse d'une même méthode par tous les inspecteurs.

La mise à jour annuelle : chaque année toutes les informations pratiques, les classements et les distinctions sont revus et mis à jour afin d'offrir l'information la plus fiable.

L'homogénéité de la sélection : les critères de classification sont identiques pour tous les pays couverts par le Guide Michelin.

... et un seul objectif : tout mettre en œuvre pour aider le lecteur à faire de chaque sortie un moment de plaisir, conformément à la mission que s'est donnée Michelin : contribuer à une meilleure mobilité.

Edito

Cher lecteur,

Nous avons le plaisir de vous proposer notre 52e édition du Guide Michelin Italia. Cette sélection des meilleurs hôtels et restaurants dans chaque catégorie de prix est effectuée par une équipe d'inspecteurs professionnels, de formation hôtelière. Tous les ans, ils sillonnent le pays pour visiter de nouveaux établissements et vérifier le niveau des prestations de ceux déjà cités dans le Guide.

Au sein de la sélection, nous reconnaissons également chaque année les meilleures tables en leur décernant de ✿ a ✿✿✿. Les étoiles distinguent les établissements qui proposent la meilleure qualité de cuisine, dans tous les styles, en tenant compte des choix de produits, de la créativité, de la maîtrise des cuissons et des saveurs, du rapport qualité/prix ainsi que de la régularité.

Cette année encore, de nombreuses tables ont été remarquées pour l'évolution de leur cuisine. Un « **N** » accompagne les nouveaux promus de ce millésime 2007, annonçant leur arrivée parmi les établissements ayant une, deux ou trois étoiles.

De plus, nous souhaitons indiquer les établissements « *espoirs* » pour la catégorie supérieure. Ces établissements, mentionnés en rouge dans notre liste, sont les meilleurs de leur catégorie. Ils pourront accéder à la distinction supérieure dès lors que la régularité de leurs prestations, dans le temps et sur l'ensemble de la carte, aura progressé. Par cette mention spéciale, nous entendons vous faire connaître les tables qui constituent à nos yeux, les espoirs de la gastronomie de demain.

Votre avis nous intéresse, en particulier sur ces *« espoirs »* ; n'hésitez pas à nous écrire. Votre participation est importante pour orienter nos visites et améliorer sans cesse votre Guide. Merci encore de votre fidélité. Nous vous souhaitons de bons voyages avec le Guide Michelin 2007.

Consultez le Guide Michelin sur
www.ViaMichelin.com
Et écrivez-nous à :
laguidamichelin-italia@it.michelin.com

Classement & Distinctions

LES CATÉGORIES DE CONFORT

Le Guide Michelin retient dans sa sélection les meilleures adresses dans chaque catégorie de confort et de prix. Les établissements sélectionnés sont classés selon leur confort et cités par ordre de préférence dans chaque catégorie.

	Grand luxe et tradition
	Grand confort
	Très confortable
	De bon confort
	Assez confortable
	Autres formes d'hébergement conseillées (b&b, agritourisme)
senza rist	L'hôtel n'a pas de restaurant
con cam	Le restaurant possède des chambres

LES DISTINCTIONS

Pour vous aider à faire le meilleur choix, certaines adresses particulièrement remarquables ont reçu une distinction : étoiles ou Bib Gourmand. Elles sont repérables dans la marge par ou et dans le texte par **Rist.**

LES ÉTOILES : LES MEILLEURES TABLES

Les étoiles distinguent les établissements, tous les styles de cuisine confondus, qui proposent la meilleure qualité de cuisine. Les critères retenus sont : le choix des produits, la créativité, la maîtrise des cuissons et des saveurs, le rapport qualité/prix ainsi que la régularité.

Cuisine remarquable, cette table vaut le voyage
On y mange toujours très bien, parfois merveilleusement.

Cuisine excellente, cette table mérite un détour

Une très bonne cuisine dans sa catégorie

LES BIBS : LES MEILLEURES ADRESSES À PETIT PRIX

Bib Gourmand
Établissement proposant une cuisine de qualité, souvent de type régional, à moins de 28 € (35 € dans les villes et sites touristiques importants).
Prix d'un repas hors boisson.

Bib Hôtel
Établissement offrant une prestation de qualité avec une majorité de chambres à moins de 85 €. Prix pour 2 personnes, hors petit-déjeuner.

LES ADRESSES LES PLUS AGRÉABLES

Le rouge signale les établissements particulièrement agréables. Cela peut tenir au caractère de l'édifice, à l'originalité du décor, au site, à l'accueil ou aux services proposés.

- 🏠 à 🏠🏠🏠 **Hôtels agréables**
- X à XXXXX **Restaurants agréables**

LES MENTIONS PARTICULIÈRES

En dehors des distinctions décernées aux établissements, les inspecteurs Michelin apprécient d'autres critères souvent importants dans le choix d'un établissement.

SITUATION

Vous cherchez un établissement tranquille ou offrant une vue attractive ?
Suivez les symboles suivants :

- **Hôtel tranquille**
- **Hôtel très tranquille**
- **Vue intéressante**
- **Vue exceptionnelle**

CARTE DES VINS

Vous cherchez un restaurant dont la carte des vins offre un choix particulièrement intéressant ?
Suivez le symbole suivant :

- **Carte des vins particulièrement attractive**
  Toutefois, ne comparez pas la carte présentée par le sommelier d'un grand restaurant avec celle d'une auberge dont le patron se passionne pour les vins de sa région.

Équipements & Services

30 cam	Nombre de chambres
	Ascenseur
	Air conditionné (dans tout ou partie de l'établissement)
cam	Établissement possédant des chambres réservées aux non-fumeurs. En Italie, la loi interdit de fumer dans tous les restaurants et les parties communes des hôtels.
	Connexion Internet à Haut débit dans la chambre
	Établissement en partie accessible aux personnes à mobilité réduite
	Repas servi au jardin ou en terrasse
	Wellness centre : bel espace de bien-être et de relaxation
	Cure thermale, hydrothérapie
	Sauna - salle de remise en forme
	Piscine : de plein air ou couverte
	Jardin de repos – Parc
	Plage aménagée
18	Court de tennis, golf et nombre de trous
	Ponton d'amarrage
150	Salles de conférences : capacité maximum
6/30	Salon privé : capacité minimum et maximum
	Garage gratuit (une nuit) aux porteurs du Guide de l'année
	Garage dans l'hôtel (généralement payant)
	Parking réservé à la clientèle
	Parking clos réservé à la clientèle
	Accès interdit au chiens (dans tout ou partie de l'établissement)
	Station de métro la plus proche à Rome et à Milan
20 aprile-5 ottobre	Période d'ouverture (ou fermeture), communiquée par l'hôtelier

Les Prix

Les prix indiqués dans ce guide ont été établis à l'été 2006 et s'appliquent à la haute saison. Ils sont susceptibles de modifications, notamment en cas de variation des prix, des biens et des services. Ils s'entendent taxes et service compris (sauf indication spéciale, ex. 15%).
Les hôteliers et restaurateurs se sont engagés, sous leur propre responsabilité, à appliquer ces prix.
À l'occasion de certaines manifestations : congrès, foires, salons, festivals, vénements sportifs ..., les prix demandés par les hôteliers peuvent être sensiblement majorés.
Hors saison, certains établissements proposent des conditions avantageuses, renseignez-vous dès votre réservation.

ARRHES

Certains hôteliers demandent le versement d'arrhes. Il s'agit d'un dépôt-garantie qui engage l'hôtelier comme le client. Bien demander à l'hôtelier de vous fournir dans sa lettre d'accord toutes les précisions utiles sur la réservation et les conditions de séjour.

CARTES DE PAIEMENT

	Cartes de paiement acceptées :
AE VISA	American Express – Carta SI – Diners Club – Mastercard (Eurocard) – Visa

CHAMBRES

50/60€	Prix minimum/maximum pour une personne
80/100€	Prix minimum/maximum pour deux personnes
cam - 60/70€	Prix de la chambre petit-déjeuner compris
10€	Prix du petit-déjeuner si non inclus (supplément éventuel si servi en chambre)

DEMI-PENSION

½ P 77/120 €	Prix minimum et maximum de la demi-pension (chambre, petit-déjeuner et un repas) par personne en haute saison. Ces prix s'entendent pour une chambre double occupée par deux personnes pour un séjour de trois jours minimum. Une personne seule occupant une chambre double se voit souvent appliquer une majoration. La plupart des hôtels de séjour pratiquent également la pension complète.

RESTAURANT

	Restaurant proposant un repas simple à moins de 22 €
	Menu à prix fixe : (repas comprenant une entrée, un plat du jour et un dessert)
Rist - Menu 15/25 €	**Prix du menu :** minimum 15 €, maximum 25 €
bc	Boisson comprise
Rist - carta 30/46 €	**Repas à la carte hors boisson :** Le 1er prix correspond à un repas simple comprenant une entrée, un plat du jour et un dessert. Le 2e prix concerne un repas plus complet comprenant une entrée, deux plats, fromage ou dessert. Parfois en l'absence de menu et de carte, les plats sont proposés verbalement.

Villes

GÉNÉRALITÉS

20100	Numéro de code postal
Piacenza	Province à laquelle la localité appartient
✉ *28042 Baveno*	Numéro de code postal et nom du bureau distributeur du courrier
P	Capitale de Province
561 D9	Numéro de la carte Michelin et carroyage
Toscana	Voir le Guide Vert Michelin Toscana
108 872 ab	Population résidente
alt. 175	Altitude de la localité
Stazione termale	Station thermale
Sport invernali	Sport d'hiver
1500/2000 m	Altitude de la localité et altitude maximum atteinte par les remontées mécaniques
2	Nombre de téléphériques ou télécabines
4	Nombre de remonte-pentes et télésièges
	Ski de fond
EX A	Lettres repérant un emplacement sur le plan
18	Golf et nombre de trous
	Panorama, point de vue
	Aéroport
	Transports maritimes
	Information touristique

INFORMATIONS TOURISTIQUES

INTÉRÊT TOURISTIQUE

★★★	Vaut le voyage
★★	Merite un détour
★	Intéressant

SITUATION DU SITE

	Dans la ville
	Aux environs de la ville
Nord, Sud, Est, Ovest	La curiosité est située : au Nord, au Sud, à l'Est, à l'Ouest
per ① *o* ④	On s'y rend par la sortie ① *ou* ④ repérée par le même signe sur le plan du Guide et sur la carte Michelin
6 km	Distance en kilomètres

INFORMATIONS POUR L'AUTOMOBILISTE

C.I.S.	☎ 1518 (informations routières)
A.C.I.	☎ 803 116 (secours routier)

Plans

- Hôtels
- Restaurants

CURIOSITÉS

Bâtiment intéressant
Édifice religieux intéressant

VOIRIE

Autoroute, double chaussée de type autoroutier
Numéro d'échangeur
Grande voie de circulation
Sens unique – Rue réglementée ou impraticable
Zone à circulation réglementée
Rue piétonne – Tramway
Pasteur Rue commerçante – Parking sous terrain
Porte – Passage sous voûte – Tunnel
Gare et voie ferrée
Funiculaire – Téléphérique, télécabine
Pont mobile – Bac pour autos

SIGNES DIVERS

Information touristique
Mosquée – Synagogue
Tour – Ruines – Moulin à vent
Jardin, parc, bois – Cimetière – Calvaire
Stade – Golf – Hippodrome
Piscine de plein air, couverte
Vue – Panorama
Monument – Fontaine – Usine
Centre commercial
Port de plaisance – Phare – Tour de télécommunications
Aéroport – Station de métro – Gare routière
Transport par bateau :
- passagers et voitures

③ Repère commun aux plans et aux cartes Michelin détaillées
Bureau principal de poste
Hôpital – Marché couvert
Bâtiment public repéré par une lettre :
P H J Préfecture – Hôtel de ville – Palais de justice
M T - Musée – Théâtre
U - Université
POL. - Gendarmerie - Police (Commissariat central)

Hinweise zur Benutzung

TOURISTISCHE INFORMATIONEN

Entfernungen zu grösseren Städten, Informationsstellen, Sehenswürdigkeiten, Verkehrsmittel, Golfplätze und lokale Veranstaltungen...

DIE HOTELS

Von 🏠🏠🏠🏠🏠 bis 🏠: Komfortkategorien.
⌂ : Gästehäuser, Zimmer auf dem Bauernhof
Besonders angenehme Häuser: rote Kennzeichnung.

DIE BESTEN PREISWERTEN ADRESSEN

Bib Gourmand.
Bib Hotel.

DIE STERNE-RESTAURANTS

✿✿✿ Eine Reise wert.
✿✿ Verdient einen Umweg.
✿ Eine sehr gute Küche.

DIE RESTAURANTS

Von XXXXX bis X: Komfortkategorien
Besonders angenehme Häuser: rote Kennzeichnung.

ANZOLA DELL'EMILIA – Bologna (BO) – **562** J15 –
AOSTA (AOSTE) P – (AO) – **561** E3 – **34 270 ab.** – **alt.**
per Pila (A/R) : a Pila 1 400 / 2 750 m 1 7 – ✉ 11
Roma 746 – Chambéry 197 – Genève 139 –
Novara 139 – Torino 113
Piazza Piramidi, ☎ 057 36 02 31, apt12ab
Aosta Arsanieres (giugno-15 ottobre). L
- Fax 016 55 60 46
Collegiata di Sant'Orso Y : capitelli★★
di Sant'Orso Y - Monumenti romani

Marinella
via San Giocondo 33 – ☎ 0165 23 45 45 – Fax 01
–info@hotelmarinella.com – Fax 01
– 15 dicembre-15 aprile e 15 giugno
42 cam – 60/95 € 85/130 €
Rist San Giorgio – ☎ 0165 23 45 8
Rist La Taverna – pizzeria – Me
◆ In pieno centro storico, confo
bianche colonne, parquet e ar
tavolini nella raffinata sala da

La Villa
via Ponte Suaz 26 – ☎ 0165
– chiuso dal 2 novembre al
36 cam – 60/70 € 70
Rist – (solo per alloggiat
◆ Tipica atmosfera di mo
ospitale albergo ad and
e i colori ambrati sono

Cavallino
via Torino 12 – ☎ 01
– Fax0165 33 57 5
Rist – (solo la ser
Spec. Gelato al
ripiena all'ama
◆ L'ingresso so
te con tavoli

Riviera
località Po
– Fax 016
Rist – M

ANDERE MICHELIN-PUBLIKATIONEN

Angabe der Michelin-Karte und des Grünen Michelin-Reiseführers, wo der Ort zu finden ist.

LAGE DER STADT

Markierung des Ortes auf der Regionalkarte am Ende des Buchs (Nr. der Karte und Koordinaten).

LAGE DES HAUSES

Markierung auf dem Stadtplan (Planquadrat und Koordinate).

BESCHREIBUNG DES HAUSES

Atmosphäre, Stil, Charakter und Spezialitäten.

RUHIGE HOTELS

ruhiges Hotel.
sehr ruhiges Hotel.

EINRICHTUNG UND SERVICE

PREISE

Bologna
Sport invernali : funivia
22 S4
Italia
gny 72 – Milano 184 –
virgilio.it, Fax 0573 60232.
Arsanieres, 016 55 60 45
ostro★ - Finestre★ del Priorato
Pretoria Y A
monti e vallate
70
AU d
46
mbre
es 170/240 € – ½ P 150 €
lunedì) Menu 26 € – Carta 25/50 €
Carta 35/65 € (+10%)
albergo con accogliente soggiorno in stile:
bria eleganza; camere ben tenute. Graziosi
n soppalco e grandi vetrate.
Fax 0165 23 26 85
BF n
– lavilla@aostehotels.com – Fax 0165 23 26 85
ore, lunedì e mercoledì sera
7 € – ½P 50 €
26/35 € – Carta 56/70 €
una bella cornice di boschi di faggio, per un piccolo e
familiare a pochi metri dagli impianti di risalita. Il legno
enti predominanti nell'accogliente sala da pranzo.
CY a
57 – info@ristorantecavallino.com
o giugno, dal 2 al 7 novembre, domenica e lunedì
32 € – Carta 65/85 €
ola con sedano, aceto balsamico e grissini alle noci. Pesca
n salsa di lamponi.
troduce degnamente in un'ampia, luminosa sala di tono elegan-
occo toscana per una cucina ricca di tradizione e d'inventiva.
30
BU g
oppoz 18 – 0165 35 98 64 – riviera@tiscali.it
65 – chiuso domenica sera e lunedì a mezzogiorno
– Carta 53/72 €
mente ristrutturato nella sua interezza. Calda atmosfera nei romantici
ina offre piatti di una certa raffinatezza legati alla tradizione locale.
CS e
0165 7 65 12 – chiuso domenica sera e lunedì
ibilità in un piacevole ambiente
della casa.

Kategorien & Auszeichnungen

KOMFORTKATEGORIEN

Der Michelin-Führer bietet in seiner Auswahl die besten Adressen jeder Komfort- und Preiskategorie. Die ausgewählten Häuser sind nach dem gebotenen Komfort geordnet; die Reihenfolge innerhalb jeder Kategorie drückt eine weitere Rangordnung aus.

🏨🏨🏨🏨🏨	XXXXX	Großer Luxus und Tradition
🏨🏨🏨🏨	XXXX	Großer Komfort
🏨🏨🏨	XXX	Sehr komfortabel
🏨🏨	XX	Mit gutem Komfort
🏨	X	Mit Standard-Komfort
🏠		Andere empfohlene Übernachtungsmöglichkeiten (Bed & Breakfast, Gästehäuser)
senza rist		Hotel ohne Restaurant
con cam		Restaurant vermietet auch Zimmer

AUSZEICHNUNGEN

Um ihnen behilflich zu sein, die bestmögliche Wahl zu treffen, haben einige besonders bemerkenswerte Adressen dieses Jahr eine Auszeichnung erhalten. Die Sterne bzw. „Bib Gourmand" sind durch das entsprechende Symbol ✿ bzw. ☺ und **Rist** gekennzeichnet.

DIE BESTEN RESTAURANTS

Die Häuser, die eine überdurchschnittlich gute Küche bieten, wobei alle Stilrichtungen vertreten sind, wurden mit einem Stern ausgezeichnet. Die Kriterien sind: die Wahl der Produkte, die Kreativität, die fachgerechte Zubereitung und der Geschmack, sowie das Preis-Leistungs-Verhältnis und die immer gleich bleibende Qualität.

✿✿✿ **Eine der besten Küchen: eine Reise wert**
Man isst hier immer sehr gut, öfters auch exzellent.

✿✿ **Eine hervorragende Küche: verdient einen Umweg**

✿ **Ein sehr gutes Restaurant in seiner Kategorie**

DIE BESTEN PREISWERTEN HÄUSER

☺ **Bib Gourmand**
Häuser, die eine gute Küche für weniger als 28 € bzw. 35 € in größeren Städten und Urlaubsorten bieten (Preis für eine Mahlzeit ohne Getränke).
In den meisten Fällen handelt es sich um eine regional geprägte Küche.

Bib Hotel
Häuser, die eine Mehrzahl ihrer komfortablen Zimmer für weniger als 85 € anbieten (Preis für 2 Personen ohne Frühstück).

DIE ANGENEHMSTEN ADRESSEN

Die rote Kennzeichnung weist auf besonders angenehme Häuser hin. Dies kann sich auf den besonderen Charakter des Gebäudes, die nicht alltägliche Einrichtung, die Lage, den Empfang oder den gebotenen Service beziehen.

- bis **Angenehme Hotels**
- bis **Angenehme Restaurants**

BESONDERE ANGABEN

Neben den Auszeichnungen, die den Häusern verliehen werden, legen die Michelin-Inspektoren auch Wert auf andere Kriterien, die bei der Wahl einer Adresse oft von Bedeutung sind.

LAGE

Wenn Sie eine ruhige Adresse oder ein Haus mit einer schönen Aussicht suchen, achten Sie auf diese Symbole:

- **Ruhiges Hotel**
- **Sehr ruhiges Hotel**
- **Interessante Sicht**
- **Besonders schöne Aussicht**

WEINKARTE

Wenn Sie ein Restaurant mit einer besonders interessanten Weinauswahl suchen, achten Sie auf dieses Symbol:

Weinkarte mit besonders attraktivem Angebot
Aber vergleichen Sie bitte nicht die Weinkarte, die Ihnen vom Sommelier eines großen Hauses präsentiert wird, mit der Auswahl eines Gasthauses, dessen Besitzer die Weine der Region mit Sorgfalt zusammenstellt.

Einrichtung & Service

30 cam	Anzahl der Zimmer
	Fahrstuhl
A/C	Klimaanlage (im ganzen Haus bzw. in den Zimmern oder im Restaurant)
cam	Nichtraucherzimmer vorhanden In Italien its es gesettalich verboten, in restaurants und in den Öffentlichen Bereichen eines Hotels zu rauchen.
	High-Speed Internetzugang in den Zimmern möglich
	Für Körperbehinderte leicht zugängliches Haus
	Terrasse mit Speisenservice
Spa	Wellnessbereich
	Badeabteilung, Thermalkur
	Sauna – Fitnessraum
	Freibad oder Hallenbad
	Liegewiese, Garten – Park
	Strandbad
18	Tennisplatz – Golfplatz und Lochzahl
	Bootssteg
150	Konferenzraum mit Kapazität
6/30	Veranstaltungsraum mit Kapazität
	Garage kostenlos (nur für eine Nacht) für die Besitzer des Michelin-Führers des laufenden Jahres
	Hotelgarage (wird gewöhnlich berechnet)
P	Parkplatz reserviert für Gäste
P	Gesicherter Parkplatz für Gäste
	Hunde sind unerwünscht (im ganzen Haus bzw. in den Zimmern oder im Restaurant)
M	Nächstgelegene U-Bahnstation in Rome und Milan
20 aprile-5 ottobre	Öffnungszeit, vom Hotelier mitgeteilt

Preise

Die in diesem Führer genannten Preise wurden uns im Sommer 2006 angegeben und beziehen sich auf die Hauptsaison. Bedienung und MWSt sind enthalten (wenn kein besonderer Hinweis gegeben wird, z. B. 15 %). Sie können sich mit den Preisen von Waren und Dienstleistungen ändern.
Die Häuser haben sich verpflichtet, die von den Hoteliers selbst angegebenen Preise den Kunden zu berechnen.
Anlässlich größerer Veranstaltungen, Messen und Ausstellungen werden von den Hotels in manchen Städten und deren Umgebung erhöhte Preise verlangt.
Erkundigen Sie sich bei den Hoteliers nach eventuellen Sonderbedingungen.

RESERVIERUNG UND ANZAHLUNG

Einige Hoteliers verlangen zur Bestätigung der Reservierung eine Anzahlung oder die Nennung der Kreditkartennummer. Dies ist als Garantie sowohl für den Hotelier als auch für den Gast anzusehen. Bitten Sie den Hotelier, dass er Ihnen in seinem Bestätigungsschreiben alle seine Bedingungen mitteilt.

KREDITKARTEN

	Akzeptierte Kreditkarten:
AE	American Express – Carta SI – Diners Club – Mastercard (Eurocard) –
VISA	Visa

ZIMMER

50/60€	Mindest- und Höchstpreis für ein Einzelzimmer
80/100€	Mindest- und Höchstpreis für ein Doppelzimmer
cam - 60/70€	Zimmerpreis inkl. Frühstück
10€	Preis des Frühstücks (falls nicht inkl.) (bei Zimmerservice kann ein Zuschlag erhoben werden)

HALBPENSION

½ P 77/120€	Mindest- und Höchstpreis für Halbpension (Zimmerpreis inkl. Frühstück und eine Mahlzeit) pro Person, bei einem von zwei Personen belegten Doppelzimmer für einen Aufenthalt von mindestens drei Tagen. Falls eine Einzelperson ein Doppelzimmer belegt, kann ein Preisaufschlag verlangt werden. In den meisten Hotels können Sie auf Anfrage auch Vollpension erhalten.

RESTAURANT

	Restaurant, das ein einfaches Menu unter 22 € anbietet
Rist - Menu 15/25€	**Menupreise:** mindestens 15 €, höchstens 25 €
bc	Getränke inbegriffen
Rist - carta 30/46€	**Mahlzeiten „à la carte":** Der erste Preis entspricht einer einfachen Mahlzeit mit Vorspeise, Hauptgericht, Dessert. Der zweite Preis entspricht einer reichlicheren Mahlzeit (mit Spezialität) aus Vorspeise, zwei Hauptgängen, Käse oder Dessert. Falls weder eine Menu- noch eine „à la carte"-Karte vorhanden ist, wird das Tagesgericht mündlich angeboten.

Städte

ALLGEMEINES

20100	Postleitzahl
Piacenza	Provinz, in der der Ort liegt
✉ *28042 Baveno*	Postleitzahl und Name des Verteilerpostamtes
P	Provinzhauptstadt
561 D9	Nummer der Michelin-Karte mit Koordinaten
Toscana	Siehe Grünen Michelin-Reiseführer Toscana
108 872 ab	Einwohnerzahl
alt. 175	Höhe
Stazione termale	Thermalbad
Sport invernali	Wintersport
1500/2000 m	Höhe des Wintersportortes und Maximal-Höhe, die mit Kabinenbahn oder Lift erreicht werden kann
2	Anzahl der Kabinenbahnen
4	Anzahl der Schlepp- und Sessellifte
	Langlaufloipen
EX A	Markierung auf dem Stadtplan
18	Golfplatz mit Lochzahl
	Rundblick, Aussichtspunkt
	Flughafen
	Autofähre
i	Informationsstelle

SEHENSWÜRDIGKEITEN

BEWERTUNG

★★★	Eine Reise wert
★★	Verdient einen Umweg
★	Sehenswert

LAGE

	In der Stadt
	In der Umgebung der Stadt
Nord, Sud, Est, Ovest	Im Norden, Süden, Osten, Westen der Stadt
per ① *o* ④	Zu erreichen über die Ausfallstraße ① *bzw* ④, die auf dem Stadtplan und der Michelin-Karte identisch gekennzeichnet sind
6 km	Entfernung in Kilometern

INFORMATIONEN FÜR DEN AUTOFAHRER

C.I.S.	☎ 1518 (Straßeninformationen)
A.C.I.	☎ 803 116 (Automobilclub)

Stadtpläne

Hotels
Restaurants

SEHENSWÜRDIGKEITEN

Sehenswertes Gebäude
Sehenswerte Kirche

STRASSEN

Autobahn, Schnellstraße
Nummern der Anschlussstellen: Autobahnein- und/oder -ausfahrt
Hauptverkehrsstraße
Einbahnstraße – Gesperrte Straße, mit Verkehrsbeschränkungen
Fußgängerzone – Straßenbahn
Pasteur Einkaufsstraße – Unterirdisches Parkhaus
Tor – Passage – Tunnel
Bahnhof und Bahnlinie
Standseilbahn – Seilschwebebahn
Bewegliche Brücke – Autofähre

SONSTIGE ZEICHEN

Informationsstelle
Moschee – Synagoge
Turm – Ruine – Windmühle
Garten, Park, Wäldchen – Friedhof – Bildstock
Stadion – Golfplatz – Pferderennbahn
Freibad – Hallenbad
Aussicht – Rundblick
Denkmal – Brunnen – Fabrik
Einkaufszentrum
Jachthafen – Leuchtturm – Funk-, Fernsehturm
Flughafen – U-Bahnstation – Autobusbahnhof
Schiffsverbindungen: Autofähre
③ Straßenkennzeichnung (identisch auf Michelin-Stadtplänen und -Abschnittskarten)
Hauptpostamt
Krankenhaus – Markthalle
Öffentliches Gebäude, durch einen Buchstaben gekennzeichnet:
P H J – Präfektur – Rathaus – Gerichtsgebäude
M T – Museum – Theater
U – Universität
POL. – Gendarmerie – Polizei (in größeren Städten Polizeipräsidium)

How to use this guide

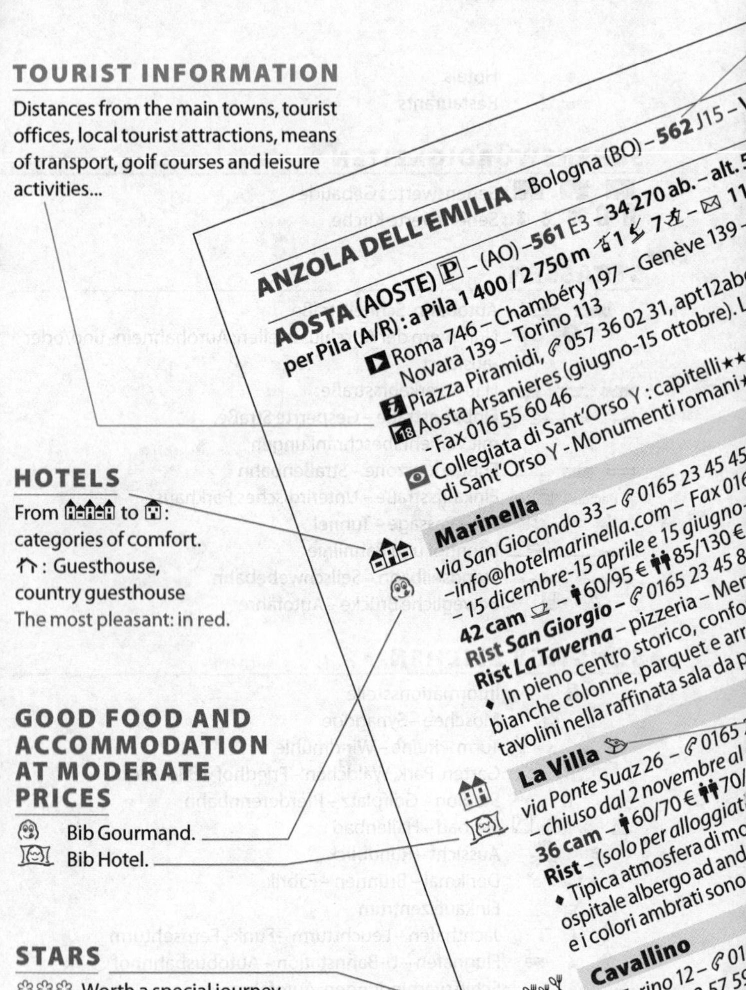

ANZOLA DELL'EMILIA – Bologna (BO) – 562 J15
AOSTA (AOSTE) – (AO) – 561 E3 – 34 270 ab. – alt.
per Pila (A/R) : a Pila 1 400 / 2 750 m
Roma 746 – Chambéry 197 – Genève 139
Novara 139 – Torino 113
Piazza Piramidi, 057 36 02 31, apt12ab
Aosta Arsanieres (giugno-15 ottobre).
- Fax 016 55 60 46
Collegiata di Sant'Orso Y : capitelli
di Sant'Orso Y - Monumenti romani
Marinella
via San Giocondo 33 – 0165 23 45 45
–info@hotelmarinella.com – Fax 016
– 15 dicembre-15 aprile e 15 giugno-
42 cam – 60/95 € 85/130 €
Rist San Giorgio – 0165 23 45 8
Rist La Taverna – pizzeria
In pieno centro storico,
bianche colonne, parquet e
tavolini nella raffinata sala da
La Villa
via Ponte Suaz 26 – 0165
– chiuso dal 2 novembre al
36 cam – 60/70 € 70/
Rist – (solo per alloggiat
Tipica atmosfera di
ospitale albergo ad
e i colori ambrati sono
Cavallino
via Torino 12 – 01
– Fax0165 33 57 5
Rist – (solo la ser
Spec. Gelato al
ripiena all'ama
L'ingresso so
te con tavoli
Riviera
località Po
– Fax 016
Rist – M

TOURIST INFORMATION

Distances from the main towns, tourist offices, local tourist attractions, means of transport, golf courses and leisure activities...

HOTELS

From 🏨🏨🏨🏨🏨 to 🏨: categories of comfort.
⌂ : Guesthouse, country guesthouse
The most pleasant: in red.

GOOD FOOD AND ACCOMMODATION AT MODERATE PRICES

Bib Gourmand.
Bib Hotel.

STARS

✿✿✿ Worth a special journey.
✿✿ Worth a detour.
✿ A very good restaurant.

RESTAURANTS

From XXXXX to X: categories of comfort
The most pleasant: in red.

OTHER MICHELIN PUBLICATIONS

References for the Michelin map and Green Guide which cover the area.

LOCATING THE TOWN

Locate the town on the map at the end of the guide (map number and coordinates).

LOCATING THE ESTABLISHMENT

Located on the town plan (coordinates and letters giving the location).

DESCRIPTION OF THE ESTABLISHMENT

Atmosphere, style, character and specialities.

QUIET HOTELS

quiet hotel.
very quiet hotel.

FACILITIES AND SERVICES

PRICES

Bologna
– Sport invernali : funivia
22 S4
Italia
gny 72 – Milano 184 –
@virgilio.it, Fax 0573 60232.
Arsanieres, ✆ 016 55 60 45
iostro★ - Finestre★ del Priorato
a Pretoria Y A
≤ monti e vallate
70
AU d
46
embre
ntes 170/240 € – ½ P 150 €
o lunedì) Menu 26 € – Carta 25/50 €
– Carta 35/65 € (+10%)
albergo con accogliente soggiorno in stile;
obria eleganza; camere ben tenute. Graziosi
on soppalco e grandi vetrate.
BF n
3 – lavilla@aostehotels.com – Fax 0165 23 26 85
bre, lunedì e mercoledì sera
27 € – ½ P 50 €
26/35 € – Carta 56/70 €
e una bella cornice di boschi di faggio, per un piccolo e
familiare a pochi metri dagli impianti di risalita. Il legno
nenti predominanti nell'accogliente sala da pranzo.
CY a
7 57 – info@ristorantecavallino.com
so giugno, dal 2 al 7 novembre, domenica e lunedì.
32 € – Carta 65/85 €
zola con sedano, aceto balsamico e grissini alle noci. Pesca
on salsa di lamponi.
ntroduce degnamente in un'ampia, luminosa sala di tono elegan-
tocco toscana per una cucina ricca di tradizione e d'inventiva.
30
BU g
Roppoz 18 – ✆ 0165 35 98 64 – riviera@tiscali.it
65 – chiuso domenica sera e lunedì a mezzogiorno
– Carta 53/72 €
emente ristrutturato nella sua interezza. Calda atmosfera nei romantici
ucina offre piatti di una certa raffinatezza legati alla tradizione locale.
CS e
arina
7 65 11 – Fax 0165 7 65 12 – chiuso domenica sera e lunedì
diale disponibilità in un piacevole ambiente
ana e tipici della casa.

Classification & Awards

CATEGORIES OF COMFORT

The Michelin Guide selection lists the best hotels and restaurants in each category of comfort and price. The establishments we choose are classified according to their levels of comfort and, within each category, are listed in order of preference.

🏨🏨🏨🏨🏨	XXXXX	Luxury in the traditional style
🏨🏨🏨🏨	XXXX	Top class comfort
🏨🏨🏨	XXX	Very comfortable
🏨🏨	XX	Comfortable
🏨	X	Quite comfortable
⌂		Alternative accommodation (B&B, country guesthouse)
senza rist		This hotel has no restaurant
con cam		This restaurant also offers accommodation

THE AWARDS

To help you make the best choice, some exceptional establishments have been given an award in this year's Guide. They are marked ✿ or ☺ and **Rist**.

THE BEST CUISINE

Michelin stars are awarded to establishments serving cuisine, of whatever style, which is of the highest quality. The cuisine is judged on the quality of ingredients, the skill in their preparation, the combination of flavours, the levels of creativity, the value for money and the consistency of culinary standards.

✿✿✿ **Exceptional cuisine, worth a special journey**
One always eats extremely well here, sometimes superbly.

✿✿ **Excellent cooking, worth a detour**

✿ **A very good restaurant in its category**

GOOD FOOD AND ACCOMMODATION AT MODERATE PRICES

☺ **Bib Gourmand**
Establishment offering good quality cuisine, often with a regional flavour, for under €28 (€35 in a main city or important tourist destination).
Price of a meal, not including drinks.

☺ **Bib Hotel**
Establishments offering good levels of comfort and service, with most rooms priced at under €85. Price of a room for 2 people, excluding breakfast.

PLEASANT HOTELS AND RESTAURANTS

Symbols shown in red indicate particularly pleasant or restful establishments: the character of the building, its décor, the setting, the welcome and services offered may all contribute to this special appeal.

- to **Pleasant hotels**
- to **Pleasant restaurants**

OTHER SPECIAL FEATURES

As well as the categories and awards given to the establishment, Michelin inspectors also make special note of other criteria which can be important when choosing an establishment.

LOCATION

If you are looking for a particularly restful establishment, or one with a special view, look out for the following symbols:

- **Quiet hotel**
- **Very quiet hotel**
- **Interesting view**
- **Exceptional view**

WINE LIST

If you are looking for an establishment with a particularly interesting wine list, look out for the following symbol:

Particularly interesting wine list
This symbol might cover the list presented by a sommelier in a luxury restaurant or that of a simple inn where the owner has a passion for wine. The two lists will offer something exceptional but very different, so beware of comparing them by each other's standards.

Facilities & services

30 cam	Number of rooms
	Lift (elevator)
A/C	Air conditioning (in all or part of the establishment)
cam	Hotel partly reserved for non smokers. In Italy, it is forbidden by law to smoke in restaurants and in the public rooms of hotels.
	Wireless Internet in bedrooms
	Establishment at least partly accessible to those of restricted mobility
	Meals served in garden or on terrace
Spa	Wellness centre: an extensive facility for relaxation and well-being
	Hydrotherapy
	Sauna – Exercise room
	Swimming pool: outdoor or indoor
	Garden – Park
	Beach with bathing facilities
18	Tennis court – Golf course and number of holes
	Landing stage
150	Equipped conference room: maximum capacity
6/30	Private dining rooms: minimum and maximum capacity
	Hotel garage (one night free for those in possession of the current Michelin Guide)
	Hotel garage (additional charge in most cases)
P	Car park for customers only
P	Enclosed car park for customers only
	Dogs are excluded from all or part of the establishment
M	Nearest metro station in Rome and Milan
20 aprile-5 ottobre	Dates when open (or closed), as indicated by the hotelier.

Prices

Prices quoted in this Guide are for summer 2006 and apply to high season. They are subject to alteration if goods and service costs are revised. The rates include tax and service charge (unless otherwise indicated, eg 15%).

By supplying the information, hotels and restaurants have undertaken to maintain these rates for our readers.

In some towns, when commercial, cultural or sporting events are taking place the hotel rates are likely to be considerably higher.

Out of season, certain establishments offer special rates. Ask when booking.

DEPOSITS

Some hotels will require a deposit, which confirms the commitment of customer and hotelier alike. Make sure the terms of the agreement are clear.

CREDIT CARDS

	Credit cards accepted by the establishment:
AE – Carta Si – Diners – MC – VISA	American Express – Carta Si – Diners Club – MasterCard (Eurocard) – Visa

ROOMS

50/60€	Lowest/highest price for a single room
80/100€	Lowest/highest price for a double room
cam - 60/70€	Price includes breakfast
10€	Price of continental breakfast if not included (additional charge when served in the bedroom)

HALF BOARD

½ P 77/120€	Lowest/highest half-board price (room, breakfast and a meal) in high season, per person. These prices are valid for a double room occupied by two people for a minimum stay of three days. A single person may have to pay a supplement. Most of the hotels also offer full board terms on request.

RESTAURANT

	Establishment serving a simple meal for less than €22.
Rist - Menu 15/25€	**Set meals:** lowest €15 and highest €25
bc	House wine included
Rist - carta 30/46€	**A la carte meals:** The first figure is for a plain meal and includes entrée, main dish of the day with vegetables and dessert. The second figure is for a fuller meal (with "spécialité") and includes hors d'œuvre, 2 main courses, cheese or dessert. When the establishment has neither table d'hôte nor "à la carte" menus, the dishes of the day are given verbally.

Towns

GENERAL INFORMATION

20100	Postal code
Piacenza	Province in which a town is situated
✉ *28042 Baveno*	Postal number and name of the post office serving the town
P	Provincial capital
561 D9	Michelin map and co-ordinates or fold
Toscana	See the Michelin Green Guide Tuscany
108 872 ab	Population
alt. 175	Altitude (in metres)
Stazione termale	Spa
Sport invernali	Winter sports
1500/2000 m	Altitude (in metres) of resort and highest point reached by lifts
2	Number of cable cars
4	Number of ski and chair lifts
	Cross-country skiing
EX A	Letters giving the location of a place on the town plan
18	Golf course and number of holes
	Panoramic view, viewpoint
	Airport
	Shipping line (passengers & cars)
	Tourist Information Centre

TOURIST INFORMATION

SIGHTS

★★★	Highly recommended
★★	Recommended
★	Interesting

LOCATION

	Sights in town
	On the outskirts
Nord, Sud, Est, Ovest	The sight lies north, south, east or west of the town
per ① *o* ④	Sign on town plan and on the Michelin road map indicating the road leading to a place of interest
6 km	Distance in kilometres

INFORMATION FOR MOTORISTS

C.I.S.	☏ 1518 (roadway information)
A.C.I.	☏ 803 116 (roadway emergencies)

Town plans

- Hotels
- Restaurants

SIGHTS

Place of interest
Interesting place of worship

ROADS

Motorway, Dual carriageway
Motorway, Dual carriageway with motorway characteristics
Number of junction
Major thoroughfare
One-way street – Unsuitable for traffic, street subject to restrictions
Area subject to restrictions
Pedestrian street – Tramway
Pasteur 4'4 Shopping street – Low headroom – Car park
Gateway – Street passing under arch – Tunnel
Station and railway
Funicular – Cable-car
B Lever bridge – Car ferry

VARIOUS SIGNS

Tourist Information Centre
Mosque – Synagogue
Tower – Ruins – Windmill
Garden, park, wood – Cemetery – Cross
Stadium – Golf course – Racecourse
Outdoor or indoor swimming pool
View – Panorama
Monument – Fountain – Factory
Shopping centre
Pleasure boat harbour – Lighthouse – Communications tower
Airport – Underground station – Coach station
Ferry services:
– passengers and cars
③ Reference numbers common to town plans and Michelin maps
Main post office
Hospital – Covered market
Public buildings located by letter:
P H J - Prefecture – Town Hall – Law Courts
M T U - Museum – Theatre – University
POL. - Police (in large towns police headquarters)

Le distinzioni 2007

Distinctions 2007

Auszeichnungen 2007

Awards 2007

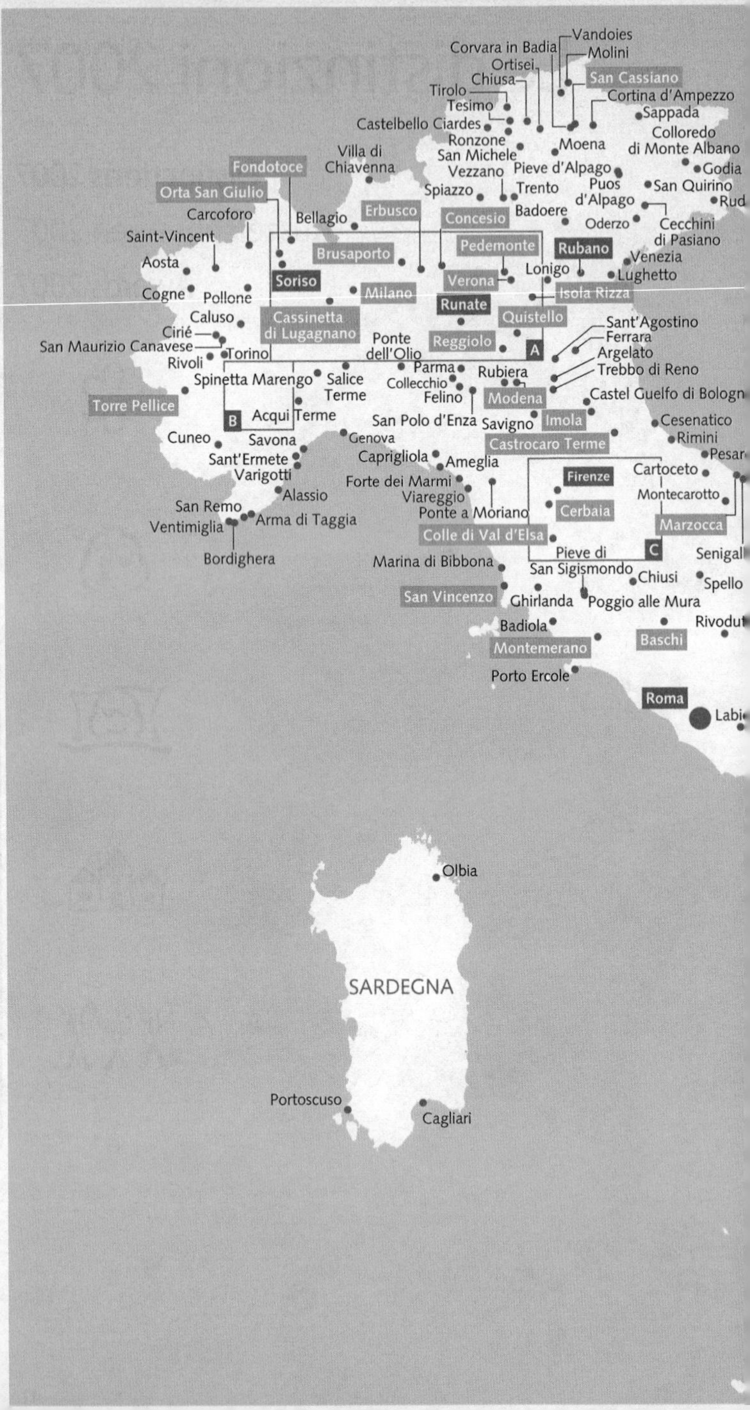

Vandoies
Corvara in Badia
Molini
Ortisei
San Cassiano
Chiusa
Tirolo
Cortina d'Ampezzo
Tesimo
Sappada
Castelbello Ciardes
Colloredo di Monte Albano
Ronzone
Moena
Villa di Chiavenna
San Michele
Godia
Fondotoce
Vezzano
Pieve d'Alpago
San Quirino
Orta San Giulio
Spiazzo
Trento
Puos d'Alpago
Rud
Carcoforo
Bellagio
Erbusco
Concesio
Badoere
Oderzo
Cecchini di Pasiano
Saint-Vincent
Pedemonte
Rubano
Brusaporto
Venezia
Aosta
Lonigo
Soriso
Verona
Lughetto
Cogne
Pollone
Milano
Isola Rizza
Runate
Caluso
Cassinetta di Lugagnano
Quistello
Sant'Agostino
Cirié
Ferrara
San Maurizio Canavese
Ponte dell'Olio
Reggiolo
A
Argelato
Torino
Rivoli
Parma
Trebbo di Reno
Spinetta Marengo
Salice Terme
Collecchio
Rubiera
Felino
Modena
Castel Guelfo di Bologn
Torre Pellice
B
Acqui Terme
San Polo d'Enza
Savigno
Imola
Cesenatico
Cuneo
Savona
Genova
Castrocaro Terme
Rimini
Sant'Ermete
Caprigliola
Ameglia
Pesar
Varigotti
Cartoceto
Alassio
Forte dei Marmi
Firenze
Viareggio
Montecarotto
San Remo
Ponte a Moriano
Cerbaia
Ventimiglia
Arma di Taggia
Marzocca
Colle di Val d'Elsa
Bordighera
Pieve di San Sigismondo
C
Senigall
Marina di Bibbona
Chiusi
Spello
San Vincenzo
Ghirlanda
Poggio alle Mura
Badiola
Rivodut
Baschi
Montemerano
Porto Ercole
Roma
Labi

Le Tavole stellate 2007

Il colore indica l'esercizio più stellato della località.

Roma	La località possiede almeno un ristorante 3 stelle	✻✻✻
Milano	La località possiede almeno un ristorante 2 stelle	✻✻
Taormina	La località possiede almeno un ristorante 1 stella	✻

Le Tavole stellate 2007

Il colore indica l'esercizio più stellato della località.

Lombardia

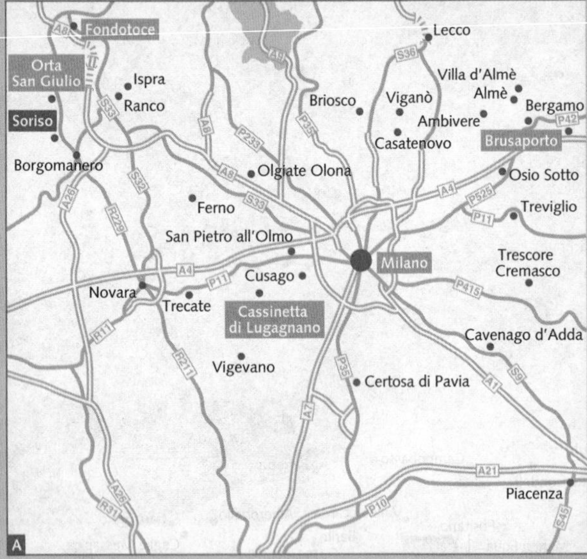

Piemonte

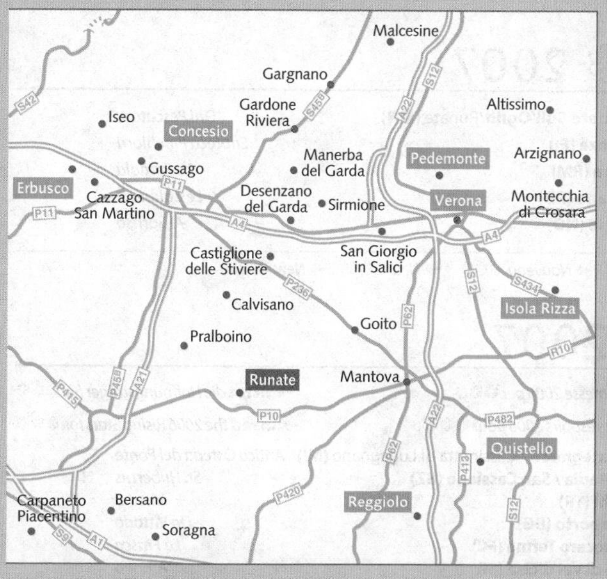
Malcesine
Gargnano
Gardone
Riviera
Altissimo
Iseo
Concesio
Arzignano
Manerba
del Garda
Pedemonte
Gussago
Erbusco
Cazzago
San Martino
Desenzano
del Garda
Sirmione
Verona
Montecchia
di Crosara
Castiglione
delle Stiviere
San Giorgio
in Salici
Isola Rizza
Calvisano
Goito
Pralboino
Runate
Mantova
Quistello
Carpaneto
Piacentino
Bersano
Soragna
Reggiolo

Toscana

Prato
Firenze
Bagno
di Romagna
Cerbaia
Capolona
Certaldo
Castellina in Chianti
Città
di Castello
Colle di Val d'Elsa
Siena
Castelnuovo
Berardenga
San Martino
Casole
d'Elsa
C

Gli esercizi con stelle

Les tables étoilées

Die Sterne-Restaurants

Starred establishments

✿✿✿ 2007

Canneto Sull'Oglio/Runate **(MN)**	*Dal Pescatore*
Firenze (FI)	*Enoteca Pinchiorri*
Roma (RM)	*La Pergola*
Rubano (PD)	*Le Calandre*
Soriso (NO)	*Al Sorriso*

N *Nuovo* ✿✿✿ → *Nouveau* ✿✿✿ → *Neu* ✿✿✿ → *New* ✿✿✿

✿✿ 2007

In rosso *le promesse 2006 per* ✿✿✿ → **In rot** *die Hoffnungsträger für* ✿✿✿

→ **En rouge** *les espoirs 2006 pour* ✿✿✿ → **In red** *the 2006 Rising Stars for* ✿✿✿

Abbiategrasso / Cassinetta di Lugagnano **(MI)**	*Antica Osteria del Ponte*	
Alta Badia / San Cassiano (BZ)	*St. Hubertus*	**N**
Baschi (TR)	*Vissani*	
Brusaporto (BG)	*Da Vittorio*	
Castrocaro Terme (FC)	*La Frasca*	
Colle di Val d'Elsa (SI)	*Arnolfo*	
Concesio (BS)	*Miramonti l'Altro*	
Erbusco (BS)	*Gualtiero Marchesi*	
Imola (BO)	*San Domenico*	
Isola Rizza (VR)	*Perbellini*	
Massa Lubrense / Nerano **(NA)**	*Taverna del Capitano*	**N**
Milano (MI)	*Cracco-Peck*	
Milano (MI)	*Sadler*	
Modena (MO)	*Osteria Francescana*	
Montemerano (GR)	*Caino*	
Orta San Giulio (NO)	*Villa Crespi*	**N**
Quistello (MN)	*Ambasciata*	
Ragusa / Ibla **(RG)**	*Duomo*	
Ravello (SA)	*Rossellinis*	
Reggiolo (RE)	*Il Rigoletto*	
San Casciano in Val di Pesa / Cerbaia **(FI)**	*La Tenda Rossa*	
San Pietro in Cariano / Pedemonte **(VR)**	*Arquade*	
Sant' Agata sui Due Golfi (NA)	*Don Alfonso 1890*	
San Vincenzo (LI)	*Gambero Rosso*	
Senigallia / Marzocca **(AN)**	*Madonnina del Pescatore*	**N**
Torre Pellice (TO)	*Flipot*	
Verbania / Fondotoce **(VB)**	*Piccolo Lago*	**N**
Verona (VR)	*Il Desco*	

N *Nuovo* ✿✿ → *Nouveau* ✿✿ → *Neu* ✿✿ → *New* ✿✿

✿ 2007

In rosso *le promesse 2006 per* ✿✿ → **In rot** *die Hoffnungsträger für* ✿✿
→ **En rouge** *les espoirs 2006 pour* ✿✿ → **In red** *the 2006 Rising Stars for* ✿✿

Acqui Terme (AL) *Pisterna*
Acuto (FR) *Colline Ciociare*
Alassio (SV) *Palma*
Alba (CN) *Locanda del Pilone*
Alba (CN) *Piazza Duomo* **N**
Alberobello (BA) *Il Poeta Contadino*
Alessandria / Spinetta Marengo (AL) *La Fermata*
Almè (BG) *Frosio*
Alta Badia / San Cassiano (BZ) *La Siriola*
Alta Badia / Corvara in Badia (BZ) *La Stüa de Michil*
Altissimo (VI) *Casin del Gamba*
Amalfi (SA) *La Caravella*
Ambivere (BG) *Antica Osteria dei Camelì* **N**
Ameglia (SP) *Locanda delle Tamerici*
Aosta (AO) *Vecchio Ristoro*
Appiano sulla Strada del Vino / San Michele (BZ) *Zur Rose*
Argelato (BO) *L'800*
Arma di Taggia (IM) *La Conchiglia*
Arzignano (VI) *Ca' Daffan* **N**
Arzignano (VI) *Principe*
Asti (AT) *Gener Neuv*
Bagno di Romagna (FC) *Paolo Teverini*
Barbaresco (CN) *Al Vecchio Tre Stelle*
Barbaresco (CN) *Antinè*
Barile (PZ) *Locanda del Palazzo*
Barletta (BA) *Baccosteria*
Barolo (CN) *Locanda nel Borgo Antico*
Bellagio (CO) *Mistral*
Bergamo (BG) *L'Osteria di via Solata*
Besenzone / Bersano (PC) *La Fiaschetteria*
Bibbona (Marina di) (LI) *La Pineta*
Bordighera (IM) *Carletto*
Bordighera (IM) *La Via Romana*
Borgomanero (NO) *Pinocchio*
Bra / Pollenzo (CN) *Guido*
Briosco (MI) *LeAR* **N**
Cagliari (CA) *S'Apposentu* **N**
Caluso (TO) *Gardenia*
Calvisano (BS) *Gambero*

Campagna Lupia / Lughetto (VE) *Antica Osteria Cera*
Campobasso (CB) *Vecchia Trattoria da Tonino*
Canale (CN) *All'Enoteca*
Canelli (AT) *San Marco*
Capolona (AR) *Acquamatta*
Capri (Isola di) / Anacapri (NA) *L'Olivo*
Carcoforo (VC) *Scoiattolo*
Carovigno (BR) *Già Sotto l'Arco*
Carpaneto Piacentino (PC) *Nido del Picchio* **N**
Cartoceto (PU) *Symposium*
Casatenovo (LC) *La Fermata*
Casole d'Elsa (SI) *Il Colombaio*
Castelbello Ciardes (BZ) *Kuppelrain*
Castel Guelfo di Bologna (BO) *Locanda Solarola*
Castellina in Chianti (SI) *Al Gallopapa*
Castellina in Chianti (SI) *Albergaccio di Castellina*
Castel Maggiore / Trebbo di Reno (BO) *Il Sole*
Castelnuovo Berardenga (SI) *La Bottega del 30*
Castiglione della Pescaia / Badiola (GR) *Trattoria Toscana-Tenuta la Badiola* **N**
Castiglione delle Stiviere (MN) *Osteria da Pietro*
Cavenago d'Adda (LO) *L'Arsenale*
Cazzago San Martino (BS) *Il Gelso di San Martino*
Ceglie Messapica (BR) *Al Fornello-da Ricci*
Certaldo (FI) *Osteria del Vicario*
Certosa di Pavia (PV) *Locanda Vecchia Pavia "Al Mulino"*
Cervere (CN) *Antica Corona Reale-da Renzo*
Cesenatico (FC) *Lido Lido*
Cesenatico (FC) *Magnolia*

N *Nuovo* ✿ → *Nouveau* ✿ → *Neu* ✿ → *New* ✿

Chiusa (BZ) *Jasmin* **N**
Chiusi (SI) *I Salotti*
Cirié (TO) *Dolce Stil Novo*
Città di Castello (PG) *Il Postale di Marco e Barbara*
Cogne (AO) *Le Petit Restaurant*
Collecchio (PR) *Villa Maria Luigia-di Ceci*
Colloredo di Monte Albano (UD) *La Taverna*
Cornaredo / San Pietro all'Olmo (MI) *D'O*
Cortina d'Ampezzo (BL) *Tivoli*
Cortona / San Martino (AR) *Il Falconiere*
Cuneo (CN) *Delle Antiche Contrade*
Cusago (MI) *Da Orlando*
Desenzano del Garda (BS) *Esplanade*
Falzes / Molini (BZ) *Schöneck*
Felino (PR) *La Cantinetta* **N**
Fermo (AP) *Emilio*
Ferno (VA) *La Piazzetta*
Ferrara (FE) *Il Don Giovanni*
Firenze (FI) *Onice Lounge Bar*
Firenze (FI) *Rossini* **N**
Forte dei Marmi (LU) *Lorenzo*
Gardone Riviera (BS) *Villa Fiordaliso*
Gargnano (BS) *La Tortuga*
Genova (GE) *La Bitta nella Pergola*
Goito (MN) *Al Bersagliere*
Gussago (BS) *Trattoria Artigliere*
Ischia (Isola d') / Forio (NA) *Il Melograno*
Iseo (BS) *Il Volto*
Isola d'Asti (AT) *Il Cascinalenuovo*
Ispra (VA) *Schuman*
Labico (RM) *Antonello Colonna*
Lecco (LC) *Al Porticciolo 84*
Licata (AG) *La Madia*
Lonigo (VI) *La Peca*
Lucca / Ponte a Moriano (LU) *La Mora*
Macerata (MC) *L'Enoteca* **N**
Maiori (SA) *Il Faro di Capo d'Orso*
Malcesine (VR) *Trattoria Vecchia Malcesine*
Manerba del Garda (BS) *Capriccio*
Mantova (MN) *Aquila Nigra*

Massa Lubrense / Nerano (NA) *Quattro Passi*
Massa Marittima / Ghirlanda (GR) *Bracali*
Milano (MI) *Joia*
Milano (MI) *Il Luogo di Aimo e Nadia*
Modena (MO) *Fini*
Modena (MO) *Hosteria Giusti*
Moena (TN) *Malga Panna*
Montalcino / Poggio alle Mura (SI) *Castello Banfi*
Montecarotto (AN) *Le Busche*
Montecchia di Crosara (VR) *La Terrazza*
Monticello d'Alba (CN) *Conti Roero*
Morgano / Badoere (TV) *Dal Vero* **N**
Novara (NO) *Tantris*
Oderzo (TV) *Gellius*
Olbia (SS) *Gallura*
Olgiate Olona (VA) *Ma.Ri.Na.*
Ortisei (BZ) *Anna Stuben* **N**
Osio Sotto (BG) *La Lucanda*
Palagianello (TA) *La Strega*
Parma (PR) *Al Tramezzo*
Parma (PR) *Parizzi*
Pasiano di Pordenone / Cecchini di Pasiano (PN) *Il Cecchini da Marco e Nicola*
Pesaro (PU) *Da Alceo*
Piacenza (PC) *Antica Osteria del Teatro*
Pieve d'Alpago (BL) *Dolada*
Pollone (BI) *Il Patio*
Ponte dell'Olio (PC) *Riva*
Ponza (Isola di) / Ponza (LT) *Acqua Pazza* **N**
Porto Ercole (GR) *Il Pellicano*
Portoscuso (CA) *La Ghinghetta*
Positano (SA) *San Pietro*
Pralboino (BS) *Leon d'Oro*
Prato (PO) *Il Piraña*
Puos d'Alpago (BL) *Locanda San Lorenzo*
Ranco (VA) *Il Sole di Ranco*
Rimini (RN) *Acero Rosso*
Rivisondoli (AQ) *Reale* **N**
Rivodutri (RI) *La Trota*
Rivoli (TO) *Combal.zero*
Roma (RM) *Agata e Romeo*
Roma (RM) *L'Altro Mastai*

N *Nuovo* ✿ → *Nouveau* ✿ → *Neu* ✿ → *New* ✿

Roma (RM) *Baby*
Roma (RM) *Il Convivio-Troiani*
Roma (RM) *Mirabelle* **N**
Roma (RM) *Il Pagliaccio* **N**
Ronzone (TN) *Orso Grigio* **N**
Rubiera (RE) *Arnaldo-Clinica Gastronomica*
Ruda (UD) *Osteria Altran*
Saint-Vincent (AO) *Batezar-da Renato*
Salice Terme (PV) *Ca' Vegia*
San Giorgio in Salici (VR) *Zibaldone*
San Maurizio Canavese (TO) *La Credenza* **N**
San Polo d'Enza (RE) *Mamma Rosa*
San Quirino (PN) *La Primula*
San Remo (IM) *Paolo e Barbara*
Santo Stefano Belbo (CN) *Il Ristorante di Guido da Costigliole*
Sappada (BL) *Laite*
Savigno (BO) *Trattoria da Amerigo*
Savona (SV) *L'Arco Antico*
Senigallia (AN) *Uliassi*
Siena (SI) *Antica Trattoria Botteganova*
Siena (SI) *Il Canto* **N**
Sirmione (BS) *La Rucola*
Soragna (PR) *Locanda Stella d'Oro*
Sorrento (NA) *Il Buco*
Spello (PG) *La Bastiglia*
Spiazzo (TN) *1/2 Soldo-dal 1897*
Taormina (ME) *Casa Grugno*
Tesimo (BZ) *Zum Löwen* **N**
Tigliole (AT) *Vittoria*
Tirolo (BZ) *Trenkerstube* **N**
Torino (TO) *'L Birichin*
Torino (TO) *La Barrique*
Torino (TO) *Locanda Mongreno*
Torino (TO) *Vintage 1997*
Trecate (NO) *Caffe' Groppi*
Treiso (CN) *La Ciau del Tornavento*
Trento (TN) *Osteria a Le Due Spade*
Trento (TN) *Scrigno del Duomo*
Trescore Cremasco (CR) *Trattoria del Fulmine*
Treviglio (BG) *San Martino*
Udine / Godia (UD) *Agli Amici*
Vado Ligure / Sant'Ermete (SV) *La Fornace di Barbablù*
Vallesaccarda (AV) *Oasis-Sapori Antichi*
Vandoies (BZ) *Tilia* **N**
Varigotti (SV) *Muraglia-Conchiglia d'Oro*
Venezia (VE) *Met*
Venezia (VE) *Osteria da Fiore*
Ventimiglia (IM) *Balzi Rossi*
Verona (VR) *Osteria la Fontanina*
Vezzano (TN) *Fior di Roccia*
Viareggio (LU) *Romano*
Vico Equense / Marina Equa (NA) *Torre del Saracino*
Viganò (LC) *Pierino Penati*
Vigevano (PV) *I Castagni*
Villa d'Almè (BG) *Osteria della Brughiera*

LE PROMESSE PER ✿

Les espoirs pour ✿
Die Hoffnungsträger für ✿
The Rising Stars for ✿

Albavilla (CO) *Il Cantuccio*
Cormons (GO) *Al Cacciatore-della Subida*
Manerba del Garda / Pieve Vecchia (BS) *Ortica*
Massa Marittima / Valpiana (GR) *Il Fiore del Tesoro*
Taormina (ME) *Principe Cerami*
Vairano Patenora (CE) *Il Vairo del Volturno*

N *Nuovo* ✿ → *Nouveau* ✿ → *Neu* ✿ → *New* ✿

Bib Gourmand

Pasti accurati a prezzi contenuti
Repas soignés à prix modérés
Sorgfältig zubereitete, preiswerte Mahlzeiten
Good food at moderate prices

Abano Terme (PD) *Aubergine*
Agrigento (AG) *Spizzulio*
Alba Adriatica (TE) *Hostaria l'Arca*
Andria (BA) *Arco Marchese*
Andria / Montegrosso (BA) *Antichi Sapori*
Anghiari (AR) *Da Alighiero*
Ariano Irpino (AV) *La Pignata*
Ariano nel Polesine / Rivà (RO) *Taverna del Cavaliere*
Arona / Montrigiasco (NO) *Castagneto*
Ascoli Piceno (AP) *Del Corso*
Asiago (VI) *Locanda Aurora*
Assisi (PG) *La Fortezza*
Bagnara Calabra (RC) *Taverna Kerkira*
Bagno di Romagna / San Piero in Bagno (FC) *Locanda al Gambero Rosso*
Barberino di Mugello / Galliano (FI) *Osteria Poggio di Sotto*
Bellinzago Novarese / Badia di Dulzago (NO) *Osteria San Giulio*
Belluno (BL) *Al Borgo*
Benevento (BN) *Pascalucci*
Bologna (BO) *Marco Fadiga Bistrot* **N**
Bologna (BO) *Monte Donato*
Bologna (BO) *Posta*
Bondeno (FE) *Tassi*
Bordighera (IM) *Magiargè Vini e Cucina*
Borgio Verezzi (SV) *Da Casetta*
Bosco Marengo (AL) *Locanda dell'Olmo*
Briaglia (CN) *Marsupino*
Briona / Proh (NO) *Trattoria del Ponte*
Calamandrana (AT) *Violetta*
Calavino (TN) *Da Cipriano* **N**
Calestano (PR) *Locanda Mariella*
Camigliatello Silano (CS) *Aquila-Edelweiss*
Campobasso (CB) *Miseria e Nobiltà*
Campogalliano (MO) *Magnagallo*
Canale d'Agordo (BL) *Alle Codole*
Cantalupo nel Sannio (IS) *Antica Trattoria del Riccio*
Capriata d'Orba (AL) *Il Moro*
Carasco (GE) *Beppa*
Castelmezzano (PZ) *Al Becco della Civetta*
Castelnovo ne' Monti (RE) *Locanda da Cines*
Cavatore (AL) *Da Fausto*
Chianciano Terme (SI) *Hostaria il Buco*
Chiaramonte Gulfi (RG) *Majore*
Civitella Casanova (PE) *La Bandiera*
Colorno / Vedole (PR) *Al Vedel*
Corte de' Cortesi (CR) *Il Gabbiano*
Crevalcore (BO) *Antica Trattoria Papi*
Crodo / Viceno (VB) *Edelweiss*
Cuasso al Monte (VA) *Al Vecchio Faggio*
Cutigliano (PT) *Trattoria da Fagiolino*
Eboli (SA) *Il Papavero*
Enna (EN) *Centrale*

N *Nuovo* → *Nouveau* → *Neu* → *New*

Eolie (Isole)
/ Lipari (ME) *La Cambusa*
Fagagna (UD) *Al Castello*
Felino (PR) *Antica Osteria da Bianchini*
Filandari
/ Mesiano (VV) *Frammichè*
Firenze (FI) *Del Fagioli*
Firenze (FI) *Il Latini*
Firenze (FI) *Il Santo Bevitore*
Firenze (FI) *Trattoria Cibrèo-Cibreino*
Forno di Zoldo / Mezzocanale
(BL) *Mezzocanale-da Ninetta*
Fumone (FR) *La Vecchia Mola*
Gallodoro (ME) *Noemi*
Gavirate (VA) *Tipamasaro*
Genova (GE) *Antica Osteria di Vico Palla*
Genova
/ Voltri (GE) *Ostaia da ü Santü*
Guardiagrele (CH) *Villa Maiella*
Inverno-Monteleane (PV)
Trattoria Righini
Isola Dovarese (CR) *Caffè La Crepa*
La Morra / Santa Maria
(CN) *L'Osteria del Vignaiolo*
La Spezia (SP) *Il Ristorantino di Bayon*
Lavis
/ Sorni (TN) *Trattoria Vecchia Sorni*
Longiano (FC) *Dei Cantoni*
Loreto (AN) *Vecchia Fattoria*
Lucca (LU) *La Cecca*
Lucca / Ponte a Moriano
(LU) *Antica Locanda di Sesto*
Macerata (MC) *Le Case*
Magomadas (NU) *Da Riccardo*
Mariano del Friuli
/ Corona (GO) *Al Piave*
Marostica
/ Valle San Floriano (VI) *La Rosina*
Masio (AL) *Trattoria Losanna*
Massa (MS) *Osteria del Borgo*
Meldola (FC) *Il Rustichello*
Melfi (PZ) *Novecento*
Menfi (AG) *Il Vigneto*
Milano (MI) *Baia Chia*
Milano (MI) *La Cantina di Manuela*
Milano (MI) *Dongiò*
Milano (MI) *Da Giannino-L'Angolo d'Abruzzo*
Milano (MI) *Giulio Pane e Ojo*
Milano (MI) *Pace*
Mileto (VV) *Il Normanno*
Moena (TN) *Foresta*
Monastier di Treviso (TV) *Menegaldo* **N**
Monreale (PA) *Taverna del Pavone*
Monte Sant' Angelo (FG) *Medioevo*
Montoggio (GE) *Roma* **N**
Mossa (GO) *Blanch*
Ne (GE) *Antica Trattoria dei Mosto*
Neviano degli Arduini
(PR) *Trattoria Mazzini*
Novafeltria
(PU) *Del Turista-da Marchesi*
Ormea / Ponte di Nava
(CN) *Ponte di Nava-da Beppe*
Pacentro (AQ) *Taverna De Li Caldora*
Palazzago (BG) *Osteria Burligo*
Palazzolo sull'Oglio
(BS) *Osteria della Villetta*
Palermo (PA) *Lo Scudiero*
Palermo
/ Sferracavallo (PA) *Il Delfino*
Parma (PR) *Trattoria del Tribunale*
Parma / Castelnovo di Baganzola
(PR) *Le Viole*
Pederobba
/ Onigo di Piave (TV) *Le Rive*
Perugia (PG) *Giò Arte e Vini*
Pescara (PE) *Taverna 58*
Pesek
/ Draga Sant' Elia (TS) *Locanda Mario*
Pietravairano (CE) *La Caveja*
Pigna (IM) *Terme*
Piombino (LI) *Lo Scoglietto*
Pontecorvo (FR) *Primavera*
Porto Sant' Elpidio (AP) *Il Baccaro* **N**
Pozzolengo (BS) *Antica Locanda del Contrabbandiere*
Quarona (VC) *Italia*
Rapallo (GE) *Sotto la Scala* **N**
Reggio di Calabria (RC) *Baylik*
Rieti (RI) *Bistrot*
Riparbella (PI) *La Cantina* **N**
Roletto (TO) *Il Ciabot*
Roma (RM) *Mamma Angelina*
Roncofreddo (FC) *Osteria dei Frati* **N**
Rotonda (PZ) *Da Peppe*
Ruvo di Puglia (BA) *U.P.E.P.I.D.D.E.*
Salò (BS) *Osteria dell'Orologio*

N *Nuovo* → *Nouveau* → *Neu* → *New*

Sambuco (CN) *Della Pace*
San Cipriano (GE) *Ferrando*
Sangineto Lido (CS) *Convito*
San Giustino Valdarno (AR) *Osteria del Borro* **N**
San Pietro in Casale (BO) *Tubino*
San Severo (FG) *La Fossa del Grano*
Santarcangelo di Romagna (RN) *Osteria la Sangiovesa*
San Vito di Leguzzano (VI) *Antica Trattoria Due Mori*
Sarentino (BZ) *Auener Hof*
Saronno (VA) *La Cantina di Manuela*
Sarzana (SP) *La Giara*
Scanno (AQ) *Osteria di Costanza e Roberto*
Scheggino (PG) *Del Ponte*
Siderno (RC) *La Vecchia Hosteria*
Siena (SI) *Trattoria Papei*
Silvi Marina (TE) *Don Ambrosio*
Sinagra (ME) *Trattoria da Angelo*
Sizzano (NO) *Impero*
Soiano del Lago (BS) *Aurora*
Soliera (MO) *Osteria Bohemia* **N**
Sommacampagna (VR) *Merica*
Tarquinia (VT) *Arcadia*
Taviano (LE) *A Casa tu Martinu*
Terranova di Pollino (PZ) *Luna Rossa*
Toirano (SV) *Al Ravanello Incoronato*
Torino (TO) *Taverna delle Rose*
Torriana / Montebello (RN) *Pacini*
Torrile / Vicomero (PR) *Romani*
Tortona (AL) *Vineria Derthona*
Traversella (TO) *Le Miniere*
Trecastagni (CT) *Villa Taverna*
Trecchina (PZ) *L'Aia dei Cappellani*
Urbino / Gadana (PU) *Agriturismo Cà Andreana*
Valdagno (VI) *Hostaria a le Bele*
Valdobbiadene / Bigolino (TV) *Tre Noghere* **N**
Vallada Agordina (BL) *Val Biois*
Valle di Casies / Gsies (BZ) *Durnwald*
Varese Ligure (SP) *La Taverna del Gallo Nero*
Venezia (VE) *Anice Stellato*
Venezia (VE) *Trattoria alla Madonna* **N**
Vernante (CN) *Nazionale*
Verona (VR) *San Basilio alla Pergola*
Viareggio (LU) *Il Puntodivino* **N**
Villa Santina (UD) *Vecchia Osteria Cimenti*
Vivaro (PN) *Agriturismo Gelindo dei Magredi*
Voltido / Recorfano (CR) *Antica Trattoria Gianna* **N**

N *Nuovo* ☺ → *Nouveau* ☺ → *Neu* ☺ → *New* ☺

Bib Hotel

Buona sistemazione a prezzo contenuto
Bonnes nuits à petits prix
Hier übernachten Sie gut und preiswert
Good accommodation at moderate prices

Alba (CN) *Agriturismo Villa la Meridiana-Cascina Reine*
Alberobello (BA) *Sovrano*
Almenno San Bartolomeo (BG) *Camoretti*
Alta Badia La Villa (BZ) *Ciasa Montanara*
Alta Badia La Villa (BZ) *La Ciasota*
Alta Badia La Villa (BZ) *Tamarindo*
Arpino (FR) *Il Cavalier d'Arpino*
Ballabio (LC) *Sporting Club*
Bannio Anzino / Pontegrande (VB) *La Residenza dello Scoiattolo*
Bardonecchia (TO) *Bucaneve*
Barolo / Vergne (CN) *Ca' San Ponzio*
Barzanò (LC) *Redaelli*
Bassano del Grappa (VI) *Brennero*
Boves / Rivoira (CN) *Agriturismo La Bisalta e Rist. Locanda del Re*
Bra (CN) *Borgo San Martino*
Bra (CN) *L'Ombra della Collina*
Busalla (GE) *Vittoria*
Canale d'Agordo (BL) *Alle Codole*
Candia Canavese (TO) *Residenza del Lago*
Cannero Riviera (VB) *Sole*
Capriolo (BS) *Agriturismo Ripa del Bosco*
Carisio (VC) *La Bettola*
Caserta (CE) *Amadeus*
Casperia (RI) *La Torretta*
Castellina in Chianti (SI) *Villa Cristina*
Castellinaldo (CN) *Il Borgo*
Castelnuovo del Garda (VR) *La Meridiana*
Castelnuovo di Garfagnana (LU) *La Lanterna*
Cenova (IM) *Negro*
Chianciano Terme (SI) *Ave* **N**
Chioggia / Sottomarina (VE) *Sole*
Chiusa (BZ) *Ansitz Fonteklaus*
Chiusa / Gudon (BZ) *Unterwirt*
Cimego (TN) *Aurora*
Cisano Bergamasco (BG) *Fatur*
Crandola Valsassina (LC) *Da Gigi*
Crodo / Viceno (VB) *Edelweiss*
Dolo (VE) *Villa Goetzen*
Domodossola (VB) *Eurossola*
Elba (Isola d') / Sant'Andrea (LI) *Da Giacomino*
Fiera di Primiero (TN) *Chalet Piereni*
Fiesole / Olmo (FI) *Dino*
Firenze (FI) *Residenza Hannah e Johanna*
Firenze (FI) *Residenza Johanna*
Follina / Pedeguarda (TV) *Villa Guarda*
Fontanafredda (PN) *Luna*
Gambara (BS) *Gambara*
Grezzana (VR) *La Pergola*
Grosotto (SO) *Le Corti*
Lavagna (GE) *Tigullio* **N**
Lecco (LC) *Alberi*
Levico Terme (TN) *Lucia*

N *Nuovo* → *Nouveau* → *Neu* → *New*

Lizzano in Belvedere / Vidiciatico (BO) *Montegrande*
Lucca (LU) *Stipino*
Marina di Arbus / Torre dei Corsari (CA) *Villaggio Sabbie d'Oro*
Massarosa / Bargecchia (LU) *Rino*
Melegnano (MI) *Il Telegrafo*
Menaggio / Nobiallo (CO) *Garden*
Merano (BZ) *Agriturismo Sittnerhof*
Monsagrati (LU) *Gina*
Montecarlo (LU) *Antica Casa dei Rassicurati*
Montecarlo (LU) *Antica Dimora Patrizia* **N**
Montecarlo (LU) *Nina*
Montecatini Terme (PT) *Brennero e Varsavia*
Montecosaro (MC) *Luma*
Montefiascone (VT) *Urbano V*
Montescano (PV) *Locanda Montescano* **N**
Morano Calabro (CS) *Agriturismo la Locanda del Parco*
Mosciano Sant' Angelo (TE) *Casale delle Arti*
Nava (Colle di) (IM) *Colle di Nava-Lorenzina*
Nicosia (EN) *Baglio San Pietro*
Noto (SR) *La Fontanella*
Pavullo nel Frignano (MO) *Vandelli*
Perugia / Ponte San Giovanni (PG) *Augusta*
Pesaro (PU) *Spiaggia*
Picerno (PZ) *Bouganville*
Poggiorsini (BA) *Agriturismo Masseria Il Cardinale*
Pontedera (PI) *Il Falchetto* **N**
Reggio nell'Emilia (RE) *BeB Del Vescovado*
Rezzato (BS) *La Pina*
Roccabruna / Sant'Anna (CN) *La Pineta*
Rocca di Mezzo (AQ) *Altipiano delle Rocche*
Roseto degli Abruzzi (TE) *Tonino-da Rosanna*
San Giovanni in Croce (CR) *Locanda Ca' Rossa*
San Giovanni Rotondo (FG) *Le Terrazze sul Gargano*
San Lorenzo in Campo (PU) *Giardino*
San Mauro Torinese (TO) *La Pace*
San Severino Marche (MC) *Locanda Salimbeni*
Sant' Angelo Lodigiano (LO) *San Rocco*
Savigliano (CN) *Cosmera*
Senigallia / Scapezzano (AN) *Antica Armonia*
Serrungarina / Bargni (PU) *Casa Oliva*
Sestri Levante (GE) *Marina* **N**
Siracusa (SR) *Dolce Casa*
Sirmione (BS) *Villa Rosa*
Sondrio / Moia di Albosaggia (SO) *Campelli*
Stresa (VB) *La Fontana*
Tiriolo (CZ) *Due Mari*
Treia / San Lorenzo (MC) *Il Casolare dei Segreti*
Treviso (TV) *Agriturismo Il Cascinale*
Tuscania (VT) *Locanda di Mirandolina*
Valdidentro / Pedenosso (SO) *Agriturismo Raethia*
Velletri (RM) *Da Benito al Bosco*
Verbania / Cima Monterosso (VB) *Agriturismo Il Monterosso*
Verucchio / Villa Verucchio (RN) *Agriturismo Le Case Rosse*
Vinci / Petroio (FI) *Tassinaia*

N *Nuovo* → *Nouveau* → *Neu* → *New*

Alberghi ameni

Hôtels agréables

Angenehme Hotels

Particularly pleasant hotels

Arzachena / Cala di Volpe **(SS)**	*Cala di Volpe*
Arzachena / Pitrizza **(SS)**	*Pitrizza*
Arzachena / Romazzino **(SS)**	*Romazzino*
Bellagio (CO)	*Grand Hotel Villa Serbelloni*
Capri (Isola di) / Capri **(NA)**	*Grand Hotel Quisisana*
Cernobbio (CO)	*Villa d'Este*
Firenze (FI)	*Grand Hotel*
Firenze (FI)	*The Westin Excelsior*
Fiuggi / Fiuggi Fonte **(FR)**	*Grand Hotel Palazzo della Fonte*
Milano (MI)	*Four Seasons*
Milano (MI)	*Principe di Savoia*
Napoli (NA)	*Grand Hotel Vesuvio*
Portofino (GE)	*Splendido*
Positano (SA)	*San Pietro*
Roma (RM)	*De Russie*
Roma (RM)	*Hassler Villa Medici*
Venezia (VE)	*Cipriani e Palazzo Vendramin*
Venezia (VE)	*Danieli*
Venezia (VE)	*Gritti Palace*
Venezia (VE)	*San Clemente Palace*

Amalfi (SA)	*Santa Caterina*
Bagno a Ripoli / Candeli **(FI)**	*Villa La Massa*
Breuil Cervinia (AO)	*Hermitage*
Capri (Isola di) / Anacapri **(NA)**	*Capri Palace Hotel*
Casole d'Elsa / Pievescola **(SI)**	*Relais la Suvera*
Castelnuovo Berardenga (SI)	*Relais Villa Arceno*
Castiglione della Pescaia / Badiola **(GR)**	*L'Andana-Tenuta La Badiola*
Cogne (AO)	*Bellevue*
Cortina d'Ampezzo (BL)	*Cristallo*
Erbusco (BS)	*L'Albereta*
Fiesole (FI)	*Villa San Michele*
Firenze (FI)	*Albani*
Firenze (FI)	*Grand Hotel Villa Cora*
Firenze (FI)	*J.K. Place*
Firenze (FI)	*Regency*
Firenze (FI)	*Relais Santa Croce*
Firenze (FI)	*Villa La Vedetta*
Gardone Riviera / Fasano **(BS)**	*Grand Hotel Fasano e Villa Principe*
Gargnano (BS)	*Grand Hotel a Villa Feltrinelli*
Ischia (Isola d') / Ischia **(NA)**	*Grand Hotel Punta Molino Terme*
Ischia (Isola d') / Forio **(NA)**	*Mezzatorre Resort e Spa*
Ladispoli (RM)	*La Posta Vecchia*
Milano (MI)	*Bulgari*
Milano (MI)	*Carlton Hotel Baglioni*
Milano (MI)	*Grand Hotel et de Milan*
Milano (MI)	*Park Hyatt Milano*
Monopoli (BA)	*Il Melograno*
Napoli (NA)	*Grand Hotel Parker's*
Porto Ercole (GR)	*Il Pellicano*
Positano (SA)	*Le Sirenuse*
Pula (CA)	*Castello e Rist. Cavalieri*
Rapallo (GE)	*Excelsior Palace Hotel*
Ravello (SA)	*Caruso*
Ravello (SA)	*Palazzo Sasso*
Riccione (RN)	*Grand Hotel Des Bains*
Rimini (RN)	*Grand Hotel Rimini*
Riva del Garda (TN)	*Du Lac et Du Parc*
Roma (RM)	*Aleph*
Roma (RM)	*Exedra*
Roma (RM)	*Lord Byron*

Roma (RM) *Regina Hotel Baglioni*
Roma (RM) *Splendide Royal*
San Casciano dei Bagni (SI) *Fonteverde*
San Pietro in Cariano / a Corrubbio **(VR)** *Byblos Art Hotel Villa Amista'*
Sant' Agnello (NA) *Grand Hotel Cocumella*
Santa Margherita Ligure (GE) *Imperiale Palace Hotel*
Savelletri (BR) *Masseria San Domenico*
Siena (SI) *Grand Hotel Continental*
Sirmione (BS) *Villa Cortine Palace Hotel*
Sorrento (NA) *Grand Hotel Excelsior Vittoria*
Taormina (ME) *Grand Hotel Timeo*
Taormina / Mazzarò **(ME)** *Grand Hotel Atlantis Bay*
Taormina / Mazzarò **(ME)** *Grand Hotel Mazzarò Sea Palace*
Tirolo (BZ) *Castel*
Tremezzo (CO) *Grand Hotel Tremezzo Palace*
Venezia (VE) *Luna Hotel Baglioni*
Venezia (VE) *Metropole*
Venezia (VE) *The Westin Europa e Regina*
Verona (VR) *Gabbia d'Oro*
Viareggio (LU) *Grand Hotel Principe di Piemonte*

Alghero (SS) *Villa Las Tronas*
Alghero / Porto Conte **(SS)** *El Faro*
Alta Badia / Colfosco (BZ) *Cappella*
Alta Badia / Corvare in Badia (BZ) *La Perla*
Alta Badia / San Cassiano (BZ) *Rosa Alpina*
Alta Badia / Corvara in Badia (BZ) *Sassongher*
Alta Badia / Pedraces (BZ) *Sporthotel Teresa*
Ancona / Portonovo **(AN)** *Fortino Napoleonico*
Arabba (BL) *Sporthotel Arabba*
Arcugnano (VI) *Villa Michelangelo*
Augusta / Brucoli **(SR)** *Venus Sea Garden*
Asolo (TV) *Villa Cipriani*
Baia Domizia (CE) *Della Baia*
Bassano del Grappa (VI) *Ca' Sette*
Belgirate (VB) *Villa dal Pozzo d'Annone*
Benevello (CN) *Villa d'Amelia*
Bolzano (BZ) *Greif*
Bressanone (BZ) *Elefante*
Canalicchio (PG) *Relais Il Canalicchio*
Capolona (AR) *Badia di Campoleone*
Capri (Isola di) / Anacapri **(NA)** *Caesar Augustus*
Capri (Isola di) / Capri **(NA)** *Casa Morgano*
Capri (Isola di) / Capri **(NA)** *Punta Tragara*
Capri (Isola di) / Capri **(NA)** *Scalinatella*
Castellabate / Santa Maria di Castellabate **(SA)** *Palazzo Belmonte*
Castelnuovo Berardenga (SI) *Relais Borgo San Felice*
Castelrotto (BZ) *Posthotel Lamm*
Castiglione del Lago / Petrignano di Lago **(PG)** *Relais alla Corte del Sole*
Catania (CT) *Villa del Bosco*
Cattolica (RN) *Carducci 76*
Champoluc (AO) *Breithorn*
Chiusi (SI) *Villa il Patriarca*
Cittadella del Capo (CS) *Palazzo del Capo*
Città di Castello / Ronti **(PG)** *Palazzo Terranova*
Cortona / San Martino **(AR)** *Il Falconiere Relais*
Cortona / Farneta **(PI)** *Relais Villa Petrischio*
Courmayeur / Entrèves **(AO)** *Auberge de la Maison*
Dozza (BO) *Monte del Re*
Elba (Isola d') / Picchiaie (LI) *Relais delle Picchiaie*
Erba (CO) *Castello di Casiglio*
Ferrara (FE) *Duchessa Isabella*
Finale Ligure (SV) *Punta Est*
Firenze (FI) *Continentale*
Firenze (FI) *Gallery Hotel Art*
Firenze (FI) *J and J*
Firenze (FI) *Lungarno*
Firenze (FI) *Palazzo Magnani Feroni*
Firenze / Arcetri **(FI)** *Villa Montartino*
Follina (TV) *Villa Abbazia*
Forte dei Marmi (LU) *Byron*
Francavilla al Mare (CH) *Sporting Hotel Villa Maria*
Gaeta (LT) *Grand Hotel Le Rocce*
Gaeta (LT) *Villa Irlanda Grand Hotel*
Gaiole in Chianti (SI) *Castello di Spaltenna*
Galatina (LE) *Palazzo Baldi*
Garda (VR) *Regina Adelaide*
Gardone Riviera / Fasano **(BS)** *Villa del Sogno*
Garlenda (SV) *La Meridiana*
Gavi (AL) *L'Ostelliere*
Gazzo (PD) *Villa Tacchi*
Gradara (PU) *Villa Matarazzo*
Grottaferrata (RM) *Park Hotel Villa Grazioli*
Gubbio (PG) *Relais Ducale*
Induno Olona (VA) *Porro Pirelli*
Laces (BZ) *Paradies*
Lana / Foiana **(BZ)** *Völlanerhof*
La Salle (AO) *Mont Blanc Hotel Village*
Lecce (LE) *Patria Palace Hotel*

Lido di Camaiore (LU) *Villa Ariston*
Lucca (LU) *Locanda l'Elisa*
Lucca (LU) *Villa la Principessa*
Maratea / Fiumicello Santa Venere **(PZ)** *Santavenere*
Martina Franca (TA) *Relais Villa San Martino*
Massa Marittima / Valpiana **(GR)** *Villa il Tesoro*
Merano (BZ) *Castel Rundegg Hotel*
Merano (BZ) *Meister's Hotel Irma*
Merano (BZ) *Park Hotel Mignon*
Milano (MI) *The Gray*
Milano (MI) *De la Ville*
Mira (VE) *Villa Franceschi*
Mira (VE) *Villa Margherita*
Montalcino / Castelnuovo dell'Abbate **(SI)** *Castello di Velona*
Montebenichi (AR) *Castelletto di Montebenichi*
Montefalco / San Luca **(PG)** *Villa Zuccari*
Montegridolfo (RN) *Palazzo Viviani*
Monza (MI) *De la Ville*
Mussolente (VI) *Villa Palma*
Napoli (NA) *Palazzo Alabardieri*
Napoli (NA) *San Francesco al Monte*
Naturno (BZ) *Lindenhof*
Nervi (GE) *Villa Pagoda*
Olbia (SS) *Ollastu*
Olbia / Porto Rotondo **(SS)** *Sporting*
Oliena (NU) *Su Gologone*
Orvieto (TR) *La Badia*
Palermo (PA) *Principe di Villafranca*
Parghelia (VV) *Porto Pirgos*
Pasiano di Pordenone / Rivarotta **(PN)** *Villa Luppis*
Pavone Canavese (TO) *Castello di Pavone*
Perugia / San Martino in Campo **(PG)** *Alla Posta dei Donini*
Perugia / Cenerente **(PG)** *Castello dell'Oscano*
Pietrasanta (LU) *Pietrasanta*
Pisa (PI) *Relais dell'Orologio*
Poggio Mirteto (RI) *Borgo Paraelios*
Portobuffolé (TV) *Villa Giustinian*
Portofino (GE) *Splendido Mare*
Pula (CA) *Le Dune*
Punta Ala (GR) *Cala del Porto*
Ranco (VA) *Il Sole di Ranco*
Ravello (SA) *Palumbo*
Ravello (SA) *Villa Cimbrone*
Rieti (RI) *Park Hotel Villa Potenziani*
Roma (RM) *Castello della Castelluccia*
Romano Canavese (TO) *Relais Villa Matilde*
San Felice Circeo / Quarto Caldo **(LT)** *Punta Rossa*
San Gimignano (SI) *La Collegiata*
San Giovanni la Punta (CT) *Villa Paradiso dell'Etna*
San Martino di Castrozza (TN) *Regina*
San Pietro in Cariano / Pedemonte **(VR)** *Villa del Quar*
Santo Stefano Belbo (CN) *Relais San Maurizio*
Savelletri (BR) *Masseria Torre Coccaro*
Siena (SI) *Certosa di Maggiano*
Sinalunga (SI) *Locanda dell'Amorosa*
Siracusa (SR) *Grand Hotel Ortigia*
Sorrento (NA) *Bellevue Syrene*
Sovicille (SI) *Borgo Pretale*
Spoleto (PG) *Villa Milani*
Stresa (VB) *Villa Aminta*
Taormina / Mazzarò **(ME)** *Villa Sant'Andrea*
Tavarnelle Val di Pesa (FI) *Castello del Nero*
Tirolo (BZ) *Erika*
Tivoli (RM) *Torre Sant'Angelo*
Todi (PG) *Relais Todini*
Torgiano (PG) *Le Tre Vaselle*
Torino (TO) *Victoria*
Trani (BA) *San Paolo al Convento*
Urbino (PU) *San Domenico*
Valle di Casies (BZ) *Quelle*
Venezia (VE) *Ca' Maria Adele*
Venezia (VE) *Ca' Nigra Lagoon Resort*
Venezia (VE) *Ca' Pisani*
Venezia (VE) *Palazzo Sant'Angelo sul Canal Grande*
Venezia (VE) *Quattro Fontane*
Villa San Giovanni / Santa Trada di Cannitello **(RC)** *Altafiumara*

Agrigento (AG) *Baglio della Luna*
Agrigento (AG) *Domus Aurea*
Agropoli (SA) *La Colombaia*
Aosta (AO) *Milleluci*
Appiano sulla Strada del Vino / Missiano **(BZ)** *Schloss Korb*
Arezzo (AR) *I Portici*
Arezzo (AR) *Patio*
Arzachena (SS) *Tenuta Pilastru*
Assisi / Armenzano **(PG)** *Le Silve*
Azzate (VA) *Locanda dei Mai Intees*
Bologna (BO) *Dei Commercianti*
Bracciano (RM) *Villa Clementina*
Calasetta (CA) *Luci del Faro*
Caldaro sulla strada del vino (BZ) *Schlosshotel Aehrental*
Caneva (PN) *Ca' Damiani*
Cannobio (VB) *Pironi*

Capri (Isola di) / Capri **(NA)** *Villa Brunella*
Castelrotto (BZ) *Mayr*
Castiglion Fiorentino / Polvano **(AR)** *Relais San Pietro in Polvano*
Chiaverano (TO) *Castello San Giuseppe*
Cologne (BS) *Cappuccini*
Cortona / San Pietro a Cegliolo **(AR)** *Relais Villa Baldelli*
Costigliole Saluzzo (CN) *Castello Rosso*
Courmayeur (AO) *Villa Novecento*
Eolie (Isole) / Panarea **(ME)** *Quartara*
Fano (PU) *Castello Montegiove*
Ferentillo (TR) *Abbazia San Pietro in Valle*
Ferrara (FE) *Principessa Leonora*
Firenze (FI) *Cellai*
Firenze (FI) *Inpiazzadellasignoria*
Firenze (FI) *Loggiato dei Serviti*
Firenze (FI) *Relais Uffizi*
Firenze / Galluzzo **(FI)** *Marignolle Relais e Charme*
Gallipoli (LE) *Palazzo del Corso*
Gargnano (BS) *Villa Giulia*
Gerace (RC) *La Casa di Gianna*
Grinzane Cavour (CN) *Casa Pavesi*
Ischia (Isola d') / Forio **(NA)** *La Bagattella Terme*
Ischia (Isola d') / Ischia **(NA)** *La Villarosa*
Isola d'Asti (AT) *Castello di Villa*
Madonna di Campiglio (TN) *Bio-Hotel Hermitage*
Marina di Arbus (CA) *Le Dune*
Maratea / Acquafredda **(PZ)** *Villa Cheta Elite*
Merano (BZ) *Castello Labers*
Merano / Freiberg **(BZ)** *Castel Fragsburg*
Milano (MI) *Antica Locanda dei Mercanti*
Modica (RG) *Palazzo Failla*
Ragusa (RG) *Eremo della Giubiliana*
Monforte d'Alba (CN) *Villa Beccaris*
Montemerano (GR) *Relais Villa Acquaviva*
Montorfano (CO) *Santandrea Golf Hotel*
Napoli (NA) *Chiaja Hotel de Charme*
Napoli (NA) *Costantinopoli 104*
Negrar (VR) *Relais La Magioca*
Novacella (BZ) *Pacherhof*
Orbetello (GR) *Relais San Biagio*
Ortisei / Bulla **(BZ)** *Uhrerhof-Deur*
Ostuni (BR) *La Sommità*
Panicale (PG) *Villa di Monte Solare*
Pellio Intelvi (CO) *La Locanda del Notaio*
Penango / Cioccaro **(AT)** *Relais Il Borgo*
Poggibonsi (SI) *Villa San Lucchese*
Portofino (GE) *San Giorgio*
Porto Santo Stefano / Cala Piccola **(GR)** *Torre di Cala Piccola*
Radda in Chianti (SI) *Il Borgo di Vescine*
Radda in Chianti (SI) *La Locanda*
Radda in Chianti (SI) *Palazzo Leopoldo*
Radda in Chianti (SI) *Palazzo San Niccolò*
Radda in Chianti (SI) *Relais Vignale*
Ragusa / Ibla **(RG)** *Locanda Don Serafino*
Redagno (BZ) *Zirmerhof*
Reggello / Donnini **(FI)** *Villa Pitiana*
Reggello / Vaggio **(FI)** *Villa Rigacci*
Reggiolo (RE) *Villa Montanarini*
Renon / Collalbo **(BZ)** *Kematen*
Roccastrada (GR) *La Melosa*
Roma (RM) *The Inn at the Spanish Steps*
Roma (RM) *Sant'Anselmo*
Salò (BS) *Bellerive*
San Gimignano (SI) *Villa San Paolo Hotel*
San Giorgio Canavese (TO) *Foresteria del Castello*
San Quirico d'Orcia (SI) *Relais Palazzo del Capitano*
San Remo (IM) *Eveline-Portosole*
Santa Maria la Longa / Tissano **(UD)** *Villa di Tissano*
Santa Teresa Gallura / Conca Verde **(SS)** *La Coluccia*
Sauze d'Oulx / Le Clotes **(TO)** *Il Capricorno*
Sestri Levante (GE) *Suite Hotel Nettuno*
Siena (SI) *Palazzo Ravizza*
Siena (SI) *Villa Scacciapensieri*
Siracusa (SR) *Lady Lusya*
Sorrento (NA) *Maison la Minervetta*
Sovana (GR) *Sovana*
Spoleto (PG) *Palazzo Dragoni*
Spoleto (PG) *Palazzo Leti*
Taormina (ME) *Villa Carlotta*
Taormina (ME) *Villa Ducale*
Tonale (Passo del) (BS) *La Mirandola*
Tremosine (BS) *Villa Selene*
Vicchio / Campestri **(FI)** *Villa Campestri*

Acqui Terme (AL) *Talice Radicati*
Appiano sulla Strada del Vino / Pigeno **(BZ)** *Schloss Englar*
Bacoli (NA) *Villa Oteri*
Canazei (TN) *Stella Alpina*
Dragoni (CE) *Villa de Pertis*
Eolie (Isole) / Filicudi Porto **(ME)** *La Canna*
Fiesole (FI) *Pensione Bencistà*
Gargnano / Villa **(BS)** *Baia d'Oro*
Ischia (Isola d') / Forio **(NA)** *Punta Chiarito*
Levanto (SP) *Stella Maris*
Lucca (LU) *Villa Agnese*

Matera (MT) *Locanda di San Martino*
Matera (MT) *Sassi Hotel*
Milano (MI) *Antica Locanda Leonardo*
Milano (MI) *Antica Locanda Solferino*
Montecosaro (MC) *Luma*
Morano Calabro (CS) *Villa San Domenico*
Napoli (NA) *Il Convento*
Orta San Giulio (NO) *La Contrada dei Monti*
Palazzuolo sul Senio (FI) *Locanda Senio*
Ravello (SA) *Villa San Michele*
Roma (RM) *Pensione Barrett*
Saint-Pierre (AO) *La Meridiana Du Cadran Solaire*
San Giovanni d'Asso (SI) *La Locanda del Castello*
Santarcangelo di Romagna (RN) *Il Villino*
Sciacca (AG) *Villa Palocla*
Selva di Cadore (BL) *Ca' del Bosco*
Sirmione / Lugana **(BS)** *Bolero*
Trevi (PG) *Trevi*
Valtournenche (AO) *Grandes Murailles*
Venezia (VE) *Antico Doge*
Venezia (VE) *La Calcina*
Verduno (CN) *Real Castello*

Alberobello (BA) *Fascino Antico*
Albinia (GR) *Agriturismo Antica Fattoria la Parrina*
Amalfi (SA) *Villa Lara*
Andria / Montegrosso **(BA)** *Agriturismo Biomasseria Lama di Luna*
Antignano / Gonella **(AT)** *Locanda del Vallone*
Apricale (IM) *Locanda dei Carugi*
Ascoli Piceno (AP) *Agriturismo Villa Cicchi*
Avetrana (TA) *Agriturismo Masseria Bosco*
Bagnoregio (VT) *Romantica Pucci*
Barolo / Vergne **(CN)** *Ca' San Ponzio*
Bernalda (MT) *Agriturismo Relais Masseria Cardillo*
Bettona (PG) *Contry House Torre Burchio*
Bibbiena (AR) *Relais il Fienile*
Bologna (BO) *Il Convento dei Fiori di Seta*
Borgo San Lorenzo (FI) *Casa Palmira*
Borno (BS) *Zanaglio*
Brisighella / Cavina **(RA)** *Torre Pratesi*
Canale (CN) *Agriturismo Villa Tiboldi*
Canelli (AT) *Agriturismo La Casa in Collina*
Capri (Isola di) / Anacapri **(NA)** *Villa le Scale*
Capriva del Friuli (GO) *Castello di Spessa*
Carré (VI) *Locanda La Corte dei Galli*
Casperia (RI) *La Torretta*
Castel d'Aiano / Rocca di Roffeno **(BO)** *Agriturismo La Fenice*
Castel di Lama (AP) *Borgo Storico Seghetti Panichi*
Castelfranco Emilia (MO) *Agriturismo Villa Gaidello*
Castelfranco Emilia / Rastellino **(MO)** *Il Giovanetto*
Castellabate / San Marco **(SA)** *Giacaranda*
Castellina in Chianti / Piazza **(SI)** *Borgo Poggio al Sorbo*
Castel Ritaldi (PG) *La Gioia*
Castelvetro di Modena (MO) *Locanda del Feudo*
Castenaso (BO) *Agriturismo Il Loghetto*
Castiglion Fiorentino / Pieve di Chio **(AR)** *Casa Portagioia*
Cetona (SI) *La Locanda di Anita*
Città della Pieve (PG) *Relais dei Magi*
Cortona (AR) *Villa di Piazzano*
Diano d'Alba (CN) *Agriturismo La Briccola*
Drizzona / Castelfranco d'Oglio **(CR)** *Agriturismo l'Airone*
Fasano (BR) *Agriturismo Borgo San Marco*
Fasano (BR) *Agriturismo Masseria Marzalossa*
Ferrara (FE) *Locanda d'Elite*
Ferrara (FE) *Locanda della Duchessina*
Ferrara / Porotto-Cassana **(FE)** *Agriturismo alla Cedrara*
Ferrara / Pontegradella **(FE)** *Locanda Corte Arcangeli*
Ferrara / Gaibanella **(FE)** *Locanda della Luna*
Firenze (FI) *Antica Dimora Firenze*
Firenze (FI) *Antica Torre di via Tornabuoni N. 1*
Firenze (FI) *Le Residenze Johlea*
Firenze (FI) *Palazzo Niccolini*
Foiano della Chiana / Pozzo **(AR)** *Villa Fontelunga*
Furore (SA) *Agriturismo Sant'Alfonso*
Gaiole in Chianti (SI) *Borgo Argenina*
Gallipoli (LE) *Masseria Li Foggi*
Gallipoli (LE) *Palazzo Mosco Inn*
Gallipoli (LE) *Relais Corte Palmieri*
Gardone Riviera (BS) *Dimora Bolsone*
Gazzola / Rivalta Trebbia **(PC)** *Agriturismo Croara Vecchia*
Genova (GE) *Locanda di Palazzo Cicala*
Giffoni Sei Casali / Sieti **(SA)** *Palazzo Pennasilico*
Greve in Chianti (FI) *Agriturismo Villa Vignamaggio*

Gubbio / Pisciano **(PG)** *Agriturismo Le Cinciallegre*
Gubbio / Scritto **(PG)** *Agriturismo Castello di Petroia*
Imperia (IM) *Agriturismo Relais San Damian*
Impruneta (FI) *Relais Villa L' Olmo*
Labico (RM) *Agriturismo Fontana Chiusa*
La Morra (CN) *Villa Carita*
La Morra / Annunziata **(CN)** *Agriturismo La Cascina del Monastero*
La Morra / Rivalta **(CN)** *Dimora di Campagna Bricco dei Cogni*
Levanto (SP) *Agriturismo Villanova*
Lucca (LU) *A Palazzo Busdraghi*
Lucca (LU) *Alla Corte degli Angeli*
Lucca (LU) *La Romea*
Lucca / Cappella **(LU)** *La Cappella*
Lucca / Segromigno in Monte **(LU)** *Fattoria Mansi Bernardini*
Lucca / Arsina **(LU)** *Villa Alessandra*
Magliano Alfieri (CN) *Agriturismo Cascina San Bernardo*
Maiori (SA) *Casa Raffaele Conforti*
Manciano (GR) *Le Pisanelle*
Mango (CN) *Villa Althea*
Melizzano (BN) *Agriturismo Mesogheo*
Milano (MI) *Alle Meraviglie*
Milano (MI) *Petit Palais*
Mombello Monferrato (AL) *Cà Dubini*
Montecatini Terme (PT) *Villa le Magnolie*
Montefiridolfi (FI) *Agriturismo Fonte de' Medici*
Montefiridolfi (FI) *Il Borghetto Country Inn*
Montepulciano (SI) *Relais San Bruno*
Montepulciano (SI) *Villa Poggiano*
Monte San Savino / Gargonza **(AR)** *Castello di Gargonza*
Montieri (GR) *Agriturismo La Meridiana-Locanda in Maremma*
Morano Calabro (CS) *Agriturismo la Locanda del Parco*
Napoli (NA) *Belle Arti*
Napoli (NA) *L'Alloggio dei Vassalli*
Noli (SV) *Residenza Palazzo Vescovile*
Offida (AP) *Agriturismo Nascondiglio di Bacco*
Ostuni (BR) *Agriturismo Il Frantoio*
Panicale (PG) *Agriturismo Montali*
Panicale (PG) *Villa le Mura*
Peccioli (PI) *Tenuta di Pratello*
Peio / Cogolo **(TN)** *Chalet Alpenrose*
Pesaro (PU) *Locanda di Villa Torraccia*
Pesaro (PU) *Villa Serena*
Pettineo (ME) *Casa Migliaca*
Piana degli Albanesi (PA) *Agriturismo Masseria Rossella*
Piegaro (PG) *Ca' de Principi*
Pienza (SI) *Relais La Saracina*
Pienza / Monticchiello **(SI)** *L'Olmo*
Pinzolo / Sant' Antonio di Mavignola **(TN)** *Maso Doss*
Poggiorsini (BA) *Agriturismo Masseria Il Cardinale*
Positano (SA) *Villa Rosa*
Pozzuoli / Cuma **(NA)** *Villa Giulia*
Radicofani (SI) *Agriturismo la Palazzina*
Ravenna (RA) *Cappello*
Roma (RM) *Anne e Mary*
Roma (RM) *The Boutique Art Hotel*
Salò / Serniga **(BS)** *Agriturismo Fattoria il Bagnolo*
San Casciano in Val di Pesa (FI) *Villa il Poggiale*
San Casciano in Val di Pesa / Mercatale **(FI)** *Agriturismo Salvadonica*
San Casciano in Val di Pesa / Talente **(FI)** *Villa Talente*
San Damiano d'Asti (AT) *Casa Buffetto*
San Leo (PU) *Country House Locanda San Leone*
San Quirico d'Orcia / Bagno Vignoni **(SI)** *La Locanda del Loggiato*
Sansepolcro (AR) *Relais Palazzo di Luglio*
Santarcangelo di Romagna / Montalbano **(RN)** *Agriturismo Locanda Antiche Macine*
Sappada / Cima Sappada **(BL)** *Agriturismo Voltan Haus*
Sarcedo (VI) *Casa Belmonte*
Sassetta (LI) *Agriturismo La Bandita*
Scandicci / Mosciano **(FI)** *Le Viste*
Sellia Marina (CZ) *Agriturismo Contrada Guido*
Siena (SI) *Frances' Lodge*
Sinalunga (SI) *San Giustino*
Siracusa (SR) *Agriturismo La Perciata*
Spoleto / Pompagnano **(PG)** *Agriturismo Convento di Agghielli*
Spoleto / Poreta **(PG)** *Castello di Poreta*
Stroncone (TR) *La Porta del Tempo*
Susegana (TV) *Agriturismo Maso di Villa*
Todi (PG) *Agriturismo Tenuta di Canonica*
Torrita di Siena (SI) *Residenza D'Arte*
Tortona (AL) *Casa Cuniolo*
Trezzo Tinella (CN) *Agriturismo Antico Borgo del Riondino*
Ugento (LE) *Masseria Don Cirillo*
Venezia (VE) *Ca' del Borgo*
Venezia (VE) *Charming House DD 724*
Venezia (VE) *Novecento*
Venezia (VE) *Palazzo Abadessa*
Verrayes / Grandzon **(AO)** *Agriturismo La Vrille*
Volterra (PI) *Agriturismo Villa Montaperti*

Ristoranti ameni

Restaurants agréables

Angenehme Restaurants

Particularly pleasant restaurants

Firenze (FI)	*Enoteca Pinchiorri*
Roma (RM)	*La Pergola*

Baschi (TR)	*Vissani*
Canneto Sull' Oglio / Runate (MN)	*Dal Pescatore*
Capri (Isola di) / Anacapri (NA)	*L'Olivo*
Capri (Isola di) / Capri (NA)	*Quisi*
Erbusco (BS)	*Gualtiero Marchesi*
Milano (MI)	*Il Teatro*
Montignoso (MS)	*Il Bottaccio*
Quistello (MN)	*Ambasciata*
Ravello (SA)	*Rossellinis*
Roma (RM)	*Hostaria dell'Orso di Gualtiero Marchesi*
Roma (RM)	*Mirabelle*
Sant' Agata sui Due Golfi (NA)	*Don Alfonso 1890*
Torino (TO)	*Del Cambio*
Venezia (VE)	*Caffè Quadri*
Ventimiglia (IM)	*Baia Beniamin*

Alta Badia / Corvara in Badia (BZ)	*La Stüa de Michil*
Alta Badia / San Cassiano (BZ)	*St. Hubertus*
Bassano del Grappa (VI)	*Ca' 7*
Besenzone / Bersano **(PC)**	*La Fiaschetteria*
Brescia (BS)	*Castello Malvezzi*
Cartoceto (PU)	*Symposium*
Castel Guelfo di Bologna (BO)	*Locanda Solarola*
Castiglione della Pescaia / Badiola **(GR)**	*Trattoria Toscana-Tenuta la Badiola*
Cetona (SI)	*La Frateria di Padre Eligio*
Como (CO)	*Navedano*
Cortona / San Martino **(AR)**	*Il Falconiere*
Dolegna del Collio / Ruttars **(GO)**	*Castello di Trussio dell'Aquila d'Oro*
Falzes / Molini **(BZ)**	*Schöneck*
Follina (TV)	*La Corte*
Gardone Riviera (BS)	*Villa Fiordaliso*
Lucca (LU)	*Gazebo*
Manerba del Garda (BS)	*Capriccio*
Milano (MI)	*Acanto*
Milano (MI)	*Don Carlos*
Montalcino / Poggio alle Mura **(SI)**	*Castello Banfi*
Montefollonico (SI)	*La Chiusa*
Monza (MI)	*Derby Grill*
Oderzo (TV)	*Gellius*
Orta San Giulio (NO)	*Villa Crespi*
Ortisei (BZ)	*Anna Stuben*
Piossasco (TO)	*La Maison dei Nove Merli*
Positano (SA)	*Al Palazzo*

Ranco (VA) *Il Sole di Ranco*
San Bonifacio (VR) *Relais Villabella*
San Pietro in Cariano / Pedemonte **(VR)** *Arquade*
Santo Stefano Belbo (CN) *Il Ristorante*
di Guido da Costigliole
Scilla (RC) *Principe di Scilla-»u Bais»*
Treiso (CN) *La Ciau del Tornavento*
Verona (VR) *12 Apostoli*
Verona (VR) *Il Desco*

Alghero (SS) *Andreini*
Almenno San Salvatore (BG) *Cantina Lemine*
Aosta / Gressan **(AO)** *Hostellerie de la Pomme Couronnée*
Barberino Val d'Elsa / Petrognano **(FI)** *Il Paese dei Campanelli*
Barile (PZ) *Locanda del Palazzo*
Bee (VB) *Chi Ghinn*
Briosco (MI) *LeAR*
Caldogno (VI) *Molin Vecio*
Camaiore (LU) *Emilio e Bona*
Cantello (VA) *Madonnina*
Castelraimondo / Sant'Angelo **(MC)** *Il Giardino degli Ulivi*
Cavalese (TN) *El Molin*
Certaldo (FI) *Osteria del Vicario*
Cervere (CN) *Antica Corona Reale-da Renzo*
Cherasco (CN) *Operti 1772-Da Fausto*
Chiesa in Valmalenco (SO) *Il Vassallo*
Colloredo di Monte Albano (UD) *La Taverna*
Cuasso al Monte / Cuasso al Piano **(VA)** *Molino del Torchio*
Eolie (Isole) / Lipari **(ME)** *E Pulera*
Fabriano (AN) *Villa Marchese del Grillo*
Firenze (FI) *The Lounge*
Fiume Veneto (PN) *L'Ultimo Mulino*
Gavi (AL) *La Gallina*
Malé (TN) *Conte Ramponi*
Millesimo (SV) *Msetutta*
Misano Adriatico / Misano Monte **(RN)** *Locanda I Girasoli*
Montaione / San Benedetto **(FI)** *Casa Masi*
Ostuni (BR) *Masseria Cantone*
Parma (PR) *La Filoma*
Pergine Valsugana (TN) *Castel Pergine*
Pieve di Soligo / Solighetto **(TV)** *Da Lino*
Ragusa / Ibla **(RG)** *Locanda Don Serafino*
Roma (RM) *La Ninfa*
Roseto degli Abruzzi (TE) *Tonino-da Rosanna*
Sappada (BL) *Laite*
Senago (MI) *La Brughiera*
Tigliole (AT) *Vittoria*
Torino (TO) *Villa Somis*
Vado Ligure / Sant'Ermete **(SV)** *La Fornace di Barbablù*
Vandoies (BZ) *Tilia*
Varese / Capolago **(VA)** *Da Annetta*
Venezia / Torcello **(VE)** *Locanda Cipriani*
Verbania / Pallanza **(VB)** *Visconti*
Verona (VR) *Osteria la Fontanina*
Villa d'Almè (BG) *Osteria della Brughiera*
Villa di Chiavenna (SO) *Lanterna Verde*
Villandro / Villanders (BZ) *Ansitz Zum Steinbock*

Bergamo / San Vigilio **(BZ)** *Baretto di San Vigilio*
Cappella de' Picenardi (CR) *Locanda degli Artisti*
Carate Brianza (MI) *Camp di Cent Pertigh*
Chiavenna / Mese **(SO)** *Crotasc*
Cisterna d'Asti (AT) *Garibaldi*
Cogne (AO) *Bar a Fromage*
Fumane (VR) *Enoteca della Valpolicella*
Gravina in Puglia (BA) *Madonna della Stella*
Ischia (Isola d') / Forio **(NA)** *Da "Peppina" di Renato*
Modena (MO) *Hosteria Giusti*
Parcines / Tel **(BZ)** *Museumstube Bagni Egart-Onkel Taa*
Peccioli (PI) *La Greppia*
San Pellegrino (Passo) (TN) *Rifugio Fuciade*
Siena (SI) *La Taverna di San Giuseppe*
Siena (SI) *Osteria le Logge*
Tarcento (UD) *Osteria di Villafredda*
Taviano (LE) *A Casa tu Martinu*
Trecastagni (CT) *Villa Taverna*
Treviso (TV) *Toni del Spin*
Usseaux (TO) *Lago del Laux*

Per saperne di piú

Pour en savoir plus

Gut zu wissen

Further information

L'olio d'oliva e la cucina italiana :

Un matrimonio d'amore

Almeno quanto il vino, l'olio sta attraversando un momento di eccezionale fortuna in Italia e nel mondo. E come il vino ben rappresenta il nostro paese: dal lago di Garda alla Sicilia, la coltivazione dell'olivo è presente in quasi tutte le regioni declinandosi in un numero di varietà che ben rispecchia la vocazione tradizionale e locale del Belpaese.
Diverse sono le ragioni di tanto successo. La bontà del prodotto è amplificata dalla varietà di utilizzi: pasta, carne, pesce, ora perfino i dolci dei cuochi più creativi, sono tutti esaltati da questo "matrimonio all'italiana". Ma negli ultimi anni l'olio è diventato anche un elemento immancabile nelle diete, se ne scoprono ogni giorno virtù nutrizionali e terapeutiche, da sempre consigliato nelle fritture è comparso ora anche nei centri benessere in olio-terapie.
Dovunque andrete, utilizzando la Guida, lo troverete sempre in tavola!

L'huile d'olive et la cuisine à l'italienne :

Un mariage d'amour

À l'instar du vin, l'huile connaît un engouement important en Italie et dans le monde. Et comme le vin, elle représente parfaitement notre pays : du lac de Garde à la Sicile, la culture de l'olive est présente dans presque toutes les régions et se décline en une variété qui reflète bien la vocation traditionnelle et locale de la péninsule italienne.
Ce succès s'explique de plusieurs façons. La saveur du produit est amplifiée par le nombre de ses utilisations : les pâtes, la viande, le poisson ou même les desserts des chefs les plus créatifs, sont sublimés par ce « mariage à l'italienne ». Mais ces dernières années l'huile est également devenue un élément incontournable des régimes, on découvre ses valeurs nutritionnelles et thérapeutiques. Présente depuis toujours dans la friture, elle apparaît maintenant dans les centres de bien-être en oléothérapie.
En utilisant le Guide, partout où vous irez, vous la trouverez à table!

Olivenöl und italienische Küche :

eine heiße Liaison

Sowohl in Italien als auch weltweit erlebt das Olivenöl zurzeit eine spektakuläre Blüte, die sich mindestens mit der des Weins messen kann. Ebenso wie der Wein ist es ein Wahrzeichen Italiens, denn vom Gardasee bis Sizilien durchzieht der Olivenanbau fast alle Regionen und entfaltet eine Vielförmigkeit, die anschaulich belegt, wie prädestiniert für die Olivenkultur Italiens Regionen und Traditionen sind.
Für den Erfolg zeichnen mehrere Faktoren verantwortlich. Neben der Güte der Erzeugnisse begeistern die vielfältigen Verwendungsmöglichkeiten: Nudeln, Fleisch, Fisch, und neuerdings sogar Süßspeisen aus der Hand von Avantgarde-Köchen erhalten ihr gewisses Etwas dank dieser typisch italienischen Liaison. In letzter Zeit ist das Öl auch zum unentbehrlichen Bestandteil von Diäten geworden; tagtäglich wird mehr über seinen Nährwert und mögliche Heilanwendungen bekannt, und das von jeher zum Frittieren empfohlene Olivenöl begegnet uns nun selbst in den Öltherapien der Wellness-Center.
Kurz, wohin unsere Empfehlung Sie auch führt, es ist immer mit von der Partie!

Olive oil and Italian cooking :

a marriage made in heaven

Like wine, olive oil is experiencing a time of exceptional good fortune in Italy and throughout the world. And like wine, it represents our country very well indeed: olives are cultivated in almost all the regions, from Lake Garda to Sicily, and the number of varieties mirrors well the traditional and local vocation of the Beautiful Country.
There are many reasons for such success. The flavour of the product is increased by its many different uses: pasta, meat, fish, now even sweet dishes made by the most creative cooks, are all enhanced by this "Italian-style marriage". Over the last few years, olive oil has even become an essential part of diets, and each day brings new discoveries of its nutritional and therapeutic virtues. It has always been recommended for fried food and now it is found in wellness centres as oil-therapy.
Wherever this guide takes you, you will always find it on the table!

I vini d'Italia :

il sapore del sole

L'Italia è un paese straordinariamente vocato alla produzione vinicola, se per secoli tanta ricchezza territoriale è stata poco o male sfruttata, da alcuni decenni la sapiente ricerca di qualità ha permesso ai vini nazionali di divenire Grandi Vini, perché se è vero che grande importanza hanno la qualità e le caratteristiche del vitigno, altrettanto peso hanno la giusta scelta geografica e climatica e allo stesso modo il "lavoro in vigna ed in cantina" su cui il paese si è concentrato crescendo sino ai livelli attuali.
L'eccellente potenzialità del territorio italiano, d'altra parte, è testimoniata dall'esistenza di oltre 300 varietà di vitigni coltivati nelle situazioni più disparate, vicino al mare piuttosto che ai piedi delle montagne, nelle isole del profondo sud ma anche tra le morbide sinuosità delle colline, ognuna di queste varietà è capace di produrre uve di tipo diverso e, quindi, vini -autoctoni piuttosto che di taglio più internazionale- dalle caratteristiche proprie.
Vitigni italiani diffusi e conosciuti in tutto il mondo sono il Sangiovese, il Trebbiano il Barbera o il Nebbiolo.
Questa grandissima varietà di tipologie è uguagliata forse soltanto dall'ampio ventaglio di prodotti alimentari e tipicità regionali che formano le importanti diversità dello stivale e che permettono abbinamenti col vino interessanti quando non addirittura emozionanti: lasciamo ai ristoratori il piacere di illustrarvene i dettagli e, soprattutto, al vostro palato la curiosità di scoprirli.
Anche perché, in fondo, cosa accompagna meglio un piatto italiano se non un grande vino italiano?

Les vins d'Italie :

les saveurs du soleil

L'Italie est un pays voué à la viticulture. Si pendant de nombreuses années toute la richesse de son territoire a été peu ou mal exploitée, depuis quelques dizaines d'années la recherche de la qualité a permis aux vins italiens de devenir de Grands Vins. Car même s'il est vrai que la qualité et les caractéristiques du vignobles sont importantes, le choix géographique et climatique et le « travail au vignoble et à la cave » sur lesquels le pays s'est concentré pour atteindre son niveau actuel sont également essentiels.
L'excellent potentiel du territoire italien, d'autre part, est démontré par les quelques 300 variétés de cépages cultivés dans les situations les plus variées, au bord de la mer comme au pied des montagnes, dans les îles du sud mais également sur les collines douces et sinueuses ; chacune de ces variétés est capable de produire du raisin différent et, par conséquent, des vins – autochtones plutôt que de style international – aux caractéristiques qui leur sont propres.
Des cépages italiens comme le Sangiovese, le Trebbiano, le Barbera ou le Nebbiolo sont connus et diffusés dans le monde entier.
Cette grande variété n'est égalée que par la diversité de produits alimentaires et de spécialités régionales qui composent la botte italienne et qui permettent des associations intéressantes voire émouvantes avec les vins : laissons aux restaurateurs le plaisir de vous en présenter les détails, et à votre palais la curiosité de les découvrir.
Parce qu'au fond, quoi de mieux qu'un grand vin italien pour accompagner un plat italien?

Italiens Weine:
Aroma der Sonne

Zum Weinbau ist Italien besonders prädestiniert. Während früher jedoch sein hochkarätiges Anbaupotenzial nur unvollkommen ausgeschöpft wurde, hat in den letzten Jahrzehnten fachkompetentes Qualitätsstreben die italienischen Weine zu Spitzenweinen heranreifen lassen. Denn ebenso wichtig wie Qualität und Eigenschaften der Rebsorten ist auch die Wahl geeigneter geografischer und klimatischer Bedingungen und die Arbeit in Weinberg und Keller, die man in Italien gezielt verbessert und so das heutige Qualitätsniveau erreicht hat.

Das ausgezeichnete Potenzial Italiens als Weinbaustandort belegen auch die über 300 Rebsorten, die unter den verschiedenartigsten Bedingungen gedeihen. In Meeresnähe, am Fuß der Gebirge, auf Inseln im tiefen Süden oder in sanft geschwungenen Hügellandschaften bringt ein und dieselbe Sorte oft ganz andere Trauben und damit auch Weine mit eigenständigem Charakter hervor, die meist eher regionaltypisch als international zugeschnitten sind.

International verbreitete und bekannte italienische Rebsorten sind Sangiovese, Trebbiano, Barbera und Nebbiolo.

Der immensen Rebenvielfalt vergleichbar dürfte wohl nur das weit gefächerte Angebot an Speisen und regionalen Spezialitäten sein, die die enorme Vielgestaltigkeit des „Stiefels" ausmachen und Kombinationen mit Weinen erlauben, die interessant, ja geradezu aufregend sind. Das Vergnügen, Ihnen dies im Einzelnen zu demonstrieren, überlassen wir jedoch gern den Gastronomen, und den Spaß am Entdecken Ihrem Gaumen.

Denn was passt besser zu einem italienischen Gericht als ein italienischer Wein mit Niveau?

Italian wines:
the flavour of the sun

Italy has an extraordinary inclination for the production of wine, although for centuries the country's rich resources had been used badly or hardly at all. However, over the last few decades, skilful striving for quality has meant that Italian wines have become "Grandi Vini" (Premium wines), because whereas it is true that the quality and characteristics of the vines are of great importance, the right geographic and climatic choice carries the same weight, as does the "work done in the vineyard and in the cellar". The country has concentrated on this, thereby increasing to current levels of growth.

The excellent potential of the Italian terrain is borne out by the existence of more than 300 varieties of vines cultivated in very different situations, by the sea and at the foot of the mountains, on southernmost islands, but also nestling amongst the soft undulations of the hills: each of these varieties is able to produce grapes that are different in type and, therefore, wines with their own characteristics – autochthonous rather than "international".

Italian varieties which are well known and found all over the world are Sangiovese, Trebbiano, Barbera and Nebbiolo.

This huge variety of types can only perhaps be equalled by the wide range of food products and typical regional produce to be found in Italy, which, when accompanied by wine, form combinations that are interesting and sometimes enthralling: we shall let restaurateurs have the pleasure of illustrating the details and shall also allow your palate the delight of discovering them.

After all, what better than a wonderful Italian wine to accompany an Italian dish?

Vini e Specialità Regionali

Vignobles & Spécialités régionales
Weinberge & regionale Spezialitäten
Vineyards & Regional Specialities

① Valle d'Aosta :

Carbonada, Fonduta alla valdostana

② Piemonte :

Peperone farcito, bagna càöda, Ravioli del plin, Vitello tonnato, Tajarin con tartufo bianco d'Alba, Brasato al Barolo, Bonèt

③ Liguria :

Trofie al pesto, Pansotti con salsa di noci, Cappon magro, Coniglio arrosto alla ligure

④ Lombardia :

Risotto allo zafferano, Tortelli di zucca, Casônsèi, Pizzoccheri alla valtellinese, Cotoletta alla milanese, Pesce in carpione, Casoeûla, panettone

⑤ Veneto :

Risotto alla marinara, Bigoli in salsa, Pasta e fagioli, Baccalà alla vicentina, Sarde in saòr, Fegato alla veneziana

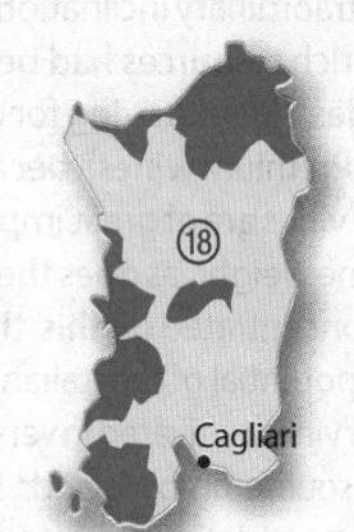

⑥ Trentino alto Adige :

Canéderli, Capriolo con salsa ai frutti di bosco, Stinco di maiale con crauti, Strudel

⑦ Friuli Venezia Giulia :

Zuppa d'orzo, Cialzóns

⑧ Emilia Romagna :

Pisari e fasö, Lasagne, Tagliatelle con ragù alla bolognese, Tortellini in brodo, Fritto misto di pesce, Bollito misto, Zuppa Inglese

⑨ Toscana :

Pappa al pomodoro, Pappardelle con la lepre, Ribollita, Triglie alla livornese, Caciucco, Costata alla fiorentina, Cantucci

⑩ Umbria :

Stringozzi al tartufo nero di Norcia, Zuppa di lenticchie, Trota alla griglia, Piccione allo spiedo

⑪ Marche :

Olive all'ascolana, Stoccafisso in potacchio, Brodetto, Coniglio in porchetta

⑫ Abruzzo-Molise :

Maccheroni alla chitarra, Agnello allo zafferano, Pecora bollita

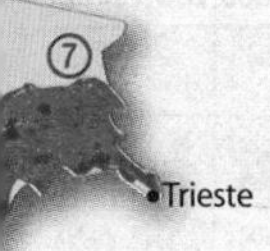

⑬ Lazio :

Bucatini alla amatriciana, Spaghetti alla carbonara, Carciofi alla romana, Coda alla vaccinara, Trippa alla romana

⑭ Campania :

Paccheri con ragù alla napoletana, Zite con ragù alla genovese, Pizze e calzoni, Sartù di riso, Polpo affogato, Sfogliatelle, Babà, Pastiera

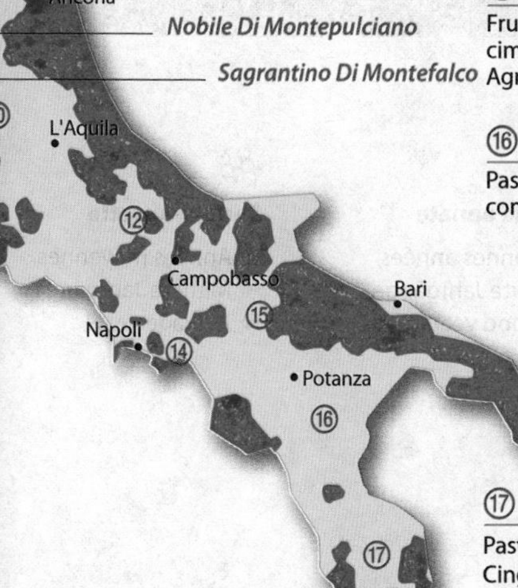

⑮ Puglia :

Frutti di mare crudi, Orecchiette con cime di rapa, Minestra di fave e cicoria, Agnello al forno, Seppie ripiene

⑯ Basilicata :

Pasta e ceci, Baccalà alla lucana, Maiale con peperonata

⑰ Calabria :

Pasta con sardella, Baccalà alla calabrese, Cinghiale in umido

⑱ Sardegna :

Gnocchetti sardi allo zafferano, Aragosta bollita, Maialino alla brace, Sebadas

⑲ Sicilia :

Pasta con le sarde, Pasta alla Norma, Couscous alla trapanese, Involtini di pesce spada, Cannoli, Cassata

Scegliere un buon vino

Choisir le bon vin

Der richtige Wein

Choosing a good wine

	1991	1992	1993	1994	1995	1996	1997	1998	1999	2000	2001	2002
Barbaresco	Buone annate	Annate corrette	Buone annate	Annate corrette	Grandi annate	Grandi annate	Grandi annate	Grandi annate	Grandi annate	Grandi annate	Grandi annate	Buone annate
Barolo	Buone annate	Annate corrette	Buone annate	Annate corrette	Grandi annate	Grandi annate	Grandi annate	Grandi annate	Grandi annate	Grandi annate	Grandi annate	Buone annate
Franciacorta	Grandi annate	Buone annate	Grandi annate	Grandi annate	Grandi annate	Buone annate	Grandi annate	Grandi annate	Grandi annate	Buone annate	Grandi annate	Buone annate
Chianti Classico	Buone annate	Annate corrette	Grandi annate	Annate corrette	Grandi annate	Buone annate	Grandi annate	Grandi annate	Grandi annate	Buone annate	Grandi annate	Annate corrette
Brunello Di Montalcino	Buone annate	Annate corrette	Grandi annate	Buone annate	Grandi annate	Buone annate	Grandi annate	Grandi annate	Grandi annate	Buone annate	Grandi annate	Annate corrette
Nobile Di Montepulciano	Buone annate	Annate corrette	Grandi annate	Annate corrette	Grandi annate	Buone annate	Grandi annate	Buone annate	Grandi annate	Buone annate	Grandi annate	Annate corrette
Amarone	Annate corrette	Annate corrette	Grandi annate	Annate corrette	Grandi annate	Buone annate	Grandi annate	Buone annate	Buone annate	Grandi annate	Buone annate	Annate corrette
Sagrantino Di Montefalco	Buone annate	Annate corrette	Grandi annate	Buone annate	Grandi annate	Buone annate	Grandi annate	Grandi annate	Buone annate	Grandi annate	Grandi annate	Annate corrette

Grandi annate

➜ **Grandes années**
➜ Großen Jahrgänge
➜ Great years

Buone annate

➜ Bonnes années
➜ Gute Jahrgänge
➜ Good years

Annate corrette

➜ Années moyennes
➜ Mittlere Jahrgänge
➜ Average years

Le grandi annate dal 1970 :
1970-1971-1974-1978-1980-1982-1983-1985- 1988

➜ Les grandes années depuis 1970
➜ Dis größten Jahrgänge seit 1970
➜ The greatest vintages since 1970

Wellness

Centro attrezzato per il benessere ed il relax
Bel espace de bien-être et de relaxation
Schöner Bereich zum Wohlfühlen
An extensive facility for relaxation

Abano Terme (PD) *Abano Grand Hotel*
Abano Terme (PD) *Ariston Molino*
Abano Terme (PD) *Bristol Buja*
Abano Terme (PD) *Due Torri*
Abano Terme (PD) *Europa Terme*
Abano Terme (PD) *Harrys' Terme*
Abano Terme (PD) *Metropole*
Abano Terme (PD) *Mioni Pezzato*
Abano Terme (PD) *Panoramic Hotel Plaza*
Abano Terme (PD) *President*
Abano Terme (PD) *Principe*
Abano Terme (PD) *Savoia*
Abano Terme (PD) *Trieste e Victoria*
Abano Terme (PD) *Tritone Terme*
Abano Terme / Monteortone **(PD)** *Rêve Monteortone*
Acqui Terme (AL) *Grand Hotel Nuove Terme*
Alpe di Siusi (BZ) *Sporthotel Floralpina*
Alpe di Siusi (BZ) *Urthaler*
Alta Badia / San Cassiano (BZ) *Armentarola*
Alta Badia / Colfosco (BZ) *Cappella*
Alta Badia / La Villa (BZ) *Ciasa Antines*
Alta Badia / San Cassiano (BZ) *Fanes*
Alta Badia / San Cassiano (BZ) *Gran Ancëi*
Alta Badia / La Villa (BZ) *La Majun*
Alta Badia / Corvara in Badia (BZ) *La Perla*
Alta Badia / Corvara in Badia (BZ) *Posta-Zirm*
Alta Badia / San Cassiano (BZ) *Rosa Alpina*
Alta Badia / Corvara in Badia (BZ) *Sassongher*
Alta Badia / Corvara in Badia (BZ) *Sport Hotel Panorama*
Alta Badia / Pedraces (BZ) *Sporthotel Teresa*
Appiano sulla Strada del Vino / Laghi di Monticolo **(BZ)** *Gartenhotel Moser*
Appiano sulla Strada del Vino / Missiano **(BZ)** *Schloss Korb*
Appiano sulla Strada del Vino / Pigeno **(BZ)** *Stroblhof*
Appiano sulla Strada del Vino / Cornaiano **(BZ)** *Weinegg*
Arabba (BL) *Evaldo*
Arta Terme / Piano d'Arta **(UD)** *Gardel*
Arzachena / Porto Cervo **(SS)** *Cervo*
Bagno di Romagna (FC) *Grand Hotel Terme Roseo*
Bagno di Romagna (FC) *Tosco Romagnolo*
Bagno di Romagna / Acquapartita **(FC)** *Miramonti*
Baveno (VB) *Grand Hotel Dino*
Bellagio (CO) *Grand Hotel Villa Serbelloni*
Bisceglie (BA) *Nicotel*
Bordighera (IM) *Grand Hotel del Mare*
Bormio (SO) *Palace Hotel*
Bressanone (BZ) *Grüner Baum*
Breuil Cervinia (AO) *Hermitage*
Brunico / Riscone **(BZ)** *Rudolf*
Brunico / Riscone **(BZ)** *Schönblick*
Caldaro sulla Strada del Vino (BZ) *Seeleiten*
Campitello di Fassa (TN) *Gran Paradis*
Campitello di Fassa (TN) *Park Hotel Rubino Executive*

Campitello di Fassa (TN) *Salvan*
Campo Tures (BZ) *Alphotel Stocker*
Campo Tures (BZ) *Alte Mühle*
Campo Tures (BZ) *Feldmüllerhof*
Canazei / Alba **(TN)** *La Cacciatora*
Capri (Isola di) / Capri **(NA)** *Grand Hotel Quisisana*
Caramanico Terme (PE) *La Réserve*
Carzago Riviera (BS) *Palazzo Arzaga*
Castagneto Carducci / Marina di Castagneto Carducci **(LI)** *Tombolo Talasso Resort*
Castelbello Ciardes (BZ) *Sand*
Castelrotto (BZ) *Posthotel Lamm*
Castiglione della Pescaia / Badiola **(GR)** *L'Andana-Tenuta La Badiola*
Castione della Presolana / Bratto **(BG)** *Milano*
Castrocaro Terme (FC) *Grand Hotel Terme*
Cavalese (TN) *Lagorai*
Cernobbio (CO) *Villa d'Este*
Cervia / Milano Marittima **(RA)** *Aurelia*
Cervia / Milano Marittima **(RA)** *Le Palme*
Cogne (AO) *Bellevue*
Cogne (AO) *Miramonti*
Cogne / Cretaz **(AO)** *Notre Maison*
Cologne (BS) *Cappuccini*
Comano Terme / Ponte Arche **(TN)** *Cattoni-Plaza*
Comano Terme / Ponte Arche **(TN)** *Grand Hotel Terme*
Corato (BA) *Nicotel*
Cortina d'Ampezzo (BL) *Cristallo*
Cortina d'Ampezzo (BL) *Miramonti Majestic Grand Hotel*
Costermano (VR) *Boffenigo Boutique Hotel*
Courmayeur (AO) *Grand Hotel Royal e Golf*
Dobbiaco (BZ) *Park Hotel Bellevue*
Dobbiaco (BZ) *Santer*
Erba (CO) *Leonardo da Vinci*
Erbusco (BS) *L'Albereta*
Fiè allo Sciliar (BZ) *Emmy*
Fiè allo Sciliar (BZ) *Heubad*
Fiè allo Sciliar (BZ) *Turm*
Fiera di Primiero (TN) *Iris Park Hotel*
Fiera di Primiero (TN) *Tressane*
Fiuggi / Fiuggi Fonte **(FR)** *Grand Hotel Palazzo della Fonte*
Folgarida (TN) *Alp Hotel Taller*
Fondo (TN) *Lady Maria*
Furore (SA) *Furore Inn Resort*
Gabicce Mare (PU) *Grand Hotel Michelacci*
Garda (VR) *Regina Adelaide*
Gardone Riviera / Fasano **(BS)** *Grand Hotel Fasano e Villa Principe*
Grado (GO) *Grand Hotel Astoria*
Gubbio (PG) *Park Hotel ai Cappuccini*
Ischia (Isola d') / Ischia **(NA)** *Grand Hotel Punta Molino Terme*
Ischia (Isola d') / Ischia **(NA)** *Il Moresco*
Ischia (Isola d') / Ischia **(NA)** *Jolly Hotel Delle Terme*
Ischia (Isola d') / Lacco Ameno **(NA)** *L'Albergo della Regina Isabella*
Ischia (Isola d') / Forio **(NA)** *Mezzatorre Resort e Spa*
Ischia (Isola d') / Forio **(NA)** *Paradiso Terme e Garden Resort*
Ischia (Isola d') / Barano **(NA)** *Parco Smeraldo Terme*
Ischia (Isola d') / Barano **(NA)** *San Giorgio Terme*
Jesi (AN) *Federico II*
Laces (BZ) *Paradies*
Lana (BZ) *Gschwangut*
Lana / San Vigilio **(BZ)** *Vigilius Mountain Resort*
Lana / Foiana **(BZ)** *Völlanerhof*
Lana / Foiana **(BZ)** *Waldhof*
La Salle (AO) *Mont Blanc Hotel Village*
Levico Terme (TN) *Al Sorriso Green Park*
Levico Terme (TN) *Imperial Grand Hotel Terme*
Lignano Sabbiadoro / Lignano Pineta **(UD)** *Greif*
Limone sul Garda (BS) *Ilma*
Limone sul Garda (BS) *Park H. Imperial*
Livigno (SO) *Spöl*
Macerata (MC) *Le Case*
Madesimo (SO) *Il Cantinone e Sport Hotel Alpina*

Madonna di Campiglio (TN) *Lorenzetti*
Madonna di Campiglio
/ Campo Carlo Magno **(TN)** *Carlo Magno-Zeledria Hotel*
Maratea
/ Fiumicello Santa Venere **(PZ)** *Santavenere*
Marlengo (BZ) *Jagdhof*
Marlengo (BZ) *Marlena*
Marlengo (BZ) *Oberwirt*
Marlengo (BZ) *Sporthotel Nörder*
Merano (BZ) *Adria*
Merano (BZ) *Alexander*
Merano (BZ) *Ansitz Plantitscherhof*
Merano (BZ) *Aurora*
Merano (BZ) *Castel Rundegg Hotel*
Merano (BZ) *Meister's Hotel Irma*
Merano (BZ) *Meranerhof*
Merano (BZ) *Park Hotel Mignon*
Merano (BZ) *Pienzenau am Schlosspark*
Merano (BZ) *Steigenberger Hotel Therme Meran*
Merano / Freiberg **(BZ)** *Castel Fragsburg*
Mezzana (TN) *Palace Hotel Ravelli*
Mezzana (TN) *Val di Sole*
Milano (MI) *Bulgari*
Milano (MI) *Grand Visconti Palace*
Milano (MI) *Principe di Savoia*
Moena (TN) *Alle Alpi*
Moena (TN) *Patrizia*
Molveno (TN) *Alexander Hotel Cima Tosa*
Molveno (TN) *Belvedere*
Monsummano Terme (PT) *Grotta Giusti Terme*
Montecatini Terme (PT) *Adua*
Montecatini Terme (PT) *Grand Hotel e La Pace*
Montefiridolfi (FI) *Agriturismo Fonte de' Medici*
Montegrotto Terme (PD) *Continental Terme*
Montegrotto Terme (PD) *Garden Terme*
Montegrotto Terme (PD) *International Bertha*
Montegrotto Terme (PD) *Terme Olympia*
Monticelli Terme (PR) *Delle Rose*
Montignoso / Cinquale **(MS)** *Villa Undulna*
Naturno (BZ) *Feldhof*
Naturno (BZ) *Funggashof*
Naturno (BZ) *Lindenhof*
Naturno (BZ) *Sunnwies*
Novacella (BZ) *Pacherhof*
Nova Levante (BZ) *Engel*
Nova Levante (BZ) *Posta-Cavallino Bianco*
Ortisei (BZ) *Angelo-Engel*
Ortisei (BZ) *Gardena-Grödnerhof*
Ortisei (BZ) *Genziana-Enzian*
Ortisei (BZ) *La Perla*
Paestum (SA) *Ariston Hotel*
Parcines / Rablà **(BZ)** *Roessl*
Peio / Cogolo **(TN)** *Kristiania Alpin Wellness*
Perugia
/ Ponte San Giovanni **(PG)** *Park Hotel*
Perugia / Bosco **(PG)** *Relais San Clemente*
Pigna (IM) *Grand Hotel Pigna Antiche Terme*
Pinzolo (TN) *Centro Pineta*
Pinzolo (TN) *Cristina*
Pré-Saint-Didier / Pallusieux
(AO) *Le Grand Hotel Courmaison*
Pula (CA) *Castello e Rist. Cavalieri*
Pula (CA) *Il Borgo e Rist. Bellavista*
Pula (CA) *Il Villaggio*
Pula (CA) *La Pineta e Rist. Bellavista*
Pula (CA) *Le Dune*
Pula (CA) *Le Palme e Rist. Bellavista*
Pula (CA) *Villa del Parco e Rist. Belvedere*
Racines (BZ) *Gasteigerhof*
Rapallo (GE) *Excelsior Palace Hotel*
Rasun di Sotto / Rasun (BZ) *Alpenhof*
Rasun di Sotto / Anterselva **(BZ)** *Santéshotel Wegerhof*
Ravello (SA) *Palazzo Sasso*
Riccione (RN) *Grand Hotel Des Bains*
Rio di Pusteria / Valles **(BZ)** *Huber*
Riva del Garda (TN) *Du Lac et Du Parc*
Roccaraso / Aremogna **(AQ)** *Boschetto*
Roma (RM) *Crowne Plaza Rome St. Peter's e Spa*
Roma (RM) *Rome Cavalieri Hilton*
San Candido (BZ) *Cavallino Bianco-Weisses Rossl*
San Candido (BZ) *Dolce Vita Alpina Post Hotel*
San Candido (BZ) *Panoramahotel Leitlhof*

San Candido (BZ) *Parkhotel*

Sole Paradiso-Sonnenparadies

San Casciano dei Bagni (SI) *Fonteverde*

San Floriano (BZ) *Sonnalp*

San Gimignano (SI) *Villa San Paolo Hotel*

San Martino di Castrozza (TN) *San Martino*

San Martino in Passiria (BZ) *Alpenschlössl*

San Martino in Passiria (BZ) *Parkresidenz*

San Martino in Passiria (BZ) *Quellenhof-Forellenhof e Landhaus*

San Martino in Passiria (BZ) *Sonnenalm*

San Martino in Passiria / Saltusio **(BZ)** *Castel Saltauserhof*

San Pellegrino (Passo) (TN) *Monzoni*

San Quirico d'Orcia (SI) *Casanova*

Santa Cristina Valgardena (BZ) *Diamant Sport e Wellness*

Sant'Omobono Imagna (BG) *Villa delle Ortensie*

Santo Stefano Belbo (CN) *Relais San Maurizio*

San Vigilio di Marebbe (BZ) *Excelsior*

San Vito di Cadore (BL) *Ladinia*

Saturnia (GR) *Terme di Saturnia*

Sauze d'Oulx (TO) *Grand Hotel Besson*

Savelletri (BR) *Masseria San Domenico*

Scansano (GR) *Antico Casale di Scansano*

Scena (BZ) *Hohenwart*

Selva di Val Gardena (BZ) *Alpenroyal Sporthotel*

Selva di Val Gardena (BZ) *Granvara port-Wellnesshotel*

Selva di Val Gardena (BZ) *Pralong*

Sesto / Moso **(BZ)** *Berghotel e Residence Tirol*

Sesto / Moso **(BZ)** *Sport e Kurhotel Bad Moos*

Sesto / Passo di Monte Croce di Comelico **(BL)** *Passo Monte Croce-Kreuzbergpass*

Sesto / Campo Fiscalino **(BZ)** *Dolomiti-Dolomitenhof*

Silandro / Vezzano **(BZ)** *Sporthotel Vetzan*

Sirmione (BS) *Grand Hotel Terme*

Siusi / Seis (BZ) *Genziana-Enzian*

Solda (BZ) *Cristallo*

Solda (BZ) *Paradies*

Sommacampagna (VR) *Saccardi Quadrante Europa*

Sorrento (NA) *Grand Hotel President*

Sperlonga (LT) *Virgilio Grand Hotel*

Taormina / Lido di Spisone **(ME)** *Caparena*

Taormina / Mazzarò **(ME)** *Grand Hotel Atlantis Bay*

Tesero / Stava **(TN)** *Berghotel Miramonti*

Tesero / Stava **(TN)** *Villa di Bosco*

Tirolo (BZ) *Castel*

Tirolo (BZ) *Erika*

Tirolo (BZ) *Gartner*

Tirolo (BZ) *Golserhof*

Tirolo (BZ) *Patrizia*

Tirrenia / Calambrone **(PI)** *Green Park Resort*

Tivoli / Bagni di Tivoli **(RM)** *Grand Hotel Duca d'Este*

Torbole (TN) *Piccolo Mondo*

Trinità d'Agultu / Isola Rossa **(SS)** *Marinedda*

Trinità d'Agultu / Isola Rossa **(SS)** *Torreruja*

Ultimo / San Nicolò **(BZ)** *Waltershof*

Valdaora di Mezzo (BZ) *Mirabell*

Valdaora di Mezzo / Sorafurcia **(BZ)** *Berghotel Zirm*

Valdaora di Mezzo / Sorafurcia **(BZ)** *Hubertus*

Valle Aurina / Cadipietra **(BZ)** *Alpenschlössl e Linderhof*

Valle Aurina / Lutago **(BZ)** *Schwarzenstein*

Valle di Casies (BZ) *Quelle*

Vallelunga (BZ) *Alpenjuwel*

Vigo di Fassa (TN) *Alpen Hotel Corona*

Villa San Giovanni / Santa Trada di Cannitello **(RC)** *Altafiumara*

Vipiteno (BZ) *Rose*

Vipiteno (BZ) *Wiesnerhof*

Viterbo (VT) *Grand Hotel Salus e delle Terme*

Città
da A a Z

Villes
de A à Z

Städte
von A bis Z

Towns
from A to Z

ABANO TERME – Padova (PD) – 562 F17 – 18 569 ab. – alt. 14 m – ✉ 35031

Italia 35 **B3**

Roma 485 – Padova 11 – Ferrara 69 – Milano 246 – Rovigo 35 – Venezia 56 – Vicenza 44

via Pietro d'Abano 18 ✆ 049 8669055, infoabano@termeeuganee.it, Fax 049 8669053

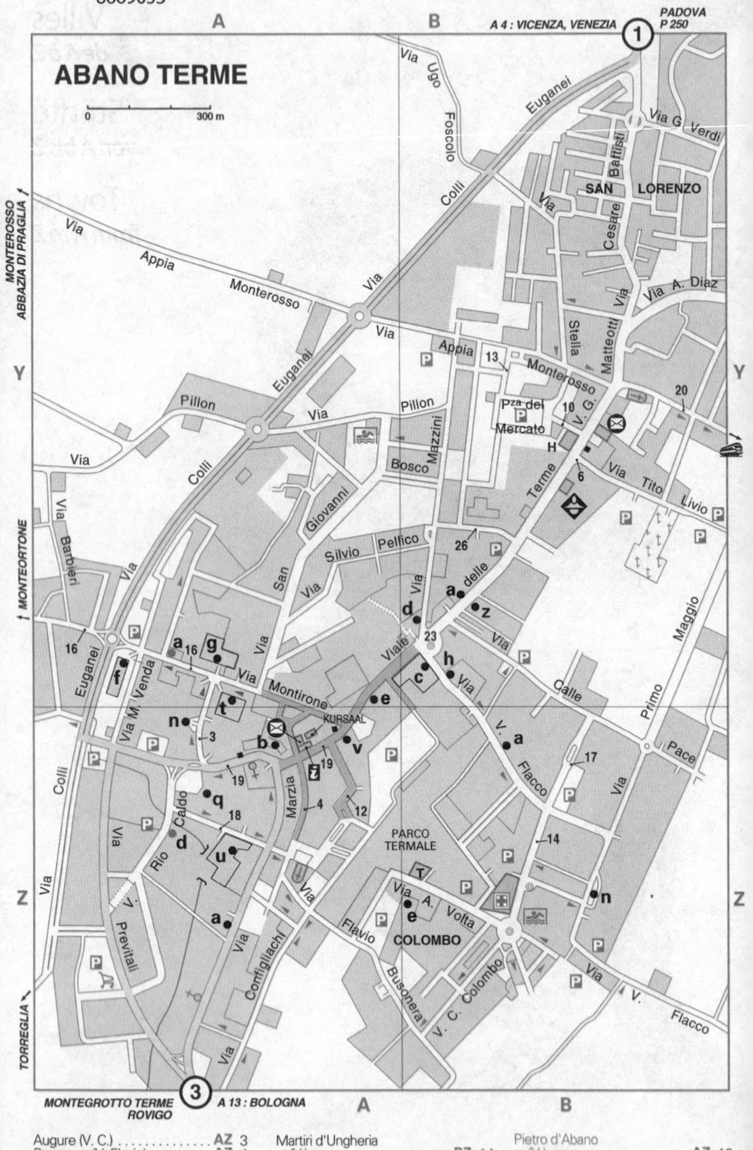

Augure (V. C.) . . . . **AZ** 3
Busonera (V. Flavio) . . . . **AZ** 4
Caduti (Pza) . . . . **BY** 6
Gobetti (V. P.) . . . . **BY** 10
Jappelli (V. J.) . . . . **AZ** 12
Luzzatti (V. L.) . . . . **BY** 13
Martiri d'Ungheria (V.) . . . . **BZ** 14
Marzia (V.) . . . . **AZ**
Monteortone (V.) . . . . **AY** 16
Nazioni Unite (V.) . . . . **BZ** 17
Petrarca (V.) . . . . **AZ** 18
Pietro d'Abano (V.) . . . . **AZ** 19
Repubblica (Pza) . . . . **BY** 23
S. Pio X (V.) . . . . **BY** 20
Terme (Viale delle) . . . . **ABY**
4 Novembre (V.) . . . . **BY** 26

Abano Grand Hotel (termale) cam,
via Valerio Flacco 1 – cam,
04 98 24 81 00 – ghabano@gbhotels.it – Fax 04 98 66 99 94 BY **h**
189 cam – 165 € 240 € – 8 suites – ½ P 152/197 € – **Rist** – Carta 52/66 €
◆ Esclusivo, moderno complesso con centro benessere di alto livello in un grandioso parco-giardino con piscine termali; pregevole e raffinato arredamento stile impero. Un'atmosfera di sofisticata gradevolezza nella maestosa e raffinata sala da pranzo.

Due Torri (termale) cam,
via Pietro d'Abano 18 – 04 98 63 21 00
– duetorri@gbhotels.it – Fax 04 98 66 99 27 – Chiuso dall'8 gennaio al 24 marzo
136 cam – 145/165 € – ½ P 105/155 € – **Rist** – Carta 40/60 € AZ **b**
◆ Collocato in una posizione centrale invidiabile, abbracciato dal verde del giardino-pineta, hotel storico con eleganti arredi classicheggianti e piacevoli spazi comuni. Ariosa sala ristorante, sorretta da colonne, attraverso cui ammirare il bel giardino.

Mioni Pezzato (termale) cam,
via Marzia 34 – 04 98 66 83 77 rist,
– termemionipezzato@tin.it – Fax 04 98 66 93 38 – 11 marzo-18 novembre AZ **u**
180 cam – 67/77 € 118/180 € – 33 suites – ½ P 69/100 € – **Rist** – 37 €
◆ Conduzione signorile in un grande albergo all'interno di un bel parco-giardino con piscina termale; beauty center di particolare fascino e salotto inglese con biliardo. Sala da pranzo di tono signorile.

Bristol Buja (termale) cam,
via Monteortone 2 – cam, rist, 100,
04 98 66 93 90 – bristolbuja@bristolbuja.it – Fax 049 66 79 10 – Chiuso dal 20 gennaio al 17 marzo AY **g**
124 cam – 74/93 € 120/150 €, 15 € – 15 suites – ½ P 115/125 € – **Rist** – Menu 33/39 €
◆ Sarete coccolati dalla dolce atmosfera del bel giardino-pineta con piscina termale, in un albergo signorile di lunga tradizione familiare dotato di centro benessere.

Trieste & Victoria (termale) cam, rist,
via Pietro d'Abano 1 ✉ 35031 – 120,
04 98 66 51 00 – trieste@gbhotels.it – Fax 04 98 66 97 79 – Chiuso dal 7 gennaio al 24 marzo AZ **v**
174 cam – 100 € 145 € – 12 suites – ½ P 105/155 € – **Rist** – Carta 40/60 €
◆ Centrale, incastonato in un rigoglioso parco-giardino con piscina termale, storico complesso "fin de siècle", arredato con pezzi d'antiquariato; attrezzato centro benessere. Per pranzare e lasciarsi conquistare dal fascino del tempo passato.

President (termale) cam, rist,
via Montirone 31 – 04 98 66 82 88
– president@presidentterme.it – Fax 049 66 79 09 – Chiuso dal 18 novembre al 22 dicembre AY **t**
108 cam – 95/100 € 165/185 € – 7 suites – ½ P 129/131 € – **Rist** – (solo per alloggiati) Menu 35/40 €
◆ Ambiente di classe in una residenza prestigiosa nel cuore verde della città; arredamento in elegante stile classico, camere ben accessoriate, fornite di ottimi confort.

Abano Ritz (termale)
via Monteortone 19 – 04 98 63 31 00 – abanoritz@abanoritz.it – Fax 049 66 75 49 AY **f**
141 cam – 108/115 € 196/210 € – ½ P 117/124 € – **Rist** – (solo per alloggiati) Menu 36 €
◆ Albergo di prestigio e tradizione con un'ottima conduzione diretta ormai trentennale, dotato di centro benessere e riccamente arredato in stile tendente al veneziano.

Metropole (termale) rist,
via Valerio Flacco 99 ✉ 35031 – 04 98 61 91 00
– metropole@gbhotels.it – Fax 04 98 60 09 35 – Chiuso dal 7 gennaio al 3 marzo
167 cam – 80 € 115/185 € – 4 suites – ½ P 91/129 € – **Rist** – Menu 30/45 € BZ **n**
◆ Una vacanza per sentirsi in piena forma, in una grande struttura ben accessoriata, con centro benessere, immersa nella pace del giardino con piscina termale e minigolf. Servizio accurato e professionale attenzione al cliente, classica cucina d'albergo.

Savoia (termale) cam, 30,
via Pietro d'Abano 49 – ☎ 04 98 23 11 11 – savoia@savoiaterme.it – Fax 049 66 77 77 – Chiuso dal 7 gennaio al 17 marzo e dal 18 novembre al 21 dicembre AZ **q**
148 cam – ♦65/90 € ♦♦100/135 €, ☕ 10 € – 24 suites – ½ P 87/92 € – **Rist** – (solo per alloggiati)
◆ Albergo di antichissime origini racchiuso nell'amena natura del suo vasto parco-giardino di 20.000mq, dotato di strutture all'avanguardia e di elegante centro benessere. Per gustare proposte culinarie con radici nella tradizione, ma non solo.

Tritone Terme (termale) rist,
via Volta 31 – ☎ 04 98 66 11 01 – tritone@termetritone.it – Fax 04 98 66 81 01 BZ **e**
121 cam – ♦66/82 € ♦♦81/99 €, ☕ 19 € – ½ P 77/152 € – **Rist** – 30 €
◆ Classicità e confort in un hotel con ottimi servizi, centro benessere, parco-giardino con piscina termale; all'interno pavimenti in ceramica, colori vivaci e molta luce. Seduti al ristorante, sembra di poter toccare la vegetazione attraverso le finestre.

Ariston Molino (termale) cam, rist,
via Augure 5 – ☎ 04 98 66 90 61 – aristonmolino@aristonmolino.it – Fax 04 98 66 91 53 – Marzo-novembre
175 cam – ♦79/91 € ♦♦122/137 €, ☕ 13 € – ½ P 73/92 € – **Rist** – (solo per alloggiati) 33 € AZ **n**
◆ Struttura di concezione moderna in un lussureggiante parco con piscina termale, ospita un attrezzato centro salute; gradevoli e ampie le zone comuni in stile classico.

Panoramic Hotel Plaza (termale) 70,
piazza Repubblica 23 – ☎ 04 98 66 93 33 – info@plaza.it – Fax 04 98 66 93 79 – Chiuso dal 7 gennaio al 9 marzo BY **c**
143 cam ☕ – ♦78/86 € ♦♦126/140 € – ½ P 77/95 € – **Rist** – (solo per alloggiati) Menu 25/40 €
◆ Svetta verso l'alto in posizione panoramica l'imponente costruzione di 10 piani felicemente accolta dal verde giardino con piscina termale; attrezzato centro benessere.

Terme Roma (termale) cam, rist,
viale Mazzini 1 – ☎ 04 98 66 91 27 – roma@termeroma.it – Fax 04 98 63 02 11 – Chiuso dal 7 gennaio al 3 febbraio BY **d**
87 cam – ♦78/83 € ♦♦90/110 €, ☕ 8 € – **Rist** – (solo per alloggiati) Menu 26/50 €
◆ Bell'edificio con grandi vetrate e colori chiari che rendono piacevoli e luminose le aree comuni. La zona notte è arredata con gusto ed eleganza particolari.

Europa Terme (termale) cam,
via Valerio Flacco 13 – ☎ 04 98 66 95 44 – europa@europaterme.it – Fax 04 98 66 98 57 – Chiuso dal 9 gennaio al 15 febbraio e dal 28 novembre al 18 dicembre BZ **a**
102 cam ☕ – ♦62/73 € ♦♦110/140 € – ½ P 77/91 € – **Rist** – (solo per alloggiati)
◆ Albergo centrale, rinnovato recentemente e caratterizzato dalla hall di sapore classico, ricchi tendaggi e lampadari in cristallo. Moderno centro benessere.

Harrys' Terme rist,
via Marzia 50 – ☎ 049 66 70 11 – harrys@harrys.it – Fax 04 98 66 85 00 – Chiuso dall' 8 gennaio al 2 marzo e dal 26 novembre al 21 dicembre AZ **a**
66 cam ☕ – ♦58/61 € ♦♦94/98 € – ½ P 63/66 € – **Rist** – 24 €
◆ Racchiuso nell'oasi di pace del grande giardino ombreggiato con piscina termale, un albergo non lontano dal centro, arredato in stile, con una piacevole zona relax. Un riposante verde è il colore predominante nella sala da pranzo.

Principe (termale) rist,
viale delle Terme 87 – ☎ 04 98 60 08 44 – info@principeterme.com – Fax 04 98 60 10 31 – Marzo-novembre BY **z**
70 cam ☕ – ♦70/76 € ♦♦109/136 € – ½ P 60/70 € – **Rist** – (solo per alloggiati) Menu 27/33 €
◆ Felicemente posizionato sulla via del passeggio a due passi dal centro della cittadina, tradizionale albergo di frequentazione italiana; graziose camere con balconcino.

Atlantic (termale) rist, rist,
via Monteortone 66, per via Monteortone – ✆ 04 98 66 90 15 – hatlanti@tin.it – Fax 04 98 66 91 88 – Chiuso gennaio-febbraio AY
56 cam – ♦55 € ♦♦87/94 €, ☐ 8 € – ½ P 66/71 € – **Rist** – (solo per alloggiati) 24 €
♦ Tranquillo hotel periferico con accoglienti aree comuni; annesso reparto di cure termali, recentemente rinnovato, per un soggiorno rigenerante. Piscina con fondo in quarzite.

Terme Patria (termale)
viale delle Terme 56 – ✆ 04 98 61 74 44 – patria@termepatria.it – Fax 04 98 61 74 77 – Chiuso dal 5 gennaio a febbraio e dal 25 novembre al 22 dicembre BY **a**
95 cam – ♦50 € ♦♦80 €, ☐ 8 € – ½ P 48/68 € – **Rist** – (solo per alloggiati) Menu 24/27 €
♦ Accogliente ambiente familiare in un hotel ben accessoriato, con spazi comuni separati da ampie aperture ad arco e ornati di deliziosi mobili in stile.

Terme Milano (termale) cam, rist,
viale delle Terme 169 – ✆ 04 98 66 94 44 – milano@termemilano.it – Fax 04 98 63 02 44 – Chiuso dal 27 novembre al 21 dicembre e dal 7 gennaio al 3 marzo AY **e**
93 cam – ♦58/72 € ♦♦94/116 €, ☐ 9 € – ½ P 62/77 € – **Rist** – Menu 22/27 €
♦ Frequentazione principalmente italiana, apprezzabile e comoda posizione centrale nell'area pedonale di Abano e gestione diretta in un albergo di struttura classica. Sala ristorante ariosa e luminosa.

Aubergine
via Ghislandi 5 – ✆ 04 98 66 99 10 – spadaro.riccardo@alice.it – Fax 04 98 63 92 00 – Chiuso dieci giorni in febbraio, dal 15 al 30 luglio e mercoledì
Rist – Carta 27/41 € AZ **d**
♦ Ristorante e pizzeria a conduzione familiare, calda, estroversa e simpatica. Interni spaziosi, arredati con sovrabbondanza di soprammobili originali; cucina classica.

Victoria
via Monteortone 30 – ✆ 049 66 76 84 – Fax 04 98 63 80 84 – Chiuso lunedì
Rist – Carta 25/41 € AY **a**
♦ Specialità di mare in un ambiente dai colori caldi sobrio ma elegante, con grandi specchi alle pareti e décor classicheggiante; buono il rapporto qualità/prezzo.

a Monteortone Ovest : 2 km AY – ✉ 35030

Rêve Monteortone (termale) rist,
via Santuario 118 – ✆ 04 98 24 35 55 – info@hotel-reve.com – Fax 04 98 66 90 42
106 cam – ♦84/90 € ♦♦140/160 €, ☐ 11 € – 4 suites – ½ P 100/120 € – **Rist** – (solo per alloggiati)
♦ Abbracciato da un maestoso parco-giardino con grande piscina termale e kinderheim estivo, complesso ben attrezzato con camere di moderna concezione; ideale anche per famiglie.

ABBADIA ISOLA – Siena – Vedere Monteriggioni

ABBADIA LARIANA – Lecco (LC) – 561 E10 – 3 163 ab. – alt. 202 m – ✉ 23821

16 **B2**

Roma 636 – Como 39 – Bergamo 43 – Lecco 8 – Milano 43

Park Hotel senza rist 90,
via Nazionale 142 – ✆ 03 41 70 31 93 – info@parkhotelabbadia.com – Fax 03 41 70 31 94
28 cam ☐ – ♦69/82 € ♦♦98/125 €
♦ Struttura di recente realizzazione all'entrata della località, adatta sia per una clientela turistica che d'affari; accoglienti interni di taglio moderno, giardino sul lago.

ABBAZIA – Vedere nome proprio dell'abbazia

ABBIATEGRASSO – Milano (MI) – 561 F8 – 28 890 ab. – alt. 120 m – ✉ 20081 18 **A2**

Roma 590 – Alessandria 80 – Milano 24 – Novara 29 – Pavia 33

Italia senza rist
piazza Castello 31 – ✆ 029 46 28 71 – Fax 029 46 28 51 – Chiuso agosto
39 cam – 62/75 € 83/95 €, ☕ 8 €
◆ In pieno centro storico, attiguo all'antico castello visconteo, piccolo albergo recentemente rimodernato in una tranquilla cittadina a 15 Km da Milano; buona accoglienza.

XX **Il Ristorante di Agostino Campari** 18,
via Novara 81 – ✆ 029 42 03 29 – info@agostinocampari.it – Fax 029 42 12 16 – Chiuso Natale, tre settimane in agosto e lunedì
Rist – Carta 33/44 €
◆ Curato ambiente familiare, disponibilità e cortesia in un locale classico con servizio estivo all'ombra di un pergolato; specialità d'impronta genuinamente tradizionale.

a Cassinetta di Lugagnano Nord : 3 km – ✉ 20081

XXXX **Antica Osteria del Ponte** (Santin) 20,
piazza G. Negri 9 – ✆ 029 42 00 34 – anticaosteriadelponte@virgilio.it – Fax 029 42 06 10 – Chiuso dal 25 dicembre al 12 gennaio, agosto, domenica e lunedì
Rist – Carta 88/132 €
Spec. Gamberi di San Remo leggermente marinati con cipollotto fresco e caviale italiano. Tonno rosolato con vinaigrette agli agrumi e riccioli di cioccolato bianco al tè verde (maggio-settembre). Lepre alla royale (novembre-dicembre).
◆ A pochi chilometri da Milano ma già in un idilliaco contesto di campagna tra Naviglio ed eleganti palazzi, la cucina riflette le tradizioni lombarde con scorci internazionali.

ABETONE – Pistoia (PT) – 563 J14 – 694 ab. – alt. 1 388 m – Sport invernali : *1 388/1 950 m* *1* *15,* – ✉ 51021 *Toscana* 28 **B1**

Roma 361 – Pisa 85 – Bologna 109 – Firenze 90 – Lucca 65 – Milano 271 – Modena 96 – Pistoia 51

piazza Piramidi ✆ 0573 60231, apt12abetone@virgilio.it, Fax 0573 60232

Bellavista
via Brennero 383 – ✆ 057 36 00 28 – info@bellavista-abetone.it – Fax 057 36 02 45 – 15 dicembre-15 aprile e 15 giugno-15 settembre
40 cam ☕ – 90/140 € 100/155 € – ½ P 78/95 € – **Rist** – (solo per alloggiati)
◆ Tipica struttura di montagna in pietra e legno in posizione panoramica, a pochi passi dal centro e adiacente agli impianti di risalita; camere confortevoli e spaziose.

a Le Regine Sud-Est : 2,5 km – ✉ 51020

Da Tosca
via Brennero 85 – ✆ 057 36 03 17 – Fax 057 36 03 17 – 10 dicembre-10 aprile e luglio-10 settembre
13 cam ☕ – 60/70 € – ½ P 55 € – **Rist** – Carta 20/29 €
◆ Tipica atmosfera di montagna e una bella cornice di boschi di faggio, per un piccolo e ospitale albergo ad andamento familiare a pochi metri dagli impianti di risalita. Il legno e i colori ambrati sono gli elementi predominanti nell'accogliente sala da pranzo.

ABTEI = Badia

ACAIA – Lecce (LE) – 564 F36 – ✉ 73029 27 **D2**

Roma 586 – Brindisi 50 – Gallipoli 57 – Lecce 16 – Taranto 119

Acaya località Vernole, ✆ 0832 86 13 78.

X **Locanda del Gallo**
piazza Castello 1 – ✆ 08 32 86 11 02 – Fax 08 32 31 74 13 – Chiuso lunedì e a mezzogiorno
Rist – Carta 23/31 €
◆ Nel fortificato paese di origine cinquecentesca, un locale caratteristico: due sale rustiche (una con caminetto), con decorazioni tipicamente contadine; piatti salentini.

ACCESA (Lago di) – Grosseto – Vedere Massa Marittima

ACERENZA – Potenza (PZ) – 564 E29 – **2 914 ab. – alt. 833 m** – ✉ **85011** 3 **B1**

Roma 364 – Potenza 40 – Bari 120 – Foggia 98 – Napoli 186

Il Casone rist,

strada per Forenza località Bosco San Giuliano Nord-Ovest : 6 km – 𝒞 09 71 74 11 41 – hotel.ilcasone@virgilio.it – Fax 09 71 74 10 39

18 cam – 35 € 70 € – ½ P 50 € – **Rist** – Menu 18/25 €

◆ Struttura immersa nella completa tranquillità della campagna lucana che la circonda; camere spaziose e funzionali con arredamento in stile contemporaneo. Al ristorante la cucina locale.

ACI CASTELLO – Catania – 565 O27 – **Vedere Sicilia alla fine dell'elenco alfabetico**

ACIREALE – Catania – 565 O27 – **Vedere Sicilia alla fine dell'elenco alfabetico**

ACI TREZZA – Catania – 565 O27 – **Vedere Sicilia (Aci Castello) alla fine dell'elenco alfabetico**

ACQUAFREDDA – Potenza – 564 G29 – **Vedere Maratea**

ACQUALAGNA – Pesaro e Urbino (PU) – 563 L20 – **4 277 ab. – alt. 204 m** – ✉ **61041** 20 **B1**

Roma 247 – Rimini 89 – Ancona 95 – Gubbio 41 – Pesaro 54

Il Vicolo

corso Roma 39 – 𝒞 07 21 79 71 45 – Fax 07 21 79 71 45 – Chiuso dal 7 al 17 gennaio, luglio, martedì sera e mercoledì

Rist – Carta 34/69 €

◆ Bicchieri di cristallo e posate d'argento rendono elegante l'ambiente familiare. La piccola veranda si affaccia sul centro storico; da provare i piatti a base di tartufo.

ACQUAPARTITA – Forlì-Cesena – 562 K18 – **Vedere Bagno di Romagna**

ACQUARIA – Modena – 563 J14 – **Vedere Montecreto**

ACQUAVIVA – Livorno – **Vedere Isola d'Elba : Portoferraio**

ACQUI TERME – Alessandria (AL) – 561 H7 – **20 146 ab. – alt. 164 m** – ✉ **15011** 23 **C3**

Roma 573 – Alessandria 35 – Genova 74 – Asti 47 – Milano 130 – Savona 59 – Torino 106

Via Manzoni 34 𝒞 0144 322142, iat@acquiterme.it, Fax 0144 329054

Le Colline, 𝒞 0144 31 13 86.

Grand Hotel Nuove Terme (termale) cam, 270,

piazza Italia 1 – 𝒞 014 45 85 55 – grandhotel.nuove.terme@antichedimore.com – Fax 01 44 32 90 64

139 cam – 75/150 € 105/180 € – 3 suites – ½ P 115 € – **Rist** – 35 €

◆ Ritornato al suo antico splendore, un palazzo in stile liberty del 1892, offre camere sufficientemente ampie con arredi classici, capiente sala convegni, attrezzature termali. Varie salette ristorante, cucina basata su preparazioni classiche.

Acqui

via Goito 4 – 𝒞 01 44 32 26 93 – info@hotelacqui.it – Fax 01 44 32 28 20 – Chiuso dicembre-febbraio

30 cam – 57/67 € 82/95 € – ½ P 60/65 € – **Rist** – Carta 28/36 €

◆ Struttura completamente rinnovata, presenta ambienti signorili dal confort omogeneo. Attenzioni e offerte particolari per la clientela che segue cure termali. Il ristorante propone una cucina nazionale per tutti i gusti.

Ariston cam, rist, VISA AE
piazza Matteotti 13 – ✆ 01 44 32 29 96 – acquiterme@hotelariston.net – Fax 01 44 32 29 98 – Chiuso dal 17 dicembre al 28 gennaio
38 cam – †53/58 € ††75/83 €, ☕ 7 € – ½ P 62/65 € – **Rist** – Carta 24/30 €
◆ Albergo a gestione diretta, ristrutturato nel corso degli ultimi anni; classici interni nelle tonalità del legno e del nocciola, camere piacevolmente arredate.

Talice Radicati senza rist cam, 60, VISA AE
piazza Conciliazione 12 – ✆ 01 44 32 86 11 – talice.radicati@antichedimore.com – Fax 01 44 32 86 01
10 cam ☕ – †75/100 € ††95/180 €
◆ Ai margini della cinta muraria del centro città, una risorsa particolarmente curata che offre ai propri ospiti eleganti suite e junior suite. Servizio essenziale, solo diurno.

Pisterna (Ferretto) 20, VISA AE
via Scatilazzi 15 – ✆ 01 44 32 51 14 – info@pisterna.it – Fax 01 44 35 27 37 – Chiuso quindici giorni in gennaio, quindici giorni in agosto e domenica sera
Rist – Carta 43/56 €
Spec. Tartare di ricciola all'olio di agrumi con gambero rosso su riso basmati (primavera-estate). Gnocchetti di patate con fiori di zucchine e filetti di triglie (primavera-estate). Guancia di manzo stufata al barbera d'Asti (autunno-inverno).
◆ Nel centro storico, un palazzo d'epoca con tre sale moderne e minimaliste, una con affreschi del Quattrocento. Dalla tradizione alla creatività, una cucina varia e curiosa.

La Schiavia 30, VISA
vicolo della Schiavia – ✆ 014 45 59 39 – robertoabrile@libero.it – Fax 014 45 59 39 – Chiuso dal 9 al 25 agosto, martedì e domenica sera
Rist – Carta 38/57 €
◆ Salite le scale di un elegante edificio storico in centro e scoprirete una saletta graziosamente ornata con stucchi e decorazioni, in cui gustare una buona cucina locale.

Enoteca La Curia 18/24, VISA AE
via alla Bollente 72 – ✆ 01 44 35 60 49 – info@enotecalacuria.com – Fax 01 44 32 90 44 – Chiuso lunedì
Rist – Carta 44/63 €
◆ Cucina piemontese accompagnata da un'ampia scelta di vini da assaporare sotto volte in mattoni; atmosfera giovane e dinamica in un locale di tono rustico-moderno.

ACRI – Cosenza (CS) – 564 I31 – 21 820 ab. – alt. 700 m – ✉ 87041 5 A1

Roma 560 – Cosenza 44 – Taranto 168

Panoramik VISA AE
via De Gasperi 315 – ✆ 09 84 94 15 51 – panoramik@tiscali.it – Fax 09 84 94 15 51 – Chiuso mercoledì
Rist – Carta 20/38 €
◆ Ristorante suddiviso in due sale, la più grande propone piatti della cucina calabrese e servizio pizzeria, nella saletta invece sono servite gustosissime grigliate.

ACUTO – Frosinone (FR) – 563 Q21 – 1 859 ab. – alt. 724 m – ✉ 03010 13 C2

Roma 77 – Frosinone 36 – Avezzano 99 – Latina 87 – Napoli 180

Colline Ciociare (Tassa) 10/15, VISA AE
via Prenestina 27 – ✆ 077 55 60 49 – salvatoretassa@libero.it – Fax 077 55 60 49 – Chiuso dal 1° al 10 settembre, domenica sera (escluso da maggio a settembre), lunedì, martedì a mezzogiorno
Rist – Carta 66/91 €
Spec. Panino di patate e aringa con lardo croccante (autunno-inverno). Pappardelle allo zafferano con ristretto di vino e timo. Wafer di chantilly al caramello e gelato moka.
◆ Salotto d'ingresso, pochi tavoli, camino nell'angolo e pavimento in cotto del '700: elegante essenzialità e pregiate rielaborazioni in cucina, nel cuore della Ciociaria.

ADRIA – Rovigo (RO) – 562 G18 – **20 705 ab.** – ✉ **45011** 36 **C3**

Roma 478 – Padova 60 – Chioggia 33 – Ferrara 55 – Milano 290 – Rovigo 22 – Venezia 64

Molteni con cam

via Ruzzina 2/4 – ✆ 042 64 25 20 – info@albergomolteni.it – Fax 04 26 94 49 53

9 cam – 48 € 85 € – **Rist** – Carta 35/63 €

♦ Cordialità e linea gastronomica ispirata alle tradizioni locali, in un ristorante felicemente posizionato nel centro storico in riva al Canal Bianco. Camere semplici.

AFFI – Verona (VR) – 561 F14 – **2 050 ab.** – **alt. 191 m** – ✉ **37010** 35 **A2**

Roma 514 – Verona 25 – Brescia 61 – Mantova 54 – Trento 74

in prossimità casello autostradale A22 Affi Lago di Garda Sud Est : 1 km :

Park Hotel Affi rist, 150,

via Crivellin 1 A ✉ 37010 – ✆ 04 56 26 60 00 – parkhotelaffi@sogliahotels.com – Fax 04 56 26 64 44

105 cam – 65/144 € 89/170 € – 3 suites – ½ P 92 €

Rist ***Il Poggio*** – Carta 27/38 €

♦ Moderno albergo dell'ultima generazione dotato di ogni confort, ampie zone comuni e camere confortevoli arredate con gusto ed eleganza; ideale per attività congressuale. Raffinato stile contemporaneo nella spaziosa sala da pranzo.

AGAZZANO – Piacenza (PC) – 562 H10 – **2 040 ab.** – **alt. 184 m** – ✉ **29010** 8 **A2**

Roma 533 – Piacenza 23 – Bologna 173 – Milano 90

Bastardina località La Bastardina, ✆ 0523 97 53 73.

Antica Trattoria Giovanelli

via Centrale 5, località Sarturano Nord : 4 km – ✆ 05 23 97 51 55 – Fax 05 23 97 51 55 – Chiuso 2 settimane in febbraio, 2 settimane in agosto, lunedì, la sera dei giorni festivi e mercoledì sera nel periodo invernale

Rist – Carta 19/33 €

♦ In una piccola frazione di poche case in aperta campagna, una trattoria che esiste da sempre, dove gustare genuine specialità piacentine; grazioso cortile per servizio estivo.

AGGIUS – Sassari – 566 E9 – **Vedere Sardegna alla fine dell'elenco alfabetico**

AGLIANO – Asti (AT) – **1 664 ab.** – **alt. 262 m** – ✉ **14041** 25 **D2**

Roma 603 – Alessandria 43 – Asti 19 – Milano 139 – Torino 79

Fons Salutis

cam,

via alle Fontane 125, Ovest : 2 km – ✆ 01 41 95 40 18 – fsalutis@tin.it – Fax 01 41 95 45 54 – Chiuso dal 26 dicembre al 28 febbraio

29 cam – 60 € 85 € – ½ P 50 € – **Rist** – Carta 22/39 €

♦ Circondato da un ampio giardino con piscina, un piccolo albergo a gestione familiare che offre ambienti semplici e curati e la possibilità di usufruire delle terme. In sala da pranzo, una piacevole atmosfera e piatti contemporanei dal sapore antico.

AGLIENTU – Sassari – 566 D9 – **Vedere Sardegna alla fine dell'elenco alfabetico**

AGNATA – Sassari – **Vedere Sardegna (Tempio Pausania) alla fine dell'elenco alfabetico.**

AGNONE – Isernia (IS) – 564 B25 – **5 752 ab.** – **alt. 800 m** – ✉ **86081** 2 **C3**

Roma 220 – Campobasso 86 – Isernia 45

Sammartino rist,

largo Pietro Micca 44 – ✆ 086 57 75 77 – Fax 086 57 82 39

22 cam – 50 € 70 € – ½ P 45 € – **Rist** – Carta 18/26 €

♦ Ambiente e conduzione familiari in un albergo del centro storico; piccola hall, gradevole angolo bar con soffitto in pietra, camere decorose con arredi in legno chiaro. Luminose finestre che si aprono sulla vallata nella sala da pranzo.

sulla strada statale 86 Km 34 Sud-Ovest : 15 km :

Agriturismo Selvaggi cam, VISA AE

località Staffoli Str.Prov. Montesangrina km 1 ✉ 86081 Agnone – ✆ 086 57 77 85 – staffoli@staffoli.it – Fax 086 57 71 77 – Chiuso dal 10 al 23 novembre

15 cam – 37 € 52 € – ½ P 47 € – **Rist** – *(chiuso lunedì)* Carta 17/27 €

◆ Un soggiorno a contatto con la natura in una fattoria del 1720, restaurata: allevamento di bovini e ovini, produzione di salumi, escursioni a cavallo; camere accoglienti.

AGORDO – Belluno (BL) – 562 D18 – **4 236 ab.** – **alt. 611 m** – ✉ **32021** 36 **C1**

Roma 646 – Belluno 32 – Cortina d'Ampezzo 59 – Bolzano 85 – Milano 338 – Venezia 135

via 27 Aprile 5/a ✆ 0437 62105, agordo@infodolomiti.it, Fax 0437 65205

Valle del Cordevole★★ Nord-Ovest per la strada S 203

Erice VISA AE

via 4 Novembre 13/b – ✆ 043 76 50 11 – info@hotelerice.it – Fax 043 76 23 07 – Chiuso ottobre

13 cam – 55 € 75 €, 8 € – ½ P 55 € – **Rist** – *(chiuso lunedì in bassa stagione)* Carta 26/37 €

◆ Piccolo e semplice hotel a gestione diretta in una bella struttura in posizione tranquilla; piacevoli zone comuni in stile montano di taglio contemporaneo; camere lineari. Capiente ed essenziale sala da pranzo.

AGRATE BRIANZA – Milano (MI) – 561 F10 – **13 330 ab.** – **alt. 162 m** – ✉ 20041 18 **B2**

Roma 587 – Milano 23 – Bergamo 31 – Brescia 77 – Monza 7

Colleoni cam, rist, 120, VISA AE

via Cardano 2 – ✆ 03 96 83 71 – colleoni@hotelcolleoni.com – Fax 039 65 44 95

150 cam – 135 € 170 €, 16 € – 13 suites – ½ P 122 €

Rist *Vip Restaurant* – ✆ *03 96 83 79 13 (chiuso sabato e domenica a mezzogiorno)* Carta 39/63 €

◆ All'interno dell'imponente, omonimo complesso sede di un importante centro direzionale, un albergo funzionale e di moderna concezione, ideale per uomini d'affari. Ristorante rischiarato da grandi vetrate.

AGRIGENTO P – 565 P22 – **Vedere Sicilia alla fine dell'elenco alfabetico**

AGROPOLI – Salerno (SA) – 564 F26 – **19 970 ab.** – ✉ **84043** 7 **C3**

Roma 312 – Potenza 106 – Battipaglia 33 – Napoli 107 – Salerno 57 – Sapri 110

Rovine di Paestum★★★ Nord : 11 km

Il Ceppo P VISA AE

Sud-Est : 1,5 km – ✆ 09 74 84 30 44 – info@hotelristoranteilceppo.com – Fax 09 74 84 32 34

13 cam – 45/65 € 72/95 €

Rist Il Ceppo – vedere selezione ristoranti

◆ Inaugurato nel 1994 e situato di fronte all'omonimo ristorante, un albergo ancora nuovo con piacevoli zone comuni dai color caldi e ben arredate; camere funzionali.

La Colombaia VISA AE

via Piano delle Pere Sud : 2 km – ✆ 09 74 82 18 00 – colombaia@tin.it – Fax 09 74 82 18 00 – Chiuso gennaio e febbraio

10 cam – 80/100 € – ½ P 68/72 € – **Rist** – *(maggio-settembre)* (solo per alloggiati) Menu 18/22 €

◆ In quieta posizione panoramica, bella villa di campagna ristrutturata, dotata di terrazza-giardino con piscina; accoglienti e ben curate sia le camere che le zone comuni.

Il Ceppo 30, VISA AE

Sud-Est : 1,5 km – ✆ 09 74 84 30 36 – info@hotelristoranteilceppo.com – Fax 09 74 84 32 34 – Chiuso novembre

Rist – Carta 21/51 €

◆ Appena fuori dalla località, ristorante con pizzeria serale: tre sale classiche con tocchi di rusticità, bianche pareti e pavimenti in cotto; saporita cucina di mare.

Il Cormorano
via C. Pisacane 13, al Porto – ✆ 09 74 82 39 00 – info@ristoranteilcormorano.it – Fax 09 74 82 47 10 – Aprile-ottobre; chiuso mercoledì escluso da giugno a settembre
Rist – Carta 25/45 €
♦ Atmosfera caratteristica in un ristorante recente; un ambiente curato dove gustare pesce in estate (servito anche sulla bella terrazza) e piccola cacciagione d'inverno.

AGUGLIANO – Ancona (AN) – 563 L22 – 4 267 ab. – alt. 203 m – ✉ 60020 21 C1

Roma 279 – Ancona 16 – Macerata 44 – Pesaro 67

Al Belvedere
piazza Vittorio Emanuele II, 3 – ✆ 071 90 71 90 – info@hotelalbelvedere.it – Fax 071 90 80 08
18 cam – 56 € 55/73 €, 6 € – ½ P 45/55 € – **Rist** – Carta 21/31 €
♦ Ubicato tra le colline marchigiane, offre la cordialità tipica di un ambiente a conduzione familiare. Camere semplici e funzionali. Ristorante dall'atmosfera rilassante con ampie vetrate che incorniciano il paesaggio agreste circostante.

AHRNTAL = Valle Aurina

ALA DI STURA – Torino (TO) – 561 G3 – 468 ab. – alt. 1 075 m – Sport invernali : *1 075/1 900 m* 3, – ✉ 10070 22 B2

Roma 729 – Torino 44 – Balme 7 – Milano 177 – Vercelli 117

Raggio di Sole
via Ceres 7 – ✆ 012 35 51 91 – Fax 012 35 53 13 – Chiuso ottobre
25 cam – 40 € 80 €, 7 € – ½ P 55/58 € – **Rist** – *(chiuso giovedì)* Carta 19/29 €
♦ In posizione panoramica, albergo gestito direttamente dai proprietari, adatto a lunghi soggiorni estivi e sportive vacanze invernali; camere semplici e ben tenute. Arredi essenziali nella sala da pranzo.

ALAGNA VALSESIA – Vercelli (VC) – 561 E5 – 446 ab. – alt. 1 191 m – ✉ 13021 22 B1

Roma 722 – Torino 163 – Varese 124 – Vercelli 105

Casa Prati senza rist
frazione Casa Prati 7 – ✆ 01 63 92 28 02 – casapratizimmer@libero.it – Fax 01 63 92 26 49
6 cam – 52/84 € 70/112 €
♦ Dalla ristrutturazione di vecchie stalle, una piacevole risorsa dotata di alcune camere molto graziose e di un appartamento ideale per famiglie. Accoglienza squisita.

ALASSIO – Savona (SV) – 561 J6 – 10 765 ab. – ✉ 17021 14 B2

Roma 597 – Imperia 23 – Cuneo 117 – Genova 98 – Milano 221 – San Remo 47 – Savona 52 – Torino 160

via Mazzini 68 ✆ 0182 647027, alassio@inforiviera.it, Fax 0182 647874

Garlenda, Nord-Ovest : 10 km a Garlenda, ✆ 0182 58 00 12.

Pianta pagina seguente

Grand Hotel Méditerranée rist, 60,
via Roma 63 – ✆ 01 82 64 25 64 – info@hotelmediterranee.it – Fax 01 82 47 08 45 Z b
96 cam – 110/116 € 200/220 € – ½ P 115/157 € – **Rist** – *(chiuso dal 1° novembre al 27 dicembre)* Carta 33/40 €
♦ Imponente edificio bianco fine '800, incorniciato dal verde e dotato di un grande arenile privato; eleganti saloni e belle camere confortevoli con tocchi di raffinatezza. Piatti nazionali da gustare nell'ampia sala o al ristorante a buffet sulla spiaggia.

Spiaggia rist, 60,
via Roma 78 – ✆ 01 82 64 34 03 – info@spiaggiahotel.it – Fax 01 82 64 02 79 – Chiuso dal 15 ottobre al 27 dicembre Z c
89 cam – 80/130 € 135/240 € – **Rist** – Carta 44/58 €
♦ Distinto hotel in stile contemporaneo, con interni signorili e camere confortevoli; suggestiva piscina su terrazza panoramica per nuotare godendo di una splendida vista. Il mare, soave, si lascia contemplare anche dalle vetrate ad arco della sala da pranzo.

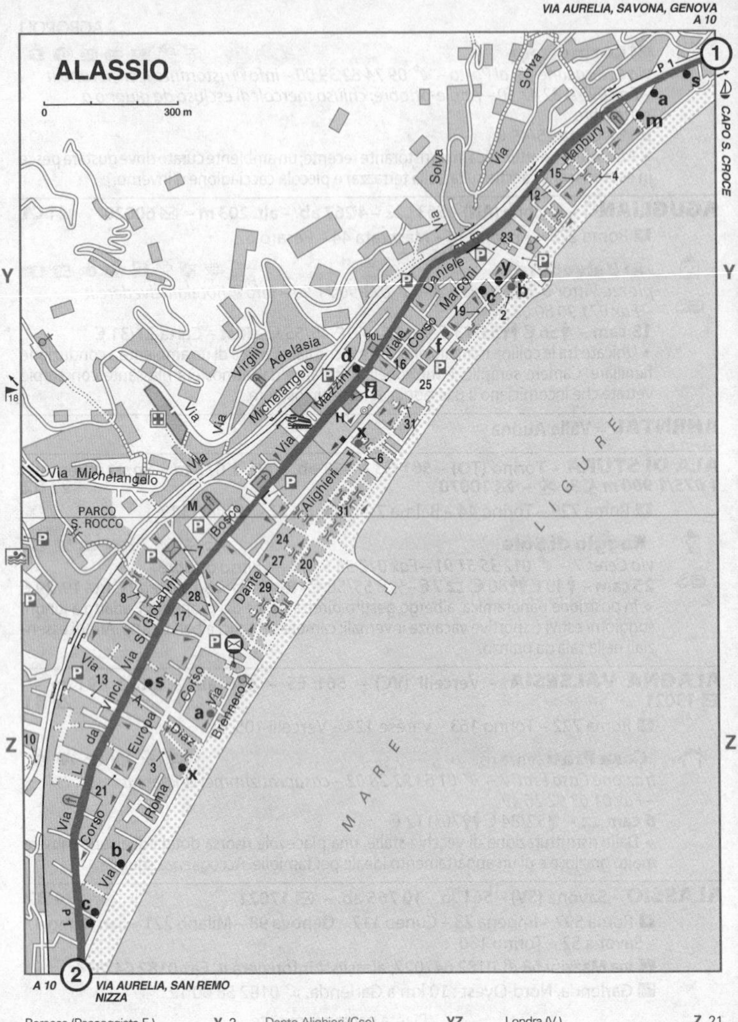

ALASSIO

0 300 m

CAPO S. CROCE

A 10 — VIA AURELIA, SAN REMO NIZZA

Baracca (Passeggiata F.)	Y	2	Dante Alighieri (Cso)	YZ		Londra (V.)	Z	21
Bosco (V. S. Giovanni)	Z		Dino Grollero (Passeggiata)	Z	20	Mazzini (V. G.)	Y	
Boselli (V.)	Z	3	Doria (V.)	Y	12	Milano (V.)	Y	23
Brennero (V.)	Z		Ferreri (V. Paolo)	Z	13	Milite Ignoto (V.)	Z	24
Cadorna (Passeggiata M.llo)	Y	4	Garibaldi (V. G.)	Y	15	Partigiani (Pza)	Y	25
Cavour (V.)	Y	6	Gibb (V.)	Y	16	Torino (V.)	Z	27
Chiusetta (V.)	Z	7	Gioia (V. Flavio)	Z	17	Verdi (V. G.)	Z	28
Conceria (V.)	Z	8	Gramsci (V. A.)	Y	19	Vittorio Veneto (V.)	Z	29
Dall'Oro (V. Ignazio)	Z	10	Leonardo da Vinci (V.)	Z		XX Settembre (V.)	Y	31

Diana Grand Hotel 90,

via Garibaldi 110 – ☎ 01 82 64 27 01 – hotel@dianagh.it – Fax 01 82 64 03 04 – Chiuso dal 6 novembre al 6 dicembre e dal 7 gennaio al 7 febbraio — Y a

57 cam – 120/160 € 180/252 € – ½ P 141/166 €

Rist – Carta 36/54 € – **Rist *La Marina*** – *(aprile-6 novembre)* Carta 27/44 €

◆ Una grande struttura bianca si erge maestosa di fronte al mare: un albergo di tradizione con ampi ed eleganti spazi comuni in stile e amena terrazza-giardino ombreggiata. In terrazza, piatti creativi e la tradizione ligure. Delizioso e informale il ristorante "La Marina", con un invitante dehors sulla spiaggia.

Savoia ← rist, VISA AE
via Milano 14 – 📞 01 82 64 02 77 – info@hotelsavoia.it – Fax 01 82 64 01 25 – Chiuso novembre Y **b**
35 cam – †95/130 € ††115/155 €, ☕ 12 € – ½ P 81/106 € – **Rist** – Carta 31/39 €
♦ Imponenti colonne all'ingresso introducono in ambienti curati e di moderna concezione, con curiosi pavimenti a mosaico; camere ben rifinite e dotate di ogni confort. Vi sembrerà di pranzare lambiti dall'acqua marina nella piacevole sala ristorante.

Regina ← rist, 60, P VISA AE
viale Hanbury 220 – 📞 01 82 64 02 15 – info@reginahotel.it – Fax 01 82 66 00 92 – Marzo-novembre Y **s**
42 cam ☕ – †90/165 € ††115/198 € – **Rist** – Carta 28/38 €
♦ In riva al mare, albergo di recente ristrutturazione particolarmente adatto per un turismo familiare; colori caldi negli spazi comuni e ampia terrazza molto gradevole. Presso la sobria sala ristorante o in terrazza, i sapori della cucina nazionale.

Dei Fiori rist, 50, VISA AE
viale Marconi 78 – 📞 01 82 64 05 19 – info@hoteldeifiori-alassio.it – Fax 01 82 64 41 16 Y **c**
63 cam – †50/90 € ††70/130 €, ☕ 12 € – ½ P 63/85 € – **Rist** – Carta 24/32 €
♦ Nel pieno centro di Alassio, hotel gestito con cura, serietà ed esperienza, dotato di spaziose aree comuni e camere signorili; ideale per famiglie con bambini. Grande sala da pranzo in stile moderno, adatta anche per attività banchettistica.

Beau Rivage ← rist, P VISA AE
via Roma 82 – 📞 01 82 64 05 85 – info@hotelbeaurivage.it – Fax 01 82 64 04 26 – Chiuso dal 9 ottobre al 25 dicembre Z **c**
20 cam ☕ – †96 € ††160 € – ½ P 98 € – **Rist** – Menu 21/26 €
♦ Signorile, accogliente casa ottocentesca di fronte al mare con interni molto curati: piacevoli salottini con bei soffitti affrescati e camere semplici, ma molto graziose. Gradevole sala da pranzo.

Nuovo Suisse rist, rist, 25, VISA
via Mazzini 119 – 📞 01 82 64 01 92 – info@suisse.it – Fax 01 82 66 02 67 – Febbraio-14 ottobre Y **d**
49 cam ☕ – †50/100 € ††70/130 € – ½ P 50/90 € – **Rist** – (solo per alloggiati) Menu 18/25 €
♦ Sarete avvolti in un'atmosfera d'altri tempi in questa elegante dimora dei primi del '900, in pieno centro; pregevoli interni in stile liberty e camere confortevoli.

Lamberti cam, P VISA AE
via Gramsci 57 – 📞 01 82 64 27 47 – info@hotellamberti.it – Fax 01 82 64 24 38 – Chiuso sino a Pasqua Y **y**
25 cam ☕ – †80/90 € ††120/140 € – ½ P 76/95 € – **Rist** – Carta 35/70 €
♦ Grazioso alberghetto centrale in un edificio degli anni '30, a pochi passi dalle spiagge, gestito con capacità e professionalità; piacevoli camere, spaziose e funzionali. Ristorante con proposte interessanti, ricche di gusto e fantasia.

Beau Sejour ← rist, P VISA AE
via Garibaldi 102 – 📞 01 82 64 03 03 – info@beausejourhotel.it – Fax 01 82 64 63 91 – Pasqua-ottobre Y **m**
45 cam ☕ – †50/100 € ††80/200 € – ½ P 55/145 € – **Rist** – Menu 25/40 €
♦ Bella e grande villa d'inizio secolo dotata di comodo parcheggio e ampi spazi comuni, anche esterni, con bella vista mare; camere confortevoli. Invitante servizio ristorante estivo in terrazza tra il profumo dei fiori e la vista sul mare blu.

Corso rist, rist, VISA AE
via Diaz 28 – 📞 01 82 64 24 94 – info@hotelcorso.it – Fax 01 82 64 24 95 – Chiuso dal 3 novembre al 23 dicembre Z **s**
45 cam ☕ – †65/90 € ††85/130 € – ½ P 54/76 € – **Rist** – (solo per alloggiati) Menu 18/20 €
♦ Posizione centrale e ambiente familiare in un albergo ben tenuto, costantemente aggiornato, ideale per una vacanza serena e spensierata.

Danio Lungomare ← rist, rist, VISA
via Roma 23 – ☎ 01 82 64 06 83 – info@hoteldaniolungomare.it – Fax 01 82 64 03 47 – Chiuso dal 19 ottobre al 26 dicembre Z x
31 cam – †60/80 € ††100/130 € – ½ P 50/75 € – **Rist** – Carta 25/40 €
♦ Vi sembrerà quasi che la vostra camera sia sulla spiaggia in questo piccolo albergo familiare, ubicato proprio di fronte al mare; camere essenziali e molto pulite. Tre luminose salette ristorante e sevizio estivo con vista sul golfo di Alassio.

XXX **Palma** (Viglietti) 12, VISA AE
via Cavour 11 – ☎ 01 82 64 03 14 – Fax 01 82 64 03 14 – Chiuso dal 15 al 31 gennaio, dal 15 al 30 novembre e mercoledì Y x
Rist – Carta 51/78 €
Spec. Noci di cappesante con passata di scorzanera e gocce di liquirizia. Raviolini di foie gras d'anatra, gamberi in frittura e consommé di cappone alla moka-express. Prugne farcite di foie gras, crema alla cannella e gelato al pepe di Jamaica.
♦ Dalla tradizione ligure sino a piatti elaborati e creativi, un lungo viaggio durante il quale talvolta rimangono poche tracce della partenza, ma entusiasmante e sorprendente.

XX **Sail-Inn** 20, VISA AE
via Brennero 34 – ☎ 01 82 64 02 32 – Fax 01 82 64 02 32 – Chiuso dal 6 gennaio al 6 marzo e lunedì Z a
Rist – Menu 20/35 € – Carta 37/59 €
♦ Sulla passeggiata a mare, un locale che propone un'interessante linea gastronomica marinaresca e un'apprezzabile cantina; bella veranda a pochi passi dalla spiaggia.

XX **Baia del Sole** VISA
corso Marconi 30 – ☎ 01 82 64 18 14 – mirella.porro@tin.it – Chiuso da novembre al 15 dicembre e a mezzogiorno, anche lunedì e martedì dal 15 settembre al 15 giugno Y e
Rist – Carta 44/58 €
♦ Un ristorante giovane ed informale, in stile moderno con vetrate che danno sul dehors, dove gustare prodotti del territorio e piatti di pesce d'ispirazione contemporanea.

XX **La Prua** VISA AE
passeggiata Baracca 25 – ☎ 01 82 64 25 57 – Fax 01 82 64 02 15 – Chiuso novembre e martedì Y b
Rist – Carta 41/62 €
♦ In posizione invidiabile, praticamente sulla spiaggia, ristorante dalle suggestive salette ricavate negli ex depositi delle barche; imperdibile servizio estivo in terrazza.

ALATRI – Frosinone (FR) – 563 Q22 – 27 657 ab. – alt. 502 m – ✉ 03011

Italia 13 **C2**

Roma 93 – Frosinone 14 – Avezzano 89 – Latina 65 – Rieti 125 – Sora 39
Acropoli★ : ←★★ – Chiesa di Santa Maria Maggiore★

X **La Rosetta** VISA AE
via Duomo 39 – ☎ 07 75 43 45 68 – larosetta.alatri@libero.it – Fax 07 75 43 45 68 – Chiuso dall' 8 al 19 gennaio, dal 2 al 14 luglio, martedì e domenica sera
Rist – Carta 21/28 €
♦ A ridosso dell'Acropoli, atmosfere di autentica Ciociaria e genuina cucina del territorio orgogliosamente fedele alle tradizioni, in un ambiente dal fascino antico.

ALBA – Cuneo (CN) – 561 H6 – 30 034 ab. – alt. 172 m – ✉ 12051 *Italia* 25 C2

Roma 644 – Cuneo 64 – Torino 62 – Alessandria 65 – Asti 30 – Milano 155 – Savona 99
piazza Risorgimento 2 ☎ 0173 35833, info@langheroero.it, Fax 0173 363878

I Castelli 150, VISA AE
corso Torino 14/1 – ☎ 01 73 36 19 78 – info@hotel-icastelli.com – Fax 01 73 36 19 74
87 cam – †70/80 € ††95/110 € – 3 suites – ½ P 75/90 € – **Rist** – *(chiuso dal 1° al 18 agosto, domenica sera e lunedì a mezzogiorno)* Carta 20/37 €
♦ Imponente complesso recente di moderna concezione in vetro e cemento, dotato di ogni confort e di camere accoglienti e spaziose; ideale per una clientela di lavoro. Elegante sala ristorante con cucina della tradizione rivisitata in chiave moderna.

Langhe senza rist
strada Profonda 21 – ✆ 01 73 36 69 33 – info@hotellanghe.it – Fax 01 73 44 20 97
26 cam – 63/75 € 75/115 €
◆ In posizione relativamente tranquilla, una risorsa completamente nuova con moderne soluzioni di design decisamente gradevoli e appropriate alla struttura. Camere con vista.

Agriturismo Villa la Meridiana-Cascina Reine senza rist
località Altavilla 9, Est : 1 km – ✆ 33 84 60 65 27 – cascinareine@libero.it – Fax 01 73 44 01 12
9 cam – 70 € 85 € – 1 suite
◆ Per gli amanti della quiete e delle passeggiate, un complesso agrituristico con un'elegante villa liberty e un attiguo cascinale; accoglienti interni e camere in stile.

Piazza Duomo
vicolo dell'Arco 1, angolo piazza Risorgimento 4 – ✆ 01 73 36 61 67 – info@piazzaduomoalba.it – Fax 01 73 29 60 03 – Chiuso 15 giorni in gennaio, agosto, domenica e lunedì, in autunno e primavera aperto domenica a mezzogiorno
Rist – Carta 48/78 €
Spec. Fegato grasso al naturale. Cappesante con mousse di carciofi e radicchio. Mela, mascarpone, spezie e torta di nocciole.
◆ L'elegante risorsa, situata in zona centrale, presenta due sale ricavate al primo piano di un palazzo storico e propone piatti di impostazione moderna.

Locanda del Pilone (Quaranta) con cam colline e vigneti, rist,
frazione Madonna di Como 34, Sud-Est : 5 km – ✆ 01 73 36 66 16 – info@locandadelpilone.com – Fax 01 73 36 66 09 – Chiuso dal 24 dicembre al 7 gennaio e dal 20 luglio al 20 agosto
6 cam – 130/140 € 160/200 € – **Rist** – *(chiuso i mezzogiorno di martedì e mercoledì in ottobre-novembre, tutto il giorno negli altri mesi)* Carta 52/67 €
Spec. Millefoglie di peperoni e baccalà con salsa verde e aioli. Ravioli del plin ripieni di faraona. Variazione di pesca ripiena (estate).
◆ Nella straordinaria cornice delle colline del Barbaresco, una cascina ristrutturata ospita una cucina di stampo regionale con prevalenza di piatti di carne.

Daniel's-al Pesco Fiorito
corso Canale 28, Nord-Ovest : 1 km – ✆ 01 73 44 19 77 – daniels@ristoranti.it – Fax 01 73 44 19 77 – Chiuso dal 23 dicembre al 9 gennaio, dal 27 luglio al 18 agosto e domenica (escluso da settembre a novembre)
Rist – Carta 31/36 €
◆ A pochi minuti dalla città, in una recente costruzione dall'esterno in mattoni, un'elegante sala dove assaporare la cucina tipica albese; sala banchetti al primo piano.

La Libera
via Pertinace 24/a – ✆ 01 73 29 31 55 – lalibera2002@libero.it – Fax 01 73 29 31 55 – Chiuso febbraio, dall' 8 al 18 luglio, domenica e lunedì a mezzogiorno
Rist – Carta 34/52 €
◆ Locale raccolto del centro città con proposte giornaliere basate sulle tradizioni culinarie piemontesi. La gestione garantisce esperienza, affidabilità e gentilezza.

Osteria dell'Arco
piazza Savona 5 – ✆ 01 73 36 39 74 – info@osteriadellarco.it – Fax 01 73 22 80 28 – Chiuso 25-26 dicembre, Capodanno, domenica e lunedì (escluso ottobre-novembre)
Rist – Carta 28/35 €
◆ Locale rustico e informale, in pieno centro, affacciato su un cortiletto interno; nato come enoteca, propone ora una cucina legata al territorio, rivisitata con fantasia.

ALBA – **Trento** – **562** C17 – **Vedere Canazei**

ALBA ADRIATICA – **Teramo (TE)** – **563** N23 – **10 754 ab.** – ✉ **64011** 1 **B1**

Roma 219 – Ascoli Piceno 40 – Pescara 57 – Ancona 104 – L'Aquila 110 – Teramo 37

lungomare Marconi 1 ✆ 0861 712426, iat.albaadriatica@abruzzoturismo.it, Fax 0861 713993

Meripol cam, rist,
lungomare Marconi 290 – 08 61 71 47 44 – info@hotelmeripol.it – Fax 08 61 75 22 92
51 cam – 55/85 € 80/142 € – ½ P 45/101 € – **Rist** – Carta 25/64 €
◆ Solo una piccola pineta separa dal mare questo signorile ed imponente edificio avveniristico che dispone di camere spaziose, spesso illuminate da portefinestre con balcone. Al ristorante, i sapori della tradizione culinaria italiana.

Eden & Eden Park Hotel
lungomare Marconi 328 – 08 61 71 42 51 – heden@advcom.it – Fax 08 61 71 37 85 – Maggio-settembre
83 cam – 54/65 € 85/105 €, 12 € – ½ P 56/94 € – **Rist** – (solo per alloggiati) Menu 20/40 €
◆ In un'area che si estende dal lungomare fino all'interno, due strutture identiche nei servizi ma con camere distinte per tipologie: classiche all'Eden, più moderne al Park.

Doge cam, rist, rist,
lungomare Marconi 292 – 08 61 71 25 08 – info@hoteldoge.it – Fax 08 61 71 18 62 – 15 maggio-15 settembre
60 cam – 40/60 € 60/100 € – ½ P 55/85 € – **Rist** – (solo per alloggiati)
◆ Sul lungomare, attrezzato albergo di recente ristrutturazione, con camere arredate in stile coloniale; spazioso solarium con vista dominante l'intera spiaggia.

Impero
lungomare Marconi 162 – 08 61 71 24 22 – info@hotelimpero.com – Fax 08 61 75 16 15 – 24 maggio-20 settembre
60 cam – 60/80 € 70/90 € – ½ P 80/90 € – **Rist** – (solo per alloggiati) Menu 28/35 €
◆ Albergo tradizionale, a pochi metri dal mare, con accogliente hall dipinta e arredata nelle sfumature del rosso e del rosa e comode poltrone in stile; camere eleganti.

Majestic senza rist
via Molise – 08 61 75 37 55 – info@majestichotel.net – Fax 08 61 71 72 10
28 cam – 45/60 € 70/90 €
◆ Ubicato in posizione tranquilla leggermente arretrata rispetto al mare, un'edificio realizzato in mattoni con eco neoclassiche offre camere nuove con qualche tocco d'eleganza.

La Pergola senza rist
via Emilia 19 – 08 61 71 10 68 – info@hotelpergola.it – Fax 08 61 71 10 68 – 15 marzo-ottobre
10 cam – 50/60 € 60/90 €
◆ Una piccola risorsa a gestione familiare recentemente rinnovata, dispone di camere semplici dagli arredi in legno. Possibilità di noleggio biciclette per i clienti.

Hostaria l'Arca
viale Mazzini 109 – 08 61 71 46 47 – info@hostariaarca.it – Chiuso sabato a mezzogiorno e martedì
Rist – Carta 21/43 €
◆ Ristorante rustico e accogliente in grado di sorprendere per le proposte spesso originali. Piatti di terra, prodotti biologici e di nicchia, salumi e formaggi selezionati.

ALBANO LAZIALE – Roma (RM) – 563 Q19 – 34 806 ab. – alt. 384 m – ✉ 00041
Roma 12 **B2**

Roma 27 – Anzio 33 – Frosinone 73 – Latina 42 – Rieti 99
viale Risorgimento 1 06 9324081, turismoalbano@tin.it, Fax 06 9320040
Villa Comunale★ – Chiesa di Santa Maria della Rotonda★

Miralago 120,
via dei Cappuccini 12, Nord-Est : 1,5 km – 069 32 22 53 – info@hotelmiralagorist.it – Fax 069 32 22 53
45 cam – 75/80 € 100/105 € – ½ P 70/75 €
Rist *Donna Vittoria* – 069 32 10 18 – Carta 33/47 €
◆ Struttura immersa nel verde con camere in stile omogeneo, complessivamente confortevoli e gradevoli, carta da parati colorata e arredi in stile classico-elegante. Ristorante molto attivo e frequentato, anche per banchetti e cerimonie.

ALBAREDO D'ADIGE – Verona (VR) – 562 G15 – 5 053 ab. – ✉ 37041 35 B3

Roma 494 – Verona 35 – Mantova 51 – Padova 71 – Vicenza 42

a Coriano Veronese Sud : 5 km – ✉ 37050

XX **Locanda Arcimboldo** con cam
via Gennari 5 – ☎ 04 57 02 53 00 – info@locandadellarcimboldo.it – Fax 04 57 02 52 01 – Chiuso 20 giorni in agosto
2 cam – 80/100 € – 2 suites – 100/120 € – ½ P 80/90 € – **Rist** – *(chiuso 7 giorni in gennaio, 20 giorni in agosto, domenica sera e lunedì)* Carta 33/61 €
◆ Una casa dell' '800 ristrutturata e trasformata in locanda: ambiente signorile curato nei particolari, sontuose camere di raffinata ricercatezza; saporiti piatti locali.

ALBAVILLA – Como (CO) – 561 E9 – 5 928 ab. – alt. 331 m – ✉ 22031 18 B1

Roma 613 – Como 12 – Brescia 102 – Milano 46 – Monza 35

XX **Il Cantuccio** 16,
via Dante 36 – ☎ 031 62 87 36 – cantuccio@mauroelli.com – Fax 031 62 87 36 – Chiuso lunedì e martedì a mezzogiorno
Rist – Carta 45/65 €
◆ Fantasiosa rielaborazione di cucina tradizionale nel cuore di un verde paese della Brianza: due graziose salette, in un ambiente elegantemente rustico; cantina interessante.

ALBENGA – Savona (SV) – 561 J6 – 23 141 ab. – ✉ 17031 *Italia* 14 B2

Roma 589 – Imperia 32 – Cuneo 109 – Genova 90 – Milano 213 – San Remo 57 – Savona 44

lungocenta Croce Bianca 12 ☎ 0182 558444, albenga@inforiviera.it, Fax 0182 558740

Città vecchia★

Sole Mare rist,
lungomare Cristoforo Colombo 15 – ☎ 018 25 27 52 – hsolemare@tiscali.it – Fax 01 82 54 52 12
26 cam – 60/85 € 80/115 € – ½ P 65/85 €
Rist *Tonino al Mare* – ☎ 01 82 55 85 03 *(chiuso dal 1° novembre al 18 dicembre e lunedì)* Carta 32/54 €
◆ Invidiabile posizione di fronte al mare e ambiente ospitale in una struttura semplice, a conduzione familiare; camere spaziose, arredate sobriamente, ma funzionali.

XX **Pernambucco**
viale Italia 35 – ☎ 018 25 34 58 – Fax 018 25 34 58 – Chiuso mercoledì (escluso da giugno a settembre)
Rist – Carta 41/74 €
◆ Gestione capace e insolita collocazione all'interno di un giardino, per un locale dall'ambiente rustico ma ricercato; specialità di mare da provare.

XX **Osteria dei Leoni**
vico Avarenna 1, centro storico – ☎ 018 25 19 37 – Chiuso gennaio e martedì
Rist – Carta 30/49 €
◆ Una delle più antiche "osterie" della località, nel cuore del centro storico, propone ora ottime elaborazioni culinarie a base di pesce, con prodotti di assoluta qualità.

XX **Babette**
viale Pontelungo 26 – ☎ 01 82 54 45 56 – Chiuso lunedì e martedì a mezzogiorno
Rist – (Coperti limitati; prenotare) Carta 42/54 €
◆ Alle porte del centro storico, una sala curata che accoglie pochi, comodi tavoli per apprezzare piatti fantasiosi che seguono l'avvicendarsi delle stagioni.

a Salea Nord-Ovest : 5 km – ✉ 17031 – Albenga

Cà di Berta senza rist
località Cà di Berta 5 – ☎ 01 82 55 99 30 – info@hotelcadiberta.it – Fax 01 82 55 98 88
5 cam – 85/110 € 110/130 € – 5 suites – 160/210 €
◆ Nella tranquillità della campagna, struttura accogliente e signorile impreziosita da una verde cornice di palme e ulivi; interni eleganti, camere curate e confortevoli.

ALBEROBELLO - Bari (BA) - 564 E33 - 10 939 ab. - alt. 416 m - ✉ 70011
Italia 27 C2

Roma 502 – Bari 55 – Brindisi 77 – Lecce 106 – Matera 69 – Taranto 45

piazza Ferdinando IV ✆ 080 4325171, Fax 080 4325171

Località★★★ – Trullo Sovrano★

Sovrano 150,

via Alcide De Gasperi 2 – ✆ 08 04 32 17 11 – hotelsovrano@tin.it – Fax 08 04 32 14 27

30 cam – 60/70 € 80/90 € – ½ P 70/75 € – **Rist** – Carta 25/45 €

◆ Periferico, ma il centro è ancora raggiungibile a piedi, in una struttura neoclassica troverete camere ricche di decorazioni e una calorosa ospitalità. Il fascino si arricchisce di storia nel ristorante ricavato all'interno di trulli originali.

Astoria rist, 300,

viale Bari 11 – ✆ 08 04 32 33 20 – hotelastoria@libero.it – Fax 08 04 32 12 90

59 cam – 50/59 € 72/86 €, 8 € – ½ P 57/62 € – **Rist** – Carta 20/32 €

◆ Nei pressi della stazione, hotel di recente ristrutturazione e moderna concezione, con aree comuni in stile classico, terrazza roof-garden e ampie camere con arredi standard. Capiente sala da pranzo ornata sobriamente.

Colle del Sole cam,

via Indipendenza 63 – ✆ 08 04 32 18 14 – info@hotelcolledelsole.it – Fax 08 04 32 13 70

37 cam – 40/60 € 60/80 €, 5 € – ½ P 40/60 € – **Rist** – *(chiuso lunedì da ottobre a marzo)* Carta 20/26 €

◆ Fuori dal centro, semplice albergo a gestione familiare il cui bar è utilizzato come sede di piccole esposizioni fotografiche e incontri di poesia. Camere essenziali e sobrie. Ampia sala e servizio ristorante estivo all'aperto.

Fascino Antico senza rist

strada Statale 172 per Locorotondo km 0,5 – ✆ 08 04 32 50 89 – info@fascinoantico.com – Fax 08 04 32 50 89 – Aprile-novembre

5 cam – 45/50 € 70/85 €

◆ L'esperienza di alloggiare all'interno dei trulli, alcuni originali dell'Ottocento, e di concedersi un po' di riposo nella corte-giardino: un'autentica atmosfera pugliese.

Il Poeta Contadino (Leonardo)

via Indipendenza 21 – ✆ 08 04 32 19 17 – ilpoetacontadino@tiscalinet.it – Fax 08 04 32 19 17 – Chiuso dal 7 al 31 gennaio e lunedì (escluso da luglio a settembre)

Rist – Carta 53/69 €

Spec. Sformato di carciofi con burrata e salsa alle acciughe (febbraio-maggio). Purea di fave con ricotta forte, grano pestato e cozze. Croccantino di mandorle e nocciole con salsa di caramello.

◆ A due passi dai celebri trulli, un ulivo all'ingresso è il biglietto da visita della cucina: sapori e colori del sud in uno dei locali più eleganti della regione.

L'Aratro 10,

via Monte San Michele 25/29 – ✆ 08 04 32 27 89 – info@ristorantearatro.it – Fax 08 04 32 27 89 – Chiuso lunedì escluso da giugno a settembre e dal 10 gennaio al 7 febbraio

Rist – Carta 20/41 €

◆ Nel caratteristico agglomerato di trulli del centro storico, piacevole trattoria dagli arredi rustici e terrazza per il dehors. Proposte del territorio, di carne e di pesce.

Trullo d'Oro 14,

via Cavallotti 27 – ✆ 08 04 32 39 09 – Fax 08 04 32 18 20 – Chiuso dal 7 al 28 gennaio, domenica sera e lunedì

Rist – Carta 27/56 €

◆ Suggestiva ubicazione in un trullo per questo ristorante, in cui gustare cucina tipica in un ambiente caratteristico e signorile; grande offerta di antipasti, buoni vini.

ALBIGNASEGO – Padova (PD) – 562 F17 – 19 567 ab. – alt. 13 m – ✉ 35020 36 **C3**

Roma 492 – Padova 13 – Rovigo 41 – Venezia 47 – Vicenza 51

XX **Il Baretto**

via Europa 6 – ✆ 04 98 62 50 19 – il-baretto_lucio@libero.it – Fax 04 98 62 97 49 – Chiuso domenica sera e lunedì, in estate anche domenica a mezzogiorno

Rist – Carta 42/58 €

♦ Piccolo ristorante dal taglio rustico-elegante. Propone una cucina di mare con acquisti giornalieri di prodotti ittici da gustare crudi o in piatti tradizionali e casalinghi.

ALBINEA – Reggio Emilia (RE) – 562 I13 – 8 034 ab. – alt. 259 m – ✉ 42020 8 **B3**

Roma 438 – Parma 41 – La Spezia 114 – Milano 161 – Modena 40 – Reggio nell'Emilia 15

Garden Viganò senza rist

via Garibaldi 17 – ✆ 05 22 34 72 92 – info@hotelgarden-vigano.it – Fax 05 22 34 72 93

22 cam – 🛉55 € 🛉🛉77 €, ☕ 10 €

♦ In collina, antica struttura di fine '700 che ospita un grazioso albergo immerso in un parco molto tranquillo; camere semplici, ma confortevoli e ben rifinite.

ALBINIA – Grosseto (GR) – 563 O15 – ✉ 58010 29 **C3**

Roma 144 – Grosseto 32 – Civitavecchia 75 – Orbetello 13 – Orvieto 94 – Viterbo 90

Agriturismo Antica Fattoria la Parrina rist,

strada vicinale Parrina km 146, Sud-Est : 6 km – ✆ 05 64 86 26 36 – info@parrina.it – Fax 05 64 86 26 26

9 cam ☕ – 🛉158/288 € 🛉🛉182/330 € – 3 suites – **Rist** – Carta 29/48 €

♦ Ambiente di raffinata ospitalità in una risorsa agrituristica ricavata nella casa padronale di una fattoria ottocentesca; interni ricchi di fascino e camere confortevoli.

ALBINO – Bergamo (BG) – 561 E11 – 17 058 ab. – alt. 347 m – ✉ 24021 19 **C1**

Roma 621 – Bergamo 14 – Brescia 65 – Milano 67

XX **Il Becco Fino** 8/30,

via Mazzini 200 – ✆ 035 77 39 00 – info@ilbeccofino.it – Fax 035 76 08 92 – Chiuso dall'8 al 15 gennaio, dal 5 al 31 agosto, domenica sera, lunedì e a mezzogiorno (escluso i giorni festivi)

Rist – Carta 33/49 €

♦ Piacevole collocazione in un cortile tra palazzi d'epoca e apprezzabili proposte di cucina tradizionale e tipica in chiave moderna, servite in tre sale curate; ottima cantina.

ALBISANO – Verona – Vedere Torri del Benaco

ALBISSOLA MARINA – Savona (SV) – 561 J7 – 5 715 ab. – ✉ 17012

Italia 14 **B2**

Roma 541 – Genova 43 – Alessandria 90 – Cuneo 103 – Milano 164 – Savona 4 – Torino 146

passeggiata Eugenio Montale 21 ✆ 019 4002008, albisola@inforiviera.it, Fax 019 4003084

Parco★ e sala da ballo★ della Villa Faraggiana

Pianta : vedere Savona

Garden rist, 60,

viale Faraggiana 6 – ✆ 019 48 52 53 – garden@savonaonline.it – Fax 019 48 52 55 CV **b**

52 cam ☕ – 🛉88/98 € 🛉🛉98/148 € – ½ P 88/98 € – **Rist** – Carta 30/37 €

♦ Un'esposizione permanente d'arte contemporanea abbellisce gli interni di questa struttura di moderna concezione, dotata di ogni confort; a due passi dal mare. Quadri vivaci anche sulle bianche pareti dell'ariosa sala da pranzo.

XX **Al Cambusiere** 15, VISA AE
via Repetto 86 – 019 48 16 63 – info@cambusiere.it – Fax 01 94 00 34 77 – Chiuso dal 10 al 25 gennaio e lunedì CV **a**
Rist – Carta 33/66 €
◆ Ristorante in pieno centro storico, al piano terra di un edificio del XVII secolo; soffitti a volte sostenuti da possenti colonne nelle eleganti sale in stile marinaro.

ALDEIN = Aldino

ALDINO (ALDEIN) – Bolzano / Bozen (BZ) – 562 C16 – 1 659 ab. – alt. 1 225 m – Sport invernali : *2 000/2 300 m 5,* – 39040 31 **D3**

Roma 628 – Bolzano 34 – Cortina d'Ampezzo 112 – Trento 57

X **Krone** con cam rist, VISA AE
piazza Principale 4 – 04 71 88 68 25 – info@gasthof-krone.it – Fax 04 71 88 66 96 – Chiuso dal 10 novembre al 24 dicembre
13 cam – 76/89 € 122/148 € – ½ P 73/94 € – **Rist** – *(chiuso lunedì)* Carta 32/41 €
◆ Sarete catturati dal fascino del tempo passato, in un ristorante di antichissima tradizione, dove si propongono genuini piatti locali; pasti anche in terrazza.

ALESSANDRIA P (AL) – 561 H7 – 85 939 ab. – alt. 95 m – 15100 23 **C2**

Roma 575 – Genova 81 – Milano 90 – Piacenza 94 – Torino 91
via Gagliaudo 2 0131 234794, iat@comune.alessandria.it, Fax 0131 234794
La Serra, a Valenza, 0131 95 47 78.

Pianta pagina a lato

Mercure Alessandria AC cam, 100, VISA AE
via Cavour 32 – 01 31 51 71 71 – mercure.alessandria@padhotels.com – Fax 01 31 51 71 72 Z **a**
47 cam – 85/95 € 103/115 € – ½ P 77/83 €
Rist ***Alli Due Buoi Rossi*** – *(chiuso dal 2 al 10 gennaio, agosto, sabato a mezzogiorno e domenica sera)* Carta 27/35 €
◆ Varcata la soglia si è piacevolmente immersi nell'atmosfera ovattata di un albergo riportato all'antico splendore: camere dotate di ogni confort con arredi di stile moderno. Raffinata sala ristorante con proposte sia regionali sia nazionali.

Europa senza rist AC VISA AE
via Palestro 1 – 01 31 23 62 26 – info@hoteleuropaal.com – Fax 01 31 25 24 98
34 cam – 62 € 96 € Y **s**
◆ Una risorsa affidabile, con un buon livello di confort e un'accurata pulizia. Ambienti sobri, servizio professionale, spazi comuni di buone dimensioni.

Lux senza rist AC 60, VISA AE
via Piacenza 72 – 01 31 25 16 61 – info@hotelluxalessandria.it – Fax 01 31 44 10 91 – Chiuso quindici giorni in agosto Y **a**
45 cam – 70/100 € 100/170 €
◆ Recentemente rinnovato, un albergo del centro che dispone di camere confortevoli arredate con attenzione alla funzionalità e al gusto. Graziosa sala colazioni.

XXX **Il Grappolo** AC 6, VISA AE
via Casale 28 – 01 31 25 32 17 – beppesardi@libero.it – Fax 01 31 26 00 46 – Chiuso dal 15 al 24 gennaio, dal 13 al 28 agosto, lunedì sera e martedì
Rist – Carta 30/38 € Y **e**
◆ Atmosfera ricercata in un locale storico con grandi ambienti, alti soffitti, alcuni arredi d'epoca, cristalli e argenti ai tavoli; cucina locale rielaborata con fantasia.

XX **L'Arcimboldo** AC VISA AE
via Legnano 2 – 013 15 20 22 – info@ristorantearcimboldo.it – Fax 01 31 29 61 52 – Chiuso dal 1° al 9 gennaio, agosto, domenica e a mezzogiorno Z **m**
Rist – (Coperti limitati; prenotare) Carta 31/55 €
◆ Locale in centro che propone una cucina del territorio elaborata giornalmente utilizzando prodotti locali; bottiglie esposte e ambiente curato in sala.

ALESSANDRIA

Bergamo (V.)	Z	2
Brigata Ravenna (Viale)	Z	3
Carducci (Pza)	Y	4
Carlo Marx (Cso)	Z	6
Casale (V.)	Y	7
Cavallotti (Cso)	Z	8
Crimea (Cso)	Z	9
Dante Alighieri (V.)	Y	10
Fiume (V.)	Y	12
Garibaldi (Pza)	Z	14
Gobetti (Pza)	Y	15
Gramsci (V.)	Z	16
Lamarmora (Cso)	Z	18
Libertà (Pza della)	Y	19
Machiavelli (V.)	YZ	20
Magenta (Lungo Tanaro)	Y	21
Marini (Cso Virginia)	Y	23
Martiri (V. dei)	Y	24
Morbelli (V.)	Y	26
Pistoia (V. Ernesto)	YZ	27
Pontida (V.)	YZ	28
Roma (Cso)	YZ	
Savona (V.)	Z	38
Solferino (Lungo Tanaro)	Y	39
S. Caterina da Siena (V.)	Y	35
S. Dalmazzo (V.)	Y	30
S. Giacomo d. Vittoria (V.)	YZ	31
S. Maria di Castello (V.)	Y	36
S. Martino (Lungo Tanaro)	Y	32
S. Pio V (V.)	Y	34
Tivoli (V.)	Z	40
Tiziano (Via Vecellio)	Y	41
Tripoli (V.)	YZ	42
Turati (Pza)	YZ	43
Valfré (Pza)	Z	44
Vittorio Veneto (Pza)	Z	45
Vochieri (V.)	Y	46
1821 (V. del)	Y	48

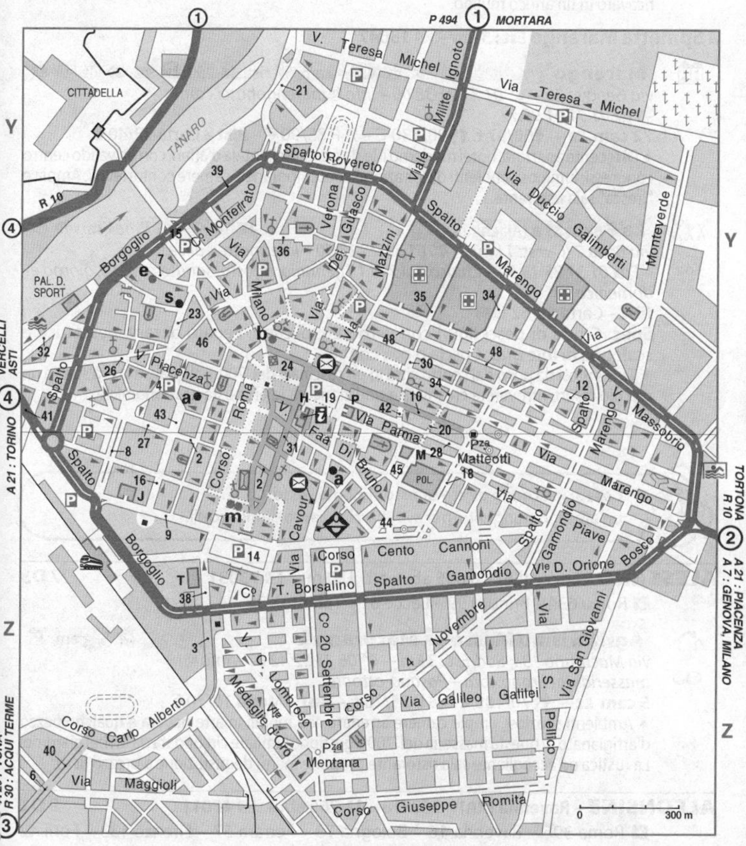

Osteria della Luna in Brodo

AC 10, VISA

via Legnano 12 – ☎ 01 31 23 18 98 – patriziabocchio@tiscali.it – Fax 01 31 32 59 06 – Chiuso dieci giorni in febbraio, venti giorni in agosto e lunedì

Rist – Carta 18/30 € — Z **m**

◆ Trattoria del centro con ambienti distribuiti tra varie salette curate. Piatti della tradizione regionale e interessante selezione di formaggi.

Il Gallo d'Oro

VISA AE

via Chenna 44 – ☎ 013 14 31 60 – Fax 013 14 31 60 – Chiuso dal 7 al 14 gennaio, dal 12 al 19 agosto e domenica — Y **b**

Rist – Carta 17/30 €

◆ Pavimenti in cotto e tavoli quadrati sufficientemente distanziati, accoglienza schietta e familiare in un ambiente dignitoso, ma vivace; cucina piemontese e nazionale.

all'uscita autostrada A 21 Alessandria Ovest per 4,3 km :

Al Mulino 200, VISA AE
via Casale 44 fraz. San Michele – ✆ 01 31 36 22 50 – info@almulino-hotel.it – Fax 01 31 36 29 79 – Chiuso dal 23 dicembre all'8 gennaio, dal 5 al 20 agosto
57 cam – 65/98 € 85/145 € – ½ P 60/108 € – **Rist** – *(chiuso sabato, domenica e festivi)* Carta 26/36 €
♦ Nei pressi del casello autostradale, in posizione ideale per la clientela d'affari, una risorsa recente che dispone di stanze dal confort al passo coi tempi. Ristorante dai toni rustici, ricavato in un antico mulino.

a Spinetta Marengo Est : 3 km – ✉ 15047

Marengo cam, rist, 250, VISA AE
via Genova 30 – ✆ 01 31 21 38 00 – info@marengohotel.com – Fax 01 31 61 99 77
72 cam – 60/97 € 90/130 € – ½ P 85/90 € – **Rist** – Carta 28/40 €
♦ Di recente apertura, hotel moderno ideale per una clientela d'affari, con un valido centro congressi; luminosi ambienti d'ispirazione contemporanea, camere confortevoli. Ampia e "fresca" sala ristorante.

La Fermata (Aiachini) 16, VISA
via Bolla 2 (Ovest: 1 km) – ✆ 01 31 25 13 50 – lafermata@alice.it – Fax 01 31 25 13 50 – Chiuso dal 7 al 15 gennaio, agosto, sabato a mezzogiorno e domenica
Rist – Carta 43/62 €
Spec. Crudo di pesci liguri con verdure croccanti. Fegato di rana pescatrice e scaloppa di foie gras. Coscia d'oca confit.
♦ Trasferitosi da poco dal centro città in un cascinale del '700, nel quale troverà spazio un piccolo resort, ritroverete creatività e tradizione tra le proposte gastronomiche.

Cosa si nasconde dietro questo simbolo rosso … un albergo tranquillo, per svegliarsi al canto degli uccelli.

ALESSANO – Lecce (LE) – 6 635 ab. – alt. 130 m – ✉ 73031 27 D3

Roma 634 – Brindisi 99 – Lecce 61 – Taranto 135

Agriturismo Masseria Macurano cam,
via Macurano 134, Sud-Est : 3 km – ✆ 08 33 52 42 87 – info@masseriamacurano.com – Pasqua-ottobre
5 cam – 70/100 € – ½ P 55/70 € – **Rist** – Menu 15/20 €
♦ Ambienti spaziosi, ampie camere arredate con mobili in arte povera e qualche pezzo d'artigianato in questa masseria del '700 a gestione famliare circondata da un bel giardino. La rustica ed accogliente sala ristorante propone menù degustazione a prezzo fisso.

ALFONSINE – Ravenna (RA) – 563 I18 – 11 765 ab. – ✉ 48011 9 D2

Roma 396 – Ravenna 16 – Bologna 73 – Ferrara 57 – Firenze 133 – Forlì 42 – Milano 283

Stella con cam VISA AE
corso Matteotti 12 – ✆ 054 48 11 48 – Fax 054 48 14 85 – Chiuso dal 1° al 10 gennaio e dal 3 al 27 agosto
15 cam – 37 € 47 €, 5 € – ½ P 35 € – **Rist** – *(chiuso sabato)* Carta 18/29 €
Rist *Della Rosa* – *(chiuso sabato)* Carta 19/30 €
♦ Cucina della tradizione romagnola servita in ambienti semplici e a prezzi contenuti. A disposizione anche alcune camere dagli arredi essenziali, a tariffe economiche. Al "Della Rosa" ambiente più elegante nella graziosa saletta, confortevole e raccolta.

ALGHERO – Sassari – 566 F6 – Vedere Sardegna alla fine dell'elenco alfabetico

ALGUND = Lagundo

ALLEGHE – Belluno (BL) – 562 C18 – **1 396 ab.** – **alt. 979 m** – **Sport invernali :** ***1 000/2 100 m* 1 6 *(Comprensorio Dolomiti superski Civetta) a Caprile*** – ✉ 32022
Italia 36 **C1**

Roma 665 – Cortina d'Ampezzo 40 – Belluno 48 – Bolzano 84 – Milano 357 – Venezia 154

piazza Kennedy 17 ✆ 0437 523333, alleghe@infodolomiti.it, Fax 0437 723881

Lago★

Valle del Cordevole★★ Sud per la strada S 203

Sport Hotel Europa ≤ lago e monti, P
via Europa 10 – ✆ 04 37 52 33 62 – info@sporthoteleuropa.com – Fax 04 37 72 39 06 – 15 dicembre-aprile e 10 giugno-settembre
42 cam – †37/83 € ††52/138 €, ☐ 10 € – ½ P 42/110 € – **Rist** – Carta 25/52 €
◆ Una cornice di pini fa da sfondo all'albergo felicemente posizionato in riva al lago, in zona tranquilla; ricercati, tipici interni per un raffinato soggiorno d'altura. Ambiente caratteristico, ma di grande eleganza nella sala ristorante.

a Masarè Sud-Ovest : 2 km

Barance ≤ cam, rist, P
corso Venezia 45 ✉ 32022 Masarè – ✆ 04 37 72 37 48 – barance@dolomiti.com – Fax 04 37 72 37 08 – 6 dicembre-Pasqua e 16 giugno-settembre
26 cam – solo ½ P 65/80 € – **Rist** – Carta 23/33 €
◆ Ospitale gestione familiare in un hotel di recente costruzione in tipico stile alpino e dagli interni signorili; camere ben accessoriate e piacevole area benessere. Sala da pranzo ampia e accogliente, riscaldata dal sapiente impiego del legno.

La Maison senza rist P
via Masarè 58 ✉ 32022 Alleghe – ✆ 04 37 72 37 37 – info@hotellamaison.com – Fax 04 37 72 38 74 – Chiuso ottobre e novembre
13 cam ☐ – †53/72 € ††88/110 €
◆ Nuova risorsa in stile montano con uno spazio comune dotato d'una stufa in muratura ed ampie camere in legno massiccio. E' possibile utilizzare in autonomia un angolo cottura.

a Caprile Nord-Ovest : 4 km – ✉ **32023**

Alla Posta
piazza Dogliani 19 – ✆ 04 37 72 11 71 – hotelposta@sunrise.it – Fax 04 37 72 16 77 – 20 dicembre-aprile e 15 giugno-25 settembre
59 cam ☐ – †55/79 € ††90/135 € – ½ P 119 €
Rist *Il Postin* – *(chiuso mercoledì)* Carta 25/52 €
◆ Imponente albergo di tradizione centenaria, con grandi spazi interni ornati di tappeti e mobili in stile; belle camere confortevoli e ben attrezzato centro benessere. Elegante sala da pranzo.

Monte Civetta ≤ rist, P
via Nazionale 23 – ✆ 04 37 72 16 80 – info@hotelmontecivetta.it – Fax 04 37 72 17 14 – Dicembre-aprile e giugno-settembre
22 cam ☐ – †45/60 € ††80/100 € – ½ P 60/90 € – **Rist** – (solo per alloggiati) Carta 22/36 €
◆ Massiccia struttura in tipico stile montano a gestione diretta, con accoglienti spazi comuni, dove l'elemento predominante è il legno; parquet nelle camere ben tenute.

ALMÈ – Bergamo (BG) – 561 E10 – **5 765 ab.** – **alt. 289 m** – ✉ 24011 19 **C1**

Roma 610 – Bergamo 9 – Lecco 26 – Milano 49 – San Pellegrino Terme 15

XXX **Frosio** 10/20,
piazza Leminè 1 – ✆ 035 54 16 33 – frosioristorante@libero.it – Fax 035 54 16 33 – Chiuso dal 7 al 14 gennaio, dal 5 al 26 agosto, mercoledì, giovedì a mezzogiorno
Rist – Carta 43/66 €
Spec. Risotto alla crema di basilico e gamberi (primavera-estate). Tortino di cipolle e tartufo nero (autunno-inverno). Gran piatto al cioccolato.
◆ All'interno di un signorile palazzo secentesco, la cucina creativa rivaleggia in eleganza con la bellezza delle sale. Carne o pesce, la qualità non muta, dolci compresi.

a Paladina Sud : 2,5 km – ✉ **24030**

XX **Paladina**

via Piave 6 – ✆ 035 54 56 03 – Fax 035 54 56 03 – Chiuso martedì e mercoledì
Rist – Carta 24/45 €
◆ Una gradevole sosta nei locali rinnovati e confortevoli di una casa colonica, dove un tono elegante impreziosisce l'originaria rusticità; cucina del luogo e piatti di pesce.

ALMENNO SAN BARTOLOMEO – **Bergamo (BG)** – 561 E10 – **5 330 ab.** – **alt. 350 m** – ✉ **24030** 19 **C1**

Roma 584 – Bergamo 13 – Lecco 33 – Milano 50 – San Pellegrino Terme 19

via Papa Giovanni XXiii ✆ 035 548634, iatvalleimagna@virgilio.it, Fax 035 548634

Bergamo L'Albenza, ✆ 035 64 00 28.

Camoretti senza rist 40,

via Camoretti 2, località Longa Nord : 3,5 km – ✆ 035 55 04 68 – info@camoretti.it – Fax 035 55 25 21 – Chiuso dal 2 al 10 gennaio e dal 20 al 30 agosto
22 cam – †46/52 € ††72/78 €
◆ Albergo di recente realizzazione, ubicato in posizione collinare e panoramica. A pochi chilometri dal capoluogo, camere accoglienti ed eleganti, atmosfera familiare.

XX **Antica Osteria Giubì dal 1884** 16,

via Cascinetto 2, direz. Brembate di Sopra Sud 1,5 km – ✆ 035 54 01 30 – Chiuso una settimana in marzo, dal 20 al 30 settembre, domenica sera e mercoledì
Rist – Menu 39 € (solo a mezzogiorno escluso sabato-domenica)/55 €
◆ Una fornitissima cantina con oltre 40.000 bottiglie in un'autentica trattoria immersa nel verde di un parco; specialità di cucina tradizionale, servite all'aperto in estate.

XX **Collina** 22,

via Ca' Paler 3 – ✆ 035 64 25 70 – Fax 035 64 25 70 – Chiuso dal 1° al 10 gennaio, 10 giorni in luglio, lunedì e martedì
Rist – Carta 28/45 €
◆ Da una trattoria di famiglia nasce questo locale che, pur non disdegnando le proprie origini, propone piatti d'ispirazione contemporanea. Saletta con camino e sala panoramica.

ALMENNO SAN SALVATORE – **Bergamo (BG)** – 561 E10 – **5 800 ab.** – **alt. 325 m** – ✉ **24031** 19 **C1**

Roma 612 – Bergamo 13 – Lecco 27 – Milano 54 – San Pellegrino Terme 17

XX **Cantina Lemine** 6,

via Buttinoni 48 – ✆ 035 64 25 21 – info@cantinalemine.it – Fax 035 64 39 56 – Chiuso sette giorni in gennaio, martedì e sabato a pranzo
Rist – Carta 37/50 €
◆ Ristorante elegante dal design moderno con qualche spunto etnico. Il giardino, la cantina-enoteca e il salottino per caffè e distillati donano ulteriore fascino al locale.

X **Palanca** 10/30,

via Dogana 15 – ✆ 035 64 08 00 – Fax 035 64 31 96 – Chiuso dal 15 al 31 luglio, lunedì sera e martedì
Rist – Carta 20/30 €
◆ Piatti legati alla tradizione e gestione familiare in un ristorante dove aleggia un'atmosfera di semplice autenticità; sala con vista sulle colline bergamasche.

ALPE DI SIUSI (SEISER ALM) – **Bolzano / Bozen (BZ)** – 562 C16 – **alt. 1 826 m** – **Sport invernali :** ***1 850/2 100 m* 2 18, (Comprensorio Dolomiti superski Alpe di Siusi)** – ✉ **39040** *Italia* 31 **C2**

Roma 674 – Bolzano 23 – Bressanone 28 – Milano 332 – Ortisei 15 – Trento 89

località Compatsch 50 ✆ 0471 727904, seiserlam@rolmail.net, Fax 0471727828

Posizione pittoresca★★

Urthaler ← monti, rist,
– ☎ 04 71 72 79 19 – urthaler@seiseralm.com
– Fax 04 71 72 78 20
54 cam – 3 suites – solo ½ P 93/162 € – **Rist** – *(chiuso a mezzogiorno)* (solo per alloggiati)
◆ Pietra, ferro, vetro e soprattutto legno: i materiali utilizzati per questo hotel di concezione "bio", ispirato ad un coinvolgente minimalismo. Ottimi servizi e spazi comuni.

Sporthotel Floralpina ← monti e pinete, (riscaldata)
via Saltria 5, Est : 7 km – rist,
☎ *04 71 72 79 07 – info@floralpina.com – Fax 04 71 72 78 03*
– 7 dicembre-10 aprile e 9 giugno-14 ottobre
44 cam – solo ½ P 59/130 € – **Rist** – Carta 36/44 €
◆ Si gode di una vista pacificatrice su monti e pinete da questo hotel immerso nella tranquillità di un parco naturale; calda atmosfera nei caratteristici ambienti interni. Originale soffitto in legno a cassettoni ottagonali nella sala da pranzo.

Plaza ← rist, 40,
Compatsch 33 – ☎ 04 71 72 79 73 – info@seiseralm.com – Fax 04 71 72 78 20
– Dicembre-Pasqua e giugno-15 ottobre
42 cam – ½ P 61/147 € – **Rist** – *(chiuso a mezzogiorno)* (solo per alloggiati)
◆ In centro, albergo in tipico stile montano, ma d'impronta moderna; gradevolmente confortevoli le aree comuni con pavimenti in parquet, camere razionali.

Compatsch ←
Compatsch 62 – ☎ 04 71 72 79 70 – info@seiseralm.com – Fax 04 71 72 78 20
– Dicembre-Pasqua e giugno-15 ottobre
39 cam – ½ P 45/86 € – **Rist** – *(chiuso a mezzogiorno)* (solo per alloggiati)
◆ Piccolo hotel di montagna che si propone soprattutto a una clientela familiare; interni ordinati e semplici, camere ammobiliate sobriamente.

ALPE FAGGETO – Arezzo – Vedere Caprese Michelangelo

ALPINO – Verbano-Cusio-Ossala (VB) – 561 E7 – alt. 800 m – ✉ 28836 – Gignese 24 A2

Roma 666 – Stresa 9 – Milano 89 – Novara 65 – Orta San Giulio 17 – Torino 141
Alpino di Stresa, Sud-Est : 1,5 km a Vezzo, ☎ 0323 206 42.

Alpino Fiorente ←
piazza Stazione 2 – ☎ 032 32 01 03 – Fax 032 32 01 04 – 15 giugno-agosto
35 cam – †40/45 € ††70/80 € – ½ P 55/65 € – **Rist** – Carta 20/29 €
◆ Una bella costruzione bianca che risale ai primi del '900, abbellita da un giardino curato: spazi interni di taglio classico, ornati in modo essenziale; camere funzionali. Ariosa sala da pranzo.

ALSENO – Piacenza (PC) – 562 H11 – 4 754 ab. – alt. 79 m – ✉ 29010 8 A2

Roma 487 – Parma 32 – Piacenza 30 – Milano 93
Castell'Arquato, Sud-Ovest : 10 km località Bacedasco Terme, ☎ 0523 89 55 57.

Palazzo della Commenda cam, 120,
località Chiaravalle della Colomba Nord : 3,5 km – ☎ 05 23 94 00 03
– massimiliano@palazzodellacommenda.it – Fax 05 23 94 01 09
25 cam – †60 € ††90 € – ½ P 60/65 € – **Rist** – Carta 28/42 €
◆ Ricavato dalla ristrutturazione dell'antica dimora dell'amministratore dei beni della vicina abbazia, hotel dai funzionali interni rustico-moderni; per una clientela d'affari. Sala da pranzo essenziale con soffitto a travi e ampie vetrate sulla corte interna.

a Castelnuovo Fogliani Sud-Est : 3 km – ✉ 29010

Trattoria del Ponte
via Centro 4 – ☎ 05 23 94 71 10 – Chiuso mercoledì e giovedì a mezzogiorno
Rist – Carta 26/31 €
◆ Buona gestione e ambiente informale in una trattoria di campagna, con quattro salette in sobrio stile rustico e dehors per servizio all'aperto; cucina del territorio.

a Cortina Vecchia Sud-Ovest : 5 km – ✉ 29010

XX **Da Giovanni** 14, VISA
via Centro 79 – 05 23 94 83 04 – rebesenz@tin.it – Fax 05 23 94 83 55 – Chiuso dal 1° al 18 gennaio, dal 15 agosto al 5 settembre, lunedì e martedì
Rist – Carta 36/55 €
◆ Un'ottima carta dei vini e proposte di piatti piacentini da gustare ai tavoli ben spaziati dell'ampia sala di tono rustico-signorile, arredata in modo piacevole.

ALTA BADIA – Bolzano / Bozen (BZ) – 562 C17 – Sport invernali : *1 568/2 778 m* *1* *18, (Comprensorio Dolomiti superski Alta Badia)* 31 C2

Alta Badia, 0471 83 66 55.

CORVARA IN BADIA (BZ) – 562 C17 – 1 279 ab. – alt. 1 568 m – ✉ 39033 *Italia* 31 C2

Roma 704 – Cortina d'Ampezzo 36 – Belluno 85 – Bolzano 65 – Brunico 37 – Milano 364 – Trento 125

via Col Alt 36 (Municipio) 0471 836176, corvara@dnet.it, Fax 0471836540

La Perla ≤ Dolomiti, (riscaldata) rist, rist,
via Col Alt 105 – 04 71 83 10 00 VISA
– info@hotel-laperla.it – Fax 04 71 83 65 68 – Dicembre-7 aprile e 16 giugno-23 settembre
52 cam – 136/287 € 272/574 € – ½ P 237/336 €
Rist La Stüa de Michil – vedere selezione ristoranti
Rist – Carta 50/67 €
◆ Ospitalità calorosa, eleganza e tradizione nel curatissimo stile tirolese degli interni, giardino con piscina riscaldata, simpatico bar dopo sci. La cucina spazia con successo dalle radici ladine ai fondali marini.

Sassongher ≤ gruppo Sella e vallata, rist,
strada Sassongher 45 – 04 71 83 60 85 95, VISA
– info@sassongher.it – Fax 04 71 83 65 42 – 7 dicembre-9 aprile e 24 giugno-16 settembre
53 cam – 198/369 € 220/410 € – 4 suites – ½ P 198/369 € – **Rist** – Carta 28/57 €
◆ La sobria raffinatezza negli interni d'intonazione locale lascia intravvedere il delizioso gusto dei proprietari nella cura dei particolari. In posizione spettacolare. Una luminosa sala e tre antiche stube sono a disposizione del vostro appetito.

Posta-Zirm ≤ gruppo Sella, rist, 100,
strada Col Alto 95 – 04 71 83 61 75 – info@postazirm.com – Fax 04 71 83 65 80 – Chiuso dal 1° dicembre al 10 aprile e dal 15 giugno al 5 settembre VISA
50 cam – 109/168 € 198/316 € – 17 suites – ½ P 109/173 €
Rist – Carta 44/67 €
◆ Vicino agli impianti di sci, albergo storico dell'Alta Badia, costruito all'inizio dell'800 e dal 1908 gestito dalla stessa famiglia; nuova zona wellness, camere in stile. Il ristorante dispone di un'ampia sala e di due calde stube tipicamente tirolesi.

Tablè ≤ gruppo Sella e Sassongher, VISA
strada Col Alto 8 – 04 71 83 61 44 – hotel@table.it – Fax 04 71 83 63 13 – 3 dicembre-17 aprile e 20 giugno-20 settembre
30 cam – 112/215 € 152/248 € – ½ P 96/134 € – **Rist** – *(chiuso a mezzogiorno)* (solo per alloggiati)
◆ Interni signorili caratterizzati da un'ariosa hall e da un frequentato bar-pasticceria; camere deliziose con dotazioni aggiornati e completi. Ottime vacanze.

Sport Hotel Panorama ≤ gruppo Sella e vallata,
via Sciuz 1 – 04 71 83 60 83 rist, rist, VISA
– info@sporthotel-panorama.com – Fax 04 71 83 64 49 – 2 dicembre-11 aprile e 15 giugno-23 settembre
52 cam – solo ½ P 162 € – **Rist** – Carta 32/67 €
◆ Ubicazione soleggiata e tranquilla per una struttura con buona offerta di attrezzature sportive; arredi in moderno stile montano nelle camere, dotate di ogni confort. Panoramica sala da pranzo e caratteristica stube ladina.

Villa Eden gruppo Sella e Sassongher,
strada Col Alt 47 – 04 71 83 60 41 – info@villaeden.com – Fax 04 71 83 64 89 – 18 dicembre-marzo e 25 giugno-20 settembre
33 cam – 116/126 € 166/186 € – 1 suite – ½ P 90/116 € – **Rist** – (solo per alloggiati) Carta 22/28 €
◆ Hotel di tradizione familiare, rinnovato negli anni, con piacevole giardino e accoglienti spazi comuni, compresa una fornita cioccolateria per "dolci" pause pomeridiane. Intima ed accogliente, la sala da pranzo propone una cucina tipica delle montagne.

Col Alto gruppo Sella,
strada Col Alto 9 – 04 71 83 11 00 – hotel.colalto@rolmail.it – Fax 04 71 83 60 66 – Chiuso dal 15 aprile a maggio e novembre
68 cam – 93/125 € 170/250 € – ½ P 95/160 € – **Rist** – Menu 23/25 €
◆ Sulla via principale, un tradizionale albergo di montagna, con tanto legno alle pareti e al soffitto; un sottopassaggio conduce alla zona relax con piscina coperta. Ampia e classica sala ristorante.

Alpenrose senza rist
strada Agà 20 – 04 71 83 62 40 – garni.alpenrose@rolmail.net – Fax 04 71 83 56 52 – Dicembre-Pasqua e giugno-ottobre
5 cam – 29/43 € 50/84 €
◆ Una piccola e accogliente risorsa ubicata in posizione tranquilla e soleggiata. L'ospitalità dei gestori è riscontrabile nei mille particolari, dagli arredi al servizio.

La Stüa de Michil – Hotel La Perla 8/16,
strada Col Alt 105 – 04 71 83 10 00 – info@hotel-laperla.it – Fax 04 71 83 65 68 – 2 dicembre-2 aprile e 18 giugno-24 settembre; chiuso lunedì e a mezzogiorno
Rist – Carta 68/92 €
Spec. Risotto con castagne e tartufo (inverno). Filetto di maialino affumicato su crema di patate e rafano con crescione. Coda di bue su crema di pastinaca (tubero), funghi porcini e cappucci rossi.
◆ L'apoteosi dello stile ladino, un mix di eleganza, calorosa accoglienza e cura dei particolari in una profusione di legni. La cucina parte dalla montagna per ogni direzione.

COLFOSCO (BZ) – alt. 1 645 m – 39033 31 C2

strada Peccëi 2 0471 836145, colfosco@altabadia.org, Fax 0471 836744

Cappella gruppo Sella e vallata, 40,
strada Pecei 17 – 04 71 83 61 83 – info@hotelcappella.com – Fax 04 71 83 65 61 – 7 dicembre-10 aprile e 16 giugno-23 settembre
46 cam – 139/195 € 247/330 € – 9 suites – ½ P 113/195 € – **Rist** – Carta 35/59 €
◆ Passione per l'arte e buon gusto regnano in questo albergo di tradizione, che sfoggia mostre permanenti e un settore notte nuovo e di curata eleganza; piacevole giardino. Raffinato ristorante; a mezzogiorno si può pranzare in terrazza.

Mezdì Gruppo Sella, rist, rist,
strada Pecei 20 – 04 71 83 60 79 – info@mezdi.it – Fax 04 71 83 66 57 – 2 dicembre-15 aprile e 23 giugno-16 settembre
30 cam – 120/140 € 170/240 € – ½ P 95/120 € – **Rist** – Carta 20/28 €
◆ Buon punto di partenza per escursioni o sciate, una risorsa semplice a conduzione familiare, confortevole e arredata nel caratterisitico stile locale. Grandi vetrate e comodi divanetti in sala da pranzo.

Stria
via Val 18 – 04 71 83 66 20 – Fax 04 71 83 65 14 – Chiuso novembre e lunedì in bassa stagione
Rist – Carta 39/50 €
◆ Atmosfera più informale a mezzogiorno, con frequentazione di sciatori, di tono più classico la sera in questo locale in stile tirolese; in menù la cucina locale.

San Cassiano (BZ) – alt. 1 535 m – ✉ 39036 31 C2

strada Micurà de Rü 24 ✆ 0471 849422, sancassiano@altabadia.org, Fax 0471 849249

Rosa Alpina
rist,

Str Micura de Rue 20 – ✆ 04 71 84 95 00 – alpina@relaischateaux.com – Fax 04 71 84 93 77 – Dicembre-4 aprile e 15 giugno-10 ottobre

51 cam – 115/290 € 180/420 € – 8 suites

Rist St. Hubertus – vedere selezione ristoranti

Rist – *(chiuso a mezzogiorno)* Carta 71/99 €

◆ Camere spaziose finemente arredate, classe e comodità nei vari ambienti comuni, centro benessere di prim'ordine, gestione attenta, garbata e sempre pronta a rinnovarsi. Moderno e dinamico ristorante, con grill e wine-bar.

Armentarola
pinete e Dolomiti,

Sud-Est : 2 km – ✆ 04 71 84 95 22 – info@armentarola.com – Fax 04 71 84 93 89 – 7 dicembre-10 aprile e 14 giugno-7 ottobre

50 cam – 130/210 € 208/368 € – 9 suites – ½ P 200/209 € – **Rist** – Carta 35/60 €

◆ Grande baita in stile anni '30 affacciata sulle piste da sci, luogo ideale per un perfetto soggiorno tra i monti dolomitici. Maneggio con numerosi cavalli a disposizione. Oggetti della tradizione locale infondono alla sala ristorante un calore familiare.

Fanes
pinete e Dolomiti, rist,

Pecei 19 – ✆ 04 71 84 94 70 – hotelfanes@hotelfanes.it – Fax 04 71 84 94 03 – Dicembre-17 aprile e 10 giugno-5 novembre

48 cam – 90/150 € 190/400 € – ½ P 130/440 € – **Rist** – Carta 42/53 €

◆ Impossibile rimanere insensibili all'effetto che suscita la splendida hall di questo albergo, degno preludio alle camere dotate di spazi esorbitanti e begli arredi. Alcune specialità della cucina locale da assaporare in un ambiente arredato con gusto.

Ciasa Salares
pinete e Dolomiti,

via Prè de Vi 31, Sud-Est : 2 km – ✆ 04 71 84 94 45 – salares@siriolagroup.it – Fax 04 71 84 93 69 – 2 dicembre-9 aprile e 16 giugno-20 settembre

36 cam – 92/184 € 156/368 € – 6 suites – ½ P 98/204 €

Rist La Siriola – vedere selezione ristoranti

Rist – Menu 35/54 €

◆ Ricco di suggestioni per la varietà e la godibilità degli spazi comuni; gestione intraprendente e grande attenzione per i particolari. In una posizione fantastica. E' davvero piacevole pranzare all'aperto coccolati dal panorama e dal dolce silenzio.

Diamant
cam, rist, 40,

strada Micurà de Rü 29 – ✆ 04 71 84 94 99 – info@hoteldiamant.com – Fax 04 71 84 93 70 – 5 dicembre-5 aprile e 25 giugno-settembre

40 cam – 93/118 € 145/220 € – 6 suites – ½ P 72/120 € – **Rist** – Menu 25/40 €

◆ Dopo un profondo ammodernamento tutte le camere risultano ora essere luminose, ampie e gradevoli. Tennis coperto, bowling, servizio familiare attento e cortese. Cucina variamente ispirata, a prezzi decisamente interessanti.

Ciasa ai Pini senza rist
Dolomiti,

via Glira 4, Sud-Est : 1,5 km – ✆ 04 71 84 95 41 – aipini@rolmail.net – Fax 04 71 84 92 33 – Dicembre-Pasqua e giugno-settembre

21 cam – 43/44 € 81/84 €

◆ Hotel ricavato da una struttura interamente rinnovata nel 2001. L'aspetto odierno è in linea con la tradizione locale, largo impiego di legno chiaro anche nelle ampie camere.

Gran Ancëi
Dolomiti, rist, cam,

Sud-Est : 2,5 km – ✆ 04 71 84 95 40 – info@granancei.com – Fax 04 71 84 92 10 – 3 dicembre-7 aprile e 15 giugno-settembre

29 cam – 48/58 € 70/90 € – ½ P 57/105 € – **Rist** – Carta 50/66 €

◆ Avrete la possibilità di soggiornare tra il silenzio, i profumi e i colori della pineta, ma anche di farvi coccolare nel nuovo centro benessere. Camere rinnovate. Offerta di piatti riferibili alla tradizione culinaria ladina in un ambiente caratteristico.

Ciasa Antersìes ← pinete e Dolomiti,
strada Soplà 12 – 04 71 84 94 17 – info@ciasaantersies.it – Fax 04 71 84 93 19 – 1° dicembre-16 aprile e 8 giugno-settembre
22 cam – 65/85 € 130/150 € – 7 suites – ½ P 65/95 € – **Rist** – *(chiuso a mezzogiorno)* (solo per alloggiati) Menu 20/30 €
♦ L'atmosfera di questa risorsa, situata in una gradevole collocazione, è piacevolmente informale; ricco di fascino il panorama di boschi e cime dolomitiche circostanti.

La Stüa ← pinete e Dolomiti, rist,
strada Micurà de Rue 31 – 04 71 84 94 56 – info@hotel-lastua.it – Fax 04 71 84 93 11 – 2 dicembre-1° aprile e 28 giugno-23 settembre
24 cam – 4 suites – solo ½ P 84/103 € – **Rist** – Menu 22/39 €
♦ In posizione centrale ma tranquilla, a due passi dalla chiesetta di S. Cassiano, hotel familiare connotato da una gestione esperta. Spazi comuni raccolti e curati. La sala da pranzo luminosa e panoramica propone buffet di antipasti e soprattutto la tipica cucina ladina.

Ciasa Roby senza rist ←
via Micurà de Ru 67 – 04 71 84 95 25 – info@ciasaroby.it – Fax 04 71 84 92 60 – 1° dicembre-15 aprile e 25 giugno-10 ottobre
25 cam – 39/59 € 72/114 €
♦ Albergo a conduzione diretta, gestito dalla figlia del proprietario, in cui si respira una gradevole "aria di nuovo". Gli ambienti sono semplici, sobri ma molto curati.

St. Hubertus (Niederkofler) – Hotel Rosa Alpina 8,
Str Micura de Rue 20 – 04 71 84 95 00 – alpina@relaischateaux.com – Fax 04 71 84 93 77 – 6 dicembre-aprile e 25 giugno-10 ottobre; chiuso martedì e a mezzogiorno
Rist – Carta 71/99 €
Spec. Composizione di fegato grasso d'oca: trancio saltato su crème brulée, mousse con tartufo, marinato e scottato, gratinato su pan brioche. Risotto al pino mugo con petto di faraona affumicato. Variazione d'agnello della Val Badia al forno
♦ Le esperienze internazionali del cuoco si riflettono in una delle cucine più complete della regione: tecniche francesi, spezie orientali, precisione tedesca e tanta Italia.

La Siriola – Hotel Ciasa Salares
Sud-Est : 2 km – 04 71 84 94 45 – salares@siriolagroup.it – Fax 04 71 84 93 69 – 6 dicembre-10 aprile e 23 giugno-22 settembre; chiuso lunedì e a mezzogiorno (escluso agosto)
Rist – Carta 61/80 €
Spec. Il pomodoro e le sue declinazioni (estate). Zuppa di fieno di montagna, salmerino allo speck e polvere di olive taggiasche. Controfiletto di cervo cotto al fumo con verdure e frutta caramellata.
♦ Reinterpretando elementi e materiali di montagna, il ristorante offre uno stile personalizzato, luminoso e moderno. Segue a ruota la cucina con invenzioni sorprendenti.

LA VILLA (BZ) – alt. 1 484 m – 39030 31 C2

strada Colz 75 0471 847037, lavilla@dnet.it, Fax 0471 847277

Christiania ← Dolomiti, rist,
via Colz 109 – 04 71 84 70 16 – hotel@christiania.it – Fax 04 71 84 70 56 – Chiuso dal 7 dicembre al 28 marzo e 20 giugno al 25 settembre
35 cam – 121/203 € 182/336 € – ½ P 164/206 € – **Rist** – *(chiuso a mezzogiorno)* (solo per alloggiati)
♦ Una soluzione per un soggiorno elegante che propone un'interpretazione raffinata dell'arredamento tirolese: camere di ottimo livello e parti comuni solari e gradevoli.

La Majun ← Dolomiti, cam,
via Colz 59 – 04 71 84 70 30 – reception@lamajun.it – Fax 04 71 84 70 74 – Chiuso dal 15 ottobre al 20 novembre e dal 15 aprile al 20 maggio
30 cam – 94/114 € 188/258 € – ½ P 122/166 € – **Rist** – Carta 24/46 €
♦ Radicalmente ristrutturato, questo hotel presenta uno stile originale che coniuga meravigliosamente arredi ladini e minimalismo moderno. Magici momenti al centro fitness. Cucina con piatti della tradizione italiana serviti anche al sole sulla bella terrazza.

Ciasa Antines ← rist,
via Picenin 18 – ✆ 04 71 84 42 34 – hotel.antines@rolmail.net – Fax 04 71 84 42 43 – Dicembre-marzo e 20 giugno-20 settembre
25 cam – †70/120 € ††150/400 € – 4 suites – ½ P 70/200 € – **Rist** – (solo per alloggiati)
◆ Nuova struttura vicina alla scuola di sci con ambienti luminosi ed accoglienti. Le camere sono differenziate, ma sempre arredate con ampio uso del legno, antico o moderno.

Dolasilla ← Dolomiti, cam, rist,
via Rottonara 30 – ✆ 04 71 84 70 06 – info@dolasilla.it – Fax 04 71 84 73 49 – 5 dicembre-9 aprile e 16 giugno-settembre
29 cam – †91/101 € ††177/188 € – 3 suites – ½ P 88/105 € – **Rist** – Carta 29/35 €
◆ Hotel a gestione familiare direttamente sulle piste da sci. In posizione dominante sulla valle, offre una vista spettacolare specialmente dal bel giardino panoramico. Al ristorante menù con specialità altoatesine.

La Ciasota senza rist ←
strada Colz 118 – ✆ 04 71 84 71 71 – garnilaciasota@rolmail.net – Fax 04 71 84 57 40 – 2 dicembre-19 aprile e 26 giugno-24 settembre
15 cam – †32/43 € ††62/84 €
◆ Lungo la direttrice che da Badia conduce a Corvara, una piacevole risorsa di dimensioni contenute, ma di stile piacevole. Belle camere di stile alpino, spazi comuni ridotti.

Tamarindo senza rist ← Dolomiti,
via Plaon 20 – ✆ 04 71 84 40 96 – tamarindo@rolmail.net – Fax 04 71 84 49 06 – Dicembre-20 aprile e giugno-ottobre
9 cam – †38 € ††76 €
◆ Nuovissima struttura in stile con camere di alto livello, ambienti moderni e selezionati tocchi d'arredo che richiamano la tradizione locale. In paese, ma tranquillo.

Ciasa Montanara senza rist ← Dolomiti,
via Plaon 24 – ✆ 04 71 84 77 35 – ciasa@montanara.it – Fax 04 71 84 77 35
12 cam – †33/45 € ††55/76 €
◆ "Ciasa" costruita ex novo nel 1999, ma capace di offrire un'ospitalità dal sapore antico, in stile ladino. Notevole il confort delle camere, ottimo rapporto qualità/prezzo.

PEDRACES (BZ) – alt. 1 315 m – ✉ 39036 31 C2

strada Pedraces 40 ✆ 0471 839695, pedraces@altabadia.org, Fax 0471 839573

Sporthotel Teresa ← rist, rist,
strada Damez 64 – ✆ 04 71 83 96 23 – info@sporthotel-teresa.com – Fax 04 71 83 98 23 – Chiuso dal 15 aprile al 15 giugno e novembre
28 cam – †85/130 € ††185/260 € – 10 suites – ½ P 150 €
Rist – Menu 48/67 €
Rist *Green Dinner* – Carta 32/64 €
◆ Una risorsa dove poter apprezzare la piacevolezza delle camere, lo stile omogeneo e l'attenzione ai dettagli degli arredi e l'ampia varietà delle attrezzature sportive. Atmosfere ambrate, una bella stufa e sensazioni familiari al ristorante. Al Green Dinner, design e raffinati menù sia pranzo che a cena.

Lech da Sompunt ← cam,
via Sompunt 36, Sud-Ovest : 3 km – ✆ 04 71 84 70 15 – lech.sompunt@altabadia.it – Fax 04 71 84 74 64 – Dicembre-aprile e giugno-settembre
35 cam – solo ½ P 49/96 € – **Rist** – Carta 23/45 €
◆ In posizione isolata, suggestivamente affacciato su un laghetto naturale, ideale per pesca sportiva o pattinaggio e curling su ghiaccio; spazi comuni sobri e stanze comode. Al ristorante, nei periodi di alta stagione, serate gastronomiche con cucina ladina.

Gran Ander ← Dolomiti, rist, rist,
via Runcac 29 – ✆ 04 71 83 97 18 – info@granander.it – Fax 04 71 83 97 41 – 6 dicembre-2 aprile e 15 giugno-settembre
20 cam – †72/78 € ††138/152 € – ½ P 76/88 € – **Rist** – (solo per alloggiati) Menu 26/42 €
◆ Ricorda uno chalet questo piccolo albergo dall'atmosfera intima e dalla gestione familiare particolarmente cortese. Posizione tranquilla e bel panorama sulle Dolomiti.

ALTAMURA – Bari (BA) – 564 E31 – 65 776 ab. – alt. 473 m – ✉ 70022
Italia 26 **B2**

Roma 461 – Bari 46 – Brindisi 128 – Matera 19 – Potenza 102 – Taranto 84

Rosone★ e portale★ della Cattedrale

San Nicola cam, 80, VISA AE
via Luca De Samuele Cagnazzi 29 – ✆ 08 03 10 51 99 – info@hotelsannicola.com – Fax 08 03 14 47 52
25 cam – †85 € ††130/150 € – 1 suite – ½ P 85 €
Rist *Artusi* – ✆ 08 03 14 40 03 *(chiuso dal 16 al 31 agosto, domenica sera e lunedì)* Carta 21/42 €
◆ In un antico palazzo del 1700, nel cuore del centro storico, vicino al Duomo, un albergo signorile con raffinati ambienti in stile arredati con gusto; camere spaziose. Sala ristorante con soffitto a volte e buona cura dei particolari.

Svevia cam, rist, 50, P VISA AE
via Matera 2/a – ✆ 08 03 11 17 42 – info@hotelsvevia.it – Fax 08 03 11 26 77
23 cam – †65 € ††86 € – ½ P 58 € – **Rist** – *(chiuso dal 1° al 15 agosto e domenica)* Carta 22/29 €
◆ Apprezzerete la valida gestione familiare in un hotel semplice e confortevole, con spazi comuni ornati sobriamente; camere lineari, ma piacevoli. Luminosa sala ristorante per piatti adatti ad ogni palato.

ALTARE – Savona (SV) – 561 I7 – 2 147 ab. – alt. 397 m – ✉ 17041 14 **B2**

Roma 567 – Genova 68 – Asti 101 – Cuneo 80 – Milano 191 – Savona 14 – Torino 123

Quintilio con cam rist, P VISA AE
via Gramsci 23 – ✆ 01 95 80 00 – rquintilio@libero.it – Fax 01 95 89 93 91 – Chiuso luglio
5 cam – †48 € ††64 €, 4 € – **Rist** – *(chiuso domenica sera e lunedì)* Carta 31/40 €
◆ Alle porte della località, ristorante con camere confortevoli; cortesia e ospitalità in un ambiente rustico in cui si propone una buona cucina sia ligure che piemontese.

ALTAVILLA VICENTINA – Vicenza (VI) – 562 F16 – 10 211 ab. – alt. 45 m – ✉ 36077 37 **A2**

Roma 541 – Padova 42 – Milano 198 – Venezia 73 – Verona 44 – Vicenza 8

Genziana P VISA AE
via Mazzini 75/77, località Selva Sud-Ovest : 2,5 km – ✆ 04 44 57 21 59 – hotelgenziana@abnet.it – Fax 04 44 57 43 10
40 cam – †55/80 € ††80/130 € – ½ P 60/110 € – **Rist** – *(chiuso agosto, sabato a mezzogiorno e domenica)* Carta 27/34 €
◆ Cordialità e ottima accoglienza familiare, in un albergo su una collina che domina la valle, immerso nel verde; camere sufficientemente spaziose in stile montano. Piacevole sala da pranzo, ammobiliata in modo semplice.

Tre Torri 100, P VISA AE
via Tavernelle 71 – ✆ 04 44 57 24 11 – info@hoteltretorri.it – Fax 04 44 57 26 09
93 cam – †99/160 € ††129/220 € – 1 suite – ½ P 90/145 €
Rist L'Altro Penacio – vedere selezione ristoranti
◆ Albergo di recente ristrutturazione offre un insieme classico, con camere personalizzate secondo uno stile moderno. Risorsa ideale soprattutto per la clientela d'affari.

Tavernelle P VISA
via Verona 6, località Tavernelle – ✆ 04 44 37 08 62 – info@albergotavernelle.191.it – Fax 04 44 37 01 42
22 cam – †40 € ††55 € – **Rist** – *(chiuso agosto, sabato e domenica)* Carta 16/26 €
◆ Comodo punto d'appoggio per la zona commerciale e industriale, albergo a gestione familiare in grado di offrire camere semplici arredate in modo estremamente sobrio. Ristorazione di carattere casalingo, servizio di tono informale e garbato.

XX **L'Altro Penacio** – Tre Torri
via Tavernelle 71 – ✆ 04 44 37 13 91 – altropenacio@infinito.it – Fax 04 44 37 45 07 – Chiuso dal 20 gennaio al 5 febbraio, 15 giorni in agosto, domenica e lunedì a mezzogiorno
Rist – Carta 27/54 €
◆ Nel contesto dell'hotel Tre Torri, un ristorante classico-elegante con proposte derivanti da una cucina che ama attingere alla tradizione, ma anche ai sapori del mare.

ALTEDO – Bologna – 562I 16 – Vedere Malalbergo

ALTICHIERO – Padova – Vedere Padova

ALTISSIMO – Vicenza (Vi) – 562 F15 – 2 333 ab. – alt. 672 m – ✉ 36070 35 B2

Roma 568 – Verona 65 – Milano 218 – Trento 102 – Vicenza 36

XX **Casin del Gamba** (Dal Lago) 30,
strada per Castelvecchio Nord-Est : 2,5 km – ✆ 04 44 68 77 09 – casindelgamba@hotmail.com – Fax 04 44 68 77 09 – Chiuso 15 giorni in gennaio, 15 giorni in agosto, domenica sera, lunedì, martedì a mezzogiorno
Rist – Carta 48/70 €
Spec. Insalata di finferli al profumo di timo con lattuga e supreme di pollo (estate). Prugnoli sott'olio, collo di pecora in saor con asparagi marinati e foglie di acetosa (primavera). Lepre in salmì con vino Masari, prugne, cioccolato e caffé (inverno).
◆ Riscaldato da un bel camino, un piccolo chalet tra i monti, apprezzato per la cucina tradizionale sapientemente rivisitata, accompagnata da un buon vino tra i molti proposti.

ALTOPASCIO – Lucca (LU) – 563 K14 – 11 996 ab. – alt. 19 m – ✉ 55011 28 B1

Roma 333 – Pisa 38 – Firenze 57 – Lucca 17 – Pistoia 29

XXX **Il Melograno**
piazza degli Ospitalieri 9 – ✆ 058 32 50 16 – Fax 058 32 50 16 – Chiuso dal 15 al 25 agosto e a mezzogiorno escluso domenica
Rist – Carta 45/61 €
◆ Eleganza, raffinatezza e curata elaborazione di ricette tradizionali di terra e di mare, in un locale felicemente inserito all'interno di un castello medievale del 1300.

ALVIGNANELLO – Caserta – Vedere Ruviano

ALZANO LOMBARDO – Bergamo (BG) – 561 E11 – 12 540 ab. – alt. 294 m – ✉ 24022 19 C1

Roma 616 – Bergamo 9 – Brescia 60 – Milano 62

XX **RistoFante** 15,
via Mazzini 41 – ✆ 035 51 12 13 – ristofante@ristofante.it – Fax 03 54 72 05 26
Rist – Carta 41/59 €
◆ Nel centro storico, in un antico palazzo ristrutturato, ambiente elegante, confortevole e sobriamente arredato; cucina tradizionale rivisitata, servizio estivo all'aperto.

AMALFI – Salerno (SA) – 564 F25 – 5 521 ab. – ✉ 84011 *Italia* 6 B2

Roma 272 – Napoli 70 – Avellino 61 – Caserta 85 – Salerno 25 – Sorrento 34

corso Repubbliche Marinare 27 ✆ 089 871107, info@amalfitouristoffice.it, Fax 089 871107

Posizione e cornice pittoresche★★★ – Duomo di Sant'Andrea★ : chiostro del Paradiso★★ – Vie★ Genova e Capuano

Atrani★ Est : 1 km – Ravello★★★ Nord-Est : 6 km – Grotta dello Smeraldo★★ Ovest : 5 km – Vallone di Furore★★ Ovest : 7 km

Santa Caterina ← golfo, (con acqua di mare) 50,
via Nazionale 9 – ✆ 089 87 10 12 – info@hotelsantacaterina.it – Fax 089 87 13 51
62 cam – †395/715 € ††420/740 € – 9 suites – ½ P 285/445 € – **Rist** – *(chiuso gennaio e febbraio)* Carta 75/107 €
◆ Suggestiva vista del golfo, terrazze fiorite digradanti sul mare con ascensori per la spiaggia, interni in stile di raffinata piacevolezza: qui i sogni diventano realtà! Al ristorante soffitto a crociera, colonne, eleganti tavoli rotondi; per cene di classe.

Luna Convento golfo,

via P. Comite 33 – 089 87 10 02 – info@lunahotel.it – Fax 089 87 13 33

45 cam – 210/280 € 230/300 € – 7 suites – ½ P 160/195 €

Rist – Carta 51/71 €

Rist *Torre Saracena* – 089 87 10 84 *(aprile-ottobre)* Carta 49/62 €

◆ "Quieta" vista sul mare pacificatore in un antico convento, ora albergo, con un'amena zona soggiorno nel chiostro del XIII secolo; signorili interni dal fascino antico. A tavola, una vista panoramica e sapori locali. Guarda la calma distesa d'acqua il ristorante all'interno di una torre saracena del '500.

Marina Riviera senza rist mare,

via P. Comite 19 – 089 87 11 04 – info@marinariviera.it – Fax 089 87 10 24 – Pasqua-ottobre

20 cam – 170 € 260 €

◆ Struttura dei primi anni del '900 all'ingresso della località, in posizione panoramica; ariosi spazi comuni e camere totalmente rinnovate con gusto e sobrietà.

Aurora senza rist

piazza dei Protontini 7 – 089 87 12 09 – info@aurora-hotel.it – Fax 089 87 29 80 – Natale e aprile-ottobre

28 cam – 120/130 € 142/172 €

◆ Nella zona del porto, di fronte al molo turistico, costruzione bianca con piacevoli e "freschi" interni dai colori marini; camere luminose con maioliche vietresi.

La Pergola

via Augustariccio 14, località Vettica Minore Ovest : 2 km – 089 83 10 88 – info@lapergolamalfi.it – Fax 08 98 32 19 07 – Marzo-dicembre

12 cam – 40/100 € 60/160 € – **Rist** – Menu 25/35 €

◆ In un angolo pittoresco della costa, lungo la strada per Positano, hotel aperto recentemente da una famiglia direttamente impegnata nella gestione. Camere di buon confort. Al ristorante vengono proposti i piatti della tradizione locale.

Villa Lara senza rist

via delle Cartiere 1 bis – 08 98 73 63 58 – info@villalara.it – Fax 089 88 73 63 58

7 cam – 75/135 € 90/185 €

◆ In posizione tranquilla e nelle parte più alta della località, una casa totalmente ristrutturata che presenta ai propri ospiti camere davvero graziose. Panorama e charme.

Antica Repubblica senza rist

vico dei Pastai 2 – 08 98 73 63 10 – info@anticarepubblica.it – Fax 089 87 19 26

7 cam – 90/150 € 100/160 €

◆ Nel vicolo dove un tempo esercitavano i pastai di Amalfi, un piccolo edificio tenuto a regola d'arte, con camere nuove, elegantemente rifinite; terrazza per la colazione.

La Caravella (Dipino)

via Matteo Camera 12 – 089 87 10 29 – info@ristorantelacaravella.it – Fax 089 87 10 29 – Chiuso dal 10 novembre al 25 dicembre e martedì

Rist – Carta 58/80 €

Spec. Trito di pesce grigliato in foglia di limone con mandorle ed erba finocchiella. Tubettoni di Gragnano con ragù di zuppa di pesce. Filetto di pesce del golfo con vellutata di limone d'Amalfi.

◆ Un servizio impeccabile in questo piccolo ed elegante locale strutturato su tre salette: fama internazionale ma una cucina creativa saldamente ancorata ai sapori amalfitani.

Eolo

via Comite 3 – 089 87 12 41 – eolo@marinariviera.it – Fax 089 87 10 24 – Chiuso dal 10 dicembre al 28 febbraio e martedì

Rist – Carta 58/82 €

◆ Piatti tradizionali rivisitati in un piccolo ristorante dall'ambiente intimo e curato; appagante vista sul mare attraverso aperture ad arco sostenute da agili colonne.

Marina Grande mare,

viale delle Regioni 4 – 089 87 11 29 – info@marinagrande.com – Fax 089 87 11 29 – Chiuso dal 28 novembre al 20 dicembre, dall'8 gennaio al 20 febbraio elunedì da ottobre a maggio

Rist – Carta 34/70 €

◆ Locale sulla spiaggia: pavimento in legno e bianche sedie nella sala lineare, dove provare cucina della tradizione e campana; gradevole terrazza per il servizio estivo.

Da Gemma
via Frà Gerardo Sasso 9 – ✆ 089 87 13 45 – Fax 089 87 13 45 – Chiuso mercoledì
Rist – Carta 55/70 € (+15 %)
♦ Nel cuore di Amalfi, locale gestito dalla stessa famiglia dal 1872: due sobrie salette e ingresso con pescato fresco in vista; cucina di mare, qualche piatto di terra.

Da Ciccio Cielo-Mare-Terra ≤ mare e costa,
via Augustariccio 21, località Vettica Minore Ovest : 3 km – ✆ 089 83 12 65 – cavalier19@ristorantedaciccio.191.it – Fax 089 83 12 65 – Chiuso novembre e martedì (escluso agosto)
Rist – Carta 25/48 €
♦ Lungo la strada per Positano, ristorante con pizzeria serale: un'ampia sala da cui si gode uno splendido panorama su mare e costa; specialità: spaghetti al cartoccio.

AMANTEA – Cosenza (CS) – 564 J30 – 13 456 ab. – ✉ 87032 5 A2

Roma 514 – Cosenza 38 – Catanzaro 67 – Reggio di Calabria 160
via Vittorio Emauele 11 ✆ 0982 41785

La Tonnara 200,
via Tonnara 13, Sud : 3 km – ✆ 09 82 42 42 72 – direttore@latonnara.it – Fax 098 24 23 90 – Chiuso dal 1° al 20 novembre e Natale
57 cam – †45/55 € ††80/100 € – ½ P 73/94 € – **Rist** – Carta 25/35 €
♦ A poche decine di metri dalla spiaggia, raggiungibile anche con una navetta, un albergo che dispone di ampie camere di buon livello, quasi tutte con vista mare. Grande sala ristorante, piacevolmente arredata.

Mediterraneo rist, 45,
via Dogana 64 – ✆ 09 82 42 63 64 – info@mediterraneohotel.net – Fax 09 82 42 62 47 – Chiuso 24-25 dicembre
31 cam – †50/75 € ††60/90 € – ½ P 82 € – **Rist** – Carta 25/34 €
♦ Albergo centrale, ricavato dalla ristrutturazione di un palazzo dell'800; camere essenziali, ma funzionali, con piacevoli accostamenti del color legno al verde pastello. Graziosa sala da pranzo nei toni del beige ravvivati da quadri decorativi alle pareti.

Tyrrenian Park Hotel rist, 120,
strada statale 18-via Stromboli 227, Sud : 1,5 km – ✆ 098 24 16 73 – direzione@tyrrenian.it – Fax 09 82 42 87 37
50 cam – †70/80 € ††80/100 € – ½ P 68/75 € – **Rist** – Carta 24/35 €
♦ Struttura fuori dal centro, con grandi spazi interni e camere essenziali, ma dignitose; piccolo parco giochi per bambini e campo da calcetto. Ariosa e ampia sala ristorante.

a Corica **Sud : 4 km – ✉ 87032 – Amantea**

La Scogliera ≤ rist, 70,
via Coreca 1 – ✆ 098 24 62 19 – la.scogliera@libero.it – Fax 098 24 86 70
46 cam – †60/75 € ††90/110 € – 7 suites – ½ P 80/100 € – **Rist** – Carta 27/37 €
♦ In posizione panoramica, ai piedi di una piccola collina e a ridosso dello scoglio di Corica, albergo con camere rinnovate di recente; terrazzino all'ultimo piano. Nuova sala da pranzo.

AMBIVERE – Bergamo (BG) – 2 247 ab. – alt. 261 m – ✉ 24030 19 C1

Roma 607 – Bergamo 18 – Brescia 58 – Milano 49

Antica Osteria dei Camelì (Rota)
via G. Marconi 13 – ✆ 035 90 80 00 – camil.rota@tiscalinet.it – Fax 035 90 80 00 – Chiuso dal 2 al 9 gennaio, dal 6 al 30 agosto, lunedì e martedì sera
Rist – Carta 50/95 €
Spec. Casoncelli alla bergamasca. Tagliata di vitella di montagna con grigliata d'orto marinata. Selezione di formaggi.
♦ Storica osteria del paese, trasformata in un locale elegante e molto curato che propone una cucina del territorio fantasiosa, alleggerita e presentata in modo moderno.

AMBRIA – Bergamo – Vedere Zogno

AMEGLIA – La Spezia (SP) – 561 J11 – 4 521 ab. – alt. 80 m – ✉ 19031 15 D2

Roma 400 – La Spezia 18 – Genova 107 – Massa 17 – Milano 224 – Pisa 57

via XXV Aprile ☎ 0187 600524, infoturismo_ameglia@libero.it

River Park Hotel rist, 80, VISA AE

via del Botteghino 17, località Fiumaretta Sud-Est : 2 km – ☎ 01 87 64 81 54 – riverpark.hotel@tin.it – Fax 01 87 64 81 75

33 cam – 80/100 € 110/150 € – ½ P 80/100 € – **Rist** – Carta 38/45 €

◆ Al centro della quieta località balneare di Fiumaretta, imponente struttura di moderna concezione; zone interne confortevoli, camere spaziose, tutte con angolo salottino. Ariosa sala ristorante da cui ammirare l'invitante piscina circondata dal verde.

Paracucchi-Locanda dell'Angelo 250, VISA AE

strada provinciale Sarzana-Marinella Sud-Est : 4,5 km – ☎ 018 76 43 91 – paracucchi@luna.it – Fax 018 76 43 93

31 cam – 90/108 € 108/143 € – **Rist** – *(chiuso dal 7 al 28 gennaio e lunedì)* Carta 52/74 €

◆ In posizione tranquilla, in fondo a un grande giardino con piscina, una costruzione d'ispirazione contemporanea con camere dagli arredi semplici, in parte ristrutturate. Piacevole e luminosa sala stile anni '70, dove assaporare gustosi piatti tradizionali.

Locanda delle Tamerici (Ricciardi) con cam rist, VISA AE

via Litoranea 106, località Fiumaretta Sud-Est : 3,5 km – ☎ 018 76 42 62 – locandadelletamerici@tin.it – Fax 018 76 46 27 – Chiuso dal 24 dicembre al 14 gennaio, una settimana in ottobre, lunedì, martedì e a mezzogiorno

8 cam – 110/130 € 180/190 € – **Rist** – Carta 58/93 €

Spec. Ravioli di pesce con verdure e ristretto. Orata lardellata al rosmarino con verdure e salsa di pomodoro piccante. Gianduiotto fritto con salsa al caramello e gelato al fior di latte.

◆ A pochi metri dal mare, i suoi prodotti sono riproposti in piatti con influenze liguri ma anche creatività e accostamenti originali in un ambiente elegante e signorile.

a Montemarcello Sud : 5,5 km – ✉ 19030

(maggio-settembre) via Nuova 48 ☎ 0187 600324, Fax 0187 606738

Pescarino-Sapori di Terra e di Mare VISA AE

via Borea 52, Nord-Ovest : 3 km – ☎ 01 87 60 13 88 – ristorantepescarino@yahoo.it – Fax 01 87 60 35 01 – Chiuso dal 15 al 31 gennaio, dal 15 al 30 giugno, lunedì e martedì (escluso agosto) e a mezzogiorno (escluso sabato-domenica e festivi)

Rist – Carta 30/44 €

◆ Una collocazione davvero piacevole nell'oasi di pace del bosco di Montemarcello, per questo locale in stile semplice, ma di tono elegante che dà ciò che promette.

Trattoria dai Pironcelli 30, VISA AE

via delle Mura 45 – ☎ 01 87 60 12 52 – Chiuso gennaio, mercoledì e a mezzogiorno (escluso domenica) da giugnoa settembre anche domenica a mezzogiorno

Rist – Carta 31/35 €

◆ Nel centro della località, graziosa trattoria felicemente collocata all'interno di un edificio rustico; cucina casalinga con proposte tradizionali e del territorio.

AMENDOLARA (Marina di) – Cosenza (CS) – 564 H31 – ✉ 87071 5 A1

Roma 495 – Cosenza 97 – Castrovillari 54 – Crotone 140

Enotria rist, VISA AE

viale Calabria 20 – ☎ 09 81 91 50 26 – info@hotelenotria.it – Fax 09 81 91 52 61 – Chiuso dal 23 dicembre al 3 gennaio

48 cam – 37/52 € 60/98 € – ½ P 43/65 € – **Rist** – Carta 20/33 €

◆ Valida gestione in un albergo completamente rinnovato, con interni di moderna concezione e camere lineari, ben accessoriate, in riposanti colori pastello. Piatti di mare nella sala da pranzo al piano terra.

ANACAPRI – Napoli – 564 F24 – Vedere Capri (Isola di)

ANAGNI – Frosinone (FR) – 563 Q21 – 19 182 ab. – alt. 460 m – ✉ 03012

Italia 13 **C2**

Roma 65 – Frosinone 30 – Anzio 78 – Avezzano 106 – Rieti 131 – Tivoli 60

piazza Innocenzo III ☎ 0775 727852, Fax 0775 727852

XX Lo Schiaffo

via Vittorio Emanuele 270 – ☎ 07 75 73 91 48 – guidotagliaboschi@libero.it – Fax 07 75 73 35 27 – Chiuso dal 25 luglio al 7 agosto, domenica sera (da novembre a febbraio) e lunedì – **Rist** – Carta 23/46 €

◆ Il nome evoca atmosfere medievali, il riferimento al celebre schiaffo a Bonifacio VIII; la sala invece è stata completamente rinnovata e presenta un ambiente caldo e moderno.

ANCONA P (AN) – 563 L22 – 101 545 ab. – ✉ 60100 *Italia* 21 **C1**

Roma 319 – Firenze 263 – Milano 426 – Perugia 166 – Pescara 156 – Ravenna 161

di Falconara per ③ : 13 km ☎ 071 28271, Fax 071 2070096

(luglio-agosto) Stazione Marittima ✉ 60126 ☎ 071 201183, iat.ancona@regione.marche.it – Conero, a Sirolo, ☎ 071 736 06 13.

Duomo di San Ciriaco★ AY – Loggia dei Mercanti★ AZ **F** – Chiesa di Santa Maria della Piazza★ AZ **B**

Grand Hotel Passetto senza rist

150, P

via Thaon de Revel 1 ✉ 60124 – ☎ 07 13 13 07 – info@hotelpassetto.it – Fax 07 13 28 56 – Chiuso dal 23 dicembre al 2 gennaio

40 cam ☕ – 🚹80/115 € 🚹🚹145/175 € CZ **d**

◆ Il giardino con piscina abbellisce questo hotel alle porte della città, non lontano dal mare; eleganti e sobri interni, confortevoli camere di taglio moderno.

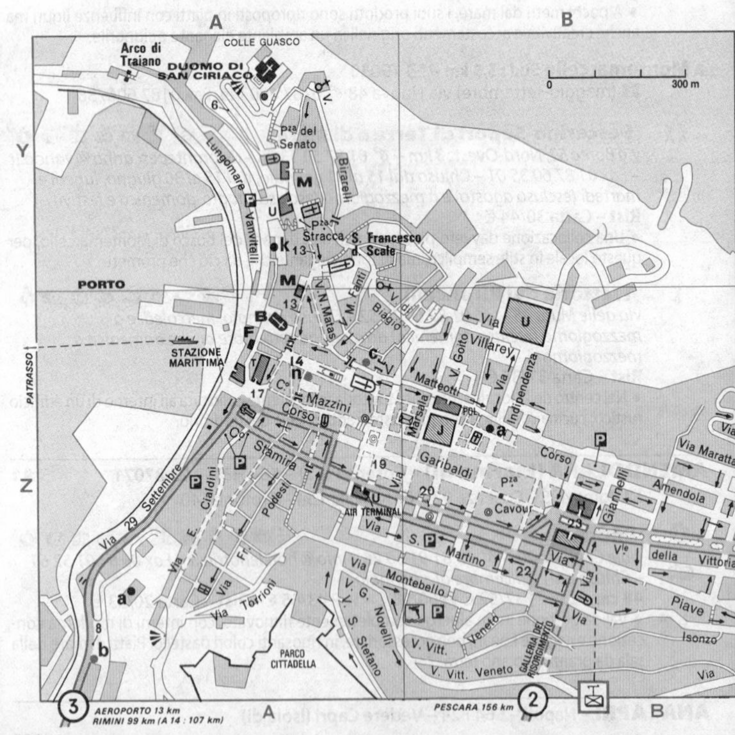

Jolly Hotel Miramare 180,
rupi di via 29 Settembre 14 ✉ 60122 –
✆ 071 20 11 71 – ancona@jollyhotels.com – Fax 071 20 68 23 AZ **a**
89 cam – 115/135 € 145/175 € – ½ P 110/115 € – **Rist** – Carta 35/46 €
♦ Sulla sommità di una collinetta, a pochi passi dal centro, edificio in mattoni d'ispirazione contemporanea; ambienti raffinati e luminosi, gradevoli camere funzionali. Bella sala da pranzo con comode poltroncine e splendida vista sul porto.

Grand Hotel Palace senza rist 100,
lungomare Vanvitelli 24 ✉ 60121 – ✆ 071 20 18 13 – palace.ancona@libero.it
– Fax 07 12 07 48 32 – Chiuso dal 22 dicembre al 7 gennaio AY **k**
40 cam – 90/100 € 120/170 €
♦ In un palazzo seicentesco austero e nobiliare, davanti al porto, albergo con "solenne" sala comune con camino; accoglienti camere in stile e appartamenti con angolo cottura.

Della Rosa senza rist
piazza Rosselli 3 ✉ 60126 – ✆ 07 14 13 88 – info@hoteldellarosa.it
– Fax 07 14 26 51 CY **a**
38 cam – 55 € 88 €
♦ Albergo recente, in zona trafficata davanti alla stazione, ma ottimamente insonorizzato; buona tenuta anche nelle camere di taglio moderno.

City senza rist 80,
via Matteotti 112/114 ✉ 60121 – ✆ 07 12 07 09 49 – info@hotelcityancona.it
– Fax 07 12 07 03 72 BZ **a**
39 cam – 55/65 € 90/98 €
♦ In centro, una struttura vocata a alla clientela d'affari: interni lineari e semplici camere, non grandi, ma confortevoli; sul retro terrazza per colazione.

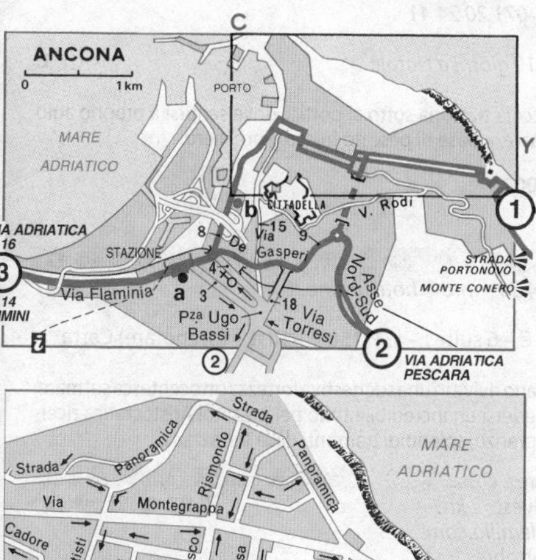

ANCONA

Bruno (V. Giordano) ...... **CY** 3
Carlo Alberto (Cso) ...... **CY** 4
Garibaldi (Cso) .... **ABZ**
Giovanni XXIII (V.) ...... **AY** 6
Marconi (V.) .... **AZ** 8
Martiri d. Resistenza (V.) .. **CY** 9
Pizzecolli (V. Ciriaco) ..... **AYZ** 13
Plebiscito (Pza) .... **AZ** 14
Raffaello Sanzio (V.) ..... **CY** 15
Repubblica (Pza) .... **AZ** 17
Ricostruzione (V. della) ... **CY** 18
Roma (Pza) .... **AZ** 19
Stamira (Cso) .... **AZ**
Stamira (Pza) .... **BZ** 20
Thaon de Revel (V.) ...... **CZ** 21
Vecchini (V.) .... **BZ** 22
24 Maggio (Piazzale) ..... **BZ** 23

XXX **Passetto** 15/30, VISA AE
piazza 4 Novembre 1 ✉ 60124 – ☎ 07 13 32 14 – rist.passetto@libero.it – Fax 07 13 43 64 – Chiuso dal 6 al 23 agosto, domenica sera e lunedì CZ **a**
Rist – Carta 39/64 €
◆ Elegante locale classico con panoramica vista sul mare, che riesce a soddisfare in modo competente sia il singolo che le grandi comitive; servizio estivo in terrazza.

XX **La Moretta** VISA AE
piazza Plebiscito 52 ✉ 60122 – ☎ 071 20 23 17 – corrado@trattoriamoretta.com – Fax 071 20 23 17 – Chiuso dal 1° al 10 gennaio, dal 13 al 18 agosto e domenica
Rist – Menu 26/35 € – Carta 28/45 € (+10 %) AZ **n**
◆ Ristorante della stessa famiglia dal 1897: cucina del territorio di carne e di pesce, stoccafisso e brodetto all'anconetana i classici. Servizio estivo in piazza Plebiscito.

XX **Al Rosso Agontano** 12/28, VISA AE
via Marconi 3 ✉ 60125 – ☎ 07 12 07 52 79 – info@rossoagontano.it – Fax 07 12 07 52 79 – Ottobre-maggio; chiuso domenica e a mezzogiorno
Rist – Carta 42/55 € AZ **b**
◆ Alla fine dei portici, davanti alla Mole Vanvitelliana, un locale giovane e sobrio con quadri moderni alle pareti. Cucina fantasiosa a base di prodotti locali di terra e mare.

XX **Boccon Divino** VISA AE
via Matteotti 13 – ☎ 07 15 72 69 – Fax 07 15 72 69 – Chiuso tre settimane in agosto, sabato a mezzogiorno e domenica AZ **c**
Rist – Carta 34/42 €
◆ Vicino alla piazza del Plebiscito, ristorante accogliente con proposte di mare e di terra, da gustare d'estate nella piccola corte interna. Gestione giovane e capace.

X **Sot'Ajarchi** VISA AE
via Marconi 93 ✉ 60125 – ☎ 071 20 24 41 – Fax 07 12 07 73 93 – Chiuso agosto, domenica e 10 giorni a Natale CY **b**
Rist – Carta 41/60 €
◆ Ambiente informale nella piccola trattoria sotto ai portici, dove sentirsi a proprio agio consumando gustosi piatti di mare, a base di pescato fresco giornaliero.

a Portonovo per ① : 12 km – ✉ 60020
Chiesa di Santa Maria★

Fortino Napoleonico P VISA AE
via Poggio 166 – ☎ 071 80 14 50 – info@hotelfortino.it – Fax 071 80 14 54
27 cam – 200 € 240 € – 6 suites – ½ P 150 € – **Rist** – (prenotare) Carta 44/60 € (+10 %)
◆ Il fasto di un tempo ormai lontano rivive in una suggestiva fortezza ottocentesca sul mare, voluta da Napoleone; per concedersi un incredibile tuffo nel passato! Aristocratica ricercatezza nella maestosa sala da pranzo, splendidi tramonti dalla terrazza.

Emilia mare e costa, cam, cam, 130, P VISA AE
via Poggio 149/a, in collina Ovest : 2 km – ☎ 071 80 11 45 – info@hotelemilia.com – Fax 071 80 13 30 – Marzo-ottobre
27 cam – 220/300 € – 3 suites – ½ P 160/200 € – **Rist** – Carta 52/72 €
◆ Sede del premio d'arte "Ginestra d'oro", hotel con collezione di quadri d'arte moderna, situato in appagante posizione su una terrazza naturale con vista su mare e costa. Ampia sala da pranzo o servizio all'aperto, in ogni caso curata cucina di mare.

Excelsior la Fonte 300, P VISA AE
via Poggio 163 – ☎ 071 80 14 70 – info@excelsiorlafonte.it – Fax 071 80 14 74 – Chiuso gennaio e febbraio
70 cam – 110 € 135 € – ½ P 100/110 € – **Rist** – Carta 32/40 €
◆ Non lontana dal mare, bianca struttura a vocazione congressuale immersa in un incantevole manto verde, con "freschi" ambienti di raffinata eleganza. Candide pareti ravvivate da quadri nella sala ristorante; servizio estivo all'aperto.

Internazionale ← mare e costa,
via Portonovo – ☎ 071 80 10 01
– info@hotel-internazionale.com – Fax 07 12 13 90 29 – Chiuso dicembre
26 cam – 95/120 € 100/145 € – ½ P 90/103 € – **Rist** – *(chiuso domenica sera)* Carta 40/55 €
♦ In una tranquilla oasi verde, sulle pendici del promontorio che disegna la baia di Portonovo, un albergo a gestione diretta, con interni lineari; camere di due tipologie. Pareti con pietra a vista e ampie finestre panoramiche nella sala da pranzo.

Giacchetti ←
via Portonovo 171 – ☎ 071 80 13 84 – info@ristorantedagiacchetti.it
– Fax 07 12 13 90 22 – Aprile-ottobre; chiuso lunedì escluso giugno-luglio-agosto
Rist – Carta 29/50 €
♦ Nella silenziosa baia di Portonovo, locale di lunga tradizione, con annesso stabilimento balneare privato; in sala o all'aperto le classiche specialità di mare dell'A-driatico.

Da Emilia
nella baia – ☎ 071 80 11 09 – daemilia@tin.it – Fax 071 80 11 09 – Marzo-ottobre; chiuso lunedì escluso agosto
Rist – Carta 35/54 €
♦ Ristorante familiare dall'ambiente semplice e curato, il cui fascino ha incantato anche celebri personaggi; solo piatti di pesce e splendido terrazzo sul mare.

ANDALO – **Trento (TN)** – **562 D15** – **1 017 ab.** – **alt. 1 050 m** – **Sport invernali :** ***1 040/2 125 m*** ***1*** ***11 (Consorzio Paganella-Dolomiti)*** – ✉ **38010** *Italia* 30 **B2**

Roma 625 – Trento 40 – Bolzano 60 – Milano 214 – Riva del Garda 48

piazza Dolomiti 1 ☎ 0461 585836, info@dolomitipaganella.com. Fax 0461 585570

✻★★ dal Monte Paganella 30 mn di funivia

Cristallo ←
via Rindole 1 – ☎ 04 61 58 57 44 – info@hotelcristalloandalo.com
– Fax 04 61 58 59 70 – Dicembre-23 aprile e 15 giugno-15 settembre
41 cam – 62/72 € 94/104 €, 9 € – ½ P 62/70 € – **Rist** – Carta 20/27 €
♦ Albergo centrale, in parte rimodernato negli ultimi anni, a pochissimi metri dagli impianti di risalita; accoglienti interni in stile montano d'ispirazione moderna. Al primo piano, soffitto in legno con lavorazioni a rombi nel ristorante.

Scoiattolo ←
via del Moro 1 – ☎ 04 61 58 59 12 – info@hotelscoiattolo.it – Fax 04 61 58 59 80 – 22 dicembre-5 aprile e 20 giugno-15 settembre
28 cam – 50/80 € 70/99 € – ½ P 89/99 € – **Rist** – (solo per alloggiati) Menu 21/36 €
♦ In posizione panoramica e soleggiata, hotel dagli spazi accoglienti e ben arredati; nuove camere "romantic" con letto a baldacchino e junior suite adatte alle famiglie.

Piccolo Hotel ← gruppo del Brenta e Paganella,
via Pegorar 2 – ☎ 04 61 58 57 10 – prenotazioni@piccolo.it – Fax 04 61 58 54 36 – 20 dicembre-20 aprile e 15 giugno-16 settembre
23 cam – 60/85 € 70/110 € – 6 suites – ½ P 50/110 € – **Rist** – (solo per alloggiati) Carta 37/45 €
♦ Situata in posizione tranquilla, da cui si gode una splendida vista del gruppo del Brenta e Paganella, graziosa struttura montana con giardino; piacevoli ambienti ariosi. Confortevole sala da pranzo di tono rustico.

Serena ← rist,
via Crosare 15 – ☎ 04 61 58 57 27 – info@hotelserena.it – Fax 04 61 58 57 02 – Dicembre-22 aprile e 10 giugno-20 settembre
38 cam – 78 € 120 € – ½ P 55/70 € – **Rist** – (solo per alloggiati) Menu 18/28 €
♦ Solida gestione diretta in un albergo in gran parte rimodernato, che gode di una bella veduta panoramica su montagne maestose; camere funzionali, regolarmente rinnovate.

Negritella

via Paganella 32 – ✆ 04 61 58 58 02 – info@negritella.it – Fax 04 61 58 59 11 – 18 dicembre-25 marzo e 20 giugno-20 settembre

57 cam – 58/65 € 100/115 € – ½ P 60/70 € – **Rist** – Menu 18/25 €

◆ Cordiale accoglienza in una struttura gestita dalla stessa famiglia da quasi trent'anni, composta da due edifici attigui collegati tra loro. Ampia sala da pranzo con servizio a buffet.

Olimpia

via Paganella 17 – ✆ 04 61 58 57 15 – olimpia@gottardi.it – Fax 04 61 58 54 58 – 15 dicembre-22 aprile e 20 giugno-15 settembre

40 cam – 55/85 € 65/100 € – ½ P 50/85 € – **Rist** – (solo per alloggiati)

◆ Circondato dal verde e dai monti, hotel di recente ristrutturazione costituito da due corpi distinti, ma collegati internamente; arredamento classico, buoni servizi.

Al Penny

viale Trento 23 – ✆ 04 61 58 52 51 – info@alpenny.it – Dicembre-Pasqua e 12 giugno-18 settembre

Rist – Carta 27/41 €

◆ All'ingresso della località, un ristorante dalla struttura in legno, due sale rustiche dalle proposte gastronomiche regionali. Pizza con forno a legna anche a mezzogiorno.

ANDORA – Savona (SV) – 561 K6 – 7 027 ab. – ✉ 17051 14 B2

Roma 601 – Imperia 16 – Genova 102 – Milano 225 – Savona 56 – Ventimiglia 63

via Aurelia 122/A, Villa Laura ✆ 0182 681004, andora@inforiviera.it,Fax 0182 681807

Lungomare cam, rist, rist, 50,

via Capri 10 – ✆ 018 28 51 85 – info@hotellungomare.it – Fax 018 28 96 68 – Chiuso ottobre e novembre

56 cam – 60/95 € 80/140 € – ½ P 55/65 € – **Rist** – Menu 18/35 €

◆ La spiaggia è facilmente raggiungibile da quest'albergo in posizione leggermente decentrata e per questo tranquilla; gradevoli camere di buon livello, appena rinnovate. Ristorante classico, con fornita cantina; degustazioni di salumi e formaggi.

Liliana

via del Poggio 23 – ✆ 018 28 50 83 – info@hotelliliana.it – Fax 01 82 68 46 94 – Chiuso dal 20 ottobre al 20 dicembre

46 cam – 45/50 € 75/82 €, 9 € – 8 suites – ½ P 62 € – **Rist** – (solo per alloggiati) Menu 18/30 €

◆ Ambiente familiare in un confortevole albergo non lontano dal mare con ampie zone interne dagli arredi piacevoli e ben tenute; essenziali, ma gradevoli le camere.

Garden rist,

via Aurelia 60 – ✆ 018 28 86 78 – info@hotelgardenandora.com – Fax 018 28 76 53 – Chiuso da ottobre al 26 dicembre

16 cam – 43/62 € 62/83 €, 10 € – ½ P 34/70 € – **Rist** – Carta 21/41 €

◆ Gestione diretta seria e attenta in questo albergo di piccole dimensioni, ideale per famiglie; spazi interni sobri e funzionali e graziose camere lineari, ma molto curate. Lunga, stretta sala da pranzo, molto luminosa.

Moresco

via Aurelia 96 – ✆ 018 28 91 41 – hotelmoresco@andora.it – Fax 018 28 54 14 – Chiuso da novembre al 22 dicembre

35 cam – 60 € 80 €, 12 € – **Rist** – (solo per alloggiati) Carta 20/25 €

◆ Albergo centrale con accoglienti e razionali salette arredate con gusto, dove rilassarsi dopo una giornata in spiaggia; decorose camere con semplici arredi bianchi.

La Casa del Priore

via Castello 34, Nord : 2 km – ✆ 018 28 73 30 – Fax 01 82 68 43 77 – Chiuso dal 3 gennaio all'11 febbraio, lunedì e a mezzogiorno (escluso sabato e domenica)

Rist – Carta 56/83 €

Rist *Brasserie* – *(chiuso dal 3 gennaio all'11 febbraio, lunedì e a mezzogiorno)* Carta 23/28 €

◆ Ambiente caratteristico e raffinato in un ex convento del XIII secolo: sala con soffitto in mattoni, grande camino e arredi d'epoca; cucina ligure rivisitata, da provare. Alla "Brasserie": ambiente informale, specialità alla brace e dehors estivo.

Pan de Cà

via Conna 13, Nord : 4 km – ✆ 018 28 04 66 – Fax 018 28 02 90 – Chiuso dal 30 ottobre al 7 dicembre, martedì (escluso luglio e agosto) e da gennaio a marzo anche lunedì, mercoledì e giovedì
Rist – 30 €
◆ Una sala rustica arredata in modo personalizzato e curato, con tocchi signorili, in una trattoria a gestione familiare, immersa nel riposante verde degli uliveti.

ANDRIA – Bari (BA) – 564 D30 – 96 910 ab. – alt. 151 m – ✉ 70031 26 B2

Roma 399 – Bari 57 – Barletta 12 – Foggia 82 – Matera 78 – Potenza 119
piazza Catuma ✆ 0883 290293

Cristal Palace Hotel

70, VISA AE
via Firenze 35 – ✆ 08 83 55 64 44 – info@cristalpalace.it – Fax 08 83 55 67 99
40 cam – †62 € ††88 € – ½ P 63 €
Rist *La Fenice* – ✆ 08 83 55 02 60 *(chiuso dal 10 luglio al 10 agosto, domenica sera e lunedì)* Carta 17/33 €
◆ In centro, confortevole struttura di moderna concezione con interni eleganti in stile contemporaneo, abbelliti da realizzazioni artistiche; distinte camere con parquet. Vini esposti lungo le pareti, luci soffuse e ambiente raffinato in sala da pranzo.

L'Ottagono

rist, 400, VISA AE
via Barletta 218 – ✆ 08 83 55 78 89 – info@hotelottagono.it – Fax 08 83 55 60 98
25 cam – †68 € ††93 € – ½ P 62 € – **Rist** – Menu 25/40 €
◆ Alle porte della cittadina, ma non lontano dal centro, albergo d'ispirazione moderna con un grazioso giardino, spaziose zone comuni e camere lineari; campi di calcetto. Arioso ristorante nelle tonalità del beige e del nocciola.

Tenuta Cocevola

rist, VISA
strada statale 170 Castel del Monte-Andria km 9,9, contrada Cocevola – ✆ 08 83 56 69 45 – info@tenutacocevola.com – Fax 08 83 56 97 06 – Chiuso novembre
24 cam – †75/90 € ††90/115 € – ½ P 75/88 € – **Rist** – *(chiuso domenica sera)* Carta 33/45 €
◆ Abbracciata da profumati uliveti e dalla rigogliosa machia mediterranea, un'antica tenuta costruita in pietra e tufo accoglie camere calde arredate con legni pregiati. Semplice, caratterizzato da soffitti a botte, il ristorante propone piatti di terra e di mare e dispone anche di sale dove allestire banchetti.

Arco Marchese

VISA
via Arco Marchese 1 – ✆ 08 83 55 78 26 – Fax 08 83 55 79 40
Rist – Carta 23/40 €
◆ Nel centro storico della cittadina, ambiente raccolto nella sala in stile rustico, con pareti interamente rivestite in pietra; proposte culinarie tradizionali.

a Montegrosso Sud-Ovest : 15 km – alt. 224 m – ✉ 70031

Agriturismo Biomasseria Lama di Luna senza rist

verso Castel del Monte, Sud : 3,5 km – ✆ 08 83 56 95 05 – info@lamadiluna.com – Fax 08 83 59 31 34 – Aprile-novembre
< uliveti delle Murge, VISA AE
10 cam – †100 € ††130 €
◆ Masseria ottocentesca ristrutturata secondo i dettami della bioarchitettura e del Feng Shui: affascinante mix di tradizione pugliese e filosofia giapponese di vita naturale.

Antichi Sapori

VISA
piazza San Isidoro 10 – ✆ 08 83 56 95 29 – zitopietro@tiscalinet.it – Fax 08 83 56 95 29 – Chiuso dal 23 dicembre al 3 gennaio, dal 5 al 25 luglio, sabato sera e domenica
Rist – Carta 22/31 €
◆ Trattoria con decorazioni di vita contadina e tappa irrinunciabile per chi desidera conoscere i sapori tradizionali pugliesi, a base di prodotti ormai quasi introvabili.

ANGERA – Varese (VA) – 561 E7 – **5 615 ab. – alt. 205 m** – ✉ **21021** *Italia* 16 **A2**

Roma 640 – Stresa 34 – Milano 63 – Novara 47 – Varese 31

piazza Garibaldi 19 ☎ 0331 960207

Affreschi dei maestri lombardi★★ e Museo della Bambola★ nella Rocca

Dei Tigli senza rist

via Paletta 20 – ☎ 03 31 93 08 36 – info@hoteldeitigli.com – Fax 03 31 96 03 33 – Chiuso dal 18 dicembre al 6 gennaio

31 cam – †60/78 € ††90/110 €, ☕ 8 €

◆ In centro, a due passi dal pittoresco e panoramico lungolago, atmosfera familiare in un hotel con interni accoglienti: arredamento curato negli spazi comuni e nelle camere.

Lido Angera rist,

viale Libertà 11, Nord : 1 km – ☎ 93 02 32 – lido@hotellido.it – Fax 03 31 93 20 44

16 cam ☕ – †75 € ††105 € – ½ P 75 € – **Rist** – *(chiuso lunedì)* Carta 32/54 €

◆ In posizione incantevole, leggermente rialzata, proprio a ridosso del lago, una calda risorsa a gestione familiare. Camere ampie con arredi semplici ma complete di tutto. Ristorante con ampie e panoramiche vetrate, per apprezzare specialità di lago.

ANGHIARI – Arezzo (AR) – 563 L18 – **5 849 ab. – alt. 429 m** – ✉ **52031** *Toscana* 29 **D2**

Roma 242 – Perugia 68 – Arezzo 28 – Firenze 105 – Sansepolcro 8

Cimitero di Monterchi cappella con Madonna del Parto★ di Piero dellaFrancesca Sud-Est : 11 km

La Meridiana

piazza 4 Novembre 8 – ☎ 05 75 78 81 02 – info@hotellameridiana.it – Fax 05 75 78 79 87

22 cam – †37 € ††58 €, ☕ 5 € – ½ P 45 € – **Rist** – *(chiuso sabato)* Carta 20/30 €

◆ Esperta gestione familiare in un alberghetto semplice e conveniente vicino alla parte medievale di Anghiari; camere essenziali e spaziose con mobili in laminato bianco. Semplice sala ristorante in linea con la tradizionale schiettezza della cucina.

Da Alighiero 6,

via Garibaldi 8 – ☎ 05 75 78 80 40 – rist-daalighiero@libero.it – Fax 05 75 78 86 98 – Chiuso dal 15 febbraio al 10 marzo e martedì

Rist – Carta 25/47 €

◆ Gestione giovane in un locale sito in un antico palazzo del centro storico: sala in stile rustico, strutturalmente imponente e dai soffitti alti; curata cucina toscana.

ANGUILLARA SABAZIA – Roma (RM) – 563 P18 – **15 848 ab. – alt. 175 m** – ✉ **00061** 12 **B2**

Roma 39 – Viterbo 50 – Civitavecchia 59 – Terni 90

Country Relais I Due Laghi cam, 60,

località Le Cerque Nord-Est : 3 km – ☎ 06 99 60 70 59 – info@iduelaghi.it – Fax 06 99 60 70 68

24 cam ☕ – †80/120 € ††120/170 € – ½ P 90/115 €

Rist ***La Posta de' Cavalieri*** – (prenotare) Carta 33/56 €

◆ Rustico e immerso nel verde dei colli, è l'ideale per appassionati di turismo equestre e per chi vuol provare l'ecologica esperienza di una "finta" caccia alla volpe. Mattoni a vista e camino di pietra nella calda sala da pranzo in stile rustico, ma elegante.

Da Zaira

viale Reginaldo Belloni 2 – ☎ 069 96 80 82 – ristorante-zaira@libero.it – Fax 06 99 60 90 35 – Chiuso dal 20 dicembre al 20 gennaio e martedì

Rist – Carta 22/49 €

◆ Salone con vista sul lago, gestione familiare di lunga esperienza e piatti tradizionali con specialità di pesce lacustre in un ristorante molto frequentato.

ANNUNZIATA – Cuneo – **Vedere La Morra**

ANTAGNOD – Aosta – 561 E5 – **Vedere Ayas**

ANTERSELVA = ANTHOLZ – Bolzano – 562 B18 – **Vedere Rasun Anterselva**

ANTEY SAINT ANDRÈ – Aosta (AO) – 561 E4 – 603 ab. – alt. 1 080 m – ✉ 11020 34 B2

Roma 729 – Aosta 35 – Breuil-Cervinia 20 – Milano 167 – Torino 96

piazza Rolando 1 ✆ 0166 548266, antey@montecervino.it, Fax 0166 548388

Des Roses
rist,

località Poutaz – ✆ 01 66 54 85 27 – info@hoteldesroses.com – Fax 01 66 54 82 48 – 6 dicembre-4 maggio e 21 giugno-16 settembre

21 cam – †35/39 € ††52/61 €, ☕ 7 € – ½ P 39/58 € – **Rist** – *(chiuso a mezzogiorno dal 6 dicembre al 4 maggio)* (solo per alloggiati) Menu 23/26 €

♦ Cordialità e ambiente familiare in un albergo d'altura, ambienti in stile alpino e graziosa saletta al piano terra con camino e travi a vista; camere dignitose. Ristorante decorato con bottiglie esposte su mensole, sedie in stile valdostano.

ANTIGNANO D'ASTI – Asti (AT) – 561 H6 – 988 ab. – alt. 260 m – ✉ 14010 25 C1

Roma 603 – Torino 54 – Alessandria 49 – Asti 11 – Cuneo 85

a Gonella Sud-Ovest : 2 km – ✉ 14010 – Antignano d'Asti

Locanda del Vallone senza rist

strada del Vallone 9 – ✆ 01 41 20 55 72 – info@locandadelvallone.com – Fax 01 41 20 55 72 – Aprile-10 novembre

3 cam ☕ – †55/65 € ††75/85 €

♦ Tra colline e vigneti, una cascina settecentesca sapientemente ristrutturata, annovera poche camere, due salette con biblioteca, una piscina, ma vanta una fiabesca atmosfera.

ANZIO – Roma (RM) – 563 R19 – 39 508 ab. – ✉ 00042 *Italia* 12 B3

Roma 52 – Frosinone 81 – Latina 25 – Ostia Antica 49

per Ponza – Caremar, call center 892 123

piazza Pia 19 ✆ 06 9845147, iat.anzio@tin.it, Fax 06 9848135

Nettuno, Est : 4 km a Nettuno, ✆ 06 981 94 19.

Lo Sbarco di Anzio

via Molo Innocenziano – ✆ 069 84 76 75 – losbarcodianzio@hotmail.com – Fax 069 84 76 75 – Chiuso dal 15 al 30 novembre, dal 20 al 26 dicembre e martedì (esclusoluglio-agosto)

Rist – Carta 37/75 €

♦ Felice posizione tra la zona di partenza degli scafi al porto e il corso principale; sala ristorante tradizionale, con ampie finestre. Piatti di mare, ottimi antipasti.

Alceste al Buon Gusto

piazzale Sant'Antonio 6 – ✆ 069 84 67 44 – Fax 069 84 67 44

Rist – Carta 39/59 € (+12 %)

♦ Cordiale conduzione familiare da oltre 50 anni in questo ristorante sul mare, sito nella zona del porto: luminosa sala con vetrate da cui si gode una bella vista.

ANZOLA DELL'EMILIA – Bologna (BO) – 562 I15 – 10 669 ab. – alt. 40 m – ✉ 40011 9 C3

Roma 381 – Bologna 13 – Ferrara 57 – Modena 26

Alan senza rist
60,

via Emilia 46/b – ✆ 051 73 35 62 – info@alanhotel.it – Fax 051 73 53 76 – Chiuso Natale e Pasqua

61 cam – †50/120 € ††70/140 €, ☕ 10 €

♦ In comoda posizione sulla via per Bologna, albergo con un'ottima gestione che vi farà sentire davvero a vostro agio; camere ampie e ben insonorizzate, nuove sale riunioni.

Garden senza rist
80,

via Emilia 29 ✉ 40056 Crespellano – ✆ 051 73 52 00 – info@hotelgarden-bo.com – Fax 051 73 56 73 – Chiuso dal 22 dicembre al 7 gennaio e dal 27 luglio al 26 agosto

57 cam ☕ – †73/170 € ††110/260 €

♦ Sulla via Emilia, praticamente ad Anzola ma ancora nel comune di Crespellano, struttura moderna e funzionale dagli interni in stile contemporaneo; gradevoli camere.

XX **Il Ristorantino-da Dino** 14,

via 25 Aprile 11 – ✆ 051 73 23 64 – Fax 051 73 23 64

Rist – Carta 27/48 €

♦ Ristorantino in zona residenziale che vale la pena di provare per le interessanti preparazioni di cucina tradizionale: materie prime di qualità e prezzi convenienti.

AOSTA (AOSTE) (AO) – 561 E3 – 34 227 ab. – alt. 583 m – Sport invernali : *funivia per Pila (A/R): a Pila 1 450/2750 m 1 7* – ✉ 11100 *Italia* 34 **A2**

Roma 746 – Chambéry 197 – Genève 139 – Martigny 72 – Milano 184 – Novara 139 – Torino 113

piazza Chanoux 2 ✆ 0165 236627,uit-aosta@regione.vd.it, Fax 0165 34657

Aosta Arsanieres, Nord : 9 km località Arsanieres, ✆ 0165 560 20 ; Pila, ✆ 0165 23 69 63.

Collegiata di Sant'Orso Y : capitelli★★ del chiostro★ – Finestre★ del Priorato di Sant'Orso Y – Monumenti romani★ : Porta Pretoria Y **A**, Arco di Augusto Y **B**, Teatro Y **D**, Anfiteatro Y **E**, Ponte Y **G**

Valle d'Aosta★★ : Panorami★★★

Pianta pagina seguente

ClassHotel Aosta rist, cam, rist, 100,

corso Ivrea 146 – ✆ 016 54 18 45 – info.aosta@classhotel.com – Fax 01 65 23 66 60 X **b**

105 cam – †55/110 € ††85/170 € – ½ P 60/103 € – **Rist** – Carta 21/35 €

♦ Ubicato nella parte orientale della città, un hotel che si presenta con un'ampia hall, pareti e pavimenti rivestiti in marmo e mobilio moderno. Camere confortevoli. Ristorante con arredi recenti, menù classico con alcuni piatti della tradizione locale.

Europe cam, 100,

piazza Narbonne 8 – ✆ 01 65 23 63 63 – hoteleurope@ethotels.com – Fax 016 54 05 66 Y **c**

63 cam – †60/98 € ††84/160 € – ½ P 59/97 € – **Rist** – *(chiuso domenica)* Carta 25/40 €

♦ In pieno centro storico, confortevole albergo con un accogliente soggiorno in stile: pianoforte, bianche colonne, parquet e arredi di sobria eleganza; camere ben tenute. Graziosi tavolini nella raffinata sala da pranzo con soppalco e grandi vetrate.

Milleluci senza rist città, 50,

località Porossan Roppoz 15 – ✆ 01 65 23 52 78 – info@hotelmilleluci.com – Fax 01 65 23 52 84 X **a**

31 cam – †100/110 € ††120/210 €

♦ Albergo in posizione tranquilla e panoramica con vista sulla città; particolari gli interni con arredi, rifiniture e oggetti originali, tipici della tradizione locale.

Miage cam,

via Ponte Suaz 252 ✉ 11020 Charvensod – ✆ 01 65 23 85 85 – hm@hotelmiage.it – Fax 01 65 23 63 55 X **f**

32 cam – †60 € ††80 €, 10 € – ½ P 62 €

Rist *Glacier* – ✆ 01 65 23 85 66 *(chiuso lunedì)* Carta 28/42 €

♦ Struttura dei primi anni '90 a conduzione familiare, vicino al fiume Dora; aree comuni razionali e arredi in stile moderno; camere funzionali e confortevoli, con balcone. Cucine a vista nella grande sala da pranzo del ristorante, rischiarata da ampie finestre.

Miravalle senza rist

località Porossan – ✆ 01 65 23 61 30 – Fax 016 53 57 05 – Chiuso dal 2 novembre al 6 dicembre X

22 cam – †60/70 € ††75/85 €

♦ In posizione decentrata, accogliente albergo familiare: numerosi oggetti conferiscono personalità alle zone comuni, arredate in modo molto piacevole; camere funzionali.

Roma senza rist

via Torino 7 – ✆ 016 54 10 00 – hroma@libero.it – Fax 016 53 24 04 – Chiuso dal 10 al 31 ottobre Y **n**

38 cam – †60/70 € ††66/76 €, 6 €

♦ Atmosfera familiare e interni arredati in modo tradizionale in un hotel adiacente al centro storico; la reception si trova in una struttura circolare al centro della hall.

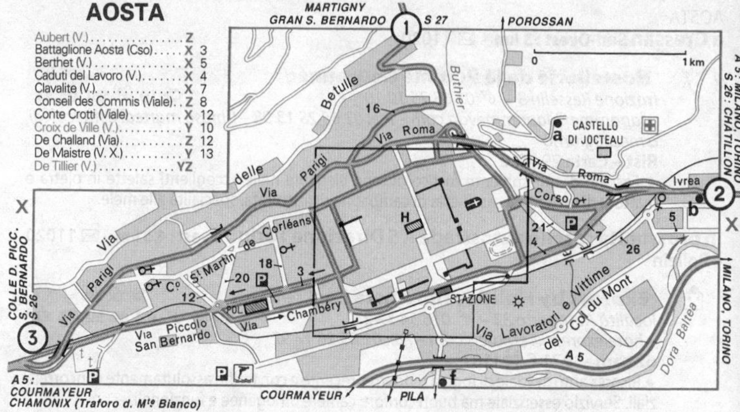

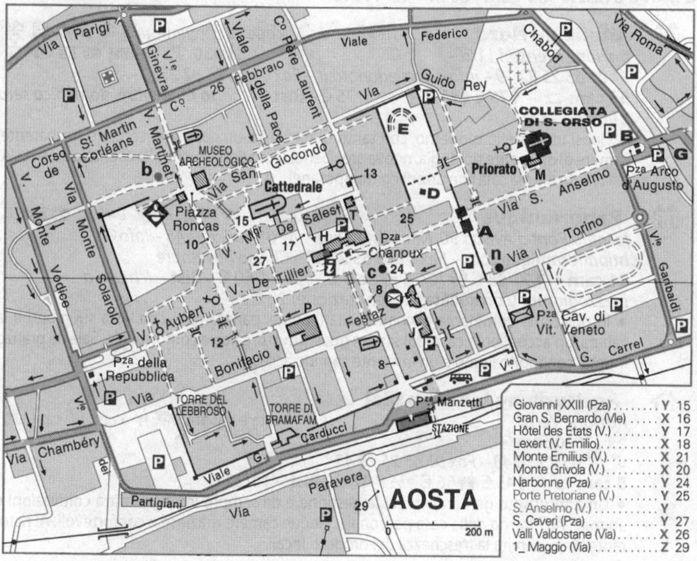

AOSTA

Giovanni XXIII (Pza) . . . . Y 15
Gran S. Bernardo (Vle) . . . . . X 16
Hôtel des États (V.). . . . . Y 17
Lexert (V. Emilio). . . . . X 18
Monte Emilius (V.). . . . . X 21
Monte Grivola (V.). . . . . X 20
Narbonne (Pza) . . . . Y 24
Porte Pretoriane (V.) . . . . Y 25
S. Anselmo (V.) . . . . Y
S. Caveri (Pza) . . . . Y 27
Valli Valdostane (Via). . . . . . . X 26
1_ Maggio (Via). . . . . Z 29

XX **Vecchio Ristoro** (Fascendini) 30, VISA AE

via Tourneuve 4 – 016 53 32 38
– vecchioristoro@hotmail.com – Fax 016 53 32 38
– Chiuso giugno, dal 1° al 7 novembre, domenica e lunedì a mezzogiorno

Rist – Carta 42/66 € Y **b**

Spec. Marbé di bollito misto con bagnet verde (autunno-inverno). Zuppa di fiori di zucca e orzo perlato con bavarese di fontina (primavera-estate). Pesca ripiena all'amaretto caramellata con salsa di lamponi (estate).

◆ Arredi contemporanei in ambienti dal gusto retrò, gli appassionati della Val d'Aosta qui troveranno riferimenti ai prodotti regionali ma anche piatti di mare e ottimi dolci.

a Gressan **Sud-Ovest : 3 km – ✉ 11020**

XX **Hostellerie de la Pomme Couronnée**
frazione Resselin 3 – ✆ 01 65 25 10 10 10, P VISA
– lapomme@lapommevda.com – Fax 01 65 25 13 98 – Chiuso martedì e mercoledì a mezzogiorno
Rist – Carta 29/47 €
◆ Fascino di un ambiente rustico di tono elegante nelle accoglienti salette in pietra e mattoni di un'amena cascinetta di campagna ristrutturata; specialità alle mele.

in prossimità casello autostrada A 5 Direzione Torino **Ovest : 4,5 km – ✉ 11020 – Pollein**

Express by Holiday Inn Aosta East senza rist
località Autoporto 33 – ✆ 016 54 57 23 80, P VISA AE
– hotelexpress@ethotels.com – Fax 01 65 26 17 97
62 cam – †71 € ††118 €
◆ Risorsa autostradale di foggia moderna, recente e con tariffe assolutamente concorrenziali. Servizio essenziale ma buon confort: camere omogenee e funzionali.

a Sarre **Ovest : 7 km – alt. 780 m – ✉ 11010**

Etoile du Nord < monti, (coperta d'inverno)
frazione Arensod 11/a – 130, P VISA AE
✆ 01 65 25 82 19 – info@etoiledunord.it – Fax 01 65 25 82 25
59 cam – †75 € ††125 € – ½ P 75 € – **Rist** – *(chiuso novembre, domenica sera e lunedì)* 23 €
◆ Quasi un castello moderno, con tanto di torrioni e un cupolone centrale trasparente; camere di differente tipologia, nuova area benessere aperta anche alla clientela esterna. Al ristorante ampia sala con arredi contemporanei.

Panoramique < monti e vallata, P VISA AE
località Pont d'Avisod 90, Nord-Est : 2 km – ✆ 01 65 55 12 46 – info@htlpanoramique.com – Fax 01 65 55 27 47 – Chiuso novembre
31 cam – †50/58 € ††70/75 €, 8 € – ½ P 54/60 € – **Rist** – *(chiuso a mezzogiorno)* (consigliata la prenotazione) 20 €
◆ In posizione dominante e, come recita il nome, panoramica, con vista sui monti e la vallata, un'accogliente casa, dal sapore quasi privato, calda e confortevole. Sala da pranzo intima, con molto legno e un invitante camino acceso.

Agriturismo L'Arc en Ciel
frazione Vert 5 < Aosta e vallata, cam, cam, P
✉ 11010 Sarre –
✆ 01 65 25 78 43 – Fax 01 65 25 78 43
5 cam – †43 € ††66 € – ½ P 47 € – **Rist** – 14/22 €
◆ Un agriturismo genuino, in cui la gestione è da sempre impegnata tra coltivazioni e animali. All'interno della casa padronale, cinque camere graziose e confortevoli. Al ristorante viene servita la freschezza dei prodotti locali.

a Pollein **per ② : 5 km – alt. 608 m – ✉ 11020**

Diana < cam, P VISA AE
via Saint Benin 1/b – ✆ 016 55 31 20 – info@hoteldianaaosta.com – Fax 016 55 33 21
30 cam – †54/64 € ††70/79 € – ½ P 46/52 €
Rist ***San Giorgio*** – ✆ 01 65 25 36 10 – Carta 17/22 €
◆ Sulla strada per Pila, imponente struttura bianca abbracciata dal verde e da alte montagne; funzionali interni in stile moderno, camere con arredi in legno di ciliegio. Sala con pavimento a scacchiera, divisa centralmente da colonne; cucina eclettica.

Hotel e ristoranti cambiano ogni anno.
Per questo, ogni anno, c'è una nuova guida Michelin!

APPIANO GENTILE – Como (CO) – 561 E8 – 7 090 ab. – alt. 368 m – ✉ 22070 18 A1

Roma 617 – Como 20 – Milano 43 – Saronno 18 – Varese 20

La Pinetina Carbonate, ✆ 031 93 32 02.

Tarantola 30,

via della Resistenza 29 – ✆ 031 93 09 90 – info@ristorantetarantola.it – Fax 031 89 11 01 – Chiuso dal 16 al 19 agosto, lunedì sera e martedì

Rist – Carta 39/54 €

♦ In collina, vicino a un ampio bosco, grande struttura familiare: diverse sale eleganti e, per l'estate, un invitante pergolato; cucina fantasiosa, notevole cantina.

APPIANO SULLA STRADA DEL VINO (EPPAN AN DER WEINSTRASSE) – Bolzano / Bozen (BZ) – 562 C15 – 12 308 ab. – alt. 418 m – ✉ 39057 30 B2

Roma 641 – Bolzano 10 – Merano 32 – Milano 295 – Trento 57

a San Michele (St. Michael) – ✉ 39057 – SAN MICHELE APPIANO EPPAN

piazza Municipio 1 ✆ 0471 662206, info@eppan.net, Fax 0471 663546

Ansitz Tschindlhof rist,

via Monte 36 – ✆ 04 71 66 22 25 – info@tschindlhof.com – Fax 04 71 66 36 49 – 29 marzo-5 novembre

19 cam – 67/85 € 100/154 € – 2 suites – ½ P 87 € – **Rist** – *(chiuso a mezzogiorno)* (solo per alloggiati)

♦ Incantevole dimora antica piacevolmente situata in un giardino-frutteto con piscina: amabili e raffinati interni con mobili in legno lavorato, camere accoglienti.

Christof colline e dintorni, rist, rist,

via Gravosa 21 – ✆ 04 71 66 23 49 – info@christof-eppan.com – Fax 04 71 66 09 71

21 cam – 65/75 € 110/130 € – ½ P 75/85 € – **Rist** – Menu 20/30 €

♦ Hotel in posizione panoramica, ristrutturato nel 2001, oggi consente ai propri ospiti di godere di camere spaziose e arredate con gusto signorile. Ristorante con terrazza estiva e vista sui dintorni.

Schloss Aichberg senza rist (riscaldata)

via Monte 31 – ✆ 04 71 66 22 47 – info@aichberg.com – Fax 04 71 66 09 08 – Marzo-15 novembre

10 cam – 70 € 99 € – 2 suites

♦ Sarete affascinati dalla gradevolezza della collocazione di questo albergo, in un giardino-frutteto con piscina riscaldata; graziosi spazi comuni in stile montano.

Ansitz Angerburg (riscaldata) rist, rist,

via dell'Olmo 16 – ✆ 04 71 66 21 07 – info@hotel-angerburg.com – Fax 04 71 66 09 93 – 15 marzo-10 novembre

30 cam – 53/60 € 92/115 € – ½ P 58/69 € – **Rist** – Carta 26/37 €

♦ A due passi dal centro, grande struttura abbellita da un grazioso giardino con piscina; mobili in legno scuro ravvivato da disegni floreali negli spazi comuni, camere lineari. Sala da pranzo essenziale con grandi finestre; cucina del territorio.

Zur Rose (Hintner) 15/30,

via Josef Innerhofer 2 – ✆ 04 71 66 22 49 – info@zur-rose.com – Fax 04 71 66 24 85 – Chiuso dal 24-26 dicembre, domenica, lunedì a mezzogiorno

Rist – Carta 61/89 €

Spec. Spaghetti di patate con porcini (estate). Spiedino di coda di rospo e rosmarino. Foglie di strudel caramellate con albicocche e gelatina ai fiori di sambuco (estate).

♦ Moderna reinterpretazione dei più classici ambienti tirolesi dove anche la cucina ne segue la falsariga: prodotti regionali ma è certo garanzia affidarsi all'estro del cuoco.

a Pigeno (Pigen)Nord-Ovest : 1,5 km – ✉ 39057 – San Michele Appiano

Stroblhof

strada Pigeno 25 – ✆ 04 71 66 22 50 – hotel@stroblhof.it – Fax 04 71 66 36 44 – Marzo-novembre

25 cam – 90/105 € 144/172 € – 5 suites – ½ P 84/109 € – **Rist** – *(chiuso lunedì)* Carta 30/56 €

◆ Abbracciata dal verde dei vigneti, una grande struttura impreziosita da un bel giardino con laghetto-piscina, adatta a una vacanza con la famiglia; camere ampie e recenti. Luce soffusa nella sala ristorante con soffitto in travi di legno; splendido dehors.

Schloss Englar senza rist

via Pigeno 42 – ✆ 04 71 66 26 28 – info@schloss-englar.it – Fax 04 71 66 04 04 – Pasqua-novembre

11 cam – 60 € 110/120 €

◆ Tranquillità della natura ristoratrice e fascino ammaliatore di un'amenità totale in un castello medioevale dove ritrovare intatta l'atmosfera di una residenza nobiliare.

a Cornaiano (Girlan)Nord-Est : 2 km – ✉ 39050

Weinegg

monti e frutteti, (riscaldata) cam,

via Lamm 22 – ✆ 04 71 66 25 11 – info@weinegg.com – Fax 04 71 66 31 51

25 cam – 17 suites – solo ½ P 102/125 €

Rist *L'Arena* – Carta 39/49 €

◆ Nella tranquillità totale della natura, imponente edificio moderno con incantevole vista su monti e frutteti; ambienti in elegante stile tirolese dotati di ogni confort. Sale da pranzo con bei soffitti in legno, alcune di raffinata eleganza.

Girlanerhof

rist,

via Belvedere 7 – ✆ 04 71 66 24 42 – info@girlanerhof.it – Fax 04 71 66 12 59 – Aprile-novembre

30 cam – 65/88 € 130/175 € – 8 suites – ½ P 75/98 € – **Rist** – Carta 32/44 €

◆ Tra i vigneti, in un'oasi di pace, sobria ricercatezza e accoglienza tipica tirolese in un hotel a gestione diretta con elegante sala soggiorno in stile; camere piacevoli. Ristorante arredato con gusto e illuminato da grandi finestre ornate di graziose tende.

Marklhof-Bellavista

20/25,

via Marklhof 14 – ✆ 04 71 66 24 07 – Fax 04 71 66 15 22 – Chiuso domenica sera e lunedì

Rist – Carta 27/40 €

◆ Ubicazione panoramica tra coltivazioni di uva e frutta per un ristorante della tradizione in un antico maso: tre salette caratteristiche e servizio estivo in terrazza.

a Monte (Berg)Nord-Ovest : 2 km – ✉ 39057 – San Michele Appiano

Steinegger

vallata,

via Masaccio 9 – ✆ 04 71 66 22 48 – info@steinegger.it – Fax 04 71 66 05 17 – Aprile-novembre

30 cam – 100/120 € – ½ P 50/70 € – **Rist** – *(chiuso mercoledì)* Menu 15/30 €

◆ Possente complesso in aperta campagna, con bella vista sulla vallata, ideale per famiglie per la sua tranquillità e per le buone attrezzature sportive; camere decorose. Comodi a pranzo in un ambiente in perfetto stile tirolese, impreziosito da un forno originale.

Bad Turmbach con cam

cam

via Rio della Torre 4 – ✆ 04 71 66 23 39 – gasthof@turmbach.com – Fax 04 71 66 47 54 – 21 marzo-21 dicembre

15 cam – 40/45 € 66/84 € – ½ P 45/54 € – **Rist** – *(chiuso giovedì)* Carta 41/50 €

◆ Il servizio estivo in giardino è davvero godibile, ma anche la cucina è in grado di offrire piacevoli emozioni attraverso proposte del territorio rielaborate con fantasia.

a San Paolo (St. Pauls)**Nord : 3 km – ✉ 39057 – San Paolo Appiano**

Michaelis Hof senza rist — vigneti,
via Luziafeld 8 – ✆ 04 71 66 44 32 – michaelishof@gmx.net – Fax 04 71 66 37 77 – 15 aprile-4 novembre
12 cam – 56 € 82 €
◆ Splendida vista sui vigneti per un rilassante soggiorno nella completa tranquillità della natura in ambienti dal semplice ed elegante stile tirolese; camere spaziose.

a Missiano (Missian)**Nord : 4 km – ✉ 39057 – San Paolo Appiano**

Schloss Korb — vallata, rist,
via Castel d'Appiano 5 – ✆ 04 71 63 60 00 120,
– info@schloss-hotel-korb.com – Fax 04 71 63 60 33 – Aprile-novembre
45 cam – 100/155 € 170/300 € – 11 suites – ½ P 85/150 € – **Rist** – Carta 35/59 €
◆ Incantevole veduta panoramica sulla vallata e quiete assoluta in un castello medioevale dai raffinati e tipici interni; molte camere nell'annessa struttura più recente. Calda, raffinata atmosfera nella sala in stile rustico con pareti in pietra; cucina locale.

ai laghi di Monticolo (Montiggler See)**Sud-Est : 6 km – ✉ 39057 – San Michele Appiano**

Gartenhotel Moser — (riscaldata)
strada dei laghi di Monticolo 104 – cam,
✆ 04 71 66 20 95 – info@gartenhotelmoser.com – Fax 04 71 66 10 75 – Aprile-novembre
42 cam – 10 suites – solo ½ P 90/98 € – **Rist** – Menu 35/45 €
◆ Ideale per una distensiva vacanza con tutta la famiglia, questo albergo immerso nella pace del suo giardino-frutteto; camere confortevoli e piacevole zona fitness. Linee essenziali e colori caldi nella spaziosa sala da pranzo; servizio estivo all'aperto.

APRICA – Sondrio (SO) – 561 D12 – **1 613 ab. – alt. 1 181 m – Sport invernali : *1 181/2 600 m* 2 15, – ✉ 23031** 17 **C1**

Roma 674 – Sondrio 30 – Bolzano 141 – Brescia 116 – Milano 157 – Passo dello Stelvio 79

corso Roma 150 ✆ 0342 746113, infoaprica@provincia.so.it, Fax 0342 747732

, ✆ 0342 74 80 09.

Derby — cam,
via Adamello 16 – ✆ 03 42 74 60 67 – info@albergoderby.it – Fax 03 42 74 77 60
50 cam – 88/120 € 90/130 € – 1 suite – ½ P 80/120 € – **Rist** – Carta 24/36 €
◆ Capace conduzione diretta in un complesso di moderna concezione, ristrutturato completamente e ampliato; confortevoli spazi interni in stile contemporaneo. Massicce colonne color amaranto ravvivano la sala ristorante.

APRICALE – Imperia (IM) – 561 K4 – **584 ab. – alt. 273 m – ✉ 18035** 14 **A3**

Roma 668 – Imperia 63 – Genova 169 – Milano 292 – San Remo 30 – Ventimiglia 16

Locanda dei Carugi
via Roma 12/14 – ✆ 01 84 20 90 10 – carugi@masterweb.it – Fax 01 84 20 99 42
6 cam – 98 € 124 €
Rist La Capanna-da Bacì – vedere selezione ristoranti
◆ Nel cuore del borgo, elegante locanda in un edificio del 1400 esternamente rivestito di pietra: calda atmosfera nei romantici ambienti, con mobili d'epoca restaurati.

La Capanna-da Bacì – Locanda dei Carugi
via Roma 16 – ✆ 01 84 20 81 37 – capanna@masterweb.it – Fax 01 84 20 99 77 – Chiuso dal 1° al 22 dicembre, dal 1° al 10 giugno, lunedì sera e martedì (escluso agosto)
Rist – Menu 23/26 €
◆ Nel centro della località, ristorante dal tono rustico che propone cucina del territorio impostata su diversi menù fissi, legati alla tradizione e alla stagione.

Apricale da Delio
piazza Vittorio Veneto 9 – ✆ 01 84 20 80 08 – info@ristoranteapricale.it – Fax 01 84 20 99 21 – Chiuso 15 giorni a novembre, lunedì e martedì
Rist – Carta 35/44 €
◆ Locale recentemente ristrutturato nella sua interezza. L'ambiente si presenta moderno e la cucina offre piatti di una certa raffinatezza legati alla tradizione locale.

La Favorita con cam
località Richelmo – ✆ 01 84 20 81 86 – info@hotelristorantelafavorita.com – Fax 01 84 20 82 47 – Chiuso dal 24 giugno all'8 luglio e dall'8 novembre al 19 dicembre
7 cam – 50/55 € 70/75 € – ½ P 65 € – **Rist** – *(chiuso martedì sera e mercoledì escluso agosto)* Menu 22/32 €
◆ In zona isolata e tranquilla, accogliente locale dall'ambiente familiare: capiente sala con grande vetrata panoramica, dove provare una casereccia, tipica cucina ligure.

APRILIA – Latina (LT) – 563 R19 – 60 838 ab. – alt. 80 m – ✉ 04011 12 B2

Roma 44 – Latina 26 – Napoli 190

Eucalyptus, ✆ 06 92 74 62 52.

Enea Hotel 180,
via del Commercio 1 – ✆ 06 92 85 44 44 – info.aprilia@eneahotel.it – Fax 069 28 20 91
72 cam – 180 € 230 € – 2 suites – **Rist** – Carta 45/68 €
◆ Nella zona commerciale di Aprilia, moderno e caratteristico edificio cilindrico a otto piani. La forma circolare caratterizza le camere, tutte con bagni in marmo e web-tv. Ampio ristorante con piatti di ogni genere.

Il Focarile
via Pontina al km 46,5 – ✆ 069 28 25 49 – info@ilfocarile.it – Fax 069 28 03 92 – Chiuso domenica sera e lunedì
Rist – Carta 44/60 €
◆ L'ingresso sontuoso introduce degnamente in un'ampia, luminosa sala di tono elegante con tavoli spaziati; tocco toscano per una cucina ricca di tradizione e d'inventiva.

Da Elena 20,
via Matteotti 14 – ✆ 06 92 70 40 98 – Fax 06 92 70 40 98 – Chiuso agosto e domenica
Rist – Carta 30/42 €
◆ Ambiente moderno semplice, ma accogliente, e conduzione vivace per un ristorante classico a gestione familiare, con cucina tradizionale di terra e di mare.

AQUILEIA – Udine (UD) – 562 E22 – 3 477 ab. – ✉ 33051 *Italia* 11 C3

Roma 635 – Udine 41 – Gorizia 32 – Grado 11 – Milano 374 – Trieste 45 – Venezia 124

piazza Capitolo 1 ✆ 0431 91087, giubileo30@adriacom.it

Basilica★★ : affreschi★★ della cripta carolingia, pavimenti★★ della cripta degli Scavicripta degli Scavi – Rovine romane★

Patriarchi
via Augusta 12 – ✆ 04 31 91 95 95 – info@hotelpatriarchi.it – Fax 04 31 91 95 96
23 cam – 48/58 € 79/96 € – ½ P 56/77 € – **Rist** – Carta 22/32 €
◆ Nel cuore del centro storico-archeologico di Aquileia, un albergo semplice e funzionale che si è recentemente dotato di una grande sala riunioni; camere lineari. Sala da pranzo classica, ma piacevole con ampio salone per banchetti.

ARABBA – Belluno (BL) – 562 C17 – alt. 1 602 m – Sport invernali : *1 600/3 269 m 7 23 (Comprensorio Dolomiti superski Arabba-Marmolada)* – ✉ 32020 *Italia* 35 B1

Roma 709 – Belluno 74 – Cortina d'Ampezzo 36 – Milano 363 – Passo del Pordoi 11 – Trento 127 – Venezia 180

via Boè 3 ✆ 0436 79130, arabba@infodolomiti.it, Fax 0436 79300

Sporthotel Arabba < Dolomiti, rist, P VISA
via Mesdì 76 – ✆ 043 67 93 21 – info@sporthotelarabba.com – Fax 043 67 91 21 – Dicembre-Pasqua e giugno-settembre
52 cam – 260/316 €
Rist *La Stube* – Carta 26/39 €
♦ Nell'incantevole scenario delle Dolomiti, un indimenticabile soggiorno di classe in ambienti resi unici e confortevoli dal raffinato impiego del legno finemente decorato. Ambiente raccolto al ristorante "La Stube", per romantiche cene a lume di candela.

Evaldo < Dolomiti, 65, P VISA
via Mesdì 3 – ✆ 043 67 91 09 – info@hotelevaldo.it – Fax 043 67 93 58 – Chiuso dal 10 aprile al 10 maggio e dal 15 ottobre al 7 dicembre
45 cam – 100/260 € 110/340 € – 20 suites – 400 € – ½ P 70/180 € – **Rist** – Carta 27/41 €
♦ Una grande casa da cui si gode una bella vista panoramica sulle Dolomiti; calda atmosfera negli interni signorili completamente rivestiti in legno; camere confortevoli. Elegante sala da pranzo con soffitti in legno lavorato; accogliente la tipica stube.

Alpenrose < rist, VISA
via Precumon 24 – ✆ 04 36 75 00 76 – info@alpenrosearabba.it – Fax 04 36 75 07 69 – Dicembre-aprile e giugno-settembre
28 cam – 52/147 € 80/206 € – ½ P 45/118 € – **Rist** – Carta 26/34 €
♦ Sulla strada per il passo Pordoi un albergo di recente costruzione dall'aspetto imponente con camere modernamente accessoriate, luminose ed arredate in legno chiaro. Ristorante con terrazza panoramica e stube.

Chalet Barbara senza rist < P VISA
via Precumon 23 – ✆ 04 36 78 01 55 – info@sporthotelarabba.com793 – Fax 04 36 75 00 46 – Dicembre-Pasqua e giugno-settembre
15 cam – 60/86 € 120/172 €
♦ Fuori dal paese, discosta dalla strada, una casa di quattro piani dove trionfa il legno, sia sullà facciata di gusto tirolese che negli interni, spaziosi ed accoglienti.

Laura senza rist P VISA
via Boè 6 – ✆ 04 36 78 00 55 – info@garnilaura.it – Fax 04 36 75 00 68 – 3 dicembre-15 aprile e 15 maggio-15 ottobre
12 cam – 70/130 €
♦ In posizione centrale, a pochi passi dalla chiesa e dagli impianti di risalita, è una struttura semplice ma nuova e funzionale, con belle camere mansardate al secondo piano.

Royal senza rist < P VISA
via Mesdì 7 – ✆ 043 67 92 93 – royalarabba@libero.it – Fax 04 36 78 00 86 – Chiuso maggio e novembre
16 cam – 40/60 € 60/90 €
♦ A poche centinaia di metri dal centro, albergo a gestione diretta con interni completamente rivestiti in legno; grandi e luminose camere sobriamente arredate.

sulla strada statale 48 Est : 3 km :

Festungshotel-Al Forte < Dolomiti, cam, rist,
via Pezzei 66 – ✆ 043 67 93 29 – info@alforte.com VISA AE
– Fax 043 67 94 40 – Chiuso dal 10 ottobre al 5 dicembre e dal 15 aprile al 15 maggio
23 cam – 120/180 € 150/200 € – ½ P 120/130 €
Rist *Al Forte* – *(chiuso martedì)* Carta 28/35 €
♦ Posizione panoramica con vista sulle Dolomiti per un confortevole e accogliente hotel a gestione familiare; spazi interni in stile montano, ben attrezzata area benessere. Ristorante ubicato all'interno di un antico fortino austro-ungarico del 1897.

ARBATAX – **Nuoro** – 566 H11 – **Vedere Sardegna (Tortolì) alla fine dell'elenco alfabetico**

ARCETO – **Reggio nell'Emilia** – 562 I14 – **Vedere Scandiano**

ARCETRI – **Firenze** – 563 K15 – **Vedere Firenze**

ARCIDOSSO – Grosseto (GR) – 563 N16 – **4 088 ab.** – **alt. 661 m** – ✉ **58031** 29 **C3**

Roma 183 – Grosseto 59 – Orvieto 74 – Siena 75 – Viterbo 91

piazza Indipendenza ✆ 0564 966438, 0564 966010

Park Hotel Luce Sorgente monti, (riscaldata) *località Aiole Sud : 3 km* – cam, rist, 700,

✆ 05 64 96 74 09 – info@lucesorgente.it – Fax 05 64 96 71 88

96 cam – 90/144 € 130/236 € – ½ P 90/98 €

Rist ***L'Antica Cucina*** – Carta 26/34 €

◆ Complesso turistico e congressuale, con bella vista sui monti: un corpo centrale e villini; ampi ed eleganti spazi comuni in stile moderno, funzionale centro benessere. Vetrate panoramiche ad arco illuminano la sala da pranzo, grande camino.

Agriturismo Rondinelli cam,

località I Rondinelli 32, Sud-Ovest : 7 km – ✆ 05 64 96 81 68 – Fax 05 64 96 81 68

11 cam – 50 € 70 €, 7 € – ½ P 60 € – **Rist** – (solo su prenotazione) Menu 18/25 €

◆ Un soggiorno rilassante a contatto con la natura nella tranquillità di un casale ottocentesco in un bosco di castagni; ambiente caratteristico e camere essenziali.

ARCO – Trento (TN) – 562E 14 – **15 139 ab.** – **alt. 91 m** – ✉ **38062** 30 **B3**

Roma 576 – Trento 33 – Brescia 81 – Milano 176 – Riva del Garda 6 – Vicenza 95

viale delle Palme 1 ✆ 0464 532255, info@gardatrentino.it, Fax 0464 532353

Everest 60,

viale Rovereto 91, località Vignole Est : 2 km – ✆ 04 64 51 92 77 – infoarco@hoteleverest.it – Fax 04 64 51 92 80 – Aprile-ottobre

55 cam – 63/78 € 86/102 € – ½ P 55/65 € – **Rist** – Carta 25/34 €

◆ Sito nella piana di Arco, è una costruzione recente di gusto contemporaneo con camere arredate in stile classico; all'esterno un piccolo giardino ed una piscina. Luminosa, ampia ed ideale per allestire banchetti, la sala da pranzo propone una cucina classica.

Al Sole senza rist

via Foro Boario 5 – ✆ 04 64 51 66 76 – sole.holiday@tin.it – Fax 04 64 51 85 85

20 cam – 50 € 88 €

◆ Tra lago e montagna, l'hotel a gestione familiare dispone di un'ampia sala soggiorno, camere semplici e comode, per un soggiorno di relax e di sport. Servizio snack e enoteca.

ARCORE – Milano (MI) – 561F 9 – **16 769 ab.** – **alt. 193 m** – ✉ **20043** 18 **B2**

Roma 594 – Milano 31 – Bergamo 39 – Como 43 – Lecco 30 – Monza 7

Sant'Eustorgio cam,

via Ferruccio Gilera 1 – ✆ 03 96 01 37 18 – info@santeustorgio.com – Fax 039 61 75 31 – Chiuso dal 26 dicembre al 5 gennaio e dal 5 al 20 agosto

40 cam – 70/100 € 110/150 € – ½ P 85/100 € – **Rist** – *(chiuso domenica sera e lunedì)* Carta 34/51 €

◆ Bella posizione centrale, resa ancor più gradevole e tranquilla dall'ampio e curato giardino ombreggiato che circonda l'albergo; ampie camere, in parte rinnovate. Accogliente sala ristorante con un grande camino, cucina toscana.

Borgo Lecco cam, 150,

via Matteotti 2 – ✆ 03 96 01 40 41 – info@hotelborgolecco.it – Fax 03 96 01 47 63 – Chiuso dal 23 al 30 dicembre e dal 12 al 19 agosto

54 cam – 80/105 € 100/140 €, 10 € – **Rist** – *(chiuso dal 26 dicembre al 3 gennaio, dal 25 luglio al 23 agosto e mercoledì)* Carta 21/39 €

◆ Struttura di moderna concezione all'interno di un piccolo centro commerciale; piene di luce le aree comuni in sobrio stile contemporaneo, confortevoli camere ben arredate.

L'Arco del Re

via Papina 4 – ✆ 03 96 01 36 44 – info@arcodelre.it – Fax 03 96 01 36 44 – Chiuso sabato a mezzogiorno, domenica sera e lunedì

Rist – (prenotazione obbligatoria) Carta 32/50 €

◆ Ambiente semplice, ma ben tenuto in un'enoteca con cucina che offre un'ottima selezione di vini (anche degustazione a bicchiere) e una grande scelta di formaggi e salumi.

ARCUGNANO – Vicenza (VI) – 562F 16 – 7 314 ab. – alt. 160 m – ✉ 36057 37 A2

Roma 530 – Padova 40 – Milano 211 – Vicenza 7

Villa Michelangelo ≤ Colli Berici, (coperta in inverno)
via Sacco 35 cam, cam, rist, 300,
– *04 44 55 03 00 – reception@hotelvillamichelangelo.com – Fax 04 44 55 04 90*
46 cam – 125/160 € 175/270 € – 6 suites – **Rist** – Carta 42/56 €
◆ Lo splendore di un nobile passato che rivive nel presente in una villa del 1700 con grande parco, in magnifica posizione tra i colli Berici, per un soggiorno esclusivo. Ambiente signorile in sala da pranzo, servizio sulla terrazza panoramica in estate.

a Lapio Sud : 5 km – ✉ 36057 – Arcugnano

Trattoria Zamboni ≤ colli Berici, 24/30,
via Santa Croce 73 – 04 44 27 30 79 – info@trattoriazamboni.it
– Fax 04 44 27 39 00 – Chiuso dal 2 al 10 gennaio, dal 20 al 30 agosto, lunedì e martedì
Rist – Carta 26/32 €
◆ Rinomata trattoria di campagna: interni in stile moderno con vista sui colli Berici dalle grandi vetrate; dalla cucina piatti tradizionali e innovativi.

a Soghe Sud : 9,5 km – ✉ 36057 – Arcugnano

Antica Osteria da Penacio 18,
via Soghe 62 – 04 44 27 30 81 – anticaosteriapenacio@infinito.it
– Fax 04 44 27 35 40 – Chiuso otto giorni in gennaio, otto giorni in luglio, mercoledì e giovedì a mezzogiorno
Rist – Carta 19/30 €
◆ Ristorante a conduzione familiare in una villetta al limitare di un bosco: all'interno due raffinate salette e una piccola, ma ben fornita, enoteca; cucina tradizionale.

ARDORE MARINA – Reggio di Calabria (RC) – 564 M30 – 5 056 ab. – ✉ 89031 5 B3

Roma 711 – Reggio di Calabria 88 – Catanzaro 107

L'Aranceto
via Pozzicello 4 – 09 64 62 92 71 – Fax 09 64 62 95 93 – Chiuso ottobre e martedì
Rist – Carta 21/40 €
◆ Sembra di cenare a casa di amici in un locale dal curato ambiente rustico, dove sarete accolti con grande ospitalità; numerose proposte di piatti di terra e di mare.

AREMOGNA – L'Aquila – 563 Q24 – Vedere Roccaraso

ARENZANO – Genova (GE) – 561 I8 – 11 584 ab. – ✉ 16011 14 B2

Roma 527 – Genova 24 – Alessandria 77 – Milano 151 – Savona 23
lungomare Kennedy 010 9127581, iat.arenzano@apt.genova.it, Fax 0109127581
, Ovest : 1 km, 010 911 18 17.

Grand Hotel Arenzano ≤ rist, 250,
lungomare Stati Uniti 2 – 01 09 10 91
– info@gharenzano.it – Fax 01 09 10 94 44
105 cam – 126/146 € 220/260 € – 5 suites – ½ P 135/155 € – **Rist** – Carta 42/58 €
◆ Grande villa d'inizio secolo di fronte al mare, in un ameno giardino con piscina: un albergo di moderna concezione, per congressi e turismo, con ampi ed eleganti interni. Al ristorante, un'atmosfera signorile per piatti regionali o creativi.

Punta San Martino ≤ mare, rist, 200,
via della Punta San Martino 4 – 01 09 10 81
– info@hotelpsm.it – Fax 01 09 10 88 88 – 15 aprile-ottobre
35 cam – 200/240 € – ½ P 125/145 € – **Rist** – *(chiuso a mezzogiorno)* Carta 40/48 €
◆ A pochi passi dal centro, tranquillo hotel dotato di bella terrazza-solarium con piscina, da cui si gode una splendida vista sul mare; camere spaziose e ben accessoriate. Ampia sala dove potersi ristorare con piatti di una tradizionale cucina d'albergo.

Ena rist,

via Matteotti 12 – ☎ 01 09 12 73 79 – info@enahotel.it – Fax 01 09 12 56 96 – Chiuso dal 24 dicembre al 27 gennaio

23 cam – †64/105 € ††79/125 € – 1 suite – **Rist** – Carta 27/46 €

◆ In una graziosa villa liberty sul lungomare e nel centro, recentemente ristrutturata, albergo con piacevoli interni di tono elegante, arredati con gusto; camere confortevoli. Comodi nella sala panoramica oppure in quela più intima per gustare i piatti della tradizione.

Poggio Hotel cam, 30,

via di Francia 24, Ovest : 2 km – ☎ 01 09 13 53 20 – info@poggiohotel.it – Fax 01 08 59 00 46

40 cam – †58/75 € ††60/120 €

Rist ***La Buca*** – ☎ 01 09 13 53 50 – Carta 25/38 €

◆ Hotel d'ispirazione contemporanea, in prossimità dello svincolo autostradale, ideale per una clientela d'affari o di passaggio; camere funzionali, comodo parcheggio. Ristorante di taglio moderno, cucina con specialità del territorio.

Ulivi con cam

via Olivette 12 – ☎ 01 09 12 77 12 – info@hotelulivi.com – Fax 01 09 13 13 84 – Chiuso quindici giorni in novembre

10 cam – †45/65 € ††65/110 € – ½ P 45/70 € – **Rist** – *(chiuso lunedì escluso da giugno a settembre)* Carta 30/73 €

◆ Ristorante e pizzeria dall'ambiente di tono rustico, con mattoni a vista e pareti con paesaggi dipinti; proposte di piatti di mare, d'estate serviti all'aperto.

ARESE – Milano (MI) – 561 F9 – 19 181 ab. – alt. 160 m – ✉ 20020 18 B2

Roma 597 – Milano 16 – Como 36 – Varese 50

Castanei 30,

viale Alfa Romeo 10, Nord-Ovest : 1,5 km – ☎ 029 38 00 53 – castanei@libero.it – Fax 02 93 58 13 66 – Chiuso dal 24 dicembre al 2 gennaio, agosto, domenica e mercoledì sera

Rist – Carta 23/35 €

◆ Un ristorante dove sarete accolti con cordialità, gestito dalla stessa famiglia da oltre trent'anni; proposte di cucina classica e locale, servizio estivo all'aperto.

AREZZO (P) (AR) – 563 L17 – 93 783 ab. – alt. 296 m – ✉ 52100 *Toscana* 29 D2

Roma 214 – Perugia 74 – Ancona 211 – Firenze 81 – Milano 376 – Rimini 153

piazza della Repubblica 28 ☎ 0575 377678, info@arezzo.turismo.toscana.it, Fax 0575 20839

Affreschi di Piero della Francesca★★★ nella chiesa di San Francesco ABY – Chiesa di Santa Maria della Pieve★ : facciata★★ BY – Crocifisso★★ nella chiesa di San Domenico BY – Piazza Grande★ BY – Museo d'Arte Medievale e Moderna★ : maioliche★★ AY **M2** – Portico★ e ancona★ della chiesa di Santa Maria delle Grazie AZ – Opere d'arte★ nel Duomo BY

Pianta pagina seguente

Minerva 300,

via Fiorentina 6 – ☎ 05 75 37 03 90 – info@hotel-minerva.it – Fax 05 75 30 24 15 AY **n**

130 cam – †105/160 € ††120/195 € – ½ P 80/120 € – **Rist** – *(chiuso dal 1° al 20 agosto)* Carta 25/33 € (+15 %)

◆ Hotel a vocazione congressuale, con grandi spazi interni e diverse sale riunioni; colori chiari nelle camere ariose, pleastra all'ultimo piano con vista sulla città. Saloni con tavoli rotondi e quadrati armoniosamente disposti, in ambienti ben illuminati.

AC Hotel Arezzo cam, rist, 100,

via Einstein 4, 1 km per ① – ☎ 05 75 38 22 87 – acarezzo@ac-hotels.com – Fax 05 75 38 29 82

79 cam – †80/145 € ††110/190 € – ½ P 90/120 € – **Rist** – Carta 36/49 €

◆ Periferico, ma comodo da raggiungere dal casello autostradale, design hotel che coniuga l'essenzialità e la modernità delle forme alla sobrietà dei colori. Identico lo stile al ristorante.

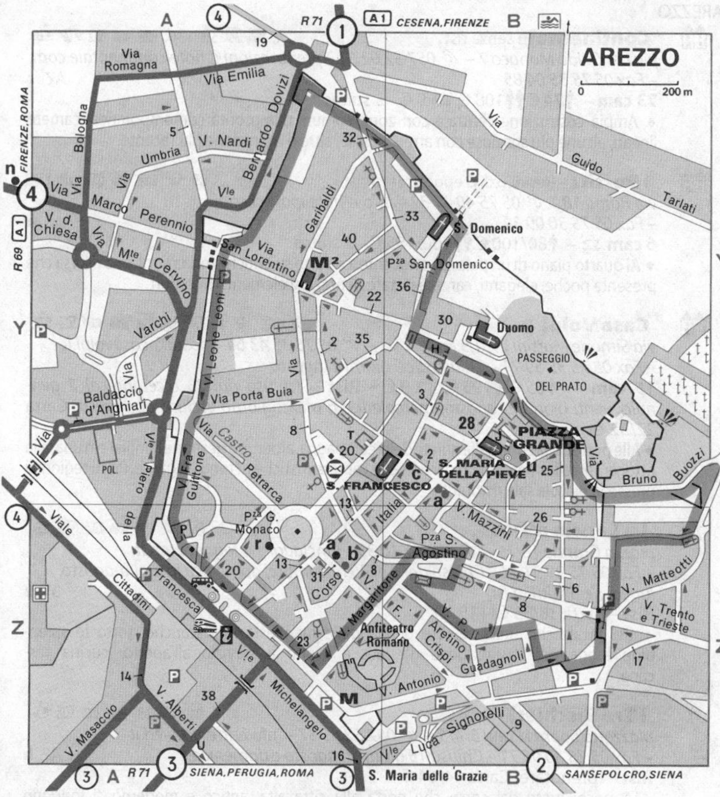

AREZZO

Strada	Quadrato	N.	Strada	Quadrato	N.	Strada	Quadrato	N.
Cavour (V.)	ABY	2	Maginardo (Viale)	AZ	14	Pileati (V. dei)	BY	28
Cesalpino (V.)	BY	3	Mecenate (Viale)	AZ	16	Ricasoli (V.)	BY	30
Chimera (V. della)	AY	5	Mino da Poppi (V.)	BZ	17	Roma (V.)	AZ	31
Fontanella (V.)	BZ	6	Mochi (V. F.)	AY	19	Saracino (V. del)	AY	35
Garibaldi (V.)	ABYZ	8	Monaco (V. G.)	AYZ	20	Sasso Verde (V.)	BY	36
Giotto (Viale)	BZ	9	Murello (Piaggia del)	AY	22	S. Clemente (V.)	AY	32
Grande (Pza)	BY		Niccolò Aretino (V.)	AZ	23	S. Domenico (V.)	BY	33
Italia (Cso)	ABYZ		Pellicceria (V.)	BY	25	Vittorio Veneto (V.)	AZ	38
Madonna del Prato (V.)	AYZ	13	Pescioni (V.)	BZ	26	20 Settembre (V.)	AY	40

Etrusco Palace Hotel rist, 400,
via Fleming 39, 1 km per ④ – ✆ 05 75 98 40 66 – etrusco@etruschotel.it – Fax 05 75 38 21 31
80 cam – †75/98 € ††90/125 € – ½ P 60/80 €
Rist *Le Anfore* – *(chiuso dal 1° al 20 e domenica)*
Carta 30/35 €
◆ Alle porte della città, imponente albergo moderno dotato di ogni confort con accoglienti e spaziose aree comuni; piacevoli camere ben arredate, attrezzata area congressi. Sala da pranzo recentemente rinnovata, con arredi essenziali, ma di tono elegante.

Patio senza rist
via Cavour 23 – ✆ 05 75 40 19 62 – info@hotelpatio.it – Fax 057 52 74 18 – Chiuso dall'8 al 25 gennaio BY **c**
10 cam – †120/150 € ††155/190 € – 2 suites
◆ Albergo che presenta ambientazioni davvero originali, infatti le camere si ispirano ai racconti di viaggio del romanziere Bruce Chatwin. Segni d'Africa e d'Oriente.

Continentale senza rist — 130,
piazza Guido Monaco 7 – ✆ 057 52 02 51 – prenotazioni@hotelcontinentale.com – Fax 05 75 35 04 85 AZ **r**
73 cam – †74 € ††108 €, ☐ 9 € – 3 suites
◆ Ampia costruzione centrale con zone comuni d'impronta contemporanea; camere lineari, alcune più spaziose con arredi in stile, altre d'ispirazione più recente.

I Portici – Residenza d'epoca senza rist
via Roma 18 – ✆ 05 75 40 31 32 – info@hoteliportici.com – Fax 05 75 30 09 34 AZ **a**
6 cam ☐ – †80/100 € ††100/155 € – 2 suites
◆ Al quarto piano di un palazzo ottocentesco sorto su antiche fondazioni, una risorsa che presenta poche, eleganti, camere dotate di preziosi elementi di confort.

Casa Volpi
via Simone Martini 29, 1,5 km per ② – ✆ 05 75 35 43 64 – posta@casavolpi.it – Fax 05 75 35 59 71 – Chiuso dieci giorni in agosto
15 cam – †65 € ††95 €, ☐ 9 € – **Rist** – *(chiuso dal 23 dicembre al 2 gennaio, venti giorni in agosto, mercoledì e a mezzogiorno escluso domenica)* Carta 22/32 €
◆ Alle porte della città, nella quiete della campagna, albergo a gestione familiare in una villa ottocentesca immersa in un parco; belle camere rustiche di tono elegante. Piatti regionali presso la piccola sala ristorante.

La Lancia d'Oro
piazza Grande 18/19 – ✆ 057 52 10 33 – lanciadoro@loggevasari.it – Fax 05 75 39 91 24 – Chiuso dal 5 al 25 novembre, domenica in luglio-agosto, lunedì negli altri mesi BY **u**
Rist – Carta 38/53 € (+15 %)
◆ Bel locale sito nella celebre piazza delle manifestazioni storiche, sotto le splendide logge del Vasari, dove d'estate è svolto il servizio all'aperto; cucina toscana.

I Tre Bicchieri — 28,
piazzetta Sopra i Ponti 3/4/5 – ✆ 057 52 65 57 – info@itrebicchieri.it – Fax 05 75 40 96 71 – Chiuso 15 giorni in agosto e domenica AZ **b**
Rist – (prenotare) Carta 44/64 €
◆ A pochi metri dal corso che porta alla città alta, antico e moderno si fondono nell'enoteca posta all'ingresso così come in cucina, con spunti toscani e creativi.

Antica Osteria l'Agania — 30,
via Mazzini 10 – ✆ 05 75 29 53 81 – info@osteriaagania.it – Fax 05 75 29 53 81 – Chiuso lunedì BY **a**
Rist – Carta 18/25 €
◆ Ristorante a conduzione diretta all'insegna della semplicità: ambiente familiare e arredi essenziali in due sale dove si propone una casalinga cucina del territorio.

Trattoria il Saraceno
via Mazzini 6/a – ✆ 057 52 76 44 – info@ilsaraceno.com – Fax 057 52 76 44 – Chiuso dal 7 al 25 gennaio e mercoledì BY **a**
Rist – Carta 21/24 €
◆ Trattoria in posizione centrale: ambiente schietto e cordiale nelle due sale separate da pochi gradini e adornate con vini in esposizione; cucina del territorio.

a Bagnoro per ② : 4 km – alt. 420 m – ✉ 52100 – Arezzo

Agriturismo Villa Cilnia senza rist
località Montoncello 27 – ✆ 05 75 36 50 17 – villacilnia@interfree.it – Fax 05 75 36 56 39 – Chiuso dal 1° gennaio al 28 febbraio
10 cam ☐ – †95/105 € ††110/125 €
◆ Uno scenografico ingresso tra i vigneti conduce alla villa seicentesca dominante la valle di Bagnoro; imponenete camino nei saloni e camere arredate in arte povera.

a Giovi per ① : 8 km – ✉ 52100

X **Antica Trattoria al Principe** 15/20, VISA AE

piazza Giovi 25 – ☎ 05 75 36 20 46 – info@anticatrattoriaalprincipe.it – Fax 05 75 36 20 46 – Chiuso dal 7 al 15 gennaio, dal 3 al 27 agosto e lunedì
Rist – Carta 25/42 €

◆ Diverse salette in un locale completamente rinnovato qualche anno fa, dove gustare piatti del luogo e tradizionali; da provare l'anguilla al tegamaccio.

a Rigutino per ③ : 12 km – ✉ 52040

Planet rist, 700, VISA AE

strada statale 71 Rigutino Est – ☎ 057 59 79 71 – info@hotelhp.it – Fax 057 59 79 74 44
94 cam – †95 € ††115/135 € – 1 suite – ½ P 80/93 €
Rist ***Il Giardino d'Inverno*** – Carta 28/44 €

◆ Lungo la statale per Cortona, moderna struttura in cui spiccano gli spazi sia della hall che delle camere, generalmente ampie e con bagni in marmo. Gli appassionati di carne troveranno tanti buoni motivi per fermarsi al ristorante.

ARGEGNO – Como (CO) – 561 E9 – 632 ab. – alt. 220 m – ✉ 22010 16 A2

Roma 645 – Como 20 – Lugano 43 – Menaggio 15 – Milano 68 – Varese 44

Argegno-La Corte cam, VISA AE

via Milano 14 – ☎ 031 82 14 55 – info@hotelargegno.it – Fax 031 82 14 55 – Chiuso martedì
14 cam – †55/60 € ††80/95 € – ½ P 60/65 € – **Rist** – Carta 26/35 €

◆ Buona accoglienza in un piccolo albergo centrale a gestione familiare, ristrutturato da pochi anni; camere dignitose e ben tenute, con arredi funzionali. Sala da pranzo non ampia, ma arredata con buon gusto, in un semplice stile moderno.

a Sant'Anna Sud-Ovest : 3 km – ✉ 22010 – Argegno

XX **La Griglia** con cam VISA AE

località Sant'Anna 1 – ☎ 031 82 11 47 – info@lagriglia.it – Fax 031 82 15 62 – Chiuso dal 7 gennaio al 13 febbraio
11 cam – †79/85 € ††90/100 € – ½ P 60/68 € – **Rist** – *(chiuso martedì escluso da luglio ad agosto)* Carta 33/44 €

◆ Trattoria di campagna con camere: ambiente rustico nelle due sale completamente rinnovate; servizio estivo all'aperto e ampia selezione di vini e distillati.

XX **Locanda Sant'Anna** con cam VISA AE

via Sant'Anna 152 – ☎ 031 82 17 38 – locandasantanna@libero.it – Fax 031 82 20 46
9 cam – †70/80 € ††88/98 € – ½ P 75/80 € – **Rist** – *(chiuso mercoledì escluso giugno-settembre)* Carta 31/41 €

◆ Locanda con camere in una bella casa totalmente ristrutturata; due sale da pranzo attigue, con divanetti e soffitto con travi a vista, affacciate sulla valle e sul lago.

ARGELATO – Bologna (BO) – 562 I16 – 9 228 ab. – alt. 21 m – ✉ 40050 9 C3

Roma 393 – Bologna 20 – Ferrara 34 – Milano 223 – Modena 41

XXX **L'800** (Formaggi) VISA AE

via Centese 33 – ☎ 051 89 30 32 – ristorante800@libero.it – Fax 051 89 30 32 – Chiuso domenica sera, lunedì e a mezzogiorno
Rist – Carta 37/49 €

Spec. Bigné di cosce di rana con spuma al basilico. Tortelli in brodo. Cosciotto di maialino da latte.

◆ Signorile casa colonica di fine '800: un'elegante e ampia sala con grandi tavoli ornati di argenti e cristalli e una saletta più intima. Specialità da provare: lumache e rane.

a Funo Sud-Est : 9 km – ✉ 40050

XX **Il Gotha** 25, VISA

via Galliera 92 – ☎ 051 86 40 70 – info@ilgotha.com – Fax 051 86 40 70 – Chiuso dal 26 dicembre al 6 gennaio, dal 1° al 20 agosto e domenica
Rist – Carta 30/46 €

◆ Sala classica dagli arredi lineari col solo vezzo delle sedie zebrate. Piatti di mare classici o ricercati ma non mancano proposte a base di carne, tra cui l'agnello.

ARGENTA – Ferrara (FE) – 562 I17 – 21 827 ab. – ✉ 44011 9 C2

Roma 432 – Bologna 53 – Ravenna 40 – Ferrara 34 – Milano 261

, località Boccaleone, ✆ 0532 85 25 45.

Villa Reale senza rist 80,

viale Roiti 16/a – ✆ 05 32 85 23 34 – hvrfernando@libero.it – Fax 05 32 85 23 53 – Chiuso dal 1° al 15 agosto

30 cam – **65/80 €** **80/100 €**

◆ Albergo confortevole, ideale sia per soggiorni di lavoro e meeting che per la clientela turistica; spazi comuni abbastanza ridotti ma piacevoli; camere ampie.

Agriturismo Val Campotto

strada Margotti 2, Sud-Ovest : 2 km – ✆ 05 32 80 05 16 – agriturismo@valcampotto.it – Fax 05 32 31 94 13

9 cam – **48 €** **68 €** – ½ P 52 € – **Rist** – *(chiuso gennaio, lunedì e martedì)* (consigliata la prenotazione) Menu 14/24 €

◆ Una cascina avvolta da un'atmosfera d'altri tempi, ristrutturata con gusto e accortezza ma senza eccessi. Un'azienda agricola gestita da generazioni con la medesima passione.

ARIANO IRPINO – Avellino (AV) – 564 D27 – 23 418 ab. – alt. 817 m – ✉ 83031 7 C1

Roma 262 – Foggia 63 – Avellino 51 – Benevento 41 – Napoli 102 – Salerno 84

La Pignata 10,

viale Dei Tigli 7 – ✆ 08 25 87 23 55 – ristorantelapignata@virgilio.it – Fax 08 25 87 23 55 – Chiuso dal 15 al 30 settembre e martedì

Rist – Carta 21/35 €

◆ Grazioso ristorante centrale, con sala dall'ambiente caratteristico: soffitto ad archi sostenuti da massicci pilastri con pietra a vista e arredamenti in stile rustico.

ARIANO NEL POLESINE – Rovigo (RO) – 562 H18 – 4 879 ab. – ✉ 45012 36 C3

Roma 473 – Padova 66 – Ravenna 72 – Ferrara 50 – Milano 304 – Rovigo 36 – Venezia 97

Due Leoni con cam rist,

corso del Popolo 21 – ✆ 04 26 37 21 29 – Fax 04 26 37 21 30 – Chiuso dal 1° al 15 luglio

12 cam – **45/50 €** **55/60 €** – ½ P 60/70 € – **Rist** – *(chiuso lunedì)* Carta 27/46 €

◆ Ristorante con camere semplici, ma confortevoli; una proposta gastronomica che valorizza i piatti della tradizione, serviti in una sala con arredi in stile moderno.

a San Basilio Est : 5 km – ✉ 45012 – Ariano nel Polesine

Agriturismo Forzello senza rist

via San Basilio 5 – ✆ 04 26 37 23 30 – info@agriturismoforzello.it – Fax 04 26 37 33 51 – Chiuso gennaio-febbraio

4 cam – **55/70 €**

◆ Casa colonica di inizio '900 costruita sul terreno di un insediamento romano. Punto di partenza per la visita del parco, le camere di maggiore atmosfera hanno arredi d'epoca.

a Rivà Est : 10 km – ✉ 45012

Taverna del Cavaliere

via Brenta Ariano – ✆ 042 67 93 00 – info@tavernadelcavaliere.it – Fax 042 67 93 00 – Chiuso martedì e mercoledì

Rist – Carta 23/36 €

Rist *Osteria Cafè* – Carta 17/24 €

◆ Cascina ottocentesca nel verde del parco, oggi palcoscenico dei migliori prodotti regionali interpretati creativamente nell'elegante sala della taverna. All'Osteria proposte più tradizionali e legate al territorio.

ARMA DI TAGGIA – Imperia (IM) – 561 K5 – ✉ 18011 14 A3

Roma 631 – Imperia 22 – Genova 132 – Milano 255 – Ventimiglia 25

via Boselli ✆ 0184 43733, infoarmataggia@rivieradeifiori.org, Fax 0184 43333

Dipinti★ nella chiesa di San Domenico a Taggia★ Nord : 3,5 km

La Conchiglia (Parisi)

lungomare 33 – ✆ 018 44 31 69 – rist.laconchiglia@virgilio.it – Fax 018 44 28 72 – Chiuso quindici giorni in giugno, quindici giorni in novembre, mercoledì, giovedì a mezzogiorno

Rist – Carta 59/92 €

Spec. Calamaretti di lampara cotti in zimino di carciofi (inverno). Tortelli di pesto con ragù di cappone di mare, pinoli tostati e pane croccante. San Pietro con asparagi di Albenga su mousseline di patate all'olio extravergine.

♦ La purezza in cucina: piatti dalle linee semplici, senza tentativi di stupire ad ogni costo se non con l'impiego di ottimi prodotti di mare e qualche proposta di carne.

ARMENZANO – Perugia – 563 M20 – Vedere Assisi

ARONA – Novara (NO) – 561 E7 – 14 426 ab. – alt. 212 m – ✉ 28041 *Italia* 24 B2

Roma 641 – Stresa 16 – Milano 40 – Novara 64 – Torino 116 – Varese 32

piazzale Duca d'Aosta ✆ 0322 243601, arona@distrettolaghi.it, Fax 0322 243601

Lago Maggiore★★★ – Colosso di San Carlone★ – Polittico★ nella chiesa di Santa Maria – ≤★ sul lago e Angera dalla Rocca

Taverna del Pittore 25,

piazza del Popolo 39 – ✆ 03 22 24 33 66 – bacchetta@ristorantetavernadelpittore.it – Fax 032 24 80 16 – Chiuso dal 18 dicembre al 21 gennaio e lunedì

Rist – Carta 54/75 € (+10 %)

♦ Ambiente distinto in un ristorante ubicato in un edificio seicentesco che si protende sul lago grazie a un'incantevole veranda con vista sulla rocca di Angera.

Pescatori 25,

lungolago Marconi 27 – ✆ 032 24 83 12 – info@ristorantepescatori.it – Fax 03 22 24 20 94 – Chiuso dal 2 al 20 gennaio e martedì

Rist – (prenotare) Carta 29/45 €

♦ Cordialità, disponibilità e un piacevole ambiente accogliente in un locale classico; cucina della tradizione con numerose ricette di pesce di lago.

La Piazzetta ≤ lago e rocca di Angera,

piazza del Popolo 35 – ✆ 03 22 24 33 16 – ristlapiazzetta.arona@virgilio.it – Fax 032 24 80 27 – Chiuso dall' 8 gennaio al 9 febbraio e lunedì

Rist – Carta 37/53 €

♦ In prossimità del lago, locale gestito da due fratelli napoletani che hanno esportato in zona lacustre la loro cucina marinara: prodotti freschi e piatti ben fatti.

a Campagna Nord-Ovest : 4 km – ✉ 28041

Campagna

via Vergante 12 – ✆ 032 25 72 94 – Chiuso dal 15 al 30 giugno, dal 10 al 25 novembre, lunedì sera (escluso luglio-agosto) e martedì

Rist – Carta 26/35 €

♦ Trattoria a conduzione familiare, in un bel rustico ristrutturato; interni piacevoli e accoglienti dove provare piatti di cucina della tradizione elaborata con cura.

a Montrigiasco Nord-Ovest : 6 km – ✉ 28041 – Arona

Castagneto ≤

via Vignola 14 – ✆ 032 25 72 01 – info@ristorantecastegneto.it – Fax 032 25 79 35 – Chiuso dal 24 dicembre al 20 gennaio, 10 giorni in giugno, 10 giorni in settembre, lunedì e martedì

Rist – Carta 20/40 €

♦ Ristorante attivo da alcuni decenni che ha visto avvicendarsi la nuova generazione della medesima famiglia. Lo spirito genuino è immutato come l'atmosfera calda e rilassata.

ARPINO – Frosinone (FR) – 563 R22 – **7 681 ab. – alt. 450 m** – ✉ **03033** 13 **D2**

Roma 115 – Frosinone 29 – Avezzano 53 – Isernia 86 – Napoli 132

Il Cavalier d'Arpino
via Vittoria Colonna 21 – ☎ 07 76 84 93 48 – info@cavalierdarpino.it – Fax 07 76 85 00 60 – Chiuso novembre
28 cam – 45/55 € 52/90 € – ½ P 42/62 € – **Rist** – *(chiuso venerdì)* Carta 24/43 €
◆ Fuori dal centro, circondato da un ameno giardino e da un parco, grande edificio in pietra rinnovato negli arredi durante gli ultimi anni; camere confortevoli. Ampia sala da pranzo con un grande affresco raffigurante Giuseppe Cesari, il Cavalier d'Arpino.

a Carnello Nord : 5 km – ✉ **03030**

Mingone con cam — 150,
via Pietro Nenni 96 – ☎ 07 76 86 91 40 – mingone@mingone.it – Fax 07 76 86 87 00
8 cam – 35/50 € 47/85 € – ½ P 52/65 € – **Rist** – Carta 20/35 €
◆ Stazione di posta per l'Abruzzo dal 1890, oggi poliedrico ristorante con camino e affreschi di vita ciociara, sala per degustazione vini e camere con arredi in stile.

ARQUÀ PETRARCA – Padova (PD) – 562 G17 – **1 840 ab. – alt. 56 m** – ✉ **35032**
Italia 35 **B3**

Roma 478 – Padova 22 – Mantova 85 – Milano 268 – Rovigo 27 – Venezia 61

La Montanella — 30,
via dei Carraresi 9 – ☎ 04 29 71 82 00 – info@montanella.it – Fax 04 29 77 71 77 – Chiuso dal 9 gennaio all'11 febbraio, dal 6 al 17 agosto, martedì sera e mercoledì
Rist – Carta 36/47 €
◆ Riscoperta di piatti antichi e vini di pregio, nell'eleganza di un locale in bella posizione panoramica, circondato da un giardino con ulivi secolari e fiori.

ARSINA – Lucca – 562 K13 – **Vedere Lucca**

ARTA TERME – Udine (UD) – 562 C21 – **2 288 ab. – alt. 442 m** – ✉ **33022** 10 **B1**

Roma 696 – Udine 56 – Milano 435 – Monte Croce Carnico 25 – Tarvisio 71 – Tolmezzo 8 – Trieste 129

via Umberto I 15 ☎ 0433 929290, apt.carnia@ud.nettuno.it, Fax 0433 92104

a Piano d'Arta Nord : 2 km – alt. 564 m – ✉ **33022**

Gardel — rist, rist,
via Marconi 6/8 – ☎ 043 39 25 88 – info@gardel.it – Fax 043 39 21 53 – Chiuso dal 15 novembre al 20 dicembre
55 cam – 45 € 75 € – ½ P 46/58 € – **Rist** – Carta 18/25 €
◆ Una vacanza salutare e rigenerante, nell'accogliente ambiente familiare di un albergo di lunga tradizione, con attrezzato centro benessere; molte camere rinnovate da poco. Proposte di piatti leggeri e calibrati nella curata sala da pranzo.

ARTIMINO – Prato – 563 K15 – **Vedere Carmignano**

ARTOGNE – Brescia (BS) – 561 E12 – **3 155 ab. – alt. 252 m** – ✉ **25040** 17 **C2**

Roma 608 – Brescia 53 – Milano 104 – Monza 93 – Verona 123

Osteria Cà dei Nis
via della Concordia ang. via Trento – ☎ 03 64 59 02 09 – info@cadeinis.it – Chiuso una settimana in gennaio, dall'8 al 28 agosto e lunedì
Rist – Carta 23/44 €
◆ Due pittoresche salette completamente in pietra all'interno di un palazzo del '700 nel cuore della piccola località. Ambiente ideale per apprezzare una cucina sfiziosa.

ARZACHENA – Sassari – 566 D10 – **Vedere Sardegna alla fine dell'elenco alfabetico**

ARZIGNANO – Vicenza (VI) – 562 F15 – 24 350 ab. – alt. 116 m – ✉ 36071 35 B2

Roma 536 – Verona 48 – Venezia 87 – Vicenza 22

Principe (Sarni) con cam cam, rist,
via Caboto 16 – ✆ 04 44 67 51 31 – info@ristoranteprincipe.it – Fax 04 44 67 59 21 – Chiuso dal 26 dicembre al 6 gennaio e dall'8 al 21 agosto
12 cam – 52/70 € 70/120 € – **Rist** – *(chiuso domenica e in luglio anche sabato)* Carta 48/68 €
Spec. Contrasti di baccalà. Cappesante farcite di tartufo nero. Flan di cioccolato.
♦ L'ubicazione nella zona industriale (meglio informarsi per arrivarci) è ampiamente ripagata da una cucina tecnica, creativa e sempre alla ricerca di nuove proposte.

Ca' Daffan (Battistelli)
via Fratta Alta 15 – ✆ 04 44 67 14 79 – info@cadaffan.it – Fax 04 44 45 51 75 – Chiuso 3 settimane in gennaio, dal 13 al 20 agosto, domenica, lunedì a mezzogiorno
Rist – Carta 38/50 €
Spec. San Pietro al fumo d'aglio, salsa d'ostriche e liquirizia. Risotto al nero con le sue seppie, gelato al baccalà alla vicentina. Spumone alle mandorle con cuore al cioccolato.
♦ Piccolissimo ristorante con una ventina di coperti e cantina a vista. Ma è la cucina ad offrire la sorpresa più grande, estro e accuratezza per palati esigenti.

ASCIANO – Siena (SI) – 563 M16 – 6 737 ab. – alt. 200 m – ✉ 53041
Toscana 29 C2

Roma 208 – Siena 29 – Arezzo 46 – Firenze 100 – Perugia 83

Borgo Casabianca ← campagna e colline,
località Casa Bianca Est : 10,5 km : – ✆ 05 77 70 43 62 – casabianca@casabianca.it – Fax 05 77 70 46 22 – Chiuso dall' 8 gennaio al 31 marzo 70,
3 cam – 170/198 € – 26 suites – 293/360 € – ½ P 139 € – **Rist** – *(chiuso mercoledì)* Carta 32/41 €
♦ Immerso in un paesaggio agreste, un borgo dai caratteristici edifici in pietra si propone per un soggiorno di relax nei suoi ambienti arredati con pezzi d'antiquariato. Rustico elegante, il ristorante è riscaldato da un piacevole caminetto e propone piatti legati al territorio, accompagnati da qualche rivisitazione.

ASCOLI PICENO P (AP) – 563 N22 – 51 651 ab. – alt. 153 m – ✉ 63100
Italia 21 D3

Roma 191 – Ancona 122 – L'Aquila 101 – Napoli 331 – Perugia 175 – Pescara 88 – Terni 150 – piazza del Popolo 17 ✆ 0736 253045, iat.ascolipiceno@regione.marche.it, Fax 0736 252391

Piazza del Popolo★★ B : palazzo dei Capitani del Popolo★, chiesa di San Francesco★, Loggia dei Mercanti★ **A** – Quartiere vecchio★ AB : ponte di Solestà★, chiesa dei Santi Vicenzo ed Anastasio★ **N** – Corso Mazzini★ ABC – Polittico del Crivelli★ nel Duomo C – Battistero★ C **E**

Piante pagine seguenti

Palazzo Guiderocchi rist, 70,
via Cesare Battisti 3 – ✆ 07 36 24 40 11 – info@palazzoguiderocchi.com – Fax 07 36 24 34 41 B c
35 cam – 59/99 € 69/129 €
Rist ***Rua dei Notari*** – ✆ 07 36 26 36 30 *(chiuso martedì)* Carta 24/38 €
♦ Palazzo patrizio della fine del XVI secolo, centralissimo e con una pittoresca corte interna e camere in stile, molto grandi. A 200 m. la dipendenza di taglio più moderno. Il ristorante è stato ricavato dagli antichi locali di guardia del palazzo.

Pennile senza rist
via Spalvieri 24, per viale Napoli – ✆ 073 64 16 45 – hotelpennile@tin.it – Fax 07 36 34 27 55 C
33 cam – 60/62 € 78/82 €
♦ Immerso nel verde e nella tranquillità, ma non lontano dal centro della località, un albergo recentemente rinnovato; interni ariosi e camere di taglio moderno.

ASCOLI PICENO

Adriatico (V.)	BC	
Alighieri (V. D.)	C	2
Amadio (V.)	C	
Ariosto (V. L.)	C	
Arringo (Pza)	BC	3
Bengasi (V.)	A	
Bonaccorsi (V. del)	BC	5
Buonaparte (V.)	C	6
Cairoli (V.)	B	7
Canterine (V. d.)	BC	
Cappuccini (V. del)	A	
Caro (V. A.)	A	
Castellano Sisto V (Lungotevere)	B	
Cecco d'Ascoli (Pza)	A	9
Cecco (Ponte di)	C	
Corfino (V. di)	A	10
De Gasperi (Viale A.)	C	
Dino Angelini (V.)	AB	
Federici (Viale M.)	C	
Fortezza (V. della)	B	13
Lazzari Tullio (V.)	A	14
Manilia (V.)	A	15
Matteotti (Pza)	C	17
Mazzini (Corso)	ABC	
Mazzoni (V. A.)	A	
Napoli (Viale)	C	
Pacifici (V. M. E.)	B	
Piave (V.)	C	
Piazzarola (V. d.)	B	
Ponte Maggiore	C	18
Ponte Pta Cartara	A	20
Ponte Pta Tuffilla (Nuovo)	C	21
Popolo (Pza del)	B	
Porta Tufilla (V.)	C	
Pozzetto (Rua del)	A	23
Pretoriana (V.)	B	
Ricci (Viale)	A	
Roma (Pza)	B	22
Sacconi (V. G.)	C	
Scariglia (V. M.)	C	
Serafino da Montegranaro (V. S.)	A	
Soderini (V. dei)	A	
Solestà (V. di)	B	28
Sotto (Corso di)	A	
S. Agostino (Pza)	B	24
S. Angelo (V.)	B	25
S. Giuliano (V.)	A	26
Templari (V. dei)	A	29
Torri (V. delle)	B	
Trebbiani (V.)	B	32
Trento e Trieste (Cso)	B	33
Trivio (V. del)	B	34
Tucci (V.)	A	
Vellei (Viale)	C	
Vidacilio (V.)	B	35
Vittorio Emanuele (Corso)	C	
20 Settembre (V.)	B	37

Agriturismo Villa Cicchi

via Salaria Superiore 137, Sud : 3 km direzione Rosara – ✆ 07 36 25 22 72 – info@villacicchi.it – Fax 07 36 24 72 81 – Chiuso dal 13 novembre all'8 dicembre e dal 10 gennaio al 10 febbraio

rist, 40, VISA

6 cam – 90/120 € 100/140 € – ½ P 75/95 € – **Rist** – (prenotazione obbligatoria) Menu 25/45 €

◆ In campagna, casa di fine '600 in pietra, che conserva i tratti originali grazie al paziente restauro; arredi autentici e camere con soffitti a volta decorati a tempera.

Gallo d'Oro

20, VISA

corso Vittorio Emanuele 54 – ✆ 07 36 25 35 20 – Fax 07 36 34 26 91 – Chiuso 25-26 dicembre, sabato a mezzogiorno e domenica C **n**

Rist – Carta 26/33 €

◆ Ristorante di tradizione in buona posizione centrale: nella sala tavoli quadrati anche su un simpatico soppalco; cucina nazionale e del territorio.

Del Corso

VISA

corso Mazzini 277/279 – ✆ 07 36 25 67 60 – Chiuso dal 16 al 22 aprile, dal 15 agosto al 7 settembre, domenica sera e lunedì C **d**

Rist – (consigliata la prenotazione) Carta 28/43 €

◆ In un antico palazzo del centro storico, questo ristorante dispone di un'unica sala con solide pareti in pietra e volte a vela. La cucina è di mare, fragrante e gustosa.

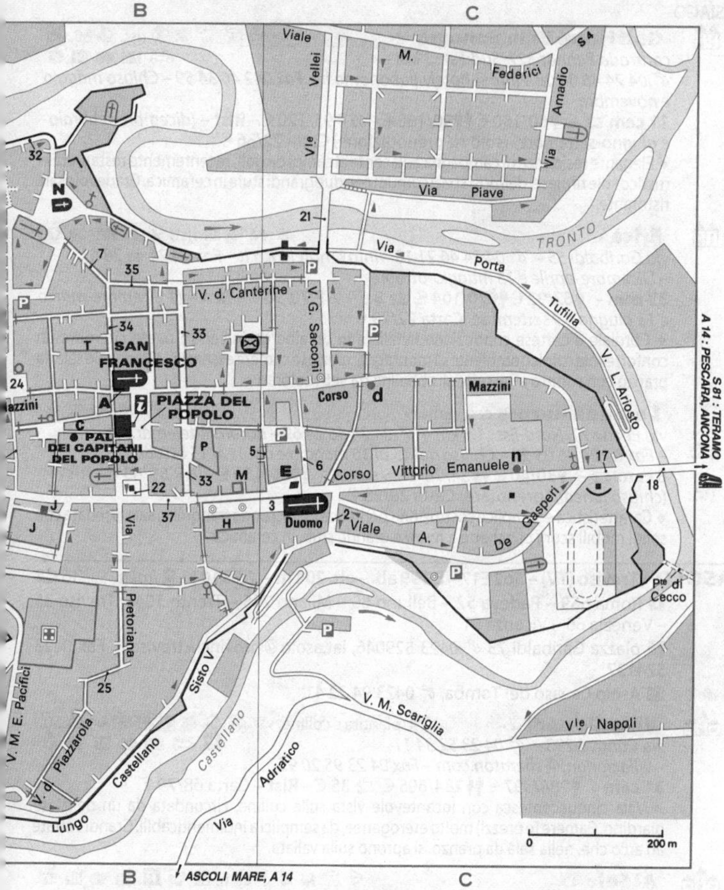

Il rosso è il colore di chi sa distinguersi; i nostri punti di riferimento!

ASIAGO – Vicenza (VI) – 562 E16 – **6 631 ab. – alt. 1 001 m – Sport invernali :** ***1 000/ 2 000 m*** ***⛷45 (Altopiano di Asiago)*** ⛷ – ✉ **36012** 35 **B2**

▶ Roma 589 – Trento 64 – Milano 261 – Padova 88 – Treviso 83 – Venezia 121 – Vicenza 55

ℹ via Stazione 5 ✆ 0424 462661, iat.asiago@provincia.vicenza.it, Fax 0424 462445

⛳ Asiago, ✆ 0424 46 27 21.

Europa

rist, **P** VISA MC AE

corso IV Novembre 65/67 – ✆ 04 24 46 26 59 – info@hoteleuroparesidence.it – Fax 04 24 46 07 96

22 cam – 104/130 € – **Rist** – *(chiuso lunedì)* Carta 30/45 €

◆ Signorile ed imponente palazzo nel cuore di Asiago apparentemente d'epoca ma in realtà completamente ricostruito. Al primo piano un'elegante stufa riscalda le zone comuni.

Golf Hotel Villa Bonomo rist, 80,
contrada Pennar 322, Sud-Est : 3 km –
04 24 46 04 08 – info@hotelvillabonomo.it – Fax 042 46 34 59 – Chiuso maggio e novembre
11 cam – 60/150 € 90/160 € – ½ P 95/120 € – **Rist** – *(dicembre-febbraio e giugno-settembre)* (solo su prenotazione) Carta 22/36 €
◆ Elegante residenza di campagna adiacente ai campi da golf, recentemente restaurata in rustico stile tirolese; deliziosi spazi comuni con due grandi stufe in ceramica. Gradevole sala ristorante.

Erica rist,
via Garibaldi 55 – 04 24 46 21 13 – info@hotelerica.it – Fax 04 24 46 28 61 – Dicembre-aprile e 15 maggio-ottobre
33 cam – 62/92 € 70/104 €, 8 € – ½ P 70/90 € – **Rist** – *(7 dicembre-marzo e 13 giugno-19 settembre)* Carta 22/29 €
◆ Cordiale e cortese conduzione familiare in un albergo in centro paese che offre un confortevole e tipico ambiente di montagna; graziose camere essenziali. Gradevole sala da pranzo con soffitto a cassettoni, abbellita da vetri colorati.

Locanda Aurora con cam rist,
via Ebene 71, Nord-Est : 1,5 km – 04 24 46 24 69 – aurora@telemar.net – Fax 04 24 46 05 28 – Chiuso dal 15 al 30 maggio e dal 1° al 15 ottobre
8 cam – 30/40 € 54/76 € – 5 suites – 60/160 € – ½ P 55/68 € – **Rist** – *(chiuso lunedì)* (prenotare) Carta 20/28 €
◆ Caratteristica e semplice costruzione periferica in posizione tranquilla; sala arredata con solidi mobili scuri, panchette a muro e grande stufa in ceramica.

ASOLO – Treviso (TV) – 562 E17 – 8 199 ab. – alt. 204 m – 31011 *Italia* 36 C2

Roma 559 – Padova 52 – Belluno 65 – Milano 255 – Trento 104 – Treviso 35 – Venezia 66 – Vicenza 51

piazza Garibaldi 73 0423 529046, iat.asolo@provincia.treviso.it, Fax 0423 524137

Asolo Cavaso del Tomba, 0423 94 22 41.

Villa Cipriani pianura e colline, 50,
via Canova 298 – 04 23 52 34 11 – villacipriani@sheraton.com – Fax 04 23 95 20 95
31 cam – 284/397 € 284/605 €, 35 € – **Rist** – Carta 68/79 €
◆ Villa cinquecentesca con incantevole vista sulle colline, circondata da un delizioso giardino. Camere (e prezzi) molto eterogenee, da semplici a indimenticabili. Grandi vetrate ad arco che, nella sala da pranzo, si aprono sulla vallata.

Al Sole cam,
via Collegio 33 – 04 23 95 13 32 – info@albergoalsole.com – Fax 04 23 95 10 07 – Chiuso Natale e Capodanno
23 cam – 110/150 € 170/205 € – **Rist** – Carta 33/58 €
◆ Sovrastante la piazza centrale di Asolo, signorilità e raffinatezza in un hotel di charme. Camere eleganti ma il gioiello è la terrazza, per pasti e colazioni panoramiche. Cucina d'impostazione tradizionale.

Duse senza rist
via Browning 190 – 042 35 52 41 – info@hotelduse.com – Fax 04 23 95 04 04 – Chiuso dal 20 gennaio al 10 febbraio
14 cam – 55/65 € 100/130 €, 8 €
◆ In ottima posizione, a due passi dalla piazza centrale, l'unico disturbo può provenire dalle campane del Duomo. Camere piccole ma accoglienti e ben rifinite.

Hostaria Ca' Derton 15,
piazza D'Annunzio 11 – 04 23 52 96 48 – caderton@caderton.com – Fax 04 23 52 03 08 – Chiuso quindici giorni in febbraio, quindici giorni in luglio, lunedì a mezzogiorno e domenica sera
Rist – Carta 35/59 €
Rist *Enoteca di Nino e Antonietta* – Menu 15 €
◆ Sotto i suggestivi portici del centro, un locale a gestione familiare che propone un'affidabile cucina locale con qualche rivisitazione. Rimangono invece più tradizionali i piatti serviti nell'ambiente più semplice dell'Enoteca.

XX **Ai Due Archi** 30, VISA

via Roma 55 – ✆ 04 23 95 22 01 – Fax 04 23 52 03 22 – Chiuso dal 13 al 30 gennaio, dal 26 giugno al 5 luglio, mercoledì sera(escluso luglio-settembre) e giovedì

Rist – Carta 23/39 €

◆ In ottima posizione nella piazza centrale della città, ristorante dall'ambiente curato e classico negli arredi; cucina della tradizione e stagionale.

ASSAGO – Milano – Vedere Milano, dintorni

ASSISI – Perugia (PG) – 563 M19 – 26 037 ab. – alt. 424 m 32 B2

Roma 177 – Perugia 23 – Arezzo 99 – Milano 475 – Siena 131 – Terni 76

piazza del Comune 12 ✉ 06081 ✆ 075 812534, info@iat.assisi.pg.it, Fax 075 813727

Basilica di San Francesco★★★ A : affreschi★★★ nella Basilica inferiore, affreschi di Giotto★★★ nella Basilica superiore. Chiesa di Santa Chiara★★ BC – Rocca Maggiore★★ B : ✳★★★ – Duomo di San Rufino★ C : facciata★★ – Piazza del Comune★ B 3 : tempio di Minerva★ – Via San Francesco★ AB – Chiesa di San Pietro★ A

Eremo delle Carceri★★ Est : 4 km C – Convento di San Damiano★ Sud : 2 km BC – Basilica di Santa Maria degli Angeli★ Sud-Ovest : 5 km A

Piante pagine seguenti

Grand Hotel Assisi rist, 450, VISA

via f.lli Canonichetti, 2 km per ① ✉ 06081 – ✆ 07 58 15 01 – info@grandhotelassisi.com – Fax 07 58 15 07 77

155 cam – 123/143 € 165/205 € – 1 suite – ½ P 123/128 € – **Rist** – Menu 20/50 €

◆ Sulle pendici del monte Subasio, un'imponente struttura moderna dotata di terrazza roof-garden con vista sui dintorni; spaziosa hall, camere di medie dimensioni. L'ampiezza della sala ristorante riflette la versatilità delle preparazioni gastronomiche.

Subasio VISA

via Frate Elia 2 ✉ 06082 – ✆ 075 81 22 06 – info@hotelsubasio.com – Fax 075 81 66 91 A **f**

62 cam – 115 € 185 € – ½ P 115 € – **Rist** – Carta 33/50 € (+10 %)

◆ Hotel di tradizione, adiacente alla Basilica di S. Francesco, con arredi in stile e atmosfere d'epoca; terrazze panoramiche a disposizione degli ospiti. Elegante ristorante, con lampadari che sembrano di pizzo e finestre che paiono infinite.

Fontebella VISA

via Fontebella 25 ✉ 06081 – ✆ 075 81 28 83 – info@fontebella.com – Fax 075 81 29 41 – Chiuso dal 9 gennaio al 31 marzo B **e**

43 cam – 90/135 € 99/230 €

Rist Il Frantoio – vedere selezione ristoranti

◆ Hotel totalmente rinnovato, con raffinati spazi comuni in stile classico, ornati di eleganti tappeti e piacevoli dipinti alle pareti; belle camere dotate di ogni confort.

La Terrazza rist, rist, VISA

via F.lli Canonichetti, 2 km per ① ✉ 06081 – ✆ 075 81 23 68 – info@laterrazzahotel.it – Fax 075 81 61 42

26 cam – 60/80 € 90/120 € – ½ P 60/78 € – **Rist** – Carta 27/40 €

◆ Grande struttura di moderna concezione, ottimamente tenuta, che ben coniuga le esigenze di funzionalità con l'utilizzo di materiali del posto; camere razionali. Bianche pareti ulteriormente rischiarate da piccoli lumi nell'ampia e sobria sala ristorante.

Dei Priori 20, VISA

corso Mazzini 15 ✉ 06081 – ✆ 075 81 22 37 – hpriori@tiscalinet.it – Fax 075 81 68 04 B **n**

34 cam – 78/89 € 115/215 € – **Rist** – *(chiuso dal 15 gennaio a febbraio)* Carta 26/34 €

◆ Vicino alla piazza centrale, imponente albergo che ben s'inserisce nel complesso storico; aree comuni con belle poltrone e divani in stile, camere confortevoli. Atmosfera raffinata e un piacevole gioco di luci, che illumina il soffitto a volte della sala.

ASSISI

Aretino (V. Borgo)	C	
Brizi (V.)	B	2
Carceri (V. Eremo d.)	C	
Colle (V. del)	B	
Comune (Pza del)	B	3
Cristofani (V.)	B	
Fontebella (V.)	B	
Fortini (V. A.)	B	4
Fosso Cupo (V. del)	AB	6
Frate Elia (V.)	A	7
Galeazzo Alessi (V.)	C	8
Garibaldi (Piazzetta)	B	9
Giotto (V.)	B	10
Marconi (Viale)	A	
Matteotti (Pza)	C	
Mazzini (Corso)	B	12
Merry del Val (V.)	A	13
Metastasio (V.)	B	
Porta Perlici (V.)	C	14
Porta S. Pietro (Piazzale)	A	
Portica (V.)	B	16
Rocca (V. della)	BC	
San Francesco (V.)	AB	
Seminario (V. del)	B	28
S. Agnese (V.)	B	
S. Apollinare (V.)	B	17
S. Chiara (Pza)	BC	19
S. Croce (V.)	B	
S. Francesco (Pza)	A	20
S. Gabriele della Addolorata (V.)	BC	21
S. Giacomo (V.)	A	23
S. Paolo (V.)	B	
S. Pietro (Borgo)	AB	
S. Pietro (Pza)	A	24
S. Rufino (V.)	B	26
Torrione (V. del)	C	30
Umberto I (Viale)	C	
Villamena (V.)	C	31
Vittorio Emanuele II (Viale)	ABC	

Umbra cam, rist

vicolo degli Archi 6 ✉ 06081 – ☎ 075 81 22 40
– info@hotelumbra.it – Fax 075 81 36 53
– Chiuso dal 10 gennaio al 15 marzo B **x**

25 cam – 85/90 € 103/125 € – **Rist** – *(chiuso dal 15 novembre al 15 dicembre e domenica)* Carta 23/33 €

◆ E' in una posizione davvero felice questo hotel, dove sarete accolti con cordialità, situato in pieno centro, in una zona tranquilla; ampie camere con arredi in stile. Gradevole sala con pareti chiare e tavoli graziosi; servizio estivo all'aperto, in terrazza.

San Francesco rist,

via San Francesco 48 ✉ 06082 – ☎ 075 81 22 81
– info@hotelsanfrancescoassisi.it
– Fax 075 81 62 37 A **b**

44 cam – 55/100 € 76/135 €, 15 € – ½ P 100 € – **Rist** – (solo per alloggiati) Menu 29/39 €

◆ Albergo con terrazza panoramica da cui si gode un'impareggiabile vista della vicina Basilica di S.Francesco; senza pretese gli ambienti interni, camere dignitose.

Ideale senza rist

piazza Matteotti 1 ✉ 06081 – ☎ 075 81 35 70 – info@hotelideale.it
– Fax 075 81 30 20 C **a**

11 cam – 65/75 € 75/95 €

◆ Hotel a conduzione diretta, in una villetta ai margini del centro storico; ambienti funzionali con arredi in stile moderno e grazioso giardino con terrazza panoramica.

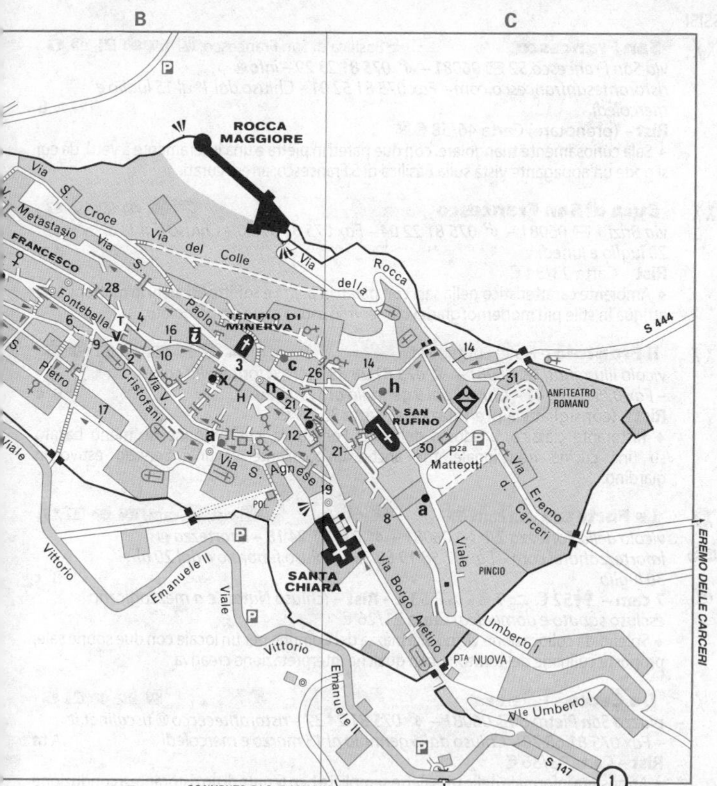

Sole

corso Mazzini 35 ✉ 06081 – ✆ 075 81 23 73
– info@assisihotelsole.com
– Fax 075 81 37 06 B **z**
37 cam – 🛉26/42 € 🛉🛉37/62 €, ☕ 6 € – ½ P 50 € – **Rist** – *(aprile-ottobre)* Carta 20/33 €

◆ Albergo costituito da due corpi separati, quello principale con ricevimento e ristorante e, dirimpetto, il secondo che ospita camere recenti e spaziose. Caratterisitca sala ristorante con soffitto a volte in mattoni.

Berti

piazza San Pietro 24 ✉ 06081 – ✆ 075 81 34 66 – info@hotelberti.it
– Fax 075 81 68 70 – Chiuso dal 10 gennaio al 1° marzo A **a**
10 cam ☕ – 🛉50/60 € 🛉🛉75/80 €
Rist Da Cecco – vedere selezione ristoranti

◆ Cordiale gestione familiare in un albergo recentemente rimodernato, con graziosi spazi comuni non ampi, ma accoglienti; camere arredate in modo essenziale.

La Locanda del Cardinale

piazza del Vescovado 8 – ✆ 075 81 52 43
– locandadelcardinale@virgilio.it – Fax 075 81 66 91
– Chiuso lunedì e a mezzogiorno B **a**
Rist – Carta 38/48 €

◆ All'interno di una dimora patrizia del XVI sec. dai saloni affrescati, un ristorante elegante con una proposta di cucina eclettica, ricca anche di specialità locali.

XX **San Francesco** ← Basilica di San Francesco, AC VISA MC AE D ⓢ
via San Francesco 52 ✉ 06081 – ✆ 075 81 23 29 – info@ristorantesanfrancesco.com – Fax 075 81 52 01 – Chiuso dal 1° al 15 luglio e mercoledì A **b**
Rist – (prenotare) Carta 46/58 €
♦ Sala curiosamente triangolare, con due pareti in pietra e una interamente a vetri, da cui si gode un'appagante vista sulla Basilica di S.Francesco; arredi curati.

XX **Buca di San Francesco** VISA MC AE D ⓢ
via Brizi 1 ✉ 06081 – ✆ 075 81 22 04 – Fax 075 81 37 80 – Chiuso dal 1° al 20 luglio e lunedì B **v**
Rist – Carta 23/34 €
♦ Ambiente caratteristico nella sala con pareti in pietra e soffitto ad archi in mattoni, sala attigua in stile più moderno; gradevole servizio estivo sotto un pergolato.

XX **Il Frantoio** – Hotel Fontebella AC VISA MC AE D ⓢ
vicolo Illuminati ✉ 06081 – ✆ 075 81 28 83 – info@fontebella.com – Fax 075 81 29 41 – Chiuso dal 9 gennaio al 31 marzo B **e**
Rist – (consigliata la prenotazione) Carta 33/69 €
♦ Ristorante classico, a ridosso dell'hotel Fontebella, che propone un menù basato su una cucina tradizionale, ma anche un'eccellente cantina. Servizio estivo in giardino.

XX **La Fortezza** con cam AC rist, cam, VISA MC AE ⓢ
vicolo della Fortezza 2/b ✉ 06081 – ✆ 075 81 24 18 – lafortezza@lafortezzahotel.com – Fax 07 58 19 80 35 – Chiuso febbraio e dal 20 al 30 luglio B **c**
7 cam – ††52 €, ☕ 7 € – ½ P 53 € – **Rist** – *(chiuso Natale e a mezzogiorno escluso sabato e domenica)* Carta 21/26 €
♦ Splendida collocazione vicino alla piazza del Comune per un locale con due sobrie sale; proposte culinarie del territorio con qualche interpretazione creativa.

X **Da Cecco** – Hotel Berti AC VISA MC AE ⓢ
piazza San Pietro 8 ✉ 06081 – ✆ 075 81 24 37 – ristorantececco@tiscalinet.it – Fax 075 81 68 70 – Chiuso dal 6 gennaio al 15 marzo e mercoledi A **m**
Rist – Carta 23/36 €
♦ Atmosfera informale nelle tre salette semplici e ben tenute di un ristorante a conduzione familiare, dove gustare piatti di cucina umbra e nazionale.

X **Da Erminio** VISA MC AE D ⓢ
via Montecavallo 19 ✉ 06081 – ✆ 075 81 25 06 – daerminio@libero.it – Fax 075 81 25 06 – Chiuso dal 15 gennaio al 3 marzo, dal 1° al 15 luglio e giovedì C **h**
Rist – Carta 20/40 €
♦ Trattoria poco lontano dalla Basilica di S.Ruffino, in una zona tranquilla e poco turistica: ambiente schietto e camino acceso nella sala; cucina locale.

a Viole **Sud-Est : 4 km per ① – ✉ 06081 – Assisi**

Agriturismo Malvarina P VISA MC D ⓢ
Pieve Sant'Apollinare 32 – ✆ 07 58 06 42 80 – info@malvarina.it – Fax 07 58 06 42 80
15 cam ☕ – †52 € ††93 € – 3 suites – ½ P 72 € – **Rist** – *(chiuso a mezzogiorno)* (prenotare) Menu 25/30 €
♦ Un'oasi di tranquillità a poca distanza da Assisi, ideale per trascorrere momenti di relax, e per bucoliche passeggiate a cavallo. Camere accoglienti, in "arte povera". Graziosa sala ristorante, cucina genuina.

Agriturismo il Giardino dei Ciliegi AC P VISA MC ⓢ
via Massera 6 – ✆ 07 58 06 40 91 – giardinodeiciliegi@libero.it – Fax 07 58 06 90 70 – Chiuso dall'8 al 31 gennaio e a mezzogiorno
8 cam – †60/80 € ††70/90 €, ☕ 5 € – ½ P 70 € – **Rist** – (solo per alloggiati) Menu 20/30 €
♦ Una vacanza rilassante tra le dolci colline umbre in una piccola casa colonica a gestione familiare, con sobrie camere accoglienti arredate in stile "finto povero".

a Santa Maria degli Angeli Sud-Ovest : 5 km – ✉ 06088

Dal Moro Gallery Hotel cam, rist, 35, P
via Becchetti 2 – ✆ 07 58 04 36 88 – info@dalmorogalleryhotel.com – Fax 07 58 04 16 66
51 cam ☕ – †67/146 € ††92/210 € – ½ P 71/130 € – **Rist** – *(chiuso lunedì)* Carta 35/43 €
◆ Vicino alla Porziuncola di San Francesco, si può scegliere tra camere classiche o di design che ripropongono i temi moderni rappresentati nella hall. Menù capace di stimolare appetiti esigenti e attenti alla cucina del territorio. Buona cantina.

Cristallo cam, rist, 50, P
via Los Angeles 195 – ✆ 07 58 04 35 35 – cristallo@mencarelligroup.com – Fax 07 58 04 35 38
52 cam ☕ – †70/80 € ††100/120 € – ½ P 69/79 € – **Rist** – Menu 19/30 €
◆ A pochi chilometri da Assisi, albergo moderno con interni arredati in stile contemporaneo; confortevoli e funzionali le ampie camere doppie con comode poltrone e balconi. Prevalgono i colori chiari nella sala da pranzo dagli arredi essenziali.

a Petrignano Nord-Ovest : 9 km per ② – ✉ 06081

Locanda Ai Cavalieri con cam cam, P
via Matteotti 47 – ✆ 07 58 03 00 11 – info@aicavalieri.it – Fax 07 58 03 97 98
25 cam ☕ – †60 € ††100 € – ½ P 75/85 € – **Rist** – *(chiuso quindici giorni in gennaio)* Carta 31/41 €
◆ Ristorante di classe in una casa d'epoca in mattoni circondata da un bel giardino: ambiente romantico in due curate salette rustico-eleganti. Non inferiori le camere.

ad Armenzano Est : 12 km – alt. 759 m – ✉ 06081 – Assisi

Le Silve rist, P
– ✆ 07 58 01 90 00 – info@lesilve.it – Fax 07 58 01 90 05 – 15 marzo-15 novembre
20 cam ☕ – †120/150 € ††160/200 € – ½ P 115/140 € – **Rist** – *(aprile-3 novembre)* (solo su prenotazione) Carta 41/59 €
◆ In un'oasi di pace, dove severi boschi succedono a dolci ulivi, un casale del X secolo dai sobri e incantevoli interni rustici, dove ritrovare una semplicità antica. Servizio ristorante estivo all'aperto; proposte di cucina locale rivisitata con creatività.

ASTI P (AT) – 561 H6 – **73 120 ab. – alt. 123 m** – ✉ **14100** *Italia* 25 **D1**

Roma 615 – Alessandria 38 – Torino 60 – Genova 116 – Milano 127 – Novara 103
piazza Alfieri 29 ✆ 0141 530357, atl@axt.it, Fax 0141 538200
Battistero di San Pietro★ CY
Monferrato★ per ①

Piante pagine seguenti

Aleramo senza rist 60,
via Emanuele Filiberto 13 – ✆ 01 41 59 56 61 – haleramo@tin.it – Fax 014 13 00 39 – Chiuso dal 4 al 20 agosto BZ **a**
42 cam ☕ – †90 € ††140 €
◆ La passione del proprietario per il design contemporaneo prende forma in camere moderne e mai banali, dal lontano e mitico Giappone alle decorazioni in cera.

Reale
piazza Alfieri 6 – ✆ 01 41 53 02 40 – info@hotelristorantereale.it – Fax 014 13 43 57 BY **e**
26 cam ☕ – †75/85 € ††110/140 €
Rist *Il Flauto Magico* – ✆ 01 41 53 22 79 – Carta 30/60 €
◆ Fu inaugurato nel 1793 uno degli hotel più antichi della città; richiami liberty nei piacevoli interni e belle camere, alcune molto spaziose e arredate con gusto. Elegante sala ristorante al primo piano, ma si può scegliere anche il self-service e le pizze.

Rainero senza rist
via Cavour 85 – ✆ 01 41 35 38 66 – info@hotelrainero.com – Fax 01 41 59 49 85 – Chiuso dal 24 dicembre al 10 gennaio BZ **c**
53 cam – †50/55 € ††75/95 €, ☕ 8 €
◆ Comoda ubicazione, vicino al Campo del Palio, per un albergo con spazi interni essenziali, in stile moderno; camere lineari, gradevole terrazza-solarium.

ASTI

Street	Map	No.
Alfieri (Cso Vittorio)	ACY	
Alfieri (Pza Vittorio)	BY	
Aliberti (V.)	ABY	3
Battisti (V. Cesare)	BY	5
Berruti (V. F.)	AY	7
Botallo (V.)	BY	8
Brofferio (V.)	ABZ	
Cairoli (Pza)	AY	12
Caracciolo (V.)	AY	14
Carmine (V. del)	AZ	15
Castello (V. al)	AY	17
Catena (Pza)	AY	18
Cattedrale (V.)	AY	20
Cavour (V.)	BZ	21
D. Alighieri (Corso)	ABY	
Filiberto (V. E.)	BZ	24
Garetti (V.)	ABY	26
Garibaldi (V. Giuseppe)	BY	27
Giolitti (Cavalcavia G.)	AZ	29
Grandi (V.)	BY	30
Hope (V.)	ABY	33
Libertà (Pza della)	BYZ	37
Martiri della Liberazione (Largo)	BY	39
Mazzini (V.)	AYZ	41
Medici (Pza)	BY	43
Montafia (Piazzetta)	AZ	46
Ospedale (V.)	BY	50
Roma (Pza)	AY	58
Rosselli (Viale Fratelli)	CY	60
Santuario (Viale al)	AZ	68
Statuto (Pza)	BZ	70
S. Giuseppe (Pza)	AZ	63
S. Secondo (Pza)	BY	66
Vittoria (Piazzale)	CY	77
1 Maggio (Pza)	CY	79

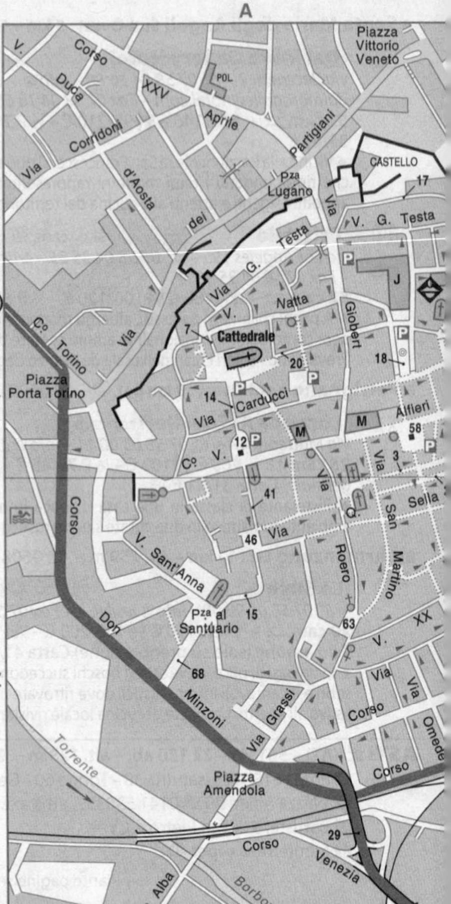

Lis senza rist
viale Fratelli Rosselli 10 – ✆ 01 41 59 50 51
– hotellis@tin.it
– Fax 01 41 35 38 45 CY **r**
29 cam – 62/65 € 90/98 €
◆ Hotel centrale, affacciato sui giardini pubblici dai maestosi alberi secolari, vocato al turismo d'affari; ampia hall e camere confortevoli in stile moderno e lineare.

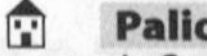

Palio senza rist 25,
via Cavour 106 – ✆ 014 13 43 71
– hotelpalio@inwind.it – Fax 014 13 43 73
– Chiuso dal 23 dicembre al 6 gennaio e tre settimane in agosto BZ **b**
37 cam – 60/105 € 90/155 €
◆ Con intelligenza la limitatezza degli spazi è stata trasformata in soluzioni originali e moderne. Curiosa sala colazioni al primo piano con vetrate sulla strada.

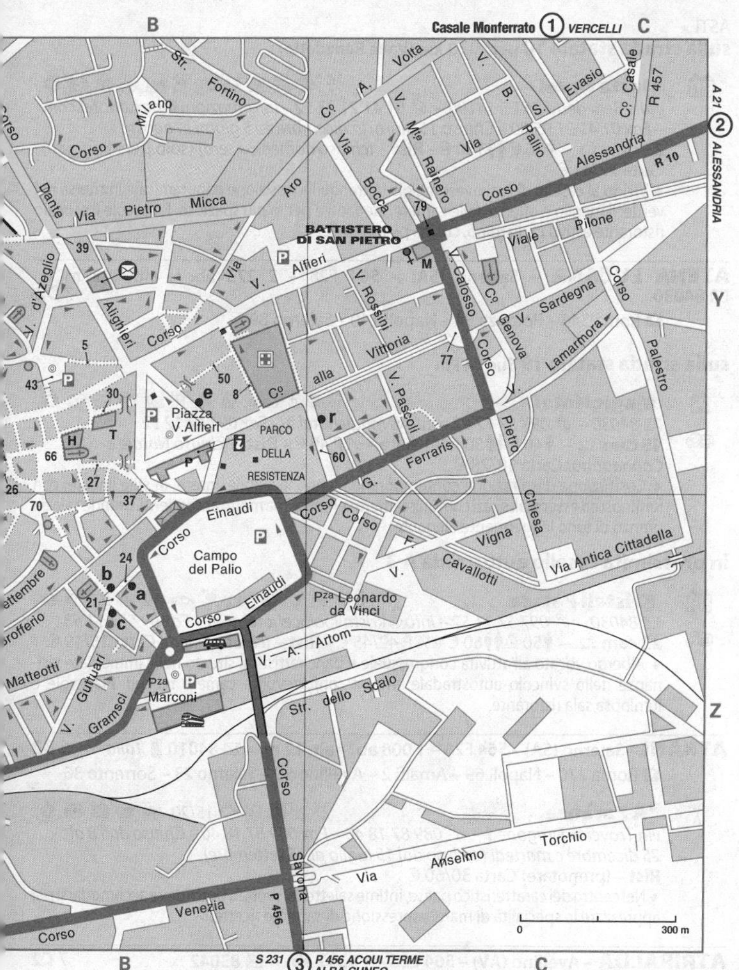

XXX **Gener Neuv** (Bagliardi) ⊞ ⊛ ⇔ 10, P VISA ⊕ AE ⊙ ⊘

✿ *lungo Tanaro dei Pescatori 4, per ③ – ☎ 01 41 55 72 70 – generneuv@atlink.it – Fax 01 41 43 67 23 – Chiuso agosto, domenica sera e lunedì*

Rist – Carta 49/64 € ✿

Spec. Zuppa di bietole con ravioli di pasta bianca e ricotta nostrana (inverno). Nodino di vitella alla milanese con funghi porcini dorati (autunno). Gelatina di Bracchetto ai frutti di bosco e sorbetto al Barolo chinato (estate).

◆ Bastione della tradizione gastronomica piemontese, è la storia decennale di una famiglia che trasmette ospitalità in un'elegante sala con camino.

XX **L'Angolo del Beato** ⊞ ⇔ 8/15, VISA ⊕ AE ⊙ ⊘

via Guttuari 12 – ☎ 01 41 53 16 68 – info@angolodelbeato.it – Fax 01 41 53 16 68 – Chiuso dal 26 dicembre al 10 gennaio, dal 14 al 20 agosto, domenica e festivi

Rist – Carta 28/43 € BZ **c**

◆ Piccolo ristorante centrale con diverse sale sobrie ma accoglienti, in stile "francescano" ma con tocchi d'eleganza; proposte di specialità piemontesi fedeli alla tradizione.

sulla strada statale 10 per ④ : 3 km (Valle Benedetta) :

Hasta Hotel 40, VISA AE
Valle Benedetta 25 ✉ 14100 – 📞 01 41 21 33 12 – informazioni@hastahotel.com – Fax 01 41 21 95 80 – Chiuso 15 giorni in dicembre e 15 giorni in agosto
23 cam – 76 € 100 € – **Rist** – *(chiuso domenica sera)* (solo per alloggiati) Carta 27/41 €
◆ Vicino al casello di Asti ovest ma già in tranquilla posizione panoramica e immersa nel verde. Il meglio è offerto dalle camere, eleganti e per lo più spaziose. Piacevole il servizio ristorante estivo in giardino, cucina piemontese.

ATENA LUCANA – Salerno (SA) – 564 F28 – **2 273 ab.** – **alt. 642 m** – ✉ 84030 7 **D2**

Roma 346 – Potenza 54 – Napoli 140 – Salerno 89

sulla strada statale 19 Sud : 4 km

Magic Hotel cam, 50, VISA AE
✉ 84030 – 📞 097 57 12 92 – info@magichotel.it – Fax 097 57 12 92
45 cam – 40 € 50 € – 1 suite – ½ P 40 € – **Rist** – *(chiuso Natale e Capodanno)* Carta 18/28 €
◆ Costruzione d'ispirazione contemporanea lungo la statale: interni in stile lineare, con luminosi ed essenziali spazi comuni; camere semplici, ma molto accoglienti. Grande sala da pranzo di tono leggermente elegante.

in prossimità casello autostrada A 3

Kristall Palace 700, VISA AE
✉ 84030 – 📞 097 57 11 52 – info@kristallpalacehotel.com – Fax 097 57 11 53
22 cam – 50 € 60 € – ½ P 42/45 € – **Rist** – *(chiuso lunedì)* Carta 15/19 €
◆ Albergo vocato all'attività congressuale e banchettistica, situato nelle immediate vicinanze dello svincolo autostradale; interni confortevoli e camere recenti. Piacevole e luminosa sala ristorante.

ATRANI – Salerno (SA) – 564 F25 – **1 008 ab.** – **alt. 12 m** – ✉ **84010** *Italia* 6 **B2**

Roma 270 – Napoli 69 – Amalfi 2 – Avellino 59 – Salerno 23 – Sorrento 36

'A Paranza 15/20, VISA AE
via Traversa Dragone 1 – 📞 089 87 18 40 – Fax 089 87 18 40 – Chiuso dall'8 al 25 dicembre e martedì (escluso dal 15 luglio al 15 settembre)
Rist – (prenotare) Carta 30/60 €
◆ Nel centro del caratteristico paese, intime salette con volte a botte dove accomodarsi per apprezzare le specialità di mare, espressione di saporite ricette.

ATRIPALDA – Avellino (AV) – 564 E26 – **11 317 ab.** – ✉ **83042** 7 **C2**

Roma 251 – Avellino 4 – Benevento 40 – Caserta 62 – Napoli 62 – Salerno 39

Civita 80, VISA AE
via Manfredi 124 – 📞 08 25 61 04 71 – info@hotelcivita.it – Fax 08 25 62 25 13
28 cam – 60/68 € 80/90 € – ½ P 58/61 €
Rist ***La Tavola del Duca*** – Carta 19/35 €
◆ Albergo con ambienti comuni signorili e accoglienti, arredati in stile moderno. Il settore notte si distingue per camere graziose e confortevoli. Spaziosa sala da pranzo con decorazioni agresti sul soffitto.

AUGUSTA – Siracusa – 565 P27 – **Vedere Sicilia alla fine dell'elenco alfabetico**

AURONZO DI CADORE – Belluno (BL) – 562 C19 – **3 651 ab.** – **alt. 864 m** – **Sport invernali :** ***864/1 585 m 4, (Comprensorio Dolomiti superski Cortina d'Ampezzo)*** – ✉ **32041** 36 **C1**

Roma 663 – Cortina d'Ampezzo 34 – Belluno 62 – Milano 402 – Tarvisio 135 – Treviso 123 – Udine 124 – Venezia 152

via Roma 10 📞 0435 9359, auronzo@infodolomiti.it, Fax 0435 400161

Panoramic

via Padova 15 – 04 35 40 01 98 – prenotazioni@panoramichotel.com – Fax 04 35 40 05 78 – 20 dicembre-28 febbraio e aprile-settembre
30 cam – 40/57 € 50/75 €, 8 € – ½ P 50/70 € – **Rist** – Carta 21/30 €
◆ Incantevole posizione panoramica in riva al lago per una struttura ben tenuta, circondata da un ampio giardino; deliziosi interni in stile montano. Gradevole e luminosa la sala da pranzo.

Victoria lago e monti,

via Cella 23 – 043 59 99 33 – maurizio.celladedan@virgilio.it – Fax 043 59 99 33 – Chiuso dal 9 al 15 settembre
22 cam – 65 € 84 € – ½ P 58 € – **Rist** – *(chiuso a mezzogiorno in bassa stagione)* Carta 21/31 €
◆ Conduzione diretta in una piccola e confortevole struttura in prossimità del lago, da cui si gode un'appagante vista sul verde paesaggio; camere confortevoli.

Cacciatori con cam

via Ligonto 26 – 043 59 70 17 – cacciatori@cadorenet.it – Fax 043 59 71 03 – Chiuso marzo
15 cam – 31/40 € 56/80 €, 8 € – ½ P 64/68 € – **Rist** – Carta 21/45 €
◆ Accogliente ristorante a solida gestione familiare con camere semplici e ben tenute. Luminosa sala dove prevale il color legno. Cucina del territorio.

a Palus San Marco Ovest : 12 km – ✉ 32041 – Auronzo di Cadore

Al Cervo Dolomiti,

– 04 35 49 70 00 – Fax 04 35 49 75 91 – Chiuso maggio, ottobre e novembre
9 cam – 43/55 € 66/90 € – ½ P 45/67 € – **Rist** – *(chiuso martedì escluso luglio agosto)* Carta 20/34 €
◆ Piccolo albergo familiare in bella posizione panoramica, circondato dal verde, completamente rimodernato pochi anni fa; curati spazi comuni con rivestimenti di legno. Ambiente molto accogliente nella sala da pranzo che ha il calore di una stube.

AVELENGO (HAFLING) – Bolzano / Bozen (BZ) – 562 C15 – 719 ab. – alt. 1 290 m – Sport invernali : *a Merano 2000 : 1 600/2 300 m* 2 5, – ✉ 39010 *Italia* 30 **B2**

Roma 680 – Bolzano 37 – Merano 15 – Milano 341

via Santa Caterina 2b 0473 279457, info@hafling.com, Fax 0473 279540

Viertlerhof rist,

via Falzeben 126, 39010 Melenco – 04 73 27 94 28 – info@viertlerhof.it – Fax 04 73 27 94 46 – Chiuso dal 25 al 31 marzo, dal 15 al 21 aprile e dal 6 novembre al 25 dicembre
24 cam – solo ½ P 58/76 € – **Rist** – (solo per alloggiati)
◆ Immerso nella tranquillità di un bel giardino, un tradizionale hotel ben accessoriato, dagli spazi interni rinnovati con molto legno in stile moderno; pregevole settore relax.

Mesnerwirt

alla Chiesa 2 – 04 73 27 94 93 – info@mesnerwirt.it – Fax 04 73 27 95 30 – Chiuso dal 10 novembre al 20 dicembre
12 cam – 53 € 96 € – ½ P 58/65 € – **Rist** – Carta 19/36 €
◆ Classico albergo in stile tirolese, a conduzione familiare; accogliente zona comune rivestita interamente di perlinato, alcune camere con angolo cottura. Classica sala da pranzo con grandi finestre.

AVELLINO (AV) – 564 E26 – 56 400 ab. – alt. 351 m – ✉ 83100 6 **B2**

Roma 245 – Napoli 57 – Benevento 39 – Caserta 58 – Foggia 118 – Potenza 138 – Salerno 38

piazza Libertà 50 0825 74732, info@eptavellino.it, Fax 0825 74757

De la Ville cam, 400,

via Palatucci 20 – 08 25 78 09 11 – info@hdv.av.it – Fax 08 25 78 09 21
57 cam – 168 € 220 € – 6 suites
Rist *Il Cavallino* – Carta 45/60 € (+10 %)
◆ Da sempre attivi nella realtà edile, i proprietari stessi hanno ideato e costuito quest'enorme struttura con camere signorili ed ampi spazi personalizzati con molto verde. Ampia e di taglio classico-elegante, la sala da pranzo propone i piatti della tradizione.

Viva Hotel cam, cam, rist, 200,
via Circumvallazione 121/123 – 082 52 59 22 – info@vivahotel.it – Fax 08 25 78 00 29
82 cam – 70 € 90 € – ½ P 65 € – **Rist** – Carta 21/28 € (+5 %)
♦ Non molto distante dal centro, l'albergo è stato recentemente ampliato e dispone di camere lineari, moderni ed accoglienti monolocali con angolo cottura e sala convegni. Presso l'intima sala ristorante, la cucina tipica irpina e la golosa pizza napoletana.

La Maschera 20,
rampa San Modestino 1 – 082 53 76 03 – ristorantelamaschera@virgilio.it – Chiuso dall'11 al 25 agosto, domenica sera e lunedì
Rist – Carta 34/44 €
♦ Luci soffuse e tocchi signorili nell'arredo in sala, un fresco dehors con tavoli in ferro ed una cucina dalle proposte legate al territorio irpino, rivisitate ed alleggerite.

Antica Trattoria Martella
via Chiesa Conservatorio 10 – 082 53 11 17 – info@ristorantemartella.it – Fax 082 53 21 23 – Chiuso dal 3 al 20 agosto, domenica sera e lunedì
Rist – Carta 21/35 €
♦ Un'accogliente trattoria arredata in modo classico con tavoli quadrati, propone un buffet d'antipasti accanto ad una cucina e ad una cantina che riflettono i sapori regionali.

AVENA (Monte) – Belluno – 562 D17 – Vedere Pedavena

AVENZA – Carrara – 563 J12 – Vedere Carrara

AVETRANA – Taranto (TA) – 564 F35 – 7 140 ab. – alt. 62 m – ✉ 74020 27 D3

Roma 562 – Bari 146 – Brindisi 42 – Lecce 50 – Taranto 48

Agriturismo Masseria Bosco 200,
via Stazione km 1, Nord : 2 km – 09 99 70 40 99 – info@masseriabosco.it – Fax 09 99 70 41 90
12 cam – 55/95 € 90/160 € – ½ P 106/110 € – **Rist** – Carta 25/35 €
♦ Immersa tra gli ulivi, la masseria settecentesca offre una bella esposizione di strumenti di vita contadina. Caratteristiche camere con soffitto in tufo e bagni policromi. L'olio dell'azienda e i piatti regionali nel suggestivo ristorante.

AVEZZANO – L'Aquila (AQ) – 563 P22 – 38 946 ab. – alt. 697 m – ✉ 67051 1 A2

Roma 105 – L'Aquila 52 – Latina 133 – Napoli 188 – Pescara 107

Dei Marsi cam, 250,
via Cavour 79/B, Sud : 3 km – 08 63 46 01 – booking@hoteldeimarsi.it – Fax 086 34 60 01 00
112 cam – 61/66 € 83/88 € – **Rist** – Carta 26/41 €
♦ Nel cuore industriale di Avezzano, efficiente struttura di moderna concezione con spazi interni funzionali e camere in stile lineare d'ispirazione contemporanea. Ampia e accogliente sala ristorante.

Olimpia cam, 300,
via Tiburtina Valeria km 111,200, Nord-Ovest : 3 km – 08 63 45 21 – info@hotelolimpia.it – Fax 08 63 45 24 00
76 cam – 57/85 € 75/105 € – ½ P 54/69 € – **Rist** – Carta 27/47 €
♦ In comoda posizione vicino all'uscita autostradale, albergo con confortevoli zone comuni e camere essenziali; a disposizione uno dei migliori centri benessere della zona. Luminosa sala da pranzo e spazioso salone per banchetti.

AVOLA – Siracusa – 565 Q27 – Vedere Sicilia alla fine dell'elenco alfabetico.

AYAS – Aosta (AO) – 561 E5 – 1 281 ab. – alt. 1 453 m – Sport invernali : *1 267/2 714 m* *2 (Comprensorio Monte Rosa Sky)* – ✉ 11020 34 B2

Roma 732 – Aosta 61 – Ivrea 57 – Milano 170 – Torino 99

località Antagnod, Route Emile Chanoux 0125 306335, infoantagnod@aiatmonterosa.com, Fax 0125 306518

a Periasc Nord : 3 km – ✉ 11020

Monte Rosa senza rist ← monte Rosa,
rue Periasc La Val 7 – ✆ 01 25 30 57 35 – info@monterosahotel.com – Fax 01 25 30 51 01 – 6 dicembre-aprile e 29 giugno-15 settembre
20 cam – 60/67 € 100/110 €
◆ Ai piedi dell'omonimo monte, edificio completamente ristrutturato, con interni in stile montano, interpretato in chiave moderna; camere essenziali, ben arredate.

ad Antagnod Nord : 3,5 km – alt. 1 699 m – ✉ 11020

Petit Prince ← Monte Rosa e vallata, cam, rist,
route Tchavagnod 1 – ✆ 01 25 30 66 62 – info@hotelpetitprince.com – Fax 01 25 30 49 63 – Chiuso maggio, ottobre e novembre
28 cam – 47/75 € 84/134 € – ½ P 70/87 €
Rist *L'Etoile* – *(dicembre-marzo e luglio-agosto)* Carta 25/35 €
◆ In splendida posizione tranquilla e panoramica, vicino agli impianti da sci, una struttura di recente costruzione; spazi comuni confortevoli e camere con arredi in legno. Caldo e tipico ristorante, ricette classiche.

Santa San senza rist ← Monte Rosa e vallata,
via Barmasc 1, frazione Antagnod-Ayas – ✆ 01 25 30 65 97 – info@hotelsantasan.com – Fax 01 25 30 65 97 – Chiuso maggio ed ottobre
12 cam – 42/90 € 64/120 €
◆ Hotel semplice a conduzione familiare da cui si gode una bella vista della vallata e del Monte Rosa; graziosa saletta dove rilassarsi, camere semplici con arredi rustici.

AZZANO DECIMO – Pordenone (PN) – 562 E20 – 13 361 ab. – alt. 14 m – ✉ 33082 10 B3

Roma 591 – Udine 60 – Pordenone 11 – Treviso 65 – Trieste 104

Eurohotel cam, rist, 40,
via Don Bosco 3 – ✆ 04 34 63 32 05 – azzano@eurohotelfriuli.it – Fax 04 34 64 20 36 – Chiuso 3 settimane in agosto
42 cam – 55/65 € 83/151 € – ½ P 62/68 €
Rist *All'Ancora* – *(chiuso sabato e domenica)* Carta 22/45 €
◆ Hotel completamente ristrutturato, "risorto" su una struttura preesistente. Ideale per una clientela d'affari presenta camere standard, funzionali e dagli arredi essenziali. Grazioso ristorante con un soddisfacente rapporto qualità/prezzo.

AZZATE – Varese (VA) – 561 E8 – 3 974 ab. – alt. 332 m – ✉ 21022 18 A1

Roma 622 – Stresa 43 – Bellinzona 63 – Como 30 – Lugano 42 – Milano 54 – Novara 56 – Stresa 43

Locanda dei Mai Intees 50,
via Monte Grappa 22 – ✆ 03 32 45 72 23 – maiintees@tin.it – Fax 03 32 45 93 39
12 cam – 135/185 € 195/225 € – 2 suites – **Rist** – *(chiuso a mezzogiorno)* Carta 46/62 €
◆ Incantevole fusione di due edifici di origine quattrocentesca raccolti intorno a due corti: atmosfera ricca di charme negli ameni interni signorili, con mobili in stile. Ambiente romantico nella sala da pranzo con grande camino e pareti affrescate.

BACOLI – Napoli (NA) – 564 E24 – 27 191 ab. – ✉ 80070 *Italia* 6 A2

Roma 242 – Napoli 27 – Formia 77 – Pozzuoli 8

Cento Camerelle★ – Piscina Mirabile★

Terme★★ di Baia

Cala Moresca ← golfo e costa, 100,
via del Faro 44, località Capo Miseno – ✆ 08 15 23 55 95 – info@calamoresca.it – Fax 08 15 23 55 57
34 cam – 78/88 € 120/140 € – ½ P 80/90 € – **Rist** – Carta 31/52 €
◆ Un panorama meraviglioso fa da cornice naturale a questa struttura dotata di un ampio numero di belle terrazze; le camere, molto luminose, sono semplici e gradevoli. Un pranzo di lavoro o una cena romantica: la vista incantevole è uno sfondo perfetto.

Villa Oteri
via Lungolago 174 – ✆ 08 15 23 49 85 – reception@villaoteri.it – Fax 08 15 23 39 44
9 cam – 70/85 € 85/110 € – **Rist** – Carta 22/39 €
◆ La trasformazione di una villa in un ameno albergo ha determinato una realtà in cui è notevole la cura dei particolari. Camere arredate con gusto, conduzione appassionata. Specialità culinarie dell'area flegrea.

A Ridosso
via Mercato di Sabato 320 – ✆ 08 18 68 92 33 – info@ristoranteridosso.com – Fax 08 18 68 92 33 – Chiuso dal 23 dicembre al 4 gennaio, dal 13 al 28 agosto, domenica sera, lunedì e a mezzogiorno
Rist – Carta 40/60 €
◆ Uno spazio raccolto dall'atmosfera intima, arredato con gusto classico e sobrio; rappresenta quasi una rarità nella zona. Piatti di mare ispirati alla cucina campana.

BADIA A PASSIGNANO – Firenze – 563 L15 – Vedere Tavarnelle Val di Pesa

BADIA DI DULZAGO – Novara – Vedere Bellinzago Novarese

BADICORTE – Arezzo – 563 M17 – Vedere Marciano della Chiana

BADIOLA – Grosseto – Vedere Castiglione della Pescaia

BADOERE – Treviso – Vedere Morgano

BAGNACAVALLO – Ravenna (RA) – 562 I17 – 16 092 ab. – alt. 11 m – ✉ 48012 9 D2

Roma 369 – Ravenna 24 – Bologna 61 – Faenza 16 – Ferrara 64

Il Giardino dei Semplici 20,
via Manzoni 28 – ✆ 054 56 11 56 – rdepellegrin@libero.it – Fax 054 56 11 56 – Chiuso una settimana in febbraio, dieci giorni in agosto e giovedì
Rist – Carta 28/44 €
◆ Nel centro storico, ma con atmosfera già rustica, elementi della tradizione si coniugano con trovate più moderne. Sempre di buon gusto, così come la cucina.

BAGNAIA – Viterbo (VT) – 563 O18 – alt. 441 m – ✉ 01031 *Italia* 12 B1

Roma 109 – Viterbo 5 – Civitavecchia 63 – Orvieto 52 – Terni 57
Villa Lante★★

Biscetti con cam rist,
via Gen. A. Gandin 11/A – ✆ 07 61 28 82 52 – reception@hotelbiscetti.it – Fax 07 61 28 92 54
23 cam – 48 € 56/66 €, 6 € – ½ P 50/60 € – **Rist** – *(chiuso domenica sera e giovedì)* Carta 21/28 €
◆ Proposta di piatti locali d'impronta casalinga per un ristorante con una lunga storia. Un sicuro punto di approdo per chi ricerca la genuinità e rifugge le novità.

BAGNAIA – Livorno – 563 N13 – Vedere Elba (Isola d') : Rio nell'Elba

BAGNARA CALABRA – Reggio di Calabria (RC) – 564 M29 – 11 128 ab. – alt. 50 m – ✉ 89011 5 A3

Roma 671 – Reggio Calabria 35 – Catanzaro 130 – Cosenza 160

Taverna Kerkira
corso Vittorio Emanuele 217 – ✆ 09 66 37 22 60 – Fax 09 66 37 22 60 – Chiuso dal 20 dicembre al 15 gennaio, dal 1° agosto al 15 settembre, lunedì e martedì
Rist – Carta 29/45 €
◆ Un accogliente locale dal clima familiare dove è possibile gustare un freschissima cucina di mare; in lista anche alcune proposte della tradizione culinaria ellenica.

BAGNARA DI ROMAGNA – Ravenna (RA) – 562 I17 – 1 811 ab. – alt. 22 m 9 C2

Roma 55 – Bologna 55 – Acquaviva 88 – Ravenna 41 – San Marino 101

La Locanda di Bagnara

piazza Marconi 10 – 054 57 69 51 – info@locandabagnara.it – Fax 05 45 90 52 61 – Chiuso venti giorni in agosto

8 cam – 90/180 € 110/180 € – 1 suite

Rist *Osteria della Locanda* – Carta 31/39 €

Rist *Rocca* – *(chiuso a mezzogiorno)* Carta 40/53 €

◆ Nel cuore di questa piccola frazione, edificio del 1870 restaurato su modello di una raffinata e moderna locanda. Arredi eleganti, confort al passo coi tempi. All'Osteria semplici piatti della tradizione. Cucina più creativa nella suggestiva corte de La Rocca.

BAGNARA ARSA – Udine (UD) – 562 E21 – 3 491 ab. – alt. 18 m – ✉ 33050 – Sevegliano 11 C3

Roma 624 – Udine 26 – Grado 31 – Pordenone 66 – Trieste 53

Agriturismo Mulino delle Tolle 60,

località Casa Bianca, statale Palmanova-Grado Sud-Ovest : 2 km – 04 32 92 47 23 – info@mulinodelletolle.it – Fax 04 32 92 47 23 – Chiuso 15 giorni in gennaio

10 cam – 50 € 72 € – **Rist** – *(chiuso Natale, gennaio, Pasqua, da settembre al 15 ottobre, lunedì e martedì da maggio ad agosto, anche mercoledì negli altri mesi)* Carta 16/22 €

◆ Azienda agrituristica con disponibilità di confortevoli alloggi in un casale ristrutturato, in cui confort moderni e charme di campagna si fondono piacevolmente. Cucina accompagnata dai vini prodotti in loco.

BAGNI DI LUCCA – Lucca (LU) – 563 J13 – 6 573 ab. – alt. 150 m – ✉ 55021 28 B1

Roma 350 – Pisa 48 – Firenze 77 – Lucca 27

Corona 15,

frazione Ponte a Serraglio – 05 83 80 51 51 – info@coronaregina.it – Fax 05 83 80 51 34 – Chiuso dal 15 gennaio al 15 febbraio

Rist – Carta 30/36 €

◆ Le ampie vetrate con vista sul fiume La Lima illuminano la sala principale del ristorante, ma d'estate si può mangiare anche in terrazza. Cucina locale, con piatti di mare.

BAGNI DI TIVOLI – Roma – 563 Q20 – Vedere Tivoli

BAGNI NUOVI – Sondrio – Vedere Valdidentro

BAGNI SAN FILIPPO – Siena (SI) – 563 N17 – ✉ 53020 29 D3

Roma 186 – Siena 62 – Firenze 135 – Grosseto 81 – Orvieto 60

Terme San Filippo (termale) cam, rist,

via San Filippo 23 – 05 77 87 29 82 – info@termesanfilippo.it – Fax 05 77 87 26 84 – Pasqua-ottobre

27 cam – 66 € 116 € – ½ P 75 € – **Rist** – Menu 22 €

◆ In un complesso di antiche origini abbracciato dal parco, l'hotel dispone di accoglienti camere dall'arredo ligneo, rilassanti zone comuni ed accesso diretto alle terme. Una piccola carta con proposte classiche di tradizione mediterranea nella semplice sala ristorante.

BAGNO A RIPOLI – Firenze (FI) – 563 K15 – 25 490 ab. – alt. 77 m – ✉ 50012 29 D3

Roma 270 – Firenze 9 – Arezzo 74 – Montecatini Terme 63 – Pisa 106 – Siena 71

piazza della Vittoria 1 055 6390222, urp@comune.bagno-a-ripoli.fi.it, Fax 055 6390267

Centanni <

via di Centanni 8 – 055 63 01 22 – info@residence-centanni.it – Fax 05 56 51 04 45

10 cam – 81/114 € 103/146 € – 5 suites

Rist Centanni – vedere selezione ristoranti

◆ Struttura ricettiva che offre la possibilità di soggiornare in mini appartamenti con cucina o in camere nuove di tipo alberghiero. Golf-club con 9 buche e campo pratica.

Centanni – colline, 15,
via di Centanni 7 – 055 63 01 22 – info@residence-centanni.it – Fax 05 56 51 04 45 – Chiuso agosto, domenica sera e lunedì
Rist – Carta 40/55 €
♦ Risorsa accolta da una tipica casa colonica con un bel giardino ombreggiato per il servizio estivo. Piatti della classica cucina toscana e interessante carta dei vini.

a Candeli Nord : 1 km – ✉ 50012

Villa La Massa – 100,
via della Massa 24 – 05 56 26 11 – info@villalamassa.it – Fax 055 63 31 02 – 15 marzo-16 novembre
27 cam – 260/440 € 410/490 € – 10 suites
Rist *Il Verrocchio* – Carta 71/106 €
♦ Nel verde dei colli, con una bella terrazza su un'ansa dell'Arno, quieta dimora seicentesca, che negli interni, arredati in stile, serba tutto il fascino del suo passato. Soffitto a volte e terrazza estiva sull'Arno per il raffinato ristorante.

BAGNO DI ROMAGNA – Forlì-Cesena (FC) – 562 K17 – 6 154 ab. – alt. 491 m – ✉ 47021 9 D3

Roma 289 – Rimini 90 – Arezzo 65 – Bologna 125 – Firenze 90 – Forlì 62 – Milano 346 – Ravenna 86

via Fiorentina 38 0543 911026, iat.bagno@comunic.it, Fax 0543 911026

Tosco Romagnolo
piazza Dante 2 – 05 43 91 12 60 – lacasa@paoloteverini.it – Fax 05 43 91 10 14
43 cam – 95/160 € 120/310 € – 4 suites
Rist Paolo Teverini – vedere selezione ristoranti
Rist – Carta 35/43 €
♦ Ambiente raffinato, gestito da personale con esperienza nel settore. Dispone di camere spaziose, una piscina panoramica ed una Beauty spa: ideali per dimenticare la routine.

Grand Hotel Terme Roseo – cam,
piazza Ricasoli 2 – 05 43 91 10 16 – termeroseo@tin.it – Fax 05 43 91 13 60 – Chiuso 2 settimane in febbraio
70 cam – 99/112 € 95/145 € – ½ P 43/84 € – **Rist** – (solo per alloggiati) Menu 21 €
♦ Albergo termale che offre cure "in casa", ospitato in un antico palazzo nel centro medioevale del paese. Soggiorno rilassante nelle camere, quasi tutte rinnovate di recente.

Balneum – cam, rist, rist,
via Lungosavio 15/17 – 05 43 91 10 85 – hotelbalneum@virgilio.it – Fax 05 43 91 12 52 – Chiuso febbraio
40 cam – 49/54 € 80/110 € – ½ P 56/71 € – **Rist** – Carta 20/30 €
♦ Tranquilla struttura a gestione familiare, situata all'ingresso del paese, che oggi si propone con camere in gran parte ristrutturate, alcune sono dotate di bagno turco. Ristorante con atmosfera informale e cucina locale.

Paolo Teverini – Hotel Tosco Romagnolo
piazza Dante 2 – 05 43 91 12 60 – lacasa@paoloteverini.it – Fax 05 43 91 10 14 – Chiuso lunedì e martedì escluso agosto
Rist – Carta 62/82 €
Spec. Ravioli di erbe di campagna con sformato di ricotta e gota di maiale (primavera-estate). Intercostata di manzo chianino grigliata al formaggio di fossa. Millefoglie di ricotta al caffé, gelato all'Archemes e frappé al caffé.
♦ Elegante ristorante, offre una cucina classica e contemporaneamente creativa, che coniuga tradizione ed innovazione grazie alla sapiente fantasia dello chef.

a San Piero in Bagno Nord-Est : 2,5 km – ✉ 47026

Locanda al Gambero Rosso
via Verdi 5 – 05 43 90 34 05 – locanda.gamberorosso@libero.it – Fax 05 43 90 34 05 – Chiuso domenica sera e lunedì, da gennaio a marzo anche le sere di martedì e mercoledì
Rist – Carta 28/40 €
♦ Indirizzo giusto per chi cerca la genuinità dei piatti della cucina locale, compresa quella "povera". Salutare tuffo nel passato in un'impeccabile ambiente di gusto femminile.

ad Acquapartita Nord-Est : 8 km – alt. 806 m – ✉ **47021 – San Piero in Bagno**

Miramonti rist, 150, P

via Acquapartita 103 – ☎ 05 43 90 36 40 – miramonti@selecthotels.it – Fax 05 43 90 36 40 – 24 dicembre-6 gennaio e aprile-ottobre

46 cam – †65/100 € ††70/130 € – ½ P 50/75 € – **Rist** – Menu 25/35 €

◆ Struttura recentissima e dotata di ottimi servizi; ubicata tra i folti boschi appenninici e affacciata su un lago con pesca sportiva. Arredi di qualità e belle camere. Sala ristorante con bella vista sul lago di Aquapartita.

BAGNOLO IN PIANO – Reggio Emilia (RE) – 562 H14 – 8 568 ab. – alt. 32 m – ✉ 42011 8 B3

Roma 433 – Parma 38 – Modena 30 – Reggio nell'Emilia 8

Garden Cristallo senza rist 70, P

via Borri 5 – ☎ 05 22 95 38 88 – Fax 05 22 95 71 11 – Chiuso dal 23 dicembre al 2 gennaio, Pasqua ed agosto

56 cam – †65/80 € ††85/105 € – 4 suites

◆ In buona posizione, facilmente raggiungibile dall'autostrada, hotel recente e in stile moderno, offre spazi ampi e luminosi e complementi d'arredo comodi e funzionali.

Trattoria da Probo 20/30, P

via Provinciale nord 13 – ☎ 05 22 95 13 00 – info@trattoriadaprobo.it – Fax 05 22 95 98 27 – Chiuso dal 2 al 10 gennaio, dal 1° al 15 settembre, le sere di domenica, lunedì e martedì; in luglio-agosto chiuso anche domenica a mezzogiorno

Rist – Carta 25/39 €

◆ Una vecchia trattoria di campagna che ha subito rinnovi nelle piacevoli sale, ma non nello spirito dell'accoglienza e nell'impostazione di una cucina vicina alla tradizione.

BAGNOLO SAN VITO – Mantova (MN) – 561 G14 – 5 514 ab. – alt. 18 m – ✉ 46031 17 D3

Roma 460 – Verona 48 – Mantova 13 – Milano 188 – Modena 58

Villa Eden 8, P

via Gazzo 6 – ☎ 03 76 41 56 84 – info@ristorantevillaeden.it – Fax 03 76 25 13 92 – Chiuso dal 1° al 7 gennaio, dal 6 al 27 agosto, martedì e domenica sera

Rist – Carta 30/53 €

◆ Una villa tra i campi, che si presenta quasi come un'ospitale abitazione privata, dove si fondono con facilità la tradizione culinaria mantovana e le delicatezze di mare.

BAGNOREGIO – Viterbo (VT) – 563 O18 – 3 691 ab. – alt. 485 m – ✉ 01022 12 A1

Roma 125 – Viterbo 28 – Orvieto 20 – Terni 82

Civita★

Romantica Pucci rist, P

piazza Cavour 1 – ☎ 07 61 79 21 21 – hotelromanticapucci@libero.it – Chiuso febbraio

8 cam – ††80 € – **Rist** – Carta 20/38 €

◆ Piccolo albergo aperto da pochi anni e gestito da una coppia precedentemente impegnata nel campo della moda. Camere arredate con gusto e attenzione particolari. Sala da pranzo ricca di decori.

Hostaria del Ponte 12,

località Mercatello 11 – ☎ 07 61 79 35 65 – info@hostariadelponte.it – Chiuso dal 22 febbraio al 7 marzo, dal 1° al 7 settembre, lunedì e domenica sera (escluso da maggio a settembre)

Rist – Carta 25/38 €

◆ Buone offerte del territorio per un ristorante dall'ambiente caratteristico, ricco di colori e apprezzato dai molti turisti di passaggio per ammirare le bellezze locali.

BAGNORO – Arezzo – 563 L17 – Vedere Arezzo

BAGNO VIGNONI – Siena – 563 M16 – Vedere San Quirico d'Orcia

BAIA DOMIZIA – Caserta (CE) – 563 S23 – ✉ 81030 6 **A2**

Roma 167 – Frosinone 98 – Caserta 53 – Gaeta 29 – Abbazia di Montecassino 53 – Napoli 67

Della Baia

via dell'Erica – ✆ 08 23 72 13 44 – info@hoteldellabaia.it – Fax 08 23 72 15 56 – 19 maggio-24 settembre

56 cam – †105/110 € ††125/130 €, ☕ 10 € – ½ P 110/115 € – **Rist** – Menu 33/38 €

◆ Il gradevole e curato giardino si spinge proprio fino al limite della spiaggia, a pochi passi dal mare. La conduzione familiare è accogliente e belle le parti comuni. Affidabile e apprezzato il ristorante.

BAIA SARDINIA – Sassari – 566 D10 – **Vedere Sardegna (Arzachena : Costa Smeralda) alla fine dell'elenco alfabetico**

BALDICHIERI D'ASTI – Asti (AT) – 1 020 ab. – alt. 173 m – ✉ 14011 25 **C1**

Roma 626 – Torino 50 – Alessandria 47 – Asti 12 – Cuneo 88

Madama Vigna

via Nazionale 41 – ✆ 01 41 65 92 38 – info@madamavigna.it – Fax 01 41 65 95 38 – Chiuso dal 15 al 30 agosto

16 cam ☕ – †55/65 € ††90/100 € – ½ P 75/85 € – **Rist** – *(chiuso mercoledì)* Menu 25/35 €

◆ All'incrocio di una strada trafficata, un piacevole edificio in mattoni di fine Ottocento. Camere ben insonorizzate dai vivaci colori e porte dipinte a mano.

BALDISSERO TORINESE – Torino (TO) – 561 G5 – **3 396 ab.** – **alt. 421 m** – ✉ **10020** 22 **B1**

Roma 656 – Torino 13 – Asti 42 – Milano 140

Osteria del Paluch

via Superga 44, Ovest : 3 km – ✆ 01 19 40 87 50 – info@ristorantepaluch.it – Fax 01 19 40 75 92 – Chiuso domenica sera e lunedì

Rist – Carta 36/55 €

◆ Elegante e ben curato, a classica conduzione diretta, propone una cucina piemontese con predilezione verso percorsi moderni e creativi. Servizio estivo all'aperto.

a Rivodora Nord-Ovest : 5 km – ✉ 10099

Torinese

18,

via Torino 42 – ✆ 01 19 46 00 25 – Fax 01 19 46 00 06 – Chiuso dal 7 al 30 gennaio, dal 2 al 14 agosto, martedì, mercoledì e a mezzogiorno (escluso sabato-domenica)

Rist – Carta 24/33 €

◆ Una tipica trattoria di campagna adagiata sulla collina di Superga a due passi da Torino. Nell'insieme una situazione di rassicurante semplicità che è piacevole provare.

BALESTRATE – Palermo – 565 M21 – **Vedere Sicilia alla fine dell'elenco alfabetico**

BALLABIO – Lecco (LC) – 561 E10 – **3 539 ab.** – **alt. 732 m** – ✉ **23811** 16 **B2**

Roma 617 – Bergamo 41 – Como 38 – Lecco 6 – Milano 60 – Sondrio 90

Sporting Club

rist,

via Casimiro Ferrari 3, a Ballabio Superiore Nord : 1 km – ✆ 03 41 53 01 85 – info@albergosportingclub.it – Fax 03 41 53 01 85

14 cam ☕ – †55 € ††75 € – ½ P 55/65 € – **Rist** – Carta 26/35 €

◆ Ai piedi delle Grigne, palestra per molti noti alpinisti, una risorsa moderna adatta ad un soggiorno di gradevole essenzialità. Solarium in terrazza, buoni spazi comuni. Classico ristorante d'albergo a conduzione familiare.

Voglia di pranzare all'aperto?
Scegliete un ristorante con terrazza

BALOCCO – Vercelli (VC) – 561 F6 – 274 ab. – alt. 166 m – ✉ 13040 23 C2

Roma 654 – Stresa 71 – Biella 27 – Torino 68 – Vercelli 21

L'Osteria 15/20,

piazza Castello 1 – ☎ 01 61 85 32 10 – Fax 01 61 85 32 10 – Chiuso dal 27 dicembre al 6 gennaio, agosto, domenica sera e lunedì

Rist – Carta 32/52 €

◆ Centralissimo, sulla piazza principale del paese ma con ingresso nel verde. Propone una cucina piemontese moderatamente innovativa e un'ottima carta dei vini.

BANCHETTE D'IVREA – Torino – 561 F5 – Vedere Ivrea

BANNIO ANZINO – Verbano-Cusio-Ossala (VB) – 561 E6 – 567 ab. – alt. 669 m – ✉ 28871 23 C1

Roma 712 – Stresa 48 – Novara 119 – Torino 181 – Verbania 48

Passo Baranca

via Teresa Testone 6 Bannio – ☎ 03 24 82 88 18 – info@albergopassobaranca.it – Fax 03 24 82 88 10 – Chiuso dal 10 al 25 gennaio

8 cam – 50/65 € 60/75 € – ½ P 50/55 € – **Rist** – Carta 20/32 €

◆ Nel centro del paese, un vecchio albergo rinnovato, dispone di camere semplici ma funzionali e di un giardino: una risorsa ideale per gli amanti dello sci e della natura. Nella raccolta sala da pranzo, i profumi e la genuinità di una gustosa cucina casalinga.

a Pontegrande Nord : 2 km – ✉ 28871 – Bannio Anzino

La Residenza dello Scoiattolo senza rist

via San Pietro 21 – ☎ 032 48 96 98 – rescoiattolo@virgilio.it – Fax 032 48 96 98 – Chiuso maggio e dal 25 settembre al 30 novembre

3 cam – 50/55 € 55/60 €

◆ L'ingresso ornato da un profumato glicine, poche camere con arredi lignei ed un caldo soggiorno: un indirizzo accogliente e familiare in una caratteristica casa di montagna.

BARAGAZZA – Bologna – 562 J15 – Vedere Castiglione dei Pepoli

BARANO D'ISCHIA – Napoli – 564 E23 – Vedere Ischia (Isola d')

BARBARANO – Brescia – Vedere Salò

BARBARESCO – Cuneo (CN) – 561 H6 – 652 ab. – alt. 274 m – ✉ 12050 25 C2

Roma 642 – Genova 129 – Torino 57 – Alessandria 63 – Asti 28 – Cuneo 64 – Savona 101

Al Vecchio Tre Stelle (Scaiola) con cam cam, rist,

località Tre Stelle Sud : 3 km – ☎ 01 73 63 81 92 – ristorante@vecchiotrestelle.it – Fax 01 73 63 82 82 – Chiuso dal 23 dicembre al 15 gennaio e dal 5 al 25 luglio

6 cam – 70/80 € 80/100 €, 10 € – ½ P 80/110 € – **Rist** – *(chiuso lunedì, martedì e a mezzogiorno escluso le domeniche di ottobre)* Carta 37/55 €

Spec. Ravioli del plin al ristretto di arrosto e rosmarino. Lombetto di agnello alle ciliege e zenzero (maggio-luglio). Degustazione di cioccolato.

◆ Lungo la strada panoramica dei celebri vigneti, la sala si è rinnovata nel tempo in un crescendo d'eleganza rimanendo fedele, in cucina, ai classici langaroli.

Antinè (Marino)

via Torino 16 – ☎ 01 73 63 52 94 – info@antine.it – Fax 01 73 63 84 07 – Chiuso dal 27 dicembre al 25 gennaio, dal 10 al 25 agosto e mercoledì

Rist – Carta 44/56 €

Spec. Girello rosa di vitello piemontese con gamberi e cipolle di Tropea. Agnolotti del plin ripieni di lumache di Cherasco e patate. Quaglie disossate con scaloppa di fegato grasso, spinaci e salsa al Moscato passito.

◆ Già affascinati dal paesaggio dei celebri vigneti, si accede ad una delle sale più eleganti della zona. La cucina è fedele ai celebri classici della località.

BARBERINO DI MUGELLO – Firenze (FI) – 563 J15 – **9 915 ab.** – **alt. 268 m** – ✉ 50031 29 **C1**

Roma 308 – Firenze 34 – Bologna 79 – Milano 273 – Pistoia 49

in prossimità casello autostrada A 1 Sud-Ovest : 4 km :

XX **Cosimo de' Medici**

viale del Lago 19 ✉ 50030 Cavallina – ✆ 05 58 42 03 70 – Fax 05 58 42 03 70 – Chiuso dal 1° al 20 agosto, domenica sera e lunedì

Rist – Carta 34/42 €

♦ Comodamente raggiungibile, un ristorante per tutte le tasche: clientela di lavoro e di passaggio, proposte prevalentemente toscane servite in un'unica ampia sala.

a Galliano Nord-Est : 8,8 km – ✉ 50031 – Barberino di Mugello

X **Osteria Poggio di Sotto**

via Galliano 15/a – ✆ 05 58 42 86 54 – agriturismopoggiodisotto@virgilio.it – Fax 05 58 42 84 49

Rist – Carta 21/28 €

♦ Servizio estivo in giardino, gestione estroversa, cucina che si "reinventa" ogni giorno in base alla disponibilità dei prodotti e alle stagioni. Un locale sempre piacevole.

BARBERINO VAL D'ELSA – Firenze (FI) – 563 L15 – **4 049 ab.** – **alt. 373 m** – ✉ 50021 *Toscana* 29 **D1**

Roma 260 – Firenze 32 – Siena 36 – Livorno 109

a Petrognano Ovest : 3 km – ✉ 50021 – Barberino Val d'Elsa

XX **Il Paese dei Campanelli**

località Petrognano 4 – ✆ 05 58 07 53 18 – info@ilpaesedeicampanelli.it – Fax 05 58 07 53 18 – Chiuso dal 12 gennaio al 7 febbraio, lunedì e a mezzogiorno (escluso i giorni festivi)

Rist – Carta 35/46 €

♦ Originale collocazione all'interno di un antico casale di campagna con pareti in pietra e rifiniture in legno; d'estate si mangia anche all'aperto, tra vigne e ulivi.

a Ponzano Sud : 2 km – ✉ 50021 – Barberino Val d'Elsa

La Torre di Ponzano senza rist ≤ colline, (riscaldata)

strada di Ponzano 8 – ✆ 05 58 05 92 55 – torre_di_ponzano@hotmail.com – Fax 05 58 07 11 02 – Chiuso dal 20 dicembre al 30 gennaio

6 cam – †70/89 € ††89/145 €

♦ Sul crinale di una collina che offre una doppia, incantevole, vista, una risorsa ricavata in parte da un edificio cinquecentesco. Stile rustico-elegante, giardino attrezzato.

BARBIANELLO – Pavia (PV) – 561 G9 – **851 ab.** – **alt. 67 m** – ✉ 27041 16 **B3**

Roma 557 – Piacenza 45 – Alessandria 68 – Milano 56 – Pavia 18

X **Da Roberto** cam, 12,

via Barbiano 21 – ✆ 038 55 73 96 – info@daroberto.it – Fax 038 55 73 96 – Chiuso dal 1° al 7 gennaio, luglio, lunedì e la sera (escluso venerdì-sabato)

Rist – Carta 18/25 €

♦ Trattoria nata a fine '800 (l'attuale gestione risale al 1986), dispone di ambienti rustici e curati: in due sale con camino, proposte tipiche dai sapori genuini.

BARBIANO – Parma – Vedere Felino

BARCUZZI – Brescia – Vedere Lonato

BARDINETO – Savona (SV) – 561 J6 – **620 ab.** – **alt. 711 m** – ✉ 17057 14 **B2**

Roma 604 – Genova 100 – Cuneo 84 – Imperia 65 – Milano 228 – Savona 59

(maggio-settembre) piazza della Chiesa 6 ✆ 019 7907228, bardineto@inforiviera.it, Fax 019 7907293

Piccolo Ranch 100,
località Cascinazzo 10 – ✆ 01 97 90 70 38 – pranch@lnet.it – Fax 01 97 90 73 77 – Chiuso dal 15 gennaio a Pasqua e dal 15 novembre al 15 dicembre
23 cam – ††65/100 €, ☕ 6 € – ½ P 55/85 € – **Rist** – *(chiuso mercoledì)* Carta 22/30 €
◆ Lungo la strada per Calizzano, albergo semplice e piacevole per distensivi soggiorni di mezza montagna. Le camere offrono un confort apprezzabile. Due grandi sale ristorante adatte anche per festeggiare eventi e ricorrenze.

BARDOLINO – Verona (VR) – 562 F14 – 6 383 ab. – alt. 68 m – ✉ 37011
Italia 35 **A3**

Roma 517 – Verona 27 – Brescia 60 – Mantova 59 – Milano 147 – Trento 84 – Venezia 145

piazza Aldo Moro 5 ✆ 045 7210078, bardolino@aptgardaveneto.com, Fax 045 7210872

Cà degli Ulivi a Marciaga di Costermano, Nord : 7 km, ✆ 045 627 90 30.

Chiesa★

San Pietro
via Madonnina 15 – ✆ 04 57 21 05 88 – info@hotelsanpietro.eu – Fax 04 57 21 00 23 – 20 marzo-15 ottobre
48 cam ☕ – †60/143 € ††70/153 € – ½ P 70/92 € – **Rist** – *(chiuso a mezzogiorno)* Carta 35/48 €
◆ In posizione semi-centrale ma vicino al lago, struttura imponente, ordinata e ricca di verde. Gestione attenta, ambienti comuni spaziosi, ricercata opulenza negli arredi. La sala ristorante è ampia e capiente, i tavoli sufficientemente spaziosi e distanziati.

Color Hotel rist, 50,
via Santa Cristina 5 – ✆ 04 56 21 08 57 – info@colorhotel.it – Fax 04 56 21 26 97 – Marzo-ottobre
80 cam ☕ – †100/160 € ††120/180 € – ½ P 70/145 € – **Rist** – Menu 25/35 €
◆ Hotel di design rinnovato di recente con una buona offerta di servizi; camere di diverse metrature, tra le quali numerose junior suite. L'uso dei colori, una specialità!

Kriss Internazionale cam, rist,
lungolago Cipriani 3 – ✆ 04 56 21 24 33 35,
– info@kriss.it – Fax 04 57 21 02 42 – Chiuso dicembre e gennaio
34 cam ☕ – †135 € ††165 € – ½ P 105 € – **Rist** – Carta 23/34 €
◆ In ottima posizione offre una notevole vista sul lago, di cui è possibile godere anche dalla spiaggia privata. Camere di buon livello, ambienti curati e grande cortesia. Ampia proposta di piatti della tradizione italiana per soddisfare palati internazionali.

Bologna senza rist
via Mirabello 19 – ✆ 04 57 21 00 03 – bolognahotel@libero.it – Fax 04 57 21 05 64 – 15 marzo-20 ottobre
33 cam ☕ – †58 € ††92 €
◆ Non lontano dal centro, un edificio completamente ristrutturato, con una graziosa veranda dalle grandi vetrate; piccola hall, interni curati e camere accoglienti.

Il Giardino delle Esperidi
via Mameli 1 – ✆ 04 56 21 04 77 – susannatezzon@tiscali.it – Fax 04 56 21 04 77 – Chiuso mercoledì a mezzogiorno e martedì
Rist – Carta 30/39 €
◆ Un locale in pieno centro storico, dedito ad esplorazioni creative alla ricerca dell'identità territoriale. Dispone anche di un salotto dove assaporare sigari e distillati.

BARDONECCHIA – Torino (TO) – 561 G2 – 2 987 ab. – alt. 1 312 m – Sport invernali : *1 312/2 750 m* 1 17, – ✉ 10052
22 **A2**

Roma 754 – Briançon 46 – Milano 226 – Col du Mont Cenis 51 – Sestriere 36 – Torino 89

viale della Vittoria 44 ✆ 0122 99032, bardonecchia@montagnedoc.it Fax 0122 980612

I Ginepri Bardonecchia, località Pian del Colle - frazione Melezet, ✆ 011 908 50 42.

Rivè cam, rist,

località Campo Smith – 01 22 90 92 33 – info@hotelrive.it – Fax 01 22 90 92 03 – Chiuso maggio, ottobre e novembre

76 cam – 85/130 € 130/220 €, 8 € – ½ P 90/135 € – **Rist** – Carta 36/54 €

◆ Nuova e moderna struttura (anche residence) a ridosso delle piste da sci. Camere di buon livello, spaziose e confortevoli, buoni servizi generali e personale giovane. Ampia sala ristorante, cucina con predilezione piemontese.

Bucaneve

viale della Vecchia 2 – 01 22 99 93 32 – hbucaneve@tin.it – Fax 01 22 99 99 80 – Dicembre-aprile e 15 giugno-15 settembre

24 cam – 48/65 € 65/75 €, 8 € – ½ P 50/80 € – **Rist** – Menu 20/30 €

◆ Adiacente ad una folta pineta e vicino agli impianti sportivi estivi ed invernali; sale comuni raccolte ed accoglienti, camere con arredi essenziali, ambiente familiare. Per i pasti due calde salette con una buona illuminazione naturale.

La Nigritella

via Melezet 96 – 01 22 98 04 77 – nigritella@libero.it – Fax 01 22 98 00 54

7 cam – 68/73 € 80/85 € – ½ P 54/58 € – **Rist** – *(chiuso a mezzogiorno escluso luglio)* (solo per alloggiati)

◆ Piccola ma graziosa risorsa inaugurata pochi anni or sono, situata lungo la strada che porta a Melezet. Camere confortevoli e luminosa veranda con grande stufa in ceramica.

Locanda Biovey con cam

via General Cantore 2 – 01 22 99 92 15 – info@biovey.it – Fax 01 22 99 92 15 – Chiuso venti giorni a maggio e venti giorni a ottobre

8 cam – 45/55 € 70/80 € – ½ P 55/65 € – **Rist** – *(chiuso martedì e in bassa stagione anche il lunedì sera)* Carta 32/44 €

◆ Minuscolo esercizio del centro in una palazzina d'epoca con giardino. Cucina moderatamente creativa su basi tradizionali e camere in stili diversi, dall'800 al Luigi XV. Cucina moderatamente creativa su basi tradizionali.

BAREGGIO – Milano (MI) – 561 F8 – 16 026 ab. – alt. 138 m – ✉ 20010 18 A2

Roma 590 – Milano 19 – Novara 33 – Pavia 49

Joe il Marinaio

via Roma 69 – 029 02 86 93 – Fax 029 02 86 93 – Chiuso dal 7 al 12 gennaio, dal 16 agosto al 9 settembre, lunedì, martedì a mezzogiorno

Rist – Carta 30/52 €

◆ Sperimentata cucina di pesce, menù per tutte le tasche, serate musicali (nel fine settimana), per un locale dagli ambienti rustici e dal servizio svelto e alla mano.

BARGE – Cuneo (CN) – 561 H3 – 7 404 ab. – alt. 355 m – ✉ 12032 22 B3

Roma 694 – Torino 61 – Cuneo 50 – Sestriere 75

Alter Hotel senza rist 70,

piazza Stazione 1 – 01 75 34 90 92 – info@alterhotel.it – Fax 01 75 34 69 45

22 cam – 80/100 € 100/120 € – 6 suites

◆ Nato dal restauro di un'antica industria manifatturiera, un design hotel che gioca sulle tinte del bianco e del nero ed ospita originali e tecnologici ambienti.

D'Andrea

via Bagnolo 37 – 01 75 34 57 35 – ristorante@dandrea.info – Fax 01 75 34 57 35 – Chiuso una settimana in gennaio, due settimane in luglio e mercoledì

Rist – Carta 28/37 €

◆ Cucina di tradizione rivisitata e "alleggerita", che propone anche pesce di mare e d'acqua dolce. Tavoli ben disposti, ambiente interno personalizzato e accogliente.

a Crocera Nord-Est : 8 km – ✉ 12032 – Barge

D'la Picocarda

via Cardè 71 – 017 53 03 00 – picocarda@libero.it – Fax 017 53 03 00 – Chiuso agosto, lunedì sera e martedì

Rist – Carta 28/50 €

◆ Casa colonica di origine seicentesca, ristrutturata e arredata con buon gusto ed eleganza. In lista proposte legate al territorio ma anche alcuni inserimenti di mare.

BARGECCHIA – Lucca – 563 K12 – Vedere Massarosa

BARGNI – Pesaro e Urbino – 563 K20 – Vedere Serrungarina

BARI Ⓟ (BA) – 564 D32 – **314 166 ab.** – ✉ **70100** *Italia* 27 **C2**

Roma 449 – Napoli 261

di Palese per viale Europa : 9 km AX ✆ 080 5800200

piazza Aldo Moro 33/a ✉ 70122 ✆ 080 5242361, aptbari@pugliaturismo.com, Fax 080 5242329

Barialta, a Casamassima, ✆ 080 697 71 05.

Manifestazioni locali Settembre : fiera del levante campionaria generale

Città vecchia★ CDY : basilica di San Nicola★★ DY, Cattedrale★ DY **B**, castello★ CY – Cristo★ in legno nella pinacoteca BX **M**

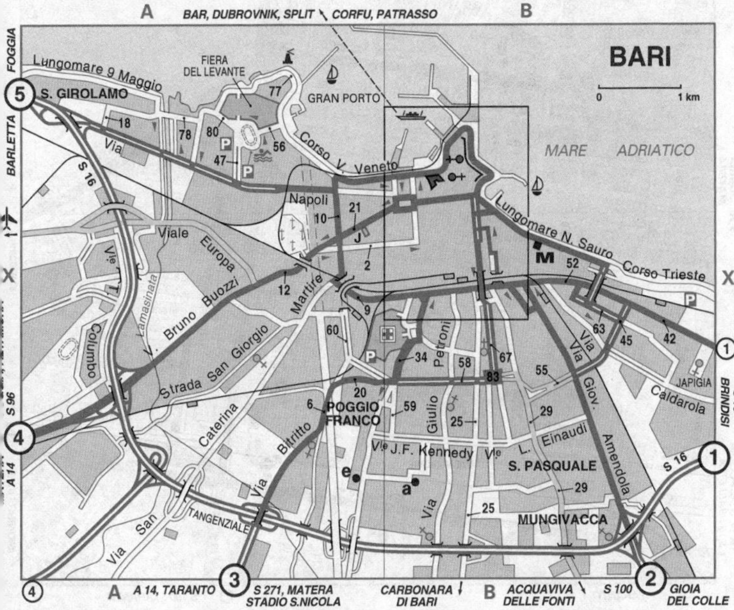

Alighieri (V. Dante) .... **AX** 2
Bellomo (V. Generale N.) ..... **AX** 6
Brigata Bari (V.) .... **AX** 9
Brigata Regina (V.) .... **AX** 10
Buozzi (Sottovia Bruno) ...... **AX** 12
Costa (V. Nicola) .... **AX** 18
Cotugno (V. Domenico) .... **AX** 20
Crispi (V. Francesco) .... **AX** 21
De Gasperi (Cso Alcide) ...... **BX** 25
Fanelli (V. Giuseppe) .... **BX** 29
Flacco (V. Orazio) .... **BX** 34
Japigia (Viale) .... **BX** 42
Magna Grecia (V.) .... **BX** 45
Maratona (V. di) .... **AX** 47
Oberdan (V. Guglielmo) .... **BX** 52
Omodeo (V. Adolfo) .... **BX** 55
Orlando (Viale V.E.) .... **AX** 56
Papa Giovanni XXIII (Viale) .... **BX** 58
Papa Pio XII (Viale) .... **BX** 59
Pasteur (V. Louis) .... **AX** 60
Peucetia (V.) .... **BX** 63
Repubblica (Viale della) .... **BX** 67
Starita (Lungomare Giambattista) .... **AX** 77
Van Westerhout (Viale) .... **AX** 78
Verdi (V. Giuseppe) .... **AX** 80
2 Giugno (Largo) .... **BX** 83

 **Palace Hotel** cam, cam, 420,

via Lombardi 13 ✉ 70122 – ✆ 08 05 21 65 51 – info@palacehotelbari.it – Fax 08 05 21 14 99 CY **b**

190 cam – 185 € 240 € – 6 suites

Rist ***Murat*** – *(chiuso dal 24 dicembre al 3 gennaio, agosto e domenica)* Carta 33/55 €

◆ Nei pressi del castello svevo, ambienti raffinati nell'hotel più rappresentativo della città; camere di stile neoclassico, le più recenti richiamano atmosfere anglossasoni. Panoramico ristorante al roof-garden con dehors per il servizio estivo.

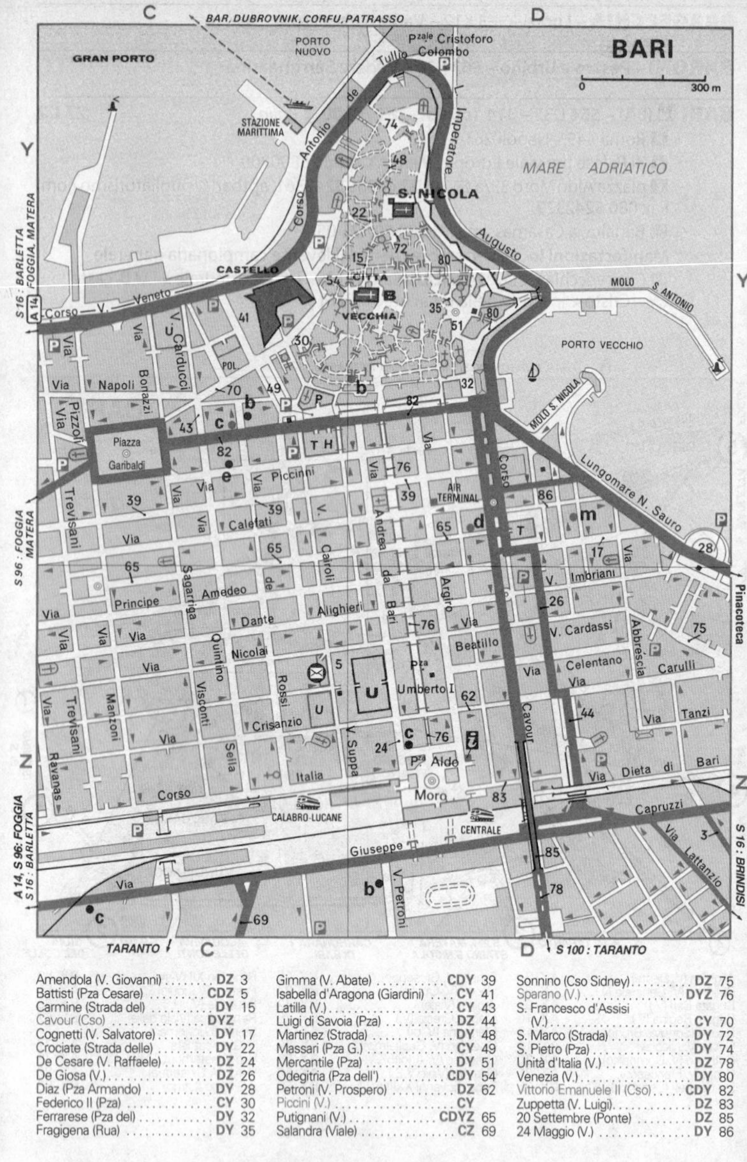

Amendola (V. Giovanni) . . . . DZ 3
Battisti (Pza Cesare) . . . . CDZ 5
Carmine (Strada del) . . . . DY 15
Cavour (Cso) . . . . DYZ
Cognetti (V. Salvatore) . . . . DY 17
Crociate (Strada delle) . . . . DY 22
De Cesare (V. Raffaele) . . . . DZ 24
De Giosa (V.) . . . . DZ 26
Diaz (Pza Armando) . . . . DY 28
Federico II (Pza) . . . . CY 30
Ferrarese (Pza del) . . . . DY 32
Fragigena (Rua) . . . . DY 35
Gimma (V. Abate) . . . . CDY 39
Isabella d'Aragona (Giardini) . . . . CY 41
Latilla (V.) . . . . CY 43
Luigi di Savoia (Pza) . . . . DZ 44
Martinez (Strada) . . . . DY 48
Massari (Pza G.) . . . . CY 49
Mercantile (Pza) . . . . DY 51
Odegitria (Pza dell') . . . . CDY 54
Petroni (V. Prospero) . . . . DZ 62
Piccini (V.) . . . . CY
Putignani (V.) . . . . CDYZ 65
Salandra (Viale) . . . . CZ 69
Sonnino (Cso Sidney) . . . . DZ 75
Sparano (V.) . . . . DYZ 76
S. Francesco d'Assisi (V.) . . . . CY 70
S. Marco (Strada) . . . . DY 72
S. Pietro (Pza) . . . . DY 74
Unità d'Italia (V.) . . . . DZ 78
Venezia (V.) . . . . DY 80
Vittorio Emanuele II (Cso) . . . . . CDY 82
Zuppetta (V. Luigi) . . . . DZ 83
20 Settembre (Ponte) . . . . DZ 85
24 Maggio (V.) . . . . DY 86

Sheraton Nicolaus Hotel cam, 800,
via Cardinale Agostino Ciasca 9 ✉ 70124 –
☎ 08 05 68 21 11 – info@sheratonicolausbari.com – Fax 08 05 04 20 58
175 cam – †158/210 € ††170/245 € AX **e**
Rist *Le Stagioni* – Carta 40/52 €
◆ Imponente albergo di concezione moderna, facilmente raggiungibile dalle principali arterie stradali; confort adeguato ai livelli della catena e moderno centro congressi. Ricco buffet, che spazia dagli antipasti ai dolci, nel curato ristorante.

Mercure Villa Romanazzi Carducci
via Capruzzi 326 cam, cam, rist, 500,
✉ 70124 – ☎ 08 05 42 74 00 – mercure@villaromanazzi.com
– Fax 08 05 56 02 97 CZ **c**
119 cam – 130/160 € 200/240 € – 4 suites – ½ P 126/146 € – **Rist** – *(chiuso agosto, sabato e domenica)* Carta 35/50 €
◆ Curioso il contrasto tra la villa dell'800 e l'edificio moderno che compongono questo originale, elegante complesso situato in un parco con piscina; attrezzato centro congressi. Sala ristorante avvolta da vetrate con vista sul parco.

Excelsior Congressi cam, rist, 900,
via Giulio Petroni 15 ✉ 70124 – ☎ 08 05 56 43 66
– info@hotelexcelsioronline.it – Fax 08 05 52 33 77 DZ **b**
140 cam – 130/230 € 180/250 € – 6 suites – ½ P 120/165 € – **Rist** – Carta 29/44 €
◆ Risorsa nata a nuova a vita, dopo una efficace ristrutturazione totale. Oggi vengono rivolte attenzioni particolari alle esigenze della clientela d'affari e commerciale. Sala ristorante con una notevole capacità ricettiva, cucina dai sapori mediterranei.

Grand Hotel Leon d'Oro rist, 250,
piazza Aldo Moro 4 ✉ 70122 – ☎ 08 05 23 50 40 – info@grandhotelleondoro.it
– Fax 08 05 21 15 55 DZ **c**
80 cam – 105/130 € 155/190 € – ½ P 96/120 € – **Rist** – *(chiuso agosto)* Carta 30/42 €
◆ Nel cuore della città, di fronte alla stazione ferroviaria, un hotel totalmente ristrutturato in grado di offrire un confort attuale. Nelle camere pavimenti in parquet. Piccolo, elegante e originale ristorante.

Scandic by Hilton cam, 90,
via Don Guanella 15/I ✉ 70124 – ☎ 08 05 02 68 15
– gm.bari@scandicbyhilton.com – Fax 08 05 02 09 86 BX **a**
88 cam – 105/125 € 132/182 €, 11 € – **Rist** – *(chiuso dal 13 al 20 agosto)* Carta 34/47 €
◆ Le attrattive che mancano alla zona, periferica e residenziale, sono compensate dall'albergo: un design hotel d'ispirazione scandinava con utilizzo di materiali innovativi.

Boston senza rist 50,
via Piccinni 155 ✉ 70122 – ☎ 08 05 21 66 33 – info@bostonbari.it
– Fax 08 05 24 68 02 CY **e**
69 cam – 73/120 € 102/160 €
◆ In pieno centro, funzionalità e confort adeguato in un albergo ideale per clientela di lavoro; camere di dimensioni non ampie, ma con curato arredamento recente.

La Pignata
corso Vittorio Emanuele 173 ✉ 70122 – ☎ 08 05 23 24 81 – ristorante.lapignata@infinito.it – Fax 08 05 75 25 23 – Chiuso agosto e lunedì CY **c**
Rist – Carta 31/48 €
◆ Soffitti di legno e quadri alle pareti nei caldi, eleganti ambienti di un locale, dove potrete scegliere tra piatti della tradizione pugliese, con specialità di mare.

Ai 2 Ghiottoni
via Putignani 11 ✉ 70121 – ☎ 08 05 23 22 40 – Fax 08 05 23 33 30 DY **d**
Rist – Carta 33/46 €
◆ Accoglienza e servizio informali, ma cortesi in un centrale, moderno locale, sempre molto frequentato da habitué e non; fragrante cucina d'ispirazione pugliese.

Al Sorso Preferito 28,
via Vito Nicola De Nicolò 40 ✉ 70121 – ☎ 08 05 23 57 47 – Fax 08 09 64 18 50
– Chiuso agosto, domenica sera e martedì DY **m**
Rist – Carta 30/46 €
◆ Vicino al lungomare, frequentato ristorante, a gestione familiare, dove si punta sulla freschezza delle materie prime per un ampio repertorio di cucina del luogo.

Osteria delle Travi "Il Buco"
largo Chyurlia 12 ✉ 70122 – ✆ 33 91 57 88 48 – Chiuso dal 15 al 24 agosto, domenica sera e lunedì DY **b**
Rist – Carta 15/22 €
◆ Accogliente osteria familiare, ai margini della città vecchia oggi recuperata. Cucina di fattura casalinga che riprone con genuinità i dettami delle tradizioni locali.

sulla tangenziale sud-uscita 15 Sud-Est : 5 km per ① :

Majesty 300,
via Gentile 97/B ✉ 70126 – ✆ 08 05 49 10 99 – albergo@hotelmajesty.it – Fax 08 05 49 23 97 – Chiuso dal 27 luglio al 26 agosto
110 cam – 68/97 € 103/147 € – ½ P 76/97 € – **Rist** – Carta 24/42 €
◆ Vicino alla tangenziale per Brindisi, albergo che si è ampliato negli anni aprendo camere in un'ala più recente, da preferire rispetto a quella già esistente. Classico ristorante in una sala modulabile in base alle necessità.

a Carbonara di Bari Sud : 6,5 km BX– ✉ **70100**

Taberna
via Ospedale di Venere 6 – ✆ 08 05 65 05 57 – Fax 08 05 65 45 77 – Chiuso luglio, agosto e lunedì
Rist – Carta 40/50 €
◆ Ambiente caratteristico in un accogliente locale storico della zona (dal 1959), ricavato in vecchie cantine; la carne, anche alla brace, è elemento portante del menù.

Cosa si nasconde dietro questo simbolo rosso … un albergo tranquillo, per svegliarsi al canto degli uccelli.

BARILE – Potenza (PZ) – 564 E29 – **3 251 ab.** – **alt. 600 m** – ✉ **85022** 3 **A1**

Roma 329 – Andria 76 – Foggia 67 – Potenza 43 – Salerno 147

Grand Hotel Garden
località Giardino strada statale 93 km 75 – ✆ 09 72 76 15 33 – info@grandhotelgarden.it – Fax 09 72 76 15 60
46 cam – 54/56 € 88/90 €
Rist – *(chiuso domenica sera)* Carta 19/39 €
◆ Poco fuori dal paese, immersa in un parco di ulivi, una nuova struttura dalle linee sobrie e moderne che dispone di camere funzionali e curate e di un piccolo centro benessere. Dalle cucine, i profumi di una cucina classica nazionale arricchita da eco moderne.

Locanda del Palazzo (Giura) con cam cam,
piazza Caracciolo 7 – ✆ 09 72 77 10 51 – info@locandadelpalazzo.com – Fax 09 72 77 10 51 – Chiuso quindici giorni in febbraio e dal 15 al 31 luglio
11 cam – 72 € 98 €, 5 € – **Rist** – *(chiuso domenica sera e lunedì)* Carta 40/50 € (+5 %)
Spec. Zuppa di fave e cicoria campestre. Ravioli di pecorino con ragù d'agnello. Sella d'agnello con farcia alle erbe aromatiche in rete di maiale e salsa all'Aglianico.
◆ La splendida Basilicata si arricchisce di una grande cucina. Fedele al territorio, ne ricerca i migliori prodotti permettendosi con abilità anche citazioni più esotiche. Elementi in legno e accessori moderni nelle ampie camere.

BARLETTA P – **Bari (BA)** – 564 D30 – **92 783 ab.** – ✉ **70051** *Italia* 26 **B2**

Roma 397 – Bari 69 – Foggia 79 – Napoli 208 – Potenza 128 – Taranto 145

corso Garibaldi 208 ✆ 0883 331331, iat@comune.barletta.ba.it, Fax 0883 33730

Colosso★★ AY – Castello★ BY – Museo Civico★ BY M – Reliquiario★ nella basilica di San Sepolcro AY

Pianta pagina a lato

BARLETTA

Baccarini (V.) . . . . **AY** 2
Brigata Barletta (V.) . . . . **AZ** 3
Caduti in Guerra (Pza dei) . . . . **AY** 4
Colombo (V. Cristoforo) . . . . **BY** 6
Consalvo da Cordova (V.) . . . . **AY** 7
Conteduca (Pza) . . . . **AZ** 8
Discanno (V. Geremia) . . . . . **ABY** 10
Duomo (V. del) . . . . **BY** 12
Ferdinando d'Aragona (V.) . . **BYZ** 13
Fieramosca (V. E) . . . . **BY** 15
Garibaldi (Cso) . . . . **ABY**
Giannone (Viale) . . . . **AZ** 16
Leonardo da Vinci (Viale) . . . . **AZ** 17
Marina (Pza) . . . . **BY** 19
Monfalcone (V.) . . . . **AZ** 20
Municipio (V.) . . . . **AY** 21
Nanula (V. A.) . . . . **AY** 23
Nazareth (V.) . . . . **ABY** 24
Palestro (V.) . . . . **AY** 25
Pier delle Vigne (V.) . . . . **AY** 27
Plebiscito (Pza) . . . . **AY** 28
Principe Umberto (Pza) . . . . . . **AY** 29
Regina Elena (Viale) . . . . **BY** 31
San Andrea (V.) . . . . **BY** 33
San Antonio (V.) . . . . **BY** 35
Trani (V.) . . . . **BY** 36
Vittorio Emanuele (Cso) . . . . **AY**
3 Novembre (V.) . . . . **BY** 37
20 Settembre (V.) . . . . **AYZ** 39

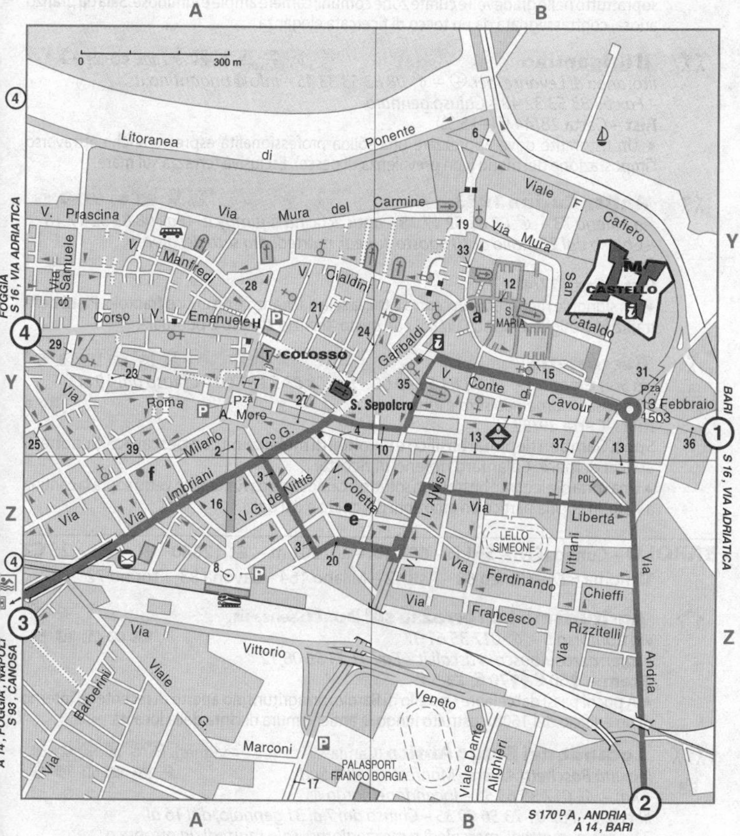

Nicotel senza rist

viale Regina Elena, litorale di Levante – ✆ 08 83 34 89 46 – barletta@nicotelhotels.com – Fax 08 83 33 43 83

62 cam – 🛉120 € 🛉🛉150 €

◆ Albergo di taglio lineare e contemporaneo, affacciato sulla passeggiata a mare, dispone di camere dotate di tutti i confort. Arredamento di design, con linee curve ricorrenti.

Dei Cavalieri rist, 60,

via Foggia 40, per ④ – ✆ 08 83 57 14 61 – info@hoteldeicavalieri.net – Fax 08 83 52 66 40

96 cam – 🛉70/90 € 🛉🛉90/110 € – ½ P 68/78 € – **Rist** – *(chiuso domenica)* Carta 30/42 €

◆ Hotel recente, moderno e funzionale, ubicato alle porte della città: è quindi un punto di riferimento indicato per chi viaggia per lavoro e per turisti di passaggio. Ambiente confortevole dalle tinte delicate, tavoli ben disposti, confort e tranquillità anche per la clientela d'affari. Menù stabile con alcune proposte del giorno.

Itaca

viale Regina Elena 30, per ① – ✆ 08 83 34 77 41 – itaca@itacahotel.it – Fax 08 83 34 77 86

41 cam – 57/78 € 88/120 € – ½ P 60/76 € – **Rist** – *(chiuso lunedì a mezzogiorno)* Carta 20/30 €

◆ Architettura recente, in posizione fortunata con vista sul mare, presenta interni signorili, soprattutto nelle gradevoli e curate zone comuni; camere ampie e luminose. Sala da pranzo ariosa, contrassegnata da un tocco di ricercata eleganza.

Il Brigantino

litoranea di Levante, per ① – ✆ 08 83 53 33 45 – info@brigantino.it – Fax 08 83 53 32 48 – Chiuso gennaio

Rist – Carta 28/44 € (+15 %)

◆ Un ristorante dove apprezzare una solida professionalità espressa anche attraverso l'impostazione del menù (con prevalenza di pesce). Esclusiva terrazza sul mare.

Antica Cucina 1983

via Milano 73 – ✆ 08 83 52 17 18 – anticacucina@jumpy.it – Fax 08 83 52 17 18 – Chiuso dal 20 luglio al 10 agosto, lunedì, martedì e la sera dei giorni festivi AZ **f**

Rist – Carta 27/41 €

◆ Un signorile riferimento in centro città, la sala da pranzo è un antico frantoio. Piatti della tradizione pugliese personalizzati con gusto; servizio attento e puntuale.

Baccosteria (Campana)

via San Giorgio 5 – ✆ 08 83 53 40 00 – Fax 08 83 53 31 00 – Chiuso dal 10 al 20 agosto, domenica sera e lunedì BY **a**

Rist – Carta 29/52 €

Spec. Gamberi tiepidi al basilico e involtini di melanzana con pescatrice. Spaghetti ai ricci di mare. Calamaro ripieno di ricotta.

◆ Una sorta di elegante bistrot con soffitto a campana e pavimento in vetro sopra la cantina a vista. In cucina particolari emozioni dal crudo e dai dolci.

BAROLO – Cuneo (CN) – 561 I5 – 683 ab. – alt. 301 m – ✉ 12060 25 C2

Roma 627 – Cuneo 68 – Asti 42 – Milano 164 – Savona 83 – Torino 72

Agriturismo La Terrazza sul Bosco senza rist

via Conforso 5 – ✆ 017 35 61 37 – laterrazzasulbosco@tiscali.it – Fax 01 73 56 08 12

5 cam – 60 € 70 €, 5 €

◆ A pochi passi dal celebre Castello di Barolo, un agriturismo aperto di recente all'interno di un edificio del 1600, costruito lungo le antiche mura di cinta della località.

Locanda nel Borgo Antico (Camia) vigneti, 20,

località Boschetti 4, verso Monforte d'Alba Sud : 4 km – ✆ 017 35 63 55 – locandanelborgo@libero.it – Fax 01 73 56 09 35 – Chiuso dal 7 al 31 gennaio, dal 16 al 31 agosto, martedì, mercoledì a mezzogiorno, solo martedì da ottobre a novembre

Rist – Carta 43/63 €

Spec. Cipolla cotta al sale, crema di patate, bianco di quaglia scottato, tartufo nero e nocciole tostate. Ravioli del plin farciti di caprino all'acqua di pomodoro e olive. Crema di latte e mascarpone, sorbetto alle fragole.

◆ L'edificio squadrato e variopinto preannuncia il design moderno della sala, un anfiteatro sui prestigiosi vigneti. Cucina langarola con qualche estrosa invenzione.

a Vergne Ovest :2 km – ✉ 12060 – Barolo

Ca' San Ponzio senza rist

via Rittane 7 – ✆ 01 73 56 05 10 – info@casanponzio.com – Fax 01 73 56 05 10 – Chiuso gennaio

6 cam – 47/52 € 62/68 €, 8 €

◆ Un inaspettato prato all'inglese "disseminato" di noccioli, l'ingresso sotto un caratteristico balcone alla piemontese, mobili in stile, camere mansardate: davvero bello.

BARONE CANAVESE – Torino (TO) – 561 G5 – **596 ab.** – **alt. 325 m** – ✉ 10010 22 **B2**

Roma 673 – Torino 48 – Aosta 86 – Ivrea 18 – Milano 116

X **Al Girasol**

via Roma 8 – ✆ 01 19 89 85 65 – Chiuso dal 15 al 31 gennaio, lunedì e a mezzogiorno (escluso i giorni festivi)

Rist – Carta 26/50 €

◆ Tre accoglienti salette di cui una affrescata e riscaldata da uno scoppiettante caminetto, dove è piacevole cenare; atmosfera familiare e cucina piemontese.

BARZANÒ – Lecco (LC) – 561 E9 – **4 861 ab.** – **alt. 370 m** – ✉ 23891 18 **B1**

Roma 605 – Como 27 – Bergamo 36 – Lecco 19 – Milano 34

Redaelli

via Garibaldi 77 – ✆ 03 99 21 04 55 – info@hotelredaelli.it – Fax 039 95 53 12 – Chiuso dal 7 al 28 agosto

20 cam – †50 € ††73 €, ☕ 8 € – 4 suites – ½ P 55/60 € – **Rist** – *(chiuso venerdì)* Carta 19/32 €

◆ La stessa famiglia da quattro generazioni: una garanzia per chi desidera un riferimento certo per pernottare tra le colline brianzole. Struttura semplice e ben tenuta. La particolare atmosfera da ristorante della tipica provincia italiana.

BASCAPÉ – Pavia (PV) – 561 G9 – **1 585 ab.** – **alt. 89 m** – ✉ 27010 16 **B3**

Roma 560 – Milano 25 – Piacenza 59 – Pavia 25

Agriturismo Tenuta Camillo

località Trognano Nord : 2 km – ✆ 038 26 65 09 – agrimillo@libero.it – Fax 038 26 65 09

6 cam – †55 € ††70 €, ☕ 5 € – **Rist** – *(chiuso dal 15 settembre al 15 ottobre, negli altri mesi aperto la sera di sabato e domenica a mezzogiorno)* Menu 20/30 €

◆ Un tuffo nel passato in un tipico cascinale lombardo dei primi del '900; intorno all'aia la villa padronale e le case coloniche; camere semplici e invitante piscina nel verde.

BASCHI – Terni (TR) – 563 N18 – **2 713 ab.** – **alt. 165 m** – ✉ 05023 32 **B3**

Roma 118 – Viterbo 46 – Orvieto 10 – Terni 70

sulla strada statale 448

XXXX **Vissani** ✿✿

Nord : 12 km ✉ 05020 Civitella del Lago – ✆ 07 44 95 02 06 – info@casavissani.it – Fax 07 44 95 01 86 – Chiuso agosto, mercoledì, giovedì a mezzogiorno e domenica sera

Rist – Carta 85/115 € (+15 %)

Spec. Gamberoni rossi con quaglia, salsa di gamberoni e millepunti di tartufo nero. Risotto con ostriche e mirepoix di zucchine crude, salsa di scampi e basilico greco, ostriche fritte al tartufo nero. Agnello con flan di carote e cerfoglio, salsa di panna e agnello.

◆ Arredata da un artista locale, la sala sembra essere solo una parte di un'elegante casa e la cucina propone i migliori prodotti combinati in un unico, irripetibile stile.

a Civitella del Lago Nord-Est : 12 km – ✉ 05020

XX **Trippini** ← lago e dintorni, 25,

via Italia 14 – ✆ 07 44 95 03 16 – info@trippini.net – Fax 07 44 95 03 16 – Chiuso dal 20 gennaio al 10 febbraio, una settimana in settembre e lunedì

Rist – Carta 41/55 €

◆ Panorama di grande suggestione sul lago di Corbara e sulle colline circostanti, da ammirare attraverso le vetrate della piccola sala dall'ambiente curato e ricercato.

BASELGA DI PINÈ – Trento (TN) – 562 D15 – **4 632 ab.** – **alt. 964 m** – ✉ 38042 30 **B3**

Roma 606 – Trento 19 – Belluno 116 – Bolzano 75 – Milano 260 – Padova 136 – Venezia 169

a Serraia via Cesare Battisti 106 ✆ 0461 557028, pine@aptpinecembra.it, Fax 0461 557577

Edera
via Principale 19, a Tressilla – ✆ 04 61 55 72 21 – Fax 04 61 55 89 77 – Chiuso novembre
42 cam – 36/48 € 70/90 € – ½ P 48/60 € – **Rist** – *(chiuso lunedì escluso dal 15 giugno al 15 settembre)* Carta 33/49 €
◆ Struttura frequentata anche dalla clientela d'affari, ordinata e ben tenuta. Le camere, di livello soddisfacente, sono dotate di balcone e arredate in stile di montagna. Due sale ristorante con rifiniture in legno, cucina locale.

2 Camini con cam
via del 26 Maggio 65 – ✆ 04 61 55 72 00 – info@albergo2camini.com – Fax 04 61 55 88 33 – Chiuso dal 15 ottobre al 15 novembre
10 cam – 45/65 € 80/106 € – ½ P 52/68 € – **Rist** – *(chiuso domenica sera e lunedì escluso dal 30 giugno al 15 settembre)* Carta 23/33 €
◆ Pare d'essere nel soggiorno di una casa di campagna, con tanto di camino. L'atmosfera è familiare e ruspante, la cucina casalinga con specialità trentine e piemontesi.

La Vecchia Quercia con cam
a Masi di Sternigo 16 Nord : 1,5 km – ✆ 04 61 55 30 53 – info@masovecchiaquercia.it – Fax 04 61 55 30 53 – Chiuso dal 3 al 25 novembre
8 cam – 56/71 € 74/94 € – ½ P 31/56 € – **Rist** – *(chiuso lunedi da ottobre a maggio)* Carta 24/37 €
◆ Struttura edificata in tipico stile di montagna, in posizione isolata e panoramica, con bella vista sul lago. Ristorante e pizzeria (serale) con accogliente terrazza estiva, dove è possibile gustare i prodotti coltivati e lavorati in proprio.

BASELLA – Bergamo – 561 F11 – Vedere Urgnano

BASSANO DEL GRAPPA – Vicenza (VI) – 562 E17 – 41 142 ab. – alt. 129 m – ✉ 36061 *Italia* 35 B2

Roma 543 – Padova 45 – Belluno 80 – Milano 234 – Trento 88 – Treviso 47 – Venezia 76 – Vicenza 35

largo Corona d'Italia 35 ✆ 0424 524351, iat.bassano@provincia.vicenza.it, Fax 0424 525301

Museo Civico★

Monte Grappa★★★ Nord-Est : 32 km

Ca' Sette 150,
via Cunizza da Romano 4, Nord : 1 km – ✆ 04 24 38 33 50 – booking@ca-sette.it – Fax 04 24 39 32 87 – Chiuso dal 1° al 7 gennaio e dal 7 al 20 agosto
18 cam – 130/160 € 170/210 € – 1 suite
Rist Ca' 7 – vedere selezione ristoranti
◆ Design contemporaneo in una villa del 1700, un hotel in cui tradizione, storia e soluzioni davanguardia sono state fuse con sapienza. Un soggiorno originale ed esclusivo.

Belvedere 260,
piazzale Gaetano Giardino 14 – ✆ 04 24 52 98 45 – belvederehotel@bonotto.it – Fax 04 24 52 98 49
87 cam – 54/108 € 76/152 €
Rist Belvedere – vedere selezione ristoranti
◆ Attività dalla storia antica (sembrerebbe risalire al XV sec.), sorge a pochi passi dalle mura cittadine. Camere arredate secondo differenti stili ma di eguale confort.

Palladio senza rist 200,
via Gramsci 2 – ✆ 04 24 52 37 77 – palladiohotel@bonotto.it – Fax 04 24 52 40 50 – Chiuso una settimana in agosto
66 cam – 42/69 € 66/132 €
◆ Una struttura moderna diretta da una gestione molto attenta alle attività congressuali; camere e spazi comuni sono dotati di un omogeneo, gradevole livello di confort.

Brennero senza rist
via Torino 7 – ✆ 04 24 22 85 38 – info@hotelbrennero.com – Fax 04 24 22 70 21
28 cam – 47/52 € 76/82 €
◆ Lungo le mura cittadine, non lontano dal centro storico, una ristrutturazione continua delle camere assicura ambienti confortevoli e funzionali adatti alla clientela d'affari.

Al Castello senza rist

via Bonamigo 19 – ✆ 04 24 22 86 65 – info@hotelalcastello.it – Fax 04 24 22 86 65

11 cam – 🚹65/75 € 🚹🚹75/90 €, ☕ 6 €

◆ Risorsa situata a ridosso del castello medioevale e poco lontana dal celebre Ponte Coperto; stanze non ampie, ma confortevoli, dotate di complementi d'arredo in stile.

Dal Ponte senza rist

viale De Gasperi 2/4 – ✆ 04 24 21 91 00 – info@hoteldalponte.it – Fax 04 24 21 91 81

24 cam ☕ – 🚹45/56 € 🚹🚹75/92 €

◆ Hotel di nuova costruzione a pochi metri dal centro storico, dispone di luminosi spazi comuni e camere semplici d'arredo moderno: un buon indirizzo per ogni tipo di clientela.

Ca' 7 – Hotel Ca' Sette

15/20,

via Cunizza da Romano 4, Nord : 1 km – ✆ 04 24 38 33 50 – info@ca-sette.it – Fax 04 24 39 32 87 – Chiuso dal 1° al 7 gennaio, dal 7 al 21 agosto, domenica sera e lunedì

Rist – Carta 36/49 €

◆ Struttura, colonne e materiali d'epoca si uniscono a quadri e illuminazione moderni in un ardito ma affascinante accostamento. In estate la magia si sposta in giardino.

Belvedere Hotel Belvedere

10/30,

viale delle Fosse 1 – ✆ 04 24 52 49 88 – ristorantebelvedere@bonotto.it – Fax 04 24 52 21 87 – Chiuso dal 2 al 6 gennaio e domenica

Rist – Carta 34/50 €

◆ La lista propone piatti di mare e di terra, carne e pesce in misura pressoché uguale. Preparazioni accurate e classiche, così come il servizio, l'accoglienza e il confort.

Al Ponte

via Volpato 60 – ✆ 04 24 21 92 74 – info@alpontedibassano.com – Chiuso martedì a mezzogiorno e lunedì

Rist – Carta 39/50 €

◆ Il nome deriva dalla "celebrità" locale, l'ambiente da uno stile caldo e con tocchi d'eleganza. Servizio estivo all'aperto, cucina che si ispira alle stagioni.

Bauto

30,

via Trozzetti 27 – ✆ 042 43 46 96 – info@ristorantebauto.it – Fax 042 43 46 96 – Chiuso dal 1° al 7 gennaio, dal 13 al 16 agosto e domenica (escluso aprile-maggio)

Rist – Carta 26/40 €

◆ Bella saletta e veranda altrettanto accogliente per un locale ubicato nella zona industriale e che quindi presenta un buon menù d'affari; specialità: carne alla griglia.

Al Sole-da Tiziano

via Vittorelli 41/43 – ✆ 04 24 52 32 06 – Fax 04 24 52 32 06 – Chiuso dal 15 luglio al 15 agosto e lunedì

Rist – Carta 30/39 €

◆ Una sala classica e un secondo ambiente più contenuto in cui prevale uno stile rustico dall'atmosfera più calda, entrambi di eleganza discreta. Alcune proposte originali.

sulla strada statale 47

Al Camin

cam, 80,

via Valsugana 64, Sud-Est : 2 km ✉ 36022 Cassola – ✆ 04 24 56 61 34 – info@hotelalcamin.com – Fax 04 24 56 68 22

45 cam ☕ – 🚹70/130 € 🚹🚹80/160 € – ½ P 110/125 € – **Rist** – *(chiuso dal 10 al 24 agosto)* Carta 45/57 €

◆ Albergo di classe, elegante con personalità, anche se l'aspetto generale non è dei più aggiornati. Servizio accurato pronto ad accontentare al meglio la propria clientela. Valido ristorante d'albergo; nei mesi estivi il servizio è effettuato anche in giardino.

BASTIA UMBRA – Perugia (PG) – 563 M19 – 19 105 ab. – alt. 201 m – ✉ 06083 32 B2

Roma 176 – Perugia 17 – Assisi 9 – Terni 77

sulla strada statale 147 Assisana Est : 4 km :

Campiglione cam,
via Campiglione 11 – 07 58 01 07 67 – hotel@hotel-campiglione.it – Fax 07 58 01 07 68
39 cam – 55/65 € 70/80 € – ½ P 50/60 € – **Rist** – *(chiuso a mezzogiorno ed in gennaio-febbraio anche sabato-domenica)* Carta 19/29 €
◆ Risorsa situata lungo l'arteria stradale principale del paese, alla semplicità degli ambienti comuni si accompagna il soddisfacente confort delle accoglienti camere. Ristorante d'albergo dall'atmosfera ruspante.

ad Ospedalicchio Ovest : 5 km – ✉ 06083

Lo Spedalicchio 80,
piazza Bruno Buozzi 3 – 07 58 01 03 23 – info@lospedalicchio.it – Fax 07 58 01 03 23
25 cam – 65/74 € 85/107 € – ½ P 62/72 € – **Rist** – *(chiuso lunedì)* Carta 31/41 €
◆ Una sistemazione capace di trasmettere quel genere di emozioni proprie delle dimore fortificate dalle origini antiche (XIV sec.). Il confort è commisurato alla struttura. Per pranzi o cene avvolti da pareti e volte in pietra e mattoni.

BAVENO – Verbano-Cusio-Ossala (VB) – 561 E7 – 4 648 ab. – alt. 205 m – ✉ 28831 *Italia* 24 A1

Roma 661 – Stresa 4 – Domodossola 37 – Locarno 51 – Milano 84 – Novara 60 – Torino 137

piazza Dante Alighieri 14 (Palazzo Comunale) 0323 924632, baveno@distrettolaghi, Fax 0323 924632

Grand Hotel Dino < lago e isole Borromee, cam, cam, 1300,
corso Garibaldi 20 – 03 23 92 22 01 – info@grandhoteldino.com – Fax 03 23 92 45 15 – Marzo-novembre
367 cam – 165/400 € – 8 suites – ½ P 135/280 € – **Rist** – Carta 32/95 €
◆ Circondato da un giardino con alberi secolari, un maestoso complesso a indirizzo congressuale sulle rive del lago con spazi comuni ampi e camere dall'atmosfera principesca. L'elegante sala ristorante offre una splendida vista sul golfo e propone una cucina classica.

Simplon <
corso Garibaldi 52 – 03 23 92 41 12 – info@hotelsimplon.com – Fax 03 23 91 65 07 – 10 aprile-ottobre
114 cam – 108/260 € 135/310 € – ½ P 108/250 € – **Rist** – Carta 22/60 €
◆ Immerso in un grande parco secolare a pochi passi dal centro, l'hotel dispone di eleganti ed ampie camere con vista sul lago o sulla montagna, una sala lettura e piscina. Dalla sala ristorante, illuminata da lampade in stile, una vista sul giardino all'italiana e proposte di cucina tradizionale.

Splendid < lago e monti,
via Sempione 12 – 03 23 92 45 83 – info@hotelsplendid.com – Fax 03 23 92 22 00 – Aprile-ottobre
118 cam – 100/240 € 135/280 € – ½ P 100/220 € – **Rist** – Carta 21/60 €
◆ Dotata di camere sontuose, alcune delle quali arredate in stile barocco, la risorsa si trova in riva al lago ed è circondata da un giardino con campo da tennis e piscina. Cucina classica nella sfarzosa sala ristorante dominata da ampie vetrate che si affacciano sul Lago e sulle montagne.

Lido Palace < lago e Isole Borromee, rist,
strada statale del Sempione 30 – 03 23 92 44 44 – info@lidopalace.com – Fax 03 23 92 47 44 – 10 aprile-20 ottobre
83 cam – 118 € 185 € – 3 suites – ½ P 102/128 € – **Rist** – Carta 34/54 €
◆ Una villa settecentesca immersa nel verde, negli anni meta di numerosi ospiti illustri, dispone di immensi spazi comuni e camere arredate con eleganza. Una capiente terrazza-ristorante con vista sul lago e sulle isole Borromee per assaporare la cucina tradizionale.

Rigoli ≤ lago e isole Borromee, rist,
via Piave 48 – ☎ 03 23 92 47 56 – hotel@hotelrigoli.com – Fax 03 23 92 51 56 – Pasqua-ottobre
31 cam – 80/100 € 100/120 € – ½ P 70/80 € – **Rist** – *(chiuso a mezzogiorno)* Carta 27/45 €
◆ Direttamente sul lago, una struttura a gestione familiare, punto di riferimento per una clientela abituale, dotata di accoglienti camere con balcone e sobriamente eleganti. Nella sala ristorante, dalle pareti tinteggiate in un riposante verde acqua, proposte di cucina casalinga.

Villa Azalea senza rist
via Domo 6 – ☎ 03 23 92 43 00 – info@villaazalea.com – Fax 03 23 92 20 65 – Marzo-15 novembre
23 cam – 52 € 78 €, 6 €
◆ Sita nel centro storico della località, la risorsa dispone di un'ampia zona soggiorno, camere confortevoli arredate con gusto moderno e di appartamenti con angolo cottura.

Il Gabbiano
via I Maggio 19 – ☎ 03 23 92 44 96 – info@ristoranteilgabbiano.info – Fax 03 23 83 64 80 – Chiuso lunedì e martedì a mezzogiorno
Rist – Carta 29/44 €
◆ Un ristorante semplice in una posizione tranquilla con proposte gastronomiche piemontesi a base di carne e di pesce, attente all'avvicendarsi delle stagioni e ai loro sapori.

BAZZANO – Bologna (BO) – 562 I15 – 6 297 ab. – alt. 93 m – ✉ 40053 9 C3

Roma 382 – Bologna 24 – Modena 23 – Ostiglia 86

Alla Rocca cam, 150,
via Matteotti 76 – ☎ 051 83 12 17 – info@allarocca.com – Fax 051 83 06 90 – Chiuso agosto
52 cam – 94/122 € 135/164 € – 3 suites – **Rist** – *(chiuso domenica sera)* Carta 26/50 €
◆ Struttura di gran fascino ricavata da un imponente e colorato palazzo del 1794. Tanti ambienti, tutti suggestivi, arredati con pregevole mobilio. Il confort regna sovrano. Sala ristorante classica o caratteristica taverna in mattoni? Un curioso dilemma.

BEDIZZOLE – Brescia (BS) – 561 F13 – 9 882 ab. – alt. 184 m – ✉ 25081 17 D1

Roma 539 – Brescia 17 – Milano 111 – Verona 54

La Corte cam,
via Benaco 117 – ☎ 03 06 87 16 88 – direzione@lacorte.it – Fax 03 06 87 04 93
16 cam – 47 € 85 €
Rist – Carta 28/40 €
Rist *Don Luis* – ☎ 03 06 87 01 66 *(chiuso a mezzogiorno e lunedì)* Carta 25/42 €
◆ Hotel a conduzione familiare ospitato dagli inusuali spazi di una deliziosa cascina completamente ristrutturata. Ambienti comuni ridotti, ma camere ampie e confortevoli. Il ristorante propone un'insolita e gradita cucina argentina.

Borgo Antico con cam
via Gioia 8, località Masciaga Ovest : 1 km – ☎ 030 67 42 91 – Fax 030 67 56 08
8 cam – 40 € 80 € – **Rist** – *(chiuso lunedì sera)* Carta 29/36 €
◆ Nella campagna bresciana un locale tranquillo ma provvisto anche di spazi appropriati per cerimonie e banchetti. Una gestione ispirata alla cortesia e alla disponibilità.

BEE – Verbano-Cusio-Ossala (VB) – 561 E7 – 677 ab. – alt. 594 m – ✉ 28813 24 B1

Roma 682 – Stresa 27 – Locarno 50 – Milano 116 – Novara 86 – Torino 161 – Verbania 10

Chi Ghinn con cam ≤ lago e dintorni,
via Maggiore 21 – ☎ 032 35 63 26 – info@chighinn.com – Fax 032 35 64 30 – Chiuso dal 7 gennaio a febbraio
6 cam – 70 € 120 € – **Rist** – *(chiuso martedì)* Carta 29/37 €
◆ Sita nel centro del paese, una struttura dalla giovane conduzione ospita una saletta riscaldata da un bel camino e una terrazza-giardino dove gustare una cucina contemporanea. Dispone anche di poche camere spaziose e semplici negli arredi, alcune delle quali con zona salotto.

BELGIRATE – Verbano-Cusio-Ossala (VB) – 561 E7 – 500 ab. – alt. 200 m – ✉ 28832 24 **B2**

Roma 651 – Stresa 6 – Locarno 61 – Milano 74 – Novara 50 – Torino 127

via Mazzini 12/14 ✆ 0322 7494, prolocobelgirate@libero.it, Fax 03227494

Villa dal Pozzo d'Annone

< lago, 30,

strada statale Sempione, 5 – ✆ 03 22 72 55 – info@villadalpozzodannone.com – Fax 03 22 77 20 21 – Pasqua-ottobre

6 cam – ††250 € – 5 suites – ††620 € – **Rist** – (solo per alloggiati) Carta 43/62 €

◆ Una villa con ampi spazi, pezzi unici d'arredo e scalini intarsiati, una dependance con camere ariose ed eleganti: un dono di nozze ottocentesco immerso in un parco secolare.

BELLAGIO – Como (CO) – 561 E9 – 2 992 ab. – alt. 216 m – ✉ 22021 *Italia* 16 **B2**

Roma 643 – Como 29 – Bergamo 55 – Lecco 22 – Lugano 63 – Milano 78 – Sondrio 104

per Varenna – Navigazione Lago di Como, ✆ 031 579211 e 800 551 801

piazza Mazzini (pontile Imbarcadero) ✆ 031 950204, prombell@tin.it, Fax 031 950204

Posizione pittoresca★★★ – Giardini★★ di Villa Serbelloni – Giardini★★ di Villa Melzi

Grand Hotel Villa Serbelloni

< lago e monti, cam, rist, 400,

via Roma 1 – ✆ 031 95 02 16 – inforequest@villaserbelloni.com – Fax 031 95 15 29 – Aprile-11 novembre

81 cam – ††355/425 € – 4 suites – ½ P 238/273 €

Rist Mistral – vedere selezione ristoranti

Rist – (solo per alloggiati)

◆ Prestigioso ed esclusivo hotel, all'estremità del promontorio di Bellagio, immerso in un parco digradante sul lago. Ha ospitato regnanti e personalità da ogni continente.

Belvedere

< lago e monti, cam, rist, 90,

via Valassina 31 – ✆ 031 95 04 10 – belveder@tin.it – Fax 031 95 01 02 – Aprile-ottobre

62 cam – †193 € ††208 € – 4 suites – **Rist** – Carta 43/62 €

◆ Albergo in posizione panoramica con vista sul lago e sugli affascinanti scorci di paesaggio. Bello il giardino fiorito, con piscina estiva, che digrada fino al lago. Sala da pranzo classica con arredi moderni e ampia visuale del panorama.

Florence

piazza Mazzini 46 – ✆ 031 95 03 42 – hotflore@tin.it – Fax 031 95 17 22 – Aprile-ottobre

30 cam – †125 € ††140/198 € – 1 suite – ½ P 100/129 € – **Rist** – *(chiuso ottobre)* Carta 42/58 €

◆ Camere rimodernate di recente sempre secondo il buon gusto e la ricerca di una fine personalizzazione degli ambienti. Un bel camino a disposizione degli ospiti. Servizio ristorante estivo sulla terrazza ombreggiata in riva al lago.

Du Lac

< lago e monti, rist,

piazza Mazzini 32 – ✆ 031 95 03 20 – dulac@tin.it – Fax 031 95 16 24 – Aprile-ottobre

42 cam – †110/130 € ††170/190 € – ½ P 105/115 € – **Rist** – Carta 34/53 €

◆ In posizione centralissima, situato di fronte all'imbarcadero dei battelli; l'hotel dispone anche di una terrazza utilizzabile sia come solarium che come roof-garden. Sala da pranzo in cui la bellezza del panorama è "servita" ad ogni ora.

Bellagio senza rist

< lago e dintorni,

salita Grandi 6 – ✆ 031 95 04 24 – hotelbellagio@virgilio.it – Fax 031 95 19 66 – Chiuso gennaio

29 cam – †100/130 € ††140/150 €

◆ Hotel ubicato in pieno centro storico, a due passi dal lungolago e dall'imbarcadero. Interamente ristrutturato ad inizio 2005, presenta camere graziose ed una bella terrazza.

Silvio
via Carcano 10/12, Sud-Ovest : 2 km – ✆ 031 95 03 22 – info@bellagiosilvio.com – Fax 031 95 09 12 – Chiuso dal 20 novembre al 20 dicembre e dal 6 gennaio al 6 marzo
21 cam – 60/80 € 77/110 € – ½ P 55/65 € – **Rist** – Carta 21/38 €
◆ Risorsa familiare e accogliente, gli arredi sono di taglio moderno. Una realtà senza fronzoli o ricercatezze ma ben "equipaggiata" di attenzioni e professionalità. Ristorante con annessa veranda con vista lago; servizio estivo anche sotto il pergolato.

Mistral – Grand Hotel Villa Serbelloni — lago,
via Roma 1 – ✆ 031 95 64 35 – mistral@ristorante-mistral.com – Fax 031 95 15 29 – Marzo-novembre; chiuso a mezzogiorno da giugno a settembre
Rist – Carta 48/80 €
Spec. Trilogia di fegato grasso. Rombo assoluto cotto nello zucchero. Meringa alla menta con salsa al cioccolato bianco e ciliegioni marinati.
◆ Sulla riva del lago, si ha la sensazione di mangiare nella stiva d'una nave in legno. Cucina "molecolare" che sperimenta cotture innovative accanto a piatti più tradizionali.

Barchetta con cam
salita Mella 13 – ✆ 031 95 13 89 – info@rist.barchetta.com – Fax 031 95 19 86 – 15 marzo-25 ottobre
5 cam – 80 € – **Rist** – *(chiuso martedì)* (prenotare la sera) Carta 27/55 €
◆ Un approccio fantasioso alla tavola con proposte di mare e di lago. Molto frequentato da stranieri, soprattutto americani, che tanto apprezzano la terrazza estiva.

BELLARIA IGEA MARINA – Rimini (RN) – 562 J19 – 16 454 ab. 9 D2

Roma 350 – Ravenna 39 – Rimini 15 – Bologna 111 – Forlì 49 – Milano 321 – Pesaro 55

a Bellaria – ✉ 47814

via Leonardo da Vinci 2 ✆ 0541 344108, iat@comune.bellaria-igea-marina.rn.it, Fax 0541 345491

Miramare — cam,
lungomare Colombo 37 – ✆ 05 41 34 41 31 – miramarebellaria@libero.it – Fax 05 41 34 73 16 – Pasqua e maggio-settembre
64 cam – 75/85 € 100/110 € – ½ P 80/90 € – **Rist** – Menu 25/30 €
◆ Un hotel in grado di offrire ai propri clienti una certa eleganza che può essere avvertita già nell'ariosa hall caratterizzata dalla dinamicità e fruibilità degli spazi. Sala ristorante con tocchi di sobria raffinatezza e qualche mobile in stile.

Orizzonte e Villa Ariosa
via Rovereto 10 – ✆ 05 41 34 42 98 – info@hotelorizzonte.com – Fax 05 41 34 68 04 – Maggio-settembre
43 cam – 70/80 € 95/105 €, 13 € – ½ P 46/90 € – **Rist** – (solo per alloggiati)
◆ Un classico edificio da Riviera, per una struttura alberghiera di medie dimensioni, e una villa d'altri tempi con alcuni appartamenti. Molteplice offerta, eguale confort.

Ermitage — (riscaldata) rist,
via Ala 11 – ✆ 05 41 34 76 33 – info@hotelermitage.it – Fax 05 41 34 30 83 – Chiuso novembre
60 cam – 70/80 € 120/160 € – 6 suites – ½ P 70/100 €
Rist – *(aprile-settembre)* (solo per alloggiati)
◆ La gestione è attenta e premurosa in questa risorsa dotata di un'ampia gamma di servizi, tra cui una grande vasca con idromassaggio, a disposizione degli ospiti.

Montanari — rist,
via Redipuglia 10 – ✆ 05 41 34 63 40 – hotelmontanari@libero.it – Fax 05 41 34 68 02 – 20 maggio-25 settembre
95 cam – 50/58 € 82/98 € – ½ P 48/55 € – **Rist** – (solo per alloggiati)
◆ Albergo di recente ristrutturazione a pochi passi dal mare. La posizione tranquilla e la gestione cortese offrono l'opportunità di vivere un'ideale vacanza tutto mare.

Elizabeth ⋖ (riscaldata) rist, VISA AE

via Rovereto 11 – ✆ 05 41 34 41 19 – info@hotelelizabeth.com – Fax 05 41 34 56 80 – 15 marzo-20 ottobre

50 cam – 40/50 € 80/86 € – ½ P 50/60 € – **Rist** – Menu 16/20 €

◆ Interni dalle atmosfere un po' retrò, bilanciate da una gestione familiare attenta a mantenersi "al passo coi tempi". Confort e tranquillità per vacanze in riva al mare. Ristorante dove rifocillarsi durante intense giornate di mare.

Rosa Maria e Elite rist, rist, VISA

via Italia 27 – ✆ 05 41 34 66 15 – info@hotelrosamariaelite.com – Fax 05 41 34 69 15 – 15 maggio-20 settembre

65 cam – 40/48 € 92/100 € – ½ P 44/60 € – **Rist** – (solo per alloggiati) Menu 16/25 €

◆ Per arrivare al mare, verso il quale si affaccia la maggior parte delle camere, si costeggia la bella piscina, passando tra le file di ombrelloni della spiaggia privata.

a Igea Marina – ✉ 47813

(aprile-settembre), viale Pinzon 196 ✆ 0541 333119, iatim@comune.bellaria-igea-marina.rn.it

Agostini ⋖ (riscaldata) rist, 50, VISA AE

viale Pinzon 68 – ✆ 05 41 33 15 10 – info@hotelagostini.it – Fax 05 41 33 00 85 – Aprile-settembre

67 cam – 50/55 € 80/105 € – ½ P 60/90 € – **Rist** – (solo per alloggiati) Menu 25/55 €

◆ Meno centrale, verso Bellaria, ma comunque fronte mare, arredamento contemporaneo per interni ben rifiniti, stanze di buon livello; calda accoglienza romagnola.

Aris rist, 50, VISA AE

via Ennio 32/34 – ✆ 05 41 33 00 07 – info@aris-hotel.com – Fax 05 41 33 32 66

60 cam – 45/100 € 80/100 € – ½ P 50/70 € – **Rist** – (solo per alloggiati)

◆ Lungo il viale centrale, dedicato a shopping e passeggio, a cento metri dal mare, moderna e confortevole struttura che si presta anche ad esigenze di soggiorni di lavoro.

Strand ⋖ rist, VISA

viale Pinzon 161 – ✆ 05 41 33 17 26 – info@hstrand.com – Fax 05 41 33 19 00 – Marzo-novembre

38 cam – 50/60 € 80/85 €, 10 € – ½ P 60/65 € – **Rist** – (solo per alloggiati)

◆ Un valido riferimento rinnovato pochi anni or sono, in grado di offrire interni moderni, a tratti signorili. E' forte la ricerca di personalizzazione, anche nei dettagli.

K 2 VISA AE

viale Pinzon 212 – ✆ 05 41 33 00 64 – info@hotelk2.it – Fax 05 41 33 18 28 – Maggio-settembre

73 cam – 38 € 65 €, 8 € – ½ P 61 € – **Rist** – (solo per alloggiati) 22 €

◆ L'accoglienza e l'ospitalità della gestione appaiono cordiali e appassionate, tali da rendere molto gradevole una vacanza presso questo curato hotel dagli arredi moderni.

Globus ⋖ rist, VISA AE

viale Pinzon 193 – ✆ 05 41 33 01 95 – hglobus@libero.it – Fax 05 41 33 08 64 – 10 maggio-25 settembre

63 cam – 24/34 € 38/45 €, 6 € – ½ P 36/52 € – **Rist** – (solo per alloggiati)

◆ Spazi comuni ben disposti e camere di eguale fattura in cui la differenza è data dall'avere la vista sul mare. Un albergo il cui punto di forza è l'ottima posizione. La cucina propone un casalingo menù di giornata.

Cerchiamo costantemente di indicarvi i prezzi più aggiornati... ma tutto cambia così in fretta! Al momento della prenotazione, non dimenticate di chiedere conferma delle tariffe.

BELLINZAGO NOVARESE – Novara (NO) – 561 F7 – 8 649 ab. – alt. 191 m – ✉ 28043 23 C2

Roma 634 – Milano 60 – Novara 15 – Varese 45

Novara Cavagliano, Sud : 3 km a Castello di Cavagliano, ✆ 0321 92 78 34.

a Badia di Dulzago Ovest : 3 km – ✉ 28043 – Bellinzago Novarese

Osteria San Giulio 15/20,
– ✆ *032 19 81 01 – Fax 032 19 81 01 – Chiuso dal 26 dicembre al 7 gennaio, agosto, domenica sera, lunedì e martedì*
Rist – (prenotare la sera) Carta 21/31 €
♦ A partire dalla collocazione all'interno di un'antica abbazia rurale, passando per l'accoglienza, l'atmosfera e la cucina, le porzioni generose e la complessiva genuinità.

BELLUN – Aosta – Vedere Sarre

BELLUNO (BL) – 562 D18 – 35 377 ab. – alt. 389 m – ✉ 32100 *Italia* 36 C1

Roma 617 – Cortina d'Ampezzo 71 – Milano 320 – Trento 112 – Udine 117 – Venezia 106 – Vicenza 120

piazza Duomo 2 ✆ 0437 940083, belluno@infodolomiti.it, Fax 0437 958716

Piazza del Mercato★ – Piazza del Duomo★ : palazzo dei Rettori★, polittico★ nel Duomo – Via del Piave : ≤★

Delle Alpi senza rist
via Jacopo Tasso 13 – ✆ 04 37 94 05 45 – info@dellealpi.it – Fax 04 37 94 05 65
38 cam – 82 € 102 € – 2 suites
♦ Un valido indirizzo per una clientela d'affari o per turisti di passaggio. Ubicato in posizione centrale, offre camere ampie e ben tenute, buoni anche gli spazi comuni.

Delle Alpi 10/18,
via Jacopo Tasso 15 – ✆ 04 37 94 03 02 – Fax 04 37 94 03 02 – Chiuso dal 27 dicembre al 9 gennaio, dall'8 al 31 agosto e domenica
Rist – Carta 30/48 €
♦ Ristorante gradevolmente classico, con più di 60 anni d'attività alle spalle. Senza fronzoli o stravaganti tocchi d'originalità, ma con una collaudata cucina di pesce.

Al Borgo 12/20,
via Anconetta 8 – ✆ 04 37 92 67 55 – info@alborgo.to – Fax 04 37 92 64 11 – Chiuso dal 15 al 30 gennaio, lunedì sera e martedì
Rist – Carta 26/32 €
♦ All'interno di una villa settecentesca cinta da un parco, questo ristorante dallo stile rustico, ma molto curato, offre piatti della tradizione veneta ben rielaborati.

a Castion Sud-Est : 3 km – ✉ 32024

Nogherazza 200,
via Gresane 78 – ✆ 04 37 92 74 61 – amiarif@tin.it – Fax 04 37 92 58 82 – Chiuso febbraio
6 cam – 80/100 € – **Rist** – *(chiuso martedì)* Carta 25/33 €
♦ Un piccolo borgo rurale composto da due edifici, totalmente ristrutturati e ben inseriti nell'ambiente naturale circostante. Belle camere con pareti e mobilio in legno.

BELMONTE CALABRO – Cosenza (CS) – 564 J30 – 2 994 ab. – alt. 262 m – ✉ 87033 5 A2

Roma 513 – Cosenza 36 – Catanzaro 74 – Reggio di Calabria 166

Villaggio Albergo Belmonte 100,
località Piane Nord : 2 km – ✆ 09 82 40 01 77 – vabbelmonte@vabbelmonte.it – Fax 09 82 40 03 01
48 cam – 85/105 € 120/140 € – ½ P 75/85 € – **Rist** – Carta 35/46 €
♦ Struttura organizzata in diversi padiglioni (4 camere ognuno) ad un solo livello, inseriti in un contesto naturale di grande bellezza grazie alla vista mozzafiato. Pranzi e cene in compagnia del panorama, approfittando del servizio all'aperto.

BELVEDERE MARITTIMO – Cosenza (CS) – 564 I29 – 9 261 ab. – alt. 150 m – ✉ 87021 5 A1

Roma 453 – Cosenza 71 – Castrovillari 94 – Catanzaro 130 – Sapri 69

XX **Lido Sabbiadoro-Il Chiosco**

località Piano delle Donne Nord : 5 km – ✆ 098 58 84 56 – Fax 098 58 84 56 – Chiuso Natale-Epifania e martedì

Rist – Carta 26/42 €

◆ Cucina a netta, se non esclusiva, vocazione "marinara". Locale ampio, praticamente sulla spiaggia, composto da due sale che, grazie alle vetrate, ricevono luce e offrono vista.

L'indicazione «Rist» in rosso evidenzia le strutture a cui abbiamo assegnato un riconoscimento: ✿ (stella) o ☺ (Bib Gourmand).

BENACO – Vedere Garda (Lago di)

BENEVELLO – Cuneo (CN) – 561 I6 – 451 ab. – alt. 671 m – ✉ 12050 25 C2

Roma 676 – Cuneo 77 – Alessandria 86 – Genova 171 – Torino 88

Villa d'Amelia 100, P

frazione Manera – ✆ 01 73 52 92 25 – info@villadamelia.it – Fax 01 73 52 92 78 – Chiuso dal 22 dicembre al 20 gennaio

34 cam – †120 € ††148/216 € – 3 suites – **Rist** – *(chiuso martedì e a mezzogiorno)* Carta 33/43 €

◆ Una cascina ottocentesca raccolta attorno ad una corte è oggi una villa signorile caratterizzata da un elegante design moderno negli interni, impreziosito da oggetti d'epoca. Nel vecchio ricovero degli attrezzi un raccolto ristoranté con proproste traditionali piemontesi.

BENEVENTO P (BN) – 564 D26 – 61 636 ab. – alt. 135 m – ✉ 82100 Italia 6 B1

Roma 241 – Napoli 71 – Foggia 111 – Salerno 75

piazza Roma 11 ✆ 0824 319938, info@eptbenevento.it

Arco di Traiano★★ – Museo del Sannio★ : Chiostro★

Villa Traiano senza rist 100,

viale dei Rettori 9 – ✆ 08 24 32 62 41 – info@hotelvillatraiano.it – Fax 08 24 32 61 96 – Chiuso agosto

26 cam – †70/90 € ††110/150 € – 1 suite

◆ All'interno di una graziosa villa d'inizio Novecento ristrutturata con gusto. Camere molto confortevoli, sala colazioni anche all'aperto e spazio relax sul roof-garden.

sulla strada statale 7 - via Appia Sud-Ovest : 3 km

Bei Park Hotel 80, P

– ✆ 08 24 36 00 16 – info@beiparkhotel.it – Fax 08 24 36 00 46

53 cam – †70 € ††80 € – 3 suites – ½ P 52 € – **Rist** – *(chiuso lunedì a mezzogiorno)* Carta 16/24 €

◆ Nuovo edificio lungo la via Appia, poco più a sud di Benevento. Arredi classici, discreta disponibilità di spazi e buon livello del servizio: ideale per la clientela d'affari. Cucina classica nel moderno ristorante con brace a vista.

sulla provinciale per San Giorgio del Sannio Sud-Est : 7 km :

XX **Pascalucci** con cam P

via Iannassi ✉ 82010 San Nicola Manfredi – ✆ 08 24 77 84 00 – pascalucci@libero.it – Fax 08 24 77 81 01 – Chiuso 24-25 dicembre

11 cam – †35 € ††42 € – ½ P 40 € – **Rist** – Carta 19/36 € (+10 %)

◆ Ristorante nato dalla tradizione e che oggi, oltre a proposte locali, presenta anche una cucina di pesce elaborata con capacità, a base di prodotti freschi e genuini.

BENTIVOGLIO – Bologna (BO) – 562 I16 – 4 622 ab. – alt. 17 m – ✉ 40010 9 C3

Roma 395 – Bologna 19 – Ferrara 34 – Modena 57 – Ravenna 90

Bentivoglio cam, cam, 50, VISA MC AE

piazza Carlo Alberto Pizzardi 1 – ✆ 05 16 64 11 11 – hotelbentivoglio@zanhotel.it – Fax 05 19 91 43 18

50 cam – 60/130 € 72/185 € – **Rist** – *(chiuso Natale, agosto, sabato e a mezzogiorno)* (solo per alloggiati) Carta 28/42 €

◆ Il buon gusto della gestione è testimoniato dalla scelta degli arredi, tra cui diversi mobili e oggetti d'antiquariato. Situato di fronte all'omonimo castello di fine '400.

BERCETO – Parma (PR) – 562 I11 – 2 389 ab. – alt. 790 m – ✉ 43042 8 A2

Roma 463 – Parma 60 – La Spezia 65 – Bologna 156 – Massa 80 – Milano 165

Vittoria-da Rino con cam VISA MC AE

via Marconi 5 – ✆ 052 56 43 06 – info@darino.it – Fax 05 25 62 95 12 – Chiuso dal 20 dicembre al 7 gennaio

15 cam – 50/55 € 63/65 €, 6 € – ½ P 53 € – **Rist** – *(chiuso lunedì escluso dal 20 giugno a settembre)* Carta 32/56 €

◆ Un locale storico, con attività pluridecennale, gestito sempre dalla stessa famiglia. Cucina d'impronta casalinga con piatti del territorio e specialità di stagione.

BERGAMO P (BG) – 561 E11 – 114 190 ab. – alt. 249 m – ✉ 24100 *Italia* 19 C1

Roma 601 – Brescia 52 – Milano 47

di Orio al Serio per ③ : 3,5 km ✆ 035 326323.

piazzale Marconi (stazione FS) ✉ 24122 ✆ 035 210204, turismo1@comune.bg.it, Fax 035 230184

Parco dei Colli, ✆ 035 25 00 33 ; Bergamo L'Albenza, ad Almenno San Bartolomeo, ✆ 035 64 00 28 ; La Rossera, a Chioduno, ✆ 035 83 86 00.

Città alta★★★ ABY – Piazza del Duomo★★ AY **12** : Cappella Colleoni★★, Basilica di Santa Maria Maggiore★ : arazzi★★, arazzo della Crocifissione★★, pannelli★★, abside★, Battistero★ – Piazza Vecchia★ AY **39** – ≤★ dalla Rocca AY – Città bassa★ : Accademia Carrara★★BY **M1** – Quartiere vecchio★ BYZ – Piazza Matteotti★ BZ **19**

Pianta pagina seguente

UNA Hotel Bergamo cam, cam, 400, P

via borgo Palazzo 154, 1,5 km per ② ✉ 24125 – ✆ 035 30 81 11 – una.bergamo@unahotels.it – Fax 035 30 83 08 VISA MC AE

86 cam – 91/351 € – 4 suites

Rist ***Una Restaurant*** – Carta 35/46 €

◆ Struttura moderna dalle linee avveniristiche. Di notevole rilevanza l'attività congressuale, a cui sono dedicati spazi ed energie appropriati; confort di livello elevato. Ambienti curati al ristorante, meta soprattutto di uomini d'affari.

Excelsior San Marco cam, cam, rist, 400, P VISA MC AE

piazza della Repubblica 6 ✉ 24122 – ✆ 035 36 61 11 – info@hotelsanmarco.com – Fax 035 22 32 01 AZ **a**

147 cam – 180 € 250 € – 8 suites – ½ P 160/180 €

Rist ***Colonna*** – ✆ 035 36 61 59 *(chiuso agosto e domenica)* Carta 54/78 €

◆ Un riferimento storico e intramontabile dell'ospitalità bergamasca. In progressiva ristrutturazione, per riuscire sempre a proporsi come realtà funzionale, ma di qualità. Molto apprezzato, a ragione, il servizio ristorante estivo sul roof-garden.

Jolly Hotel Bergamo cam, rist, 100, VISA MC AE

via Paleocapa 1/G ✉ 24122 – ✆ 03 52 27 18 11 – bergamo@jollyhotels.com – Fax 03 52 27 18 12 BZ **d**

88 cam – 170/230 € 210/360 € – ½ P 124/203 €

Rist ***La Matta*** – (solo per alloggiati) Carta 37/54 €

◆ Nel cuore di Bergamo bassa, hotel aperto a fine 2003 in stile moderno e sobrio, con largo impiego di marmi e legno. Ottime camere, sia come arredi che come confort. Ristorante di taglio contemporaneo, cucina eclettica.

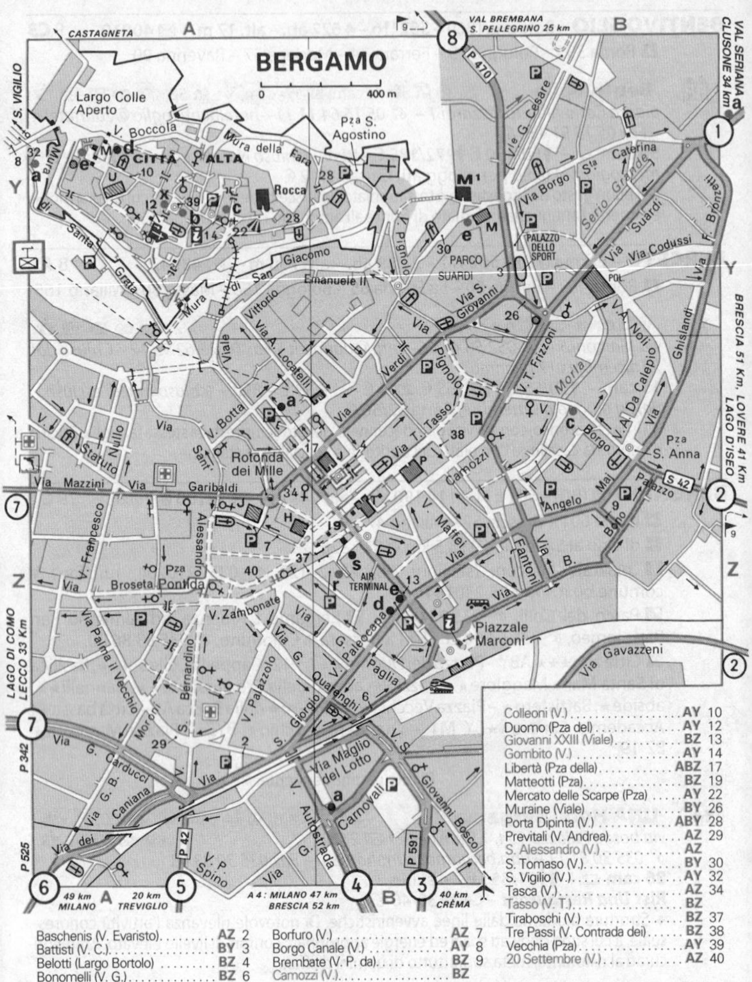

Baschenis (V. Evaristo)	AZ	2
Battisti (V. C.)	BY	3
Belotti (Largo Bortolo)	BZ	4
Bonomelli (V. G.)	BZ	6
Borfuro (V.)	AZ	7
Borgo Canale (V.)	AY	8
Brembate (V. P. da)	BZ	9
Camozzi (V.)	BZ	
Colleoni (V.)	AY	10
Duomo (Pza del)	AY	12
Giovanni XXIII (Viale)	BZ	13
Gombito (V.)	AY	14
Libertà (Pza della)	ABZ	17
Matteotti (Pza)	BZ	19
Mercato delle Scarpe (Pza)	AY	22
Muraine (Viale)	BY	26
Porta Dipinta (V.)	ABY	28
Previtali (V. Andrea)	AZ	29
S. Alessandro (V.)	AZ	
S. Tomaso (V.)	BY	30
S. Vigilio (V.)	AY	32
Tasca (V.)	AZ	34
Tasso (V. T.)	BZ	
Tiraboschi (V.)	BZ	37
Tre Passi (V. Contrada dei)	BZ	38
Vecchia (Pza)	AY	39
20 Settembre (V.)	AZ	40

Mercure Bergamo Palazzo Dolci senza rist
viale Papa Giovanni XXIII 100 ✉ 24121 –
✆ 035 22 74 11 – mercure.bergamo@accor-hotels.it
– Fax 035 21 80 08 BZ **e**
88 cam ☐ – 🕴166 € 🕴🕴180 €
◆ Lo storico palazzo neo-rinascimentale fa da guscio ad un albergo di design contemporaneo, dalle linee pulite e armoniose. In posizione comoda e centrale.

Città dei Mille senza rist
via Autostrada 3/c ✉ 24126 – ✆ 035 31 74 00
– hotel@cittadeimille.it
– Fax 035 31 73 85 BZ **a**
40 cam ☐ – 🕴67/85 € 🕴🕴99/123 €
◆ Colori vivaci, camere connotate da oggetti e complementi d'arredo di gusto estroso. Spazi comuni con tanti "ricordi" garibaldini. Apprezzato dalla clientela d'affari.

Arli senza rist
largo Porta Nuova 12 ✉ 24122 – ✆ 035 22 20 14 – hotel.arli@arli.net – Fax 035 23 97 32 BZ **s**
56 cam – †89/120 € ††116/135 €, ☕ 13 €
♦ La mancanza di parcheggio non penalizza eccessivamente questo hotel situato in pieno centro (città bassa). Risorsa classicamente sobria, con camere ampie e confortevoli.

A Modo
viale Vittorio Emanuele II 19 ✉ 24121 – ✆ 035 21 02 95 – borsatticarlo@virgilio.it – Chiuso dal 1° al 10 gennaio, tre settimane in agosto, domenica e lunedì a mezzogiorno
Rist – Menu 16 € bc (solo a mezzogiorno) – Carta 43/60 €
♦ Caldo e accogliente, propone un interessante menù a prezzo fisso a mezzogiorno. In estate il dehors è sul viale che porta alla città alta.

Ol Giopì e la Margì
via Borgo Palazzo 27 ✉ 24125 – ✆ 035 24 23 66 – info@giopimargi.com – Fax 035 24 92 06 – Chiuso dal 1° all'8 gennaio, agosto, domenica sera e lunedì BZ **c**
Rist – Carta 30/47 €
♦ In una vecchia via della città bassa, questa caratteristica trattoria (il servizio è in costume tradizionale), propone le specialità della cucina bergamasca e lombarda.

Taverna Valtellinese 10/25,
via Tiraboschi 57 ✉ 24122 – ✆ 035 24 33 31 – Chiuso lunedì BZ **r**
Rist – Carta 30/38 €
♦ Gli antichi legami tra la città e la Valtellina sono "curati" anche da questo tipico ristorante che propone in lista tante specialità tradizionali. Regina è la carne.

alla città alta – alt. 249 m

via Gombito (Torre di Gombito) ✉ 24129 ✆ 035 242226, turismo@comune.bg.it, Fax 035 242994

San Lorenzo senza rist
piazzale Mascheroni 9/a ✉ 24129 – ✆ 035 23 73 83 – hotelsanlorenzo@hotelsanlorenzobg.it – Fax 035 23 79 58 AY **d**
25 cam ☕ – †95 € ††138 €
♦ In bella posizione e per di più tranquilla, una struttura ricavata da un vecchio e caratteristico edificio. Gli spazi, anche se ridotti, sono dinamici, quasi labirintici.

La Valletta Relais senza rist
via Castagneta 19, 1 km per via Castagneta ✉ 24129 – ✆ 035 24 27 46 – info@lavallettabergamo.it – Fax 03 52 28 12 17 – Chiuso dicembre e gennaio
8 cam ☕ – †70/80 € ††90/100 € AY
♦ Villino nel verde del Parco dei Colli. Poche camere personalizzate e d una gradevole junior suite con terrazzino. L'atmosfera è quella di una casa signorile e raffinata.

Colleoni & dell'Angelo
piazza Vecchia 7 ✉ 24129 – ✆ 035 23 25 96 – info@colleonidellangelo.com – Fax 035 23 19 91 – Chiuso lunedì AY **x**
Rist – Carta 46/63 €
♦ In un antico palazzo di piazza Vecchia, una delle più belle d'Italia, un ristorante di rara eleganza. Servizio preciso e cortese, cucina all'altezza della situazione.

L'Osteria di via Solata (Gritti e Rondi Luca)
via Solata 8 ✉ 24129 – ✆ 035 27 19 93 – osteriaviasolata@inwind.it – Fax 03 54 22 72 08 – Chiuso dal 18 al 28 febbraio, dal 5 al 25 agosto, domenica sera e martedì AY **c**
Rist – Carta 54/78 €
Spec. Scaloppa di foie gras con composta di fichi al Cognac e vaniglia. Casoncelli alla bergamasca. Piccione morbido e croccante alla liquirizia e menta.
♦ Un tripudio di fiori incorona il locale per le occasioni più romantiche, mentre la qualità della cucina ne fa una tappa per ogni occasione. Fegato grasso per gli appassionati.

XX **Trattoria Sant'Ambröeus** 30, VISA AE
piazza Vecchia 2 ✉ 24129 – ✆ 035 23 74 94 – info@trattoriosantambroeus.it – Fax 035 23 74 94 – Chiuso gennaio e mercoledì, escluso da giugno a ottobre AY **b**
Rist – Carta 40/48 €
◆ Una cucina che trae ispirazione da tradizioni gastronomiche diverse, una gestione di grande solidità, esperienza e professionalità. Situato in posizione invidiabile.

XX **La Marianna** 20, VISA AE
largo Colle Aperto 2/4 ✉ 24129 – ✆ 035 24 79 97 – lamarianna@lamarianna.it – Fax 035 21 13 14 – Chiuso dal 2 al 18 gennaio e lunedì AY **e**
Rist – Carta 46/64 €
◆ Ristorante dagli ambienti di gradevole freschezza e con fiorita terrazza-giardino per la bella stagione. Cucina di ricerca, nel solco della tradizione; notevole cantina.

X **La Colombina** VISA AE
via borgo Canale 12 ✉ 24129 – ✆ 035 26 14 02 – Fax 035 26 14 02 – Chiuso quindici giorni in gennaio, quindici giorni in giugno, lunedì emartedì AY **a**
Rist – Carta 27/34 €
◆ Ambiente semplice e accogliente proprio della trattoria, mobilio in legno, quadri alle pareti, tavoli ravvicinati. La cucina prende spunto dalle stagioni e dalle tradizioni.

a San Vigilio Ovest: 1 km o 5 mn di funicolare AY **– alt. 461 m**

X **Baretto di San Vigilio** 20, VISA AE
via Castello 1, per via San Vigilio ✉ 24129 – ✆ 035 25 31 91 – baretto@baretto.it – Fax 03 54 32 98 75 – Chiuso lunedì in gennaio-febbraio e novembre AY
Rist – Carta 35/52 €
◆ Caratteristico bar-ristorante ubicato nella piazzetta antistante all'arrivo della funicolare. Godibilissimo servizio estivo in terrazza con incantevole vista sulla città.

Gran lusso o stile informale?
I X e i indicano il livello di comfort.

BERGEGGI – Savona (SV) – 561 J7 – **1 195 ab. – alt. 110 m** – ✉ **17028** 14 **B2**
Roma 556 – Genova 58 – Cuneo 102 – Imperia 63 – Milano 180 – Savona 11
(maggio-settembre) via Aurelia ✆ 019 859777, bergeggi@inforiviera.it, Fax 019 859777

Claudio mare e costa, 40, VISA AE
via XXV Aprile 37 – ✆ 019 85 97 50 – hclaudio@tin.it – Fax 019 85 97 50 – Marzo-novembre
26 cam – †80/100 € ††130/150 € – 2 suites – ½ P 140 € – **Rist** – *(chiuso lunedì e a mezzogiorno escluso sabato, domenica e i giorni festivi)* Carta 65/85 €
◆ Suggestiva collocazione con vista eccezionale sul golfo sottostante. Camere ampie ed eleganti, piscina, spiaggia privata e numerosi altri servizi a disposizione. Servizio ristorante estivo in terrazza, in tavola la fragranza del mare.

BERNALDA – Matera (MT) – 564 F32 – **12 046 ab. – alt. 127 m** – ✉ **75012** 4 **D2**
Roma 458 – Bari 108 – Matera 38 – Potenza 99 – Taranto 58

Agriturismo Relais Masseria Cardillo 40, VISA AE
strada statale 407 Basentana al km 98 – ✆ 08 35 74 89 92 – info@masseriacardillo.it – Fax 08 35 74 89 94 – Aprile-ottobre
10 cam – †65/85 € ††120/156 € – ½ P 78/96 € – **Rist** – *(chiuso a mezzogiorno da giugno a settembre)* (solo su prenotazione) 30 €
◆ A pochi chilometri dal lido di Metaponto, una elegante risorsa ricavata dai granai di una masseria di fine '800. Camere spaziose con terrazzini affacciati sulla campagna.

BERSANO – Piacenza – 561 H12 – Vedere Besenzone

BERTINORO – Forlì-Cesena (FC) – 562 J18 – 9 441 ab. – alt. 257 m – ✉ 47032
Italia 9 **D2**

Roma 343 – Ravenna 46 – Rimini 54 – Bologna 77 – Forlì 14 – Milano 296

≤★ dalla terrazza vicino alla Colonna dell'Ospitalità

XX **Belvedere**

via Mazzini 7 – ✆ 05 43 44 51 27 – rist.ilbelvedere@libero.it – Fax 05 43 44 51 27 – Chiuso dal 1° al 20 gennaio e mercoledì (escluso luglio-agosto)

Rist – Carta 34/51 €

♦ Sovrastante la sala l'antico soffitto a cassettoni, dalla terrazza saranno le mille luci dei centri abitati e del cielo stellato ad avvolgervi. Sapori locali secondo stagione.

BESANA BRIANZA – Milano (MI) – 561 E9 – 14 484 ab. – alt. 336 m – ✉ 20045
18 **B1**

Roma 600 – Como 27 – Bergamo 42 – Lecco 23 – Milano 33

a Calò Sud-Ovest : 3,5 km – ✉ 20045 – Besana Brianza

X **Il Riservino Ungherese**

via Lovati 3/5 – ✆ 03 62 80 20 63 – ilriservinoungherese@mindzonline.net – Fax 03 62 80 26 76 – Chiuso domenica e a mezzogiorno

Rist – Carta 30/61 €

♦ Ristorantino caratteristico con moltissimi richiami alla terra d'origine dei gestori: stoviglie, tovagliato, fotografie, oggettistica, oltre naturalmente alla cucina.

BESENZONE – Piacenza (PC) – 561 H11 – 986 ab. – alt. 48 m – ✉ 29010 8 **A1**

Roma 472 – Parma 44 – Piacenza 23 – Cremona 23 – Milano 90

a Bersano Est : 5,5 km – ✉ 29010 – Besenzone

Agriturismo Le Colombaie senza rist 60,

via Bersano 29 – ✆ 05 23 83 04 43 – lecolombaie@colombaie.it – Fax 05 23 83 04 43 – Marzo-20 novembre

6 cam – ♦50/55 € ♦♦90/100 € – 2 suites

♦ Occorre percorrere una lunga strada sterrata per giungere a questa risorsa ricavata da una parte di una ex cascina. Ambienti comuni arredati con gusto, camere eleganti.

XXX **La Fiaschetteria** (Dadomo) con cam e senza

via Bersano 59/bis – ✆ 05 23 83 04 44 – info@la-fiaschetteria.it – Fax 05 23 83 04 44 – Chiuso dal 23 dicembre al 5 gennaio e dal 5 al 31 agosto

3 cam – ♦80 € ♦♦110 € – **Rist** – *(chiuso lunedì, martedì e a mezzogiorno escluso i giorni festivi)* Carta 44/58 €

Spec. Culatello della casa. Savarin di riso. Fiori di zucca al forno ripieni di faraona (estate).

♦ Una locanda nella campagna piacentina, ricavata da una casa colonica del '700, offre un'ottima rielaborazione della cucina emiliana ed un'ampia selezione di vini pregiati.

BESNATE – Varese (VA) – 561 E8 – 4 964 ab. – alt. 300 m – ✉ 21010 18 **A1**

Roma 622 – Stresa 37 – Gallarate 7 – Milano 45 – Novara 40 – Varese 17

XX **La Maggiolina** 20/28,

via per Gallarate 9 – ✆ 03 31 27 42 25 – Fax 03 31 27 30 70 – Chiuso dal 24 dicembre al 5 gennaio, agosto e martedì

Rist – Carta 32/53 €

♦ Un velo leggero pare essere sceso su questa risorsa. Un velo capace di fermare il tempo e di regalare ambienti, atmosfere e stili assolutamente vicini agli anni Settanta.

BETTOLA – Piacenza (PC) – 562 H10 – 3 325 ab. – alt. 329 m – ✉ 29021 8 **A2**

Roma 546 – Piacenza 34 – Bologna 184 – Milano 99

XX **Agnello**

piazza Colombo 53 – ✆ 05 23 91 77 60 – Chiuso febbraio e martedì

Rist – Carta 22/32 €

♦ Un ristorante sulla piazza principale, perfettamente inserito nella vita del paese, anche grazie al bar pubblico. La cantina serve anche da dispensa per i salumi.

a Spettine **Nord : 7 km – ✉ 29020 – Bettola**

Agriturismo La Locanda di Spettine ⇐ vallata,
località Chiulano di Vigolzone –
☎ 05 23 87 87 47 – agriturismodispettine@virgilio.it – Fax 05 23 87 76 24 – Chiuso gennaio
10 cam – ††78 € – **Rist** – *(chiuso lunedì, martedì e mercoledì)* 34 €
◆ In un antico casale completamente ristrutturato, un piacevole agriturismo con maneggio e bella vista sulla valle; per una vacanza di completo relax immersi nel verde.

BETTOLELLE (AN) – vedere SENIGALLIA

BETTOLLE – Siena – 563 M17 – Vedere Sinalunga

BETTONA – Perugia (PG) – 563 M19 – **3 917 ab. – alt. 355 m** – ✉ **06084** 32 **B2**

Roma 167 – Perugia 21 – Assisi 15 – Orvieto 71 – Terni 78

Contry House Torre Burchio ⇐ rist,
località Torre Burchio Sud : 7 km – ☎ 07 59 88 50 17
– torreburchio@tin.it – Fax 075 98 71 50 – Chiuso dal 21 al 28 dicembre e dal 7 gennaio al 14 febbraio
17 cam – †68 € ††104 € – ½ P 75 € – **Rist** – Menu 21/23 €
◆ Un antico casale di caccia, circondato da una tenuta di 600 ettari di boschi abitati da ogni sorta di animali: un contesto in cui la natura è regina. Camere confortevoli. Cucina del luogo per soddisfare l'appetito di chi, passeggiando, si gode boschi e prati.

a Passaggio **Nord-Est : 3 km – ✉ 06084**

Il Poggio degli Olivi con cam ⇐ vallata ed Assisi,
località Montebalacca Sud : 3 km –
☎ 07 59 86 90 23 – info@poggiodegliolivi.com – Fax 07 59 86 90 23 – Chiuso dall' 8 gennaio al 9 febbraio
12 cam – †55/80 € ††80/120 € – ½ P 65/85 € – **Rist** – *(chiuso mercoledì)* Carta 28/39 €
◆ Da questo luogo, quando il cielo è più limpido, la vista arriva fino ad Assisi, pare proprio di essere parte di un dipinto. Merita quindi il servizio serale in terrazza.

BEVAGNA – Perugia (PG) – 563 N19 – **4 956 ab. – alt. 225 m** – ✉ **06031** 33 **C2**

Roma 148 – Perugia 35 – Assisi 24 – Macerata 100 – Terni 59

Palazzo Brunamonti senza rist
corso Matteotti 79 – ☎ 07 42 36 19 32 – hotel@brunamonti.com
– Fax 07 42 36 19 48 – Chiuso gennaio e febbraio
16 cam – †47/88 € ††70/110 €
◆ Proprio nel cuore dell'incantevole cittadina, l'albergo occupa un nobiliare palazzo e negli ambienti interni riproduce la sobria essenzialità dell'aspetto esteriore.

Il Poggio dei Pettirossi ⇐ monti e vallata, cam,
Vocabolo Pilone 301, Sud-Ovest : 2,5 km, alt. 325
– ☎ 07 42 36 17 44 – info@ilpoggiodeipettirossi.com – Fax 07 42 36 92 38
29 cam – †50/70 € ††70/90 € – ½ P 60/70 € – **Rist** – *(chiuso lunedì e martedì a mezzogiorno)* Carta 28/48 €
◆ Il nucleo originario, una tipica casa colonica, è stato ampliato di recente. Il risultato è una risorsa di buon livello, a metà strada tra l'agriturismo e l'albergo. Servizio ristorante estivo all'aperto.

Ottavius
via del Gonfalone 4 – ☎ 07 42 36 05 55 – Chiuso una settimana in gennaio,una settimana in luglio e lunedì da novembre a febbraio
Rist – Carta 31/51 €
◆ Locale inserito in un contesto storico, e precisamente nei seicenteschi locali delle cantine del Palazzo dei Consoli. L'ambiente è suggestivo, la cucina del territorio.

BIANCO – Reggio di Calabria – 988 39 – 4 233 ab. – ✉ 89032 5 A3

Roma 712 – Reggio di Calabria 79 – Catanzaro 121 – Vibo Valentia 98

Ala Azzurra cam, rist,

località Sant'Anna Sud : 2 km – ✆ 09 64 91 30 31 – hotel.alazzurra@libero.it – Fax 09 64 95 71 09 – Marzo-ottobre

24 cam – 70/90 € – ½ P 50/90 € – **Rist** – Menu 20/60 € (+5 %)

◆ Struttura recente e decentrata, la proprietà confina direttamente con la spiaggia. A disposizione anche un campo di volo per ultraleggeri con annessi hangar e scuola.

BIBBIENA – Arezzo (AR) – 563 K17 – 11 863 ab. – alt. 425 m – ✉ 52011

Toscana 29 D1

Roma 249 – Arezzo 32 – Firenze 60 – Rimini 113 – Ravenna 122

via Berni 25 ✆ 0575 593098, infotu@inwind.it, Fax 0575 593098

Casentino, Sud : 5 km a Poppi, ✆ 0575 52 98 10.

Borgo Antico senza rist

via Bernado Dovizi 18 – ✆ 05 75 53 64 45 – borgoantico@brami.com – Fax 05 75 53 64 47 – Chiuso novembre

14 cam – 42/45 € 65/75 €

◆ Esattamente nel cuore medievale del paese, un classico hotel da centro storico, completamente ristrutturato e dotato di confort moderni. Gestione giovane e simpatica.

Relais il Fienile senza rist monti e vallata,

località Gressa Nord : 6 km – ✆ 05 75 59 33 96 – info@relaisilfienile.it – Fax 05 75 56 99 79 – Aprile-ottobre

6 cam – 59 € 88/108 €

◆ Come trasformare un ex fienile del '700 in una risorsa lussuosa dove il confort è curatissimo, gli ambienti gradevoli e arredati con gusto. Tranquillo e panoramico.

a Soci Nord : 4 km – ✉ 52010

Le Greti senza rist colline e dintorni,

via Privata le Greti Ovest : 1,5 km – ✆ 05 75 56 17 44 – legreti@libero.it – Fax 05 75 56 18 08

16 cam – 50 € 80 €

◆ Appena fuori dal centro abitato, sulla sommità di un poggio panoramico, un albergo connotato da una conduzione familiare dallo stile apprezzabile. Buoni spazi comuni.

BIBBONA – Livorno (LI) – 563 M13 – 3 110 ab. – ✉ 57020 28 B2

Roma 269 – Pisa 66 – Livorno 44 – Piombino 46 – Volterra 35

Relais di Campagna Podere Le Mezzelune senza rist

località Mezzelune 126, Ovest : 4 km – ✆ 05 86 67 02 66 – relais@lemezzelune.it – Fax 05 86 67 18 14

4 cam – 176 € – 2 suites – 189 €

◆ Risorsa ricavata da una casa colonica di fine '800, all'interno di una proprietà coltivata ad ulivi ed ortaggi biologici; conduzione signorile e mare all'orizzonte.

BIBBONA (Marina di) – Livorno (LI) – 563 M13 – ✉ 57020 28 B2

Roma 277 – Pisa 69 – Grosseto 92 – Livorno 47 – Siena 100

via dei Cavalleggeri Nord ✆ 0586 600699, apt7bibbona@costadeglietruschi.it

XX **La Pineta** (Zazzeri)

via dei Cavalleggeri Nord 27 – ✆ 05 86 60 00 16 – lapineta@youritaly.com – Fax 05 86 60 00 16 – Chiuso una settimana in gennaio, dall'8 ottobre al 2 novembre, lunedì e martedì a mezzogiorno

Rist – Carta 42/68 €

Spec. Ravioli di baccalà con salsa di cipolle e bottarga. Caciucco della pineta. Tortino al cioccolato bianco con salsa di arance.

◆ Al termine di una pineta a pochi metri dal mare, un omaggio alla tradizione gastronomica degli stabilimenti balneari, riproposta in piatti semplici con pesce straordinario.

BIBIONE – Venezia (VE) – 562 F21 – ✉ 30020 36 **D2**

Roma 613 – Udine 59 – Latisana 19 – Milano 352 – Treviso 89 – Trieste 98 – Venezia 102

via Maja 37/39 ✆ 0431 442111, info@bibioneturismo.it, Fax 0431 439997viale Aurora 111 (aprile-ottobre) ✆ 0431 442111, Fax 0431 439995

Principe rist,
via Ariete 41 – ✆ 043 14 32 56 – dotto@principehotel.it – Fax 04 31 43 92 34 – 12 maggio-22 settembre
80 cam – 80/102 € 130/180 € – ½ P 75/100 € – **Rist** – (solo per alloggiati) Menu 20/25 €
◆ Albergo di tono elevato con una hall ricca di oggetti d'antiquariato raccolti per passione dai titolari. Ambienti e arredi di grande classicità, nuovi quelli delle camere.

Corallo
via Pegaso 38 – ✆ 04 31 43 09 43 – corallo@bibione.it – Fax 04 31 43 99 28 – 3 maggio-25 settembre
76 cam – 140 € 180 € – 4 suites – ½ P 120/160 € – **Rist** – (solo per alloggiati)
◆ Un edificio dall'architettura a forma cilindrica, accoglie questo signorile hotel dagli spazi comuni ampi ed eleganti. La piscina è proprio a bordo spiaggia.

Leonardo da Vinci rist,
corso Europa 76 – ✆ 043 14 34 16 – info@hoteldavinci.it – Fax 04 31 43 80 09 – 20 maggio-15 settembre
54 cam – 60/70 € 80/118 € – ½ P 47/67 € – **Rist** – Carta 24/30 €
◆ Albergo per una vacanza serena, in comoda posizione centrale, ma comunque a poca distanza da spiaggia e mare. Ambienti semplici ma ben tenuti.

Palace Hotel Regina
corso Europa 7 – ✆ 043 14 34 22 – info@palacehotelregina.com – Fax 04 31 43 83 77 – 15 maggio-15 settembre
49 cam – 120 € 180 €, 25 € – ½ P 80/120 € – **Rist** – (solo per alloggiati) Carta 40/60 €
◆ Attenzione per una sobria ed elegante ricercatezza, unita alla funzionalità e modernità degli arredi delle stanze. Bella hall e spazi comuni piacevoli.

Italy cam,
via delle Meteore 2 – ✆ 043 14 32 57 – info@hotel-italy.it – Fax 04 31 43 92 58 – 17 maggio-23 settembre
67 cam – 71/76 € 126/136 € – ½ P 69/75 € – **Rist** – (solo per alloggiati) 25 €
◆ Una realtà apprezzata in particolar modo dai nuclei familiari, forse per l'ombreggiato giardino con area giochi a disposizione dei bambini. Le camere sono funzionali.

a Bibione Pineda Ovest : 5 km – ✉ 30020

(maggio-settembre) viale dei Ginepri 222 ✆ 0431 442111

San Marco cam,
via delle Ortensie 2 – ✆ 043 14 33 01 – mail@sanmarco.org – Fax 04 31 43 83 81 – 15 maggio-15 settembre
60 cam – 74 € 132 € – ½ P 55/72 € – **Rist** – (solo per alloggiati)
◆ Una struttura con due punti di forza: il buon livello delle parti comuni, ammodernate con cura, e soprattutto l'incantevole e tranquillissimo giardino pineta con piscina.

BIELLA P (BI) – 561 F6 – **46 504 ab. – alt. 424 m** – ✉ **13900** 23 **C2**

Roma 676 – Aosta 88 – Milano 102 – Novara 56 – Stresa 72 – Torino 74 – Vercelli 42

piazza Vittorio Veneto 3 ✆ 015 351128, info@atl.biella.it, Fax 0153 4612

Living Garden, a Cossato, ✆ 015 98 05 56 ; Le Betulle, a Magnano Biellese, ✆ 015 67 91 51.

Amedeo d'Aosta (Pza) . . . . Z 2
Cossato (Pza G. B.) . . . . Z 4
Duomo (Pza) . . . . Y 7
Garibaldi (V.) . . . . Y 9
Italia (V.) . . . . Y
Lamarmora (Pza A.) . . . . Y 12
Marconi (V.) . . . . Y 15
Martiri della Libertà (Pza) . . . . Y 16
San Giovanni Bosco (Pza) . . . . Y 18
20 Settembre (V.) . . . . Y 21

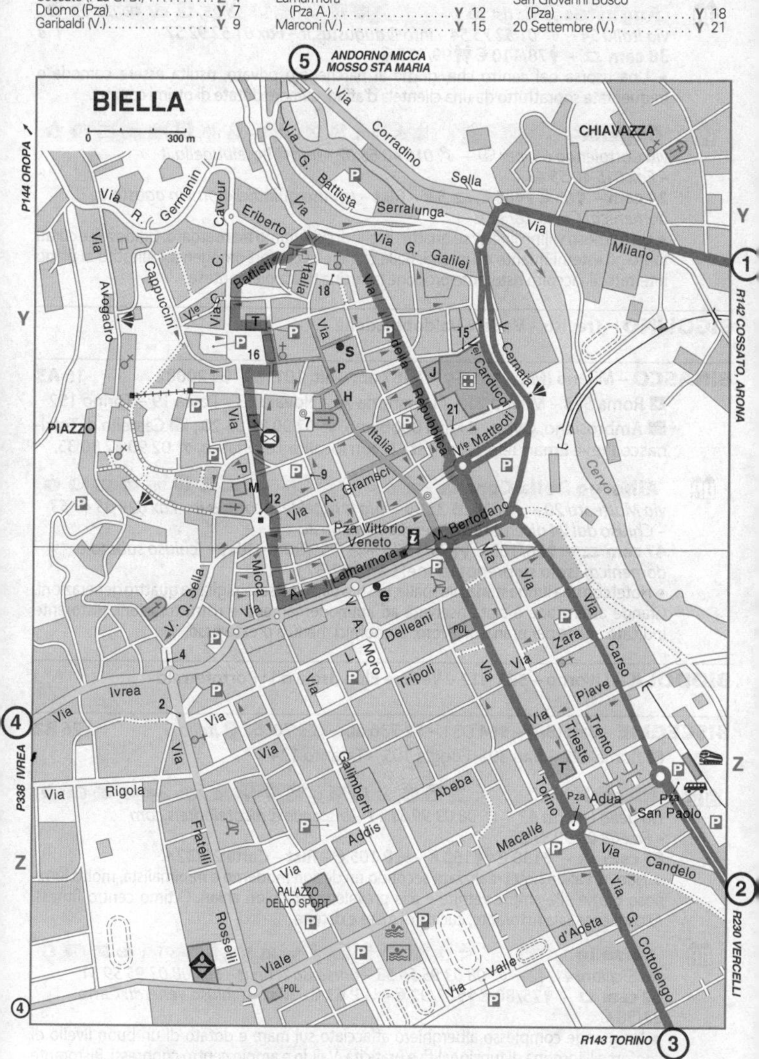

	Agorà Palace cam, 140,
	via Lamarmora 13/A – ✆ 01 58 40 73 24
	– info@agorapalace.it
	– Fax 01 58 40 74 23 Z e

58 cam – 96/115 € 110/120 € – 2 suites – ½ P 75/80 € – **Rist** – Carta 25/44 €

◆ E' abbastanza facile riconoscere nello stile degli ambienti, comuni e no, come nella gestione complessiva, professionalità e serietà di grande valore ed esperienza. Piu sobria la sala ristorante, dove gustave la cucina piemontese.

Augustus senza rist rist, 25,
via Italia 54 – 01 52 75 54 – info@augustus.it – Fax 01 52 92 57 Y s
38 cam – 78/110 € 99/115 €
◆ Una risorsa del centro che, grazie al parcheggio privato, risulta essere comoda e frequentata soprattutto da una clientela d'affari. Camere dotate di ottimi confort.

Bugella cam, rist, 80,
via Cottolengo 65, per ③ – 015 40 66 07 – info@hotelbugella.it – Fax 015 40 55 43
24 cam – 65 € 85 €, 5 € – **Rist** – *(chiuso quindici giorni in agosto e domenica)* Carta 28/37 €
◆ Un grazioso villino liberty su quattro livelli, di cui l'ultimo mansardato. Gradevoli e curati tanto gli esterni quanto gli interni. Belle camere di confort omogeneo. Allestito al piano interrato, il raccolto ristorante propone la cucina tipica piemontese.

BIGOLINO – **Treviso** – **Vedere Valdobbiadene**

BINASCO – **Milano (MI)** – **561** G9 – **7 187 ab.** – **alt. 101 m** – ✉ **20082** 16 **A3**
Roma 573 – Milano 21 – Alessandria 76 – Novara 63 – Pavia 19 – Torino 152
Ambrosiano, Ovest : 8 km a Bubbiano, 02 90 84 08 20 ; Castello di Tolcinasco Pieve Emanuele, Nord-Est : 12 km località Tolcinasco, 02 90 42 80 35.

Albergo Della Corona
via Matteotti 20 – 029 05 22 80 – info@hoteldellacorona.it – Fax 029 05 43 53 – Chiuso dal 24 dicembre al 2 gennaio ed agosto
47 cam – 56/105 € 75/150 € – ½ P 55/90 € – **Rist** – *(chiuso sabato e domenica)* (solo su prenotazione) Carta 22/37 €
◆ Hotel con una lunga storia alle spalle, gestito dalla stessa famiglia da quattro generazioni. Grande attenzione è stata riservata ad ammodernamenti e ristrutturazioni. Ristorante indicato anche per pranzi di lavoro; economici menù a prezzo fisso.

BIODOLA – **Livorno** – **563** N12 – **Vedere Elba (Isola d') : Portoferraio**

BISCEGLIE – **Bari (BA)** – **564** D31 – **52 736 ab.** – ✉ **70052** *Italia* 26 **B2**
Roma 422 – Bari 39 – Foggia 105 – Taranto 124

Nicotel 200,
via della Libertà 62 – 08 03 99 31 11 – bisceglie@nicotelhotels.com – Fax 08 03 99 31 55
87 cam – 130 € 160 € – ½ P 105 € – **Rist** – Carta 25/32 €
◆ Nuovo, valido hotel realizzato secondo un design moderno e minimalista, molto luminoso grazie alle ampie vetrate e alla prevalenza di colori chiari. Ottimo centro fitness. Accogliente sala ristorante, cucina di mare e di terra.

Salsello 500,
via Siciliani 41/42 – 08 03 95 59 53 – barsasso@tin.it – Fax 08 03 95 59 51
52 cam – 75/80 € 87/92 € – ½ P 63 € – **Rist** – *(chiuso venerdì)* Carta 22/58 €
◆ Un grande complesso alberghiero affacciato sul mare e dotato di un buon livello di confort, all'insegna di funzionalità e praticità. Valido e ampio centro congressi. Ristorante anche a vocazione congressuale e banchettistica.

Memory con cam
Panoramica Paternostro 239 – 08 03 98 01 49 – info@memoryristorante.it – Fax 08 03 98 03 04
8 cam – 55 € 110 € – ½ P 55/64 € – **Rist** – Carta 21/39 €
◆ Ristorante-pizzeria ubicato lungo la litoranea, rinnovato recentemente negli spazi e negli arredi. Vasta scelta in lista, con diversi menù combinati: per tutte le tasche.

BLESSAGLIA – **Venezia** – **562** E20 – **Vedere Pramaggiore**

BOARIO TERME – **Brescia** – **561** E12 – **Vedere Darfo Boario Terme**

BOBBIO – Piacenza (PC) – 561 H10 – 3 772 ab. – alt. 272 m – ✉ 29022 8 **A2**

Roma 558 – Genova 90 – Piacenza 45 – Alessandria 84 – Bologna 196 – Milano 110 – Pavia 88

piazza San Francesco 1 ✆ 0523 962815, iatbobbio@libero.it, Fax 0523936666

XX **Enoteca San Nicola** con cam VISA AE

contrada di San Nicola 11/a – ✆ 05 23 93 23 55 – Fax 05 23 96 35 15

4 cam – 60 € 80 € – ½ P 60/65 € – **Rist** – *(chiuso lunedì e martedì)* Carta 23/32 €

◆ Nell'intrico di stradine, intorno all'abbazia di San Colombano, un ristorantino caratteristico e affascinante nel susseguirsi di salette ornate di quadri e bottiglie di vino.

XX **Piacentino** con cam A/C P VISA AE

piazza San Francesco 19 – ✆ 05 23 93 65 63 – info@hotelpiacentino.com – Fax 05 23 93 62 66

20 cam – 45/60 € 60/75 €, 7 € – ½ P 50/70 € – **Rist** – *(chiuso lunedì escluso luglio-agosto)* Carta 25/37 €

◆ Locale quasi centenario in prossimità del centro, dove gustare piatti piacentini, serviti in giardino d'estate e nell'ariosa sala interna nei mesi più freddi. Camere semplici.

X **Ra Ca' Longa** P VISA AE

località San Salvatore 10, Sud : 4 km – ✆ 05 23 93 69 48 – Fax 05 23 93 69 48 – Chiuso gennaio e mercoledì

Rist – Carta 27/47 €

◆ Ristorante tipico, fuori paese, dove gustare i piatti della tradizione piacentina ed emiliana. Da provare i salumi, prodotti e stagionati direttamente dai titolari.

BOBBIO PELLICE – Torino (TO) – 561 H3 – 613 ab. – alt. 732 m – ✉ 10060 22 **B3**

Roma 691 – Torino 65 – Asti 103 – Cuneo 73

X **L'Alpina** con cam cam, P VISA AE

via Maestra 27 – ✆ 01 21 95 77 47 – Fax 01 21 95 77 47

4 cam – 45 € 65 € – ½ P 45 € – **Rist** – *(chiuso giovedì)* Carta 20/22 €

◆ Ristorante con un grande camino e molto legno per un'intonazione tipicamente montana. La cucina offre solo diversi tipi di bourguignonne, raclette e carni cotte alla pietra.

BOCA – Novara (NO) – 561 E7 – 1 206 ab. – alt. 389 m – ✉ 28010 24 **A3**

Roma 658 – Stresa 48 – Novara 46 – Varese 56 – Vercelli 51

X **Ori Pari** 10/25, VISA AE

viale Partigiani 9 – ✆ 032 28 79 61 – oripari2001@tiscali.it – Fax 032 28 79 61 – Chiuso dal 10 al 25 gennaio, dal 10 al 25 luglio e martedì

Rist – Carta 22/37 €

◆ Il nome racconta che un tempo qui si giocava a carte, oggi la scena è cambiata e l'unica carta è quella, ampia, dei vini che accompagna una fantasiosa cucina del territorio.

BOCCA DI MAGRA – La Spezia (SP) – 561 J11 – ✉ 19030 15 **D2**

Roma 404 – La Spezia 22 – Genova 110 – Lucca 60 – Massa 21 – Milano 227

Sette Archi rist, VISA

via Fabbricotti 242 – ✆ 01 87 60 90 17 – info@hotelsettearchi.com – Fax 01 87 60 90 28 – Marzo-ottobre

24 cam – 50/70 € 80/110 € – ½ P 70/80 € – **Rist** – Menu 20/45 €

◆ Collocazione fronte mare, atmosfera piacevolmente familiare, grande cura posta nell'ammodernamento realizzato con successo sia nelle stanze, che nelle parti comuni. Al ristorante vengono proposti esclusivamente antipasti di pesce e dolci.

X **Capannina Ciccio** VISA AE

via Fabbricotti 71 – ✆ 018 76 55 68 – ciccio@ristoranteciccio.it – Fax 01 87 60 90 00 – Chiuso due settimane in novembre e martedì (escluso 15 giugno-15 settembre)

Rist – Carta 43/56 €

◆ Ristorante della tradizione, con proposte marinare talvolta rivisitate e alleggerite. Nella bella stagione si può godere di un'incantevole veranda con vista sul mare.

BOFFALORA SOPRA TICINO – Milano (MI) – 561 F8 – 4 308 ab. – alt. 142 m – ✉ 20010 18 **A2**

Roma 600 – Milano 32 – Novara 18 – Pavia 63 – Torino 110 – Varese 54

XX **Osteria Croce Bianca**

via 25 Aprile, 1 – ☎ 02 97 25 90 08 – Fax 02 97 25 96 21 – Chiuso domenica sera e lunedì

Rist – Carta 35/48 €

◆ In una vecchia stazione di posta lungo il Naviglio, un curato ed accogliente locale ideale per apprezzare interessanti proposte ricche di fantasia.

BOGLIASCO – Genova (GE) – 561 I9 – 4 575 ab. – ✉ 16031 15 **C2**

Roma 491 – Genova 13 – Milano 150 – Portofino 23 – La Spezia 92

via Aurelia 106 ☎ 010 3470429, iat.bogliasco@apt.genova.it, Fax 0103470429

a San Bernardo Nord : 4 km – ✉ 17044 – STELLA

XX **Il Tipico** ≤ mare e costa,

via Poggio Favaro 20 – ☎ 01 03 47 07 54 – Fax 01 03 47 10 61 – Chiuso dall'8 al 31 gennaio, una settimana in agosto e lunedì

Rist – Carta 40/50 €

◆ L'ambiente è gradevole, con qualche tocco d'eleganza, ma ciò che incanta è il panorama sul mare. Ubicato in una piccola frazione collinare, propone cucina ligure di pesce.

BOGNANCO (Fonti) – Verbano-Cusio-Ossala (VB) – 561 D6 – 359 ab. – alt. 986 m – ✉ 28842 23 **C1**

Roma 709 – Stresa 40 – Domodossola 11 – Milano 132 – Novara 102 – Torino 176

piazzale Giannini 2 ☎ 0324 234127, bognanco@distrettolaghi.it, Fax 0324 234127

a Granica Nord : 5 km – ✉ 28842 – Bognanco (Fonti)

Panorama ≤ monti e vallata,

– ☎ 03 24 23 41 57 – alpanorama@libero.it – Fax 03 24 23 41 57

12 cam – †30 € ††56 € – ½ P 40/43 € – **Rist** – *(chiuso giovedì escluso maggio-settembre)* Carta 19/26 €

◆ Ideale per un soggiorno tranquillo, approffitando di una ampia e suggestiva vista su valli e monti circostanti. Una dozzina di camere con bagno, graziose e ben tenute. Ristorante al piano terra, semplice e gustosa cucina locale.

BOJANO – Campobasso (CB) – 563 R25 – 8 316 ab. – alt. 488 m – ✉ 86021 2 **C3**

Roma 197 – Campobasso 24 – Benevento 56 – Isernia 29 – Napoli 134

Pleiadi's 200,

via Molise 40 – ☎ 08 74 77 30 88 – info@pleiadishotel.it – Fax 08 74 78 32 11

34 cam – †41 € ††62 € – ½ P 51 € – **Rist** – Menu 20/30 €

◆ Arrivando in auto colpisce la vivacità cromatica degli esterni; mentre all'interno, gli ambienti sono di impostazione assai più classica. Recente e di buon confort. Ristorante classico, cucina nazionale.

BOLETO – Verbano-Cusio-Ossala (VB) – 561 E7 – alt. 696 m 24 **A2**

Santuario della Madonna del Sasso★★ Nord-Ovest : 4 km

BOLGHERI – Livorno – 563 M13 – Vedere Castagneto Carducci

Prima distinzione: la stella ✿.
Assegnata ai ristoranti per i quali si percorre volentieri qualche chilometro in più!

BOLLATE – Milano (MI) – 561 F9 – 48 356 ab. – alt. 154 m – ✉ 20021 18 B2

Roma 595 – Milano 10 – Como 37 – Novara 45 – Varese 40

Pianta d'insieme di Milano

La Torretta

via Trento 111, S.S N. 233 Varesina Nord-Ovest : 2 km – ✆ 023 50 59 96 – htltorretta@tin.it – Fax 02 33 30 08 26 AO **d**

76 cam – 70/96 € 102/137 € – 1 suite – **Rist** – *(chiuso dal 29 luglio al 20 agosto, sabato e domenica sera)* Carta 31/51 €

◆ Oltre che per la scrupolosa gestione familiare, questa struttura si distingue anche per l'apprezzabile continuità con cui sono stati apportati aggiornamenti e migliorie. Sala ristorante luminosa, fresco e piacevole l'esterno in estate.

BOLOGNA (BO) – 562 I15 – 373 539 ab. – alt. 55 m – ✉ 40100 *Italia* 9 C3

Roma 379 – Firenze 105 – Milano 210 – Venezia 152

Bologna-G. Marconi Nord-Ovest : 6 km EFU ✆051 6479615

piazza Maggiore 1/e c/o palazzo del Podestà ✉ 40121 ✆ 051 246541,touristoffice@comune.bologna.it, Fax 051 4211367Stazione Ferroviaria-Piazza Medaglie D'Oro ✉ 40121 ✆ 051 246541, Fax 051 4211367Aeroporto Marconi ✉ 40132 ✆ 051 246541, Fax 051 4211367

18, Ovest : 16 km a Monte San Pietro, ✆ 051 96 91 00 ; 9 Casalunga, Est : 10 km a Castenaso, ✆ 051 605 01 64.

Manifestazioni locali 29.03. - 01.04. : cosmoprof (salone internazionale della profumeria e della cosmesi)17.04. - 20.04. : simac (salone internazionale delle macchine per l'industria calzaturiera e pelletteria)17.04. - 19.04. : lineapelle 1 (preselezione italiana moda)24.04. - 27.04. : fiera internazionale del libro per ragazzi16.10. - 18.10. : lineapelle 2 (preselezione italiana moda)24.10. - 28.10. : saie (salone internazionale dell'industrializzazione edilizia)07.12. - 16.12. : motor show (salone internazionale dell'automobile)

Piazza Maggiore CY **57** e del Nettuno★★★ CY **76**: fontana del Nettuno★★ CY **F**, basilica di San Petronio★★ CY, Palazzo Comunale★ BY **H**, palazzo del Podestà★ CY – Piazza di Porta Ravegnana★★ CY **93**: Torri Pendenti★★ CY **R** – Mercanzia★ CY **C** – Chiesa di Santo Stefano★ CY – Museo Civico Archeologico★★ CY **M1** – Pinacoteca Nazionale★★ DY – Chiesa di San Giacomo Maggiore★ CY – Strada Maggiore★ CDY – Chiesa di San Domenico★ CZ : arca★★ del Santo, tavola★ diFilippino Lippi – Palazzo Bevilacqua★ BY – Postergale★ nella chiesa di San Francesco BY

Madonna di San Luca: portico★, ≤★ su Bologna e gli Appennini Sud-Ovest : 5 km FV

Piante pagine seguenti

Royal Hotel Carlton

cam, cam, 450,

via Montebello 8 ✉ 40121 – ✆ 051 24 93 61 – carlton.res@monrifhotels.it – Fax 051 24 97 24 – Chiuso agosto CX **g**

211 cam – 175/275 € 235/415 € – 25 suites

Rist *NeoClassico* – ✆ 051 24 21 39 *(chiuso domenica)* Carta 42/55 €

◆ Hotel ormai storico i cui ampi spazi comuni sono elegantemente arredati e impreziositi da lampadari "scenografici"; camere signorili con elevati standard di confort. Moderna sala ristorante con qualche spunto d'oriente, così come in menù.

Grand Hotel Baglioni

cam, 120,

via dell'Indipendenza 8 ✉ 40121 – ✆ 051 22 54 45 – ghb.bologna@baglionihotels.com – Fax 051 23 48 40 CY **e**

119 cam – 325/400 € 430/520 € – 5 suites – ½ P 270/315 €

Rist *I Carracci* – ✆ 051 22 20 49 *(chiuso domenica in agosto)* Carta 48/67 €

◆ Nella preziosa cornice di uno storico palazzo del centro, il lusso degli interni mantiene viva la raffinata atmosfera d'altri tempi senza rinunciare alle più moderne comodità. Meravigliosa sala ristorante del '500, con affreschi originali dei Carracci.

Starhotels Excelsior

cam, cam, 220,

viale Pietramellara 51 ✉ 40121 – ✆ 051 24 61 78 – excelsior.bo@starhotels.it – Fax 051 24 94 48 CX **b**

193 cam – 99/404 € – **Rist** – Carta 31/65 €

◆ Hotel di ultima generazione, con ambienti comuni di taglio minimalista e camere, più classiche, dotate di ogni confort moderno; ottimo settore congressuale. Ristorante e lounge bar molto frequentati dalla clientela dell'hotel.

BOLOGNA

piazza 20 Settembre 2 ✉ 40121 – ✆ 051 28 16 11
– bologna@jollyhotels.com
– Fax 051 24 97 64

CX **a**

156 cam – 🚹165/280 € 🚹🚹210/330 € – 1 suite
Rist *Amarcord* – *(chiuso domenica)* Carta 33/44 €

◆ Atmosfera e moderne comodità vanno di pari passo mentre tessuti e tendaggi rendono calde le raffinate camere, molto confortevoli. Splendide quelle rinnovate all'ultimo piano. Signorile ristorante con luci soffuse per la cena.

Matteotti (V.) . . . . **GU** 67
Mazzini (V.) . . . . **GV** 69
Mezzofanti (V. G.) . . . . **GV** 70
Montefiorino (V.) . . . . **FV** 73
Ospedaletto (V. d.) . . . . **EU** 79
Palagi (V. P.) . . . . **GV** 81
Panigale (V.) . . . . **EU** 82
Persicetana Vecchia (V.) . . . . . . **EU** 85
Persicetana (V.) . . . . **EU** 84
Pietra (V. d.) . . . . **EU** 88
Pirandello (V. L.) . . . . **HU** 90
Porrettana (V.) . . . . **FVE** 91
Putti (V. V.) . . . . **GV** 96
Sabbioni (V. d.) . . . . **GV** 100
Sabotino (V.) . . . . **FUV** 102
Saffi (V. A.) . . . . **FU** 103
Sigonio (V. C.) . . . . **GV** 111
Sturzo (V. Don L.) . . . . **FV** 112
S. Barbara (V.) . . . . **GV** 105
S. Mamolo
(V.) . . . . **FV** 108
Timavo (V. d.) . . . . **FU** 115
Tolmino (V.) . . . . **FV** 117
Tosarelli (V. B.) . . . . **HU** 118

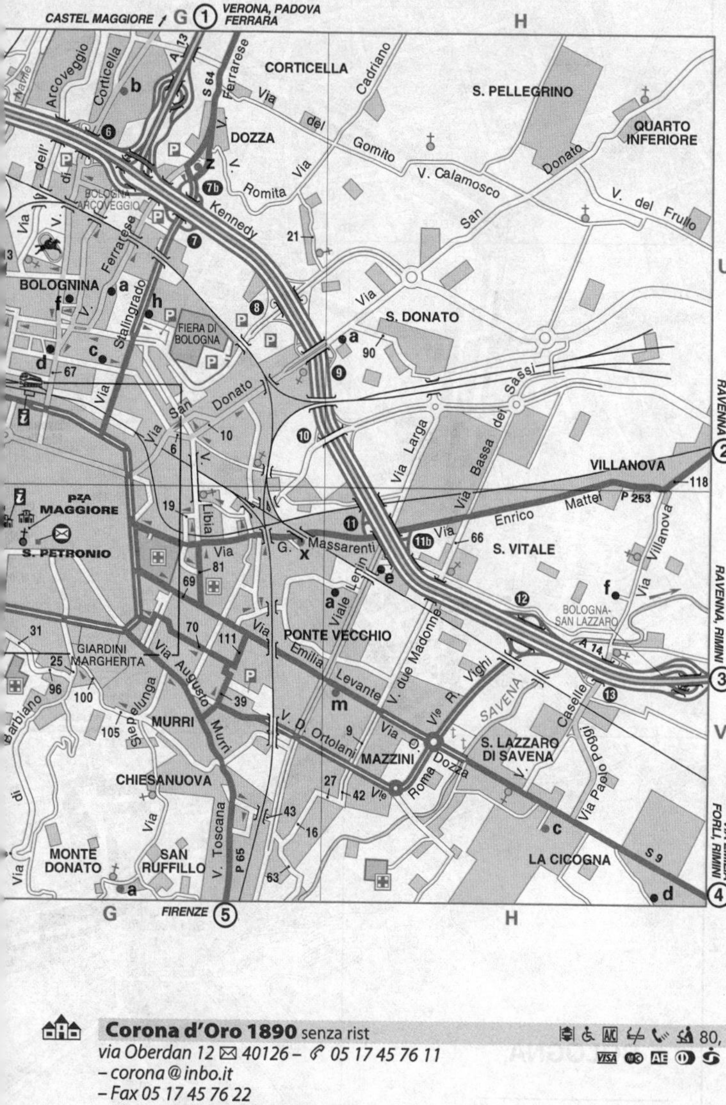

Corona d'Oro 1890 senza rist — 80,
via Oberdan 12 ✉ 40126 – ✆ 05 17 45 76 11
– corona@inbo.it
– Fax 05 17 45 76 22
– Chiuso dal 24 luglio al 27 agosto — CY **q**
40 cam – 144/310 € 201/340 € – 3 suites
♦ Viaggio nell'eleganza cittadina: dalle origini medievali, attraverso il Rinascimento, fino alle decorazioni liberty. La Belle Époque rivive nelle camere, alcune con terrazza.

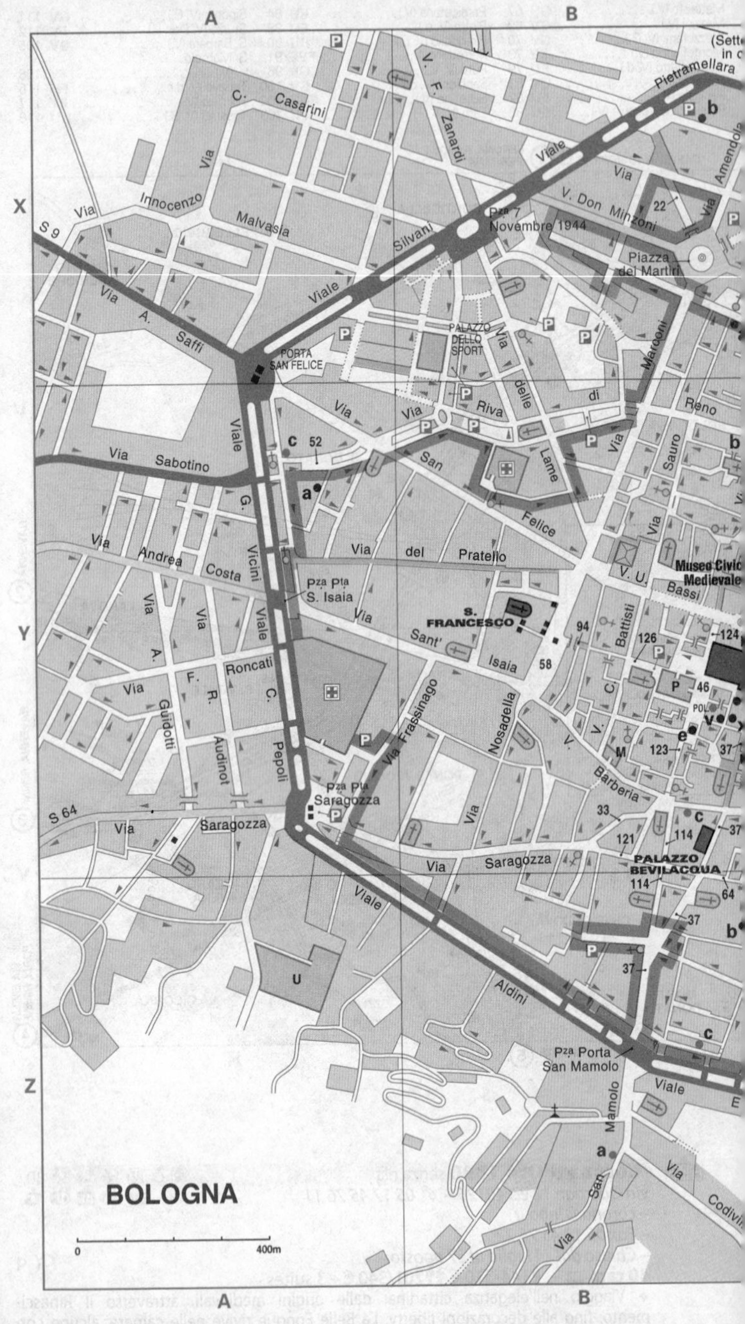
BOLOGNA
0
400m
A
B
X
Y
Z
PORTA SAN FELICE
PALAZZO DELLO SPORT
Pza 7 Novembre 1944
Piazza dei Martiri
Pza Pta S. Isaia
S. FRANCESCO
Museo Civico Medievale
Pza Pta Saragozza
PALAZZO BEVILACQUA
Pza Porta San Mamolo
Viale Pietramellara
Via Amendola
Via Don Minzoni
Via Marconi
Via Riva di Reno
Via delle Lame
Via San Felice
Via del Pratello
Via Sant' Isaia
Via Nosadella
Via Frassinago
V. Barberia
Via Saragozza
Viale Aldini
Via San Mamolo
Via Codivilla
Via Sabotino
Via Andrea Costa
Via A. Saffi
Via Innocenzo Malvasia
C. Casarini
V. F. Zanardi
Viale Silvani
Viale G. Vicini
Viale C. Pepoli
Via F. Roncati
Via A. Guidotti
Audinot
Via Sauro
V. U. Bassi
Battisti
S 9
S 64
U

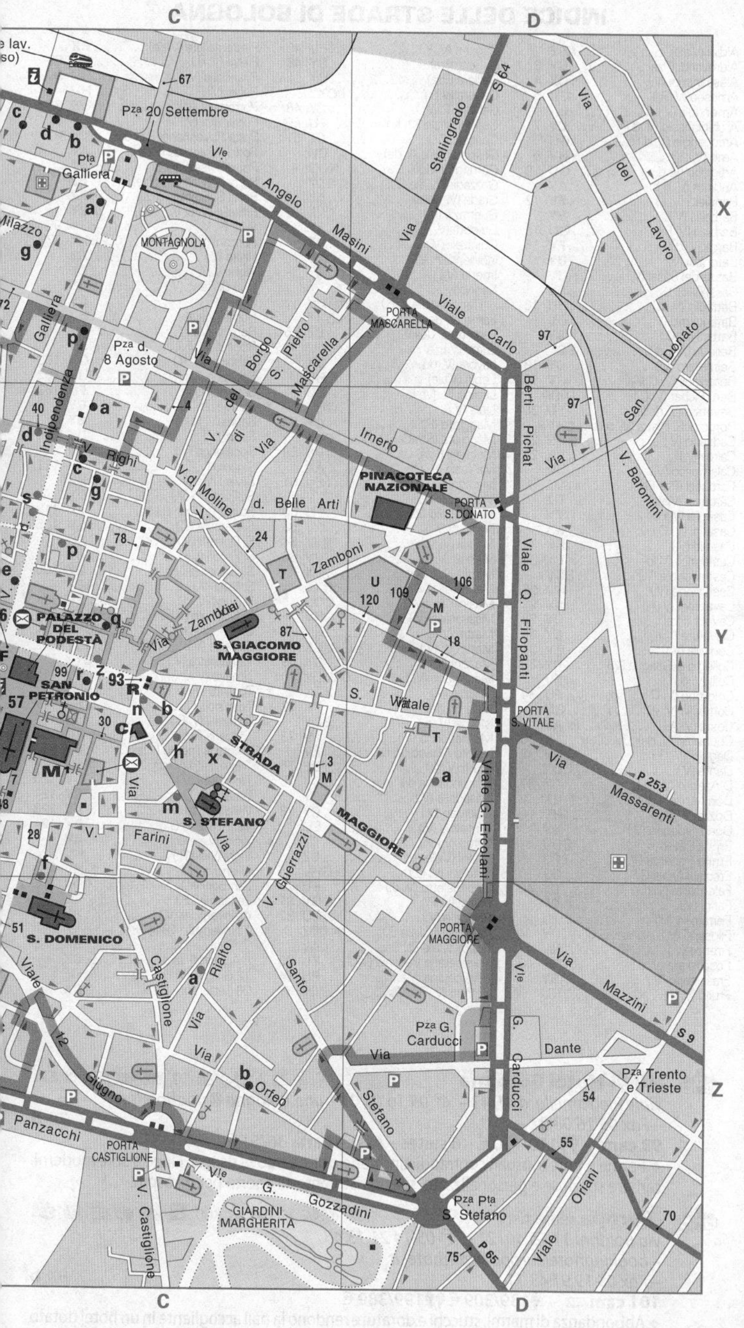

C
D
X
Y
Z
Pza 20 Settembre
67
Pta Galliera
Vle Angelo Masini
Viale Carlo Berti Pichat
Via Stalingrado
S 64
Via del Lavoro
Via San Donato
MONTAGNOLA
Milazzo
Galliera
Pza d. 8 Agosto
Indipendenza
Via del Borgo di S. Pietro
Via Mascarella
PORTA MASCARELLA
97
Via Irnerio
V. Righi
V.d. Moline
Via d. Belle Arti
PINACOTECA NAZIONALE
PORTA S. DONATO
V. Barontini
Via Zamboni
Viale Q. Filopanti
78
24
106
109
120
18
87
PALAZZO DEL PODESTÀ
S. GIACOMO MAGGIORE
SAN PETRONIO
99
93
57
30
S. Vitale
PORTA S. VITALE
STRADA MAGGIORE
Via Massarenti
P 253
Viale G. Ercolani
S. STEFANO
V. Farini
28
V. Guerrazzi
3
S. DOMENICO
51
Viale Giugno
12
Via Castiglione
Via Rialto
Via Santo Stefano
PORTA MAGGIORE
Via Mazzini
S 9
Vle G. Carducci
Pza G. Carducci
Via Dante
Pza Trento e Trieste
54
55
Via Orfeo
Panzacchi
PORTA CASTIGLIONE
Vle G. Gozzadini
GIARDINI MARGHERITA
V. Castiglione
Pza Pta S. Stefano
75
P 65
Viale Oriani
70

INDICE DELLE STRADE DI BOLOGNA

UNA Hotel Bologna 50, VISA MC AE

viale Pietramellara 41/43 – ✆ 05 16 08 01 – una.bologna@unahotels.it
– Fax 05 16 08 02 CX **d**

93 cam – ††110/420 € – 6 suites – **Rist** – Carta 36/51 €

◆ Forme e tinte inusuali contraddistinguono questa nuova risorsa. Linee e stile moderni, camere spaziose e personalizzate, spazio ristorante all'aperto per gli ospiti.

Europa senza rist 300, P VISA MC AE

via Boldrini 11 ✉ 40121 – ✆ 05 14 21 13 48
– bookinghoteleuropa@zanhotel.it
– Fax 05 19 91 43 11 BX **b**

101 cam – †139/309 € ††199/389 €

◆ Abbondanza di marmi, stucchi e dorature rendono la hall accogliente in un hotel dotato di camere dall'arredo classico ma completato con impianti moderni e docce enormi.

Tre Vecchi senza rist — 30,
via dell'Indipendenza 47 ✉ 40121 – ✆ 051 23 19 91 – bookinghoteltrevecchi@zanhotel.it – Fax 05 19 91 43 01 CY **a**
96 cam – 139/309 € 199/389 €
◆ Raffinato stile classico nei gradevoli spazi comuni di un signorile albergo, centralissimo. Le camere sono ampie, ben rifinite negli arredi e curate nei confort.

Boscolo Hotels Tower — cam, rist, 400,
viale Lenin 43 ✉ 40138 – ✆ 05 16 00 55 55 – reservation@tower.boscolo.com – Fax 05 16 00 55 50 HV **e**
136 cam – 88/500 €, 10 € – 14 suites – **Rist** – (solo per alloggiati) Menu 18/27 €
◆ Una torre moderna, funzionale e dotata di ogni confort, in comoda posizione all'uscita della tangenziale e a pochi km dall'aeroporto. Attrezzato il centro congressi.

Savoia Hotel Country House — rist, 400,
via San Donato 161 ✉ 40127 – ✆ 05 16 33 23 66 – savoia@savoia.it – Fax 05 16 33 23 66 – Chiuso dal 24 dicembre al 6 gennaio e dal 5 al 24 agosto HU **a**
45 cam – 90/170 € 160/240 €
Rist *Danilo e Patrizia* – *(chiuso dal 26 dicembre al 7 gennaio, dal 1° al 29 agosto, domenica sera e lunedì)* Menu 25/45 €
◆ In un complesso colonico composto da 3 strutture collegate da un passaggio sotterraneo e disposte in un ampio giardino, un hotel signorile, con centro congressi. Ristorante dall'ambiente gradevole, per assaporare la cucina emiliana.

AC Bologna — cam, 150,
via Sebastiano Serlio 28 ✉ 40128 – ✆ 051 37 72 46 – acbologna@ac-hotels.com – Fax 051 37 79 78 GU **c**
125 cam – 100/368 € 165/610 € – 2 suites
Rist *Il Cortile* – Carta 35/62 €
◆ Design moderno sia negli spazi comuni che nelle camere, servizio di buon livello e una notevole gentilezza. Non manca nulla per rispettare gli standard della catena. Ristorante sempre pronto a soddisfare ogni esigenza.

Holiday Inn Bologna City — cam, 350,
piazza della Costituzione 1 ✉ 40128 – ✆ 05 14 16 66 – hibolognacity@libero.it – Fax 05 14 16 65 GU **h**
161 cam – 120/320 € 165/455 €, 19 €
Rist *la Meridiana* – Carta 32/52 €
◆ Di fronte all'ingresso della Fiera, struttura funzionale, dotata di accessori moderni, con ampi spazi comuni e ben attrezzato centro congressi; camere di buon confort. Ariosa sala da pranzo con cucina eclettica.

Novecento senza rist
piazza Galileo 4/3 ✉ 40123 – ✆ 05 17 45 73 11 – novecento@inbo.it – Fax 05 17 45 73 22 – Chiuso agosto BY **e**
25 cam – 134/310 € 191/340 €
◆ Nel centro storico, una villa d'inizio Novecento, convertita ad hotel con buoni risultati. Il design degli arredi, molto attuale, offre confort e ricercatezza ben miscelati.

Dei Commercianti senza rist
via dè Pignattari 11 ✉ 40124 – ✆ 05 17 45 75 11 – commercianti@inbo.it – Fax 05 17 45 75 22 BY **n**
32 cam – 134/310 € 191/340 € – 2 suites
◆ Camini, travi a vista, letti a baldacchino e 5 ambiti terrazzini affacciati sulla fiancata di S.Petronio in un edificio del '200: una bomboniera tra storia e ospitalità.

Orologio senza rist
via IV Novembre 10 ✉ 40123 – ✆ 05 17 45 74 11 – orologio@inbo.it – Fax 05 17 45 74 22 BY **a**
29 cam – 140/340 € 181/340 € – 5 suites
◆ Di fronte all'orologio della torre comunale: piccolo hotel di tradizione con camere curate nei dettagli e ben rifinite, alcune con vista sul centro città. Orologi ovunque.

Millennhotel senza rist 100,
via Boldrini 4 ✉ 40121 – ☎ 05 16 08 78 11 – info@millennhotelbologna.it – Fax 05 16 08 78 88 CX **c**
60 cam ☐ – †75/180 € ††90/300 €
◆ Moderno hotel nei pressi della stazione ferroviaria. Spazi comuni limitati, ma il servizio e il buon livello di confort delle camere offrono un buon rapporto qualità/prezzo.

Roma rist,
via Massimo d'Azeglio 9 ✉ 40123 – ☎ 051 22 63 22 – info@hotelroma.biz – Fax 051 23 99 09 BY **x**
81 cam ☐ – †95/100 € ††160/170 € – 5 suites – ½ P 120/140 € – **Rist** – *(chiuso domenica ed agosto)* Carta 35/60 €
◆ In una centralissima via pedonale, una risorsa che offre spazi comuni ridotti, ma camere piacevoli, con tappezzerie fiorate, qualcuna con balconcino. Pochi coperti ed eleganti sedie rosse nella sala ristorante.

Al Cappello Rosso senza rist 15,
via de' Fusari 9 ✉ 40123 – ☎ 051 26 18 91 – info@alcappellorosso.it – Fax 051 22 71 79 BY **v**
33 cam ☐ – †160/368 € ††220/368 €
◆ Nel cuore antico della città, il confort moderno di un hotel funzionale; camere dagli arredi recenti, con ottimi servizi e set di cortesia completo di accappatoio.

Il Guercino cam, rist, 30,
via Luigi Serra 7 ✉ 40129 – ☎ 051 36 98 93 – reception@guercino.it – Fax 051 36 80 71 GU **d**
40 cam ☐ – †48/180 € ††68/255 € – 1 suite
Rist *San Luigi* – ☎ 051 35 71 20 *(chiuso agosto, sabato a mezzogiorno e domenica)* Carta 30/35 €
◆ Atmosfera e decorazioni indiane per questa bella risorsa tra stazione e Fiera; le camere più caratteristiche dispongono anche di un terrazzino. Ristorante d'eleganza multietnica ma con proposte di cucina emiliana di ricerca.

Alloro Suite Hotel senza rist
via Ferrarese 161 ✉ 40128 – ☎ 051 37 29 60 – welcome@allorosuitehotel.it – Fax 051 37 21 27 GU **a**
56 cam ☐ – †84/245 € ††109/315 €
◆ Nel quartiere fieristico, una struttura nuova e razionale, frequentata soprattutto da clientela di lavoro; camere spaziose dotate, su richiesta, di angolo cottura.

City Hotel senza rist 70,
via Magenta 10 ✉ 40128 – ☎ 051 37 26 76 – city.bo@bestwestern.it – Fax 051 37 20 32 GU **f**
92 cam ☐ – †60/230 € ††70/340 €
◆ Dopo l'ampliamento l'hotel si ripresenta più arioso e moderno, indicato per la clientela business. Camere funzionali e di notevole metratura.

Re Enzo cam, 200,
via Santa Croce 26 ✉ 40122 – ☎ 051 52 33 22 – reenzo.bo@bestwestern.it – Fax 051 55 40 35 AY **a**
51 cam ☐ – †85/140 € ††92/198 € – **Rist *Le Louvre*** – Carta 25/35 €
◆ Fuori della zona a traffico limitato, struttura funzionale, dotata di buone attrezzature, tra cui un centro congressi, adatta ad una clientela turistica e di lavoro. Omaggi al celebre museo parigino e piatti della tradizione al ristorante.

Nuovo Hotel Del Porto senza rist
via del Porto 6 ✉ 40122 – ☎ 051 24 79 26 – newhot@tin.it – Fax 051 24 73 86
49 cam ☐ – †75/210 € ††95/210 € BX **a**
◆ Nome curioso per un albergo in posizione centrale, con spazi comuni limitati ma accoglienti e soprattutto camere confortevoli e ben insonorizzate.

Touring senza rist
via dè Mattuiani 1/2 ✉ 40124 – ☎ 051 58 43 05 – hoteltouring@hoteltouring.it – Fax 051 33 47 63 BZ **b**
40 cam ☐ – †70/140 € ††90/250 €
◆ Nelle vicinanze di S.Domenico, si gode una piacevole vista sui tetti della città dalla piccola terrazza solarium di questo hotel ristrutturato. Camere di buon confort.

Delle Drapperie senza rist

via delle Drapperie 5 ✉ 40124 – ✆ 051 22 39 55 – Info@albergodrapperie.com – Fax 051 23 87 60 CY **r**

21 cam – †60/100 € ††75/135 €, ☕ 5 €

◆ Nel cuore medievale della città, fra le bancarelle e i negozi di gastronomia della tradizione bolognese, camere d'atmosfera tra soffitti decorati e graziosi bagni.

Paradise senza rist

vicolo Cattani 7 ✉ 40126 – ✆ 051 23 17 92 – info@hotelparadisebologna.it – Fax 051 23 45 91 – Chiuso dal 23 al 27 dicembre e dal 5 al 21 agosto CY **g**

18 cam ☕ – †84/160 € ††125/270 €

◆ Gestione al femminile per questo comodo indirizzo che coniuga vicinanza al centro, camere molto semplici e pulite e prezzi interessanti.

Villa Azzurra senza rist e senza ☕

viale Felsina 49 ✉ 40139 – ✆ 051 53 54 60 – info@hotelvillaazzurra.com – Fax 051 53 13 46 – Chiuso dal 10 al 20 agosto HV **a**

15 cam – †75 € ††100 €

◆ Non è prevista la prima colazione in questa risorsa, non lontana dalla tangenziale, che di un villino privato ha sia l'aspetto che l'atmosfera. Stanze ampie e arredi in pino.

Il Convento dei Fiori di Seta senza rist

via Orfeo 34/4 ✉ 40124 – ✆ 051 27 20 39 – info@silkflowersnunnery.com – Fax 05 12 75 90 01 – Chiuso dal 23 dicembre al 9 gennaio e agosto CZ **b**

10 cam ☕ – ††176/242 €

◆ Lo straordinario esito della ristrutturazione di un convento del '400 trasformato in una risorsa che fonde con incredibile armonia design e classicità, nel cuore della città.

Trattoria Battibecco

via Battibecco 4 ✉ 40123 – ✆ 051 22 32 98 – Fax 051 26 35 79 – Chiuso 10 giorni in febbraio, dal 28 giugno al 5 luglio, sabato a mezzogiorno, domenica BY **v**

Rist – Carta 45/67 €

◆ In un vicolo centrale, un locale di classe e di tono elegante, che spicca nel panorama della ristorazione cittadina per la cucina tradizionale e le proposte di mare.

Bitone

20,

via Emilia Levante 111 ✉ 40139 – ✆ 051 54 61 10 – info@ristorantebitone.it – Fax 05 16 23 22 52 – Chiuso agosto, lunedì e martedì HV **m**

Rist – Carta 45/69 €

◆ Locale ben noto agli intenditori, nonostante la posizione periferica. La sala è simile ad un giardino d'inverno, la cucina tipica bolognese, schietta e sostanziosa.

Pappagallo

piazza della Mercanzia 3 c ✉ 40125 – ✆ 051 23 12 00 – ristorante@alpappagallo.it – Fax 051 23 28 07 – Chiuso agosto e domenica, anche il sabato in giugno-luglio CY **n**

Rist – (prenotare) Carta 46/69 €

◆ Sotto le due Torri, due sale con altissimi soffitti a volta e fotografie di celebrità alle pareti; cucina bolognese e piatti di pesce in un ristorante di grande tradizione.

Al Cambio

via Stalingrado 150 ✉ 40128 – ✆ 051 32 81 18 – info@ristorantealcambio.it – Fax 051 32 05 35 – Chiuso dal 23 dicembre al 6 gennaio, dal 1° al 21 agosto, sabato a mezzogiorno e domenica GU **z**

Rist – Carta 41/58 €

◆ Vale la pena di spostarsi dal centro per provare la cucina di questo locale giovane e moderno. Saranno soddisfatti sia gli amanti della tradizione che i palati più curiosi.

Il Conte Bistrot

12,

via Rolandino 1/2 ✉ 40124 – ✆ 051 22 55 05 – postmaster@ilcontebistrot.com – Chiuso sabato a mezzogiorno e domenica CYZ **f**

Rist – (Coperti limitati; prenotare) Carta 35/60 €

◆ Nei pressi di S.Domenico, gestione giovane per un locale simpatico e accogliente non privo di eleganza. Per gustare una cucina creativa per lo più di mare.

XX **Da Sandro al Navile** con cam
via del Sostegno 15 ✉ 40131 – ☎ 05 16 34 31 00 – dasandroalnavile1@virgilio.it – Fax 05 16 34 75 92 – Chiuso dal 29 dicembre al 6 gennaio ed agosto
8 cam – †80/100 € ††100/150 € – **Rist** – *(chiuso domenica)* (prenotare) FU **r**
Menu 26/43 € – Carta 38/48 €
◆ Rinomato ristorante in zona decentrata, le salette sono sempre affollate di affezionati clienti; curata cucina emiliana tradizionale, eccezionale collezione di whisky.

XX **Franco Rossi** 6/25,
via Goito 3 ✉ 40126 – ☎ 051 23 88 18 – amiraemilia@francorossi.it – Fax 051 23 88 18 – Chiuso domenica CY **p**
Rist – (consigliata la prenotazione) Carta 41/61 €
◆ L'omonimo proprietario è la vera anima di questo intimo ristorante centrale. Il fratello invece si dedica alla preparazione di fantasiose e curate proposte tradizionali.

XX **La Terrazza** 12,
via del Parco 20 ✉ 40138 – ☎ 051 53 13 30 – tiziano@laterrazzasnc.191.it – Fax 05 16 01 10 55 – Chiuso dal 6 al 26 agosto e domenica GV **x**
Rist – (consigliata la prenotazione) Carta 42/58 €
◆ In una via tranquilla, un ristorante di dimensioni contenute con una tettoria in legno per il servizio estivo. Le proposte in menù spaziano dalla carne al pesce.

XX **Re Enzo**
via Riva di Reno 79 d ✉ 40121 – ☎ 051 23 48 03 – re-enzo@libero.it – Fax 051 23 48 03 – Chiuso 31 dicembre-1° gennaio, dal 9 al 24 agosto, sabato a mezzogiorno e domenica BY **b**
Rist – Carta 37/48 €
◆ Signorile eleganza e accoglienza cordiale in un curato ristorante centrale; cucina della tradizione emiliana/bolognese, ma anche pesce, le specialità elaborate dallo chef.

XX **Cesarina**
via Santo Stefano 19 ✉ 40125 – ☎ 051 23 20 37 – gramonsrl@tin.it – Fax 051 23 20 37 – Chiuso dal 22 dicembre al 18 gennaio, lunedì, martedì a mezzogiorno CY **m**
Rist – Carta 37/53 €
◆ Accanto alla splendida chiesa, ristorante con quasi un secolo di storia alle spalle. In tavola viene proposta la tradizionale cucina emiliana con numerosi piatti di pesce.

XX **Panoramica**
via San Mamolo 31 ✉ 40136 – ☎ 05 13 39 91 77 – info@trattorialapanoramica.com – Fax 051 58 03 37 – Chiuso domenica BZ **a**
Rist – Carta 38/48 €
◆ Servizio informale e cucina di stampo classico, con molto pesce, per un signorile ristorante fuori del centro storico; d'estate si può scegliere di mangiare all'aperto.

XX **Diana**
via dell'Indipendenza 24 ✉ 40121 – ☎ 051 23 13 02 – diana@softer.it – Fax 051 22 81 62 – Chiuso dal 1° al 15 gennaio, dal 1° al 28 agosto e lunedì CY **s**
Rist – Carta 38/48 €
◆ In pieno centro, un classico della ristorazione cittadina questo locale, sempre molto frequentato, anche a mezzogiorno, con cucina emiliana tradizionale.

X **Marco Fadiga Bistrot** 12,
via Rialto 23/c ✉ 40124 – ☎ 051 22 01 18 – marcofadigabistrot@hotmail.com – Chiuso Natale, due settimane in agosto, domenica e lunedì CZ **a**
Rist – Carta 30/51 €
◆ Un'occasione unica per apprezzare l'atmosfera del bistrot francese vissuto in chiave moderna. Cucina del territorio, accanto a piatti più creativi, presentata su una lavagna.

X **Posta** 25,
via della Grada 21/a ✉ 40122 – ☎ 05 16 49 21 06 – posta@ristoranteposta.it – Fax 05 16 49 10 22 – Chiuso quindici giorni in agosto, lunedì e sabato a mezzogiorno AY **c**
Rist – Carta 31/40 €
◆ Travi a vista e mattoni sono i piacevoli contorni rustici di questo locale, appena fuori dal centro, dove sono toscane sia le proprietarie che le specialità gastronomiche.

Antica Trattoria della Gigina
12, VISA
via Stendhal 1 ✉ 40128 – ✆ 051 32 23 00 – Fax 05 14 18 98 65 – Chiuso dal 23 dicembre al 3 gennaio e tre settimane in agosto GU **b**
Rist – Carta 30/42 €
♦ Trattoria rinnovata nel segno della tradizione e del rispetto per il proprio passato. Come un tempo la cucina, gustosa e abbondante, trasmette la tipicità del locale.

Caminetto d'Oro
via de' Falegnami 4 ✉ 40121 – ✆ 051 26 34 94 – info@caminettodoro.it – Fax 05 16 56 11 09 – Chiuso dal 30 dicembre al 10 gennaio, agosto, martedì sera e mercoledì CY **d**
Rist – Carta 42/65 €
♦ Due piccole sale rinnovate per continuare ad accogliere una cucina attenta alla scelta dei prodotti tipici della tradizione locale. Sulla lavagna i piatti del giorno.

Cesari
via de' Carbonesi 8 ✉ 40123 – ✆ 051 23 77 10 – abolognadacesari@iol.it – Fax 05 12 96 98 12 – Chiuso dal 1° al 5 gennaio, dal 1° al 27 agosto, domenica ed in luglioanche sabato BY **c**
Rist – Carta 29/47 €
♦ Nelle vicinanze di piazza Maggiore, ambiente caldo e familiare in un ristorante di solida esperienza ultratrentennale; cucina d'impronta classica con piatti regionali.

Grassilli
via del Luzzo 3 ✉ 40125 – ✆ 051 22 29 61 – Fax 051 22 29 61 – Chiuso dal 25 dicembre all'8 gennaio, dal 15 luglio al 10 agosto, mercoledì e domenica CY **b**
Rist – (consigliata la prenotazione) Carta 33/39 €
♦ Vicino alle celebri "Torri", ristorantino classico che segue una linea di cucina emiliana con qualche classico della tradizione francese, derivazioni delle origini dello chef.

Il Cantuccio
via Volturno 4 ✉ 40121 – ✆ 051 23 34 24 – Chiuso agosto, lunedì e a mezzogiorno (escluso domenica) CY **s**
Rist – Carta 40/50 €
♦ "A bordo" di questo piccolo locale a gestione familiare - una calda e luminosa saletta con tanti quadri alle pareti - si servono piatti della tradizione mediterranea di pesce.

Biagi
via Savenella 9/a ✉ 40124 – ✆ 05 14 07 00 49 – ristorantebiagi@hotmail.com – Fax 05 14 07 09 19 – Chiuso dal 1° al 5 gennaio, martedì e a mezzogiorno (escluso i giorni festivi) CZ **c**
Rist – Carta 26/39 €
♦ Continua la tradizione della storica famiglia di ristoratori il cui nome fa ormai rima con cucina bolognese. In lista troverete i grandi classici, nessuno escluso.

Scacco Matto
via Broccaindosso 63/b ✉ 40125 – ✆ 051 26 34 04 – Chiuso dal 24 dicembre al 3 gennaio, agosto e lunedì a mezzogiorno DY **a**
Rist – Carta 31/42 €
♦ In una vivace zona di osterie e di universitari, un semplice, ma schietto angolo di Basilicata, dove una famiglia propone i sapori tipici della propria terra.

Teresina
via Oberdan 4 ✉ 40126 – ✆ 051 22 89 85 – Fax 051 23 75 26 – Chiuso dal 10 al 30 agosto e domenica CY **z**
Rist – (consigliata la prenotazione) Carta 31/57 €
♦ Dalla nonna ai nipoti, c'è tutta la famiglia impegnata in questa moderna e semplice trattoria. Genuina e gustosa cucina emiliana con proposte ittiche; bel dehors estivo.

La Capriata
strada Maggiore 19 ✉ 40125 – ✆ 051 23 69 32 – Fax 051 23 69 32 – Chiuso dal 2 al 9 gennaio, dal 7 al 24 agosto e martedì a mezzogiorno CY **x**
Rist – Carta 41/54 €
♦ Sotto i portici di una strada del centro troverete l'indicazione che porta alla piccola corte da cui si accede a questo locale, moderno e di gusto vagamente etnico.

Trattoria da Leonida

vicolo Alemagna 2 ✉ 40125 – ✆ 051 23 97 42 – Fax 05 16 27 18 50 – Chiuso dal 1° al 25 agosto e domenica CY **h**

Rist – (prenotare) Carta 24/38 €

◆ Familiari la gestione e l'accoglienza in un ristorantino del centro con proposte legate alla tradizione emiliana; piacevole il servizio estivo nella veranda aperta.

Monte Donato 6/16,

via Siepelunga 118, località Monte Donato Sud : 4 km ✉ 40141 – ✆ 051 47 29 01 – Fax 051 47 23 06 – Chiuso domenica in luglio-agosto, lunedì negli altri mesi

Rist – Carta 27/42 € GV **a**

◆ Sull'omonimo monte, accanto ad una chiesetta, una vera trattoria di campagna, con servizio estivo all'aperto; cucina tradizionale che nasconde una notevole tecnica.

Trattoria Meloncello 25,

via Saragozza 240/a ✉ 40135 – ✆ 05 16 14 39 47 – Chiuso dal 14 al 23 gennaio, dal 30 luglio al 24 agosto, lunedì sera e martedì FV **a**

Rist – Carta 25/30 €

◆ Simpatico ambiente intimo e raccolto in questa vecchia trattoria, gestita con passione dalla stessa famiglia da oltre vent'anni; casereccia cucina d'impronta classica.

Il Paradisino

via Coriolano Vighi 33 ✉ 40133 – ✆ 051 56 64 01 – Fax 05 12 98 40 73 – Chiuso dal 7 al 25 gennaio EU **c**

Rist – Carta 24/32 €

◆ Fuori mano ma grazioso questo locale rustico, con porticato per il servizio estivo all'aperto, dove assaggerete piatti curati di cucina emiliana casalinga.

a Borgo Panigale Nord-Ovest : 7,5 km EU – ✉ 40132

Sheraton Bologna cam, cam, 500,

via dell'Aeroporto 34/36 – ✆ 051 40 00 56 – info@sheratonbologna.it – Fax 05 16 41 51 40 EU **w**

244 cam – 340 € – **Rist** – (solo per alloggiati) 31 €

◆ Vicino all'aeroporto e comodamente raggiungibile dalla tangenziale, una struttura funzionale, che dispone di moderne attrezzature e spazi perfetti per meeting. Impostazione classica nella capiente sala del ristorante.

Holiday Inn Bologna-Via Emilia cam, rist, 200,

via Lepido 203/214 – ✆ 051 40 92 11 – holidayinn.bolognaemilia@alliancealberghi.com – Fax 051 40 59 69 EU **h**

143 cam – 114/310 € 129/400 € – ½ P 85/198 € – **Rist** – Menu 24/28 €

◆ Nelle vicinanze dell'autostrada, un comodo albergo di concezione moderna; camere non enormi ma ben insonorizzate, con arredi in legno massiccio. Sala ristorante classica con travi a vista, come una moderna trattoria.

a Villanova Est : 7,5 km HV – ✉ 40055

Jolly Hotel Villanova cam, rist, 140,

via Villanova 29/8 – ✆ 051 60 43 11 – bologna_villanova@jollyhotels.com – Fax 051 78 14 44 HV **f**

209 cam – 125/320 € 160/360 € – **Rist** – *(chiuso agosto)* Carta 38/60 €

◆ Edificio costruito ex novo con numerose dotazioni e servizi. Arredi moderni ispirati al minimalismo con ampio utilizzo di marmo, legno e metallo. Suite di alto livello. Ristorante raffinato con una proposta gastronomica classica.

BOLSENA – Viterbo (VT) – 563 O17 – 4 143 ab. – alt. 348 m – ✉ 01023 *Italia* 12 **A1**

Roma 138 – Viterbo 31 – Grosseto 121 – Siena 109

Chiesa di Santa Cristina ★

Royal senza rist 50,

piazzale Dante Alighieri 8/10 – ✆ 07 61 79 70 48 – royal@bolsenahotel.it – Fax 07 61 79 60 00

37 cam – 56/88 € 78/116 €

◆ Struttura elegante, curata tanto nei signorili spazi esterni, quanto negli eleganti ambienti interni. Un soggiorno in riva al lago, coccolati dalla bellezza del paesaggio.

Holiday

viale Diaz 38 – ☎ 07 61 79 69 00 – holiday@bolsena.com – Fax 07 61 79 95 50 – 20 dicembre-10 gennaio e aprile-2 novembre

23 cam – †80/100 € ††80/120 € – ½ P 55/70 € – **Rist** – Carta 25/40 €

◆ In riva al lago, in zona leggermente decentrata, una grande villa anni '50 con ampio, curato giardino e piscina. Camere in stile classico e capace gestione familiare. Bella e luminosa sala da pranzo.

Columbus

50, P

viale Colesanti 27 – ☎ 07 61 79 90 09 – columbus@bolsenahotel.it – Fax 07 61 79 81 72 – Marzo-ottobre

39 cam – ††58/94 € – ½ P 45/63 €

Rist *La Conchiglia* – *(aprile-ottobre)* Carta 33/47 €

◆ Un hotel circondato dal verde di alberi e piante decorative, vicino al lago, presenta spazi comuni di buon livello e camere riammodernate, dal confort apprezzabile. Ristorante molto apprezzato dai turisti presenti nella località.

BOLZANO (BOZEN) P (BZ) – 562 C16 – 96 097 ab. – alt. 262 m – ✉ 39100

Italia 31 **D3**

Roma 641 – Innsbruck 118 – Milano 283 – Padova 182 – Venezia 215 – Verona 154

piazza Walther 8 ☎ 0471 307000, info@bolzano-bozen.it, Fax 0471 980128

Via dei Portici★ B – Duomo★ B – Pala★ nella chiesa dei Francescani B – Pala d'altare scolpita★ nella chiesa parrocchiale di Gries per corso Libertà A

Gole della Val d'Ega★ Sud-Est per ① – Dolomiti★★★ Est per ①

Pianta pagina seguente

Park Hotel Laurin

(riscaldata) cam, rist, 200, B **e**

via Laurin 4 – ☎ 04 71 31 10 00 – info@laurin.it – Fax 04 71 31 11 48

96 cam – †112/172 € ††170/280 € – ½ P 109/164 € – **Rist** – *(chiuso domenica a mezzogiorno)* Carta 43/57 €

◆ Risorsa di notevole pregio, ospitata in un magnifico edificio in stile liberty, in cui lusso e raffinatezza sono stati abilmente coniugati alla modernità del confort. Il ristorante di grande eleganza accompagna una cucina di livello; servizio estivo nel parco.

Greif senza rist

25, B **n**

piazza Walther – ☎ 04 71 31 80 00 – info@greif.it – Fax 04 71 31 81 48

33 cam – †168/196 € ††170/300 € – 6 suites

◆ Dietro la bellezza del palazzo, restituita alla città da un recente restauro, stanze rimodernate con l'aiuto di artisti internazionali offrono personalizzazioni uniche.

Luna-Mondschein

cam, rist, 80, B **c**

via Piave 15 – ☎ 04 71 97 56 42 – info@hotel-luna.it – Fax 04 71 97 55 77

77 cam – †74/91 € ††115/138 € – 4 suites – ½ P 103 € – **Rist** – *(chiuso dal 24 al 28 dicembre)* Carta 30/51 €

◆ Circondato da un bel parco giardino, questo hotel di tradizione offre il vantaggio di essere in zona centralissima e di disporre di un ampio garage. Imperdibile servizio ristorante effettuato tra il verde lussureggiante.

Magdalenerhof

cam, rist, P B

via Rencio 48, per via Renon – ☎ 04 71 97 82 67 – magdalenerhof@dnet.it – Fax 04 71 98 10 76

39 cam – †65/95 € ††95/125 € – 3 suites – **Rist** – *(chiuso lunedì)* Carta 30/52 €

◆ Edificio in tipico stile tirolese in posizione tranquilla, dalla gestione diretta ed attenta ai dettagli, presenta stanze di buon livello. Sono tre le sale da pranzo ricavate all'interno dell'hotel.

Stadt Hotel Città

cam, rist, B **a**

piazza Walther 21 – ☎ 04 71 97 52 21 – info@hotelcitta.info – Fax 04 71 97 66 88

102 cam – †90/102 € ††130/165 € – **Rist** – Carta 30/37 €

◆ Hotel di lunga tradizione, affacciato sulla suggestiva piazza Walther. Tra i numerosi servizi a disposizione, anche la spaziosa zona relax. Nuovo il Caffè, ideale anche per mangiare.

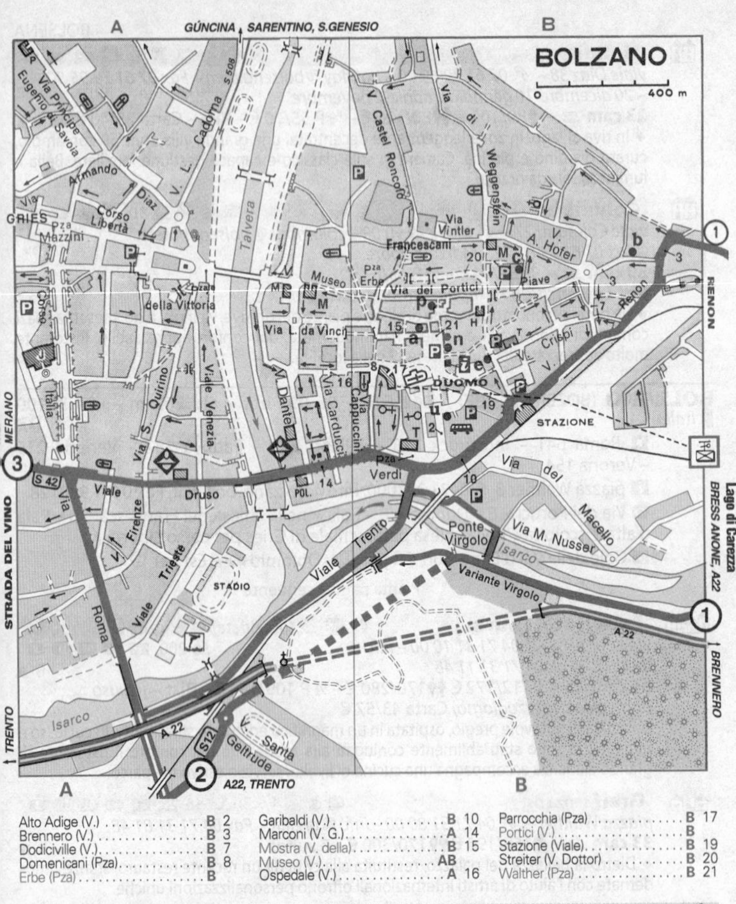

Scala-Stiegl cam, 40, VISA AE

via Brennero 11 – ☎ 04 71 97 62 22 – info@scalahot.com – Fax 04 71 98 11 41 – Chiuso dal 2 al 22 gennaio B **b**

65 cam ☕ – ♦73/88 € ♦♦95/191 € – 1 suite – ½ P 72/120 € – **Rist** – Carta 33/37 €

◆ Albergo di città, a pochi passi dal centro, in un edificio d'inizio Novecento in stile liberty. Tutt'intorno un piacevole giardino ombreggiato, con piscina. Sala ristorante ampia e luminosa con area esterna per il servizio estivo.

Alpi rist, 100, VISA

via Alto Adige 35 – ☎ 04 71 97 05 35 – info@hotelalpi.info – Fax 04 71 97 19 29

111 cam ☕ – ♦92/114 € ♦♦130/170 € – ½ P 83/103 € B **u**

Rist – *(chiuso domenica a mezzogiorno)* Carta 21/31 €

◆ Classico albergo da centro città. Frequentato da turisti e in grande maggioranza da clientela d'affari, in funzione della comoda posizione e della capiente sala congressi. La sobria sala ristorante propone una cucina classica e mediterranea.

Figl senza rist VISA AE

piazza del grano 9 – ☎ 04 71 97 84 12 – info@figl.net – Fax 04 71 97 84 13 – Chiuso dal 18 febbraio al 5 marzo e dal 25 giugno al 14 luglio B **p**

23 cam – ♦80/85 € ♦♦100/125 €, ☕ 11 €

◆ Ospitalità di tono familiare e per certi versi piacevolmente informale in un piccolo ma grazioso hotel del centro, con soluzioni all'avanguardia. Spazi comuni ridotti.

Rentschner Hof (riscaldata) rist,
via Rencio 70, per via Renon – ✆ 04 71 97 53 46 – info@rentschnerhof.com – Fax 04 71 97 70 98 B
21 cam – 55/68 € 89/105 € – ½ P 55/68 € – **Rist** – *(chiuso domenica)* Carta 24/39 €
◆ E' ubicato alle porte del centro abitato e infatti questo hotel si avvicina più ad un albergo di campagna che non ad una risorsa cittadina. Bella vista sui vigneti. Nella sala ristorante prevalgono tinte chiare e piacevoli.

Walthers'
piazza Walther 6 – ✆ 04 71 32 40 22 – Fax 04 71 32 42 68 B n
Rist – (prenotare) Menu 25/45 € – Carta 39/47 €
◆ Locale giovane nel panorama della ristorazione cittadina, stile moderno alla ricerca di soluzione modaiole. Cucina che rivisita la classicità con fantasia in stile "fusion".

a Colle (Kohlern)**Sud : 5 km – ✉ 39100 – Bolzano**

Colle-Kohlern con cam Bolzano e valle,
– ✆ 04 71 32 99 78 – info@kohlern.com – Fax 04 71 32 99 66 – 5 dicembre-10 gennaio e Pasqua-10 novembre
15 cam – 65/75 € 100/150 € – ½ P 60/90 € – **Rist** – *(chiuso lunedì)* Carta 27/39 €
◆ Potete salire a piedi, in auto o in funivia (la prima al mondo) per gustare una cucina semplice e tradizionale, nella bella sala panoramica di questa locanda d'inizio '900.

sulla strada statale 12-zona Fiera A

Four Point Sheraton cam, rist, 360,
via Buozzi 35, Sud : 5 km – ✆ 047 11 95 00 00 – info@4p-sheraton-bolzano.it – Fax 047 11 95 09 99
189 cam – 108/193 € 132/248 € – 37 suites – ½ P 144 € – **Rist** – Carta 39/60 €
◆ Attualmente il più grande hotel di Bolzano e forse il più moderno. Accanto alla fiera, dispone di un notevole centro congressi e di confort ideali per la clientela business. Ristorante di design, così come l'hotel, ottimo servizio.

Park Hotel Werth senza rist 45,
via Maso della Pieve 19, Sud : 4 km ✉ 39100 – ✆ 04 71 25 01 03 – info@hotelwerth.com – Fax 04 71 25 15 14
78 cam – 70/90 € 90/160 €
◆ Hotel circondato dal verde, ubicato in zona periferica e tranquilla vicino alla fiera. Si propone come risorsa recente, adatta a soddisfare una clientela in cerca confort.

Lewald cam,
via Maso della Pieve 17, Sud : 4 km – ✆ 04 71 25 03 30 – info@lewald.it – Fax 04 71 25 19 16
24 cam – 65 € 110 € – 4 suites – ½ P 66/70 € – **Rist** – *(chiuso agosto, sabato, domenica e a mezzogiorno)* Carta 35/50 €
◆ Risorsa dalla caratteristica tinta bianca e rosa, curata in tutte le sue parti. Buona disponibilità di spazi comuni, camere personalizzate di varie tipologie. Due salette ristorante e uno spazio esterno per il servizio estivo all'aperto.

BOLZANO VICENTINO – Vicenza (VI) – 562 F16 – 5 787 ab. – alt. 44 m – ✉ 36050
37 **B1**

Roma 539 – Padova 41 – Treviso 54 – Vicenza 9

Locanda Grego con cam cam, 35,
via Roma 24 – ✆ 04 44 35 05 88 – locanda.grego@virgilio.it – Fax 04 44 35 06 95 – Chiuso dal 26 dicembre all'8 gennaio
20 cam – 42/47 € 62/72 €, 5 € – ½ P 47/55 € – **Rist** – *(chiuso 3 settimane in agosto, sabato-domenica dal 20 giugno ad agostoe le sere di domenica-mercoledì negli altri mesi)* Carta 26/39 €
◆ Tra i tavoli di una locanda che esiste dagli inizi dell'Ottocento, proposte di cucina regionale con piatti preparati secondo stagione e tradizione. La risorsa dispone anche di accoglienti camere in stile.

BOLZONE – Cremona – Vedere Ripalta Cremasca

BONAGIA – Trapani – 565 M19 – **Vedere Sicilia (Valderice) alla fine dell'elenco** alfabetico

BONASSOLA – La Spezia (SP) – 561 J10 – **954 ab.** – ✉ 19011 15 **D2**

Roma 456 – La Spezia 38 – Genova 83 – Milano 218

via Fratelli Rezzano ✆ 0187 813500, info@prolocobonassola.it, Fax 018781 3529

Delle Rose rist, VISA AE

via Garibaldi 8 – ✆ 01 87 81 37 13 – albergodellerose@libero.it – Fax 01 87 81 42 68 – Aprile-ottobre

26 cam – 60/70 € 108/130 € – ½ P 64/77 € – **Rist** – Carta 25/30 €

♦ Una solida gestione familiare in grado di garantire nell'insieme un buon livello di ospitalità, sulla piazza di questo bel borgo di mare, ma a pochi passi dalla spiaggia. Cucina semplice e di fattura casalinga.

Villa Belvedere rist, VISA AE

via Ammiraglio Serra 15 – ✆ 01 87 81 36 22 – hotelvillabelvedere.hote@tin.it – Fax 01 87 81 37 09 – 28 marzo-2 novembre

20 cam – 85 € 95/115 € – ½ P 65/75 € – **Rist** – (solo per alloggiati)

♦ Piccolo albergo contornato da terrazze verdeggianti con vista mare. Gestione attenta, camere e ambienti comuni arredati con cura e semplicità.

BONDENO – Ferrara (FE) – 562 H16 – **15 605 ab.** – **alt. 11 m** – ✉ 44012 9 **C1**

Roma 443 – Bologna 69 – Ferrara 20 – Mantova 72 – Milano 227 – Modena 57 – Rovigo 52

Tassi con cam cam, VISA AE

viale Repubblica 23 – ✆ 05 32 89 30 30 – Fax 05 32 89 30 30

10 cam – 55 € 65 € – ½ P 53 € – **Rist** – *(chiuso dal 1 al 4 gennaio, dal 23 luglio al 13 agosto, domenica sera e lunedì)* Menu 18/22 € – Carta 32/40 €

♦ In zona è considerato un locale storico: l'ambiente è caratteristico, la conduzione è di taglio familiare, le proposte genuine e nel solco della tradizione.

BONDONE (Monte) – Trento (TN) – 562 D15 – **670 ab.** – **alt. 2 098 m** – **Sport invernali :** ***1 175/2 090 m*** ***5,*** 30 **B3**

Roma 611 – Trento 24 – Bolzano 78 – Milano 263 – Riva del Garda 57

(dicembre-aprile e luglio-agosto) a Vaneze ✆ 0461 947128, Fax 0461 947188

a Vason Nord : 2 km – alt. 1 680 m – ✉ 38100 – Vaneze

Chalet al Caminetto cam, VISA AE

località Vason 39/1 – ✆ 04 61 94 80 90 – info@chaletcaminetto.it – Fax 04 61 94 80 31 – 18 dicembre-aprile e 15 giugno-15 settembre

30 cam – 32/44 € 64/88 € – ½ P 42/54 € – **Rist** – *(chiuso a mezzogiorno)* (solo per alloggiati)

♦ Appena oltre il passo, albergo da poco ristrutturato ed ampliato. Piccolo centro benessere ben attrezzato, camere con balcone: tutto sotto la supervisione diretta dei titolari.

BONFERRARO – Verona (VR) – 562 G15 – **alt. 20 m** – ✉ 37060 35 **A3**

Roma 481 – Verona 35 – Ferrara 35 – Mantova 17 – Modena 79

Sarti 15, VISA AE

via Don Giovanni Benedini 1 – ✆ 04 57 32 02 33 – Fax 04 57 32 00 23 – Chiuso dal 25 luglio al 18 agosto e martedì

Rist – Carta 23/45 €

♦ Un ristorante classico, elegante negli arredi, a conduzione familiare. La cucina, di impostazione tradizionale. Zona disimpegno con bar ad uso interno. Ampia cantina.

BORDIGHERA – Imperia (IM) – 561 K4 – 10 546 ab. – ✉ 18012 *Italia* 14 **A3**

Roma 654 – Imperia 45 – Genova 155 – Milano 278 – Monte Carlo 32 – San Remo 12 – Savona 109

via Vittorio Emanuele II 172 ✆ 0184 262322, infobordighera@rivieradeifiori.org, Fax 0184 264455

Località★★

Grand Hotel del Mare

mare, (con acqua di mare) rist, 180,

via Portico della Punta 34, Est : 2 km – ✆ 01 84 26 22 01 – info@grandhoteldelmare.it – Fax 01 84 26 23 94 – Chiuso dal 1° ottobre al 22 dicembre

85 cam – 220/290 € 300/425 € – 15 suites – ½ P 215/278 € – **Rist** – Carta 65/100 €

◆ Esclusivo hotel, direttamente sul mare, circondato da un meraviglioso giardino pensile all'interno del quale è stata realizzata una piscina alimentata con acqua marina. Ampie vetrate illuminano l'ariosa sala da pranzo arredata con eleganza d'impronta classica.

Parigi

(con acqua di mare riscaldata) cam, rist,

lungomare Argentina 16/18 – ✆ 01 84 26 14 05 – direzione@hotelparigi.com – Fax 01 84 26 04 21

59 cam – 129 € 177 € – ½ P 111 € – **Rist** – Carta 37/48 €

◆ In pieno centro, l'ingresso è lungo la bella passeggiata pedonale a ridosso della spiaggia, un hotel signorile e ben accessoriato. Camere spaziose e di sobria eleganza. Il piacere di una bella vista panoramica sul mare è lo sfondo di cene indimenticabili.

Piccolo Lido

cam, rist,

lungomare Argentina 2 – ✆ 01 84 26 12 97 – info@hotelpiccololido.it – Fax 01 84 26 23 16 – Chiuso dal 15 ottobre al 22 dicembre

33 cam – 72/130 € 86/165 € – ½ P 77/120 € – **Rist** – (solo per alloggiati) Menu 24/50 €

◆ Proprio all'inizio della passeggiata lungomare, affacciato sulla spiaggia; negli interni dominano i colori pastello e non mancano alcuni fantasiosi trompe-l'oeil.

Villa Elisa

rist,

via Romana 70 – ✆ 01 84 26 13 13 – info@villaelisa.com – Fax 01 84 26 19 42 – Chiuso da 15 novembre al 22 dicembre

35 cam – 130 € 170 € – ½ P 75/115 € – **Rist** – Menu 40/50 €

◆ Una villa d'inizio secolo ubicata nella parte alta della cittadina. Interni classici e signorili e bel giardino "mediterraneo" con tanti fiori, aranci, limoni e ulivi.

La Via Romana

via Romana 57 – ✆ 01 84 26 66 81 – viaromana@masterweb.it – Fax 01 84 26 75 49 – Chiuso mercoledì, giovedì a mezzogiorno e le sere di Natale e 1° gennaio

Rist – Carta 53/75 €

Spec. Calamaretti al rosmarino con ratatouille. Pansotti ripieni di gamberi e zucchine. Grande cus cus di pesci, molluschi e crostacei.

◆ Una delle vie più eleganti di Bordighera, memoria del periodo liberty tra i palazzi signorili. Fra questi, il ristorante, dove l'elaborazione artistica si stempera nel pesce.

Carletto (Pessina)

30,

via Vittorio Emanuele 339 – ✆ 01 84 26 17 25 – wannespessina@libero.it – Chiuso dal 25 giugno al 5 luglio, dal 10 novembre al 20 dicembre e mercoledì

Rist – Carta 61/88 €

Spec. Antipasti di mare caldi. Trenette con gamberi, scampi e moscardini. Grigliata di crostacei con carciofi croccanti (inverno).

◆ Uno dei locali storici della riviera, non cede ad inutili formalismi, ma lascia spazio ad una cucina di sostanza. Pesce in piatti tradizionali, talvolta rivisitati.

Mimmo

via Vittorio Emanuele II 302 – ✆ 01 84 26 18 40 – mirizzo.@alice.it – Chiuso dal 5 novembre al 5 dicembre, dal 30 giugno al 10 luglio e mercoledì

Rist – (consigliata la prenotazione) Carta 51/91 €

◆ Grazie all'intelligente accordo con alcuni pescatori locali, il pesce è sempre freschissimo; in cucina c'è passione ed entusiasmo. Il risultato è facilmente immaginabile.

Magiargè Vini e Cucina
piazza Giacomo Viale, centro storico – 01 84 26 29 46 – viniecucina@magiarge.it – Chiuso martedì a mezzogiorno e lunedì, aperto solo la sera in luglio-agosto
Rist – (consigliata la prenotazione) Carta 28/37 €
◆ Locale rustico-signorile con soffitti a volte, proposte giornaliere con lista limitata, ma stuzzicante. Cantina interessante e vendita di prodotti alimentari "di nicchia".

BORGARELLO – Pavia (PV) – 1 888 ab. – alt. 91 m – 27010 16 A3

Roma 604 – Alessandria 86 – Pavia 8 – Milano 30 – Piacenza 84

Locanda degli Eventi
via Principale 4 – 03 82 93 33 03 – gkbruzzo@hotmail.com – Fax 03 82 33 56 0 – Chiuso domenica sera e lunedì
Rist – (consigliata la prenotazione) Carta 29/39 €
◆ I pochi tavoli di questo curato ristorante si dividono tra la sala, caratterizzata da toni rustici, e la veranda. Il menù si articola tra territorio e sapori moderni.

BORGARO TORINESE – Torino (TO) – 561 G4 – 13 045 ab. – alt. 254 m – 10071 22 A1

Roma 689 – Torino 10 – Milano 142

Atlantic cam, rist, 500,
via Lanzo 163 – 01 14 50 00 55 – atlantic@hotelatlantic.com – Fax 01 14 70 17 83
110 cam – 80/145 € 145/250 € – ½ P 100/170 €
Rist *Il Rubino* – *(chiuso dal 5 al 25 agosto e domenica)* Carta 29/41 €
◆ Una struttura che si propone soprattutto ad una clientela d'affari, con particolare attenzione all'ospitalità congressuale. Dotato di terrazza panoramica con piscina. Dalla cucina proposte classiche, senza dimenticare i piatti di stagione.

Pacific Hotel Airport cam, 40,
viale Martiri della Libertà 76 – 01 14 70 46 66 – hotelairport@pacifichotels.it – Fax 01 14 70 32 93
58 cam – 150 € 215 €, 15 € – **Rist** – *(chiuso agosto, da venerdì a domenica, i giorni festivi e a mezzogiorno)* Menu 25/35 €
◆ In posizione defilata, dispone di camere ampie e ben accessoriate. Gli spazi comuni sono funzionali anche se un po' ridotti; indicato per una clientela di passaggio. Ristorante moderno con discreto menù alla carta.

BORGATA SESTRIERE – Torino – Vedere Sestriere

BORGHETTO – Verona – Vedere Valeggio sul Mincio

BORGHETTO D'ARROSCIA – Imperia (IM) – 561 J5 – 475 ab. – alt. 155 m – 18020 14 A2

Roma 604 – Imperia 28 – Genova 105 – Milano 228 – Savona 59

a Gazzo Nord-Ovest : 6 km – alt. 610 m – 18020 – Borghetto d'Arroscia

La Baita
località Gazzo – 018 33 10 83 – labaitagazzo@katamail.com – Fax 018 33 13 24 – Chiuso da lunedì a mercoledì in luglio-settembre, da lunedì a giovedì negli altri mesi
Rist – Carta 24/31 €
◆ Locale rustico e al tempo stesso signorile, in un borgo dell'affascinante entroterra ligure. Funghi e tante specialità della tradizione con varie elaborazioni gustose.

BORGIO VEREZZI – Savona (SV) – 561 J6 – 2 233 ab. – 17022 14 B2

Roma 574 – Genova 75 – Imperia 47 – Milano 198 – Savona 29

(maggio-settembre) via Matteotti 158 019 610412, borgioverezzi@inforiviera.it, Fax 019 610412

XXX **Doc** 25,
via Vittorio Veneto 1 – ✆ 019 61 14 77 – info@ristorantedoc.it – Chiuso lunedì anche martedì e a mezzogiorno (escluso sabato-domenica e i giorni festivi) da ottobre a maggio
Rist – Carta 50/74 €
◆ All'interno di una signorile villetta d'inizio secolo adornata da un grazioso giardino, un ristorante dall'ambiente raccolto e curato, in cui godere di una certa eleganza.

XX **Da Casetta**
piazza San Pietro 12 – ✆ 019 61 01 66 – Fax 019 61 01 66 – Chiuso martedì e a mezzogiorno (escluso sabato-domenica e i giorni festivi da ottobre a giugno)
Rist – Carta 29/47 €
◆ Nel cuore del centro storico, un locale che si presenta con un ambiente accogliente, connotato da volte in mattoni e da un caratteristico angolo in pietra viva.

BORGO A MOZZANO – Lucca (LU) – 563 K13 – 7 323 ab. – alt. 97 m – ✉ 55023

Toscana 28 **B1**

Roma 368 – Pisa 42 – Firenze 96 – Lucca 22 – Milano 296 – Pistoia 65

Milano cam, 100,
via del Brennero, 9, località Socciglia Sud-Est : 1,5 km – ✆ 05 83 88 91 91 – hotelmilano@interfree.it – Fax 05 83 88 91 80 – Chiuso dal 21 dicembre al 15 gennaio
34 cam – †45/55 € ††80/90 € – ½ P 60/70 € – **Rist** – *(chiuso sabato sera e domenica)* Carta 20/34 €
◆ Struttura imponente situata alle porte del paese; camere curate negli arredi, ambienti comuni grandi e luminosi anche se un po' démodé. Per turisti e clientela d'affari. Ampia sala ristorante, in menù alcune specialità del territorio.

BORGO FAITI – Latina – 563 R20 – Vedere Latina

BORGOMANERO – Novara (NO) – 561 E7 – 19 886 ab. – alt. 306 m – ✉ 28021

24 **A3**

Roma 647 – Stresa 27 – Domodossola 59 – Milano 70 – Novara 32 – Torino 106 – Varese 38 Castelconturbia, Sud-Est : 10 km ad Agrate Conturbia, ✆ 0322 83 20 93 ; , Sud-Est : 12 km a Bogogno, ✆ 0322 86 37 94.

XXX **Pinocchio** (Bertinotti) 20,
via Matteotti 147 – ✆ 032 28 22 73 – bertinotti@ristorantepinocchio.it – Fax 03 22 83 50 75 – Chiuso dal 24 al 30 dicembre, dal 20 al 27 agosto, lunedì, martedì a mezzogiorno
Rist – Carta 60/95 €
Spec. Scaloppa di fegato grasso di Mortara con mostarda di frutta e vino cotto. Agnolotti ai tre arrosti bianchi nel loro sugo. Piccione di cascina in due maniere: carpaccio di petto al tartufo e coscette lungamente cotte al profumo di Marsala (primavera-autunno).
◆ Ambienti eleganti con richiami ad un passato rustico: la cucina riflette le tradizioni del territorio piemontese con piatti di carne proposti in interpretazioni più raffinate.

BORGO MOLARA – Palermo – Vedere Sicilia (Palermo) alla fine dell'elenco alfabetico

BORGONOVO VAL TIDONE – Piacenza (PC) – 561 G10 – 7 044 ab. – alt. 114 m – ✉ 29011

8 **A1**

Roma 528 – Piacenza 23 – Genova 137 – Milano 67 – Pavia 41
piazza Garibaldi 18 ✆ 0523 861210, iatborgonovo@libero.it, Fax 0523861210

XX **La Palta**
località Bilegno Sud Est : 3 km – ✆ 05 23 86 21 03 – lapalta@libero.it – Fax 05 23 86 50 20 – Chiuso dieci giorni a gennaio, venti giorni in luglio o agosto e lunedì
Rist – Carta 39/54 €
◆ Le ricette piacentine ed emiliane rielaborate con gusto, ma anche l'estro e la creatività senza legami o costrizioni. Ambiente accogliente, servizio estivo in giardino.

XX **Vecchia Trattoria Agazzino**

località Agazzino 335, Nord-Est : 7 km – ✆ 05 23 88 71 02 – gianskyb@alice.it – Chiuso dal 26 dicembre al 6 gennaio, dal 10 luglio al 10 agosto, lunedì sera e martedì

Rist – Carta 20/34 €

◆ L'impostazione della trattoria di campagna, abbinata ad un arredamento e ad una cura della tavola apprezzabili. Cucina genuina con qualche buona apertura al territorio.

BORGO PANIGALE – Bologna – 563 I15 – Vedere Bologna

BORGO PRIOLO – Pavia (PV) – 561 H 9 – 1 406 ab. – alt. 139 m – ✉ 27040 16 B3

Roma 558 – Alessandria 60 – Genova 106 – Milano 70 – Pavia 31 – Piacenza 51

Agriturismo Torrazzetta rist, 100,

frazione Torrazzetta 1, Nord-Ovest : 2 km – ✆ 03 83 87 10 41 – info@torrazzetta.it – Fax 03 83 87 10 41

30 cam – ♦50 € ♦♦80 € – ½ P 60 € – **Rist** – *(chiuso lunedì)* Carta 20/30 €

◆ In un luogo tranquillo sorge questa cascina di dimensioni notevoli, dagli ambienti di tono rustico. Le camere sono semplici e funzionali, alcune soppalcate. La sala ristorante è davvero ampia e frequentata soprattutto nei week-end.

BORGO SAN DALMAZZO – Cuneo (CN) – 561 J4 – 11 609 ab. – alt. 641 m – ✉ 12011 22 B3

Roma 661 – Torino 99 – Cuneo 9 – Asti 97 – Nizza 120

XXX **I Piaceri del Gusto** 12,

corso Mazzini 148 – ✆ 01 71 26 54 78 – inaudi@inaudi.com – Fax 01 71 26 28 22 – Chiuso dal 22 gennaio al 4 febbraio, dal 4 al 17 giugno e lunedì

Rist – (consigliata la prenotazione) Carta 27/38 €

◆ Non fatevi ingannare dall'aspetto esteriore: varcata la soglia si apre una sala elegante di taglio moderno, dove vengono proposti piatti locali e della tradizione nazionale.

BORGO SAN LORENZO – Firenze (FI) – 563 K16 – 16 301 ab. – alt. 193 m – ✉ 50032 29 C1

Toscana

Roma 308 – Firenze 25 – Bologna 89 – Forlì 97

Poggio dei Medici a Scarperia, Nord-Ovest : 12 km, ✆ 055 843 50.

Park Hotel Ripaverde cam, rist, 120,

viale Giovanni XXIII 36 – ✆ 05 58 49 60 03 – info@ripaverde.it – Fax 05 58 45 93 79

54 cam – ♦98/212 € ♦♦140/212 € – 3 suites

Rist *L'O di Giotto* – Carta 24/38 €

◆ Hotel recente, situato alle porte della cittadina, nei pressi dell'ospedale. Si respira ancora aria di nuovo e il confort è facilmente fruibile in tutti gli ambienti. Ingresso indipendente per il ristorante: un ambiente elegante con luminose vetrate.

Locanda degli Artisti

piazza Romagnoli 2 – ✆ 05 58 45 53 59 – info@locandartisti.it – Fax 05 58 45 01 16

7 cam – ♦70/90 € ♦♦100/150 €

Rist Degli Artisti – vedere selezione ristoranti

◆ Piccola struttura con spazi comuni, sala colazione e soggiorno abbastanza ridotti, ma sicuramente accoglienti. Camere curate, gestione attenta e cordiale.

XX **Degli Artisti** 10,

piazza Romagnoli 1 – ✆ 05 58 45 77 07 – donatella@ristorantedegliartisti.it – Fax 05 58 49 03 72 – Chiuso mercoledì

Rist – Carta 37/57 €

◆ Per chi cerca una ristorazione di tipo attuale e quindi legata al territorio, ma rivisitata con fantasia. Una casa del centro, con servizio estivo sotto al pergolato.

sulla strada statale 302 Sud-Ovest : 15 km :

Casa Palmira senza rist
località Feriolo-Polcanto ✉ 50032 – ✆ 05 58 40 97 49 – info@casapalmira.it – Fax 05 58 40 97 49 – Chiuso dal 20 gennaio al 10 marzo
6 cam – 55/65 € 80/85 €
◆ Un fienile ristrutturato di un'antica casa colonica nel quale l'ospitalità ha un sapore antico e intimo. Ci si sente a casa di amici, nella verde campagna del Mugello.

BORGOSESIA – Vercelli (VC) – 561 E6 – 13 849 ab. – alt. 354 m – ✉ 13011 23 C1

Roma 684 – Stresa 60 – Milano 97 – Novara 44 – Torino 113 – Vercelli 56

Casa Galloni 1669 15/30
via Cairoli 42 – ✆ 016 32 32 54 – Fax 016 32 32 54 – Chiuso agosto, lunedì e domenica sera
Rist – Carta 26/34 €
◆ Nel centro storico, intimo e raccolto sin dal giardino che si attraversa per salire, al primo piano, alle tre sale dove viene servita una cucina tradizionale ma rivisitata.

BORGO VAL DI TARO – Parma (PR) – 562 I11 – 7 159 ab. – alt. 411 m – ✉ 43043 8 A2

Roma 473 – La Spezia 73 – Parma 72 – Bologna 163 – Genova 112

Agriturismo Cà Bianca
località Ostia Parmense 84, Nord-Est : 7 km – ✆ 052 59 80 03 – info@agriturismo-cabianca.it – Fax 052 59 82 13 – Chiuso dal 15 gennaio al 15 febbraio
7 cam – 52/59 € 80/90 € – ½ P 60/70 € – **Rist** – (prenotazione obbligatoria) Menu 20/30 €
◆ Ai bordi di un affluente del Taro, un piacevole cascinale interamente ristrutturato, con spazi organizzati per numerose attività ludiche, o un "semplice" soggiorno di relax. Al ristorante cucina tipica e preparazioni casalinghe.

BORGO VERCELLI – Vercelli (VC) – 561 F7 – 2 143 ab. – alt. 126 m – ✉ 13012 23 C2

Roma 640 – Alessandria 59 – Milano 68 – Novara 15 – Pavia 62

Osteria Cascina dei Fiori 10/20
regione Forte - Cascina dei Fiori – ✆ 016 13 28 27 – Fax 01 61 32 99 28 – Chiuso luglio, domenica e lunedì
Rist – Carta 38/62 €
◆ Ambiente rustico elegante, presenta una cucina con una linea gastronomica legata al territorio, anche se non mancano alcune proposte innovative. Discreta cantina.

BORMIO – Sondrio (SO) – 561 C13 – 4 084 ab. – alt. 1 225 m – Sport invernali : *1 225/3 012 m* 3 8, – ✉ 23032 17 C1

Roma 763 – Sondrio 64 – Bolzano 123 – Milano 202 – Passo dello Stelvio 20
via Roma 131/b ✆ 0342 903300, infobormio@provincia.so.it, Fax 0342 904696
, ✆ 0342 91 07 30.

Palace Hotel rist, 90,
via Milano 54 – ✆ 03 42 90 31 31 – info@palacebormio.it – Fax 03 42 90 33 66 – 5 dicembre-16 aprile e 26 giugno-25 settembre
65 cam – 98/168 € 116/256 €, 12 € – 15 suites – ½ P 90/160 € – **Rist** – Menu 25/35 €
◆ Grande complesso alberghiero, sorto negli anni '70, in grado di offrire servizi molto completi, tra cui un piccolo e grazioso parco e un'area wellness con grande piscina. La clientela può disporre di una capiente sala ristorante e di una più raccolta stube.

Baita dei Pini cam, 80,
via Peccedì 15 – 03 42 90 43 46 – baitadeipini@baitadeipini.com – Fax 03 42 90 47 00 – Dicembre-20 aprile e 15 giugno-20 settembre
41 cam – 50/103 € 80/170 €, 12 € – 3 suites – ½ P 70/103 € – **Rist** – Menu 20/35 €
◆ Una struttura di taglio moderno edificata secondo i canoni dell'architettura di montagna. Nell'arredamento è marcata la ricerca di identità: tra tradizione e classicità. Ristorante accolto da un ampio salone, utilizzato per lo più dagli ospiti dell'albergo.

Baita Clementi rist,
via Milano 46 – 03 42 90 44 73 – info@baitaclementi.com – Fax 03 42 90 36 49 – Dicembre-aprile e 15 giugno-15 settembre
42 cam – 90/112 € 168/202 € – ½ P 84/122 € – **Rist** – Carta 27/34 €
◆ Un'ampia gamma di servizi a disposizione della clientela, in questa struttura recente con arredi moderni; camere curate, ampie e molto luminose. Sala ristorante suggestiva, soprattutto per il soffitto con volte a sesto ribassato.

Posta rist, 30,
via Roma 66 – 03 42 90 47 53 – hotelposta@bormio.it – Fax 03 42 90 44 84 – Dicembre-aprile e 20 giugno-settembre
28 cam – 75/100 € 100/150 €, 10 € – 2 suites – ½ P 75/125 € – **Rist** – *(chiuso a mezzogiorno da dicembre ad aprile)* Carta 33/48 €
◆ Albergo di lunga tradizione, nato a metà '800 come "ostello di posta". Posizione centrale, comodo garage a poca distanza, originale piscina ricavata in una stalla seicentesca. Sala ristorante che preferisce una fine semplicità ad un'opulenta ridondanza.

Miramonti Park Hotel cam, rist,
via Milano 50 – 03 42 90 33 12 – miramonti@miramontibormio.it – Fax 03 42 90 52 22
50 cam – 90/107 € 120/144 € – ½ P 84/95 € – **Rist** – Carta 25/35 €
◆ Albergo appena fuori dal centro, recentemente ristrutturato e in grado di proporre belle camere, di cui cinque mansardate. Piccolo centro benessere. Accogliente ristorante con cucina a vista.

Genzianella cam,
via Funivie – 03 42 90 44 85 – info@genzianella.com – Fax 03 42 90 41 58 – Dicembre-aprile e giugno-settembre
40 cam – 50/85 € 70/160 € – ½ P 55/100 € – **Rist** – *(chiuso a mezzogiorno da dicembre ad aprile)* Menu 18/40 €
◆ Hotel di grande personalità, poco lontano dagli impianti di risalita, ideale per turisti e famiglie. Ristrutturato con grande attenzione per i particolari e per il confort. Ristorante classico e piccola, caratteristica stube.

SantAnton rist, 100,
via Leghe Grigie 1 – 03 42 90 19 06 – info@santanton.com – Fax 03 42 91 93 08
43 cam – 50/100 € 65/165 €, 10 € – ½ P 45/130 € – **Rist** – Carta 31/45 €
◆ Albergo-residence di fronte alle terme. A disposizione degli ospiti camere tradizionali, ma anche appartamenti dotati di angolo cottura e un attrezzato centro fitness. Sala da pranzo dall'aspetto attuale.

Alù cam,
via Btg. Morbegno 20 – 03 42 90 45 04 – info@hotelalu.it – Fax 03 42 91 04 44 – Dicembre-aprile e 15 giugno-15 settembre
30 cam – 75/110 € 70/160 €, 10 € – ½ P 56/115 € – **Rist** – Carta 28/47 €
◆ A pochi metri di distanza dalla partenza della funivia per Bormio2000, una risorsa molto curata con stanze di buon livello e un piccolo e grazioso centro benessere. Ristorante d'albergo con tavoli ben distanziati e clima rilassante.

Larice Bianco
via Funivia 10 – 03 42 90 46 93 – info@laricebianco.it – Fax 03 42 90 46 14 – Dicembre-Pasqua e 15 giugno-15 settembre
45 cam – 66 € 126 €, 10 € – **Rist** – 30 €
◆ In comoda posizione, nei pressi degli impianti di risalita, un hotel a conduzione familiare, confortevole e con spazi comuni di gran respiro. Giardino ombreggiato. Sala da pranzo in stile.

Silene

via Roma 121 – ✆ 03 42 90 54 55 – silene@valtline.it – Fax 03 42 90 54 55 – Chiuso maggio e novembre

15 cam – 40/55 € 62/95 € – ½ P 52/75 € – **Rist** – Carta 23/30 €

◆ In pieno centro, ma con parcheggio e garage propri, una risorsa che anche attraverso la semplicità riesce ad esprimere uno spirito d'accoglienza d'impronta familiare. Ristorante di taglio classico.

La Baitina dei Pini senza rist

via Peccedi 26 – ✆ 03 42 90 30 22 – labaitina@bormio.it – Fax 03 42 90 30 22 – Dicembre-20 aprile e giugno-20 settembre

10 cam – 88/104 €

◆ Per chi preferisce sentirsi ospitato in famiglia piuttosto che da una struttura alberghiera: il clima e l'atmosfera sono amichevoli e la gestione ispirata all'informalità.

Al Filo'

via Dante 6 – ✆ 03 42 90 17 32 – filo@bormio.it – Fax 03 42 90 17 32 – Chiuso dal 1° al 15 giugno, dal 15 al 30 novembre, lunedì e martedì amezzogiorno (escluso dicembre e luglio-agosto)

Rist – Carta 26/39 €

◆ Un locale caratteristico ricavato da un fienile del 1600: i soffitti sono sorretti da volte in pietra. Specialità del territorio, alleggerite con un pizzico di fantasia.

a Le Motte Sud-Ovest : 4 km – ✉ 23030 – Bormio

Le Motte

– ✆ 03 42 90 16 45 – limotteinfo@virgilio.it – Fax 03 42 91 98 89 – Chiuso dal 3 al 20 novembre

Rist – Carta 27/41 €

◆ Grazioso chalet sulle piste: a pranzo una meta ideale per gli sciatori, la sera invece l'ambiente si trasforma e si cena a lume di candela con un menù più articolato.

a Ciuk Sud-Est : 5,5 km o 10 mn di funivia – alt. 1 690 m – ✉ 23030 – Valdisotto

Baita de Mario con cam

cam, cam,

– ✆ 03 42 90 14 24 – info@baitademario.com – Fax 03 42 91 08 80 – Dicembre-1° maggio e luglio-20 settembre

22 cam – 50/60 € 82 €, 6 € – ½ P 44/74 € – **Rist** – Carta 24/29 €

◆ Il vantaggio di trovarsi proprio sulle piste da sci, presso una risorsa a gestione familiare, dove poter assaporare le più tipiche e genuine specialità valtellinesi.

BORNO – Brescia (BS) – 561 E12 – **2 746 ab. – alt. 903 m – Sport invernali : *1000/1 700 m* 1 6 – ✉ 25042** 17 **C2**

Roma 634 – Brescia 79 – Bergamo 72 – Bolzano 171 – Milano 117

Zanaglio senza rist

via Trieste 3 – ✆ 036 44 15 20 – zanaglio.diana@libero.it – Fax 036 44 10 33

6 cam – 59/63 € 84/90 €

◆ Poche camere immerse nella storia, dall'edificio di origini quattrocentesche agli arredi di epoche diverse. Originale, signorile, di recente ristrutturazione.

Belvedere

viale Giardini 30 – ✆ 03 64 31 16 23 – hotel-belvedere@libero.it – Fax 036 44 10 52 – Chiuso dal 30 settembre al 15 ottobre e mercoledì

Rist – Carta 23/30 €

◆ Un locale la cui forza risiede nello spirito d'accoglienza sincero, nonché nella pluriennale esperienza della gestione da parte dei titolari. Cucina semplice e genuina.

Prima distinzione: la stella ✿.
Assegnata ai ristoranti per i quali si percorre volentieri qualche chilometro in più!

BORROMEE (Isole)★★★ – Verbano-Cusio-Ossala (VB) – 561 E7 – alt. 200 m
Italia 24 **A1**

Isola Bella★★★ – Isola Madre★★★ – Isola dei Pescatori★★

Piante delle Isole : vedere Stresa

Isola Superiore o dei Pescatori – ✉ 28049 – Stresa 24 **A2**

Verbano ← Isola Bella e lago,
via Ugo Ara 12 – ✆ 032 33 04 08 – hotelverbano@tin.it – Fax 032 33 31 29 – Chiuso dal 20 novembre al 1° marzo
12 cam – ††148/178 € – **Rist** – *(chiuso mercoledì escluso dal 15 aprile a ottobre)* Carta 36/50 €
◆ In posizione particolarmente suggestiva, con vista sull'Isola Bella, un antico palazzo adatto per un soggiorno di tranquillità negli ampi spazi comuni e nelle orignali camere. Affacciato sul lago, il ristorante propone una cucina legata al territorio, mentre la terrazza è ideale per pranzi estivi e romantiche cene.

Casabella
via del Marinaio 1 – ✆ 032 33 34 71 – info@isola-pescatori.it – Fax 032 33 07 58 – Chiuso dal 2 al 26 gennaio
Rist – Carta 37/57 €
◆ Di fronte all'imbarcadero, una raccolta sala con vetrate ed una piccola e graziosa terrazza con bella vista sul lago dove gustare la cucina locale d'ispirazione moderna.

BOSA – Nuoro – 566 G7 – Vedere Sardegna alla fine dell'elenco alfabetico

BOSCO – Perugia – Vedere Perugia

BOSCO CHIESANUOVA – Verona (VR) – 562 F15 – 3 323 ab. – alt. 1 104 m – Sport invernali : *1 100/1 800 m 3,* – ✉ 37021 35 **A2**

Roma 534 – Verona 32 – Brescia 101 – Milano 188 – Venezia 145 – Vicenza 82

piazza della Chiesa 34 ✆ 045 7050088, iatbosco@tiscalinet.it, Fax 045 7050088

Lessinia
piazzetta degli Alpini 2/3 – ✆ 04 56 78 01 51 – hotellessina@libero.it – Fax 04 56 78 00 98 – Chiuso dal 15 al 25 giugno e dal 5 al 15 settembre
20 cam – †30/45 € ††60/85 €, 6 € – ½ P 38/60 € – **Rist** – *(chiuso martedì)* Carta 19/25 €
◆ Ad un'altitudine di poco superiore ai 1000 metri, una buona risorsa molto sfruttata da escursionisti, ma anche da chi viaggia per lavoro. Gestione tipicamente familiare. Due sale da pranzo, clima alla buona, cucina che segue la tradizione locale.

BOSCO MARENGO – Alessandria (AL) – 561 H8 – 2 477 ab. – alt. 121 m – ✉ 15062 23 **C2**

Roma 575 – Alessandria 18 – Genova 80 – Milano 95 – Pavia 69 – Piacenza 99

Locanda dell'Olmo 8/25,
piazza Mercato 7 – ✆ 01 31 29 91 86 – info@locandadellolmo.it – Fax 01 31 28 96 91 – Chiuso dal 25 dicembre al 5 gennaio, agosto, martedì sera e lunedì
Rist – Carta 27/37 €
◆ L'ingresso è in comune con il bar, attraversato il quale si accede alle due sale comunicanti tra loro. Il menù impone una scelta ristretta, basata su piatti di stagione.

BOSCO VERDE – Belluno – 562 C17 – Vedere Rocca Pietore

Non confondete le posate ✗ e le stelle ✿!
Le posate definiscono il livello di comfort e raffinatezza,
mentre la stella premia le migliori cucine, in ognuna di queste categorie.

BOSSOLASCO – Cuneo (CN) – 561 I6 – 697 ab. – alt. 757 m – ✉ 12060 25 C3

Roma 606 – Cuneo 65 – Asti 61 – Milano 185 – Savona 63 – Torino 90

La Panoramica

via Circonvallazione 1/bis – ✆ 01 73 79 34 01 – info@lapanoramica.com – Fax 01 73 79 34 01 – Chiuso dal 10 gennaio al 20 febbraio

24 cam – ♦67 € ♦♦78 € – ½ P 55 € – **Rist** – *(chiuso lunedì e martedì escluso da giugno a settembre)* Carta 19/26 €

♦ L'attività alberghiera si è aggiunta in un secondo tempo a quella legata alla ristorazione. Lo stile della gestione è assolutamente omogeneo: familiare e funzionale. Conduzione attenta e premurosa, con vista sulle Langhe.

BOTTANUCO – Bergamo (BG) – 4 730 ab. – alt. 211 m – ✉ 24040 19 C2

Roma 597 – Bergamo 21 – Milano 41 – Lecco 45

Villa Cavour

via Cavour 49 – ✆ 035 90 72 42 – info@villacavour.com – Fax 035 90 64 34 – Chiuso dal 1° al 9 gennaio e 3 settimane in agosto

16 cam – ♦68/75 € ♦♦98/115 € – **Rist** – *(chiuso domenica sera)* Carta 38/54 €

♦ Hotel molto sfruttato dalla clientela d'affari di passaggio per questa zona, ricca di attività produttive. Struttura recente, molto curata, con confort di buon livello. Per i pasti non il solito ristorante d'albergo, ma una sala con tocchi d'eleganza.

BOTTICINO – Brescia (BS) – 561 F12 – 9 924 ab. – alt. 160 m – ✉ 25082 17 C1

Roma 560 – Brescia 9 – Milano 103 – Verona 44

Eva

via Gazzolo 75, località Botticino Mattina Nord-Est : 2,5 km – ✆ 03 02 69 17 56 – Fax 03 02 69 15 22 – Chiuso dieci giorni in gennaio, quindici giorni in agosto, martedì sera e mercoledì

Rist – Carta 23/39 €

♦ Un rustico di campagna in collina e una famiglia che in passato ha lavorato nel settore delle carni, ma che ha sempre avuto la passione per la ristorazione: bel connubio.

BOVES – Cuneo (CN) – 561 J4 – 9 380 ab. – alt. 590 m – ✉ 12012 22 B3

Roma 645 – Cuneo 15 – Milano 225 – Savona 100 – Colle di Tenda 32 – Torino 103

Cuneo, ✆ 0171 38 70 41.

a Fontanelle Ovest : 2 km – ✉ 12012 – BOVES

Fontanelle-da Politano con cam

via Santuario 125 – ✆ 01 71 38 03 83 – Fax 01 71 38 03 83

14 cam – ♦35 € ♦♦56 €, 5 € – ½ P 42 € – **Rist** – *(chiuso lunedì sera e martedì)* Carta 18/26 €

♦ Tradizionale ristorante, composto da una sala ampia e da una più piccola e tranquilla, presenta specialità tipiche piemontesi, senza bizzarrie o iniezioni di fantasia.

a Rivoira Sud-Est : 2 km – ✉ 12012 – BOVES

Agriturismo La Bisalta e Rist. Locanda del Re

via Tetti Re 5 – ✆ 01 71 38 87 82 – Fax 01 71 38 87 82

5 cam – ♦♦60 €, 7 € – ½ P 47 € – **Rist** – Menu 23/31 €

♦ Risorsa ben organizzata, gestita con attenzione e intraprendenza. L'edificio conserva al proprio interno elementi architettonici settecenteschi di indubbio pregio. Cucina con vari piatti a base di lumache, allevate biologicamente dai proprietari.

a San Giacomo Sud : 6 km – ✉ 12012 – San Giacomo di Boves

via Sant'Anna 65 Frazione San Giacomo ✆ 0174 227575, Fax 0175 227575

Al Rododendro

via San Giacomo 73 – ✆ 01 71 38 03 72 – alrododendro_ristorante@virgilio.it – Fax 01 71 38 78 22 – Chiuso dal 1° al 15 giugno, domenica sera e lunedì

Rist – Carta 48/68 €

♦ Un edificio anonimo, in posizione isolata, sembra nascondere questo elegante ristorante la cui raffinata cucina procede con originalità, tra tradizione e innovazione.

BOVOLONE – Verona (VR) – 562 G15 – 13 607 ab. – alt. 24 m – ✉ 37051 35 B3

Roma 498 – Verona 23 – Ferrara 76 – Mantova 41 – Milano 174 – Padova 74

Sasso rist,

via San Pierino 318, Sud-Est : 3 km – ✆ 04 57 10 04 33 – info@hotelsasso.com – Fax 04 57 10 02 28

31 cam – 45/50 € 65/75 € – ½ P 55/65 € – **Rist** – *(chiuso dal 2 al 20 gennaio, domenica sera e sabato)* Carta 19/30 €

◆ Struttura estremamente funzionale e frequentata esclusivamente dalla clientela d'affari; in campagna, in posizione isolata e tranquilla. Discreto livello di confort. Un buon rapporto qualità/prezzo per pranzi e cene in un tipico ristorante d'albergo.

BOZEN = Bolzano

BRA – Cuneo (CN) – 561 H5 – 28 541 ab. – alt. 280 m – ✉ 12042 22 B3

Roma 648 – Cuneo 47 – Torino 49 – Asti 46 – Milano 170 – Savona 103

via Moffa di Lisio 14 ✆ 0172 438324, turismo@comune.bra.cn.it, Fax 0172 438265

Cavalieri 150,

piazza Giovanni Arpino 37 – ✆ 01 72 42 15 16 – info@hotelcavalieri.net – Fax 01 72 43 01 53

88 cam – 85/95 € 90/115 € – ½ P 65/93 €

Rist *Il Principe* – ✆ 01 72 43 05 12 – Carta 27/37 €

◆ Recente apertura nella zona degli impianti sportivi, una struttura moderna e funzionale ideale per la clientela d'affari e come punto di partenza per escursioni nelle Langhe. Il ristorante propone una cucina piemontese accompagnata da piatti di mare.

L'Ombra della Collina senza rist

via Mendicità Istruita 47 – ✆ 017 24 48 84 – lombradellacollina@libero.it – Fax 017 24 48 84

5 cam – 62 € 78 €

◆ Nel centro storico della località un indirizzo ricco di fascino, accolto da un edificio di metà '700. Bel cortile interno su cui si affacciano le camere arredate con gusto.

Battaglino

piazza Roma 18 – ✆ 01 72 41 25 09 – Fax 01 72 41 28 74 – Chiuso dal 7 al 17 gennaio, dal 7 al 30 agosto, domenica sera e lunedì

Rist – (consigliata la prenotazione) Carta 29/45 €

◆ Trattoria del centro, con cucina piemontese. Ristorante animato dal titolare che appartiene ad una famiglia di ristoratori, impegnata nella gestione del locale dal 1919.

Boccondivino 12/16,

via Mendicità Istruita 14 – ✆ 01 72 42 56 74 – info@boccondivinoslow.it – Fax 01 72 43 15 70 – Chiuso domenica e lunedì escluso ottobre e novembre

Rist – Carta 27/34 €

◆ In pieno centro cittadino, all'interno di una casa di ringhiera, gestito da una cooperativa di "gente del mestiere", offre una cucina genuina accompagnata da buon vino.

a Pollenzo Sud-Est : 7 km – ✉ 12060

Albergo dell'Agenzia 200,

via Fossano 21 – ✆ 01 72 45 86 00 – info@albergoagenzia.it – Fax 01 72 45 86 45 – Chiuso dal 24 dicembre al 7 gennaio

47 cam – 155/195 € 195/240 € – **Rist** – *(chiuso domenica)* Carta 31/38 €

◆ Suggestivo albergo accolto all'interno di un complesso neogotico appartenuto a Re Carlo Alberto. Camere dotate di ogni confort, spazi comuni ben distribuiti.

La Corte Albertina senza rist

via Amedeo di Savoia 8 – ✆ 01 72 45 84 10 – info@lacortealbertina.it – Fax 01 72 45 89 21 – Chiuso dal 10 al 20 agosto

25 cam – 95 € 115/131 €

◆ Una risorsa in cui la comodità si coniuga volentieri a spunti d'eleganza, muovendosi tra arredi assolutamente nuovi. Volte in mattoni a testimoniare le antiche origini.

Guido (Alciati e Mongelli)
via Fossano 19 – ✆ 01 72 45 84 22 – info@guidoristorante.it – Fax 01 72 45 89 70 – Chiuso venti giorni in gennaio, venti giorni in agosto, domenica e lunedì
Rist – Carta 53/90 €
Spec. Trenette con vongole e germogli di luppolo (estate). Coniglio grigio alle nocciole con cipollotti e tartufo nero. Sformato caldo di pistacchio.
♦ All'interno di un imponente complesso neogotico, la sala del ristorante si semplifica in linee più moderne ed essenziali. Cucina tradizionale langarola e piatti di pesce.

La Corte Albertina
piazza Vittorio Emanuele 3 – ✆ 01 72 45 81 89 – Fax 01 72 45 81 89 – Chiuso gennaio, agosto, mercoledì e domenica sera
Rist – (consigliata la prenotazione) Carta 31/42 €
♦ Ristorante ricavato da un ampio portico ristrutturato, racchiuso da pareti a vetro, all'interno di un complesso neogotico del XIX sec. Stile ricercato, ma informale.

sulla strada statale 231 Est : 3 km :

Borgo San Martino cam, rist, rist,
borgo San Martino 7 – ✆ 01 72 43 05 63 – info@sanmartinohotel.it – Fax 01 72 41 48 75
25 cam – †48 € ††65 €
Rist ***L'Ostu 'd Racunis*** – ✆ 01 72 43 00 58 *(chiuso 1 settimana in gennaio, 3 settimane in agosto, mercoledì e sabato a mezzogiorno)* Carta 12/18 €
♦ Piccolo borgo raccolto accoccolato a lato della strada, rinnovato in anni recenti. Le camere si affacciano verso la campagna e garantisco un ottimo riposo a prezzi corretti. Accogliente ristorante con proposte di cucina langarola.

BRACCHIO – **Verbania** – **561** E7 – **Vedere Mergozzo**

BRACCIANO – **Roma (RM)** – **563** P18 – **14 983 ab.** – **alt. 280 m** – ✉ **00062** 12 **B2**
Roma 41 – Viterbo 53 – Civitavecchia 51 – Terni 98

Villa Clementina cam,
traversa Quarto del Lago 12/14 – ✆ 069 98 62 68 – villaclementina@tiscali.it – Fax 069 98 62 68 – Chiuso dal 6 gennaio al 28 febbraio
7 cam – ††135/175 € – **Rist** – Menu 25/40 €
♦ Risorsa in posizione tranquilla, circondata dallo splendido giardino fiorito con piscina e tennis; ottime camere spaziose e affrescate; servizio efficiente, ma essenziale.

BRACIGLIANO – **Salerno (SA)** – **564** E26 – **5 333 ab.** – **alt. 320 m** – ✉ **84082** 6 **B2**
Roma 250 – Napoli 54 – Avellino 23 – Salerno 24

La Canniccia
via Cardaropoli 23 – ✆ 081 96 97 97 – basiliodeleo@tiscali.it – Fax 081 96 97 97
12 cam – †45 € ††55 € – **Rist** – Carta 16/33 €
♦ L'edificio che ospita quest'hotel è recente, risale alla metà degli anni '80, ed è sempre stato ben tenuto. Nel complesso si tratta di una struttura valida e affidabile. Sala ristorante d'impostazione classica, in menù proposte nazionali.

BRAIES (PRAGS) – **Bolzano / Bozen (BZ)** – **562** B18 – **634 ab.** – **alt. 1 383 m** – **Sport invernali :** ***Plan de Corones : 1 200/2 275 m 14 11 (Comprensorio Dolomiti superski Plan de Corones)*** – ✉ **39030** *Italia* 31 **D1**
Roma 744 – Cortina d'Ampezzo 47 – Bolzano 106 – Brennero 97 – Milano 405 – Trento 166
Lago★★★

Erika cam, rist,
via Braies di Fuori 66 – ✆ 04 74 74 86 84 – info@hotelerika.net – Fax 04 74 74 87 55 – 20 dicembre-20 marzo e 15 maggio-2 novembre
30 cam – †60 € ††90 €, 7 € – ½ P 68/75 € – **Rist** – Carta 20/26 €
♦ Cordialità e simpatia sono due ottime credenziali di cui dispone la gestione di questo hotel. Non vanno dimenticati spazi comuni e stanze ammodernate di buon livello. Sala da pranzo capiente ma non dispersiva.

BRANZI – Bergamo (BG) – 562 D11 – **757 ab. – alt. 874 m** – ✉ **24010** 16 **B2**

Roma 650 – Bergamo 48 – Foppolo 9 – Lecco 71 – Milano 91 – San Pellegrino Terme 24

Pedretti

via Umberto I, 23 – ☎ 034 57 11 21 – albgob@libero.it – Fax 034 57 05 00

24 cam – 40 € 65 €, 6 € – ½ P 47/55 € – **Rist** – *(chiuso martedì)* Carta 22/31 €

◆ E' la stessa famiglia che gestisce questa risorsa da quattro generazioni, ad accogliere i propri ospiti anche oggi. L'edificio è dei primi del '900, sobrio e ben tenuto. Sala da pranzo a piano terra, al lato opposto del bar: senza fronzoli e accogliente.

BRATTO – Bergamo – 561 E11 – **Vedere Castione della Presolana**

BREGUZZO – Trento (TN) – 562 D14 – **577 ab. – alt. 798 m** – ✉ **38081** 30 **B3**

Roma 617 – Trento 45 – Bolzano 107 – Brescia 83 – Milano 174

Carlone rist,

via Roma 40 – ☎ 04 65 90 10 14 – hotelcarlone@hotelcarlone.it – Fax 04 65 90 10 14 – Chiuso novembre

60 cam – 35/45 € 70/90 € – ½ P 50/60 € – **Rist** – Carta 22/41 €

◆ Lungo la via principale, una risorsa gestita con professionalità dalla stessa famiglia da oltre un secolo. La struttura ha spazi comuni ampi e alcune camere con cucina. Il servizio ristorante offre la possibilità di apprezzare le specialità locali.

BREMBATE – Bergamo (BG) – 561 F10 – **7 401 ab. – alt. 173 m** – ✉ **24041** 19 **C2**

Roma 537 – Bergamo 13 – Lecco 44 – Milano 41

in prossimità casello autostrada A 4 - Capriate Nord : 2 km :

Guglielmotel senza rist

via delle Industrie 1 ✉ 24041 – ☎ 03 54 82 62 48 – Fax 03 54 82 62 22

127 cam – 78/95 € 129/159 € – 10 suites

◆ Albergo recente, ideale per una clientela d'affari, vista anche la comoda ubicazione. Le camere sono ampie e confortevoli, in alcuni casi personalizzate negli arredi.

BRENTA (Gruppo di) ★★★ – Trento – 562 D14 *Italia*

BRENTONICO – Trento (TN) – 562 E14 – **3 745 ab. – alt. 693 m – Sport invernali :** *a La Polsa : 1 244/1 600 m* 5, – ✉ **38060** 30 **B3**

Roma 550 – Trento 22 – Brescia 107 – Milano 197 – Verona 70

via Mantova 4 (palazzo Baisi) ☎ 0464 395149, brentonico@aptrovereto.it, Fax 0464 395149

a San Giacomo Sud-Ovest : 6,5 km – alt. 1 196 m – ✉ 38060 – Brentonico

San Giacomo cam, rist, 60,

via Graziani 1 – ☎ 04 64 39 15 60 – info@hotelsangiacomo.it – Fax 04 64 39 16 33 – Chiuso dal 10 al 28 ottobre

35 cam – 60/70 € 80/100 € – ½ P 65/75 € – **Rist** – Carta 27/42 €

◆ Arrampicato a quota 1200 mt., sul Monte Baldo, questo hotel sa presentarsi in modo gradevole: centro benessere, campo di calcetto e pallavolo, ambienti caldi e accoglienti. Ristorante gestito con cura e passione, bella veranda con arredi rustici.

BRENZONE – Verona (VR) – 562 E14 – **2 398 ab. – alt. 75 m** – ✉ **37010** 35 **A2**

Roma 547 – Verona 50 – Brescia 85 – Mantova 86 – Milano 172 – Trento 69 – Venezia 172

(giugno-settembre) via Gardesana, località Assenza 4 ☎ 045 7420076, prolocobrenzone@tiscalinet

Piccolo Hotel rist, cam,

via Lavesino 12 – ☎ 04 57 42 00 24 – info@piccolohotel.info – Fax 04 57 42 06 88 – 8 aprile-8 novembre

20 cam – 40/60 € 80/120 € – ½ P 45/65 € – **Rist** – (solo per alloggiati)

◆ Un albergo raccolto che deve la propria fortuna alla felice posizione, praticamente sulla spiaggia. Adatto ad una clientela turistica in cerca di relax e di tranquillità.

XX **Giuly**

via XX Settembre 28 – ✆ 04 57 42 04 77 – Fax 04 56 59 40 00 – Chiuso novembre, lunedì e a mezzogiorno escluso sabato e i giorni festivi
Rist – Carta 29/47 €
◆ Nonostante sia proprio in riva alle acque del Garda, la linea gastronomica di questo ristorante si è concentrata sul mare. I crostacei sono "pescati" vivi dall'acquario.

a Castelletto di Brenzone Sud-Ovest : 3 km – ✉ 37010

XX **Alla Fassa** 20,

via Nascimbeni 13 – ✆ 04 57 43 03 19 – Fax 04 57 43 03 19 – Chiuso febbraio e martedì
Rist – Carta 26/38 €
◆ Ristorante affacciato sulle rive del lago, con una bella veranda godibile anche nei mesi invernali. In menù molto pesce di lago, preparato secondo la tradizione locale.

BRESCELLO – Reggio Emilia (RE) – 562 I13 – 4 969 ab. – alt. 24 m – ✉ 42041 8 B2

Roma 450 – Parma 22 – Bologna 90 – Mantova 46 – Milano 142 – Reggio nell'Emilia 27

Brixellum rist,

via Cavallotti 58 – ✆ 05 22 68 61 27 – brixellum@libero.it – Fax 05 22 96 28 71
30 cam – †60/95 € ††95/105 € – ½ P 47/60 € – **Rist** – *(chiuso dal 28 agosto al 4 settembre e lunedì)* Carta 25/40 €
◆ Se si desidera soggiornare nel paese di Peppone e Don Camillo questa è la risorsa giusta: semplice, accogliente e funzionale. Camere spaziose e recenti. Classico ristorante con menù esteso e vario, non manca la pizza.

BRESCIA (BS) – 561 F12 – 191 114 ab. – alt. 149 m – ✉ 25100 *Italia* 17 C1

Roma 535 – Milano 93 – Verona 66

via Musei 32 ✉ 25121 ✆ 030 3749916, promozione.turismo@provincia.brescia.it, Fax 030 3749982

Franciacorta Nigoline di Corte Franca, ✆ 030 98 41 67.

Piazza della Loggia★ BY **9** -Duomo Vecchio★ BY – Pinacoteca Tosio Martinengo★ CZ – Via dei Musei★ CY – Croce di Desiderio★★ nel monastero★ di San Salvatore e Santa GiuliaCY – Chiesa di San Francesco★ AY – Facciata★ della chiesa di Santa Maria dei Miracoli AYZ **A** – Incoronazione della Vergine★ nella chiesa dei SS. Nazaro e Celso AZ Annunciazione★ e Deposizione dalla Croce★ nella chiesa di Sant'Alessandro BZ – Interno★, polittico★ e affresco★ nella chiesa di Sant'Agata BY

Piante pagine seguenti

Vittoria rist, 170,

via delle X Giornate 20 ✉ 25121 – ✆ 030 28 00 61 – info@hotelvittoria.com – Fax 030 28 00 65 BY **a**
65 cam – †100/166 € ††130/217 €
Rist *Miosotis* – *(chiuso agosto e domenica)* Carta 38/49 €
◆ Imponente e caratteristica struttura anni Trenta nel cuore del centro storico: rappresenta un punto di riferimento nel panorama della ricettività alberghiera cittadina. Sala da pranzo di elegante classicità, dove gusto e leggerezza costituiscono una costante.

Park Hotel Ca' Nöa rist, 200,

via Triumplina 66 ✉ 25123 – ✆ 030 39 87 62 – info@hotelcanoa.it – Fax 030 39 87 64 – Chiuso Natale ed agosto EV **b**
79 cam – †80/126 € ††115/182 € – ½ P 82/140 €
Rist Antica Trattoria Ca' Nöa – vedere selezione ristoranti
◆ Risorsa d'impostazione assolutamente classica, che si dimostra attiva e intraprendente, con l'obiettivo di un mantenere un alto livello complessivo di ospitalità.

BRESCIA

Armado Diaz (Viale) . . . CZ
Arnaldo (Pza) . . . . CZ
Battaglie (V. delle) . . . . BY
Battisti (Piazzale C.) . . . BY
Boitava (V. P.) . . . . CY
Brusato (Pza) . . . . CY
Cadorna (Viale) . . . . CZ
Cairoli (V.) . . . . AY
Calatafimi (V.) . . . . AY
Calini (V.) . . . . CZ
Callegari (V. A.) . . . . CZ
Campo di Marte (V. del) . . . . ABY
Capriolo (V.) . . . . ABY
Carmine (Contrada del) . . . . ABY
Cassala (V.) . . . . AZ
Castellini (V. N.) . . . . . . CZ 3
Castello (V. del) . . . . . . BCY
Corsica (V.) . . . . AZ
Cremona (Piazzale) . . . BZ
Crispi (V.) . . . . CZ
Dante (V.) . . . . BY
Duca di Aosta (Viale) . . CZ
Emanuele II (V. Vitt.) . ABZ
Filippo Turati (V.) . . . . . CY
Folonari (V.) . . . . AZ
Foppa (V.) . . . . AZ
Foro (Pza d.) . . . . CY
Foscolo (V. U.) . . . . BY
Fratelli Lechi (V.) . . . . . CZ
Fratelli Porcellaga (V.) . BY 7
Fratelli Ugoni (V.) . . . . AYZ
Galilei (V. G.) . . . . CY
Gallo (V. A.) . . . . CYZ
Garibaldi (Cso) . . . . AY
Garibaldi (Piazzale) . . . AY
Gramsci (V.) . . . . BZ
Inganni (V.) . . . . CZ
Italia (Viale d') . . . . AY
Kennedy (Cavalcavia) . BZ
Leonardo da Vinci (V.) . AB
Loggia (Pza della) . . . . BY 9
Lombroso (V. C.) . . . . . . CY
Lupi di Toscana (V.) . . . AY
Magenta (Cso) . . . . BCZ
Mameli (Cso G.) . . . . . . BY
Mantova (V.) . . . . CZ
Manzoni (V.) . . . . AY
Marsala (V.) . . . . AY
Martinengo da Barco (V.) . . . . CZ
Martiri della Libertà (Cso) . . . . AZ 13
Matteotti (Cso G.) . . . AYZ
Mazzini (V.) . . . . BY
Mercato (Pza del) . . . BY 15
Milano (V.) . . . . AY
Mille (V. dei) . . . . AY
Montebello (V.) . . . . AY
Monte Suello (V.) . . . . . BY
Moretto (V.) . . . . ABZ
Musei (V. dei) . . . . CY
Pace (V.) . . . . BY
Palestro (Cso) . . . . BY
Panoramica (V.) . . . . . . CY
Paolo VI (Pza) . . . . BY 16
Pastrengo (V.) . . . . AY 17
Pellico (V.) . . . . BY
Pusteria (V.) . . . . BCY
Repubblica (Pza) . . . . . AZ
Santa Chiara (V.) . . . . . BY
Solferino (V.) . . . . ABZ
Sostegno (V.) . . . . AZ
Spalto S. Marco (V.) . BCZ
Stazione (Viale) . . . . . . AZ
S. Crocifissa di Rosa (V.) . . . . CY 18
S. Faustino (V.) . . . . . . BY
S. Martino d. Battaglia (V.) . . . . BZ
S. Rocchino (V.) . . . . . . CY
Trento (V.) . . . . BY
Trieste (V.) . . . . BCYZ
Vaiarini (V. G.) . . . . CZ
Veneto (Piazzale) . . . . . AY
Venezia (Porta) . . . . CZ
Venezia (Viale) . . . . CZ
Vittoria (Pza) . . . . BY 20
Volturno (V.) . . . . AY
Zanardelli (Cso) . . . . . . BZ 21
Zima (V. C.) . . . . CZ
10 Giornate (V. delle) . BY 22
20 Settembre (V.) . . . . . BZ
25 Aprile (V.) . . . . CZ

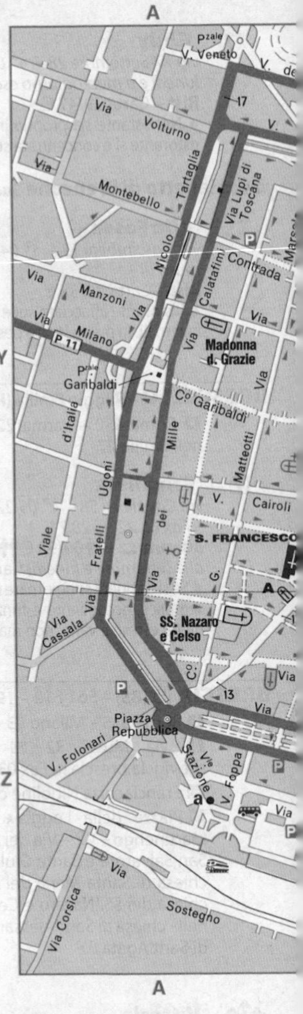

 **Novotel Brescia 2** cam, cam, rist, 160,

via Pietro Nenni 22 ✉ 25124 –
☏ 03 02 28 68 11 – novotel.brescia@accor-hotels.it – Fax 03 02 42 59 59
120 cam – 92/160 € 114/210 € – **Rist** – Carta 28/43 € EX **p**

◆ Una struttura dall'aspetto moderno dove molte attenzioni ed energie sono dedicate alla clientela d'affari: tanti i servizi predisposti per assecondare ogni esigenza. Combinazione di menù con attenzione alle necessità di congressisti e uomini d'affari.

 **UNA Hotel Brescia** ≤ colline, 200,

viale Europa 45 ✉ 25133 – ☏ 03 02 01 80 11
– una.brescia@unahotels.it – Fax 03 02 00 97 41 EV **j**
145 cam – 91/410 €
Rist ***Una Restaurant*** – Carta 38/54 €

◆ Il settore dedicato alle stanze è stato completamente rinnovato, così come la gestione. Una struttura di taglio moderno con confort di buon livello, per ogni clientela. Ristorante che si propone con ambienti di tono, dallo stile elegante e moderno.

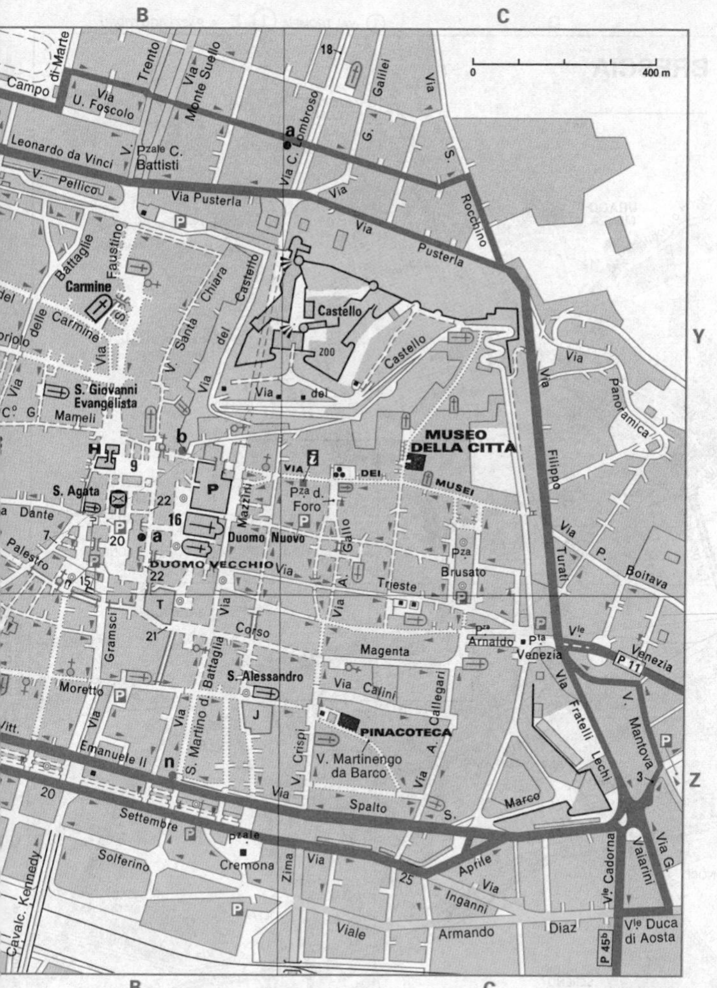

Master cam, 100, P VISA AE

via Apollonio 72 ✉ 25128 – ☎ 030 39 90 37 – info@hotelmaster.net – Fax 03 03 70 13 31 CY **a**

74 cam – 108/124 € 134/220 € – ½ P 90/150 €

Rist ***La Corte*** – Carta 29/47 €

◆ Recentemente rinnovato, l'hotel è sito nel cuore del centro storico ed è dotato di eleganti camere spaziose e confortevoli. Ideale per incontri di lavoro e banchetti. Un ristorante arredato con sale di gusto moderno dove gustare una cucina tipica trentina e locale.

Jolly Hotel Igea cam, rist, 30, VISA AE

viale Stazione 15 ✉ 25122 – ☎ 03 04 42 21 – brescia@jollyhotels.com – Fax 03 04 42 24 AZ **a**

87 cam – 115/175 € 145/245 € – **Rist** – Carta 27/39 €

◆ Proprio di fronte alla stazione, albergo dalle linee moderne arredato in modo davvero originale; accoglienti e piacevoli gli spazi comuni, belle camere dotate di ogni confort. Originalità negli arredi di contemporanea ispirazione anche nella sala ristorante.

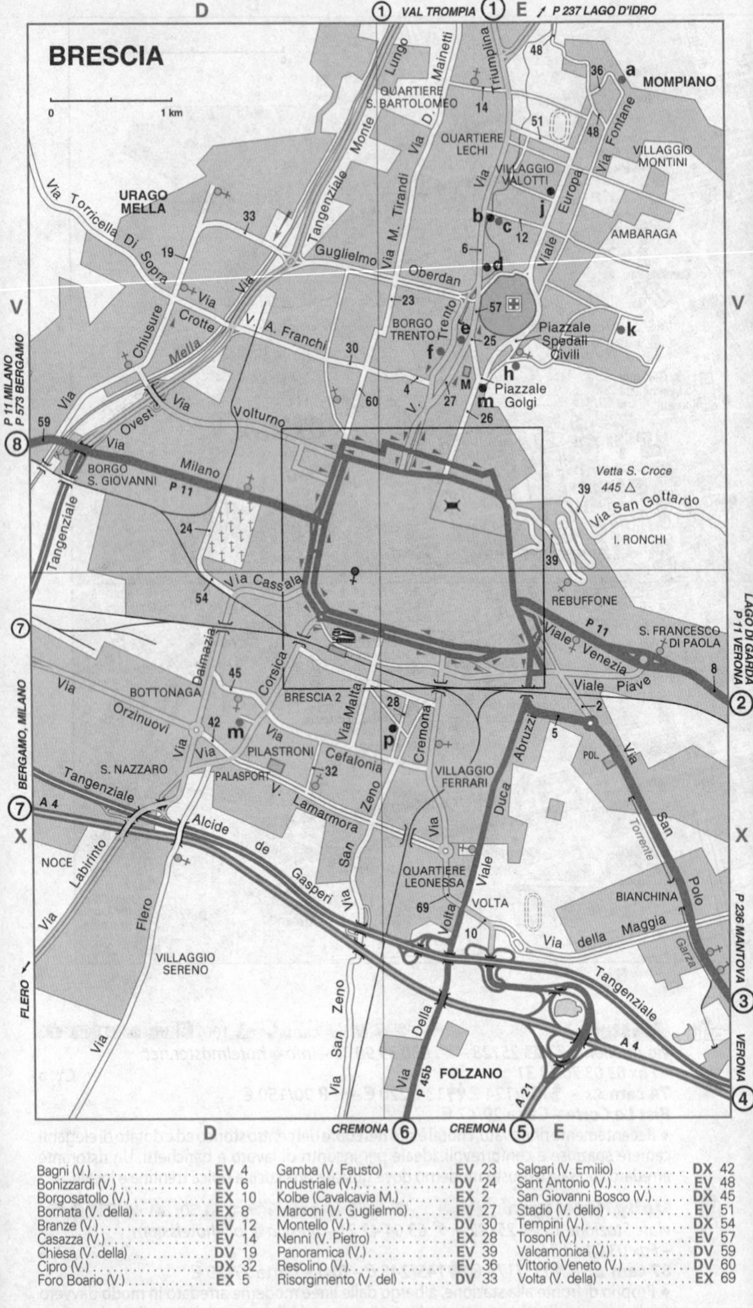

Bagni (V.)	EV 4	Gamba (V. Fausto)	EV 23	Salgari (V. Emilio)	DX 42
Bonizzardi (V.)	EV 6	Industriale (V.)	DV 24	Sant Antonio (V.)	EV 48
Borgosatollo (V.)	EX 10	Kolbe (Cavalcavia M.)	EX 2	San Giovanni Bosco (V.)	DX 45
Bornata (V. della)	EX 8	Marconi (V. Guglielmo)	EV 27	Stadio (V. dello)	EV 51
Branze (V.)	EV 12	Montello (V.)	DV 30	Tempini (V.)	DX 54
Casazza (V.)	EV 14	Nenni (V. Pietro)	EX 28	Tosoni (V.)	EV 57
Chiesa (V. della)	DV 19	Panoramica (V.)	EV 39	Valcamonica (V.)	DV 59
Cipro (V.)	DX 32	Resolino (V.)	EV 36	Vittorio Veneto (V.)	DV 60
Foro Boario (V.)	EX 5	Risorgimento (V. del)	DV 33	Volta (V. della)	EX 69

Ambasciatori cam, cam, rist, 120,
via Santa Crocifissa di Rosa 92 ✉ 25128 –
030 39 91 14 – info@ambasciatori.net – Fax 030 38 18 83 EV **m**
66 cam – 87/100 € 133/150 € – ½ P 87/98 € – **Rist** – *(chiuso agosto, sabato e domenica)* Carta 31/41 €
◆ Hotel di tradizione ben inserito nel tessuto cittadino, in continuo aggiornamento e miglioramento. Offre un servizio attento e personalizzato improntato alla cortesia. Al ristorante i classici della cucina nazionale e alcune specialità locali.

Impero cam,
via Triumplina 6 ✉ 25123 – 030 38 14 83 – algrillosnc@libero.it – Fax 030 38 14 83 EV **d**
25 cam – 62 € 113 € – ½ P 75 € – **Rist** – Carta 20/30 €
◆ Tutto è nuovo in questo esercizio a gestione familiare, completamente ristrutturato, ubicato dietro l'ospedale cittadino; camere spaziose e confortevoli, ben tenute. Una grande sala essenziale, con pareti abbellite da dipinti, nel ristorante-pizzeria.

Castello Malvezzi
via Colle San Giuseppe 1, 6 km per via Lombroso ✉ 25133 – 03 02 00 42 24 – info@castellomalvezzi.it – Fax 03 02 00 42 08 – Chiuso dal 7 al 23 gennaio, quindici giorni in agosto, lunedì, martedì e a mezzogiorno (escluso sabato e domenica) CY
Rist – Carta 55/65 €
◆ Come immaginarsi di cenare sulla terrazza panoramica estiva di una casa di caccia cinquecentesca e realizzare questo sogno. In più la cucina raffinata e l'ottima cantina.

La Sosta 30,
via San Martino della Battaglia 20 ✉ 25121 – 030 29 56 03 – lasosta@tin.it – Fax 030 29 25 89 – Chiuso dal 31 dicembre al 10 gennaio, dal 6 al 28 agosto, domenica sera e lunedì BZ **n**
Rist – Carta 43/59 €
◆ Un locale di gran fascino, conosciuto e apprezzato in città, ubicato in un palazzo seicentesco. Nei mesi estivi si cena all'aperto, il servizio è preciso e accurato.

Il Labirinto
via Corsica 224 ✉ 25125 – 03 03 54 16 07 – raffaele.chiappi@tin.it – Fax 03 03 53 23 87 – Chiuso dal 1° al 14 gennaio, dal 13 al 19 agosto e domenica DX **m**
Rist – Carta 41/70 €
◆ Un ristorante periferico, condotto con competenza e professionalità. La cucina è di ampio respiro e si muove agilmente tra il mare e la terra; cantina di buon livello.

Noce con cam rist,
via dei Gelsi 5, quartiere Noce ✉ 25125 – 030 34 95 10 – info@ristorantehotelnoce.com – Fax 030 34 95 10 DX
13 cam – 40/80 € 60/120 € – ½ P 48/75 € – **Rist** – *(chiuso tre settimane in agosto, sabato a mezzogiorno e domenica sera, anche domenica a mezzogiorno da giugno a settembre)* Carta 43/71 €
◆ Ambiente rustico-signorile con arredi eleganti e colorati come sfondo ad una cucina in cui creatività e fantasia trovano spazio abbondante. Camere semplici e ordinate.

Eden 8,
piazzale Corvi ✉ 25128 – 030 30 33 97 – Fax 030 30 33 97 – Chiuso dal 5 al 20 gennaio, tre settimane in agosto, domenica sera e martedì EV **e**
Rist – Carta 48/82 €
◆ Dotato di un piccolo e grazioso dehors estivo, è un ristorantino di taglio moderno, con qualche tocco di eleganza. Cucina di stagione, ricca cantina.

Trattoria Rigoletto 15,
via Fontane 54/b ✉ 25133 – 03 02 00 41 40 – Fax 03 02 00 41 40 – Chiuso agosto e lunedì EV **a**
Rist – Carta 40/67 €
◆ Un locale che pur nella propria elegante semplicità, riesce ad esprimere una cucina interessante. La lista è abbastanza estesa, le preparazioni creative.

XX **www.restorant** 20,

vicolo Sant'Agostino 3 b – 03 03 75 22 54 – info@restorant.it – Fax 03 03 75 22 54 – Chiuso domenica BY **b**

Rist – Carta 32/52 €

◆ In linea col gusto attuale, minimale ed elegante, un ristorante centrale, raccolto e caratterizzato da una gestione esperta. Le specialità sono a base di pesce.

XX **Antica Trattoria Ca' Nöa** – Hotel Park Hotel Ca' Nöa 16,

via Branze 61 ✉ 25123 – 030 38 15 28 – gruppocanoa@libero.it – Fax 030 38 27 74 EV **c**

Rist – Carta 26/42 €

◆ Un ristorante d'albergo con fisionomia e storia proprie. Sorto ben prima dell'hotel, è un locale spesso affollato che propone cucina tradizionale e servizio pizzeria.

X **La Campagnola**

via Val Daone 25 ✉ 25123 – 030 30 06 78 – Fax 030 30 06 78 – Chiuso dal 10 al 25 agosto, lunedì sera e martedì EV **k**

Rist – Carta 25/35 €

◆ In una cascina vecchia di trecento anni, una trattoria caratteristica che di anni di attività alle spalle ne ha cinquanta. Servizio estivo all'aperto, quasi in campagna.

X **Trattoria Porteri** 15/20,

via Trento 52 ✉ 25128 – 030 38 09 47 – trattoriaporteri@libero.it – Fax 030 30 18 33 – Chiuso una settimana in agosto, domenica sera e lunedì EV **f**

Rist – Carta 27/40 €

◆ L'ambiente è rustico e caratteristico: al soffitto e alle pareti sono appesi oggetti in rame, utensili da lavoro, ceramiche e salumi. Prodotti genuini ed enoteca a vista.

X **Trattoria Briscola**

via Costalunga 18/G ✉ 25123 – 030 39 52 32 – Fax 030 39 72 14 – Chiuso mercoledì EV **h**

Rist – Carta 30/36 €

◆ Si trova sulle prime colline, immersa nel verde, questa tipica trattoria che nella bella stagione effettua il servizio anche sotto il pergolato, con vista sulla città.

a Sant'Eufemia della Fonte per ② : 2 km – ✉ 25135

XXX **La Piazzetta**

via Indipendenza 87/c – 030 36 26 68 – allapiazzetta@tin.it – Fax 03 03 36 72 43 – Chiuso dal 1° al 7 gennaio, dal 7 al 20 agosto, sabato a mezzogiorno edomenica

Rist – (consigliata la prenotazione) Carta 45/63 €

◆ Piccolo ed elegante ristorante alle porte della città. La cucina si indirizza prevalentemente sul mare con elaborazioni fantasiose e originali; cantina soddisfacente.

XX **Hosteria** 20/28,

via 28 Marzo 2/A – 030 36 06 05 – emanuelebettini@virgilio.it – Fax 030 36 06 05 – Chiuso dal 24 giugno al 19 luglio e martedì

Rist – Carta 41/60 €

◆ Un locale elegante ed accogliente che presenta una cucina basata per lo più su prodotti di stagione. L'edificio, in origine un casino di caccia, risale al XVII sec.

a Roncadelle per ⑤ : 7 km – ✉ 25030

President 500,

via Roncadelle 48 – 03 02 58 44 44 – info@presidenthotel.it – Fax 03 02 78 02 60

123 cam – †83/119 € ††135/197 € – 5 suites – ½ P 95/127 € – **Rist** – *(chiuso domenica)* Carta 30/45 €

◆ Imponente albergo d'affari che dispone di un importante centro congressi dotato di ben diciannove sale. Sono molti i particolari di pregio, quali marmi e legni pregiati. Notevoli le capacità ricettive del ristorante; piatti per palati internazionali.

Continental senza rist — 80, VISA MC AE

via Martiri della Libertà 267 – ℘ 03 02 58 27 21 – info@continentalhotelbrescia.com – Fax 03 02 58 31 08 – Chiuso dal 3 al 26 agosto

77 cam – †75/93 € ††125/135 €

♦ Facilmente raggiungibile dall'autostrada, un albergo recente, dall'architettura essenziale. Gli ambienti comuni hanno metrature generose; stanze semplici ma funzionali.

a Castenedolo per ③ **: 7 km – ✉ 25014**

Majestic — 250, P VISA MC AE

via Brescia 49 – ℘ 03 02 13 02 22 – Fax 03 02 13 00 77

70 cam – †75/100 € ††110/145 € – ½ P 80/92 €

– **Rist** – Carta 25/36 €

♦ Il particolare più suggestivo di questa risorsa è il verdeggiante e luminosissimo spazio centrale di forma circolare, sul quale si affacciano i corridoi di tutti i piani. Un salone banchetti e due sale più ridotte: stile classico sia in sala, che in cucina.

BRESSANONE (BRIXEN) – Bolzano / Bozen (BZ) – 562 B16 – 18 694 ab. – alt. 559 m – Sport invernali : ***a La Plose-Plancios : 1 503/2 500 m 1 9 (Comprensorio Dolomiti superski Valle Isarco)*** – ✉ 39042 *Italia* 31 **C1**

Roma 681 – Bolzano 40 – Brennero 43 – Cortina d'Ampezzo 109 – Milano 336 – Trento 100

viale Stazione 9 ℘ 0472 836401, info@brixen.org, Fax 0472 836067

Duomo : chiostro★ A – Palazzo Vescovile: cortile★, museo Diocesano★, sculture lignee★★, pale scolpite★, collezione di presepi★, tesoro★

Plose★★★ : ❋★★★ Sud-Est per via Plose

BRESSANONE

Angelo Custode (V.)	2
Bastioni Maggiori (V.)	3
Bastioni Minori (V.)	4
Bruno (V. G.)	8
Duomo (Pza)	10
Fienili (V.)	12
Guggenberg (V. Otto V.)	13
Hartwig (V.)	14
Lungo Rienza	15
Mercato Vecchio (V.)	16
Platsch (V.)	17
Ponte Aquila (V.)	18
Ponte Widmann (V.)	19
Portici Maggiori	22
Portici Minori	23
Rio Bianco (V.)	25
Roncato (V.)	26
San Albuino (V.)	27
Seminario (V. del)	28
Stufles (V.)	29
Torre Bianca (V.)	30
Tratten (V.)	31

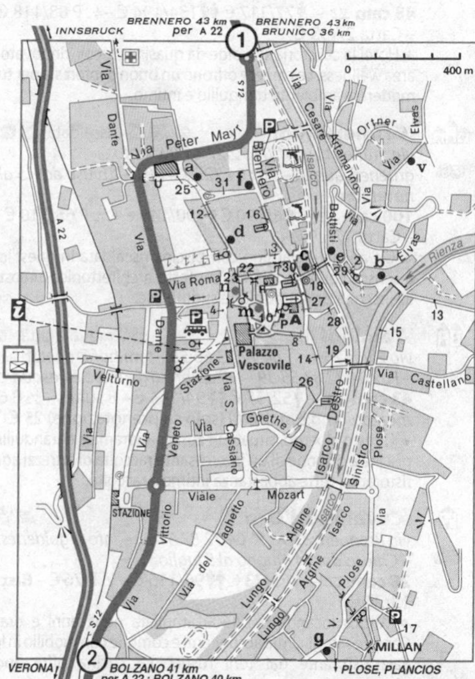

Elefante rist, rist, rist, 50,

via rio Bianco 4 – 04 72 83 27 50 – info@hotelelephant.com – Fax 04 72 83 65 79 – Chiuso dall'8 gennaio al 15 marzo e dal 3 al 28 novembre a

44 cam – 70/106 € 140/212 € – ½ P 141 € – **Rist** – Carta 39/58 €

♦ Elegante ed austera magione del XVI sec. inserita in un prezioso parco-frutteto all'interno del quale si trovano anche la piscina e il tennis. Dimora fine ed esclusiva. Ambiente, servizio, cucina e atmosfera: un ristorante notevole.

Dominik cam, 130,

via Terzo di Sotto 13 – 04 72 83 01 44 – info@hoteldominik.com – Fax 04 72 83 65 54 – Chiuso gennaio e febbraio b

35 cam – 80/100 € 120/200 € – 1 suite – ½ P 70/120 € – **Rist** – Carta 33/45 €

♦ Il torrente Rienza scorre davanti a questa risorsa rivolta a chi desidera godere di un soggiorno curato sotto ogni profilo. Servizio attento, espletato in ambienti eleganti. Ideale per allestire importanti eventi, la sala da prazo e illuminata da ampie fnestre.

Goldener Adler

via Ponte Aquila 9 – 04 72 20 06 21 – info@goldener-adler.com – Fax 04 72 20 89 73 c

28 cam – 62/65 € 104/122 € – ½ P 82/111 €

Rist Oste Scuro-Finsterwirt – vedere selezione ristoranti

♦ Caratteristico edificio del Cinquecento, da secoli votato all'ospitalità, che oggi offre ai propri privilegiati ospiti la possibilità di un soggiorno sobriamente elegante.

Goldene Krone cam, rist, 35,

via Fienili 4 – 04 72 83 51 54 – info@goldenekrone.com – Fax 04 72 83 50 14 – Chiuso dal 23 al 26 dicembre d

48 cam – 77/117 € 134/194 € – ½ P 88/118 € – **Rist** – Carta 27/33 €

♦ Hotel la cui storia si svolge da quasi tre secoli, rinnovato in veste moderna, con piccola area wellness. Le camere offrono un buon confort sia per turismo che per affari. Ristorante moderno, ambiente tranquillo e intimo.

Grüner Baum (riscaldata) rist, 100,

via Stufles 11 – 04 72 27 41 00 – info@gruenerbaum.it – Fax 04 72 27 41 01 – Chiuso dal 15 al 27 aprile e novembre e

100 cam – 65/90 € 90/140 € – ½ P 65/110 € – **Rist** – Carta 17/29 €

♦ C'è anche il giardino con piscina riscaldata in quest'imponente hotel di città, che si inserisce con armonia nel contesto architettonico circostante. Sale da pranzo semplici, all'insegna della tradizione sudtirolese.

Temlhof monti e città, rist,

via Elvas 76 – 04 72 83 66 58 – temlhof@dnet.it – Fax 04 72 83 55 39 – Dicembre-6 gennaio e Pasqua-ottobre v

43 cam – 52/57 € 94/114 € – 8 suites – ½ P 62/72 € – **Rist** – *(chiuso a mezzogiorno e martedì)* (solo su prenotazione) 25 €

♦ Questo albergo, situato in zona panoramica e tranquilla, è avvolto da un giardino con piscina e dispone di un'interessante raccolta di attrezzi agricoli e mobili antichi. Varie sale ristorante, tutte abbastanza intime e raccolte.

Cavallino d'Oro

via Brennero 3, f – 04 72 83 51 52 – info@goldenesroessl.it – Fax 04 72 83 82 35 – Chiuso dal 14 giugno al 5 luglio

28 cam – 63/73 € 96/116 € – ½ P 76 € – **Rist** – *(chiuso mercoledì)* Carta 15/24 €

♦ Antica locanda del 1600 ampliata negli anni e ora completamente ristrutturata. Camere semplici, ma accoglienti e comode con mobilio in legno nel classico stile montano. Sala ristorante dai toni rustici. La cucina offre anche piatti della tradizione e pizza.

Haller

via dei Vigneti 68, 1 km per via Cesare Battisti – 04 72 83 46 01 – info@gasthof-haller.com – Fax 04 72 20 82 94

8 cam – 35/38 € 65/68 € – ½ P 47/50 € – **Rist** – *(chiuso tre settimane in luglio, lunedì sera e martedì)* Carta 26/43 €

◆ Piccolo albergo a conduzione familiare in posizione tranquilla e con bella vista. Le camere non sono molto grandi, ma confortevoli e tenute con molta attenzione. Ampio settore ristorante: due stube, giardino d'inverno e servizio all'aperto.

Millanderhof

via Plose 58 – 04 72 83 38 34 – hotel@millanderhof.com – Fax 04 72 83 51 24 g

26 cam – 45/50 € 78/88 € – ½ P 42/53 € – **Rist** – (solo su prenotazione) Menu 13/25 €

◆ Albergo appena fuori dal centro, rinnovato di recente, ma che si conferma nell'ospitalità familiare della gestione. A disposizione anche un angolo bar godibile e rilassante. Sala ristorante semplice ma luminosa per una cucina di buon livello.

Oste Scuro-Finsterwirt – Hotel Goldener Adler

vicolo del Duomo 3 – 04 72 83 53 43 10/15,

– info@finsterwirt.com – Fax 04 72 83 56 24 – Chiuso una settimana in gennaio, due settimane in giugno, domenica sera e lunedì m

Rist – Carta 35/47 €

◆ E' questo uno dei ristoranti più tradizionali e suggestivi della città. L'ambiente tipico tirolese e l'arredamento antico regalano la dolce atmosfera di epoche passate.

Fink 25,

via Portici Minori 4 – 04 72 83 48 83 – info@restaurant-fink.it – Fax 04 72 83 52 68 – Chiuso febbraio, martedì sera (escluso da giugno ad agosto) e mercoledì n

Rist – Carta 31/40 €

◆ Sotto i portici, questo tradizionale luogo della ristorazione cittadina presenta due alternative: consumazioni veloci al piano terra, sala più classica al primo piano.

Sunnegg con cam cam,

via Vigneti 67, 1 km per via Cesare Battisti – 04 72 83 47 60 – gasthof.sunnegg@rolmail.net – Fax 04 72 20 83 57 – Chiuso dal 14 gennaio al 13 febbraio, dal 16 giugno al 2 luglio, giovedì a mezzogiorno e mercoledì

6 cam – 50 € 64 € – ½ P 45/54 € – **Rist** – Carta 29/40 €

◆ Qui, tra i vigneti, è possibile gustare un approccio sincero alla cucina del territorio, ricco di specialità stagionali, con servizio estivo all'aperto e vista sui monti.

a Cleran (Klerant)**Sud : 5 km – alt. 856 m – 39042 – Sant'Andrea in Monte**

Fischer Bressanone e valle d'Isarco,

Cleran 196 – 04 72 85 20 75 – info@hotel-fischer.it – Fax 04 72 85 20 60 – Chiuso dal 6 novembre al 6 dicembre

23 cam – 44/53 € 76/100 € – ½ P 50/60 € – **Rist** – *(chiuso domenica sera e lunedì)* Carta 28/41 €

◆ Isolata e con una vista incantevole sul fondovalle, una risorsa che si offre con vari convincenti servizi e camere confortevoli e di tutto riposo. Architettura tipica. Per i pasti la rustica e caratteristica stube o l'ariosa e luminosa sala da pranzo.

BREUIL-CERVINIA – Aosta (AO) – 561 E4 – alt. 2 050 m – Sport invernali : *2 050/3 500 m 4 14 (Comprensorio Monte Rosa ski collegato con Valtournenche e Zermatt - Svizzera) anche sci estivo* – 11021 *Italia* 34 **B2**

Roma 749 – Aosta 55 – Biella 104 – Milano 187 – Torino 116 – Vercelli 122

via Guido Rey 17 0166 949136, breuil-cervinia@montecervino.it, Fax 0166 949731

Cervino, 0166 94 91 31.

Località★★

Hermitage < Cervino e Grandes Murailles,
via Piolet 1 – cam, 40,
✆ 01 66 94 89 98 – hermitage@relaischateaux.com – Fax 01 66 94 90 32 – dicembre-25 aprile e 7 luglio-agosto
36 cam – 200/400 € 230/400 € – 7 suites – ½ P 180/320 € – **Rist** – Carta 66/74 €
◆ Grande chalet di montagna, in cui risulta dolce e naturale sentirsi coccolati e conquistati: eleganza e tradizione, per un'ospitalità esclusiva. Ottimo centro benessere. Ristorante in cui buon gusto e personalizzazioni consentono di vivere momenti speciali.

Excelsior-Planet < Cervino e Grandes Murailles,
piazzale Planet 1 – ✆ 01 66 94 94 26 – info@excelsiorplanet.com – Fax 01 66 94 88 27 – Novembre-aprile e luglio-agosto
12 cam – 75/144 € 100/170 €, 15 € – 34 suites – ½ P 90/160 €
Rist – Carta 43/61 €
◆ Una struttura in cui godere di un'ospitalità attenta e vicina alle esigenze di ogni cliente. Signorilmente ristrutturato, si percepisce la professionalità acquisita col tempo. Ristorante dal menù eclettico, apprezzato in zona.

Sertorelli Sporthotel < Cervino e Grandes Murailles,
piazza Guido Rey 28 – cam, rist,
✆ 01 66 94 97 97 – info@sertorelli-cervinia.it – Fax 01 66 94 81 55 – 20 novembre-1° maggio e 29 giugno-2 settembre
78 cam – 67/137 € 110/250 € – 1 suite – ½ P 75/145 € – **Rist** – Menu 20/40 €
◆ In posizione centrale e panoramica, hotel in cui confort moderni e professionalità possono regalare soggiorni ideali per turisti esigenti. Nuovo bar e sala soggiorno. Tre sale ristorante, di cui la meno capiente è davvero intima e raccolta.

Punta Maquignaz < Cervino e Grandes Murailles,
piazza Guide Maquignaz – ✆ 01 66 94 91 45 – puntamaquignaz@puntamaquignaz.com – Fax 01 66 94 80 55 – Dicembre-aprile
33 cam – 2 suites – solo ½ P 85/135 €
Rist *Ymeletrob* – Carta 49/68 €
◆ Hotel centrale, internamente rifinito in legno, ristrutturato in stile alpino con signorile gusto montano. In bella mostra una ricca collezione di trofei di caccia. Griglia a vista in sala ristorante.

Bucaneve < Cervino e Grandes Murailles,
piazza Jumeaux 10 – ✆ 01 66 94 91 19 – info@hotel-bucaneve.it – Fax 01 66 94 83 08 – 15 novembre-aprile e luglio-15 settembre
26 cam – 78/136 € 120/210 € – ½ P 80/135 €
Rist – Carta 39/47 €
◆ La scelta dell'arredo è in grado di fare la differenza: atmosfere particolarmente calde ed intime, in puro stile montano. Spazi comuni accoglienti; ubicazione centrale. Sala ristorante con arredi signorili.

Mignon cam,
via Carrel 50 – ✆ 01 66 94 93 44 – info@mignoncervinia.com – Fax 01 66 94 96 87 – Novembre-aprile e luglio-10 settembre
20 cam – 60/100 € 120/200 € – ½ P 80/120 € – **Rist** – *(chiuso a mezzogiorno)* 26 €
◆ Albergo completamente ristrutturato pochi anni or sono, si presenta in modo invitante negli ambienti comuni, ma soprattutto nelle belle e caratteristiche camere. Ristorante dalla calda e semplice atmosfera famigliare.

Jumeaux senza rist < Cervino,
piazza Jumeaux 8 – ✆ 01 66 94 90 44 – info@hotel-jumeaux.com – Fax 01 66 94 98 86 – Novembre-maggio e luglio-settembre
30 cam – 75/123 € 100/164 €
◆ Risorsa attiva sin dal 1905, in comoda posizione centrale, presenta ambienti comuni accoglienti e confortevoli con una caratteristica e luminosissima saletta relax.

Cime Bianche ≶ Cervino e Grandes Murailles,
località La Vieille 44 – ✆ 01 66 94 90 46 – info@hotelcimebianche.com – Fax 01 66 94 80 61 – Chiuso dal 1° maggio al 25 giugno e dal 15 settembre al 15 ottobre
13 cam – †40/90 € ††80/180 € – ½ P 65/108 € – **Rist** – (solo su prenotazione) Carta 24/48 €
◆ Hotel in cui l'ambientazione tipica e originale è data dai rivestimenti in legno e dai complementi d'arredo frutto della sapienza artigiana della gente di montagna. Ristorante preso d'assalto a pranzo. A cena si sta più tranquilli.

Breithorn ≶ Cervino e Grandes Murailles, rist,
via Guido Rey – ✆ 01 66 94 90 42 – breithorn@libero.it – Fax 01 66 94 83 63 – 27 novembre-10 maggio e 15 luglio-15 settembre
24 cam – †30/50 € ††50/100 €, 10 € – ½ P 45/85 € – **Rist** – *(chiuso a mezzogiorno)* Carta 31/43 €
◆ Una risorsa sobria, in posizione eccezionale per gli amanti dello sci di fondo, da cui è possibile godere di una bellissima vista sul Cervino e sulla Grandes Murailles. Classico ristorante d'albergo, buon rapporto qualità prezzo.

sulla strada regionale 46

Chalet Valdôtain ≶ Cervino e Grandes Murailles, rist,
località Lago Blu 2, Sud-Ovest : 1,4 km ✉ 11021 – ✆ 01 66 94 94 28 – info@chaletvaldotain.it – Fax 01 66 94 88 74 – 27 ottobre-1° maggio e 24 giugno-10 settembre
35 cam – †82/170 € ††160/320 € – ½ P 110/185 € – **Rist** – Carta 31/49 €
◆ Gode di una bella posizione questo hotel, situato in zona isolata e panoramica. Una gestione preparata, ambienti curati, spazi e servizi comuni assolutamente godibili. Piacevole e ariosa sala ristorante, dagli arredi caratteristici.

Les Neiges d'Antan ≶ Cervino e Grandes Murailles,
Cret de Perreres 10, Sud-Ovest : 4,5 km ✉ 11021 – ✆ 01 66 94 87 75 – info@lesneigesdantan.it – Fax 01 66 94 88 52 – Chiuso maggio e giugno
21 cam – †100/290 € ††100/300 € – 3 suites – ½ P 140/170 € – **Rist** – Carta 37/52 €
◆ In origine si trattava di una baita, nel corso del tempo è stata trasformata in un tranquillo e signorile albergo. Perdura l'atmosfera antica, ricca di armoniosi silenzi. Cucina del territorio, clima di casa.

Lac Bleu ≶ monti e Cervino, cam, rist,
località Lago Blu Sud-Ovest : 1 km ✉ 11021 – ✆ 01 66 94 91 03 – info@hotel-lacbleu.com – Fax 01 66 94 99 02 – 3 dicembre-aprile e luglio-10 settembre
17 cam – †60/82 € ††90/120 €, 13 € – 3 suites – ½ P 60/99 € – **Rist** – (solo per alloggiati)
◆ Albergo a gestione familiare in cui semplicità e cortesia costituiscono un binomio molto apprezzato, anche grazie alla bellezza data dal panorama sul maestoso Cervino.

BRIAGLIA – Cuneo (CN) – 561 I5 – **287 ab. – alt. 557 m** – ✉ **12080** 23 **C3**

Roma 608 – Cuneo 31 – Savona 68 – Torino 80

Marsupino con cam
via Roma Serra 20 – ✆ 01 74 56 38 88 – info@trattoriamarsupino.it – Fax 01 74 56 30 35 – Chiuso dall'8 al 25 gennaio, dal 25 giugno al 6 luglio e dal 12 al 25 settembre
7 cam – †65 € ††105 € – **Rist** – *(chiuso mercoledì e giovedì a mezzogiorno)* Carta 26/40 €
◆ Un paesino di poche case, in una delle quali trova posto la trattoria: tre sale su due piani. Cucina del territorio con proposte interessanti e accurate. Belle camere.

Il rosso è il colore di chi sa distinguersi; i nostri punti di riferimento!

BRINDISI Ⓟ (BR) – **564** F35 – **88 197 ab.** – ✉ **72100** ▮ *Italia* 27 **D2**

▶ Roma 563 – Bari 113 – Napoli 375 – Taranto 72

✈ di Papola-Casale per ④ : 6 km ✆ 0831 411711

ℹ lungomare Regina Margherita 44 ✆ 0831 523072, iat.brindisi@pugliaturismo.com, Fax 0831 523072

◉ Colonna romana★ (termine della via Appia) Y **A**

BRINDISI

Via	Quadrante	N.
Amalfi (V.)	V	3
Balsamo (V. Grazia)	X	7
Bono (V. Eduardo dal)	X	10
Caduti (Viale)	X	12
Canova (V. Antonio)	X	13
Caravaggio (Viale)	X	16
Ciciriello (V. Ettore)	V	18
Commenda (Viale)	X	22
Duca degli Abruzzi (Viale)	V	25
Fani (V.)	X	27
Imperator Augusto (V.)	X	28
Maddalena (Viale Umberto)	V	30
Magaldi (V. Nicola)	V	34
Marche (V.)	X	36
Maria Ausiliatrice (V.)	X	37
Osanna (V.)	VX	42
Pace Brindisina (V.)	X	45
Pellizza da Volpedo (V. G.)	X	46
Ruggero di Flores (V.)	V	51
Soldati (V. Anastasio)	X	63
S. Angelo (V.)	X	52
S. Giovanni Bosco (V.)	X	57
Tirolo (V.)	X	66
Togliatti (Viale Palmiro)	X	67
Villafranca (V.)	X	70

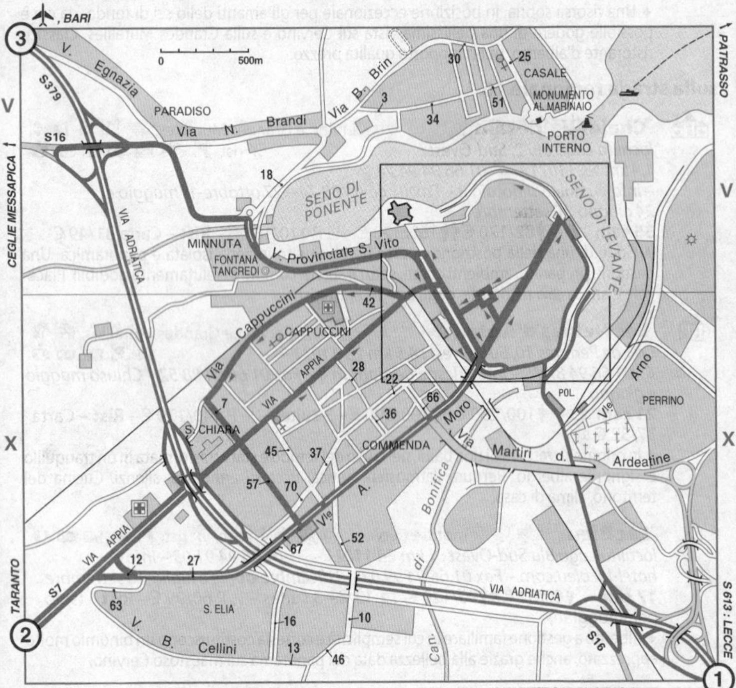

 **Grande Albergo Internazionale** ⋞ AC ⚐ 🏋 230, 🚗 VISA MC AE ⓓ Ś

lungomare Regina Margherita 23 –
✆ 08 31 52 34 73 – gh.internazionale@virgilio.it – Fax 08 31 52 34 76 Y **a**
67 cam ☕ – 🚹110/140 € 🚹🚹160/220 € – ½ P 110/150 € – **Rist** – *(chiuso luglio-agosto)* Carta 30/45 €

◆ Storico albergo ottocentesco, totalmente rinnovato, con arredi in stile impero e buone infrastrutture congressuali. Mobili d'epoca nelle camere, bagni moderni. Sala da pranzo elegante e suggestiva.

Orientale senza rist 🛗 AC ⚐ 📞 🏋 110, **P** 🚗 VISA MC AE ⓓ Ś

corso Garibaldi 40 – ✆ 08 31 56 84 51 – Fax 08 31 56 84 60 Y **c**
50 cam ☕ – 🚹62 € 🚹🚹130 €

◆ In posizione strategica, vicino al mare e in pieno centro, un albergo moderno e di nuova concezione frequentato da turisti di passaggio, ma anche dalla clientela d'affari.

BRINDISI

Amena (V.) . . . . Y 4
Annunziata (V.) . . . . Y 6
Betolo (V.) . . . . Z 9
Cappellini (V.) . . . . Z 15
Cittadella (V.) . . . . Y 19
Colonne (V.) . . . . Y 21
Commenda (Viale) . . . . Z 22

De Marco (V. C.) . . . . Z 24
Garibaldi (Cso) . . . . Y
Madonna della Neve (V.) . . . . Y 31
Madonna della Scala (V.) . . . . . Z 33
Matteotti (Pza) . . . . Y 39
Montenegro (V.) . . . . Y 40
Osanna (V.) . . . . Z 42
Pozzo Traiano (V.) . . . . Y 47
Provinciale San Vito (V.) . . . . . Y 48

Regina Margherita (Lungomare) . . . . Y 49
Santi (V.) . . . . Y 60
Sauro (V. Nazario) . . . . Z 61
S. Barbara (V.) . . . . Y 54
S. Dionisio (V.) . . . . Y 55
S. Margherita (V.) . . . . Y 58
Tarantini (V.) . . . . Y 64
Tunisi (V.) . . . . Y 69
Umberto I (Cso) . . . . YZ

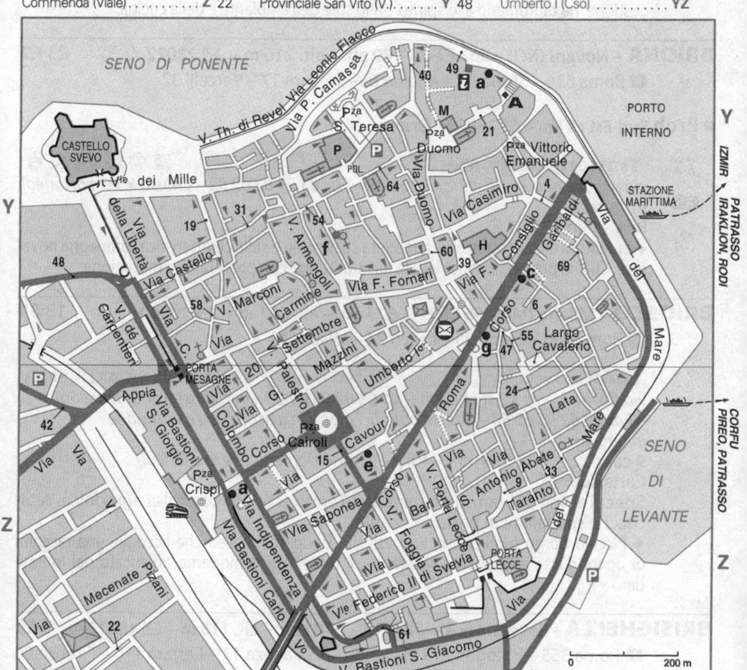

Majestic rist, 80, VISA AE

corso Umberto I 137 – ✆ 08 31 59 79 41 – info@ht-majestic.it
– Fax 08 31 52 40 71 Z **a**

62 cam – 54/92 € 85/131 € – ½ P 62/111 €

Rist – *(chiuso venerdì)* Carta 18/30 €

◆ Comodo perché adiacente alla stazione ferroviaria e non distante dal porto, si presenta come un classico hotel di città con spazi comuni gradevoli e stanze funzionali. Sala da pranzo articolata in due settori omogenei.

La Rosetta senza rist VISA AE

via San Dionisio 2 – ✆ 08 31 59 04 61 – hotellarosetta@libero.it
– Fax 08 31 56 31 10 Y **g**

40 cam – 60 € 90 €

◆ Un valido albergo centrale, fornito di arredi moderni di taglio classico e, nel complesso, ricco di apprezzabili dotazioni di confort. La gestione è capace e disponibile.

Barsotti senza rist 50, VISA AE

via Cavour 1 – ✆ 08 31 56 08 77
– info@hotelbarsotti.com
– Fax 08 31 56 38 51 Z **e**

60 cam – 45/75 € 70/100 €

◆ Centrale, ma dotato di garage privato per una dozzina di auto. Frequentato principalmente da chi viaggia per lavoro, offre stanze in cui risaltano freschezza e pulizia.

XX **Pantagruele**

Salita di Ripalta 1/5 – 08 31 56 06 05 – Chiuso dal 15 al 30 agosto, sabato a mezzogiorno e domenica Y **b**

Rist – (consigliata la prenotazione) Carta 20/41 €

◆ Si potrebbe definire un'osteria signorile, senza fare torto alla cura e alla passione della gestione, né tantomeno allo spirito e allo stile dell'ambiente e della cucina.

BRIONA – Novara (NO) – 561 F7 – 1 189 ab. – alt. 216 m – ✉ 28072 23 **C2**

Roma 636 – Stresa 51 – Milano 63 – Novara 17 – Vercelli 32

a Proh **Sud-Est : 5 km – ✉ 28072 – Briona**

XX **Trattoria del Ponte**

via per Oleggio 1 – 03 21 82 62 82 – Fax 03 21 82 62 82 – Chiuso le sere di lunedì e martedì

Rist – Carta 21/32 €

◆ Luminosa e curata trattoria, affacciata sulle risaie e sulla caratteristica campagna novarese. Cucina profondamente legata alla tradizione con preparazioni di stagione.

BRIOSCO – Milano (MI) – 561 E9 – 5 674 ab. – alt. 271 m – ✉ 20040 18 **B1**

Roma 608 – Como 25 – Lecco 24 – Milano 40

XX **LeAR** con cam — rist, rist, 80,

via Col de Frejus 3, Est : 1,5 km – 03 62 96 69 20 – info@ristorante-lear.com – Fax 03 62 96 69 60 – Chiuso quindici giorni in gennaio e tre settimane in agosto

9 cam – 80 € 95 € – **Rist** – *(chiuso domenica sera e lunedì)* Carta 46/64 €

Spec. Terrina di branzino e gamberi. Tonno scottato con salsa agrodolce. Albicocche spadellate in pasta croccante.

◆ Piccolo borgo fuori paese, impreziosito dal parco-museo che accoglie una raccolta di opere d'arte e l'elegante ristorante di tono rustico moderno affiancato dal lounge bar.

BRISIGHELLA – Ravenna (RA) – 562 J17 – 7 701 ab. – alt. 115 m – ✉ 48013 9 **C2**

Roma 355 – Bologna 71 – Ravenna 48 – Faenza 13 – Ferrara 110 – Firenze 90 – Forlì 27 – Milano 278

piazza Porta Gabalo 5 0546 81166, iat.brisighella@provincia.ra.it, Fax 0546 81166

La Meridiana senza rist — 50,

viale delle Terme 19 – 054 68 15 90 – info@lameridianahotel.it – Fax 054 68 15 90 – Aprile-ottobre

54 cam – 76/170 € 92/170 €

◆ Poco oltre il borgo medievale, la struttura sorge nella zona termale e dispone di camere con vista e di una piacevole sala colazioni dalle decorazioni in stile liberty.

Relais Varnello senza rist — calanchi,

Borgo Rontana 34, Ovest : 3 km – 054 68 54 93 – info@varnello.it – Fax 054 68 31 24 – Chiuso gennaio e febbraio

6 cam – 100/130 € 130/160 €

◆ Lungo l'antica via etrusca, tra colline e calanchi, questa piccola casa colonica al confine con il parco naturale Carnè dispone di confortevoli camere moderne e d'una piscina.

XX **Gigiolè** con cam — cam,

piazza Carducci 5 – 054 68 12 09 – info@gigiole.it – Fax 054 68 12 75

9 cam – 85/95 € 95/105 € – ½ P 95 € – **Rist** – *(chiuso domenica sera e lunedì)* Carta 29/37 €

◆ In uno dei borghi più belli del Paese, un edificio d'epoca ospita questo ristorante dalle suggestive sale, alcune simili a grotte, dove gustare la cucina tipica romagnola. Meno ricercato lo stile delle camere: confortevoli e sobriamente arredate con gusto moderno.

a Cavina Sud-Ovest : 8 km – ✉ 48013 – Brisighella

Torre Pratesi ≤ monti e vallata, (riscaldata) rist,
via Cavina 11 – ☎ 054 68 45 45 – info@torrepratesi.it – Fax 054 68 45 58 – Aprile-ottobre
3 cam – 150 € 180 € – 4 suites – 200 € – ½ P 130 € – **Rist** – (solo su prenotazione) Menu 35/45 €
◆ Una sorta di piccolo feudo, con tanto di torre di guardia medievale, situato in aperta campagna in posizione panoramica e molto tranquilla. Lo stile è rustico-elegante. La sala ristorante è raccolta, il menù toscano.

a La Strada Casale Sud-Ovest : 8 km – ✉ 48013 – Fognano

XX **Strada Casale**
via Statale 22 – ☎ 054 68 80 54 – Fax 054 68 80 54 – Chiuso dal 10 al 30 gennaio, dal 1° al 10 giugno, dal 10 al 20 settembre, mercoledì e a mezzogiorno (escluso sabato-domenica)
Rist – Carta 25/33 €
◆ Ristorante-enoteca fuori paese, ricavato da una casa di campagna ristrutturata sapientemente. La sala da pranzo è calda, invitante e dotata di un grande camino.

BRISSOGNE – Aosta (AO) – 561 E4 – 962 ab. – alt. 894 m – ✉ 11020 34 B2

Roma 717 – Aosta 13 – Moncalieri 118 – Torino 108

Agriturismo Le Clocher du Mont-Blanc senza rist
frazione Pallù Dessus 2 – ☎ 01 65 76 21 96 – clocherdumontblanc@libero.it – Fax 01 65 77 21 07
7 cam – 25/30 € 44/50 €
◆ Una casa in sasso, interamente ristrutturata, all'interno di un piccolo borgo ubicato tra vigne e meli. Una decina di camere con arredi standard, graziose e rifinite con cura.

BRIXEN = Bressanone

BROGLIANO – Vicenza (VI) – 562 F16 – 3 135 ab. – alt. 172 m – ✉ 36070 35 B2

Roma 540 – Verona 54 – Venezia 90 – Vicenza 31

Locanda Perinella cam,
via Bregonza 19 – ☎ 04 45 94 76 88 – Fax 04 45 94 76 88 – Chiuso dal 1° all'8 gennaio e dal 7 al 23 agosto
16 cam – 70/90 € 90/110 €, 6 € – 46 suites
Rist – Carta 22/43 €
◆ Antico edificio di campagna ristrutturato con intelligenza e arredato con semplice e tradizionale purezza. Mobili d'epoca e pregevoli elementi architettonici originali. Menù invitante, ambiente rustico-elegante in sala e all'aperto.

BRUCOLI – Siracusa – 565 P27 – Vedere Sicilia (Augusta) alla fine dell'elenco alfabetico

---

BRUGNERA – Pordenone (PN) – 562 E19 – 8 342 ab. – alt. 16 m – ✉ 33070 10 A3

Roma 564 – Belluno 59 – Pordenone 15 – Treviso 38 – Udine 68 – Venezia 64

Ca' Brugnera cam, 600,
via Villa Varda 4 – ☎ 04 34 61 32 32 – info@cabrugnera.com – Fax 04 34 61 34 56 – Chiuso agosto
60 cam – 60/83 € 80/124 € – 4 suites – ½ P 47/87 € – **Rist** – *(chiuso a mezzogiorno)* Carta 30/47 €
◆ Imponente e moderno hotel che nella facciata esterna manifesta un richiamo, seppur remoto, allo stile Neoclassico. Ideale per la clientela d'affari e congressuale. La ristorazione ha ricevuto notevole attenzione nell'organizzazione degli spazi.

BRUNECK = Brunico

BRUNICO (BRUNECK) – Bolzano / Bozen (BZ) – 562 B17 – 13 914 ab. – alt. 835 m – Sport invernali : *838/2 275 m* *18* *8 (Comprensorio Dolomiti superski Plan de Corones)* – ✉ 39031 *Italia* 31 **C1**

Roma 715 – Cortina d'Ampezzo 59 – Bolzano 77 – Brennero 68 – Dobbiaco 28 – Milano 369 – Trento 137

piazza Municipio 7 ☎ 0474 555722, info@bruneck.com, Fax 0474 555544

Museo etnografico★ di Teodone

Rosa d'Oro-Goldene Rose senza rist 30,
via Bastioni 36/b – ☎ 04 74 41 30 00 – info@ hotelgoldenerose.com – Fax 04 74 41 30 99 – Chiuso dal 1° al 22 giugno e dal 1° al 20 ottobre
21 cam – 78/103 € 94/124 €
◆ Questa risorsa costituisce un esempio eccellente di come si possa coniugare la modernità dei servizi e delle installazioni, col calore della tradizione. Camere ottime.

a Stegona (Stegen)**Nord-Ovest : 2 km – alt. 817 m** – ✉ **39031 – Brunico**

Langgenhof rist,
via San Nicolò 11 – ☎ 04 74 55 31 54 – hotel@langgenhof.com – Fax 04 74 55 21 10
31 cam – 49/68 € 104/130 € – ½ P 65/78 € – **Rist** – *(chiuso due settimane in aprile, due settimane in novembre, domenica e a mezzogiorno)*
Carta 33/46 €
◆ Un maso, edificio tipico di queste parti, riadattato con materiali biologici e molto e buon gusto per ospiti in cerca di genuinità, da viversi nello spirito della tradizione. Originali e meravigliose stufe nella sala da pranzo. Tutto trasmette passione e cura.

a San Giorgio (St. Georgen)**Nord : 2 km – alt. 823 m** – ✉ **39031 – Brunico**

Gissbach senza rist
via Gissbach 27 – ☎ 04 74 55 11 73 – info@gissbach.com – Fax 04 74 55 07 14 – Dicembre-Pasqua e maggio-ottobre
33 cam – 54/92 € 92/192 € – 7 suites
◆ Edificio in tipico stile di montagna con alcuni interessanti spunti architettonici, che caratterizzano in modo curioso gli interni, come gli inserti di vetro nel pavimento.

a Riscone (Reischach)**Sud-Est : 3 km – alt. 960 m** – ✉ **39031**

Schönblick 25,
via Reiperting 1 – ☎ 04 74 54 17 77 – hotel@schoenblick.it – Fax 04 74 54 17 45 – Chiuso dal 9 aprile al 20 maggio e dal 20 ottobre al 24 novembre
45 cam – 140/170 € 200/250 € – 3 suites – ½ P 115/140 €
Rist *Juwel* – ☎ 04 74 54 16 00 – Carta 47/59 €
◆ Imponente ed elegante struttura cinta dal verde; all'interno grandi spazi in stile montano di taglio moderno e tono signorile. Belle stanze spaziose, dotate di ogni confort. Calda atmosfera nella sala da pranzo rivestita in perlinato; molto accogliente.

Royal Hotel Hinterhuber monti e pinete, (riscaldata)
via Ried 1/A rist, rist,
– ☎ 04 74 54 10 00 – info@royal-hinterhuber.com – Fax 04 74 54 80 48 – Dicembre-10 aprile e giugno-7 ottobre
47 cam – 112/150 € 150/200 € – 1 suite – ½ P 90/130 € – **Rist** – (solo per alloggiati)
◆ L'hotel adatto a chi cerca un luogo nel quale trovare assoluto relax e praticare sport. Impossibile rinunciare al parco con piscina riscaldata e tennis. Ottime camere.

Rudolf Plan de Corones, cam, rist,
via Riscone 33 – ☎ 04 74 57 05 70 – info@ hotel-rudolf.com – Fax 04 74 55 08 06
34 cam – 90/160 € 140/200 € – 4 suites – ½ P 70/99 € – **Rist** – *(chiuso novembre)* Carta 27/45 €
◆ Il punto di forza dell'albergo è rappresentato senz'altro dagli ambienti e dai servizi comuni di livello apprezzabile. In più ci sono panorama e tranquillità. Ristorante d'impostazione classica nello stile dell'arredo e nella composizione del menù.

BRUSAPORTO – Bergamo (BG) – 4 416 ab. – alt. 238 m – ✉ 24060 19 C1

Roma 601 – Bergamo 12 – Brescia 54 – Milano 60 – Monza 49

Relais da Vittorio

via Cantalupa 17 – ☎ 035 68 10 24 – davittorio@relaischateaux.com – Fax 035 68 08 49 – Chiuso agosto

10 cam – 200 € 280/330 €

Rist Da Vittorio – vedere selezione ristoranti

◆ Al centro di una vasta proprietà, poche camere, spaziosissime ed eleganti, alcune con terrazzo affacciato sui colli. Naturale punto d'appoggio per il prestigioso ristorante.

Da Vittorio (Cerea) – Relais da Vittorio

via Cantalupa 17 – ☎ 035 68 10 24 – info@davittorio.com – Fax 035 68 08 49 – Chiuso agosto e mercoledì (escluso settembre e dicembre)

Rist – Carta 78/141 €

Spec. Nudo e crudo di pesci e crostacei. Rombo con asparagi, maionese calda e salsa al frutto della passione (primavera). Capretto candito con purea di limone.

◆ In un'imponente villa ricca di spazi e classicità, Vittorio è l'irrinunciabile riferimento per gli appassionati di pesce, dal crudo ad elaborazioni più complesse.

BRUSCIANO – Napoli (NA) – 15 412 ab. – alt. 27 m – ✉ 80031 6 B2

Roma 217 – Napoli 22 – Latina 62 – Salerno 59

Taverna Estia

via Guido De Ruggiero 108 – ☎ 08 15 19 96 33 – tavernaestia@libero.it – Fax 08 18 84 96 18 – Chiuso dal 20 al 30 agosto, domenica e lunedì

Rist – Carta 48/65 €

◆ Nella zona degli impianti sportivi, locale che si presenta come un'inaspettata oasi di elegante rusticità, tra camino e travi a vista, alla ricerca dei sapori tradizionali.

BUDOIA – Pordenone (PN) – 562 D19 – 2 267 ab. – alt. 140 m – ✉ 33070 10 A2

Roma 600 – Belluno 65 – Pordenone 32 – Treviso 58 – Udine 69 – Venezia 90

Ciasa de Gahja

via Anzolet 13 – ☎ 04 34 65 48 97 – info@ciasadegahja.com – Fax 04 34 65 48 15

16 cam – 60/85 € 85/120 €, 10 € – ½ P 63/80 € – **Rist** – Carta 32/44 €

◆ Un'antica residenza di caccia, rinnovata con alcuni tocchi di autentica eleganza, in cui assaporare un'ospitalità intima e sincera. Per chi sogna relax e tranquillità. Il ristorante rappresenta una quieta realtà, dalla cucina fantasiosa.

Il Rifugio

località Val de Croda Nord-Ovest : 3 km – ☎ 04 34 65 49 15 – info@ilrifugio.net – Chiuso due settimane in gennaio, dall'8 al 22 giugno, mercoledì e giovedì a mezzogiorno (escluso luglio e agosto)

Rist – Carta 26/36 €

◆ Accoglienti salette interne con camino, suggestivo servizio estivo all'aperto proprio al limitare del bosco. La cucina è a base di selvaggina, funghi e carni grigliate.

BUDRIO – Bologna (BO) – 562 I16 – 15 835 ab. – alt. 25 m – ✉ 40054 9 C2

Roma 401 – Bologna 22 – Ferrara 46 – Ravenna 66

Sport Hotel senza rist

via Massarenti 10 – ☎ 051 80 35 15 – info@hotelsport.biz – Fax 051 80 35 80 – Chiuso dal 23 dicembre al 3 gennaio

31 cam – 57/117 € 73/160 €

◆ Risorsa con camere semplici e bagni piccoli, apprezzata per la propria funzionalità e per la comoda ubicazione a poca strada dal polo fieristico bolognese.

Centro Storico

via Garibaldi 10 – ☎ 051 80 16 78 – Fax 05 16 92 44 14 – Chiuso dal 20 al 28 febbraio, dal 25 al 31 agosto, domenica sera e lunedì

Rist – (consigliata la prenotazione) Carta 34/45 €

◆ Piccolo locale a gestione famigliare, dove lo chef propone una cucina che affonda le proprie radici nella tradizione, rivisitata e alleggerita.

BULLA = PUFELS – Bolzano – Vedere Ortisei

BURAGO DI MOLGORA – Milano (MI) – 561 F10 – **4 158 ab.** – **alt. 182 m** – ✉ 20040 18 **B2**

Roma 591 – Milano 22 – Bergamo 37 – Lecco 33 – Monza 9

Brianteo 60,

via Martin Luther King 3/5 – ✆ 03 96 08 21 18 – hotel@brianteo.it – Fax 03 96 08 43 38 – Chiuso dal 23 dicembre al 6 gennaio e dal 5 al 25 agosto
50 cam – †88/110 € ††130/160 € – 2 suites – ½ P 106/129 €
Rist Brianteo – vedere selezione ristoranti
◆ Struttura votata alla soddisfazione delle esigenze della clientela d'affari. Camere ampie, curate e funzionali, benché semplici; sono validi anche gli spazi comuni.

Brianteo 30,

via Martin Luther King 3/5 – ✆ 03 96 08 04 36 – ristorante@brianteo.it – Fax 03 96 08 43 38 – Chiuso dal 26 dicembre al 6 gennaio e dal 5 al 25 agosto
Rist – Carta 32/43 €
◆ Accanto all'omonimo hotel, un ristorante composto da un grande salone e due sale più raccolte. Il menù propone la più rassicurante e classica cucina nazionale.

BURANO – Venezia – Vedere Venezia

BURGSTALL = Postal

Rosso = Piacevole. Cercate i simboli e in rosso.

BURGUSIO = BURGEIS – Bolzano – 561 B13 – Vedere Malles Venosta

BUSALLA – Genova (GE) – 561 I8 – **5 959 ab.** – **alt. 358 m** – ✉ **16012** 15 **C1**

Roma 513 – Genova 26 – Alessandria 59 – Milano 123

Vittoria

via Vittorio Veneto 177 – ✆ 01 09 76 12 84 – info@albergobarvittoria.it – Fax 01 09 76 06 35 – Chiuso dal 23 dicembre al 17 gennaio
15 cam – †50/55 € ††70/80 € – **Rist** – *(chiuso venerdì)* Carta 22/32 €
◆ Piccola e accogliente risorsa, in centro e a due passi dalla stazione ferroviaria. Ambiente familiare e pulito, camere dotate di tutti i confort di base. Le decorazioni e le luci del ristorante testimoniano l'estro artistico della gestione.

Grit 8/10,

piazza Garibaldi 9 – ✆ 01 09 64 17 98 – Fax 01 09 64 17 98 – Chiuso dal 1° all' 8 marzo, agosto e lunedì
Rist – Carta 26/45 €
◆ Ristorante sviluppato su tre salette e d'estate anche nella minuscola piazzetta antistante, dove sono sistemati alcuni tavolini. Cucina casalinga, con tocchi creativi.

BUSCATE – Milano (MI) – 561 F8 – **4 339 ab.** – **alt. 177 m** – ✉ **20010** 18 **A2**

Roma 611 – Milano 38 – Gallarate 15 – Novara 21

Scià on Martin 50,

viale 2 Giugno 1 – ✆ 03 31 80 30 00 – info@sciaonmartin.it – Fax 03 31 80 35 00 – Chiuso agosto
44 cam – †105 € ††130 € – 3 suites – **Rist** – *(chiuso sabato a mezzogiorno)* Carta 39/52 €
◆ Struttura recentemente ampliata, potenziata e rimodernata in molte parti. E dunque anche il livello di confort è stato elevato e adeguato alle ultime novità ed esigenze. Sala ristorante di tono moderno ed elegante con proposte di cucina stagionale.

BUSSANA – Imperia – Vedere San Remo

BUSSETO – Parma (PR) – 562 H12 – **6 877 ab.** – **alt. 39 m** – ✉ **43011** 8 **A1**

Roma 490 – Parma 35 – Piacenza 32 – Bologna 128 – Cremona 25 – Fidenza 15 – Milano 93

piazza Verdi 10 (Municipio) ✆ 0524 92487, info@bussetolive.com, Fax 0542 931740

I Due Foscari

piazza Carlo Rossi 15 – ✆ 05 24 93 00 31 – info@iduefoscari.it – Fax 052 49 16 25 – Chiuso dal 1° al 21 agosto e lunedì

20 cam – 70 € 87 €, 8 € – ½ P 82 € – **Rist** – *(chiuso dal 1° al 21 agosto e lunedì)* Carta 33/49 €

◆ Una suggestiva e scenografica dimora di campagna, con arredi in stile e mobili d'epoca. Insomma, una via caratteristica e originale per immergersi nella terra di Verdi. Facile farsi sopraffare dalla meraviglia dell'ambientazione della sala ristorante.

BUSSOLENGO – Verona (VR) – 562 F14 – **18 046 ab.** – **alt. 127 m** – ✉ **37012** 37 **A2**

Roma 504 – Verona 13 – Garda 20 – Mantova 43 – Milano 150 – Trento 87 – Venezia 128

Montresor Hotel Tower

cam, rist, 550,

via Mantegna 30/a – ✆ 04 56 76 10 00 – hotels@montresor.com – Fax 04 56 76 22 22

144 cam – 114/189 €, 8 € – **Rist** – Carta 22/37 €

◆ Architettura e arredi che colpiscono per la modernità e la ricerca del lusso. Il risultato è una torre di cristallo, visibile a notevole distanza, dagli arredi eleganti. Per i pasti numerose proposte culinarie e grande capacità ricettiva.

BUSTO ARSIZIO – Varese (VA) – 561 F8 – **78 445 ab.** – **alt. 224 m** – ✉ **21052** 18 **A2**

Roma 611 – Milano 35 – Stresa 52 – Como 40 – Novara 30 – Varese 27

Le Robinie Solbiate Olona, via per Busto Arsizio, ✆ 0331 32 92 60.

Antica Osteria I 5 Campanili

via Maino 18 – ✆ 03 31 63 04 93 – antonio.pagani5@tin.it – Fax 03 31 63 04 93 – Chiuso dal 6 al 15 gennaio, dal 16 al 20 agosto e lunedì a mezzogiorno(tutto il giorno nei mesi estivi)

Rist – Carta 43/55 €

◆ Un locale elegante, con un bel giardino per il servizio estivo e una nutrita e affezionata clientela d'habitué. La cucina si affida a valide e fantasiose elaborazioni.

Mirò

12/30,

via Roma 5 – ✆ 03 31 62 33 10 – Chiuso sabato a mezzogiorno e lunedì

Rist – Carta 38/50 €

◆ In un ex convento in pieno centro, ambienti piacevoli suddivisi tra una sala romantica e un godibile dehors. Cucina fantasiosa e ricca di abbinamenti curisosi.

BUTTRIO – Udine (UD) – 562 D21 – **3 880 ab.** – **alt. 79 m** – ✉ **33042** 11 **C2**

Roma 641 – Udine 12 – Gorizia 26 – Milano 381 – Trieste 57

Locanda alle Officine

cam,

via Nazionale 46/48, Sud-Est : 1 km – ✆ 04 32 67 33 04 – locanda.officine@virgilio.it – Fax 04 32 68 35 21

38 cam – 83 € 135 €, 8 € – ½ P 98 € – **Rist** – *(chiuso domenica)* Carta 29/37 €

◆ Una struttura recente e decentrata che nel complesso offre un ottimo livello di confort in ogni settore. Camere spaziose, hall ampia e accogliente, valide dotazioni. Ristorante d'albergo: la cucina presenta gradite sorprese; buon rapporto qualità/prezzo.

Trattoria al Parco

via Stretta 7 – ✆ 04 32 67 40 25 – parco.meroi@libero.it – Fax 04 32 67 33 69 – Chiuso dal 15 al 25 gennaio, dal 5 al 25 agosto, martedì sera e mercoledì

Rist – Carta 24/32 €

◆ Pur essendo nel centro del paese, questa risorsa offre l'opportunità di godere del servizio estivo in un parco giardino con tanto di laghetto. Specialità alla brace.

CABRAS – Oristano – 566 H7 – **Vedere Sardegna alla fine dell'elenco alfabetico**

CADEO – Piacenza (PC) – 562 H11 – **5 463 ab. – alt. 67 m** – ✉ **29010** 8 **A1**

Roma 501 – Piacenza 15 – Cremona 34 – Milano 76 – Parma 46

Le Ruote 150, VISA AE

via Emilia 204, località Roveleto Sud-Est : 2 km – ✆ 05 23 50 04 27 – prenotazioni@hotelleruote.it – Fax 05 23 50 93 34

72 cam – 85 € 120 € – **Rist** – Carta 22/41 €

◆ Sulla via Emilia si stacca dall'ambiente circostante la moderna struttura in acciaio, rivestita di vetri a specchio; buona funzionalità e attrezzature per congressi. Ristorante dallo stile piacevolmente démodé; propone una curata cucina nazionale e locale.

Lanterna Rossa 15/20, VISA AE

via Ponte 8, località Saliceto Nord-Est : 4 km – ✆ 05 23 50 05 63 – rist.lanterna.rossa@libero.it – Fax 05 23 50 30 57 – Chiuso dal 1° al 10 gennaio, agosto, lunedì sera e martedì

Rist – Carta 26/48 €

◆ Sono familiari l'ultratrentennale gestione e il tono di questo locale in una villetta di campagna, dove vi verranno proposte soprattutto specialità di mare.

CADIPIETRA = STEINHAUS – Bolzano – **Vedere Valle Aurina**

CADREZZATE – Varese (VA) – 561 E7 – **1 629 ab. – alt. 281 m** – ✉ **21020** 16 **A2**

Roma 634 – Stresa 37 – Bergamo 102 – Milano 62 – Varese 22

Vecchio Mulino VISA

via Solferino 376 – ✆ 03 31 95 31 79 – rist_vecchiomulino@libero.it – Chiuso dal 26 dicembre al 4 gennaio, a mezzogiorno, lunedì in luglio e agosto, anche domenica sera e martedì negli altri mesi

Rist – Carta 35/45 €

◆ Travi a vista e pareti in pietra, arredi della tradizione con tavoli in legno scuro e un bel camino a riscaldare la sala. Caldo ristorantino dalla cucina fantasiosa.

CAERANO DI SAN MARCO – Treviso (TV) – 562 E17 – **7 134 ab. – alt. 123 m** – ✉ **31031** 36 **C2**

Roma 548 – Padova 50 – Belluno 59 – Milano 253 – Trento 109 – Treviso 26 – Venezia 57 – Vicenza 48

Agriturismo Col delle Rane senza rist VISA AE

via Mercato Vecchio 18, Nord-Est : 1 km – ✆ 042 38 55 85 – info@coldellerane.it – Fax 04 23 65 06 52

14 cam – 45 € 65 €

◆ Elegante casa colonica di fine '700, ben ristrutturata al fine di ottenere una risorsa tranquilla e confortevole. Camere con arredi in legno, alcune soppalcate per famiglie.

CAFRAGNA – Parma – 562 H12 – **Vedere Collecchio**

CAGLIARI P – 566 J9 – **Vedere Sardegna alla fine dell'elenco alfabetico**

CAIRO MONTENOTTE – Savona (SV) – 561 E4 – **13 472 ab. – alt. 320 m** – ✉ **17014** 14 **B2**

Roma 566 – Genova 72 – Alba 69 – Cuneo 76 – Imperia 81 – Savona 25

City cam, rist, 150, VISA AE

via Brigate Partigiane 5 M – ✆ 019 50 51 82 – hotel.city@libero.it – Fax 019 50 52 64

19 cam – 90 € 104 € – ½ P 78 € – **Rist** – *(chiuso quindici giorni in agosto, domenica sera e lunedì)* Carta 19/29 €

◆ Sulla statale per Savona, funzionale hotel di concezione moderna, adatto ad una clientela di lavoro e di passaggio; parquet nelle camere, dotate di buoni confort. Ampia e luminosa sala ristorante.

La Bruschetta

viale Martiri della Libertà 151 – ✆ 019 50 40 23 – Fax 019 50 14 55 – Chiuso dal 10 al 25 gennaio, dal 15 al 30 agosto, domenica sera e lunedì
Rist – Carta 21/32 €
◆ Poco lontano dal centro, ambiente moderno con raccolta di quadri e ceramiche; proposte di cucina del territorio, funghi e tartufi; buon rapporto qualità/prezzo.

CALA DI VOLPE – Sassari – 566 D10 – Vedere Sardegna (Arzachena : Costa Smeralda) alla fine dell'elenco alfabetico

CALA GONONE – Nuoro – 566 G10 – Vedere Sardegna (Dorgali) alla fine dell'elenco alfabetico

CALAMANDRANA – Asti (AT) – 561 H7 – 1 626 ab. – alt. 314 m – ✉ 14042 25 D2

Roma 599 – Alessandria 38 – Genova 98 – Asti 35 – Milano 130 – Torino 95

Violetta 20,

località Valle San Giovanni 1, Nord : 2,5 km – ✆ 01 41 76 90 11 – ristvioletta@libero.it – Fax 01 41 76 90 11 – Chiuso dal 7 al 30 gennaio, mercoledì e le sere di domenica e martedì
Rist – (prenotare) Carta 26/40 €
◆ Quasi un'abitazione privata: accoglienza calorosa e ambiente senza fronzoli nelle salette di una trattoria casalinga con proposte di cucina piemontese.

CALAMBRONE – Pisa – 563 L12 – Vedere Tirrenia

CALANGIANUS – Sassari – 566 E9 – Vedere Sardegna alla fine dell'elenco alfabetico

CALA PICCOLA – Grosseto – 563 O15 – Vedere Porto Santo Stefano

CALASETTA – Cagliari – 566 J7 – Vedere Sardegna alla fine dell'elenco alfabetico

CALAVINO – Trento (TN) – 562 D14 – 1 337 ab. – alt. 409 m – ✉ 38072 30 B3

Roma 605 – Trento 15 – Bolzano 77 – Brescia 100

Da Cipriano

via Graziadei 13 – ✆ 04 61 56 47 20 – Fax 04 61 56 30 49 – Chiuso mercoledì e a mezzogiorno (escluso domenica e i giorni festivi)
Rist – Carta 20/26 €
◆ Una casa antica con volte basse ospita un ristorante con quattro salette di stile diverso dove gustare una cucina regionale particolarmente attenta alla scelta dei prodotti.

CALCINATE DEL PESCE – Varese – 561 E8 – Vedere Varese

CALCINATO – Brescia (BS) – 561 F13 – 11 436 ab. – alt. 164 m – ✉ 25011 17 D1

Roma 517 – Brescia 19 – Milano 113 – Parma 83 – Verona 55

a Ponta San Marco Nord : 2,5 km – ✉ 25011

Della Torre 1850 cam, 100,

via strada statale 11, Padana Superiore 33, sud – ✆ 03 09 65 51 11 – info@hoteldellatorre1850.it – Fax 03 09 63 73 45 – Chiuso dal 2 dicembre al 7 gennaio
41 cam – †65/80 € ††110/130 € – **Rist** – *(chiuso domenica)* Carta 21/36 €
◆ Attorno ad una torre colombaia del XIX sec., un ex opificio dalla caratteristica struttura "a ringhiera" recentemente trasformato in hotel. Camere sobrie, mobilio di qualità.

CALDANA – Grosseto – 563 N14 – Vedere Gavorrano

CALDARO SULLA STRADA DEL VINO (KALTERN AN DER WEINSTRASSE) – Bolzano / Bozen (BZ) – 562 C15 – 7 075 ab. – alt. 426 m – ✉ 39052 31 D3

Roma 635 – Bolzano 15 – Merano 37 – Milano 292 – Trento 53

piazza Mercato 8 ✆ 0471 963169, info@kaltern.com, Fax 0471 963469

Schlosshotel Aehrental
(riscaldata)

via dell'Oro 19 – ✆ 04 71 96 22 22 – info@schlosshotel.it – Fax 04 71 96 59 41 – 15 marzo-15 novembre

19 cam – †78/90 € ††160/180 € – 2 suites – ½ P 95/105 € – **Rist** – Carta 46/57 €

♦ Bell'edificio nobiliare di metà '600 a due passi dal centro, ma circondato da un bel giardino. Camere e ambienti signorili, per un soggiorno all'insegna del buon gusto. Servizio ristorante estivo all'aperto.

Cavallino Bianco-Weisses Rössl

piazza Principale 11 – ✆ 04 71 96 31 37 – weisses.rossel@rolmail.net – Fax 04 71 96 40 69 – Marzo-novembre

20 cam – †42/45 € ††74/78 € – **Rist** – *(chiuso mercoledì)* Carta 22/36 €

♦ Attraente l'antica casa, un tempo cambio di cavalli di posta, che conserva anche all'interno qualche traccia del suo passato; camere semplici, ma confortevoli. Gradevole dehors estivo sulla piazza centrale per un ristorante di cucina locale.

Ritterhof
15,

strada del Vino 1 – ✆ 04 71 96 33 30 – restaurantritterhof@dnet.it – Fax 04 71 96 48 72 – Chiuso dal 14 giugno al 13 luglio, domenica sera e lunedì

Rist – Carta 28/53 €

♦ Tono elegante nella sala e nelle due piccole stube di questo locale realizzato in una caratteristica casa tirolese; curata cucina del territorio, stagionale e piatti di pesce.

al lago Sud : 5 km :

Parc Hotel
lago e dintorni, cam, cam,

Campi al lago 9 – ✆ 04 71 96 00 00 – info@parchotel.cc – Fax 04 71 96 02 06 – Chiuso dal 7 gennaio al 20 marzo

37 cam – †124/158 € ††248/288 € – 3 suites – ½ P 134/164 € – **Rist** – Carta 46/64 €

♦ Imponente complesso ubicato proprio sulle rive del lago con interni di taglio classico, ma assolutamente moderni per completezza e funzionalità. Belle camere spaziose. Il panorama tiene compagnia a un menù d'impronta classica.

Seeleiten
cam, cam, rist,

strada del Vino 30 ✉ 39052 – ✆ 04 71 96 02 00 – info@seeleiten.it – Fax 04 71 96 00 64 – 15 marzo-20 novembre

55 cam – †99/111 € ††147/167 € – 12 suites – ½ P 84/94 € – **Rist** – Carta 39/51 €

♦ Tante possibilità per il relax e la cura del corpo in un hotel di classe, dotato di centro benessere e cinto da giardino con laghetto-piscina e vigneto; camere di classe. Gli spazi del ristorante sono stati strutturati con raffinatezza.

Seegarten
lago e monti, rist,

lago di Caldaro 17 ✉ 39052 – ✆ 04 71 96 02 60 – seegarten@rolmail.net – Fax 04 71 96 00 66 – Aprile-ottobre

30 cam – †78/85 € ††156/180 € – 3 suites – ½ P 78/90 € – **Rist** – *(chiuso mercoledì)* Carta 28/39 €

♦ Per gli amanti del nuoto è davvero ideale la spiaggia attrezzata di questa risorsa immersa nel verde a bordo lago e con vista sui monti; camere mirabilmente rinnovate. Il punto di forza del ristorante è senz'altro il servizio estivo in terrazza.

Seehof-Ambach
rist,

via Klughammer 3 ✉ 39052 – ✆ 04 71 96 00 98 – info@seehotel-ambach.com – Fax 04 71 96 00 99 – Aprile-2 novembre

27 cam – solo ½ P 68/89 € – **Rist** – Carta 24/37 €

♦ Albergo in posizione incantevole, adagiato in riva al lago, circondato da boschi e vigneti, costituisce un esempio di architettura anni '70. Camere con vista. Classica sala da pranzo interna e godibile dehors a bordo lago.

a San Giuseppe al lago (Sankt Joseph am See)Sud : 6 km – ✉ 39052 – Caldaro sulla Strada del Vino

Haus Am Hang ← vallata e lago, (riscaldata)
località San Giuseppe al lago 57 – ☎ 04 71 96 00 86
– info@hausamhang.it – Fax 04 71 96 00 12 – Aprile-15 novembre
29 cam – †49/68 € ††98/132 € – ½ P 71/80 € – **Rist** – Carta 25/40 €
♦ Godere della quiete, del panorama e delle opportunità offerte dalla natura in un ambiente familiare e accogliente; belle camere ampie con elegante arredamento moderno. Sala da pranzo di ambientazione tirolese.

Castel Ringberg ← vigne e lago, 30,
San Giuseppe al lago 1 – ☎ 04 71 96 00 10 – info@castel-ringberg.com
– Fax 04 71 96 08 03 – Chiuso dall'8 gennaio al 13 febbraio, dal 18 al 28 giugno e martedì
Rist – Carta 34/62 €
♦ Un vero castello, in buone condizioni, che continua ad affascinare i propri ospiti. Arredi e sale di taglio classico, cucina di mare e di terra della tradizione italiana.

CALDERARA DI RENO – Bologna (BO) – 562 I15 – 11 915 ab. – alt. 30 m – ✉ 40012 9 C3

Roma 373 – Bologna 11 – Ferrara 54 – Modena 40

Meeting Hotel cam, rist, 240,
via Garibaldi 4, Sud : 1 km – ☎ 051 72 07 29
– meeting.bo@bestwestern.it – Fax 051 72 04 78 – Chiuso dal 25 dicembre all'8 gennaio, dal 7 agosto al 5 settembre, domenica sera e lunedì
95 cam – ††88/223 €
Rist ***Europa*** – ☎ 051 72 15 06 *(chiuso dal 13 al 15 agosto e domenica in luglio e agosto)* Carta 23/31 €
♦ La funzionale struttura a piramide, oltre a disporre di un attrezzato centro congressi offre camere semplici di differenti dimensioni. Nuova gestione per questo classico ristorante con una sala capiente, per una cucina tradizionale.

a Sacerno Ovest : 5 km – ✉ 40012 – Calderara di Reno

Antica Trattoria di Sacerno 20,
via di Mezzo Levante 2/b – ☎ 05 16 46 90 50 – sacerno@sacerno.it
– Fax 05 16 46 90 50
Rist – Carta 58/78 €
♦ Villetta con giardino e spazi adatti ad ogni esigenza. A piano terra la sala principale e una saletta più raccolta. In cucina il mare, dalla cantina tante bollicine.

CALDERINO – Bologna (BO) – 562 I15 – alt. 112 m – ✉ 40050 9 C2

Roma 373 – Bologna 16 – Milano 213 – Modena 45

Nuova Roma
via Olivetta 87, Sud-Est : 1 km – ☎ 05 16 76 01 40 – Fax 05 16 76 03 26 – Chiuso dall'8 al 20 gennaio, agosto, martedì, mercoledì a mezzogiorno
Rist – Carta 30/54 €
♦ Una trattoria semplice, sulla strada tra Calderino e Sasso Marconi, dove gustare una cucina regionale con un bicchiere da scegliere ad hoc entro una completa carta dei vini.

CALDIERO – Verona (VR) – 562 F15 – 5 951 ab. – alt. 44 m – ✉ 37042 37 B3

Roma 517 – Verona 15 – Milano 174 – Padova 66 – Venezia 99 – Vicenza 36

Bareta senza rist 35,
via Strà 88 – ☎ 04 56 15 07 22 – info@hotelbareta.it – Fax 04 56 15 07 23 – Chiuso dal 21 dicembre al 7 gennaio
33 cam – †50/70 € ††80/95 €
♦ Sulla strada statale, albergo di concezione moderna, ben tenuto, con interni funzionali e confort di buon livello; mobili bianchi nelle sobrie camere.

sulla strada statale 11 **Nord-Ovest : 2,5 km :**

XX **Renato** 15, P VISA MC AE

località Vago ✉ 37042 – ✆ 045 98 25 72 – ristrenato@email.it – Fax 045 98 22 09 – Chiuso agosto, lunedì sera e martedì

Rist – Carta 38/84 €

◆ Tappa d'obbligo per gli amanti del pesce di mare questo ristorante classico che propone anche piatti di carne; continuità di gestione con passaggio da padre a figlio.

CALDOGNO – Vicenza (VI) – 562 F16 – 10 497 ab. – alt. 54 m – ✉ 36030 37 A1

Roma 548 – Padova 48 – Trento 86 – Vicenza 8

Marco Polo P VISA MC AE

via Roma 26 – ✆ 04 44 90 55 33 – info@marcopolohotel.it – Fax 04 44 90 55 44

15 cam – ♦45 € ♦♦60 €, ☐ 5 € – **Rist** – *(chiuso agosto)*

Carta 21/31 €

◆ In un edificio semplice, che richiama le tradizionali case coloniche, hotel curato, che dispone di graziose e funzionali camere, rinnovate, in ottime condizioni.

XX **Molin Vecio** 15/20, P VISA MC AE

via Giaroni 116 – ✆ 04 44 58 51 68 – info@molinvecio.it – Fax 04 44 90 54 47 – Chiuso dal 7 al 15 gennaio, lunedì e martedì

Rist – Carta 31/43 €

◆ In un mulino del '500 funzionante, sale d'atmosfera (una con camino) e servizio estivo in riva ad un laghetto; cucina tipica vicentina e proposte vegetariane.

CALDONAZZO – Trento (TN) – 562 E15 – 2 941 ab. – alt. 485 m – ✉ 38052 30 B3

Roma 608 – Trento 22 – Belluno 93 – Bolzano 77 – Milano 262 – Venezia 145

(aprile-settembre) piazza Vecchia 15 ✆ 0461 723192, Fax 0461 723192

Due Spade VISA MC

piazza Municipio 2 – ✆ 04 61 72 31 13 – info@albergoduespade.it – Fax 04 61 72 31 13 – Chiuso novembre

24 cam ☐ – ♦33/38 € ♦♦60/70 € – ½ P 44 € – **Rist** – Carta 19/25 €

◆ E' dai primi anni del '900 che la stessa famiglia gestisce questa risorsa nel centro del paese, con mini piscina; arredi funzionali nelle camere ben tenute. Ristorante con due sale, una di stile quasi montano, l'altra di taglio più classico.

CALENZANO – Firenze (FI) – 563 K15 – 15 384 ab. – alt. 109 m – ✉ 50041 29 C1

Roma 290 – Firenze 15 – Bologna 94 – Milano 288 – Prato 6

Pianta di Firenze : percorsi di attraversamento

Valmarina senza rist VISA MC AE

via Baldanzese 146 – ✆ 05 58 82 53 36 – info@hotelvalmarina.it – Fax 05 58 82 52 50 AR f

34 cam ☐ – ♦50/83 € ♦♦75/120 €

◆ Semplice albergo di tono familiare, frequentato prevalentemente da una clientela di lavoro; camere essenziali negli arredi, ma spaziose e molto pulite.

X **La Terrazza** P VISA MC AE

via del Castello 25 – ✆ 05 58 87 33 02 – michelebenelli@tiscali.it – Chiuso dal 25 dicembre al 6 gennaio, agosto, domenica e lunedì AR e

Rist – Carta 24/43 €

◆ Un'antica casa nella parte alta della cittadina e una panoramica sala con colonne di pietra, dove gusterete casalinghi, genuini piatti di cucina toscana.

a Carraia **Nord : 4 km – ✉ 55061 – CARRAIA**

X **Gli Alberi** P VISA MC AE

via Bellini 173 – ✆ 05 58 81 99 12 – Fax 05 58 81 99 12 – Chiuso martedì

Rist – Carta 28/34 €

◆ In una frazione lungo la strada per Barberino, quattro sale di tono rustico e di ambiente familiare, come la gestione di lunga data, per proposte tipiche toscane.

a Pontenuovo di Calenzano Nord : 6 km – ✉ 50041 – Calenzano

Meridiana Country Hotel 180, P
via di Barberino 253 – ✆ 05 58 81 94 72 – info@meridianacountryhotel.it – Fax 05 58 81 90 23
32 cam – 120/150 € 150/190 €
Rist Carmagnini del 500 – vedere selezione ristoranti
◆ Inaugurata a metà 2004, un'ottima struttura con una particolare e gradevole corte interna, ampio parcheggio, camere spaziose e moderne. Godibile centro wellness.

Carmagnini del 500 – Meridiana Country Hotel 30, P
via di Barberino 242 – ✆ 05 58 81 99 30 – saverio@carmagninidel500.it – Fax 05 58 81 96 11 – Chiuso dal 15 al 28 febbraio e lunedì
Rist – Carta 27/40 €
◆ Ambiente rustico in un ristorante "storico" della zona, dove la convivialità si rinnova da decenni; ricette rinascimentali. Ottima cantina, chiedete e vi sarà dato.

CALESTANO – Parma (PR) – 561 I12 – 1 918 ab. – alt. 417 m – ✉ 43030 8 B2

Roma 488 – Parma 36 – La Spezia 88

Locanda Mariella P
località Fragnolo Sud-Est : 5 km – ✆ 052 55 21 02 – Chiuso lunedì e martedì
Rist – (prenotare) Carta 24/36 €
◆ Trattoria ormai giunta alla terza generazione familiare, ha saputo rinnovarsi, mantenendo saldi legami con le tradizioni; enciclopedica carta dei vini a prezzi interessanti.

CALICE LIGURE – Savona (SV) – 561 J6 – 1 466 ab. – alt. 70 m – ✉ 17020 14 B2

Roma 570 – Genova 76 – Cuneo 91 – Imperia 52 – Savona 31

Al 3
piazza IV Novembre 3 – ✆ 01 96 53 88 – ristoranteal3@hotmail.it – Chiuso mercoledì e a mezzogiorno (escluso domenica e i giorni festivi)
Rist – Carta 26/38 €
◆ Nel centro del caratteristico borgo, simpatico locale con tocchi di originalità negli arredi e accattivanti proposte di cucina ligure tradizionale e rielaborata.

CALIZZANO – Savona (SV) – 561 J6 – 1 596 ab. – alt. 660 m – ✉ 17057 14 A2

Roma 588 – Genova 94 – Alba 75 – Cuneo 69 – Imperia 70 – Savona 49
(maggio-settembre) piazza San Rocco ✆ 019 79193, calizzano@inforiviera.it, Fax 019 79193

Villa Elia rist, P
via Valle 26 – ✆ 01 97 96 33 – villa_elia@hotmail.com – Fax 01 97 90 48 00
35 cam – 55 € 75/80 € – ½ P 55/65 € – **Rist** – Carta 20/32 €
◆ Nel verde entroterra ligure, un piacevole albergo di paese, tranquillo e circondato da giardino cintato, quindi ideale per i bambini; carine le stanze spaziose. Grandi vetrate affacciate sul giardino nella sala ristorante.

Miramonti cam,
via 5 Martiri 6 – ✆ 01 97 96 04 – Fax 01 97 97 96 – Aprile-novembre
35 cam – 35/50 € 55/70 € – **Rist** – *(chiuso lunedì escluso da giugno a settembre)* Menu 25/35 € bc
◆ Ben posizionata in centro, accogliente struttura a gestione familiare, con un gradevole giardinetto; in parte rinnovate le camere, semplici, ma tenute con cura. Ristorante molto frequentato per i suoi gustosi piatti tipici, con funghi e tartufi.

Qualità a prezzi contenuti?
Cercate i Bib: Bib Gourmand rosso per i ristoranti e Bib Hotel azzuro per gli alberghi.

CALLIANO – Trento (TN) – **562** E15 – **1 172 ab.** – **alt. 186 m** – ✉ **38060** 30 **B3**

Roma 570 – Trento 17 – Milano 225 – Riva del Garda 31 – Rovereto 9

Aquila rist, rist, rist,

via 3 Novembre 11 – ☎ 04 64 83 41 10 – info@villaggiohotelaquila.it – Fax 04 64 83 45 66 – Chiuso dal 20 dicembre al 10 gennaio

43 cam – 55/57 € 80/82 € – ½ P 45/55 € – **Rist** – *(chiuso dal 20 dicembre a gennaio, domenica e a mezzogiorno)* Carta 22/29 €

◆ Dotata di parcheggio interno, giardino e piscina, una risorsa ad andamento familiare, che offre accoglienti camere, alcune ristrutturate, con rustici arredi in legno. Il ristorante dispone di varie belle sale, tra cui una stube in stile montano.

CALÒ – Milano – Vedere Besana Brianza

CALOLZIOCORTE – Lecco (LC) – **561** E10 – **14 171 ab.** – **alt. 237 m** – ✉ 23801 18 **B1**

Roma 614 – Bergamo 28 – Brescia 76 – Lecco 8 – Milano 53

Locanda Del Mel senza rist

piazza Vittorio Veneto 2 – ☎ 03 41 63 02 65 – hotel@locandamel.com – Fax 03 41 63 02 65 – Chiuso dal 6 al 22 agosto

10 cam – 64 € 78 €

◆ Sulla piazza centrale della città, una risorsa gestita dalla medesima famiglia fin dall'Ottocento; la garanzia di un soggiorno affidabile e ricco di personalità.

CALTAGIRONE – Catania – **565** P25 – **Vedere Sicilia alla fine dell'elenco alfabetico**

CALTANISSETTA P – **565** O24 – **Vedere Sicilia alla fine dell'elenco alfabetico**

CALTIGNAGA – Novara (NO) – **2 430 ab.** – **alt. 179 m** – ✉ **28010** 23 **C2**

Roma 633 – Stresa 53 – Milano 59 – Novara 8 – Torino 99

Cravero con cam cam,

via Novara 8 – ☎ 03 21 65 26 96 – hotelcravero@inwind.it – Fax 03 21 65 26 97 – Chiuso dal 27 dicembre al 10 gennaio ed agosto

12 cam – 60/65 € 80/85 €, 8 € – **Rist** – *(chiuso domenica sera e martedì)* Carta 30/51 €

◆ Ambiente curato e signorile, ma familiare, in un locale di lunga tradizione; convincente l'ampia gamma di proposte del territorio, talvolta rielaborate.

CALUSO – Torino (TO) – **561** G5 – **7 321 ab.** – **alt. 303 m** – ✉ **10014** 22 **B2**

Roma 678 – Torino 32 – Aosta 88 – Milano 121 – Novara 75

Gardenia (Susigan) 20,

corso Torino 9 – ☎ 01 19 83 22 49 – gardenia1@aliceposta.it – Fax 01 19 83 32 97 – Chiuso dal 7 al 31 gennaio, dal 10 al 12 aprile, dal 17 al 27 agosto e martedì

Rist – Carta 43/63 €

Spec. Vitella piemontese in tre emozioni: il crudo, la testina e la lingua, il girello. Ravioli di fagianella e verza in pasta di amaretti, crema di zucca alle spezie (autunno-inverno). Scaloppa di fegato grasso d'anatra al passito di Caluso, fichi caramellati e polentina di mais piemontese (autunno).

◆ Nel cuore del canavese, una gradevole abitazione con un caldo salotto familiare; cucina ancorata alla tradizione ma ricettiva di influenze esterne e stuzzicanti elaborazioni.

CALVI DELL'UMBRIA – Terni (TR) – **563** O19 – **alt. 401 m** – ✉ **05032** 33 **C3**

Roma 81 – Terni 30 – Orvieto 70 – Rieti 48 – Spoleto 62 – Viterbo 63

Agriturismo Santa Brigida vallata,

località Santa Brigida 3, Nord : 5 km – ☎ 07 44 71 03 86 – info@bioagriturismo.it – Fax 07 44 71 03 75 – Marzo-novembre

4 cam – 70 € 75 €, 5 € – 2 suites – ½ P 65 € – **Rist** – Carta 19/33 €

◆ Si annuncia come "bioagriturismo" questa piccola e graziosa struttura in pietra, situata fuori del paese e dotata di terrazza-piscina con vista sulla vallata.

CALVIGNANO – Pavia (PV) – 561 H9 – **119 ab. – alt. 274 m** – ✉ **27045** 16 **B3**

Roma 566 – Alessandria 56 – Piacenza 55 – Milano 63 – Pavia 26 – Genova 114

Antica Osteria di Calvignano

via Roma 6 – ✆ 03 83 87 11 21 – Fax 03 83 87 11 21 – Chiuso dal 22 dicembre a gennaio e martedì; anche il lunedì sera da gennaio ad aprile

Rist – Carta 30/46 €

◆ In un borgo tra i vigneti sui colli dell'Oltrepò, una tipica trattoria composta da due sale con soffitti in legno, dehors estivo. Dalla cucina piatti d'impronta lombarda.

CALVISANO – Brescia (BS) – 561 F13 – **7 711 ab. – alt. 63 m** – ✉ **25012** 17 **C2**

Roma 523 – Brescia 27 – Cremona 44 – Mantova 55 – Milano 117 – Verona 66

Gambero (Gavazzi)

via Roma 11 – ✆ 030 96 80 09 – Fax 03 09 96 81 61 – Chiuso dall'8 al 12 gennaio, agosto, una settimana a settembre, mercoledì e la sera del 24 dicembre

Rist – Carta 51/70 €

Spec. Animelle di vitello con scampi e fegato d'oca (autunno-primavera). Risotto con asparagi e crema di formaggi. Piccione disossato con salsa al rosmarino.

◆ Nel cuore del paese, la tradizione familiare si è evoluta tenendo costanti gli ingredienti del territorio riproposti in piatti più raffinati. L'ospitalità è quella di sempre.

CAMAGNA MONFERRATO – Alessandria (AL) – 561 G7 – **547 ab. – alt. 261 m** – ✉ **15030** 23 **C2**

Roma 580 – Alessandria 24 – Genova 108 – Milano 90 – Torino 85

Taverna di Campagna dal 1997 27,

vicolo Gallina 20 – ✆ 01 42 92 56 45 – Chiuso dal 15 al 22 febbraio, dal 29 agosto al 6 settembre, lunedì e a mezzogiorno (ecluso sabato-domenica)

Rist – 29 €

◆ Un ambiente rustico dove farsi portare al tavolo il menù degustazione: un connubio tra tradizione, stagione ed estro creativo. E' consigliabile giungere previa prenotazione.

CAMAIORE – Lucca (LU) – 563 K12 – **30 502 ab. – alt. 47 m** – ✉ **55041** 28 **B1**

Toscana

Roma 376 – Pisa 29 – Livorno 51 – Lucca 18 – La Spezia 59

Emilio e Bona 8/20,

località Lombrici 22, Nord : 3 km – ✆ 05 84 98 92 89 – Fax 05 84 98 92 89 – Chiuso gennaio, martedì a mezzogiorno e lunedì

Rist – Carta 40/55 €

◆ Vedrete ancora la macina nei caratteristici ambienti di questo vecchio frantoio sulla riva di un torrente, nell'entroterra; cucina locale solo di carne e buona cantina.

Locanda le Monache con cam

piazza XXIX Maggio 36 – ✆ 05 84 98 92 58 – info@lemonache.com – Fax 05 84 98 40 11 – Chiuso dicembre e gennaio

13 cam – †45/50 € ††60/80 € – ½ P 45/55 € – **Rist** – *(chiuso mercoledì e giovedì a mezzogiorno)* Carta 35/58 €

◆ Non esiste più il monastero di clausura da cui prende il nome questo signorile locale di impostazione classica, con ampie camere semplici, che offre piatti toscani.

Il Centro Storico con cam

via Cesare Battisti 66 – ✆ 05 84 98 97 86 – Fax 05 84 98 39 74

7 cam – †35 € ††60 €, 15 € – **Rist** – *(chiuso lunedì)* Menu 18/35 €

◆ Semplice trattoria familiare che segue la stagionalità dei prodotti e una linea di cucina fedele alla tradizione del territorio; camere dignitose, tutte con bagno.

a Capezzano Pianore Ovest : 4 km – ✉ 55040

Il Campagnolo

via Italica 332 – ✆ 05 84 91 36 75 – info@ristoranteilcampagnolo.com – Fax 05 84 91 36 75 – Chiuso dal 7 al 31 gennaio e mercoledì

Rist – Carta 25/38 €

◆ Ampio e luminoso, un tradizionale ristorante-pizzeria, a conduzione familiare, con dehors estivo; le proposte sono di terra e di mare, di impronta casalinga.

a Nocchi Sud-Est : 4 km – ✉ 55063

Villa gli Astri
via di Nocchi 35 – ✆ 05 84 95 15 90 – info@villagliastri.it – Fax 05 84 95 15 90 – Pasqua-ottobre
15 cam – †90 € ††150 € – ½ P 95 € – **Rist** – *(chiuso a mezzogiorno)*
Menu 22/30 €
◆ Si possono ancora ammirare alcuni dei bei soffitti affrescati che ornavano le camere di questa villa settecentesca, circondata da un tranquillo giardino con piscina. Nelle intime e caratteristiche sale da pranzo oppure all'aperto durante la bella stagione, i piatti tipici della tradizione toscana.

a Montemagno Sud-Est : 6 km – ✉ 56011

XX **Le Meraviglie**
via Provinciale 13 – ✆ 05 84 95 17 50 – Fax 05 84 95 12 35 – Chiuso dal 12 al 20 gennaio, dal 4 al 26 novembre, mercoledì e giovedì a mezzogiorno
Rist – Carta 19/30 €
◆ Un murale trompe l'oeil spalanca la visione della rilassante campagna toscana in un piacevole locale classico, gestito da due fratelli, uno in sala e l'altro in cucina.

CAMALDOLI – Arezzo (AR) – 563 K17 – alt. 816 m *Toscana* 29 **C1**

Località★★ – Eremo★ Nord : 2,5 km

CAMARDA – L'Aquila – 563 O22 – Vedere L'Aquila

Dormire con tutti i comfort a prezzo contenuto?
Cercate i Bib Hôtel .

CAMERANO – Ancona (AN) – 563 L22 – 6 601 ab. – alt. 231 m – ✉ 60021 21 **C1**

Roma 280 – Ancona 19 – Gubbio 112 – Macerata 48 – Pesaro 84

3 Querce cam, rist, 100,
via Papa Giovanni XXIII 44 ✉ 60021 – ✆ 07 19 53 16 – info@hotel3querce.com – Fax 071 73 17 09 – Chiuso dal 22 dicembre all'8 gennaio
34 cam – †65/90 € ††80/120 € – ½ P 60/90 € – **Rist** – (solo per alloggiati)
Menu 18/20 €
◆ Hotel votato ad una clientela business, gestito con esperienza e professionalità, dispone di ambienti e camere semplici ed ampi ed una capiente sala conferenze.

CAMERI – Novara (NO) – 561 F7 – 9 915 ab. – alt. 162 m – ✉ 28062 23 **C2**

Roma 621 – Stresa 53 – Milano 53 – Novara 10 – Torino 103

XX **Al Caminetto**
via Cavour 30 – ✆ 03 21 51 87 80 – ristorantealcaminetto@alice.it – Fax 03 21 51 87 80 – Chiuso lunedì e martedì a mezzogiorno
Rist – Carta 34/50 €
◆ Bel locale sorto all'interno di una casa padronale nel centro della località. Soffitti con travi a vista, gestione giovane ma esperta, cucina appetitosa e interessante.

CAMERINO – Macerata (MC) – 563 M16 – 7 022 ab. – alt. 661 m – ✉ 62032 21 **C2**

Roma 203 – Ascoli Piceno 82 – Ancona 90 – Fabriano 37 – Foligno 52 – Macerata 46 – Perugia 85

piazza Cavour 19 (portico Varano) ✆ 0737 632534, Fax 0737 632534

I Duchi cam, rist, 60,
via Varino Favorino 72 – ✆ 07 37 63 04 40 – hoteliduchi@libero.it – Fax 07 37 63 04 55
49 cam – †50/53 € ††67/70 € – ½ P 48 € – **Rist** – Carta 19/37 €
◆ Per visitare una cittadina universitaria ricca di storia e d'arte, un hotel centrale, semplice, ma comodo; lineari arredi recenti nelle camere, pulite e ben tenute. Al piano interrato il ristorante, con una semplice ambientazione di tono moderno.

a Polverina **Sud-Est : 10 km – ✉ 62037**

Il Cavaliere 60,

via Mariani 33/35 – ✆ 073 74 61 28 – info@hotelilcavaliere.com – Fax 073 74 61 29
14 cam – 45 € 68 € – ½ P 55 € – **Rist** – *(chiuso lunedì)*
Carta 20/27 €
♦ Dopo avervi abitato da generazioni, la famiglia ha trasformato un edificio del '500 in una piacevole risorsa dotata di camere spaziose, nuove, con mobili di legno scuro. Simpatico ambiente di taglio rustico nella sala da pranzo.

CAMIGLIATELLO SILANO – Cosenza (CS) – 564 I31 – alt. 1 272 m – Sport invernali : *1 350/1 760 m tf1,* – ✉ 87058

5 **A2**

Roma 553 – Cosenza 32 – Catanzaro 128 – Rossano 83
via Roma 5 c/o Casa del Forestiero ✆ 0984 578243, Fax 0984 427304
Massiccio della Sila★★ Sud

Sila rist, 40,

via Roma 7 – ✆ 09 84 57 84 84 – info@hotelsila.it – Fax 09 84 57 82 86
36 cam – 55/85 € 65/105 € – ½ P 50/81 €
Rist – Carta 21/27 €
♦ Seria gestione e ottima manutenzione in una struttura tra le migliori della frequentata località montana; confortevoli camere, rinnovate di recente, bagni piccoli, ma moderni. Legno chiaro alle pareti dell'ampia e luminosa sala ristorante.

Aquila-Edelweiss 35,

via Stazione 11 – ✆ 09 84 57 80 44 – hotelaquilaedelweiss@libero.it – Fax 09 84 57 87 53 – Chiuso dal 10 novembre al 7 dicembre
48 cam – 55/75 € 75/110 € – ½ P 65/75 € – **Rist** – *(chiuso martedì escluso luglio-agosto)* Carta 25/50 €
♦ Pluridecennali e collaudate l'accoglienza e l'ospitalità dellà famiglia in questo albergo all'inizio del paese; tanto legno negli spazi comuni e camere eterogenee. Il ristorante vale la sosta; trampolino dei prodotti locali e delle ricette calabresi.

Cozza

via Roma 77 – ✆ 09 84 57 92 34 – hotelcozza@hotelcozza.it – Fax 09 84 57 80 34
39 cam – 28/45 € 45/70 € – ½ P 42/62 € – **Rist** – Carta 18/23 €
♦ In comoda posizione centrale, un hotel di buon confort, con tipici interni di montagna rivestiti di perlinato; camere e bagni semplici, ma dignitosi e puliti. Non ha un aspetto "montano", come l'omonima struttura, il ristorante di taglio classico-moderno.

a Croce di Magara **Est : 5 km – ✉ 87052**

Magara 150,

via del Fallistro – ✆ 09 84 57 87 12 – magarahotel@tiscali.it – Fax 09 84 57 81 15
101 cam – 75 € 100 € – **Rist** – Carta 23/34 €
♦ In un suggestivo contesto naturale, perfetto per chi ama la tranquillità e l'isolamento, una struttura dotata di varie attrezzature e di camere ampie e confortevoli. Classico ristorante d'albergo, di notevoli dimensioni e capienza.

verso il lago di Cecita **Nord-Est : 5 km – ✉ 87052 – Camigliatello Silano**

XX **La Tavernetta** 30,

contrada campo San Lorenzo Nord-Est : 5 km ✉ 87052 Camigliatello Silano – ✆ 09 84 57 90 26 – denise.pietro@libero.it – Fax 09 84 57 90 26 – Chiuso dal 15 al 30 novembre e mercoledì
Rist – Carta 37/50 €
♦ Nuova veste moderna per un locale di lunga tradizione, molto rinomato in zona; obiettivo gastronomico è promuovere le specialità locali incentrate sui funghi.

CAMIN – Padova – Vedere Padova

CAMOGLI – Genova (GE) – 561 I9 – 5 764 ab. – ✉ 16032 Italia 15 C2

Roma 486 – Genova 26 – Milano 162 – Portofino 15 – Rapallo 11 – La Spezia 88

via XX Settembre 33/r ✆ 0185 771066, iat.camogli@apt.genova.it, Fax 0185 777111

Località★★

Penisola di Portofino★★★ – San Fruttuoso★★ Sud-Est : 30 mn di motobarca – Portofino Vetta★★ Sud-Est : 6 km (strada a pedaggio)

Cenobio dei Dogi

mare e Camogli, (acqua di mare) rist, rist, 150,

via Cuneo 34 –

✆ 01 85 72 41 – cenobio@cenobio.it – Fax 01 85 77 27 96

101 cam – 155 € 208/355 € – 5 suites

Rist – Carta 36/54 €

Rist *La Playa* – *(15 giugno-15 settembre)* Carta 36/54 €

◆ Per un esclusivo soggiorno in questa "perla" ligure, prestigioso, panoramico albergo di eleganza e fascino; parco e terrazze sul mare, spiaggia privata e centro estetico. Sembra di essere sospesi sul mare al ristorante, con vista, unica, del golfo di Camogli. Direttamente sulla spiaggia, il ristorante dai sapori liguri.

La Camogliese senza rist

via Garibaldi 55 – ✆ 01 85 77 14 02 – info@lacamogliese.it – Fax 01 85 77 40 24

21 cam – 55/87 € 75/100 €

◆ Sul lungomare, un hotel ben ristrutturato, che offre discreto confort e buon rapporto qualità/prezzo: da alcune camere si sente la risacca sulla spiaggia sottostante.

Casmona senza rist

mare,

salita Pineto 13 – ✆ 01 85 77 00 15 – info@casmona.com – Fax 01 85 77 90 30

Chiuso dal 20 novembre al 25 dicembre

19 cam – 75/135 € 85/170 €, 9 €

◆ La nuova energica gestione ha potenziato e ammodernato questo gradevole hotel sul mare, in posizione panoramica. Bella vista da alcune camere e dalla sala colazioni.

Da Paolo

via San Fortunato 14 – ✆ 01 85 77 35 95 – angelo@ifree.it – Fax 01 85 77 35 95 – Chiuso dal 15 al 28 febbraio, lunedì, martedì a mezzogiorno

Rist – Carta 42/67 €

◆ Ristorantino rustico a conduzione familiare, ubicato nel borgo antico poco lontano dal porticciolo; cucina di mare secondo le disponibilità quotidiane del mercato.

a San Rocco Sud : 6 km – alt. 221 m – ✉ 16032 – San Rocco di Camogli

Belvedere★★ dalla terrazza della chiesa

La Cucina di Nonna Nina

via Molfino 126 – ✆ 01 85 77 38 35 – Chiuso mercoledì

Rist – Carta 28/44 €

◆ In una classica casa ligure della pittoresca frazione si trova questa trattoria sobria e curata; atmosfera accogliente e familiare per piatti locali, di mare e di terra.

CAMPAGNA – Salerno (SA) – 564 E27 – 15 603 ab. – alt. 280 m – ✉ 84022 7 C2

Roma 295 – Potenza 75 – Avellino 73 – Napoli 94 – Salerno 40

a Quadrivio Sud : 3,5 km – ✉ 84022

Capital

250,

piazza Mercato – ✆ 082 84 59 45 – info@hotelcapital.it – Fax 082 84 59 95

36 cam – 75/90 € 88/110 € – ½ P 59/70 € – **Rist** – Carta 23/32 €

◆ Confortevole struttura di taglio contemporaneo, dotata di giardino con piscina, ampi spazi comuni, sale per ricevimenti e signorili camere in stile, ben accessoriate.

CAMPAGNA – Novara – 561 E7 – Vedere Arona

CAMPAGNA LUPIA – Venezia (VE) – 562 F18 – 6 506 ab. – ✉ 30010 36 C3

Roma 500 – Padova 27 – Venezia 32 – Ferrara 87

a Lughetto Nord-Est : 7,5 km – ✉ 30010 – Campagna Lupia

XXX **Antica Osteria Cera** (Cera)

via Marghera 24 – ☎ 04 15 18 50 09 – cera@osteriacera.it – Fax 04 15 18 99 54 – Chiuso due settimane in gennaio, tre settimane in agosto, domenica sera e lunedì

Rist – Carta 60/96 €

Spec. Colori del mare (proposte di crudo). Insalata calda di pesce al vapore, verdure dell'orto e bottarga di tonno di Favignana. Trancio di branzino su schiacciata di patate al profumo di timo e limone.

◆ Un'elegante villa quasi una residenza privata all'esterno, ma all'interno è un appuntamento imperdibile per gli appassionati di pesce: tradizioni venete e piatti più creativi.

CAMPAGNANO DI ROMA – Roma (RM) – 563 P19 – 9 387 ab. – alt. 270 m – ✉ 00063 12 B2

Roma 34 – L'Aquila 139 – Terni 85 – Viterbo 45

X **Da Righetto**

corso Vittorio Emanuele 70 – ☎ 069 04 10 36 – Fax 069 04 10 36 – Chiuso dal 1° al 12 agosto e martedì

Rist – Carta 24/28 €

◆ Lungo il corso principale, un'accogliente locale a gestione familiare; soffitto con volta a botte e piacevoli luci su ogni tavolo. Ricette locali fedelmente riproposte.

CAMPAGNATICO – Grosseto (GR) – 563 N15 – 2 465 ab. – alt. 275 m – ✉ 58042 29 C3

Roma 198 – Grosseto 24 – Perugia 158 – Siena 59

XX **Locanda del Glicine** con cam rist,

piazza Garibaldi 6/8 – ☎ 05 64 99 64 90 – ilglicine@tin.it – Fax 05 64 99 69 16 – Chiuso dal 10 gennaio al 15 marzo e dal 10 al 20 novembre

6 cam – †80/100 € ††120/130 € – 2 suites – ½ P 80/90 € – **Rist** – Carta 35/44 €

◆ Nel cuore del paese, la locanda consta di due sale arredate in stile rustico e di un piccolo dehors e propone una cucina moderna a partire dai prodotti tipici del territorio. Nelle camere e nelle suite ben arredate un buon livello di confort.

CAMPALTO – Venezia – Vedere Mestre

CAMPEGINE – Reggio Emilia (RE) – 562 H13 – 4 640 ab. – alt. 34 m – ✉ 42040 8 B3

Roma 442 – Parma 22 – Mantova 59 – Reggio nell'Emilia 16

in prossimità strada statale 9 - via Emilia Sud-Ovest : 3,5 km :

XX **Lago di Gruma**

vicolo Lago 7 ✉ 42040 – ☎ 05 22 67 93 36 – Fax 05 22 67 93 36 – Chiuso Natale-Capodanno, agosto, martedì e mercoledì

Rist – Carta 40/53 €

◆ In una villetta di campagna su un laghetto, una trattoria che col tempo si è evoluta e propone una creativa cucina "d'acqua" e di terra, legata anche alle stagioni.

CAMPELLO SUL CLITUNNO – Perugia (PG) – 563 N20 – 2 404 ab. – alt. 290 m – ✉ 06042 33 C2

Roma 141 – Perugia 53 – Foligno 16 – Spoleto 11 – Terni 42

Fonti del Clitunno★ Nord : 1 km – Tempietto di Clitunno★ Nord : 3 km

Benedetti rist,

via Giuseppe Verdi 32 – ☎ 07 43 52 00 80 – info@hotelbenedetti.it – Fax 07 43 27 54 66

22 cam – †45/49 € ††68/78 € – ½ P 50/55 € – **Rist** – *(chiuso a mezzogiorno dal 20 al 27 luglio)* Carta 20/32 €

◆ Gestione familiare per un quieto rustico in pietra tra gli oliveti umbri, a breve distanza dalle Fonti del Clitunno; mobili moderni nelle ampie camere ristrutturate. Mura con pietra a vista nella sala del rinomato ristorante.

XX **Le Casaline** con cam — cam, VISA AE
località Casaline, verso Silvignano Est : 4 km ✉ 06049 Spoleto – ✆ 07 43 52 11 13 – casaline@libero.it – Fax 07 43 27 50 99
7 cam – ††65 € – ½ P 55/65 € – **Rist** – *(chiuso lunedì)* Carta 29/45 € (+10 %)
◆ L'indirizzo giusto per chi cerca il verde di colline e oliveti: ristorante con camere in un tipico casolare di campagna; per i piatti, locali, fatevi consigliare.

a Pissignano Alto **Nord : 2 km – ✉ 06042 – Campello sul Clitunno**

XX **Camesena** — 30, VISA AE
via del Castello 3 – ✆ 07 43 52 03 40 – camesena@libero.it – Chiuso giovedì
Rist – (prenotazione obbligatoria) Carta 39/69 €
◆ Una risorsa "artistica" in un caratteristico borgo della campagna umbra, decisamente fuori mano, dove approfittare della cucina e del servizio estivo in terrazza panoramica.

CAMPESE – Grosseto – 563 O14 – Vedere Giglio (Isola del) : Giglio Porto

CAMPESTRI – Firenze – Vedere Vicchio

CAMPIANI – Brescia – Vedere Collebeato

CAMPI BISENZIO – Firenze (FI) – 563 K15 – 38 577 ab. – alt. 41 m – ✉ 50013 29 D3

Roma 291 – Firenze 12 – Livorno 97 – Pistoia 20
piazza Matteotti 3 ✆ 055 8979737, campibisenzio@comune.campi-bisenzio.fi.it, Fax 055 8979745

West Florence e Rist. Klass — cam, 140, VISA AE
via Guido Guinizelli 15/17 – ✆ 05 58 95 34 88 – info@westflorencehotel.it – Fax 05 58 95 40 02
70 cam – †90/190 € ††110/220 € – 1 suite – ½ P 80/135 € – **Rist** – ✆ 055 89 00 03 – Carta 27/45 €
◆ Albergo di chiara impronta business, perfettamente attrezzato per l'attività congressuale. Arredi moderni, confort al passo coi tempi, dotazioni e servizi completi. Ristorante di taglio classico, luminoso e con buona disponibilità di spazio.

XX **L'Ostrica Blu** — VISA AE
via Vittorio Veneto 6 – ✆ 055 89 10 36 – Fax 055 89 10 03 – Chiuso agosto, sabato a mezzogiorno e domenica
Rist – Carta 34/48 €
◆ Come il suo nome già preannuncia, è un ristorante che propone specialità di mare; consolidata gestione più che decennale, ambiente di stile classico moderno.

a Capalle **Nord : 2 km – ✉ 50010**

Starhotels Vespucci — cam, cam, 60, VISA AE
via S. Quirico 292/A – ✆ 05 58 95 51 – vespucci.fi@starhotels.it – Fax 05 58 98 60 85
79 cam – ††220/310 €
Rist *La Polena* – Carta 39/50 €
◆ Struttura moderna, frequentata da clientela di lavoro e dotata di un comodo e capiente garage chiuso; ampie, curate ed eleganti sia le aree comuni che le camere. Tinte pastello al ristorante, che si articola in tre sale modulari.

CAMPIGLIA – La Spezia (SP) – 561 J11 – alt. 382 m – ✉ 19132 15 D2

Roma 427 – La Spezia 8 – Genova 111 – Milano 229 – Portovenere 15

X **La Lampara**
via Tramonti 4 – ✆ 01 87 75 80 35 – Chiuso dal 7 gennaio al 7 marzo, dal 25 settembre al 25 ottobre e lunedì
Rist – (prenotare) Carta 29/40 €
◆ La vista e il sapore del mare nella luminosa e panoramica sala di una trattoria la cui proprietaria, da oltre quarant'anni, prepara gustosi piatti di pesce.

CAMPIGLIA D'ORCIA – Siena (SI) – 563 N17 – alt. 810 m – ✉ 53020 29 C2

Roma 187 – Grosseto 74 – Siena 63 – Arezzo 80 – Chianciano Terme 22

Agriturismo Casa Ranieri

colline e vallate,

Est : 1 km – ✆ 05 77 87 26 39 – naranier@tin.it – Fax 05 77 87 26 39

cam,

8 cam – 50/60 € 70/80 € – ½ P 65/70 € – **Rist** – *(chiuso a mezzogiorno)* (solo per alloggiati) Menu 25/30 €

◆ Relax a contatto con la natura in una casa colonica con vista su colline e vallate: all'interno arredi d'epoca e fuori un maneggio coperto per gli amanti di sport equestri. Semplice sala ristorante con piatti toscani casalinghi.

CAMPIONE D'ITALIA – Como (CO) – 561 E8 – 2 205 ab. – alt. 280 m – ✉ 22060 *Italia* 16 A2

Roma 648 – Como 27 – Lugano 10 – Milano 72 – Varese 30

Da Candida

6,

viale Marco da Campione 4 – ✆ 004 19 16 49 75 41 – dacandida@bluewin.ch – Fax 004 19 16 49 75 50 – Chiuso dal 26 giugno al 24 luglio, martedì a mezzogiorno e lunedì

Rist – Carta 46/60 €

◆ Da 10 anni uno chef della Lorena si è installato con successo in questa storica trattoria, facendone un elegante e raccolto angolo di delizie culinarie d'impronta francese.

CAMPITELLO DI FASSA – Trento (TN) – 562 C17 – 747 ab. – alt. 1 442 m – Sport invernali : *1 450/2 428 m 2 8 (Comprensorio Dolomiti superski Val di Fassa)* – ✉ 38031 31 C2

Roma 684 – Bolzano 48 – Cortina d'Ampezzo 61 – Milano 342 – Moena 13 – Trento 102

via Dolomiti 46 ✆ 0462 609620, infocampitello@fassa.com, Fax 0462 750219

Gran Paradis

Catinaccio,

via Dolomiti 2 – ✆ 04 62 75 01 35 – info@granparadis.com – Fax 04 62 75 01 48 – 21 dicembre-10 aprile e 26 maggio-7 ottobre

39 cam – 73/82 € 124/162 € – ½ P 81/95 € – **Rist** – Carta 24/38 €

◆ Sulla strada principale, all'ingresso del paese, un albergo con splendida vista sul Catinaccio; interni caldi e accoglienti, bella piscina chiusa da vetrate scorrevoli. Sala ristorante con boiserie e soffitti di legno.

Gran Chalet Soreghes

via Pent de Sera 14 – ✆ 04 62 75 00 60 – info@unionhotelscanazei.it – Fax 04 62 60 15 27 – Dicembre-aprile e giugno-settembre

42 cam – 81/155 € 135/276 € – 3 suites – ½ P 88/153 € – **Rist** – Carta 29/49 €

◆ Albergo in stile ladino, il più vicino agli impianti del Sella Ronda. Gradevoli ambienti rustici, stube caratteristica e centro benessere con attrezzata palestra. La cucina si ispira naturalmente alle tradizioni locali.

Park Hotel e Club Diamant

via Pent de Sera 38 – ✆ 04 62 75 04 40 – info@unionhotelscanazei.it – Fax 04 62 60 15 27 – Dicembre-aprile e giugno-settembre

39 cam – 81/165 € 140/286 € – ½ P 91/159 € – **Rist** – Carta 29/49 €

◆ Tranquilla casa in stile tirolese, con un grande parco-pineta allestito con gazebo e angoli barbecue. Confortevoli camere, alcune disposte su due livelli, bella zona relax. Ristorante con saporite specialità locali.

Park Hotel Rubino Executive

via Pent de Sera 22 – ✆ 04 62 75 02 25 – info@unionhotelscanazei.it – Fax 04 62 60 15 27 – Dicembre-aprile e giugno-settembre

38 cam – 86/175 € 150/296 € – ½ P 96/169 € – **Rist** – Carta 29/49 €

◆ Eleganza e fascino di un ambiente arricchito da legno pregiato, giardino e zona benessere con piscina per nuotare. Animazione, discoteca e american bar per le serate.

Salvan < Dolomiti,
via Dolomiti 20 – 04 62 75 03 07 – info@hotelsalvan.com – Fax 04 62 75 01 99 – 6 dicembre-10 aprile e 1° giugno-7 ottobre
35 cam – 33/70 € 62/128 € – ½ P 78/90 € – **Rist** – Carta 23/28 €
♦ Hotel a gestione familiare, situato alle porte della località, con discrete zone comuni, piscina coperta e centro salute; mobili di legno chiaro nelle piacevoli camere. Tre spazi per il ristorante: uno ampio e classico, uno intimo e "montano" e poi la veranda.

Alaska < Dolomiti,
via Dolomiti 42 – 04 62 75 04 30 – hotel.alaska@tin.it – Fax 04 62 75 05 03 – 18 dicembre-20 aprile e giugno-settembre
30 cam – 48/62 € 88/104 € – ½ P 42/74 € – **Rist** – Carta 23/39 €
♦ In centro, classico albergo di montagna, costruito negli anni '70; ambiente familiare, buoni spazi comuni, arredi di legno chiaro nelle camere, accoglienti junior suites. Ristorante rustico-classico con cucina del territorio.

Panorama <
via Dolomiti 12 – 04 62 75 01 12 – info@panoramahotel.it – Fax 04 62 75 02 43 – Natale-Pasqua e 20 giugno-20 settembre
32 cam – 45/85 € 80/140 € – ½ P 50/85 € – **Rist** – (solo per alloggiati)
♦ Albergo gestito con intraprendenza, costantemente aggiornato e sempre in grado di offrire una buona ospitalità. Buoni spazi comuni, con una graziosa stube in legno di cirmolo.

CAMPLI – Teramo (TE) – 64012 1 B1

Roma 188 – L'Aquila 76 – Teramo 12 – Ascoli Piceno 39

in prossimità del Bivio per Campli, Sud-Ovest 3 km

XX **La Locanda del Pompa**
64011 Campli – 08 61 56 90 11 – p.pompa@tiscali.it – Chiuso mercoledì
Rist – Carta 23/38 €
♦ Abbracciato da un riposante paesaggio collinare, un casolare ospita nelle sue stalle un ambiente rustico dalla gastronomia fedele alla tradizione locale; paste fatte in casa.

CAMPO ALL'AIA – Livorno – Vedere Elba (Isola d') : Marciana Marina

CAMPOBASSO P (CB) – 564 C25 – 51 629 ab. – alt. 700 m – 86100 2 D3

Roma 226 – Benevento 63 – Foggia 88 – Isernia 49 – Napoli 131 – Pescara 161
piazza Vittoria 14 0874 415662, Fax 0874 415370

San Giorgio rist, 280,
via Insorti d'Ungheria – 08 74 49 36 20 – info@hotelsangiorgio.org – Fax 08 74 49 36 12
48 cam – 100 € 130 € – ½ P 80 € – **Rist** – Carta 25/37 €
♦ A due passi dal centro, accogliente e signorile hotel dai toni caldi. Camere dal buon livello di confort e spazi comuni ampi e godibili, per l'uomo d'affari e per il turista. Sala ristorante rustico-elegante, cucina eclettica ricca di ispirazioni.

Eden rist, rist, 100,
contrada Colle delle Api Nord : 3 km – 08 74 69 84 41 – hoteleden@ciaoweb.it – Fax 08 74 69 84 43
58 cam – 55/65 € 80/90 € – ½ P 55/65 € – **Rist** – *(chiuso Natale)* Carta 21/33 €
♦ Situata fuori del centro città, una struttura di taglio moderno, dotata di comodo parcheggio; il settore notte è semplice ed essenziale, ma di buon confort. Il ristorante dispone di ampi spazi moderni e luminosi, rinnovati in anni recenti.

Grand Hotel Rinascimento 150,
via Labanca Nord : 2 km – 08 74 48 49 31 – grandohotelrinascimento@virgilio.it – Fax 08 74 48 14 55
18 cam – 50 € 90/95 € – ½ P 50/60 € – **Rist** – *(chiuso lunedì)* Carta 23/28 €
♦ Recente albergo nella prima periferia della città dotato di poche e confortevoli camere, saloni affrescati ricchi di decorazioni e personalizzazioni. Ampi spazi dedicati alla ristorazione, cucina nazionale.

Vecchia Trattoria da Tonino (Lombardi)
corso Vittorio Emanuele 8 – ☎ 08 74 41 52 00 – Fax 08 74 41 52 00 – Chiuso dal 10 al 20 agosto, domenica e lunedì da settembre a giugno, sabato e domenica in luglio-agosto
Rist – Carta 36/50 €
Spec. Candele al ragù di castrato (inverno). Filetto di vitello al caciocavallo e ristretto di vitello al vino rosso. Coviglia (dolce) al caffé e salsa moka.
◆ Centrale, è il bastione indiscusso della cucina regionale. Se cercate una cucina di sapori questo è l'indirizzo, prodotti locali a cui si aggiunge uno straordinario baccalà.

Miseria e Nobiltà
via Sant'Antonio Abate 16 – ☎ 087 49 42 68 – mrcbasso@iol.it – Chiuso 24, 25, 31 dicembre, dal 15 al 28 luglio e domenica
Rist – Carta 23/42 €
◆ Trasferitosi in pieno centro, mantiene la gestione giovane e appassionata e la cucina di taglio moderno, legata al territorio. L'ambiente risulta ancor più curato e gradevole.

Aciniello
15,
via Torino 4 – ☎ 087 49 40 01 – sassiboy73@supereva.it – Chiuso dal 10 al 24 agosto, domenica e martedì sera
Rist – Carta 18/25 €
◆ Storica trattoria cittadina, di ambiente semplice e familiare, ma curato nei particolari; a voce vi proporranno i piatti più tipici della tradizione molisana.

CAMPO CARLO MAGNO – Trento – Vedere Madonna di Campiglio

CAMPO DI TRENS (FREIENFELD) – Bolzano / Bozen (BZ) – 562 B16 – 2 566 ab. – alt. 993 m – Sport invernali : *Vedere Vipiteno* – ✉ 39040

31 **C1**

Roma 703 – Bolzano 62 – Brennero 19 – Bressanone 25 – Merano 94 – Milano 356

Bircher
località Maria Trens Ovest : 0,5 km – ☎ 04 72 64 71 22 – info@hotelbircher.it – Fax 04 72 64 73 50 – Chiuso dal 3 novembre al 26 dicembre
32 cam – †45/51 € ††69/94 € – ½ P 50/62 € – **Rist** – *(chiuso martedì)* Carta 28/41 €
◆ Cordiale accoglienza familiare in un quieto e delizioso albergo, curato nei dettagli, con tocchi di eleganza sia negli articolati spazi comuni che nelle camere dai bei colori. Il legno è protagonista nell'ampia sala ristorante.

CAMPO FISCALINO = FISCHLEINBODEN – Bolzano – Vedere Sesto

CAMPO FRANSCIA – Sondrio – Vedere Lanzada

CAMPOGALLIANO – Modena (MO) – 562 H14 – 7 959 ab. – alt. 43 m – ✉ 41011

8 **B2**

Roma 412 – Bologna 50 – Milano 168 – Modena 11 – Parma 54 – Verona 94

Mercure Modena Campogalliano
cam, cam, rist, 200,
via del Passatore 160, Zona Dogana – ☎ 059 85 15 05 – mercure.modena@accor-hotels.it – Fax 059 85 13 77
97 cam – †105/140 € ††116/152 € – ½ P 79/97 € – **Rist** – *(chiuso dal 23 dicembre al 7 gennaio, dal 29 luglio al 27 agosto, sabato sera e domenica)* Carta 41/46 €
◆ In posizione strategica vicino alle autostrade, un edificio bizzarramente di foggia quasi "montana" ospita un albergo di buona funzionalità; attrezzato centro congressi. Foto di automobili da corsa e di corridori alle pareti del moderno ristorante.

La Ca' di Mat
viottolo Paolucci 3 – ☎ 059 52 76 74 – Fax 059 52 76 75 – Chiuso lunedì
Rist – Carta 28/37 €
◆ Una sala per l'inverno e una per l'estate dove gustare la cucina tradizionale e soprattutto piatti di selvaggina. Il locale è ricavato da una casa di campagna ristrutturata.

in prossimità del casello autostradale A 22 Sud-Est : 3,5 km :

Magnagallo 50, VISA AE
via Magnagallo Est 7 – 059 52 87 51 – info@magnagallo.it – Fax 05 95 22 14 52
28 cam – 60/70 € 80/90 € – **Rist** – *(chiuso domenica sera)* Carta 25/35 €
◆ A pochi metri dal casello autostradale, camere a piano terra con ingresso autonomo per un soggiorno all'insegna di praticità e indipendenza. Non meno importante il settore ristorante, dove viene proposta una generosa cucina emiliana.

Trattoria Barchetta 20/25, VISA AE
via Magnagallo Est 20 – 059 52 62 18 – Fax 059 52 62 18 – Chiuso dal 27 dicembre al 1º gennaio, dal 15 agosto al 7 settembre, domenica e la sera dal lunedì al giovedì
Rist – Carta 24/32 €
◆ Sarete accolti col sorriso e potrete gustare una genuina cucina del territorio nell'ambiente semplice di una frequentata, simpatica trattoria in piena campagna.

CAMPO LOMASO – Trento – Vedere Comano Terme

CAMPOLONGO (Passo di) – Belluno (BL) – 562 C17 – alt. 1 875 m – Sport invernali : *1 875/2 095 m 1 9 (Comprensorio Dolomiti superski Arabba-Marmolada)* – 32020 35 **B1**

Roma 711 – Cortina d'Ampezzo 41 – Belluno 78 – Bolzano 70 – Milano 367 – Trento 131

Grifone Dolomiti e dintorni, cam, rist, VISA AE
Passo Campolongo 27 32020 Arabba – 04 36 78 00 34 – info@hotelgrifone.com – Fax 04 36 78 00 42 – 5 dicembre-10 aprile e 28 luglio-9 settembre
56 cam – 191/212 € 294/326 € – ½ P 167/185 € – **Rist** – (solo per alloggiati)
◆ Vicino agli impianti di risalita, hotel recente, costruito secondo criteri di bioarchitettura, con interni lussuosi, dove predomina il legno chiaro; ampia area benessere.

CAMPOROSSO – Imperia (IM) – 561 K4 – 18033 14 **A3**

Roma 632 – Imperia 49 – Genova 160 – Nice 43 – San Remo 17

Manuel VISA AE
corso Italia 265, Nord : 2,5 km – 01 84 20 50 37 – Fax 01 84 20 50 37 – Chiuso lunedì e martedì a mezzogiorno
Rist – (prenotare) Carta 38/75 €
◆ Non distante dal mare, un ex deposito di munizioni ora convertito in ristorante. Sobrio esternamente, l'interno è elegante ma caloroso nella gestione familiare.

CAMPO TURES (SAND IN TAUFERS) – Bolzano / Bozen (BZ) – 562 B17 – 4 924 ab. – alt. 874 m – Sport invernali : *a Monte Spico : 860/1 600 m 2 14,* – 39032 31 **C1**

Roma 730 – Cortina d'Ampezzo 73 – Bolzano 92 – Brennero 83 – Dobbiaco 43 – Milano 391 – Trento 152

via Jungmann 8 0474 678076, info@campo-tures.com, Fax 0474 678922

Feldmüllerhof rist, VISA
via Castello 9 – 04 74 67 71 00 – info@feldmullerhof.com – Fax 04 74 67 73 20
42 cam – 98/140 € 160/220 € – **Rist** – Carta 39/46 €
◆ Hall con camino in una struttura architettonicamente interessante, con profusione di legni e ampie terrazze; camere personalizzate e moderne, alcune di design minimalista. Atmosfera classica al ristorante dove accomodarsi per gustare la cucina regionale.

Alte Mühle rist, rist, VISA
via San Maurizio 1/2 – 04 74 67 80 77 – info@alte-muehle.it – Fax 04 74 67 95 68 – Chiuso due settimane in maggio, dal 10 al 17 giugno e dal 12 novembre al 1º dicembre
23 cam – 76/80 € 150/160 € – 6 suites – ½ P 89/95 € – **Rist** – *(chiuso mezzogiorno)* Carta 27/38 €
◆ Calda accoglienza e cordialità in questo albergo completamente rinnovato, tanto legno, con qualche inserto antico, negli ambienti curati. Sauna finlandese a forma di capanna. Il ristorante, aperto solo per cena, è distribuito su una sala e una veranda.

Alphotel Stocker

via dei Prati 41 – ✆ 04 74 67 81 13 – info@hotelstocker.com – Fax 04 74 67 90 30 – Chiuso dal 7 novembre al 20 dicembre

42 cam – 63/139 € 112/214 € – 3 suites – ½ P 77/107 € – **Rist** – *(chiuso a mezzogiorno)* (solo per alloggiati)

◆ Soggiorno piacevole in un tradizionale, confortevole albergo tirolese, a conduzione familiare, nel centro del paese; camere con piccolo soggiorno, alcune con angolo cottura.

Leuchtturm 30, VISA

vicolo Bayer 12 – ✆ 04 74 67 81 43 – info@restaurant-leuchtturm.com – Fax 04 74 68 68 36 – Chiuso dal 14 giugno al 2 luglio, giovedì e venerdì a mezzogiorno

Rist – Carta 45/59 €

◆ Locale in centro paese dalla gestione giovane: bar-bistrot a pianterreno a cui si aggiungono due accoglienti sale ristorante al primo piano. Cucina mediterranea/orientale.

CANALE – Cuneo (CN) – 561 H5 – 5 437 ab. – alt. 193 m – ✉ 12043 25 C2

Roma 637 – Torino 50 – Asti 24 – Cuneo 68

Munin senza rist AC VISA AE

località Valpone Est : 1 km – ✆ 01 73 96 84 06 – info@hotelmunin.it – Fax 017 39 81 34

22 cam – 58/65 € 74/84 €

◆ Un albergo di recente costruzione che offre un insieme moderno con camere spaziose dotate di arredo di qualità. Al piano terra un'ampia hall e una grande sala colazione.

Agriturismo Villa Cornarea senza rist ← colline e vigneti,

via Valentino 150 – ✆ 01 73 97 90 91 – info@villacornarea.com – Fax 017 39 58 99 – Chiuso gennaio VISA

9 cam – 75 € 85/90 €, 6 €

◆ Tra i celebri vigneti del Roero, villa liberty del 1908 dominante un suggestivo paesaggio collinare. Camere raffinate e suggestiva terrazza panoramica fra le due torri.

Agriturismo Villa Tiboldi ← colline e vigneti, AC

via Case Sparse 127 località Tiboldi, Ovest : 2 km – ✆ 01 73 97 03 88 – villatiboldi@villatiboldi.it – Fax 01 73 95 92 33 – Chiuso dall'8 al 31 gennaio VISA

5 cam – 140/170 €, 14 € – 4 suites – 170/200 € – **Rist** – Carta 35/52 €

◆ Imponente villa del Settecento, restaurata con cura, affacciata sul paesaggio collinare. Interni di grande eleganza, a volte principeschi, comunque signorili. Al ristorante si assapora la cucina piemontese.

All'Enoteca (Palluda) AC 15, VISA

via Roma 57 – ✆ 017 39 58 57 – info@davidepalluda.it – Fax 017 39 58 57 – Chiuso mercoledì, giovedì a mezzogiorno

Rist – Carta 44/62 €

Spec. Agnolotti di caprino, acqua di pomodoro e bottarga. Maialino da latte croccante, mele al forno e sorbetto al ginepro. Crostata al cioccolato, sorbetto al cacao, sale grezzo e olio d'oliva.

◆ Al primo piano di un tipico palazzo piemontese, l'entusiasmo del giovane chef si riversa in piatti tecnici e creativi. In estate, prenotate uno dei pochi tavoli in terrazza.

CANALE D'AGORDO – Belluno (BL) – 562 C17 – 1 243 ab. – alt. 976 m – ✉ 32020 35 B1

Roma 625 – Belluno 47 – Cortina d'Ampezzo 55 – Bolzano 69 – Trento 86

Alle Codole con cam VISA

via 20 Agosto 27 – ✆ 04 37 59 03 96 – direzione@allecodole.it – Fax 04 37 50 31 12 – Chiuso dal 1° al 15 giugno e novembre

10 cam – 30/40 € 60/80 € – ½ P 50/60 € – **Rist** – Carta 24/40 €

◆ Dopo la ristrutturazione, nuove sia le camere, semplici ma curate, che la sala di un locale che non ha perso il suo gradevole carattere familiare; cucina casalinga.

CANALICCHIO – Perugia (PG) – 563 M19 – alt. 420 m – ✉ 06050 32 B2

Roma 158 – Perugia 29 – Assisi 41 – Orvieto 66 – Terni 63

Relais Il Canalicchio – colli e vallate, rist, rist, 100,
via della Piazza 4 – 07 58 70 73 25 – relais@relaisilcanalicchio.it – Fax 07 58 70 72 96 – Chiuso dicembre
34 cam – 125/150 € 160/195 € – 15 suites – 230/260 € – ½ P 120/138 €
Rist *Il Pavone* – Carta 35/46 €
◆ Un piccolo borgo medievale, dominante dolci e verdi vallate umbre, per un soggiorno pieno di charme; tocco inglese nelle belle camere spaziose in stile rustico elegante. Il fascino del passato aleggia nel romantico ristorante, di rigorosa raffinatezza.

CANAZEI – Trento (TN) – 562 C17 – 1 857 ab. – alt. 1 465 m – Sport invernali : *1 465/2 630 m 5 9 (Comprensorio Dolomiti superski Val di Fassa)* – ✉ 38057 31 C2

Italia

Roma 687 – Bolzano 51 – Belluno 85 – Cortina d'Ampezzo 58 – Milano 345 – Trento 105

piazza Marconi 5 0462 609600, infocanazei@fassa.com, Fax 0462 602502

Passo di Sella★★★ : ★★★ Nord : 11,5 km – Passo del Pordoi★★★ Nord-Est : 12 km – ★★ dalla strada S 641 sulla Marmolada Sud-Est

Croce Bianca – rist,
stredà Roma 3 – 04 62 60 11 11 – office@hotelcrocebianca.com – Fax 04 62 60 26 46 – 5 dicembre-8 aprile e giugno-settembre
45 cam – 95/149 € 166/278 € – ½ P 105/170 €
Rist – Menu 27 €
Rist *Wine & Dine* – *(chiuso martedì e a mezzogiorno nel periodo invernale)* Carta 33/53 €
◆ Una tradizione familiare che si rinnova dal 1869 è garanzia di ospitalità accorta e professionale; zone comuni eleganti e personalizzate, invitante centro benessere. Accogliente la sala ristorante con attiguo bistrot per serate alternative. Piacevole e intimo il raccolto Wine & Dine, tutto rivestito di legno.

Cesa Tyrol – Dolomiti e pinete, rist,
via Cascata 2 – 04 62 60 11 56 – info@hotelcesatyrol.com – Fax 04 62 60 23 54 – 15 dicembre-15 aprile e 11 giugno-3 ottobre
42 cam – 48/80 € 76/150 € – ½ P 52/102 € – **Rist** – Menu 20/26 €
◆ In zona dominante, tranquilla e soleggiata, un albergo in crescita con molte camere dotate di salotto. Confort e servizi adatti a ogni esigenza, gestione professionale. Al ristorante il menù riporta le specialità della zona, in un ambiente elegante e luminoso.

Astoria – rist, rist,
via Roma 92 – 04 62 60 13 02 – info@hotel-astoria.net – Fax 04 62 60 16 87 – 4 dicembre-2 maggio e 15 giugno-ottobre
36 cam – 65/130 € 110/230 € – ½ P 62/135 € – **Rist** – Carta 28/39 €
◆ Nello scenario delle Dolomiti, una struttura completamente rinnovata, dotata di centro benessere e camere spaziose, con vivaci tessuti a fiori. Cucina del territorio nella piccola sala ristorante.

Rita – 100,
streda de Pareda 16 – 04 62 60 12 19 – info@hotelrita.com – Fax 04 62 60 11 73 – Dicembre-Pasqua e 15 giugno-settembre
21 cam – 80/120 € 100/150 €, 12 € – ½ P 94/119 € – **Rist** – *(chiuso a mezzogiorno)* (solo per alloggiati)
◆ Centrale e bella costruzione in stile ladino che ripropone anche negli interni la stessa atmosfera montana. Stube tirolese, zona benessere e piccolo parco giochi estivo.

Gries
via Lungo Rio di Soracrepa 22 – 04 62 60 13 32 – info@hotelgries.it – Fax 04 62 60 16 33 – Dicembre-Pasqua e giugno-settembre
19 cam – 75/87 € 100/140 € – ½ P 75/100 € – **Rist** – (solo per alloggiati)
◆ Poco lontano dal centro, la frazione Gries è tutt'uno con Canazei. L'albergo è stato totalmente ristrutturato ed offre una calda ed intima atmosfera.

Stella Alpina senza rist
via Antermont 6 – ✆ 04 62 60 11 27 – info@stella-alpina.net – Fax 04 62 60 21 72 – 5 dicembre-4 maggio e 28 maggio-8 ottobre
7 cam – ††72/130 €
♦ Delizioso e curatissimo garni, in una casa del '600, albergo già nel 1880; camere in stile ladino e piccola veranda al primo piano adibita a sala di soggiorno.

Al Viel senza rist
streda de Ciampac 7 – ✆ 04 62 60 00 81 – garnialviel@virgilio.it – Fax 04 62 60 62 94 – Dicembre-aprile e giugno-settembre
12 cam – †35/70 € ††60/98 €
♦ In posizione tranquilla, un edificio di nuova costruzione, in pietra e legno, nello stile di montagna ospita un simpatico garni con atmosfera quasi da casa privata.

El Paél
via Roma 58 – ✆ 04 62 60 14 33 – info@elpael.com – Fax 04 62 60 17 50 – Dicembre-Pasqua e giugno-settembre; chiuso lunedì a mezzogiorno in inverno
Rist – Carta 26/40 €
♦ Esternamente poco attraente, si riscatta con interni accoglienti ed un'atmosfera invitante; cucina del territorio rivisitata e piatti a tema. Servizio pizzeria.

ad Alba Sud-Est : 1,5 km – ✉ 38057
streda de Costa 258 ✆ 0462 601354, infoalba@fassa.com, Fax 0462 600293

La Cacciatora ≤ Dolomiti,
via de Contrin 26 – ✆ 04 62 60 14 11 – hotel@lacacciatora.it – Fax 04 62 60 17 18 – Chiuso dal 15 ottobre al 2 dicembre
37 cam – †78/138 € ††104/184 € – ½ P 66/106 € – **Rist** – Carta 28/46 €
♦ Sito vicino alla funivia del Ciampac, l'albergo dispone di un giardino, articolati spazi interni per il relax, camere particolarmente confortevoli e di un servizio pizzeria.

Miramonti
streda De Costa 199 – ✆ 04 62 60 13 25 – info@hotelmiramonti.it – Fax 04 62 60 10 66 – Chiuso novembre
28 cam – †60/78 € ††100/128 € – ½ P 57/68 € – **Rist** – *(dicembre-marzo e luglio-settembre)* Menu 18/30 €
♦ Gestione familiare per una confortevole risorsa, completamente ristrutturata in anni recenti, che offre camere nuove, con arredi in legno chiaro. Al ristorante spaziosa sala principale e una più raccolta stube.

CANDELI – Firenze – 563 K16 – Vedere Bagno a Ripoli

CANDELO – Biella (BI) – 561 F6 – 7 935 ab. – alt. 340 m – ✉ 13878 23 C2

Roma 671 – Aosta 96 – Biella 5 – Milano 97 – Novara 51 – Torino 77 – Vercelli 37

Fuori le Mura 10/15,
via Marco Pozzo 4 – ✆ 01 52 53 61 55 – fuorilemura@libero.it – Fax 01 52 53 61 55 – Chiuso Capodanno, dal 1° al 15 agosto e martedì
Rist – (consigliata la prenotazione) Carta 25/37 €
♦ Simpatica trattoria, ricavata nelle ex stalle di un'antica stazione di posta; cucina tradizionale, con piatti creativi. Piccolo museo "delle cose di cucina e pasticceria".

CANDIA CANAVESE – Torino (TO) – 561 G5 – 1 305 ab. – alt. 285 m – ✉ 10010 22 B2

Roma 658 – Torino 33 – Aosta 90 – Milano 115 – Novara 70

Residenza del Lago con cam & cam,
via Roma 48 – ✆ 01 19 83 48 85 – info@residenzadelago.it – Fax 01 19 83 48 86
11 cam – †70/72 € ††80/88 € – **Rist** – *(chiuso dal 22 luglio al 18 agosto e venerdì)* Carta 26/34 €
♦ Una tipica casa colonica canavese sapientemente ristrutturata, custodisce al suo interno un caratteristico ristorante di tono rustico che dispone di dehors estivo. Offre anche belle stanze con soffitti di mattoni a vista e mobili d'epoca, alcune con caminetto funzionante.

XX **Al Cantun** 25, VISA

piazza 7 Martiri 3/4 – 01 19 83 45 40 – info@alcantun.it – Chiuso dal 7 al 15 gennaio, dal 1° al 15 settembre e lunedì

Rist – (consigliata la prenotazione) Carta 25/39 €

◆ Nel centro del paese, in un ristorante classico, a gestione familiare e arredato con gusto, troverete piatti del territorio, rielaborati con un pizzico di fantasia.

CANELLI – Asti (AT) – 561 H6 – 10 325 ab. – alt. 157 m – ✉ 14053 25 D2

Roma 603 – Alessandria 43 – Genova 104 – Asti 29 – Milano 131 – Torino 92

Asti senza rist VISA

viale Risorgimento 174 – 01 41 82 42 20 – scarsi@inwind.it – Fax 01 41 82 24 49

20 cam – 65/70 € 90/95 €

◆ Nella patria dello spumante, in posizione centrale, ma tranquilla, un piccolo albergo con ambienti comuni, camere di semplice essenzialità e bagni rinnovati.

Agriturismo La Casa in Collina senza rist < colline e vigneti, VISA

località Sant'Antonio 30, Nord-Ovest : 2 km – 01 41 82 28 27 – casaincollina@casaincollina.com – Fax 01 41 82 35 43 – Chiuso gennaio

6 cam – 60/70 € 90/110 €

◆ Dal romanzo di Cesare Pavese, uno dei luoghi più panoramici delle Langhe con vista fino al Monte Rosa nei giorni più limpidi. In casa elegante atmosfera piemontese.

XX **San Marco** (Ferrero) 20, VISA

via Alba 136 – 01 41 82 35 44 – info@sanmarcoristorante.it – Fax 01 41 82 92 05 – Chiuso luglio o agosto, martedì sera e mercoledì

Rist – Carta 35/49 €

Spec. Filetto di vitella fassona battuto al coltello con tartufo bianco d'Alba (autunno). Agnolotti del plin alla monferrina. Fagottino con gelato alla vaniglia e albicocche caramellate (estate).

◆ La sussurrata ospitalità del marito in sala, il polso deciso della moglie in cucina, i piatti della tradizione astigiana in tavola. L'anima di un territorio in un ristorante.

CANEVA – Pordenone (PN) – 562 E19 – 6 359 ab. – ✉ 33070 10 A3

Roma 588 – Belluno 52 – Pordenone 24 – Portogruaro 47 – Treviso 44 – Udine 80

Ca' Damiani senza rist VISA

via Vittorio Veneto 3, località Stevenà – 04 34 79 90 92 – cadamiani@libero.it – Fax 04 34 79 93 33

11 cam – 75/85 € 95/126 €

◆ In un parco secolare, l'atmosfera rilassata di una villa settecentesca, ristrutturata con sapienza e passione; mobili antichi negli spazi comuni e nelle grandi camere.

CANGELASIO – Parma – 561 H11 – Vedere Salsomaggiore Terme

CANICATTÌ – Agrigento – 565 O23 – Vedere Sicilia alla fine dell'elenco alfabetico

CANINO – Viterbo (VT) – 563 O17 – 5 097 ab. – alt. 229 m – ✉ 01011 12 A1

Roma 118 – Viterbo 44 – Grosseto 90 – Perugia 128 – Terni 98

Agriturismo Cerrosughero rist, VISA

strada statale 312 al km 22,600 – 07 61 43 72 42 – info@cerrosughero.com – Fax 07 61 43 81 55 .

16 cam – 60 € 65/75 € – ½ P 50/58 € – **Rist** – *(chiuso dall'8 gennaio al 20 marzo e a mezzogiorno escluso sabato-domenica)* Carta 21/34 €

◆ Immerso in un verde tanto rigoglioso da attirare numerosi animali selvatici (fagiani, lepri e cinghiali), un'oasi di tranquillità con ambienti confortevoli e camere molto ampie. Sala ristorante di taglio rustico con tetto spiovente, cucina casereccia.

Cosa si nasconde dietro questo simbolo rosso ... un albergo tranquillo, per svegliarsi al canto degli uccelli.

CANNARA – Perugia (PG) – 563 N19 – 4 024 ab. – alt. 197 m – ✉ 06033 32 B2

Roma 160 – Perugia 30 – Assisi 13 – Orvieto 79 – Terni 68

Hortensis

via Enrico Berlinguer – ✆ 07 42 73 00 26 – infohotel@hotelhortensis.it – Fax 07 42 73 00 27

45 cam – 65/75 € 67/93 €, 8 € – ½ P 60/70 € – **Rist** – Menu 22/32 €

◆ Albergo di recente realizzazione, esprime una propensione prevalentemente turistica, proponendo interessanti soluzioni per le camere. Gradito anche alla clientela d'affari.

Agriturismo La Fattoria del Gelso

rist, VISA

via Bevagna 16 – ✆ 074 27 21 64 – info@lafattoriadelgelso.com – Fax 074 27 21 64

8 cam – 55/60 € 90/95 € – ½ P 65/70 € – **Rist** – *(chiuso a mezzogiorno)* Menu 20/25 €

◆ Una vacanza di tranquillo relax in campagna a contatto con la natura in una semplice azienda agrituristica, con piscina, che offre camere accoglienti e confortevoli. Decorazioni di influenza rurale al ristorante.

Perbacco-Vini e Cucina

VISA

via Umberto I, 14 – ✆ 07 42 72 04 92 – Chiuso lunedì e a mezzogiorno

Rist – Carta 20/31 €

◆ Nato come wine-bar si è via via trasformato in un locale dove gustare una genuina cucina del territorio: la cipolla è regina. Due sale raccolte, con pareti affrescate.

CANNERO RIVIERA – Verbano-Cusio-Ossala (VB) – 561 D8 – 1 075 ab. – alt. 225 m – ✉ 28821 *Italia* 23 C1

Roma 687 – Stresa 30 – Locarno 25 – Milano 110 – Novara 87 – Torino 161

via Roma 27 ✆ 0323 788943, cannero@distrettolaghi.it, Fax 0323 788943

Insieme★★

Cannero

lago e monti, (riscaldata) cam, rist, VISA

piazza Umberto I 2 – ✆ 03 23 78 80 46 – info@hotelcannero.com – Fax 03 23 78 80 48 – 10 marzo-5 novembre

62 cam – 97/120 € 114/180 € – ½ P 77/95 €

Rist ***I Castelli*** – Carta 40/64 €

◆ Sulla sponda occidentale del Lago Maggiore, di fronte all'imbarcadero in tranquilla zona pedonale, la lunga tradizione familiare di ospitalità in un albergo signorile. Curata ambientazione classica, con lampadari e sedie in stile, nella raffinata sala ristorante.

Park Hotel Italia

lago e monti, VISA

lungolago delle Magnolie 19 – ✆ 03 23 78 84 88 – parkhot-cannero@iol.it – Fax 03 23 78 84 98 – Aprile-ottobre

25 cam – 85/120 € 120/175 € – ½ P 85/113 € – **Rist** – Carta 34/48 €

◆ Una verde terrazza-giardino con piscina per questo edificio primi '900 affacciato sul lago; spazi comuni adeguati e camere non amplissime, ma di discreto livello. In alternativa alla sala classica interna, d'estate sarà piacevole mangiare all'aperto.

Il Cortile con cam

cam, VISA

via Massimo D'Azeglio 73 – ✆ 03 23 78 72 13 – cortilecannero@libero.it – Fax 03 23 78 72 13 – 15 marzo-ottobre

9 cam – 73/75 € 105/110 € – **Rist** – *(chiuso mercoledì escluso le sere di luglio e agosto)* Carta 40/61 €

◆ Sito nel cuore della località e raggiungibile solo a piedi, un locale grazioso e curato, frequentato soprattutto da una clientela straniera, propone una cucina creativa. Dispone anche di alcune camere signorili dall'arredo ricercato.

sulla strada statale 34 Sud-Ovest : 2 km :

Sole senza rist

VISA

via Nuova Percassino 6, Sud-Ovest : 2 km ✉ 28821 Cannero – ✆ 03 23 78 81 50 – cristina@albergosole.it – Fax 03 23 78 81 50

14 cam – 40 € 60/72 €

◆ In posizione panoramica, per un soggiorno sul lago a prezzi contenuti, una risorsa con camere moderne e funzionali; d'estate prima colazione in terrazza con vista.

CANNETO SULL'OGLIO – Mantova (MN) – 561 G13 – 4 519 ab. – alt. 35 m – ✉ 46013 17 C3

Roma 493 – Parma 44 – Brescia 51 – Cremona 32 – Mantova 38 – Milano 123

Margot senza rist
via Tazzoli, strada statale Asolana – ✆ 03 76 70 90 11 – info@hotelmargot.com – Fax 03 76 72 39 61
23 cam – †55/70 € ††90/130 €
◆ Accoglienza simpatica in un albergo di foggia moderna, nato dalle ceneri di un'osteria; un piacevole ascensore di vetro porta alle camere, rinnovate, di buon confort.

XX **Alla Torre** 20, VISA AE
piazza Matteotti 5 – ✆ 037 67 01 21 – Fax 037 67 01 60 – Chiuso dall'8 al 29 agosto e mercoledì
Rist – Carta 29/37 €
◆ Una vecchia osteria rimodernata, con cucina nazionale e mantovana. Salumi di produzione propria e interessante cantina dove si conservano molte bottiglie storiche.

a Runate Nord-Ovest : 3 km : – ✉ 46013 – Canneto sull'Oglio

XXXX ✿✿✿ **Dal Pescatore** (Santini) VISA AE
– ✆ 03 76 72 30 01 – santini@dalpescatore.com – Fax 037 67 03 04 – Chiuso dal 2 al 21 gennaio, dal 15 agosto al 6 settembre, lunedì, martedì, mercoledì a mezzogiorno
Rist – Carta 109/164 €
Spec. Zuppa di cipollotto verde e foie gras. Risotto con pistilli di zafferano e carciofi fritti pugliesi (ottobre-giugno). Soufflé all'arancia con coulis al frutto della passione.
◆ Da semplice trattoria all'eleganza attuale, il locale ha attraversato la storia della ristorazione italiana rappresentandone al meglio ospitalità e tradizione gastronomica.

CANNIGIONE – Sassari – 566 D10 – Vedere Sardegna (Arzachena) alla fine dell'elenco alfabetico

CANNIZZARO – Catania – 565 027 – Vedere Sicilia alla fine dell'elenco alfabetico

CANNOBIO – Verbano-Cusio-Ossala (VB) – 561 D8 – 5 016 ab. – alt. 224 m – ✉ 28822 23 C1

Italia

Roma 694 – Stresa 37 – Locarno 18 – Milano 117 – Novara 94 – Torino 168

viale Vittorio Veneto 4 ✆ 0323 71212, cannobio@distrettolaghi.it, Fax 0323 71212

Orrido di Sant'Anna★ Ovest : 3 km

Villa Belvedere (riscaldata) cam, cam, rist, VISA AE
via Casali Cuserina 2, Ovest : 1 km – ✆ 032 37 01 59 – info@villabelvederehotel.it – Fax 032 37 19 91 – 20 marzo-20 ottobre
24 cam – †90/100 € ††130/160 € – ½ P 85/100 € – **Rist** – *(chiuso a mezzogiorno)* (solo per alloggiati)
◆ Collocata tra il verde di un tranquillo giardino, la nuova struttura vanta spazi ben arredati, camere con vista sul lago e sulle montagne ed un distensivo ambiente familiare.

Cannobio lago, cam, rist, VISA AE
piazza Vittorio Emanuele III 6 – ✆ 03 23 73 96 39 – info@hotelcannobio.com – Fax 03 23 73 95 96 – Natale e aprile-novembre
19 cam – †130 € ††180 € – 1 suite
Rist *Porto Vecchio* – ✆ 03 23 73 99 98 *(8 marzo-2 novembre; chiuso martedì)* Carta 30/39 €
◆ Nel centro della località, con vista sul lago, un hotel frutto di una sapiente, e recente, ristrutturazione. Gli spazi comuni sono eleganti, le camere uniformi, ma gradevoli. Ristorante con proposte classiche e servizio pizzeria.

Pironi senza rist VISA AE
via Marconi 35 – ✆ 032 37 06 24 – info@pironihotel.it – Fax 032 37 21 84 – 20 marzo-10 novembre
12 cam – †120/130 € ††130/160 €
◆ Hotel d'atmosfera in un palazzo quattrocentesco nel cuore della località, propone stanze eleganti, diverse tra loro ed arredate con mobili d'epoca, e un soggiorno con camino.

XXX **Lo Scalo**

piazza Vittorio Emanuele 32 – ✆ 032 37 14 80 – loscalo@tiscali.it – Fax 03 23 73 88 00 – Chiuso dall'8 gennaio al 13 febbraio, lunedì (escluso la sera dal 15 luglio al 15 agosto) e martedì a mezzogiorno

Rist – Carta 41/56 €

◆ Affacciato sulla piazza principale, il ristorante offre un ambiente elegante ed un ampio dehors estivo dove assaporare una cucina creativa che spazia dal mare alla terra.

sulla strada statale 34

XXX **Del Lago** con cam

via Nazionale 2, località Carmine Inferiore ✉ 28822 – ✆ 032 37 05 95 – enotecadellago@lycos.it – Fax 032 37 05 95 – Marzo-novembre

13 cam – †75 € ††95 €, ☕ 10 € – **Rist** – *(chiuso martedì e mercoledì a mezzogiorno)* Carta 41/70 €

◆ Una sala di sobria eleganza con vetrate o d'estate le terrazze nel giardino in riva al lago per godere di una raffinata cucina moderna, di carne, ma soprattutto di pesce.

in Valle Cannobina

X **Osteria VinoDivino** 25,

Ovest : 2 km – ✆ 032 37 19 19 – Chiuso dall' 8 gennaio al 4 marzo e mercoledì (escluso maggio-agosto)

Rist – Carta 31/40 €

◆ Avvolto dal verde, un rustico ottocentesco, piacevolmente ristrutturato, offre una sala ed un dehors con tavoli di pietra all'ombra degli alberi dove gustare piatti locali.

CANONICA – Milano (MI) – 561 F9 – alt. 231 m – ✉ 20050 – Triuggio 18 B2

Roma 597 – Como 34 – Milano 35 – Bergamo 37 – Lecco 31 – Monza 9

X **La Zuccona**

via Immacolata 29, Nord : 2 km – ✆ 03 62 91 97 20 – Fax 03 62 91 82 49 – Chiuso agosto, lunedì sera e martedì

Rist – Carta 37/47 €

◆ In questa trattoria, nei locali di una vecchia scuola, da oltre 20 anni si viene soprattutto per i famosi risotti, decine di tipi diversi a seconda della stagione.

CANOVE – Vicenza (VI) – 562 E16 – alt. 1 001 m – ✉ 36010 35 B2

Roma 568 – Trento 61 – Padova 87 – Treviso 100 – Vicenza 56

Alla Vecchia Stazione

via Roma 147 – ✆ 04 24 69 20 09 – info@allavecchiastazione.it – Fax 04 24 69 20 09 – Chiuso ottobre

42 cam – †60 € ††70/80 €, ☕ 8 € – **Rist** – (chiuso lunedí escluso giugno - 15 settembre) Carta 26/39 €

◆ Ubicato di fronte al museo locale un hotel che presenta ambienti di buon livello con accessori e dotazioni in grado di garantire un soggiorno piacevole. Bella piscina. Tre diverse sale ristorante per gli ospiti dell'hotel, i clienti di passaggio e i banchetti.

CANTALUPO – Milano – Vedere Cerro Maggiore

CANTALUPO NEL SANNIO – Isernia (IS) – 564 C25 – 764 ab. – alt. 587 m – ✉ 86092 2 C3

Roma 227 – Campobasso 32 – Foggia 120 – Isernia 19 – Napoli 132

X **Antica Trattoria del Riccio**

via Sannio 7 – ✆ 08 65 81 42 46 – Fax 08 74 78 29 60 – Chiuso una settimana in luglio, lunedì e la sera

Rist – Carta 19/25 €

◆ Schietta, verace genuinità sia nella casalinga cucina molisana, sia nell'accoglienza e nell'ambiente di questa trattoria, con la stessa gestione familiare fin dal 1890.

Hotel e ristoranti cambiano ogni anno.
Per questo, ogni anno, c'è una nuova guida Michelin!

CANTELLO – Varese (VA) – 561 E8 – 4 383 ab. – alt. 404 m – ✉ 21050 18 A1

Roma 640 – Como 26 – Lugano 29 – Milano 59 – Varese 9

XX **Madonnina** con cam

largo Lanfranco 1, località Ligurno – ☎ 03 32 41 77 31 – info@madonnina.it – Fax 03 32 41 84 03

12 cam – 70 € 100 €, 8 € – 2 suites – ½ P 90 € – **Rist** – *(chiuso lunedì)* Carta 37/47 €

◆ Un locale di charme, con camere raffinate, in una stazione di posta del '700 circondata da un bel parco-giardino; cucina che segue le stagioni, piatti ricchi d'estro.

CANTÙ – Como (CO) – 561 E9 – 36 048 ab. – alt. 369 m – ✉ 22063 18 B1

Roma 608 – Como 10 – Bergamo 53 – Lecco 33 – Milano 38

Canturio senza rist 35,

via Vergani 28 – ☎ 031 71 60 35 – info@hotelcanturio.it – Fax 031 72 02 11 – Chiuso dal 24 dicembre al 6 gennaio ed agosto

30 cam – 95/120 €, 7 €

◆ Gestito da 20 anni dalla stessa famiglia, un hotel ideale per clientela di lavoro e di passaggio; camere funzionali, quelle sul retro hanno un terrazzino sul verde.

XX **Pepè Scescè**

via al Monte 5/a – ☎ 03 17 07 33 80 – info@pepescesce.it – Fax 03 17 07 33 80 – Chiuso 15 giorni in agosto e domenica

Rist – Menu 30/50 €

◆ Appassionata gestione per un piccolo ristorante vicino al centro. In una luminosa saletta vengono serviti piatti di pesce dalle ricette più classiche a quelle più creative.

XX **Al Ponte** 14/28,

via Vergani 25 – ☎ 031 71 25 61 – Chiuso agosto e lunedì

Rist – Carta 26/33 €

◆ Accogliente locale, raccolto ed elegante, che resta sempre un indirizzo sicuro per piatti di cucina lombarda, oltre che italiana in genere; ampia scelta di vini.

XX **La Scaletta** con cam rist, cam,

via Milano 30 – ☎ 031 71 65 40 – Fax 031 71 65 40 – Chiuso dal 1° all'8 gennaio e dal 10 agosto al 2 settembre

8 cam – 55 € 70 € – ½ P 60 € – **Rist** – *(chiuso venerdì sera e sabato a mezzogiorno)* Carta 36/46 €

◆ Tono rustico e familiare per un ristorante con camere confortevoli, ubicato alle porte della città; cucina tradizionale e proposte originarie di varie regioni.

CANZANO – Teramo (TE) – 563 O23 – 1 863 ab. – alt. 448 m – ✉ 64020 1 B1

Roma 176 – Ascoli Piceno 67 – Pescara 56 – Ancona 144 – L'Aquila 57 – Teramo 27

X **La Tacchinella** 30,

via Roma 18 – ☎ 08 61 55 51 07 – latacchinella@virgilio.it – Fax 08 61 50 50 42 – Chiuso le sere di domenica, lunedì e martedì (escluso dal 15 giugno ad agosto)

Rist – Carta 18/25 €

◆ Fedele al suo nome e alla più rinomata specialità del luogo, da anni questo locale con due sale del 1200 ha come piatto forte appunto il tacchino alla "canzanese".

CANZO – Como (CO) – 561 E9 – 4 970 ab. – alt. 387 m – ✉ 22035 18 B1

Roma 620 – Como 20 – Bellagio 20 – Bergamo 56 – Lecco 23 – Milano 52

Volta senza rist

via Volta 58 – ☎ 031 68 12 25 – hotelvolta@virgilio.it – Fax 031 67 01 67 – Chiuso dal 20 dicembre al 15 gennaio

16 cam – 45/50 € 70/72 €

◆ Sarete accolti con cordialità e vi sentirete come a casa vostra in questo albergo a gestione familiare; carine le camere, ben arredate e con ottima dotazione di cortesia.

CAORLE – Venezia (VE) – 562 F20 – 11 660 ab. – ✉ 30021 36 D2

Roma 587 – Udine 74 – Milano 326 – Padova 96 – Treviso 63 – Trieste 112 – Venezia 76

calle delle Liburniche 16 ☎ 0421 81085, info@caorleturismo.it, Fax 0421 218623

Prà delle Torri, località Valle Altanea, ☎ 0421 29 95 70.

Airone

via Pola 1 – ☎ 042 18 15 70 – info@hotelairone.it – Fax 042 18 20 74 – 21 maggio-17 settembre

70 cam – 112 € 195 € – ½ P 113 € – **Rist** – (solo per alloggiati)

♦ Parco-pineta con piscina e campo da tennis per una signorile struttura anni '70 fronte mare sul litorale di levante; discreti gli spazi comuni, funzionali le camere.

International Beach Hotel

rist,

viale Santa Margherita 57 – ☎ 042 18 11 12 – info@internationalbeachhotel.it – Fax 04 21 21 10 05 – Chiuso dal 21 dicembre al 14 febbraio

60 cam – 45/60 € 75/110 € – ½ P 57/70 € – **Rist** – *(aprile-ottobre)* Carta 29/35 €

♦ Risorsa centrale che offre camere classiche e confortevoli, spaziosi ambienti comuni, aree riservate per il gioco degli ospiti più piccoli ed una invitante piscina. Ristorante seguito con particolare cura dalla famiglia che gestisce l'hotel.

Savoy

viale Marconi – ☎ 042 18 18 79 – savoy@savoyhotel.it – Fax 042 18 33 79 – 20 aprile-23 settembre

62 cam – 90/105 € 115/155 € – ½ P 67/80 € – **Rist** – *(16 maggio -23 settembre)* Carta 25/33 €

♦ Per chi ama trascorrere la vacanza quasi sempre in tenuta da mare è comodissima l'ubicazione di questo albergo sulla spiaggia; camere essenziali, bagni nuovissimi. Capiente e luminosa la sala da pranzo.

Sara

rist,

piazza Veneto 6 – ☎ 042 18 33 57 – info@sarahotel.it – Fax 04 21 21 03 78 – Marzo-15 ottobre

46 cam – 61/64 € 98/104 € – ½ P 68/71 € – **Rist** – Menu 18/25 €

♦ Gestita da oltre 40 anni dalla stessa famiglia, struttura sita in zona centrale, ma direttamente sulla spiaggia; confortevoli le camere, chiedete quelle fronte mare. Sala da pranzo d'impostazione classica, cucina di mare.

Stellamare

rist,

via del Mare 8 – ☎ 042 18 12 03 – info@hotelstellamare.com – Fax 042 18 37 52 – Pasqua-ottobre

33 cam – 90/100 € 120/140 € – ½ P 60/75 € – **Rist** – *(maggio-settembre)* Carta 29/36 €

♦ Sulla baia di levante, non lontano dal centro storico, offre zone comuni ariose, curate e accoglienti; camere di dimensioni standard e di buon confort. Ristorante con vetrate panoramiche e servizio all'aperto.

Marzia

(riscaldata)

viale Dante Alighieri 2 – ☎ 042 18 14 77 – info@hotelmarzia.it – Fax 04 21 21 06 11 – Carnevale e 21 marzo-ottobre

26 cam – 60/90 € 80/120 € – 3 suites – ½ P 51/69 € – **Rist** – (solo per alloggiati)

♦ A 50 m dalla spiaggia di ponente, grazioso hotel a conduzione familiare, ristrutturato in anni recenti; ampie le camere all'attico, con soppalco e idromassaggio.

Duilio con cam

rist, 50,

strada Nuova 19 – ☎ 04 21 21 03 61 – info@diplomatic.it – Fax 04 21 21 00 89

30 cam – 78/92 € 10 – ½ P 46/67 € – **Rist** – *(chiuso dall'11 al 28 gennaio, lunedì-martedì escluso da giugno al 20 settembre)* Carta 26/38 €

♦ Storico ristorante sorto alla fine degli anni '50, presenta oggi sala e terrazza arredate in modo moderno. Come sempre promette e mantiene "un vero pranzo di pesce". Camere accoglienti e spaziose.

a Porto Santa Margherita **Sud-Ovest : 6 km oppure 2 km e traghetto** – ✉ 30021
(maggio-settembre) corso Genova 21 ☎ 0421 260230

San Giorgio rist, VISA AE
via dei Vichinghi 1 – ☎ 04 21 26 00 50 – info@hotelsangiorgio.info – Fax 04 21 26 10 77 – 20 maggio-20 settembre
100 cam – ♦75/95 € ♦♦100/125 € – ½ P 75/93 € – **Rist** – Menu 21/30 €
◆ Sembra salpare verso il largo questo grosso edificio anni '70, dotato di un parco-pineta con piscina che si estende fino alla spiaggia; ideale per chi ha dei bambini. Tanta allegria e gustozi piatti di pesce al ristorante.

Ausonia (riscaldata) 100, VISA AE
Centro Vacanze Prà delle Torri Sud-Ovest : 3 km – ☎ 04 21 29 94 45 – torri@vacanze-natura.it – Fax 04 21 29 90 35 – 31 marzo-29 settembre
68 cam – ♦71 € ♦♦112/118 € – ½ P 68 € – **Rist** – Carta 19/44 €
◆ C'è solo l'imbarazzo della scelta tra le attrezzature, sportive e non, a disposizione degli ospiti di questo hotel in un mega centro vacanze; ideale per famiglie. Cucina locale ma anche propaste internationali e pizza al ristorante.

Oliver VISA
viale Lepanto 3 – ☎ 04 21 26 00 02 – info@hoteloliver.it – Fax 04 21 26 13 30 – Maggio-settembre
66 cam – ♦65/78 € ♦♦110/135 €, 8 € – ½ P 60/85 € – **Rist** – Carta 26/38 €
◆ Offre ampi spazi esterni e un ambiente familiare questo albergo, posizionato direttamente sul mare, con piccola pineta e piscina al limitare della spiaggia. Classica e luminosa sala da pranzo.

a Duna Verde **Sud-Ovest : 10 km** – ✉ 30021 – **Caorle**

Playa Blanca rist, VISA
viale Cherso 80 – ☎ 04 21 29 92 82 – info@playablanca.it – Fax 04 21 29 92 83 – Maggio-18 settembre
45 cam – ♦80/85 € ♦♦80/120 € – ½ P 60/65 € – **Rist** – (solo per alloggiati) Menu 15/20 €
◆ Curiosa la struttura circolare di un hotel dotato di piccola pineta con piscina e idromassaggio, ideale per famiglie con bambini anche piccoli; ospitalità cordiale.

a San Giorgio di Livenza **Nord-Ovest : 12 km** – ✉ 30020

Al Cacciatore 25, VISA AE
corso Risorgimento 35 – ☎ 042 18 03 31 – Fax 04 21 29 02 33 – Chiuso dal 1° al 25 luglio e mercoledì
Rist – Carta 28/55 €
◆ Il pesce fresco ma anche nostrano è la specialità di questo ristorante dall'ambiente classico, rinnovato di recente e gestito da un'intera famiglia. Servizio informale.

CAPACCIO SCALO – Salerno – 564 F27 – Vedere Paestum

CAPALBIO – Grosseto (GR) – 563 O16 – 3 995 ab. – alt. 217 m – ✉ 58011

Toscana 29 **C3**

Roma 139 – Grosseto 60 – Civitavecchia 63 – Orbetello 25 – Viterbo 75

Valle del Buttero senza rist VISA
via Silone 21 – ☎ 05 64 89 60 97 – info@valledelbuttero.it – Fax 05 64 89 65 18 – Chiuso dal 15 al 26 dicembre
42 cam – ♦60/95 € ♦♦85/95 €, 8 €
◆ Poco distante dalle antiche mura, l'hotel dispone di camere ed appartamenti con arredi semplici in legno, una nuova piccola palestra, sauna e parco giochi per i bambini.

Agriturismo Ghiaccio Bosco senza rist VISA
strada della Sgrilla 4, Nord-Est : 4 km – ☎ 05 64 89 65 39 – info@ghiacciobosco.com – Fax 05 64 89 65 39
15 cam – ♦♦75/110 €
◆ Circondato da un parco ricco di piante e fiori, l'agriturismo dispone di una bella piscina e confortevoli camere arredate in legno con accesso indipendente dal giardino.

XX **Tullio**

via Nuova 27 – ✆ 05 64 89 61 96 – Fax 05 64 89 61 96 – Chiuso dal 10 gennaio al 20 febbraio e mercoledì (escluso la sera dal 1° luglio al 15 settembre)
Rist – Carta 29/49 € (+10 %)
◆ Poco distante dall'antica cinta muraria, il ristorante dispone di una sala interna e di una terrazza dove è possibile assaggiare proposte gastronomiche del territorio.

XX **Le Mura** ← dintorni, 16,

via Magenta 7 – ✆ 05 64 89 66 92 – info@lemura.org – Fax 05 64 89 66 92 – 15 aprile-15 settembre; chiuso mercoledì (escluso agosto)
Rist – Carta 43/58 €
◆ Minuscolo, ma curato locale nel centro storico con bel dehors estivo lungo il camminamento delle mura. Dalla cucina specialità locali. Appassionata gestione familiare.

CAPALLE – Firenze – Vedere Campi Bisenzio

CAPANNORI – Lucca – 563 K13 – Vedere Lucca

CAPEZZANO PIANORE – Lucca – 563 K12 – Vedere Camaiore

CAPISTRANO – Vibo Valentia (VV) – 564 K30 – 1 162 ab. – alt. 952 m – ✉ 89818

5 **A2**

Roma 616 – Reggio di Calabria 112 – Catanzaro 69 – Crotone 138 – Vibo Valentia 28

Agriturismo Sant'Elia ← monti e costa,

località Sant'Elia Nord : 3 km – ✆ 34 77 54 65 09 – info@agriturismosantelia.com – Fax 09 63 32 79 07
6 cam – 30/45 € 60/90 € – ½ P 45/65 € – **Rist** – (prenotazione obbligatoria) Menu 25 €
◆ Alla sommità di una vasta proprietà piantumata a bosco ed uliveto, un bel casale della seconda metà dell'800. Splendida vista fino al mare, ambienti curati e calma assoluta. Cucina della tradizione calabrese.

CAPO D'ORLANDO – Messina – 565 M26 – Vedere Sicilia alla fine dell'elenco alfabetico

CAPOLAGO – Varese – Vedere Varese

CAPOLIVERI – Livorno – 563 N13 – Vedere Elba (Isola d')

CAPOLONA – Arezzo (AR) – 563 L17 – 4 958 ab. – alt. 254 m – ✉ 52010

29 **D2**

Roma 223 – Siena 75 – Arezzo 15 – Firenze 90 – Perugia 87 – Rimini 131

Badia di Campoleone

località Castelluccio 38, Sud 6 km – ✆ 05 75 45 15 61 – info@badiacampoleone.it – Fax 05 75 45 14 92
24 cam – 105/185 € 192/301 € – **Rist** – Carta 46/56 €
◆ Un'antica villa nobiliare all'interno di un ampio parco, custodisce sale eleganti dalla mobilia originale, camere affrescate oppure con arredi d'ispirazione ottocentesca. A tavola due offerte gastronomiche differenziate: la cucina contemporanea nella raffinata sala e piatti più semplici e tradizionali all'osteria.

XXX **Acquamatta** (Alimenti) ← 10,

piazza della Vittoria 13 – ✆ 05 75 42 09 99 – info@acquamatta.com – Fax 05 75 42 18 07 – Chiuso dal 9 gennaio al 3 febbraio, dal 14 al 20 agosto, domenica, lunedì e a mezzogiorno
Rist – Carta 57/77 €
Spec. Gran plateau di crudo di mare. Sfoglia di manzo chianino con farcia di formaggi dolci su insalata di campo e vinaigrette ai frutti di bosco (primavera-estate). Scampi e gamberoni gratinati con pecorino di Pienza e tartufo.
◆ Quasi una roccaforte in pietra sull'Arno, visibile attraverso le vetrate, l'austerità dell'edificio si dissolve all'interno dell'eleganza di luci, arredi e tessuti.

CAPO TAORMINA – **Messina** – **565** N15 – **Vedere Sicilia (Taormina) alla fine dell'elenco alfabetico**

CAPPELLA – Lucca – Vedere Lucca

CAPPELLA DÉ PICENARDI – **Cremona (CR)** – **445 ab.** – **alt. 41 m** – ✉ **26038** 17 **C3**

Roma 498 – Parma 51 – Cremona 18 – Mantova 48 – Milano 115

Locanda degli Artisti 10, VISA AE

via XXV Aprile 13/1 – ✆ 03 72 83 55 76 – info@locandadegliartisti.it – Chiuso dal 1° al 20 agosto, giovedì e domenica sera

Rist – Carta 25/36 €

◆ Nei locali di una cascina ristrutturata, un caratteristico ristorante rustico con proposte di cucina del territorio, attenta alle stagioni. Ambiente informale e accogliente.

CAPRACOTTA – Isernia (IS) – **563** Q24 – **1 109 ab.** – **alt. 1 421 m** – ✉ **86082** 2 **C3**

Roma 212 – Avezzano 127 – Campobasso 86 – Isernia 43 – Pescara 107

Capracotta ≤ monti e dintorni, rist, 80, VISA AE

via Vallesorda – ✆ 08 65 94 53 68 – info@hotelcapracotta.it – Fax 08 65 94 31 44 – Chiuso novembre

27 cam – ††70/85 € – ½ P 35/43 €

Rist *Il Ginepro* – *(chiuso ottobre-novembre)* Carta 22/32 €

◆ Struttura recente e confortevole alle porte del centro di questa località montana; spaziose sia le zone comuni che le camere, funzionali e ben accessoriate. Luminoso ristorante, di stile rustico moderno, dotato di angolo salotto con caminetto.

CAPRANICA – Viterbo (VT) – **563** P18 – **5 749 ab.** – **alt. 370 m** – ✉ **01012** 12 **B1**

Roma 57 – Viterbo 27 – Guidonio Montecelio 77 – Perugia 152 – Terni 85

Zi Titta VISA AE

via Cassia km 54,700 – ✆ 07 61 66 91 40 – zi_titta@libero.it – Chiuso giovedì e da ottobre a marzo anche la sera (escluso sabato-domenica)

Rist – Carta 34/43 €

◆ Locale in tufo dall'aspetto rustico posizionato lungo la Cassia. Merita una sosta per rifocillarsi grazie alla pasta casereccia e alle carni, anche di selvaggina, alla brace.

CAPRESE MICHELANGELO – **Arezzo (AR)** – **563** L17 – **1 673 ab.** – **alt. 653 m** – ✉ **52033** *Toscana* 29 **D1**

Roma 260 – Rimini 121 – Arezzo 45 – Firenze 123 – Perugia 95 – Sansepolcro 26

Buca di Michelangelo ≤ VISA AE

via Roma 51 – ✆ 05 75 79 39 21 – albergo@bucadimichelangelo.it – Fax 05 75 79 39 41 – Chiuso dal 10 al 25 febbraio

23 cam – †50 € ††55/60 € – ½ P 38/48 € – **Rist** – *(chiuso giovedì)* Carta 17/28 €

◆ Nel centro del paese che diede i natali a Michelangelo, un hotel con camere semplici, ma accoglienti, così come accogliente e familiare risulta essere la gestione. Piatti toscani serviti in un ampio salone panoramico.

Il Rifugio VISA

località Lama 47, Ovest : 2 km – ✆ 05 75 79 39 68 – Fax 05 75 79 37 52 – Chiuso mercoledì escluso agosto

Rist – Carta 15/35 €

◆ Giovane gestione familiare e ambiente rustico in un locale di campagna, le cui specialità sono funghi e tartufi, ma che propone anche pesce e la sera le pizze.

ad Alpe Faggeto Ovest : 6 km – alt. 1 177 m – ✉ 52033 – Caprese Michelangelo

Fonte della Galletta con cam ≤ VISA AE

località Alpe Faggeto – ✆ 05 75 79 39 25 – info@fontedellagalletta.it – Fax 05 75 79 39 25 – Chiuso dal 7 gennaio a Pasqua e lunedì (escluso dal 15 giugno al 15 settembre)

12 cam – †60 € ††70 € – ½ P 60/70 € – **Rist** – Carta 24/35 €

◆ Qui si respira aria di montagna e tra faggeti secolari si intravede una splendida vista sulla Val Tiberina; al ristorante, piatti tipici locali, funghi e cacciagione.

CAPRI (Isola di)★★★ – Napoli (NA) – 564 F24 – 7 220 ab. *Italia* 6 **B3**

per Napoli e Sorrento – Caremar, call center 892 123

Marina Grande★ BY – Escursioni in battello : giro dell'isola★★★ BY, grotta Azzurra★★ BY (partenza da Marina Grande)

ANACAPRI★★★ (NA) – 564 F24 – 6 214 ab. – alt. 275 m – ✉ 80071 6 **B3**

via Orlandi 19/a ✆ 081 8371524, touristoffice@capri.it

Monte Solaro★★★ BY : ☀★★★ per seggiovia 15 mn – Villa San Michele★ BY : ☀★★★ – Belvedere di Migliara★ BY 1 h AR a piedi – Pavimento in maiolica★ nella chiesa di San Michele AZ

Capri Palace Hotel

(riscaldata) 200,
via Capodimonte 2 – ✆ 08 19 78 01 11 – info@capri-palace.com – Fax 08 18 37 31 91 – Marzo-novembre AZ **p**

80 cam – 320/970 € 400/1050 € – 10 suites – ½ P 280/605 €

Rist L'Olivo – vedere selezione ristoranti

◆ Dai pavimenti in pietra, alle volte e ai tessuti: tutta una sinfonia di morbidi toni écru nei suoi raffinatissimi interni, che si aprono su terrazze fiorite con piscina.

Caesar Augustus

70,
via Orlandi 4 – ✆ 08 18 37 33 95 – info@caesar-augustus.com – Fax 08 18 37 14 44 – Aprile-ottobre BY **c**

52 cam – 360/612 € 400/680 € – 5 suites – ½ P 400 € – **Rist** – Carta 65/83 €

◆ Vi sembrerà di poter spiccare il volo dalle terrazze di questo hotel in posizione panoramica mozzafiato, a strapiombo sul mare; belle e confortevoli le camere rinnovate. Colazione e cena in ambienti eleganti da cui ammirare il superbo panorama.

ANACAPRI

Munthe (V. A.) .... **AZ** 13
Vittoria (Pza d.) .... **AZ** 27

CAPRI

Camerelle (V.) ..... **BZ**
Certosa (V.) .... **BZ** 6
Croce (V.) .... **BZ**
Fenicia (Scala) ..... **BY** 8
Fuorlovado (V.) .... **BZ** 9
Le Botteghe (V.) .... **BZ** 10
Madre Serafina (V.). **BZ** 12
Serena (V.) .... **BZ** 16
Sopramonte (V.) .... **BZ** 17
S. Francesco (V.) ... **BZ** 14
Tiberio (V.) .... **BZ** 18
Tragara (V.) .... **BZ** 21
Umberto I (Pza) ... **BZ**
Vittorio Emanuele (V.) .... **BZ** 23

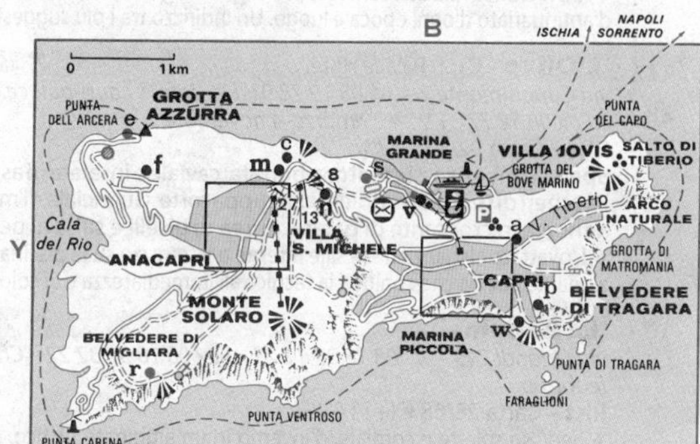

Al Mulino senza rist

via La Fabbrica 9 – 08 18 38 20 84 – mulino@capri.it – Fax 08 18 38 21 32 – Paqua-ottobre BY **f**

7 cam – 90/160 € 130/250 €

◆ Una ex fattoria immersa in un curatissimo giardino, collocato nella parte più "nobile" e riservata della località, quindi distante da centro, shopping e frastuono.

Biancamaria senza rist

via Orlandi 54 – 08 18 37 10 00 – info@hotelbiancamaria.com – Fax 08 18 37 20 60 – Aprile-ottobre AZ **w**

25 cam – 130 € 160 €

◆ Nel centro di Anacapri, una piccola struttura ampliata e rinnovata negli ultimi anni; arredi lineari, ma di buona qualità nelle camere, quasi tutte con balcone o terrazzo.

Bellavista golfo di Napoli, rist,

via Orlandi 10 – 08 18 37 14 63 – info@bellavistacapri.com – Fax 08 18 38 27 19 – Pasqua-ottobre BY **m**

15 cam – 60/105 € 99/200 € – ½ P 80/125 € – **Rist** – Carta 34/40 €

◆ La realtà non smentisce il nome: è davvero splendido il panorama del golfo da uno dei più antichi alberghi dell'isola; piacevole aria démodé negli interni anni '60. L'intensa luce del sole o il chiaroscuro del tramonto fanno da sfondo all'ampia sala da pranzo.

Villa le Scale senza rist (riscaldata)

via Capodimonte 64 – 08 18 38 21 90 – info@villalescale.com – Fax 08 18 38 27 96 – Aprile-ottobre BY **n**

8 cam – 300/350 € 385/500 € – 1 suite

◆ Aristocratica villa ottocentesca con stupendo giardino. Nelle camere profusione di arredi d'antiquariato d'ogni epoca e luogo. Un indirizzo tra i più suggestivi dell'isola.

L'Olivo – Capri Palace Hotel

via Capodimonte 2 – 08 19 78 01 11 – info@capri-palace.com – Fax 08 18 37 31 91 – 29 marzo-4 novembre AZ **p**

Rist – Carta 92/135 €

Spec. Gamberi rossi crudi con burrata, caviale e insalata di asparagi alle mele verdi. Paccheri di Gragnano ripieni alla zuppa forte. Guanciale di maialino da latte e mela annurca in croccante di patate, purea di piselli e salsa al pepe (aprile-giugno).

◆ L'ovattata eleganza delle sale interne o il terrazzo sulla piscina, il contorno di un'emozionante cucina che coniuga la tecnica all'immediatezza e ai colori del sud.

La Rondinella

via Orlandi 245 – 08 18 37 12 23 – Fax 08 18 37 32 22 – Chiuso gennaio e febbraio AZ **d**

Rist – Carta 28/68 € (+11 %)

◆ Servizio solerte e cordiale, d'inverno in un ambiente rustico, d'estate sulla gradevole terrazza tra piante e fiori; cucina caprese e di mare, la sera anche le pizze.

alla Grotta Azzurra Nord-Ovest : 4,5 km :

Add'ò Riccio golfo di Napoli,

via Gradola 4 – 08 18 37 13 80 – Fax 08 18 38 26 84 – 10 marzo-3 novembre; chiuso la sera escluso da giovedì a domenica in giugno-agosto BY **e**

Rist – Carta 28/50 €

◆ Degna di nota l'ubicazione di questo locale sulla scogliera, con servizio estivo in terrazza sul mare; ambiente informale, ricca esposizione di pesci e crostacei.

alla Migliara Sud-Ovest : 30 mn a piedi :

Da Gelsomina con cam Ischia e golfo di Napoli,

via Migliara 72 – 08 18 37 14 99 – dagelsomina@libero.it – Fax 08 18 37 14 99 – Chiuso dal 7 gennaio al 28 febbraio, martedì e la sera da ottobre a maggio BY **r**

5 cam – 120/140 € – **Rist** – Carta 28/44 €

◆ Un ristorante con camere, che si raggiunge solo a piedi o con navetta prenotabile; servizio estivo su una bella terrazza panoramica e casalinga cucina locale.

CAPRI★★★ (NA) – **564** F24 – **7 220 ab.** – **alt. 142 m** – ✉ **80073** 6 **B3**

piazza Umberto I 19 ✆081 8370686, information@capri.it

Belvedere Cannone★★ BZ accesso per la via Madre Serafina★ BZ **12** – Belvedere di Tragara★★ BY – Villa Jovis★★ BY : ✻★★, salto di Tiberio★ – Giardini di Augusto ≤★★ BZ **B** – Via Krupp★ BZ – Marina Piccola★ BY – Piazza Umberto I★ BZ – Via Le Botteghe★ BZ **10** – Arco Naturale★ BY

Grand Hotel Quisisana ≤ mare e Certosa,

via Camerelle 2 – ✆ 08 18 37 07 88 – info@quisisana.com – Fax 08 18 37 60 80 – 23 marzo-3 novembre 550, BZ **a**

148 cam – ††340/770 € – 15 suites – ½ P 230/445 €

Rist Quisi – vedere selezione ristoranti

Rist *La Colombaia* – *(25 marzo-2 novembre, chiuso la sera escluso dal 15 aprile al 30 settembre)* Carta 57/77 €

◆ Storica, lussuosa vetrina per chi è in cerca di mondanità, "il" grande albergo di Capri per antonomasia offre confort all'altezza delle aspettative; giardino con piscina. Lume di candela e atmosfera elegante al ristorante La Colombaia; cucina mediterranea.

Casa Morgano senza rist ≤ mare e Certosa, (riscaldata)

via Tragara 6 – ✆ 08 18 37 01 58 – info@casamorgano.com – Fax 08 18 37 06 81 – 15 marzo-5 novembre BZ **y**

28 cam – ††250/550 €

◆ Albergo lungo una delle strade più belle di Capri, tra ville immerse nel verde. Tutte le camere sono impreziosite da maioliche e hanno un terrazzo con splendida vista.

Scalinatella senza rist ≤ mare e Certosa, (riscaldata)

via Tragara 8 – ✆ 08 18 37 06 33 – info@scalinatella.com – Fax 08 18 37 82 91 – Aprile-ottobre BZ **e**

30 cam – ††450/650 €

◆ Primogenito tra i gioielli di una famiglia di albergatori, se ne sta acquattato sul fianco della collina e conserva intatto il suo fascino esclusivo; camere lussuose.

Punta Tragara ≤ Faraglioni e costa, (riscaldata)

via Tragara 57 – ✆ 08 18 37 08 44 – info@hoteltragara.it – Fax 08 18 37 77 90 – 14 aprile-15 ottobre rist, BY **p**

43 cam – ††400/600 € – 8 suites – ½ P 260/360 € – **Rist** – Carta 60/88 €

◆ E' perfetto per catturare e vivere appieno tutto l'incanto di Capri questo hotel raffinatissimo, progettato da Le Corbusier; terrazza panoramica con piscina riscaldata. Potrete pranzare all'aperto ai bordi della piscina e cenare nella curata sala da pranzo.

Luna ≤ mare, Faraglioni e Certosa,

viale Matteotti 3 – ✆ 08 18 37 04 33 – luna@capri.it – Fax 08 18 37 74 59 – Pasqua-ottobre BZ **j**

48 cam – ††260/415 € – 4 suites – ½ P 175/253 € – **Rist** – (solo per alloggiati) Carta 45/56 €

◆ Quasi a picco sulla scogliera, l'hotel ha un grande giardino fiorito e una terrazza da cui contemplare il mare, i Faraglioni e la Certosa; chiedete le camere con vista.

Villa Brunella ≤ mare e costa, (riscaldata)

via Tragara 24 – ✆ 08 18 37 01 22 – villabrunella@capri.it – Fax 08 18 37 04 30 – Pasqua-ottobre BY **w**

20 cam – ††260/320 € – **Rist** – (consigliata la prenotazione) Carta 40/63 € (+12 %)

◆ Tutto a scendere verso il mare in un susseguirsi di terrazze fiorite, con piscina riscaldata, e di suggestivi scorci panoramici, ha camere di raffinata eleganza classica. Tappa di rito per gli appassionati della cucina mediterranea, la terrazza-ristorante si affaccia sulla baia di Marina Piccola.

La Certosella senza rist ≤ (riscaldata)

via Tragara 13/15 – ✆ 08 18 37 07 13 – certosella@infinito.it – Fax 08 18 37 61 13 BZ **b**

12 cam – †155/220 € ††195/260 €

◆ Un piccolo ma incantevole giardino vi indurrà a sostare in quest'albergo sotto glicini, limoni e aranci. Le spaziose camere sono ospitate in un edificio neoclassico.

Canasta senza rist
via Campo di Teste 6 – ☎ 08 18 37 05 61 – canasta@capri.it – Fax 08 18 37 66 75 – Marzo-novembre BZ **c**
15 cam – †150/210 € ††160/220 €
◆ Graziosa questa "piccola casa" familiare vicino alla Certosa di S.Giacomo; elegante zona salotto e camere luminose, semplici, ma con mobilio di buon gusto e qualità.

Syrene cam,
via Camerelle 51 – ☎ 08 18 37 01 02 – syrene@capri.it – Fax 08 18 37 09 57 – Aprile-ottobre BZ **d**
32 cam – ††260/390 € – ½ P 150/240 € – **Rist** – *(chiuso martedì escluso da giugno a settembre)* Carta 40/49 €
◆ In una delle vie dello shopping caprese, comodo albergo dagli spazi comuni ampi e ariosi; camere con arredi classici o più moderni; bel giardino-limonaia con piscina. Grosse colonne bianche e vetrate sul verde nella sala da pranzo.

Villa Sarah senza rist
via Tiberio 3/a – ☎ 08 18 37 78 17 – info@villasarah.it – Fax 08 18 37 72 15 – Pasqua-ottobre BY **a**
19 cam – †100/130 € ††130/200 €
◆ Una vacanza in famiglia grazie all'ospitalità dei proprietari. Albergo nato come residenza privata con tanto di orto-giardino. Da alcune camere si gode la vista del mare.

Quisi – Gd H. Quisisana
via Camerelle 2 – ☎ 08 18 37 07 88 – info@quisisana.com – Fax 08 18 37 60 80 – Marzo-ottobre; chiuso a mezzogiorno e da maggio ad ottobre anche domenica BZ **a**
Rist – Carta 84/114 €
◆ Importanti sedie in stile, lume di candela, cura dei dettagli e atmosfera elegante per un ristorante solo serale; cucina internazionale di ottimo livello.

La Cantinella Faraglioni,
Parco Augusto, viale Matteotti 8 – ☎ 08 18 37 06 16 – la.cantinella@lacantinella.it – Fax 08 18 37 03 00 – Pasqua-ottobre; chiuso martedì escluso giugno-settembre BZ **f**
Rist – Carta 42/82 €
◆ Tra la certosa e il parco augusto, pochi gradini bastano per raggiungere la terrazza e far apparire il quadro dei faraglioni, meglio se da un tavolo in prima fila.

Aurora
via Fuorlovado 18 – ☎ 08 18 37 01 81 – mia@capri.it – Fax 08 18 37 65 33 – Chiuso da gennaio a marzo BZ **k**
Rist – Carta 43/66 € (+15 %)
◆ Ambitissimo il dehors di un simpatico, frequentato ristorante di lunga tradizione familiare che prosegue con le giovani generazioni; piatti di mare, di terra e pizze.

La Capannina 10/20,
via Le Botteghe 12 bis/14 – ☎ 08 18 37 07 32 – capannina@capri.it – Fax 08 18 37 69 90 – 15 marzo-10 novembre; chiuso mercoledì escluso maggio-settembre BZ **q**
Rist – Carta 52/70 € (+15 %)
◆ E' sempre molto "in" e gettonato questo locale nato negli anni '30; cucina locale di ampio respiro, studiata per soddisfare le esigenze di una clientela internazionale.

MARINA GRANDE (NA) – 564 F24 – ✉ 80073 6 **B3**

banchina del Porto ☎ 081 8370634, touristoffice@capri.it

Relais Maresca senza rist golfo di Napoli,
via Provinciale Marina Grande 284 – ☎ 08 18 37 96 19 – info@relaismaresca.it – Fax 08 18 37 70 40 – Chiuso dal 5 gennaio al 28 febbraio BY **v**
27 cam – †170/220 € ††220/270 €
◆ Prospiciente il porto, una risorsa recuperata con una totale ristrutturazione, offre interni di buon gusto, in stile mediterraneo; la colazione si fa in terrazza.

XX **Da Paolino**

via Palazzo a Mare 11 – ✆ 08 18 37 61 02 – paolino@capri.it – Fax 08 18 37 56 11 – Pasqua-ottobre; chiuso a mezzogiorno da giugno a ottobre BY **s**

Rist – Carta 38/50 €

♦ Una luminosa sala sul rustico per un ampio, piacevole locale, ma l'emozione arriva d'estate quando si cena nel verde, sotto una fitta limonaia; cucina campana.

CAPRIANO DEL COLLE – Brescia (BS) – 561 F12 – 3 794 ab. – alt. 116 m – ✉ 25020 17 C2

Roma 538 – Brescia 13 – Cremona 43 – Milano 80 – Verona 78

XX **Antica Trattoria La Pergolina** 20,

via Trento 86, località Fenili Belasi – ✆ 03 09 74 80 02 – Fax 03 09 74 80 04 – Chiuso dal 28 dicembre al 6 gennaio, dal 1° al 25 agosto, domenica sera e lunedì

Rist – Carta 31/42 €

♦ In un grande edificio colonico, una trattoria rustica, ma raffinata; ingredienti tutti fatti in casa per una cucina del territorio elaborata con cura e professionalità.

CAPRIATA D'ORBA – Alessandria (AL) – 561 H8 – 1 862 ab. – alt. 176 m – ✉ 15060 23 C3

Roma 575 – Alessandria 25 – Genova 63 – Milano 101 – Torino 114

X **Il Moro** 10/20,

piazza Garibaldi 7 – ✆ 014 34 61 57 – info@ristornteilmoro.it – Fax 01 43 46 08 40 – Chiuso marzo e lunedì, anche domenica sera da ottobre a maggio

Rist – Carta 24/32 €

♦ In centro paese accanto al municipio e all'interno di un palazzo del '600, una trattoria curata dove è possibile apprezzare una cucina netta e gustosa.

CAPRILE – Belluno – Vedere Alleghe

CAPRI LEONE – Messina – 565 M26 – Vedere Sicilia alla fine dell'elenco alfabetico

CAPRIOLO – Brescia (BS) – 562 F11 – 8 550 ab. – alt. 218 m – ✉ 25031 19 D1

Roma 593 – Brescia 33 – Milano 73 – Parma 142 – Verona 96

Sole 60,

via Sarnico 2 – ✆ 03 07 46 15 50 – info@solehotel.it – Fax 03 07 46 54 76 – Chiuso dal 1° all'8 gennaio e Ferragosto

38 cam – 55 € 75 € – ½ P 50 € – **Rist** – *(chiuso sabato a mezzogiorno e domenica sera)* Carta 24/37 €

♦ Struttura completamente ristrutturata e arredi totalmente rinnovati sono il miglior benvenuto di questo hotel dotato di spazi ampi e di camere moderne. Indirizzo affidabile. Ampia sala ristorante con caratteristica griglia a vista.

Agriturismo Ripa del Bosco

via Valle 21, Sud-Ovest : 2 km – ✆ 03 07 46 16 20 – info@ripadelbosco.it – Fax 03 07 36 59 90 – Chiuso gennaio e settembre

15 cam – 40 € 75 € – **Rist** – *(chiuso lunedì e martedì)* Carta 24/39 €

♦ In piena campagna, un grande e rustico caseggiato lombardo del XVII sec., ristrutturato di recente. Immerso tra le vigne di proprietà, utilizzate per la produzione di vino. Ristorante composto da salette accoglienti e ben arredate.

CAPRIVA DEL FRIULI – Gorizia (GO) – 1 621 ab. – alt. 63 m – ✉ 34070 11 C2

Roma 636 – Udine 27 – Gorizia 9 – Pordenone 74 – Trieste 49

Castello di Spessa senza rist

via Spessa 1, Nord : 1,5 km – ✆ 04 81 80 81 24 – castellodispessaresorts@paliwines.com – Fax 04 81 80 81 24

13 cam – 145 € 150/220 €

♦ Un angolo delizioso, tra i vigneti del Collio, dove sorge un castello dell'800 le cui cantine risalgono al XIV sec. Cinque camere arredate in stile, per un soggiorno di relax.

Tavernetta al Castello con cam
via Spessa 7, Nord : 1 km – ☎ 04 81 80 82 28 – castellodispessaresorts@paliwines.com – Fax 04 81 88 02 18 – Chiuso dal 24 gennaio al 7 febbraio, domenica sera e lunedì
10 cam – 77 € 118 € – **Rist** – Carta 30/44 €
◆ Un tempo osteria del vicino castello, oggi un ristorante con camere in stile rustico elegante. Due sale, una più caratteristica, l'altra più luminosa; giardino con vista.

CARAGLIO – Cuneo (CN) – 561 I4 – 6 415 ab. – alt. 575 m – ✉ 12023 22 B3

Roma 655 – Cuneo 12 – Alessandria 138 – Genova 156 – Torino 106
piazza San Paolo 3 ☎ 0171 619492, info@vallegrana.it, Fax 0171 618290

Quadrifoglio 150,
via C.L.N. 20 – ☎ 01 71 81 76 66 – info@hotel-quadrifoglio.it – Fax 01 71 81 76 66 – Chiuso dal 23 al 30 dicembre
40 cam – 45 € 70 €, 6 € – 2 suites
Rist *Il Quadrifoglio* – ☎ 01 71 61 96 85 *(chiuso dal 7 al 28 gennaio e lunedì)* Carta 18/27 €
◆ Sorto negli anni '90 alle porte della località, hotel ideale per clientela di lavoro o di passaggio; camere spaziose dalle linee essenziali, ma dal confort adeguato. Ristorante pizzeria di taglio moderno.

Il Portichetto
via Roma 178 – ☎ 01 71 81 75 75 – info@ilportichetto.com – Fax 01 71 81 75 75 – Chiuso dal 20 luglio al 10 agosto, lunedì, sabato a mezzogiorno e domenica sera
Rist – Carta 23/33 €
◆ Nel cortiletto di un grazioso edificio d'epoca con piccolo portico, un ristorantino curato, con tocchi di personalizzazione e di eleganza; piatti piemontesi.

CARAMANICO TERME – Pescara (PE) – 563 P23 – 2 100 ab. – alt. 700 m – ✉ 65023 1 B2

Roma 202 – Pescara 54 – L'Aquila 88 – Chieti 43 – Sulmona 45
via Fonte Grande 3 ☎ 085 922202, iat.caramanico@abruzzoturismo.it, Fax 085 922202

La Réserve (termale) rist,
via Santa Croce – ☎ 08 59 23 91 – info@lareserve.it – Fax 08 59 23 95 10 – Chiuso febbraio
72 cam – 298/374 € – 4 suites – **Rist** – Menu 35/40 €
◆ La natura del Parco della Maiella è cornice ideale per i rigenerativi "sentieri del benessere" proposti in una ricercata struttura con attrezzature a tecnologia avanzata. Ampiezza e luminosa ariosità degli spazi anche nel ristorante.

Cercone cam, rist,
viale Torre Alta 17/19 – ☎ 085 92 21 18 – hotelcercone@hotmail.com – Fax 085 92 22 71 – 15 dicembre-15 gennaio e marzo-ottobre
33 cam – 50/60 € 80/96 € – ½ P 55/60 € – **Rist** – (solo per alloggiati) Carta 20/25 €
◆ Di fronte all'ingresso delle Terme, un hotel che negli anni ha continuato a rinnovarsi, con camere confortevoli e pulite; piccole terrazze panoramiche dove rilassarsi.

CARANO – Trento (TN) – 562 D16 – 920 ab. – alt. 1 086 m – ✉ 38030 31 D3

Roma 659 – Bolzano 38 – Trento 66 – Belluno 96 – Venezia 173

Maso El Giata senza rist boschi,
località Aguai 3, Est : 3,5 km – ☎ 04 62 23 14 56 – info@masoelgiata.it – Chiuso ottobre e novembre
4 cam – 100 € 120 €
◆ Bellissimo maso la cui recente ristrutturazione ha messo in rilievo le travi a vista e le volte in pietra, senza rinunciare ad un tocco di design moderno. Vista sui boschi.

CARASCO – Genova (GE) – 561 I10 – 3 393 ab. – alt. 31 m – ✉ 16042 15 **C2**

Roma 466 – Genova 53 – Parma 164 – Portofino 27 – La Spezia 72

Beppa

via Vecchia Provinciale 89/91, località Graveglia Est : 3 km – ✆ 01 85 38 07 25 – Fax 01 85 38 07 25 – Chiuso dal 30 dicembre al 20 gennaio e martedì

Rist – Carta 24/31 €

◆ Arredamento semplice nelle sale (una per fumatori) di questa trattoria, accolta da una casa di campagna dell'entroterra ligure. In menù una casalinga cucina del territorio.

CARATE BRIANZA – Milano (MI) – 561 E9 – 16 814 ab. – alt. 252 m – ✉ 20048 18 **B1**

Roma 598 – Como 28 – Bergamo 38 – Milano 31 – Monza 12

Camp di Cent Pertigh

Cascina Contrevaglio Est : 1 km, strada per Besana – ✆ 03 62 90 03 31 – info@campdicentpertigh.it – Fax 03 62 90 70 08 – Chiuso dal 29 dicembre al 17 gennaio, dal 16 al 22 agosto e martedì

Rist – Carta 40/49 €

◆ All'interno di una caratteristica cascina lombarda, il ristorante che occupa soltanto una parte dell'edificio, è arredato secondo uno stile rustico-elegante. Cucina del luogo.

CARAVAGGIO – Bergamo (BG) – 561 F10 – 14 681 ab. – alt. 111 m – ✉ 24043 19 **C2**

Roma 564 – Bergamo 26 – Brescia 55 – Crema 19 – Cremona 57 – Milano 37 – Piacenza 57

al Santuario-strada provinciale Rivoltana Sud-Ovest : 1,5 km :

Belvedere dei Tre Re

via Beata Vergine 1 ✉ 24040 Misano di Gera d'Adda – ✆ 03 63 34 06 95 – belvedere3re@tiscalinet.it – Fax 03 63 34 13 99

14 cam – †60/80 € ††70/90 € – **Rist** – Carta 24/55 €

◆ Non lontano dal santuario, un edifico d'epoca ospita un hotel dagli interni raffinati; soluzioni personalizzate con mobili antichi di famiglia nelle spaziose camere. Sobrietà classica, cura della tavola e dei dettagli nell'accogliente ristorante.

CARBONARA DI BARI – Bari – 564 D32 – **Vedere Bari**

CARBONARA DI PO – Mantova (MN) – 561 G15 – 1 334 ab. – alt. 14 m – ✉ 46020 17 **D3**

Roma 457 – Verona 58 – Ferrara 51 – Mantova 55 – Modena 59

Passacör

strada provinciale Ferrarese 4 – ✆ 038 64 14 61 – info@hotelpassacor.it – Fax 038 64 18 95

37 cam – †60 € ††96 € – ½ P 50 € – **Rist** – *(chiuso domenica e a mezzogiorno)* Carta 19/54 €

◆ Struttura di concezione moderna, funzionale e ben tenuta, a conduzione diretta, dotata di parcheggio; le camere sono omogenee, essenziali, ma complete nel confort. Il ristorante apre ai passanti solo nella stagione in cui le specialità profumano di tartufo.

CARBONARA SCRIVIA – Alessandria (AL) – 561 H8 – 1 027 ab. – alt. 177 m – ✉ 15050 23 **C2**

Roma 563 – Alessandria 27 – Genova 69 – Milano 79 – Piacenza 82 – Torino 118

Locanda Malpassuti

vicolo Cantù 11 – ✆ 01 31 89 26 43 – info@locandamalpassuti.it – Fax 01 31 89 30 00 – Chiuso una settimana in gennaio e martedì

Rist – Carta 36/48 €

◆ Un'insegna in ferro, un vecchio edificio in centro, una sala con mobili e sedie in stile; in cucina però la tradizione viene rinnovata con rielaborazioni interessanti.

CARBONIA – Cagliari – 566 J7 – **Vedere Sardegna alla fine dell'elenco alfabetico**

CARCOFORO – Vercelli (VC) – 561 E6 – **77 ab. – alt. 1 304 m** – ✉ **13026** 23 **C1**

Roma 705 – Aosta 191 – Biella 85 – Milano 132 – Novara 85 – Torino 147 – Vercelli 91

Scoiattolo (Marone)

via Casa del Ponte 3/b – ✆ 016 39 56 12 – ristorantescoiattolo@libero.it – Fax 016 39 56 12 – Chiuso dal 10 gennaio al 10 marzo, una settimana in giugno, una settimana in settembre, lunedì e martedì (escluso agosto)

Rist – Menu 35/40 €

Spec. Trilogia di trota. Agnolotti di spinaci selvatici e toma dell'Alpe al timo (primavera). Torta di riso venere e mele con zabaione al ratafià.

◆ Chalet gestito da una simpatica famiglia, l'atmosfera di montagna continua all'interno e nella cucina, territoriale e di carne con qualche spunto d'invenzione.

CARDANO AL CAMPO – Varese (VA) – **12 402 ab. – alt. 238 m** – ✉ **21010** 18 **A2**

Roma 620 – Stresa 45 – Milano 43 – Gallarate 3 – Novara 34 – Varese 21

Cardano senza rist

via al Campo 10 – ✆ 03 31 26 10 11 – info@cardanohotel.com – Fax 03 31 73 08 29

59 cam – 122/135 € 150/186 €

◆ Confortevole struttura di curiosa forma circolare, che racchiude gli spazi esterni tra cui la piscina; ideale per una clientela d'affari, con camere in progressivo rinnovo.

CAREZZA (Passo di) = KARERPASS – Bolzano e Trento – **Vedere Costalunga (Passo di)**

CARIGNANO – Lucca – **Vedere Lucca**

CARIMATE – Como (CO) – **3 994 ab. – alt. 296 m** – ✉ **22060** 18 **B1**

Roma 620 – Como 19 – Milano 30

18, ✆ 031 79 02 26.

Al Torchio di Carimate

piazza Castello 4 – ✆ 031 79 14 86 – altorchioristorante@virgilio.it – Fax 031 79 14 86 – Chiuso 2 settimane in agosto e lunedì

Rist – Carta 40/55 €

◆ I soffitti di legno e le ampie vetrate rendono caldo e luminoso il locale, vicino al suggestivo castello del XIV secolo; piatti lombardi rivisitati e buona scelta di vini.

CARISIO – Vercelli (VC) – 561 F6 – **957 ab. – alt. 183 m** – ✉ **13040** 23 **C2**

Roma 648 – Torino 58 – Aosta 103 – Biella 26 – Novara 39 – Vercelli 26

sulla strada statale 230 **Nord-Est : 6 km :**

La Bettola 30,

località Fornace Crocicchio, strada statale Vercelli-Biella 9 ✉ 13040 – ✆ 01 61 85 80 45 – info@labettolahotel.com – Fax 01 61 85 81 00

36 cam – 42/47 € 62/78 € – **Rist** – Carta 20/40 €

◆ In posizione stradale, una funzionale struttura che si articola in due corpi; spazi comuni limitati, ma stanze spaziose, da preferire quelle nell'ala più recente. Il ristorante dispone di due confortevoli sale climatizzate d'impostazione classica.

CARLENTINI – 432 ?P57P 27 – **Vedere Sicilia alla fine dell'elenco alfabetico**

CARLOFORTE – Cagliari – 566 J6 – **Vedere Sardegna (San Pietro, isola di) alla fine dell'elenco alfabetico**

CARMAGNOLA – Torino (TO) – 561 H5 – 25 454 ab. – alt. 240 m – ✉ 10022 22 B3

Roma 663 – Torino 29 – Asti 58 – Cuneo 71 – Milano 184 – Savona 118 – Sestriere 92

I Girasoli, strada Pralormo Est : 4 km, ☎ 011 979 50 88 ; La Margherita, strada Pralormo Est : 12 km, ☎ 011 979 51 13.

San Marco cam, 60, P VISA AE

via San Francesco di Sales 18 – ☎ 011 96 26 53 – info@sanmarcoalbergo.com – Fax 01 19 71 59 38 – Chiuso dal 27 dicembre al 6 gennaio e dal 3 al 26 agosto

20 cam – †69/85 € ††80/110 € – **Rist** – Carta 26/38 €

♦ In zona periferica collegata al centro, la struttura è vocata soprattutto ad una clientela commerciale ma con tocchi di eleganza nelle semplici camere dai moderni accessori. Al ristorante, specialità alla lampada ed una saletta enoteca dove degustare formaggi e salumi in un'atmosfera più riservata.

Agriturismo Margherita rist, P VISA

strada Pralormo 315, Est : 6 km – ☎ 01 19 79 50 88 – info@girasoligolf.it – Fax 01 19 79 52 28

12 cam – ††70 €, 8 € – **Rist** – *(chiuso gennaio)* Carta 20/30 €

♦ Vasta azienda agricola, dotatissima per gli appassionati di golf, con possibilità di soggiorni abbinati a corsi; belle camere anche per famiglie, grandi spazi aperti.

CARMIGNANO – Prato (PO) – 563 K15 – 12 554 ab. – alt. 200 m – ✉ 59015 29 C1

Roma 298 – Firenze 24 – Milano 305 – Pistoia 23 – Prato 15

ad Artimino Sud : 7 km – alt. 260 m – ✉ 59015

Paggeria Medicea rist, 200, P VISA AE

viale Papa Giovanni XXIII – ☎ 055 87 51 41 – hotel@artimino.com – Fax 05 58 75 14 70 – Chiuso dal 18 al 27 dicembre

37 cam – †115/130 € ††135/160 € – ½ P 88/100 € – **Rist** – *(chiuso dal 1° al 25 novembre, mercoledì sera e giovedì a mezzogiorno)* Carta 35/46 €

♦ Un edificio rinascimentale ospita l'elegante hotel, le cui camere si trovano negli ex alloggi dei paggi medicei. Tra gli spazi comuni un giardino ed una piscina panoramica. La gastronomia che na reso celebre nel mondo La Toscana presso il ristorante del borgo.

Da Delfina P

via della Chiesa 1 – ☎ 05 58 71 80 74 – posta@dadelfina.it – Fax 05 58 71 81 75 – Chiuso dal 20 gennaio al 10 febbraio, agosto e martedì a mezzogiorno, domenica sera e lunedì

Rist – (prenotare) Carta 34/44 € (+10 %)

♦ Un locale classico, raffinato e caratteristico che propone cucina regionale tipica. In estate è possibile il servizio in terrazza da dove contemplare il paesaggio collinare.

CARMIGNANO DI BRENTA – Padova (PD) – 562 F17 – 7 205 ab. – alt. 45 m – ✉ 35010 37 B1

Roma 505 – Padova 33 – Belluno 96 – Tarvisio 47 – Venezia 57

Zenit cam, P VISA AE

piazza del Popolo 16 – ☎ 04 99 43 03 88 – hotel.zenit@libero.it – Fax 04 99 43 02 97

20 cam – †47/65 € ††67/85 € – ½ P 50 € – **Rist** – *(chiuso dal 26 dicembre al 5 gennaio e le sere di venerdì e domenica)* Carta 19/30 €

♦ Servizio di tono familiare in un albergo ben tenuto, ideale per clientela di lavoro e di passaggio; buon rapporto qualità/prezzo, servizi adeguati. Ristorante classico, dove gustare anche paste fresche fatte in casa.

CARNAGO – Varese (VA) – 561 E8 – 5 784 ab. – alt. 354 m – ✉ 21040 18 A1

Roma 639 – Como 60 – Varese 18 – Milano 53 – Bergamo 92

Villa Bregana 100, P VISA AE

viale dei Carpini – ☎ 03 31 98 76 00 – hotel@villabregana.it – Fax 03 31 98 68 68

25 cam – †110 € ††140 € – ½ P 95/105 € – **Rist** – *(chiuso martedì)* Carta 32/56 €

♦ Grande villa settecentesca, recentemente ristrutturata, immersa in un vasto parco con piante secolari. Ambienti curati, camere con arredi moderni in stile country minimalista. Elegante sala ristorante, cucina di mare.

CARNELLO – Frosinone – 563 R22 – Vedere Arpino

CARONA – Bergamo (BG) – 561 D11 – 373 ab. – alt. 1 110 m – Sport invernali : *1 100/2 130 m* 4, – 24010 16 **B1**

Roma 636 – Sondrio 90 – Bergamo 53 – Brescia 101 – Lecco 63 – Milano 104

Carona rist,
via Bianchi 22 – 034 57 71 25 – albergocarona@tin.it – Fax 034 57 71 24 – Chiuso maggio ed ottobre
9 cam – 40 € 62 € – ½ P 45/60 € – **Rist** – *(chiuso martedì)* Carta 18/30 €
◆ In alta Val Brembana, albergo a conduzione familiare, semplice, ma ben tenuto; camere arredate in gran parte con mobili inizio '900, dal confort essenziale. E' ubicata al primo piano la sala ristorante, d'impostazione classica.

CAROVIGNO – Brindisi (BR) – 564 E34 – 15 396 ab. – alt. 171 m – 72012 27 **C2**

Roma 538 – Brindisi 28 – Bari 88 – Taranto 61

Già Sotto l'Arco (Buongiorno)
corso Vittorio Emanuele 71 – 08 31 99 62 86 – sottolarco@libero.it – Fax 08 31 99 47 69 – Chiuso dal 15 al 30 novembre, lunedì e domenica sera da novembre a maggio
Rist – Carta 43/56 €
Spec. Tartara di funghi cardoncelli, seppia e sedano. Fave e cicoria con peperoni dolci fritti. Maialino da latte alle erbe di macchia mediterranea.
◆ Elegante edificio barocco sulla piazza centrale, la cui sala al primo piano continua ad evolversi e ad arricchirsi di ospitalità, come la cucina, ricerca di rarità pugliesi.

CARPANETO PIACENTINO – Piacenza (PC) – 562 H11 – 7 139 ab. – alt. 110 m – 29013 8 **A2**

Roma 508 – Piacenza 19 – Alessandria 114 – Genova 151 – Milano 92 – Parma 37

Nido del Picchio (Repetti) 8/12,
viale Patrioti 6 – 05 23 85 09 09 – nidodelpicchio@tiscali.it – Fax 05 23 85 09 09 – Chiuso lunedì e a mezzogiorno (escluso domenica e i giorni festivi)
Rist – Carta 35/54 €
Spec. Filetto di storione, fave, punte d'asparagi e sfilacci di coppa (primavera). Lasagnette all'astice. Medaglioni di coda di rospo alla pancetta e senape.
◆ In zona residenziale un'insospettabile villetta, l'abitazione dei proprietari, ospita il ristorante. Un accogliente salotto per una cucina di terra e di mare, con personalità.

a Travazzano Sud-Est : 5 km – 29013 – Carpaneto Piacentino

Antica Osteria della Pesa 10,
via Valle 195 – 05 23 85 28 75 – ost.pesa@libero.it – Fax 05 23 85 28 75 – Chiuso lunedì e martedì escluso da giugno ad agosto
Rist – Carta 33/50 €
◆ Una sala con intimi séparé, altre salette e un dehors estivo per un locale a gestione familiare, un figlio in cucina e l'altro sommelier; piatti piacentini e creativi.

CARPI – Modena (MO) – 562 H14 – 63 316 ab. – alt. 28 m – 41012 *Italia* 8 **B2**

Roma 424 – Bologna 60 – Ferrara 73 – Mantova 53 – Milano 176 – Modena 18 – Reggio nell'Emilia 27 – Verona 87
Piazza dei Martiri★ – Castello dei Pio★

Touring
viale Dallai 1 – 056 68 15 35 – info@hoteltouringcarpi.it – Fax 059 65 42 31 – Chiuso dal 4 al 19 agosto
65 cam – 89/156 € 119/214 € – 1 suite
Rist *Belloni* – *059 65 37 01 (chiuso sabato a mezzogiorno e domenica)* Carta 38/52 €
◆ In posizione centrale, un grazioso hotel ideale per una clientela turistica e business con confortevoli spazi arredati nelle rilassanti tinte verde, azzurro e rosa salmone. Nella classica sala ristorante, pranzi di lavoro, cene, banchetti ed una cucina che propone piatti tradizionali e di pesce.

Duomo senza rist
via Cesare Battisti 25 – 059 68 67 45 – Fax 059 68 67 45 – Chiuso dal 2 al 23 agosto
16 cam – 60/63 € 90/95 €
◆ Dietro il Duomo, in pieno centro, ma con comodissimo parcheggio, un albergo a gestione familiare, semplice, ma accogliente; arredi essenziali nelle camere.

Il Barolino
via Giovanni XXIII 110 – 059 65 43 27 – Fax 059 65 43 27 – Chiuso dal 27 dicembre al 3 gennaio, dal 4 al 27 agosto, sabato a mezzogiorno e domenica
Rist – Carta 30/43 €
◆ In zona semiperiferica, un ristorante a gestione familiare che si è saputo imporre sia per il livello delle preparazioni che per il buon rapporto qualità/prezzo.

CARPINETI – Reggio Emilia (RE) – 562 I13 – 4 167 ab. – alt. 556 m – ✉ 42033 8 B2

Roma 457 – Parma 50 – Bologna 92 – Modena 52

Agriturismo Le Scuderie
via Regigno 77, Sud-Est : 1,5 km – 05 22 61 83 97 – Fax 05 22 71 80 66
7 cam – 30/32 € 52/55 € – ½ P 40/45 €
Rist – Carta 18/25 €
◆ Per scoprire l'Appennino Reggiano, un bel rustico ristrutturato, in posizione tranquilla nel verde dei colli; bei mobili di legno nelle camere. Ristorante di tono rustico con cucina casereccia.

CARRAIA – Firenze – Vedere Calenzano

Dormire con tutti i comfort a prezzo contenuto?
Cercate i Bib Hôtel .

CARRARA – Massa Carrara (MS) – 563 J12 – 65 039 ab. – alt. 80 m – ✉ 54033 28 A1

Toscana

Roma 400 – La Spezia 31 – Firenze 126 – Massa 7 – Milano 233 – Pisa 55
Cave di marmo di Fantiscritti★★ Nord-Est : 5 km – Cave di Colonnata★ Est : 7 km

ad Avenza Sud-Ovest: 4 km – ✉ 54031

Carrara rist,
via Petacchi 21 – 05 85 85 76 16 – info@hotelcarrara.it – Fax 058 55 03 44
32 cam – 65 € 102 € – **Rist** – *(chiuso a mezzogiorno)* (solo per alloggiati) Menu 20/30 €
◆ Nelle immediate vicinanze della stazione ferroviaria, una risorsa familiare di buon confort generale, dotata di parcheggio privato; camere semplici, ma dignitose. Simpatica e colorata sala ristorante, non priva d'eleganza.

CARRARA (Marina di) – Massa Carrara (MS) – 563 J12 – ✉ 54036 28 A1

Roma 396 – La Spezia 26 – Carrara 7 – Firenze 122 – Massa 10 – Milano 229 – Pisa 53

Ciccio Marina cam,
viale da Verrazzano – 05 85 78 02 86 – cicciomarina@ristoranteciccio.it – Fax 05 85 63 28 64 – Chiuso lunedì (escluso da giugno a settembre)
Rist – Carta 36/49 €
◆ Bella risorsa situata nei pressi dei lidi e del porto, propone una gustosa cucina di mare.

CARRÈ – Vicenza (VI) – **562** E16 – **3 398 ab.** – **alt. 219 m** – ✉ **36010** 35 **B2**

Roma 545 – Padova 66 – Trento 63 – Belluno 106 – Treviso 73 – Verona 72 – Vicenza 29

La Rua rist, 100,

località Cà Vecchia Est : 4 km – ✆ 04 45 89 30 88 – info@hotellarua.it – Fax 04 45 89 31 47

22 cam – 65 € 70/95 € – **Rist** – *(chiuso martedì)* Carta 23/30 €

◆ Isolato sulle colline sovrastanti la pianura, offre camere classiche e spaziose o, da preferire, più recenti e moderne negli arredi anche se di metratura a volte più ridotta. Piacevolissima terrazza panoramica per il servizio estivo.

Locanda La Corte dei Galli senza rist

via Prà Secco 1/a – ✆ 04 45 89 33 33 – lacortedeigalli@tiscali.it – Fax 04 45 89 33 18

7 cam – 110/130 € 130/160 €

◆ Struttura di charme ricavata nella barchessa di un edificio rurale del '700, rinnovato con elegante raffinatezza; mobili d'epoca nelle camere e piccola piscina interna.

CARRO – La Spezia (SP) – **561** J10 – **650 ab.** – **alt. 420 m** – ✉ **19012** 15 **D2**

Roma 420 – La Spezia 36 – Genova 68 – Parma 134

a Pavareto **Sud-Ovest : 1,5 km** – ✉ **19012**

Agriturismo Ca du Chittu

isolato Camporione 25 – ✆ 01 87 86 12 05 – caduchittu@virgilio.it – Fax 01 87 86 12 05

7 cam – 48/56 € 60/70 € – ½ P 48/56 € – **Rist** – *(solo su prenotazione)* Menu 23/38 €

◆ Nel cuore della Val di Vara una risorsa tranquilla ed accogliente. Camere circondate da coltivazioni e allevamenti biologici, mountain bike a disposizione degli sportivi.

CARRÙ – Cuneo (CN) – **561** I5 – **4 101 ab.** – **alt. 364 m** – ✉ **12061** 23 **C3**

Roma 620 – Cuneo 31 – Milano 203 – Savona 75 – Torino 74

Trattoria Vascello d'Oro 10,

via San Giuseppe 9 – ✆ 017 37 54 78 – Fax 017 37 54 78 – Chiuso dal 1° al 15 febbraio, luglio, domenica sera e lunedì

Rist – (prenotare) Carta 24/39 €

◆ Ambiente tipico in un'affollata e vivace trattoria, caratteristica per atmosfera e sapori. Cucina casalinga legata alle tradizioni locali, nei giorni festivi il menù è fisso.

Moderno

via Misericordia 12 – ✆ 017 37 54 93 – Fax 017 37 54 93 – Chiuso dal 26 dicembre al 5 gennaio, agosto, martedì e le sere di lunedì, martedì e mercoledì

Rist – Carta 27/38 €

◆ Esperienza più che quarantennale per la famiglia che gestisce questa trattoria centrale, dai sobri arredi classici; cucina piemontese, specialità il bollito misto.

CARSOLI – L'Aquila (AQ) – **563** P21 – **5 174 ab.** – **alt. 640 m** – ✉ **67061** 1 **A2**

Roma 68 – Avezzano 45 – Frosinone 81 – L'Aquila 63 – Rieti 56

L'Angolo d'Abruzzo 10/20,

piazza Aldo Moro – ✆ 08 63 99 74 29 – angolodiabruzzo@tin.it – Fax 08 63 99 50 04 – Chiuso dall' 8 al 14 gennaio, dal 9 al 16 luglio e mercoledì

Rist – Carta 30/53 €

◆ Per gli appassionati della cucina abruzzese, i migliori prodotti e i sapori più autentici della gastronomia regionale in un ambiente classico; ottima cantina, visitabile.

Al Caminetto 20/30,

via degli Alpini 95 – ✆ 08 63 99 54 79 – al-caminetto@tiscali.it – Fax 08 63 90 70 47 – Chiuso dall' 8 al 15 gennaio, dal 17 al 28 luglio e lunedì

Rist – Carta 24/42 €

◆ Décor rustico in un locale poliedrico, con sala enoteca per degustazioni; l'offerta è ampia e variegata, dai funghi ai tartufi, alle pizze cotte nel forno a legna.

in prossimità dello svincolo Carsoli-Oricola Sud-Ovest : 2 km :

Nuova Fattoria

via Tiburtina km 68,3 ✉ 67061 – ✆ 08 63 99 73 88 – nuova.fattoria@tiscali.it – Fax 08 63 99 21 73

19 cam – 50/60 € 70/75 € – ½ P 55/65 € – **Rist** – Carta 24/35 €

◆ Davanti al casello autostradale, offre ambienti omogenei e di buon livello. Arredi di legno massiccio nelle camere, bagni sempre diversi, a volte estrosi. Sala ristorante con alto spiovente in legno e brace a vista per la carne.

CARTOCETO – Pesaro e Urbino (PU) – 563 K20 – 6 830 ab. – alt. 235 m – ✉ 61030 20 B1

Roma 271 – Rimini 69 – Ancona 75 – Pesaro 28 – Urbino 35

Symposium (Pompili)

12,

via Cartoceto 38, Ovest : 1,5 km – ✆ 07 21 89 83 20 – lucio@symposium4stagioni.it – Fax 07 21 89 30 04 – Chiuso due settimane in gennaio, due settimane in novembre, lunedì e a mezzogiorno (escluso i giorni festivi)

Rist – Carta 70/95 €

Spec. Insalata di anguilla e guanciale. Passatelli asciutti con fegato grasso, fave e guanciale. Polpa di capriolo, salsa di polenta e bacche rosse.

◆ Nel contesto di un lussureggiante paesaggio collinare, il ristorante stupisce per spazi ed eleganza. Come la cucina, dalla cacciagione al pesce passando per il tartufo.

CARTOSIO – Alessandria (AL) – 561 I7 – 788 ab. – alt. 236 m – ✉ 15015 23 C3

Roma 578 – Genova 83 – Acqui Terme 13 – Alessandria 47 – Milano 137 – Savona 46 – Torino 115

Cacciatori con cam

via Moreno 30 – ✆ 014 44 01 23 – Fax 014 44 05 24 – Chiuso dal 23 dicembre al 24 gennaio e dal 1° al 15 luglio

12 cam – 40 € 60 €, 10 € – 2 suites – **Rist** – *(chiuso giovedì e venerdì a mezzogiorno)* Carta 27/39 €

◆ Sobria struttura che si avvale di un'attenta gestione familiare; proposte legate alle tradizioni del territorio, con un'oculata scelta delle materie prime.

CARZAGO – Brescia (BS) – 561 F13 – alt. 202 m – ✉ 25080 17 D1

Roma 542 – Brescia 23 – Verona 57

Arzaga, ✆ 030 680 62 66.

Palazzo Arzaga

cam, rist, 220,

località Calvagese della Riviera, Sud : 2 km – ✆ 030 68 06 00 – arzaga@arzaga.it – Fax 03 06 80 62 70 – 15 marzo-18 novembre

84 cam – 312/423 € – 3 suites

Rist *Il Moretto* – *(chiuso a mezzogiorno)* Carta 63/97 €

Rist *Club House* – Carta 46/73 €

◆ In un suggestivo palazzo del XV secolo, poliedrico hotel di lusso, per congressi, per chi ama il golf, le terapie rigenerative o il semplice relax in ambiente elegante. Arredi antichi al raffinato ristorante "Il Moretto". Più informale il "Club House".

CASAGIOVE – Caserta (CE) – 564 D25 – 14 720 ab. – alt. 53 m – ✉ 81022 6 B2

Roma 190 – Napoli 29 – Avellino 58 – Benevento 49 – Campobasso 99

Le Quattro Fontane

via Quartier Vecchio 60 – ✆ 08 23 46 89 70 – Chiuso dal 23 dicembre al 2 gennaio, agosto e domenica

Rist – Carta 21/33 €

◆ Di aspetto moderno, è però un locale di lunga tradizione familiare, che non ha perso i suoi connotati di informalità; piatti casalinghi del territorio anche alleggeriti.

CASALBUTTANO ED UNITI – Cremona (CR) – 561 G11 – 4 055 ab. – alt. 61 m – ✉ 26011 16 **B3**

Roma 531 – Piacenza 42 – Bergamo 62 – Brescia 45 – Cremona 16 – Mantova 80 – Parma 83

La Granda
via Jacini 51 – ☎ 03 74 36 24 06 – lagranda@libero.it – Fax 03 74 36 24 06 – Chiuso dal 1° al 25 gennaio, martedì sera e mercoledì
Rist – Carta 18/34 €
◆ Un ambiente rustico ed accogliente tra le mura di una cascina sita in centro paese, dove gustare una genuina cucina regionale e pane fatto in casa. Servizio estivo in corte.

CASALE – Parma – Vedere Felino

CASALE CORTE CERRO – Verbano-Cusio-Ossala (VB) – 561 E7 – 3 358 ab. – alt. 372 m – ✉ 28881 24 **A1**

Roma 671 – Stresa 14 – Domodossola 32 – Locarno 53 – Milano 94 – Novara 61 – Torino 135

Cicin cam, 120, P, VISA, MC, AE
via Novara 1/31, strada statale Est : 1 km – ☎ 03 23 84 67 02 – info@hotelcicin.com – Fax 03 23 84 00 45 – Chiuso agosto
26 cam – †36/40 € ††55/60 €, ☕ 6 € – ½ P 45/50 € – **Rist** – *(chiuso lunedì)* Carta 21/37 €
◆ Risorsa sita lungo la statale, votata ad una clientela d'affari, dispone all'interno di una sala conferenza-ristorante, camere semplici e confortevoli. Il ristorante, con sale di grandezza modulabile, propone una cucina tipica piemontese.

CASALE MONFERRATO – Alessandria (AL) – 561 G7 – 35 459 ab. – alt. 116 m – ✉ 15033 23 **C2**

Roma 611 – Alessandria 31 – Asti 42 – Milano 75 – Pavia 66 – Torino 70 – Vercelli 23

piazza Castello ☎ 0142 444330, chiosco@comune.casale-monferrato.al.it, Fax 0142 444330

Candiani AC 500, P, VISA, MC, AE
via Candiani d'Olivola 36 – ☎ 01 42 41 87 28 – hotelcandiani@libero.it – Fax 01 42 41 87 22
47 cam ☕ – †68/78 € ††93/104 € – 2 suites – **Rist** – (apertura prevista per 2007)
◆ Da una sapiente ristrutturazione che ha salvaguardato l'originario stile liberty di un vecchio mattatoio del 1913, è nato un nuovo albergo elegante; spaziose le camere.

Business senza rist AC 40, P, VISA, MC, AE
strada Valenza 4/G – ☎ 01 42 45 64 00 – info@business-hotel.it – Fax 01 42 45 64 46 – Chiuso dal 23 dicembre all'8 gennaio
87 cam ☕ – †85 € ††120 €
◆ Un corpo tipo motel con posto auto di fronte alla camera e una più recente struttura a torre compongono un hotel funzionale, dotato di piscina e sale convegni.

CASALE SUL SILE – Treviso (TV) – 562 F18 – 10 842 ab. – ✉ 31032 35 **A1**

Roma 541 – Venezia 26 – Padova 48 – Pordenone 52 – Treviso 17

Claudia Augusta senza rist AC P, VISA, MC, AE
vicolo San Francesco d'Assisi 1, Nord-Est : 1 km – ☎ 04 22 78 33 11 – prenotazioni@hca.it – Fax 04 22 78 33 33
31 cam ☕ – †40/60 € ††65/85 €
◆ Un'antica casa padronale vicina al Sile, è ora, dopo il restauro, una risorsa moderna negli accessori e nel confort, conservando negli interni il fascino del suo passato.

XX **San Nicolò** 20, VISA AE
via San Nicolò 5 – ☎ 04 22 82 26 72 – Fax 04 22 82 26 72 – Chiuso dal 1° al 6 gennaio, domenica sera e lunedì, anche domenica a mezzogiorno in luglio-agosto
Rist – Carta 30/70 €
◆ Idilliaca posizione tra la chiesa e le rive del Sile, il contesto rustico della casa colonica è stato rinnovato per offrire ambienti più eleganti. La cucina è di mare.

CASALFIUMANESE – Bologna (BO) – 562 I16 – 3 049 ab. – alt. 125 m – ✉ 40020 9 C2

Roma 387 – Bologna 47 – Firenze 84 – Modena 93

X **Valsellustra** P VISA AE
via Valsellustra 16, Nord : 11 km – ☎ 05 42 68 40 73 – valsellustra@libero.it – Chiuso dal 15 al 28 febbraio, dal 18 al 23 agosto e giovedì
Rist – Carta 28/40 €
◆ Tipico ristorante di campagna, in posizione isolata, sobrio con tavoli ampi e ravvicinati. Piatti saporiti e appetitosi con specialità a base di funghi e cacciagione.

CASALMAGGIORE – Cremona (CR) – 561 H13 – 14 117 ab. – alt. 26 m – ✉ 26041 17 C3

Roma 46 – Parma 24 – Brescia 69 – Cremona 40 – Mantova 41 – Piacenza 75

Bifi's Hotel senza rist 200, P VISA AE
strada statale 420 km 36, località Rotonda – ☎ 03 75 20 09 38 – info@bifihotel.it – Fax 03 75 20 06 90
82 cam – †60/120 € ††80/155 €
◆ Un'ampia e marmorea hall con colonne vi accoglie in questo funzionale e comodo albergo al crocevia tra le province di Mantova, Cremona e Parma; arredi recenti nelle camere.

XX **Ristobifi** 30, P VISA AE
strada statale 420 km 36, località Rotonda – ☎ 03 75 20 12 44 – ospitali1@ospitalitaeristorazione.191.it – Fax 03 75 20 55 05 – Chiuso dal 23 al 28 dicembre, dal 10 al 25 agosto e martedì
Rist – Carta 41/56 €
◆ Ristorante moderno ed accogliente, ospitato dallo stesso edificio dell'hotel Bifi. Pavimento in parquet e una cucina che e propone piatti classici, a volte rivisitati.

CASALNOCETO – Alessandria (AL) – 561 H8 – 901 ab. – alt. 159 m – ✉ 15052 23 D2

Roma 598 – Alessandria 33 – Genova 89 – Milano 76 – Torino 130

XX **La Locanda del Seicento** 8/15, VISA AE
piazza Martiri della Libertà – ☎ 01 31 80 96 14 – lalocandadelseicento@libero.it – Fax 01 31 80 98 00 – Chiuso dal 9 al 23 gennaio e lunedì
Rist – Carta 29/44 €
◆ Diverse salette ricavate dai due piani di in una casa del '600. Ambiente rustico ma di tono elegante, gestione giovane e motivata. Dalla cucina piatti piemontesi e non solo.

CASALOTTO – Asti – Vedere Mombaruzzo

CASAL VELINO – Salerno (SA) – 564 G27 – 4 711 ab. – alt. 170 m – ✉ 84040 7 C3

Roma 346 – Potenza 148 – Salerno 87 – Sapri 74

Agriturismo i Moresani rist, P VISA AE
località Moresani Casal Velino – ☎ 09 74 90 20 86 – imoresani@hotmail.com – Chiuso novembre
10 cam – †52/65 € ††80/100 € – 2 suites – ½ P 55/70 € – **Rist** – (solo su prenotazione) Carta 20/30 €
◆ Poco sopra la località, oasi di pace e serenità, immersa tra gli ulivi. Camere semplici ma arredate con gusto, piscina per rinfrescarsi nei caldi pomeriggi estivi. A tavola la genuinità e i sapori degli ottimi prodotti locali.

Le Giare

via bivio Acquavella Nord-Est : 5 km – ✆ 09 74 90 79 90 – cristinagiordano83@libero.it – Chiuso dal 30 settembre al 15 ottobre e martedì (escluso luglio-agosto)
Rist – Carta 22/29 €
◆ Situato fuori della località, un ristorante classico, a conduzione familiare, dove potrete scegliere tra piatti campani e del Cilento, di terra e di mare.

CASARSA DELLA DELIZIA – Pordenone (PN) – 562 E20 – 8 322 ab. – alt. 44 m – ✉ 33072 10 B3

Roma 608 – Udine 40 – Pordenone 20 – Venezia 95

Al Posta 200,

via Valvasone 12/14 – ✆ 04 34 87 08 08 – hotelalposta@tin.it – Fax 04 34 87 08 04
30 cam – 40/75 € 60/75 € – ½ P 45/60 € – **Rist** – *(chiuso domenica e sabato sera)* Menu 15/25 €
◆ Un centrale, vecchio rustico seicentesco con giardino, recuperato in chiave moderna per offrire funzionalità e confort sia nelle aree comuni che nelle sobrie camere. Il ristorante dispone di varie sale, adatte ai banchetti; cucina di mare e di terra.

CASARZA LIGURE – Genova (GE) – 561 J10 – 6 196 ab. – alt. 34 m – ✉ 16030 15 C2

Roma 457 – Genova 50 – Portofino 38 – La Spezia 59

San Giovanni

via Monsignor Podestà 1 – ✆ 01 85 46 72 44 – Chiuso dal 7 gennaio al 1° febbraio e lunedì (escluso luglio-agosto)
Rist – (prenotare) Carta 32/46 €
◆ Fuori del centro, una villetta con un curato giardino, dove d'estate si svolge il servizio all'aperto, ospita questo ristorante, che propone esclusivamente pesce.

CASATENOVO – Lecco (LC) – 561 E9 – 12 201 ab. – alt. 359 m – ✉ 23880 18 B1

Roma 590 – Como 31 – Bergamo 47 – Lecco 21 – Milano 30

La Fermata (Tona) 6/18,

via De Gasperi 2, Sud : 1,5 km – ✆ 03 99 20 54 11 – lucianotona@lafermata.it – Fax 03 99 20 96 98 – Chiuso dal 26 dicembre al 10 gennaio, dal 10 al 30 giugno, lunedì, martedì e a mezzogiorno (escluso domenica)
Rist – Carta 50/62 €
Spec. Triglie, ciliege asprigne, aria di ciliege e finocchi. Pollo in tre servizi. Uovo fritto, limone e cioccolata.
◆ Il carattere di residenza privata e familiare si arricchisce all'interno di elementi decorativi più moderni. La cucina spazia dal mare alla terra, soffermandosi sul pollo.

CASCIA – Perugia (PG) – 563 N21 – 3 249 ab. – alt. 645 m – ✉ 06043 33 C3

Roma 138 – Ascoli Piceno 75 – Perugia 104 – Rieti 60 – Terni 66

piazza Garibaldi 1 ✆ 0743 71147, info@iat.cascia.pg.it, Fax 0743 76630

Monte Meraviglia e Sporting Center La Reggia

rist, rist, 150,

via Roma 15 – ✆ 074 37 61 42 – prenotazioni@magrelliospitalita.com – Fax 074 37 11 27
159 cam – 110 € 80/140 € – ½ P 70/95 €
Rist *Il Tartufo* – Carta 30/51 €
◆ Complesso formato da due strutture: una imponente, di taglio moderno, con ampi spazi: per grandi numeri. L'altra più piccola, con attrezzato centro sportivo usato da entrambe. Ambiente curato al ristorante dove gustare piatti a base di tartufo e locali.

Cursula rist, 60,

viale Cavour 3 – ✆ 074 37 62 06 – info@hotelcursula.com – Fax 074 37 62 62 – Chiuso gennaio e febbraio
40 cam – 60/70 € 70/100 € – **Rist** – Carta 24/35 €
◆ Piccolo albergo a gestione familiare, che garantisce, nella sua semplicità, un soggiorno confortevole tanto ai gruppi di pellegrini, quanto alla clientela di lavoro. In attività dal 1949, il rinomato ristorante che propone una schietta cucina del territorio.

CASCIANA TERME – Pisa (PI) – 563 L13 – 3 605 ab. – alt. 125 m – ✉ 56034
Toscana 28 **B2**

Roma 335 – Pisa 39 – Firenze 77 – Livorno 41 – Pistoia 61 – Siena 100

via Cavour 11 ✆ 0587 646258, proloco@casciana.it, Fax 0587 646258

Roma cam, rist,

via Roma 13 – ✆ 05 87 64 62 25 – info@albergo-roma.it – Fax 05 87 64 52 33 – Chiuso dicembre

36 cam – 50/60 € 85/95 € – ½ P 60/65 € – **Rist** – (solo per alloggiati) Menu 20/30 €

◆ D'altri tempi i corridoi ampi e i soffitti alti negli spazi comuni di un hotel centrale, ristrutturato in anni recenti; giardino ombreggiato con piscina. Regna un'atmosfera piacevolmente retrò nella signorile sala ristorante.

CASCINA – Pisa (PI) – 563 K13 – 39 423 ab. – ✉ 56021 28 **B2**

Roma 334 – Pisa 21 – Firenze 63 – Livorno 29 – Pistoia 50 – Siena 101

Eurohotel senza rist 400,

viale Europa 4/6 – ✆ 050 71 04 94 – reservation@eurohotel.pisa.it – Fax 050 71 05 70

68 cam – 70/110 € 90/130 €

◆ All'uscita della superstrada Pisa-Firenze, hotel in comoda posizone stradale, dotato di arredi classici nelle camere ben insonorizzate; sale convegni.

CASEI GEROLA – Pavia (PV) – 561 G8 – 2 533 ab. – alt. 81 m – ✉ 27050 16 **A3**

Roma 574 – Alessandria 36 – Milano 57 – Novara 61 – Pavia 36

Bellinzona

via Mazzini 71 – ✆ 038 36 15 25 – hotelbellinzona@tin.it – Fax 038 36 13 74

18 cam – 50 € 65 €, 6 € – ½ P 67 € – **Rist** – *(chiuso sabato)* Carta 30/38 €

◆ Hotel centrale, gestito da quattro generazioni della stessa famiglia, in grado di offrire un buon livello di confort generale; camere ben tenute. Ampio ristorante, molto frequentato, piatti genuini con specialità alla brace.

CASELLE TORINESE – Torino (TO) – 561 G4 – 16 574 ab. – alt. 277 m – ✉ 10072 22 **A1**

Roma 691 – Torino 13 – Milano 144

Città di Torino Nord : 1 km ✆ 011 5676361

Jet Hotel 200,

via Della Zecca 9 – ✆ 01 19 91 37 33 – jet_hotel@jet-hotel.com – Fax 01 19 96 15 44 – Chiuso dal 6 al 20 agosto

79 cam – 126 € 190 €

Rist ***Antica Zecca*** – ✆ 01 19 96 14 03 *(chiuso lunedì)* Carta 31/51 €

◆ Un bell'edificio del XVI secolo recuperato, ospita un comodo hotel ubicato nella zona dell'aeroporto; atmosfera signorile, buon livello di servizio, camere ben accessoriate. Al ristorante ambiente di tono elegante e notevole cura della tavola.

CASE NUOVE – Varese – Vedere Somma Lombardo

CASERE = KASERN – Bolzano – Vedere Valle Aurina

CASERTA Ⓟ (CE) – 564 D25 – 78 965 ab. – alt. 68 m – ✉ 81100 *Italia* 6 **B2**

Roma 192 – Napoli 31 – Avellino 58 – Benevento 48 – Campobasso 114 – Abbazia di Montecassino 81

corso Trieste 39 (angolo piazza Dante) ✆ 0823 321137, enturismo.caserta@virgilio.it

La Reggia★★

Caserta Vecchia★ Nord-Est : 10 km – Museo Campano★ a Capua Nord-Ovest : 11 km

Jolly Caserta cam, cam, rist, 100,
via Vittorio Veneto 13 – 08 23 32 52 22 – caserta@jollyhotels.com – Fax 08 23 35 45 22 – Chiuso dal 21 dicembre al 7 gennaio
107 cam – 125/155 € 145/185 € – ½ P 98/120 € – **Rist** – Carta 33/45 €
◆ In comoda posizione tra la stazione e la Reggia, struttura rimodernata e ampliata in anni recenti, con spazi comuni razionali; confort secondo lo standard della catena. Classico ristorante d'albergo, ampio e in stile moderno.

Amadeus senza rist
via Verdi 72 – 08 23 35 26 63 – hotelamadeus@libero.it – Fax 08 23 32 91 95
12 cam – 62 € 87 €
◆ Centrale, ristrutturato seguendo lo spirito del palazzo del '700 in cui è inserito, un piccolo albergo confortevole, con camere ben tenute e accessoriate.

Le Colonne 15/20,
via Nazionale Appia 7-13 – 08 23 46 74 94 – info@lecolonnemarziale.it – Fax 08 23 46 79 88 – Chiuso dal 12 al 31 agosto, martedì e la sera
Rist – Carta 40/50 € (+15 %)
◆ Molto elegante, con arredi lussuosi e profusione di marmi, un ristorante che propone cucina campana anche rielaborata in chiave moderna; specialità della casa: i dolci.

Via Roma Restaurant
via Roma 21 – 08 23 44 36 29 – ristoranteviaroma@virgilio.it – Chiuso domenica sera
Rist – Carta 21/37 €
◆ Conduzione del mestiere per un recente locale, luminoso e sobrio negli arredi, che dispone anche di una sala convegni; cucina di mare e di terra e buffet di verdure.

Leucio
via Panoramica, località San Leucio Nord-Ovest : 4 km ✉ 81020 San Leucio – 08 23 30 12 41 – info@ristoranteleucio.it – Fax 08 23 30 15 90 – Chiuso Natale, 10 giorni in agosto e lunedì
Rist – Carta 19/39 € (+15 %)
◆ Gestione familiare (padre in cucina, figlio in sala) in un ristorante con spazi banchetti ben separati; cucina per lo più di pesce, ma sono i primi a farla da padroni.

Antica Locanda
piazza della Seta, località San Leucio Nord-Ovest : 4 km – 08 23 30 54 44 – anticalocanda@libero.it – Fax 08 23 30 11 02 – Chiuso dal 5 al 28 agosto, domenica sera e lunedì
Rist – Carta 19/35 €
◆ Quasi una trattoria, si mangia in due caratteristiche sale separate da un arco in mattoni. Cucina di influenza partenopea, ma la specialità della casa è il risotto.

in prossimità casello autostrada A 1 - Caserta Sud Sud : 6 km :

Grand Hotel Vanvitelli cam, 500,
viale Carlo III, località Cantone ✉ 81020 San Marco Evangelista – 08 23 21 71 11 – info@grandhotelvanvitelli.it – Fax 08 23 42 13 30
250 cam – 90/150 € 110/180 € – 10 suites – ½ P 80/115 € – **Rist** – Carta 38/52 €
◆ Grande albergo nei cui ricercati interni in stile la raffinata eleganza del passato si coniuga con la funzionalità e i confort più moderni; sofisticato centro congressi. Capienti, curate sale per l'attività banchettistica e roof-garden per gli individuali.

Novotel Caserta Sud cam, rist, 250,
strada statale 87 Sannitica ✉ 81020 Capodrise – 08 23 82 65 53 – novotel.caserta@accorhotels.it – Fax 08 23 82 72 38
126 cam – 150 € 175 € – ½ P 108/118 €
Rist *Côté Jardin* – Carta 25/60 €
◆ A 2 km dal centro città, imponente, squadrata struttura moderna, dotata di ampie, confortevoli camere insonorizzate, comodo parcheggio e attrezzato centro congressi. Grandi vetrate affacciate sulla piscina e grill a vista nel ristorante.

CASIER – Treviso (TV) – 562 F18 – 7 752 ab. – alt. 5 m – ✉ 31030 35 A1

Roma 539 – Venezia 32 – Padova 52 – Treviso 6

a Dosson Sud-Ovest : 3,5 km – ✉ 31030

XX **Alla Pasina** con cam 40, P VISA

via Marie 3 – ✆ 04 22 38 21 12 – pasina@pasina.it – Fax 04 22 49 23 22 – Chiuso dal 31 dicembre al 4 gennaio e dal 10 al 20 agosto

7 cam – †52/55 € ††80/85 € – **Rist** – *(chiuso domenica sera e lunedì)* Carta 31/38 €

◆ Un nucleo familiare capace e affiatato al timone di un bel ristorante in una casa di campagna inizio '800 ristrutturata; camere curate e solida cucina del territorio.

CASINO DI TERRA – Pisa – Vedere Guardistallo

CASIRATE D'ADDA – Bergamo (BG) – 561 F10 – 3 561 ab. – alt. 115 m – ✉ 24040 19 C2

Roma 579 – Bergamo 35 – Lecco 52 – Lodi 25 – Milano 35

X **Sassella** 8/25, VISA AE

via Umberto I 13 – ✆ 03 63 32 69 70 – info@eventigastronomici.it – Fax 03 63 87 02 17 – Chiuso martedì sera e mercoledì

Rist – Carta 27/37 €

◆ Piccola e accogliente trattoria nel centro del paese, due salette di taglio rustico per concedersi una sosta gastronomica di insospettabile estro e raffinatezza.

CASOLA VALSENIO – Ravenna (RA) – 562 J16 – 2 846 ab. – alt. 195 m – ✉ 48010 9 C2

Roma 380 – Bologna 64 – Firenze 82 – Forlì 42 – Milano 277 – Ravenna 60

(aprile-settembre) via Roma 50 ✆ 0546 73033, iat.casolavalsenio@provincia.ra.it, Fax 0546 73033

All'Antica Corona cam, rist, VISA AE

via Roma 38 – ✆ 054 67 38 47 – info@hotelanticacorona.com – Fax 054 67 62 84 – Chiuso dal 10 gennaio al 28 febbraio

16 cam – †70/105 € ††90/155 € – ½ P 70/105 € – **Rist** – Carta 26/47 €

◆ Albergo recente in pieno centro cittadino; ambienti accoglienti con raccolta di vecchi attrezzi contadini. Camere curate, luminose e dotate di un buon confort. Ristorante dai toni rustici, con soffitti e pareti in mattoni.

XX **Mozart** 15, P VISA AE

via Montefortino 3 – ✆ 054 67 35 08 – ristorantemozart@libero.it – Pasqua-ottobre; chiuso lunedì e martedì a mezzogiorno

Rist – Carta 30/39 €

◆ Un giovane chef gestisce questo ristorante, dove propone le sue creazioni nelle graziose salette di una casa familiare in pietra, fuori dal paese, in mezzo al verde.

CASOLE D'ELSA – Siena (SI) – 563 L15 – 3 066 ab. – alt. 417 m – ✉ 53031 29 C2

Roma 269 – Siena 48 – Firenze 63 – Livorno 97

piazza Lucchetti 2 ✆ 0577 949737, uff.turistico@casole.it, Fax 0577949740

Aquaviva P VISA AE

località Aquaviva Sud-Est : 3 km – ✆ 05 77 94 83 15 – aquaviva@hotel-aquaviva.it – Fax 05 77 94 82 41 – Chiuso dal 5 gennaio al 5 marzo

35 cam – †74 € ††110 € – ½ P 75 € – **Rist** – Carta 26/42 €

◆ Tra le colline senesi, un hotel di recente apertura studiato nell'architettura e negli interni per una clientela d'affari, dispone di camere confortevoli e una zona benessere. Al ristorante, una bella vista sul rilassante ambiente circostante e proposte di carne e di pesce.

Gemini ← cam, P VISA AE

via Provinciale 4 – ☎ 05 77 94 86 22 – gemini@gemini-lapergola.it – Fax 05 77 94 82 41 – Aprile-ottobre

42 cam – †83 € ††99 € – ½ P 62/70 € – **Rist** – *(chiuso martedì a mezzogiorno)* Carta 27/41 €

◆ In un borgo di origine etrusca, poco distante dai principali centri di interesse turistico, offre gradevoli sale comuni, graziose camere con arredi in legno ed una piscina. Semplice la sala ristorante dove consumare i classici piatti della cucina nazionale.

XX **Il Colombaio** (Di Grande) 26, P VISA AE

località Colombaio – ☎ 05 77 94 90 02 – colombaio@supereva.it – Fax 05 77 94 99 00 – Chiuso dal 7 gennaio a febbraio, lunedì, martedì a mezzogiorno

Rist – Carta 52/68 €

Spec. Capesante con finocchi brasati e riduzione di nocino (primavera). Ravioli di carciofi e cipollotti in fonduta di mozzarella di bufala (primavera). Piccione allo spiedo con lavanda, liquirizia e caffé.

◆ All'interno di una caratteristica casa toscana, una sala elegante dal servizio curato e professionale dove gustare una cucina regionale elaborata in chiave moderna.

a Pievescola Sud-Est : 12 km – ✉ 53031

Relais la Suvera ← dintorni, (riscaldata)

via La Suvera – cam, rist, 40, P VISA AE

☎ 05 77 96 03 00 – lasuvera@lasuvera.it – Fax 05 77 96 02 20 – 20 aprile -4 novembre

36 cam – ††385/680 € – 12 suites – ††650/1200 €

Rist *Oliviera* – *(chiuso a mezzogiorno)* Menu 45/75 €

◆ Nella campagna senese, un complesso nobiliare del XVI sec. con giardino all'italiana vi accoglie in un perfetto connubio di storia, eleganza esclusiva e lussuoso confort. Sale ristorante di grande raffinatezza, ricavate in quello che un tempo era il frantoio.

CASPERIA – Rieti (RI) – 563 O20 – **1 148 ab. – alt. 397 m** – ✉ **02041** 12 **B1**

Roma 65 – Terni 36 – Rieti 38 – Viterbo 71

La Torretta senza rist ← monti Sabini, VISA

via Mazzini 7 – ☎ 076 56 32 02 – latorretta@tiscalinet.it – Fax 076 56 32 02

7 cam – †55/65 € ††75/85 €

◆ La quiete di un pittoresco borgo solo pedonale e il fascino d'epoca di una casa signorile del XV secolo, sapientemente restaurata; incantevole panorama dalla terrazza.

CASSANO D'ADDA – Milano (MI) – 561 F10 – **17 137 ab. – alt. 133 m** – ✉ **20062** 19 **C2**

Roma 567 – Bergamo 27 – Brescia 63 – Cremona 72 – Milano 31

XX **Antica Osteria la Tesorella** P VISA AE

via Milano 63 – ☎ 036 36 30 33 – Fax 036 36 30 33 – Chiuso dal 7 al 31 agosto, lunedì sera e martedì

Rist – Carta 37/63 €

◆ Un piacevole "rifugio" dove fermarsi per gustare preparazioni di pesce, in quest' angolo di Lombardia. Ristorante aperto di recente e gestito con intraprendenza e capacità.

CASSINE – Alessandria (AL) – 561 H7 – **3 043 ab. – alt. 190 m** – ✉ **15016** 23 **C3**

Roma 607 – Torino 109 – Alessandria 26 – Asti 55

Agriturismo Il Buonvicino ← 35, P VISA AE

strada Ricaldone di Sotto 40, Sud-Ovest : 1,5 km – ☎ 01 44 71 52 28 – ilbuonvicino@libero.it – Fax 01 44 71 48 64 – Chiuso agosto

6 cam – †40 € ††70 € – **Rist** – (solo su prenotazione) 25 €

◆ Un'enorme botte posta lungo la strada segnala che è giunto il momento di fermarsi: ne vale la pena. Tipica, imponente, cascina ristrutturata meticolosamente; belle camere.

CASSINETTA DI LUGAGNANO – Milano – 561 F8 – **Vedere Abbiategrasso**

CASSINO – Frosinone (FR) – 563 R23 – 32 714 ab. – alt. 45 m – ✉ 03043 13 D2

Roma 130 – Frosinone 53 – Caserta 71 – Gaeta 47 – Isernia 48 – Napoli 98

Via Di Biaso 54 ✆ 0776 21292, iat.cassino@apt.frosinone.it, Fax 077625692

Abbazia di Montecassino★★ – Museo dell'abbazia★★ Ovest : 9 km

Al Boschetto
400,

via Ausonia 54, Sud-Est : 2 km – ✆ 077 63 91 31 – info@hotelristorantealboschetto.it – Fax 07 76 30 13 15

82 cam – 75 € 82 €, 8 € – **Rist** – Carta 21/41 €

◆ Sulla strada che dal casello porta a Cassino e alla Casilina nord, imponente struttura completamente rinnovata adatta a una clientela d'affari. Ampio, tranquillo giardino. Ristorante capiente, mancheranno angoli più privati ma non degli squisiti dolci.

Alba
50,

via G. di Biasio 53 – ✆ 077 62 18 73 – info@albahotel.it – Fax 07 76 27 00 00

29 cam – 60/65 € 70/90 € – ½ P 60/70 €

Rist *Da Mario* – ✆ 077 62 25 58 – Carta 25/40 €

◆ Alle pendici del monte dell'Abbazia, un edificio recente per un albergo accogliente, a gestione familiare, dagli interni ariosi, con carta da parati e colori chiari. Ambiente simpatico nella signorile sala da pranzo.

Rocca
cam,

via Sferracavallo 105 – ✆ 07 76 31 12 12 – hotel.rocca@libero.it – Fax 077 62 54 27 – Chiuso dal 24 al 26 dicembre

70 cam – 52/62 € 70/80 € – ½ P 50/70 € – **Rist** – Menu 15/30 €

◆ L'ampia hall con divani in pelle introduce in un hotel funzionale, dotato di parco acquatico con piscina; chiedete le camere nuove sul retro, confortevoli e con bagni moderni. Luminosa sala ristorante, d'impostazione classica.

La Colombaia

via Sant'Angelo 43 – ✆ 07 76 30 08 92 – Fax 07 76 30 08 92 – Chiuso dal 15 al 22 agosto, domenica sera e lunedì

Rist – Carta 22/40 €

◆ Lungo la strada per S. Angelo, un moderno villino in campagna ospita una cucina di pesce in classiche preparazioni, corroborate da una buona selezione di formaggi.

Un buon ristorante a prezzo contenuto?
Cercate i Bib Gourmand .

CASTAGNETO CARDUCCI – Livorno (LI) – 563 M13 – 8 435 ab. – alt. 194 m – ✉ 57022 *Toscana* 28 B2

Roma 272 – Firenze 143 – Grosseto 84 – Livorno 57 – Piombino 33 – Siena 119

(maggio-settembre) via Vittorio Emanuele 21 ✆ 0565 765042, apt7castagneto@costadeglietruschi.it, Fax 0565 765042

Zì Martino
cam,

località San Giusto 264/a, Ovest : 2 km – ✆ 05 65 76 36 66 – info@zimartino.com – Fax 05 65 76 34 44 – Chiuso tre settimane in novembre

23 cam – 50/125 € 85/125 € – ½ P 60/90 € – **Rist** – *(chiuso lunedì escluso luglio-agosto)* Carta 20/27 €

◆ Alle pendici del colle di Castagneto, una bassa struttura di concezione moderna, con corte interna e ballatoio da cui si accede alle camere, lineari e di buon confort. Dehors per il servizio ristorante estivo affacciato su un piccolo prato interno.

a Donoratico Nord-Ovest : 6 km – ✉ 57024

Nuovo Hotel Bambolo
rist,

via del Bambolo 31, Nord : 1 km – ✆ 05 65 77 52 06 – info@hotelbambolo.com – Fax 05 65 77 53 46 – Chiuso dicembre

42 cam – 65/120 € 75/154 € – ½ P 53/100 € – **Rist** – Menu 16/23 €

◆ Qualche km alle spalle del mare, nel verde quieto della campagna troverete un grande cascinale ristrutturato, dove praticare equitazione e cicloturismo; camere moderne. Ristorante di concezione rustica in edificio attiguo.

a Marina di Castagneto **Nord-Ovest : 9 km – ✉ 57022 – Donoratico**

(maggio-settembre) via della Marina 6 ☏ 0565 744276, apt7marinacastagneto@costadeglietruschi.it, Fax 0565 746012

Tombolo Talasso Resort

via del Corallo 3 – cam, 180,

☏ 056 57 45 30 – info@tombolotalasso.it – Fax 05 65 74 40 52 – Chiuso gennaio o febbraio

91 cam – 224/390 € 298/520 € – 5 suites – ½ P 194/310 € – **Rist** – Carta 36/46 €

◆ Lo splendido risultato della ristrutturazione di una ex colonia marina, dall'architettura originale. Ottimo centro benessere, grandi terrazze, belle camere, servizio accurato. Raffinata sala ristorante.

Alle Dune

via Milano 14 – ☏ 05 65 74 66 11 – alledune@alledune.com – Fax 05 65 74 66 59 – 15 marzo-ottobre

41 cam – 62/188 € 104/280 € – ½ P 52/140 € – **Rist** – *(15 maggio-30 settembre)* Menu 20/45 €

◆ Complesso poliedrico che si sviluppa in un silenzioso parco-pineta; camere, alcune con angolo cottura, in graziose villette a schiera; attività sportive e di animazione. Piacevole ristorante, di stile moderno.

I Ginepri

rist,

viale Italia 13 – ☏ 05 65 74 40 29 – info@hoteliginepri.it – Fax 05 65 74 43 44 – Marzo-ottobre

51 cam – 115/120 €, 14 € – ½ P 95/110 € – **Rist** – Menu 23/30 €

◆ Gradevole hotel diviso dalla spiaggia soltanto dal giardino fiorito e alberato. Camere in via di progressivo rinnovo, gestione intraprendente e animazione serale in estate. Sala ristorante con pareti affrescate e una più ampia con vetrate, in cucina il mare.

Villa Tirreno

via della Triglia 4 – ☏ 05 65 74 40 36 – info@villatirrento.com – Fax 05 65 74 41 87 – Febbraio-ottobre

30 cam – 75/80 € 105/110 €, 4 € – ½ P 87/90 € – **Rist** – *(chiuso lunedì in bassa stagione)* Carta 26/47 €

◆ Ospitato in un bell'edificio d'epoca, centrale sul lungomare, albergo confortevole, con camere spaziose e curate: chiedete una delle 5 con grande terrazza. Luminosa sala da pranzo, con aria condizionata.

La Tana del Pirata

via Milano 17 – ☏ 05 65 74 41 43 – Fax 05 65 74 45 48 – Pasqua-10 ottobre; chiuso martedì escluso da giugno a settembre

Rist – Carta 40/76 €

◆ Un'oasi tranquilla e silenziosa per mangiare del buon pesce, magari all'aperto, in un ambiente molto alla moda, approfittando anche della spiaggia privata.

a Bolgheri **Nord : 10 km – ✉ 57020**

Osteria Magona

piazza Ugo 2/3 – ☏ 05 65 76 21 73 – Fax 05 65 76 21 73 – Chiuso dal 15 al 31 gennaio, novembre e lunedì

Rist – Carta 31/48 €

◆ Sita nel centro storico è una classica trattoria fedele alla cucina del territorio con una buona selezione di vini locali. Servizio anche all'aperto durante la bella stagione.

CASTAGNOLE MONFERRATO – Asti (AT) – 561 H6 – 1 226 ab. – alt. 229 m – ✉ 14030

25 D1

Roma 586 – Alessandria 30 – Torino 69 – Asti 16 – Milano 118

Ruchè

12,

via xx Settembre 3 – ☏ 01 41 29 22 42 – vitzit@tin.it – Fax 01 41 29 22 42 – Chiuso dal 2 all'8 gennaio, dal 18 al 24 giugno, dal 1° al 9 settembre, mercoledì, a mezzogiorno (escluso sabato-domenica), in luglio-agosto aperto solo la sera

Rist – Carta 28/53 €

◆ Nel paese dove negli anni '70 è stato inventato l'omonimo vino, un ristorantino gestito da una giovane e appassionata coppia. Cucina del territorio, venerdì e sabato pesce.

CASTELBELLO CIARDES (KASTELBELL TSCHARS) – Bolzano / Bozen (BZ) – 562 C14 – 2 321 ab. – alt. 586 m – ✉ 39020 30 **B2**

Roma 688 – Bolzano 51 – Merano 23

via Statale 5 ✆ 0473 624193, info@kastelbell-tschars.com, Fax 0473 624559

Kuppelrain (Trafoier) con cam rist, VISA

piazza Stazione 16 località Maragno – ✆ 04 73 62 41 03 – kuppelrain@rolmail.net – Fax 04 73 62 41 03 – Chiuso dal 24 gennaio al 7 febbraio e dal 23 giugno al 10 luglio

4 cam – 50 € 81 € – **Rist** – *(chiuso domenica e lunedì a mezzogiorno)* Carta 40/60 €

Spec. Gioco di minestre e creme. Tagliolini al cacao in fonduta di formaggio di malga con tartufo. Vitello nostrano su salsa di tonno con cappasanta e riso venere.

◆ Un'intima ed accogliente sala all'interno di un villino liberty regala una cucina ricca di personalità e fantasia, senza confini nella ricerca di prodotti ed accostamenti.

sulla strada statale 38

Sand rist, rist, VISA

via Molino 2, Est : 4,5 km ✉ 39020 – ✆ 04 73 62 41 30 – info@hotel-sand.com – Fax 04 73 62 44 06 – Chiuso dal 25 dicembre al 7 gennaio

34 cam – 75/90 € 110/130 €, 12 € – 3 suites – ½ P 70/130 € – **Rist** – *(chiuso mercoledì)* Carta 33/41 €

◆ Un complesso che si rinnova con continuità, ben attrezzato per sport e relax all'aperto; piacevole giardino-frutteto con piscina, laghetto e beach volley. Centro benessere. Ambiente romantico nella caratteristica e intima stube, tutta rivestita di legno.

CASTELBIANCO – Savona (SV) – 290 ab. – alt. 343 m – ✉ 17030 14 **A2**

Roma 576 – Imperia 42 – Genova 104 – Savona 56

Gin VISA AE

via Pennavaire 99 – ✆ 018 27 70 01 – info@dagin.it – Fax 018 27 71 04 – Chiuso dieci giorni in febbraio e dieci giorni in giugno o luglio

8 cam – 80/100 €, 8 € – ½ P 60 € – **Rist** – *(chiuso lunedì e a mezzogiorno escluso domenica e i giorni festivi)* (prenotare) Carta 28/40 €

◆ Un hotel caratterizzato da camere belle e curate e da spazi comuni ridotti. Per un soggiorno immerso nel verde, da apprezzare dalla grande terrazza/solarium. Altro punto di forza è il ristorante che propone piatti elaborati, partendo da tradizioni locali.

Scola con cam rist, VISA AE

via Pennavaire 166 – ✆ 018 27 70 15 – info@scolarist.it – Fax 01 82 77 93 42 – Chiuso gennaio

8 cam – 60 € 70 € – ½ P 60/70 € – **Rist** – *(chiuso martedì sera e mercoledì)* Carta 27/56 €

◆ Due sale, di cui una molto ampia adatta anche per banchetti; la più piccola invece ha un tono più elegante. In menù rielaborazioni della cucina ligure dell'entroterra.

CASTELBUONO – Palermo – 565 N24 – Vedere Sicilia alla fine dell'elenco alfabetico

CASTEL D'AIANO – Bologna (BO) – 562 J15 – 1 917 ab. – alt. 772 m – ✉ 40034 9 **C2**

Roma 365 – Bologna 48 – Firenze 89 – Pistoia 52

a Rocca di Roffeno Nord-Est : 7 km – ✉ 40034

Agriturismo La Fenice rist, VISA

via Santa Lucia 29 – ✆ 051 91 92 72 – lafenice@lafeniceagritur.it – Fax 051 91 90 24 – Chiuso dal 7 gennaio al 7 febbraio

15 cam – 60 € 80 € – ½ P 60/80 € – **Rist** – *(chiuso da lunedì a giovedì escluso dal 15 giugno al 15 settembre)* Carta 23/36 €

◆ Piccolo agglomerato di case coloniche del XVI secolo, dove dominano le pietre unite al legno, per vivere a contatto con la natura in un'atmosfera di grande suggestione.

CASTEL D'APPIO – Imperia – Vedere Ventimiglia

CASTEL D'ARIO – Mantova (MN) – 561 G14 – 4 345 ab. – alt. 24 m – 17 D3
✉ 46033

Roma 478 – Verona 47 – Ferrara 96 – Mantova 15 – Milano 188

Eden senza rist — 80,
viale della Libertà 1 – ✆ 03 76 66 15 61 – info@edenhotelmantova.it – Fax 03 76 66 16 40
42 cam ☕ – †65 € ††80/100 € – 2 suites
◆ Struttura omogenea, camere non eleganti ma funzionali, ampi spazi comuni. Risorsa votata all'accoglienza della clientela d'affari, con un previsto arricchimento dei servizi.

Edelweiss con cam
via Roma 109, Ovest : 1 km – ✆ 03 76 66 58 85 – edelweisscasteldario@libero.it – Fax 03 76 66 58 93 – Chiuso 2 settimane in agosto
8 cam ☕ – †58 € ††78 € – ½ P 45/50 € – **Rist** – *(chiuso mercoledì)*
Carta 32/40 €
◆ Due giovani soci sfidano la concorrenza di altri "fregiati" locali in zona, puntando sulla qualità dei prodotti di un'interessante cucina mantovana. Sale abbellite di recente. Semplici e confortevoli le camere.

CASTEL D'AZZANO – Verona (VR) – 562 F14 – 9 957 ab. – alt. 44 m – 35 A3
✉ 37060

Roma 495 – Verona 12 – Mantova 32 – Milano 162 – Padova 92

Villa Malaspina — 150,
via Cavour 6 – ✆ 04 58 52 19 00 – info@hotelvillamalaspina.com – Fax 04 58 52 91 18
70 cam ☕ – †78/228 € ††78/254 €
Rist *Vignal de la Baiardina* – ✆ 04 58 52 91 20 *(chiuso domenica)*
Carta 40/66 €
◆ Un edificio dalle origini cinquecentesche circondato dalla tranquillità della campagna, ideale per congressi e banchetti, ma grandi attenzioni anche per clienti individuali. Una cucina che rispetta la tradizione veneta, ma che si diletta anche nell'innovazione, da gustare in una sala arredata in calde tonalità.

Cristallo — 60,
via Scuderlando 122 – ✆ 04 58 52 09 32 – info@cristallovr.com – Fax 04 58 52 02 44 – Chiuso dal 20 dicembre al 6 gennaio
91 cam ☕ – †72/150 € ††108/190 € – **Rist** – *(chiuso a mezzogiorno)* (solo per alloggiati) Carta 20/27 €
◆ Sulla strada per il casello di Verona-Sud, albergo funzionale, comodo per clientela di lavoro e di passaggio; spaziose sia le zone comuni che le confortevoli camere.

Allo Scudo d'Orlando — 10,
via Scuderlando 120 – ✆ 04 58 52 05 12 – dorlando@tin.it – Fax 04 58 52 05 13 – Chiuso domenica e lunedì a mezzogiorno
Rist – Carta 40/81 €
◆ Non ha nessun rapporto con l'hotel adiacente questo ristorante dall'ambiente classico di buon tono; pesce fresco per una cucina che tende a prediligere il mare.

CASTEL DEL PIANO – Grosseto (GR) – 563 N16 – 4 458 ab. – alt. 632 m – Sport invernali : *al Monte Amiata : 1 350/1 730 m* *8,* – ✉ 58033 — 29 C3

Roma 196 – Grosseto 56 – Orvieto 72 – Siena 71 – Viterbo 95

via Marconi 9 ✆ 0564 973534, ufficioturisticocipiano@amiata.net, Fax 0564 973534

a Prato delle Macinaie Est : 9 km – alt. 1 385 m – ✉ 58033 – Castel del Piano

Le Macinaie — rist,
– ✆ 05 64 95 90 01 – info@lemacinaie.it – Fax 05 64 95 59 83 – 22 dicembre-7 gennaio e 20 aprile-3 novembre
17 cam ☕ – †55/65 € ††72/96 € – ½ P 59/72 € – **Rist** – Menu 23/29 €
◆ D'inverno vi ritroverete praticamente sulle piste di sci soggiornando in questa piccola casa sul monte Amiata; bagni nuovi, camere non ampie, ma rinnovate e gradevoli. Ristorante con sale più raccolte di tono rustico e altre di notevole capienza.

CASTEL DI LAMA – Ascoli Piceno (AP) – 7 568 ab. – alt. 201 m – ✉ 63031 21 **D3**

Roma 208 – Ascoli Piceno 17 – Ancona 113 – Pescara 88 – Terni 144

Borgo Storico Seghetti Panichi 60,
via San Pancrazio 1 – ✆ 07 36 81 25 52 – info@seghettipanichi.it – Fax 07 36 81 45 28
10 suites – 260/320 € – **Rist** – (prenotazione obbligatoria) (solo per alloggiati) Carta 30/40 €
◆ Soggiorno esclusivo con camere nella villa settecentesca con parco storico e saloni sfarzosi o nell'attigua foresteria dall'eleganza più sobria ma più vicina alla piscina.

CASTELDIMEZZO – Pesaro e Urbino (PU) – 563 K20 – alt. 197 m – ✉ 61100 20 **B1**

Roma 312 – Rimini 27 – Milano 348 – Pesaro 12 – Urbino 41

Taverna del Pescatore
via Borgata 23 – ✆ 07 21 20 81 16 – mbaffoni@tin.it – Fax 07 21 20 81 00 – Marzo-settembre; chiuso a mezzogiorno (escluso venerdì-domenica), anche mercoledì sino al 10 giugno
Rist – Carta 50/68 €
◆ Sito sul promontorio, il locale con vista sul mare offre un'atmosfera accogliente, una ricca scelta di antipasti, pesce fresco, paste e dessert fatti in casa e vini nazionali.

La Canonica
via Borgata 20 – ✆ 07 21 20 90 17 – info@ristorantelacanonica.it – Fax 07 21 20 90 17 – Chiuso dal 10 al 30 gennaio, lunedì e a mezzogiorno (escluso i giorni festivi)
Rist – Carta 27/46 €
◆ Questa caratteristica osteria ricavata nel tufo propone piatti tipici di mare e di terra, rigorosamente del territorio, sapientemente rivisitati.

CASTEL DI SANGRO – L'Aquila (AQ) – 563 Q24 – 5 715 ab. – alt. 800 m – ✉ 67031 2 **C3**

Roma 206 – Campobasso 80 – Chieti 101 – L'Aquila 109 – Sulmona 42

Don Luis senza rist 100,
Parco del Sangro – ✆ 08 64 84 70 61 – info@hoteldonluis.com – Fax 08 64 84 70 61
45 cam – 50/80 € 65/100 €
◆ All'interno di un parco con laghetto e centro sportivo, un hotel in grado di accontentare tanto la clientela di passaggio quanto quella di villeggiatura. Camere spaziose.

CASTELFIDARDO – Ancona (AN) – 563 L22 – 17 600 ab. – alt. 199 m – ✉ 60022 21 **C2**

Roma 303 – Ancona 27 – Macerata 40 – Pescara 125

Parco senza rist 50,
via Donizetti 2 – ✆ 07 17 82 16 05 – hotelparco@libero.it – Fax 07 17 82 03 09 – Chiuso dal 24 dicembre al 7 gennaio
42 cam – 50/72 € 85/93 €, 9 €
◆ A pochi passi dal centro, la struttura, a conduzione familiare, offre un soggiorno confortevole in camere spaziose e funzionali. Vista sul parco di Castelfidardo e sul mare.

CASTELFRANCO D'OGLIO – Cremona – Vedere Drizzona

CASTELFRANCO EMILIA – Modena (MO) – 562 I15 – 26 535 ab. – alt. 42 m – ✉ 41013 9 **C3**

Roma 398 – Bologna 25 – Ferrara 69 – Firenze 125 – Milano 183 – Modena 13

Aquila senza rist
via Leonardo da Vinci 5 – ✆ 059 92 32 08 – info@hotelaquila.it – Fax 059 92 71 59
30 cam – 60/98 € 80/125 €, 8 €
◆ Familiari sia la conduzione che l'ambiente di un'accogliente struttura, rinnovata nelle attrezzature, frequentata da clientela di lavoro; comodo parcheggio.

Agriturismo Villa Gaidello

via Gaidello 18/22 – ✆ 059 92 68 06 – info@gaidello.com – Fax 059 92 66 20 – Chiuso Natale, Pasqua e agosto

2 cam – 65 € 93 € – 7 suites – 126 € – **Rist** – *(chiuso domenica sera e lunedì)* (solo su prenotazione) Menu 40/50 € bc

◆ Hanno circa 250 anni le case coloniche di questo complesso nel verde della Pianura Padana; restaurate mantenendone il carattere originale, offrono caldi interni d'epoca.

La Lumira 30,

corso Martiri 74 – ✆ 059 92 65 50 – Fax 059 92 17 78 – Chiuso dal 24 dicembre al 2 gennaio, Pasqua, agosto, domenica e lunedì sera

Rist – Carta 28/49 €

◆ Nella patria del leggendario tortellino, vi godrete la gustosa cucina emiliana in questo ristorante caratteristico, con tanti, disparati oggetti appesi ovunque.

a Rastellino Nord-Est : 6 km – ✉ **41013**

Il Giovanetto senza rist

via Garzolè 41/43 – ✆ 059 93 73 44 – info@ilgiovanetto.it – Fax 059 93 73 44

10 cam – 80/150 € 120/180 €

◆ Villa padronale settecentesca in aperta campagna con spazi sontuosamente arredati in stile. Le camere, sempre accoglienti, sono ampie, eleganti e spesso con mobili d'epoca.

CASTELFRANCO VENETO – Treviso (TV) – 562 E17 – 32 603 ab. – alt. 42 m – ✉ 31033 *Italia* 36 **C2**

Roma 532 – Padova 34 – Belluno 74 – Milano 239 – Trento 109 – Treviso 27 – Venezia 56 – Vicenza 34

Via Preti 66 ✆ 0423 491416, iat.calstelfrancoveneto@provincia.treviso.it, Fax 0423 771085

, ✆ 0423 49 35 37.

Madonna col Bambino★★ del Giorgione nella Cattedrale

Fior (riscaldata) 250,

via dei Carpani 18 – ✆ 04 23 72 12 12 – info@hotelfior.com – Fax 04 23 49 87 71

42 cam – 75 € 110 € – **Rist** – Carta 28/39 €

◆ In zona periferica, rustico ristrutturato che offre le camere più piacevoli rivolte verso il verde del grande giardino sul retro, in cui trovano posto anche tennis e piscina. Tre sale ristorante di taglio classico, divise da pareti mobili.

Roma senza rist 80,

via Fabio Filzi 39 – ✆ 04 23 72 16 16 – info@albergoroma.com – Fax 04 23 72 15 15

80 cam – 60/80 € 88/110 € – 3 suites

◆ Affacciato sulla scenografica piazza Giorgione, di fronte alle mura medievali, hotel con camere moderne e funzionali. Accesso gratuito a Internet e film in ogni stanza.

Al Moretto senza rist

via San Pio X 10 – ✆ 04 23 72 13 13 – albergo.al.moretto@apf.it – Fax 04 23 72 10 66 – Chiuso dal 24 dicembre al 6 gennaio e dall'8 al 20 agosto

46 cam – 65/85 € 95/120 €

◆ Palazzo del '500, fin dal secolo successivo locanda, oggi offre cura e accoglienza tutte al femminile. Dodici junior suites con materiali tipici dell'artigianato veneto.

Alla Torre senza rist 80,

piazzetta Trento e Trieste 7 – ✆ 04 23 49 87 07 – info@hotelallatorre.it – Fax 04 23 49 87 37

54 cam – 65/75 € 105/120 €

◆ Adiacente alla torre civica dell'orologio, un edificio del 1600 le cui camere migliori dispongono di bagni in marmo e pavimenti in parquet; colazione estiva in terrazza.

Alle Mura 30,

via Preti 69 – ✆ 04 23 49 80 98 – Fax 04 23 72 14 25 – Chiuso dal 10 al 30 gennaio, dal 5 al 25 agosto e giovedì

Rist – Carta 43/60 €

◆ Ambiente raffinato, con quadri, decorazioni e oggetti del Sud-Pacifico, atmosfera e servizio informali in un frequentato ristorante di pesce; servizio estivo in giardino.

a Salvarosa Nord-Est : 3 km – ✉ 31033 – SALVAROSA

XX **Barbesin** con cam — rist, P, VISA, AE

via Montebelluna 41 – ✆ 04 23 49 04 46 – info@barbesin.it – Fax 04 23 49 02 61 – Chiuso dal 27 dicembre al 7 gennaio e dal 6 al 26 agosto

18 cam – 40 € 61 €, 5 € – ½ P 46/51 € – **Rist** – *(chiuso mercoledì sera e giovedì)* Carta 21/33 €

◆ Una vecchia casa totalmente ristrutturata ospita un bel locale di ambientazione signorile, con tocchi di rusticità e di eleganza, che propone i piatti del territorio.

XX **Da Rino Fior** — 15/20, P, VISA, AE

via Montebelluna 27 – ✆ 04 23 49 04 62 – info@rinofior.com – Fax 04 23 74 40 48 – Chiuso dal 1° al 7 gennaio, dal 1° al 21 agosto, lunedì sera e martedì

Rist – Carta 23/30 €

◆ Famoso in zona e frequentato da celebrità, soprattutto sportivi, è un ristorante di lunga tradizione familiare e notevole capienza; specialità venete e dehors estivo.

CASTEL GANDOLFO – Roma (RM) – 563 Q19 – 8 539 ab. – alt. 426 m – ✉ 00040

Roma — 12 **B2**

Roma 25 – Anzio 36 – Frosinone 76 – Latina 46 – Terracina 80

18, ✆ 06 931 23 01.

XX **Antico Ristorante Pagnanelli** — lago, VISA, AE

via Gramsci 4 – ✆ 069 36 00 04 – info@pagnanelli.it – Fax 06 93 02 18 77 – Chiuso martedì a mezzogiorno da giugno a settembre, tutto il giorno negli altri mesi

Rist – Carta 35/54 €

◆ Splendida vista sul lago di Albano dalla sala principale, impostata in modo tradizionale; caratteristiche le cantine scavate nel tufo, con possibilità di degustazione.

al lago Nord-Est : 4,5 km :

Villa degli Angeli — lago e Castel Gandolfo, (riscaldata) 120, P, VISA, AE

via Spiaggia del Lago 32
✉ 00040 Castel Gandolfo – ✆ 06 93 66 82 41 – hotelvilladegliangeli@virgilio.it – Fax 06 93 66 82 51

37 cam – 75/85 € 100/130 € – ½ P 75/100 € – **Rist** – Carta 36/72 €

◆ Lungo la strada che costeggia il lago, ma in posizione rientrante e rialzata, un albergo tranquillo e confortevole; camere nuove con funzionali arredi contemporanei. Il punto di forza del ristorante è la terrazza panoramica dove si svolge il servizio estivo.

CASTEL GUELFO DI BOLOGNA – Bologna (BO) – 562 I17 – 3 620 ab. – alt. 32 m – ✉ 40023

9 **C2**

Roma 404 – Bologna 28 – Ferrara 74 – Firenze 136 – Forlì 57 – Ravenna 60

XXX **Locanda Solarola** (Scardovi) con cam — rist, P, VISA, AE

via Santa Croce 5, Ovest : 7 km – ✆ 05 42 67 01 02 – solarola@fastmail.it – Fax 05 42 67 02 22

15 cam – 130/160 € 180/210 € – ½ P 135/155 € – **Rist** – *(chiuso lunedì, martedì a mezzogiorno)* Carta 63/86 €

Spec. Uovo in forma con parmigiano, tartufo bianco e burro di malga (autunno). Pappardelle verdi con funghi galletti e pancetta croccante (primavera-estate). Polpettone freddo con friggione (pelati e cipolle) bolognese e pane tostato (estate).

◆ Casa di campagna nel verde dall'atmosfera elegante, molto inglese, al ristorante come nelle camere. In sala le emozioni di una cucina tra le più innovative in Italia.

CASTELLABATE – Salerno (SA) – 564 G26 – 7 892 ab. – alt. 278 m – ✉ 84048

7 **C3**

Roma 328 – Potenza 126 – Agropoli 13 – Napoli 122 – Salerno 71 – Sapri 123

La Mola — mare e costa, VISA, AE

via A. Cilento 2 – ✆ 09 74 96 70 53 – lamola@lamola-it.com – Fax 09 74 96 77 14 – 23 dicembre-7 gennaio e marzo-ottobre

6 cam – 90/100 € 114/124 € – ½ P 90 € – **Rist** – *(chiuso a mezzogiorno)* Menu 40/60 €

◆ E' stupenda la vista del mare e della costa che si gode, magari facendo colazione, dalla terrazza di questo antico palazzo ristrutturato; con spaziose camere curate.

a San Marco Sud-Ovest : 5 km – ✉ 84071

Giacaranda
contrada Cenito, Sud : 1 km – ☎ 09 74 96 61 30 – giaca@costacilento.it – Fax 09 74 96 68 00 – Chiuso a Natale
7 cam ☕ – 🛉108 € 🛉🛉160 € – ½ P 80 € – **Rist** – Carta 40/45 €
◆ Prende il nome da una pianta del suo giardino questa casa ricca di charme, dove abiterete in campagna tra il verde, coccolati con mille attenzioni; iniziative culturali.

a Santa Maria Nord-Ovest : 5 km – ✉ 84072

Palazzo Belmonte ≤ costa e mare,
via Flavio Gioia 25 – ☎ 09 74 96 02 11 – reservatios@palazzobelmonte.it – Fax 09 74 96 11 50 – Maggio-ottobre
50 cam ☕ – 🛉220 € 🛉🛉278/443 € – ½ P 247 € – **Rist** – Carta 38/60 € (+10 %)
◆ Una dimora di caccia appartenuta ad una famiglia nobiliare, trasformata da un erede in hotel, elegante ed esclusivo. Posizione incantevole, tra il parco e il mare.

Villa Sirio
via lungomare De Simone 15 – ☎ 09 74 96 01 62 – info@villasirio.it – Fax 09 74 96 05 07 – Aprile-ottobre
15 cam ☕ – 🛉100/180 € 🛉🛉160/265 €
Rist *Da Andrea* – ☎ 09 74 96 10 99 – Carta 26/55 €
◆ Una casa padronale dei primi del '900 nel centro storico, ma direttamente sul mare, dai raffinati interni in stile classico; belle, luminose e confortevoli le camere. Ristorante di tono elegante.

La Taverna del Pescatore 8/15,
via Lamia – ☎ 09 74 96 82 93 – Fax 09 74 96 82 93 – Marzo-novembre; chiuso lunedì (escluso da luglio al 15 settembre) e a mezzogiorno da lunedì a venerdì in luglio e agosto
Rist – Carta 24/38 €
◆ La moglie in cucina e il marito in sala a proporvi le loro specialità di mare, secondo il pescato giornaliero, in un raccolto locale ben arredato, con grazioso dehors estivo.

I Due Fratelli
via Sant'Andrea, Nord : 1,5 km – ☎ 09 74 96 80 04 – iduefratelli1945@libero.it – Fax 09 74 96 80 04 – Chiuso mercoledì escluso dal 15 giugno al 15 settembre
Rist – Carta 26/43 € (+10 %)
◆ I "due fratelli" in questione gestiscono da molti anni questo piacevole ristorante di ambiente moderno; piatti campani per lo più di pesce e pizze il fine settimana.

CASTELLAMMARE DEL GOLFO – Trapani – 565 M20 – Vedere Sicilia alla fine dell'elenco alfabetico

CASTELLAMMARE DI STABIA – Napoli (NA) – 564 E25 – 66 339 ab. – ✉ 80053
Italia 6 **B2**

Roma 238 – Napoli 31 – Avellino 50 – Caserta 55 – Salerno 31 – Sorrento 19
piazza Matteotti 34/35 ☎ 081 8711334, stabiae@intfree.it, Fax 081 8711334
Antiquarium★
Scavi di Pompei★★★ Nord : 5 km – Monte Faito★★ : ✻★★★ dal belvedere dei Capi e ✻★★★ dalla cappella di San Michele (strada a pedaggio)

Grand Hotel la Medusa ≤ 180,
via passeggiata Archeologica 5 – ☎ 08 18 72 33 83 – info@lamedusahotel.com – Fax 08 18 71 70 09
49 cam ☕ – 🛉135/170 € 🛉🛉150/206 € – 2 suites – ½ P 100/130 € – **Rist** – *(aprile-dicembre)* Carta 43/62 €
◆ In un vasto e curato giardino-agrumeto con piscina sorge questa villa ottocentesca che ha conservato anche nei raffinati interni lo stile e l'atmosfera del suo tempo. Lo stesso romantico ambiente "fin de siècle" si ritrova anche nel ristorante.

sulla Strada Statale 145 Sorrentina km 11 Ovest : 4 km :

Crowne Plaza Stabiae Sorrento Coast
località Pozzano 240,
– ✆ 08 13 94 67 00 – info@sorrentocoasthotel.com – Fax 08 13 94 67 70
153 cam – 130 € 150/300 € – 7 suites – **Rist** – Carta 33/54 €
◆ Struttura curiosa, un ex cementificio convertito in hotel, dallo stile decisamente moderno. In riva al mare, camere al passo coi tempi nel design come negli accessori.

CASTELLANA GROTTE – Bari (BA) – 564 E33 – 18 529 ab. – alt. 290 m – ✉ 70013

Italia 27 **C2**

Roma 488 – Bari 40 – Brindisi 82 – Lecce 120 – Matera 65 – Potenza 154 – Taranto 60. – via Marconi 9 ✆ 080 4900236

Grotte★★★ Sud-Ovest : 2 km

Le Jardin con cam
cam,
contrada Scamardella 59 verso Conversano, Nord : 1,5 km – ✆ 08 04 96 63 00 – lejardin@pugliagranturismo.it – Fax 08 04 96 55 20 – Chiuso novembre
10 cam – 80/100 € 90/150 € – ½ P 65/90 € – **Rist** – (prenotare) Carta 27/40 €
◆ In tranquilla posizione fuori del paese, una grande villa recente ospita un curato ristorante di ambiente raffinato, con camere confortevoli; piatti classici e locali.

CASTELLANETA MARINA – Taranto (TA) – 564 F32 – 17 387 ab. – alt. 245 m – ✉ 74010

27 **C3**

Roma 491 – Bari 103 – Matera 57 – Potenza 129 – Taranto 34

Nicotel Pineto
500,
viale dei Pini snc – ✆ 09 98 43 11 05 – pineto@nicotelhotels.com – Fax 09 98 43 11 05
114 cam – 70/145 € 90/190 € – ½ P 110 € – **Rist** – Carta 26/45 €
◆ Immerso in una pineta, design e spazio costituiscono gli aspetti più interessanti: minimalismo ed essenzialità in camere di rara grandezza. Navetta e bici per la spiaggia.

CASTELL' APERTOLE – Vercelli – Vedere Livorno Ferraris

CASTELLARO LAGUSELLO – Mantova – 561 F13 – Vedere Monzambano

CASTELL'ARQUATO – Piacenza (PC) – 562 H11 – 4 581 ab. – alt. 225 m – ✉ 29014

8 **A2**

Roma 495 – Piacenza 34 – Bologna 134 – Cremona 39 – Milano 96 – Parma 41
viale Remondini 1 ✆ 0523 803091, iat@castellarquato.com, Fax 0523 803091
, a Bacedasco Terme, ✆ 0523 89 55 57.

Maps
piazza Europa 3 – ✆ 05 23 80 44 11 – Fax 05 23 80 30 31 – Chiuso dal 24 dicembre al 10 gennaio, dal 22 agosto al 5 settembre, lunedì e martedì
Rist – Carta 35/51 €
◆ Nella parte bassa del centro storico, in un vecchio frantoio ristrutturato, piccole salette moderne e servizio estivo all'aperto per una cucina leggermente innovativa.

La Rocca-da Franco
piazza del Municipio – ✆ 05 23 80 51 54 – larocca@castellarquato.com – Fax 05 23 80 60 26 – Chiuso febbraio, dal 15 al 31 luglio, martedì sera e mercoledì
Rist – Carta 28/36 €
◆ Bella vista sulla campagna da un ristorante in posizione dominante, nel cuore del borgo antico; scegliete la degustazione di piatti locali suggeriti dai titolari.

Da Faccini
località Sant'Antonio Nord : 3 km – ✆ 05 23 89 63 40 – Fax 05 23 89 64 70 – Chiuso dal 20 al 30 gennaio e mercoledì
Rist – Carta 28/37 €
◆ Lunga tradizione familiare, ormai alla terza generazione, per una tipica trattoria, che alle proposte classiche ha aggiunto piatti più fantasiosi, stagionali.

CASTELLETTO DI BRENZONE – Verona – 561 E14 – Vedere Brenzone

CASTELLETTO MOLINA – Asti (AT) – 561 H7 – 180 ab. – alt. 225 m – ✉ 14040
23 **C3**

Roma 559 – Alessandria 29 – Genova 84 – Asti 37 – Milano 115 – Torino 92

Al Cambio senza rist
via Thea 2 – ☎ 01 41 73 95 13 – info@alcambio.it – Fax 01 41 73 95 15 – Marzo-novembre
11 cam – 100 € 115/125 €, 8 €
◆ Più che a un albergo somiglia a una tranquilla casa privata. Spazi comuni limitati che si accompagnano però ad una profusione di arredi e decorazioni nelle camere eleganti.

CASTELLINA IN CHIANTI – Siena (SI) – 563 L15 – 2 776 ab. – alt. 578 m – ✉ 53011
29 **D1**

Roma 251 – Firenze 61 – Siena 24 – Arezzo 67 – Pisa 98

Villa Casalecchi rist,
località Casalecchi, Sud : 1 km – ☎ 05 77 74 02 40 – info@villacasalecchi.it – Fax 05 77 74 11 11 – Marzo-novembre
19 cam – 110/180 € 150/245 € – **Rist** – *(chiuso martedì)* Carta 36/52 €
◆ Ideale per chi è in cerca di un'atmosfera toscana "nobiliare", villa ottocentesca immersa in un parco secolare, circondata dai vigneti; begli arredi in stile. Affreschi alle pareti della raffinata sala ristorante; cucina del territorio.

Palazzo Squarcialupi senza rist
via Ferruccio 22 – ☎ 05 77 74 11 86 – info@palazzosquarcialupi.com – Fax 05 77 74 03 86 – 15 marzo-ottobre
17 cam – 85/130 € 105/160 €
◆ Nel centro della località, un tipico palazzo del '400 ricco di decorazioni e arredi d'epoca sia negli spazi comuni che nelle ampie camere. Piacevole giardino con piscina.

Salivolpi senza rist
via Fiorentina 89, Nord-Est : 1 km – ☎ 05 77 74 04 84 – info@hotelsalivolpi.com – Fax 05 77 74 09 98
19 cam – 75/95 €
◆ Il vostro sguardo potrà spaziare sui colli che circondano questa antica casa rustica ristrutturata: piacevoli interni con arredi in legno e giardino con piscina.

Villa Cristina senza rist
via Fiorentina 34 – ☎ 05 77 74 11 66 – info@villacristina.it – Fax 05 77 74 29 36 – Chiuso dal 25 gennaio al 20 marzo e dal 20 novembre al 26 dicembre
5 cam – 52/57 € 73/76 €
◆ Un villino d'inizio Novecento con un piccolo giardino, spazi comuni limitati, ma camere gradevoli, soprattutto nella torretta. In complesso un buon rapporto qualità/prezzo.

Albergaccio di Castellina (Visman) 30,
via Fiorentina 63 – ☎ 05 77 74 10 42 – posta@albergacciocast.com – Fax 05 77 74 12 50 – Chiuso domenica, anche a mezzogiorno da martedì a giovedì da novembrea marzo
Rist – Carta 39/57 €
Spec. Carpaccio di coniglio marinato con carciofi grigliati su passata di fagioli allo zafferano (aprile-maggio). Lasagnette con sfoglie di melanzana e funghi porcini gratinate con zabaione al vin santo (autunno). Bocconcini di agnellone toscano stufati e spiedino di fegato (inverno).
◆ Armonica fusione di colori, sapori e profumi della tradizione toscana nelle proposte di questo locale: una sala rustica in pietra, camino, travi a vista e un dehors estivo.

Al Gallopapa
via delle Volte 14/16 – ☎ 05 77 74 29 39 – tiziano@gallopapa.com – Fax 05 77 74 29 39 – Chiuso lunedì (anche martedì dal 15 novembre al 15 marzo) e a mezzogiorno (escluso venerdì, sabato e domenica dal 15 maggio al 15 ottobre)
Rist – Carta 51/68 €
Spec. Petto di piccione alle fave di cacao con cavolfiore al coriandolo, la coscia confit e orzo alle erbe. Sella di agnello in crosta di timo, carciofo e sovrapposizione di patate e barbabietole. Zuppa di funghi e croissant alla cannella.
◆ Lungo le mura di Castellina, un locale gradevole composto da due sale arredate con tavoli in legno e sedie impagliate. Cucina creativa che valorizza i prodotti stagionali.

a Tregole **Sud : 6 km – ✉ 53011 – Castellina in Chianti**

Fattoria Tregole senza rist
località Tregole 86 – ✆ 05 77 74 09 91 – fattoria-tregole@castellina.com – Fax 05 77 74 19 28 – Marzo-15 novembre
5 cam – 100 € 130 €
◆ Isolata tra le colline, fattoria di origini medievali poi residenza di campagna per vacanze estive; le camere decorate dalla proprietaria accolgono oggi i clienti.

a San Leonino **Sud : 8 km – ✉ 53011 – Castellina in Chianti**

Belvedere di San Leonino
– ✆ 05 77 74 08 87 – info@hotelsanleonino.com – Fax 05 77 74 09 24 – 19 marzo-ottobre
29 cam – 100/150 € – ½ P 70/95 € – **Rist** – *(chiuso a mezzogiorno)* (solo per alloggiati)
◆ Conserva l'atmosfera ed i caratteri originali questa antica casa colonica trasformata in un confortevole albergo; arredi in legno e travi a vista nelle camere.

sulla strada regionale 222 al Km 51 Sud : 8 km :

Casafrassi (riscaldata) cam, rist, 60,
località Casafrassi – ✆ 05 77 74 06 21 – info@casafrassi.it – Fax 05 77 74 08 05 – Aprile-ottobre
25 cam – 120/145 € 140/170 € – **Rist** – Carta 41/57 €
◆ Immersa in un parco, all'interno della tenuta agricola, un'oasi di silenzio ingentilita dalla villa nobiliare del Settecento. Camere signorili, confort in stile country. Il ristorante propone le specialità del territorio.

a Piazza **Nord : 10 km – ✉ 51020**

Borgo Poggio al Sorbo senza rist colline e borghi circostanti,
località Poggio al Sorbo 48, Ovest : 1 km – ✆ 05 77 74 97 31 – info@poggioalsorbo.it – Fax 05 77 73 36 40 – Chiuso dal 21 dicembre al 9 gennaio
1 cam – 110/180 € – 4 suites – 160/300 €
◆ Borgo con origini del XIV secolo vi regalerà non solo la silenziosa tranquillità, ma anche la splendida vista della campagna circostante; arredi eleganti e raffinati.

CASTELLINALDO – Cuneo (CN) – 561 H6 – 861 ab. – alt. 312 m – ✉ 12050 25 C2

Roma 615 – Torino 57 – Alessandria 63 – Asti 27 – Cuneo 69

Il Borgo senza rist colline,
via Trento 2 – ✆ 01 73 21 40 17 – agriturismoilborgo@tiscali.it – Fax 01 73 21 40 17
6 cam – 50 € 70 €
◆ Edificio splendidamente restaurato la cui storia si confonde e si intreccia con quella del castello del XII sec. distante pochi passi. Camere in stile, arredate con gusto.

CASTELLINA MARITTIMA – Pisa (PI) – 563 L13 – 1 871 ab. – alt. 375 m – ✉ 56040 28 B2

Roma 308 – Pisa 49 – Firenze 105 – Livorno 40 – Pistoia 89 – Siena 103
(stagionale) piazza Giaconi 13 ✆ 050 695001

Il Poggetto rist,
via dei Giardini 1 – ✆ 050 69 52 05 – info@ilpoggetto.it – Fax 050 69 52 46 – Chiuso gennaio
31 cam – 44/54 € 72/77 €, 8 € – ½ P 50/55 € – **Rist** – *(chiuso domenica sera e lunedì escluso da luglio a settembre)* Carta 25/36 €
◆ Ideale per le famiglie, è una struttura a gestione familiare ubicata in posizione rilassante tra il verde dei boschi e dispone di camere semplici e ordinate. Accogliente sala ristorante di tono rustico.

CASTELLO – Pavia – Vedere Santa Giulietta

CASTELLO DI BRIANZA – Lecco (LC) – 561 E10 – 2 081 ab. – alt. 394 m – ✉ 23884 18 B1

Roma 598 – Como 26 – Bergamo 35 – Lecco 14 – Milano 37

XX **La Piana**

via San Lorenzo 1, località Brianzola, Nord-Est : 1 km – ☎ 03 95 31 15 53 – info@ristorantelapiana.it – Fax 03 95 31 15 53 – Chiuso dal 1° al 15 gennaio, dal 15 al 30 giugno, martedì a mezzogiorno e lunedì

Rist – Carta 24/32 €

◆ Ricavato da una vecchia stalla totalmente ristrutturata, un bel locale classico, dove un giovane chef propone una cucina di fantasia legata ai prodotti stagionali.

CASTELLO DI CISTERNA – Napoli (NA) – 564 E25 – 6 872 ab. – alt. 34 m – ✉ 80030 6 B2

Roma 217 – Napoli 22 – Benevento 53 – Caserta 34 – Salerno 57

Quadrifoglio rist, 70,

viale Kennedy 8, zona industriale Pomigliano d'Arco – ☎ 08 18 84 42 22 – quadrifoglio@alberghitaliaonline.it – Fax 08 18 84 20 90

75 cam – †90 € ††110 € – ½ P 73 € – **Rist** – Menu 25 €

◆ Recentemente ristrutturato, è un albergo che rappresenta un punto d'appoggio per la clientela d'affari. E' collegato da una navetta ai vicini stabilimenti produttivi. Ristorante comodo e affidabile.

CASTELLO MOLINA DI FIEMME – Trento (TN) – 562 D16 – 2 150 ab. – alt. 963 m – Sport invernali : *Vedere Cavalese* – ✉ 38030 31 D3

Roma 645 – Bolzano 41 – Trento 64 – Belluno 95 – Cortina d'Ampezzo 100 – Milano 303

(dicembre-aprile e giugno-settembre) via Roma 38 ☎ 0462 231019

Los Andes cam, rist,

via Dolomiti 5 – ☎ 04 62 34 00 98 – info@los-andes.it – Fax 04 62 34 22 30 – 21 dicembre-18 aprile e 19 giugno-15 ottobre

50 cam – †59/72 € ††70/90 € – 2 suites – ½ P 44/69 € – **Rist** – (solo per alloggiati) Menu 15/30 €

◆ In posizione tranquilla, risorsa in stile contemporaneo con tocchi rustici come nella caratteristica taverna; ampia piscina coperta e piccolo giardino pensile.

CASTEL MADAMA – Roma (RM) – 563 Q20 – 6 695 ab. – alt. 453 m – ✉ 00024 13 C2

Roma 42 – Avezzano 70

X **Porta Luisa**

via Aniene 6 – ☎ 07 74 44 94 05 – Fax 07 74 44 71 24 – Chiuso dal 4 al 31 agosto, domenica sera e martedì

Rist – Carta 19/24 €

◆ Ubicato dove sorgeva la guardiola a custodia di una porta cittadina, ristorante con gestione e atmosfera familiare, che propone molti piatti a base di funghi.

X **Sgommarello**

via Sant'Anna 77, a Collerminio Sud-Ovest : 4 km – ☎ 07 74 41 14 31 – Fax 07 74 41 11 15 – Chiuso mercoledì

Rist – Carta 18/30 €

◆ A metà strada tra l'autostrada e il paese, insieme rustico con dehors estivo. Semplice conduzione familiare, vale la pena aspettare qualche minuto per una cucina tipica.

Cerchiamo costantemente di indicarvi i prezzi più aggiornati… ma tutto cambia così in fretta! Al momento della prenotazione, non dimenticate di chiedere conferma delle tariffe.

CASTEL MAGGIORE – Bologna (BO) – 562 I16 – 15 613 ab. – alt. 20 m – ✉ 40013 9 C3

Roma 387 – Bologna 10 – Ferrara 38 – Milano 214

Olimpic rist, 40,

via Galliera 23 – ✆ 051 70 08 61 – hotelolimpic@libero.it – Fax 051 70 07 76
62 cam – 50/57 € 67/77 €, 6 € – ½ P 56 € – **Rist** – *(chiuso agosto e domenica)* Carta 25/29 €

◆ Facilmente raggiungibile dall'aeroporto e dalla stazione di Bologna, un albergo semplice caratterizzato da pavimenti con piastrelle policrome nelle camere. Capiente e classica sala ristorante con vetrate e colonne. Apprezzata cucina emiliana.

Alla Scuderia

località Castello Est : 1,5 km – ✆ 051 71 33 02 – Fax 051 71 33 02 – Chiuso dal 6 al 27 agosto, sabato a mezzogiorno e domenica
Rist – Carta 27/39 €

◆ Una scuderia del '700 riconvertita in ristorante conserva intatto il suo fascino; sotto le alte volte in mattoni gusterete una cucina fedele alle tradizioni emiliane.

a Trebbo di Reno Sud-Ovest : 6 km – ✉ 40013

Antica Locanda il Sole

via Lame 65 – ✆ 05 16 32 53 81 – info@hotelilsole.com – Fax 051 70 22 52 – Chiuso dal 23 dicembre al 9 gennaio e due settimane in agosto
23 cam – 65/160 € 95/160 €
Rist Il Sole – vedere selezione ristoranti

◆ Un'antica stazione di posta ristrutturata nel colore rosso vivo dell'architettura bolognese; camere semplici, tutte con parquet alcune mansardate.

Il Sole (Leoni) – Antica Locanda il Sole 8/24,

via Lame 67 – ✆ 051 70 01 02 – ristoranteilsole@libero.it – Fax 051 70 02 90 – Chiuso dal 1° al 14 gennaio, sabato a mezzogiorno e domenica
Rist – Carta 52/102 €

Spec. Cocotte di fegato d'oca con rabarbaro caramellato al caffé. Zuppa di parmigiano con passatelli tradizionali e tartufo di stagione. Risotto con formaggio di capra, petto di piccione e salsa al tartufo nero.

◆ Due fratelli, chef di talento, si esibiscono in originali creazioni in questo locale che di anno in anno si fa più elegante, pur mantenendo un ambiente caldo e familiare.

CASTELMEZZANO – Potenza (PZ) – 564 F30 – 944 ab. – alt. 890 m – ✉ 85010 3 B2

Roma 418 – Potenza 65 – Matera 107

Al Becco della Civetta con cam

vico I Maglietta 7 – ✆ 09 71 98 62 49 – info@beccodellacivetta.it – Fax 09 71 98 62 49
24 cam – 45 € 70 € – ½ P 55 € – **Rist** – *(chiuso martedì)* Carta 21/33 €

◆ In un paese isolato nella cornice delle suggestive "Dolomiti Lucane" gusterete le specialità di queste terre, in un ambiente familiare. Disponibili anche confortevoli camere.

CASTELMOLA – Messina – Vedere Sicilia (Taormina) alla fine dell'elenco alfabetico

CASTELMUZIO – Siena – Vedere Trequanda

CASTELNOVO DI BAGANZOLA – Parma – Vedere Parma

CASTELNOVO DI SOTTO – Reggio Emilia (RE) – 562 H13 – 8 198 ab. – alt. 27 m – ✉ 42024 8 B3

Roma 440 – Parma 26 – Bologna 78 – Mantova 56 – Milano 142 – Reggio nell'Emilia 15

Poli 120,

via Puccini 1 – ✆ 05 22 68 31 68 – hotelpoli@hotelpoli.it – Fax 05 22 68 37 74
53 cam – 75 € 110 €
Rist Poli-alla Stazione – vedere selezione ristoranti

◆ Camere dotate di ogni confort in un'accogliente struttura, costantemente potenziata e rinnovata negli anni da una dinamica gestione familiare; sale convegni.

XXX **Poli-alla Stazione** – Hotel Poli
viale della Repubblica 10 – ✆ 05 22 68 23 42 – hotelpoli@hotelpoli.it – Fax 05 22 68 37 74 – Chiuso agosto, domenica sera e lunedì a mezzogiorno
Rist – Carta 52/67 €
◆ Oltrepassata una promettente esposizione di antipasti, vi accomoderete in due ariose sale di tono elegante o nella gradevole terrazza estiva; cucina di terra e di mare.

CASTELNOVO NE' MONTI – Reggio Emilia (RE) – 562 I13 – 10 414 ab. – alt. 700 m – ✉ 42035

8 **B2**

Roma 470 – Parma 58 – Bologna 108 – Milano 180 – Reggio nell'Emilia 43 – La Spezia 90

via Roma 33/c ✆ 0522 810430, reappennino@reappennino.it, Fax 0522 812313

X **Locanda da Cines** con cam
piazzale Rovereto 2 – ✆ 05 22 81 24 62 – locandadacines@libero.it – Fax 05 22 81 24 62 – Chiuso dal 1º al 15 gennaio
10 cam – 🛉48 € 🛉🛉70 €, ☕ 5 € – ½ P 55 € – **Rist** – *(chiuso sabato)* Carta 27/34 €
◆ Piccolo ristorante di tono rustico e moderno, con proposte stagionali legate alle tradizioni, in una pensione che si è rinnovata negli anni mantenendo un buon confort.

CASTELNUOVO – Padova – 562 G17 – Vedere Teolo

Il rosso è il colore di chi sa distinguersi; i nostri punti di riferimento!

CASTELNUOVO BERARDENGA – Siena (SI) – 563 L16 – 7 767 ab. – alt. 351 m – ✉ 53019 *Toscana*

29 **C2**

Roma 215 – Siena 19 – Arezzo 50 – Perugia 93

via del Chianti 61 ✆ 0577 355500, Fax 0577 355500

Relais Villa Arceno
località Arceno-San Gusmè Nord : 4,5 km ✉ 53010 San Gusmè – ✆ 05 77 35 92 92 – mail@relaisvillarceno.com – Fax 05 77 35 92 76 – 6 aprile-5 novembre
16 cam ☕ – 🛉310 € 🛉🛉345 € – 4 suites – ½ P 212/237 € – **Rist** – Carta 67/89 € (+15 %)
◆ La villa secentesca domina maestosa tra le colline senesi; al suo interno, camere ampie ed eleganti con corridoio all'ingresso ed arredo in stile, all'esterno parco e piscina. Una raffinata sala con caminetto, offre la possibilità di assaporare gustosi piatti della cucina tradizionale.

Relais Borgo San Felice (riscaldata) 60,
località San Felice Nord-Ovest : 10 km – ✆ 05 77 39 64 – info@borgosanfelice.it – Fax 05 77 35 90 89 – Chiuso da gennaio al 14 marzo
43 cam ☕ – 🛉273/323 € 🛉🛉300/350 € – 6 suites – ½ P 210/240 € – **Rist** – Carta 59/85 €
◆ All'interno di un borgo con edifici in pietra, abbracciato da un giardino con piscina e campi da golf, la risorsa dispone di camere sobrie negli arredi ed ampie sale comuni. Un ambiente elegante dove farsi servire pietanze dai sapori toscani.

Villa Curina Resort < colline senesi,
strada provinciale 62, località Curina – ✆ 05 77 35 56 30 – info@villacurina.it – Fax 05 77 35 56 10
12 cam ☕ – 🛉104/124 € 🛉🛉130/155 € – 3 suites – **Rist** – *(chiuso mercoledì)* Carta 36/47 €
◆ Un complesso immerso nella tranquillità delle colline, dispone di confortevoli camere e suite arredate con mobili d'epoca ed un terrazzo solarium con piscina. La caratteristica e pittoresca sala ristorante, offre la possibilità di gustare piatti regionali.

La Bottega del 30 (Stoquelet)
via Santa Caterina 2, località Villa a Sesta Nord : 5 km – ✆ 05 77 35 92 26 – sonia@labottegadel30.it – Fax 05 77 35 92 26 – Chiuso a mezzogiorno (escluso domenica ed i giorni festivi), martedì e mercoledì
Rist – Carta 50/57 €
Spec. Spaghetti tirati a mano al tuorlo d'uovo su salsa di ortiche, basilico e nepitella con porcini. Millefoglie di stinco di vitello disossato con salsa di verdure e midollo. Torta di cioccolato di Minou.
◆ In un affascinante borgo toscano, un piccolo ristorante ricco di atmosfera e decorazioni. La cucina sapida e rustica della tradizione toscana è ingentilita dalla cuoca.

a Colonna del Grillo **Sud-Est : 5 km – ✉ 53019 – Castelnuovo Berardenga**

Posta del Chianti
– *✆ 05 77 35 30 00 – info@postadelchianti.it – Fax 05 77 35 30 50 – Chiuso gennaio o novembre*
21 cam – †57/85 € ††70/100 € – 1 suite – ½ P 62/82 €
Rist ***Hostaria Molino del Grillo*** – ✆ 05 77 35 30 51 *(chiuso a mezzogiorno escluso sabato, domenica e i giorni festivi)* Carta 23/33 €
◆ Un piccolo e tranquillo albergo a conduzine familiare circondato dalle panoramiche colline senesi, dotato di camere arredate in modo semplice ed ampie aree comuni. Soffitti di legno, pavimenti in cotto e cucina regionale al ristorante.

CASTELNUOVO CALCEA – Asti (AT) – 561 H6 – 788 ab. – alt. 246 m – ✉ 14040

25 **D2**

Roma 590 – Alessandria 39 – Asti 23 – Milano 126 – Torino 79

Agriturismo La Mussia rist,
regione Opessina 4, Sud : 1,5 km – ✆ 01 41 95 72 01 – info@lamussia.it – Fax 01 41 95 79 91 – Chiuso gennaio
10 cam – †35/42 € ††65/75 € – ½ P 50/55 € – **Rist** – (solo per alloggiati)
◆ Una vera fattoria con camere semplici, alcune persino spartane, a prezzi contenuti e corretti. La vita si svolge intorno ad una grande aia.

CASTELNUOVO CILENTO – Salerno (SA) – 564 G27 – 2 295 ab. – alt. 285 m – ✉ 84040

7 **C3**

Roma 344 – Potenza 132 – Napoli 134 – Salerno 83 – Torre del Greco 123

La Palazzina 70,
via contrada Coppola 41, Casal Velino Scalo Sud-Ovest : 8 km – ✆ 097 46 28 80 – info@hotellapalazzina.com – Fax 097 46 21 09
16 cam – †40/60 € ††80/120 € – 4 suites – ½ P 50/80 € – **Rist** – *(chiuso lunedì escluso da giugno ad ottobre)* Carta 21/29 € (+10 %)
◆ Poco distante dal lago artificiale, l'hotel è stato ricavato in seguito allo scrupoloso restauro di una villa settecentesca ed offre confortevoli ambienti con arredi d'epoca. Prodotti tipici e di stagione presso la caratteristica sala da pranzo.

CASTELNUOVO DEL GARDA – Verona (VR) – 562 F14 – 9 297 ab. – alt. 130 m – ✉ 37014

35 **A3**

Roma 520 – Verona 19 – Brescia 51 – Mantova 46 – Milano 140 – Trento 87 – Venezia 133

Dorè senza rist
via Milano 23 – ✆ 04 57 57 13 41 – info@hoteldore.it – Fax 04 56 46 16 93
33 cam – †70/80 € ††125/160 €
◆ Lungo la via principale, nato di recente sulle ceneri di un vecchio alberghetto, hotel funzionale con moderni confort; camere insonorizzate, zona fitness di buon livello.

Il Nido delle Cicogne 10,
via Dosso 18, Nord-Ovest : 2 km ✉ 37010 Sandrà – ✆ 04 57 59 51 98 – info@nidodellecicogne.it – Chiuso martedì
Rist – Carta 32/48 €
◆ Cucina del territorio con piglio creativo, proposta in un locale di tono gradevole suddiviso in ambienti raccolti e curati. All'interno di un tipico e rustico cascinale.

La Meridiana con cam rist,
via Zamboni 11, Nord-Est : 3 km ✉ 37010 Sandrà – ☎ 04 57 59 63 06 – Fax 04 57 59 63 13 – Chiuso dal 27 dicembre al 9 gennaio
13 cam – ♦42/50 € ♦♦68 € – ½ P 52 € – **Rist** – *(chiuso lunedì e domenica sera da novembre a marzo)* Carta 22/33 €
♦ Un rustico ristrutturato in campagna: la casa padronale ospita camere di tono, l'ex fienile è il ristorante, con pietra e legno a vista; cucina veneta di terra e di mare.

CASTELNUOVO DELL'ABBATE – Siena – Vedere Montalcino

CASTELNUOVO DEL ZAPPA – Cremona – 561 G12 – Vedere Castelverde

CASTELNUOVO DI GARFAGNANA – Lucca (LU) – 563 J13 – 6 056 ab. – alt. 277 m – ✉ 55032

28 **B1**

Roma 395 – Pisa 67 – Bologna 141 – Firenze 121 – Lucca 47 – Milano 263 – La Spezia 81

La Lanterna 200,
località alle Monache-Piano Pieve, Est : 1,5 km – ☎ 05 83 63 93 64 – info@hotellalanterna.com – Fax 05 83 64 14 18
30 cam – ♦45/55 € ♦♦70/90 € – ½ P 40/50 € – **Rist** – *(chiuso martedì a mezzogiorno escluso luglio-agosto)* Carta 17/22 €
♦ Fuori del paese, verso il Passo Radici, un piacevole soggiorno in un hotel attorniato dal verde dotato di ampi spazi comuni e confortevoli camere con arredi recenti. Tre differenziate, luminose sale ristorante classiche.

CASTELNUOVO FOGLIANI – Piacenza – 562 H11 – Vedere Alseno

CASTELNUOVO MAGRA – La Spezia (SP) – 561 J12 – 7 860 ab. – alt. 188 m – ✉ 19030

15 **D2**

Roma 404 – La Spezia 24 – Pisa 61 – Reggio nell'Emilia 149

Agriturismo la Valle
via delle Colline 24, Sud-Ovest : 1 km – ☎ 01 87 67 01 01 – agriturismolavalle@virgilio.it – Fax 01 87 67 40 75 – Chiuso dall'8 al 22 gennaio e dal 4 al 12 marzo
6 cam – ♦50 € ♦♦70 € – **Rist** – Menu 20/25 €
♦ Bella casa immersa nel verde dell'entroterra ligure, al confine con l'Emilia e la Toscana. Indirizzo ideale per chi cerca pace e relax, a due passi da mare e arte. A tavola vengono proposti i genuini sapori locali.

Armanda
piazza Garibaldi 6 – ☎ 01 87 67 44 10 – trattoriaarmanda@libero.it – Fax 01 87 67 44 10 – Chiuso dal 24 dicembre al 15 gennaio, una settimana in settembre e mercoledì
Rist – Carta 28/43 €
♦ In un caratteristico borgo dell'entroterra, andamento e ambiente familiari in una trattoria che propone piatti stagionali del territorio ben elaborati.

CASTELPETROSO – Isernia (IS) – 564 C25 – 1 694 ab. – alt. 871 m – ✉ 86090

2 **C3**

Roma 179 – Campobasso 32 – Benevento 74 – Foggia 121 – Isernia 14 – Napoli 120

sulla strada statale 17 uscita Santuario dell'Addolorata

La Fonte dell'Astore 200,
via Santuario – ☎ 08 65 93 60 85 – info@lafontedellastore.it – Fax 08 65 93 60 06 – Chiuso 24-25 dicembre
46 cam – ♦55 € ♦♦75 € – ½ P 55 € – **Rist** – Carta 17/35 €
♦ Nei pressi del Santuario dell'Addolorata, una confortevole risorsa recente, di concezione moderna, con ampi spazi comuni, camere di buona fattura e ben accessoriate. Ampia ricettività per il funzionale ristorante, che dispone di varie sale anche per banchetti.

CASTELRAIMONDO – Macerata (MC) – 563 M21 – 4 768 ab. – alt. 307 m – ✉ 62022 21 C2

▶ Roma 217 – Ancona 85 – Fabriano 27 – Foligno 60 – Macerata 42 – Perugia 93

Borgo di Lanciano cam, 140,
località Lanciano 5, Sud : 2 km – 07 37 64 28 44 – info@borgodilanciano.it – Fax 07 37 64 28 45
49 cam – 100/180 € – ½ P 115/125 € – **Rist** – Carta 29/49 €
◆ Confortevole hotel sorto entro un antico borgo, offre camere e suite diverse per forma e arredamento, nonchè aree comuni per dedicarsi ad una chiacchierata o alla lettura. Suddiviso in sale più piccole, il ristorante propone una cucina tradizionale, fedele ai prodotti della zona.

a Sant'Angelo Ovest : 7 km – ✉ 62022 – Castelraimondo

Il Giardino degli Ulivi con cam colline,
via Crucianelli 54 – 07 37 64 21 21 – info@ilgiardinodegliulivi.com – Fax 07 37 64 26 00 – Chiuso dal 9 gennaio al 7 marzo
5 cam – 60/100 € 100/130 € – ½ P 70/90 € – **Rist** – *(chiuso martedì)* Menu 25/35 €
◆ Valgono il viaggio la vista e la verde quiete che troverete in questo antico casolare ristrutturato; pochi, ma gustosi piatti della tradizione locale e camere suggestive.

CASTEL RIGONE – Perugia – 563 M18 – Vedere Passignano sul Trasimeno

CASTEL RITALDI – Perugia (PG) – 563 N20 – 3 116 ab. – alt. 297 m – ✉ 06044 33 C2

▶ Roma 143 – Perugia 60 – Terni 39 – Guidonia Montecelio 141 – L'Aquila 120

La Gioia rist, 50,
colle del Marchese 60, Ovest : 4 km – 07 43 25 40 68 – benvenuti@lagioia.biz – Fax 07 43 25 40 46 – 15 dicembre-5 gennaio e 17 marzo-3 novembre
8 cam – 85/95 € 170/190 € – 3 suites – ½ P 117/160 € – **Rist** – (solo per alloggiati)
◆ Un mulino del '700 convertito in una fiabesca casa di campagna da una simpatica coppia svizzera. Curatissimo giardino e camere variopinte in stile rustico tradizionale.

CASTELROTTO (KASTELRUTH) – Bolzano / Bozen (BZ) – 562 C16 – 6 072 ab. – alt. 1 060 m – Sport invernali : *1 000/1 480 m 2 (Comprensorio Dolomiti superski Alpe di Siusi)* – ✉ 39040 31 C2

▶ Roma 667 – Bolzano 26 – Bressanone 25 – Milano 325 – Ortisei 12 – Trento 86

ℹ piazza Krausen 1 0471 706333, info@kastelruth.com, Fax 0471 705188

Posthotel Lamm rist, cam,
piazza Krausen 3 – 04 71 70 63 43 – info@posthotellamm.it – Fax 04 71 70 70 63 – Chiuso dal 5 novembre al 6 dicembre e dal 9 aprile al 10 maggio
58 cam – 232/346 € – 3 suites – ½ P 124/180 € – **Rist** – *(chiuso lunedì)* Carta 44/57 €
◆ Nella piazza principale, hotel elegante con pregevoli interni arredati in larice; le camere sono uno specchio delle tre generazioni dei gestori: rustiche, classiche e attuali. Raffinate sia la grande sala da pranzo che la più intima stube.

Mayr rist,
via Marinzen 5 – 04 71 70 63 09 – info@hotelmayr.com – Fax 04 71 70 73 60 – Chiuso dal 4 novembre al 6 dicembre e dal 10 aprile al 20 maggio
23 cam – 96/158 € – ½ P 54/92 € – **Rist** – *(chiuso a mezzogiorno)* Menu 30/60 €
◆ Albergo, impreziosito da decori tirolesi che conferiscono un'apprezzabile armonia d'insieme. Belle camere tradizionali o moderne, attrezzato centro fitness.

Alpenflora rist,
via Wolkenstein 32 – 04 71 70 63 26 – info@alpenflora.com – Fax 04 71 70 71 73 – Chiuso dal 6 novembre al 3 dicembre
37 cam – 95/105 € 190/236 € – ½ P 110/128 € – **Rist** – (solo per alloggiati)
◆ Risale al 1912 questo albergo di tono elegante, con ampie camere luminose; bella piscina chiusa da vetrate, spazi e animazione per i bambini.

Cavallino d'Oro rist,

piazza Krausen – ✆ 04 71 70 63 37 – cavallino@cavallino.it – Fax 04 71 70 71 72 – Chiuso dal 10 novembre al 1 dicembre

21 cam – 50/75 € 80/120 € – ½ P 45/80 € – **Rist** – Carta 27/37 €

♦ Suggestiva atmosfera romantica nel tipico ambiente tirolese di una casa di tradizione centenaria, sulla piazza del paese; chiedete le camere con letti a baldacchino. Per i pasti una sala rustica o caratteristiche stube tirolesi del XVII sec.

Villa Gabriela rist,

San Michele 31/1, Nord-Est : 4 km – ✆ 04 71 70 00 77 – info@villagabriela.com – Fax 04 71 70 03 00 – Chiuso dal 22 aprile al 20 maggio e dal 5 novembre all'8 dicembre

7 cam – 75/80 € 131 € – ½ P 75/90 € – **Rist** – *(chiuso a mezzogiorno)* (solo per alloggiati)

♦ Per godere appieno di uno tra i più magici panorami dolomitici, è ideale questa bella villetta circondata dal verde; camere graziose e ricche di personalizzazioni.

Silbernagl Haus senza rist

via Bullaccia 1 – ✆ 04 71 70 66 99 – gsilber@tin.it – Fax 04 71 71 00 04 – 15 dicembre-25 marzo e 12 maggio-20 ottobre

12 cam – 45 € 90 €

♦ In zona tranquilla, garni curato e confortevole, con un ambiente cordiale, tipico della gestione familiare; bei mobili nelle camere spaziose.

CASTEL SAN GIORGIO – Salerno (SA) – 564 E26 – 12 994 ab. – alt. 90 m – ✉ 84083 6 B2

Roma 252 – Napoli 56 – Latina 106 – Salerno 22 – Torre del Greco 38

Villa Soglia senza rist 130,

corso Claudio Cortedomini 1 – ✆ 08 15 16 16 00 – villasoglia@sogliahotel.com – Fax 08 15 16 19 96 – Chiuso dal 20 dicembre al 6 gennaio

17 cam – 93 € 124 € – 1 suite

♦ Elegante villa settecentesca, dispone di salotti ricchi di fascino e camere eleganti con arredi in stile. Sul retro si apre il parco con piante secolari e angoli pittoreschi.

CASTEL SAN PIETRO TERME – Bologna (BO) – 562 I16 – 19 524 ab. – alt. 75 m – ✉ 40024 9 C2

Roma 395 – Bologna 24 – Ferrara 67 – Firenze 109 – Forlì 41 – Milano 235 – Ravenna 55

piazza XX Settembre 14 ✆ 051 6954135, proloco@castelsanpietroterme.it, Fax 051 6954135

Le Fonti, ✆ 051 695 19 58.

Castello 50,

viale delle Terme 1010/b – ✆ 051 94 35 09 – hotelcastello@mail.asianet.it – Fax 051 94 45 73 – Chiuso Natale e due settimane in agosto

54 cam – 110/190 €, 15 € – 3 suites

Rist Da Willy – vedere selezione ristoranti

♦ Fuori del centro, sulla strada per le Terme, in una zona verde davanti ad un parco pubblico, complesso dotato di camere semplici ma confortevoli.

Da Willy – Hotel Castello

via Terme 1010/b – ✆ 051 94 42 64 – rist.willy@libero.it – Fax 051 94 42 64 – Chiuso lunedì

Rist – Carta 25/38 €

♦ Nello stesso edificio dell'hotel Castello, ma con gestione separata, ristorante con alcuni tavoli rotondi nelle ampie sale con vetrate sul giardino, piatti emiliano-romagnoli.

Trattoria Trifoglio

località San Giovanni dei Boschi Nord : 13 km – ✆ 051 94 90 66 – Fax 051 94 92 66 – Chiuso agosto, lunedì e domenica sera

Rist – Carta 27/34 €

♦ Val la pena percorrere alcuni chilometri in campagna per ritrovare la semplicità e l'autentica cordialità della tradizione emiliana, sia nell'accoglienza che nella cucina.

a Osteria Grande Nord-Ovest : 7 km – ✉ 40060

X **L'Anfitrione** 16/28, P, VISA, AE

via Emilia Ponente 5629 – ✆ 05 16 95 82 82 – effezeta5@effezetasnc.191.it – Fax 05 16 95 82 82 – Chiuso lunedì

Rist – Carta 32/60 €

◆ Due salette di stile vagamente neoclassico, più una per fumatori che d'estate diviene veranda aperta, per gustare saporiti piatti di pesce dell'Adriatico.

CASTELSARDO – Sassari – 566 E8 – Vedere Sardegna alla fine dell'elenco alfabetico

---

CASTEL TOBLINO – Trento (TN) – 562 D14 – alt. 243 m – ✉ 38076 – Sarche

30 **B3**

▶ Roma 605 – Trento 18 – Bolzano 78 – Brescia 100 – Milano 195 – Riva del Garda 25

XX **Castel Toblino** P VISA AE

via Caffaro 1 – ✆ 04 61 86 40 36 – info@casteltoblino.com – Fax 04 61 34 05 63 – Marzo-2 novembre; chiuso martedì

Rist – Carta 45/59 €

◆ Su un lembo di terra che si protende sull'omonimo lago, sorge questo affascinante castello medioevale con piccolo parco; suggestiva la terrazza per il servizio estivo.

CASTELVECCANA – Varese (VA) – 561 E8 – 2 000 ab. – alt. 281 m – ✉ 21010

16 **A2**

▶ Roma 666 – Bellinzona 46 – Como 59 – Milano 87 – Novara 79 – Varese 29

Da Pio cam, P, VISA

località San Pietro – ✆ 03 32 52 05 11 – info@albergodapio.it – Fax 03 32 52 20 14

9 cam – †90 € ††110 € – **Rist** – *(chiuso martedì dal 15 maggio a settembre, da lunedì a giovedì negli altri mesi)* Carta 35/45 €

◆ Cordiale accoglienza familiare in un hotel di buon livello, quasi sulla sommità di un promontorio affacciato sul lago Maggiore; arredi d'epoca in varie camere. Due sale da pranzo classiche, di cui una con caminetto e un piacevole dehors estivo.

CASTELVERDE – Cremona (CR) – 561 G11 – 5 079 ab. – alt. 53 m – ✉ 26022

17 **C3**

▶ Roma 515 – Parma 71 – Piacenza 40 – Bergamo 70 – Brescia 61 – Cremona 9 – Mantova 71

a Castelnuovo del Zappa Nord-Ovest : 3 km – ✉ 26022 – Castelverde

X **Valentino** 8, P

via Manzoni 27 – ✆ 03 72 42 75 57 – Chiuso dal 5 al 31 agosto, lunedì sera e martedì

Rist – Carta 19/24 €

◆ Alla periferia della città, un semplice bar-trattoria a gestione familiare propone una cucina casalinga fedele alla gastronomia cremonese e mantovana.

CASTELVETRO DI MODENA – Modena (MO) – 562 I14 – 10 029 ab. – alt. 152 m – ✉ 41014

8 **B2**

▶ Roma 406 – Bologna 50 – Milano 189 – Modena 19

Zoello P VISA AE

via Modena 181, località Settecani Nord : 5 km – ✆ 059 70 26 35 – zoello@tin.it – Fax 059 70 20 00 – Chiuso dal 24 dicembre al 5 gennaio e dal 5 al 28 agosto

49 cam – †47/53 € ††72/84 €, ☕ 9 € – **Rist** – *(chiuso venerdì)* Carta 23/26 €

◆ Lunga tradizione (dal 1938) per uno storico albergo, ampliato e migliorato in anni recenti, che offre una gradevole ospitalità familiare; camere confortevoli. Notevole capienza per il ristorante, che dispone di varie sale d'impostazione classica.

Guerro senza rist — 120, VISA AE
via Destra Guerro 18 – ✆ 059 79 97 91 – info@hotelguerro.it – Fax 059 79 97 94 – Chiuso una settimana in gennaio e due settimane in agosto
29 cam – †80/95 € ††110/130 €
◆ Due corpi collegati da cortile interno formano una nuova struttura moderna, ideale per clientela di lavoro; hall con angolo multimediale, camere sobrie e funzionali.

Locanda del Feudo — cam, rist, VISA AE
via Trasversale 2 – ✆ 059 70 87 11 – info@locandadelfeudo.it – Fax 059 70 87 17 – Chiuso una settimana in gennaio e una settimana in agosto
6 suites – ††140/180 € – **Rist** – *(chiuso domenica sera e lunedì)* (prenotare) Carta 31/47 €
◆ Accoglienza cordiale e buon confort in un vecchio palazzo del centro sapientemente restaurato, mantenendone intatte le caratteristiche e l'atmosfera originali.

CASTELVETRO PIACENTINO – Piacenza (PC) – 562 G11 – 5 019 ab. – alt. 39 m – ✉ 29010 8 **A1**

Roma 505 – Parma 62 – Piacenza 35 – Brescia 61 – Cremona 7 – Genova 179 – Milano 89

Parco senza rist — VISA AE
strada statale Due Ponti 5 – ✆ 05 23 82 50 13 – hotelparco.hotelparco@tin.it – Fax 05 23 82 54 42 – Chiuso dal 7 al 21 agosto
40 cam – †58 € ††78 €
◆ In posizione strategica poco fuori Cremona e vicino all'autostrada, un hotel nuovo, frequentato da clientela di lavoro e di passaggio; camere ben insonorizzate.

CASTEL VOLTURNO – Caserta (CE) – 564 D23 – 20 100 ab. – ✉ 81030 6 **A2**

Roma 190 – Napoli 40 – Caserta 37

Volturno, ✆ 081 509 51 50.

Holiday Inn Resort — (con acqua di mare) cam, 1200, VISA AE
via Domiziana km 35,300, Sud : 3 km – ✆ 08 15 09 51 50 – holidayinncastel@iol.it – Fax 08 15 09 58 55
126 cam – ††220 € – 14 suites – **Rist** – Menu 25 €
◆ Vicino al mare, ai bordi di una pineta, un'imponente struttura moderna, con ampi interni eleganti; piscina con acqua di mare, maneggio a disposizione, centro congressi. Di notevoli dimensioni gli spazi per la ristorazione, con sale curate e luminose.

Vassallo Park Hotel — rist, VISA AE
via Domiziana km 34,9, Sud : 2,5 km – ✆ 08 18 39 60 35 – info@vassalloparkhotel.com – Fax 08 18 39 69 88
34 cam – †60/70 € ††70/80 € – 2 suites – ½ P 53/62 € – **Rist** – Carta 31/53 €
◆ Lungo la domiziana verso Pozzuoli, un'occasione di sosta per acquistare le celebri mozzarelle di bufala della zona e dormire in un albergo di recente realizzazione. Luminose e classiche le sale da pranzo arredate in legno e caldi colori.

CASTENASO – Bologna (BO) – 562 I16 – 13 638 ab. – alt. 42 m – ✉ 40055 9 **D3**

Roma 393 – Bologna 13 – Ferrara 54 – Ravenna 75

al bivio per Budrio Nord-Est : 5 km :

Agriturismo Il Loghetto — 50, VISA
via Zenzalino Sud 3/4 ✉ 40055 Castenaso – ✆ 05 16 05 22 18 – Fax 05 16 05 22 54 – Chiuso gennaio ed agosto
10 cam – †55 € ††95 € – **Rist** – *(chiuso domenica sera, lunedì e a mezzogiorno)* Carta 33/42 €
◆ Per chi cerca atmosfera rurale, non priva però di signorilità e ospitalità familiare è ideale questo antico casolare ristrutturato con gusto e rispetto per il passato.

CASTENEDOLO – Brescia – 561 F12 – Vedere Brescia

CASTIADAS – Cagliari – 566 J10 – Vedere Sardegna alla fine dell'elenco alfabetico

CASTIGLIONCELLO – Livorno (LI) – 563 L13 – ✉ 57012 ▮ *Toscana* 28 **B2**

Roma 300 – Pisa 40 – Firenze 137 – Livorno 21 – Piombino 61 – Siena 109

(giugno-settembre) via Aurelia 632 ✆ 0586 754890, apt7castiglioncello@costadeglietruschi.it, Fax 0586 754890

Villa Parisi

50,

via Romolo Monti 10 – ✆ 05 86 75 16 98 – bricoli@tiscalinet.it – Fax 05 86 75 11 67 – Aprile-ottobre

21 cam – ♦122/150 € ♦♦174/264 € – ½ P 117/162 € – **Rist** – *(giugno-settembre)* Carta 35/56 €

♦ Villa di inizio secolo in splendida posizione, appoggiata alla pineta e sospesa sugli scogli, con parco e discesa a mare: più una dimora privata d'atmosfera che un hotel. Ristorante classico con servizio all'aperto.

Villa Martini

rist, 60,

via Martelli 3 – ✆ 05 86 75 21 40 – info@villamartini.it – Fax 05 86 75 80 14 – Aprile-novembre

39 cam – ♦80/120 € ♦♦100/180 € – ½ P 80/105 € – **Rist** – Menu 40/60 €

♦ Un ombreggiato giardino con piscina e solarium ospita questo elegante hotel completamente rinnovato. Per un soggiorno nella zona più "in" del paese. Ristorante dalle linee sobrie e moderne.

Atlantico

rist,

via Martelli 12 – ✆ 05 86 75 24 40 – hatlant@tin.it – Fax 05 86 75 24 94 – Aprile-ottobre

50 cam – ♦60/75 € ♦♦90/130 € – ½ P 75/100 € – **Rist** – Carta 25/40 €

♦ Nel cuore più verde e più quieto della località, un albergo con dépendance in una villetta inizio '900; accoglienti camere di recente rinnovate e bella piscina coperta. Ampia e luminosa sala da pranzo.

Nonna Isola

statale Aurelia 558 – ✆ 05 86 75 38 00 – susanne.eschen@tin.it – Chiuso dal 10 gennaio a febbraio e lunedì (escluso agosto)

Rist – Carta 39/52 €

♦ Accoglienza garbata e familiare e una fragrante cucina di pesce, rigorosamente fresco e locale, da gustare all'interno dell'intima atmosfera delle due sale.

CASTIGLIONE DEI PEPOLI – Bologna (BO) – 562 J15 – 6 056 ab. – alt. 691 m – ✉ 40035 9 **C2**

Roma 328 – Bologna 54 – Firenze 60 – Ravenna 134

a Baragazza Est : 6 km – ✉ 40035

Bellavista

rist,

via Sant'Antonio 8/10 – ✆ 05 34 89 81 66 – alberg.bellavista@libero.it – Fax 053 49 70 63

19 cam – ♦47/65 € ♦♦60/75 €, 8 € – ½ P 50/60 € – **Rist** – *(chiuso martedì)* Carta 29/37 €

♦ Per una tappa di viaggio lungo l'Appennino tosco-emiliano, un albergo a conduzione familiare con camere di stile essenziale, ma pulite e luminose. Cucina delle due regioni, dalle paste fresche alla fiorentina; gradevole dehors estivo.

CASTIGLIONE DEL LAGO – Perugia (PG) – 563 M18 – 14 640 ab. – alt. 304 m – ✉ 06061 32 **A2**

Roma 182 – Perugia 46 – Arezzo 46 – Firenze 126 – Orvieto 74 – Siena 78

piazza Mazzini 10 ✆ 075 9652484, info@iat.castiglione-del-lago.pg.it, Fax 075 9652763

Lamborghini Panicale, Sud : 8 km località Panicale, ✆ 075 83 75 82.

Miralago

piazza Mazzini 6 – ✆ 075 95 11 57 – hotel.miralago@tin.it – Fax 075 95 19 24 – Chiuso dal 7 gennaio al 15 marzo

19 cam – ♦76 € ♦♦88/93 € – ½ P 64/68 € – **Rist** – *(chiuso lunedì)* Carta 22/37 €

♦ Gradevole atmosfera un po' démodé negli spazi comuni e nelle ampie camere di questo albergo ospitato in un edificio d'epoca nella piazza principale del paese. Servizio ristorante estivo in giardino con vista sul lago.

Duca della Corgna cam, cam, rist, 60,

via Buozzi 143 – 075 95 32 38 – hotelcorgna@libero.it – Fax 07 59 65 24 46

35 cam – 50/65 € 65/90 € – ½ P 55/60 € – **Rist** – *(Pasqua-ottobre)* (solo per alloggiati)

◆ Ambiente familiare in un hotel con buon livello di confort; arredi essenziali nelle camere, sia nel corpo centrale, sia in una dépendance che dà sulla piscina.

a Pozzuolo Ovest : 8,5 km – 06067

Locanda Poggioleone cam,

via Indipendenza 116/B – 075 95 95 19 – locandapoggiolone@libero.it – Fax 075 95 96 09 – Chiuso dal 15 gennaio al 15 marzo

12 cam – 60 € 80 € – ½ P 65 € – **Rist** – (solo per alloggiati)

◆ Di recente realizzazione, una struttura dallo stile signorile, ma gestita seguendo un approccio piacevolmente familiare. Confort moderni e ospitalità dal sapore antico.

a Petrignano del Lago Nord-Ovest : 12 km – 06060

Relais alla Corte del Sole 40,

località I Giorgi – 07 59 68 90 08 – info@cortedelsole.com – Fax 07 59 68 90 70 – Chiuso dal 10 al 31 gennaio

4 cam – 195/230 € – 13 suites – 285/340 € – **Rist** – *(chiuso martedì)* Carta 52/70 €

◆ Sui colli del Trasimeno, suggestioni mistiche ma charme di una raffinata eleganza tutta terrena tra le antiche pietre di un insediamento monastico e rurale del XVI secolo.

CASTIGLIONE DELLA PESCAIA – Grosseto (GR) – 563 N14 – 7 367 ab. – 58043 Toscana 29 C3

Roma 205 – Grosseto 23 – Firenze 162 – Livorno 114 – Siena 94 – Viterbo 141

piazza Garibaldi 6 0564 933678, infocastiglione@lamaremma.info, Fax 0564 933954

L'Approdo rist, 230,

via Ponte Giorgini 29 – 05 64 93 34 66 – info@hotelapprodo.com – Fax 05 64 93 30 86

48 cam – 136/164 € – ½ P 88/102 € – **Rist** – Menu 25/40 €

◆ Affacciato sul porto canale, l'hotel presenta funzionali spazi comuni, camere recentemente rinnovate, un ampio soggiorno ed un salone per feste e ricevimenti. Due sale ristorante di taglio moderno, luminose e accoglienti.

Piccolo Hotel

via Montecristo 7 – 05 64 93 70 81 – piccolo_hotel@virgilio.it – Fax 05 64 93 25 66 – Pasqua e 15 maggio-settembre

24 cam – 108/118 € – ½ P 72/94 € – **Rist** – Menu 28/35 €

◆ Ritornerete volentieri in questa graziosa struttura in zona non centrale, gestita con classe, signorilità e attenzione per i particolari; arredi moderni nelle camere. Piccola e sobria la sala da pranzo dove gustare frutta e verdura dell'orto e dolci casalinghi.

Sabrina

via Ricci 12 – 05 64 93 35 68 – info@hotelsabrinaonline.it – Fax 05 64 93 35 68 – Giugno-settembre

37 cam – 65/100 € 75/105 € – ½ P 70/90 € – **Rist** – (solo per alloggiati) Menu 30 €

◆ Collaudata gestione diretta per un hotel ubicato nella zona di parcheggio a pochi metri dal porto canale; spazi ben distribuiti, camere non amplissime, ma complete.

Miramare

via Veneto 35 – 05 64 93 35 24 – info@hotelmiramare.info – Fax 05 64 93 36 95 – Chiuso novembre, gennaio e febbraio

35 cam – 78/115 € 124/150 € – ½ P 91/106 € – **Rist** – Carta 29/53 €

◆ Ubicato sul lungomare di Castiglione della Pescaia e ai piedi del borgo medievale, l'hotel dispone di camere semplici ed accoglienti e di una spiaggia privata. Nella sala ristorante che si affaccia sul mare, proposte di cucina nazionale e soprattutto piatti di mare.

Perla

via dell'Arenile 3 – ✆ 05 64 93 80 23 – Fax 05 64 93 80 23 – Pasqua-ottobre
13 cam – ♦35/48 € ♦♦55/65 €, ☕ 8 € – ½ P 56/66 € – **Rist** – (solo per alloggiati) Menu 21/23 €

♦ Una piccola risorsa a conduzione familiare sita in posizione tranquilla a pochi passi dalla spiaggia, dispone di camere semplici ma gradevoli. Presso la raccolta sala ristorante, proposte gastronomiche regionali e casalinghe.

Pierbacco

16,

piazza Repubblica 24 – ✆ 05 64 93 35 22 – info@pierbacco.it – Fax 05 64 93 20 64 – Chiuso gennaio, mercoledì (escluso da maggio a settembre) e a mezzogiorno in luglio-agosto
Rist – Carta 27/45 €

♦ Un locale rustico con i tipici soffitti in legno, dispone di due sale e di un dehors sul corso principale, vocato ad una cucina classica, prevalentemente di mare.

Da Romolo

corso della Libertà 10 – ✆ 05 64 93 35 33 – info@daromolo.com – Fax 05 64 93 35 33 – Chiuso novembre, martedì (escluso dal 20 giugno al 20 settembre) e a mezzogiorno in luglio e agosto
Rist – Carta 31/40 €

♦ Direttamente sulla via pedonale in centro città, è un locale con due sale arredate in stile rustico, annovera un dehors su pedana di legno e propone specialita di pesce.

a Riva del Sole **Nord-Ovest : 2 km – ✉ 58043 – RIVA DEL SOLE**

Riva del Sole

(riscaldata) 300,

viale Kennedy – ✆ 05 64 92 81 11 – info@rivadelsole.it – Fax 05 64 93 56 07 – Aprile-ottobre
175 cam ☕ – ♦73/110 € ♦♦112/188 € – ½ P 78/116 € – **Rist** – Carta 33/44 €

♦ In riva al mare ed abbracciato da una rigogliosa pineta, l'hotel presenta camere semplici e rinnovate negli arredi. Ideale per un soggiorno di relax, bagni e sole. Cinque sale dalle ampie vetrate ed un giardino per il ristorante pizzeria.

a Tirli **Nord : 17 km – ✉ 58040**

Tana del Cinghiale con cam

rist, cam,

via del Deposito 10 – ✆ 05 64 94 58 10 – info@tanadelcinghiale.it – Fax 05 64 94 58 10 – Chiuso dal 1° febbraio al 5 marzo
7 cam ☕ – ♦♦90/95 € – ½ P 75/80 € – **Rist** – *(chiuso mercoledì escluso dal 15 giugno al 15 settembre)* Carta 24/38 €

♦ Due sale ristorante arredate nello stile tipico di una rustica trattoria propongono una carta regionale con specialità a base di cinghiale. Un piccolo albergo a gestione familiare, offre camere semplici e curate.

a Badiola **Est : 10 km – ✉ 58043 – Castiglione della Pescaia**

L'Andana-Tenuta La Badiola

250,

– ✆ 05 64 94 48 00 – info@andana.it – Fax 05 64 94 45 77
27 cam ☕ – ♦♦332/738 € – 6 suites – ½ P 221/424 €
Rist Trattoria Toscana-Tenuta la Badiola – vedere selezione ristoranti

♦ Sita all'interno di una tenuta di ulivi e vigneti e pervasa dai profumi del Mediterraneo, la villa offre confort e raffinatezza nei suoi spaziosi e moderni interni ed un completo centro wellness.

Trattoria Toscana-Tenuta la Badiola – L'Andana-Tenuta La Badiola

– ✆ 05 64 94 43 22 – ristorante@andana.it – Chiuso lunedì e a mezzogiorno da maggio ad ottobre; venerdì sera, sabato sera e domenica a mezzogiorno negli altri mesi
Rist – Carta 36/64 €
Spec. Sgombro con misticanza e lardo. Agnello alla griglia. Zuccotto.

♦ E' l'omaggio del celebre cuoco Ducasse alla tradizione maremmana, dall'ambientazione ad un carosello di sapori regionali con diverse proposte alla brace.

CASTIGLIONE DELLE STIVIERE – Mantova (MN) – 561 F13 – 19 500 ab. – alt. 116 m – ✉ 46043 17 D1

Roma 509 – Brescia 28 – Cremona 57 – Mantova 38 – Milano 122 – Verona 49

La Grotta senza rist

viale dei Mandorli 22 – ☎ 03 76 63 82 10 – info@lagrottahotel.it – Fax 03 76 63 92 95

26 cam – 50/57 € 85/88 €

♦ Lontano dal traffico del centro, nella verde quiete delle colline, una villa di carattere familiare, con un bel giardino curato; camere semplici, di recente ristrutturazione.

Osteria da Pietro (Tabai) 15,

via Chiassi 19 – ☎ 03 76 67 37 18 – osteriadapietro@libero.it – Fax 03 76 67 37 18 – Chiuso dall'8 al 19 gennaio, dal 6 al 30 agosto, mercoledì e da giugno ad agosto anche martedì

Rist – Carta 56/78 €

Spec. Piedino di maiale in tegame con porcini (settembre-gennaio). Agnoli di piccione conditi con fegato grasso d'oca. Rognone di vitello flambato al Cognac con puré di patate.

♦ Gestione giovane e affidabile in questo locale ospitato in un centrale palazzo del '500; valida cucina, di terra e di lago, moderatamente fantasiosa. Da visitare la cantina.

Hostaria Viola 20,

via Verdi 32, località Fontane – ☎ 03 76 67 00 00 – info@hostariaviola.it – Fax 03 76 94 51 72 – Chiuso dal 1° al 5 gennaio, agosto, domenica sera e lunedì

Rist – Carta 26/44 €

♦ Soffitti a volta in un ristorante attivo dal 1909, ricavato nelle vecchie stalle di una cascina ai margini del paese; in lista il meglio della tradizione culinaria mantovana.

CASTIGLIONE DI SICILIA – Catania – 565 N27 – Vedere Sicilia alla fine dell'elenco alfabetico

CASTIGLIONE D'ORCIA – Siena (SI) – 563 M16 – 2 551 ab. – alt. 574 m – ✉ 53023 29 C2

Roma 191 – Siena 52 – Chianciano Terme 26 – Firenze 124 – Perugia 99

viale Marconi 13 ☎ 0577 887363

Osteria dell'Orcia cam,

località Osteria Nord : 5 km – ☎ 05 77 88 71 11 – hotelorcia@libero.it – Fax 05 77 88 89 11 – Chiuso dal 23 al 26 dicembre e dal 7 gennaio al 15 marzo

16 cam – 99/140 € 110/155 € – **Rist** – Menu 25 €

♦ Isolata nella campagna senese, all'inteno del parco dell'omonima valle, un'antica stazione postale ospita camere con differenti tipologie d'arredo, due salotti ed una piscina. Nella piacevole sala ristorante, di recente costruzione, si organizzano anche serate a tema.

CASTIGLIONE FALLETTO – Cuneo (CN) – 561 I5 – 638 ab. – alt. 350 m – ✉ 12060 25 C2

Roma 614 – Cuneo 68 – Torino 70 – Asti 39 – Savona 74

Le Torri senza rist colline e vigneti,

via Roma 29 – ☎ 017 36 29 61 – info@hotelletorri.it – Fax 017 36 29 61 – Chiuso dall' 8 gennaio al 28 febbraio

9 cam – 60/70 € 84/96 €, 13 €

♦ In posizione strategica per la visita delle Langhe, antica dimora ristrutturata e trasformata in albergo e residence; camere e appartamenti ampi, luminosi e panoramici.

Le Torri colline e vigneti, 14,

piazza Vittorio Veneto 10 – ☎ 017 36 28 49 – info@ristoranteletorri.it – Fax 017 36 28 49 – Chiuso dal 1° al 15 gennaio, febbraio, martedì e mercoledì a mezzogiorno

Rist – Carta 33/49 €

♦ In pieno centro, nello stesso edificio dell'omonimo hotel, un locale elegante, ma senza esagerazioni. Gestione giovane, piacevole servizio estivo in terrazza panoramica.

CASTIGLIONE TINELLA – Cuneo (CN) – 561 H6 – 848 ab. – alt. 408 m – ✉ 12053 25 **D2**

Roma 622 – Genova 106 – Alessandria 60 – Asti 24 – Cuneo 60

Castiglione senza rist 30,

via Cavour 5 – ✆ 01 41 85 54 10 – info@albergocastiglione.com – Fax 01 41 85 59 77 – 15 marzo-15 dicembre

11 cam – 95/105 € 130/160 €

◆ Un delizioso palazzo ottocentesco, un tempo locanda di posta, con ghiacciaia originale del '600. Oggi è tutto nuovo, fresco e ispirato al buon gusto. Gestione affabile.

CASTIGLION FIORENTINO – Arezzo (AR) – 563 L17 – 12 240 ab. – alt. 345 m – ✉ 52043 29 **D2**

Roma 198 – Perugia 57 – Arezzo 17 – Chianciano Terme 51 – Firenze 93 – Siena 59

a Pieve di Chio Est : 7 km – ✉ 52043 – Castiglion Fiorentino

Casa Portagioia senza rist (riscaldata)

Pieve di Chio 56 – ✆ 05 75 65 01 54 – info@tuscanbreaks.com – Fax 05 75 65 01 54 – Marzo-novembre

5 cam – 140/160 €

◆ Fiabesco casale del '700 che esprime un connubio di gusto toscano e inglese, nel giardino come nell'atmosfera, riflesso delle origini e delle passioni dei proprietari.

a Polvano Est : 8 km – ✉ 52043 – Castiglion Fiorentino

Relais San Pietro in Polvano colline e vallate,

– ✆ 05 75 65 01 00 – info@polvano.com – Fax 05 75 65 02 55 – Aprile-ottobre

6 cam – 180/230 € – 4 suites – 240/300 € – **Rist** – *(chiuso a mezzogiorno)* Carta 40/46 € (+10 %)

◆ Tutto il fascino del passato e della terra di Toscana con i suoi materiali "poveri" (il cotto, la pietra, il legno) in un settecentesco edificio di rustica raffinatezza. Servizio ristorante in terrazza con vista su colli e vallate; cucina toscana.

CASTION – Belluno – 562 D18 – Vedere Belluno

CASTIONE DELLA PRESOLANA – Bergamo (BG) – 561 E12 – 3 325 ab. – alt. 870 m – Sport invernali : *al Monte Pora : 1 300/1 900 m 14* – ✉ 24020 16 **B2**

Roma 643 – Brescia 89 – Bergamo 42 – Edolo 80 – Milano 88

piazza Roma 1 ✆ 0346 60039, info@presolana.it, Fax 0346 60045

Aurora rist,

via Sant'Antonio 19 – ✆ 034 66 00 04 – info@auroraalbergo.it – Fax 034 66 02 46

27 cam – 80/90 € – ½ P 55/78 € – **Rist** – *(chiuso da lunedì a giovedì da settembre a giugno escluso i giorni festivi)* Carta 20/35 €

◆ Gestito dalla stessa famiglia da quasi 50 anni, un albergo in cui ospitalità e confort sono essenziali, ma pulizia e accoglienza garantite; arredi rustici nelle camere. Sedie e lampadari colorati nella sala ristorante di taglio moderno.

Museo

via Sant'Antonio 1 – ✆ 034 66 05 05 – Chiuso quindici giorni in giugno, martedì e mercoledì

Rist – Carta 27/45 €

◆ Lungo il torrente, suggestivo locale ricavato da un vecchio mulino ad acqua, di cui conserva struttura e accessori in un museo sottostante; tipica cucina valligiana.

a Bratto Nord-Est : 2 km – alt. 1 007 m – ✉ 54027

Milano (riscaldata) cam, rist, 180,

via Silvio Pellico 3 – ✆ 034 63 12 11 – info@hotelmilano.com – Fax 034 63 62 36

64 cam – 150/210 € 190/280 € – 3 suites – ½ P 125/170 €

Rist *Al Caminone* – Carta 34/47 €

◆ Moderno e funzionale centro congressi, ma anche caldo e accogliente hotel per soggiorni turistici; camere di diverse tipologie e nuovo, attrezzatissimo centro benessere. Soffitto con travi a vista e un bel camino nell'ampia sala del ristorante.

Eurohotel ← 80, P VISA AE

via Provinciale 36 – 034 63 15 13 – euro.hotel@libero.it – Fax 034 63 07 01 – Chiuso dal 15 settembre al 15 ottobre

26 cam – 55/65 € 80/85 € – ½ P 65/85 € – **Rist** – Menu 24/28 €

◆ Conduzione attenta per un albergo in stile alpino, rinnovato con gusto e sobrietà, sulla strada per il Passo; buon livello di confort negli spazi comuni e nelle camere. Luminosa sala ristorante, d'impostazione classica.

CASTREZZATO – Brescia (BS) – 561 F11 – 6 079 ab. – alt. 126 m – ✉ 25030 19 D2

Roma 583 – Brescia 33 – Milano 90 – Parma 141 – Verona 98

XX **Da Nadia** P VISA AE

via Campagna 15 – 03 07 04 06 34 – Fax 03 07 04 06 34 – Chiuso dal 1° al 12 gennaio, dal 14 al 31 agosto, lunedì e a mezzogiorno escluso la domenica

Rist – (prenotare) Carta 47/75 €

◆ Ristorante signorile e al contempo informale, immerso nella campagna bresciana. In cucina, la signora Nadia si dedica con passione a preparazioni soprattutto a base di pesce.

CASTROCARO TERME – Forlì-Cesena (FC) – 562 J17 – 6 212 ab. – alt. 68 m – ✉ 47011 9 D2

Roma 342 – Bologna 74 – Ravenna 40 – Rimini 65 – Firenze 98 – Forlì 11 – Milano 293

viale Marconi 81 0543 767162, inftur@tin.it, Fax 0543 769326

Grand Hotel Terme spa cam, rist, 372, P VISA AE

via Roma 2 – 05 43 76 71 14 – grandhotel@termedicastrocaro.it – Fax 05 43 76 81 35 – Chiuso dall' 8 gennaio al 10 febbraio

119 cam – 81/116 € 106/186 € – ½ P 87/149 € – **Rist** – Carta 42/52 €

◆ Nato negli anni '30, l'albergo conserva ancora lo stile dell'epoca. Spazi comuni e camere di notevoli dimensioni, all'interno un centro benessere: ideali per momenti di relax. La grande sala illuminata da ampie vetrate si affaccia sulla fresca veranda del giardino. Proposte di cucina nazionale.

Rosa del Deserto rist, VISA AE

via Giorgini 3 – 05 43 76 72 32 – info@hotelrosadeldeserto.it – Fax 05 43 76 72 36

48 cam – 55/80 € 70/120 €, 8 € – ½ P 48/80 € – **Rist** – *(chiuso febbraio)* Carta 18/29 €

◆ Antistante l'ingresso alle terme, presenta ambienti luminosi e spaziosi. Interessante punto di partenza per un soggiorno alla scoperta delle tradizioni e dei tesori locali.

Ambasciatori rist, rist, P VISA AE

via Cantarelli 10 – 05 43 76 73 45 – info@hotelambasciatoricastrocaro.com – Fax 05 43 76 73 45 – Chiuso dal 21 dicembre al 12 gennaio

28 cam – 47/77 € 68/100 € – ½ P 72/100 € – **Rist** – *(chiuso gennaio-febbraio)* Carta 29/45 €

◆ Nel centro della località, in prossimità del Parco fluviale, l'hotel è circondato da un piccolo giardino e dispone di camere semplici ma accoglienti, piscina e soggiorno. Sala decorata con tinte pastello dove assaporare piatti nazionali e regionali elaborati secondo una cucina classica.

XXX **La Frasca** (Cavallucci) 20, P VISA AE

viale Matteotti 34 – 05 43 76 74 71 – lafrasca@libero.it – Fax 05 43 76 66 25 – Chiuso dal 1° al 20 gennaio, dal 16 al 30 agosto e martedì

Rist – Carta 80/90 €

Spec. Cappelletti vuoti con triglie e prosciutto. Tartare di ricciola con uovo di quaglia e peperone candito (estate). Filetto tagliato di mora romagnola con erbe di campo e rognoncino trifolato.

◆ Un'istituzione ventennale nel mondo della tradizione gastronomica del bel Paese dove si fondono tradizione e fantasia. Cucina regionale e creativa con un'ampia scelta di vini.

XX **Antica Osteria degli Archi** 8/28,
piazzetta San Nicolò 2 – 05 43 76 82 81 – simone.argenti@libero.it – Fax 05 43 76 82 81 – Chiuso lunedì
Rist – Carta 34/40 €
◆ La risorsa a gestione familiare propone una cucina classica del territorio, supportata da una cantina ben fornita. Servizio estivo in terrazza.

CASTROCIELO – **Frosinone (FR)** – **563** R23 – **3 802 ab.** – **alt. 250 m** – ✉ **03030** 13 **D2**

Roma 116 – Frosinone 42 – Caserta 85 – Gaeta 61 – Isernia 82 – Napoli 112

XX **Villa Euchelia** 15,
via Giovenale – 07 76 79 98 29 – info@villaeuchelia.it – Fax 07 76 79 99 30 – Chiuso dal 10 al 28 gennaio, martedì e mercoledì a mezzogiorno
Rist – Carta 30/41 €
◆ Una sommelier e uno chef gestiscono con competenza un locale in una villa signorile tra gli ulivi delle colline; inserimenti di mare in una cucina ciociara rivisitata.

XX **Al Mulino**
via Casilina 47, Sud : 2 km – 077 67 93 06 – almulino@libero.it – Fax 077 67 98 24 – Chiuso dal 23 dicembre al 10 gennaio
Rist – Carta 35/66 €
◆ Soffitto perlinato, esposizione di pesce fresco e acquario per astici nella grande sala di un ristorante di tono elegante, con interessanti proposte di mare.

CASTROCUCCO – Potenza – **564** H29 – **Vedere Maratea**

CASTRO MARINA – Lecce (LE) – **564** G37 – **2 469 ab.** – ✉ **73030** *Italia* 27 **D3**

Roma 660 – Brindisi 86 – Bari 199 – Lecce 48 – Otranto 23 – Taranto 125

alla grotta Zinzulusa Nord : 2 km *Italia*

Orsa Maggiore 50,
litoranea per Santa Cesarea Terme 303 ✉ 73030 – 08 36 94 70 28 – info@orsamaggiore.it – Fax 08 36 94 77 66
28 cam – 57/120 € 84/128 € – ½ P 57/80 € – **Rist** – Carta 15/33 €
◆ In posizione panoramica, arroccato sopra la grotta Zinzulosa, un hotel a conduzione familiare che dispone di confortevoli spazi comuni e camere lineari, quasi tutte con vista. Ampia e luminosa, la sala ristorante annovera proposte di mare e di terra ed è disponibile anche per allestire banchetti.

CASTROREALE – Messina – **565** M27 – **Vedere Sicilia alla fine dell'elenco alfabetico**

CASTROVILLARI – **Cosenza (CS)** – **564** H30 – **22 582 ab.** – **alt. 350 m** – ✉ **87012** 5 **A1**

Roma 453 – Cosenza 74 – Catanzaro 168 – Napoli 247 – Reggio di Calabria 261 – Taranto 152

sull'autostrada SA-RC, area servizio Frascineto Ovest 0981 32710, Fax 0981 32710

La Locanda di Alia 30,
via Jetticelle 55 – 098 14 63 70 – alia@alia.it – Fax 098 14 63 70
14 cam – 75 € 95/110 € – **Rist** – *(chiuso domenica)* Carta 34/46 €
◆ Una piacevole sorpresa questa confortevole "locanda" nel verde; le camere sono tutte al pianoterra e hanno accesso indipendente dall'esterno e ingresso separato. Valido ristorante di tono rustico-elegante.

CATABBIO – Grosseto – **Vedere Semproniano**

CATANIA P – **565** O27 – **Vedere Sicilia alla fine dell'elenco alfabetico**

CATANZARO (P) (CZ) – 564 K31 – **94 924 ab. – alt. 343 m** – ✉ **88100** Italia 5 **B2**

Roma 612 – Cosenza 97 – Bari 364 – Napoli 406 – Reggio di Calabria 161 – Taranto 298

via Spasari 3 (Galleria Mancuso) ☎ 0961 741764, Fax 0961 727973

Villa Trieste★ Z – Pala★ della Madonna del Rosario nella chiesa di San Domenico Z

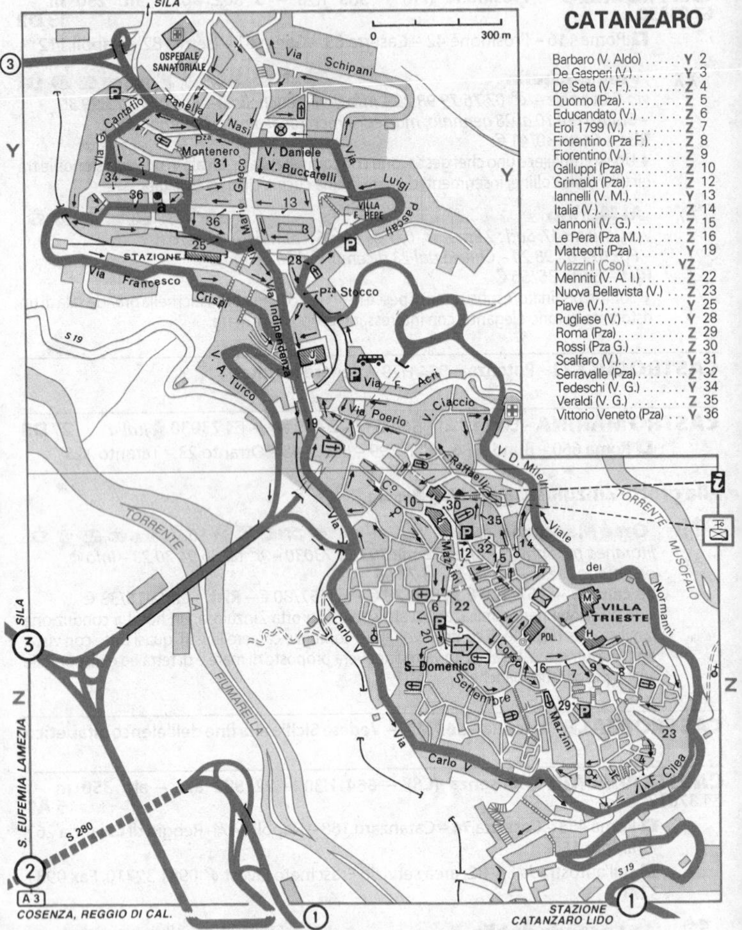

Guglielmo ▪ 150, VISA

via Tedeschi 1 – ☎ 09 61 74 19 22 – info@hotelguglielmo.it – Fax 09 61 72 21 81 Y **a**

46 cam – 🛉125 € 🛉🛉180 € – **Rist** – Carta (solo per alloggiati) 41/53 €

◆ In centro, una risorsa signorile, ristrutturata in anni recenti, con confort e attrezzature all'altezza della sua categoria, molto frequentata da clientela d'affari. Atmosfera intima nella piccola sala ristorante.

a Catanzaro Lido per ① : 14 km – ✉ 88063

Palace rist, 115,
via lungomare 221 – ✆ 096 13 18 00 – info@hotel-palace.it – Fax 09 61 73 80 84
84 cam – 107/150 107/180 € – **Rist** – Carta 25/45 €
◆ Edificio sul lungomare che nel 2000 ha subito una totale ristrutturazione. L'eleganza è rimarcata dallo stile Impero degli ambienti comuni. Per villeggiatura o business. Sala ristorante panoramica al primo piano.

Stillhotel
via Melito di Porto Salvo 102/A – ✆ 096 13 28 51 – hotelstillo@virgilio.it – Fax 096 13 38 18
30 cam – 60/70 € 75/100 € – ½ P 53/70 €
Rist La Brace – vedere selezione ristoranti
◆ Ubicato in una zona collinare e tranquilla, un panoramico albergo dotato di ampie zone comuni e di camere spaziose con arredi di qualità.

La Brace – Hotel Stillhotel 30,
via Melito di Porto Salvo 102 – ✆ 096 13 13 40 – hotelstillo@virgilio.it – Fax 096 13 38 18 – Chiuso dal 1° al 15 luglio e lunedì
Rist – Carta 25/40 € (+10 %)
◆ Ristorante gradevole, ordinato e molto curato. Tre sale dove accomodarsi a gustare un menù eclettico che comprende anche specialità locali e a base di pesce.

CATTOLICA – Rimini (RN) – 562 K20 – 15 973 ab. – ✉ 47841 9 D2

Roma 315 – Rimini 22 – Ancona 92 – Bologna 130 – Forlì 69 – Milano 341 – Pesaro 17 – Ravenna 74

via Matteotti 46 ✆ 0541 963341, iat@cattolica.net, Fax 0541 963344

Carducci 76 (riscaldata)
via Carducci 76 – ✆ 05 41 95 46 77 – info@carducci76.it – Fax 05 41 83 15 57 – Chiuso dal 20 al 26 dicembre
38 cam – 155/190 € 200/350 €
Rist *Vicolo Santa Lucia* – ✆ 05 41 83 63 60 *(chiuso dal 15 al 30 novembre, dal 20 al 26 dicembre, a mezzogiorno, martedì, anche lunedì da ottobre ad aprile)* Carta 38/92 €
◆ Tripudio di bianco e nero e arredi minimalisti in stile orientale in un trionfo di raffinato design moderno, che non soffoca il fascino d'epoca di una villa inizio '900. Suggestioni orientali nel menù, mediterraneo e asiatico.

Negresco rist, 100,
viale del Turismo 10 – ✆ 05 41 96 32 81 – negresco@nonnihotels.it – Fax 05 41 95 49 32 – Maggio-settembre
87 cam – 45/94 € 90/182 € – ½ P 44/87 € – **Rist** – (solo per alloggiati) Menu 19/25 €
◆ Sul mare, albergo rinnovato nel 1999 all'esterno e all'interno, in particolare nelle camere, che hanno mobili in stile, ottime rifiniture e bagno o doccia idromassaggio.

Kursaal cam, cam, rist, 300,
piazza I° Maggio 2 – ✆ 05 41 96 23 05 – info@kursaalhotel.it – Fax 05 41 96 24 14 – Chiuso dal 20 al 27 dicembre
59 cam – 135 € 160 € – ½ P 100 € – **Rist** – (solo per alloggiati) 20 €
◆ Inusitato contrasto tra l'edificio fine '800, riportato agli originari splendori, e l'annessa struttura in acciaio e vetro di un hotel di taglio originale, antico e moderno.

Victoria Palace rist,
viale Carducci 24 – ✆ 05 41 96 29 21 – victoria@victoriapalace-hotel.it – Fax 05 41 96 29 04
88 cam – 80/153 € 106/194 €, 10 € – ½ P 63/107 € – **Rist** – (solo per alloggiati)
◆ Gode di ottima posizione centrale davanti al mare questo hotel, che ha gradevoli camere rinnovate, con simpatici arredi verde acqua; biciclette a disposizione dei clienti.

Napoleon rist,
viale Carducci 52 – 05 41 96 34 39 – info@napoleonhotel.it – Fax 05 41 96 14 34 – Aprile-ottobre
59 cam – 90/130 € 120/180 € – ½ P 92/117 € – **Rist** – Carta 30/38 €
◆ In posizione centrale, sul mare, con accesso diretto alla spiaggia, ha zone comuni discrete con comodi divani e camere eterogenee ma tutte con confort di buon livello.

Europa Monetti rist, 30,
via Curiel 39 – 05 41 95 41 59 – info@europamonetti.com – Fax 05 41 95 81 76 – Pasqua-ottobre
77 cam – 50/80 € 85/140 € – ½ P 50/120 € – **Rist** – (solo per alloggiati)
◆ Tra le risorse della sua categoria è una delle più complete nelle attrezzature per lo sport e il benessere; camere ben arredate e accessoriate, grande solidità gestionale.

Moderno-Majestic rist,
via D'Annunzio 15 – 05 41 95 41 69 – holiday@modernomajestic.it – Fax 05 41 95 32 92 – 20 maggio-20 settembre
60 cam – 65/75 € 110/120 €, 8 € – ½ P 71/83 € – **Rist** – (solo per alloggiati)
◆ E' un hotel affacciato sulla spiaggia, che dispone di una grande piscina coperta con idromassaggio; camere essenziali, ma decorose; noleggio biciclette gratuito.

Park Hotel rist, 80,
lungomare Rasi Spinelli 46 – 05 41 95 37 32 – parkhotel@parkhotels.it – Fax 05 41 96 15 03
56 cam – 78/110 € 114/180 € – **Rist** – (solo per alloggiati) Menu 16/20 €
◆ Un albergo costruito nel 1989, sulla strada che costeggia la spiaggia; luminose sia le aree comuni che le camere, rinnovate in massima parte, con vetrate e vista mare.

Beaurivage rist,
viale Carducci 82 – 05 41 96 31 01 – info@hotelbeaurivage.com – Fax 05 41 96 31 02 – Maggio-settembre
78 cam – 72/82 € 145/160 € – ½ P 85/100 € – **Rist** – (solo per alloggiati) Carta 32/42 €
◆ In una via centrale, ma sul mare con accesso diretto alla spiaggia, dispone di ampi spazi comuni, sia interni, rinnovati, che esterni; colazione a buffet in terrazza.

Aurora
via Genova 26 – 05 41 83 04 64 – info@hotelauroracattolica.info – Fax 05 41 83 04 64 – Aprile-ottobre
18 cam – 40/62 € 68/103 €, 7 € – **Rist** – (solo per alloggiati) Carta 24/34 €
◆ Piacevole hotel centrale, ma in zona tranquilla, totalmente ristrutturato in anni recenti; camere di rara ampiezza, bagni moderni, piccolo solarium con idromassaggio.

Columbia
lungomare Rasi Spinelli 36 – 05 41 95 31 22 – Fax 05 41 95 23 55 – Maggio-settembre
56 cam – 60/65 € 83/95 €, 10 € – ½ P 57/80 € – **Rist** – (solo per alloggiati)
◆ Sul lungomare, separato dalla spiaggia solo da una strada, bianco edificio anni '70, a gestione familiare, con camere non ampie, ma dignitose nella loro semplicità.

Sole rist,
via Verdi 7 – 05 41 96 12 48 – info@hotel-sole.it – Fax 05 41 96 39 46 – 20 maggio-20 settembre
46 cam – 40/50 € 60/80 €, 7 € – **Rist** – (solo per alloggiati)
◆ Familiari la gestione e l'ospitalità in questo hotel situato in una via alle spalle del lungomare; tinte pastello nelle camere, semplici, ma luminose e ben tenute.

Protti con cam rist,
via Emilia Romagna 185 – 05 41 95 81 61 – info@albergoristoranteprotti.it – Fax 05 41 95 44 57
25 cam – 38 € 58 €, 4 € – **Rist** – *(chiuso lunedì escluso da giugno a settembre)* Carta 27/38 €
◆ Specialità di mare servite in una sala accogliente e ben tenuta, con buona cura della tavola e del servizio; possibilità di alloggio in camere piccole e sobrie.

XX **Locanda Liuzzi**

via Fiume 63, angolo via Carducci – ✆ 05 41 83 01 00 – info@locandaliuzzi.com – Chiuso mercoledì e a mezzogiorno (escluso venerdi-sabata-domenica) da giugno a settembre

Rist – Carta 41/53 €

◆ Una ristrutturazione moderna, di cui il proprietario ha disegnato alcune soluzioni, dove gustare una cucina tradizionale e soprattutto di pesce, rivisitata in chiave creativa.

CAVA DE' TIRRENI – Salerno (SA) – 564 E26 – 52 389 ab. – alt. 196 m – ✉ 84013 6 B2

Roma 254 – Napoli 47 – Avellino 43 – Caserta 76 – Salerno 8

piazza Enrico De Marinis 6 ✆ 089 341605, info@cavaturismo.sa.it, Fax 089 463723

a Corpo di Cava Sud-Ovest : 4 km – alt. 400 m – ✉ 84013 – Badia di Cava de' Tirreni

Scapolatiello

rist, 80,

piazza Risorgimento 1 – ✆ 089 44 36 11 – info@hotelscapolatiello.it – Fax 089 44 47 80

43 cam – †80/85 € ††126/142 € – 2 suites – ½ P 91 € – **Rist** – Carta 35/58 €

◆ Gestito dalla stessa famiglia fin dal 1821, signorile albergo panoramico vicino all'Abbazia Benedettina; belle terrazze-giardino con piscina e ampi, curati spazi comuni. Moderna, luminosa sala ristorante, con grandi vetrate affacciate sulla terrazza fiorita.

CAVAGLIÀ – Biella (BI) – 561 F6 – 3 624 ab. – alt. 272 m – ✉ 13881 23 C2

Roma 657 – Torino 54 – Aosta 99 – Milano 93 – Vercelli 28

, ✆ 0161 96 69 49.

X **Osteria dell'Oca Bianca**

10/20,

via Umberto I 2 – ✆ 01 61 96 68 33 – Fax 01 61 96 68 33 – Chiuso dal 9 al 22 gennaio, dal 18 giugno al 9 luglio e martedì

Rist – Carta 39/51 €

◆ Nel cuore della località, di fronte alla chiesa, classica osteria di paese che mantiene intatto lo spirito originario. Cantina ben fornita e affidabile cucina del territorio.

CAVAGLIETTO – Novara (NO) – 561 F7 – 422 ab. – alt. 233 m – ✉ 28010 23 C2

Roma 647 – Stresa 42 – Milano 74 – Novara 22

XXX **Arianna**

via Umberto 4 – ✆ 03 22 80 61 34 – jrearianna@libero.it – Fax 03 22 80 61 34 – Chiuso Natale, dal 1° al 10 gennaio, dal 19 luglio all' 11 agosto, martedì e mercoledì a mezzogiorno

Rist – Carta 41/59 €

◆ In un piccolo e tranquillo borgo agricolo, imprevedibilmente, un ristorante d'impronta elegante; tavoli distanziati, comode sedie a fiori, piatti di concezione moderna.

CAVAGNANO – Varese – Vedere Cuasso al Monte

CAVALESE – Trento (TN) – 562 D16 – 3 695 ab. – alt. 1 000 m – Sport invernali : *ad Alpe Cermis : 1 280/2 250 m 2 6 (Comprensorio Dolomiti superski Val di Fiemme-Obereggen)* – ✉ 38033 *Italia* 31 D3

Roma 648 – Bolzano 43 – Trento 50 – Belluno 92 – Cortina d'Ampezzo 97 – Milano 302

via Fratelli Bronzetti 60/a ✆ 0462 241111, info@aptfiemme.tn.it, Fax 0462 241199

Lagorai

vallata e monti, 80,

via della Fontana 2 – ✆ 04 62 34 04 54 – info@hotel-lagorai.com – Fax 04 62 34 05 40

50 cam – †70/110 € ††130/170 € – ½ P 90/112 € – **Rist** – Carta 24/31 €

◆ Leggermente periferico, in posizione tranquilla, soleggiata e panoramica. Hotel completo con ampi spazi di soggiorno, raffinato centro benessere e camere per ogni esigenza. Ristorante luminoso, caldo ed elegante.

Bellavista cam, cam, rist, 30,
via Pizzegoda 5 – 04 62 34 02 05 – info@hotelbellavista.biz – Fax 04 62 23 91 19 – Chiuso dal 15 aprile al 1° maggio e novembre
45 cam – 125 € 192 € – **Rist** – Menu 25/40 €
◆ Una struttura in grado di offrire un livello di confort attuale fruibile in ogni spazio, dalle camere agli spazi comuni, fino all'ottimo centro benessere. Sala ristorante di tono elegante.

La Roccia vallata e monti, cam, 150,
via Marco 53 – 04 62 23 11 33 – info@hotellaroccia.it – Fax 04 62 23 11 35 – Chiuso maggio e novembre
58 cam – 56/93 € 92/166 € – 2 suites – ½ P 56/93 € – **Rist** – (solo per alloggiati) 30 €
◆ Nelle adiacenze della piscina comunale e del palazzetto dello sport, struttura panoramica e tranquilla, con tipici, accoglienti interni di montagna; angolo benessere.

Park Hotel Villa Trunka Lunka
via De Gasperi 4 – 04 62 34 02 33 – info@trunkalunka.it – Fax 04 62 34 05 44 – 20 dicembre-aprile e 20 giugno-15 settembre
24 cam – 65 € 101 €, 8 € – ½ P 85 € – **Rist** – *(chiuso a mezzogiorno in inverno)* (solo per alloggiati)
◆ Bella casa in stile montano con gradevole giardino; confortevoli sia gli spazi comuni che il settore notte, con arredi rustico-classici. Anche in formula residence.

Excelsior rist,
piazza Cesare Battisti 11 – 04 62 34 04 03 – info@excelsiorcavalese.com – Fax 04 62 23 13 12
30 cam – 120 € 168 € – ½ P 75 € – **Rist** – (solo per alloggiati)
◆ In un antico e nobile edificio, già residenza estiva di principi e vescovi. Ubicato su una delle piazza centrali del paese, offre ambienti curati ed originali.

Salvanel senza rist
via Carlo Esterle 3 – 04 62 23 20 57 – info@salvanel.com – Fax 04 62 23 28 67 – Chiuso 15 giorni a maggio e 15 giorni a novembre
8 cam – 42/47 € 70/80 €
◆ Albergo aperto nel 2005, ricavato dalla ristrutturazione di una casa di origini settecentesche. Spazi ridotti al piano terra ma camere spaziose e confortevoli.

XX **El Molin**
piazza Cesare Battisti 11 – 04 62 34 00 74 – gilmozzi@cr-surfing.net – Fax 04 62 23 13 12 – Chiuso da maggio al 15 giugno, dal 5 ottobre a novembre e martedì
Rist – Carta 42/66 €
Rist *Wine-bar* – Carta 22/33 €
◆ Ha atmosfera e charme del tutto particolari questo raccolto ambiente tipico, in un mulino seicentesco, che si sviluppa su più livelli; rielaborazioni di cucina trentina. Wine-bar con piccola cucina, salumi e formaggi al piano superiore.

XX **Costa Salici** 30,
via Costa dei Salici 10 – 04 62 34 01 40 – info@costasalici.com – Fax 04 62 34 15 12 – Chiuso ottobre, lunedì e martedì a mezzogiorno escluso agosto e Natale
Rist – Carta 30/45 €
◆ In una casa di montagna, due salette comunicanti di cui una caratteristica stube rivestita in legno di cirmolo, cristalli e posate d'argento a tavola; piatti locali rivisitati.

CAVALLERMAGGIORE – Cuneo (CN) – 561 H5 – 5 149 ab. – alt. 285 m – ✉ 12030 22 B3

Roma 625 – Cuneo 40 – Torino 48 – Alessandria 104 – Asti 59

XX **Italia** 14/25,
piazza Statuto 87 – 01 72 38 12 96 – ristoranteitalia@libero.it – Chiuso quindici giorni in gennaio e settembre, martedì sera e mercoledì
Rist – Carta 24/43 €
◆ Una trattoria del centro, a gestione prettamente familiare, suddivisa su due piani. La cucina propone le specialità della cucina piemontese, rivisitate e secondo stagione.

CAVALLINO – Venezia (VE) – 562 F19 – ✉ 30013 36 C2

▶ Roma 571 – Venezia 53 – Belluno 117 – Milano 310 – Padova 80 – Treviso 61 – Trieste 136 – Udine 105

ℹ (giugno-settembre) via Fausta 406/a ☎ 041 529871

Park Hotel Union Lido

(riscaldata), cam, 200, VISA

via Fausta 270 – ☎ 041 96 80 43 – parkhotel@unionlido.com – Fax 04 15 37 03 55 – Pasqua-settembre

78 cam – †89/96 € ††122/130 € – ½ P 76/80 €

Rist *Ai Pini* – ☎ 041 96 81 29 – Carta 24/42 €

◆ In un enorme complesso turistico che si estende per oltre 1 km sul mare, una sistemazione confortevole e tranquilla, pur usufruendo dei servizi offerti dal villaggio. Sala da pranzo classica e gradevole dehors estivo per una cucina di mare.

Trattoria Laguna

30, VISA

via Pordelio 444 – ☎ 041 96 80 58 – info@trattorialaguna.it – Fax 041 96 80 58 – Chiuso da gennaio al 15 febbraio, giovedì a mezzogiorno in luglio-agosto, tutto il giorno negli altri mesi

Rist – Carta 33/63 €

◆ Caratteristica trattoria-osteria dal simpatico ambiente con arredi e decorazioni rustiche; rigorosamente "di casa" la cucina, a base di pesce e verdure sempre freschissimi.

Da Achille

20/22, VISA

piazza Santa Maria Elisabetta 16 – ☎ 041 96 80 05 – martinonicola@ristoranteachille.it – Fax 041 96 80 05 – Chiuso novembre, lunedì e martedì a mezzogiorno

Rist – Carta 30/61 €

◆ Nella piazza della località, nuova gestione che continua nella tradizione di genuinità con qualche piacevole tocco "giovane". Gradevoli sale ristrutturate e dehors estivo.

CAVALLINO – Lecce (LE) – 564 G36 – 10 713 ab. – ✉ 73020 27 D2

▶ Roma 582 – Brindisi 47 – Gallipoli 42 – Lecce 7 – Taranto 115

Osteria del Pozzo Vecchio

30, VISA

via M. Silvestro 16 – ☎ 08 32 61 16 49 – osteriapozzovecchi@libero.it – Fax 08 32 61 16 49 – Chiuso lunedì, anche a mezzogiorno in luglio e agosto

Rist – Carta 19/32 €

◆ A due passi dalla piazza, il ristorante consta di due sale e di un giardino per il servizio all'aperto dove gustare una cucina principalmente di pesce. La sera anche pizzeria.

CAVANELLA D'ADIGE – Venezia – Vedere Chioggia

CAVASO DEL TOMBA – Treviso (TV) – 562 E17 – 2 524 ab. – alt. 248 m – ✉ 31034 35 B2

▶ Roma 550 – Belluno 51 – Padova 67 – Treviso 40 – Venezia 71

Locanda alla Posta con cam

piazza 13 Martiri 13 – ☎ 04 23 54 31 12 – Fax 04 23 54 31 12 – Chiuso dal 10 al 31 gennaio

7 cam – †40 € ††60 € – **Rist** – *(chiuso mercoledì sera e giovedì)* Carta 24/34 €

◆ Sulla piazza principale del paese, un edificio d'epoca ristrutturato ospita una piacevole locanda; camere grandi, arredi d'epoca, bagni di dimensioni più contenute.

CAVATORE – Alessandria (AL) – 561 I7 – 303 ab. – alt. 518 m – ✉ 15010 23 C3

▶ Roma 557 – Alessandria 42 – Genova 80 – Asti 51 – Torino 107

Da Fausto

catena alpina, 10/20, VISA

località Valle Prati 1 – ☎ 01 44 32 53 87 – info@ristorantedafausto.it – Fax 01 44 32 53 84 – Chiuso martedì a mezzogiorno e lunedì

Rist – Carta 23/28 €

◆ Nelle giornate limpide si gode un bel panorama dell'arco alpino da questo simpatico rustico nel verde montano. Casalinghi piatti del luogo in ambiente curato.

CAVENAGO D'ADDA – Lodi (LO) – 561 G10 – 2 135 ab. – ✉ 26824

Roma 557 – Milano 47 – Lodi 13 – Cremona 73

XX ✿ **L'Arsenale** (Granata)

via Geppino Conti 8 – ✆ 03 71 70 90 86 – Fax 03 71 70 98 17 – Chiuso 3 settimane in agosto, domenica sera e lunedì

Rist – (consigliata la prenotazione) Carta 48/62 €

Spec. Tortellone di crescenza in guazzetto bianco di porcini (autunno). Stinco di maiale glassato alla camomilla (inverno). Zuppa fredda di ciliege al Pinot nero con gelato al pepe nero (estate).

◆ Trasferitosi da Lodi nel vecchio fienile adibito anche alla lavorazione di carri, nel locale ritroverete inalterati i sapori della curata cucina, classica ed innovativa.

CAVERNAGO – Bergamo (BG) – 561 F11 – 1 812 ab. – alt. 202 m – ✉ 24050 19 C2

Roma 600 – Bergamo 13 – Brescia 45 – Milano 54

XX **Giordano** con cam

via Leopardi 1 – ✆ 035 84 02 66 – info@hotelgiordano.it – Fax 035 84 02 12 – Chiuso dal 26 dicembre al 6 gennaio, agosto, domenica sera e lunedì

22 cam – †61 € ††92 € – ½ P 73 € – **Rist** – Carta 30/44 €

◆ Si rifanno alla Toscana, terra d'origine del titolare, le specialità di questo ristorante; camere confortevoli offrono ospitalità soprattutto a clientela di lavoro.

CAVI – Genova – 561 J10 – Vedere Lavagna

CAVINA – Ravenna – Vedere Brisighella

CAVO – Livorno – 563 N13 – Vedere Elba (Isola d') : Rio Marina

CAVOUR – Torino (TO) – 561 H4 – 5 383 ab. – alt. 300 m – ✉ 10061 22 B3

Roma 698 – Torino 54 – Asti 93 – Cuneo 51 – Sestriere 67

Locanda La Posta

via dei Fossi 4 – ✆ 012 16 99 89 – posta@locandalaposta.it – Fax 012 16 97 90

20 cam – †55/80 € ††80/120 € – ½ P 60/80 € – **Rist** – *(chiuso dal 26 luglio al 12 agosto e venerdì)* Carta 31/37 €

◆ Nata a fine '700, da decenni guidata dalla stessa famiglia, una locanda accogliente, con sobri interni in stile; camere curate, affacciate su una fiorita corte centrale. Soffitto con travi a vista e un antico camino nel ristorante di taglio rustico-signorile.

CAVRIAGO – Reggio Emilia (RE) – 562 H13 – 9 088 ab. – alt. 78 m – ✉ 42025 8 B3

Roma 436 – Parma 26 – Milano 145 – Reggio nell'Emilia 9

XXX **Picci**

via XX Settembre 4 – ✆ 05 22 37 18 01 – Fax 05 22 57 71 80 – Chiuso dal 1° al 15 gennaio, dal 5 al 26 agosto, domenica sera e lunedì

Rist – Carta 37/48 €

◆ Ambiente elegante, sedie in stile e quadri alle pareti, in un locale che propone corpose personalizzazioni di cucina emiliana; tra i menù, uno a base di aceto balsamico.

CAVRIGLIA – Arezzo (AR) – 563 L16 – 8 327 ab. – alt. 312 m – ✉ 52022 29 C2

Roma 238 – Firenze 58 – Siena 41 – Arezzo 49

XX **Il Cenacolo**

via del Riposo 6 – ✆ 05 59 16 61 23 – staff@ristoranteilcenacolo.net – Fax 05 59 16 61 23 – Chiuso dal 16 al 31 gennaio e lunedì

Rist – Carta 25/38 €

◆ Ricavato nelle cantine dell'attiguo oratorio della pieve, è un locale ora di tono moderno nell'arredamento, dove gusterete piatti del territorio, con funghi e tartufi.

a Meleto **Nord-Ovest : 9 km – ✉ 52020**

Agriturismo Villa Barberino 100,
viale Barberino 19 – ✆ 055 96 18 13 – barberin@val.it – Fax 055 96 10 71 – Chiuso novembre
5 cam – 80/100 € 110/140 € – 11 suites – 160/200 € – ½ P 80/100 €
– **Rist** – *(chiuso i mezzogiorno di lunedì e martedì escluso luglio e agosto)* Carta 40/56 €
◆ Raccontano una storia secolare le pietre del pittoresco borgo in cui sono site un'antica fattoria e la villa padronale con giardino all'italiana e interni d'atmosfera.

CAZZAGO SAN MARTINO – Brescia (BS) – 561 F12 – 10 189 ab. – alt. 200 m – ✉ 25046 19 **D2**

Roma 560 – Brescia 17 – Bergamo 40 – Milano 81

Il Priore
via Sala 70, località Calino Ovest : 1 km – ✆ 03 07 25 46 65 – priore@intelligenza.it – Fax 03 07 25 46 65 – Chiuso dal 7 al 30 gennaio e martedì
Rist – Carta 45/75 €
◆ Due sale ampie e luminose con una piccola collezione di opere d'arte del '900 e servizio estivo in terrazza panoramica per un'interessante cucina di ampio respiro.

sulla strada statale 11 Padana Superiore **Sud : 2,5 km**

Papillon rist, 40,
via Padana Superiore 100 ✉ 25046 – ✆ 03 07 75 08 43 – papillon@albergopapillon.it – Fax 03 07 75 08 43 – Chiuso agosto
44 cam – 50/65 € 70/80 €, 8 € – **Rist** – *(chiuso domenica)* Carta 27/38 €
◆ Facilmente raggiungibile dall'autostrada Milano-Venezia, hotel di taglio moderno, a gestione familiare, frequentato da clientela di lavoro; camere spaziose e funzionali. Il ristorante dispone di varie, luminose sale d'impostazione classica.

Il Gelso di San Martino (Silvestri) 10,
via del Perosino 38 ✉ 25046 – ✆ 03 07 75 99 44 – ilgelsodisanmartino@libero.it – Fax 03 07 25 54 61 – Chiuso dal 24 al 26 dicembre, dal 29 gennaio al 13 febbraio, agosto, domenica sera e lunedì
Rist – Carta 56/102 €
Spec. Scaloppa di foie gras glassata in salsa ai frutti di bosco con macedonia d'agrumi. Ravioli farciti con lasagne alla bolognese in salsa al parmigiano reggiano. Composizione di piedini di maiale e astice.
◆ Senza grandi emozioni la posizione (meglio chiedere indicazioni alla prenotazione), la magia esplode tutta nei piatti. Tanto è giovane il cuoco quanto ammirevoli i risultati.

CECCHINI DI PASIANO – Pordenone – 562 E19 – Vedere Pasiano di Pordenone

---

CECINA – Livorno (LI) – 563 M13 – 26 824 ab. – alt. 15 m – ✉ 57023 *Toscana* 28 **B2**

Roma 285 – Pisa 55 – Firenze 122 – Grosseto 98 – Livorno 36 – Piombino 46 – Siena 98

Posta senza rist
piazza Gramsci 12 – ✆ 05 86 68 63 38 – info@postahotel.it – Fax 05 86 68 07 24
15 cam – 55/65 € 88/99 €, 5 €
◆ Piccolo albergo d'atmosfera ospitato in un edificio d'epoca di una delle piazze principali di Cecina; parquet e mobili di legno scuro nelle camere accoglienti e curate.

Il Palazzaccio senza rist
via Aurelia Sud 300 – ✆ 05 86 68 25 10 – Fax 05 86 68 62 21
35 cam – 75/85 € 90/110 €, 10 €
◆ In comoda posizione stradale, ma un po' rientrato rispetto al traffico, un hotel ricavato in una vecchia stazione di posta che dispone di camere spaziose e rinnovate.

Scacciapensieri
via Verdi 22 – ✆ 05 86 68 09 00 – Fax 05 86 68 09 00 – Chiuso dal 5 al 28 ottobre e lunedì
Rist – Carta 52/67 €
◆ In un locale moderno, il marito simpatico "anfitrione" in sala, l'abile moglie ai fornelli: un'accoppiata vincente per una cucina di pesce di costante e assoluta qualità.

Trattoria Senese

via Diaz 23 – ✆ 05 86 68 03 35 – trattoriasenese@yahoo.it – Fax 05 86 68 03 35 – Chiuso martedì

Rist – Carta 36/51 €

◆ Uno dei locali ormai storici di Cecina, semplice, ma ampio e luminoso grazie alle "pareti" di vetro, dove gusterete tradizionali, saporite ricette di cucina ittica.

CECINA (Marina di) – Livorno (LI) – 563 M13 – ✉ 57023 28 B2

Roma 288 – Pisa 57 – Cecina 3 – Firenze 125 – Livorno 39

piazza Sant'Andrea 6 ✆ 0586 620678, apt7cecina@costadeglietruschi.itFax 0586 620678

Tornese

viale Galliano 36 – ✆ 05 86 62 07 90 – info@hoteltornese.com – Fax 05 86 62 06 45

40 cam – †55/100 € ††80/170 €, ☕ 7 €

Rist – Carta 26/39 €

Rist *Il Becco Reale* – *(Chiuso dal 15 settembre al 15 giugno)* Carta 31/40 €

◆ A breve distanza dalla spiaggia, struttura signorile di indubbio confort, con accoglienti interni recentemente rinnovati negli arredi; chiedete le camere con vista mare. Vari spazi dedicati alla ristorazione, menù diversificati dalla pizza al pesce.

Olimpia

viale della Vittoria 68 – ✆ 05 86 62 11 93 – ristoranteolimpia@libero.it – Fax 05 86 62 11 93 – Chiuso dal 19 dicembre a gennaio, a mezzogiorno (escluso i giorni festivi), lunedì, anche domenica sera da ottobre a Pasqua

Rist – Carta 52/67 €

◆ Ubicato sulla spiaggia, un ristorante di tono elegante con attenta cura della tavola; proposta che varia con il pescato, ricercata negli ingredienti e nelle preparazioni.

Bagatelle

via Ginori 51 – ✆ 05 86 62 00 89 – facreat@tin.it – Fax 05 86 62 00 89 – Chiuso dal 10 al 25 gennaio, giovedì a mezzogiorno e mercoledì

Rist – Carta 52/76 €

◆ Qui potrete scegliere tra due sale climatizzate, con tavoli spaziati e arredamento moderno, e un dehors; servizio attento e premuroso, ampia carta di terra e di mare.

El Faro

viale della Vittoria 70 – ✆ 05 86 62 01 64 – info@ristorantelfaro.it – Fax 05 86 62 02 74 – Chiuso gennaio o novembre e mercoledì

Rist – Carta 43/58 €

◆ Per i patiti della spiaggia, che però non rinunciano al confort quando mangiano, è ideale questo locale con stabilimento e proposte gastronomiche interessanti.

CEFALÙ – Palermo – 565 M24 – Vedere Sicilia alla fine dell'elenco alfabetico

CEGLIE MESSAPICA – Brindisi (BR) – 564 F34 – 20 864 ab. – alt. 303 m – ✉ 72013 27 C2

Roma 564 – Brindisi 38 – Bari 92 – Taranto 38

Al Fornello-da Ricci

contrada Montevicoli – ✆ 08 31 37 71 04 – riccìristor@libero.it – Fax 08 31 37 71 04 – Chiuso dal 1° al 10 febbraio, dal 10 al 30 settembre, lunedì sera e martedì

Rist – Carta 49/67 €

Spec. Antipasti "Al Fornello". Gnocchi di ricotta con pesto di zucchine, pancetta croccante e tartufo nero di Ceglie. Spiedino misto di capretto, salsiccia e fegatini con insalata verde.

◆ In una masseria poco fuori dal paese, il ristorante esprime nell'ambientazione e nella cucina l'immagine della campagna pugliese, piatti di terra e carosello di antipasti.

XX **Cibus**

via Chianche di Scarano 7 – ✆ 08 31 38 89 80 – Fax 08 31 38 89 80 – Chiuso dal 2 al 17 luglio e martedì

Rist – Carta 30/44 €

◆ Negli ex magazzini di un convento, un cortiletto interno con qualche tavolo collega una curata enoteca alle sale ristorante, caratteristiche, con tavoloni in legno.

X **Da Gino**

10,

contrada Montevicoli – ✆ 08 31 37 79 16 – ristorantedagino@libero.it – Fax 08 31 38 89 56 – Chiuso venerdì

Rist – Carta 23/40 €

◆ Curioso ambiente dove l'elemento dominante è il legno color miele, che ricopre pure i caminetti, e c'è anche un angolo che riproduce un trullo; cucina del territorio.

sulla strada statale 581 per San Vito dei Normanni Est : 8 km

Relais La Fontanina

200,

contrada Palagogna ✉ 72013 – ✆ 08 31 38 09 32 – info@lafontanina.it – Fax 08 31 38 09 33

41 cam – †55/70 € ††100/140 € – ½ P 70/100 €

Rist Relais La Fontanina – vedere selezione ristoranti

◆ In una zona isolata e verdeggiante, struttura di taglio moderno, funzionale e dai confort completi; spaziose camere con arredi classici; buon rapporto qualità/prezzo.

XXX **Relais La Fontanina**

contrada Palagogna ✉ 72013 – ✆ 08 31 38 09 32 – info@lafontanina.it – Fax 08 31 38 09 33 – Chiuso domenica sera e lunedì a mezzogiorno da aprile a settembre, a mezzogiorno (escluso domenica e i giorni festivi) negli altri mesi

Rist – Carta 28/43 €

◆ Una raccolta sala signorile con luci soffuse, poltroncine e tavoli molto curati e un salone per banchetti; in cucina tradizione rivisitata, di mare e di terra.

CELANO – L'Aquila (AQ) – **563** P22 – **10 858 ab.** – **alt. 800 m** – ✉ **67043** 1 **B2**

Roma 118 – Avezzano 16 – L'Aquila 44 – Pescara 94

Le Gole

100,

via Sardellino Sud : 1,5 km ✉ 67041 Aielli – ✆ 08 63 71 10 09 – info@hotellegole.it – Fax 08 63 71 11 01

40 cam – †40/60 € ††90/110 €

Rist Le Gole da Guerrinuccio – vedere selezione ristoranti

◆ Un albergo recente, costruito con materiali "antichi" - legno, pietra e mattoni - ovunque a vista; belle camere in stile intorno alla corte interna; giardino ombreggiato.

Lory senza rist

50,

via Ranelletti 279 – ✆ 08 63 79 36 56 – info@loryhotel.it – Fax 08 63 79 30 55

34 cam – †50/60 € ††76/100 €

◆ Lungo una curva verso Celano Alta, hotel dotato di installazioni all'avanguardia; luminose zone comuni con comode poltrone; parquet nelle confortevoli camere.

XX **Le Gole da Guerrinuccio**

30,

via Sardellino Sud : 1,5 km ✉ 67041 Aielli – ✆ 08 63 71 10 09 – info@hotellegole.it – Fax 08 63 71 11 01

Rist – Carta 16/33 €

◆ Piacevole l'esterno, ma ancor più accogliente l'interno: soprattutto la sala con camino e arnesi di vecchia gastronomia e agricoltura; tradizione abruzzese in cucina.

CELLARENGO – Asti (AT) – **561** H 5 – **640 ab.** – **alt. 321 m** – ✉ **14010** 25 **C1**

Roma 621 – Torino 41 – Asti 28 – Cuneo 77 – Milano 152

Agriturismo Cascina Papa Mora

rist,

via Ferrere 16, Sud : 1 km – ✆ 01 41 93 51 26 – papamora@tin.it – Fax 01 41 93 54 44

6 cam – †35/40 € ††60/70 € – ½ P 55/65 € – **Rist** – (solo su prenotazione) Menu 20/30 €

◆ Cascina ristrutturata, in aperta campagna, circondata da coltivazioni biologiche, offre un'ospitalità familiare e tranquilla; stanze semplici, ma curate e personalizzate.

…LLE LIGURE – Savona (SV) – 561 I7 – 5 450 ab. – ✉ 17015 14 B2

Roma 538 – Genova 40 – Alessandria 86 – Milano 162 – Savona 7

via Boagno (palazzo Comunale) ✆ 019 990021, celleligure@inforiviera.it, Fax 019 9999798

San Michele rist,

via Monte Tabor 26 – ✆ 019 99 00 17 – info@hotel-sanmichele.it – Fax 019 99 31 11 – Maggio-15 ottobre

46 cam – †65/95 € ††72/97 €, ☕ 11 € – ½ P 60/97 € – **Rist** – Carta 36/44 €

◆ Confortevole struttura con giardino, piscina, parcheggio interno e sottopassaggio per la spiaggia; arredi di legno chiaro nelle funzionali camere, rinnovate di recente. Ha tre pareti di ampie vetrate affacciate sul giardino la sala del ristorante.

La Giara rist,

via Dante Alighieri 3 – ✆ 019 99 37 73 – info@lagiarahotel.it – Fax 019 99 39 73

13 cam – †50/110 € ††50/120 €, ☕ 5 € – ½ P 40/85 € – **Rist** – Carta 28/52 €

◆ Simpatica atmosfera quasi da casa privata in un albergo curato nei particolari; spazi comuni ben arredati e camere graziose, con mobili colorati e copriletto a fiori. Al ristorante, un ambiente cordiale, la cucina casalinga e serate gastronomiche a tema con piano bar.

Mosè

via Colla 30 – ✆ 019 99 15 60 – ristorantemose@tiscali.it – Fax 019 99 15 60 – Chiuso dal 15 ottobre al 15 dicembre, mercoledì e giovedì

Rist – Carta 27/42 €

◆ Consolidata esperienza più che ventennale per la famiglia che gestisce questo simpatico locale rustico; dalla cucina escono fragranti piatti classici di terra e di mare.

L'Acqua Dolce

via Pescetto 5/A – ✆ 019 99 42 22 – Fax 019 99 42 22 – Chiuso lunedì e martedì

Rist – Carta 46/68 €

◆ Sulla passeggiata lungomare, conduzione giovane e ambiente di tono rustico-signorile in un localino dove gustare ottima e freschissima fauna di... acqua salata.

CELLE SUL RIGO – Siena – Vedere San Casciano dei Bagni

CELLORE – Verona – Vedere Illasi

CEMBRA – Trento (TN) – 562 D15 – 1 758 ab. – alt. 677 m – ✉ 38034 30 B2

Roma 611 – Trento 22 – Belluno 130 – Bolzano 63 – Milano 267

piazza Toniolli 2 ✆ 0461 683110, info@aptpinecembra.it, Fax 0461 683257

Europa

via San Carlo 19 – ✆ 04 61 68 30 32 – info@hoteleuropacembra.it – Fax 04 61 68 30 32

30 cam ☕ – †40/45 € ††54/64 € – ½ P 34/42 € – **Rist** – *(chiuso domenica)* Carta 16/22 €

◆ In posizione soleggiata, un albergo degli anni '90 per una vacanza tranquilla in un'atmosfera familiare; parquet e arredi essenziali nelle funzionali camere. Legno chiaro e ampie vetrate nella sala ristorante di taglio moderno.

CENERENTE – Perugia – Vedere Perugia

CENOVA – Imperia (IM) – 561 J5 – alt. 558 m – ✉ 18026 – CENOVA 14 A2

Roma 613 – Imperia 27 – Genova 114

Negro monti,

via Canada 10 – ✆ 018 33 40 89 – hotelnegro@libero.it – Fax 01 83 32 48 00 – Chiuso dall'8 gennaio a Pasqua

12 cam ☕ – †55/60 € ††75/80 €

Rist *I Cavallini* – *(chiuso mercoledì escluso dal 15 giugno al 15 settembre; prenotare?P46)* Carta 25/45 €

◆ Nella parte alta della località, un rustico di paese ristrutturato ospita una risorsa molto tranquilla e panoramica, con interni raccolti e camere linde e accoglienti. Una gradevole sala con camino nel ristorante, di tono e ambiente familiare.

IN HOC SIGNO VINCES

CENTO – Ferrara (FE) – 562 H15 – 30 496 ab. – alt. 15 m – ✉ 44042 9 C2

Roma 410 – Bologna 34 – Ferrara 35 – Milano 207 – Modena 37 – Padova 103

, località Parco del Reno, ✆ 051 683 05 04.

Europa 150,

via 4 Novembre 16 – ✆ 051 90 33 19 – heuropacento@tiscali.it – Fax 051 90 22 13

44 cam – 65/90 € 90/120 € – ½ P 65/78 € – **Rist** – *(chiuso venerdì)* Carta 24/35 €

◆ Accoglienza simpatica in un confortevole albergo periferico; recentemente rimodernate le piacevoli camere, con arredi rosa; biciclette a disposizione degli ospiti. Al ristorante impostazione gastronomica di tipo mediterraneo.

Antica Osteria da Cencio

via Provenzali 12/d – ✆ 05 16 83 18 80 – Chiuso Capodanno, dieci giorni in marzo, agosto, lunedì e i mezzogiorno di sabato e domenica

Rist – Carta 26/41 €

◆ Un'attività con atmosfera d'altri tempi iniziata nell'Ottocento e da sempre all'insegna della genuinità. Si può assaporare la cucina della tradizione anche nella veranda.

CEPRANO – Frosinone (FR) – 563 R22 – 8 284 ab. – alt. 120 m – ✉ 03024 13 D2

Roma 99 – Frosinone 23 – Avezzano 84 – Isernia 78 – Latina 71 – Napoli 122

Ida cam, 80,

via Caragno 27, in prossimità casello autostrada A 1 – ✆ 07 75 95 00 40 – info@hotelida.it – Fax 07 75 91 94 22

47 cam – 70 € 85 € – ½ P 80 € – **Rist** – Carta 22/32 €

◆ Di recente ristrutturato, un albergo ideale per una tappa di viaggio o come base per visite nei dintorni; nuove camere di confort superiore in un adiacente villino. Il ristorante offre accoglienti sale signorili e servizio estivo nel giardino.

CERASA – Pesaro-Urbino – 563 K21 – Vedere San Costanzo

CERASO – Salerno (SA) – 564 G27 – 2 506 ab. – alt. 330 m – ✉ 84052 7 C3

Roma 349 – Potenza 151 – Napoli 145 – Salerno 90 – Sapri 50

a Petrosa Sud-Ovest : 7,5 km – ✉ 84052 – Ceraso

Agriturismo La Petrosa rist,

via Fabbrica 25 – ✆ 097 46 13 70 – staff@lapetrosa.it – Fax 097 47 97 14 – Marzo-ottobre

6 cam – 25/35 € 50/90 € – ½ P 40/60 € – **Rist** – (solo su prenotazione) Carta 19/27 €

◆ Camere nella casa padronale, con più charme, o nella cascina ristrutturata, a circa 1 km, dove si trovano gli altri servizi: per una vacanza rurale nel Parco del Cilento.

CERBAIA – Firenze – 563 K15 – Vedere San Casciano in Val di Pesa

CERCENASCO – Torino (TO) – 561 H4 – 1 830 ab. – alt. 256 m – ✉ 10060 22 B3

Roma 689 – Torino 34 – Cuneo 60 – Milano 183 – Sestriere 70

Centro 25,

via Vittorio Emanuele 8 – ✆ 01 19 80 92 47 – Fax 01 19 80 92 47 – Chiuso dal 1° al 10 agosto, martedì sera e mercoledì

Rist – Carta 21/45 €

◆ Locale adatto a tutte le esigenze: classica sala ristorante, spazi per banchetti, dehors estivo; menù fisso a pranzo nei giorni feriali o carta di cucina piemontese.

Come scegliere fra due strutture equivalenti?
In ogni categoria, hotel e ristoranti sono elencati per ordine di preferenza: ai primi posti, le scelte Michelin.

CERES – Torino (TO) – 561 G4 – 1 051 ab. – alt. 704 m – ✉ 10070 22 **B2**

Roma 699 – Torino 38 – Aosta 141 – Ivrea 78 – Vercelli 104

Valli di Lanzo con cam

via Roma 15 – ✆ 012 35 33 97 – info@ristorantevallidilanzo.it – Fax 012 35 37 53 – Chiuso dal 1° al 15 settembre

8 cam – †40/50 € ††65/68 € – ½ P 45/50 € – **Rist** – *(chiuso mercoledì escluso luglio ed agosto)* Carta 27/38 €

◆ Caldo ambiente con tanto legno e oggetti di rame alle pareti in un locale, con graziose camere, gestito dal 1905 dalla stessa famiglia; piatti piemontesi e della valle.

CERESE DI VIRGILIO – Mantova – 561 G14 – Vedere Mantova

CERMENATE – Como (CO) – 561 E9 – 8 752 ab. – alt. 332 m – ✉ 22072 18 **B1**

Roma 612 – Como 15 – Milano 32 – Varese 28

Gardenia cam, rist, 100, VISA AE

via Europa Unita – ✆ 031 72 25 71 – canterino@hotelgardenia-cermenate.it – Fax 031 72 25 70

34 cam – †80/109 € ††90/122 €, 10 € – ½ P 73/89 € – **Rist** – (solo per alloggiati) Menu 18/30 €

◆ Un basso edificio di mattoni, costruito nel 1991, ospita un albergo concepito in modo moderno e funzionale, con camere di buon confort, spaziose e ben accessoriate.

Castello 18, VISA AE

via Castello 28 – ✆ 031 77 15 63 – Fax 031 77 15 63 – Chiuso dal 24 dicembre al 6 gennaio, agosto, martedì sera e lunedì

Rist – Carta 35/47 €

◆ Tocchi di eleganza in una trattoria con la stessa gestione da 30 anni; cucina locale e anche di più ampio respiro, con qualche ricercatezza francese; ottima cantina.

CERNOBBIO – Como (CO) – 561 E9 – 7 000 ab. – alt. 202 m – ✉ 22012 18 **A1**

Italia

Roma 630 – Como 5 – Lugano 33 – Milano 53 – Sondrio 98 – Varese 30

Villa d'Este Montorfano, Sud-Est : 11 km, ✆ 031 20 02 00.

Villa d'Este lago e monti, cam, cam, rist, 250, VISA AE

via Regina 40 – ✆ 031 34 81 – sales@villadeste.it – Fax 031 34 88 44 – Marzo-17 novembre

152 cam – †610 € ††650/900 € – 9 suites

Rist *La Veranda* – Carta 120/190 €

Rist *Grill* – *(chiuso lunedì e a mezzogiorno)* Carta 99/130 €

◆ Nell'incantata cornice del grande parco digradante sul lago, superba villa cinquecentesca, dal 1873 ai vertici dell'eleganza e del confort in Italia: per vivere una fiaba. Ambiente di regale raffinatezza anche al ristorante "La Veranda". Informale ma chic, al Grill piatti regionali e di pesce. D'estate, cena all'aperto.

Asnigo lago e monti, rist, 60, VISA AE

via Noseda 2, Nord-Est : 2 km – ✆ 031 51 00 62 – asnigo@galactica.it – Fax 031 51 02 49 – Chiuso gennaio

30 cam – †124/140 € ††170/190 € – **Rist** – Carta 37/46 €

◆ Hotel inizio '900, rinnovato negli anni, sito nella parte alta della località, con terrazza panoramica da cui contemplare il lago e i monti; interni moderni e funzionali. Sala da pranzo con vetrate scorrevoli per l'estate.

Miralago VISA AE

piazza Risorgimento 1 – ✆ 031 51 01 25 – info@hotelmiralago.it – Fax 031 34 20 88 – Marzo-15 novembre

42 cam – †80/95 € ††110/140 € – ½ P 85 € – **Rist** – Carta 32/43 €

◆ Una signorile casa liberty affacciata sul lago e sulla passeggiata pedonale ospita un albergo accogliente; moderne camere di dimensioni limitate, ma ben accessoriate. Bella veduta del paesaggio lacustre dalla sala ristorante.

Centrale
via Regina 39 – ✆ 031 51 14 11 – info@albergo-centrale.com – Fax 031 34 19 00 – Chiuso dicembre e gennaio
22 cam – 75 € 115 € – **Rist** – *(chiuso gennaio e lunedì)* Carta 28/46 €
◆ Un edificio inizio '900, ristrutturato in anni recenti, per una piccola, curata risorsa a gestione familiare; arredi classici nelle camere non ampie, ma confortevoli. Ameno servizio ristorante estivo in giardino.

Al Musichiere
10,
via 5 Giornate 32 – ✆ 031 34 22 95 – Fax 031 34 22 95 – Chiuso dal 26 dicembre al 9 gennaio, dal 13 al 26 agosto, sabato a mezzogiorno e domenica
Rist – Carta 31/54 €
◆ Centrale e piccolo ristorante a conduzione diretta, rinnovato di recente; sobria eleganza moderna con proposte classiche di carne e di pesce, di mare e di lago.

Trattoria del Vapore
via Garibaldi 17 – ✆ 031 51 03 08 – trattoriadelvapore@libero.it – Fax 031 51 03 08 – Chiuso dal 25 dicembre al 25 gennaio e martedì
Rist – Carta 41/56 € (+10 %)
◆ Un grande camino troneggia nell'accogliente sala di questo raccolto locale, in centro, a pochi passi dal lago; cucina legata alle tradizioni lacustri, ricca enoteca.

CERNUSCO LOMBARDONE – Lecco (LC) – 561 E10 – 3 730 ab. – alt. 267 m – ✉ 23870
18 **B1**

Roma 593 – Como 35 – Bergamo 28 – Lecco 19 – Milano 37

Osteria Santa Caterina
via Lecco 34 – ✆ 03 99 90 23 96 – s.caterinacernusco@libero.it – Fax 03 99 90 23 96 – Chiuso dal 1° all' 8 gennaio, dal 16 al 20 agosto e lunedì
Rist – Carta 31/46 €
◆ Bel ristorante con gestione giovane, arredi moderni in un edificio di fine '800 nel centro del paese; cucina fantasiosa, di terra e di mare, e interessante proposta di vini.

CERNUSCO SUL NAVIGLIO – Milano (MI) – 561 F10 – 28 067 ab. – alt. 133 m – ✉ 20063
18 **B2**

Roma 583 – Milano 14 – Bergamo 38
Molinetto, ✆ 02 92 10 51 28.

Due Spade
via Pietro da Cernusco 2/A – ✆ 029 24 92 00 – infotiscali@ristoranteduespade.it – Chiuso dal 24 dicembre al 7 gennaio, due settimane in agosto e domenica
Rist – Carta 33/44 €
◆ Un "salotto" elegante, con soffitto e pavimento di legno, questo locale raccolto, che ruota tutto intorno al camino della vecchia filanda; cucina stagionale rivisitata.

CERRO AL LAMBRO – Milano (MI) – 561 G9 – 4 327 ab. – alt. 84 m – ✉ 20070
18 **B3**

Roma 558 – Milano 23 – Piacenza 56 – Lodi 14 – Pavia 32

Hostaria le Cascinette
20/25,
località Cascinette – ✆ 029 83 21 59 – lecascinette@acena.it – Fax 02 98 23 10 96 – Chiuso dal 10 al 25 gennaio, dal 16 al 31 agosto, lunedì sera e martedì
Rist – Carta 33/53 €
◆ Ambiente signorile in un moderno locale luminoso e curato, in una cascina di campagna; piatti semplici di impianto tradizionale, rielaborati con un tocco di creatività.

CERRO MAGGIORE – Milano (MI) – 561 F8 – 14 099 ab. – alt. 206 m – ✉ 20023
18 **A2**

Roma 603 – Milano 26 – Como 31 – Varese 32

UNA Hotel Malpensa
150,
via Turati 84, uscita A8 di Legnano – ✆ 03 31 51 31 11 – una.malpensa@unahotels.it – Fax 03 31 51 31 12
160 cam – 98/437 € – **Rist** – Carta 41/51 €
◆ A metà strada tra il capoluogo lombardo e l'aeroporto di Malpensa, un moderno grattacielo, ben visibile anche dall'autostrada. Confort e servizi di ultima generazione. Ristorante ampio e luminoso.

a Cantalupo Sud-Ovest : 3 km – ✉ 20020

XXX **Corte Lombarda** 20/30, P VISA MC AE
piazza Matteotti 9 – ✆ 03 31 53 56 04 – info@cortelombarda.it– Fax 03 31 53 35 75 – Chiuso dal 26 dicembre al 10 gennaio, dal 3 al 28 agosto, domenica sera e lunedì
Rist – Carta 39/51 €
◆ Eleganti sale interne, anche con camino, in una vecchia cascina che offre servizio estivo all'aperto; tocco fantasioso nella cucina, di pesce e di tradizione lombarda.

CERTALDO – Firenze (FI) – 563 L15 – 15 944 ab. – alt. 67 m – ✉ 50052 29 C2

Toscana

Roma 270 – Firenze 57 – Siena 42 – Livorno 75

XX ✿ **Osteria del Vicario** (Conforti) con cam VISA MC AE
via Rivellino 3, a Certaldo Alto – ✆ 05 71 66 82 28 – info@osteriadelvicario.it – Fax 05 71 66 82 28 – Chiuso 2 settimane in gennaio e 2 settimane in novembre
5 cam – 50/80 € 80/120 € – **Rist** – *(chiuso domenica da giugno a settembre, mercoledì negli altri mesi)* Carta 60/95 €
Spec. Crudità di pesce. Pasta fresca fatta in casa. Bistecca alla fiorentina.
◆ Sulla sommità del paese, il ristorante è parte integrante dell'affascinante centro storico. Se ne discosta la cucina: qualche piatto toscano ma anche pesce e creatività. Nelle antiche celle dei monaci, letti rinascimentali, ospitalita e quiete.

CERTOSA = KARTHAUS – Bolzano – Vedere Senales

CERTOSA DI PAVIA – Pavia (PV) – 561 G9 – 3 341 ab. – alt. 91 m – ✉ 27012 16 A3

Italia

Roma 572 – Alessandria 74 – Bergamo 84 – Milano 31 – Pavia 9 – Piacenza 62
Certosa★★★ Est : 1,5 km

XXX ✿ **Locanda Vecchia Pavia "Al Mulino"** (Leone) P VISA MC AE
via al Monumento 5 – ✆ 03 82 92 58 94 – vecchiapaviaalmulino@libero.it – Fax 03 82 93 33 00 – Chiuso dal 1° al 22 gennaio, dal 5 al 27 agosto, lunedì, mercoledì a mezzogiorno
Rist – Carta 54/80 €
Spec. Tortino di lumache con funghi trifolati e fegato d'oca di Mortara. Cappellacci di rucola, patate e montasio al tartufo scorzone. Pavé di storione gratinato in forno con crema di robiola mantecata alle erbe.
◆ In un vecchio mulino ristrutturato, ristorante celebre ed elegante che anche nella nuova sede continua a proporre piatti della tradizione rivisitati con estro e fantasia.

CERVERE – Cuneo (CN) – 561 I5 – 1 939 ab. – alt. 304 m – ✉ 12040 22 B3

Roma 656 – Cuneo 43 – Torino 58 – Asti 52

XX ✿ **Antica Corona Reale-da Renzo** (Vivalda) 18, VISA MC AE
via Fossano 13 – ✆ 01 72 47 41 32 – claudioviv@yahoo.it – Fax 01 72 47 41 32 – Chiuso dal 26 dicembre al 10 gennaio, dal 5 al 25 agosto, martedì sera e mercoledì
Rist – Carta 39/55 €
Spec. Trippa di vitella piemontese ai porri di Cervere (settembre-aprile). Costatina di agnello sambucano alle erbe aromatiche e carré in doppia cottura (marzo-settembre). Maialino di cinta senese al timo selvatico e scorze di agrumi.
◆ Eleganti sale in un edificio rustico in mattoni hanno visto crescere una cucina generazionale. Ora siamo ai livelli più alti, spunti piemontesi ma anche pesce e creatività.

CERVESINA – Pavia (PV) – 561 G9 – 1 189 ab. – alt. 72 m – ✉ 27050 16 A3

Roma 580 – Alessandria 46 – Genova 102 – Milano 72 – Pavia 25

Il Castello di San Gaudenzio rist, 400, P VISA MC AE
via Mulino 1, località San Gaudenzio Sud : 3 km – ✆ 03 83 33 31 – info@castellosangaudenzio.com – Fax 03 83 33 34 09
45 cam – 93 € 140 €, 8 € – **Rist** – *(chiuso martedì)* (prenotare) Carta 28/37 €
◆ Un'oasi di pace questo castello del XIV secolo in un parco, con interni in stile e dépendance intorno ad un giardino all'italiana con fontana; attrezzature congressuali. Bianche colonne e soffitto di legno con grosse travi a vista nell'elegante sala da pranzo.

CERVETERI – Roma (RM) – 563 Q18 – 31 261 ab. – alt. 81 m – ✉ 00052
Italia 12 **B2**

Roma 42 – Civitacecchia 34

Necropoli della Banditaccia★★ Nord : 2 km

Circuito intorno al lago di Bracciano★★

Antica Locanda Le Ginestre
30,
piazza Santa Maria 5 – ✆ 069 94 06 72 – l.ginestre@tiscali.it – Fax 069 94 06 65 – Chiuso dal 7 al 31 gennaio e lunedì
Rist – Carta 27/50 €
◆ In una suggestiva piazzetta in zona pedonale, locale di tono rustico-signorile, con servizio estivo all'aperto; piatti nazionali e laziali, di terra e di mare.

a Gricciano Nord-Ovest : 4 km – ✉ 00052 – Cerveteri

Agriturismo Casale di Gricciano
– ✆ 069 94 13 58 – casaledigricciano@casaledigricciano.com – Fax 069 95 10 13
9 cam – 50 € 70 € – **Rist** – *(chiuso gennaio, lunedì, martedì e mercoledì)* Menu 20 € bc
◆ In un tranquillo angolo di collina, un'azienda agrituristica per abbinare una visita alla Necropoli etrusca ad un soggiorno di relax; comode camere arredate con gusto. Oggeti dell'attività contadina e ceramiche fanno da cornice ad una cucina locale.

CERVIA – Ravenna (RA) – 562 J19 – 26 390 ab. – ✉ 48015
9 **D2**

Roma 382 – Ravenna 22 – Rimini 31 – Bologna 96 – Ferrara 98 – Forlì 28 – Milano 307 – Pesaro 76

(maggio-settembre) viale dei Mille 65 ✆ 0544 974400, iatcervia@comunecervia.it, Fax 0544 977194

, ✆ 0544 99 27 86.

Universal
(riscaldata) rist,
lungomare Grazia Deledda 118 – ✆ 054 47 14 18 – universal@selecthotels.it – Fax 05 44 97 17 46 – Marzo-ottobre
94 cam – 65/95 € 140/190 € – ½ P 85/95 € – **Rist** – Menu 30/45 €
◆ Affacciato sul mare, un'elegante e grande struttura dagli ambienti spaziosi e signorili, camere nuove e ben arredate ed un'invitante piscina ricavata sul retro. La sala da pranzo con vista panoramica propone menù a scelta, nonchè buffet di verdure ed antipasti.

Gambrinus
50,
lungomare Grazia Deledda 102 – ✆ 05 44 97 17 73 – info@hotelstrandgambrinus.it – Fax 05 44 97 39 84 – Maggio-settembre
41 cam – 82/100 € 110/150 €, 8 € – 3 suites – ½ P 84/130 €
Rist – Carta 28/40 €
◆ Sul lungomare, l'elegante hotel dispone di spazi molto ampi, camere recentemente rinnovate arredate in tinte pastello e gusto neoclassico e di una sala ricreazione per bambini. Nella lussuosa sala ristorante arredata in caldi colori, i prodotti della cucina nazionale.

K 2 Cervia
cam, rist, 70,
viale dei Mille 98 – ✆ 05 44 97 10 25 – info@hotelk2cervia.com – Fax 05 44 97 10 28 – Chiuso novembre, gennaio e febbraio
60 cam – 90/100 € 100/120 € – ½ P 75/82 € – **Rist** – Carta 33/54 €
◆ Circondato da un fresco giardino un'albergo dall'atmosfera familiare a pochi metri dal mare con ambienti in legno perlinato e camere dagli arredi chiari. Presso la sobria sala da pranzo, una cucina particolarmente curata con proposte di pesce tutti i giorni. Menù speciale per i bambini.

Ascot
viale Titano 14 – ✆ 054 47 23 18 – info@hotelascot.it – Fax 054 47 23 45 – 15 maggio-15 settembre
36 cam – 50 € 70 €, 5 € – ½ P 62 € – **Rist** – (solo per alloggiati)
◆ Un piccolo albergo a gestione familiare, poco distante dal mare, dispone di ampi spazi in giardino, allestiti con tavolini ed ombrelloni, e semplici camere di recente rinnovate.

XX **Locanda dei Salinari**
circonvallazione Sacchetti 152 – ✆ 05 44 97 11 33 – Fax 05 44 97 11 33 – Chiuso gennaio e mercoledì (escluso giugno-agosto)
Rist – Carta 30/45 €
◆ Nell'antico borgo dei Salinari, un locale semplice nelle mani di un giovane intraprendente chef che propone una cucina creativa usufruendo dei migliori prodotti della Romagna.

XX **Nautilus-da Franco**
via Nazario Sauro 116 – ✆ 05 44 97 64 86 – Chiuso dieci giorni in ottobre e lunedì
Rist – Menu 30 € bc – Carta 42/60 €
◆ Nella zona portuale tra negozi e pescherie, questo locale è dislocato su due sale di tono classico e una veranda esterna dove gustare una cucina che predilige prodotti ittici.

a Pinarella Sud : 2 km – ✉ 48015

(maggio-settembre) via Tritone 3/a ✆ 0544 988869, Fax 0544 980728

Garden (riscaldata)
viale Italia 250 – ✆ 05 44 98 71 44 – severihotels@cervia.com – Fax 05 44 98 00 06 – 15 maggio-ottobre
98 cam – †49/75 € ††80/125 € – 10 – ½ P 58/95 € – **Rist** – 25 €
◆ Affacciato alla pineta che conduce direttamente alla spiaggia, l'hotel vanta ospitalità e cortesia e dispone di sobrie camere moderne e di un giardino con piscina riscaldata. La semplice sala da pranzo in cui dominano le tinte del bianco e del verde acqua propone buffet di antipasti, verdure e portate tradizionali.

Club Everest (copribile)
viale Italia 230 – ✆ 05 44 98 72 14 – hoteleverest@cervia.com – Fax 05 44 98 75 74 – Aprile-settembre
47 cam – †47/66 € ††77/110 €, 8 € – ½ P 50/83 € – **Rist** – Menu 25 €
◆ In posizione tranquilla davanti alla pineta marittima e a pochi passi dalla spiaggia, l'albergo dispone di camere nuove e riposanti aree comuni. Al ristorante, le classiche proposte della tradizione culinaria italiana.

a Milano Marittima Nord : 2 km – ✉ 48015 – Cervia - Milano Marittima

viale Matteotti 39/41 ✆ 0544 993435, Fax 0544 993226

Palace Hotel rist, 500,
viale 2 Giugno 60 – ✆ 05 44 99 36 18 – palace@selecthotels.it – Fax 05 44 99 53 01 – Marzo-ottobre
112 cam – †200/280 € ††220/330 € – 13 suites – ½ P 150/270 €
Rist – Carta 70/90 €
◆ In zona commerciale, poco distante dal mare, un edificio d'ispirazione neoclassica ospita spazi elegantmente arredati con mobili intagliati, preziosi lampadari e ceramiche. L'elegante e capiente sala da pranzo offre una vista sul giardino e piatti della tradizione nazionale.

Grand Hotel Gallia (riscaldata) rist,
piazzale Torino 16 – ✆ 05 44 99 46 92 – gallia@selecthotels.it – Fax 05 44 99 44 71 – Pasqua-15 ottobre
99 cam – †95/220 € ††110/260 € – ½ P 70/172 € – **Rist** – Menu 38/65 €
◆ Un hotel dai grandi spazi arredati con preziose ceramiche ed eleganza di eco settecentesca, un luminoso salotto all'ingresso; una attrezzata palestra e piscina in giardino. Al ristorante, i sapori della gastronomia tradizionale.

Mare e Pineta (riscaldata) cam, rist, 280,
viale Dante 40 – ✆ 05 44 99 22 62 – hmarepineta@selecthotels.it – Fax 05 44 99 27 39 – 25 marzo-2ottobre
158 cam – †130/135 € ††230/240 €, 15 € – 5 suites – ½ P 210/220 € – **Rist** – (solo per alloggiati) Carta 47/56 €
◆ Uno dei primi alberghi aperti in città alla fine degli anni Venti, dispone oggi di numerose camere confortevoli e di un ampio parco con campi da tennis e piscina.

Aurelia (in parte coperta) rist, 150,

viale 2 Giugno 34 – 05 44 97 54 51 – aurelia@selecthotels.it – Fax 05 44 97 27 73

94 cam – 130/160 € 150/220 € – ½ P 100/132 € – **Rist** – Menu 35/60 €

◆ Sito direttamente sul mare e circondato da un ampio giardino che conduce alla spiaggia, l'hotel annovera camere di recente rinnovo, un centro benessere e piscina climatizzata. I sapori della tradizione vengono serviti presso la sala ristorante arredata in calde tonalità.

Le Palme (riscaldata) cam, 100,

VII Traversa 12 – 05 44 99 46 61 – lepalme@premierhotels.it – Fax 05 44 99 41 79

102 cam – 112/136 € 169/250 € – ½ P 114/185 € – **Rist** – Menu 34/65 €

◆ Fronte mare, una moderna struttura adatta ad un clientela commercile, dispone di una zona benessere e di due piscine, una olimpica ed una più piccola all'ultimo piano. Al ristorante, i colori del Mediterraneo, palme e piatti di carne e di pesce presentati nelle classiche ricette regionali.

Globus (riscaldata) rist, 100,

viale 2 Giugno 59 – 05 44 99 21 15 – globus@hotelglobus.it – Fax 05 44 99 29 31 – Marzo-ottobre

80 cam – 115/140 € 130/180 € – ½ P 120 € – **Rist** – Carta 35/58 €

◆ Un hotel esclusivo con ingresso al primo piano tra lampadari in pregiato cristallo, camere rinnovate, un moderno centro benessere ed un giardino dove allestire spettacoli. Presso la rilassante sala da pranzo, un menù alla carta con proposte ad hoc per chi segue diete specifiche e per i più piccoli.

Metropolitan (riscaldata)

via XVII Traversa 7 – 05 44 99 47 33 – metropolitan@premierhotels.it – Fax 05 44 99 47 35 – Aprile-ottobre

76 cam – 80/90 € 147/190 € – ½ P 87/111 € – **Rist** – (solo per alloggiati) Menu 25/35 €

◆ A pochi passi dalla spiaggia, un edificio con camere e ambienti comuni ampi ed arredati con gusto moderno, piscina ed area fitness. Prima colazione a buffet in veranda.

Delizia senza rist

VIII Traversa 23 – 05 44 99 54 41 – info@hoteldelizia.it – Fax 05 44 99 52 88 – Marzo-ottobre

35 cam – 75/98 € 124/154 €

◆ Una nuova costruzione sita direttamente sul mare e a pochi passi dal centro, dispone di camere luminose e confortevoli dall'arredo moderno e di una palestra ben attrezzata.

Acapulco (riscaldata) rist,

VI Traversa 19 – 05 44 99 23 96 – info@acapulcohotels.it – Fax 05 44 99 38 33 – 15 maggio-20 settembre

45 cam – 90/95 € 115/130 €, 10 € – ½ P 80/98 € – **Rist** – (solo per alloggiati)

◆ Fronte mare, l'hotel è ideale per trascorrere vacanze riposanti con la famiglia, dispone di luminose camere modernamente arredate nonchè di una piacevole terrazza-solarium.

Mazzanti (riscaldata)

via Forlì 51 – 05 44 99 12 07 – info@hotelmazzanti.it – Fax 05 44 99 12 58 – Pasqua-20 settembre

56 cam – 70/80 € 80/100 € – ½ P 77 € – **Rist** – *(chiuso fino al 10 maggio)* (solo per alloggiati)

◆ In una zona tranquilla direttamente sul mare, una struttura a gestione familiare con semplici spazi comuni arredati con divani. Ideale per una vacanza di relax con i bambini.

Alexander (riscaldata) rist,

viale 2 Giugno 68 – 05 44 99 15 16 – info@alexandermilanomarittima.it – Fax 05 44 99 94 10 – Aprile-20 settembre

52 cam – 80/100 € 90/110 €, 10 € – ½ P 47/60 € – **Rist** – Menu 28/35 €

◆ Tavolini e piscina dominano l'ingresso di questo hotel costruito in posizione centrale che offre accoglienti camere, una terrazza-solarium ed un centro benessere. Spettacolari inserti in marmo e cucina tradizionale nell'elegante sala ristorante.

Majestic (riscaldata)

X Traversa 23 – 05 44 99 41 22 – majestic@hotelmajestic.it – Fax 05 44 99 41 23 – Aprile-settembre

50 cam – 70/90 € 80/100 € – ½ P 70/74 € – **Rist** – Carta 25/35 €

◆ Adatta per una vacanza con la famiglia, una struttura semplice con spaziosi e confortevoli ambienti, sita direttamente sulla spiaggia. Colazione all'aperto nei mesi caldi. Buffet di insalate e cucina classica nella grande e sobria sala ristorante.

Isabella senza rist

viale 2 Giugno 152 – 05 44 99 40 68 – isabella@hotelmajestic.it – Fax 05 44 99 50 34 – Pasqua-15 ottobre

31 cam – 32/55 € 50/86 €

◆ Una struttura dagli ambienti rinnovati con soluzioni moderne, piscina riscaldata e colazione a buffet nella sala al piano terra; è possibile consumare piatti freddi a pranzo.

Ridolfi rist,

anello del Pino 18 – 05 44 99 45 47 – hoteridolfi@cervia.com – Fax 05 44 99 15 06 – Maggio-settembre

36 cam – 80 €, 6 € – ½ P 69 € – **Rist** – 18 €

◆ A pochi metri dal mare in posizione tranquilla vicino ad un parco, l'hotel vanta una cordiale gestione familiare, camere semplici di recente rinnovo, spazi per la ricreazione.

Santiago

viale 2 Giugno 42 – 05 44 97 54 77 – info@hotelsantiago.it – Fax 05 44 97 54 77 – Chiuso dal 15 gennaio al 15 febbraio

26 cam – 45/50 € 80/90 € – ½ P 56/60 € – **Rist** – *(aprile-settembre)* (solo per alloggiati) Carta 15/26 €

◆ Ideale per chi non ama i grandi alberghi e la mondanità, una semplice risorsa dalla simpatica e calorosa accoglienza familiare con camere ordinate ed essenziali.

Al Caminetto

viale Matteotti 46 – 05 44 99 44 79 – info@alcaminetto.it – Fax 05 44 99 16 60 – 15 novembre-6 gennaio e marzo-ottobre; chiuso a mezzogiorno escluso i giorni festivi

Rist – Carta 57/85 €

◆ Un ampio ed elegante ristorante, in cui regna un'atmosfera arabeggiante tra lampadari e tessuti di pregio, propone pizze e specialità di pesce. Servizio estivo all'aperto.

CERVIGNANO DEL FRIULI – Udine (UD) – 562 E21 – 12 607 ab. – ✉ 33052

11 **C3**

Roma 627 – Udine 34 – Gorizia 28 – Milano 366 – Trieste 47 – Venezia 116

Internazionale 200,

via Ramazzotti 2 – 043 13 07 51 – info@hotelinternazionale.it – Fax 043 13 48 01

69 cam – 57/73 € 87/115 € – ½ P 62/72 €

Rist ***La Rotonda*** – *(chiuso dal 1° all'8 gennaio, dal 1° al 20 agosto, domenica sera e lunedì)* Carta 31/44 €

◆ Nata negli anni '70 e ristrutturata negli anni '90, è una risorsa funzionale, studiata in particolare per una clientela d'affari; centro congressi con sale polivalenti. Sala ristorante di taglio classico, che dispone anche di spazi per banchetti.

Al Campanile

via Fredda 3, località Scodovacca Est : 1,5 km – 043 13 20 18 – Fax 043 13 07 71 – Chiuso tre settimane in ottobre, lunedì e martedì

Rist – Carta 27/37 €

◆ Dalla fine dell'800, tutta una famiglia impegnata nella conduzione di questa trattoria di paese, fedele ad una tradizione culinaria schietta e casalinga.

CERVINIA – Aosta – Vedere Breuil-Cervinia

CERVO – Imperia (IM) – 561 K6 – 1 189 ab. – alt. 66 m – ✉ 18010

14 **B3**

Roma 605 – Imperia 10 – Alassio 12 – Genova 106 – Milano 228 – San Remo 35

piazza Santa Caterina 2 (nel Castello) 0183 408197, infocervo@rivieradeifiori.org, Fax 0183 408197

XXX **San Giorgio** con cam — cam, VISA
via Alessandro Volta 19, centro storico – ✆ 01 83 40 01 75 – ristorantebarsangiorgio@tin.it – Fax 40 01 75 – Chiuso 24-25 dicembre, dal 10 al 31 gennaio, novembre, lunedì sera e martedì da ottobre a Pasqua, solo martedì a mezzogiorno dal 20 giugno al 10 settembre
2 cam – 130/180 € – **Rist** – Carta 50/90 €
◆ In un edificio antico nel centro del caratteristico borgo, locale di tono elegante; servizio estivo in terrazza panoramica; cucina ligure rivisitata e piatti di pesce.

CESANA TORINESE – Torino (TO) – 561 H2 – 1 032 ab. – alt. 1 354 m – Sport invernali : *1 354/2 823 m 10 (Comprensorio Via Lattea 1 58)* – ✉ 10054 22 **A2**

Roma 752 – Bardonecchia 25 – Briançon 21 – Milano 224 – Sestriere 11 – Torino 87

piazza Vittorio Amedeo 3 ✆ 0122 89202, cesana@montagnedoc.it, Fax 0122 89202

a Mollières Nord : 2 km – ✉ 10054 – Cesana Torinese

X **La Selvaggia** — 20, VISA
frazione Mollieres 43 – ✆ 012 28 92 90 – Chiuso dal 15 al 30 giugno, dal 10 al 30 novembre e mercoledì
Rist – Carta 30/42 €
◆ Dal mare ai monti: un ischitano gestisce da 20 anni un ristorante semplice e familiare; più "montana" la sala al 1° piano sotto il tetto spiovente; cucina piemontese.

a Champlas Seguin Est : 7 km – alt. 1 776 m – ✉ 10054 – Cesana Torinese

X **La Locanda di Colomb** — VISA
frazione Champlas Seguin 27 – ✆ 01 22 83 29 44 – Fax 01 22 83 29 44 – Dicembre-aprile; chiuso lunedì
Rist – Carta 29/37 €
◆ Quello che ci si aspetta in montagna: una sala rustica con pareti di pietra in una casa d'alpeggio, nata a fine '700 come stalla; tradizioni montanare anche in cucina.

CESANO BOSCONE – Milano (MI) – 561 F9 – 23 253 ab. – alt. 120 m – ✉ 20090 18 **B2**

Roma 582 – Milano 10 – Novara 48 – Pavia 35 – Varese 54

Pianta d'insieme di Milano

Roma — cam, rist, 50, VISA
via Poliziano 2 – ✆ 024 58 18 05 – Fax 024 50 04 73 – Chiuso dal 10 al 20 agosto AP **k**
34 cam – 163 € 258 €, 15 €
Rist *Mon Ami* – ✆ *024 50 01 24 (chiuso i mezzogiorno di sabato e domenica)* Carta 25/43 €
◆ Struttura molto curata sia nel livello del confort e del servizio, che nelle soluzioni d'arredamento, di sicuro effetto; camere signorili, "calde" e confortevoli.

CESANO MADERNO – Milano (MI) – 561 F9 – 32 318 ab. – alt. 198 m – ✉ 20031 18 **B2**

Roma 613 – Milano 20 – Bergamo 52 – Como 29 – Novara 61 – Varese 41

Parco Borromeo — 80, VISA
via Borromeo 29 – ✆ 03 62 55 17 96 – info@hotelparcoborromeo.it – Fax 03 62 55 01 82 – Chiuso dal 3 al 26 agosto
40 cam – 100/105 € 145/150 €
Rist *Il Fauno* – *(chiuso dal 27 dicembre al 7 gennaio, dal 3 al 26 agosto e lunedì a mezzogiorno)* Carta 41/50 €
◆ Fascino del passato e confort moderni in una struttura elegante, adiacente al parco e al palazzo Borromeo; camere non grandi, ma arredate con gusto e personalizzate. Raffinato ristorante affacciato sul verde con trompe l'oeil alle pareti.

CESENA – Forlì-Cesena (FC) – 562 J18 – 92 714 ab. – alt. 44 m – ✉ 47023
Italia 9 **D2**

Roma 336 – Ravenna 31 – Rimini 30 – Bologna 89 – Forlì 19 – Milano 300 – Perugia 168 – Pesaro 69

piazza del Popolo 11 ✆ 0547 356327, info@cesenainvita.it, Fax 0547 356329

Biblioteca Malatestiana★

Casali cam, rist, 180, VISA AE

via Benedetto Croce 81 – ✆ 054 72 27 45 – info@hotelcasalicesena.it – Fax 054 72 28 28

45 cam – 220 € – 3 suites

Rist *Casali* – *(chiuso domenica sera)* Carta 42/59 €

◆ L'hotel più rappresentativo della città, completamente ristrutturato in chiave classico-moderna, vanta ambienti confortevoli e spaziosi di sobria eleganza. Atmosfera raffinata e rivisitazione creativa della tradizione regionale al ristorante.

Meeting Hotel senza rist VISA AE

via Romea 545 – ✆ 05 47 33 31 60 – meetinghotel@libero.it – Fax 05 47 33 43 94

26 cam – 65/95 € 65/130 €

◆ In zona periferica, la risorsa annovera camere spaziose e confortevoli di taglio moderno recentemente rinnovate ed arredate con mobili in legno scuro e parquet.

Alexander rist, 30, VISA AE

piazzale Karl Marx 10 – ✆ 054 72 74 74 – info@albergoalexander.it – Fax 054 72 78 74 – Chiuso dal 20 dicembre al 6 gennaio

31 cam – 70/82 € 94/114 €, 8 € – 1 suite – ½ P 75/89 € – **Rist** – *(chiuso luglio-agosto e a mezzogiorno)* Carta 20/40 €

◆ Di fronte alla stazione ferroviaria, una funzionale struttura che dispone di comodo parcheggio e ambienti confortevoli; ideale per una clientela d'affari. Sala ristorante classica al secondo piano.

CESENATICO – Forlì-Cesena (FC) – 562 J19 – 22 592 ab. – ✉ 47042 9 **D2**

Roma 358 – Ravenna 31 – Rimini 22 – Bologna 98 – Milano 309

viale Roma 112 ✆ 0547 673287, info@cesenaticoturismo.com, Fax 0547 673288

Grand Hotel Cesenatico cam, rist, 150, VISA AE

piazza Andrea Costa 1 – ✆ 054 78 00 12 – info@grandhotel.cesenatico.fo.it – Fax 054 78 02 70 – Aprile-15 ottobre

78 cam – 80/95 € 135/165 € – ½ P 117/150 € – **Rist** – Carta 30/39 €

◆ Struttura maestosa, sita direttamente sulla spiaggia, garantisce camere arredate con gusto ed un'atmosfera aristocratica e mondana ad una clientela internazionale. Sala elegante con possibilità di gustare in terrazza sia la prima colazione che una classica cucina a base di pesce.

Britannia (riscaldata) 50, VISA AE

viale Carducci 129 – ✆ 05 47 67 25 00 – hbritannia@hbritannia.it – Fax 054 78 17 99 – Aprile-20 settembre

35 cam – 90/103 € 130/160 € – 6 suites – ½ P 80/98 € – **Rist** – *(chiuso sino al 21 maggio)* Carta 25/38 €

◆ Situato nel centro della zona balneare e circondato da un bel giardino, convivono qui un gusto antico ed uno moderno per un soggiorno di divertimento e di relax. Di sobria raffinatezza, la sala da pranzo è circondata da pareti con vetrate.

Alexia Palace senza rist 90, VISA AE

viale Cavour 20 – ✆ 054 78 10 71 – info@alexiapalace.it – Fax 054 78 12 81

59 cam – 59/88 € 90/123 €

◆ Edificio di grandi dimensioni, non distante dal mare e dal parco acquatico; recentemente dotato di sauna e bagno turco, propone ambienti spaziosi arredati con sobria eleganza.

Sirena rist, 80, VISA AE

viale Zara 42 – ✆ 054 78 05 48 – info@hotelsirena.it – Fax 05 47 67 27 42

37 cam – 70 € 99 € – ½ P 68/83 € – **Rist** – *(chiuso a mezzogiorno da ottobre a maggio escluso i giorni festivi)* Menu 21/30 €

◆ Sito un po' all'interno rispetto alla costa, l'hotel si presenta nella sua architettura moderna; buon servizio e spazi accoglienti. Originale mix di ambiente moderno e vecchi mobili rustici in stile nella sala ristorante.

Residenza Lido (riscaldata)
viale Carducci 51 ang. via Ferrara 14 – 05 47 67 21 94 – info@residenzalido.it – Fax 05 47 67 27 23 – Natale-Capodanno e marzo-ottobre
66 cam – 65/90 € 100/120 €, 10 € – ½ P 53/113 €
Rist Lido Lido – vedere selezione ristoranti
◆ Struttura e arredamento classico si fondono, in questo hotel, con una gestione dinamica e moderna. Le camere sono spaziose ed il bar molto frequentato.

Internazionale (riscaldata) rist,
via Ferrara 7 – 05 47 67 33 44 – info@hinternazionale.it – Fax 05 47 67 23 63 – Maggio-settembre
54 cam – 75/82 € 120/130 € – ½ P 84/94 € – **Rist** – Menu 25/50 €
◆ Direttamente sul lungomare, annovera una spiaggia privata ed una piscina attrezzata con scivoli ad acqua. Offre camere arredate sia in stile classico che moderno. La cucina propone un menù di impostazione classica, ma soprattutto specialità ittiche.

Sporting
viale Carducci 191 – 054 78 30 82 – info@hotelsporting.it – Fax 05 47 67 21 72 – 20 maggio-20 settembre
48 cam – 60/70 € 75/85 € – ½ P 60/70 € – **Rist** – (solo per alloggiati)
◆ Camere graziose recentemente rinnovate nell'arredamento, una bella veranda ed uno spazio per la colazione all'aperto fronte spiaggia: ideale per una vacanza con la famiglia.

Miramare rist, 60,
viale Carducci 2 – 054 78 00 06 – info@hrmiramare.it – Fax 054 78 47 85
30 cam – 104/114 € 125/140 € – ½ P 115/125 € – **Rist** – *(chiuso martedì escluso da aprile ad ottobre)* Carta 15/40 €
◆ L'hotel offre un'atmosfera rilassante, camere semplici e spaziose arredate in stile moderno, adatte a nuclei familiari. Possibili anche soluzioni business. La cucina propone ricette classiche che puntano sulle specialità ittiche, servite nel raffinato locale che si affaccia al porto leonardesco.

Atlantica
viale Bologna 28 – 054 78 36 30 – info@hotelatlantica.it – Fax 054 77 57 58 – Pasqua-settembre – **35 cam** – 50/80 € 90/140 €, 10 € – ½ P 75/95 € – **Rist** – (solo per alloggiati) Carta 37/50 €
◆ Spazi semplici, tinteggiati con sobri tocchi di colore per questa risorsa che si affaccia sui giardini del lungomare cesenaticense. Possibile consumare i pasti in veranda.

Zeus
viale Carducci 46 – 054 78 02 47 – info@hotelzeus.it – Fax 054 78 02 47 – Chiuso dal 16 novembre al 3 dicembre – **28 cam** – 47/57 € 73/94 € – ½ P 66/75 € – **Rist** – (solo per alloggiati) – Menu 20/45 €
◆ Piccolo hotel a gestione familiare, dispone di camere classiche per una clientela di turisti ma anche per soggiorni di lavoro. All'interno una tavernetta per momenti di relax.

Lido Lido (Cammerucci) 20/30,
via Ferrara 12 – 05 47 67 33 11 – info@lidolido.com – Fax 05 47 67 27 23 – Chiuso lunedì e a mezzogiorno (escluso luglio-agosto, domenica e i giorni festivi)
Rist – Carta 44/75 €
Spec. Coda di pescatrice cruda con panzanella e sale speziato (primavera-estate). Gnocchetti soffiati di zucca gialla, sgombro affumicato e rapa rossa (estate-autunno). Spiedo di grigliata mista con pane ai tartufi di pineta e patate novelle sotto la cenere (primavera-estate).
◆ Un'elegante sala illuminata da grandi vetrate dove gustare una cucina regionale e creativa, particolarmente a base di pesce. Locale giovane dalla conduzione attenta.

Magnolia (Faccani)
via Bixio 3 – 054 78 15 98 – magnoliaristorante@virgilio.it – Fax 054 78 15 98 – Chiuso due settimane in ottobre, due settimane in febbraio o marzo, a mezzogiorno (escluso domenica e i giorni festivi) e lunedì, anche martedì da ottobre a maggio
Rist – Carta 47/63 €
Spec. Carpaccio di ricciola con fragole e fave fresche, battuto di olive e capperi (primavera). Tortelli di patate ripieni di pesto con melanzane e scampi al timo (estate). Rombo con variazione di zucca, pinoli e prezzemolo (inverno).
◆ Un'elegante sala tinteggiata con colori caldi e luminosi, dove gustare un'ottima cucina creativa che privilegia il pesce e i dolci, rigorosamente accompagnati da un buon vino.

Vittorio
porto turistico Onda Marina, via Andrea Doria 3 – ✆ 05 47 67 25 88 – ristorantevittorio@libero.it – Fax 05 47 67 94 72 – Chiuso dal 10 dicembre al 30 gennaio, dal 23 al 31 maggio, dal 7 al 14 settembre, mercoledì a mezzogiorno e martedì
Rist – Carta 60/75 €
◆ Unicamente piatti a base di pesce fresco preparato con semplicità e genuinità in questo locale di comprovata gestione familiare.

La Buca
corso Garibaldi 41 – ✆ 054 78 24 74 – info@labucaristorante.it – Fax 054 78 24 74 – Chiuso lunedì da ottobre a marzo
Rist – Carta 38/53 €
Rist *Osteria del Gran Fritto* – Carta 23/38 €
◆ Colori mediterranei, giochi di luce, una vetrata che si affaccia sul canale e dehors d'estate: queste le caratteristiche di un locale moderno votato ad un menù di mare. Più informale l'Osteria tappezzata da vivaci tele marine dove assaporare prodotti ittici, ovviamente fritti.

a Valverde Sud : 2 km – ✉ 47042 – Cesenatico

(maggio-settembre) viale Carducci 292/b ✆ 0547 85183, Fax 0547 681357

Caesar (riscaldata) rist,
viale Carducci 290 – ✆ 054 78 65 00 – hcaesar@iol.it – Fax 054 78 66 54 – Aprile-settembre
57 cam – 80 € 100 € – 4 suites – ½ P 44/85 € – **Rist** – Carta 20/40 €
◆ Una gestione con 40 anni di esperienza nel settore: ecco il punto forte di questa struttura, ideale per famiglie con bambini. Piscina, sauna ed idromassaggio per il relax. Di recente apertura, il ristorante può contenere oltre un centinaio di coperti cui propone piatti classici e, ovviamente, tanto pesce.

Colorado
viale Carducci 306 – ✆ 054 78 62 42 – info@hotelcolorado.it – Fax 05 47 68 01 94 – Maggio-settembre
55 cam – 70/90 € 100/130 € – ½ P 65/90 € – **Rist** – (solo per alloggiati) Carta 30/45 €
◆ Una struttura moderna che dispone di camere semplici ma accoglienti arredate con sobrietà, tutte con balcone vista mare. Prima colazione a buffet anche all'aperto.

Wivien-Canada
via Alberti angolo via Canova 91 – ✆ 054 78 53 88 – info@biondihotels.it – Fax 054 78 54 55 – Aprile-15 ottobre
96 cam – 40/50 € 70/90 €, 10 € – ½ P 65/90 € – **Rist** – (solo per alloggiati) Menu 20/30 €
◆ Due strutture che offrono camere fresche ed accoglienti, due piscine ed un terrazzo panoramico con vista sul mare e sui colli per una vacanza di vero relax.

a Zadina Pineta Nord : 2 km – ✉ 48015 – Cesenatico

Beau Soleil-Wonderful (riscaldata) rist,
viale Mosca 43/45 – ✆ 054 78 22 09 – info@hotelbeausoleil.it – Fax 054 78 20 69 – 24 marzo-23 settembre
86 cam – 65/75 € 85/120 € – ½ P 60/88 € – **Rist** – (solo per alloggiati)
◆ Hotel sito in posizione silenziosa in prossimità della pineta, a pochi passi dal mare, dispone di camere sobrie. Ideale per una vacanza in famiglia.

Renzo
viale dei Pini 55 – ✆ 054 78 23 16 – info@renzohotel.it – Fax 054 78 23 16 – Pasqua-20 settembre
24 cam – 60/80 € 70/90 €, 14 € – ½ P 36/55 € – **Rist** – (solo per alloggiati)
◆ Poco distante dalla spiaggia, l'albergo è stato recentemente ristrutturato e ampliato. Gli ambienti sono semplici ed adatti per un soggiorno in famiglia. Piscina in terrazza.

CETARA – Salerno (SA) – 564 F26 – 2 383 ab. – alt. 15 m – ✉ 84010 6 B2

Roma 255 – Napoli 56 – Amalfi 15 – Avellino 45 – Salerno 10 – Sorrento 49

Cetus
150, VISA AE

strada statale 163 – ☎ 089 26 13 88 – info@hotelcetus.com – Fax 089 26 13 88

37 cam – 150 € 260/320 € – ½ P 95/180 € – **Rist** – Carta 24/49 €

◆ Un'incomparabile vista sul golfo di Salerno dalle camere di questo hotel a picco sul mare, aggrappato alla roccia dell'incantevole costiera amalfitana. Quasi foste a bordo di una nave, anche dalle raffinate sale ristorante dominerete il Tirreno.

San Pietro
VISA

piazzetta San Francesco 2 – ☎ 089 26 10 91 – info@sanpietroristorante.it – Fax 089 26 19 77 – Chiuso dal 15 gennaio al 4 febbraio e martedì

Rist – Carta 41/58 €

◆ Cucina marinara in un ristorante a gestione familiare: una semplice, sobria saletta e un grazioso dehors estivo, in parte sotto un porticato.

Acqua Pazza
6/16, VISA AE

corso Garibaldi 38 – ☎ 089 26 16 06 – info@acquapazza.it – Fax 089 26 16 06 – Chiuso marzo e lunedì

Rist – Carta 35/67 €

◆ In prossimità della spiaggia attigua al centro storico, una trattoria marinara con proposte che variano giornalmente... seguendo le onde del mare.

Al Convento
VISA AE

piazza San Francesco 16 – ☎ 089 26 10 39 – info@alconvento.net – Fax 089 26 10 39

Rist – Carta 23/39 €

◆ Semplice ma molto frequentata, questa trattoria-pizzeria propone esclusivamente piatti marinari e della tradizione che vengono serviti, d'estate, anche sulla piazzetta.

CETONA – Siena (SI) – 563 N17 – 2 892 ab. – alt. 384 m – ✉ 53040 *Toscana* 29 D2

Roma 155 – Perugia 59 – Orvieto 62 – Siena 89

piazza Garibaldi 63 ☎ 0578 239143, proloco@cetona.org, Fax 0578 239143

La Locanda di Anita senza rist
VISA AE

piazza Balestrieri 4/5/6 – ☎ 05 78 23 70 75 – info@lalocandadianita.it – Fax 05 78 23 79 17 – Chiuso dal 12 febbraio al 16 marzo

5 cam – 80/105 € 110/190 €

◆ Sulla storica e animata piazza del paese, una locanda ricca di fascino dove è anche possibile degustare ottimo vino o un buon cocktail, davanti al camino o seduti all'esterno.

La Frateria di Padre Eligio con cam
< val di Chiana, cam, 60, VISA AE

al Convento di San Francesco Nord-Ovest : 1 km – ☎ 05 78 23 82 61 – info@lafrateria.it – Fax 05 78 23 92 20 – Chiuso dal 7 gennaio al 10 febbraio

7 cam – 150 € 240 € – 2 suites – **Rist** – *(chiuso martedì)* Menu 70/100 €

◆ In un parco, convento francescano medievale gestito da una comunità di ex-tossicodipendenti, camere esclusive, cucina creativa: suggestioni mistiche e "peccati" di gola.

Osteria Vecchia da Nilo con cam
VISA AE

via Cherubini 11 – ☎ 05 78 23 90 40 – Fax 05 78 23 90 40 – Chiuso dal 20 gennaio al 10 febbraio e martedì (escluso dal 15 giugno al 30 settembre)

2 cam – 80 € – **Rist** – Carta 28/34 €

◆ A pochi metri dalla piazza principale, un edificio del Seicento ospita il piccolo locale di tono rustico moderno. Proposte fra tradizione e innovazione, pesce solo il venerdì.

Prima distinzione: la stella ✿.
Assegnata ai ristoranti per i quali si percorre volentieri qualche chilometro in più!

CETRARO – Cosenza (CS) – 564 I29 – 10 338 ab. – alt. 120 m – ✉ 87022 5 A1

Roma 466 – Cosenza 55 – Catanzaro 115 – Paola 21

San Michele Cetraro, Nord-Ovest: 6 km località Bosco, ✆ 0982 910 12.

sulla strada statale 18 Nord-Ovest : 6 km :

Grand Hotel San Michele

mare e costa, rist, 300,

✉ 87022 – ✆ *098 29 10 12 – sanmichele@sanmichele.it – Fax 098 29 14 30 – Chiuso febbraio*

78 cam – 140/200 € 160/220 € – 6 suites – ½ P 130/170 € – **Rist** – Carta 42/54 €

♦ Vi incanteranno i profumi del giardino-frutteto, l'ampio, meraviglioso panorama e il morbido fascino retrò degli interni di una nobile villa; ascensore per la spiaggia. Una cena sospesi tra cielo e mare sulla terrazza del ristorante; raffinate le sale interne.

CHAMPLAS SEGUIN – Torino – Vedere Cesana Torinese

CHAMPOLUC – Aosta (AO) – 561 E5 – alt. 1 570 m – Sport invernali : *1 568/2 714 m* 2 8, – ✉ 11020 34 B2

Roma 737 – Aosta 64 – Biella 92 – Milano 175 – Torino 104

via Varasc 16 ✆ 0125 307113, infoavas@aiatmonterosa.com, Fax 0125 307785

Breithorn

cam, rist, 70,

route Ramey 27 – ✆ 01 25 30 87 34 – info@breithornhotel.com – Fax 01 25 30 83 98 – Chiuso maggio e dal 5 ottobre al 15 novebre

31 cam – 200/400 € – ½ P 250 €

Rist – Carta 35/60 €

Rist ***Brasserie du Breithorn*** – *(chiuso maggio, ottobre e novembre)* Carta 34/45 €

♦ Questo hotel, completamente ristrutturato, ha riconquistato appieno il proprio passato splendore. Ospitalità e soggiorno incantevoli, tra pietre e legni antichi. Sala ristorante dallo stile rustico-elegante.

Hotellerie de Mascognaz – dependance Hotel Breithorn

località Mascognaz massiccio del Monte Rosa,

– ✆ 01 25 30 87 34 – info@hotelleriedemascognaz.com – Fax 01 25 30 83 98 – Chiuso maggio e dal 5 ottobre al 15 novembre

8 cam – 100/300 € 150/350 € – ½ P 100/300 € – **Rist** – Carta 40/54 €

♦ Nel silenzio del paesaggio alpino, due tipici rascard in pietra. All'interno, si ricorderanno la qualità dei materiali, le rifiniture e le camere, piccoli gioielli in legno.

Relais des Glacier

Route G.B. Dondeynaz – ✆ 01 25 30 81 82 – info@hotelrelaisdesglaciers.com – Fax 01 25 30 83 00 – 8 dicembre-aprile e 15 giugno-settembre

42 cam – solo ½ P 60/145 € – **Rist** – 30 €

♦ Per una ritemprante "remise en forme" in una splendida cornice montana è ideale l'attrezzato centro benessere, con cure naturali, di un elegante hotel inaugurato nel 2000. Soffitti di legno nel raffinato ristorante che propone tre linee diversificate di menù.

Ayas

Monte Rosa, cam, rist,

rue de Guides 19 bis – ✆ 01 25 30 81 28 – info@hotelayas.com – Fax 01 25 30 81 33 – 5 dicembre-Pasqua e 15 giugno-15 settembre

28 cam – 65/170 € 110/220 € – **Rist** – (solo per alloggiati)

♦ Ha meno di 10 anni questo albergo in tranquilla posizione panoramica vicino al centro; tanto legno di stile più moderno che montano negli spazi comuni; ottime stanze.

Villa Anna Maria

monti,

via Croues 5 – ✆ 01 25 30 71 28 – hotelannamaria@tiscali.it – Fax 01 25 30 79 84

19 cam – 46/76 € 76/100 € – ½ P 50/78 € – **Rist** – *(5 dicembre-15 aprile e 20 giugno-10 settembre)* Carta 20/27 €

♦ Vista dei monti, quiete silvestre e fascino d'altri tempi in un rustico chalet d'atmosfera, con giardino e pineta, i cui interni sono tutti rigorosamente di legno. Suggestiva sala da pranzo rivestita di legno.

Petit Tournalin

località Villy 2 – 01 25 30 75 30 – info@hotelpetittournalin.it – Fax 01 25 30 73 47

19 cam – 76/90 € – ½ P 56/80 € – **Rist** – *(dicembre-marzo e giugno-settembre)* Carta 23/31 €

♦ Ambiente familiare in un grazioso hotel in legno e pietra, ubicato sulla pista di fondo, ai margini della pineta, con camere accoglienti e bagni di buona fattura.

Bellevue cam, rist,

via Ramey 16 A – 01 25 30 87 10 – hotelbellevue@libero.it – Fax 01 25 30 84 28 – Dicembre-aprile e giugno-settembre

12 cam – 66/146 € – **Rist** – *(giugno-settembre)* (solo per alloggiati) Menu 16/25 €

♦ Interni raccolti e accoglienti come quelli di una casa privata, è un piccolo albergo inaugurato nel 1999; rifiniture di legno anche nelle confortevoli camere.

Le Vieux Rascard senza rist massiccio del Monte Rosa,

rue des Guides 35 – 01 25 30 87 46 – info@levieuxrascard.com – Fax 01 25 30 87 46 – 7 dicembre-Pasqua e 15 giugno-settembre

6 cam – 58/108 €

♦ Poche camere, molto carine e curate, all'interno di una tipica e caratteristica casa di montagna. Atmosfera calda e intima, arredi semplici e caratteristici.

CHANAVEY – Aosta – 561 F3 – Vedere Rhêmes Notre Dame

CHATILLON – Aosta (AO) – 561 E4 – 4 814 ab. – alt. 549 m – 11024 34 B2

Roma 723 – Aosta 28 – Breuil-Cervinia 27 – Milano 160 – Torino 89

Relais du Foyer senza rist rist, 60,

località Panorama 37 – 01 66 51 12 51 – info@relaisdufoyer.it – Fax 01 66 51 35 98

32 cam – 90 € 110/130 €, 15 €

♦ Vicino al Casinò di Saint Vincent, per turisti o clientela d'affari un'elegante struttura recente, con zona fitness e solarium; boiserie nelle camere in stile classico.

Parisien 16,

regione Panorama 1 – 01 66 53 70 53 – Fax 01 66 53 92 72 – Chiuso dal 7 al 25 luglio, giovedì e a mezzogiorno (escluso i giorni festivi e prefestivi)

Rist – Carta 39/61 €

♦ Elegante ambiente in stile ottocento, con divani e camino acceso nella sala d'ingresso, e cura della tavola in un ristorante fuori della località; cucina tradizionale.

CHERASCO – Cuneo (CN) – 561 I5 – 7 506 ab. – alt. 288 m – 12062 22 B3

Roma 646 – Cuneo 52 – Torino 53 – Asti 51 – Savona 97

via Vittorio Emanuele 79 0172 489382, cherasco@sirio.it, Fax 0172489218

Cherasco, località Fraschetta, 0172 48 97 72.

Napoleon 200,

via Aldo Moro 1 – 01 72 48 82 38 – info@hotelincherasco.it – Fax 01 72 48 84 35 – Chiuso dal 15 al 30 gennaio

22 cam – 50/60 € 78/85 € – ½ P 53/58 € – **Rist** – Carta 19/23 €

♦ Decentrato, un albergo dalle linee moderne, dotato di comodo parcheggio e struttura congressuale attrezzata; funzionali sia le zone comuni che le camere.

Operti 1772-Da Fausto 25,

via Vittorio Emanuele 103 – 01 72 48 70 48 – info@operti1772.it – Fax 01 72 48 92 30 – Chiuso martedì e a mezzogiorno (escluso domenica)

Rist – Carta 34/51 €

♦ Ristorante pittoresco, ricavato all'interno di un palazzo nobiliare settecentesco. Sala affrescata con pochi tavoli, ben distanziati. In menù non possono mancare le lumache.

La Lumaca

via San Pietro ang. via Cavour – 01 72 48 94 21 – la.lumaca@libero.it – Fax 01 72 48 94 21 – Chiuso dal 1° al 10 gennaio, luglio, lunedì e martedì
Rist – Carta 28/36 €

◆ Nelle cantine di un edificio di origini cinquecentesche, caratteristico ambiente con volte in mattoni per una cucina tradizionale dove regna incontrastata la lumaca.

CHIAMPO – Vicenza (VI) – 562 F15 – 12 473 ab. – alt. 170 m – 36072 35 B2

Roma 539 – Verona 52 – Venezia 91 – Vicenza 24

La Pieve cam, 60,

via Pieve 69 – 04 44 42 12 01 – info@lapievehotel.it – Fax 04 44 42 12 71
65 cam – 47/117 € – 4 suites – ½ P 67/98 € – **Rist** – *(chiuso sabato a mezzogiorno e domenica)* Carta 32/40 €

◆ In una lineare struttura di taglio moderno un albergo recente, dotato di buoni confort e piacevoli camere d'impostazione classica; ideale per un turismo d'affari. Gustose ricette del territorio da assaporare nell'ampia e piacevole sala da pranzo.

CHIANCIANO TERME – Siena (SI) – 563 M17 – 7 234 ab. – alt. 550 m – 53042 29 D2

Toscana

Roma 167 – Siena 74 – Arezzo 73 – Firenze 132 – Milano 428 – Perugia 65 – Terni 120 – Viterbo 104

piazza Italia 67 0578 671122, infoaptchiancianoterme@terresiena.it, Fax 0578 63277

Museo Civico Archeologico delle Acque★

Grand Hotel Excelsior (riscaldata) cam, 700,

via Sant'Agnese 6 – 057 86 43 51 – direzione@grandhotelexcelsior.it – Fax 057 86 32 14 – Pasqua-ottobre
72 cam – 110 € 155 € – ½ P 110 € – **Rist** – 30 €

◆ Ricchi spazi comuni, piscina riscaldata in terrazza panoramica, grande centro congressi: per un soggiorno termale o congressuale in un prestigioso hotel rinnovato di recente. Sala da pranzo essenziale nella sua linearità.

Grande Albergo Le Fonti rist, rist, 250,

viale della Libertà 523 – 057 86 37 01 – info@grandealbergolefonti.com – Fax 057 86 37 01
75 cam – 72 € 130 €, 10 € – 3 suites – ½ P 103 € – **Rist** – (solo per alloggiati) Menu 20/26 €

◆ Uno dei due fiori all'occhiello dell'hotellerie locale ha eleganti interni in stile e camere tutte diverse; ampia vista sui morbidi colli senesi dalla terrazza solarium.

Ambasciatori (riscaldata) 250,

viale della Libertà 512 – 057 86 43 71 – ambasciatori@barbettihotels.it – Fax 057 86 43 71
115 cam – 75/90 € 95/114 € – 4 suites – ½ P 62/78 € – **Rist** – Carta 25/33 €

◆ Clientela termale, ma anche congressuale in un centrale, comodo albergo inizio anni '60, periodicamente rinnovato; piscina riscaldata e solarium in terrazza panoramica. Zona ristorante d'impostazione classica.

Michelangelo (riscaldata) rist, 40,

via delle Piane 146 – 057 86 40 04 – hotelmichelangelo@libero.it – Fax 057 86 04 80 – Pasqua-5 novembre
63 cam – 110 € – **Rist** – (solo per alloggiati) Menu 29/42 €

◆ Per chi ama la tranquillità, imponente risorsa in dominante posizione panoramica nel verde di un parco ombreggiato con piscina riscaldata; terrazza solarium sul tetto.

Moderno (riscaldata)

viale Baccelli 10 – 057 86 37 54 – duchini2003@libero.it – Fax 057 86 06 56 – Aprile-dicembre
70 cam – 65 € 115 € – **Rist** – 22 €

◆ Moderno di nome e di fatto questo albergo dagli ariosi spazi comuni di un marmoreo bianco abbacinante; piacevoli angoli relax nel parco con tennis e piscina riscaldata. Una maestosa stalattite di cristallo troneggia al centro della sala da pranzo.

Ave rist, rist, 80,

via Piave 27 – 057 86 36 19 – info@hotelave.it – Fax 057 86 36 19 – Marzo-15 novembre

56 cam – 42/50 € 68/75 €, 7 € – ½ P 47/59 € – **Rist** – (solo per alloggiati) Menu 20/35 €

◆ Gestione al femminile per un albergo completamente rinnovato. Colori pastello nelle sale comuni, camere confortevoli con arredi in legno.

Aggravi rist, 40,

viale Giuseppe di Vittorio 118 – 057 86 40 32 – hotelaggravi@hotmail.com – Fax 057 86 34 56 – Aprile-ottobre

34 cam – 35/42 € 55/68 €, 4 € – ½ P 42/50 € – **Rist** – (solo per alloggiati) Menu 15/22 €

◆ Hotel a gestione familiare con comodi spazi comuni e buoni servizi, tra cui solarium panoramico; arredi dalle tinte chiare nelle stanze, con terrazzino.

Sole ed Esperia rist, 140,

via delle Rose 40 – 057 86 01 94 – hsole@libero.it – Fax 057 86 01 96 – Pasqua-ottobre

108 cam – 55 € 81 €, 7 € – ½ P 70 € – **Rist** – Menu 15/30 €

◆ Centrale, ma in zona tranquilla vicina alle terme, si compone di un corpo centrale e di una dépendance, con camere più moderne; giardino ombreggiato e terrazza solarium.

Montecarlo rist,

viale della Libertà 478 – 057 86 39 03 – info@hotel-montecarlo.it – Fax 057 86 30 93 – Maggio-ottobre

41 cam – 50 € 70 €, 6 € – ½ P 60 € – **Rist** – (solo per alloggiati) Carta 21/27 €

◆ Accogliente struttura a conduzione diretta, che dispone di bella terrazza panoramica con solarium e piscina; arredi semplici, ma funzionali nelle sobrie stanze.

Irma rist,

viale della Libertà 302 – 057 86 39 41 – Fax 057 86 39 41 – Maggio-ottobre

73 cam – 40/50 € 50/60 € – ½ P 50/60 € – **Rist** – (solo per alloggiati) Menu 20/30 €

◆ Troverete un cordiale ambiente familiare in questo albergo; dehors ombreggiato nel giardino, con angolo solarium e grande vasca idromassaggio. Sala ristorante d'impostazione classica.

Cristina cam, rist,

via Adige 31, angolo v.le di Vittorio – 057 86 05 52 – hcristina@tin.it – Fax 057 86 05 52 – Marzo-ottobre

43 cam – 40/50 € 55/65 €, 5 € – ½ P 45/50 € – **Rist** – (solo per alloggiati)

◆ Hotel familiare, rinnovatosi nel corso degli ultimi anni, presenta zone comuni vecchio stile e camere sobrie, con arredi pratici e bagni di diverso confort; terrazza solarium.

Patria rist,

viale Roma 56 – 057 86 45 06 – patria@barbettihotels.it – Fax 057 86 45 06 – Aprile-novembre

30 cam – 60 € 75 € – ½ P 45/60 € – **Rist** – (solo per alloggiati) Carta 25/33 €

◆ Lungo il viale che conduce alla moderna piazza Italia, accoglienza cordiale, prezzi corretti. Piacevoli arredi in stile nelle camere.

San Paolo rist,

via Ingegnoli 22 – 057 86 02 21 – p.clausi@bcc.tin.it – Fax 057 86 37 53 – Marzo-15 novembre

44 cam – 40 € 60 € – **Rist** – (solo per alloggiati)

◆ Struttura familiare, ben tenuta e in parte rinnovata, che propone soluzioni improntate sulla funzionalità sia negli spazi comuni che nelle sobrie camere.

Hostaria il Buco

via Della Pace 39 – 057 83 02 30 – davidcaroti@libero.it – Fax 05 78 32 09 03 – Chiuso dal 2 al 15 novembre e mercoledì

Rist – Carta 24/34 €

◆ Nella parte alta della città, arredamento signorile e accoglienza familiare e informale in un ristorante-pizzeria con proposte tipiche locali; funghi e tartufi in stagione.

CHIARAMONTE GULFI – Ragusa – 565 P26 – Vedere Sicilia alla fine dell'elenco alfabetico

CHIAROMONTE – Potenza (PZ) – 564 G30 – 2 108 ab. – alt. 794 m – ✉ 85032 4 C3

Roma 435 – Potenza 139 – Matera 116 – Sapri 82 – Taranto 134

Agriturismo Costa Casale
contrada Vito – ✆ 09 73 64 23 46 – Fax 03 73 64 23 46
5 cam – 28 € 56 € – 1 suite – ½ P 45 € – **Rist** – *(chiuso mercoledì)* Carta 18/28 €
◆ Alla scoperta del Parco del Pollino o per semplice relax e magari per un po' di turismo equestre in un'antica masseria tranquilla e panoramica; camere arredate con gusto. Cucina casalinga.

CHIASSA SUPERIORE – Arezzo – 563 L17 – Vedere Arezzo

CHIAVARI – Genova (GE) – 561 J9 – 27 770 ab. – ✉ 16043 *Italia* 15 C2

Roma 467 – Genova 38 – Milano 173 – Parma 134 – Portofino 22 – La Spezia 69
corso Assarotti 1 ✆ 0185 325198, Fax 0185 324796
Basilica dei Fieschi★

Monte Rosa rist, rist, 200,
via Monsignor Marinetti 6 – ✆ 01 85 31 48 53 – info@hotelmonterosa.it – Fax 01 85 31 28 68
64 cam – 75/90 € 120/160 € – 3 suites – ½ P 80/120 € – **Rist** – *(chiuso quindici giorni a novembre)* Menu 22/30 €
◆ Ubicato nel cuore del centro storico, un caratteristico hotel della riviera dotato di buoni spazi comuni, sale polivalenti e camere confortevoli. Al ristorante viene proposta una buona cucina di mare senza trascurare i classici nazionali.

Lord Nelson con cam cam,
corso Valparaiso 27 – ✆ 01 85 30 25 95 – Fax 01 85 31 03 97 – Chiuso dal 15 al 30 novembre
5 suites – 181 € – **Rist** – *(chiuso giovedì escluso luglio-agosto)* Carta 52/68 €
◆ Nell'elegante veranda sulla passeggiata vi sentirete come in un pub inglese o a bordo di un galeone; enoteca di design e spunti creativi in cucina. Eleganti appartamenti.

Vecchio Borgo
piazza Gagliardo 15/16 – ✆ 01 85 30 90 64 – Chiuso dal 6 gennaio al 7 febbraio e martedì escluso luglio-agosto
Rist – Carta 30/56 €
◆ In un vecchio edificio alla fine della passeggiata, sale in stile rustico ricercato e un bel dehors sulla piazzetta; fragranti piatti classici per lo più di pesce.

Da Felice
via Risso 71 – ✆ 01 85 30 80 16 – ristorantedafelice@libero.it – Fax 01 85 30 47 30 – Chiuso lunedì e a mezzogiorno dal 15 giugno al 15 settembre
Rist – Carta 21/43 €
◆ Alle spalle del lungomare, marinaro ambiente rustico in una minuscola trattoria, con cucina a vista presidiata dal titolare; piatti secondo il mercato del giorno.

a Leivi Nord : 6,5 km – alt. 300 m – ✉ 16040

Cà Peo con cam mare e costa, rist,
via dei Caduti 80, sulla strada panoramica – ✆ 01 85 31 96 96 – nicosol@libero.it – Fax 01 85 31 96 71 – Chiuso novembre, lunedì, martedì e mercoledì a mezzogiorno
5 suites – 104 € – **Rist** – (consigliata la prenotazione la sera) Carta 40/60 €
◆ In posizione tranquilla e panoramica sulle colline che dominano il mare e la città, il ristorante propone i piatti della tradizione emiliana, tutto rigorosamente fatto in casa. Offre anche la possibilità di soggiornare in silenziose ed ampie camere.

CHIAVENNA – Sondrio (SO) – 561 D10 – 7 280 ab. – alt. 333 m – ✉ 23022
Italia 16 **B1**

Roma 684 – Sondrio 61 – Bergamo 96 – Como 85 – Lugano 77 – Milano 115 – Saint-Moritz 49

piazza Stazione ✆ 0343 36384, infochiavenna@provincia.so.it, Fax 0343 31112

Fonte battesimale★ nel battistero

Aurora
500,

via Rezia 73, località Campedello Est : 1 km – ✆ 034 33 27 08 – info@albergoaurora.it – Fax 034 33 51 45 – Chiuso dal 5 al 19 novembre

48 cam – †50/60 € ††70/78 €, ☐ 10 € – ½ P 50/58 €

Rist – Carta 24/38 €

Rist *Garden* – *(aprile-ottobre)* Menu 12/28 €

◆ Una struttura fuori dal centro, con spazi comuni ridotti e camere dagli arredi essenziali ma ben tenute; di particolare interesse la piscina in un grazioso giardino. Due sale rustiche, pizze e piatti di cucina nazionale e valtellinese.

XXX Passerini

palazzo Salis, via Dolzino 128 – ✆ 034 33 61 66 – info@ristorantepasserini.com – Fax 034 33 61 66 – Chiuso dal 17 giugno al 6 luglio, dal 19 al 29 novembre e lunedì

Rist – Carta 33/48 €

◆ In un palazzo settecentesco, due sale di sobria eleganza, di cui una con camino, per un ristorante dall'offerta culinaria completa: terra, mare e tradizioni del luogo.

XX Al Cenacolo

via Pedretti 16 – ✆ 034 33 21 23 – Fax 034 33 21 23 – Chiuso giugno, martedì sera e mercoledì

Rist – Carta 34/43 €

◆ Tocchi di rusticità (legni al soffitto, camino, pavimento in cotto), ma tono elegante in un ristorante del centro, con minuscolo terrazino; specialità locali, ma non solo.

a Mese Sud-Ovest : 2 km – ✉ 23020

X Crotasc
20,

via Don Primo Lucchinetti 63 – ✆ 034 34 10 03 – info@mameteprevostini.com – Fax 034 34 15 21 – Chiuso dal 18 giugno al 7 luglio, lunedì e martedì

Rist – Carta 28/38 €

◆ Potrete scegliete fra una saletta più piccola, tipicamente montana con pavimento di pietra e camino e una sala di stile rustico contemporaneo. Servizio estivo in terrazza.

CHIAVERANO – Torino (TO) – 561 F5 – 2 217 ab. – alt. 329 m – ✉ 10010 22 **B2**

Roma 689 – Aosta 69 – Torino 55 – Biella 32 – Ivrea 6

Castello San Giuseppe
< vallata e laghi, rist, 25,

località Castello San Giuseppe Ovest : 1 km – ✆ 01 25 42 43 70 – info@castellosangiuseppe.it – Fax 01 25 64 12 78 – Chiuso dal 7 al 20 gennaio

18 cam ☐ – †98/120 € ††155/170 € – ½ P 110/120 € – **Rist** – *(chiuso a mezzogiorno e domenica)* Carta 38/49 €

◆ Per un soggiorno di classe nella quiete di un parco, panoramico convento del XVII sec., che nei raffinati interni d'epoca conserva intatto il fascino della sua storia. Atmosfera romantica nell'antica sala di studio ora elegante ristorante; servizio all'aperto.

Un albergo di fascino per un piacevolissimo soggiorno?
Prenotate un hotel segnalato in rosso: ... .

CHIERI – Torino (TO) – 561 G5 – 33 569 ab. – alt. 315 m – ✉ 10023 Italia 22 B1

Roma 649 – Torino 18 – Asti 35 – Cuneo 96 – Milano 159 – Vercelli 77

La Maddalena
cam, rist, P, VISA

via Fenoglio 4 – ☎ 01 19 41 30 25 – hotel.maddalena@tiscalinet.it – Fax 01 19 47 27 29 – Chiuso dal 26 dicembre al 6 gennaio e agosto

17 cam – 65 € 75 € – **Rist** – *(chiuso sabato, domenica e a mezzogiorno)* Menu 15/20 €

◆ Spiccatamente familiari l'accoglienza e l'ambiente di questo curato albergo in zona periferica e tranquilla; camere semplici, ma accoglienti e ben accessoriate. Proposte di cucina casalinga, con specialità piemontesi, nella sala di taglio classico.

Sandomenico
25/30, VISA, AE

via San Domenico 2/b – ☎ 01 19 41 18 64 – ristorante@ristorantesandomenico191.it – Chiuso agosto, sabato a mezzogiorno, domenica sera e lunedì

Rist – Carta 46/62 €

◆ Dietro al Duomo, soffitto con travi a vista e pochi tavoli rotondi in un locale luminoso ed elegante; cucina fantasiosa, di terra e di mare, che segue l'estro dello chef.

CHIESA IN VALMALENCO – Sondrio (SO) – 561 D11 – 2 742 ab. – alt. 1 000 m – Sport invernali : *1 050/2 236 m 1 5,* – ✉ 23023 16 B1

Roma 712 – Sondrio 14 – Bergamo 129 – Milano 152

piazza Santi Giacomo e Filippo ☎ 0342 451150, infovalmalenco@provincia.so.it, Fax 0342 452505

Tremoggia
cam, rist, 80, P, VISA, AE

via Bernina 6 – ☎ 03 42 45 11 06 – tremoggia.so@bestwestern.it – Fax 03 42 45 17 18 – Chiuso novembre

39 cam – 98 € 166 € – 4 suites – ½ P 102 € – **Rist** – *(chiuso mercoledì)* Carta 26/32 €

◆ Calda accoglienza familiare in un albergo storico della località rinnovato nel tempo; oggi offre servizi completi e di alto livello; centro benessere all'ultimo piano. Ristorante che dispone di varie, confortevoli sale.

La Lanterna
rist, VISA, AE

via Bernina 88 – ☎ 03 42 45 14 38 – hlanterna@tiscalinet.it – Fax 03 42 45 47 66 – Dicembre-aprile e luglio-25 settembre

16 cam – 40/45 € 60/70 €, 6 € – ½ P 45/50 € – **Rist** – Carta 24/31 €

◆ Un semplice hotel che gode i buoni risultati di una ristrutturazione di anni recenti; solida conduzione familiare, camere pulite, spaziose e dal confort adeguato. Ristorante casalingo seguito direttamente dai gestori dell'albergo.

La Volta
8/25, VISA, AE

via Milano 48 – ☎ 03 42 45 40 51 – Fax 03 42 45 40 51 – Chiuso quindici giorni in maggio, dal 20 ottobre al 10 novembre, mercoledì e giovedì a mezzogiorno escluso Natale ed agosto

Rist – Carta 28/42 €

◆ Tradizione e modernità: è il binomio che descrive un locale classico all'interno di un edificio storico ristrutturato; ai fornelli si fondono creatività e competenza.

Il Vassallo
P, VISA, AE

via Vassalini 27 – ☎ 03 42 45 12 00 – Chiuso lunedì

Rist – Carta 26/35 €

◆ Una residenza vescovile estiva in pietra di origine cinquecentesca più un sapiente, rispettoso restauro: il risultato è calore del legno, atmosfera suggestiva e buona cucina.

Malenco
P, VISA, AE

via Funivia 20 – ☎ 03 42 45 21 82 – ristormalenco@tiscali.it – Fax 03 42 45 46 47 – Chiuso dal 20 giugno al 5 luglio e martedì

Rist – Menu 12/20 € – Carta 24/36 €

◆ Di taglio moderno l'arredo della sala, con vetrata panoramica sulla valle, di impostazione tipica-locale invece la carta: piatti della tradizione a prezzi contenuti.

CHIETI 🅿 (CH) – 563 O24 – **51 854 ab. – alt. 330 m** – ✉ **66100** *Italia* 1 **B2**

Roma 205 – Pescara 14 – L'Aquila 101 – Ascoli Piceno 103 – Foggia 186 – Napoli 244

via B. Spaventa 29 ☎ 0871 63640, presidio.chieti@abruzzoturismo.it,Fax 0871 63647

Abruzzo Chieti, a Brecciarola, ☎ 0871 68 49 69.

Giardini★ della Villa Comunale Z – Guerriero di Capestrano★ nel museo Archeologico degli Abruzzi ZM1

Harri's rist, VISA AE

via Valignani 219, prossimità casello autostrada – ☎ 08 71 32 15 55 – info@ hotelharris.com – Fax 08 71 32 17 81

15 cam – †62/82 € ††93/118 € – **Rist** – (solo per alloggiati) Carta 19/26 €

◆ In posizione semi-periferica, una struttura recente, su due livelli, con balconi e terrazza-solarium affacciati sulla vallata. Camere classiche con pavimenti in parquet.

sulla strada statale 5 Tiburtina - località Brecciarola Sud-Ovest : 9 km :

Enrica senza rist VISA AE

via Aterno 441, località Brecciarola – ☎ 087 16 85 41 – Fax 087 16 85 42 23

15 cam – †75 € ††95 €

◆ Struttura di recente costruzione che presenta spazi comuni abbastanza limitati, ma camere moderne e di alto livello, con arredi in legno funzionali e confortevoli.

Da Gilda VISA AE

via Aterno 464 ✉ 66010 Brecciarola – ☎ 08 71 68 41 57 – Fax 08 71 68 47 27 – Chiuso lunedì e la sera (escluso giovedì, venerdì e sabato)

Rist – Carta 19/39 €

◆ Pluriennale gestione familiare per un ristorante semplice, che punta su preparazioni fresche e "collaudate" di ricette nazionali e locali, con qualche piatto di pesce.

Voglia di pranzare all'aperto?
Scegliete un ristorante con terrazza

CHIGNOLO PO – Pavia (PV) – 561 G10 – **3 411 ab. – alt. 71 m** – ✉ **27013** 16 **B3**

Roma 537 – Piacenza 29 – Cremona 48 – Lodi 22 – Milano 55 – Pavia 30

sulla strada statale 234 Nord-Est : 3 km :

Da Adriano 20, VISA AE

via Cremona 18 ✉ 27013 – ☎ 038 27 61 19 – Fax 038 27 61 19 – Chiuso dal 2 al 10 gennaio, dal 1° al 20 agosto, lunedì sera e martedì

Rist – Carta 30/45 €

◆ Ambiente classico, con camino, clientela di habitué per un ristorante in attività da oltre 30 anni con la stessa gestione; cucina stagionale del territorio e piatti di pesce.

CHIOGGIA – Venezia (VE) – 562 G18 – **51 648 ab.** – ✉ **30015** *Venezia* 36 **C3**

Roma 510 – Venezia 53 – Ferrara 93 – Milano 279 – Padova 42 – Ravenna 98 – Rovigo 55

Duomo★

Grande Italia rist, 60, VISA AE

rione Sant'Andrea 597, piazzetta Vigo 1 – ☎ 041 40 05 15 – hgi@ hotelgrandeitalia.com – Fax 041 40 01 85 – Chiuso dal 10 al 28 gennaio e dal 7 al 24 novembre

56 cam – †100/140 € ††100/180 € – 4 suites – ½ P 72/114 €

Rist *Alle Baruffe Chiozzotte* – ☎ *04 15 50 92 52 (chiuso dal 7 al 31 gennaio)* Carta 29/48 €

◆ Affacciato sul centro e sulla laguna, un palazzo di inizio '900 sottoposto a lungo e sapiente restauro: fascino d'epoca e confort moderni in ambienti di sobria eleganza. Bei tappeti e lampadari in stile nel ristorante. Servizio estivo sul porto canale.

XX **El Fontego**

piazzetta XX Settembre 497 – ✆ 04 15 50 09 53 – Fax 04 15 50 90 98 – Chiuso dal 20 novembre al 5 dicembre e lunedì
Rist – Carta 28/40 €
◆ Aperto nel 1997, ha uno stile elegante con arredi di design, ricca boiserie e illuminazione di moderna concezione; piatti classici, di pesce e le tradizionali pizze.

X **La Taverna**

via Cavalotti 348 – ✆ 041 40 02 65 – Chiuso dal 24 dicembre al 7 gennaio, quindici giorni ad ottobre e lunedì
Rist – Carta 36/52 €
◆ Simpatico localino di gusto vagamente tirolese, con pannelli di legno color miele e tavole decorate che riproducono ex voto. La cucina è marinara e chioggiotta.

a Cavanella d'Adige Sud : 13 km – ✉ 30010

XX **Al Centro di Marco e Melania**

12,

piazza Baldin e Mantovan – ✆ 041 49 75 01 – melania.pregnolato@tin.it – Fax 041 49 76 61 – Chiuso dal 27 dicembre al 12 gennaio, dal 26 giugno al 6 luglio e lunedì
Rist – Carta 40/73 €
◆ In una piccola frazione, accogliente locale di ambientazione moderna per fragranti proposte di pesce; grande griglia a vista per cucinare le specialità della casa.

a Lido di Sottomarina Est : 1 km – ✉ 30019 – Sottomarina

lungomare Adriatico 101 ✆ 041 401068, Fax 041 5540855

Bristol

rist,

lungomare Adriatico 46 – ✆ 04 15 54 03 89 – info@hotelbristol.net – Fax 04 15 54 18 13 – 15 marzo-15 novembre
65 cam – †110 € ††200 € – **Rist** – *(giugno-agosto)* Menu 30/50 €
◆ Sul lungomare, imponente struttura bianca dagli ampi spazi esterni, con piscina e zona solarium; confort adeguato alla categoria nelle camere, con balcone e vista mare. Un ambiente elegante e tranquillo dove gustare la cucina tradizionale, ideale per allestire banchetti.

Sole

100,

viale Mediterraneo 9 – ✆ 041 49 15 05 – sole@cbn.it – Fax 04 14 96 67 60 – Aprile-ottobre
58 cam – †48/50 € ††74/80 € – ½ P 43/67 € – **Rist** – *(Pasqua-settembre)* (solo per alloggiati)
◆ Dopo la ristrutturazione si presenta in nuova veste elegante questo hotel all'inizio del viale lungomare; comode zone comuni, camere non amplissime, ma ben accessoriate.

Le Tegnue

150,

lungomare Adriatico 48 – ✆ 041 49 17 00 – info@hotelletegnue.it – Fax 041 49 39 00 – Carnevale e aprile-ottobre
88 cam – †90 € ††135 €, 7 € – ½ P 100 € – **Rist** – Carta 39/61 €
◆ Per vacanza o per lavoro, grande complesso fronte mare che dispone di ampi spazi comuni, spiaggia privata e infrastrutture congressuali; arredi recenti nelle stanze.

XX **Garibaldi**

30,

via San Marco 1924 – ✆ 04 15 54 00 42 – info@ristorantegaribaldi.com – Fax 04 15 54 00 42 – Chiuso novembre, lunedì, anche domenica sera da dicembre a maggio
Rist – Carta 45/72 €
◆ Presente da 100 anni in luogo, è un ristorantino elegante, ma informale a conduzione familiare; cucina di mare semplice e immediata, dove domina l'uso della griglia.

CHIRIGNAGO – Venezia – Vedere Mestre

CHIUSA (KLAUSEN) – Bolzano / Bozen (BZ) – 562 C16 – 4863 ab. – alt. 525 m – ✉ 39043 – Chiusa d'Isarco *Italia*

31 **C1**

Roma 671 – Bolzano 30 – Bressanone 11 – Cortina d'Ampezzo 98 – Milano 329 – Trento 90

piazza Thinne 6 ✆ 0472 847424, info@klausen.it, Fax 0472 847244

Parkhotel Post-Posta rist, VISA

piazza Tinne 3 – ☎ 04 72 84 75 14 – info@parkhotel-post.it – Fax 04 72 84 62 51 – Chiuso dal 10 novembre al 1° febbraio

54 cam – 45/60 € 75/90 € – 1 suite – ½ P 45/60 € – **Rist** – *(chiuso a mezzogiorno e giovedì)* Carta 21/38 €

◆ In una piazza del pittoresco centro cittadino, un edificio dalle origini più che centenarie ospita una risorsa confortevole, a gestione familiare; giardino con piscina. Accogliente ristorante dall'ambientazione caratteristica e nuovo wine-bar.

Ansitz Fonteklaus monti, rist, VISA

Est : 3,6 km, alt. 897 – ☎ 04 71 65 56 54 – info@fonteklaus.it – Fax 04 71 65 50 45 – Aprile-novembre

10 cam – 44/52 € 72/82 € – 2 suites – ½ P 48/55 € – **Rist** – *(chiuso giovedì)* Carta 26/53 €

◆ Potreste incontrare i caprioli, il picchio o lo scoiattolo in questa incantevole oasi di pace; laghetto-piscina naturale; confort e relax in un hotel tutto da scoprire. Calda atmosfera nella sala da pranzo in stile stube.

Bischofhof VISA

via Gries 4 ✉ 39043 Chiusa / Klausen – ☎ 04 72 84 74 48 – info@bischofhof.it – Fax 04 72 84 71 72

23 cam – 37/44 € 54/68 € – **Rist** – (solo per alloggiati)

◆ Pochi minuti a piedi dal centro della cittadina e raggiungerete questa pensione familiare: all'interno camere comode ed accoglienti, una piscina e giochi per i più piccoli.

Jasmin (Obermarzoner) VISA

via Gries 4 – ☎ 04 72 84 74 48 – info@bischofhof.it – Fax 04 72 84 71 72 – Chiuso dal 27 giugno al 7 luglio e novembre

Rist – *(chiuso martedì)* (solo su prenotazione) Menu 38/59 €

Spec. Spuma di patate al tartufo, panna acida e caviale beluga. Tagliatelle di prezzemolo con mango, pomodoro e cozze. Colante di cioccolato ripieno di arance amare con gelato al giuanduja.

◆ Ristorante di taglio classico arricchito da qualche tocco di notevole eleganza. Dove non è l'ambiente a lasciare il segno, la cucina offre spunti davvero memorabili.

a Gudon (Gufidaun)**Nord-Est : 4 km – ✉ 39043**

Unterwirt con cam VISA

– ☎ 04 72 84 40 00 – info@unterwirt-gufidaun.com – Fax 04 72 84 40 65 – Chiuso dal 7 gennaio al 2 febbraio, dal 18 al 30 giugno, domenica e lunedì

3 cam – 35/38 € 50/56 €, 15 € – **Rist** – Carta 39/58 €

◆ Tranquillità, accoglienza cordiale, tre antiche stube tutte di legno, cucina del territorio e possibilità di soggiorno in camere curate per un locale pieno di tradizione.

CHIUSDINO – Siena (SI) – 563 M15 – 1 909 ab. – alt. 564 m – ✉ 53012 29 C2

Roma 229 – Siena 32 – Firenze 89 – Livorno 132

Agriturismo Il Mulino delle Pile rist, VISA

località Mulino delle Pile Sud : 8 km – ☎ 05 77 75 06 88 – info@agriturismoilmulino.com – Fax 05 77 75 06 86 – Aprile-dicembre

8 cam – 70/110 € 100/140 € – ½ P 80/90 € – **Rist** – *(chiuso lunedì e a mezzogiorno escluso sabato e domenica)* Carta 26/34 €

◆ Tra le mura di un antico mulino attivo sino agli anni Settanta e poi usato come scenografia in celebri spot televisivi, camere accoglienti e funzionali arredate in legno. Allestito tra le vecchie macine, il ristorante propone i piatti della tradizione gastronomica nazionale.

CHIUSI – Siena (SI) – 563 M17 – 8 700 ab. – alt. 375 m – ✉ 53043 *Toscana* 29 D2

Roma 159 – Perugia 52 – Arezzo 67 – Chianciano Terme 12 – Firenze 126 – Orvieto 51 – Siena 79

piazza Duomo 1 ☎ 0578 227667, prolocochiusi@bcc.tin.it, Fax 0578 227667

Museo Etrusco★

La Casa Toscana senza rist
via Ermanno Baldetti 37 – ✆ 05 78 22 22 27 – casatoscana@libero.it – Fax 05 78 22 38 12 – Chiuso dal 15 al 30 gennaio
6 cam – ♦70/90 € ♦♦80/100 €
♦ Un vero bed and breakfast, con spazi comuni intimi e raccolti: un insieme caldo ed elegante, in un palazzo nobiliare del centro; mobili antichi e dettagli di pregio.

Osteria La Solita Zuppa
via Porsenna 21 – ✆ 057 82 10 06 – rl@lasolitazuppa.it – Fax 057 82 10 06 – Chiuso dal 15 gennaio al 1° marzo e martedì
Rist – Carta 27/35 €
♦ Calda e rustica trattoria con ambiente caratteristico; cucina toscana, con un occhio di riguardo per piatti antichi e "poveri" e, ovviamente, per le zuppe. Ottima accoglienza.

Zaira 8/12,
via Arunte 12 – ✆ 057 82 02 60 – ristorantezaira@tin.it – Fax 057 82 16 38 – Chiuso lunedì escluso da giugno a settembre
Rist – Carta 26/36 €
♦ Chiedete di visitare la cantina ricavata in camminamenti etruschi di tufo e poi godetevi la rustica atmosfera della sala e i genuini piatti del territorio.

in prossimità Casello autostrada A1 Ovest : 3 km :

Villa il Patriarca (Maccari) 250,
località Querce al Pino, strada statale 146 ✉ 53043 Chiusi – ✆ 05 78 27 44 07 – info@ilpatriarca.it – Fax 05 78 27 44 07
24 cam – ♦80/110 € ♦♦120/140 €
Rist *I Salotti* – *(aprile-4 novembre; chiuso lunedì e a mezzogiorno)* Carta 64/93 €
Rist *La Taverna del Patriarca* – *(aprile-4 novembre; chiuso lunedì e a mezzogiorno)* Carta 20/30 €
Spec. Carpaccio d'astice con caviale, tagliatelle di agar agar (estate). Faraona cotta sotto la creta. Filetto di manzo chianino fasciato con lardo di Colonnata e scaloppa di fegato grasso.
♦ Racchiusa in un parco meraviglioso, la villa ottocentesca è stata edificata su un insediamento di origine etrusca e ottimamente ristrutturata con buon gusto. Elaborata cucina gourmet nei Salotti, i classici regionali alla Taverna.

CHIVASSO – Torino (TO) – 561 G5 – 23 692 ab. – alt. 183 m – ✉ 10034 22 B2

Roma 684 – Torino 22 – Aosta 103 – Milano 120 – Vercelli 57

Ritz senza rist
via Roma 17 – ✆ 01 19 10 21 91 – info@ritzchivasso.it – Fax 01 19 11 60 68
51 cam – ♦70/150 € ♦♦150/270 €
♦ In posizione centrale, a breve distanza dalla stazione ferroviaria, una struttura dotata di comodo parcheggio chiuso; camere accoglienti arredate classicamente.

Europa 80,
piazza d'Armi 5 – ✆ 01 19 17 18 86 – info@hoteleuropachivasso.it – Fax 01 19 10 20 25
42 cam – ♦85/110 € ♦♦120/140 € – ½ P 85/90 €
Rist La Verna – vedere selezione ristoranti
♦ Cordiale conduzione familiare in un albergo del centro storico, ideale per clientela di lavoro; offre un buon confort generale, soprattutto nelle camere, spaziose e curate.

La Verna – Hotel Europa
vicolo Lungo piazza d'Armi 2 – ✆ 01 19 17 18 25 – Fax 01 19 10 20 25
Rist – *(chiuso domenica)* Carta 19/31 €
♦ Nel corpo dell'hotel Europa, ristorante che vi farà riscoprire alcune ricette tradizionali del Canavese in un ambiente accogliente. Servizio estivo nella terrazza-veranda.

Locanda del Sole 15,
via del Collegio 8/a – ✆ 01 19 10 17 24 – Fax 01 19 17 57 26 – Chiuso agosto e lunedì
Rist – Carta 20/30 €
♦ Frequentazione di affezionati habitué per questo locale in una via pedonale del centro storico; due salette raccolte, cucina piemontese e prezzi contenuti.

CIAMPINO – Roma – 563 Q19 – Vedere Roma

CICOGNARA – Mantova – Vedere Viadana

CIMA MONTEROSSO – Verbania – Vedere Verbania

CIMA SAPPADA – Belluno – Vedere Sappada

CIMEGO – Trento (TN) – 562 E13 – 406 ab. – alt. 557 m – ✉ 38082 30 A3

Roma 630 – Trento 64 – Brescia 86 – Sondrio 143

Aurora rist, rist, VISA

località Casina dei Pomi 139, strada statale 237 Nord-Est : 1,5 km – ✆ 04 65 62 10 64 – graziano@hotelaurora.tn.it – Fax 04 65 62 17 71

19 cam – 30/38 € 46/70 € – ½ P 45/48 € – **Rist** – *(chiuso lunedì)* Carta 23/32 €

◆ A farvi sentire in montagna non sarà l'alta quota, ma lo stile tipicamente montano di questo albergo dall'atmosfera simpatica e vivace; graziose le camere mansardate. Ristorante rinomato per le specialità locali e la polenta in molte varianti.

CINGOLI – Macerata (MC) – 563 L21 – 10 410 ab. – alt. 631 m – ✉ 62011 21 C2

Roma 250 – Ancona 52 – Ascoli Piceno 122 – Gubbio 96 – Macerata 30

(giugno-settembre) via Ferri 17 ✆ 0733 602444, iat.cingoli@regione.marche.it, 0733 602444

Villa Ugolini VISA AE

località Sant'Anastasio 30, Est : 4 km – ✆ 07 33 60 46 92 – raffaela.rango@tiscali.it – Fax 07 33 60 16 30

12 cam – 38 € 70 € – **Rist** – Carta 16/21 €

◆ Piccolo albergo a conduzione familiare ricavato da una villa in pietra del 1600. Camere ampie con mobili in legno scuro. Giardino curato con vista sui colli.

CINISELLO BALSAMO – Milano (MI) – 561 F9 – 72 852 ab. – alt. 154 m – ✉ 20092 18 B2

Roma 583 – Milano 13 – Bergamo 42 – Como 41 – Lecco 44 – Monza 7

Pianta d'insieme di Milano

Cosmo Hotel Palace 480, VISA AE

via De Sanctis 5 – ✆ 02 61 77 71 – palace@hotelcosmo.com – Fax 02 61 77 75 55 BO x

201 cam – 113/299 € 163/349 € – **Rist** – Carta 39/47 €

◆ Struttura imponente, visibile anche dall'autostrada da cui è facilmente raggiungibile. Interni comunque perfettamente insonorizzati, arredati in stile semplice e funzionale. Grande sala open-space, a pranzo nei giorni feriali fornito self-service.

Lincoln senza rist VISA AE

viale Lincoln 65 – ✆ 026 17 26 57 – info@hotellincoln.it – Fax 026 18 55 24 BO k

20 cam – 71/130 € 85/160 €

◆ Frequentazione, per lo più abituale, di clientela di lavoro o di passaggio per una risorsa di buon confort, con spazi comuni limitati, ma camere ampie e ben arredate.

CINQUALE – Massa Carrara – 563 K12 – Vedere Montignoso

CIOCCARO – Asti – 561 G6 – Vedere Penango

CIPRESSA – Imperia (IM) – 561 K5 – 1 161 ab. – alt. 240 m – ✉ 18017 14 A3

Roma 628 – Imperia 19 – San Remo 12 – Savona 83

La Torre VISA AE

piazza Mazzini 2 – ✆ 018 39 80 00 – 16 febbraio-14 ottobre; chiuso lunedì

Rist – Carta 23/33 €

◆ Nel centro di questo caratteristico paese dell'entroterra, trattoria di tono rustico e di ambiente familiare, come la gestione; tradizione locale in cucina.

CIRELLA – Cosenza (CS) – 564 H29 – alt. 27 m – ✉ 87020 5 A1

Roma 430 – Cosenza 83 – Castrovillari 80 – Catanzaro 143 – Sapri 60

Ducale Villa Ruggeri rist,

via Vittorio Veneto 254 – ✆ 098 58 60 51 – info@ducalehotel.net – Fax 098 58 60 51

22 cam – 50 € 65/100 € – ½ P 46/90 € – **Rist** – *(giugno-settembre)* 20 €

◆ Bella villa settecentesca, dall'800 di proprietà della famiglia che vi gestisce un hotel dagli spazi comuni di tono elegante; camere funzionali; accesso diretto al mare.

CIRIÉ – Torino (TO) – 561 G4 – 18 586 ab. – alt. 344 m – ✉ 10073 22 B2

Roma 698 – Torino 20 – Aosta 113 – Milano 144 – Vercelli 74

Gotha 200,

via Torino 53 – ✆ 01 19 21 20 59 – gotha@gothahotel.com – Fax 01 19 20 36 61

44 cam – 100/170 € 140/215 € – **Rist** – *(chiuso lunedì a mezzogiorno)* Carta 32/42 €

◆ Servizio efficiente in una struttura moderna sia nella qualità che nello stile degli arredi e delle installazioni; camere omogenee, ben accessoriate; sale convegni. Articolato in due raccolte salette, il ristorante propone piatti semplici e della tradizione.

Dolce Stil Novo (Russo)

via San Pietro 71/73 località Devesi Ovest : 2 km – ✆ 01 19 21 11 10 – info@dolcestilnovo.com – Fax 01 19 21 11 10 – Chiuso dal 1° al 7 gennaio, tre settimane in agosto, domenica sera, lunedì e i mezzogiorno da martedì a sabato.

Rist – Carta 66/88 €

Spec. Pasta con vongole, limone ed emulsione di rucola. Spezzatino di vitello con piselli crudi. Mousse di yogurt con crema di pan di spezie e sorbetto al mandarino (inverno).

◆ Sale semplici ed essenziali, moderne e luminose, sono il contorno di una cucina giovane, non solo per l'età del cuoco. Piatti sorprendenti per tecniche e presentazioni.

CISANO BERGAMASCO – Bergamo (BG) – 561 E10 – 5 767 ab. – alt. 268 m – ✉ 24034 19 C1

Roma 610 – Bergamo 18 – Brescia 69 – Milano 46 – Monza 28

Fatur cam, cam,

via Roma 2 – ✆ 035 78 12 87 – info@fatur.it – Fax 035 78 75 95 – Chiuso dall'8 al 20 gennaio e dal 16 al 30 agosto

14 cam – 62 € 82 € – ½ P 75 € – **Rist** – *(chiuso venerdì)* Carta 33/45 €

◆ Ai piedi del Castello, nel centro del paese, questo albergo si presenta con interni ordinati, camere doppie dagli spazi notevoli, arredate in stile funzionale. Ristorante molto frequentato, piacevole giardino durante i mesi estivi.

La Sosta

via Sciesa 3, località La Sosta Ovest : 1,5 km – ✆ 035 78 10 66 – info@ristorantelasosta.it – Fax 035 78 10 66 – Chiuso dieci giorni in febbraio, dal 25 luglio all'8 agosto e mercoledì

Rist – Carta 28/51 €

◆ Sulla riva del fiume Adda grazie alla sua veranda e alle ampie vetrate, locale di tradizione e di sapore classico. Cucina di respiro ampio con pesce d'acqua dolce.

CISON DI VALMARINO – Treviso (TV) – 562 E18 – 2 638 ab. – alt. 261 m – ✉ 31030 36 C2

Roma 582 – Belluno 32 – Trento 114 – Treviso 41 – Venezia 76

CastelBrando 400,

via Brandolini 29 – ✆ 04 38 97 61 – hotel@castelbrando.it – Fax 04 38 97 60 20

47 cam – 115 € 161 € – 1 suite – ½ P 121 €

Rist *Sansovino* – Carta 36/56 €

Rist *La Fucina* – *(chiuso martedì e a mezzogiorno da mercoledì a venerdì)* Carta 20/30 €

◆ Sorge in posizione elevata questo complesso storico, fortificato e cinto da mura, le cui origini risalgono al 1200. Grandi spazi e servizi completi, anche per congressi. Elegante atmosfera castellana al ristorante Sansovino. Piatti più semplici e servizio pizzeria alla Fucina.

CISTERNA D'ASTI – Asti (AT) – 561 H6 – 1 251 ab. – alt. 357 m – ✉ 14010 25 C1

Roma 626 – Torino 46 – Asti 21 – Cuneo 82

Garibaldi con cam
via Italia 1 – ☎ 01 41 97 91 18 – ilgaribaldi.vaudano@libero.it – Fax 01 41 97 91 18 – Chiuso dal 16 al 30 gennaio e dal 16 al 30 agosto
7 cam – 35 € 60 € – ½ P 45 € – **Rist** – *(chiuso mercoledì)* Carta 20/28 €
♦ C'è tutta la storia di una famiglia nella raccolta di oggetti d'epoca di uso comune (dalle pentole alle fotografie) esposta in questo originale locale; cucina piemontese.

CISTERNINO – Brindisi (BR) – 564 E34 – 12 039 ab. – alt. 393 m – ✉ 72014 27 C2

Roma 524 – Brindisi 56 – Bari 74 – Lecce 87 – Matera 87 – Taranto 42

Lo Smeraldo ← mare e costa, 250,
contrada Don Peppe Sole 7, località Monti Nord-Est : 3 km – ☎ 08 04 44 80 44 – info@hotelsmeraldo.com – Fax 08 04 44 76 57
82 cam – 60 € 90 € – ½ P 65 € – **Rist** – Carta 20/28 €
♦ Si vedono il mare e la costa in lontananza da questa funzionale struttura di taglio moderno, in zona verdeggiante e soleggiata; gestione familiare attenta e ospitale. Varie sale, luminose e signorili, nel ristorante a vocazione banchettistica.

CITARA – Napoli – Vedere Ischia (Isola d') : Forio

CITTADELLA – Padova (PD) – 562 F17 – 19 171 ab. – alt. 49 m – ✉ 35013 37 B1

Italia

Roma 527 – Padova 31 – Belluno 94 – Milano 227 – Trento 102 – Treviso 38 – Venezia 66 – Vicenza 22

Cinta muraria★

2 Mori con cam rist,
borgo Bassano 149 – ☎ 04 99 40 14 22 – info@hotelduemori.it – Fax 04 99 40 02 00
26 cam – 50 € 70 € – ½ P 60 € – **Rist** – *(chiuso dal 1° al 16 gennaio, dall'8 al 22 agosto, domenica sera e lunedì)* Carta 37/47 €
♦ In un edificio eretto sulle fondamenta di un convento del XV sec., sale ristorante dall'arredo elegante e camere ben accessoriate; molto gradevole il servizio estivo in giardino.

CITTADELLA DEL CAPO – Cosenza (CS) – 564 I29 – alt. 23 m – ✉ 87020 5 A1

Roma 451 – Cosenza 61 – Castrovillari 65 – Catanzaro 121 – Sapri 71

Palazzo del Capo ← 150,
via Cristoforo Colombo 5 – ☎ 098 29 56 74 – palazzodelcapo@tiscalinet.it – Fax 098 29 56 76
14 cam – 180/210 € 230/265 € – 2 suites – ½ P 155/172 € – **Rist** – (solo per alloggiati)
♦ Uno scrigno di insospettate sorprese questa residenza storica fortificata sul mare, con torre spagnola nel giardino; eleganti interni d'epoca, servizi di elevato profilo.

CITTÀ DELLA PIEVE – Perugia (PG) – 563 N18 – 7 279 ab. – alt. 508 m – ✉ 06062 32 A2

Roma 154 – Perugia 41 – Arezzo 76 – Chianciano Terme 22 – Orvieto 45 – Siena 91

piazza Plebiscito ☎ 0578 299375

Vannucci
viale Vanni 1 – ☎ 05 78 29 80 63 – info@hotel-vannucci.com – Fax 05 78 29 79 54
30 cam – 75/100 € 85/115 € – ½ P 68/83 €
Rist *Zafferano* – *(chiuso giovedì)* Carta 34/52 €
♦ Abbracciata dal verde, la risorsa dispone di camere nuove spaziose e luminose arredate con gusto moderno in chiare tonalità, un centro benessere ed una sala lettura. Accanto ad un elegante locale ben arredato con proposte à la carte di respiro regionale ed internazionale, anche un servizio pizzeria.

Relais dei Magi
località le Selve Nuove 45, Sud-Est : 4 km – ✆ 05 78 29 81 33 – reception@ relaismagi.it – Fax 05 78 29 88 58 – Chiuso dal 7 gennaio a febbraio
4 cam – 140 € 190/220 € – ½ P 120/130 € – **Rist** – (solo per alloggiati) 35 €
◆ Occorre percorrere una strada sterrata per giungere a quest'incantevola risorsa che accoglie i propri ospiti in tre diversi edifici. Un soggiorno appartato e raffinato.

Agriturismo Madonna delle Grazie colline e valle del Tevere, rist,
località Madonna delle Grazie 6, Ovest : 1 km – ✆ 05 78 29 98 22 – info@madonnadellegrazie.it – Fax 05 78 29 77 49
6 cam – 90/120 € – ½ P 70/80 € – **Rist** – (solo su prenotazione) Carta 27/31 €
◆ La quiete e la vista dei colli umbri, relax in piscina, passeggiate, a piedi e a cavallo, e cibo sano di coltivazione biologica in una piccola azienda agrituristica. Nella sala ristorante interna o all'aperto, da dove ammirare la valle del Tevere, la gustosa cucina regionale.

CITTÀ DI CASTELLO – Perugia (PG) – 563 L18 – 39 032 ab. – alt. 288 m – ✉ 06012 32 B1

Roma 258 – Perugia 49 – Arezzo 42 – Ravenna 137
piazza Matteotti-logge Bufalini ✆ 075 8554922, info@iat.città-di-castello.pg.it, Fax 075 8552100
Caldese di Celle Città di Castello, Sud-Ovest : 6 km, ✆ 075 851 01 97.

Tiferno senza rist 80,
piazza Raffaello Sanzio 13 – ✆ 07 58 55 03 31 – info@hoteltiferno.it – Fax 07 58 52 11 96
47 cam – 60/87 € 95/140 €
◆ Porta l'antico nome della città questo raffinato albergo ricavato in un edificio d'epoca, con bei soffitti a cassettone e pregevoli mobili antichi; moderne invece le ampie camere.

Garden rist, 100,
viale Bologni Nord-Est : 1 km – ✆ 07 58 55 05 87 – info@hotelgarden.com – Fax 07 58 52 13 67
59 cam – 52/72 € 70/95 € – ½ P 50/68 € – **Rist** – Carta 23/38 €
◆ Periferico e tranquillo, adiacente ad un centro sportivo, hotel di taglio moderno, con giardino e piscina; pareti ricoperte di sughero nelle camere ben accessoriate. Tono elegante nell'ampia e ariosa sala del ristorante.

Le Mura rist, 90,
via borgo Farinario 24/26 – ✆ 07 58 52 10 70 – direzione@hotellemura.it – Fax 07 58 52 13 50
35 cam – 40/50 € 70/80 € – ½ P 50/58 €
Rist ***Raffaello*** – Carta 22/36 €
◆ Ricavato nelle ex manifatture di tabacco e a ridosso delle antiche mura cittadine, struttura di buon confort generale; ottime le sobrie camere, rinnovate di recente. Bella sala ristorante con vetrate affacciate sulla fontana nella suggestiva corte interna.

Il Postale di Marco e Barbara (Bistarelli) 15,
via De Cesare 8 – ✆ 07 58 52 13 56 – info@ ristoranteilpostale.it – Fax 07 58 52 13 56 – Chiuso quindici giorni in gennaio, sabato a mezzogiorno, lunedì e domenica sera da ottobre a maggio
Rist – Carta 42/56 €
Spec. Tartar di manzo con baccalà mantecato, pane carasau e maionese. Mezzemaniche al torchio con sugo di coda alla vaccianara. Dentice arrostito con passata di pomodoro crudo e insalata di calamaretti.
◆ Ricco di personalità già dall'ambientazione, un'autorimessa ristrutturata dove la cucina riflette l'anima del giovane cuoco; piatti creativi dall'Umbria ai prodotti del mare.

Il Bersaglio 20,
viale Orlando 14 – ✆ 07 58 55 55 34 – bersaglio@technet.it – Fax 07 58 52 07 66 – Chiuso due settimane in luglio e mercoledì
Rist – Carta 25/41 €
◆ Un classico della città questo locale fuori le mura, che si propone con le specialità stagionali della zona: funghi, tartufi bianchi dell'alto Tevere e cacciagione.

a Ronti **Sud-Ovest : 18 km – ✉ 06012 – Città di Castello**

Palazzo Terranova – Country House ≤ colline,
località Ronti Vocabolo Morra cam, rist, VISA AE
Nord : 2,5 km – 07 58 57 00 83 – sarah@palazzoterranova.com
– Fax 07 58 57 00 14 – 15 marzo-31 ottobre
12 cam – ♦262/370 € ♦♦350/495 € – 2 suites – **Rist** – Carta 58/80 €
♦ Una lunga strada sterrata in salita verso il paradiso: una signorile villa settecentesca con arredamento umbro-inglese e incantevoli camere accoglienti, tutte diverse fra loro. Sala ristorante semplice ed elegante come impone lo stile country più raffinato.

CITTANOVA – **Reggio di Calabria (RC)** – **564** L30 – **10 695 ab.** – **alt. 397 m** – ✉ 89022 5 **A3**

Roma 661 – Reggio di Calabria 69 – Catanzaro 121 – Lamezia Terme 94 – Messina 61

Casalnuovo rist, 100, VISA AE
viale Merano 103 – 09 66 65 58 21 – info@hotelcasalnuovo.com
– Fax 09 66 65 55 27
18 cam – ♦42/62 € ♦♦57/77 € – ½ P 59/74 € – **Rist** – *(chiuso quindici giorni in agosto e domenica)* Carta 17/25 €
♦ Curato albergo a gestione familiare, ideale come sosta per chi è in viaggio di lavoro ma anche come base d'appoggio per visitare i dintorni. Camere con arredi lineari. Sobria e ampia sala ristorante.

CITTÀ SANT'ANGELO – **Pescara (PE)** – **563** O24 – **12 774 ab.** – **alt. 320 m** – ✉ 65013 1 **B1**

Roma 223 – Pescara 25 – L'Aquila 120 – Chieti 34 – Teramo 58

in prossimità casello autostrada A 14 **Est : 9,5 km : – ✉ 65013 – Città Sant'Angelo**

Villa Nacalua senza rist 90, VISA AE
via Dell'Autostrada 5 ✉ 65013 – 085 95 92 25 – info@nacalua.com
– Fax 085 95 92 63
34 cam – ♦114 € ♦♦181 € – 2 suites
♦ Elegante hotel di taglio moderno, dotato di eliporto; curatissima l'insonorizzazione, interna ed esterna. Ampie camere ben accessoriate, bagni in marmo con idromassaggio.

Giardino dei Principi rist, 50, VISA AE
contrada Moscarola-viale Petruzzi 30 ✉ 65013 – 085 95 02 35 – info@hotelgiardinodeiprincipi.it – Fax 085 95 02 54
34 cam – ♦49/65 € ♦♦80/100 € – ½ P 67/90 € – **Rist** – Carta 19/37 €
♦ In posizione favorevole, funzionale struttura di nuova concezione, con comodi spazi esterni (giardino, parcheggio privato); parquet nelle camere, con bagni completi. Il ristorante ha una grande, luminosa sala adatta anche per banchetti.

CITTIGLIO – **Varese (VA)** – **561** E7 – **3 751 ab.** – **alt. 275 m** – ✉ **21033** 16 **A2**

Roma 650 – Stresa 53 – Bellinzona 52 – Como 45 – Milano 73 – Novara 65 – Varese 18

La Bussola con cam rist, rist, VISA AE
via Marconi 28 – 03 32 60 22 91 – info@hotellabussola.it – Fax 03 32 61 02 50
29 cam – ♦40/60 € ♦♦60/90 € – 17 suites – ½ P 50/55 € – **Rist** – Carta 28/36 € (+10 %)
♦ Un locale che può soddisfare esigenze e gusti diversi: sale eleganti di cui una per la pizzeria serale, salone banchetti, cucina eclettica e camere curate.

CIUK – Sondrio – Vedere Bormio

L'indicazione «Rist» in rosso evidenzia le strutture a cui abbiamo assegnato un riconoscimento: ✿ (stella) o ☺ (Bib Gourmand).

CIVATE – Lecco (LC) – 561 E10 – **3 880 ab.** – **alt. 269 m** – ✉ **23862** 18 **B1**

Roma 619 – Como 24 – Bellagio 23 – Lecco 5 – Milano 51

Cascina Edvige 10/25, VISA AE
via Roncaglio 11 – ☎ 03 41 55 03 50 – edvige.rist@tiscalinet.it – Fax 03 41 21 08 99 – Chiuso agosto e martedì
Rist – Carta 22/30 €
◆ In un cascinale, cinque caratteristiche e accoglienti salette, di cui tre con camino, per piatti che seguono le stagioni e le tradizioni locali. Servizio estivo all'aperto.

CIVIDALE DEL FRIULI – Udine (UD) – **562** D22 – **11 436 ab.** – **alt. 138 m** – ✉ **33043** 11 **C2**
Italia

Roma 655 – Udine 16 – Gorizia 30 – Milano 394 – Tarvisio 102 – Trieste 65 – Venezia 144

piazza Paolo Diacono 10 ☎ 0432 710460, turismo@cividale.net, Fax 0432 710423

Tempietto★★ – Museo Archeologico★★

Roma senza rist VISA AE
piazza Picco 17 – ☎ 04 32 73 18 71 – info@hotelroma-cividale.it – Fax 04 32 70 10 33
53 cam – 50/75 € 80/125 €
◆ Vicino al centro storico, albergo a conduzione familiare, rinnovato in anni recenti; arredi classici, ma sobri e funzionali nelle confortevoli camere, bagni moderni.

Locanda al Castello con cam rist, 40, VISA AE
via del Castello 12, Nord-Ovest : 1,5 km – ☎ 04 32 73 32 42 – info@alcastello.net – Fax 04 32 70 09 01
27 cam – 60/75 € 80/115 € – ½ P 70/78 € – **Rist** – *(chiuso mercoledì)* Carta 23/38 €
◆ Troneggia un tipico "fogolar" friulano in una delle signorili sale di un ristorante in un ex convento dell'800, immerso nel verde e panoramico; cucina italiana e locale. Camere personalizzate, con vista panoramica.

CIVITA CASTELLANA – Viterbo (VT) – **563** P19 – **15 931 ab.** – **alt. 145 m** – ✉ **01033** 12 **B1**
Italia

Roma 55 – Viterbo 50 – Perugia 119 – Terni 50

Portico★ del Duomo

Relais Falisco 70, VISA AE
via Don Minzoni 19 – ☎ 07 61 54 98 – relaisfalisco@relaisfalisco.it – Fax 07 61 59 84 32
42 cam – 90/100 € 140/150 € – 6 suites
Rist La Scuderia – vedere selezione ristoranti
◆ Il soggiorno in un palazzo signorile con origini seicentesche offre atmosfere suggestive sia per il turista sia per chi viaggia per affari. Ristrutturato recentemente.

Val Sia Rosa 30, VISA AE
via Nepesina al km 1 – ☎ 07 61 51 78 91 – valsiarosa@tin.it – Fax 07 61 51 78 91 – Chiuso mercoledì
Rist – Carta 31/39 €
◆ Per un evento o una ricorrenza, è ideale l'affascinante cornice di una villa centenaria con giardino, sale interne classiche e un bel dehors estivo; cucina mediterranea.

La Scuderia – Relais Falisco 15, VISA AE
via Don Minzoni 19 – ☎ 07 61 51 67 98 – Fax 07 61 59 19 64 – Chiuso dal 1° al 21 agosto, a mezzogiorno escluso sabato-domenica, domenica sera e lunedì
Rist – Carta 39/47 €
◆ Nel complesso del Relais Falisco, un caratteristico ristorante ricavato nelle scuderie del seicentesco palazzo. L'ambiente è una armoniosa fusione di tipicità ed eleganza.

La Giaretta VISA AE
via Ferretti 108 – ☎ 07 61 51 33 98 – Fax 07 61 51 33 98 – Chiuso dal 5 al 25 agosto, domenica sera e lunedì
Rist – Carta 22/32 €
◆ Cucina laziale e qualche piatto di pesce da assaporare nell'ambiente "sincero" delle due curate e sobrie sale di questo centrale ristorante, a conduzione familiare.

a Quartaccio Nord-Ovest : 5,5 km – ✉ 01034 – Fabrica di Roma

Aldero cam, rist, 170,
– ✆ 07 61 51 47 57 – *info@aldero.it* – *Fax 07 61 54 94 13*
70 cam – †72 € ††85 € – 1 suite – ½ P 50/70 € – **Rist** – *(chiuso dal 5 al 20 agosto e domenica)* Menu 20/40 €
♦ Ampliata e rinnovata in anni recenti, una struttura a gestione familiare che offre due tipologie di camere di diverso livello; parcheggio chiuso, sala conferenze. Ristorante d'impostazione classica.

CIVITANOVA MARCHE – Macerata (MC) – 563 M23 – 38 706 ab. – ✉ 62012

21 **D2**

Roma 276 – Ancona 47 – Ascoli Piceno 79 – Macerata 27 – Pescara 113
corso Garibaldi 7 ✆ 0733 813967, iat.civitanova@regione.marche.it, Fax 0733 815027

Palace senza rist
piazza Rosselli 6 – ✆ 07 33 81 04 64 – palace@royalre.com – Fax 07 33 81 07 69
37 cam – †80/100 € ††125/135 €
♦ Ubicata di fronte alla stazione e recentemente rinnovata, una risorsa che offre un'ospitalità curata nelle sue camere ben insonorizzate e dotate di ogni confort.

Miramare cam, cam, 100,
viale Matteotti 1 – ✆ 07 33 81 15 11 – info@miramarecivitanova.it – Fax 07 33 81 06 37
79 cam – †75/90 € ††120/130 € – ½ P 67/72 € – **Rist** – *(chiuso martedì e domenica sera in bassa stagione)* Carta 26/53 €
♦ In posizione centrale, non lontano dal porto, una struttura di taglio moderno, buon confort e servizi adeguati; hall con comodi divani in pelle, camere funzionali. Il ristorante ha una sala classica, dove si propone cucina di terra, ma soprattutto di mare.

Aquamarina
viale Matteotti 47 – ✆ 07 33 81 08 10 – info@hotelaquamarina.it – Fax 07 33 81 04 85 – Chiuso a Capodanno
14 cam – †65/75 € ††95/110 € – ½ P 60/70 € – **Rist** – *(luglio-agosto)* (solo per alloggiati)
♦ In un piacevole edificio centrale, non lontano dal mare, hotel a gestione familiare, inaugurato nel 1995; stanze di lineare, funzionale semplicità e bagni moderni.

XX **Il Gatto che Ride**
viale Vittorio Veneto 115 – ✆ 07 33 81 66 67 – info@ilgattocheride.it – Fax 07 33 81 66 67 – Chiuso mercoledì
Rist – Carta 32/49 €
♦ Se oltre a contemplare il mare, volete anche assaporarlo, un buon indirizzo è questo centrale e frequentato locale: un'unica sala con arredi recenti e servizio attento.

CIVITAVECCHIA – Roma (RM) – 563 P17 – 50 333 ab. – ✉ 00053 *Italia* 12 **A2**

Roma 78 – Viterbo 59 – Grosseto 111 – Napoli 293 – Perugia 186 – Terni 117
per Golfo Aranci – Sardinia Ferries, call center 899 929 206 – per Cagliari, Olbia ed Arbatax – Tirrenia Navigazione, call center 892 123
viale Garibaldi ✆ 0766 25348, Fax 0766 23078

De la Ville rist, 120,
viale della Repubblica 4 – ✆ 07 66 58 05 07 – delaville@roseshotels.it – Fax 076 62 92 82
45 cam – †120/144 € ††150/180 € – 6 suites – ½ P 115 €
Rist *Filippo III* – Carta 35/64 €
♦ Sul lungomare, raffinati interni d'epoca che ben si armonizzano con il palazzo ottocentesco che li ospita; confort di ottimo livello nelle camere spaziose ed eleganti. Ambiente di classe e arredamento in stile anche nella sala ristorante.

Mediterraneo senza rist
viale Garibaldi 38 – ✆ 076 62 31 56 – mediterraneo@roseshotels.it – Fax 076 62 92 62
53 cam – †80/90 € ††110/130 €
♦ Struttura rinnovata negli ultimi anni, situata sul lungomare e dotata di parcheggio, adatta a clientela sia turistica che di passaggio; arredi recenti nelle camere.

XX **La Scaletta**
lungoporto Gramsci 65 – 076 62 43 34 – lascaletta@libero.it – Fax 076 62 43 34 – Chiuso martedì
Rist – Carta 31/61 €
◆ Un classico della città, tra le mura del Sangallo, a ridosso del porto d'imbarco per le isole; curato ambiente interno o gradevole dehors estivo per sapori di mare.

CIVITELLA ALFEDENA – L'Aquila (AQ) – 563 Q23 – 296 ab. – alt. 1 110 m – ✉ 67030 1 B3

Roma 162 – Frosinone 76 – L'Aquila 122 – Caserta 122 – Isernia 51

Antico Borgo La Torre
via Castello – 08 64 89 01 21 – info@albergolatorre.com – Fax 08 64 89 02 10
24 cam – †30/45 € ††40/55 € – ½ P 40/45 € – **Rist** – (solo per alloggiati) Menu 15/20 €
◆ Nel centro del paese, preservato nella sua integrità storica, due strutture divise dalla torre del '300 che dà il nome all'albergo; camere semplici e rinnovate.

CIVITELLA CASANOVA – Pescara (PE) – 563 O23 – 2 040 ab. – alt. 400 m – ✉ 65010 1 B2

Roma 209 – Pescara 33 – L'Aquila 97 – Teramo 100

XX **La Bandiera**
contrada Pastini 4, Est : 4 km – 085 84 52 19 – marcello.spadone@labandiera.it – Fax 085 84 57 89 – Chiuso dal 1° al 14 febbraio, dal 1° al 15 luglio, domenica sera e mercoledì
Rist – Carta 26/47 €
◆ Per gustare la "vera, autentica cucina abruzzese": una grande casa ristrutturata nella campagna, sale interne di tono rustico-elegante e veranda con vista sulla Maiella.

CIVITELLA DEL LAGO – Terni – 563 O18 – Vedere Baschi

CIVITELLA DEL TRONTO – Teramo (TE) – 563 N23 – 5 291 ab. – alt. 580 m – ✉ 64010 1 A1

Roma 200 – Ascoli Piceno 24 – Ancona 123 – Pescara 75 – Teramo 18

XX **Zunica** con cam ← vallata, rist,
piazza Filippi Pepe 14 – 086 19 13 19 – tremonelle@hotelzunica.it – Fax 08 61 91 81 50 – Chiuso dal 10 al 30 gennaio
21 cam – †45/65 € ††70/110 € – ½ P 50/80 € – **Rist** – *(chiuso mercoledì)* Carta 25/37 €
◆ All'interno di un borgo in pietra in cima ad un colle, dal quale abbracciare con un'unico sguardo colline, mare e montagna, un locale elegante con una cucina tipica regionale. Più semplici ma comunque confortevoli le camere: valido punto d'appoggio per una vacanza alla scoperta di storia, cultura e gastronomia locali.

CIVITELLA IN VAL DI CHIANA – Arezzo (AR) – 563 L17 – 8 773 ab. – alt. 523 m – ✉ 52040 29 C2

Roma 209 – Siena 52 – Arezzo 18 – Firenze 72

L'Antico Borgo senza rist
piazza Don Alcide Lazzeri 22 – 33 97 95 16 74 – info@antborgo.it
6 cam – †75 € ††95 €
◆ In un palazzo ottocentesco del centro di Civitella, una curata e gradevole risorsa dotata di poche camere, tutte arredate con gusto e passione.

X **L'Antico Borgo**
via di Mezzo 35 – 05 75 44 81 60 – info@antborgo.it – Fax 05 75 44 81 60 – Chiuso martedì
Rist – Carta 31/43 €
◆ Nel borgo medioevale che domina la valle, caratteristico ristorante ricavato in un ex locale per la macina delle olive; cucina toscana stagionale.

CIVITELLA MARITTIMA – Grosseto (GR) – 563 N15 – alt. 591 m – ✉ 58045 29 **C2**

Roma 206 – Grosseto 33 – Perugia 142 – Siena 43

Locanda nel Cassero con cam

via del Cassero 29/31 – ✆ 05 64 90 06 80 – info@locandanelcassero.com – Fax 05 64 90 06 80 – Chiuso dal 14 al 30 novembre e dal 21 febbraio all' 8 marzo

5 cam – 50/60 € 70/86 € – ½ P 55/63 € – **Rist** – *(chiuso martedì e da ottobre a Pasqua anche mercoledì a mezzogiorno)* Carta 22/37 €

◆ E' incentrata sulla ristorazione questa piacevole, piccola locanda a fianco della chiesa del paese; ambiente caratteristico, conduzione giovane, cucina toscana.

CLANEZZO – Bergamo – 561 E11 – Vedere Ubiale Clanezzo

CLAVIERE – Torino (TO) – 561 H2 – 167 ab. – alt. 1 760 m – Sport invernali : *1 760/2 823 m 10 (Comprensorio Via Lattea 1 58)* – ✉ 10050 22 **A2**

Roma 758 – Bardonecchia 31 – Briançon 15 – Milano 230 – Sestriere 17 – Susa 40 – Torino 93

(chiuso mercoledì) via Nazionale 30 ✆ 0122 878856, claviere@montagnedoc.it, Fax 0122 878888

, ✆ 011 239 83 46.

'l Gran Bouc 30,

via Nazionale 24/a – ✆ 01 22 87 88 30 – granbouc@tiscalinet.it – Fax 01 22 87 87 30 – Chiuso maggio, novembre e mercoledì in bassa stagione

Rist – Carta 30/55 €

◆ Ristorante-pizzeria con una sala rustica e un'altra più raffinata, in stile; piatti nazionali e piemontesi, con specialità (fondue, raclette, ecc.) su prenotazione.

CLERAN = KLERANT – Bolzano – Vedere Bressanone

CLES – Trento (TN) – 562 C15 – 6 647 ab. – alt. 658 m – ✉ 38023 30 **B2**

Roma 626 – Bolzano 68 – Passo di Gavia 73 – Merano 57 – Milano 284 – Trento 44

Lago di Tovel★★★ Sud-Ovest : 15 km

Cles rist,

piazza Navarrino 7 – ✆ 04 63 42 13 00 – info@albergocles.com – Fax 04 63 42 43 42 – Chiuso febbraio

37 cam – 50/54 € 66/74 €, 5 € – ½ P 47/51 € – **Rist** – *(chiuso domenica e a mezzogiorno in bassa stagione)* Carta 17/28 €

◆ In Val di Non, la "valle delle mele", un albergo situato nella piazza principale, con giardino interno e spazi funzionali; la stessa gestione familiare da oltre un secolo. Due graziose salette ristorante, di cui una comunica con il dehors estivo in giardino.

Antica Trattoria con cam

via Roma 13 – ✆ 04 63 42 16 31 – info@anticatrattoriacles.it – Fax 04 63 60 99 45 – Chiuso dal 26 giugno al 7 luglio

8 cam – 50/65 € 75/90 € – ½ P 65/70 € – **Rist** – *(chiuso sabato)* Carta 31/48 €

◆ Locale completamente ristrutturato, con una stufa in maiolica di fine '800 che ben si inserisce in un contesto di stile contemporaneo, caldo e accogliente. Belle camere.

CLUSANE SUL LAGO – Brescia – 561 F12 – Vedere Iseo

CLUSONE – Bergamo (BG) – 561 E11 – 8 394 ab. – alt. 648 m – ✉ 24023 16 **B2**

Roma 635 – Bergamo 36 – Brescia 64 – Edolo 74 – Milano 80

Erica

viale Vittorio Emanuele II, 50 – ✆ 034 62 16 67 – Fax 034 62 52 68 – Chiuso dal 15 febbraio al 15 marzo

23 cam – 44 € 72 € – ½ P 60 € – **Rist** – Carta 25/38 €

◆ Ubicato sulla statale, quindi comodo anche per clientela di passaggio, un hotel che dà il meglio di sé nel rinnovato settore camere, con mobilio e accessori di qualità. Ampia e diversificata la zona ristorazione, con sale indipendenti adatte anche a banchetti.

Commercio e Mas-cì con cam
piazza Paradiso 1 – 034 62 12 67 – alb.commercioclusone@libero.it – Fax 034 62 12 67 – Chiuso giugno
21 cam – 50 € 72 € – ½ P 52/62 € – **Rist** – *(chiuso venerdì)* Carta 25/43 €
♦ Albergo ma soprattutto ristorante del centro storico. Due belle salette con caminetto, intime e accoglienti. Cucina con specialità locali e occasionali "intrusioni" regionali.

COCCAGLIO – Brescia (BS) – 561 F11 – 7 596 ab. – alt. 162 m – ✉ 25030 19 D2

Roma 573 – Bergamo 35 – Brescia 20 – Cremona 69 – Milano 77 – Verona 88

Touring 300, VISA AE
strada statale 11, via Vittorio Emanuele 40 – 03 07 72 10 84 – albtour@spidernet.it – Fax 030 72 34 53
83 cam – 57/75 € 65/85 €, 8 € – ½ P 70 € – **Rist** – Carta 31/40 €
♦ Per affari o relax nella Franciacorta, un albergo di ottimo confort, con annesso centro sportivo; raffinata scelta di tessuti d'arredo negli eleganti interni in stile. Al ristorante, ampi e luminosi ambienti curati.

COCCONATO – Asti (AT) – 561 G6 – 1 612 ab. – alt. 491 m – ✉ 14023 23 C2

Roma 649 – Torino 50 – Alessandria 67 – Asti 32 – Milano 118 – Vercelli 50

Locanda Martelletti cam, 50, VISA AE
piazza Statuto 10 – 01 41 90 76 86 – info@locandamartelletti.it – Fax 01 41 60 00 33
9 cam – 55 € 95 € – **Rist** – Carta 27/34 €
♦ Nella parte alta del paese, spicca l'armonia tra le parti più antiche dell'edificio e le soluzioni più attuali di confort. Colazione servita in un delizioso giardino pensile.

a Maroero Nord : 3,8 km – ✉ 14023 – Cocconato

Al Vecchio Castagno senza rist colline del Monferrato, P VISA AE
strada Cocconito 1 – 01 41 90 70 95 – Fax 01 41 90 70 24 – Chiuso dal 10 gennaio al 10 febbraio
8 cam – 65 € 115 €
♦ In una delle zone più panoramiche del Monferrato, accoglienza informale in una caratteristica casa di campagna ristrutturata con cura e buon gusto. Tranquillità e relax.

CODEMONDO – Reggio nell'Emilia – Vedere Reggio nell'Emilia

CODIGORO – Ferrara (FE) – 562 H18 – 12 933 ab. – ✉ 44021 9 D1

Roma 404 – Ravenna 56 – Bologna 93 – Chioggia 53 – Ferrara 42

c/o Abbazia di Pomposa, Strada Statale 309 Romea 0533 719110, iatpomposa@libero.it

La Capanna AC 10/18, VISA AE
località Ponte Vicini Nord-Ovest : 8 km – 05 33 71 21 54 – Fax 05 33 71 34 10 – Chiuso dal 15 agosto al 15 settembre, mercoledì e giovedì
Rist – Carta 43/69 €
♦ Fattavi spiegare la strada al momento della prenotazione; una volta arrivati, vivrete il piacevole contrasto tra la semplice osteria e le raffinate, ricercate, preparazioni di pesce.

CODROIPO – Udine (UD) – 562 E20 – 14 792 ab. – alt. 44 m – ✉ 33033 10 B2

Roma 612 – Udine 29 – Belluno 93 – Milano 351 – Treviso 86 – Trieste 77

Ai Gelsi AC rist, 300, VISA AE
via Circonvallazione Ovest 12 – 04 32 90 70 64 – info@gelsi.com – Fax 04 32 90 85 12
38 cam – 75/90 € 97/100 €, 9 € – ½ P 80/90 € – **Rist** – *(chiuso lunedì)* Carta 28/47 €
♦ Non lontano dalla storica Villa Manin, un hotel recente, adatto ad una clientela sia di passaggio che turistica; camere semplici nella loro linearità, ma confortevoli. Al ristorante due sale e un ampio salone per banchetti.

COGNE – Aosta (AO) – 561 F4 – 1 474 ab. – alt. 1 534 m – Sport invernali : *1 534/2 252 m* *1* *2*, – ✉ 11012 34 **A2**

Roma 774 – Aosta 27 – Courmayeur 52 – Colle del Gran San Bernardo 60 – Milano 212

via Bourgeois 34 ☎ 0165 74040, aiat@cogne.org, Fax 0165 74056

Bellevue ← Gran Paradiso, rist,
via Gran Paradiso 22 – ☎ 016 57 48 25 – bellevue@relaischateaux.com – Fax 01 65 74 91 92 – Chiuso dal 7 ottobre al 6 dicembre
38 cam – 230/330 € – 8 suites – ½ P 150/185 €
Rist ***Le Petit Restaurant*** – *(chiuso mercoledì e a mezzogiorno escluso sabato-domenica)* Carta 58/74 €
Spec. L'uovo di re Vittorio (fonduta di toma stagionata, tuorlo d'uovo e tartufo). Cannelloni alle erbette, mazzancolle scottate, emulsione di carote e misticanza agli aromi dell'orto (estate). Vitello fassone piemontese in quattro preparazioni.
◆ Elegante chalet con interni da fiaba: mobili d'epoca, boiserie, raffinata scelta di stoffe e colori e un piccolo museo d'arte popolare valdostana. Al piccolo ristorante un'entusiamante cucina creativa che culmina in uno scenografico carrello di formaggi.

Miramonti ← Gran Paradiso, rist, 100,
viale Cavagnet 31 – ☎ 016 57 40 30 – miramonti@miramonticogne.com – Fax 01 65 74 93 78
45 cam – 72/150 € 120/250 €
Rist ***Coeur de Bois*** – Carta 36/49 €
◆ Soffitti a cassettoni, legno alle pareti, libri antichi, il calore del camino in un hotel che ha tutto il fascino della tradizione alpina; chiedete le camere più recenti. Ristorante che dispone anche di un'elegante stube.

Petit Hotel ← Gran Paradiso, rist, rist,
viale Cavagnet 19 – ☎ 016 57 40 10 – info@petithotel.net – Fax 01 65 74 91 31 – Dicembre-11 marzo e giugno-16 settembre
24 cam – 126 € – ½ P 55/76 € – **Rist** – *(chiuso mercoledì)* Menu 13/28 €
◆ In posizione soleggiata di fronte al prato di Sant'Orso, un bell'edificio rifinito in pietra offre ampi spazi comuni, piscina coperta e comode camere in stile montano. Originale soffitto a cassettoni e ambiente signorile e curato nella grande sala ristorante.

La Madonnina del Gran Paradiso ← monti e vallata, rist,
via Laydetré 7 – ☎ 016 57 40 78 – hotel@lamadonnina.com – Fax 01 65 74 93 92 – 15 dicembre-marzo e giugno-15 ottobre
22 cam – 40/70 € 70/130 € – ½ P 75/85 € – **Rist** – *(chiuso giovedì)* Carta 22/33 €
◆ Accoglienti zone comuni, tra cui una taverna con tipici arredi valdostani, e graziose camere in legno di pino in un panoramico albergo vicinissimo alle piste di fondo. C'è tanto legno e una calda atmosfera montana nella sala ristorante.

Du Grand Paradis rist,
via dottor Grappein 45 – ☎ 016 57 40 70 – info@cognevacanze.com – Fax 01 65 74 95 07 – 8 dicembre-9 gennaio, febbraio-aprile e 10 giugno-28 settembre
27 cam – 55/60 € 86/116 € – ½ P 66/81 € – **Rist** – Carta 23/34 €
◆ Hotel di lunga tradizione (dal 1910), totalmente ristrutturato, dispone di grazioso giardinetto, confortevoli spazi comuni ben distribuiti e camere con arredi in abete. Atmosfera simpatica in sala ristorante.

Sant'Orso ← Gran Paradiso, cam,
via Bourgeois 2 – ☎ 016 57 48 22 – info@cognevacanze.com – Fax 01 65 74 95 00 – 8 dicembre-15 aprile e maggio-ottobre
27 cam – 88/98 € 98/108 € – ½ P 72/98 € – **Rist** – Carta 23/30 €
◆ Centrale ma tranquillo, l'hotel offre un'eccezionale vista sul Gran Paradiso e sulla prateria dalla quale prende il nome, nonchè eleganti camere e confortevoli spazi comuni. Accogliente e luminosa la sala ristorante di tono moderno con vista panoramica.

Le Bouquet senza rist ←
via Gran Paradiso 61/a – ☎ 01 65 74 96 00 – hotel-lebouquet@tiscalinet.it – Fax 01 65 74 99 00 – 20 dicembre-10 gennaio e 20 giugno-20 settembre
12 cam – 90/100 € 100/125 €
◆ L'atmosfera tipica degli ambienti di montagna e deliziose camere con nomi di fiori in una piccola casa in legno e pietra ai margini del paese, inaugurata nel 1999.

Lo Stambecco senza rist
via des Clementines 21 – ✆ 016 57 40 68 – info@hotelstambecco.com – Fax 016 57 46 84 – Giugno-settembre
14 cam – 60/85 € 90/115 €
◆ Familiari la conduzione e l'ospitalità in una risorsa nel centro del paese, con ambienti comuni ridotti, ma curati; camere sobrie e confortevoli, bagni funzionali.

Lou Ressignon 30,
via des Mines 23 – ✆ 016 57 40 34 – info@louressignon.it.it – Fax 01 65 74 94 60 – Chiuso dal 15 al 30 maggio, novembre, lunedì sera e martedì
Rist – Carta 24/38 €
◆ Più che trentennale la gestione familiare di questo locale: un'accogliente sala di tono rustico, con camino, e una cucina valdostana che valorizza i prodotti tipici.

Bar a Fromage
rue Grand Paradis 21 – ✆ 01 65 74 96 96 – bellevue@relaischateaux.com – Fax 01 65 74 91 92 – 2 dicembre-25 aprile e 27 maggio-16 settembre
Rist – Carta 32/42 €
◆ Particolare e ricercato, un piccolo ristorante in legno dove il formaggio è re e il legno e lo stile valligiano creano un'atmosfera intima e calda. Shop per vendita formaggi.

a Cretaz Nord : 1,5 km – ✉ 11012 – Cogne

Notre Maison rist,
– ✆ 016 57 41 04 – hotel@notremaison.it – Fax 01 65 74 91 86 – 22 dicembre-15 aprile e giugno-settembre
23 cam – 62/82 € 84/168 € – 2 suites – ½ P 62/104 € – **Rist** – Carta 25/38 €
◆ In un giardino-solarium e collegati da un passaggio coperto, un caratteristico chalet e un corpo più recente, con centro fitness e nuove camere molto confortevoli. Rustica e accogliente sala ristorante.

in Valnontey Sud-Ovest : 3 km – ✉ 11012 – Cogne

La Barme Gran Paradiso, cam,
– ✆ 01 65 74 91 77 – labarme@tiscali.it – Fax 01 65 74 92 13 – Chiuso ottobre e novembre
15 cam – 60/96 € 65/106 € – **Rist** – *(chiuso lunedì a mezzogiorno in bassa stagione)* Carta 18/31 €
◆ Se in montagna rifuggite dalla mondanità, avventuratevi ai piedi del Gran Paradiso: antiche baite in pietra e legno, calda e quieta atmosfera, e forse avvisterete anche gli stambecchi. Arredato nel rispetto del caldo stile valdostano, il ristorante propone piatti tipici regionali.

COGNOLA – Trento – Vedere Trento

COGOLETO – Genova (GE) – 561 I7 – 9 075 ab. – ✉ 16016 14 B2

Roma 527 – Genova 28 – Alessandria 75 – Milano 151 – Savona 19
Arenzano, Ovest : 5 km, ✆ 010 911 18 17.

Trattoria Benita
via Aurelia di Ponente 84 – ✆ 01 09 18 19 16 – Chiuso ottobre e martedì
Rist – Carta 30/43 €
◆ Alla periferia del paese, ambiente luminoso ed essenziale in un ristorante semplice, dove si fa cucina esclusivamente di pesce, secondo le disponibilità del mercato.

COGOLLO DEL CENGIO – Vicenza (VI) – 562 E16 – 3 438 ab. – alt. 357 m – ✉ 36010 35 B2

Roma 561 – Trento 58 – Padova 70 – Verona 97 – Vicenza 38

sulla strada statale 350 Nord-Ovest : 3 km :

Trattoria all'Isola
via Schiro 14 ✉ 36010 – ✆ 04 45 88 03 41 – Fax 04 45 88 03 41 – Chiuso una settimana in novembre, dal 26 dicembre al 4 gennaio, domenica, lunedì a mezzogiorno e mercoledì sera
Rist – Carta 38/57 €
◆ Lungo la statale per Trento, locale dall'atmosfera signorile che presenta un menù del territorio e della tradizione; cucina rivisitata con creatività.

COGÒLO – Trento – 562 C14 – Vedere Peio

COLFIORITO – Perugia (PG) – 563 M20 – alt. 760 m – ✉ 06030 33 C2

Roma 182 – Perugia 62 – Ancona 121 – Foligno 26 – Macerata 66

Villa Fiorita 130, P VISA AE

via del Lago 9 – ☎ 07 42 68 13 26 – info@hotelvillafiorita.com – Fax 07 42 68 13 27

40 cam – †45/50 € ††65/90 € – ½ P 50/70 € – **Rist** – *(chiuso martedì)* Carta 17/30 €

◆ La bellezza naturalistica del piano di Colfiorito è motivo valido per soggiornare in questo albergo dall'accogliente gestione familiare, circondato da un riposante giardino. Semplice, ma luminosa sala ristorante.

COLFOSCO = KOLFUSCHG – Bolzano – Vedere Alta Badia

COLICO – Lecco (LC) – 561 D10 – 6 545 ab. – alt. 209 m – ✉ 23823 16 B1

Roma 661 – Chiavenna 26 – Como 66 – Lecco 41 – Milano 97 – Sondrio 42

Lago di Como ★★★

a Olgiasca Sud : 5 km – ✉ 23824 – Colico

Belvedere con cam lago, rist, P VISA AE

frazione Olgiasca 53 ✉ 23823 – ☎ 03 41 94 03 30 – info@hotelristorantebelvedere.com – Fax 03 41 94 03 30 – Chiuso dal 22 dicembre al 28 gennaio

8 cam – †45 € ††56 €, 5 € – ½ P 45 € – **Rist** – *(chiuso lunedì escluso da marzo ad ottobre)* Carta 17/33 €

◆ Su di un promontorio con vista lago un esercizio a conduzione familiare. Ambienti dai toni rustici e cucina che permette di gustare specialità di lago e di mare a buoni prezzi.

COL INDES – Belluno – 562 D19 – Vedere Tambre

COLLALBO = KLOBENSTEIN – Bolzano – Vedere Renon

COLLE – Vedere nome proprio del colle

COLLE = KOHLERN – Bolzano – 562 C16 – Vedere Bolzano

COLLEBEATO – Brescia (BS) – 561 F12 – 4 553 ab. – alt. 187 m – ✉ 25060 17 C1

Roma 534 – Brescia 8 – Bergamo 54 – Milano 96 – Verona 73

a Campiani Ovest : 2 km – ✉ 25060 – Collebeato

Carlo Magno 20, P VISA AE

via Campiani 9 – ☎ 03 02 51 94 62 – info@carlomagno.it – Fax 03 02 51 11 07 – Chiuso dal 1° al 15 gennaio, dall'8 al 20 agosto, lunedì e martedì

Rist – Carta 41/57 €

◆ In una possente, austera casa di campagna dell'800, sale di suggestiva eleganza d'epoca, con travi o pietra a vista, dove gustare piatti del territorio in chiave moderna.

COLLECCHIO – Parma (PR) – 562 H12 – 12 190 ab. – alt. 106 m – ✉ 43044 8 A3

Roma 469 – Parma 11 – Bologna 107 – Milano 126 – Piacenza 65 – La Spezia 101

La Rocca Sala Baganz, Sud-Est : 4 km, ☎ 0521 83 40 37.

Campus senza rist P VISA AE

via Mulattiera 1 – ☎ 05 21 80 26 80 – info@hotelcampus.com – Fax 05 21 80 26 84 – Chiuso dal 22 dicembre al 2 gennaio e dall'11 al 19 agosto

55 cam – †59/130 € ††79/250 €

◆ Dispone di comodo parcheggio questa periferica struttura di concezione moderna, inaugurata nel 1999, che offre buoni servizi e spaziose camere confortevoli.

Ilga senza rist
via Pertini 39 – ✆ 05 21 80 26 45 – info@ilgahotel.it – Fax 05 21 80 24 84 – Chiuso dal 5 al 20 agosto
48 cam – 70/90 € 90/105 €
◆ Ai margini della località, recente e funzionale, è dotato di moderni confort e camere omogenee; biciclette a disposizione dei clienti per gite in un vicino bosco.

Villa Maria Luigia-di Ceci (Ceci) 20,
via Galaverna 28 – ✆ 05 21 80 54 89 – villamarialuigia@iol.it – Fax 05 21 80 57 11 – Chiuso dal 15 febbraio al 1°marzo, mercoledì sera e giovedì
Rist – Carta 35/54 €
Spec. Scaloppa di fegato d'oca con zucca marinata, succo di broccoli e cipolla rossa al balsamico. Risotto con quaglia farcita. Maialino da latte caramellato al miele, salsa alle mele annurche e nocciole.
◆ In una villa ottocentesca su una collinetta alberata, sale dal sapore retrò celebrano la cucina parmigiana, salumi e tortelli ma anche divagazioni più creative pesce compreso.

a Cafragna Sud-Ovest : 9 km – ✉ 43045 – Gaiano

Trattoria di Cafragna 10/15,
– ✆ 05 25 23 63 – Fax 052 53 98 98 – Chiuso dal 24 dicembre al 15 gennaio, agosto, lunedì e domenica sera,in luglio anche domenica a mezzogiorno
Rist – Carta 32/44 €
◆ Si respira aria di tradizione e di buona cucina del territorio in questo ambiente piacevole e accogliente, di sobria eleganza rustica, con servizio estivo all'aperto.

COLLE DI VAL D'ELSA – Siena (SI) – 563 L15 – 20 110 ab. – alt. 223 m – ✉ 53034

Toscana 29 **D1**

Roma 255 – Firenze 50 – Siena 24 – Arezzo 88 – Pisa 87
via Campana 43 ✆ 0577 922791, proloco.colle@tin.it, Fax 0577 922621

Relais della Rovere 150,
via Piemonte 10 – ✆ 05 77 92 46 96 – dellarovere@chiantiturismo.it – Fax 05 77 92 44 89 – 2 aprile-4 novembre
30 cam – 176/238 € 208/290 € – ½ P 143/184 €
Rist *Il Cardinale* – *✆ 05 77 92 37 07 (chiuso mercoledì e quindici giorni in dicembre e novembre)* Carta 26/41 €
◆ Eclettica fusione di stili e di design, tra antico e moderno, in un complesso di gran classe, nato dal recupero di un'antica dimora patrizia e di un'abbazia dell'XI sec. Ristorante con ameno dehors estivo, taverna-enoteca e sala ricavata nelle antiche cantine.

La Vecchia Cartiera senza rist
via Oberdan 5/9 – ✆ 05 77 92 11 07 – cartiera@chiantiturismo.it – Fax 05 77 92 36 88
38 cam – 81 € 121 €
◆ Negli spazi di un'antica cartiera del XV sec., una risorsa di taglio classico che poco ha mantenuto del passato, dotata di ampie aree comuni e camere funzionali.

Arnolfo (Trovato) con cam
via XX Settembre 50/52 – ✆ 05 77 92 05 49 – arnolfo@arnolfo.com – Fax 05 77 92 05 49 – Chiuso dal 22 gennaio a febbraio e dal 24 luglio all'8 gosto
4 cam – 140 € 180 € – **Rist** – *(chiuso martedì, mercoledì, la sera di Natale e il mezzogiorno di Capodanno)* Carta 82/110 €
Spec. Scampi all'aceto balsamico tradizionale con scaloppa di fegato d'oca (primavera). Medaglione di piccione farcito, petto rosato, coscia croccante e crocchette di ali con cipolle (estate). Zuccotto con croccante di cantucci e zabaione.
◆ L'immagine che ogni turista ha della Toscana tra colline, cipressi e centro storico: la ricetta di un sogno si sublima nei piatti, carosello dei migliori prodotti regionali.

L'Antica Trattoria
piazza Arnolfo 23 – ✆ 05 77 92 37 47 – Fax 05 77 92 37 47 – Chiuso dal 22 dicembre al 10 gennaio, dal 23 al 31 agosto e martedì
Rist – Carta 51/71 €
◆ Boiserie e lampadari di Murano in un ristorante caldo ed elegante, che d'estate si espande nel dehors sulla piazza; proposte eclettiche presentate con fantasia.

X **Molino il Moro**

via della Ruota 2/4 – ✆ 05 77 92 08 62 – dolcitradizionitoscane@cheapnet.it – Fax 05 77 92 08 62 – Chiuso novembre, lunedì e martedì a mezzogiorno
Rist – Carta 30/40 €
◆ Ambiente caratteristico, all'interno di un vecchio mulino, con sale in mattoni e gli strumenti di lavoro di un tempo ancora al loro posto. In cucina i sapori del Mediterraneo.

COLLEPIETRA (STEINEGG) – Bolzano / Bozen (BZ) – 561 C16 – alt. 820 m – ✉ 39050

31 **D3**

Roma 656 – Bolzano 15 – Milano 314 – Trento 75
frazione Collepietra 97 ✆ 0471 376574, info@steinegg.com, Fax 0471 376760

Steineggerhof ← Dolomiti,

Collepietra 128, Nord-Est : 1 km – ✆ 04 71 37 65 73 – info@steineggerhof.com – Fax 04 71 37 66 61 – Aprile-6 novembre
35 cam – †58/65 € ††100/130 € – ½ P 55/70 € – **Rist** – Carta 15/28 €
◆ Per ritemprarsi e rilassarsi nello splendido scenario dolomitico, una panoramica casa tirolese dai tipici interni montani, dove il legno regna sovrano. Curata sala ristorante dal soffitto ligneo.

COLLE SAN PAOLO – Perugia – 563 M18 – Vedere Panicale

COLLESECCO – Perugia – 563 N19 – Vedere Gualdo Cattaneo

COLLEVALENZA – Perugia – Vedere Todi

COLLI DEL TRONTO – Ascoli Piceno (AP) – 563 N23 – 3 241 ab. – alt. 168 m – ✉ 63030

21 **D3**

Roma 226 – Ascoli Piceno 24 – Ancona 108 – L'Aquila 115 – Pescara 94

Villa Picena rist, 150,

via Salaria 66 – ✆ 07 36 89 24 60 – info@villapicena.it – Fax 07 36 89 24 60
41 cam – †65/100 € ††80/130 € – ½ P 65/85 € – **Rist** – Carta 28/49 €
◆ Nel cuore della vallata del Tronto, la dimora ottocentesca offre ambienti ricchi di fascino e camere arredate con gusto e sobrietà, in sintonia con lo stille della villa. Ricavata nella parte più antica della villa, la sala da pranzo propone menù degustazione e la possibilità di consumare piatti veloci o leggeri.

COLLOREDO DI MONTE ALBANO – Udine (UD) – 562 D21 – 2 156 ab. – alt. 213 m – ✉ 33010

10 **B2**

Roma 652 – Udine 15 – Tarvisio 80 – Trieste 85 – Venezia 141

XX **La Taverna** ←

piazza Castello 2 – ✆ 04 32 88 90 45 – ristorantelataverna@yahoo.it – Fax 04 32 88 96 76 – Chiuso domenica sera e mercoledì
Rist – Carta 55/72 €
Spec. Raviolo con arrosto di stinco e radici di prezzemolo brasate (inverno). Millefoglie di baccalà e tartufo nero (inverno). Doppia sfoglia con crema Chantilly e fragole alle bollicine (primavera).
◆ Di fronte al castello, duplice ambientazione in un'intima sala con camino o in uno spazio più grande sotto le volte. Cucina di terra o di mare, comunque giovane e moderna.

a Mels Nord-Ovest : 3 km – ✉ 33030

XX **La di Petrôs** 20/30,

piazza del Tiglio 14 – ✆ 04 32 88 96 26 – petros@quipo.it – Fax 04 32 88 96 26 – Chiuso luglio, martedì e mercoledì a mezzogiorno
Rist – Carta 35/58 €
◆ Attraversato un frequentato bar pubblico, vi ritroverete in una saletta elegante, con divanetti e camino; spunti creativi in una cucina di lunga tradizione familiare.

COLMEGNA – Varese – Vedere Luino

COLOGNA VENETA – Verona (VR) – 562 G16 – 8 111 ab. – alt. 24 m – ✉ 37044 35 **B3**

▶ Roma 482 – Verona 39 – Mantova 62 – Padova 61 – Vicenza 36

XX **La Torre** con cam

via Torcolo 33 – ✆ 04 42 41 01 11 – info@albergoristorantelatorre.it – Fax 04 42 41 92 45

18 cam – ♦45/53 € ♦♦75/85 € – ½ P 58/70 € – **Rist** – *(chiuso lunedì)* Carta 42/56 €

◆ Ricavato in una torre cinquecentesca, ha una suggestiva sala sotto soffitti a volta con mattoni a vista, una cantina enoteca e camere confortevoli; cucina del territorio.

COLOGNE – Brescia (BS) – 561 F11 – 6 850 ab. – alt. 184 m – ✉ 25033 19 **D2**

▶ Roma 575 – Bergamo 31 – Brescia 27 – Cremona 72 – Lovere 33 – Milano 74

Cappuccini (riscaldata) 60,

via Cappuccini 54, Nord : 1,5 km – ✆ 03 07 15 72 54 – info@cappuccini.it – Fax 03 07 15 72 57

10 cam – ♦105 € ♦♦160 €, 15 € – 4 suites – ½ P 140 €

Rist ***Cucina San Francesco*** – Carta 47/98 €

◆ Abbracciato da un fresco parco, l'albergo si trova tra le mura di un convento del '500 ristrutturato con cura ed offre confortevoli ambienti ed un attrezzato centro benessere. L'elegante sala da pranzo propone antiche ricette accanto ad una cucina più creativa.

COLOGNO AL SERIO – Bergamo (BG) – 561 F11 – 9 806 ab. – alt. 156 m – ✉ 24055 19 **C2**

▶ Roma 581 – Bergamo 14 – Brescia 45 – Milano 47 – Piacenza 66

Antico Borgo la Muratella 200,

località Muratella Nord-Est : 2,5 km – ✆ 03 54 87 22 33 – info@lamuratella.com – Fax 03 54 87 28 85 – Chiuso Natale e agosto

32 cam – ♦85/95 € ♦♦135/155 € – ½ P 103/128 € – **Rist** – Carta 38/59 €

◆ Per un soggiorno di relax o di lavoro in un'atmosfera d'altri tempi, antico complesso rurale e padronale ristrutturato, con giardino e laghetto; curati interni in stile. Soffitti a travi di legno nelle grandi sale del ristorante, a vocazione banchettistica.

COLOGNOLA AI COLLI – Verona (VR) – 562 F15 – 7 290 ab. – alt. 177 m – ✉ 37030 37 **B3**

▶ Roma 519 – Verona 17 – Milano 176 – Padova 68 – Venezia 101 – Vicenza 38

sulla strada statale 11 Sud-Ovest : 2,5 km :

XX **Posta Vecia** con cam

via Strà 142 ✉ 37030 – ✆ 04 57 65 02 43 – info@postavecia.com – Fax 04 56 15 08 59 – Chiuso agosto

11 cam – ♦65/85 € ♦♦85/110 €, 9 € – ½ P 115 € – **Rist** – *(chiuso domenica sera e lunedì)* Carta 37/64 €

◆ Ambiente caratteristico in un edificio cinquecentesco con giardino e piccolo zoo; il tema è la caccia, nei trofei esposti all'interno e nei piatti di selvaggina in menù.

COLOMBAIO – Siena – Vedere Siena

COLOMBARE – Brescia – 561 F13 – Vedere Sirmione

COLOMBARO – Brescia – 562 F11 – Vedere Corte Franca

COLONNA DEL GRILLO – Siena – 563 M16 – Vedere Castelnuovo Berardenga

COLORETO – Parma – Vedere Parma

COLORNO – Parma (PR) – 562 H13 – 8 353 ab. – alt. 29 m – ✉ 43052 8 B1

Roma 466 – Parma 16 – Bologna 104 – Brescia 79 – Cremona 49 – Mantova 47 – Milano 130

piazza Garibaldi 23 ☎ 0521 313336, ufficio.turistico@comune.colorno.pr.it, Fax 0521 521370

Versailles senza rist

via Saragat 3 – ☎ 05 21 31 20 99 – info@hotelversailles.it – Fax 05 21 81 69 60 – Chiuso dal 23 dicembre al 10 gennaio ed agosto

48 cam – †87 € ††111 €

◆ Nell'ex "Versailles dei Duchi di Parma", un albergo ad andamento familiare, comodo per clientela sia turistica che di lavoro; camere semplici, ma funzionali.

a Vedole Sud-Ovest : 2 km – ✉ 43052 – Colorno

Al Vedel 30,

via Vedole 68 – ☎ 05 21 81 61 69 – info@alvedel.it – Fax 05 21 31 20 59 – Chiuso dal 24 dicembre al 5 gennaio, luglio, lunedì e martedì

Rist – Carta 26/41 €

◆ Ristorante che da generazioni resta fedele alla lunga tradizione di ospitalità e buona cucina emiliana, ora anche moderna. Visitabile la cantina di stagionatura dei salumi.

COL SAN MARTINO – Treviso – 562 E18 – Vedere Farra di Soligo

COLTODINO – Rieti – 563 P20 – Vedere Fara in Sabina

COMABBIO – Varese (VA) – 561 E8 – 1 026 ab. – alt. 307 m – ✉ 21020 16 A2

Roma 634 – Stresa 35 – Laveno Mombello 20 – Milano 57 – Sesto Calende 10 – Varese 23

sulla strada statale 629 direzione Besozzo al Km 4,5 :

Cesarino 25,

via Labiena 1861 ✉ 21020 – ☎ 03 31 96 84 72 – ristorantecesarino@cheapnet.it – Fax 03 31 96 84 72 – Chiuso dal 1° al 20 agosto e mercoledì

Rist – Carta 34/52 €

◆ Fate attenzione a non mancare la stretta ed unica entrata di questo locale familiare di lunga tradizione, in riva al lago. Proposte del territorio legate alle stagioni.

COMACCHIO – Ferrara (FE) – 562 H18 – 22 080 ab. – ✉ 44022 *Italia* 9 D2

Roma 419 – Ravenna 37 – Bologna 93 – Ferrara 53 – Milano 298 – Venezia 121

via Mazzini 4 ☎ 0533 314154, comacchio.iat@comune.comacchio.fe.it, Fax 0533 319278

Abbazia di Pomposa★★ Nord : 15 km – Regione del Polesine★ Nord

Al Ponticello senza rist

via Cavour 39 – ☎ 05 33 31 40 80 – resca@libero.it – Fax 05 33 31 40 80

4 cam – †60 € ††85 €

◆ All'interno di un edificio d'epoca del centro, affacciato su un canale, una risorsa confortevole e accogliente. Gestione giovane, disponibile ad organizzare escursioni.

La Barcaccia

piazza XX Settembre 41 – ☎ 05 33 31 10 81 – trattoriabarcaccia@libero.it – Fax 05 33 31 10 81 – Chiuso dal 7 al 15 gennaio, novembre e lunedì

Rist – Carta 30/60 €

◆ Nella piazza centrale, in un'accogliente sala, rinnovata in anni recenti, o nel dehors estivo gusterete piatti di pesce e l'anguilla, specialità del luogo e della casa.

a Porto Garibaldi Est : 5 km – ✉ 44029

(giugno-settembre) via Ugo Bassi 36/38 ☎ 0533 310225

Europa

viale dei Mille 8 – ☎ 05 33 32 73 62 – Fax 05 33 32 66 56 – Chiuso settembre e venerdì

Rist – Carta 38/47 €

◆ Ambiente senza pretese e servizio familiare nel ristorante di uno stabilimento balneare, con casalinghe proposte di mare tipicamente locali, anche alla griglia.

a Lido degli Estensi Sud-Est : 7 km – ✉ 44024

(giugno-settembre) via Ariosto 10 ✆ 0533 327464, iatlidoestensi@comune.comacchio.fe.it

Logonovo senza rist — 50,
viale delle Querce 109 – ✆ 05 33 32 75 20 – logonovo@libero.it – Fax 05 33 32 75 31
45 cam – 48/57 € 80/90 €
◆ Ubicato in zona residenziale, a poca distanza dal mare, è un indirizzo adatto tanto ai vacanzieri, quanto alla clientela di lavoro; camere lineari, di buon confort.

a Lido di Spina Sud-Est : 9 km – ✉ 44024

(giugno-settembre) viale Leonardo da Vinci 112 ✆ 0533 333656, iatlidospina@comune.comacchio.fe.it

Aroldo
viale delle Acacie 26 – ✆ 05 33 33 09 48 – belsandro@libero.it – Chiuso martedì escluso dal 15 maggio al 15 settembre
Rist – Carta 38/70 €
◆ Grande ristorante-pizzeria, con luminosa veranda, che agli ampi spazi a disposizione unisce la cura della presentazione dei suoi piatti, classici, locali e di pesce.

COMANO TERME – Trento (TN) – 562 D14 – alt. 395 m – ✉ 38070 – Ponte Arche

30 **B3**

Roma 586 – Trento 24 – Brescia 103 – Verona 106

a Ponte Arche – alt. 400 m – ✉ 38071

via Cesare Battisti 38/d ✆ 0465 702626, info@comano.to, Fax 0465 702281

Grand Hotel Terme — 100,
– ✆ 04 65 70 14 21 – info@ghtcomano.it – Fax 04 65 70 14 95 – 20 dicembre-20 gennaio e aprile-3 novembre
80 cam – 116/122 € 212/224 € – 2 suites – ½ P 126/136 € – **Rist** – Carta 34/46 €
◆ Circondata dalla tranquillità del Parco delle Terme, una nuova struttura arredata secondo le linee del design nei suoi interni spaziosi. Benessere e cure termali per il relax. Dalla sala ristorante una splendida vista sul parco con cui conciliare la degustazione di una cucina nazionale.

Cattoni-Plaza — rist, 80,
via Battisti 19 – ✆ 04 65 70 14 42 – info@cattonihotelplaza.com – Fax 04 65 70 14 44 – 4 dicembre-22 gennaio e 30 marzo-7 novembre
73 cam – 39/54 € 73/98 €, 10 € – 2 suites – **Rist** – Menu 22/26 €
◆ Nella verde cornice del parco, l'hotel è stato studiato nei dettagli e dispone di confortevoli camere, piscina coperta, centro benessere ed un'area animazione per i bambini. Nell'elegante sala ristorante ricchi buffet per la colazione, menù sempre diversi e cene a lume di candela.

a Campo Lomaso – alt. 492 m – ✉ 38070 – Lomaso

Villa di Campo
piazza Risorgimento 40 – ✆ 04 65 70 00 72 – info@villadicampo.it – Fax 04 65 70 07 10
33 cam – 60/90 € 100/125 € – ½ P 73/120 € – **Rist** – Carta 35/47 €
◆ Un edificio ottocentesco ristrutturato, ospita un hotel di recente apertura immerso in un grande parco e dotato di un centro benessere per trattamenti estetici e curativi. Nell'elegante sala ristorante, atmosfere d'altri tempi e prodotti biologici legati ai colori ed ai sapori delle stagioni.

COMELICO SUPERIORE – Belluno (BL) – 562 C19 – 2 634 ab. – alt. 1 210 m – Sport invernali : *1 218/1 656 m 3,* – ✉ 32040

36 **C1**

Roma 678 – Cortina d'Ampezzo 52 – Belluno 77 – Dobbiaco 32 – Milano 420 – Venezia 167

a Padola Nord-Ovest : 4 km da Candide – ✉ 32040

D'la Varda ⇐ 🛇 📞 🅿
via Martini 29 – ☏ 043 56 70 31 – infolavarda@libero.it – Fax 04 35 47 91 26 – Dicembre-15 aprile e 15 giugno-settembre
22 cam – 🛉35/40 € 🛉🛉64/74 € – ½ P 40/53 € – **Rist** – Carta 16/20 €
◆ Ideale per gli sciatori questo albergo ubicato di fronte agli impianti di risalita; gestione e ospitalità familiari, interni in stile alpino, semplici, ma accoglienti. Ristorante di ambientazione tipicamente montana.

COMISO – Ragusa – 98837 – **Vedere Sicilia alla fine dell'elenco alfabetico**

COMMEZZADURA – Trento (TN) – 562 D14 – 903 ab. – alt. 852 m – Sport invernali : *1 400/2 200 m 5 17 (Comprensorio sciistico Folgarida-Marilleva)* – ✉ 38020 30 **B2**

Roma 656 – Bolzano 86 – Passo del Tonale 35 – Peio 32 – Pinzolo 54 – Trento 84

(dicembre-aprile e giugno-settembre) frazione Mestriago 1 ☏ 0463 974840, info@commezzadura.com, Fax 0463 974840

Tevini rist, 🅿 VISA AE
località Almazzago – ☏ 04 63 97 49 85 – info@hoteltevini.com – Fax 04 63 97 48 92 – Dicembre-Pasqua e giugno-settembre
54 cam – 🛉52/101 € 🛉🛉64/184 € – **Rist** – Menu 18/21 €
◆ In Val di Sole, un soggiorno di sicuro confort in un albergo curato; spazi comuni rifiniti in legno e gradevole centro benessere; suggestiva la camera nella torretta. Boiserie e tende di pizzo alle finestre, affacciate sul verde, nella sala ristorante.

COMO 🅿 (CO) – 561 E9 – 80 510 ab. – alt. 202 m – ✉ 22100 *Italia* 18 **A1**

Roma 625 – Bergamo 56 – Milano 48 – Monza 42 – Novara 76

piazza Cavour 17 ☏ 031 269712, lakecomo@tin.it, Fax 031 240111

Villa d'Este Montorfano, Est : 6 km, ☏ 031 20 02 00 ; Monticello, a Monticello di Cassina Rizzardi, ☏ 031 92 80 55 ; Carimate, ☏ 031 79 02 26 ; La Pinetina Carbonate, ad Appiano Gentile, ☏ 031 93 32 02.

Lago★★★ – Duomo★★ Y – Broletto★★ Y **A** – Chiesa di San Fedele★ Y – Basilica di Sant'Abbondio★ Z – ⇐★ su Como e il lago da Villa Olmo 3 km per ④

Pianta pagina seguente

Grand Hotel di Como cam, 300, 🅿 VISA AE
via per Cernobbio, 2,5 km per ④ – ☏ 031 51 61 – info@grandhoteldicomo.com – Fax 031 51 66 00 – Chiuso dal 24 dicembre al 6 gennaio
153 cam – 🛉150/210 € 🛉🛉220/320 € – ½ P 150/200 €
Rist ***Il Botticelli*** – Carta 46/60 €
◆ La moderna efficienza delle attrezzature si coniuga con la generale raffinatezza degli interni in una struttura di classe; giardino e grande, attrezzato centro congressi. Al piano rialzato gli spaziosi ambienti curati del ristorante.

Terminus ⇐ lago e monti, cam, rist, 📞 🅿 VISA AE
lungo Lario Trieste 14 – ☏ 031 32 91 11 – info@albergoterminus.it – Fax 031 30 25 50 Y **c**
49 cam – 🛉135/178 € 🛉🛉180/310 € – 3 suites
Rist ***Bar delle Terme*** – ☏ 031 32 92 16 *(chiuso martedì)* Carta 38/52 €
◆ Dal '94 ritornato al suo originario splendore, prestigioso palazzo in stile liberty, dagli interni personalizzati ed eleganti, per un soggiorno esclusivo in riva al lago. Calda ambientazione d'epoca nella raccolta saletta del caffè-ristorante.

Villa Flori ⇐ lago, monti e città, rist, 📞 100, 🅿 VISA AE
via per Cernobbio 12, 2 km per ④ – ☏ 03 13 38 20 – info@hotelvillaflori.it – Fax 031 57 03 79 – Marzo-ottobre
45 cam – 🛉146/202 € 🛉🛉180/270 € – **Rist** ***Raimondi*** – ☏ 031 33 82 33 *(chiuso sino a febbraio, sabato a mezzogiorno e lunedì)* Carta 49/61 €
◆ Sono ottocentesche sia la villa, ristrutturata, in splendida posizione panoramica sul lago, sia la sobria eleganza delle sale comuni. Camere tranquille, ma anche sulla strada. Romantica sala da pranzo con raffinati arredi; servizio estivo in riva al lago.

COMO

Ambrosoli (V.) . . . . Z 2
Battisti (Vle Cesare) . . . . Z 3
Carcano (V.) . . . . Y 5
Castelnuovo (V.) . . . . Z 6
Cattaneo (Viale C.) . . . . Z 7
Cavallotti (Viale) . . . . Y 8
Gallio (V. T.) . . . . Y 14
Garibaldi (V.) . . . . Y 15
Giulio Cesare (Vle) . . . . Z 16
Leoni (V. Leone) . . . . Z 18
Lucini (V.) . . . . Z 19
Manzoni (V.) . . . . Y 21
Masia (Viale M.) . . . . Y 22
Piave (V.) . . . . Z 27
Plinio (V.) . . . . Y 26
Recchi (V.) . . . . Y 29
Rosselli (Viale F.) . . . . Y 30
S. Bartolomeo (Pza) . . . . Z 32
S. Rochetto (Pzale) . . . . Y 33
Trento (Largo Lario) . . . . Y 36
Trieste (Largo Lario) . . . . Y 37
Vittorio Emanuele II (V.) . . . . Y 40
Vittorio (Pza) . . . . Y 39
Volta (Pza) . . . . Y 42

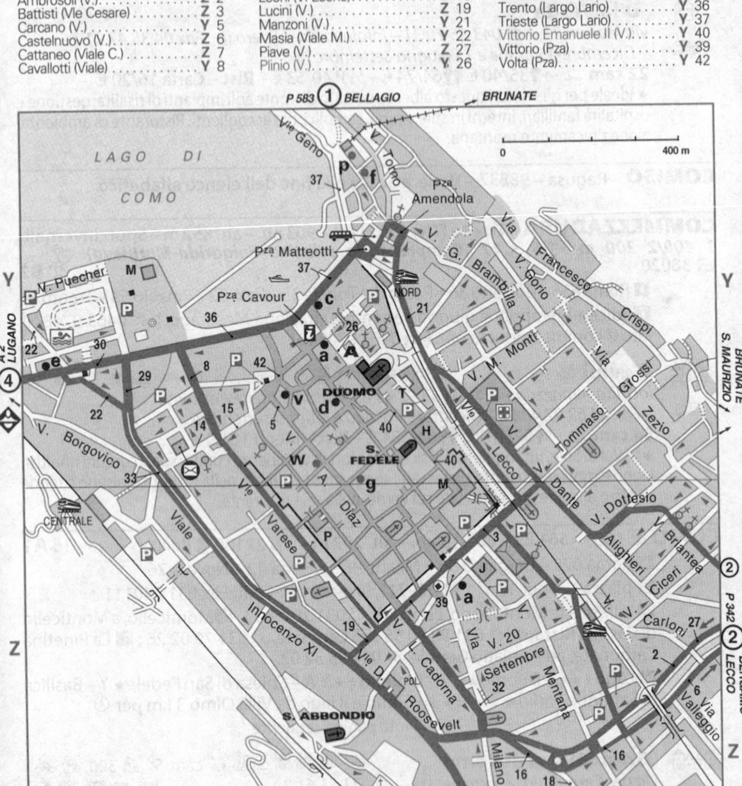

Le Due Corti
cam, cam, rist, 80,

piazza Vittoria 12/13 – ☎ 031 32 81 11 – hotelduecorti@virgilio.it – Fax 031 32 88 00 – Chiuso dal 16 novembre al 14 febbraio

65 cam – †91/130 € ††127/180 €, ☐ 12 € – ½ P 117/136 € Z **a**

Rist *Sala Radetzky* – Carta 35/45 €

♦ Magistrale, raffinato connubio di vecchio e nuovo in un hotel elegante ricavato in un'antica stazione di posta; mobili d'epoca nelle camere, con pareti in pietra a vista. Ristorante di sobria eleganza con arredi in stile.

Barchetta Excelsior
cam, rist, 60,

piazza Cavour 1 – ☎ 031 32 21 – info2@hotelbarchetta.it – Fax 031 30 26 22

84 cam ☐ – †179/359 € ††199/399 € – **Rist** – Carta 40/55 € Y **a**

♦ Interni classici di gran signorilità e confort in un albergo che troneggia in una centrale piazza affacciata sul lago, di cui infatti si gode la vista da molte camere. Zona bistrot, con terrazza esterna e un elegante ristorante panoramico.

Larius
rist, 40,

via Anzani 12/c, per via Milano – ☎ 03 14 03 81 02 – info@hlarius.it – Fax 03 14 03 81 03 – Chiuso dal 1° al 16 gennaio Z

21 cam ☐ – †115 € ††135 € – ½ P 87,50 €

Rist *XV Secolo M.M.D.C* – Carta 33/63 €

♦ Storia e modernità coniugate in un mulino ottocentesco rinnovato per far posto ad accoglienti camere. La tradizione comasca con rivisitazioni d'epoca al ristorante.

Tre Re
via Boldoni 20 – ✆ 031 26 53 74 – info@hoteltrere.com – Fax 031 24 13 49 – Chiuso dal 18 dicembre al 5 gennaio Y **d**
41 cam – 85/95 € 112/126 € – ½ P 80/95 € – **Rist** – 24 €
♦ Potenziato e rinnovato in anni recenti, è un albergo confortevole, a conduzione familiare, che dispone di comodo parcheggio custodito; arredi moderni nelle stanze. Sale da pranzo con elementi (colonne e pitture murali) di un'antica struttura conventuale.

Park Hotel senza rist
viale F.lli Rosselli 20 – ✆ 031 57 26 15 – info@parkhotelcomo.it – Fax 031 57 43 02 – Marzo-novembre Y **e**
41 cam – 52/77 € 72/110 €, 8 €
♦ Edificio condominiale, si rivaluta negli spazi interni frutto di recenti investimenti. La clientela, soprattutto commerciale, apprezzerà anche i prezzi convenienti.

Firenze senza rist
piazza Volta 16 – ✆ 031 30 03 33 – info@albergofirenze.it – Fax 031 30 01 01 – Chiuso dal 22 al 29 dicembre Y **v**
44 cam – 82 € 130 €
♦ In una centrale piazza pedonale, risorsa adatta ad una clientela sia turistica che d'affari, dispone di spazi comuni ridotti, ma funzionali, come le luminose camere.

Navedano
30,
via Pannilani, 1,5 km per ② – ✆ 031 30 80 80 – Fax 03 13 31 90 16 – Chiuso dal 1° al 20 gennaio, dal 9 al 16 agosto e martedì
Rist – Carta 59/93 €
♦ Romantico locale immerso in un tripudio di fiori, dove modernità e rusticità si fondono a perfezione; servizio estivo in terrazza e rivisitazioni di classici in cucina.

Sant'Anna 1907
16/30,
via Turati 3, 1,5 km per ③ – ✆ 031 50 52 66 – santanna.1907@tin.it – Fax 031 50 52 66 – Chiuso sabato a mezzogiorno e domenica
Rist – Carta 30/51 €
♦ Gestione giovane e motivata per un signorile ristorante di tono elegante, le cui proposte seguono una linea innovativa ben ancorata però alle tradizioni del territorio.

La Colombetta
via Diaz 40 – ✆ 031 26 27 03 – colombetta@fremail.it – Fax 031 26 27 03 – Chiuso dal 10 al 20 agosto e domenica Y **w**
Rist – Carta 35/56 €
♦ Fedeli alle proprie origini, le tre sorelle titolari preparano, su prenotazione, piatti sardi che, con quelli di pesce, sono le specialità del loro bel locale elegante.

I Tigli...a lago
12,
via Coloniola 44 – ✆ 031 30 13 34 – info@itiglialago.it – Fax 031 30 13 34 – Chiuso quindici giorni in gennaio, quindici giorni in agosto e domenica Y **f**
Rist – Menu 29 € – Carta 40/71 €
♦ Recente apertura, immediati consensi: in un ambiente raccolto ed elegante, sono le proposte di pesce, anche crudo, a regalare una delle esperienze migliori della città.

Il Solito Posto
12/30,
via Lambertenghi 9 – ✆ 031 27 13 52 – Fax 031 26 53 40 Y **g**
Rist – Carta 19/42 €
♦ Atmosfera informale, tre salette moderne e un dehors estivo per un ristorante di buon tono, che propone ricette sia tradizionali che rivisitate, di carne e di pesce.

Locanda dell'Oca Bianca con cam
cam,
via Canturina 251, 5 km per ② – ✆ 031 52 56 05 – locandaocabianca@tiscali.it – Fax 03 15 00 35 25 – Chiuso gennaio, dal 9 al 15 agosto
19 cam – 60/75 € 75/90 € – ½ P 65/70 € – **Rist** – *(chiuso lunedì e mezzogiorno)* Carta 30/48 €
♦ Calda atmosfera e ambiente curato in un ristorante sulla strada per Cantù, dove d'estate si mangia all'aperto; camere ristrutturate, ottimo rapporto qualità/prezzo.

XX **Er Più**

via Pastrengo 1, per via Leoni – ✆ 031 27 21 54 – ristorante@erpiucomo.com – Fax 031 27 21 54 – Chiuso dal 2 al 10 gennaio, dal 5 al 30 agosto e martedì Z

Rist – Carta 34/57 €

◆ Uno dei ristoranti più popolari della città, offre un'impressionante scelta di piatti: dalle paste alla carne passando per i prodotti del mare. Difficile uscirne scontenti.

XX **L'Angolo del Silenzio**

viale Lecco 25 – ✆ 03 13 37 21 57 – Fax 031 30 24 95 – Chiuso dal 10 al 24 gennaio, dal 10 al 24 agosto, lunedì e martedì a mezzogiorno Y **b**

Rist – Carta 32/44 €

◆ Esperta gestione per un locale classico, con dehors estivo nel cortile; la cucina, di matrice lombarda, è senza fronzoli e fa della concretezza la sua arma vincente.

X **Al Giardino**

via Monte Grappa 52, per via Valeggio – ✆ 031 26 50 16 – osteriaalgiardino@libero.it – Fax 031 30 01 43 – Chiuso dal 1° al 13 gennaio, dal 16 agosto al 2 settembre e lunedì Z

Rist – Carta 32/40 €

◆ Una simpatica osteria con cucina del territorio, dove siete ben accetti "anche solo per degustare del buon vino in compagnia"; d'estate si mangia in giardino.

X **Namaste**

piazza San Rocco 8, per ③ – ✆ 031 26 16 42 – indrapal@hotmail.com – Fax 031 26 16 42 – Chiuso lunedì

Rist – Carta 21/28 €

◆ La semplicità di un'autentica ambientazione indiana, senza orpelli folcloristici, per provare specialità etniche che vengono da molto lontano: un'alternativa esotica.

X **Osteria Rusticana**

via Carso 69, per via Valeggio – ✆ 031 30 65 90 – info@momsrl.it – Fax 031 30 65 90 – Chiuso dal 1° al 7 gennaio, dal 14 al 28 agosto, domenica e le sere dal lunedì al giovedì Z

Rist – Carta 20/38 €

◆ Conduzione familiare per un ristorantino in posizione decentrata, con due sale semplici, ma accoglienti e un dehors per la bella stagione; cucina del territorio.

COMO (Lago di) o LARIO ★★★ – Como – 561 E9 *Italia*

CONA – Ferrara – 562 H17 – Vedere Ferrara

CONCA DEI MARINI – Salerno (SA) – 564 F25 – 707 ab. – ✉ 84010 6 **B2**

Roma 272 – Napoli 58 – Amalfi 5 – Salerno 30 – Sorrento 35

Belvedere ← mare e costa, (con acqua di mare)

via Smeraldo 19 – ✆ 089 83 12 82 – belvedere@belvederehotel.it – Fax 089 83 14 39 – Aprile-ottobre

35 cam – 145/210 € – **Rist** – Carta 55/72 €

◆ E' davvero splendida la vista che si gode da questa struttura lungo la costiera amalfitana, dotata di terrazza con piscina d'acqua di mare; camere di diverse tipologie. Dalla bella sala e dalla veranda del ristorante scorgerete la calma distesa d'acqua blu.

Le Terrazze ← mare e costa,

via Smeraldo 11 – ✆ 089 83 12 90 – info@hotelleterrazze.it – Fax 089 83 12 96 – Pasqua-ottobre

27 cam – 110 € 200 € – ½ P 130 € – **Rist** – Carta 31/45 €

◆ A picco sul mare, quasi aggrappato alla roccia, un albergo in fase di rinnovo, con una terrazza panoramica mozzafiato; camere da poco ristrutturate, ampie e luminose. In un moderno locale di ispirazione mediterranea da dove è possibile vedere il mare, piatti titpici del posto, particolarmente a base di pesce.

CONCA VERDE – Sassari – Vedere Sardegna (Santa Teresa Gallura) alla fine dell'elenco alfabetico

CONCESIO – Brescia (BS) – 561 F12 – 13 142 ab. – alt. 218 m – ✉ 25062 17 C1

Roma 544 – Brescia 10 – Bergamo 50 – Milano 91

XXX ✿✿ **Miramonti l'Altro** (Léveille) 12,

via Crosette 34, località Costorio – ✆ 03 02 75 10 63 – info@miramontilaltro.it – Fax 03 02 75 31 89 – Chiuso lunedì

Rist – Carta 59/95 €

Spec. Noci di capesante alle piccole verdure e pomodori confit. Risotto ai funghi e formaggi dolci di montagna. Antipasto, primo e secondo di maiale fra tradizione e novità (dicembre-maggio).

♦ Una villa ricca di luce e cordialità per una cucina aperta ad ogni suggestione: elementi francesi, tradizione bresciana e un gelato famoso in tutta Italia.

CONCO – Vicenza (VI) – 562 E16 – 2 229 ab. – alt. 830 m – Sport invernali : *830/1 250 m* 3, – ✉ 36062 35 B2

Roma 556 – Padova 72 – Belluno 94 – Trento 64 – Treviso 67 – Venezia 104 – Vicenza 39

La Bocchetta rist,

sulla strada per Asiago località Bocchetta 6, Nord : 5 km – ✆ 04 24 70 00 24 – labocchetta@telemar.it – Fax 04 24 70 41 17 – Chiuso dal 10 al 20 novembre

12 cam – 56 € 72 €, 7,50 € – 13 suites – 95/120 € – ½ P 65/75 € – **Rist** – *(chiuso lunedì a mezzogiorno e martedì)* Carta 29/40 €

♦ Sono in stile tirolese sia la struttura che i caldi interni di questo albergo, in cui troverete camere e suite personalizzate, con boiserie e tessuti a motivi floreali. La zona ristorante si articola in varie salette e in un grande salone banchetti.

CONCORDIA SULLA SECCHIA – Modena (MO) – 562 H14 – 8 643 ab. – alt. 22 m – ✉ 41033 8 B1

Roma 429 – Bologna 68 – Ferrara 63 – Mantova 54 – Modena 45 – Parma 67

XX **Vicolo del Teatro**

via della Pace 94 – ✆ 053 54 03 30 – info@vicolodelteatro.it – Fax 053 54 03 30 – Chiuso dal 1° al 23 agosto, sabato a mezzogiorno e lunedì, anche domenica sera da maggio a settembre

Rist – Carta 44/60 €

♦ Adiacente al teatro cittadino, un piacevole ristorante arredato con tocchi di moderna eleganza; dalla cucina proposte tradizionali e del territorio, sia di carne che di pesce.

CONCOREZZO – Milano (MI) – 561 F10 – 14 487 ab. – alt. 171 m – ✉ 20049 18 B2

Roma 587 – Milano 26 – Bergamo 33 – Como 43

XX **Via del Borgo** 20,

via Libertà 136 – ✆ 03 96 04 26 15 – info@viadelborgo.it – Fax 03 96 04 08 23 – Chiuso dal 1° al 7 gennaio, due settimane in agosto, domenica e lunedì a mezzogiorno

Rist – Carta 40/55 €

♦ Nel centro, in una vecchia casa di ringhiera ristrutturata, una sala moderna con richiami al rustico e servizio estivo sotto il portico; piatti di impronta creativa.

CONDINO – Trento (TN) – 562 E13 – 1 512 ab. – alt. 444 m – ✉ 38083 30 A3

Roma 598 – Brescia 65 – Milano 155 – Trento 64

Rita rist, cam,

via Roma 140 – ✆ 04 65 62 12 25 – info@hotelrita.it – Fax 04 65 62 15 58 – Chiuso dal 20 al 31 agosto

18 cam – 41 € 66 € – ½ P 44 € – **Rist** – *(chiuso lunedì)* Carta 20/34 €

♦ Completamente ristrutturato nelle zone comuni secondo i criteri di un design decisamente moderno, offre un ampio giardino e camere di taglio classico. Di taglio attuale anche l'ampio ristorante, con pareti affrescate e cucina locale e innovativa.

CONEGLIANO – Treviso (TV) – 562 E18 – 35 652 ab. – alt. 65 m – ✉ 31015

Italia 36 **C2**

Roma 571 – Belluno 54 – Cortina d'Ampezzo 109 – Milano 310 – Treviso 28 – Udine 81 – Venezia 60 – Vicenza 88

via XX Settembre 61 ✆ 0438 21230, iat.conegliano@provincia.treviso.it, Fax 0438 428777

Sacra Conversazione★ nel Duomo – ✻★ dal castello – Affreschi★ nella Scuola dei Battuti

Relais le Betulle

200,

via Costa Alta 56, Nord-Ovest : 2,5 : km – ✆ 043 82 10 01 – info@relaislebetulle.com – Fax 04 38 42 03 92 – Chiuso agosto

39 cam – 80 € 120 €, 10 € – **Rist** – Carta 27/49 €

♦ In zona collinare vicino al castello, un edificio recentemente ristrutturato propone confortevoli e luminose camere dal design moderno, quasi tutte dotate di terrazza. Al ristorante, dominano una atmosfera accogliente riscaldata dal rosso mattone delle pareti ed una cucina a base di prodotti ittici.

Canon d'Oro

via 20 Settembre 131 – ✆ 043 83 42 46 – info@hotelcanondoro.it – Fax 043 83 42 49

51 cam – 55/100 € 100/150 €

Rist Canon d'Oro – vedere selezione ristoranti

♦ Dispone di una fiorita terrazza giardino questo hotel del centro storico, in un edificio del '500 con loggia e affreschi originali sulla facciata; camere in parte rinnovate.

Sporting Hotel Ragno d'Oro senza rist

30,

via Diaz 37 – ✆ 04 38 41 23 00 – info@hotelragnodoro.it – Fax 04 38 41 23 10 – Chiuso dal 23 dicembre al 6 gennaio e dal 5 al 16 agosto

17 cam – 55/68 € 85/98 €, 6 €

♦ In collina, una risorsa con piscina e tennis in giardino, ideale per chi vuole abbinare tranquillità e vicinanza al centro città; prenotate le camere di rinnovo più recente.

Città di Conegliano

rist, 40,

via Parrilla 1 – ✆ 043 82 14 40 – info@hcc.it – Fax 04 38 41 09 50 – Chiuso dal 28 luglio al 19 agosto

57 cam – 50/55 € 70/85 €, 6 € – ½ P 50/59 € – **Rist** – *(chiuso a mezzogiorno, venerdì, sabato e domenica)* Carta 25/30 €

♦ Funzionale struttura in posizione semicentrale, molto frequentata da clientela di lavoro; soddisfacente il livello di confort nelle camere, con arredi recenti.

Città di Venezia

12,

via 20 Settembre 77/79 – ✆ 043 82 31 86 – sartor.moreno@libero.it – Fax 043 82 31 86 – Chiuso dal 27 dicembre al 21 gennaio e dal 14 al 31 agosto

Rist – Carta 33/54 €

Rist *Osteria La Bea Venezia* – Carta 18/25 €

♦ Nel salotto cittadino, raffinata atmosfera veneziana nelle sale interne o più fresca nel dehors estivo. Dalla cucina un'appetitosa scelta di piatti di pesce. A "La Bea Venezia" piatti veloci per lo più di carne.

Canon d'Oro

13/20,

via 20 Settembre 129 – ✆ 04 38 41 51 66 – ristorantecanondoro@libero.it – Fax 04 38 41 51 66 – Chiuso venti giorni in gennaio, quindici giorni in agosto e sabato

Rist – Carta 31/40 €

♦ Attiguo all'omonimo albergo, un locale di stile contemporaneo suddiviso in tre salette. Piccolo dehors estivo sulla suggestiva via del centro storico. Specialità locali.

CONERO (Monte) – Ancona – 563 L22 – Vedere Sirolo

CONVENTO – Vedere nome proprio del convento

CONVERSANO – Bari (BA) – 564 E33 – 24 362 ab. – alt. 219 m – ✉ 70014 27 C2

Roma 440 – Bari 31 – Brindisi 87 – Matera 68 – Taranto 80

Grand Hotel d'Aragona

1000,

via San Donato 5, strada provinciale per Cozze – ☎ 08 04 95 23 44 – info@grandhoteldaragona.it – Fax 08 04 95 42 65

68 cam – 80 € 110 € – ½ P 90 € – **Rist** – Carta 27/49 €

◆ Un grande giardino con piscina circonda questo complesso di concezione moderna, che offre confort adeguato alla categoria sia nelle spaziose aree comuni che nelle camere. Raffinata sala ristorante.

Corte Altavilla senza rist

vico Altavilla 8 – ☎ 08 04 95 96 68 – info@cortealtavilla.it – Fax 08 04 95 17 40

28 cam – 86/105 € 115/140 €

◆ Più di mille anni di storia, nel centro storico di Conversano, tra i vicoli medievali che accolgono camere, appartamenti e suites di notevole fascino. Gestione affidabile.

Agriturismo Montepaolo

contrada Montepaolo 2, Nord-Est : 4 km – ☎ 08 04 95 50 87 – info@montepaolo.it – Fax 08 04 95 50 87 – Chiuso dal 10 novembre al 20 dicembre, dall'8 gennaio al 18 marzo

10 cam – 70/90 € 105/121 € – ½ P 73/81 € – **Rist** – (prenotazione obbligatoria) Menu 15/20 €

◆ In aperta campagna tra ulivi frutteti e macchia mediterranea, una dimora cinquecentesca meticolosamente restaurata con diversi arredi e pavimenti d'epoca. Sala ristorante risalente al '300, un tempo utilizzata per la vinificazione.

Pashà

8,

piazza Castello 5-7 – ☎ 08 04 95 10 79 – pashaconversano@libero.it – Chiuso da 9 al 22 gennaio, dal 3 al 10 ottobre e martedì, da ottobre a maggio anche domenica sera

Rist – Carta 40/65 €

◆ Di fronte al castello normanno, con ingresso attraverso il caffè di famiglia, occorre salire al primo piano per raggiungere la piccola ed elegante sala ristorante.

CORATO – Bari (BA) – 564 D31 – 46 551 ab. – alt. 232 m – ✉ 70033 26 B2

Roma 414 – Bari 44 – Barletta 27 – Foggia 97 – Matera 64 – Taranto 132

Nicotel

cam, rist, 100,

via Gravina – ☎ 08 08 72 24 30 – corato@nicotelhotels.com – Fax 08 08 72 24 30

76 cam – 100 € 130 € – **Rist** – Carta 21/33 €

◆ Recente realizzazione frutto di design moderno, lineare ed essenziale, particolarmente adatta ad una clientela sportiva o d'affari, tra centro benessere e business rooms. Analoga atmosfera al ristorante: nessun orpello e cucina protagonista.

sulla strada statale 98 Sud : 3 km :

Appia Antica

rist, 60,

✉ 70033 – ☎ 08 08 72 25 04 – info@appiantica.it – Fax 08 08 72 40 53

34 cam – 65/88 € 90/118 € – ½ P 83/103 € – **Rist** – *(chiuso domenica sera)* Carta 21/27 €

◆ Una costruzione anni '70 ospita un albergo comodo sia per i turisti sia per la clientela d'affari; interni funzionali e confortevoli, arredi recenti nelle curate camere. Il ristorante dispone di un'accogliente sala d'impostazione classica.

CORCIANO – Perugia (PG) – 563 M18 – 16 365 ab. – alt. 308 m – ✉ 06073 32 B2

Roma 138 – Perugia 11 – Arezzo 71 – Terni 92 – Viterbo 137

a Solomeo Sud : 8 km – ✉ 06073 – Corciano

Locanda Solomeo

40,

piazza Carlo Alberto Dalla Chiesa 1 – ☎ 07 55 29 31 19 – solomeo@tin.it – Fax 07 55 29 40 90 – Chiuso Natale e dal 10 gennaio al 28 febbraio

12 cam – 90 € 125 € – ½ P 89 € – **Rist** – Carta 23/29 €

◆ Struttura in stile liberty, ristrutturata mantenendo inalterata la bellezza originale. Nel centro della località, camere ampie e "fresche", buon livello di confort.

CORGENO – Varese (VA) – alt. 270 m – ✉ 21029 – CORGENO 16 A2

Roma 631 – Stresa 35 – Laveno Mombello 25 – Milano 54 – Sesto Calende 7 – Varese 22

La Cinzianella con cam 80,
via Lago 26 – ✆ 03 31 94 63 37 – info@lacinzianella.it – Fax 03 31 94 88 90 – Chiuso da gennaio all'8 febbraio
10 cam – †65/75 € ††90/110 € – ½ P 75/85 € – **Rist** – *(chiuso martedì e da ottobre ad aprile anche lunedì sera)* Carta 48/60 €
♦ In riva al lago, ambienti freschi e luminosi in un locale di tono elegante, con servizio estivo serale in terrazza panoramica; cucina legata al territorio e innovativa.

CORIANO VERONESE – Verona – Vedere Albaredo d'Adige

CORICA – Cosenza – Vedere Amantea

CORIGLIANO CALABRO – Cosenza (CS) – 564 I31 – 38 743 ab. – alt. 219 m – ✉ 87064 5 A1

Roma 498 – Cosenza 80 – Potenza 204 – Taranto 147

sulla strada statale 106 r Nord : 12 km

Zio Serafino
contrada Salice ✉ 87064 – ✆ 09 83 85 13 13 – zioserafino@libero.it – Fax 09 83 85 12 10 – Chiuso lunedì escluso dal 15 giugno a settembre
Rist – Carta 18/33 €
♦ Ideale per una piacevole sosta durante un viaggio, una struttura di notevole capienza, quindi anche per banchetti; arredi moderni nelle sale e pesce fresco in cucina.

CORLO – Modena – Vedere Formigine

CORMONS – Gorizia (GO) – 562 E22 – 7 646 ab. – alt. 56 m – ✉ 34071 11 C2

Roma 645 – Udine 25 – Gorizia 13 – Milano 384 – Trieste 49 – Venezia 134

Enoteca Comunale piazza 24 Maggio 21 ✆ 0481 630371, Fax 0481 630371

Felcaro 120,
via San Giovanni 45 – ✆ 048 16 02 14 – hfelcaro@tin.it – Fax 04 81 63 02 55
60 cam – †50/58 € ††89/120 € – ½ P 58/73 € – **Rist** – *(chiuso tre settimane in gennaio, una settimana in giugno, una settimana in novembre e lunedì)* Carta 24/38 €
♦ Per godersi la verde tranquillità delle campagne del Collio, una villa dell'800 ristrutturata, con dépendance, che offre ampi spazi esterni e camere di diverse tipologie. Al ristorante una sala d'impostazione tradizionale e un elegante salone per banchetti.

Al Cacciatore-della Subida 20/24,
località Subida 22, Nord-Est : 2 km – ✆ 048 16 05 31 – info@lasubida.it – Fax 048 16 16 16 – Chiuso febbraio, martedì, mercoledì e a mezzogiorno (escluso sabato e domenica)
Rist – Carta 43/55 €
♦ Caldo e accogliente ambiente caratteristico, con camino, in una trattoria inserita in un contesto agreste di grande fascino; piatti e cantina della tradizione friulana.

CORNAIANO = GIRLAN – Bolzano – Vedere Appiano sulla Strada del Vino

CORNAREDO – Milano (MI) – 561 F9 – 20 188 ab. – alt. 140 m – ✉ 20010 18 A2

Roma 584 – Milano 17 – Bergamo 56 – Brescia 102 – Monza 24

Le Favaglie cam, cam, 130,
via Merendi 26 – ✆ 029 34 84 11 – info@hotelfavaglie.it – Fax 02 93 48 44 00 – Chiuso agosto
112 cam – †149/199 € ††199/239 €
Rist *Corniolo* – *(chiuso domenica e lunedì a mezzogiorno)* Carta 28/40 €
♦ In posizione strategica per il nuovo polo fieristico di Rho-Pero, risorsa recente dal design minimalista e moderno con dotazioni e confort di ultima generazione. Al ristorante proposte di cucina innovativa e fantasiosa, preparata con cura.

a San Pietro all'Olmo Sud-Ovest : 2 km – ✉ 20010

D'O (Oldani)
via Magenta 18 – ☎ 029 36 22 09 – davideoldani@tin.it – Fax 029 36 22 09 – Chiuso dal 1° al 10 gennaio, Pasqua, agosto, dal 1° al 4 novembre, domenica sera e lunedì
Rist – Carta 28/37 €
Spec. Cipolla caramellata, parmigiano caldo e freddo (autunno-primavera). Pane, pepe nero, Marsala e riso mantecato (autunno-primavera). Musetto di maiale laccato, salsa alla birra.
◆ I prezzi contenuti e la qualità della cucina hanno messo il sugello sulle capacità del giovane cuoco. In sale semplici e senza pretese, la tradizione lombarda e italiana.

CORNEDO VICENTINO – Vicenza (VI) – 562 F16 – 11 048 ab. – alt. 200 m – ✉ 36073 35 B2

Roma 541 – Verona 60 – Trento 76 – Venezia 93 – Vicenza 28

sulla strada statale 246 Sud-Est : 4 km :

Due Platani con cam
via Campagnola 16 – ☎ 04 45 94 70 07 – info@dueplatani.it – Fax 04 45 44 05 09 – Chiuso dal 6 al 26 agosto
12 cam – 70 € 120 €, 7 € – **Rist** – *(chiuso sabato a mezzogiorno e domenica)* Carta 23/32 €
◆ All'esterno le facciate colorate e i tetti spioventi, al di là della soglia un moderno locale elegante; cucina di terra e di mare con wine bar serale nelle tipiche cantine.

CORNELIANO D'ALBA – Cuneo (CN) – 561 H5 – 1 965 ab. – alt. 204 m – ✉ 12040 25 C2

Roma 624 – Torino 59 – Asti 36 – Cuneo 63 – Milano 156

Antico Casale Mattei senza rist
via Cristoforo Colombo 8 – ☎ 01 73 61 99 20 – info@casalemattei.com – Fax 01 73 61 99 20
5 cam – 47/67 € 67/80 €
◆ Ottime camere che rispettano appieno la struttura originale dell'edificio d'origine settecentesca, così come la caratteristica balconata affacciata sul cortile interno.

CORNIGLIANO LIGURE – Genova – Vedere Genova

CORNIOLO – Forlì-Cesena – 562 K17 – Vedere Santa Sofia

CORONA – Gorizia – Vedere Mariano del Friuli

CORPO DI CAVA – Salerno – 564 E26 – Vedere Cava de' Tirreni

CORREGGIO – Reggio Emilia (RE) – 562 H14 – 21 441 ab. – alt. 33 m – ✉ 42015 8 B2

Roma 422 – Bologna 60 – Milano 167 – Verona 88

Dei Medaglioni
corso Mazzini 8 – ☎ 05 22 63 22 33 – deimedaglioni.re@bestwestern.it – Fax 05 22 69 32 58 – Chiuso agosto e Natale
53 cam – 90/130 € 108/167 € – ½ P 80/120 €
Rist *Il Correggio* – Carta 26/49 €
◆ Fascino del passato con tutti i confort del presente negli eleganti interni di un palazzo sapientemente restaurato, conservando dettagli in stile liberty; camere curate.

President cam, cam, 200,
via Don Minzoni 61 – info@hotelpresident.re.it – Fax 05 22 63 37 77 – Chiuso dal 22 dicembre al 7 gennaio e dal 10 al 25 agosto
87 cam – 80/110 € 100/140 € – 3 suites – ½ P 75/90 €
Rist *Le Querce* – 05 22 64 29 00 *(chiuso domenica)* Carta 25/50 €
♦ Una bella hall con colonne vi accoglie in questa moderna struttura di recente realizzazione, dotata di confortevoli camere ben accessoriate; attrezzate sale convegni. Luminoso ristorante con un'originale soffittatura in legno.

Alquicosì con cam
via Costituzione 75, Est : 2 km zona industriale – 05 22 63 30 63 – Fax 05 22 73 23 77 – Chiuso due settimane in dicembre e due settimane in agosto
8 cam – 55/65 € 80/95 € – **Rist** – Carta 32/41 €
♦ E' vero che ci si trova in zona industriale, ma questa risorsa è stata ricavata all'interno di una storica cascina completamente ristrutturata, ambientazione suggestiva.

CORRUBBIO – Verona – Vedere San Pietro in Cariano

CORSANICO – Lucca – 562 K12 – Vedere Massarosa

CORSICO – Milano (MI) – 561 F9 – 33 824 ab. – ✉ 20094 18 **B2**
Roma 593 – Milano 10 – Lodi 46 – Pavia 40

Il Vicolo
via XXV Aprile 4a – 02 45 10 00 57 – ilvicolo@ilvicoloristorante.it – Fax 02 45 10 00 57 – Chiuso dal 1° al 7 gennaio, due settimane in agosto, domenica sera e lunedì, anche domenica a mezzogiorno in luglio-agosto
Rist – Carta 37/55 €
♦ Nel cuore della città, un locale raccolto curato ed elegante dagli arredi di stampo moderno, dove fermarsi ad assaporare una cucina tradizionale ma creativa e ricercata.

CORSIGNANO – Siena – Vedere Siena

CORTACCIA SULLA STRADA DEL VINO (KURTATSCH AN DER WEINSTRASSE) – Bolzano / Bozen (BZ) – 562 D15 – 2 131 ab. – alt. 333 m – ✉ 39040 31 **D3**
Roma 623 – Bolzano 20 – Trento 37
piazza Schweiggl 8 0471 880100, info@suedtiroler-unterland.it, Fax 0471 880451

Schwarz-Adler Turmhotel monti e valle, (riscaldata) rist,
Kirchgasse 2 – 04 71 88 06 00 – info@turmhotel.it – Fax 04 71 88 06 01 – Chiuso dal 23 al 28 dicembre, dal 4 al 15 gennaio e dal 24 febbraio al 4 marzo
24 cam – 83/99 € 120/144 € – ½ P 65/90 € – **Rist** – (solo per alloggiati)
♦ Si sono seguiti stilemi tradizionali con materiali moderni in questo hotel, che ha ampie camere di particolare confort, molte con loggia o balcone; giardino con piscina.

Zur Rose 6/30,
Endergasse 2 – 04 71 88 01 16 – Fax 04 71 88 14 38 – Chiuso luglio, domenica e lunedì a mezzogiorno in settembre-ottobre, domenica e lunedì negli altri mesi
Rist – Carta 38/48 €
♦ Edificio tipico che regala ambienti caldi, arredati con molto legno, in tipico stile tirolese. Cucina del territorio non priva di influenze mediterranee.

Non confondete le posate e le stelle !
Le posate definiscono il livello di comfort e raffinatezza, mentre la stella premia le migliori cucine, in ognuna di queste categorie.

CORTALE – Udine – Vedere Reana del Roiale

CORTE DE' CORTESI – Cremona (CR) – 561 G12 – 1 017 ab. – alt. 61 m – ✉ 26020
17 **C3**

Roma 535 – Brescia 42 – Piacenza 47 – Cremona 16 – Milano 72 – Parma 83

Il Gabbiano

piazza Vittorio Veneto 10 – ✆ 037 29 51 08 – info@trattoriailgabbiano.it – Fax 037 29 51 08 – Chiuso tre settimane in luglio-agosto e giovedì

Rist – Carta 23/35 €

◆ Trattoria di paese che si è rinnovata mantenendo la sua caratteristica atmosfera, ma con un tocco di eleganza; buona cantina e cucina cremonese, d'estate nel dehors.

CORTE FRANCA – Brescia (BS) – 562 F11 – 5 952 ab. – alt. 214 m – ✉ 25040
19 **D1**

Roma 576 – Bergamo 32 – Brescia 28 – Milano 76

Franciacorta Castagnola, Sud : 2 km, ✆ 030 98 41 67.

a Colombaro Nord : 2 km – ✉ 25040 – Corte Franca

Relaisfranciacorta rist, 220,

via Manzoni 29 – ✆ 03 09 88 42 34 – info@relaisfranciacorta.it – Fax 03 09 88 42 24

50 cam – 95/215 € 135/215 € – 2 suites – ½ P 93/198 €

Rist *La Colombara* – ✆ 03 09 82 64 61 *(chiuso lunedì sera e martedì)* Carta 35/48 €

◆ Adagiata in un vasto prato, una cascina seicentesca ristrutturata offre la tranquillità e i confort adatti ad un soggiorno sia di relax che d'affari; sale per convegni. Al ristorante suggestivi ambienti di diversa capienza e di tono elegante.

CORTEMILIA – Cuneo (CN) – 561 I6 – 2 531 ab. – alt. 247 m – ✉ 12074
25 **D2**

Roma 613 – Genova 108 – Alessandria 71 – Cuneo 106 – Milano 166 – Savona 68 – Torino 90

Villa San Carlo cam,

corso Divisioni Alpine 41 – ✆ 017 38 15 46 – info@hotelsancarlo.it – Fax 017 38 12 35 – Chiuso dal 15 dicembre al 1° marzo

23 cam – 60/75 € 85/105 €

Rist *San Carlino* – *(Coperti limitati prenotare) (chiuso lunedì e a mezzogiorno)* Carta 30/38 €

◆ Nelle Langhe, in un rilassante giardino con piscina, un albergo a conduzione familiare, confortevole e tranquillo, dotato di spaziose camere ben tenute. Un rinomato ristorante dall'ambiente elegante.

CORTERANZO – Alessandria – Vedere Murisengo

CORTINA – Piacenza – Vedere Alseno

CORTINA D'AMPEZZO – Belluno (BL) – 562 C18 – 6 087 ab. – alt. 1 224 m – Sport invernali : *1 224/2 732 m 6 30 (Comprensorio Dolomiti superski Cortina d'Ampezzo)* – ✉ 32043 *Italia*
36 **C1**

Roma 672 – Belluno 71 – Bolzano 133 – Innsbruck 165 – Milano 411 – Treviso 132

piazzetta San Francesco 8 ✆ 0436 3231, cortina@infodolomiti.it, Fax 0436 3235

Posizione pittoresca★★★

Tofana di Mezzo : ★★★ 15 mn di funivia – Tondi di Faloria : ★★★ 20 mn di funivia – Belvedere Pocol : ★★ 6 km per ③ – Dolomiti★★★ per ③

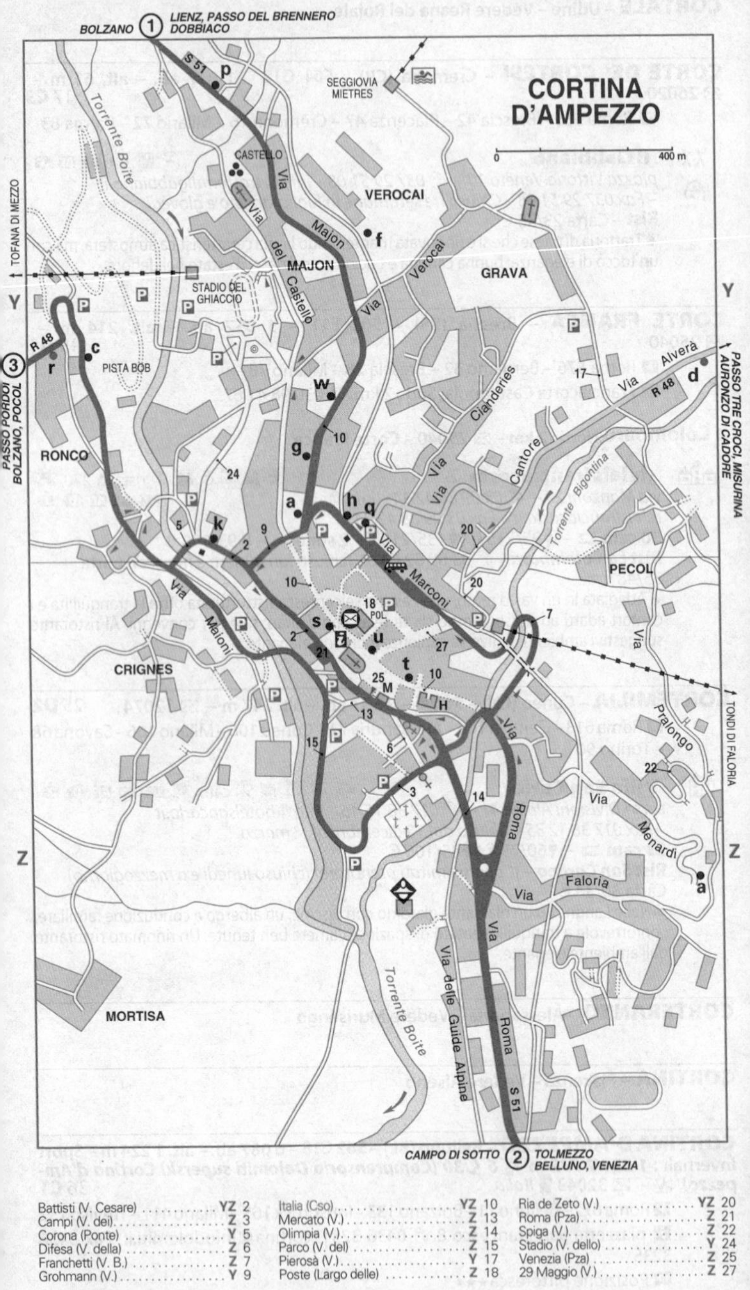

Battisti (V. Cesare)	YZ 2	Italia (Cso)	YZ 10	Ria de Zeto (V.)	YZ 20
Campi (V. dei)	Z 3	Mercato (V.)	Z 13	Roma (Pza)	Z 21
Corona (Ponte)	Y 5	Olimpia (V.)	Z 14	Spiga (V.)	Z 22
Difesa (V. della)	Z 6	Parco (V. del)	Z 15	Stadio (V. dello)	Y 24
Franchetti (V. B.)	Z 7	Pierosà (V.)	Y 17	Venezia (Pza)	Z 25
Grohmann (V.)	Y 9	Poste (Largo delle)	Z 18	29 Maggio (V.)	Z 27

Cristallo ⟨ ookei di Cortina e Dolomiti,
via Menardi 42 cam, cam, 90,
– 04 36 88 11 11 – info@cristallo.it – Fax 04 36 87 01 10 – Dicembre-marzo e luglio-settembre Z **a**
73 cam – 650/766 € – 21 suites – ½ P 395/463 €
Rist *La Veranda del Cristallo* – *(15 dicembre-marzo e 10 luglio-9 settembre)* Carta 48/63 €

◆ Incantevole e celebre struttura in sontuoso stile montano, il bosco avvolge dolcemente la classe e l'eleganza degli ambienti. Servizi completi, ottimo wellness center. Affacciato sulla valle d'Ampezzo, il ristorante propone una raffinata combinazione di cucina internazionale e sapori tradizionali.

Miramonti Majestic Grand Hotel ⟨ conca di Cortina e
località Peziè 103, 2 km per ② Dolomiti, rist,
– 04 36 42 01 – miramontimajestic 120,
@geturhotels.com – Fax 04 36 86 70 19 – 15 dicembre-marzo e 25 giugno-5 settembre
121 cam – 210/595 € 320/760 € – 3 suites – **Rist** – Carta 70/90 €

◆ Tradizione e prestigio dal 1902 per un "must" di Cortina: vista unica, saloni enormi, lussuose camere in stile e parco giardino ombreggiato con laghetto e golf a 6 buche. Dalle finestre dell'elegante ristorante si contempla un sontuoso scenario montano.

Bellevue rist, 70,
corso Italia 197 – 04 36 88 34 00 – hotel@bellevuecortina.com – Fax 04 36 86 75 10 – Dicembre-aprile e giugno-ottobre Y **a**
20 cam – 210/335 € 280/412 € – 44 suites – 497/1700 € – ½ P 220/269 €
Rist *L'Incontro* – *(dicembre-marzo e luglio-settembre; chiuso lunedì)* Carta 44/63 €

◆ Punto di forza di questo hotel centrale, ristrutturato di recente, sono le suite e le camere, che uniscono ogni confort allo charme di un raffinatissimo stile ampezzano. Boiserie e bei soffitti a cassettoni e intarsiati nel ristorante.

Ancora ⟨ Dolomiti, rist,
corso Italia 62 – 04 36 32 61 – info@hotelancoracortina.com – Fax 04 36 32 65 – 20 dicembre-Pasqua e maggio-ottobre Z **t**
49 cam – 103/338 € 140/390 € – ½ P 96/240 €
Rist – Carta 44/51 €

◆ Un vero gioiello, dove tutto, dai mobili antichi ai tessuti e ai dettagli concorre a creare quella sua atmosfera da raffinata casa privata, ricca di charme e di calore. Curata cucina classica a lume di candela, sotto le volte gotiche dell'ampia sala da pranzo.

De la Poste ⟨ Dolomiti,
piazza Roma 14 – 04 36 42 71 – info@delaposte.it – Fax 04 36 86 84 35 – 22 dicembre-15 aprile e 15 giugno-settembre Z **s**
70 cam – 197 € 362 € – 4 suites – ½ P 178/214 €
Rist *Grill del Posta* – *(22 dicembre-28 marzo e 15 giugno-25 settembre)* Carta 51/77 €

◆ Uno degli storici capisaldi dell'hotellerie ampezzana, dove di generazione in generazione la stessa famiglia dal 1870 rinnova il rito di un'ospitalità elegante e attenta. Il "Grill del Posta" è un caldo scrigno di legno, sempre affollato.

Europa ⟨ Dolomiti, rist,
corso Italia 207 – 04 36 32 21 – heuropa@sunrise.it – Fax 04 36 86 82 04 – Chiuso dal 30 settembre al 19 dicembre Y **g**
49 cam – 156/186 € 260/320 € – ½ P 170/195 €
Rist – *(20 dicembre-marzo e luglio-agosto; chiuso a mezzogiorno)* Carta 56/88 €

◆ Attenta gestione diretta in un'accogliente risorsa nei pressi del centro, dagli interni tutti in legno scuro con qualche pezzo d'antiquariato; signorili le camere. Ampia sala da pranzo classica e raccolti ambienti più informali per cene a lume di candela.

Sporting Villa Blu ← Dolomiti, rist,
via Verocai 73 – 04 36 86 75 41 – info@villablu.it
– Fax 04 36 86 81 29 – 20 dicembre-15 aprile e 24 giugno-16 settembre Y **f**
45 cam – 320 € 400 € – 3 suites – ½ P 250 €
Rist *Amadeus* – *04 36 86 74 50 (24 dicembre-30 marzo e 22 luglio-26 agosto)*
Carta 37/69 €
♦ In zona tranquilla e soleggiata, circondato da un bosco di conifere, albergo con interni signorili e curati e camere ben accessoriate; servizio di navetta per il centro. L'impareggiabile calore del legno riveste la raffinata stube dell'Amadeus.

Franceschi Park Hotel ← Dolomiti,
via Cesare Battisti 86 – 04 36 86 70 41
– h.franceschi@cortinanet.it – Fax 04 36 29 09 – 6 dicembre-10 aprile e 16 giugno-16 settembre Y **k**
48 cam – 40/145 € 80/290 € – ½ P 64/185 € – **Rist** – Menu 26/43 €
♦ Storico hotel di lunga tradizione in un originale edificio con torrette d'angolo, cinto da un parco con tennis e solarium; belle stufe in maiolica nelle sale comuni. Accogliente sala da pranzo con arredi e rifiniture in legno.

Columbia senza rist ← Dolomiti,
via Ronco 75 – 04 36 36 07 – info@hcolumbia.it – Fax 04 36 30 01
– Dicembre-10 aprile e 27 maggio-15 ottobre Y **c**
21 cam – 120 € 128/150 €, 8 €
♦ Sulla strada per il Falzarego, ha zone comuni limitate, ma accoglienti, ampio giardino e belle camere, calde e funzionali; colazione a buffet con torte fatte in casa.

Menardi ← Dolomiti,
via Majon 110 – 04 36 24 00 – info@hotelmenardi.it – Fax 04 36 86 21 83
– 7 dicembre-11 aprile e dal 1° giugno-3 settembre Y **p**
49 cam – 80/115 € 140/220 € – ½ P 110/140 € – **Rist** – Carta 24/33 €
♦ Casa della famiglia eponima, divenuta albergo negli anni '20, sfoggia pezzi di antiquariato locale e religioso negli interni e vellutati prati nel parco ombreggiato. Si affacciano sulla vegetazione esterna le vetrate della curata sala ristorante.

Nord Hotel ← Dolomiti e conca di Cortina,
via alla Verra 1, 1,5 km per ① – 04 36 47 07 – nord@cortinanet.it
– Fax 04 36 86 81 64 – 6 dicembre-10 aprile e 20 giugno-20 settembre
33 cam – 50/60 € 140 €, 12 € – ½ P 60/125 € – **Rist** – Carta 22/33 €
♦ Si trova in posizione tranquilla, fuori del centro e vicino alle piste di fondo, e gode di splendida vista questa risorsa familiare, con giardino; camere confortevoli. Il ristorante dispone di una sala semplice, ma accogliente.

Cornelio
via Cantore 1 – 04 36 22 32 – info@hotelcornelio.com – Fax 04 36 86 73 60
– Chiuso dal 15 al 30 aprile e dal 9 al 29 novembre Y **h**
20 cam – 80/95 € 160/180 € – **Rist** – Carta 32/46 €
♦ Esperta gestione familiare da oltre 40 anni per un hotel abbastanza centrale, semplice, ma dai graziosi interni con arredi tipicamente montani e dal confort adeguato. Accogliente sala ristorante.

Natale senza rist
corso Italia 229 – 04 36 86 12 10 – info@hotelnatale.it – Fax 04 36 86 77 30
– Chiuso maggio e novembre Y **w**
14 cam – 80/120 € 140/195 €
♦ Per una sistemazione senza pretese, ma di buon confort, un albergo che della casa di montagna privata ha sia l'aspetto esterno che l'atmosfera; camere ben accessoriate.

Montana senza rist
corso Italia 94 – 04 36 86 21 26 – montana@cortina-hotel.com
– Fax 04 36 86 82 11 – Chiuso dal 25 maggio al 25 giugno e dal 10 novembre al 15 dicembre Z **u**
30 cam – 35/66 € 65/130 €
♦ Ospitalità cordiale e amichevole in una risorsa semplice, dove troverete tutto il necessario per una piacevole vacanza; arredi essenziali nelle camere ben tenute.

Oasi senza rist
via Cantore 2 – 04 36 86 20 19 – info@hoteloasi.it – Fax 04 36 87 94 76 – Chiuso dal 30 settembre al 20 ottobre Y **q**
10 cam – 75/105 € 120/210 €
◆ E' un indirizzo accogliente e molto curato questa piccola residenza privata, ristrutturata, a pochi passi dalla zona pedonale; stanze graziose e bagni moderni.

El Toulà conca di Cortina e Dolomiti,
via Ronco 123 – 04 36 33 39 – toulacortina@libero.it – Fax 04 36 27 38 – 21 dicembre-9 aprile e 19 luglio-2 settembre; chiuso lunedì in gennaio Y **r**
Rist – Carta 52/65 € (+13 %)
◆ Un'istituzione locale questo ambiente caratteristico ricavato in un vecchio fienile, con arredi caldi ed eleganti; in cucina si segue la tradizione nazionale e locale.

Tivoli (Prest) Dolomiti,
località Lacedel 34, 2 km per ③ – 04 36 86 64 00 – info@ristorantetivoli.it – Fax 04 36 86 86 19 – Dicembre-Pasqua e 15 giugno-settembre; chiuso lunedì in bassa stagione
Rist – Carta 63/91 €
Spec. Pentapiatto di pesce crudo e cotto. Lasagnette croccanti con finferli, verdurine e fonduta al parmigiano e salvia (estate). Filetto di cervo con riduzione allo zenzero e indivia brasata.
◆ Si ascende quel che basta per ammirare la conca cortinese, sale semplici con richiami allo stile locale ed una cucina che spazia in ogni angolo d'Italia, pesce compreso.

Baita Fraina con cam Dolomiti,
via Fraina 1, località Fraina, 2 km per ② – 04 36 36 34 – info@baitafraina.it – Fax 04 36 87 62 35 – Dicembre-20 aprile e luglio-settembre
4 cam – 80/130 € – **Rist** – *(chiuso lunedì in bassa stagione)*
Carta 37/45 €
◆ Calde salette tipo stube, terrazza per l'estate e curati piatti del territorio: per chi vuole evadere dalla mondanità di Cortina nel silenzio di una baita isolata.

Lago Scin
località lago Scin, 3,5 km per S 48 – 04 36 23 91 – Fax 04 36 23 91 – 5 dicembre-15 aprile e 10 giugno-settembre
Rist – Carta 33/50 €
◆ Dopo un casalingo pasto, magari a base di cacciagione, in accoglienti stube o d'estate all'aperto, potrete rilassarvi godendovi il silenzio del bosco nel solarium.

Leone e Anna
via Alverà 112 – 04 36 27 68 – Fax 04 36 56 75 – Dicembre-aprile e luglio-ottobre; chiuso martedì Y **d**
Rist – Carta 46/74 €
◆ Autentici sapori e profumi di Sardegna tra le vette dolomitiche: è il riassunto dell'inusitata, ma piacevole esperienza che vivrete in questo raffinato ristorante.

al Passo Giau per ③ : 16,5 km :

Da Aurelio Dolomiti,
32020 Colle Santa Lucia – 04 37 72 01 18 – ristoranteaurelio@tin.it – Fax 04 37 72 01 18 – 24 dicembre-16 aprile e luglio- 15 settembre
Rist – Carta 31/48 €
◆ Un rifugio in un paradisiaco angolo naturale: un locale con signorili interni in legno e terrazza panoramica per il servizio estivo; curata cucina della tradizione.

sulla strada statale 51 per ① : 11 km :

Ospitale
via Ospitale 1 32043 – 04 36 45 85 – Dicembre-aprile e giugno-ottobre; chiuso lunedì escluso Natale, febbraio ed agosto
Rist – Carta 32/46 €
◆ E' il nome della località, ma anche una qualità dell'accoglienza che troverete in questo semplice ristorante rustico, dove gusterete piatti classici e locali.

CORTONA – Arezzo (AR) – 563 M17 – 22 426 ab. – alt. 650 m – ✉ 52044
Toscana 29 **D2**

Roma 200 – Perugia 51 – Arezzo 29 – Chianciano Terme 55 – Firenze 117 – Siena 70

via Nazionale 42 ✆ 0575 630352, info@cortonantiquaria.com, Fax 0575630656

Museo Diocesano★★ – Palazzo Comunale : sala del Consiglio★ **H** – Museo dell'Accademia Etrusca★ nel palazzo Pretorio★ **M1** – Tomba della Santa★ nel santuario di Santa Margherita – Chiesa di Santa Maria del Calcinaio★ 3 km per ②

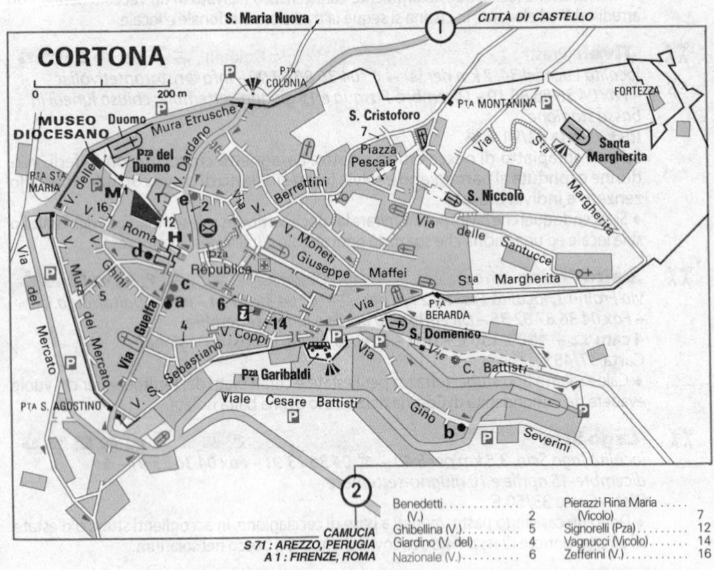

Circolazione regolamentata nel centro città.

Villa Marsili senza rist
via Cesare Battisti 13 – ✆ 05 75 60 52 52 – info@villamarsili.net – Fax 05 75 60 56 18 – Chiuso gennaio e febbraio **b**
26 cam – †90 € ††165/230 €
◆ Dal restauro di una struttura del '700 è nato nel 2001 un hotel raffinato, dove affreschi e mobili antichi si sposano con soluzioni impiantistiche moderne e funzionali.

San Michele senza rist
via Guelfa 15 – ✆ 05 75 60 43 48 – info@hotelsanmichele.net – Fax 05 75 63 01 47 – Chiuso dal 5 gennaio al 15 marzo **a**
42 cam – †90/100 € ††160/220 €
◆ In un palazzo cinquecentesco, un albergo che coniuga in giusta misura il fascino di interni d'epoca sapientemente restaurati e il confort offerto nei vari settori.

Italia senza rist
via Ghibellina 5/7 – ✆ 05 75 63 02 54 – hotelitalia@planhotel.com – Fax 05 75 60 57 63 **d**
25 cam – †87 € ††115/138 €
◆ A pochi metri dalla piazza centrale, palazzo seicentesco restaurato di cui ricordare gli alti soffitti e soprattutto la vista sulla Val di Chiana dalla sala colazioni.

XX **Preludio**

via Guelfa 11 – ✆ 05 75 63 01 04 – info@ilpreludio.net – Fax 05 75 63 16 82 – Chiuso a mezzogiorno (escluso maggio-novembre) e lunedì (escluso dal 15 marzo a settembre) a

Rist – Carta 33/47 €

◆ Da qualche anno gestione nuova e giovane in un ristorante all'interno di un antico palazzo del centro; in cucina tradizioni locali, alleggerite e anche rivisitate.

XX **Osteria del Teatro** 18/20,

via Maffei 2 – ✆ 05 75 63 05 56 – info@osteria-del-teatro.it – Fax 05 75 63 05 56 – Chiuso dal 7 al 27 novembre e mercoledì e

Rist – Carta 25/41 €

◆ Diverse sale che spaziano dall'eleganza cinquecentesca con camino, ad ambienti più conviviali in stile trattoria, ma sempre accomunate dalla passione per il teatro.

X **La Grotta**

piazzetta Baldelli 3 – ✆ 05 75 63 02 71 – Fax 05 75 63 02 71 – Chiuso dal 7 gennaio al 13 febbraio, dal 5 al 12 luglio e martedì c

Rist – Carta 21/43 €

◆ Solida gestione familiare da oltre 20 anni per una centralissima e accogliente trattoria, con servizio estivo in piazzetta; casalinghi piatti del territorio.

a San Martino Nord : 4,5 km – ✉ 52044 – Cortona

Il Falconiere Relais

– ✆ 05 75 61 26 79 – ilfalcon@ilfalconiere.com – Fax 05 75 61 29 27 – Chiuso tre settimane in gennaio o febbraio

19 cam – 180/200 € 200/260 € – ½ P 165/195 €

Rist Il Falconiere – vedere selezione ristoranti

◆ All'interno di una vasta proprietà, una villa seicentesca ricca di fascino e di suggestioni. Camere di raffinata e nobile eleganza, per un soggiorno straordinario.

XXX **Il Falconiere** 10/18,

– ✆ 05 75 61 26 79 – info@ilfalconiere.it – Fax 05 75 61 29 27 – Chiuso lunedì e martedì a mezzogiorno (escluso da marzo ad ottobre)

Rist – Carta 55/75 €

Spec. Pici alla carbonara con zafferano e pancetta (primavera). Astice con minestrina, crema di piselli e pomodoro fresco (estate). Piccione farcito di pere e pistacchi al vino rosso (primavera-estate).

◆ A metà collina tra ulivi e cipressi, un posto da favola che non si vorrebbe mai abbandonare. Come non si vorrebbe mai essere sazi della cucina, reinterpretazioni toscane.

a San Pietro a Cegliolo Nord-Ovest : 5 km – ✉ 52044 – Cortona

Relais Villa Baldelli senza rist

– ✆ 05 75 61 24 06 – info@villabaldelli.it – Fax 05 75 61 24 07 – Aprile-dicembre

15 cam – 220/275 €

◆ Signorile villa settecentesca impreziosita da un giardino all'italiana e dotata di campo pratica golf. Sontuosi ambienti all'interno, ricchi di tessuti, arredi e atmosfera.

a Farneta Ovest : 10 km – ✉ 56048 – Cortona

Relais Villa Petrischio rist, 300,

via del Petrischio 25 – ✆ 05 75 61 03 16 – info@villapetrischio.it – Fax 05 75 61 03 17 – Chiuso dal 15 gennaio al 15 marzo

18 cam – 135 € 190/205 € – 4 suites – ½ P 130/145 € – **Rist** – Carta 40/65 €

◆ Immersa in un grande parco e costruita sulla collina più alta di Farneta, la villa settecentesca dispine di suggestivi scorci all'aperto ed eleganti camere con mobili d'epoca. Il raffinato ristorante in veranda offre una particolare vista sulle colline e propone i classici ed antichi sapori della tradizione toscana.

sulla strada provinciale 35 verso Mercatale

Villa di Piazzano
località Piazzano 7, Est : 8 km ✉ 06069 Tuoro sul Trasimeno – ☎ 075 82 62 26 – info@villadipiazzano.com – Fax 075 82 63 36 – Marzo-novembre
13 cam ☕ – 🛉130/175 € 🛉🛉200/330 € – **Rist** – *(chiuso a mezzogiorno e martedì)* Carta 40/60 €
♦ Voluta dal Cardinale Passerini come casino di caccia, una splendida villa patrizia del XVI secolo sita tra le colline della Val di Chiana, il Lago Trasimeno e Cortona.

CORVARA IN BADIA – Bolzano – 562 C17 – Vedere Alta Badia

Rosso = Piacevole. Cercate i simboli ✗ e 🏠 in rosso.

COSENZA Ⓟ (CS) – 564 J30 – 71 014 ab. – alt. 237 m – ✉ 87100 ▮ *Italia* 5 **A2**

Roma 519 – Napoli 313 – Reggio di Calabria 190 – Taranto 205
corso Mazzini 92 ☎ 0984 27485, aptcosenza@virgilio.it, Fax 0984 27304
Tomba d'Isabella d'Aragona★ nel Duomo Z

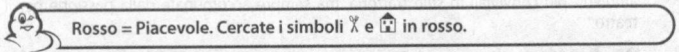

Pianta pagina a lato

Holiday Inn Cosenza cam, cam, rist, 150,
via Panebianco – ☎ 098 43 11 09 – info@hicosenza.it – Fax 098 43 12 37 Y
79 cam ☕ – 🛉80/129 € 🛉🛉80/139 € – ½ P 66/88 €
Rist ***L'Araba Fenice*** – Carta 29/47 €
♦ Ultimo nato in città, un albergo di taglio moderno con soluzioni di ultima concezione, annesso ad un centro commerciale. Ideale per un soggiorno d'affari. Al ristorante Araba Fenice cucina di terra e di mare.

Centrale senza rist
via del Tigrai 3 – ☎ 098 47 57 50 – h.centrale@tin.it – Fax 098 47 36 84 Y **s**
44 cam ☕ – 🛉75/110 € 🛉🛉99/145 €
♦ Hotel di taglio moderno e di recentissima ristrutturazione, ricavato da un edificio alto e stretto. Gli spazi comuni sono ridotti, ma le camere dispongono di ogni confort.

L'Arco Vecchio
piazza Archi di Ciaccio 21, centro storico – ☎ 098 47 25 64 – Fax 098 42 88 37 – Chiuso dal 10 al 18 agosto, domenica da luglio a settembre, martedì negli altri mesi Z **c**
Rist – (prenotare) Carta 25/52 €
♦ Nella suggestiva città vecchia, un rinomato e piacevole ristorante, che propone una sostanziosa cucina legata alle radici calabresi; servizio estivo all'aperto.

in prossimità uscita A 3 Cosenza Nord - Rende

San Francesco 500,
via Ungaretti 2, contrada Commenda ✉ 87036 Rende – ☎ 09 84 46 17 21 – hsf@hsf.it – Fax 09 84 46 45 20
120 cam ☕ – 🛉75/86 € 🛉🛉100/122 € – 13 suites – ½ P 90/96 € – **Rist** – Carta 20/28 €
♦ Risorsa nata negli anni '80, per la sua ubicazione è frequentata soprattutto da clientela di lavoro; arredi e bagni nuovi nella zona notte, ristrutturata di recente. Il ristorante dispone di due capienti sale classiche.

Sant'Agostino senza rist
via Modigliani 49, contrada Roges ✉ 87036 Rende – ☎ 09 84 46 17 82 – hotelsantagostino@hotelcozza.it – Fax 09 84 46 53 58
24 cam ☕ – 🛉38/42 € 🛉🛉62/67 €
♦ Poco fuori dal centro di Rende, un albergo semplice, ma funzionale, dotato di parcheggio privato; arredi essenziali nelle camere, pulite e ben tenute.

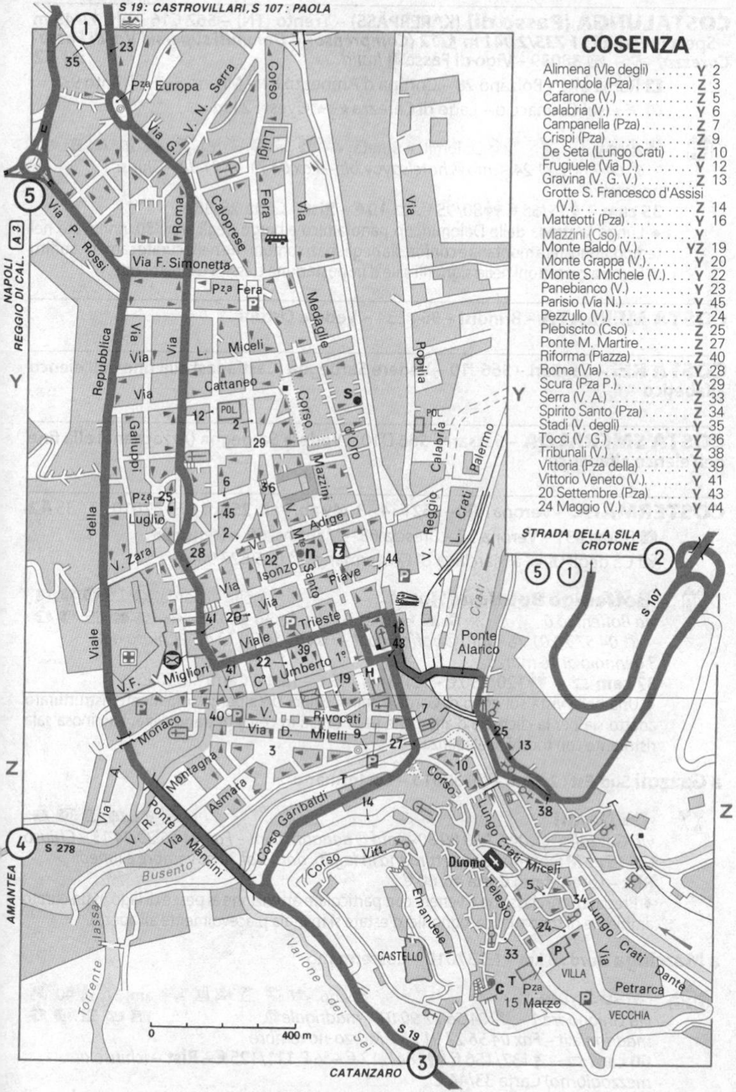

Il Setaccio-Osteria del Tempo Antico

contrada Santa Rosa 62 ✉ 87036 Rende – ✆ 09 84 83 72 11 – Fax 09 84 40 20 90 – Chiuso dal 10 al 20 agosto e domenica

Rist – Carta 19/29 €

◆ Semplice arredamento rustico e ambiente familiare e informale in un ristorante dove le proposte, esposte a voce, sono caserecce e legate alle tradizioni calabresi.

COSTA DORATA – Sassari – 566 E10 – Vedere Sardegna (Porto San Paolo) alla fine dell'elenco alfabetico

---

COSTALOVARA = WOLFSGRUBEN – Bolzano – Vedere Renon

COSTALUNGA (Passo di) (KARERPASS) – Trento (TN) – 562 C16 – **alt. 1 745 m – Sport invernali : *1 735/2 041 m* *12 (Comprensorio Dolomiti superski Val di Fassa-Carezza)*** – ✉ 38039 – Vigo di Fassa *Italia* 31 **C2**

Roma 674 – Bolzano 28 – Cortina d'Ampezzo 81 – Milano 332 – Trento 93

≤★ sul Catinaccio – Lago di Carezza★★★ Ovest : 2 km

Savoy ≤ Dolomiti e pineta, rist, VISA AE
– 04 71 61 21 24 – info@hotelsavoy.biz – Fax 04 71 61 21 32 – Chiuso novembre
35 cam – 55/66 € 80/95 €, 10 € – **Rist** – Carta 28/38 €
◆ Lungo la strada delle Dolomiti, un panoramico albergo degli anni '30, rinnovato nel tempo: atmosfera montana e confort sia negli spazi comuni che nelle curate camere. Soffitti di legno a cassettoni nelle signorili sale d'impostazione classica del ristorante.

COSTA MERLATA – Brindisi – 564 E34 – **Vedere Ostuni**

COSTA REI – Cagliari – 566 J10 – **Vedere Sardegna (Castiadas) alla fine dell'elenco alfabetico**

COSTA SMERALDA – Sassari – 566 D10 – **Vedere Sardegna (Arzachena) alla fine dell'elenco alfabetico**

COSTERMANO – Verona (VR) – 562 F14 – **3 249 ab. – alt. 254 m** – ✉ **37010** 35 **A2**

Roma 531 – Verona 35 – Brescia 68 – Mantova 69 – Trento 78

Cà degli Ulivi, a Marciaga di Costermano, 045 627 90 30.

Boffenigo Boutique Hotel ≤ golfo di Garda, cam, rist, 200, VISA AE
via Boffenigo 6 – 04 57 20 01 78 – info@boffenigo.it – Fax 04 56 20 12 47 – Chiuso dal 3 gennaio al 16 marzo
37 cam – 120/250 € – ½ P 140/145 € – **Rist** – Carta 32/50 €
◆ Una bella vista sul golfo di Garda e sulle colline. Un albergo totalmente ristrutturato adatto sia per la clientela d'affari che per i turisti in cerca di tranquillità. Luminosa sala ristorante con tocchi di eleganza.

a Gazzoli Sud-Est : 2,5 km – ✉ 37010 – Costermano

Da Nanni 6, VISA AE
via Gazzoli – 04 57 20 00 80 – info@dananni.com – Fax 04 56 20 04 15 – Chiuso dal 15 al 28 febbraio, una settimana in luglio, dal 15 al 30 novembre e lunedì
Rist – (prenotare) Carta 40/60 €
◆ Preparazioni classiche e venete con particolare attenzione al pesce di lago in un curato ambiente di tono rustico-signorile; d'estate si mangia piacevolmente all'aperto.

a Marciaga Nord : 3 km – ✉ 37010 – Costermano

Madrigale ≤ lago, cam, 40, VISA AE
via Ghiandare 1 – 04 56 27 90 01 – madrigale@madrigale.it – Fax 04 56 27 91 25 – Marzo-novembre
60 cam – 137/156 € 184/212 € – ½ P 111/125 € – **Rist** – *(chiuso a mezzogiorno)* Carta 33/44 €
◆ Circondato dalle colline e dall'azzurrità del lago, la risorsa garantisce un soggiorno di relax e perfetta tranquillità nei suoi ampi e freschi ambienti. Un'ottima cucina tipica da assaporare in una sala moderna e romantica o in un panoramico dehors estivo.

ad Albarè Sud : 3 km – ✉ 37010

Tre Camini 20/30, VISA AE
Località Murlongo – 04 57 20 03 42 – trecamini@tin.it – Fax 04 56 20 60 98 – Chiuso lunedì escluso giugno-settembre
Rist – Carta 37/45 €
◆ Antiche e massicce mura esterne accolgono la pittoresca aia di questo antico casale di origine cinquecentesca. Arredi ricercati e cucina del territorio completano il quadro.

verso San Zeno di Montagna

XXX **La Casa degli Spiriti** ← lago e monti, ✻ P VISA MC AE ⓘ $

via Monte Baldo 28, Nord-Ovest : 5 km – ✆ 04 56 20 07 66 – info@casadeglispiriti.it – Fax 04 56 20 07 60 – Chiuso da lunedì a venerdì da novembre a Pasqua

Rist – Carta 70/88 €

Rist *La Terrazza* – *(Pasqua-ottobre)* Carta 55/71 €

◆ L'unico spirito che si aggira tra queste antiche mura è quello della buona cucina: un viaggio tra sapori scaligeri, lacustri e mediterranei con vista mozzafiato sul lago. A mezzogiorno, la Terrazza si apre ai commensali, cui propone un piccolo menù.

COSTIERA AMALFITANA ★★★ – Napoli e Salerno – 564 F25 *Italia*

COSTIGLIOLE D'ASTI – Asti (AT) – 5 940 ab. – alt. 242 m – ✉ 14055 25 D2

Roma 629 – Torino 77 – Acqui Terme 34 – Alessandria 51 – Asti 15 – Genova 108

Langhe e Monferrato senza rist, 400, P VISA MC AE $

via Contessa di Castiglione 1 – ✆ 01 41 96 18 53 – info@hotel-langhemonferrato.it – Fax 01 41 96 14 99 – Chiuso gennaio

58 cam – †115/130 € ††120/152 €

◆ Una moderna struttura tra i boschi e le rinomate colline vinicole, dotata di piscina olimpionica, centro congressi ed un centro estetico dove si pratica la vinoterapia.

COSTIGLIOLE SALUZZO – Cuneo (CN) – 561 I4 – 3 135 ab. – alt. 476 m – ✉ 12024 22 B3

Roma 668 – Cuneo 23 – Asti 80 – Sestriere 96 – Torino 77

Castello Rosso ← cam, rist, 90, P VISA MC AE ⓘ $

via Ammiraglio Reynaudi 5 – ✆ 01 75 23 00 30 – castellorosso@castelrosso.com – Fax 01 75 23 93 15

25 cam – †105/140 € ††132/165 € – ½ P 96/113 € – **Rist** – *(chiuso da 7 al 18 gennaio, domenica sera e lunedì escluso da giugno asettembre)* Carta 28/36 €

◆ Antico e colorato maniero eretto nel XVI sec. sulla sommità di un colle, oggi avvolto dai vigneti. Charme e attenzioni all'altezza di chi ricerca confort e buon gusto. Eleganti sale accolgono il ristorante che propone una cucina eclettica.

COSTOZZA – Vicenza – Vedere Longare

COURMAYEUR – Aosta (AO) – 561 E2 – 2 958 ab. – alt. 1 228 m – Sport invernali : 1 224/2 624 m 7 12, *(Comprensorio in Val Ferret); anche sci estivo* – ✉ 11013 *Italia* 34 A2

Roma 784 – Aosta 35 – Chamonix 24 – Colle del Gran San Bernardo 70 – Milano 222 – Colle del Piccolo San Bernardo 28

piazzale Monte Bianco 13 ✆ 0165 842060, info@aiat-montebianco.com, Fax 0165 842072

Val Ferret, Nord-Est : 4 km, ✆ 0165 891 03.

Località★★

Valle d'Aosta★★ : ←★★★ per ②

Pianta pagina seguente

Gran Baita ← monti, (riscaldata) rist, 100, VISA MC AE ⓘ $

strada Larzey 2 – ✆ 01 65 84 40 40 – granbaita@sogliahotels.com – Fax 01 65 84 48 05 – Dicembre-10 aprile e 22 giugno-2 settembre BY **e**

53 cam – †178/228 € ††296/390 € – ½ P 168/215 €

Rist – Carta 32/42 €

Rist *La Sapiniere* – *(chiuso lunedì)* Carta 44/60 €

◆ Moderna "baita" di lusso, dai caldi interni con boiserie e pezzi antichi; terrazza panoramica con piscina riscaldata, coperta a metà: per un tuffo anche se fuori nevica. La capiente sala da pranzo offre una fantasiosa cucina regionale. Ambiente signorile e servizio accurato nell'elegante sala ristorante.

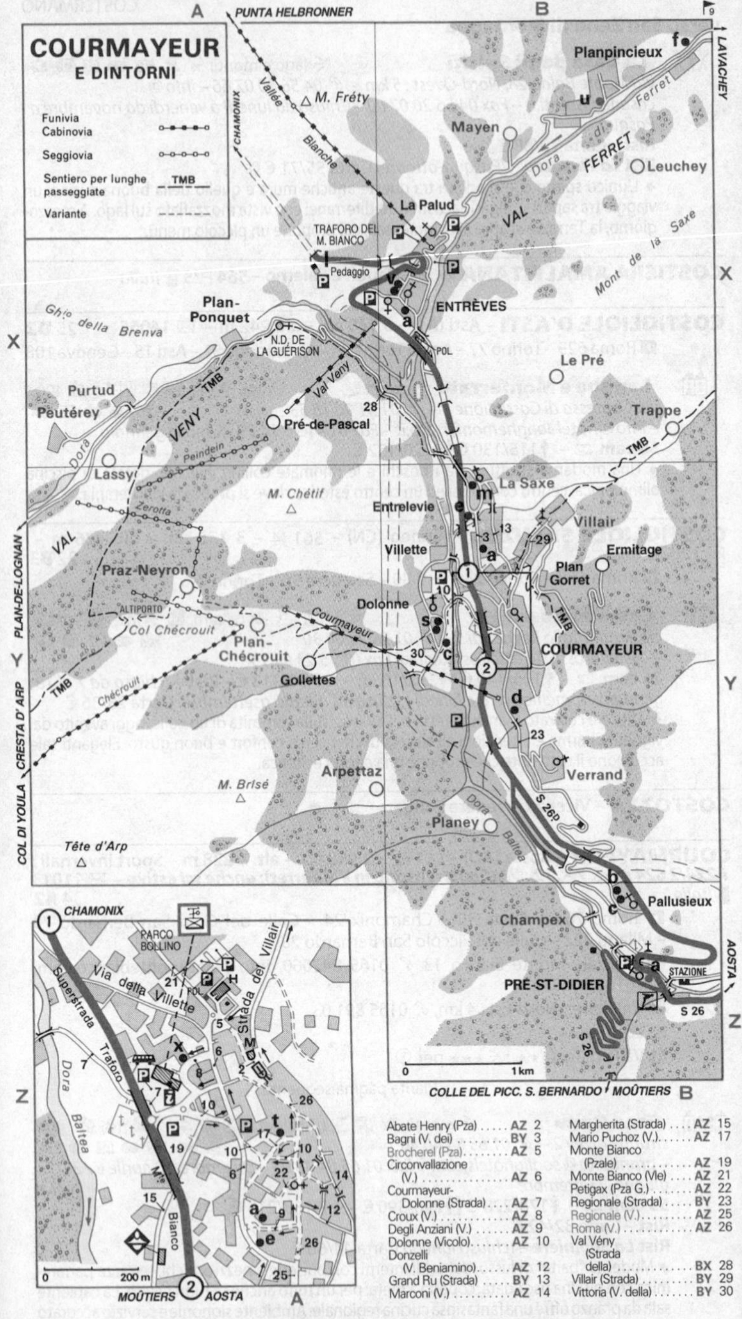
COURMAYEUR
E DINTORNI
Funivia
Cabinovia
Seggiovia
Sentiero per lunghe passeggiate
TMB
Variante
PUNTA HELBRONNER
CHAMONIX
Vallée Blanche
M. Fréty
La Palud
TRAFORO DEL M. BIANCO
Pedaggio
ENTRÈVES
Planpincieux
LAVACHEY
Mayen
Leuchey
VAL FERRET
Dora di Ferret
Mont de la Saxe
Plan-Ponquet
Ghio della Brenva
N.D. DE LA GUÉRISON
Purtud
Peutérey
VAL VENY
Dora
Pré-de-Pascal
Val Veny
Le Pré
Trappe
Lassy
Peindein
M. Chétif
Zerotta
La Saxe
Entrelevie
Villair
Villette
Ermitage
Plan Gorret
Praz-Neyron
ALTIPORTO
Col Chécrouit
Plan-Chécrouit
Dolonne
Courmayeur
COURMAYEUR
Gollettes
Chécrouit
PLAN-DE-LOGNAN
CRESTA D' ARP
COL DI YOULA
Verrand
Arpettaz
M. Brisé
Planey
Dora Baltea
S 26p
Tête d'Arp
Pallusieux
Champex
PRÉ-ST-DIDIER
STAZIONE
AOSTA
S 26
0
1 km
COLLE DEL PICC. S. BERNARDO
MOÛTIERS
CHAMONIX
PARCO BOLLINO
Via della Villette
Strada del Villair
Superstrada Traforo
Dora Baltea
M. Bianco
200 m
MOÛTIERS
AOSTA
Abate Henry (Pza) AZ 2
Bagni (V. dei) BY 3
Brocherel (Pza) AZ 5
Circonvallazione (V.) AZ 6
Courmayeur-Dolonne (Strada) AZ 7
Croux (V.) AZ 8
Degli Anziani (V.) AZ 9
Dolonne (Vicolo) AZ 10
Donzelli (V. Beniamino) AZ 12
Grand Ru (Strada) BY 13
Marconi (V.) AZ 14
Margherita (Strada) AZ 15
Mario Puchoz (V.) AZ 17
Monte Bianco (Pzale) AZ 19
Monte Bianco (Vle) AZ 21
Petigax (Pza G.) AZ 22
Regionale (Strada) BY 23
Regionale (V.) AZ 25
Roma (V.) AZ 26
Val Vény (Strada della) BX 28
Villair (Strada) BY 29
Vittoria (V. della) BY 30

Grand Hotel Royal e Golf < monti e ghiacciai, (riscaldata)
via Roma 87 – 01 65 83 16 11 – hotel 100,
royalgolf@ventaglio.com – Fax 01 65 84 20 93 – Dicembre-Pasqua e luglio-agosto
80 cam – 200/255 € 310/390 € – 6 suites – ½ P 150/195 € – **Rist** – Carta 38/55 € AZ **a**
◆ Prestigioso albergo in centro con area congressi, ma ideale soprattutto per villeggiatura. Piccolo, ma esclusivo centro benessere con piscina e solarium dalla vista mozzafiato. Ristorante ampio e molto classico caratterizzato da un valido servizio.

Pavillon < Monte Bianco, rist, 150,
strada Regionale 62 – 01 65 84 61 20 – info@pavillon.it – Fax 01 65 84 61 22 – Dicembre-aprile e giugno-settembre
50 cam – 85/140 € 140/260 € – ½ P 89/171 € – **Rist** – Carta 34/44 € BY **d**
◆ Hotel di grande tradizione ritornato ai vertici grazie ad una profonda ristrutturazione. Camere di diverse metrature, molto ben arredate con largo utilizzo di legno. Dalla sala ristorante si gode uno splendido panorama sul Monte Bianco.

Villa Novecento < Monte Bianco, rist, 60,
viale Monte Bianco 64 – 01 65 84 30 00 – info@villanovecento.it – Fax 01 65 84 40 30 – Chiuso maggio, ottobre e novembre BY **a**
26 cam – 130/256 € 170/350 € – ½ P 135/220 € – **Rist** – Carta 35/49 €
◆ Villa liberty completamente ristrutturata che presenta una hall raffinata attraverso cui accedere a camere accoglienti, dotate di ogni confort, con arredi ricercati. Elegante ristorante con un'ottima presentazione e cucina valdostana rivisitata.

Croux senza rist < monti,
via Croux 8 – 01 65 84 67 35 – info@hotelcroux.it – Fax 01 65 84 51 80 – Chiuso maggio e novembre AZ **x**
33 cam – 78/92 € 98/135 €
◆ E' tutto nuovo in questo hotel, totalmente ristrutturato nel 1999, con giardino ombreggiato e calde zone comuni rifinite in legno; alcune camere con vista sul Bianco.

Cresta et Duc < monti, rist, rist,
via Circonvallazione 7 – 01 65 84 25 85 – hotelcrestaetduc@tiscali.it – Fax 01 65 84 25 91 – 21 dicembre-7 aprile e 30 giugno-8 settembre AZ **e**
39 cam – 62/155 € 70/155 € – ½ P 37/125 € – **Rist** – Carta 15/25 €
◆ Al limitare del centro, con parcheggio, un albergo che offre confort adeguato alla sua categoria; nelle serate invernali è piacevole la taverna rivestita di legno. Arredamento moderno con rifiniture lignee nella luminosa sala del ristorante.

Centrale < cam, rist,
via Mario Puchoz 7 – 01 65 84 66 44 – info@hotelscentrale.it – Fax 01 65 84 64 03 – Dicembre-15 maggio e giugno-15 settembre AZ **t**
32 cam – 92 € 135 €, 9 € – **Rist** – *(luglio-agosto)* Carta 26/37 €
◆ In pieno centro, ma dotata di comodo parcheggio, una risorsa ad andamento familiare, con accoglienti spazi comuni; chiedete le camere rimodernate, con bagni nuovi. Tradizionale cucina d'albergo.

Dei Camosci < Monte Bianco,
località La Saxe – 01 65 84 23 38 – info@hoteldeicamosci.com – Fax 01 65 84 21 24 – Dicembre-aprile e 15 giugno-settembre BY **m**
23 cam – 43/50 € 75/83 € – ½ P 60/75 € – **Rist** – Carta 20/32 €
◆ Per un soggiorno tranquillo, ma non lontano dal centro del paese, un albergo a conduzione familiare, rinnovato in anni recenti; buon confort nelle camere. Caratteristica atmosfera montana al ristorante, cucina della tradizione.

ad Entrèves Nord : 4 km – alt. 1 306 m – ✉ 11013

Auberge de la Maison < Monte Bianco,
via Passerin d'Entreves 16 – 01 65 86 98 11 – info@aubergemaison.it – Fax 01 65 86 97 59 – Chiuso maggio BX **a**
33 cam – 105/160 € 120/190 € – ½ P 85/90 € – **Rist** – (solo per alloggiati) Carta 40/50 €
◆ Fedele al suo nome, offre una calda ospitalità in un'atmosfera da raffinata "casa" di montagna, con tanto di boiserie e camino; camere personalizzate e ben accessoriate. Ristorante d'atmosfera, servizio all'altezza.

Pilier d'Angle ⟨ Monte Bianco,
– ☎ 01 65 86 97 60 – info@pilierdangle.it – Fax 01 65 86 97 70 – *Chiuso maggio, ottobre e novembre* BX **v**
23 cam – †82/120 € ††84/160 € – ½ P 60/120 €
Rist *Taverna del Pilier* – Carta 30/52 €
♦ Due chalet separati, con parcheggio in comune, compongono questa risorsa, che ha camere di diversa tipologia, ma tutte accoglienti e con lo stesso livello di confort. Il calore del camino della sala da pranzo è il miglior accompagnamento alla saporita cucina.

La Grange senza rist ⟨ Monte Bianco,
strada La Brenva 1 – ☎ 01 65 86 97 33 – lagrange@mbtlc.it – Fax 01 65 86 97 44 – Dicembre-aprile e luglio-settembre
23 cam – ††90/140 € BX **v**
♦ Pietra, legno, vecchi arnesi da lavoro a ricreare antiche atmosfere negli interni di un fienile del XIV secolo recuperato con gusto; arredi in pino nelle graziose camere.

a La Palud Nord : 4,5 km

Dente del Gigante con cam ⟨ Monte Bianco,
strada la Palud 42 – ☎ 016 58 91 45 – info@dentedelgigante.com – Fax 016 58 96 39 – Chiuso dal 15 giugno al 15 luglio, ottobre e novembre
13 cam – †35/86 € ††60/144 € – **Rist** – Carta 40/52 €
♦ Raccolta e piacevole struttura in legno e pietra, ubicata nella parte alta di Courmayeur. Entusiasta e intraprendente gestione familiare, cucina valdostana rivisitata. Dispone anche di accoglienti camere arredate in stile montano.

in Val Ferret

Miravalle ⟨ Monte Bianco e Grandes Jorasses, cam,
località Planpincieux Nord :7 km – ☎ 01 65 86 97 77 – marco@courmayeur-hotelmiravalle.it – Fax 01 65 86 97 29 – Dicembre-aprile e giugno-settembre BX **f**
11 cam – ††60/115 € – ½ P 50/80 € – **Rist** – *(chiuso martedì in bassa stagione)* Carta 24/37 €
♦ Nella cornice di una valle unica al mondo, al cospetto di sua maestà il Monte Bianco, un semplice albergo familiare, con accoglienti camere in legno massiccio. La sala da pranzo ha un simpatico ambiente, in tipico stile di montagna.

La Clotze
località Planpincieux Nord : 7 km alt. 1 400 ✉ 11013 – ☎ 01 65 86 97 20 – info@laclotze.com – Fax 01 65 86 97 85 – Chiuso maggio, dal 20 settembre al 25 ottobre, martedì e mercoledì, escluso agosto BX **u**
Rist – Carta 46/59 €
♦ Preceduta da un elegante ingresso, una bella sala in legno con cantina a vista ben fornita, dove troverete sapori tipici del territorio, dalla fontina alla carne di cervo.

a Dolonne

Dolonne ⟨ monti e valle,
– ☎ 01 65 84 66 74 – hoteldolonne@hoteldolonne.it – Fax 01 65 84 66 71
30 cam – †50/110 € ††60/175 € – ½ P 42/110 € – **Rist** – Menu 20 € BY **s**
♦ Fuori dalla mondanità di "Courma", quieta atmosfera montana fra le antiche pietre di una casa rustica del XVI secolo, con suggestive salette relax e camere confortevoli. Begli arredi rustici nella sala ristorante.

Ottoz Meublé senza rist ⟨
– ☎ 01 65 84 66 81 – info@hotelottoz.it – Fax 01 65 84 66 82 – *Dicembre-aprile e luglio-15 settembre* BY **s**
25 cam – †120 € ††150 €
♦ Hotel a gestione familiare, nato nel 1994 dalla ristrutturazione di un'antica casa, di cui conserva in parte i soffitti a volta e le pareti in pietra; stanze funzionali.

Stella del Nord senza rist ⟨
strada della Vittoria 2 – ☎ 01 65 84 80 39 – info@stelladelnord.com – Fax 01 65 84 57 80 – Dicembre-aprile e luglio-settembre BY **c**
13 cam – †93 € ††150 €
♦ Conduzione giovane, ma esperta per un albergo di recente apertura, situato nella parte alta della frazione; arredi in legno e moquette nelle nuovissime camere.

COVIGLIAIO – Firenze (FI) – 563 J15 – alt. 831 m – ✉ 50030 29 C1

Roma 326 – Bologna 51 – Firenze 52 – Pistoia 67

Il Cigno

strada statale 65 della Futa km 49,5 – ✆ 055 81 24 81 – ilcigno@ilcigno.it – Fax 05 58 12 48 68 – 15 marzo-15 novembre

31 cam – 100/120 € 120/174 € – 2 suites – ½ P 82/117 €

Rist ***Il Cerro*** – *(chiuso martedì)* Carta 27/44 €

◆ Risorsa concepibile come l'elegante evoluzione di un agriturismo di lusso. Tutte le camere sono spaziose e dotate di accesso indipendente, spazi comuni accoglienti. Il monumentale camino "domina la scena" nella sala ristorante elegante e luminosa.

CRANDOLA VALSASSINA – Lecco (LC) – 561 D10 – 270 ab. – alt. 769 m – ✉ 23832 16 B2

Roma 647 – Como 59 – Lecco 30 – Milano 87 – Sondrio 65

Da Gigi con cam

piazza IV Novembre 4 – ✆ 03 41 84 01 24 – dagigi-crandola@libero.it – Fax 03 41 80 17 10 – Chiuso dal 15 al 30 giugno

8 cam – 40/50 € 50/60 €, 7 € – ½ P 40/50 € – **Rist** – *(chiuso mercoledì escluso luglio-agosto)* Carta 30/45 €

◆ Per gustare le specialità della Valsassina: un simpatico locale in posizione panoramica con due sale di tono rustico e una cucina attenta ai prodotti del territorio.

CRAVANZANA – Cuneo (CN) – 561 I6 – 406 ab. – alt. 583 m – ✉ 12050 25 C2

Roma 610 – Genova 122 – Alessandria 74 – Cuneo 48 – Mondovì 42 – Savona 72 – Torino 88

Mercato-da Maurizio con cam

via San Rocco 16 – ✆ 01 73 85 50 19 – ristorantedamaurizio@libero.it – Fax 01 73 85 50 16 – Chiuso dall' 8 gennaio al 9 febbraio e dal 25 giugno al 6 luglio

12 cam – 45 € 60 € – **Rist** – *(chiuso mercoledì e giovedì a mezzogiorno)* Carta 25/34 €

◆ Lunga tradizione familiare, dal 1902, per questa trattoria, dal '93 nell'attuale sede; ambiente semplice, due sale sobrie, d'estate la terrazza; cucina piemontese.

CREMA – Cremona (CR) – 561 F11 – 33 213 ab. – alt. 79 m – ✉ 26013 19 C2

Roma 546 – Piacenza 40 – Bergamo 40 – Brescia 51 – Cremona 38 – Milano 44 – Pavia 52

, ✆ 0373 29 80 16.

Il Ponte di Rialto senza rist 200,

via Cadorna 5/7 – ✆ 037 38 23 42 – info@pontedirialto.it – Fax 037 38 35 20 – Chiuso agosto

33 cam – 65/80 € 95/100 €

◆ In un palazzo d'epoca, l'albergo dispone di camere arredate alternativamente in stile classico o con pezzi d'antiquariato ed ospita, inoltre, un'attrezzata sala conferenze.

Palace Hotel senza rist

via Cresmiero 10 – ✆ 037 38 14 87 – inns0004@hotelpalace.191.it – Fax 037 38 68 76 – Chiuso dal 5 al 20 agosto

45 cam – 40/66 € 60/102 €

◆ Sito in centro storico, tra le mura di un edificio degli anni Settanta, l'hotel offre ambienti semplici e confortevoli ed è particolarmente indicato per una clientela d'affari.

Qualità a prezzi contenuti?
Cercate i Bib: Bib Gourmand rosso per i ristoranti
e Bib Hotel azzurro per gli alberghi.

CREMENO – Lecco (LC) – 561 E10 – 1 154 ab. – alt. 797 m – Sport invernali : *a Piani di Artavaggio : 650/1 910 m 1 6,* – ✉ 23814 16 **B2**

Roma 635 – Bergamo 49 – Como 43 – Lecco 14 – Milano 70 – Sondrio 83

a Maggio Sud-Ovest : 2 km – ✉ 23814

Maggio cam, VISA AE

piazza Santa Maria 20 – ✆ 03 41 91 05 54 – albergomaggio@libero.it – Fax 03 41 91 05 54

14 cam – 35/40 € 60/70 € – ½ P 48/56 € – **Rist** – *(chiuso martedì escluso luglio-agosto)* (prenotazione obbligatoria) Carta 25/32 €

◆ In una tranquilla località della Valsassina, semplice struttura a conduzione familiare, con giardino e piscina; chiedete le nuove camere, più curate e confortevoli. Nella taverna è stato ricavato un secondo ristorante, dove gustare anche piatti lombardi.

CREMNAGO – Como (CO) – alt. 335 m – ✉ 22044 18 **B1**

Roma 605 – Como 17 – Bergamo 44 – Lecco 23 – Milano 37

Antica Locanda la Vignetta VISA

via Garibaldi 15 – ✆ 031 69 82 12 – Fax 031 69 82 12 – Chiuso dal 2 al 26 agosto e martedì

Rist – Carta 28/41 €

◆ Familiari sia la gestione ultraventennale che l'accoglienza in un frequentato, simpatico locale con solida cucina del territorio; servizio estivo sotto un pergolato.

CREMOLINO – Alessandria (AL) – 561 I7 – 1 014 ab. – alt. 405 m – ✉ 15010 23 **C3**

Roma 559 – Genova 61 – Alessandria 50 – Milano 124 – Savona 71 – Torino 135

Bel Soggiorno con cam < colline, rist, VISA AE

via Umberto I, 69 – ✆ 01 43 87 90 12 – info@ristorantebelsoggiorno.it – Fax 01 43 87 99 21 – Chiuso dal 10 al 25 gennaio e dal 15 al 30 luglio

3 cam – 55 € 65 € – **Rist** – *(chiuso mercoledì e giovedì a mezzogiorno)* (prenotare) Carta 27/49 €

◆ Da oltre 30 anni fedeltà alle tradizioni culinarie piemontesi, i cui piatti tipici, stagionali, vengono proposti in una piacevole sala con vetrata affacciata sui colli.

CREMONA P (CR) – 561 G12 – 71 458 ab. – alt. 45 m – ✉ 26100 *Italia* 17 **C3**

Roma 517 – Parma 65 – Piacenza 34 – Bergamo 98 – Brescia 52 – Genova 180 – Mantova 66 – Milano 95

piazza del Comune 5 ✆ 0372 23233, info@aptcremona.it, Fax 0372 534080

Il Torrazzo, ✆ 0372 47 15 63.

Piazza del Comune★★ BZ : campanile del Torrazzo★★★, Duomo★★, Battistero★ BZ **L** – Palazzo Fodri★ BZ **D** – Museo Stradivariano ABY

Pianta pagina a lato

Delle Arti senza rist 30, VISA AE

via Bonomelli 8 – ✆ 037 22 31 31 – info@dellearti.com – Fax 037 22 16 54 – Chiuso 24-25-26 dicembre e agosto BZ **a**

33 cam – 79/119 € 140/169 €

◆ Sin dall'esterno si presenta come un design hotel caratterizzato da forme geometriche e colori sobri, prevalentemente scuri. Un'eccezione di modernità nel centro storico.

Cremona senza rist VISA AE

viale Po 131 – ✆ 037 23 22 20 – info@hotelcremona.it – Fax 03 72 42 26 80 AZ **b**

32 cam – 50/70 € 70/85 €

◆ In zona Po, lungo una strada di grande scorrimento, trafficata ma comoda, presenta camere rinnovate con un design moderno: le migliori si trovano al primo piano.

Martinelli 12/30, VISA AE

via degli Oscasali 3 – ✆ 037 23 03 50 – ristorantemartinelli@libero.it – Fax 03 72 42 24 50 – Chiuso domenica e mercoledì AZ **a**

Rist – Carta 37/53 €

◆ In un palazzo del '700, trionfo neoclassico di affreschi e cariatidi nei saloni per banchetti; meno decorate, ma eleganti le sale del ristorante; piatti locali e di mare.

CREMONA

Boccaccino (V.) . . . . BZ 3
Cadorna (Pza L.) . . . . AZ 4
Campi (Cso) . . . . BZ 5
Cavour (Cso) . . . . BZ 6
Comune (Pza del) . . . . BZ 7
Garibaldi (Cso) . . . . AYZ
Geromini (V. Felice) . . . . BY 9
Ghinaglia (V. F.) . . . . AY 12
Ghisleri (V. A.) . . . . BY 13
Libertà (Pza della) . . . . BY 14
Mantova (V.) . . . . BY 17
Manzoni (V.) . . . . BY 18
Marconi (Pza) . . . . BZ 19
Marmolada (V.) . . . . BZ 22
Matteotti (Cso) . . . . BYZ
Mazzini (Cso) . . . . BZ 23
Melone (V. Altobello) . . . . BZ 24
Mercatello (V.) . . . . BZ 25
Monteverdi (V. Claudio) . . . . . BZ 27
Novati (V.) . . . . BZ 28
Risorgimento (Pza) . . . . AY 29
Spalato (V.) . . . . AY 35
Stradivari (Pza) . . . . BZ 37
S. Maria in Betlem (V.) . . . . . . BZ 32
S. Rocco (V.) . . . . BZ 33
Tofane (V.) . . . . BZ 39
Ugolani Dati (V.) . . . . BY 40
Vacchelli (Cso) . . . . BZ 42
Verdi (V.) . . . . BZ 43
Vittorio Emanuele II (Cso) . . . . AZ 45
4 Novembre (Pza) . . . . BZ 46
20 Settembre (Cso) . . . . BZ 48

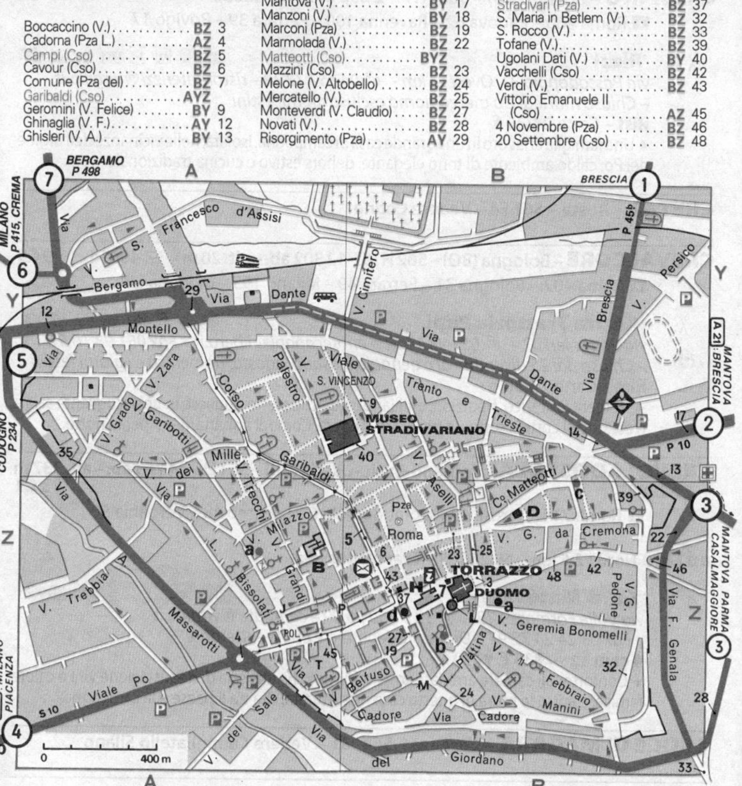

XX **La Sosta** AC VISA AE
via Sicardo 9 – ✆ 03 72 45 66 56 – claudionevi@libero.it – Fax 03 72 53 77 57 – Chiuso una settimana in febbraio, due settimane in agosto, domenica sera e lunedì BZ **b**
Rist – Carta 30/40 €
◆ Osteria nel nome ma un moderno e colorato locale nell'ambiente. A pochi passi dal Duomo, i classici della cucina cremonese ed altre specialità nazionali.

XX **La Borgata** AC 20, VISA AE
via Bergamo 205 località Migliaro, 2 km per ⑦ – ✆ 03 72 56 09 60 – Fax 03 72 56 32 31 – Chiuso dal 2 al 10 gennaio, agosto, lunedì sera e martedì
Rist – Carta 34/42 €
◆ Clientela di affezionati habitué in un locale decentrato, organizzato su scala familiare; ambiente di tono moderno per una cucina tradizionale per lo più marinara.

X **La Locanda** con cam AC VISA AE
via Pallavicino 4 – ✆ 03 72 45 78 35 – Fax 03 72 45 78 34 – Chiuso dal 23 luglio al 15 agosto BYZ **c**
9 cam – †43 € ††64 € – **Rist** – *(chiuso martedì)* (prenotare la sera) Carta 31/39 €
◆ Conduzione diretta e ambiente semplice in un ristorante con camere sito nel centro storico; affidabile linea gastronomica basata su piatti di cucina locale e non solo.

CRESPINO – Rovigo (RO) – 562 H17 – **2 090 ab.** – ✉ **45030** 36 **C3**

Roma 460 – Padova 62 – Ravenna 100 – Ferrara 39 – Rovigo 17

XX **Rizzi**

via Passodoppio 31, Ovest : 3 km – ✆ 042 57 72 38 – ristoranterizzi@virgilio.it – Chiuso martedì e a mezzogiorno escluso giorni festini

Rist – Carta 24/35 €

◆ Una famiglia al lavoro in una grande casa di campagna, isolata, nelle vicinanze dell'argine del Po: caldo ambiente di tono elegante, dehors estivo e cucina tradizionale.

CRETAZ – Aosta – 561 F4 – **Vedere Cogne**

CREVALCORE – Bologna (BO) – **562** H15 – **12 302 ab.** – **alt. 20 m** – ✉ **40014** 9 **C3**

Roma 402 – Bologna 31 – Ferrara 49 – Milano 195 – Modena 25

X **Antica Trattoria Papi**

via Paltrinieri 62 – ✆ 051 98 16 51 – enotecapapi@libero.it – Fax 051 98 16 51 – Chiuso dal 25 dicembre al 6 gennaio, Pasqua, agosto, domenica e i giorni festivi

Rist – Carta 27/38 €

◆ Nel centro storico, tradizioni emiliane e qualche piatto pugliese in un'accogliente sala e d'estate nel cortile, sotto un porticato d'edera. Comodi appartamenti per la notte.

CREVOLADOSSOLA – Verbano-Cusio-Ossala (VB) – **561** D6 – **4 763 ab.** – **alt. 337 m** – ✉ **28865** 23 **C1**

Roma 714 – Stresa 49 – Domodossola 6 – Locarno 48 – Verbania 50

ad Oira Nord : 2,5 km – ✉ 28865 – Crevoladossola

Ca' d'Maté senza rist

via Valle Formazza 13 – ✆ 33 57 50 76 09 – cadmate@virgilio.it – Fax 03 24 24 72 97 – Dicembre-febbraio e aprile-settembre

4 cam – 🛉35 € 🛉🛉70 €

◆ Confortevoli camere arredate con mobili antichi, una sala di degustazione vini e calore familiare entro le mura di questa casa ristrutturata, sita tra il paese e la campagna.

CROCE DI MAGARA – Cosenza – **564** J31 – **Vedere Camigliatello Silano**

CROCERA – Cuneo – **561** H4 – **Vedere Barge**

CRODO – Verbano-Cusio-Ossala (VB) – **561** D6 – **1 486 ab.** – **alt. 508 m** – ✉ **28862** 23 **C1**

Roma 712 – Stresa 46 – Domodossola 14 – Milano 136 – Novara 105 – Torino 179

località Bagni ✆ 0324 618831, crodo@distrettolaghi.it, Fax 0324 618831

XX **Marconi**

via Pellanda 21 – ✆ 03 24 61 87 97 – ristorantemarconi@alice.it – Chiuso una settimana in gennaio, una settimana in giugno, una settimana in settembre e martedì

Rist – Carta 34/48 €

◆ Una giovane coppia conduce questo ristorante con passione e competenza. Ambiente gradevole, molto frequentato da chi vive in questa zona e apprezza la cucina del territorio.

a Viceno Nord-Ovest : 4,5 km – alt. 896 m – ✉ 28862 – Crodo

Edelweiss rist, rist,

– ✆ 03 24 61 87 91 – info@albergoedelweiss.com – Fax 03 24 60 00 01 – Chiuso dal 10 al 25 gennaio e dal 5 al 29 novembre

30 cam – 🛉42 € 🛉🛉75 € – ½ P 55 € – **Rist** – *(chiuso mercoledì escluso dal 15 giugno al 15 settembre)* Carta 21/32 €

◆ In posizione tranquilla ai piedi del monte Cistella, un moderno e curato albergo a conduzione familiare con camere arredate secondo il gusto montano, recentemente rinnovate. Il ristorante consta di due sale ideali per banchetti e cerimonie ma anche per consumare piatti della tradizione in un'atmosfera più riservata.

Pizzo del Frate con cam ≤ monti,

località Foppiano Nord-Ovest : 3,5 km alt. 1 250 m – ☎ 032 46 12 33 – pizzodelfrate@libero.it – Fax 032 46 10 40 – Chiuso dal 2 novembre al 5 dicembre

13 cam – 56/60 € – ½ P 38/40 € – **Rist** – *(chiuso martedì escluso dal 15 giugno al 15 settembre)* Carta 20/30 €

◆ Circondato da boschi e pascoli alpini la sala ristorante è arredata nel classico stile montano e propone piatti ossolani con specialità di selvaggina. Tra le mura di questo ambiente rustico, anche camere semplici ed accoglienti, ideale punto di appoggio per escursioni o passeggiate.

CROSA – Vercelli – 561 E6 – Vedere Varallo Sesia

CROTONE (KR) – 564 J33 – 60 457 ab. – ✉ 88900 *Italia* 5 B2

Roma 593 – Cosenza 112 – Catanzaro 73 – Napoli 387 – Reggio di Calabria 228 – Taranto 242

di Isola di Capo Rizzuto Contrada Sant'Anna ☎ 0962 794388, Fax 0962 794368

via Torino 138 ☎ 0962 23185, info@aptkr.191.it, Fax 0962 26700

Helios 70,

via per Capocolonna Sud : 2 km, Sud: 2 km – ☎ 09 62 90 12 91 – info@helioshotels.it – Fax 096 22 79 97 – Chiuso dal 1° al 10 gennaio, agosto, martedì sera e mercoledì

42 cam – 60/75 € 85/118 € – ½ P 70/80 € – **Rist** – Carta 23/35 €

◆ Fuori città, a pochi passi dalla spiaggia, un confortevole hotel di taglio moderno, adatto sia a clientela d'affari che turistica estiva; camere con terrazza vista mare. Ampia e luminosa sala da pranzo.

La Sosta da Marcello

via Corrado Alvaro – ☎ 09 62 90 22 43 – Fax 09 62 90 10 83 – Chiuso domenica sera da settembre a giugno, tutto il giorno negli altri mesi

Rist – Carta 40/53 € (+10 %)

◆ In una zona residenziale, poco arretrato dal mare, ristorante curato, con fiori freschi sui tavoli; qui il pesce la fa da padrone, ma fatevi consigliare dal titolare.

Da Ercole 9/12,

viale Gramsci 122 – ☎ 09 62 90 14 25 – info@daercole.com – Fax 09 62 90 14 25 – Chiuso 15 giorni in novembre e domenica (escluso luglio-agosto)

Rist – Carta 46/60 €

◆ Il sapore e il profumo del mar Ionio esaltati nei piatti cucinati da Ercole nel suo accogliente locale classico sul lungomare della località. Una sala è decorata con mosaici.

CRUCOLI TORRETTA – Crotone (KR) – 564 I33 – alt. 367 m – ✉ 88812 5 B1

Roma 576 – Cosenza 120 – Catanzaro 120 – Crotone 51

Pollo d'Oro con cam

corso Garibaldi 87/89 – ☎ 096 23 40 05 – Fax 096 23 40 05 – Chiuso dal 24 dicembre al 6 gennaio, dal 1° al 10 settembre e domenica escluso giugno-settembre

19 cam – 35/40 € 60/70 € – ½ P 62/70 € **Rist** – Carta 20/35 €

◆ Tradizioni calabresi, dai salumi alle paste, in questo ristorante familiare, con camere e piccola enoteca-distilleria; la specialità della casa è il pollo fritto.

CUASSO AL MONTE – Varese (VA) – 561 E8 – 3 218 ab. – alt. 532 m – ✉ 21050 16 A2

Roma 648 – Como 43 – Lugano 31 – Milano 72 – Varese 16

Al Vecchio Faggio

via Garibaldi 8, località Borgnana Est : 1 km – ☎ 03 32 93 80 40 – info@vecchiofaggio.com – Chiuso dal 7 al 22 gennaio, dal 15 al 30 giugno e mercoledì

Rist – Carta 26/46 €

◆ Piacevoli e curate le sale interne, particolarmente ameno il servizio estivo nella terrazza panoramica; cucina legata alla tradizione, modernamente reinterpretata.

a Cavagnano Sud-Ovest : 2 km – ✉ 21050 – Cuasso al Monte

Alpino rist, cam, P VISA
via Cuasso al Piano 1 – ✆ 03 32 93 90 83 – info@hotelalpinovarese.it – Fax 03 32 93 90 94 – Chiuso dall'8 al 25 gennaio
19 cam – 50/60 € 70/80 € – ½ P 65/75 € – **Rist** – *(chiuso lunedì escluso da giugno al 15 settembre)* Carta 25/40 €
◆ Una risorsa accogliente nella sua semplicità, per un soggiorno tranquillo e familiare in una verde località prealpina; camere con arredi essenziali. Ambiente semplice di tono rustico, con soffitto a cassettoni e grande camino in sala da pranzo.

a Cuasso al Piano Sud-Ovest : 4 km – ✉ 21050

XX **Molino del Torchio** P VISA AE
via Molino del Torchio 17 – ✆ 03 32 92 03 18 – info@molinodeltorchio.com – Fax 03 32 92 11 82 – Chiuso dal 1° al 25 gennaio, dal 16 al 30 agosto, lunedì e martedì
Rist – 37 €
◆ Recupero di antiche, tradizionali ricette lombarde, con menù fisso settimanale, in un ambiente che vi riporterà al passato: un suggestivo, vecchio mulino.

CUMA – Napoli – 564 E24 – Vedere Pozzuoli

CUNEO P (CN) – 561 I4 – 54 875 ab. – alt. 543 m – ✉ 12100 22 B3

Roma 643 – Alessandria 126 – Briançon 198 – Genova 144 – Milano 216 – Nice 126 – San Remo 111 – Savona 98

via Roma 28 (Municipio) ✆ 0171 693258, Fax 0171 693258

I Pioppi Madonna dell'Olmo, Nord : 3 km località La Magnina, ✆ 0171 41 28 25 ;

Boves, Sud : 7 km frazione Mellana, ✆ 071 38 70 41.

Pianta pagina a lato

Palazzo Lovera Hotel cam, cam, VISA AE
via Roma 37 – ✆ 01 71 69 04 20 – info@palazzolovera.com – Fax 01 71 60 34 35 Y **d**
45 cam – 105/125 € 130/150 € – 1 suite – ½ P 94/110 € – **Rist** – *(chiuso quindici giorni in gennaio e quindici giorni in agosto)* Carta 33/41 €
◆ Nel cuore della città, un palazzo nobiliare del XVI secolo che ebbe illustri ospiti, è oggi un albergo di prestigio e dispone di spaziose ed eleganti camere in stile. Nuovi sapori al ristorante dove troverete proposte di cucina tipica piemontese ed una sempre interessante selezione di vini.

Principe senza rist 50, VISA AE
piazza Galimberti 5 – ✆ 01 71 69 33 55 – info@hotel-principe.it – Fax 017 16 75 62 Z **c**
50 cam – 85/120 € 115/170 €
◆ Dalla piazza principale un ingresso "importante" con scalinata di marmo introduce in un hotel di lunga storia, rinnovatosi nel tempo, con moderne camere ben accessoriate.

Royal Superga senza rist P VISA AE
via Pascal 3 – ✆ 01 71 69 32 23 – info@hotelroyalsuperga.com – Fax 01 71 69 91 01 Y **a**
29 cam – 55/85 € 70/120 €
◆ Comodi box riservati ai clienti in questa centrale struttura di taglio tradizionale; interni in stile e buon confort omogeneo nei vari settori. Nuova, intraprendente gestione.

Cuneo Hotel senza rist VISA AE
via Vittorio Amedeo II, 2 – ✆ 01 71 68 19 60 – cuneo-hotel@libero.it – Fax 01 71 69 71 28 Z **x**
20 cam – 60/70 € 80/100 €
◆ Confort e funzionalità: sono questi i valori della risorsa sita in posizione centrale, recentemente ristrutturata ed arredata in un vecchio stile con tratti di modernità.

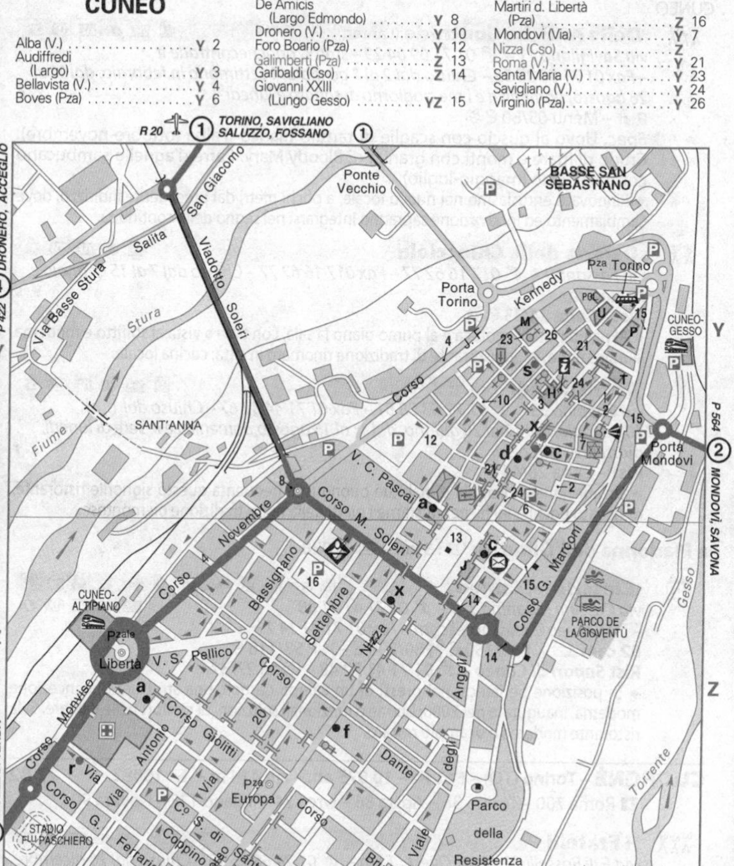

Fiamma senza rist

via Meucci 36 – ✆ 017 16 66 51 – chiara.bono1@aliceposta.it – Fax 017 16 66 52

13 cam – †65/80 € ††85 €, ☕ 7 € Z **a**

◆ Conduzione familiare attenta e precisa in un piccolo albergo alle spalle del complesso ospedaliero cittadino; mobili artigianali in noce nelle accoglienti camere.

Ligure senza rist

via Savigliano 11 – ✆ 01 71 68 19 42 – info@ligurehotel.it – Fax 01 71 63 45 45

14 cam ☕ – †65/75 € ††68/80 € Y **c**

◆ Una risorsa ubicata nel centro storico, gestita dalla stessa famiglia da vari decenni, per una sistemazione semplice, ma dignitosa; camere funzionali.

XXX San Michele

contrada Mondovì 2 – ✆ 01 71 68 19 62 – Fax 01 71 68 19 62 – Chiuso dal 20 al 28 febbraio e lunedì Y **x**

Rist – Carta 35/43 €

◆ In un palazzo di antiche origini, si sviluppa su due piani questo locale, dove troverete un tranquillo ambiente di rustica eleganza e cucina piemontese anche rivisitata.

XXX **Delle Antiche Contrade** (Lanteri)
via Savigliano 11 – ✆ 01 71 69 04 29 – staff@antichecontrade.it – Fax 01 71 60 34 35 – Chiuso dal 2 al 7 gennaio, 1 settimana in febbraio, dal 1° al 28 agosto, domenica e i mezzogiorno di sabato e lunedì Y c
Rist – Menu 65/80 €
Spec. Uovo al guscio con scaglie di tartufo bianco d'alba (ottobre-novembre). Crudo di mare e monti con granita di Bloody Mary. Carrè d'agnello sambucano cotto nel fieno (maggio-luglio)
◆ Rinnovato entusiasmo nel nuovo locale, a pochi metri dal precedente indirizzo, dove cambiamento ed innovazione sapranno integrarsi nel segno della continuità.

XX **Osteria della Chiocciola**
via Fossano 1 – ✆ 017 16 62 77 – Fax 017 16 62 77 – Chiuso dal 7 al 15 gennaio e domenica Y s
Rist – Carta 24/33 €
◆ Al pianterreno l'enoteca e al primo piano la sala, con travi a vista al soffitto e moderna illuminazione, in un ristorante di tradizione rinomato in città; cucina locale.

X **Torrismondi**
via Coppino 33 – ✆ 01 71 63 08 61 – Fax 01 71 44 32 67 – Chiuso dal 1° al 10 gennaio, dal 12 al 20 giugno, dal 1° al 15 agosto,domenica e le sere di lunedì, martedì e mercoledì Z r
Rist – Carta 28/44 €
◆ Un'affezionata clientela di habitué buongustai frequenta questo signorile ristorante, rinnovato pochi anni fa, per gustarne i piatti della tipica tradizione piemontese.

a Madonna dell'Olmo per ① : 3 km – ✉ 12020

ClassHotel Cuneo cam, cam, rist, 80,
via Cascina Magnina 3/a – ✆ 01 71 41 31 88 – info.cuneo@classhotel.com – Fax 01 71 41 14 71
82 cam – †60/150 € ††80/200 € – ½ P 58/118 €
Rist *Sapori di Cuneo* – ✆ 01 71 41 22 48 – Carta 27/37 €
◆ In posizione periferica, nei pressi di un campo da golf, una struttura di concezione moderna, inaugurata nel 2000; buone e funzionali soluzioni di confort nelle camere. Sala ristorante moderna e di ampio respiro.

CUORGNÈ – Torino (TO) – 561 F4 – 10 075 ab. – alt. 414 m – ✉ 10082 22 B2

Roma 700 – Torino 38 – Aosta 86 – Ivrea 24 – Milano 137 – Novara 90

XXX **I Fratelli**
via F.lli Rosselli 77, Nord-Ovest : 1 km – ✆ 01 24 65 16 13 – Chiuso dal 26 dicembre al 10 gennaio, dal 10 al 31 agosto, domenica, lunedì e a mezzogiorno
Rist – (prenotazione obbligatoria) Carta 26/34 €
◆ Ristorante elegante e curato, ospitato in una villetta e gestito con molta passione; la cucina segue le stagioni, le tradizioni locali e l'estro del cuoco.

XX **Da Mauro**
piazza Martiri della Libertà – ✆ 01 24 66 60 01 – info@astoria-damauro.it – Fax 01 24 65 74 52 – Chiuso le sere di domenica, lunedì e 25-26 dicembre, dal 15 giugno a settembre solo lunedì sera
Rist – Carta 23/36 €
◆ Sulla piazza principale, un locale a conduzione diretta, con una sala rinnovata, luminosa e colorata. Ampio dehors estivo, per gustare piatti del territorio piemontese.

CUOTTO – Napoli – Vedere Ischia (Isola d') : Forio

CUPRA MARITTIMA – Ascoli Piceno (AP) – 563 M23 – 5 125 ab. – ✉ 63012
Italia 21 D2

Roma 240 – Ascoli Piceno 47 – Ancona 80 – Macerata 60 – Pescara 78 – Porto San Giorgio 19

piazza della Libertà 13 ✆ 0735 779193, iat.cupramarittima@provincia.ap.it, Fax 0735 779193

Montefiore dell'Aso : polittico★★ del Crivelli nella chiesa Nord-Ovest : 12 km

Europa
via Gramsci 8 – ✆ 07 35 77 80 33 – hotelristoranteeuropa@virgilio.it – Fax 07 35 77 80 34 – Chiuso dal 7 al 24 novembre
30 cam – 50 € 58 € – ½ P 42/57 € – **Rist** – *(chiuso lunedì)* Carta 22/36 €
◆ Una semplice pensione, ideale per una vacanza in famiglia, dispone di camere di gusto sobriamente moderno impreziosite da una decorazione ad arco sulla testiera del letto. La sala ristorante è illuminata da grandi vetrate e propone una cucina tradizionale.

CUREGGIO – Novara (NO) – 2 281 ab. – alt. 289 m – ✉ 28060 24 A3

Roma 657 – Stresa 42 – Milano 80 – Novara 33 – Torino 100

Agriturismo La Capuccina
via Novara 19/b, località Capuccina – ✆ 03 22 83 99 30 – info@lacapuccina.it – Fax 03 22 88 36 91
7 cam – 60 € 75 € – ½ P 60 € – **Rist** – *(chiuso dal 24 dicembre al 14 gennaio)* Menu 22/24 €
◆ Cascina restaurata, in aperta campagna, presenta un'ambientazione rustico-moderna con camere di buon confort. Intorno le attività dell'azienda, coltivazioni e bestiame. Grazioso ristorante con quadri moderni e vecchi utensili di campagna.

CURNO – Bergamo (BG) – 561 E10 – 7 408 ab. – alt. 242 m – ✉ 24035 19 C1

Roma 607 – Bergamo 6 – Lecco 28 – Milano 49

Trattoria del Tone 13,
via Roma 4 – ✆ 035 61 31 66 – Fax 035 61 31 66 – Chiuso tre settimane in agosto, martedì e mercoledì
Rist – Carta 31/45 €
◆ Nato come trattoria di paese, si è trasformato in un ristorante di tono, mantenendo la genuinità e la schiettezza della proposta: territorio intelligentemente rivisitato.

CURTATONE – Mantova (MN) – 561 G14 – 100 ab. – alt. 26 m – ✉ 46010 17 C3

Roma 475 – Verona 55 – Bologna 112 – Mantova 8 – Milano 161

a Grazie Ovest : 2 km – ✉ 46010

Locanda delle Grazie 15/25,
via San Pio X 2 – ✆ 03 76 34 80 38 – locandagrazie@libero.it – Fax 03 76 34 71 33 – Chiuso mercoledì
Rist – Carta 26/44 €
◆ Grazioso locale in una frazione di campagna. Casalinga cucina del territorio, con alcuni piatti di mare, in un ambiente lindo e curato. Gestione familiare, clientela abituale.

CUSAGO – Milano (MI) – 561 F9 – 3 186 ab. – alt. 126 m – ✉ 20090 18 A2

Roma 582 – Milano 12 – Novara 45 – Pavia 40

Le Moran cam, 300,
viale Europa 90, Sud-Est : 2 km – ✆ 02 90 11 98 94 – info@hotel-lemoran.com – Fax 029 01 62 07
80 cam – 295 € – 2 suites – ½ P 168 € – **Rist** – *(chiuso Natale e agosto)* Menu 27/42 €
◆ Struttura di moderna concezione, con ampie ed eleganti zone comuni e camere spaziose (idromassaggio nelle suite). Salone polivalente nella dépendance, campo da calcetto. Signorile sala ristorante al piano interrato.

Da Orlando (Bordin) 6,
piazza Soncino 19 – ✆ 02 90 39 03 18 – info@daorlando.com – Fax 02 90 39 48 79 – Chiuso dal 25 dicembre al 2 gennaio, dal 7 al 28 agosto, sabato a mezzogiorno (anche la sera in luglio) e domenica
Rist – Carta 44/69 €
Spec. Divagazione sul tema del fassone: carpaccio al tomino e cubi marinati (primavera-estate). Tortelli di cicorino e cipolla rossa caramellata su salsa al parmigiano (maggio-settembre). Rombo in crosta di mandorle e spiedino di baccalà su salsa di carote e zenzero.
◆ Su una scenografica piazza con castello, la cucina padroneggia ormai ogni risorsa, di terra o di mare, così come ogni tipologia, lombarda o di varia ispirazione nazionale.

CUSTOZA – Verona – 562 F14 – Vedere Sommacampagna

CUTIGLIANO – Pistoia (PT) – 563 J14 – 1 664 ab. – alt. 670 m – Sport invernali : *1 600/ 1 800 m* 2 1, – ✉ 51024 *Toscana* 28 **B1**

Roma 348 – Firenze 70 – Pisa 72 – Lucca 52 – Milano 285 – Modena 111 – Montecatini Terme 44 – Pistoia 38

via Roma 25 ✆ 0573 68029, Fax 0573 68200

Trattoria da Fagiolino con cam

via Carega 1 – ✆ 057 36 80 14 – luigiinnocenti@tiscali.it – Fax 057 36 82 10 – Chiuso novembre

4 cam – 50/55 € 75/80 € – **Rist** – *(chiuso martedì sera e mercoledì)* Carta 26/38 €

◆ E' subito positivo il primo impatto con il locale, che ha la cucina completamente a vista dall'ingresso; ambiente familiare e caserecci piatti della tradizione locale.

DALMINE – Bergamo (BG) – 561 F10 – 22 001 ab. – alt. 191 m – ✉ 24044 19 **C1**

Roma 610 – Bergamo 10 – Brescia 63 – Milano 49 – Monza 38

Al Brodo di Giuggiole

via Colleoni 10 – ✆ 035 56 65 81 – cuoco27@virgilio.it – Fax 035 56 65 81 – Chiuso una settimana in gennaio, dal 1° al 7 luglio, sabato a mezzogiorno e lunedì sera

Rist – Carta 35/48 €

◆ Originale trattoria familiare per un pubblico giovane ed informale. Cortile interno per le cene estive e sovrastante "privé arabo", salottino per dopo-cena.

DARFO BOARIO TERME – Brescia (BS) – 561 E12 – 14 213 ab. – alt. 221 m – ✉ 25047 17 **C2**

Roma 613 – Brescia 54 – Bergamo 54 – Bolzano 170 – Milano 99 – Sondrio 89

a Boario Terme, piazza Einaudi 2 ✆ 0364 531609, iat.boario@tiscali.it, Fax 0364 532280

a Boario Terme – ✉ 25041

Brescia

rist, 50,

via Zanardelli 6 – ✆ 03 64 53 14 09 – info@hotelbrescia.it – Fax 03 64 53 29 69

50 cam – 55/58 € 77/80 € – **Rist** – *(chiuso gennaio)* Carta 22/25 €

◆ Imponente struttura con curati spazi comuni dai toni signorili, accoglienti e funzionali, con decorativi pavimenti a scacchiera; camere sobrie con arredi in stile moderno. Ambiente distinto nelle due sale del ristorante ben illuminate da grandi finestre.

Diana

rist,

via Manifattura 12 – ✆ 03 64 53 14 03 – info@albergodiana.it – Fax 03 64 53 30 76 – Aprile-novembre

43 cam – 25/45 € 45/70 €, 5 € – ½ P 55 € – **Rist** – Carta 20/24 €

◆ Albergo del centro a pochi passi dalle terme, con un gradevole e raccolto cortiletto interno; al piano terra luci soffuse, grandi quadri alle pareti e comodi divani. Capiente sala ristorante con un bianco soffitto costellato di piccole luci.

Armonia

rist, rist,

via Manifattura 11 – ✆ 03 64 53 18 16 – hotel.armonia@libero.it – Fax 03 64 53 18 16

26 cam – 32/35 € 52/55 €, 6 € – ½ P 47/50 € – **Rist** – Carta 16/20 €

◆ In posizione centrale, ristrutturato pochi anni fa, alberghetto con piccola piscina su una terrazza; ambienti funzionali e camere non grandi, ma accoglienti. Piatti classici e della tradizione presso la sobria e luminosa sala da pranzo dagli arredi lignei.

La Svolta

viale Repubblica 15 – ✆ 03 64 53 25 80 – ristorantepizzerialasvolta@tiscali.it – Fax 03 64 53 29 69 – Chiuso a mezzogiorno e mercoledì

Rist – Carta 24/35 €

◆ Villetta con un ampio terrazzo per il servizio estivo; graziosa e accogliente sala di taglio semplice con tavoli curati. Cucina varia: pesce, piatti locali e pizza.

a Montecchio Sud-Est : 2 km – ✉ 25047 – Darfo Boario Terme

XX **La Storia**
via Fontanelli 1, Est : 2 km – ✆ 03 64 53 87 87 – info@ristorantelastoria.it – Fax 03 64 53 87 87
Rist – Carta 23/31 €
♦ Villetta periferica con un piccolo parco giochi per bambini e due ambienti gradevoli in cui provare una cucina con tocchi di originalità, a base di piatti di mare.

DEIVA MARINA – La Spezia (SP) – 561 J10 – 1 480 ab. – ✉ 19013 15 **D2**

Roma 450 – Genova 74 – Passo del Bracco 14 – Milano 202 – La Spezia 52

lungomare Cristoforo Colombo ✆ 0187 815858, ufficioturistico@comune.deivamarina.sp.it, Fax 0187 815800

Clelia (riscaldata) rist,
corso Italia 23 – ✆ 018 78 26 26 – hotel@clelia.it – Fax 01 87 81 62 34 – Chiuso dal 6 novembre al 26 dicembre
30 cam – †76 € ††115/136 € – **Rist** – *(chiuso sino al 15 marzo)* Menu 16/35 €
♦ Ottima gestione familiare, ospitale e professionale, in un albergo non lontano dal mare, con bella piscina circondata da un giardino solarium; camere molto confortevoli. Cucina tradizionale, con alcuni piatti marinari, nella sala lineare dalle grandi vetrate.

Riviera rist,
località Fornaci 12 – ✆ 01 87 81 58 05 – hotelriviera@hotelrivieradeivamarina.it – Fax 01 87 81 64 33 – Pasqua-settembre
28 cam – †48/70 € ††68/105 € – ½ P 49/78 € – **Rist** – Carta 25/31 €
♦ A pochi passi dalle spiagge, un hotel a conduzione diretta, di recente ristrutturazione; zona comune semplice e camere essenziali, ma accoglienti e personalizzate. Nella fresca sala ristorante caratterizzata da una stupenda vista sul mare, cucina regionale rivisitata e menù degustazione di pesce.

Eden rist,
corso Italia 39 – ✆ 01 87 81 58 24 – info@edenhotel.com – Fax 01 87 82 60 07 – Marzo-ottobre
16 cam – †65 € ††80 € – **Rist** – 25 €
♦ In centro paese, all'interno di una grande struttura, piccolo albergo a gestione familiare, con una piccola e graziosa hall e camere semplici, ma rinnovate e molto piacevoli. Piatti stagionali e pesce sempre fresco nella sala de pranzo dai caldi colori.

DELEBIO – Sondrio (SO) – 561 D10 – 3 003 ab. – alt. 218 m – ✉ 23014 16 **B1**

Roma 674 – Sondrio 34 – Brescia 136 – Milano 106 – Monza 86

X **Osteria del Benedet** 8/15,
via Roma 2 – ✆ 03 42 69 60 96 – osteriadelbenedet@tiscali.it – Fax 03 42 69 68 71 – Chiuso dal 1° al 7 gennaio, dal 10 al 23 agosto, domenica da giugno a settembre, lunedì negli altri mesi
Rist – Carta 30/43 €
♦ Osteria di antica tradizione, si sviluppa oggi in verticale: wine-bar al piano terra e sale al piano superiore. Cucina di ispirazione contemporanea e tradizionale.

DERUTA – Perugia (PG) – 563 N19 – 8 364 ab. – alt. 218 m – ✉ 06053 32 **B2**

Roma 153 – Perugia 20 – Assisi 33 – Orvieto 54 – Terni 63

Melody 80,
strada statale 3 bis-E 45, km 55,800 – ✆ 07 59 71 10 22 – info@hotelmelody.it – Fax 07 59 71 10 18
56 cam – †52/60 € ††62/71 €, 8 € – ½ P 57/71 € – **Rist** – Carta 23/41 €
♦ A pochi metri dall'uscita di Deruta, una delle capitali della maiolica, un hotel apprezzato dalla clientela di lavoro soprattutto per le camere rinnovate degli ultimi piani. Ariosa sala ristorante.

Gran lusso o stile informale?
I X e i indicano il livello di comfort.

DESENZANO DEL GARDA – Brescia (BS) – 561 F13 – 25 228 ab. – alt. 96 m – ✉ 25015 *Italia* 17 **D1**

Roma 528 – Brescia 31 – Mantova 67 – Milano 118 – Trento 130 – Verona 43

via Porto Vecchio 34 (Palazzo del Turismo) ✆ 030 9141510, iat.desenzano@tiscali.it, Fax 030 9144209

Gardagolf Soiano del Lago, Sud-Est : 10 km, ✆ 0365 67 47 07 ; Arzaga Cavalgese, Nord-Ovest : 10 km località Carzago, ✆ 030 680 62 66.

Ultima Cena★ del Tiepolo nella chiesa parrocchiale – Mosaici romani★ nella Villa Romana

Park Hotel
80,

lungolago Cesare Battisti 19 – ✆ 03 09 14 34 94 – park@cerinihotels.it – Fax 03 09 14 22 80

57 cam – 115/125 € 150/165 €, 13 € – **Rist** – Carta 37/47 €

◆ Servizio accurato in elegante albergo prospiciente il lago, ristrutturato pochi anni fa, con interni raffinati e camere arredate con gusto; ideale per turismo d'affari. Ambiente sobrio e distinto nella signorile sala da pranzo.

Estée
rist,

viale dal Molin 33 – ✆ 03 09 14 13 18 – hotel.estee@inwind.it – Fax 03 09 14 03 22

21 cam – 85/106 € 133/209 € – ½ P 135/148 € – **Rist** – Carta 39/56 €

◆ Di recente apertura, un albergo in posizione panoramica, sede di un attrezzato centro benessere dove curarsi con il metodo sheng; confortevoli camere di buon livello. Proposte culinarie a base di piatti tradizionali e di pesce nella curata sala.

Desenzano senza rist
200,

viale Cavour 40/42 – ✆ 03 09 14 14 14 – info@hoteldesenzano.it – Fax 03 09 14 02 94

40 cam – 65/90 € 95/130 €

◆ Struttura di moderna concezione, non lontana dalla stazione e dal bacino lacustre, con accoglienti e piacevoli zone comuni ornate di tappeti; graziose camere confortevoli.

Piccola Vela
50,

via Dal Molin 36 – ✆ 03 09 91 46 66 – piccola-vela@gardalake.it – Fax 03 09 91 46 66

41 cam – 120 € 165 € – ½ P 80/100 € – **Rist** – *(chiuso gennaio)* Carta 30/45 €

◆ Particolarmente adatta a una clientela d'affari, una bianca struttura abbellita da un verde giardino con piscina; all'interno spazi funzionali con tocchi d'eleganza. Luci soffuse, colori caldi, soffici tappeti nella dolce atmosfera della sala da pranzo.

City senza rist

via Nazario Sauro 29 – ✆ 03 09 91 17 04 – info@hotelcity.it – Fax 03 09 91 28 37 – Chiuso dal 20 dicembre al 20 gennaio

39 cam – 65/75 € 90/120 €

◆ Conduzione familiare di grande esperienza in questo hotel centrale, rinnovato da pochi anni e ben tenuto; accogliente hall, piacevoli camere dalle linee essenziali.

Esplanade

via Lario 10 – ✆ 03 09 14 33 61 – ristesplanade@yahoo.it – Fax 03 09 14 33 61 – Chiuso mercoledì, le sere di Natale, Capodanno e Pasqua

Rist – Carta 54/78 €

Spec. Rotolini d'anguilla con giardiniera all'aceto di dragoncello. Lasagnetta ai frutti di mare profumata al Traminer. Filetto di manzo fassone piemontese in crosta di sale e pepe.

◆ Affacciato sul lago, esaltato dal servizio estivo, propone una cucina che si divide equamente tra piatti di carne e soprattutto di pesce. Generosi anche i dolci e i vini.

Antica Hostaria Cavallino
12,

via Gherla 30 ang. via Murachette – ✆ 03 09 12 02 17 – info@ristorante/cavallino.it – Fax 03 09 91 27 51 – Chiuso dal 5 al 23 novembre domenica sera e lunedì

Rist – Carta 57/100 €

◆ Cordiale accoglienza in un elegante locale del centro: distinta e spaziosa sala con tavoli rotondi; gradevole il servizio all'aperto, inappuntabile come quello interno.

DEUTSCHNOFEN = Nova Ponente

DEVINCINA – Trieste – Vedere Sgonigo

DIACCETO – Firenze – 563 K16 – Vedere Pelago

DIAMANTE – Cosenza (CS) – 564 H29 – 5 377 ab. – ✉ 87023 5 A1

Roma 444 – Cosenza 78 – Castrovillari 88 – Catanzaro 137 – Sapri 60

Ferretti

via Poseidone 171 – ✆ 098 58 14 28 – info@ferrettihotel.it – Fax 098 58 11 14 – Maggio-settembre

41 cam – 70/105 € 100/165 € – ½ P 75/115 € – **Rist** – Carta 33/46 €

◆ Struttura anni '70 in stile mediterraneo, situata proprio di fronte al mare; all'interno ampi spazi razionali e confortevoli camere ben arredate, quasi tutte vista mare. Gradevole servizio ristorante estivo sulla spiaggia.

Lo Scoglio

via Colombo – ✆ 098 58 13 45 – Chiuso dal 20 dicembre al 2 gennaio e lunedì (escluso dal 15 giugno al 15 settembre)

Rist – Carta 32/45 €

◆ Ristorante-pizzeria separato dall'arenile da una stradina: sala con tavoli rotondi, pareti bianche abbellite da quadri, vivaio con astici e aragoste, pescati freschi!

DIANO D'ALBA – Cuneo (CN) – 561 I6 – 3 083 ab. – alt. 496 m – ✉ 12055 25 C2

Roma 626 – Cuneo 65 – Torino 72 – Alessandria 73 – Asti 37

verso Grinzane Cavour Ovest : 2 km

Agriturismo La Briccola

cam,

via Farinetti 9 ✉ 12055 Diano d'Alba – ✆ 01 73 46 85 13 – labriccola@virgilio.it – Chiuso gennaio

4 cam – 50 € 70/85 € – ½ P 60/70 € – **Rist** – *(chiuso lunedì, martedì e a mezzogiorno escluso sabato-domenica)* Carta 23/30 €

◆ Imponente cascina di inizio '900 restaurata di recente, in splendida posizione, circondata dai vigneti. Camere con arredi a tema e vista incantevole sui dintorni.

DIANO MARINA – Imperia (IM) – 561 K6 – 6 279 ab. – ✉ 18013 *Italia* 14 A3

Roma 608 – Imperia 6 – Genova 109 – Milano 232 – San Remo 31 – Savona 63

corso Garibaldi 60 ✆ 0183 496956, infodianomarina@rivieradeifiori.org, Fax 0183 494365

Grand Hotel Diana Majestic

cam, cam, rist, 40,

via degli Oleandri 25 – ✆ 01 83 40 27 27 – grandhotel@dianamajestic.com – Fax 01 83 40 30 40 – Chiuso dal 14 ottobre al 23 dicembre

86 cam – 180/230 € – **Rist** – Menu 34/43 €

◆ Davanti al mare, albergo ristrutturato di taglio moderno abbellito da un giardino-uliveto con piscina; ariosi e chiari interni dotati di ogni confort, camere accoglienti. Sala da pranzo molto ampia e luminosa, di tono elegante.

Bellevue et Mediterranée

(con acqua di mare riscaldata) rist,

via Generale Ardoino 2 – ✆ 01 83 40 93 – postmaster@bellevueetmediterranee.it – Fax 01 83 40 93 85 – Marzo-ottobre

70 cam – 100/120 € 140/170 € – ½ P 90/106 € – **Rist** – (solo per alloggiati) Menu 35/50 €

◆ In centro, di fronte all'arenile, hotel signorile a conduzione familiare, dotato di piscina con acqua di mare riscaldata; grandi spazi comuni e camere ben tenute.

Gabriella (riscaldata) rist, VISA AE
via dei Gerani 9 – 01 83 40 31 31 – info@hotelgabriella.com – Fax 01 83 40 50 55 – Chiuso dal 25 ottobre al 15 gennaio
50 cam – 60/90 € 95/155 €, 5 € – ½ P 55/90 € – **Rist** – 25 €
◆ Gestione professionale in un'imponente struttura posizionata direttamente sulla spiaggia e circondata da un verde giardino; a disposizione dei clienti biciclette e risciò.

Caravelle (con acqua di mare) VISA AE
via Sausette 34 – 01 83 40 53 11 – info@hotelcaravelle.net – Fax 01 83 40 56 57 – 15 aprile-20 ottobre
53 cam – 105 € 150 €, 13 € – ½ P 89/102 € – **Rist** – Menu 33/55 €
◆ Albergo in posizione tranquilla, proprio nel centro della baia di Diano Marina, dispone di una gradevole piscina con acqua di mare, centro benessere e camere con balcone. Ristorante con vetrate che permettono allo sguardo di catturare il paesaggio esterno.

Torino cam, rist, VISA AE
via Milano 72 – 01 83 49 51 06 – info@htorino.com – Fax 01 83 49 36 02 – Chiuso novembre e dicembre
81 cam – 69/78 € 95/120 € – **Rist** – (solo per alloggiati) 30 €
◆ Servizio accurato in un signorile hotel centrale, dotato di spazi interni accoglienti e camere recentemente rinnovate, di buon confort; nuova sala per l'ascolto della musica.

Eden Park rist, VISA AE
via Generale Ardoino 70 – 01 83 40 37 67 – info@edenparkdiano.it – Fax 01 83 40 52 68
33 cam – 124 € 194 € – ½ P 93/137 € – **Rist** – Carta 32/55 €
◆ Per arrivare al bel giardino con piscina in riva al mare, si attraversano i gradevoli ambienti comuni di quest'hotel dotato di camere confortevoli, luminose e ben attrezzate. La sala ristorante offre una gradevole vista sul giardino, piatti locali ed internazionali.

Jasmin rist, VISA AE
viale Torino 15 – 01 83 49 53 00 – info@hoteljasmin.com – Fax 01 83 49 59 64 – Chiuso dal 15 ottobre al 20 dicembre
27 cam – 70/80 € 80/100 €, 8 € – 3 suites – ½ P 70/84 € – **Rist** – (solo per alloggiati) Carta 20/30 €
◆ Si gode una panoramica vista sul mare da questa imponente struttura dai piacevoli e "freschi" ambienti; camere dagli arredi semplici, luminose e ben curate.

Arc en Ciel rist, VISA AE
viale Torino 39 – 01 83 49 52 83 – info@hotelarcenciel.it – Fax 01 83 49 69 30 – Pasqua-15 ottobre
47 cam – 75 € 100 €, 11 € – ½ P 54/88 € – **Rist** – (solo ser alloggiati) Menu 23 €
◆ Appagante ubicazione per un hotel dotato di amene terrazze sul mare (una è solarium e l'altra per le colazioni estive); luminosi spazi comuni e camere funzionali. Piatti classici nella semplice ma bella sala ristorante con vista panoramica.

Sasso senza rist VISA
via Biancheri 17 – 01 83 49 43 19 – info@hotelsassoresidence.com – Fax 01 83 49 43 10 – Chiuso dal 30 settembre al 21 dicembre
55 cam – 44 € 72 €, 5 €
◆ Collocato nel cuore della cittadina, ma non lontano dal mare, hotel con interni spaziosi e confortevoli; camere non dell'ultima generazione, ma molto ben tenute.

XX **Il Caminetto** VISA AE
via Olanda 1 – 01 83 49 47 00 – ristcaminetto@libero.it – Fax 01 83 49 47 00 – Chiuso dal 10 novembre al 10 dicembre e lunedì (escluso giugno-settembre)
Rist – Carta 29/45 €
◆ Accogliente locale a gestione diretta, ubicato ai margini del centro; sale interne classiche, illuminate da grandi vetrate; servizio estivo serale in un fresco giardino.

DIGONERA – Belluno – Vedere Rocca Pietore

Nei migliori ristoranti di Los Angeles, Melbourne, Cape Town e naturalmente Positano.

Cappuccetto Rosso

Ma Cappuccetto Rosso aveva preso la sua mappa regionale e quindi non cadde nel tranello. Così, non attraversò il bosco, non incontrò il lupo e, dopo un suggestivo percorso turistico arrivò in men che non si dica dalla Nonna e le consegnò il suo vasetto di burro.

Fine

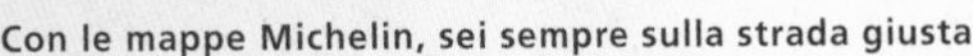

Con le mappe Michelin, sei sempre sulla strada giusta.

DIMARO – Trento (TN) – 562 D14 – 1 195 ab. – alt. 766 m – Sport invernali : *1 400/2 200 m (Comprensorio sciistico Folgarida-Marilleva)* 5 16 – ✉ 38025 30 **B2**

Roma 633 – Trento 62 – Bolzano 61 – Madonna di Campiglio 19 – Passo del Tonale 25

piazza Giovanni Serra 10 ✆ 0463 974529, dimaro.vacanze@valdisole.net, Fax 0463 970500

Sporthotel Rosatti

via Campiglio 14 – ✆ 04 63 97 48 85 – info@sporthotel.it – Fax 04 63 97 88 79

32 cam – 43/122 € 64/148 € – ½ P 42/84 € – **Rist** – Carta 18/33 €

♦ Albergo recente, abbellito da un grazioso giardino; all'interno "caldi" ambienti con moquette e parquet, perlinato alle pareti e arredi in legno d'abete color miele. Semplice sala ristorante in legno chiaro.

Kaiserkrone senza rist

piazza Serra 3 – ✆ 04 63 97 33 26 – info@kaiserkrone.it – Fax 04 63 97 30 16 – Chiuso dal 10 al 20 maggio

7 cam – 45/65 € 70/110 €

♦ Accogliente casa ristrutturata con cura, nel centro del paese; interni in stile montano e camere completamente rifinite in legno. Colazione presso il vivace bar pubblico.

DIOLO – Parma – Vedere Soragna

DOBBIACO (TOBLACH) – Bolzano / Bozen (BZ) – 562 B18 – 3 293 ab. – alt. 1 243 m – Sport invernali : *1 242/1 500 m 3 (Comprensorio Dolomiti superski Alta Pusteria)* – ✉ 39034 *Italia* 31 **D1**

Roma 705 – Cortina d'Ampezzo 33 – Belluno 104 – Bolzano 105 – Brennero 96 – Lienz 47 – Milano 404 – Trento 165

via Dolomiti 3 ✆ 0474 972132, info@dobbiaco.it, Fax 0474 972730

Santer

via Alemagna 4 – ✆ 04 74 97 21 42 – info@hotel-santer.com – Fax 04 74 97 27 97 – Chiuso da novembre al 5 dicembre e dal 15 aprile al 15 maggio

50 cam – 70/270 € 75/280 € – **Rist** – Carta 39/75 €

♦ Albergo circondato dai monti, con un invitante giardino; atmosfera vellutata negli spazi comuni, con bel soffitto ligneo, moquette e soffici divani. Attrezzata beauty farm. Ambiente distinto nella raffinata sala ristorante con parete divisoria ad archi; cucina del luogo.

Park Hotel Bellevue

via Dolomiti 23 – ✆ 04 74 97 21 01 – info@parkhotel-bellevue.com – Fax 04 74 97 28 07 – 20 dicembre-Pasqua e giugno-settembre

43 cam – 70/110 € 120/160 € – ½ P 90/135 € – **Rist** – Carta 28/38 €

♦ Albergo di tradizione nel centro della località, immerso in un parco ombreggiato; all'interno ambienti accoglienti, camere recentemente rinnovate e centro fitness con piscina. Ampie finestre nella sala da pranzo: arredi in stile lineare, con un tocco di eleganza.

Cristallo Dolomiti, rist,

via San Giovanni 37 – ✆ 04 74 97 21 38 – info@hotelcristallo.com – Fax 04 74 97 27 55 – 21 dicembre-20 marzo e 10 giugno-15 ottobre

35 cam – 78/130 € 100/190 € – ½ P 90/140 € – **Rist** – Carta 29/34 €

♦ In bella posizione panoramica con vista sulle Dolomiti, graziosa struttura bianca immersa nel verde; interni confortevoli, piacevoli camere e attenta gestione ospitale. Sala ristorante ariosa e molto luminosa.

Monica-Trogerhof rist,

via F.lli Baur 8 – ✆ 04 74 97 22 16 – hotel.monica@hotel-monica.com – Fax 04 74 97 25 57 – 6 dicembre-20 marzo e 15 maggio-28 ottobre

29 cam – 70/75 € 95/100 € – **Rist** – Carta 26/34 €

♦ Cordiale gestione in un hotel in posizione centrale, ma tranquilla; atmosfera confortevole nelle zone comuni in stile tirolese, camere semplici ma ammodernate. Ambiente accogliente dai toni eleganti nella sala da pranzo con soffitto in legno lavorato.

Urthaler
via Herbstenburg 5 – ☎ 04 74 97 22 41 – info@hotel-urthaler.com – Fax 04 74 97 30 50 – Chiuso novembre
30 cam – 57/60 € 93/120 € – ½ P 60/69 € – **Rist** – *(chiuso martedì da marzo a giugno)* Carta 28/35 €
◆ Atmosfera cordiale e gestione familiare in un albergo nel cuore della cittadina: spazi interni con pareti rivestite in legno e soffitto con travi a vista; camere confortevoli. Vi sarà gradito cenare nella sala illuminata dalla calda luce ambrata dei lampadari pendenti.

sulla strada statale 49

Hubertus Hof ← Dolomiti,
via Pusteria 1, Sud-Ovest : 1 km ✉ 39034 – ☎ 04 74 97 22 76 – info@hotel hubertushof.it – Fax 04 74 97 23 13 – 20 dicembre-20 marzo e 25 maggio-20 ottobre
38 cam – 3 suites – solo ½ P 50/80 € – **Rist** – Carta 31/37 €
◆ In posizione periferica e soleggiata, l'albergo dispone di graziose aree comuni, ampie camere arredate in tipico stile locale ed un centro relax molto gradevole. Ampia sala ristorante con pavimento in parquet.

Gratschwirt con cam
Sud-Ovest : 1,5 km ✉ 39034 – ☎ 04 74 97 22 93 – info@gratschwirt.com – Fax 04 74 97 29 15 – 8 dicembre-15 giugno e luglio-settembre
29 cam – solo ½ P 45/83 € – **Rist** – *(chiuso martedì)* Carta 29/42 €
◆ In una casa dalle origini centenarie ai margini della località, un ristorante con camere dagli interni curati dove gustare piatti tipici. Arredi in stile rustico nelle stube.

a Santa Maria (Aufkirchen) **Ovest : 2 km – ✉ 39034 – Dobbiaco**

Oberhammer ← Dolomiti,
Santa Maria 5 – ☎ 04 74 97 21 95 – hotel@oberhammer.it – Fax 04 74 97 23 66 – Chiuso da novembre al 5 dicembre
21 cam – 37/80 € 54/130 € – ½ P 36/75 € – **Rist** – *(chiuso lunedì escluso febbraio e dal 15 luglio al 15 settembre)* Carta 15/25 €
◆ Albergo in bella posizione panoramica, dotato di terrazze esposte al sole; spazi interni in stile locale e camere arredate con un moderno utilizzo del legno. Cucina tipica, servita anche all'aperto durante la bella stagione.

a Monte Rota/ Radsberg (Radsberg)**Nord-Ovest : 5 km – alt. 1 650 m**

Alpenhotel Ratsberg-Monte Rota ← Dolomiti e vallata,
via Monte Rota 12 ✉ 39034 – rist,
☎ 04 74 97 22 13 – info@alpenhotel-ratsberg.com – Fax 04 74 97 29 16 – 26 dicembre-18 marzo e 24 maggio-21 ottobre
29 cam – 71/83 € 132/166 € – ½ P 66/83 € – **Rist** – Carta 24/32 €
◆ Ideale per le famiglie e per gli amanti dell'assoluta tranquillità, questo hotel a conduzione diretta che domina Dobbiaco e le valli; ambienti interni in stile montano. Per i pasti, sala da pranzo e servizio estivo all'aperto.

DOGANA NUOVA – Modena – 562 J13 – Vedere Fiumalbo

DOGLIANI – Cuneo (CN) – 561 I5 – 4 622 ab. – alt. 295 m – ✉ 12063 25 C3

Roma 613 – Cuneo 42 – Asti 54 – Milano 178 – Savona 69 – Torino 70

Il Giardino senza rist
viale Gabetti 106 – ☎ 01 73 74 20 05 – info@ilgiardinohotel.it – Fax 01 73 74 20 33 – Chiuso dal 1° al 10 gennaio
12 cam – 30/45 € 50/65 €
◆ Piccola e dignitosa struttura a gestione familiare, situata a poche centinaia di metri dal centro della località; camere spaziose con arredi essenziali ma ben tenuti.

Il Verso del Ghiottone 8/12,
via Demagistris 5 – ☎ 01 73 74 20 74 – ilversodelghiottone@libero.it – Fax 01 73 74 20 74 – Chiuso gennaio, luglio, lunedì, martedì e a mezzogiorno (escluso sabato-domenica)
Rist – (Coperti limitati; prenotare) Carta 29/41 €
◆ Nel cuore del centro storico, un ristorante ricavato in un caseggiato settecentesco. La cucina offre proposte legate al territorio, ma rivisitate in chiave moderna.

DOGLIO – Perugia – 563 N18 – Vedere Monte Castello di Vibio

DOLCEACQUA – Imperia (IM) – 561 K4 – **1 988 ab.** – **alt. 57 m** – ✉ **18035** 14 **A3**

Roma 662 – Imperia 57 – Genova 163 – Milano 286 – San Remo 23 – Ventimiglia 9

Agriturismo Terre Bianche senza rist ← colline e dintorni,
località Arcagna Est : 9 km – ✆ 018 43 14 26
– terrebianche@terrebianche.com – Fax 018 43 12 30 – Chiuso novembre
8 cam – 70 € 100/120 €

◆ Una vacanza nella natura in un'azienda vinicola che produce Vermentino, Pigato e Rossese. Splendida vista su colline e dintorni; camere semplici.

DOLEGNA DEL COLLIO – Gorizia (GO) – 562 D22 – **431 ab.** – **alt. 88 m** – ✉ 34070 11 **C2**

Roma 656 – Udine 25 – Gorizia 25 – Milano 396 – Trieste 61

Agriturismo Venica e Venica-Casa Vino e Vacanze senza rist
località Cerò 8, Nord : 1 km – ✆ 048 16 01 77 – venica@venica.it
– Fax 04 81 63 99 06 – Aprile-ottobre
6 cam – 80/90 € 85/95 €, 14 €

◆ Nella dolce tranquillità delle colline, un'azienda vinicola cinta da un giardino con piscina e tennis; caratteristici spazi comuni in stile rustico, camere ampie e ben tenute.

a Ruttars Sud : 6 km – ✉ **34070** – **Dolegna del Collio**

Castello di Trussio dell'Aquila d'Oro
località Trussio 13 – ✆ 048 16 12 55 – aquiladoro@tin.it – Fax 048 16 05 45
– Chiuso Capodanno, dal 2 al 20 gennaio, dal 10 al 30 agosto, domenica elunedì
Rist – Carta 51/90 €

◆ Elegante ristorante con piacevole servizio estivo in giardino. Ambiente in sintonia con la struttura dove l'eleganza e la cucina si esprimono in armonioso parallelismo.

DOLO – Venezia (VE) – 562 F18 – **14 554 ab.** – ✉ **30031** *Venezia* 36 **C3**

Roma 510 – Padova 18 – Chioggia 38 – Milano 249 – Rovigo 60 – Treviso 35 – Venezia 27

Villa Nazionale★ di Strà : Apoteosi della famiglia Pisani★★ del Tiepolo SO : 6 kmpolo Sud-Ovest : 6 km – Riviera del Brenta★★ Est per la strada S 11

Villa Ducale rist, 180,
riviera Martiri della Libertà 75, Est : 2 km – ✆ 04 15 60 80 20 – info@villaducale.it
– Fax 04 15 60 80 04
11 cam – 120 € 180 € – **Rist** – *(chiuso dal 12 al 25 agosto e martedì)* Carta 31/60 €

◆ Villa settecentesca sapientemente rinnovata, con piccolo parco abbellito da gigantesche magnolie; signorili zone comuni arredate in stile, grandi e accoglienti camere. Nell'elegante sala da pranzo viene proposta una linea culinaria tradizionale.

Villa Goetzen con cam cam,
via Matteotti 6 – ✆ 04 15 10 23 00 – info@villagoetzen.it – Fax 041 41 26 00
12 cam – 55 € 80 € – **Rist** – *(chiuso agosto, giovedì e domenica sera)* Carta 35/50 €

◆ Ristorante con piacevoli camere in un villino settecentesco che sorge proprio sul canale del Brenta: raffinate sale in cui gustare piatti della tradizione.

Villa Nani Mocenigo
via riviera Martiri della Libertà 113 loc. Cesare Musatti – ✆ 04 15 60 81 39 – info@villananimocenigo.com – Fax 04 15 60 81 39 – Chiuso lunedì
Rist –

◆ Splendida villa veneta settecentesca con ambienti suggestivi ed eleganti nel corpo centrale e una sala più informale ricavata nelle ex scuderie. Magnifico giardino.

DOLOMITI★★★ – Belluno, Bolzano e Trento

DOLONNE – Aosta – Vedere Courmayeur

DOMAGNANO – Vedere San Marino (Repubblica di) alla fine dell'elenco alfabetico

DOMODOSSOLA – Verbano-Cusio-Ossala (VB) – 561 D6 – 18 475 ab. – alt. 277 m – ✉ 28845 23 **C1**

Roma 698 – Stresa 32 – Locarno 78 – Lugano 79 – Milano 121 – Novara 92

piazza Matteotti 24 (stazione ferroviaria) ☎ 0324 248265, domodossola@distrettolaghi.it, Fax 0324 248265

Corona cam, 70,

via Marconi 8 – ☎ 03 24 24 21 14 – htcorona@tin.it – Fax 03 24 24 28 42

56 cam – 72 € 104 € – ½ P 80 € – **Rist** – Carta 21/31 €

◆ Sito nel centro della località, una risorsa di lunga tradizione e dalla solida conduzione familiare ospita ambienti arredati con signorilità e camere recentemente rinnovate. Nella spaziosa ed elegante sala da paranzo, proposte gastronomiche dai tipici sapori piemontesi.

Eurossola rist, 20,

piazza Matteotti 36 – ☎ 03 24 48 13 26 – info@eurossola.com – Fax 03 24 24 87 48

23 cam – 58/60 € 80/85 € – ½ P 57/60 €

Rist ***Terrazza Grill-Da Sergio*** – (chiuso dal 7 al 31 gennaio) Carta 32/41 €

◆ In posizione centrale e a conduzione familiare, la moderna risorsa dispone di confortevoli camere vivacemente colorate, nonchè ampi spazi comuni arredati con sobria eleganza. Nella luminosa sala da pranzo al piano terreno, adatta per allestire banchetti e riunioni, una cucina contemporanea. Servizio estivo all'aperto.

Biglia 18,

vicolo dell'Oro 22 – ☎ 03 24 24 85 34 – bigliaristorante@virgilio.it – Fax 03 24 24 85 34 – Chiuso dieci giorni in luglio e lunedì

Rist – Carta 21/40 €

◆ In un antico edificio, un ristorante costituito da un'ampia sala arredata con buon gusto, con volta in pietra; cucina del territorio, varia e articolata.

Sciolla con cam

piazza Convenzione 5 – ☎ 03 24 24 26 33 – rist.sciolla@libero.it – Fax 03 24 24 26 33

6 cam – 35 € 60 € – ½ P 45/55 € – **Rist** – *(chiuso dall'8 al 20 gennaio, dal 23 agosto all'11 settembre e mercoledì)* Carta 20/30 €

◆ In un vecchio edificio di origine seicentesca, un ristorante centrale considerato un punto di riferimento nel campo della ristorazione cittadina; cucina del territorio.

La Meridiana

via Rosmini 11 – ☎ 03 24 24 08 58 – info@ristorantelameridiana.it – Fax 03 24 24 08 58 – Chiuso dal 20 giugno al 10 luglio e lunedì

Rist – Carta 25/39 €

◆ Piatti di pesce e di selvaggina cucinati secondo la tradizione gastronomica spagnola in questa trattoria: un ambiente familiare e cordiale nel cuore della località.

DOMUS DE MARIA – Cagliari – 566 K8 – Vedere Sardegna alla fine dell'elenco alfabetico

DONNINI – Firenze – Vedere Reggello

DONORATICO – Livorno – 563 M13 – Vedere Castagneto Carducci

DORGALI – Nuoro – 566 G10 – Vedere Sardegna alla fine dell'elenco alfabetico

Il rosso è il colore di chi sa distinguersi; i nostri punti di riferimento!

DOSOLO – Mantova (MN) – 561 H13 – 3 207 ab. – alt. 25 m – ✉ 46030 17 C3

Roma 449 – Parma 37 – Verona 74 – Mantova 35 – Modena 50

XX **Corte Brandelli** 10/25,

via Argini dietro 11/A, Ovest : 2 km – ✆ 037 58 94 97 – Fax 037 58 94 97 – Chiuso dal 23 dicembre al 2 gennaio, agosto e le sere di giovedì e domenica

Rist – Carta 43/57 €

♦ Cascina in aperta campagna, dall'ambiente tipicamente rustico, ma con tocchi d'eleganza, abbellito da una collezione di attrezzi di cucina e non solo; piatti del territorio.

DOSSOBUONO – Verona – 562 F14 – Vedere Villafranca di Verona

DOSSON – Treviso – Vedere Casier

DOVADOLA – Forlì-Cesena (FC) – 562 J17 – 1 633 ab. – alt. 146 m – ✉ 47013 9 C2

Roma 324 – Ravenna 53 – Rimini 73 – Bologna 82 – Forlì 19

X **Osteria dei Conti**

piazza Cesare Battisti 5/c – ✆ 05 43 93 46 44 – osteriadeiconti@libero.it – Chiuso mercoledì e a mezzogiorno (escluso domenica e giorni festivi)

Rist – Carta 30/46 €

♦ Non date peso all'apparente normalità della sala, concentratevi piuttosto sul servizio cortese e informale e ancor più sulla cucina, innovativa e all'insegna della qualità.

DOVERA – Cremona (CR) – 561 H15 – 3 605 ab. – alt. 76 m – ✉ 26010 19 C2

Roma 554 – Piacenza 43 – Brescia 85 – Cremona 56 – Milano 36

XX **Osteria la Cuccagna**

località Barbuzzera Nord-Ovest : 2,5 km – ✆ 03 73 97 84 47 – info@osterialacuccagna.it – Fax 03 73 97 84 57 – Chiuso dal 27 dicembre al 4 gennaio, dal 7 al 24 agosto, mercoledì e giovedì a mezzogiorno

Rist – Carta 38/43 €

♦ Tra quadri moderni appesi alle pareti, tovagliato all'americana e camerieri in divisa, la vecchia trattoria punta ora a proposte più elaborate, partendo dalla tradizione.

DOZZA – Bologna (BO) – 562 I16 – 5 779 ab. – alt. 190 m – ✉ 40060 9 C2

Roma 392 – Bologna 32 – Ferrara 76 – Forlì 38 – Milano 244 – Ravenna 52

Monte del Re rist, 200,

via Monte del Re 43, Ovest : 3 km – ✆ 05 42 67 84 00 – montedelre@tiscali.it – Fax 05 42 67 84 44

38 cam – †98/190 € ††175/260 € – ½ P 125/170 € – **Rist** – ✆ 05 42 67 85 56 *(chiuso due settimane in gennaio e lunedì da settembre a marzo)* (solo su prenotazione) Carta 47/57 €

♦ Interni raffinati nel bel convento del XIII secolo ristrutturato; notevoli il chiostro coperto e il pozzo originari del '200, nonché la godibile terrazza panoramica. Atmosfera signorile nella sala da pranzo in stile classico.

XX **Canè** con cam

via XX Settembre 27 – ✆ 05 42 67 81 20 – info@ristorantecanet.net – Fax 05 42 67 85 22 – Chiuso dal 7 gennaio al 6 febbraio

12 cam – †60/65 € ††80/84 €, 8 € – ½ P 76/82 € – **Rist** – *(chiuso lunedì)* Carta 31/41 €

♦ Nel centro storico, ristorante con una sala classica ed elegante e un'altra più caratteristica aperta ai fumatori; servizio estivo sulla bella terrazza. Camere confortevoli.

DRAGA SANT'ELIA – Trieste – Vedere Pesek

DRAGONI – Caserta (CE) – 564 D24 – 2 292 ab. – alt. 150 m – ✉ 81010 6 **A1**

Roma 177 – Avellino 92 – Benevento 51 – Campobasso 67 – Caserta 31 – Napoli 60

Villa de Pertis rist,

via Ponti 30 – ✆ 08 23 86 66 19 – info@villadepertis.it – Fax 08 23 86 66 19

7 cam – 63 € 75 € – **Rist** – Carta 21/28 €

◆ In posizione tranquilla e panoramica, nel centro storico, un'incantevole dimora patrizia del '600: atmosfera familiare e deliziosi interni rustici di tono signorile. Capiente sala ristorante per una cucina all'insegna dei prodotti del territorio.

DRIZZONA – Cremona (CR) – 561 G13 – ✉ 26034 17 **C3**

Roma 491 – Parma 44 – Cremona 26 – Mantova 41 – Milano 123

a Castelfranco d'Oglio Nord : 1,5 km – ✉ 26034 – Drizzona

Agriturismo l'Airone rist, 70,

strada comunale per Isola Dovarese 2 – ✆ 03 75 38 99 02 – info@laironeagriturismo.com – Fax 03 75 38 10 21 – Chiuso da lunedì a giovedì escluso festivi

10 cam – 54 € 60 € – ½ P 58 € – **Rist** – Menu 25/35 €

◆ Nel verde della campagna del parco naturale del fiume Oglio, una risorsa accolta da un tipico cascinale ottocentesco, sapientemente ristrutturato. Camere eleganti. Il ristorante propone alimenti biologici caratteristici della zona.

DRO – Trento (TN) – 562 E14 – 3 498 ab. – alt. 123 m – ✉ 38074 30 **B3**

Roma 576 – Trento 27 – Brescia 86 – Verona 90 – Vicenza 91

via Cesare Battisti 9 c/o Municipio ✆ 0464 545511, Fax 0464 545520

Agriturismo Maso Lizzone senza rist

via Lizzone 3, località Ceniga Sud : 1,5 km – ✆ 04 64 50 47 93 – info@masolizzone.com – Fax 04 64 50 47 93 – Marzo-ottobre

5 cam – 52/55 € 83/90 €

◆ Tra ulivi e vigneti, nella campagna trentina, una caratteristica abitazione completamente ristrutturata. Ricca prima colazione self-service, nuova piscina in giardino.

DRONERO – Cuneo (CN) – 561 I4 – 7 096 ab. – alt. 619 m – ✉ 12025 22 **B3**

Roma 655 – Cuneo 20 – Colle della Maddalena 80 – Torino 84

via 4 Novembre 1 ✆ 0171 917080, iatvallemaira@virgilio.it, Fax 0171 917080

Cavallo Bianco

piazza Manuel 18 – ✆ 01 71 91 65 90 – cavallo-bianco@libero.it – Fax 01 71 91 65 90

15 cam – 40 € 60 € – ½ P 40/50 € – **Rist** – *(chiuso martedì)* Carta 21/32 €

◆ Nel centro storico, piccolo albergo a conduzione diretta situato in un palazzo d'epoca ristrutturato; spazi comuni con soffitti a volta affrescati, camere confortevoli. Ampia sala da pranzo con soffitto ad archi.

Rosso Rubino

piazza Marconi 2 – ✆ 01 71 90 56 78 – ristoranterossorubino@interfree.it – Fax 01 71 90 56 78 – Chiuso due settimane in marzo, una settimana in novembre e lunedì (escluso giugno-settembre)

Rist – Carta 23/43 €

◆ Un'unica sala classica ed elegante, un menù ristretto con interessanti proposte: alcune derivanti dalla tradizione, altre più creative; non manca il pesce.

DUESANTI – Perugia – Vedere Todi

DUGENTA – Benevento (BN) – 564 D25 – 2 671 ab. – alt. 55 m – ✉ 82030 6 B1

Roma 226 – Napoli 47 – Benevento 42 – Latina 39 – Salerno 84

Torre Gaia Wine Resort 200,
via Boscocupo 11 – ✆ 08 24 97 83 74 – info@torre-gaia.com – Fax 08 24 97 83 37
12 cam – 98 € 150 € – ½ P 100 € – **Rist** – Carta 33/41 €
◆ Tutt'intorno le vigne dell'azienda agricola, nella dimora nobiliare d'inizio '900 le camere, arredate secondo un moderno e gradevole stile country. Bella piscina. Nella luminosa ed accogliente sala ristorante troverete la passione per la buona cucina e piatti tipici locali rivisitati con creatività.

DUINO AURISINA – Trieste (TS) – 562 E22 – 8 633 ab. – ✉ 34013 11 D3

Roma 649 – Udine 50 – Gorizia 23 – Grado 32 – Milano 388 – Trieste 22 – Venezia 138

Holiday Inn Trieste Duino rist, cam, rist, 100,
via Duino 78, sull'autostrada A 4 – ✆ 040 20 82 73 – holidayinn.trieste@alliancealberghi.com – Fax 040 20 88 36
77 cam – 90/150 € 120/200 €, 11 € – **Rist** – (solo per alloggiati) Carta 27/56 €
◆ Raccolta intorno a un giardinetto, una curiosa struttura circolare di moderna concezione, dotata di ingresso sia dal paese che dall'autostrada; adatta per viaggi d'affari.

Duino Park Hotel senza rist
frazione Duino 60/C – ✆ 040 20 81 84 – Fax 040 20 85 26 – Pasqua-15 dicembre
18 cam – 95 € 130 €
◆ Un esercizio in posizione panoramica, grazie alle terrazze-giardino, su una delle quali è sistemata la piscina; spazi comuni semplici e grandi camere lineari.

Gruden
località San Pelagio 49, Nord : 3 km ✉ 34011 San Pelagio – ✆ 040 20 01 51 – Fax 040 20 08 54 – Chiuso settembre, lunedì e martedì
Rist – Carta 19/27 €
◆ Classica trattoria condotta dalla stessa famiglia fin dall'inizio del '900, nella sala ben tenuta, spiccano sobri arredi in legno; proposte di cucina carsolina.

a Sistiana Sud : 3 km – ✉ 34019

Gaudemus con cam
località Sistiana 57 – ✆ 040 29 92 55 – gaudemus@gaudemus.com – Fax 04 02 90 80 21
11 cam – 50 € 90 € – **Rist** – *(chiuso gennaio, febbraio, domenica, lunedì e a mezzogiorno)* Carta 30/48 €
◆ Caratteristico ristorante con arredi ricercati, in parte di provenienza ecclesiastica. Ambiente curato, atmosfera ovattata per una cucina di mare. Camere semplici.

DUNA VERDE – Venezia – Vedere Caorle

DUNO – Varese (VA) – 159 ab. – alt. 530 m – ✉ 21030 16 A2

Roma 646 – Stresa 59 – Milano 76 – Novara 68 – Varese 24

Dola
via Roma 2/4 – ✆ 03 32 62 47 73 – dola@logis.it – Fax 03 32 62 47 73 – Chiuso dall' 8 gennaio al 12 febbraio
4 cam – 50 € 96 € – ½ P 75 € – **Rist** – *(chiuso lunedì e martedì a mezzogiorno)* Carta 22/30 €
◆ Nel centro di un caratteristico e tranquillo borgo, piccola e accogliente locanda gestita con simpatia e cortesia. Camere gradevoli e sfiziosa gastronomia per pasti simpatici.

Hotel e ristoranti cambiano ogni anno.
Per questo, ogni anno, c'è una nuova guida Michelin!

EAU ROUSSE – Aosta – Vedere Valsavarenche

EBOLI – Salerno (SA) – 564 F27 – **36 234 ab.** – **alt. 125 m** – ✉ **84025** 7 **C2**

Roma 296 – Potenza 77 – Napoli 85 – Salerno 34

Il Papavero

corso Garibaldi 112/113 ✉ 84025 Eboli – ✆ 08 28 33 06 89 – Chiuso 10 giorni in luglio, 10 giorni in novembre, domenica sera e lunedì

Rist – Carta 24/31 €

◆ Nel centro storico, piccolo ristorante con numero limitato di coperti ma con un'ottima dose di fantasia nell'elaborazione dei piatti. Arredi dal design moderno.

EGADI (Isole) – Trapani – 565 N18 19 – **Vedere Sicilia alla fine dell'elenco alfabetico**

EGNA (NEUMARKT) – Bolzano / Bozen (BZ) – 562 D15 – **4 515 ab.** – **alt. 213 m** – ✉ **39044** 31 **D3**

Roma 609 – Bolzano 19 – Trento 42 – Belluno 120

Andreas Hofer

via delle Vecchie fondamenta 21-23 – ✆ 04 71 81 26 53 – info@hotelandreashofer.com – Fax 04 71 81 29 53 – Chiuso dal 13 al 20 febbraio, dal 27 giugno al 10 luglio e dal 15 al 29 novembre

30 cam – †52 € ††86 € – ½ P 50 € – **Rist** – Carta 32/39 €

◆ Nel centro storico e di fronte ai portici, albergo sviluppato su tre costruzioni adiacenti, in un curioso stile veneziano; ampie camere ricavate da alcuni antichi vani. La cucina offre proposte altoatesine.

ELBA (Isola d')★ – Livorno (LI) – 563 N12 – **29 019 ab.** – **alt. 1 019 m** 28 **B3**

Toscana

a Marina di Campo località La Pila (marzo-ottobre) ✆ 0565 976011

vedere Portoferraio e Rio Marina

vedere Portoferraio

Acquabona, Sud-Est : 7 km da Poroferraio, ✆ 0565 94 00 66.

CAPOLIVERI (LI) – 563 N13 – **3 271 ab.** – ✉ **57031** 28 **B3**

Porto Azzurro 5 – Portoferraio 16

✱★★ dei Tre Mari

Il Chiasso

vicolo Nazario Sauro 13 – ✆ 05 65 96 87 09 – ristoranteilchiasso@supereva.it – Fax 05 65 96 73 57 – Pasqua-ottobre; chiuso martedì (escluso da giugno a settembre) e a mezzogiorno

Rist – Carta 39/68 €

◆ Il "chiasso" e l'"informalità" del tessuto urbano esterno si riflettono in maniera davvero simpatica in questo ambiente caratteristico. Piatti di mare e di terra.

a Pareti Sud : 4 km – ✉ 57031 – Capoliveri

Dino – ← mare e costa,

– ✆ 05 65 93 91 03 – hoteldino@elbalink.it – Fax 05 65 96 81 72 – Pasqua-ottobre

30 cam – †74 € ††112 €, 11 € – ½ P 95 € – **Rist** – Carta 23/34 €

◆ Buon rapporto qualità/prezzo per un albergo a gestione familiare e in posizione deliziosa; camere spaziose e luminose, tutte affacciate sul golfo. Piacevole ospitalità. Cucina classica servita in questo un'ampia sala e in una terrazza esterna.

a Marina di Capoliveri Nord-Est : 4 km – ✉ 57031 – Capoliveri

Grand Hotel Elba International – ← mare e Porto Azzurro, (con acqua di mare) rist, 220,

– ✆ 05 65 94 61 11 – info@elbainternational.it – Fax 05 65 94 66 62 – 23 aprile-15 ottobre

131 cam – †155 € ††310 € – 6 suites – ½ P 200 € – **Rist** – Carta 33/51 €

◆ Una risorsa perfetta per godere di un indimenticabile soggiorno balneare: ascensore per la spiaggia, incantevole terrazza roof-garden con vista su Porto Azzurro. Grande ed elegante sala ristorante.

a Lido **Nord-Ovest : 7,5 km – ✉ 57031 – Capoliveri**

Antares – ☎ 05 65 94 01 31 – *info@elbahotelantares.it* – *Fax 05 65 94 00 84* – *27 aprile-7 ottobre*
49 cam – solo ½ P 75/135 € – **Rist** – Menu 40/60 €
◆ Immerso nella vegetazione, a ridosso di un'insenatura, questo bianco complesso, con dépendance annessa, si affaccia sul mare; atmosfera gradevole e professionalità.

MARCIANA (LI) – 563 N12 – **2 214 ab. – alt. 375 m** – ✉ **57030** 28 **B3**

Porto Azzurro 37 – Portoferraio 28
★
Monte Capanne★★ : ★★

a Poggio **Est : 3 km – alt. 300 m –** ✉ **57030**

Publius Marciana e golfo,
piazza Del Castagneto 11 – ☎ *056 59 92 08* – *Fax 05 65 90 41 74* – *Aprile-novembre; chiuso lunedì a mezzogiorno dal 15 giugno al 15 settembre, tutto il giorno negli altri mesi*
Rist – Carta 37/43 €
◆ Sito nell'entroterra, ma con magnifica vista su colline e mare, un locale caratteristico nell'arredo e nei piatti, di carne e pesce, con solide radici isolane e toscane.

a Sant'Andrea **Nord-Ovest : 6 km –** ✉ **57030 – Marciana**

Cernia Isola Botanica rist,
via S. Gaetano 23 – ☎ *05 65 90 82 10* – *info@hotelcernia.it* – *Fax 05 65 90 82 53* – *10 aprile-20 ottobre*
27 cam – 130 € 168/200 € – ½ P 94/110 € – **Rist** – Carta 27/50 €
◆ Nati dalla passione dei proprietari, un giardino fiorito e un orto botanico con piscina avvolgono una struttura ricca di personalità e tocchi di classe. Il ristorante è un luogo tranquillo ed elegante ove gustare una cucina di mare.

Gallo Nero rist, rist,
via San Gaetano 20 – ☎ *05 65 90 80 17* – *gallonero@elbalink.it* – *Fax 05 65 90 80 78* – *Pasqua-ottobre*
29 cam – solo ½ P 74/99 € – **Rist** – (prenotazione obbligatoria) Carta 27/36 €
◆ Suggestiva posizione panoramica, ben sfruttata nella rigogliosa terrazza-giardino con piscina, ove il contesto naturale si fonde con gli spazi comodi e ariosi. Al ristorante luminose finestre e vista a 180º.

Da Giacomino mare, (con acqua di mare) rist,
– ☎ *05 65 90 80 10* – *info@hoteldagiacomino.it* – *Fax 05 65 90 82 94* – *Pasqua-ottobre*
33 cam – 55/85 €, 15 € – ½ P 49/97 € – **Rist** – (prenotazione obbligatoria) Carta 31/49 €
◆ Giardino pineta sul mare, a picco sulla scogliera: godimento per occhi e spirito. La simpatia del gestore e le stanze da poco rinnovate costituiscono un invito ideale. Per i pasti uno scenario delizioso, circondati dal giardino e dal mare.

Barsalini rist,
piazza Capo Sant'Andrea 2 – ☎ *05 65 90 80 13* – *info@hotelbarsalini.com* – *Fax 05 65 90 89 20* – *Aprile-20 ottobre*
33 cam – 60/125 € – ½ P 108/120 € – **Rist** – Carta 29/37 €
◆ In zona nota per le belle scogliere e i fondali, terrazza-giardino con piscina e vicinanza al mare; stanze disseminate in dépendance a un piano, quasi tutte con vista sul blu. Sala da pranzo panoramica sul mare, ventilata e luminosa.

a Spartaia **Est : 12 km –** ✉ **57030 – Procchio**

Desiree (con acqua di mare) rist, 80,
via Spartaia 15 – ☎ *05 65 90 73 11* – *info@htdesiree.it* – *Fax 05 65 90 78 84* – *Maggio-10 ottobre*
76 cam – 113/225 € 150/300 € – ½ P 88/185 € – **Rist** – (prenotazione obbligatoria) (solo per alloggiati)
◆ Appartato, in un giardino in riva al mare affacciato sulla baia, si compone di camere spaziose, nuove, con accesso diretto alla spiaggia, in una tranquilla insenatura.

Valle Verde ⊛ rist, VISA

– ✆ 05 65 90 72 87 – info@elbahotelvalleverde.it – Fax 05 65 90 79 65 – *24 aprile-10 ottobre*

45 cam solo – ½ P 104/250 € – **Rist** – (solo per alloggiati)

◆ E' il bianco a dominare le stanze, disposte su vari livelli, immerse nel giardino alberato che circonda l'hotel: per un soggiorno riposante e comodo, in bella posizione. Colori chiari e luminosi anche nella sala ristorante.

a Procchio Est : 13,5 km – ✉ 57030

Hotel del Golfo ⊛ (con acqua di mare) rist, AC rist, 100, VISA AE

via delle Ginestre 31 – ✆ 05 65 90 21 – info@hoteldelgolfo.it – Fax 05 65 90 78 98 – Aprile-ottobre

113 cam – †204/331 € ††240/390 € – 4 suites – ½ P 145/220 €

Rist – Menu 40 €

Rist *La Capannina* – *(chiuso la sera)* Carta 40/50 €

◆ Di lunga tradizione, di recente ristrutturato, aperto sulla baia e inserito in un giardino con piscina con acqua di mare; stanze nel corpo centrale e nelle dépendance. Ristorante panoramico con possibilità di pasti all'aperto.

a Campo all'Aia Est : 15 km – ✉ 57030 – Procchio

Brigantino ⊛ rist, P VISA AE

via Di Campo dell'Aia 281 – ✆ 05 65 90 74 53 – brigantino@elbalink.it – Fax 05 65 90 79 94 – 13 aprile-settembre

43 cam – †79/167 € ††90/190 € – ½ P 49/97 € – **Rist** – (solo per alloggiati) Menu 16/35 €

◆ Nel verde e nelle buganvillee, a pochi metri dal mare, un albergo semplice e a conduzione familiare. Interessante indirizzo per una confortevole soluzione economica.

a Pomonte Sud-Ovest : 15 km – ✉ 57030

Da Sardi AC rist, P VISA AE

via del Maestrale 1 – ✆ 05 65 90 60 45 – sardi@elbalink.it – Fax 05 65 90 62 53 – Natale e marzo-4 novembre

23 cam – †75/80 € ††120/134 € – ½ P 76 € – **Rist** – (solo su prenotazione) Carta 21/37 €

◆ Edificio rosso mattone in posizione ideale anche per gli amanti del trekking; confortevoli le stanze di recente ristrutturate, alcune con un bel panorama della costa. Al ristorante i piatti della tradizione italiana.

Corallo ⊛ AC P VISA AE

via del Passatoio 28 – ✆ 05 65 90 60 42 – info@elbacorallo.it – Fax 05 65 90 62 70 – Marzo-10 novembre

12 cam – ††100/125 € – ½ P 52/75 € – **Rist** – Carta 27/42 €

◆ Piccola struttura di semplice impostazione, con numero di camere non elevato. Gestito da una giovane coppia, ben curato e gradevole. Mare vicino, entroterra invitante. Il ristorante offre una tipica cucina marinara elbana.

MARCIANA MARINA (LI) – 563 N12 – 1 894 ab. – ✉ 57033 28 B3

Porto Azzurro 29 – Portoferraio 20

Gabbiano Azzurro 2 senza rist AC P VISA

viale Amedeo 94 – ✆ 05 65 99 70 35 – info@hotelgabbianoazzurrodue.it – Fax 05 65 99 70 34 – Aprile-ottobre

20 cam – †105/143 € ††166/186 €

◆ Giardino con piscina, grandi spazi moderni dotati di ogni tipo di confort in atmosfera ricercata, luogo di eventi culturali: ospitalità coniugata alla bellezza isolana.

XX **La Vecchia Marina** AC VISA AE

piazza Vittorio Emanuele 18 – ✆ 056 59 94 05 – Fax 05 65 99 87 35 – Chiuso dal 7 gennaio al 10 marzo e dal 10 novembre al 10 dicembre

Rist – Carta 22/36 € (+10 %)

◆ Affacciato sulla piazza principale del centro storico; servizio esterno sotto gli ombrelloni, e in sala, rinnovata con archi in mattoni. Cucina di mare, anche creativa.

La Fenicia

viale Principe Amedeo – ✆ 05 65 99 66 11 – giulcosta@tin.it – Fax 05 65 90 41 07 – Chiuso dall'8 gennaio al 28 febbraio e mercoledì (escluso luglio-agosto)
Rist – Carta 35/49 €
◆ Cordialità per il cliente e passione per il proprio lavoro connotano i gestori del locale: sala interna e all'aperto, per piatti elbani di pesce e paste fatte in casa.

Da Loris

via 20 Settembre 29 – ✆ 056 59 94 96
Rist – Carta 22/49 €
◆ Ambiente gradevolmente semplice e familiare per un buon indirizzo, nel centro, con travi ai soffitti e veranda coperta; ricette marinare e proposte di paste fresche.

Rendez-Vous da Marcello

piazza della Vittoria 1 – ✆ 056 59 92 51 – lucagianland@tiscali.it – Fax 056 59 92 98 – Aprile-ottobre; chiuso mercoledì (escluso giugno-settembre)
Rist – Carta 33/54 €
◆ Fronte al mare, sul porticciolo, all'aperto sotto una veranda o all'interno, in un locale che è punto di arrivo ideale per il passeggio sul lungomare.

MARINA DI CAMPO (LI) – 563 N12 – ✉ 57034 28 B3

Marciana Marina 13 – Porto Azzurro 26 – Portoferraio 17

Riva del Sole

viale degli Eroi 11 – ✆ 05 65 97 63 16 – info@hotel-rivadelsole.com – Fax 05 65 97 67 78 – Aprile-15 ottobre
59 cam – 68/170 € 80/200 € – ½ P 108/118 € – **Rist** – (prenotazione obbligatoria) Menu 18/25 €
◆ Pavimenti in cotto, travi lignee, colori caldi e tenui, arredi classici e lindore. Ampi gli spazi comuni e le stanze: proprio sul lungomare, un riferimento di classe. Ristorante arioso e gradevole con eleganti arredi in legno scuro.

Dei Coralli

viale degli Etruschi 567 – ✆ 05 65 97 63 36 – hcoralli@tin.it – Fax 05 65 97 77 48 – 15 aprile-15 ottobre
62 cam – 60/120 € – ½ P 57/109 € – **Rist** – (solo per alloggiati)
◆ Edificio di moderna concezione, con servizi funzionali e buon livello di ospitalità. Non lontano dal centro cittadino e dal mare dal quale lo separa una fresca pineta.

Meridiana senza rist

viale degli Etruschi 465 – ✆ 05 65 97 63 08 – mail@hotelmeridiana.info – Fax 05 65 81 31 13 – Pasqua-15 ottobre
37 cam – 128 € 172 €
◆ Inserito tra le verdi conifere di fronte al golfo, l'albergo, semplice e confortevole, offre quiete e spazi freschi; stanze nuove, con belle piastrelle mediterranee.

La Lucciola

viale degli Eroi 2 – ✆ 05 65 97 63 95 – robertoeffe@jumpy.it – Fax 05 65 97 98 19 – Pasqua-settembre; chiuso martedì in bassa stagione
Rist – Carta 40/50 €
◆ Tipico, simpatico riferimento per i bagnanti, il locale si "ritocca" e si trasforma per la sera con toni più discreti ed intimi, ma sempre con cucina di pescato giornaliero.

a Fetovaia Ovest : 8 km – ✉ 57034 – Seccheto

Montemerlo

rist, rist,

– ✆ 05 65 98 80 51 – info@welcometoelba.com – Fax 05 65 98 80 36 – Aprile-ottobre
37 cam – 79 € 74/158 € – ½ P 44/85 € – **Rist** – (solo per alloggiati)
◆ Stanze confortevoli con arredi classici, ricavate da villette sparse nel giardino e tra gli ulivi. In una posizione arretrata e panoramica, non lontana dalla spiaggia.

Galli

✉ 57034 – ✆ 05 65 98 80 35 – info@hotelgalli.it – Fax 05 65 98 80 29 – Pasqua-15 ottobre
29 cam – 154 € – ½ P 95 € – **Rist** – *(chiuso a mezzogiorno)* (solo per alloggiati) 18 €
◆ Insieme composito e ben ideato di logge, spazi chiusi e aperti sul bel panorama di Fetovaia: in stile isolano la genuinità di una solida gestione familiare.

PORTOFERRAIO (LI) – 563 N12 – **11 972 ab.** – ✉ **57037** 28 **B3**

Marciana Marina 20 – Porto Azzurro 15

per Piombino – Toremar, call center 892 123 – Navarma-Moby Lines, call center 199 303 040

calata Italia 26 ✆ 0565 914671, info@aptelba.it, Fax 0565 916350

Villa Napoleone di San Martino★ Sud-Ovest : 6 km – Strada per Cavo e Rio Marina : ≤★★

Acquamarina senza rist

località Padulella Ovest : 1,2 km – ✆ 05 65 91 40 57 – info@hotelacquamarina.it – Fax 05 65 91 40 57 – Pasqua-ottobre

35 cam – 120/140 € 180 €

◆ Edificio d'impronta moderna, con camere di recente ristrutturazione, in posizione arretrata e panoramica sulla baia. Terrazze, discesa alla spiaggia, ampi spazi comuni.

Villa Ombrosa rist,

via De Gasperi 9 – ✆ 05 65 91 43 63 – info@villaombrosa.it – Fax 05 65 91 56 72

38 cam – 70/130 € 80/186 € – ½ P 50/116 € – **Rist** – Menu 22/40 €

◆ Rinnovato da poco e ubicato sulla discesa che conduce al centro cittadino, vicino alla zona dei lidi, con verde e quieto entroterra; camere di stile moderno. Due ambienti per la tavola, il più caratteristico ricorda una piacevole taverna.

Stella Marina

via Vittorio Emanuele II° 1 – ✆ 05 65 91 59 83 – Fax 05 65 91 59 83 – Chiuso dal 28 gennaio al 28 febbraio, lunedì da ottobre al 20 giugno, i mezzogiorno di domenica e lunedì in luglio e agosto

Rist – Carta 38/51 €

◆ La posizione sul porto di questo ristorantino è strategica, la cucina di mare affidabile e gustosa. Apprezzabili anche la cantina e il servizio.

Da Lido

salita del Falcone 2 – ✆ 05 65 91 46 50 – ristorante_lido@tin.it – Chiuso dal 15 dicembre al 15 febbraio

Rist – Carta 34/45 € (+10 %)

◆ Travi a vista all'interno e piccola balconata per i coperti esterni nel tipico locale del signor Lido, ora gestito dal figlio; piatti di pesce e paste.

La Barca

via Guerrazzi 60-62 – ✆ 05 65 91 80 36 – Chiuso febbraio e mercoledì, anche a mezzogiorno in luglio-agosto

Rist – Carta 33/43 € (+10 %)

◆ Buon rapporto qualità/prezzo per un locale a gestione familiare, ubicato nel centro storico. Ambiente semplice, raccolto, sicuramente caratteristico. Cucina marinara.

a San Giovanni Sud : 3 km – ✉ **57037** – **Portoferraio**

Airone del Parco & delle Terme (con acqua di mare) cam, 120,

– ✆ 05 65 92 91 11 – airone@tivigest.com – Fax 05 65 91 74 84 – Aprile-ottobre

85 cam – 85/168 € 150/280 € – ½ P 80/155 € – **Rist** – Menu 10/25 €

◆ Sul golfo, posta tra l'ampio giardino e la spiaggia, una struttura curatissima nei servizi offerti alla clientela. Possibili gite in barca ai vari lidi isolani. Sala ristorante d'impostazione tradizionale e servizio all'aperto.

ad Acquaviva Ovest : 4 km – ✉ **57037** – **Portoferraio**

Acquaviva Park Hotel rist,

– ✆ 05 65 91 53 92 – info@acquavivaparkhotel.com – Fax 05 65 91 69 03 – Aprile-ottobre

38 cam – 97/105 € 164/180 € – ½ P 92/100 € – **Rist** – (solo per alloggiati)

◆ La panoramica posizione collinare, affacciata sul mare, offre percorsi nel bosco e nella macchia. Confort e tranquillità in una costruzione alquanto recente.

a Viticcio Ovest : 5 km – ✉ 57037 – Portoferraio

Viticcio rist, P VISA
– ✆ *05 65 93 90 58 – mailbox@hotelviticcio.it – Fax 05 65 93 90 32 – Aprile-ottobre*
32 cam – †99 € ††199 € – ½ P 109/129 € – **Rist** – 33 €
♦ Giardino-solarium con vista costa e mare per una struttura in stile mediterraneo, a strapiombo sul mare. Intonacato di bianco con infissi blu come il mare. Sala da pranzo luminosa e servizio a buffet per il pranzo.

a Picchiaie Sud-Est : 7,5 km – ✉ 57037 – Portoferraio

Relais delle Picchiaie mare e costa, rist, 50, P VISA AE
– ✆ *05 65 93 31 10 – mail@relaisdellepicchiaie.it – Fax 05 65 93 31 86 – Maggio-settembre*
38 cam – †180/265 € ††280/390 € – **Rist** – Carta 50/79 €
♦ Albergo in posizione dominante con splendida vista sul mare e sulla costa. Al centro di un grande parco, propone un piccolo centro benessere ed ambienti eleganti ed esclusivi. Raffinata sala ristorante, con volte in mattoni e travi in legno.

a Biodola Ovest : 9 km – ✉ 57037 – Portoferraio

Hermitage baia, (con acqua di mare) rist, 300, P VISA AE
– ✆ *05 65 97 48 11 – info@hotelhermitage.it – Fax 05 65 96 99 84 – Aprile-ottobre*
116 cam – †255/289 € ††300/340 € – 16 suites – ½ P 175/295 € – **Rist** – Menu 43/55 €
♦ Un hotel esclusivo ed elegante, un parco-giardino con piscina con acqua di mare; tutti i confort in una struttura ineccepibile, completata dall'amenità della posizione. Ristorante bordo spiaggia e in giardino, sotto pagode di legno.

Biodola mare e costa, rist, P VISA AE
via Biodola 21 – ✆ 05 65 97 48 12 – info@biodola.it – Fax 05 65 96 98 52 – Aprile-ottobre
88 cam – †204/323 € ††240/380 € – ½ P 145/215 € – **Rist** – Carta 40/50 €
♦ Giardino fiorito con piscina per questo complesso ubicato in una delle baie più esclusive dell'isola. Stile classico con servizi e ospitalità sicuramente ad alto livello.

a Scaglieri Ovest : 9 km – ✉ 57037 – Portoferraio

Danila rist, P VISA
golfo della Biodola – ✆ 05 65 96 99 15 – info@hoteldanila.it – Fax 05 65 96 98 65 – Aprile-15 ottobre
27 cam – ††125 € – ½ P 92/117 € – **Rist** – Menu 25/55 €
♦ Gestione familiare per questo "piccolo villaggio" che si snoda nel verde affacciato sul golfo. Camere disposte su vari livelli, piacevoli angoli relax all'aperto. Nella luminosa sala ristorante, i sapori del territoria.

ad Ottone Sud-Est : 11 km – ✉ 57037 – Portoferraio

Villa Ottone rist, P VISA AE
– ✆ *05 65 93 30 42 – hotel@villaottone.com – Fax 05 65 93 32 57 – Aprile-ottobre*
73 cam – ††296/440 € – 2 suites – ½ P 168/240 € – **Rist** – (consigliata la prenotazione) Menu 40/55 €
♦ Villa storica in stile neoclassico, all'interno di un parco secolare affacciato direttamente sul mare; ambienti ricchi di fascino, decorati con affreschi originali. Il ristorante offre sistemazioni diverse e proposte gastronomiche altrettanto eterogenee.

RIO MARINA (LI) – 563 N13 – **2 159 ab.** – ✉ **57038** 28 **B3**

Porto Azzurro 12 – Portoferraio 20

per Piombino – Toremar, call center 892 123

La Canocchia VISA
via Palestro 2/4 – ✆ 05 65 96 24 32 – Fax 05 65 96 24 32 – Febbraio-ottobre; chiuso lunedì in bassa stagione
Rist – Carta 38/52 €
♦ Centro cittadino, di fronte ad un giardino pubblico; due sale e cura per la clientela in un locale a gestione familiare con specialità marinare e del territorio.

a Cavo Nord : 7,5 km – ✉ 57030

Pierolli
lungomare Kennedy 1 – ✆ 05 65 93 11 88 – info@hotelpierolli.it – Fax 05 65 93 10 44 – Aprile-ottobre
22 cam – 70 € 70/130 € – ½ P 45/90 € – **Rist** – *(giugno-settembre)* Carta 18/34 €
♦ Gestito dalla proprietà, un indirizzo semplice e pulito, a pochi minuti di aliscafo da Piombino e in una posizione tranquilla vicino alla passeggiata e al porticciolo. Dalla vicina banchina il pesce del giorno, dalla cucina i sapori mediterranei.

RIO NELL'ELBA (LI) – 563 N13 – 1 007 ab. – alt. 165 m – ✉ 57039 28 B3

Porto Azzurro 8 – Porto Ferraio 15

a Bagnaia Sud-Est : 12 km – ✉ 57037 – Rio nell'Elba

Locanda del Volterraio senza rist
località Bagnaia-Residenza Sant'Anna – 40,
✆ 05 65 96 12 36 – locanda@volterraio.it – Fax 05 65 96 12 89 – Maggio-settembre
18 cam – 90/150 € 120/200 €
♦ Recente complesso residenziale di moderna concezione, immerso nel verde fra uliveti e giardini fioriti, non lontano dalla spiaggia; ampie le camere di lineare sobrietà.

EMPOLI – Firenze (FI) – 563 K14 – 45 556 ab. – alt. 27 m – ✉ 50053 28 B1

Toscana

Roma 294 – Firenze 30 – Livorno 62 – Siena 68

Cucina Sant'Andrea 16,
via Salvagnoli 47 – ✆ 057 17 36 57 – cucinasantandrea@tin.it – Fax 05 71 53 69 50 – Chiuso dal 1° al 5 gennaio, dal 10 al 28 agosto e lunedì
Rist – Carta 30/53 €
♦ Locale gestito da due giovani fratelli e "appoggiato" alla vecchia cinta muraria; sala con arredi di stile moderno, piatti nazionali e locali, anche di pesce.

ENNA Ⓟ – 565 O24 – Vedere Sicilia alla fine dell'elenco alfabetico

ENTRACQUE – Cuneo (CN) – 561 J4 – 828 ab. – alt. 904 m – Sport invernali : 4, – ✉ 12010 22 B3

Roma 667 – Cuneo 24 – Milano 240 – Colle di Tenda 40 – Torino 118
piazza Giustizia e Libertà 3 ✆ 0171 978616, Fax 0171 978637

Miramonti rist,
viale Kennedy 2 – ✆ 01 71 97 82 22 – Fax 01 71 97 82 22 – Chiuso dal 10 al 25 novembre
18 cam – 35/46 € 55/65 €, 5 € – ½ P 46/49 € – **Rist** – *(24 dicembre-Pasqua e giugno-settembre)* Carta 15/18 €
♦ Tipica costruzione montana, con giardinetto antistante; condotto da lunga data dalla proprietaria, ha stanze ampie, essenziali, ove la pulizia è molto accurata.

ENTRÈVES – Aosta – 561 E2 – Vedere Courmayeur

EOLIE (Isole) – Messina – 565 L26 27 – Vedere Sicilia alla fine dell'elenco alfabetico

EPPAN AN DER WEINSTRASSE = Appiano sulla Strada del Vino

ERACLEA – Venezia (VE) – 562 F20 – 12 661 ab. – ✉ 30020 36 D2

Roma 569 – Udine 79 – Venezia 46 – Belluno 102 – Milano 308 – Padova 78 – Treviso 45 – Trieste 120
via Marinella 56 ✆ 0421 66134, infoeracleamare@tin.it, Fax 0421 66500

a Torre di Fine **Sud-Est : 8 km – ✉ 30020**

X **Da Luigi** con cam
via Dante 25 – ✆ 04 21 23 74 07 – Fax 04 21 23 74 47 – Chiuso ottobre
10 cam ☕ – †26/58 € ††54/58 € – **Rist** – *(chiuso mercoledì escluso da giugno ad agosto)* Carta 21/40 €
◆ Specialità di mare alla griglia per questa piacevole trattoria con camere; grande tradizione, famiglia in cucina e in sala e attenzione alla qualità delle materie prime.

ad Eraclea Mare **Sud-Est : 10 km – ✉ 30020**

Park Hotel Pineta
via della Pineta 30 – ✆ 042 16 60 63 – info@parkhotelpineta.com – Fax 042 16 61 96 – 15 maggio-25 settembre
41 cam ☕ – †60/90 € ††80/125 € – 9 suites – ½ P 55/80 € – **Rist** – Carta 22/33 €
◆ Immerso in un tranquillo giardino-pineta sul mare, un confortevole complesso con nuovi appartamenti, composto da corpo centrale e dépendance. Ideale per famiglie.

ERBA – Como (CO) – 561 E9 – **16 901 ab. – alt. 323 m** – ✉ **22036** 18 **B1**

Roma 622 – Como 14 – Lecco 15 – Milano 44

Castello di Casiglio rist, 300,
via Cantù 21 verso Albavilla Ovest: 1 km – ✆ 031 62 72 88 – info@hotelcastellodicasiglio.it – Fax 031 62 96 49
45 cam ☕ – †140/280 € ††180/300 € – ½ P 125/185 € – **Rist** – Carta 41/71 €
◆ Abbracciato da un parco secolare, l'antico castello è oggi una suggestiva residenza adatta ad un soggiorno di relax, ma anche luogo ideale per attività congressuali e meeting. Al ristorante, ampie sale che si prestano soprattutto a tavole particolarmente numerose.

Leonardo da Vinci 250,
via Leonardo da Vinci 6 – ✆ 031 61 15 56 – info@hotelleonardodavinci.com – Fax 031 61 14 23
71 cam ☕ – †85 € ††120 € – ½ P 86 € – **Rist** – *(chiuso domenica sera)* Carta 38/48 €
◆ Grande struttura di stile moderno, poco fuori della città, dotata di ogni confort e adatta per esigenze di lavoro e congressi; stanze e spazi comuni ampi ed eleganti. Servizio e atmosfera ricercati nel ristorante e nella sala per meeting e banchetti.

X **La Vispa Teresa** 30,
via XXV Aprile 115 – ✆ 031 64 01 41 – Fax 031 64 16 67 – Chiuso Natale, Pasqua, dal 7 al 20 agosto e lunedì
Rist – Menu 21/26 € bc – Carta 36/45 €
◆ Riuscita gestione di tre fratelli che hanno creato un ambiente semplice e informale per un localino curato, in piena Erba: proposte classiche, regionali, pesce e pizze.

ERBUSCO – Brescia (BS) – 561 F11 – **7 194 ab. – alt. 251 m** – ✉ **25030** 19 **D2**

Roma 578 – Bergamo 35 – Brescia 22 – Milano 69

L'Albereta 250,
via Vittorio Emanuele II 23, Nord : 1,5 km – ✆ 03 07 76 05 50 – info@albereta.it – Fax 03 07 76 05 73
57 cam – †190/245 € ††230/320 €, ☕ 27 € – 9 suites
Rist Gualtiero Marchesi – vedere selezione ristoranti
◆ In collina tra i vigneti della Franciacorta, una patronale villa di classe ove ricercatezza e relax sposano moderne infrastrutture; ampie stanze e suite personalizzate.

XXXX **Gualtiero Marchesi** – L'Albereta ← lago e monti, 30,
via Vittorio Emanuele 23, Nord : 1,5 km – ✆ 03 07 76 05 62 – info@marchesi.it – Fax 03 07 76 03 79 – Chiuso dal 2 gennaio al 10 febbraio, domenica sera e lunedì
Rist – Carta 93/159 €
Spec. Insalata di spaghetti al caviale, erba cipollina. Raviolo aperto. Filetto di vitello alla Rossini secondo Gualtiero Marchesi.
◆ Imponente villa tra i vigneti, Marchesi è il capostipite della moderna cucina italiana, ha attraversato e rinnovato ogni tendenza, pochi cuochi non hanno imparato da lui.

XXX **La Mongolfiera dei Sodi**

via Cavour 7 – ✆ 03 07 26 83 03 – vorreisapere@mongolfiera.it – Chiuso dal 1° all'11 gennaio, dal 5 al 24 agosto, le sere del 24-25-26 dicembre e di Pasqua e giovedì

Rist – Carta 32/66 €

◆ Una bella cascina del Seicento riconvertita in un tipico, ma distinto locale; quattro salette comunicanti e portico estivo, familiare cucina del territorio tra i filari.

ERCOLANO – Napoli (NA) – **564** E25 – ✉ **80056** *Italia* 6 **B2**

Terme★★★ – Casa a Graticcio★★ – Casa dell'Atrio a mosaico★★ – Casa Sannitica★★ – Casa del Mosaico di Nettuno e Anfitrite★★ – Pistrinum★★ – Casa dei Cervi★★ – Casa del Tramezzo carbonizzato★ – Casa del Bicentenario★ – Casa del Bel Cortile★ – Casa del Mobilio carbonizzato★ – Teatro★ – Terme Suburbane★

Vesuvio★★★ Nord-Est : 14 km e 45 mn a piedi AR

ERICE – Trapani – **565** M19 – **Vedere Sicilia alla fine dell'elenco alfabetico**

ESTE – Padova (PD) – **562** G16 – **16 783 ab.** – **alt. 15 m** – ✉ **35042** *Italia* 35 **B3**

Roma 480 – Padova 33 – Ferrara 64 – Mantova 76 – Milano 220 – Rovigo 29 – Venezia 69 – Vicenza 45

via Negri 9 ✆ 0429 600462, iateste@virgilio.it, Fax 049 611105

Museo Nazionale Atestino★ – Mura★

Beatrice d'Este rist, 150,

viale delle Rimembranze 1 – ✆ 04 29 60 05 33 – hotelbeatricedeste@virgilio.it – Fax 04 29 60 19 57

30 cam – †54/60 € ††76/82 € – ½ P 55/60 € – **Rist** – *(chiuso domenica sera)* Carta 26/32 €

◆ Accanto all'omonimo Castello, una costruzione d'impronta moderna e recentemente ristrutturata: ideale base per visitare i dintorni e i Colli Euganei. Buon rapporto qualità/prezzo per il ristorante di sapore familiare e tranquillo.

ETNA – Catania – **565** N26 – **Vedere Sicilia alla fine dell'elenco alfabetico**

ETROUBLES – Aosta (AO) – **561** E3 – **461 ab.** – **alt. 1 280 m** – ✉ **11014** 34 **A2**

Roma 760 – Aosta 14 – Colle del Gran San Bernardo 18 – Milano 198 – Torino 127

strada Nazionale Gran San Bernardo 13 località Gran San Bernardo ✆ 0165 78559, info@gransanbernardo.com, Fax 0165 78568

X **Croix Blanche**

via Nazionale Gran San Bernardo 10 – ✆ 016 57 82 38 – croix.blanche@libero.it – Fax 016 57 82 19 – Chiuso novembre e martedì (escluso luglio-agosto)

Rist – Carta 21/40 €

◆ In una locanda del XVII secolo, con tipici tetti in losa del posto e ubicazione strategica verso il Gran San Bernardo: ambiente rustico, sapori locali e nazionali.

FABBRICA CURONE – Alessandria (AL) – **561** H9 – **808 ab.** – **alt. 480 m** – ✉ **15050** 23 **D2**

Roma 545 – Alessandria 55 – Genova 79 – Milano 97 – Piacenza 74

X **La Genzianella** con cam

a Selvapiana, Sud-Est : 4 km – ✆ 01 31 78 01 35 – info@genzianella-selvapiana.it – Fax 01 31 78 00 04 – Chiuso settembre, lunedì e martedì (escluso luglio-agosto)

10 cam – †30/45 € ††55/65 € – ½ P 35/40 € – **Rist** – Carta 20/31 €

◆ In posizione isolata, il locale vanta una cordiale gestione familiare, giunta alla terza generazione, e propone una formula di menù degustazione d'ispirazione regionale. La struttura dispone anche di camere semplici e curate.

FABBRICO – Reggio Emilia (RE) – 562 H14 – 5 803 ab. – alt. 25 m – ✉ 42042 8 **B2**

Roma 438 – Bologna 81 – Mantova 37 – Modena 43 – Verona 76

San Genesio senza rist

via Piave 35 – ✆ 05 22 66 52 40 – hotelsangenesio@virgilio.it – Fax 05 22 65 00 33 – Chiuso dal 23 dicembre al 7 gennaio ed agosto

18 cam – 60 € 105 € – 2 suites

◆ Ideale "fil rouge" con il patrono e la chiesetta del Santo sita in campagna, un edificio d'inizio secolo scorso aggiornato nel confort ma fedele nello stile degli arredi.

FABRIANO – Ancona (AN) – 563 L20 – 30 543 ab. – alt. 325 m – ✉ 60044

Italia 20 **B2**

Roma 216 – Perugia 72 – Ancona 76 – Foligno 58 – Gubbio 36 – Macerata 69 – Pesaro 116

corso della Republica 70 ✆ 0732 625067, iat.fabriano@regione.marche.it, Fax 0732 629791

Piazza del Comune★ – Piazza del Duomo★

Grotte di Frasassi★★ Nord : 11 km

Gentile da Fabriano 300,

via Di Vittorio 13 – ✆ 07 32 62 71 90 – info@hotelgentile.it – Fax 07 32 62 71 90

130 cam – 67/75 € 104/114 € – 8 suites – **Rist** – *(chiuso Natale e dal 6 al 20 agosto)* Carta 30/48 €

◆ Circondato da un piccolo giardino, l'hotel è un complesso moderno dotato di spaziose camere arredate in calde tonalità. Disponibili anche sale riunioni di diversa capienza. Ampia sala ristorante, ideale per banchetti nel fine settimana, che propone una cucina classica dove gustare prodotti tipici regionali.

Hotel 2000 senza rist

viale Zonghi 29 – ✆ 07 32 25 11 60 – info@2000hotel.it – Fax 07 32 23 33 29

12 cam – 45/60 € 65/85 €

◆ Ricavato da un antico palazzo, il piccolo hotel è situato a pochi passi dal centro storico e dispone di camere luminose arredate in modo semplice e moderno.

Agriturismo Gocce di Camarzano senza rist

località Camarzano, strada verso Moscano Nord-Est : 3,5 km – ✆ 336 64 90 28 – goccedicamarzano@libero.it – Fax 07 32 62 81 72 30,

6 cam – 50/65 € 70/85 €, 5 €

◆ Bella villa secentesca circondata dalle verdi colline marchigiane, dispone di spaziose camere arredate con letti in legno e di una piacevole sala lettura.

sulla strada statale 76 in prossimità uscita Fabriano Est

Villa Marchese del Grillo con cam 40,

località Rocchetta Bassa Nord-Est : 6 km ✉ 60044 – ✆ 07 32 62 56 90 – info@marchesedelgrillo.com – Fax 07 32 62 79 58

15 cam – 100 € 105/160 € – 5 suites – 350/600 € – **Rist** – *(chiuso dal 2 al 20 gennaio, domenica sera e lunedì)* Carta 37/60 €

◆ Ricavato dalle cantine della villa, è un punto di riferimento dove assaporare la tipica cucina locale ed innovative rivisitazioni di piatti storici. Circondata dal parco, è ideale per un soggiorno all'insegna della tranquillità ed ospita spaziose camere arredate in stile.

FAENZA – Ravenna (RA) – 562 J17 – 54 315 ab. – alt. 35 m – ✉ 48018 *Italia* 9 **C2**

Roma 368 – Bologna 58 – Ravenna 35 – Firenze 104 – Milano 264 – Rimini 67

piazza del Popolo 1 ✆ 0546 25231, prolocofaenza@racine.ra.it, Fax 0546 25231

Museo Internazionale della Ceramica★★

Cavallino 150,

via Forlivese 185 – ✆ 05 46 63 44 11 – info@hotel-cavallino.it – Fax 05 46 63 44 40

80 cam – 97/160 € – **Rist** – *(chiuso dal 13 al 26 agosto)* Carta 25/35 €

◆ Un complesso alberghiero decentrato, in direzione Forlì, e posizionato lungo la via Emilia; si dorme però tranquilli e le attrezzature di cui dispone sono complete. Una comoda soluzione per pasti sostanziosi.

al casello autostrada A 14 Nord-Est : 2 km :

ClassHotel Faenza senza rist — 120, VISA AE
via San Silvestro 171 ✉ 48018 Faenza – ✆ 054 64 66 62 – info.faenza@classhotel.com – Fax 054 64 66 76
69 cam – 60/110 € 80/140 €
◆ Posizionata strategicamente alle porte di Faenza, e nei pressi del casello autostradale, una risorsa utile al cliente d'affari o di passaggio; dotata di ogni comodità.

FAGAGNA – Udine (UD) – 562 D21 – 6 057 ab. – alt. 177 m – ✉ 33034 10 B2

Roma 634 – Udine 14 – Gemona del Friuli 30 – Pordenone 54

Al Castello — 18, VISA AE
via San Bartolomeo 18 – ✆ 04 32 80 01 85 – info@ristorantealcastello.com – Fax 04 32 80 01 85 – Chiuso dal 12 al 31 gennaio e lunedì
Rist – Carta 27/36 €
◆ Zona di antiche tradizioni per un esercizio ricavato all'interno di una casa colonica del '700 e gestito con entusiasmo da una famiglia che propone piatti locali, ma creativi.

FAGNANO – Verona – Vedere Trevenzuolo

FAGNANO OLONA – Varese (VA) – 561 F8 – 10 453 ab. – alt. 265 m – ✉ 21054 18 A2

Roma 612 – Milano 40 – Bergamo 80 – Stresa 56 – Varese 23

Menzaghi — 25/28, VISA AE
via San Giovanni 74 – ✆ 03 31 36 17 02 – menzaghi@menzaghimario.191.it – Fax 03 31 36 17 02 – Chiuso tre settimane in agosto, domenica sera e lunedì
Rist – Carta 28/44 €
◆ L'accesso avviene tramite un ampio disimpegno, con numerose bottiglie in bellavista, da cui si accede alla sala di taglio rustico-signorile. Menù vario e invitante.

FAIANO – Salerno – Vedere Pontecagnano

FAI DELLA PAGANELLA – Trento (TN) – 562 D15 – 906 ab. – alt. 958 m – Sport invernali : *957/2 125 m 1 6 (Consorzio Paganella-Dolomiti)* – ✉ 38010 30 B2

Roma 616 – Trento 33 – Bolzano 55 – Milano 222 – Riva del Garda 57

via Villa 1 ✆ 0461 583130, Fax 0461 583410

Arcobaleno — rist, VISA AE
via Cesare Battisti 29 – ✆ 04 61 58 33 06 – info@hotelarcobaleno.it – Fax 04 61 58 35 35 – Chiuso da novembre all' 8 dicembre
34 cam – 45/60 € 60/80 € – ½ P 35/63 € – **Rist** – Carta 19/34 €
◆ All'uscita della località, verso Andalo, questa struttura di taglio moderno offre camere sobrie e luminose, con balconi godibili e panoramici. Bel centro benessere. Ristorante con tavoli ben distanziati e finestroni sul paesaggio montano.

Negritella — rist,
via Benedetto Tonidandel 29 – ✆ 04 61 58 31 45 – info@hotelnegritella.it – Fax 04 61 58 31 45 – Dicembre-Pasqua e giugno-settembre
20 cam – 45 € 80 €, 8 € – ½ P 51/57 € – **Rist** – *(chiuso a mezzogiorno da dicembre a Pasqua)* (solo per alloggiati) Carta 21/29 €
◆ Bell'albergo a conduzione diretta, curato e ben tenuto, con una gradevole atmosfera familiare; spazi comuni contenuti, ma sufficienti e ben distribuiti.

FAITO (Monte) ★★ – Napoli – 564 E25 – alt. 1 103 m *Italia*

★★★ dal Belvedere dei Capi – ★★★ dalla cappella di San Michele

FALCADE – Belluno (BL) – 562 C17 – **2 233 ab. – alt. 1 145 m – Sport invernali :** ***1 100/2 513 m 3 23 (Comprensorio Dolomiti superski Tre Valli)*** – ✉ 32020 35 **B1**

Roma 667 – Belluno 52 – Cortina d'Ampezzo 59 – Bolzano 64 – Milano 348 – Trento 108 – Venezia 156

corso Roma 1 ✆ 0437 599241, falcade@infodolomiti.it, Fax 0437 599242

Belvedere ← monti e vallata, rist, 50,

via Garibaldi 28 – ✆ 04 37 59 90 21 – info@belvederehotel.info – Fax 04 37 59 90 81 – Dicembre-Pasqua e giugno-settembre

37 cam – 46/90 € 70/160 € – ½ P 79/99 € – **Rist** – Carta 26/40 €

◆ Tripudio di legni per questa deliziosa e tipica casa di montagna già piacevole dall'esterno: in posizione isolata e quieta, non lontano dalle piste, buon gusto e calore. Caratteristiche stube d'epoca costituiscono splendidi inviti alla buona cucina.

Mulaz senza rist

via Agostino Murer 2 – ✆ 04 37 59 95 56 – mulaz@dolomiti.it – Fax 04 37 59 96 48 – 6 dicembre-25 aprile e 26 giugno-18 settembre

13 cam – 35/49 € 64/80 €

◆ Sito all'entrata della località, in un'area tranquilla e con un insieme che ha più della casa privata che dell'hotel, offre camere personalizzate, mansardate all'ultimo piano.

FALCONARA MARITTIMA – Ancona (AN) – **563** L22 – **28 354 ab.** – ✉ 60015 21 **C1**

Roma 279 – Ancona 13 – Macerata 61 – Pesaro 63

Ovest : 0,5 km ✆ 071 28271, iat.falconara@libero.it, Fax 071 9166532

(giugno-settembre) via Flaminia 548/a ✆ 071 910458, iat.falconara@libero.it, Fax 071 9166532

Touring 120,

via degli Spagnoli 18 – ✆ 07 19 16 00 05 – info@touringhotel.it – Fax 071 91 30 00

77 cam – 60/88 € 78/120 € – ½ P 59/74 €

Rist Il Camino – vedere selezione ristoranti

◆ Ideale soprattutto per clienti di lavoro, l'albergo, di stampo moderno e non vicino al mare, ma verso Falconara alta, è dotato di confort e di stanze abbastanza spaziose.

Villa Amalia con cam 25,

via degli Spagnoli 4 – ✆ 07 19 16 05 50 – info@villa-amalia.it – Fax 071 91 20 45 – Chiuso quindici giorni in gennaio e quindici giorni in luglio

7 cam – 65/75 € 100/120 € – **Rist** – *(chiuso lunedì e da ottobre a maggio anche domenica sera)* Carta 37/48 €

◆ Villino d'inizio '900, a pochi metri dalla marina, tre sale di sobria eleganza e una veranda estiva: piatti tradizionali o creativi sempre a base di pesce dell'Adriatico.

Il Camino – Hotel Touring 30,

via Tito Speri 2 – ✆ 07 19 17 16 47 – info@ristoranteilcamino.it – Fax 07 19 17 16 47 – Chiuso domenica sera e lunedì a mezzogiorno escluso agosto

Rist – Carta 29/42 €

◆ Situato nella stessa struttura dell'hotel Touring, ma con accesso indipendente, offre un primo grande ambiente classico con tanto di camino e una saletta più intima e rustica.

FALZES (PFALZEN) – **Bolzano / Bozen (BZ)** – 562 B17 – **2 313 ab. – alt. 1 022 m – Sport invernali :** ***1 022/2 275 m 17 8 (Comprensorio Dolomiti superski Plan de Corones)*** – ✉ 39030 31 **C1**

Roma 711 – Cortina d'Ampezzo 64 – Bolzano 65 – Brunico 5

piazza del Municipio, Rathaus Plaz 1 ✆ 0474528159, info@falzes.net,Fax 0474 528413

ad Issengo (Issing)**Nord-Ovest : 1,5 km** – ✉ **39030 – Falzes**

Al Tanzer con cam

via del Paese 1 – ✆ 04 74 56 53 66 – info@tanzer.it – Fax 04 74 56 56 46 – Chiuso dal 15 aprile al 9 maggio e dal 9 novembre al 3 dicembre

20 cam – 23/49 € 46/102 € – ½ P 59/79 € – **Rist** – *(chiuso martedì e mercoledì a mezzogiorno escluso dal 15 luglio al 15settembre)* Carta 26/41 €

◆ Ambiente ovattato, caratteristico e molto grazioso, in eleganti stube, per una cucina d'impronta altoatesina, ma trasformata con fantasia; possibilità di alloggio.

a Molini (Mühlen)**Nord-Ovest : 2 km – ✉ 39030 – Chienes**

XXX ✿ **Schöneck** (Baumgartner)

via Castello Schöneck 11 – ✆ 04 74 56 55 50 – info@schoeneck.it – Fax 04 74 56 41 67 – Chiuso dal 26 marzo al 3 aprile, dal 18 giugno al 3 luglio, dal 29 ottobre al 5 novembre, lunedì, martedì a mezzogiorno

Rist – Carta 48/76 €

Spec. Paté al fegato di capretto, formaggio erborinato e gelatina al vino moscato (primavera). Ravioli di carrube ripieni di animelle di vitello e funghi porcini (estate). Lombo di cervo rosato in crosta di noci, salsa al ribes nero.

◆ Se la bellezza del locale si completa con una calorosa ospitalità, la cucina basta a se stessa: prodotti, cotture e accostamenti, difficile stabilire dove il cuoco eccella.

FANNA – **Pordenone (PN)** – 562 D20 – **1 556 ab.** – **alt. 272 m** – ✉ **33092** 10 **B2**

Roma 620 – Udine 50 – Belluno 75 – Pordenone 29

Al Giardino 100,

via Circonvallazione Nuova 3 – ✆ 042 77 71 78 – info@algiardino.com – Fax 04 27 77 80 55

25 cam – †60 € ††80/90 € – ½ P 60/70 € – **Rist** – *(chiuso dal 10 gennaio al 10 febbraio e martedì)* Carta 25/31 €

◆ Il nome prelude all'indovinata cornice verde della struttura, ornata da uno specchio d'acqua concepito quasi alla maniera orientale; tutto spicca per l'estrema cura. Una sala con vocazione banchettistica aggiunta ad una più raccolta e alla veranda estiva.

FANO – **Pesaro e Urbino (PU)** – 563 K21 – **60 603 ab.** – ✉ **61032** *Italia* 20 **B1**

Roma 289 – Ancona 65 – Perugia 123 – Pesaro 11 – Rimini 51

viale Cesare Battisti 10 ✆ 0721 803534, iat.fano@regione.marche.it, Fax 0721 824292

Corte Malatestiana★ Z **M** – Dipinti del Perugino★nella chiesa di Santa Maria Nuova Z

Castello Montegiove rist, 30,

strada comunale di Monte Giove, località Forcolo Ovest : 2,5 km – ✆ 07 21 86 41 23 – info@castellomontegiove.it – Fax 07 21 86 35 91

19 cam – †80/120 € ††130/210 €, 5 € – 2 suites – ½ P 130/150 €

Rist – Carta 30/40 €

◆ Raffinata e suggestiva residenza ottocentesca immersa in un parco con laghetto, giardino all'italiana e campo pratica golf, offre dimore lussuose o informali arredate in stile. Nelle caratteristiche sale da pranzo, ricavate negli spazi originari della costruzione, proposte gastronomiche ittiche e marchigiane.

Elisabeth Due

piazzale Amendola 2 – ✆ 07 21 82 31 46 – info@hotelelisabethdue.it – Fax 07 21 82 31 47

28 cam – †100 € ††130 €, 12 € – 4 suites – ½ P 140 €

Rist *Il Galeone* – *(chiuso domenica sera e lunedì a mezzogiorno)* Carta 35/52 €

◆ Situato sulla passeggiata principale del lido, l'albergo vanta una meravigliosa vista sull'Adriatico ed offre camere e spazi comuni arredati in stile moderno e confortevoli. L'elegante ristorante propone una cucina nazionale, ideale per gustare soprattutto specialità di mare.

Corallo 100,

via Leonardo da Vinci 3 – ✆ 07 21 80 42 00 – info@hotelcorallo-fano.it – Fax 07 21 80 36 37 – Chiuso dal 24 dicembre al 6 gennaio

38 cam – †48/52 € ††70/75 €, 8 € – 3 suites – ½ P 60/70 € – **Rist** – *(chiuso a mezzogiorno da febbraio a marzo)* Carta 27/40 €

◆ Gestione seria e attenta alle migliorie per una struttura dall'atmosfera piacevole e tranquilla, situata non lontano dal lungomare. Ideale per clientela d'affari. Ampia sala ristorazione dove gustare la cucina locale e specialità a base di pesce.

Angela cam, VISA AE

viale Adriatico 13 – ✆ 07 21 80 12 39 – info@hotelangela.it – Fax 07 21 80 31 02 – Chiuso dal 20 dicembre al 10 gennaio

37 cam – †47 € ††69 €, ☐ 6 € – ½ P 60 € – **Rist** – Carta 32/51 €

◆ Ubicato direttamente sul mare, l'hotel vanta una gestione familiare, graziosi spazi comuni, camere semplici e funzionali ed un fresco giardino. La cucina propone specialità regionali e soprattutto di pesce.

Villa Giulia senza rist P VISA AE

via di Villa Giulia, località San Biagio 40 – ✆ 07 21 82 31 59 – info@relaisvillagiulia.com – Fax 07 21 82 31 59 – Chiuso gennaio e febbraio

6 cam ☐ – †80/110 € ††120/150 €

◆ Rilassante e confortevole struttura ricavata dall'antica residenza napoleonica immersa nel verde, propone camere arredate secondo lo stile originale.

Casa Nolfi VISA AE

via Gasparoli 59 – ✆ 07 21 82 70 66 – info@casanolfi.it – Fax 07 21 82 70 66 – Chiuso lunedì a mezzogiorno e domenica sera da settembre a maggio

Rist – Carta 30/51 €

◆ Piacevole locale in pieno centro storico, offre un'atmosfera moderna dove poter gustare sapori locali e, prevalentemente, specialità di pesce.

FARA FILIORUM PETRI – Chieti (CH) – 563 P24 – 1 917 ab. – alt. 210 m – ✉ 66010 2 C2

Roma 205 – Pescara 36 – Chieti 18 – L'Aquila 97 – Teramo 92

Casa D'Angelo 20, VISA AE

via San Nicola 5 – ✆ 087 17 02 96 – rist.casadangelo@libero.it – Fax 087 17 02 82 – Chiuso dal 1° al 24 novembre, domenica sera e lunedì

Rist – Carta 26/40 €

◆ Locale dall'aspetto intimo e raffinato cui si aggiunge la sapienza di una gestione familiare con lunga esperienza. Piatti del territorio impreziositi dall'estro dello chef.

FARA IN SABINA – Rieti (RI) – 563 P20 – 11 466 ab. – alt. 484 m – ✉ 02032 12 B1

Roma 55 – Rieti 36 – Terni 65 – Viterbo 83

a Coltodino Sud-Ovest : 4 km – ✉ 02030

Agriturismo Ille-Roif rist, P VISA AE

località Talocci Ovest : 5,5 km – ✆ 07 65 38 67 49 – ille-roif@linet.it – Fax 07 65 38 67 83 – Chiuso dal 7 al 31 gennaio

12 cam ☐ – †130 € ††200 € – ½ P 100 € – **Rist** – (prenotare) Menu 25/35 €

◆ Un design moderno e originale caratterizza questa vasta risorsa dotata, inoltre, di uliveto e attrezzature sportive. Bizzarri e insoliti ambienti, davvero per tutti i gusti.

FARA VICENTINO – Vicenza (VI) – 562 E16 – 3 888 ab. – alt. 202 m – ✉ 36030 35 B2

Roma 539 – Padova 58 – Trento 72 – Treviso 66 – Vicenza 29

Agriturismo Le Colline dell'Uva P

via Alteo 15, Nord-Est : 1,5 km – ✆ 04 45 89 76 51 – lecollinedelluva@hotmail.com – Fax 04 45 89 76 51

5 cam ☐ – †56 € ††120 € – **Rist** – *(chiuso a mezzogiorno)* (solo per alloggiati) Carta 20/30 €

◆ Sulle colline vicentine, una casa colonica completamente ristrutturata: interni curati e camere arredate con gusto; per una vacanza in campagna senza rinunciare al confort.

FARNETA – Arezzo – 563 M17 – Vedere Cortona

FARRA DI SOLIGO – Treviso (TV) – 562 E18 – 8 113 ab. – alt. 163 m – ✉ 31010 36 C2

Roma 590 – Belluno 40 – Treviso 35 – Venezia 72

a Soligo Est : 3 km – ✉ 31010

Casa Rossa ← vallata,
località San Gallo – ☎ 04 38 84 01 31 – casarossa@itinerarium.eu – Fax 04 38 84 00 16 – Chiuso dal 15 gennaio al 13 febbraio, mercoledì e giovedì, da giugno a settembre aperto giovedì sera
Rist – Carta 35/50 €
♦ Una casa colonica in posizione panoramica tra i vigneti della tenuta San Gallo; servizio estivo in terrazza-giardino e cucina del territorio con specialità allo spiedo.

a Col San Martino Sud-Ovest : 3 km – ✉ 31010

Locanda Marinelli con cam
via Castella 5 – ☎ 04 38 98 70 38 – Fax 04 38 89 87 73 – Chiuso dieci giorni in febbraio, quindici giorni in giugno e martedì
3 cam – 50/60 € 60/80 € – **Rist** – Carta 30/39 €
♦ Nella quiete di una tranquilla frazione tra i vigneti di Prosecco, due giovani cuochi propongono una cucina innovativa a base di ottimi prodotti. Bella terrazza panoramica.

Locanda da Condo 8,
via Fontana 134 – ☎ 04 38 89 81 06 – info@locandadacondo.it – Fax 04 38 98 97 01 – Chiuso luglio, martedì sera e mercoledì
Rist – Carta 24/31 €
♦ Un'antica locanda che una famiglia gestisce da almeno tre generazioni. Diverse sale ricche di fascino tutte accomunate dallo stile tipico di una trattoria. Cucina veneta.

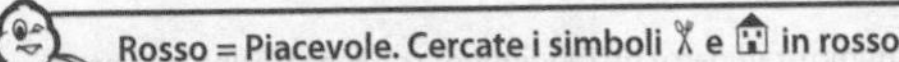
Rosso = Piacevole. Cercate i simboli e in rosso.

FASANO – Brindisi (BR) – 564 E34 – 38 836 ab. – alt. 111 m – ✉ 72015 27 C2

Roma 507 – Bari 60 – Brindisi 56 – Lecce 96 – Matera 86 – Taranto 49
piazza Ciaia 10 ☎ 080 4413086, Fax 080 4413086
Regione dei Trulli★★★ Sud

Agriturismo Masseria Marzalossa
contrada Pezze Vicine 65, Sud-Est : 2,5 km – ☎ 08 04 41 37 80 – masseriamarzalossa@marzalossa.com – Fax 08 04 41 37 80 – Chiuso dal 7 al 20 novembre
11 cam – 154 € 218 € – 1 suite – **Rist** – (solo su prenotazione) Menu 40 €
♦ Raffinata masseria di origine seicentesca, un gioiello per forme e materiali, una fortificazione per imponenza; scenografici giardini tra colonne, agrumeti ed ulivi secolari. Molti dei prodotti usati in cucina vengono dalle coltivazioni della masseria stessa.

Rifugio dei Ghiottoni
via Nazionale dei Trulli 116 – ☎ 08 04 41 48 00 – Fax 08 04 41 48 00 – Chiuso dal 1° al 20 luglio e mercoledì
Rist – Carta 24/33 €
♦ Un'invitante insegna in legno, ai margini del centro storico, e un ambiente rustico con soffitti a volte; davvero un piacevole rifugio per ritrovare sapori caserecci, locali.

Contrada San Marco Sud-Est : 5 km – ✉ 72015 – Fasano

Agriturismo Borgo San Marco
contrada Sant'Angelo 33 – ☎ 08 04 39 57 57 – info@borgosanmarco.it – Fax 08 04 39 57 57 – Aprile-9 novembre
4 cam – 125/145 € 170 € – 10 suites – 170/190 € – **Rist** – (solo per alloggiati) Menu 30/40 €
♦ Splendido esempio di masseria fortificata pugliese di origine cinquecentesca, completa di agrumeto, chiesa affrescata e macina per le olive. Mare raggiungibile in bicicletta.

a Selva Ovest : 5 km – alt. 396 m – ✉ 72015 – Selva di Fasano

Sierra Silvana cam, rist, 350,
via Don Bartolo Boggia 5 – ☎ 08 04 33 13 22
– info@sierrasilvana.com – Fax 08 04 33 12 07
127 cam – 127/164 € 163/220 € – ½ P 100/132 € – **Rist** – Carta 29/45 €
♦ In una delle zone più attraenti della Puglia, un complesso di moderne palazzine e qualche trullo in un giardino mediterraneo; arredi in midollino e bambù, validi spazi. Per ristorante un gazebo con buganvillee ed eleganti sale con bei soffitti a tendaggi.

a Speziale Sud-Est : 10 km – alt. 84 m – ✉ 72015 – Montalbano di Fasano

Agriturismo Masseria Narducci
via Lecce 131 – ☎ 08 04 81 01 85 – agriturismo_narducci@yahoo.com
– Fax 08 04 81 01 85
9 cam – 50/60 € 70/90 € – ½ P 50/60 € – **Rist** – *(chiuso domenica sera e a mezzogiorno)* (prenotare) Carta 24/36 €
♦ A pochi km dal mare, nella zona dei trulli e delle grotte, nella campagna pugliese più autentica, una tipica masseria con giardino-solarium e un'antica atmosfera rurale. Sotto le originali volte del soffitto, fatevi coccolare da sapori autentici.

FASANO DEL GARDA – Brescia – Vedere Gardone Riviera

FAVIGNANA (Isola di) – Trapani – 565 N18 – Vedere Sicilia (Egadi, isole) alla fine dell'elenco alfabetico

FEISOGLIO – Cuneo (CN) – 561 I6 – 382 ab. – alt. 706 m – ✉ 12050 25 C3

Roma 616 – Genova 117 – Alessandria 69 – Cuneo 60 – Milano 163 – Savona 75 – Torino 87

Piemonte-da Renato
via Firenze 19 – ☎ 01 73 83 11 16 – Pasqua-15 dicembre
Rist – Menu 30/35 €
♦ Solide radici nel territorio per un locale in cui funghi, tartufi e paste fresche, fatte in casa, rappresentano le specialità e i piatti del menù variano con le stagioni.

FELINO – Parma (PR) – 562 H12 – 7 521 ab. – alt. 187 m – ✉ 43035 8 A3

Roma 469 – Parma 17 – Cremona 74 – La Spezia 113 – Modena 76

La Cantinetta con cam senza cam, cam,
via Calestano 14 – ☎ 05 21 83 11 25 – lacantinetta@alice.it – Fax 05 21 83 11 25 – Chiuso Natale, agosto, lunedì e domenica sera; in luglio anche domenica a mezzogiorno
4 cam – 90/110 € – **Rist** – Carta 47/63 €
Spec. Antipasto di pesce crudo marinato. Gran piatto di crostacei e verdure. Ricciola con bottarga alla salsa di soia.
♦ Giovane e motivata gestione che ha trasformato un'osteria in un tempio della cucina di mare senza tralasciare proposte di terra. Disponibili anche quattro belle camere.

Antica Osteria da Bianchini
via Marconi 4/a – ☎ 05 21 83 11 65 – dabianchini@virgilio.it – Chiuso dal 1° al 15 gennaio, lunedì e martedì
Rist – Carta 23/35 €
♦ Simpatico locale guidato da sole donne: schietto e verace, ma accogliente e con tradizionali ricette locali, genuine e curate anche nella qualità dei prodotti.

a Casale Nord : 2,5 km – ✉ 43035 – Felino

La Porta di Felino
via Casale 28/B – ☎ 05 21 83 68 39 – paolacabassa@yahoo.it
– Fax 05 21 33 56 23 – Chiuso dal 1° al 10 gennaio, dal 25 giugno al 10 luglio e domenica
Rist – Carta 27/36 €
♦ Trattoria di campagna dallo stile luminoso e leggero. Dehors estivo affacciato sulla corte interna, dove accomodarsi a gustare una cucina legata alla tradizione.

a Barbiano Sud : 4 km – ✉ 43035

Trattoria Leoni
via Ricò 42 – ☎ 05 21 83 11 96 – leoni@trattorialeoni.it – Fax 05 21 83 66 41 – Chiuso dal 1° al 20 gennaio e lunedì
Rist – Carta 23/43 €
◆ Poche variazioni stagionali nel menù di specialità parmensi, da gustare in una trattoria con terrazza estiva panoramica. Carta dei vini con proposte anche di pregio.

FELTRE – Belluno (BL) – 562 D17 – 19 841 ab. – alt. 324 m – ✉ 32032 *Italia* 35 **B2**

Roma 593 – Belluno 32 – Milano 288 – Padova 93 – Trento 81 – Treviso 58 – Venezia 88 – Vicenza 84

piazzetta Trento e Trieste 9 ☎ 043 2540, feltre@infodolomiti.it, Fax 043 2839

Piazza Maggiore★ – Via Mezzaterra★

Doriguzzi senza rist
viale Piave 2 – ☎ 04 39 20 03 – hoteldoriguzzi@virgilio.it – Fax 04 39 83 66 60 – Chiuso dal 23 al 26 dicembre
23 cam – †40/78 € ††64/95 €
◆ Di recente ristrutturazione, un valido punto di riferimento soprattutto per una clientela di lavoro. Vicino al centro, offre ambienti ben accessoriati e moderni.

FENEGRÒ – Como (CO) – 2 627 ab. – alt. 290 m – ✉ 22070 18 **A1**

Roma 604 – Como 26 – Milano 34 – Saronno 10 – Varese 24

In
via Monte Grappa 20 – ☎ 031 93 57 02 – Fax 031 93 57 02 – Chiuso dal 26 dicembre al 4 gennaio, agosto, domenica sera e lunedì
Rist – Carta 30/48 €
◆ Un locale di tono moderno e accogliente, con interni signorili e un'atmosfera comunque familiare; un po' fuori paese, piatti di mare, ora più classici ora rivisitati.

FENER – Belluno (BL) – 562 E17 – alt. 198 m – ✉ 32030 36 **C2**

Roma 564 – Belluno 42 – Milano 269 – Padova 63 – Treviso 39 – Venezia 69

Tegorzo cam, rist, rist, 100,
via Nazionale 25 – ☎ 04 39 77 97 40 – htltegorzo@tin.it – Fax 04 39 77 97 06
30 cam – †60 € ††85 € – ½ P 45/60 € – **Rist** – *(chiuso domenica sera)* Carta 30/35 €
◆ Ubicato nella prima periferia della località, un hotel a gestione familiare e di recente ristrutturazione; confortevole e ben tenuto, offre ambienti ospitali. Ristorante con proposte di cucina casereccia.

FENIS – Aosta (AO) – 561E4 – 1 607 ab. – alt. 537 m – ✉ 11020 *Italia* 34 **B2**

Roma 722 – Aosta 20 – Breuil-Cervinia 36 – Torino 82

Comtes de Challant rist, 40,
frazione Chez Sapin 95 – ☎ 01 65 76 43 53 – info@hcdc.it – Fax 01 65 76 47 62 – Chiuso dal 7 al 30 gennaio
28 cam – †58 € ††76/92 € – ½ P 55/72 € – **Rist** – *(chiuso lunedì escluso dal 20 luglio al 15 settembre)* Carta 19/48 €
◆ Ubicazione tranquilla, ai piedi dell'omonimo Castello, per questa tipica costruzione di montagna con bei terrazzi esterni e camere confortevoli, nuove, con parquet. Proposte sia valdostane che nazionali in un classico ristorante d'albergo.

Cosa si nasconde dietro questo simbolo rosso … un albergo tranquillo, per svegliarsi al canto degli uccelli.

FERENTILLO – Terni (TR) – 563 O20 – 1 926 ab. – alt. 252 m – ✉ 05034
Italia 33 **C3**

Roma 122 – Terni 18 – Rieti 54

Abbazia San Pietro in Valle ← 40, P VISA AE
strada statale 209 Valnerina km 20, Nord-Est : 3,5 km – ☎ 07 44 78 01 29 – abbazia@sanpietroinvalle.com – Fax 07 44 43 55 22 – Pasqua-2 novembre
22 cam – ♦95/105 € ♦♦125/135 €
Rist Il Cantico – vedere selezione ristoranti
◆ Nel cuore del misticismo umbro, un'esperienza irripetibile all'interno di un'abbazia d'origne longobarda del IX sec. Camere semplici in linea con lo spirito del luogo.

XX **Il Cantico** – Abbazia San Pietro in Valle P VISA AE
strada statale 209 Valnerina km 20, Nord-Est : 3,5 km – ☎ 07 44 78 00 05 – ristorante.ilcantico@virgilio.it – Fax 07 44 78 00 05 – Chiuso gennaio, febbraio e lunedì
Rist – Carta 34/44 € (+10 %)
◆ Nelle quattrocentesche cantine dell'abbazia di San Pietro, una cucina altrettanto suggestiva che usa i tradizionali prodotti umbri per realizzare piatti creativi e sorprendenti.

XX **Piermarini** 12, P VISA AE
via Ancaiano 23 – ☎ 07 44 78 07 14 – info@saporipiermarini.it – Fax 07 44 38 01 84 – Chiuso domenica sera e lunedì
Rist – Menu 30/50 €
◆ Poco fuori dal centro, giardino, veranda e sale sono l'elegante cornice di una cucina spesso incentrata sul tartufo, coltivato direttamente dai titolari del ristorante.

FERENTINO – Frosinone (FR) – 563 Q21 – 20 270 ab. – alt. 393 m – ✉ 03013 13 **C2**

Roma 75 – Frosinone 14 – Fiuggi 23 – Latina 66 – Sora 42

Anagni : cripta★★★ nella cattedrale★★, quartiere medioevale★, volta★ del palazzo Comunale Nord-Ovest : 15 km

Bassetto 120, P VISA AE
via Casilina Sud al km 74,600 – ☎ 07 75 24 49 31 – hotel.bassetto@flashnet.it – Fax 07 75 24 43 99
99 cam – ♦75/80 € ♦♦90/95 € – ½ P 80/85 € – **Rist** – Carta 34/55 €
◆ Un esercizio storico da queste parti, ubicato sulla statale Casilina, ampliato e rinnovato in tempi recenti e con una gestione familiare ormai consolidata e capace. Un'ampia sala ristorante e ricette della consuetudine ciociara.

FERIOLO – Verbano-Cusio-Ossala (VB) – 561 E7 – alt. 195 m – ✉ 28831 24 **A1**

Roma 664 – Stresa 7 – Domodossola 35 – Locarno 48 – Milano 87 – Novara 63

Carillon senza rist ← lago, P VISA
strada nazionale del Sempione 2 – ☎ 032 32 81 15 – hotelcarillon@tiscalinet.it – Fax 032 32 85 50 – 25 marzo-20 ottobre
32 cam – ♦75 € ♦♦110 €
◆ Posizionato molto vicino al lago, l'hotel vanta spaziose camere con vista panoramica dagli arredi moderni recentemente rinnovati ed una spiaggia privata.

XX **Il Battello del Golfo** ← VISA AE
strada statale n. 33 – ☎ 032 32 81 22 – battellodelgolfo@libero.it – Fax 032 32 81 22 – Chiuso martedì (escluso luglio-agosto)
Rist – Carta 30/43 € (+10 %)
◆ Il locale vanta una discreta eleganza ed è un curioso adattamento di una barca trasportata ad hoc dal lago di Como ed ancorata a riva. Cucina stagionale, regionale e di lago.

XX **Serenella** con cam cam, P VISA AE
via San Carlo 1 – ☎ 032 32 81 12 – info@hotelserenella.net – Fax 032 32 83 50 – Chiuso dal 1° al 15 gennaio
14 cam – ♦60/100 € ♦♦60/120 € – ½ P 50/75 € – **Rist** – *(chiuso mercoledì escluso da giugno ad ottobre)* Carta 33/44 €
◆ La sala ristorante è molto raccolta e presenta menù stagionali regionali e di lago, inoltre la terrazza in giardino è particolarmente indicata per ricevimenti e banchetti. Poco distante dal lago, l'hotel dispone di camere recentemente rinnovate con un taglio moderno e di una spiaggia privata.

FERMIGNANO – Pesaro e Urbino (PU) – 563 K19 – 7 897 ab. – alt. 199 m – ✉ 61033 20 B1

Roma 258 – Rimini 70 – Ancona 99 – Gubbio 49 – Pesaro 43 – Urbino 8

Bucci senza rist
via dell'Industria 13, Nord-Est : 3,6 km – ✆ 07 22 35 60 50 – hotelbucci@libero.it – Fax 07 22 35 60 50 – Chiuso dal 1° al 15 settembre
16 cam – 35/40 € 50/75 €
◆ A qualche chilometro ad Urbino, un piccolo albergo da dotato di stanze spaziose e confortevoli; per escursioni nella vallata del fiume Metauro, un comodo riferimento.

FERMO (AP) – 563 M23 – 36 655 ab. – alt. 321 m – ✉ 63023 *Italia* 21 D2

Roma 263 – Ascoli Piceno 75 – Ancona 69 – Macerata 41 – Pescara 102

piazza del Popolo 6 ✆ 0734 228738, iat.fermo@regione.marche.it, Fax 0734 228325

Posizione pittoresca★ – ≤★★ dalla piazza del Duomo★ – Facciata★ del Duomo

sulla strada statale 16-Adriatica

Royal cam, cam, 230,
piazza Piccolomini 3, al lido Nord-Est : 8 km ✉ 63023 – ✆ 07 34 64 22 44 – royal@royalre.it – Fax 07 34 64 22 54
56 cam – 85/100 € 115/120 € – ½ P 75/100 €
Rist *Nautilus* – Carta 43/65 €
◆ Terrazza solarium con piccola piscina su questa bianca costruzione di stile moderno sita sul limitare della spiaggia: materiali pregiati, arredi di design, ogni confort. Tenuta impeccabile nell'arioso ristorante, elegante e moderno.

XX **Emilio** (Bei)
via Girardi 1, località Casabianca Nord-Est : 12 km – ✆ 07 34 64 03 65 – ristoranteemilio@libero.it – Fax 07 34 64 91 33 – Chiuso dal 23 dicembre al 3 gennaio, dal 25 al 31 agosto, lunedì e a mezzogiorno
Rist – (prenotazione obbligatoria) Carta 53/76 €
Spec. Raviolo ripieno ai frutti di mare in brodetto di pesce (autunno-inverno). Tortellini ripieni di merluzzo con vongole in salsa di finocchio (inverno-primavera). Spigola affumicata in salsa di cetrioli con farro e fagiolini in insalata (estate).
◆ Un pò nascosto all'incrocio con semaforo, nelle sale del locale spiccano opere d'arte contemporanea. Piatti di pesce a seguire la falsariga delle tradizioni adriatiche.

X **Osteria il Galeone**
via Piave 10, località Torre di Palme Sud-Est : 12 km – ✆ 073 45 36 31 – info@ilgaleoneosteria.it – Fax 073 45 35 37 – Chiuso lunedì (escluso giugno-agosto) e a mezzogiorno (escluso domenica e festivi)
Rist – Carta 32/70 €
◆ Servizio estivo in terrazza con vista mare per un piccolo locale, in pieno borgo medievale, gestito da una giovane coppia; cucina del territorio con variazioni stagionali.

FERNO – Varese (VA) – 561 F8 – 6 479 ab. – alt. 211 m – ✉ 21010 18 A2

Roma 626 – Milano 45 – Stresa 49 – Como 49 – Novara 26 – Varese 27

XXX **La Piazzetta** (Gosio) 25,
piazza Mons. Bonetta 1 – ✆ 03 31 24 15 36 – inf@rist-lapiazzetta.eu – Fax 03 31 24 15 36 – Chiuso dall'8 al 24 gennaio, dal 6 al 31 agosto e lunedì
Rist – Carta 60/84 €
Spec. Bourguignonne fredda di fassone piemontese (primavera-estate). Cipolla rossa caramellata ripiena di baccalà mantecato e tartufo d'Alba (autunno-inverno). Porchetta di maialino da latte con sformatino di patate al timo.
◆ Centrale, è ancora evidente l'antica funzione conventuale oggi combinata con una cucina equamente divisa tra carne e pesce, carrellata di classici di cucina italiana.

FERRARA P (FE) – 562 H16 – **131 135 ab. – alt. 10 m** – ✉ **44100** *Italia* 9 **C1**

Roma 423 – Bologna 51 – Milano 252 – Padova 73 – Venezia 110 – Verona 102

c/o Castello Estense, ✆ 0532 209370, infotur@provincia.fe.it, Fax 0532 212266

piazza Municipale 11, ✆ 0532 419474, iat@comune.fe.it, Fax 0532 419488

, ✆ 0532 70 85 20.

Duomo★★ BYZ – Castello Estense★ BY **B** – Palazzo Schifanoia★ BZ **E** : affreschi★★ – Palazzo dei Diamanti★ BY : pinacoteca nazionale★, affreschi★★ nella sala d'onore – Corso Ercole I d'Este★ BY – Palazzo di Ludovico il Moro★ BZ **M1** – Casa Romei★ BZ – Palazzina di Marfisa d'Este★ BZ **N**

Duchessa Isabella

via Palestro 70 – ✆ 05 32 20 21 21 – isabella@relaischateaux.com – Fax 05 32 20 26 38 – Chiuso agosto BY **a**

27 cam ☕ – †268 € ††299 € – 1 suite – ½ P 210 € – **Rist** – *(chiuso domenica sera e lunedì)* Carta 86/104 € (+20 %)

◆ Uno splendido omaggio alla sovrana d'Este, un relais di infinito charme in un palazzo del XV secolo; ovunque parrà d'essere in un ricco museo o in una dimora signorile. Nel ristorante soffittature a cassettoni con fregi in oro, arredi autentici e dipinti.

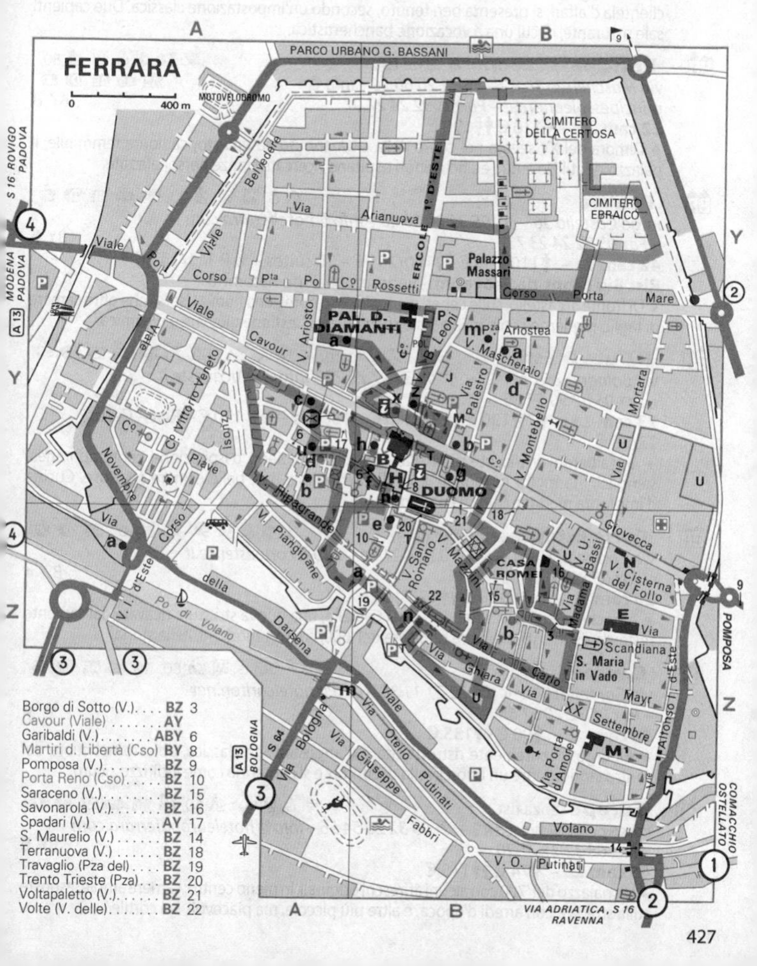

Annunziata senza rist 25, VISA AE
piazza Repubblica 5 – ✆ 05 32 20 11 11 – info@annunziata.it – Fax 05 32 20 32 33 BY **f**
24 cam – 80/120 € 130/200 €
◆ In pieno centro storico, proprio di fronte al castello, albergo con un buon livello di confort. Per chi desidera più autonomia ci sono le nuove camere del Prisciani.

Orologio senza rist 70, VISA AE
via Darsena 67 – ✆ 05 32 76 95 76 – info@hotelorologio.com – Fax 05 32 76 95 44 AZ **a**
46 cam – 85/135 € 110/185 €
◆ Albergo di recente realizzazione con interni di moderna ispirazione piacevolmente arredati; belle camere spaziose ben accessoriate, sala riunioni. Ideale per uomini d'affari.

Astra cam, rist, 120, VISA AE
viale Cavour 55 – ✆ 05 32 20 60 88 – astra@mbox.4net.it – Fax 05 32 24 70 02 AY **c**
69 cam – 100/150 € 145/210 € – 2 suites – ½ P 132 € – **Rist** – *(chiuso dal 1° al 20 agosto e domenica)* Carta 25/41 €
◆ Un albergo di solida tradizione, alle porte dell'area storica della cittadina; ideale per una clientela d'affari, si presenta ben tenuto, secondo un'impostazione classica. Due capienti sale ristorante, di cui una a vocazione banchettistica.

Principessa Leonora senza rist 80, VISA AE
via Mascheraio 39 – ✆ 05 32 20 60 20 – info@principessaleonora.it – Fax 05 32 24 27 07 BY **d**
22 cam – 116 € 190 €
◆ Dimora del XV secolo nel cuore della città, tributo ad una storica figura femminile; il palazzo gentilizio e due edifici minori ospitano ricercate stanze personalizzate.

Ferrara 90, VISA AE
largo Castello 36 – ✆ 05 32 20 50 48 – info@hotelferrara.com – Fax 05 32 24 23 72 BY **h**
42 cam – 110/139 € 160/201 € – 10 suites – ½ P 111/132 €
Rist Big Night-da Giovanni – vedere selezione ristoranti
◆ Di fronte al castello, sulle ceneri di un glorioso hotel, una nuova risorsa che offre camere di taglio moderno con parziale vista sul maniero. Gestione giovane e dinamica.

Il Duca D'Este cam, 300, P VISA AE
via Bologna 258, per ③ – ✆ 05 32 97 76 76 – info@ilducadeste.it – Fax 05 32 90 57 86
73 cam – 75/190 € 90/240 € – 4 suites – ½ P 130 € – **Rist** – Carta 22/38 €
◆ Un albergo di recente apertura, dotato di ambienti d'ispirazione contemporanea, semplici, ma molto funzionali; accogliente l'ampia hall, belle camere spaziose. Cucina d'impronta mediterranea al ristorante.

Corte Estense senza rist VISA AE
via Correggiari 4/a – ✆ 05 32 24 21 76 – info@corteestense.it – Fax 05 32 24 64 05 BZ **e**
20 cam – 73/100 € 120/160 €
◆ A pochi passi dalla Cattedrale e dal Castello, una nuova struttura ricavata dal sapiente restauro di un'antica dimora nobiliare del '600; confort moderni, nella storia.

Carlton senza rist 80, VISA AE
via Garibaldi 93 – ✆ 05 32 21 11 30 – info@hotelcarlton.net – Fax 05 32 20 57 66 AY **u**
58 cam – 90 € 135 €
◆ Albergo recentemente ristrutturato e d'impostazione classica, ubicato nel cuore del centro storico; offre un buon livello di confort e si conferma come indirizzo sicuro.

Europa senza rist 60, P VISA AE
corso della Giovecca 49 – ✆ 05 32 20 54 56 – info@hoteleuropaferrara.com – Fax 05 32 21 21 20 BY **b**
45 cam – 74 € 115 €
◆ Un palazzo del '700 con alcuni affreschi originali, in pieno centro; camere ampie, esposte sulla strada e con arredi d'epoca, e altre più piccole, ma piacevoli, sul cortile.

Lucrezia Borgia cam, rist, 60,
via Bononi 34, per ③ – ☎ 05 32 90 90 33 – info@hotellucreziaborgia.it – Fax 05 32 90 92 21
53 cam – 60/85 € 86/135 € – ½ P 61/93 € – **Rist** – *(chiuso due settimane in agosto, domenica e a mezzogiorno)* Carta 22/29 €
◆ Vicino al palazzo dello sport, in zona tranquilla, nuovo albergo con spazi comuni ridotti, ma piacevoli, con boiserie e arredi in stile. Camere semplici e funzionali. Curata anche la parte ristorante, dalle calde tonalità.

De Prati senza rist
via Padiglioni 5 – ☎ 05 32 24 19 05 – info@hoteldeprati.com – Fax 05 32 24 19 66 – Chiuso dal 23 al 27 dicembre BY **z**
16 cam – 55/75 € 90/110 € – 1 suite
◆ In questa locanda, già dai primi del '900, soggiornavano uomini di cultura e di teatro; oggi un hotel rinnovato ne riprende la tradizione con esposizioni di vari artisti.

Locanda il Bagattino senza rist
corso Porta Reno 24 – ☎ 05 32 24 18 87 – info@ilbagattino.it – Fax 05 32 21 75 46
6 cam – 75 € 100 € BY **n**
◆ Poche camere confortevoli e dotate di ogni comodità, in questa piccola locanda che, dall'esterno, sembrerebbe una normale abitazione privata; ambientazione di charme.

Locanda d'Elite senza rist
via Francesco del Cossa 9 – ☎ 05 32 20 10 53 – residence@delite.it – Fax 05 32 21 48 29 AY **a**
7 cam – 85 € 100 €, 7 €
◆ Una zona tranquilla e comunque centrale, dietro al Palazzo dei Diamanti e non distante dal Castello; una gestione familiare e una risorsa raccolta, dagli arredi originali.

Dolcemela senza rist
via della Sacca 35 – ☎ 05 32 76 96 24 – b&b@dolcemela.it – Fax 05 32 71 10 07
6 cam – 80 € 100 € AY **b**
◆ In una viuzza in pieno centro storico, piacevole B&B a conduzione familiare. Ampie e curate camere con mobili artigianali. Colazione estiva nel patio con torte caserecce.

Locanda Borgonuovo senza rist 100,
via Cairoli 29 – ☎ 05 32 21 11 00 – info@borgonuovo.com – Fax 05 32 24 63 28
4 cam – 55/65 € 85/105 € BY **g**
◆ Ottima accoglienza e ricca prima colazione, quasi "personalizzata" a seconda dei desideri: una locanda ove vi troverete coccolati, tra arredi in stile, in pieno centro.

Locanda della Duchessina senza rist
vicolo del Voltino 11 – ☎ 05 32 20 69 81 – info@locandadelladuchessina.it – Fax 05 32 20 26 38 BY **m**
5 cam – 137 € 150 €
◆ In un vicolo trecentesco si affaccia una locanda dipinta di rosa, romantica e modernamente concepita; poche stanze per un'atmosfera curatissima, da casa delle bambole.

Corte dei Gioghi senza rist
via Pellegrina 8, 2 km per ② – ☎ 05 32 74 50 49 – info@cortedeigioghi.com – Fax 05 32 74 50 50
7 cam – 55/60 € 75/85 €
◆ Bel casale di campagna completamente restaurato, divenuto ora un accogliente bed and breakfast con camere confortevoli e spazio all'esterno per colazioni estive.

Il Don Giovanni (Di Diego) 20,
corso Ercole I D'Este – ☎ 05 32 24 33 63 – ildongio@tin.it – Fax 05 32 24 33 63 – Chiuso dal 1° al 18 agosto, domenica sera, lunedì e a mezzogiorno BY **x**
Rist – Carta 56/74 €
Spec. Terrina di canocchie con pomodori confit ai tre pesti (settembre-giugno). Spaghetti alla chitarra all'aglio e peperoncino in fonduta di parmigiano reggiano. Filetti di rombo all'aneto in zuppetta di cipollotti e stracciatella al pepe (autunno-primavera).
◆ In un palazzo d'epoca a due passi dalla fortezza, un piccolo ristorante semplice e moderno con cantina nel sottosuolo, dove assaporare una cucina particolarmente elaborata.

La Romantica
via Ripagrande 36 – ✆ 05 32 76 59 75 – trattorialromantica@libero.it – Fax 05 32 76 16 48 – Chiuso quindici giorni in gennaio, quindici giorni in agosto, domenica sera e mercoledì ABZ **a**
Rist – Carta 30/49 €
◆ Ristorante caldo e accogliente, che propone in chiave moderna i piatti della tradizione ferrarese, presentati in modo curato, e anche pesce. Tra archi e soffitto in legno.

Big Night-da Giovanni – Hotel Ferrara 6/30,
via largo Castello 38 – ✆ 05 32 24 23 67 – Fax 05 32 24 23 72 BY **f**
Rist – Carta 37/55 €
◆ Originale ubicazione all'interno di un cortile per questo apprezzato ristorante. Dalle grandi vetrate è possibile godere della vista sul castello. Cucina di taglio giovane.

Quel Fantastico Giovedì 18,
via Castelnuovo 9 – ✆ 05 32 76 05 70 – fantastico-giovedì@gmail.it – Fax 05 32 76 05 70 – Chiuso dal 20 al 30 gennaio, dal 20 luglio al 20 agosto e mercoledì BZ **n**
Rist – Carta 33/48 €
◆ Un piccolo indirizzo d'atmosfera, di tono giovane e curato nel servizio e nella cucina, che ha proposte accattivanti, creative o più legate alle tradizioni.

Max
piazza Repubblica 16 – ✆ 05 32 20 93 09 – ristorantemax@tiscali.it – Fax 05 32 20 93 09 – Chiuso una settimana in gennaio, due settimane in agosto, domenica a mezzogiorno e lunedì BY **h**
Rist – Carta 44/65 €
◆ Un sito di nuova generazione quello che, proprio nel nucleo storico, si sta imponendo per i sapori di mare e per i formaggi; spazi ridotti e qualche tavolo anche all'aperto.

Zafferano
via Fondobanchetto 2/A – ✆ 05 32 76 34 92 – Fax 05 32 76 34 92 – Chiuso due settimane in agosto, martedì a mezzogiorno e lunedì BZ **b**
Rist – (prenotare) Carta 33/57 €
◆ Edificio quattrocentesco in un angolo del centro storico poco bazzicato dai turisti. Ambiente caldo con tavoli ravvicinati per una cucina che esplora i sapori d'oggi.

Il Bagattino del Setaccio
via Correggiari 6 – ✆ 05 32 20 63 87 – ristoranteilbagattino@libero.it – Fax 05 32 20 63 87 BZ **e**
Rist – Carta 21/31 €
◆ La dodicesima parte del "soldo", il Bagattino appunto, come era chiamata nel '300, regala il nome al locale: piatti di queste terre uniti ai sapori del mare.

Borgomatto
via Concia 2 – ✆ 05 32 24 05 54 – posta@borgomatto.it – Fax 05 32 21 76 67 – Chiuso una settimana in gennaio, due settimane in luglio, sabato a mezzogiorno e lunedì AY **d**
Rist – Carta 28/43 €
◆ Nascosta in una piccola viuzza del centro storico, trattoria a conduzione familiare con due sale dove assaporare piatti del territorio presentati in chiave moderna.

Antica Trattoria Volano
viale Volano 20 – ✆ 05 32 76 14 21 – anticatrattoriavolano@interfree.it – Fax 05 32 79 84 36 – Chiuso venerdì ABZ **m**
Rist – Carta 25/36 € (+12 %)
◆ Sulla statale, un locale di antichissima tradizione in cui, oggi, viene offerta la più schietta cucina di Ferrara, nel contesto di un ambiente semplice e caratteristico.

a Ponte Gradella Est : 3 km per via Giovecca BYZ – ✉ **44100**

Locanda Corte Arcangeli rist,
via Pontegradella 503 – ✆ 05 32 70 50 52 – info@cortearcangeli.it – Fax 05 32 75 26 06
6 cam ☕ – †60/70 € ††73/85 € – ½ P 55/65 € – **Rist** – (prenotare) Carta 27/57 €
◆ Un'antica casa colonica in campagna, cinta da un giardino, per un'accogliente e raffinata locanda, ben gestita dalla famiglia, con stanze che sono una chicca.

a Porotto Ovest : 5 km – ✉ 44100

Agriturismo alla Cedrara senza rist

via Aranova 104 – ☎ 05 32 59 30 33 – info@allacedrara.it – Fax 05 32 77 22 93

8 cam – 37/45 € 62/72 €

◆ Nella tranquillità della campagna, un vecchio fienile, completamente ristrutturato e trasformato in un confortevole e curato agriturismo; belle camere arredate con gusto.

a Gaibanella per ② : 8 km – ✉ 44040

Locanda della Luna senza rist

via Ravenna 571/5 – ☎ 05 32 71 90 65 – info@locandadellaluna.it – Fax 05 32 71 71 19 – Chiuso dal 1° al 15 gennaio e dal 1° al 15 agosto

4 cam – 82/98 € 113/129 € – 2 suites – 149/216 €

◆ Atmosfera familiare per un soggiorno dal confort decisamente elevato. Camere moderne ed eleganti all'interno di una villa di fine '800 con giardino e piscina.

a Cona per ① : 9 km – ✉ 44020

Nelle Terre dell'Ariosto

via Comacchio 831 – ☎ 05 32 25 93 33 – mazzacuraticlaudio@virgilio.it – Fax 05 32 25 93 33 – Chiuso lunedì e a mezzogiorno

Rist – Carta 44/49 €

Rist ***La Caciotteria*** – Menu 15/20 €

◆ Ubicato sulle rive del Po di Volano, un ristorante caratteristico. La cucina propone anche alcune ricette della cucina estense del '500 riviste in chiave moderna.

a Gaibana per ② : 10 km – ✉ 44040

Trattoria Lanzagallo

via Ravenna 1048 – ☎ 05 32 71 80 01 – Fax 05 32 71 80 01

Rist – Carta 26/42 €

◆ In un paese di campagna, a poca distanza dalla città, troverete una trattoria con proposte legate sia ai sapori di mare che a quelli di terra, presentate con cura.

a Ravalle per ④ : 16 km – ✉ 44040

L'Antico Giardino

via Martelli 28 – ☎ 05 32 41 21 00 – Fax 05 32 41 25 87 – Chiuso lunedì e martedì a mezzogiorno

Rist – Carta 32/50 €

◆ Le specialità della casa sono a base di carne, funghi e tartufi: da assaporare all'interno o all'aperto. In piena campagna, lungo la strada che porta all'argine del Po.

FERRAZZETTE – Verona – Vedere San Martino Buon Albergo

FERRO DI CAVALLO – Perugia – 563 M19 – Vedere Perugia

FETOVAIA – Livorno – 563 N12 – Vedere Elba (Isola d') : Marina di Campo

FIANO ROMANO – Roma (RM) – 563 P19 – 9 028 ab. – alt. 107 m – ✉ 00065

12 **B2**

Roma 39 – L'Aquila 110 – Terni 81 – Viterbo 81

in prossimità casello autostrada A 1 di Fiano Romano Sud : 5 km :

Parkhotel cam, cam, rist, 150,

via Milano 33 – ☎ 07 65 45 30 80 – info@parkhotelromanord.it – Fax 07 65 45 30 18

93 cam – 80/120 € 90/140 € – ½ P 65/98 € – **Rist** – Carta 20/39 €

◆ Linea architettonica tradizionale, ma di taglio moderno, e buona funzionalità in una sobria risorsa, ideale per clientela d'affari e di passaggio; piscina all'aperto. Luminoso ambiente di una certa eleganza al ristorante, affacciato sul verde.

FIASCHERINO – La Spezia – 561 J11 – Vedere Lerici

FICULLE – Terni (TR) – 563 N18 – **1 716 ab.** – **alt. 437 m** – ✉ **05016** 32 **A2**

Roma 136 – Perugia 59 – Viterbo 66 – Siena 108 – Terni 90

La Casella ← campagna, rist, 60,

località La casella – ☎ 076 38 66 84 –lacasella@tin.it – Fax 076 38 60 75

32 cam – 80/100 € 120/140 € – ½ P 95/100 € – **Rist** – (prenotare) Carta 25/35 €

◆ Un ex feudo immerso tra querce e lecci dove pare che il tempo si sia fermato. La quiete della campagna, la scuderia e la scuola di equitazione, la bella casa e la piscina. Il ristorante propone una genuina e saporita cucina di casa.

FIDENZA – Parma (PR) – 562 H12 – **23 673 ab.** – **alt. 75 m** – ✉ **43036** *Italia* 8 **A2**

Roma 476 – Parma 21 – Piacenza 38 – Cremona 48 – Milano 103

piazza Duomo 16 (casa Cremonini) ☎ 0524 83377, infoturist@comune.fidenza.pr.it, Fax 0524 519159

Duomo★ : portico centrale★★

La Risacca

via Gramsci 78 – ☎ 052 48 48 19 – larisacca.fidenza@libero.it – Fax 052 48 48 19 – Chiuso dal 27 luglio al 19 agosto e lunedì

Rist – Carta 39/67 €

◆ Locale accogliente, dagli spazi contenuti. Ne risulta un'atmosfera intima anche grazie alla cortese gestione familiare. Come preannuncia il nome, le specialità sono di mare.

FIÈ ALLO SCILIAR (VÖLS AM SCHLERN) – Bolzano / Bozen (BZ) – 562 C16 – **3 075 ab.** – **alt. 880 m** – **Sport invernali :** ***1 800/2 300 m 2 18 (Comprensorio Dolomiti superski Alpe di Siusi)*** – ✉ **39050** 31 **D3**

Roma 657 – Bolzano 16 – Bressanone 40 – Milano 315 – Trento 76

via Bolzano 4 ☎ 0471 725047, info@voels.it, Fax 0471 725488

Emmy ← monti e pinete, cam, rist, rist,

via Putzes 5 – ☎ 04 71 72 50 06 – info@hotel-emmy.com – Fax 04 71 72 54 84 – Chiuso dal 4 novembre al 17 dicembre

45 cam – 130/260 € 258/270 € – ½ P 145/150 € – **Rist** – Carta 24/45 €

◆ Fra i monti, notevole centro salute in un hotel tra i primi ad aver offerto trattamenti di ossigenoterapia; quieta posizione panoramica, stanze ampie, comode e signorili. Diverse sale compongono un ristorante che gode di buona fama.

Turm ← monti e vallata, (riscaldata) rist,

piazza della Chiesa 9 – ☎ 04 71 72 50 14 – info@hotelturm.it – Fax 04 71 72 54 74 – Chiuso dal 12 novembre al 21 dicembre e dal 7 al 26 gennaio

40 cam – 120/140 € 226/300 € – 12 suites – ½ P 138/180 €

Rist – *(chiuso giovedì)* Carta 48/70 €

◆ Antico edificio medievale e allo stesso tempo moderno hotel romantico, con raccolta di quadri d'autore. Le nuove camere sono ricche di fascino, così come la zona benessere. Al ristorante elegante cornice in legno e stube per una creativa cucina tirolese.

Heubad ← (riscaldata)

via Sciliar 12 – ☎ 04 71 72 50 20 – info@hotelheubad.com – Fax 04 71 72 54 25 – Chiuso dal 4 novembre al 18 dicembre e dal 10 al 20 gennaio

43 cam – 52/87 € 96/172 € – ½ P 59/97 € – **Rist** – *(chiuso mercoledì)* Carta 24/38 €

◆ Da menzionare certamente i bagni di fieno, metodo di cura qui praticato ormai da 100 anni e da cui l'hotel trae il nome: per farsi viziare in un'atmosfera di coccolante relax. Cucina locale servita in diversi ambienti raccolti, tra cui tre stube originali.

Völser Hof ←

via del Castello 1 – ☎ 04 71 72 54 21 – Fax 04 71 72 56 02

27 cam – 50/75 € 90/150 € – ½ P 90/100 € – **Rist** – Carta 23/49 €

◆ Gestione giovane e motivata in un tipico albergo di montagna dai graziosi ambienti comuni; le camere sono spaziose e confortevoli. Per i pasti sala da pranzo riccamente drappeggiata di tendaggi oppure piccola e calda stube.

FIERA DI PRIMIERO – Trento (TN) – 562 D17 – 561 ab. – alt. 717 m – Sport invernali :
Vedere San Martino di Castrozza – ✉ 38054 31 **C2**

Roma 616 – Belluno 65 – Bolzano 99 – Milano 314 – Trento 101 – Vicenza 103

via Dante 6 ✆ 0439 62407, infoprimiero@sanmartino.com, Fax 0439 62992

Iris Park Hotel

via Roma 26, (località Tonadico) – ✆ 04 39 76 20 00 – info@parkhoteliris.com – Fax 04 39 76 22 04 – 5 dicembre-20 aprile e giugno-15 ottobre

55 cam – †60/80 € ††120/160 € – 2 suites – ½ P 67/103 €

Rist – Menu 25/35 €

◆ Lungo la strada principale, hotel che presenta un ambiente montano davvero signorile e confortevole e personalizzato. Camere di varie tipologie, valido centro benessere. Calda atmosfera nell'elegante sala ristorante.

Tressane

70,

via Roma 30, località Tonadico – ✆ 04 39 76 22 05 – info@hoteltressane.it – Fax 04 39 76 22 04 – Chiuso dieci giorni in maggio e due settimane in dicembre

37 cam – †60/80 € ††120/160 € – 3 suites – ½ P 67/103 €

Rist – Menu 25/35 €

◆ Posizionata di fianco all'Iris Park Hotel, con cui condivide il centro benessere, una gradevole risorsa montana completamente rinnovata. Ristorante di taglio rustico con elementi di signorilità.

Luis

viale Piave 20 – ✆ 04 39 76 30 40 – info@hotelluis.it – Fax 04 39 76 59 10

34 cam – †55/105 € ††80/120 € – ½ P 75/105 € – **Rist** – Carta 21/34 €

◆ Villa Liberty alle porte della località, originali decori nelle zone comuni mentre le camere sono più tradizionali, centro benessere e gradevole giardino estivo. Ristorante classico con ambiente elegante.

Relais Orsingher

cam, rist, 70,

via Guadagnini 14 – ✆ 043 96 28 16 – info@hotelrelaisorsingher.it – Fax 043 96 48 41 – Chiuso novembre

25 cam – †50/80 € ††100/180 € – 10 suites – ½ P 58/98 €

Rist – Menu 20/25 €

◆ Complesso alberghiero di recente apertura che presenta un insieme composito, capace di armonizzare elementi "d'epoca" con design moderno. Il confort è assolutamente attuale. Ristorante ampio, dalle tinte chiare, con proposte classiche.

Mirabello

viale Montegrappa 2 – ✆ 043 96 42 41 – info@hotelmirabello.it – Fax 04 39 76 23 66 – 20 dicembre-Pasqua e 15 maggio-15 ottobre

48 cam – †70/100 € ††80/180 € – 2 suites – ½ P 60/120 €

Rist – Menu 10/25 €

◆ Centrale, accanto al torrente, un'imponente struttura d'impostazione classica, gestita dai proprietari stessi; offre, tra l'altro, una scenografica piscina coperta. Sala ristorante riscaldata dai legni chiari e dall'illuminazione; piatti anche locali.

Castel Pietra

rist,

via Venezia 28 frazione Transacqua – ✆ 04 39 61 69 11 – info@hotelcastelpietra.it – Fax 04 39 61 69 01 – Dicembre-Pasqua e 15 maggio-ottobre

41 cam – †35/64 € ††70/84 € – ½ P 44/53 € – **Rist** – Carta 24/33 €

◆ Gestione familiare per questo piacevole albergo con giardino, composto da due edifici collegati, pur nel totale rispetto dello stile delle valli; in zona tranquilla e isolata. Rustico ristorante che propone anche specialità trentine.

La Perla

rist,

via Venezia 26, frazione Transacqua – ✆ 04 39 76 21 15 – info@hotelaperla.it – Fax 04 39 76 28 39

57 cam – †40/52 € ††80/88 € – ½ P 45/60 € – **Rist** – Carta 16/29 €

◆ In una piccola e tranquilla frazione poco distante dal centro di Primiero, una casa di recente ripotenziata e costituita da due corpi: atmosfera familiare, confortevole. Ampia sala da pranzo con soffitti e pareti impreziosite da pannelli in legno lavorato.

Chalet Piereni con cam – Pale di San Martino, rist,
località Piereni 8, a Val Canali ✉ 38054 –
✆ 043 96 23 48 – info@chaletpiereni.it – Fax 043 96 47 92 – Chiuso dal 10 gennaio a Pasqua
23 cam – 45/70 € 60/85 € – ½ P 45/65 € – **Rist** – *(chiuso mercoledì in bassa stagione)* Carta 20/32 €
◆ Una sorta di alpeggio al quale si giunge attraversato il bosco, qua e là piccole e vecchie malghe e, in posizione dominante, una bella casa, accogliente e "saporita".

FIESOLE – Firenze (FI) – 563 K15 – 14 236 ab. – alt. 295 m – ✉ 50014

Toscana 29 **D3**

Roma 285 – Firenze 8 – Arezzo 89 – Livorno 124 – Milano 307 – Pistoia 45 – Siena 76

via Portigiani 3/5 ✆ 055 598720, info.turismo@comune.fiesole.fi.it, Fax 055 598822

Paesaggio★★★ – ★★ su Firenze – Convento di San Francesco★ – Duomo★ : interno★ e opere★ di Mino da Fiesole – Zona archeologica : sito★, Teatro romano★, museo★ – Madonna con Bambino e Santi★ del Beato Angelico nella chiesa di San Domenico Sud-Ovest : 2,5 km BR (pianta di Firenze)

Pianta di Firenze : percorsi di attraversamento

Villa San Michele – Firenze e colli, (riscaldata)
via Doccia 4 – ✆ 05 55 67 82 00
– reservations@villasanmichele.net – Fax 05 55 67 82 50
– 22 marzo-18 novembre BR **b**
40 cam – 715 € 924/1133 € – 6 suites – ½ P 508/612 € – **Rist** – Carta 99/131 €
◆ Elegante costruzione quattrocentesca con parco e giardino: atmosfera di charme nell'ex monastero con bella facciata e maestoso panorama. Si organizzano corsi di cucina. Splendida sala e servizio ristorante estivo sulla magnifica terrazza protesa su Firenze.

Villa Fiesole – Firenze e colli, (riscaldata)
via Beato Angelico 35 – ✆ 055 59 72 52 – info@villafiesole.it – Fax 055 59 91 33 BR **b**
32 cam – 110/230 € 120/240 € – **Rist** – (solo per alloggiati) Carta 45/57 €
◆ Una serra ristrutturata e una tipica villa toscana dell'800, con soffitti affrescati: riuscita soluzione per un hotel signorile. Possibilità di seguire corsi di cucina.

Villa Aurora – Firenze e colli, 60,
piazza Mino da Fiesole 39 – ✆ 05 55 93 68 – info@villaurora.net
– Fax 05 55 95 87 BR **f**
24 cam – 170 €
Rist ***Aurora*** – Carta 37/47 € (+10 %)
◆ Storica risorsa con un'attività centenaria alle spalle, ubicata nel centro della località, ma impreziosita da una terrazza-giardino. In passato meta di soggiorni reali. Splendida ristorazione con servizio estivo panoramico. Sale ben curate.

Villa dei Bosconi senza rist
via Francesco Ferrucci 51, 2,5 km per via Faentina – ✆ 05 55 95 78
– villadeibosconi@fiesolehotels.com – Fax 05 55 97 84 48 BR
21 cam – 160 € 180 €
◆ Una volta rinomato dancing, oggi tranquillo e accogliente albergo, condotto con professionalità ed inaugurato di recente. Ottimi spazi all'aperto, camere di taglio moderno.

Pensione Bencistà – Firenze e colli, cam, rist,
via Benedetto da Maiano 4 – ✆ 05 55 91 63
– info@bencista.com – Fax 05 55 91 63 – Marzo-novembre BR **c**
40 cam – 160 € 180 €, 10 € – ½ P 90 € – **Rist** – Menu 28/30 €
◆ Di origini trecentesche, una vecchia villa fra gli oliveti, cinta da ampio parco-giardino a terrazza con panorama sulla città; atmosfera familiare e arredi d'epoca. Nella semplice e candida sala da pranzo, la cucina tipica toscana dalla prima colazione alla cena.

a Montebeni Est : 5 km FT– ✉ **50014 – Fiesole**

X **Tullio a Montebeni**

via Ontignano 48 – ✆ 055 69 73 54 – Chiuso agosto, lunedì e a novembre anche a mezzogiorno

Rist – Carta 32/54 €

◆ Sono casalinghi e fedeli alla genuina tradizione toscana i piatti offerti in questa semplice trattoria di paese dalla gioviale e sorridente accoglienza.

ad Olmo Nord-Est : 9 km FT– ✉ **50014 – Fiesole**

Dino rist,

via Faentina 329 – ✆ 055 54 89 32 – info@hotel-dino.it – Fax 055 54 89 34

18 cam – 60 € 80 €, 5 € – ½ P 60 € – **Rist** – *(chiuso dal 12 al 30 novembre e mercoledì)* Carta 16/23 € (+12 %)

◆ Tutto è all'insegna dell'accurata semplicità in quest'angolo di tranquilla collina: un albergo familiare, ben gestito, stanze con arredi sul rustico, ben tenute. Capiente sala ristorante e cucina di impronta locale. Nei fine settimana anche pizzeria.

FIESSO D'ARTICO – Venezia (VE) – 562 F18 – 6 349 ab. – ✉ 30032

Venezia 36 **C3**

Roma 508 – Padova 15 – Milano 247 – Treviso 42 – Venezia 30

Villa Giulietta senza rist

via Riviera del Brenta 169 – ✆ 04 15 16 15 00 – info@villagiulietta.it – Fax 04 15 16 12 12

57 cam – 55/75 € 90/120 €

◆ Sulla direttrice tra Padova e Venezia, bassa struttura d'impostazione moderna all'esterno e negli interni, soprattutto l'area della hall; camere tutte disposte sul retro.

XX **Da Giorgio**

via Riviera del Brenta 228 – ✆ 04 15 16 02 04 – info@dagiorgio.it – Fax 04 15 16 94 22 – Chiuso agosto e mercoledì

Rist – Carta 37/55 €

◆ Specialità di pesce, con arrivi dal mercato di Chioggia, da assaporare nel locale ubicato vicino all'hotel Villa Giulietta: ambiente recente, toni caldi e accoglienti.

FILANDARI – Vibo Valentia (VV) – 564 L30 – 1 892 ab. – alt. 440 m – ✉ 89851 5 A2

Roma 594 – Reggio di Calabria 89 – Catanzaro 81 – Cosenza 111 – Gioia Tauro 34

a Mesiano Nord-Ovest : 3 km – ✉ **89851 – Filandari**

X **Frammichè**

contrada Ceraso – ✆ 33 88 70 74 76 – Fax 096 39 32 09 – Chiuso a mezzogiorno, domenica in agosto-settembre e lunedì negli altri mesi

Rist – Menu 20 €

◆ Grande successo per un locale ove un lodevole sforzo ha recuperato l'atmosfera e l'ambiente della vecchia Calabria e ricette ormai perdute: il risultato è gradevolissimo.

FILICUDI – Messina – 565 L25 – Vedere Sicilia (Eolie, isole) alla fine dell'elenco alfabetico

---

FINALE EMILIA – Modena (MO) – 562 H15 – 15 195 ab. – alt. 15 m – ✉ 41034

9 **C2**

Roma 417 – Bologna 49 – Modena 46 – Padova 102 – Verona 93

Casa Magagnoli senza rist

piazza Garibaldi 10 – ✆ 05 35 76 00 46 – info@casamagagnoli.com – Fax 053 59 11 35 – Chiuso una settimana in gennaio e una settimana in agosto

13 cam – 50/65 € 70/90 €

◆ Un piccolo e grazioso hotel situato nel cuore della località, dispone di camere semplici arredate con sobria modernità e di un servizio efficiente.

FINALE LIGURE – Savona (SV) – 561 J7 – 11 901 ab. – ✉ 17024 Italia 14 B2

Roma 571 – Genova 72 – Cuneo 116 – Imperia 52 – Milano 195 – Savona 26
via San Pietro 14 ✆ 019 681019, finaleligure@inforiviera.it, Fax 019681804
Finale Borgo★ Nord-Ovest : 2 km
Castel San Giovanni : ≤★ 1 h a piedi AR (da via del Municipio)

Punta Est
60, VISA AE
via Aurelia 1 – ✆ 019 60 06 11 – info@puntaest.com – Fax 019 60 06 11 – 20 aprile-ottobre
42 cam – 120/180 € 180/280 € – ½ P 125/175 € – **Rist** – Carta 50/67 €
◆ Antica dimora settecentesca in un parco ombreggiato da pini secolari e da palme; tutti da scoprire i deliziosi spazi esterni, tra cui una caverna naturale con stalagmiti. Elegante sala da pranzo: soffitti a travi lignee, archi, camino centrale, dehors panoramico.

Villa Italia-Careni
cam, rist, VISA
via Torino 111 – ✆ 019 69 06 17 – info@hotelvillaitalia.it – Fax 019 68 00 24 – Chiuso da ottobre al 28 dicembre
70 cam – 100 €, 12 € – ½ P 50/85 € – **Rist** – (solo per alloggiati) Menu 15/30 €
◆ Posizione centrale, ma a due passi dal mare per due strutture vicine, recentemente rinnovate, con "freschi" interni in tonalità pastello; gradevoli le due terrazze solarium.

Medusa
cam, VISA AE
vico Bricchieri 7 – ✆ 019 69 25 45 – mail@medusahotel.it – Fax 019 69 56 79
32 cam – 70/80 € 90/140 € – ½ P 55/85 € – **Rist** – *(chiuso novembre e lunedì)* (solo per alloggiati) Menu 19 €
◆ Edificio di origine settecentesca nel centro della località, ma non distante dal lungomare; offre un numero contenuto di stanze, rinnovate, e un sereno ambiente familiare. Ristorante dai toni rustici con proposte di mare e di terra.

Internazionale
VISA AE
via Concezione 3 – ✆ 019 69 20 54 – hinternazionale@tiscalinet.it – Fax 019 69 20 53 – Chiuso dal 3 novembre al 28 dicembre
32 cam – 81/114 € 87/135 €, 15 € – ½ P 45/94 € – **Rist** – Menu 25/35 €
◆ Gestione familiare per la struttura di moderna concezione, in zona centrale lungo la passeggiata fronte mare; arredi classici anche nelle camere, comode e funzionali. Luminosa sala da pranzo, sobria nell'impostazione.

Rosita
rist, VISA
via Mànie 67, Nord-Est : 3 km – ✆ 019 60 24 37 – info@hotelrosita.it – Fax 019 60 17 62 – Chiuso dal 7 al 30 gennaio, 10 giorni a febbraio e novembre
9 cam – 40/55 € 65/85 € – ½ P 45/55 € – **Rist** – *(chiuso martedì e mercoledì)* Carta 31/41 €
◆ Panorama sul golfo, in ambiente familiare e tranquillo, per un piccolo albergo nella zona collinare vicina ad una verde oasi protetta dell'entroterra. Camere accoglienti. Piacevole il servizio ristorante estivo in terrazza con vista mare.

La Lampara
VISA
vico Tubino 4 – ✆ 019 69 24 30 – Chiuso da novembre al 15 dicembre e mercoledì
Rist – Carta 35/55 €
◆ Ambiente rustico-marinaro per una trattoria situata in piena zona centrale; due salette, di cui una più raccolta, e classiche specialità di pesce.

a Finalborgo Nord-Ovest : 2 km – ✉ 17024

Ai Torchi
VISA AE
via dell'Annunziata 12 – ✆ 019 69 05 31 – aitorchi@virgilio.it – Fax 019 69 05 31 – Chiuso dal 7 gennaio al 10 febbraio e martedì (escluso agosto)
Rist – Carta 47/79 €
◆ Antico frantoio in un palazzo del centro storico: in sala sono ancora presenti la macina in pietra e il torchio in legno. Atmosfera e servizio curati, cucina marinara.

Prima colazione compresa?
Cercate la tazza , dopo il numero di camere.

FINO DEL MONTE – Bergamo (BG) – 561 E11 – 1 148 ab. – alt. 670 m – ✉ 24020
16 **B2**

◘ Roma 600 – Bergamo 38 – Brescia 61 – Milano 85

Garden rist, cam, 30,
via Papa Giovanni XXIII, 1 – ✆ 034 67 23 69 – garden@fratelliferrari.com – Fax 034 67 16 41 – Chiuso due settimane in gennaio
20 cam – 40/70 € 65/120 € – ½ P 58/85 € – **Rist** – *(chiuso domenica sera e lunedì)* Carta 38/48 €
♦ In un angolo verdeggiante, tra l'Altopiano di Clusone e la Conca della Presolana, una comoda struttura alberghiera, nota da tempo, ma in recente fase di rinnovo. Confortevole ristorante disposto su due salette di stile classico.

FIORANO AL SERIO – Bergamo (BG) – 561 E11 – 2 636 ab. – alt. 395 m – ✉ 24020
19 **D1**

◘ Roma 597 – Bergamo 22 – Brescia 65 – Milano 70

Trattoria del Sole
piazza San Giorgio 20 – ✆ 035 71 14 43 – Chiuso dal 1° al 10 gennaio, agosto, martedì sera e mercoledì
Rist – Carta 35/60 €
♦ Mattoni, una botte in legno e altri elementi tipici di un arredo rustico in questo ambiente elegante; piatti talora ricercati, soprattutto nei freschi prodotti di base.

FIORANO MODENESE – Modena (MO) – 562 I14 – 16 346 ab. – alt. 155 m – ✉ 41042
8 **B2**

◘ Roma 421 – Bologna 57 – Modena 15 – Reggio nell'Emilia 35

Executive 200,
circondariale San Francesco 2 – ✆ 05 36 83 20 10 – info@hotel-executive.it – Fax 05 36 83 02 29 – Chiuso Natale e dall' 8 al 22 agosto
60 cam – 68/112 € 99/175 € – 9 suites
Rist ***Exè*** – *✆ 05 36 83 26 73 (chiuso sabato a mezzogiorno e domenica)* Carta 40/70 €
♦ Non lontano da Maranello e Modena, nel noto comprensorio ceramico, elegante hotel di nuova concezione, con camere spaziose e accessoriate, ideale per clientela d'affari. Ristorante dotato anche di una capiente sala a vocazione banchettistica.

Alexander senza rist
via della Resistenza 46, località Spezzano Ovest : 3 km ✉ 41040 Spezzano – ✆ 05 36 84 59 11 – info@alexander-hotel.it – Fax 05 36 84 51 83 – Chiuso dal 10 al 20 agosto
48 cam – 55/78 € 75/98 €, 7 €
♦ In area di fiorente tradizione industriale, tuttavia già conosciuta per la villeggiatura delle nobili famiglie modenesi, una struttura di stile moderno con molti confort.

FIORENZUOLA D'ARDA – Piacenza (PC) – 562 H11 – 13 746 ab. – alt. 82 m – ✉ 29017
8 **A2**

◘ Roma 495 – Piacenza 24 – Cremona 31 – Milano 87 – Parma 37

Concordia senza rist
via XX Settembre 54 – ✆ 05 23 98 28 27 – h-concordia@libero.it – Fax 05 23 98 48 41 – Chiuso dal 15 al 30 agosto
14 cam – 55 € 75 € – 2 suites
♦ Struttura alberghiera in pieno centro storico, rinnovata di recente. Ambiente piacevole ed intimo, arredato con gusto con mobilio in stile; attenta conduzione familiare.

Mathis con cam rist,
via Matteotti 68 – ✆ 05 23 98 28 50 – info@mathis.it – Fax 05 23 98 10 98 – Chiuso dal 9 al 17 agosto
16 cam – 55 € 75 € – **Rist** – *(chiuso domenica sera e lunedì)* Carta 21/29 €
♦ I proprietari, appassionati d'auto e moto d'epoca, hanno denominato il locale da un vecchio modello di torpedo; ricette classiche e piacentine.

J. Malburet/MICHELIN

Ponte Vecchio

FIRENZE

Carta Michelin : n° 563K 15
▶ Roma 277 – Bologna 105 – Milano 298
Popolazione : 367 259 ab
Altitudine : 49 m
Codice Postale : ✉ 50100
Toscana

INFORMAZIONI PRATICHE

Ufficio Informazioni turistiche

via Cavour 1, ✉ 50129, ✆ 055 290832,
infoturismo@provincia.fi.it, Fax 055 2760383
piazza della Stazione 4, ✉ 50123, ✆ 055 212245,
turismo3@comune.fi.it, Fax 055 2381226

Aeroporto

Amerigo Vespucci Nord-Ovest: 4 km **AR** ✆ 055 30615, Fax 055 318716

Golf

Parco di Firenze, Nord : 4 km, ✆ 055 78 56 27 ;
Dell'Ugolino, Sud : 12 km a Grassina, ✆ 055 230 10 09.

Fiere

10.01. - 13.01. : Pitti immagine uomo
19.01. - 21.01. : Pitti immagine bimbo
24.04. - 01.05. : mostra internazionale dell'artigianato
20.06. - 23.06. : Pitti immagine uomo
29.06. - 01.07. : Pitti immagine bimbo
06.11. - 08.11. : btc (international meetings and incentives fair)

LUOGHI DI INTERESSE

IL CENTRO

Piazza del Duomo★★★ - Piazza della Signoria★★ : Palazzo Vecchio★★★ - S. Lorenzo e Tombe Medicee★★★ - S. Maria Novella★★ : affreschi★★★ del Ghirlandaio - Palazzo Medici Riccardi★★ : affreschi★★★ di Benozzo Gozzoli - S. Croce★★ - Ponte Vecchio★★ - Orsanmichele★ : Tabernacolo★★ dell'Orcagna - SS. Annunziata★ - Ospedale degli Innocenti★ : Tondi★★ di Andrea della Robbia

OLTRARNO

Palazzo Pitti★★ : Giardino di Boboli★ - S. Maria del Carmine: Cappella Brancacci★★★ (affreschi di Masaccio e Masolino) - S. Spirito★ - Panorama★★★ da Piazzale Michelangelo - S. Miniato al Monte★★

I MUSEI

Galleria degli Uffizi★★★ - Museo del Bargello★★★ - Galleria dell'Accademia★★ : opere★★★ di Michelangelo - Palazzo Pitti★★ : Galleria Palatina★★★ - S. Marco★★ : opere★★★ del Beato Angelico - Museo dell'Opera del Duomo★★ - Museo Archeologico★★ - Opificio delle Pietre Dure★

ACQUISTI

Articoli di cartoleria: Piazza della Signoria, Via de' Tornabuoni, Piazza Pitti - Ricami: Borgo Ognissanti - Articoli in pelle: ovunque, e alla Scuola del cuoio di S. Croce - Moda: Via de' Pucci e Via de' Tornabuoni - Gioielli: Via de' Tornabuoni e Ponte Vecchio

DINTORNI

Certosa del Galluzzo★★ - Ville Medicee★

FIRENZE

PERCORSI DI ATTRAVERSAMENTO E DI CIRCONVALLAZIONE

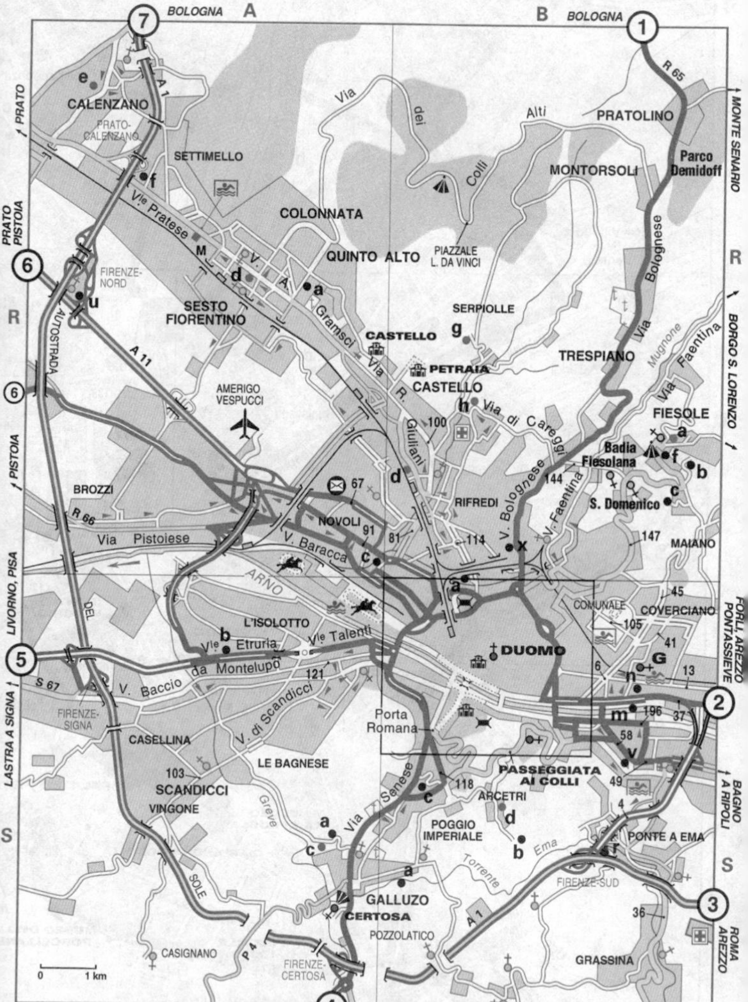

Dormire con tutti i comfort a prezzo contenuto?
Cercate i Bib Hotel .

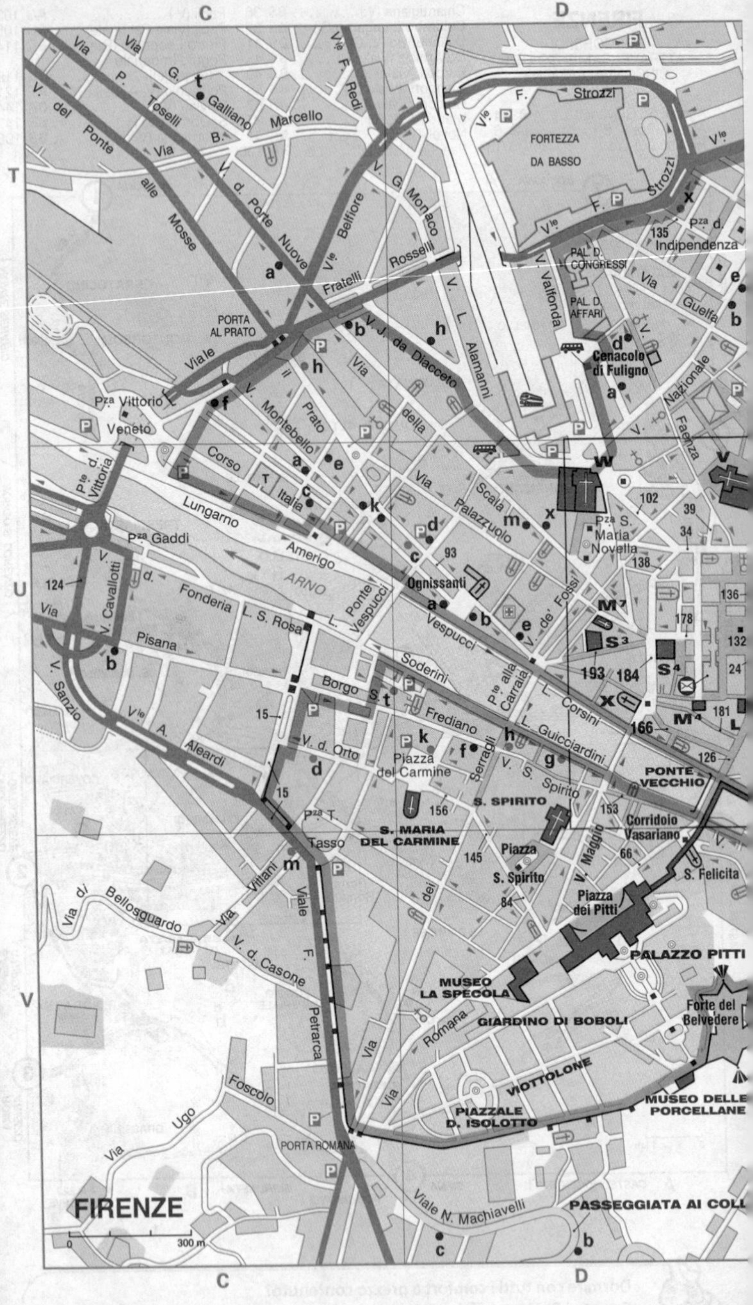
C
D
T
U
V
FORTEZZA
DA BASSO
PORTA
AL PRATO
Cenacolo
di Fuligno
Ognissanti
ARNO
PONTE
VECCHIO
Corridoio
Vasariano
S. SPIRITO
S. MARIA
DEL CARMINE
Piazza
del Carmine
Piazza
S. Spirito
Piazza
dei Pitti
PALAZZO PITTI
MUSEO
LA SPECOLA
GIARDINO DI BOBOLI
Forte del
Belvedere
VIOTTOLONE
PIAZZALE
D. ISOLOTTO
MUSEO DELLE
PORCELLANE
PORTA ROMANA
PASSEGGIATA AI COLL
FIRENZE
0
300 m

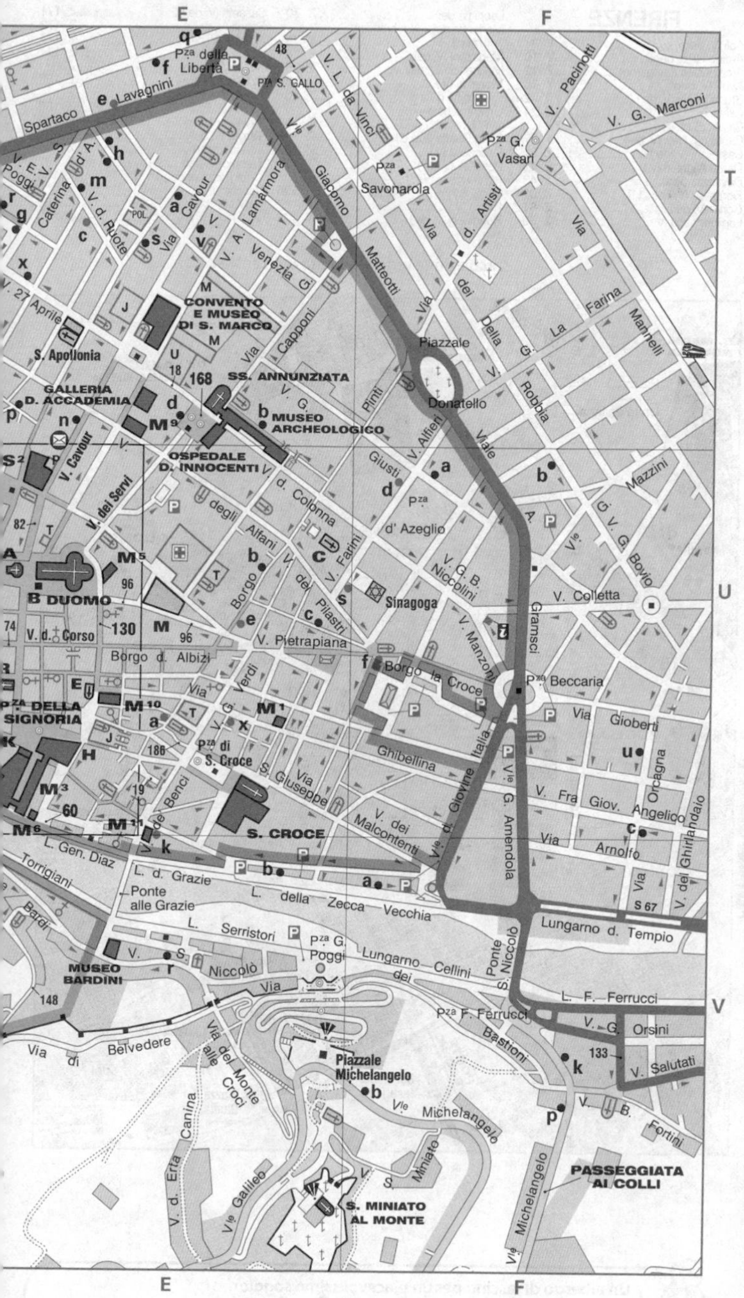
E
F
T
U
V
E
F
Pza della Libertà
Pza S. GALLO
Lavagnini
Spartaco
CONVENTO E MUSEO DI S. MARCO
S. Apollonia
GALLERIA D. ACCADEMIA
SS. ANNUNZIATA
MUSEO ARCHEOLOGICO
OSPEDALE D. INNOCENTI
DUOMO
Pza DELLA SIGNORIA
S. CROCE
Sinagoga
Piazzale Donatello
Pza d' Azeglio
Pza Beccaria
Pza Savonarola
Pza G. Vasari
V. G. Marconi
V. Pacinotti
Viale Matteotti
Viale Gramsci
Via Pietrapiana
Borgo d. Albizi
Borgo la Croce
Ghibellina
Lungarno d. Tempio
L. della Zecca Vecchia
L. Serristori
Lungarno Cellini
Ponte alle Grazie
Ponte S. Niccolò
Pza G. Poggi
Pza F. Ferrucci
L. F. Ferrucci
Via di Belvedere
MUSEO BARDINI
Piazzale Michelangelo
Vle Michelangelo
Vle Galileo
S. MINIATO AL MONTE
PASSEGGIATA AI COLLI
Torrigiani
L. Gen. Diaz
L. d. Grazie
Via del Monte alle Croci
V. d. Erta Canina
Bastioni
V. G. Orsini
V. Salutati
V. B. Fortini
S 67
148
133
168
130
186
96
82
74
60
19
18
48

FIRENZE

Agli (V. degli) . . . . Y 3
Antinori (Pza degli) . . . . Y 10
Archibusieri (Lungarno) . . . . Z 12
Avelli (V. degli) . . . . Y 16
Brunelleschi (V. de') . . . . YZ 22
Calimala (V.) . . . . Z 24
Calzaiuoli (V. dei) . . . . YZ
Canto de' Nelli (V. del) . . . . Y 27
Castellani (V. de') . . . . Z 31
Dante Alighieri (V.) . . . . Z 42
Davanzati (Pza) . . . . Z 43
Fiordaliso (V. del) . . . . Z 52
Gondi (V. dei) . . . . Z 61
Lambertesca (V.) . . . . Z 69
Leoni (V. dei) . . . . Z 70
Madonna degli Aldobrandini (Pza di) . . . . Y 75
Magazzini (V. dei) . . . . Z 76
Melarancio (V. del) . . . . Y 85
Monalda (V.) . . . . Z 88
Oriuolo (V. d.) . . . . Y 96
Orsanmichele (V.) . . . . Z 99
Parte Guelfa (Pza di) . . . . Z 106
Pellicceria (V.) . . . . Z 109
Pescioni (V. de') . . . . YZ 111
Porta Rossa (V.) . . . . Z
Por S. Maria (V.) . . . . Z 126
Roma (V.) . . . . YZ
Rondinelli (V. de') . . . . Y 138
Sassetti (V. de') . . . . Z 171
Spada (V. della) . . . . Z 173
Speziali (V. degli) . . . . Z 174
Strozzi (Pza) . . . . Z 177
Strozzi (V. degli) . . . . Z
S. Giovanni (Pza) . . . . Y 150
S. Jacopo (Borgo) . . . . Z
S. Trinità (Pza) . . . . Z 163
Tavolini (V. dei) . . . . Z 180
Terme (V. delle) . . . . Z 181
Tornabuoni (V.) . . . . Z
Trebbio (V. del) . . . . Y 187
Uffizi (Piazzale degli) . . . . Z 188
Vacchereccia (V.) . . . . Z 189
Vecchio (Ponte) . . . . Z

Circolazione regolamentata net centro città.

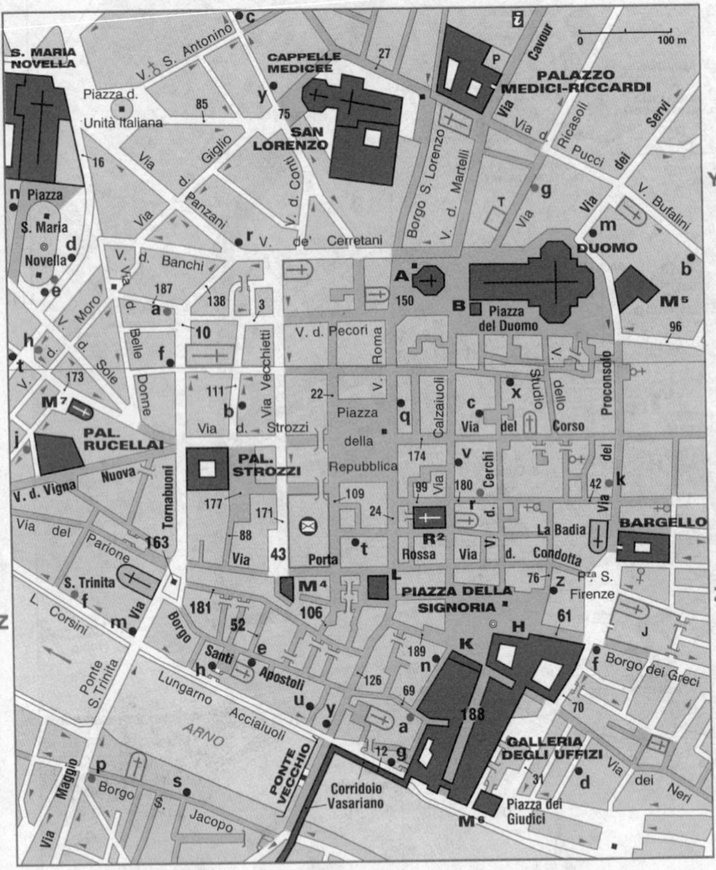

Un albergo di fascino per un piacevolissimo soggiorno?
Prenotate un hotel segnalato in rosso: 🏠 ... 🏠🏠🏠🏠.

INDICE DELLE STRADE DI FIRENZE

Il rosso è il colore di chi sa distinguersi; i nostri punti di riferimento!

The Westin Excelsior cam, cam, 180,
piazza Ognissanti 3 ✉ 50123 – ☎ 05 52 71 51 – excelsiorflorence@westin.com – Fax 055 21 02 78 DU **b**
171 cam – †250/726 € ††275/824 €, ☐ 39 € – 9 suites
Rist *Il Cestello* – ☎ 055 27 15 27 85 – Carta 41/55 €
◆ Sontuosi interni di un antico palazzo nobiliare sull'Arno, dove storia e tradizione si fondono con gli accessori più moderni, per un esclusivo soggiorno aristocratico. Ambiente principesco nella sala del ristorante: soffitti a cassettoni, marmi di Carrara.

Grand Hotel cam,
piazza Ognissanti 1 ✉ 50123 – ☎ 05 52 71 61 – grandflorence@luxurycollection.com – Fax 055 21 74 00 DU **a**
94 cam – †260/743 € ††285/845 €, ☐ 39 € – 13 suites
Rist *Incanto Café Restaurant* – ☎ 055 27 16 37 67 – Carta 60/83 €
◆ L'affascinante atmosfera della Firenze del Rinascimento, insieme alle comodità del XXI sec., negli eleganti interni di un prestigioso "gigante" dell'hotellerie cittadina. Raffinato ristorante rinnovato di recente, terrazza sulla piazza e cucina a vista.

Savoy 70,
piazza della Repubblica 7 ✉ 50123 – ☎ 05 52 73 51 – reservations@hotelsavoy.it – Fax 05 52 73 58 88 Z **q**
102 cam – †400 € ††490/795 €, ☐ 28 € – 14 suites
Rist *L'Incontro* – ☎ 05 52 73 58 91 – Carta 62/101 €
◆ Dopo la totale ristrutturazione, un grande albergo di storica tradizione (dal 1893) è tornato a nuova vita, offrendo un insieme di eleganza, confort e alta tecnologia. Il ristorante-brasserie d'estate si apre sulla piazza. Giovane chef con ottime esperienze.

J.K. Place
piazza Santa Maria Novella 7 ✉ 50123 – ☎ 05 52 64 51 81 – info@jkplace.com – Fax 05 52 65 83 87 Y **e**
13 cam ☐ – ††330 € – 7 suites – ††900 €
Rist The Lounge – vedere selezione ristoranti
◆ Nuova struttura di un'eleganza moderna e ricercata. Grande attenzione è stata prestata all'arredamento che si presenta con un design contemporaneo di alto livello.

Villa La Vedetta città e dintorni,
viale Michelangiolo 78 ✉ 50125 – ☎ 055 68 16 31 – info@villalavedettahotel.com – Fax 05 56 58 25 44 FV **b**
18 cam – ††980 €, ☐ 20 € – 7 suites – ††1500 €
Rist *Onice Lounge Bar* – *(chiuso lunedì)* Carta 95/167 €
Spec. Caldo e freddo di scampi. Spaghetti con acciughe e ricci di mare, foglie di senape e caviale (estate). L'anatra soffiata: allo spiedo steccata con citronella, in casseruola con frutta, coscetta laccata alla liquirizia, paté di fegatelli su composta di ciliege (estate).
◆ Struttura di lusso che può contare su camere molto curate tutte diverse l'una dall'altra. All'esterno bel giardino all'italiana con piscina e terrazze verdi digradanti. La cucina stupisce per la tecnica sofisticata e la passione per le variazioni intorno ad un medesimo prodotto.

Relais Santa Croce cam,
via Ghibellina 87 ✉ 50122 – ☎ 05 52 34 22 30 – info@relaisantacroce.com – Fax 05 52 34 11 95
18 cam ☐ – †450/600 € ††500/640 € – 6 suites – ††810/1800 € – **Rist** – Carta 70/150 €
◆ Nel palazzo del XVII sec., che accoglie anche la celebre Enoteca Pinchiorri, un hotel di grande fascino dispone di sale affrescate e stanze di raffinata eleganza. La passione per le antiche ricette ed i sapori toscani rivive al ristorante.

Regency
piazza Massimo D'Azeglio 3 ✉ 50121 – ☎ 055 24 52 47 – info@regency-hotel.com – Fax 05 52 34 67 35 FU **a**
35 cam ☐ – †275/400 € ††330/540 € – 2 suites
Rist *Relais le Jardin* – Carta 48/72 €
◆ Una dimora di charme e confort offre riposo dalle fatiche turistiche nell'ovattata atmosfera di un elegantissimo salotto o in un quieto giardino nascosto agli sguardi. Due le sale ristorante: una affacciata sul giardino, l'altra più ricca negli arredi.

Grand Hotel Villa Cora rist, 150,
viale Machiavelli 18 ✉ 50125 – ✆ 05 52 29 84 51 – reservations@villacora.it – Fax 055 22 90 86 DV **b**
48 cam – 430 € 450 € – ½ P 275/500 €
Rist *Taverna Machiavelli* – Carta 70/115 €
◆ E' tutta un susseguirsi di sale e salette affrescate, con marmi, stucchi e statue, questa dimora ottocentesca neorinascimentale, situata in un parco fiorito con piscina. Il ristorante offre curata cucina, con servizio estivo in veranda.

Albani cam, rist, 350,
via Fiume 12 ✉ 50123 – ✆ 05 52 60 30 – info.flo@albanihotels.com – Fax 055 21 10 45 DT **a**
102 cam – 250/410 € 290/440 € – ½ P 245/255 € – **Rist** (solo per allogiati) – Carta 38/60 €
◆ Nei pressi della stazione, in un prestigioso palazzo dei primi del '900, rigorosa raffinatezza neoclassica negli ambienti stile impero di un hotel di notevole fascino.

Helvetia e Bristol
via dei Pescioni 2 ✉ 50123 – ✆ 05 52 66 51 – information.hbf@royaldemeure.com – Fax 055 28 83 53 Z **b**
54 cam – 300 € 583 €, 26 € – 13 suites – **Rist** – Carta 45/57 €
◆ L'avvolgente fascino del passato in un'elegante dimora dell'800, arredata con autentici pezzi d'antiquariato e dipinti fiorentini del '600, nei pressi di Palazzo Strozzi. Sedie di velluto rosso e tendaggi importanti nella sala del ristorante.

Plaza Hotel Lucchesi rist, 160,
lungarno della Zecca Vecchia 38 ✉ 50122 – ✆ 05 52 62 36 – phl@plazalucchesi.it – Fax 05 52 48 09 21 EV **b**
97 cam – 185/255 € 295/415 € – ½ P 243/246 € – **Rist** – Carta 47/61 €
◆ Elegante albergo sul lungarno, ristrutturato nel rispetto dello stile dell'edificio in cui è ospitato. Incantevole vista sul fiume e su Santa Croce da numerose camere.

Metropole cam, 500,
via del Cavallaccio 36 ✉ 50142 – ✆ 05 57 87 11 – res.florencemetropole@hilton.com – Fax 055 78 71 80 20 AS **b**
208 cam – 150/210 € 165/225 € – 4 suites – **Rist** – Carta 35/50 €
◆ In zona residenziale, ai margini della città, hotel nato per la clientela d'affari. Particolari raffinati, camere di ottima fattura e design moderno. Capiente centro congressi. Ampio ristorante, al primo piano.

Grand Hotel Minerva cam, rist, 80,
piazza Santa Maria Novella 16 ✉ 50123 – ✆ 05 52 72 30 – info@grandhotelminerva.com – Fax 055 26 82 81 Y **n**
102 cam – 290 € 420 € – 14 suites
Rist *I Chiostri* – Carta 42/56 €
◆ Accanto alla chiesa di S.Maria Novella, un hotel moderno di grande confort, con piacevoli spazi comuni di ampio respiro; notevole il panorama dalla terrazza con piscina. Enorme vetrata sul giardino nella sala più grande del ristorante, arredata modernamente.

Montebello Splendid cam, 100,
via Garibaldi 14 ✉ 50123 – ✆ 05 52 74 71 – info@montebellosplendid.com – Fax 05 52 74 77 00 CU **e**
61 cam – 265/370 € 310/555 € – **Rist** – Carta 54/71 €
◆ Frequentato da turisti e da clientela di lavoro, un hotel di notevole signorilità, con ampi spazi comuni, arredati in stile, che sfociano in un grazioso giardino interno. La sobria sala del ristorante è affacciata, con grandi vetrate, sul giardino.

Continentale senza rist
vicolo dell'Oro 6 r ✉ 50123 – ✆ 05 52 72 62 – continentale@lungarnohotels.com – Fax 055 28 31 39 Z **y**
42 cam – 550 € 594 € – 1 suite
◆ Intorno ad una torre medievale si sviluppa un hotel raffinato; splendida la vista su Ponte Vecchio che si gode dalla terrazza fiorita e da alcune delle belle camere.

Lungarno ≤ cam, rist, 25, VISA AE
borgo San Jacopo 14 ✉ 50125 – ☎ 05 52 72 61 – lungarno@lungarnohotels.com – Fax 055 26 84 37 Z s
69 cam – †275/594 € ††308/616 €, ☐ 25 € – 4 suites
Rist *Borgo San Jacopo* – ☎ 055 28 16 61 *(chiuso agosto, martedì e a mezzogiorno)* Carta 47/65 €
◆ Impagabili "camere con vista" in un hotel proprio sull'Arno, dove tutto è all'insegna di una raffinatissima cura dei particolari; pregiata collezione di quadri moderni. Luminosa sala ristorante con terrazzino sull'Arno.

Brunelleschi ≤ cam, rist, 100, VISA AE
piazza Santa Elisabetta 3 ✉ 50122 – ☎ 05 52 73 70 – info@hotelbrunelleschi.it – Fax 055 21 96 53 Z c
96 cam ☐ – †142/245 € ††209/360 € – 9 suites – **Rist** – (solo per alloggiati) *(chiuso domenica)*
◆ Sembra di toccare la cupola del Brunelleschi da alcune camere di un elegante, curioso albergo, che in una torre di origine bizantina vanta un piccolo museo privato. Sapori regionali e tocchi di moderni to'al ristorante.

Lorenzo il Magnifico senza rist 35, P VISA AE
via Lorenzo il Magnifico 25 ✉ 50129 – ☎ 05 54 63 08 78 – info@lorenzoilmagnifico.net – Fax 055 48 61 68 ET f
30 cam ☐ – †95/230 € ††100/290 €
◆ Albergo ricavato in una elegante villa con giardino adibita un tempo anche a convento e ora sapientemente ristrutturata. Buono il livello di confort e accoglienza.

Villa Belvedere senza rist ≤ città e colli, P VISA AE
via Benedetto Castelli 3 ✉ 50124 – ☎ 055 22 25 01 – reception@villa-belvedere.com – Fax 055 22 31 63 – Marzo-20 novembre BS c
26 cam ☐ – †100/160 € ††120/207 €
◆ Villa degli anni '30, dotata di parco-giardino con piscina e splendida vista sulla città e sui colli, per un soggiorno tranquillo in un ambiente signorile, ma familiare.

Sofitel Firenze cam, cam, VISA AE
via de' Cerretani 10 ✉ 50123 – ☎ 05 52 38 13 01 – sofitel.firenze@accor-hotels.it – Fax 05 52 38 13 12 Y r
84 cam ☐ – †380 € ††420 € – ½ P 205/252 €
Rist *Il Patio* – Carta 30/42 €
◆ Un palazzo patrizio del XVII sec. ristrutturato è ora un hotel dotato di ogni confort moderno, tra cui un'insonorizzazione sorprendente, vista la posizione centralissima. L'elegante sala ristorante si trova effettivamente in un patio coperto di vetrate.

Gallery Hotel Art cam, rist, VISA AE
vicolo dell'Oro 5 ✉ 50123 – ☎ 05 52 72 63 – gallery@lungarnohotels.com – Fax 055 26 85 57 Z u
69 cam ☐ – †363 € ††495 € – 5 suites
Rist *The Fusion Bar-Shozan Gallery* – ☎ 055 27 26 69 87 *(chiuso agosto)* Carta 41/64 €
◆ Design contemporaneo di un noto architetto e arte cosmopolita, esposta come in un museo, sono gli ingredienti dell'unicità e del fascino di un hotel davvero "moderno". Ristorante sofisticato, attuale e di tendenza, cucina "fusion".

Anglo American cam, 100, VISA AE
via Garibaldi 9 ✉ 50123 – ☎ 055 28 21 14 – reservation.ghr@framon-hotels.it – Fax 055 26 85 13 CU a
115 cam ☐ – †220/253 € ††231/264 € – ½ P 163 € – **Rist** – Carta 44/66 €
◆ Centrale, ma tranquillo, a poca distanza dal lungarno. Ambiente raccolto ed accogliente, caratterizzato da un originale soggiorno costituito da una lunga galleria a vetri. Suggestioni d'altri tempi in sala da pranzo, con proposte toscane e mediterranee.

Starhotels Tuscany cam, 60, P VISA AE
via Di Novoli 59 ✉ 50127 – ☎ 055 43 14 41 – tuscany.fi@starhotels.it – Fax 05 54 37 82 57 AR c
103 cam ☐ – ††99/410 € – **Rist** – Carta 50/63 €
◆ Dopo un salutare periodo di ammodernamento, riapre questo hotel che oggi presenta uno stile personalizzato con grande attenzione per i particolari e i complementi d'arredo. I sapori regionali al ristorante.

Starhotels Michelangelo cam, rist, 250,
viale Fratelli Rosselli 2 ✉ 50123 – ✆ 055 27 84
– michelangelo.fi@starhotels.it – Fax 05 52 38 22 32 CT **f**
117 cam – 115/480 € – 2 suites – **Rist** – Carta 50/63 €
◆ Dopo la totale ristrutturazione è un hotel nuovo, che offre camere confortevoli con dotazioni di ottimo livello (c'è anche la TV nei bagni); sale riunioni ben attrezzate. Sobria sala da pranzo al piano interrato.

De la Ville senza rist 50,
piazza Antinori 1 ✉ 50123 – ✆ 05 52 38 18 05 – info@hoteldelaville.it
– Fax 05 52 38 18 09 Y **f**
71 cam – 190/250 € 230/340 € – 4 suites
◆ Nella via dello shopping elegante, un hotel di grande signorilità, il cui settore notte, completamente ristrutturato, presenta spaziose camere in stile e bagni moderni.

Adler Cavalieri senza rist 70,
via della Scala 40 ✉ 50123 – ✆ 055 27 78 10 – info@hoteladlercavalieri.com
– Fax 055 27 78 15 09 DU **x**
60 cam – 115/235 € 150/320 €
◆ Albergo di equilibrata eleganza in prossimità della stazione. Ottimamente insonorizzato, ampio uso del legno negli interni tutti da scoprire. Gestione giovane e competente.

Palazzo Magnani Feroni senza rist
borgo San Frediano 5 ✉ 50124 – ✆ 05 52 39 95 44 – info@florencepalace.it
– Fax 05 52 60 89 08 DU **f**
11 suites – 285/630 €
◆ In Oltrarno all'interno di un palazzo patrizio del XVI sec., raccolto attorno ad una piccola corte centrale. Dotato di terrazze panoramiche con vista a 360° sulla città.

Londra cam, rist, 200,
via Jacopo da Diacceto 18 ✉ 50123 – ✆ 05 52 73 90 – info@hotellondra.com
– Fax 055 21 06 82 DT **h**
166 cam – 170/260 € 230/350 € – **Rist** – Carta 46/58 €
◆ Vicino alla stazione, struttura recente, funzionale e confortevole, dotata di ampi spazi comuni, business center e attrezzature congressuali; camere con arredi moderni. Sala da pranzo di taglio contemporaneo e un adiacente patio d'atmosfera più romantica.

J and J senza rist
via di Mezzo 20 ✉ 50121 – ✆ 05 52 63 12 – jandj@cavalierehotels.com
– Fax 055 24 02 82 EU **c**
14 cam – 282/315 € – 5 suites – 430/460 €
◆ Tutte diverse, spaziose, movimentate, anche su vari livelli e con pezzi antichi le camere di un hotel di atmosfera e grande originalità, ricavato in un convento del '500.

Santa Maria Novella senza rist < chiesa,
piazza Santa Maria Novella 1 ✉ 50123 –
✆ 055 27 18 40 – info@hotelsantamarianovella.it – Fax 055 27 18 41 99 Y **d**
45 cam – 145/290 € 170/480 €
◆ Atmosfera calda e accogliente con spazi comuni suddivisi in piccoli salottini, camere ampie ed eleganti e soluzioni di gusto raffinato a rendere omogeneo l'insieme.

UNA Hotel Vittoria cam, 100,
via Pisana 59 ✉ 50143 – ✆ 05 52 27 71
– una.vittoria@unahotels.it – Fax 05 52 27 72 CU **b**
84 cam – 140/490 € – **Rist** – (solo per alloggiati) Carta 33/56 €
◆ Un albergo tecnologico dalle forme bizzarre, una miscela di confort e innovazione. La fantasia ha avuto pochi limiti e il risultato è particolare, suggestivo e unico. Sala da pranzo originale con un unico grande tavolo.

Monna Lisa senza rist 30,
via Borgo Pinti 27 ✉ 50121 – ✆ 05 52 47 97 51 – hotel@monnalisa.it
– Fax 05 52 47 97 55 EU **b**
45 cam – 115/155 € 190/360 €
◆ Un palazzo di origini medievali con un imponente scalone, pavimenti in cotto e soffitti a cassettoni ospita camere e spazi comuni arredati con gusto rinascimentale.

Grand Hotel Adriatico cam, cam, 180,
via Maso Finiguerra 9 ✉ 50123 – ✆ 05 52 79 31
– info@hoteladriatico.it – Fax 055 28 96 61 DU **d**
129 cam – 190/320 € 250/350 € – **Rist** – Carta 44/63 €
◆ Comodissima ubicazione centrale, parcheggio privato, interni ampi e ottimi confort per una grande struttura rinnovata; camere con arredi recenti o in stile. Due sale di sobria eleganza; proposte toscane e nazionali.

Berchielli senza rist 80,
lungarno Acciaiuoli 14 ✉ 50123 – ✆ 055 26 40 61 – info@berchielli.it
– Fax 055 21 86 36 Z **h**
76 cam – 160/320 € 180/360 €
◆ Soggiornare nel cuore di Firenze, ma sul lungarno e per di più in vista del Ponte Vecchio è l'invidiabile opportunità offerta da questo albergo signorile e confortevole.

Pierre senza rist
via Dè Lamberti 5 ✉ 50123 – ✆ 055 21 62 18 – pierre@remarhotels.com
– Fax 05 52 39 65 73 Z **t**
44 cam – 360 € 410 €
◆ Facciata antica e interni ristrutturati di recente per un comodo hotel in pieno centro storico; camere arredate con mobili recenti, ma in stile, fiorentino o veneziano.

Rivoli senza rist 100,
via della Scala 33 ✉ 50123 – ✆ 05 52 78 61 – info@hotelrivoli.it
– Fax 055 29 40 41 DU **m**
80 cam – 210/230 € 230/350 €
◆ Vicino a S. Maria Novella, un ex convento del XV sec. è oggi un hotel dotato di ampie zone comuni. Camere spaziose e gradevole patio interno coni vasca idromassaggio.

Ville sull'Arno cam, rist, 25,
lungarno Colombo 3 ✉ 50136 – ✆ 055 67 09 71
– info@hotelvillesullarno.com – Fax 055 67 82 44 BS **m**
44 cam – 90/195 € 120/240 € – ½ P 81/141 € – **Rist** – *(chiuso a mezzogiorno)* Carta 36/50 €
◆ Sulle rive dell'Arno, una struttura composta da un edificio centrale e da due corpi collegati; dispone di interni con arredi recenti e di un piccolo giardino con piscina.

Calzaiuoli senza rist
via Calzaiuoli 6 ✉ 50122 – ✆ 055 21 24 56 – info@calzaiuoli.it
– Fax 055 26 83 10 Z **v**
45 cam – 170/250 € 170/300 €
◆ Nella via pedonale tra piazza del Duomo e piazza della Signoria, un hotel che ha spazi comuni ridotti, ma camere confortevoli e accoglienti, e bagni rinnovati di recente.

San Gallo Palace senza rist 70,
via Lorenzo il Magnifico 2 ✉ 50129 – ✆ 055 46 38 71 – info@sangallopalace.it
– Fax 05 54 63 87 04 ET **q**
54 cam – 130/330 € – 2 suites
◆ Esercizio di recente apertura ricavato in un palazzetto a due piani. Offre buoni livelli di confort sia negli spazi comuni che nelle ampie camere, tutte doppie.

Executive senza rist 35,
via Curtatone 5 ✉ 50123 – ✆ 055 21 74 51 – info@hotelexecutive.it
– Fax 055 26 83 46 CU **k**
48 cam – 130/200 € 250/340 € – 2 suites
◆ A breve distanza dal lungarno, un palazzo fine '800, ristrutturato, ospita un albergo che nei suoi accoglienti interni assicura confort, qualità e accessori moderni.

Il Guelfo Bianco senza rist
via Cavour 29 ✉ 50129 – ✆ 055 28 83 30 – info@ilguelfobianco.it
– Fax 055 29 52 03 ET **n**
40 cam – 120/145 € 180/250 €
◆ Non lontano dal Duomo, in un palazzo del '500 restaurato, un hotel con spazi comuni limitati, ma di sobria raffinatezza; belle le camere, alcune con soffitti a cassettone.

Athenaeum rist, rist, 50,
via Cavour 88 – 055 58 94 56 – info@hotelathenaeum.com – Fax 055 56 14 08
60 cam – 160/320 € 195/390 € – ½ P 135/230 € – **Rist** – *(chiuso domenica)* Carta 34/57 €
◆ Nei pressi di piazza San Marco, una risorsa recente e di stampo decisamente moderno ricavata negli spazi di un ex liceo. Arredi di design e dotazioni di tendenza. Al ristorante proposte innovative e fantasiose tra suggestive installazioni luminose.

Cellai senza rist
via 27 Aprile 14 50129 – 055 48 92 91 – info@hotelcellai.it – Fax 055 47 03 87 ET **x**
58 cam – 99/159 € 159/225 €
◆ Si respira un'atmosfera molto accogliente in questo albergo dove l'arredamento è particolarmente curato, con mostre di quadri a rotazione e mobilio anche di gran pregio.

Porta Faenza senza rist
via Faenza 77 50123 – 055 21 79 75 – info@hotelportafaenza.it – Fax 055 21 01 01 DT **d**
25 cam – 75/150 € 100/200 €
◆ In un edificio settecentesco nei pressi del Palazzo dei Congressi, hotel accogliente, con camere molto curate per qualità degli arredi e confort tecnologico.

Loggiato dei Serviti senza rist
piazza strada statale Annunziata 3 50122 – 055 28 95 92 – info@loggiatodeiservitihotel.it – Fax 055 28 95 95 ET **d**
38 cam – 140 € 205 € – 2 suites
◆ Nell'edificio del '500 gemello del loggiato brunelleschiano degli Innocenti, un hotel che ha conservato anche negli interni le sue affascinanti caratteristiche originali.

Botticelli senza rist
via Taddea 8 50123 – 055 29 09 05 – info@hotelbotticelli.it – Fax 055 29 43 22 ET **p**
34 cam – 99/219 € 109/229 €
◆ Vicino al mercato di S.Lorenzo, in un palazzo del '500, grazioso hotel con volte affrescate nelle zone comuni e una piccola terrazza coperta; camere con arredi recenti.

Inpiazzadellasignoria senza rist
via de' Magazzini 2 50122 – 05 52 39 95 46 – info@inpiazzadellasignoria.it – Fax 05 52 67 66 16 Z **z**
10 cam – 140/250 € 200/290 €
◆ Come dice il nome, questo esercizio si affaccia su Piazza della Signoria, cuore politico dell'antica Firenze. Gli interni sono accoglienti e di una certa eleganza.

Palazzo Benci senza rist 30,
piazza Madonna degli Aldobrandini 3 50123 – 055 21 38 48 – info@palazzobenci.com – Fax 055 28 83 08 Y **y**
35 cam – 83/140 € 130/195 €
◆ Adiacente a S.Lorenzo, un hotel che nei suoi spazi comuni conserva tracce della struttura originale cinquecentesca; grazioso cortiletto interno, camere confortevoli.

Relais Uffizi senza rist
chiasso de' Baroncelli-chiasso del Buco 16 50122 – 05 52 67 62 39 – info@relaisuffizi.it – Fax 05 52 65 79 09 Z **n**
8 cam – 160/200 €
◆ Otto camere arredate con gusto in un palazzo della Firenze medievale e una sala colazioni davvero unica in città per la sua meravigliosa vista su piazza della Signoria.

Caravaggio senza rist
piazza Indipendenza 5 – 055 49 63 10 – info@hotelcaravaggio.it – Fax 05 54 63 33 97 DT **e**
37 cam – 60/100 € 70/110 €
◆ Albergo sorto sulle ceneri di tre vecchie pensioni. Struttura moderna, di buon confort, in posizione vicina al centro dall'accoglienza familiare, ma di tono distinto.

Malaspina senza rist
piazza dell'Indipendenza 24 ✉ 50129 – ✆ 055 48 98 69 – info@malaspinahotel.it – Fax 055 47 48 09 ET **g**
31 cam ☕ – ♦60/144 € ♦♦70/220 €
♦ Piacevole albergo nato dieci anni fa dalla ristrutturazione di un vecchio palazzo; accoglienti le aree comuni e le camere, arredate con mobili recenti, ma in stile.

Classic senza rist
viale Machiavelli 25 ✉ 50125 – ✆ 055 22 93 51 – info@classichotel.it – Fax 055 22 93 53 DV **c**
20 cam – ♦110/125 € ♦♦150 €, ☕ 8 €
♦ Lungo la "passeggiata ai colli", un villino ottocentesco con giardino trasformato da 10 anni in un hotel accogliente; graziose e calde le camere arredate in stile.

Donatello senza rist
piazza Indipendenza 23 ✉ 50129 – ✆ 05 54 62 74 72 – info@hoteldonatellofirenze.com – Fax 05 54 62 50 64 ET **r**
60 cam ☕ – ♦240 € ♦♦260 €
♦ Affacciato sulla centrale piazza Indipendenza, un nuovo hotel ricavato dalla ristrutturazione di un palazzo storico. Spazi comuni limitati ma curati, camere di buon livello.

Royal senza rist
via delle Ruote 52 ✉ 50129 – ✆ 055 48 32 87 – info@hotelroyalfirenze.it – Fax 055 49 09 76 ET **m**
39 cam ☕ – ♦95/140 € ♦♦150/240 €
♦ E' piacevole la quiete di quest'antica dimora signorile, con ampio giardino e comodo parcheggio, ma in una zona ancora centrale della città; funzionali le camere.

De Rose Palace senza rist
via Solferino 5 ✉ 50123 – ✆ 05 52 39 68 18 – firenze@hotelderose.it – Fax 055 26 82 49 CU **c**
18 cam ☕ – ♦100/135 € ♦♦135/220 €
♦ In un palazzotto dell'800 ristrutturato, un hotel dagli interni di sobria eleganza, con arredi d'epoca e bei lampadari veneziani; gradevole l'atmosfera familiare.

Select senza rist 25,
via Giuseppe Galliano 24 ✉ 50144 – ✆ 055 33 03 42 – info@selecthotel.it – Fax 055 35 15 06 CT **t**
39 cam ☕ – ♦95/180 € ♦♦115/250 €
♦ Fuori dal centro, frequentato da turisti e da clientela di lavoro, hotel con spazi comuni limitati, ma curati; camere con arredi in legno. Parcheggio interno a pagamento.

Grifone senza rist
via Pilati 22 ✉ 50136 – ✆ 055 62 33 00 – info@hotelgrifonefirenze.com – Fax 055 67 76 28 BS **n**
85 cam ☕ – ♦140 € ♦♦180 €
♦ Fuori dal centro, albergo frequentato per lo più da clientela d'affari; ampio parcheggio gratuito; mobili in legno nelle camere e negli appartamenti con angolo cottura.

Della Robbia senza rist
via dei della Robbia 7/9 ✉ 50132 – ✆ 05 52 63 85 70 – info@hoteldellarobbia.it – Fax 05 52 46 63 71 – Chiuso agosto FU **b**
19 cam ☕ – ♦90/149 € ♦♦120/210 €
♦ Suggestioni liberty sia nella fisionomia esterna sia nel décor dei signorili interni di una nuova risorsa, a conduzione diretta, ricavata in un villino di inizio '900.

Morandi alla Crocetta senza rist
via Laura 50 ✉ 50121 – ✆ 05 52 34 47 47 – welcome@hotelmorandi.it – Fax 05 52 48 09 54 ET **b**
10 cam – ♦80/110 € ♦♦150/180 €, ☕ 11 €
♦ Atmosfera raccolta e signorile da dimora privata in un hotel dagli interni arredati in stile, con dettagli d'epoca. Nel centro storico, adiacente al Museo Archeologico.

River senza rist
lungarno della Zecca Vecchia 18 ✉ 50122 – ✆ 05 52 34 35 29 – info@hotelriver.com – Fax 05 52 34 35 31 – Chiuso dal 9 al 28 dicembre FV **a**
38 cam – 130/200 €
◆ Palazzina dell'Ottocento, in bella posizione sul lungarno. Le camere all'ultimo piano affacciate sul fiume dispongono di un godibilissimo terrazzino. Ben ristrutturato.

Benivieni senza rist
via delle Oche 5 ✉ 50122 – ✆ 05 52 38 21 33 – info@hotelbenivieni.it – Fax 05 52 39 82 48 Z **x**
15 cam – 220 €
◆ Palazzo del XV sec. a pochi passi dal Duomo, che dalla seconda metà dell'800 ospitò un oratorio ebraico. Piccolo giardino d'inverno ricavato dalla corte interna coperta.

Villa Azalee senza rist
viale Fratelli Rosselli 44 ✉ 50123 – ✆ 055 21 42 42 – info@villa-azalee.it – Fax 055 26 82 64 CT **b**
25 cam – 100/165 € 100/177 €
◆ Villa dell'800 lungo i viali, principale via di scorrimento della città, possiede interni intimi ed accoglienti. Grazioso giardinetto. Bici a disposizione dei clienti.

Galileo senza rist
via Nazionale 22/a ✉ 50123 – ✆ 055 49 66 45 – info@galileohotel.it – Fax 055 49 64 47 DT **b**
31 cam – 100/175 € 120/230 €
◆ Albergo recentemente rinnovato, presenta oggi una sala soggiorno che va ad integrare e completare la piccola reception. Camere confortevoli, arredate con mobilio in stile.

Rosary Garden senza rist
via di Ripoli 169 ✉ 50126 – ✆ 05 56 80 01 36 – info@rosarygarden.it – Fax 05 56 80 04 58 – Chiuso agosto BS **v**
13 cam – 75/90 € 90/140 €
◆ "Sentirsi a casa stando in albergo" è lo slogan di un delizioso hotel molto inglese; camere con mobili in ciliegio e stampe alle pareti; non perdete il tè delle cinque.

Goldoni senza rist
via borgo Ognissanti 8 ✉ 50123 – ✆ 055 28 40 80 – info@hotelgoldoni.com – Fax 055 28 25 76 DU **e**
20 cam – 80/150 € 100/200 €
◆ Al primo piano di un settecentesco palazzo a pochi minuti di strada a piedi da Ponte Vecchio. Un gradevole hotel che recentemente ha subito un salutare rinnovo.

David senza rist
viale Michelangiolo 1 ✉ 50125 – ✆ 05 56 81 16 95 – info@davidhotel.com – Fax 055 68 06 02 FV **k**
25 cam – 88/105 € 110/160 €
◆ Sembra di essere in un'accogliente casa privata sia nel salotto che nelle spaziose camere di questo villino ristrutturato, con giardino, all'inizio di viale Michelangelo.

Bonifacio senza rist
via Bonifacio Lupi 21 ✉ 50129 – ✆ 05 54 62 71 33 – hbf.florence@hotelbonifacio.it – Fax 05 54 62 71 32 ET **h**
19 cam – 80/103 € 100/175 €
◆ Palazzo dell'Ottocento, completamente restaurato, di dimensioni ridotte, ma con un livello di confort attuale. Nella bella stagione la colazione è servita all'aperto.

Unicorno senza rist
via dei Fossi 27 ✉ 50123 – ✆ 055 28 73 13 – info@hotelunicorno.it – Fax 055 26 83 32 Y **t**
27 cam – 110/150 € 130/200 €
◆ Nei pressi di piazza S.Maria Novella, un albergo che dispone di zone comuni contenute, ma di camere spaziose e confortevoli, con parquet e arredi recenti.

Fiorino senza rist
via Osteria del Guanto 6 ✉ 50122 – ☎ 055 21 05 79 – prenotazioni@hotelfiorino.it – Fax 055 26 89 80 Z **d**
23 cam ☐ – 🚹119 € 🚹🚹130 €
◆ Arredi semplici, ma decorosi in un piccolo albergo che occupa tre piani di un edificio alle spalle degli Uffizi. Simpatica gestione famigliare e cortese.

Orcagna senza rist
via Orcagna 57 ✉ 50121 – ☎ 055 66 99 59 – info@hotelorcagnafirenze.it – Fax 055 67 05 00 FU **u**
18 cam ☐ – 🚹70/120 € 🚹🚹90/130 €
◆ Piccolo hotel dignitoso, pulito e ben tenuto, che offre un'ospitalità senza pretese, ma familiare e confortevole, con un settore notte recentemente migliorato.

Silla senza rist
via dei Renai 5 ✉ 50125 – ☎ 05 52 34 28 88 – hotelsilla@hotelsilla.it – Fax 05 52 34 14 37 EV **r**
36 cam ☐ – 🚹150 € 🚹🚹175 €
◆ E' gradevole consumare d'estate la prima colazione o anche solo rilassarsi sull'ampia terrazza di questo albergo di ambiente familiare sito sulla riva sinistra dell'Arno.

Palazzo Niccolini senza rist
via dei Servi 2 – ☎ 055 28 24 12 – info@niccolinidomepalace.com – Fax 055 29 09 79 Y **m**
7 cam ☐ – 🚹220 € 🚹🚹240 € – 3 suites – 🚹🚹380/500 €
◆ Accanto al Duomo, l'opportunità di un soggiorno esclusivo nel palazzo nobiliare della famiglia Niccolini. Camere di grande eleganza, alcune con affreschi originali.

Antica Dimora Firenze senza rist
via Sangallo 72 – ☎ 05 54 62 72 96 – info@anticadimorafirenze.it – Fax 05 54 63 44 50 ET **s**
6 cam ☐ – 🚹🚹130/145 €
◆ Nella zona del convento di San Marco, le camere sono distinte per colore ma accomunate da un'unica, straordinaria raffinatezza tra mobili d'epoca e letti a baldacchino.

Antica Torre di via Tornabuoni N. 1 senza rist
via Tornabuoni 1 ✉ 50123 – ☎ 05 52 65 81 61 – info@tornabuoni1.com – Fax 055 21 88 41 Z **m**
20 cam ☐ – 🚹190/230 € 🚹🚹210/290 €
◆ Albergo situato nella torre agli ultimi piani di un palazzo. Camere spaziose e luminose. Punto di forza sono le due terrazze mozzafiato da cui si domina la città intera.

Novecento senza rist
via Ricasoli 10 ✉ 50122 – ☎ 055 21 41 38 – info@bbnovecentofirenze.it – Fax 05 52 71 79 54 Y **g**
6 cam ☐ – 🚹85/140 € 🚹🚹100/150 €
◆ Indirizzo molto accogliente, con camere non grandi, ma nuove, ben tenute e accessoriate. Piccola cucina-sala colazione. Terrazza con bella vista su Santa Maria del Fiore.

Villa la Sosta senza rist
via Bolognese 83 ✉ 50139 – ☎ 055 49 50 73 – info@villalasosta.com
5 cam ☐ – 🚹85/105 € 🚹🚹110/130 € BR **x**
◆ In posizione defilata, una villa dall'aspetto signorile. All'interno spazi ampi, mansarda con biblioteca e arredi di gusto. Grazioso giardino per le colazioni estive.

Le Residenze Johlea senza rist
via Sangallo 76/80 n ✉ 50129 – ☎ 05 54 63 32 92 – johlea@johanna.it – Fax 05 54 63 45 52 ET **a**
13 cam ☐ – 🚹70/100 € 🚹🚹95/175 €
◆ Cortesia, signorilità, tocco femminile e bei mobili d'epoca in due piccole, calde bomboniere; suggestivo il terrazzino da cui godrete di una splendida vista sul Duomo.

Residenza Apostoli senza rist
borgo Santi Apostoli 8 ✉ 50123 – ✆ 055 28 84 32 – info@residenzapostoli.it – Fax 055 26 87 90 Z **e**
5 cam ☕ – 🚹70/110 € 🚹🚹90/130 €
◆ Ospitalità curata in confortevoli camere a pochi passi dal Ponte Vecchio: ve la offre un bed and breakfast al primo piano dello storico, trecentesco Palazzo del Siniscalco.

Tourist House Ghiberti senza rist
via Bufalini 1 ✉ 50122 – ✆ 055 26 11 71 – thghiberti@tiscali.it – Fax 055 26 41 70 Y **b**
5 cam ☕ – 🚹90/133 € 🚹🚹110/153 €
◆ Al primo piano di un palazzo a pochi passi dal Duomo, una risorsa con cinque camere arredate con gusto moderno da una giovane coppia. Internet gratuito in camera e sauna.

Residenza Johanna senza rist
via Cinque Giornate 12 ✉ 50129 – ✆ 055 47 33 77 – cinquegiornate@johanna.it – Fax 055 47 33 77 BRS **a**
6 cam ☕ – 🚹🚹85 €
◆ Poche stanze, graziose, curate negli arredi e nell'accostamento dei colori, in un ambiente raccolto e familiare, ma signorile; prenotare per il parcheggio interno.

Residenza Hannah e Johanna senza rist
via Bonifacio Lupi 14 ✉ 50129 – ✆ 055 48 18 96 – lupi@johanna.it – Fax 055 48 27 21 ET **h**
10 cam ☕ – 🚹70 € 🚹🚹95 €
◆ Al primo piano di un palazzo dell'800 vi aspettano accoglienza cordiale e sorridente, ambiente familiare e camere confortevoli per un piacevole soggiorno informale.

Locanda di Firenze senza rist
via Faenza 12 ✉ 50123 – ✆ 055 28 43 40 – lanfra.lagorio@tiscali.it – Fax 055 28 43 52 Y **c**
6 cam ☕ – 🚹80/110 € 🚹🚹105/120 €
◆ Un bell'esempio fra le alternative al classico hotel nate di recente anche in Italia: al 3° piano di un palazzo del '700, camere di buon confort e arredate con cura.

Residenza Giulia senza rist
via delle Porte Nuove 19 ✉ 50144 – ✆ 05 53 21 66 46 – anna@residenzagiulia.com – Fax 05 53 24 51 49 CT **a**
6 cam ☕ – 🚹75/90 € 🚹🚹78/110 €
◆ Al quinto piano di un condominio, una risorsa che offre la piacevole atmosfera di una residenza privata. Camere luminose, molte delle quali con terrazze. Curata e familiare.

Villino il Magnifico senza rist
via Orcagna 24/26 ✉ 50121 – ✆ 05 56 26 60 53 – info@villinoilmagnifico.com – Fax 055 67 42 83 FU **c**
7 cam ☕ – 🚹70/85 € 🚹🚹90/110 €
◆ A breve distanza dal centro, un villino comodamente raggiungibile in auto o coi mezzi pubblici. Camere con arredi d'epoca in grado di offrire un buon livello di confort.

Enoteca Pinchiorri (Féolde) 12,
via Ghibellina 87 ✉ 50122 – ✆ 055 24 27 77 – ristorante@enotecapinchiorri.com – Fax 055 24 49 83 – Chiuso dal 15 al 27 dicembre, tre settimane in agosto, domenica, lunedì e i mezzogiorno di martedì-mercoledì EU **x**
Rist – Carta 190/305 €
Spec. Coda di rospo con lenticchie al timo, mandorle tritate, fegatini alla toscana e aceto balsamico tradizionale. Doppio raviolo farcito con burrata e faraona, salsa al parmigiano reggiano e sugo d'arrosto. Filetto di vitello arrosto, purea di zucca e amaretti, salsa di salsiccia sgranata.
◆ Lo scrigno, la cornice o il quadro nella capitale del rinascimento: dalla cucina, internazionale e toscana, ad una straordinaria cantina, ogni sogno è permesso.

Cibrèo 18/20,
via A. Del Verrocchio 118/r ✉ 50122 – ✆ 05 52 34 11 00 – cibreo.fi@tin.it – Fax 055 24 49 66 – Chiuso dal 31 dicembre al 9 gennaio, dal 29 luglio al 1° settembre, domenica e lunedì FU **f**
Rist – Carta 66/76 €
◆ Ristorante sempre molto alla moda e frequentato per l'ambiente d'informale eleganza, il servizio giovane e spigliato e l'approccio curato e fantasioso in cucina.

XXX **Rossini**
lungarno Corsini 4 ✉ 50123 – ✆ 05 52 39 92 24 – info@ristoranterossini.it – Fax 05 52 71 79 90 Z **f**
Rist – Carta 64/83 €
Spec. Melanzane croccanti alla parmigiana. Risotto al prezzemolo, burrata e ostriche. Cassata siciliana con caffé e nocciole.
◆ A pochi passi dal Ponte Vecchio, al piano terra di Palazzo Gianfigliazzi, elegante ristorante che propone un'interessante offerta di piatti innovativi.

XXX **Don Chisciotte** 8,
via Ridolfi 4 r ✉ 50129 – ✆ 055 47 54 30 – info@ristorantedonchisciotte.it – Fax 055 48 53 05 – Chiuso agosto, lunedì a mezzogiorno e domenica
Rist – Carta 42/89 € DT **x**
◆ Presso la Fortezza da basso, un ambiente di sobria eleganza vi accoglie in uno dei migliori ristoranti cittadini; in cucina creative variazioni moderne su temi classici.

XXX **Taverna del Bronzino**
via delle Ruote 25/27 r ✉ 50129 – ✆ 055 49 52 20 – tavernadelbronzino@rabottiumberto.191.it – Fax 05 54 62 00 76 – Chiuso Natale, Pasqua, agosto e domenica ET **c**
Rist – Carta 57/69 €
◆ All'interno di un palazzo del '500, locale dove cortesia e ospitalità si fondono con la curata signorilità dell'ambiente nell'offrire una fantasiosa cucina di tradizione.

XX **Buca Lapi**
via del Trebbio 1 r ✉ 50123 – ✆ 055 21 37 68 – Fax 055 28 48 62 – Chiuso agosto, a mezzogiorno e domenica Y **a**
Rist – Carta 56/73 € (+10 %)
◆ Nelle antiche cantine di palazzo Antinori, un ambiente caratteristico, dove un esperto ristoratore dedica grande cura alle materie prime dei suoi piatti tipici toscani.

XX **The Lounge** – Hotel J.K. Place 22/28,
piazza Santa Maria Novella 9/10r ✉ 50123 – ✆ 05 52 64 52 82 – info@thelounge.it – Fax 05 52 64 81 48 – Chiuso agosto e dal 1° al 20 novembre
Rist – Carta 41/75 € Y **e**
◆ Accanto all'hotel J. K. Place, il ristorante propone lo stesso gusto raffinato e moderno con prevalenza di design contemporaneo. Cucina di ricerca e per palati contemporanei.

XX **Buca Mario**
piazza Degli Ottaviani 16 r ✉ 50123 – ✆ 055 21 41 79 – bucamario@bucamario.it – Fax 05 52 64 73 36 – Chiuso dal 5 al 25 agosto e i mezzogiorno di mercoledì e giovedì Y **h**
Rist – Carta 47/70 €
◆ Storico locale fiorentino, aperto nel 1886, molto frequentato dalla clientela turistica che apprezza tanto la numerose salette che le specialità della cucina toscana.

XX **Angels**
via del Proconsolo 29/31 ✉ 50123 – ✆ 05 52 39 87 62 – info@ristoranteangels.it – Fax 05 52 39 81 23 Z **k**
Rist – Carta 55/74 €
◆ Locale inserito in un contesto storico reso moderno dall'appassionata gestione di due abili giovani. Proposte semplici a pranzo, più elaborazione ed eleganza la sera.

XX **Pane e Vino**
piazza di Cestello 3 rosso ✉ 50125 – ✆ 05 52 47 69 56 – paneevino@yahoo.it – Fax 05 52 47 69 56 – Chiuso dal 7 al 21 agosto, domenica (escluso dicembre) e a mezzogiorno CDU **t**
Rist – Carta 33/47 €
◆ Di là d'Arno, gradevole locale di tono signorile con un'ariosa sala dall'alto soffitto; dalle cucine escono piatti della tradizione, rivisitati con fantasia.

XX **Il Cavaliere** 10,
viale Lavagnini 20/A ✉ 50129 – ✆ 055 47 19 14 – Fax 055 47 19 14 – Chiuso mercoledì ET **e**
Rist – Carta 26/43 € (+10 %)
◆ Piccolo locale con tocchi di classicità, piacevole zona estiva nel cortile-giardino interno dove viene svolto il servizio nella bella stagione. Buon rapporto qualità/prezzo.

XX **Paoli**

via dei Tavolini 12 r ✉ 50122 – ☎ 055 21 62 15 – Fax 055 21 62 15 – Chiuso agosto e martedì Z **r**

Rist – Carta 29/59 €

◆ Tra il Duomo e piazza della Signoria, un ambiente rustico, caratteristico per le decorazioni architettoniche che imitano lo stile trecentesco; cucina toscana e nazionale.

XX **Il Guscio**

20/25,

via dell'Orto 49 ✉ 50124 – ☎ 055 22 44 21 – fgozzini@tin.it – Fax 055 22 44 21 – Chiuso agosto, a mezzogiorno, sabato e domenica in luglio, domenica e lunedì negli altri mesi CU **d**

Rist – Carta 26/43 €

◆ Un locale che da diversi anni è gestito dalla stessa famiglia. Propone una cucina legata alla tradizione del territorio, semplice, però gustosa e di discreto livello.

X **Fiorenza**

via Reginaldo Giuliani 51 r ✉ 50141 – ☎ 055 41 28 47 – valerio.bertoli@libero.it – Fax 055 41 69 03 – Chiuso agosto, sabato a mezzogiorno e domenica

Rist – Carta 31/51 € BR **d**

◆ E' frequentata da fiorentini e da clientela di lavoro questa accogliente trattoria fuori mano che alle offerte tradizionali abbina, nei fine settimana, una cucina di pesce.

X **Osteria Caffè Italiano**

25,

via Isola delle Stinche 11 ✉ 50122 – ☎ 055 28 93 68 – info@caffeitaliano.it – Fax 055 28 89 50 – Chiuso lunedì EU **a**

Rist – Carta 40/52 € (+15 %)

◆ Bel locale in un palazzo storico; molto legno nell'arredamento delle tre salette che lo compongono. Cucina legata alla tradizione toscana. Ottima lista dei vini.

X **Zibibbo**

15,

via di Terzollina 3r ✉ 50139 – ☎ 055 43 33 83 – info@trattoriazibibbo.it – Fax 05 54 28 90 70 – Chiuso domenica e a mezzogiorno BR **h**

Rist – Carta 23/56 €

◆ Un locale molto decentrato, ma con una clientela numerosa anche a pranzo. Piccola zona d'ingresso con bar e cucina parzialmente a vista. Cucina nazionale di buon livello.

X **Trattoria Cibrèo-Cibreino**

via dei Macci 122/r ✉ 50122 – ☎ 05 52 34 11 00 – cibreo.fi@tin.it – Chiuso dal 31 dicembre al 9 gennaio, dal 29 luglio al 1° settembre, domenica e lunedì FU **f**

Rist – Carta 23/28 €

◆ La cucina della "casa madre" Cibreo in un ambiente informale, dove, superata la fila per entrare, si mangia su piccoli tavolini; la carta offre piatti sfiziosi.

X **Il Profeta**

7,

borgo Ognissanti 93 r ✉ 50123 – ☎ 055 21 22 65 – Fax 055 21 22 65 – Chiuso dal 10 al 25 dicembre e domenica (escluso da aprile a giugno e settembre-ottobre) DU **c**

Rist – Carta 30/55 € (+10 %)

◆ Nel centro storico, ristorante classico, semplice e informale, con servizio attento e ben organizzato; le proposte culinarie sono tradizionali, toscane e nazionali.

X **Baldini**

via il Prato 96 r ✉ 50123 – ☎ 055 28 76 63 – Fax 055 28 76 63 – Chiuso dal 24 dicembre al 3 gennaio, dal 1° al 20 agosto, sabato e domenica sera, in giugno-luglio anche domenica a mezzogiorno CT **h**

Rist – Carta 27/34 €

◆ Nei pressi della Porta al Prato, frequentata trattoria semplice e familiare, che offre molta cortesia e cucina genuina, con tipici piatti fiorentini e altri nazionali.

X **Cammillo**

borgo Sant'Jacopo 57 r ✉ 50125 – ☎ 055 21 24 27 – Fax 055 21 29 63 – Chiuso dal 20 dicembre al 7 gennaio, dal 1° al 20 agosto, martedì e mercoledì Z **p**

Rist – Carta 38/68 €

◆ Trattoria a conduzione diretta, attiva da oltre cinquant'anni: cucina a vista, piatti della tradizione, alcuni dei quali a base di pesce. Due salette più intime e raccolte.

Del Fagioli

corso Tintori 47 r ✉ 50122 – ☎ 055 24 42 85 – Fax 055 24 42 85 – Chiuso agosto, sabato e domenica EV **k**

Rist – Carta 24/30 € (+10 %)

♦ Accoglienza schietta in una rustica trattoria tipica toscana, dove un'intera famiglia, chi ai fornelli e chi in sala, propone una sana e tradizionale cucina fiorentina.

Antico Fattore 12/28,

via Lambertesca 1/3 r ✉ 50122 – ☎ 055 28 89 75 – Fax 055 28 33 41 Z **a**

Rist – Carta 25/39 € (+12 %)

♦ Arredamento sul classico nelle due curate salette di una trattoria a pochi metri dalla galleria degli Uffizi; i piatti proposti sono prevalentemente toscani.

Il Santo Bevitore 25,

via Santo Spirito 64/66 r ✉ 50125 – ☎ 055 21 12 64 – ilsantobevitore@email.it – Fax 055 22 24 93 – Chiuso dal 10 al 20 agosto ed a mezzogiorno DU **h**

Rist – Carta 32/49 €

♦ Ristorante in buona posizione vicino al centro nel quartiere di Sanfrediano, appena al di là dell'Arno. Cucina della tradizione toscana, a cena anche tocchi di creatività.

Del Carmine

piazza del Carmine 18 r ✉ 50124 – ☎ 055 21 86 01 – Fax 055 21 86 01 – Chiuso dal 7 al 21 agosto e domenica DU **k**

Rist – Carta 25/31 €

♦ Salette con tavoli serrati e servizio familiare e informale in una trattoria nel quartiere di S.Frediano; la cucina è casalinga e tradizionale, toscana e nazionale.

Il Latini

via dei Palchetti 6 r ✉ 50123 – ☎ 055 21 09 16 – torlatin@tin.it – Fax 055 28 97 94 – Chiuso dal 24 dicembre al 5 gennaio e lunedì Z **j**

Rist – Carta 35/45 €

♦ Davvero tipica questa trattoria fiorentina, non solo per la cucina, ma anche per la cordiale esuberanza del servizio e la rustica informalità di un ambiente alla buona.

Alla Vecchia Bettola

viale Vasco Pratolini 3/7 n ✉ 50124 – ☎ 055 22 41 58 – maremmamax@hotmail.it – Fax 05 52 27 63 60 – Chiuso dal 23 dicembre al 2 gennaio, agosto, domenica e lunedì CV **m**

Rist – Carta 28/44 €

♦ Ambiente caratteristico, con tavoloni di marmo e fiasco di chianti a consumo, in una simpaticissima trattoria di S.Frediano, dove la cucina è fiorentina e casalinga.

Ruth's

via Farini 2 ✉ 50121 – ☎ 05 52 48 08 88 – info@kasheruth.com – Fax 05 52 48 08 88 – Chiuso venerdì sera, sabato a mezzogiorno e le festività ebraiche EU **s**

Rist – Carta 21/32 € (+10 %)

♦ Un'alternativa originale questo locale a fianco della Sinagoga, dove sperimentare gli inusuali sapori di una fantasiosa cucina ebraica kasher, vegetariana e di pesce.

La Giostra

borgo Pinti 18 r ✉ 50121 – ☎ 055 24 13 41 – info@ristorantelagiostra.com – Fax 05 52 26 87 81 EU **e**

Rist – Carta 38/50 €

♦ Piccolo ristorante dalla doppia personalità: affollato a pranzo, intimo e d'atmosfera per cena. Condotto con grande "savoir faire" e competenza da un vero principe!

ad Arcetri Sud : 5 km BS– ✉ **50125 – ARCETRI**

Villa Montartino ← colli, dintorni e la Certosa,

via Silvani 151 – (riscaldata) 35,

☎ 055 22 35 20 – info@villamontartino.com – Fax 055 22 34 95 – Chiuso dal 1° dicembre al 3 gennaio BS **b**

16 cam – †240/260 € ††260/280 € – **Rist** – (solo per alloggiati)

♦ Atmosfera da raffinata dimora privata, con ricercati arredi d'epoca, in un'elegante, antica villa sui colli che un sapiente ripristino ha riportato a passati splendori.

XX **Omero**
via Pian de' Giullari 11 r – ✆ 055 22 00 53 – omero@ristoranteomero.it – Fax 05 52 33 61 83 – Chiuso agosto e martedì BS **d**
Rist – Carta 47/56 €
◆ Passando sotto i prosciutti appesi di una salumeria si entra in un curato ristorante di campagna con vista sui colli e servizio estivo serale in terrazza; cucina tipica.

a Galluzzo Sud : 6,5 km BS– ✉ **50124 – GALLUZZO**

Marignolle Relais & Charme senza rist — colli e dintorni,
via di San Quirichino 16, località Marignolle – ✆ 05 52 28 69 10 – info@marignolle.com – Fax 05 52 04 73 96 AS **a**
7 cam – 195/325 € 225/335 €
◆ Sono tutte diverse e sfoggiano raffinati accostamenti di tessuti vivaci le piacevoli camere di questo rustico in una tenuta sui colli; piscina panoramica nel verde.

Residenza la Torricella senza rist
via Vecchia di Pozzolatico 25 – ✆ 05 52 32 18 18 – latorricella@tiscalinet.it – Fax 05 52 04 74 02 – Chiuso dal 20 gennaio al 20 marzo e dal 20 novembre al 20 dicembre BS **a**
8 cam – 80/100 € 100/130 €
◆ La quiete della campagna a pochi km dalla città e un'accoglienza familiare in un'antica casa colonica ristrutturata, con pavimenti di cotto e travi a vista al soffitto.

X **Trattoria Bibe**
via delle Bagnese 15 – ✆ 05 52 04 90 85 – trattoriabibe@freemail.it – Fax 05 52 04 71 67 – Chiuso dal 21 gennaio all'8 febbraio, dal 10 al 25 novembre, mercoledì a mezzogiorno escluso sabato e domenica AS **c**
Rist – Carta 25/35 €
◆ Anche Montale immortalò nei suoi versi questa schietta trattoria rustica, gestita dalla stessa famiglia dalla metà dell'800; piatti tipici e servizio estivo all'aperto.

a Serpiolle Nord : 8 km BR– ✉ **50100 – Firenze**

XX **Lo Strettoio** 10,
via di Serpiolle 7 – ✆ 05 54 25 00 44 – info@lostrettoio.com – Fax 05 54 25 00 44 – Chiuso agosto, domenica sera e lunedì BR **g**
Rist – Carta 40/52 €
◆ Un'imponente villa seicentesca fra gli olivi ospita un locale di tono rustico, ma signorile, che ha servizio estivo con vista sulla città; cucina tradizionale rivisitata.

sull'autostrada al raccordo A 1 - A 11 Firenze Nord Nord-Ovest : 10 km AR **:**

Unaway Firenze Nord cam, 160,
✉ 50013 Campi Bisenzio – ✆ 055 44 71 11 – una.firenzenord@unawayhotels.it – Fax 05 54 21 90 15 AR **u**
151 cam – 81/309 € – **Rist** – Carta 35/45 €
◆ Ideale per una clientela di lavoro o di passaggio, una struttura di recente costruzione che dispone di confortevoli camere doppie ad eventuale uso singola. Il ristorante offre a mezzogiorno servizio self-service, di sera servizio alla carta.

in prossimità casello autostrada A1 Firenze Sud Sud-Est : 6 km BS **:**

Sheraton Firenze Hotel cam, 1300,
via G. Agnelli 33 ✉ 50126 – ✆ 05 56 49 01 – dircom@sheraton.it – Fax 055 68 07 47 BS **r**
325 cam – 170/245 € 201/270 €
Rist *Primavera* – Carta 35/56 €
◆ Facilmente raggiungibile dall'autostrada, grande complesso recente, ad alta ricettività, dotato di varie attrezzature, tra cui un centro congressi; spaziose camere moderne. Il ristorante propone specialità internazionali e regionali ed una ricca prima colazione a buffet.

FISCHLEINBODEN = Campo Fiscalino

FISCIANO – Salerno (SA) – 564 E26 – 12 790 ab. – alt. 300 m – ✉ 84084 6 B2

Roma 260 – Napoli 63 – Latina 113 – Salerno 16 – Torre del Greco 48

a Gaiano Sud-Est : 2 km – ✉ 84084 – Fisciano

Agriturismo Barone Antonio Negri

via Teggiano 8 – ✆ 089 95 85 61 – info@ agrinegri.it – Fax 089 89 11 80 rist, VISA

5 cam – †50/65 € ††80/110 € – ½ P 60/75 € – **Rist** – (prenotazione obbligatoria) Menu 25/30 €

♦ Piacevole azienda agrituristica in posizione tranquilla e dominante, all'interno di un giardino ombreggiato con piccola piscina; camere semplici, nuove, fresche e pulite. Cucina casereccia, genuina, presentata su una lavagnetta posta all'ingresso.

FIUGGI – Frosinone (FR) – 563 Q21 – 9 011 ab. – alt. 747 m – ✉ 03014 13 C2

Roma 82 – Frosinone 33 – Avezzano 94 – Latina 88 – Napoli 183

Fiuggi Fonte, Sud : 4 km, ✆ 0775 51 52 50.

La Torre 25/30, VISA AE

piazza Trento e Trieste 29 – ✆ 07 75 51 53 82 – acimine@tin.it – Fax 07 75 54 72 12 – Chiuso dal 9 al 24 gennaio, dal 27 giugno al 3 luglio, domenica sera e martedì

Rist – Carta 31/47 €

♦ Nella parte alta e vecchia di Fiuggi, proprio sulla piazza del Municipio, lontano dall'atmosfera termale, pochi tavolini all'aperto e due sale, per piatti creativi.

La Locanda VISA AE

via Padre Stanislao 4 – ✆ 07 75 50 58 55 – info@lalocandafiuggi.com – Fax 07 75 50 58 55 – Chiuso febbraio, dieci giorni in giugno e lunedì

Rist – Carta 22/32 €

♦ Troverete i sapori della tradizione ciociara nella rustica e caratteristica sala di questo ristorante, accolto nelle cantine di un edificio del '400. Cucina del territorio.

a Fiuggi Fonte Sud : 4 km – alt. 621 m – ✉ 03015

piazza Frascara 4 ✆ 0775515019, iat.fiuggi@apt.frosinone.it, Fax 0775 506647

Grand Hotel Palazzo della Fonte

via dei Villini 7 – ✆ 07 75 50 81 – information@palazzodellafonte.com – Fax 07 75 50 67 52 – Chiuso dal 7 al 28 gennaio 430, P VISA AE

153 cam – †310/417 € ††336/462 € – ½ P 276 € – **Rist** – Carta 62/82 €

♦ Sulla cima di un colle, un parco con piscina e una struttura liberty, già affascinante hotel dal 1912; stucchi e decorazioni, camere raffinate e splendidi bagni marmorei. Al ristorante ambienti che accolsero reali e personalità famose.

Fiuggi Terme rist, 250, P

via Prenestina 9 – ✆ 07 75 51 52 12 – info@ hotelfiuggiterme.it – Fax 07 75 50 65 66 VISA AE

60 cam – †70/145 € ††110/200 €, 3 € – 4 suites – ½ P 70/135 €

Rist – Carta 25/60 €

♦ Leggermente periferico, un gradevole edificio bianco, luminoso e imponente, ma sobrio; interamente rinnovato, offre confort e stanze con arredi ricercati nell'estetica. Il ristorante presenta un'atmosfera molto curata, di classe.

Ambasciatori 500, P VISA AE

via dei Villini 8 – ✆ 07 75 51 43 51 – info@albergoambasciatori.it – Fax 07 75 50 42 82

88 cam – †90/120 € ††120/180 € – ½ P 67/95 € – **Rist** – *(maggio-ottobre)* Carta 25/38 €

♦ Centrale, vicino a terme e negozi, due grandi terrazze consentono di evadere dal rumore. Marmi lucenti nella hall, camere d'impostazione classica. Diverse sale ristorante, la più grande con soffitti a lucernari in vetro colorato.

San Giorgio 200, VISA

via Prenestina 31 – ☎ 07 75 51 53 13 – hotelsangiorgio@libero.it – Fax 07 75 51 50 12 – Aprile-novembre

85 cam – †80/100 € ††120/180 € – ½ P 70/80 € – **Rist** – Carta 33/40 €

♦ Tradizionale riferimento per la clientela termale, con il vantaggio di avere un giardino ombreggiato in pieno centro, un hotel oggi orientato anche ad habitué di lavoro. Sala da pranzo piuttosto ampia, anche a vocazione banchettistica.

Gioia Garden VISA

via Sant'Emiliano 23 – ☎ 07 75 51 51 70 – info@hotelgioiagarden.com – Fax 07 75 50 50 19 – Maggio-ottobre

20 cam – †60/75 € ††80/100 € – ½ P 70/80 € – **Rist** – (solo per alloggiati)

♦ Ideale struttura per chi privilegia la tranquillità, cinta da un piacevole contesto verdeggiante e residenziale ma non distante dal centro, dispone di camere rinnovate.

Argentina VISA

via Vallombrosa 22 – ☎ 07 75 51 51 17 – hotel.argentina@libero.it – Fax 07 75 51 57 48 – Chiuso dal 10 novembre al 25 febbraio

54 cam – †40/47 € ††60/68 € – ½ P 45/50 € – **Rist** – (solo per alloggiati) Menu 20/35 €

♦ Cinto dal verde di un piccolo parco ombreggiato che lo rende tranquillo, seppur ubicato a pochi passi dalle Fonti Bonifacio, un albergo semplice, a conduzione familiare.

Belsito rist, VISA

via Fiume 4 – ☎ 07 75 51 50 38 – lidiaprincipia@virgilio.it – Fax 07 75 51 58 50 – Maggio-ottobre

30 cam – †35/45 € ††45/55 € – ½ P 32/42 € – **Rist** – (solo per alloggiati) Menu 18/20 €

♦ Sito in centro, in una via di scarso traffico, un indirizzo comodo e interessante; piccolo spazio antistante, per briscolate serali all'aperto. Cortesia e familiarità.

FIUMALBO – Modena (MO) – 562 J13 – 1 340 ab. – alt. 935 m – ✉ 41022 8 B2

Roma 369 – Pisa 95 – Bologna 104 – Lucca 73 – Massa 101 – Milano 263 – Modena 88 – Pistoia 59

a Dogana Nuova Sud : 2 km – ✉ 41022

Val del Rio cam, VISA

via Giardini 221 – ☎ 053 67 39 01 – nardini@msw.it – Fax 053 67 30 44 – Chiuso dal 1° al 15 maggio

30 cam – †50 € ††80 €, 7 € – ½ P 50/65 € – **Rist** – Carta 25/33 €

♦ Lungo la statale che conduce al Brennero, sul versante modenese del passo dell'Abetone, una struttura di taglio semplice, in stile montano, rinnovata recentemente. Atmosfera familiare per il ristorante a cui s'affianca uno spazio pizzeria.

Bristol rist, VISA

via Giardini 274 – ☎ 053 67 39 12 – hotelbristol@abetone.com – Fax 053 67 41 36 – Chiuso ottobre e novembre

24 cam – †35/45 € ††60/75 € – ½ P 50/63 € – **Rist** – Carta 27/32 €

♦ Ambiente piacevole in un albergo gestito da una famiglia di trentennale esperienza; camere rimodernate, e altre costruite ex novo, con arredi in legno e confort. Il menù offre piatti della tradizione tosco-emiliana ancorati al territorio.

FIUME VENETO – Pordenone (PN) – 562 E20 – 10 515 ab. – alt. 20 m – ✉ 33080 10 B3

Roma 590 – Udine 51 – Pordenone 6 – Portogruaro 20 – Treviso 57 – Trieste 105

L'Ultimo Mulino con cam 50, VISA

via Molino 45, località Bannia Sud-Est : 3,5 km – ☎ 04 34 95 79 11 – ultimo.mulino@adriacom.it – Fax 04 34 95 84 83 – Chiuso dal 1° al 20 gennaio

8 cam – †89 € ††145 € – ½ P 112 € – **Rist** – *(chiuso domenica sera e lunedì)* Carta 46/59 €

♦ In un vecchio mulino di fine 1600, in zona verdeggiante con parco e laghetto: un'isola amena con il fascino e il calore della residenza di campagna, elegante e ricercata. Pareti in pietra grezza, travature del soffitto e sostanziosa cucina veneto-friulana.

FIUMICELLO DI SANTA VENERE – Potenza – 564 H29 – Vedere Maratea

FIUMICINO – Roma (RM) – 563 Q18 – ✉ 00054 12 **B2**

Roma 31 – Anzio 52 – Civitavecchia 66 – Latina 78

Leonardo da Vinci, Nord-Est : 3,5 km ✆ 06 65631

per Arbatax e Golfo Aranci – Tirrenia Navigazione, call center 892 123

Hilton Rome Airport cam, 650,

via Arturo Ferrarin 2 ✉ 00050 – ✆ 066 52 58 – sales.romeairport@hilton.com – Fax 06 65 25 65 25

511 cam – 180/295 € 224/339 €, 24 € – 6 suites – **Rist** – Carta 51/69 €

◆ Clientela internazionale in una nuova, grandiosa struttura moderna, collegata all'aeroporto con tapis roulant coperto; eleganti sia gli ampi spazi comuni che le camere.

Courtyard Marriott Rome Airport 130,

via Portuense 2470 – ✆ 06 99 93 51 – info@romeairporthotel.it – Fax 06 99 93 58 88

191 cam – 326 € 370 €, 18 €

Rist *The Glass* – ✆ 06 99 93 58 60 – Carta 38/63 €

◆ Nuovo albergo di carattere internazionale nei pressi del principale scalo aeroportuale romano. Standard di buon livello, servizio giovane e professionale. Ristorante dalle linee essenziali, completato da un wine-sushi-bar.

Bastianelli al Molo 15/20,

via Torre Clementina 312 – ✆ 066 50 53 58 – Fax 066 50 72 10 – Chiuso lunedì

Rist – Carta 70/100 €

◆ Alla fine del porto canale, un grande locale elegante, con zona soggiorno e servizio estivo nella terrazza sul mare, di cui si gustano al meglio i prodotti.

La Perla con cam rist,

via Torre Clementina 214 – ✆ 066 50 50 38 – Fax 066 50 77 01

8 cam – 42 € 54 €, 5 € – **Rist** – *(chiuso dal 20 agosto al 15 settembre)* Carta 34/46 €

◆ Gestito dalla stessa famiglia da quasi mezzo secolo, è un bel ristorante classico sul porto, che offre servizio estivo all'aperto e cucina di pesce con tocco creativo.

Bastianelli dal 1929 20,

via Torre Clementina 86/88 – ✆ 066 50 50 95 – ristorazioni93@libero.it – Fax 066 50 71 13

Rist – Carta 40/60 €

◆ Sinonimo di continuità e tradizione, con oltre 70 anni di onorata attività, è un ambiente classico e curato con bella esposizione del pescato giornaliero.

FIUMINATA – Macerata (MC) – 563 M20 – 1 550 ab. – alt. 479 m – ✉ 62025 20 **B2**

Roma 200 – L'Aquila 182 – Ancona 88 – Gubbio 56 – Macerata 55 – Perugia 78

Graziella

piazza Vittoria 16 – ✆ 073 75 44 28 – Fax 073 75 44 28 – Chiuso dal 20 al 30 giugno, dal 25 settembre al 5 ottobre e mercoledì escluso luglio ed agosto

Rist – Carta 19/30 €

◆ In un ambiente di familiare ospitalità, la signora Graziella, cuoca e custode delle tradizioni locali, prepara da sempre tutto in casa, a partire dalle paste fresche.

FIVIZZANO – Massa Carrara (MS) – 563 J12 – 9 112 ab. – alt. 373 m – ✉ 54013 28 **A1**

Roma 437 – La Spezia 40 – Firenze 163 – Massa 41 – Milano 221 – Parma 116 – Reggio nell'Emilia 94

Il Giardinetto

via Roma 155 – ✆ 058 59 20 60 – hotelilgiardinetto@libero.it – Fax 058 59 20 60 – Chiuso dal 4 al 30 ottobre

15 cam – 26 € 47 €, 4 € – ½ P 42 € – **Rist** – *(chiuso lunedì da novembre a giugno)* Carta 15/25 €

◆ Con oltre cento anni di storia, un albergo familiare, nel centro della località; offre una gradevole terrazza-giardino ombreggiata e un ambiente ove si respira il passato. Due sale da pranzo con una veranda a vetrate e sfogo sul verde esterno.

FOGGIA (FG) – 564 C28 – 154 792 ab. – alt. 70 m – ✉ 71100 Italia 26 A2

Roma 363 – Bari 132 – Napoli 175 – Pescara 180

Gino Lisa viale Aviatori : per Isole Tremiti - ✆ 0881 619021

via Perrone 17 ✆ 0881 723141, aptfoggia@pugliaturismo.com, Fax 0881725536

Pianta pagina seguente

Mercure Cicolella

130, VISA AE

viale 24 Maggio 60 – ✆ 08 81 56 61 11 – info@hotelcicolella.it – Fax 08 81 77 89 84 Y c

102 cam – 135/160 € 235/260 € – 13 suites – ½ P 160 €

Rist ***Cicolella al Viale*** – *(chiuso due settimane in dicembre e due settimane in agosto)* Carta 35/45 €

♦ Prestigioso hotel d'inizio secolo scorso, in centro città e nei pressi della stazione ferroviaria; da sempre ideale ed elegante riferimento per uomini d'affari e turisti.

White House senza rist

VISA AE

via Monte Sabotino 24 – ✆ 08 81 72 16 44 – info@whitehousehotel.it – Fax 08 81 72 16 46 Y b

40 cam – 80/119 € 100/176 €

♦ Nella zona centrale e vicina alla stazione, un indirizzo di classe, dall'atmosfera calda e accogliente, dotato di buoni confort. Curati e raccolti spazi comuni.

Atleti

rist, P VISA AE

via Bari al km 2,3, 2,5 km per ③ – ✆ 08 81 63 01 00 – info@hotelatleti.it – Fax 08 81 63 01 01

64 cam – 65/80 € 80/93 € – ½ P 58/65 € – **Rist** – *(chiuso domenica e a mezzogiorno)* Menu 18 €

♦ Nei pressi della zona industriale e della Fiera, albergo di stampo classico con arredi sobri e funzionali, tanto negli spazi comuni che nelle camere. Sala da pranzo dall'ambiente semplice.

Il Ventaglio

VISA AE

via Postiglione 6 – ✆ 08 81 66 15 00 – Fax 08 81 66 15 00 – Chiuso dal 1° al 7 gennaio, dal 8 al 23 agosto, sabato-domenica da giugno ad agosto e domenica sera-lunedì negli altri mesi X d

Rist – (prenotare) Carta 38/64 €

♦ Madre e figlio continuano a guidare con passione e competenza un locale di lunga memoria. Ambiente curato e piatti che stuzzicano per il mix di fantasia e tradizione.

In Fiera

cam, P VISA AE

viale Fortore 155, angolo via Bari – ✆ 08 81 63 21 66 – ristoranteinfiera@libero.it – Fax 08 81 63 21 67 – Chiuso lunedì e da giugno a settembre anche domenica a mezzogiorno X r

Rist – Carta 24/47 €

♦ Adiacente alla fiera, luminoso locale dotato di spazi ariosi e di un ampio giardino ottimamente sfruttato nei mesi estivi. In menu proposte di mare e di terra.

Giordano-Da Pompeo

vico al Piano 14 – ✆ 08 81 72 46 40 – Fax 08 81 72 46 40 – Chiuso dal 14 al 30 agosto e domenica Y a

Rist – Carta 23/35 €

♦ Nel cuore della città, ristorante con cucina a vista e proposte legate al territorio, elaborate a partire da prodotti scelti in base all'offerta quotidiana del mercato.

Cerchiamo costantemente di indicarvi i prezzi più aggiornati... ma tutto cambia così in fretta! Al momento della prenotazione, non dimenticate di chiedere conferma delle tariffe.

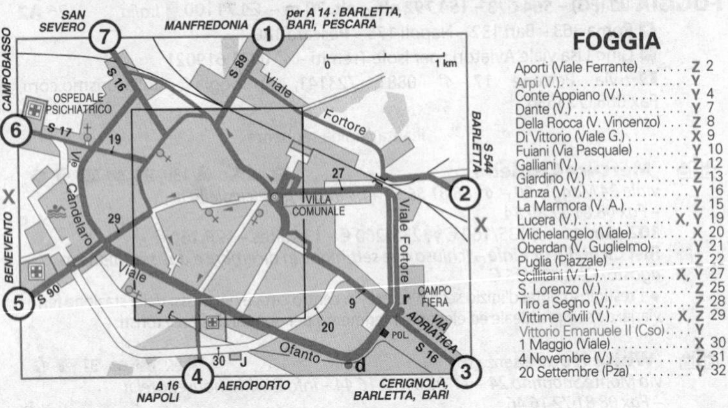

FOGGIA

Aporti (Viale Ferrante)	Z	2
Arpi (V.)	Y	
Conte Appiano (V.)	Y	4
Dante (V.)	Y	7
Della Rocca (V. Vincenzo)	Z	8
Di Vittorio (Viale G.)	X	9
Fuiani (Via Pasquale)	Y	10
Galliani (V.)	Z	12
Giardino (V.)	Z	13
Lanza (V. V.)	Y	16
La Marmora (V. A.)	Z	15
Lucera (V.)	X, Y	19
Michelangelo (Viale)	X	20
Oberdan (V. Guglielmo)	Y	21
Puglia (Piazzale)	Z	22
Scillitani (V. L.)	X, Y	27
S. Lorenzo (V.)	Z	25
Tiro a Segno (V.)	Z	28
Vittime Civili (V.)	X, Z	29
Vittorio Emanuele II (Cso)	Y	
1 Maggio (Viale)	X	30
4 Novembre (V.)	Z	31
20 Settembre (Pza)	Y	32

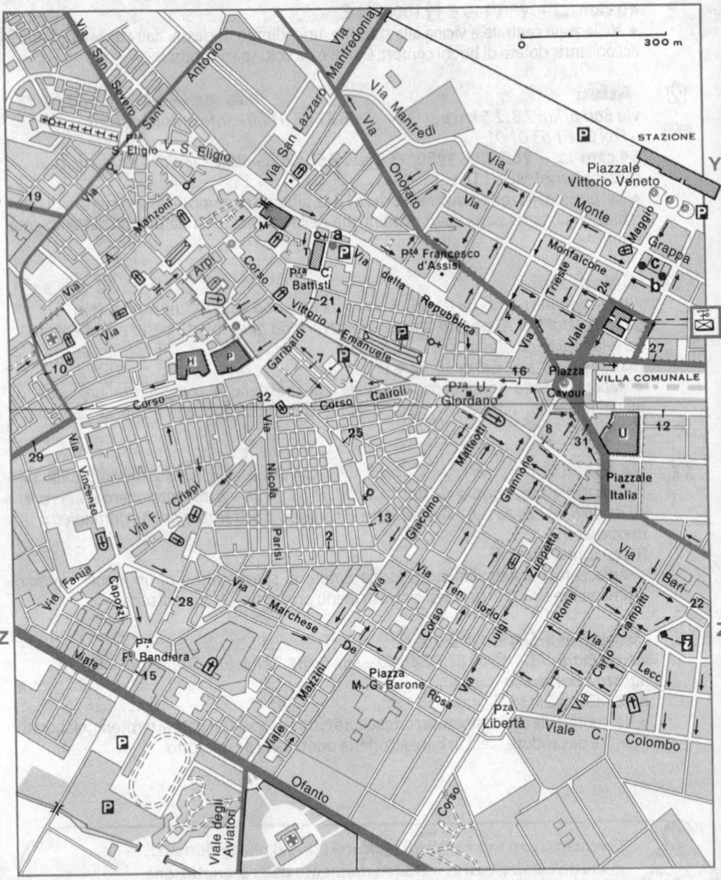

FOGNANO – Ravenna – 562 F17 – Vedere Brisighella

FOIANA = VOLLAN – Bolzano – Vedere Lana

FOIANO DELLA CHIANA – Arezzo (AR) – 563 M17 – 8 676 ab. – alt. 318 m – ✉ 52045
29 **D2**

Roma 187 – Siena 55 – Arezzo 30 – Perugia 59

a Pozzo Nord : 4,5 km – ✉ 52045 – Foiano della Chiana

Villa Fontelunga senza rist
via Cunicchio 5 – ☎ 05 75 66 04 10 – info@fontelunga.com – Fax 05 75 66 19 63 – 21 marzo-5 novembre
9 cam – ††225/380 €
◆ Signorile residenza di campagna in posizione tranquilla e panoramica, ristrutturata con buongusto e tratti di raffinatezza. Giardino con piscina a disposizione degli ospiti.

FOLGARIA – Trento (TN) – 562 E15 – 3 118 ab. – alt. 1 168 m – Sport invernali : *1 168/2 007 m* *14,* – ✉ 38064
30 **B3**

Roma 582 – Trento 29 – Bolzano 87 – Milano 236 – Riva del Garda 42 – Rovereto 20 – Verona 95 – Vicenza 73

via Roma 67 ☎ 0464 721133, info@montagnaconamore.it, Fax 0464 720250

, Nord-est : 2 km, ☎ 0464 72 04 80.

Villa Wilma monti e pineta, rist,
via della Pace 12 – ☎ 04 64 72 12 78 – villawilma@tin.it – Fax 04 64 72 00 54 – Dicembre-marzo e 15 giugno-20 settembre
24 cam – †50/60 € ††80/98 € – ½ P 40/76 € – **Rist** – Carta 26/32 €
◆ Una bella casa in classico stile tirolese con balconi in legno e circondata da una verdeggiante tranquillità; gestione seria e sempre molto attenta. Sala ristorante calda e accogliente, per lo più frequentata dagli ospiti qui alloggiati.

Rosalpina
via strada Nuova 8 – ☎ 04 64 72 12 40 – info@hrosalpina.com – Fax 04 64 72 37 03 – Dicembre-aprile e giugno-settembre
26 cam – †42/68 € ††70/110 € – ½ P 40/73 € – **Rist** – Menu 16/25 €
◆ Valida gestione familiare per questa casa gradevole già dall'esterno, tranquilla e raggiungibile dal centro; offre un confortevole ambiente e una caratteristica taverna. Ristorante in stile rustico-contemporaneo.

a Guardia Sud-Ovest : 11,5 km – alt. 875 m – ✉ 38064 – Folgaria

Grott Stube
– ☎ 04 64 72 01 90 – info@grott.net – Fax 04 64 72 01 90 – Chiuso lunedì escluso da Natale al 6 gennaio e da luglio al 15 settembre
Rist – Carta 26/40 €
◆ Piccolo ristorante con stube al primo piano, condotto dal titolare che segue personalmente la cucina. Piatti della tradizione, proposti con estro.

FOLGARIDA – Trento (TN) – 562 D14 – alt. 1 302 m – Sport invernali : *1 300/2 180 m* *2* *11 (Comprensorio sciistico Folgarida-Marilleva)* – ✉ 38025 – Dimaro
30 **B2**

Roma 644 – Trento 66 – Bolzano 63 – Verona 158

piazzale Folgarida 18 ☎ 0463 986113, folgarida@valdisole.net, Fax 0463 986594

Alp Hotel Taller
strada del Roccolo 39 – ☎ 04 63 98 62 34 – info@hoteltaller.it – Fax 04 63 98 62 19 – Dicembre-Pasqua e luglio-24 settembre
27 cam – †94/141 € ††165/259 €, 8 € – ½ P 94/148 € – **Rist** – Carta 18/30 €
◆ Nella parte alta della località, di fronte al palazzo del ghiaccio, l'hotel dispone di ampi spazi comuni, centro benessere completo e camere luminose. La conduzione è appassionata anche nella gestione del ristorante, in raffinato stile rustico.

FOLIGNO – Perugia (PG) – 563 N20 – 53 060 ab. – alt. 234 m – ✉ 06034

Italia 33 **C2**

Roma 158 – Perugia 36 – Ancona 134 – Assisi 18 – Macerata 92 – Terni 59

corso Cavour 126 ✆ 0742 354459, info@iat.foligno.pg.it, Fax 0742 340545

Spello★ : affreschi★★ nella chiesa di Santa Maria Maggiore Nord-Ovest : 6 km – Montefalco★ : ✻★★★ dalla torre Comunale, affreschi★★ nella chiesa di San Francesco (museo), affresco★ di Benozzo Gozzoli nella chiesa di San Fortunato Sud-Ovest : 12 km

Poledrini 200,

viale Mezzetti 3 – ✆ 07 42 34 10 41 – poledrini@folignohotel.it – Fax 07 42 34 10 41

43 cam – 50/85 € 90/120 € – ½ P 75/85 € – **Rist** – Carta 22/30 €

◆ Albergo di stile e impostazione classici, nel cuore della città e vicino alla stazione; buon livello di confort, camere anche con arredi d'epoca e ariosi spazi comuni. Ambiente di gusto per la sala ristorante, illuminata da luci soffuse.

Express by Holiday Inn senza rist 60,

via M. Arcamone 16 – ✆ 07 42 32 16 66 – info@hotelfoligno.191.it – Fax 07 42 32 16 40

89 cam – 55/110 € 70/110 €

◆ In posizione periferica, di facile accesso dalla superstrada, offre camere prive di personalizzazioni, in linea con gli standard della catena, comunque comode e funzionali.

Casa Mancia senza rist 30,

via dei Trinci 44 – ✆ 074 22 22 65 – info@casamancia.com – Fax 074 22 07 95

16 cam – 60/70 € 90/110 €

◆ A poca distanza dall'uscita Foligno Nord della superstrada, un albergo ricavato da una ex casa padronale con torre e chiesa sconsacrata. Camere moderne e confortevoli.

Le Mura 80,

via Bolletta 27 – ✆ 07 42 35 73 44 – albergo@lemura.net – Fax 07 42 35 33 27

36 cam – 40/75 € 50/85 € – ½ P 41/60 € – **Rist** – *(chiuso dal 1° al 10 agosto e martedì)* Carta 25/36 €

◆ Nome già eloquente sulla collocazione: a ridosso della chiesa romanica di S. Giacomo e all'interno delle mura medievali. Un accogliente albergo, facile da raggiungere. Ristorante rinomato per le specialità umbre; tipiche soffittature lignee.

Villa Roncalli con cam

via Roma 25, Sud : 1 km – ✆ 07 42 39 10 91 – Fax 07 42 39 10 01 – Chiuso dal 9 al 19 gennaio

10 cam – 55/63 € 75/85 € – ½ P 75/85 € – **Rist** – *(lunedì e a mezzogiorno escluso domenica e giorni festivi)* Carta 40/50 €

◆ In una villa patrizia, parco con piscina e servizio estivo all'aperto: splendida cornice per un quadro elegante, con piatti di cucina locale, alleggerita e rivisitata.

a Sant'Eraclio Sud : 3 km – ✉ 06037

Exedra et Cenatio

via delle Industrie 17 – ✆ 07 42 67 73 76 – info@exedraetcenatio.org – Fax 07 42 67 70 12 – Chiuso agosto, sabato a mezzogiorno, domenica e la sera (escluso venerdì e sabato)

Rist – Carta 35/46 €

◆ Casolare di fine '800 salvato dalla zona industriale di Foligno e ristrutturato con gusto. La cucina interpreta i prodotti umbri con attenzioni salutistiche, menù per ciliaci.

sulla strada statale 77 Nord-Est : 10 km

Guesia 130,

località Ponte Santa Lucia 46 ✉ 06030 Foligno – ✆ 07 42 31 15 15 – info@guesia.com – Fax 07 42 66 02 16

17 cam – 65/85 € 110/130 € – **Rist** – *(chiuso due settimane in novembre e lunedì)* Carta 26/50 €

◆ Sulla statale che porta verso il mare, una struttura di stile moderno, comoda, con grande giardino attrezzato e belle camere, arredate con gusto e soluzioni personali. Ampie sale ristorante, affacciate sul verde esterno.

FOLLINA – Treviso (TV) – 562 E18 – **3 896 ab.** – **alt. 200 m** – ✉ **31051** 36 **C2**

Roma 590 – Belluno 30 – Trento 119 – Treviso 36 – Venezia 72

Villa Abbazia

via Martiri della Libertà – ✆ 04 38 97 12 77 – abbazia@relaischateaux.com – Fax 04 38 97 00 01 – Chiuso dal 7 gennaio al 13 febbraio

12 cam – †170/185 € ††225/255 € – 6 suites – ††375 € – ½ P 158/191 €

Rist La Corte – vedere selezione ristoranti

◆ Un piccolo giardino fiorito, un delizioso rifugio nel contesto di una villa padronale del '600; ovunque, la ricercatezza dei particolari, il buon gusto e la signorilità.

Dei Chiostri senza rist

piazza 4 Novembre 20 – ✆ 04 38 97 18 05 – info@hoteldeichiostri.com – Fax 04 38 97 42 17 – Chiuso dal 7 gennaio al 13 febbraio

15 cam – †90 € ††155 €

◆ All'interno di un palazzo adiacente al municipio, struttura dotata di spazi comuni limitati ma di piacevoli personalizzazioni e molto buon gusto nelle camere.

La Corte – Villa Abbazia 25,

via Roma 24 – ✆ 04 38 97 17 61 – info@hotelabbazia.it – Fax 04 38 97 00 01 – Chiuso dal 7 gennaio al 13 febbraio, domenica e a mezzogiorno

Rist – Carta 55/72 €

◆ Nel medesimo ambito dell'hotel Villa Abbazia, ma da esso indipendente, un ristorante con salette raffinate e una cucina rielaborata in chiave moderna.

a Pedeguarda Sud-Est : 3 km – ✉ 31050

Villa Guarda senza rist

via San Nicolò 47 – ✆ 04 38 98 08 34 – info@villaguarda.it – Fax 04 38 98 08 54 – Chiuso dal 1° al 15 agosto

20 cam – †50 € ††75 €, 5 €

◆ Sorge in posizione tranquilla e verdeggiante questo albergo con camere piacevoli e spaziose: arredi di qualità e validi confort. Grazioso giardino con pergolato.

FOLLONICA – Grosseto (GR) – 563 N14 – **21 439 ab.** – ✉ **58022** *Toscana* 28 **B3**

Roma 234 – Grosseto 47 – Firenze 152 – Livorno 91 – Pisa 110 – Siena 84

via Roma 5 ✆ 0566 52012, infofollonica@lamaremma.info, Fax 0566 53833

Toscana, Est : 13 km a Gavorrano, ✆ 0566 82 04 71.

Il Veliero

via delle Collacchie 20, località Puntone Vecchio Sud-Est : 3 km – ✆ 05 66 86 62 19 – info@ristoranteilveliero.it – Fax 05 66 86 77 00 – Chiuso dal 15 gennaio al 15 febbraio, mercoledì da settembre a giugno, i mezzogiorno di mercoledì e giovedì in luglio-agosto

Rist – Carta 37/59 €

◆ Conduzione familiare e corretta proporzione qualità/prezzo per un classico ristorante con piatti tipicamente marinari, sito sulla via che conduce verso Punta Ala.

FONDI – Latina (LT) – 563 R22 – **34 493 ab.** – ✉ **04022** 13 **D3**

Roma 131 – Frosinone 60 – Latina 59 – Napoli 110

Vicolo di Mblò

corso Appio Claudio 11 – ✆ 07 71 50 23 85 – alessandro.simonelli@aliceposta.it – Fax 07 71 50 23 85 – Chiuso dal 23 al 30 dicembre e martedì

Rist – Carta 30/38 €

◆ Proprio al termine del corso pedonale, dove si erge la torre con castello, un antico edificio di origine gonzaghesca nelle cui stalle è nato un ristorante caratteristico.

FONDO – Trento (TN) – 562 C15 – **1 441 ab.** – **alt. 988 m** – ✉ **38013** 30 **B2**

Roma 637 – Bolzano 36 – Merano 39 – Milano 294 – Trento 55

piazza San Giovanni 14 ✆ 0463 830133, info@valledinon.tn.it, Fax 0463 830161

Lady Maria rist, rist, 100,

via Garibaldi 20 – 04 63 83 03 80 – info@ ladymariahotel.com – Fax 04 63 83 10 13 – Chiuso dal 15 al 30 novembre

43 cam – 35/45 € 60/80 € – ½ P 60/70 € – **Rist** – Carta 20/24 €

◆ Una struttura a seria conduzione familiare. Ambientazione e arredi tipicamente montani, con grande uso di legno, gradevole zona relax e camere funzionali. Specialità della cucina trentina, servite in un ambiente luminoso.

FONDOTOCE – **Verbania** – 561 E7 – **Vedere Verbania**

FONNI – **Nuoro** – 566 G9 – **Vedere Sardegna alla fine dell'elenco alfabetico**

FONTANA BIANCA (Lago di) = **WEISSBRUNNER SEE** – **Bolzano** – 562 C14 – **Vedere UltimoSanta Gertrude**

FONTANAFREDDA – **Pordenone (PN)** – 562 E19 – **9 871 ab.** – ✉ **33074** 10 **A3**

Roma 596 – Belluno 60 – Pordenone 9 – Portogruaro 36 – Treviso 51 – Udine 63

Luna senza rist 30,

via B. Osoppo 127, località Vigonovo – 04 34 56 55 35 – hotel.luna@tin.it – Fax 04 34 56 55 37 – Chiuso dal 24 dicembre all'8 gennaio

36 cam – 50 € 75 €

◆ Recente costruzione per una bella struttura, comoda, che si sviluppa in orizzontale e quasi ricorda uno di quei tipici motel americani; camere funzionali, piuttosto ampie.

FONTANASALSA – **Trapani** – **Vedere Sicilia (Trapani) alla fine dell'elenco alfabetico**

FONTANE – **Treviso** – **Vedere Villorba**

FONTANEFREDDE (KALTENBRUNN) – **Bolzano / Bozen (BZ)** – 562 D16 – **alt. 950 m** – ✉ **39040** 31 **D3**

Roma 638 – Bolzano 32 – Belluno 102 – Milano 296 – Trento 56

Pausa rist,

strada statale Nord-Ovest : 1 km – 04 71 88 70 35 – hotel.pausa@dnet.it – Fax 04 71 88 70 38 – Chiuso dal 10 al 25 gennaio e dal 10 al 25 giugno

30 cam – 30/40 € 52/62 €, 8 € – ½ P 38/48 € – **Rist** – *(chiuso martedì sera e mercoledì)* Carta 19/25 €

◆ Sulla direttrice per le Valli di Fiemme e di Fassa, una graziosa risorsa ben gestita, con camere anche mansardate e begli arredi in legno. Una tradizionale "pausa" gastronomica a base di cucina casereccia e piatti locali.

FONTANELLE – **Treviso (TV)** – 562 E19 – **5 537 ab.** – **alt. 19 m** – ✉ **31043** 36 **C2**

Roma 580 – Belluno 58 – Portogruaro 36 – Treviso 36 – Udine 88

La Giraffa 30,

via Roma 20 – 04 22 80 93 03 – alerorat@tin.it – Fax 04 22 74 90 18 – Chiuso lunedì sera e martedì

Rist – Carta 33/44 €

◆ Uno dei primi ristoranti della zona a proporre pesce, oggi la tradizione si è rinforzata con la passione e i viaggi in Giappone del cuoco-patron. Bella cucina a vista.

FONTANELLE – **Cuneo** – 561 J4 – **Vedere Boves**

FONTANETO D'AGOGNA – Novara (NO) – 561 F7 – **2 618 ab.** – **alt. 260 m** – ✉ 28010 24 **A3**

Roma 630 – Stresa 30 – Milano 71 – Novara 33

Hostaria della Macina

via Borgomanero 7, località Molino Nuovo – ✆ 03 22 86 35 82 – Fax 03 22 86 35 82 – Chiuso dal 7 al 22 gennaio, dal 1° al 20 luglio, lunedì sera e martedì

Rist – Carta 23/38 €

♦ Un ex mulino, oggi poco riconoscibile, trasformato in una piacevole trattoria, di solida gestione, con proposte tradizionali e specialità della casa legate alle stagioni.

FONTEBLANDA – Grosseto (GR) – **563** O15 – ✉ **58010** 29 **C3**

Roma 163 – Grosseto 24 – Civitavecchia 87 – Firenze 164 – Orbetello 19 – Orvieto 112

Maremma, località San Martino, ✆ 0564 41 52 99.

Rombino senza rist

via Aurelia Vecchia 40 – ✆ 05 64 88 55 16 – Fax 05 64 88 55 24 – Chiuso novembre

40 cam – 50/104 € 65/104 €

♦ Nel cuore della Maremma, fra Talamone e il Monte Argentario, un hotel a conduzione familiare, rinnovato qualche anno fa, con camere confortevoli e spiaggia non lontana.

sulla strada statale 1-via Aurelia Sud : 2 km :

Corte dei Butteri (riscaldata) rist, 80,

via Aurelia km 156 ✉ 58010 – ✆ 05 64 88 55 46 – corte_dei_butteri@virgilio.it – Fax 05 64 88 62 82 – Maggio-ottobre

54 cam – 140/165 € 240/315 € – ½ P 146/188 € – **Rist** – Carta 37/47 €

♦ Ideale per famiglie, struttura immersa in parco con laghetto e piscina riscaldata, direttamente sul mare: edifici per le stanze e corpo centrale affacciati sulla spiaggia. Sala ristorante con terrazza panoramica.

a Talamone Sud-Ovest : 4 km – ✉ 58010

Baia di Talamone senza rist

via della Marina 23 – ✆ 05 64 88 73 10 – info@hotelbaiaditalamone.it – Fax 05 64 88 73 89 – Pasqua-ottobre

10 cam – 110 € 130 € – 7 suites – 200 €

♦ Affacciata sul porticciolo turistico, una bella struttura color salmone, contenuta ma comoda soprattutto a partire dall'ampio parcheggio; diverse stanze con salottino.

Il Telamonio senza rist

piazza Garibaldi 4 – ✆ 05 64 88 70 08 – info@hoteliltelamonio.com – Fax 05 64 88 73 80 – Pasqua-settembre

30 cam – 80/125 € 130/175 €, 8 €

♦ Pur sito in una piazzetta del centro storico, sotto la vecchia rocca, l'hotel, di tipo classico, dispone di una terrazza-solarium con vista panoramica sul piccolo golfo.

FOPPOLO – Bergamo (BG) – 561 D11 – **210 ab.** – **alt. 1 515 m** – **Sport invernali : *1 570/2 200 m* *7,*** – ✉ 24010 16 **B1**

Roma 659 – Sondrio 93 – Bergamo 58 – Brescia 110 – Lecco 80 – Milano 100

via Moia 24 t°0345 74101, info@bremboski.it, Fax 0345 74700

Des Alpes rist, 40,

via Cortivo 9 – ✆ 034 57 40 37 – hoteldesalpes@libero.it – Fax 034 57 40 78 – 8 dicembre-25 aprile e 26 giugno-10 settembre

30 cam – 50 € 80 € – **Rist** – Menu 20/25 €

♦ Ubicato nella zona alta della località, in posizione panoramica e soleggiata, nei pressi delle piste da sci, un confortevole hotel di montagna, a gestione familiare. Sala ristorante piuttosto vasta, con pavimento in parquet.

K 2

via Foppelle 42 – ✆ 034 57 41 05 – kibok2@libero.it – Fax 034 57 43 33 – Chiuso maggio-giugno ed ottobre-novembre (escluso sabato-domenica)
Rist – Carta 22/36 €
◆ Ambiente grazioso, con arredi in caldo legno chiaro e una curata rusticità; fuori dal centro abitato, offre piatti locali, come la selvaggina, e una conduzione familiare.

FORIO – Napoli – 564 E23 – Vedere Ischia (Isola d')

FORLÌ (FC) – 562 J18 – 110 209 ab. – alt. 34 m – ✉ 47100 *Italia* 9 **D2**

Roma 354 – Ravenna 29 – Rimini 54 – Bologna 63 – Firenze 109 – Milano 282
piazza XC Pacifici 2 ✆ 0543 712435, iat@comune.forli.fo.it, Fax 0543712450
I Fiordalisi, a Magliano, ✆ 0543 895 53.

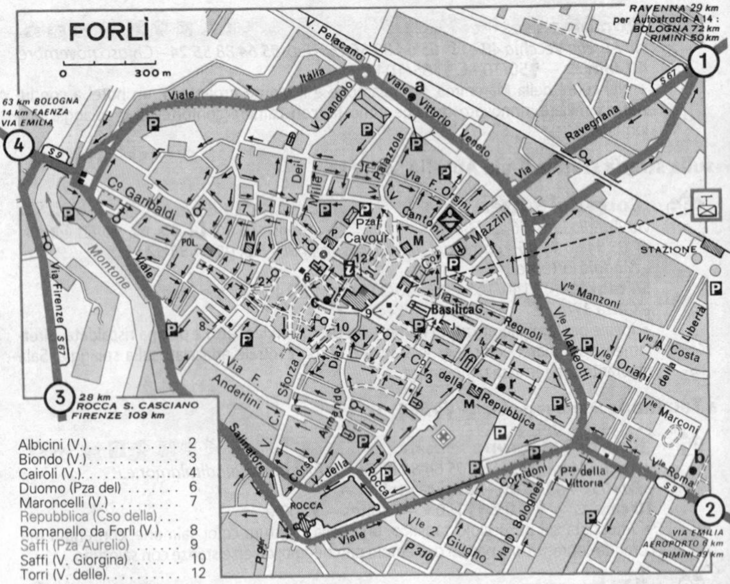

FORLÌ

Albicini (V.) 2
Biondo (V.) 3
Cairoli (V.) 4
Duomo (Pza del) 6
Maroncelli (V.) 7
Repubblica (Cso della) . . .
Romanello da Forlì (V.) . . . 8
Saffi (Pza Aurelio) 9
Saffi (V. Giorgina) 10
Torri (V. delle) 12

Globus City
cam, 240,

via Traiano Imperatore 4, 3,5 km per ① –
✆ 05 43 72 22 15 – info@hotelglobus.it – Fax 05 43 77 46 27
98 cam – 75/175 € 95/240 € – 2 suites – **Rist** – Carta 37/50 €
◆ Hotel di stile classico tra la città e il casello autostradale; una hall di grande respiro con angolo bar vi accoglie in un ambiente dal confort omogeneo, anche nelle camere. Comodo ristorante con due ampie sale, cucina classica con alcune proposte locali.

Della Città et De La Ville
rist, 200,

corso Repubblica 117 – ✆ 054 32 82 97
– direzione@hoteldellacitta.fo.it – Fax 054 33 06 30 r
57 cam – 74/120 € 85/160 € – ½ P 75/119 € – **Rist** – *(chiuso agosto e domenica sera)* Carta 29/36 €
◆ Interni completamente rinnovati in questo hotel del centro, disegnato da Giò Ponti, con camere spaziose e arredate con grande utilizzo di legno. Al primo piano dell' edificio, il ristorante offre piatti che spaziano dalla cucina italiana a quella tipica romagnola.

Masini senza rist 30,
corso Garibaldi 28 – ✆ 054 32 80 72 – info@hotelmasini.com – Fax 05 43 45 63 29 c
51 cam – 75/120 € 120/160 €
♦ Hotel del centro che da fine '800 continua ininterrottamente a proporsi come riferimento cittadino e che oggi offre spazi funzionali e confortevoli, di taglio contemporaneo.

Ramada Encore senza rist
viale Vittorio Veneto 3/e – ✆ 054 32 20 38 – info@ramadaencoreforli.com – Fax 05 43 45 86 70 a
84 cam – 64/159 € 79/189 €
♦ Semicentrale e facilmente raggiungibile dall'autostrada, un design hotel dagli arredi piani, moderni ed essenziali ispirati alle esigenze di immediatezza e fruibilità.

Michelangelo senza rist
via Buonarroti 4/6 – ✆ 05 43 40 02 33 – info@hotelmichelangelo.fc.it – Fax 05 43 40 06 15 b
21 cam – 74/105 € 84/135 € – 5 suites – 105/150 €
♦ Poco fuori dal centro storico, un albergo con vetrate a specchio per facciata; le camere sono ampie e ben accessoriate anche se non recenti. Comodo per la clientela di lavoro.

Casa Rusticale dei Cavalieri Templari 20,
viale Bologna 275, 1 km per ④ – ✆ 05 43 70 18 88 – osteriadeitemplari@libero.it – Fax 05 43 70 18 88 – Chiuso dal 24 dicembre al 3 gennaio, agosto, domenica e lunedì
Rist – Carta 32/45 €
♦ "Hospitale" di S. Bartolo dei Cavalieri Templari sin dal XIII secolo, il bel locale continua la tradizione di accoglienza e ottima cucina romagnola sotto l'egida di tre donne.

FORMIA – Latina (LT) – 563 S22 – 36 257 ab. – ✉ 04023 13 D3

Roma 153 – Frosinone 90 – Caserta 71 – Latina 76 – Napoli 86
per Ponza – Caremar, call center 892 123
viale Unità d'Italia 30/34 ✆ 0771 771490, info@aptlatinaturismo.it,Fax 0771 323275

Grande Albergo Miramare rist, 100,
via Appia 44, Est : 2 km – ✆ 07 71 32 00 47 – info@grandealbergomiramare.it – Fax 07 71 32 00 50
58 cam – 114/125 € 120/135 €, 10 € – 1 suite – ½ P 100/130 € – **Rist** – Menu 35/85 €
♦ Serie di dependance tra i pini e il mare per un soggiorno di tono poco alberghiero e di esclusiva riservatezza. Le camere più affascinanti si affacciano sul golfo. Ampie sale al ristorante dal fascino retrò.

Fagiano Palace rist, 150,
via Appia 80, Est : 3 km – ✆ 07 71 72 09 00 – info@grandhotelfagiano.it – Fax 07 71 72 35 17
55 cam – 85 € 95 € – ½ P 90 € – **Rist** – Carta 24/67 €
♦ Verso Napoli, anonima struttura all'esterno ma dotata di buone camere in genere spaziose. Preferite quelle lato mare con grande terrazzo. Nell'elegante sala interna o sul terrazzo, il mare ruba ogni attenzione al ristorante.

Appia Grand Hotel 200,
via Appia, angolo Mergataro Est : 3 km – ✆ 07 71 72 60 41 – agh@agh.it – Fax 07 71 72 21 56
73 cam – 80/110 € 90/150 € – ½ P 110 € – **Rist** – Carta 32/45 €
♦ Moderna struttura lungo la strada per Napoli, è la grande piscina l'elemento più notevole dell'albergo. Le camere sono sobrie e arredate con semplicità. Ambientazione contemporanea ed elegante nelle due ampie sale ristorante.

Castello Miramare con cam golfo di Gaeta, 80,
via Balze di Pagnano – ✆ 07 71 70 01 38 – info@hotelcastellomiramare.it – Fax 07 71 70 01 39
10 cam – 100 € 120 € 10 € – ½ P 70/115 € – **Rist** – Carta 32/76 €
♦ Nella parte alta della località, un maniero d'inizio '900 circondato da un giardino di ulivi. Non dimenticate di prenotare i pochi posti del terrazzo per una cena panoramica.

XX **Italo**

via Unità d'Italia 96 Ovest : 2 km – ✆ 07 71 77 12 64 – ristorante.italo@tiscalinet.it – Fax 077 12 15 29 – Chiuso dal 21 dicembre al 4 gennaio e martedì, da novembre a marzo anche lunedì

Rist – Carta 33/45 €

◆ Per ogni esigenza, gastronomica, banchettistica o di semplice eleganza, un punto di riferimento di tutto rispetto qui a Formia; lungo la strada che affianca la costa.

XX **Chinappi**

via Anfiteatro 8 – ✆ 07 71 79 00 02 – chinappi@chinappi.it – Chiuso dal 15 al 28 gennaio e giovedì escluso giugno-settembre e dicembre

Rist – Carta 27/48 €

◆ Rimane l'ottima pizza a ricordare gli inizi risalenti a mezzo secolo fa. In costante crescita gastronomica, la qualità del pesce e delle paste è tra le migliori del golfo.

XX **Da Veneziano**

30,

via Abate Tosti 120 – ✆ 07 71 77 18 18 – ristveneziano@tin.it – Fax 07 71 77 18 18 – Chiuso lunedì

Rist – Carta 33/46 €

◆ Al primo piano di un edificio rosa che si affaccia sulla piazza del mercato e sul lungomare, il ristorante prosegue la tradizione gastronomica marinara di famiglia.

FORMIGINE – Modena (MO) – 562 I14 – 30 655 ab. – alt. 82 m – ✉ 41043 8 B2

Roma 415 – Bologna 48 – Milano 181 – Modena 11

La Fenice senza rist

120,

via Gatti 3/73 – ✆ 059 57 33 44 – fenicehotel@libero.it – Fax 059 57 34 55

48 cam – †50/60 € ††80/90 €

◆ Sito nel contesto di un centro commerciale, nella strada laterale ad un percorso storico che conduce all'Appennino, albergo di stile moderno, adatto a clientela d'affari.

a Corlo Ovest : 3 km – ✉ 41043

Due Pini

50,

via Radici in Piano 177, Est : 0,5 km – ✆ 059 57 26 97 – info@hotelduepini.it – Fax 059 55 69 04

56 cam – †45/80 € ††80/120 €, 8 € – **Rist** – *(chiuso sabato e domenica)* Menu 18/30 €

◆ Tra Modena e Sassuolo, una vecchia casa contadina con giardino, ristrutturata con classe e di recente ampliata con nuovi impianti; confort moderno in contesto d'epoca. Bella sala con ampi tavoli tondi, camino e finestre con tendaggi civettuoli.

XX **L'Accademia del Gusto**

via Radici in Piano – ✆ 059 57 35 15 – luc.chierici@tiscali.it – Fax 059 57 35 15 – Chiuso dal 24 dicembre al 6 gennaio, dal 5 al 25 agosto e domenica

Rist – Carta 26/45 €

◆ Ambiente raffinato, ideale per cene di lavoro, dove coniugare un menù sofisticato ed un'atmosfera tranquilla per conversare. Cucina tradizionale e qualche piatto creativo.

FORMIGLIANA – Vercelli (VC) – 563 ab. – alt. 167 m – ✉ 13030 23 C2

Roma 651 – Stresa 86 – Milano 80 – Torino 69 – Vercelli 18

XX **Franz**

20,

via Roma 35 – ✆ 01 61 87 70 05 – Chiuso agosto, lunedì e martedì

Rist – Menu 45 € – Carta 29/63 €

◆ Un locale d'impronta classica, periodicamente rinnovato e molto ben tenuto, gestito da una famiglia allargata, con accenti femminili. Cucina quasi esclusivamente di mare.

FORNI DI SOPRA – Udine (UD) – 562 C19 – 1 094 ab. – alt. 907 m – Sport invernali : *907/2 073 m* 5, – ✉ 33024 10 A1

Roma 676 – Cortina d'Ampezzo 64 – Belluno 75 – Milano 418 – Tolmezzo 43 – Trieste 165 – Udine 95

via Cadore 1 ✆ 0433 886767, Fax 0433 886686

Edelweiss cam, **P**
via Nazionale 19 – 043 38 80 16 – info@edelweiss-forni.it – Fax 043 38 80 17 – Chiuso ottobre e novembre
27 cam – 25/35 € 40/65 €, 9 € – ½ P 42/55 € – **Rist** – Carta 22/35 €
◆ Nel Parco delle Dolomiti Friulane, in una comoda posizione non lontana dal centro del paese e dagli impianti sciistici, classico hotel di montagna a conduzione familiare. Tipica cucina d'albergo.

Nuoitas cam, **P**
località Nuoitas Nord-Ovest : 2,8 km – 043 38 83 87 – polentaefrico@libero.it – Fax 04 33 88 69 56
18 cam – 36 € 66 € – **Rist** – *(chiuso martedì in aprile-maggio e ottobre-novembre)* Carta 17/27 €
◆ Una risorsa ubicata nel verde che garantisce ai propri ospiti un soggiorno all' insegna della tranquillità e del relax. Struttura semplice e servizio di tono familiare. "Nuoitas" significa "polenta e frico": specialità di questi posti e di questo ristorante.

FORNO DI ZOLDO – Belluno (BL) – 562 C18 – 2 820 ab. – alt. 848 m – ✉ 32012
36 **C1**

Roma 638 – Belluno 34 – Cortina d'Ampezzo 42 – Milano 380 – Pieve di Cadore 31 – Venezia 127

via Roma 1 0437 787349, fornodizoldo@infodolomiti.it, Fax 0437 78 7340

a Mezzocanale Sud-Est : 10 km – alt. 620 m – ✉ 32013 – Forno di Zoldo

Mezzocanale-da Ninetta 10, **P**
via Canale 22 – 043 77 82 40 – Fax 043 77 83 79 – Chiuso dal 15 al 25 giugno, settembre, martedì sera e mercoledì
Rist – Carta 22/30 €
◆ Uno spazio con bar pubblico e un grande camino, un ambiente familiare davvero sempre piacevole da incontrare, con fragranti proposte di cucina casereccia.

FORNOVO DI TARO – Parma (PR) – 562 H12 – 6 109 ab. – alt. 140 m – ✉ 43045
8 **B2**

Roma 481 – Parma 22 – La Spezia 89 – Milano 131 – Piacenza 71

Osteria Baraccone
piazza del Mercato 5 – 05 25 34 27 – Fax 05 25 40 01 85 – Chiuso dal 23 dicembre al 7 gennaio, agosto, domenica sera e lunedì
Rist – Carta 31/44 €
◆ Nella piazza principale, ma in area periferica e ben servita da ampio parcheggio, simpatica trattoria con una cucina che rispetta le stagioni e le tradizioni locali.

FORTE DEI MARMI – Lucca (LU) – 563 K12 – 8 295 ab. – ✉ 55042
Toscana
28 **A1**

Roma 378 – Pisa 35 – La Spezia 42 – Firenze 104 – Livorno 54 – Lucca 34 – Massa 10 – Milano 241

viale Achille Franceschi 8/b 0584 80091, forteinfo@comunefdm.it, Fax 0584 83214

Versilia, Est : 1 km a Pietrasanta, 0584 88 15 74.

Augustus (riscaldata) rist, 120, **P**
viale Morin 169 – 05 84 78 72 00 – augustus@versilia.toscana.it – Fax 05 84 78 71 02 – 11 maggio-settembre
70 cam – 395/460 € 440/520 € – 7 suites – ½ P 275/305 €
Rist – (solo per alloggiati) Carta 40/75 €
Rist *Bambaissa* – 05 84 78 72 39 *(5 aprile-settembre)*
Carta 40/85 €
◆ Nel contesto di un parco fiorito con piscina, un complesso classico composto da due edifici principali e da ville di differenti dimensioni: prestigioso rifugio d'élite. La cucina si ispina alle tradizioni.

Augustus Lido senza rist
viale Morin 72 – 05 84 78 74 42 – augustus@versilia.toscana.it – Fax 05 84 78 71 02 – 5 aprile-settembre
19 cam – 420 € 520 €
◆ Dimora signorile, in un giardino ombreggiato; camere ricercate nei particolari, luminose, di classe. Alti livelli di confort e ospitalità, servizio ristorante in spiaggia presso l'hotel Augustus.

Byron
viale Morin 46 – 05 84 78 70 52 – info@hotelbyron.net – Fax 05 84 78 71 52
27 cam – 239/573 € 411/637 € – 2 suites
Rist *La Magnolia* – *(chiuso novembre e lunedì)* Carta 62/91 €
◆ Tra il lungomare e le vie interne della modaiola località, un indirizzo esclusivo, con comodità e servizi al top: due amene ville di fine '800 e un giardino con piscina. D'estate s'apparecchia la tavola a bordo piscina, immersi nella quiete.

California Park Hotel cam, cam, 220,
via Colombo 32 – 05 84 78 71 21 – info@californiaparkhotel.com – Fax 05 84 78 72 68 – Aprile-ottobre
40 cam – 250 € 380 € – **Rist** – (solo per alloggiati) Menu 25/40 €
◆ Nella zona esclusiva di Forte, e nei pressi della Versiliana, noto centro culturale, signorili edifici separati da una piscina e immersi in un ampio giardino ombreggiato.

Villa Roma Imperiale senza rist (riscaldata)
via Corsica 9 – 058 47 88 30 – info@villaromaimperiale.com – Fax 058 48 08 41 – 13 aprile-1°ottobre
29 cam – 300/600 € 350/650 € – 2 suites
◆ Un giardino con piscina riscaldata, un'area tranquilla: cornice ideale per quest'hotel di recente ristrutturato e impreziosito da una particolare cura nei raffinati arredi.

Hermitage
via Cesare Battisti 50 – 05 84 78 71 44 – hermitage@versilia.toscana.it – Fax 05 84 78 70 44 – Maggio-settembre
56 cam – 190/220 € 305/375 €, 23 € – 3 suites – ½ P 215 € – **Rist** – (solo per alloggiati) Menu 45/58 €
◆ Tra il verde dei pini e dei lecci, cinto da un giardino con piscina, un albergo piacevole, sito in una zona quieta della località. Gestione solidissima per soggiorni relax.

Ritz cam,
via Flavio Gioia 2 – 05 84 78 75 31 – reservations@ritzfortedeimarmi.com – Fax 05 84 78 75 22
29 cam – 300/350 € 400/500 € – ½ P 250/270 € – **Rist** – Menu 35/55 €
◆ Una sorta di villona d'impostazione liberty, coi caratteristici palmizi e un godibile giardino con piscina; dotata di salotto e veranda ampi e ben tenuti, camere spaziose. Ristorante circondato dal verde, non lontano dal mare.

Il Negresco 70,
viale Italico 82 – 058 47 88 20 – info@hotelilnegresco.com – Fax 05 84 78 75 35 – Chiuso novembre
39 cam – 450 € 475 €, 20 € – **Rist** – Menu 70 €
◆ Di recente completamente rinnovato, un piacevole hotel situato proprio sul lungomare; toni chiari, solari e avvolgenti, ambienti eleganti, luminosi. Per un mondano relax. Sala ristorante curata ed elegante, in cui prevalgono i colori caldi.

President rist,
via Caio Duilio ang. viale Morin – 05 84 78 74 21 – info@presidentforte.it – Fax 05 84 78 75 19 – Pasqua-settembre
44 cam – 196 € 212 €, 14 € – ½ P 185 € – **Rist** – (solo per alloggiati)
◆ Nel cuore di Forte dei Marmi, a pochi passi dal mare, un indirizzo godibilissimo in virtù dei confort e dei servizi offerti; interni signorili e spaziosi nelle zone comuni.

St. Mauritius cam,
via 20 Settembre 28 – 05 84 78 71 31 – info@stmauritiushotel.com – Fax 05 84 78 71 57 – Aprile-15 ottobre
56 cam – 175 € 200 €, 18 € – ½ P 90/180 € – **Rist** – (solo per alloggiati) Carta 31/39 €
◆ Punto di forza della risorsa è il bel giardino con piscina da cui è cinta; sita nelle vie interne della località, costituisce un valido indirizzo per confort e ospitalità.

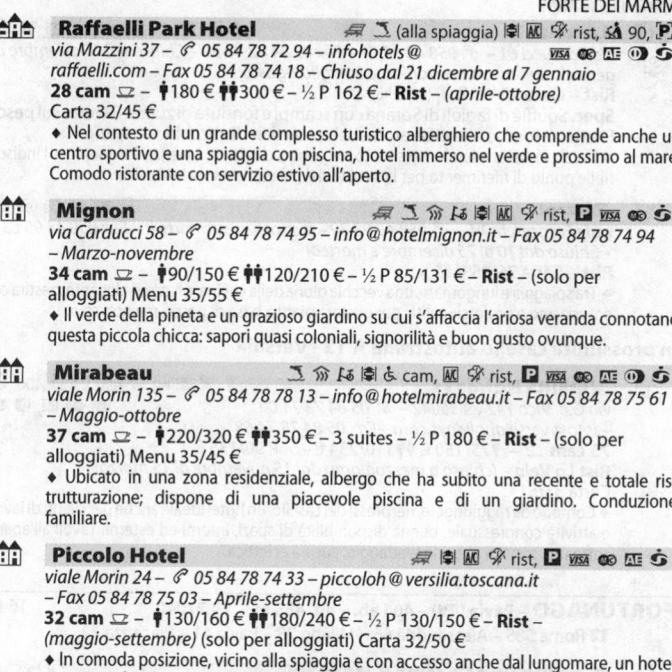

Raffaelli Park Hotel (alla spiaggia) rist, 90,
via Mazzini 37 – 05 84 78 72 94 – infohotels@raffaelli.com – Fax 05 84 78 74 18 – Chiuso dal 21 dicembre al 7 gennaio
28 cam – 180 € 300 € – ½ P 162 € – **Rist** – *(aprile-ottobre)* Carta 32/45 €
♦ Nel contesto di un grande complesso turistico alberghiero che comprende anche un centro sportivo e una spiaggia con piscina, hotel immerso nel verde e prossimo al mare. Comodo ristorante con servizio estivo all'aperto.

Mignon rist,
via Carducci 58 – 05 84 78 74 95 – info@hotelmignon.it – Fax 05 84 78 74 94 – Marzo-novembre
34 cam – 90/150 € 120/210 € – ½ P 85/131 € – **Rist** – (solo per alloggiati) Menu 35/55 €
♦ Il verde della pineta e un grazioso giardino su cui s'affaccia l'ariosa veranda connotano questa piccola chicca: sapori quasi coloniali, signorilità e buon gusto ovunque.

Mirabeau cam, rist,
viale Morin 135 – 05 84 78 78 13 – info@hotelmirabeau.it – Fax 05 84 78 75 61 – Maggio-ottobre
37 cam – 220/320 € 350 € – 3 suites – ½ P 180 € – **Rist** – (solo per alloggiati) Menu 35/45 €
♦ Ubicato in una zona residenziale, albergo che ha subito una recente e totale ristrutturazione; dispone di una piacevole piscina e di un giardino. Conduzione familiare.

Piccolo Hotel rist,
viale Morin 24 – 05 84 78 74 33 – piccoloh@versilia.toscana.it – Fax 05 84 78 75 03 – Aprile-settembre
32 cam – 130/160 € 180/240 € – ½ P 130/150 € – **Rist** – *(maggio-settembre)* (solo per alloggiati) Carta 32/50 €
♦ In comoda posizione, vicino alla spiaggia e con accesso anche dal lungomare, un hotel a gestione familiare, che offre un valido livello di confort e sobria eleganza.

Kyrton cam, rist,
via Raffaelli 16 – 05 84 78 74 61 – info@hotelkyrton.it – Fax 058 48 96 32 – Aprile-settembre
33 cam – 90/185 € 120/220 €, 8 € – ½ P 110/139 € – **Rist** – (solo per alloggiati)
♦ Grazie ad un rinnovamento piuttosto recente, questa semplice risorsa a gestione familiare si presenta linda e ben tenuta. Nel verde e nella quiete, ideale per famiglie.

Tarabella cam,
viale Versilia 13/b – 05 84 78 70 70 – matteo@tarabellahotel.it – Fax 05 84 78 72 60 – Pasqua-ottobre
32 cam – 100/140 € 120/180 € – ½ P 75/130 € – **Rist** – (solo per alloggiati)
♦ Recentemente ristrutturata, una risorsa dal sapore familiare, che vi farà sentire come a casa vostra; confortevole e in posizione tranquilla, con clientiela abituale.

Sonia cam,
via Matteotti 42 – 05 84 78 71 46 – albergosonia@jumpy.it – Fax 05 84 78 74 09
20 cam – 120 € 180 € – ½ P 80/120 € – **Rist** – (solo per alloggiati)
♦ Un indirizzo piacevolmente familiare, poco lontano dal centro e dal mare; una bella costruzione con una grande terrazza, curata in ogni particolare da madre e figlia.

Le Pleiadi cam,
via Civitali 51 – 05 84 88 11 88 – info@hotellepleiadi.it – Fax 05 84 88 16 53 – Aprile-10 ottobre
30 cam – 70/108 € 160/200 € – ½ P 88/101 € – **Rist** – (solo per alloggiati) Menu 20/45 €
♦ Nella quiete delle vie più interne, a breve distanza dal mare, questo albergo ha come indubbio punto di forza il grazioso e gradevole giardino-pineta; conduzione familiare.

XXX **Lorenzo** 16,

via Carducci 61 – ✆ 058 48 96 71 – Fax 05 84 87 40 30 – Chiuso dal 15 dicembre a gennaio, lunedì e a mezzogiorno in luglio-agosto

Rist – Carta 75/95 € (+10 %)

Spec. Soufflé di fagioli di Sorana con scampi e fonduta di zucca. Bavette sul pesce. Filetto di rombo alle erbe aromatiche con flan di zucchine e tartufo.

◆ Locale classico e luminoso situato nel centro cittadino, Lorenzo è da sempre l'indiscutibile punto di riferimento per la qualità del pesce, non solo in Versilia.

XXX **Bistrot**

viale Franceschi 14 – ✆ 058 48 98 79 – bistrot@bistrotforte.it – Fax 058 48 99 63 – Chiuso dal 10 al 25 dicembre e martedì

Rist – Carta 75/95 €

◆ Tra spiaggia e lungomare, una vecchia gloria della cucina, rinata ed elegante, gestita con entusiasmo e professionalità; per gustare piatti a base di pesce, ma non solo.

in prossimità casello autostrada A 12 - Versilia

Versilia Holidays rist, 400,

via G.B. Vico 142 ✉ 55042 – ✆ 05 84 78 71 00 – info@versiliaholidays.com – Fax 05 84 78 74 68

75 cam – †75/150 € ††110/234 € – ½ P 90/135 €

Rist *La Vela* – *(chiuso a mezzogiorno dal 15 novembre al 15 marzo)* Carta 33/51 €

◆ Comodo da raggiungere, nei pressi del casello, un hotel ideale anche per clienti di lavoro e attività congressuale; buona disponibilità di spazi, interni ed esterni. Tavoli all'aperto, sotto una sorta di enorme tendaggio, cucina eclettica.

FORTUNAGO – Pavia (PV) – 404 ab. – alt. 483 m – ✉ 27040 16 B3

Roma 585 – Alessandria 66 – Milano 78 – Pavia 41 – Piacenza 72

Agriturismo Cascina Casareggio rist, 50,

Località Casareggio, Ovest : 5 km – ✆ 03 83 87 52 28 – segreteria@cascinacasareggio.it – Fax 03 83 87 56 37

12 cam – †60/70 € ††90/100 € – **Rist** – *(chiuso lunedì e martedì)* Carta 36/58 €

◆ In posizione isolata e tranquilla, l'agriturismo è circondato da un parco ed offre camere discretamente accoglienti ed una invitante piscina. Ideale per week-end rilassanti. Piacevoli e curate le sale del ristorante, dove gustare una cucina casalinga e regionale.

FORZA D'AGRÒ – Messina – 565 N27 – Vedere Sicilia alla fine dell'elenco alfabetico

FOSSALTA MAGGIORE – Treviso (TV) – 562 E19 – ✉ 31040 – Chiarano 35 A1

Roma 568 – Venezia 53 – Milano 307 – Pordenone 34 – Treviso 36 – Trieste 115 – Udine 84

XX **Tajer d'Oro** 30,

via Roma – ✆ 04 22 74 63 92 – tajerdoro@libero.it – Fax 04 22 74 61 22 – Chiuso una settimana in gennaio, due settimane in agosto, lunedì a mezzogiorno e martedì

Rist – Carta 39/49 €

◆ La vetrina del pesce all'ingresso è il miglior biglietto da visita di questo locale che presenta un ambiente curato con arredamento stile marina inglese.

FRABOSA SOPRANA – Cuneo (CN) – 561 J5 – 841 ab. – alt. 891 m – Sport invernali : *900/1 800 m* 5 – ✉ 12082 22 B3

Roma 632 – Cuneo 35 – Milano 228 – Savona 87 – Torino 96

piazza Municipio ✆ 0174 244010, comunedifrabosasoprana.c@tin.it, Fax 0174 244163

Miramonti – rist,
via Roma 84 – ✆ 01 74 24 45 33 – info@miramonti.cn.it – Fax 01 74 24 45 34 – Chiuso dal 17 marzo al 21 aprile e ottobre
48 cam – †55/75 € ††80/100 €, ☕ 8 € – ½ P 63/77 € – **Rist** – (prenotare) Menu 20/35 €
♦ Situata in un luogo tranquillo, una struttura "sana", con offerta anche di "vacanze-salute" sotto il controllo di un medico naturista; dotata di piccolo parco e terrazza. Proposta di piatti macrobiotici e vegetariani, su prenotazione.

FRANCAVILLA AL MARE – Chieti (CH) – 563 O24 – 23 488 ab. – ✉ 66023 2 C1

Roma 216 – Pescara 7 – L'Aquila 115 – Chieti 19 – Foggia 171
piazza Sirena 107 ✆ 085 817169, iat.francavilla@abruzzoturismo.it, Fax 085 816649

Sporting Hotel Villa Maria – (riscaldata) 200,
contrada Pretaro Nord-Ovest : 3 km ✉ 66023 – ✆ 085 45 00 51 – villamaria@sportingvillamaria.it – Fax 085 69 30 42
86 cam ☕ – †95/158 € ††135/190 € – 1 suite – ½ P 83/156 € – **Rist** – Carta 38/53 €
♦ Sulle colline dell'immediato entroterra pescarese, un albergo dalla sobria eleganza e completo nei servizi; un'oasi di quiete il grande parco ombreggiato, curatissimo. La piacevolezza di un raffinato ristorante e di una magica veranda.

Park Hotel Alcione – mare, 50,
via Alcione 59 – ✆ 085 81 76 98 – info@parkhotelalcione.com – Fax 08 54 91 87 91
44 cam ☕ – †84/94 € ††118/138 € – ½ P 78/89 €
Rist *Novilunio* – *(chiuso domenica sera)* Carta 30/62 €
♦ Albergo completamente rinnovato di recente, a pochi passi dal mare. Ambienti interni di moderna semplicità. Piacevole terrazza solarium con piscina e bella vista. Cucina di taglio mediterraneo con rivisitazioni al ristorante Novilunio.

Punta de l'Est – rist,
viale Alcione 188 – ✆ 08 54 98 20 76 – info@puntadelest.it – Fax 08 54 98 16 89 – 23 aprile-ottobre
52 cam ☕ – †70/130 € ††90/170 € – ½ P 75/105 € – **Rist** – (solo per alloggiati) Carta 28/42 €
♦ Due villette comunicanti, graziose a vedersi, posizionate direttamente sulla spiaggia; camere semplici, completamente rinnovate, e una solida gestione diretta.

Il Brigantino - Chiavaroli
viale Alcione 101 – ✆ 085 81 09 29 – Fax 08 54 91 95 46 – Chiuso domenica sera (escluso luglio-agosto) e lunedì
Rist – Carta 33/73 €
♦ Questo ristorante sul lungomare ha di recente cambiato nome, ma l'esperta gestione è sempre la stessa. Dalla cucina vengono proposti principalmente piatti di mare.

La Nave – 25,
viale Kennedy 2 – ✆ 085 81 71 15 – ristorantelanave@virgilio.it – Fax 085 81 56 88 – Chiuso mercoledì escluso luglio-agosto
Rist – Carta 35/53 €
♦ Una sorta di Titanic felliniano arenato sulla spiaggia di Francavilla questa nave-ristorante; sul "ponte", il servizio estivo e, nei piatti, i sapori del pesce.

FRANZENSFESTE = Fortezza

FRAORE – Parma – Vedere Parma

L'indicazione «Rist» in rosso evidenzia le strutture a cui abbiamo assegnato un riconoscimento: ✿ (stella) o ☺ (Bib Gourmand).

FRASCATI – Roma (RM) – 563 Q20 – 19 882 ab. – alt. 322 m – ✉ 00044

Roma 12 **B2**

Roma 19 – Castel Gandolfo 10 – Fiuggi 66 – Frosinone 68 – Latina 51 – Velletri 22

piazza Marconi 1 ☎ 06 9420331, iatfrascati@virgilio.it, Fax 06 9425498

Villa Aldobrandini★

Castelli romani★★ Sud, Sud-Ovest per la strada S 216 e ritorno per la via dei Laghi (circuito di 60 km)

Flora senza rist

viale Vittorio Veneto 8 – ☎ 069 41 61 10 – info@hotel-flora.it – Fax 069 41 65 46

37 cam – †110/120 € ††135/160 €

◆ Poco fuori del centro storico, in un'antica residenza patrizia costruita a fine '800 e circondata da un giardino, un albergo dagli interni raffinati e confortevoli.

Colonna senza rist

piazza del Gesù 12 – ☎ 06 94 01 80 88 – hotelcolonna@hotelcolonna.it – Fax 06 94 01 87 30

20 cam – †95/110 € ††115/125 €

◆ Un centrale palazzo ristrutturato, affacciato sulla più bella piazza della località, ospita dal '99 un hotel moderno; arredi di buona fattura nelle piacevoli camere.

Cacciani

via Diaz 15 – ☎ 069 40 19 91 – info@cacciani.it – Fax 069 42 04 40

22 cam – †78 € ††95 €

Rist Cacciani – vedere selezione ristoranti

◆ Centralissimo, con bella vista sui dintorni e sulla villa Aldobrandini, un albergo semplice, per habitué e clientela di lavoro; qualche camera con terrazza panoramica.

XX **Cacciani**

via Diaz 13 – ☎ 069 40 19 91 – info@cacciani.it – Fax 069 42 04 40 – Chiuso dal 7 al 14 gennaio, dal 16 al 26 agosto, domenica sera (escluso da giugno a settembre) e lunedì

Rist – Carta 47/60 €

◆ Bella la vista sui colli Albani che si gode dalla terrazza, dove si mangia d'estate, di un locale classico in zona; piatti stagionali del territorio e di pesce.

X **Zarazà**

viale Regina Margherita 45 – ☎ 069 42 20 53 – rist.zaraza@libero.it – Fax 069 42 20 53 – Chiuso tre settimane in agosto, domenica sera (escluso da giugno a settembre) e lunedì

Rist – Carta 26/32 €

◆ Ristorantino familiare, semplice, ma ben tenuto, situato nel centro storico, dove gustare, d'estate anche all'aperto, l'autentica, genuina cucina tipica romana.

FRATTA TODINA – Perugia (PG) – 563 N19 – 1 789 ab. – alt. 214 m – ✉ 06054

32 **B2**

Roma 139 – Perugia 43 – Assisi 55 – Orvieto 43 – Spoleto 53 – Terni 50 – Viterbo 96

Altieri

50,

via Tuderte 54/a – ☎ 07 58 74 53 50 – hotel.altieri@tiscali.it – Fax 07 58 74 53 53

30 cam – †60/75 € ††80/95 € – **Rist** – Carta 22/30 €

◆ In comoda posizione, vicina ai maggiori centri commerciali e alle mete più turistiche, struttura moderna e funzionale, indirizzata a una clientela in prevalenza d'affari. La capiente sala da pranzo propone una cucina regionale ed è ideale per allestire banchetti e ricorrenze.

FRATTOCCHIE – Roma – 563 Q19 – Vedere Marino

FREIBERG – Bolzano – Vedere Merano

FREIENFELD = Campo di Trens

FRONTONE – Pesaro e Urbino (PU) – 563 L20 – 1 342 ab. – alt. 416 m – ✉ 61040 20 B2

Roma 227 – Rimini 87 – Ancona 92 – Perugia 77 – Pesaro 65

Locanda del Castello senza rist
piazza della Rocca 5 – ✆ 07 21 79 06 61 – info@locandadelcastello.it
6 cam – 55 € 70 €
◆ Poche camere semplici e funzionali e un grazioso appartamento nel vicolo sul retro. Il castello è lì a due passi, la quiete e il relax ovunque.

Taverna della Rocca
via Leopardi 20/22, al castello – ✆ 07 21 78 62 18 – Fax 07 21 78 62 18 – Chiuso dal 1° al 20 ottobre e mercoledì
Rist – Carta 21/25 €
◆ Una vera taverna, con bar, sita nei pressi del castello di questo antico borgo arroccato; schietta cucina del territorio e pomeridiano servizio da osteria, con salumi.

FROSINONE P (FR) – 563 R22 – 48 606 ab. – alt. 291 m – ✉ 03100 13 C2

Roma 83 – Avezzano 78 – Latina 55 – Napoli 144

via Aldo Moro 467/469 ✆ 0775833836, info@apt.frosinone.it, Fax 0775833837

Abbazia di Casamari★★ Est : 15 km

Cesari 200, P
in prossimità casello autostrada A 1 – ✆ 07 75 29 15 81 – hotelcesari@libero.it – Fax 07 75 29 33 22
60 cam – 75 € 100 € – ½ P 80 € – **Rist** – *(chiuso agosto)* Carta 30/44 €
◆ Un tradizionale hotel, ideale per soste nel corso di spostamenti veloci e di lavoro, proprio dinanzi al casello autostradale; in parte da poco rinnovato nel settore notte. Una vasta offerta di pesce, da gustare accomodati nella capiente sala ristorante.

Henry 300, P
via F. Calvosa 10 – ✆ 07 75 21 12 22 – info@henryhotel.it – Fax 07 75 85 37 13
63 cam – 75 € 87 € – **Rist** – *(chiuso dal 10 al 18 agosto)* Carta 33/42 €
◆ Comoda posizione tra casello e città, per un albergo dotato di ampio parcheggio e di spaziose zone comuni; si propone con andamento classico e servizi per il congressuale. Valida cucina, all'interno di una sala circolare delimitata da pareti-finestre.

Astor cam, 150, P
via Marco Tullio Cicerone 200 – ✆ 07 75 27 01 32 – astor_hotel@libero.it – Fax 07 75 27 01 35
51 cam – 46/62 € 64/95 € – 1 suite – ½ P 52/73 €
Rist – Carta 25/41 €
◆ Per chi vuole trovare comodità e confort, una risorsa dotata di parcheggio e garage, in una zona centrale e trafficata. Spazi comuni con foto di celebrità passate di qui. Una cucina improntata alle tradizioni ciociare, nell'elegante sala da pranzo.

Memmina 100, P
via Maria 172 – ✆ 07 75 87 35 48 – info@albergomemmina.it – Fax 07 75 27 01 38 – Chiuso 25-26 dicembre e 1° gennaio
37 cam – 50 € 65 € – ½ P 40/45 € – **Rist** – Carta 18/30 €
◆ Un nuovo albergo, ubicato lungo la via che porta a Sora; è rimasto il vecchio bar che lo precedeva, ma oggi, vi si aggiunge un ambiente semplice e tuttavia confortevole. Servizio self-service, per pasti veloci, o ristorante con piatti locali.

Palombella 10/30, P
via Maria 234 – ✆ 07 75 87 35 49 – info@palombella.com – Fax 07 75 27 04 02
Rist – Carta 29/38 €
◆ Esternamente, un tentativo di ricreare uno stile neoclassico-liberty; all'interno, tra vetrate colorate e colonne, un tripudio di specchi, marmi intarsiati, gessi e legni.

FROSSASCO – Torino (TO) – 561?P47H4 – 2 795 ab. – alt. 389 m – ✉ 10060 22 B2

Roma 665 – Torino 36 – Asti 79 – Cuneo 71 – Milano 176

La Locanda della Maison Verte cam, cam, 50,

via Rossi 34, per via XX Settembre – ✆ 01 21 35 46 10 – information@maisonvertehotel.com – Fax 01 21 35 46 14 – Chiuso dal 1° al 7 gennaio

28 cam – 80/95 € 108 € – ½ P 70 € – **Rist** – Carta 23/32 €

♦ In un parco con piscina, albergo con annesso centro benessere dalla pluriennale esperienza; calda atmosfera e profumi rilassanti negli interni, ampie camere arredate con cura. Intime e molto accoglienti le tre piccole e raffinate sale ristorante.

Adriano Mesa

via Principe Amedeo 57 – ✆ 01 21 35 34 55 – adriano.mesa@virgilio.it – Fax 01 21 35 34 55 – Chiuso lunedì

Rist – Menu 35/50 €

♦ Localino dallo stile sobrio e curato. La cucina, dietro una vetrata di cristallo, è visibile dalla sala. Propone un menù degustazione che varia secondo l'estro dello chef.

FUCECCHIO – Firenze (FI) – 563 K14 – 21 621 ab. – alt. 25 m – ✉ 50054 28 B1

Roma 302 – Firenze 38 – Pisa 49 – Livorno 52 – Pistoia 31 – Siena 72

a Ponte a Cappiano Nord-Ovest : 4 km – ✉ 50050

Le Vedute

via Romana Lucchese 121, località Le Vedute – ✆ 05 71 29 74 98 – info@ristorantelevedute.it – Fax 05 71 29 72 01 – Chiuso dal 1° al 7 gennaio, agosto, sabato a mezzogiorno e lunedì

Rist – Carta 40/60 € (+12 %)

♦ Un bel ristorante classico, sito fuori paese, al primo piano di una grande struttura; molto curato dal titolare, offre validi piatti, anche di pescato e locali.

FUMANE – Verona (VR) – 562 F14 – 3 891 ab. – alt. 196 m – ✉ 37022 37 A2

Roma 515 – Verona 18 – Brescia 69 – Mantova 52 – Trento 83

Costa degli Ulivi rist,

via Costa 5 – ✆ 04 56 83 80 88 – reception@costadegliulivi.com – Fax 04 56 83 80 17

20 cam – 70/90 € 100/120 € – ½ P 65/75 € – **Rist** – *(chiuso mercoledì)* Carta 21/31 €

♦ Esercizio ricavato da un casolare di campagna in solida pietra circondato da una vasta proprietà. Le camere sono semplici, accoglienti i salotti. Numerosi angoli relax. Ristorante in una luminosa veranda separata.

Enoteca della Valpolicella con cam

via Osan 45 – ✆ 04 56 83 91 46 – enoteca@valpolicella.it – Fax 04 56 83 13 50 – Chiuso domenica sera e lunedì

5 cam – 70 € 90 € – **Rist** – Carta 31/41 €

♦ Tra i vigneti della Valpolicella, nel contesto di un villaggio tipico, un antico edificio rurale oggi enoteca-trattoria; atmosfera rustica e curata, per sapori del posto.

FUMONE – Frosinone (FR) – 563 Q21 – 2 151 ab. – alt. 783 m – ✉ 03010 13 C2

Roma 95 – Frosinone 24 – Avezzano 87 – Latina 65 – Pescara 93

La Vecchia Mola

via Vicinale Piè del Monte Fumone Sud : 3 km – ✆ 077 54 97 71 – Fax 077 54 97 71 – Chiuso domenica sera, lunedì e a mezzogiorno da martedì a sabato

Rist – Carta 28/43 €

♦ In una piccola borgata di campagna, uno dei locali di maggior successo in Ciociaria: soffitti in legno, colonne in pietra, archi e proposte a base di pesce.

FUNES (VILLNOSS) – Bolzano / Bozen (BZ) – 562 C17 – 2 372 ab. – alt. 1 159 m – ✉ 39040 31 C1

Roma 680 – Bolzano 38 – Bressanone 19 – Milano 337 – Ortisei 33 – Trento 98

frazione San Pietro 11 ✆ 0472 840180, info@villnoess.com, Fax 0472 840312

Sport Hotel Tyrol ≤ gruppo delle Odle e pinete, (riscaldata) cam, 50, P VISA
località Santa Maddalena 105 – 04 72 84 01 04 – info@tyrol-hotel.eu – Fax 04 72 84 05 36 – Natale-marzo e 20 maggio-4 novembre
28 cam – 75/85 € 120/140 € – ½ P 70/80 € – **Rist** – Menu 22/35 €
◆ Immerso nei verdi prati e cinto dai monti: per godersi la tranquillità e la panoramicità del luogo, in un ambiente ricco di opere d'arte in legno create dal proprietario. Sale da pranzo rinnovate con molto legno.

Kabis ≤ rist, P VISA AE
località San Pietro 9 – 04 72 84 01 26 – hotel.kabis@rolmail.net – Fax 04 72 84 03 95 – Maggio-5 novembre
31 cam – 52/60 € 100/110 € – ½ P 62/67 € – **Rist** – *(chiuso mercoledì escluso da luglio a settembre)* Carta 17/45 €
◆ Nel centro del paese, una risorsa di antica tradizione, con interni in stile tirolese, avvolta da una suggestiva cornice naturale. Ampio ristorante con legno per pavimento e mobilio, ceramica per la stufa. Ottimo gelato preparato dal patron.

FUNO – Bologna – Vedere Argelato

FURLO (Gola del) – Pesaro e Urbino (PU) – 563 L20 – alt. 177 m 20 B1

Roma 259 – Rimini 87 – Ancona 97 – Fano 38 – Gubbio 43 – Pesaro 49 – Urbino 19

Anticofurlo con cam P VISA AE
via Furlo 66 ✉ 61041 Acqualagna – 07 21 70 00 96 – info@anticofurlo.it – Fax 07 21 70 01 17
7 cam – 55/60 € 70/95 € – **Rist** – *(chiuso lunedì sera e martedì escluso agosto-novembre)* Carta 35/57 €
◆ Rinato a seguito di un restauro completo, al suo interno regna un'atmosfera informale, mentre nel piatto i tradizionali sapori regionali sono rivisitati dalla creatività. Camere rinnovate all'insegna del moderno confort e arredate con mobili antichi.

FURORE – Salerno (SA) – 564 F25 – 873 ab. – alt. 300 m – ✉ 84010 *Italia* 6 B2

Roma 264 – Napoli 55 – Salerno 35 – Sorrento 40

Vallone★★

Furore Inn Resort ≤ mare e costa, AC 100, P VISA AE
via dell'Amore, contrada Sant'Elia – 08 98 30 47 11 – information@furoreinn.it – Fax 08 98 30 47 77 – 10 marzo-20 novembre
22 cam – 270/320 € 300/360 € – 4 suites
Rist ***La Volpe Pescatrice*** – 08 98 30 47 85 *(aprile-ottobre)* Carta 51/73 €
Rist ***Italian Touch*** – 089 83 04 70 (chioso a merrogiorno) Carta 59/85 €
◆ Recente risorsa in ottima posizione, con una terrazza panoramica con piscina; attrezzata beauty farm, eleganza, confort, tradizioni e modernità che si fondono in armonia. Atmosfera e ambiente signorili al raffinato ristorante. All'Italian Touch, cucina mediterranea ed un'atmosfera dalle eco arabe.

Hostaria di Bacco ≤ mare, AC P VISA AE
via Lama 9 – 089 83 03 60 – info@baccofurore.it – Fax 089 83 03 52 – Chiuso 24-25 dicembre e dal 7 al 13 novembre
20 cam – 60/70 € 80/90 €, 7 € – ½ P 75/85 € – **Rist** – *(chiuso venerdì in bassa stagione)* Carta 28/40 €
◆ Chi voglia scoprire il volto segreto della Costiera, si arrampichi fin qua: dove nel 1930 sorgeva una semplice osteria quasi a picco sul mare, oggi c'è un nido incantevole. Servizio ristorante estivo in terrazza panoramica.

Agriturismo Sant'Alfonso ≤ mare e costa, AC cam, VISA AE
via S. Alfonso 6 – 089 83 05 15 – info@agriturismosantalfonso.it – Fax 089 83 05 15 – Chiuso novembre
10 cam – 65 € 80/90 € – ½ P 60/65 € – **Rist** – Carta 22/31 €
◆ Tra i tipici terrazzamenti della Costiera, un ex convento dell'800, ora agriturismo; conserva cappella, ceramiche, affreschi e forno a legna di quel periodo. Camere semplici Prodotti di stagione, il vino prodotto in azienda ed il profumo delle erbe aromatiche in sale o in terrazza.

GABBIANO – Firenze – Vedere Scarperia

GABICCE MARE – Pesaro e Urbino (PU) – 563 K20 – 5 579 ab. – ✉ 61011 20 **B1**

Roma 316 – Rimini 23 – Ancona 93 – Forlì 70 – Milano 342 – Pesaro 16

viale della Vittoria 41 ✆ 0541 954424, iat.gabicce@regione.marche.it, Fax 0541 953500

Grand Hotel Michelacci rist, 500,
piazza Giardini Unità d'Italia 1 – ✆ 05 41 95 43 61 – info@michelacci.com – Fax 05 41 95 45 44
140 cam – 115/126 € 230/252 € – 10 suites – ½ P 128/158 € – **Rist** – (solo per alloggiati) Menu 35/40 €
◆ Nel cuore della città, l'elegante risorsa si affaccia sul golfo ed offre ambienti curati nei dettagli, una piscina termale, un moderno centro benessere ed una sala congressi.

Alexander (riscaldata) rist, 60,
via Panoramica 35 – ✆ 05 41 95 41 66 – info@alexanderhotel.it – Fax 05 41 96 01 44 – Aprile-ottobre
48 cam – 110/130 € 150/180 € – ½ P 85/105 € – **Rist** – *(aprile-settembre)* (solo per alloggiati) Menu 26/36 €
◆ Ubicata tra mare e collina, una struttura classica con ambienti di moderna eleganza, area fitness, sala biliardo, animazione ed attrezzature per le vacanze dei più piccoli.

Sans Souci rist,
viale Mare 9 – ✆ 05 41 95 01 64 – sanssouci@parkhotels.it – Fax 05 41 95 26 12 – Aprile-20 ottobre
86 cam – 65/140 € 90/185 € – 4 suites – ½ P 51/108 € – **Rist** – Carta 31/58 €
◆ In posizione panoramica, questo moderno hotel, recentemente rinnovato, domina la costa ed offre ambienti dai semplici arredi di gusto moderno ed una dependance.

Venus rist,
via Panoramica 29 – ✆ 05 41 96 26 01 – venus@gabiccemare.com – Fax 05 41 95 22 20 – Aprile-settembre
43 cam – 70/80 € 90/105 €, 11 € – ½ P 90/106 € – **Rist** – (solo per alloggiati)
◆ Ambienti spaziosi dal sobrio arredo, sauna, palestra e due piscine in questa grande risorsa ubicata in zona residenziale a pochi passi dal centro.

Majestic (riscaldata) rist,
via Balneare 10 – ✆ 05 41 95 37 44 – majestic@gabiccemare.com – Fax 05 41 96 13 58 – 10 maggio-settembre
55 cam – 50/80 € 90/130 €, 8 € – ½ P 65/92 € – **Rist** – (solo per alloggiati) Menu 18/28 €
◆ Nella zona alta della località, una piscina separa la struttura principale dalla dependance, entrambi con interni ampi e signorili; possibilità di grigliate in spiaggia.

Losanna (riscaldata) rist,
piazza Giardini Unità d'Italia 3 – ✆ 05 41 95 03 67 – losanna@gabiccemare.com – Fax 05 41 96 01 20 – 10 maggio-settembre
65 cam – 50/60 € 90/110 €, 8 € – ½ P 85/90 – **Rist** – Menu 15/26 €
◆ In posizione centrale e vicina al mare, la risorsa offre ambienti comuni arredati nei toni del giallo e del blu, camere semplici e con balcone, sala lettura e da biliardo. Ricco buffet di verdure e antipasti a pranzo a cend.

Bellavista rist,
piazza Giardini Unità d'Italia 9 – ✆ 05 41 95 46 40 – bellavista@gabiccemare.com – Fax 05 41 95 02 24 – Pasqua-26 settembre
58 cam – 60/70 € 100/110 € – ½ P 60/70 € – **Rist** – (solo per alloggiati)
◆ Un hotel gestito da più di quarant'anni sempre dalla stessa famiglia; nel centro di Gabicce, a pochi passi dal mare, offre un nuovo maquillage nella facciata e nella hall.

Thea rist,
via Vittorio Veneto 11 – ✆ 05 41 95 00 52 – info@hotelthea.it – Fax 05 41 95 45 18 – Pasqua-10 ottobre
30 cam – 30/50 € 50/80 € – ½ P 60/70 € – **Rist** – *(giugno-settembre)* Carta 22/34 €
◆ Direttamente sul mare con accessso diretto alla spiaggia, l'hotel mette a disposizione degli ospiti ambienti recentemente rinnovati negli arredi e camere con eco orientali. Sala da pranso al primo piano con vista sue Mediterraneo.

Marinella rist,
via Vittorio Veneto 127 – ✆ 05 41 95 45 71 – marinella@gabiccemare.com – Fax 05 41 95 04 26 – Pasqua-settembre
48 cam – – 50 € 80 € – 6 suites – ½ P 50/100 € – **Rist** – Carta 21/28 €
◆ In pieno centro, la risorsa è gestita da una famiglia di provata esperienza, dispone di camere semplici ed ampie ed è un ideale punto di appoggio per escursioni nei dintorni. In giardino a in veranda, a cena vi attende un ricco buffet.

Il Traghetto
via del Porto 27 – ✆ 05 41 95 81 51 – Fax 05 41 96 36 22 – Chiuso dal 29 novembre al 19 gennaio e martedì (escluso agosto)
Rist – Carta 33/53 €
◆ Dotata di uno spazio riservato ai fumatori, il ristorante propone una gustosa cucina regionale e di pesce cui sapientemente accostare un buon bicchiere di vino.

a Gabicce Monte Est : 2,5 km – alt. 144 m – ✉ 61011 – Gabicce Mare

Posillipo 50,
via dell'Orizzonte 1 – ✆ 05 41 95 33 73 – info@hotelposillipo.com – Fax 05 41 95 30 95 – Marzo-ottobre
33 cam – 92/118 € 124/176 € – ½ P 83/103 € – **Rist** – *(chiuso lunedì e a mezzogiorno escluso domenica da marzo a maggio e da settembre a ottobre)* Carta 35/67 €
◆ In cima al colle di Gabicce, sovrasta il verde e il mare, dispone di ampie camere arredate con sobria modernità e rilassanti spazi comuni tra cui una piscina. A paranzo o a cena, si può gustare il menù di pesce sulle grandi terrazze panoramiche.

Osteria della Miseria
via Dei Mandorli 2 – ✆ 05 41 95 83 08 – info@osteria.ws – Fax 05 41 83 82 24 – Chiuso lunedì e anche il martedì in giugno e luglio
Rist – Carta 30/35 €
◆ Una moderna osteria con pareti tappezzate da foto in bianco e nero che ritraggono musicisti di blues e di jazz, dove assaporare una semplice ma attenta cucina regionale.

GADANA – Pesaro e Urbino – Vedere Urbino

GAETA – Latina (LT) – 563 S23 – 20 683 ab. – ✉ 04024 *Italia* 13 D3

Roma 141 – Frosinone 99 – Caserta 79 – Latina 74 – Napoli 94
via Filiberto 5 ✆ 0771 461165, Fax 0771 450779
Golfo★ – Duomo : Candelabro pasquale★

Villa Irlanda Grand Hotel cam, 150,
lungomare Caboto 6, Nord : 4 km – ✆ 07 71 71 25 81 – villairlanda@villairlanda.com – Fax 07 71 71 21 72
43 cam – 74/90 € 118/175 € – 5 suites – ½ P 84/111 € – **Rist** – Carta 32/48 €
◆ A partire dalla piscina, in un parco con villa e convento d'inizio secolo, sino ai resti di una domus romana, un complesso di gran fascino, tra il mare e le prime alture. Sala da pranzo di armonica bellezza, ricavata da un'antica chiesa, ancora con il ciborio.

Antico Vico
vico 2 del Cavallo 2/4 – ✆ 07 71 46 51 16 – info@anticovico.it – Fax 07 71 74 02 28 – Chiuso dal 10 al 20 gennaio e mercoledì
Rist – Carta 40/52 €
◆ Nel cuore della città vecchia, al pianterreno di un edificio del '300 non distante dalla piazza del Duomo, un servizio estivo all'aperto nella cornice di palazzi d'epoca.

X **Trattoria la Cianciola**

vico 2 Buonomo 16 – ✆ 07 71 46 61 90 – Fax 07 71 46 47 84 – Chiuso novembre e lunedì escluso agosto
Rist – Carta 22/31 €
◆ Il nome evoca l'antica pesca fatta dalle imbarcazioni con le lampare; oggi, un'eco nostalgica in uno stretto vicolo affacciato sul lungomare. Menù, come ovvio, di pesce.

sulla strada statale 213

Grand Hotel Le Rocce ← mare e costa,

via Flacca km 23,300, Ovest : 6,8 km ✉ 04024 – ✆ 07 71 74 09 85 – info@lerocce.com – Fax 07 71 74 16 33 – Maggio-settembre
57 cam – †250/285 € ††265/300 € – ½ P 175/187 € – **Rist** – *(chiuso a mezzogiorno)* Carta 37/61 €
◆ Davvero una magnifica ambientazione, fra una natura rigogliosa e un'acqua cristallina, con una serie di ariose terrazze fiorite sul mare e strutture d'un bianco intenso. Sala da pranzo di rustica e sobria eleganza; incantevole vista dal dehors estivo.

Grand Hotel Il Ninfeo ← mare e costa, 50,

via Flacca km 22,700, Ovest : 7,4 km ✉ 04024 – ✆ 07 71 74 22 91 – info@grandhotelilninfeo.it – Fax 07 71 74 07 36 – Aprile-ottobre
40 cam – †80/108 € ††119/175 €, ☐ 10 € – ½ P 107/140 € – **Rist** – Carta 32/52 €
◆ Proprio sulla spiaggia dell'incantevole insenatura di S. Vito, una bella struttura digradante sul mare attraverso la vegetazione; ambienti nuovi e luminosi, ben curati. Un vero quadro sulla marina blu la suggestiva sala ristorante.

GAGGIANO – Milano (MI) – 561 F9 – 8 268 ab. – alt. 116 m – ✉ 20083 18 A2

Roma 580 – Alessandria 92 – Milano 14 – Novara 37 – Pavia 33

X **Trattoria della Fratellanza**

piazza Vittorio Veneto, 5 – ✆ 029 08 52 87 – Chiuso dal 24 dicembre al 7 gennaio, agosto, lunedì sera e martedì
Rist – Carta 31/37 €
◆ Antica trattoria, semplice e accogliente, sulla piazza: da generazioni, la famiglia prepara specialità milanesi e lombarde e offre servizio estivo sotto un pergolato.

a Vigano Sud : 3 km – ✉ 20083 – Gaggiano

XX **Antica Trattoria del Gallo**

via Kennedy 1/3 – ✆ 029 08 52 76 – trattoria.gallo@tiscalinet.it – Fax 02 90 84 42 10 – Chiuso dal 25 dicembre al 10 gennaio, agosto, lunedì e martedì
Rist – Carta 37/47 €
◆ Nato a fine '800, un locale di vecchia tradizione rurale, rinnovato nelle strutture, con servizio estivo in giardino: i piatti mantengono salde matrici territoriali.

GAGGIO MONTANO – Bologna (BO) – 562 J14 – 4 887 ab. – alt. 682 m – ✉ 40041 8 B2

Roma 353 – Bologna 61 – Lucca 85 – Modena 76

Agriturismo Ca' di Fos ← vallata,

via Ronchidoso 731, Ovest : 3 km – ✆ 053 43 70 29 – info@agristurismo-cadifos.com – Fax 053 43 85 21 – Chiuso gennaio e febbraio
8 cam – solo ½ P 50 € – **Rist** – (solo su prenotazione) 25 €
◆ In una zona montana, nelle vicinanze di Porretta Terme e con piacevole vista dei colli bolognesi, una piccola e accogliente struttura agrituristica, davvero ben tenuta. Ottimo il servizio ristorante gestito dalla proprietaria, cuoca "di un tempo".

GAIANO – Salerno – 564 E26 – Vedere Fisciano

GAIBANA – Ferrara – 562 H16 – Vedere Ferrara

GAIBANELLA – Ferrara – 562 H17 – Vedere Ferrara

GAIOLE IN CHIANTI – Siena (SI) – 563 L16 – 2 599 ab. – alt. 356 m – ✉ 53013

Toscana 29 C2

Roma 252 – Firenze 60 – Siena 28 – Arezzo 56

via Galilei 11 ✆ 0577 749411, prolocogaiole@libero.it, Fax 0577 749411

Castello di Spaltenna ← colline e campagna, 40, P VISA AE

località Spaltenna 13 – ✆ 05 77 74 94 83 – info@spaltenna.it – Fax 05 77 74 92 69 – Chiuso dal 7 gennaio al 31 marzo

37 cam – 230/330 € – 8 suites – ½ P 225 €

Rist *Ristorante della Pieve* – Carta 52/76 €

◆ Incorniciato dal tipico paesaggio toscano, l'albergo racconta di sè dalle antiche mura ed ospita ambienti confortevoli e caratteristici; attrezzature sportive e per il relax. Nel chiostro, romantiche cene a lume di candela.

L'Ultimo Mulino rist, P VISA AE

località La Ripresa di Vistarenni Ovest : 6 km – ✆ 05 77 73 85 20 – info@ultimomulino.it – Fax 05 77 73 86 59 – Aprile-15 novembre

13 cam – 140/180 € 160/232 € – **Rist** – *(chiuso a mezzogiorno)* (solo per alloggiati) Carta 46/56 €

◆ Celato dalla tranquillità dei bischi, l'hotel nasce dal restauro di un antico mulino medievale arredato in stile e dotato di confort moderni negli ambienti.

La Fonte del Cieco senza rist VISA AE

via Ricasoli 18 – ✆ 05 77 74 40 28 – info@lafontedelcieco.it – Fax 05 77 74 44 07

8 cam – 63/82 € 100/129 €

◆ Situato sulla piazza centrale del paese, è un caratteristico edificio dei primi del Novecento sorto sopra ad una sorgente d'acqua ed offre camere recentrtemente rinnovate.

XX **Badia a Coltibuono** 30, P VISA

località Coltibuono Nord-Est : 5,5 km – ✆ 05 77 74 90 31 – ristbadia@coltibuono.com – Fax 05 77 74 90 31 – Chiuso dal 10 gennaio al 10 marzo e lunedì (escluso maggio-ottobre)

Rist – Carta 34/45 €

◆ Fondata quale luogo di culto e di meditazione, oggi la badia è un ambiente sobriamente elegante dove assaporare i profumi della terra del Chianti.

sulla strada statale 408 Sud : 12 km – ✉ 53013 – Gaiole in Chianti

Le Pozze di Lecchi P VISA AE

località Molinaccio al km 21, Sud-Ovest 6,3 km – ✆ 05 77 74 62 12 – info@lepozzedilecchi.it – Fax 05 77 74 62 14 – Chiuso 7 gennaio-marzo

14 cam – 111/265 € 160/305 € – ½ P 195 € – **Rist** – *(chiuso mercoledì)* Carta 37/46 €

◆ Ideale per un soggiorno di tranquillità, l'hotel è il risultato del restauro di un mulino. Negli ambienti, attenzione nelle rifiniture degli arredi, travi cotto e arte povera. Piccola sala dall'atmosfera classica con proposte di cucina regionale.

Borgo Argenina senza rist ← colline e vigneti, P VISA AE

località Argenina, San Marcellino Monti. Al km 14, Sud : 12 km – ✆ 05 77 74 71 17 – borgoargenina@libero.it – Fax 05 77 74 72 28 – 4 marzo-9 novembre

10 cam – 210/250 € – 5 suites

◆ Circondato da verdi colline che ne preservano la tranquillità, offre ambienti arredati nello stile del primo Novecento, cucina con camino e camere confortevoli ma semplici.

a San Sano Sud-Ovest : 9,5 km – ✉ 53013 – Lecchi

San Sano cam, P VISA AE

località San Sano 6 – ✆ 05 77 74 61 30 – info@sansanohotel.it – Fax 05 77 74 61 56 – Aprile-ottobre

16 cam – 120/180 € – ½ P 90/120 € – **Rist** – *(chiuso a mezzogiorno)* (solo per alloggiati) 30 €

◆ Circondato dalle colline e da un giardino di ulivi, la struttura dispone di camere arredate in modo classico con pietre e travi a vista, sala lettura e piscina all'aperto.

a Lecchi Sud : 10 km – ✉ 53010

Borgolecchi senza rist
via San Martino 50 – ☎ 05 77 74 69 03 – info@borgolecchi.com – Fax 05 77 74 68 14 – Maggio-dicembre
5 cam – †88/98 € ††98/120 €
◆ Ricavato da una dimora di epoca medievale, offre una sala comune con camino e camere in stile rustico. In primavera e in autunno si organizzano attività per gli ospiti.

GAIONE – Parma – 562 H12 – Vedere Parma

GALATINA – Lecce (LE) – 564 G36 – 27 815 ab. – alt. 78 m – ✉ 73013 *Italia* 27 D3

Roma 588 – Brindisi 58 – Gallipoli 22 – Lecce 20 – Taranto 95

Palazzo Baldi senza rist — 80,
corte Baldi 2 – ☎ 08 36 56 83 45 – hbaldi@tin.it – Fax 08 36 56 48 35
14 cam – †90 € ††120 € – 3 suites
◆ In pieno centro, un'elegante residenza vescovile di origini cinquecentesche custodisce camere di differenti tipologie con arredi in stile, arricchiti con inserti in ceramica.

GALATRO – Reggio di Calabria (RC) – 564 L3 – 2 137 ab. – alt. 158 m – ✉ 89054 5 A3

Roma 659 – Reggio di Calabria 77 – Catanzaro 110 – Cosenza 140 – Messina 69

Karadros Thermae Hotel (termale) — 150,
viale delle Terme 1 – ☎ 09 66 90 32 00 – termeservice@virgilio.it – Fax 09 66 90 31 99
52 cam – †51 € ††86 € – **Rist** – Carta 23/38 €
◆ Ad un chilometro dal centro, la zona è verdeggiante, circondata da boschi ed agrumeti. Struttura moderna che include un centro termale, ideale per relax e cure. Ampio e capiente ristorante, cucina nazionale in menù.

GALLARATE – Varese (VA) – 561 F8 – 48 472 ab. – alt. 238 m – ✉ 21013 18 A2

Roma 617 – Stresa 43 – Milano 40 – Como 50 – Novara 34 – Varese 18

Astoria senza rist
piazza Risorgimento 9/A – ☎ 03 31 79 10 43 – hotel@astoria.ws – Fax 03 31 77 26 71
50 cam – †80/117 € ††100/144 €
◆ Ubicato nel centro del paese, costituisce un valido punto d'appoggio per il vicino aeroporto di Malpensa; camere pulite e ordinate, arredi sobri e confortevoli.

Trattoria del Ponte
corso Sempione 99 – ☎ 03 31 77 72 92 – info@trattoriadelponte.com – Fax 03 31 78 96 59 – Chiuso mercoledì
Rist – Carta 28/43 €
◆ Frequentata trattoria non molto distante dal centro. Le specialità profumano di mare e valgono una cena, ma per chi ha fretta c'è un'ottima lista di pizze.

GALLIANO – Firenze – 563 J15 – Vedere Barberino di Mugello

GALLIATE LOMBARDO – Varese (VA) – 839 ab. – alt. 335 m – ✉ 21020 18 A1

Roma 639 – Stresa 41 – Como 34 – Lugano 47 – Milano 58 – Varese 11

Antica Trattoria Monte Costone — 24,
via IV Novembre 10 – ☎ 03 32 94 71 04 – info@anticatrattoriamontecostone.com – Fax 03 32 94 71 04 – Chiuso tre settimane in gennaio, martedì e a mezzogiorno (escluso sabato e festivi)
Rist – Carta 46/61 €
◆ Giovane gestione per questa realtà che offre un gradevole servizio estivo sulla terrazza soleggiata e pochi coperti e propone piatti creativi, su base mediterranea.

GALLIERA VENETA – Padova (PD) – 562 F17 – 6 803 ab. – alt. 30 m – ✉ 35015
37 **B1**

Roma 535 – Padova 37 – Trento 109 – Treviso 32 – Venezia 71 – Vicenza 34

Al Palazzon 15/25,
via Cà Onorai 2 località Mottinello Nuovo – ✆ 04 95 96 50 20 – alpalazzon@libero.it – Fax 04 95 96 59 31 – Chiuso agosto e lunedì
Rist – Carta 25/38 €
◆ Esternamente la struttura è quella di un cascinale, all'interno si scoprono tre salette eleganti, curate nei particolari; valida gestione familiare e piatti anche di pesce.

GALLIO – Vicenza (VI) – 562 E16 – 2 378 ab. – alt. 1 090 m – Sport invernali : *1 090/1 730 m* *47 (Altopiano di Asiago)* – ✉ 36032
35 **B2**

Roma 577 – Trento 68 – Belluno 88 – Padova 94 – Treviso 82 – Vicenza 61

Gaarten rist, rist, 100,
via Kanotole 13 – ✆ 04 24 44 51 02 – info@gaartenhotel.com – Fax 04 24 44 54 52
45 cam – 110/145 € 170/240 € – **Rist** – Carta 28/50 €
◆ Struttura di recente realizzazione, in stile montano, d'impostazione moderna e decisamente confortevole. Per vacanze all'insegna del relax, ma anche per congressi in altura. Interessante menù con piatti classici, ma anche ispirati dal territorio.

GALLIPOLI – Lecce (LE) – 564 G35 – 20 461 ab. – ✉ 73014 *Italia*
27 **D3**

Roma 628 – Brindisi 78 – Bari 190 – Lecce 37 – Otranto 47 – Taranto 93

piazza Imbriani 10 ✆ 0833 262529

Interno★ della chiesa della Purissima

Palazzo del Corso senza rist 50,
corso Roma 145 – ✆ 08 33 26 40 40 – info@hotelpalazzodelcorso.it – Fax 08 33 26 50 52
7 cam – 230/280 € 250/300 €, 15 € – 3 suites
◆ A pochi passi dal centro storico, un palazzo ottocentesco dagli eleganti ambienti arredati con tessuti e mobilia di pregio ed un roof-garden con buffet caldi e freddi.

Palazzo Mosco Inn senza rist
via Micetti 26 – ✆ 08 33 26 65 62 – info@hotelpalazzodelcorso.it – Fax 08 33 26 51 08 – Aprile-novembre
10 cam – 130/180 € 150/200 € – 1 suite
◆ Tra vicoli e palazzi storici, un edificio dell'Ottocento ospita nei suoi ambienti dai mosaici originali, camere arredate con gusto e una terrazza solarium con vista sul golfo.

Relais Corte Palmieri senza rist
corte Palmieri 3 – ✆ 08 33 26 53 18 – info@hotelpalazzodelcorso.it – Fax 08 33 26 50 52 – Aprile-novembre
16 cam – 130/180 € 150/200 € – 3 suites
◆ Un gioiello nel cuore di Gallipoli: in un palazzo del '700 restaurato nel pieno rispetto della struttura originaria, una risorsa unica, curata e ricca di personalizzazioni.

La Puritate
via Sant'Elia 18 – ✆ 08 33 26 42 05 – Chiuso ottobre e mercoledì escluso da giugno a settembre
Rist – Carta 31/49 €
◆ Sulla passeggiata che costeggia le mura, il ristorante dispone di un'elegante veranda in legno e una cucina con proposte esclusivamente a base di pesce.

Il Bastione
riviera Nazario Sauro 28 – ✆ 08 33 26 38 36 – Fax 08 33 26 38 36 – Chiuso lunedì escluso dal 15 giugno al 15 settembre
Rist – Carta 26/53 €
◆ Vicino alle mura del centro storico, un piacevole locale con vista sul mare dispone di una sala dagli alti soffitti e dl una veranda in legno dove gustare piatti di pesce.

sulla strada Litoranea Sud-Est : 6 km :

Grand Hotel Costa Brada rist, 210,
litoranea per Santa Maria di Leuca ✉ 73014 –
✆ 08 33 20 25 51 – info@grandhotelcostabrada.it – Fax 08 33 20 25 55
80 cam – ♦150 € ♦♦184/300 € – ½ P 320/400 € – **Rist** – Carta 35/50 €
♦ Direttamente sulla spiaggia, una struttura dalle bianche pareti, dispone di ampie zone comuni, camere confortevoli dagli arredi curati ed un attrezzato centro benessere. I tradizionali sapori mediterranei trovano consenso nell'elegante sala da pranzo.

Ecoresort Le Sirenè rist, 300,
litoranea per Santa Maria di Leuca ✉ 73014 –
✆ 08 33 20 25 36 – lesirenuse@attiliocaroli.it – Fax 08 33 20 25 39
120 cam – ♦110 € ♦♦140 € – **Rist** – *(aprile-ottobre)* Menu 33 €
♦ Frontemare, circondato da una gradevole pineta, la risorsa dispone di ambienti dai sobri arredi, ideali per un soggiorno votato allo sport o al relax. Nella spaziosa sala ristorante, specialità gastronomiche legate alla tradizione salentina.

Masseria Li Foggi senza rist
contrada Li Foggi – ✆ 08 33 27 72 17 – info@kalekora.it – Fax 08 33 27 72 17 – Aprile-ottobre
8 suites – ♦70/150 € ♦♦100/270 €
♦ Circondata da curati giardini con colture di ulivi ed in posizione isolata, un' antica masseria ospita eleganti appartamenti con arredi di buon gusto ed equilibrio di colori.

GALLODORO – **Messina** – 565 N27 – **Vedere Sicilia alla fine dell'elenco alfabetico**

GALLUZZO – **Firenze** – 563 K15 – **Vedere Firenze**

GALZIGNANO TERME – **Padova (PD)** – **562 G17** – **4 252 ab.** – **alt. 22 m** – ✉ **35030** 35 **B3**

Roma 477 – Padova 20 – Mantova 94 – Milano 255 – Rovigo 34 – Venezia 60

, Sud : 3km a Valsanzibio di Galzignano, ✆ 049 919 51 00.

verso Battaglia Terme Sud-Est : 3,5 km :

Sporting Hotel Terme (termale) rist,
viale delle Terme 82 ✉ 35030 –
✆ 04 99 19 50 00 – reservations@galzignano.it – Fax 04 99 19 52 50 – Chiuso dal 10 al 20 dicembre
105 cam – ♦107/126 € ♦♦186/232 € – 5 suites – ½ P 100/123 €
Rist – Menu 30 €
♦ Alle falde dei colli Euganei, poco lontano da Padova e Venezia, una struttura di concezione moderna, di recente rinnovata nella zona notte. Piscina coperta con angolo bar.

Splendid Hotel Terme (termale) rist,
viale delle Terme 82 ✉ 35030 –
✆ 04 99 19 60 00 – prenotazioni@galzignano.it – Fax 04 99 19 62 50 – 17 marzo-20 ottobre
91 cam – 1 suite – solo ½ P 90/110 € – **Rist** – Menu 30/35 €
♦ Giardino ombreggiato con piscina termale per una grande risorsa alberghiera sempre inserita nel contesto delle Terme; confortevoli camere eleganti, nuove e accessoriate.

Green Park Hotel Terme (riscaldata) rist,
viale delle Terme 80 ✉ 35030 –
✆ 04 99 19 70 00 – reservations@galzignano.it – Fax 04 99 19 72 50 – 16 marzo-22 ottobre
90 cam – ♦78/90 € ♦♦140/170 € – 4 suites – ½ P 77/92 € – **Rist** – Menu 30 €
♦ Una hall che si estende per tutta la lunghezza dell'edificio, al piano terra; stanze di buon livello e con arredi recenti; giardino ombreggiato con piscina riscaldata.

Majestic Hotel Terme (termale) rist, 60,
viale delle Terme 84 ✉ 35030 – ✆ 04 99 19 40 00 – reservations@galzignano.it – Fax 04 99 19 47 50 – 3 marzo-5 novembre
110 cam – 71/93 € 134/160 € – 7 suites – ½ P 67/87 € – **Rist** – Menu 30 €
◆ Veste classica anche per questa bella struttura che, con lo Splendid Hotel, divide il giardino ombreggiato con piscina termale; valida disposizione degli spazi comuni.

GAMBARA – Brescia (BS) – 561 G12 – **4 607 ab. – alt. 51 m** – ✉ **25020** 17 **C3**
Roma 530 – Brescia 42 – Cremona 29 – Mantova 63 – Milano 97

Gambara senza rist 20,
via campo Fiera 22 – ✆ 03 09 95 62 60 – info@hotelgambara.it – Fax 03 09 95 62 71
13 cam – 55 € 70/75 €
◆ La tradizione alberghiera di questo edificio risale ai primi del '900; da poco rinnovato, assicura confort e atmosfera in un ambiente familiare. Belle camere personalizzate.

GAMBARARE – Venezia – Vedere Mira

GAMBARIE D'ASPROMONTE – Reggio di Calabria (RC) – 564 M29 – **alt. 1 300 m** – ✉ **89050** 5 **A3**
Roma 672 – Reggio di Calabria 43 – Catanzaro 151 – Lamezia Terme 126

Centrale rist, 150,
piazza Mangeruca 23 – ✆ 09 65 74 31 33 – info@hotelcentrale.net – Fax 09 65 74 31 41
48 cam – 50/60 € 65/70 € – ½ P 55/60 € – **Rist** – Carta 22/29 €
◆ Nel centro della località, un esercizio semplice e ben tenuto, stanze spaziose con mobili in ligne. Gestione ospitale, possibilità di escursioni guidate in mountain-bike. Piatti da gustare in due sale ristorante, la più piccola ristrutturata di recente.

GAMBASSI TERME – Firenze (FI) – 563 L14 – **4 792 ab. – alt. 332 m** – ✉ **50050** 28 **B2**
Roma 285 – Firenze 59 – Siena 53 – Pisa 73 – Prato 63

Villa Bianca
via Gramsci 113 – ✆ 05 71 63 80 75 – info@villabiancahotel.it – Fax 05 71 63 92 44
9 cam – 90/130 € 140/180 € – ½ P 115/125 €
Rist *Gambasinus* – Carta 34/45 €
◆ Sobria ed elegante villa privata, ristrutturata a regola d'arte per ricavare un hotel gradevole e accogliente. Completamente immersa nel parco con piscina. I sapori del territorio riella sala de pranso che evoca nel riome l'arte di antichi vetnai.

GAMBELLARA – Vicenza (VI) – 562 F16 – **3 267 ab. – alt. 70 m** – ✉ **36053** 35 **B3**
Roma 532 – Verona 37 – Padova 56 – Venezia 89 – Vicenza 25

Antica Osteria al Castello 12,
via Castello 23, località Sorio Sud : 1 km – ✆ 04 44 44 40 85 – Info@anticaosteriaalcastello.com – Fax 04 44 44 40 85 – Chiuso domenica
Rist – Carta 34/44 €
◆ Trattoria di tradizione familiare che ultimamente, con la giovane gestione, ha ricevuto un tocco di originalità ed eleganza sia nell'ambiente che nell'impostazione del menù.

GAMBOLÒ – Pavia (PV) – 561 G8 – **8 737 ab. – alt. 104 m** – ✉ **27025** 16 **A3**
Roma 586 – Alessandria 71 – Milano 43 – Novara 36 – Pavia 32 – Vercelli 44

Da Carla
frazione Molino d'Isella 3, Est : 6 km – ✆ 03 81 93 95 82 – info@trattoriadacarla.com – Fax 03 81 93 00 06 – Chiuso dal 16 al 31 agosto e mercoledì
Rist – Carta 20/41 €
◆ Due accoglienti sale con soffitti in legno, pareti bianche e camino; una trattoria di campagna, nei pressi di un pittoresco canale, con in menù piatti a base di rane e oca.

GANNA – Varese (VA) – 561 E8 – alt. 456 m – ✉ 21039 – VALGANNA 18 **A1**

Roma 645 – Como 36 – Lugano 20 – Milano 64 – Varese 11

Villa Cesarina

via degli Alpini 7 – ✆ 03 32 71 97 21 – villacesarina@libero.it – Fax 03 32 71 90 07

9 cam – 60/70 € 80/110 € – ½ P 60/75 € – **Rist** – *(chiuso a mezzogiorno)* 20 €

◆ Nel comune che dà nome alla Valle, sita nel verde e presso il laghetto di Ghirla, una signorile villa d'epoca liberty, arredata con ricercatezza. Piccola piscina in giardino.

GANZIRRI – Messina – 565 M28 – Vedere Sicilia (Messina) alla fine dell'elenco alfabetico

GARBAGNATE MILANESE – Milano (MI) – 561 F9 – 27 189 ab. – alt. 179 m – ✉ 20024 18 **B2**

Roma 588 – Milano 16 – Como 33 – Novara 48 – Varese 36

La Refezione 20,

via Milano 166 – ✆ 029 95 89 42 – Fax 029 95 89 42 – Chiuso dal 25 dicembre al 6 gennaio, agosto, domenica e lunedì a mezzogiorno

Rist – (Coperti limitati; prenotare) Carta 42/66 €

◆ Una fantasiosa cucina per l'elegante "club-house" all'interno di un centro sportivo; lasciatevi guidare dall'esperto titolare e dalla sua giovane équipe di collaboratori.

GARDA – Verona (VR) – 562 F14 – 3 707 ab. – alt. 68 m – ✉ 37016 *Italia* 35 **A2**

Roma 527 – Verona 30 – Brescia 64 – Mantova 65 – Milano 151 – Trento 82 – Venezia 151

via Don Gnocchi 23 ✆ 045 6270384, garda@aptgardaveneto.com, Fax 0457256720

Cà degli Ulivi, Nord : 3 km a Marciaga di Costermano, ✆ 045 627 90 30.

Punta di San Vigilio★★ Ovest : 3 km

Regina Adelaide cam, rist, 50,

via San Franceso d'Assisi 23 – ✆ 04 57 25 59 77 – hotel@regina-adelaide.it – Fax 04 57 25 62 63

47 cam – 143/209 € 176/264 € – 10 suites – ½ P 125/180 € – **Rist** – Carta 33/46 €

◆ Recente rinnovo per uno tra gli alberghi più blasonati del Garda, dotato di ampi spazi comuni, eleganti, giardino con piscina, varie attrezzature sportive, ottime camere. Curato settore ristorante; ambienti luminosi con grandi vetrate e dehors estivo.

Poiano 270,

via Fioria 7, Est : 2 km – ✆ 04 57 20 01 00 – hotel@poiano.com – Fax 04 57 20 09 00 – Marzo-ottobre

120 cam – 67/91 € 101/126 € – ½ P 75 € – **Rist** – Carta 23/36 €

◆ In collina tra il verde della vegetazione mediterranea, fuori dal centro, non molto distante dal lago, varie strutture con spazi esterni a perdita d'occhio; ogni confort. Servizio ristorante all'aperto, nella rilassante atmosfera dell'entroterra lacustre.

Flora senza rist

via Giorgione 27 – ✆ 04 57 25 53 48 – info@floragarda.com – Fax 04 56 27 79 40 – 20 maggio-20 settembre

48 cam – 60/120 € 70/160 €, 10 €

◆ Accattivante posizione per questo albergo, immerso in un giardino con piscine e minigolf, in una zona tranquilla, vicinissima al cuore della località e al lago stesso.

Bisesti cam, rist, rist,

corso Italia 34 – ✆ 04 57 25 57 66 – info@hotelbisesti.it – Fax 04 57 25 59 27 – Aprile-ottobre

90 cam – 70/74 € 120/127 € – ½ P 77 € – **Rist** (solo per allogiati) – Menu 17/19 €

◆ Uno degli hotel di più lunga tradizione a Garda; prossimo al centro storico, offre un ampio giardino con una piscina alimentata da acque sorgive; camere semplici, comode.

Gabbiano senza rist
via dei Cipressi 24 – 04 57 25 66 55 – info@hotelgabbianogarda.com – Fax 04 57 25 53 63 – Aprile-settembre
32 cam – 50 € 100 €
◆ Sita in zona residenziale, sulla via tra Garda e Punta S. Vigilio, una struttura semplice, ad andamento e conduzione familiari; ideale per un relax nei pressi del lago.

San Marco cam,
largo Pisanello 3 – 04 57 25 50 08 – zimmer@hotelsanmarco.it – Fax 04 57 25 67 49 – Marzo-dicembre
15 cam – 70/90 € – **Rist** – Carta 30/50 €
◆ Albergo di tradizione familiare ormai da decenni, con il Garda al di là della strada e un settore notte ben isolato; ambienti sufficientemente confortevoli e decorosi. Sala ristorante connotata dalla ricchezza di quadri, decori alle pareti, arredi in stile.

All'Ancora
via Manzoni 7 – 04 57 25 52 02 – info@allancora.com – Fax 04 56 27 98 63 – 15 marzo-dicembre
18 cam – 32/42 € 64/84 € – ½ P 42/52 € – **Rist** – Carta 20/37 €
◆ Ubicazione centralissima, a pochi metri dal lago; soluzione per un soggiorno senza pretese, ma con rara cura del cliente. Ottima la tenuta e simpatia nella gestione. Nell'accogliente sala da pranso fiori fresdri a centrotavola.

GARDA (Lago di) o BENACO★★★ – Brescia, Trento e Verona – 561 F13 Italia

GARDONE RIVIERA – Brescia (BS) – 561 F13 – 2 665 ab. – alt. 85 m – 25083 Italia 17 C2

Roma 551 – Brescia 34 – Bergamo 88 – Mantova 90 – Milano 129 – Trento 91 – Verona 66

corso Repubblica 8 0365 20347, iat.gardoneriviera@tiscali.it, Fax 0365 20347

Bogliaco Toscolano Maderno, Est : 10 km, 0365 64 30 06.

Posizione pittoresca★★ – Tenuta del Vittoriale★ (residenza e tomba di Gabriele d'Annunzio) Nord-Est : 1 km

Grand Hotel (riscaldata) rist, 300,
corso Zanardelli 84 – 036 52 02 61 – ghg@grangardone.it – Fax 036 52 26 95 – Aprile- 21 ottobre
168 cam – 122/134 € 213/237 € – ½ P 149 € – **Rist** – Carta 40/55 €
◆ Hotel storico dell'ospitalità gardesana, creato nel 1886; oggi unisce confort moderni alla magica posizione con terrazza-giardino fiorita sul lago e piscina riscaldata. Fascino e prestigio d'altri tempi anche nel ristorante con una veranda affacciata sul lago.

Villa Sofia senza rist lago,
via Cornella 9 – 036 52 27 29 – villasofia@savoypalace.it – 4 novembre-23 marzo
35 cam – 125/155 € 155/230 €
◆ Villa d'inizio '900 in posizione dominante e panoramica. Tanto verde ben curato vicino alle piscine, confort elevato e accoglienza cordiale nei caldi ambienti interni.

Savoy Palace rist, rist, 90,
via Zanardelli 2/4 – 03 65 29 05 88 – info@savoypalace.it – Fax 03 65 29 05 56 – 24 marzo-3 novembre
60 cam – 125/180 € 185/280 € – ½ P 120/168 € – **Rist** – Carta 41/55 €
◆ Accorto il progetto di recente restauro che ha ravvivato una pietra miliare dell'hotellerie locale: il risultato, in un giardino con piscina sul lungolago, è encomiabile. Nella sala da pranzo resiste, nonostante il rinnovo, l'atmosfera d'altri tempi.

Villa Capri senza rist
corso Zanardelli 172 – 036 52 15 37 – info@hotelvillacapri.com – Fax 036 52 27 20 – Aprile-ottobre
54 cam – 155/220 €
◆ Magnifico parco in riva al lago con piscina e bella, raffinata struttura chiara, da poco rinnovata, annessa al corpo originario costituito da una incantevole villa d'epoca.

Bellevue ← rist, P VISA

corso Zanardelli 40 – ✆ 03 65 29 00 88 – info@hotelbellevue-gardone.com – Fax 03 65 29 00 80 – Aprile-10 ottobre

30 cam – 70 € 106 € – ½ P 70 € – **Rist** – 25 €

◆ A monte della strada, un albergo d'inizio secolo, molto ben tenuto e con stanze confortevoli. Curatissima e gradevole la parte esterna: un giardino fiorito con piscina. Mantiene il sapore delle cose antiche la sala da pranzo, decorosa, con pavimento in legno.

Dimora Bolsone senza rist ← Vittoriale; lago e dintorni, P VISA

via Panoramica 23, Nord-Ovest : 2,5 km – ✆ 036 52 10 22 – info@dimorabolsone.it – Fax 03 65 29 30 42 – Marzo-14 novembre

5 cam – 160 € 190 €

◆ Storico casale di campagna, le cui origini risalgono al XV sec., inserito in un grande parco che arriva a lambire il Vittoriale. "Giardino dei sensi" con piante di ogni tipo.

Villa Fiordaliso (Camanini) con cam ← cam, P VISA

corso Zanardelli 150 – ✆ 036 52 01 58 – info@villafiordaliso.it – Fax 03 65 29 00 11 – Marzo-ottobre

7 cam – 240/450 € – 1 suite – **Rist** – *(chiuso lunedì e martedì a mezzogiorno)* Carta 60/100 €

Spec. Spaghetti al fumo, battuta di acciughe e pecorino di fossa. Pasta all'uovo alla chitarra, sarde di lago e aglio al mortaio. Scaloppa di fegato grasso d'oca cotto nel fieno, albicocche e mandorle fresche (estate).

◆ Fronte lago ed immersa nel parco, la villa liberty ospita il ristorante in sontuosi ambienti d'epoca. Cucina creativa, pesce di lago o di mare, carne e selezione di formaggi.

Agli Angeli con cam VISA

piazza Garibaldi 2, località Vittoriale – ✆ 036 52 08 32 – info@agliangeli.com – Fax 036 52 07 46 – Chiuso dal 15 novembre al 10 febbraio

16 cam – 80/95 € 85/135 € – 2 suites – **Rist** – *(chiuso martedì)* Carta 34/43 €

◆ A Gardone alta, a due passi dal Vittoriale e in pieno centro storico, una trattoria, a conduzione familiare, con alcune stanze; cucina casereccia e lacustre. Le camere si affacciano sulla piazzetto a sulle strade del borgo.

Fasano del Garda Nord-Est : 2 km – ✉ 25083

Grand Hotel Fasano e Villa Principe ← lago, (riscaldata) rist, 150, P VISA

corso Zanardelli 190 – ✆ 03 65 29 02 20 – info@ghf.it – Fax 03 65 29 02 21 – 7 aprile-15 ottobre

75 cam – 175/230 € 200/300 € – ½ P 187 €

Rist *Il Fagiano* – *(chiuso a mezzogiorno)* Carta 36/53 €

◆ Ex residenza di caccia della Casa Imperiale d'Austria, trae nome dalla "fasanerie" e ospita nel parco Villa Principe; terrazza-giardino sul lago, nuovo spazio wellness. Atmosfera di sobria eleganza nella sala ristorante, per gustare piatti anche lacustri.

Villa del Sogno ← lago, 30, P VISA

corso Zanardelli 107 – ✆ 03 65 29 01 81 – info@villadelsogno.it – Fax 03 65 29 02 30 – aprile-14 ottobre

32 cam – 238/350 € 340/500 € – 3 suites – ½ P 210/290 € – **Rist** – *(1 aprile- 14 ottobre)* Carta 55/75 €

◆ Indiscutibile il fascino della posizione, alta e panoramica sul lago, per questa bella villa liberty, ricca di parco e terrazze con piscina ad offrire un totale relax. Ambiente "fin de siècle" nella sala da pranzo, con soffitto decorato e bel pavimento ligneo.

GARGANO (Promontorio del)★★★ – Foggia – 564 B28

Un buon ristorante a prezzo contenuto?
Cercate i Bib Gourmand.

GARGNANO - Brescia (BS) - 561 E13 - 3 037 ab. - alt. 98 m - ✉ 25084

Italia 17 **C2**

Roma 563 – Verona 51 – Bergamo 100 – Brescia 46 – Milano 141 – Trento 79

Bogliaco Toscolano Maderno, Sud : 1,5 km, ✆ 0365 64 30 06.

Grand Hotel a Villa Feltrinelli

cam, cam,

via Rimembranze 38/40 – ✆ 03 65 79 80 00 – grandhotel@villafeltrinelli.com – Fax 03 65 79 80 01 – Aprile-ottobre

21 cam – 980/2100 € – 4 suites – **Rist** – *(chiuso a mezzogiorno)* (prenotare) Carta 100/130 € (+5 %)

♦ Arredi d'epoca, preziose boiserie, vetrate policrome, affreschi: meravigliosa villa storica in un incantevole parco in riva al lago; ambienti da sogno per avere il meglio. Piccola, raffinatissima sala da pranzo per gustare fantasiosi sapori del territorio.

Villa Giulia

viale Rimembranza 20 – ✆ 036 57 10 22 – info@villagiulia.it – Fax 036 57 27 74 – Aprile-ottobre

22 cam – 210/310 € – 1 suite – **Rist** – *(chiuso mercoledì sera)* Carta 45/67 €

♦ Posizione incantevole, leggermente decentrata, per un'ex residenza estiva in stile Vittoriano, avvolta da un curato giardino in riva al lago e con due piccoli annessi. In riva al lago, il ristorante propone la cucina regionale e quella italiana.

Meandro

rist,

via Repubblica 40 – ✆ 036 57 11 28 – info@hotelmeandro.it – Fax 036 57 20 12 – Febbraio-novembre

44 cam – 70/100 € 75/140 € – ½ P 80/90 € – **Rist** – Carta 23/33 €

♦ Una bassa costruzione, un po' arretrata rispetto al lago, ma con una bella vista e attorniata dal verde, in prossimità di una spiaggia pubblica. Camere rinnovate. Nuova sala da pranzo affacciata sul delizioso panorama circostante.

Riviera senza rist

via Roma 1 – ✆ 036 57 22 92 – info@garniriviera.it – Fax 03 65 79 15 61 – Pasqua-ottobre

20 cam – 45/80 € 55/90 €

♦ Indirizzo prezioso per diverse ragioni a partire dal caratteristico terrazzo vista lago dove vengono servite le colazioni, per arrivare alle camere graziose e curate.

Palazzina

lago,

via Libertà 10 – ✆ 036 57 11 18 – info@hotelpalazzina.it – Fax 036 57 15 28 – Aprile-4 ottobre

25 cam – 49/62 € 76/110 € – ½ P 44/61 € – **Rist** – *(chiuso a mezzogiorno)* Carta 19/30 €

♦ Sopraelevato rispetto al paese, un albergo dotato di piscina su terrazza panoramica protesa sul blu; conduzione familiare e clientela per lo più abituale. Suggestiva anche l'atmosfera al ristorante grazie alla particolare vista sul lago e sui monti che offre ai commensali.

La Tortuga (Cozzaglio)

via XXIV Maggio 5 – ✆ 036 57 12 51 – la.tortuga@libero.it – Fax 036 57 19 38 – Chiuso dal 15 novembre al 1° marzo, martedì e a mezzogiorno (escluso domenica da settembre a giugno)

Rist – Carta 48/68 €

Spec. Fantasie di lago. Tagliolini con code di gamberi e fiori di zucchine (estate). Filetto di maialino su crema di albicocche (estate).

♦ Nel centro storico, piccolo ed intimo locale con elementi di arredo rustico. La cucina soddisfa gli appassionati del pesce di lago ma anche di mare e qualche piatto di carne.

a Villa Sud : 1 km – ✉ 25084 – Gargnano

Baia d'Oro senza rist

via Gamberera 13 – ✆ 036 57 11 71 – info@hotelbaiadoro.it – Fax 036 57 25 68 – Pasqua-ottobre

10 cam – 80 € 125 €, 15 €

♦ Quasi una locanda esclusiva, un po' nascosta per chi cerca la quiete: una vecchia casa dai colori vivaci, con pontile privato; confortevoli e curate le camere.

GARGONZA – Arezzo – 563 M17 – Vedere Monte San Savino

GARLENDA – Savona (SV) – 561 J6 – 890 ab. – alt. 70 m – ✉ 17033 14 A2

Roma 592 – Imperia 37 – Albenga 10 – Genova 93 – Milano 216 – Savona 47

(maggio-settembre) via Roma 1 ✆ 0182 582114, garlenda@inforiviera.it

18, ✆ 0182 58 00 12.

La Meridiana

rist, 45,

via ai Castelli – ✆ 01 82 58 02 71 – meridiana@relaischateaux.com – Fax 01 82 58 01 50 – Marzo-novembre

12 cam – †200/220 € ††220/230 €, ☕ 22 € – 16 suites – ††360/800 €

Rist ***Il Rosmarino*** – *(chiuso lunedì e a mezzogiorno)* (consigliata la prenotazione) Carta 68/93 €

◆ Ospitalità ad alti livelli per una deliziosa residenza di campagna, curatissima negli interni e negli esterni, con camere personalizzate: ovunque eleganza e buon gusto. Ampio dehors sul giardino e una raffinata sala ristorante interna.

Hermitage

cam, 150,

via Roma 152 – ✆ 01 82 58 29 76 – info@hotelhermitage.info – Fax 01 82 58 29 75 – Chiuso gennaio

11 cam – †67/76 € ††80/125 €, ☕ 10 € – **Rist** – *(chiuso lunedì e a mezzogiorno)* (Coperti limitati; prenotare) Carta 30/50 €

◆ Comode stanze per un ambiente curato e familiare, situato in un giardino alberato, poco fuori del centro; ideale per golfisti che desiderino sostare nei pressi del campo. Menù da provare nell'accogliente sala interna o nell'ampia veranda.

GATTEO A MARE – Forlì-Cesena (FC) – 562 J19 – 5 992 ab. – ✉ 47043 9 D2

Roma 353 – Ravenna 35 – Rimini 18 – Bologna 102 – Forlì 41 – Milano 313

piazza della Libertà 10 ✆ 0547 86083, gatteomare@libero.it, Fax 054785393

Flamingo

(riscaldata) rist,

viale Giulio Cesare 31 – ✆ 054 78 71 71 – flamingo@hotel-flamingo.com – Fax 05 47 68 05 32 – Pasqua-ottobre

48 cam – †42/58 € ††68/85 €, ☕ 8 € – ½ P 70/82 € – **Rist** – (solo per alloggiati)

◆ La struttura, a pochi metri dalla spiaggia, offre camere nuove, graziose e confortevoli nonostante la bizzarra architettura esterna.

Estense

rist,

via Gramsci 30 – ✆ 054 78 70 68 – tonielli@hotelestense.net – Fax 054 78 74 89 – Chiuso novembre

38 cam – †30/45 € ††60/80 €, ☕ 6 € – ½ P 45/55 € – **Rist** – Carta 23/27 €

◆ Edificio dagli interni luminosi e chiari con spazi comuni recentemente ristrutturati e le camere semplici ed accoglienti. Sala da pranzo molto semplice con proposte gastronomiche ed enologiche di portata nazionale.

Imperiale

rist,

viale Giulio Cesare 82 – ✆ 054 78 68 75 – info@hotelimperiale.net – Fax 054 78 68 75 – Maggio-settembre

34 cam ☕ – †50/70 € ††100/130 € – ½ P 70/85 € – **Rist** – Menu 18/20 €

◆ Locale a gestione familiare, dove lo stile liberty si coglie tanto nella struttura esterna, quanto negli spazi comuni. Camere semplici, arredate nei caldi colori mediterranei. Nel menù un ampio ventaglio di scelte che spaziano dalla cucina tradizionale a quella creativa, all'insegna del benessere e della freschezza.

GATTINARA – Vercelli (VC) – 561 F7 – 8 546 ab. – alt. 265 m – ✉ 13045 23 C2

Roma 665 – Stresa 38 – Biella 30 – Milano 87 – Novara 42 – Torino 90

Barone di Gattinara senza rist

70,

corso Valsesia 238 – ✆ 01 63 82 72 85 – info@baronedigattinara.it – Fax 01 63 82 55 35 – Chiuso dal 23 dicembre al 7 gennaio e dall'8 al 21 agosto

22 cam ☕ – †79 € ††99 €

◆ Villa padronale, ubicata in zona periferica, la cui storia è stata sapientemente armonizzata con la modernità degli arredi. Camere ampie, due con soffitti affrescati.

Carpe Diem
corso Garibaldi 244 – 01 63 82 37 78 – info@ristorantecarpediem.it – Fax 01 63 82 37 78 – Chiuso dal 7 a 16 gennaio, dal 1° al 15 agosto e lunedì
Rist – Carta 35/49 €
◆ Un bel locale classico in una palazzina indipendente poco fuori dal centro abitato. Professionalità ed esperienza garantiscono un servizio di qualità in ogni evenienza.

Nuovo Impero
via F. Mattai 4 – 01 63 83 32 34 – Chiuso dal 27 dicembre al 10 gennaio, dal 1° al 10 aprile, dal 5 al 17 agosto, martedì e sabato a mezzogiorno
Rist – Carta 24/32 €
◆ Nel centro del paese, piccolo e accogliente, con soffitto a volta di mattoni a vista; piatti elaborati a seconda della spesa quotidiana, abbinati a una buona scelta di vini.

Il Vigneto con cam — rist,
piazza Paolotti 2 – 01 63 83 48 03 – info@ristoranteilvigneto.it – Fax 01 63 83 48 03 – Chiuso dal 1° al 15 gennaio e lunedì
12 cam – 65/68 € 93/98 € – ½ P 71/75 € – **Rist** – Carta 35/49 €
◆ Locale signorile che può contare su una sala ristorante raccolta e curata e su un ampio salone dedicato ai banchetti al primo piano. Cucina affidabile e senza sorprese.

GAVI – Alessandria (AL) – 561 H8 – 4 565 ab. – alt. 215 m – ✉ 15066 — 23 C3

Roma 554 – Alessandria 34 – Genova 48 – Acqui Terme 42 – Milano 97 – Savona 84 – Torino 136

Colline del gavi Tassarolo, Nord : 5 km, 0143 34 22 64.

L'Ostelliere — colline e vigneti, rist, 40,
frazione Monterotondo, 56, Nord-Est : 4 km – 01 43 60 78 01 – info@ostelliere.it – Fax 01 43 60 78 11 – Chiuso dicembre e gennaio
28 cam – 144/165 € 170/195 € – 13 suites
Rist La Gallina – vedere selezione ristoranti
◆ All'interno dell'azienda vinicola, proprio sopra le cantine, un'importante azione di recupero per una risorsa di charme e confort. Belle vista su colline e vigneti.

La Gallina – Hotel L'Ostelliere — colline e vigneti, 12,
frazione Monterotondo, 56, Nord-Est : 4 km – 01 43 68 51 32 – info@la-gallina.it – Fax 01 43 68 51 34 – Chiuso da gennaio al 10 febbraio, mercoledì e a mezzogiorno escluso domenica
Rist – Carta 38/50 €
◆ Ricavata nell'antico fienile, elegante sala in cui nuovo e antico si fondono armoniosamente. Piacevole terrazza panoramica, per una cucina interessante.

Cantine del Gavi
via Mameli 69 – 01 43 64 24 58 – Fax 01 43 64 24 58 – Chiuso dal 7 al 20 gennaio, dal 10 al 25 luglio, lunedì e martedì a mezzogiorno
Rist – Carta 43/52 €
◆ In queste dolci terre del vino, un locale che, qualche anno fa, ha cambiato sede spostandosi di qualche numero civico; un tempo atmosfera da taverna, oggi, molto signorile.

GAVINANA – Pistoia (PT) – 563 J14 – alt. 820 m – ✉ 51025 *Toscana* — 28 B1

Roma 337 – Firenze 60 – Pisa 75 – Bologna 87 – Lucca 53 – Milano 288 – Pistoia 27

Franceschi
piazza Ferrucci 121 – 057 36 64 44 – ristfran@tin.it – Fax 05 73 63 88 70 – Chiuso dal 10 al 30 novembre
28 cam – 40/51 € 55/78 € – ½ P 49/54 € – **Rist** – Carta 20/32 €
◆ Antiche origini per questo bianco edificio, posizionato nel cuore di un paesino medievale; rinnovato totalmente all'interno, offre un'atmosfera accogliente e familiare. Sala da pranzo di taglio moderno, con un camino in uno stile d'altri tempi.

GAVIRATE – Varese (VA) – 561 E8 – 9 379 ab. – alt. 261 m – ✉ 21026 16 **A2**

▶ Roma 641 – Stresa 53 – Milano 66 – Varese 10

Tipamasaro

via Cavour 31 – ✆ 03 32 74 35 24 – Chiuso dal 10 al 25 luglio e lunedì

Rist – Carta 24/34 €

♦ Ambiente simpatico, ospitale e ben tenuto, a pochi passi dal lago, con servizio estivo sotto un fresco gazebo e tutta la famiglia coinvolta; caserecci piatti locali.

GAVOI – Nuoro – 566 G9 – Vedere Sardegna alla fine dell'elenco alfabetico

GAVORRANO – Grosseto (GR) – 563 N14 – 8 439 ab. – alt. 273 m – ✉ 58023 29 **C3**

▶ Roma 213 – Grosseto 35 – Firenze 177 – Livorno 110 – Siena 102

a Caldana Sud : 8 km – ✉ 58020

Agriturismo Montebelli rist,

località Molinetto, Est : 2 km – ✆ 05 66 88 71 00 – info@montebelli.it – Fax 056 68 14 39 – 19 marzo-5 novembre

21 cam – 115 € 190 € – ½ P 85/110 € – **Rist** – Carta 21/29 €

♦ Imponente struttura agrituristica raggiungibile percorrendo un lungo sterrato, circondata da un grande parco. Ottima accoglienza, camere ben attrezzate. Al ristorante viene proposta una cucina semplice e genuina.

GAZZO – Imperia – Vedere Borghetto d'Arroscia

GAZZOLA – Piacenza (PC) – 562 H10 – 1 795 ab. – alt. 222 m – ✉ 29010 8 **A2**

▶ Roma 528 – Piacenza 20 – Cremona 64 – Milano 87 – Parma 82

a Rivalta Trebbia Est : 3,5 km – ✉ 29010 – Gazzola

Agriturismo Croara Vecchia senza rist

località Croara Vecchia Sud : 1,5 km – ✆ 33 32 19 38 45 – gmilanopc@tin.it – Fax 05 23 95 76 28 – Marzo-ottobre

12 cam – 90 €

♦ In incantevole e quieta posizione in riva al fiume Trebbia, agriturismo ricavato in un antico convento; belle camere e deliziosi interni, per trattarsi bene anche in campagna.

GAZZOLI – Verona – 562 F14 – Vedere Costermano

GAZZO PADOVANO – Padova (PD) – 562 F17 – 3 615 ab. – alt. 36 m – ✉ 37040 37 **B1**

▶ Roma 513 – Padova 27 – Treviso 52 – Vicenza 17

Villa Tacchi cam, rist, 200,

via Dante 30 A, località Villalta Ovest: 3 km – ✆ 04 99 42 61 11 – villa.tacchi@antichedimore.com – Fax 04 99 42 60 68

49 cam – 70/141 € 100/198 € – ½ P 80/131 € – **Rist** – Carta 33/50 €

♦ Una splendida villa del XVII sec. circondata da un parco ombreggiato all'interno del quale è stata ricavata anche la piscina. Arredi in stile, camere calde ed accoglienti. Ampio ed elegante ristorante.

GELA – Caltanissetta – 565 P24 – Vedere Sicilia alla fine dell'elenco alfabetico

GEMONA DEL FRIULI – Udine (UD) – 562 D21 – 11 115 ab. – alt. 272 m – ✉ 33013 10 **B2**

▶ Roma 665 – Udine 26 – Milano 404 – Tarvisio 64 – Trieste 98

i via Caneva 15 ✆ 0432 981441, apt@tarvisiano.,org

Pittini senza rist

piazzale della Stazione 10 – ✆ 04 32 97 11 95 – info@hotelpittini.com – Fax 04 32 97 13 80

16 cam – 46 € 66 €, 3 €

♦ Ubicato proprio di fronte alla stazione ferroviaria, albergo semplice e confortevole dagli interni di taglio sobriamente moderno. Bar pubblico molto frequentato.

GENGA – Ancona (AN) – 1 998 ab. – alt. 322 m – ✉ 60040 20 **B2**

Roma 224 – Ancona 66 – Gubbio 44 – Macerata 72 – Perugia 84

Le Grotte cam, VISA AE

località Pontebovesecco Sud : 2 km – ✆ 07 32 97 30 35 – info@hotellegrotte.it – Fax 07 32 97 20 23 – Chiuso gennaio

24 cam – ♦60 € ♦♦90 € – ½ P 60 € – **Rist** – *(chiuso domenica sera e lunedì)* Carta 28/39 €

◆ Circondato da un generoso giardino dove passeggiare per ritrovare la tranquillità, l'hotel è dotato di camere ed aree comuni spaziose ed arredate con cura. Un ristorante dalla lunga tradizione gastronomica dove gustare ottimi piatti di cucina regionale. E' possibile organizzare colazioni di lavoro e cerimonie.

Voglia di pranzare all'aperto?
Scegliete un ristorante con terrazza

GENOVA (P) (GE) – 561 I8 – 601 338 ab. – ✉ 16100 *Italia* 15 **C2**

Roma 501 – Milano 142 – Nice 194 – Torino 170

Cristoforo Colombo di Sestri Ponente per ④ : 6 km ✆ 010 60151

per Cagliari, Olbia, Arbatax e Porto Torres – Tirrenia Navigazione, call center 892 123 – per Porto Torres, Olbia e per Palermo – Grimaldi-Grandi Navi Veloci, call center 899 199 069

stazione Principe, piazza Acquaverde ✉ 16126 ✆ 010 2462633, iat.principe@apt.genova.it, Fax 010 2462633Aeroporto Cristoforo Colombo ✉ 16154 ✆ 010 6015247, iat.aeroporto@apt.genova.it, Fax 010 6015247 – Stazione Marittima-Terminal Crociere, Ponte dei Mille ✉ 16126

Manifestazioni locali 07.10 - 15.10. : salone nautico internazionale

Porto★★★ AXY – Cattedrale di San Lorenzo★★ – Via Garibaldi e Musei di Strada Nuova★★ FY – Palazzo Reale★★ EX – Palazzo del Principe★★ – Galleria Nazionale di palazzo Spinola★★ – Acquario★★★ AY – Villetta Di Negro CXY : ≤★ sulla città e sul mare, museo Chiossone★ **M1** – ≤★ sulla città dal Castelletto BX per ascensore – Cimitero di Staglieno★ F

Riviera di Levante★★★ Est e Sud-Est

Piante pagine seguenti

Starhotels President cam, 450, VISA AE

corte Lambruschini 4 ✉ 16129 – ✆ 010 57 27 – president.ge@starhotels.it – Fax 01 05 53 18 20 DZ **c**

191 cam – ♦♦100/560 €

Rist *La Corte* – Carta 45/56 €

◆ Nel centro direzionale Corte Lambruschini, una torre di vetro e cemento ospita uno degli alberghi più moderni e di miglior confort della città; ampio centro congressi. Elegante sala da pranzo.

Jolly Hotel Marina cam, rist, 180, VISA AE

molo Ponte Calvi 5 ✉ 16124 – ✆ 01 02 53 91 – genova_marina@jollyhotels.com – Fax 01 02 51 13 20 AY **c**

133 cam – ♦275/405 € ♦♦315/445 € – 7 suites

Rist *Il Gozzo* – Carta 36/56 €

◆ Ardesia, mogano e acero sono il leitmotiv degli eleganti, caldi interni di questo moderno, ideale "vascello", costruito sul Molo Calvi, di cui restano tracce nella hall. Decorazioni che evocano vele e navi nel ristorante "a prua" dell'hotel; dehors estivo.

Novotel Genova Ovest cam, rist, 220, VISA AE

via Cantore 8/C ✉ 16126 – ✆ 01 06 48 41 – novotelgenova@accor-hotels.it – Fax 01 06 48 48 44 E **b**

223 cam – ♦105/230 € ♦♦130/290 €

Rist *La Terrazza* – Carta 30/42 €

◆ Nelle immediate vicinanze dello svincolo autostradale, grande e comoda struttura di moderna concezione, che offre un confort adeguato agli standard della catena. Crea una rilassante se pur fittizia vista il trompe l'oeil di mare al tramonto nel ristorante.

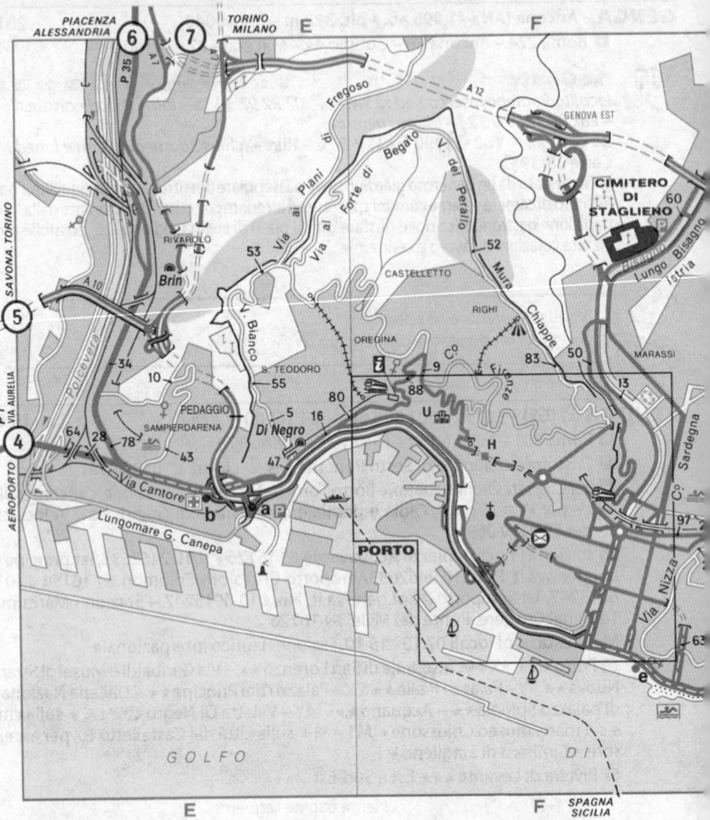

City Hotel 70,

via San Sebastiano 6 ✉ 16123 – ☎ 010 58 47 07 – city.ge@bestwestern.it – Fax 010 58 63 01 CY **e**

66 cam – 121/310 € 141/360 €

Rist Le Rune – vedere selezione ristoranti

◆ Vicino a piazza De Ferrari, confort omogeneo per un hotel con zone comuni di taglio classico, tocchi di eleganza, camere sobrie e suite panoramiche all'ultimo piano.

Bristol Palace 220,

via 20 Settembre 35 ✉ 16121 – ☎ 010 59 25 41 – info@hotelbristolpalace.com – Fax 010 56 17 56 CY **n**

133 cam – 100/300 € 150/430 € – 5 suites

Rist – Carta 36/59 €

◆ Raffinatezza d'altri tempi in caratteristici ambienti fine '800, epoca cui risale il centrale palazzo che li ospita, raccolti intorno ad un originale scalone ellittico. Affreschi e stucchi al soffitto ed ambientazione in stile nella piccola sala ristorante.

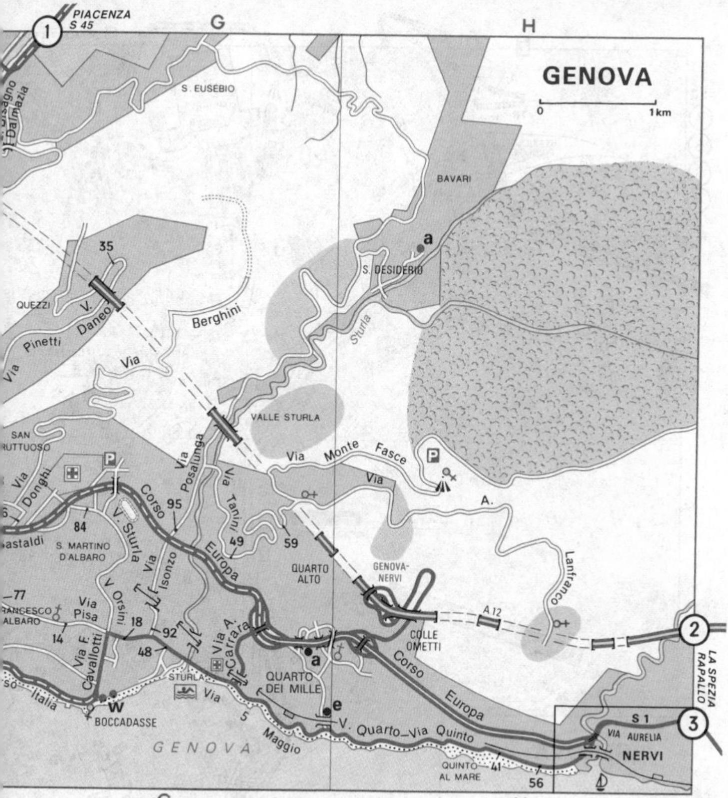

GENOVA

0 — 1 km

Mura del Castellaccio (V.) .... F 52
Mura di Granorolo (V.) .... E 53
Mura di Porta Murata (V. delle) .... E 55
Murcarolo (V.) .... H 56
Olivieri (V.) .... G 59
Piacenza (V.) .... F 60
Piave (V.) .... F 63
Pieragostini (V. R.) .... E 64
Ricci (V.) .... G 77
Rolando (V. C.) .... E 78
Sturla (V.) .... G 92
S. Benedetto (V.) .... EF 80
S. Erasmo (Mura) .... F 83
S. Martino (V.) .... G 84
S. Ugo (V.) .... F 88
Timavo (V.) .... G 95
Tolemaide (V.) .... F 97
Torti (V. G.) .... G 98

Moderno Verdi cam, rist, VISA AE

piazza Verdi 5 ✉ 16121 – ✆ 01 05 53 21 04 – info@modernoverdi.it – Fax 010 58 15 62 DY **b**

87 cam – 🛉130/260 € 🛉🛉160/320 € – ½ P 105/185 € – **Rist** – *(chiuso dal 20 dicembre al 6 gennaio, agosto, venerdì, sabato, domenica e a mezzogiorno)* (solo per alloggiati) Carta 40/48 €

♦ In un palazzo d'epoca di fronte alla stazione Brignole, atmosfera retrò negli interni classici, con dettagli liberty, di un hotel ristrutturato; curate camere in stile.

Ramada Hotel and Suites Genova Center rist, 50, VISA AE

via Balbi 38 ✉ 16126 – ✆ 01 02 69 91 – ramada@sogliahotels.com – Fax 01 02 46 29 42 AX **a**

97 cam – 🛉🛉255/399 € – 9 suites – **Rist** – *(chiuso domenica e a mezzogiorno)* (solo per alloggiati) Carta 29/46 €

♦ Vicino alla stazione di Principe, struttura di taglio moderno; nata come residence, dispone di zone comuni ridotte, ma di camere spaziose, con eventuale angolo cottura.

GENOVA

Acquaverde (Pza) . . . . AX 2
Balbi (V.) . . . . AX
Brignole de Ferrari (V.) . . . BX 15
Buenos Aires (Cso) . . . . . . DZ
Cairoli (V.) . . . . BX
Caricamento (Pza) . . . . BY 20
Chiabrera (V.) . . . . BY 25
Chiossone (Via) . . . . BY 26
Duca d'Aosta (Viale E. F.) DYZ 29
Embriaci (Pza) . . . . BY 31
Fontane Marose (Pza) . . BCY 36
Fontane (V. delle) . . . . AX 38
Fossatello (V. e Pza di) . . . BY 39
Lomellini (V.) . . . . BX 42
Matteotti (Pza) . . . . BY 45
Mazzini (Galleria) . . . . CY 46
Nunziata (Pza della) . . . . . . BX 57
Piaggio (V. Martin) . . . . CY 62
Pollaiuoli (Salita) . . . . BY 66
Polleri (V.) . . . . BX 67
Ponte Calvi (V. al) . . . . BX 69
Porta Soprana (V.) . . . . BY 70
Portello (Pza) . . . . BY 71
Principe (Pza) . . . . AX 73
Prione (Salita del) . . . . BY 74
Provvidenza (Salita d.) . . . . AX 76
Roma (V.) . . . . CY
Soprana (Porta) . . . . BY 90
Spinola (Vico) . . . . BY 91
S. Donato (V.) . . . . BY 81
S. Lorenzo (V.) . . . . BY
S. Matteo (Pza e Salita) . . BY 85
S. Siro (V.) . . . . BX 87
Targa (V. C.) . . . . BX 94
Zecca (Largo della) . . . . BX 99
5 Dicembre (V.) . . . . CY 101
20 Settembre (V.) . . . . CY
25 Aprile (V.) . . . . BY 102

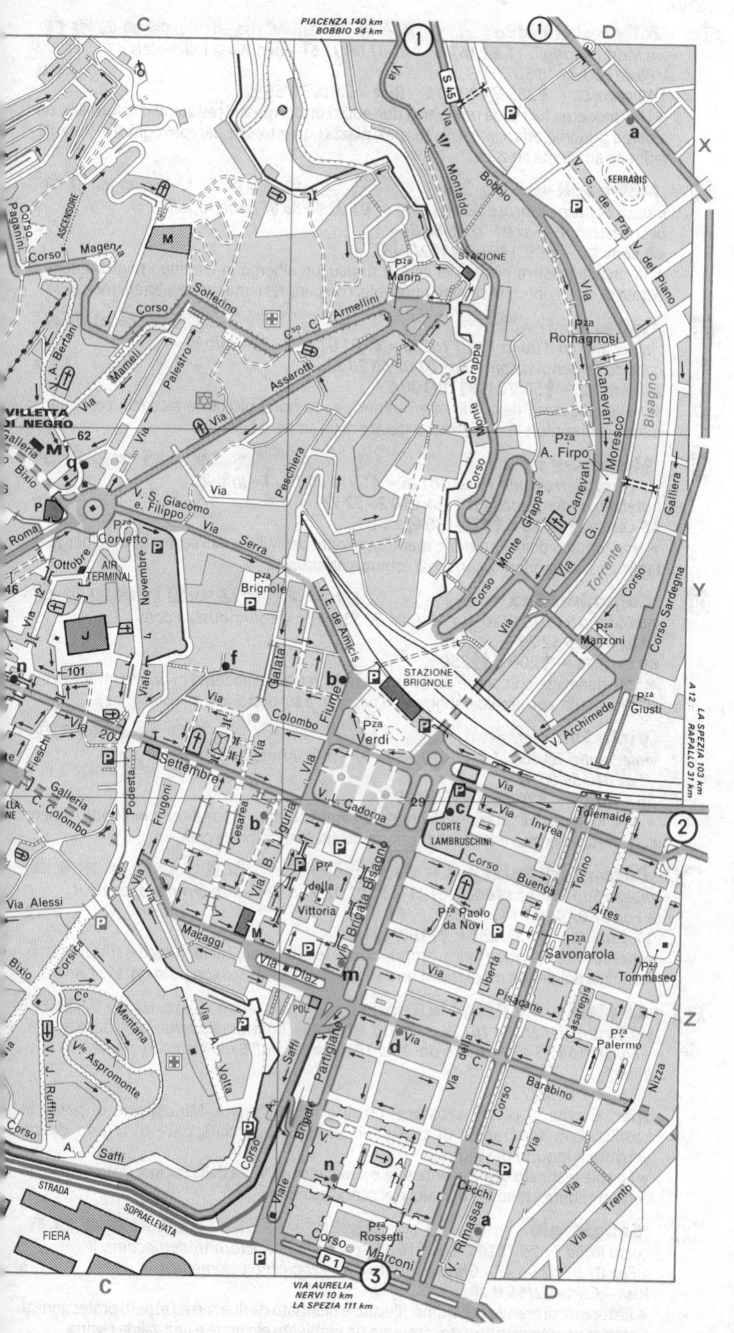
PIACENZA 140 km
BOBBIO 94 km
VIA AURELIA
NERVI 10 km
LA SPEZIA 111 km
A 12: LA SPEZIA 103 km
RAPALLO 31 km
STAZIONE
STAZIONE BRIGNOLE
VILLETTA DI NEGRO
AIR TERMINAL
CORTE LAMBRUSCHINI
FERRARIS
FIERA
STRADA SOPRAELEVATA
Torrente Bisagno
Via Montaldo
Corso Monte Grappa
Via Canevari
Corso Sardegna
Via Serra
Via Assarotti
Via XX Settembre
Via Fiume
Via Diaz
Corso Buenos Aires
Via Tolemaide
Viale Brigate Partigiane
Corso Marconi
Pza Verdi
Pza della Vittoria
Pza Corvetto
Pza Brignole
Pza Manin
Pza Romagnosi
Pza Savonarola
Pza Tommaseo
Pza Paolo da Novi
Pza Rossetti
Pza Palermo
Pza Manzoni
Pza Giusti
Pza A. Firpo
Corso Solferino
Corso Magenta
Corso Paganini
Via Peschiera
Via Galata
Via Colombo
Via Cesarea
Via B. Liguria
Via Macaggi
Via A. Volta
Via Casaregis
Via della Libertà
Via Pisacane
Via Barabino
Via Nizza
Via Trento
Via Cecchi
V. Rimassa
Via Invrea
Via Torino
V. Archimede
Corso Galliera
Corso Torino
V. del Piano
V. G. de Pra
Via Bobbio
Via Moresco
V. E. de Amicis
V. L. Cadorna
Viale Podestà
Via Frugoni
Viale IV Novembre
Via Ottobre
Via Fieschi
Galleria C. Colombo
Via Alessi
Corso A. Saffi
Corsica
Bixio
Co Mentana
Vle Aspromonte
V. J. Ruffini
V. S. Giacomo e. Filippo
Via Palestro
Via Mameli
A. Bertani
Cso C. Armellini
Galleria Bixio
Roma
ASCENSORE
S 45
P 1
C
D
X
Y
Z
a
b
c
d
f
m
n
q
M
M1
J
62
46
12
101
20
29

Jolly Hotel Plaza cam, rist, 140,
via Martin Piaggio 11 ✉ 16122 – ☎ 01 08 31 61 – genova@jollyhotels.it – Fax 01 08 39 18 50 CY **q**
140 cam – 285 € 320 € – **Rist** – Carta 34/56 €
◆ Una moderna hall fa da ponte tra i due edifici ottocenteschi restaurati che formano un albergo signorile, affacciato sulla centrale piazza Corvetto; sale per convegni. Al ristorante raffinato ambiente classico.

Metropoli senza rist
piazza Fontane Marose ✉ 16123 – ☎ 01 02 46 88 88 – metropoli.ge@bestwestern.it – Fax 01 02 46 86 86 BY **c**
48 cam – 99/149 € 112/198 €
◆ In una suggestiva piazza del centro storico, un albergo in continuo miglioramento; dotate di ogni confort le camere rinnovate, con parquet o moquette e arredi recenti.

Galles senza rist
via Bersaglieri d'Italia 13 ✉ 16126 – ☎ 01 02 46 28 20 – info@hotelgallesgenova.com – Fax 01 02 46 28 22 AX **s**
21 cam – 50/70 € 70/130 €
◆ Nelle adiacenze della stazione di Principe, un hotel piccolo e raccolto, con buone soluzioni di confort in ogni settore, dotato di un'ampia e bella hall.

Alexander senza rist
via Bersaglieri d'Italia 19 ✉ 16126 – ☎ 010 26 13 71 – info@hotelalexander-genova.it – Fax 010 26 52 57 AX **u**
35 cam – 49/88 € 70/130 €, 8 €
◆ Non lontano dall'ex stazione marittima Ponte dei Mille e dall'acquario, un albergo di taglio classico moderno, con spazi comuni confortevoli.

Columbus Sea senza rist 90,
via Milano 63 ✉ 16126 – ☎ 010 26 50 51 – info@columbussea.com – Fax 010 25 52 26 E **a**
80 cam – 200 € 250 €
◆ Stile genovese con pietre bianche e nere in versione moderna in una struttura vicina all'autostrada, con ampio e suggestivo panorama sul porto; interni sobri.

Viale Sauli senza rist
viale Sauli 5 ✉ 16121 – ☎ 010 56 13 97 – info@hotelsauli.it – Fax 010 59 00 92 CY **f**
56 cam – 70/95 € 80/150 €
◆ Non lontano dalla stazione di Brignole, albergo dotato di spazi comuni ridotti, camere con arredi essenziali e un buon rapporto qualità/prezzo per la città.

Locanda di Palazzo Cicala senza rist
piazza San Lorenzo 16 ✉ 16123 – ☎ 01 02 51 88 24 – info@palazzocicala.it – Fax 01 02 46 74 14 BY **g**
11 cam – 133/234 € 180/291 €
◆ Nel cuore della città storica, proprio dinnanzi al Duomo. Tra high-tech e stile moresco, l'armonia del design moderno in un palazzo cinquecentesco con pc in tutte le camere.

La Bitta nella Pergola (Visciano) 12,
via Casaregis 52/r ✉ 16129 – ☎ 010 58 85 43 – labittanellapergola@libero.it – Fax 010 58 85 43 – Chiuso dal 1° al 10 gennaio, dall'8 al 28 agosto, domenica e lunedì DZ **a**
Rist – Carta 38/72 €
Spec. Crema di piselli, crostacei crudi e ricotta salata. Minestrone di pasta al basilico con spezzatino di crostacei. Scampi rosticciati, paté di fegato d'oca, verdure e legumi di stagione.
◆ Lo stile marinaro dell'elegante sala è il biglietto da visita della cucina: piatti di mare in versione ligure, creativitá e qualche accenno campano.

Sangiorgio 20,
corso Italia 1 r ✉ 16145 – ☎ 010 31 10 41 – info@ristorantedagiacomo.it – Fax 01 03 62 96 47 – Chiuso sabato a mezzogiorno e domenica F **e**
Rist – Carta 42/55 €
◆ Ristorante di grande tradizione, rilevato e rilanciato da due seri ed esperti professionisti. Completamente ristrutturato, presenta un ambiente elegante e una valida cucina.

XXX **Ippogrifo**
via Gestro 9/r ✉ 16129 – ✆ 010 59 27 64 – info@ristoranteippogrifo.it – Fax 010 59 31 85 – Chiuso dal 12 al 24 agosto e giovedì (escluso ottobre)
Rist – Carta 42/66 € DZ **n**
◆ In zona Fiera, boiserie e lampade in ferro battuto in un ampio ristorante non privo di eleganza, frequentato da estimatori e gestito da due abili fratelli.

XXX **Gran Gotto**
viale Brigate Bisagno 69/r ✉ 16129 – ✆ 010 58 36 44 – grangotto@libero.it – Fax 010 56 43 44 – Chiuso dall'11 al 29 agosto, sabato a mezzogiorno, domenica ed i giorni festivi DZ **m**
Rist – Carta 41/64 €
◆ Due luminosi ambienti (nuova sala fumatori) con quadri contemporanei, in un locale di tradizione, presente in città dal 1938; invoglianti proposte di pesce e non solo.

XXX **Edilio**
corso De Stefanis 104/r ✉ 16139 – ✆ 010 88 05 01 – Fax 010 81 12 60 – Chiuso dal 1° al 22 agosto, domenica sera e lunedì, in luglio anche domenica a mezzogiorno DX **a**
Rist – Carta 40/65 €
◆ Vicino allo stadio, legni scuri e tavoli distanziati in un piacevole locale curato; qualità e freschezza dei prodotti sono il punto di forza della genuina cucina di mare.

XX **Creuza de Ma**
piazza Nettuno 2 – ✆ 01 03 77 00 91 – osteria-creuza-dema@libero.it – Fax 01 03 77 00 91 – Chiuso Capodanno, agosto, domenica, lunedì a mezzogiorno G **w**
Rist – Carta 40/45 €
◆ Locale raccolto, piacevolmente familiare e curato nei particolari, nell'incantevole zona di Boccadasse. Gestione al femminile e menu con invitanti proposte di mare.

XX **Tiflis**
vico del Fico 35R ✉ 16128 – ✆ 010 25 64 79 – tiflis@systhema.com – Fax 01 02 46 59 97 – Chiuso agosto, martedì e (escluso da marro a novembre) a mezzogiorno. BY **m**
Rist – Carta 35/42 €
◆ Simpatico ristorante che, rispecchiando le origini estoni di uno dei titolari, è arredato in stile nordico. Cucina di terra e di mare con ottimi spiedoni di carne o pesce.

XX **Le Rune** – City Hotel
vico Domoculta 14/r ✉ 16123 – ✆ 010 59 49 51 – lerune@bestwestern.it – Fax 010 58 63 01 – Chiuso sabato e domenica a mezzogiorno BY **d**
Rist – Carta 34/48 €
◆ Varie salette di sobria eleganza, raffinate nella loro semplicità, in un ristorante centrale, dalla cui cucina escono fantasiose rivisitazioni di piatti liguri.

XX **Rina**
via Mura delle Grazie 3/r ✉ 16128 – ✆ 01 02 46 64 75 – Fax 01 02 46 64 75 – Chiuso agosto e lunedì BY **b**
Rist – Carta 38/62 €
◆ Sotto le caratteristiche volte del '400 di una trattoria presente dal 1946, un "classico" della ristorazione cittadina, gusterete una schietta cucina marinara e genovese.

X **Al Veliero**
via Ponte Calvi 10/r ✉ 16124 – ✆ 01 02 46 57 73 – Fax 01 02 77 07 22 – Chiuso dal 10 al 20 gennaio, dal 10 agosto al 10 settembre e lunedì ABX **b**
Rist – (prenotare) Carta 29/51 €
◆ Al limitare del centro storico, un ristorante in sobrio stile "marina", dove apprezzare specialità di pesce preparate secondo la disponibilità giornaliera.

X **Le Chiocciole**
piazza Negri 5/r ✉ 16123 – ✆ 01 02 51 12 89 – Fax 01 02 51 12 89 – Chiuso dal 24 dicembre al 6 gennaio, dal 26 agosto al 20 settembre, sabato a mezzogiorno, domenica e lunedì BY **f**
Rist – Carta 26/37 €
◆ Di fronte al teatro della Tosse e a S. Agostino, un simpatico locale raccolto, originale e creativo nelle proposte gastronomiche e non solo; frequenti serate a tema.

X **Da Tiziano**
via Granello 27/r ✉ 16121 – ✆ 010 54 15 40 – Fax 010 54 15 40 – Chiuso dal 10 al 31 agosto e la sera di martedì, sabato a mezzogiorno e domenica CZ **b**
Rist – Carta 31/45 €
◆ Una trattoria semplice, ma piacevole, dove da pochi anni si è insediato un ristoratore con esperienza ormai quarantennale; proposte culinarie liguri e di pesce.

X **Pintori**
via San Bernardo 68/r ✉ 16123 – ✆ 01 02 75 75 07 – Chiuso 25-26 dicembre, una settimana a settembre, domenica e lunedì escluso dicembre e agosto BY **e**
Rist – Carta 30/49 €
◆ Interessanti sia la cucina, sarda e ligure, che la ricca cantina di una simpatica, familiare trattoria rustica in un antico palazzo nei "carruggi" della città vecchia.

X **Sola** 12/14,
via Carlo Barabino 120/r ✉ 16129 – ✆ 010 59 45 13 – info@vinotecasola.it – Fax 010 59 45 13 – Chiuso agosto e domenica DZ **d**
Rist – (prenotare) Carta 30/46 €
◆ Un piccolo locale stile bistrot, nato come enoteca e poi trasformatosi anche in ristorante: un indirizzo ideale per chi ama il vino e la cucina ligure casalinga.

X **Antica Osteria di Vico Palla**
vico Palla 15/r ✉ 16128 – ✆ 01 02 46 65 75 – acap29@libero.it – Fax 01 03 62 44 58 – Chiuso Natale, Capodanno, dal 10 al 20 agosto e lunedì
Rist – Carta 28/38 € AY**m**
◆ Simpatica accoglienza familiare in un locale rustico, adiacente all'acquario e alla moderna zona del Porto vecchio; cucina locale con fragranti proposte giornaliere.

X **Santa Chiara**
via Capo Santa Chiara 69/r, a Boccadasse ✉ 16146 – ✆ 01 03 77 00 81 – Chiuso dal 20 dicembre al 7 gennaio, dal 5 al 25 agosto e domenica G**w**
Rist – Carta 40/50 €
◆ Il mare da ammirare, d'estate anche in terrazza, e da gustare in un sobrio ristorante, ricavato in una vecchia costruzione affacciata sul porticciolo di Boccadasse.

X **Lupo Antica Trattoria**
vico Monachette 20/r ✉ 16124 – ✆ 010 26 70 36 – info@anticatrattoria.it – Fax 010 26 70 36 – Chiuso lunedì a mezzogiorno AX **r**
Rist – Carta 32/55 €
◆ In zona Principe, piacevole trattoria di tono signorile suddivisa in più salette colorate dai quadri alle pareti. Menu invitante, con piatti genovesi e creazioni d'autore.

verso Molassana per ① : 6 km :

XX **La Pineta**
via Gualco 82, a Struppa ✉ 16165 – ✆ 010 80 27 72 – Fax 010 80 27 72 – Chiuso dal 21 al 28 febbraio, agosto, domenica sera e lunedì
Rist – Carta 30/35 €
◆ Un gran camino troneggia in questa luminosa e calda trattoria con bel dehors verdeggiante e panoramico; cucina casalinga tradizionale e specialità alla brace.

all'aeroporto Cristoforo Colombo per ④ : 6 km E :

Sheraton Genova cam, 1000,
via Pionieri e Aviatori d'Italia 44 ✉ 16154 – ✆ 01 06 54 91 – direzione@sheratongenova.com – Fax 01 06 54 90 55
281 cam – †135/275 € ††170/300 € – 2 suites
Rist *Il Portico* – Menu 34 €
◆ Originale contrasto tra la modernità della struttura e delle installazioni e la classicità dei raffinati interni di un hotel in zona aeroportuale; ampio centro congressi. Calda ed elegante sala ristorante in stile.

a Quarto dei Mille per ② o ③ : 7 km GH– ✉ 16148

Iris senza rist 40,
via Rossetti 3/5 – ✆ 01 03 76 07 03 – info@hoteliris.it – Fax 01 03 77 39 14
20 cam – †60/90 € ††90/115 € G **e**
◆ Struttura totalmente rinnovata, a un centinaio di metri dal mare, che dispone di un solarium attrezzato e di un comodo parcheggio; camere piacevoli e con buone dotazioni.

a Cornigliano Ligure per ④ : 7 km – ✉ 16152

XX **Da Marino**

via Rolla 36/r – ✆ 01 06 51 88 91 – Fax 01 06 51 88 91 – Chiuso agosto, sabato e domenica

Rist – (prenotazione obbligatoria la sera) Carta 36/53 €

◆ Decorazioni semplici, ma raffinate in un ristorante di tradizione, molto frequentato da clientela abituale di lavoro; cucina ligure e di mare, con variazioni giornaliere.

a San Desiderio Nord-Est : 8 km per via Timavo H– ✉ 16133

XX **Bruxaboschi**

via Francesco Mignone 8 – ✆ 01 03 45 03 02 – info@bruxaboschi.com – Fax 01 03 45 14 29 – Chiuso dal 24 dicembre al 5 gennaio, agosto, domenica sera e lunedì H **a**

Rist – (prenotazione obbligatoria a mezzogiorno) Carta 34/46 €

◆ Dal 1862 la tradizione si è perpetuata di generazione in generazione in una trattoria con servizio estivo in terrazza; cucina del territorio e inserimenti di pesce.

a Sestri Ponente per ④ : 10 km – ✉ 16154

XX **Baldin**

piazza Tazzoli 20/r – ✆ 01 06 53 14 00 – ristorante.baldin@libero.it – Fax 01 06 50 48 18 – Chiuso domenica e lunedì

Rist – Carta 43/60 €

◆ Volte a vela, parquet e boiserie di betulla in un accogliente locale rinnovato in senso minimalista; proposte di mare in sapiente equilibrio fra tradizione e creatività.

XX **Toe Drûe**

via Corsi 44/r – ✆ 01 06 50 01 00 – toedrue@libero.it – Fax 01 06 50 01 00 – Chiuso dal 5 al 25 agosto, sabato a mezzogiorno e domenica

Rist – Carta 36/51 €

◆ C'è un fonte battesimale dell'800 nell'ingresso di questa trattoria alla moda, d'atmosfera romantica, nonostante sia nella zona industriale; cucina ligure rivisitata.

X **La Cantina delle Toe**

via Corsi 40/r – ✆ 01 06 00 19 91 – toedrue@libero.it – Fax 01 06 50 01 00 – Chiuso a mezzogiorno

Rist – Carta 24/38 €

◆ Wine bar con uso di cucina dall'ambiente semplice e informale. Tavoli in legno, salumi e formaggi e una scelta stringata di piatti del giorno ispirati alla tradizione ligure.

a Voltri per ④ : 18 km – ✉ 16158

XX **Il Gigante**

via Lemerle 12/r ✉ 16158 – ✆ 01 06 13 26 68 – Chiuso dal 2 al 10 gennaio, dal 16 agosto al 16 settembre e lunedì

Rist – Carta 36/50 €

◆ Un ex olimpionico di pallanuoto appassionato di pesca gestisce questo simpatico locale: due salette di taglio classico e sobria semplicità e piatti, ovviamente, di mare.

X **Ostaia da ü Santü**

via al Santuario delle Grazie 33, Nord : 1,5 km – ✆ 01 06 13 04 77 – gbbarbieri@tin.it – Fax 01 06 13 34 80 – Chiuso dal 25 dicembre al 31 gennaio, dal 16 al 30 settembre, domenica sera, lunedì, martedì e le sere di mercoledì e giovedì da ottobre a giugno

Rist – Carta 23/28 €

◆ Molto piacevole il pergolato sotto cui si svolge il servizio estivo di questa trattoria di campagna in posizione tranquilla e panoramica; cucina genovese casalinga.

Prima distinzione: la stella ✿.
Assegnata ai ristoranti per i quali si percorre volentieri qualche chilometro in più!

GENZANO DI ROMA – Roma (RM) – 563 Q20 – 22 334 ab. – alt. 435 m – ✉ 00045 12 B2

Roma 28 – Anzio 33 – Castel Gandolfo 7 – Frosinone 71 – Latina 39

Grand Hotel Primus cam, 300,

via Giuseppe Pellegrino 12 – ✆ 069 36 49 32 – info@grandhotelprimus.it – Fax 069 36 42 31

92 cam – 73/93 € 93/123 € – ½ P 67/82 €

Rist *Il Galeone* – *(chiuso a mezzogiorno)* Carta 25/38 €

◆ Albergo moderno e funzionale, dotato di ottimi servizi e camere con balcone ben accessoriate e insonorizzate; piscina e solarium su terrazza panoramica. Luminoso e panoramico anche il raffinato ristorante al sesto piano del Grand Hotel Primus.

Villa Robinia

viale Fratelli Rosselli 19 – ✆ 069 36 44 00 – hotelvillarobinia@inwind.it – Fax 069 39 64 09

31 cam – 45/50 € 60/65 € – ½ P 52/55 € – **Rist** – *(chiuso a mezzogiorno escluso luglio-agosto)* Carta 18/47 €

◆ Sulla via principale che attraversa il paese, un alberghetto semplice e familiare, adatto sia a turisti che a clientela di lavoro; grazioso il piccolo giardino. Per il pasto potrete scegliere tra una moderna sala e un locale pizzeria con forno a vista.

XX **Enoteca La Grotta**

via Belardi 31 – ✆ 069 36 42 24 – Fax 069 36 42 24 – Chiuso dal 16 al 21 agosto e mercoledì

Rist – Carta 36/43 €

◆ Attraverso una piccola enoteca si accede alle salette di tono rustico-moderno di un locale centralissimo, ideale per cene a lume di candela; cucina locale e di mare.

GERACE – Reggio di Calabria (RC) – 564 M30 – 2 950 ab. – alt. 475 m – ✉ 89040 5 A3

Roma 695 – Reggio di Calabria 96 – Catanzaro 107 – Crotone 160

La Casa di Gianna rist, cam,

via Paolo Frascà 4 – ✆ 09 64 35 50 24 – info@lacasadigianna.it – Fax 09 64 35 50 81 – Chiuso novembre

10 cam – 80 € 120/130 € – ½ P 83/88 € – **Rist** – Carta 17/30 €

◆ Una casa incantevole, un angolo pittoresco in questo spaccato del nostro Mezzogiorno; un'antica dimora gentilizia rinnovata con grande stile e ovunque pervasa dal passato. La cucina locale su tavole dalle ricche tovaglie, servizio più informale in veranda.

La Casa nel Borgo senza rist

via Nazionale 66, Sud : 1 km – ✆ 09 64 35 51 50 – info@lacasanelborgo.it – Fax 09 64 35 51 49 – Chiuso novembre

13 cam – 80 € 120 €

◆ In località Borgo, a circa un chilometro dal centro storico, una bella casa di taglio rustico-elegante caratterizzata da accessori in legno massiccio e letti in ferro battuto.

GERENZANO – Varese (VA) – 561 F9 – 9 174 ab. – alt. 225 m – ✉ 21040 18 A2

Roma 603 – Milano 26 – Como 24 – Lugano 53 – Varese 27

Concorde senza rist 80,

via Clerici 97/A – ✆ 029 68 23 17 – info@hconcorde.com – Fax 029 68 10 02

44 cam – 65/170 € 85/220 €

◆ Un buon punto di riferimento per una clientela di lavoro, data la vicinanza alle autostrade, agli aeroporti, a Milano e Varese; una classica e confortevole risorsa.

GEROLA ALTA – Sondrio (SO) – 561 D10 – 242 ab. – alt. 1 050 m – ✉ 23010 16 B1

Roma 689 – Sondrio 39 – Lecco 71 – Lugano 85 – Milano 127 – Passo dello Spluga 80

Pineta

località di Fenile Sud-Est : 3 km alt. 1 350 – ✆ 03 42 69 00 50 – albergopineta@tin.it – Fax 03 42 69 05 00 – Chiuso novembre

20 cam – 40 € 60 € – ½ P 49 € – **Rist** – *(chiuso martedì escluso da giugno a settembre)* Carta 26/37 €

◆ Marito valligiano e moglie inglese gestiscono questo piccolo albergo in stile montano, semplice e ben tenuto, comodo punto di partenza per escursioni. Al ristorante atmosfera da baita e pochi piatti, scelti con cura fra quelli di una genuina cucina locale.

GHEDI – Brescia (BS) – 561 F12 – 16 344 ab. – alt. 85 m – ✉ 25016 17 C1

Roma 525 – Brescia 21 – Mantova 56 – Milano 118 – Verona 65

Trattoria Santi

30,

via Calvisano 73, Sud-Est : 4 km – ✆ 030 90 13 45 – Fax 030 90 13 45 – Chiuso gennaio, martedì sera e mercoledì

Rist – Carta 18/25 €

♦ Grande, frequentata trattoria in piena campagna; d'estate, una delle sale si apre quasi del tutto all'esterno. Esperta gestione familiare, specialità di carne alla brace.

GHIFFA – Verbano-Cusio-Ossala (VB) – 561 E7 – 2 370 ab. – alt. 202 m – ✉ 28823 24 B1

Roma 679 – Stresa 22 – Locarno 33 – Milano 102 – Novara 78 – Torino 153

Ghiffa

lago e monti, (riscaldata)

corso Belvedere 88 – ✆ 032 35 92 85 – info@hotelghiffa.com – Fax 032 35 95 85 – 10 aprile-20 ottobre

39 cam – †120/180 € ††120/195 € – **Rist** – (solo per alloggiati) Carta 28/43 €

♦ Bella struttura di fine '800, signorile, lambita dalle acque del lago e dotata di terrazza-giardino con piscina riscaldata; ottimi i confort e la conduzione professionale. Pavimento in parquet nella sala da pranzo con grandi vetrate aperte sulla terrazza.

Park Hotel Paradiso

(riscaldata)

via Guglielmo Marconi 20 – ✆ 032 35 95 48 – Fax 032 35 98 78 – 20 marzo-15 ottobre

15 cam – †78 € ††108 € – ½ P 75 € – **Rist** – Menu 25/40 €

♦ Una villa liberty con piccolo parco, vista lago, e piscina riscaldata; leggermente sopraelevata rispetto al paese e tranquilla, offre un trattamento familiare. Al ristorante ambiente ricco di fascino, con richiami ai primi del secolo scorso.

GHIRLANDA – Grosseto – Vedere Massa Marittima

GHISLARENGO – Vercelli (VC) – 561 F7 – 847 ab. – alt. 206 m – ✉ 13030 23 C2

Roma 654 – Stresa 48 – Biella 30 – Torino 81 – Vercelli 25

Ponte Vecchio

via Vittorio Emanuele II 30, Est : 0,5 km – ✆ 01 61 86 01 43 – pontevecchioristorante@tin.it – Fax 01 61 86 01 43 – Chiuso dal 26 dicembre al 12 gennaio, dal 6 al 31 agosto e martedì

Rist – Carta 32/40 €

♦ Camino, travi lignee, pentole di rame, attrezzi contadini alle pareti: lasciatevi consigliare dai proprietari nella sapiente rivisitazione di sapori e ricette locali.

GIARDINI NAXOS – Messina – 565 N27 – Vedere Sicilia alla fine dell'elenco alfabetico

GIAU (Passo di) – Belluno – 562 C18 – Vedere Cortina d'Ampezzo

GIAVENO – Torino (TO) – 561 G4 – 14 925 ab. – alt. 506 m – ✉ 10094 22 B2

Roma 698 – Torino 38 – Milano 169 – Susa 38

piazza San Lorenzo 34 ✆ 011 9374053, Fax 011 9374053

Valsangone con cam

cam,

piazza Molines 45 – ✆ 01 19 76 68 12 – ristorantevalsangone@ica-net.it – Fax 01 19 76 67 92

15 cam – †55 € ††70 € – ½ P 55 € – **Rist** – *(chiuso mercoledì)* Carta 29/37 €

♦ Ristorante ad andamento familiare e cucina d'impronta piemontese servita in due sale di recente rinnovate, ricavate in un edificio del 1814 sulla piazza centrale del paese.

GIFFONI SEI CASALI – Salerno (SA) – 564 E26 – 4 539 ab. – alt. 178 m – ✉ 84090 7 C2

Roma 281 – Foggia 176 – Napoli 77 – Latina 127 – Salerno 24

a Sieti Nord : 2 km – ✉ 84090

Palazzo Pennasilico senza rist
via le Piazze 27 – ✆ 089 88 18 22 – info@palazzopennasilico.it – Fax 089 88 18 22 – Marzo-dicembre
2 cam – 100 € 120 € – 2 suites – 150/220 €
◆ Ospitalità calorosa ed informale, non priva di una certa eleganza, all'interno di un palazzo d'epoca nel cuore del raccolto e tranquillissimo borgo. Camere molto confortevoli.

GIGLIO (Isola di) – Grosseto (GR) – 563 O14 – 1 574 ab. *Toscana* 29 C3

GIGLIO PORTO (GR) – 563 O14 – ✉ 58013

per Porto Santo Stefano – Toremar, call center 892 123

Demo's
via Thaon De Revel – ✆ 05 64 80 92 35 – info@hoteldemos.com – Fax 05 64 80 93 19 – Aprile-settembre
29 cam – 80 € 130 € – ½ P 85 € – **Rist** – Carta 30/50 €
◆ Una struttura di stampo contemporaneo che si affaccia direttamente sul mare, dispone di camere ampie arredate in modo semplice con materiali lignei. Ampia sala ristorante ed un dehors sulla spiaggia per una cucina che punta esclusivamente sul pesce.

Arenella — mare e costa, rist,
via Arenella 5, Nord-Ovest : 2,5 km – ✆ 05 64 80 93 40 – arenella@hotelrenella.com – Gennaio-febbraio
26 cam – 65/90 € 110/190 € – **Rist** – *(chiuso a mezzogiorno)* Carta 23/31 €
◆ Un hotel recentemente rinovato, luminoso e dalle linee moderne ma sobrie dispone di spazi funzionali e confortevoli, particolarmente adatto ad una clientela business. Il ristorante propone un menù a base di pesce e, nella bella stagione, viene allestita una terrazza panoramica.

Castello Monticello — cam, rist,
bivio per Arenella Nord : 1 km – ✆ 05 64 80 92 52 – info@hotelcastellomonticello.com – Fax 05 64 80 94 73 – Aprile-settembre
26 cam – 70 € 140 € – ½ P 95 € – **Rist** – (solo per alloggiati)
◆ In posizione elevata rispetto al paese, una villa-castello arredata in legno scuro con camere e terrazza che si affacciano direttamente sul mare. Classica cucina nazionale nella sobria sala ristorante panoramica.

Bahamas senza rist
via Cardinale Oreglia 22 – ✆ 05 64 80 92 54 – info@bahamashotel.it – Fax 05 64 80 88 25 – Chiuso dal 20 al 26 dicembre
28 cam – 68/100 €
◆ Alle spalle della chiesa, una struttura bianca a conduzione familiare dagli arredamenti lineari con camere semplici e luminose e terrazzini con vista.

La Vecchia Pergola
via Thaon de Revel 31 – ✆ 05 64 80 90 80 – Fax 05 64 80 90 80 – Marzo-ottobre; chiuso martedì
Rist – Carta 30/42 €
◆ La risorsa a gestione familiare, consta di un'unica sala e di una terrazza, con vista contemporaneamente sul paese e sul porto, dove assaggiare prelibatezze di mare.

a Giglio Castello Nord-Ovest : 6 km – ✉ 58012 – Giglio Isola

Da Maria
via della Casa Matta – ✆ 05 64 80 60 62 – Fax 05 64 80 61 05 – Chiuso gennaio, febbraio e mercoledì
Rist – Carta 35/53 €
◆ Nel centro medievale del Castello, una casa d'epoca dai toni rustici ospita un ristorante a conduzione familiare con proposte del territorio e soprattutto specialità di pesce.

a Campese Nord-Ovest : 8,5 km – ✉ 58010

Campese ≤ rist, VISA

– ✆ *05 64 80 40 03 – welcome@hotelcampese.com – Fax 05 64 80 40 93*
– Pasqua-settembre
39 cam ☕ – †80 € ††130 € – ½ P 90 € – **Rist** – Carta 30/45 €

◆ Direttamente sulla spiaggia, l'hotel vanta ampi ambienti di tono classico con soluzioni d'arredo lineari in legno in tinte chiare e sfumature azzurre. In posizione panoramica, affacciato sul mare, il ristorante propone una cucina locale, di mare e di terra.

GIGNOD – Aosta (AO) – 561 E3 – 1 268 ab. – alt. 994 m – ✉ 11010 34 **A2**

Roma 753 – Aosta 7 – Colle del Gran San Bernardo 25

Aosta Arsanières, località Arsanières, ✆ 0165 560 20.

La Clusaz con cam VISA AE

località La Clusaz Nord-Ovest : 4,5 km – ✆ 016 55 60 75 – info@laclusaz.it
– Fax 016 55 64 26 – Chiuso dal 10 maggio al 15 giugno e dal 3 novembre al 3 dicembre
14 cam – †48/50 € ††65/118 €, ☕ 7 € – ½ P 65/82 € – **Rist** – *(chiuso martedì e a mezzogiorno escluso sabato, i giorni festivi ed agosto)* Menu 32/40 €

◆ In un ostello di epoca medievale con facciata affrescata, un tradizionale e caratteristico ristorante dove trovare una cucina creativa con salde radici nella tradizione. Offre anche camere confortevoli, alcune delle quali personalizzate da un'apprezzata artista locale, ed accoglienti spazi comuni.

GIOIA DEL COLLE – Bari (BA) – 564 E32 – 27 682 ab. – alt. 358 m – ✉ 70023 27 **C2**

Roma 443 – Bari 39 – Brindisi 107 – Taranto 35

Svevo 150, VISA AE

via per Santeramo 319 – ✆ 08 03 48 27 39 – hsvevo@hotelsvevo.it
– Fax 08 03 48 27 97
79 cam ☕ – †72 € ††90 € – ½ P 65 € – **Rist** – Carta 27/35 €

◆ Nel cuore dell'antica Puglia Peuceta, uno stile iper moderno; poco distante dal casello autostradale, dalla stazione e dall'aeroporto. Stanze spaziose e confortevoli. Modernità quasi da astronave spaziale per la sala ristorante.

Villa Duse rist, 60, VISA AE

strada statale 100 km 39 – ✆ 08 03 48 12 12 – info@villaduse.it
– Fax 08 03 48 21 12
32 cam ☕ – †90 € ††120 € – ½ P 65/108 € – **Rist** – Menu 15/40 €

◆ Omaggio alla Duse, tra le muse ispiratrici di D'Annunzio che da qui decollò in missione nel 1917, una villa in stile neoclassico moderno, funzionale e vicina al centro. Nella luminosa vala da pranzo, i sapori tradizionali.

GIOVI – Arezzo – 563 L17 – Vedere Arezzo

GIOVINAZZO – Bari (BA) – 564 D32 – 20 905 ab. – ✉ 70054 *Italia* 26 **B2**

Roma 432 – Bari 21 – Barletta 37 – Foggia 115 – Matera 62 – Taranto 106

Cattedrale★ di Bitonto Sud : 9 km

President rist, 70, VISA AE

strada statale 16 km 787, Est : 3 km – ✆ 08 03 94 17 97 – info@presidentgiovinazzo.it – Fax 08 03 94 30 41
70 cam ☕ – †150 € ††200 € – 2 suites – ½ P 135 €
Rist *Medì* – *(chiuso domenica)* Carta 36/54 €

◆ Lungo la litoranea per Bari, moderno albergo dal curato design e rilassanti colori nelle sfumature dell'acero, alcune camere offrono anche la vista mare. All'ultimo piano, ristorante panoramico con proposte creative.

L'Osteria dei Poeti

piazza Meschino – ✆ 08 03 94 65 54 – vitomaselli@virgilio.it – Fax 08 03 94 65 54 – Chiuso dal 7 al 28 gennaio e mercoledì (escluso da giugno ad agosto)

Rist – Carta 35/44 €

Rist *La Luna nel Pozzo-Il Gastrò* – *(chiuso dal 7 al 28 gennaio e mercoledì)* Menu 80 €

◆ L'Osteria dei Poeti è accolta da un edificio quattrocentesco, servizio estivo all'aperto. Ricette rielaborate da tradizioni pugliesi alla Luna nel Pozzo.

GIOVO – Trento (TN) – 562 D15 – 2 464 ab. – alt. 496 m – ✉ 38030 30 B2

Roma 593 – Trento 14 – Bolzano 52 – Vicenza 102

a Palù Ovest : 2 km – ✉ 38030 – Palù di Giovo

Agritur Maso Pomarolli ← monti e valle di Cembra, & cam,

località Maso Pomarolli 10 – ✆ 04 61 68 45 71 – info@agriturmasoponarolli.it – Fax 04 61 68 45 70 – Chiuso dall'11 gennaio al 15 febbraio

8 cam – ♦50 € ♦♦70 € – ½ P 50 € – **Rist** – *(chiuso a mezzogiorno)* (solo per alloggiati)

◆ Piccolo agriturismo di recente costruzione, ubicato tra distese di alberi da frutto, ospita funzionali camere dagli arredi rustici con vista sui monti e sulla valle di Cembra.

GIULIANOVA LIDO – Teramo (TE) – 563 N23 – 21 634 ab. – ✉ 64021 1 B1

Roma 209 – Ascoli Piceno 50 – Pescara 47 – Ancona 113 – L'Aquila 100 – Teramo 27

via Mamiani 2 ✆ 085 8003013, iat.giulianova@abruzzoturismo.it, Fax 085 8003013

Sea Park Resort 100,

via Arenzano – ✆ 08 58 02 53 23 – info@hotelseapark.com – Fax 08 58 02 70 80

50 cam – ♦60/90 € ♦♦70/110 € – ½ P 65/120 € – **Rist** – Carta 29/49 €

◆ In una via parallela al lungomare, un hotel dalla cortese gestione e con una struttura originale tra terrazze pensili, piscina, palestra e confortevoli camere di tono moderno. Al ristorante, un ricco buffet di verdure calde e fredde, i prodotti classici nazionali e proposte di pesce.

Cristallo ← 100,

lungomare Zara 73 – ✆ 08 58 00 37 80 – info@hcristallo.it – Fax 08 58 00 59 53

55 cam – ♦78/90 € ♦♦115/150 € – ½ P 82/142 € – **Rist** – *(chiuso dal 24 dicembre al 2 gennaio)* Carta 31/51 €

◆ Frontemare, l'hotel offre luminosi spazi comuni arredati con gusto moderno in calde tonalità di colore e camere confortevoli, adatte ad una clientela d'affari e turistica. Presso l'elegante sala ristorante, i prodotti della cucina nazionale.

Grand Hotel Don Juan ← rist, 250,

lungomare Zara 97 – ✆ 08 58 00 83 41 – info@hoteldonjuan.it – Fax 08 58 00 48 05 – Maggio-settembre

148 cam – ♦124/148 € ♦♦220/236 € – ½ P 135 € – **Rist** – Menu 30/35 €

◆ Circondato da pini marittimi che rendono gradevole una sosta all'aperto, l'hotel offre spaziose camere con balcone, ambienti piacevolmente demodè e animazione per i bambini. Presso la luminosa sala ristorante dalle ampie finestre che si affacciano sul giardino, banchetti, buffet e cucina tradizionale.

Parco dei Principi & cam, rist,

lungomare Zara – ✆ 08 58 00 89 35 – info@giulianovaparcodeiprincipi.it – Fax 08 58 00 87 73 – 27 maggio-19 settembre

87 cam – ♦70/130 € ♦♦100/180 € – ½ P 100/105 € – **Rist** – (solo per alloggiati) Carta 39/71 €

◆ Immerso in un parco che ospita uccelli tropicali in voliere e campi da gioco, dispone di ambienti in stile mediterraneo, sale riunioni e spazi di animazione per i più piccoli. Presso la sala da pranzo, ampie finestre che si affacciano sul parco e sul mare ed una carta di respiro sia regionale che internazionale.

Europa cam, rist, 150,
lungomare Zara 57 – ☎ 08 58 00 36 00 – info@htleuropa.it – Fax 08 58 00 00 91
72 cam – 60/90 € 75/102 € – ½ P 60/85 € – **Rist** – Carta 27/50 €
◆ In posizione centrale e davanti al mare, la clientela d'affari apprezzerà l'efficienza dei servizi mentre quella balneare sarà conquistata dalla singolare piscina in spiaggia. Presso le ampie sale del ristorante è possibile anche allestire banchetti.

Promenade cam,
lungomare Zara 119 – ☎ 08 58 00 33 38 – info@hotelpromenade.com – Fax 08 58 00 59 83 – 15 maggio-settembre
70 cam – 48/90 € 55/103 €, 8 € – **Rist** – Menu 16/20 €
◆ A pochi passi dal centro, l'hotel è adatto per delle vacanze in famiglia, circondato da una pineta con giochi per bambini, dispone di camere semplici ed una terrazza-solarium. Presso l'ampia e luminosa sala ristorante, buffet di antipasti e verdure e la cucina tipica italiana.

Baltic cam, rist,
lungomare Zara – ☎ 08 58 00 82 41 – info@hotelbaltic.com – Fax 08 58 00 82 41 – 15 maggio-settembre
75 cam – 50/80 € 60/100 € – ½ P 55/100 € – **Rist** – Carta 18/25 €
◆ Fiore all'occhiello è il giardino-pineta con piscina, quieto e fresco; le valide proposte di formule diverse e i servizi offerti lo rendono ideale per famiglie e bimbi. Sala ristorante affacciata sul verde.

Da Beccaceci
via Zola 18 – ☎ 08 58 00 35 50 – andrea.beccaceci2@tin.it – Fax 08 58 00 70 73 – Chiuso dal 30 dicembre al 12 gennaio, martedì a mezzogiorno e lunedì in luglio-agosto, domenica sera e lunedì negli altri mesi
Rist – Carta 47/77 €
◆ Nei pressi della stazione, un elegante locale di comprovata esperienza e grande fama dove vengono proposte gustose paste e soprattutto specialità di pesce in piatti semplici.

Lu Scucchiarill
via Vespucci – ☎ 08 58 00 49 29 – Chiuso 15 giorni in novembre e lunedì
Rist – Carta 16/36 €
◆ A pochi metri dal lungomare, un locale spazioso di taglio classico che propone una cucina particolarmente votata al pesce, con offerte giornaliere.

GIUSTINO – Trento – 562 D14 – Vedere Pinzolo

GIZZERIA LIDO – Catanzaro (CZ) – 564 K30 – 3 648 ab. – ✉ 88048 5 A2

Roma 576 – Cosenza 60 – Catanzaro 39 – Lamezia Terme (Nicastro) 13 – Paola 57 – Reggio di Calabria 132

sulla strada statale 18

La Lampara rist,
via Nazionale Nord-Ovest : 6 km ✉ 88040 – ☎ 09 68 46 61 93 – info@lalamparaaristorante.it – Fax 09 68 46 64 08 – Chiuso dal 22 dicembre al 5 gennaio
10 cam – 75/80 € 100/110 € – **Rist** – *(chiuso martedì)* Carta 27/45 €
◆ Moderna struttura alberghiera ubicata praticamente sulla spiaggia e per questo meglio richiedere una stanza fronte mare e con balcone. Elegante sala da pranzo dove apprezzare la cucina marinara che d'estate viene proposta anche in terrazza.

Palmed
via Nazionale 35 Nord-Ovest : 2 km ✉ 88040 – ☎ 09 68 46 63 83 – info@palmedhotel.com – Fax 09 68 46 63 83
21 cam – 62/68 € 82/96 €
Rist Pesce Fresco – vedere selezione ristoranti
◆ Nuova denominazione per l'hotel collegato al ristorante Pesce Fresco. Rinnovato totalmente presenta camere adatte anche alla clientela d'affari, da preferire quelle sul mare.

Pesce Fresco – Hotel Palmed
via Nazionale Nord-Ovest : 2 km ✉ 88040 – ✆ 09 68 46 62 00 – Fax 09 68 46 62 00 – Chiuso domenica sera
Rist – Carta 28/44 €
◆ Il nome è già una garanzia: fresco pescato giornaliero alla base dei piatti, seppur non manchino le carni. In posizione comoda, sulla statale ma non lontano dal mare.

GLORENZA (GLURNS) – Bolzano / Bozen (BZ) – 562 C13 – 884 ab. – alt. 920 m – ✉ 39024
30 **A2**

Roma 720 – Sondrio 119 – Bolzano 83 – Milano 260 – Passo di Resia 24
Palazzo Comunale ✆ 0473 831097, glurns@suedtirol.com, Fax 0473 835224

Posta rist,
via Flora 15 – ✆ 04 73 83 12 08 – hotel.post.kg@rolmail.net – Fax 04 73 83 04 32 – Chiuso da gennaio a marzo
30 cam – 40/44 € 80/84 € – ½ P 60/62 € – **Rist** – Carta 28/57 €
◆ All'interno della cinta muraria di una cittadina pittoresca, un albergo di antichissime tradizioni con un fascino che trapela sia dagli spazi comuni che dalle stanze. Ambienti caratteristici nelle sale ristorante e nelle stube originarie.

GLURNS = Glorenza

GODIA – Udine – Vedere Udine

GOITO – Mantova (MN) – 561 G14 – 9 835 ab. – alt. 30 m – ✉ 46044
17 **C2**

Roma 487 – Verona 38 – Brescia 50 – Mantova 16 – Milano 141

Al Bersagliere (Antonutti) 14,
via Statale Goitese 260 – ✆ 037 66 00 07 – info@albersagliereegoito.it – Fax 03 76 68 95 89 – Chiuso 24-25 dicembre, 20 giorni in agosto, lunedì e martedì
Rist – Carta 64/95 €
Spec. Carpaccio d tonno rosso in semi di papavero con insalata di crescione (estate). Tagliolini di prezzemolo con acciughe, burrata e triglie (primavera-estate). Cuore di scamone cotto al sale (estate-autunno).
◆ In un edificio storico affacciato sul Mincio, c'è una donna al timone della cucina. Si parte dai raffinati piatti mantovani per approdare a proposte creative, anche di mare.

GOLFO ARANCI – Sassari – 566 E10 – Vedere Sardegna alla fine dell'elenco alfabetico

GONELLA – Asti – Vedere Antignano d'Asti

GORGO AL MONTICANO – Treviso (TV) – 562 E19 – 3 935 ab. – alt. 11 m – ✉ 31040
35 **A1**

Roma 574 – Venezia 60 – Treviso 32 – Trieste 116 – Udine 85

Villa Revedin 100,
via Palazzi 4 – ✆ 04 22 80 00 33 – info@villarevedin.it – Fax 04 22 80 02 72
32 cam – 66 € 98 €, 7 €
Rist Villa Revedin – vedere selezione ristoranti
◆ Antica dimora dei nobili Foscarini, villa veneta del XVII secolo in un parco secolare, ampio, tranquillo: un'atmosfera raffinata e rilassante per sostare nella storia.

Villa Revedin
via Palazzi 4 – ✆ 04 22 80 00 33 – info@villarevedin.it – Chiuso 15 giorni in gennaio, 15 giorni in agosto, domenica sera e lunedì
Rist – Carta 34/42 €
◆ Arredi in stile marina inglese fanno da sfondo ad un ricco buffet di pesce del giorno, mentre una sala attigua e più classica soddisfa le domande di gruppi numerosi.

GORINO VENETO – Ferrara (FE) – 562 H19 – ✉ 44020 – Ariano nel Polesine 9 D1

Roma 436 – Ravenna 82 – Ferrara 78 – Rovigo 62 – Venezia 97

Stella del Mare
8/15,

via Po 36 – ✆ 04 26 38 83 23 – stelladim@deltapocard.it – Fax 04 26 38 87 97 – Chiuso a mezzogiorno in luglio, lunedì e martedì a mezzogiorno negli altri mesi

Rist – Carta 28/53 €

♦ Siamo presso le foci del Po di Goro, nel Polesine più profondo: un paesino di pochissime case, un locale molto noto nei dintorni, con una cucina gustosa.

GORIZIA P (GO) – 562 E22 – 36 041 ab. – alt. 86 m – ✉ 34170 11 D2

Roma 649 – Udine 35 – Ljubljana 113 – Milano 388 – Trieste 45 – Venezia 138

di Ronchi dei Legionari Sud-Ovest : 25 km ✆ 0481 773327, Fax 0481 884052

via Roma 5 (Palazzo della Regione) ✆ 0481 3862225, info@gorizia-turismo.it, Fax 0481 386277

San Floriano, Nord : 5 km, ✆ 0481 88 42 52.

Grand Hotel Entourage senza rist
120,

piazza Sant'Antonio 2 – ✆ 04 81 55 02 35 – info@grandhotelentourage.it – Fax 048 13 01 38

40 cam – †75/90 € ††135/150 € – 4 suites

♦ Albergo ricavato dalla ristrutturazione di un palazzo patrizio del XV sec., raccolto intorno ad una corte, offre soluzioni di fascino in ambienti classici, con buon confort.

Internazionale
rist,

via Trieste 173 – ✆ 04 81 52 41 80 – info@hotelinternazionalegorizia.it – Fax 04 81 52 51 05

49 cam – †60/70 € ††80/90 € – ½ P 50/60 € – **Rist** – Menu 10/20 €

♦ Alle porte della città, l'hotel è stato completamente ristrutturato ed offre un soggiorno confortevole nei suoi ambienti classici e presso il centro benessere ben attrezzato. Sapori de serra e di mare nell'accogliente sala ristorante.

Majda

via Duca D'Aosta 71/73 – ✆ 048 13 08 71 – Fax 04 81 53 09 06 – Chiuso dal 13 al 27 agosto, sabato a mezzogiorno e domenica in estate, martedì e sabato a mezzogiorno negli altri mesi

Rist – Carta 20/40 €

♦ La recente ristrutturazione ha trasformato l'antica trattoria in un elegante locale in stile rustico-moderno con aggiunta di enoteca serale. Dalla cucina, piatti goriziani.

Rosenbar

via Duca d'Aosta 96 – ✆ 04 81 52 27 00 – rosenbar@activeweb.it – Fax 04 81 52 27 00 – Chiuso domenica e lunedì

Rist – Carta 32/49 €

♦ Un piacevole bistrot con cucina che propone un menù giornaliero basato su una cucina d'impostazione classica, ma rivisitata in chiave moderna. Bel giardino estivo.

GOVONE – Cuneo (CN) – 561 H6 – 1 971 ab. – alt. 301 m – ✉ 12040 25 C2

Roma 634 – Cuneo 76 – Genova 134 – Novara 115 – Torino 61

Il Molino senza rist

via xx settembre 15 – ✆ 01 73 62 16 38 – info@ilmolinoalba.it – Fax 01 73 62 16 38 – Chiuso gennaio e febbraio

6 cam – †55/65 € ††75/90 €

♦ Adiacente al castello sabaudo, è un ex mulino ottocentesco restaurato con gusto dall'architetto che ne è proprietario. Atmosfera elegante, camere eleganti e panoramiche.

GOZZANO – Novara (NO) – 561 E7 – alt. 359 m 24 A2

Roma 653 – Stresa 32 – Domodossola 53 – Milano 76 – Novara 38 – Torino 112 – Varese 44

Santuario della Madonna del Sasso★★ Nord-Ovest : 12,5 km

GRADARA – Pesaro e Urbino (PU) – 563 K20 – 3 613 ab. – alt. 142 m – ✉ 61012

Italia 20 B1

Roma 315 – Rimini 28 – Ancona 89 – Forlì 76 – Pesaro 15 – Urbino 44

Rocca★

Villa Matarazzo senza rist – mare e costa, 110,

via Farneto 1, località Fanano – ✆ 05 41 96 46 45 – info@villamatarazzo.com – Fax 05 41 82 30 56

15 cam – 130 € 230 €

◆ Su un colle di fronte al castello di Gradara, una serie di terrazze con vista panoramica su mare e costa; un complesso esclusivo, raffinato, piccolo paradiso nella natura.

La Botte – 15/20,

piazza V Novembre 11 – ✆ 05 41 96 44 04 – labotte@gradara.com – Fax 05 41 96 44 04 – Chiuso novembre e mercoledì (escluso da giugno ad agosto)

Rist – Carta 27/42 €

Rist *Osteria del Borgo* – Carta 21/29 €

◆ Dolce entroterra marchigiano e storico piccolo borgo: qui, tra muri antichi che sussurrano il passato, un caratteristico ambiente medievale. Servizio estivo in giardino. Atmosfera più informale all'Osteria del Borgo (anche enoteca).

GRADISCA D'ISONZO – Gorizia (GO) – 562 E22 – 6 778 ab. – alt. 32 m – ✉ 34072

11 C3

Roma 639 – Udine 33 – Gorizia 12 – Milano 378 – Trieste 42 – Venezia 128

Al Ponte – 50,

viale Trieste 122, Sud-Ovest : 2 km – ✆ 04 81 96 11 16 – info@albergoalponte.it – Fax 048 19 37 95 – Chiuso dal 23 al 29 dicembre

42 cam – 98 € 145 € – ½ P 85 €

Rist Al Ponte – vedere selezione ristoranti

◆ Di stile moderno, molto comodo da raggiungere, l'hotel offre un elevato livello di ospitalità: camere spaziose e luminose, buoni spazi comuni, centro relax con massaggi.

Franz senza rist – 95,

viale Trieste 45 – ✆ 048 19 92 11 – info@hotelfranz.it – Fax 04 81 96 05 10

50 cam – 86 € 110 €

◆ Albergo ubicato in posizione centrale, curato nei dettagli, con ottimo livello di confort e buone infrastrutture per meeting. Ideale per una clientela d'affari.

Al Ponte – 20,

viale Trieste 122, Sud-Ovest : 2 km – ✆ 048 19 92 13 – info@albergoalponte.it – Fax 048 19 92 13 – Chiuso dal 2 al 10 gennaio, dal 1° al 15 agosto, domenica sera e lunedì

Rist – Carta 33/48 €

◆ Taglio rustico-moderno: tre sale distinte, di cui una per non fumatori. Cucina locale di lunga tradizione, bella scelta di vini regionali, servizio estivo sotto un pergolato.

GRADO – Gorizia (GO) – 562 E22 – 8 818 ab. – ✉ 34073 Italia

11 C3

Roma 646 – Udine 50 – Gorizia 43 – Milano 385 – Treviso 122 – Trieste 54 – Venezia 135

viale Dante Alighieri 72 ✆ 0431 877111, info@gradoturismo.info, Fax 0431 83509

, Nord-Est : 5 km località Rotta Primiero, ✆ 0431 89 68 96.

Quartiere antico★ : postergale★ nel Duomo

Grand Hotel Astoria – (con acqua di mare riscaldata) rist, 220,

largo San Grisogono 3 – ✆ 043 18 35 50 – info@hotelastoria.it – Fax 043 18 33 55

119 cam – 78/82 € 134/144 € – 5 suites – ½ P 79/85 € – **Rist** – Carta 28/41 €

◆ Piscina riscaldata panoramica e un ampio solarium, al settimo piano di un albergo storico nella tradizione turistica dell'"Isola del Sole", ristrutturato in tempi moderni. Ristorante sulla terrazza roof-garden, per godere di una vista davvero esclusiva.

Fonzari senza rist
piazza Biagio Marin – ☎ 04 31 87 77 53 – info@hotelfonzari.com – Fax 04 31 87 77 46 – Aprile-ottobre
60 suites – 110/145 € 140/200 €
◆ Tutta composta da suite e dotata di una terrazza con piscina per nuotate e relax con vista a 360°, una risorsa modernissima, sorta sulle ceneri di un omonimo Grand Hotel.

Metropole senza rist
piazza San Marco 15 – ☎ 04 31 87 62 07 – info@gradohotel.com – Fax 04 31 87 62 23 – Chiuso dal 10 gennaio al 10 febbraio
19 cam – 85 € 132/140 €
◆ Mitico albergo di Grado, meta di vacanze degli Asburgo e della nobiltà mitteleuropea: ora del tutto rinnovato dopo anni di inattività, con giovane, capace gestione.

Hannover
50,
piazza 26 Maggio – ☎ 043 18 22 64 – hannover@wavenet.it – Fax 043 18 21 41 – Chiuso gennaio
26 cam – 130/170 € 170/210 € – ½ P 95/115 € – **Rist** – *(aprile-ottobre)* (solo per alloggiati)
◆ Affacciata sul porticciolo, in pieno centro storico, una piacevole risorsa, intima e raccolta, con camere di ottimo confort e un ambiente di sobria eleganza.

Abbazia
rist,
via Colombo 12 – ☎ 043 18 00 38 – info@hotel-abbazia.com – Fax 043 18 17 22 – Aprile-ottobre
51 cam – 57/88 € 104/145 €, 11 € – ½ P 68/104 € – **Rist** – Menu 21/31 €
◆ Calda e distinta casa di tono familiare, ai margini della zona pedonale, a pochi passi dalla spiaggia; gestione signorile e arredi curati, soprattutto nelle aree comuni. Tocco di classe e buon gusto nelle sale da pranzo, ampie e accoglienti.

Villa Venezia
rist,
via Venezia 6 – ☎ 04 31 87 71 18 – info@gradohotel.com – Fax 04 31 87 71 26 – Aprile-ottobre
25 cam – 75/95 € 110/142 € – ½ P 68/78 € – **Rist** – (solo per alloggiati) Menu 17/32 €
◆ Albergo dai confort moderni, completamente rinnovato, nelle vicinanze della zona pedonale. Per i più esigenti c'è anche il solarium con idromassaggio al quinto piano.

Diana
cam,
via Verdi 1 – ☎ 043 18 22 47 – info@hoteldiana.it – Fax 043 18 33 30 – Aprile-ottobre
63 cam – 74 € 140 € – ½ P 82 € – **Rist** – Carta 24/35 €
◆ Nell'area commerciale e chiusa al traffico della cittadina, un hotel a conduzione immutata nel tempo e sempre molto dignitosa; settore notte recentemente ristrutturato. Classiche proposte d'albergo, con divagazioni marine, al ristorante.

Eden
via Marco Polo 2 – ☎ 043 18 01 36 – info@hoteledengrado.it – Fax 043 18 20 87 – Pasqua-15 ottobre
39 cam – 55 € 91 €, 8 € – ½ P 69 € – **Rist** – *(maggio-settembre)* (solo per alloggiati) Menu 21 €
◆ Rivolta alla laguna, una risorsa d'impostazione moderna, vicina al Palazzo dei Congressi e al Parco delle Rose. Attenta conduzione familiare, ambiente classico.

Antares senza rist
via delle Scuole 4 – ☎ 043 18 49 61 – info@antareshotel.info – Fax 043 18 23 85 – Chiuso dal 10 dicembre al 20 febbraio
19 cam – 75/90 € 96/130 €
◆ Ai margini del centro storico, nei pressi del mare, una comoda struttura di dimensioni contenute; camere tradizionali e spazi corretti uniti ad una valida gestione.

Park Spiaggia senza rist
via Mazzini 1 – ☎ 043 18 23 66 – info@hotelparkspiaggia.it – Fax 043 18 58 11 – 10 maggio-10 ottobre
30 cam – 55/60 € 90/98 €
◆ Come evoca il nome, è felicemente situato in prossimità della spiaggia, nel cuore dell'area pedonale e di quello che a sera diviene il "passeggio"; semplicità e confort.

Serena senza rist
*riv*a *Sant'Andrea 31 – ✆ 043 18 06 97 – info@gradohotelserena.it – Fax 043 18 51 99 – Marzo-novembre*
12 cam ☕ – 🚹60/70 € 🚹🚹80/100 €
◆ Piccolo hotel che ha subito di recente parziali modifiche; posizionato nella lagunare Isola della Schiusa, di fronte al centro cittadino, ma raggiungibile in auto.

Villa Rosa senza rist
via Carducci 12 – ✆ 043 18 11 00 – info@hoteldiana.it – Fax 043 18 33 30 – Aprile-ottobre
25 cam ☕ – 🚹56 € 🚹🚹104 €
◆ Quasi a metà strada tra la Riva prospiciente l'Isola della Schiusa e il Lungomare verso la spiaggia principale, una risorsa rinnovata, gradevole e accogliente.

All'Androna
calle Porta Piccola 6 – ✆ 043 18 09 50 – info@androna.it – Fax 043 18 09 50 – Chiuso dal 9 gennaio al 24 febbraio e martedì da ottobre ad aprile
Rist – Carta 46/59 €
◆ Tra le calli della parte più caratteristica di Grado, un ristorante dall'ambiente raffinato dove due fratelli propongono una fresca cucina di mare. Servizio estivo all'aperto.

De Toni
piazza Duca d'Aosta 37 – ✆ 043 18 01 04 – info@trattoriadetoni.it – Fax 04 31 87 78 58 – Chiuso gennaio e mercoledì
Rist – Carta 31/49 €
◆ Valida lista di vini che s'accompagna a ricette gradesi e a piatti di pesce, classici o preparati secondo tradizioni locali; impostazione casalinga, nel centro storico.

Al Canevon
calle Corbatto 11 – ✆ 043 18 16 62 – a.verginella@inwind.it – Fax 043 18 16 62 – Chiuso mercoledì
Rist – Carta 32/45 €
◆ In prossimità del Duomo, un indirizzo familiare, con proposte di mare; due salette interne e, all'esterno, tavoli nel dehors e nella tipica "Corte" gradese sul retro.

Alla Buona Vite
30, P
località Boscat Nord : 10 km – ✆ 043 18 80 90 – Fax 043 18 83 05 – Chiuso gennaio, febbraio e giovedì (escluso giugno-settembre)
Rist – Carta 31/43 €
◆ Una famiglia di viticoltori che gestisce una trattoria di campagna, con annessa azienda agricola; piacevole servizio estivo sotto un pergolato accanto al piccolo parco-giochi.

alla pineta Est : 4 km :

Mar del Plata
rist, P
viale Andromeda 5 – ✆ 043 18 10 81 – info@hotelmardelplata.it – Fax 043 18 54 00 – Pasqua e 15 maggio-settembre
35 cam ☕ – 🚹55/74 € 🚹🚹90/120 € – ½ P 52/70 € – **Rist** – Menu 25/35 €
◆ Bella posizione in pineta con validi spazi all'esterno: giardino con piscina e terrazza per colazioni. Non distante dalla spiaggia, un verde angolo, comodo e quieto. Finestre direttamente aperte sulla natura circostante e ambiente tranquillo al ristorante.

GRADOLI – Viterbo (VT) – 563 O17 – 1 495 ab. – alt. 470 m – ✉ 01010 12 A1

Roma 130 – Viterbo 42 – Siena 112

La Ripetta con cam
via Roma 38 – ✆ 07 61 45 61 00 – info@laripetta.it – Fax 07 61 45 68 17
16 cam ☕ – 🚹37/55 € 🚹🚹65/85 € – ½ P 65/80 € – **Rist** – *(chiuso lunedì e martedì a mezzogiorno)* Carta 31/48 €
◆ Ristorante classico, con camere, sito all'ingresso della località lungo la strada principale; terrazza per servizio estivo e piatti di pescato, sia di lago che di mare.

Gran lusso o stile informale?
I X e i 🏠 indicano il livello di comfort.

GRANCONA – Vicenza (VI) – 562 F16 – 1 700 ab. – alt. 36 m – ✉ 36040 35 **B3**

Roma 553 – Padova 54 – Verona 42 – Vicenza 24

a Pederiva Est : 1,5 km – ✉ 36040 – Grancona

X **Isetta** con cam rist,
via Pederiva 96 – ✆ 04 44 88 95 21 – info@trattoriaalbergoisetta.it – Fax 04 44 88 99 92
10 cam – 36/46 € 46/56 €, 8 € – **Rist** – *(chiuso martedì sera e mercoledì)* Carta 32/42 €
◆ Dalla madre Isetta, l'attuale gestore ha appreso l'amore per le tradizioni nostrane; dalla cucina a vista, con camino, escono succulente carni alla griglia.

sulla strata statale per San Vito Nord-Est : 3 km :

XX **Vecchia Ostaria Toni Cuco**
via Arcisi 12 ✉ 36040 – ✆ 04 44 88 95 48 – info@autobren.it – Fax 04 44 60 13 50 – Chiuso una settimana in agosto, lunedì sera e martedì
Rist – Carta 25/35 €
◆ Aperta campagna per una vecchia trattoria dall'elegante e rustico ambiente, con travi lignee e camini, ove assaggiare fantasiose rivisitazioni di ricette vicentine.

GRANDZON – Aosta – 561 E4 – Vedere Verrayes

GRANIGA – Verbania – 561 D6 – Vedere Bognanco (Fonti)

GRAN SANT BERNARDO (Passo del) – Aosta (AO) – 561 E3 – alt. 2 469 m 34 **A2**

Roma 778 – Aosta 41 – Genève 148 – Milano 216 – Torino 145 – Vercelli 151

Italia
✉ 11010 Saint Rhémy – ✆ 01 65 78 09 08 – info@gransanbernardo.it – Fax 01 65 78 00 63 – Giugno-25 settembre
15 cam – 45/50 € 60/80 €, 8 € – ½ P 48/54 € – **Rist** – Carta 21/34 €
◆ Per i più ardimentosi amanti della vera montagna, sferzata dai venti e dalla neve anche in estate, un albergo alpino offre dal 1933 caratteristici interni in legno. Calda l'atmosfera al ristorante, articolato in tre sale, dove troverete i classici della cucina valdostana.

GRAPPA (Monte) – Belluno, Treviso e Vicenza – alt. 1 775 m *Italia*

Monte★★★

GRAVEDONA – Como (CO) – 428 D9 – 2 623 ab. – alt. 202 m – ✉ 22015 16 **B1**

Roma 683 – Como 54 – Sondrio 52 – Lugano 46 – Milano 114

La Villa
via Regina Ponente 21 – ✆ 034 48 90 17 – hotellavilla@tiscalinet.it – Fax 034 48 90 27 – Chiuso dal 20 dicembre al 10 gennaio
14 cam – 62 € 94 € – ½ P 67 € – **Rist** – *(chiuso da novembre al 15 marzo)* Carta 23/39 €
◆ Un vecchio albergo portato a nuova vita nel confort dei tempi moderni, ma con il fascino di una deliziosa casa d'epoca; lo circonda un godibile giardino con bella piscina. Sala da pranzo di taglio e atmosfera moderni, con pareti a vetrate affacciate sul verde.

GRAVINA IN PUGLIA – Bari (BA) – 564 E31 – 42 574 ab. – alt. 350 m – ✉ 70024 26 **B2**

Roma 417 – Bari 58 – Altamura 12 – Matera 30 – Potenza 81

X **Madonna della Stella** con cam < città antica,
via Madonna della Stella – cam,
✆ 08 03 25 63 83 – info@madonnadellastella.org – Fax 08 03 22 33 02
10 cam – 45 € 70 € – ½ P 50 € – **Rist** – *(chiuso martedì)* Carta 24/37 €
◆ In zona archeologica, a strapiombo sul torrente Gravina, suggestivo ristorante in una grotta naturale con panorama sulla città antica. Camere semplici, con tufo a vista.

GRAZIE – Mantova – 561 G14 – Vedere Curtatone

GREMIASCO – Alessandria (AL) – 561 H9 – 369 ab. – alt. 395 m – ✉ 15056 23 D2

Roma 563 – Alessandria 52 – Genova 70 – Piacenza 92

XX **Belvedere**

via Dusio 5 – ✆ 01 31 78 71 59 – Fax 01 31 78 79 00 – Chiuso dal 15 febbraio al 10 marzo e martedì

Rist – Carta 15/24 €

◆ In una gradevole abitazione sulle pendici di una collina, un locale ricavato da una vecchia osteria menù che ripercorre creativamente le tradizioni del posto.

GRESSAN – Aosta – 561 E3 – Vedere Aosta

GRESSONEY LA TRINITÉ – Aosta (AO) – 561 E5 – 302 ab. – alt. 1 639 m – Sport invernali : *1 618/2 970 m* 3 5 – ✉ 11020 34 B2

Roma 733 – Aosta 86 – Ivrea 58 – Milano 171 – Torino 100

località Edelboden Superiore ✆ 0125 366143, infogressoneytrinite@libero.it, Fax 0125 366323

Jolanda Sport

località Edelboden Superiore 31 – ✆ 01 25 36 61 40 – info@hoteljolandasport.com – Fax 01 25 36 62 02 – Chiuso maggio, ottobre e novembre

36 cam – †90/130 € ††140/190 € – ½ P 80/130 € – **Rist** – Carta 26/42 €

◆ Alla partenza della seggiovia di Punta Jolanda, costruita negli anni '50 dal papà dell'attuale proprietaria, una risorsa di lunga tradizione, perfettamente rinnovata. Di recente ampliata la capiente sala per ristorarsi con la gastronomia locale.

Lysjoch

località Fohre – ✆ 01 25 36 61 50 – info@hotellysjoch.com – Fax 01 25 36 63 65 – Dicembre-aprile e 25 giugno-15 settembre

12 cam – †47/58 € ††94/116 € – ½ P 60/85 € – **Rist** – (solo per alloggiati)

◆ Direttamente sulle piste, in questa località a nord di Gressoney La Trinité, piccola struttura con un ambiente familiare e accogliente, reso ancor più caldo dal legno.

GRESSONEY SAINT JEAN – Aosta (AO) – 561 E5 – 793 ab. – alt. 1 385 m – Sport invernali : *1 385/2 020 m* 3, – ✉ 11025 34 B2

Roma 727 – Aosta 80 – Ivrea 52 – Milano 165 – Torino 94

Villa Deslex ✆ 0125 355185, info@aiatmonterosawalser.it, Fax 0125 355895

Monte Rosa, ✆ 0125 35 63 14.

Gressoney ← Monte Rosa, rist,

via Lys 3 – ✆ 01 25 35 59 86 – info@hotelsgressoney.com – Fax 01 25 35 64 27 – 23 dicembre-9 aprile e giugno- settembre

25 cam – †78/130 € ††120/200 € – ½ P 80/120 € – **Rist** – Menu 20/30 €

◆ Costruzione nuova, confortevole, in un puro stile montano e vicina al fiume Lys; una bella serra, non grande, attorno alla quale si sviluppa internamente tutto l'albergo. Elegantemente curato l'ambiente del ristorante.

Gran Baita ← Monte Rosa,

strada Castello Savoia 26, località Gresmatten – ✆ 01 25 35 64 41 – info@hotelgranbaita.it – Fax 01 25 35 64 41 – Dicembre-aprile e 25 giugno-7 settembre

12 cam – ††130/140 € – ½ P 95 € – **Rist** – Carta 32/44 €

◆ Non lontano dal Castello Savoia e dalla passeggiata della Regina Margherita, in una baita del XVIII secolo, un'atmosfera da sogno ove coccolarsi a lungo tra ogni confort. Proposte nella tradizione gastronomica dei Walser.

XX **Il Braciere**

località Ondrò Verdebio 2 – ✆ 01 25 35 55 26 – il_braciere@libero.it – Fax 01 25 35 55 26 – Chiuso dal 3 al 30 giugno, dal 12 al 23 dicembre, mercoledì (esclusoluglio-agosto) e sabato-domenica in novembre

Rist – Carta 30/41 €

◆ In zona residenziale fuori del paese, un locale rustico, semplice, con proposte di cucina valligiana e piemontese, a ricordo dell'origine cuneese del titolare.

GREVE IN CHIANTI – Firenze (FI) – 563 L15 – 13 206 ab. – alt. 241 m – ✉ 50022
Toscana 29 **D3**

Roma 260 – Firenze 31 – Siena 43 – Arezzo 64

viale Giovanni da Verrazzano 59 ✆ 055 8546287, info@chiantiechianti.it, Fax 055 8544240

Agriturismo Villa Vignamaggio senza rist
strada per Lamole Sud-Est : 4 km –
✆ 055 85 46 61 – agriturismo@vignamaggio.com – Fax 05 58 54 44 68 – 15 marzo-10 dicembre
8 cam – 120/170 € 150/170 €, 15 € – 17 suites – 250/450 €
◆ Un elegante podere ubicato fra vigneti e uliveti del Chianti, una villa-fattoria quattrocentesca che racchiude la memoria del Rinascimento toscano, un'ospitalità da sogno.

a Panzano Sud : 6 km – alt. 478 m – ✉ 50020

Villa Sangiovese
piazza Bucciarelli 5 – ✆ 055 85 24 61 – villa.sangiovese@libero.it – Fax 055 85 24 63 – Chiuso da Natale a febbraio
17 cam – 90/108 € 108/160 € – 2 suites – **Rist** – *(chiuso mercoledì)* Carta 23/31 €
◆ Gestione svizzera per una signorile villa ottocentesca, con annessa casa colonica, site nel centro del paese e con una visuale di ampio respiro sui bei colli circostanti. Servizio ristorante estivo in terrazza-giardino panoramica.

Villa le Barone rist,
Est : 1,5 km – ✆ 055 85 26 21 – info@villalebarone.it – Fax 055 85 22 77 – Aprile-ottobre
28 cam – 140/196 € 200/280 € – ½ P 110/155 € – **Rist** – *(chiuso a mezzogiorno)* (solo per alloggiati) Menu 34 €
◆ In un'antica dimora di campagna, una villa padronale di proprietà dei Della Robbia: tra uliveti e vigne, cuore del Chianti Classico, distensione e atmosfera di classe.

a Strada in Chianti Nord : 9 km – ✉ 50027

XX **Il Caminetto del Chianti**
via della Montagnola 52, Nord : 1 km – ✆ 05 58 58 89 09 – susanna.zucchi@chiantipop.net – Fax 05 58 58 60 62 – Chiuso martedì e mercoledì a mezzogiorno, in luglio-agosto chiuso a mezzogiorno (escluso domenica)
Rist – Carta 31/36 €
◆ Fuori dal centro della località, lungo la strada che porta a Firenze, un ristorante con piatti in prevalenza toscani, da gustare in sale curate e riscaldate anche dal camino.

a La Panca Nord-Est : 10 km – ✉ 50022 – Greve in Chianti

XX **Le Cernacchie**
via Cintola Alta 11 – ✆ 05 58 54 79 68 – lecernacchie@tin.it – Fax 05 58 54 79 68 – Chiuso dal 23 febbraio al 7 marzo e lunedì
Rist – Carta 34/50 €
◆ All'interno di un'antica dimora, un locale di taglio rustico-elegante con caminetto. Apprezzabile servizio estivo in giardino per una cucina toscana con tocchi creativi.

GREZZANA – Verona (VR) – 562 F15 – 10 324 ab. – alt. 166 m – ✉ 37023 37 **A2**

Roma 514 – Verona 12 – Milano 168 – Venezia 125

La Pergola cam,
via La Guardia 1 – ✆ 045 90 70 71 – hotel.lapergola@virgilio.it – Fax 045 90 71 11
35 cam – 45/50 € 66/72 €, 10 € – ½ P 50/55 € – **Rist** – *(chiuso dal 25 dicembre al 6 gennaio)* Carta 20/31 €
◆ Familiare l'andamento di questo albergo, ideale soprattutto per una clientela di lavoro; poco lontano da Verona, una seria conduzione e un confortevole settore notte. Ampia sala da pranzo di tono moderno; decorazioni alle pareti e soffitti futuristici.

a Stallavena Nord : 4 km – ✉ 37023

XX **Antica Pesa**

via Chiesuola 2 – ✆ 045 90 71 83 – info@anticapesa.com – Fax 04 58 66 98 47 – Chiuso domenica sera e lunedì

Rist – Carta 31/49 €

◆ Due salette classiche con qualche tocco di eleganza per un ristorante gestito dalla stessa famiglia da più generazioni; proposte soprattutto venete e del posto, rivisitate.

GRICCIANO – Roma – Vedere Cerveteri

GRIGNANO – Trieste (TS) – 562 E23 – alt. 74 m – ✉ 34014 11 D3

Roma 677 – Udine 59 – Trieste 8 – Venezia 150

Riviera e Maximilian's senza rist

110,

strada costiera 22 – ✆ 040 22 45 51 – riviera@magesta.com – Fax 040 22 43 00

69 cam – 99/170 € 145/240 € – 8 suites

◆ A pochi minuti dal Castello di Miramare, di cui si gode una bella vista, direttamente sulla costa e affacciata sul blu, struttura d'inizio secolo con un'ala più recente.

GRINZANE CAVOUR – Cuneo (CN) – 561 I5 – 1 786 ab. – alt. 260 m – ✉ 12060 25 C2

Roma 649 – Cuneo 62 – Torino 74 – Genova 149 – Novara 140

Casa Pavesi senza rist

via IV Novembre 4 – ✆ 01 73 23 11 49 – info@hotelcasapavesi.it – Fax 01 73 23 09 83 – Chiuso dal 21 dicembre al 6 gennaio e dall'8 al 22 agosto

12 cam – 130/150 € 140/180 €

◆ Vicino al celebre castello, una casa ottocentesca restaurata. Il risultato è una bomboniera, salotti con boiserie e atmosfera inglese. Cura ed eleganza in camera e bagni.

GRISIGNANO DI ZOCCO – Vicenza (VI) – 562 F17 – 4 260 ab. – alt. 23 m – ✉ 36040 37 B2

Roma 499 – Padova 17 – Bassano del Grappa 48 – Venezia 57 – Verona 63 – Vicenza 18

Magnolia

60,

via Mazzini 1 – ✆ 04 44 41 42 22 – magnolia5@magnoliahotel.191.it – Fax 04 44 41 42 27

29 cam – 85 € 130 € – **Rist** – *(chiuso dal 25 dicembre al 6 gennaio, agosto, venerdì sera, sabato e domenica)* Carta 21/34 €

◆ Frequentato da clientela d'affari, quasi unicamente abituale, un albergo di stile classico, comodo e con camere spaziose, sulla statale Padova-Vicenza, vicino al casello. Confortevole e moderna anche l'area ristorante.

GRÖDNER JOCH = Gardena Passo di

GROLE – Mantova – Vedere Castiglione delle Stiviere

GROPPO – La Spezia – 561 J11 – Vedere Manarola

GROSIO – Sondrio (SO) – 561 D12 – 4 816 ab. – alt. 653 m – ✉ 23033 17 C1

Roma 739 – Sondrio 40 – Milano 178 – Passo dello Stelvio 44 – Tirano 14

XX **Sassella** con cam

rist, 50,

via Roma 2 – ✆ 03 42 84 72 72 – jim@hotelsassella.it – Fax 03 42 84 75 50

22 cam – 48 € 77 € – ½ P 57/65 € – **Rist** – Carta 23/32 €

◆ Un ristoro, con camere, ormai storico per l'alta Valtellina: proposte culinarie che riflettono il territorio, indovinata e piacevole scelta suddivisa in vari menù a tema.

GROSOTTO – Sondrio (SO) – 561 D12 – 1 645 ab. – alt. 590 m – ✉ 23034 17 C1

Roma 712 – Milano 183 – Sondrio 41

Le Corti senza rist

via Patrioti 73 – ☎ 03 42 84 86 24 – garnilecorti@libero.it – Fax 03 42 84 86 24

14 cam – 45 € 75 €

◆ Grazioso albergo, ideale per famiglie, suddiviso in due edifici distanti un centinaio di metri. Camere spaziose con arredi in legno, gustosa e abbondante colazione.

GROSSETO P (GR) – 563 N15 – 73 759 ab. – alt. 10 m – ✉ 58100 *Toscana* 29 C3

Roma 187 – Livorno 134 – Milano 428 – Perugia 176 – Siena 73

viale Monterosa 206 ☎ 0564 462611, info@lamaremma.info, Fax 0564 454606

Museo Archeologico e d'Arte della Maremma★

Bastiani Grand Hotel senza rist

piazza Gioberti 64 – ☎ 056 42 00 47 – info@hotelbastiani.com – Fax 056 42 93 21

48 cam – 100/150 € 123/185 €

◆ Nel cuore della località, all'interno della cinta muraria medicea, una gradevole risorsa in un signorile palazzo d'epoca; dotata di confortevoli ed eleganti camere.

Granduca rist, 300,

via Senese 170 – ☎ 05 64 45 38 33 – info@hotelgranduca.com – Fax 05 64 45 38 43

71 cam – 65/70 € 90/130 € – 1 suite – ½ P 65/80 € – **Rist** – Carta 29/42 €

◆ In posizione semiperiferica ma comoda, struttura di stile moderno il cui ingresso, sul piazzale, è segnalato da una fontana; ampi spazi, ideale per la clientela d'affari. Sapore attuale anche per gli ambienti del ristorante, vasti e usati anche per banchetti.

Airone senza rist 50,

via Senese 35 – ☎ 05 64 41 24 41 – hotelairone@tin.it – Fax 05 64 41 83 70

68 cam – 60/90 € 85/110 €

◆ Albergo ideale per la clientela d'affari, a pochi minuti d'auto dal centro storico, ma anche dalla superstrada. Confort moderno con soluzioni d'arredo di taglio classico.

Nuova Grosseto senza rist

piazza Marconi 26 – ☎ 05 64 41 41 05 – nuovagrosseto@tin.it – Fax 05 64 41 41 05

40 cam – 34/70 € 68/90 €

◆ Le recenti ristrutturazioni hanno conferito agli spazi comuni un'originale atmosfera a questo hotel accogliente e confortevole, proprio sulla piazza della stazione.

Canapone

piazza Dante 3 – ☎ 056 42 45 46 – eno.canapino@virgilio.it – Fax 056 42 85 35 – Chiuso dal 22 al 31 gennaio, dal 5 al 19 agosto, domenica e mercoledìsera da ottobre a giugno

Rist – Carta 42/64 €

Rist *Enoteca Canapino* – *(chiuso la sera)* Carta 20/31 €

◆ Nel cuore del centro storico della "capitale" della Maremma, un ristorante completamente ristrutturato che oggi si presenta con un aspetto elegante e raffinato. All'Enoteca Canapino una buona scelta di piatti tradizionali a prezzo contenuto, a pranzo.

Buca San Lorenzo-da Claudio

via Manetti 1 – ☎ 056 42 51 42 – Fax 056 42 51 42 – Chiuso dal 6 al 20 gennaio, dal 7 al 21 luglio, domenica e lunedì

Rist – Carta 34/63 €

◆ Ricavato nelle mura medicee, un punto di riferimento molto quotato nella città; specialità marinare e locali proposte a voce, servite in ambiente curato ed elegante.

sulla Strada Statale 1 - Aurelia, km 712,80 uscita Vallemaggiore Sud : 9 km – ✉ 58010 – Rispescia

Agriturismo Poggio degli Ulivi senza rist

strada Vallemaggiore 174, Est : 4 km – ☎ 05 64 40 51 34 – grifodoc@tin.it – Fax 05 64 40 58 33

6 cam – 60/110 €

◆ Isolata, ma prossima all'Aurelia e al mare, una casa moderna dotata di camere confortevoli con angolo cottura. Ideale per bambini: giochi da giardino, lago per pesca, piscina.

a Principina Terra Sud-Ovest : 6 km – ✉ 58100 – Marina di Grosseto

Fattoria La Principina – 𝒞 056 44 41 41 – info@italycongress.com – Fax 05 64 40 03 80 — rist, 1600, VISA

194 cam – ††180 € – ½ P 125 € – **Rist** – 24 €

◆ Grande complesso alberghiero ubicato all'interno di un'azienda agricola ed agrituristica. Ampio ed imponente soprattutto nella zona dedicata all'attività congressuale. A tavola, ricette semplici alla riscoperta della tradizione gastronomica locale.

GROSSETO (Marina di) – Grosseto (GR) – 563 N14 – ✉ 58046 — 29 C3

Roma 196 – Grosseto 14 – Firenze 153 – Livorno 125 – Orbetello 53 – Siena 85

Rosmarina — cam, VISA AE

via delle Colonie 33/35 – 𝒞 056 43 44 08 – info@rosmarina.it – Fax 056 43 46 84

38 cam – †95 € ††130 € – ½ P 92 € – **Rist** – Carta 27/35 €

◆ A pochi passi dal litorale marino, in una zona molto tranquilla, una risorsa di recente ristrutturata, totalmente immersa nella macchia mediterranea. Gestione accogliente. Ristorante ubicato nel seminterrato, rinnovato da poco, sala curata e cucina locale.

a Principina a Mare Sud : 6 km – ✉ 58100 – Marina di Grosseto

Principe — VISA

via dello Squalo 100 – 𝒞 056 43 14 00 – hotelprincipe@famigliafacondini.it – Fax 056 43 10 27 – Pasqua-10 ottobre

60 cam – †137/177 € ††170/190 € – **Rist** – Carta 36/47 €

◆ Su una delle vie che conducono al mare, e tuttavia immerso nella pineta, un buon indirizzo per trascorrere brevi o lunghi soggiorni in un'amena cornice mediterranea. Il settore ristorazione offre saporite specialità di carne e di pesce; servizio esperto.

GROTTA... GROTTE – Vedere nome proprio della o delle grotte

GROTTAFERRATA – Roma (RM) – 563 Q20 – 19 004 ab. – alt. 329 m – ✉ 00046 — 12 B2

Roma

Roma 21 – Anzio 44 – Frascati 3 – Frosinone 71 – Latina 49 – Terracina 83

Park Hotel Villa Grazioli — Roma, rist, 100, VISA AE

via Umberto Pavoni 19 – 𝒞 06 94 54 00 – info@villagrazioli.com – Fax 069 41 35 06

58 cam – †225/295 € ††265/320 €

Rist *Acquaviva* – 𝒞 069 45 40 01 – Carta 39/84 €

◆ Una sapiente ristrutturazione ha riportato al suo splendore questa villa cinquecentesca, con affreschi originali, giardini all'italiana e splendida vista su Roma. Ristorante di tono elegante, nell'affascinante e storica cornice dell'hotel in cui è ubicato.

Grand Hotel Villa Fiorio — rist, 50, VISA AE

viale Dusmet 25 – 𝒞 06 94 54 80 07 – info@villafiorio.it – Fax 06 94 54 80 09

24 cam – †130/160 € ††140/180 € – 2 suites – **Rist** – Carta 34/46 €

◆ Atmosfera da raffinata casa privata nei caldi interni di una villa nobiliare d'epoca, arredata in stile e circondata da un parco secolare con piscina. Affacciato sul verde degli alberi, un ristorante di sobria raffinatezza.

Al Fico-La locanda dei Ciocca senza rist — 80, VISA AE

via Anagnina 134 – 𝒞 06 94 31 53 90 – info@alfico.it – Fax 069 41 01 33

21 cam – †150 € ††170/210 €

◆ Quiete, personalizzate camere in stile, tutte diverse una dall'altra in una raffinata struttura, dove assaporare il relax in un'atmosfera di grande calore e charme.

Da Mario-La Cavola d'Oro — VISA AE

via Anagnina 35, Ovest : 1,5 km – 𝒞 06 94 31 57 55 – info@lacavoladoro.com – Fax 06 94 31 57 55 – Chiuso lunedì

Rist – Carta 34/46 €

◆ Vista sulla campagna romana dalla veranda, camino e soffitti di legno nelle curate sale interne; piatti tradizionali regionali e, martedì e venerdì, pesce di mare.

XX **Taverna dello Spuntino** con cam
via Cicerone 20/22 – ✆ 069 45 93 66 – info@tavernadellospuntino.com – Fax 069 45 61 03
10 cam – 150/180 € – **Rist** – Carta 35/53 €
◆ Caratteristici sia l'ambiente che le cantine di una tipica taverna rustica con arredi in legno e una buona scelta di tradizionali piatti laziali.

XX **Nando**
via Roma 4 – ✆ 069 45 99 89 – info@ristorantenando.it – Fax 069 45 99 89 – Chiuso lunedì
Rist – Carta 29/42 €
◆ Da vedere la curiosa collezione di cavatappi e la cantina caratteristica (con possibilità di degustazione); la cucina, di impronta locale, segue le stagioni.

GROTTAGLIE – Taranto (TA) – 564 F34 – 32 375 ab. – alt. 133 m – ✉ 74023 27 C2

Roma 514 – Brindisi 49 – Bari 96 – Taranto 22

Gill senza rist 30,
via Brodolini 75 – ✆ 09 95 63 82 07 – gillhotel@tin.it – Fax 09 95 63 87 56
48 cam – 48 € 68 €
◆ Buon indirizzo all'insegna della semplicità e dell'ospitalità familiare; fa della pulizia la sua arma migliore e offre camere senza pretese, generose di spazi e confort.

GROTTAMMARE – Ascoli Piceno (AP) – 563 N23 – 14 596 ab. – ✉ 63013 21 D3

Roma 236 – Ascoli Piceno 43 – Ancona 84 – Macerata 64 – Pescara 72 – Teramo 53

piazzale Pericle Fazzini 6 ✆ 0735 631087, iat.grottammare@regione.marche.it, Fax 0735 631087

XX **Borgo Antico** 10,
via Santa Lucia 1, Grottammare Alta – ✆ 07 35 63 43 57 – locandaborgoantico@libero.it – Fax 07 35 77 82 55 – Chiuso a mezzogiorno e martedì (escluso giugno-settembre)
Rist – Carta 44/54 €
◆ Città alta. In un antico frantoio, cura per le materie prime e l'elaborazione dei cibi; panorama, estivo, dai tavoli nella piazzetta esterna. Complice, una giovane coppia.

XX **Osteria dell'Arancio** 10/20,
piazza Peretti, Grottammare Alta – ✆ 07 35 63 10 59 – osteriadellarancio@aliceposta.it – Chiuso 24-25 dicembre, mercoledì e a mezzogiorno (escluso domenica e i festivi da gennaio a giugno)
Rist – Menu 35/40 €
◆ Nella piazzetta di Grottammare Alta, una vecchia insegna recita ancora "Tabacchi e alimentari": oggi, un locale caratteristico con menù tipico, fisso, abbinato ai vini.

verso San Benedetto del Tronto

Parco dei Principi rist, 150,
lungomare De Gasperi 90, Sud : 1 km ✉ 63013 – ✆ 07 35 73 50 66 – htlparcodeiprincipi@tiscalinet.it – Fax 07 35 73 50 80 – Chiuso dal 21 dicembre al 15 gennaio
54 cam – 80/100 € 120/150 € – ½ P 93/108 € – **Rist** – *(chiuso sabato, domenica e a mezzogiorno da ottobre ad aprile)* Carta 35/45 €
◆ Assai moderno nello stile, sul lungomare e fuori del centro; ideale anche per clienti d'affari, offre un settore notte confortevole, con parquet in corridoi e camere. Dalla sala da pranzo vista di mare, verde e piscina fiancheggiata da statue classicheggianti.

Roma rist,
lungomare De Gasperi 60 – ✆ 07 35 63 11 45 – info@hotelromagrottammare.com – Fax 07 35 63 32 49 – Pasqua-15 novembre
59 cam – 50/62 € 75/88 € – ½ P 63/79 € – **Rist** – Carta 20/35 €
◆ Nel corso del 2003 l'albergo è stato riaperto dopo aver subito un rinnovo completo. Oggi si presenta come una struttura fresca e attuale, sul lungomare con piccolo giardino.

XX **Tropical**
lungomare De Gasperi 59, Sud : 2 km ✉ 63013 – ✆ 07 35 58 10 00 – tropical@postino.it – Fax 07 35 58 13 02
Rist – Carta 36/53 €
◆ Proprio al limitare della spiaggia, gestita dallo stesso titolare e a cui si può accedere dalla bella veranda esterna; per scorpacciate di pesce, fresco e gustoso.

XX **Palmino**
via Ponza 4, Sud : 2 km ✉ 63013 – ✆ 07 35 59 47 20 – Fax 07 35 57 83 24 – Chiuso dall'8 al 22 gennaio e lunedì
Rist – Carta 28/57 €
◆ Un po' arretrato rispetto al lungomare e all'interno di un complesso che comprende un residence e un centro sportivo, un buon locale con tradizione di pesce. Ma non solo.

XX **Lacchè**
via Procida 1/3, Sud : 2,5 km ✉ 63013 – ✆ 07 35 58 27 28 – save1967@vodafone.it – Fax 07 35 58 35 73 – Chiuso dal 24 dicembre al 6 gennaio e lunedì
Rist – Carta 35/55 €
◆ Menù a voce, sulla base del mercato ittico giornaliero, e alla carta: uno degli indirizzi più "gettonati" in paese, ove lasciarsi sedurre da sapori strettamente marini.

GROTTE DI CASTRO – Viterbo (VT) – 563 N17 – 2 917 ab. – alt. 463 m – ✉ 01025 — 12 **A1**

Roma 140 – Viterbo 47 – Grosseto 100 – Orvieto 27 – Siena 99

Agriturismo Castello di Santa Cristina senza rist
località Santa Cristina Ovest : 3,5 km – ✆ 076 37 80 11 – info@santacristina.it – Fax 076 37 80 11 – Chiuso dal 15 gennaio al 28 febbraio
14 cam – †120 € ††130 €, ☕ 5 €
◆ Nel cuore della Tuscia antica, vicino al Lago di Bolsena e ai Monti Volsini, un signorile casale settecentesco ai piedi del castello; arredi di gusto con mobili d'epoca.

GRUGLIASCO – Torino (TO) – 561 G4 – 40 344 ab. – alt. 293 m – ✉ 10095 — 22 **A1**

Roma 672 – Torino 10 – Asti 68 – Cuneo 97 – Sestriere 92 – Vercelli 89

XX **L'Antico Telegrafo**
via G. Lupo 29 – ✆ 011 78 60 48 – lanticotelegrafo@virgilio.it – Chiuso agosto, domenica sera e lunedì FT t
Rist – Carta 29/49 €
◆ Nell'isola pedonale, al primo piano di un edificio sulla piazza della chiesa: quieto dehors sul retro e proposte, di pesce e locali, che seguono il mercato giornaliero.

GRUMELLO DEL MONTE – Bergamo (BG) – 561 F11 – 6 471 ab. – alt. 208 m – ✉ 24064 — 19 **D1**

Roma 598 – Milano 68 – Bergamo 22 – Brescia 42

XX **La Cascina Fiorita**
via Mainoni d'Intignano 11 – ✆ 035 83 00 05 – info@lacascinafiorita.com
Rist – Carta 37/54 €
◆ In posizione panoramica sui colli, il locale si trova in un antico casolare quasi totalmente ristrutturato, dispone d'una sala fumatori e propone la classica cucina nazionale.

GSIES = Valle di Casies

GUALDO CATTANEO – Perugia (PG) – 563 N19 – 6 165 ab. – alt. 535 m – ✉ 06035 — 32 **B2**

Roma 160 – Perugia 48 – Assisi 28 – Foligno 32 – Orvieto 77 – Terni 54

a Collesecco Sud-Ovest : 9 km – ✉ 05020 – CASTELTODINO

X **La Vecchia Cucina**
via delle Scuole 2 frazione Marcellano – ✆ 074 29 72 37 – Fax 07 42 97 40 97 – Chiuso dal 24 al 27 dicembre e da 6 al 31 agosto
Rist – Carta 25/40 €
◆ Nella villetta di una piccola frazione, ove la campagna umbra dà il meglio di sé, una sala colorata e allegra per portarsi a casa un ricordo gastronomico locale.

GUALTIERI – Reggio Emilia (RE) – 562 H13 – 6 323 ab. – alt. 22 m – ✉ 42044 8 B1

Roma 450 – Parma 32 – Mantova 36 – Milano 152 – Modena 48 – Reggio nell'Emilia 25

A. Ligabue rist, 35,

piazza 4 Novembre – ☎ 05 22 82 81 20 – info@albergoligabue.com – Fax 05 22 82 92 94 – Chiuso dal 1° al 7 gennaio e dal 9 al 28 agosto

37 cam – †50/55 € ††78/84 € – **Rist** – *(chiuso domenica sera, e i mezzogiorno di sabato e lunedì)* Menu 28/39 €

♦ Nell'antico borgo fortificato dei Bentivoglio, sito "a lato" del loro cinquecentesco palazzo, albergo dell'800, con facciata ocra chiaro e camere in stile, in via di rinnovo. Sala ristorante piacevolmente arredata, proposte culinarie eterogenee.

GUARDAMIGLIO – Lodi (LO) – 561 G11 – 2 649 ab. – alt. 49 m – ✉ 26862 16 B3

Roma 520 – Piacenza 9 – Cremona 46 – Lodi 36 – Milano 60

Motel Nord senza rist

via I Maggio 3 – ☎ 037 75 12 23 – info@motelnord.it – Fax 03 77 51 93 49

80 cam – †99/145 € ††145 €

♦ Hotel di recente apertura, a due passi dall'uscita autostradale Piacenza Nord, impostato secondo uno stile moderno e confortevole. Ampio e comodo parcheggio interno.

XX **Hostaria il Cavallo**

via Dante 48, località Valloria, Est : 4 km – ☎ 037 75 10 16 – Fax 037 75 10 16 – Chiuso dal 1° al 7 gennaio, dal 16 agosto al 12 settembre e martedì

Rist – Carta 36/65 €

♦ Due sale di dimensioni analoghe e d'impostazione classica, entrambe godono di una buona illuminazione naturale. In cucina piatti classici con prevalenza di pesce.

GUARDIA – Trento – 562 E15 – Vedere Folgaria

GUARDIAGRELE – Chieti (CH) – 563 P24 – 9 630 ab. – alt. 577 m – ✉ 66016 2 C2

Roma 230 – Pescara 41 – Chieti 25 – Lanciano 23

XX **Villa Maiella** con cam cam, 80,

via Sette Dolori 30, Sud-Ovest : 1,5 km – ☎ 08 71 80 93 19 – info@villamaiella.it – Fax 08 71 80 93 62

14 cam – †47 € ††90 € – **Rist** – *(chiuso 15 giorni in luglio, domenica sera e lunedì)* Carta 24/49 €

♦ Un edificio rosa, moderno, ai margini della montagna e del Parco della Maiella; due giovani proprietari che propongono una gastronomia di qualità, su base abruzzese. Confortevoli le carrere, realizzale secondo le moderne secnologie.

XX **Ta Pù**

via Modesto della Porta 37 – ☎ 087 18 31 40 – Fax 087 18 31 40 – Chiuso lunedì da aprile a settembre, anche domenica sera negli altri mesi

Rist – Carta 35/54 €

♦ Curato nei particolari, un ristorantino con leccornie locali e stagionali e uso di prodotti di nicchia: all'interno di una sala allungata, sotto gli archi del soffitto.

X **Parco della Majella** 15/20,

via Colle Luna 2 – ☎ 087 18 33 54 – parcodellamajella2@tiscali.it – Fax 087 18 33 54 – Chiuso settembre e mercoledì

Rist – Carta 23/38 €

♦ Trattoria dai toni caldi con una bella terrazza da cui si apre un'ampia vista sui monti. La cucina, curata dal giovane chef-patron, propone piatti della tradizione rivisitati.

GUARDISTALLO – Pisa (PI) – 563 M13 – 1 061 ab. – alt. 294 m – ✉ 56040 28 B2

Roma 276 – Pisa 65 – Grosseto 100 – Livorno 44 – Siena 83

a Casino di Terra Nord-Est : 5 km – ✉ 56040

XX **Mocajo**

strada statale 68 – ☎ 05 86 65 50 18 – info@ristorantemocajo.it – Fax 05 86 65 50 18 – Chiuso dal 15 gennaio al 15 febbraio e mercoledì (escluso agosto)

Rist – (a mezzogiorno solo su prenotazione) – Carta 35/50 €

♦ Sulla statale Cecina-Volterra, un locale che dà il meglio all'interno: ambiente di tono, con piatti del territorio. Solida gestione familiare, alla seconda generazione.

GUARENE – Cuneo (CN) – 561 H6 – 3 137 ab. – alt. 360 m – ✉ 12050 25 **C2**

▶ Roma 649 – Torino 57 – Asti 32 – Cuneo 68 – Genova 146

XX **Osteria la Madernassa** (riscaldata) 20/30, P

località Lora 2, Ovest : 2,5 km – 01 73 61 17 16 VISA AE

– info@osterialamadernassa.it – Fax 01 73 28 54 25 – Chiuso dal 9 gennaio al 12 febbraio e martedì

Rist – Carta 29/45 €

◆ Arredi moderni e materiali tradizionali donano eleganza all'ambiente di questo locale, in posizione isolata e panoramica. Cucina del territorio, in chiave moderna.

Il rosso è il colore di chi sa distinguersi; i nostri punti di riferimento!

GUBBIO – Perugia (PG) – 563 L19 – 32 393 ab. – alt. 529 m – ✉ 06024 *Italia* 32 **B1**

▶ Roma 217 – Perugia 40 – Ancona 109 – Arezzo 92 – Assisi 54 – Pesaro 92

ℹ via della Repubblica 15 075 9220693, info@iat.gubbio.pg.it, Fax 075 9273409

Città vecchia★★ – Palazzo dei Consoli★★ B – Palazzo Ducale★ – Affreschi★ di Ottaviano Nelli nella chiesa di San Francesco – Affresco★ di Ottaviano Nelli nella chiesa di Santa Maria Nuova

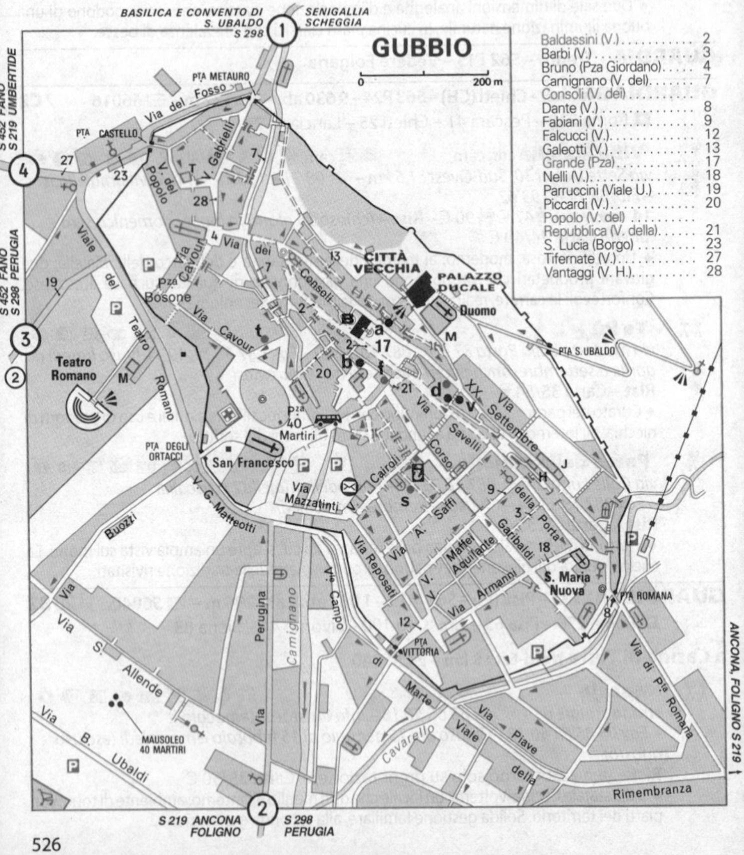

GUBBIO

Baldassini (V.) 2
Barbi (V.) 3
Bruno (Pza Giordano) 4
Camignano (V. del) 7
Consoli (V. dei)
Dante (V.) 8
Fabiani (V.) 9
Falcucci (V.) 12
Galeotti (V.) 13
Grande (Pza) 17
Nelli (V.) 18
Parruccini (Viale U.) 19
Piccardi (V.) 20
Popolo (V. del)
Repubblica (V. della) 21
S. Lucia (Borgo) 23
Tifernate (V.) 27
Vantaggi (V. H.) 28

Park Hotel ai Cappuccini ⊗ — città e campagna
via Tifernate, per ④
– ✆ 075 92 34 – info@parkhotelaicappuccini.it – Fax 07 59 22 03 23
95 cam – 180/200 € 220/280 € – ½ P 150/180 €
Rist – Carta 29/45 €
◆ Un antico convento, completamente ristrutturato conservando il fascino delle strutture di un tempo, offre i più elevati confort per ospitare al meglio il cliente. Ambiente raffinato nelle varie sale ristorante, con opere d'arte moderna e arredi d'epoca.

Relais Ducale senza rist ⊗ — 50
via Galeotti 19 – ✆ 07 59 22 01 57 – info@relaisducale.com
– Fax 07 59 22 01 59 a
32 cam – 111/129 € 155/177 €
◆ Nella parte più nobile di Gubbio, giardino pensile con vista città e colline per un hotel di classe, ricavato da un complesso di tre antichi palazzi del centro storico.

Bosone Palace senza rist
via 20 Settembre 22 – ✆ 07 59 22 06 88 – bosone@mencarelligroup.com
– Fax 07 59 22 05 52 – Chiuso dal 10 gennaio al 1° marzo d
30 cam – 80/90 € 110/140 €
◆ Nello storico palazzo Raffaelli, tessuti rossi e un'imponente scala portano alle camere, qualcuna con vista sul centro e due con soffitti affrescati, come la sala colazioni.

Gattapone senza rist
via Ansidei 6 – ✆ 07 59 27 24 89 – gattapone@mencarelligroup.com
– Fax 07 59 27 24 17 – Chiuso dall'8 gennaio all'8 febbraio b
18 cam – 70/82 € 100/114 € – 2 suites
◆ In edificio medievale di pietra e mattoni, con persiane ad arco, camere in tinte pastello e scorci sui pittoreschi vicoli eugubini e sulla centrale chiesa di S. Giovanni.

La Fornace di Mastro Giorgio — 20/30
via Mastro Giorgio 2 – ✆ 07 59 22 18 36 – info@rosatihotels.com
– Fax 07 59 27 66 04 – Chiuso quindici giorni in luglio, martedì, mercoledì a mezzogiorno (escluso da giugno a ottobre) v
Rist – Carta 30/60 €
◆ Archi e travi a vista nell'elegante fornace trecentesca che vide nascere le maioliche dipinte del celebre Mastro Giorgio. Wine bar adiacente per piatti veloci e vendita prodotti.

Taverna del Lupo
via Ansidei 6 – ✆ 07 59 27 43 68 – mencarelli@mencarelligroup.com
– Fax 07 59 27 12 69 – Chiuso lunedì escluso agosto-settembre f
Rist – Carta 39/55 €
◆ Storico locale nel cuore di Gubbio, "legato" al Santo di Assisi e al feroce lupo, per una storica coppia di ristoratori; antichi ambienti e succulenta gastronomia locale.

Bosone Garden
via Mastro Giorgio 1 – ✆ 07 59 22 12 46 – Fax 07 59 27 78 14 – Chiuso mercoledì escluso da giugno a settembre d
Rist – Carta 28/41 €
◆ Servizio estivo in giardino: nel verde, l'ingresso al ristorante, sito in Palazzo Raffaelli e legato ai due nobili Bosone, membri della casata. Spazi con arredi d'epoca.

Fabiani
piazza 40 Martiri 26 A/B – ✆ 07 59 27 46 39 – info@ristorantefabiani.it
– Fax 07 59 22 06 38 – Chiuso gennaio e martedì t
Rist – Carta 22/33 €
◆ In Palazzo Fabiani, di illustre casato locale, ambienti eleganti dislocati in varie sale e una magnifica "scenografia" cittadina per il servizio estivo nella piazzetta.

Grotta dell'Angelo con cam
via Gioia 47 – ✆ 07 59 27 34 38 – info@grottadellangelo.it – Fax 07 59 27 34 38
– Chiuso dal 7 gennaio al 7 febbraio s
18 cam – 38/40 € 55/60 €, 5 € – ½ P 55/60 € – **Rist** – Carta 30/39 €
◆ Nella grotta duecentesca è stata ricavata una rustica enoteca, familiare come l'atmosfera del locale; tra i vicoletti del centro, ma con un bel giardinetto per l'estate.

a Monte Ingino per ① : 5 km – alt. 827 m – ✉ 06024

La Rocca senza rist — Gubbio e dintorni, P VISA
via Monte Ingino 15 – ✆ 07 59 22 12 22 – Fax 07 59 22 12 22 – Chiuso dal 9 gennaio al 31 marzo
12 cam – 85 € 100 €
◆ Ambiente piacevolmente sobrio e sommesso per un hotel in posizione dominante sulla città, vicino alla Basilica di S. Ubaldo e sul Colle celebrato dai versi danteschi.

a Pisciano Nord-Ovest : 14 km – alt. 640 m – ✉ 06024 – Gubbio

Agriturismo Le Cinciallegre — P VISA AE
frazione Pisciano – ✆ 07 59 25 59 57 – cince@lecinciallegre.it – Fax 07 59 27 23 31 – Chiuso dal 15 dicembre al 15 marzo
7 cam – 72 € 96 € – ½ P 70/75 € – **Rist** – *(chiuso a mezzogiorno)* (solo per alloggiati) Menu 30/40 €
◆ In un angolo fuori del mondo, un'accogliente dimora che gode di una posizione panoramica, quieta; una piccola bomboniera con gran cura dei dettagli e delle forme originali.

a Santa Cristina Sud-Ovest : 21,5 km – ✉ 06024 – Gubbio

Locanda del Gallo – Country House — P VISA
località Santa Cristina – ✆ 07 59 22 99 12 – info@locandadelgallo.it – Fax 07 59 22 99 12 – Chiuso dal 7 gennaio a marzo
10 cam – 84/92 € 112/122 € – ½ P 75/80 € – **Rist** – (solo per alloggiati)
◆ Antica magione nobiliare, immersa nel verde della campagna umbra; ideale per vacanze solitarie lontano da centri abitati. Camere con arredi indonesiani in tek.

a Scritto Sud : 14 km – ✉ 06020

Agriturismo Castello di Petroia — rist, P VISA AE
località Scritto – ✆ 075 92 02 87 – castellodipetroia@castellodipetroia.com – Fax 075 92 01 08 – Aprile-dicembre
3 cam – 130/140 € – 3 suites – 155/200 € – ½ P 100/125 €
Rist – *(chiuso a mezzogiorno)* (solo per alloggiati) Menu 28/36 €
◆ Nell'assoluta tranquillità e nel verde, incantevole castello medioevale ricco di storia (nel 1422 vi nacque Federico da Montefeltro); ambienti raffinati con arredi in stile.

GUDON = GUFIDAUN – Bolzano – Vedere Chiusa

GUDO VISCONTI – Milano (MI) – 561 F9 – 1 319 ab. – alt. 111 m – ✉ 20088 18 **A2**

Roma 590 – Alessandria 86 – Milano 21 – Novara 37 – Pavia 35
Ambrosiano, Nord : 8 km a Bubbiano, ✆ 02 90 84 08 20.

Il Visconte — AC P VISA AE
a Cascina Longoli di Sotto Ovest : 2 km – ✆ 02 94 94 02 66 – info@ilvisconte.it – Fax 03 82 92 62 98 – Chiuso agosto, domenica sera e lunedì
Rist – Carta 36/51 €
◆ All'interno di un bel cascinale di campagna validamente ristrutturato con buon gusto, un'appassionata gestione e proposte selezionate, di taglio moderno e creativo.

GUGLIONESI – Campobasso (CB) – 563 Q26 – 5 272 ab. – alt. 370 m – ✉ 86034 2 **D2**

Roma 271 – Campobasso 59 – Foggia 103 – Isernia 103 – Pescara 108 – Termoli 15

verso Termoli Nord-Est : 5,5 km :

Ribo — AC P VISA AE
contrada Malecoste 7 ✉ 86034 – ✆ 08 75 68 06 55 – bobo_ribo@yahoo.it – Fax 08 75 68 06 55 – Chiuso domenica sera e lunedì
Rist – Carta 31/49 €
◆ Il rosso e il nero, Bobo e Rita, due figure veraci e "politiche"; in campagna, sulle colline molisane. E, nei piatti, una grande passione e maniacale ricerca della qualità.

GUIDONIA MONTECELIO – Roma (RM) – 69 617 ab. – alt. 95 m – ✉ 00012 12 **B2**

▶ Roma 33 – Frosinone 81 – Rieti 69 – Tivoli 15

GUIDONIA (RM)

Fabio Hotel senza rist
via Colle Ferro 39/A ✉ 00012 – ✆ 07 74 30 08 21 – info@fabiohotel.it – Fax 07 74 30 95 53
26 cam – 56/77 € 72/120 €
◆ Da qui la capitale è facilmente raggiungibile, come altre località turistiche vicine; sito in centro, nei pressi della stazione, albergo comodo, di recente costruzione.

GUSSAGO – Brescia (BS) – 561 F12 – 14 025 ab. – alt. 180 m – ✉ 25064 17 **C2**

▶ Roma 539 – Brescia 14 – Bergamo 45 – Milano 86

Trattoria Artigliere (Botta) 15/30,
via Forcella 6 – ✆ 03 02 77 03 73 – davidebotta@libero.it – Fax 03 02 77 03 73 – Chiuso dal 1° al 10 gennaio, dal 5 al 29 agosto, lunedì e martedì
Rist – Carta 47/78 €
Spec. Foie gras in quattro maniere. Tagliatella di scottona cruda. Zuppa di ceci con orzo, polipo, calamari e mazzancolle (primavera).
◆ Bel cascinale ai limiti del paese, la cui cucina propone i prodotti della stagione declinandoli in piatti fedeli alla tradizione locale o rielaborandoli in proposte leggere.

HAFLING = Avelengo

IDRO – Brescia (BS) – 561 E13 – 1 665 ab. – alt. 391 m – ✉ 25074 17 **C2**

▶ Roma 577 – Brescia 45 – Milano 135 – Salò 33

Alpino con cam
via Lungolago 14, località Crone – ✆ 036 58 31 46 – info@hotelalpino.net – Fax 03 65 83 98 87 – Chiuso dal 7 gennaio al 15 febbraio
24 cam – 50 € 66 €, 9 € – ½ P 56 € – **Rist** – *(chiuso martedì)* Carta 28/37 €
◆ Sul lago, edificio con un'ala in pietra viva e l'altra esternamente dipinta di rosa: due sale interne, di cui una con camino, per piatti anche locali e di pesce lacustre.

IGEA MARINA – Rimini – 563 J19 – Vedere Bellaria Igea Marina

ILLASI – Verona (VR) – 562 F15 – 5 049 ab. – alt. 174 m – ✉ 37031 37 **B2**

▶ Roma 517 – Verona 20 – Padova 74 – Vicenza 44

a Cellore Nord : 1,5 km – ✉ 37030

Dalla Lisetta 10/30,
via Mezzavilla 12 – ✆ 04 57 83 40 59 – ristdallalisetta@tin.it – Fax 04 57 83 40 59 – Chiuso dal 4 al 19 agosto, domenica sera e martedì
Rist – Carta 21/38 €
◆ La classica trattoria che esiste da sempre: piacevole, della stessa famiglia ormai da generazioni, offre piatti del territorio, stagionali; servizio estivo nel cortiletto.

IMOLA – Bologna (BO) – 562 I17 – 65 832 ab. – alt. 47 m – ✉ 40026 9 **C2**

▶ Roma 384 – Bologna 35 – Ferrara 81 – Firenze 98 – Forlì 30 – Milano 249 – Ravenna 44

ℹ via Mazzini 14/16 ✆ 0542 602207, iat@comune.imola.bo.it, Fax 0542 602310

Donatello Imola rist, 300,
via Rossini 25 – ✆ 05 42 68 08 00 – info@imolahotel.it – Fax 05 42 68 05 14
140 cam – 65/140 € 90/180 €
Rist *Il Veliero* – *(chiuso dal 1° al 25 agosto e a mezzogiorno)* Carta 23/45 €
◆ Nell'area residenziale della zona periferica sud di Imola spicca questo alto edificio, una palazzina con camere spaziose e sale conferenze. Al ristorante ambiente ampio, d'impostazione tradizionale.

XXXX **San Domenico** (Marcattilii)

✿✿ *via Sacchi 1 – ✆ 054 22 90 00 – sandomenico@sandomenico.it – Fax 054 23 90 00 – Chiuso domenica sera e lunedì, da giugno ad agosto anche i mezzogiornodi sabato-domenica*

Rist – Menu 45 € (solo a mezzogiorno)/90 € bc – Carta 82/122 €

Spec. Pasticcio di fegato tartufato in terrina con gelatina al Marsala, purea di mele e brioche tostata. Riso mantecato al lardo e strigoli di fosso con sugo d'arrosto. Trancio di rombo chiodato con salsa di vino bianco alle erbe e carciofi croccanti.

◆ Un susseguirsi di sale dall'eleganza riservata e un po' inglese, il palcoscenico di piatti divenuti un immancabile appuntamento con la blasonata storia del ristorante.

XX **Osteria Callegherie** 26,

via Callegherie 13 – ✆ 054 23 35 07 – osteria@callegherie.it – Fax 054 23 35 07 – Chiuso 10 giorni in gennaio, 2 settimane in agosto, sabato a mezzogiorno (anche la sera in luglio-agosto) e domenica

Rist – (Coperti limitati; prenotare) Carta 37/49 €

◆ Grazie alla serietà e professionalità della gestione, valido riferimento in città; ambiente moderno, tonalità crema, bei punti luce e una cucina dai sapori estrosi e gustosi.

XX **Naldi**

via Santerno 13 – ✆ 054 22 95 81 – ristorante.naldi@tin.it – Fax 054 22 22 91 – Chiuso dal 1° al 7 gennaio, dal 5 al 18 agosto e domenica

Rist – Carta 33/43 €

◆ Uno dei punti fermi della tradizione gastronomica imolese a circa 1 km dal cuore della città. Accanto ai classici del territorio, buona offerta di piatti di pesce.

XX **Hostaria 900**

viale Dante 20 – ✆ 054 22 42 11 – hostaria900@tin.it – Fax 05 42 61 23 56 – Chiuso dieci giorni in gennaio, venti giorni in agosto, sabato a mezzogiorno e domenica

Rist – Carta 30/42 €

◆ Villa d'inizio '900 in mattoni rossi, appena fuori dal centro, circondata dal giardino rigoglioso che d'estate accoglie il servizio all'aperto. All'interno due comode sale.

X **Osteria del Vicolo Nuovo**

vicolo Codronchi 6 – ✆ 054 23 25 52 – ambra@vicolonuovo.it – Fax 05 42 61 36 28 – Chiuso dal 15 luglio al 24 agosto, domenica e lunedì

Rist – Carta 26/34 €

◆ Varcato un piccolo ingresso, ecco la prima sala, adorna di legni e richiami al tempo che fu, la seconda è ancor più suggestiva. Cucina eclettica, pura gestione familiare.

X **E Parlamintè** 16,

via Mameli 33 – ✆ 054 23 01 44 – parlaminte@katamail.com – Fax 054 23 01 44 – Chiuso dal 25 dicembre al 6 gennaio, dal 15 luglio al 20 agosto, domenica sera e lunedì; da maggio ad agosto anche domenica a mezzogiorno

Rist – Carta 24/33 €

◆ Una parte della storia politica italiana è passata di qui, a discutere sotto le stesse travi dell'800 ove, oggi, si gustano il pesce e i piatti della tradizione emiliana.

in prossimità casello autostrada A 14 Nord : 4 km :

Molino Rosso cam, cam, rist, 150,

strada statale Selice 49 ✉ 40026 – ✆ 054 26 31 11 – info@molinorosso.it – Fax 05 42 63 11 63

125 cam – 82/110 € 100/150 € – ½ P 60/80 € – **Rist** – Carta 31/52 €

◆ Comodo soprattutto per chi desideri trovare alloggio all'uscita dell'autostrada, albergo con stanze di differenti tipologie, distribuite in tre edifici. Vaste sale da pranzo: alcune più raccolte, una a vocazione banchettistica.

IMPERIA P (IM) – 561 K6 – 39 765 ab. – ✉ 18100 14 A3

Roma 615 – Genova 116 – Milano 239 – San Remo 23 – Savona 70 – Torino 178

viale Matteotti 37 ✆ 0183 660140, infoimperia@rivieradeifiori.org, Fax 0183 666510

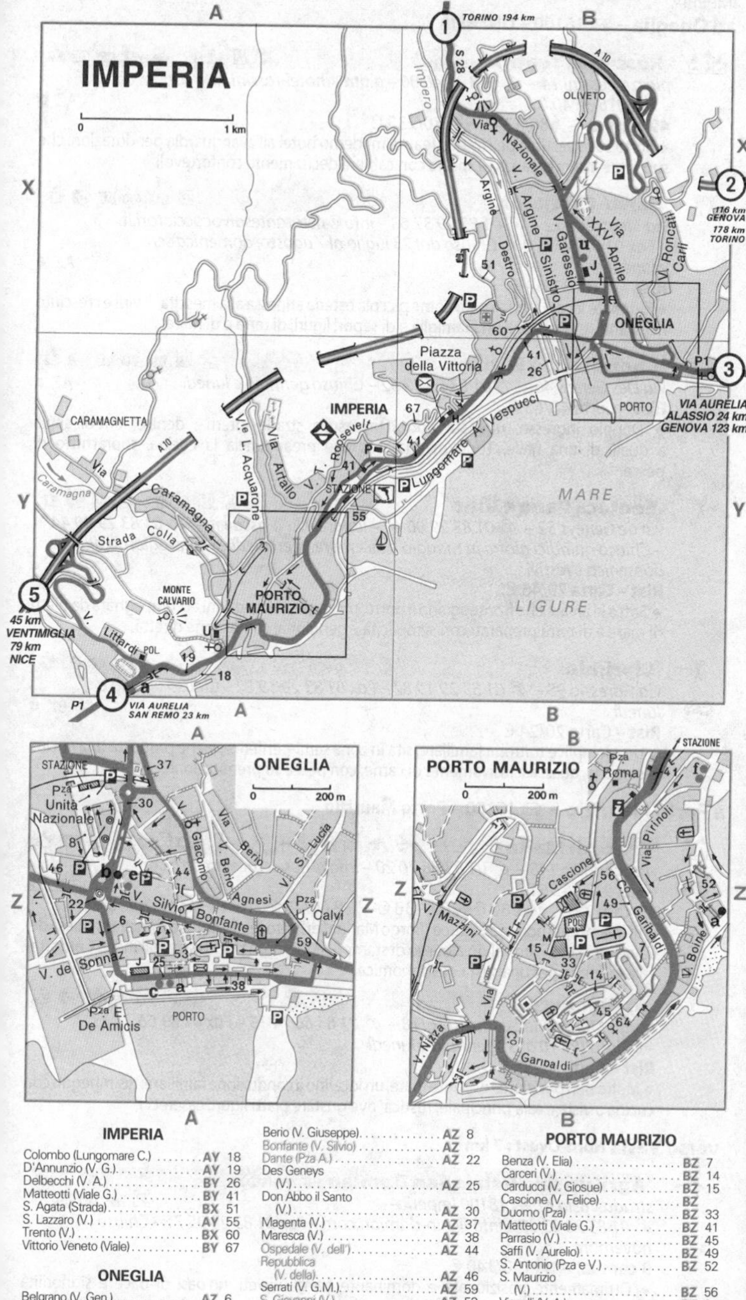

IMPERIA

Colombo (Lungomare C.) .... **AY** 18
D'Annunzio (V. G.) .... **AY** 19
Delbecchi (V. A.) .... **BY** 26
Matteotti (Viale G.) .... **BY** 41
S. Agata (Strada) .... **BX** 51
S. Lazzaro (V.) .... **AY** 55
Trento (V.) .... **BX** 60
Vittorio Veneto (Viale) .... **BY** 67

ONEGLIA

Belgrano (V. Gen.) .... **AZ** 6
Berio (V. Giuseppe) .... **AZ** 8
Bonfante (V. Silvio) .... **AZ**
Dante (Pza A.) .... **AZ** 22
Des Geneys (V.) .... **AZ** 25
Don Abbo il Santo (V.) .... **AZ** 30
Magenta (V.) .... **AZ** 37
Maresca (V.) .... **AZ** 38
Ospedale (V. dell') .... **AZ** 44
Repubblica (V. della) .... **AZ** 46
Serrati (V. G.M.) .... **AZ** 59
S. Giovanni (V.) .... **AZ** 53

PORTO MAURIZIO

Benza (V. Elia) .... **BZ** 7
Carceri (V.) .... **BZ** 14
Carducci (V. Giosue) .... **BZ** 15
Cascione (V. Felice) .... **BZ**
Duomo (Pza) .... **BZ** 33
Matteotti (Viale G.) .... **BZ** 41
Parrasio (V.) .... **BZ** 45
Saffi (V. Aurelio) .... **BZ** 49
S. Antonio (Pza e V.) .... **BZ** 52
S. Maurizio (V.) .... **BZ** 56
Vianelli (V. A.) .... **BZ** 64

ad Oneglia – ✉ 18100 – ONEGLIA

Rossini al Teatro senza rist
piazza Rossini 14 – ✆ 018 37 40 00 – a.tita@hotel-rossini.it – Fax 018 37 40 01 AZ **b**
49 cam ☕ – 🚹80/134 € 🚹🚹130/235 €
♦ Sorto sulle vestigia dell'antico teatro, moderno hotel all'avanguardia per dotazioni che supplisce alla mancanza di spazio con camere decisamente confortevoli.

Salvo-Cacciatori
via Vieusseux 12 – ✆ 01 83 29 37 63 – info@ristorantesalvocacciatori.it – Fax 01 83 76 55 00 – Chiuso dal 23 luglio al 7 agosto, domenica sera e lunedì AZ **e**
Rist – Carta 33/48 €
♦ Signorile locale storico nato come piccola osteria annessa alla mescita di vini e cresciuto negli anni. L'epopea di una famiglia e di sapori liguri, di terra e di mare.

Chez Braccio Forte
via Des Genejs 46 – ✆ 01 83 29 47 52 – Chiuso gennaio e lunedì AZ **a**
Rist – Carta 48/65 €
♦ Doppio ingresso, uno sul porto, uno sulla strada interna: dentro, arredi simili a quelli di una nave. Tono marinaresco che preannuncia la cucina, soprattutto di pesce.

Enoteca Pane e Vino
via de Geneys 52 – ✆ 01 83 29 00 44 – limarelli.lu@tiscali.it – Fax 01 83 29 00 44 – Chiuso quindici giorni in maggio e dicembre, mercoledì e i mezzogiorno di domenica e festivi AZ **c**
Rist – Carta 29/46 €
♦ Sotto le arcate che fronteggiano il porto, un'ampia scelta di vini accompagnata da piatti di mare e di terra preparati con semplicità e genuinità; conduzione diretta.

Clorinda
via Garessio 98 – ✆ 01 83 29 19 82 – Fax 01 83 29 19 82 – Chiuso agosto e lunedì BX **u**
Rist – Carta 20/24 €
♦ Una semplice trattoria familiare, sita in zona semi-periferica; viene proposta una cucina casereccia, quasi esclusivamente di carne, con pesce su prenotazione.

a Porto Maurizio – ✉ 18100 – Porto Maurizio

Croce di Malta rist, 80,
via Scarincio 148 – ✆ 01 83 66 70 20 – info@hotelcrocedimalta.com – Fax 018 36 36 87 BZ **a**
39 cam ☕ – 🚹60/80 € 🚹🚹90/130 € – ½ P 60/75 € – **Rist** – Menu 20/30 €
♦ Richiamo, nel nome, all'antico "Borgo Marina" di Porto Maurizio, ove sorgeva la chiesa dei Cavalieri Maltesi; un valido albergo di stampo moderno, a pochi passi dal mare. Confortevole indirizzo per una sosta gastronomica.

Al Gambero
borgo Marina via Scarincio 16/18 – ✆ 01 83 66 74 13 – Fax 01 83 66 74 13 – Chiuso dal 10 al 31 gennaio e lunedì BZ **f**
Rist – Carta 42/55 €
♦ Molto ben posizionato, fronte mare, un localino a conduzione familiare: disimpegno con cucina a vista e sala principale, rustica, ove gustare piatti liguri, casereccí.

verso Vasia Nord-Ovest : 7 km

Agriturismo Relais San Damian senza rist
strada Vasia 47 ✉ 18100 Imperia – ✆ 01 83 28 03 09 – info@san-damian.com – Fax 01 83 28 05 71 – Chiuso novembre
9 cam ☕ – 🚹🚹120/140 €
♦ Ottimamente posizionata e dominante fra gli uliveti, un'oasi di pace e signorilità in un contesto confortevole e sobriamente elegante; terrazza-giardino con piscina.

IMPRUNETA – Firenze (FI) – 563 K15 – **14 597 ab. – alt. 275 m** – ✉ **50023** 29 **D3**

Roma 276 – Firenze 14 – Arezzo 79 – Siena 66

Relais Villa L' Olmo senza rist

via Imprunetana 19 – ☎ 05 52 31 13 11 – florence.chianti@dada.it – Fax 05 52 31 13 13

11 suites – 265/300 €, 10 €

◆ Poco fuori dal centro, una fattoria del '700 con origini cinquecentesche; completamente rinnovata, offre appartamenti accoglienti, alcuni con piccola piscina privata.

INDUNO OLONA – **Varese (VA)** – 561 E8 – **9 898 ab.** – **alt. 397 m** – ✉ **21056** 18 **A1**

Roma 638 – Como 30 – Lugano 29 – Milano 60 – Varese 4

Porro Pirelli rist, rist, 200,

via Tabacchi 20 – ☎ 03 32 84 05 40 – reservation@porropirelli.boscolo.com – Fax 03 32 20 40 28

64 cam – 122/212 €, 10 € – 4 suites – **Rist** – Carta 40/69 €

◆ Villa nobiliare del Settecento sapientemente rinnovata al fine di soddisfare i desideri di una clientela esigente. Affreschi e mobili antichi affiancano oggetti di design. Al ristorante per apprezzare una cucina fantasiosa e innovativa.

Villa Castiglioni cam, rist, 140,

via Castiglioni 1 – ☎ 03 32 20 02 01 – info@hotelvillacastiglioni.it – Fax 03 32 20 12 69

30 cam – 110 € 150 € – 5 suites – ½ P 100 €

Rist ***Al Bersò*** – Carta 33/56 €

◆ Soggiorno di personaggi del Risorgimento italiano e molti altri, una villa ottocentesca con parco secolare, oggi rifugio di charme per una sosta fra storia ed eleganza. Sale da pranzo ricche di fascino antico, tra soffitti decorati e arredi d'epoca.

Olona-da Venanzio

via Olona 38 – ☎ 03 32 20 03 33 – info@davenanzio.com – Fax 03 32 20 03 33 – Chiuso dal 7 al 20 gennaio, lunedì e le sere di Natale e Capodanno

Rist – Carta 38/54 €

◆ Indirizzo di grande tradizione, con cucina del territorio, rivisitata, e ottima scelta di vini; ambiente elegante che di certo non vi deluderà.

INNICHEN = San Candido

INTRA – **Verbania** – 561 E7 – **Vedere Verbania**

INVERNO-MONTELEONE – **Pavia (PV)** – 561 G10 – **1 096 ab.** – **alt. 74 m** – ✉ **27010** 16 **B3**

Roma 543 – Piacenza 35 – Milano 44 – Pavia 30

MONTELEONE (PV) – ✉ **27010**

Trattoria Righini

via Miradolo 108 – ☎ 038 27 30 32 – Fax 03 82 75 89 42 – Chiuso dal 7 al 30 gennaio, agosto, lunedì, martedì, i mezzogiorno di giovedì-venerdì e le sere di mercoledì-domenica

Rist – Menu 18/35 €

◆ All'opera da ormai quattro generazioni, una trattoria familiare, nel contesto di una cascina nel centro della frazione; proposte tipiche locali, sempre vincenti.

INVORIO – Novara (NO) – 561 E7 – **3 958 ab. – alt. 416 m** – ✉ **28045** 24 **A2**

Roma 649 – Stresa 20 – Novara 42 – Varese 40

Sciarane senza rist 70,

viale Europa 21 – ☎ 03 22 25 40 14 – info@hotelsciarane.it – Fax 03 22 25 46 55

33 cam – 60/100 € 90/120 €

◆ Il nome deriva da una varietà di castagne tipiche della zona, la struttura invece è nuova e di taglio decisamente moderno. Camere di buon confort, spazi comuni ridotti.

XX **Villa Germana**

via Monte Rosa 9 – ✆ 03 22 25 40 08 – villagermana@libero.it
– Fax 03 22 25 45 13 – Chiuso dal 15 gennaio al 15 febbraio e mercoledì
Rist – Carta 28/36 €

◆ Villetta del centro gestita da una coppia appassionata: bella terrazza esterna con griglia e sala con camino di tono signorile. La cucina viene presentata con fantasia.

ISCHIA DI CASTRO – Viterbo (VT) – **563** O17 – **2 442** ab. – alt. **410** m – ✉ **01010** 12 **A1**

Roma 135 – Viterbo 39 – Grosseto 80 – Siena 132

X **Ranuccio II**

piazza Immacolata 26 – ✆ 07 61 42 51 19 – info@ranuccioii.com
– Fax 07 61 42 51 19 – Chiuso luglio e giovedì (in agosto chiuso solo giovedì a mezzogiorno)
Rist – Carta 26/37 €

◆ Al primo piano di una casa situata nel centro della località; nell'unica sala, confortevole, vengono proposti piatti del territorio, rivisitati e presentati con cura.

ISCHIA (Isola d') ★★★ – Napoli (NA) – **564** E23 – **47 485** ab. *Italia* 6 **A2**

per Napoli, Pozzuoli e Procida – Caremar, 892 123 – per Pozzuoli e Napoli – Medmar ✆ 081 3334411

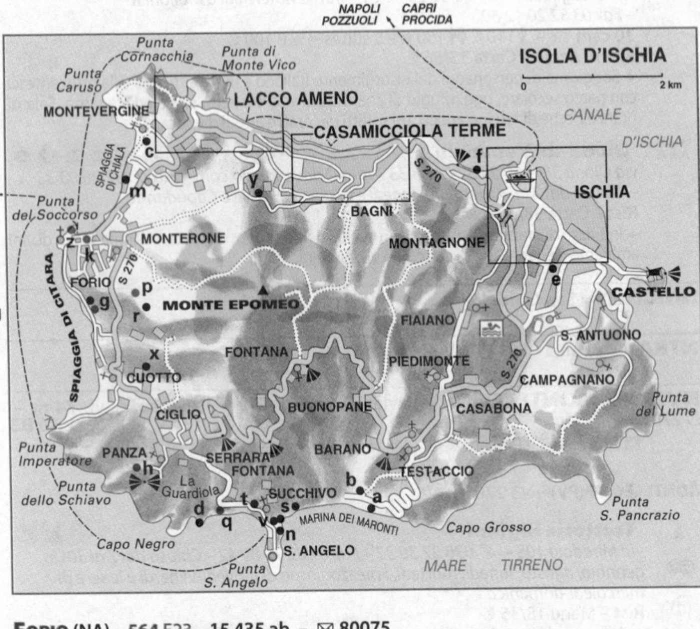

FORIO (NA) – **564** E23 – **15 435** ab. – ✉ **80075**

Spiaggia di Citara★

Mezzatorre Resort & Spa ← mare,

(con acqua di mare riscaldata) rist,
via Mezzatorre 23, località San Montano Nord : 3 km – ✆ 081 98 61 11
– info@mezzatorre.it – Fax 081 98 60 15 – Aprile-ottobre Z c
56 cam – †370/500 € ††400/530 € – 3 suites – ½ P 240/305 € – **Rist** – Carta 57/104 €

◆ Complesso a picco sul blu, sorto intorno all'antica torre saracena del XVI secolo: grande eleganza, tinte solari e piscina con acqua di mare riscaldata in parco-pineta. Difficile non abbandonarsi alla bellezza del ristorante, anche sulla raffinata terrazza.

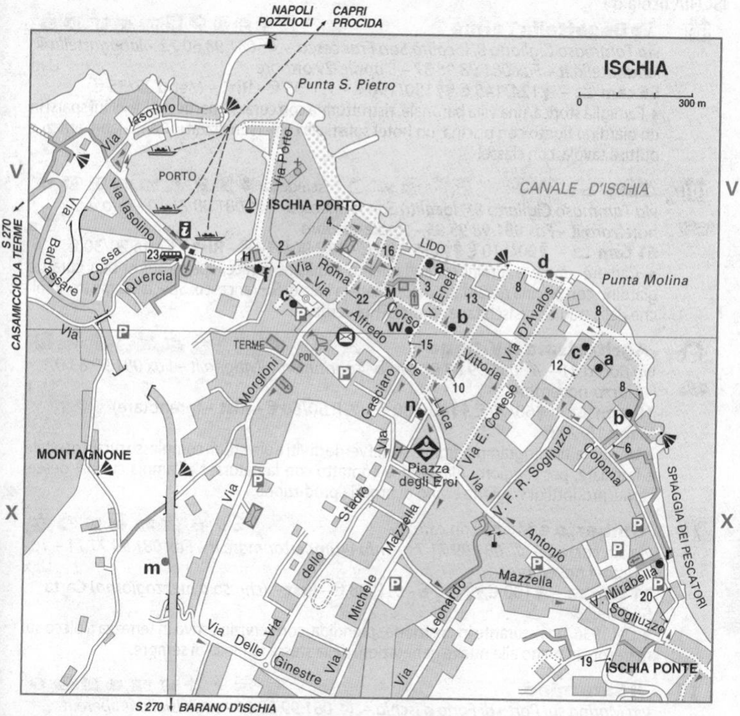

ISCHIA
NAPOLI POZZUOLI
CAPRI PROCIDA
Punta S. Pietro
300 m
CANALE D'ISCHIA
ISCHIA PORTO
PORTO
LIDO
Punta Molina
MONTAGNONE
Piazza degli Eroi
SPIAGGIA DEI PESCATORI
ISCHIA PONTE
S 270 CASAMICCIOLA TERME
S 270 BARANO D'ISCHIA
Via Iasolino
Via Porto
Via Roma
Via Alfredo De Luca
Corso Vittoria Colonna
Via D'Avalos
Via E. Cortese
Via Casciaro
Via Morgioni
Via Baldassare Cossa
Via Quercia
Via dello Stadio
Via Michele Mazzella
Via Leonardo Mazzella
V. F. R. Sogliuzzo
Antonio
V. Mirabella
V. Sogliuzzo
Via Delle Ginestre
V. Enea
TERME
POL

ELIPORTO
S 270 LACCO AMENO
S 270 ISCHIA
OSSERVATORIO
Via Eddomade
Corso Manzi
V. Cumana
Corso Vittorio Emanuele
Via Castanito
Via Roma
Paradisiello
Pza Bagni
TERME
CASAMICCIOLA TERME
300 m

P.ª di Monte Vico
LACCO AMENO
500 m
LIDO DI S. MONTANO
MONTE VICO
BOSCO DELLA MEZZATORRE
TERME DI S. LORENZO
CENTRO CONGRESSI
C. Rizzoli
C. A. Rizzoli
il Fungo
V. Litoranea
Pza Girardi
V. Rosario
Via Mezzavia
S 270 FORIO
ISCHIA, CASAMICCIOLA TERME
S 270

CASAMICCIOLA TERME

Garibaldi (Cso) . . . . Y 24
Girardi (V. Salvatore) . . . . Y 25
Margherita (V. Principessa) . . Y 26
Marina (Pza) . . . . Y 27
Morgera (V.) . . . . Y 28
Parrocchiale (Pza) . . . . Y 29
Sant'Antonio (Calata) . . . . . . Y 30

ISCHIA

Antica Reggia (Pza) . . . . V 2
Battistessa (V.) . . . . V 3
Buonocore (V. F.) . . . . V 4
Champault (V.) . . . . X 6
Colombo
(Lungomare Cristoforo) . . . . VX 8
Colonna (Cso Vittoria) VX
De Luca (V. Alfredo) VX
Gemito (V. V.) . . . . X 10
Gianturco (V. Emanuele) . . . . X 12
Gianturco (V. Remigia) . . . . . V 13
Gigante (V. G.) . . . . VX 15
Marone (V. Venanzio) . . . . . . V 16
Nuova Cartaromana (V.) . . . . X 19
Pontano (V.) . . . . X 20
Roma (V.) V
Terme (V. delle) . . . . V 22
Trieste (Piazzale) . . . . V 23

LACCO AMENO

Circumvallazione . . . . Z 37
Fundera (V.) . . . . Z 31
Roma (V.) . . . . Z 32
Santa Restituta (Pza) . . . . . . Z 35
San Montano (V.) . . . . Z 33
4 Novembre (V.) . . . . Z 36

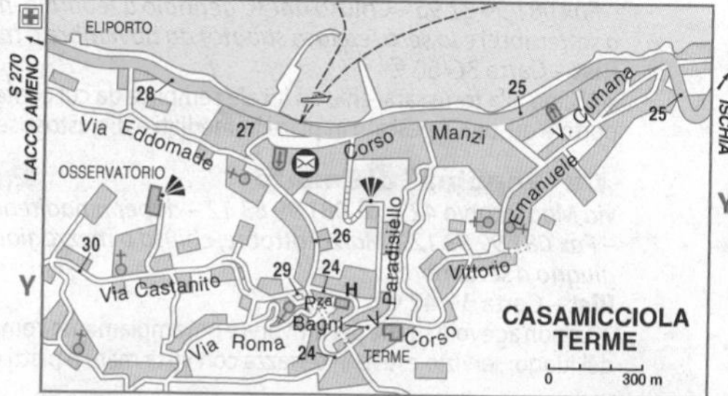

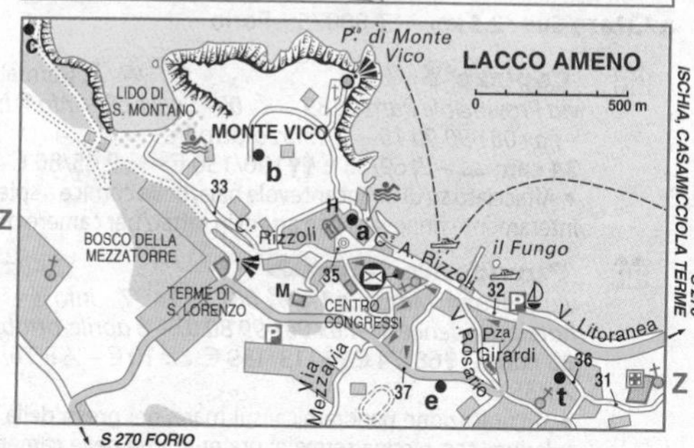

La Bagattella Terme
via Tommaso Cigliano 8, località San Francesco – 081 98 60 72 – labagattella@labagatella.it – Fax 081 98 96 37 – 8 aprile-29 ottobre U m
56 cam – 124/145 € 150/190 € – ½ P 95 € – **Rist** – Menu 27/35 €
◆ Famiglia storica, una villa baronale, ristrutturata con cura nei particolari, e villini sparsi in un giardino fiorito con piscina: un hotel sofisticato e personalizzato. Candelabri, arazzi e putti: a tavola, con classe!

Zaro (riscaldata)
via Tommaso Cigliano 85, località San Francesco – 081 98 71 10 – info@hotelzaro.it – Fax 081 98 93 95 – Aprile-ottobre U a
61 cam – 90/110 € 115/125 € – ½ P 90/110 € – **Rist** – Carta 20/30 €
◆ Camere ampie e luminose, andamento familiare verace, spazi esterni ben curati e giardino con piscina riscaldata; a dominare la baia di S. Francesco. Specialità gastronomiche della tradizione ischitana, immersi nel verde.

Agriturismo Il Vitigno rist,
via Bocca 31 – 081 99 83 07 – info@agriturismoilvitigno.it – Fax 081 99 83 07 – Marzo-novembre U r
18 cam – 60/70 € 80/100 € – ½ P 50/60 € – **Rist** – (prenotare) Menu 15/20 €
◆ Un nome, un programma: immerso nel verde di viti e uliveti, un complesso rurale ospitale e familiare, per soggiorni rilassanti, a contatto con la natura. Nell'ampia cucina, pesce, carne, prodotti di stagione e vino di propria produzione.

Umberto a Mare con cam mare,
via Soccorso 2 – 081 99 71 71 – info@umbertoamare.it – Fax 081 99 71 71 – 16 marzo-4 novembre U z
11 cam – 100 € 140 € – ½ P 98 € – **Rist** – *(chiuso a mezzogiorno)* Carta 54/74 €
◆ Dal 1936, un ristorante in posizione splendida, con servizio estivo in terrazza a picco sul mare; ora in mano alle nuove generazioni della stessa famiglia di sempre.

Il Saturnino 30,
via Marina sul Porto di Forio d'ischia – 081 99 82 96 – malvisiello@libero.it – Fax 081 99 82 96 – Chiuso dal 10 gennaio a febbraio, martedì (escluso da giugno a settembre) e la sera (escluso sabato) da novembre a marzo U k
Rist – Carta 36/60 €
◆ Vicino alla torre saracena, un locale semplice da cui contemplare la vista della baia del porto e gustare il pescato in piatti immediati e di gustosa semplicità.

Da "Peppina" di Renato 20,
via Montecorvo 42 – 081 99 83 12 – dapeppinadirenato@libero.it – Fax 081 99 83 12 – Marzo-ottobre; chiuso a mezzogiorno e mercoledì escluso da giugno a settembre U p
Rist – Carta 31/42 €
◆ La non agevole strada per arrivarvi è poi ampiamente compensata dall'amenità e tipicità del luogo; servizio estivo in terrazza con vista mare e piatti di terra locali.

a Citara Sud : 2,5 km – 80075 – Forio

Capizzo (termale)
via Provinciale Panza 189 – 081 90 71 68 – info@hotelcapizzo.it – Fax 081 90 90 19 – 30 marzo-ottobre U e
34 cam – 69/85 € 100/130 € – ½ P 65/80 € – **Rist** – (solo per allogiiati)
◆ Affacciato su di un'incantevole baia, bella cornice a splendidi tramonti, l'albergo è stato interamente rinnovato con arredi in rattan per camere quasi tutte con vista mare.

Providence Terme (termale)
via Giovanni Mazzella 1 – 081 99 74 77 – info@hotelprovidence.it – Fax 081 99 80 07 – 8 aprile-ottobre U g
68 cam – 68/74 € 113/139 €, 10 € – ½ P 76/81 € – **Rist** – Carta 25/35 €
◆ Un'ubicazione panoramica, sul mare, nei pressi della spiaggia di Citara una terrazza-solarium con piscina termale; preferite una delle camera con vista mare. Cucina anche casereccia e pizze, da assaporare nell'ariosa sala.

Il Melograno (Iovine)
via Giovanni Mazzella 110 – 081 99 84 50 – info@ilmelogranoischia.it – Fax 08 15 07 19 84 – Chiuso dal 7 gennaio al 15 marzo, lunedì in ottobre, anche martedì e mercoledì a mezzogiorno da novembre a gennaio U g
Rist – Carta 48/70 € (+10 %)
Spec. Spaghetti aglio, olio e peperoncino con caviale di pesce bianco affumicato e bottarga. Zuppa di pesce senza spine con frutti di mare e crostacei. Cassatina, millefoglie di ricotta di pecora e fragole e cannolo con ricotta di bufala.
◆ Il mare, un'esigenza. Così la cuoca illustra il suo rapporto con l'isola e la sua cucina, ricettacolo del miglior pescato, qualche proposta di carne e citazioni napoletane.

a Cuotto Sud : 3 km – ✉ 80075 – Forio

Paradiso Terme e Garden Resort (termale) 25,
via San Giuseppe 10 – 081 90 70 14 – info@hotelparadisoterme.it – Fax 081 90 79 13 – Aprile-ottobre U x
50 cam – ††180/220 € – ½ P 115/140 € – **Rist** – *(chiuso a mezzogiorno)* (solo per alloggiati)
◆ Terme e Garden, due complessi separati; più completo nei servizi il primo, più semplice il secondo, ma entrambi isolati nel verde alle pendici del monte Epomeo.

a Panza Sud : 4,5 km – alt. 155 m – ✉ 80070

Punta Chiarito ← costa, mare e Punta Sant'Angelo, (termale) rist,
via Sorgeto 51, Sud : 1 km – 081 90 81 02 – puntachiarito@pointel.it – Fax 081 90 92 77 U d
28 cam – †150/190 € ††200/240 € – ½ P 130 € – **Rist** – *(chiuso dall'11 gennaio all'11 marzo e dal 6 novembre a Natale)* Carta 33/53 €
◆ Ben inserito fra roccia e vegetazione, isolato e a picco sul mare su un promontorio suggestivo e incantevole, quello di Punta Chiarito: panorama a 360°, eccezionale. A tavola la vista spazia tra la costa, il mare e Punta S. Angelo.

Da Leopoldo ← 12,
via Scannella 12, Ovest : 0,5 km – 081 90 70 86 – Fax 081 90 70 86 – Marzo-novembre; chiuso a mezzogiorno U h
Rist – Carta 27/45 €
◆ Specialità locali e di mare, da provare con il servizio estivo in terrazza panoramica o nel rustico interno, sotto travi e paglia, immersi tra piante e con vista sul blu.

ISCHIA★ (NA) – **564** E23 – **17 992 ab.** – ✉ **80077 – ISCHIA**

via Iasolino-Banchina Redentore 081 5074231, az-turismo@infoischiaprocida.it, Fax 081 5074230

Castello★★

Grand Hotel Punta Molino ← mare, (termale) cam, rist, 150,
lungomare Cristoforo Colombo 23 – 081 99 15 44 – reservations@puntamolino.it – Fax 081 99 15 62 – 20 aprile-20 ottobre X b
89 cam – †190/235 € ††320/400 € – 2 suites – ½ P 170/225 € – **Rist** – Carta 77/92 €
◆ Nell'omonima baia, parco-pineta e terrazza fiorita con piscina termale; estrema signorilità, ricercatezza negli arredi, servizi esclusivi per una clientela d'elite. Per cena, a lume di candela, un elegante tavolo sulla terrazza estiva.

Grand Hotel Excelsior ← (riscaldata) cam, cam, rist,
via Emanuele Gianturco 19 – 081 99 15 22 – excelsior@leohotels.it – Fax 081 98 41 00 – 21 aprile-21 ottobre X a
87 cam – †170/230 € ††230/480 € – ½ P 165/350 € – **Rist** – Menu 45/65 €
◆ Parco-pineta con piscina riscaldata che, tra la vegetazione, fa capolino sul mare: una vecchia gloria dell'hotellerie ischitana, oggi "rinfrescata" dalla nuova gestione. La cucina regionale nell'elegante sala o in serrazza.

Il Moresco (termale), cam,
via Emanuele Gianturco 16 – ✆ 081 98 13 55 – moresco@leohotels.it – Fax 081 99 23 38 – 21 aprile-20 ottobre X c
67 cam – 200/230 € 280/440 € – 3 suites – ½ P 160/240 € – **Rist** – Carta 56/78 €
♦ Ottima gestione che mantiene sempre aggiornata questa bella, confortevole risorsa, immersa in un giardino con piscina termale; vicina al mare, tra il Lido e la piazzetta. All'ombra del pergolato onella sala interna, le fragrause del Mediterraneo.

Le Querce mare,
via Baldassarre Cossa 29 – ✆ 081 98 23 78 – info@albergolequerce.it – Fax 081 99 32 61 – 15 marzo-15 novembre U f
72 cam – 100/150 € 150/300 € – **Rist** – (solo per alloggiati)
♦ Nella parte occidentale della località, a valle della strada e direttamente sul lato mare: un'ottima posizione, a picco sul blu. Disposto a terrazze-giardino con piscina.

Jolly Hotel Delle Terme (termale) 350,
via Alfredo De Luca 42 – ✆ 08 15 07 01 11 – ischia@jollyhotels.com – Fax 081 99 31 56 – Chiuso dall'8 gennaio al 24 marzo V c
192 cam – 144/182 € 220/270 € – 2 suites – 148/173 € – 148/173 € – **Rist** – Carta 33/43 €
♦ Nel centro di Ischia Porto, ma in posizione tranquilla, circondato da un ampio giardino mediterraneo, un hotel elegante, completo di stabilimento termale e centro benessere. Ristorante di tono elegante.

Floridiana Terme (termale)
corso Vittoria Colonna 153 – ✆ 081 99 10 14 – hotelfloridiana@libero.it – Fax 081 98 10 14 – aprile- ottobre V b
70 cam – 100/125 € 170/220 € – ½ P 97/118 € – **Rist** – (solo per alloggiati)
♦ Villa d'inizio secolo scorso, ampliata e restaurata, con un buon livello di confort e tranquilli spazi comuni, sia interni che esterni; aree verdi e piacevoli camere.

Central Park Hotel Terme (termale)
via De Luca 6 – ✆ 081 99 35 17 – info@centralparkhotel.it – Fax 081 98 42 15 – Pasqua-ottobre X n
50 cam – 110/130 € 170 €, 15 € – ½ P 115 € – **Rist** – Menu 30/50 €
♦ In zona semicentrale, un'attraente struttura dotata di fresco giardino rigoglioso, ampie zone comuni e stanze decorose; servizio semplice e simpatico. Per i pasti un ambiente gradevolmente familiare, buffet di antipasti la sera.

La Villarosa (termale) rist,
via Giacinto Gigante 5 – ✆ 081 99 13 16 – hotel@lavillarosa.it – Fax 081 99 24 25 – Aprile-ottobre VX w
37 cam – 65/113 € 140/200 € – ½ P 80/110 € – **Rist** – (solo per alloggiati) Carta 22/32 €
♦ Nel giardino ombreggiato con piscina termale, un'ex casa colonica, con angoli curati come in un'elegante abitazione privata, tra antichi arredi.

Solemar Terme (termale) rist,
via Battistessa 49 – ✆ 081 99 18 22 – info@hotelsolemar.it – Fax 081 99 10 47 – Aprile-ottobre V a
78 cam – 95/135 € 110/190 € – ½ P 110/140 € – **Rist** – (solo per alloggiati)
♦ Direttamente sulla spiaggia, con alcune stanze affacciate su di essa, e una piscina confinante con l'arenile, risorsa d'impostazione moderna, fedele allo stile isolano.

Villa Hermosa rist,
via Osservatorio 4 – ✆ 081 99 20 78 – info@villahermosa.it – Fax 081 99 20 78 – 21 aprile-ottobre V f
20 cam – 70/80 € 90/100 €, 5 € – ½ P 65/75 € – **Rist** – (solo per alloggiati) Menu 20 €
♦ Clientela abituale per questa risorsa, vicina al porto e al centro, di sapore e ospitalità familiari; ambienti raccolti e interni accoglienti e luminosi.

XX **Alberto** ← mare, VISA AE
lungomare C. Colombo 8 – ✆ 081 98 12 59 – gianni@albertoischia.it
– 26 dicembre-6 gennaio e 20 marzo-4 novembre V **d**
Rist – Carta 52/81 €
◆ Quasi una palafitta dai fragili inizi negli anni '50, ora il ristorante é giunto alla terza generazione. Cucina tradizionale rivisitata con inventiva dagli elementi più giovani.

XX **Damiano** ← città e mare, VISA
via Variante Esterna strada statale 270 – ✆ 081 98 30 32 – Aprile-settembre; chiuso a mezzogiorno, da ottobre a dicembre aperto solo sabato sera e domenica
Rist – Carta 37/61 € X **m**
◆ Arredo rustico per una grande sala affacciata su Ischia; dalla cucina piatti di mare nelle preparazioni più semplici e tradizionali nonché il celebre coniglio di fosso.

LACCO AMENO (NA) – 564 E23 – 4 548 ab. – ✉ 80076

L'Albergo della Regina Isabella ← mare,
piazza Restituta 1 – ✆ 081 99 43 22 (termale) rist,
– info@reginaisabella.it – Fax 081 90 01 90 500, P VISA AE
– Chiuso dal 7 gennaio a marzo Z **a**
128 cam – †300/370 € ††540/740 € – 6 suites – ½ P 310/410 € – **Rist** – Carta 73/110 €
◆ Piastrelle di Capodimonte, lampadari in vetro di Murano, prezioso mobilio antico ed illustri ospiti sin dagli anni '50: uno dei luoghi più prestigiosi della magica isola. Suggestiva ambientazione per le zone pranzo, raffinate e aperte sul "porticciolo".

San Montano ← mare e costa, (termale)
via Nuova Montevico, Nord-Ovest : 1,5 km AC P VISA AE
– ✆ 081 99 40 33 – info@sanmontano.com – Fax 081 98 02 42
– 20 aprile-ottobre Z **b**
71 cam – †260/440 € ††320/500 € – ½ P 200/290 € – **Rist** – Carta 56/72 €
◆ Mobilio e ambientazioni in stile marina, terrazze ombreggiate con piscine termali, un servizio inappuntabile; e, dal promontorio di Monte Vico, un'invidiabile vista a 360°. In sala o sull'incantevole terrazza potrete gustare anche specialità di pesce.

Grazia Terme ← AC rist, 70, P
via Borbonica 2, Sud : 1,5 km – ✆ 081 99 43 33 VISA AE
– info@hotelgrazia.it – Fax 081 99 41 53 – Aprile-ottobre U **y**
70 cam – †156/166 € ††190/210 € – ½ P 105/125 € – **Rist** – (solo per alloggiati) Carta 20/34 €
◆ Situata sulla Via Borbonica, un po' decentrata e con bella vista, risorsa in continua fase di potenziamento; terrazza solarium con piscine termali e ottime zone esterne.

Don Pepe (termale) AC 100, P VISA
via Circumvallazione 39 – ✆ 081 99 43 97 – info@hoteldonpepe.it
– Fax 081 99 66 96 – Marzo-ottobre Z **e**
70 cam – solo ½ P 75/110 € – **Rist** – (solo per alloggiati)
◆ Posizionato lungo un'importante direttrice stradale, tra corpo principale e dependance offre diverse camere in stile veneziano o, da preferire, d'aspetto più nuovo e moderno.

Villa Angelica (termale) AC VISA AE
via 4 Novembre 28 – ✆ 081 99 45 24 – angelica@pointel.it – Fax 081 98 01 84 – 15 marzo-ottobre Z **t**
20 cam – †75/100 € ††140/160 € – ½ P 100/120 € – **Rist** – (solo per alloggiati) Carta 30/45 €
◆ Raccolto attorno ad un ricco giardinetto con piscina in parte coperta, un piccolo e grazioso albergo in posizione centrale. Dettagli curati e valida gestione familiare.

SANT'ANGELO ★ – ✉ 80070

Serrara Fontana : ←★★ su Sant'Angelo Nord : 5 km

Park Hotel Miramare ← mare, AC VISA AE
via Comandante Maddalena 29 – ✆ 081 99 92 19 – hotel@hotelmiramare.it
– Fax 081 99 93 25 – Aprile-4 novembre U **n**
55 cam – †130/210 € ††230/390 € – ½ P 153/245 € – **Rist** – Menu 38/60 €
◆ In pieno centro storico, ma con posizione eccezionale sul blu; ricavato dall'unione di diverse strutture, offre confort signorile e ha tocchi di piacevole originalità. In un angolo di paradiso a picco sul mare, servizio ristorante estivo in terrazza.

Casa Celestino ⋞ cam, rist, VISA
via Chiaia di Rose 20 – ☏ 081 99 92 13 – info@hotelcelestino.it – Fax 081 99 98 05 – Pasqua-15 ottobre U **t**
20 cam – †150/200 € ††180/230 € – ½ P 120/160 € – **Rist** – Carta 32/44 €
◆ Nel centro storico pedonalizzato una bella casa di stile mediterraneo, interamente rinnovata con eleganti maioliche dove godere la tranquillità di questi luoghi. Simpatico ristorante, a ridosso della spiaggia, con una bellissima terrazza.

La Palma ⋞ mare, rist, rist, 45, VISA
via Comandante Maddalena 15 – ☏ 081 99 92 15 – contact@lapalmatropical.it – Fax 081 99 95 26 – Chiuso dal 10 gennaio a marzo U **v**
43 cam – †85/95 € ††150/160 € – ½ P 113/125 € – **Rist** – Carta 44/55 €
◆ Articolata in unità architettoniche collegate da terrazze fiorite con punti panoramici di relax: nel centro della località, sul mare, una risorsa simpatica e accogliente. Proposte marinare da assaporare nella gradevole atmosfera del ristorante.

Casa Sofia senza rist ⋞ mare e costa, VISA
via Sant'Angelo 29/B – ☏ 081 99 93 10 – info@hotelcasasofia.com – Fax 081 90 49 28 – 15 marzo-10 novembre U **v**
11 cam – †50 € ††100 €
◆ Un piccolo albergo a conduzione familiare, in posizione panoramica, adatto a vacanze tranquille. Ambienti comuni freschi e graziosi, camere personalizzate.

Loreley ⋞ mare e costa, (termale) rist, VISA
via Sant'Angelo 50 – ☏ 081 99 93 13 – info@hotelloreley.it – Fax 081 99 90 65 – 14 aprile-13 ottobre U **s**
30 cam – †80/98 € ††100/136 € – ½ P 68/82 € – **Rist** – (solo per alloggiati)
◆ Terrazze solarium con piscina termale affacciate sul mare, sopra il porticciolo di Sant'Angelo: posizione di quiete e panoramicità. Stanze con arredi freschi e piacevoli.

Lo Scoglio ⋞ mare, VISA
via Cava Ruffano 58 – ☏ 081 99 95 29 – lo.scoglio@libero.it – Fax 081 99 94 19 – Aprile-novembre U **q**
Rist – Carta 21/37 €
◆ Piatti di mare e di terra, nel locale realizzato in una parete di tufo a strapiombo sull'acqua; una sosta panoramica prima di visitare l'istmo più famoso dell'isola.

a Barano (NA) – 564 E23 – 9 242 ab. – alt. 224 m – ✉ 80070 – BARANO D'ISCHIA

Monte Epomeo★★★ 4 km Nord-Ovest fino a Fontana e poi 1 h e 30 mn a piedi AR

a Maronti Sud : 4 km – ✉ 80070 – Barano d'Ischia

Parco Smeraldo Terme ⋞ (termale) 50, VISA
spiaggia dei Maronti – ☏ 081 99 01 27 – info@hotelparcosmeraldo.com – Fax 081 90 50 22 – Aprile-27 ottobre U **a**
65 cam – †126/138 € ††238/262 € – ½ P 129/141 € – **Rist** – (solo per alloggiati)
◆ Davvero bella l'ubicazione a ridosso della rinomata spiaggia dei Maronti: terrazza fiorita con piscina termale, camere rinnovate e buoni spazi comuni soprattutto esterni.

San Giorgio Terme ⋞ (termale) VISA
spiaggia dei Maronti – ☏ 081 99 00 98 – info@hotelsangiorgio.com – Fax 081 90 65 15 – Aprile-27 ottobre U **b**
80 cam – †89/95 € ††162/174 € – ½ P 91/105 € – **Rist** – (solo per alloggiati)
◆ Nato dalla fusione di due vecchi alberghi, in posizione dominante, in cima ad una corta, ma ripida salita; terrazza fiorita con piscina termale e panorama suggestivo.

Qualità a prezzi contenuti?
Cercate i Bib: Bib Gourmand rosso per i ristoranti
e Bib Hotel azzuro per gli alberghi.

ISEO – Brescia (BS) – 561 F12 – 8 619 ab. – alt. 198 m – ✉ 25049 19 D1

Roma 581 – Brescia 22 – Bergamo 39 – Milano 80 – Sondrio 122 – Verona 96

lungolago Marconi 2/c ✆ 030 980209, iat.iseo@tiscali.it, Fax 030 981361

Lago★

Monte Isola★★ : ✻★★ dal santuario della Madonna della Ceriola (in battello)

Iseolago
cam, cam, 165,

via Colombera 2, Ovest : 1 km – ✆ 03 09 88 91 – info@iseolagohotel.it – Fax 03 09 88 92 99

64 cam – 92/111 € 135/172 €, 14 € – 2 suites – ½ P 106 €

Rist *L'Alzavola* – Carta 28/43 €

◆ Recente ed elegante complesso alberghiero, inserito nel verde di un vasto impianto turistico alle porte della località, con accesso diretto al lago, camere gradevoli. Ristorante con begli ambienti di classe e una deliziosa saletta riservata.

Araba Fenice
lago e dintorni, cam, rist, 150,

località Pilzone D'Iseo Nord-Est : 1,5 km – ✆ 03 09 82 20 04 – info@arabafenicehotel.it – Fax 03 09 86 85 36 – Chiuso dal 20 dicembre al 25 gennaio

43 cam – 77/108 € 108/165 € – ½ P 74/103 €

Rist *Bella Iseo* – ✆ 03 09 86 85 37 – Carta 22/38 €

◆ Albergo completamente ristrutturato e rinnovato, presenta oggi interni molto signorili soprattutto negli spazi comuni. Le camere sono ampie e hanno arredi standard. Ristorante di tono elegante con terrazza esterna.

Il Paiolo

piazza Mazzini 9 – ✆ 03 09 82 10 74 – Chiuso dal 15 al 28 febbraio, dal 26 agosto al 9 settembre e martedì

Rist – Carta 27/37 €

◆ E' con entusiasmo che un parmense di Busseto gestisce un localino davvero curato, in pieno centro storico: specialità della casa è il culatello, la cucina é del territorio.

Cascina Doss
8/20,

via Colombera 15 – ✆ 030 98 04 06 – info@cascinadoss.it – Chiuso due settimane in gennaio, dal 22 luglio al 5 agosto e giovedì

Rist – Carta 48/61 €

◆ Ristorante ricavato da una vecchia cascina fra i campi e i canneti della riserva naturale delle torbiere. Accoglienti salette affacciate su un giardino con ulivi e gelsi.

Al Castello

via Mirolte 53 – ✆ 030 98 12 85 – Fax 030 98 12 85 – Chiuso dal 15 febbraio al 1° marzo, dal 28 agosto al 15 settembre, martedì ed a mezzogiorno (escluso i giorni festivi)

Rist – Carta 30/44 €

◆ Vicino al Castello Oldofredi, e ricavato nelle cantine di un palazzo del '600, ambiente caratteristico, con servizio estivo all'aperto e piatti locali o alla griglia.

Il Volto (Fusari)

via Mirolte 33 – ✆ 030 98 14 62 – ilvolto@libero.it – Fax 030 98 14 70 – Chiuso dal 1° al 15 luglio, mercoledì, giovedì a mezzogiorno

Rist – Carta 39/77 €

Spec. Sfogliatina di patate e caviale. Pasta e fagioli (maggio-settembre). Coregone croccante con salsa di provola.

◆ Specchio del territorio, una trattoria ricca di ospitalità e calore propone degustazione di vini e salumi ma anche piatti più elaborati, sia di pesce d'acqua dolce che carne.

sulla strada provinciale per Polaveno

I Due Roccoli
lago e colline, 120,

via Silvio Bonomelli Est : 6 km ✉ 25049 – ✆ 03 09 82 29 77 – relais@idueroccoli.com – Fax 03 09 82 29 80 – 25 marzo-ottobre

19 cam – 114 € 130/150 €, 10 € – ½ P 103/115€ – **Rist** – Carta 50/68 €

◆ All'interno di una vasta proprietà affacciata sul lago, un'antica ed elegante residenza di campagna con parco, adeguata alle più attuali esigenze e con locali curati. Ristorante raffinato, con angoli intimi, camino moderno e uno spazio all'aperto, "sull'aia".

a Clusane sul Lago Ovest : 5 km – ✉ 25049

Relais Mirabella ≤ lago e monti, 100,
via Mirabella 34, Sud : 1,5 km – ✆ 03 09 89 80 51
– mirabella@relaismirabella.it – Fax 03 09 89 80 52 – Chiuso gennaio e febbraio
29 cam – 108 € 140 €, ☐ 10 € – ½ P 105 €
Rist La Catilina – vedere selezione ristoranti
Rist *Il Conte di Carmagnola* – *(aprile-ottobre)* Carta 40/52 €
◆ Un borgo di antiche case coloniche, ora un'elegante oasi di tranquillità con eccezionale vista sul lago, giardino e piscina; chiedete le camere con terrazzino panoramico. Raffinato e d'atmosfera, il ristorante dispone di sala interna e dehors estivo.

Punta-da Dino
via Punta 39 – ✆ 030 98 90 37 – Fax 030 98 90 37 – Chiuso novembre e mercoledì (escluso luglio-agosto)
Rist – Carta 25/38 €
◆ Solida gestione familiare per un locale moderno e accogliente, con dehors estivo; le proposte sono ovviamente incentrate sul pesce di lago, ma non disdegnano la carne.

La Catilina – Relais Mirabella ≤ lago e monti, 20,
via Mirabella 38, Sud : 2 km – ✆ 03 09 82 92 42
– mirabella@relaismirabella.it – Fax 03 09 82 92 42 – Chiuso gennaio, febbraio e lunedì
Rist – Carta 40/52 €
◆ Si domina il lago da questo ristorante, con terrazza coperta dove si mangia nella bella stagione; cucina del territorio, non manca la famosa "tinca alla clusanese".

Al Porto 16/25,
piazza Porto dei Pescatori 12 – ✆ 030 98 90 14 – info@alportoclusane.it – Fax 03 09 82 90 90 – Chiuso mercoledì (escluso agosto)
Rist – (prenotare) Carta 29/39 €
◆ Un ristorante con oltre 100 anni di storia: in una villetta fine secolo, di fronte all'antico porticciolo, calde salette di buon gusto, cucina locale e lacustre.

ISERNIA (IS) – 564 C24 – 21 361 ab. – alt. 457 m – ✉ 86170 2 C3

Roma 177 – Avezzano 130 – Benevento 82 – Campobasso 50 – Latina 149 – Napoli 111 – Pescara 147

via Farinacci 9 ✆ 0865 3992, eptisernia@molisedati.it, Fax 0865 50771

Grand Hotel Europa rist, rist, 60,
strada statale per Campobasso, svincolo Isernia Nord
– ✆ 08 65 41 14 50 – grandhot@tin.it – Fax 08 65 41 32 43
61 cam ☐ – 100 € 110 € – 6 suites – ½ P 78 €
Rist *Pantagruel* – ✆ 08 65 21 26 – Carta 30/39 €
◆ Nei pressi dell'entrata principale in Isernia, dalla tangenziale, un hotel d'impostazione moderna; profusione di graniti e marmi, stanze ben accessoriate. Ambienti molto ampi per il ristorante, di tono contemporaneo.

a Pesche Est : 3 km– ✉ 86090

Santa Maria del Bagno ≤
viale Santa Maria del Bagno 1 – ✆ 08 65 46 01 36 – Fax 08 65 46 01 29
42 cam – 48/50 € 53/58 €, ☐ 5 € – ½ P 45/50 € – **Rist** – *(chiuso lunedì)* Carta 20/33 €
◆ L'edificio spicca alle falde del bianco borgo medievale arroccato sui monti; vi accoglierà un'affidabile gestione familiare, tra i confort degli spazi comuni e delle camere. Due vaste sale da pranzo, disposte su differenti livelli.

ISIATA – Venezia – Vedere San Donà di Piave

ISOLA... ISOLE – Vedere nome proprio della o delle isole

ISOLA D'ASTI – Asti (AT) – 561 H6 – **2 012 ab. – alt. 245 m** – ✉ **14057** 25 **D1**

Roma 623 – Torino 72 – Asti 10 – Genova 124 – Milano 130

Castello di Villa

via Bausola 2 località Villa, Est : 2,5 km – ✆ 01 41 95 80 06 – info@castellodivilla.it – Fax 01 41 95 80 05 – Chiuso gennaio e febbraio

14 cam – 140/160 € 200/250 € – **Rist** – *(chiuso a mezzogiorno)* Carta 37/50 €

♦ Imponente villa patrizia del XVII secolo, splendidamente restaurata: camere eleganti, alcune lussuose, con arredi e decorazioni eclettiche e vistose.

sulla strada statale 231 Sud-Ovest : 2 km :

Il Cascinalenuovo (Ferretto) con cam

statale Asti-Alba 15 ✉ 14057 – ✆ 01 41 95 81 66 – info@ilcascinalenuovo.it – Fax 01 41 95 88 28 – Chiuso dal 26 dicembre al 20 gennaio e dal 7 al 19 agosto

15 cam – 80 € 100 €, 10 € – ½ P 100/120 € – **Rist** – *(chiuso domenica sera, lunedì e a mezzogiorno)* Carta 47/62 €

Spec. Bocconcini di storione in leggero carpione piemontese con zucchine fritte (estate). Cardo gobbo di Nizza, funghi porcini su fonduta di raschera con tartufo bianco d'Alba (autunno-inverno). Coniglio a lenta cottura con peperonata (primavera-estate).

♦ Lungo la strada che porta ad Alba, un parcheggio alberato nasconde l'edificio: sale moderne e spaziose e una cucina che, seppur regionale, evidenzia la personalità del cuoco.

ISOLA DEL GRAN SASSO D'ITALIA – Teramo (TE) – 563 O22 – **4 909 ab. – alt. 415 m** – ✉ **64045** 1 **B1**

Roma 190 – L'Aquila 64 – Pescara 69 – Teramo 30

Gran Sasso★★ Sud-Ovest : 6 km

a San Gabriele dell'Addolorata Nord : 1 km– ✉ 64048

Paradiso rist,

via San Gabriele – ✆ 08 61 97 58 64 – hotelparadiso-ca@libero.it – Fax 08 61 97 58 64

30 cam – 35 € 70 € – ½ P 40/60 € – **Rist** – *(chiuso mercoledì escluso da giugno ad ottobre)* Carta 20/26 €

♦ Punto di appoggio particolarmente adatto per un turismo religioso, culturale o di relax tra i monti abruzzesi, un hotel semplice con camere sobrie e ben tenute. Nella sala da pranzo, un'atmosfera moderna e piatti nazionali.

ISOLA DELLE FEMMINE – Palermo – 565 M21 – **Vedere Sicilia alla fine dell'elenco alfabetico**

ISOLA DEL LIRI – Frosinone (FR) – 563 Q22 – **12 109 ab. – alt. 217 m** – ✉ **03036** 13 **D2**

Roma 107 – Frosinone 23 – Avezzano 62 – Isernia 91 – Napoli 135

Abbazia di Casamari★★ Ovest : 9 km

Scala

piazza De' Boncompagni 10 – ✆ 07 76 80 83 84 – Fax 07 76 80 85 84

11 cam – 30 € 50 €, 5 € – ½ P 45 € – **Rist** – *(chiuso mercoledì escluso da giugno a settembre)* Carta 21/30 €

♦ Una risorsa alberghiera di ridotte dimensioni, con poche camere ben tenute, alcune particolarmente spaziose, e pulite; sulla piazza principale, proprio sopra la banca. Sul fiume e vicino alle cascate, un riferimento gastronomico d'impostazione classica.

Ratafià 30,

vicolo Calderone 8 – ✆ 07 76 80 80 33 – ratafia@hotmail.it – Chiuso lunedì

Rist – Carta 30/44 €

♦ In una piccola traversa di una strada più trafficata, varcato un arco, un locale con proposte di tipo creativo, ma non solo; soprattutto gradevole in estate, con i fiori.

ISOLA DI CAPO RIZZUTO – Crotone (KR) – 564 K33 – 14 601 ab. – alt. 196 m – ✉ 88841 5 B2

Roma 612 – Cosenza 125 – Catanzaro 58 – Crotone 17

a Le Castella Sud-Ovest : 10 km– ✉ 88841 – Isola di Capo Rizzuto

Annibale 70, VISA AE

via Duomo – ✆ 09 62 79 50 04 – Fax 09 62 79 53 84

16 cam – †80 € ††95 € – ½ P 75/90 € – **Rist** – Carta 24/59 €

♦ Tutto sotto il vigile controllo del signor Annibale: una risorsa familiare, dignitosa, con camere in bel legno chiaro, nel piccolo borgo marinaresco di Le Castella. Ai fornelli, la figlia di Annibale: cucina calabra in una sala caratteristica.

ISOLA DOVARESE – Cremona (CR) – 561 G12 – 1 262 ab. – alt. 34 m – ✉ 26031 17 C3

Roma 500 – Parma 48 – Brescia 75 – Cremona 27 – Mantova 46

Caffè La Crepa 15, VISA AE

piazza Matteotti 13 – ✆ 03 75 39 61 61 – malinverno@libero.it – Fax 03 75 94 63 96 – Chiuso dal 10 al 23 gennaio, dall'11 al 24 settembre, lunedì e martedì

Rist – Carta 25/32 €

♦ Sulla piazza principale, un locale storico con proposte gastronomiche legate al territorio e a base di pesce d'acqua dolce; nell'adiacente enoteca salumi e paste fresche.

ISOLA RIZZA – Verona (VR) – 562 G15 – 2 946 ab. – alt. 23 m – ✉ 37050 35 B3

Roma 487 – Verona 27 – Ferrara 91 – Mantova 55 – Padova 84

all'uscita superstrada 434 verso Legnago

Perbellini 6/22, VISA

via Muselle 130 ✉ 37050 – ✆ 04 57 13 53 52 – ristorante@perbellini.com – Fax 04 57 13 58 99 – Chiuso dieci giorni in gennaio, dal 24 giugno al 3 luglio, dal 12 al 29 agosto, lunedì, martedì e domenica sera (anche domenica a mezzogiorno in giugno-agosto)

Rist – Carta 99/136 €

Spec. Wafer al sesamo con tartare di branzino, caprino all'erba cipollina e sensazione di liquirizia. Tortino di grancevola nel suo brodetto con patata affumicata e pistacchio di Bronte (autunno-inverno). "Pavesino" di capesante, uovo e capperi.

♦ La ricerca del piacere: da un modesto contesto industriale all'inaspettata eleganza della sala, per giungere infine ad una cucina emozionante e semplicemente intelligente.

ISOLA ROSSA – Sassari – Vedere Sardegna (Trinità d'Agultu) alla fine dell'elenco alfabetico

ISOLA SUPERIORE (dei Pescatori) – Novara – Vedere Borromee (Isole)

ISPRA – Varese (VA) – 561 E7 – 4 844 ab. – alt. 220 m – ✉ 21027 16 A2

Roma 650 – Stresa 40 – Locarno 69 – Milano 69 – Novara 53 – Varese 22

Schuman (Battistoni) VISA AE

via Piave 49 – ✆ 03 32 78 19 81 – info@ristoranteschuman.it – Fax 03 32 96 01 23 – Chiuso tre settimane in gennaio, due settimane in agosto, domenica sera e lunedì

Rist – Carta 54/92 €

Spec. Crudo di capesante con asparagi croccanti (primavera-estate). Ravioli di bietola e crescenza su fonduta di toma. Petto di faraona in cottura lenta al fior di sale.

♦ Nella curata sala al primo piano di un edificio nel centro del paese, un giovane, ma esperto cuoco presenta piatti fantasiosi e leggeri, con radici nella tradizione locale.

ISSENGO = ISSENG – Bolzano – Vedere Falzes

ISSOGNE – Aosta (AO) – 561 F5 – 1 343 ab. – alt. 387 m – ✉ 11020 Italia 34 B2

Roma 713 – Aosta 41 – Milano 151 – Torino 80

Castello★

Al Maniero con cam

frazione Pied de Ville 58 – ✆ 01 25 92 92 19 – info@ristorantealmaniero.it – Fax 01 25 92 92 19 – Chiuso dal 15 al 30 giugno

6 cam – †45/55 € ††60/90 € – ½ P 47/65 € – **Rist** – *(chiuso lunedì escluso agosto)* Carta 25/38 €

◆ Giovane coppia, pugliese lui, ferrarese lei, nei pressi del maniero valdostano: ambiente semplice con piatti del territorio e, solo su prenotazione, pesce. Camere accoglienti.

IVREA – Torino (TO) – 561 F5 – 24 280 ab. – alt. 267 m – ✉ 10015 Italia 22 B2

Roma 683 – Aosta 68 – Torino 49 – Breuil-Cervinia 74 – Milano 115 – Novara 69 – Vercelli 50

corso Vercelli 1 ✆ 0125 618131, info@canavese-vallilanzo.it, Fax 01225 618140

a Banchette d'Ivrea Ovest : 2 km – ✉ 10015

Ritz cam, 80,

via Castellamonte 45 – ✆ 01 25 61 12 00 – info@ritzhotelivrea.it – Fax 01 25 61 13 23

58 cam – †70 € ††95 € – **Rist** – *(chiuso a mezzogiorno)* (solo per alloggiati)

◆ Per una sosta, di lavoro o turistica, nel Canavese, un comodo e confortevole albergo sito nelle vicinanze del Centro Direzionale e in comoda posizione stradale.

al lago Sirio Nord : 2 km :

Sirio cam, 30,

via lago Sirio 85 ✉ 10015 – ✆ 01 25 42 42 47 – info@hotelsirio.it – Fax 012 54 89 80

53 cam – †70/80 € ††98/105 € – ½ P 60/74 € – **Rist** – *(chiuso dal 26 dicembre al 10 gennaio, dal 1° al 21 agosto, lunedì e a mezzogiorno)* Carta 32/41 €

◆ Appena fuori Ivrea, in posizione panoramica nei pressi del lago, fra il verde e la tranquillità, una risorsa di stampo moderno, curata e con camere spaziose e luminose. Un piacevole ristorante con ingresso indipendente e un menù ben fornito.

a San Bernardo Sud : 3 km – ✉ 10015

La Villa cam, cam, rist,

via Torino 334 – ✆ 01 25 63 16 96 – info@ivrealavilla.com – Fax 01 25 63 19 50

36 cam – †65/70 € ††70/85 € – ½ P 50/58 € – **Rist** – *(chiuso a mezzogiorno e domenica)* Carta 25/32 €

◆ Accogliente spazio moderno e calda atmosfera familiare in questa recente villa, quasi una casa privata, in zona periferica, ma ben posizionata vicino agli stabilimenti.

JESI – Ancona (AN) – 563 L21 – 39 540 ab. – alt. 96 m – ✉ 60035 Italia 21 C2

Roma 260 – Ancona 32 – Gubbio 80 – Macerata 41 – Perugia 116 – Pesaro 72

Palazzo della Signoria★ – Pinacoteca★

Federico II cam, rist, 480,

via Ancona 100 – ✆ 07 31 21 10 79 – info@hotelfederico2.it – Fax 073 15 72 21

130 cam – †117/136 € ††170/210 € – 21 suites – ½ P 110/130 € – **Rist** – Carta 33/48 €

◆ Elegante complesso immerso nel verde, garantisce un soggiorno tranquillo in pieno confort. Gli spazi comuni sono ampi e le camere arredate con gusto classico. Una luminosa sala panoramica invita a gustare una cucina classica e locale.

Mariani senza rist

via Orfanotrofio 10 – ✆ 07 31 20 72 86 – hmariani@tin.it – Fax 07 31 20 00 11

33 cam – †60 € ††86 €

◆ A pochi passi dal centro storico, la struttura offre camere confortevoli e ben arredate per un soggiorno sia di turismo che di lavoro.

JESOLO – Venezia (VE) – 562 F19 – 23 465 ab. – ✉ 30016 36 D2

Roma 560 – Venezia 41 – Belluno 106 – Milano 299 – Padova 69 – Treviso 50 – Trieste 125 – Udine 94

, ✆ 0421 37 28 62.

Da Guido

via Roma Sinistra 25 – ✆ 04 21 35 03 80 – info@ristorantedaguido.com – Fax 04 21 36 90 49 – Chiuso gennaio, martedì a mezzogiorno e lunedì

Rist – Carta 41/63 €

♦ Locale di tono moderno, elegante, in cui potrete scegliere tra la sala affacciata sul giardino, la veranda climatizzata e il servizio estivo all'aperto. Cucina di mare.

Al Ponte de Fero

8/20,

via Colombo 1 – ✆ 04 21 35 07 85 – Fax 04 21 35 07 85 – Chiuso febbraio, novembre e lunedì

Rist – Carta 28/40 €

♦ Menù impostato quasi esclusivamente sui sapori che vengono dal mare, con il fritto come specialità; proposto in un edificio d'epoca riconvertito in ristorante.

JOPPOLO – Vibo Valentia (VV) – 564 L29 – 2 241 ab. – alt. 185 m – ✉ 89863 5 A3

Roma 644 – Reggio di Calabria 85 – Catanzaro 103 – Messina 77 – Vibo Valentia 35

Cliffs Hotel

70,

contrada San Bruno Melia – ✆ 09 63 88 37 38 – info@cliffshotel.it – Fax 09 63 88 37 33 – Aprile-ottobre

48 cam – †37/65 € ††54/100 € – ½ P 40/75 € – **Rist** – Carta 24/38 €

♦ Non lontano dal mare, un hotel di recente apertura dotato di camere ampie e confortevoli. Gli spazi esterni sono particolarmente curati, invitante piscina con cascatella. Servizio ristorante anche all'aperto con menù vario e pizze.

JOUVENCEAUX – Torino – Vedere Sauze d'Oulx

KALTENBRUNN = Fontanefredde

KALTERN AN DER WEINSTRASSE = Caldaro sulla Strada del Vino

KARERPASS = Costalunga Passo di

KARERSEE = Carezza al Lago

KASTELBELL TSCHARS = Castelbello Ciardes

KASTELRUTH = Castelrotto

KIENS = Chienes

KLAUSEN = Chiusa

KURTATSCH AN DER WEINSTRASSE = Cortaccia sulla Strada del Vino

LABICO – Roma (RM) – 563 Q20 – 4 271 ab. – alt. 319 m – ✉ 00030 13 C2

Roma 39 – Avezzano 116 – Frosinone 44 – Latina 50 – Tivoli 41

Agriturismo Fontana Chiusa

cam,

via Casilina al km 35.100 – ✆ 069 51 00 50 – info@fontanachiusa.it – Fax 069 51 09 97 – Chiuso dal 1° al 20 gennaio

5 cam – †75 € ††110 € – **Rist** – Carta 29/36 €

♦ Casolare dell'800 sapientemente ristrutturato, in aperta campagna con giardini fioriti contornati da noccioli. Camere arredate con mobilio di buon gusto ed eleganza. Il ristorante offre proposte tipiche del territorio.

XX **Antonello Colonna**
via Roma 89 – 069 51 00 32 – antonellolabico@antonellocolonna.com – Fax 069 51 10 00 – Chiuso agosto, domenica sera, lunedì e i mezzogiorno di martedì, mercoledì e giovedì
Rist – Carta 77/102 €
Spec. Ravioli di pecorino e trippa alla romana. Piccione in crosta di sale, foglie di alloro e rete di maiale. Diplomatico crema e cioccolato con caramello salato.
♦ Lungo la strada che attraversa il paese, una porta rossa segnala il ristorante. L'estro del cuoco non conosce limiti: dal recupero di piatti laziali alla cucina internazionale.

LA CALETTA – Nuoro – **566** F11 – **Vedere Sardegna (Siniscola) alla fine dell'elenco alfabetico**

LACCO AMENO – Napoli – **564** E23 – **Vedere Ischia (Isola d')**

LACES (LATSCH) – Bolzano / Bozen (BZ) – **562** C14 – **4 938 ab.** – **alt. 639 m** – **Sport invernali :** ***1 200/2 250 m* 4,** – ✉ **39021** 30 **B2**
Roma 692 – Bolzano 54 – Merano 26 – Milano 352
via Principale 38 0473 623109, info@latsch.it, Fax 0473 622042

Paradies rist, rist,
via Sorgenti 12 – 04 73 62 22 25 – info@hotelparadies.com – Fax 04 73 62 22 28 – 23 marzo-25 novembre
51 cam – 107 € 200/214 € – 35 suites – 222/272 € – ½ P 115/122 € – **Rist** – (solo per alloggiati) Carta 28/47 €
♦ In posizione davvero paradisiaca, bella struttura nella pace dei frutteti e del giardino ombreggiato con piscina; accoglienti ambienti interni e curato centro benessere.

LADISPOLI – Roma (RM) – **563** Q18 – **32 987 ab.** – ✉ **00055** 12 **B2**
Roma 39 – Civitavecchia 34 – Ostia Antica 43 – Tarquinia 53 – Viterbo 79
piazza Della Vittoria 11 06 9913049, unpli@tiscalinet.it, Fax 06 913049
Cerveteri : necropoli della Banditaccia★★ Nord : 7 km

La Posta Vecchia 50,
località Palo Laziale Sud : 2 km – 069 94 95 01 – info@lapostavecchia.com – Fax 069 94 95 07 – Aprile-5 novembre
16 cam – 590 € – 3 suites – **Rist** – Carta 82/120 €
♦ Calda armonia nei lussuosi interni di una dimora del Seicento, in riva al mare e con parco, per sentirsi ospiti non di un hotel, ma di una residenza nobiliare privata. Davvero particolare e di un lusso sontuoso la sala da pranzo del ristorante con vista mare.

X **Sora Olga**
via Odescalchi 99 – 069 94 93 82 – Chiuso mercoledì escluso da giugno a settembre
Rist – Carta 29/45 €
♦ Ristorante classico centrale, con una linea di cucina per tutti i gusti: per chi ama la carne o il pesce, ma anche per chi non rinuncia alle tradizionali pizze.

LAGLIO – Como (CO) – **561** E9 – **915 ab.** – **alt. 202 m** – ✉ **22010** 18 **B1**
Roma 638 – Como 13 – Lugano 41 – Menaggio 22 – Milano 61

Plinio au Lac
via Regina 101 – 031 40 12 71 – info@hotelplinioaulac.it – Fax 031 40 12 78 – Marzo-ottobre
20 cam – 120/150 € 160/200 € – ½ P 110/140 €
Rist ***L'Attracco*** – Carta 36/53 €
♦ All'entrata del caratteristico paesino, in luogo panoramico proprio di fronte al bacino lacustre, un hotel di moderna concezione; piacevoli camere con arredi essenziali. Luminosa sala ristorante con arredamento lineare e pareti ornate da piccoli quadri e oggetti.

LAGO – Vedere nome proprio del lago

LAGO MAGGIORE o VERBANO★★★ – Novara, Varese e Cantone Ticino – 561 E7 *Italia*

LAGONEGRO – Potenza (PZ) – 564 G29 – 6 073 ab. – alt. 666 m – ✉ 85042 3 **B3**

Roma 384 – Potenza 111 – Cosenza 138 – Salerno 127

Caimo senza rist
via dei Gladioli 3 – ☎ 097 32 16 21 – info@hotelcaimo.com – Fax 097 32 16 21
16 cam – 30 € 50 €
◆ Piccolo esercizio a conduzione familiare rinnovato recentemente, a metà strada tra il casello autostradale e l'ospedale della località. Camere semplici ma di buon livello.

in prossimità casello autostrada A 3 - Lagonegro Sud Nord : 3 km :

Midi rist, 350,
viale Colombo 76 ✉ 85042 – ☎ 097 34 11 88 – reception@midihotel.it – Fax 097 34 11 86 – Chiuso Natale
36 cam – 36/45 € 60/70 €, 5 € – ½ P 45/50 € – **Rist** – Carta 23/32 €
◆ In prossimità dello svincolo autostradale, albergo d'ispirazione contemporanea particolarmente adatto a una clientela di lavoro; camere moderne e funzionali. Ampia sala da pranzo lineare di tono classico; salone banchetti con capienza fino a 500 persone.

LAGUNDO (ALGUND) – Bolzano / Bozen (BZ) – 562 B15 – 4 192 ab. – alt. 400 m – ✉ 39022 30 **B1**

Roma 667 – Bolzano 30 – Merano 2 – Milano 328

via Vecchia 33/b ☎ 0473 448600, info@algund.com, Fax 0473 448917

Pianta: Vedere Merano

Ludwigshof rist,
via Breitofen 9 – ☎ 04 73 22 03 55 – info@ludwigshof.com – Fax 04 73 22 04 20 – Marzo-5 novembre A **b**
23 cam – 45/50 € 90/100 € – 4 suites – ½ P 65/98 € – **Rist** – *(chiuso a mezzogiorno)* (solo per alloggiati)
◆ In un'oasi di tranquillità, incorniciato dal Gruppo del Tessa, albergo a gestione familiare con un invitante giardino; tappeti, quadri e soffitti in legno all'interno.

Agriturismo Plonerhof senza rist
via Peter Thalguter 11 – ☎ 04 73 44 87 28 – info@plonerhof.it – Fax 04 73 49 12 20
9 cam – 26/30 € 48/56 €
◆ Non lontano dal centro, circondata da una riposante natura, casa contadina del XIII secolo con tipiche iscrizioni di motti tirolesi; interessanti arredi di epoche diverse.

LAIGUEGLIA – Savona (SV) – 561 K6 – 2 144 ab. – ✉ 17053 14 **B2**

Roma 600 – Imperia 19 – Genova 101 – Milano 224 – San Remo 44 – Savona 55

via Roma 2 ☎ 0182 690059, laigueglia@inforiviera.it, Fax 0182 691798

Splendid Mare
piazza Badarò 3 – ☎ 01 82 69 03 25 – info@splendidmare.it – Fax 01 82 69 08 94 – Pasqua-15 ottobre
43 cam – 60/85 € 120/196 € – ½ P 70/120 € – **Rist** – *(maggio-settembre)* (solo per alloggiati)
◆ Un soggiorno rilassante negli ambienti signorili di un edificio risalente al 1400, ristrutturato nel 1700, che conserva il fascino di un antico passato; camere piacevoli.

Mediterraneo cam, rist,
via Andrea Doria 18 – ☎ 01 82 69 02 40 – mediterraneo@hotelmedit.it – Fax 01 82 49 97 39 – Chiuso dal 15 ottobre al 22 dicembre
32 cam – 40/68 € 60/110 €, 8 € – ½ P 40/80 € – **Rist** – Menu 18/40 €
◆ La gestione famigliare, le camere grandi, ben arredate con i bagni rinnovati, la posizione comoda e tranquilla e la grande terrazza solarium: buone vacanze!

Mambo rist,

via Asti 5 – ☎ 01 82 69 01 22 – info@hotelmambo.com – Fax 01 82 69 09 07 – Chiuso novembre-dicembre

22 cam – ♦70/80 € ♦♦90/100 € – ½ P 67/77 € – **Rist** – Carta 18/25 €

♦ Ambiente familiare in una struttura semplice, ma confortevole situata poco fuori dal centro della località: interni in stile moderno e grandi camere ben arredate. Ariosa sala da pranzo di taglio lineare.

LAINATE – Milano (MI) – 561 F9 – 24 024 ab. – alt. 176 m – ✉ 20020 18 A2

Roma 609 – Milano 20 – Bergamo 62 – Brescia 107 – Monza 27

Green Club, ☎ 02 937 10 76.

Litta Palace 140,

via Lepetit 1, uscita autostrada – ☎ 02 93 57 16 40 – reception@hotellittapalace.com – Fax 02 93 79 68 70 – Chiuso dal 22 dicembre all'8 gennaio, dal 27 luglio al 28 agosto

88 cam – ♦90/214 € ♦♦120/282 € – 4 suites

Rist *Ninfeo* – Carta 46/73 €

♦ Vicino all'ingresso dell'autostrada, è una moderna e recente struttura ideale per la clientela d'affari. La completezza di servizi e l'ottimo ristorante sono ulteriori punti di forza.

Armandrea

viale Rimembranze 21 – ☎ 029 37 20 57 – Chiuso dal 4 al 27 agosto e domenica

Rist – Carta 39/54 €

♦ All'interno di un recente insediamento commerciale, è una gestione familiare che offre una cucina classica, senza inutili complicazioni e ben eseguita.

LAINO BORGO – Cosenza (CS) – 564 H29 – 2 223 ab. – alt. 250 m – ✉ 87014 5 A1

Roma 445 – Cosenza 115 – Potenza 131 – Lagonegro 54 – Mormanno 17 – Sala Consilina 94 – Salerno 185

Chiar di Luna con cam

località Cappelle – ☎ 098 18 25 50 – hotelchiardiluna@tiscali.it – Fax 098 18 25 50

10 cam – ♦35 € ♦♦60 € – ½ P 45 € – **Rist** – *(chiuso dal 5 al 20 novembre)* Carta 15/20 €

♦ Valida gestione familiare in una piacevole trattoria, situata in zona tranquilla: una grande sala curata dove sono proposti piatti stagionali e della tradizione.

LALLIO – Bergamo (BG) – 561 E11 – 4 003 ab. – alt. 216 m – ✉ 24040 19 C1

Roma 576 – Bergamo 7 – Lecco 34 – Milano 44 – Piacenza 105

Donizetti cam, 80,

via Aldo Moro – ☎ 035 20 12 27 – booking@hoteldonizetti.com – Fax 035 69 13 61

37 cam – ♦65/140 € ♦♦75/180 € – ½ P 115 € – **Rist** – *(chiuso domenica a mezzogiorno)* Carta 34/54 €

♦ Particolarmente adatto a una clientela d'affari, questo albergo moderno inserito in un complesso residenziale; interni piacevoli, camere di tono elegante e ben arredate. Impostazione classica di tono signorile per la curata sala ristorante.

LA MAGDELEINE – Aosta (AO) – 561 E4 – 97 ab. – alt. 1 640 m – Sport invernali : *1 645/1 825 m* 1, – ✉ 11020 – LA MAGDELEINE 34 B2

Roma 738 – Aosta 44 – Breuil-Cervinia 28 – Milano 174 – Torino 103

Miravidi ← vallata e monti,

località Artaz 8 – ☎ 01 66 54 82 59 – info@miravidi.com – Fax 01 66 54 99 63 – Chiuso aprile e ottobre

Rist – Carta 17/24 €

♦ In bella posizione panoramica con splendida vista sulla vallata, un ristorante dove sono proposti piatti tipici valdostani e il caratteristico pane nero fatto in casa.

LAMA MOCOGNO - Modena (MO) - 562 J14 - 3 017 ab. - alt. 812 m - ✉ 41023 8 B2

Roma 382 – Bologna 88 – Modena 58 – Pistoia 76

Vecchia Lama

via XXIV Maggio 11 – ☎ 053 64 46 62 – Fax 053 64 46 62 – Chiuso dal 1° al 20 giugno, dal 1° al 15 settembre e lunedì

Rist – Carta 21/39 €

◆ Giovane conduzione diretta e cordiale ambiente familiare in un ristorante con gradevoli giardini antistanti; proposte di cucina del territorio e discreta scelta di vini.

LAMEZIA TERME - Catanzaro (CZ) - 564 K30 - 71 754 ab. - alt. 210 m - ✉ 88046 5 A2

Roma 580 – Cosenza 66 – Catanzaro 44

a Sant'Eufemia Lamezia ☎ 0968 414111

a Nicastro – ✉ 88046

Savant rist, 250,

via Manfredi 8 – ☎ 096 82 61 61 – info@hotelsavant.it – Fax 096 82 61 61

65 cam – †60/85 € ††86/116 € – 2 suites – ½ P 58/73 € – **Rist** – Carta 21/41 €

◆ Albergo centrale completamente ristrutturato pochi anni fa, vocato a una clientela di lavoro: spazi interni ben tenuti e dotati di confort moderni; camere funzionali. Atmosfera gradevole nella spaziosa sala da pranzo.

Novecento

largo Sant'Antonio 5 – ☎ 09 68 44 86 25 – Fax 09 68 44 86 25 – Chiuso dal 10 al 25 agosto, sabato a mezzogiorno e domenica

Rist – Carta 27/39 €

◆ Il pianoforte, il vecchio grammofono, i mattoni a vista e il servizio attento, regalano una calda ospitalità che accompagna degnamente i numerosi piatti della tradizione.

Da Enzo

via Generale Dalla Chiesa – ☎ 096 82 33 49 – Fax 096 82 33 49 – Chiuso dal 10 al 25 agosto, domenica e la sera

Rist – Carta 18/26 €

◆ Ambiente informale in una semplice e accogliente trattoria ad andamento familiare con interni in stile essenziale, ma curati; proposte di piatti della tradizione.

LA MORRA - Cuneo (CN) - 561 I5 - 2 632 ab. - alt. 513 m - ✉ 12064 25 C2

Roma 631 – Cuneo 62 – Asti 45 – Milano 171 – Torino 63

Corte Gondina senza rist

via Roma 100 – ☎ 01 73 50 97 81 – info@cortegondina.it – Fax 01 73 50 97 82 – Chiuso dal 2 gennaio al 3 marzo

14 cam – †75/90 € ††90/110 €

◆ La sapiente ristrutturazione di una cascina ha fatto nascere questa curata risorsa che dispone di una quindicina di camere curate e ricche di personalizzazioni.

Villa Carita senza rist colline e vigneti,

via Roma 105 – ☎ 01 73 50 96 33 – info@villacarita.it – Chiuso gennaio e febbraio

4 cam – †90/120 € ††110/120 € – 1 suite

◆ Bella casa d'inizio '900 con splendida vista su colline e vigneti, su cui si affacciano le camere; ambienti raffinati con arredi eleganti, per un soggiorno memorabile.

Fior di Farine senza rist

via Roma 110 – ☎ 01 73 50 98 60 – info@fiordifarine.com – Fax 01 73 50 06 35 – Chiuso gennaio-febbraio

5 cam – †55 € ††65 €, 8 €

◆ Nella corte interna di uno dei più celebri mulini in pietra, è una struttura del '700 con soffitti a cassettoni e camere semplici dove gustare una sana e golosa colazione.

Belvedere 10/20,

piazza Castello 5 – ☎ 017 35 01 90 – info@belvederelamorra.it – Fax 01 73 50 95 80 – Chiuso gennaio, febbraio, domenica sera e lunedì

Rist – Carta 35/54 €

◆ In un edificio d'epoca sito in pieno centro storico, un locale ristrutturato di recente vanta ambienti rustico-eleganti dove provare la cucina tipica. Bella vista panoramica.

a Rivalta **Nord : 4 km – ✉ 12064 – La Morra**

Bricco dei Cogni senza rist ⛰ — ← colline, VISA

Frazione Rivalta Bricco Cogni 39 – ☎ 01 73 50 98 32 – info@briccodeicogni.it – Fax 01 73 50 00 14 – Chiuso gennaio

6 cam – †70/90 € ††80/100 €, ☕ 8 €

◆ Splendida casa padronale ottocentesca con un meraviglioso panorama sulle colline dalla terrazza-giardino o da una delle tre camere panoramiche. Arredi d'epoca originali.

a Annunziata **Est : 4 km – ✉ 12064 – La Morra**

Red Wine senza rist ⛰ — P VISA AE

frazione Annunziata 105 – ☎ 01 73 50 96 06 – turisma@red-wine.it – Fax 01 73 50 92 50

6 cam ☕ – †55/65 € ††80/90 €

◆ Elementi di modernità in una zona che tende a valorizzare il passato: cascina secolare, restaurata con inserzioni di design. Lineare essenzialità in ambienti policromi.

Agriturismo La Cascina del Monastero senza rist ⛰ — P VISA

cascina Luciani 112/a – ☎ 01 73 50 92 45 – info@cascinadelmonastero.it – Fax 01 73 50 08 61 – Chiuso dal 15 dicembre al 15 gennaio

10 cam ☕ – †75/80 € ††90/95 €

◆ Anticamente utilizzata dai frati per produrre il vino, la cascina offre accoglienti spazi dove soggiornare alla scoperta dei sentieri di Langa e degustare prodotti locali.

Agriturismo Risveglio in Langa senza rist ⛰ — AC P VISA

borgata Ciotto 52, Sud-Est : 3 km – ☎ 017 35 06 74 – info@risveglioinlanga.it – Fax 01 73 50 00 00 – Chiuso gennaio-febbraio

6 cam – †75 € ††90 €, ☕ 5 €

◆ Risorsa ubicata tra il verde mare di colline e vigneti, ricavata da un cascinale eretto nel XIX sec., sapientemente ristrutturato di recente. Camere anche con angolo cottura.

Osteria Veglio — P VISA AE

frazione Annunziata 9 – ☎ 01 73 50 93 41 – Fax 01 73 50 93 41 – Chiuso febbraio, una settimana in agosto, martedì e mercoledì

Rist – Carta 33/42 €

◆ Cucina genuina che segue le tradizioni delle Langhe; il servizio estivo viene svolto su una terrazza da cui si gode della bella vista su colline e vigneti circostanti.

a Santa Maria **Nord-Est :4 km – ✉ 12064 – La Morra**

L'Osteria del Vignaiolo con cam — rist, AC cam, VISA

– ☎ 017 35 03 35 – osteriavignaiolo@ciaoweb.it – Fax 017 35 03 35 – Chiuso dal 10 gennaio al 14 febbraio e dal 15 al 31 luglio

5 cam ☕ – †40/50 € ††60/70 € – **Rist** – *(chiuso mercoledì e giovedì)* Carta 23/32 €

◆ In questa piccola frazione nel cuore della zona del Barolo, un piacevole edificio in mattoni ospita quella che è divenuta un'elegante osteria. Notevole carta dei vini.

LAMPEDUSA (Isola di) – **Agrigento** – **565** U19 – **Vedere Sicilia alla fine dell'elenco alfabetico**

LAMPORECCHIO – **Pistoia (PT)** – **563** K14 – **7 022 ab.** – **alt. 56 m** – ✉ **51035** — 28 **B1**

Roma 316 – Firenze 49 – Bologna 137 – Modena 176 – Pistoia 20

Antico Masetto senza rist — AC 50, VISA AE

piazza Berni 12 – ☎ 057 38 27 04 – info@anticomasetto.it – Fax 05 73 80 37 48 – Chiuso dal 24 al 26 dicembre

21 cam ☕ – †49/69 € ††79/118 €

◆ In pieno centro, stabile d'inizio Novecento completamente rinnovato. Al piano terra hall e ambienti comuni, non ampi ma ben allestiti; sopra, camere curate e confortevoli.

LANA – Bolzano / Bozen (BZ) – 562 C15 – **10 069 ab. – alt. 289 m – Sport invernali :** *a San Vigilio : 1 485/1 839 m* 1, – ✉ 39011 – LANA 30 **B2**

Roma 661 – Bolzano 24 – Merano 9 – Milano 322 – Trento 82

via Andreas Hofer 7/b ✆ 0473 561770, info@lana.net, Fax 0473 561979

Lana Merano, ✆ 0473 56 46 96.

Gschwangut cam, cam,

via Treibgasse 12 – ✆ 04 73 56 15 27 – info@gschwangut.it – Fax 04 73 56 41 55 – 15 marzo-15 novembre

28 cam – 90/110 € 145/170 € – 7 suites – ½ P 90/110 € – **Rist** – (solo per alloggiati) Carta 31/49 € (+10 %)

◆ Il suggestivo giardino fiorito con piscina è soltanto una delle gradevoli caratteristiche di questa risorsa dove risulterà semplice trascorrere un'ottima vacanza.

Eichhof rist,

via Querce 4 – ✆ 04 73 56 11 55 – info@eichhof.net – Fax 04 73 56 37 10 – Aprile-5 novembre

21 cam – 50/55 € 100/110 € – ½ P 60/70 € – **Rist** – (solo per alloggiati)

◆ A pochi passi dal centro, un piccolo albergo immerso in un ameno giardino ombreggiato con piscina; accoglienti e razionali gli spazi comuni in stile, spaziose le camere.

Mondschein cam,

Gampenstrasse 6 – ✆ 04 73 55 27 00 – info@mondschein.it – Fax 04 73 55 27 27 – Chiuso dal 23 al 27 dicembre

30 cam – 50/60 € 78/104 € – ½ P 45/62 € – **Rist** – *(chiuso lunedì)* Carta 19/42 €

◆ Hotel leggermente penalizzato dalla posizione, certo non delle più affascinanti, ma apprezzabile per il confort moderno e l'accoglienza professionale. Sala ristorante di taglio contemporaneo con angolo bistrot.

Rebgut senza rist (riscaldata)

via Brandis 3, Sud : 2,5 km – ✆ 04 73 56 14 30 – rebgut@rolmail.net – Fax 04 73 56 51 08 – Marzo-ottobre

12 cam – 46 € 84 €

◆ Nella tranquillità della campagna, in mezzo ai frutteti, una graziosa casa nel verde con piscina; ambienti in stile rustico con arredi semplici in legno chiaro.

a San Vigilio (Vigiljoch)**Nord-Ovest : 5 mn di funivia – alt. 461 m –** ✉ **39010 – Vigiljoch**

Vigilius Mountain Resort rist, 50,

– ✆ 04 73 55 66 00 – info@vigilius.it – Fax 04 73 55 66 99 – Chiuso dal 15 marzo al 15 aprile e dal 15 novembre al 15 dicembre

35 cam – 225/235 € 310/345 € – 6 suites – **Rist** – Carta 52/96 €

◆ Immerso nel silenzio della natura questo albergo, raggiungibile in funivia, nasce da un progetto di architettura ecologica. Oasi di pace con un panorama unico delle Dolomiti. Ristorante in linea con lo stile dell'albergo, spiccano i legni chiari.

a Foiana (Völlan)**Sud-Ovest : 5 km – alt. 696 m –** ✉ **39011 – Lana d'Adige**

Völlanerhof (riscaldata) cam,

via Prevosto 30 – ✆ 04 73 56 80 33 – info@voellanerhof.com – Fax 04 73 56 81 43 – 23 marzo-11 novembre

48 cam – 170/200 € – 10 suites – ½ P 110/149 € – **Rist** – (solo per alloggiati)

◆ Un'oasi di pace nella cornice di una natura incantevole: piacevole giardino con piscina riscaldata, confortevoli interni d'ispirazione moderna, attrezzato centro fitness.

Waldhof monti, rist, rist,

via Mayenburg 32 – ✆ 04 73 56 80 81 – info@waldhof.net – Fax 04 73 56 81 42 – 15 marzo-6 gennaio

28 cam – 94 € 158/192 € – 2 suites – ½ P 94/111 € – **Rist** – (solo per alloggiati)

◆ In splendida posizione panoramica, entro un superbo parco, albergo dai raffinati ambienti stile tirolese; bella collezione di minerali, ampie camere con soggiorno e balcone.

XX **Kirchsteiger** con cam ≤ cam, P VISA ⓂⓄ

via Prevosto Wieser 5 – ✆ 04 73 56 80 44 – info@kirchsteiger.com – Fax 04 73 56 81 98 – Chiuso dal 15 gennaio al 10 febbraio

8 cam ☕ – †40/45 € ††68/90 € – ½ P 48/60 € – **Rist** – *(chiuso giovedì)* (Coperti limitati; prenotare) Carta 29/50 €

◆ Tipico stile tirolese nella bella sala classica e nella stube di una graziosa casa immersa nel verde: atmosfera romantica in cui assaporare una cucina innovativa imperdibile.

LANCIANO – Chieti (CH) – 563 P25 – 36 245 ab. – alt. 283 m – ✉ 66034 2 C2

Roma 199 – Pescara 51 – Chieti 48 – Isernia 113 – Napoli 213 – Termoli 73

piazza del Plebiscito 51 ✆ 0872 717810, iat.lanciano@abruzzoturismo.it, Fax 0872 717810

Excelsior rist, 100, VISA ⓂⓄ AE

viale della Rimembranza 19 – ✆ 08 72 71 30 13 – reception@hotelexcelsiorlanciano.it – Fax 08 72 71 29 07

70 cam ☕ – †108 € ††135 € – 4 suites – ½ P 85 € – **Rist** – *(chiuso venerdì e a mezzogiorno)* Carta 35/51 €

◆ Imponente struttura di dieci piani nel centro della località; gradevoli spazi comuni abbelliti da mobili d'epoca e comode poltrone; camere con arredi in stile lineare. Panoramica vista sulla città dalla sala ristorante all'ultimo piano.

Anxanum senza rist 100, P VISA ⓂⓄ AE

via San Francesco d'Assisi 8/10 – ✆ 08 72 71 51 42 – hotelanxanum@tin.it – Fax 08 72 71 51 42

42 cam ☕ – †76/78 € ††91/96 €

◆ Albergo in zona residenziale, vocato ad una clientela di lavoro; all'interno una spaziosa hall che si affaccia piacevolmente sulla piscina e camere sobrie e funzionali.

XXX **Corona di Ferro** 8/15, VISA ⓂⓄ AE

corso Roma 28 – ✆ 08 72 71 30 29 – Fax 08 72 71 30 29 – Chiuso dal 3 al 14 gennaio, domenica sera e lunedì

Rist – Carta 28/34 €

◆ Gestione rinnovata per un locale elegante dall'atmosfera raffinata in un palazzo dell'800: tre sale con affreschi originali dove viene proposta una fresca cucina di mare.

XX **Ribot** VISA ⓂⓄ AE

via Milano 58/60 – ✆ 08 72 71 22 05 – ristoranteribot@tin.it – Fax 08 72 71 22 05 – Chiuso dal 22 dicembre al 5 gennaio, dal 20 luglio al 13 agosto e venerdì

Rist – Carta 23/29 €

◆ Ristorante al piano terra di un condomino in zona residenziale, fuori dal centro storico; sobria sala inondata di luce, con stampe a tema equestre sulle pareti.

LANGHIRANO – Parma (PR) – 562 I12 – 8 721 ab. – alt. 262 m – ✉ 43013 8 B2

Roma 476 – Parma 23 – La Spezia 119 – Modena 81

XX **La Ghiandaia** ≤ P VISA ⓂⓄ AE

località Berzola Sud : 3 km – ✆ 05 21 86 10 59 – ghiandaiaris@libero.it – Fax 05 21 86 10 59 – Chiuso lunedì e a mezzogiorno (escluso domenica)

Rist – Carta 39/64 €

◆ Originale collocazione in un fienile ristrutturato, in cui approfittare anche del servizio estivo all'aperto, accomodati nel giardino in riva al fiume; specialità marinare.

a Pilastro Nord : 9 km – alt. 176 m – ✉ 43013

Ai Tigli cam, 100, P VISA ⓂⓄ AE

via Parma 44 – ✆ 05 21 63 90 06 – aitigli@hotelaitigli.it – Fax 05 21 63 77 42

40 cam ☕ – †63/70 € ††86/96 € – ½ P 62/75 € – **Rist** – *(chiuso agosto)* Carta 21/33 €

◆ Ideale per una clientela d'affari, albergo a consolidata gestione diretta, recentemente ampliato con nuove camere in una struttura distaccata. Ampia sala da pranzo, dove gustare la cucina della tradizione.

LANGTAUFERS = Vallelunga

LANZADA – Sondrio (SO) – 561 D11 – 1 448 ab. – alt. 981 m – ✉ 23020 16 **B1**

Roma 707 – Sondrio 16 – Bergamo 131 – Saint-Moritz 95

a Campo Franscia Nord-Est : 8 km – ✉ 23020 – Lanzada

Fior di Roccia

– ✆ 03 42 45 33 03 – alb.fiordiroccia@iol.it – Fax 03 42 45 10 08

17 cam – 28/35 € 45/55 €, 5 € – ½ P 43/45 € – **Rist** – *(chiuso martedì)* Carta 24/33 €

◆ In una frazione isolata, un piccolo hotel a gestione diretta, completamente ristrutturato; camere luminose e spaziose, in stile essenziale. Punto di partenza ideale per gite. Ambiente semplice nella sala da pranzo; gradevole il servizio estivo all'aperto.

LANZO D'INTELVI – Como (CO) – 561 E9 – 1 319 ab. – alt. 907 m – ✉ 22024 16 **A2**
Italia

Roma 653 – Como 30 – Argegno 15 – Menaggio 30 – Milano 83

, Est : 1 km, ✆ 031 83 90 60.

Belvedere di Sighignola★★★ : ≤ sul lago di Lugano e le Alpi Sud-Ovest : 6 km

Milano

via Martino Novi 26 – ✆ 031 84 01 19 – Fax 031 84 12 00 – Pasqua-ottobre

30 cam – 42/50 € 50/78 €, 7 € – ½ P 45/60 € – **Rist** – *(chiuso mercoledì)* Carta 20/25 €

◆ Solida gestione familiare ormai generazionale in un albergo classico abbracciato da un fresco giardino ombreggiato; spazi comuni razionali e camere ben accessoriate. Pareti in caldo color ocra ornate da piccoli quadri nella bella sala ristorante.

Rondanino

via Rondanino 1, Nord : 3 km – ✆ 031 83 98 58 – rondanino@libero.it – Fax 031 83 36 40

14 cam – 44 € 54 €, 5 € – ½ P 52 € – **Rist** – *(chiuso mercoledì escluso dal 15 giugno al 15 settembre)* Carta 19/36 €

◆ Nell'assoluta tranquillità dei prati e delle pinete che lo circondano, un rustico caseggiato ristrutturato: spazi interni gradevoli e camere complete di ogni confort. Accogliente sala da pranzo riscaldata da un camino in mattoni; servizio estivo in terrazza.

LANZO TORINESE – Torino (TO) – 561 G4 – 5 281 ab. – alt. 515 m – ✉ 10074 22 **B2**

Roma 689 – Torino 28 – Aosta 131 – Ivrea 68 – Vercelli 94

via Umberto I 9 ✆ 0123 28080, lanzoa@canavese-vallilanxo.it, Fax 0123 28091

Trattoria del Mercato

via Diaz 29 – ✆ 012 32 93 20 – Fax 01 23 32 97 49 – Chiuso dal 15 al 30 giugno e giovedì

Rist – Carta 25/41 €

◆ In pieno centro, ristorante nato nel 1938 e gestito sempre dalla stessa famiglia; ambiente semplice e arredi essenziali nelle tre sale, dove provare piatti piemontesi.

LA PALUD – Aosta – Vedere Courmayeur

LA PANCA – Firenze – Vedere Greve in Chianti

LAPIO – Vicenza – 562 F16 – Vedere Arcugnano

L'AQUILA P (AQ) – 563 O22 – 70 664 ab. – alt. 721 m – ✉ 67100 *Italia* 1 **A2**

Roma 119 – Napoli 242 – Pescara 105 – Terni 94

piazza Santa Maria di Paganica 5 ✆ 0862 410808, presidio.aquila@abruzzoturismo.it, Fax 0862 65442via XX Settembre 8 ✆ 0862 22306, iat.aquila@abruzzoturismo.it, Fax 0862 27486

Basilica di San Bernardino★★ Y – Castello★ Y : museo Nazionale d'Abruzzo★★ – Basilica di Santa Maria di Collemaggio★ Z : facciata★★ – Fontana delle 99 cannelle★Z

escursione al Gran Sasso★★★

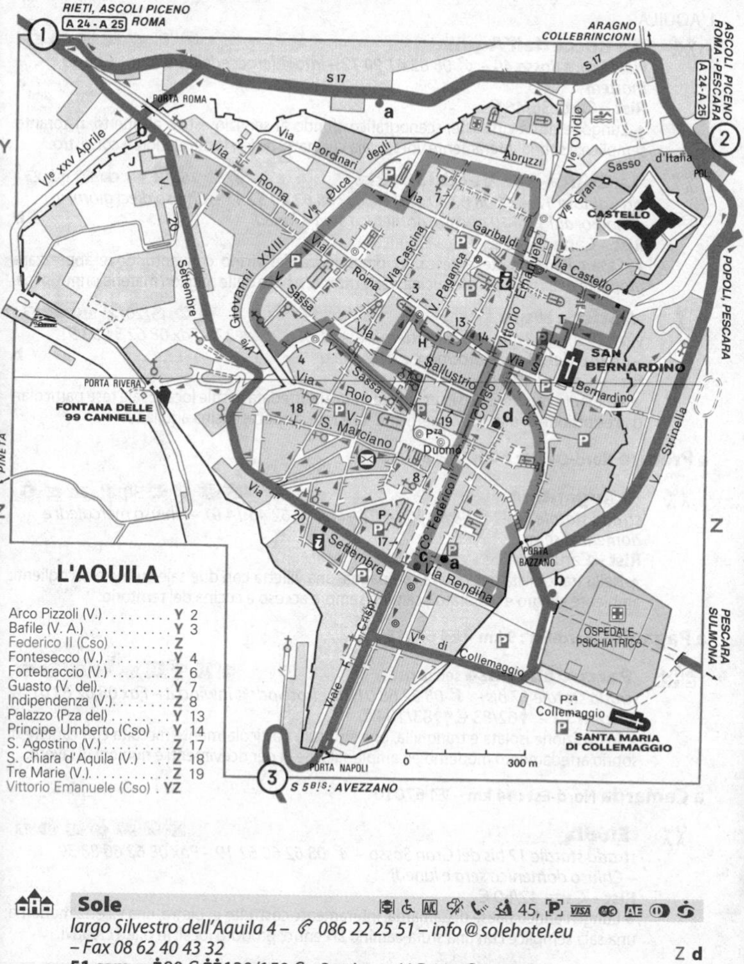

L'AQUILA

Sole 45, VISA AE

largo Silvestro dell'Aquila 4 – ✆ 086 22 25 51 – info@solehotel.eu
– Fax 08 62 40 43 32

Z **d**

51 cam – †80 € ††130/150 € – 3 suites – ½ P 110 €
Rist *Locanda del Moro* – ✆ 08 62 40 17 78 – Carta 32/66 €
◆ In un imponente palazzo ottocentesco, la tradizione storica si unisce a camere dagli arredi contemporanei con accessori moderni, dalla tv al plasma alla tastiera internet. Cucina innovativa nelle raccolte sale ristorante.

San Michele senza rist VISA AE

via dei Giardini 6 – ✆ 08 62 42 02 60
– info@stmichelehotel.it
– Fax 086 22 70 60

Z **a**

32 cam – †60/65 € ††84/90 €
◆ Hotel centrale a gestione familiare; limitati spazi comuni ripagati da ottime e confortevoli camere. Bagni all'avanguardia, frequentemente rinnovati.

XX **La Grotta di Aligi** 15, VISA AE

viale Rendina 2 – ✆ 086 26 52 60 – grottadialigi@quipo.it – Fax 086 26 52 60
– Chiuso domenica

Z **c**

Rist – Carta 25/58 €
◆ Locale di lunga tradizione, meta di personaggi celebri: elegante sala ben tenuta e curata negli arredi, piatti abruzzesi o, rarità in zona, proposte di pesce.

XX **Le Rocce dell'Aquila**

viale Croce Rossa 40 – ✆ 08 62 41 90 12 – info@leroccedellaquila.it – Chiuso martedì Y **a**

Rist – Carta 36/46 €

◆ Lungo le mura cittadine, scenografico sfondo al servizio estivo all'aperto, ristorante semplice e sobrio interamente votato alla cucina: prodotti locali elaborati con estro.

XX **La Conca-Alla Vecchia Posta** 15,

via Caldora 12 – ✆ 08 62 40 52 11 – Fax 08 62 40 52 11 – Chiuso dieci giorni in gennaio, dal 1° al 10 agosto, domenica sera e lunedì Z **b**

Rist – Carta 21/42 €

◆ Casa colonica settecentesca, ex dipendenza del vicino convento, dove apprezzare proposte della tradizionale cucina del territorio, a base delle migliori materie prime locali.

X **Antiche Mura** 15/20,

via XXV Aprile 2 ang. via XX Settembre – ✆ 086 26 24 22 – Fax 08 62 31 93 91 – Chiuso dal 23 al 29 dicembre e domenica Y **b**

Rist – Carta 23/30 €

◆ Ambiente caratteristico in un'antica trattoria arredata in stile locale: sale rese particolari dall'esibizione di utensili, oggetti antichi e foto d'epoca; cucina aquilana.

a Preturo Nord-Ovest : 8 km – ✉ 67010

XX **Il Rugantino** 30,

strada statale 80 – ✆ 08 62 46 14 01 – Fax 08 62 46 14 01 – Chiuso mercoledì e domenica sera

Rist – Carta 33/43 €

◆ Nella tranquillità dell'aperta campagna, una villetta con due sale curate e accoglienti: ambiente allegro e "colorato", camino sempre acceso e cucina del territorio.

a Paganica Nord-Est : 9 km – ✉ 67016

Parco delle Rose senza rist

strada statale 17 bis – ✆ 08 62 68 01 28 – hotelpdr@inwind.it – Fax 08 62 68 01 42

20 cam – †62/83 € ††83/104 €

◆ In posizione isolata e tranquilla, una struttura particolarmente raccolta con camere di sobrio arredamento moderno ed ampie sale ideali per ricevimenti e riunioni di lavoro.

a Camarda Nord-Est : 14 km – ✉ 67010

XX **Elodia**

strada statale 17 bis del Gran Sasso – ✆ 08 62 60 62 19 – Fax 08 62 60 88 39 – Chiuso domenica sera e lunedì

Rist – Carta 42/60 €

◆ Lungo l'antico paese di Camarda, interamente costruito in pietra, una villetta moderna: una sala semplice con una stufa-camino al centro; prodotti locali in piatti creativi.

LARI – Pisa (PI) – 563 L13 – 8 151 ab. – alt. 129 m – ✉ 56035 28 **B2**

Roma 335 – Pisa 37 – Firenze 75 – Livorno 33 – Pistoia 59 – Siena 98

piazza delle Mura 2 ✆ 0587 685515, info@proloco.it, Fax 0587 684125

a Lavaiano Nord-Ovest : 9 km – ✉ 56030

X **Castero** 15/25,

via Galilei 2 – ✆ 05 87 61 61 21 – Fax 05 87 61 61 21 – Chiuso dal 15 al 30 agosto, domenica sera e lunedì

Rist – Carta 35/45 €

◆ Locale all'interno di una villa d'epoca con un ameno giardino; ambiente informale e accogliente dove assaporare piatti tipici toscani, specialità alla brace e formaggi.

Come scegliere fra due strutture equivalenti?
In ogni categoria, hotel e ristoranti sono elencati per ordine di preferenza: ai primi posti, le scelte Michelin.

LARIO – Vedere Como (Lago di)

LA SALLE – Aosta (AO) – 561 E3 – 1 961 ab. – alt. 1 001 m – ✉ 11015 34 A2

Roma 775 – Aosta 29 – Courmayeur 14 – Torino 140

Mont Blanc Hotel Village ← Monte Bianco, (riscaldata)
La Croisette 36 – ✆ 01 65 86 41 11 rist, 120,
– info@hotelmontblanc.it – Fax 01 65 86 41 19
– Chiuso dal 15 ottobre a novembre
53 cam – 140/175 € 192/350 € – ½ P 134/213 €
Rist *La Fenetre* – Carta 40/63 €
Rist *La Cassolette* – *(chiuso lunedì)* Carta 49/69 €
♦ A monte della località, con una suggestiva vista sul Bianco, una struttura particolarmente affascinante anche per l'armoniosa fusione di stile montano e confort moderni. Ampie vetrate illuminano la raffinata sala da pranzo dalla cucina tipica. Al ristorante Cassolette viene proposta una cucina fantasiosa e ricercata.

LA SPEZIA P (SP) – 561 J11 – 93 268 ab. – ✉ 19100 *Italia* 15 D2

Roma 418 – Firenze 144 – Genova 103 – Livorno 94 – Milano 220 – Parma 115
per Golfo Aranci – Tirrenia Navigazione, call center 892 123
viale Mazzini 45 ✆ 0187 770900, info@aptcinqueterre.sp.it, Fax 0187770908
Marigola, a Lerici, ✆ 0187 97 01 93.
Riviera di Levante ★★★ Nord-Ovest

LA SPEZIA

Battisti (Pza Cesare) .... AB 2
Beverini (Pza G.) .... A 3
Brin (Pza Benedetto) .... A 4
Caduti del Lavoro (Piazzale) .... A 6
Cavour (Cso e Pza) .... AB
Chiodo (Pza e V. Domenico) .... B 8
Colli (V. dei) .... AB 9
Da Passano (V.) .... B 10
Europa (Pza) .... B 12
Fieschi (Viale Nicolò) .... A 13
Fiume (V.) .... A 14
Manzoni (V.) .... B 15
Milano (V.) .... A 16
Mille (V. dei) .... A 17
Napoli (V.) .... A 18
Prione (V. del) .... AB
Rosselli (V. Fratelli) .... A 20
Spallanzani (V. e Salita) .... A 22
Verdi (Pza Giuseppe) .... B 23
20 Settembre (V.) .... B 24
27 Marzo (V.) .... AB 26

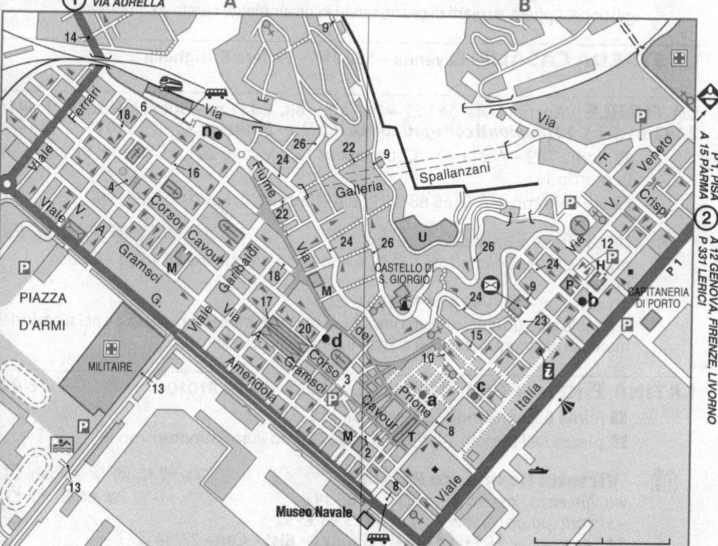

Jolly Hotel La Spezia cam, rist, 300,
via 20 Settembre 2 ✉ 19124 – ✆ 01 87 73 95 55 – la_spezia@jollyhotels.com – Fax 018 72 21 29 B **b**
110 cam – 130/190 € 160/235 € – ½ P 110/145 € – **Rist** – Carta 37/52 €
◆ In posizione panoramica di fronte al mare, imponente hotel vocato all'attività congressuale; luminosa hall, spaziosa e signorile e camere funzionali. Possibilità di un pasto rilassante nell'ampia sala.

Firenze e Continentale senza rist 30,
via Paleocapa 7 ✉ 19122 – ✆ 01 87 71 32 10 – hotel_firenze@hotelfirenzecontinentale.it – Fax 01 87 71 49 30 – Chiuso dal 24 al 27 dicembre A **n**
67 cam – 88 € 127 €
◆ Albergo in un palazzo d'inizio '900, vicino alla stazione ferroviaria; gradevoli aree comuni arredate in modo confortevole, con indovinati accostamenti di colori.

Genova senza rist
via Fratelli Rosselli 84 ✉ 19121 – ✆ 01 87 73 29 72 – info@hotelgenova.it – Fax 01 87 73 17 66 A **d**
37 cam – 80 € 120 €
◆ Cordiale gestione familiare in un hotel in pieno centro, ristrutturato di recente; camere semplici con qualche personalizzazione, gradevole giardino interno.

Il Ristorantino di Bayon
via Felice Cavallotti 23 ✉ 19121 – ✆ 01 87 73 22 09 – Chiuso dal 10 al 28 febbraio, dal 10 al 25 settembre e domenica B **a**
Rist – (Coperti limitati; prenotare) – Carta 28/49 €
◆ Gestione giovane e atmosfera raccolta in un locale del centro storico, nei pressi del teatro cittadino, con interni arredati con cura e tocchi di eleganza; cucina di mare.

Antica Trattoria Dino
via Cadorna 18 ✉ 19121 – ✆ 01 87 73 61 57 – trattoriadino@yahoo.it – Fax 01 87 75 00 42 – Chiuso domenica sera e lunedì B **c**
Rist – Carta 34/51 €
◆ Di fronte al parco comunale, una storica trattoria recentemente acquisita da una nuova gestione. Appetitosi piatti di pesce, serviti in un ambiente curato e confortevole.

LA STRADA CASALE – Ravenna – 562 J17 – Vedere Brisighella

LA THUILE – Aosta (AO) – 561 E2 – 760 ab. – alt. 1 441 m – Sport invernali : *1 441/2 642 m 1 14 (impianti collegati con La Rosière - Francia)* – ✉ 11016 34 **A2**

Roma 789 – Aosta 40 – Courmayeur 15 – Milano 227 – Colle del Piccolo San Bernardo 13

via Collomb 4 ✆ 0165 884179, aiat@lathuile.it, Fax 0165 885196

Martinet senza rist
frazione Petite Golette 159 – ✆ 01 65 88 46 56 – Fax 01 65 88 46 56 – Chiuso giugno
10 cam – 30/50 € 50/100 €
◆ Piccolo albergo ubicato in una frazione di La Thuile, immerso nella pace e nel silenzio dei monti, in posizione panoramica; spazi interni semplici e lineari.

LATINA (P) (CE) – 563 R20 – 111 946 ab. – alt. 21 m – ✉ 81010 6 **A1**

Roma 68 – Frosinone 52 – Napoli 164

piazza Del Popolo 14 ✆ 0773 480672, info@aptlatinaturismo.it

Victoria Residence Palace 180,
via Vincenzo Rossetti 24 – ✆ 07 73 66 39 66 – victoria.palace@liber.it – Fax 07 73 48 95 92
145 cam – 95 € 110 € – 5 suites – **Rist** – Carta 27/34 €
◆ Imponente struttura dalla duplice funzione di albergo e residence, dotato di camere spaziose ma non proprio recenti; completo di centro congressi e attrezzature sportive. Grandi vetrate nella sobria sala da pranzo.

Rose senza rist 60, P VISA AE

via dei Volsini 28 – ✆ 07 73 26 87 44 – info@rose-latina.it – Fax 07 73 26 46 67

75 cam – 68/75 € 72/81 €

◆ Hotel in zona semi-centrale dotato di camere classiche e funzionali, ideale per la clientela d'affari. Spazi comuni caratterizzati da legno chiaro e inserti blu.

Enoteca dell'Orologio 10, VISA AE

piazza del Popolo 20 – ✆ 07 73 47 36 84 – info@enotecadellorologio.it – Fax 07 73 41 76 25 – Chiuso dal 25 al 30 dicembre, dall'11 al 26 agosto, lunedì a mezzogiorno e nei giorni festivi

Rist – Carta 37/65 €

◆ Accogliente locale di tono elegante dove provare piatti della tradizione, serviti all'aperto in estate. Allettanti e più semplici proposte anche nell'adiacente enoteca.

Hosteria la Fenice VISA AE

via Bellini 8 – ✆ 07 73 24 02 25 – hosterialafenice@yahoo.it – Chiuso 23, 24 e 25 dicembre, una settimana in luglio, domenica e mercoledì a mezzogiorno da giugno ad agosto, domenica sera e mercoledì negli altri mesi

Rist – Carta 22/50 €

◆ Poco fuori dal centro, un'interpretazione moderna e piacevole dell'ambiente dell'osteria. La cucina affronta piatti dei territori d'Italia con approccio pacatamente creativo.

a Lido di Latina Sud : 9 km – ✉ 04010 – Borgo Sabotino

Il Tarantino VISA AE

via lungomare 2509, località Foce Verde – ✆ 07 73 27 32 53 – il_tarantino@libero.it – Fax 07 73 27 32 53 – Chiuso quindici giorni in gennaio, quindici giorni in settembre e mercoledì

Rist – Carta 30/55 €

◆ Locale tradizionale dalla conduzione solida ed esperta. Nella curata e capiente sala potrete gustare pesce e crostacei preparati con buona tecnica e capacità.

Il Funghetto P VISA AE

a borgo Grappa Sud-Est : 9 km – ✆ 07 73 20 80 09 – ilfunghetto@libero.it – Fax 07 73 20 80 09 – Chiuso quindici giorni in ottobre e mercoledì (escluso luglio-agosto)

Rist – Carta 42/65 €

◆ Dietro i fornelli e in sala lavora ormai la seconda generazione della medesima famiglia, e lo stile del locale continua a migliorare, tanto tra i tavoli quanto in cucina.

a Borgo Faiti Est : 10 km – ✉ 04010 – BORGO FAITI

Locanda del Bere 16, VISA AE

via Foro Appio 64 – ✆ 07 73 25 86 20 – Chiuso dal 15 al 30 agosto e domenica

Rist – Carta 32/39 €

◆ Solida gestione per questo ristorante dall'accogliente e calda atmosfera. Le proposte della cucina si orientano su piatti di carne, in inverno, e sul pesce nei mesi più caldi.

LATISANA – Udine (UD) – 562 E20 – 12 453 ab. – alt. 9 m – ✉ 33053 10 B3

Roma 598 – Udine 41 – Gorizia 60 – Milano 337 – Portogruaro 14 – Trieste 80 – Venezia 87

Bella Venezia cam, 50, P VISA AE

via del Marinaio 3 – ✆ 043 15 96 47 – info@hotelbellavenezia.it – Fax 043 15 96 49 – Chiuso dal 23 dicembre all'8 gennaio

23 cam – 55 € 85 €

Rist *Bella Venezia* – ✆ 043 15 02 16 *(chiuso dal 1° al 20 gennaio e lunedì)* Carta 23/42 €

◆ Una lineare costruzione bianca abbellita da un rilassante giardino ombreggiato: spazi interni ariosi e confortevoli, arredati in modo essenziale; camere tradizionali.

LATSCH = Laces

LAURA – Caserta – 564 F26 – Vedere Paestum

LAURIA – Potenza (PZ) – 564 G29 – 13 750 ab. – alt. 430 m   3 B3

Roma 406 – Cosenza 126 – Potenza 129 – Napoli 199

a Pecorone Nord : 5 km – ✉ 85044

Da Giovanni
– *✆ 09 73 82 10 03 – dagiovanni.rist@tiscali.it – Fax 09 73 82 14 83*
Rist – Carta 15/23 €
◆ Recente trasferimento nella nuova sede, in una struttura edificata da poco: ambiente familiare nella sala arredata con gusto e resa luminosa da un'ampia vetrata.

LAVAGNA – Genova (GE) – 561 J10 – 13 111 ab. – ✉ 16033   15 C2

Roma 464 – Genova 41 – Milano 176 – Rapallo 17 – La Spezia 66

piazza della Libertà 48/a ✆ 0185 395070, iatlavagna@apttigullio.liguria.it, Fax 0185 392442

Tigullio
via Matteotti 1 – ✆ 01 85 39 29 65 – info@hoteltigullio.191.it – Fax 01 85 39 02 77 – Chiuso dal 4 al 12 marzo e dal 25 ottobre al 20 dicembre
39 cam – 60 € 90 € – ½ P 55/65 € – **Rist** – Menu 19/21 €
◆ Nuova ed esperta gestione diretta in una struttura anni '50, rimodernata nel corso degli anni, situata in zona centrale; arredi non nuovi, ma tenuti in modo impeccabile. Pareti dipinte con paesaggi marini nella semplice sala ristorante.

Il Gabbiano   mare e golfo,
via San Benedetto 26, Est : 1,5 km – ✆ 01 85 39 02 28 – ristgabbiano@libero.it – Fax 01 85 39 02 28 – Chiuso dal 7 al 14 gennaio, dal 21 al 28 febbraio, tre settimane a novembre e lunedì
Rist – Carta 26/44 €
◆ In splendida posizione sulle colline prospicienti il mare, locale a gestione familiare dove gustare specialità marinare e liguri; servizio estivo in veranda panoramica.

a Cavi Sud-Est : 3 km – ✉ 16030

via Lombardia 53 ✆ 0185 395680

Martin Pescatore
via del Cigno 1 ✉ 16033 – ✆ 01 85 39 00 26 – ristorante@martinpescatore.com – Fax 01 85 39 00 26 – Chiuso da lunedì a giovedì da ottobre a maggio, a mezzogiorno (escluso sabato e domenica) negli altri mesi
Rist – Carta 33/57 €
◆ Conduzione giovane in un ristorante felicemente ubicato sulla spiaggia di Cavi; cucina a base di ottimi prodotti ittici freschi, servizio estivo in terrazza sul mare.

LAVAGNO – Verona (VR) – 561 F15 – 6 222 ab. – alt. 70 m – ✉ 37030   37 B3

Roma 520 – Verona 15 – Milano 174 – Padova 733 – Vicenza 43

Antica Trattoria Il Busolo   16/30,
via Busolo 1, località Vago – ✆ 045 98 21 46 – il.busolo@aruba.it – Fax 04 58 99 94 20 – Chiuso domenica sera e giovedì
Rist – Carta 33/42 €
◆ Valida gestione giovane in un locale all'interno di una casa in tipico stile del luogo: due salette classiche e una detta "cantina", dove gustare cucina del territorio.

Antica Ostaria de Barco   dintorni,
località Barco di Lavagno 5 ✉ 37030 San Briccio – ✆ 04 58 98 04 20 – anticaostariadebarco@libero.it – Chiuso dal 26 dicembre al 6 gennaio, dal 15 al 31 agosto, sabato a mezzogiorno e domenica
Rist – Carta 31/64 €
◆ Tra i vigneti, in una casa colonica riadattata conservando l'architettura originale, un ristorante in cui si entra passando dalla cucina. Servizio estivo in terrazza.

LAVAIANO – Pisa – 563 L13 – Vedere Lari

ACQUA PANNA
FROM THE HILLS OF TUSCANY
ACQUA
PANNA
Acqua
Oligominerale
1le
S.PELLEGRINO
NATURAL MINERAL WATER
FRESCOBALDI
FRESCOBALDI

LAVARONE – Trento (TN) – 562 E15 – 1 088 ab. – alt. 1 172 m – Sport invernali : *1 170/1 550 m* 6, – ✉ 38046 30 **B3**

Roma 592 – Trento 33 – Milano 245 – Rovereto 29 – Treviso 115 – Verona 104 – Vicenza 64

frazione Gionghi 107 ✆ 0464 783226, info@montagnaconamore.it, Fax 0464 783118

Caminetto (riscaldata) rist, P VISA

frazione Bertoldi 59 – ✆ 04 64 78 32 14 – hotel.caminetto@cr-surfing.net – Fax 04 64 78 06 68 – Dicembre-Pasqua e giugno-settembre

20 cam – 31/48 € 60/86 € – ½ P 42/58 € – **Rist** – Carta 22/32 €

◆ Cordiale gestione familiare in una tipica casa d'altura che si affaccia sulle piste da sci; confortevoli spazi interni, camere recentemente rinnovate e animato bar pubblico. Calda atmosfera nella gradevole sala da pranzo.

LAVELLO – Potenza (PZ) – 564 D29 – 13 461 ab. – alt. 313 m – ✉ 85024 3 **B1**

Roma 359 – Foggia 68 – Bari 104 – Napoli 166 – Potenza 77

San Barbato 100, P VISA

Sud-Ovest : 1,5 km – ✆ 097 28 13 92 – hotelsanbarbato@tiscali.it – Fax 097 28 38 13

38 cam – 52 € 80 €, 6 € – ½ P 57 € – **Rist** – *(chiuso venerdì)* Carta 20/30 €

◆ Struttura circondata da un piacevole giardino con piscina, nella quale si tengono corsi di nuoto; all'interno spazi comuni in stile moderno e ampie camere con arredi lineari. Capiente sala da pranzo rischiarata da grandi vetrate che la inondano di luce.

LAVENO MOMBELLO – Varese (VA) – 561 E7 – 8 838 ab. – alt. 200 m – ✉ 21014

Italia 16 **A2**

Roma 654 – Stresa 22 – Bellinzona 56 – Como 49 – Lugano 39 – Milano 77 – Novara 69 – Varese 22

per Verbania-Intra – Navigazione Lago Maggiore, ✆ 0332 667128

piazza Italia 18 (palazzo Municipale) ✆ 0332 666666

Sasso del Ferro★★ per cabinovia

Il Porticciolo con cam lago, P VISA

via Fortino 40, Ovest : 1,5 km – ✆ 03 32 66 72 57 – info@ilporticciolo.com – Fax 03 32 66 67 53 – Chiuso una settimana in novembre e dal 23 gennaio al 6 febbraio

11 cam – 95/180 € – ½ P 77/120 € – **Rist** – *(chiuso martedì, escluso a mezzogiorno in luglio-agosto, e mercoledì)* Carta 48/65 €

◆ Splendida vista sulla calma distesa d'acqua e ambiente raffinato nella sala con soffitto a volte e pilastri in pietra a vista; ameno servizio estivo in terrazza sul lago.

LA VILLA = STERN – Bolzano – Vedere Alta Badia

LAVIS – Trento (TN) – 562 D15 – 7 936 ab. – alt. 232 m – ✉ 38015 30 **B3**

Roma 587 – Trento 9 – Bolzano 49 – Verona 101 – Vicenza 96

a Sorni Nord : 6,5 km – ✉ 38015 – Lavis

Trattoria Vecchia Sorni VISA

piazza Assunta 40 – ✆ 04 61 87 05 41 – Fax 04 61 87 05 41 – Chiuso tre settimane tra febbraio e marzo, domenica sera e lunedì

Rist – (consigliata la prenotazione) Carta 29/35 €

◆ Un tranquillo e affidabile ristorantino nel centro della piccola frazione. Curata cucina trentina contemporanea e servizio estivo all'aperto nella terrazza panoramica.

LAZISE – Verona (VR) – 562 F14 – 6 153 ab. – alt. 76 m – ✉ 37017 35 **A3**

Roma 521 – Verona 22 – Brescia 54 – Mantova 60 – Milano 141 – Trento 92 – Venezia 146

via Francesco Fontana 14 ✆ 045 7580114, lazise@aptgardaveneto.com, Fax 045 7581040

Cà degli Ulivi, Nord : 13 km a Marciaga di Costermano, ✆ 045 627 90 30.

Lazise senza rist
via Esperia 38/a – ✆ 04 56 47 04 66 – info@hotellazise.it – Fax 04 56 47 01 90 – Aprile-20 ottobre
73 cam – 60/82 € 80/140 €
◆ Piacevole atmosfera negli ampi e luminosi ambienti d'ispirazione contemporanea di questo hotel sul lago; camere dotate di ogni confort, ristrutturate negli ultimi anni.

Cangrande senza rist
corso Cangrande 16 – ✆ 04 56 47 04 10 – cangrandehotel@tiscalinet.it – Fax 04 56 47 03 90 – Chiuso dal 20 dicembre al 10 febbraio
18 cam – 75/95 € 108/120 €
◆ In un bell'edificio del 1930 addossato alle mura, sorto come sede di cantine vinicole, un albergo con camere di taglio moderno. Junior suite ricavata in un'antica torretta.

Villa Cansignorio senza rist
corso Cangrande 30 – ✆ 04 57 58 13 39 – cansignorio@artedelbere.com – Fax 04 56 47 94 13 – 20 febbraio-novembre
8 cam – 94/108 € 104/120 €
◆ Elegante villa in pieno centro, con un giardino che confina con le mura di cinta, raffinati interni di recente concezione e poche camere molto piacevoli e ben arredate.

Giulietta Romeo senza rist
via Dosso 1/2 – ✆ 04 57 58 02 88 – info@hotelgiuliettaromeo.it – Fax 04 57 58 01 15 – Marzo-novembre
48 cam – 85/100 € 100/130 €
◆ Calorosa accoglienza in un albergo fuori dal centro (comunque raggiungibile a piedi), immerso in un grande giardino con piscina; interni accoglienti e camere rinnovate.

Le Mura senza rist
via Bastia 4 – ✆ 04 56 47 91 33 – info@hotel-lemura.com – Fax 04 57 58 01 89 – Marzo-novembre
23 cam – 86 € 101 €
◆ Poco fuori le mura che circondano la cittadina, hotel semplice, ma ben tenuto: piccola piscina esterna, spazi comuni in stile lineare e camere confortevoli.

Alla Grotta con cam
cam,
via Fontana 8 – ✆ 04 57 58 00 35 – allagrotta@iol.it – Fax 04 57 58 00 35 – Chiuso dal 15 dicembre al 15 febbraio
12 cam – 67 €, 8 € – **Rist** – *(chiuso martedì)* (prenotare) Carta 27/47 €
◆ Proposte ittiche di mare e lago in un rinnovato ristorante con camere accessoriate, all'interno di un edificio d'epoca sul lungolago; gradevole servizio estivo all'aperto.

Il Porticciolo
lungolago Marconi 22 – ✆ 04 57 58 02 54 – Fax 04 57 58 02 54 – Chiuso dal 27 dicembre al 5 febbraio e martedì
Rist – Carta 28/42 €
◆ Un locale in posizione panoramica, ideale per gli appassionati del pesce d'acqua dolce: gustose proposte di piatti del territorio in un ambiente curato e distinto.

sulla strada statale 249 Sud : 1,5 km :

Casa Mia
cam, 60,
località Risare 1 ✉ 37017 – ✆ 04 56 47 02 44 – info@hotelcasamia.com – Fax 04 57 58 05 54 – Chiuso dal 21 dicembre al 31 gennaio
43 cam – 90/124 € 116/136 € – ½ P 80/90 € – **Rist** – *(marzo-novembre)* Carta 28/38 €
◆ Un soggiorno d'affari o di svago, lontano dal centro animato, in un grande complesso con uno splendido giardino; bella sala conferenze e camere funzionali. Ambiente semplice nella classica e spaziosa sala da pranzo.

LE CASTELLA – Crotone – 564 K33 – Vedere Isola di Capo Rizzuto

Hotel e ristoranti cambiano ogni anno.
Per questo, ogni anno, c'è una nuova guida Michelin!

LECCE Ⓟ (LE) – 564 F36 – 90 300 ab. – alt. 51 m – ✉ 73100 Italia 27 D2

Roma 601 – Brindisi 38 – Napoli 413 – Taranto 86

corso Vittorio Emanuele 24 ✆ 0832 248092, aptlecce@pugliaturismo.com, Fax 0832 310238

Acaya Acaia, Est : 14 km, ✆ 0832 86 13 78.

Basilica di Santa Croce★★ Y – Piazza del Duomo★★ : pozzo★ del Seminario Y – Museo provinciale★ : collezione di ceramiche★★ Z **M** – Chiesa di San Matteo★ Z – Chiesa del Rosario★ YZ – Altari★ nella chiesa di Sant'Irene Y

Pianta pagina seguente

Patria Palace Hotel

cam, 140, VISA AE

piazzetta Gabriele Riccardi 13 – ✆ 08 32 24 51 11 – info@patriapalacelecce.com – Fax 08 32 24 50 02 Y **b**

67 cam – 115/125 € 230/240 € – ½ P 147/150 € – **Rist** – Carta 33/44 €

◆ In centro, l'elegante hotel dispone di spazi comuni piacevolmente arredati in legno e camere in stile moderno, lievemente liberty, impreziosite da antichi inserti decorativi. In cucina, proposte accattivanti legate alla tradizione ma sapientemente rielaborate con gusto e ricercatezza.

President

cam, cam, rist, 400, VISA AE

via Salandra 6 – ✆ 08 32 45 61 11 – info@hotelpresidentlecce.it – Fax 08 32 45 66 32 X **n**

148 cam – 72/107 € 124/169 € – 1 suite – ½ P 110/130 € – **Rist** – Carta 35/45 €

◆ A pochi passi dal centro, un moderno hotel dove l'eleganza si fonde con l'efficienza di un servizio professonale, camere luminose e confortevoli ma semplici negli arredi. Dalla cucina, piatti dai sapori nazionali e business lunch per clienti... sempre di corsa.

Grand Hotel Tiziano e dei Congressi

800, VISA AE

viale Porta d'Europa – ✆ 08 32 27 21 11 – info@grandhoteltiziano.it – Fax 08 32 27 28 41 X **f**

273 cam – 80/130 € 110/170 € – 12 suites – ½ P 105/125 € – **Rist** – Carta 25/53 €

◆ All'ingresso della città, un hotel recentemente ampliato dedicato al business e al congressuale offre sale ben attrezzate, camere funzionali e confortevoli di arredo moderno. Classica sala da pranzo dal soffitto a volta sorretto da massicce colonne, dove gustare proposte sia di carne che di pesce.

Delle Palme

rist, 100/100, VISA AE

via di Leuca 90 – ✆ 08 32 34 71 71 – hdellepalme@tiscalinet.it – Fax 08 32 34 71 71 X **e**

96 cam – 70/80 € 100/116 € – ½ P 67/75 € – **Rist** – Carta 20/35 €

◆ Non distante dal centro, dispone di un comodo posteggio, accoglienti zone comuni rivestite in legno ed arredate con poltrone in pelle e camere dai letti in ferro battuto. Discretamente elegante, il ristorante propone una cucina classica ed è ideale per ospitare confereze, manifestazioni e colazioni di lavoro.

La Terrazza senza rist

via di Casanello 39 – ✆ 08 32 30 17 41 – info@laterrazza-beb.com – Chiuso dal 7 gennaio al 7 febbraio e dal 20 ottobre al 20 novembre Y **c**

4 cam – 45 € 60/70 €

◆ Tra le mura di un'elegante casa privata, un bed and breakfast poco distante dal centro e dotato di camere disposte su due piani e salotti piacevolmente arredati in stile.

Osteria degli Spiriti

VISA AE

via Cesare Battisti 4 – ✆ 08 32 24 62 74 – info@osteriadelispiriti.it – Fax 08 32 24 62 74 – Chiuso due settimane a settembre e domenica sera

Rist – Carta 20/42 € Y **a**

◆ Vicino ai giardini pubblici, una trattoria dagli alti soffitti, tipici di una vecchia masseria, con ambienti arredati in legno e cucina pugliese. E' consigliabile prenotare.

LECCE

Alfieri (Viale V.)	X	2
Aragona (V. F. d')	YZ	3
Boito (V. A.)	X	4
Bonifacio (V. G.B.)	X	5
Calasso (V. Francesco)	X	6
Caracciolo (V. Roberto)	Z	7
Cavallotti (Viale F.)	Y	8
Costadura (V. M.C.)	X, Y	9
Fazzi (V. Vito)	Y	12
Foscolo (Viale Ugo)	X	13
Imperatore Adriano (V.)	X, Y	14
Imperatore Augusto (V.)	Y	15
Jacobis (V. Agostino de)	X, Z	17
Libertà (V. della)	X	19
Ludovico (V.)	Y	21
Marche (Viale)	X, Z	22
Mazzini (Pza G.)	X	23
Nazario Sauro (V.)	X	24
Orsini del Balzo (V.)	X, Z	25
Palazzo dei Conti di Lecce (V. del)	Z	26
Pettorano (V.)	X	27
Pietro (V. M. de)	X, Y	28
Realino (V. Bernardino)	X	29
Regina Elena (V.)	X	30
Rossini (Viale G.)	X	31
Rubichi (V. Francesco)	Y	32
Salandra (V.)	X	33
S. Lazzaro (V.)	X	34
S. Oronzo (Pza)	Y	
Taranto (V.)	Y	38
Trinchese (V. Salvatore)	X	41
Vitt. Emanuele (Cso)	Y	42
Vitt. Emanuele (Pza)	Y	43
25 Luglio (V.)	Y	44

BARI
BRINDISI
TORRE CHIANCA
FRIGOLE
TARANTO
P 357
Via Taranto
SS. Nicolo e Cataldo
V^le G. Leopardi
S. CATALDO
P 364
V^le Japigia
V^le Republica
Via D. Birago
Via Massaglia
Viale Grassi
Via Lequile
S 101
V^le Alfieri
Via Puglia
PORTO CESAREO
Via S. Cesario
Leuca
P 362
GALATINA
GALLIPOLI
MAGLIE
OTRANTO
500 m
X

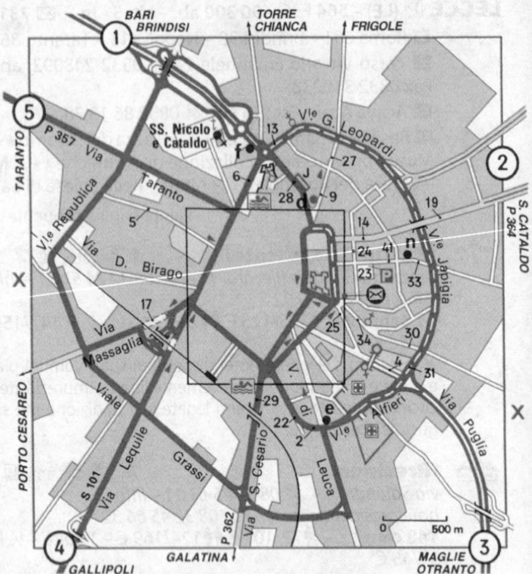

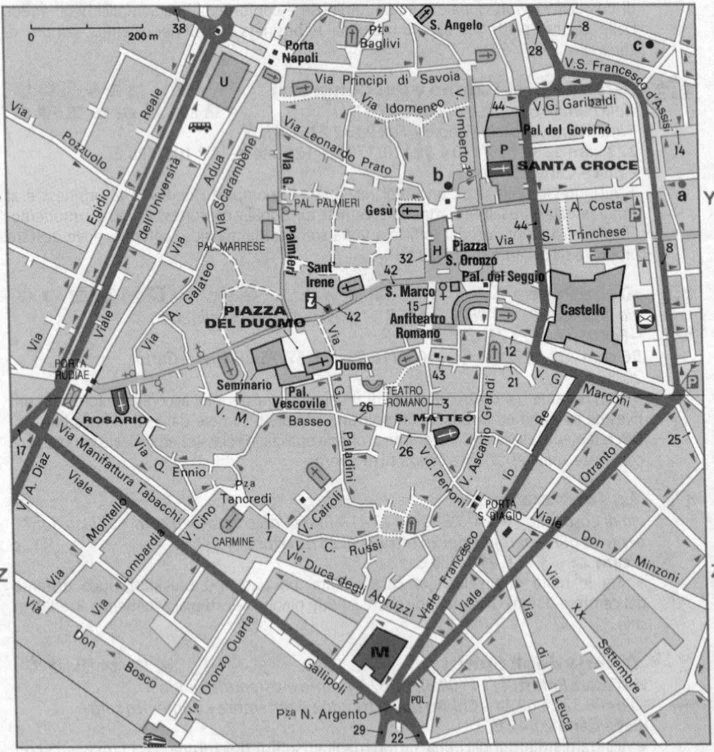

200 m
Porta Napoli
S. Angelo
P^za Baglivi
Via Principi di Savoia
Via Idomeneo
V.S. Francesco d'Assisi
V.G. Garibaldi
Pal. del Governo
SANTA CROCE
Via Leonardo Prato
V. Umberto I°
Via G. Palmieri
PAL. PALMIERI
Gesù
V. A. Costa
Via S. Trinchese
Piazza S. Oronzo
Pal. del Seggio
S. Marco
Anfiteatro Romano
Castello
Sant' Irene
PIAZZA DEL DUOMO
Duomo
Seminario
Pal. Vescovile
TEATRO ROMANO
S. MATTEO
V. G. Marconi
Via Pozzuolo
Viale dell'Università
Via Reale
Via Adua
Via Scarambene
PAL. MARRESE
Via A. Galateo
PORTA RUDIAE
ROSARIO
V. M. Basseo
Via Q. Ennio
P^za Tancredi
CARMINE
Via Manifattura Tabacchi
V. A. Diaz
Viale Montello
Via Lombardia
V. Cino
V. Cairoli
V. C. Russi
Paladini
V. d. Perroni
V. Ascanio Grandi
Viale Lo Re
PORTA S. BIAGIO
Viale Otranto
Viale Don Minzoni
V^le Duca degli Abruzzi
Viale Francesco
Via XX Settembre
Via di Leuca
V^le Oronzo Quarta
Via Don Bosco
Gallipoli
P^za N. Argento
POL.
Y
Z

Trattoria Casareccia-Le Zie
via Costadura 19 – ✆ 08 32 24 51 78 – Fax 08 32 24 47 83 – Chiuso dal 24 dicembre al 6 gennaio, dal 30 agosto al 15 settembre, domenica sera e lunedì
Rist – Carta 21/24 € X **d**
◆ A pochi passi dal centro storico, una trattoria semplice e curata dall'atmosfera familiare, suddivisa in due piccole sale dove gustare una cucina casalinga dai sapori leccesi.

LECCHI – Siena – 563 L16 – **Vedere Gaiole in Chianti**

LECCO (LC) – 561 E10 – **46 196 ab. – alt. 214 m** – ✉ **23900** *Italia* 18 **B1**

Roma 621 – Como 29 – Bergamo 33 – Lugano 61 – Milano 56 – Sondrio 82 – Passo dello Spluga 97

via Nazario Sauro 6 ✆ 0341 362360, info.turismo@provincia.lecco.it,Fax 0341 286231

, ad Annone Brianza, ✆ 0341 57 95 25.

Lago★★★

Pianta pagina seguente

Jolly Hotel Pontevecchio cam, 200,
via Azzone Visconti 84 – ✆ 03 41 23 80 00 – pontevecchio@jollyhotels.com – Fax 03 41 28 66 32 BZ **a**
109 cam – 140/250 € 170/280 € – 2 suites – ½ P 110/175 €
Rist *I Due Laghi* – ✆ 03 41 23 87 – Carta 37/48 €
◆ Circondato dai monti, albergo moderno a vocazione congressuale, con amena terrazza-solarium: spazi comuni di taglio lineare ed eleganti camere d'ispirazione contemporanea. Ariosa sala da pranzo dalle linee essenziali; servizio in terrazza con vista sull'Adda.

Alberi senza rist
lungo Lario Isonzo 4 – ✆ 03 41 35 09 92 – info@hotelalberi.lecco.it – Fax 03 41 35 08 95 – Chiuso dal 23 dicembre al 7 gennaio AZ **a**
20 cam – 60 € 80 €, 8 €
◆ Hotel di recente costruzione a gestione diretta, in posizione panoramica di fronte al lago: aree comuni essenziali, belle camere di tono moderno, spaziose e confortevoli.

Nicolin 15/20,
via Ponchielli 54, località Maggianico Sud : 3,5 km, per ② – ✆ 03 41 42 21 22 – Fax 03 41 42 21 22 – Chiuso dal 26 dicembre al 3 gennaio, agosto, domenica sera e martedì
Rist – Carta 46/50 €
◆ Gestito dalla stessa famiglia da oltre trent'anni, locale con proposte tradizionali affiancate da piatti più fantasiosi e da buona cantina; servizio estivo in terrazza.

Al Porticciolo 84 (Ferrari)
via Valsecchi 5/7, per via Don Minzoni – ✆ 03 41 49 81 03 – porticciolo@hotmail.it – Fax 03 41 25 84 38 – Chiuso dal 1° al 10 gennaio, agosto, lunedì, martedì e a mezzogiorno (escluso i giorni festivi) BY
Rist – Carta 50/59 €
Spec. Gnocchetti di patate in vellutata di corallo e zucca, frutto di capesanta. Code di scampi all'erba cipollina in pasta kataifi. Filetti di triglia di scoglio su cous cous all'arancio e nido di zucchine saltate alla soia.
◆ Una sala raccolta con pochi tavoli e arredi rustici eleganti. Dalla cucina pesce di mare ed una vasta scelta di pescato proposto in tradizionali e semplici preparazioni.

Trattoria Vecchia Pescarenico
via Pescatori 8 – ✆ 03 41 36 83 30 – vecchiapescarenico@libero.it – Chiuso dal 15 al 31 agosto, dal 1° al 15 gennaio, lunedì e a mezzogiorno BZ **b**
Rist – Carta 38/50 €
◆ Nel vecchio borgo di pescatori de "I Promessi Sposi" troverete una trattoria semplice, dall'ambiente simpatico e accogliente dove vi attenderà una gustosa cucina di mare.

LECCO

Adda (V.)	AZ	2	D'Oggiono (V. Marco)	BY		Resinelli (V.)	AY	40
Affari (Pza degli)	AY	4	Europa (Largo)	AY	17	Roma (V.)	AYZ	
Airoldi (V. Almicare)	AY	5	Fiumicella (V.)	BY	19	Sassi (V. Salvatore)	BY	45
Anghileri (V.)	AY	7	Foggazzaro (V.)	BY	20	Sirtori (V.)	AY	46
Appiani (V. Andrea)	BZ	8	Fratelli Cairoli (V.)	ABY		Stoppani (Pza)	AY	48
Bezzeca (V.)	AZ	10	Legnano (V.)	AY	25	S. Francesco (V.)	AZ	42
Cali (V.)	AY	12	Malpensata (V.)	AY	27	S. Marta (Pza)	AY	43
Cattaneo (V. Carlo)	ABY		Mascari (V. Antonio)	AY		Ticozzi (Via)	BY	50
Cavour (V.)	AY		Montanara (V.)	BY	29	Torre (Viccolo della)	AY	52
Cellini (V.)	BY	14	Montenero (Largo)	AY	30	Torri Tarelli (V.)	AY	53
Cornelio (V.)	AZ	15	Nazario Sauro (V.)	AY	32	Varese (V.)	BZ	56
Dante (Vle)	BZ		Ongania (V.)	AY	35	4 Novembre (Lungo lario)	AY	58
			Pozzo (V. del)	AY	37	20 Settembre (Pza)	AY	60
			Promessi Sposi (Cso)	BY	38			

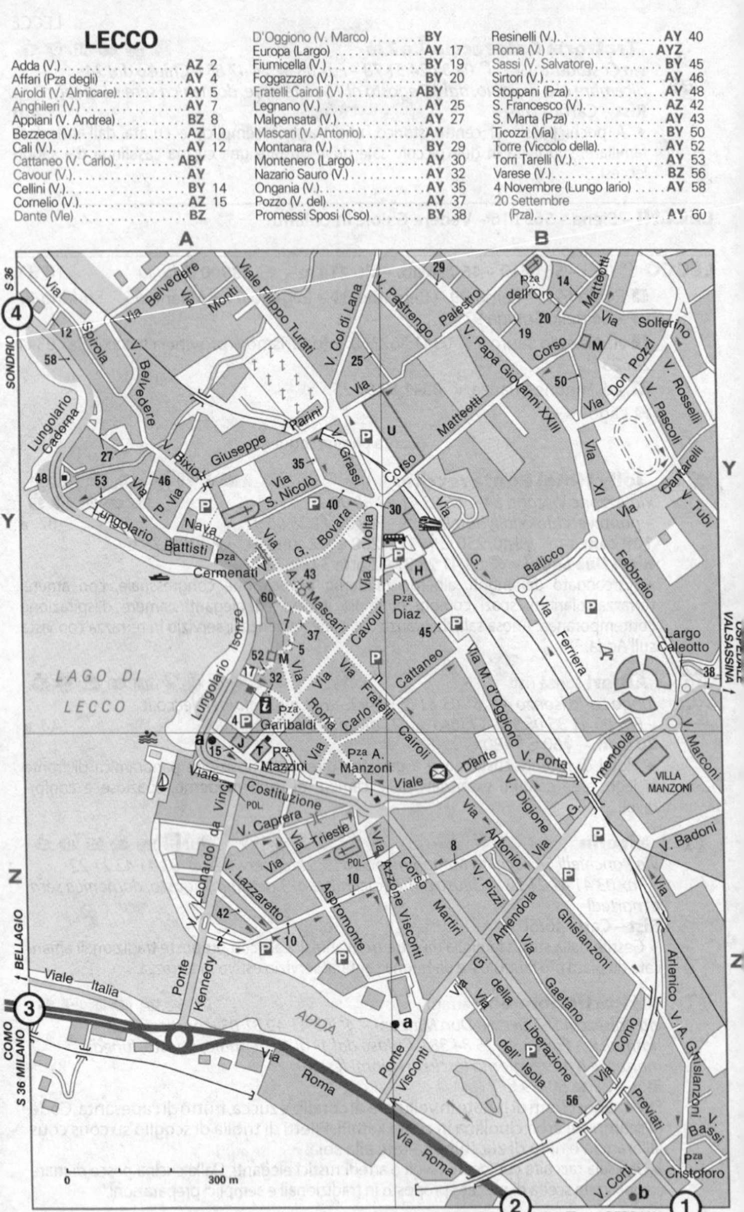

LE CLOTES – Torino – Vedere Sauze d'Oulx

LEGNAGO – Verona (VR) – 562 G15 – **24 429 ab.** – **alt. 16 m** – ✉ **37045** 35 **B3**

Roma 476 – Verona 43 – Mantova 44 – Milano 195 – Padova 64 – Rovigo 45 – Venezia 101 – Vicenza 49

a San Pietro Ovest : 3 km – ✉ **37045** – **San Pietro di Legnago**

Pergola cam, 150, **P**, VISA AE

via Verona 140 – ☎ 04 42 62 91 03 – info@hotelpergola.com – Fax 04 42 62 91 10 – Chiuso dal 10 al 20 agosto

80 cam – 47/75 € 70/110 €

Rist ***Pergola*** – *(chiuso dal 26 dicembre al 10 gennaio, dal 1° al 25 agosto, mercoledì a mezzogiorno e venerdì sera)* Carta 27/49 €

♦ Valida conduzione in un hotel ben tenuto, sito in zona industriale, con ambienti accoglienti e luminosi; gradevoli e accessoriate camere con pavimento in parquet. Al ristorante, ampie ed eleganti sale di diversa capienza dove gustare la cucina tipica veneta.

LEGNANO – Milano (MI) – 561 F8 – **54 854 ab.** – **alt. 199 m** – ✉ **20025** 18 **A2**

Roma 605 – Milano 28 – Como 33 – Novara 37 – Varese 32

2 C senza rist **P** VISA AE

via Colli di Sant'Erasmo 51 – ☎ 03 31 44 01 59 – info@hotel2c.it – Fax 03 31 44 00 90

60 cam – 50/75 € 85/120 €

♦ In comoda posizione di fronte all'ospedale cittadino, l'albergo è stato recentemente ampliato ed offre funzionali spazi comuni e confortevoli camere in stile moderno.

Antico Albergo Madonna rist, **P** VISA AE

corso Sempione 123 – ☎ 03 31 45 49 49 – info@albergomadonna.it – Fax 03 31 54 00 41 – Chiuso dal 20 dicembre al 10 gennaio e dal 5 al 31 agosto

18 cam – 95/105 € 165/185 €

Rist Il Boccondivino – vedere selezione ristoranti

♦ Piccola ed accogliente struttura a conduzione familiare. Buona insonorizzazione anche nelle camere più moderne, che danno sulla statale del Sempione.

Il Boccondivino – Antico Albergo Madonna 12, **P** AE

corso Sempione 125 – ☎ 03 31 59 64 08 – info@ilboccondivino.it – Fax 03 31 54 00 41 – Chiuso agosto, sabato a mezzogiorno e domenica

Rist – Carta 31/46 €

♦ Ambiente raccolto ed accogliente in un locale gestito con passione e competenza. Menù invitante per una cucina classica e di stagione affiancata da una buona carta dei vini.

LE GRAZIE – La Spezia – 561 J11 – Vedere Portovenere

LEINÌ – Torino (TO) – 561 G5 – **12 254 ab.** – **alt. 245 m** – ✉ **10040** 22 **A1**

Roma 665 – Torino 15 – Aosta 104 – Asti 72 – Novara 88

Air Palace cam, 180, VISA AE

via Torino 100 – ☎ 01 19 97 77 77 – info@airpalacehotel.it – Fax 01 19 97 33 98

65 cam – 99/185 € 118/225 €

Rist ***Ikaro*** – *(chiuso dal 6 al 21 agosto)* Carta 31/44 €

♦ Abituale sede della squadra del Torino, un hotel moderno non lontano dall' aeroporto, con accoglienti e ariosi spazi comuni e ampie camere dotate di ogni confort. Bella sala ristorante elegante e ben arredata, con ampie vetrate e raffinati tavoli rotondi.

LE MOTTE – Sondrio – Vedere Bormio

LENNO – Como (CO) – 561 E9 – 1 822 ab. – alt. 200 m – ✉ 22016 16 **A2**

Roma 652 – Como 27 – Menaggio 8 – Milano 75

Lenno ≤ lago, rist, 60, VISA AE

via Lomazzi 23 – ☎ 034 45 70 51 – info@albergolenno.com – Fax 034 45 70 55 – Chiuso dall'11 novembre al 20 febbraio

46 cam – †140 € ††180 € – ½ P 200/230 € – **Rist** – Menu 25/35 €

♦ Ospitalità signorile in hotel moderno in posizione panoramica sul delizioso e tranquillo lungolago; ampie camere ben accessoriate, con vista sulla quieta distesa d'acqua. Ariosa sala da pranzo, con grandi vetrate che "guardano" un incantevole paesaggio.

San Giorgio ≤ lago e monti, P VISA AE

via Regina 81 – ☎ 034 44 04 15 – sangiorgio.hotel@libero.it – Fax 034 44 15 91 – 13 aprile-9 ottobre

26 cam – †90 € ††120/140 €, 10 € – ½ P 90/105 € – **Rist** – Carta 35/43 €

♦ Splendida veduta su lago e monti da un albergo circondato da un piccolo parco ombreggiato digradante sull'acqua; accoglienti interni signorili ricchi di arredi d'epoca.

LENTATE SUL SEVESO – Milano (MI) – 561 E9 – 14 502 ab. – alt. 250 m – ✉ 20030 18 **B1**

Roma 599 – Milano 26 – Bergamo 59 – Como 18 – Lecco 40

Le Groane P VISA AE

via Nazionale dei Giovi 101 – ☎ 03 62 57 21 19 – ristorantelegroane@virgilio.it – Fax 03 62 57 21 19 – Chiuso dal 1° al 6 gennaio, dal 16 al 30 agosto, sabato a mezzogiorno e martedì

Rist – Carta 36/45 €

♦ Al piano terra di un villino periferico, elegante e luminosa sala ornata da numerose piante che la rendono ancora più "fresca"; molto gradevole il servizio estivo in giardino.

LEONFORTE (EN) – 5650 25 – **vedere Sicilia alla fine dell'elenco alfabetico**

LE REGINE – Pistoia – 563 J14 – **Vedere Abetone**

LERICI – La Spezia (SP) – 561 J11 – 10 817 ab. – ✉ 19032 *Italia* 15 **D2**

Roma 408 – La Spezia 11 – Genova 107 – Livorno 84 – Lucca 64 – Massa 25 – Milano 224 – Pisa 65

via Biaggini 6-località Venere Azzurra ☎ 0187 967346, Fax 0187 969417

Marigola, ☎ 0187 97 01 93.

Doria Park Hotel ≤ golfo, rist, P AE

via privata Doria 2 – ☎ 01 87 96 71 24 – info@doriaparkhotel.it – Fax 01 87 96 64 59

53 cam – †100/110 € ††135 € – **Rist** – *(chiuso dal 15 dicembre al 15 gennaio, a mezzogiorno e domenica)* Carta 44/67 €

♦ In posizione tranquilla, sulla collina che domina Lerici, un hotel dotato di terrazza con suggestiva vista sul golfo; piacevoli interni ben accessoriati, camere luminose. Al ristorante, ampie vetrate e i prodotti del territorio.

Florida senza rist ≤ golfo, VISA AE

lungomare Biaggini 35 – ☎ 01 87 96 73 32 – florida@hotelflorida.it – Fax 01 87 96 73 44 – Chiuso dal 20 dicembre al 1° marzo

40 cam – †100/120 € ††130/145 €

♦ Gestione familiare attenta e dinamica in un albergo tradizionale, di fronte al mare; nuova, elegante hall e camere funzionali recentemente rimodernate, quasi tutte vista mare.

Shelley e Delle Palme senza rist ≤ golfo, 40, VISA AE

lungomare Biaggini 5 – ☎ 01 87 96 82 05 – info@hotelshelley.it – Fax 01 87 96 42 71

49 cam – †90/110 € ††120/140 €

♦ Invidiabile ubicazione davanti alla spiaggia, con veduta del golfo, per una struttura con interni classici, accoglienti e signorili; rinnovate camere in stile moderno.

Europa golfo, rist, 40,
via Carpanini 1 – 01 87 96 78 00 – info@europahotel.it – Fax 01 87 96 59 57 – Chiuso fino a febbraio
35 cam – 130 € 110/160 € – **Rist** – Carta 42/67 €
◆ Quieta e suggestiva posizione panoramica in un confortevole albergo ubicato nella parte alta della località: caldi spazi comuni, camere arredate con gusto. Ampia e luminosa sala da pranzo essenziale, con grandi finestre e colonne centrali.

2 Corone
via Vespucci 1 – 01 87 96 74 17 – info@duecorone.com – Fax 01 87 96 74 17 – Chiuso quindici giorni in novembre, martedì a mezzogiorno in luglio-agosto, tutto il giorno negli altri mesi
Rist – Carta 29/49 €
◆ Ristorante a solida conduzione diretta: una sala raccolta, di tono elegante, con piccole finestre sul lungomare e esposizione di bottiglie; ricette marinare e creative.

Il Frantoio
via Cavour 21 – 01 87 96 41 74 – Fax 01 87 95 22 27 – Chiuso dal 16 al 26 febbraio, dal 15 al 30 luglio e lunedì
Rist – Carta 33/47 €
◆ Conduzione affidabile in un esercizio del centro, con due sale dall'ambiente caratteristico, dove vengono servite preparazioni a base di pesce e di prodotti del luogo.

a Fiascherino Sud-Est : 3 km – ✉ 19030

Il Nido senza rist
via Fiascherino 75 – 01 87 96 72 86 – info@hotelnido.com – Fax 01 87 96 46 17 – 10 marzo-3 novembre
34 cam – 60/80 € 100/140 €
◆ Gestione capace in un hotel sul mare immerso nella pace di una verde natura; belle terrazze-giardino e graziose camere con arredi recenti, semplici, ma confortevoli.

Cristallo rist,
via Fiascherino 158 – 01 87 96 72 91 – albergo.cristallo@libero.it – Fax 01 87 96 42 69 – Aprile-ottobre
35 cam – 65/80 € 100/120 € – ½ P 70/80 € – **Rist** – Carta 31/46 €
◆ Circondata da ulivi, struttura di recente costruzione collocata in posizione tranquilla e panoramica, sulla strada per Fiascherino; camere con balcone ben accessoriate. Classica sala ristorante, proposte tipiche italiane.

a Tellaro Sud-Est : 4 km – ✉ 19030

Miramare
via Fiascherino 22 – 01 87 96 75 89 – Fax 01 87 96 65 34 – 22 dicembre-8 gennaio e Pasqua-ottobre
20 cam – 56 € 85 € – ½ P 67 € – **Rist** – Carta 25/40 € (+10 %)
◆ Ambiente familiare e semplice in una classica pensione a valida gestione diretta; ben tenuti e arredati con gusto gli spazi interni, graziosa la terrazza-giardino. Grande sala da pranzo in stile lineare rischiarata da grandi finestre.

Miranda con cam rist,
via Fiascherino 92 – 01 87 96 81 30 – locandamiranda@libero.it – Fax 01 87 96 40 32 – Chiuso dal 12 gennaio al 18 febbraio
7 cam – 110 € – ½ P 90 € – **Rist** – *(chiuso lunedì)* Carta 42/56 €
◆ Nella splendida cornice del Golfo dei Poeti, locanda con interni raffinati e una sala ristorante che sembra un salotto, dove assaporare idilliache rielaborazioni culinarie.

Nta' Grita
piazza Figoli 3 – 01 87 96 47 13 – roberto@ntagrita.it – Chiuso dal 7 gennaio al 7 febbraio e martedì
Rist – Carta 25/42 €
◆ Ubicato nella raccolta e suggestiva piazzetta della località, ristorante dall'ambiente semplice e curato, con gradevoli arredi essenziali; casalinga cucina di mare.

LESA – Novara (NO) – 561 E7 – **2 433 ab.** – **alt. 196 m** – ✉ **28040** 24 **B2**

Roma 650 – Stresa 7 – Locarno 62 – Milano 73 – Novara 49 – Torino 127

via Vittorio Veneto 21 ☎ 0322 772078, lesa@distrettolaghi.it, Fax 0322 772078

Aries

via Sempione 37 – ☎ 032 27 71 37 – info@arieshotel.net – Fax 032 27 71 39 – 27 dicembre-4 gennaio e 11 marzo-14 novembre

29 cam – †55/60 € ††75/82 € – ½ P 55/60 € – **Rist** – Carta 26/45 €

◆ Apprezzabile gestione diretta in un confortevole e accogliente hotel, ristrutturato negli ultimi anni; spaziose zone comuni e camere arredate in piacevole stile moderno. Ampia sala da pranzo con grandi finestre che la pervadono di luce.

Lago Maggiore con cam

via Vittorio Veneto 27 – ☎ 03 22 72 59 – info@lagomaggiorehotel.com – Fax 032 27 79 76 – Marzo-novembre

17 cam – †55/60 € ††75/80 € – ½ P 55/60 € – **Rist** – Carta 31/46 € (+10 %)

◆ In pieno centro, ristorante di lunga tradizione, con cucina tradizionale rivisitata, servizio estivo su piccola terrazza che si protende sul lago. Camere semplici e confortevali.

verso Comnago Ovest : 2 km :

Al Camino 12/20,

via per Comnago 30 ✉ 28040 – ☎ 03 22 74 71 – alcaminolesa@hotmail.com – Fax 03 22 74 71 – Chiuso dal 20 dicembre al 10 gennaio, mercoledì e a mezzogiorno (escluso sabato-domenica)

Rist – Carta 28/39 €

◆ Cordiale gestione diretta in un ristorante poco lontano dal paese, circondato dal verde e dai fiori; curato ambiente familiare e servizio estivo in terrazza panoramica.

LESIGNANO DE' BAGNI – Parma (PR) – 562 I12 – **3 882 ab.** – **alt. 252 m** – ✉ 43037 8 **A3**

Roma 476 – Parma 23 – La Spezia 117 – Modena 81

a Santa Maria del Piano Nord-Est : 2 km – ✉ **43030**

Molinazzo 25,

via Bassa 121, Ovest 1 km – ☎ 05 21 85 06 36 – ristorantemolinazzo@castellodellelfo.com – Fax 05 21 85 07 80 – Chiuso dal 23 al 30 dicembre, domenica, lunedì e a mezzogiorno

Rist – Carta 39/53 €

◆ Locale dall'ambiente rustico di tono elegante in un fienile ristrutturato sulle rive del torrente Parma; approccio fantasioso in cucina e carta dei vini molto ampia.

a San Michele Cavana Sud : 9 km – ✉ **43013**

Locanda del Sale

località La Maestà, via San Michele 5 – ☎ 05 21 85 71 70 – Fax 05 21 85 71 70 – Chiuso dal 7 al 23 gennaio, martedì sera e lunedì

Rist – Carta 32/43 €

◆ Gestione giovane ed esperta in una piccola e confortevole locanda in aperta campagna: sala dall'ambiente semplice, ma curato; cucina del territorio e bella proposta di vini.

LEVADA – Treviso – 562 E19 – **Vedere Ponte di Piave**

LEVANTO – La Spezia (SP) – 561 J10 – **5 695 ab.** – ✉ **19015** 15 **D2**

Roma 456 – La Spezia 32 – Genova 83 – Milano 218 – Rapallo 59

piazza Mazzini 1 ☎ 0187 808125, Fax 0187 808125

Stella Maris rist,

via Marconi 4 ✉ 19015 – ☎ 01 87 80 82 58 – renza@hotelstellamaris.it – Fax 01 87 80 73 51 – Chiuso febbraio e novembre

8 cam – solo ½ P 100/150 € – **Rist** – (solo per alloggiati)

◆ Bel giardino con palme, ambiente e decorazioni fine 1800, atmosfera caratteristica ed elegante negli interni con soffitti affrescati e mobili originali in stile classico.

Nazionale rist, VISA AE
via Jacopo da Levanto 20 – 01 87 80 81 02 – hotel@nazionale.it – Fax 01 87 80 09 01 – 24 marzo-5 novembre
38 cam – 80/90 € 110/148 € – ½ P 80/95 € – **Rist** – Carta 28/38 €
♦ Solida gestione diretta in un accogliente albergo dall'ambiente familiare: piacevoli spazi comuni e camere in stile lineare, recentemente rinnovate, arredate con gusto. Grazioso angolo giardino per il servizio estivo all'aperto.

Agriturismo Villanova senza rist VISA AE
località Villanova Est : 1,5 km – 01 87 80 25 17 – info@agriturismovillanova.it – Fax 01 87 80 35 19 – Chiuso dal 7 gennaio all'8 febbraio
8 cam – 100 € 110/130 €, 10 € – 2 suites
♦ All'interno di un rustico immerso nel verde, una risorsa agrituristica dall'ambiente molto curato e signorile, ideale per gli amanti della tranquillità e della natura.

La Loggia con cam e senza cam, rist, VISA AE
piazza del Popolo 7 – 01 87 80 81 07 – locandalaloggia@hotmail.it – Fax 01 87 80 81 07 – 14 febbraio-14 novembre
4 cam – 60 € 70 € – **Rist** – Carta 32/49 €
♦ Dinamica gestione giovane e curata semplicità in un piacevole locale dai toni classici, ubicato nel centro della località; proposte di piatti di mare e tradizionali.

L'Oasi VISA
piazza Cavour – 01 87 80 08 56 – Chiuso dal 7 gennaio al 30 febbraio, dal 15 novembre al 28 dicembre e mercoledì
Rist – Carta 34/54 €
♦ Nella piazza del municipio, locale a gestione familiare con fresco dehors estivo, ideale per assaporare una cucina genuina a base di pesce.

Tumelin VISA AE
via Grillo 32 – 01 87 80 83 79 – info@tumelin.com – Fax 01 87 80 80 88 – Chiuso dal 7 gennaio al 7 febbraio e giovedì escluso dal 15 giugno al 15 settembre
Rist – Carta 38/51 €
♦ Interni ben tenuti in un ristorante collocato nel cuore della cittadina, con una sala lineare dove si propone una classica cucina di mare, con alcune personalizzazioni.

a Mesco Sud : 2,5 km – ✉ 19015 – Levanto

La Giada del Mesco senza rist mare e costa, P VISA AE
– 01 87 80 26 74 – info@lagiadadelmesco.it – Fax 01 87 80 26 73 – chiuso novembre
12 cam – 120/155 € 135/165 €
♦ In splendida posizione su un promontorio da cui si gode un'incantevole vista di mare e coste, edificio dell'800 ristrutturato; camere nuove, amena terrazza per colazioni.

Prima colazione compresa?
Cercate la tazza, dopo il numero di camere.

LEVICO TERME – Trento (TN) – 562 D15 – **6 621 ab.** – **alt. 506 m** – **Sport invernali :** *a Panarotta (Vetriolo Terme) : 1 500/2 002 m 4,* – ✉ 38056 30 **B3**

Roma 610 – Trento 21 – Belluno 90 – Bolzano 82 – Milano 266 – Venezia 141
viale Vittorio Emanuele 3 0461 706101, info@valsugana.info, Fax 0461 706004

Imperial Grand Hotel Terme rist, 130, VISA AE
via Silva Domini 1 – 04 61 70 61 04 – info@imperialhotel.it – Fax 04 61 70 63 50 – Aprile-ottobre
81 cam – 65/120 € 130/240 € – ½ P 80/135 € – **Rist** – Carta 29/58 €
♦ Un maestoso edificio che fu residenza estiva degli Asburgo, evoca la struttura e i colori del castello viennese ed ospita un elegante centro benessere ed una sala congressi. Particolarmente adatta per allestire banchetti, la spaziosa sala ristorante propone nelle sue sale una cucina classica.

Grand Hotel Bellavista (riscaldata) rist, rist, 120, VISA
via Vittorio Emanuele III° 7 – ☎ 04 61 70 61 36 – info@ghbellavista.com – Fax 04 61 70 64 74 – Dicembre-8 gennaio e aprile-ottobre
86 cam – 50/95 € 90/160 € – 1 suite – ½ P 74/100 € – **Rist** – Carta 23/39 €
♦ Immerso in un gradevole giardino con piscina, un complesso alberghiero risalente al primo Novecento dotato di ampi spazi comuni e confortevoli camere di gusto classico. Utilizzata anche per cerimonie, la capiente sala offre menù di stampo classico.

Al Sorriso Green Park rist, VISA AE
lungolago Segantini 14 – ☎ 04 61 70 70 29 – info@hotelsorriso.it – Fax 04 61 70 62 02 – Pasqua-novembre
63 cam – 80/90 € 150/180 € – 2 suites – ½ P 85/102 € – **Rist** – Carta 27/40 €
♦ Circondata da un parco che dispone di numerose attrezzature sportive, l'hotel vanta ambienti luminosi, un centro benessere completamente ristrutturato ed una piscina coperta. Nell'elegante sala ristorante, una cucina nazionale e locale accompagnata da vini trentini.

Lucia rist, rist, VISA
viale Roma 20 – ☎ 04 61 70 62 29 – info@luciahotel.it – Fax 04 61 70 64 52 – Pasqua-ottobre
33 cam – 45/48 € 70/76 € – ½ P 55/58 € – **Rist** – Menu 18/24 €
♦ In posizione centrale, una casa a gestione familiare con camere moderne, mentre un parco con alberi d'alto fusto circonda la piscina. Ideale per vacanze di relax o sugli sci. Recentemente rinnovata, la raccolta sala ristorante propone i classici piatti del bel Paese.

Liberty rist, rist, VISA AE
via Vittorio Emanuele 18 – ☎ 04 61 70 15 21 – info@hotelliberty.it – Fax 04 61 70 18 18
32 cam – 50/60 € 70/90 € – ½ P 45/55 € – **Rist** – *(2 maggio-3 novembre)* Menu 18/20 €
♦ Nel centro della località, una struttura liberty semplice ma accogliente, al cui interno ospita ambienti moderni ed un centro benessere con trattamenti psicofisici naturali. A tavola, una cucina semplice e tradizionale con pranzi leggeri e cene con buffet di verdure.

Scaranò vallata, rist, VISA
verso Vetriolo Terme Nord : 2 km – ☎ 04 61 70 17 33 – info@hotelscarano.it – Fax 04 61 70 83 19 – Chiuso domenica sera e lunedì escluso da luglio al 20 settembre
33 cam – 30 € 50/60 €, 3 € – ½ P 40/50 € – **Rist** – Carta 24/32 €
♦ In posizione tranquilla e un poco isolata, questa casa nasce intorno ad un vecchio maso, le cui stalle ospitano la sala colazioni, ed ospita ambienti spaziosi al suo interno. Particolarmente vocato ad allestire banchetti e cerimonie, il ristorante propone una splendida vista sulla vallata e la tipica cucina locale.

a Vetriolo Terme Nord : 13,5 km – alt. 1 490 m – ✉ 38056 – Levico Terme

Compet 45, VISA AE
località Compet 26, Sud : 1,5 km – ☎ 04 61 70 64 66 – hotel@hotelcompet.it – Fax 04 61 70 78 15 – Chiuso dal 15 ottobre al 30 novembre
34 cam – 40/55 € 70/90 € – ½ P 40/55 € – **Rist** – Carta 30/42 €
♦ Un salotto con una stufa in muratura, un piccolo e nuovo centro relax e camere in rovere massiccio per questa struttura situata in posizione panoramica, abbracciata dal verde. Nella caratteristica sala da pranzo, i sapori della cucina locale e piatti di pesce dal giovedì al sabato.

LICATA – **Agrigento** – 565 P23 – **Vedere Sicilia alla fine dell'elenco alfabetico**

LIDO – **Livorno** – 563 N13 – **Vedere Elba (Isola d') : Capoliveri**

LIDO DEGLI ESTENSI – **Ferrara** – 563 I18 – **Vedere Comacchio**

LIDO DI CAMAIORE – Lucca (LU) – 563 K12 – ✉ 55043 ▌ *Toscana* 28 **B1**

▫ Roma 371 – Pisa 23 – La Spezia 57 – Firenze 97 – Livorno 47 – Lucca 27 – Massa 23 – Milano 251

ℹ viale Colombo 342 ang. piazza Umberto ✆ 0584 617397, info@versiliainfo.com, Fax 0584 617796

Villa Ariston
(riscaldata) rist, 300,

viale Colombo 355 – ✆ 05 84 61 06 33 – info@villaariston.it – Fax 05 84 61 06 31 – Pasqua-ottobre

49 cam – 159/193 € 244/336 € – 14 suites – ½ P 164/210 €

Rist – Carta 49/62 €

◆ Concedetevi una vacanza indimenticabile in una magnifica villa d'inizio '900, circondata da uno splendido parco con piscina; raffinati interni in stile, camere signorili. Atmosfera di classe nell'elegante sala ristorante; ameno servizio ristorante all'aperto.

Caesar
60,

viale Bernardini 325 – ✆ 05 84 61 78 41 – info@caesarhotel.it – Fax 05 84 61 08 88

37 cam – 130/190 € 170/240 € – 13 suites – ½ P 110/135 €

Rist – *(maggio-ottobre)* Menu 32/45 €

◆ Fuori dal centro, hotel con parco giochi per bambini, campo da calcetto e bocce; all'interno gradevole zona soggiorno e camere di diversa tipologia, in stile marinaresco. Dal ristorante la vista sul parco e sulle piscine; dalla cucina i sapori della tarama.

Dune Hotel
rist, rist, 400,

viale Colombo 259 – ✆ 05 84 61 80 11 – info@dunehotel.it – Fax 05 84 61 89 85

59 cam – 105/190 € 130/220 € – **Rist** – Carta 25/41 €

◆ Imponente e moderna struttura a vocazione congressuale, con giardino: spazi comuni molto ampi e funzionali, camere d'ispirazione contemporanea, ben accessoriate. Classica e capiente sala da pranzo rischiarata da finestre che corrono lungo tutta la parete.

Grandhotel e Riviera
rist, rist, 100,

lungomare Pistelli 59 – ✆ 05 84 61 75 71 – info@grandhotelriviera.it – Fax 05 84 61 95 33 – Aprile-ottobre

79 cam – 115 € 180 € – 7 suites – ½ P 70/135 € – **Rist** – (solo per alloggiati) Menu 30 €

◆ In posizione panoramica sul lungomare, albergo dotato di una bella piscina con solarium; accogliente hall luminosa e camere non nuove, ma ben tenute e confortevoli.

Bracciotti
110,

viale Colombo 366 – ✆ 05 84 61 84 01 – hotelbracciotti@bracciotti.com – Fax 05 84 61 71 73

66 cam – 90/130 €, 10 € – ½ P 60/85 € – **Rist** – (solo per alloggiati) Menu 20/30 €

◆ Gestione dinamica in un albergo adatto sia a una clientela turistica che d'affari; luminosi spazi comuni e gradevoli camere, più recenti quelle nella dépendance.

Siesta

via Bernardini 327 – ✆ 05 84 61 91 61 – info@hotelsiesta.it – Fax 05 84 61 90 63

33 cam – 68/80 € 120/140 € – ½ P 70/90 € – **Rist** – Menu 20/30 €

◆ Albergo fronte mare completamente ristrutturato; offre camere confortevoli e ben rifinite, terrazza per la prima colazione, giardino e un ampio parcheggio chiuso sul retro. Allegri colori al ristorante affaciato sul mare.

Piccadilly

lungomare Pistelli 101 – ✆ 05 84 61 74 41 – info@piccadillyhotel.it – Fax 05 84 61 71 02

40 cam – 105 € 110/140 €, 16 € – ½ P 88/113 € – **Rist** – (solo per alloggiati) Menu 35 €

◆ Hotel classico a lunga conduzione familiare, in posizione privilegiata di fronte al mare: piacevoli interni con comodi divani e stanze classiche, ma confortevoli.

Giulia

lungomare Pistelli 77 – ✆ 05 84 61 75 18 – giuliahotel@tiscalinet.it – Fax 05 84 61 77 24 – 25 aprile-15 ottobre

40 cam – 50/65 € 80/110 €, 15 € – ½ P 75/95 € – **Rist** – Carta 35/45 €

◆ Felicemente ubicato di fronte al mare, hotel completamente ristrutturato pochi anni fa; zone comuni dagli arredi curati e camere spaziose, molte con balconcino abitabile.

Villa Iolanda rist, 70,

lungomare Pistelli 127 – 05 84 61 72 96 – informazione@villajolanda.com – Fax 05 84 61 85 49 – Aprile-ottobre

55 cam – 60/100 € 90/130 €, 10 € – ½ P 80/95 € – **Rist** – Menu 25/30 €

◆ Costruzione di taglio moderno da cui si ha una bella veduta panoramica; spazi comuni arredati in modo lineare e camere essenziali, ma di recente fattura. Classica sala ristorante, sobriamente arredata.

Alba sul Mare rist,

lungomare Pistelli 15 – 058 46 74 23 – info@albasulmare.com – Fax 058 46 68 11

19 cam – 100 € 110 € – ½ P 82/90 € – **Rist** – (solo per alloggiati) Menu 20/35 €

◆ Curato ambiente familiare in una costruzione con facciata in mattoni e ampi interni accoglienti, di tono signorile; camere molto grandi, rinnovate con gusto.

Sylvia cam,

via Manfredi 15 – 05 84 61 79 94 – info@hotelsylvia.it – Fax 05 84 61 79 95 – Aprile-settembre

37 cam – 90 € 110 € – ½ P 75 € – **Rist** – (solo per alloggiati)

◆ Simpatico e curato albergo a gestione familiare, immerso nella quiete della natura offerta dal grazioso giardino. Interni piacevoli, camere luminose, confortevoli e spaziose.

Bacco

via Rosi 24 – 05 84 61 95 40 – baccohotel@tin.it – Fax 05 84 61 08 97 – Pasqua-15 ottobre

28 cam – 80/100 € 110/180 € – ½ P 90/160 € – **Rist** – (solo per alloggiati)

◆ Ampi e verdi spazi esterni, posizione tranquilla e appartata, ma non lontano dalla spiaggia, per un piccolo hotel a gestione diretta, dotato di camere accoglienti.

Ariston Mare

viale Sergio Bernardini 660 – 05 84 90 47 47 – info@aristonmare.it – Fax 05 84 61 27 67 – Chiuso lunedì e a mezzogiorno (escluso venerdì-sabato-domenica) da ottobre a maggio

Rist – Carta 34/44 €

◆ Suggestiva ubicazione a ridosso della spiaggia e gestione giovane in un locale arioso, piacevolmente rinnovato con eleganza, dove gustare cucina a base di prodotti ittici.

Da Clara

via Aurelia 289, Est : 1 km – 05 84 90 45 20 – Fax 05 84 61 29 21 – Chiuso dall'8 al 31 gennaio e mercoledì

Rist – Carta 40/61 €

◆ Ambiente di tono rustico, inondato di luce dalle grandi finestre: ristorante classico di lunga tradizione, con proposte culinarie di terra e soprattutto di mare.

LIDO DI CLASSE – Ravenna (RA) – 562 J19 – ✉ 48020 – LIDO DI CLASSE 9 **D2**

Roma 384 – Ravenna 19 – Bologna 96 – Forlì 30 – Milano 307 – Rimini 40

(giugno-settembre) viale da Verazzano 107 0544 939278, lidodiclasse.iat@libero.it

Astor rist,

viale F.lli Vivaldi 94 – 05 44 93 94 37 – info@h-astor.com – Fax 05 44 93 94 18 – 15 maggio-15 settembre

30 cam – 70/100 €, 7 € – **Rist** – 20 €

◆ Una costruzione a pochi passi dalla spiaggia che dispone di un gradevole giardino e confortevoli spazi. E' possibile noleggiare biciclette per una passeggiata nella pineta. Il ristorante al primo piano è illuminato da grandi vetrate ed offre una cucina tradizionale accanto al buffet di verdure.

LIDO DI JESOLO – Venezia (VE) – 562 F19 – ✉ 30017 *Italia* 36 **D2**

Roma 564 – Venezia 44 – Belluno 110 – Milano 303 – Padova 73 – Treviso 54 – Trieste 129 – Udine 98

piazza Brescia 13 0421 370601, info@aptjesoloeraclea.it, Fax 0421370608

, Nord : 3 km a Jesolo, 0421 37 28 62.

Park Hotel Brasilia rist,

via Levantina, 2° accesso al mare – 04 21 38 08 51 – info@parkhotelbrasilia.com – Fax 042 19 22 44 – Aprile-settembre

46 cam – 140/215 € 180/280 € – 18 suites – ½ P 108/165 €

Rist ***Ipanema*** – Carta 35/82 €

◆ Professionale gestione diretta in un'imponente struttura bianca che lambisce e domina la spiaggia; vivaci e signorili interni in stile, grandi camere tutte con balcone. Linee essenziali nella piacevole e curata sala da pranzo dai toni chiari.

Delle Nazioni 50,

via Padova 55 – 04 21 97 19 20 – nazioni@nazioni.it – Fax 04 21 97 19 40 – Maggio-settembre

51 cam – 125/150 € 150/200 € – 3 suites – ½ P 110/165 € – **Rist** – (solo per alloggiati) Menu 26/45 €

◆ Maestosa torre con confortevoli zone comuni di moderna concezione, eleganti e luminose; camere non ampie, ma ben tenute, tutte con splendida visuale sul mare.

Byron Bellavista rist,

via Padova 83 – 04 21 37 10 23 – Fax 04 21 37 10 73 – Maggio-settembre

58 cam – 80/100 € 120/160 € – ½ P 68/89 € – **Rist** – (solo per alloggiati)

◆ Vista sul mare e gestione capace in una struttura ben tenuta, con distinti spazi comuni in stile classico, illuminati da ampie vetrate ornate da tendaggi importanti.

Ril (riscaldata)

via Zanella 2 – 04 21 97 28 61 – info@hotelril.it – Fax 04 21 97 28 61 – Maggio-settembre

47 cam – 120/140 € 135/180 €, 12 € – ½ P 90/120 € – **Rist** – Carta 45/61 €

◆ Hotel di recente concezione in posizione panoramica: piacevoli e chiari interni in stile contemporaneo, con tocchi d'eleganza, che si ritrova anche nelle camere.

Europa (riscaldata) 60,

via Bafile 361, 21° accesso al mare – 04 21 37 16 31 – hoteleuropajesolo@tin.it – Fax 04 21 37 09 10 – Carnevale e aprile-ottobre

85 cam – 83/128 € 96/186 € – 2 suites – ½ P 55/80 € – **Rist** – (solo per alloggiati) Menu 25 €

◆ Imponente e funzionale hotel di moderna concezione, caratterizzato da ambienti con arredi in elegante stile lineare e spaziose camere d'ispirazione classica.

Cavalieri Palace (riscaldata) rist,

via Mascagni 1 – 04 21 97 19 69 – info@hotelcavalieripalace.com – Fax 04 21 97 19 70 – Pasqua-settembre

56 cam – 148/168 € – ½ P 89/99 € – **Rist** – (solo per alloggiati) Carta 32/42 €

◆ In panoramica posizione di fronte al mare, albergo con interni classici di tono distinto, camere con bagni piccoli, ma rinnovate di recente e arredate con bei tendaggi.

Atlantico

via Bafile 11, 3° accesso al mare – 04 21 38 12 73 – hatlantico@libero.it – Fax 04 21 38 06 55 – 5 maggio-20 settembre

70 cam – 99/113 € 142/156 € – ½ P 83/90 € – **Rist** – (solo per alloggiati) Menu 24/30 €

◆ Cordiale accoglienza in una struttura classica in bella posizione davanti alla spiaggia; zone interne essenziali, spaziose camere arredate in sobrio stile moderno.

Beny rist,

via Levantina 3, 4° accesso al mare – 04 21 96 17 92 – info@beny.it – Fax 04 21 96 19 59 – Maggio-settembre

75 cam – 60 € 114 € – ½ P 63/75 € – **Rist** – Menu 20/40 €

◆ Funzionalità ed efficienza in un imponente albergo di fronte al mare, dotato di eleganti parti comuni, arredate con oggetti della tradizione marinara, e camere luminose.

Termini Beach Hotel (riscaldata)

via Altinate 4, 2° accesso al mare – 04 21 96 01 00 – jesolo@hoteltermini.it – Fax 04 21 96 01 50 – Pasqua-settembre

51 cam – 70/80 € 79/89 € – 7 suites – ½ P 75/85 € – **Rist** – Menu 25/30 €

◆ Un albergo che domina il mare, dotato di spazi comuni eleganti ed ariosi, arredati con gusto essenziale nonchè camere di differenti tipologie, tutte confortevoli. Al ristorante, bianche colonne ed ampie finestre affacciate sul blu.

Montecarlo rist,

via Bafile 5, 16° accesso al mare – ✆ 04 21 37 02 00 – info@montecarlhotel.com – Fax 04 21 37 02 01 – Maggio-24 settembre

43 cam – †80 € ††120 € – ½ P 57/68 € – **Rist** – (solo per alloggiati)

◆ Buon rapporto qualità/prezzo in una struttura di tono distinto, da cui si gode una bella vista sul mare; spazi interni, curati e signorili, bar-terrazza panoramico.

Rivamare

via Bafile, 17° accesso al mare – ✆ 04 21 37 04 32 – info@rivamarehotel.com – Fax 04 21 37 07 61 – 10 maggio-settembre

57 cam – †70/87 € ††124/160 € – ½ P 72/82 € – **Rist** – (solo per alloggiati)

◆ Conduzione familiare di grande esperienza in un albergo fronte mare, con zone comuni accoglienti e abbellite da tappeti; camere in stile moderno dai bei colori.

Universo rist,

via Treviso 11 – ✆ 04 21 97 22 98 – info@hotel-universo.it – Fax 04 21 37 13 00 – Aprile-settembre

56 cam – †75/85 € ††120/160 € – 6 suites – ½ P 70/95 € – **Rist** – (solo per alloggiati) Carta 30/47 €

◆ Hotel in posizione panoramica, interni con soffitti e pareti parzialmente rivestiti in legno, camere semplici, alcune più graziose rinnovate di recente.

Bellariva rist,

via Bafile XI, 8° accesso al mare – ✆ 04 21 37 06 73 – info@hotel-bellariva.com – Fax 04 21 37 07 39 – Carnevale e 15 aprile-ottobre

50 cam – †74 € ††116 € – ½ P 68 € – **Rist** – Carta 25/32 €

◆ Ubicazione centrale, di fronte alla distesa d'acqua, per una bella costruzione d'ispirazione contemporanea, ben tenuta: interni accoglienti e ariose camere lineari. Sembra quasi di pasteggiare all'aperto nella capiente sala dalle grandi vetrate.

XX **Tortuga**

piazzale Tommaseo 15 – ✆ 042 19 33 19 – Fax 042 19 33 19 – Chiuso dal 15 novembre al 15 gennaio, lunedì sera e martedì escluso da giugno a settembre

Rist – Carta 39/55 €

◆ Ristorante classico a gestione diretta, dall'atmosfera piacevole nelle due sale dove si propone un prodotto ittico di buona qualità; gradevole il servizio estivo all'aperto.

XX **Cucina da Omar**

via Dante 21 – ✆ 042 19 36 85 – ristorante.omar@libero.it – Fax 04 21 38 63 15 – Chiuso dal 20 dicembre al 31 gennaio e mercoledì

Rist – Carta 54/79 €

◆ Locale del centro, completamente rinnovato all'insegna di uno stile moderno e di tendenza. La cucina invece è classica e a base di pesce.

a Jesolo Pineta Est : 6 km – ✉ 30016 – Lido di Jesolo

Negresco 25,

via Bucintoro 8 – ✆ 04 21 96 11 37 – info@hotelnegresco.it – Fax 04 21 96 10 25 – 10 maggio-25 settembre

54 cam – †90/100 € ††180/200 € – ½ P 116 € – **Rist** – Carta 42/52 €

◆ Gestione dinamica in un distinto ed esclusivo hotel di moderna concezione con spazi interni ampi e signorili, pienamente godibili; camere con arredi sobri e funzionali.

Bellevue rist,

via Oriente 100 – ✆ 04 21 96 12 33 – info@hbjesolo.it – Fax 04 21 96 12 38 – Maggio-ottobre

60 cam – †95/130 € ††130/190 €, 15 € – 6 suites – ½ P 85/115 €

Rist – Carta 50/70 €

◆ Posizione panoramica per una struttura a conduzione familiare circondata da un grande parco-pineta; luminosi spazi interni, camere confortevoli, alcune in stile etnico. Pasti ristoratori serviti nel fresco spazio all'aperto.

Mediterraneo (riscaldata) rist,

via Oriente 106 – ✆ 04 21 96 11 75 – info@mediterraneojesolo.com – Fax 04 21 96 11 76 – 15 maggio-settembre

60 cam – †70/110 € ††120/200 €, 12 € – ½ P 100 € – **Rist** – Carta 35/47 €

◆ Albergo circondato dalla quiete di un lussureggiante giardino-pineta che lambisce la spiaggia; gradevoli e "freschi" interni, infrastrutture sportive di buon livello. Sembra di pranzare nel parco nella sala ristorante con vetrate che si aprono sul verde.

Viña del Mar rist, 40,
via Oriente 58 – 04 21 96 11 82 – info@vinadelmar.it – Fax 04 21 36 28 72 – Aprile-ottobre
48 cam – 72/108 € 124/174 € – ½ P 80/95 € – **Rist** – Menu 30/40 €
◆ Hotel circondato da un ameno giardino ombreggiato: eleganti ambienti decorati e ornati in modo originale con oggetti in ceramica; ampie camere. I colori del mare dominano la sala ristorante. Dalla cucina, prodotti di stagione, carne e pesce.

Bauer cam,
via Bucintoro 6 – 04 21 96 13 33 – info@hotelbauer.it – Fax 04 21 36 29 77 – Maggio-settembre
42 cam – 132 € 162 € – 6 suites – ½ P 94 € – **Rist** – (solo per alloggiati)
◆ In felice posizione di fronte al mare, un albergo piacevolmente immerso nel verde dei pini e dotato di un rilassante giardino; gradevoli gli interni di taglio moderno.

Gallia (riscaldata) rist,
via del Cigno Bianco 5 – 04 21 96 10 18 – info@hotelgallia.com – Fax 04 21 36 30 33 – 13 maggio-15 settembre
52 cam – 105 € 170 € – ½ P 128 € – **Rist** – Menu 25/30 €
◆ Albergo immerso nella pace di un giardino-pineta: ben arredate le zone comuni spaziose e razionali, accoglienti le camere con dotazioni recenti. Capiente sala da pranzo di tono elegante.

XX **Alla Darsena** 18/30,
via Oriente 166 – 04 21 98 00 81 – sarasoncin@libero.it – Fax 04 21 98 00 81 – Chiuso dal 15 novembre al 10 dicembre, mercoledì e giovedì escluso dal 15 maggio al 15 settembre
Rist – Carta 30/51 €
◆ Cucina del territorio in una grande costruzione circondata dal verde: grandi spazi interni dagli arredi curati e salone banchetti; "fresco" servizio estivo all'aperto.

X **Ai Pescatori**
via Oriente 174 – 04 21 98 00 21 – sarasoncin@libero.it – Fax 04 21 98 00 81 – Chiuso novembre, martedì sera e mercoledì escluso dal 15 maggio al 15 settembre
Rist – Carta 29/50 €
◆ Piatti di mare di schietta e semplice elaborazione serviti in una sala con vetrate panoramiche; molto gradevole il servizio estivo in terrazza sulla foce del Piave.

LIDO DI LATINA – Latina – 563 R20 – Vedere Latina

LIDO DI METAPONTO – Matera (MT) – 564 F32 – ✉ 75012 4 D2

Roma 471 – Bari 102 – Matera 48 – Potenza 112 – Taranto 51

Sacco
piazzale Lido 7 – 08 35 74 19 55 – hotel-sacco@palacehotel-matera.it – Fax 08 35 74 55 89 – Maggio-settembre
75 cam – 75/80 € 85/100 € – ½ P 65/75 € – **Rist** – Carta 20/25 €
◆ A pochi metri dal mare, in una zona abbastanza tranquilla, un hotel completamente ristrutturato adatto soprattutto per trascorrere serene vacanze in famiglia. Camere curate. Grande sala ristorante con ampia scelta di piatti.

LIDO DI NOTO – Siracusa – 565 Q27 – Vedere Sicilia (Noto) alla fine dell'elenco alfabetico

LIDO DI OSTIA – Roma (RM) – 563 Q18 – ✉ 00100 *Italia* 12 B2

Roma 36 – Anzio 45 – Civitavecchia 69 – Frosinone 108 – Latina 70
Scavi★★ di Ostia Antica Nord : 4 km

LIDO DI PORTONUOVO – Foggia – 564 B30 – Vedere Vieste

LIDO DI SAVIO – Ravenna (RA) – 562 J19 – ✉ 48020 9 D2

Roma 385 – Ravenna 20 – Bologna 98 – Forlì 32 – Milano 309 – Rimini 38
(giugno-settembre) viale Romagna 244/a 0544 949063, lidodisavio.iat@libero.it

Strand Hotel Colorado
viale Romagna 201 – ✆ 05 44 94 90 02 – info@strandhotelcolorado.com – Fax 05 44 93 98 27 – Pasqua-settembre
44 cam – solo ½ P 51/95 € – **Rist** – (solo per alloggiati) Menu 18/25 €
◆ Una hall moderna e spaziosa recentemente rinnovata introduce in questa risorsa che dispone di ambienti luminosi e confortevoli dall'arredo moderno e di una invitante piscina.

Asiago (riscaldata) rist, rist,
viale Romagna 217 – ✆ 05 44 94 91 87 – hotelasiago@libero.it – Fax 05 44 94 91 10 – Aprile-20 settembre
47 cam – †35/47 € ††60/90 € – ½ P 42/64 € – **Rist** – Menu 20 €
◆ Gestione familiare per questa struttura, ideale per una vacanza con i bambini: spazi ampi ed accoglienti direttamente sulla spiaggia e, all'esterno, piscina e campi da gioco. Nella sobria sala ristorante, la cucina mediterranea e vista sul mare.

Concord rist,
via Russi 1 – ✆ 05 44 94 91 15 – hotelconcord@libero.it – Fax 05 44 94 91 15 – 10 maggio-15 settembre
55 cam – †40/65 € ††70/100 € – ½ P 45/73 € – **Rist** – 19 €
◆ Rinnovata di recente in alcuni ambienti, questo grande edificio offre una bella vista sul mare, spazi semplici vivacemente arredati in legno con gusto moderno, campi da gioco.

LIDO DI SOTTOMARINA – Venezia – Vedere Chioggia

LIDO DI SPINA – Ferrara – 562 I18 – Vedere Comacchio

LIDO DI SPISONE – Messina – Vedere Sicilia (Taormina) alla fine dell'elenco alfabetico

LIDO DI TARQUINIA – Viterbo – 563 P17 – Vedere Tarquinia

LIDO DI VENEZIA – Venezia – Vedere Venezia

LIDO RICCIO – Chieti – 563 O25 – Vedere Ortona

LIERNA – Lecco (LC) – 561 E9 – 2 061 ab. – alt. 205 m – ✉ 23827 16 B2

Roma 636 – Como 45 – Bergamo 49 – Lecco 16 – Milano 72 – Sondrio 66

La Breva 30,
via Roma 24 – ✆ 03 41 74 14 90 – info@ristorantelabreva.it – Fax 03 41 74 14 90 – Chiuso gennaio, lunedì sera e martedì escluso da giugno a settembre
Rist – Carta 35/50 €
◆ Nuova sede per questo locale, ora all'interno di un ex-casa privata totalmente rinnovata; due salette interne di tono elegante, servizio estivo in terrazza con bella vista.

LIGNANO SABBIADORO – Udine (UD) – 562 E21 – 6 024 ab. – ✉ 33054 11 C3

Italia

Roma 619 – Udine 61 – Milano 358 – Treviso 95 – Trieste 100 – Venezia 108
via Latisana 42 ✆ 0431 71821, info@lignano.it, Fax 0431 70449
, ✆ 0431 42 80 25.
Spiaggia★★★

Atlantic (riscaldata) rist,
lungomare Trieste 160 – ✆ 043 17 11 01 – info@hotelatlantic.it – Fax 043 17 11 03 – 12 maggio-16 settembre
59 cam – †100/120 € ††170/190 € – 2 suites – ½ P 91/97 € – **Rist** – 30 €
◆ Cordiale e premurosa accoglienza in un albergo classico di fronte alla celebre e rinomata spiaggia, della cui vista si gode anche dalle camere recentemente rinnovate. Luminosa ed essenziale la sala da pranzo.

Bellavista rist.
lungomare Trieste 70 – 043 17 13 13 – info@bellavistalignano.it – Fax 04 31 72 06 02 – Aprile-ottobre
49 cam – 93/140 € 146/204 € – 4 suites – ½ P 85/98 €
Rist – *(maggio-ottobre)* Carta 28/42 €
◆ Soggiorno rilassante in un albergo sul lungomare, con piscina e terrazza solarium; comode poltrone e tappeti negli spazi comuni, camere da poco rimesse a nuovo. Pareti color pastello, ampie vetrate, colonne a specchio nella spaziosa sala ristorante.

Florida cam, rist,
via dell'Arenile 22 – 04 31 72 01 01 – mail@hotelflorida.net – Fax 043 17 12 22 – Maggio-settembre
73 cam – 97/123 € 122/154 €, 10 € – ½ P 70/81 € – **Rist** – Carta 21/26 €
◆ In posizione leggermente arretrata rispetto al lungomare, albergo formato da due corpi adiacenti: spazi interni in stile recente e camere non ampie, ma ben tenute.

Bidin
viale Europa 1 – 043 17 19 88 – info@ristorantebidin.com – Fax 04 31 72 07 38 – Chiuso mercoledì a mezzogiorno dal 10 maggio a settembre, tutto il giorno negli altri mesi
Rist – Carta 35/55 €
◆ Celebre ristorante della località, con annessa enoteca: ambiente accogliente e romantico connubio di rustico e moderno nell'elegante sala; piatti di mare e alla brace.

a Lignano Pineta Sud-Ovest : 5 km – ✉ 33054 – Lignano Pineta
(maggio-settembre) via dei Pini 53 0431 422169, info@aiatlignano.it, Fax 0431 422616

Greif (riscaldata) rist, 300,
arco del Grecale 25 – 04 31 42 22 61 – greif@gropo.it – Fax 04 31 42 72 71 – Chiuso dal 20 dicembre a febbraio
92 cam – 200/280 € 240/380 € – 4 suites – ½ P 130/200 € – **Rist** – *(aprile-ottobre)* Menu 50/80 €
◆ Grande complesso circondato da parco-pineta con piscina riscaldata; raffinati interni di taglio contemporaneo, grande sala riunioni per un esclusivo "soggiorno d'affari". Spazioso e raffinato ristorante lineare con ampie vetrate che si aprono sul verde.

Park Hotel cam,
viale delle Palme 41 – 04 31 42 23 80 – info@hotelpark.com – Fax 04 31 42 80 79 – 10 maggio-16 settembre
49 cam – 70/90 € 100/140 € – ½ P 75/90 € – **Rist** – *(15 maggio-15 settembre)* (solo per alloggiati)
◆ Albergo di recente ristrutturazione, con ambienti essenziali e luminosi, dal design d'ispirazione moderna; camere color legno, semplici e funzionali.

Medusa Splendid
raggio dello Scirocco 33 – 04 31 42 22 11 – info@hotelmedusa.it – Fax 04 31 42 22 51 – 17 maggio-16 settembre
56 cam – 80/100 € 130/170 €, 13 € – ½ P 65/120 € – **Rist** – Menu 28/45 €
◆ Albergo classico all'interno di un grande giardino con piscina: originali interni dove tonalità verdi e blu ben si sposano con il prevalente bianco; camere razionali. Fresca e piacevole sala ristorante, con tende policrome che "vestono" le vetrate.

Bella Venezia rist,
arco del Grecale 18/a – 04 31 42 21 84 – info@bellaveneziamare.it – Fax 04 31 42 23 52 – 15 maggio-15 settembre
49 cam – 70/95 € 84/134 € – ½ P 50/75 € – **Rist** – Carta 18/30 €
◆ Struttura rinnovata negli ultimi anni, con piscina dotata di vasca idromassaggio; ampi interni lineari e camere funzionali in stile moderno. Salda gestione familiare. Cucina mediterranea e buffet di verdure fresche a pranzo e a cena.

Erica rist,
arco del Grecale 21/23 – 04 31 42 21 23 – info@ericahotel.it – Fax 04 31 42 73 63 – 28 aprile-20 settembre
40 cam – 76/82 € 112/124 € – ½ P 55/77 € – **Rist** – Menu 25/27 €
◆ Cordiale conduzione familiare in un albergo con spazi comuni da poco rimessi a nuovo e arredati in modo essenziale; sobrie e razionali le luminose camere. Ristorante dall'atmosfera fresca e soave, proposte gastronomiche di carne e di pesce.

XX **Ghigolo'**
Arco del Grecale 6 – ✆ 04 31 42 76 95 – info@ghigolo.it – Fax 04 31 42 76 95 – Chiuso novembre, gennaio e febbraio; chiuso martedì e a mezzogiorno (escluso sabato-domenica) in marzo ed ottobre
Rist – Carta 40/58 €
◆ Un ambiente moderno ed informale con foto di celebrità e cucina a vista, da cui si affacciano piatti creativi e specialità di pesce crudo. Servizio all'aperto in terrazza.

a Lignano Riviera Sud-Ovest : 7 km – ✉ 33054 – Lignano Sabbiadoro

President
(riscaldata)
calle Rembrandt 2 – ✆ 04 31 42 41 11 – president@sabbiadoro.com – Fax 04 31 42 42 99 – Marzo-4 novembre
40 cam – †132/152 € ††164/204 € – ½ P 97/117 € – **Rist** – Carta 43/66 €
◆ Ideale per i frequentatori del vicino Golf Club con campo a 18 buche, un hotel signorile felicemente circondato da una "verde" quiete e provvisto di piscina riscaldata. Ambiente distinto nella sala da pranzo.

Meridianus
viale della Musica 1 – ✆ 04 31 42 85 61 – info@hotelmeridianus.it – Fax 04 31 42 85 70 – 12 maggio-23 settembre
84 cam – †77/86 € ††130/148 € – ½ P 84/90 € – **Rist** – (solo per alloggiati) Menu 20/25 €
◆ Accogliente albergo centrale, immerso nella natura, dotato di una grande piscina a copertura mobile; ampi spazi comuni luminosi, abbelliti da quadri moderni.

Smeraldo
viale della Musica 4 – ✆ 04 31 42 87 81 – info@hotelsmeraldo.net – Fax 04 31 42 30 31 – 10 maggio-15 settembre
59 cam – †51/77 € ††82/138 €, 12 € – ½ P 46/74 € – **Rist** – 23 €
◆ Nella tranquilla zona residenziale, una struttura rinnovata di recente e circondata dal verde; all'interno pareti rivestite in legno e comodi divani fantasia nella hall.

Arizona
cam, rist,
calle Prassitele 2 – ✆ 04 31 42 85 28 – info@hotel-arizona.it – Fax 04 31 42 73 73 – 11 maggio-17 settembre
42 cam – †73/83 € ††124/144 € – ½ P 74/84 € – **Rist** – (solo per alloggiati) Menu 19/25 €
◆ Una radicale ristrutturazione, quasi completata, ha elevato notevolmente il confort di questo hotel, soprattutto nel settore notte che presenta camere curate e graziose.

LIMANA – Belluno (BL) – 562 D18 – **4 655 ab. – alt. 319 m** – ✉ 32020 36 **C2**
Roma 614 – Belluno 12 – Padova 117 – Trento 101 – Treviso 72

Piol
rist, 250,
via Roma 116/118 – ✆ 04 37 96 74 71 – piol@dolomiti.it – Fax 04 37 96 71 03
23 cam – †45/50 € ††65/75 €, 6 € – **Rist** – *(chiuso dal 2 al 6 gennaio)* Carta 20/36 €
◆ Gestione familiare e ambiente semplice in una struttura lineare ubicata in centro paese; funzionali camere in stile essenziale, con rivestimenti in perlinato. Caratteristica sala da pranzo con pareti e soffitto ricoperti di legno; terrazza per servizio estivo.

LIMITO – Milano – 561 F9 – **Vedere Pioltello**

La guida vive con voi: parlateci delle vostre esperienze.
Comunicateci le vostre scoperte più piacevoli e le vostre delusioni.
Buone o cattive sorprese? Scriveteci!

LIMONE PIEMONTE – Cuneo (CN) – 561 J4 – 1 554 ab. – alt. 1 010 m – Sport invernali : *1 010/2 050 m 19,* – ✉ 12015
22 **B3**

Roma 670 – Cuneo 28 – Milano 243 – Nice 97 – Colle di Tenda 6 – Torino 121

via Roma 32 ✆ 0171 929515, iat@limonepiemonte.it, Fax 0171 925289

Cò di Paris, ✆ 0171 92 91 66.

Grand Palais Excelsior
cam,

largo Roma 9 – ✆ 01 71 92 90 02 – info@grandexcelsior.com – Fax 017 19 24 25 – Chiuso dal 2 al 29 maggio e dal 6 ottobre a novembre

28 cam – 80/100 € 100/140 €, 12 € – 20 suites – 160/220 € – ½ P 70/105 €

Rist ***Il San Pietro*** – *✆ 01 71 92 90 74 (chiuso dal 2 al 31 maggio, dal 2 al 30 novembre e mercoledì escluso da dicembre al 14 aprile e dal 15 giugno a settembre)* Carta 26/44 €

◆ Elegante albergo-residence ristrutturato pochi anni fa, con tipiche decorazioni a graticcio sulle pareti esterne; all'interno raffinati ambienti di moderna concezione. Un grande camino e parquet "riscaldato" da morbidi tappeti nella sala ristorante.

Lu Taz
10,

via San Maurizio 5, Ovest : 1 km – ✆ 34 84 44 60 62 – Chiuso giugno, novembre, martedì e a mezzogiorno in bassa stagione

Rist – Carta 24/35 €

◆ Locale dall'ambiente caratteristico di tono elegante in una casa di montagna in pietra e legno, con piatti della tradizione. Trasporto con pulmini 4x4 in caso di neve.

LIMONE SUL GARDA – Brescia (BS) – 561 E14 – 1 062 ab. – alt. 66 m – ✉ 25010
Italia
17 **C2**

Roma 586 – Trento 54 – Brescia 65 – Milano 160 – Verona 97

≤★★★ dalla strada panoramica★★ dell'altipiano di Tremosine per Tignale

Park H. Imperial

via Tamas 10/b – ✆ 03 65 95 45 91 – info@parkhotelimperial.com – Fax 03 65 95 43 82 – Chiuso dall'8 al 28 dicembre

63 cam – 128/176 € 168/232 € – ½ P 98/130 € – **Rist** – Carta 55/84 €

◆ Hotel di forma semicircolare, raccolto intorno a un piacevole giardino con piscina; raffinati interni in stile moderno, attrezzato centro benessere di medicina orientale. Soffitto con decorazioni a ventaglio nella sala da pranzo di sobria eleganza.

Ilma
≤ lago e monti, rist,

via Caldogno 1 – ✆ 03 65 95 40 41 – info@hotelilma.it – Fax 03 65 95 45 35 – Marzo-novembre

94 cam – 80/100 € 110/130 € – ½ P 62/67 € – **Rist** – (solo per alloggiati) 15 €

◆ Struttura di stile lineare con splendida vista su lago e monti, dotata di piscina; classici spazi comuni, con pareti color legno, ampie camere luminose e funzionali.

LIPARI (Isola) – Messina – 565 L26 – Vedere Sicilia (Eolie, isole) alla fine dell'elenco alfabetico

LIVIGNO – Sondrio (SO) – 561 C12 – 5 251 ab. – alt. 1 816 m – Sport invernali : *1 816/2 900 m 3 25,* – ✉ 23030
16 **B1**

Roma 801 – Sondrio 74 – Bormio 38 – Milano 240 – Passo dello Stelvio 54

via Saroch 1098/A ✆ 0342 052200, info@livignoweb.it, Fax 0342 052200

Concordia
rist,

via Plan 114 – ✆ 03 42 99 02 00 – hotelconcordia@lungolivigno.com – Fax 03 42 99 03 00

24 cam – 120/145 € 160/180 € – 4 suites – ½ P 92/102 € – **Rist** – Carta 27/45 €

◆ Nel cuore della località, albergo di recente ristrutturazione, con interni curati dove il legno, lavorato o decorato, è l'elemento essenziale; confort di alto livello. Divanetti a parete e atmosfera distinta nell'ampia sala da pranzo.

Spöl rist,

via dala Gesa 245 – ✆ 03 42 99 61 05 – info@hotelspol.it – Fax 03 42 97 02 05 – Dicembre-2 maggio e 22 giugno-15 ottobre

32 cam – †90/120 € ††160/215 € – ½ P 110/160 € – **Rist** – Carta 24/38 €

◆ Hotel di tono familiare, ma signorile, dotato di servizi tali da rendere piacevole una vacanza invernale, quanto estiva. Camere di differenti tipologie, sempre confortevoli. La cucina propone i piatti della tradizione culinaria italiana.

Baita Montana paese e montagne, rist,

via Mont da la Nef 87 – ✆ 03 42 99 06 11 – direzione@hotelbaitamontana.com – Fax 03 42 99 06 60 – Chiuso novembre

42 cam – †67/140 € ††94/240 €, 15 € – ½ P 57/130 € – **Rist** – *(chiuso lunedì da settembre ad ottobre)* Carta 20/38 €

◆ Valida gestione in un hotel completamente rinnovato, con bella vista su paese e montagne; spazi comuni sui toni chiari del legno, luminose e recenti camere con balcone. Ampia sala da pranzo di tono elegante con arredi in legno e un'intera parete di vetro.

Bucaneve rist, rist,

via strada statale 194 – ✆ 03 42 99 62 01 – bucaneve@talacci.it – Fax 03 42 99 75 88 – Dicembre-aprile e 25 giugno-30 settembre

49 cam – †60/90 € ††90/180 € – ½ P 50/110 € – **Rist** – Carta 19/28 €

◆ In posizione panoramica alle porte del paese, grande struttura dagli interni caratteristici, rimodernata negli ultimi anni; piccola piscina, centro fitness, saletta fumatori. Ristorante di impostazione tradizionale con servizio estivo all'aperto.

Bivio cam, cam,

via Plan 422/4 – ✆ 03 42 99 61 37 – holiday@hotelbivio.it – Fax 03 42 99 76 21

30 cam – †66/126 € ††92/212 € – ½ P 78/126 €

Rist *Cheseta Veglia* – Carta 28/45 €

◆ In pieno centro storico, hotel a conduzione diretta dagli interni piacevoli e accoglienti, con pareti rivestite in perlinato; gradevoli camere in moderno stile montano. Atmosfera informale nel curato ristorante rustico; romantica la stube originaria dell'800.

Posta rist,

plaza dal Comun 4 – ✆ 03 42 99 60 76 – hotelposta@livnet.it – Fax 03 42 97 00 97 – 2 dicembre-1° maggio e giugno-settembre

36 cam – †125/210 € ††150/240 € – ½ P 85/140 € – **Rist** – Menu 25/30 €

◆ Nel cuore del paese, vicino ai campi da sci, un esercizio ristrutturato da poco, dall'ambiente essenziale e funzionale, ideale per gli amanti degli sport invernali. Calda atmosfera nella sala da pranzo.

Palù cam,

via Ostaria 313 – ✆ 03 42 99 62 32 – hpalu@livnet.it – Fax 03 42 99 62 33 – Chiuso maggio e novembre

33 cam – †65/95 € ††66/135 € – ½ P 48/120 € – **Rist** – Carta 19/32 €

◆ Camere ampie e luminose con arredi in pino e abete, bagni di grandi dimensioni e spazi comuni accoglienti caratterizzano questa risorsa ubicata accanto alle piste da sci. Luminosa sala ristorante con vetrate su impianti e discese.

Francesin senza rist

via Ostaria 442 – ✆ 03 42 97 03 20 – info@francesin.it – Fax 03 42 97 01 39

14 cam – ††90/100 €

◆ Accoglienza e servizio familiari in un albergo di recente costruzione, con spaziose aree comuni; ampie camere, nuovo e attrezzato centro fitness con palestra.

Camana Veglia con cam cam,

via Ostaria 583 – ✆ 03 42 99 63 10 – info@camanaveglia.com – Fax 03 42 99 69 04

12 cam – †31/80 € ††62/100 €, 10 € – ½ P 48/75 € – **Rist** – *(chiuso maggio, giugno e novembre)* Carta 25/42 €

◆ Caratteristici interni in legno e ricercatezza nei particolari, in un locale tipico con camere "a tema" di recente ristrutturazione; proposte di cucina valtellinese.

XX **Chalet Mattias** con cam ≤ ♿ rist, ✻ 📞 P 🚗 VISA 🪙 AE 🔵 💲

via Canton 124 – ✆ 03 42 99 77 94 – info@chaletmattias.com – Fax 03 42 97 40 16 – Chiuso novembre e dal 5 al 25 giugno

5 cam ☕ – †75/80 € ††150/160 € – **Rist** – *(chiuso martedì a mezzogiorno in inverno, anche martedì sera in estate escluso agosto)* (prenotare) Carta 38/55 €

♦ Ristorante ospitato da un piccolo chalet nel quale trovano posto anche cinque belle camere. Gestito da una giovane coppia che propone una cucina del territorio rivisitata.

LIVORNO P (LI) – 563 L12 – 155 880 ab. – ✉ 57100 *Toscana* 28 **B2**

▶ Roma 321 – Pisa 24 – Firenze 85 – Milano 294

⛴ per Golfo Aranci – Sardinia Ferries, call center 899 929 206 – per Palermo – Grimaldi-Grandi Navi Veloci, call center 899 199 069

ℹ piazza del Municipio 6 ✉ 571236 ✆ 0586 204611, apt7livorno@costadeglietruschi.it

◙ Monumento★ a Ferdinando I de' Medici AY **A**

◙ Santuario di Montenero★ Sud : 9 km

Pianta pagina seguente

AC Livorno Fitness cam, ✻ rist, 📞 80, VISA 🪙 AE 🔵 💲

via Giotto Ciardi 28, 0,800 km per ② ✉ 57128 – ✆ 05 86 42 67 22 – aclivorno@ac-hotels.com – Fax 05 86 44 42 55

104 cam ☕ – †100/150 € ††100/180 € – **Rist** – Carta 28/38 €

♦ Hotel ideale per una clientela d'affari esigente, facilmente raggiungibile dalle principali vie di comunicazione, presenta una gamma di servizi completa e arredi moderni. Ristorante dall'ambiente sobrio e contemporaneo.

Al Teatro senza rist AC VISA 🪙 💲

via Mayer 42 ✉ 57125 – ✆ 05 86 89 87 05 – info@hotelalteatro.com – Fax 05 86 27 86 84 AY **a**

8 cam ☕ – †110/120 € ††130/140 €

♦ Palazzo d'epoca a due passi dal teatro. Totalmente rinnovato, ha tuttavia conservato elementi d'antiquariato oltre ad una secolare magnolia nel piccolo giardino interno.

Gran Duca AC 📞 40, VISA 🪙 AE 🔵 💲

piazza Micheli 16 ✉ 57123 – ✆ 05 86 89 10 24 – granduca@granduca.it – Fax 05 86 89 11 53 AY **b**

81 cam ☕ – †85 € ††145 € – ½ P 85 € – **Rist** – *(chiuso dal 27 dicembre al 6 gennaio, lunedì e a mezzogiorno escluso da giugno a settembre)* Carta 36/64 €

♦ Albergo ubicato nel tipico ambiente del Bastione Mediceo: spaziosa hall e camere eterogenee negli arredi, ma parimenti confortevoli. Di fronte al mare, con vista sulla darsena, ristorante con sale ben arredate.

X **Da Galileo** AC VISA 🪙 AE 🔵 💲

via della Campana 20 ✉ 57122 – ✆ 05 86 88 90 09 – Chiuso dal 16 al 30 luglio, domenica sera e mercoledì BY **a**

Rist – Carta 25/44 € (+10 %)

♦ Trattoria di tradizione con specialità di pesce, meta di personaggi celebri e non, le cui foto ornano le pareti. Piatti di autentica cucina livornese a prezzi interessanti.

X **Osteria del Mare** AC ✻ VISA 🪙 AE 🔵 💲

borgo dei Cappuccini 5 ✉ 57126 – ✆ 05 86 88 10 27 – Fax 05 86 88 10 27 – Chiuso dal 25 agosto al 10 settembre e giovedì AY **f**

Rist – Carta 27/41 €

♦ Semplice atmosfera e arredi lineari nelle due piccole, ma accoglienti sale, in un'osteria collocata in area portuale; buona scelta di cucina marinara, senza spendere troppo.

a Montenero Sud : 10 km – ✉ 57128 – MONTENERO

La Vedetta ≤ mare e costa, ♿ cam, AC ✻ rist, 120, P VISA 🪙 AE 🔵 💲

via della Lecceta 5 – ✆ 05 86 57 99 57 – info@hotellavedetta.it – Fax 05 86 57 99 69

31 cam ☕ – †65/80 € ††90/120 € – ½ P 72 € – **Rist** – *(maggio-settembre; chiuso a mezzogiorno)* (solo per alloggiati) Menu 16 €

♦ Ambiente curato nell'ampia villa del '700 che ospitò personaggi illustri e che deve il suo nome alla splendida vista su mare e costa; sobri e funzionali gli interni.

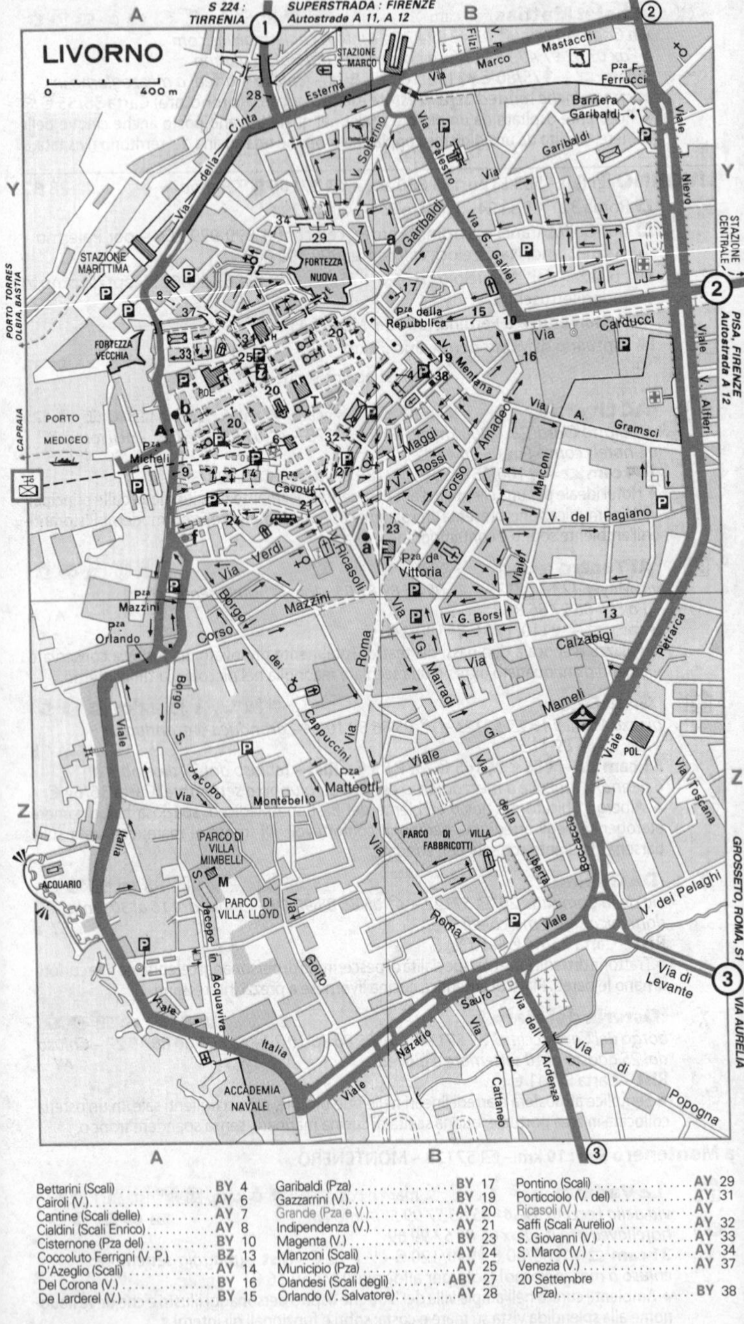

Bettarini (Scali) . . . . . BY 4	Garibaldi (Pza) . . . . . BY 17	Pontino (Scali) . . . . . AY 29
Cairoli (V.) . . . . . AY 6	Gazzarrini (V.) . . . . . BY 19	Porticciolo (V. del) . . . . . AY 31
Cantine (Scali delle) . . . . . AY 7	Grande (Pza e V.) . . . . . AY 20	Ricasoli (V.) . . . . . AY
Cialdini (Scali Enrico) . . . . . AY 8	Indipendenza (V.) . . . . . AY 21	Saffi (Scali Aurelio) . . . . . AY 32
Cisternone (Pza del) . . . . . BY 10	Magenta (V.) . . . . . BY 23	S. Giovanni (V.) . . . . . AY 33
Coccoluto Ferrigni (V. P.) . . . . . BZ 13	Manzoni (Scali) . . . . . AY 24	S. Marco (V.) . . . . . AY 34
D'Azeglio (Scali) . . . . . AY 14	Municipio (Pza) . . . . . AY 25	Venezia (V.) . . . . . AY 37
Del Corona (V.) . . . . . BY 16	Olandesi (Scali degli) . . . . . ABY 27	20 Settembre (Pza) . . . . . BY 38
De Larderel (V.) . . . . . BY 15	Orlando (V. Salvatore) . . . . . AY 28	

LIVORNO FERRARIS – Vercelli (VC) – 561 G6 – 4 408 ab. – alt. 189 m – ✉ 13046

23 **C2**

Roma 673 – Torino 41 – Milano 104 – Vercelli 42

a Castell'Apertole Sud-Est : 10 km : – ✉ 13046 – Livorno Ferraris

XX **Da Balin** — 30,

– ✆ 016 14 71 21 – balin@balinrist.it – Fax 01 61 47 75 36 – Chiuso domenica sera e lunedì

Rist – Carta 24/44 €

◆ In un'antica cascina, due salette in stile rustico di tono elegante separate da un grande camino, dove si propone una cucina legata alle tradizioni piemontesi.

LIZZANO IN BELVEDERE – Bologna (BO) – 562 J14 – 2 277 ab. – alt. 640 m – Sport invernali : *a Corno alle Scale : 1 358/1 945 m* 6, – ✉ 40042

8 **B2**

Roma 361 – Bologna 68 – Firenze 87 – Lucca 93 – Milano 271 – Modena 102 – Pistoia 51

c/o Municipio ✆ 0534 51052, ia.tlizzano@cosea.org, Fax 0534 51052

a Vidiciatico Nord-Ovest : 4 km – alt. 810 m – ✉ 40042

Montegrande

via Marconi 27 – ✆ 053 45 32 10 – info@montegrande.it – Fax 053 45 40 24 – Chiuso dal 15 aprile al 15 maggio e dal 15 ottobre al 30 novembre

14 cam – 60 €, 7 € – ½ P 45/50 € – **Rist** – Carta 20/30 €

◆ Ideale per una vacanza semplice e tranquilla, un albergo dall'atmosfera familiare a gestione pluriennale; spazi non ampi, ma curati e accoglienti, camere dignitose. Piacevole sala ristorante con camino; piatti del territorio, con funghi e tartufi in stagione.

a Rocca Corneta Nord-Ovest : 8 km – alt. 631 m – ✉ 40047

Corsini Antica Trattoria — < Appennini,

Via Statale 36 – ✆ 053 45 31 04 – info@hotelcorsini.it – Fax 053 45 31 11 – Chiuso dal 7 gennaio al 7 febbraio, dal 29 marzo all'8 aprile e dal 10 settembre al 10 ottobre

8 cam – 45/60 € 60/70 €, 6 € – ½ P 45/50 € – **Rist** – *(chiuso martedì escluso luglio e agosto)* Carta 23/40 €

◆ Bella veduta sugli Appennini da questo piccolo alberghetto gestito da una solida e dinamica conduzione diretta. Ambiente alla buona, anche nelle camere. Cucina locale con un buon rapporto qualità/prezzo, sala panoramica.

LOANO – Savona (SV) – 561 J6 – 11 203 ab. – ✉ 17025 *Italia*

14 **B2**

Roma 578 – Imperia 43 – Genova 79 – Milano 202 – Savona 33

corso Europa 19 ✆ 019 676007, loano@inforiviera.it, Fax 019 676818

Grand Hotel Garden Lido — < rist, rist, 60,

lungomare Nazario Sauro 9 – ✆ 019 66 96 66 – info@gardenlido.com – Fax 019 66 85 52 – Chiuso dal 20 ottobre al 20 dicembre

70 cam – 110 € 220 € – 1 suite – ½ P 80/135 € – **Rist** – Menu 38 €

◆ Albergo di fronte al porto turistico, ristrutturato negli ultimi anni, gradevole giardino con piscina; ariosi spazi comuni in stile moderno, camere funzionali. Quadri alle pareti e grandi finestre nella curata sala da pranzo.

Villa Beatrice — rist,

via Sant'Erasmo 6, via Aurelia – ✆ 019 66 82 44 – hvbeatrice@tin.it – Fax 019 66 82 44 – Chiuso da ottobre al 15 dicembre

30 cam – 35/40 € 60/85 €, 8 € – 3 suites – ½ P 70/75 € – **Rist** – *(chiuso martedì)* Carta 18/25 €

◆ Si respira il "profumo" del passato e del non lontano mare, in questa struttura di origine ottocentesca, con interni in stile e un lussureggiante giardino fiorito. Sala da pranzo ornata in modo essenziale.

Villa Mary
viale Tito Minniti 6 – ✆ 019 66 83 68 – hvmary@tin.it – Chiuso dal 27 settembre al 19 dicembre
30 cam – ♦40/50 € ♦♦60/85 €, ☕ 8 € – **Rist** – *(chiuso martedì)* Carta 17/25 €
◆ Gestione cordiale e ambiente familiare in un albergo fuori dal centro con spazi comuni non grandi, ma abbelliti da tappeti e comode poltrone; camere funzionali. Pesce, cucina ligure e mediterranea nella semplice sala ristorante.

La Vecchia Trattoria
via Raimondi 3 – ✆ 019 66 71 62 – info@lavecchiatrattoria.sv.it – Chiuso dieci giorni in gennaio, dal 1° all'8 maggio, lunedì e martedì in bassa stagione
Rist – Carta 39/53 €
◆ In pieno centro, immersa tra i tipici carruggi, trattoria dall'attenta gestione al femminile molto curata nei particolari. In menù numerose proposte di pesce.

LOCOROTONDO – Bari (BA) – 564 E33 – 14 028 ab. – alt. 410 m – ✉ 70010 27 C2
Italia

Roma 518 – Bari 70 – Brindisi 68 – Taranto 36

Valle d'Itria★★ (strada per Martina Franca) – ≤★ sulla città dalla strada di Martina Franca

Sotto le Cummerse senza rist
via Vittorio Veneto 138 – ✆ 08 04 31 32 98 – info@sottolecummerse.it – Fax 08 04 31 32 98
9 cam – ♦54/66 € ♦♦82/115 €, ☕ 3 € – 1 suite
◆ Un sistema simpatico per vivere il caratteristico centro storico della località: camere ed appartamenti seminati in vari punti, sempre piacevoli e dotati di ogni confort.

Centro Storico
via Eroi di Dogali 6 – ✆ 08 04 31 54 73 – info@ilcentrostorico.biz – Fax 08 04 31 54 73 – Chiuso dal 5 al 15 marzo e mercoledì
Rist – Carta 20/28 €
◆ In pieno centro storico, cordiale accoglienza in una trattoria alla buona che offre un ambiente piacevole, in stile rustico; proposte di casalinga cucina barese.

LODI (P) (LO) – 561 G10 – 42 362 ab. – alt. 80 m – ✉ 26900 16 B3

Roma 548 – Piacenza 38 – Bergamo 49 – Brescia 67 – Cremona 54 – Milano 37 – Pavia 36

piazza Broletto 4 ✆ 0371 421391, turismo@provincia.lodi.it, Fax 0371421313

Concorde Lodi Centro senza rist
piazzale Stazione 2 – ✆ 03 71 42 13 22 – lodi@hotel-concorde.it – Fax 03 71 42 07 03
30 cam ☕ – ♦90/120 € ♦♦120/140 €
◆ Hotel centrale, situato proprio di fronte alla stazione ferroviaria, ristrutturato di recente in base ai dettami di un sobrio buongusto. Conduzione affidabile ed esperta.

Anelli senza rist
viale Vignati 7 – ✆ 03 71 42 13 54 – albergo.anelli@fastwebnet.it – Fax 03 71 42 21 56 – Chiuso Natale e dal 7 al 23 agosto
29 cam ☕ – ♦81 € ♦♦115 €
◆ In prossimità del centro, un albergo a conduzione diretta pluridecennale, rimodernato negli ultimi anni; grande sala colazioni e graziose camere funzionali, con parquet.

Isola Caprera
via Isola Caprera 14 – ✆ 03 71 42 13 16 – info@isolacaprera.com – Fax 03 71 42 13 16 – Chiuso dal 1° al 15 gennaio, dal 16 al 31 agosto, martedì sera e mercoledì
Rist – Carta 30/44 €
◆ Sobria ed elegante classicità in un locale di lunga tradizione sulle rive dell' Adda. Salone per banchetti e diverse salette. Gestione del servizio esperta e competente.

XX **La Quinta** 25/30, VISA AE

viale Pavia 76 – ✆ 037 13 50 41 – laquintasnc@tiscali.it – Fax 037 13 50 41 – Chiuso dal 27 dicembre al 5 gennaio, agosto, domenica sera e lunedì
Rist – Menu 25/60 € – Carta 37/63 €

◆ Accogliente atmosfera ovattata e consolidata gestione trentennale in un ristorante classico, trasferitosi da non molto nella nuova ed elegante sede; cucina lodigiana.

LODRONE – Trento – 562 E13 – Vedere Storo

LOIANO – Bologna (BO) – 562 J15 – 4 369 ab. – alt. 714 m – ✉ 40050 9 C2

Roma 359 – Bologna 36 – Firenze 85 – Milano 242 – Pistoia 100

Molino del Pero, Ovest : 9 km a Monzuno, ✆ 051 67 70 50.

Palazzo Loup colline e dintorni, 180, P VISA AE

via Santa Margherita 21, località Scanello Est : 3 km – ✆ 05 16 54 40 40 – info@palazzo-loup.it – Fax 05 16 54 40 40 – Chiuso dal 23 dicembre al 31 gennaio
49 cam – 100/150 € 180/225 € – ½ P 80/125 € – **Rist** – *(chiuso lunedì escluso da giugno a settembre)* (consigliata la prenotazione) Carta 40/53 €

◆ Incredibile fusione di passato e presente, in una dimora di origine medioevale, con splendido parco ombreggiato e vista sulle colline tosco-emiliane, per un soggiorno unico. Atmosfera raffinata nella sala da pranzo con camino; grande salone per cerimonie.

LONATO – Brescia (BS) – 561 F13 – 13 099 ab. – alt. 188 m – ✉ 25017 17 D1

Roma 530 – Brescia 23 – Mantova 50 – Milano 120 – Verona 45

XX **Osteria l'Ortica** 8, P VISA AE

via Mancino 14, verso Barcuzzi Nord : 2 km – ✆ 03 09 13 21 75 – osteria_ortica@libero.it – Fax 03 09 13 21 75 – Chiuso dal 20 dicembre al 5 gennaio, una settimana a giugno e mercoledì
Rist – Carta 39/56 €

◆ Ristorante accolto da un villino indipendente e caratterizzato da un'ampia sala di taglio rustico-elegante con tetto spiovente e pavimento in cotto. Bel giardino estivo.

XX **Il Rustichello** con cam P VISA AE

viale Roma 92 – ✆ 03 09 13 01 07 – info@ristorantehotelrustichello.it – Fax 03 09 13 11 45
13 cam – 50/54 € 70/74 € – ½ P 52/55 € – **Rist** – *(chiuso dal 2 all'8 gennaio, una settimana in luglio e mercoledì)* Carta 26/37 €

◆ Circondato da un grazioso giardino, ristorante con camere lineari; stile rustico di tono elegante nell'ampia sala, con bianche pareti e soffitto in scuro perlinato.

a Barcuzzi Nord : 3 km – ✉ 25080 – Lonato

XX **Da Oscar** 30, P VISA AE

via Barcuzzi 16 – ✆ 03 09 13 04 09 – info@daoscar.it – Fax 03 09 13 04 09 – Chiuso dal 27 dicembre al 27 gennaio, lunedì, martedì a mezzogiorno
Rist – Carta 27/51 €

◆ Sulle colline che guardano il Lago di Garda, bel locale spazioso di tono raffinato, con incantevole servizio estivo sulla terrazza, da cui si gode uno splendido panorama.

LONGARE – Vicenza (VI) – 562 F16 – 5 510 ab. – alt. 29 m – ✉ 36023 37 B2

Roma 528 – Padova 28 – Milano 213 – Verona 60 – Vicenza 10

Agriturismo Le Vescovane cam, P VISA AE

via San Rocco 19, Ovest : 4 km – ✆ 04 44 27 35 70 – info@levescovane.com – Fax 04 44 27 32 65
9 cam – 60/70 € 75/86 € – ½ P 58/63 € – **Rist** – *(chiuso lunedì e martedì da giugno a settembre, anche mercoledì negli altri mesi)* Carta 22/31 €

◆ Pochi chilometri fuori Vicenza per trovare, meglio se facendosi consigliare la strada dai proprietari, una torre di caccia cinquecentesca nel silenzio dei monti Berici. Sala ristorante con camino, servizio estivo in giardino.

a Costozza Sud-Ovest : 1 km – ✉ **36023** – **Longare**

XX **Aeolia** 20, VISA AE

piazza Da Schio 1 – ✆ 04 44 55 50 36 – aeolia@aeolia.com – Fax 04 44 95 31 72 – Chiuso dal 1° al 18 novembre e martedì

Rist – Carta 20/27 €

◆ Un'esperienza artistica ancor prima che gastronomica: dalla sala del 1568 forse affrescata dal Mantegna, ai chilometrici cunicoli che ospitano le cantine. Specialità di carne.

LONGARONE – Belluno (BL) – 562 D18 – 4 125 ab. – alt. 474 m – ✉ 32013 36 C1

Roma 619 – Belluno 18 – Cortina d'Ampezzo 50 – Milano 358 – Udine 119 – Venezia 108

Posta senza rist VISA AE

piazza IX ottobre 16 – ✆ 04 37 77 07 02 – info@hotelpostalongarone.it – Fax 04 37 77 16 61 – Chiuso Natale

24 cam – 52 € 75/83 €, 8 €

◆ Cordiale accoglienza in un albergo in pieno centro, ideale per il turista di passaggio e d'affari; spazi comuni non ampi, ma ben arredati, camere ben accessoriate.

LONGIANO – Forlì-Cesena (FC) – 562 J18 – 5 863 ab. – alt. 179 m – ✉ 47020 9 D2

Roma 350 – Rimini 28 – Forlì 32 – Ravenna 46

X **Dei Cantoni** VISA AE

via Santa Maria 19 – ✆ 05 47 66 58 99 – Fax 05 47 66 60 40 – Chiuso dal 15 febbraio al 15 marzo e mercoledì

Rist – Carta 24/34 €

◆ Simpatica gestione e proposte di cucina del territorio in un locale del centro storico, a ridosso delle mura del castello malatestiano; piacevole servizio in veranda.

LONIGO – Vicenza (VI) – 562 F16 – 14 645 ab. – alt. 31 m – ✉ 36045 35 B3

Roma 533 – Verona 33 – Ferrara 95 – Milano 186 – Padova 56 – Vicenza 24

XXX **La Peca** (Portinari) 25, VISA AE

via Alberto Giovanelli 2 – ✆ 04 44 83 02 14 – rilapeca@tin.it – Fax 04 44 43 87 63 – Chiuso una settimana in febbraio, tre settimane in agosto, domenica sera e lunedì, in luglio anche domenica a mezzogiorno

Rist – Carta 66/91 €

Spec. Zotoli (seppioline) con patate in due consistenze e granita di sedano veronese (autunno-inverno). Zuppa spumosa di scampi con capesante e avocado al lime. Il manzo perduto (autunno-inverno).

◆ Verso la chiesa francescana di San Daniele, un bell'edificio dalle forme asciutte e moderne anticipa la luminosa essenzialità degli interni. Fantasiosa ricerca di prodotti.

LOREGGIA – Padova (PD) – 562 F17 – 6 123 ab. – alt. 26 m – ✉ 35010 36 C2

Roma 504 – Padova 26 – Venezia 30 – Treviso 36

X **Locanda Aurilia** con cam rist, VISA AE

via Aurelia 27 – info@locandaaurilia.com – Fax 04 95 79 03 95

17 cam – 34/42 € 65/70 €, 5 € – ½ P 55/60 € – **Rist** – *(chiuso dal 1° al 6 gennaio, dal 5 al 21 agosto e martedì)* Carta 26/32 €

◆ Nelle vicinanze di alcune superbe ville venete, una locanda di lunga tradizione familiare, con camere semplici; proposte di cucina del territorio.

Non confondete le posate X e le stelle ✿!
Le posate definiscono il livello di comfort e raffinatezza,
mentre la stella premia le migliori cucine, in ognuna di queste categorie.

LORETO – Ancona (AN) – 563 L22 – 11 520 ab. – alt. 125 m – ✉ 60025

Italia 21 **D2**

Roma 294 – Ancona 31 – Macerata 31 – Pesaro 90 – Porto Recanati 5

via Solari 3 ✆ 071 970276, iat.loreto@regione.marche.it, Fax 071 970020

Santuario della Santa Casa★★ – Piazza della Madonna★ – Opere del Lotto★ nella pinacoteca M

Pellegrino e Pace

piazza della Madonna 51 – ✆ 071 97 71 06 – info@pellegrinoepace.it – Fax 071 97 82 52 – Chiuso dall'8 gennaio all'11 febbraio

28 cam – 55/63 € 66/78 € – ½ P 47/57 € – **Rist** – *(chiuso da novembre a febbraio e lunedì)* Carta 22/25 €

◆ Situato in posizione centrale nella piazza su cui sorge il Santuario, il piccolo albergo dispone di spazi accoglienti e camere ampie e sobrie. Il ristorante propone piatti semplici che rispettano la cultura gastronomica nazionale.

Andreina

via Buffolareccia 14 – ✆ 071 97 01 24 – info@ristoranteandreina.it – Fax 07 17 50 10 51 – Chiuso dal 20 giugno al 10 luglio e martedì

Rist – Carta 32/43 €

◆ Un ambiente rustico che ospita tre sale ben arredate con tocchi di moderna eleganza, dove è possibile gustare una cucina locale rivisitata ma anche pietanze alla brace.

Vecchia Fattoria con cam

cam,

via Manzoni 19 – ✆ 071 97 89 76 – lavecchiafattoriasrl@virgilio.it – Fax 071 97 89 62 – Chiuso dal 10 gennaio al 4 febbraio

13 cam – 45 € 58 €, 2 € – ½ P 54/65 € – **Rist** – *(chiuso lunedì)* Carta 28/44 €

◆ Un locale di tono classico, molto attento alla ristorazione, presenta piatti tradizionali che spaziano dalle specialità di mare a quelle di terra. La piccola risorsa rustica dispone anche ai piedi del colle Lauretano dispone anche di camere arredate in modo semplice.

LORETO APRUTINO – Pescara (PE) – 563 O23 – 7 669 ab. – alt. 294 m – ✉ 65014

1 **B1**

Roma 226 – Pescara 24 – Teramo 77

Castello Chiola

160,

via degli Aquino 12 – ✆ 08 58 29 06 90 – info@castellochiolahotel.com – Fax 08 58 29 06 77

36 cam – 110/130 € 135/180 € – 4 suites – ½ P 120/125 € – **Rist** – *(chiuso a mezzogiorno)* (prenotazione obbligatoria) Menu 30/38 €

◆ Si respira una romantica atmosfera nelle sale ricche di fascino di un'incantevole, antica residenza medioevale, nella parte panoramica della cittadina; camere raffinate. Elegante ristorante dove apprezzare la tradizionale cucina italiana.

Agriturismo le Magnolie

50,

contrada Fiorano 83, Ovest : 5 km – ✆ 08 58 28 98 04 – lemagnolie@tin.it – Fax 08 58 28 95 34 – Chiuso febbraio

2 cam – 55 70 € – 9 suites – 120 € – ½ P 60 € – **Rist** – ✆ 08 58 28 95 34 *(chiuso sino ad aprile, domenica, mercoledì, i giorni festivi e a mezzogiorno)* Menu 25 € bc

◆ Un casolare del '600, completamente ristrutturato, posizionato al centro di una grande tenuta agricola dove si producono olio, frutta e ortaggi. Clima familiare.

Carmine

contrada Remartello 52, Est : 4,5 km – ✆ 08 58 20 85 53 – kristianferretti@libero.it – Fax 08 58 20 85 53 – Chiuso dal 20 febbraio al 1° marzo, dal 10 al 20 luglio, dal 6 al 20 novembre, martedì a mezzogiorno e lunedì

Rist – Carta 25/47 €

◆ Gestione familiare di grande esperienza per un grazioso locale con veranda, dove gustare piatti di mare a base di ricette tradizionali abruzzesi.

LORNANO – Siena – Vedere Monteriggioni

LORO CIUFFENNA – Arezzo (AR) – 563 L16 – 5 371 ab. – alt. 330 m – ✉ 52024 29 **C2**

Roma 238 – Firenze 54 – Siena 63 – Arezzo 31

XX **Il Cipresso-da Cioni** con cam — rist, P, VISA, AE

via De Gasperi 28 – ✆ 05 59 17 11 27 – gabriele@ilcipresso.it – Fax 05 59 17 20 67 – Chiuso dal 13 al 28 febbraio

23 cam – †35 € ††52 €, ☕ 5 € – ½ P 50/60 € – **Rist** – *(chiuso mercoledì sera e sabato a mezzogiorno)* Carta 27/40 €

◆ Ristorante a gestione familiare generazionale, con camere semplici in stile rustico e due sale rinnovate dove si servono piatti del territorio abbinati a vini di pregio.

LORO PICENO – Macerata (MC) – 563 M22 – 2 519 ab. – alt. 436 m – ✉ 62020 21 **C2**

Roma 248 – Ascoli Piceno 74 – Ancona 73 – Macerata 22

XX **Girarrosto** — VISA

via Ridolfi 4 – ✆ 07 33 50 91 19 – Chiuso due settimane in luglio e mercoledì

Rist – Carta 24/35 €

◆ Nel centro storico di questo paese inerpicato su una collina, un locale dove gustare specialità alla brace servite nel caratteristico ambiente di una sala in mattoni.

LOTZORAI – Nuoro – 566 H10 – Vedere Sardegna alla fine dell'elenco alfabetico

Cosa si nasconde dietro questo simbolo rosso ... un albergo tranquillo, per svegliarsi al canto degli uccelli.

LOVENO – Como – Vedere Menaggio

LOVERE – Bergamo (BG) – 561 E12 – 5 559 ab. – alt. 200 m – ✉ 24065 19 **D1**

Italia

Roma 611 – Brescia 49 – Bergamo 41 – Edolo 57 – Milano 86

piazza 13 Martiri ✆ 035 962178, turismo.lovere@apt.bergamo.it, Fax 035 962525

Lago d'Iseo★

Pisogne★ : affreschi★ nella chiesa di Santa Maria della Neve Nord-Est : 7 km

Continental — cam, AC cam, rist, 80, VISA, AE

viale Dante 3 – ✆ 035 98 35 85 – info@continentalhotel.org – Fax 035 98 36 75

42 cam ☕ – †85 € ††110 € – ½ P 76/82 € – **Rist** – *(chiuso a mezzogiorno)* Menu 21/25 €

◆ In un piccolo centro commerciale, hotel di recente costruzione, vocato a una clientela d'affari; tappeti e comodi divani nei luminosi spazi comuni, camere confortevoli.

Moderno — AC rist, 100, VISA, AE

piazza 13 Martiri 21 – ✆ 035 96 06 07 – info@albergomoderno.bg.it – Fax 035 96 14 51

24 cam – †60/65 € ††80/85 €, ☕ 9 € – ½ P 65/70 € – **Rist** – *(chiuso lunedì escluso dal 15 maggio al 15 settembre)* Carta 30/45 € (+10 %)

◆ Davanti al lungolago, hotel storico recentemente ristrutturato, dalla piacevole facciata rosa che guarda la piazza centrale del paese; camere molto spaziose e funzionali. Accogliente sala da pranzo sobriamente arredata.

X **Mas** — 12/30, VISA

via Gregorini 21 – ✆ 035 98 37 05 – masristoro@tiscali.it – Fax 035 98 37 05 – Chiuso dal 1° al 7 febbraio, dal 15 al 30 giugno e martedì

Rist – Carta 17/39 €

◆ Locale che si divide in quattro salette semplicemente arredate. Le proposte della cucina vanno dai piatti più leggeri del mezzogiorno alla pasta fresca della sera.

LUCCA (LU) – 563 K13 – **81 995 ab.** – **alt. 19 m** – ✉ **55100** *Toscana* 28 **B1**

Roma 348 – Pisa 22 – Bologna 157 – Firenze 74 – Livorno 46 – Massa 45 – Milano 274 – Pistoia 43

piazza Santa Maria 35 ✆ 0583 919931, info@luccaturismo.it, Fax 0583469964

Duomo★★ C – Chiesa di San Michele in Foro★★ : facciata★★ B – Battistero e chiesa dei Santi Giovanni e Raparata★ B **B** – Chiesa di San Frediano★ B – Città vecchia★ BC – Passeggiata delle mura★

Giardini★★ della villa reale di Marlia e parco★★ di villa Grabau per ① : 8 km – Parco★ di villa Mansi e villa Torrigiani★ per ② : 12 km

Piante pagine seguenti

Ilaria e Residenza dell'Alba senza rist 40,
via del Fosso 26 – ✆ 058 34 76 15 – info@hotelilaria.com – Fax 05 83 99 19 61 C **z**
41 cam – 120/150 € 200/230 € – 5 suites
◆ Nelle scuderie di Villa Buonvisi, hotel con strutture all'avanguardia a cui di recente sono state aggiunte undici favolose camere, ricavate da un'attigua chiesa sconsacrata.

Grand Hotel Guinigi cam, cam, rist, 350,
via Romana 1247, per ③ – ✆ 05 83 49 91 – info@grandhotelguinigi.it – Fax 05 83 49 98 00
157 cam – 90/130 € 110/210 € – 11 suites – ½ P 90/130 € – **Rist** – Carta 28/48 €
◆ Albergo moderno ubicato fuori dal centro, ideale per una clientela di lavoro, ma adatto anche al turista di passaggio; ambienti ampi e luminosi, dotati di ogni confort. Colori ambrati e arredi essenziali nella sala da pranzo con colonne e soffitto ad archi.

Celide senza rist 30,
viale Giuseppe Giusti 25 – ✆ 05 83 95 41 06 – info@albergocelide.it – Fax 05 83 95 43 04 D **a**
58 cam – 105/130 € 140/190 €
◆ In comoda posizione, di fronte alle antiche mura, un hotel rinnovato da poco; spazi comuni in stile moderno, camere luminose tutte dotate di postazione Internet.

San Marco senza rist
via San Marco 368, per ① – ✆ 05 83 49 50 10 – info@hotelsanmarcolucca.com – Fax 05 83 49 05 13
42 cam – 70/110 € 100/143 €
◆ Moderno e originale edificio in mattoni che esternamente ricorda quasi una chiesa; all'interno ariosi ambienti in essenziale stile contemporaneo e pavimenti in parquet.

La Luna senza rist
via Fillungo-corte Compagni 12 – ✆ 05 83 49 36 34 – info@hotellaluna.com – Fax 05 83 49 00 21 – Chiuso dal 7 gennaio al 7 febbraio B **u**
29 cam – 82/96 € 112 €, 11 € – 1 suite
◆ A pochi passi dalla celebre piazza dell'Anfiteatro, un albergo ristrutturato negli ultimi anni, con interni non ampi, ma accoglienti e ben tenuti; camere funzionali.

Rex senza rist
piazza Ricasoli 19 – ✆ 05 83 95 54 43 – info@hotelrexlucca.com – Fax 05 83 95 43 48
25 cam – 80 € 120 €, 10 € C **c**
◆ Valida e dinamica gestione diretta in un albergo strategicamente ubicato di fronte alla stazione ferroviaria; all'interno "freschi" ambienti in stile moderno.

Villa Agnese senza rist
viale Agostino Marti 177 – ✆ 05 83 46 71 09 – info@villagnese.it – Fax 05 83 46 40 48
8 cam – 110/150 € 160/210 € C **b**
◆ Qualità della ristrutturazione e gusto negli arredi, questi i pregi principali della piccola villa liberty ubicata lungo le mura cittadine, a pochi minuti a piedi dal centro.

Stipino senza rist
via Romana 95, per ③ – ✆ 05 83 49 50 77 – hotel_stipino@libero.it – Fax 05 83 49 03 09
20 cam – 45/50 € 65/72 €, 5 €
◆ A poche centinaia di metri dalle antiche mura, struttura semplice, dall'ambiente familiare; spazi comuni in stile, con colori decisi alle pareti e camere personalizzate.

LUCCA

Via	Quadrato	N.
Anfiteatro (Pza dell')	C	2
Angeli (V. degli)	B	3
Antelminelli (Pza)	C	4
Asili (V. degli)	B	5
Battisti (V. C.)	B	7
Beccheria (V.)	B	8
Bernardini (Pza dei)	C	9
Boccherini (Pza L.)	A	10
Cadorna (Viale)	D	12
Calderia (V.)	B	13
Cataiani (V.)	A	15
Civitali (V. M.)	C	17
Fillungo (V.)	BC	
Fratta (V. della)	C	18
Garibaldi (Cso)	AB	20
Giglio (Pza del)	B	21
Guinigi (V.)	C	22
Indipendenza (Pza dell')	B	23
Mordini (V. A.)	C	24
Napoleone (Pza)	B	25
Pascoli (Viale)	B	26
Portico (V. del)	C	27
Quarquonia (V. della)	D	28
Repubblica (Viale)	B	29
Risorgimento (Pzale)	B	30
Roma (V.)	B	31
Servi (Pza dei)	C	42
S. Andrea (V.)	C	32
S. Gemma Galgani (V.)	C	33
S. Giorgio (V.)	B	34
S. Giovanni (Pza)	B	35
S. Martino (Pza)	B	36
S. Michele (Pza)	C	38
S. Pietro (Pza)	C	40
Varanini (Pza L.)	D	43
Verdi (Pzale G.)	A	45
Vittorio Emanuele II (V.)	AB	47
Vittorio Veneto (Via)	B	50

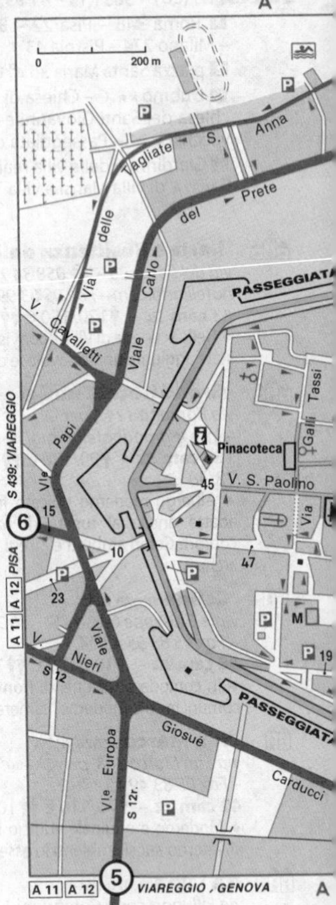

San Martino senza rist
via Della Dogana 9 – ✆ 05 83 46 91 81 – info@albergosanmartino.it – Fax 05 83 99 19 40 Bm
9 cam – ♦80/110 € ♦♦100/130 €
◆ Albergo situato in pieno centro storico, nelle vicinanze del Duomo; camere con arredi curati e complete di ogni confort. La prima colazione può essere consumata in veranda.

Piccolo Hotel Puccini senza rist
via di Poggio 9 – ✆ 058 35 54 21 – info@hotelpuccini.com – Fax 058 35 34 87 B c
14 cam – ♦62 € ♦♦88 €, 4 €
◆ Cortese ospitalità in un albergo all'interno di un palazzo nel cuore della città, con ambienti non molto spaziosi, ma dalla tenuta impeccabile; sobrie ed essenziali le camere.

A Palazzo Busdraghi senza rist
via Fillungo 170 – ✆ 05 83 95 08 56 – info@apalazzobusdraghi.it – Fax 05 83 40 96 71 C d
7 cam – ♦130/160 € ♦♦200/230 €
◆ Un locale di grande eleganza, ricavato nell'omonimo palazzo che si affaccia sul corso principale del centro, offre ambienti luminosi con arredo d'epoca ed accessori moderni.

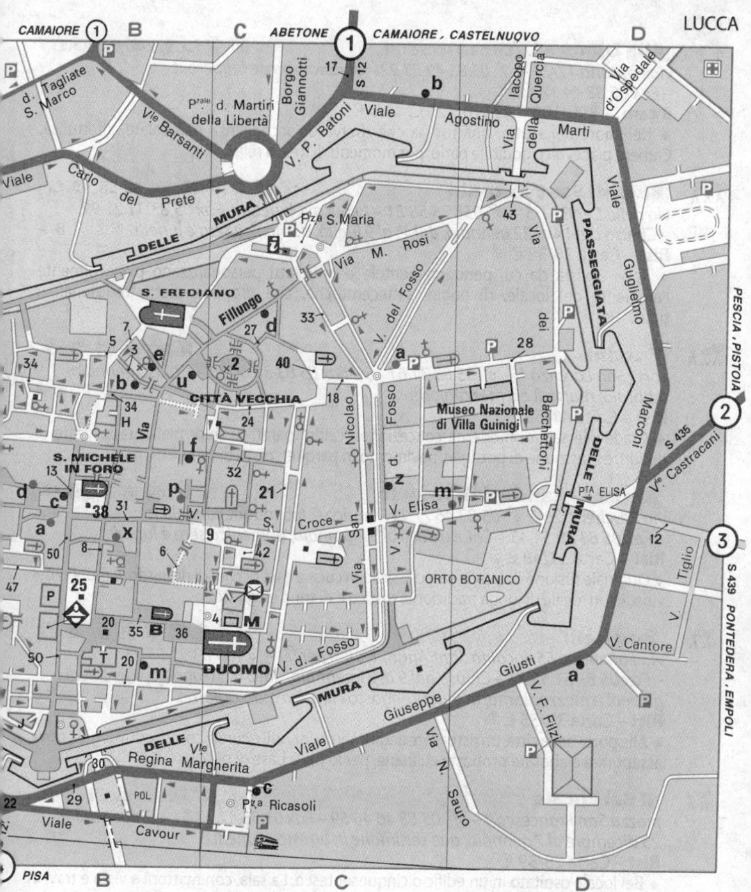

Alla Corte degli Angeli senza rist
via degli Angeli 23 – ✆ 05 83 46 92 04 – info@allacortedegliangeli.com – Fax 05 83 99 19 89 B b
6 cam – †90/130 € ††130/150 €, ☕ 8 € – 1 suite
◆ Ambienti di fascino, dotati di ottimi confort: davvero un piccolo angolo di paradiso, nel cuore del centro storico, a due passi dalla celebre piazza dell'Anfiteatro.

Villa Romantica senza rist
via Barbantini 246, località Stadio, 0,5 km per via Castracani – ✆ 05 83 49 68 72 – info@villaromantica.it – Fax 05 83 95 76 00 – Chiuso una settimana in febbraio e una settimana in dicembre D
6 cam ☕ – †98 € ††130 €
◆ Il nome è già un'eloquente presentazione per questa bella villa d'inizio secolo: piacevoli interni personalizzati e un grande giardino, per passeggiate poetiche.

La Romea senza rist
vicolo delle Ventaglie 2 – ✆ 05 83 46 41 75 – info@laromea.com – Fax 05 83 47 12 80 B f
5 cam ☕ – †90/110 € ††110/130 €
◆ Al primo piano di un antico palazzo del centro storico, cinque belle camere, arredate con mobilio d'antiquariato. Molto gradevole anche la zona soggiorno e la sala colazioni.

Alla Dimora Lucense senza rist
via Fontana 17/21 – ✆ 05 83 49 57 22 – dimoralucense@libero.it – Fax 05 83 44 12 10 B **e**
8 cam – †90/100 € ††110/125 €, ☕ 9 €
◆ Nel cuore della città, una risorsa che riserva un'accoglienza particolare, affettuosa. Camere piacevoli e godibile patio, per momenti di fresco relax.

Buca di Sant'Antonio 10/20,
via della Cervia 1/5 – ✆ 058 35 58 81 – la.buca@lunet.it – Fax 05 83 31 21 99 – Chiuso dal 14 al 22 gennaio, dal 1° al 9 luglio, domenica sera e lunedì B **a**
Rist – Carta 30/38 €
◆ Travi a vista da cui pendono pentole e prosciutti personalizzano piacevolmente l'ambiente del locale, di origini settecentesche, che propone piatti tradizionali e tipici.

Puccini
corte San Lorenzo 1 – ✆ 05 83 31 61 16 – Fax 05 83 31 60 31 – Chiuso gennaio, febbraio, martedì e a mezzogiorno B **d**
Rist – Carta 41/53 €
◆ Gradevole sala di moderna concezione: "calde" pareti di color giallo, tappezzate di quadri, esposizione di bottiglie, pavimento in parquet; piatti di terra e di mare.

Antica Locanda dell'Angelo
via Pescheria 21 – ✆ 05 83 46 77 11 – antica@locandadellangelo.it – Fax 05 83 49 54 45 – Chiuso dal 6 al 31 gennaio, domenica sera e lunedì
Rist – Carta 37/48 € B **x**
◆ Originale fusione di creatività e classicità in cucina e un occhio di riguardo al mondo del vino, in un locale di lunga tradizione, rustico e di tono elegante.

Botticelli
via Sarzanese 55, località Sant'Anna, 1,5 km per ⑥ – ✆ 05 83 51 55 71 – Fax 05 83 51 55 71 – Chiuso dal 9 al 21 gennaio, dal 6 al 30 agosto, mercoledì e giovedì a mezzogiorno, in giugno-agosto chiuso a mezzogiorno
Rist – Carta 39/55 €
◆ Alle porte della città, un ristorante dagli interni signorili e curati, con arredi in legno, dove assaporare elaborate proposte culinarie, per lo più a base di pesce.

Il Bel Locale
piazza San Francesco 1 – ✆ 05 83 46 46 59 – Fax 05 83 47 11 61 – Chiuso dal 23 dicembre al 7 gennaio, due settimane in agosto e lunedì C **a**
Rist – Carta 28/39 €
◆ Bel locale ospitato in un edificio cinquecentesco. La sala, con mattoni a vista e travi in legno, è accogliente così come lo spazio esterno riservato al servizio estivo.

Damiani
viale Europa 797/a, 0,5 km per ⑤ – ✆ 05 83 58 34 16 – info@ristorantedamiani.it – Fax 05 83 31 27 05 – Chiuso quindici giorni in agosto
Rist – Carta 42/56 €
◆ Locale di taglio moderno molto apprezzato dalla clientela d'affari, vista anche la comoda ubicazione nei pressi dell'uscita autostradale. Dalla cucina il mare in tavola.

All'Olivo 18/20,
piazza San Quirico 1 – ✆ 05 83 49 62 64 – info@ristoranteolivo.it – Fax 05 83 49 31 29 – Chiuso febbraio e mercoledì (escluso da luglio a settembre) B **p**
Rist – Carta 39/75 €
◆ In una delle caratteristiche piazze del centro storico, un ristorantino che propone cucina del territorio di terra e di mare e un servizio in veranda davvero piacevole.

Agli Orti di Via Elisa
via Elisa 17 – ✆ 05 83 49 12 41 – info@ristorantegliorti.it – Fax 05 83 95 80 37 – Chiuso dal 10 al 23 luglio, mercoledì e a mezzogiorno CD **m**
Rist – Carta 20/25 €
◆ Un locale giovane nella gestione e nelle proposte, con due ampie sale in cui gustare una linea gastronomica tradizionale, ma anche pizze (solo alla sera).

sulla strada statale 12 r A

Locanda l'Elisa
via Nuova per Pisa Sud : 4,5 km ✉ 55050 Massa Pisana – ✆ 05 83 37 97 37 – info@locandalelisa.it – Fax 05 83 37 90 19 – Chiuso gennaio
2 cam – 🚹250 € 🚹🚹300 €, ☕ 15 € – 8 suites – 🚹🚹340/390 €
Rist Gazebo – vedere selezione ristoranti
◆ Splendida villa ristrutturata ai primi dell'800, immersa in un lussureggiante giardino ombreggiato con piscina; spazi interni di rara eleganza, ornati con mobili d'epoca.

Villa la Principessa rist, 90, P
via Nuova per Pisa 1616 Sud : 4,5 km ✉ 55050 Massa Pisana – ✆ 05 83 37 00 37 – info@hotelprincipessa.com – Fax 05 83 37 91 36 – Marzo-ottobre
41 cam ☕ – 🚹160/210 € 🚹🚹220/290 € – 2 suites – **Rist** – *(chiuso a mezzogiorno e martedì)* Carta 46/56 €
◆ Soggiorno principesco nel raffinato lusso di un'antica dimora originaria del 1300 (fu la corte di Castruccio Castracani), abbracciata da un magnifico parco con piscina. Eleganza e cura della tavola sotto le volte ad arco della suggestiva sala ristorante.

Villa San Michele senza rist P
località San Michele in Escheto Sud : 4 km ✉ 55050 Massa Pisana – ✆ 05 83 37 02 76 – info@hotelvillasanmichele.it – Fax 05 83 37 02 77 – Aprile-novembre
22 cam – 🚹100/155 € 🚹🚹130/195 €, ☕ 12 €
◆ Un'oasi di tranquillità: villa settecentesca con un parco ombreggiato di piante secolari; all'interno un felice sposalizio di colori caldi abbellito da arredi in stile.

Villa Marta cam, P
via del Ponte Guasperini 873, località San Lorenzo a Vaccoli Sud : 5,5 km – ✆ 05 83 37 01 01 – info@albergovillamarta.it – Fax 05 83 37 99 99 – Chiuso da gennaio all'8 febbraio
11 cam ☕ – 🚹135 € 🚹🚹150/180 € – **Rist** – (solo per alloggiati) Carta 30/40 € (+10 %)
◆ Dimora di caccia ottocentesca, immersa nella placida campagna lucchese, avvolta da un parco dove rilassarsi a bordo piscina. Camere moderne, ma dal sapore antico.

Gazebo – Hotel Locanda l'Elisa P
via Nuova per Pisa Sud : 4,5 km ✉ 55050 Massa Pisana – ✆ 05 83 37 97 37 – locanda.elisa@lunet.it – Fax 05 83 37 90 19 – Chiuso gennaio e domenica
Rist – Carta 60/88 €
◆ Ambiente raffinato all'interno dell'originale gazebo circondato dal grande, rigoglioso parco: una sala che sembra una bomboniera, dove gustare una cucina fantasiosa.

La Cecca 15/20, P
località Coselli Sud : 5 km ✉ 55060 Capannori – ✆ 058 39 42 84 – info@lacecca.it – Fax 05 83 94 88 19 – Chiuso dal 1° al 10 gennaio, una settimana in agosto, lunedì e mercoledì sera
Rist – Carta 26/34 €
◆ Antica trattoria di campagna di tono elegante, che mantiene le caratteristiche originali dopo la recente ristrutturazione; saporite proposte di genuina cucina casalinga.

sulla strada statale 12 B

Mecenate
via della Chiesa 707, località Gattaiola, 2 km per via Nieri ✉ 55050 Gattaiola – ✆ 05 83 51 21 67 – Fax 05 83 51 21 67 – Chiuso dal 5 al 20 novembre, una settimana in gennaio e lunedì A
Rist – Carta 31/43 €
◆ Tra le verdi colline che incorniciano la città, trattoria a cordiale gestione familiare, dall'ambiente semplice e dignitoso; piatti della tradizione e del luogo.

ad Arsina per ① : 5 km – ✉ 55100 – Lucca

Villa Alessandra senza rist colline e dintorni, P
via Arsina 1100/b – ✆ 05 83 39 51 71 – villa.ale@mailcity.com – Fax 05 83 39 58 28
6 cam ☕ – 🚹🚹125/135 €
◆ Splendida villa del 1700 in collina, circondata da oliveti e vigne, abbellita da un giardino fiorito con piscina; raffinati interni in stile per un soggiorno esclusivo.

a Carignano per ① : 5 km – ✉ 55100

Carignano

via per Sant'Alessio 3680 – ✆ 05 83 32 96 18 – info@hotelcarignano.it – Fax 05 83 32 98 48

26 cam – 67/98 € 78/145 € – ½ P 51/88 €

Rist La Cantina di Carignano – vedere selezione ristoranti

◆ Sorge in posizione tranquilla questo albergo di taglio moderno e recente costruzione, che offre ariosi e lineari spazi comuni; camere funzionali, ampie e molto luminose.

La Cantina di Carignano – Hotel Carignano

via per Sant'Alessio 3680 – ✆ 058 35 90 30 – cantinadicarignano@tiscali.it – Fax 05 83 32 79 68 – Chiuso giovedì

Rist – Carta 24/26 €

◆ Ambiente caratteristico in una trattoria rustica: travi a vista, bianche pareti ornate di oggetti dell'arte venatoria, esposizione di bottiglie; piatti locali e pizze.

a Marlia per ① 6 km – ✉ 55014

Butterfly

strada statale 12 dell'Abetone – ✆ 05 83 30 75 73 – info@ristorantebutterfly.it – Fax 05 83 30 75 73 – Chiuso mercoledì e a mezzogiorno escluso domenica e i giorni festivi

Rist – (consigliata la prenotazione) Carta 40/52 €

◆ Un nome molto conosciuto in zona che dal 2002 ha trovato una nuova collocazione, un bel casale dall'ambiente signorile. Il servizio è semplice ma la cucina può sorprendere.

a Capannori per ③ : 6 km – ✉ 55012

Le Ville senza rist

viale Europa 154, a Lammari – ✆ 05 83 96 34 11 – info@hotelleville.it – Fax 05 83 96 34 96

23 cam – 70/99 € 100/155 €, 10 €

◆ Hotel moderno di realizzazione molto recente, adatto a una clientela d'affari, ma anche turistica; piacevoli interni ariosi e vivaci, con confort dell'ultima generazione.

Forino

via Carlo Piaggia 21 – ✆ 05 83 93 53 02 – rforino@iol.it – Fax 05 83 93 53 02 – Chiuso dal 26 dicembre al 2 gennaio, dal 14 al 28 agosto, domenica sera e lunedì

Rist – Carta 36/52 €

◆ Simpatica e competente gestione diretta in un ristorante semplice, rinomato nella zona per la sua cucina di mare sapientemente elaborata, con uso di materie prime scelte.

a Ponte a Moriano per ① : 9 km – ✉ 55029

La Mora (Brunicardi)

via Sesto di Moriano 1748, a Sesto di Moriano Nord-Ovest : 1,5 km – ✆ 05 83 40 64 02 – info@ristorantelamora.it – Fax 05 83 40 61 35 – Chiuso dal 1° al 12 gennaio, dal 14 al 26 giugno e mercoledì

Rist – Carta 34/52 €

Spec. Tortino di polpo con patate e olive. Tortelli di polenta. Tonno di maiale con purea di cannellini.

◆ Locale storico rinnovato nel tempo, ora si cena in sale classiche o con elementi più rustici con specialità regionali, carne anche di cacciaggione e piatti di pesce.

Antica Locanda di Sesto

via Lodovica 1660, a Sesto di Moriano Nord-Ovest : 2,5 km – ✆ 05 83 57 81 81 – info@anticalocandadisesto.it – Fax 05 83 57 91 03 – Chiuso dal 24 al 31 dicembre, Pasqua, agosto e sabato

Rist – Carta 27/49 €

◆ Simpatica e calorosa gestione familiare in una vecchia locanda storica che ha saputo conservare autenticità e genuinità, riproposte in gustosi piatti regionali.

a Pieve Santo Stefano per ⑥ : 9 km – ✉ 52036 – PIEVE SANTO STEFANO

Vipore
località Pieve Santo Stefano 4469 – ✆ 05 83 39 40 65 – Fax 05 83 39 40 65 – Chiuso lunedì e a mezzogiorno escluso sabato-domenica
Rist – Carta 29/37 €
♦ Tra i "morbidi" pendii del paesaggio vicino a Lucca, ristorante dall'ambiente essenziale in cui gustare saporite e genuine specialità tipiche; servizio estivo all'aperto.

a Segromigno in Monte per ① : 10 km – ✉ 55018 – SEGROMIGNO IN MONTE

Fattoria Mansi Bernardini rist,
via di Valgiano 34, Ovest : 3 km – ✆ 05 83 92 17 21 – fmbsas@tin.it – Fax 05 83 92 97 01
10 cam – 100 € 130 € – **Rist** – (prenotazione obbligatoria) (solo per alloggiati) Menu 30/35 €
♦ Grande e bella azienda agricola, camere spaziose e confortevoli, inserite in un contesto assolutamente rilassante, nel verde della campagna. Ristorante riservato agli ospiti.

a Cappella per ① : 10 km – ✉ 55100

La Cappella senza rist ← colline e dintorni,
via dei Tognetti 469, località Ceccuccio – ✆ 05 83 39 43 47 – lacappella@lacappellalucca.it – Fax 05 83 39 58 70
4 cam – 90 € 120 € – 1 suite
♦ Un antico convento, a lungo abbandonato, oggi rinato come accogliente e signorile rifugio per chi è a caccia di tranquillità. Bella piscina, escursioni organizzate.

LUCERA – Foggia (FG) – 564 C28 – 35 093 ab. – alt. 240 m – ✉ 71036 Italia 26 **A2**

Roma 345 – Foggia 20 – Bari 150 – Napoli 157

Castello★ – Museo Civico: statua di Venere★

Sorriso senza rist 40,
viale Raffaello-Centro Incom – ✆ 08 81 54 03 06 – hotelsorriso@tiscali.it – Fax 08 81 53 05 65
26 cam – 60/65 € 90/95 €
♦ Giovane e intraprendente gestione in questo hotel recente, costantemente aggiornato. Gli ambienti comuni, come le camere, sono arredati con cura e gusto.

Gran lusso o stile informale?
I X e i indicano il livello di comfort.

LUCRINO – Napoli – Vedere Pozzuoli

LUGANA – Brescia – Vedere Sirmione

LUGHETTO – Venezia – Vedere Campagna Lupia

LUGO – Ravenna (RA) – 562 I17 – 31 785 ab. – alt. 15 m – ✉ 48022 9 **C2**

Roma 385 – Bologna 61 – Ravenna 32 – Faenza 19 – Ferrara 62 – Forlì 31 – Milano 266

Ala d'Oro 200,
corso Matteotti 56 – ✆ 054 52 23 88 – info@aladoro.it – Fax 054 53 05 09
40 cam – 50/68 € 81/114 € – **Rist** – *(chiuso dal 20 luglio al 31 agosto, venerdì e a mezzogiorno escluso i giorni festivi)* Carta 27/39 €
♦ All'interno di un palazzo nobiliare del '700, nel cuore della città, camere in stile con arredi d'epoca nel corpo principale, moderne nella nuova ala dell'edificio. Sala da pranzo con arredi essenziali di tono elegante.

San Francisco senza rist
via Amendola 14 – 054 52 23 24 – info@sanfranciscohotel.it – Fax 054 53 24 21 – Chiuso dal 23 dicembre al 1° gennaio e dal 5 al 26 agosto
25 cam – 75 € 96 € – 3 suites
◆ Interni arredati con design anni '70, dove l'essenzialità non è mancanza del superfluo, ma capacità di giocare con linee e volumi per creare confortevole piacevolezza.

XX **Antica Trattoria del Teatro**
vicolo del Teatro 6 – 054 53 51 64 – Fax 05 45 36 93 33 – Chiuso agosto, lunedì, anche domenica in estate
Rist – Carta 23/42 €
◆ Proprio di fianco al teatro comunale questa accogliente trattoria a conduzione familiare dove gusterete piatti di cucina locale. Originale carta dei caffè.

X **I Tre Fratelli** 15,
via Di Giù 56, Nord : 1 km – 054 52 33 28 – arflavi@libero.it – Fax 05 45 21 80 49 – Chiuso lunedì e dal 15 al 30 agosto
Rist – Carta 18/25 €
◆ Realmente gestito da tre fratelli e dalle rispettive famiglie, ristorante classico in curato stile contemporaneo, fuori dal centro; cucina locale e paste fatte in casa.

LUINO – Varese (VA) – 561 E8 – 14 149 ab. – alt. 202 m – 21016 — 16 A2

Roma 661 – Stresa 73 – Bellinzona 40 – Lugano 23 – Milano 84 – Novara 85 – Varese 28

via Piero Chiara 1 0332 530019, Fax 0332 530019

Camin Hotel Luino 30,
viale Dante 35 – 03 32 53 01 18 – caminlui@tin.it – Fax 03 32 53 72 26 – Chiuso dal 21 dicembre al 1° febbraio
13 cam – 130 € 165 € – 4 suites – ½ P 116 € – **Rist** – *(chiuso dicembre, gennaio, lunedì e a mezzogiorno escluso mercoledì edomenica)* Carta 46/64 €
◆ Atmosfera romantica in una bella villa d'epoca, in centro e sul lungolago, cinta da un piacevole giardino; confortevoli e raffinati interni in stile, con decori liberty. Si respira aria d'altri tempi nell'elegante sala da pranzo rischiarata da grandi finestre.

a Colmegna Nord : 2,5 km – 21016 – Luino

Camin Hotel Colmegna
via Palazzi 1 – 03 32 51 08 55 – camincol@tin.it – Fax 03 32 50 16 87 – Marzo-ottobre
24 cam – 80/97 € 130/140 € – ½ P 97/102 € – **Rist** – Carta 39/51 €
◆ Villa d'epoca in splendida posizione panoramica, circondata da un ameno parco in riva al lago; camere confortevoli, per un soggiorno piacevole e rilassante. Gradevole terrazza sul lago per il servizio estivo del ristorante.

LUMARZO – Genova (GE) – 561 I9 – 1 527 ab. – alt. 353 m – 16024 — 15 C2

Roma 491 – Genova 24 – Milano 157 – Rapallo 27 – La Spezia 93

a Pannesi Sud-Ovest : 4 km – alt. 535 m – 16024 – Lumarzo

XX **Fuoco di Bosco**
via Provinciale 235 – 018 59 40 48 – Chiuso dal 6 gennaio al 15 marzo e giovedì
Rist – Carta 24/37 €
◆ Un ambiente rustico ma di tono elegante, dispone di una saletta con camino e una veranda che si affaccia sul bosco dove assaporare specialità ai funghi e alla brace.

LUSERNA – Trento (TN) – 562 E15 – 296 ab. – alt. 1 333 m – 38040 — 31 C3

Roma 590 – Trento 52 – Bolzano 103 – Verona 110 – Vicenza 83

X **Montana**
via Cima Nora 31 – 04 64 78 97 04 – Chiuso dal 10 al 25 giugno e giovedì
Rist – Carta 19/33 €
◆ Una piccola trattoria a conduzione familiare arredata con una panca che corre lungo le pareti e pochi tavoli ai quali gustare una cucina di tradizione casalinga.

LUSIA – Rovigo (RO) – 562 G16 – 3 603 ab. – alt. 12 m – ✉ 45020 35 B3

Roma 461 – Padova 47 – Ferrara 45 – Rovigo 12 – Venezia 85

in prossimità strada statale 499

Trattoria al Ponte 8/20,

via Bertolda 27, località Bornio Sud : 3 km ✉ 45020 – ✆ 04 25 66 98 90 – info@trattoriaalponte.it – Fax 04 25 65 01 61 – Chiuso agosto e lunedì

Rist – Carta 21/29 €

◆ Una grande casa nel verde, dove sarete accolti con cordialità: una sala in stile essenziale di taglio moderno dove provare piatti del territorio; salone per banchetti.

LUSIANA – Vicenza (VI) – 562 E16 – 2 895 ab. – alt. 752 m – ✉ 36046 35 B2

Roma 562 – Padova 68 – Venezia 104 – Verona 97 – Vicenza 39

Valle dei Mulini

via Valle di Sopra 11, Sud-Ovest: 7 km – ✆ 04 24 40 73 72 – valle.mulini@libero.it – Fax 04 24 40 73 72 – Chiuso dal 10 al 20 gennaio, al 15 agosto al 5 settembre, a mezzogiorno escluso la domenica

Rist – (consigliata la prenotazione) Carta 35/48 €

◆ Simpatica e accogliente trattoria dove la conduzione familiare vi guiderà alla scoperta dei piatti tipici della tradizione locale. Interessante selezione di formaggi.

LUTAGO = LUTTACH – Bolzano – Vedere Valle Aurina

MACERATA P (MC) – 563 M22 – 41 831 ab. – alt. 311 m – ✉ 62100 21 C2

Roma 256 – Ancona 51 – Ascoli Piceno 92 – Perugia 127 – Pescara 138

piazza della Libertà 12 ✆ 0733 234807, iat.macerata@regione.marche.it, Fax 0733 234487

Claudiani senza rist 80,

vicolo Ulissi 8 – ✆ 07 33 26 14 00 – info@hotelclaudiani.it – Fax 07 33 26 13 80

37 cam – †100 € ††137 €, 12 € – 1 suite

◆ Un blasonato palazzo del centro storico che nei suoi interni offre agli ospiti sobria, ovattata eleganza e raffinate atmosfere del passato, rivisitate in chiave moderna.

Le Case cam, 150,

contrada Mozzavinci 16/17, Nord-Ovest : 6 km – ✆ 07 33 23 18 97 – ristorantelecase@tin.it – Fax 07 33 26 89 11 – Chiuso dal 7 al 31 gennaio e dal 9 al 23 agosto

14 cam – †90 € ††125 € – 1 suite

Rist L'Enoteca – vedere selezione ristoranti

Rist – *(chiuso domenica sera e lunedì)* Carta 23/44 €

◆ L'ombra dei cipressi conduce ad un suggestivo complesso rurale del X sec. Eleganza e buon gusto fanno da cornice a soggiorni di classe, immersi nella pace della campagna. Simpatico e valido ristorante con cucina del territorio.

Arcadia senza rist

via Padre Matteo Ricci 134 – ✆ 07 33 23 59 61 – info@harcadia.it – Fax 07 33 23 59 62

28 cam – †45/60 € ††60/90 €

◆ Nei pressi del Teatro e dell'Università, frequentato da artisti e accademici, propone accoglienti stanze di varie tipologie, alcune dotate anche di angolo cottura.

L'Enoteca – Hotel Le Case 18,

contrada Mozzavinci 16/17, nord-Ovest : 6 km – ✆ 07 33 23 18 97 – ristorantelecase@tin.it – Fax 07 33 26 89 11 – Chiuso dal 7 al 31 gennaio, due settimane in agosto, domenica, lunedì e a mezzogiorno

Rist – Carta 47/54 €

Spec. Sandwich di triglie e piedino di porco. Uovo solido fuori e liquido dentro con zuppetta di pesce crudo e cotto. Pere cotte con salsa al caramello, granita di menta e crema di yogurt.

◆ Al ristorante viene proposta una curata cucina con specialità locali elaborate con creatività. Ambiente caldo e confortevole, adatto ad ogni occasione.

sulla strada statale 77 Nord : 4 km

Recina rist, 40,

località Vallecascia 40 – 07 33 59 86 39 – info@recinahotel.it – Fax 07 33 59 89 64 – Chiuso dal 24 dicembre al 7 gennaio

59 cam – 65/100 € 80/120 € – ½ P 60/85 €

Rist *Arlecchino* – Carta 26/41 €

♦ Lungo la statale, hotel recentemente ristrutturato in base alle esigenze della clientela d'affari. Arredi di gusto moderno ma con tocchi di classicità, spazi abbondanti.

MACERATA FELTRIA – **Pesaro e Urbino (PU) – 563** K19 – **2 010 ab. – alt. 321 m –** ✉ 61023 20 **A1**

Roma 305 – Rimini 48 – Ancona 145 – Arezzo 106 – Perugia 139 – Pesaro 46

Pitinum rist,

via Matteotti 16 – 072 27 44 96 – info@pitinum.com – Fax 07 22 72 90 56 – Chiuso da novembre al 15 dicembre

20 cam – 52 €, 3 € – ½ P 46 € – **Rist** – *(chiuso lunedì)* Carta 23/36 €

♦ Pavimenti in parquet e arredi semplici di tonalità chiara, per concludere al meglio una giornata alle vicine terme o per meno rilassanti impegni di lavoro. Sapori locali o di respiro nazionale nella sala d'impostazione classica.

MACUGNAGA – **Verbano-Cusio-Ossala (VB) – 561** E5 – **646 ab. – alt. 1 327 m – Sport invernali :** ***1 327/3 000 m*** ***2*** ***8,*** – ✉ **28876** 22 **B1**

Roma 716 – Aosta 231 – Domodossola 39 – Milano 139 – Novara 108 – Orta San Giulio 65 – Torino 182

frazione Staffa, piazza Municipio 6 0324 65119, macugnaga@distrettolaghi, Fax 0324 65775

Alpi

frazione Borca 243 – 032 46 51 35 – hotelalpiborca@tiscali.it – Fax 032 46 51 35 – Chiuso dal 1° al 19 ottobre

13 cam – 43 € 76 €, 8 € – ½ P 68 € – **Rist** – Carta 20/31 €

♦ In fondo alla Valle Anzasca e ai piedi del Monte Rosa, una risorsa ben gestita, semplice e perfettamente in linea con la sobrietà dello spirito di montagna più autentico.

MADDALENA (Arcipelago della) – **Sassari** – 566 D10 – **Vedere Sardegna alla fine dell'elenco alfabetico**

MADERNO – **Brescia – Vedere ToscolanoMaderno**

MADESIMO – **Sondrio (SO) – 561** C10 – **587 ab. – alt. 1 536 m – Sport invernali :** ***1 550/2 948 m*** ***3,*** ***9,*** – ✉ **23024** 16 **B1**

Roma 703 – Sondrio 80 – Bergamo 119 – Milano 142 – Passo dello Spluga 15

via alle Scuole 27 0343 53015, infomadesimo@provincia.so.it, Fax 0343 53782

Strada del passo dello Spluga★★ : tratto Campodolcino-Pianazzo★★★ Sud e Nord

Andossi rist, 25,

via A. De Giacomi 45 – 034 35 70 00 – info@hotelandossi.com – Fax 034 35 45 36 – Dicembre-Pasqua e luglio-agosto

44 cam – 70/80 € 120/150 € – ½ P 80/130 € – **Rist** – *(chiuso a mezzogiorno da dicembre a Pasqua)* Carta 30/50 €

♦ Hotel di tradizione non lontano dal centro, completamente ristrutturato; ambienti in stile montano di taglio moderno e camere semplici, ma funzionali; centro benessere.

Emet

via Carducci 28 – 034 35 33 95 – emet@hotel-emet.com – Fax 034 35 33 03 – Dicembre-1° maggio e luglio-agosto

39 cam – 90/130 € 100/160 €, 13 € – ½ P 70/125 € – **Rist** – Menu 28/35 €

♦ Interni di buon livello che, con eleganza, contribuiscono a creare un'atmosfera ovattata e silenziosa. In ottima posizione: centrale, ma vicino alle piste da sci. Sala ristorante d'impostazione classica.

La Meridiana rist, **P** VISA AE
via Carducci 8 – ✆ 034 35 31 60 – info@hotel-lameridiana.com – Fax 034 35 46 32 – Dicembre-aprile e 15 giugno-15 settembre
25 cam – 50/65 € 80/140 €, 14 € – ½ P 135 €
Rist ***1945*** – *(chiuso a mezzogiorno)* Carta 25/39 €
◆ Sulle piste, caratteristico hotel di montagna, con arredi tipici. Un'accogliente baita per godere appieno delle bellezze naturali della zona. Bel giardino-solarium estivo. Ristorante di medie dimensioni, terrazza per i mesi estivi.

Il Cantinone e Sport Hotel Alpina con cam **P** VISA AE
via A. De Giacomi 39 – ✆ 034 35 61 20 – info@sporthotelalpina.it – Fax 034 35 45 36 – Luglio-15 settembre e dicembre -15 aprile
8 cam – 130/170 € – ½ P 85/120 € – **Rist** – *(chiuso a mezzogiorno escluso sabato, domenica e i giorni festivi)* Carta 33/42 €
◆ Locale elegante con belle camere e una sala da pranzo d'impostazione classica, "riscaldata" dall'ampio uso del legno; piccolo, ma attrezzato centro benessere.

a Pianazzo Ovest : 2 km – ✉ 23020

Bel Sit con cam rist, **P** VISA AE
via Nazionale 19 – ✆ 034 35 33 65 – belsitalbergo@libero.it – Fax 034 35 36 34 – Chiuso dal 9 al 26 dicembre
10 cam – 40/60 € 50/60 €, 8 € – ½ P 45/70 € – **Rist** – *(chiuso giovedì)* Carta 22/36 €
◆ Ristorante ubicato lungo una strada di passaggio, presenta ambienti di estrema semplicità. Noto in zona per la cucina tradizionale, con ampio utilizzo di selvaggina.

MADONNA DELL'OLMO – Cuneo – Vedere Cuneo

MADONNA DEL MONTE – Massa Carrara – Vedere Mulazzo

MADONNA DI BAIANO – Perugia – 563 N20 – Vedere Spoleto

MADONNA DI CAMPIGLIO – Trento (TN) – 562 D14 – alt. 1 522 m – Sport invernali : *1 500/2 500 m* 5 14, – ✉ 38084 *Italia* 30 **B2**

Roma 645 – Trento 82 – Bolzano 88 – Brescia 118 – Merano 91 – Milano 214
via Pradalago 4 ✆ 0465 447501, info@campiglio.to, Fax 0465 440404
Carlo Magno, Nord : 2,5 km a Campo Carlo Magno, ✆ 0465 42 06 22.
Località★★
Massiccio di Brenta★★★ Nord per la strada S 239

Lorenzetti 40, **P** VISA AE
viale Dolomiti di Brenta 119, Sud : 1,5 km – ✆ 04 65 44 14 04 – hotellorenzetti@hotellorenzetti.com – Fax 04 65 44 06 88 – Dicembre-aprile e giugno-settembre
48 cam – 105/125 € 180/210 € – ½ P 110/130 €
Rist – Carta 27/41 €
◆ Sarete coccolati e viziati come non mai in questa struttura calda e accogliente, in cui buon gusto e cura dei particolari si uniscono a servizio e confort di livello. Per una cena di classe, in un ambiente tipicamente trentino.

Alpen Suite Hotel 30, VISA AE
viale Dolomiti di Brenta 84 – ✆ 04 65 44 01 00 – info@alpensuitehotel.it – Fax 04 65 44 04 09 – Dicembre-Pasqua e 25 giugno-25 settembre
28 suites – 195/495 € 260/660 € – ½ P 130/330 €
Rist – Carta 40/65 €
◆ Albergo di recente realizzazione, offre suite dall'arredo ligneo opportunamente abbinato a tessuti pregiati, moderne dotazioni tecnologiche ed un esclusivo centro benessere.

Gianna

via Vallesinella 16 – 04 65 44 11 06 – hotelgianna@hotelgianna.it – Fax 04 65 44 07 75 – Dicembre-Pasqua e 20 giugno-settembre

26 cam – 88/205 € 150/370 € – 2 suites – **Rist** – *(chiuso a mezzogiorno)* (prenotare) Carta 32/51 €

◆ Hotel dalla lunga storia completamente ristrutturato e riaperto nel 2004. Ambienti accoglienti e ricchi di personalità, camere per ogni esigenza, centro benessere completo. Il ristorante include una caratteristica stube.

Bio-Hotel Hermitage — cime del Brenta, rist, cam,

via Castelletto Inferiore 69, Sud : 1,5 km – 04 65 44 15 58 – info@biohotelhermitage.it – Fax 04 65 44 16 18 – Dicembre-Pasqua e luglio-settembre

24 cam – 150/200 € 200/300 € – 1 suite – ½ P 120/200 € – **Rist** – Carta 36/56 €

Rist *Stube Hermitage* – *(chiuso lunedì e a mezzogiorno)* Carta 48/73 €

◆ In splendida posizione panoramica, con giardino e pineta, hotel ristrutturato e arredato con tecniche e materiali naturali, secondo i dettami della bio-architettura. Una tradizionale stube per una cucina d'impronta creativa attenta alle materie prime.

Bertelli — rist, rist,

via Cima Tosa 80 – 04 65 44 10 13 – info@hotelbertelli.it – Fax 04 65 44 05 64 – Dicembre-15 aprile e 24 giugno-16 settembre

49 cam – 127/225 € 206/390 € – ½ P 121/219 € – **Rist** – Carta 37/44 €

◆ Sobrio ed elegante, propone confort di livello e la comodità della vicinanza agli impianti di risalita e al centro; oltre alla possibilità di un tuffo in piscina. Originale sala ristorante: circolare e illuminata da un imponente lampadario.

Chalet Laura — cam, cam,

via Pradalago 21 – 04 65 44 12 46 – info@hotellaura.com – Fax 04 65 44 15 76 – Dicembre-aprile e luglio-settembre

25 cam – 80/120 € 150/220 € – 1 suite – ½ P 100/200 € – **Rist** – *(chiuso a mezzogiorno)* (solo per alloggiati)

◆ Stile tirolese negli arredi e nei decori, con rivisitazioni in chiave moderna; camere luminose con mobilio artigianale in legno. A due passi dalla piazza principale.

Grifone — rist,

via Vallesinella 7 – 04 65 44 20 02 – info@hotelgrifone.it – Fax 04 65 44 05 40 – Dicembre-19 aprile e 9 luglio-10 settembre

38 cam – 180/220 € 220/360 € – 2 suites – ½ P 110/245 € – **Rist** – Carta 35/45 €

◆ Rivestito in legno anche esternamente, propone camere e spazi comuni dalle metrature generose e dal sapore anni '70 ed è dotato di una piacevole zona relax. Ampia sala da pranzo.

Cerana

via Fevri 16 – 04 65 44 05 52 – info@hotelcerana.com – Fax 04 65 44 05 87 – Dicembre-20 aprile e luglio-20 settembre

30 cam – 80/130 € 140/220 € – ½ P 85/200 € – **Rist** – (solo per alloggiati)

◆ Al limitare di una pineta, nei pressi del centro e a 50 m dalla telecabina Spinale, è adatto a vacanze sia estive che invernali. Tradizione e cura dei particolari.

Vidi — rist,

via Cima Tosa 50 – 04 65 44 33 44 – info@hotelvidi.it – Fax 04 65 44 06 86 – Dicembre-aprile e luglio-20 settembre

27 cam – 60/91 € 110/180 € – **Rist** – Carta 21/27 €

◆ In stile montano, camere funzionali e gradevoli zone comuni che invitano a socializzare. Angolo benessere e area riservata al divertimento dei bimbi. Il ristorante è una piacevole rivisitazione della classica stube.

Crozzon — rist,

viale Dolomiti di Brenta 96 – 04 65 44 22 22 – info@hotelcrozzon.com – Fax 04 65 44 26 36 – Dicembre-aprile e giugno-settembre

26 cam – 75/95 € 120/160 € – **Rist** – Carta 25/40 €

◆ Un albergo gradevole e accogliente, con arredi e rifiniture in legno, sulla strada principale della località. A disposizione degli ospiti anche un angolo benessere. Cucina del territorio proposta in una calda sala dalle pareti perlinate.

Dello Sportivo senza rist
via Pradalago 29 – ✆ 04 65 44 11 01 – info@dellosportivo.com – Fax 04 65 44 08 00 – Dicembre-aprile e luglio-settembre
15 cam – 45/60 € 80/100 €
♦ Ambiente simpatico in un hotel dal confort essenziale e gestito con passione. Ben posizionata tra impianti di risalita e centro, vi consentirà piacevoli soggiorni.

La Baita
piazza Brenta Alta 17 – ✆ 04 65 44 10 66 – albergolabaita@tin.it – Fax 04 65 44 07 50 – Dicembre-aprile e luglio-settembre
20 cam – solo ½ P 60/150 € – **Rist** – *(chiuso a mezzogiorno)* (solo per alloggiati)
♦ Albergo centralissimo, dalla serena atmosfera familiare e dai tipici interni caratterizzati dal legno e da caldi colori per una gradevole vacanza all'insegna del totale relax.

Arnica senza rist
via Cima Tosa 32 – ✆ 04 65 44 22 27 – info@hotelarnica.com – Fax 04 65 44 03 77
23 cam – 85/150 € 110/190 €
♦ Prima colazione nella luminosa sala affacciata sulla piazza principale, mentre le calde atmosfere della tradizione riscaldano gli spazi comuni e stanze. Nuova zona relax.

Dei Fiori senza rist
via Vallesinella 18 – ✆ 04 65 44 23 10 – info@garnideifiori.it – Fax 04 65 44 10 15 – Dicembre-20 aprile e 20 giugno-28 settembre
10 cam – 80/90 € 100/120 €
♦ Il recente cambio di gestione non ha mutato lo spirito di questa risorsa in cui spicca la graziosa sala colazioni. Ingresso gratuito al centro wellness dell'hotel Lorenzetti.

Da Alfiero 20,
via Vallesinella 5 – ✆ 04 65 44 01 17 – alfbono@tin.it – Fax 04 65 44 32 79 – Dicembre-aprile e giugno-settembre
Rist – Carta 33/43 €
♦ Tre salette in stile provenzale, in cui regnano sovrani il legno e allegri colori pastello; proposte creative e della tradizione; servizio classico.

Al Sottobosco
via Carè Alto 15, Sud : 1 km – ✆ 04 65 44 07 37 – ristorantealsottobosco@virgilio.it – Fax 04 65 44 65 56 – Dicembre-aprile e luglio-settembre
Rist – Carta 23/39 €
♦ Su comode sedie di velluto carminio, tra pareti di stucco rosa, potrete sbizzarrirvi anche nella scelta degli spaghetti: per uscire dai soliti schemi.

a Campo Carlo Magno Nord : 2,5 km – alt. 1 682 m – ✉ 38086 – Madonna di Campiglio

Posizione pittoresca★★ – ✻★★ sul massiccio di Brenta dal colle del Grostè Sud-Est per funivia

Carlo Magno-Zeledria Hotel cam, 300,
via Cima Tosa 25 – ✆ 04 65 44 10 10 – info@hotelcarlomagno.com – Fax 04 65 44 05 50 – 4 dicembre-aprile e 24 giugno-23 settembre
156 cam – 10 suites – solo ½ P 100/160 € – **Rist** – Menu 30/45 €
♦ Imponente struttura, a poche centinaia di metri dal passo, con proposte che spaziano dal congressi alla Spa, dallo sport al relax. Orsetto Club con piscina per i più piccoli. Ristorante classico o a buffet in base alle esigenze.

Casa del Campo ≤ monti e pinete, rist
via Pian dei Frari 3/5 – ✆ 04 65 44 31 30 – info@casadelcampo.it – Fax 04 65 44 69 43 – 5 dicembre-22 aprile e giugno-14 ottobre
13 cam – 98/143 € 150/220 €
Rist *Ruppert* – ✆ 04 65 44 22 03 – Carta 25/43 €
♦ Ricavato in una ex casa cantoniera, ubicato proprio al Passo con le piste a pochi metri, hotel dalle spaziose camere in legno, tutte con tecnologica doccia-sauna. Al ristorante piatti d'ispirazione regionale.

MAGENTA – Milano (MI) – 561 F8 – **23 161 ab.** – **alt. 141 m** – ✉ **20013** 18 **A2**

Roma 599 – Milano 26 – Novara 21 – Pavia 43 – Torino 114 – Varese 46

Excelsior Magenta cam, rist, 80,

via Cattaneo 67 – ☎ 02 97 29 86 51 – info@hotelexcelsiormagenta.it – Fax 02 97 29 16 17

67 cam – †115/200 € ††150/300 € – **Rist** – *(chiuso agosto, venerdì, sabato, domenica e a mezzogiorno)* Carta 31/41 €

◆ Accolti in un'ampia e luminosa hall, alloggerete in camere spaziose dallo stile moderno e funzionale e potrete anche rilassarvi in un'attrezzata palestra. Struttura rinnovata. Ristorante adatto per colazioni e cene di lavoro.

Trattoria alla Fontana

via Petrarca 6 – ☎ 029 79 26 14 – Fax 02 97 28 40 55 – Chiuso dal 26 dicembre al 4 gennaio, dal 16 al 30 agosto, sabato a mezzogiorno e domenica

Rist – (Coperti limitati; prenotare) Carta 40/57 €

◆ Cornice di sobria e classica eleganza, con qualche puntata nel design più moderno, e servizio curato per proposte legate alla stagioni, grande varietà di risotti.

MAGGIO – Lecco – 561 E10 – **Vedere Cremeno**

MAGGIORE (Lago) – **Vedere Lago Maggiore**

MAGIONE – Perugia (PG) – 563 M18 – **12 968 ab.** – **alt. 299 m** – ✉ **06063** 32 **B2**

Roma 193 – Perugia 20 – Arezzo 58 – Orvieto 87 – Siena 90

Bella Magione senza rist

viale Cavalieri di Malta 22 – ☎ 07 58 47 30 88 – info@bellamagione.it – Fax 07 58 47 30 88

6 cam – †75/93 € ††80/130 €

◆ Tra le colline che incorniciano il lago Trasimeno, una villa signorile apre le sue porte agli ospiti; ricchi tessuti e finiture di pregio, biblioteca, giardino con piscina.

Al Coccio

via del Quadrifoglio 12/a – ☎ 075 84 18 29 – alcoccio@alcoccio.it – Fax 075 84 18 29 – Chiuso dal 20 al 27 gennaio, dal 20 al 27 giugno e lunedì

Rist – Carta 25/45 €

◆ Ristorante dagli ambienti raccolti e accoglienti. Dalla cucina le proposte della tradizione umbra, ideale sia per palati vegetariani che per gli amanti di carni e formaggi.

a San Feliciano Sud-Ovest : 8 km – ✉ **06060**

Da Settimio con cam rist,

via Lungolago 1 – ☎ 07 58 47 60 00 – Fax 07 58 47 62 75 – Chiuso dal 15 novembre a dicembre

12 cam – ††62 € – **Rist** – *(chiuso giovedì escluso luglio)* Carta 24/32 €

◆ Sul lungolago, un indirizzo consigliato a chi predilige i sapori di una cucina prettamente lacustre. E, per una sosta più lunga, semplici, ma confortevoli stanze.

MAGLIANO ALFIERI – Cuneo (CN) – 561 H6 – **1 697 ab.** – **alt. 328 m** – ✉ **12050** 25 **C2**

Roma 613 – Torino 60 – Alessandria 60 – Asti 24 – Cuneo 71

Agriturismo Cascina San Bernardo senza rist colline,

via Adele Alfieri 31 – ☎ 017 36 64 27 – info@cascinasanbernardo.com – Fax 017 36 64 27 – Chiuso dal 15 dicembre a febbraio

6 cam – †70 € ††80 €

◆ Più che un'azienda agricola, una villa patrizia di campagna anticipata da un imponente volta d'ingresso in mattoni. In posizione dominante con vista sulle colline.

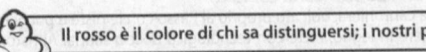

Il rosso è il colore di chi sa distinguersi; i nostri punti di riferimento!

MAGLIANO IN TOSCANA – Grosseto (GR) – 563 O15 – 3 714 ab. – alt. 130 m – ✉ 58051 Toscana
29 **C3**

Roma 163 – Grosseto 28 – Civitavecchia 118 – Viterbo 106

XX **Antica Trattoria Aurora** 10/12, VISA AE

via Lavagnini 12/14 – ✆ 05 64 59 27 74 – Chiuso gennaio, febbraio e mercoledì

Rist – Carta 43/57 €

◆ Con una caratteristica (e più che fornita) cantina direttamente scavata nella roccia, questo ristorante entro le mura propone anche gradevoli cene estive in giardino.

MAGLIANO SABINA – Rieti (RI) – 563 O19 – 3 777 ab. – alt. 222 m – ✉ 02046
12 **B1**

Roma 69 – Terni 42 – Perugia 113 – Rieti 54 – Viterbo 48

XX **Degli Angeli** con cam ≤ vallata, cam, AC P VISA AE

località Madonna degli Angeli Nord : 3 km –

✆ 074 49 13 77 – rhangeli@libero.it – Fax 074 49 18 92

8 cam – 70 € 83 € – **Rist** – *(chiuso dal 16 al 25 agosto, domenica sera e lunedì)* Carta 22/45 € (+10 %)

◆ E' conosciuta da tempo la qualità della cucina, tipicamente locale, che potrete provare nelle ampie sale arredate con gusto, da cui si gode una splendida vista sulla vallata.

sulla strada statale 3 - via Flaminia Nord-Ovest : 3 km :

La Pergola AC 150, P VISA AE

via Flaminia km 64 ✉ 02046 – ✆ 07 44 91 98 41 – info@lapergola.it – Fax 07 44 91 98 42

23 cam – 58 € 92 € – **Rist** – *(chiuso martedì)* Carta 34/41 €

◆ Letti in ferro battuto, archi di mattoni a vista, nonostante sia ubicato sulla via Flaminia, si ha la piacevole impressione di alloggiare in un relais di campagna. Alti soffitti con travi di legno, pareti di pietra e archi in mattoni nella sala da pranzo.

MAGLIE – Lecce (LE) – 564 G36 – 15 273 ab. – ✉ 73024
27 **D3**

Roma 617 – Bari 187 – Lecce 33

Corte dei Francesi senza rist VISA

via Roma 172 – ✆ 08 36 42 42 82 – info@cortedeifrancesi.it – Fax 08 36 42 42 83

6 cam – 50/80 € 60/100 €, 5 €

◆ All'interno di un museo d'arte conciaria, la risorsa dispone di camere dai caratteristici muri in pietra piacevolmente arredate in vivaci colori e con pezzi d'artigianato.

MAGOMADAS – Nuoro – 566 G7 – Vedere Sardegna alla fine dell'elenco alfabetico

MAIORI – Salerno (SA) – 564 E25 – 5 693 ab. – ✉ 84010
6 **B2**

Roma 267 – Napoli 65 – Amalfi 5 – Salerno 20 – Sorrento 39

corso Reginna 73 ✆ 089 877452, info@aziendaturismo-maiori.it, Fax 089 853672

Capo d'Orso★ Sud-Est : 5 km

San Francesco AC rist, P VISA AE

via Santa Tecla 54 – ✆ 089 87 70 70 – info@hotel-sanfrancesco.it – Fax 089 87 70 70 – 15 marzo-3 novembre

46 cam – 72/88 € 120/160 € – ½ P 100/125 €

Rist – Carta 30/44 €

◆ Una struttura tipica degli anni '60, completamente rinnovata e rimodernata. A pochi metri dalla spiaggia privata, è particolarmente adatta a famiglie con bambini. Ambiente e servizio familiari al ristorante, con proposte di mare e terra.

Casa Raffaele Conforti senza rist AC VISA AE

via Casa Mannini 10 – ✆ 089 85 35 47 – info@casaraffaeleconforti.it – Fax 08 98 54 18 65 – Marzo-novembre

9 cam – 88/128 € 136/216 €

◆ Era la dimora privata di un limonicoltore questa casa d'inizio ottocento e ne conserva gli originali mobili in stile e le camere affrescate; grande charme e buon confort.

X **Mammato** con cam — cam, VISA AE
lungomare Amendola – ✆ 089 85 36 83 – Fax 089 87 70 36
7 cam – ½ P 60/70 € – **Rist** – *(chiuso martedì escluso da giugno a settembre)* Carta 31/45 €
♦ Le vetrate della sala vengono aperte nella bella stagione e il ristorante-pizzeria si trasforma in una grande terrazza affacciata sul lungomare. Piacevoli camere.

sulla costiera amalfitana Sud-Est : 4,5 km

XXX **Il Faro di Capo d'Orso** (Ferrara) — mare e costa, P VISA AE
via Diego Taiani 48 – ✆ 089 87 70 22 – info@ilfarodicapodorso.it – Fax 089 85 23 60 – Chiuso dal 3 novembre al 25 gennaio e martedì, anche mercoledì dal 25 gennaio a marzo
Rist – Carta 51/73 €
Spec. Bocconcini di tonno gratinati al limone, tartare allo zenzero (giugno-luglio). Cannoncini tricolori con cianfotta estiva e gamberi rossi (maggio-luglio). Coniglio del Cilento in tre varianti.
♦ Lungo la strada costiera, non è azzardato dire che dai migliori tavoli si gode uno dei paesaggi più belli d'Italia. Spunti campani per piatti fantasiosi ed elaborati.

MALALBERGO – Bologna (BO) – 562 I16 – 7 724 ab. – alt. 12 m – ✉ 40051 — 9 C2

Roma 403 – Bologna 33 – Ferrara 12 – Ravenna 84

XX **Rimondi** — 14/24, VISA AE
via Nazionale 376 – ✆ 051 87 20 12 – Fax 051 87 20 12 – Chiuso dal 15 al 28 febbraio, dal 1° al 15 giugno, domenica sera, lunedì e i mezzogiorno di martedì e sabato
Rist – Carta 35/62 €
♦ Sale dagli scuri arredi d'epoca, grandi camini e suggestive atmosfere di un tempo. Consigliato per chi ama il pesce, ma non mancano carni e cacciagione.

ad Altedo Sud : 5 km – ✉ 40051

Agriturismo Il Cucco — rist, P VISA AE
via Nazionale 83 – ✆ 05 16 60 11 24 – info@ilcucco.it – Fax 05 16 60 11 24 – Chiuso agosto
11 cam – †52/105 € ††72/105 € – ½ P 52/73 € – **Rist** – *(chiuso giovedì sera e domenica)* (prenotazione obbligatoria) Carta 20/24 €
♦ Un centinaio di metri di strada sterrata e giungerete in un casolare, con orto e pollame, che offre stanze arredate con bei mobili di arte povera e antiquariato. Cucina sana e genuina, basata su alimenti biologici di produzione propria.

MALBORGHETTO – Udine (UD) – 562 C22 – 1 037 ab. – alt. 787 m – ✉ 33010 — 11 C1

Roma 710 – Udine 82 – Tarvisio 12 – Tolmezzo 50

a Valbruna Est : 6 km – ✉ 33010

XX **Renzo** con cam — P VISA AE
via Saisera 11/13 – ✆ 042 86 01 23 – info@hotelrenzo.com – Fax 04 28 66 08 84
8 cam – †45 € ††80 € – ½ P 50/60 € – **Rist** – *(chiuso lunedì escluso da Natale a gennaio e luglio-agosto)* Carta 23/39 €
♦ In posizione un po' isolata, costituisce una buona occasione per godere di tranquillità e relax e gustare, in un ambiente familiare, sapori di mare e di terra.

MALCESINE – Verona (VR) – 562 E14 – 3 491 ab. – alt. 90 m – Sport invernali : *1 400/1 850 m* 1 4 – ✉ 37018 *Italia* — 35 A2

Roma 556 – Trento 53 – Brescia 92 – Mantova 93 – Milano 179 – Venezia 179 – Verona 67

via Capitanato 6/8 ✆ 045 7400044, malcesine@aptgardaveneto.com, Fax 045 7401633

✳★★★ dal monte Baldo E : 15 mn di funivia – Castello Scaligero★

Park Hotel Querceto ← lago e monti,
località Campiano 17/19, Est : 5 km, alt. 378 –
04 57 40 03 44 – info@parkhotelquerceto.com – Fax 04 57 40 08 48 – Maggio-8 ottobre
22 cam – 122/132 € 164/184 € – **Rist** – (solo per alloggiati)
◆ In posizione elevata, assai fuori dal paese e quindi tranquillissimo. Contraddistinguono gli arredi interni pietra, legno e un fine gusto per le cose semplici.

Maximilian ← lago,
località Val di Sogno 6, Sud : 2 km –
04 57 40 03 17 – info@hotelmaximilian.com – Fax 04 56 57 01 17 – Pasqua-ottobre
40 cam – 200/220 € – ½ P 110/150 € – **Rist** – (solo per alloggiati)
◆ Gestione sempre attenta ad ampliare la gamma di servizi per i clienti; spiccano il giardino-uliveto in riva al lago ed il completo centro benessere con vista panoramica.

Val di Sogno ← lago, (riscaldata)
località Val di Sogno 16, Sud : 2 km – 30,
04 57 40 01 08 – info@hotelvaldisogno.com. – Fax 04 57 40 16 94 – Maggio-ottobre
30 cam – 100/200 € 150/250 € – ½ P 90/125 € – **Rist** – Carta 26/54 €
◆ Il giardino con piscina in riva al lago, testimonia della magnifica posizione in cui questo hotel è collocato. Bella zona comune e servizio di livello notevole. Sala ristorante ampliata di recente per aumentare ulteriormente il livello di confort.

Bellevue San Lorenzo ← lago e costa,
località Dos de Feri Sud : 1,5 km – 04 57 40 15 98 – info@bellevue-sanlorenzo.it – Fax 04 57 40 10 55 – 8 aprile-5 novembre
50 cam – 92/137 € 122/182 € – ½ P 82/102 € – **Rist** – *(chiuso a mezzogiorno escluso giugno-agosto)* (solo per alloggiati)
◆ Villa d'epoca in posizione elevata, con diverse dépendance collocate, come la piscina, nell'ombreggiato giardino. Da qui il panorama sul lago è d'impareggiabile bellezza.

Meridiana senza rist
via Navene Vecchia 39 – 04 57 40 03 42 – info@hotelmeridiana.it – Fax 04 56 58 39 10 – Aprile-4 novembre
23 cam – 77/96 € 96/120 €
◆ Sulla strada che conduce alla funivia del monte Baldo, la struttura è stata rinnovata secondo i canoni moderni del design e del confort ed ospita una clientela internazionale.

Alpi
località Campogrande – 04 57 40 07 17 – hotelapi@malcesine.com – Fax 04 57 40 05 29 – 28 dicembre-20 gennaio e aprile-10 novembre
45 cam – 50/80 € 60/100 €, 10 € – ½ P 55/60 € – **Rist** – Carta 17/22 €
◆ Ci troviamo a monte della statale gardesana, non lontano dal centro della località, ma comunque in posizione silenziosa. Hotel confortevole dotato di giardino e piscina. Nella bella stagione si pranza anche nella terrazza all'aperto.

Erika senza rist
via Campogrande 8 – 04 57 40 04 51 – info@erikahotel.net – Marzo-7 novembre
14 cam – 40/60 € 60/80 €, 10 €
◆ Un piccolo albergo vicino al centro storico, dispone di camere recentemente rinnovate ed accoglienti, giardino e taverna, per un soggiorno all'insegna della tranquillità.

Trattoria Vecchia Malcesine (Luppi) 28,
via Pisort 6 – 04 57 40 04 69 – info@vecchiamalcesine.com – Fax 04 56 57 03 89 – Chiuso mercoledì e a mezzogiorno (escluso domenica, i giorni festivi e da aprile ad ottobre)
Rist – Carta 57/72 €
Spec. Ravioli di lumache e gamberi all'aglio orsino. Paccheri al ragù di trota e asparagi con fonduta di caciotta (primavera). Coniglio affumicato con crema di patate e cipolline glassate.
◆ Un locale semplice e raccolto, con un ampio giardino all'ingresso e proposte gastronomiche che richiamano le tradizioni del territorio reinterpretate con leggerezza e fantasia.

sulla strada statale 249 Nord : 3,5 km :

Piccolo Hotel ≤ lago e costa,

via Molini di Martora 28 ✉ 37018 – ✆ 04 57 40 02 64 – info@navene.com – Fax 04 57 40 02 64 – 15 marzo-3 novembre

25 cam – †32/40 € ††74/84 €, ☐ 9 € – ½ P 48/67 € – **Rist** – *(chiuso a mezzogiorno)* Menu 20 €

◆ Hotel a gestione familiare affacciato sul lago, situato appena oltre la strada; dispone di camere con arredi rinnovati di recente. Attenzioni particolari per i surfisti. Ristorante panoramico.

MALÉ – Trento (TN) – 562 C14 – **2 143 ab.** – **alt. 738 m** – **Sport invernali :** ***1 400/2 200 m 5 16 (Comprensorio sciistico Folgarida-Marilleva)*** – ✉ 38027 30 **B2**

Roma 641 – Bolzano 65 – Passo di Gavia 58 – Milano 236 – Sondrio 106 – Trento 59

piazza Regina Elena ✆ 0463 901280, male@valdisole.net, Fax 0463 902911

Michela

via degli Alpini 12/14 – ✆ 04 63 90 13 66 – info@hotelmichela.com – Fax 04 63 90 18 69 – Dicembre-aprile e giugno-settembre

28 cam ☐ – †40/50 € ††70/90 € – ½ P 45/67 € – **Rist** – (solo per alloggiati)

◆ Sulle prime colline di Malè, albergo ristrutturato di recente gestito da sempre dalla stessa simpatica famiglia. In estate è possibile godere del bel giardino attrezzato.

Conte Ramponi 20,

piazza San Marco 38, località Magras Nord-Est : 1 km – ✆ 04 63 90 19 89 – conteramponi@virgilio.it – Fax 04 63 90 19 89 – Chiuso dal 1° al 20 giugno, dal 1° al 20 ottobre e lunedì escluso agosto

Rist – Carta 23/39 €

◆ Nella piazza centrale della piccola frazione, quasi nascosto agli sguardi esterni, raffinato e confortevole ristorante situato al primo piano di un palazzo cinquecentesco.

La Segosta con cam

via Trento 59 – ✆ 04 63 90 13 90 – segosta@ristorantelasegosta.191.it – Fax 04 63 90 06 75 – Chiuso dal 1° al 18 giugno e dal 21 settembre al 21 ottobre

9 cam ☐ – †45/56 € ††66/88 € – ½ P 40/51 € – **Rist** – *(chiuso lunedì sera e martedì escluso da Natale a Pasqua e luglio-agosto)* Carta 24/31 €

◆ Ristorante ricavato da una ex caserma, molto frequentato anche dai residenti. Proposte legate alle tradizioni del territorio, come alla cucina di altre regioni.

MALEO – Lodi (LO) – 561 G11 – **3 317 ab.** – **alt. 58 m** – ✉ **26847** 16 **B3**

Roma 527 – Piacenza 19 – Cremona 23 – Milano 60 – Parma 77 – Pavia 51

Leon d'Oro 8/14,

via Dante 69 – ✆ 037 75 81 49 – tinuggeri@jumpy.it – Fax 03 77 45 81 40 – Chiuso dal 1° al 3 gennaio, dal 29 gennaio al 3 febbraio, dal 12 agosto al 2 settembre e mercoledì

Rist – Carta 39/72 €

◆ Un piccolo ingresso immette nelle tre salette, di cui una con camino, che compongono questo ristorante. La cucina fa uso di prodotti scelti con cura. Eccellente lista vini.

Sole con cam cam,

via Monsignor Trabattoni 22 – ✆ 037 75 81 42 – info@ilsolemaleo.it – Fax 03 77 45 80 58 – Chiuso gennaio ed agosto

3 cam ☐ – †70 € ††120 € – ½ P 110 € – **Rist** – *(chiuso domenica sera e lunedì)* Carta 41/54 €

◆ Locanda di antica tradizione affacciata su un cortile interno, ricco di un pittoresco giardino. Nella bella stagione vale la pena di approfittare del servizio all'aperto.

MALESCO – Verbano-Cusio-Ossala (VB) – 561 D7 – **1 473 ab.** – **alt. 761 m** – **Sport invernali :** ***a Piana di Vigezzo : 800/2 064 1 4,*** – ✉ 28854 23 **C1**

Roma 718 – Stresa 53 – Domodossola 20 – Locarno 29 – Milano 142 – Novara 111 – Torino 185

via Ospedale 1 ✆ 0324 92990, malesco@distreggolaghi.it, Fax 0324 929828

Ramo Verde
via Conte Mellerio 5 – ✆ 032 49 50 12 – ristoranteramoverde@tiscalinet.it – Fax 032 49 50 12 – Chiuso novembre e mercoledì (escluso da giugno a settembre)
Rist – Carta 20/28 €
◆ Classica trattoria di paese, gestita dalla medesima famiglia da varie generazioni. Cucina d'impronta casalinga con "infiltrazioni" di pesce, d'acqua dolce e salata.

MALLES VENOSTA (MALS) – Bolzano / Bozen (BZ) – 562 B13 – 4 912 ab. – alt. 1 050 m – Sport invernali : *1 750/2 500 m 3,* – ✉ 39024 30 A2

Roma 721 – Sondrio 121 – Bolzano 84 – Bormio 57 – Milano 252 – Passo di Resia 22 – Trento 142

via San Benedetto 1 ✆ 0473 831190, mals@suedtirol.com, Fax 0473 831901

Panorama monti e vallata, cam, cam, rist,
via Nazionale 5 – ✆ 04 73 83 11 86 – info@hotel-panorama-mals.it – Fax 04 73 83 12 15 – Chiuso dal 13 novembre al 19 dicembre e dal 15 gennaio al 22 febbraio
25 cam – †53 € ††120/134 € – ½ P 60/79 € – **Rist** – *(chiuso a mezzogiorno escluso domenica e festivi)* Carta 24/45 €
◆ Un albergo "biologico" che presenta il meglio di sé negli interni curati e confortevoli. Due tipologie di camere, entrambe in grado di offrire un buon relax. Gestione esperta. In cucina ottimi prodotti, le verdure provengono dall'orto di famiglia.

Greif cam, rist,
via Verdross 40/A – ✆ 04 73 83 14 29 – info@hotel-greif.com – Fax 04 73 83 19 06 – Chiuso dal 10 novembre al 6 dicembre
14 cam – †50/65 € ††80/100 € – ½ P 65/70 € – **Rist** – Carta 26/47 €
◆ Hotel centralissimo, dal buon confort generale, che oltre al pregevole ristorante con interessante linea gastronomica offre ai propri clienti uno spazio bistrot e l'enoteca.

a Burgusio (Burgeis)Nord : 3 km – alt. 1 215 m – ✉ 39024 – Malles Venosta

frazione Burgusio 77 ✆ 0473 831422, info@burgeis.is.it, Fax 0473 831690

Weisses Kreuz (riscaldata) rist,
– ✆ 04 73 83 13 07 – info@weisseskreuz.it – Fax 04 73 83 16 53 – 20 dicembre-Pasqua e 15 maggio-2 novembre
30 cam – †70/95 € ††130/190 € – ½ P 75/95 € – **Rist** – *(chiuso giovedì)* Carta 29/39 €
◆ Per un piacevole soggiorno, un hotel di tradizione recentemente rimodernato con particolari attenzioni alla zona relax. Bella terrazza baciata dal sole. Ampia e luminosa sala ristorante.

Plavina senza rist
– ✆ 04 73 83 12 23 – mohren-plavina@rolmail.net – Fax 04 73 83 04 06 – Chiuso dal 10 novembre al 26 dicembre, dal 10 al 22 gennaio e dal 2 al 20 maggio
23 cam – †50/55 € ††106/118 €
◆ Risorsa tranquilla ed accogliente, dotata di ampie camere, punto di appoggio adatto per chi ama le montagne. Per i pasti, è possibile rivolgersi al vicino ristorante Al Moro.

Al Moro-Zum Mohren con cam rist,
– ✆ 04 73 83 12 23 – mohren-plavina@rolmail.net – Chiuso dal 10 novembre al 26 dicembre, dal 10 al 22 gennaio e dal 2 al 22 maggio
13 cam – †35/38 € ††82/88 € – **Rist** – *(chiuso martedì e mercoledì a mezzogiorno)* Carta 14/22 €
◆ In un tipico paesino di montagna, soluzione che presenta la possibilità di assaporare una sobria e schietta cucina locale, servita in ambienti dagli arredi semplici.

MALNATE – Varese (VA) – 561 E8 – 15 927 ab. – alt. 355 m – ✉ 21046 18 A1

Roma 618 – Como 21 – Lugano 32 – Milano 50 – Varese 6

Crotto Valtellina 8,
via Fiume 11, località Valle – ✆ 03 32 42 72 58 – info@crottovaltellina.it – Fax 03 32 86 12 47 – Chiuso dal 27 dicembre al 12 gennaio, dal 22 al 28 giugno, dal 16 al 30 agosto, martedì e mercoledì
Rist – Carta 30/59 €
◆ All'ingresso la zona bar-cantina, a seguire la sala rustica ed elegante nel contempo. Cucina di rigida osservanza valtellinese e servizio estivo a ridosso della roccia.

MALO – Vicenza (VI) – 562 F16 – **12 952 ab. – alt. 116 m** – ✉ **36034** 37 **A1**

■ Roma 561 – Verona 73 – Padova 59 – Venezia 93 – Vicenza 19

XX **Cinque Sensi** 10/15, P VISA AE

via Pacinotti 2 – ☎ 04 45 60 79 76 – info@5sensi.it – Fax 04 45 58 40 34 – Chiuso sabato a mezzogiorno e domenica

Rist – Carta 38/54 €

◆ La zona industriale in cui sorge non è il contesto più affascinante ma protagonista è la cucina, a volte internazionale, a volte più rustica con salumi e formaggi ricercati.

MALOSCO – Trento (TN) – 562 C15 – **359 ab. – alt. 1 041 m** – ✉ **38013** 30 **B2**

■ Roma 638 – Bolzano 33 – Merano 40 – Milano 295 – Trento 56

Bel Soggiorno rist, rist, 50, P VISA AE

via Miravalle 7 – ☎ 04 63 83 12 05 – info@h-belsoggiorno.com – Fax 04 63 83 12 05

42 cam – †40/60 € ††72/106 € – **Rist** – Carta 19/24 €

◆ In posizione rilassante, circondato da un giardino soleggiato, l'albergo offre camere in stile rustico, una taverna con biliardo, sale da lettura e una piccola area benessere. Presso l'ampia sala da pranzo, la classica cucina trentina.

Rosalpina P

viale Belvedere 34 – ☎ 04 63 83 11 86 – hotelrosalpina@virgilio.it – Fax 04 63 83 11 86 – 22 dicembre-10 gennaio e 25 giugno-15 settembre

18 cam – †25/43 € ††52/86 € – ½ P 43/58 € – **Rist** – Menu 15 €

◆ Una struttura semplice dall'esperta gestione familiare, ben ubicata nel verde e poco distante dal centro, garantisce nei suoi spazi soggiorni all'insegna della tranquillità. Una piccola sala ristorante per gustare la tradizione culinaria regionale.

MALS = Malles Venosta

MANAROLA – La Spezia (SP) – 561 J11 – ✉ **19010** *Italia* 15 **D2**

■ Roma 434 – La Spezia 14 – Genova 119 – Milano 236

ℹ c/o Stazione FS ☎ 0187 760511

◎ Passeggiata★★ (15 mn a piedi dalla stazione)

◎ Regione delle Cinque Terre★★ Nord-Ovest e Sud-Est per ferrovia

Ca' d'Andrean senza rist

via Discovolo 101 – ☎ 01 87 92 00 40 – cadandrean@libero.it – Fax 01 87 92 04 52 – Chiuso dal 15 novembre al 20 dicembre

10 cam – ††70/92 €, 6 €

◆ Alberghetto a gestione familiare, nel centro pedonale del grazioso borgo di mare, dotato anche di un giardino piccolo, ma carino. Risorsa semplice, ma assolutamente valida.

La Torretta senza rist VISA AE

piazza della Chiesa - Vico Volto 20 – ☎ 01 87 92 03 27 – torretta@cdh.it – Fax 01 87 76 00 24 – Chiuso gennaio e febbraio

10 cam – †40/130 € ††50/150 €

◆ Tra i romantici color pastello delle tipiche case della zona, un piacevole bed and breakfast con camere funzionali da cui si ammira il mare; piccola terrazza per colazioni.

X **Marina Piccola** con cam cam, VISA AE

via lo Scalo 16 – ☎ 01 87 92 09 23 – info@hotelmarinapiccola.com – Fax 01 87 76 07 70 – Chiuso novembre

13 cam – †65 € ††85 €, 10 € – **Rist** – *(chiuso martedì e dal 15 novembre al 25 dicembre)* Carta 32/53 €

◆ Ristorante con gradevole servizio all'aperto in riva al mare, per apprezzare lo spirito delle Cinque Terre, passando dalla tavola. In cucina dominano i prodotti ittici.

a Groppo Nord : 3 km – ✉ **19017** – **Manarola**

X **Cappun Magru** 8, VISA AE

via Volastra 19 – ☎ 01 87 92 05 63 – Fax 01 87 92 05 63 – Chiuso dal 10 dicembre al 10 febbraio, lunedì, martedì e a mezzogiorno (escluso domenica)

Rist – Carta 22/44 €

◆ Lasciatevi guidare dallo chef alla scoperta dei sapori del Levante, nei piccoli e accoglienti ambienti di un ristorante ricavato da una casa privata, che sembra ancora tale.

a Volastra Nord-Ovest : 7 km – ✉ 19017 – Manarola

Il Saraceno senza rist
– ✆ *01 87 76 00 81 – hotel@thesaraceno.com – Fax 01 87 76 07 91 – Chiuso dal 15 gennaio al 15 febbraio*
7 cam – ††72/93 €
♦ Struttura di recente costruzione, circondata dal verde e dalla quiete; spazi comuni lineari, ampie camere di moderna essenzialità negli arredi, piacevole solarium.

MANCIANO – Grosseto (GR) – 563 O16 – 7 110 ab. – alt. 443 m – ✉ 58014 29 **C3**
Roma 141 – Grosseto 61 – Orvieto 65 – Viterbo 69

Il Poderino
strada statale 74, Ovest : 1 km – ✆ 05 64 62 50 31 – info@ilpoderino.eu – Fax 05 64 62 50 31 – Chiuso dall'8 gennaio al 15 febbraio
6 cam – †65/80 € ††78/110 € – **Rist** – *(chiuso martedì da febbraio a marzo e da ottobre a novembre)* Carta 25/47 €
♦ Una dimora di campagna in pietra e mattoni, riadattata per accogliere turisti in cerca dei profumi della natura toscana. Alloggi più economici nell'annesso agriturismo. Servizio ristorante estivo sulla terrazza panoramica, cucina toscana.

Rossi
via Gramsci 3 – ✆ 05 64 62 92 48 – info@hotelrossi.it – Fax 05 64 62 92 48 – Chiuso una settimana in luglio
13 cam – †50/70 € ††70 € – ½ P 52/58 € – **Rist** – (solo per alloggiati)
♦ Circa ottant'anni di storia alle spalle, un tono molto tranquillo, ambiente lindo e piacevole, adatto alla clientela d'affari. Piano terra rinnovato di recente.

Da Paolino
via Marsala 41 – ✆ 05 64 62 93 88 – Fax 05 64 62 93 88 – Chiuso gennaio o febbraio e lunedì
Rist – (Coperti limitati; prenotare) Carta 27/38 €
♦ Trattoria di stile familiare, dove gustare pasta fatta in casa e piatti della tradizione. Invitanti profumi e stuzzicanti sapori: appetito sincero, soddisfazione vera.

sulla strada provinciale 32 per Farnese

Le Pisanelle ← colline e dintorni,
Sud-Est : 3,8 km ✉ 58014 Manciano – ✆ 05 64 62 82 86 – info@lepisanelle.it – Fax 05 64 62 58 40 – Chiuso dal 20 al 25 dicembre, dal 7 al 31 gennaio e dal 15 al 30 novembre
7 cam – †95/102 € ††102/112 € – ½ P 83/88 € – **Rist** – *(chiuso domenica e a mezzogiorno)* Carta 32/38 €
♦ In un podere verde di ulivi e frutteti, antico casale del 1700 con arredi d'epoca in grado di regalare atmosfere speciali. La gestione è amabile, la clientela numerosa. Dalle tradizione maremmane all'innovazione gastronomica, i segreti della cucina.

Agriturismo Poggio Tortollo senza rist
Sud-Est : 4 km ✉ 58014 Manciano – ✆ 05 64 62 02 09 – poggiotortollo@hotmail.com – Fax 05 64 62 09 49 – Chiuso dal 10 gennaio al 10 febbraio
5 cam – †50/60 € ††55/80 €
♦ Nel verde delle splendide colline, una piccola risorsa che abbina bene confort di livello elevato, al clima più genuinamente casalingo e familiare. Sincerità innanzitutto.

sulla strada statale 74-Marsiliana Ovest : 15 km

Agriturismo Galeazzi senza rist
✉ 58010 Manciano – ✆ 05 64 60 50 17 – info@agriturismogaleazzi.com – Fax 05 64 60 50 17
9 cam – †50/55 € ††60/65 €
♦ A mezza strada tra il mare e le terme di Saturnia, un agriturismo ottimamente tenuto, ideale per una vacanza nella campagna toscana. Laghetto per la pesca sportiva.

Dormire con tutti i comfort a prezzo contenuto?
Cercate i Bib Hotel .

MANDELLO DEL LARIO – Lecco (LC) – 561 E9 – 10 308 ab. – alt. 203 m – ✉ 23826 16 B2

Roma 631 – Como 40 – Bergamo 44 – Milano 67 – Sondrio 71

Villa delle Rose con cam — rist, VISA AE

strada statale 125/127 – ✆ 03 41 73 13 04 – villadellerose@villadellerose.com – Fax 03 41 73 13 04 – Chiuso dal 26 dicembre al 10 febbraio, domenica sera, lunedì e a mezzogiorno

6 cam – 110/130 € 130/180 € – **Rist** – Carta 46/61 €

♦ Elegante ristorante, ospitato in una villa padronale di fine ottocento, ristrutturata in stile palladiano. Il parco scende dolcemente fino al lago e alla darsena privata. Le sei camere recano ciascuna il nome di una rosa.

a Olcio Nord : 2 km – ✉ 23826 – Mandello del Lario

Ricciolo VISA AE

via Provinciale 165 – ✆ 03 41 73 25 46 – Chiuso gennaio, domenica sera e lunedì (escluso giugno-agosto)

Rist – Carta 35/46 €

♦ Pochi coperti in questo gradevole ristorante familiare dove affidarsi a una gestione di grande esperienza. Pregevole il servizio estivo all'aperto in riva al lago.

MANERBA DEL GARDA – Brescia (BS) – 561 F13 – 3 378 ab. – alt. 132 m – ✉ 25080 17 D1

Roma 541 – Brescia 32 – Mantova 80 – Milano 131 – Trento 103 – Verona 56

Capriccio (Germiniasi) ← lago, VISA AE

piazza San Bernardo 6, località Montinelle – ✆ 03 65 55 11 24 – info@ristorantecapriccio.it – Fax 03 65 55 02 96 – Chiuso gennaio, febbraio e martedì

Rist – Carta 64/87 €

Spec. Noci di capesante rosolate al burro di cacao con croccante di latte cagliato. Spaghettini alla chitarra con ragù di pesci di scoglio. Scaloppa di fegato grasso d'oca con cipolla fondente, mele al Calvados e salsa al Cassis.

♦ Ai margini del centro storico, sale spaziose che si aprono verso un terrazzo panoramico. La cucina, di mare, è una corsa verso straordinari dolci, pasticceria compresa.

Il Moro VISA

via Campagnola 2, Ovest : 2,5 km – ✆ 03 65 55 25 00 – ilmorobianco@libero.it – Chiuso febbraio e mercoledì

Rist – Carta 40/50 €

♦ Ristorante che deriva il proprio nome da un grande gelso che ombreggia il parcheggio. Cucina di qualità, ambienti luminosi e caldi, pochi tavoli, ampi e ben distanziati.

Il Gusto VISA

piazza San Bernardo località Montinelle – ✆ 03 65 55 02 97 – ilgusto@ristorantecapriccio.it – Fax 03 65 55 02 96 – Chiuso gennaio, febbraio, martedì e a mezzogiorno

Rist – Carta 27/35 €

♦ Nato da poco, locale di taglio giovane ma frequentato da ogni età, dove gustare piatti sfiziosi accompagnati da un buon bicchiere di vino. L'esperta gestione è una garanzia.

a Pieve Vecchia Nord : 2 km – ✉ 25080 – Manerba del Garda

Ortica 8, VISA AE

piazza Silvia 1 – ✆ 03 65 65 18 65 – Fax 03 65 55 47 96 – Chiuso dal 26 dicembre al 20 gennaio e lunedì, anche domenica sera da ottobre a marzo

Rist – Carta 46/66 €

♦ La stessa gestione dell'omonimo ristorante di Lonato, per questo locale aperto di recente all'interno di un nuovissimo complesso alberghiero. Affidabile cucina di mare.

MANFREDONIA – Foggia (FG) – 564 C29 – 57 334 ab. – ✉ 71043 *Italia* 26 B1

Roma 411 – Foggia 44 – Bari 119 – Pescara 211

piazza del Popolo 10 ✆ 0884 581998, Fax 0884 581998

Chiesa di Santa Maria di Siponto★ Sud : 3 km

Portale★ della chiesa di San Leonardo Sud : 10 km – Isole Tremiti★ (in battello) : ←★★★ sul litorale

Regio Hotel Manfredi rist, 400,
strada statale per San Giovanni Rotondo al km 12
Ovest : 2 km – 08 84 53 01 22 – info@regiohotel.it – Fax 08 84 53 01 13
100 cam – 75/90 € 95/115 € – ½ P 97/115 € – **Rist** – Carta 27/58 €
♦ Poco lontano dal centro, ma già immersa tra grandi spazi verdi, struttura di taglio decisamente moderno dotata di un centro congressuale perfettamente attrezzato. Sala ristorante arredata sobriamente, cucina dai sapori mediterranei.

Gargano 100,
viale Beccarini 2 – 08 84 58 76 21 – info@hotelgargano.net
– Fax 08 84 58 60 21
46 cam – 80/95 € 100/160 € – ½ P 70/110 € – **Rist** – *(chiuso martedì)*
Carta 27/40 €
♦ Sul lungomare, edificio bianco con interni luminosi in sobrio stile marinaresco. Vista mare dagli spazi comuni, piccola piscina circolare in terrazza. La cucina predilige la proposta di preparazioni a base di mare.

Coppola Rossa
via dei Celestini 13 – 08 84 58 25 22 – Chiuso dal 6 al 15 gennaio, domenica sera e lunedì
Rist – Carta 16/44 €
♦ Manfredonia è uno dei più importanti porti pescherecci pugliesi e questo locale non si è fatto sfuggire l'occasione: ottimo pesce in un ambiente allegro e familiare.

a Sciale delle Rondinelle Sud : 5 km – 71043 – Manfredonia

Del Golfo
strada statale 159 al km 3,5 – 08 84 57 14 70 – Fax 08 84 57 12 06
80 cam – 85 € 90 € – ½ P 90 € – **Rist** – *(chiuso dal 23 al 31 dicembre)*
Carta 28/47 €
♦ A ridosso della spiaggia, la risorsa si trova all'interno di un villaggio con villette, offre spazi esterni gradevoli e camere sobrie ed è adatto ad una clientela turistica. Sala ristorante luminosa e capiente.

MANGO – Cuneo (CN) – 561 H6 – 1 360 ab. – alt. 521 m – 12056 25 **C2**

Roma 612 – Cuneo 79 – Torino 91 – Genova 112 – Novara 127

Villa Althea senza rist colline, 200,
loc. Luigi 18, Nord-Ovest : 1 km – 33 55 29 55 08 – info@villaalthea.it – Chiuso gennaio, febbraio e dal 1° al 15 agosto
5 cam – 130/150 € 160 € – 1 suite
♦ Tra colline e vigneti, un'inaspettata e sorprendente villa liberty di fine '800. Profusione di arredi e decorazioni in stile all'interno ed enorme scacchiera all'aperto.

MANIAGO – Pordenone (PN) – 562 D20 – 11 433 ab. – alt. 283 m – 33085 10 **A2**

Roma 636 – Udine 51 – Pordenone 27 – Venezia 124 – Trieste 119

Eurohotel Palace Maniago cam, 260,
viale della Vittoria 3 – 042 77 14 32 – maniago@eurohotelfriuli.it – Fax 04 27 73 31 56 – Chiuso dal 1° al 10 gennaio
37 cam – 72 € 111 €, 11 € – ½ P 76 € – **Rist** – *(chiuso domenica sera e lunedì)* Carta 25/58 €
♦ Hotel di concezione moderna, allestito nel 2003, in cui il buon livello di confort si sposa con soluzioni d'arredo di gusto molto attuale. Camere comode di medie dimensioni. Ristorante di tono elegante, specialità di mare.

MANTOVA P (MN) – 561 G14 – 47 820 ab. – alt. 19 m – 46100 *Italia* 17 **C3**

Roma 469 – Verona 42 – Brescia 66 – Ferrara 89 – Milano 158 – Modena 67 – Parma 62 – Piacenza 199

piazza Andrea Mantegna 6 0376 328253, turismo@provincia.mantova.it, Fax 0376 363292

Palazzo Ducale★★★ BY – Piazza Sordello★ BY **21** – Piazza delle Erbe★ : Rotonda di San Lorenzo★ BZ **B** – Basilica di Sant'Andrea★ BYZ – Palazzo Te★ AZ

Sabbioneta★ Sud-Ovest : 33 km

Pianta pagina seguente

MANTOVA

Accademia (V.) .... BY 2
Acerbi (V.) .... AZ 3
Broletto (V. e Pza) .... BZ 4
Canossa (Pza) .... AY 5
Don Leoni (Pza) .... AZ 6
Don Tazzoli (V. Enrico) .... BZ 7
Erbe (Pza delle) .... BZ 8
Fratelli Cairoli (V.) .... BY 10
Libertà (Cso) .... AZ 12
Mantegna (Pza Andrea) .... BZ 13
Marconi (Pza) .... ABZ 15
Martiri di Belfiore (Pza) .... AZ 16
Matteotti (V.) .... AZ 17
Roma (V.) .... AZ
Sordello (Pza) .... BY 21
S. Giorgio (V.) .... BY 20
Umberto (Cso) .... AZ
Verdi (V. Giuseppe) .... AZ 24
Virgilio (V.) .... AY 25
20 Settembre (V.) .... BZ 27

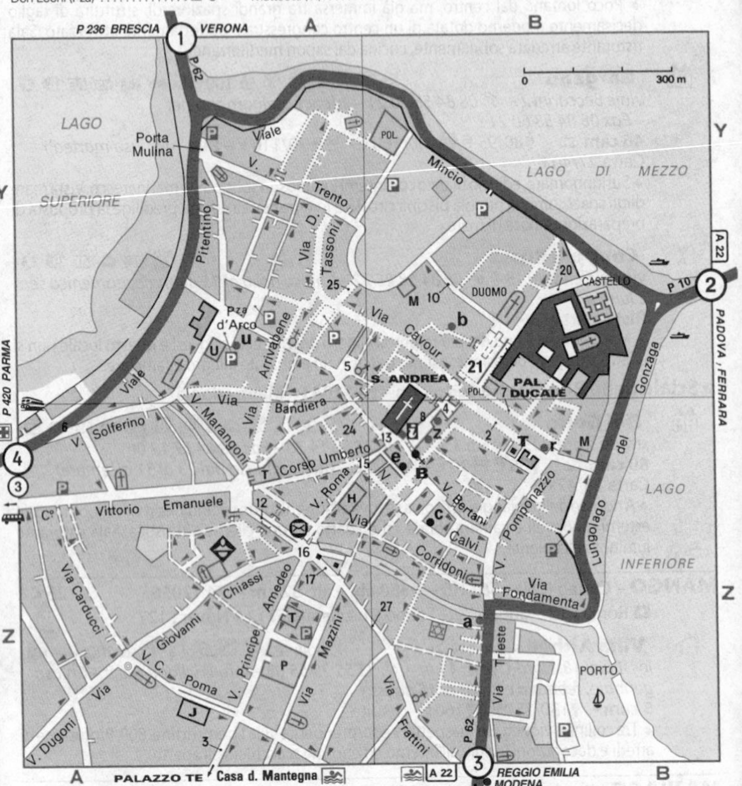

Casa Poli senza rist

corso Garibaldi 32 – ☎ 03 76 28 81 70 – info@hotelcasapoli.it – Fax 03 76 36 27 66 BZ **b**

27 cam ☕ – 🚹95/125 € 🚹🚹160/210 €

◆ Bella novità nel panorama alberghiero cittadino: struttura dal confort moderno e omogeneo, con camere diverse per disposizione ma identiche per stile e servizi.

San Lorenzo senza rist

50,

piazza Concordia 14 – ☎ 03 76 22 05 00 – hotel@hotelsanlorenzo.it – Fax 03 76 32 71 94 BZ **e**

32 cam ☕ – 🚹🚹130/240 €

◆ Inaugurato a fine anni Sessanta, in un palazzo del centro, in posizione invidiabile e dotato di una affascinante terrazza. Arredi eterogenei, mobili antichi nelle camere.

Rechigi senza rist

70,

via Calvi 30 – ☎ 03 76 32 07 81 – info@rechigi.com – Fax 03 76 22 02 91 BZ **c**

51 cam – 🚹115 € 🚹🚹180 €, ☕ 10 € – 2 suites

◆ Risorsa che si caratterizza per una particolarità, infatti i suggestivi spazi comuni raccolgono una collezione d'arte contemporanea. Camere dal confort recente.

XXX ✿ **Aquila Nigra** (Caffini) — AC, 16/26, VISA

vicolo Bonacolsi 4 – ☎ 03 76 32 71 80 – informazioni@aquilanigra.it – Fax 03 76 22 64 90 – Chiuso quindici giorni in agosto, domenica e lunedì (in aprile, maggio, settembre, ottobre aperto domenica a mezzogiorno) BY **b**

Rist – Carta 56/92 €

Spec. Variazione di pesce d'acqua dolce in leggera marinatura. Riso morbido al crescione e ragù di lumache (primavera-estate). Anatroccolo caramellato alle marasche (autunno-inverno).

◆ In un vicolo medievale del centro storico, locale ottimamente gestito, con soffitti a cassettoni decorati e affreschi alle pareti. Cucina mantovana con aperture verso il mare.

XX **Il Cigno Trattoria dei Martini** — AC, 20, VISA

piazza Carlo d'Arco 1 – ☎ 03 76 32 71 01 – Fax 03 76 32 85 28 – Chiuso dal 1° al 5 gennaio, agosto, lunedì e martedì AY **u**

Rist – Carta 46/59 €

◆ Lunga tradizione familiare, in una casa del Quattrocento, ovviamente classica, ma magicamente accogliente. Le proposte partono dal territorio per arrivare in tavola.

XX **Grifone Bianco** — AC, 15/20, VISA

piazza Erbe 6 – ☎ 03 76 36 54 23 – info@grifonebianco.it – Fax 03 76 32 65 90 – Chiuso dal 20 al 28 febbraio e dal 20 giugno al 5 luglio, martedì e mercoledì a mezzogiorno BZ **z**

Rist – Carta 33/60 €

◆ Il nome deriva dalla contrada quattrocentesca in cui è ubicato, la cucina propina tanto la tradizione, quanto le stagioni rielaborate con creatività. Ottima cantina.

X **Fragoletta** — AC, 20, VISA

piazza Arche 5/a – ☎ 03 76 32 33 00 – lafragoletta@libero.it – Fax 03 76 32 33 00 – Chiuso due settimane in gennaio e lunedì BZ **r**

Rist – Carta 19/27 €

◆ Due semplici sale dove vengono servite specialità mantovane, talvolta rielaborate con gusto; notevole assortimento di formaggi da gustarsi con l'immancabile mostarda.

X **Cento Rampini** — VISA

piazza delle Erbe 11 – ☎ 03 76 36 63 49 – 100.rampini@libero.it – Fax 03 76 32 19 24 – Chiuso dal 26 al 31 gennaio, dal 1° al 15 agosto, domenica sera e lunedì BZ **z**

Rist – Carta 30/41 €

◆ Uno dei locali storici della città, in splendida posizione centrale: fortunatamente non ha ceduto alle lusinghe della moda rustico-chic. Cucina tradizionalmente "ortodossa".

X **Antica Osteria ai Ranari** — VISA

via Trieste 11 – ☎ 03 76 32 84 31 – osteriaranari@libero.it – Fax 03 76 32 84 31 – Chiuso due settimane in gennaio e lunedì BZ **a**

Rist – Carta 21/27 €

◆ Piccoli tavoli in legno, tovagliette di carta con stampato il menù che segue il succedersi delle stagioni, nel solco della tradizione. Trattoria sobria e ben considerata.

a Porto Mantovano per ① : 3 km – ✉ 46047

Abacus senza rist — AC, 50, P, VISA

strada Martorelli 92/94 – ☎ 03 76 39 91 42 – info@hotelabacus.net – Fax 03 76 44 20 21 – Chiuso dal 24 dicembre al 1° gennaio e 15 giorni in agosto

30 cam – †58/130 € ††80/198 €

◆ Un hotel capace di coniugare la tranquillità tipica di una zona residenziale, con la vicinanza a strutture produttive e industriali, molto apprezzata dalla clientela d'affari.

a Cerese di Virgilio per ③ : 4 km : – ✉ 46030 – Virgilio

XX **Corte Bertoldo Antica Locanda** — AC, P, VISA

strada statale Cisa 116 – ☎ 03 76 44 80 03 – locand18@cortevertoldo.191.it – Chiuso dal 1° al 15 gennaio, dal 10 al 25 agosto, i mezzogiorno di domenica e lunedì in luglio-agosto, domenica sera e lunedì negli altri mesi

Rist – Carta 24/35 €

◆ Appassionata gestione con pregevoli e fantasiosi risultati. Atmosfera di calda modernità nella bella sala, collocazione stradale con comodo parcheggio.

a Pietole di Virgilio per ③ : 7 km – ✉ 46030

Paradiso senza rist

via Piloni 13 – ✆ 03 76 44 07 00 – paradiso.hotel@tin.it – Fax 03 76 44 92 53 – Chiuso dal 20 dicembre al 2 gennaio

16 cam – 45/55 € 75/85 €

◆ Inaspettata e semplice risorsa ricavata da una bella villetta familiare in posizione defilata e tranquilla. Camere carine e spaziose, soprattutto quelle della dépendance.

MARANELLO – Modena (MO) – 562 I14 – **16 115 ab.** – **alt. 137 m** – ✉ **41053** 8 **B2**

Roma 411 – Bologna 53 – Firenze 137 – Milano 179 – Modena 16 – Reggio nell'Emilia 30

Planet Hotel senza rist

via Verga 22 – ✆ 05 36 94 67 82 – planethotel@planethotel.org – Fax 05 36 93 25 04 – Chiuso dal 24 dicembre al 2 gennaio

25 cam – 90 € 130 €

◆ Per gli appassionati del Cavallino, un nuovo albergo nel cuore della cittadella Ferrari, proprio di fronte agli stabilimenti della Rossa. Camere semplici, ma moderne.

Domus senza rist

piazza Libertà 38 – ✆ 05 36 94 10 71 – info@hoteldomus.it – Fax 05 36 94 23 43

46 cam – 65/70 € 100 €

◆ In pieno centro, proprio di fianco al municipio, presenta un livello eterogeneo di camere, spazi comuni ridotti, ma decisamente curati. Gestione salda e professionale.

XX **William**

via Flavio Gioia 1 – ✆ 05 36 94 10 27 – info@ristorantewilliam.com – Fax 05 36 93 20 03 – Chiuso dall'1 all'8 gennaio, dal 4 al 28 agosto, lunedì e domenica sera

Rist – Carta 30/55 €

◆ Bella risorsa nel cuore della località, moderna negli arredi, spaziosa e luminosa. La cucina si esprime prevalentemente attraverso i sapori del mare, il menù è di giornata.

sulla strada statale 12 - Nuova Estense **Sud-Est : 4 km :**

XX **La Locanda del Mulino**

via Nuova Estense 3430 ✉ 41053 – ✆ 05 36 94 88 95 – w.bertoni@infinito.it – Chiuso a mezzogiorno in agosto, sabato a mezzogiorno e mercoledì negli altri mesi

Rist – Carta 25/39 €

◆ Nuova gestione, giovane e motivata, al "comando" di questo simpatico locale, ricavato all'interno di un vecchio mulino, con servizio estivo all'aperto. Cucina tradizionale.

MARANO LAGUNARE – Udine (UD) – 562 E21 – **2 046 ab.** – ✉ **33050** 11 **C3**

Roma 626 – Udine 43 – Gorizia 51 – Latisana 21 – Milano 365 – Trieste 71

XX **Alla Laguna-Vedova Raddi**

piazza Garibaldi 1 – ✆ 043 16 70 19 – trattoriavedovaraddi@yahoo.it – Fax 04 31 64 09 21 – Chiuso quindici giorni in novembre e lunedì

Rist – Carta 35/51 €

◆ Locale di lunga tradizione familiare, rinnovato in anni recenti, affacciato sul porto-canale vi si possono degustare le tradizionali specialità di mare; ambiente piacevole.

MARANZA = MERANSEN – Bolzano – 562 B16 – **Vedere Rio di Pusteria**

MARATEA – Potenza (PZ) – 564 H29 – **5 283 ab.** – **alt. 311 m** – ✉ **85046** 3 **B3**

Italia

Roma 423 – Potenza 147 – Castrovillari 88 – Napoli 217 – Reggio di Calabria 340 – Salerno 166 – Taranto 231

piazza del Gesù 32 ✉ 85040 Fiumicello di Santa Venere ✆ 0973 876908, maratea@aptbasilicata.it, Fax 0973 877454

Località★★ – ✻★★ dalla basilica di San Biagio

a Fiumicello di Santa Venere Ovest : 5 km – ✉ 85046

Santavenere – mare e costa, rist,
via Santavenere snc – ✆ 09 73 87 69 10 – 70,
– booking@hotelsantavenere.it – Fax 09 73 87 76 54 – Aprile-ottobre
37 cam – 275/660 € – 7 suites – ½ P 188/380 € – **Rist** – Carta 88/110 €
◆ In posizione ineguagliabile, all'interno di un parco con pineta affacciato sulla scogliera. Camere con pavimenti in ceramica di Vietri, finestre come quadri aperti sul mare. Si mangia fra cielo e mare, sospesi nella semplice magia del panorama.

Villa delle Meraviglie senza rist
località Ogliastro Nord : 1,5 km – ✆ 09 73 87 78 16
– mail@hotelvilladellemeraviglie.it – Fax 09 73 87 13 19 – Pasqua-ottobre
16 cam – 60/90 € 86/172 €
◆ Costruzione affacciata sulla costa e circondata da un parco privato con piscina. Accesso diretto al mare, camere sobrie e, in gran parte, dotate di patio o terrazzo.

Settebello senza rist – 35,
via Fiumicello 52 – ✆ 09 73 87 62 77 – hotelsettebello@yahoo.it
– Fax 09 73 87 72 04 – Aprile-ottobre
28 cam – 77/80 € 97/105 €, 10 €
◆ Totalmente rinnovato da poco dalla dinamica e capace gestione, presenta camere semplici, senza nulla più dello stretto indispensabile, ma spaziose e molto luminose.

Zà Mariuccia
via Grotte 2, al Porto – ✆ 09 73 87 61 63 – Marzo-novembre; chiuso giovedì (escluso agosto) e a mezzogiorno da giugno ad agosto
Rist – (prenotare) Carta 35/55 €
◆ Piccolo e caratteristico ristorante, in grado di coniugare felicemente il pesce sempre fresco, al piacere dell'ambientazione, una piccola terrazza affacciata sul porto.

ad Acquafredda Nord-Ovest : 10 km – ✉ 85046

Villa del Mare – mare e costa, cam, 300,
strada statale Sud : 1,5 km – ✆ 09 73 87 80 07
– villadelmare@tiscalinet.it – Fax 09 73 87 81 02 – Aprile-ottobre
73 cam – 170/220 € 190/300 € – ½ P 135/170 € – **Rist** – Carta 30/40 €
◆ Risorsa sulla scogliera a picco sul mare, la spiaggia è raggiungibile con un ascensore. Gradevoli terrazze fiorite per consentire ai più pigri di riposare e sognare. Sempre un ospite in più alla vostra tavola, il paesaggio.

Villa Cheta Elite – rist,
via Timpone 46, Sud : 1,5 km – ✆ 09 73 87 81 34 – info@villacheta.it
– Fax 09 73 87 81 35 – 16 marzo-2 novembre
20 cam – 205/215 € 235/265 € – ½ P 100/140 € – **Rist** – Carta 44/58 €
◆ Pregevole villa liberty d'inizio secolo, dove vivere una dolce atmosfera vagamente retrò. O dove assaporare la fragranza delicata delle meravigliose terrazze fiorite. Sala sobria ma elegante e servizio ristorante estivo nell'incantevole giardino.

Gabbiano – 40,
via Luppa 24 – ✆ 09 73 87 80 11 – hotelgabbiano@tiscali.it – Fax 09 73 87 80 76 – 20 marzo-10 novembre
39 cam – 50/90 € 60/130 €, 10 € – ½ P 59/104 € – **Rist** – Carta 22/30 €
◆ L'hotel è affacciato direttamente sul mare e nulla si frappone alla spiaggia, tranne la terrazza; ampi spazi esterni, camere spaziose, conduzione familiare alla mano. Semplice e panoramico il ristorante con terrazza sul mare, dove gustare una cucina regionale e specialità marinare.

a Castrocucco Sud-Est : 10 km – ✉ 85046 – Maratea Porto

La Tana – 25,
– ✆ 09 73 87 17 70 – latana@tiscali.it – Fax 09 73 87 17 20 – Chiuso dal 23 dicembre al 27 gennaio
40 cam – 50/85 € 56/110 € – ½ P 85 €
Rist La Tana – vedere selezione ristoranti
◆ Albergo che si compone di tre strutture, gli spazi comuni sono al di là della strada come anche la terrazza solarium. Camere spaziose e luminose con arredi di buona fattura.

XX **La Tana**
– ✆ 09 73 87 17 70 – latana@tiscali.it – Fax 09 73 87 17 20 – Chiuso mercoledì escluso dal 15 giugno al 14 ottobre
Rist – Carta 20/36 €
◆ Concedetevi una sosta e provate le proposte culinarie a base di pesce fresco di giornata, servite nell'ampia e luminosa sala d'impostazione classica di questo ristorante.

MARCELLI – Ancona – 563 L22 – Vedere Numana

MARCELLISE – Verona – 562 F15 – Vedere San Martino Buon Albergo

MARCIAGA – Verona – Vedere Costermano

MARCIANA e MARCIANA MARINA – Livorno – 563 N12 – Vedere Elba (Isola d')

MARCIANO DELLA CHIANA – Arezzo (AR) – 563 M17 – 2 914 ab. – alt. 380 m – ✉ 52047 29 C2

Roma 202 – Siena 53 – Arezzo 26 – Firenze 85 – Perugia 68

a Badicorte Nord : 3 km – ✉ 52047 – Marciano della Chiana

Agriturismo il Querciolo senza rist
via Bosco Salviati 5 – ✆ 33 98 63 99 09 – info@ilquerciolobadicorte.com – Fax 05 75 84 50 00 – Chiuso gennaio e febbraio
4 cam – 100/120 €, 8 €
◆ Le origini di questa casa colonica risalgono al '200, ma l'attuale "versione" al XIX secolo: le camere sono un'affascinante carrellata di originali arredi dal 1850 al Liberty.

MARCONIA – Matera (MT) – Vedere Pisticci

MARGHERA – Venezia – Vedere Mestre

MARGNO – Lecco (LC) – 561 D10 – 365 ab. – alt. 730 m – Sport invernali : *a Pian delle Betulle : 1 500/1 800 m* 1 4, – ✉ 23832 16 B2

Roma 650 – Como 59 – Sondrio 63 – Lecco 30 – Milano 86

a Pian delle Betulle Est : 5 mn di funivia – alt. 1 503 m

Baitock ← monti e pinete,
via Sciatori 8 ✉ 23832 – ✆ 03 41 80 30 42 – Fax 03 41 80 30 35 – Dicembre-marzo e luglio-agosto
11 cam – 40/45 € 60 € – ½ P 45/55 € – **Rist** – (prenotazione obbligatoria) Carta 28/37 €
◆ Ci si arriva a piedi o in funivia: di sicuro la vostra visuale sul paesaggio non verrà deturpata da automobili e parcheggi. Per un contatto vero con i monti lecchesi. Al ristorante sapori delle tradizioni locali: salumi, formaggi, selvaggina, frutti di bosco.

MARIANO COMENSE – Como (CO) – 561 E9 – 21 100 ab. – alt. 250 m – ✉ 22066 18 B1

Roma 619 – Como 17 – Bergamo 54 – Lecco 32 – Milano 32

XXX **La Rimessa** 24,
via Cardinal Ferrari 13/bis – ✆ 031 74 96 68 – Fax 031 75 02 10 – Chiuso dal 2 al 10 gennaio, agosto, domenica sera e lunedì
Rist – Carta 28/54 €
◆ In una villa di fine '800, all'interno della ex rimessa per le carrozze, un caratteristico ristorante con una ulteriore, intima saletta, ricavata nel fienile soppalcato.

MARIANO DEL FRIULI – Gorizia (GO) – 562 E22 – 1 519 ab. – alt. 34 m – ✉ 34070

11 **C2**

Roma 645 – Udine 27 – Gorizia 19 – Trieste 40 – Venezia 123

a Corona Est : 1,7 km – ✉ 34070 – Mariano del Friuli

Al Piave

via Cormons 6 – ✆ 048 16 90 03 – pferma@tin.it – Fax 048 16 93 40 – Chiuso lunedì e martedì

Rist – Carta 25/31 €

◆ Classica osteria-trattoria, dove è possibile godersi un bicchiere di vino, nell'attesa di accomodarsi a tavola. Cucina semplice e sostanziosa, nel segno della tradizione.

MARINA DEL CANTONE – Napoli – 564 F25 – Vedere Massa Lubrense

MARINA DELLA LOBRA – Napoli – Vedere Massa Lubrense

MARINA DI ARBUS – Cagliari – 566 H7 – Vedere Sardegna alla fine dell'elenco alfabetico

MARINA DI ASCEA – Salerno (SA) – 564 G27 – ✉ 84058

7 **C3**

Roma 348 – Potenza 151 – Napoli 145 – Salerno 90 – Sapri 61

Iscairia

cam, rist, VISA

località Velia – ✆ 09 74 97 22 41 – iscairia@libero.it – Fax 09 74 97 23 72 – Marzo-ottobre

8 cam – †42/58 € ††70/100 € – ½ P 60/75 € – **Rist** – Menu 25/35 €

◆ Risorsa piuttosto grande, con un discreto numero di camere, situata nell'azienda degli stessi proprietari. Camere spaziose e personalizzate, piacevole giardino. Dalla cucina, la tradizione del cilento, pane e dolci fatti in casa.

MARINA DI BIBBONA – Livorno – 563 M13 – Vedere Bibbona (Marina di)

MARINA DI CAMEROTA – Salerno (SA) – 564 G28 – ✉ 84059

7 **D3**

Roma 385 – Potenza 148 – Napoli 179 – Salerno 128 – Sapri 36

Delfino

rist, VISA

via Bolivar 45 – ✆ 09 74 93 22 39 – info@albergodelfino.it – Fax 09 74 93 29 79

22 cam – †60/75 € ††70/85 €, 5 € – ½ P 40/70 € – **Rist** – *(aprile-ottobre)* (solo per alloggiati)

◆ A piano terra ci sono la piccola hall, il bar e la sala ristorante riservata agli ospiti dell'albergo. Le stanze, semplici e accoglienti, sono ai tre piani superiori.

Da Pepè con cam

cam, rist, VISA

via Nazionale 41 – ✆ 09 74 93 24 61 – info@villaggiodapepè.it – Fax 09 74 93 96 70 – Maggio-settembre

34 cam – †30/75 € ††50/150 € – ½ P 50/150 € – **Rist** – Carta 35/53 €

◆ Lungo la strada che conduce a Palinuro, ricavato in un edificio circondato da un uliveto, in cui trovano posto anche alcune camere-bungalow. Specialità di pesce.

Del Porto

14, VISA

lungomare Trieste 43/45 – ✆ 09 74 37 96 97 – ristorantedelporto@hotmail.it – Chiuso dal 15 gennaio al 15 febbraio e martedì escluso da giugno a settembre

Rist – Carta 24/44 €

◆ In stile marinaro, fronte porto, piccolo locale con simpatico dehors. Gestito da tre fratelli, presenta un menù essenzialmente a base di pesce con piatti schietti e saporiti.

MARINA DI CAMPO – Livorno – 563 N12 – Vedere Elba (Isola d')

MARINA DI CAPOLIVERI – Livorno – Vedere Elba (Isola d') : Capoliveri

MARINA DI CASAL VELINO – Salerno (SA) – 564 G27 – 100 ab. – ✉ 84050 7 C3

Roma 349 – Potenza 136 – Napoli 138 – Salerno 87 – Torre del Greco 127

Stella Maris

via Velia 156 – ☎ 09 74 90 70 40 – info@hotel-stella-maris.com – Fax 09 74 90 77 23

30 cam – 60/78 € 120 € – ½ P 65/90 € – **Rist** – (solo per alloggiati)

◆ Albergo recentemente ristrutturato, presenta arredi curati nelle parti comuni e camere luminose e confortevoli. In comoda posizione, a breve distanza dal mare.

MARINA DI CASTAGNETO – Livorno – 563 M13 – Vedere Castagneto Carducci

MARINA DI CECINA – Livorno – 563 M13 – Vedere Cecina (Marina di)

MARINA DI GIOIOSA IONICA – Reggio di Calabria (RC) – 564 M30 – 6 454 ab. – ✉ 89046 5 B3

Roma 639 – Reggio di Calabria 108 – Catanzaro 93 – Crotone 148 – Siderno 4

Gambero Rosso 10/20,

via Montezemolo 65 – ☎ 09 64 41 58 06 – rist.gamberorosso@tiscali.it – Fax 09 64 41 55 81 – Chiuso gennaio o novembre e lunedì

Rist – Carta 32/51 €

◆ Ristorante d'impostazione assolutamente classica, situato lungo la via principale della località, propone una valida cucina basata su freschi e appetitosi prodotti ittici.

MARINA DI GROSSETO – Grosseto – 563 N14 – Vedere Grosseto (Marina di)

MARINA DI LEUCA – Lecce (LE) – 564 H37 – ✉ 73030 27 D3

Roma 676 – Brindisi 109 – Bari 219 – Gallipoli 48 – Lecce 68 – Taranto 141

L'Approdo rist, 150,

via Panoramica – ☎ 08 33 75 85 48 – info@hotelapprodo.com – Fax 08 33 75 85 99

54 cam – 70/190 € 100/250 € – ½ P 70/150 € – **Rist** – Carta 27/43 €

◆ Poco distante dal lungomare, l'hotel dalla caratteristica facciata nivea offre un comodo parcheggio, un'invitante piscina, luminose sale curate negli arredi e una boutique. Propone di pesce presso l'ampia sala ristorante o sulla veranda panoramica con vista sul mare.

Terminal cam, rist, 150,

lungomare Colombo 59 – ☎ 08 33 75 82 42 – terminal@attiliocaroli.it – Fax 08 33 75 82 46

55 cam – 95 € 130 € – ½ P 60/100 € – **Rist** – *(aprile-ottobre)* Menu 23 €

◆ Sul lungomare, un albergo dagli spazi luminosi caratterizzati da sobri arredi e camere in legno chiaro ciascuna dedicata ad un monumento della penisola salentina. Nella suggestiva sala ristorante è il pesce a dominare la tavola, accanto ad ortaggi, frutta, vini ed olii tipici della zona.

MARINA DI MARATEA – Potenza – 564 H29 – Vedere Maratea

MARINA DI MASSA – Massa Carrara – 563 J12 – Vedere Massa (Marina di)

Toscana

MARINA DI MODICA – Ragusa – Vedere Sicilia alla fine dell'elenco alfabetico

MARINA DI MONTENERO DI BISACCIA – Campobasso (CB) – 564 A26 – ✉ 86036 – Montenero di Bisaccia 2 D2

Roma 280 – Pescara 78 – L'Aquila 184 – Campobasso 104 – Chieti 87 – Foggia 127

Strand

via Costa Verde – ☎ 08 73 80 31 06 – informazioni@hotelstrand.it – Fax 08 73 80 34 50 – Maggio-settembre

48 cam – 44/65 €, 6 € – ½ P 40/59 € – **Rist** – Carta 24/34 €

◆ Albergo per vacanzieri estivi: gestione familiare, installazioni recenti, a ridosso della spiaggia. Per momenti di vero relax, approfittando della posizione tranquilla. La sala ristorante è luminosa e si affaccia su mare e spiaggia.

MARINA DI NOCERA TERINESE – Catanzaro (CZ) – 564 J30 – ✉ 88047 5 A2

Roma 537 – Cosenza 63 – Catanzaro 67 – Reggio di Calabria 159

sulla strada statale 18 Nord : 3 km :

XX **L'Aragosta**

villaggio del Golfo ✉ 88040 – ☎ 096 89 33 85 – info@ristorantelaragosta.com – Fax 09 68 93 89 75 – Chiuso dal 15 al 30 ottobre e lunedì (escluso luglio-agosto)

Rist – Carta 41/78 €

◆ Un'unica sala classica preceduta all'ingresso da un ampio banco con esposto il pesce fresco di giornata; ideale per gustare piatti fragranti.

MARINA DI PIETRASANTA – Lucca – 563 K12 – Vedere Pietrasanta (Marina di)

Toscana

MARINA DI PISA – Pisa – 563 K12 – Vedere Pisa (Marina di) *Toscana*

MARINA DI PULSANO – Taranto – Vedere Pulsano

MARINA DI RAGUSA – Ragusa – Vedere Sicilia (Ragusa, Marina di) alla fine dell'elenco alfabetico

MARINA DI RAVENNA – Ravenna – 563 I18 – Vedere Ravenna (Marina di)

MARINA DI SAN SALVO – Chieti – 563 P26 – Vedere San Salvo

MARINA DI SAN VITO – Chieti (CH) – 563 P25 – ✉ 66035 2 C2

Roma 234 – Pescara 30 – Chieti 43 – Foggia 154 – Isernia 127

Garden rist,

contrada Portelle 77 – ☎ 087 26 11 64 – hotelgarden@abruzzo.it – Fax 08 72 61 89 08 – Chiuso Natale

48 cam – †55/75 € ††65/85 € – ½ P 60/80 € – **Rist** – Carta 26/36 €

◆ Lungo la Statale Adriatica, appena fuori dal centro, albergo con ottime attrezzature sia per la clientela turistica, che per chi viaggia per lavoro. A due passi dal mare. Ristorante distribuito in due ampie sale.

XX **L'Angolino da Filippo** 10,

via Sangritana 1 – ☎ 087 26 16 32 – info@langolinodafilippo.it – Fax 08 72 61 89 08 – Chiuso lunedì

Rist – Carta 37/55 €

◆ L'ambiente è rustico-elegante, la tavola curata, la cucina marinaresca improntata sulla freschezza dei prodotti. A pochi metri dal mare, affacciato sul molo.

MARINA DI VASTO – Chieti – 563 P26 – Vedere Vasto (Marina di)

MARINA EQUA – Napoli – Vedere Vico Equense

MARINA GRANDE – Napoli – 564 F24 – Vedere Capri (Isola di)

MARINA TORRE GRANDE – Oristano – 566 H7 – Vedere Sardegna (Oristano) alla fine dell'elenco alfabetico

MARINA VELCA – Viterbo – 563 P17 – Vedere Tarquinia

MARINELLA – Trapani – 565 O20 – Vedere Sicilia (Selinunte) alla fine dell'elenco alfabetico

MARINO – Roma (RM) – 563 Q19 – 36 708 ab. – alt. 355 m – ✉ 00047 12 B2

Roma 26 – Frosinone 73 – Latina 44

a Frattocchie Ovest : 9 km – ✉ 00040

Dei Consoli cam, 250,

via Appia Nuova km 20,350 – ☎ 06 93 54 11 70 – info@consolihotel.it – Fax 06 93 54 20 41

47 cam – †65/80 € ††95/130 € – **Rist** – (solo per alloggiati)

◆ Nuovissimo albergo, di taglio moderno, concepito per poter corrispondere al meglio alle esigenze della clientela d'affari. Camere eleganti nella loro funzionalità.

MARLENGO (MARLING) – Bolzano / Bozen (BZ) – 562 C15 – 2 245 ab. – alt. 363 m – ✉ 39020 30 B2

Roma 668 – Bolzano 31 – Merano 3 – Milano 329

piazza Chiesa 5 ☎ 0473 447147, mail@marling.info, Fax 0473 221775

Pianta : vedere Merano

Oberwirt (riscaldata) cam,

vicolo San Felice 2 – ☎ 04 73 44 71 11 – info@oberwirt.com – Fax 04 73 44 71 30 – 19 marzo-12 novembre A n

59 cam – †99/109 € ††182/200 € – 23 suites – ††224/374 € – ½ P 120/129 € – **Rist** – Carta 31/54 €

◆ Nel centro del paese, due edifici congiunti da un passaggio sotterraneo con begli arredi in legno. Cinquecento anni di vita: tradizione elegante, ma anche confort moderni. Apprezzabilissimo servizio ristorante estivo in giardino.

Jagdhof < monti e Merano, rist, rist,

via San Felice 18 – ☎ 04 73 44 71 77 – info@jagdhof.it – Fax 04 73 44 54 04 – Marzo-novembre A m

36 cam – ††186/228 € – ½ P 95/116 € – **Rist** – (solo per alloggiati)

◆ Nuova veste moderna per questo hotel proprio sopra l'ippodromo di Merano, completamente circondata dal bosco e abbellita da un giardino con piscina. Arredata con eleganza.

Marlena < monti e Merano, (riscaldata) cam, rist, cam, rist,

via Tramontana 6 – ☎ 04 73 22 22 66 – info@marlena.it – Fax 04 73 44 74 41 – Marzo-novembre A k

44 cam – †96 € ††172 € – ½ P 80/118 € – **Rist** – (solo per alloggiati) Menu 20/40 €

◆ Struttura dall'architettura innovativa, in linea con il moderno design degli interni. Ovviamente il confort non ne risente per nulla, anzi acquista un sapore contemporaneo.

Sporthotel Nörder < monti e Merano, (riscaldata) 25,

via Tramontana 15 – ☎ 04 73 44 70 00 – info@noerder.it – Fax 04 73 44 73 70 – 15 marzo-20 novembre A e

45 cam – †77/107 € ††114/158 € – **Rist** – *(chiuso martedì)* Carta 30/40 €

◆ Alle porte del paese, con una bella vista sui monti e Merano, albergo ben accessoriato, costituito da un complesso di edifici; settore notte di livello assai apprezzabile. Piacevole e ariosa sala ristorante.

MARLIA – Lucca – 563 K13 – Vedere Lucca

MARLING = Marlengo

MARMOLADA (Massiccio della) ★★★ – Belluno e Trento *Italia*

MAROERO – Asti – Vedere Cocconato

MARONTI – Napoli – 564 E23 – Vedere Ischia (Isola d') : Barano

MAROSTICA – Vicenza (VI) – 562 E16 – 13 172 ab. – alt. 105 m – ✉ 36063
Italia 35 **B2**

Roma 550 – Padova 60 – Belluno 87 – Milano 243 – Treviso 54 – Venezia 82 – Vicenza 28

Piazza Castello★

Valle San Floriano Nord : 3 km – alt. 127 m – ✉ 36063

XX **La Rosina** con cam 120,

via Marchetti 4 Nord : 2 km – ✆ 04 24 47 03 60 – info@larosina.it – Fax 04 24 47 02 90 – Chiuso dal 3 al 28 agosto

12 cam – 55/60 € 80/90 € – **Rist** – *(chiuso lunedì e martedì)* Carta 25/36 €

◆ Il nome deriva dalla capostipite della famiglia, che nel 1917 iniziò ad offrire vino e piatti casalinghi. Oggi? Un elegante ristorante, con un monumentale camino.

MAROTTA – Pesaro e Urbino (PU) – 563 K21 – ✉ 61035 21 **C1**

Roma 305 – Ancona 38 – Perugia 125 – Pesaro 25 – Urbino 61

(luglio-agosto) piazzale della Stazione ✆ 0721 96591, iat.marotta@regione.marche.it, Fax 0721 96591

Imperial

lungomare Faà di Bruno 119 – ✆ 07 21 96 94 45 – info@hotel-imperial.it – Fax 072 19 66 17 – Aprile-ottobre

42 cam – 55/75 € 60/120 € 9 – **Rist** – Menu 15/30 €

◆ Hotel completo di buoni confort, di spazi generosi nelle parti comuni, di camere signorili e di fattura moderna, nonché di un bel giardino attorno alla godibile piscina.

Caravel

lungomare Faà di Bruno 135 – ✆ 072 19 66 70 – info@hotel-caravel.it – Fax 07 21 96 84 34 – Aprile-settembre

32 cam – 45/50 € 70/90 € – ½ P 47/70 € – **Rist** – (solo per alloggiati) Menu 16/25 €

◆ Albergo di mare, a pochi passi dalla spiaggia, dall'atmosfera rilassata ed informale. Il bar e la hall sono a piano terra, ai piani superiori camere semplici e accoglienti.

MARRADI – Firenze (FI) – 563 J16 – 3 503 ab. – alt. 328 m – ✉ 50034 29 **C1**

Roma 332 – Firenze 58 – Bologna 85 – Faenza 36 – Milano 301 – Ravenna 67

X **Il Camino**

viale Baccarini 38 – ✆ 05 58 04 50 69 – Fax 05 58 04 50 69 – Chiuso dal 3 al 10 giugno, dal 25 agosto al 10 settembre e mercoledì

Rist – Carta 25/33 €

◆ Ristorante dall'atmosfera familiare con proposte di una cucina che prende spunto dalle tradizioni culinarie tosco-romagnole. Preparazioni genuine di fattura casalinga.

MARSALA – Trapani – 565 N19 – Vedere Sicilia alla fine dell'elenco alfabetico

MARTA – Viterbo (VT) – 563 O17 – 3 477 ab. – alt. 315 m – ✉ 01010 12 **A1**

Roma 118 – Viterbo 21 – Grosseto 113 – Siena 127

X **Da Gino al Miralago**

viale Marconi 58 – ✆ 07 61 87 09 10 – Fax 07 61 87 09 10 – Chiuso martedì escluso luglio e agosto

Rist – Carta 24/46 €

◆ Ristorante di taglio classico, situato di fronte al lago di Bolsena, ammirabile dall'accogliente veranda. In cucina le specialità sono di pesce, d'acqua dolce e salata.

MARTANO – Lecce (LE) – 564 G36 – 9 551 ab. – alt. 91 m – ✉ 73025 27 **D3**

Roma 588 – Brindisi 63 – Lecce 26 – Maglie 16 – Taranto 133

XX **La Lanterna** con cam

via Ofanto 53 – ✆ 08 36 57 14 41 – info@lalanternamartano.com – Fax 08 36 57 14 41 – Chiuso dal 10 al 20 settembre e mercoledì escluso agosto

6 cam – 45/50 € 60/80 € – ½ P 45/55 € – **Rist** – Carta 19/31 €

◆ Vicino alla piazza dove si svolge il mercato, un locale cassico a gestione familiare dove gustare piatti del territorio. La sera anche pizzeria. Recentemente sono state aggiunte camere funzionali dagli arredi lignei in una struttura adiacente.

MARTINA FRANCA – Taranto (TA) – 564 E34 – **48 863 ab.** – **alt. 431 m** – ✉ **74015**
Italia 27 **C2**

Roma 524 – Brindisi 57 – Alberobello 15 – Bari 74 – Matera 83 – Potenza 182 – Taranto 32

piazza Roma 37 ✆ 080 4805702, apt2000@libero.it

Via Cavour★ – Terra dei Trulli★★★ Nord e Nord-Est

Park Hotel San Michele
rist, 350,

viale Carella 9 – ✆ 08 04 80 70 53 – info@parkhotelsm.it – Fax 08 04 80 88 95

81 cam – 77/94 € 107/145 € – ½ P 59/94 € – **Rist** – Carta 38/48 €

◆ Hotel semicentrale, immerso in un parco secolare, dove si trova anche la piscina. Ideale per una clientela d'affari e congressuale, dispone di camere spaziose. Per i pasti: salone per banchetti, sale ristorante e anche il giardino esterno.

Relais Villa San Martino
(riscaldata) 100,

via Taranto 59, Sud : 2,8 km – ✆ 08 04 80 51 52 – info@relaisvillasanmartino.com – Fax 08 04 85 77 19

23 cam – 240 € 280 € – **Rist *Duca di Martina*** – Carta 42/60 €

◆ Sulla via per Taranto, masseria di fine '800 restaurata con l'impiego di raffinati ed eleganti materiali. Un gioiello all'interno di un curatissimo parco. Creatività mediterranea al ristorante.

Dell'Erba

viale dei Cedri 1 – ✆ 08 04 30 10 55 – info@dellerba.it – Fax 08 04 30 16 39

49 cam – 75 € 66/110 € – **Rist** – Carta 27/39 € (+15 %)

◆ Ubicata nell'immediata periferia della città, lungo la strada statale per Taranto, una grande e completa struttura, con una gestione tipicamente familiare, ma molto capace. Varie sale dedicate alla ristorazione.

Villa Rosa senza rist

via Toronto 70 – ✆ 08 04 83 80 04 – info@hotel-villa-rosa.it – Fax 08 04 83 80 04

65 cam – 86 € 112 €, 6 €

◆ Poco distante dal centro storico, l'hotel ha aperto di recente ed offre una calda accoglienza nonchè ambienti luminosi e confortevoli dall'arredo ligneo.

La Tana
20,

via Mascagni 2 – ✆ 08 04 80 53 20 – info@ristorantelatana.it – Chiuso martedì da novembre a febbraio

Rist – Carta 27/39 €

◆ Nella facciata destra del barocco Palazzo Ducale, in quelli che una volta erano gli uffici del dazio, un locale informale in stile trattoria. Specialità locali rivisitate.

Trattoria delle Ruote

via Monticello 1, Est : 4,5 km – ✆ 08 04 83 74 73 – Chiuso lunedì

Rist – Carta 35/38 €

◆ Nei caratteristici trulli verso Ceglie Messapica, un locale semplice e familiare che offre una scelta ristretta di piatti della cucina casereccia e tradizionale pugliese.

MARTINSICURO – Teramo (TE) – 563 N23 – **14 408 ab.** – ✉ **64014** 1 **B1**

Roma 227 – Ascoli Piceno 35 – Ancona 98 – L'Aquila 118 – Pescara 64 – Teramo 45

Sympathy
rist,

lungomare Europa 26 – ✆ 08 61 76 02 22 – info@sympathyhotel.it – Fax 08 61 76 02 22 – 15 maggio-21 settembre

40 cam – 70/90 € 70/120 € – ½ P 45/80 € – **Rist** – (solo per alloggiati) Carta 23/38 €

◆ A pochi passi dal mare, vanta un'ampia zona comune al pian terreno, camere moderne diverse negli arredi e con balconi a conchiglia. Colazione su un panoramico roof-garden.

Leon d'Or

via Aldo Moro 55/57 – ✆ 08 61 79 70 70 – leondor@advcom.it – Fax 08 61 79 76 95 – Chiuso Natale, agosto, domenica sera e lunedì

Rist – Carta 34/50 €

◆ Più di vent'anni di attività e ancora un'unica caratteristica sala ad angolo, quasi una vetrina sul passeggio; in cucina brace, piatti tipici regionali e specialità di mare.

a Villa Rosa Sud : 5 km – ✉ 64014

Olimpic

lungomare Italia 72 – ☎ 08 61 71 23 90 – olimpic@hotelolimpic.it – Fax 08 61 71 05 97 – 10 maggio-25 settembre

68 cam – †45 € ††60/70 € – ½ P 45/80 € – **Rist** – (solo per alloggiati) Carta 30/34 €

◆ Circondato da una verdeggiante oasi di tranquillità che poco lo separa dal mare, un hotel dalla facciata bianco-blu dispone di vasti spazi comuni e camere sobrie.

Paradiso

via Ugo La Malfa 14 – ☎ 08 61 71 38 88 – info@hotelparadiso.it – Fax 08 61 75 17 75 – 12 maggio-23 settembre

67 cam – †45/55 € ††70/90 € – **Rist** – Menu 20/30 €

◆ Un hotel dedicato ai bambini: sin dall'arrivo, ogni momento della giornata sarà organizzato per loro con attività ad hoc, garantendo agli adulti un soggiorno di sport e relax.

Haway

lungomare Italia 62 – ☎ 08 61 71 26 49 – info@hotelhaway.it – Fax 08 61 71 39 23 – 18 maggio-23 settembre

52 cam – solo ½ P 61/81 € – **Rist** – (solo per alloggiati) 18 € bc

◆ In riva al mare, una struttura semplice con spazi confortevoli e ricca di cordialità, simpatia ed animazione sia per i grandi che per i piccini. Ideale per le famiglie.

Il Sestante

lungomare Italia – ☎ 08 61 71 32 68 – Chiuso dal 23 dicembre al 7 gennaio, agosto, domenica sera e lunedì

Rist – Carta 37/42 €

◆ Un elegante locale in posizione suggestiva, caratterizzato da decorazioni che richiamano l'ambiente marino; dalla cucina i sapori regionali e, ovviamente, prodotti ittici.

MARZOCCA – Ancona – 563 K21 – Vedere Senigallia

MASARÈ – Belluno – 562 C18 – Vedere Alleghe

MASER – Treviso (TV) – 562 E17 – alt. 147 m *Italia* 36 C2

Villa★★★ del Palladio

MASIO – Alessandria (AL) – 561 H7 – 1 472 ab. – alt. 142 m – ✉ 15024 25 D1

Roma 607 – Alessandria 22 – Asti 14 – Milano 118 – Torino 80

Trattoria Losanna

via San Rocco 36, Est : 1 km – ☎ 01 31 79 95 25 – Fax 01 31 79 90 74 – Chiuso dal 27 dicembre al 13 gennaio, agosto, domenica sera e lunedì

Rist – Carta 15/35 €

◆ Questa sì è un'autentica trattoria: spazi diversificati, gran vociare e una scelta limitata a pochi piatti, ma rigorosamente legati alla tradizione gastronomica locale.

MASSA P (MS) – 563 J12 – 67 576 ab. – alt. 65 m – ✉ 54100 *Toscana* 28 A1

Roma 367 – La Spezia 37 – Carrara 8 – Firenze 114 – Pisa 45

Osteria del Borgo

via Beatrice 17 – ☎ 05 85 81 06 80 – pierroca@tin.it – Fax 05 85 88 69 70 – Chiuso due settimane in settembre, 24-25-26 dicembre e a mezzogiorno dal 15 giugno a settembre

Rist – Carta 25/38 €

◆ Bottiglie e vecchie foto alle pareti, l'enoteca al piano interrato e la tavola sobria e gradevole, insomma una semplicità accattivante. La cucina saldamente del territorio.

MASSACIUCCOLI (Lago di) – Lucca – 563 K13 – Vedere Torre del Lago Puccini

MASSAFRA – Taranto (TA) – 564 F33 – 31 170 ab. – alt. 110 m – ✉ 74016 27 C2

Roma 508 – Bari 76 – Brindisi 84 – Matera 64 – Taranto 18

sulla strada statale 7 Nord-Ovest : 2 km :

Appia Palace Hotel cam, 350,

✉ *74016* – *09 98 85 15 01* – *Fax 09 98 85 15 06*

119 cam – 67 € 90 € – ½ P 65 € – **Rist** – Carta 24/31 €

◆ Grande struttura alberghiera, ubicata lungo la strada per Bari, ideale per chi viaggia per motivi di lavoro anche per la vicinanza al casello autostradale. Ampie zone comuni. Tipico ristorante d'albergo dallo stile moderno.

MASSA LUBRENSE – Napoli (NA) – 564 F25 – 13 282 ab. – alt. 120 m – ✉ 80061 6 B2

Italia

Roma 263 – Napoli 55 – Positano 21 – Salerno 56 – Sorrento 6

piazza Vescovado 2 081 8089571, uffturistico@libero.it, Fax 081 8089571

Delfino mare ed isola di Capri, (con acqua di mare)

via Nastro d'Oro 2, Sud-Ovest : 3 km –
08 18 78 92 61 – info@hoteldelfino.com – Fax 08 18 08 90 74
– Aprile-ottobre

66 cam – 125/145 € 190/220 € – ½ P 115/130 €

Rist – Carta 34/42 €

◆ In una pittoresca insenatura con terrazze e discesa a mare, un albergo da cui godere di un panorama eccezionale sull'isola di Capri. Struttura d'impostazione classica. Ariosa sala ristorante ed elegante salone banchetti.

Bellavista mare ed isola di Capri, rist, 100,

via Partenope 26, Nord : 1 km – 08 18 78 96 96
– info@francischiello.it – Fax 08 18 08 93 41

33 cam – 90/130 € 90/160 € – ½ P 75/95 €

Rist ***Riccardo Francischiello*** – 08 18 78 91 81 *(chiuso martedì da ottobre a marzo)* Carta 32/42 €

◆ Una salda e capace gestione familiare la cui intraprendenza ha portato ad un rinnovo complessivo della struttura, svolto negli ultimi anni. Terrazza-solarium con piscina. Ristorante dedito anche all'attività banchettistica: ampia sala e salone per ricevimenti.

Antico Francischiello-da Peppino e Hotel Villa Pina con cam

via Partenope 27, mare ed isola di Capri,
Nord : 1,5 km – 08 15 33 97 80 – info@francischiello.com
Fax 08 18 07 18 13

25 cam – 90 € – ½ P 90 € – **Rist** – *(chiuso mercoledì escluso da giugno a settembre)* Carta 46/61 €

◆ Ambiente caratteristico, carico di storia e arredato con abbondanza di oggetti e suppellettili. La cucina segue la tradizione con una predilezione per i piatti di mare.

a Marina della Lobra Ovest : 2 km – ✉ 80061 – Massa Lubrense

Piccolo Paradiso cam, cam, rist,

piazza Madonna della Lobra 5 – 08 18 78 92 40
– info@piccolo-paradiso.com – Fax 08 18 08 90 56 – 15 marzo-15 novembre

54 cam – 65/75 € 97/114 € – ½ P 73/81 € – **Rist** – Carta 27/40 € (+12 %)

◆ Nella piccola frazione costiera, albergo fronte mare dotato anche di una bella piscina disposta lungo un'ampia terrazza. Gestione familiare seria e professionale. Impostazione semplice, ma confortevole, nella grande sala ristorante dai "sapori" mediterranei.

a Santa Maria Annunziata Sud : 2,5 km – ✉ 80061 – Massa Lubrense

La Torre

piazza Annunziata, 7 – 08 18 08 95 66 – Fax 08 15 33 02 03
– Chiuso dal 7 al 30 gennaio e martedì escluso luglio e agosto

Rist – Carta 37/49 €

◆ Una semplice trattoria ad andamento familiare, proprio di fronte a una torre, in una piazzetta, dove si mangia in estate; all'interno una sala ben tenuta e piatti partenopei.

a Nerano-Marina del Cantone Sud-Est : 11 km – ✉ 80061 – Termini

XXX ✿✿ **Taverna del Capitano** (Caputo) con cam
piazza delle Sirene 10/11 – ✆ 08 18 08 10 28 – tavdelcap@inwind.it – Fax 08 18 08 18 92 – Chiuso 24-25 dicembre e dall'8 gennaio al 3 marzo
12 cam – †110 € ††130 €, ☐ 15 € – 2 suites – ½ P 115 € – **Rist** – *(chiuso lunedì e martedì escluso da giugno a settembre)* Carta 60/90 €
Spec. Gamberone rosso fritto con spaghetti di patata, salsa di papacelle (peperone dolce) e verdure croccanti. Linguine di Gragnano con il fegato di polpo, il suo crudo e l'osso di seppia. "Pasta" di scorfano, salsa di peperoni e gamberetti, chips di gamberi (primavera-estate).
♦ Di fronte ad uno dei pochi tratti di spiaggia della costiera, un caratteristico locale in legno a gestione familiare. Pesce di straordinaria freschezza in piatti originali.

XXX ✿ **Quattro Passi** (Mellino) con cam
via Vespucci 13/n, Nord : 1 km – ✆ 08 18 08 28 00 – info@ristorantequattropassi.com – Fax 08 18 08 12 71 – Marzo-4 novembre
4 cam ☐ – ††120 € – 3 suites – ††180 € – **Rist** – *(chiuso martedì sera e mercoledì escluso dal 15 giugno al 15 settembre)* Carta 75/110 €
Spec. Raviolini agli agrumi di Massa (primavera). Filetti di triglie con pomodorini e olive taggiasche. Babà.
♦ Immerso nella vegetazione mediterranea, il ristorante è un tributo al lavoro di una famiglia: ogni anno sempre più bello, gli sforzi premiano i migliori prodotti del mare.

MASSA (Marina di) – Massa Carrara (MS) – 563 J12 – ✉ 54037 28 A1

Roma 388 – Pisa 41 – La Spezia 32 – Firenze 114 – Livorno 64 – Lucca 44 – Massa 5
viale Vespucci 24 ✆ 0585 240063, apt@massacarrara.turismo.toscana.it, Fax 0585 869015

Excelsior rist, 80,
via Cesare Battisti 1 – ✆ 05 85 86 01 – info@hotelexcelsior.it – Fax 05 85 86 97 95
70 cam ☐ – †120/250 € ††160/300 € – ½ P 165/210 €
Rist *Il Sestante* – ✆ 05 85 86 05 05 – Carta 29/63 €
♦ Struttura di taglio contemporaneo situata sul lungomare, particolarmente attenta a soddisfare le esigenze della clientela d'affari e congressuale. Interni moderni. Elegante ed accagliente, il ristorante e ideale per pranzo di lavoro e banchetti.

Maremonti rist,
viale lungomare di Levante 19, località Ronchi ✉ 54039 Ronchi – ✆ 05 85 24 10 08 – info@hotelmaremonti.com – Fax 05 85 24 10 09 – Marzo-novembre
26 cam ☐ – †110/170 € ††180/270 € – ½ P 140/160 € – **Rist** – Carta 45/57 €
♦ Di fronte al mare, villa ottocentesca tipica della Versilia, con parco e piscina. Camere personalizzate con gusto, ognuna diversa dall'altra, ambienti comuni eleganti. Ristorante in cui la cura dei dettagli è una piacevole compagna di pranzi e cene.

Cavalieri del Mare cam,
via Verdi 23, località Ronchi ✉ 54039 Ronchi – ✆ 05 85 86 80 10 – info@cavalieridelmare.net – Fax 05 85 86 80 15
26 cam ☐ – ††100/170 € – ½ P 100/120 € – **Rist** – *(aprile-ottobre)* (solo per alloggiati)
♦ Gradevolmente immerso in un giardino con piscina, un hotel ricavato da una villa del '700 ristrutturata e "ripensata" per un'accoglienza efficiente con interni moderni.

Matilde cam,
via Tagliamento 4 – ✆ 05 85 24 14 41 – info@hotelmatilde.it – Fax 05 85 24 04 88
12 cam ☐ – †70/100 € ††110/130 € – ½ P 83/95 € – **Rist** – *(giugno-settembre)* (solo per alloggiati)
♦ Un hotel ubicato in zona residenziale, convincente sia dal punto di vista strutturale che gestionale. Camere dotate di ogni confort, anche per la clientela d'affari.

Gabrini senza rist
via Luigi Sturzo 19 – ✆ 05 85 24 05 05 – info@hotelgabrini.it – Fax 05 85 24 66 61 – 10 aprile-ottobre
43 cam ☐ – †50/60 € ††80/110 €
♦ Albergo del centro storico, a gestione familiare, caratterizzato da uno stile sobrio, ma comunque assolutamente godibile, grazie alla cura e alla passione profuse.

XX **La Péniche**

via Lungo Brugiano 3 – ✆ 05 85 24 01 17 – info@lapeniche.com

Rist – Carta 32/53 €

◆ Originale collocazione su una palafitta e arredi curiosi con richiami a Parigi e alla Senna. La cucina offre piatti di pesce, dal forno invece una buona lista di pizze.

XX **Da Riccà**

lungomare di Ponente – ✆ 05 85 24 10 70 – daricca@interfree.com – Fax 05 85 24 10 70 – Chiuso dal 20 dicembre al 10 gennaio e lunedì

Rist – Carta 66/81 € (+10 %)

◆ Ristorantino aperto negli anni Sessanta che ha sempre mantenuto la medesima valida gestione; una cinquantina di posti in sala e altrettanti in terrazza. Specialità di mare.

MASSA MARITTIMA – Grosseto (GR) – 563 M14 – 8 842 ab. – alt. 400 m – ✉ 58024

Toscana 28 **B2**

Roma 249 – Siena 62 – Firenze 132 – Follonica 19 – Grosseto 52

via Todini 3/5 ✆ 0566 904756, infomassamarittima@lamaremma.info, Fax 0566 940095

Piazza Garibaldi★★ – Duomo★★ – Torre del Candeliere★, Fortezza ed Arco senesi★

Park Hotel La Fenice senza rist

corso Diaz 63 – ✆ 05 66 90 39 41 – info@lafeniceparkhotel.it – Fax 05 66 90 42 02

14 cam – †80/100 € ††140/180 € – 4 suites

◆ Risorsa nata come residence, ora funziona come hotel: appartamenti di diverse tipologie, ma tutti con angolo cottura e zona soggiorno. Piacevoli interni dai colori caldi.

Duca del Mare senza rist

piazza Dante Alighieri 1/2 – ✆ 05 66 90 22 84 – info@ducadelmare.it – Fax 05 66 90 19 05 – Chiuso dal 20 gennaio al 28 febbraio

28 cam – †50/60 € ††85/100 €

◆ Una casetta appena fuori le mura del centro storico, ristrutturata di recente, impostata e diretta secondo una conduzione familiare notevolmente intraprendente.

XX **Taverna del Vecchio Borgo**

via Parenti 12 – ✆ 05 66 90 39 50 – taverna.vecchioborgo@libero.it – Fax 05 66 94 00 66 – Chiuso dal 15 febbraio al 15 marzo, lunedì e a mezzogiorno, anche domenica sera da ottobre a maggio

Rist – Carta 24/46 €

◆ Caratteristico locale, o meglio, tipica taverna ricavata nelle antiche cantine di un palazzo sorto nel Seicento. Insieme gestito con cura, specialità della cucina toscana.

X **Osteria da Tronca**

vicolo Porte 5 – ✆ 05 66 90 19 91 – morenoventuri@libero.it – Chiuso dal 15 dicembre al 1° marzo, mercoledì (escluso agosto) e a mezzogiorno

Rist – Carta 27/35 €

◆ "Amo talmente il vino che maledico chi mangia l'uva", così si legge su una lavagna posta all'ingresso. Cucina del territorio, ambiente rustico e ovviamente... vino a volontà.

a Ghirlanda Nord-Est : 2 km – ✉ 58020

XXX **Bracali**

via di Perolla 2 – ✆ 05 66 90 23 18 – ristorantebracali@libero.it – Fax 05 66 90 23 18 – Chiuso lunedì, martedì, e i mezzogiorno di mercoledì e giovedì

Rist – Carta 83/104 €

Spec. Tortino di carciofi e pomodori secchi in salsa di patate e aglio, anguilla alla piastra marinata al mosto e ciccioli di maiale (primavera). Tortelli di pasta di seppie ripieni di finocchi e fegato grasso con cozze e puré di topinambur. Sella di cinghiale in guanciale di cinta e foglia di tabacco, crema di sedanorapa.

◆ Da un giovane cuoco una cucina complessa e creativa, ogni piatto è l'assemblaggio di diversi ingredienti o variazioni intorno ad un unico prodotto. Sorprendente.

verso Prata Nord-Est : 6 km

Agriturismo Podere Riparbella cam, P
località Sopra Pian di Mucini Nord-Est : 6 km – 05 66 91 55 57 – riparbella@riparbella.com – Fax 05 66 91 55 58 – Natale-Capodanno e 15 marzo-novembre
11 cam – 65 € 98 € – ½ P 69/79 € – **Rist** – *(chiuso a mezzogiorno)* (solo per alloggiati) Menu 22/28 €
◆ Una casetta tipica, ma arredata secondo uno stile moderno, in campagna, in posizione isolata e tranquillissima. Per un agriturismo puro, con agricoltura biologica.

al lago di Accesa Sud: 10 km

Agriturismo Tenuta del Fontino rist, P VISA
località Accesa, Est : 1,5 km – 05 66 91 92 32 – info@tenutafontino.it – Fax 05 66 91 96 84 – Pasqua-novembre
25 cam – 70/105 € 90/134 € – ½ P 60/85 € – **Rist** – (solo per alloggiati) Menu 18/22 €
◆ Bella villa sapientemente ristrutturata con annessa azienda vinicola, circondata da un parco con piscina e laghetto, ideale per turismo equestre. Camere di diverse tipologie.

a Valpiana Sud-Ovest : 12,5 km – ✉ 58020

Villa il Tesoro AC cam, rist, 25, P VISA AE
Nord-Ovest : 3,5 km – 056 69 29 71 – welcome@villailtesoro.com – Fax 05 66 92 97 60 – 16 marzo-2 novembre
19 suites – 265/435 €, 19 €
Rist *Il Fiore del Tesoro* – *(chiuso mercoledì)* (prenotare) Carta 65/115 €
◆ Residenza di campagna che offre suites in tre casali separati. Camere arredate con una curiosa commistione di arte povera e mobilio moderno. Piccolo giardino all'italiana. Ristorante elegante che propone piatti curati con tocchi di fantasia.

MASSAROSA – Lucca (LU) – 563 K12 – 21 212 ab. – alt. 15 m – ✉ 55054 28 B1

Roma 363 – Pisa 29 – Livorno 52 – Lucca 19 – La Spezia 60
via Sarzanese 157 (usciata autostradale) 0584 937284, Fax 0584 937288

La Chandelle AC P VISA
via Casa Rossa 303 – 05 84 93 82 90
Rist – Carta 36/47 €
◆ Un bell'edificio, in posizione dominante, circondato da un giardino fiorito. Cucina di mare e di terra con un ottimo rapporto qualità/prezzo. Conduzione familiare.

Da Ferro AC P VISA AE
via Sarzanese Nord 5324 A – 05 84 99 66 22 – Chiuso dal 28 settembre al 21 ottobre e martedì
Rist – Carta 22/29 €
◆ Ristorante d'impronta classica, con una cucina tradizionale e servizio estivo all'aperto. A pranzo è spesso affollato; gestione familiare, prezzi interessanti.

a Massaciuccoli Sud : 4 km – ✉ 55054 – Massarosa

Le Rotonde AC P VISA AE
via del Porto 77 – 05 84 97 54 39 – info@lerotonde.it – Fax 05 84 97 57 54
14 cam – 50/80 € 70/100 €, 5 € – ½ P 50/100 € – **Rist** – *(chiuso novembre e giovedì da ottobre a Pasqua)* Carta 19/28 €
◆ Nelle vicinanze di un'oasi naturalistico-ornitologica, un albergo a gestione familiare, con poche, semplici camere. Struttura circondata da un giardino ombreggiato. Notevoli attenzioni per i banchetti e cucina del territorio. Anche pizzeria.

a Bargecchia Nord-Ovest : 9 km – ✉ 55054 – Massarosa

Rino con cam P VISA AE
via della Chiesa 8 – 05 84 95 40 00 – Fax 05 84 95 40 00
19 cam – 35 € 60 €, 3 € – **Rist** – *(chiuso martedì da ottobre a giugno)* (solo per alloggiati) Carta 14/22 €
◆ Gradevole ristorante con cucina a vista, piatti toscani con paste fresche e carni alla griglia. Ambiente di tono discreto con impostazione classica; nel centro del paese.

a Corsanico Nord-Ovest : 10 km – ✉ 55040

Agriturismo Le Querce di Corsanico ← mare e Versilia, rist, P, VISA, AE
via delle Querce 200 – ✆ 05 84 95 46 80 – info@quercedicorsanico.com – Fax 05 84 95 46 82 – Pasqua-novembre
10 cam – 55/60 € 110/120 € – **Rist** – (solo per alloggiati) 20 €
◆ Edificio rustico in collina tra gli ulivi. Posizione panoramica sulla costa e sul mare aperto. Interni ristrutturati con risultati positivi; piscina nel verde del giardino.

MASSINO VISCONTI – Novara (NO) – 561 E7 – 1 090 ab. – alt. 465 m – ✉ 28040 24 A2

Roma 654 – Stresa 11 – Milano 77 – Novara 52
via Ing. Viotti 2 ✆ 0322 219713, massino@distrettolaghi.it, Fax 0322219713

Lo Scoiattolo cam, 80, P, VISA, AE
via per Nebbiuno 8 – ✆ 03 22 21 91 84 – hotelloscoiattolo@tin.it – Fax 03 22 21 91 13
30 cam – 65/81 € 79/98 € – ½ P 46/53 € – **Rist** – *(chiuso dal 15 gennaio al 5 marzo e lunedì)* Carta 21/35 €
◆ Un albergo di concezione moderna con un bel giardino, in posizione collinare tale da offrire una vista eccezionale sul lago e i dintorni. Nuova sala soggiorno-bar. Sala ristorante ampia e adatta ad accogliere anche comitive numerose.

Trattoria San Michele VISA, AE
via Roma 51 – ✆ 03 22 21 91 01 – silvio.rossi2005@libero.it – Chiuso dal 20 luglio al 10 agosto, lunedì sera, martedì, Natale e Capodanno
Rist – (consigliata la prenotazione) Carta 20/34 €
◆ Nel centro storico della piccola e graziosa località, un ristorantino ubicato all'interno di un caseggiato rustico. La cucina offre genuine specialità locali.

MATERA P (MT) – 564 E31 – 58 643 ab. – alt. 401 m – ✉ 75100 *Italia* 4 D1

Roma 461 – Bari 67 – Cosenza 222 – Foggia 178 – Napoli 255 – Potenza 104
via Spine Bianche 22 ✆ 0835 331817, info@aptbasilicata.it, Fax 0835345402
I Sassi★★ – Strada dei Sassi★★ – Duomo★ – Chiese rupestri★ – ←★★ sulla città dalla strada delle chiese rupestri Nord-Est : 4 km

Del Campo 250, P, VISA, AE
via Lucrezio – ✆ 08 35 38 88 44 – info@hoteldelcampo.it – Fax 08 35 38 87 57
35 cam – 96 € 130 € – ½ P 86 €
Rist *Le Spighe* – *(chiuso lunedì)* Carta 19/30 €
◆ Ricavato dove nel '700 sorgeva una villa, di cui rimangono alcuni resti nel bel giardino, un albergo che coniuga professionalità e personalità ad ottimi livelli. Ristorante elegante, suddiviso in tre salette a tutto vantaggio di un'atmosfera dolcemente intima.

Palace Hotel 350, P, VISA, AE
piazza Michele Bianco – ✆ 08 35 33 05 98 – info@palacehotel-matera.it – Fax 08 35 33 77 82
65 cam – 80/100 € 104/130 € – 10 suites – ½ P 95/110 € – **Rist** – *(chiuso agosto)* Carta 25/30 €
◆ Albergo recente, situato in zona centrale, a pochi minuti a piedi dal centro storico. Camere confortevoli sfruttate per lo più da clienti in viaggio per motivi di lavoro. Ristorante di tono garbato, accogliente con qualche piccolo tocco d'eleganza.

San Domenico 200, VISA, AE
via Roma 15 – ✆ 08 35 25 63 09 – info@hotelsandomenico.it – Fax 08 35 25 63 09
72 cam – 72/90 € 104/130 € – 3 suites – ½ P 90 €
Rist *Il Cenacolo* – Carta 21/37 €
◆ Recente esercizio del centro città vicino alla frequentata piazza Vittorio Veneto. Ideale per una breve sosta turistica e soprattutto per la clientela d'affari. Il ristorante, con terrazza, offre anche alcuni piatti tipici e ricercati.

Italia ← I Sassi, 90,
via Ridola 5 – ✆ 08 35 33 35 61 – albergoitalia@tin.it – Fax 08 35 33 00 87
46 cam – †75 € ††98 € – **Rist *Basilico*** – ✆ 08 35 33 65 40 *(chiuso dal 10 al 20 agosto e venerdì)* Carta 20/34 €
◆ Nel centro storico, in un palazzo d'epoca ottimamente restaurato che oggi appare come una struttura di tono moderno, peraltro affacciata direttamente sui celebri Sassi. Ristorante dall'aspetto fresco e contemporaneo, ripartito in tre salette.

Le Monacelle senza rist ← Gravina, 130,
via Riscatto 9/10 – ✆ 08 35 34 40 97 – info@lemonacelle.it – Fax 08 35 33 65 41
10 cam – †43 € ††86 €
◆ A ridosso del Duomo e nei pressi dei Sassi, un hotel connotato dall'ampiezza degli ambienti comuni, come delle stanze. Due camerate sono destinate ad uso ostello.

Sassi Hotel senza rist ← Sassi e cattedrale,
via San Giovanni Vecchio 89 – ✆ 08 35 33 10 09 – hotelsassi@virgilio.it – Fax 08 35 33 37 33
26 cam – †60/65 € ††87/99 € – 1 suite
◆ Risorsa ideale per chi vuole scoprire l'attrazione più famosa della città, i Sassi. Hotel che si inserisce al meglio in questo straordinario tessuto urbanistico.

Locanda di San Martino senza rist ← Sassi, 30,
via Fiorentini 71 – ✆ 08 35 25 66 00 – info@locandadisanmartino.it – Fax 08 35 25 64 72
21 cam – †79/102 € ††86/129 € – 7 suites
◆ Nel cuore del celebre centro storico di Matera, una struttura originale con le camere disposte su quattro piani ed accesso indipendente. Arredi sobri ed eleganti.

Lucanerie
via Santo Stefano 61 – ✆ 08 35 33 21 33 – Chiuso agosto e lunedì
Rist – Carta 29/45 €
◆ Vicino al Sasso Barisano, si trova all'interno di un'ex stalla ottocentesca fra tufo, nicchie e camino. Tipica cucina regionale, trionfo di antipasti.

Trattoria Lucana
via Lucana 48 – ✆ 08 35 33 61 17 – info@trattorialucana.it – Fax 08 35 33 61 17 – Chiuso dal 22 al 27 settembre e domenica escluso da marzo ad ottobre
Rist – Carta 25/36 €
◆ Le genuine specialità lucane servite in un ristorante dall'ambiente simpatico e informale. Sia in cucina che in sala domina un'atmosfera allegra e conviviale.

Le Botteghe
piazza San Pietro Barisano 22 – ✆ 08 35 34 40 72 – lebotteghe@hotmail.com – Fax 08 35 33 01 75 – Chiuso dal 9 al 23 gennaio
Rist – Carta 31/44 €
◆ Ristorante all'interno della zona turistica dei "Sassi"; una piacevole sosta per poter gustare i piatti della tradizione lucana, in particolare carni alla griglia.

Casino del Diavolo-da Francolino
via La Martella Ovest : 1,5 km – ✆ 08 35 26 19 86 – casinodeldiavolo@virgilio.it – Fax 08 35 26 19 86 – Chiuso dal 24 al 31 agosto e lunedì
Rist – Carta 25/36 €
◆ Attraversato un giardino con ulivi, si accede all'ampia sala dove è possibile assaporare i tipici piatti locali, dopo aver gustato i numerosi antipasti a buffet.

MATIGGE – Perugia – Vedere Trevi

MATTINATA – Foggia (FG) – 564 B30 – 6 419 ab. – alt. 77 m – ✉ 71030

Italia 26 **B1**

Roma 430 – Foggia 58 – Bari 138 – Monte Sant'Angelo 19 – Pescara 222

Apeneste
piazza Turati 3/4 – ✆ 08 84 55 07 43 – info@hotelapeneste.it – Fax 08 84 55 03 41
26 cam – †55 € ††86 € – solo ½ P 75 € in alta stagione – **Rist** – Carta 24/41 €
◆ Piccolo albergo ai bordi del centro, dotato di camere graziose con pareti decorate da stencil. I più pigri possono approfittare della piscina, senza recarsi in spiaggia. Al ristorante apprezzerete con facilità i sapori genuini della cucina locale.

sulla strada litoranea Nord-Est : 17 km :

Baia dei Faraglioni
località Baia dei Mergoli ✉ 71030 – ☎ 08 84 55 95 84 – info@baiadeifaraglioni.it – Fax 08 84 55 96 51 – Maggio-settembre
88 cam – 180/260 € 280/420 € – 10 suites – ½ P 180/260 € – **Rist** – Carta 40/60 €
◆ La posizione di questo hotel offre una piacevole tranquillità, ci si trova a pochi passi dalla spiaggia della baia di Mergoli, con una vista incantevole sui faraglioni. Cene raffinate o menu formali, da gustare al ristorante o in terrazza.

Baia delle Zagare
cam, rist, 300, VISA
località Baia dei Mergoli ✉ 71030 – ☎ 08 84 55 01 55 – info@hotelbaiadellezagare.it – Fax 08 84 55 08 84 – Giugno-settembre
143 cam – 130 € 160 € – ½ P 140/160 € – **Rist** – Menu 30/34 €
◆ Complesso alberghiero costituito da palazzine immerse in un parco lussureggiante. In posizione splendida a picco sul mare, collegato alla spiaggia tramite comodi ascensori. Sala da pranzo con splendida vista, adatta anche ad ospitare banchetti.

MAULS = Mules

MAZARA DEL VALLO – Trapani – 565 O19 – **Vedere Sicilia alla fine dell'elenco alfabetico**

MAZZANO ROMANO – **Roma (RM)** – **563** P19 – **2 584 ab.** – **alt. 200 m** – ✉ 00060 12 **B2**

Roma 43 – Viterbo 41 – Perugia 147 – Terni 80

Valle del Treja
località Fantauzzo – ☎ 069 04 98 69 – Fax 069 04 90 91 – Chiuso dal 27 dicembre al 15 gennaio e agosto
Rist – Carta 27/34 €
◆ Trattoria a collaudata conduzione familiare, che alla sala originaria ha aggiunto sale per banchetti e una veranda-portico all'esterno; cucina del territorio.

MAZZARÒ – **Messina** – **565** N27 – **Vedere Sicilia (Taormina) alla fine dell'elenco alfabetico**

MEDEA – Gorizia (GO) – 562 E22 – **920 ab.** – **alt. 35 m** – ✉ 34076 11 **C2**

Roma 630 – Udine 27 – Gorizia 17 – Trieste 48 – Venezia 123

Agriturismo Kogoj senza rist
via Zorutti 10 – ☎ 048 16 74 40 – kogoj@kogoj.it – Fax 048 16 74 40 – Chiuso dal 7 al 30 settembre
5 cam – 60 € 80 €
◆ Bella casa friulana dall'ambiente accogliente e veracemente rustico, per chi ama godere di ospitalità sincera. All'interno di un'attiva ed elegante azienda vinicola.

MEDESANO – Parma (PR) – 562 H12 – **9 425 ab.** – **alt. 136 m** – ✉ **43014** 8 **B2**

Roma 473 – Parma 20 – La Spezia 103 – Mantova 83 – Piacenza 61

a Sant'Andrea Bagni Sud-Ovest : 8 km – ✉ **43048**

Salus
piazza C. Ponci 7 – ☎ 05 25 43 12 21 – hotel.salus@libero.it – Fax 05 25 43 13 98
51 cam – 75 € 90 € – ½ P 50/70 € – **Rist** – *(chiuso dal 7 al 31 gennaio)* Carta 26/52 €
◆ Una gestione professionale, in grado di accontentare al meglio l'eterogenea clientela. Hotel sobrio e funzionale, con arredi classici, nei pressi dell'autodromo di Varano. Ristorante con una notevole capacità ricettiva.

MEDOLAGO – Bergamo (BG) – 561 E10 – **2 154 ab.** – **alt. 246 m** – ✉ **24030** 19 **C1**

Roma 591 – Bergamo 18 – Milano 47 – Como 48 – Lecco 32

Solaf cam, 80, VISA AE

via Mattei 1 – ✆ 03 54 94 61 20 – solaf.bg@bestwestern.it – Fax 03 54 94 61 25

34 cam – 70/106 € 120/160 € – ½ P 100/121 € – **Rist** – *(chiuso dal 10 al 22 agosto e i mezzogiorno di sabato-domenica)* Carta 20/41 €

◆ Ubicato in un piccolo centro commerciale, un albergo moderno, strutturato in modo tale da poter corrispondere al meglio alle varie esigenze della clientela d'affari.

MEDUNO – Pordenone (PN) – 562 D20 – **1 746 ab.** – **alt. 322 m** – ✉ **33092** 10 **B2**

Roma 633 – Udine 46 – Belluno 76 – Cortina D'Ampezzo 108 – Pordenone 37

Stella 10, VISA AE

via Principale 38 – ✆ 042 78 61 24 – Fax 042 78 61 24 – Chiuso dal 1° al 10 gennaio, dal 17 settembre al 7 ottobre, domenica sera e mercoledì

Rist – Carta 32/50 €

◆ Piccola trattoria di paese, dove una famiglia piena di passione propone una cucina con radici nella tradizione, attenzione alle stagioni e simpatiche serate a tema.

MEINA – Novara (NO) – 561 E7 – **2 357 ab.** – **alt. 214 m** – ✉ **28046** 24 **B2**

Roma 645 – Stresa 12 – Milano 68 – Novara 44 – Torino 120

Villa Paradiso lago, rist, 60, VISA AE

via Sempione 125 – ✆ 03 22 66 04 88 – paradiso@intercom.it – Fax 03 22 66 05 44 – Marzo-10 novembre

58 cam – 95/115 € 130/150 € – ½ P 85/90 € – **Rist** – Carta 38/48 €

◆ Grande costruzione fine secolo, in posizione panoramica, avvolta da un parco, in cui è inserita la piscina, dotata anche di spiaggetta privata. Gestione intraprendente. Al ristorante le ricercatezze negli arredi donano all'atmosfera una certa eleganza.

Novecento VISA AE

via Bonomi 13 – ✆ 03 22 66 96 00 – info@nov-ece-nto.it – Fax 03 22 66 91 54 – Chiuso dal 15 al 28 febbraio, martedì a mezzogiorno e lunedì

Rist – Carta 62/82 €

◆ Locale moderno e molto elegante secondo i canoni più attuali e di tendenza. Per una clientela esigente, al passo coi tempi e in grado di apprezzare una cucina fantasiosa.

MELDOLA – Forlì-Cesena (FC) – 562 J18 – **9 589 ab.** – **alt. 57 m** – ✉ **47014** 9 **D2**

Roma 418 – Ravenna 41 – Rimini 64 – Forlì 13

Il Rustichello VISA AE

via Vittorio Veneto 7 – ✆ 05 43 49 52 11 – Fax 05 43 49 52 11 – Chiuso dal 20 gennaio al 5 febbraio, agosto, lunedì e martedì

Rist – Carta 23/30 €

◆ Classico ristorante di provincia, con proposte strettamente legate alla tradizione gastronomica emiliano-romagnola. Paste e dolci fatti in casa e specialità di carne.

MELEGNANO – Milano (MI) – 561 F9 – **16 283 ab.** – **alt. 88 m** – ✉ **20077** 18 **B2**

Roma 548 – Milano 17 – Piacenza 51 – Pavia 29

Il Telegrafo rist, VISA AE

via Zuavi 54 – ✆ 029 83 40 02 – info@hoteliltelegrafo.it – Fax 02 98 23 18 13 – Chiuso agosto

34 cam – 59/64 € 82/84 €, 8 € – ½ P 60/62 € – **Rist** – *(chiuso domenica)* Carta 33/47 €

◆ Una volta era un'antica locanda con stazione di posta, oggi rimane un riferimento affidabile, nel centro della cittadina, personalizzata e perfettamente attrezzata. Ristorante semplice, curato, dal clima ruspante.

Il rosso è il colore di chi sa distinguersi; i nostri punti di riferimento!

MELENDUGNO – Lecce (LE) – 564 G37 – 9 594 ab. – alt. 36 m – ✉ 73026 27 D3

Roma 581 – Brindisi 55 – Gallipoli 51 – Lecce 19 – Taranto 105

a San Foca Est : 7 km – ✉ 73026

Côte d'Est cam, rist,

lungomare Matteotti – ✆ 08 32 88 11 46 – hotelcotedest@libero.it – Fax 08 32 88 11 48

35 cam – 50/90 € 60/120 € – ½ P 50/80 € – **Rist** – Carta 30/36 €

◆ Direttamente sul lungomare, un hotel a conduzione familiare rinnovato negli utlimi anni, offre stanze e spazi comuni arredati nelle tonalità del blu con decorazioni marittime.

MELETO – Arezzo – 563 L16 – Vedere Cavriglia

MELFI – Potenza (PZ) – 564 E28 – 16 756 ab. – alt. 531 m – ✉ 85025 3 A1

Roma 325 – Bari 132 – Foggia 60 – Potenza 52 – Salerno 142

Relais la Fattoria 700,

strada statale 658-uscita Melfi Nord – ✆ 097 22 47 76 – info@relaislafattoria.it – Fax 09 72 23 91 21

112 cam – 72 € 110 € – ½ P 80/90 € – **Rist** – *(chiuso a mezzogiorno)* Menu 20/35 €

◆ Imponente struttura di recente costruzione contornata dal verde di ulivi e vigneti. Camere e sale di discreta eleganza. Posizione decentrata, ma alle porte della città. Ristorante con ingresso autonomo e una sala piccola, ma curata.

La Villa 20,

strada statale 303 verso Rocchetta Sant'Antonio – ✆ 09 72 23 60 08 – Fax 09 72 23 60 08 – Chiuso dal 23 luglio al 9 agosto, domenica sera e lunedì

Rist – Carta 18/27 €

◆ Ristorante di campagna dall'ambiente intimo e curato grazie alle tante attenzioni della famiglia che lo gestisce. Ricette locali rispettose dei prodotti del territorio.

in prossimità strada statale 658 Ovest : 1,5 km :

Novecento

contrada Incoronata – ✆ 09 72 23 74 70 – Fax 09 72 23 74 70 – Chiuso dal 15 al 31 luglio, domenica sera e lunedì

Rist – Carta 23/31 €

◆ Appena fuori dal centro della cittadina, un ristorante classico nell'arredamento, dove apprezzare piatti del territorio rivisitati e alleggeriti. Gestione diretta.

MELITO IRPINO – Avellino (AV) – 564 D27 – 2 009 ab. – alt. 242 m – ✉ 83030 7 C1

Roma 255 – Foggia 70 – Avellino 55 – Benevento 45 – Napoli 108 – Salerno 87

Di Pietro

corso Italia 8 – ✆ 08 25 47 20 10 – Fax 08 25 47 20 10 – Chiuso settembre e mercoledì

Rist – Carta 22/28 €

◆ Trattoria con alle spalle una lunga tradizione familiare, giunta ormai alla terza generazione. Pizze e cucina campana, preparata e servita con grande passione.

MELIZZANO – Benevento (BN) – 564 D25 – 1 845 ab. – alt. 190 m – ✉ 82030 6 B1

Roma 203 – Napoli 50 – Avellino 70 – Benevento 35 – Caserta 29

Agriturismo Mesogheo rist,

contrada Valle Corrado 4 – ✆ 08 24 94 43 56 – info@mesogheo.com – Fax 08 24 94 41 30

10 cam – 65 € 100 € – ½ P 75 € – **Rist** – (solo per alloggiati)

◆ Immersa nel verde del Sannio, antica masseria brillantemente ristrutturata, e recentemente ampliata, in cui ogni camera rappresenta un viaggio a sé stante.

MELS – Udine – Vedere Colloredo di Monte Albano

MELZO – Milano (MI) – 561 F10 – 18 505 ab. – alt. 119 m – ✉ 20066 19 C2

Roma 578 – Bergamo 34 – Milano 21 – Brescia 69

Visconti senza rist
via Colombo 3/a – ✆ 02 95 73 13 28 – hvisconti@tiscali.it – Fax 02 95 73 60 41 – *Chiuso Natale e due settimane in agosto*
40 cam – †85/95 € ††105/126 €
◆ La gestione di questa risorsa è seria e preparata, la struttura è nuovissima e omogenea in tutte le sue parti. Servizi e dotazioni completi, moderno spazio ristorazione.

MENAGGIO – Como (CO) – 561 D9 – 3 144 ab. – alt. 203 m – ✉ 22017 16 A2

Italia

Roma 661 – Como 35 – Lugano 28 – Milano 83 – Sondrio 68 – St-Moritz 98 – Passo dello Spluga 79

per Varenna – Navigazione Lago di Como, ✆ 0344 32255, call center 800 551 801

piazza Garibaldi 8 ✆ 0344 32924, infomenaggio@tiscalinet.it, Fax 0344 32924

, Ovest : 5 km a Gandola e Uniti, ✆ 0344 321 03.

Località★★

Grand Hotel Menaggio lago e dintorni, (riscaldata)
via 4 Novembre 77 – rist, 30,
✆ 034 43 06 40 – info@grandhotelmenaggio.com – Fax 034 43 06 19 – *Marzo-ottobre*
97 cam – †130/170 € ††140/180 € – ½ P 100/125 €
Rist – Carta 50/60 €
◆ Prestigioso hotel affacciato direttamente sul lago, presenta ambienti di grande signorilità ed eleganza e una terrazza con piscina dalla meravigliosa vista panoramica. Le emozioni di un pasto consumato in compagnia della bellezza del lago.

Grand Hotel Victoria 100,
lungolago Castelli 9 – ✆ 034 43 20 03 – info@grandhotelvictoria.it – Fax 034 43 29 92
55 cam – †110/140 € ††175/250 € – 2 suites – ½ P 163 €
Rist *Le Tout Paris* – Carta 45/65 €
◆ Grand hotel in stile liberty, capace di regalare sogni e suggestioni di un passato desiderabile. Nelle zone comuni abbondanza di stucchi, specchi e decorazioni. Il ristorante si apre sul giardino antico e curato dell'hotel.

Du Lac senza rist
via Mazzini 27 – ✆ 034 43 52 81 – info@hoteldulacmenaggio.it – Fax 03 44 34 47 24
10 cam – †95 € ††135 €
◆ Casa centralissima e a bordo lago, completamente ristrutturata ed adibita ad hotel dai giovani proprietari. Al piano terra il bar, sopra le camere nuove ed accoglienti.

a Nobiallo Nord : 1,5 km – ✉ 22017 – Menaggio

Garden
via Diaz 30 – ✆ 034 43 16 16 – hotelgarden@blu.it – Fax 034 43 16 16 – *Pasqua-ottobre*
13 cam – †67/77 € ††72/82 € – ½ P 56 € – **Rist** – *(luglio-agosto; chiuso a mezzogiorno)* (solo per alloggiati) 20 €
◆ Una dozzina di camere affacciate sul lago, così come sul bel giardino. Una villa ben tenuta, con esterni di un rosa leggero, e spazi interni sobri e confortevoli.

a Loveno Nord-Ovest : 2 km – alt. 320 m – ✉ 22017 – Menaggio

Royal
largo Vittorio Veneto 1 – ✆ 034 43 14 44 – info@royalcolombo.com – Fax 034 43 01 61 – 23 marzo-ottobre
18 cam – †85/95 € ††110/120 € – ½ P 78/83 €
Rist *Chez Mario* – Carta 27/46 €
◆ Nel verde di un curato giardino con piscina, in posizione tranquilla e soleggiata, un hotel in grado di offrire soggiorni rilassanti in una cornice familiare, ma signorile. Al ristorante ambiente distinto, arredi disposti per offrire calore e intimità.

MENFI – Agrigento – 565 O20 – Vedere Sicilia alla fine dell'elenco alfabetico

MERAN = Merano

MERANO (MERAN) – Bolzano / Bozen (BZ) – 562 C15 – 34 711 ab. – alt. 323 m – Sport invernali : *a Merano 2000* B : *1 600/2 300 m* 2 5, – ✉ 39012 *Italia* 30 **B2**

Roma 665 – Bolzano 28 – Brennero 73 – Innsbruck 113 – Milano 326 – Passo di Resia 79 – Passo dello Stelvio 75 – Trento 86

corso della Libertà 45 ✆ 0473 272000, info@meraninfo.it, Fax 0473 235524

, Sud : 9 km a Lana, ✆ 0473 56 46 96 ; Passiria, a San Leonardo in Passiria, ✆ 0473 64 14 88.

Passeggiate d'Inverno e d'Estate★★ D **24** – Passeggiata Tappeiner★★ CD – Volte gotiche★ e polittici★ nel Duomo D – Via Portici★ CD – Castello Principesco★ C **C** – Merano 2000★ accesso per funivia, Est : 3 km B – Tirolo★ Nord : 4 km A

Avelengo★ Sud-Est : 10 km per via Val di Nova B – Val Passiria★ B

MERANO

Castel Gatto (V.)	B	3
Christomannos	B	5
Dante Alighieri (V.)	B	7
Grabmayr (V.)	B	9
IV Novembre (V.)	A	41
Marlengo (Ponte di)	A	14
Mayr-Nusser (V. Josef)	B	16
Monte Benedetto (V.)	B	17
Monte S. Zeno (V.)	B	18
Parrocchia (V. della)	B	20
Piave (V.)	B	27
S. Caterina (V.)	B	31
S. Maria del Conforto (V.)	B	32
S. Valentino (V.)	B	34
Val di Nova (V.)	B	38
Virgilio (V.)	B	39

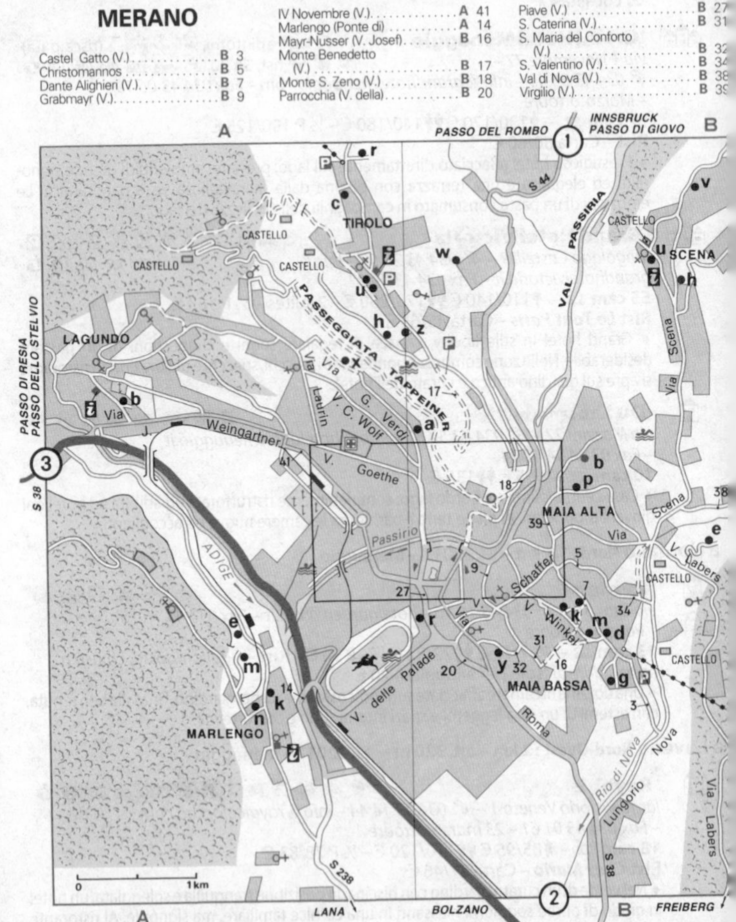

MERANO

Cassa di Risparmio .... C 2
Christomannos .... D 5
Corse (V. delle) .... C 6
Duomo (Pza delle) .... D 8
Grabmayr (V.) .... D 9
Grano (Pza del) .... C 10
Haller (V.) .... D 13
Libertà (Cso della) .... CD
Marlengo (V.) .... C 15
Ortenstein (V.) .... D 19
Passeggiata d'Estate .... D 21
Passeggiata d'Inverno .... D 24
Passeggiata Gilf .... D 23
Passeggiata Lungo Passirio .... C 25
Portici (V.) .... CD
Rena (Pza della) .... D 28
Rezia (V.) .... C 30
Scena (V.) .... D 35

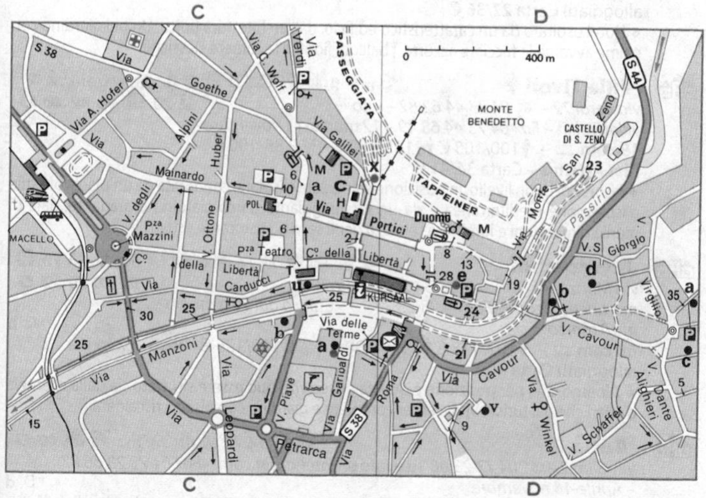

Meister's Hotel Irma

via Belvedere 17 – ✆ 04 73 21 20 00 – info@hotel-irma.it – Fax 04 73 23 13 55 – 15 marzo-15 dicembre

(riscaldate) rist, rist, B p

75 cam – 110/118 € 200/244 € – 19 suites – ½ P 106/170 € – **Rist** – (solo per alloggiati) Carta 29/50 €

♦ Meraviglioso centro benessere, spaziosa zona comune con una bella sala lettura, camere rinnovate e poi il parco-giardino con piscine riscaldate. Soggiorno indimenticabile.

Park Hotel Mignon

via Grabmayr 5 – ✆ 04 73 23 03 53 – info@hotelmignon.com – Fax 04 73 23 06 44 – 20 marzo-15 novembre

(riscaldata) cam, rist, cam, VISA D v

49 cam – 135/150 € 240/300 € – 9 suites – **Rist** – (solo per alloggiati) Carta 45/70 €

♦ Splendida cura nelle parti comuni di questo hotel che si presenta come un indirizzo affidabile per indimenticabili vacanze. Grazioso parco-giardino con piscina riscaldata.

Castel Rundegg Hotel

via Scena 2 – ✆ 04 73 23 41 00 – info@rundegg.com – Fax 04 73 23 72 00

rist, 30, VISA AE D a

30 cam – 120/145 € 250/320 € – **Rist** – Carta 40/60 €

♦ Le origini di questo castello risalgono al XII sec., nel 1500 la struttura si è ampliata e oggi è possibile godere di una stupenda dimora, cinta da un giardino ombreggiato. Ristorante di tono pacato, elegante, a tratti raffinato; il servizio è all'altezza.

Steigenberger Hotel Therme Meran

piazza delle Terme 1 – ✆ 04 73 25 90 00 – meran@steinberg.it – Fax 04 73 25 90 99

(riscaldata) rist, VISA AE C a

139 cam – 133/146 € 214/239 € – 24 suites – ½ P 135/155 €

Rist Wolkentein – vedere selezione ristoranti

Rist – Carta 39/65 €

♦ Vicino al centro, un hotel dal design moderno, direttamente collegato alle nuove terme di Merano, ospita camere dai vivaci colori e splendide suites con preziosi dettagli. Luminoso ed elegante, il ristorante con cucina a vista propone piatti di ispirazione contemporanea.

Bavaria (riscaldata) rist, VISA
via salita alla Chiesa 15 – 04 73 23 63 75 – info@bavaria.it – Fax 04 73 23 63 71 – 20 marzo-10 novembre D **b**
50 cam – 83/102 € 170/220 € – ½ P 98/114 € – **Rist** – (solo per alloggiati) Carta 27/36 €
◆ Hotel ospitato da un caratteristico edificio, dall'architettura tipica. Un bel giardino con palme avvolge le facciate azzurre, i balconi fioriti e le camere classiche.

Villa Tivoli < monti, rist, cam, 20, VISA
via Verdi 72 – 04 73 44 62 82 – info@villativoli.it – Fax 04 73 44 68 49 – 12 marzo-14 novembre A **x**
19 cam – 100/105 € 145/180 € – ½ P 85/100 €
Rist *Artemis* – Carta 34/41 €
◆ Risorsa di buon livello, in posizione soleggiata e isolata, connotata da un piacevole stile d'ispirazione mediterranea e da un lussureggiante parco-giardino digradante. Sala di medie dimensioni e luminosa terrazza per il servizio ristorante estivo.

Meranerhof rist, 70, VISA
via Manzoni 1 – 04 73 23 02 30 – info@meranerhof.com – Fax 04 73 23 33 12 – Chiuso dal 10 gennaio al 10 marzo C **b**
68 cam – 102/115 € 186/230 € – ½ P 109/125 € – **Rist** – (solo per alloggiati) Carta 40/50 €
◆ Albergo che, per posizione e qualità dei servizi, può essere sfruttato sia dalla clientela d'affari che dai turisti. Vital center completo e giardino con piscina riscaldata.

Adria rist, rist, VISA
via Gilm 2 – 04 73 23 66 10 – info@hotel-adria.com – Fax 04 73 23 66 87 – Aprile-15 novembre D **d**
45 cam – 86/102 € 136/192 € – ½ P 84/112 € – **Rist** – (solo per alloggiati)
◆ All'interno di un edificio in stile liberty, in zona residenziale, con un grazioso centro benessere. Così si presenta questo hotel, dotato di stanze confortevoli e spaziose.

Pienzenau am Schlosspark < (riscaldata) cam, rist, rist, VISA
via Pienzenau 1 – 04 73 23 40 30 – info@hotelpienzenau.com – Fax 04 73 21 20 28 – Aprile-10 dicembre B **d**
29 cam – 120/130 € 200/250 € – 1 suite – ½ P 110/150 € – **Rist** – (solo per alloggiati)
◆ A Maia Alta, una delle zone più esclusiva della località, hotel signorile ubicato tra ville e castelli. Roof-garden panoramico, giardino ombreggiato, stube originale.

Aurora cam, rist, 30, VISA
passeggiata Lungo Passirio 38 – 04 73 21 18 00 – info@hotelaurora.bz – Fax 04 73 21 11 13 – Chiuso dal 19 al 26 dicembre e dall' 8 gennaio al 17 marzo C **u**
36 cam – 87/110 € 150/210 € – 2 suites – ½ P 93/123 € – **Rist** – Carta 29/62 €
◆ Hotel in ottima posizione, centrale e lungo la passeggiata, con un'anima classica e tradizionale e un gusto moderno nelle soluzioni di design di alcune camere. Ristorante spesso preso d'assalto, in funzione della piacevole ambientazione e della terrazza bar.

Pollinger < (riscaldata) rist, rist, VISA
via Santa Maria del Conforto 30 – 04 73 27 00 04 – info@pollinger.it – Fax 04 73 21 06 65 – Chiuso da gennaio al 14 marzo
32 cam – 70/81 € 115/130 € – ½ P 70/85 € – **Rist** – Carta 36/43 € B **y**
◆ L'ubicazione consente di godere di una notevole tranquillità, aspetto che certamente è apprezzato dagli ospiti di questa ben attrezzata risorsa. Balconi in tutte le camere.

Alexander < monti e vallata, cam, rist, VISA
via Dante 110 – 04 73 23 23 45 – info@hotel-alexander.it – Fax 04 73 21 14 55 – Chiuso dal 15 gennaio al 15 marzo
24 cam – 80/105 € 140/180 € – 10 suites – ½ P 105/110 € B **g**
Rist – (solo per alloggiati)
◆ Elegante albergo familiare, in posizione periferica e panoramica, a tutto vantaggio della tranquillità e della piacevole ubicazione tra i vigneti. Ricco di accessori.

Castello Labers ← vigneti e città, (riscaldata) B e
via Labers 25 – ☎ 04 73 23 44 84 – Fax 04 73 23 41 46 – 14 aprile-12 novembre
33 cam – 120 € 176/284 € – 1 suite – ½ P 88/142 € – **Rist** – Carta 39/59 €
◆ Un meraviglioso castello le cui origini affondano nella storia e che dal 1885 è divenuto un albergo di fascino estremo. Una risorsa suggestiva, originale e curata. Servizio ristorante estivo anche in giardino.

Juliane (riscaldata) cam, rist, VISA B k
via dei Campi 6 – ☎ 04 73 21 17 00 – info@juliane.it – Fax 04 73 23 01 76 – 15 marzo-5 novembre
34 cam – 81 € 115 € – **Rist** – (solo per alloggiati) Menu 21/36 €
◆ Albergo tradizionale, ubicato in una zona residenziale della città. Molto tranquillo e silenzioso pone a disposizione degli ospiti un giardino con piscina riscaldata.

Ansitz Plantitscherhof AC rist, VISA B k
via Dante 56 – ☎ 04 73 23 05 77 – info@plantitscherhof.com – Fax 04 73 21 19 22 – 11 marzo-5 novembre
27 cam – 120/160 € 170/250 € – 1 suite – ½ P 95/165 € – **Rist** – (solo per alloggiati) Menu 30/70 €
◆ Una risorsa composta da due blocchi distinti, uno d'epoca e uno più recente. Il complesso risulta armonico e piacevole, impreziosito anche dal giardino-vigneto con piscina.

Sonnenhof (riscaldata) cam, cam, rist VISA AE D c
via Leichter 3 – ☎ 04 73 23 34 18 – sonnenhof.meran@rolmail.net – Fax 04 73 23 33 83 – Chiuso dal 9 gennaio al 24 marzo e dal 14 al 25 novembre
16 cam – 70/77 € 118/140 € – ½ P 68/85 € – **Rist** – (solo per alloggiati)
◆ Hotel edificato secondo uno stile che richiama alla mente una fiabesca dimora con giardino. Gli interni sono accoglienti, soprattutto le camere, semplici e spaziose.

Isabella rist, VISA B r
via Piave 58 – ☎ 04 73 23 47 00 – info@hotel-isabella.com – Fax 04 73 21 13 60 – Marzo-5 novembre
30 cam – solo ½ P 55/60 € – **Rist** – *(chiuso a mezzogiorno)* (solo per alloggiati)
◆ Hotel non distante dall'ippodromo, presenta gradevoli stanze con caldi arredi in legno e una confortevole sala da pranzo. La gestione è familiare.

Zima senza rist (riscaldata) VISA Bm
via Winkel 83 – ☎ 04 73 23 04 08 – info@hotelzima.com – Fax 04 73 27 57 52 – Chiuso febbraio
22 cam – 47/53 € 80/96 €
◆ La zona dove è situato questo hotel offre il vantaggio di non presentare problemi di parcheggio. Ambienti dall'atmosfera calda e familiare, camere accoglienti e ordinate.

Agriturismo Sittnerhof senza rist B a
via Verdi 60 – ☎ 04 73 22 16 31 – info@bauernhofurlaub.it – Fax 04 73 20 65 20 – Marzo-15 novembre
6 cam – 45/55 € 70/80 €
◆ Lungo una via residenziale tranquilla e ombreggiata, uno splendido edificio, le cui fondamenta risalgono all'XI sec. Camere di taglio moderno con arredi funzionali.

Wolkenstein – Hotel Steigenberger Hotel Therme VISA AE C a
piazza delle Terme 1 – ☎ 04 73 25 90 00 – meran@steinberg.it – Fax 04 73 25 90 99
Rist – (prenotazione obbligatoria) Carta 39/65 €
◆ Un locale raccolto ed elegante con cucina a vista ed un'offerta gastronomica d'ispirazione mediterranea ed altoatesina sfornata dalla fervida fantasia dello chef.

Kallmunz VISA AE D e
piazza Rena 12 – ☎ 04 73 21 29 17 – info@kallmuenz.it – Fax 04 73 23 98 02 – Chiuso due settimane in gennaio, due settimane in luglio e lunedì
Rist – Carta 49/65 €
◆ In pieno centro, un locale che presenta un aspetto moderno senza nascondere la tradizione della casa. La carta, improntata sullo stesso stile, è più ampia e ricca per cena.

XX **Sissi** 16,

via Galilei 44 – ☎ 04 73 23 10 62 – sissi@andreafenoglio.com – Fax 04 73 23 74 00 – Chiuso febbraio-10 marzo e lunedì C x

Rist – Carta 46/55 € ✿

◆ Proprio di fronte al castello principesco, in pieno centro, all'interno di un edificio liberty, un ristorante luminoso e accogliente, dove apprezzare una cucina fantasiosa.

a Freiberg Sud-Est : 7 km per via Labers B – **alt. 800 m** – ✉ **39012** – **Merano**

Castel Fragsburg ← monti e vallata, (riscaldata)

via Fragsburg 3 – cam,

☎ 04 73 24 40 71 – info@fragsburg.com – Fax 04 73 24 44 93 – 30 aprile-15 novembre

20 cam – 170/190 € 240/280 € – 12 suites – 280/320 € – ½ P 150/175 € – **Rist** – *(chiuso lunedì e a mezzogiorno)* Carta 45/74 €

◆ Il fascino di una dimora storica, divenuta un caldo e confortevole rifugio, dove un'eleganza semplice e discreta è la compagna fedele di ogni soggiorno. Vista eccezionale. Sala da pranzo con arredi tipici, cucina legata al territorio ma con fantasia.

MERATE – Lecco (LC) – 561 E10 – 14 250 ab. – alt. 288 m – ✉ 23807 18 B1

Roma 594 – Bergamo 31 – Como 34 – Lecco 18 – Milano 38

Melas Hotel senza rist 90,

via Bergamo 37 – ☎ 03 99 90 30 48 – info@melashotel.it – Fax 03 99 90 30 17 – Chiuso Natale e agosto

55 cam – 80 € 140 €

◆ All'interno di un centro commerciale, un hotel di recente costruzione. Si presenta come una risorsa attuale e funzionale, contraddistinta da una generale omogeneità.

MERCATALE – Firenze – 563 L15 – Vedere San Casciano in Val di Pesa

MERCENASCO – Torino (TO) – 561 F5 – 1 197 ab. – alt. 249 m – ✉ 10010 22 B2

Roma 680 – Torino 40 – Aosta 82 – Milano 119 – Novara 73

XX **Darmagi**

via Rivera 7 – ☎ 01 25 71 00 94 – Fax 01 25 71 00 94 – Chiuso dal 15 giugno al 2 luglio, dal 16 al 31 agosto, lunedì e martedì

Rist – Carta 25/44 € ✿

◆ Villetta in posizione defilata caratterizzata da una calda atmosfera familiare, soprattutto nella bella sala con camino. La cucina è ricca di proposte della tradizione.

MERCOGLIANO – Avellino (AV) – 564 E26 – 12 138 ab. – alt. 550 m – ✉ 83013 6 B2

Roma 242 – Napoli 55 – Avellino 6 – Benevento 31 – Salerno 45

in prossimità casello autostrada A16 Avellino Ovest Sud : 3 km :

Grand Hotel Irpinia rist, 160,

via Nazionale ✉ 83013 – ☎ 08 25 68 36 72 – hotelirpinia@webstarhotel.com – Fax 08 25 68 36 72

66 cam – 65 € 90 € – ½ P 70 € – **Rist** – Carta 23/45 €

◆ Immerso in un giardino che custodisce una piscina circondata da statue, l'hotel è facilmente raggiungibile ed offre un servizio efficiente ed ambienti spaziosi e confortevoli. Le eleganti ed ampie sale ristorante ben si prestano per allestire ricevimenti e celebrare importanti ricorrenze.

L'indicazione «Rist» in rosso evidenzia le strutture a cui abbiamo assegnato un riconoscimento: ✿ (stella) o ☺ (Bib Gourmand).

MERGOZZO – Verbano-Cusio-Ossala (VB) – 561 E7 – **2 075 ab. – alt. 204 m** – ✉ 28802

24 **A1**

Roma 673 – Stresa 13 – Domodossola 20 – Locarno 52 – Milano 105 – Novara 76

corso Roma 20 ✆ 0323 800798, mergozzo@distrettolaghi.it, Fax 0323 800935

Due Palme e Residenza Bettina ← lago e monti, rist,
via Pallanza 1 – ✆ 032 38 01 12 – hotelduepalme@libero.it – Fax 032 38 02 98 – Chiuso gennaio e febbraio
50 cam – 50/85 € 80/120 € – ½ P 70/80 € – **Rist** – Carta 31/38 €
♦ In un'oasi di tranquillità, sulle rive del lago di Mergozzo ma a pochi passi dal centro, l'elegante residenza d'epoca trasformata in hotel, offre camere di taglio classico. Belle e luminose le sale ristorante, caratteristiche nel loro stile leggeremente retrò, dove gustare la tradizionale cucina del territorio.

La Quartina con cam
via Pallanza 20 – ✆ 032 38 01 18 – laquartina@libero.it – Fax 032 38 07 43 – Chiuso dal 1° gennaio al 10 febbraio e lunedì (escluso giugno-agosto)
10 cam – 62/80 € 100/114 € – ½ P 84/97 € – **Rist** – Carta 34/53 €
♦ Alle porte della località, un piacevole locale affacciato sul lago con una luminosa sala ed un'ampia terrazza dove assaporare la cucina del territorio e specialità lacustri. Camere semplici, accoglienti e sempre curate.

MERONE – Como (CO) – 561 E9 – **3 720 ab. – alt. 284 m** – ✉ **22046**

18 **B1**

Roma 611 – Como 18 – Bellagio 32 – Bergamo 47 – Lecco 19 – Milano 43

Il Corazziere cam, 150,
via Mazzini 4 e 7 – ✆ 031 61 71 81 – info@corazziere.it – Fax 031 61 72 17 – Chiuso dal 2 al 24 agosto
37 cam – 80 € 110 €
Rist *Il Corazziere* – ✆ 031 65 01 41 *(chiuso martedì)* Carta 25/45 €
♦ Struttura moderna e signorile, ubicata in riva al fiume Lambro. Un hotel che per dotazioni è adatto ad ospitare tanto l'uomo d'affari, quanto il turista di passaggio. Per gustare i piatti di un menù classico, con proposte di pesce.

MESAGNE – Brindisi (BR) – 564 F35 – **27 297 ab. – alt. 72 m** – ✉ **72023**

27 **D2**

Roma 574 – Brindisi 15 – Bari 125 – Lecce 42 – Taranto 56

Castello senza rist
piazza Vittorio Emanuele II 2 – ✆ 08 31 77 75 00 – info@hotel-castello.com – Fax 08 31 77 75 00
12 cam – 50/60 € 68/80 €
♦ Al primo piano di un edificio del Quattrocento sito sulla piazza principale, una piccola risorsa con soffitti a volta e dagli arredi semplici e lineari.

MESCO – La Spezia – 561 J10 – **Vedere Levanto**

MESE – Sondrio – **Vedere Chiavenna**

MESIANO – Vibo Valentia – 564 L30 – **Vedere Filandari**

MESSADIO – Asti – 561 H6 – **Vedere Montegrosso d'Asti**

MESSINA P – 565 M28 – **Vedere Sicilia alla fine dell'elenco alfabetico**

MESTRE – Venezia (VE) – 562 F18 – **MESTRE**

36 **C2**

Roma 522 – Venezia 9 – Milano 259 – Padova 32 – Treviso 21 – Trieste 150

Marco Polo di Tessera, per ③: 8 km ✆ 041 2609240

(giugno-settembre) rotonda Marghera ✉ 30175 ✆ 041 937764

Cá della Nave, a Martellago, ✆ 041 540 15 55.

Pianta pagina a lato

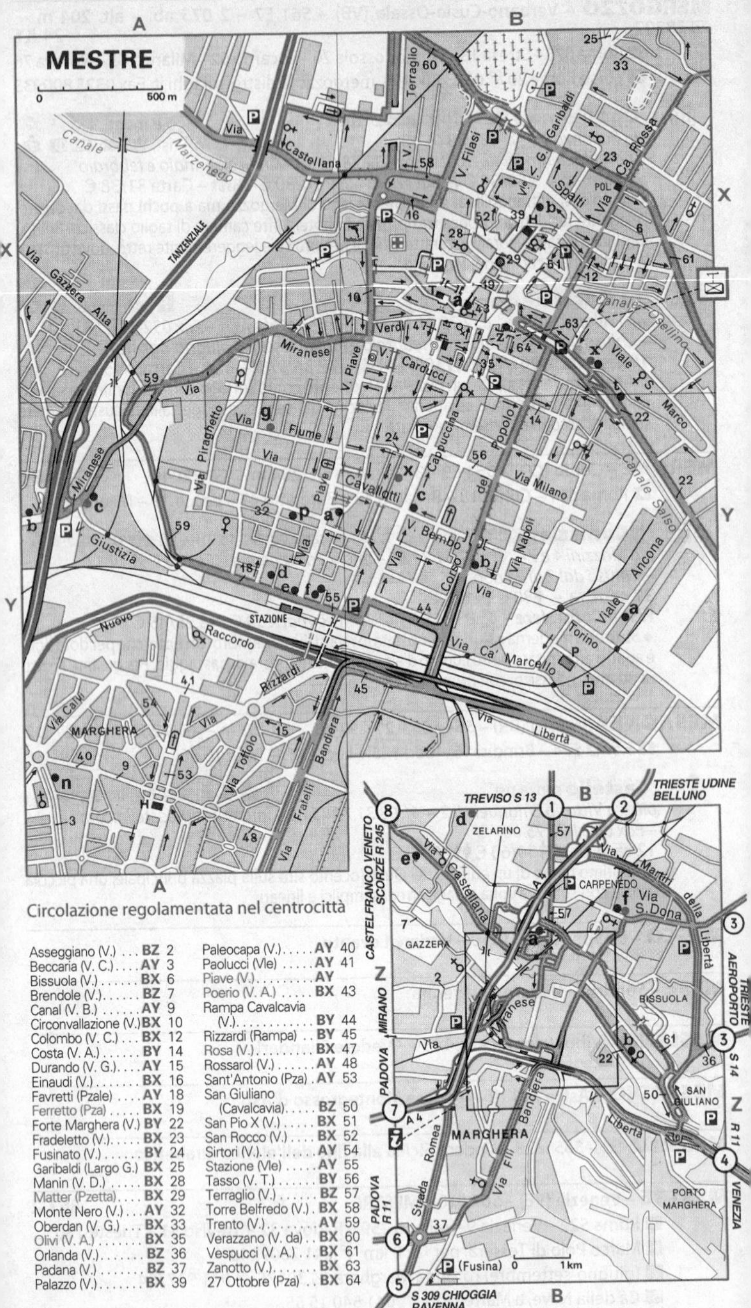

Circolazione regolamentata nel centrocittà

Asseggiano (V.) . . . BZ 2
Beccaria (V. C.) . . . . AY 3
Bissuola (V.) . . . . . . BX 6
Brendole (V.) . . . . . . BZ 7
Canal (V. B.) . . . . . . AY 9
Circonvallazione (V.) BX 10
Colombo (V. C.) . . . BX 12
Costa (V. A.) . . . . . . BY 14
Durando (V. G.) . . . . AY 15
Einaudi (V.) . . . . BX 16
Favretti (Pzale) . . . . AY 18
Ferretto (Pza) . . . . . BX 19
Forte Marghera (V.) BY 22
Fradeletto (V.) . . . . . BX 23
Fusinato (V.) . . . . . . BY 24
Garibaldi (Largo G.) BX 25
Manin (V. D.) . . . . . BX 28
Matter (Pzetta) . . . . . BX 29
Monte Nero (V.) . . . AY 32
Oberdan (V. G.) . . . . BX 33
Olivi (V. A.) . . . . BX 35
Orlanda (V.) . . . . BZ 36
Padana (V.) . . . . BZ 37
Palazzo (V.) . . . . BX 39
Paleocapa (V.) . . . . . AY 40
Paolucci (Vle) . . . . . AY 41
Piave (V.) . . . . AY
Poerio (V. A.) . . . . . . BX 43
Rampa Cavalcavia (V.) . . . . BY 44
Rizzardi (Rampa) . . BY 45
Rosa (V.) . . . . BX 47
Rossarol (V.) . . . . . . AY 48
Sant'Antonio (Pza) . AY 53
San Giuliano (Cavalcavia) . . . . . BZ 50
San Pio X (V.) . . . . . BX 51
San Rocco (V.) . . . . . BX 52
Sirtori (V.) . . . . AY 54
Stazione (Vle) . . . . . AY 55
Tasso (V. T.) . . . . BY 56
Terraglio (V.) . . . . . . BZ 57
Torre Belfredo (V.) . BX 58
Trento (V.) . . . . AY 59
Verazzano (V. da) . . BX 60
Vespucci (V. A.) . . . . BX 61
Zanotto (V.) . . . . BX 63
27 Ottobre (Pza) . . . BX 64

NH Laguna Palace cam, 750,
viale Ancona 2 ✉ 30172 – ✆ 04 18 29 61 11
– reservation.nhlagunapalace@nh-hotels.com – Fax 04 18 29 61 12 BY **a**
376 cam – 92/260 € 117/305 € – 29 suites
Rist *Laguna Restaurant* – Carta 48/76 €
◆ Una struttura avveniristica, in cui si è voluto dare risalto all'integrazione tra luce e acqua, attraverso l'uso di forme e materiali innovativi. Realtà moderna e suggestiva. Ristorante di tono elegante, cucina curata.

Michelangelo senza rist 150,
via Forte Marghera 69 ✉ 30173 – ✆ 041 98 66 00
– info@hotelmichelangelo.net – Fax 041 98 60 52 BX **x**
50 cam – 180 € 250 €
◆ Hotel signorile e tranquillo, servizio accurato assicurato da uno staff particolarmente attento. Periodicamente rinnovato, garantisce un'ospitalità confortevole ed elegante.

Plaza cam, 80,
viale Stazione 36 ✉ 30171 – ✆ 041 92 93 88 – info@hotelplazavenice.com
– Fax 041 92 93 85 AY **f**
226 cam – 80/133 € 90/180 € – ½ P 114 €
Rist – *(chiuso a mezzogiorno)* (solo per alloggiati) Carta 34/38 €
Rist *Plaza Cafè* – *(chiuso la sera e sabato)* Carta 23/28 €
◆ Albergo di respiro internazionale confortevole e versatile nell'offerta, come dimostrano i due ristoranti a disposizione della clientela. Gestione seria e capace. Ambiente moderno semplice e informale al Cafè, dove fermarsi per un brunch, un cocktail o un primo piatto.

Ambasciatori cam, 130,
corso del Popolo 221 ✉ 30172 – ✆ 04 15 31 06 99 – info@ambasciatori.it
– Fax 04 15 31 00 74 BY **b**
94 cam – 93/145 € 100/260 € – ½ P 118/170 € – **Rist** – Carta 33/42 €
◆ Albergo elegante, totalmente rinnovato, si caratterizza per una ricerca di uno stile personalizzato, nonché per la cordialità della gestione. Gradevoli stanze moderne. Sala da pranzo luminosa e davvero accogliente.

Bologna rist, 140,
via Piave 214 ✉ 30171 – ✆ 041 93 10 00 – info@hotelbologna.com
– Fax 041 93 10 95 AY **e**
114 cam – 100/150 € 160/300 €
Rist *Da Tura* – *(chiuso dal 25 dicembre al 6 gennaio, agosto e domenica)* Carta 36/50 €
◆ Hotel in comoda posizione, di fronte alla stazione ferroviaria, in attività dal 1911, ha sempre mostrato la capacità di rinnovarsi per stare al passo coi tempi. Dinamico ristorante dalla cucina curata, con specialità venete.

Tritone senza rist 90,
viale Stazione 16 ✉ 30171 – ✆ 04 15 38 31 25 – info@hoteltritonevenice.com
– Fax 04 15 38 30 45 AY **f**
65 cam – 95/120 € 120/200 €
◆ Nei pressi della stazione, albergo totalmente rinnovato che conserva esternamente uno stile anni '50. Camere confortevoli e spazi comuni eleganti. Sala colazioni affrescata.

President senza rist
via Forte Marghera 99/a ✉ 30173 – ✆ 041 98 56 55 – info@hppresident.com
– Fax 041 98 56 55 BXY **t**
51 cam – 93/145 € 150/260 €
◆ Ottimo rapporto qualità/prezzo per questo albergo dall'aspetto classico, con vari tocchi d'eleganza. L'insieme si presenta in modo funzionale e moderno. Gestione esperta.

Novotel Venezia Mestre Castellana rist,
via Alfredo Ceccherini 21 ✉ 30174 – 280,
✆ 04 15 06 65 11 – novotel.veneziamestre@accor-hotels.it
– Fax 041 94 06 20 BZ **a**
215 cam – 135/180 € 165/230 € – ½ P 137/143 € – **Rist** – Carta 29/53 €
◆ Marcato taglio business per questa nuova struttura ubicata all'uscita della tangenziale Castellana. Stile contemporaneo per gli arredi. Classica sala ristorante d'albergo, molto ben tenuta.

Venezia 70,
via Teatro Vecchio 5 angolo piazza 27 Ottobre ✉ 30171 – ✆ 041 98 55 33 – info@hotel-venezia.com – Fax 041 98 54 90 BX **z**
100 cam – ♦59/89 € ♦♦69/109 €, ☐ 10 € – ½ P 68/85 € – **Rist** – *(chiuso a mezzogiorno)* Carta 23/39 €
♦ Comodo albergo del centro, mette a disposizione della clientela un parcheggio privato e gratuito e camere confortevoli e accoglienti, sebbene non particolarmente ampie. Sala da pranzo d'atmosfera e con giardino d'inverno.

Park Hotel Ai Pini cam, cam, rist, 120,
via Miranese 176 ✉ 30174 – ✆ 041 91 77 22 – info@aipini.it – Fax 041 91 23 90 AY **b**
47 cam ☐ – ♦85/122 € ♦♦114/178 € – 1 suite – **Rist** – Carta 31/55 €
♦ Agevolmente raggiungibile dalla tangenziale, una grande villa dalle linee neoclassiche circondata da un parco e affiancata da un edificio moderno. Interni di tipo moderno.

Garibaldi senza rist
viale Garibaldi 24 ✉ 30173 – ✆ 04 15 35 04 55 – info@hotelgaribaldi.it – Fax 04 15 34 75 65 BX **b**
28 cam ☐ – ♦70/80 € ♦♦80/99 €
♦ Albergo centrale, d'impostazione sobria, molto curato nei dettagli e nello stile. Camere lineari con tessuti coordinati, ammodernate di recente. Gestione cordiale.

Piave senza rist
via Col Moschin 6/10 ✉ 30171 – ✆ 041 92 92 87 – piave@3starshotel.it – Fax 041 92 96 51 ABY **a**
55 cam – ♦50/90 € ♦♦70/120 €, ☐ 10 €
♦ Risorsa centrale, caratterizzata da parti comuni in stile tirolese con tanto di stube. Le stanze invece, sono d'impostazione decisamente più semplice e tradizionale.

Alla Giustizia senza rist
via Miranese 111 ✉ 30171 – ✆ 041 91 35 11 – giustizia@hotelgiustizia.com – Fax 04 15 44 14 21 – Chiuso dal 24 al 26 dicembre e dal 2 al 22 gennaio AY **c**
21 cam ☐ – ♦77 € ♦♦120 €
♦ Nei pressi della tangenziale, una struttura d'epoca, che dispone di interni ristrutturati con cura e offre camere graziose ed accoglienti. Spazi comuni sacrificati.

Al Vivit senza rist
piazza Ferretto 73 ✉ 30174 – ✆ 041 95 13 85 – info@hotelvivit.com – Fax 041 95 88 91 BX **a**
33 cam ☐ – ♦69/93 € ♦♦89/135 € – 2 suites
♦ Piccolo e storico albergo, in attività dai primi del Novecento, affacciato sulla suggestiva piazza Ferretto. Gli ambienti e gli arredi sono moderni, ma di sapore classico.

Paris senza rist
viale Venezia 11 ✉ 30171 – ✆ 041 92 60 37 – info@hotelparis.it – Fax 041 92 61 11 – Chiuso dal 23 al 30 dicembre AY **d**
18 cam ☐ – ♦70/95 € ♦♦85/135 €
♦ Albergo classico-moderno, a conduzione diretta da parte dei titolari, poco lontano dalla stazione ferroviaria. Arredi semplici, servizi completi, spazi comuni ridotti.

Kappa senza rist
via Trezzo 8 ✉ 30174 – ✆ 04 15 34 31 21 – info@hotelkappa.com – Fax 04 15 34 71 03 BZ **f**
19 cam ☐ – ♦60/84 € ♦♦80/130 €
♦ In una palazzina ottocentesca dotata di un piccolo cortile interno, una risorsa semplice ma confortevole, con accoglienti spazi comuni e luminose camere di taglio classico.

Da Tito senza rist
via Cappuccina 67 ✉ 30174 – ✆ 04 15 31 45 81 – datito@tin.it – Fax 04 15 31 12 15 – Chiuso dal 20 dicembre al 6 gennaio BY **c**
16 cam – ♦50/60 € ♦♦70/85 €, ☐ 8 €
♦ Piccolo albergo, ricavato in un edificio a sé stante degli anni '50, ubicato in posizione centrale. Offre un'ospitalità di tono discreto, camere sobrie e ordinate.

Delle Rose senza rist
via Millosevich 46 ✉ 30173 – ✆ 04 15 31 77 11 – htlcarli@libero.it – Fax 04 15 31 74 33 – Chiuso dal 10 dicembre al 15 gennaio BZ **b**
25 cam – 65/80 € 80/110 €
◆ Stanze semplici, ma perfettamente tenute e modernamente attrezzate. Ubicazione tranquilla, in ottima posizione per la clientela turistica che desidera visitare Venezia.

Cris senza rist
via Monte Nero 3/A ✉ 30171 – ✆ 041 92 67 73 – hotelcris@tiscali.it – Fax 041 93 71 06 – Chiuso gennaio AY **p**
18 cam – 60/90 € 90/150 €
◆ Piccolo albergo, non lontano dalla stazione ferroviaria, completamente rinnovato di recente. Per soggiorni senza pretese ma con comodità garantita.

Marco Polo
via Forte Marghera 67 ✉ 30173 – ✆ 041 98 98 55 – leonardi.marcopolo@libero.it – Fax 041 95 40 75 – Chiuso dal 1° al 7 gennaio, dal 1° al 21 agosto e domenica BX **x**
Rist – Carta 34/58 €
◆ All'interno di una villetta indipendente, ristorante ricavato al primo piano, curato ed elegante. Capriate a vista e spioventi decorati. Alle pareti molti quadri moderni.

Dall'Amelia
via Miranese 113 ✉ 30171 – ✆ 041 91 39 55 – info@boscaratoristorazione.it – Fax 04 15 44 11 11 – Chiuso mercoledì AY **c**
Rist – Carta 30/70 €
◆ Ristorante di grande tradizione che offre una cucina prevalentemente di mare, arricchita anche da numerose specialità venete. Bella veranda affacciata su una cornice verde.

Al Leone di San Marco
via Trezzo 6, località Carpenedo ✉ 30174 – ✆ 04 15 34 17 42 – alleonesas@libero.it – Fax 04 15 34 17 42 – Chiuso dal 26 dicembre al 2 gennaio, dal 14 agosto al 10 settembre, domenica sera e lunedì BZ **f**
Rist – Carta 45/58 €
◆ Trattoria con tipica "cicchetteria" veneziana. Dal bicchiere di vino al pasto di mare in un ambiente accogliente e piacevolmente informale. Alcuni tavoli all'aperto.

Hostaria Dante
via Dante 53 ✉ 30171 – ✆ 041 95 94 21 – ranallif@gmx.net – Fax 041 95 10 00 – Chiuso dal 10 al 17 agosto, domenica, anche sabato a mezzogiorno in luglio-agosto BY **x**
Rist – Carta 29/41 €
◆ Trattoria di fine '800, da qualche tempo è sparito il campo da bocce, ma persiste la dolce, calda e familiare atmosfera d'una volta. Specialità della tradizione veneta.

Osteria la Pergola
12,
via Fiume 42 ✉ 30171 – ✆ 041 97 49 32 – Fax 041 97 49 32 – Chiuso dal 10 al 24 agosto, sabato a mezzogiorno e domenica, anche sabato sera da giugno a settembre AY **g**
Rist – Carta 25/40 €
◆ In zona residenziale, una caratteristica osteria che nei mesi più caldi offre l'opportunità di godere di un fresco pergolato. Cucina locale, buon rapporto qualità/prezzo.

a Marghera Sud : 1 km BZ– ✉ **30175**

Roma senza rist
via Beccaria 11 – ✆ 041 92 19 67 – info@hotelromavenezia.it – Fax 041 92 18 37 AY **n**
20 cam – 60/80 € 75/90 €
◆ Albergo ospitato da un tipico edificio anni '50, costantemente rinnovato nel corso del tempo, tanto da presentarsi perfettamente attuale. Atmosfera gradevole e familiare.

a Zelarino Nord : 2 km BZ– ✉ **30174**

Antico Moro senza rist

via Castellana 149 – ☎ 04 15 46 18 34 – info@anticomoro.com – Fax 04 15 46 80 21 – Chiuso dal 6 al 20 agosto BZ **e**

14 cam ☕ – 🚹50/90 € 🚹🚹78/145 €

◆ Antico palazzetto edificato fra '700 e '800; ristrutturato con cura, offre ambienti caldi ed accoglienti. Posizione strategica facilmente raggiungibile con i mezzi pubblici.

Al Cason

16,

via Gatta 112 ✉ 30174 – ☎ 041 90 79 07 – info@alcason.it – Fax 041 90 89 08 – Chiuso dal 26 dicembre all'11 gennaio, dal 2 al 28 agosto, domenica sera e lunedì BZ **d**

Rist – Carta 51/79 €

◆ Ristorante-trattoria dallo stile piacevolmente rustico, affacciato sul giardino, dove nei mesi estivi viene praticato il servizio all'aperto. In cucina domina il pesce.

a Chirignago Ovest : 2 km – ✉ **30030**

Ai Tre Garofani

via Assegiano 308 – ☎ 041 99 13 07 – Fax 041 99 13 07 – Chiuso dal 1° al 7 gennaio, dal 10 al 30 agosto, lunedì e a mezzogiorno (escluso domenica e festivi)

Rist – Carta 40/62 €

◆ Edificio di campagna, con un bel pergolato per il servizio estivo. L'ambiente è elegante e raffinato, le proposte seguono una linea gastronomica di mare e di mercato.

a Campalto per ③ : 5 km – ✉ **30030**

Antony

cam, rist, 100,

via Orlanda 182 ✉ 30030 – ☎ 04 15 42 00 22 – direzione@antonyhotel.it – Fax 041 90 16 77

114 cam ☕ – 🚹70/110 € 🚹🚹90/160 € – **Rist** – *(chiuso a mezzogiorno)* (solo per alloggiati) Carta 34/52 €

◆ Grande struttura dalle linee moderne con alle spalle uno sfondo d'eccezione, la laguna e l'incantevole Venezia con i suoi campanili. Camere spaziose e funzionali.

Cà Nova senza rist

via Bagaron 1 – ☎ 041 90 00 33 – ca-nova@tiscali.it – Fax 04 15 42 04 20 – Chiuso gennaio

6 cam – 🚹40/60 € 🚹🚹80/100 €, ☕ 5 €

◆ Piccola villa settecentesca, riconvertita ad albergo, con uno stile grazioso e gradevole. La gestione è a carattere familiare, ma salda e assolutamente affidabile.

Trattoria da Vittoria

via Gobbi 311 – ☎ 041 90 05 50 – trattoriadavittoria@hotmail.it – Chiuso dal 24 dicembre al 7 gennaio, dal 5 al 21 agosto e domenica, anche sabato in luglio-agosto

Rist – Carta 34/38 € (+12 %)

◆ Accogliente trattoria in stile classico-moderno con specialità di carne, offerte ogni giorno su di un fornitissimo carrello di bolliti e arrosti: il menù bandisce il pesce.

METANOPOLI – Milano – Vedere San Donato Milanese

MEZZANA – Trento (TN) – 562 D14 – 861 ab. – alt. 941 m – Sport invernali : *1 400/2 200 m* 5 16 *(Comprensorio sciistico Folgarida-Marilleva)* – ✉ 38020 – 30 **B2**

MEZZANA

Roma 652 – Trento 69 – Bolzano 76 – Milano 239 – Passo del Tonale 20

via 4 Novembre 77 ☎ 0463 757134, marilleva@valdisole.net, Fax 0463 757095

Palace Hotel Ravelli

via 4 Novembre 20 – ☎ 04 63 75 71 22 – palaceravelli@tin.it – Fax 04 63 75 74 67 – 6 dicembre-15 aprile e giugno-settembre

60 cam ☕ – 🚹65/100 € 🚹🚹90/140 € – 5 suites – ½ P 170/230 € – **Rist** – Carta 26/39 €

◆ In posizione centrale, una struttura ricca di ogni confort, rimodernata di recente sia internamente che esternamente; gli spazi sono ben distribuiti e gli arredi curati.

Val di Sole

via 4 Novembre 135 – ☎ 04 63 75 72 40 – hotelvaldisole@valdisole.it – Fax 04 63 75 70 71 – Dicembre-20 aprile e giugno-settembre

66 cam – †44/48 € ††68/75 €, ☕ 6 € – **Rist** – Carta 28/38 €

◆ In posizione rientrante, ma sempre lungo la via principale del paese, un hotel di medie dimensioni a conduzione familiare. Aspetto caratteristico, confort moderno. Il ristorante propone una cucina di fattura casalinga.

Eccher

rist, cam,

via 4 Novembre 84 – ☎ 04 63 75 71 46 – info@hotelecher.it – Fax 04 63 75 73 01 – 8 dicembre-aprile e 15 giugno-20 settembre

21 cam ☕ – †65/95 € ††80/110 € – ½ P 40/75 € – **Rist** – *(chiuso a mezzogiorno da dicembre ad aprile)* Carta 22/32 €

◆ Piccolo albergo a gestione diretta, situato lungo la strada principale all'uscita della località. Spazi comuni contenuti, camere standard. Il menù presenta alcune delle più tipiche specialità altoatesine, servite in un locale dal caratteristico stile locale.

MEZZANE DI SOTTO – Verona (VR) – 562 F15 – 1 905 ab. – alt. 129 m – ✉ 37030

37 **B2**

Roma 519 – Verona 19 – Milano 173 – Padova 83 – Vicenza 53

Bacco d'Oro

via Venturi 14 – ☎ 04 58 88 02 69 – info@baccodoro.com – Fax 04 58 88 90 51 – Chiuso lunedì sera e martedì

Rist – Carta 30/41 € – **Rist *All'Enoteca*** – Carta 17/22 €

◆ Bella residenza con un'amena vista sui vigneti circostanti. Una saletta, un salone per banchetti e una gradevole terrazza giardino. Anche un'enoteca con mescita di vini.

MEZZOCANALE – Belluno – Vedere Forno di Zoldo

MEZZOCORONA – Trento (TN) – 562 D15 – 4 773 ab. – alt. 219 m – ✉ 38016

30 **B2**

Roma 604 – Bolzano 44 – Trento 21

La Cacciatora

10,

via Canè 133, in riva all'Adige Est : 2 km – ☎ 04 61 65 01 24 – cacciatora@interline.it – Fax 04 61 65 10 80 – Chiuso dal 15 al 31 luglio e mercoledì

Rist – Carta 31/39 €

◆ Situato fuori paese, in riva all'Adige, un ristorante accogliente, gestito con grande professionalità. Carrello dei bolliti, saletta privè al primo piano.

MEZZOLAGO – Trento – 562 E14 – Vedere Pieve di Ledro

MEZZOLOMBARDO – Trento (TN) – 6 239 ab. – alt. 227 m – ✉ 38017

30 **B2**

Roma 605 – Bolzano 45 – Trento 22 – Milano 261

Per Bacco

via E. De Varda 28 – ☎ 04 61 60 03 53 – rist.perbacco@virgilio.it – Fax 04 61 60 71 95 – **Rist** – Carta 26/43 €

◆ Il ristorante è stato ricavato nelle stalle di una casa di fine ottocento e arredato con lampade di design; nato come wine-bar vanta una bella scelta di vini locali al calice.

MIANE – Treviso (TV) – 562 E18 – 3 589 ab. – alt. 259 m – ✉ 31050

36 **C2**

Roma 587 – Belluno 33 – Milano 279 – Trento 116 – Treviso 39 – Udine 101 – Venezia 69

Da Gigetto

20,

via De Gasperi 5 – ☎ 04 38 96 00 20 – gigettosopacoada@tiscali.it – Fax 04 38 96 01 11 – Chiuso quindici giorni in gennaio, venti giorni in agosto, lunedì sera e martedì – **Rist** – Carta 32/51 €

◆ Ristorante gradevole, con un'atmosfera familiare che non contrasta, anzi esalta, gli ambienti in stile rustico-elegante. La cucina attinge alla tradizione, splendida cantina.

MIGLIARA – Napoli – Vedere Capri (Isola di) : Anacapri

Simeone/PHOTONONSTOP

Vista panoramica

MILANO

Carta Michelin : n° 561
F 9 ▶ Roma 572 – Genève 323 – Genova 142 – Torino 140
Popolazione : 1 271 898 ab
Altitudine : 122 m – **Codice Postale :** ✉ 20100
Italia

INFORMAZIONI PRATICHE

Uffici Informazioni turistiche

piazza Castello 1 ✉ 20121 ✆ 02 80580623, s.raffa@provincia, Fax 02 80580619

Aeroporti

Forlanini di Linate Est : 8 km **CP** ✆ 02 74852200
Malpensa Nord-Ovest : 45 km ✆ 02 74852200

Golf

27 Monza, Nord : 20 km al Parco di Monza, ✆ 039 30 30 81 ;
18 Molinetto, a Cernusco sul Naviglio, ✆ 02 92 10 51 28 ;
18 Barlassina, a Linate sul Seveso, ✆ 0362 56 06 21 ;
18 a Zoate di Tribiano, ✆ 02 90 63 21 83 ;
18 Le Rovedine, per via Ripamonti a Noverasco di Opera, ✆ 02 57 60 64 20.

Fieramilanocity

09.02. - 12.02. : milanovendemoda
14.03. - 18.03. : mifur (salone internazionale della pellicceria e della pelle)
30.03. - 02.04. : miart (fiera internazionale d'arte moderna e contemporanea)
24.06. - 29.06. : milano moda uomo

Fieramilano Rho

19.01. - 22.01. : macef (salone internazionale della casa)
22.02. - 25.02. : bit (borsa internazionale del turismo)
15.03. - 18.03. : micam (esposizione internazionale della calzatura)
18.04. - 23.04. : (salone internazionale del mobile)

LUOGHI DI INTERESSE

IL CENTRO

Duomo★★★ - Galleria Vittorio Emanuele II★ - Teatro alla Scala★★ - Castello Sforzesco★★★

MILANO DALL' ALTO

Passeggiata sui terrazzi del Duomo★★★ - Vista dalla Torre Branca★★

I GRANDI MUSEI

Pinacoteca di Brera★★★ - Castello Sforzesco★★★ : Museo di Arte Antica★★, Pinacoteca★ - Pinacoteca Ambrosiana★★ - Museo del Duomo★★ - Museo Poldi Pezzoli★★ - Museo di Palazzo Bagatti Valsecchi★★ - Museo Teatrale alla Scala★ - Museo della Scienza e della Tecnologia★ - Museo di Storia Naturale★ - Museo Civico di Archeologia★ - Museo dell'Ottocento★

LE BASILICHE E LE CHIESE

S. Ambrogio★★ - S. Lorenzo★★ - S. Maria delle Grazie★★ e Cenacolo Vinciano★★★ - S. Eustorgio★ : Cappella Portinari★★ - S. Maurizio al Monastero Maggiore★★ - S. Maria della Passione★★ - S. Nazaro★ - S. Maria presso S. Satiro★ : coro del Bramante★★

I LUOGHI SUGGESTIVI

Via e Piazza dei Mercanti★ - La Ca' Granda★★ e Largo Richini - Il quartiere di Brera - I Navigli

ACQUISTI

Il quadrilatero della moda: via Montenapoleone, Via della Spiga, Via S. Andrea - Via Dante - Corso Buenos Aires - Corso Vercelli

DINTORNI

Abbazia di Chiaravalle★★ - Abbazia di Viboldone★ - Abbazia di Morimondo★

MILANO QUARTIERI

Gli esercizi con stelle

✿✿ 2007

Cracco-Peck	XXXX	p. 23
Sadler	XXX	p. 33

✿ 2007

Luogo di Aimo e Nadia (Il)	XXX	p. 41
Joia	XX	p. 31

Bib Gourmand ☺

Baia Chia	X	p. 40
Cantina di Manuela (La)	X	p. 31
Dongiò	X	p. 33
Giannino-L'Angolo d'Abruzzo (Da)	X	p. 32
Giulio Pane e Ojo	X	p. 32
Pace	X	p. 37

Ristoranti classificati secondo il loro genere

Abruzzese

Giannino-L'Angolo d'Abruzzo (Da)	X	p. 32

Calabrese

Dongiò	X	p. 33

Casalinga

Trattoria Madonnina	X	p. 33

Cinese

Felicità (La)	X	p. 25

Classica

Acanto	XXX	p. 30
Piccolo Sogno	XXX	p. 30
Terrazza di Via Palestro (La)	XXX	p. 30
Bolognese (Dal)	XX	p. 30
El Crespin	XX	p. 37
Emilia e Carlo	XX	p. 25
Isola dei Sapori	XX	p. 32
Nabucco	XX	p. 24
Papà Francesco	XX	p. 25
Rigolo	XX	p. 26
Rosa al Caminetto (Il)	XX	p. 24
Bimbi (Da)	X	p. 31
Cantina di Manuela (La)	X	p. 31
Osteria del Borgo Antico	X	p. 38
Osteria della Cagnola	X	p. 38
Pace	X	p. 37
Quadrifoglio	X	p. 37
Stendhal Antica Osteria	X	p. 27

Ristoranti con il servizio estivo all'aperto

Ristoranti aperti al mese d'agosto

Elenco alfabetico degli alberghi e ristoranti

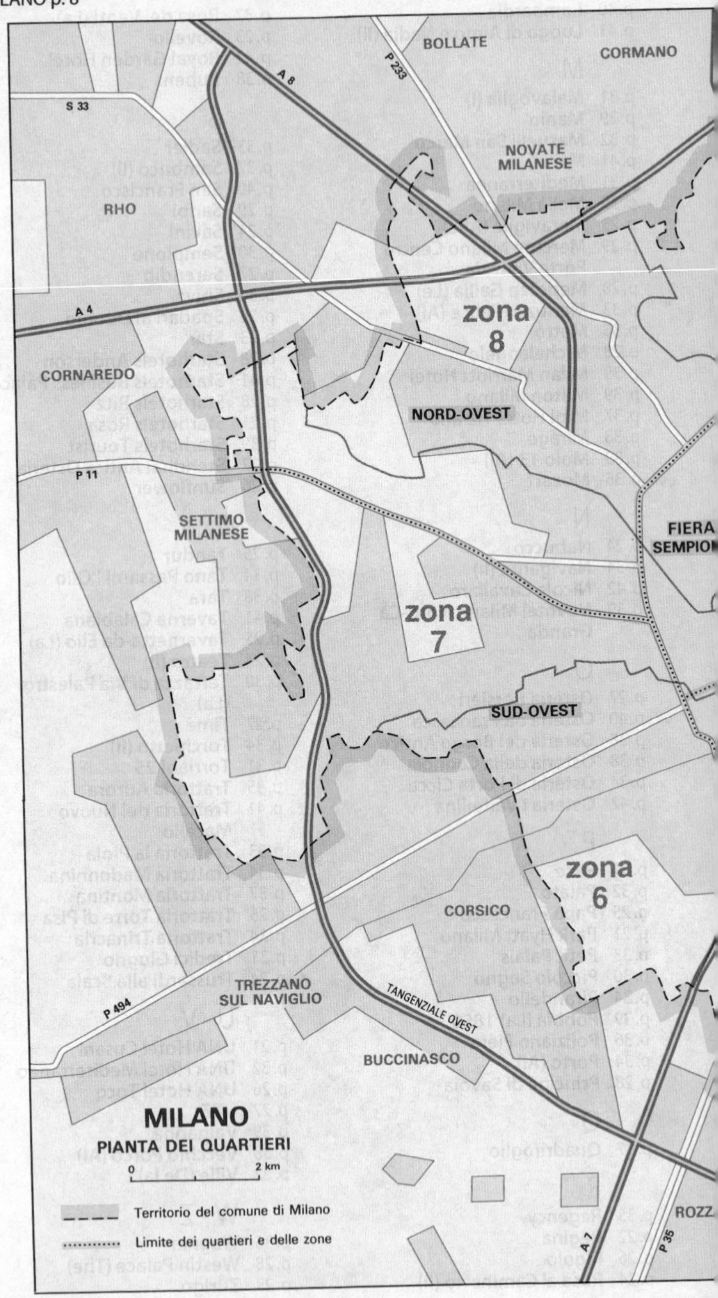
BOLLATE
CORMANO
S 33
A 8
P 233
NOVATE MILANESE
RHO
A 4
zona 8
CORNAREDO
NORD-OVEST
P 11
SETTIMO MILANESE
FIERA SEMPIO
zona 7
SUD-OVEST
zona 6
CORSICO
TREZZANO SUL NAVIGLIO
P 494
TANGENZIALE OVEST
BUCCINASCO
MILANO
PIANTA DEI QUARTIERI
0
2 km
Territorio del comune di Milano
Limite dei quartieri e delle zone
ROZZ
A 7
P 35

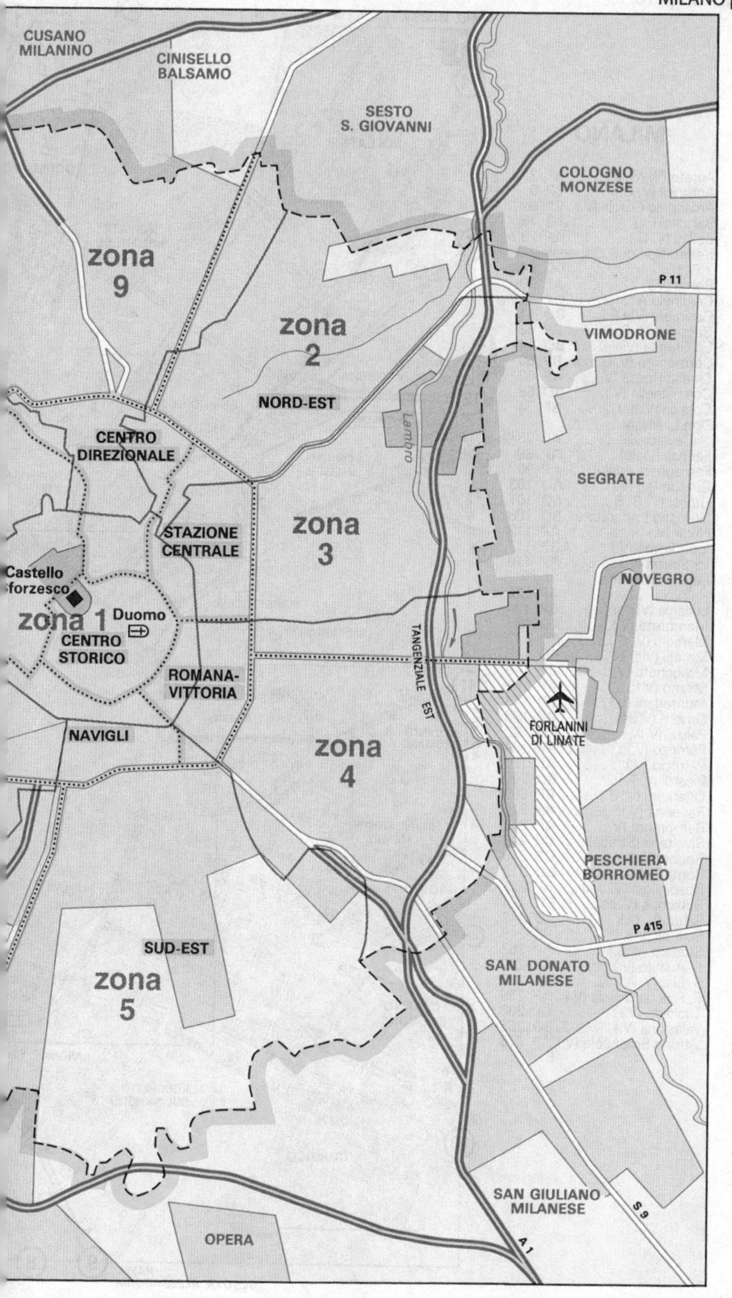
CUSANO MILANINO
CINISELLO BALSAMO
SESTO S. GIOVANNI
COLOGNO MONZESE
zona 9
zona 2
P 11
VIMODRONE
NORD-EST
Lambro
CENTRO DIREZIONALE
SEGRATE
STAZIONE CENTRALE
zona 3
Castello Sforzesco
NOVEGRO
zona 1
Duomo
CENTRO STORICO
TANGENZIALE EST
ROMANA-VITTORIA
FORLANINI DI LINATE
NAVIGLI
zona 4
PESCHIERA BORROMEO
P 415
SUD-EST
SAN DONATO MILANESE
zona 5
SAN GIULIANO MILANESE
S 9
A 1
OPERA

MILANO

Agrate (V. M. d') . . . . . **BP** 2
Antonini (V. G.) . . . . . . **BP** 8
Arcangelo Corelli (V.) . **CP** 9
Bartolini (V.) . . . . **AO** 18
Bellini (V. G.) . . . . **AP** 23
Benefattori dell' Ospedale (V.) . . . . **BO** 24
Berna (V.) . . . . **AP** 29
Cardinale A. Sforza (V.) **BP** 50
Casiraghi (Vle F.) . . . . **BO** 51
Cassinis (V. G. B.) . . . . **BP** 53
Cà Granda (Viale) . . . . **BO** 44
Cermenate (V. G. da) . **BP** 60
Chiesa Rossa (V.) . . . . **AP** 62
Comasinella (V.) . . . . . **BO** 68
Corsica (Viale) . . . . . . **BP** 74
Don L. Milani (Cavalcavia) . . . . **AP** 78
Faenza (Viale) . . . . **AP** 89
Famagosta (Viale) . . . **AP** 90
Girardengo (V.) . . . . . **AO** 103
Grassi (V. G. B.) . . . . . **AO** 107
Graziano Imperatore . **BO** 108
Harar (V.) . . . . **AP** 112
Ippodromo (V.) . . . . **AOP** 117
La Spezia (V.) . . . . **AP** 119
Legioni Romane (Viale) . . . . **AP** 125
Lucania (Viale) . . . . . . **BP** 134
Mambretti (V.) . . . . . . **AO** 137
Marconi (V. G.) . . . . . . **BO** 143
Marelli (Vle) . . . . **BO** 146
Marochetti (V.) . . . . . . **BP** 149
Milano (V.) . . . . **AP** 161
Montegani (V.) . . . . . . **BP** 173
Omero (Viale) . . . . **BP** 186
Palizzi (V.) . . . . **AO** 192
Parenzo (V.) . . . . **AP** 194
Patroclo (V.) . . . . **AP** 196
Picardi (V. F.) . . . . **BO** 200
Quaranta (V. B.) . . . . . **BP** 209
Ravenna (V.) . . . . **BP** 212
Rembrandt (V.) . . . . . . **AP** 213
Rivoltana (Strada) . . . . **CP** 216
Rogoredo (V.) . . . . **CP** 218
Roma (V.) . . . . **BO** 219
Rospigliosi (V. dei) . . . **AP** 221
Rubicone (Viale) . . . . . **BO** 224
Sáuro (V. N.) . . . . **AO** 242
Solaroli (V.) . . . . **BP** 249
Stratico (V. S.) . . . . . . **AP** 252
S. Arialdo (V.) . . . . **CP** 227
S. Elia (V. A.) . . . . **AO** 233
S. Rita da Cascia (V.) . **AP** 239
Tucidide (V.) . . . . **CP** 263
Valassina (V.) . . . . **BO** 265
Vittorio Emanuele (V.) **AP** 276

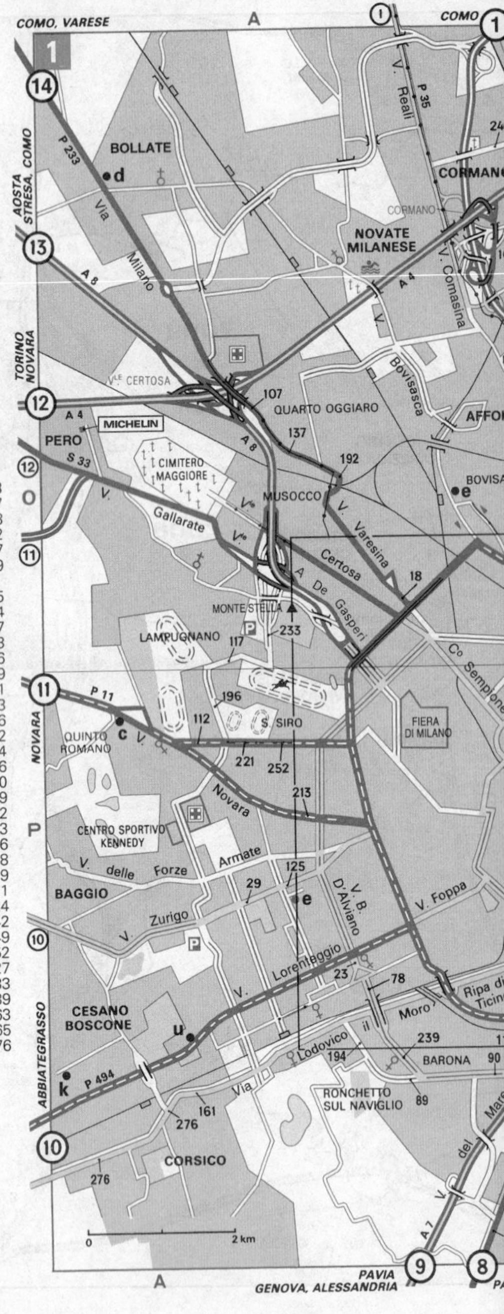

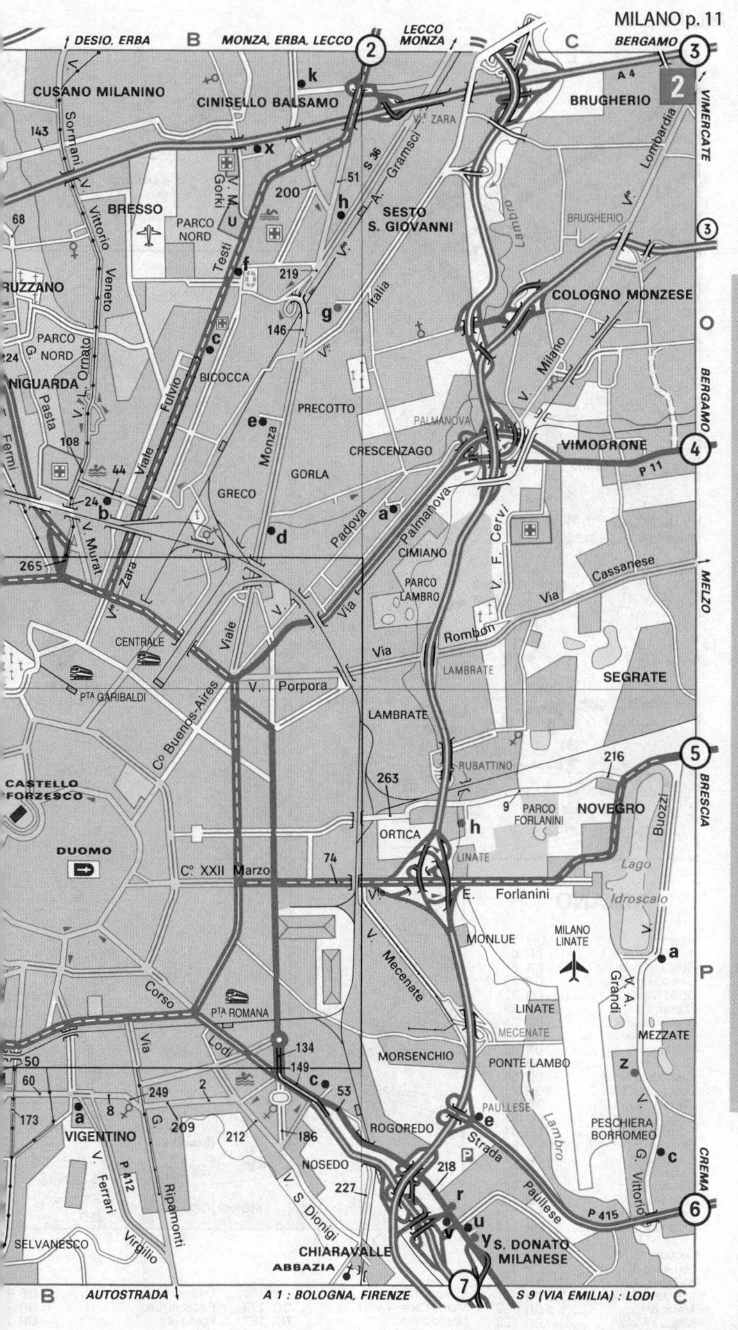
DESIO, ERBA
MONZA, ERBA, LECCO
LECCO MONZA
BERGAMO
CUSANO MILANINO
CINISELLO BALSAMO
BRUGHERIO
VIMERCATE
BRESSO
PARCO NORD
SESTO S. GIOVANNI
COLOGNO MONZESE
BERGAMO
BICOCCA
NIGUARDA
PRECOTTO
CRESCENZAGO
VIMODRONE
GORLA
GRECO
CIMIANO
PARCO LAMBRO
MELZO
CENTRALE
PTA GARIBALDI
LAMBRATE
SEGRATE
RUBATTINO
CASTELLO SFORZESCO
PARCO FORLANINI
NOVEGRO
BRESCIA
DUOMO
ORTICA
LINATE
Cº XXII Marzo
Vle E. Forlanini
Lago Idroscalo
MONLUE
MILANO LINATE
PTA ROMANA
LINATE
MEZZATE
MORSENCHIO
PONTE LAMBO
VIGENTINO
ROGOREDO
PESCHIERA BORROMEO
NOSEDO
CREMA
SELVANESCO
CHIARAVALLE ABBAZIA
S. DONATO MILANESE
AUTOSTRADA
A 1 : BOLOGNA, FIRENZE
S 9 (VIA EMILIA) : LODI

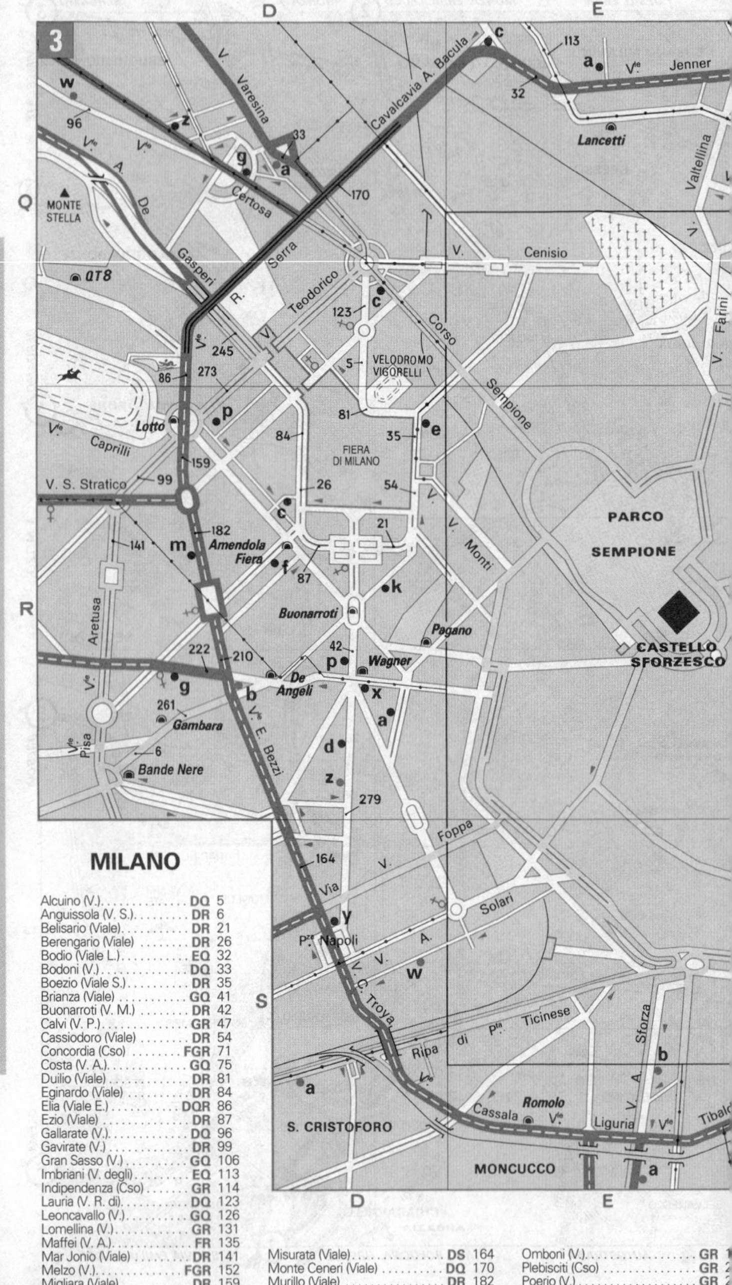

3
D
E
Q
R
S
V. Varesina
Cavalcavia A. Bacula
V.le Jenner
Lancetti
Valtellina
MONTE STELLA
V.le A. De Gasperi
Certosa
R. Serra
Teodorico
QT8
V. Cenisio
V. Farini
Corso Sempione
VELODROMO VIGORELLI
Lotto
V.le Caprilli
FIERA DI MILANO
V. S. Stratico
Amendola Fiera
Buonarroti
V. Monti
PARCO SEMPIONE
CASTELLO SFORZESCO
Pagano
Wagner
De Angeli
Aretusa
Gambara
V.le Pisa
Bande Nere
V.le E. Bezzi
Via Foppa
Solari
P.za Napoli
V. A.
V.le C. Troya
Ripa di P.ta Ticinese
Sforza
Cassala
Romolo
V.le Liguria
Tibaldi
S. CRISTOFORO
MONCUCCO

MILANO

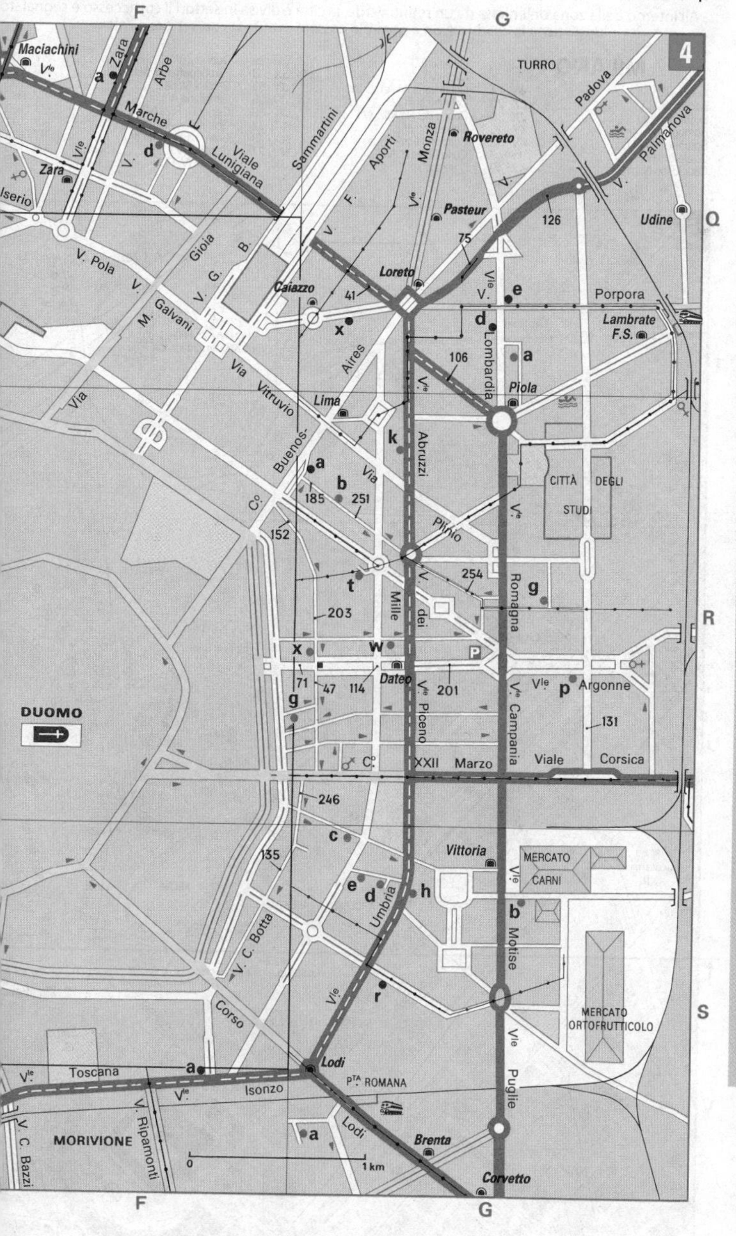

anzoni (Viale D.)	DR 210	Sciesa (V. A.)	FGR 246	Trivulzio (V. A. T.)	DR 261
ubens (V.)	DR 222	Stoppani (V. A.)	GR 251	Vigliani (V. P. O.)	DQR 273
carampo (V. L.)	DQ 245	Tiepolo (V.)	GR 254	Washington (V. G.)	DRS 279

All'interno della zona delimitata da un retino verde, la città è divisa in settori il cui accesso è segnala lungo tutta la cerchia. Non è possible passare in auto da un settore all'altro.

MILANO

Street	Grid	No.
Lambertenghi (V. P.)	KT	122
Lepetit (V.)	LTU	128
Maffei (V. A.)	LY	135
Manzoni (V. A.)	KV	
Melzo (V.)	LU	152
Mercato (V.)	JV	158
Modestino (V.)	HY	165
Moliere (Viale E.)	HV	167
Monte Napoleone (V.)	KV	
Muratori (V. L.)	LY	180
Oggiono (V. M. d')	HJY	183
Orseolo (V.)	HY	189
Paleocapa (V.)	JV	191
Pastrengo (V.)	KT	195
Perasto (V.)	KT	198
Poliziano (V.)	HTU	204
Ponte Vetero (V.)	JV	205
Quadrio (V. M.)	JT	207
Restelli (Viale F.)	KT	214
Ruffini (V. Flli)	HX	225
Savoia (Viale F. di)	KU	243
Spiga (V. della)	KV	
S. Babila (Pza)	KX	228
S. Calimero (V.)	KY	230
Tivoli (V.)	HV	255
Torchio (V.)	JX	257
Torino (V.)	MZ	
Torriani (V. N.)	LU	258
Trau (V.)	KT	260
Valtellina (V.)	JT	266
Vercelli (Cso)	HX	267
Verdi (V.)	KV	269
Vittorio Emanuele II (Cso)	NZ	
Vittorio Veneto (Viale)	KLU	278
Zezon (V.)	LU	281

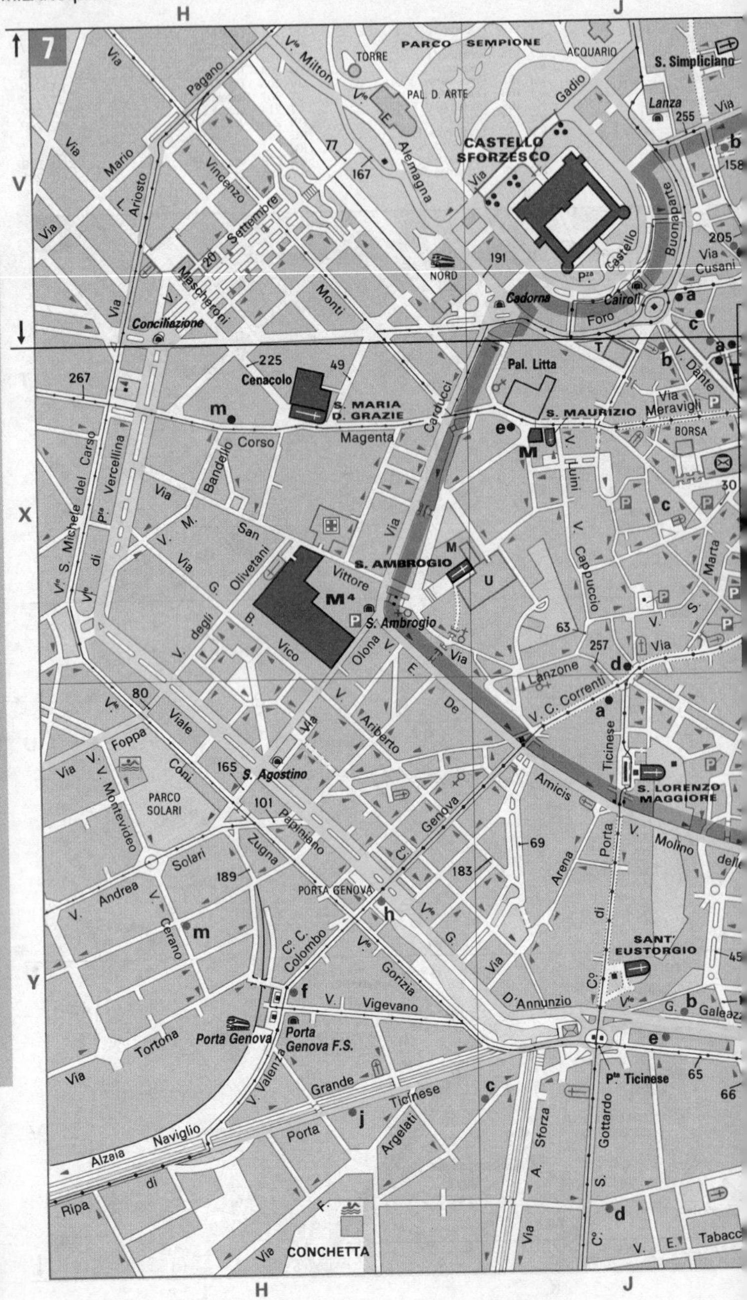
H
J
7
V
X
Y
PARCO SEMPIONE
TORRE
ACQUARIO
PAL. D. ARTE
S. Simpliciano
Lanza
CASTELLO SFORZESCO
NORD
Cadorna
Cairoli
Foro
Pza Castello
Buonaparte
Via Cusani
Gadio
V.le Milton
V.le E. Alemagna
Via Pagano
Via Mario
Via Ariosto
Via Vincenzo
20 Settembre
Mascheroni
Monti
Conciliazione
Cenacolo
S. MARIA D. GRAZIE
Corso Magenta
Carducci
Pal. Litta
S. MAURIZIO
Via Meravigli
BORSA
V. Dante
V. Luini
V. Cappuccio
S. AMBROGIO
S. Ambrogio
Vittore
Via San Vittore
V. M. Bandello
Via G. Olivetani
V. degli B. Vico
Pza Vercellina
V.le S. Michele del Carso
V.le di
Olona
V. E. De Amicis
V. Ariberto
Lanzone
V. C. Correnti
Ticinese
S. LORENZO MAGGIORE
Marta
Viale Coni
V.le Foppa
S. Agostino
Papiniano
Zugna
PARCO SOLARI
Via V. Montevideo
Solari
V. Andrea
V. Cerano
PORTA GENOVA
Co. Genova
Co. C. Colombo
V.le Gorizia
V.le G.
Via D'Annunzio
Porta di Co.
V. Molino delle
Arena
SANT' EUSTORGIO
V.le G. Galeazzo
Pta Ticinese
V. Vigevano
Porta Genova
Porta Genova F.S.
Via Tortona
V. Valenza
Grande
Ticinese
Argelati
Porta
Alzaia Naviglio
Ripa di
Via A. Sforza
Co. S. Gottardo
V. E. Tabacchi
CONCHETTA
Via F.
267
225
49
77
167
191
255
158
205
30
63
257
80
165
101
189
183
69
45
65
66
m
e
M
U
M4
a
b
c
d
f
h
j
T

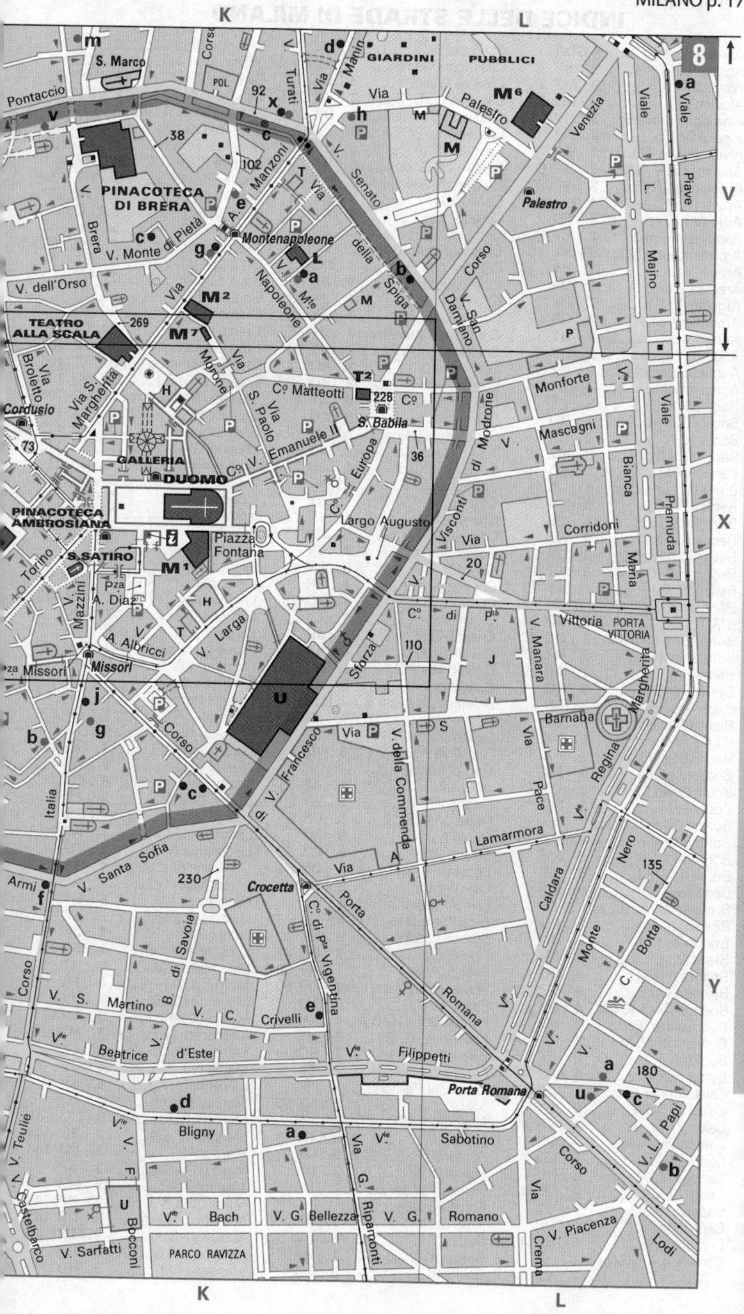
K
L
8
V
X
Y
GIARDINI
PUBBLICI
S. Marco
Pontaccio
PINACOTECA
DI BRERA
V. Brera
V. Monte di Pietà
V. dell'Orso
Montenapoleone
Napoleone
Via Manin
Via Palestro
Palestro
V. Senato
della Spiga
Corso Venezia
V. San Damiano
Viale Piave
L. Majno
TEATRO
ALLA SCALA
Via Broletto
Cordusio
Via S. Margherita
Via Morone
C° Matteotti
S. Babila
Via S. Paolo
C° V. Emanuele II
GALLERIA
DUOMO
PINACOTECA
AMBROSIANA
S.SATIRO
Torino
Piazza Fontana
Largo Augusto
C° Europa
Monforte
Mascagni
Visconti di Modrone
Via Corridoni
Bianca Maria
Premuda
Viale
Mazzini
Pza A. Diaz
V. A. Albricci
V. Larga
Missori
C° di P^ta Vittoria
PORTA VITTORIA
V. Manara
Sforza
Corso Italia
Corso
Via Francesco Sforza
V. della Commenda
Barnaba
Via Pace
Regina Margherita
Lamarmora
Via A. Caldara
Nero
V. Santa Sofia
Armi
Crocetta
C° di P^ta Vigentina
Porta Romana
Monte
Botta
V. S. Martino
B. di Savoia
V. C. Crivelli
Beatrice d'Este
Filippetti
Porta Romana
Bligny
Sabotino
Corso
V. L. Papi
V. Teulié
Castelbarco
Bocconi
V. Sarfatti
PARCO RAVIZZA
Bach
V. G. Bellezza
Via G. Ripamonti
Romano
V. Piacenza
Via Crema
Lodi

INDICE DELLE STRADE DI MILANO

MILANO

Albricci (V. A.) . . . . **MZ** 3
Arcivescovado (V.) . . . . **MNZ** 10
Augusto (Largo) . . . . **NZ** 12
Baracchini (V.). . . . . **MZ** 17
Bergamini (V.) . . . . **NZ** 27
Borgogna (V.) . . . . **NZ** 36
Cantù (V. C.). . . . . **MZ** 48
Cordusio (Pza) . . . . **MZ** 73
Edison (Pza) . . . . **MZ** 83
Festa del Perdono (V.) . . . . . . **NZ** 93
Gonzaga (V.) . . . . **MZ** 104
Laghetto (V.) . . . . **NZ** 120
Manzoni (V. A.). . . . . **NZ** 140
Marconi (V.) . . . . **MZ** 144
Marino (Pza) . . . . **MZ** 147
Mengoni (V.). . . . . **MZ** 153
Mercanti (Pza) . . . . **MZ** 155
Mercanti (V.). . . . . **MZ** 156
Missori (Pza). . . . . **MZ** 162
Monte Napoleone (V.) . . . . **NZ** 171
Montforte (Cso) . . . . **NZ** 168
Morone (V.). . . . . **MNZ** 176
Orefici (V.). . . . . **MZ** 188
Pattari (V.) . . . . **NZ** 197
Sforza (V. F.). . . . . **NZ** 248
S. Clemente . . . . **NZ** 231
S. Radegonda (V.). . . . . **MZ** 237
S. Stefano (Pza) . . . . **NZ** 240
Torino (V.) . . . . **MZ**
Unione (V.) . . . . **MZ** 264
Verdi (V.). . . . . **MZ** 269
Verziere (V.). . . . . **NZ** 270
Visconti di Modrone (V.) . . . . **NZ** 275
Vittorio Emanuele II (Cso) . . . . **NZ**

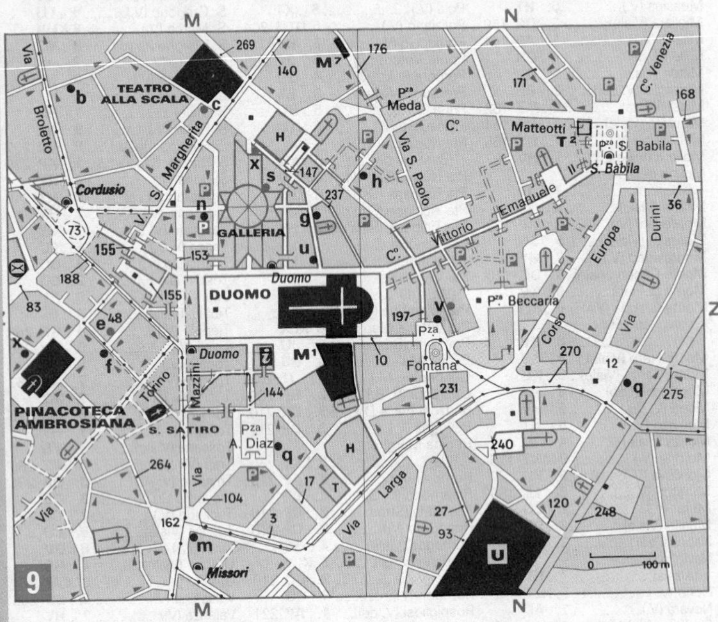

Centro Storico

Four Seasons

cam, cam, 280,

via Gesù 6/8 ✉ 20121 Ⓜ Montenapoleone – ✆ 027 70 88 – tes.milano@fourseasons.com – Fax 02 77 08 50 00 KV **a**

78 cam – 🛉594 € 🛉🛉671 €, ☐ 33 € – 25 suites

Rist Il Teatro – vedere selezione ristoranti

Rist *La Veranda* – Carta 72/98 €

◆ Nel "triangolo d'oro" milanese, celato in un convento del '400 che conserva elementi decorativi originali, l'albergo di maggior fascino ed esclusiva eleganza della città. Ristorante affacciato sul verde del giardino interno, ambiente raffinato.

Grand Hotel et de Milan

rist, 50,

via Manzoni 29 ✉ 20121 Ⓜ Montenapoleone – ✆ 02 72 31 41 – reservations@grandhoteletdemilan.it – Fax 02 86 46 08 61 KV **g**

95 cam – 🛉385/539 € 🛉🛉473/704 €, ☐ 35 € – 8 suites

Rist Don Carlos – vedere selezione ristoranti

Rist *Caruso* – *(chiuso la sera)* Carta 42/75 €

◆ Oltre un secolo e mezzo di vita per questo hotel che ha ospitato grandi nomi della musica, del teatro, del cinema e della politica nei suoi raffinati e suggestivi ambienti. Luminoso ristorante dedicato al tenore che in questo albergo registrò il suo primo disco.

Carlton Hotel Baglioni cam, cam, 80,
via Senato 5 ✉ 20121 Ⓜ San Babila – ✆ 027 70 77
– carlton.milano@baglionihotels.com – Fax 02 78 33 00 KV **b**
92 cam – 🛉495/605 € 🛉🛉550/660 €, ☕ 33 € – 9 suites
Rist *Il Baretto al Baglioni* – *(chiuso dal 5 al 26 agosto)* Carta 70/90 €
♦ Raffinati dettagli e mobili d'epoca, tessuti preziosi dai toni caldi nelle sale comuni e nelle camere di un'elegantissima "bomboniera" nel cuore della Milano della moda. Ristorante composto di varie sale, raccolte ed eleganti, con pareti rivestite in legno.

Bulgari cam,
via privata Fratelli Gabba 7/b ✉ 20121
Ⓜ Montenapoleone – ✆ 028 05 80 51
– milano@bulgarihotels.com – Fax 028 05 80 52 22 KV **c**
58 cam – 🛉520/610 € 🛉🛉590/650 €, ☕ 28 € – 6 suites – **Rist** – Menu 65/85 €
♦ Nuova stella nel firmamento dell'hôtellerie milanese in cui i materiali preziosi utilizzati con gusto regalano un'eleganza sobria e discreta. Incantevole, inatteso giardino. Esclusivo ristorante affacciato direttamente sul verde.

Park Hyatt Milano cam, 60,
via Tommaso Grossi 1 ✉ 20121 Ⓜ Duomo – ✆ 02 88 21 12 34 – milano@hyattintl.com – Fax 02 88 21 12 35 MZ **n**
108 cam – 🛉430/600 € 🛉🛉480/650 €, ☕ 35 € – 9 suites
Rist *The Park* – *(chiuso dal 30 luglio al 27 agosto)* Carta 68/94 €
♦ Uno stabile di fine ottocento che annovera una sala comune sormontata da una grande cupola, spazi arredati in chiare tonalità ed un'accogliente spa con palestra e bagno turco. Due sale nell'elegante ristorante specializzato nella cucina mediterranea; a pranzo è possibile anche prendere uno snack veloce al bar.

Grand Hotel Duomo ⩽ Duomo, cam, cam, rist, 100,
via San Raffaele 1 ✉ 20121 Ⓜ Duomo –
✆ 028 83 31 – bookings@grandhotelduomo.com – Fax 02 86 46 20 27
160 cam ☕ – 🛉230/530 € 🛉🛉290/640 € – 17 suites – ½ P 370/420 €
Rist – Carta 55/80 € MZ **u**
♦ Il nome non tradisce affatto le aspettative: l'hotel, di discreta eleganza, si trova accanto al Duomo, in posizione ideale per visite culturali, shopping ed affari. Una elegante sala ristorante con vetrate che si affacciano sulla chiesa cattedrale per gustare la tradizionale cucina italiana.

Starhotels Rosa 130,
via Pattari 5 ✉ 20122 Ⓜ Duomo – ✆ 02 88 31 – rosa.mi@starhotels.it
– Fax 028 05 79 64 NZ **v**
247 cam – 🛉🛉385/495 €, ☕ 19 € – 2 suites. Rist il Rosa al caminetto – vadere selezione ristoranti
♦ Sita a pochi passi dal Duomo, la risorsa vanta una discreta eleganza: uno spazioso piano terra con marmi e stucchi, camere funzionali, un centro congressi ed un'area fitness.

Jolly Hotel President cam, cam, rist, 140,
largo Augusto 10 ✉ 20122 Ⓜ San Babila –
✆ 027 74 61 – milano_president@jollyhotels.com
– Fax 02 78 34 49 NZ **q**
244 cam ☕ – 🛉205/350 € 🛉🛉240/390 € – 12 suites
Rist *Il Verziere* – Carta 40/55 €
♦ Un hotel di taglio internazionale adatto ad una clientela d'affari o turistica, offre ambienti ampi ed accoglienti nonchè spazi per sfilate, colazioni di lavoro o congressi. Il ristorante propone piatti della tradizione mediterranea e soprattutto specialità della cucina lombarda.

UNA Hotel Cusani
via Cusani 13 ✉ 20121 Ⓜ Cairoli – ✆ 028 56 01 – una.cusani@unahotels.it
– Fax 028 69 36 01 JV **a**
87 cam ☕ – 🛉🛉160/612 € – 5 suites – **Rist** – Carta 52/69 €
♦ Situato in pieno centro storico, una posizione comoda per gli affari e per il turismo, la struttura dispone di camere molto ampie ed accoglienti con arredi semplici e moderni. Un'intima sala ristorante, dove gustare una classica cucina tradizionale ed internazionale.

De la Ville cam, cam, 60,
via Hoepli 6 ✉ *20121* Ⓜ *Duomo* – ✆ 028 79 13 11 – reservationsdlv@sinahotels.it – Fax 02 86 66 09 NZ **h**
109 cam – 🛉374 € 🛉🛉390 €
Rist *L'Opera* – ✆ 028 05 12 31 *(chiuso domenica)* Carta 40/60 €
◆ Vicino al Duomo, un elegante hotel dai caldi ambienti arredati con sete di colori diversi e marmi. All'ultimo piano una rilassante piscina coperta da una cupola trasparente. Ideale per una cena dopo un appuntamento a teatro, il ristorante invita a gustare una cucina mediterranea rivisitata con creatività.

The Gray
via San Raffaele 6 ✉ *20121* Ⓜ *Duomo* – ✆ 027 20 89 51 – info.thegray@sinahotels.it – Fax 02 86 65 26 MZ **g**
21 cam – 🛉374 € 🛉🛉550 € – **Rist** – Carta 50/72 €
◆ In prossimità della Galleria, l'hotel dispone di spazi e camere caratteristici arredati in modo diverso e ricercato secondo il gusto del moderno design e di un'area fitness. Nella raccolta e particolare sala ristorante si propone una carta altrettanto creativa.

Spadari al Duomo cam,
via Spadari 11 ✉ *20123* Ⓜ *Duomo* – ✆ 02 72 00 23 71 – reservation@spadarihotel.com – Fax 02 86 11 84 – *Chiuso Natale* MZ **f**
40 cam – 🛉228/278 € 🛉🛉238/308 € – **Rist** – (solo snack)
◆ Nasce da una raccolta di opere d'arte contemporanea questo piccolo hotel che unisce nei suoi spazi il confort e l'attenta ricerca di nuove forme di rappresentazione artistica.

Cavour 80,
via Fatebenefratelli 21 ✉ *20121* Ⓜ *Turati* – ✆ 02 62 00 01 – booking@hotelcavour.it – Fax 026 59 22 63 – *Chiuso agosto* KV **x**
113 cam – 🛉231 € 🛉🛉265 €, 21 €
Rist Conte Camillo – vedere selezione ristoranti
◆ Poco distante dai principali siti di interesse sociale e culturale, è una struttura classica, ad esperta conduzione familiare, dotata di camere ben arredate ed insonorizzate.

Dei Cavalieri cam, 250,
piazza Missori 1 ✉ *20123* Ⓜ *Missori* – ✆ 028 85 71 – info@hoteldeicavalieri.com – Fax 028 85 72 41 MZ **m**
177 cam – 🛉369 € 🛉🛉399 € – **Rist** – Carta 54/68 €
◆ L'hotel garantisce un'atmosfera rilassante, dispone di eleganti e confortevoli camere arredate in stile moderno, spazi adibiti a conferenze, colazioni di lavoro e banchetti. In un'elegante sala da pranzo o sulla terrazza panoramica al decimo piano si possono gustare piatti tipici regionali e cucina internazionale.

Grand Hotel Plaza senza rist 100,
piazza Diaz 3 ✉ *20123* Ⓜ *Duomo* – ✆ 02 85 55 – info@grandhotelplazamilano.it – Fax 02 86 72 40 MZ **q**
136 cam – 🛉210/315 € 🛉🛉265/370 €
◆ Un hotel classico nel cuore del capoluogo, dispone di ampie camere arredate con gusto, una hall con bar e pianoforte ed una nuova palestra ben attrezzata.

Carrobbio senza rist 30,
via Medici 3 ✉ *20123* Ⓜ *Duomo* – ✆ 02 89 01 07 40 – info@hotelcarrobbiomilano.com – Fax 028 05 33 34 – *Chiuso dal 22 dicembre al 6 gennaio ed agosto* JX **d**
56 cam – 🛉185 € 🛉🛉436 €
◆ In una zona tranquilla nelle vicinanze del centro storico, si tratta di un hotel recentemente rinnovato nelle camere e dispone di un piccolo e rilassante giardino d'inverno.

Regina 30,
via Cesare Correnti 13 ✉ *20123* Ⓜ *Sant' Ambrogio* – ✆ 02 58 10 69 13 – info@hotelregina.it – Fax 02 58 10 70 33 – *Chiuso dal 23 dicembre al 7 gennaio ed agosto* JY **a**
43 cam – 🛉147/226 € 🛉🛉186/288 € – **Rist** – (solo per alloggiati)
◆ A pochi passi dal Duomo, dallo shopping, da cinema e teatri, la risorsa è caratterizzata da una cupola che domina la hall e dispone di camere graziose, semplici negli arredi.

King senza rist
corso Magenta 19 ✉ 20123 Ⓜ Cadorna – ✆ 02 87 44 32 – info@hotelkingmilano.com – Fax 02 89 01 07 98 JX **e**
48 cam – †100/220 € ††140/300 €
◆ Una struttura di sei piani poco distante dal Duomo, recentemente rinnovata negli arredi con un tocco di sfarzo nelgli spazi comuni e nelle camere non grandi, ma confortevoli.

Gran Duca di York senza rist
via Moneta 1/a ✉ 20123 Ⓜ Duomo – ✆ 02 87 48 63 – Fax 028 69 03 44 – *Chiuso Natale e ferragosto* M **x**
33 cam – †118 € ††188/248 €
◆ Un palazzo settecentesco nel cuore di Milano, da poco rinnovato, ospita un piccolo e moderno hotel con camere semplici e spaziose per un soggiorno confortevole.

Lloyd senza rist 100,
corso di Porta Romana 48 ✉ 20122 Ⓜ Missori – ✆ 02 58 30 33 32 – info@lloydhotelmilano.it – Fax 02 58 30 33 65 – *Chiuso dal 22 dicembre al 7 gennaio* KY **c**
56 cam – †80/250 € ††100/450 €
◆ Classico nello stile ed elegante negli arredi, l'hotel si trova in posizione centrale e mette a disposizione di una clientela d'affari sale riunioni con moderne attrezzature.

Antica Locanda dei Mercanti senza rist
via San Tomaso 6 ✉ 20121 Ⓜ Cordusio – ✆ 028 05 40 80 – locanda@locanda.it – Fax 028 05 40 90 JX **a**
14 cam – †142 € ††162 €, 10 €
◆ Un albergo piccolo ma accogliente, arredato con sobria eleganza e mobili antichi, dispone di camere spaziose e luminose, mollte delle quali sono provviste di un terrazzo.

Zurigo senza rist
corso Italia 11/a ✉ 20122 Ⓜ Missori – ✆ 02 72 02 22 60 – zurigo@brerahotels.it – Fax 02 72 00 00 13 KY **j**
39 cam – †120/170 € ††190/240 €
◆ Un hotel moderno ricavato da un edificio d'epoca dove l'arredamento gioca con le luci ed alterna colori caldi e freddi negli ambienti. Biciclette disponibili gratuitamente.

Rovello senza rist
via Rovello 18 ✉ 20121 Ⓜ Cairoli – ✆ 02 86 46 46 54 – info@hotel-rovello.it – Fax 02 72 02 36 56 – *Chiuso dal 23 al 29 dicembre* JV **c**
10 cam – †100/180 € ††120/190 €
◆ Nei pressi della chiesa di Santa Maria delle Grazie, è un piccolo hotel a conduzione familiare, arredato in modo semplice ma confortevole negli spazi comuni e nelle camere.

Star senza rist
via dei Bossi 5 ✉ 20121 Ⓜ Cordusio – ✆ 02 80 15 01 – info@hotelstar.it – Fax 02 86 17 87 – *Chiuso dal 24 dicembre al 2 gennaio ed agosto* MZ **b**
30 cam – †80/135 € ††125/180 €
◆ Un hotel a direzione familiare e dall'accoglienza cordiale, dispone di camere luminose arredate con calde tonalità in un sobrio stile moderno, alcune con vasca idromassaggio.

Alle Meraviglie senza rist
via San Tomaso 8 ✉ 20121 Ⓜ Cordusio – ✆ 028 05 10 23 – info@allemeraviglie.it – Fax 17 82 75 32 60 JX **a**
6 cam – ††155 €, 10 €
◆ Nuovissimo bed and breakfast nel cuore della città a poche centinaia di metri da piazza del Duomo. Poche camere, tutte personalizzate e rifinite con cura.

Cracco-Peck
via Victor Hugo 4 ✉ 20123 Ⓜ Duomo – ✆ 02 87 67 74 – cracco-peck@peck.it – Fax 02 86 10 40 – *Chiuso dal 22 dicembre al 10 gennaio, tre settimane in agosto, domenica e sabato a mezzogiorno (tutto il giorno da giugno ad agosto)* MZ **e**
Rist – Carta 77/110 €
Spec. Tuorlo d'uovo marinato con spinaci, pinoli ed uvetta. Ravioli di maionese con grancevola. Rognone di vitello con ricci di mare e spugnole bianche.
◆ Tanto moderna e sobria la sala nel seminterrato quanto elaborata e tecnica la cucina. Ricette sperimentali e innovative, audaci accostamenti per piatti firmati.

XXXX **Il Teatro** – Hotel Four Seasons

via Gesù 6/8 ✉ *20121* – Ⓜ *Montenapoleone* ✆ *02 77 08 14 35 – milano@fourseasons.com – Fax 02 77 08 50 00 – Chiuso agosto, domenica e a mezzogiorno* KV **a**

Rist – Carta 64/112 €

◆ Ambiente esclusivo ed estremamente elegante nel ristorante accolto nei meravigliosi ambienti dell'hotel Four Seasons. La cucina si afferma attraverso interpretazioni creative.

XXXX **Savini**

galleria Vittorio Emanuele II ✉ *20121* Ⓜ *Duomo* – ✆ 02 72 00 34 33 – savini@thi.it – Fax 02 72 02 28 88 – *Chiuso dal 1° al 6 gennaio, dal 6 al 27 agosto e domenica* MZ **s**

Rist – Carta 60/84 € (+12 %)

◆ Un locale storico, nel tempo punto di incontro di intellettuali e della mondanità milanese, un elegante ambiente d'altri tempi dove incontrare i sapori della cucina lombarda.

XXX **Don Carlos** – Grand Hotel et de Milan

via Manzoni 29 ✉ *20121* Ⓜ *Montenapoleone* – ✆ 02 72 31 46 40 – info@ristorantedoncarlos.it – Fax 02 86 46 08 61 – *Chiuso agosto e domenica* KV **g**

Rist – Carta 65/105 €

◆ Atmosfera raccolta e di lusso raffinato, con boiserie, applique rosse e tanti quadri e foto dell'epoca di Verdi; curati piatti stagionali, piemontesi e d'impronta creativa.

XXX **Conte Camillo** – Hotel Cavour

via Fatebenefratelli 21, galleria di Piazza Cavour ✉ *20121* Ⓜ *Turati* – ✆ 026 57 05 16 – booking@hotelcavour.it – Fax 026 59 22 63 – *Chiuso agosto e i mezzogiorno di sabato e domenica* KV **x**

Rist – Carta 26/47 €

◆ Un locale discretamente elegante nel cuore della Milano del commercio, propone una cucina di tradizione elaborata in chiave moderna.

XXX **Trussardi alla Scala**

piazza della Scala 5, palazzo Trussardi ✉ *20121* Ⓜ *Duomo* – ✆ 02 80 68 82 01 – ristorante@trussardiallascala.com – Fax 02 80 68 82 87 – *Chiuso dal 24 dicembre al 6 gennaio, dal 7 al 31 agosto, sabato a mezzogiorno e domenica* MZ **c**

Rist – Carta 60/80 €

◆ Tradizione e innovazione si amalgamano nel curato ambiente di design e nelle proposte culinarie di un raffinato ristorante nel palazzo accanto al teatro simbolo di Milano.

XX **Il Rosa al Caminetto** – Starhotels Rosa

via Beccaria 4 ✉ *20122* Ⓜ *Duomo* – ✆ 02 89 09 52 35 – info@ilrosa.it – Fax 02 89 01 68 93 N **v**

Rist – Carta 40/56 €

◆ Un locale di nuova gestione, caratterizzato da un servizio rapido ed attento, propone una carta regionale e nazionale, ma a pranzo ci si può anche servire da un ricco buffet.

XX **Armani/Nobu**

via Pisoni 1 ✉ *20121* Ⓜ *Montenapoleone* – ✆ 02 62 31 26 45 – Fax 02 62 31 26 74 – *Chiuso dal 25 dicembre al 7 gennaio, agosto, domenica a mezzogiorno* KV **e**

Rist – Carta 48/76 € (+10 %)

◆ Un esotico connubio tra moda e gastronomia: cucina giapponese "fusion", con influssi sudamericani, in un raffinato ambiente essenziale, ispirato al design nipponico.

XX **Nabucco**

via Fiori Chiari 10 ✉ *20121* Ⓜ *Cairoli* – ✆ 02 86 06 63 – info@nabucco.it – Fax 028 36 10 14 KV **v**

Rist – Carta 49/67 € (+10 %)

◆ In una caratteristica viuzza del quartiere Brera, interessanti proposte gastronomiche, sia di carne che di pesce, in un locale dove la sera si cena a lume di candela.

XX **L'Assassino**

via Amedei 8, angolo via Cornaggia ✉ *20123* Ⓜ *Missori* – ✆ 028 05 61 44 – lambgori@tin.it – Fax 02 86 46 73 74 – *Chiuso dal 23 dicembre al 2 gennaio, dal 2 al 17 agosto e lunedì* KY **b**

Rist – Carta 32/56 €

◆ Sempre frequentato, particolarmente da una clientela d'affari, è un ristorante classico nel cuore della città con una carta nazionale e di mare e paste fresche fatte in casa.

XX **Emilia e Carlo** 20, VISA

via Sacchi 8 ✉ 20121 Ⓜ Lanza – ✆ 02 87 59 48 – emiliaecarlosas@virgilio.it – Fax 02 86 21 00 – *Chiuso a Natale, agosto, Pasqua, sabato a mezzogiorno e domenica* JV **d**

Rist – Carta 48/58 €

♦ In un palazzo del primo Ottocento, un locale classico che propone, tuttavia, una cucina giovane e creativa, e vanta un'ottima scelta di vini.

XX **Papà Francesco** 15, VISA

via Marino 7 angolo piazza della Scala ✉ 20121 Ⓜ Duomo – ✆ 02 86 21 77 – info@papafrancesco.com – Fax 02 45 40 91 12 – *Chiuso dal 1° al 20 gennaio, dal 14 al 20 agosto, lunedì e martedì a mezzogiorno* MZ **x**

Rist – Carta 44/72 €

♦ Ideale per un dopo-teatro, il locale propone una cucina nazionale nelle due sale e con la primavera è possibile cenare all'aperto all'ombra della Scala e di Palazzo Marino.

X **Tandur** 16, VISA

via Maddalena 3/5 ✉ 20122 Ⓜ Missori – ✆ 028 05 61 92 – ristorante-tandur@tiscali.it – Fax 02 89 01 07 37 – *Chiuso domenica a mezzogiorno e lunedì* KY **g**

Rist – Menu 23/25 € – Carta 30/35 €

♦ Un locale semplice ma accogliente dove provare gli autentici sapori tipici dell'India, proposti con simpatia da due signore indiane.

X **La Felicità** VISA

via Rovello 3 ✉ 20121 Ⓜ Cordusio – ✆ 02 86 52 35 – fangleivalerio@hotmail.com – Fax 02 86 52 35 JX **a**

Rist – Carta 21/28 €

♦ Sapori della tradizione vietnamita, tailandese e coreana nelle sale di questo ristorante cinese semplice ma curato arredato con raffinati riferimenti alla cultura orientale.

X **Artidoro** 10/30, VISA

via Camperio 15 Ⓜ Cairoli – ✆ 028 05 73 86 – info@artidoro.it – Fax 02 85 91 04 10 – *Chiuso dal 6 al 19 agosto e Natale* JX **b**

Rist – Carta 39/50 €

♦ Un'osteria di moderna concezione, gestita da personale giovane con esperienze internazionali, propone una cucina emiliana nel cuore di Milano ed organizza serate musicali.

X **La Tavernetta-da Elio** 12, VISA

via Fatebenefratelli 30 ✉ 20121 Ⓜ Montenapoleone – ✆ 02 65 34 41 – ristorante@tavernetta.it – Fax 026 59 76 10 – *Chiuso dal 24 dicembre al 2 gennaio, agosto, sabato a mezzogiorno, domenica e i giorni festivi* KV **c**

Rist – Carta 33/45 €

♦ Gestione consolidata, da oltre 40 anni, per un semplice ristorante, vivace e accogliente, frequentato da habitué; piatti classici e specialità toscane.

X **Hostaria Borromei** 20, VISA

via Borromei 4 ✉ 20123 Ⓜ Cordusio – ✆ 02 86 45 37 60 – Fax 02 86 45 21 78 – *Chiuso dal 24 dicembre al 7 gennaio, dall'8 al 31 agosto, sabato a mezzogiorno e domenica* JX **c**

Rist – Carta 40/52 €

♦ Un piccolo locale in pieno centro storico con servizio estivo nella corte del palazzo settecentesco che lo ospita, propone una cucina regionale, particolarmente mantovana.

X **Trattoria Torre di Pisa** 12/28, VISA

via Fiori Chiari 21/5 ✉ 20121 Ⓜ Lanza – ✆ 02 87 48 77 – Fax 02 80 44 83 – *Chiuso tre settimane in agosto e sabato a mezzogiorno* JV **b**

Rist – Carta 40/49 €

♦ Una familiare trattoria toscana, nel cuore del caratteristico quartiere di Brera. A prezzi concorrenziali la possibilità di assaporare la cucina della terra di Dante.

Centro Direzionale

Grand Hotel Verdi rist, 25,
via Melchiorre Gioia 6 ✉ 20124 Ⓜ Gioia – ✆ 026 23 71 – reservation.ver@framon-hotels.it – Fax 026 23 70 50 – *Chiuso dal 3 al 19 agosto* KU **n**
100 cam – 205/428 € 246/476 € – 3 suites
Rist ***L'Opera*** – *(chiuso i mezzogiorni di sabato e domenica)* Carta 43/60 €
◆ Rosso antico è il colore dominante negli ambienti interni, ma con richiami d'arredamento al Teatro alla Scala. Camere molto spaziose, dotate di ogni confort. Cucina di buon livello nell'elegante ristorante con ampie, luminose vetrate.

Atahotel Executive senza rist 800,
viale Luigi Sturzo 45 ✉ 20154 Ⓜ Garibaldi –
✆ 026 29 41 – prenotazioni@hotel-executive.com – Fax 02 29 01 02 38 KU **e**
414 cam – 180/287 € 220/357 € – 6 suites
◆ Di fronte alla stazione ferroviaria Garibaldi, un grande albergo ideale per clienti business e meeting, con attrezzata zona congressuale; piacevoli e accoglienti le camere.

Four Points Sheraton Milan Center cam, rist,
via Cardano 1 ✉ 20124 Ⓜ Gioia – 180,
✆ 02 66 74 61 – front.office@fourpointsmilano.it – Fax 02 66 10 43 35
254 cam – 295 € 335 €, 20 € – 10 suites – **Rist** – Carta 30/63 € KT **b**
◆ All'interno di una struttura architettonica recente troverete arredi di sobria eleganza nei riposanti spazi comuni; belle camere confortevoli. Recente e luminosa sala ristorante arredata con gusto.

UNA Hotel Tocq cam, 110,
via A. de Tocqueville 7/D ✉ 20154 Ⓜ Garibaldi – ✆ 026 20 71 – una.tocq@unahotels.it – Fax 026 57 07 80 KU **k**
122 cam – 134/531 € – 13 suites – **Rist** – Carta 38/50 €
◆ Il design moderno è il perno di una struttura dagli arredi volutamente minimalisti, non "invadenti", che rispondono pienamente alle esigenze della clientela d'oggi. Sala principale del ristorante dai colori solari e parquet di quercia danese naturale.

Holiday Inn Milan Garibaldi Station cam, cam,
via Farini angolo via Ugo Bassi rist, 50,
✉ *20154 Ⓜ Porta Garibaldi* – ✆ 026 07 68 01 – reservations@himilangaribaldi.com – Fax 026 88 07 64 JT **a**
129 cam – 99/349 € 129/399 €, 18 € – ½ P 112/245 € – **Rist** – Carta 39/58 €
◆ Questo hotel è il risultato di una ristrutturazione totale. Luminoso ed accogliente con soluzioni di design di gusto minimalista. Bella sala colazioni con cupola in vetro. Ristorante di taglio moderno anche nelle proposte culinarie.

Sunflower senza rist 100,
piazzale Lugano 10 ✉ 20158 – ✆ *02 39 31 40 71 – sunflower.hotel@tiscali.it – Fax 02 39 32 03 77 – Chiuso dal 24 dicembre al 6 gennaio e dal 5 al 27 agosto* EQ **c**
75 cam – 95/130 € 130/185 €
◆ Recentemente ampliata e potenziata, sobria struttura di pratica funzionalità e buon confort; camere con arredi di legno e pavimenti di ceramica, marmi nelle più nuove.

Antica Locanda Solferino senza rist
via Castelfidardo 2 ✉ 20121 Ⓜ Moscova – ✆ 026 57 01 29 – info@anticalocandasolferino.it – Fax 026 57 13 61 – *Chiuso dal 7 al 21 agosto* KU **c**
11 cam – 160/230 € 180/250 €
◆ In una delle vie più "in", vicino a Brera, calda atmosfera e arredi inizio '900 nelle camere di una dimora signorile: interessante alternativa al classico hotel.

Rigolo 23,
largo Treves ang. via Solferino 11 ✉ 20121 Ⓜ Moscova – ✆ 02 80 45 89 – ristorante.rigolo@tiscalinet.it – Fax 02 86 46 32 20 – *Chiuso agosto e lunedì* KU **b**
Rist – Carta 32/44 €
◆ Gestito dalla stessa famiglia da oltre 40 anni, ristorante d'habitué di stampo classico con sale curate. In una zona molto "in" del centro, con piatti di terra e di mare.

XX **Alla Cucina delle Langhe**

corso Como 6 ✉ 20154 Ⓜ Garibaldi – ☎ 026 55 42 79 – Fax 02 29 00 68 59 – *Chiuso agosto, domenica e in luglio anche sabato* KU d

Rist – Carta 38/58 €

◆ Bella trattoria di taglio caratteristico, la cui atmosfera tipica è consona alle specialità tradizionali lombarde e piemontesi. Ampia proposta di insalate in sala dedicata.

XX **Casa Fontana-23 Risotti**

piazza Carbonari 5 ✉ 20125 Ⓜ Sondrio – ☎ 026 70 47 10 – trattoria@23risotti.it – Fax 02 66 80 04 65 – *Chiuso dal 1° al 6 gennaio, dal 9 al 12 aprile, dal 23 giugno al 7 luglio, lunedì, sabato a mezzogiorno, anche sabato sera e domenica in luglio* FQ d

Rist – Carta 31/46 €

◆ Val la pena spingersi fino a questo accogliente locale periferico e aspettare i canonici 25 minuti per assaggiare uno dei risotti che costituiscono la specialità.

XX **UTZ**

via Solferino 48 Ⓜ Moscova – ☎ 026 55 11 80 – parla@utz-foodemotion.net – Fax 02 31 52 22 – *Chiuso dieci giorni a Natale, dieci giorni in agosto, sabato a mezzogiorno e lunedì* KU m

Rist – Carta 32/45 €

◆ Un locale giovane e dinamico, ricco di colori che rimandano al folclore iberico, propone una cucina eclettica. Anche pizzeria e brunch domenicale.

XX **Antica Trattoria della Pesa**

viale Pasubio 10 ✉ 20154 Ⓜ Garibaldi – ☎ 026 55 57 41 – Fax 02 29 01 51 57 – *Chiuso agosto e domenica* JU s

Rist – Carta 50/60 €

◆ Piacevole atmosfera démodé in una trattoria vecchia Milano, locale storico d'Italia, con una cucina da sempre fedele alla tradizione lombarda. Una sala dedicata a Ho Chi Min.

XX **Serendib**

via Pontida 2 ✉ 20121 Ⓜ Moscova – ☎ 026 59 21 39 – surange@email.it – Fax 026 59 21 39 – *Chiuso dal 10 al 20 agosto e a mezzogiorno* JU b

Rist – Menu 14/18 € – Carta 22/26 €

◆ Fedeltà alle origini sia nelle decorazioni che nella cucina, indiana e cingalese, di un piacevole locale che porta l'antico nome dello Sri Lanka ("rendere felici").

X **Timé**

via San Marco 5 ✉ 20121 Ⓜ Garibaldi – ☎ 02 29 06 10 51 – Fax 02 29 06 10 51 – *Chiuso dal 25 dicembre al 6 gennaio, agosto, sabato a mezzogiorno e domenica* KU x

Rist – Carta 49/61 €

◆ La sala è ariosa e di taglio moderno con tavoli ravvicinati in un ambiente vivace. Il servizio attento e pronto a raccontare l'affidabile cucina. Menu più economico a pranzo.

X **Osteria Borsieri**

via Borsieri 39 ✉ 20159 Ⓜ Zara – ☎ 026 07 08 00 – osteriaborsieri@tiscali.it – *Chiuso dal 1° al 7 gennaio, dal 10 al 20 agosto e domenica* KT a

Rist – Carta 25/43 €

◆ Piccolo e simpatico ristorante del quartiere Isola a pochi metri dal Blue Note, tempio del jazz milanese. Menù ricco di specialità emiliane, clima informale.

X **Fuji**

viale Montello 9 ✉ 20154 Ⓜ Moscova – ☎ 02 29 00 83 49 – Fax 02 29 00 35 92 – *Chiuso dal 24 dicembre al 2 gennaio, Pasqua, dal 1° al 23 agosto, domenica e a mezzogiorno* JU a

Rist – Carta 47/64 €

◆ Azzeccata "joint venture" tra un italiano e un nipponico per condurre con continuità da quasi 10 anni un sobrio ristorante giapponese; annesso anche un sushi bar.

X **Stendhal Antica Osteria**

via Ancona, 1 angolo via San Marco ✉ 20121 Ⓜ Lanza – ☎ 026 57 20 59 – info@osteriastendhal.it – Fax 026 57 20 59 KV m

Rist – Carta 43/62 €

◆ Una semplice signorilità contraddistingue l'ambiente di questa tipica trattoria milanese costituita da una sala raccolta, con un caratteristico bancone bar in legno.

Stazione Centrale

Principe di Savoia 1000,
piazza della Repubblica 17 ✉ 20124 Ⓜ Repubblica
– ✆ 026 23 01 – principe@hotelprincipedisavoia.com – Fax 026 59 58 38 KU **a**
337 cam – †590/860 € ††660/930 €, ☕ 45 € – 64 suites
Rist Acanto – vedere selezione ristoranti
◆ Una costruzione ottocentesca dal respiro internazionale, dove regnano arredi d'epoca, lusso e raffinatezza. Attrezzature sportive e spazi benessere per un soggiorno di relax.

The Westin Palace cam, 250,
piazza della Repubblica 20 ✉ 20124 Ⓜ Repubblica
– ✆ 026 33 61 – palacemilan@westin.com – Fax 02 65 44 85 LU **b**
228 cam – †270/730 € ††270/850 €, ☕ 31 €
Rist *Casanova Grill* – Carta 67/84 €
◆ Albergo di lusso ottenuto all'interno di una moderna torre, dispone di camere dall'arredo ricercato arricchito con preziosi dettagli e di ampi spazi comuni. Ristrutturato e sempre molto elegante, il ristorante annovera una zona privée e propone una cucina dai sapori internazionali.

Le Meridien Gallia cam, rist, 500,
piazza Duca d'Aosta 9 ✉ 20124 Ⓜ centrale f.s. –
✆ 026 78 51 – reservations.gallia@lemeridien.com – Fax 026 69 89 42 LT **a**
237 cam – †486/506 € ††580/590 €, ☕ 23 € – 13 suites – **Rist** – Carta 70/100 €
◆ Scelto dai grandi protagonisti della storia politica e culturale, una struttura sontuosa dai grandi spazi arredati in calde tonalità, camere curate, beauty center e palestra. Eleganza e professionalità al servizio de una cucina lombarda e mediterranea.

Michelangelo cam, rist, 550,
via Scarlatti 33 ang. piazza Luigi di Savoia ✉ 20124 Ⓜ Stazione Centrale –
✆ 026 75 51 – michelangelo@milanhotel.it – Fax 026 69 42 32 LT **s**
305 cam ☕ – †170/280 € ††200/320 € – ½ P 130/175 € – **Rist** – Carta 42/54 €
◆ Un grande complesso adiacente la stazione e poco distante dal centro storico, dotato di camere spaziose ed accoglienti e di un centro congressi con tecnologie di avanguardia. Ambiente raffinato al ristorante dove è anche possibile allestire banchetti.

Jolly Hotel Touring cam, 120,
via Tarchetti 2 ✉ 20121 Ⓜ Repubblica – ✆ 026 33 51 – milano_touring@jollyhotels.com – Fax 026 59 22 09 KU **f**
289 cam ☕ – †194/294 € ††234/334 € – **Rist** – Carta 38/50 €
◆ Ristrutturato nelle zone comuni e particolarmente votato ad una clientela d'affari, l'hotel garantisce la sua tradizionale ospitalità ed efficienza. A pochi passi dal centro. Piatti tipici regionali in un ambiente raeolto e raffinato.

Starhotels Ritz cam, 180,
via Spallanzani 40 ✉ 20129 Ⓜ Lima – ✆ 02 20 55 – ritz.mi@starhotels.it
– Fax 02 29 51 86 79 GR **a**
187 cam ☕ – ††130/650 € – 6 suites – **Rist** – Carta 51/87 €
◆ Centrale, in una zona tranquilla, un edificio sobrio ed elegante all'interno del quale è stata realizzata recentemente un'area fitness con palestra e sauna. Dipinti alle pareti del ristorante ed una vasta zona dedicata ai banchetti.

Starhotels Anderson cam, cam, 50,
piazza Luigi di Savoia 20 ✉ 20124 Ⓜ Centrale f.s. –
✆ 026 69 01 41 – anderson.mi@starhotels.it – Fax 026 69 03 31 LT **b**
106 cam ☕ – ††100/600 € – **Rist** – Carta 33/43 €
◆ Un albergo in cui si respira una signorile aria di casa, arredato con eleganti tessuti e caratteristici accessori di provenienza etnica. Camere moderne, spaziose e luminose. Un piccolo ristorante serale allestito nella raffinata lounge.

Jolly Hotel Machiavelli cam, rist, 90,
via Lazzaretto 5 ✉ 20124 Ⓜ Repubblica –
✆ 02 63 11 41 – machiavelli@jollyhotels.com – Fax 026 59 98 00 LU **a**
103 cam ☕ – †324 € ††374 € – **Rist *Caffè Niccolò*** – Carta 29/38 €
◆ Una struttura moderna con camere sobrie e luminose ed un ambiente open space che può inglobare più spazi comuni in uno solo. Piccola risorsa che offre la possibilità di pranzare sia alla carta che a buffet.

Doria Grand Hotel cam, rist, 120,
viale Andrea Doria 22 ✉ *20124* Ⓜ *Caiazzo* –
✆ 02 67 41 14 11 – infodoriagrandhotel@adihotels.com
– Fax 026 69 66 69 GQ x
124 cam ☕ – †110/265 € ††140/360 € – 2 suites – **Rist** – *(chiuso dal 24 dicembre al 6 gennaio e dal 18 luglio al 21 agosto)* Carta 34/64 €
◆ Struttura classica dotata di una elegante hall con arredi del primo novecento, ampi spazi comuni sede anche di eventi culturali e musicali, camere spaziose e confortevoli. Piccolo, luminoso ed elegante, il ristorante propone una raffinata cucina regionale.

Manin cam, rist, 80,
via Manin 7 ✉ *20121* Ⓜ *Palestro* – ✆ 026 59 65 11 – info@hotelmanin.it
– Fax 026 55 21 60 – *Chiuso dal 3 al 26 agosto* KV d
118 cam ☕ – †148/225 € ††172/310 €
Rist ***Il Bettolino*** – *(chiuso sabato)* Carta 33/44 €
◆ Sito nel cuore dell'attività socio-culturale della città, la risorsa propone camere spaziose e semplici, arredate con graziose scene decorative sopra le testiere dei letti. Ambiente raccolto dove gustare piatti della cucina tradizionale.

Bristol senza rist 60,
via Scarlatti 32 ✉ *20124* Ⓜ *Centrale* – ✆ 026 69 41 41 – hotel.bristol@hotelbristolmil.it – Fax 026 70 29 42 – *Chiuso dal 24 dicembre al 2 gennaio ed agosto* LT m
68 cam ☕ – †110/150 € ††160/200 €
◆ In posizione ideale per affrontare spostamenti di lavoro e passeggiate di shopping, propone ampi ambienti semplici ed accoglienti arredati con mobili d'epoca.

Sanpi senza rist 30,
via Lazzaro Palazzi 18 ✉ *20124* Ⓜ *Porta Venezia* – ✆ 02 29 51 33 41 – info@hotelsanpimilano.it – Fax 02 29 40 24 51 – *Chiuso dal 24 dicembre al 2 gennaio* LU e
79 cam ☕ – †175/310 € ††215/420 €
◆ Nel cuore della città, l'albergo si compone di tre edifici dall'atmosfera raccolta, spazi luminosi e tinte pastello nelle camere. Nel cortile interno un piccolo giardino.

Auriga senza rist 25,
via Giovanni Battista Pirelli 7 ✉ *20124* Ⓜ *Centrale* – ✆ 02 66 98 58 51 – auriga@auriga-milano.com – Fax 02 66 98 06 98 – *Chiuso dal 21 dicembre al 7 gennaio e dal 3 al 26 agosto* LTU k
52 cam ☕ – †105/210 € ††160/300 €
◆ La compresenza di stili diversi, una facciata particolare ed i vivaci colori creano un originale effetto scenografico. Confort ed efficienza per turisti e clientela d'affari.

Berna senza rist 80,
via Napo Torriani 18 ✉ *20124* Ⓜ *Centrale* – ✆ 02 67 73 11 – info@hotelberna.com – Fax 026 69 38 92 LU t
128 cam ☕ – †115/315 € ††155/415 €
◆ Elegante e signorile, la risorsa garantisce tante piccole attenzioni verso l'ospite; camere semplici ma confortevoli, nuove sale congresso nelle rilassanti tinte dell'azzurro.

Mercure Milano Centro Porta Venezia senza rist
piazza Oberdan 12 ✉ *20129* rist, 20,
Ⓜ *Porta Venezia* –
✆ 02 29 40 39 07 – booking@hotelmercuremilanocentro.it
– Fax 02 29 52 61 71 LUV f
30 cam ☕ – †130/209 € ††249 €
◆ A pochi passi dal cuore culturale della città, una dimora ottocentesca ristrutturata ed arredata in stile liberty, con camere eleganti e confortevoli.

Augustus senza rist
via Napo Torriani 29 ✉ *20124* Ⓜ *Centrale* – ✆ 02 66 98 82 71 – info@augustushotel.it – Fax 026 70 30 96 – *Chiuso dal 23 al 27 dicembre e dal 5 al 16 agosto* LU q
56 cam ☕ – †92/155 € ††143/205 €
◆ Un albergo classico in prossimità della stazione centrale, dispone di camere tranquille, moderne e confortevoli e di spaziosi e rilassanti aree comuni.

Sempione cam, rist, 30,

via Finocchiaro Aprile 11 ✉ 20124 Ⓜ Repubblica – ✆ 026 57 03 23 – hsempione@hotelsempione.it – Fax 026 57 53 79 – *Chiuso dall'8 al 23 agosto* LU **r**

50 cam – 80/170 € 95/260 € – ½ P 90/140 €

Rist ***Piazza Repubblica*** – ✆ 026 55 27 15 *(chiuso sabato a mezzogiorno e domenica)* Carta 31/51 €

◆ Una risorsa a gestione familiare recentemente ristrutturata, dispone di camere semplici ma confortevoli con arredi di gusto moderno, tutte con TV LCD. La semplice sala ristorante propone una cucina internazionale e locale.

Florida senza rist

via Lepetit 33 ✉ 20124 Ⓜ Centrale – ✆ 026 70 59 21 – info@hotelfloridamilan.com – Fax 026 69 28 67 LT **p**

54 cam – 135 € 210 € – 1 suite

◆ Struttura in stile moderno, offre semplici ma ampie stanze arredate con rigore geometrico. All'interno anche un piccolo ufficio utile per incontri di lavoro.

Fenice senza rist

corso Buenos Aires 2 ✉ 20124 Ⓜ Porta Venezia – ✆ 02 29 52 55 41 – fenice@hotelfenice.it – Fax 02 29 52 39 42 – *Chiuso agosto* LU **x**

42 cam – 75/160 € 115/240 €

◆ Comodo approdo sia per il turista, sia per l'uomo d'affari, è una struttura funzionale con camere sobrie in stile classico contemporaneo.

Albert senza rist 35,

via Tonale 2 ang. via Sammartini ✉ 20125 Ⓜ Centrale f.s. – ✆ 02 66 98 54 46 – info@alberthotel.it – Fax 02 66 98 56 24 – *Chiuso due settimane a Natale e due settimane in agosto* LT **t**

62 cam – 75/135 € 85/185 €

◆ Nato dalla ristrutturazione di due palazzi di fine ottocento collegati tra loro da una corte interna,la struttura dispone di spazi semplici e confortevoli.

Acanto – Hotel Principe di Savoia 12,

piazza della Repubblica 17 ✉ 20124 Ⓜ Repubblica – ✆ 02 62 30 20 26 – Fax 02 62 30 40 93 KU **a**

Rist – Carta 81/98 €

◆ Recentemente rinnovato, si presenta in una elegante veste moderna con grandi vetrate che si affacciano su un giardino. Cucina classica- contemporanea.

La Terrazza di Via Palestro

via Palestro 2 ✉ 20121 Ⓜ Turati – ✆ 02 76 00 21 86 – terrazzapalestro@esperiaristorazione.it – Fax 02 76 00 33 28 – *Chiuso dal 23 dicembre all'8 gennaio, dall'8 al 28 agosto, sabato e domenica* KV **h**

Rist – Carta 40/80 €

◆ Al quarto piano di un moderno edificio, il ristorante dispone di una terrazza coperta che si affaccia sui giardini pubblici. La cucina è creativa e prevalentemente di pesce.

Piccolo Sogno

via Stoppani 5 angolo via Zambelletti ✉ 20129 Ⓜ Porta Venezia – ✆ 02 20 24 12 10 – *Chiuso dal 1° al 10 gennaio, 20 giorni in agosto, sabato a mezzogiorno e domenica* GR **b**

Rist – Carta 42/67 €

◆ Un locale rustico e sobrio gestito da una famiglia di attenti ristoratori, dove gustare piatti di carne o di pesce, accompagnati da proposte enologiche nazionali e straniere.

Dal Bolognese 20,

piazza della Repubblica 13 ✉ 20124 Ⓜ Repubblica – ✆ 02 62 69 48 43 – dalbolognese@virgilio.it – Fax 02 62 02 71 28 – *Chiuso Natale, Capodanno, agosto, sabato a mezzogiorno e domenica* KU **g**

Rist – Carta 55/77 €

◆ Un locale dai toni classici e dall'atmosfera vivace, un bistrot di lusso dove assaporare una cucina classica. È possibile un servizio estivo all'aperto.

XX **Mediterranea**

piazza Cincinnato 4 ✉ 20124 Ⓜ Porta Venezia – ✆ 02 29 52 20 76 – ristmediterranea@fastwebnet.it – Fax 02 20 11 56 – *Chiuso dal 30 dicembre al 10 gennaio, dal 5 al 25 agosto, domenica e lunedì a mezzogiorno* LU z

Rist – Carta 40/63 €

◆ Un ambiente accogliente dalle pareti rivestite da pittoreschi scorci del Bel Paese, dove gustare una cucina a base di pesce; la cantina offre un'ampia proposta di vini.

XX **Joia** (Leemann) 16/20,

via Panfilo Castaldi 18 ✉ 20124 Ⓜ Repubblica – ✆ 02 29 52 21 24 – joia@joia.it – Fax 022 04 92 44 – *Chiuso dal 4 al 25 agosto, sabato a mezzogiorno e domenica* LU c

Rist – Carta 58/90 €

Spec. Appunti di viaggio (spuma di parmigiano con degustazione di aceti). Prosperità (raviolo di melanzane e parmigiano). Conserva musicale (frutti di bosco).

◆ Il ristorante propone una cucina per palati raffinati, "concettuale" vegetariana, altamente creativa e sensibile all'alternarsi delle stagioni e dei sapori del territorio.

XX **Torriani 25** 18,

via Napo Torriani 25 ✉ 20124 Ⓜ Centrale f.s. – ✆ 02 67 07 81 83 – acena@torriani25.it – Fax 02 67 47 95 48 – *Chiuso dal 9 al 26 agosto, sabato a mezzogiorno e domenica* LU t

Rist – Carta 41/62 €

◆ Un locale di taglio moderno, caratterizzato da tinte calde e da una diffusa illuminazione; un buffet a vista espone varietà di pesce, specialità cui è votata la carta.

XX **I Malavoglia**

via Lecco 4 ✉ 20124 Ⓜ Porta Venezia – ✆ 02 29 53 13 87 – *Chiuso dal 24 dicembre al 4 gennaio, Pasqua, 1° maggio, agosto, domenica e a mezzogiorno* LU g

Rist – Carta 42/56 €

◆ Nel capoluogo lombardo, un locale classico condotto da una trentennale esperienza, dove assaporare i piatti tipici della gastronomia siciliana.

XX **13 Giugno** 20,

via Goldoni 44 ang. via Uberti ✉ 20129 – ✆ 02 71 96 54 – sdolcim@tin.it – *Fax 02 70 10 03 11* GR w

Rist – Carta 56/86 €

◆ Una sala di discreta eleganza, arricchitasi di una veranda-giardino d'inverno, con proposte di mare, specializzata particolarmente nei sapori siciliani.

XX **Cavallini** 20,

via Mauro Macchi 2 ✉ 20124 Ⓜ Centrale – ✆ 026 69 31 74 – info@ristorantecavallini.it – Fax 026 69 30 77 – *Chiuso dal 22 al 26 dicembre, dal 3 al 23 agosto, sabato a mezzogiorno e domenica* LU y

Rist – Carta 37/41 €

◆ Uno dei locali storici della città, gestito da una famiglia con grande esperienza nel settore della ristorazione, propone una cucina classica dai sapori nazionali e regionali.

X **La Cantina di Manuela**

via Poerio 3 ✉ 20129 Ⓜ Porta Venezia – ✆ 02 76 31 88 92 – info@lacantinadimanuela.it – Fax 02 76 31 29 71 – *Chiuso domenica* GR x

Rist – Carta 35/43 €

◆ Risorsa caratterizzata da un particolare interesse verso il mondo del vino, cui accosta un'ottima cucina. In estate, piccolo dehors sul marciapiede.

X **Da Bimbi**

viale Abruzzi 33 ✉ 20131 Ⓜ Lima – ✆ 02 29 52 61 03 – Fax 02 29 52 20 51 – *Chiuso dal 25 dicembre al 1° gennaio, dal 1° al 21 agosto, domenica e lunedì a mezzogiorno* GR k

Rist – Carta 39/55 €

◆ Foto di una Milano d'epoca alle pareti e menù di carne e di pesce in questa piccola trattoria fedele ai sapori di una gastronomia classica.

X **Da Giannino-L'Angolo d'Abruzzo**
via Pilo 20 ✉ 20129 Ⓜ Porta Venezia – ✆ 02 29 40 65 26 – Fax 02 29 40 65 26
– Chiuso agosto e lunedì GR **t**
Rist – Carta 23/34 €
♦ Una calorosa accoglienza in questo ambiente semplice ma luminoso, vivace e molto frequentato dove gustare i piatti tipici della cucina abruzzese.

Romana-Vittoria

Grand Visconti Palace cam, cam, 250, VISA AE
viale Isonzo 14 ✉ 20135 Ⓜ Lodi –
✆ 02 54 03 41 – info@grandviscontipalace.com
– Fax 02 54 06 95 23 FS **a**
166 cam – †330/460 € ††400/530 € – 6 suites
Rist *Al Quinto Piano – (chiuso dal 4 al 28 agosto)* Carta 57/86 €
♦ Nei grandi spazi di un ex mulino industriale è stato ricavato questo elegante albergo di tono elegante. Accogliente centro benessere, sale congressi, grazioso giardino. Il ristorante, al quinto piano ovviamente, propone piatti fantasiosi.

UNA Hotel Mediterraneo cam, 75, VISA AE
via Muratori 14 ✉ 20135 Ⓜ Porta Romana – ✆ 02 55 00 71
– una.mediterraneo@unahotel.it – Fax 025 50 07 22 17 LY **c**
93 cam – ††105/404 € – **Rist** – (solo per alloggiati) Carta 29/38 €
♦ Nella zona di Porta Romana, vicino al metrò, un hotel business, moderno nello stile delle installazioni delle sale; camere insonorizzate, rilassanti e funzionali.

XX **Da Giacomo** VISA AE
via B. Cellini ang. via Sottocorno 6 ✉ 20129 Ⓜ San Babila – ✆ 02 76 02 33 13
– Fax 02 76 02 43 05 – *Chiuso dal 24 dicembre al 2 gennaio, agosto, lunedì e martedì a mezzogiorno* FGR **g**
Rist – Carta 47/67 €
♦ Curato locale in stile bistrot, con tavoli ravvicinati, a conduzione familiare; nell'ampia carta predominano le specialità di mare, ma è presente anche la carne.

XX **Isola dei Sapori** 16, VISA AE
via Anfossi 10 ✉ 20135 Ⓜ Porta Romana – ✆ 02 54 10 07 08
– Fax 02 54 10 07 08 – *Chiuso dal 23 dicembre al 3 gennaio, agosto, domenica e lunedì a mezzogiorno* GS **c**
Rist – Carta 31/44 €
♦ Tre giovani sardi hanno impostato una linea marinara di buon livello in ambienti di tono moderno: cucina di mare, porzioni generose, attenzione alla qualità.

XX **Palato** cam, VISA AE
via Friuli 77 Ⓜ Lodi – ✆ 02 55 18 01 08 – Fax 02 54 11 55 52 – *Chiuso domenica e due settimane in agosto* GS **d**
Rist – Carta 32/52 €
♦ Locale moderno, ma con sobrietà: nessun eccesso di design e qualche classico tocco d'eleganza. Le proposte culinarie prediligono il mare, con le ostriche a primeggiare.

X **Masuelli San Marco** 14/16, VISA AE
viale Umbria 80 ✉ 20135 Ⓜ Lodi – ✆ 02 55 18 41 38 – masuelli.trattoria@tin.it
– Fax 02 54 12 45 12 – *Chiuso dal 25 dicembre al 6 gennaio, tre settimane in agosto, domenica e lunedì a mezzogiorno* GS **h**
Rist – Carta 31/42 €
♦ Ambiente rustico di tono signorile in una trattoria tipica, con la stessa gestione dal 1921; linea di cucina saldamente legata alle tradizioni lombardo-piemontesi.

X **Giulio Pane e Ojo** 30, VISA AE
via Muratori 10 ✉ 20135 Ⓜ Porta Romana – ✆ 025 45 61 89 – info@giuliopaneojo.com – Fax 02 36 50 46 03 – *Chiuso dal 24 dicembre al 1º gennaio e domenica* LY **a**
Rist – Carta 27/35 €
♦ Osteria rustica ed informale, gestita da giovani, con una cucina tipicamente romana, più semplice ed economica a pranzo. Per cena prenotare con anticipo.

Dongiò

via Corio 3 ✉ 20135 Ⓜ Porta Romana – ✆ 025 51 13 72 – Fax 025 51 03 71 – Chiuso agosto, sabato a mezzogiorno e domenica LY

Rist – Carta 21/35 €

◆ Una vera e propria trattoria come ormai se ne trovano poche, semplice, di ambiente e gestione familiari; le specialità sono paste fresche, carni e prodotti calabresi.

Trattoria la Piola

via Perugino 18 ✉ 20135 – ✆ 02 55 19 59 45 – info@lapiola.it – Fax 02 55 19 59 45 – Chiuso dal 24 dicembre al 2 gennaio, Pasqua, agosto, sabato a mezzogiorno e domenica GS e

Rist – Carta 35/57 €

◆ La giovane e volenterosa gestione di questa curata trattoria continua con successo una formula basata sull'offerta di un menù di pesce equilibrato e sfizioso.

Al Merluzzo Felice

via Lazzaro Papi 6 ✉ 20135 Ⓜ Porta Romana – ✆ 025 45 47 11 – Chiuso dal 7 al 31 agosto, domenica e lunedì a mezzogiorno LY b

Rist – Carta 29/51 €

◆ Piccolo e conosciuto ristorantino che da sempre propone le celebrità della cucina siciliana. Da gustare in un ambiente familiare ed informale, prenotazione consigliata.

Navigli

D'Este senza rist

80, VISA AE

viale Bligny 23 ✉ 20136 Ⓜ Porta Romana – ✆ 02 58 32 10 01 – reception@hoteldestemilano.it – Fax 02 58 32 11 36 KY d

79 cam – 150/180 € 250/300 €

◆ Luminosa hall in stile anni '80 e ampi spazi comuni in una struttura che ha camere di stili diversi, ma equivalenti nel confort; ben insonorizzate quelle su strada.

Liberty senza rist

viale Bligny 56 ✉ 20136 – ✆ 02 58 31 85 62 – reserve@hotelliberty-milano.com – Fax 02 58 31 90 61 – Chiuso a Natale e dal 24 luglio al 20 agosto KY a

58 cam – 200/250 € 250/360 €

◆ Vicino all'Università Bocconi, albergo elegante, con spazi comuni ispirati allo stile da cui prende il nome e qualche mobile antico; molte camere con vasca idromassaggio.

Crivi's senza rist

120, VISA AE

corso Porta Vigentina 46 ✉ 20122 Ⓜ Crocetta – ✆ 02 58 28 91 – crivis@tin.it – Fax 02 58 31 81 82 – Chiuso Natale ed agosto KY e

86 cam – 121/180 € 166/260 €

◆ In comoda posizione vicino al metrò, una confortevole risorsa dalle gradevoli zone comuni e camere con arredi classici, adeguate nei confort e negli spazi.

Des Etrangers senza rist

80, VISA AE

via Sirte 9 ✉ 20146 – ✆ 02 48 95 53 25 – info@hde.it – Fax 02 48 95 53 59

94 cam – 90/120 € 140/180 € DS y

◆ Una risorsa ben tenuta ed ubicata in una via tranquilla; buon confort e funzionalità nelle aree comuni e nelle camere. Comodo garage sotterraneo.

Petit Palais senza rist

30, VISA AE

via Molino delle Armi 1, angolo corso Italia ✉ 20123 – ✆ 02 58 48 91 – info@petitpalais.it – Fax 02 58 44 07 32 KY f

18 cam – 330 €, 15 € – 9 suites – 440 €

◆ Elegante palazzina, che offre il piacere di soggiornare in una residenza ristrutturata e arredata con mobili raffinati, alcune camere con cucina e piacevoli terrazzi.

Sadler

16, VISA AE

via Ettore Troilo 14 angolo via Conchetta, (trasferimento previsto in via Ascanio Sforza 77) ✉ 20136 Ⓜ Romolo – ✆ 02 58 10 44 51 – sadler@sadler.it – Fax 02 58 11 23 43 – Chiuso dal 1° al 12 gennaio, dall'8 agosto al 2 settembre, domenica e a mezzogiorno

Rist – Carta 73/119 € ES a

Spec. Tonno crudo del Maditerraneo ai sapori italiani (estate). Ravioli di coniglio con punte di asparagi e tartufo nero (primavera). Padellata di crostacei con passatina di broccoletti, patate cristallo e trevisana saltata.

◆ Celebre per il pesce, esaltante nella carne, la passione per l'arte moderna del cuoco prende forma nei piatti essenziali, lineari e colorati: un Mondrian ai fornelli.

XX **Al Porto**

piazzale Generale Cantore ✉ *20123* Ⓜ *Porta Genova* – ☎ 02 89 40 74 25 – alportodimilano@acena.it – Fax 028 32 14 81 – *Chiuso dal 24 dicembre al 3 gennaio, agosto, domenica e lunedì a mezzogiorno* HY **h**

Rist – Carta 45/65 €

◆ Nell'800 era il casello del Dazio di Porta Genova, ristorante classico d'intonazione marinara molto frequentato sia a cena che a pranzo, con proposte esclusivamente di mare.

XX **Tano Passami l'Olio**

via Villoresi, 32/a ✉ *20143* Ⓜ *Porta Genova* – ☎ 028 39 41 39 – info@tanopassamilolio.it – Fax 02 83 24 01 04 – *Chiuso dal 24 dicembre al 6 gennaio, agosto, domenica e a mezzogiorno* HY **f**

Rist – Carta 66/91 €

◆ Luci soffuse, atmosfera romantica e creativi piatti di carne e di pesce, ingentiliti con olii extra-vergine scelti ad hoc da una fornita dispensa. Salotto fumatori con divano.

XX **Osteria di Porta Cicca**

ripa di Porta Ticinese 51 ✉ *20143* Ⓜ *Porta Genova* – ☎ 028 37 27 63 – osteriadiportacicca@hotmail.com – Fax 028 37 27 63 – *Chiuso sabato a mezzogiorno e domenica* HY **j**

Rist – Carta 31/43 €

◆ Gestione ormai affermata per questo ristorante sul Naviglio che propone cucina di terra e di mare rivisitata in chiave moderna, in un piacevole ambiente sobrio e accogliente.

XX **Il Torchietto**

via Ascanio Sforza 47 ✉ *20136* Ⓜ *Porta Genova* – ☎ 028 37 29 10 – info@il.torchietto.com – Fax 028 37 20 00 – *Chiuso dal 26 dicembre al 3 gennaio, agosto, lunedì e sabato a mezzogiorno* ES **b**

Rist – Carta 34/49 €

◆ Ampia trattoria classica, lungo il Naviglio Pavese, con una linea gastronomica che segue le stagioni e le ricette del territorio, con una predilezione per quello mantovano.

XX **Il Navigante**

via Magolfa 14 ✉ *20143* Ⓜ *Porta Genova* – ☎ 02 89 40 63 20 – info@navigante.it – Fax 02 89 42 08 97 – *Chiuso agosto, domenica a mezzogiorno e lunedì* JY **c**

Rist – Carta 36/68 €

◆ In una via alle spalle del Naviglio, musica dal vivo tutte le sere in un locale, gestito da un ex cuoco di bordo, con un curioso acquario nel pavimento; cucina di mare.

XX **Pirandello**

viale Gian Galeazzo 6 ✉ *20136* – ☎ *02 89 40 29 01* – *Fax 02 89 40 29 01* – *Chiuso dal 4 al 30 agosto, sabato a mezzogiorno e domenica* JY **e**

Rist – Carta 39/52 €

◆ Atmosfera, gestione e cucina sono decisamente siciliane: fragranti piatti di pesce e ricette trinacrie in entrambe le sale da pranzo.

X **Trattoria Trinacria**

via Savona 57 ✉ *20144* Ⓜ *Sant' Agostino* – ☎ 024 23 82 50 – trattoria.trinacria@libero.it – *Chiuso domenica e a mezzogiorno* DS **w**

Rist – Carta 31/40 €

◆ A gestione familiare, un locale accogliente nella sua semplicità confermata dal servizio informale; menù in dialetto con "sottotitoli" in italiano per le specialità isolane.

X **Shiva**

viale Gian Galeazzo 7 ✉ *20136* – ☎ *02 89 40 47 46* – *info@ristoranteshiva.it* – *Chiuso lunedì escluso giugno-settembre*

12,

Rist – Carta 29/36 €

◆ Ristorante indiano con grandi sale e un intimo soppalco. Ambienti confortevoli e caratteristici con luci soffuse e decori tipici. Cucina del nord con diverse specialità.

X **Trattoria Madonnina**

via Gentilino 6 ✉ *20136* – ☎ *02 89 40 90 89* – *Chiuso domenica e i mezzogiorno di giovedì, venerdì e sabato* JY **d**

Rist – Carta 15/25 €

◆ Trattoria milanese d'inizio '900 rimasta invariata nello stile: arredi d'epoca con locandine e foto, cucina semplice e gustosa. Piccolo dehors con pergola e tavoli in pietra.

Trattoria Aurora 15, VISA AE
via Savona 23 ✉ *20144* Ⓜ *Sant' Agostino* – ✆ 028 32 31 44 – trattoriaurora@libero.it – Fax 02 89 40 49 78 – *Chiuso lunedì* HY m
Rist – Carta 19/46 €
◆ Ristorante d'atmosfera con bel giardino per il servizio all'aperto; frequentato da habitué estimatori della cucina tipica piemontese. In settimana, a pranzo, menù più leggero.

Fiera-Sempione

Hermitage 180, VISA AE
via Messina 10 ✉ *20154* Ⓜ *Garibaldi f.s.* – ✆ 02 31 81 70 – hermitage.res@monrifhotels.it – Fax 02 33 10 73 99 – *Chiuso agosto* HU q
131 cam – †200/320 € ††280/490 € – 12 suites
Rist Il Sambuco – vedere selezione ristoranti
◆ Raffinatezza e confort sono i pregi di un hotel che unisce l'atmosfera di curati interni in stile classico e la modernità delle installazioni; frequentato da modelle e vip.

Melià Milano cam, rist, 500, VISA AE
via Masaccio 19 ✉ *20149* Ⓜ *Lotto* – ✆ 024 44 06 – melia.milano@solmelia.com – Fax 02 44 40 66 00 – *chiuso agosto* DR p
288 cam – †439 € ††489 €, 30 € – 6 suites
Rist ***Alacena*** – *(chiuso agosto)* Carta 59/115 €
◆ Hotel moderno di gran prestigio; trionfo di marmi, lampadari di cristallo, arazzi antichi nella hall; camere stile impero, dotate di ogni confort. Per un soggiorno esclusivo. Specialità spagnole d'alta gastronomia al raffinato ristorante "Alacena".

Milan Marriott Hotel cam, 1300, VISA AE
via Washington 66 ✉ *20146* Ⓜ *Wagner* – ✆ 024 85 20 20 – milan@marriothotels.com – Fax 024 81 89 25 DR d
322 cam – ††462 €, 22 €
Rist ***La Brasserie de Milan*** – ✆ 02 48 52 28 34 – Carta 35/68 €
◆ Originale contrasto tra struttura esterna moderna e grandiosi interni classicheggianti in un hotel vocato al lavoro congressuale e fieristico; funzionali camere in stile. Sala ristorante, con cucina a vista, in stile classico.

Enterprise Hotel cam, 350, VISA AE
corso Sempione 91 ✉ *20154* Ⓜ *Lotto* – ✆ 02 31 81 81 – info@enterprisehotel.com – Fax 02 31 81 88 11 DQ c
123 cam – †120/575 € ††140/590 €
Rist ***Sophia's*** – Carta 49/64 €
◆ Rivestimento esterno in marmo e granito, arredi disegnati su misura, grande risalto alla geometria: hotel d'eleganza attuale con attenzione al design e ai particolari. Uno spazio gradevole e originale per pranzi e cene, d'estate anche all'aperto.

Atahotel Fieramilano cam, rist, 220, VISA AE
viale Boezio 20 ✉ *20145* – ✆ *02 33 62 21 – prenotazioni@grandhotelfieramilano.com – Fax 02 31 41 19 – Chiuso agosto* DR e
236 cam – †250/270 € ††330/350 € – 2 suites
Rist ***Ambrosiano*** – *(chiuso a mezzogiorno)* Carta 37/57 €
◆ Di fronte alla Fiera, la struttura, arredata con buon gusto, offre ora dotazioni moderne e un ottimo confort; d'estate la colazione è servita in un gazebo in giardino. Tranquilla ed elegante sala da pranzo.

Capitol World Class 70, VISA AE
via Cimarosa 6 ✉ *20144* Ⓜ *Pagano* – ✆ 02 43 85 91 – info@capitolmilano.com – Fax 024 69 47 24 DR a
66 cam – †165/275 € ††225/420 € – ½ P 145/245 € – **Rist** – Carta 46/63 €
◆ Elegante gioiello moderno, con caldi dettagli classici, sia nelle zone comuni che nelle dotatissime camere, molte delle quali danno sulla tranquilla corte interna. Per le vostre cene, accomodatevi in terrazza o nell'elegante sala.

Regency senza rist 50, VISA AE
via Arimondi 12 ✉ *20155* – ✆ *02 39 21 60 21 – regency@regency-milano.com – Fax 02 39 21 77 34 – Chiuso dal 24 dicembre al 7 gennaio e dal 5 al 25 agosto*
71 cam – †140/200 € ††180/300 € – 2 suites DQ b
◆ Dimora nobiliare di fine '800, con grazioso cortiletto e un infinità di charme; interni arredati con raffinato buon gusto, come il soggiorno con camino scoppiettante.

Poliziano Fiera senza rist 90,
via Poliziano 11 ✉ 20154 – ✆ 023 19 19 11 – info.hotelpolizianofiera@adihotels.com – Fax 023 19 19 31 – Chiuso dal 18 dicembre al 7 gennaio e dal 25 luglio al 25 agosto HT **a**
100 cam – 102/297 € 122/337 € – 2 suites
◆ Albergo d'impostazione moderna per un'ospitalità cordiale e attenta; spazi comuni di modeste dimensioni, compensati da spaziose camere arredate nei toni verde chiaro e sabbia.

Wagner senza rist
via Buonarroti 13 Ⓜ Wagner – ✆ 02 46 31 51 – wagner@roma-wagner.com – Fax 02 48 02 09 48 – Chiuso dal 12 al 19 agosto DR **p**
48 cam – 119/219 € 149/298 € – 1 suite
◆ Accanto all'omonima stazione della metropolitana, l'hotel è stato completamente ristrutturato e offre ambienti ben curati nei dettagli, arredati con marmi e moderni accessori.

Domenichino senza rist 60,
via Domenichino 41 ✉ 20149 Ⓜ Amendola Fiera – ✆ 02 48 00 96 92 – hd@hoteldomenichino.it – Fax 02 48 00 39 53 – Chiuso dal 3 al 20 agosto e dal 22 dicembre al 2 gennaio DR **f**
73 cam – 60/150 € 80/200 € – 2 suites
◆ In una via alberata a due passi dalla Fiera, un hotel signorile che offre dotazioni e servizi di buon livello; gli spazi comuni sono limitati e le camere confortevoli.

Mozart senza rist 35,
piazza Gerusalemme 6 ✉ 20154 – ✆ 02 33 10 42 15 – info@hotelmozartmilano.it – Fax 02 33 10 32 31 – Chiuso dal 29 luglio al 27 agosto HT **b**
119 cam – 110/213 € 150/268 €
◆ Sobria eleganza e ospitalità attenta in una struttura nei pressi di Fieramilano City; arredi moderni nelle camere, dotate di ogni confort e ideali per i clienti business.

Metrò senza rist
corso Vercelli 61 ✉ 20144 Ⓜ Wagner – ✆ 024 98 78 97 – hotelmetro@tin.it – Fax 02 48 01 02 95 DR **x**
40 cam – 100/150 € 150/210 €
◆ Conduzione familiare per una risorsa in una delle vie più rinomate per lo shopping; camere piuttosto eleganti, gradevolissima sala colazioni panoramica al roof-garden.

Lancaster senza rist 30,
via Abbondio Sangiorgio 16 ✉ 20145 Ⓜ Cadorna-Pagano – ✆ 02 34 47 05 – info@hotellancaster.it – Fax 02 34 46 49 – Chiuso Natale ed agosto HU **c**
30 cam – 78/124 € 119/198 €
◆ Un edificio ottocentesco situato in zona residenziale ospita una piacevole risorsa con spazi comuni non enormi ma gradevoli ed accoglienti; camere con mobilio in ciliegio.

Astoria senza rist 50,
viale Murillo 9 ✉ 20149 Ⓜ Lotto – ✆ 02 40 09 00 95 – info@astoriahotelmilano.com – Fax 02 40 07 46 42 DR **m**
68 cam – 90/200 € 100/250 € – 1 suite
◆ Lungo un viale di circonvallazione, albergo frequentato soprattutto dalla clientela d'affari; camere con arredi moderni e ottima insonorizzazione.

Certosa senza rist
viale Certosa 26 ✉ 20155 Ⓜ Lotto – ✆ 023 27 13 11 – info@hotel-certosa.it – Fax 023 27 04 56 DQ **d**
25 cam – 125/150 € 150/230 €
◆ Gestione giovane e cordiale per un hotel recente con spazi comuni ridotti: piccola hall con divanetti e sala colazioni, camere ampie e ben accessoriate. Servizio accurato.

Antica Locanda Leonardo senza rist
corso Magenta 78 ✉ 20123 Ⓜ Conciliazione – ✆ 02 48 01 41 97 – info@anticalocandaleonardo.com – Fax 02 48 01 90 12 – Chiuso dal 31 dicembre al 6 gennaio e dal 5 al 25 agosto HX **m**
16 cam – 95/105 € 150/215 €
◆ L'atmosfera signorile si sposa con l'accoglienza familiare in un albergo affacciato su un piccolo cortile interno, in ottima posizione vicino al Cenacolo leonardesco.

Campion senza rist
viale Berengario 3 ✉ 20149 Ⓜ Amendola Fiera – ✆ 02 46 23 63 – hc@hotelcampion.com – Fax 024 98 54 18 – *Chiuso dal 2 al 27 agosto e dal 23 dicembre al 7 gennaio* DR **c**
27 cam ☕ – †70/169 € ††90/220 €
◆ Hotel situato di fronte all'ingresso di Fieramilano City, a pochi passi dal metrò. Conduzione familiare efficiente, camere classiche e confortevoli.

Mini Hotel Tiziano senza rist
via Tiziano 6 ✉ 20145 Ⓜ Buonarroti – ✆ 024 69 90 35 – tiziano@minihotel.it – Fax 024 81 21 53 DR **k**
54 cam ☕ – †115/140 € ††165/190 €
◆ Hotel in posizione strategica per la Fiera, ma anche tranquilla, ha nel piccolo parco sul retro un "plus" rispetto ad altre strutture in zona; camere semplici.

Il Sambuco – Hotel Hermitage
via Messina 10 ✉ 20154 Ⓜ Garibaldi – ✆ 02 33 61 03 33 – info@ilsambuco.it – Fax 02 33 61 18 50 – *Chiuso dal 25 dicembre al 3 gennaio, Pasqua, dal 1° al 20 agosto, sabato a mezzogiorno e domenica* HU **q**
Rist – Carta 48/85 €
◆ Ambiente elegante e servizio accurato rispecchiano l'hotel in cui si trova questo bel locale la cui cucina è rinomata per le specialità di mare; lunedì è solo per i bolliti.

Arrow's cam, 15/18,
via Mantegna 17/19 ✉ 20154 – ✆ 02 34 15 33 – Fax 02 33 10 64 96 – *Chiuso agosto, domenica e lunedì a mezzogiorno* HU **f**
Rist – Carta 42/57 €
◆ Affollato anche a mezzogiorno, l'atmosfera diviene più intima la sera, ma non cambia la cucina: il mare proposto secondo preparazioni tradizionali.

El Crespin cam, 20/30,
via Castelvetro 18 ✉ 20154 – ✆ 02 33 10 30 04 – Fax 02 33 10 30 04 – *Chiuso dal 26 dicembre al 7 gennaio, agosto, sabato a mezzogiorno e domenica* HT **p**
Rist – Carta 39/53 €
◆ Da un ingresso con foto d'epoca alle pareti si entra in un ambiente arredato con sobrio e moderno buon gusto, dove viene proposta una cucina sia di terra che di mare.

Trattoria Montina
via Procaccini 54 ✉ 20154 Ⓜ Porta Garibaldi – ✆ 023 49 04 98 – *Chiuso dal 25 dicembre al 5 gennaio, agosto, domenica e lunedì a mezzogiorno* HU **d**
Rist – Carta 20/37 €
◆ Simpatica atmosfera bistrot, tavoli vicini, luci soffuse la sera in un locale gestito da due fratelli gemelli; piatti nazionali e milanesi che seguono le stagioni.

Quadrifoglio 30,
via Procaccini 21 angolo via Aleardi ✉ 20154 – ✆ 02 34 17 58 – *Chiuso dal 24 dicembre al 5 gennaio, dal 5 al 28 agosto, martedì e mercoledì a mezzogiorno* HU **a**
Rist – Carta 32/41 €
◆ Quadri e ceramiche sull'originale e vivace sfondo delle mura con schizzi di colore che donano personalità alle due salette di questa bella trattoria; gustosi piatti unici.

La Rosa dei Venti
via Piero della Francesca 34 – ✆ 02 34 73 38 – *Chiuso dal 1° al 7 gennaio, dal 1° al 21 agosto, lunedì e sabato a mezzogiorno* HT **c**
Rist – Carta 30/55 €
◆ Piccolo locale ideale per chi ama il pesce, preparato secondo ricette semplici ma personalizzate e proposto puntando su un interessante rapporto qualità/prezzo.

Pace
via Washington 74 ✉ 20146 Ⓜ Wagner – ✆ 02 43 98 30 58 – Fax 02 46 85 67 – *Chiuso dal 24 dicembre al 5 gennaio, Pasqua, dal 1° al 24 agosto, sabato a mezzogiorno e mercoledì* DR **z**
Rist – Carta 27/36 €
◆ Da oltre 30 anni ospitalità cordiale nell'ambiente semplice, di una trattoria familiare molto frequentata; cucina d'impostazione tradizionale, con piatti di carne e di pesce.

Osteria del Borgo Antico

via Piero della Francesca 40 ✉ 20154 – ✆ 023 31 36 41 – info@osteriaborgoantico.it – Chiuso sabato a mezzogiorno e domenica HT **v**

Rist – Carta 39/57 €

◆ Classico ristorante dall'atmosfera calda e raccolta, con arredi di buon gusto e luci soffuse. La proposta gastronomica è basata su preparazioni di pesce.

Osteria della Cagnola

via Cirillo 14 ✉ 20154 Ⓜ Moscova – ✆ 023 31 94 28 – Fax 023 31 94 28 – *Chiuso dal 24 dicembre al 4 gennaio, dal 23 luglio al 26 agosto e domenica* HU **v**

Rist – Carta 29/47 €

◆ Accoglienza cortese e gestione professionale in un piccolo, simpatico locale rustico dal sapore d'altri tempi; la cucina, di terra e di mare, segue le stagioni.

Al Vecchio Porco

via Messina 8 ✉ 20154 Ⓜ Garibaldi – ✆ 02 31 38 62 – alvecchioporco@alvecchioporco.it – Fax 02 31 38 62 – Chiuso dal 24 dicembre al 2 gennaio, dal 1° al 25 agosto, domenica e a mezzogiorno HU **e**

Rist – Carta 37/47 €

◆ Oggetti che si rifanno al maiale decorano un ristorante simpatico e caratteristico, con taverna interrata, in cui si trova un unico tavolone; piacevole dehors estivo.

Tara

via Cirillo 16 ✉ 20154 Ⓜ Moscova – ✆ 023 45 16 35 – tucoolit@yahoo.it – Fax 02 27 00 02 56 – *Chiuso dall' 11 al 20 agosto* HU **b**

Rist – Carta 24/30 €

◆ Sperimenterete tutta la gentilezza degli Indiani e gli intensi profumi e sapori della loro cucina in questo piacevole e tranquillo locale; menù anche vegetariano.

Zona urbana Nord-Ovest

Grand Hotel Brun

cam, 500,

via Caldera 21 ✉ 20153 – ✆ 02 45 27 11 – brun.res@monrifhotels.it – Fax 02 48 20 47 46 – Chiuso dal 23 dicembre al 4 gennaio AP **c**

302 cam – 270 € 350 € – 11 suites

Rist *La Terrazza* – Carta 45/78 €

◆ Una importante struttura, indicata soprattutto per l'attività congressuale, ospita spaziosi ambienti classicamente arredati ed un nuovo centro benessere all'ultimo piano. Alla Terrazza, un'atmosfera meno ricercata per pranzi più informali.

Rubens

cam, 35,

via Rubens 21 ✉ 20148 Ⓜ Gambara – ✆ 024 03 02 – rubens@antareshotels.com – Fax 02 48 19 31 14 – *Chiuso dal 3 al 19 agosto* DR **g**

87 cam – 90/280 € 99/299 € – **Rist** – (solo per alloggiati) Carta 38/49 €

◆ L'hotel vanta eleganti ambienti, spaziose e confortevoli camere impreziosite da affreschi di artisti contemporanei ed arredate nelle raffinate tonalità porpora e cobalto.

Accademia

cam, rist, 70,

viale Certosa 68 ✉ 20155 – ✆ 02 39 21 11 22 – accademia@antareshotels.com – Fax 02 33 10 38 78 DQ **g**

67 cam – 105/230 € 150/299 € – ½ P 95/175 € – **Rist** – (solo per alloggiati) Carta 20/50 €

◆ Un recente restyling ha conferito a questa bella struttura alcune camere nuove di tono moderno con arredi in design, come detta la moda d'oggi e rilassanti spazi comuni.

Mirage

cam, cam, rist, 100,

viale Certosa 104/106 ✉ 20156 – ✆ 02 39 21 04 71 – mirage@gruppomirage.it – Fax 02 39 21 05 89 – Chiuso dal 4 al 28 agosto e dal 23 dicembre al 2 gennaio DQ **z**

86 cam – 115/198 € 136/259 € – **Rist** – *(chiuso venerdì e sabato)* (solo per alloggiati) Carta 37/47 €

◆ Vicino alla Fiera, la struttura offre semplici aree comuni, camere rinnovate in stile classico dotate di bagni realizzati con piastrelle di grandi dimensioni oppure a mosaico.

Milton Milano senza rist — 250, VISA AE
via Butti 9 ✉ 20158 Ⓜ Maciachini – ✆ 02 66 80 23 66 – info@miltonmilano.it – Fax 02 66 80 29 09 — EQ **a**
110 cam – ††115/360 €
◆ Poco distante dalla stazione centrale, l'hotel si sviluppa in altezza e dispone di camere spaziose, sale per riunioni ed una saletta dove consumare veloci snack.

Novotel Milano Nord-Cà Granda — cam, rist, 500, VISA AE
viale Suzzani 13 ✉ 20162 – ✆ 02 64 11 51 – novotelmilanonord@accor-hotels.it – Fax 02 66 10 19 61 — BO **b**
172 cam – †145/210 € ††172/255 € – ½ P 119/160 €
Rist – Carta 33/49 €
◆ Lontano dal centro, l'hotel consta di spazi confortevoli, ampie camere modernamente arredate e sale idonee per allestire congressi o incontri di lavoro. La capiente sala ristorante propone una cucina semplice e tradizionale.

Valganna senza rist — VISA AE
via Varé 32 ✉ 20158 – ✆ 02 39 31 00 89 – info@hotelvalganna.it – Fax 02 39 31 25 66 — AO **e**
35 cam – †60/145 € ††75/220 €
◆ In posizione comoda per gli spostamenti in città e fuori sia con mezzi pubblici che privati, un confortevole albergo con ambienti semplici ma accoglienti e funzionali.

La Pobbia 1850 — 12/20, VISA AE
via Gallarate 92 ✉ 20151 – ✆ 02 38 00 66 41 – lapobbia@lapobbia.com – Fax 02 38 00 07 24 – Chiuso agosto e domenica — DQ **w**
Rist – Carta 48/75 €
◆ L'ottocentesca osteria è oggi un elegante locale con giardino interno e propone ricette della tradizione lombarda ma anche internazionali. Dispone anche di una sala fumatori.

Innocenti Evasioni — 14, VISA AE
via privata della Bindellina ✉ 20155 – ✆ 02 33 00 18 82 – ristorante@innocentievasioni.com – Fax 02 33 00 18 82 – *Chiuso dal 3 al 9 gennaio, agosto, domenica e a mezzogiorno* — DQ **a**
Rist – Carta 37/47 €
◆ Un piacevole locale dalle grandi vetrate che si aprono sul giardino dove incontrare una cucina classica rivisitata con tecnica creativa. Splendido servizio estivo all'aperto.

Al Molo 13 — VISA AE
via Rubens 13 ✉ 20148 Ⓜ De Angelis – ✆ 024 04 27 43 – info@molo13.it – Fax 02 40 07 26 16 – *Chiuso dal 31 dicembre al 9 gennaio, agosto, domenica e lunedì a mezzogiorno* — DR **b**
Rist – Carta 31/57 €
◆ Molto frequentata, soprattutto a cena, questa moderna trattoria annovera due sale vivacemente colorate nelle quali vengono servite specialità di mare e piatti tipici sardi.

Zona urbana Nord-Est

Concorde — 200, VISA AE
viale Monza 132 ✉ 20125 Ⓜ Turro – ✆ 02 26 11 20 20 – concorde@antareshotels.com – Fax 02 26 14 78 79 — BO **d**
119 cam – †110/250 € ††140/400 € – ½ P 220/230 € – **Rist** – (solo per alloggiati) Carta 29/43 €
◆ In posizione periferica, hotel dai servizi completi con camere confortevoli, adatto alla clientela di lavoro o all'attività congressuale grazie alle sale riunioni polivalenti.

Starhotels Tourist — cam, 150, VISA AE
viale Fulvio Testi 300 ✉ 20126 – ✆ 026 43 77 77 – tourist.mi@starhotels.it – Fax 026 47 25 16 — BO **c**
136 cam – ††99/380 € – **Rist** – Carta 41/54 €
◆ Decentrato, ma in zona comoda per le autostrade, albergo omogeneo agli standard della catena cui appartiene; molte camere ristrutturate di recente, sale riunioni attrezzate. Ristorante che dispone di moderne sale signorili anche per banchetti.

Lombardia cam, 100,

viale Lombardia 74 ✉ 20131 – ✆ 022 82 49 38 – hotelomb@tin.it – Fax 022 89 34 30 – Chiuso dal 6 al 23 agosto GQ **e**

80 cam – 150 € 205 € – ½ P 100/145 € – **Rist** – *(chiuso a mezzogiorno, sabato e domenica)* Carta 22/43 €

◆ Nella zona di piazzale Loreto, una risorsa ben tenuta, dotata di ampia, luminosa hall e camere con arredi recenti, disposte internamente, quindi tranquille.

Agape senza rist 20,

via Flumendosa 35 ✉ 20132 Ⓜ *Crescenzago – ✆ 02 27 20 07 02 – info@agapehotel.com – Fax 02 27 20 34 35* CO **a**

43 cam – 75/150 € 90/180 €

◆ Hotel in comoda posizione, in zona residenziale, non lontano dalle grandi direttrici stradali. Gestione capace ed intraprendente, prezzi interessanti nei fine settimana.

Gala senza rist

viale Zara 89 ✉ 20159 – ✆ 02 66 80 08 91 – hotelgala@tin.it – Fax 02 66 80 04 63 – Chiuso agosto FQ **a**

22 cam – 75/93 € 94/134 €, 9 €

◆ Preceduto da un giardinetto, un piccolo hotel a gestione familiare in quieta posizione defilata, ma comoda rispetto alle autostrade; camere spaziose e decorose.

San Francisco senza rist

viale Lombardia 55 ✉ 20131 – ✆ 022 36 03 02 – sf@hotel-sanfrancisco.it – Fax 02 26 68 03 77 GQ **d**

30 cam – 55/75 € 80/110 €

◆ In zona Città Studi, ma a soli 300 m. da piazzale Loreto, un albergo semplice con accogliente gestione diretta. Circa metà delle camere affacciano sul grazioso giardino.

Il Girasole senza rist

via Doberdò 19 ✉ 20126 Ⓜ *Villa San Giovanni – ✆ 34 71 46 97 21 – info@bbilgirasole.it – Fax 02 27 08 07 38 – Chiuso dal 6 al 24 agosto* BO **e**

4 cam – 65/80 € 80/120 €

◆ Decentrata, ma vicino al metrò, una piccolissima struttura a gestione familiare con camere spaziose e curate seppur semplici: per un soggiorno milanese a prezzi contenuti.

Osteria da Francesca

viale Argonne 32 ✉ 20133 Ⓜ *Dateo – ✆ 02 73 06 08 – Fax 02 73 06 08 – Chiuso agosto e domenica* GR **p**

Rist – Carta 32/48 €

◆ Ambiente familiare in una minuscola e accogliente trattoria, frequentata da habitué; cucina casalinga stagionale; giovedì sera e venerdì solo specialità di pesce.

Charmant

via G. Colombo 42 ✉ 20133 Ⓜ *Piola – ✆ 02 70 10 01 36 – Chiuso domenica* GR **g**

Rist – Carta 40/65 €

◆ In zona Città Studi, ristorantino dall'ambiente di sobria eleganza in cui le specialità di mare sono offerte nelle preparazioni più classiche della cucina mediterranea.

Baia Chia 20/25,

via Bazzini 37 ✉ 20131 Ⓜ *Piola – ✆ 022 36 11 31 – fabrizio.papetti@fastwebnet.it – Fax 022 36 11 31 – Chiuso dal 24 dicembre al 2 gennaio, Pasqua, tre settimane in agosto, domenica e lunedì a mezzogiorno* GQ **a**

Rist – Carta 26/36 €

◆ Gradevole locale di tono familiare, suddiviso in più salette, dove gustare una buona cucina di pesce e alcune saporite specialità sarde; sarda anche la lista dei vini.

Zona urbana Sud-Est

Atahotel Quark cam, 1400,

via Lampedusa 11/a ✉ 20141 – ✆ 028 44 31 – commerciale@quarkhotel.com – Fax 028 46 41 90 – Chiuso dal 23 dicembre al 6 gennaio e dal 30 luglio al 20 agosto BP **a**

283 cam – 153/232 € – 13 suites – **Rist** – Carta 53/71 €

◆ Un enorme complesso che ospita soprattutto gruppi ed una clientela business in camere spaziose e semplici. Ampi spazi comuni ed una sala congressi. Un locale di gusto moderno con proposte di cucina classica.

Starhotels Business Palace 340,
via Gaggia 3 ✉ 20139 Ⓜ Porto di mare –
✆ 025 35 45 – business.mi@starhotels.it – Fax 02 57 30 75 50 BP **c**
215 cam – 100/400 € – 33 suites – **Rist** – (solo per alloggiati) Carta 39/57 €
♦ L'hotel è stato ricavato da un complesso industriale ed è dotato di ampi ed eleganti spazi comuni e di camere luminose e spaziose. Forte interesse congressuale.

Mec senza rist
via Tito Livio 4 ✉ 20137 Ⓜ Lodi T.I.B.B. – ✆ 025 45 67 15 – hotelmec@tiscali.it – Fax 025 45 67 18 GS **r**
40 cam – 50/150 € 70/220 €
♦ Struttura classica ben collegata alla stazione metropolitana ed attenta agli interventi di manutenzione per garantire un soggiorno confortevole.

Trattoria del Nuovo Macello 20,
via Cesare Lombroso 20 ✉ 20137 Ⓜ Corvetto – ✆ 02 59 90 21 22 – info@trattoriadelnuovomacello.it – Fax 02 59 90 21 22 – *Chiuso dal 14 agosto al 6 settembre,dal 24 dicembre al 3 gennaio, sabato e domenica* GS **b**
Rist – Carta 35/43 €
♦ Un ambiente cordiale e familiare dai soffitti alti e con i tavoli ravvicinati, presente da molto tempo sul territorio con proposte gastronomiche ricche di fantasia.

Taverna Calabiana
via Calabiana 3 ✉ 20139 Ⓜ Lodi T.I.B.B. – ✆ 02 55 21 30 75 – calabiana@todine.net – Fax 02 53 30 05 – *Chiuso dal 24 dicembre al 5 gennaio, Pasqua, agosto, domenica e lunedì* GS **a**
Rist – Carta 33/41 €
♦ Un locale accogliente ed informale, presenta un menù attento alle specialità regionali; particolarmente apprezzabili costate e filetti di carni piemontesi. Anche pizzeria.

Zona urbana Sud-Ovest

Holiday Inn Milan cam, 85,
via Lorenteggio 278 ✉ 20147 – ✆ *02 41 31 11 – milit.reservations@ichotelsgroup.com – Fax 02 41 31 13* AP **u**
119 cam – 275/320 € 325/370 €, 20 € – **Rist** – Carta 42/52 €
♦ Confortevole struttura moderna di recente costruzione, in prossimità della tangenziale, particolarmente adatta ad una clientela d'affari e a gruppi. Il ristorante propone piatti tipici nazionali.

La Spezia senza rist rist, 30,
via La Spezia 25 ✉ 20142 Ⓜ Romolo – ✆ 02 84 80 06 60 – laspezia@minihotel.it – Fax 02 36 50 42 76 – *Chiuso dal 24 dicembre al 2 gennaio e agosto* BP **d**
76 cam – 135/190 € 195/270 €
♦ Un edificio nuovo nel quale sono stati ricavati camere e spazi comuni ampi e luminosi arredati con sobrietà, adatti per un soggiorno di lavoro.

Dei Fiori senza rist
via Renzo e Lucia 14, raccordo autostrada A7 ✉ 20142 Ⓜ Famagosta –
✆ 028 43 64 41 – hoteldeifiori@hoteldeifiori.com – Fax 02 89 50 10 96 BP **b**
53 cam – 78/97 € 83/122 €
♦ Sito nei pressi dello svincolo autostradale e poco distante dalla stazione della metropolitana, è un albergo semplice con camere confortevoli.

Il Luogo di Aimo e Nadia (Moroni) 12,
via Montecuccoli 6 ✉ 20147 Ⓜ Primaticcio – ✆ 02 41 68 86 – info@aimoenadia.com – Fax 02 48 30 20 05 – *Chiuso dal 1° al 10 gennaio, dal 6 al 26 agosto, sabato a mezzogiorno e domenica* AP **e**
Rist – Carta 80/136 €
Spec. Petto d'anatra affumicato all'anice stellato con insalata di mele annurche, spinaci e aceto balsamico tradizionale (primavera-autunno). Cernia grigia con succo di melograno e tartufi di mare (estate-autunno). Cubo di ganache di cioccolato al pepe verde con sorbetto di ananas e gelatina di fave di cacao e menta.
♦ Ricette classiche rivisitate con estro in chiave creativa in questo locale, alle cui pareti sono esposti colorati dipinti moderni.

La Corte
via Cusago 201, per via Zurigo 8 km ✉ 20153 – ✆ 024 59 74 74 – ristorantelacorte@libero.it – Fax 02 47 99 46 78 – Chiuso dal 6 al 29 agosto, dal 1° all'8 gennaio e martedì AP
Rist – Carta 33/49 €
◆ Ricavato all'interno di una grande cascina ottocentesca, il locale è caratterizzato da una diffusa illuminazione e da una cucina classica con proposte di mare e di terra.

Nicola Cavallaro
12,
via Lodovico il Moro 11 ✉ 20143 Ⓜ Porta Genova – ✆ 02 89 12 60 60 – Fax 02 89 12 60 60 – *Chiuso dieci giorni in gennaio, quindici giorni in agosto, sabato a mezzogiorno e domenica* DS **a**
Rist – Carta 36/40 €
◆ Ristorante accogliente dal design contemporaneo la cui cucina si ispira alle tradizioni etniche ed aggiunge spunti creativi alla gastronomia di casa.

Dintorni di Milano

sulla strada statale 35-quartiere Milanofiori per ⑧ : 10 km :

Royal Garden Hotel
180,
via Di Vittorio ✉ 20090 Assago – ✆ 02 45 78 11 – garden.res@monrifhotels.it – Fax 02 45 70 29 01 – Chiuso dal 23 dicembre al 6 gennaio e dal 29 luglio al 22 agosto
151 cam – 🚹240 € 🚹🚹300 € – 3 suites – **Rist** – Carta 49/82 €
◆ Situato vicino al forum, è un complesso piuttosto vistoso che accoglie soprattutto una clientela d'affari nei suoi ampi spazi dotati di ottimo confort. Ideale per banchetti e feste grazie alla insolita e scenografica ambientazione nel giardino.

al Parco Forlanini (lato Ovest) Est : 10 km (Milano : pianta 7)

Osteria ! Valtellina
via Taverna 34 ✉ 20134 Milano – ✆ 027 56 11 39 – Fax 027 56 04 36 – Chiuso dal 26 dicembre al 7 gennaio, dal 4 al 24 agosto e venerdì CP **h**
Rist – Carta 44/63 €
◆ Un ambiente caratteristico, quasi un museo della vita quotidiana lombarda, l'osteria propone una cucina classica con piatti dai sapori tipicamente valtellinesi.

sulla tangenziale ovest-Assago per ⑩ : 14 km :

Holiday Inn Milan Assago
rist, cam, rist, 300,
✉ 20090 Assago Ⓜ Famagosta –
✆ 02 48 86 01 – holidayinn.assago@alliancealberghi.com – Fax 02 48 84 39 58
203 cam – 🚹175/225 € 🚹🚹200/300 € – ½ P 180/225 €
Rist *Alla "Bell'Italia"* – Carta 35/50 €
◆ Imponente complesso sulla tangenziale, in posizione comoda per arrivare facilmente al nuovo polo fieristico, dispone di camere confortevoli e di un notevole centro congressi. Al ristorante alla "Bell'Italia", un ambiente sobrio e moderno che propone soprattutto specialità regionali.

MILANO 2 – Milano – Vedere Segrate

MILANO MARITTIMA – Ravenna – 563 J19 – Vedere Cervia

MILAZZO – Messina – 565 M27 – Vedere Sicilia alla fine dell'elenco alfabetico

---

MILETO – Vibo Valentia (VV) – 564 L30 – 7 120 ab. – alt. 356 m – ✉ 89852 5 **A3**

Roma 562 – Reggio di Calabria 84 – Catanzaro 107 – Cosenza 110 – Gioia Tauro 28

Il Normanno
via Duomo 12 – ✆ 09 63 33 63 98 – info@ilnormanno.com – Fax 09 63 33 63 98 – Chiuso dal 1° al 20 settembre e lunedì escluso agosto
Rist – Carta 16/27 €
◆ Nel cuore della località, una rustica trattoria con due salette ben tenute con perlinato ai muri e arredi essenziali, dove si propongono casereccì piatti del luogo.

MILLESIMO – Savona (SV) – 561 I6 – **3 263 ab.** – ✉ **17017** 14 **B2**

Roma 553 – Genova 81 – Cuneo 62 – Imperia 91 – Savona 27

piazza Ferrari 4/2 ✆ 019 5600078, millesimo@inforiviera.it, Fax 0195600970

XX **Msetutta** 10/20, P, VISA, AE

località Monastero 8 – ✆ 019 56 42 26 – msetutta1870@libero.it – Chiuso quindici giorni in gennaio, mercoledì e a mezzogiorno escluso domenica e giorni festivi

Rist – Carta 53/65 €

◆ Centrale ristorante molto in voga e frequentato per le sapienti e fantasiose rivisitazioni di cucina tradizionale che compongono il suo giornaliero menù degustazione.

MINERBIO – Bologna (BO) – 562 I16 – **8 090 ab.** – **alt. 16 m** – ✉ **40061** 9 **D3**

Roma 399 – Bologna 23 – Ferrara 30 – Modena 59 – Ravenna 93

Nanni cam, 25, P VISA AE

via Garibaldi 28 – ✆ 051 87 82 76 – info@hotelnanni.com – Fax 051 87 60 94

46 cam – 80/120 € 115/170 € – ½ P 75/90 € – **Rist** – *(chiuso dal 24 dicembre al 7 gennaio, dall'8 al 21 agosto e sabato)* Carta 25/34 €

◆ Albergo dalla solida tradizione familiare: luminosi interni arredati in modo molto piacevole e belle camere, le più nuove e carine sono frutto del recente ampliamento. Capiente e classica sala da pranzo in stile lineare.

MINERVINO MURGE – Bari (BA) – 564 D30 – **10 007 ab.** – **alt. 445 m** – ✉ **70055** 26 **B2**

Roma 364 – Foggia 68 – Bari 75 – Barletta 39 – Matera 75

X **La Tradizione-Cucina Casalinga** VISA AE

via Imbriani 11/13 – ✆ 08 83 69 16 90 – latradizione@libero.it – Chiuso dal 21 al 28 febbraio, dal 1° al 15 settembre, domenica sera e giovedì

Rist – Carta 16/23 €

◆ Celebre trattoria del centro storico, accanto alla chiesa dell'Immacolata. Ambiente piacevole, in stile rustico, foto d'epoca alle pareti; piatti tipici del territorio.

MINORI – Salerno (SA) – 564 E25 – **2 992 ab.** – ✉ **84010** 6 **B2**

Roma 269 – Napoli 67 – Amalfi 3 – Salerno 22

Santa Lucia rist, VISA AE

via Nazionale 44 – ✆ 089 85 36 36 – hslucia@tiscalinet.it – Fax 089 87 71 42 – Marzo-ottobre

32 cam – 95 € 120 € – ½ P 58/78 € – **Rist** – Carta 25/35 € (+10 %)

◆ Nella ridente cittadina dell'incantevole costiera Amalfitana, un albergo a gestione familiare, completamente ristrutturato e migliorato nelle sue dotazioni; camere nuove. Capiente sala da pranzo dai colori caldi.

XX **Giardiniello** VISA AE

corso Vittorio Emanuele 17 – ✆ 089 87 70 50 – info@ristorantegiardiniello.com – Fax 089 87 70 50 – Chiuso mercoledì escluso da giugno a settembre

Rist – Carta 27/46 €

◆ Ristorante e pizzeria situato nel centro della località, dove gustare piatti del luogo, soprattutto di mare; gradevole servizio estivo sotto un pergolato.

MIRA – Venezia (VE) – 562 F18 – **36 364 ab.** – ✉ **30034** *Venezia* 36 **C3**

Roma 514 – Padova 22 – Venezia 20 – Chioggia 39 – Milano 253 – Treviso 35

via Nazionale 420 (Villa Widmann Foscari) ✆ 041 5298711, Fax 041 423844

Sala da ballo★ della Villa Widmann Foscari

Riviera del Brenta★★ per la strada S11

Villa Franceschi cam, cam, 90, P VISA AE

via Don Minzoni 28 – ✆ 04 14 26 65 31 – info@villafranceschi.com – Fax 04 15 60 89 96

25 cam – 145/165 € 175/240 € – 10 suites – **Rist** – *(chiuso a mezzogiorno)* (solo per alloggiati)

◆ Splendida villa del XVI secolo contornata da un rigoglioso parco e impreziosita da giardini all'italiana. Camere nella villa padronale e nella barchessa che accoglie i saloni.

Villa Margherita
via Nazionale 416 ✉ 30030 Mira Porte – ✆ 04 14 26 58 00 – hvillam@tin.it – Fax 04 14 26 58 38
19 cam ☕ – 🚹125/165 € 🚹🚹155/185 €
Rist Margherita – vedere selezione ristoranti
◆ Un soggiorno di classe in una splendida villa seicentesca in un parco: eleganti ambienti in stile, riccamente ornati e abbelliti da affreschi, accoglienti camere raffinate.

Riviera dei Dogi senza rist
via Don Minzoni 33 ✉ 30030 Mira Porte – ✆ 041 42 44 66 – info@rivieradeidogi.com – Fax 041 42 44 28
43 cam – 🚹57/77 € 🚹🚹70/120 €, ☕ 8 €
◆ Palazzo di origine seicentesca che si affaccia sulla Riviera del Brenta. Piacevoli interni d'atmosfera, camere di gradevole fattura quasi tutte dai soffitti con travi a vista.

Isola di Caprera senza rist
riviera Silvio Trentin 13 – ✆ 04 14 26 52 55 – info@isoladicaprera.com – Fax 04 14 26 53 48 – Chiuso dal 28 dicembre al 3 gennaio e dal 3 al 9 agosto
14 cam ☕ – 🚹70/90 € 🚹🚹80/120 €
◆ Struttura fine '800, un tempo sede del dopolavoro della Mira Lanza, ora è un albergo dagli interni eleganti ornati con gusto; godibilissima piscina all'aperto in giardino.

Margherita 12/30,
via Nazionale 312 ✉ 30030 Mira Porte – ✆ 041 42 08 79 – info@dalcorsohotellerie.com – Fax 04 14 26 58 38 – Chiuso dal 7 al 27 gennaio, martedì sera e mercoledì
Rist – Carta 46/65 €
◆ In una casa d'epoca all'interno di un vasto parco privato, un ristorante con tre classiche salette con tocchi di raffinatezza; piacevole servizio estivo all'aperto.

Nalin
via Argine sinistro Novissimo 29 – ✆ 041 42 00 83 – Fax 04 15 60 00 37 – Chiuso dal 26 dicembre al 6 gennaio, agosto, domenica sera e lunedì
Rist – Carta 35/49 €
◆ Ambiente caldo e accogliente in un locale di lunga tradizione (dal 1914), dotato di una bella veranda luminosa e un'ampia zona disimpegno; cucina a base di pescato.

Dall'Antonia
via Argine Destro 75, Sud : 2 km – ✆ 04 15 67 56 18 – Fax 04 15 67 52 93 – Chiuso gennaio, agosto, domenica sera e martedì
Rist – Carta 30/67 €
◆ Ambiente originale con numerose piante in vaso e formelle in vetro artistico dove gustare interessanti piatti a base di pescato. Conduzione familiare trentennale.

a Gambarare Sud-Est : 3 km – ✉ 30030

Poppi cam, cam,
via Romea 80, strada statale 309 – ✆ 04 15 67 56 61 – info@hotelpoppi.com – Fax 04 15 67 64 82
100 cam ☕ – 🚹98 € 🚹🚹170 € – ½ P 95 € – **Rist** – *(chiuso dal 1° al 15 gennaio)* Carta 35/65 €
◆ Lungo la statale Romea, un hotel regolarmente rinnovato nel corso del tempo, in grado di offrire un confort adeguato alla clientela commerciale e turistica. Gestione esperta. Ristorante conosciuto e apprezzato, specializzato nelle preparazioni di mare.

a Oriago Est : 4 km – ✉ 30030 – Oriago

Il Burchiello senza rist 80,
via Venezia 19 – ✆ 041 42 95 55 – hotel@burchiello.it – Fax 041 42 97 28
63 cam – 🚹95/120 € 🚹🚹130/180 €, ☕ 15 €
◆ E' un comodo punto di partenza per escursioni sul fiume Brenta, questo hotel che si propone con stili diversi nelle camere e una buona disposizione delle zone comuni.

Il Burchiello con cam — rist,
via Venezia 40 – ✆ 041 47 22 44 – ristorante@burchiello.it – Fax 041 47 29 29 – Chiuso quindici giorni in gennaio e dieci in luglio
11 cam – 40 € 70 €, 8 € – **Rist** – *(chiuso lunedì e martedì sera)* Carta 32/62 €
◆ Elegante ristorante con camere, proprio sulle rive del Brenta, con attracco barche: luminose e capienti sale piacevolmente arredate con gusto; cucina prevalentemente di mare.

Nadain
via Ghebba 26 – ✆ 041 42 93 87 – Fax 041 42 96 65 – Chiuso luglio e mercoledì
Rist – Carta 31/44 €
◆ Cordiale accoglienza e ambiente familiare nell'ampia sala di una trattoria a conduzione diretta, che propone piatti curati e talvolta innovativi, a base di pesce.

MIRAMARE – Rimini – 563 J19 – Vedere Rimini

MIRANO – Venezia (VE) – 562 F18 – 26 150 ab. – alt. 9 m – ✉ 30035

Venezia 36 **C2**

Roma 516 – Padova 26 – Venezia 21 – Milano 253 – Treviso 30 – Trieste 158

Park Hotel Villa Giustinian senza rist — 60,
via Miranese 85 – ✆ 04 15 70 02 00 – info@villagiustinian.com – Fax 04 15 70 03 55
40 cam – 55/77 € 104/129 € – 2 suites
◆ In un bel parco con piscina, villa del '700 con due dipendenze: ambienti rilassanti e funzionali, riccamente ornati in stile, camere piacevoli; anche per turismo d'affari.

Relais Leon d'Oro — cam, cam, rist, 25,
via Canonici 3, Sud : 3 km – ✆ 041 43 27 77 – info@leondoro.it – Fax 041 43 15 01
34 cam – 78/88 € 98/130 € – ½ P 59/64 € – **Rist** – *(chiuso quindici giorni in novembre)* (solo su prenotazione) Carta 31/48 €
◆ Per gli amanti del confort e dell'originalità un hotel in una raffinata residenza di campagna, in posizione molto tranquilla; interni curati, camere personalizzate. Ristorante rustico con affaccio sul giardino, usato anche per banchetti.

Villa Patriarca senza rist
via Miranese 25 – ✆ 041 43 00 06 – info@villapatriarca.com – Fax 04 15 70 20 77
25 cam – 40/60 € 70/98 €
◆ Villa del XVIII secolo ristrutturata e dotata di un grande giardino con piscina e campi da tennis; ambienti comuni dai gradevoli colori chiari, camere in stile lineare.

19 al Paradiso — 20,
via Luneo 37, Nord : 2 km – ✆ 041 43 19 39 – Fax 04 15 70 12 35 – Chiuso agosto e lunedì
Rist – Carta 30/43 €
◆ Bella trattoria di paese accogliente e simpatica, con interni dalle decorazioni originali, dove gustare una linea culinaria tipicamente veneta; servizio estivo in veranda.

a Scaltenigo Sud-Ovest : 4,8 km – ✉ 30030

Trattoria la Ragnatela
via Caltana 79 – ✆ 041 43 60 50 – coop-la-ragnatela@libero.it – Fax 041 43 60 50 – Chiuso mercoledì
Rist – Carta 19/47 €
◆ Una cooperativa dalla clientela eterogenea: una sala semplice e decorosa dove si propongono tradizionali piatti di terra, talvolta con un tocco di originalità.

MISANO ADRIATICO – Rimini (RN) – 562 K20 – 10 548 ab. – ✉ 47843 9 D2

Roma 318 – Rimini 13 – Bologna 126 – Forlì 65 – Milano 337 – Pesaro 20 – Ravenna 68 – San Marino 38

viale Platani 22 ✆ 0541 615520, iat@comune.misano-adriatico.rn.it, Fax 0541 613295

Atlantic Riviera (riscaldata) rist,
via Sardegna 28 – ✆ 05 41 61 41 61 – hotel@atlanticriviera.com – Fax 05 41 61 37 48 – Pasqua-settembre
39 cam – 75/95 € 110/145 € – ½ P 75/95 € – **Rist** – Menu 20/40 €
◆ Struttura di taglio moderno dotata di solarium con piscina riscaldata; all'interno ariosi e "freschi" spazi comuni per un piacevole relax, camere rinnovate di recente. Dalla cucina romagnola ai classici nazionali nel ristorante.

Haway
via Sardegna 21 – ✆ 05 41 61 03 09 – hotelhaway@libero.it – Fax 05 41 60 05 05 – 15 maggio-20 settembre
39 cam – 60 € 84 € – ½ P 54 € – **Rist** – (solo per alloggiati)
◆ Non lontano dal mare e in zona centrale, un albergo d'ispirazione familiare: ambienti ben tenuti, con vari divani nella hall; camere funzionali di confort essenziale.

Taverna del Marinaio
via dei Gigli 16, Portoverde – ✆ 05 41 61 56 58 – Chiuso dall'11 ottobre al 15 dicembre e martedì escluso da giugno al 15 settembre
Rist – Carta 36/61 €
◆ Nei pressi di Portoverde, un classico ristorante di mare, con una spaziosa sala essenziale, con pareti formate da vetrate che si aprono trasformandola in veranda/ terrazza.

a Misano Monte Ovest : 5 km – ✉ 47843

Locanda I Girasoli con cam (riscaldata)
via Ca' Rastelli 13 – ✆ 05 41 61 07 24 – info@locandagirasoli.it – Fax 05 41 61 25 77 – Marzo-ottobre
6 cam – 100 € 150 € – **Rist** – *(chiuso lunedì)* Carta 39/50 €
◆ Nell'assoluta quiete della campagna, avvolto nel giardino ombreggiato, un ristorante d'elegante impostazione country. In menu cucina romagnola con alcune proposte di pesce.

MISSIANO = MISSIAN – Bolzano – Vedere Appiano sulla Strada del Vino

MISURINA – Belluno (BL) – 562 C18 – alt. 1 756 m – Sport invernali : *1 755/2 200 m* 2 *(Comprensorio Dolomiti superski Cortina d'Ampezzo)* – ✉ 32040 *Italia* 36 **C1**

Roma 686 – Cortina d'Ampezzo 14 – Auronzo di Cadore 24 – Belluno 86 – Milano 429 – Venezia 176

Lago★★ – Paesaggio pittoresco★★★

Lavaredo
Dolomiti e lago,
via M. Piana 11 – ✆ 043 53 92 27 – info@lavaredohotel.it – Fax 043 53 91 27 – Chiuso dal 22 aprile al 20 maggio e da ottobre al 20 dicembre
29 cam – 31/95 € 47/120 €, 8 € – ½ P 68/80 €
Rist – Carta 21/49 €
◆ Davanti all'amena distesa lacustre, un albergo con incantevole vista sulle Dolomiti e accoglienti interni spaziosi in stile montano; confortevoli camere in parte rinnovate. Sala ristorante arredata in modo essenziale.

MOCRONE – Massa Carrara – Vedere Villafranca in Lunigiana

MODENA (MO) – 562 I14 – 178 874 ab. – alt. 35 m – ✉ 41100 *Italia* 8 **B2**

Roma 404 – Bologna 40 – Ferrara 84 – Firenze 130 – Milano 170 – Parma 56 – Verona 101

piazza Grande 14 (palazzo Comunale) ✆ 059 203660, iatmo@comune.modena.it, Fax 059 203659

a Colombaro di Formigine, ✆ 059 55 34 82.

Duomo★★★AY – Metope★★ nel museo del Duomo ABY **M1** – Galleria Estense★★, biblioteca Estense★, sala delle medaglie★ nel palazzo dei Musei AY **M2** – Palazzo Ducale★BY **A**

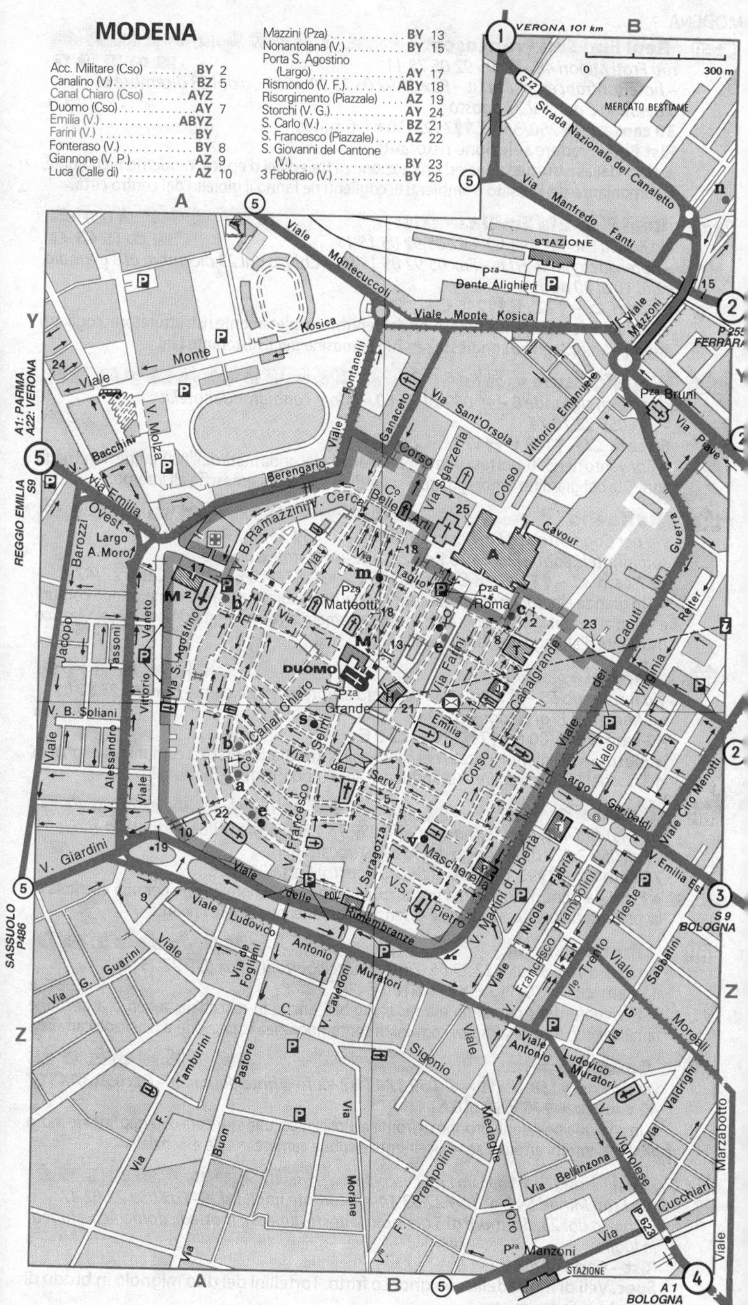

MODENA
Acc. Militare (Cso) . . . . BY 2
Canalino (V.) . . . . BZ 5
Canal Chiaro (Cso) . . . . AYZ
Duomo (Cso) . . . . AY 7
Emilia (V.) . . . . ABYZ
Farini (V.) . . . . BY
Fonteraso (V.) . . . . BY 8
Giannone (V. P.) . . . . AZ 9
Luca (Calle di) . . . . AZ 10
Mazzini (Pza) . . . . BY 13
Nonantolana (V.) . . . . BY 15
Porta S. Agostino (Largo) . . . . AY 17
Rismondo (V. F.) . . . . ABY 18
Risorgimento (Piazzale) . . . . AZ 19
Storchi (V. G.) . . . . AY 24
S. Carlo (V.) . . . . BZ 21
S. Francesco (Piazzale) . . . . AZ 22
S. Giovanni del Cantone (V.) . . . . BY 23
3 Febbraio (V.) . . . . BY 25
VERONA 101 km
300 m
MERCATO BESTIAME
Strada Nazionale del Canaletto
Via Manfredo Fanti
STAZIONE
Pza Dante Alighieri
Viale Montecuccoli
Viale Monte Kosica
Viale Mazzoni
P 255 FERRARA
A1: PARMA
A22: VERONA
REGGIO EMILIA S9
Viale Monte Kosica
Viale Fontanelli
Via Sant'Orsola
Corso Vittorio Emanuele
Pza Bruni
Via Piave
Viale Bacchini
V. Molza
Viale Berengario
Corso Canalgrande
Via Sgarzeria
Corso Cavour
Via Emilia Ovest
Largo A. Moro
Viale Barozzi
V. B. Ramazzini
V. Cerca
Co Belle Arti
Via Taglio
Pza Matteotti
Pza Roma
Viale Reiter
Viale Caduti in Guerra
Via Jacopo
Tassoni
Viale Vittorio Veneto
Via S. Agostino
DUOMO
Pza Grande
Via Farini
Canalgrande
Via Virginia
V. B. Soliani
Viale Alessandro
Co Canal Chiaro
Via Selmi
Via dei Servi
Emilia
Corso
Largo Garibaldi
Viale Ciro Menotti
V. Francesco
V. Saragozza
Mascherella
V.S. Pietro
V. Giardini
Viale delle Rimembranze
V. Martini d. Libertà
Via Nicola Fabrizi
Prampolini
Trieste
V. Emilia Est
S 9 BOLOGNA
SASSUOLO P486
Viale Ludovico Antonio Muratori
Viale G. Guarini
Via de Fogliani
V. Cavedoni
C. Sigonio
Viale Francesco
Vle Trento
Viale Sabbatini
Viale Moreali
Via G.
Viale Antonio Ludovico Muratori
Via Tamburini
Pastore
Via F.
Via Buon
Via Morane
Medaglie d'Oro
Vle F. Prampolini
Via Valdrighi
Vignolese
Via Bellinzona
Via Cucchiari
Marzabotto
P 623
Pza Manzoni
STAZIONE
A 1 BOLOGNA
Viale

Real Fini San Francesco rist, 100,
rua Frati Minori 48 – ✆ 05 92 05 75 11 – hotelsanfrancesco@hrf.it – Fax 05 92 05 75 90 – Chiuso dal 23 dicembre al 3 gennaio e dal 5 al 27 agosto AZ **e**
30 cam – 250/360 € 312/450 € – 6 suites
Rist Fini – vedere selezione ristoranti
◆ Nato dalla ristrutturazione ed unificazione di tre edifici d'epoca, moderne tecnologie, testimonianze del passato e ambienti accoglienti ne fanno il gioiello del centro città.

Real Fini-Via Emilia senza rist 600,
via Emilia Est 441, per ③ – ✆ 05 92 05 15 11 – hotelviaemilia@hrf.it – Fax 05 92 05 15 90 – Chiuso dal 23 dicembre al 3 gennaio e dal 10 al 20 agosto
87 cam – 225 € 246 €
◆ Nell'antica città estense, hotel fuori dal centro, completamente ristrutturato: accoglienti interni e ampio centro congressi; servizio limousine per il Ristorante Fini.

Canalgrande senza rist 200,
corso Canalgrande 6 – ✆ 059 21 71 60 – info@canalgrandehotel.it – Fax 059 22 16 74 BZ **v**
68 cam – 128 € 176 € – 2 suites
◆ Convento nel '500, poi residenza nobiliare nella seconda metà dell'800, infine hotel negli anni '70: bel giardino ombreggiato e splendide sale settecentesche all'interno.

Raffaello rist, 300,
via per Cognento 5, 3 km per via Giardini – ✆ 059 35 70 35 – raffaello@sogliahotels.com – Fax 059 35 45 22 – Chiuso Natale e agosto AZ
127 cam – 110/148 € 130/175 € – ½ P 87/110 € – **Rist** – Carta 27/47 €
◆ Un grande albergo di moderna concezione, ristrutturato, dotato di ampie zone comuni e di un'attrezzata area congressi; spaziose camere arredate in modo semplice. Classico ristorante d'albergo di sobria eleganza.

Centrale senza rist
via Rismondo 55 – ✆ 059 21 88 08 – info@hotelcentrale.com – Fax 059 23 82 01 – Chiuso dal 1° al 20 agosto ABY **m**
42 cam – 45/80 € 70/130 €, 8 €
◆ Albergo felicemente ubicato nel cuore della città: gradevoli spazi comuni nelle tonalità del nocciola con pavimenti a scacchiera e arredi sobri; camere funzionali.

Donatello rist, 50,
via Giardini 402, per via Giardini – ✆ 059 34 45 50 – info@hoteldonatello-mo.it – Fax 059 34 28 03 – Chiuso dal 13 al 19 agosto AZ
74 cam – 92 € – **Rist** – *(chiuso agosto)* Carta 23/30 €
◆ Fuori dal centro storico, ma in comoda posizione, un hotel ideale per una clientela di lavoro: interni ben tenuti, in stile essenziale, omogenee camere lineari.

Libertà senza rist
via Blasia 10 – ✆ 059 22 23 65 – info@hotelliberta.it – Fax 059 22 25 02 BY **e**
51 cam – 70/115 € 110/180 €
◆ Nel cuore della cittadina, ma raggiungibile anche in macchina, albergo a gestione familiare con funzionali spazi comuni di contemporanea ispirazione e piacevoli camere.

Daunia senza rist
via del Pozzo 158, per ③ – ✆ 059 37 11 82 – info@hoteldaunia.it – Fax 059 37 48 07
42 cam – 75 € 110 €
◆ In comoda posizione proprio di fronte al Policlinico, una struttura di taglio lineare inizio '900 con interni arredati semplicemente e sobrie camere in stile essenziale.

Fini – Hotel Real Fini San Francesco 30,
rua Frati Minori 54 – ✆ 059 22 33 14 – ristorante.fini@hrf.it – Fax 059 22 02 47 – Chiuso dal 23 dicembre al 3 gennaio, agosto, lunedì e martedì, domenica e lunedì in luglio AZ **e**
Rist – Carta 68/88 €
Spec. Veli di mortadella con gnocco fritto. Tortellini del dito mignolo in brodo di cappone. Fritto misto.
◆ Quasi un secolo di vita, la storia gastronomica della regione è stata scritta anche da Fini. Sale spaziose ed eleganti, si celebra la cucina emiliana con spazio per il pesce.

XXX **Osteria Francescana** (Bottura)
via Stella 22 – ✆ 059 21 01 18 – mb-francescana@libero.it – Fax 059 22 02 86 – Chiuso dal 24 dicembre al 6 gennaio, agosto, sabato a mezzogiorno e domenica AZ **b**
Rist – Carta 75/103 €
Spec. Cinque stagionature di parmigiano reggiano in cinque diverse consistenze. Maialino di cinta senese laccato con aceto balsamico tradizionale extravecchio. Sud: gelato all'olio d'oliva, pasta di mandorle e capperi, spuma di latte di mandorle di Noto.
◆ Sobrio e moderno, si possono mangiare salumi e tagliatelle ma il cuoco è all'avanguardia in Italia per tecnica e sperimentazione, la tradizione è trasformata e reinventata.

XX **L'Incontro**
largo San Giacomo 32 – ✆ 059 21 85 36 – Fax 059 21 85 36 – Chiuso dal 15 al 31 agosto, domenica sera e lunedì, anche domenica a mezzogiorno in luglio AZ **a**
Rist – Carta 35/60 €
◆ Piccolo e accogliente ristorante classico con interni d'ispirazione contemporanea, in cui si propone una linea gastronomica legata al territorio e alle stagioni.

XX **Zelmira** 12/25,
largo San Giacomo 17 – ✆ 059 22 23 51 – Fax 059 22 23 51 – Chiuso giovedì AZ **a**
Rist – (consigliata la prenotazione) Carta 45/55 €
◆ Giovane ma esperta gestione, proposte di cucina emiliana e qualche ricetta innovativa. Servizio estivo nella bella e tranquilla piazzetta, giusto dinanzi alla fontana.

XX **Bianca**
via Spaccini 24 – ✆ 059 31 15 24 – giuseppe@trattoriabianca.191.it – Fax 059 31 55 20 – Chiuso dal 23 al 31 dicembre, Pasqua, dal 4 al 19 agosto, sabato a mezzogiorno e domenica BY **n**
Rist – Carta 36/50 €
◆ Ristorante di lunga tradizione familiare, con interni dall'atmosfera calda e accogliente; linea gastronomica a base di preparazioni della tradizione, fatte in casa.

XX **Oreste** 30,
piazza Roma 31 – ✆ 059 24 33 24 – ristoranteoreste@libero.it – Fax 059 24 33 24 – Chiuso dal 26 dicembre al 6 gennaio, dal 10 al 31 luglio, domenica sera e mercoledì BY **c**
Rist – Carta 28/45 €
◆ In pieno centro cittadino, ristorante di tradizione con sale dal piacevole ambiente un po' retrò, in cui provare specialità del territorio e pasta fatta in casa.

XX **Al Boschetto-da Loris** 12/20, P
via Due Canali Nord 202, per ② – ✆ 059 25 17 59 – Fax 059 25 17 59 – Chiuso sabato da giugno ad agosto, mercoledì e la sera (escluso il sabato) negli altri mesi
Rist – Carta 27/47 €
◆ Nell'antico Casino di caccia del duca d'Este, cinto da piante secolari, un locale ben tenuto, dove gustare pochi, ma curati piatti casereccі; servizio estivo in giardino.

X **Hosteria Giusti** (Galli)
vicolo Squallore 46 – ✆ 059 22 25 33 – Fax 059 22 25 33 – Chiuso dicembre, agosto, domenica, lunedì e la sera BY **e**
Rist – Carta 48/63 €
Spec. Gnocco fritto e salumi tipici. Frittelle di minestrone. Guanciale di vitello glassato al vino bianco.
◆ Atipico e caratteristico: siamo sul retro di un'antica salumeria dall'unica e semplice sala dove sembra di essere ospiti in casa altrui. Cucina tradizionale emiliana.

X **Cucina del Museo**
via Sant'Agostino 7 – ✆ 059 21 74 29 – alberto@cucinadelmuseo.it – Fax 059 23 74 43 – Chiuso agosto e lunedì AY **b**
Rist – Carta 56/80 €
◆ Un localino raccolto, frequentato da habituè, nelle immediate vicinanze del museo. Piatti tradizionali con prodotti ricercati, cantina dalla scelta non ampia ma valida.

sulla strada statale 9 - via Emilia Est per ③ : 4 km località Fossalta

Rechigi Park Hotel senza rist — 100,
via Emilia Est 1581 ✉ 41100 Modena – ✆ 059 28 36 00 – info@rechigiparkhotel.it – Fax 059 28 39 10 – Chiuso dal 7 al 21 agosto
72 cam – 99/145 € 149/220 €
◆ In un'antica residenza nobiliare totalmente ristrutturata mantenendo lo stile e i colori del passato, un hotel dotato di buoni confort e piacevoli camere in stile lineare.

Antica Moka — 15/25,
via Emilia Est 1581 ✉ 41100 Modena – ✆ 059 28 40 08 – info@anticamoka.it – Fax 059 28 40 48 – Chiuso Natale, agosto, sabato a mezzogiorno e domenica
Rist – Carta 48/90 €
◆ Un locale elegante con due accoglienti e sobrie salette dove provare gustosi piatti classici e del territorio. Alla ricerca di antichi sapori e nuovi abbinamenti.

Vinicio
via Emilia Est 1526 ✉ 41100 Modena – ✆ 059 28 03 13 – vinicio.ristorante@tin.it – Fax 059 28 19 02 – Chiuso dal 24 dicembre al 6 gennaio, agosto e lunedì
Rist – Carta 33/45 €
◆ In una fattoria rimodernata alle porte della città, ristorante con ampi interni adatti a ogni esigenza; si propongono piatti del luogo, serviti all'aperto d'estate.

La Quercia di Rosa
via Scartazza 22 ✉ 41100 Modena – ✆ 059 28 07 30 – querciadirosa@libero.it – Fax 05 92 86 13 98 – Chiuso dal 1° al 24 agosto, martedì e domenica sera
Rist – Carta 29/38 €
◆ Locale raffinato felicemente ubicato in una villa di fine '800 restaurata, dotata di ampi spazi esterni; servizio estivo all'aperto in giardino ombreggiato con laghetto.

sulla strada statale 486 per ⑤ - via Giardini AZ :

Mini Hotel Le Ville — 40,
via Giardini 1270, Sud : 4,5 km ✉ 41100 Modena – ✆ 059 51 00 51 – leville@tin.it – Fax 059 51 11 87 – Chiuso dal 7 al 21 agosto
46 cam – 78/110 € 120/155 €
Rist Le Ville – vedere selezione ristoranti
◆ Albergo recente abbellito da un rigoglioso giardino con piscina: accoglienti spazi comuni rischiarati da grandi vetrate ornate da morbide tende, gradevoli camere.

Le Ville
via Giardini 1272, Sud : 4,5 km ✉ 41100 Modena – ✆ 059 51 22 40 – Fax 05 95 13 90 21 – Chiuso dal 1° all'8 gennaio, dall'8 al 30 agosto, sabato a mezzogiornoe domenica
Rist – Carta 25/43 €
◆ Esperta gestione in un bel locale curato, sito proprio di fronte all'omonimo hotel; una sala elegante dove si servono piatti di stampo classico, ma anche innovativi.

Al Caminetto-da Dino
strada Martiniana 240, Sud : 7,5 km ✉ 41100 Modena – ✆ 059 51 22 78 – Fax 059 51 22 78 – Chiuso dal 23 dicembre al 2 gennaio, dal 3 al 24 agosto, sabato a mezzogiorno e lunedì
Rist – Carta 37/57 €
◆ Ristorante totalmente ristrutturato, che non ha perso le sue caratteristiche di familiarità, inserite però in un contesto più elegante; proposte di cucina tradizionale.

sulla strada statale 623 Vignolese per ④ : 7 km località San Donnino :

Acetaia Malpighi con cam — rist,
via Vignolese 1487, San Donnino – ✆ 059 46 50 63 – info@acetaiamalpighi.it – Fax 059 46 75 68 – Chiuso martedì
6 cam – 85 € 95 €, 7 € – **Rist** – Carta 32/45 €
◆ Di recente apertura, locale raffinato, con abbinata un'acetaia tra le più rinomate della città; interessanti e fantasiosi piatti, spesso insaporiti dall'aceto balsamico.

per strada statale 12 per ④ : 8 km:

XXX **Europa 92**
stradello Nava 8 ✉ 41010 Vaciglio – ✆ 059 46 00 67 – ristoeuropa@libero.it – Fax 059 46 40 31 – Chiuso dal 1° al 20 gennaio, dal 1° al 23 agosto, lunedì, martedì a mezzogiorno
Rist – Carta 39/49 €
◆ A pochi passi dal Centro Ippico, ristorante con eleganti sale in stile rustico dalla raffinata atmosfera ricavate dalle stalle di una fattoria; piatti di cucina modenese.

in prossimità casello autostrada A1 Modena Nord per ⑤ : 7 km :

X **La Piola**
via Viazza di Ramo 248 ✉ 41010 Modena – ✆ 059 84 80 52 – osterialapiola@libero.it – Fax 059 84 80 52 – Chiuso lunedì e martedì
Rist – Menu 20/27 €
◆ Semplicità, genuinità e attaccamento alle tradizioni in una trattoria tipica che propone piatti della più autentica cucina locale; ameno servizio estivo all'aperto.

in prossimità casello autostrada A1 Modena-Sud r 05

Real Fini-Baia del Re 100,
via Vignolese 1684 – ✆ 05 94 79 21 11 – booking@hrf.it – Fax 05 94 79 21 90
78 cam – 152 € 192 € – 6 suites
Rist ***Baia del Re*** – ✆ 059 46 91 35 *(chiuso dal 5 al 19 agosto e domenica)* Carta 32/43 €
◆ Un hotel di recente costruzione, immerso nel verde, mette a dispposizione camere semplici e funzionali con arredo moderno, sale riunioni ed un attrezzato centro fitness. Il ristorante sorge all'interno di un edificio storico e propone una cucina tradizionale che varia con le stagioni.

sulla strada statale 9 - via Emilia Ovest per ⑤ :

XX **La Masseria** 12/25,
via Chiesa 61, località Marzaglia Ovest : 9 km ✉ 41100 Modena – ✆ 059 38 92 62 – lamasseria@michael.it – Fax 059 38 80 14 – Chiuso dal 24 dicembre al 5 gennaio e martedì
Rist – Carta 34/46 €
◆ Gestione diretta di lunga esperienza in un locale all'interno di un mulino del '700 restaurato: curati interni con pietra e mattoni a vista; servizio estivo in giardino.

XX **Strada Facendo** 30,
via Emilia Ovest 622 ✉ 41100 Modena – ✆ 059 33 44 78 – stradafacend@libero.it – Fax 059 33 44 78 – Chiuso una settimana in gennaio, tre settimane in agosto, sabato a mezzogiorno e domenica
Rist – Carta 44/58 €
◆ Strada facendo, incontrerete questo piccolo e grazioso ristorante con due salette di tono elegante, curate nei particolari; piatti fantasiosi e ricca carta dei vini.

MODICA – Ragusa – **565** Q26 – **Vedere Sicilia alla fine dell'elenco alfabetico**

MOENA – Trento (TN) – **562** C16 – **2 608 ab.** – **alt. 1 184 m** – **Sport invernali :** ***ad Alpe Lusia e San Pellegrino (Passo) : 1 200/2 500 m 3 17 (Comprensorio Dolomiti Superski Tre Valli)*** – ✉ 38035 *Italia* 31 **C2**

Roma 671 – Belluno 71 – Bolzano 44 – Cortina d'Ampezzo 74 – Milano 329 – Trento 89

piazza Cesare Battisti 93 ✆ 0462 609770, info.moena@fassa.com, Fax 0462 574342

Alle Alpi 50,
via Moene 47 – ✆ 04 62 57 31 94 – info@hotelallealpi.it – Fax 04 62 57 44 12 – 19 dicembre-marzo e 15 giugno-20 settembre
33 cam – 80/100 € 140/200 € – ½ P 85/140 € – **Rist** – Menu 40/60 €
◆ Situato nella parte superiore della località, albergo con confortevoli interni caldi ed eleganti, cura dei dettagli e atmosfera familiare. Attivo centro benessere. Capiente sala ristorante dai toni freschi e luminosi, cucina d'ispirazione contemporanea.

Maria
via dei Colli 7 – ☎ 04 62 57 32 65 – info@hotelmaria.com – Fax 04 62 57 34 34 – Chiuso da maggio al 15 giugno
20 cam – 103 € 148 € – 9 suites – ½ P 89 € – **Rist** – (solo per alloggiati) 25 €
◆ Completamente rinnovato, a partire dall'ottimo centro benessere. Camere molto accoglienti, calda atmosfera montana; in centro e in riva al fiume.

Garden
via Chiezure 1 – ☎ 04 62 57 33 14 – info@hotelgarden-moena.it – Fax 04 62 57 31 56 – Dicembre-marzo e 20 giugno-settembre
42 cam – 105/135 € 185/250 € – 2 suites – **Rist** – Carta 36/43 €
◆ Albergo a ridosso del centro che punta ad offrire una vacanza "benessere" ai propri ospiti, sciatori e non. Vasta gamma di programmi di animazione o cure estetiche.

Patrizia monti,
via Rif 2 – ☎ 04 62 57 31 85 – info@hotelpatrizia.tn.it – Fax 04 62 57 40 87 – 20 dicembre-Pasqua e 20 giugno-20 settembre
40 cam – 63/90 € 100/130 €, 10 € – ½ P 80/110 € – **Rist** – (solo per alloggiati)
◆ Nella parte alta della località, in posizione tranquilla, con splendida vista dei monti, una struttura in stile montano d'ispirazione contemporanea; ampia piscina coperta.

Stella Alpina
via Enrosadira 1 – ☎ 04 62 57 33 51 – info@hotelstellaalpina.it – Fax 04 62 57 34 31 – 1° dicembre-15 aprile e 15 giugno-settembre
27 cam – 87 € 95 € – 1 suite – ½ P 70/90 € – **Rist** – (solo per alloggiati)
◆ In posizione privilegiata a pochi passi dal centro, ma in luogo tranquillo e soleggiato, bella struttura nel verde con cura dei dettagli e tenuta impeccabili.

Park Hotel Leonardo Dolomiti, cam, rist,
via Ciroch 5 – ☎ 04 62 57 33 55 – info@parkhotelleonardo.it – Fax 04 62 57 46 11 – 8 dicembre-marzo e 20 giugno-20 settembre
30 cam – 65/100 € 120/160 €, 7 € – 3 suites – ½ P 80/110 €
Rist – Menu 25/40 €
◆ In posizione tranquilla con bella vista delle cime dolomitiche, un hotel con spazi e ambienti luminosi, sia nelle parti comuni che nelle camere, alcune con giardino pensile. Capiente sala da pranzo con pavimento in parquet e soffitto ligneo.

Post Hotel senza rist
piazza Italia 10 – ☎ 04 62 57 37 60 – info@posthotelmoena.it – Fax 04 62 57 32 81 – Dicembre-25 aprile, 20 giugno-25 settembre
2 cam – 62/70 € – 15 suites – 124/140 €
◆ Nel cuore della località, hotel a gestione diretta che dispone di un settore notte costituito da piccoli appartamenti in stile montano, totalmente rifiniti in legno.

Cavalletto
via Carezza 1 – ☎ 04 62 57 31 64 – h.cavalletto@tin.it – Fax 04 62 57 46 25 – Dicembre-aprile e giugno-settembre
33 cam – 45/50 € 80/90 € – ½ P 45/65 € – **Rist** – (solo per alloggiati) Carta 20/25 €
◆ Ubicato in posizione centrale, albergo dall'ambiente familiare, completamente ristrutturato pochi anni or sono; piacevoli ambienti di taglio moderno, camere funzionali.

Malga Panna (Donei) Dolomiti,
via Costalunga 56, località Sorte Ovest : 1,5 km – ☎ 04 62 57 34 89 – Fax 04 62 57 41 42 – Chiuso dal 15 maggio al 15 giugno, novembre e lunedì (escluso luglio-agosto)
Rist – Carta 41/62 €
Spec. Uovo fritto in crosta di polenta con porcini, puzzone di Moena e speck croccante. Ravioli al luppolo con canestrelli, finferli e trippa di baccalà (estate). Composizione di coniglio, spiedino di lumache, sedano e pomodoro passito.
◆ Al limitare del bosco, da dove domina la valle, invitante malga ristrutturata: veranda e alcune accoglienti sale rifinite in legno, per eccellenti piatti trentini rivisitati.

Tyrol
piazza Italia 10 – ✆ 04 62 57 37 60 – info@posthotelmoena.it – Fax 04 62 57 32 81 – Dicembre-25 aprile, 20 giugno-25 settembre; chiuso martedì
Rist – Carta 32/42 €
◆ Un'unica sala, accogliente e luminosa, con travi a vista sul soffitto e arredi essenziali. La cucina è basata su proposte locali rivisitate anche in chiave moderna.

sulla strada statale 48 Sud : 3 km :

Foresta rist,
via Nazionale 1 – ✆ 04 62 57 32 60 – info@hotelforesta.it – Fax 04 62 57 32 60 – Chiuso dal 9 al 25 dicembre e dal 26 giugno al 18 luglio
19 cam – 30/55 € 60/100 € – ½ P 45/75 € – **Rist** – *(chiuso venerdì)* Carta 23/36 €
◆ Una bella casa, ubicata lungo la strada, che offre un'accoglienza calorosa tanto nella stagione sciistica quanto nei mesi estivi. Spazi comuni caratteristici, camere ampie. Ristorante con cucina tipica e serate a tema, frequentato e generoso nelle porzioni.

MOGGIONA – Arezzo – 563 K17 – Vedere Poppi

MOGLIANO VENETO – Treviso (TV) – 562 F18 – 27 026 ab. – ✉ 31021 35 A2

Roma 529 – Venezia 17 – Milano 268 – Padova 38 – Treviso 12 – Trieste 152 – Udine 121

Villa Condulmer, Nord-Est : 4 km, ✆ 041 45 70 62 ; Zerman, Nord-Est : 4 km, ✆ 041 45 73 69.

Villa Stucky senza rist 40,
via Don Bosco 47 – ✆ 04 15 90 45 28 – info@villastucky.it – Fax 04 15 90 45 66
28 cam – 75/110 € 117/181 €
◆ Hotel moderno in un'elegante villa d'epoca, splendidamente restaurata, all'interno di un piccolo parco; ambienti in stile ricchi di fascino e belle camere personalizzate.

Duca d'Aosta senza rist 100,
piazza Duca d'Aosta 31 – ✆ 04 15 90 49 90 – info@ducadaostahotel.it – Fax 04 15 90 43 81
43 cam – 80/120 € 130/185 €
◆ Bella costruzione d'ispirazione contemporanea ristrutturata di recente. Situata nel cuore della cittadina offre piacevoli spazi comuni dai colori chiari, ben arredati.

MOIA DI ALBOSAGGIA – Sondrio – Vedere Sondrio

MOIANO – Napoli – 564 F25 – Vedere Vico Equense

MOLA DI BARI – Bari (BA) – 564 D33 – 26 258 ab. – ✉ 70042 27 C2

Roma 436 – Bari 21 – Brindisi 93 – Taranto 105

Niccolò Van Westerhout
via De Amicis 3/5 – ✆ 08 04 74 42 53 – Fax 08 04 74 69 89 – Chiuso martedì
Rist – Carta 29/45 €
◆ Nel centro della località, un ristorante di stampo tradizionale, con due sale ben tenute dove gustare proposte culinarie anche a base di piatti di mare.

MOLFETTA – Bari (BA) – 564 D31 – 61 163 ab. – ✉ 70056 *Italia* 26 B2

Roma 425 – Bari 30 – Barletta 30 – Foggia 108 – Matera 69 – Taranto 115

Garden 80,
via provinciale Terlizzi – ✆ 08 03 34 17 22 – info@gardenhotel.org – Fax 08 03 34 92 91
60 cam – 55 € 80 € – ½ P 55 € – **Rist** – *(chiuso sabato e domenica)* Carta 20/32 €
◆ Particolarmente adatto a una clientela di lavoro, albergo recente ubicato alle porte della cittadina; buoni confort negli interni di taglio moderno, camere accoglienti. Gradevole sala da pranzo arredata in modo essenziale.

XX **Isola di Sant'Andrea** AC 24, VISA AE
via Dante Alighieri 98 – ✆ 08 03 35 43 12
Rist – Carta 20/30 €
◆ Cordiale accoglienza in un ristorante classico, a pochi passi dal molo, dove si propone una linea gastronomica legata alla tradizione, ma anche ricette personalizzate.

MOLINI = MÜHLEN – **Bolzano – Vedere Falzes**

MOLLIÈRES – **Torino – Vedere Cesana Torinese**

MOLTRASIO – **Como (CO) – 561** E9 – **1 818 ab. – alt. 247 m** – ✉ **22010** 18 **B1**
Roma 634 – Como 9 – Menaggio 26 – Milano 57

Grand Hotel Imperiale (riscaldata) AC cam, rist, 200, VISA AE
via Durini
– ✆ 031 34 61 11
– grandimp@tin.it – Fax 031 34 61 20 – Chiuso gennaio
94 cam – 117/178 € 143/228 € – 2 suites – ½ P 91/136 €
Rist – *(marzo-ottobre)* Carta 39/49 €
Rist *Imperialino* – *(14 febbraio-31 dicembre)* Carta 43/60 €
◆ Imponente hotel moderno, nato nel 1926, poi ampliato e ristrutturato, dotato di piscina riscaldata in riva al lago; confortevoli interni signorili, camere piacevoli. Per una cena a base di specialità del luogo nell'ampia e luminosa sala.

XX **Posta** con cam AC VISA AE
piazza San Rocco 5 – ✆ 031 29 04 44 – info@hotel-posta.it – Fax 031 29 06 57
– Chiuso gennaio e febbraio
17 cam – 85/135 € 105/145 € – ½ P 72/87 € – **Rist** – *(chiuso mercoledì a mezzogiorno escluso da giugno a settembre)* Carta 34/49 €
◆ In centro paese, ristorante a gestione diretta, con camere in parte ristrutturate: sala da pranzo di tono elegante dove gustare pesce lacustre; "fresco" servizio estivo all'aperto.

Hotel e ristoranti cambiano ogni anno.
Per questo, ogni anno, c'è una nuova guida Michelin!

MOLVENO – **Trento (TN)** – **562** D14 – **1 123 ab.** – **alt. 864 m** – **Sport invernali :** ***ad Andalo : 1042/1 528 m 1 20 (Consorzio Paganella-Dolomiti)*** – ✉ **38018** 30 **B3**
Italia
Roma 627 – Trento 44 – Bolzano 65 – Milano 211 – Riva del Garda 46
piazza Marconi 5 ✆ 0461 586924, Fax 0461 586221
Lago★★

Alexander Hotel Cima Tosa Gruppo del Brenta e lago, 70, P VISA AE
piazza Scuole 7
– ✆ 04 61 58 69 28
– info@alexandermolveno.com – Fax 04 61 58 69 50 – Chiuso dal 18 marzo all'8 aprile e dal 2 novembre al 18 dicembre
40 cam – 48/90 € 80/150 € – 6 suites – ½ P 50/95 € – **Rist** – Carta 24/38 €
◆ Affacciata al lago e al gruppo Brenta, una casa elegante con camere in stile rustico spaziose e vivacemente colorate, una sala per i piccoli ed un nuovo centro benessere. Buffet di antipasti e insalate e, settimanalmente, una serata tipica a tema presso l'elegante ristorante dal soffitto con travi di legno a vista.

 **Du Lac** (riscaldata) rist, P VISA AE
via Nazionale 4 – ✆ 04 61 58 69 65 – info@hoteldulac.it – Fax 04 61 58 62 47
– Chiuso aprile e novembre
40 cam – 43/78 € 100/160 € – ½ P 58/92 € – **Rist** – Carta 28/35 €
◆ Alle porte del paese, una struttura tipica montana abbracciata dal verde e sita vicino lago, dispone di camere classiche ed accoglienti recentemente rinnovate. Sala da pranzo in stile rustico tirolese dove assaporare una sapiente cucina regionale.

Belvedere rist, VISA

via Nazionale 9 – 04 61 58 69 33 – info@belvedereonline.com – Fax 04 61 58 60 44 – Chiuso da novembre al 20 dicembre e marzo

59 cam – †57/112 € ††90/200 € – ½ P 92/124 € – **Rist** – Carta 29/37 €

◆ Immerso nel verde, un albergo rustico ravvivato da inserti in velluto e tendaggi rosso scarlatto, dispone di ambienti moderni e una nuova piscina dal grande effetto scenico. Al ristorante, un ambiente classico e luminoso con tocchi di tipicità e la classica cucina regionale.

Dolomiti (riscaldata) rist, VISA AE

via Lungolago 18 – 04 61 58 60 57 – info@alledolomiti.com – Fax 04 61 58 69 85 – 20 dicembre-marzo, Pasqua e giugno-ottobre

40 cam – †50/80 € ††90/110 € – ½ P 88/98 € – **Rist** – Carta 29/42 €

◆ Storica casa di famiglia, l'albergo vanta oggi uno stile rustico, camere accoglienti, ambienti comuni con lievi tocchi d'eleganza ed un piccolo giardino sul retro con piscina. Nella raffinata sala da pranzo, arredata in calde tonalità rosse e gialle, la cucina classica trentina.

Lido 100, P VISA

via Lungolago 10 – 04 61 58 69 32 – info@hotel-lido.it – Fax 04 61 58 61 43 – 15 maggio-15 ottobre

53 cam – †35/68 € ††69/116 € – ½ P 60/100 € – **Rist** – Carta 21/29 €

◆ Circondata da un grande giardino con area giochi per bambini, una risorsa di tradizione familiare, recentemente ampliata con camere e nuovi appartamenti dagli arredi in legno. Nel caldo ristorante in stile rustico, le tradizionali proposte della gastronomia del territorio.

Ariston rist, VISA AE

via Lungolago 3 – 04 61 58 69 07 – hotel@aristonmolveno.it – Fax 04 61 58 61 67 – Chiuso dal 7 aprile al 25 maggio e dal 10 ottobre al 10 dicembre

45 cam – †48/90 € ††60/120 € – ½ P 40/80 € – **Rist** – Carta 20/40 €

◆ Recentemente rinnovato, l'hotel offre camere con balcone dagli arredi in legno chiaro o in stile ottocentesco, ambienti accoglienti, sale lettura e zone per la ricreazione. Bella e panoramica, l'elegante sala da pranzo si affaccia sul lago e propone la cucina tipica del territorio.

El Filò VISA AE

piazza Scuole 5 – 04 61 58 61 51 – ristoranteelfilo@virgilio.it – Fax 04 61 58 61 51 – Natale-6 gennaio e maggio-ottobre

Rist – Carta 23/34 €

◆ Incantevole caratteristica stube, completamente rifinita in legno: luci soffuse, divanetti a muro rossi e proposte di cucina tipica, ma anche piatti legati alla stagione.

MOMBARUZZO – Asti (AT) – 561 H7 – ✉ 14046 — 23 C3

Roma 610 – Torino 98 – Asti 37 – Alessandria 28

a Casalotto Ovest : 4 km – ✉ 14046

La Villa senza rist P VISA AE

via Torino 7 – 01 41 79 38 90 – info@lavillahotel.net – Fax 01 41 73 99 91

11 cam – †85/95 € ††155/165 € – 3 suites

◆ Nel cuore delle colline del Monferrato, una signorile villa dei primi del '700 gestita da una coppia inglese, dispone di camere diverse negli arredi e una terrazza panoramica.

MOMBELLO MONFERRATO – Alessandria (AL) – 1 103 ab. – alt. 294 m – ✉ 15020 — 23 C2

Roma 626 – Alessandria 48 – Asti 38 – Milano 95 – Torino 61 – Vercelli 39

Cà Dubini senza rist P VISA

via Roma 17 – 01 42 94 41 16 – info@cadubini.it – Fax 01 42 94 49 28 – Chiuso dal 1° al 20 agosto

4 cam – †45 € ††75 €

◆ Immersa nel Monferrato Casalese, una caratteristica cascina ristrutturata nel pieno rispetto della struttura originale. Ambienti confortevoli, in puro stile country.

Dubini 20,
via Roma 34 – 01 42 94 41 16 – info@cadubini.it – Fax 01 42 94 49 28 – Chiuso dal 1° al 20 agosto e mercoledì
Rist – Carta 33/43 €
◆ Gestione diretta di grande ospitalità e simpatia in un locale ubicato tra le splendide colline del Monferrato; ambiente familiare e proposta di piatti del territorio.

Hostaria dal Paluc
via San Grato 30, località Zenevreto Nord : 2 km – 01 42 94 41 26 – Fax 01 42 94 41 26 – Chiuso dal 16 al 26 agosto, lunedì e martedì
Rist – Menu 25/30 €
◆ Atmosfera raffinata nella sala di tono rustico, con camino e arredi semplici, dove gustare piatti del luogo rivisitati; servizio estivo all'aperto con vista panoramica.

MOMO – Novara (NO) – 561 F7 – **2 702 ab.** – **alt. 213 m** – **28015** 23 **C2**

Roma 640 – Stresa 46 – Milano 66 – Novara 15 – Torino 110

Macallè con cam
via Boniperti 2 – 03 21 92 60 64 – Fax 03 21 92 68 28 – Chiuso dal 10 al 20 gennaio e dal 16 al 30 agosto
8 cam – 60/65 € 90/100 €, 8 € – ½ P 75/100 € – **Rist** – *(chiuso mercoledì)* Carta 34/51 €
◆ Elegante locale storico della zona, con alcune accoglienti stanze e un'ampia sala luminosa di taglio moderno, dove si propongono ricercati piatti della tradizione.

MOMPIANO – Cuneo – Vedere Trezzo Tinella

MONASTEROLO DEL CASTELLO – Bergamo (BG) – 561 E11 – **1 007 ab.** – **alt. 347 m** – 24060 19 **D1**

Roma 585 – Bergamo 28 – Brescia 61 – Milano 72

Locanda del Boscaiolo con cam
via Monte Grappa 41 – 035 81 45 13 – Fax 035 81 45 13 – Chiuso novembre
11 cam – 43 € 55 €, 7 € – ½ P 50 € – **Rist** – *(chiuso martedì escluso da giugno ad agosto)* Carta 28/44 €
◆ Locanda "vecchia maniera", con camere semplici, in posizione panoramica: genuine proposte culinarie tipiche del luogo e servizio estivo sotto un pergolato in riva al lago.

MONASTIER DI TREVISO – Treviso (TV) – 562 F19 – **3 496 ab.** – 31050 35 **A1**

Roma 548 – Venezia 30 – Milano 287 – Padova 57 – Treviso 17 – Trieste 125 – Udine 96

Menegaldo
località Pralongo Est : 4 km – 04 22 79 80 25 – menegaldo@sevenonline.it – Fax 04 22 89 88 02 – Chiuso dal 20 al 28 febbraio, agosto, mercoledì e martedì sera
Rist – Carta 24/42 €
◆ Ambiente familiare e buona accoglienza in un locale molto conosciuto nella zona: all'interno ampie salette e saloni curati, con arredi rustici e semplici; piatti di mare.

MONCALIERI – Torino (TO) – 561 G5 – **54 462 ab.** – **alt. 260 m** – **10024** 22 **A1**

Roma 662 – Torino 10 – Asti 47 – Cuneo 86 – Milano 148
, 011 647 99 18 ; I Ciliegi, Nord-Est : 8 km a Pecetto, 011 860 98 02.

Pianta d'insieme di Torino

Holiday Inn Turin South cam, cam, 100,
strada Palera 96 – 01 16 47 78 01 – holidayinn.turinsouth@alliancealberghi.com – Fax 01 16 81 33 44 HU **x**
80 cam – 130/245 € 145/245 € – **Rist** – Menu 20/25 €
◆ In zona periferica, hotel a vocazione congressuale, da poco ristrutturato; interni di taglio moderno con confort adeguati alla catena cui appartiene, camere accoglienti. Grande sala da pranzo particolarmente luminosa.

La Maison Delfino

via Lagrange 4 - borgo Mercato – 011 64 25 52 – maison.delfino@fastwebnet.it – Fax 011 64 25 52 – Chiuso dal 1° al 10 gennaio, dal 9 al 22 agosto, domenica, lunedì e amezzogiorno

Rist – Carta 31/48 €

◆ In un edificio fuori dal centro, piccolo ed elegante locale gestito con passione da due fratelli: tavoli rotondi e ambiente curato in cui gustare specialità di mare.

Al Borgo Antico

15,

via Santa Croce 34 – 011 64 44 55 – Fax 011 64 44 55 – Chiuso dal 15 luglio al 15 agosto, domenica sera e lunedì

Rist – Carta 27/40 €

◆ Ristorante ubicato all'interno del centro storico, in un bel locale rustico: una sala non grande, ma molto ben arredata e curata nei particolari; piatti della tradizione.

Ca' Mia

20,

strada Revigliasco 138 – 01 16 47 28 08 – camia@camia.it – Fax 01 16 47 28 08 – Chiuso quindici giorni in agosto e mercoledì HU **c**

Rist – Carta 27/39 €

◆ Alle pendici della collina di Moncalieri, locale classico ideale per ogni occasione, dal pranzo di lavoro a banchetti e matrimoni; cucina tradizionale e del territorio.

MONCALVO – Asti (AT) – 561 G6 – **3 303 ab. – alt. 305 m** – ✉ **14036** 23 **C2**

Roma 633 – Alessandria 48 – Asti 21 – Milano 98 – Torino 74 – Vercelli 42

La Locanda del Melograno senza rist

corso Regina Margherita 38 – 01 41 91 75 99 – info@lalocandadelmelograno.it – Fax 01 41 91 75 99

9 cam – 70 € 85 €

◆ Edificio di fine '800 sottoposto a restauro con esiti mirabili, rispetto per le origini e affascinanti incursioni nel moderno. Rivendita di vini e prodotti del territorio.

L'Osteria Aleramo

10/25,

piazza Carlo Alberto 19 – 01 41 92 13 44 – Fax 01 41 92 13 44 – Chiuso dal 15 febbraio all'8 marzo, dal 28 agosto al 15 settembre, lunedì e martedì a mezzogiorno

Rist – Carta 35/50 €

◆ Nella parte elevata del paese, affacciato sulla piazza, il locale si articola in due salette ben tenute, a lato della zona bar, nelle quali provare piatti e vini piemontesi.

MONCENISIO – Torino (TO) – 561 G2 – **48 ab. – alt. 1 459 m** – ✉ **10050** 22 **B2**

Roma 722 – Torino 88 – Moncalieri 84

Chalet sul lago

regione lago – 01 22 65 33 15 – info@chaletsullago.it – Fax 01 22 65 33 15 – Chiuso dal 3 novembre al 3 dicembre

6 cam – 50 € 65 € – ½ P 40 € – **Rist** – Carta 22/29 €

◆ Sei camere accoglienti e luminose, recentemente rinnovate, tutte con balcone. Bella posizione sulla riva di un piccolo lago naturale. Sala da pranzo panoramica, cucina casereccia in stile trattoria.

MONDAVIO – Pesaro e Urbino (PU) – 563 K20 – **3 908 ab. – alt. 280 m** – ✉ **61040** 20 **B1**

Roma 264 – Ancona 56 – Macerata 106 – Pesaro 44 – Urbino 45

La Palomba

via Gramsci 13 – 07 21 97 70 48 – info@lapalomba.it – Fax 07 21 97 70 48

20 cam – 45/50 € 55/60 €, 5 € – ½ P 35/50 € – **Rist** – *(chiuso dal 22 al 31 settembre e domenica sera da novembre a marzo)* Carta 23/32 €

◆ Punto di riferimento per l'ospitalità della zona questa piacevole realtà familiare, di fronte all'antica Rocca Roveresca; interni curati, camere piccole ma funzionali. Ristorante con camino incorniciato da mattoni a vista.

MONDELLO – Palermo – 565 M21 – **Vedere Sicilia alla fine dell'elenco alfabetico**

MONDOVÌ – Cuneo (CN) – 561 I5 – 22 023 ab. – alt. 559 m – ✉ 12084 – MONDOVI' 22 **B3**

Roma 616 – Cuneo 27 – Genova 117 – Milano 212 – Savona 71 – Torino 80

via Vico 2 ✆ 0174 47428, info@monregaletour.it, Fax 0174 481481

La Borsarella
20/30,

via del Crist 2, Nord-Est : 2,5 km – ✆ 017 44 29 99 – info@laborsarella.it – Fax 01 74 55 51 61 – Chiuso una setimana in giugno, due in agosto, domenica sera e lunedì

Rist – Menu 20/30 € – Carta 25/30 €

◆ Ristorante ricavato da un cascinale di origine settecentesca, nel cui terreno si trova anche un laghetto artificiale. Cucina piemontese, sapori della tradizione.

Ezzelino
26,

via Vico 29 – ✆ 01 74 55 80 85 – Fax 01 74 55 80 85 – Chiuso venti giorni in gennaio, una settimana in luglio e settembre, lunedì e martedì a mezzogiorno

Rist – Carta 32/40 €

◆ Pochi i coperti in una sala che miscela antico e moderno con gusto e armonia. Dalla cucina i piatti della cucina italiana rivisitati e alleggeriti.

MONEGLIA – Genova (GE) – 561 J10 – 2 791 ab. – ✉ 16030 15 **C2**

Roma 456 – Genova 58 – Milano 193 – Sestri Levante 12 – La Spezia 58

corso Longhi 32 ✆ 0185 490576, info@prolocomoneglia.it, Fax 0185 490576

Mondial
cam, rist,

via Venino 16 – ✆ 018 54 92 65 – info@mondialhotel.it – Fax 018 54 99 43 – 16 marzo-ottobre

54 cam – 110/115 € 130/140 € – ½ P 80/87 € – **Rist** – Carta 28/33 €

◆ Struttura rinnovata negli ultimi anni, in posizione panoramica circondata dal verde, a pochi minuti dal centro e dal mare; interni ben arredati e con buoni confort. Sala ristorante in stile lineare.

Villa Edera

via Venino 12/13 – ✆ 018 54 92 91 – info@villaedera.com – Fax 018 54 94 70 – 15 marzo-5 novembre

27 cam – 90/140 € 90/160 € – ½ P 70/120 € – **Rist** – Carta 27/46 €

◆ Esperta conduzione in un hotel d'ispirazione contemporanea non lontano dal mare; hall con poltrone in bambù e pareti dalle calde tonalità; camere arredate semplicemente. Ampia sala da pranzo, affidabile cucina d'albergo.

Piccolo Hotel
cam,

corso Longhi 19 – ✆ 018 54 93 74 – laura@piccolohotel.it – Fax 01 85 40 12 92 – Aprile-20 ottobre

38 cam – 79/119 € 79/129 €, 10 € – ½ P 57/92 € – **Rist** – Carta 22/50 €

◆ Valido albergo del centro che si sviluppa su due edifici collegati tra loro, a pochi passi dalla spiaggia; accoglienti spazi comuni e belle camere di moderna concezione. Piacevole e grande la luminosa sala da pranzo.

Villa Argentina

via Torrente San Lorenzo 2 – ✆ 018 54 92 28 – info@villa-argentina.it – Fax 018 54 92 28

18 cam – 40/110 € 65/110 € – ½ P 55/75 € – **Rist** – *(Natale e 26 marzo-ottobre)* Carta 26/41 €

◆ In posizione decentrata e tranquilla, la moderna struttura dispone di belle camere, frutto di una attenta ristrutturazione. Salda e professionale la gestione familiare. Ariosa e fresca sala ristorante.

verso Lemeglio Sud-Est : 2 km :

La Ruota
mare e Moneglia,

via per Lemeglio 6, alt. 200 ✉ 16030 – ✆ 018 54 95 65 – info@laruotamoneglia.it – Chiuso novembre, mercoledì ed a mezzogiorno

Rist – Menu 46/68 €

◆ Bella vista del mare e di Moneglia, da un locale dall'ambiente familiare, accogliente e originale: la sala è una veranda con pareti di vetro sui tre lati; piatti di pesce.

MONFALCONE – Gorizia (GO) – 562 E22 – **27 401 ab.** – ✉ **34074** 11 **C3**

Roma 641 – Udine 42 – Gorizia 24 – Grado 24 – Milano 380 – Trieste 30 – Venezia 130

di Ronchi dei Legionari Nord-Ovest : 5 km ✆ 0481 773327, Fax 0481 474150

Lombardia senza rist
piazza della Repubblica 21 – ✆ 04 81 41 12 75 – info@hotelombardia.it – Fax 04 81 41 17 09 – Chiuso dal 21 dicembre al 7 gennaio
21 cam – 79 € 103 €
◆ Nella piazza del municipio, all'interno di un palazzo d'epoca ristrutturato, un albergo moderno con belle camere che presentano originali e armoniche soluzioni di design.

Ai Campi di Marcello con cam
via Napoli 7 – ✆ 04 81 48 19 37 – locandaaicampi@tin.it – Fax 04 81 72 01 92
14 cam – 46/54 € 76/96 €, 6 € – ½ P 62/83 € – **Rist** – Carta 35/49 €
◆ Poco distante dall'area dei celebri cantieri navali della città, una piccola locanda con una quindicina di camere recentemente rinnovate e attualmente ben accessoriate. Poco distante dall'area dei celebri cantieri navali della città, una piccola locanda con una quindicina di camere recentemente rinnovate e attualmente ben accessoriate.

MONFORTE D'ALBA – Cuneo (CN) – 561 I5 – 1 957 ab. – alt. 480 m – ✉ 12065 25 **C3**

Roma 621 – Cuneo 62 – Asti 46 – Milano 170 – Savona 77 – Torino 75

Delle Langhe Gagliassi, località Sant'Anna, ✆ 0173 78 92 13.

Villa Beccaris senza rist
via Bava Beccaris 1 – ✆ 017 37 81 58 – villa@villabeccaris.it – Fax 017 37 81 90 – Chiuso dal 23 dicembre al 7 gennaio
23 cam – 120/240 € 140/280 € – 1 suite
◆ Splendida villa settecentesca con parco, ristrutturata con gusto: interni signorili e camere personalizzate, alcune con affreschi d'epoca, tutte con pezzi d'antiquariato.

Le Case della Saracca senza rist
via Cavour 5 – ✆ 01 73 78 92 22 – info@saracca.com – Fax 01 73 78 97 98
6 cam – 110 €, 10 €
◆ Nella parte alta di Monforte, un alloggio più unico che raro all'interno delle mura millenarie del castello, tra rocce con depositi marini, arredi indiani e design moderno.

Il Grillo Parlante senza rist
frazione Rinaldi 47, località Sant'Anna Est : 2 km – ✆ 01 73 78 92 28 – info@piemonte-it.com – Fax 01 73 78 92 28
6 cam – 50 € 62 €, 6 €
◆ Occorre percorrere una stradina sterrata avvolta dalla campagna langarola per giungere a questa risorsa. Vita agreste senza fronzoli in ambienti raccolti e curati.

Trattoria della Posta 20/25,
località Sant'Anna 87, Est : 2 km – ✆ 017 37 81 20 – info@trattoriadellaposta.it – Fax 017 37 81 20 – Chiuso febbraio, giovedì e venerdì a mezzogiorno
Rist – Carta 35/45 €
◆ Fuori dal paese, bel locale in una casa di campagna: una luminosa sala raffinata dove provare piatti del luogo e tradizionali; servizio estivo in terrazza panoramica.

Giardino-da Felicin con cam colline e vigneti,
via Vallada 18 – ✆ 017 37 82 25 – albrist@felicin.it – Fax 01 73 78 73 77 – Chiuso dal 9 dicembre al 9 febbraio e due settimane in luglio
30 cam – 80/90 € 110/120 €, 10 € – ½ P 90/110 € – **Rist** – *(chiuso domenica sera, lunedì e a mezzogiorno escluso sabato e domenica)*
Carta 32/45 €
◆ Ristorante confortevole con vista sui vigneti: due eleganti sale classiche per gustare una cucina che ha fatto storia nella zona; servizio estivo sotto un pergolato.

MONGARDINO – **Bologna** – **562** I15 – **Vedere Sasso Marconi**

MONGHIDORO – Bologna (BO) – 562 J15 – 3 828 ab. – alt. 841 m – ✉ 40063 9 C2

Roma 333 – Bologna 43 – Firenze 65 – Imola 54 – Modena 86

via Matteotti 1 ✆ 051 6555132, turismo@tuttoservizispa.it, Fax 051 6552268

Da Carlet

via Vittorio Emanuele 20 – ✆ 05 16 55 55 06 – Chiuso dal 7 al 30 gennaio, lunedì sera e martedì

Rist – Carta 13/25 €

♦ In questo paese degli Appennini, locale con bancone bar all'ingresso e sala con pareti ornate da pentole di rame e oggetti di modernariato; cucina emiliana casereccia.

in Valle Idice Nord : 10 km

Agriturismo La Cartiera dei Benandanti

via Idice 13, strada provinciale 7 km 28 ✉ 40063 Monghidoro – ✆ 05 16 55 14 98 – lacartiera@tin.it – Fax 05 16 55 14 98

7 cam – 53/58 € 74/84 € – ½ P 58 € – **Rist** – (prenotare) Menu 15/23 €

♦ Bella struttura in pietra immersa nel verde: piacevoli ambienti rustici arredati in modo essenziale e rifiniti in legno, anche nelle graziose camere e nel comodo appartamento.

MONGUELFO (WELSBERG) – Bolzano / Bozen (BZ) – 562 B18 – 2 581 ab. – alt. 1 087 m – Sport invernali : *1 087/2 273 m 17 8 (Comprensorio Dolomiti superski Plan de Corones)* – ✉ 39035 31 D1

Roma 732 – Cortina d'Ampezzo 42 – Bolzano 94 – Brunico 17 – Dobbiaco 11 – Milano 390 – Trento 154

Palazzo del Comune ✆ 0474 944118, welsberg@kronplatz.com, Fax 0474 944599

Bad Waldbrunn

monti e vallata, rist,

via Bersaglio 7, Sud : 1 km – ✆ 04 74 94 41 77 – info@hotelbadwaldbrunn.com – Fax 04 74 94 42 29 – Chiuso novembre e dal 21 aprile al 19 maggio

24 cam – 73/78 € 118/138 € – ½ P 71/85 € – **Rist** – *(chiuso a mezzogiorno)* (solo per alloggiati)

♦ Albergo moderno, felicemente ubicato in zona quieta e dominante la vallata; gradevoli interni, centro fitness e belle camere ben accessoriate e con vista panoramica.

a Tesido (Taisten) Nord : 2 km – alt. 1 219 m – ✉ 39035 – Monguelfo

Alpenhof

monti, (riscaldata) cam, rist,

Ovest : 1 km – ✆ 04 74 95 00 20 – info@alpenhof.bz – Fax 04 74 95 00 71 – 16 dicembre-Pasqua e 18 maggio-4 novembre

21 cam – 78/81 € 116/122 € – ½ P 70/76 € – **Rist** – (solo per alloggiati)

♦ Appena sopra il paese, un soggiorno all'insegna del relax, nella tranquillità delle valli dolomitiche: luminosa zona comune, camere confortevoli, piccolo centro benessere.

MONIGA DEL GARDA – Brescia (BS) – 561 F13 – 1 886 ab. – alt. 128 m – ✉ 25080 17 D1

Roma 537 – Brescia 28 – Mantova 76 – Milano 127 – Trento 106 – Verona 52

Al Porto

via Porto 29 – ✆ 03 65 50 20 69 – info@trattoriaporto.com – Fax 03 65 50 20 69 – Febbraio-ottobre; chiuso mercoledì

Rist – Carta 49/85 €

♦ In un'antica stazione doganale nei pressi del porticciolo, un locale gradevole ed elegante, dove gustare specialità lacustri; servizio estivo su una terrazza in riva al lago.

Quintessenza

piazza San Martino 3 – ✆ 03 65 50 21 16 – Fax 03 65 50 21 16 – Chiuso martedì, in luglio-agosto i mezzogiorno di lunedì e martedì

Rist – Carta 43/62 €

♦ Ristorantino nel cuore del paese, con un bel dehors. L'interno, complettamente ristrutturato, presenta un'unica sala, curata e signorile. Cucina affidabile e promettente.

MONOPOLI – Bari (BA) – 564 E33 – 47 640 ab. – ✉ 70043 27 C2

Roma 494 – Bari 45 – Brindisi 70 – Matera 80 – Taranto 60

Vecchio Mulino 270,

viale Aldo Moro 192 – 080 77 71 33 – info@vecchiomulino.it – Fax 080 77 76 54

30 cam – 120/135 € 145/158 € – 1 suite – ½ P 89/95 € – **Rist** – Carta 33/48 €

◆ Recente struttura di moderna concezione ubicata alle porte della località: all'interno gradevoli spazi comuni razionali e ben organizzati, camere arredate con buon gusto. Soffitto a volta nella piacevole sala da pranzo dai sobri arredi.

sulla strada per Alberobello

Il Melograno rist, 250,

contrada Torricella 345, Sud-Ovest : 4 km – 08 06 90 90 30 – melograno@melograno.com – Fax 080 74 79 08 – Chiuso febbraio

31 cam – 330 € 410/460 € – 6 suites – ½ P 265/290 € – **Rist** – Carta 68/94 €

◆ Immerso in una quieta oasi verde, un albergo in un'antica masseria fortificata: raffinata atmosfera negli incantevoli e signorili interni rustici e nelle belle camere. Elegante sala ristorante, illuminata da ampie vetrate e abbellita da grandi tappeti.

La Mia Terra

contrada Impalata 309, Sud : 11 km ✉ 70043 – 08 06 90 09 69 – info@miaterra.it – Fax 08 06 90 09 69 – Chiuso dal 5 al 20 novembre e mercoledì

Rist – Carta 26/38 €

◆ In campagna, in un caseggiato ristrutturato, ristorante e pizzeria dall'accogliente ambiente familiare; cucina classica e stagionale, servizio estivo in giardino.

MONREALE – Palermo – 565 M21 – Vedere Sicilia alla fine dell'elenco alfabetico

MONRUPINO – Trieste (TS) – 562 E23 – 828 ab. – alt. 418 m – ✉ 34016 11 D3

Roma 669 – Udine 69 – Gorizia 45 – Milano 408 – Trieste 16 – Venezia 158

Furlan 20,

località Col 19 – 040 32 71 25 – Fax 040 32 75 38 – Chiuso gennaio, luglio, lunedì, martedì e i mezzogiorno di mercoledì e giovedì

Rist – Carta 31/39 €

◆ Ristorante di tradizione con tutta la famiglia impegnata nella gestione: due sale al piano terra e un salone banchetti a quello superiore; cucina del territorio.

Krizman con cam cam,

località Repen 76 – 040 32 71 15 – info@hotelkrizman.com – Fax 040 32 73 70 – Chiuso gennaio

15 cam – 49/52 € 68/74 € – **Rist** – *(chiuso lunedì a mezzogiorno e martedì)* Carta 24/42 €

◆ Accogliente ambiente rustico in un locale a lunga gestione diretta, rinnovato una decina di anni fa e tuttora molto attuale e piacevole; servizio estivo in giardino.

MONSAGRATI – Lucca (LU) – alt. 66 m – ✉ 55064 – Pescaia 28 B1

Roma 357 – Pisa 34 – Firenze 82 – Lucca 13 – Viareggio 20

Gina 60,

via provinciale per Camaiore – 05 83 38 56 51 – info@hotelgina.com – Fax 058 33 82 48

37 cam – 40/50 € 65/80 €, 10 € – 2 suites – ½ P 50/65 € – **Rist** – *(chiuso dal 15 al 31 gennaio e martedì)* Carta 22/32 €

◆ Struttura moderna, totalmente ristrutturata, dotata di una graziosa hall e di confortevoli camere. L'ampio parcheggio rende l'hotel adatto anche alla clientela d'affari. Proposte culinarie legate alla tradizione locale.

MONSANO – Ancona (AN) – 563 L21 – 2 819 ab. – alt. 191 m – ✉ 60030 21 C1

Roma 249 – Ancona 31 – Gubbio 76 – Macerata 41 – Perugia 107 – Pesaro 70

2000 cam,

via Veneto 1, Est : 2 km – ✆ 07 31 60 55 65 – info@albergo2000.it – Fax 07 31 60 55 68
86 cam – 45 € 60 € – ½ P 45 € – **Rist** – *(chiuso agosto, venerdì e a mezzogiorno)* Carta 25/35 €

♦ Una struttura dall'architettura moderna, in zona periferica, è stata recentemente ampliata e migliorata ed ospita camere spaziose arredate in modo semplice ma confortevoli. Un ristorante-pizzeria dove poter gustare i prodotti tipici della regione. Sale arredate con gusto e sobrietà.

MONSELICE – Padova (PD) – 562 G17 – 17 553 ab. – ✉ 35043 Italia 35 B3

Roma 471 – Padova 23 – Ferrara 54 – Mantova 85 – Venezia 64

piazza Mazzini 2 ✆ 0429 783026, monselice@provincia.padova.it, Fax 0429 783026

≤★ dalla terrazza di Villa Balbi

Ceffri cam, cam, rist, 220,

via Orti 7/b – ✆ 04 29 78 31 11 – info@ceffri.it – Fax 04 29 78 31 00
67 cam – 67/80 € 114/140 € – ½ P 71/92 €
Rist *Villa Corner* – *(chiuso martedì)* Carta 20/35 €

♦ In zona periferica, un albergo abbellito da un giardino con piscina, adatto a un turismo d'affari; accoglienti ambienti comuni con arredi d'epoca, camere confortevoli. Piacevole atmosfera un po' retrò nella spaziosa sala da pranzo.

La Torre

piazza Mazzini 14 – ✆ 042 97 37 52 – Fax 04 29 78 36 43 – Chiuso dal 24 dicembre al 7 gennaio, agosto, domenica sera e lunedì
Rist – Carta 34/55 €

♦ Locale classico in pieno centro storico, nella piazza principale della città, nel quale provare piatti di cucina della tradizione e ricette a base di prodotti pregiati.

MONSUMMANO TERME – Pistoia (PT) – 563 K14 – 20 095 ab. – alt. 23 m – ✉ 51015 Toscana 28 B1

Roma 323 – Firenze 46 – Pisa 61 – Lucca 31 – Milano 301 – Pistoia 13

Montecatini, località Pievaccia, ✆ 0572 622 18.

Grotta Giusti Terme rist, 100,

via Grotta Giusti 1411, Est : 2 km – ✆ 057 29 07 71 – info@grottagiustispa.com – Fax 057 29 07 72 00
64 cam – solo ½ P 210/320 €
Rist *La Veranda* – Carta 53/69 €

♦ Nella quiete di un grande parco fiorito con piscina, all'interno del celebre complesso termale con grotte naturali, un hotel di tono, completo nei servizi; camere lineari. Ampia sala ristorante d'impostazione classica.

La Foresteria ≤ vallata di Nievole,

località Monsummano Alto, piazza Castello 10 – ✆ 05 72 52 00 97 – info@ristorantelaforesteria.it – Chiuso dal 24 ottobre al 6 novembre, lunedì e a mezzogiorno (escluso aprile-settembre)
Rist – Carta 25/49 €

♦ Un locale elegante e sobrio, sito all'interno d'un piccolo borgo medievale, sovrasta la vallata di Fievole: un paesaggio suggestivo nel quale gustare piatti locali e creativi.

MONTÀ – Cuneo (CN) – 561 H5 – 4 351 ab. – alt. 316 m – ✉ 12046 25 C2

Roma 544 – Torino 48 – Asti 29 – Cuneo 76

Belvedere ≤

vicolo San Giovanni 3 – ✆ 01 73 97 61 56 – info@albergobelvedere.com – Fax 01 73 97 55 87 – Chiuso dieci giorni in gennaio e venti giorni in luglio
10 cam – 65 € 90 € – ½ P 70 € – **Rist** – *(chiuso domenica sera e martedì)* Carta 32/58 €

♦ Nel cuore del Roero, tra frutteti e vigne, albergo a gestione familiare, con camere di rara ampiezza, alcune con vista sulle colline e arredi originali fine '800. Suggestivo il servizio ristorante estivo in terrazza coperta.

MONTAGNA (MONTAN) – Arezzo (AR) – 562 D15 – 1 443 ab. – alt. 500 m – ✉ 52037
29 **D1**

Roma 630 – Bolzano 24 – Milano 287 – Ora 6 – Trento 48

Tenz ← monti e vallata, cam, cam, rist,
via Doladizza 3, Nord : 2 km – ✆ 04 71 81 97 82 – info@hotel-tenz.com – Fax 04 71 81 97 28 – Chiuso dal 7 novembre al 7 dicembre e dal 15 marzo al 15 aprile 70, P, VISA
44 cam – 55/70 € 80/120 € – ½ P 48/77 € – **Rist** – *(chiuso martedì)* Carta 24/34 €
◆ Si gode una bella vista su monti e vallata da un albergo a gestione familiare dotato di accoglienti ambienti in stile montano di taglio moderno e luminose camere. Cucina del territorio nel ristorante distribuito tra una stube e la veranda panoramica.

MONTAGNA IN VALTELLINA – Sondrio – Vedere Sondrio

MONTAGNANA – Padova (PD) – 562 G16 – 9 351 ab. – alt. 16 m – ✉ 35044
Italia
35 **B3**

Roma 475 – Padova 49 – Ferrara 57 – Mantova 60 – Milano 213 – Venezia 85 – Verona 58 – Vicenza 45

Cinta muraria★★

XXX **Aldo Moro** con cam 30, VISA AE
via Marconi 27 – ✆ 042 98 13 51 – info@hotelaldomoro.com – Fax 042 98 28 42 – Chiuso dal 3 al 12 gennaio e dal 1° al 18 agosto
34 cam – 66 € 96 €, 8 € – 10 suites – ½ P 78 € – **Rist** – *(chiuso lunedì)* Carta 31/44 €
◆ Nel centro storico, caratteristico ed elegante ristorante con camere arredate con mobili d'epoca; splendida e raffinata sala in stile dove gustare piatti del territorio.

XX **Hostaria San Benedetto** VISA AE
via Andronalecca 13 – ✆ 04 29 80 09 99 – info@hostariasanbenedetto.it – Fax 04 29 80 95 08 – Chiuso dal 1° al 7 gennaio, dal 15 al 30 agosto e mercoledì
Rist – Carta 31/57 €
◆ Locale ubicato nel cuore della "città murata": una sala di tono signorile in cui provare proposte di cucina del luogo rivisitata; servizio estivo all'aperto.

MONTAGNANA – Firenze – 563 K15 – Vedere Montespertoli

MONTAGNANA – Modena – Vedere Serramazzoni

MONTAIONE – Firenze (FI) – 563 L14 – 3 547 ab. – alt. 342 m – ✉ 50050
Toscana
28 **B2**

Roma 289 – Firenze 59 – Siena 61 – Livorno 75

Castelfalfi, ✆ 0571 69 84 66.

Convento di San Vivaldo★ Sud-Ovest : 5 km

Una Palazzo Mannaioni ← cam, cam, 40,
via Marconi 2 – ✆ 057 16 92 77 – una.mannaioni@unahotels.it – Fax 05 71 69 79 74 VISA AE
29 cam – 80/160 € 150/230 € – **Rist** – Carta 31/41 €
◆ In un antico palazzo del centro completamente ristrutturato, un hotel abbellito da un giardino con piscina; eleganti interni in stile rustico, confortevoli camere in stile. Suggestivo soffitto a volte nella raffinata sala ristorante.

Vecchio Mulino senza rist ← vallata, P, VISA AE
viale Italia 10 – ✆ 05 71 69 79 66 – info@hotelvecchiomulino.it – Fax 05 71 69 79 66
15 cam – 35/50 € 65/90 €
◆ Albergo dall'accogliente ambiente familiare, piacevolmente ubicato all'interno di un ex-mulino, in posizione dominante la vallata; funzionali camere in stile lineare.

a San Benedetto Nord-Ovest : 5 km – ✉ 50050 – Montaione

XX **Casa Masi**

via Collerucci 53 – ✆ 05 71 67 71 70 – casamasi@nautilo.it – Fax 05 71 67 70 42 – Chiuso lunedì e a mezzogiorno escluso sabato e domenica

Rist – Carta 32/49 €

◆ Una caratteristica fattoria toscana, vale a dire un borgo agricolo con villa e diversi casolari; in uno di questi è stato ricavato questo caratteristico e piacevole locale.

Rosso = Piacevole. Cercate i simboli X e 🏠 in rosso.

MONTALBANO – Rimini – Vedere Santarcangelo di Romagna

MONTALCINO – Siena (SI) – 563 M16 – 5 077 ab. – alt. 564 m – ✉ 53024 29 C2

Toscana

Roma 213 – Siena 41 – Arezzo 86 – Firenze 109 – Grosseto 57 – Perugia 111

costa del Municipio 8 ✆ 0577 849331, info@prolocomontalcino.it, Fax0577 849331

Rocca★★, Palazzo Comunale★

Abbazia di Sant'Antimo★ Sud : 10 km

Vecchia Oliviera senza rist

vallata,

via Landi 1 – ✆ 05 77 84 60 28 – info@vecchiaoliviera.com – Fax 05 77 84 60 29 – Chiuso dal 12 al 30 dicembre e dal 10 gennaio al 10 febbraio

10 cam – †70/85 € ††120/175 € – 1 suite

◆ Alle porte della località, antico frantoio diventato di recente un hotel con eleganti e curati interni in stile, piscina e bella terrazza panoramica.

Il Giglio

via Soccorso Saloni 5 – ✆ 05 77 84 81 67 – info@gigliohotel.com – Fax 05 77 84 81 67 – Chiuso dal 7 al 28 gennaio

12 cam – †70 € ††110 €, 7 € – ½ P 82 € – **Rist** – *(chiuso martedì e a mezzogiorno)* Carta 26/38 €

◆ A pochi passi dal Palazzo Comunale, tipica ambientazione toscana, con travi e mattoni a vista, in un albergo di antica tradizione; camere recentemente rinnovate. Piccolo ristorante di ambiente rustico e informale; casereccia cucina toscana.

Bellaria senza rist

via Osticcio 19 – ✆ 05 77 84 93 26 – hotelbellaria@tin.it – Fax 05 77 84 86 68 – Chiuso dall'8 novembre al 6 dicembre

25 cam – †60/70 € ††80/90 €, 7 €

◆ Fuori dal centro abitato, una struttura a gestione familiare, dotata di piscina panoramica; letti in ferro battuto e mobili di arte povera nelle stanze.

X **Boccon DiVino**

colline,

località Colombaio Tozzi 201, Est : 1 km – ✆ 05 77 84 82 33 – boccon-di-vino@tele2.it – Fax 05 77 84 65 70 – Chiuso martedì

Rist – Carta 37/46 €

◆ In una casa colonica alle porte del paese, la sala rustica e curata o la bella terrazza estiva con vista. Entrambe per autentici sapori del territorio, in chiave moderna.

a Castelnuovo dell'Abbate Sud-Est : 10 km

Castello di Velona

colline, rist, 25,

– ✆ 05 77 80 01 01 – info@castellodivelona.it – Fax 05 77 83 56 61 – Marzo-novembre

24 cam – †270/340 € ††300/370 € – **Rist** – Carta 51/82 €

◆ Castello del XI sec. completamente restaurato per offrire un soggiorno esclusivo in ambienti eleganti, con una meravigliosa vista a 360° sulle colline e la Val d'Orcia. Al ristorante un'interessante menu di cucina toscana rivisitata.

a Poggio alle Mura **Sud-Ovest : 19 km – ✉ 53024 – Montalcino**

XXX **Castello Banfi** 25, P VISA AE

località Sant'Angelo Scalo – ✆ 05 77 81 60 54 – banfi@banfi.it – Fax 05 77 81 60 54 – Chiuso gennaio, agosto, domenica, lunedì e a mezzogiorno
Rist – Carta 62/81 €
Rist ***Taverna Banfi*** – *(chiuso 25-26 dicembre, 1°-2 e dal 9 al 30 gennaio, due settimane in agosto, domenica e la sera)* Carta 28/36 €
Spec. Filetto di sogliola farcita di gamberi su gazpacho verde con piccola insalata e chips di patate (estate). Costoletta di cinghialetto in mantello di rigatino su ragù di porcini e uva fresca con purea di patate (autunno). Soufflé di panforte con fichi affogato al Porto e sorbetto di cioccolato amaro (inverno).
◆ Nel cuore dell'enologia toscana, un castello medioevale tra suggestivi vigneti. Cucina di grande personalità, ricerca dei migliori prodotti e accostamenti creativi. Più semplice e tradizionale la cucina della taverna, sapori toscani in ambienti informali.

a Podernovi **Sud-Est : 5 km – ✉ 53024 – Montalcino**

X **Taverna dei Barbi** 13, P VISA AE

località Podernovi 170 – ✆ 05 77 84 71 17 – info@fattoriadeibarbi.it – Fax 05 77 84 11 12 – Chiuso dal 10 gennaio al 6 febbraio e mercoledì
Rist – Carta 30/38 €
◆ Nell'omonima fattoria, regna una genuina atmosfera rurale nel caratteristico ambiente di questa trattoria, con un imponente camino. Piatti della tradizione locale.

a Poggio Antico **Sud-Ovest : 5 km – ✉ 53024 – Montalcino**

XXX **Poggio Antico** P VISA AE

– ✆ 05 77 84 92 00 – rist.poggio.antico@libero.it – Fax 05 77 84 92 00 – Chiuso dal 6 dicembre al 6 gennaio, domenica sera e lunedì (escluso aprile-ottobre)
Rist – (prenotare) Carta 58/74 €
◆ In un casolare con vista sulle colline, ristorante di elegante ambientazione classica, dove le finestre inquadrano il verde del paesaggio; fantasia e piglio sicuro in cucina.

a Sant'Angelo in Colle **Sud-Ovest : 11 km – ✉ 53020**

Agriturismo Il Poderuccio senza rist P VISA

via Poderuccio 52, Ovest : 1,5 km – ✆ 05 77 84 40 52 – poderuccio.girardi@virgilio.it – Fax 05 77 84 41 50 – Pasqua-giugno e agosto-novembre
6 cam – 🛉80 € 🛉🛉90 €
◆ Casale ristrutturato, contornato da ampi spazi verdeggianti e uliveti. Camere ben arredate con alcuni pezzi d'artigianato. Ospitalità e gentilezza dall'arrivo alla partenza.

MONTALI – **Perugia – 563** M18 – **Vedere Panicale**

MONTAN = **Montagna**

MONTE = **BERG – Bolzano – Vedere Appiano sulla Strada del Vino**

MONTE … MONTI – **Vedere nome proprio del o dei monti**

MONTEBELLO – **Rimini – 562** K19 – **Vedere Torriana**

MONTEBELLO VICENTINO – **Vicenza (VI) – 562** F16 – **5 922 ab. – alt. 48 m – ✉ 36054** 37 **A2**

Roma 534 – Verona 35 – Milano 188 – Venezia 81 – Vicenza 17

a Selva **Nord-Ovest : 3 km – ✉ 36054 – Montebello Vicentino**

XX **La Marescialla** 14, P VISA AE

via Capitello 3 – ✆ 04 44 64 92 16 – lamare2-marescialla@191.it – Fax 04 44 68 64 56 – Chiuso dal 1° al 6 gennaio, dal 7 al 24 agosto, domenica sera e lunedì
Rist – Carta 28/38 €
◆ Giovane gestione impegnata da qualche tempo in un locale di tradizione che offre piatti del territorio e qualche spunto più vario; in una sala rustica o nel dehors estivo.

MONTEBELLUNA – Treviso (TV) – 562 E18 – 28 858 ab. – alt. 109 m – ✉ 31044 36 C2

Roma 548 – Padova 52 – Belluno 82 – Trento 113 – Treviso 22 – Venezia 53 – Vicenza 49

Villa del Palladio★★★ a Maser Nord : 12 km

Bellavista senza rist 60,
via Zuccareda 20, località Mercato Vecchio – ✆ 04 23 30 10 31 – info@bellavistamontebelluna.it – Fax 04 23 30 36 12 – Chiuso dal 21 al 30 dicembre e dal 7 al 22 agosto
42 cam – 🚹95/100 € 🚹🚹145/150 € – 1 suite
◆ Sulle prime colline alle spalle di Montebelluna; spaziose e confortevoli le zone comuni e le stanze con vista sulla città o, sul retro, sul Monte Grappa.

Al Tiglio d'Oro
località Mercato Vecchio – ✆ 042 32 24 19 – Fax 042 32 24 19 – Chiuso dal 2 al 7 gennaio, dal 6 al 22 agosto e venerdì
Rist – Carta 26/37 €
◆ In collina, un locale classico con ampie capacità ricettive e un piacevole servizio estivo all'aperto; stagionale cucina del territorio e predilezione per la griglia.

MONTEBENI – Firenze – Vedere Fiesole

MONTEBENICHI – Arezzo (AR) – 563 L15 – alt. 508 m – ✉ 52021 – Pietraviva 29 C2

Roma 205 – Siena 31 – Arezzo 40 – Firenze 73

Castelletto di Montebenichi senza rist
piazza Gorizia 19 – ✆ 05 59 91 01 10 – info@castelletto.it – Fax 05 59 91 01 13 – Aprile-3 novembre
9 cam – 🚹🚹250/300 €
◆ L'emozione di soggiornare nei ricchi interni di un piccolo castello privato in un borgo medioevale, tra quadri e reperti archeologici; panoramico giardino con piscina.

Osteria L'Orciaia
via Capitan Goro 10 ✉ 52021 – ✆ 05 59 91 00 67 – Fax 05 59 91 00 67 – 15 marzo-10 novembre; chiuso martedì
Rist – Carta 24/49 €
◆ Caratteristico localino rustico all'interno di un edificio cinquecentesco, con un raccolto dehors estivo. Cucina tipica toscana elaborata partendo da ottimi prodotti.

MONTECALVO VERSIGGIA – Pavia (PV) – 561 H9 – 547 ab. – alt. 410 m – ✉ 27047 16 B3

Roma 557 – Piacenza 44 – Genova 133 – Milano 76 – Pavia 38

Prato Gaio
località Versa Est : 3 km, bivio per Volpara – ✆ 038 59 97 26 – Chiuso gennaio, lunedì e martedì
Rist – Carta 30/39 €
◆ Sono ristoratori da oltre un secolo i titolari di questo locale, classico con tocchi di eleganza; cucina del territorio rivisitata, ampia scelta di vini dell'Oltrepò.

MONTECARLO – Lucca (LU) – 563 K14 – 4 398 ab. – alt. 163 m – ✉ 55015 28 B1

Roma 332 – Pisa 45 – Firenze 58 – Livorno 65 – Lucca 17 – Milano 293 – Pistoia 27

Antica Dimora Patrizia
via Carmignani 10/12 – ✆ 058 32 21 56 – info@anticadimorapatrizia.com – Fax 05 83 22 94 98
6 cam – 🚹50/60 € 🚹🚹70/80 € – ½ P 42/60 € – **Rist** – Carta 22/37 €
◆ Una piacevole struttura ricavata da un palazzo medievale sito in un tranquillo angolo del centro storico, dispone di ambienti rustici sapientemente arredati. Al piano terra, sotto ampie arcate tinteggiate in chiari toni pastello, il ristorante propone le specialità della cucina toscana.

Antica Casa dei Rassicurati senza rist
via della Collegiata 2 – 05 83 22 89 01 – info@anticacasadeirassicurati.it – Fax 058 32 24 98
6 cam – 55/58 € 68/80 €
◆ In un centrale palazzo di questo tranquillo borgo medioevale, poche accoglienti camere di buon confort per un soggiorno in un ambiente di calda ospitalità familiare.

Nina senza
via San Martino 54 Nord-Ovest : 2,5 km – 058 32 21 78 – infolanina@libero.it – Fax 058 32 21 78
10 cam – 45 € 55 €
Rist La Nina – vedere selezione ristoranti
◆ Nella quiete dei colli e del suo giardino, una casa padronale ristrutturata offre camere molto confortevoli, arredate in stile, a prezzi davvero interessanti.

Agriturismo Fattoria la Torre colline e dintorni,
via provinciale di Montecarlo 7 – 058 32 29 81 – info@fattorialatorre.it – Fax 058 32 29 82 18
6 cam – 110/120 €, 10 €
Rist *Enoteca la Torre* – 05 83 22 94 95 *(chiuso martedì e a mezzogiorno escluso domenica)* Carta 31/46 €
◆ Alla tradizionale produzione di olio e vino, da pochi anni, si è affiancata l'ospitalità alberghiera, ma la natura di questa bella fattoria non è mutata, sempre genuina. Il ristorante propone i piatti della più autentica cucina del territorio.

XX **La Nina**
via San Martino 54, Nord-Ovest : 2,5 km – 058 32 21 78 – infolanina@libero.it – Fax 058 32 21 78 – Chiuso venti giorni in marzo, lunedì sera e martedì
Rist – Carta 25/39 €
◆ In bella posizione tra le colline, un accogliente ristorante, che propone una linea culinaria basata sulle solide tradizioni locali e sulla stagionalità dei prodotti.

MONTECAROTTO – Ancona (AN) – 563 L21 – 2 176 ab. – alt. 388 m – ✉ 60036

21 **C2**

Roma 248 – Ancona 50 – Foligno 95 – Gubbio 74 – Pesaro 67

XX **Le Busche** (Angeletti)
contrada Busche 2, Sud-Est : 4 km – 073 18 91 72 – lebusche@libero.it – Fax 07 31 89 91 40 – Chiuso domenica sera e lunedì
Rist – Carta 50/74 €
Spec. Riso selvaggio con scampi e tartufo d'Acqualagna. Mezzelune di patate al pesto con salsa di calamari. Trancio di spigola ripieno di ostriche con sorprese del mare.
◆ Nel quadro di un affascinante paesaggio collinare all'interno di una cascina ristrutturata, la cucina elabora piatti di pesce in composizioni creative e influenze marchigiane.

MONTE CASTELLO DI VIBIO – Perugia (PG) – 563 N19 – 1 679 ab. – alt. 422 m – ✉ 06057

32 **B2**

Roma 143 – Perugia 43 – Assisi 54

a Doglio Sud-Ovest : 9,5 km – ✉ 06057 – Monte Castello di Vibio

Agriturismo Fattoria di Vibio colline e vallata,
rist, 80,
località Buchella 9 – 07 58 74 96 07 – info@fattoriadivibio.com – Fax 07 58 78 00 14
14 cam – solo ½ P 90/110 € – **Rist** – (solo su prenotazione) Carta 33/43 € (+10 %)
◆ Calda, informale ospitalità in un antico casale ristrutturato e trasformato in una raffinata residenza di campagna; eleganza e cura dei dettagli nei confortevoli interni.

Prima colazione compresa?
Cercate la tazza, dopo il numero di camere.

MONTECATINI TERME – Pistoia (PT) – 563 K14 – 20 627 ab. – alt. 27 m – ✉ 51016

Toscana 28 **B1**

Roma 323 – Firenze 48 – Pisa 55 – Bologna 110 – Livorno 73 – Milano 301 – Pistoia 15

viale Verdi 66/68 ☎ 0572 772244, info@montecatini.turismo.toscana.it, Fax 0572 772244

Monsummano Terme, Sud-Est : 9 km località Pievaccia, ☎ 0572 622 18.

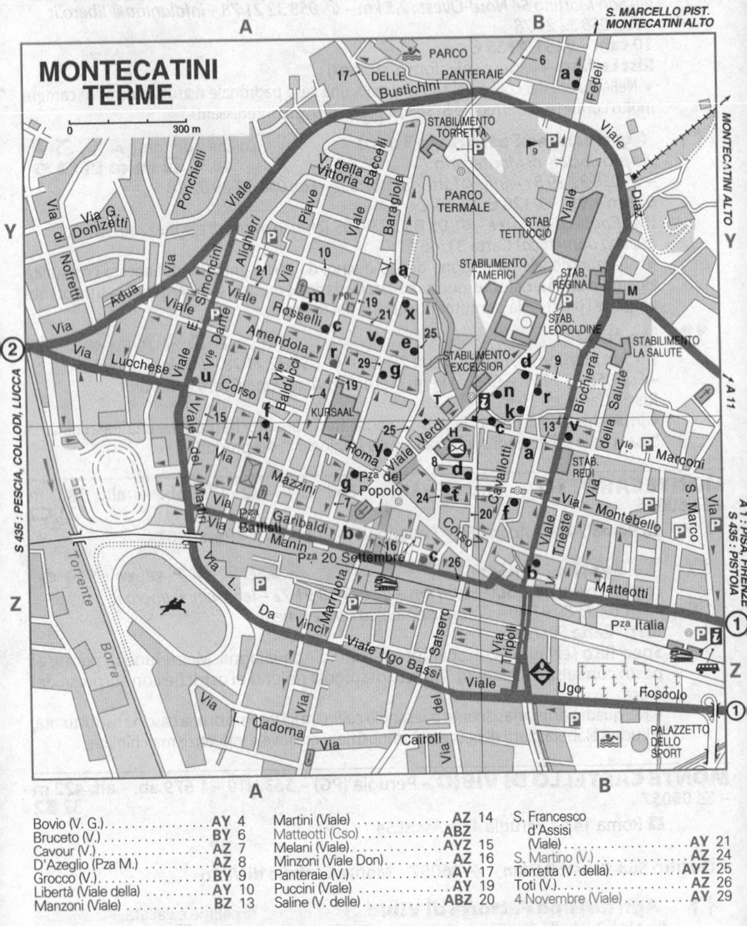

Bovio (V. G.) . . . . . . AY 4	Martini (Viale) . . . . . . AZ 14	S. Francesco d'Assisi (Viale) . . . . . . AY 21
Bruceto (V.) . . . . . . BY 6	Matteotti (Cso) . . . . . . ABZ	S. Martino (V.) . . . . . . AZ 24
Cavour (V.) . . . . . . AZ 7	Melani (Viale) . . . . . . AYZ 15	Torretta (V. della) . . . . . . AYZ 25
D'Azeglio (Pza M.) . . . . . . AZ 8	Minzoni (Viale Don) . . . . . . AZ 16	Toti (V.) . . . . . . AZ 26
Grocco (V.) . . . . . . BY 9	Panteraie (V.) . . . . . . AY 17	4 Novembre (Viale) . . . . . . AY 29
Libertà (Viale della) . . . . . . AY 10	Puccini (Viale) . . . . . . AY 19	
Manzoni (Viale) . . . . . . BZ 13	Saline (V. delle) . . . . . . ABZ 20	

Grand Hotel e La Pace

(riscaldata) rist, 360, VISA

via della Torretta 1
– ☎ 05 72 92 40 – info@grandhotellapace.it
– Fax 057 27 84 51 – Aprile-ottobre AZ **y**

128 cam – 156/283 € 248/436 €, 29 € – 10 suites – ½ P 310 €
– **Rist** – Carta 54/68 €

♦ Storico, prestigioso albergo belle époque, considerato uno dei vanti dell'hotellerie nazionale, offre tono e servizi di alto livello; parco fiorito con piscina riscaldata. Il ristorante sfoggia pregevoli elementi decorativi liberty.

Grand Hotel Tamerici e Principe cam, rist,
viale 4 Novembre 4 – 057 27 10 41 250,
– info@hoteltamerici.it – Fax 057 27 29 92 – Chiuso dal 16 novembre al 15 marzo AY g
125 cam – 150 € 250 € – 16 suites – ½ P 140 € – **Rist** – Carta 40/50 €
◆ Albergo di solida tradizione che nei suoi interni in stile sfoggia una collezione di oggetti artistici e dipinti ottocenteschi. Camere rinnovate, giardino con piscina. Affidabile cucina nazionale negli accoglienti spazi del ristorante.

Grand Hotel Croce di Malta (riscaldata) rist,
viale 4 Novembre 18 – 05 72 92 01 150,
– info@crocedimalta.com – Fax 05 72 76 75 16 AY x
133 cam – 150 € 220 €, 15 € – 12 suites – ½ P 165 €
Rist – Menu 33/45 €
◆ Hotel di gran classe, dove confort elevato, raffinatezza delle ambientazioni e ampiezza degli spazi si amalgamano alla perfezione. Piacevole giardino con piscina riscaldata. Sale ristorante dagli arredi in stile classico.

Francia e Quirinale rist, 80,
viale 4 Novembre 77 – 057 27 02 71 – info@franciaequirinale.it – Fax 057 27 02 75 – Aprile-ottobre AY v
118 cam – 80/93 € 115/124 € – ½ P 93 € – **Rist** – (solo per alloggiati) Menu 26/31 €
◆ Nei pressi dei principali stabilimenti termali, struttura di tono che coniuga bene la funzionalità dei servizi con la sobria eleganza degli interni; ampie camere moderne.

Tettuccio 80,
viale Verdi 74 – 057 27 80 51 – info@hoteltettuccio.it – Fax 057 27 57 11 – Chiuso Natale BY n
74 cam – 98/140 € 140/210 € – ½ P 75/155 € – **Rist** – Menu 30/55 €
◆ Di fronte alle terme Excelsior, esiste dal 1894 questo grande e storico albergo, con sale comuni completamente rinnovate; gradevole la terrazza ombreggiata. Al ristorante si respira un'aria fin de siècle.

Ercolini e Savi 70,
via San Martino 18 – 057 27 03 31 – info@ercoliniesavi.it – Fax 057 27 16 24 AZ t
81 cam – 98 € 148 € – ½ P 86 € – **Rist** – (solo per alloggiati) Menu 27/40 €
◆ Conduzione diretta dinamica ed efficiente in un hotel classico e di tradizione, che offre belle camere ariose, in parte moderne, in parte in stile. Bel giardino con piscina.

Michelangelo
viale Fedeli 9 – 057 27 45 71 – info@hotelmichelangelo.org – Fax 057 27 28 85 – Aprile-ottobre BY a
69 cam – 75 € 100 € – ½ P 65/75 € – **Rist** – Carta 25/33 €
◆ Una risorsa capace di offrire un valido compromesso tra livello di confort e aggiornamento delle dotazioni a disposizione degli ospiti. Buoni spazi comuni interni ed esterni. Ampio menù proposto nella moderna sala ristorante.

Columbia rist,
corso Roma 19 – 057 27 06 61 – info@hotelcolumbia.it – Fax 05 72 77 12 93 – 15 febbraio-novembre AZ g
65 cam – 65/90 € 90/140 € – 1 suite – ½ P 80/90 € – **Rist** – (solo per alloggiati) Carta 35/66 €
◆ Le eleganti sale comuni di questo centralissimo hotel mantengono l'aspetto dello stile liberty che caratterizza il bell'edificio; piccola area relax con massaggi e palestra.

Adua cam, rist, 100,
viale Manzoni 46 – 057 27 81 34 – info@hoteladua.it – Fax 057 27 81 38 – Capodanno e marzo-novembre BZ a
72 cam – 65/95 € 100/170 € – ½ P 80/100 €
Rist – (solo per alloggiati)
◆ Cordiale gestione familiare in un albergo centrale, completamente rinnovato, con comodi spazi comuni in stile; stanze ampie, nuovissimo centro benessere.

Settentrionale Esplanade rist, 130,

via Grocco 2 – 057 27 00 21 – info@ settentrionaleesplanade.it – Fax 05 72 76 74 86 – Marzo-novembre BY **d**

100 cam – 60/110 € 95/163 €, 10 € – ½ P 70/98 € – **Rist** – (solo per alloggiati)

◆ Albergo di tradizione, nato negli anni '20 e da allora gestito dalla stessa famiglia, con ampi e signorili spazi comuni e stanze non grandi, ma luminose e ben tenute.

Parma e Oriente (riscaldata) rist,

via Cavallotti 135 – 057 27 21 35 – info@ hotelparmaoriente.it – Fax 057 27 21 37 – 27 dicembre-6 gennaio e 25 marzo-10 novembre BY **k**

65 cam – 50/60 € 90/104 €, 7 € – ½ P 57/72 € – **Rist** – (solo per alloggiati) Menu 19/25 €

◆ Un soggiorno termale in un ambiente ospitale in questo hotel, gestito da una storica famiglia di albergatori; camere in stile, bella piscina e area relax.

Manzoni rist,

viale Manzoni 28 – 057 27 01 75 – info@hotelmanzoni.info – Fax 05 72 91 10 12 – 27 dicembre-4 gennaio e marzo- novembre BZ **c**

95 cam – 45/85 € 80/110 € – 1 suite – ½ P 57/62 € – **Rist** – (solo per alloggiati) Carta 22/25 €

◆ Possiede un certo fascino retrò questa casa centrale, arredata con mobili in stile e qualche pezzo d'antiquariato; piccolo giardino intorno alla piscina, comodo parcheggio.

Boston

viale Bicchierai 16 – 057 27 03 79 – info@hotelboston.it – Fax 05 72 77 02 08 – Aprile-ottobre BZ **b**

60 cam – 40/60 € 70/95 € – ½ P 55/65 € – **Rist** – (solo per alloggiati) Menu 18/22 €

◆ Il punto di forza di questo gradevole albergo in continuo rinnovamento è senz'altro la bella terrazza panoramica con solarium e piscina; camere lineari e luminose.

Corallo rist, 100,

via Cavallotti 116 – 057 27 96 42 – info@golfhotelcorallo.it – Fax 057 27 82 88 BY **r**

65 cam – 60/80 € 90/110 € – ½ P 55/70 € – **Rist** – (solo per alloggiati) Carta 23/32 €

◆ Consolidata conduzione familiare per una struttura semplice, ma ben tenuta e accogliente, in zona centrale; piacevole terrazza con piscina e biciclette a disposizione. Tradizionale cucina d'albergo al ristorante.

Brennero e Varsavia rist,

viale Bicchierai 70/72 – 057 27 00 86 – info@hotelbrenneroevarsavia.it – Fax 057 27 44 59 – Marzo-novembre BZ **v**

54 cam – 50/60 € 75/85 €, 8 € – ½ P 53/60 € – **Rist** – Menu 18/25 €

◆ In comoda posizione per il centro e per le terme, una risorsa a gestione familiare che, dopo la recente ristrutturazione, offre camere confortevoli e bagni moderni. Il ristorante dispone di una sala di taglio classico e di tono moderno.

Metropole rist,

via della Torretta 13 – 057 27 00 92 – info@hotel-metropole.it – Fax 05 72 91 08 60 – Aprile-ottobre AY **e**

40 cam – 50 € 80 € – ½ P 55 € – **Rist** – (solo per alloggiati) 20 €

◆ Ha un giardino privato all'interno del parco delle terme questo edificio d'epoca, nei cui spazi comuni sopravvivono gli originali pavimenti e soffitti di inizio '900.

Puccini cam,

corso Roma 95/97 – 05 72 90 44 58 – info@hotelpuccini.net – Fax 057 27 04 44 AYZ **f**

35 cam – 90/140 € 100/160 € – ½ P 60/98 € – **Rist** – *(marzo-15 novembre e 28 dicembre-6 gennaio)* (solo per alloggiati)

◆ Ubicato in posizione centrale, uno stabile di fine Ottocento, completamente ristrutturato, ospita camere eleganti e confortevoli accessoriate con gusto moderno.

Mediterraneo rist, VISA AE

via Baragiola 1 – 057 27 13 21 – mediterraneo@taddeihotels.it – Fax 057 27 13 23 – Aprile-ottobre AY **a**

33 cam – 45/65 € 90/130 € – ½ P 55/80 € – **Rist** – (solo per alloggiati) Menu 20/40 €

♦ Ventennale conduzione diretta in una risorsa affacciata sul parco delle terme e dotata di un proprio giardino con pergolato, dove d'estate vi piacerà fare colazione.

Reale rist, 50, VISA AE

via Palestro 7 – 057 27 80 73 – info@hotel-reale.it – Fax 057 27 80 76 – Chiuso gennaio e febbraio AZ **d**

54 cam – 62 € 104 €, 11 € – ½ P 53/60 € – **Rist** – (solo per alloggiati) Menu 26 €

♦ Albergo costituito da un corpo d'epoca e da un altro più recente, raccolti intorno ad un piccolo giardino con piscina; confortevoli e ben disposti gli spazi comuni.

La Pia VISA

via Montebello 30 – 057 27 86 00 – info@lapiahotel.it – Fax 05 72 77 13 82 – Aprile-ottobre BZ **f**

37 cam – 55/65 € 100/120 €, 10 € – ½ P 65/75 € – **Rist** – (solo per alloggiati) Menu 25/40 €

♦ Una bella atmosfera familiare, che promette un'ospitalità premurosa, in una risorsa ubicata in zona tranquilla, con dehors nell'antistante piazza; camere ben tenute.

Villa Splendor rist, VISA

viale San Francesco d'Assisi 15 – 057 27 86 30 – info@villasplendor.it – Fax 057 27 82 16 – Aprile-ottobre AY **m**

21 cam – 47/50 € 64/70 €, 3 € – ½ P 45/50 € – **Rist** – (solo per alloggiati) Menu 20/30 €

♦ Clientela abituale per questa simpatica pensione familiare, ubicata in una tranquilla zona residenziale; stanze spartane e curate, bagni ampi ristrutturati di recente.

Petit Château senza rist VISA AE

viale Rosselli 10 – 05 72 90 59 00 – info@petitchateau.it – Fax 05 72 90 58 06 AY **c**

6 cam – 66/86 € 92/132 €

♦ Non lonatano dalle terme, villa liberty completamente rinnovata negli interni, offre oggi ai propri ospiti camere arredate con gusto e signorilità.

Villa le Magnolie senza rist VISA AE

viale Fedeli 15 – 05 72 91 17 00 – info@hotelmichelangelo.org – Fax 057 27 28 85 BY **a**

6 cam – 70 € 100 €

♦ Sei camere complete di ogni confort, zona soggiorno molto raccolta e curata, sala colazioni con un'unica grande tavola. Disponibili tutti i servizi dell'hotel Michelangelo.

Gourmet VISA AE

viale Amendola 6 – 05 72 77 10 12 – rist.gourmet@tiscalinet.it – Fax 05 72 77 10 12 – Chiuso dal 7 al 20 gennaio, dal 1° al 16 agosto e martedì AY **r**

Rist – Carta 51/77 € (+12 %)

♦ Ambiente di tono in un ristorante la cui vasta carta non trascura i sapori di terra, ma predilige quelli di mare, in preparazioni tradizionali o in più audaci variazioni.

Enoteca Giovanni 20, VISA

via Garibaldi 25/27 – 057 27 30 80 – giovannirotti@virgilio.it – Fax 057 27 16 95 – Chiuso dal 15 al 28 febbraio, dal 15 al 30 agosto e lunedì AZ **b**

Rist – Carta 49/62 €

♦ Piatti di carne e di pesce e ottimi vini da gustare in due sale, una più spaziosa ed elegante, l'altra più informale, o nel dehors estivo per il servizio solo serale.

San Francisco VISA AE

corso Roma 112 – 057 27 96 32 – info@sanfrancisco.it – Fax 05 72 77 12 27 – Chiuso giovedì e a mezzogiorno AY **u**

Rist – Carta 38/49 €

♦ Ambientazione rustico-signorile con luci soffuse in un locale dove un'esperta coppia di coniugi, lei in sala e lui ai fornelli, propongono una curata cucina tradizionale.

XX **Il Cucco** cam, AC VISA MC AE

via del Salsero 3 angolo Corso Matteotti – ☎ 057 27 27 65 – rist.ilcucco@virgilio.it – Fax 057 27 27 65 – Chiuso martedì e mercoledì a mezzogiorno AZ **c**

Rist – Carta 37/51 €

◆ Ormai un punto di riferimento nel panorama della ristorazione cittadina, un ristorante moderno e accogliente, in pieno centro, che offre cucina del territorio rivisitata.

a Traversagna per ② : 2 km – ✉ 51010

XX **Da Angiolo** AC VISA MC AE

via del Calderaio 2 – ☎ 05 72 91 37 71 – Fax 05 72 91 37 71 – Chiuso dal 3 al 31 agosto, lunedì e a mezzogiorno escluso i giorni festivi

Rist – Carta 32/54 €

◆ Due soci, uno in cucina, l'altro in sala, conducono con successo questo ristorante di impostazione classica: per una cena a base di pesce freschissimo.

sulla via Marlianese per viale Fedeli BY **:**

X **Montaccolle** 15, P VISA MC AE

via Marlianese 27, Nord : 6,5 km ✉ 51016 – ☎ 057 27 24 80 – Chiuso dal 2 novembre al 6 dicembre, dieci giorni in luglio, lunedì e a mezzogiorno escluso i giorni festivi

Rist – Carta 26/36 €

◆ Schietta trattoria sulle colline che circondano la località. La piacevolezza del panorama, in particolare d'estate sulla terrazza, è pari alla genuinità dei cibi.

a Nievole per viale Fedeli BY **– ✉ 51010**

X **Da Pellegrino** P VISA MC AE

località Renaggio 6, Nord : 7 km – ☎ 057 26 71 58 – dapellegrino@aruba.it – Fax 057 26 71 58 – Chiuso dal 15 febbraio al 5 marzo e mercoledì

Rist – Carta 20/37 €

◆ In una frazione isolata, simpatico locale di arredamento rustico e ambiente familiare, dove gusterete una casalinga cucina toscana che segue le stagioni.

MONTECCHIA DI CROSARA – Verona (VR) – 562 F15 – 4 390 ab. – alt. 87 m – ✉ 37030

35 **B3**

▶ Roma 534 – Verona 34 – Milano 188 – Venezia 96 – Vicenza 33

XXX **Baba-Jaga** AC P VISA MC AE

via Cabalao – ☎ 04 57 45 02 22 – jagababa@ciaoweb.it – Chiuso tre settimane in gennaio, tre settimane in agosto, domenica sera e lunedì

Rist – Carta 43/60 €

◆ Porta il nome di una creatura fatata delle fiabe russe questo luminoso locale di tono, con un silenzioso giardino che fa da cornice ideale alle creazioni dello chef.

XX **La Terrazza** (Pace) AC 30, P VISA MC AE

via Cesari 1 – ☎ 04 57 45 09 40 – info@laterrazza.vr.it – Fax 04 56 54 41 75 – Chiuso dal 27 agosto al 19 settembre, dal 1° all'8 novembre, domenica sera e lunedì, da ottobre a marzo anche martedì e mercoledì

Rist – Carta 44/68 €

Spec. Capesante marinate al limone con tartufo nero cotto al Porto (autunno-primavera). Millefoglie di triglie con carciofi e zucca, condimento all'arancia (autunno-inverno). Tarte Tatin alle mele delicius con gelato alla vaniglia.

◆ Una bella sala con vista sulle colline, presso la quale vengono serviti piatti di pesce elaborati secondo la cucina contemporanea. Dehors estivo recentemente rinnovato.

MONTECCHIO – Terni (TR) – 563 O18 – 1 749 ab. – alt. 377 m – ✉ 05020

32 **B3**

▶ Roma 114 – Terni 51 – Viterbo 43 – Orvieto 25 – Perugia 68

Agriturismo Poggio della Volara monti e vallata, P

via Volara 1, località Volara Nord : 4,5 km – ☎ 07 44 95 18 20 – info@poggiodellavolara.it – Fax 07 44 95 18 20 – Chiuso gennaio e febbraio

14 cam – †60/80 € ††80/100 € – ½ P 57/70 € – **Rist** – (solo per alloggiati)

◆ A pochi chilometri da Orvieto, un'azienda agrituristica semplice, ubicata in zona panoramica, con ampi spazi esterni, una bella piscina e camere di buon confort.

MONTECCHIO – Brescia – 561 E12 – Vedere Darfo Boario Terme

MONTECCHIO MAGGIORE – Vicenza (VI) – 562 F16 – 21 966 ab. – alt. 72 m – ✉ 36075 Italia
37 **A2**

Roma 544 – Verona 43 – Milano 196 – Venezia 77 – Vicenza 13

≤★ dai castelli – Salone★ della villa Cordellina-Lombardi

in prossimità casello autostrada A4 - Montecchio Sud Sud-Est : 3 km :

Castagna cam, rist, 90, VISA AE

via Archimede 2 ✉ 36041 Alte di Montecchio Maggiore – ☎ 04 44 49 05 40 – info@castagnahotel.com – Fax 04 44 49 96 77

56 cam – 50/119 € 66/145 € – ½ P 49/134 €

Rist ***Mr. Merlino*** – *(chiuso domenica)* Carta 28/49 €

◆ Nei pressi del casello autostradale, struttura di recente realizzazione, dotata di piattaforma eliporto; ideale per clientela d'affari, ha stanze dalle linee classiche. Ambientazione moderna per la luminosa sala da pranzo.

MONTECCHIO PRECALCINO – Vicenza (VI) – 562 F16 – 4 745 ab. – alt. 86 m – ✉ 36030
37 **A1**

Roma 544 – Padova 57 – Trento 84 – Treviso 67 – Vicenza 17

XXX **La Locanda di Piero** 12, VISA AE

via Roma 32, strada per Dueville Sud : 1 km – ☎ 04 45 86 48 27 – info@lalocandadipiero.it – Fax 04 45 86 48 28 – Chiuso dal 1° al 10 marzo, dal 10 al 20 agosto, domenica e i mezzogiorno di lunedì e sabato

Rist – Carta 43/66 €

◆ Un villino alle porte della località ospita un elegante e intimo angolo per gourmet, dove uno chef emergente sa esplicare il suo estro nell'alveo delle tradizioni locali.

MONTECHIARO D'ASTI – Asti (AT) – 561 G6 – 1 396 ab. – alt. 290 m – ✉ 14025
23 **C2**

Roma 627 – Torino 78 – Alessandria 58 – Asti 20 – Milano 147 – Vercelli 100

XX **Tre Colli** 20, VISA

piazza del Mercato 3/5 – ☎ 01 41 90 10 27 – info@trecolli.com – Fax 01 41 99 99 87 – Chiuso dal 1° al 15 gennaio, dal 26 luglio al 14 agosto e mercoledì

Rist – Carta 27/37 €

◆ Un ristorante che esiste dal 1898: salette rivestite di legno, con toni morbidi ed accoglienti, tavoli massicci, nonchè una panoramica terrazza estiva per proposte piemontesi.

MONTECOSARO – Macerata (MC) – 563 M22 – 5 306 ab. – alt. 252 m – ✉ 62010
21 **D2**

Roma 266 – Ancona 60 – Macerata 25 – Perugia 147 – Pescara 121

Luma VISA

via Cavour 1 – ☎ 07 33 22 94 66 – info@laluma.it – Fax 07 33 22 94 57

11 cam – 62 € 77 € – 1 suite – ½ P 50 €

Rist La Luma – vedere selezione ristoranti

◆ In una struttura medievale, un delizioso alberghetto d'atmosfera, con terrazza panoramica e suggestive grotte tufacee nei sotterranei; camere in stile, alcune con vista.

XXX **La Luma** VISA

via Bruscantini 1 – ☎ 07 33 22 97 01 – info@laluma.it – Fax 07 33 22 22 73 – Chiuso dal 15 al 31 gennaio, martedì e mercoledì a mezzogiorno

Rist – Carta 30/37 €

◆ Locale dal décor raffinato, ma spartano, consono allo spazio in cui si trova: i sotterranei di un centrale edificio settecentesco, con pareti e volte in mattoni e pietra.

XX **Due Cigni** VISA AE

via Santissima Annunziata 19 località Scalo – ☎ 07 33 86 51 82 – duecigni@altrochevino.com – Fax 07 33 56 53 71 – Chiuso dal 1° al 22 gennaio, dal 6 al 27 agosto, domenica sera e lunedì

Rist – Carta 35/50 €

◆ Atmosfera elegante nella sala con arredi dalle tinte chiare. In cucina i prodotti del territorio vengono utilizzati e rielaborati con gusto e fantasia moderne.

MONTECRESTESE – Verbano-Cusio-Ossala (VB) – 1 197 ab. – alt. 486 m – ✉ 28864 23 C1

Roma 714 – Stresa 50 – Domodossola 4 – Torino 183 – Verbania 50

Osteria Gallo Nero 18,

località Pontetto 102 – ✆ 03 24 23 28 70 – info@osteriagallonero.it – Fax 03 24 23 23 24 – Chiuso lunedì

Rist – Carta 23/33 €

◆ Due fratelli, molto appassionati, hanno saputo valorizzare questo locale caratterizzato dall'ambiente informale, dalla cucina del territorio e da una ricca cantina.

MONTECRETO – Modena (MO) – 562 J14 – 932 ab. – alt. 868 m – ✉ 41025 8 B2

Roma 387 – Bologna 89 – Milano 248 – Modena 79 – Pistoia 77 – Reggio nell'Emilia 93

ad Acquaria Nord-Est : 7 km – ✉ 41025

Monteverde

via Provinciale 11 – ✆ 053 66 50 52 – Fax 053 66 51 56 – Chiuso Natale, dal 20 giugno al 10 luglio e mercoledì

Rist – Carta 18/34 €

◆ Piacevole e accogliente locale dove madre e figlio, lei ai fornelli e lui in sala, propongono specialità a base di funghi e tartufi lungo tutto l'arco dell'anno.

MONTE CROCE DI COMELICO (Passo) = KREUZBERGPASS – Belluno e Bolzano – 562 C19 – Vedere Sesto

MONTEDORO – Bari – Vedere Noci

MONTEFALCO – Perugia (PG) – 563 N19 – 5 624 ab. – alt. 473 m – ✉ 06036 33 C2

Italia

Roma 145 – Perugia 46 – Assisi 30 – Foligno 12 – Orvieto 79 – Terni 57

Villa Pambuffetti 50,

via della Vittoria 20 – ✆ 07 42 37 94 17 – info@villapambuffetti.it – Fax 07 42 37 92 45

15 cam – 140/200 € 175/260 € – ½ P 130/172 € – **Rist** – *(chiuso da gennaio a marzo e a mezzogiorno)* (solo su prenotazione) Carta 50/64 €

◆ Un curato parco ombreggiato con piscina circonda la villa ottocentesca che ospita un hotel con un buon livello di confort; mobili antichi negli interni di sobria eleganza. Ambientazione di austera raffinatezza al ristorante.

Agriturismo Camiano Piccolo cam, rist, 30,

località Camiano Piccolo 5 – ✆ 07 42 37 94 92 – camiano@bcsnet.it – Fax 07 42 37 10 77

8 cam – 52/73 € 62/100 € – **Rist** – (solo per alloggiati) Menu 22/30 €

◆ Un borgo ristrutturato, immerso tra ulivi secolari, a poche centinaia di metri dalle mura della località. Bella piscina scoperta in giardino per chi è in cerca di relax.

Coccorone

largo Tempestivi – ✆ 07 42 37 95 35 – info@coccorone.com – Fax 07 42 37 90 16 – Chiuso mercoledì escluso maggio-settembre

Rist – Carta 24/54 €

◆ Un ristorante "tipico", come recita l'insegna, sia nell'ambientazione, con archi in mattoni e pietre a vista, sia nella cucina, del territorio, con secondi alla brace.

a San Luca Sud-Est : 9 km – ✉ 06036 – Montefalco

Villa Zuccari

– ✆ 07 42 39 94 02 – hotel@villazuccari.com – Fax 07 42 39 91 94

34 cam – 110/170 € 150/240 € – **Rist** – Carta 29/35 €

◆ Una villa ottocentesca, un colpo di bacchetta magica e l'omonima famiglia gestisce oggi un'incantevole risorsa dotata di ampi spazi verdi ambienti suggestivi. Un'elegante atmosfera, pasta fatta in casa e cucina tradizionale negli spazi in cui un tempo si pigiava l'uva.

MONTEFIASCONE – Viterbo (VT) – 12 823 ab. – alt. 633 m – ✉ 01027 12 **A1**

Roma 96 – Viterbo 17 – Orvieto 28 – Perugia 95 – Terni 71

Chiesa di San Flaviano★

Urbano V senza rist
corso Cavour 107 – ☎ 07 61 83 10 94 – info@hotelurbano-v.it – Fax 07 61 83 41 52
22 cam – †60/70 € ††80/100 €
♦ Palazzo storico seicentesco, completamente ristrutturato, raccolto attorno ad un cortiletto interno e impreziosito da una terrazza con vista quasi a 360° su tetti e colline.

MONTEFIORE CONCA – Rimini (RN) – 562 K19 – 1 810 ab. – alt. 385 m – ✉ 47834 9 **D3**

Roma 300 – Rimini 22 – Ancona 100 – Pesaro 34

via Roma 3 (Rocca Malatestiana) ☎ 0541 980035, Fax 0541 980206

Locanda della Corona con cam
piazza della Libertà 12 – ☎ 05 41 98 03 40 – info@locanda-della-corona.com – Fax 05 41 98 03 40 – Chiuso lunedì escluso luglio e agosto
5 cam – †50/70 € ††70/100 € – ½ P 50/70 € – **Rist** – Carta 24/37 €
♦ Un bel ristorantino, ubicato nel centro del paese, con origini che risalgono "alla notte dei tempi". Possibilità di alloggio in camere di buon tono con arredi d'epoca.

MONTEFIORINO – Modena (MO) – 562 I13 – 2 343 ab. – alt. 796 m – ✉ 41045 8 **B2**

Roma 409 – Bologna 95 – Modena 57 – Lucca 116 – Reggio nell'Emilia 60

Lucenti con cam ≤ vallata,
via Mazzini 38 – ☎ 05 36 96 51 22 – info@lucenti.net – Fax 05 36 96 51 22
7 cam – †35 € ††50 €, 8 € – ½ P 42 € – **Rist** – *(chiuso lunedì e martedì a mezzogiorno escluso luglio-agosto)* (consigliata la prenotazione) Carta 31/40 €
♦ Troverete una curata sala dai caldi colori pastello e una cucina radicata nel territorio, ma con approccio moderno, in questo locale di secolare tradizione familiare. Semplici le camere, tutte con vista sulla valle del Dolo.

MONTEFIRIDOLFI – Firenze (FI) – 563 L15 – alt. 310 m – ✉ 50020 29 **D3**

Roma 289 – Firenze 27 – Siena 57 – Livorno 90

Agriturismo Fonte de' Medici ≤ colline e vigneti,
località S. Maria a Macerata 41, Sud-Est : 3 km – ☎ 05 58 24 47 00 – mail@fontedemedici.com – Fax 05 58 24 47 01 – Chiuso dal 15 gennaio al 15 febbraio rist, 80,
11 cam – †105/126 € ††142/173 € – 8 suites – **Rist** – *(chiuso dal 15 gennaio al 15 febbraio e novembre)* Carta 39/52 €
♦ Risorsa armoniosamente distribuita all'interno di tre antichi poderi dell'azienda vinicola Antinori. Per una vacanza difficile da dimenticare, tra viti e campagne.

Il Borghetto Country Inn senza rist ≤
via Collina Sant'Angelo 23, Nord-Ovest : 2 km – ☎ 05 58 24 44 42 – info@borghetto.org – Fax 05 58 24 42 47 – Aprile-novembre
5 cam – †110 € ††160 € – 3 suites
♦ Bella risorsa di campagna in posizione tranquilla lungo la strada che porta al paese, offre ambienti dagli arredi curati ed originali. Si organizzano corsi di cucina.

MONTEFOLLONICO – Siena (SI) – 563 M17 – alt. 567 m – ✉ 53040 29 **D2**

Roma 187 – Siena 61 – Firenze 112 – Perugia 75

La Costa – Residenza d'epoca ≤ Val di Chiana, rist,
via Coppoli 15/19/25 – ☎ 05 77 66 94 88 – info@lacosta.it – Fax 05 77 66 88 00 – Chiuso dal 10 al 26 dicembre e dal 7 gennaio al 28 febbraio
15 cam – †90 € ††100 €
Rist *Il Medioevo* – ☎ 05 77 66 80 26 – Carta 32/46 €
♦ Più case unite, tutte con caratteristiche omogenee allo stile architettonico locale. Camere rustiche ma eleganti, alcune con una vista incantevole sulla Val di Chiana. Ristorante tra archi di pietra e mattoni degli ex granai o nella terrazza estiva.

XXX **La Chiusa** con cam ⅋ ≤ monti e vallata, 🚗 P VISA 🚫 AE ⓘ

via della Madonnina 88 – ✆ 05 77 66 96 68 – info@ristorantelachiusa.it – Fax 05 77 66 95 93 – Chiuso dal 10 al 25 dicembre e dal 10 gennaio al 25 marzo

14 cam – †200 € ††250 € – 3 suites – **Rist** – *(chiuso martedì)* Carta 64/78 € (+10 %)

◆ Giardino-oliveto, tipica cascina con frantoio, splendida vista sulla valle: un angolo di sogno, dove le camere e la cucina sono pari per piacevolezza, cura ed eleganza.

X **13 Gobbi** VISA AE

via Lando di Duccio 5 – ✆ 05 77 66 97 55 – elisamozzini@libero.it – Chiuso dal 6 al 31 gennaio e mercoledì escluso da Pasqua a settembre

Rist – Carta 27/42 €

◆ Arredo rustico informale, con travature a vista e dehors estivo in un ristorantino a conduzione familiare; carta con proposte di cucina locale.

MONTEFORTINO – Ascoli Piceno (AP) – 563 N22 – 1 312 ab. – alt. 639 m – ✉ 63044 21 C3

Roma 195 – Ascoli Piceno 33 – Ancona 112 – Perugia 138 – Pescara 125

Agriturismo Antico Mulino ♿ cam, P VISA AE

località Tenna 2, Nord : 2 km – ✆ 07 36 85 95 30 – anticomulino@virgilio.it – Fax 07 36 85 95 30 – 24 dicembre-6 gennaio e Pasqua-5 novembre

15 cam – †40/68 € ††55/70 € – ½ P 42/50 € – **Rist** – Menu 15/20 €

◆ Un mulino ad acqua fortificato, con origini trecentesche, ristrutturato per accogliere una struttura caratteristica, di tono sobrio e con arredi in "arte povera". Comodi nella sala soppalcata a gustare le specialità casalinghe.

MONTEGABBIONE – Terni (TR) – 563 N18 – 1 256 ab. – alt. 594 m – ✉ 05010 32 A2

Roma 149 – Perugia 40 – Orvieto 39 – Terni 106 – Viterbo 88

sulla strada per Parrano Sud-Ovest : 9 km

Agriturismo Il Colombaio ⅋ AC rist, 250, P VISA

località Colombaio – ✆ 07 63 83 84 95 – irmaco@tin.it – Fax 07 63 83 84 95 – Chiuso dal 10 al 31 gennaio

24 cam – †41/58 € ††70/118 € – ½ P 72/79 € – **Rist** – Menu 25 €

◆ Immerso nel verde di grandi prati, una risorsa ospitata da una struttura in pietra, a conduzione familiare. Camere curate e confortevoli, bella piscina. Arredi in legno e soffitti con pietre a vista nella sala da pranzo. D'estate, scegliete la terrazza.

MONTEGIORGIO – Ascoli Piceno (AP) – 563 M22 – 6 692 ab. – alt. 411 m – ✉ 63025 21 D2

Roma 249 – Ascoli Piceno 69 – Ancona 81 – Macerata 30 – Pescara 124

a Piane di Montegiorgio Sud : 5 km – ✉ 63025

Oscar e Amorina AC 60, P VISA AE

via Faleriense Ovest 69 – ✆ 07 34 96 73 51 – info@oscareamorina.it – Fax 07 34 96 83 45

20 cam – †45/50 € ††75/80 € – ½ P 70 € – **Rist** – *(chiuso lunedì)* Carta 24/32 €

◆ Cinto da un grazioso giardino con piscina, un accogliente hotel che si contraddistingue per la garbata eleganza degli ambienti. Ottime camere a prezzi più che competitivi. Sale ristorante di taglio moderno, cucina tipica marchigiana.

MONTEGRIDOLFO – Rimini (RN) – 562 K20 – 949 ab. – alt. 290 m – ✉ 47837 9 D3

Roma 297 – Rimini 35 – Ancona 89 – Pesaro 24 – Ravenna 110

Palazzo Viviani ⅋ ≤ AC cam, rist, 450, P VISA AE

via Roma 38 – ✆ 05 41 85 53 50 – montegridolfo@mobygest.it – Fax 05 41 85 53 40

53 cam – †120/370 € ††140/460 € – 10 suites – ½ P 270 € – **Rist** – Carta 37/77 €

◆ In un antico borgo di origini medievali, uno storico palazzo sapientemente restaurato per offrire un'ospitalità raffinata in interni d'epoca di grande charme e suggestione. Tra le pareti di pietra delle ex cantine è stato ricavato l'elegante ristorante.

MONTEGROSSO – Bari – 564 D30 – Vedere Andria

MONTEGROSSO D'ASTI – Asti (AT) – 561 H6 – 2 133 ab. – alt. 244 m – ✉ 14048 25 **D1**

Roma 616 – Alessandria 45 – Asti 9 – Torino 70 – Genova 136 – Novara 106

a Messadio Sud-Ovest : 3 km – ✉ 14048 – Montegrosso d'Asti

XX **Locanda del Boscogrande** con cam ← colline del Monferrato, rist,
via Boscogrande 47 – ✆ 01 41 95 63 90 – locanda@locandaboscogrande.com – Fax 01 41 95 68 00 – Chiuso dal 7 al 27 gennaio
7 cam – 80/95 € 110/130 € – ½ P 100 € – **Rist** – *(chiuso martedì)* Menu 25/40 €
◆ Per godersi il rilassante panorama delle colline del Monferrato, cascina ristrutturata con un ottimo equilibrio tra qualità gastronomica e confort delle camere.

MONTEGROTTO TERME – Padova (PD) – 562 F17 – 10 532 ab. – alt. 11 m – ✉ 35036 Italia 35 **B3**

Roma 482 – Padova 14 – Mantova 97 – Milano 246 – Monselice 12 – Rovigo 32 – Venezia 49

viale Stazione 60 ✆ 049 794143, infomontegrotto@termeeuganeeapt.net, Fax 049 795276

International Bertha (termale) cam, rist, 120,
largo Traiano 1 – ✆ 04 98 91 17 00 – info@bertha.it – Fax 04 98 91 17 71 – Chiuso dal 10 gennaio al 1° marzo
90 cam – 70/85 € 110/150 € – 5 suites – ½ P 85/110 € – **Rist** – (solo per alloggiati) Menu 29/35 €
◆ Una grande hall, elegante e arredata in stile come le altre zone comuni, introduce degnamente in una struttura con servizi di buon livello; giardino con piscina termale. D'impostazione classica e di moderna eleganza il ristorante.

Grand Hotel Terme (termale) rist, 50,
viale Stazione 21 – ✆ 04 98 91 14 44 – info@grandhotelterme.it – Fax 04 98 91 14 44 – Chiuso dal 17 novembre al 23 dicembre
119 cam – 85 € 130 €, 15 € – ½ P 85/100 € – **Rist** – (solo per alloggiati) 40 €
◆ Moderni confort in un grande albergo, di recente rinnovato, con giardino e piscine termali, scoperte e coperte; eleganti spazi comuni e ristorante panoramico al 7° piano.

Garden Terme (termale) cam, rist,
corso delle Terme 7 – ✆ 04 98 91 16 99 – garden@gardenterme.it – Fax 04 98 91 01 82 – Marzo-novembre
117 cam – 67/80 € 124/138 €, 8 € – ½ P 92/99 € – **Rist** – (solo per alloggiati) Carta 29/35 €
◆ In un parco-giardino con piscina termale, un bel complesso, che offre un'ampia gamma di cure rigenerative psico-fisiche; eleganti interni, con un'esotica "sala indiana".

Continental Terme (termale) rist, rist,
via Neroniana 8 – ✆ 049 79 35 22 – hotelcontinental@tin.it – Fax 04 98 91 06 83 – Chiuso dall'11 al 15 dicembre e dal 9 gennaio al 22 febbraio
175 cam – 60/64 € 100/108 € – 65 suites – ½ P 64/72 € – **Rist** – (solo per alloggiati) Menu 18/23 €
◆ Parco con piscine termali e confortevoli interni neoclassici, in un albergo completo per le cure, per il relax e per lo sport; eleganti le suite.

Apollo (termale) cam, rist,
via San Pio X 4 – ✆ 04 98 91 16 77 – apollo@termeapollo.it – Fax 04 98 91 02 87 – Chiuso dal 10 al 22 dicembre e dal 7 gennaio al 1° marzo
210 cam – 61/65 € 107/115 € – ½ P 76 € – **Rist** – (solo per alloggiati) Menu 21 €
◆ La tranquillità, fondamentale in un soggiorno termale, è assicurata in questa signorile risorsa dotata di parco con piscine; attrezzata la zona cure e benessere.

Terme Sollievo (termale) cam, rist,
viale Stazione 113 – ✆ 049 79 36 00 – info@hotelsollievoterme.it – Fax 04 98 91 09 10 – Chiuso dal 22 novembre al 22 dicembre
108 cam – †71/78 € ††124/146 € – ½ P 84/95 € – **Rist** – (solo per alloggiati) Menu 22/30 €
♦ Risorsa centrale che offre ai clienti una signorile ospitalità e servizi ben organizzati; il relax è garantito nel parco con tennis. Fiore all'occhiello le nuove piscine.

Terme Petrarca (termale) cam, rist 150,
piazza Roma 23 – ✆ 04 98 91 17 44 – petrarca@hotelpetrarca.it – Fax 04 98 91 16 98
126 cam – †55/60 € ††90/98 €, 9 € – 16 suites – ½ P 72/82 € – **Rist** – (solo per alloggiati) Carta 29/39 €
♦ Agli ampi spazi esterni, con piscina olimpionica, all'attrezzato reparto per le cure e al settore notte l'hotel unisce anche un organizzato centro congressi.

Augustus Terme (termale) rist, 100,
viale Stazione 150 – ✆ 049 79 32 00 – info@hotelaugustus.com – Fax 049 79 35 18
105 cam – †64/69 € ††96/101 €, 8 € – 15 suites – ½ P 88/93 € – **Rist** – (solo per alloggiati) Carta 29/58 €
♦ Trascorrerete piacevoli momenti di relax sulla terrazza panoramica con piscina termale di un'imponente struttura nata negli anni '70 confortevole in ogni settore.

Terme Bellavista (termale) rist, 120,
via dei Colli 5 – ✆ 049 79 33 33 – info@hotelbellavista.it – Fax 049 79 37 72 – Marzo-novembre
79 cam – †65/84 € ††90/129 € – **Rist** – Menu 22 €
♦ Recentemente ristrutturato negli spazi comuni e nella zona benessere, l'hotel dispone di un ampio giardino, una nuova piscina coperta ed eleganti ambienti in stile classico. Nella spaziosa sala ristorante sobriamente arredata, le tradizionali proposte culinarie.

Terme Preistoriche (termale) 50,
via Castello 5 – ✆ 049 79 34 77 – termepreistoriche@termepreistoriche.it – Fax 049 79 36 47 – Chiuso dal 7 gennaio al 25 febbraio e dal 9 al 22 dicembre
47 cam – †65 € ††110 € – **Rist** – (solo per alloggiati) Menu 26/32 €
♦ Nato all'inizio del '900, un hotel che anche negli interni conserva ancora il fascino e l'atmosfera delle sue origini; rilassante parco-giardino con piscina termale.

Terme Olympia (termale) rist,
viale Stazione 25 – ✆ 049 79 34 99 – olympia@iol.it – Fax 04 98 91 11 00 – Chiuso dal 26 novembre al 22 dicembre
103 cam – †55/60 € ††110/120 € – ½ P 61/92 € – **Rist** – (solo per alloggiati)
♦ Giovane conduzione al femminile in un albergo ben accessoriato, con ampi spazi comuni, un completo reparto di cure e una scenografica piscina. Originale giardino zen.

Da Mario
corso delle Terme 4 – ✆ 049 79 40 90 – Fax 04 98 91 13 29 – Chiuso martedì e mercoledì a mezzogiorno
Rist – Carta 33/41 €
♦ All'entrata della località, una sala con ampie vetrate, una saletta in stile "giardino d'inverno" e un dehors per una linea gastronomica tradizionale, di terra e di mare.

Da Cencio 20,
via Fermi 11, Ovest : 1,5 km – ✆ 049 79 34 70 – Fax 049 79 30 39 – Chiuso dal 23 gennaio al 6 febbraio, dal 21 agosto al 4 settembre e lunedì
Rist – Carta 30/38 €
♦ Affezionata clientela di habitué per questo ristorante di impostazione classica, fuori dal centro, che propone cucina del territorio e qualche piatto di pesce.

MONTE INGINO – Perugia – Vedere Gubbio

MONTELEONE – Pavia – 561 G10 – Vedere InvernoMonteleone

MONTELPARO – Ascoli Piceno (AP) – **563** M22 – **928 ab.** – **alt. 585 m** – ✉ 63020 21 **D3**

Roma 285 – Ascoli Piceno 46 – Ancona 108

La Ginestra ⋄ valli e colline, rist, P
contrada Coste Est : 3 km – ☎ 07 34 78 04 49 – info@laginestra.it – Fax 07 34 78 07 06 – Chiuso dal 10 gennaio al 20 febbraio
14 cam – ††57/70 €, ☕ 7 € – ½ P 52/70 € – **Rist** – Carta 20/30 €
◆ Ideale per un soggiorno alla scoperta della cultura locale, un casolare in pietra dotato di piscina, campi da tennis, maneggio e minigolf, tra colline di ulivi e frumento. Nella suggestiva sala ristorante dal soffitto con travi a vista, la cucina nazionale.

MONTELUCCI – Arezzo – **Vedere Pergine Valdarno**

MONTELUPO FIORENTINO – Firenze (FI) – **563** K15 – **11 791 ab.** – **alt. 40 m** – ✉ 50056 *Toscana* 29 **C1**

Roma 295 – Firenze 22 – Livorno 66 – Siena 75

☎ 0571 54 10 04.

Baccio da Montelupo senza rist A/C P
via Roma 3 – ☎ 057 15 12 15 – info@hotelbaccio.it – Fax 057 15 11 71
30 cam ☕ – †47/62 € ††71/90 €
◆ Realizzato negli anni '80, un albergo centrale, dotato di parcheggio, comoda risorsa per clientela d'affari; ambiente familiare e settore notte pulito e funzionale.

MONTEMAGGIORE AL METAURO – Pesaro e Urbino (PU) – **563** K20 – **2 214 ab.** – **alt. 197 m** – ✉ 61030 20 **B1**

Roma 288 – Ancona 86 – Pesaro 30 – Perugia 122 – Rimini 69

Agriturismo Villa Tombolina senza rist ⋄ collina,
via Tombolina – ☎ 072 89 19 18 – info@villatombolina.it – Fax 07 21 87 94 49 – Chiuso dal 3 novembre al 28 dicembre e dal 7 gennaio al 28 febbraio (riscaldata) A/C P
14 cam ☕ – †40/50 € ††80/90 € – 4 suites
◆ Una villa settecentesca restaurata per fare spazio ad un agriturismo con vista sulle colline, che accosta ambienti spaziosi e signorili a zone arredate in modo più informale.

MONTEMAGNO – Asti (AT) – **561** G6 – **1 211 ab.** – **alt. 259 m** – ✉ 14030 23 **C2**

Roma 617 – Alessandria 47 – Asti 18 – Milano 102 – Torino 72 – Vercelli 50

La Braja A/C 10/15, P
via San Giovanni Bosco 11 – ☎ 01 41 65 39 25 – infobraja@tin.it – Fax 014 16 36 05 – Chiuso dal 28 dicembre al 20 gennaio, dal 23 luglio al 20 agosto, lunedì e martedì
Rist – Carta 41/53 €
◆ Un invitante ingresso con divanetti e camino e varie sale curate con quadri alle pareti in un locale elegante, che in cucina segue le stagioni nella tradizione locale.

MONTEMAGNO – Lucca – **563** K12 – **Vedere Camaiore**

MONTEMARCELLO – La Spezia – **563** J11 – **Vedere Ameglia**

MONTEMARCIANO – Arezzo – **Vedere Terranuova Bracciolini**

MONTEMARZINO – Alessandria (AL) – **561** H8 – **355 ab.** – **alt. 448 m** – ✉ 15050 23 **D2**

Roma 585 – Alessandria 41 – Genova 89 – Milano 89 – Piacenza 85

Da Giuseppe ⋄ colline, A/C
via 4 Novembre 7 – ☎ 01 31 87 81 35 – info@ristorantedagiuseppe.it – Fax 01 31 87 89 14 – Chiuso gennaio, martedì sera e mercoledì
Rist – Menu 43 € bc
◆ Gestione familiare e piacevole sala rustica con camino in un ristorante tra le colline, che propone i classici piemontesi nella formula del menù degustazione.

MONTEMELINO – Perugia – 563M18 – Vedere Magione

MONTEMERANO – Grosseto (GR) – 563 O16 – alt. 303 m – ✉ 58050 29 C3

Roma 189 – Grosseto 50 – Orvieto 79 – Viterbo 85

Relais Villa Acquaviva campagna e colli, cam, cam, rist,
strada Scansanese 10 Nord : 2 km
– ✆ 05 64 60 28 90 – info@relaisvillaacquaviva.com – Fax 05 64 60 28 95
22 cam – †102/140 € ††102/163 € – 3 suites – ½ P 81/111 €
Rist ***La Limonaia*** – *(aprile-dicembre; chiuso lunedì e a mezzogiorno)* Carta 37/51 €
◆ Tra vigneti e uliveti, gode di una splendida vista sui colli questa antica casa ristrutturata, con giardino ombreggiato e piscina; raffinata rusticità negli interni. Caratteristico ristorante che utilizza in abbondanza i prodotti naturali dell'azienda.

Il Melograno
località Ponticello di Montemerano – ✆ 05 64 60 26 09 – ilmelogranohotel@virgilio.it – Fax 05 64 60 26 09
7 cam – †95/120 € ††120/140 €
Rist Trattoria Verdiana – vedere selezione ristoranti
◆ Albergo di recente apertura, posizionato su di una collina a poca distanza dalle terme di Saturnia. Camere spaziose, luminose e con un buon livello di confort.

Agriturismo Le Fontanelle rist,
località Poderi di Montemerano Sud : 3 km – ✆ 05 64 60 27 62 – le.fontanelle@tiscali.it – Fax 05 64 60 27 62
12 cam – †47 € ††78 € – Rist – *(chiuso a mezzogiorno)* (solo per alloggiati)
◆ Una tipica casa di campagna offre tranquillità, semplici, ma accoglienti interni rustici e, per completare il paesaggio bucolico, un laghetto con animali selvatici.

Caino (Piccini) con cam
via della Chiesa 4 – ✆ 05 64 60 28 17 – caino@relaischateaux.com – Fax 05 64 60 28 07 – Chiuso 24-26 dicembre, dall'8 gennaio all'8 febbraio e tre settimane in luglio
3 cam – †165 € ††180 € – Rist – *(chiuso mercoledì, giovedì a mezzogiorno)* Carta 70/100 €
Spec. Baccalà con cipolle rosse di Tropea, gelato ai peperoni dolci e pane al nero di seppia (primavera-estate). Guancia di manzo brasata con puré di porri all'uvetta e pane al cacao e rosmarino (autunno-inverno). Emulsione di arancio e olio d'oliva con gelato al latte di capra e falso pepe del Perù (autunno-primavera).
◆ Sembra uno dei tanti borghi in pietra ma nasconde uno scrigno: un viaggio gastronomico nella Maremma, solo carne (salvo baccalà) e i sapori di una cucina al femminile. Enoteca con prodotti regionali e tre preziose camere.

Trattoria Verdiana – Hotel Il Melograno 30,
località Ponticello di Montemerano – ✆ 05 64 60 25 76 – trattoria.verdiana@virgilio.it – Fax 05 64 60 25 76 – Chiuso una settimana in novembre, una settimana in luglio e mercoledì
Rist – Carta 39/57 €
◆ Locale che ricrea un ambiente rustico, con un grande camino, ma con arredi di qualità e dettagli di una certa eleganza. Cucina rivisitata e cantina di gran valore.

MONTE OLIVETO MAGGIORE – Siena (SI) – 563 M16 – alt. 273 m – ✉ 53041 29 C2

Toscana

Affreschi★★ nel chiostro grande dell'abbazia – Stalli★★ nella chiesa abbaziale

MONTEORTONE – Padova – 562 F17 – Vedere Abano Terme

La guida vive con voi: parlateci delle vostre esperienze.
Comunicateci le vostre scoperte più piacevoli e le vostre delusioni.
Buone o cattive sorprese? Scriveteci!

MONTEPAONE LIDO – Catanzaro (CZ) – 564 K31 – 4 215 ab. – ✉ 88060 5 **B2**

Roma 632 – Reggio di Calabria 158 – Catanzaro 33 – Crotone 85

sulla strada per Petrizzi Sud-Ovest : 2,5 km :

Il Cantuccio

via G. di Vittorio 6 – ✆ 096 72 20 87 – Chiuso dal 15 ottobre al 15 novembre e mercoledì

Rist – Menu 35 € bc/40 € bc

◆ Frequentazione anche locale in un ristorante curato, ma di ambiente familiare, che utilizza un'ottima materia prima, cioè pesce, per una cucina elaborata con cura.

MONTEPERTUSO – Salerno – 564 F25 – Vedere Positano

MONTE PORZIO CATONE – Roma (RM) – 563 Q20 – 8 372 ab. – alt. 451 m – ✉ 00040 12 **B2**

Roma 24 – Frascati 4 – Frosinone 64 – Latina 55

Villa Vecchia rist, 160,

via Frascati 49, Ovest : 3 km – ✆ 06 94 34 00 96 – info@villavecchia.it – Fax 069 42 05 68

92 cam – 155/175 € 185/205 € – **Rist** – Carta 22/43 €

◆ Sui colli, un convento del '500 ampliato e ristrutturato totalmente, quieta cornice con uliveto centenario, ideale per congressi; camere nuovissime, dotate di ogni confort. Ristorante ricavato sotto le antiche volte nelle ex cantine dell'edificio.

I Tinelloni

via dei Tinelloni 10 – ✆ 069 44 70 71 – Fax 069 44 70 71 – Chiuso dal 15 al 30 luglio e mercoledì

Rist – Carta 26/32 €

◆ Una caratteristica trattoria nel centro del paese, dove poter gustare i piatti della tradizione in un ambiente accogliente e familiare. Bella la sala, sorretta da grandi archi.

MONTEPULCIANO – Siena (SI) – 563 M17 – 13 965 ab. – alt. 605 m – ✉ 53045 29 **D2**

Toscana

Roma 176 – Siena 65 – Arezzo 60 – Firenze 119 – Perugia 74

piazza Don Minzoni 1 ✆ 0578 757341, prolococomp@bccmp.com, Fax 0578757341

Città Antica★ – Piazza Grande★★ : ✻★★★ dalla torre del palazzo Comunale★, palazzo Nobili-Tarugi★, pozzo★ – Chiesa della Madonna di San Biagio★★ Sud-Est : 1 km

San Biagio Montepulciano e basilica di San Biagio,

via San Bartolomeo 2 – ✆ 05 78 71 72 33 – info@albergosanbiagio.it – Fax 05 78 71 65 24

27 cam – 85/95 € 95/115 € – ½ P 70/80 € – **Rist** – *(marzo-novembre; chiuso a mezzogiorno)* (solo per alloggiati) Menu 25/28 €

◆ Leggermente decentrato, con vista sul tempio di San Biagio e su Montepulciano, salotti signorili e camere curate per un buon rapporto qualità/prezzo.

Il Marzocco senza rist

piazza Savonarola 18 – ✆ 05 78 75 72 62 – info@albergoilmarzocco.it – Fax 05 78 75 75 30 – Chiuso dal 15 gennaio al 15 febbraio

16 cam – 70/75 € 90/95 €

◆ Palazzo storico dentro le mura per un albergo di lunga tradizione, con interni curati di stile leggermente retrò; chiedete le stanze con terrazzo.

Relais San Bruno senza rist

via di Pescaia 5/7 – ✆ 05 78 71 62 22 – info@sanbrunorelais.com – Fax 05 78 71 50 84 – Marzo-15 novembre

8 cam – 160/200 € 220/340 €

◆ Ai piedi della Basilica di San Biagio, il paese a circa un chilometro e la campagna già rigogliosa. Curatissimi spazi verdi e camere spaziose: l'eleganza prende forma.

Villa Poggiano senza rist
via di Poggiano 7, Ovest : 2 km – 05 78 75 82 92 – info@villapoggiano.com – Fax 05 78 71 56 35 – Aprile-3 novembre
3 cam – 176/195 € 195/215 € – 6 suites – 235/300 €
♦ Un vasto parco, con pochi eguali in zona, accoglie gli ospiti tra silenzio e profumi. Nel mezzo una villa del '700 che ha mantenuto intatta l'atmosfera della dimora storica.

La Grotta
località San Biagio 16, Ovest : 1 km – 05 78 75 74 79 – ristorante.lagrotta.@ tiscali.it – Fax 05 78 75 76 07 – Chiuso gennaio, febbraio e mercoledì
Rist – Carta 41/54 €
♦ Di fronte alla chiesa di San Biagio, locale suggestivo all'interno di un edificio del '500, con bel servizio estivo in giardino; cucina toscana sapientemente rivisitata.

MONTERIGGIONI – Siena (SI) – 563 L15 – 8 111 ab. – alt. 274 m – 53035

Toscana 29 **D1**

Roma 245 – Siena 15 – Firenze 55 – Livorno 103 – Pisa 93
piazza Roma 0577 304810, prolocomonteriggioni@libero.it, Fax 0577304810

Il Piccolo Castello (riscaldata) rist, 150,
via Colligiana 8, Ovest : 1 km strada prov. per Colle Val d'Elsa – 05 77 30 73 00 – info@ilpiccolocastello.com – Fax 05 77 30 61 26
50 cam – 100/140 € 120/180 € – ½ P 80/106 € – **Rist** – Carta 33/47 € (+10 %)
♦ Un elegante complesso dall'animo antico sviluppato orizzontalmente e circondato da un giardino all'italiana, ospita spazi arredati con gusto, ampie camere, piscina. Il raffinato ristorante propone una reinterpretazione creativa della cucina senese e toscana.

Monteriggioni senza rist
via 1° Maggio 4 – 05 77 30 50 09 – info@hotelmonteriggioni.net – Fax 05 77 30 50 11 – Chiuso dal 7 gennaio al 28 febbraio
12 cam – 120 € 230 €
♦ All'interno del borgo medievale, un hotel in pietra di piccole dimensioni con camere in stile rustico dai letti in ferro battuto, un piacevole giardino sul retro e piscina.

Borgo Gallinaio cam, 50,
strada del Gallinaio 5, Ovest : 2 km – 05 77 30 47 51 – info@gallinaio.it – Fax 05 77 30 47 93 – Aprile-3 novembre
12 cam – 97/115 € 120/150 € – ½ P 88/103 € – **Rist** – *(chiuso a mezzogiorno)* (solo per alloggiati) Menu 28 €
♦ Abbracciata da ulivi e boschi, la risorsa è una fattoria del '400 con arredi rustici e pavimenti in cotto e dispone di sale meeting, piscina e campo per il tiro con l'arco.

Il Pozzo 20,
piazza Roma 20 – 05 77 30 41 27 – ilpozzo@ilpozzo.net – Fax 05 77 30 47 01 – Chiuso gennaio, una settimana in febbraio, dal 2 all'8 agosto, domenica sera e lunedì
Rist – Carta 35/43 €
♦ Nella centrale piazza del borgo, un locale rustico costituito da più salette, dove gustare i sapori della Toscana. Interessante anche la cantina con proposte regionali.

a Abbadia Isola Sud-Ovest : 4 km – 53035 – Monteriggioni

La Leggenda Dei Frati
piazza Garfonda 7 – 05 77 30 12 22 – laleggendadeifrati@libero.it – Fax 05 77 30 12 22 – Chiuso dal 26 febbraio al 5 marzo, dal 12 novembre al 5 dicembre e lunedì, anche martedì in gennaio-marzo
Rist – Carta 43/67 €
♦ Nella cornice di un antico complesso abbaziale, un piccolo locale dove gustare una raffinata cucina che reinterpreta in chiave creativa alcuni piatti della tradizione toscana.

a Strove Sud-Ovest : 4 km – ✉ 53035

Agriturismo Castel Pietraio senza rist 80,
loc. Castelpietraio strada di Strove 33, Sud Ovest : 4 km – ☎ 05 77 30 00 20 – info@castelpietraio.it – Fax 05 77 30 09 77 – Chiuso dal 20 al 25 gennaio
8 cam – 120/172 €
◆ Meta ideale per trascorrere romantici soggiorni o week-end a contatto con la natura, la struttura di origine altomedievale ospita camere semplici ben arredate ed una piscina.

Casalta con cam
via Matteotti 22 – ☎ 05 77 30 12 38 – ristorantecasalta@libero.it – Fax 05 77 30 11 71 – chiuso dal 10 gennaio al 10 febbraio
10 cam – 65 € 85 € – **Rist** – *(chiuso mercoledì)* Carta 40/53 €
◆ Un ristorante con raccolte salette dal tono leggermente rustico, ma dalla mise en place raffinata, dove gustare una cucina contemporanea fedele al territorio. Camere semplici ma gradevoli, arredate con mobili d'antiquariato.

a Lornano Est : 8 km – ✉ 53035 – Monteriggioni

La Bottega di Lornano
località Lornano 10 – ☎ 05 77 30 91 46 – info@bottegadilornano.it – Fax 05 77 30 91 46 – Aprile-ottobre
Rist – Carta 35/50 € (+10 %)
◆ Ricavato da una bottega di paese, il locale si presenta ora con due raccolte e curate salette dai toni rustici ed un dehor dove assaporare proposte gastronomiche regionali.

MONTERONI D'ARBIA – Siena (SI) – 563 M16 – 7 449 ab. – alt. 161 m – ✉ 53014 29 C2

Roma 226 – Siena 16 – Arezzo 74 – Firenze 90 – Perugia 99

verso Buonconvento Sud-Est : 6 km :

Casa Bolsinina
località Casale Caggiolo – ☎ 05 77 71 84 77 – bolsinina@bolsinina.com – Fax 05 77 71 84 77 – Chiuso dal 15 gennaio al 15 marzo
6 cam – 105/120 € – ½ P 80/90 € – **Rist** – *(15 aprile-settembre)* (prenotazione obbligatoria) (solo per alloggiati) Menu 30/35 €
◆ Una casa di campagna conforme alla tipica architettura toscana dai caldi e familiari interni, una sala biliardo e camere con arredi d'epoca.

MONTEROSSO AL MARE – La Spezia (SP) – 561 J10 – 1 584 ab. – ✉ 19016 Italia 15 D2

Roma 450 – La Spezia 30 – Genova 93 – Milano 230
c/o Stazione FS ☎ 0187 817059, Fax 0187 817151

Cinque Terre senza rist
via IV Novembre 21 – ☎ 01 87 81 75 43 – info@hotel5terre.com – Fax 01 87 81 83 80 – Aprile-ottobre
54 cam – 100/130 € 140/150 €
◆ Dedicato alle 5 "perle" liguri, un albergo che, al discreto confort nei vari settori, unisce la comodità di un parcheggio e la piacevolezza di un giardino ombreggiato.

La Colonnina senza rist
via Zuecca 6 – ☎ 01 87 81 74 39 – info@lacolonninacinqueterre.it – Fax 01 87 81 77 88 – Pasqua-ottobre
19 cam – 95/120 € 95/145 €
◆ Nei tranquilli "carruggi" pedonali, hotel familiare, con piccolo giardino ombreggiato e camere rinnovate. Ottima base per andare alla scoperta di queste magiche terre.

Ca' du Gigante senza rist
via IV Novembre 11 – ✆ 01 87 81 74 01 – gigante@ilgigantecinqueterre.it – Fax 01 87 81 73 75
6 cam ☕ – 80/150 €
◆ Complesso residenziale di taglio moderno, con interni nuovi dove l'utilizzo di materiali locali aiuta a creare una certa atmosfera; per non rinunciare a confort ed eleganza.

Locanda il Maestrale senza rist
via Roma 37 – ✆ 01 87 81 70 13 – maestrale@monterossonet.com – Fax 01 87 81 70 84
6 cam ☕ – 90/135 € – 2 suites
◆ In un palazzo del 1800, un rifugio raffinato e romantico: soffitti affrescati nella sala comune e nelle due suite, belle camere in stile, terrazza per colazioni all'aperto.

Miky
via Fegina 104 – ✆ 01 87 81 76 08 – miky@ristorantemiky.it – Fax 01 87 81 76 08 – Marzo-novembre; chiuso martedì escluso agosto
Rist – Carta 38/51 €
◆ Per chi vuole gustare del pesce fresco e la cucina del luogo, confortevole ristorante moderno, ubicato fronte mare, con servizio estivo all'aperto.

MONTEROTONDO – Roma (RM) – 563 P19 – 35 379 ab. – alt. 165 m – ✉ 00015

12 **B2**

Roma 27 – Rieti 55 – Terni 84 – Tivoli 32

Dei Leoni
via Vincenzo Federici 23 – ✆ 06 90 62 35 91 – info@albergodeileoni.it – Fax 06 90 62 35 99
34 cam ☕ – 35/55 € 70/100 € – ½ P 58 € – **Rist** – *(chiuso dal 15 al 30 agosto)* Carta 18/28 €
◆ Nel centro della località, una risorsa ad andamento familiare, semplice, ma ben tenuta, che offre camere nuove e funzionali, con arredi recenti. Il ristorante dispone di un piacevole servizio estivo all'aperto, specialità carne alla brace.

MONTE SAN PIETRO = PETERSBERG – Bolzano – Vedere Nova Ponente

MONTE SAN SAVINO – Arezzo (AR) – 563 M17 – 8 295 ab. – alt. 330 m – ✉ 52048

Toscana 29 **C2**

Roma 191 – Siena 41 – Arezzo 21 – Firenze 83 – Perugia 74

Logge dei Mercanti senza rist
corso San Gallo 40/42 – ✆ 05 75 81 07 10 – info@loggedeimercanti.it – Fax 05 75 84 96 57
13 cam ☕ – 60 € 98 €
◆ Nel centro storico, di fronte alle cinquecentesche logge dei mercanti, la vecchia farmacia di paese è stata trasformata in albergo. Camere sul retro con vista sui colli.

La Terrasse
via di Vittorio 2/4 – ✆ 05 75 84 41 11 – laterrasse@tin.it – Fax 05 75 84 41 11 – Chiuso dal 5 al 15 novembre e mercoledì
Rist – Carta 24/32 €
◆ Questo gradevole e curato ristorante, sul limitare del centro storico, dispone anche di una zona american bar e di una veranda estiva; cucina toscana e buona lista di vini.

a Gargonza Ovest : 7 km – alt. 543 m – ✉ 52048 – Monte San Savino

Castello di Gargonza 120,
– ✆ 05 75 84 70 21 – gargonza@gargonza.it – Fax 05 75 84 70 54 – Chiuso dall' 8 gennaio al 14 febbraio e dal 3 novembre al 1° dicembre
16 cam ☕ – 90/100 € 155/171 € – ½ P 85/115 €
Rist La Torre di Gargonza – vedere selezione ristoranti
◆ Borgo medievale fortificato, con un unico ingresso che introduce ad un ambiente dall'atmosfera davvero fuori dal comune. Un soggiorno nella storia, con confort attuali.

La Torre di Gargonza

– 05 75 84 70 65 – gargonza@gargonza.it – Fax 05 75 84 70 54 – Chiuso dal 7 gennaio al 7 marzo e novembre e martedì escluso da maggio a ottobre

Rist – Carta 28/36 €

◆ Tipicamente toscano sia nell'ambientazione, con pietre e travi a vista, sia nella cucina questo locale vicino all'omonimo Castello; d'estate si mangia in veranda.

MONTE SANT' ANGELO – Foggia (FG) – 564 B29 – 13 665 ab. – alt. 843 m – ✉ 71037 *Italia* 26 B1

Roma 427 – Foggia 59 – Bari 135 – Manfredonia 16 – Pescara 203 – San Severo 57

Posizione pittoresca★★ – Santuario di San Michele★ – Tomba di Rotari★

Promontorio del Gargano★★★ Est e Nord-Est

Palace Hotel San Michele

(riscaldata) cam, rist, 250,

via Madonna degli Angeli – 08 84 56 56 53 – info@sanmichelepalace.it – Fax 08 84 56 57 37 – Aprile-dicembre

57 cam – 70/85 € 120/170 € – 2 suites – ½ P 80/105 € – **Rist** – Menu 34/100 €

◆ Sulla sommità del paese, da dove pare di dominare il Gargano fino al mare, un hotel recente in cui è stato fatto largo uso di marmi e materiali pregiati. Ristorazione disponibile in vari ambienti, ugualmente curati.

Taverna li Jalantuùmene

piazza de Galganis 5 – 08 84 56 54 84 – Fax 08 84 56 54 84 – Chiuso dall'8 al 28 gennaio e martedì da ottobre a marzo

Rist – Carta 36/45 €

◆ Fedeltà alla cultura gastronomica del proprio territorio, ma con spirito di ricerca in un ristorante rustico ma con numerosi tocchi d'eleganza.

Medioevo

via Castello 21 – 08 84 56 53 56 – gamipa@alice.it – Fax 08 84 56 53 56 – Chiuso lunedì escluso da luglio a settembre

Rist – Carta 18/36 €

◆ Ristorante del centro storico che si raggiunge solo a piedi; semplice e accogliente per gustare la cucina della tradizione, oculata nella scelta dei prodotti di stagione.

Da Costanza

corso Garibaldi 67 – 08 84 56 13 13 – Fax 08 84 56 13 13 – Chiuso venerdì e a mezzogiorno da ottobre a marzo

Rist – Carta 16/21 €

◆ Nella via centrale, all'interno di vecchie cantine, una curata trattoria familiare, con una pluriennale gestione, per gustare casalinghe specialità pugliesi.

MONTE SAN VITO – Ancona (AN) – 563 L21 – 5 803 ab. – alt. 135 m – ✉ 60037 21 C1

Roma 284 – Ancona 29 – Perugia 148 – Pesaro 75 – Rimini 112

Poggio Antico senza rist

colline,

via Malviano B, località Santa Lucia – 071 74 00 72 – info@poggio-antico.com – Fax 071 74 86 99

13 suites – 125/159 €, 10 €

◆ La risorsa, in posizione panoramica tra le colline, dispone di appartamenti, zona notte separata, in stile rustico-contadino, arredati con un tocco di romanticismo.

MONTESARCHIO – Benevento (BN) – 564 D25 – 13 427 ab. – alt. 300 m – ✉ 82016 6 B2

Roma 223 – Napoli 53 – Avellino 54 – Benevento 18 – Caserta 30

Cristina Park Hotel

300,

via Benevento 102 Est : 1 km – 08 24 83 58 88 – info@cristinaparkhotel.it – Fax 08 24 83 58 88

16 cam – 66/90 € 94/120 € – ½ P 62/75 € – **Rist** – *(chiuso dal 24 dicembre al 6 gennaio, venerdì e domenica sera)* Carta 26/43 €

◆ A breve distanza da Benevento, una struttura con giardino e interni curati in stile classico non privi di tocchi d'eleganza come la boiserie, i marmi e i mobili d'epoca. Eleganza neoclassica nelle belle sale del ristorante.

MONTESCANO – Pavia (PV) – 561 G9 – 385 ab. – alt. 208 m – ✉ 27040 16 B3

Roma 597 – Piacenza 42 – Alessandria 69 – Genova 142 – Pavia 27

Locanda Montescano

via Montescano 61 – ✆ 038 56 13 44 – info@locandamontescano.com – Fax 03 85 26 22 12

22 cam – 50/55 € 75/85 € – ½ P 48/56 € – **Rist** – *(chiuso lunedì)* Carta 24/50 €

◆ Una famiglia pavese, dopo aver trascorso molti anni in America, è rientrata a casa per aprire questa bella struttura, curata e confortevole, non priva di tocchi d'eleganza. Al ristorante vengono serviti prodotti locali e specialità nazionali.

Al Pino

colline,

via Pianazza – ✆ 038 56 04 79 – info@ristorantealpino.it – Fax 038 56 04 79 – Chiuso dal 1° al 10 gennaio, dal 15 al 30 luglio, lunedì e martedì

Rist – Carta 40/52 €

◆ In zona collinare, un elegante salotto da casa privata dove, da più di 20 anni, il titolare elabora una cucina innovativa ma con radici nel territorio. Risotti celebri!

MONTESCUDAIO – Pisa (PI) – 563 M13 – 1 584 ab. – alt. 242 m – ✉ 56040 28 B2

Roma 281 – Pisa 59 – Cecina 10 – Grosseto 108 – Livorno 45 – Piombino 59 – Siena 80

via della Madonna 2 ✆ 0586 651942, info@toscana-caseecolline.com, Fax 0586 651942

Il Frantoio

via della Madonna 9 – ✆ 05 86 65 03 81 – info@ristorantefrantoio.com – Fax 05 86 65 53 58 – Chiuso martedì e a mezzogiorno (escluso i giorni festivi da ottobre a maggio)

Rist – Carta 28/38 €

◆ Caldo e curato ambiente con volte in pietra; marito e moglie, lei in sala e lui ai fornelli, propongono cucina del territorio, anche di pesce.

MONTESILVANO MARINA – Pescara (PE) – 563 O24 – 42 427 ab. – ✉ 65015 1 B1

Roma 215 – Pescara 13 – L'Aquila 112 – Chieti 26 – Teramo 50

via Europa 73 ✆ 085 4458859, iat.montesilvano@abruzzoturismo.it, Fax 085 4455340

Promenade

180,

viale Aldo Moro 63 – ✆ 08 54 45 22 21 – info@hotelpromenadeonline.com – Fax 085 83 48 00

84 cam – 97 € 150 € – ½ P 80/90 € – **Rist** – Carta 25/40 €

◆ Ubicato direttamente sulla spiaggia, privata e attrezzata, hotel rinnovato negli ultimi anni, con eleganti arredi classici sia negli spazi comuni che nelle belle camere. La luminosità e la vista del mare caratterizzano la sala ristorante.

MONTESPERTOLI – Firenze (FI) – 563 L15 – 11 983 ab. – alt. 257 m – ✉ 50025 29 C2

Roma 287 – Firenze 34 – Siena 60 – Livorno 79

L'Artevino

24,

via Sonnino 28 – ✆ 05 71 60 84 88 – poggienzo@katamail.it – Fax 05 52 02 25 86 – Chiuso gennaio, domenica e a mezzogiorno

Rist – Carta 32/45 €

◆ Nuova gestione che non ha mutato la natura di questo piacevole localino in posizione centrale: curato ambiente raccolto, piatti del territorio con rivisitazioni personali.

a Montagnana Nord-Est : 7 km – ✉ 50025 – Montespertoli

Il Focolare

via Volterrana Nord 175 – ✆ 05 71 67 11 32 – Fax 05 71 67 50 41 – Chiuso agosto, lunedì sera e martedì

Rist – Carta 27/39 €

◆ Una trattoria nata nel 1936 e da allora gestita dalla medesima famiglia. Due salette rustiche, piacevole servizio estivo in giardino e cucina della tradizione toscana.

MONTESPLUGA – Sondrio (SO) – 561 C9 – **alt. 1 908 m** – ✉ **23020** 16 **B1**

Roma 711 – Sondrio 89 – Milano 150 – Passo dello Spluga 3

Posta con cam
via Dogana 8 – ✆ 034 35 42 34 – salafaustoenoteca@tiscalinet.it – Fax 034 35 42 34 – Chiuso gennaio e febbraio
10 cam – 45/50 € 72/75 €, 6 € – ½ P 60/65 € – **Rist** – Carta 31/42 €
◆ In un paesino di alta montagna, quasi al confine svizzero, un'accogliente sala in stile montano con molto legno, cucina ispirata alla tradizione e camere personalizzate.

MONTEU ROERO – Cuneo (CN) – 561 H5 – 1 628 ab. – alt. 360 m – ✉ 12040 25 **C2**

Roma 625 – Torino 53 – Asti 33 – Cuneo 65 – Milano 157

Cantina dei Cacciatori 10/16,
località Villa Superiore 59, Nord-Ovest : 2 km – ✆ 017 39 08 15 – Fax 017 39 08 15 – Chiuso lunedì e martedì a mezzogiorno
Rist – Carta 23/35 €
◆ Bel recupero di una vecchia trattoria ubicata fuori dal paese: cucina piemontese in un ambiente caldo, con tipiche volte in mattoni e sobri mobili di legno massiccio.

MONTEVARCHI – Arezzo (AR) – 563 L16 – **22 543 ab.** – **alt. 144 m** – ✉ **52025** 29 **C2**
Toscana

Roma 233 – Firenze 49 – Siena 50 – Arezzo 39

Valdarno senza rist 120,
via Traquandi 13/15 – ✆ 05 59 10 34 89 – info@hotelvaldarno.net – Fax 05 59 10 34 99
59 cam – 80 € 98 €
◆ Struttura recente che coniuga la modernità dei confort e delle infrastrutture con la sobria ed elegante classicità delle scelte d'arredo; belle camere ben insonorizzate.

Relais la Ramugina-Fattoria di Rendola
località Rendola 89, Sud : 4 km cam, 100,
– ✆ 05 59 70 77 13 – info@fattoriadirendola.it – Fax 05 59 70 74 75 – Chiuso dal 15 gennaio al 12 febbraio
11 cam – 65/72 € 89/99 € – 1 suite – **Rist** – Carta 35/48 €
◆ Pochi chilometri dal centro cittadino bastano per immergersi nel tipico paesaggio toscano in cui si trova questa casa colonica di metà '700, ricca di arredi d'epoca. Nella moderna sala ristorante, un soffitto ligneo, quadri alle pareti e specialità della cucina toscana che oscillano tra tradizione e spunti creativi.

MONTEVECCHIA – Lecco (LC) – 561 E10 – 2 463 ab. – alt. 479 m – ✉ 23874 18 **B1**

Roma 602 – Como 34 – Bergamo 44 – Lecco 24 – Milano 27

Passone 14,
via del Pertevano 10, Est : 1 km – ✆ 03 99 93 00 75 – info@ristorantepassone.it – Fax 03 99 93 01 81 – Chiuso dal 2 al 5 gennaio, dal 16 al 20 agosto e mercoledì
Rist – Carta 33/59 €
◆ Il fascino di antiche atmosfere e di un'elegante rusticità, tra soffitti in legno, pietra a vista e vetrate policrome, in un caldo locale un tempo ritrovo di guardacaccia.

La Piazzetta 25,
largo Agnesi 3 – ✆ 03 99 93 01 06 – Fax 03 99 93 01 06 – Chiuso quindici giorni in gennaio, quindici giorni in agosto o settembre e martedì a mezzogiorno
Rist – Carta 36/52 €
◆ Nella parte alta del paese, un locale ubicato all'interno di un edificio ristrutturato. Un ristorante di taglio classico con una sala luminosa e una cucina interessante.

MONTEVIORE – Nuoro – Vedere Sardegna (Dorgali) alla fine dell'elenco alfabetico

MONTICCHIELLO – Siena – 563 M17 – Vedere Pienza

MONTICELLI BRUSATI – Brescia (BS) – 3 998 ab. – alt. 277 m – ✉ 25040 19 **D1**

Roma 576 – Brescia 21 – Milano 96 – Parma 134 – Verona 91

XX **Uva Rara** 20, VISA AE

via Foina 42 – ✆ 03 06 85 26 43 – info@hostariauvarara.it – Fax 03 06 85 26 43 – Chiuso una settimana in agosto e mercoledì

Rist – Carta 36/57 €

◆ Antico cascinale del '400, soffitti sorretti da caratteristiche volte in pietra, arredi di gusto e una gestione professionale. Requisiti per una valida cucina del territorio.

MONTICELLI D'ONGINA – Piacenza (PC) – 562 G11 – 5 248 ab. – alt. 40 m – ✉ 29010 8 **A1**

Roma 530 – Parma 57 – Piacenza 23 – Brescia 63 – Cremona 11 – Genova 171 – Milano 77

a San Pietro in Corte Sud : 3 km – ✉ 29010 – Monticelli d'Ongina

X **Le Giare** VISA AE

via San Pietro in corte Secca 6 – ✆ 05 23 82 02 00 – Fax 05 23 82 02 00 – Chiuso dal 1º al 10 gennaio, agosto, domenica sera e lunedì

Rist – (consigliata la prenotazione) Carta 43/54 €

◆ In una casa colonica, sulle ceneri di una vecchia osteria è nata questa trattoria familiare, semplice nello stile e tradizionale nella proposta, di terra e di mare.

MONTICELLI TERME – Parma (PR) – 562 H13 – alt. 99 m – ✉ 43022 8 **A3**

Roma 452 – Parma 13 – Bologna 92 – Milano 134 – Reggio nell'Emilia 25

via Marconi 13 bis ✆ 0521 657519, turismo@comune.montechiarugolo.pr.it, Fax 0521 659463

Delle Rose (coperta, con acqua termale) cam, rist, 100, VISA AE

via Montepelato 4 – ✆ 05 21 65 74 25 – info@rosehotel.it – Fax 05 21 65 82 45 – Chiuso dall' 8 gennaio al 10 febbraio

75 cam – 80/90 € 110/130 € – ½ P 85/90 € – **Rist** – Carta 30/43 €

◆ In un parco-pineta, una struttura con piacevoli spazi comuni e una piscina termale coperta. Per chi è in cura alle terme, ma anche per clientela d'affari e di passaggio. Ampie sale da pranzo di tono moderno, ma di diversa ambientazione.

MONTICELLO D'ALBA – Cuneo (CN) – 2 003 ab. – alt. 367 m – ✉ 12066 25 **C2**

Roma 664 – Torino 56 – Alessandria 73 – Cuneo 55 – Genova 152

XXX **Conti Roero** (Siccardi) con cam VISA AE

piazza San Ponzio 3, località Villa – ✆ 017 36 41 55 – info@contiroero.com – Fax 01 73 46 69 28 – Chiuso 15 giorni in marzo e 15 giorni in luglio o in agosto

7 cam – 70 € 80 € – 2 suites – **Rist** – *(chiuso domenica sera e lunedì)* Carta 38/56 €

Spec. Uovo "verticale", vellutata al burro e tartufo bianco d'Alba (ottobre-dicembre). Bourguignonne 2004 (assaggi di carne e pesce scottati e conditi). Cannoli croccanti con crema al mou, spuma di crème brulée al profumo di tabacco e crema al mascarpone e whisky.

◆ Tra le colline del Roero, nelle cantine di un castello medievale, l'elegante e sobria sala ristorante è un tunnel in mattoni dove gustare una creativa cucina piemontese. Affascinante incastro di Piemonte antico e arredo moderno, le spaziose camere sono arredate in vivaci colori.

MONTICHIARI – Brescia (BS) – 561 F13 – 20 088 ab. – alt. 104 m – ✉ 25018 17 **D1**

Roma 490 – Brescia 20 – Cremona 56 – Mantova 40 – Verona 52

Elefante rist, 60, VISA

via Trieste 41 – ✆ 03 09 96 25 50 – info@albergoelefante.it – Fax 03 09 98 10 15

20 cam – 47/78 € 68/120 € – ½ P 50/60 €

Rist ***La Bottega dei Sapori*** – *(chiuso dal 24 dicembre all'8 gennaio, dal 4 al 26 agosto e sabato a mezzogiorno)* Carta 24/40 €

◆ Gestita con passione, una piccola e accogliente risorsa sorta dalla ristrutturazione di uno storico albergo locale; ordine, efficienza e confort in ogni settore. Sala ristorante accogliente e confortevole.

Garda senza rist 300,
via Brescia 128 – 03 09 65 15 71 – info@infogardahotel.it – Fax 03 09 96 03 34
82 cam – 85 € 125 €
◆ Sale riunioni, camere spaziose, servizio efficiente e un'ottima ubicazione di fronte alla fiera e vicino all'aeroporto, insomma un hotel ideale per chi viaggia per lavoro.

MONTICIANO – Siena (SI) – 563 M15 – 1 401 ab. – alt. 381 m – ✉ 53015 29 C2

Roma 186 – Siena 37 – Grosseto 60
Abbazia di San Galgano★★ Nord-Ovest : 7 km

Da Vestro con cam
via Senese 4 – 05 77 75 66 18 – info@davestro.it – Fax 05 77 75 64 66 – Chiuso da febbraio al 7 marzo
14 cam – 50/60 € 64/79 € – ½ P 55/65 € – **Rist** – *(chiuso lunedì)* Carta 21/31 €
◆ Alle porte della località e circondato da un ampio giardino, un antico podere ospita una trattoria dalle cui cucine si affacciano i piatti e i sapori della tradizione toscana. Dispone anche di alcune camere semplici dagli arredi in legno e ben curate.

MONTICOLO (laghi) = MONTIGGLER SEE – Bolzano – Vedere Appiano sulla Strada del Vino

MONTIERI – Grosseto (GR) – 563 M15 – 1 222 ab. – alt. 750 m – ✉ 58026 29 C2

Roma 269 – Siena 50 – Grosseto 51

Rifugio Prategiano rist,
località Prategiano 45 – 05 66 99 77 00 – info@prategiano.com – Fax 05 66 99 78 91 – 20 marzo-5 novembre
24 cam – 58/95 € 80/130 € – ½ P 56/85 € – **Rist** – Menu 17/20 €
◆ Vi aspettano salutari passeggiate a piedi, in bicicletta o a cavallo soggiornando in questo accogliente hotel nel verde maremmano; per i più pigri, il relax in piscina. Semplice ambiente rustico e atmosfera conviviale nella sala da pranzo.

Agriturismo La Meridiana-Locanda in Maremma
strada provinciale 5 30,
Le Galleraie Sud-Est : 2,5 km – 05 66 99 70 18 – direzione@lameridiana.net – Fax 05 66 99 70 17 – Chiuso dall' 8 gennaio al 28 febbraio
13 cam – 70/100 € 110/160 € – ½ P 100 € – **Rist** – Menu 30/38 €
◆ Antico casolare ristrutturato, ora elegante casa di campagna, arredato con buon gusto in stile essenziale; camere con letto in ferro battuto e ampio scrittoio in travertino. Stile lineare anche nel ristorante, con divanetti che guardano la vallata.

MONTIGNOSO – Massa Carrara (MS) – 563 J12 – 9 798 ab. – alt. 132 m – ✉ 54038 28 A1

Roma 386 – Pisa 39 – La Spezia 38 – Firenze 112 – Lucca 42 – Massa 5 – Milano 240

Il Bottaccio con cam cam,
via Bottaccio 1 – 05 85 34 00 31 – bottaccio@bottaccio.it – Fax 05 85 34 01 03
8 suites – 336/491 €, 15 € – **Rist** – Carta 56/107 €
◆ Incorniciato dal verde, alle spalle del mare, ricavato dal restauro di un frantoio ad acqua settecentesco, l'elegante risorsa propone sapienti sapori di mare, monti e boschi.

a Cinquale Sud-Ovest : 5 km – ✉ 54030
via Grillotti 0585 808751

Villa Undulna rist, 90,
viale Marina 1, angolo via Gramsci – 05 85 80 77 88 – hotel@villaundulna.com – Fax 05 85 80 77 91 – Chiuso sino al 28 febbraio
30 cam – 220 € 340 € – 24 suites – 460/800 € – ½ P 115/190 € – **Rist** – Carta 39/55 €
◆ Particolarmente votata al relax e alla tutela del benessere, la struttura è dotata di attrezzature sportive e di un centro termale. Camere molto grandi e ben arredate. Il ristorante propone una cucina nazionale e regionale in sale sobrie e signorili.

Eden cam, rist, 120,

via Gramsci 26 – 05 85 80 76 76 – info@edenhotel.it – Fax 05 85 80 75 94 – Chiuso dal 15 dicembre al 15 gennaio

27 cam – 85/105 € 110/190 € – ½ P 75/135 € – **Rist** – *(chiuso domenica escluso da aprile a settembre)* Menu 25/50 €

♦ Una piccola oasi a pochi passi dal mare, offre camere spaziose e luminose arredate con gusto. Ideale per un soggiorno in famiglia e come punto di partenza per escursioni. Un ristorante semplice ed accogliente dove gustare pietanze della tradizione locale.

Giulio Cesare senza rist

via Giulio Cesare 29 – 05 85 30 93 18 – hotelgiuliocesare@tiscali.it – Fax 05 85 30 93 19 – Pasqua-settembre

12 cam – 90 € 106 €

♦ Un piccolo giardino garantisce un soggiorno all'insegna della tranquillità presso questa risorsa familiare; all'interno gli ambienti sono arredati con gusto moderno e sobrio.

MONTISI – Siena – Vedere San Giovanni d'Asso

MONTOGGIO – Genova (GE) – 561 I9 – 2 023 ab. – alt. 440 m – ✉ 16026 15 C1

Roma 538 – Genova 38 – Alessandria 84 – Milano 131

Roma

via Roma 15 – 010 93 89 25 – Fax 010 93 89 25 – Chiuso dal 1° al 15 luglio e giovedì, anche le sere di lunedì, martedìe mercoledì da ottobre a maggio

Rist – Carta 24/38 €

♦ Accogliente locale dall'esperta gestione familiare, dispone d'un grazioso salotto che conduce alla luminosa sala con vetrate. Aperitivo in giardino e cucina d'impronta ligure.

MONTONE – Perugia (PG) – 563 L18 – 1 606 ab. – alt. 485 m – ✉ 06014 32 B1

Roma 205 – Perugia 39 – Arezzo 58

La Locanda del Capitano rist,

via Roma 7 – 07 59 30 65 21 – info@ilcapitano.com – Fax 07 59 30 64 55 – Chiuso dal 10 gennaio al 10 febbraio

10 cam – 120 € – ½ P 90 € – **Rist** – *(chiuso lunedì e a mezzogiorno escluso sabato e domenica)* Carta 29/40 €

♦ Un antico edificio, ultima dimora del capitano di ventura Fortebraccio, per assaporare l'incanto e la quiete fuori del tempo di un borgo medievale tra confort attuali. Delizie tipiche locali (funghi, tartufo) in piatti rivisitati con approccio personale.

MONTOPOLI DI SABINA – Rieti (RI) – 563 P20 – 3 787 ab. – alt. 331 m – ✉ 02034 12 B1

Roma 52 – Rieti 43 – Terni 79 – Viterbo 76

sulla strada statale 313 Sud-Ovest : 7 km :

Il Casale del Farfa

via Ternana 53 ✉ 02034 – 07 65 32 20 47 – casaledelfarfa@libero.it – Fax 07 65 32 20 47 – Chiuso dal 22 dicembre al 4 gennaio, dal 10 al 31 luglio e martedì

Rist – Carta 20/27 €

♦ Risorsa esternamente semplice, con sale rustiche dove gustare genuini piatti tradizionali preparati con i prodotti della vicina fattoria; ameno servizio estivo in terrazza.

MONTOPOLI IN VAL D'ARNO – Pisa (PI) – 563 K14 – 10 063 ab. – alt. 98 m – ✉ 56020 28 B2

Roma 307 – Firenze 45 – Pisa 39 – Livorno 44 – Lucca 40 – Pistoia 41 – Pontedera 12 – Siena 76

piazza Michele da Montopoli 0571 449024, info@montopoli.net, Fax 0571 449942

Quattro Gigli con cam cam, cam,
piazza Michele da Montopoli 2 – 05 71 46 68 78 – info@quattrogigli.it – Fax 05 71 46 68 79
24 cam – 60/65 € 85/95 € – ½ P 63/68 € – **Rist** – *(chiuso dal 16 al 31 agosto e lunedì)* Carta 37/63 €
Rist *Trattoria dell'Orcio* – *(chiuso dal 16 al 31 agosto e lunedì)* Carta 21/40 €
◆ Nel caratteristico borgo, locale con interni decorati da originali terrecotte e una terrazza estiva con vista sulle colline; proposte del territorio di mare e di terra.

MONTORFANO – Como (CO) – 561 E9 – **2 593 ab.** – **alt. 410 m** – ✉ **22030** 18 **B1**
Roma 631 – Como 9 – Bergamo 50 – Lecco 24 – Milano 49
Villa d'Este, 031 20 02 00.

Santandrea Golf Hotel rist,
via Como 19 – 031 20 02 20 – info@santandreagolfhotel.it – Fax 031 20 02 20 – Chiuso dal 23 dicembre al 30 gennaio
11 cam – 90/120 € 120/160 € – ½ P 95/120 € – **Rist** – Carta 51/73 €
◆ Un parco che digrada fino alle rive del lago, eleganti sale con vetrate, veranda estiva e camere personalizzate: per chi desidera quiete, raffinatezza, sapori innovativi.

MONTORIO – Verona (VR) – 562 F15 – ✉ **37100** 37 **B2**
Roma 522 – Verona 8 – Brescia 84 – Padova 82 – Venezia 117

Brandoli
via Antonio da Legnago 11 – 04 58 84 01 55 – info@hotelbrandoli.it – Fax 04 58 86 81 00
34 cam – 75/135 € 90/150 € – ½ P 60/90 € – **Rist** – Carta 21/33 €
◆ Diversi mesi di interventi interni e finalmente l'hotel è tornato a nuova vita. Appena fuori Verona, un ottimo riferimento per la clientela di lavoro. Camere spaziose. Ampia sala ristorante e servizio estivo all'aperto. Specialità del territorio.

MONTORO – Terni – 563 O19 – **Vedere Narni**

MONTORO INFERIORE – Avellino (AV) – 564 E26 – **8 873 ab.** – **alt. 195 m** – ✉ **83025** 6 **B2**
Roma 265 – Napoli 55 – Avellino 18 – Salerno 20

La Foresta 300,
via Turci 118, svincolo superstrada ✉ 83025 Piazza di Pàndola – 08 25 52 10 05 – info@hotelaforesta.com – Fax 08 25 52 36 66 – Chiuso dal 23 al 31 dicembre e dal 12 al 18 agosto
39 cam – 65 € 80 € – 2 suites – ½ P 40/63 € – **Rist** – Carta 21/27 €
◆ In uno scenario rilassante, immersa nel verde, la grande e suggestiva struttura dispone di eleganti ambienti arredati in calde tonalità di colore e moderne sale congressi. Punto di forza dell'albergo, il ristorante si articola in tre sale arredate in modo differente dove gustare sapienti proposte di cucina regionale.

MONTRIGIASCO – Novara – 561 E7 – **Vedere Arona**

MONTÙ BECCARIA – Pavia (PV) – 561 G9 – **1 728 ab.** – **alt. 277 m** – ✉ **27040** 16 **B3**
Roma 544 – Piacenza 34 – Genova 123 – Milano 66 – Pavia 28

La Locanda dei Beccaria 30,
via Marconi 10 – 03 85 26 23 10 – info@lalocandadeibeccaria.it – Fax 03 85 26 23 10 – Chiuso gennaio, lunedì e martedì
Rist – Carta 30/49 €
◆ All'interno della Cantina Storica della località, un ristorante rustico e curato dove assaporare proposte curiose e innovative nelle sale dai caratteristici soffitti in legno.

XX **Colombi** 23, P

località Loglio di Sotto 1, Sud-Ovest : 5 km – 038 56 00 49 – info@ristorantecolombi.it – Fax 03 85 24 17 87

Rist – Carta 27/40 €

◆ Sulle prime colline pavesi dominate da vigneti, una famiglia esperta nel settore della ristorazione gestisce un locale classico dove gustare i piatti della tradizione.

MONZA P (MI) – 561 F9 – 121 618 ab. – alt. 162 m – ✉ 20052 *Italia* 18 B2

Roma 592 – Milano 21 – Bergamo 38

Brianza, Nord-Est : 17 km a Usmate Velate, 039 682 90 89.

Duomo★ : facciata★★, corona ferrea★★ dei re Longobardi – Parco★★ della Villa Reale. Nella parte settentrionale Autodromo 039 22366

De la Ville 200, P

viale Regina Margherita di Savoia 15 – 03 93 94 21 – info@hoteldelaville.com – Fax 039 36 76 47 – Chiuso dal 23 dicembre al 6 gennaio e dal 31 luglio al 24 agosto

78 cam – †138/207 € ††198/349 €, 25 € – 3 suites

Rist Derby Grill – vedere selezione ristoranti

◆ Un lusso discreto tutto inglese avvolge gli ospiti (tra cui VIP della Formula Uno) in un grande albergo di fronte alla Villa Reale; collezione di oggetti d'antiquariato.

Della Regione 200,

via Elvezia 4 – 039 38 72 05 – info@hoteldellaregione.it – Fax 039 38 02 54 – Chiuso dal 23 dicembre al 6 gennaio e agosto

90 cam – †80/180 € ††110/250 € – ½ P 105/203 € – **Rist** – *(chiuso domenica)* Carta 31/45 €

◆ Vicino allo svincolo della superstrada Monza-Lecco, hotel funzionale di tono moderno, dotato di comodo parcheggio e di ampi spazi comuni; arredi recenti nelle stanze. Accogliente sala ristorante, servizio ben organizzato.

XXX **Derby Grill** – Hotel De la Ville 16/30, P

viale Regina Margherita di Savoia 15 – 03 93 94 21 – info@hoteldelaville.com – Fax 039 36 76 47 – Chiuso dal 24 dicembre al 6 gennaio, dal 31 luglio al 24 agosto e i mezzogiorno di sabato e domenica

Rist – Carta 49/63 €

◆ Boiserie, quadri di soggetto equestre, argenti e porcellane in un raffinatissimo ristorante, perfetto per un pranzo d'affari o una cena romantica; creatività in cucina.

MONZAMBANO – Mantova (MN) – 561 F14 – 4 667 ab. – alt. 88 m – ✉ 46040 17 D1

Roma 511 – Verona 30 – Brescia 51 – Mantova 31 – Milano 140

a Castellaro Lagusello Sud-Ovest : 2 km – ✉ 46040 – Monzambano

X **La Dispensa** 15,

via Castello 15/21 – 037 68 88 50 – info@ladispensasnc.it – Chiuso a mezzogiorno (escluso sabato e domenica), lunedì, martedì e mercoledì

Rist – Carta 29/43 €

◆ In un delizioso paese con case d'epoca restaurate e un castello, trattoria nata come negozio di alimentari; piatti di tradizione autentica e ampia selezione di formaggi.

MONZUNO – Bologna (BO) – 562 J15 – 5 614 ab. – ✉ 40036 9 C2

Roma 366 – Bologna 45 – Prato 75 – Firenze 82 – Modena 84

Lodole B & B senza rist P

località Lodole 325, Ovest : 2,4 km – 05 16 77 11 89 – info@lodole.com – Fax 05 16 77 11 89

6 cam – †60 € ††90 €

◆ Rustica dimora del Seicento, adiacente al Golf Club. Atmosfera familiare e clima informale, anche se non manca una certa eleganza negli interni.

MORANO CALABRO – Cosenza (CS) – **564** H30 – **4 904 ab.** – **alt. 694 m** – ✉ 87016 5 **A1**

Roma 445 – Cosenza 82 – Catanzaro 175 – Potenza 148

Villa San Domenico 30, P VISA AE

via Paglierina 13 – ☎ 09 81 39 98 81 – villa-sandomenico@tin.it – Fax 098 13 05 88

8 cam – 70 € 103 € – 3 suites – ½ P 65 € – **Rist** – Menu 25/30 €

◆ Ai piedi del centro storico, antica dimora settecentesca completamente rinnovata che oggi presenta spazi comuni arredati con mobilio d'antiquariato e camere personalizzate.

Agriturismo la Locanda del Parco monti del Pollino,

contrada Mazzicanino 12, Nord-Est : 4 km – ☎ 098 13 13 04 – info@lalocandadelparco.it – Fax 098 13 13 04

9 cam – 30/35 € 60/70 € – ½ P 45/50 € – **Rist** – (prenotazione obbligatoria) Menu 20/25 €

◆ Signorile ed accogliente centro per il turismo equestre, ma anche sede di corsi di cucina. Un villino circondato dalla campagna e incorniciato dai monti del Parco del Pollino. Di taglio puì classico le sale da preuso, con due tavoli dove siedono tutti i commensali.

MORBEGNO – Sondrio (SO) – **561** D10 – **11 340 ab.** – **alt. 255 m** – ✉ **23017** 16 **B1**

Roma 673 – Sondrio 25 – Bolzano 194 – Lecco 57 – Lugano 71 – Milano 113 – Passo dello Spluga 66

Osteria del Crotto P VISA AE

via Pedemontana 22-24 – ☎ 03 42 61 48 00 – info@osteriadelcrotto.it – Fax 03 42 61 48 00 – Chiuso una settimana in gennaio, dal 24 agosto al 13 settembre e domenica

Rist – Carta 25/32 €

◆ Risale all'inizio dell'800 questo caratteristico crotto addossato alla parete boscosa delle montagne. Due salette interne più una fresca terrazza estiva. Cucina locale.

Dormire con tutti i comfort a prezzo contenuto?
Cercate i Bib Hotel .

MORDANO – Bologna (BO) – **562** I17 – **4 320 ab.** – **alt. 21 m** – ✉ **40027** 9 **C2**

Roma 396 – Bologna 45 – Ravenna 45 – Forlì 35

Ville Panazza 120, P VISA AE

via Lughese 269/319 – ☎ 054 25 14 34 – info@hotelpanazza.it – Fax 054 25 21 65

45 cam – 55/105 € 76/155 €

Rist ***Panazza*** – Carta 22/35 €

◆ Nel verde di un piccolo parco con laghetto e piscina, camere di diverse tipologie in due edifici d'epoca, tra cui una villa dell'800 ristrutturata; sale per congressi. Il ristorante dispone di una sala affrescata e di una luminosa veranda.

MORGANO – Treviso (TV) – **100 ab.** – **alt. 25 m** – ✉ **31050** 36 **C2**

Roma 575 – Padova 69 – Treviso 15 – Venezia 51 – Vicenza 58

a Badoere Sud-Ovest : 3 km – ✉ 31050 – **Morgano**

Dal Vero (Mestriner) VISA AE

piazza Indipendenza 24 – ☎ 04 22 73 96 14 – ristorantedalvero@tiscali.it – Chiuso dal 7 al 14 gennaio, agosto e lunedì, anche domenica a mezzogiorno in giugno-luglio

Rist – Carta 40/55 €

Spec. Risotto affumicato al ciliegio con fazzoletto di gamberi al pepe di Sechuan. Piccione in due cotture con scaloppa di foie gras, raviolo con il suo fegato e salsa ai frutti di bosco. Cremoso di gianduia con polvere di liquirizia e amaretto al caffé.

◆ Sotto i portici di un'immensa e scenografica piazza, un ristorante tanto piccolo quanto affascinante nell'intrico di legni e cucina a vista. Elaborate presentazioni culinarie.

MORGEX – Aosta (AO) – 561 E3 – 1 955 ab. – alt. 1 001 m – ✉ 11017 34 **A2**

Roma 771 – Aosta 27 – Courmayeur 9

XX **Cafè Quinson** 16,

piazza Principe Tomaso 10 – ✆ 01 65 80 94 99 – info@cafequinson.it – Fax 01 65 80 79 17 – Chiuso mercoledì (escluso da dicembre ad aprile) e a mezzogiorno

Rist – Carta 60/80 €

◆ La passione per i vini e per i formaggi qui si unisce ad una saggia carta di prodotti locali, anche interpretati con fantasia; caldo legno scuro e pietra a vista in sala.

MORIMONDO – Milano (MI) – 561 F8 – 1 158 ab. – alt. 109 m – ✉ 20081 18 **A3**

Roma 587 – Alessandria 81 – Milano 30 – Novara 37 – Pavia 27 – Vercelli 55

X **Trattoria Basiano** 15,

località Basiano Sud : 3 km – ✆ 02 94 52 95 – trat.basiano@inwind.it – Fax 02 94 52 95 – Chiuso dal 24 al 26 dicembre, dal 1° al 7 gennaio, dal 16 agosto al 10 settembre, lunedì sera e martedì

Rist – Carta 28/47 €

◆ Ristorante semplice e familiare, con un ampio dehors anche invernale; la semplicità regna anche nella cucina, che propone piatti stagionali del territorio e di pesce.

MORNAGO – Varese (VA) – 561 E8 – 4 314 ab. – alt. 281 m – ✉ 21020 18 **A1**

Roma 639 – Stresa 37 – Como 37 – Lugano 45 – Milano 58 – Novara 47 – Varese 11

XX **Alla Corte Lombarda**

via De Amicis 13 – ✆ 03 31 90 43 76 – Chiuso dal 1° al 10 gennaio, dal 20 agosto al 15 settembre, domenica sera, lunedì e martedì a mezzogiorno

Rist – Carta 27/49 €

◆ In un bel rustico ai margini del paese, un vecchio fienile ristrutturato racchiude un locale suggestivo; servizio di tono familiare, cucina tradizionale rivisitata.

MORRANO – Terni – 563 N18 – Vedere Orvieto

MORTARA – Pavia (PV) – 561 G8 – 14 464 ab. – alt. 108 m – ✉ 27036 *Italia* 16 **A3**

Roma 601 – Alessandria 57 – Milano 47 – Novara 24 – Pavia 38 – Torino 94 – Vercelli 32

Villa Sant'Espedito cam, cam, 40,

strada per Ceretto 660 Ovest: 2 km – ✆ 038 49 99 04 – santespedito@santespedito.it – Fax 038 49 91 94 – Chiuso due settimane in agosto

16 cam – †65 € ††94 € – **Rist** – Carta 32/45 €

◆ Nel tipico paesaggio pianeggiante della Lomellina, tra risaie e pioppeti, una struttura recente, in sobrio stile country, dotata di camere ampie e ricche di ogni confort. Il ristorante è stato ricavato negli spazi dell'antico cascinale.

San Michele

corso Garibaldi 20 – ✆ 038 49 86 14 – info@albristosanmichele.it – Fax 038 49 91 06 – Chiuso dall'8 al 26 agosto

18 cam – †45 € ††70 €, 5 € – 1 suite – ½ P 45 € – **Rist** – *(chiuso lunedì)* Carta 25/43 €

◆ Rinnovato negli anni, albergo familiare nel centro della località, con parcheggio interno; le camere, diversificate negli arredi, danno sulle balconate in cortile. Mobilio e calda atmosfera da casa privata nelle due sale ristorante.

XX **Guallina**

località Guallina Est : 4 km – ✆ 038 49 19 62 – guallina@guallina.com – Fax 03 84 29 23 71 – Chiuso venti giorni in giugno-luglio e martedì

Rist – Carta 27/48 €

◆ In una casetta di una frazione di campagna, ambiente raccolto e accogliente dove gustare proposte di cucina legate alle stagioni e al territorio; ottima la cantina.

MOSCIANO – Firenze – 563 K15 – Vedere Scandicci

MOSCIANO SANT'ANGELO – Teramo (TE) – 563 N23 – 8 436 ab. – alt. 227 m – ✉ 64023 1 B1

Roma 191 – Ascoli Piceno 39 – Pescara 48 – L'Aquila 77 – Teramo 25

Casale delle Arti

strada Selva Alta, Sud : 4 km – ✆ 08 58 07 20 43 – casalearti@tin.it – Fax 08 58 07 27 76

16 cam – 50/55 € 65/70 € – 2 suites – ½ P 53/65 € – **Rist** – *(chiuso a mezzogiorno)* (solo per alloggiati)

◆ Su una collina che offre una vista dall'Adriatico al Gran Sasso, il casale dispone di ambienti dall'arredo sobrio, spazi per conferenze e sale adatte ad ospitare cerimonie.

Borgo Spoltino

strada Selva Alta, Sud : 3 km – ✆ 08 58 07 10 21 – info@borgospoltino.it – Fax 08 58 07 10 21 – Chiuso domenica sera, lunedì e martedì

Rist – Carta 30/38 €

◆ Tra colline e campi di ulivi e, all'orizzonte, mare e monti, un locale luminoso con mattoni e cucina a vista, dove assaporare piatti regionali accanto a fantasiose creazioni.

MOSO = MOOS – Bolzano – Vedere Sesto

MOSSA – Gorizia (GO) – 562 E22 – 1 676 ab. – alt. 73 m – ✉ 34070 11 C2

Roma 656 – Udine 31 – Gorizia 6 – Trieste 49

Blanch

via Blanchis 35, Nord-Ovest : 1 km – ✆ 048 18 00 20 – trattblanch@yahoo.it – Fax 04 81 80 84 63 – Chiuso dal 20 agosto al 20 settembre, martedì sera e mercoledì

Rist – Carta 22/28 €

◆ Una famiglia dal 1904 si tramanda di generazione in generazione questa accogliente trattoria e la scrupolosa ricerca delle materie prime per piatti della tradizione.

MOTTA DI LIVENZA – Treviso (TV) – 562 E19 – 9 965 ab. – ✉ 31045 35 B1

Roma 562 – Venezia 55 – Pordenone 32 – Treviso 36 – Trieste 109 – Udine 69

Bertacco con cam 25,

via Ballarin 18 – ✆ 04 22 86 14 00 – hotelbertacco@hotmail.com – Fax 04 22 86 17 90

21 cam – 62 € 82 € – **Rist** – *(chiuso dal 1° al 10 gennaio, dal 7 al 27 agosto, domenica sera e lunedì)* (prenotare) Carta 32/45 €

◆ In un bel palazzo ristrutturato, un accogliente ristorante con cucina in prevalenza di mare. Per gli appassionati di vini è disponibile una saletta-enoteca. Camere con piacevole arredamento moderno.

MOTTOLA – Taranto (TA) – 564 F33 – 16 542 ab. – alt. 387 m – ✉ 74017 27 C2

Roma 487 – Brindisi 96 – Taranto 29 – Bari 72 – Andria 113

Cecere rist, 700,

strada statale 100 km 52,7, Nord-Ovest : 7 km – ✆ 09 98 86 79 34 – info@hotelcecere.com – Fax 09 98 86 84 76

43 cam – 50/65 € 80/95 € – ½ P 60/75 € – **Rist** – *(chiuso domenica sera e lunedì)* Carta 26/46 €

◆ Lungo la strada tra Bari e Taranto, hotel recente di taglio moderno e sobrio design. Una struttura ideale per chi viaggia per affari, sia per gli spazi che per le dotazioni. Ristorante dagli arredi attuali con interessanti proposte di mare.

MOZZO – Bergamo (BG) – 6 719 ab. – alt. 252 m – ✉ 24030 19 C1

Roma 607 – Bergamo 8 – Lecco 28 – Milano 49

La Caprese

via Garibaldi 7, località Borghetto – ✆ 03 54 37 66 61 – Fax 03 54 15 56 33 – Chiuso dal 22 dicembre al 4 gennaio, dal 1° al 20 settembre, domenica sera e lunedì

Rist – Carta 50/100 €

◆ Nuova emanazione, ma stessa gestione dell'ex Caprese, di cui prende il nome, è una piccola bomboniera per raffinate cene di pesce: sapori e profumi di Capri nel menù.

MUGGIA – Trieste (TS) – **562** F23 – **13 258 ab.** – ✉ **34015** *Italia* **11 D3**

Roma 684 – Udine 82 – Milano 423 – Trieste 11 – Venezia 173

(maggio-settembre) via Roma 20 ☎ 040 273259

Trattoria Risorta

riva De Amicis 1/a – ☎ 040 27 12 19 – info@trattoriarisorta.it – Fax 040 27 33 94 – Chiuso dal 1° al 14 gennaio, dal 16 al 24 agosto, lunedì e domenica sera, in luglio-agosto anche domenica a mezzogiorno

Rist – Carta 41/52 €

◆ Nel porticciolo della località, variazioni classiche sul tema pesce in un trattoria rustica con qualche tocco di ricercatezza; d'estate si mangia in terrazza sul mare.

a Santa Barbara Sud-Est : 3 km – ✉ 34015 – Muggia

Taverna Famiglia Cigui

via Colarich 92/D – ☎ 040 27 33 63 – pcigui@tiscali.it – Fax 04 09 27 92 24 – Chiuso dal 1° al 15 gennaio

6 cam – †40/45 € ††80/90 € – **Rist** – *(chiuso mercoledì e da novembre ad aprile anche martedì)* Carta 30/40 €

◆ In una zona verdeggiante, locale di tradizione e di ambiente familiare, dove gustare una cucina casalinga che segue le stagioni; servizio estivo in terrazza-giardino.

MÜHLWALD = Selva dei Molini

MULAZZO – Massa Carrara (MS) – **563** J11 – **2 581 ab.** – **alt. 350 m** – ✉ **54026** *Toscana* **28 A1**

Roma 444 – La Spezia 42 – Genova 93 – Livorno 120 – Parma 83

a Madonna del Monte Nord-Ovest : 8 km – alt. 870 m – ✉ 54026 – Mulazzo

Rustichello con cam

Crocetta di Mulazzo – ☎ 01 87 43 97 59 – Fax 01 87 43 97 59 – Chiuso dall'8 gennaio all'8 febbraio

7 cam – ††52/56 €, 8 € – ½ P 48/52 € – **Rist** – *(chiuso martedì escluso giugno-settembre)* Carta 22/30 €

◆ Tranquillità assicurata in questo chalet di montagna su un colle panoramico; simpatica conduzione familiare, interni rustici e casereccі piatti tipici del territorio.

MULES (MAULS) – Bolzano / Bozen (BZ) – **562** B16 – **alt. 905 m** – **Sport invernali :** *Vedere Vipiteno* – ✉ 39040 – Campo di Trens **31 C1**

Roma 699 – Bolzano 56 – Brennero 23 – Brunico 44 – Milano 360 – Trento 121 – Vipiteno 9

Stafler

– ☎ 04 72 77 11 36 – romantikhotel@stafler.com – Fax 04 72 77 10 94 – Chiuso dal 24 giugno al 6 luglio e novembre

36 cam – †63/81 € ††100/140 € – ½ P 75/113 € – **Rist** – *(chiuso mercoledì in bassa stagione)* Carta 29/58 €

◆ Risale al 1270 la stazione di posta in seguito trasformata in locanda e poi in romantico, elegante hotel di calda e tipica atmosfera tirolese; piccolo parco con laghetto. Il ristorante presenta intime stube dove gustare piatti ricercati con spunti creativi.

MURANO – Venezia – Vedere Venezia

MURAVERA – Cagliari – 566 I10 – Vedere Sardegna alla fine dell'elenco alfabetico

Voglia di pranzare all'aperto?
Scegliete un ristorante con terrazza

MURISENGO – Alessandria (AL) – 561 G6 – 1 510 ab. – alt. 338 m – ✉ 15020 23 C2

Roma 641 – Torino 51 – Alessandria 57 – Asti 28 – Vercelli 45

a Corteranzo Nord : 3 km – alt. 377 m – ✉ 15020 – Murisengo

Cascina Martini 8/20, VISA

via Gianoli 15 – ✆ 01 41 69 30 15 – cascinamartini@cascinamartini.com – Fax 01 41 69 30 15 – Chiuso quindici giorni in gennaio, domenica sera e lunedì

Rist – Carta 30/43 €

◆ Ricavato nelle stalle ristrutturate di un'antica cascina, il ristorante si propone con un'ottima e accurata ricerca dei piatti del territorio, a volte anche alleggeriti.

MURO LUCANO – Potenza (PZ) – 564 E28 – 6 057 ab. – alt. 654 m – ✉ 85054 3 A2

Roma 357 – Potenza 48 – Bari 198 – Foggia 113

Delle Colline con cam rist, VISA AE

via Belvedere – ✆ 09 76 22 84 – info@hoteldellecolline.com – Fax 09 76 21 60

18 cam – 38/42 € 52/60 €, 4 € – ½ P 34/37 € – **Rist** – *(chiuso venerdì sera)* Carta 13/19 €

◆ In bella posizione con vista sul paese e sulla rocca, tradizionali sia l'ambiente del ristorante sia la sua cucina, con piatti locali; camere semplici, ma ben tenute.

MUSSOLENTE – Vicenza (VI) – 562 E17 – 7 034 ab. – alt. 127 m – ✉ 36065 35 B2

Roma 548 – Padova 51 – Belluno 85 – Milano 239 – Trento 93 – Treviso 42 – Venezia 72 – Vicenza 40

Villa Palma rist, 60, VISA AE

via Chemin Palma 30 – ✆ 04 24 57 74 07 – info@villapalma.it – Fax 042 48 76 87 – Chiuso due settimane in agosto

21 cam – 90/115 € 142/165 € – ½ P 102/122 € – **Rist** – *(chiuso domenica sera e lunedì)* Carta 32/43 €

◆ Settecentesca dimora di campagna trasformata in elegante albergo, per clientela d'affari anche in cerca di relax; bei tessuti nelle ricche e ricercate camere in stile. Soffitto con travi a vista e grandi vetrate nella raffinata sala ristorante.

Volpara VISA AE

via Volpara 3, Nord-Est : 2 km – ✆ 04 23 56 77 66 – info@volpara.com – Fax 04 23 96 88 41

10 cam – 30 € 45 €, 5 €

Rist Volpara-Malga Verde – vedere selezione ristoranti

◆ Offre tranquilli soggiorni in un ambiente familiare questa casa in stile rurale veneto circondata di boschi; camere arredate con semplicità, ma pulite e ben tenute.

Volpara-Malga Verde VISA AE

via Volpara 3, Nord-Est : 2 km – ✆ 04 24 57 70 19 – info@volpara.com – Fax 04 23 96 88 41 – Chiuso dal 10 al 20 agosto e mercoledì

Rist – Carta 17/23 €

◆ Conduzione familiare con oltre 30 anni di tradizione per questa trattoria, con grandi spazi modulabili, adatti anche ai banchetti; cucina casalinga del territorio.

MUTIGNANO – Teramo – 563 O24 – Vedere Pineto

MÜHLBACH = Rio di Pusteria

NAGO – Trento – Vedere TorboleNago

S. Ollivier/MICHELIN

San Martino – Vista panoramica

NAPOLI

Carta Michelin : n° 564E 24
▶ Roma 219 – Bari 261
Popolazione : 1 000 449 ab
Codice Postale : ✉ 80100
Italia

INFORMAZIONI PRATICHE

Uffici Informazioni turistiche

via San Carlo 9 ✉ 80132 ✆ 081 402394, info@inaples.itStazione Centrale ✉ 80142 ✆ 081 268779, ept@netgroup.it
piazza del Gesù 7 ✉ 80135 ✆ 081 5223328
Stazione di Mergellina ✉ 80122 ✆ 081 7612102

Aeroporto

✈ Ugo Niutta di Capodichino Nord-Est : 6 km **CT** ✆ 081 7092800

Trasporti marittimi

per Ischia – Medmar ✆ 081 3334411 – per le Isole Eolie dal 15 giugno al 15 settembre – Siremar, call center 892 123

Golf

9, ad Arco Felice, ✆ 081 42 14 79.

LUOGHI DI INTERESSE

SPACCANAPOLI E IL DECUMANO MAGGIORE

Cappella Sansevero: Cristo velato★★ - Duomo e tesoro di S. Gennaro★ - Napoli sotterranea★ - Pio Monte della Misericordia: Sette opere di Misericordia di Caravaggio★★★ - S. Chiara★ e il chiostro★★ - S. Lorenzo Maggiore★

IL CENTRO MONUMENTALE

Castel Nuovo★★ - Palazzo Reale★ - Piazza del Plebiscito★ - Teatro S. Carlo★

I GRANDI MUSEI

Certosa di S. Martino★ - Museo Archeologico Nazionale★★★ - Palazzo e Galleria di Capodimonte★★

IL LUNGOMARE

Porto di S. Lucia★★ e Castel dell'Ovo - Mergellina★ - Posillipo★ - Marechiaro★

ACQUISTI

Mercati rionali di via Pignasecca e via Porta Medina, Via S. Gregorio Armeno e dintorni per figurine del presepe, la zona pedonale del Vomero

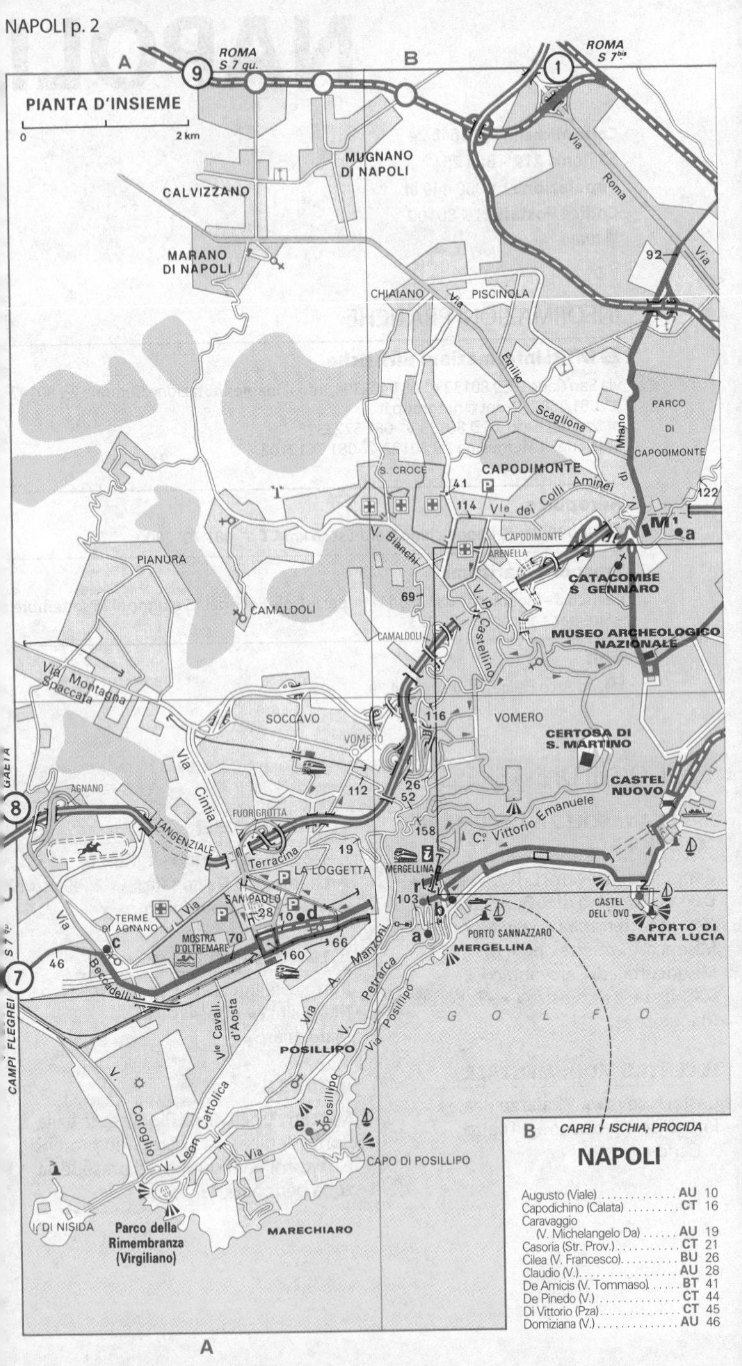

A
B
ROMA S 7 qu.
ROMA S 7bis
9
1
PIANTA D'INSIEME
0
2 km
MUGNANO DI NAPOLI
CALVIZZANO
MARANO DI NAPOLI
Via Roma
92
Via
CHIAIANO
PISCINOLA
Via Emilio Scaglione
Via di Miano
PARCO DI CAPODIMONTE
CAPODIMONTE
S. CROCE
41
114
Vle dei Colli Aminei
122
M1
a
V. Bianchi
CAPODIMONTE
ARENELLA
PIANURA
CATACOMBE S GENNARO
69
V. P. Castellino
CAMALDOLI
CAMALDOLI
MUSEO ARCHEOLOGICO NAZIONALE
Via Montagna Spaccata
SOCCAVO
116
VOMERO
VOMERO
CERTOSA DI S. MARTINO
Via Cintia
112
26
52
CASTEL NUOVO
AGNANO
GAETA
8
FUORIGROTTA
TANGENZIALE
158
Cº Vittorio Emanuele
19
Terracina
LA LOGGETTA
MERGELLINA
r
103
b
SAN PAOLO
28
10
d
TERME DI AGNANO
Via
Via
c
MOSTRA D'OLTREMARE
70
66
160
a
PORTO SANNAZZARO
MERGELLINA
CASTEL DELL' OVO
z
PORTO DI SANTA LUCIA
46
Beccadelli
7
S 7 qu.
CAMPI FLEGREI
Vle Cavall. d'Aosta
Via A. Manzoni
V. Petrarca
Via Posillipo
G O L F O
POSILLIPO
V. Coroglio
Via Leon Cattolica
Via Posillipo
e
Via
CAPO DI POSILLIPO
I. DI NISIDA
Parco della Rimembranza (Virgiliano)
MARECHIARO
B
CAPRI ISCHIA, PROCIDA
A

NAPOLI

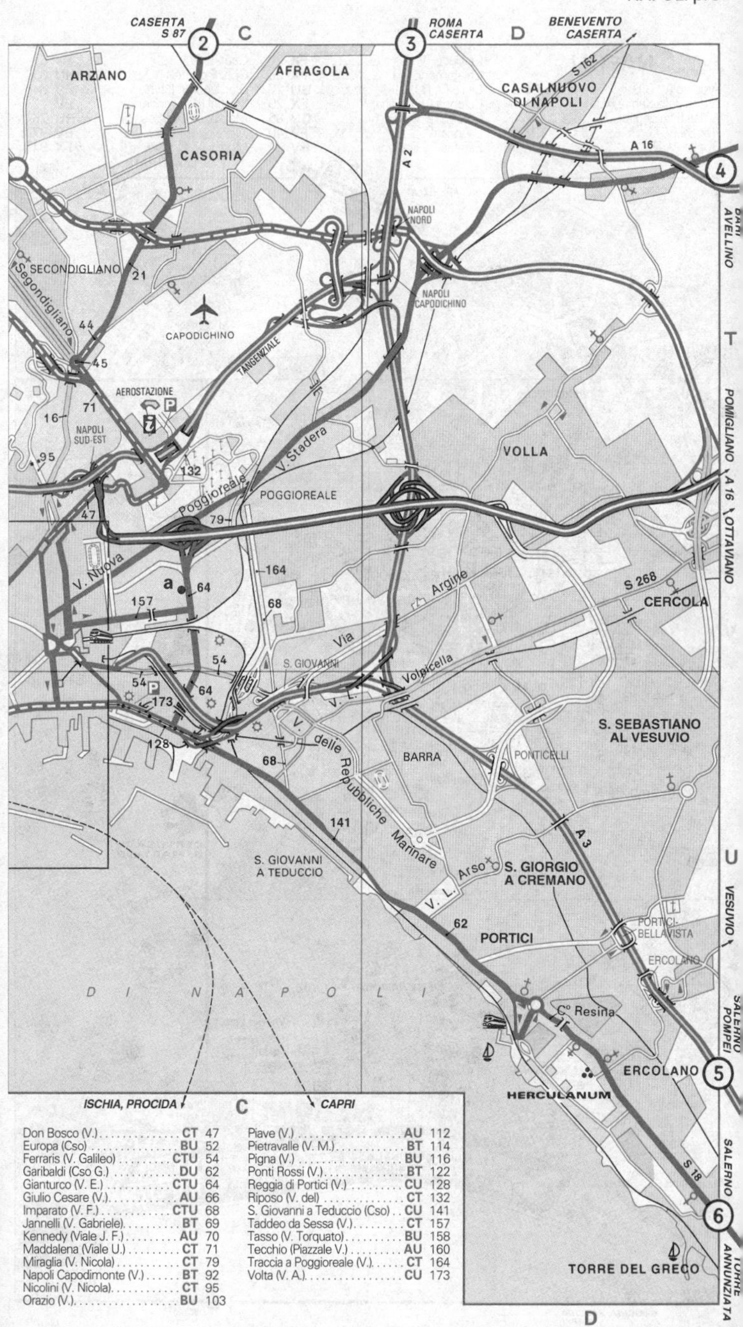

Don Bosco (V.)	CT	47
Europa (Cso)	BU	52
Ferraris (V. Galileo)	CTU	54
Garibaldi (Cso G.)	DU	62
Gianturco (V. E.)	CTU	64
Giulio Cesare (V.)	AU	66
Imparato (V. F.)	CTU	68
Jannelli (V. Gabriele)	BT	69
Kennedy (Viale J. F.)	AU	70
Maddalena (Viale U.)	CT	71
Miraglia (V. Nicola)	CT	79
Napoli Capodimonte (V.)	BT	92
Nicolini (V. Nicola)	CT	95
Orazio (V.)	BU	103
Piave (V.)	AU	112
Pietravalle (V. M.)	BT	114
Pigna (V.)	BU	116
Ponti Rossi (V.)	BT	122
Reggia di Portici (V.)	CU	128
Riposo (V. del)	CT	132
S. Giovanni a Teduccio (Cso)	CU	141
Taddeo da Sessa (V.)	CT	157
Tasso (V. Torquato)	BU	158
Tecchio (Piazzale V.)	AU	160
Traccia a Poggioreale (V.)	CT	164
Volta (V. A.)	CU	173

NAPOLI

Arcoleo (V. G.) . . . . **FX** 5
Arena della Sanità (V.) . . . . **GU** 6
Artisti (Pza degli) . . . . **EV** 9
Bernini (V. G. L.) . . . . **EV** 12
Bonito (V. G.) . . . . **FV** 13
Carducci (V. G.) . . . . **FX** 20
Chiatamone (V.) . . . . **FX** 25
Cirillo (V. D.) . . . . **GU** 27
Colonna (V. Vittoria) . . . . **FX** 29
Crocelle ai Vergini (V.) . . . . **GU** 35
D'Auria (V. G.) . . . . **FV** 40
Ferraris (V. Galileo) . . . . **HV** 54
Gaetani (V.) . . . . **FX** 61
Gen. Pignatelli (V.) . . . . **HU** 63
Giordano (V. L.) . . . . **EV** 64
Martini (V. Simone) . . . . **EV** 75
Mazzocchi (V. Alessio) . . . . **HU** 76
Menzinger (V. G.) . . . . **EV** 77
Morelli (V. D.) . . . . **FX** 84

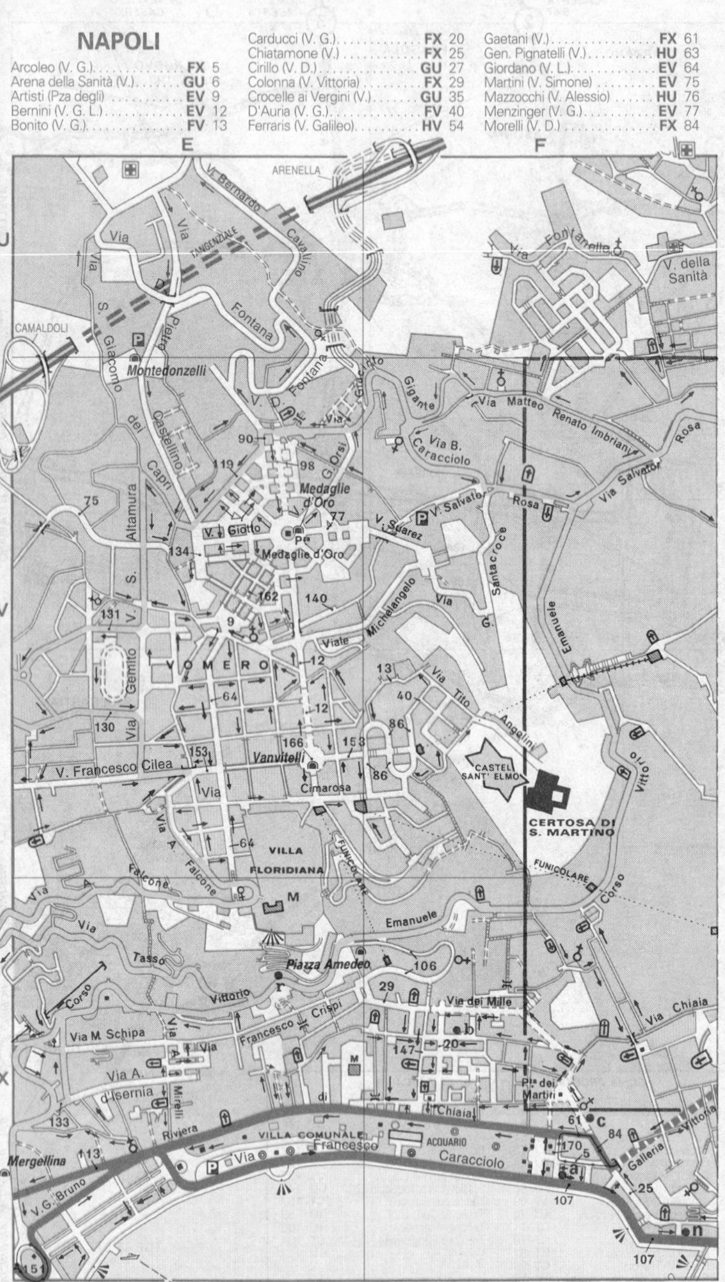

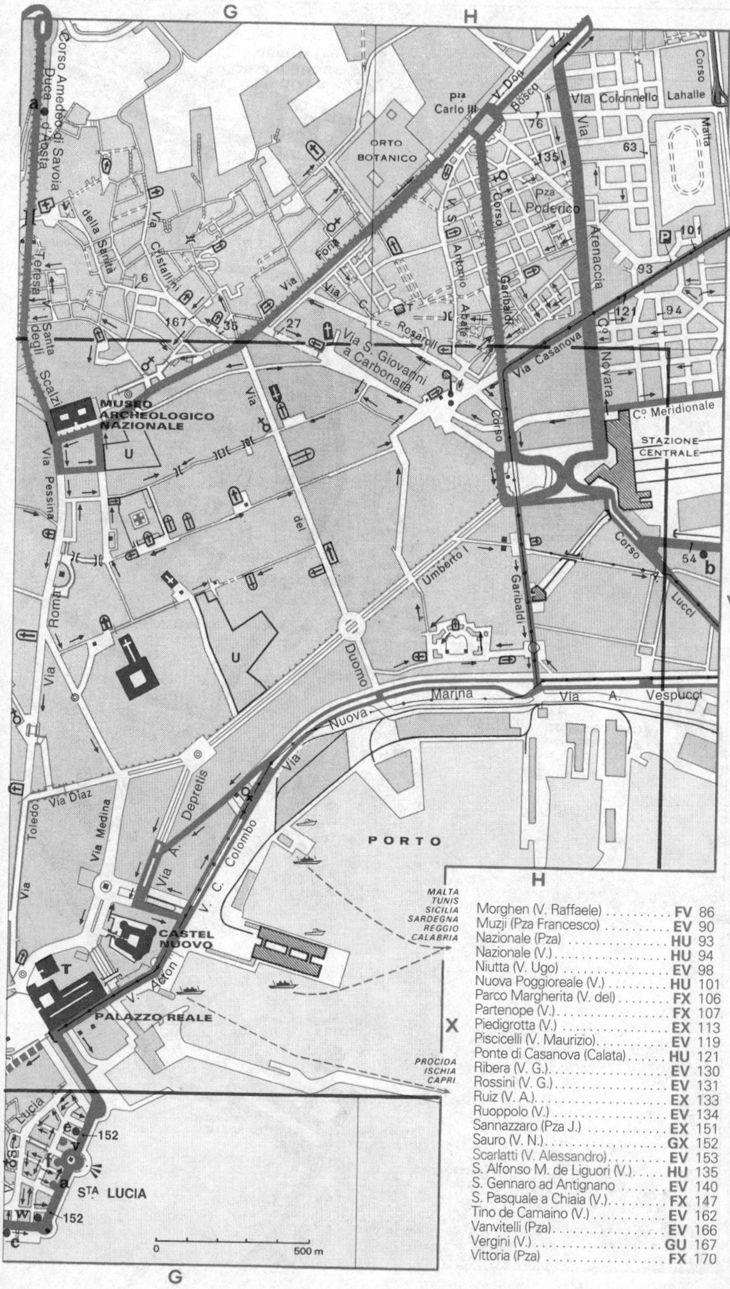
G
H
Corso Amedeo di Savoia Duca d'Aosta
Pza Carlo III
V. Don Bosco
Via Colonnello Lahalle
Corso Malta
ORTO BOTANICO
76
63
135
Pza L. Poderico
Corso Garibaldi
Via Arenaccia
V. S. Antonio Abate
101
93
121
94
della Sanità
Via Cristallini
Via Foria
Via C. Rosaroli
Teresa degli Scalzi
V. Santa
6
167
35
27
Via S. Giovanni a Carbonara
Via Casanova
Co Novara
Co Meridionale
STAZIONE CENTRALE
MUSEO ARCHEOLOGICO NAZIONALE
U
Via Pessina
Via del Duomo
Corso Umberto I
Corso Lucci
54
b
Garibaldi
Via Roma
Via Toledo
Via Marina
Via A. Vespucci
Via Nuova Marina
Via A. Depretis
Via Diaz
Via Medina
V. C. Colombo
PORTO
MALTA TUNIS SICILIA SARDEGNA REGGIO CALABRIA
CASTEL NUOVO
T
V. Acton
PALAZZO REALE
X
PROCIDA ISCHIA CAPRI
Lucia
152
STA LUCIA
a
c
w
0
500 m

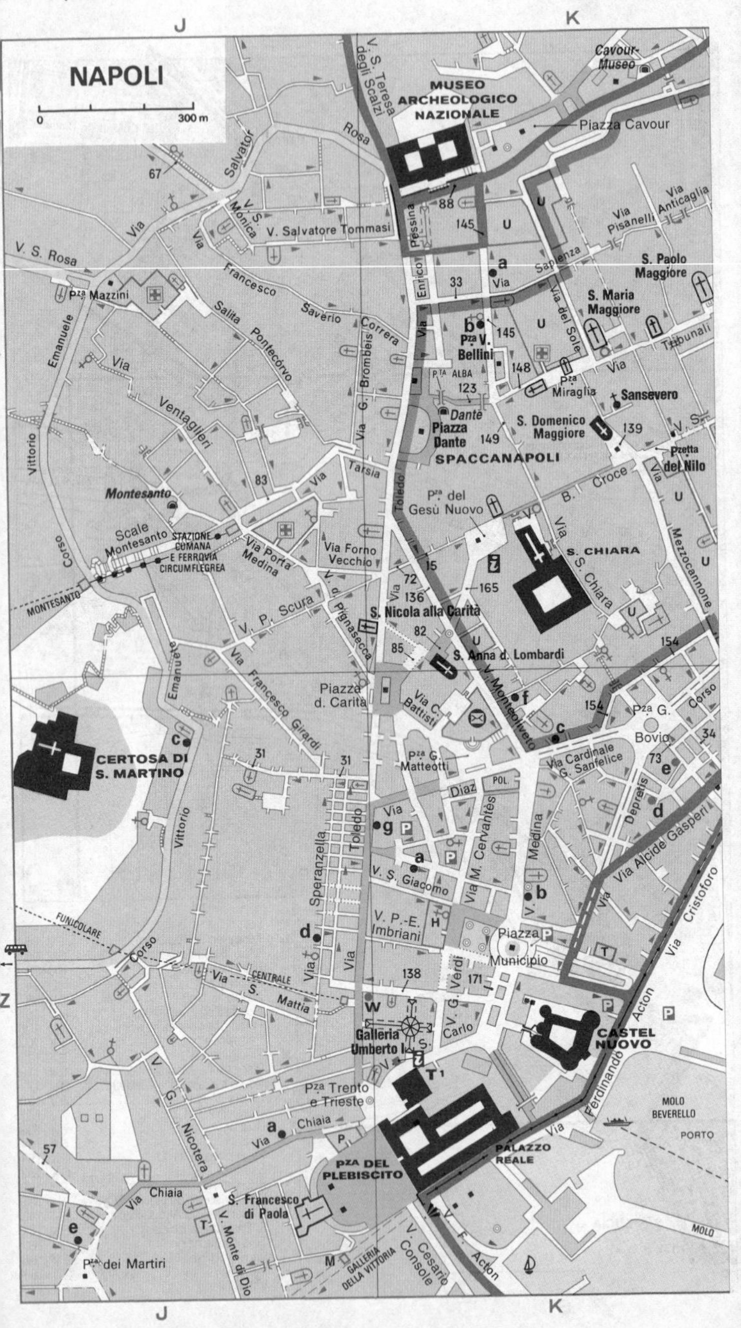
NAPOLI
0
300 m
MUSEO ARCHEOLOGICO NAZIONALE
Cavour-Museo
Piazza Cavour
V. S. Teresa degli Scalzi
Rosa
Salvator
Via
V. S. Rosa
Pza Mazzini
V. S. Monica
V. Salvatore Tommasi
Pessina
Via Pisanelli
Via Anticaglia
Sapienza
S. Paolo Maggiore
S. Maria Maggiore
Via del Sole
Tribunali
Via Francesco Saverio Correra
Salita Pontecorvo
Via Ventaglieri
Emanuele
Vittorio
Corso
Via G. Brombeis
Pza V. Bellini
Pta ALBA
Pza Miraglia
Sansevero
Dante
Piazza Dante
S. Domenico Maggiore
Pzetta del Nilo
SPACCANAPOLI
Tarsia
Toledo
Pza del Gesù Nuovo
B. Croce
Montesanto
Scale Montesanto
STAZIONE CUMANA E FERROVIA CIRCUMFLEGREA
MONTESANTO
Via Porta Medina
Via Forno Vecchio
S. CHIARA
Via S. Chiara
Mezzocannone
V. P. Scura
V. d. Pignasecca
S. Nicola alla Carità
S. Anna d. Lombardi
V. Monteoliveto
Via Francesco Girardi
Piazza d. Carità
Via C. Battisti
CERTOSA DI S. MARTINO
Pza G. Matteotti
Pza G. Bovio
Corso
Via Cardinale G. Sanfelice
Depretis
Diaz
POL.
Via M. Cervantes
Medina
Via Alcide Gasperi
Via Cristoforo
Speranzella
V. S. Giacomo
V. P.-E. Imbriani
FUNICOLARE
Corso
Via S. Mattia
CENTRALE
Piazza Municipio
Galleria Umberto I
V. G. Verdi
V. S. Carlo
CASTEL NUOVO
Acton
Ferdinando
Pza Trento e Trieste
MOLO BEVERELLO
PORTO
Via Chiaia
V. G. Nicotera
PZA DEL PLEBISCITO
PALAZZO REALE
MOLO
S. Francesco di Paola
V. Monte di Dio
GALLERIA DELLA VITTORIA
V. Cesario Console
V. F. Acton
Pza dei Martiri
J
K
Z

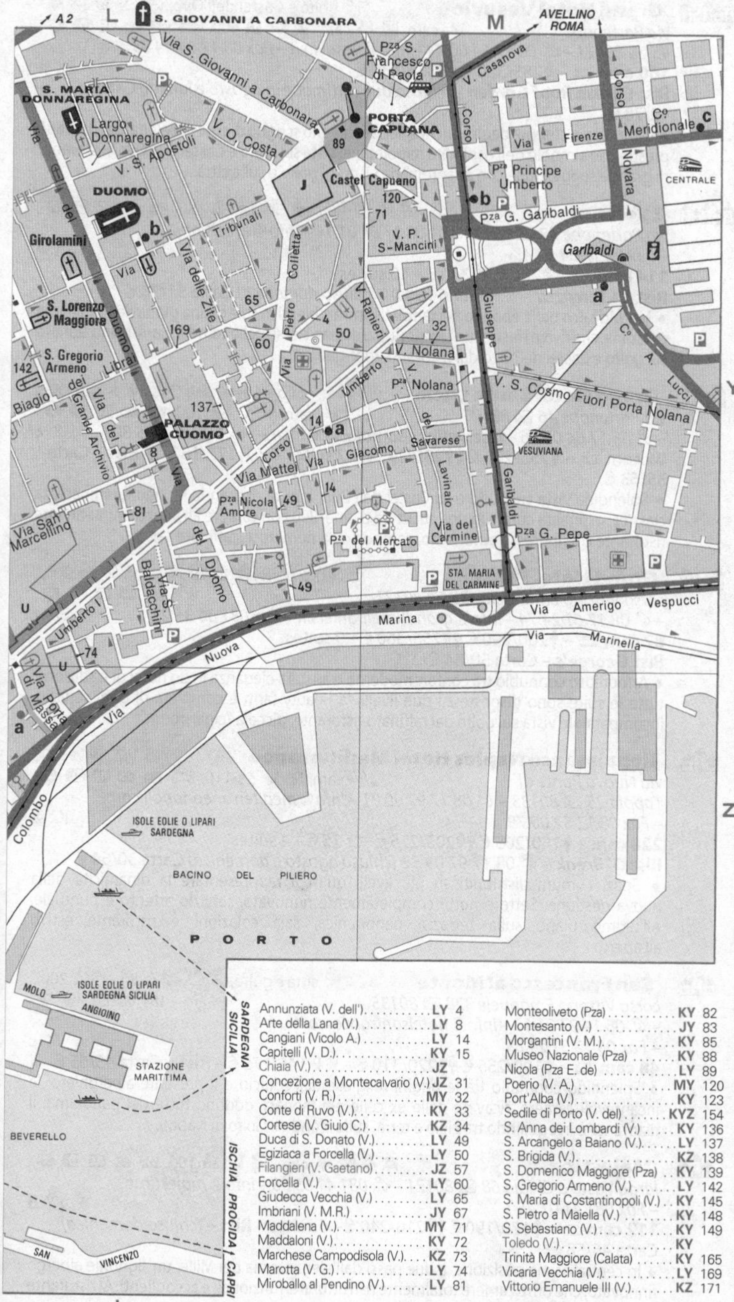

Annunziata (V. dell')	LY	4
Arte della Lana (V.)	LY	8
Cangiani (Vicolo A.)	LY	14
Capitelli (V. D.)	KY	15
Chiaia (V.)	JZ	
Concezione a Montecalvario (V.)	JZ	31
Conforti (V. R.)	MY	32
Conte di Ruvo (V.)	KY	33
Cortese (V. Giuio C.)	KZ	34
Duca di S. Donato (V.)	LY	49
Egiziaca a Forcella (V.)	LY	50
Filangieri (V. Gaetano)	JZ	57
Forcella (V.)	LY	60
Giudecca Vecchia (V.)	LY	65
Imbriani (V. M.R.)	JY	67
Maddalena (V.)	MY	71
Maddaloni (V.)	KY	72
Marchese Campodisola (V.)	KZ	73
Marotta (V. G.)	LY	74
Miroballo al Pendino (V.)	LY	81
Monteoliveto (Pza)	KY	82
Montesanto (V.)	JY	83
Morgantini (V. M.)	KY	85
Museo Nazionale (Pza)	KY	88
Nicola (Pza E. de)	LY	89
Poerio (V. A.)	MY	120
Port'Alba (V.)	KY	123
Sedile di Porto (V. del)	KYZ	154
S. Anna dei Lombardi (V.)	KY	136
S. Arcangelo a Baiano (V.)	LY	137
S. Brigida (V.)	KZ	138
S. Domenico Maggiore (Pza)	KY	139
S. Gregorio Armeno (V.)	LY	142
S. Maria di Costantinopoli (V.)	KY	145
S. Pietro a Maiella (V.)	KY	148
S. Sebastiano (V.)	KY	149
Toledo (V.)	KY	
Trinità Maggiore (Calata)	KY	165
Vicaria Vecchia (V.)	LY	169
Vittorio Emanuele III (V.)	KZ	171

Grand Hotel Vesuvio ← golfo e Castel dell'Ovo, cam, cam, 400,
via Partenope 45 ✉ 80121 – ✆ 08 17 64 00 44 – info@vesuvio.it – Fax 08 17 64 44 83 FX **n**
160 cam – 285/350 € 336/430 €
Rist *Caruso Roof Garden* – *(chiuso due settimane in agosto e lunedì)* Carta 42/78 €
♦ L'immutato charme degli antichi splendori in uno scrigno di squisita eleganza, dal 1882 prestigioso simbolo dell'ospitalità napoletana; vista sul golfo e Castel dell'Ovo. Ristorante di grande suggestione con straordinaria vista sul golfo e sulla città.

Excelsior cam, rist, 150,
via Partenope 48 ✉ 80121 – ✆ 08 17 64 01 11 – info@excelsior.it – Fax 08 17 64 97 43 GX **w**
114 cam – 280 € 340 € – 10 suites
Rist *La Terrazza* – ✆ 08 17 64 98 04 *(chiuso domenica)* Carta 51/73 €
♦ Morbide eco belle époque nei raffinatissimi ambienti in stile di una gloria dell'hotellerie cittadina, che rivive i fasti di un tempo; lusso di gran classe nelle camere. La vista mozzafiato sul golfo e Castel dell'Ovo dal ristorante roof-garden.

Grand Hotel Santa Lucia ← golfo e Castel dell'Ovo, cam, cam, 100,
via Partenope 46 ✉ 80121 – ✆ 08 17 64 06 66 – reservations-santalucia@thi.it – Fax 08 17 64 85 80 GX **c**
89 cam – 255/275 € 285/295 € – 7 suites – ½ P 177/187 € – **Rist** – Carta 35/63 €
♦ Splendida vista sul golfo e su Castel dell'Ovo, interni di grande fascino e raffinatezza classica; ospitalità curata in una struttura di fine '800 con camere all'altezza. Affascinante ristorante con ingresso autonomo, composto da numerose, raffinate salette.

Grand Hotel Parker's ← città e golfo, cam, 200,
corso Vittorio Emanuele 135 ✉ 80121 – ✆ 08 17 61 24 74 – info@grandhotelparkers.it – Fax 081 66 35 27 EX **r**
82 cam – 200/290 € 255/360 € – 9 suites
Rist *George's* – Carta 50/84 €
♦ Armonioso connubio tra confort moderno e austera eleganza in un hotel di tradizione; tutte le suite sono disposte su due livelli, la beauty farm è completa di ogni servizio. Incomparabile vista sul golfo dal raffinato ristorante; piccola "cigar-room".

Renaissance Naples Hotel Mediterraneo cam, 110,
via Nuova Ponte di Tappia 25 ✉ 80133 – ✆ 08 17 97 00 01 – info@mediterraneonapoli.com – Fax 08 12 52 00 79 KZ **a**
228 cam – 160/205 € 205/275 €, 15 € – 2 suites
Rist *O' Break* – ✆ 08 17 97 09 52 *(chiuso agosto e domenica)* Carta 30/64 €
♦ Spazi comuni distribuiti su più livelli quasi a rappresentare la dinamicità della nuova gestione. Settore notte completamente rinnovato, servizio attento e puntuale. All'ultimo piano sulla terrazza panoramica, sala colazioni e ristorante estivo all'aperto.

San Francesco al Monte ← città e golfo, 200,
corso Vittorio Emanuele 328 ✉ 80135 – ✆ 08 14 23 91 11 – info@hotelsanfrancesco.it – Fax 08 12 51 24 85 JZ **c**
48 cam – 190/255 € 220/310 € – ½ P 145/175 € – **Rist** – Carta 45/65 €
♦ Splendido connubio tra le origini religiose dell'edificio e il presente alberghiero: le incantevoli camere, ricavate dalle ex celle dei monaci, godono tutte del panorama. Il ristorante è in equilibrio tra cielo e terra, sullo sfondo il Golfo di Napoli.

Majestic cam, 100,
largo Vasto a Chiaia 68 ✉ 80121 – ✆ 081 41 65 00 – info@majestic.it – Fax 081 41 01 45 FX **b**
112 cam – 170/190 € 210/240 € – 6 suites – **Rist** – *(chiuso domenica)* Carta 46/58 €
♦ In centralissima posizione, a due passi dall'elegante via dei Mille, un signorile albergo rinnovato, che offre camere totalmente ristrutturate, funzionali e accoglienti. Al ristorante atmosfera piacevole e servizio accurato.

Villa Capodimonte rist, 130,
via Moiariello 66 ✉ 80131 – ✆ 081 45 90 00
– villacap@hotelcapodimonte.191.it – Fax 081 29 93 44 BT **a**
56 cam – ♦105/195 € ♦♦140/220 € – ½ P 95/135 € – **Rist** – Carta 35/50 €
◆ Decentrato, sulla collina di Capodimonte, immerso in un quieto giardino con vista sul golfo, ha davvero le fattezze di una villa; ampie camere, eleganti e accessoriate. Sala ristorante con gradevole dehors estivo.

New Europe cam, rist, 800,
via Galileo Ferraris 40 ✉ 80142 – ✆ 08 13 60 21 11 – info@neweuropehotel.it
– Fax 081 20 07 58 HV **b**
156 cam – ♦185 € ♦♦225 € – ½ P 145 € – **Rist** – Menu 30 €
◆ Albergo di ultima generazione, nei pressi della stazione, che offre servizi decisamente validi e appropriati alle esigenze della clientela che più lo sfrutta, quella d'affari. La sala ristorante è moderna, ma non priva di una certa eleganza.

Starhotels Terminus 220,
piazza Garibaldi 91 ✉ 80142 – ✆ 08 17 79 31 11 – terminus.na@starhotels.it
– Fax 081 20 66 89 MY **a**
171 cam – ♦♦90/340 € – **Rist** – Carta 35/50 €
◆ Dotazioni moderne, arredi di sobria eleganza classica e attrezzature congressuali in un hotel di fronte alla stazione; suggestivo patio interno e roof-garden panoramico.

Palazzo Alabardieri senza rist 180,
via Alabardieri 38 ✉ 80121 – ✆ 081 41 52 78
– info@palazzoalabardieri.it – Fax 081 19 72 20 10 JZ **e**
33 cam – ♦130/220 € ♦♦170/250 €
◆ Tra i negozi più chic, palazzo di fine '800 riportato a pieno splendore con camere eleganti e raffinate. American bar con boiserie, servizio e accoglienza giovani e motivati.

Holiday Inn Naples cam, cam, 320,
centro direzionale Isola E/6 ✉ 80143
– ✆ 08 12 25 01 11 – hinaples@hotel-invest.com – Fax 08 12 25 06 83 CT **a**
330 cam – ♦105/185 € ♦♦120/195 € – 32 suites – ½ P 65/125 € – **Rist** – Carta 31/43 €
◆ Nel centro direzionale, eccelle nei servizi congressuali questa moderna struttura che rispetta elevati standard di qualità e di confort. Piccolo e attrezzato centro bellezza. Cucina italiana e regionale nella luminosa sala da pravizo.

Villa Ranieri senza rist
corso Amedeo di Savoia, trav. via Cagnazzi 29 ✉ 80137 – ✆ 08 17 41 63 08
– hotel@villaranieri.it – Fax 08 17 43 79 78 GU **a**
14 cam – ♦95/115 € ♦♦150/180 €
◆ In comoda posizione, tra il centro e la tangenziale, un soggiorno ricco d'atmosfera in una villa seicentesca. Rigoglioso giardino con alberi secolari ad alto fusto.

Miramare senza rist golfo e Vesuvio,
via Nazario Sauro 24 ✉ 80132 – ✆ 08 17 64 75 89 – info@hotelmiramare.com
– Fax 08 17 64 07 75 GX **e**
18 cam – ♦159/218 € ♦♦220/261 €
◆ In un palazzo nobiliare di inizio '900, con roof-garden e splendida vista sul golfo e sul Vesuvio, raccolta risorsa elegante, personalizzata negli arredi e nel confort.

Paradiso città, golfo e Vesuvio, cam, rist, 80,
via Catullo 11 ✉ 80122 – ✆ 08 12 47 51 11 – info@
hotelparadisonapoli.it – Fax 08 17 61 34 49 BU **a**
72 cam – ♦105/120 € ♦♦140/220 € – ½ P 95/135 € – **Rist** – Carta 44/61 €
◆ E' davvero paradisiaca la vista su golfo, città e Vesuvio da questo hotel in posizione impagabile sulla collina di Posillipo; comode camere di taglio classico moderno. Elegante e accogliente, il ristorante ha una terrazza per il servizio estivo.

Costantinopoli 104 senza rist
via Santa Maria di Costantinopoli 104 ✉ 80138 – ☎ 08 15 57 10 35 – info@costantinopoli104.it – Fax 08 15 57 10 51 KY **b**
18 cam ☕ – 🚹165 € 🚹🚹210 €
♦ Poco rimane dell'originaria villa Spinelli, ma la splendida vetrata, il giardino con piscina, le eleganti camere e gli ottimi spazi comuni, assicurano un soggiorno unico.

Chiaja Hotel de Charme senza rist
via Chiaia 216 ✉ 80121 – ☎ 081 41 55 55 – info@hotelchiaia.it – Fax 081 42 23 44 JZ **a**
33 cam ☕ – 🚹147 € 🚹🚹165 €
♦ In un cortile, gioiello dell'architettura partenopea, una risorsa di grande fascino e atmosfera, tra spirito aristocratico e popolare. Pasticceria napoletana per colazione.

Montespina Park Hotel cam, 200,
via San Gennaro 2 ✉ 80125 – ☎ 08 17 62 96 87 – info@montespina.it – Fax 08 15 70 29 62 AU **c**
50 cam ☕ – 🚹130/180 € 🚹🚹160/220 € – ½ P 140/170 € – **Rist** – *(chiuso a mezzogiorno)* (solo per alloggiati) Menu 25/90 €
♦ E' un'oasi nel traffico cittadino questo albergo su una collinetta, immerso nel verde di un parco con piscina, vicino alle Terme di Agnano; camere dallo stile gradevole. Una curata sala da pranzo, ma anche spazi per banchetti e cerimonie.

Serius senza rist
viale Augusto 74 ✉ 80125 – ☎ 08 12 39 48 44 – prenotazioni@hotelserius.it – Fax 08 12 39 92 51 AU **d**
69 cam ☕ – 🚹105 € 🚹🚹140 €
♦ Hotel che di recente ha subito una radicale e "salutare" ristrutturazione; nelle vicinanze dello stadio, offre camere omogenee funzionali e un buon livello di servizio.

Palazzo Turchini senza rist
via Medina 21/22 ✉ 80133 – ☎ 08 15 51 06 06 – info@palazzoturchini.it – Fax 08 15 52 14 73 KZ **b**
27 cam ☕ – 🚹150/170 € 🚹🚹170/190 €
♦ Palazzo d'epoca completamente ristrutturato, offre spazi comuni limitati e camere perfettamente insonorizzate con pavimenti in parquet e bagni in marmo. Colazione in terrazza.

Grand Hotel Europa
corso Meridionale 14 ✉ 80143 – ☎ 081 26 75 11 – info@grandhoteleuropa.com – Fax 08 15 63 46 43 MY **c**
84 cam ☕ – 🚹70/114 € 🚹🚹83/135 € – **Rist** – *(chiuso venerdì o sabato e a mezzogiorno)* Carta 23/33 €
♦ Buona distribuzione degli spazi comuni, camere personalizzate e l'insonorizzazione efficace ed indispensabile vista l'ubicazione. Servizio cortese e informale.

Caravaggio senza rist
piazza Cardinale Sisto Riario Sforza 157 ✉ 80139 – ☎ 08 12 11 00 66 – info@caravaggiohotel.it – Fax 08 14 42 15 78 LY **b**
18 cam ☕ – 🚹80/125 € 🚹🚹130/190 €
♦ Nel cuore del centro storico, nella piazza dove svetta la guglia più vecchia di Napoli, un palazzo del '600 con reperti storici ma camere arredate con grande modernità.

Suite Esedra senza rist
via Cantani 12 ✉ 80133 – ☎ 081 28 74 51 – info@sea-hotels.com – Fax 081 28 74 51 LY **a**
17 cam ☕ – 🚹83/120 € 🚹🚹93/145 €
♦ Saletta biblioteca, prima colazione intorno ad un gran tavolo dell'800, camere dedicate ai segni zodiacali: questo e altro in una nuova perla dell'hotellerie cittadina.

Nuovo Rebecchino senza rist
corso Garibaldi 356 ✉ 80142 – ☎ 08 15 53 53 27 – info@nuovorebecchino.it – Fax 081 26 80 26 MY **b**
58 cam ☕ – 🚹85/105 € 🚹🚹120/160 €
♦ In zona stazione, all'interno di un palazzo d'epoca, albergo dai gradevoli e curati spazi comuni; camere ampie e ben arredate, più tranquille quelle sul retro.

Il Convento senza rist

via Speranzella 137/a ✉ 80132 – ☎ 081 40 39 77 – info@hotelilconvento.com – Fax 081 40 03 32 JZ **d**

14 cam ☕ – 🛉75/95 € 🛉🛉100/150 €

◆ Nei caratteristici quartieri spagnoli, a pochi passi dalla frequentatissima via Toledo, un piccolo albergo dallo stile molto ricercato. Gradevoli ambienti per la colazione.

Executive senza rist

via del Cerriglio 10 ✉ 80134 – ☎ 08 15 52 06 11 – info@sea-hotels.com – Fax 08 15 52 06 11 KZ **c**

19 cam ☕ – 🛉93/125 € 🛉🛉104/155 €

◆ Un centrale edificio del '700 ospita un piccolo, confortevole albergo, rinnovato ed omogeneo; camere con arredi moderni; simpatico bar sulla terrazza roof-garden.

Ausonia senza rist

via Caracciolo 11 ✉ 80122 – ☎ 081 68 22 78 – hotelausonia@interfree.it – Fax 081 66 45 36 BU **b**

19 cam ☕ – 🛉90 € 🛉🛉120 €

◆ In uno dei quartieri più eleganti della città, di fronte all'imbarco per le isole, palazzo del '900 con camere al 2° e 3° piano, dedicate a chi ama gli arredi marinareschi.

Principe Napolit'Amo senza rist

via Toledo 148 ✉ 80132 – ☎ 08 15 52 36 26 – info@napolitamo.it – Fax 08 15 52 36 26 KZ **g**

13 cam ☕ – 🛉65/75 € 🛉🛉100/120 €

◆ Nel centro di Napoli, proprio a ridosso dei quartieri Spagnoli, un piccolo hotel che offre un'accoglienza di tono tipicamente familiare ad un prezzo corretto. Al primo piano.

Belle Arti senza rist

via Santa Maria di Costantinopoli 27 ✉ 80138 – ☎ 08 15 57 10 62 – info@belleartiresort.com – Fax 081 44 78 60 KY **a**

6 cam – 🛉65/89 € 🛉🛉80/100 €

◆ Attorno alla corte interna di un palazzo del XVII sec., alcune camere hanno affreschi originali sapientemente restaurati, tutte sono spaziose e bene accessoriate.

Parteno senza rist

lungomare Partenope 1 ✉ 80121 – ☎ 08 12 45 20 95 – bnb@parteno.it – Fax 08 12 47 13 03 FX **a**

10 cam ☕ – 🛉80/110 € 🛉🛉100/169 €

◆ Sul lungomare, al primo piano di un palazzo signorile, elegante bed and breakfast che unisce i caratteri storici di un palazzo ottocentesco a dotazioni all'avanguardia.

L'Alloggio dei Vassalli senza rist

via Donnalbina 56 ✉ 80134 – ☎ 08 15 51 51 18 – info@bandbnapoli.it – Fax 08 14 20 27 52 KZ **f**

5 cam ☕ – 🛉69/76 € 🛉🛉93/99 €

◆ Lontano dal formalismo alberghiero ma con camere ricche fascino e storia. In un pittoresco palazzo del centro, grazioso centro benessere e apprezzabile cordialità.

Cappella Vecchia 11 senza rist

via Santa Maria a Cappella Vecchia 11 ✉ 80121 – ☎ 08 12 40 51 17 – info@cappellavecchia11.it – Chiuso dal 7 al 21 agosto

6 cam ☕ – 🛉50/70 € 🛉🛉80/100 €

◆ Al piano nobile di un bel palazzo centrale, una risorsa dotata di due tipologie di camere più o meno moderne e caratterizzata da piccoli spazi comuni di uguale livello.

La Cantinella

via Cuma 42 ✉ 80132 – ☎ 08 17 64 86 84 – la.cantinella@lacantinella.it – Fax 08 17 64 87 69 – Chiuso 24-25 dicembre, dal 12 al 27 agosto e domenica (escluso da novembre a maggio) GX **v**

Rist – Carta 47/71 €

◆ C'è tanto bambù (soffitti, sedie, pareti) in questo elegante locale sito su uno dei lungomare più belli del mondo; importante proposta di vini, cucina di terra e di mare.

XX **Ciro a Santa Brigida** 20/30,

via Santa Brigida 73 ✉ 80132 – ☎ 08 15 52 40 72 – ristorante@ciroasantabrigida.it – Fax 08 15 52 89 92 – Chiuso dal 5 al 21 agosto JZ **w**

Rist – Carta 31/40 €

◆ Nel cuore di Napoli, è un'istituzione cittadina e un locale storico questo movimentato ristorante-pizzeria, moderno nell'aspetto tradizionale; cucina di terra e di mare.

XX **Rosolino-Il Posto Accanto**

via Nazario Sauro 2/7 ✉ 80132 – ☎ 08 17 64 98 73 – info@rosolino.it – Fax 08 17 64 98 70 – Chiuso 24-25 dicembre, domenica e a mezzogiorno

Rist – Carta 30/52 € GX **a**

◆ Moderno di tono elegante, con sale più raccolte e altre più spaziose per banchetti; ampia scelta di piatti napoletani e di mare. Angolo serale per sfiziosità al volo.

XX **Transatlantico**

via Lucullliana-borgo Marinari ✉ 80132 – ☎ 08 17 64 88 42 – transa.tlantico@libero.it – Fax 08 17 64 92 01 – Chiuso dal 27 gennaio al 9 febbraio e martedì BU **z**

Rist – Carta 33/56 €

◆ Nel borgo caratteristico dove sorge Castel dell'Ovo, suggestivo locale di stile classico elegante; servizio estivo sul porto di Santa Lucia, cucina tradizionale.

X **Napoli Mia** 15/25,

via Schilizzi ✉ 80133 – ☎ 08 15 52 22 66 – Fax 08 15 52 22 66 – Chiuso dal 25 al 27 dicembre, Capodanno, Pasqua agosto, domenica e la sera di venerdì e sabato da guigno a settembre KZ **d**

Rist – Carta 39/67 €

◆ Piccolo ed accogliente locale a gestione familiare che propone una cucina genuina con piatti locali. Ci si lascia consigliare volentieri dall'affabile proprietario.

X **L'Europeo di Mattozzi** 16/30,

via Campodisola 4/6/8 ✉ 80133 – ☎ 08 15 52 13 23 – Fax 08 15 52 13 23 – Chiuso dal 15 al 31 agosto e domenica, dal 13 giugno al 13 agosto anche sabato

Rist – Carta 34/54 € (+12 %) KZ **e**

◆ Habitué o no, sarete comunque coccolati dal titolare di un frequentato, semplice ristorante-pizzeria, da decenni con la stessa gestione familiare; cucina locale.

X **Al Poeta**

piazza Salvatore di Giacomo 134/135 ✉ 80123 – ☎ 08 15 75 69 36 – alpoetadinapoli@virgilio.it – Fax 08 15 75 69 36 – Chiuso dal 10 al 25 agosto e lunedì AU **e**

Rist – Carta 23/41 € (+15 %)

◆ Ristorante con oltre 30 anni di attività, affacciato su una piazza a pianta quadrata con aiuole e alberi; impostazione informale, tavoli vicini, cucina locale di mare e pizze.

X **Sbrescia** ≤ città e golfo,

rampe Sant'Antonio a Posillipo 109 ✉ 80122 – ☎ 081 66 91 40 – Fax 081 66 91 40 – Chiuso lunedì BU **r**

Rist – Carta 25/47 € (+13 %)

◆ Ristorante tipico, a gestione familiare, con notevole vista sulla città e sul golfo e belle vasche di pesci e crostacei: in cucina, ovviamente, domina sovrano il mare.

X **La Piazzetta**

via Nazario Sauro 22 ✉ 80132 – ☎ 08 17 64 61 95 – lacantinella@lacantinella.it – Fax 08 17 64 87 69 – Chiuso martedì GX **f**

Rist – Carta 23/40 € (+10 %)

◆ Originale ambientazione proprio a forma di piazzetta con tanto di orologio, targhe e insegne. Grandi vetrate sul lungo mare e trompe l'oeil in tema. Cucina locale e pizze.

NAPOLI (Golfo di) ★★★ – Napoli – 564 E24 *Italia*

Cosa si nasconde dietro questo simbolo rosso ...
un albergo tranquillo, per svegliarsi al canto degli uccelli.

NARNI – Terni (TR) – 563 O19 – 20 160 ab. – alt. 240 m – ✉ 05035 33 C3

▶ Roma 89 – Terni 13 – Perugia 84 – Viterbo 45

Il Cavallino

via Flaminia Romana 220, Sud : 3 km – ✆ 07 44 76 10 20 – Fax 07 44 76 10 20 – Chiuso dal 20 al 25 dicembre e martedì

Rist – Carta 25/36 €

◆ Ambiente semplice nelle due salette di una trattoria a gestione familiare, fuori dal centro che propone una casereccia cucina del territorio e piatti di cacciagione.

a Narni Scalo Nord : 2 km – ✉ 05035 – Narni Stazione

Terra Umbra Hotel cam, 150,

via Maratta Bassa 61, Nord-Est : 3 km – ✆ 07 44 75 03 04 – info@terraumbra.it – Fax 07 44 75 10 14

29 cam – †55/100 € ††55/130 € – 2 suites – ½ P 55/87 €

Rist ***Al Canto del Gallo*** – *✆ 07 44 75 08 71 (chiuso lunedì)* Carta 22/32 €

◆ Elegante struttura a vocazione congressuale, offre confortevoli interni in elegante stile rustico dove il calore del legno ben si armonizza con i prevalenti toni del giallo. La capiente sala ristorante con travi a vista e arredi lignei propone piatti della tradizione. Ideale per ospitare cerimonie e pranzi di lavoro.

a Montoro Sud-Ovest : 8 km – ✉ 05027

Il Feudo

via del Forno 10 – ✆ 07 44 73 51 68 – info@ristoranteilfeudo.it – Fax 07 44 73 51 68

Rist – Carta 23/32 €

◆ Nel pieno centro storico della città, un locale dal raffinato ambiente rustico: tre salette distribuite su due livelli, dove gustare un'interessante cucina del territorio.

NARZOLE – Cuneo (CN) – 561 I5 – 3 359 ab. – alt. 323 m – ✉ 12068 22 B3

▶ Roma 608 – Torino 68 – Alessandria 88 – Cuneo 44 – Genova 136

Victor 250,

regione Chiabotti 10 Nord-Est : 2 km – ✆ 01 73 77 63 45 – hotelvictor@libero.it – Fax 01 73 77 63 45

35 cam – †45/70 € ††88/120 € – ½ P 57/70 € – **Rist** – Carta 22/37 €

◆ Da quando l'hotel è tornato nelle mani dei proprietari l'aria è cambiata e oggi l'ospitalità è curata e ideale anche per chi viaggia per lavoro. Interni moderni e funzionali. Sala ristorante d'impostazione tradizionale.

NATURNO (NATURNS) – Bolzano / Bozen (BZ) – 562 C15 – 5 138 ab. – alt. 554 m – ✉ 39025 30 B2

▶ Roma 680 – Bolzano 41 – Merano 15 – Milano 341 – Passo di Resia 64 – Trento 101

ℹ via Municipio 1 ✆ 0473 666077, naturns@meranerland.com, Fax 0473 666369

Lindenhof (riscaldata) rist, rist, 25,

via della Chiesa 2 – ✆ 04 73 66 62 42 – info@lindenhof.it – Fax 04 73 66 82 98 – Chiuso febbraio

59 cam – †130/160 € ††180/230 € – 14 suites – ½ P 120/145 € – **Rist** – Carta 33/56 €

◆ Uno splendido giardino con piscina riscaldata, centro benessere e ambienti eleganti, felice connubio di moderno e tradizionale, per regalarvi un soggiorno esclusivo. Sala da pranzo molto luminosa che d'estate si sposta in terrazza.

Feldhof (riscaldata) cam, rist, cam, rist,

via Municipio 4 – ✆ 04 73 66 63 66 – info@feldhof.com – Fax 04 73 66 72 63 – 22 dicembre-8 gennaio e 18 marzo-20 novembre

38 cam – †125/170 € ††200/220 € – 20 suites – ††240/300 € – ½ P 120/155 € – **Rist** – (solo per alloggiati)

◆ Albergo centrale, circondato da un ameno giardino con piscina; interni in stile tirolese, graziose camere e completo centro benessere in cui ritagliarsi momenti di relax.

Sunnwies rist, rist, 30,
via Kleeberg 7 – 04 73 66 71 57 – info@sunnwies.it – Fax 04 73 66 79 41 – 25 marzo-10 novembre
37 cam – 49/82 € 137/164 € – ½ P 77/90 € – **Rist** – (solo per alloggiati)
◆ Immersa in un giardino con laghetto, struttura che offre diversi spazi per il relax e la cura del corpo, lo sport, la lettura e anche per i bambini; spaziose camere classiche.

Funggashof rist, rist,
via al Fossato 1 – 04 73 66 71 61 – info@funggashof.it – Fax 04 73 66 79 30 – marzo-15 novembre
33 cam – solo ½ P 72/78 € – **Rist** – Carta 33/67 €
◆ In posizione panoramica, hotel immerso in un giardino-frutteto con piscina, ideale per gli amanti della quiete; eleganti ambienti "riscaldati" dal sapiente uso del legno. Nella stube tirolese, una cucina leggera e gustosa con prodotti del territorio.

NATURNS = Naturno

NAVA (Colle di) – Imperia (IM) – 561 J5 – alt. 934 m 14 A2

Roma 620 – Imperia 35 – Cuneo 95 – Genova 121 – Milano 244 – San Remo 60

Colle di Nava-Lorenzina rist,
via Nazionale 65 18020 Case di Nava – 01 83 32 50 44 – lorenzina@uno.it – Fax 01 83 32 50 44 – Chiuso dal 15 gennaio a febbraio
37 cam – 38/41 € 58/61 €, 8 € – ½ P 51/53 € – **Rist** – *(chiuso martedì)* Carta 25/35 €
◆ Ambiente informale in una semplice struttura a conduzione familiare ormai generazionale; accoglienti spazi comuni d'ispirazione contemporanea, camere lineari. Due capienti sale da pranzo dove gustare cucina casereccia a base di tipici prodotti di montagna.

NAZSCIAVES (NATZSCHABS) – Bolzano / Bozen (BZ) – 562 B17 – 2 516 ab. – alt. 891 m – 39040 31 C1

Roma 678 – Bolzano 49 – Bressanone 8 – Merano 78
Municipio Sciaves 67 0472 415020, tv-natz-schabs@dnet.it, Fax 0472415122

Mühlwaldhof cam, cam,
località Naz 24 – 04 72 41 52 04 – info@landhotel-muehlwaldhof.com – Fax 04 72 41 50 95 – Chiuso novembre
50 cam – 55/65 € 80/135 € – ½ P 60/66 € – **Rist** – (solo per alloggiati) Carta 25/30 €
◆ Risorsa sorta di recente all'estremità della località, immersa tra le piantagioni di meli, da cui si gode di una bella vista. Gestione cordiale, per una vacanza serena.

NE – Genova (GE) – 561 I10 – 2 459 ab. – alt. 186 m – 16040 15 C2

Roma 473 – Genova 50 – Rapallo 26 – La Spezia 75

La Brinca 20,
località Campo di Ne 58 – 01 85 33 74 80 – labrinca@labrinca.it – Fax 01 85 33 76 39 – Chiuso lunedì e a mezzogiorno (escluso sabato-domenica ed i giorni festivi)
Rist – Carta 34/37 €
◆ Ha il nome dell'antica proprietaria della casa dell'800 che la ospita, l'elegante trattoria con qualificata enoteca; piatti del territorio reinventati in chiave moderna.

Antica Trattoria dei Mosto
piazza dei Mosto 15/1, località Conscenti – 01 85 33 75 02 – trattoriamosto@virgilio.it – Fax 01 85 38 79 42 – Chiuso 10 giorni in giugno, 4 settimane tra gennaio e febbraio, mercoledì e a mezzogiorno in luglio-agosto
Rist – Carta 28/31 €
◆ Tipica risorsa ubicata al primo piano di un edificio in centro paese: già locanda ai primi del '900, è poi divenuta un accogliente locale in cui provare la cucina ligure.

NEBBIUNO – Novara (NO) – **561 E7 – 1 682 ab. – alt. 430 m** – ✉ **28010** 24 **A2**

Roma 650 – Stresa 12 – Milano 84 – Novara 50

Tre Laghi ← lago e monti, rist, 200,

via G. Marconi 3 – ✆ 032 25 80 25 – info@trelaghihotel.it – Fax 032 25 87 03 – Marzo-ottobre

43 cam – 94 € 120/130 € – ½ P 85/97 €

Rist *Terrazza Tre Laghi* – *(chiuso lunedì escluso giugno-settembre)* Carta 25/34 €

◆ A conduzione familiare, la risorsa vanta una piacevole vista su lago e monti, spazi eleganti e luminosi, ideali per un soggiorno di riposo o all'insegna dello sport. A tavola, funghi, selvaggina e pesce d'acqua dolce in un'alternarsi di portate locali ed internazionali riproposte in chiave creativa.

Canton ½

via Cavour 17 – ✆ 03 22 58 98 20 – cantonmezzo@yahoo.it – Fax 03 22 58 93 19 – Chiuso dal 7 al 30 gennaio, una settimana in giugno, una settimana in settembre, martedì da aprile a settembre; anche mercoledì negli altri mesi

Rist – (consigliata la prenotazione) Carta 44/77 €

◆ Un ambiente di moderna eleganza ricavato all'interno di una casa in pietra cinta da giardino e con un gradevole dehors propone una cucina rivisitata.

NEGRAR – Verona (VR) – **562 F14 – 16 564 ab. – alt. 190 m** – ✉ **37024** 37 **A2**

Roma 517 – Verona 12 – Brescia 72 – Milano 160 – Trento 94

Relais La Magioca senza rist 35,

località Moron 3, Sud : 3 km – ✆ 04 56 00 01 67 – info@magioca.it – Fax 04 56 00 08 40

6 cam – 175/250 € 200/300 €

◆ In un piccolo parco-giardino con chiesetta originaria del XIII secolo, un antico casale in elegante stile rustico per un soggiorno romantico, in ambienti ricchi di fascino.

NEIVE – Cuneo (CN) – **561 H6 – 2 967 ab. – alt. 308 m** – ✉ **12052** 25 **C2**

Roma 643 – Genova 125 – Torino 70 – Asti 31 – Cuneo 96 – Milano 155

La Luna nel Pozzo 25,

piazza Italia – ✆ 017 36 70 98 – ristorante@lalunanelpozzo-neive.it – Fax 017 36 70 98 – Chiuso dal 27 dicembre al 5 gennaio, dal 15 giugno al 15 luglio, martedì sera e mercoledì

Rist – Carta 39/50 €

◆ Nel cuore del paese un locale classico a valida conduzione familiare: una sobria saletta di taglio rustico, con pavimento in cotto, dove gustare piatti delle Langhe.

La Contea con cam

piazza Cocito 8 – ✆ 017 36 71 26 – lacontea@la-contea.it – Fax 017 36 73 67 – Chiuso dal 24 al 30 dicembre e dal 31 gennaio al 15 marzo

22 cam – 55/70 € 72/90 € – – **Rist** – *(chiuso domenica sera e lunedì escluso settembre, ottobre e novembre)* Carta 37/51 €

◆ Cucina piemontese rivisitata in chiave moderna in un ristorante di tono signorile, con camere tutte diverse tra loro, sito in un antico palazzo in pieno centro storico.

NEMI – Roma (RM) – **563 Q20 – 1 892 ab. – alt. 521 m** – ✉ **00040** *Roma* 13 **C2**

Roma 33 – Anzio 39 – Frosinone 72 – Latina 41

Diana Park Hotel 250,

via Nemorense 44, Sud : 3 km – ✆ 069 36 40 41 – info@hoteldiana.com – Fax 069 36 40 63

28 cam – 70/135 € 100/165 € – ½ P 103/108 € – **Rist** – *(chiuso novembre)* Carta 35/52 €

◆ In posizione tranquilla e panoramica sul lago di Nemi, albergo recente, di tono classico e di discreta eleganza, ideale per chi vuole visitare la zona dei castelli. Servizio ristorante estivo in terrazza con splendida vista del bacino lacustre e dei dintorni.

NEPI – Viterbo (VT) – 563 P19 – 8 204 ab. – alt. 225 m 12 **B1**

Roma 55 – Viterbo 47 – Guidonia 66 – Perugia 134 – Terni 64

XX **Casa Tuscia** 10/25, VISA MC AE

via di Porta Romana – 07 61 55 50 70 – info@ristorantecasatuscia.it – Chiuso lunedì

Rist – Carta 33/56 €

◆ Una passeggiata archeologica tra porte romane, mura e castello rinascimentali: nell'ex mattatoio novecentesco una sorprendente cucina nazionale rivisitata con fantasia.

NERANO – Napoli – Vedere Massa Lubrense

NERVESA DELLA BATTAGLIA – Treviso (TV) – 562 E18 – 6 823 ab. – alt. 78 m – ✉ 31040 36 **C2**

Roma 568 – Belluno 68 – Milano 307 – Treviso 20 – Udine 95 – Venezia 51 – Vicenza 65

XX **Da Roberto Miron** 18, VISA MC AE

piazza Sant'Andrea 26 – 04 22 88 51 85 – info@ristorantemiron.com – Fax 04 22 88 51 65 – Chiuso dal 1° al 15 gennaio, dal 15 al 31 luglio, domenica sera e lunedì

Rist – Carta 31/45 €

◆ Locale classico gestito dal 1935 dalla stessa famiglia, dove provare le specialità ai funghi. Carta dei vini con numerose proposte francesi e distillati di ogni tipo.

XX **La Panoramica** 16/22, P VISA MC AE

strada Panoramica Nord-Ovest : 1 km – 04 22 88 51 70 – info@ristorantelapanoramica.com – Fax 04 22 88 52 74 – Chiuso dal 10 gennaio al 2 febbraio, dal 25 luglio al 3 agosto, lunedì e martedì

Rist – Carta 25/36 €

◆ Il nome non mente: davvero bella posizione panoramica per questo ristorante in una casa colonica in mezzo alla campagna e ai vigneti; ameno servizio estivo all'aperto.

X **Al Masero** 8/12, VISA MC AE

via San Girolamo 6, frazione Bavaria – 04 22 77 50 37 – Fax 04 22 77 54 12 – Chiuso febbraio, martedì e in agosto anche lunedì

Rist – Carta 27/48 €

◆ In cucina uno chef reduce da lunghe e valide esperienze all'estero, in sala un ambiente semplice e curato, nei piatti la cucina creativa con serate settimanali giapponesi.

NERVI – Genova (GE) – 561 I9 – ✉ 16167 – **NERVI** *Italia* 15 **C2**

Roma 495 – Genova 11 – Milano 147 – Savona 58 – La Spezia 97

Villa Pagoda 250, P VISA MC AE

via Capolungo 15 – 01 03 72 61 61 – info@villapagoda.it – Fax 010 32 12 18

13 cam – †124/195 € ††145/255 €, 15 € – 4 suites – ½ P 103/168 €

Rist *Il Roseto* – 010 32 32 00 – Carta 35/59 €

◆ Vacanze esclusive in una panoramica villa ottocentesca, circondata da un piccolo parco ombreggiato; grande raffinatezza negli interni signorili dall'atmosfera romantica. Arioso ristorante dove il tempo sembra essersi fermato in un momento di dolce serenità.

Astor 100, P VISA MC AE

viale delle Palme 16 – 010 32 90 11 – astor@astorhotel.it – Fax 01 03 72 84 86

55 cam – †155 € ††200 € – **Rist** – Carta 42/61 €

◆ Hotel immerso in un piccolo parco secolare, con eleganti interni di taglio moderno, ideale per una clientela d'affari, ma anche per gli amanti di un soggiorno rilassante. Servizio ristorante estivo sulla fresca veranda.

Esperia rist, 35, P VISA MC AE

via Val Cismon 1 – 01 03 72 60 71 – info@hotelesperia.it – Fax 01 03 29 10 06

27 cam – †80/95 € ††90/125 € – ½ P 75/90 € – **Rist** – *(chiuso dal 15 ottobre al 15 novembre)* (solo per alloggiati) Menu 20/25 €

◆ Albergo fine anni '50, completamente ristrutturato in chiave moderna nel corso degli ultimi anni: funzionali interni d'ispirazione contemporanea, camere lineari.

NERVIANO – Milano (MI) – 561 F8 – 17 291 ab. – alt. 175 m – ✉ 20014 18 A2

Roma 600 – Milano 25 – Como 45 – Novara 34 – Pavia 57

Antica Locanda del Villoresi
rist,

strada statale Sempione 4 – ✆ 03 31 55 94 50 – info@locandavilloresi.it – Fax 03 31 49 19 06 – Chiuso agosto

16 cam – †65/95 € ††85/130 € – **Rist** – *(chiuso sabato a mezzogiorno e lunedì)* Carta 36/47 €

◆ Vecchia cascina completamente rinnovata, lungo la strada del Sempione; curati spazi interni d'impronta moderna, lineari e confortevoli, camere accoglienti e sobrie. Arioso ristorante arredato in modo gradevole.

La Guardia
10,

via 20 Settembre 73 angolo statale Sempione – ✆ 03 31 58 76 15 – info@ristorantelaguardia.it – Fax 03 31 58 02 60 – Chiuso dal 1° al 10 gennaio e dal 7 al 28 agosto

Rist – Carta 35/48 €

◆ Lungo la statale del Sempione, isolato dal traffico, un villino indipendente, arredato in stile rustico-elegante e ingentilito da una bella veranda con spioventi di legno.

NETTUNO – Roma (RM) – 563 R19 – 39 434 ab. – ✉ 00048 *Italia* 13 C3

Roma 55 – Anzio 3 – Frosinone 78 – Latina 22

18, ✆ 06 981 94 19.

Marocca

via della Liberazione – ✆ 069 85 42 41 – hotelmarocca.it@hotelmarocca.it – Fax 069 85 42 41 – Chiuso 24-26 dicembre

38 cam – †80/100 € ††100/120 €, 15 € – ½ P 100/120 € – **Rist** – Carta 19/28 €

◆ Bianca struttura di stile contemporaneo in prossimità della spiaggia. Gli spazi interni sono funzionali, le camere ampie e luminose con arredi semplici, ma confortevoli. Panoramiche vetrate da cui si gode una bella vista sul mare nella sala da pranzo.

NETTUNO (Grotta di) – Sassari – 566 F6 – Vedere Sardegna alla fine dell'elenco alfabetico

NEUMARKT = Egna

NEUSTIFT = Novacella

NEVEGAL – Belluno (BL) – 562 D18 – alt. 1 000 m – Sport invernali : *1 000/1 680 m* 6, – ✉ 32100 – Belluno 36 C2

Roma 616 – Belluno 13 – Cortina d'Ampezzo 78 – Milano 355 – Trento 124 – Treviso 76 – Udine 116 – Venezia 105

Olivier
cam, 200,

– ✆ 04 37 90 81 65 – olivier@dolomiti.it – Fax 04 37 90 81 62 – Dicembre-15 aprile e giugno-settembre

54 cam – †80 € ††100 € – **Rist** – Menu 20/50 €

◆ Fuori dal centro, albergo immerso nel verde, in posizione strategica, vicino agli impianti di risalita, dotato di confortevoli spazi comuni e campo da calcio. Ariosa sala ristorante.

NEVIANO DEGLI ARDUINI – Parma (PR) – 561 I12 – 3 747 ab. – alt. 500 m – ✉ 43024 8 B2

Roma 463 – Parma 32 – Modena 65 – Reggio nell'Emilia 35

Trattoria Mazzini
14,

via Ferrari 84 – ✆ 05 21 84 31 02 – roberto.bonati@tele2.it – Chiuso ottobre e giovedì

Rist – Carta 24/35 €

◆ Simpatico e originale ristorantino con una saletta molto accogliente e personalizzata, con composizioni di fiori secchi e ceramiche alle pareti; gustosi piatti parmigiani.

NICASTRO – Catanzaro – 564 K30 – Vedere Lamezia Terme

NICOLOSI – Catania – 565 O27 – Vedere Sicilia alla fine dell'elenco alfabetico

NICOSIA – Enna – 565 N25 – Vedere Sicilia alla fine dell'elenco alfabetico

NIEDERDORF = Villabassa

NIEVOLE – Pistoia – Vedere Montecatini Terme

NIZZA MONFERRATO – Asti (AT) – 561 H7 – 9 950 ab. – alt. 138 m – ✉ 14049 25 D2

Roma 604 – Alessandria 32 – Asti 28 – Genova 106 – Torino 82

Doc senza rist
via Tripoli 25 – ✆ 01 41 72 76 00 – scarsi@inwind.it – Fax 01 41 72 76 12
12 cam – ††90/100 €
◆ Si svolge tutto al primo piano di un palazzo centrale: interni di taglio moderno, semplice e funzionale, camere eterogenee nello stile dell'arredamento.

Agriturismo Tenuta la Romana senza rist
strada Canelli 53, Sud : 2 km – ✆ 01 41 72 75 21 – info@tenutalaromana.it – Fax 01 41 70 24 69 – Chiuso dall'8 gennaio al 13 febbraio
250, VISA
21 cam – †80/100 € ††120/140 € – 4 suites
◆ Una breve strada in salita è sufficiente per abbandonare la zona industriale di Nizza e raggiungere un panoramico edificio settecentesco in collina. Camere spaziose.

NOALE – Venezia (VE) – 562 F18 – 15 135 ab. – alt. 18 m – ✉ 30033 36 C2

Roma 522 – Padova 25 – Treviso 22 – Venezia 20

Due Torri Tempesta
cam, 150, VISA
via dei Novale 59 – ✆ 04 15 80 07 50 – hotelduetorritemp@tiscalinet.it – Fax 04 15 80 11 00 – Chiuso dal 1° al 9 gennaio e dal 12 al 20 agosto
40 cam – †64/74 € ††70/103 € – ½ P 68/74 € – **Rist** – *(chiuso domenica e a mezzogiorno)* Carta 24/30 €
◆ Originale design d'impronta contemporanea in un hotel ampliato da poco; piacevole connubio di passato e presente nell'indovinato abbinamento del legno a insolite geometrie. Una sorta di curiosa "ossatura" centrale in legno curvato domina la sala da pranzo.

NOBIALLO – Como – 561 D9 – Vedere Menaggio

NOCCHI – Lucca – 563 K13 – Vedere Camaiore

NOCERA SUPERIORE – Salerno (SA) – 564 E26 – 23 924 ab. – alt. 55 m – ✉ 84015 6 B2

Roma 246 – Napoli 43 – Avellino 36 – Salerno 15

La Fratanza
VISA
via Garibaldi 9 – ✆ 08 19 36 83 45 – lafratanza@libero.it – Chiuso Natale, Ferragosto, sabato a mezzogiorno, domenica sera e lunedì
Rist – Carta 20/33 €
◆ Locale a gestione familiare, ubicato in una zona tranquilla fuori dal centro. L'esterno è circondato dal giardino, all'interno una sala di tono rustico con arredi curati.

Luna Galante
VISA
via Santa Croce 13 – ✆ 08 15 17 60 65 – info@principelorenzo.com – Fax 08 15 17 60 65 – Chiuso Natale, Capodanno, dall' 8 al 23 gennaio e martedì
Rist – Carta 22/38 €
◆ Al confine con Nocera Inferiore, in posizione tranquilla, ristorante dalla motivata gestione familiare. Proposte del territorio, arricchite da fantasia e ottime materie prime.

NOCERA TERINESE – Catanzaro (CZ) – 564 J30 – **4 741 ab.** – **alt. 485 m** – ✉ 88047 5 **A2**

Roma 560 – Cosenza 47 – Catanzaro 59 – Reggio di Calabria 152

verso Falerna Sud : 5 km

Agriturismo Vota

contrada Vota 3 ✉ 88047 Nocera Terinese – ✆ 096 89 15 17 – vota@agrivota.it – Fax 096 89 15 17

8 cam – 40 € 66 €, 3 € – ½ P 46/55 € – **Rist** – Menu 18/25 €

◆ Nella dolce quiete degli uliveti, una risorsa agrituristica dotata di terrazza-giardino con piscina e vista mare e dintorni; piacevoli interni e camere accoglienti. I prodotti dell'azienda per le vostre pause gastronomiche al ristorante.

NOCI – Bari (BA) – 564 E33 – **19 489 ab.** – **alt. 424 m** – ✉ **70015** 27 **C2**

Roma 497 – Bari 49 – Brindisi 79 – Matera 57 – Taranto 47

piazza Plebiscito 43 ✆ 080 4978889

Abate Masseria

cam, VISA AE

strada provinciale per Massafra km 0,300, Sud-Est: 1 km – ✆ 08 04 97 82 88 – info@abatemasseria.it – Fax 08 04 97 80 23 – Chiuso gennaio e febbraio

8 cam – 79/121 € 124/198 € – ½ P 104/124 €

Rist *Il Briale* – Carta 32/44 €

◆ Tipica masseria poco fuori dal centro, dotata di camere confortevoli ricavate nelle antiche stalle o nei caratteristici trulli. Un magnifico prato verde avvolge ogni cosa. Ristorante di tono moderno anche nelle proposte di carne e pesce.

Cavaliere

50, VISA AE

via Tommaso Siciliani 47 – ✆ 08 04 97 75 89 – info@hotelcavaliere.it – Fax 08 04 94 90 25

33 cam – 65/75 € 90/100 € – ½ P 63/68 € – **Rist** – *(chiuso domenica sera)* Carta 30/40 €

◆ Una completa ristrutturazione ha riconsegnato un albergo accogliente, con stanze eleganti dalle linee classiche e una bella terrazza per piacevoli serate o per il relax. Due ampie sale da pranzo, molto luminose.

Agriturismo Le Casedde

strada statale 604 Ovest : 2,5 km – ✆ 08 04 97 89 46 – info@lecasedde.com – Fax 08 04 97 89 46

8 cam – 56 € 68 € – ½ P 54 € – **Rist** – (prenotazione obbligatoria) Menu 21/23 €

◆ All'interno di caratteristici trulli, una risorsa agrituristica semplice nelle strutture, ma con piacevoli interni d'ispirazione contemporanea, curati e accoglienti. Piatti preparati con prodotti locali, nella sala ristorante con camino centrale.

L'Antica Locanda

18, VISA AE

via Spirito Santo 49 – ✆ 08 04 97 24 60 – Chiuso domenica sera e martedì

Rist – Carta 25/35 €

◆ Nel centro storico, trattoria con tre ambienti comunicanti ricavati nelle vecchie cantine: pareti in pietra, quadri, ambiente accogliente; proposte culinarie tipiche pugliesi.

a Montedoro Sud-Est : 3 km – ✉ 70015 – Noci

Il Falco Pellegrino

VISA AE

– ✆ 08 04 97 43 04 – falcogest@inwind.it – Fax 08 04 97 43 04 – Chiuso lunedì

Rist – Carta 24/34 €

◆ Ristorante all'interno di una bella villetta nel cuore della campagna, propone specialità di pesce e proposte di cucina locale; invitante servizio estivo in giardino.

Prima distinzione: la stella ✿.
Assegnata ai ristoranti per i quali si percorre volentieri qualche chilometro in più!

NOLA – Napoli (NA) – 564 E25 – 33 005 ab. – alt. 40 m – ✉ 80035 6 B2

Roma 217 – Napoli 33 – Benevento 55 – Caserta 34 – Salerno 56

in prossimità casello autostrada A 30

Ferrari cam, 300,

via Nazionale 349, località San Vitaliano Ovest : 1,5 km – ✆ 08 15 19 80 83 – info@hotelferrari.it – Fax 08 15 19 70 21

102 cam – 100/175 € 125/195 € – ½ P 120 € – **Rist** – *(chiuso dal 13 al 19 agosto)* Carta 33/49 €

◆ Hotel moderno a vocazione soprattutto congressuale, in comoda posizione, non lontano dal casello autostradale di Nola; piacevoli ambienti interni e camere confortevoli. Nella spaziosa e raffinata sala ristorante, i piatti tipici della cucina locale e mediterranea.

Dei Platani cam, 100,

via Nazionale delle Puglie km 50,300 – ✆ 08 15 12 25 22 – info@hoteldeiplatani.it – Fax 08 15 12 25 22

50 cam – 66/89 € 96/116 € – **Rist** – Carta 20/28 €

◆ Ideale per una clientela di lavoro questa struttura di taglio lineare, a conduzione familiare: ambienti comuni luminosi e spaziose camere essenziali; capiente sala riunioni.

NOLI – Savona (SV) – 561 J7 – 2 893 ab. – ✉ 17026 *Italia* 14 B2

Roma 563 – Genova 64 – Imperia 61 – Milano 187 – Savona 18

corso Italia 8 ✆ 019 7499003, noli@inforiviera.it, Fax 019 7499300

Miramare rist,

corso Italia 2 – ✆ 019 74 89 26 – hotelmiramarenoli@libero.it – Fax 019 74 89 27 – Chiuso novembre

28 cam – 100 € – ½ P 72/82 € – **Rist** – Carta 24/45 €

◆ In un edificio storico del 1500, abbellito da un rigoglioso giardino e situato a pochi passi dal mare, un hotel con interni d'ispirazione contemporanea e camere spaziose. Proposte culinarie della tradizione nell'ampia sala da pranzo.

Residenza Palazzo Vescovile Noli e mare, cam,

via al Vescovado 13 – ✆ 01 97 49 90 59 – info@vescovado.net – Fax 01 97 49 90 59 – Chiuso dal 15 ottobre al 15 dicembre

11 cam – 90/120 € 90/160 € – ½ P 105/150 € – **Rist** – *(chiuso martedì e a mezzogiorno da mercoledì a giovedì)* Carta 42/68 €

◆ Una suggestiva e indimenticabile vacanza nell'antico Palazzo Vescovile, in ambienti ricchi di fascino, alcuni impreziositi da affreschi e con splendidi arredi d'epoca.

Nazionale

corso Italia 37 – ✆ 019 74 88 87 – Chiuso dal 3 novembre al 22 dicembre e lunedì

Rist – Carta 37/52 €

◆ Lungo la statale, all'estremità della località, locale di lunga tradizione familiare "vecchia maniera". Preparazioni semplici, sapori netti, porzioni abbondanti.

Ines con cam

via Vignolo 1 – ✆ 01 97 48 54 28 – inesde03@nolisavona.191.it – Fax 019 74 80 86

16 cam – 45 € 70 € – ½ P 56 € – **Rist** – *(chiuso lunedì)* Carta 35/45 €

◆ Nel cuore della località, di fianco alla cattedrale di S. Pietro, tranquillo ristorante con camere semplici, ma tenute in modo impeccabile. La cucina propone il mare.

a Voze Nord-Ovest : 4 km – ✉ 17026 – Noli

Lilliput

regione Zuglieno 49 – ✆ 019 74 80 09 – Fax 019 74 80 09 – Chiuso dall'8 al 26 gennaio, dal 5 novembre al 30 novembre, lunedì e a mezzogiorno (escluso sabato, domenica e i giorni festivi)

Rist – Carta 39/53 €

◆ In una piacevole casa circondata da un giardino ombreggiato con minigolf, un locale dall'ambiente curato che propone piatti di mare; servizio estivo in terrazza.

NONANTOLA – Modena (MO) – 562 H15 – 13 287 ab. – alt. 24 m – ✉ 41015
Italia — 9 **C3**

Roma 415 – Bologna 34 – Ferrara 62 – Mantova 77 – Milano 180 – Modena 10 – Verona 111

Sculture romaniche★ nell'abbazia

Osteria di Rubbiara
12/18, VISA

via Risaia 2/4, località Rubbiara Sud : 5 km – ☎ 059 54 90 19 – Fax 059 54 85 20 – Chiuso dal 20 dicembre al 10 gennaio, agosto, martedì e la sera (escluso venerdì-sabato) – **Rist** – Carta 15/31 €

◆ In aperta campagna, osteria pluricentenaria dall'ambiente tipico, con sala in stile rustico; annessa azienda agricola visitabile, che produce vino e aceto balsamico.

NORCIA – Perugia (PG) – 563 N21 – 4 950 ab. – alt. 604 m – ✉ 06046 — 33 **D2**

Roma 157 – Ascoli Piceno 56 – L'Aquila 119 – Perugia 99 – Spoleto 48 – Terni 68

Salicone senza rist
1200, VISA AE

viale Umbria – ☎ 07 43 82 80 76 – info@bianconi.com – Fax 07 43 82 80 81

71 cam – †65/115 € ††73/200 €

◆ Alle porte della cittadina, nei pressi del centro sportivo, albergo moderno di recente realizzazione dotato di ogni confort, con ambienti d'ispirazione contemporanea.

Grotta Azzurra
150, VISA AE

via Alfieri 12 – ☎ 07 43 81 65 13 – info@bianconi.com – Fax 07 43 81 73 42

45 cam – †53/100 € ††65/150 € – 4 suites – ½ P 55/100 €

Rist ***Granaro del Monte*** – Carta 20/50 €

◆ Semplice alberghetto in pieno centro storico, in un edificio d'epoca, dove è stata ricreata l'atmosfera del tempo passato con arredi in stile antico; camere funzionali. Nelle sale del ristorante oggetti, dipinti, decorazioni ricordano un tempo ormai lontano.

Agriturismo Casale nel Parco dei Monti Sibillini
VISA

Località Fontevena 8, Nord : 1,5 km – ☎ 07 43 81 64 81 – agriumbria@casalenelparco.com – Fax 07 43 81 64 81 – Chiuso dal 10 gennaio al 10 febbraio

15 cam – †70/80 € ††80/90 € – ½ P 60/70 € – **Rist** – Carta 24/38 €

◆ Si respira l'aria della campagna in questo casale immerso nella quiete a solo un chilometro da Norcia; accoglienti ambienti in stile rustico, spazi esterni godibili, piscina. Travi a vista, bottiglie esposte alle pareti, tocchi di colore e piatti preparati con prodotti biologici.

Taverna de' Massari
12, VISA AE

via Roma 13 – ☎ 07 43 81 62 18 – info@tavernademassari.com – Fax 07 43 81 62 18 – Chiuso martedì escluso da luglio a settembre

Rist – Carta 21/48 €

◆ Taverna nel cuore della località: una piccola saletta con tre tavoli, da cui si accede alla sala principale, con soffitti ad arco e affreschi; piatti della tradizione.

Dal Francese
VISA AE

via Riguardati 16 – ☎ 07 43 81 62 90 – Fax 07 43 81 62 90

Rist – Carta 25/52 €

◆ A lato del Duomo, una trattoria che è la roccaforte del tartufo, ingrediente base dei piatti proposti agli avventori, nella sala lunga e stretta, arredata semplicemente.

NOSADELLO – Cremona – Vedere Pandino

NOTARESCO – Teramo (TE) – 563 O23 – 6 826 ab. – alt. 250 m – ✉ 64024 — 1 **B1**

Roma 180 – Ascoli Piceno 59 – Chieti 55 – Pescara 42 – Teramo 22

sulla strada statale 150 Sud : 5 km :

3 Archi
VISA AE

via Antica Salara 25 ✉ 64020 – ☎ 085 89 81 40 – info@trearchi.net – Fax 085 89 81 40 – Chiuso novembre, martedì sera e mercoledì

Rist – Carta 25/35 €

◆ Posto caldo e accogliente, con grande disimpegno piacevolmente arredato sul rustico; due sale con spazio per la cottura di carni alla griglia, a vista; piatti abruzzesi.

NOTO – Siracusa – 565 Q27 – Vedere Sicilia alla fine dell'elenco alfabetico

NOVACELLA (NEUSTIFT) – Bolzano / Bozen (BZ) – 562 B16 – alt. 590 m – Sport invernali : *La Plose-Plancios : 1 503/2 500 m 1 9 (Comprensorio Dolomiti superski Val d'Isarco)* – ✉ 39040 *Italia* 31 **C1**

Roma 685 – Bolzano 44 – Brennero 46 – Cortina d'Ampezzo 112 – Milano 339 – Trento 103

Abbazia★★

Pacherhof cam, rist, VISA
località Varna – 04 72 83 57 17 – info@pacherhof.com – Fax 04 72 80 11 65 – Chiuso dal 16 gennaio al 19 marzo
22 cam – 64/92 € 116/168 € – 6 suites – ½ P 59/92 € – **Rist** – (solo per alloggiati)
◆ Splendidamente incorniciata dai vigneti dei bianchi dell'Alto Adige, questa bella casa in stile garantisce piacevoli soggiorni conditi con una sana eleganza agreste. Cucina servita in tre caratteristiche stube antiche.

Pacher VISA
via Pusteria 6 – 04 72 83 65 70 – info@hotel-pacher.com – Fax 04 72 83 47 17 – Chiuso dal 6 al 25 novembre
44 cam – 46/56 € 82/106 € – ½ P 58/68 € – **Rist** – *(chiuso lunedì)* Carta 24/40 €
◆ Sarà piacevole soggiornare in questa struttura circondata dal verde, con gradevoli interni in moderno stile tirolese e ariose camere. Ampia sala da pranzo completamente rivestita in legno; servizio ristorante estivo in giardino.

Ponte-Brückenwirt (riscaldata) rist, cam, VISA
via Abbazia 2 – 04 72 83 66 92 – brueckenwirt@tin.it – Fax 04 72 83 75 87 – Chiuso febbraio
12 cam – 41/45 € 82/90 € – ½ P 51/56 € – **Rist** – *(chiuso mercoledì)* Carta 23/28 €
◆ A pochi passi dalla famosa abbazia, hotel immerso in un piccolo parco con piscina riscaldata: accoglienti spazi comuni arredati in stile locale, belle camere mansardate. Grande e luminosa sala ristorante, servizio all'aperto nella bella stagione.

NOVAFELTRIA – Pesaro e Urbino (PU) – 563 K18 – 6 918 ab. – alt. 293 m – ✉ 61015 20 **A1**

Roma 315 – Rimini 32 – Perugia 129 – Pesaro 83 – Ravenna 73

Due Lanterne con cam VISA AE
frazione Torricella 215, Sud : 2 km – 05 41 92 02 00 – Fax 05 41 92 02 00 – Chiuso dal 23 al 31 dicembre
12 cam – 35 € 55 € – ½ P 45 € – **Rist** – *(chiuso lunedì)* Carta 21/30 €
◆ Capace gestione familiare in una struttura ben tenuta, situata poco fuori dalla località; sala con arredi semplici, ma curati e presentazione di piatti piemontesi.

Del Turista-da Marchesi con cam AC cam, VISA
località Cà Gianessi 7, Ovest : 4 km – 05 41 92 01 48 – Fax 05 41 92 63 27 – Chiuso dal 15 al 30 giugno
7 cam – 31 € 41 € – ½ P 31 € – **Rist** – *(chiuso martedì)* Carta 18/30 €
◆ Proposte di casereccia cucina del territorio, con paste fatte in casa, in una trattoria familiare con camere dignitose e un gradevole ambiente di tono rustico.

NOVA LEVANTE (WELSCHNOFEN) – Bolzano / Bozen (BZ) – 562 C16 – 1 858 ab. – alt. 1 182 m – Sport invernali : *1 182/2 350 m 11 (Vedere anche Carezza al Lago e passo di Costalunga)* – ✉ 39056 *Italia* 31 **D3**

Roma 665 – Bolzano 19 – Cortina d'Ampezzo 89 – Milano 324 – Trento 85

via Carezza 21 0471 613126, info@welschnofen.com, Fax 0471 613360

Carezza, Sud-Est : 8 km, 0471 61 22 00.

Lago di Carezza★★★ Sud-Est : 5,5 km

Engel

via San Valentino 3 – 04 71 61 31 31 – resort@hotel-engel.com – Fax 04 71 61 34 04 – Chiuso dal 12 aprile al 14 maggio

71 cam – 150/160 € 170/230 € – 4 suites – ½ P 95/125 € – **Rist** – Carta 20/40 €

♦ Hotel completamente ristrutturato, offre servizi completi ed un centro benessere tra i più belli della zona. Belle camere, spaziose e signorili. Al ristorante vanno in tavola le specialità locali.

Posta-Cavallino Bianco

via Carezza 30 – 04 71 61 31 13 – posthotel@postcavallino.com – Fax 04 71 61 33 90 – 7 dicembre-10 aprile e 1° giugno-4 novembre

45 cam – 230/270 € – ½ P 140/175 € – **Rist** – Carta 27/46 €

♦ Hotel di antica tradizione, gestito dalla stessa famiglia dal 1875: vetri panoramici e calda atmosfera nelle eleganti zone comuni; camere accoglienti, ottimo centro benessere. Ampio ristorante con pavimenti in parquet.

Panorama senza rist

via Pretzenberg 13 – 04 71 61 32 32 – info@panorama-plank.com – Fax 04 71 61 34 80 – Giugno-24 ottobre

15 cam – 45/50 € 80/90 €

♦ In un'oasi di pace da cui si gode una bella vista, albergo familiare con interni classici e luminosi; camere semplici, ordine e pulizia completeranno il vostro soggiorno.

NOVA PONENTE (DEUTSCHNOFEN) – Bolzano / Bozen (BZ) – 562 C16 – 3 629 ab. – alt. 1 357 m – Sport invernali : *a Obereggen : 1 512/2 500 m 1 7 (Comprensorio Dolomiti superskiVal di Fassa-Obereggen)* – 39050 31 D3

Roma 670 – Bolzano 25 – Milano 323 – Trento 84

via Castello Thurm 1 0471 616567, info@eggental.com, Fax 0471 616727

Petersberg, Ovest : 8 km, 0471 615 12.

Pfösl

Dolomiti, cam, rist,

via rio Nero 2, Est : 1,5 km – 04 71 61 65 37 – info@pfosl.it – Fax 04 71 61 67 60 – 15 dicembre-20 aprile e 15 maggio-ottobre

31 cam – 74/102 € 118/184 € – ½ P 87/120 € – **Rist** – *(chiuso martedì)* Carta 24/42 €

♦ Grande casa in stile montano ristrutturata con gusto moderno, in mezzo al verde, con incantevole veduta delle Dolomiti; camere rinnovate di recente, bel centro relax. Per soddisfare l'appetito si può optare per la sala con vista sulla valle o per la stube.

Stella-Stern

rist,

Centro 18 – 04 71 61 65 18 – infi@hotel-stern.it – Fax 04 71 61 67 66 – Chiuso novembre

26 cam – 45/65 € 80/100 € – ½ P 60/75 € – **Rist** – *(chiuso martedì)* Carta 20/40 €

♦ Nella piazza in centro al paese, albergo di tradizione a gestione diretta: parquet e soffitto in legno nel soggiorno d'impronta moderna, camere non recentissime ma funzionali. Presso l'elegante ristorante, un'ottima cucina italiana e tirolese.

a Monte San Pietro (Petersberg)Ovest : 8 km – alt. 1 389 m – 39040

Peter

Centro 24 – 04 71 61 51 43 – hotel.peter@rolmail.net – Fax 04 71 61 52 46 – Chiuso dal 10 al 30 aprile e dal 2 novembre al 20 dicembre

31 cam – 70/80 € 140/160 € – 3 suites – ½ P 85/100 € – **Rist** – *(chiuso lunedì escluso dal 15 luglio al 20 agosto)* Carta 29/49 €

♦ Tipico albergo tirolese in una graziosa struttura immersa nel verde e nella tranquillità; romantici spazi interni, camere confortevoli, luminosa zona fitness. Soffitto in legno a cassettoni nella sala da pranzo.

Il rosso è il colore di chi sa distinguersi; i nostri punti di riferimento!

NOVARA Ⓟ (NO) – 561 F7 – 102 260 ab. – alt. 159 m – ✉ 28100 ▮ *Italia* 23 **C2**

▶ Roma 625 – Stresa 56 – Alessandria 78 – Milano 51 – Torino 95

ℹ Baluardo Quintino Sella 40 ✆ 0321 394059, novaratl@tin.it, Fax 0321631063

⛳ Bellinzago Novarese, località Castello di Cavagliano, ✆ 0321 92 78 34.

👁 Basilica di San Gaudenzio★ AB : cupola★★ – Pavimento★ del Duomo AB

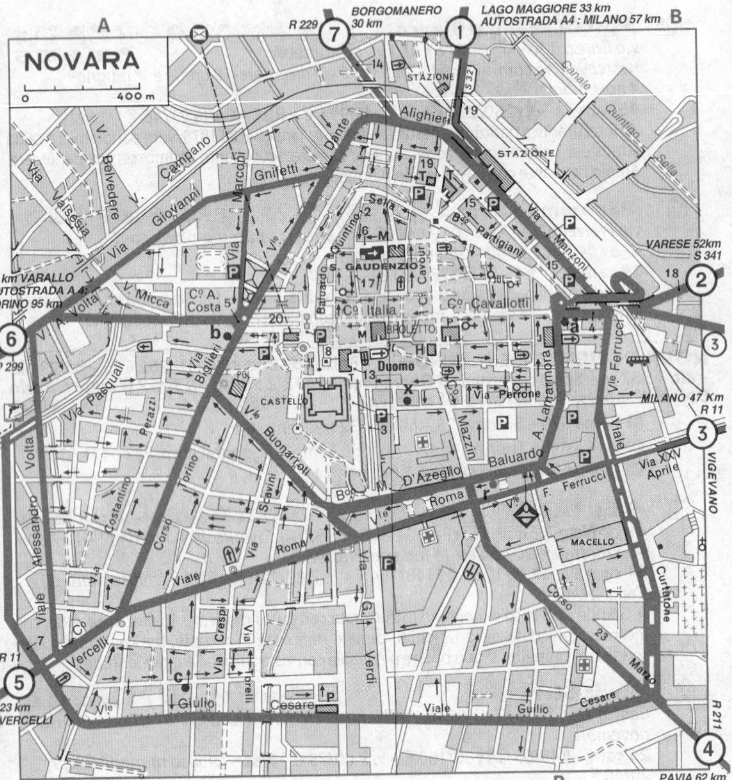

NOVARA

0 — 400 m

La Bussola

[icons] 250, [card icons]

via Boggiani 54 – ✆ 03 21 45 08 10 – bussola@labussolanovara.it – Fax 03 21 45 27 86 A c

95 cam ☕ – 🛉125/145 € 🛉🛉140/180 € – 2 suites – ½ P 70/90 €

Rist *Al Vecchio Pendolo* – *(chiuso agosto e domenica sera)* Carta 30/48 €

◆ Struttura che, sotto una nuova gestione, ha subito una prodigiosa serie di rinnovi e migliorie. Obiettivi ambiziosi a cominciare dalle camere, sia standard che superior. Curato ristorante di tono elegante.

Italia

via Paolo Solaroli 8/10 – 03 21 39 93 16 – italia@panciolihotels.it – Fax 03 21 39 93 10 B x

62 cam – 130 € 180 € – **Rist** ***La Famiglia*** – Carta 21/54 €

◆ Ambiente signorile in una costruzione di taglio moderno, dotata di un'accessoriata area convegni, articolata in più sale; hall e zone comuni spaziose, camere accoglienti. Al ristorante, elegante sala per cene rilassanti.

Europa senza rist

corso Cavallotti 38/a – 032 13 58 01 – hoteleuropanovara@tin.it – Fax 03 21 62 99 33 – Chiuso dal 22 dicembre al 6 gennaio B a

65 cam – 88/95 € 108/125 €

◆ Adatto all'uomo d'affari, hotel di recente ristrutturazione ubicato in centro: hall spaziosa e signorile, capiente salone congressi, camere confortevoli.

Croce di Malta senza rist 25,

via Biglieri 2/a – 032 13 20 32 – Fax 03 21 62 34 75 – Chiuso agosto A b

20 cam – 65/72 € 100/120 €

◆ In posizione centrale, albergo di recente realizzazione vocato a una clientela di lavoro: sobri interni di moderna ispirazione, saletta per riunioni e camere spaziose.

Tantris (Grassi)

corso Risorgimento 384, località Vignale Nord : 3 km – 03 21 65 73 43 – tantris.ristorante@libero.it – Fax 03 21 65 73 43 – Chiuso dal 1° al 10 gennaio, 3 settimane in agosto, domenica sera e lunedì

Rist – Carta 52/71 €

Spec. Tartara di pesce bianco e gamberi, panna acida, fragole al forno e pane di pomodoro (estate-autunno). Tagliolini con ragù di manzo, pecorino e limone, pesto leggero. Pesci e crostacei, spaghetti di riso, zuppa liquida e molluschi.

◆ Piatti semplici e sofisticati allo stesso tempo, ogni proposta è un delicato equilibrio di diversi ingredienti. Carne, pesce, ma anche selezione di formaggi e cioccolato.

La Granseola

Baluardo Lamarmora 6 – 03 21 62 02 14 – lagranseola@libero.it – Fax 03 21 20 50 12 – Chiuso agosto, domenica sera e lunedì B r

Rist – Carta 29/41 €

◆ Non distante dal centro, un locale in un antico palazzo dove si propone una linea gastronomica a base di ricette di mare della tradizione con qualche personalizzazione.

NOVA SIRI MARINA – Matera (MT) – 564 G31 – 6 554 ab. – ✉ 75020 4 D3

Roma 498 – Bari 144 – Cosenza 126 – Matera 76 – Potenza 139 – Taranto 78

Imperiale cam, 200,

via Pietro Nenni – 08 35 53 69 00 – imperiale@heraclea.it – Fax 08 35 53 65 05

31 cam – 58/80 € 75/110 € – **Rist** – Carta 22/37 €

◆ Imponente struttura di taglio moderno, costruita pochi anni fa, con ampi spazi per meeting e banchetti; piacevoli aree comuni in stile contemporaneo, camere confortevoli. Luminosa, classica sala da pranzo, con sobri arredi in stile lineare.

NOVELLO – Cuneo (CN) – 561 I5 – 955 ab. – alt. 471 m – ✉ 12060 25 C2

Roma 620 – Cuneo 63 – Asti 56 – Milano 170 – Savona 75 – Torino 78

Abbazia il Roseto senza rist

via Roma 38 – 01 73 74 40 16 – info@abbaziailroseto.com – Fax 01 73 74 40 16 – Chiuso gennaio

6 cam – 60 € 75 €

◆ Abbazia e roseti oggi sono visibili solo con l'aiuto della fantasia, ma di certo si può vivere un soggiorno in una casa accogliente con tratti di antica e sobria eleganza.

Agriturismo il Noccioleto

località Chiarene 4 Ovest : 2,5 km – 01 73 73 13 23 – info@ilnoccioleto.com – Fax 01 73 73 12 51 – Chiuso gennaio

8 cam – 40 € 70 € – ½ P 42 € – **Rist** – *(chiuso lunedì)* Carta 25/30 €

◆ Una bella struttura con camere confortevoli e spazi comuni in quantità. L'ubicazione è adatta a chi cerca quiete e relax, in piena campagna circondati da vigne e noccioli. Tre sale ristorante identificabili con i nomi dei vitigni, propongano le specialità langarole.

NOVENTA DI PIAVE – Venezia (VE) – 562 F19 – 6 160 ab. – ✉ 30020 35 A1

Roma 554 – Venezia 41 – Milano 293 – Treviso 30 – Trieste 117 – Udine 86

Omniahotel senza rist — 100,
via Calnova 140/a – ✆ 04 21 30 73 05 – info@omniahotel.it – Fax 04 21 30 77 85
68 cam – 67 € 93 € – 2 suites
◆ All'uscita dell'autostrada un hotel nato da poco, secondo una concezione moderna e funzionale. Gestione affidabile, servizi e confort sobri ma completi.

Guaiane
via Guaiane 146, Est : 2 km – ✆ 042 16 50 02 – info@guaiane.com – Fax 04 21 65 88 18 – Chiuso dal 27 dicembre al 12 gennaio, dal 7 al 23 agosto, lunedì e martedì sera
Rist – Carta 31/51 €
Rist *L' Ostaria* – Carta 25/40 €
◆ Locale con quasi cinquant'anni di storia: nato come osteria, si è evoluto fino a diventare uno dei migliori indirizzi della zona; ambiente rustico e cucina tradizionale. L'Ostaria è una taverna che funge da valida alternativa al ristorante classico.

NOVENTA PADOVANA – Padova (PD) – 562 F17 – 8 490 ab. – alt. 14 m – ✉ 35027 36 C3

Venezia

Roma 501 – Padova 8 – Venezia 37

Boccadoro
via della Resistenza 49 – ✆ 049 62 50 29 – info@boccadoro.it – Fax 049 62 57 82 – Chiuso dal 1° al 15 gennaio, dal 5 al 25 agosto, martedì sera e mercoledì
Rist – Carta 33/48 €
◆ Sala arredata sobriamente, ma in modo curato e con tocchi di eleganza; proposte di cucina tipica del territorio e bella cantina aperta ai clienti.

NOVENTA VICENTINA – Vicenza (VI) – 562 G16 – 8 390 ab. – alt. 16 m – ✉ 36025 35 B3

Roma 479 – Padova 47 – Ferrara 68 – Mantova 71 – Verona 50 – Vicenza 43

Alla Busa con cam — cam, 25,
corso Matteotti 70 – ✆ 04 44 88 71 20 – alla_busa@virgilio.it – Fax 04 44 88 72 87
19 cam – 60 € 100 € – 1 suite – ½ P 70/80 € – **Rist** – *(chiuso lunedì)* Carta 31/38 €
◆ Nel centro storico, una struttura a tradizione familiare ampliatasi nel tempo fino alle attuali quattro sale decorate con falsi d'autore. Settore notte con camere eleganti.

NOVERASCO – Milano – Vedere Opera

NOVI LIGURE – Alessandria (AL) – 561 H8 – 27 741 ab. – alt. 197 m – ✉ 15067 23 C3

Roma 552 – Alessandria 24 – Genova 58 – Milano 87 – Pavia 66 – Piacenza 94 – Torino 125

viale dei Campionissimi 2 ✆ 0143 72585, innovando@comune.noviligure.al.it, Fax 0143 767657

Colline del Gavi Tassarolo, Nord-Ovest : 4 km, ✆ 0143 34 22 64 ; Villa Carolina, Sud-Ovest : 12 km a Capriata d'Orba, ✆ 0143 46 73 55.

Relais Villa Pomela — rist, 120,
via Serravalle 69, Sud : 2 km – ✆ 01 43 32 99 10 – villapomela@pomela.it – Fax 01 43 32 99 12 – Chiuso dal 22 dicembre al 10 gennaio e dal 5 al 22 agosto
47 cam – 120/180 € 160/260 € – 2 suites – ½ P 105/185 € – **Rist** – Carta 28/43 €
◆ In collina, a pochi chilometri da Novi, un'elegante villa ottocentesca avvolta nel soave silenzio di un parco; ambienti signorili, sale per congressi, camere accoglienti. Due sale ristorante arredate con gusto.

NUCETTO – Cuneo (CN) – 561 I6 – 456 ab. – alt. 450 m – ✉ 12070 23 C3

Roma 598 – Cuneo 52 – Imperia 77 – Savona 53 – Torino 98

Osteria Vecchia Cooperativa

via Nazionale 54 – ✆ 017 47 42 79 – Chiuso lunedì, martedì e le sere di mercoledì-giovedì

Rist – Carta 17/34 €

◆ Piccola trattoria a conduzione familiare: interni con travi a vista, atmosfera calda e informale; proposte di cucina piemontese con elaborazioni casalinghe.

NUMANA – Ancona (AN) – 563 L22 – 3 439 ab. – ✉ 60026 21 D1

Roma 303 – Ancona 20 – Loreto 15 – Macerata 42 – Porto Recanati 10

(Pasqua-settembre) piazza Santuario 24 ✆ 071 9330612, iat.numana@regione.marche.it, Fax 071 9330612

Conero, Sud : 2 km a Sirolo, ✆ 071 736 06 13.

Scogliera (con acqua di mare)

via del Golfo 21 – ✆ 07 19 33 06 22 – info@hotelscogliera.it – Fax 07 19 33 14 03 – Aprile-15 ottobre

36 cam – 80/100 € 120/160 € – ½ P 90/115 € – **Rist** – Carta 36/56 €

◆ In prossimità del centro e del porto turistico, a ridosso della scogliera di Numana, un hotel di moderna costruzione con camere confortevoli, gestito dai proprietari. Il punto di forza è la ristorazione che propone una cucina regionale e soprattutto di mare nella caratteristica saletta con pilastri a specchio.

Eden Gigli mare, (con acqua di mare) 200,

viale Morelli 11 – ✆ 07 19 33 06 52 – info@giglihotels.com – Fax 07 19 33 09 30 – Aprile-ottobre

41 cam – 80/90 € 130/150 € – ½ P 105/120 € – **Rist** – Carta 32/46 €

◆ Immerso in un ampio parco con campo da tennis, palestra e centro benessere, l'hotel dispone di camere rinnovate di recente e di una stradina privata che conduce alla spiaggia. Cucina classica nella saletta da pranzo arredata in modo sobrio.

La Spiaggiola senza rist

via Colombo 12 – ✆ 07 17 36 02 71 – laspiaggiola@tin.it – Fax 07 17 36 02 71 – Pasqua-settembre

21 cam – 55 € 95 €

◆ In posizione leggermente isolata, direttamente sul mare e a pochi passi dal centro storico, questo piccolo hotel offre ambienti molto semplici ma ben curati.

La Costarella

via 4 Novembre 35 – ✆ 07 17 36 02 97 – Fax 07 17 36 02 97 – Pasqua-ottobre; chiuso martedì (escluso da giugno a settembre)

Rist – Carta 48/70 €

◆ Affacciata sulla caratteristica via a gradini, una sala sobria dall'atmosfera familiare ma dalla gestione professionale propone gustosi piatti di pesce.

a Marcelli Sud : 2,5 km – ✉ 60026 – MARCELLI

(giugno-settembre) via Litoranea ✆ 071 7390179, iat.marcelli@regione.marche.it, Fax 071 7390179

Marcelli rist,

via Litoranea 65 – ✆ 07 17 39 01 25 – info@hotelmarcelli.it – Fax 07 17 39 13 22 – 20 aprile-settembre

38 cam – 140/180 € – ½ P 100/110 € – **Rist** – *(giugno-settembre)* (solo per alloggiati) Menu 25/30 €

◆ Solo la piscina separa dal mare questa struttura alberghiera che offre ampi ambienti arredati semplicemente, molti dei quali con vista su Monte Conero.

Alexander senza rist

via Litoranea 232 – ✆ 07 17 39 13 50 – info@ha-alexander.it – Fax 07 17 39 13 54 – Chiuso dicembre

20 cam – 60/80 € 100/150 €

◆ Una piccola e moderna struttura situata sul lungomare con ampi spazi comuni, camere lineari e una piscina sulla terrazza. A colazione un ricco buffet con frutta esotica.

XX **Il Saraghino**

via Litoranea 209/a – ✆ 07 17 39 15 96 – roberto.fiorini70@libero.it – Fax 07 17 39 15 96 – Chiuso dal 10 dicembre a febbraio e lunedì

Rist – Carta 51/69 €

♦ Un ambiente semplice e moderno illuminato da vetrate che si affacciano sul mare, dove gustare prelibatezze a base di pesce preparate con mano creativa.

XX **Mariolino**

15/30,

via Capri 17 – ✆ 07 17 39 01 35 – ristorante.mariolino@tiscali.it – Fax 07 17 39 01 35 – Chiuso lunedì escluso giugno-agosto

Rist – Carta 28/45 €

♦ Una lunga esperienza per questo accogliente locale in riva al mare che continua a proporre una classica cucina ittica e paste fatte in casa.

NUSCO – Avellino (AV) – 564 E27 – 4 429 ab. – alt. 914 m – ✉ 83051 7 **C2**

Roma 287 – Potenza 107 – Avellino 41 – Napoli 99 – Salerno 72

XX **La Locanda di Bu**

26,

vicolo dello Spagnuolo 1 – ✆ 082 76 46 19 – info@lalocandadibu.com – Fax 082 76 46 19 – Chiuso gennaio, febbraio, domenica sera e lunedì

Rist – Carta 32/58 €

♦ Tra il verde dei Monti Irpini, in un vicolo nel cuore del centro storico, una cucina da provare per farsi sorprendere dall'interpretazione moderna dei prodotti del territorio.

OBEREGGEN = San Floriano

OCCHIEPPO SUPERIORE – Biella (BI) – 561 F6 – 2 948 ab. – alt. 456 m – ✉ 13898 23 **C2**

Roma 679 – Aosta 98 – Biella 3 – Novara 59 – Stresa 75 – Vercelli 45

X **Cip e Ciop**

via Martiri della Libertà 71 – ✆ 015 59 27 40 – Chiuso dal 28 dicembre al 15 gennaio, dal 1° al 15 settembre e domenica

Rist – Carta 27/39 €

♦ Sfiziosa cucina che spazia con una certa eclletticità da piatti tradizionali ad altri più fantasiosi, in un ristorantino a gestione familiare, ubicato in centro paese.

OCCHIOBELLO – Rovigo (RO) – 562 H16 – 10 282 ab. – ✉ 45030 35 **B3**

Roma 432 – Bologna 57 – Padova 61 – Verona 90

Savonarola

cam, rist, 250,

via Eridania 36, prossimità casello autostrada A 13 – ✆ 04 25 75 07 67 – info@hotelsavonarola.com – Fax 04 25 75 07 97

118 cam – †50/75 € ††75/110 € – **Rist** – Carta 31/49 €

♦ In comoda posizione non lontano dal casello autostradale, albergo all'interno di una cascina ristrutturata, ideale per una clientela d'affari; ampie e curate le camere. Grande sala da pranzo con sobri arredi in legno.

a Santa Maria Maddalena Sud-Est : 4,5 km – ✉ 45030

XX **La Pergola**

16,

via Malcantone 15 – ✆ 04 25 75 77 66 – Fax 04 25 75 93 71 – Chiuso agosto, sabato e domenica

Rist – Carta 29/45 €

♦ Ambiente caldo e accogliente, quasi fosse il salotto di casa, in un locale proprio sotto l'argine del Po: indirizzo ideale per provare una gustosa cucina del territorio.

ODERZO – Treviso (TV) – 562 E19 – 18 172 ab. – alt. 16 m – ✉ 31046 35 **A1**

Roma 559 – Venezia 54 – Treviso 27 – Trieste 120 – Udine 75

calle Opitergium 5 ✆ 0422 815251, iat.oderzo@provincia.treviso.it, Fax 0422 814081

Primhotel senza rist — 90, VISA AE
via martiri di Cefalonia 13 – ✆ 04 22 71 36 99 – primhotel@iol.it – Fax 04 22 71 38 90
50 cam – †61/70 € ††90/100 €
◆ Recente albergo moderno a vocazione congressuale, con ampie zone comuni ben tenute, in stile lineare di taglio contemporaneo; camere confortevoli e funzionali.

Gellius (Breda) — 15/30, VISA AE
calle Pretoria 6 – ✆ 04 22 71 35 77 – ristorante.gellius@tin.it – Fax 04 22 81 07 56 – Chiuso domenica sera e lunedì
Rist – Carta 48/74 €
Spec. Antipasto di pesce "Gellius". Filetto di bufala campana cotto in argilla (primavera-estate). Meringata di pesche, albicocche alla vaniglia (estate).
◆ Metà ristorante, metà museo, si mangia fra resti archeologici in un'ambientazione unica. Cucina giovane ed elaborata, le presentazioni sono curate quanto la scelta dei prodotti.

OFFIDA – Ascoli Piceno (AP) – 563 N23 – 5 379 ab. – alt. 293 m – ✉ 63035 — 21 D3

Roma 243 – Ascoli Piceno 29 – Ancona 102 – L'Aquila 129 – Pescara 108

verso San Benedetto del Tronto e Castorano Est : 6 km:

Agriturismo Nascondiglio di Bacco senza rist — ← colline, VISA
contrada Ciafone 97 – ✆ 07 36 88 95 37 – ndbacco@vinoffida.com
8 cam – †55/65 € ††70/100 €
◆ In posizione isolata, immersa nella campagna marchigiana, una vecchia cascina ristrutturata offre confortevoli camere in stile rustico realizzate tra travi a vista e mattoni.

OIRA – Verbania – Vedere Crevoladossola

OLANG = Valdaora

OLBIA – Sassari – 566 E10 – Vedere Sardegna alla fine dell'elenco alfabetico

OLCIO – Lecco – Vedere Mandello del Lario

OLEGGIO – Novara (NO) – 9882 – 12 412 ab. – alt. 232 m – ✉ 28047 — 23 C2

Roma 637 – Novara 19 – Milano 63 – Monza 69 – Torino 115

Ramada Ticinum Hotel — cam, cam, 250, VISA AE
via per Gallarate 116 a – ✆ 03 21 96 06 38 – info@ramadaticinumhotel.it – Fax 03 21 96 06 45
132 cam – †98 € ††140 € – ½ P 95/105 €
Rist ***Asian wine e food*** – *(chiuso a mezzogiorno)* Carta 35/45 €
◆ A pochi chilometri da Malpensa, il complesso è stato pensato per una clientela congressuale ed internazionale ed offre camere spaziose arredate in stile minimalista. Interessanti proposte gastronomiche sia nella sala classica sia in quella di impronta esotica.

OLEGGIO CASTELLO – Novara (NO) – 561 E7 – 1 900 ab. – alt. 315 m – ✉ 28040 — 24 A2

Roma 639 – Stresa 20 – Milano 72 – Novara 43 – Varese 39

Luna Hotel senza rist — VISA AE
via Vittorio Veneto 54/c – ✆ 03 22 23 02 57 – info@lunahotelmotel.it – Fax 03 22 53 82 72
51 cam – †90/220 € ††115/220 €
◆ Sito lungo la strada che conduce al lago, questo hotel di nuova costruzione è ideale per una clientela d'affari ed offre funzionali ambienti arredati con gusto moderno.

XX **Bue D'Oro**

via Vittorio Veneto 2 – ✆ 032 25 36 24 – Fax 032 25 36 24 – Chiuso dal 1° al 10 gennaio, dal 16 agosto al 4 settembre e mercoledì

Rist – Carta 29/46 €

◆ Bel locale a solida gestione familiare, con una sala dall'ambiente rustico-elegante, dove si propongono piatti della tradizione rivisitati e cucina stagionale.

OLEVANO ROMANO – Roma (RM) – **563** Q21 – **6 475 ab.** – **alt. 571 m** – ✉ 00035 13 **C2**

Roma 60 – Frosinone 46 – L'Aquila 97 – Latina 64

XX **Sora Maria e Arcangelo** 12/18,

via Roma 42 – ✆ 069 56 40 43 – soramaria@libero.it – Fax 069 56 24 02 – Chiuso dal 1° al 10 febbraio, dal 10 al 30 luglio, lunedì e mercoledì

Rist – Carta 41/50 €

◆ Chi giudica dalle apparenze cambi indirizzo. Gli altri possono varcare la soglia di questo locale per gustare una genuina cucina della tradizione in forma moderna.

OLGIASCA – Lecco – **561** D9 – **Vedere Colico**

OLGIATE OLONA – Varese (VA) – **561** F8 – **11 216 ab.** – **alt. 239 m** – ✉ 21057 18 **A2**

Roma 604 – Milano 32 – Como 35 – Novara 38 – Varese 29

XX **Ma.Ri.Na.** (Possoni) 10,

piazza San Gregorio 11 – ✆ 03 31 64 04 63 – ristorantemarina@libero.it – Fax 03 31 64 04 63 – Chiuso dal 25 dicembre al 5 gennaio, agosto, mercoledì e a mezzogiorno (escluso i giorni festivi)

Rist – Carta 75/97 €

Spec. Aragostella cruda con pomodorini secchi. Calamaretti spillo con puré di patate e foie gras. Albicocche al rosmarino con gelato al limone.

◆ Un edificio come altri che si affaccia sulla piazza: all'interno, una sala elegante ma senza esagerazioni, ottima cornice per assaporare delizie a base di pesce.

OLIENA – Nuoro – **566** G10 – **Vedere Sardegna alla fine dell'elenco alfabetico**

OLMO – Firenze – **563** K16 – **Vedere Fiesole**

OLMO – Perugia – **Vedere Perugia**

OLMO GENTILE – Asti (AT) – **561** I6 – **96 ab.** – **alt. 615 m** – ✉ **14050** 25 **D2**

Roma 606 – Genova 103 – Acqui Terme 33 – Asti 52 – Milano 163 – Torino 103

X **Della Posta** 15,

via Roma 4 – ✆ 01 44 95 36 13 – Chiuso 25-26 dicembre, dal 1° al 15 gennaio e domenica sera

Rist – Menu 15/30 €

◆ Un piccolo paese e questa tipica trattoria dall'ambiente familiare con una sala classica, dove provare casalinghe specialità piemontesi e le celebri robiole della zona.

OME – Brescia (BS) – **561** F12 – **3 077 ab.** – **alt. 240 m** – ✉ **25050** 19 **D1**

Roma 544 – Brescia 17 – Bergamo 45 – Milano 93

La Fonte 100,

località Terme, via dei Sabbioni 16 – ✆ 03 06 52 78 42 – info@lafontehotel.com – Fax 03 06 52 96 84

61 cam – †70 € ††100 € – **Rist** – *(chiuso a mezzogiorno)* Menu 25/40 €

◆ Moderna struttura, dallo stile vagamente classico, ubicata tra le colline della Franciacorta, a breve distanza dalle terme della località. Servizi e dotazioni recenti. Il ristorante vi guiderà alla scoperta dei sapori e dei profumi della tradizione culinaria.

XXX **Villa Carpino**
via Maglio 15, alle terme Ovest : 2,5 km – ✆ 030 65 21 14 – info@villacarpino.com – Fax 03 06 85 25 26 – Chiuso dal 27 dicembre al 6 gennaio, dal 7 al 20 agosto e lunedì
Rist – Carta 35/40 €
◆ In una grande villa circondata da un giardino curato, locale a gestione diretta, con eleganti ambienti dallo stile ricercato; cucina con solide radici nel territorio.

ONEGLIA – Imperia – Vedere Imperia

ONIGO DI PIAVE – Treviso – Vedere Pederobba

Un albergo di fascino per un piacevolissimo soggiorno?
Prenotate un hotel segnalato in rosso: ... .

OPERA – Milano (MI) – **561** F9 – **13 294 ab.** – **alt. 99 m** – ✉ **20090** 18 **B2**
Roma 567 – Milano 14 – Novara 62 – Pavia 24 – Piacenza 59
Le Rovedine, Nord : 2 km a Noverasco di Opera, ✆ 02 57 60 64 20.

a Noverasco Nord : 2 km – ✉ 20090 – Opera

Sporting
via Sporting Mirasole 56 – ✆ 025 76 80 31 – sporting@milanhotel.com – Fax 02 57 60 14 16
82 cam – 94/195 € 147/280 € – ½ P 102/170 € – **Rist** – *(chiuso a mezzogiorno)* Carta 33/42 €
◆ Alle porte di Milano, compatta struttura a vocazione congressuale, da poco rinnovata; confortevoli spazi comuni e camere, comodo servizio navetta per il centro città. Sala ristorante adatta alle necessità della clientela congressuale e individuale.

OPI – L'Aquila (AQ) – **563** Q23 – **479 ab.** – **alt. 1 250 m** – ✉ **67030** 1 **B3**
Roma 186 – Campobasso 113 – Frosinone 119 – Isernia 63 – L'Aquila 133

lungo la Strada Statale 83, al bivio per Forca D'Acero Sud : 1 km:

X **La Madonnina**
– ✆ 08 63 91 27 14 – Chiuso Natale e lunedì
Rist – Carta 20/30 €
◆ Ai piedi di Opi, bar-trattoria a gestione familiare specializzato in carni alla griglia ma con un'appetitosa selezione di salumi, formaggi e paste fresche in lista.

OPICINA – Trieste (TS) – **562** E23 – **alt. 348 m** – ✉ **34100** *Italia* 11 **D3**
Roma 664 – Udine 64 – Gorizia 40 – Milano 403 – Trieste 11 – Venezia 153
≤★★ su Trieste e il golfo
Grotta Gigante★ Nord-Ovest : 3 km

Nuovo Hotel Daneu
strada per Vienna 55 – ✆ 040 21 42 14 – info@hoteldaneu.com – Fax 040 21 42 15
26 cam – 110 € 145 € – 2 suites – ½ P 91 €
Rist Daneu – vedere selezione ristoranti
◆ Vicino all'uscita autostradale, recente hotel d'ispirazione contemporanea, con annessa zona sportiva dotata di piscina, sauna e bagno turco; camere sobrie e accoglienti.

X **Daneu**
strada per Vienna 76 – ✆ 040 21 12 41 – info@hoteldaneu.com – Fax 040 21 42 15
Rist – *(chiuso lunedì)* Carta 20/37 €
◆ Locale di lunga tradizione generazionale; piacevole sala dai colori caldi con camino e ameno servizio estivo all'aperto. La cucina è d'ispirazione tradizionale.

ORA (AUER) – **Bolzano / Bozen** (BZ) – 562 C15 – **3 185 ab.** – **alt. 263 m** – ✉ **39040** 31 **D3**

Roma 617 – Bolzano 20 – Merano 49 – Trento 40

piazza Principale 5 ✆ 0471 810231, info_auer@rolmail.net, Fax 0471 811138

Amadeus cam, VISA AE

via Capitello 23 – ✆ 04 71 81 00 53 – office@hotel-amadeus.it – Fax 04 71 81 00 00

32 cam – 48/50 € 78/82 € – ½ P 52 € – **Rist** – *(aprile-ottobre)* Carta 30/47 €

♦ Un tipico maso di aspetto decisamente gradevole con camere graziose. In questa risorsa il soggiorno è allietato anche da una gestione familiare particolarmente ospitale. Al ristorante, la cucina classica, accompagnata dai vini della gona.

ORBASSANO – **Torino (TO)** – 561 G4 – **21 767 ab.** – **alt. 273 m** – ✉ **10043** 22 **A1**

Roma 673 – Torino 17 – Cuneo 99 – Milano 162

Pianta d'insieme di Torino

XX **Il Vernetto** VISA

via Nazario Sauro 37 – ✆ 01 19 01 55 62 – ilvernetto@tin.it – Fax 01 19 01 55 62 – Chiuso domenica sera e lunedì EU **e**

Rist – Menu 44/59 € (+10 %)

♦ Sembra di essere in un salotto caldo e accogliente in questo locale familiare ed elegante: soffitti affrescati, poltroncine e mobili in stile; gustosa cucina fantasiosa.

ORBETELLO – **Grosseto (GR)** – 563 O15 – **14 904 ab.** – ✉ **58015** *Toscana* 29 **C3**

Roma 152 – Grosseto 44 – Civitavecchia 76 – Firenze 183 – Livorno 177 – Viterbo 88

piazza della Repubblica 1 ✆ 0564 860447, proorbet@ouverture.it, Fax 0564 860447

Relais San Biagio rist, VISA AE

via Dante 34 – ✆ 05 64 86 05 43 – info@sanbiagiorelais.com – Fax 05 64 86 77 87

35 cam – 120/140 € 160/170 € – 6 suites – **Rist** – Carta 45/75 €

♦ In un antico palazzo nobiliare del centro, un albergo in fase di rinnovamento con interni signorili e spaziosi dotati di rifiniture di tono moderno.

sulla strada statale 1 - via Aurelia Est : 7 km :

XX **Locanda di Ansedonia** con cam rist, VISA AE

via Aurelia km 140,500 ✉ 58016 Orbetello Scalo – ✆ 05 64 88 13 17 – info@locandadiansedonia.it – Fax 05 64 88 17 27 – Chiuso febbraio

12 cam – 65/85 € 95/130 € – **Rist** – *(chiuso martedì escluso luglio-agosto)* Carta 33/41 €

♦ Vecchia trattoria riadattata, con grazioso giardino e camere arredate con mobili d'epoca; proposte di cucina di mare e maremmana, servite in una sala di discreta eleganza.

ORIAGO – **Venezia** – **Vedere Mira**

ORIGGIO – **Varese (VA)** – 561 F9 – **6 614 ab.** – **alt. 193 m** – ✉ **21040** 18 **A2**

Roma 589 – Milano 21 – Bergamo 62 – Como 27 – Novara 51 – Varese 31

XX **La Piazzetta** 12, VISA AE

via Gran Paradiso n.2/3 – ✆ 02 96 73 20 07 – info@lapiazzettasnc.it – Fax 02 96 73 93 49 – Chiuso agosto, sabato a mezzogiorno e domenica

Rist – Carta 28/48 €

♦ In zona residenziale, locale di taglio moderno con interni signorili, dove provare una linea gastronomica con piatti di terra e di mare rivisitati.

ORISTANO Ⓟ – 566 H7 – **Vedere Sardegna alla fine dell'elenco alfabetico**

ORMEA – Cuneo (CN) – 561 J5 – 1 921 ab. – alt. 719 m – Sport invernali : *750/1 600 m* – ✉ 12078 23 **C3**

Roma 626 – Cuneo 80 – Imperia 45 – Milano 250 – Torino 126

via Roma 3 ✆ 0174 392157, comune.ormea@libero.it, Fax 0174 392157

sulla strada statale 28 verso Ponte di Nava Sud-Ovest : 4,5 km :

San Carlo rist, VISA

via Nazionale 23 ✉ 12078 Ormea – ✆ 01 74 39 99 17 – albergosancarlo@cnnet.it – Fax 01 74 39 99 17 – 26 febbraio-ottobre

36 cam – 38 € 62 €, 8 € – ½ P 55 € – **Rist** – *(chiuso martedì)* Carta 22/30 €

◆ In posizione panoramica poco fuori dal paese, albergo al centro di una riserva di pesca privata; atmosfera informale, camere parzialmente rimodernate. Semplice sala dove gustare cucina ligure e piemontese.

a Ponte di Nava Sud-Ovest : 6 km – ✉ 12070

XX **Ponte di Nava-da Beppe** con cam rist, VISA AE

frazione Ponte di Nava 32 – ✆ 01 74 39 99 24 – albergopontedinava@cnnet.it – Fax 01 74 39 99 91 – Chiuso dal 7 gennaio al 7 febbraio e dal 21 al 30 giugno

15 cam – 36/40 € 55/60 €, 5 € – ½ P 45/48 € – **Rist** – *(chiuso mercoledì)* Carta 19/33 €

◆ Al confine tra Piemonte e Liguria, un ristorante di antica tradizione familiare, con una capiente sala dall'ambiente caldo e accogliente; cucina del territorio. Camere semplici e confortevoli.

ORNAGO – Milano (MI) – 3 662 ab. – alt. 193 m – ✉ 20060 18 **B2**

Roma 610 – Bergamo 22 – Milano 30 – Lecco 31

Prestige senza rist VISA AE

via per Bellusco 45 – ✆ 03 96 91 90 62 – info@hotelprestige.it – Fax 03 96 91 97 33

72 cam – 89/255 €, 15 €

◆ Nuova struttura che si sviluppa su un solo piano, frequentata soprattutto da una clientela d'affari; ambienti funzionali e camere doppie, ciascuna con posto auto.

XX **Osteria della Buona Condotta** VISA AE

via per Cavenago 2 – ✆ 03 96 91 90 56 – buonacondotta@virgilio.it – Fax 03 96 91 96 77 – Chiuso dal 24 dicembre al 6 gennaio, dal 5 al 25 agosto e domenica

Rist – Carta 39/55 €

◆ Vecchia osteria di paese totalmente rinnovata, mantenendo l'antica atmosfera; pregevole e vasta cantina, ottima varietà di formaggi, antipasti e piatti di carne.

OROSEI – Nuoro – 566 F11 – Vedere Sardegna alla fine dell'elenco alfabetico

ORTACESUS – Cagliari (CA) – 566 I9 – Vedere Sardegna alla fine dell'elenco alfabetico

ORTA SAN GIULIO – Novara (NO) – 561 E7 – 1 167 ab. – alt. 293 m – ✉ 28016

Italia 24 **A2**

Roma 661 – Stresa 28 – Biella 58 – Domodossola 48 – Milano 84 – Novara 46 – Torino 119

via Panoramica 24 ✆ 0322 905163, inforta@distrettolaghi.it, Fax 0322905273

Lago d'Orta★★ – Palazzotto★ – Sacro Monte d'Orta★

Isola di San Giulio★★ : ambone★ nella chiesa

San Rocco isola San Giulio, 160, VISA AE

via Gippini 11 – ✆ 03 22 91 19 77 – info@hotelsanrocco.it – Fax 03 22 91 19 64

85 cam – 195 € 235 € – 1 suite – ½ P 163 € – **Rist** – Carta 52/62 €

◆ Esclusivo albergo con incantevole vista sull'isola di San Giulio, in posizione molto tranquilla; interni signorili e amena terrazza fiorita in riva al lago con piscina. Ambiente raffinato nella sala da pranzo con massicce travi di legno a vista.

La Bussola isola San Giulio, cam, rist,

via Panoramica 24 – 03 22 91 19 13 – hotelbussola@yahoo.it – Fax 03 22 91 19 34 – Chiuso novembre

38 cam – 80/120 € 120/160 € – ½ P 75/100 € – **Rist** – *(chiuso martedì escluso da marzo ad ottobre)* Carta 33/50 €

◆ A ridosso del centro in posizione elevata, un hotel dall'atmosfera vacanziera con una bella vista sul lago e sull'isola di San Giulio. Camere recenti, bella piscina. La sala ristorante si apre sulla terrazza e sul panorama.

Santa Caterina senza rist

via Marconi 10, Est : 1,7 km – 03 22 91 58 65 – see@ortainfo.com – Fax 032 29 03 77 – 15 marzo-3 novembre

30 cam – 50/65 € 70/90 €

◆ Gestione giovane e dinamica in un piccolo e grazioso hotel a pochi minuti dal centro, con luminosi spazi interni di taglio moderno, confortevoli e ben curati.

La Contrada dei Monti senza rist

via dei Monti 10 – 03 22 90 51 14 – lacontradadeimonti@libero.it – Fax 03 22 90 58 63 – Chiuso gennaio

17 cam – 90 € 110 €

◆ Affascinante risorsa, ricca di stile e cura per i dettagli. Un nido ideale per soggiorni romantici dove si viene accolti con cordialità familiare e coccolati dal buon gusto.

Orta isola San Giulio, rist,

piazza Motta 1 – 032 29 02 53 – info@hotelorta.it – Fax 03 22 90 56 46 – Pasqua-ottobre

35 cam – 62/70 € 85/108 €, 10 € – ½ P 70/83 € – **Rist** – Carta 27/44 €

◆ Albergo di grande tradizione in un edificio divenuto monumento storico, ubicato nella piazzetta centrale e lambito dalle acque del lago; accoglienti interni d'atmosfera. Ampia sala ristorante con invidiabile vista del paesaggio lacustre.

AracoEli senza rist

piazza Motta 34 – 03 22 90 51 73 – portrait@email.it – Fax 032 29 03 77 – Chiuso dal 20 novembre al 15 dicembre

6 cam – 105/115 € 130/140 € – 1 suite

◆ Arredi moderni di tono minimalista in questo piccolo e curatissimo hotel. Ottima illuminazione naturale degli ambienti e bagni con particolari docce "a vista".

Villa Crespi (Cannavacciuolo) con cam rist,

via Fava 18, Est : 1,5 km – 03 22 91 19 02 – info@hotelvillacrespi.it – Fax 03 22 91 19 19

14 cam – 180/280 € – 6 suites – ½ P 210 € – **Rist** – *(chiuso lunedì)* Carta 65/92 €

Spec. Capesante e scampi, cipollotti al limone, infuso di mela verde e sedano rapa. Linguine di Gragnano con calamaretti, salsa al pane. Agnello della Bisalta, fave di cacao e salsa di fegato grasso.

◆ Villa ottocentesca in stile moresco, i sontuosi ambienti sono la cornice di una cucina elaborata e creativa alla quale le origini del cuoco aggiungono un carattere napoletano.

Taverna Antico Agnello

via Olina 18 – 032 29 02 59 – agnello.orta@libero.it – Fax 032 29 02 59 – Chiuso dall'11 dicembre al 12 febbraio e martedì (escluso agosto)

Rist – Carta 26/39 €

◆ Ristorantino che si sviluppa su due piani di una caratteristica struttura del centro storico: ambiente semplice, dove si servono piatti del territorio e tradizionali.

a Sacro Monte Est : 1 km :

Sacro Monte 16/28,

via Sacro Monte 5 28016 – 032 29 02 20 – ristorantesacromonte@tiscalinet.it – Fax 032 29 02 20 – Chiuso dal 7 al 30 gennaio, martedì (escluso agosto) e da novembre a Pasqua anche lunedì sera

Rist – Carta 30/49 € (+10 %)

◆ Antica locanda dal tipico ambiente rustico, in uno splendido sito d'arte e naturalistico; atmosfera d'altri tempi nelle sale con mattoni a vista e luminose vetrate.

ORTE – Viterbo (VT) – 563 O19 – 8 099 ab. – alt. 134 m – ✉ 01028 12 B1

Roma 88 – Terni 33 – Perugia 103 – Viterbo 35

La Locanda della Chiocciola

località Seripola Nord-Ovest : 4 km – ✆ *07 61 40 27 34 – info@lachiocciola.net – Fax 07 61 49 02 54 – Marzo-15 novembre*

8 cam – 70/75 € 110/130 € – **Rist** – *(aperto venerdì sera, sabato e domenica a mezzogiorno)* Menu 27/32 €

◆ In zona verdeggiante e boschiva, antico casale ristrutturato con camere semplici e accoglienti, sala da pranzo con grande camino del 1600, angolo relax con sala biliardo. I pasti sono curati dall'appassionato proprietario secondo ricette tradizionali.

ORTISEI (ST. ULRICH) – Bolzano / Bozen (BZ) – 562 C17 – 4 562 ab. – alt. 1 236 m – Sport invernali : *della Val Gardena : 1 236/2 518 m 10 53 (Comprensorio Dolomiti superski Val Gardena),* – ✉ 39046 *Italia* 31 C2

Roma 677 – Bolzano 36 – Bressanone 32 – Cortina d'Ampezzo 79 – Milano 334 – Trento 95 – Venezia 226

strada Rezia 1 ✆ 0471 777600, ortisei@valgardena.it, Fax 0471 796749

Val Gardena★★★ per la strada S 242 – Alpe di Siusi★★ per funivia

Gardena-Grödnerhof

cam, 100,

strada Vidalong 3 – ✆ *04 71 79 63 15 – gardena@relaischateaux.com – Fax 04 71 79 65 13 – 6 dicembre-9 aprile e 25 maggio-14 ottobre*

46 cam – 200/476 € 290/526 € – 5 suites – ½ P 258/263 €

Rist Anna Stuben – vedere selezione ristoranti

Rist – (solo per alloggiati) Menu 55/105 €

◆ Una struttura ampia e capiente con numerosi spazi ben strutturati e ben arredati a disposizione dei propri ospiti, tra cui spicca il nuovo centro benessere. Ottimo confort.

Angelo-Engel

cam, rist,

via Petlin 35 – ✆ *04 71 79 63 36 – info@hotelangelo.net – Fax 04 71 79 63 23 – Chiuso novembre*

38 cam – 120/300 € – ½ P 80/180 € – **Rist** – (solo per alloggiati)

◆ Completamente ristrutturato quest'hotel, con accesso diretto alla via pedonale del centro. Nuova e completa zona benessere, così come nuovi sono gli arredi delle camere.

La Perla

rist,

strada Digon 8, Sud-Ovest : 1 km – ✆ *04 71 79 64 21 – laperla@val-gardena.com – Fax 04 71 79 81 98 – Dicembre-aprile e maggio-ottobre*

37 cam – 90/110 € 150/190 €, 15 € – 7 suites – ½ P 110 € – **Rist** – (solo per alloggiati)

◆ Una vacanza all'insegna del relax in questo hotel tradizionale, ubicato fuori paese; spazi comuni in classico stile montano, validissimo beauty center, camere lineari.

Genziana-Enzian

cam,

via Rezia 111 – ✆ *04 71 79 62 46 – info@hotel-genziana.com – Fax 04 71 79 75 98 – 15 dicembre-Pasqua e 15 maggio-15 ottobre*

49 cam – 168/262 € 198/292 € – 1 suite – ½ P 109/156 € – **Rist** – Carta 22/37 €

◆ Bella struttura di tonalità azzurra, in pieno centro; piacevoli e ampi spazi comuni, zona fitness in stile pompeiano, camere ben arredate. Finestre abbellite da tendaggi importanti, nella sala da pranzo di taglio moderno.

Alpenhotel Rainell

monti e Ortisei,

strada Vidalong 19 – ✆ *04 71 79 61 45 – info@rainell.com – Fax 04 71 79 62 79 – 20 dicembre-Pasqua e 15 giugno-15 ottobre*

27 cam – 85/135 € 100/200 € – ½ P 60/130 € – **Rist** – *(chiuso a mezzogiorno)* Menu 25/55 €

◆ Circondato da un ampio giardino, l'albergo si trova in posizione isolata e vanta una splendida vista su Ortisei e sulle Dolomiti, interni caratteristici e camere confortevoli. Piatti regionali, un soffitto in legno lavorato ed ampie finestre che si affacciano sul paese caratterizzano la sala ristorante.

Grien ⚘ ← Gruppo Sella e Sassolungo,
via Mureda 178, Ovest : 1 km – ✆ 04 71 79 63 40 – info@hotel-grien.com – Fax 04 71 79 63 03 – Chiuso dal 15 aprile al 20 maggio e novembre
25 cam – ††230/300 € – ½ P 120/160 € – **Rist** – Carta 27/48 €
◆ Nella quiete della zona residenziale, struttura circondata dal verde, da cui si gode una superba vista del Gruppo Sella e di Sassolungo; accogliente ambiente tirolese. Il panorama è la chicca anche della sala ristorante.

Hell ← rist,
via Promeneda 3 – ✆ 04 71 79 67 85 – info@hotelhell.it – Fax 04 71 79 81 96 – 15 dicembre-21 aprile e 30 giugno-15 ottobre
30 cam – †130/155 € ††200/300 € – 1 suite – ½ P 96/160 € – **Rist** – *(chiuso a mezzogiorno)* (solo per alloggiati) Menu 22/32 €
◆ Nei pressi di una pista da sci per bimbi e principianti, albergo in tipico stile locale d'ispirazione contemporanea, abbellito da un ameno giardino; camere confortevoli.

Villa Park senza rist ←
via Rezia 222 – ✆ 04 71 79 69 11 – villapark@dnet.it – Fax 04 71 79 75 32 – Chiuso novembre
13 cam – ††60/140 €
◆ Nel cuore della località, albergo con gradevoli interni illuminati da grandi vetrate; camere confortevoli, alcune dotate anche di angolo cottura.

Fortuna senza rist ←
via Stazione 11 – ✆ 04 71 79 79 78 – info@hotel-fortuna.it – Fax 04 71 79 83 26 – Chiuso dal 5 al 30 novembre
15 cam – †55/98 € ††84/156 €
◆ In prossimità del centro, piccolo hotel a valida conduzione diretta: ambienti arredati in modo semplice ed essenziale, secondo lo stile del luogo, camere lineari.

Evelyn senza rist ⚘ ← monti e Ortisei,
via Vidalong 13 – ✆ 04 71 79 68 60 – garni-evelyn@val-gardena.com – Fax 04 71 79 68 60 – Dicembre-Pasqua e giugno-ottobre
5 cam – ††70/100 €
◆ Ristrutturato recentemente, posizionato in zona tranquilla, poche camere graziose e funzionali, accoglienza familiare. Insomma non manca nulla per godere di vacanze serene.

Cosmea cam,
via Setil 1 – ✆ 04 71 79 64 64 – info@hotelcosmea.it – Fax 04 71 79 78 05 – Chiuso dal 25 ottobre al 5 dicembre
21 cam – †50/80 € ††100/150 € – ½ P 65/105 € – **Rist** – *(chiuso domenica in aprile, maggio, giugno ed ottobre)* Carta 24/34 €
◆ Hotel a gestione diretta con spazi comuni dai colori piacevoli e dagli arredi essenziali, dove prevale l'utilizzo del legno; camere d'ispirazione contemporanea. Divanetti a muro e graziosi lampadari in sala da pranzo.

Pra' Palmer senza rist ←
via Promenade 5 – ✆ 04 71 79 67 10 – palmer@ortisei.com – Fax 04 71 79 79 00 – Dicembre-Pasqua e 10 giugno-ottobre
22 cam – †48/60 € ††79/108 € – ½ P 60/74 €
◆ Presso gli impianti di risalita, albergo circondato dal verde: interni in stile alpino di moderna ispirazione; camere arredate da un architetto di famiglia, alcune con cucina.

Ronce ⚘ ← monti e Ortisei, cam, rist,
via Ronce 1, Sud : 1 km – ✆ 04 71 79 63 83 – info@hotelronce.com – Fax 04 71 79 78 90 – 8 dicembre-Pasqua e 15 giugno-15 ottobre
22 cam – solo ½ P 46/80 € – **Rist** – (solo per alloggiati)
◆ Appagherà i vostri occhi la splendida veduta di Ortisei e dei monti e il vostro spirito la posizione isolata di questa struttura; all'interno, piacevole semplicità.

Villa Luise ⚘ ← monti e Sassolungo,
via Grohmann 43 – ✆ 04 71 79 64 98 – info@villaluise.com – Fax 04 71 79 62 17 – 15 dicembre-14 maggio e luglio-19 ottobre
13 cam – solo ½ P 51/87 € – **Rist** – *(chiuso a mezzogiorno)* (solo per alloggiati)
◆ Cordiale e simpatica accoglienza in questa pensione familiare all'interno di una piccola casa di montagna; ambiente alla buona e camere in stile lineare, ben tenute.

XXX **Anna Stuben** – Hotel Gardena-Grödnerhof 12/16, P VISA AE
strada Vidalong 3 – 04 71 79 63 15 – gardena@relaischateaux.com – Fax 04 71 79 65 13 – 6 dicembre-10 aprile e 25 maggio-14 ottobre
Rist – Carta 52/90 €
Spec. Capesante caramellate con polenta di grano saraceno. Agnello al tonno con polvere di caffé. Mousse di gianduja con gelato al torrone
♦ Due intime e suggestive stube fra legni più chiari o scuri, la calda e tradizionale atmosfera tirolese e una cucina alla continua ricerca di creatività.

XX **Concordia** AC 12/30, VISA
via Roma 41 – 04 71 79 62 76 – info@restaurantconcordia.com – Fax 04 71 79 62 76 – Dicembre-Pasqua e giugno-ottobre
Rist – Carta 27/37 €
♦ Conduzione e ambiente familiare e linea gastronomica legata al territorio in un ristorante poco distante dal centro, al secondo piano di un edificio privato.

a Bulla (Pufels)**Sud-Ovest : 6 km – alt. 1 481 m – ✉ 39040 – Ortisei**

Uhrerhof-Deur < Ortisei e monti, cam, P VISA
Bulla 26 – 04 71 79 73 35 – info@uhrerhof.com – Fax 04 71 79 74 57 – Chiuso dal 15 al 28 aprile e dal 4 novembre al 22 dicembre
11 cam – 2 suites – solo ½ P 121/138 € – **Rist** – (solo per alloggiati)
♦ Una cornice di monti maestosi e una grande casa di cui vi innamorerete subito: calore, tranquillità, romantici arredi curati nei dettagli, per vivere come in una fiaba.

Sporthotel Platz < Ortisei e monti, P VISA AE
via Bulla 12 – 04 71 79 69 35 – info@sporthotelplatz.com – Fax 04 71 79 82 28 – Dicembre-5 aprile e 10 giugno-12 ottobre
22 cam – ♦70/110 € ♦♦100/180 € – ½ P 50/95 € – **Rist** – Carta 17/40 €
♦ Un angolo di quiete in un paesino fuori Ortisei: un hotel dall'ambiente familiare in posizione panoramica, immerso nella natura; caldo legno negli interni in stile alpino. Accogliente atmosfera e tipici arredi montani nella sala ristorante.

ORTONA – Chieti (CH) – 563 O25 – 22 944 ab. – ✉ 66026 2 C2

Roma 227 – Pescara 20 – L'Aquila 126 – Campobasso 139 – Chieti 36 – Foggia 158

piazza della Repubblica 9 085 9063841, iat.ortona@abruzzoturismo.it, Fax 085 9063882

Ideale senza rist < AC VISA AE
corso Garibaldi 65 – 08 59 06 37 35 – info@hotel-ideale.it – Fax 08 59 06 61 53
24 cam – ♦68/70 € ♦♦85/90 €
♦ A pochi metri dalla centrale Piazza della Repubblica, un albergo semplice, con camere essenziali recentemente rinnovate, alcune con vista sul porto di Ortona e sul mare.

X **Miramare** AC VISA AE
largo Farnese 15 – 08 59 06 65 56 – miramare.ortona@inwind.it – Fax 08 59 06 65 56 – Chiuso dal 29 dicembre al 7 gennaio, lunedì e da ottobre a marzo anche domenica sera
Rist – Carta 26/41 €
♦ In centro, nel cinquecentesco Palazzo Farnese, un piacevole locale di lunga tradizione, con pochi tavoli sotto archi in mattoni; cucina prevalentemente di mare.

a Lido Riccio Nord-Ovest : 5,5 km – ✉ 66026 – Ortona

Mara < AC 400, P VISA AE
– 08 59 19 04 16 – marahotl@tin.it – Fax 08 59 19 05 22
134 cam – ♦♦90/115 € – 9 suites – ½ P 103/115 € – **Rist** – Menu 30/40 €
♦ Hotel di fronte alla spiaggia, ampliato di recente dalla dependance Le Sale, offre interni di taglio moderno, eleganti camere ben arredate, uno splendido giardino con piscina. Proposte di cucina marinaresca.

ORVIETO – Terni (TR) – 563 N18 – 20 825 ab. – alt. 315 m – ✉ 05018 ▮ *Italia* 32 **B3**

▶ Roma 121 – Perugia 75 – Viterbo 50 – Arezzo 110 – Milano 462 – Siena 123 – Terni 75

ℹ piazza Duomo 24 ☎ 0763 341772, info@iat.orvieto.tr.it, Fax 0763 344433

◉ Posizione pittoresca★★★ – Duomo★★★ – Pozzo di San Patrizio★★ – Palazzo del Popolo★ – Quartiere vecchio★ – Palazzo dei Papi★**M2** – Collezione etrusca★ nel museo Archeologico Faina **M1**

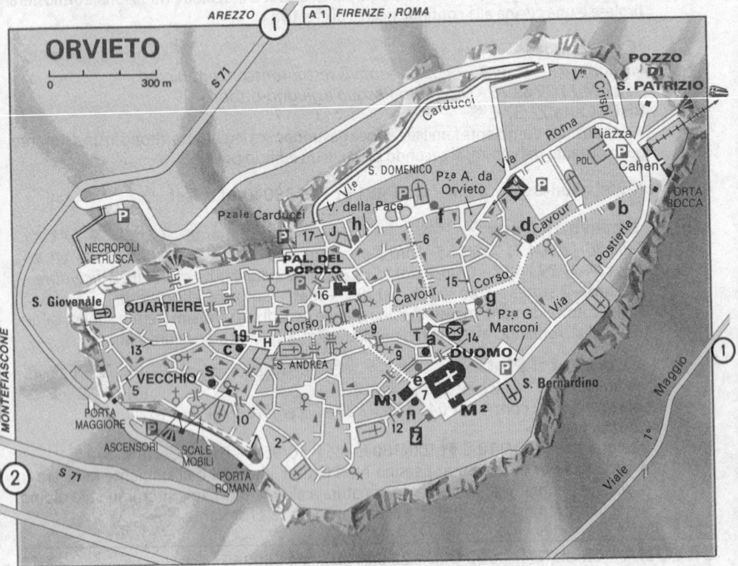

Alberici (V. degli)	2	Duomo (V. del)	9	Orvieto (V. A. da)	15
Cavallotti (V. Felice)	6	Garibaldi (V.)	10	Popolo (Pza del)	16
Cava (V. della)	5	Maitani (V.)	12	Pza del Popolo (V. di)	17
Cavour (Cso)		Malabranca (V.)	13	Repubblica (Pza della)	19
Duomo (Pza del)	7	Nebbia (V.)	14		

La Badia
< ⚓ ⛱ ✂ 🎾 AC ✂ 🏃 200, P VISA MC AE ⑤

località La Badia 8 Sud : 3 km, per ② – ☎ 07 63 30 19 59 – labadia.hotel@tin.it – Fax 07 63 30 53 96 – Chiuso gennaio e febbraio

24 cam ☕ – 🛉205/260 € 🛉🛉220/275 € – 4 suites – ½ P 155/183 €

Rist – *(chiuso a mezzogiorno da lunedì a venerdì)* Carta 41/56 €

◆ Straordinaria ambientazione per questo hotel, ricavato tra gli ambienti suggestivi di un monastero del VIII sec. Ambienti curati ed eleganti, servizio di ottimo livello. Suggestivo ristorante con affresco della crocifissione.

Maitani senza rist
🏨 AC ✂ 🚗 VISA MC AE ⓓ ⑤

via Maitani 5 – ☎ 07 63 34 20 11 – direzione@hotelmaitani.com – Fax 07 63 34 20 12 – Chiuso dal 7 al 31 gennaio **n**

39 cam – 🛉77 € 🛉🛉126 €, ☕ 10 €

◆ Un hotel che è parte della storia della città: ampi spazi comuni dalla piacevole atmosfera un po' démodé, terrazza colazione con bella vista sul Duomo, camere in stile.

Palazzo Piccolomini senza rist
🏨 ♿ AC 🏃 50 P, 🚗 VISA MC AE ⓓ ⑤

piazza Ranieri 36 – ☎ 07 63 34 17 43 – piccolomini.hotel@orvienet.it – Fax 07 63 39 10 46 – Chiuso dal 15 al 31 gennaio **s**

35 cam ☕ – 🛉96 € 🛉🛉138 €

◆ Palazzo del XVI sec completamente ristrutturato: austera zona ricevimento con pavimenti in cotto, moderni arredi ispirati allo stile classico, camere confortevoli.

Duomo senza rist
vicolo Maurizio 7 – ✆ 07 63 34 18 87 – hotelduomo@tiscalinet.it – Fax 07 63 39 49 73 a
18 cam – 80 € 100/120 €
◆ A pochi passi dal Duomo, una palazzina da poco completamente restaurata, con facciata in stile liberty; hall ornata con opere del pittore Valentini, camere accoglienti.

Filippeschi senza rist
via Filippeschi 19 – ✆ 07 63 34 32 75 – info@albergofilippeschi.it – Fax 07 63 34 32 75 – Chiuso Natale c
15 cam – 36/60 € 52/110 €, 8 €
◆ Nel cuore della cittadina, un albergo piacevolmente collocato in un palazzo con origini settecentesche; accogliente hall con pavimento in cotto, camere lineari.

Corso senza rist
corso Cavour 343 – ✆ 07 63 34 20 20 – info@hotelcorso.net – Fax 07 63 34 20 20 – Chiuso 24-25 dicembre d
16 cam – 50/62 € 75/85 €, 7 €
◆ In un edificio in pietra che si affaccia sul centrale Corso Cavour, un piccolo hotel dall'ambiente familiare, con camere semplici e funzionali, arredate in legno.

Locanda Palazzone ← vigneti,
Rocca Ripesena 67 – ✆ 07 63 39 36 14 – info@locandapalazzone.com – Fax 07 63 39 48 33 – Chiuso dal 9 gennaio al 25 marzo
7 suites – 120/150 € 156/340 € – **Rist** – (prenotazione obbligatoria) (solo per alloggiati) 34 €
◆ L'antica dimora cardinalizia, cinta da vigneti dove si produce l'Orvieto, è oggi un elegante e moderno agriturismo che conserva mura originali, alcune bifore ed alti soffitti.

Giglio d'Oro
piazza Duomo 8 – ✆ 07 63 34 19 03 – ilgigliodoro@libero.it – Fax 07 63 34 19 03 – Chiuso mercoledì e
Rist – Carta 44/56 €
◆ Ristorante elegante, con una saletta dagli arredi essenziali, pareti bianche e raffinati tavoli con cristalli e argenteria; incantevole servizio estivo in piazza Duomo.

I Sette Consoli
piazza Sant'Angelo 1/A – ✆ 07 63 34 39 11 – mstopp@tin.it – Fax 07 63 34 39 11 – Chiuso dal 24 al 26 dicembre, mercoledì e domenica sera da novembre a marzo g
Rist – Carta 40/51 €
◆ Indimenticabili proposte di cucina creativa e servizio estivo serale in giardino con splendida vista del Duomo, in un locale dal sobrio ambiente rustico di tono signorile.

Osteria San Patrizio
corso Cavour 312 – ✆ 07 63 34 12 45 – osteriapatrizio@wooow.it – Fax 07 63 34 12 45 – Chiuso dal 16 al 28 febbraio, dal 10 al 25 luglio, domenica sera e lunedì b
Rist – Carta 28/43 €
◆ Gestione di grande esperienza in un piccolo locale sul corso principale; ambiente curato e cucina con proposte sia del luogo che internazionali.

Osteria dell'Angelo
piazza XXIX Marzo 8/a – ✆ 07 63 34 18 05 – Chiuso quindici giorni a febbraio, quindici giorni a luglio, domenica sera, lunedì, martedì a mezzogiorno f
Rist – Carta 49/71 €
◆ Il locale vanta caldi arredi supportati da piccoli tocchi di modernità e punta su una cucina nazionale che utilizza tutti i prodotti del territorio.

La Volpe e l'Uva 10,
via Ripa Corsica 1/2 – ✆ 07 63 34 16 12 – volpe.uva@virgilio.it – Fax 07 63 34 16 12 – Chiuso gennaio, lunedì e martedì non festivi h
Rist – Carta 23/30 €
◆ Accogliente ristorantino con due semplici, ma graziose sale, una abbellita da una serie di stampe alle pareti; proposta di piatti prevalentemente locali e buon vino.

Del Moro 18, VISA AE

via San Leonardo 7 – ☎ 07 63 34 27 63 – Fax 07 63 34 27 63 – Chiuso dal 1° al 15 luglio e venerdì r

Rist – Menu 17 € bc – Carta 22/32 €

◆ Ambiente informale in un ristorante del centro: quattro salette su tre livelli all'interno di un palazzo cinquecentesco ristrutturato; casereccia cucina del luogo.

ad Orvieto Scalo per ①: 3 km – ✉ 05018

Villa Acquafredda cam, VISA AE

località Acquafredda 1 – ☎ 07 63 39 30 73 – villacquafredda@libero.it – Fax 07 63 39 02 26 – Chiuso dal 21 al 27 dicembre

11 cam – †48 € ††66 € – **Rist** – *(giugno-settembre; chiuso a mezzogiorno)* (solo per alloggiati)

◆ Fuori dal centro, vecchio casale di campagna totalmente ristrutturato: saletta comune con camino, camere nuove stile "arte povera" in legno chiaro, ambiente familiare.

a Sferracavallo per ①: 3 km – ✉ 05010

Oasi dei Discepoli cam, 80, VISA AE

via Piave 12 – ☎ 07 63 33 30 – info@hoteloasideidiscepoli.it – Fax 07 63 33 34 03

71 cam – †60/116 € ††80/127 € – **Rist** – Carta 20/29 €

◆ Risorsa ricavata dalla ristrutturazione di un ex istituto religioso dell'ordine dei "Discepoli", da cui deriva il nome. Camere di buon taglio, spaziose e confortevoli. Nell'elegante sala da pranzo, pietanze che spaziano dalla cucina tipica mediterranea a quella creativa ed internazionale.

sulla strada statale 71

Villa Ciconia VISA AE

via dei Tigli 69 Nord : 4 km ✉ 05019 Orvieto Scalo – ☎ 07 63 30 55 82 – villaciconia@libero.it – Fax 07 63 30 20 77

12 cam – †100/120 € ††100/130 € – ½ P 85 € – **Rist** – *(chiuso dal 7 gennaio al 28 febbraio e lunedì)* Carta 27/36 €

◆ In suggestiva posizione alla confluenza di due fiumi, elegante villa cinquecentesca in un parco secolare: ampi spazi sapientemente restaurati e bei mobili d'epoca. Ambiente raffinato nella sala da pranzo dove gustare la cucina umbra.

a Morrano Nord : 11 km – ✉ 05010

Agriturismo Borgo San Faustino ← colline, rist, VISA

borgo San Faustino 11/12 – ☎ 07 63 21 53 03 – borgosf@tin.it – Fax 07 63 21 57 45 – Chiuso dal 9 al 31 gennaio

13 cam – †70/80 € ††80/100 € – **Rist** – Carta 18/25 €

◆ Davvero un piccolo borgo nel classico stile delle case umbre, che ai confort alberghieri unisce la tipica offerta agrituristica; chiedete le camere con letto a baldacchino. Sana cucina del territorio, realizzata con prodotti coltivati in loco.

OSIMO – Ancona (AN) – 563 L22 – 29 780 ab. – alt. 265 m – ✉ 60027 21 C2

Roma 308 – Ancona 19 – Macerata 28 – Pesaro 82 – Porto Recanati 19

piazza del Comune 1 ☎ 071 7249247, info@comune.osimo.an.it, Fax 0717249271

Gustibus VISA AE

piazza del Comune 11 – ☎ 071 71 44 50 – gustibus.email@libero.it – Fax 071 71 44 50 – Chiuso domenica

Rist – Carta 23/40 €

◆ Un moderno ristorante wine bar in centro, propone pranzi semplici e cene ricercate, da gustare attingendo ad una carta dei vini per accompagnare degnamente i prodotti locali.

Gran lusso o stile informale?
I ✗ e i 🏠 indicano il livello di comfort.

OSIO SOTTO – Bergamo (BG) – 561 F10 – 10 909 ab. – alt. 184 m – ✉ 24046 19 C2

Roma 579 – Bergamo 11 – Lecco 38 – Milano 37

XXX ✿ **La Lucanda** (Brasi) con cam

via Risorgimento 15/17 – ☎ 035 80 86 92 – info@lalucanda.it – Fax 03 54 18 10 63 – Chiuso dal 25 dicembre al 7 gennaio e tre settimane in agosto

8 cam ☕ – †100 € ††130 € – **Rist** – *(chiuso domenica e i mezzogiorno di sabato-lunedì)* Carta 61/83 €

Spec. Tortelli di mandorle amare al tartufo nero. Risotto mantecato con ostriche, spumante e caviale nell'oro. Casoeula laccata agli agrumi (autunno-inverno).

◆ Incastonato nelle viuzze del centro, un locale di particolare eleganza che si completa con l'ospitalità dei titolari, la cucina lombarda con piatti più elaborati e creativi.

OSOPPO – Udine (UD) – 562 D21 – 2 932 ab. – alt. 185 m – ✉ 33010 10 B2

Roma 665 – Udine 31 – Milano 404

Pittis rist,

via Andervolti 2 – ☎ 04 32 97 53 46 – info@hotelpittis.com – Fax 04 32 97 59 16

40 cam – †52 € ††63 €, ☕ 6 € – ½ P 65 € – **Rist** – *(chiuso domenica, dal 25 dicembre al 7 gennaio e dal 9 al 22 agosto)* Carta 24/32 €

◆ Accoglienza cordiale in un albergo del centro storico a conduzione diretta con interni in stile lineare arredati con cura; confortevoli camere essenziali. Spazioso ed elegante, il ristorante propone i piatti della tradizione veneta e friulana.

XX **Byblos**

lungomare Colombo 6 – ☎ 01 84 68 90 02 – Fax 01 84 68 11 08 – Chiuso novembre e lunedì

Rist – Carta 29/56 €

◆ Al termine della passeggiata, luminoso ristorante affacciato sul mare, dove viene proposta una fresca e affidabile cucina di mare.

OSPEDALETTO – Verona – Vedere Pescantina

OSPEDALETTO D'ALPINOLO – Avellino (AV) – 564 E26 – 1 673 ab. – alt. 725 m – ✉ 83014 6 B2

Roma 248 – Napoli 59 – Avellino 8 – Salerno 44

XX **Osteria del Gallo e della Volpe**

piazza Umberto I 14 – ☎ 08 25 69 12 25 – info@osteriadelgalloedellavolpe.com – Fax 082 52 50 23 – Chiuso dal 23 al 31 dicembre, dal 1° al 15 luglio, domenica sera, lunedì e a mezzogiorno

Rist – Carta 25/32 €

◆ Una sala accogliente, pochi tavoli e molto spazio. Conduzione familiare, servizio curato e cordiale, menù che propone la tradizione locale con alcune personalizzazioni.

OSPEDALICCHIO – Perugia – 563 M19 – Vedere Bastia Umbra

OSPITALETTO – Brescia (BS) – 561 F12 – 11 903 ab. – alt. 155 m – ✉ 25035 19 D2

Roma 550 – Brescia 12 – Bergamo 45 – Milano 96

X **Hosteria Brescia**

via Brescia 22 – ☎ 030 64 09 88 – Fax 030 64 09 88 – Chiuso una settimana in gennaio, tre settimane in agosto e lunedì

Rist – Carta 29/52 €

◆ Antica locanda di paese rinnovata negli ultimi anni: ambiente in stile rustico, ma ben curato, dove gustare una cucina a base di piatti della tradizione.

OSSANA – Trento (TN) – 562 D14 – 770 ab. – alt. 1 003 m – Sport invernali : *Vedere Tonale (Passo del)* – ✉ 38026 30 B2

Roma 659 – Trento 74 – Bolzano 82 – Passo del Tonale 17

ℹ ☎ 0463 751301, info.ossana@virgilio.it, Fax 0463 751301

Pangrazzi rist,

frazione Fucine alt. 982 – ☎ 04 63 75 11 08 – info@hotelpangrazzi.com – Fax 04 63 75 13 59 – Dicembre-aprile e 15 giugno-10 settembre

32 cam – 30/45 € 60/80 € – 2 suites – ½ P 36/64 € – **Rist** – *(chiuso a mezzogiorno da dicembre ad aprile)* Carta 23/36 €

◆ Struttura rifinita in legno e pietra con invitanti spazi comuni in stile montano. Abbellita da un gradevole piccolo giardino è ideale per un turismo familiare. Al ristorante si servono piatti del territorio e tradizionali.

OSTELLATO – Ferrara (FE) – 562 H17 – 6 819 ab. – ✉ 44020 9 C2

Roma 395 – Ravenna 65 – Bologna 63 – Ferrara 33

Villa Belfiore 50,

via Pioppa 27 – ☎ 05 33 68 11 64 – info@villabelfiore.com – Fax 05 33 68 11 72

18 cam – 75/80 € 100 € – ½ P 70/75 € – **Rist** – *(chiuso gennaio, febbraio e a mezzogiorno escluso domenica)* Menu 28/38 €

◆ In un'oasi di tranquillità, non lontano da Ostellato, ma già immerso nella campagna, un albergo con ambienti e arredi rustici, ricchi di fascino; belle e ampie camere. Piatti della tradizione al ristorante.

Locanda della Tamerice con cam

via Argine Mezzano 2, Est : 1 km – ☎ 05 33 68 07 95 – info@locandadellatamerice.com – Fax 05 33 68 19 62 – Chiuso quindici giorni in gennaio e quindici giorni in novembre

6 cam – 80/95 €, 15 € – **Rist** – *(chiuso lunedì e martedì)* Carta 45/100 €

◆ Nel quadro di un caratteristico paesaggio acquatico ed ornitologico, la cucina gareggia con la sala tra colori e composizioni; a tavola, si spazia dalla selvaggina al pesce. La locanda dispone anche di confortevoli camere.

OSTERIA GRANDE – Bologna – 562 I16 – Vedere Castel San Pietro Terme

OSTIA ANTICA – Roma (RM) – 563 Q18 *Roma* 12 B2

Piazzale delle Corporazioni★★★ – Capitolium★★ – Foro★★ – Domus di Amore e Psiche★★ – Schola del Traiano★★ – Terme dei Sette Sapienti★ – Terme del Foro★ – Casa di Diana★ – Museo★ – Thermopolium★★ – Horrea di Hortensius★ – Teatro★ – Mosaici★★ nelle Terme di Nettuno

OSTUNI – Brindisi (BR) – 564 E34 – 32 766 ab. – alt. 207 m – ✉ 72017 *Italia* 27 C2

Roma 530 – Brindisi 42 – Bari 80 – Lecce 73 – Matera 101 – Taranto 52

corso Mazzini 8 ☎ 0831 301268, ostuni@pugliaturismo.com, Fax 0831 301268

Facciata★ della Cattedrale

Regione dei Trulli★★★ Ovest

La Terra cam, 25,

via Petrarolo 20/24 – ☎ 08 31 33 66 52 – info@laterrahotel.it – Fax 08 31 33 66 51

17 cam – 95/110 € 140/170 € – ½ P 88/98 €

Rist *San Pietro* – Carta 27/41 €

◆ Nel cuore della città bianca, non lontano dalla cattedrale, un lungo restauro ha restituito splendore ad un palazzo del 1200. Alcune camere con arredi d'epoca. Sormontato da volle in pietra, il ristorante offre una semplice atmosfera e piatti pugliesi.

Novecento

contrada Ramunno Sud : 1,5 km – ☎ 08 31 30 56 66 – hotelnovecento@tiscali.it – Fax 08 31 30 56 68

16 cam – 62/100 € 72/120 € – ½ P 47/72 € – **Rist** – Menu 22/45 €

◆ In posizione tranquilla, all'interno di una splendida villa d'epoca, con una bella, grande piscina e un'amena terrazza, un albergo signorile con interni confortevoli. La cornice è suggestiva e la sala ristorante ne risente positivamente.

La Sommità
via Scipione Petrarolo 7 – 08 31 30 59 25 – info@lasommita.it – Fax 08 31 30 67 29 – 20 dicembre-10 gennaio e 15 marzo-6 novembre
9 cam – 180/250 € 250/400 € – 3 suites – ½ P 160/245 €
Rist *Il Profumo* – Carta 35/45 €
◆ Alle spalle della cattedrale, un antico palazzo nobiliare con terrazze panoramiche, custodisce ambienti ricercati ed essenziali, pensati per un soggiorno di relax e d'armonia. Dalla cucina, proposte giornaliere realizzate a partire da un'attenta ricerca dei prodotti.

Tutosa senza rist
contrada Tutosa Nord-Ovest : 7,5 km – 08 31 35 90 46 – tutosa@libero.it – Fax 08 31 33 06 30
18 cam – 100/130 € 120/190 €, 8 €
◆ Una vacanza di tutto relax in un'antica masseria fortificata, con giardino e piscina: spazi esterni molto piacevoli, poche camere semplici ed essenziali, ma confortevoli.

Agriturismo Il Frantoio
strada statale 16 km 874, Nord-Ovest : 5 km – 08 31 33 02 76 – prenota@masseriailfrantolio.it – Fax 08 31 33 02 76
8 cam – 114 € 224 € – **Rist** – (solo su prenotazione) Menu 31 € bc/53 € bc
◆ Ha il fascino dell'abitazione privata questa elegante masseria di origine seicentesca con un antico frantoio ipogeo: raffinati salotti e camere con mobili d'epoca.

Porta Nova 20,
via Petrarolo 38 – 08 31 33 14 72 – rist_portanova@libero.it – Fax 08 31 33 89 83 – Chiuso dal 15 al 31 gennaio e mercoledì
Rist – Carta 35/68 €
◆ Felice ubicazione nel centro storico della cittadina: locale con soffitto a volte e arredi tradizionali; ameno servizio estivo in terrazza panoramica, cucina di mare.

Osteria del Tempo Perso
via G. Tanzarella Vitale 47 – 08 31 30 33 20 – osteriadeltempoperso@libero.it – Fax 08 31 30 33 20 – Chiuso dal 10 al 31 gennaio, lunedì e a mezzogiorno escluso domenica ei giorni festivi
Rist – Carta 27/54 €
◆ Suggestiva atmosfera in una tipica taverna del centro, in un antico mulino con grotta scavata nel tufo; più tradizionale la sala ornata con oggetti di vita contadina.

a Costa Merlata **Nord-Est : 15 km – ✉ 72017**

Grand Hotel Masseria Santa Lucia cam, 1000,
strada statale 379 km 23,500 – 08 31 35 60 – info@masseriasantalucia.it – Fax 08 31 30 40 90
132 cam – 130/280 € 150/300 € – 4 suites – ½ P 120/155 € – **Rist** – Carta 49/64 €
◆ In un'antica masseria rurale fortificata, immersa nel verde e a pochi passi dal mare, un albergo di taglio moderno a vocazione congressuale; camere spaziose e funzionali. Ampio ristorante di tono elegante e d'ispirazione contemporanea.

sulla strada provinciale 14 per Martina Franca **Sud-Ovest : 19,5 km :**

Masseria Cantone 20,
contrada Fantese – 08 04 44 69 02 – masseriacantone@libero.it – Fax 08 04 44 69 02 – Chiuso novembre, lunedì e a mezzogiorno in luglio e agosto, negli altri mesi aperto solo sabato sera e domenica a mezzogiorno
Rist – (consigliata la prenotazione) Carta 33/45 €
◆ Signorile masseria con rigoglioso giardino; ambienti distinti, arredati come una casa privata: salotti in pelle, caminetti, mobili antichi; proposte di cucina locale.

OTRANTO – Lecce (LE) – 564 G37 – 5 456 ab. – ✉ 73028 *Italia* 27 **D3**

Roma 642 – Brindisi 84 – Bari 192 – Gallipoli 47 – Lecce 41 – Taranto 122

piazza Castello 5 0836 801436

Cattedrale★ : pavimento★★★

Costa meridionale★ Sud per la strada S 173

Degli Haethey 100,
via Sforza 33 – ✆ 08 36 80 15 48 – info@hoteldegliaethey.com – Fax 08 36 80 15 76
50 cam – 63/118 € 90/200 € – ½ P 80/115 € – **Rist** – *(maggio-settembre)* Menu 20/30 €
◆ Ad un quarto d'ora dal centro, apprezzerete la tranquillità della zona residenziale e il mare a circa 50 metri. Le camere "superiori" offrono arredi migliori e più servizi. Elegante e moderna sala ristorante.

Rosa Antico senza rist
strada statale 16 – ✆ 08 36 80 20 97 – info@hotelrosantico.it – Fax 08 36 80 15 63
28 cam – 60/80 € 70/150 €
◆ Alberghetto nella prima periferia cittadina, situato in una vecchia villa fine '800, abbellita da un piacevole giardino agrumeto; camere arredate semplicemente.

Valle dell'Idro senza rist
via Giovanni Grasso 4 – ✆ 08 36 80 44 27 – hotelvalledellidro@hotmail.com – Fax 08 36 80 45 32
27 cam – 65/115 € 75/115 €
◆ Bianca costruzione in stile mediterraneo con arredi di rigorosa semplicità. Piccolo giardino con pergolato e terrazza con bella vista sulla città vecchia e sul mare.

Tenuta il Gambero con cam cam,
litoranea per Porto Badisco Sud : 3 km – ✆ 08 36 80 11 07 – tenutailgambero@tiscali.it – Fax 08 36 80 13 03
14 cam – 62 € 83 € – ½ P 67 € – **Rist** – Carta 38/50 €
◆ In una masseria di origini duecentesche, nella tranquillità di una zona isolata e verdeggiante, un locale dall'atmosfera raffinata, che propone gustosi piatti marinari.

Acmet Pascià
via lungomare degli Eroi – ✆ 08 36 80 12 82 – Fax 08 36 80 12 82 – Marzo-5 novembre; chiuso dall' 8 gennaio al 4 febbraio e lunedì escluso dal 15 giugno al 15 settembre
Rist – Carta 39/51 €
◆ Caratteristico ristorante sul lungomare, nei pressi del centro storico, con due sale di taglio elegante; gradevole servizio estivo in terrazza panoramica, cucina di mare.

OTTAVIANO – Napoli (NA) – 564 E25 – 23 284 ab. – alt. 190 m – ✉ 80044 6 B2

Roma 240 – Napoli 22 – Benevento 70 – Caserta 47 – Salerno 42

Augustus senza rist 25,
viale Giovanni XXIII 61 – ✆ 08 15 28 84 55 – prenotazioni@augustus-hotel.com – Fax 08 15 28 84 54
41 cam – 80/100 € 110/130 €
◆ Adatto a una clientela d'affari, albergo in posizione centrale con ambienti in stile lineare d'ispirazione contemporanea; ampie e funzionali le camere.

OTTONE – Livorno – Vedere Elba (Isola d') : Portoferraio

OVADA – Alessandria (AL) – 561 I7 – 11 608 ab. – alt. 186 m – ✉ 15076 23 C3

Roma 549 – Genova 50 – Acqui Terme 24 – Alessandria 40 – Milano 114 – Savona 61 – Torino 125

via Cairoli 103 ✆ 0143 821043, iat@comune.ovada.al.it, Fax 0143 821043

Strada dei castelli dell'Alto Monferrato★ (o strada del vino) verso Serravalle Scrivia

La Volpina 24,
strada Volpina 1 – ✆ 014 38 60 08 – rist.lavolpina@libero.it – Chiuso dal 22 dicembre al 10 gennaio, dall'8 al 29 agosto, la sera dei giorni festivi e lunedì
Rist – Carta 42/57 €
◆ Vicino all'uscita autostradale, ma in tranquilla posizione collinare, ristorante all'interno di una villetta; saporita cucina piemontese, servizio estivo all'aperto.

OZZANO DELL'EMILIA – Bologna (BO) – 562 I16 – 10 885 ab. – alt. 66 m – ✉ 40064 9 **D3**

Roma 399 – Bologna 15 – Forlì 63 – Modena 60 – Ravenna 67

Eurogarden Hotel cam, rist, 100,
via dei Billi 2/a – ✆ 051 79 45 11 – info@eurogardenhotel.com – Fax 051 79 45 94 – Chiuso dal 23 dicembre al 1° gennaio e dal 5 al 20 agosto
72 cam – †68/195 € ††68/276 €
Rist *La Corte dell'Ulivo* – ✆ 051 79 00 62 *(chiuso domenica e a mezzogiorno)* Carta 40/70 €
♦ Albergo moderno in comoda posizione lungo la via Emilia; interni arredati in ciliegio e dotati di ogni confort, nelle camere come negli spazi comuni. Cene a base di specialità del luogo.

PACENTRO – L'Aquila (AQ) – 563 P23 – 1 274 ab. – alt. 650 m – ✉ 67030 1 **B2**

Roma 171 – Pescara 78 – Avezzano 66 – Isernia 82 – L'Aquila 76

Taverna De Li Caldora
piazza Umberto I 13 – ✆ 086 44 11 39 – Fax 08 64 41 09 44 – Chiuso domenica sera e martedì
Rist – Carta 23/41 €
♦ Nel centro storico di questo bel paese di origine medievale, nelle imponenti cantine di un palazzo del '500, taverna con servizio estivo in terrazza panoramica e cucina regionale.

PADENGHE SUL GARDA – Brescia (BS) – 561 F13 – 3 883 ab. – alt. 115 m – ✉ 25080 17 **D1**

Roma 526 – Brescia 36 – Mantova 53 – Verona 43

Aquariva 25,
via Marconi 57, strada statale Gardesana Est : 1 km – ✆ 03 09 90 88 99 – info@aquariva.it – Fax 03 09 90 88 99 – Chiuso dal 5 gennaio al 5 febbraio, dal 15 al 30 novembre, lunedì e martedì a mezzogiorno (escluso da maggio a settembre)
Rist – Carta 44/77 €
♦ Locale elegante e luminoso con una terrazza vetrata che si affaccia sul porticciolo turistico privato e una zona di disimpegno con salotto. Cucina di mare e di terra.

PADERNO DEL GRAPPA – Treviso (TV) – 562 E17 – 2 085 ab. – alt. 1 955 m – ✉ 31017 35 **B2**

Roma 547 – Padova 61 – Treviso 41 – Venezia 72 – Verona 103

San Giacomo senza rist
piazza Martiri 13 – ✆ 04 23 93 03 66 – info@hotelsangiacomo.com – Fax 04 23 93 95 67 – Chiuso dal 29 dicembre al 4 gennaio e dal 13 al 21 agosto
30 cam – †60 € ††95 €
♦ Sulla piazza centrale, all'esterno si presenta come un edificio nuovo ma in stile mentre gli interni offrono camere moderne, quelle sul retro hanno una bella vista sul Grappa.

PADERNO DI PONZANO – Treviso – Vedere Ponzano Veneto

PADERNO FRANCIACORTA – Brescia (BS) – 561 F12 – 3 508 ab. – alt. 183 m – ✉ 25050 19 **D2**

Roma 550 – Brescia 15 – Milano 84 – Verona 81

Franciacorta senza rist
via Donatori di Sangue 10 d – ✆ 03 06 85 70 85 – hotelfranciacortasrl@libero.it – Fax 03 06 85 70 82 – Chiuso agosto
24 cam – †70 € ††90 €
♦ In zona strategica, facile da raggiungere, una risorsa di concezione moderna, quasi confusa fra le molte altre ville dell'area residenziale in cui si trova.

PADOLA – Belluno – Vedere Comelico Superiore

PADOVA 🅿 (PD) – 562 F17 – **208 938 ab. – alt. 12 m** – ✉ **35100** Italia 36 **C3**

Roma 491 – Milano 234 – Venezia 42 – Verona 81

Stazione Ferrovie Stato ✉ 35131 ✆ 049 8752077, infostazione@turismopadova.it, Fax 049 8755008piazza del Santo (aprile-ottobre) ✉ 35123 ✆ 049 8753087vicolo Pedrocchi ✉ 35122 ✆ 049 8767927, infopedrocchi@turismopadova.it

Montecchia, Ovest : 8 km a Selvazzano Dentro, ✆ 049 805 55 50 ;

Frassanelle Frassanelle di Rovolon, Sud-Ovest : 20 km, ✆ 049 991 07 22 ;

, Est : 21 km a Galzignano Terme, ✆ 049 919 51 00.

Affreschi di Giotto★★★, Vergine★ di Giovanni Pisano nella cappella degli Scrovegni DY – Basilica del Santo★★DZ – Statua equestre del Gattamelata★★DZ **A** – Palazzo della Ragione★DZ **J** : salone★★ – Pinacoteca Civica★DY **M** – Chiesa degli Eremitani★DY : affreschi di Guariento★★ – Oratorio di San Giorgio★DZ **B** – Scuola di Sant'Antonio★DZ **B** – Piazza della Frutta★DZ **25** – Piazza delle Erbe★DZ **20** – Torre dell'Orologio★ (in piazza dei Signori CYZ) – Pala d'altare★ nella chiesa di Santa Giustina DZ

Colli Euganei★ Sud-Ovest per ⑥

Piante pagine seguenti

Grand'Italia senza rist — 70, VISA AE

corso del Popolo 81 ✉ 35131 – ✆ 04 98 76 11 11 – info@hotelgranditalia.it – Fax 04 98 75 08 50 DY **a**

61 cam – ♦99/156 € ♦♦130/216 € – 3 suites

♦ Trasformato in hotel nel 1907, Palazzo Folchi rappresenta un mirabile esempio di stile liberty. Stanze rinnovate secondo criteri di piacevole modernità.

Plaza — cam, rist, 150, VISA AE

corso Milano 40 ✉ 35139 – ✆ 049 65 68 22 – plaza@plazapadova.it – Fax 049 66 11 17 CY **m**

134 cam – ♦100/145 € ♦♦150/200 € – 5 suites – **Rist** – *(chiuso agosto, domenica e a mezzogiorno)* Carta 43/58 €

♦ Vantaggiosa posizione, in prossimità del centro storico e commerciale: buon servizio e ottima gestione per una comodissima e piacevole risorsa dall'atmosfera elegante. Ristorante raffinato frequentato in prevalenza da clienti d'affari.

Methis senza rist — 40, VISA AE

riviera Paleocapa 70 ✉ 35141 – ✆ 04 98 72 55 55 – info@methishotel.com – Fax 04 98 72 51 35 CZ **a**

59 cam – ♦125/150 € ♦♦170/200 €

♦ Lungo il canale e non lontano dalla Specola, nuovo albergo dagli interni moderni e funzionali. Quattro piani ispirati ai quattro elementi: aria, acqua, terra e fuoco.

Biri — cam, 80, VISA AE

via Grassi 2 ✉ 35129 – ✆ 04 98 06 77 00 – hotelbiri@hotelbiri.com – Fax 04 98 06 77 48 – Chiuso dal 22 dicembre al 1° gennaio BV **a**

93 cam – ♦79/107 € ♦♦113/162 € – 3 suites – **Rist** – *(chiuso due settimane in agosto, domenica e a mezzogiorno)* Carta 26/40 €

♦ Un enorme albergo situato in prossimità di un importante crocevia non lontano dalla zona fieristica; risorsa di buon livello, con camere in gran parte rimesse a nuovo.

Accademia Palace — 110, VISA AE

via del Pescarotto 39 ✉ 35131 – ✆ 04 97 80 02 33 – info@accademiahotelpadova.it – Fax 049 77 67 95 BV **d**

95 cam – ♦100/140 € ♦♦130/160 € – ½ P 90/100 € – **Rist** – Carta 32/42 €

♦ Moderna struttura ubicata nei pressi della Fiera e della stazione ferroviaria. Indicata per la clientela business a cui mette a disposizione le tecnologie più moderne. Al ristorante, pasti serali a base di pesce, ma suche prarizi di lavoro e banchetti.

Milano — VISA AE

via Bronzetti 62 ✉ 35138 – ✆ 04 98 71 25 55 – info@hotelmilano-padova.it – Fax 04 98 71 39 23 CY **g**

80 cam – ♦79/115 € ♦♦99/175 € – **Rist** – *(chiuso domenica)* Carta 25/32 €

♦ Offre un insieme funzionale e ha caratteristiche tipiche degli alberghi dell'ultima generazione, con tutti i confort e le modernità, in un'area cittadina molto comoda. Ampie sale ristorante, gestione familiare, cucina del territorio.

PADOVA

Via	Griglia	N.
Acquapendente (V. G.F.)	AX	2
Ariosto (V. L.)	BV	3
Bezzecca (V.)	AV	5
Bruno (V. G.)	AX	6
Camerini (Cavalcavia)	AV	7
Capitello (V.)	AV	9
Castelfidardo (V.)	AX	13
Cavallotti (Viale F.)	AX	14
Costa (V. A.)	AX	18
Falloppio (V. G.)	BV	22
Gattamelata (V.)	BVX	30
Giglio (V. del)	ABV	31
Giustiniani (V. N.)	BVX	32
Grazie (Viale delle)	BV	34
Guido Reni (V.)	BV	36
Industria (Viale dell')	BV	38
Madonna della Salute (V.)	BV	41
Manzoni (V. A.)	AX	42
Maroncelli (V.)	BV	43
Morgagni (V.)	ABV	46
Palestro (V.)	AV	49
Pontevigodarzere (V.)	BV	55
Sacro Cuore (V.)	AV	56
Stanga (Piazzale)	BV	62
S. Marco (V.)	BV	60
Tommaseo (V.)	BV	63
Turazza (V.)	BV	64
Vicenza (V.)	AV	69
Vittorio Emanuele II (Cso)	AX	70
Vittorio Veneto (V.)	AX	71
Vivarini (V.)	BV	73

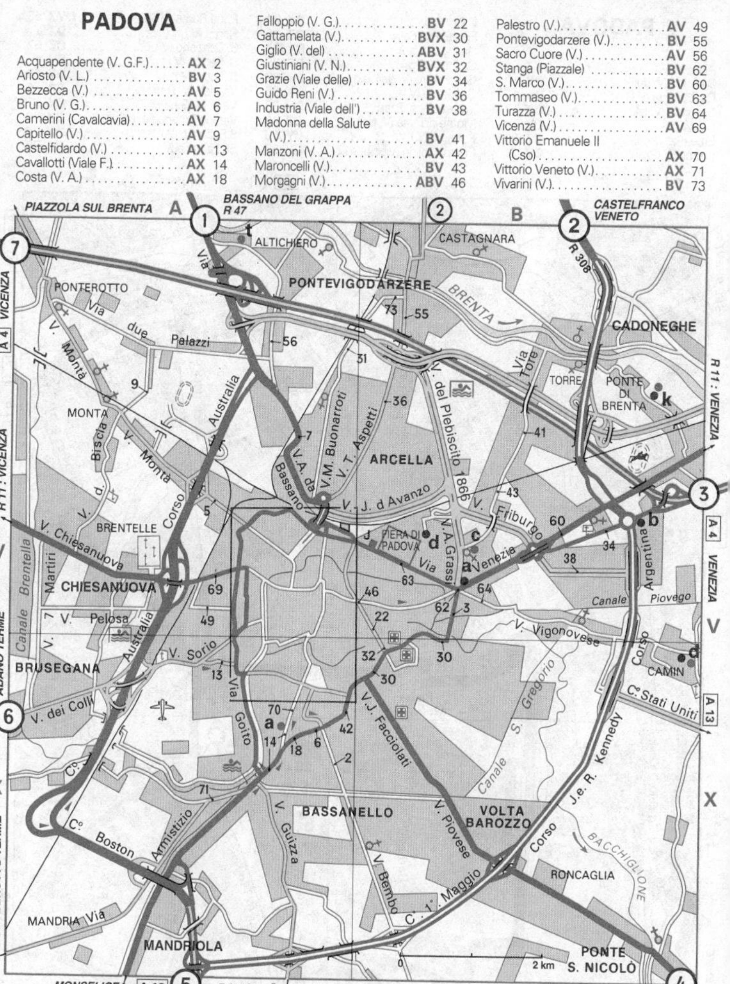

Donatello senza rist 20,
via del Santo 102/104 ✉ 35123 – ✆ 04 98 75 06 34 – info@hoteldonatello.net – Fax 04 98 75 08 29 – Chiuso dal 15 dicembre al 6 gennaio DZ **z**
44 cam – 206/226 €
◆ Nel cuore storico della città, una struttura d'inizio secolo scorso gestita, da generazioni, dalla medesima famiglia; recenti rinnovamenti e bella vista da alcune stanze.

Majestic Toscanelli senza rist 35,
via dell'Arco 2 ✉ 35122 – ✆ 049 66 32 44 – majestic@toscanelli.com. – Fax 04 98 76 00 25 DZ **b**
34 cam – 99/115 € 156/172 € – 3 suites
◆ Uno dei vecchi alberghi nel centro cittadino, con una zona comune incentrata sulla hall e stanze, di fattura diversa, con arredi di vari stili d'epoca. American bar serale.

PADOVA

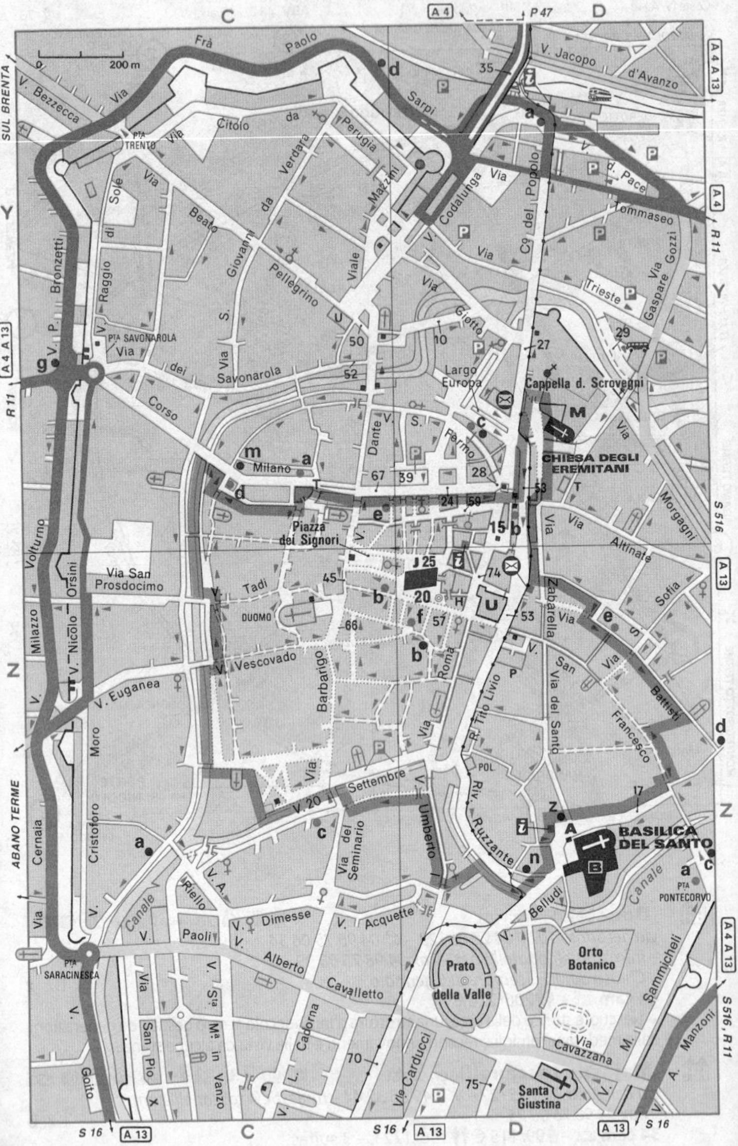

Europa 50,
largo Europa 9 ✉ 35137 – ✆ 049 66 12 00 – hotele@protec.it – Fax 049 66 15 08 DY c
80 cam – 119/144 € 144/169 €
Rist Zaramella – vedere selezione ristoranti
◆ Cappella degli Scrovegni e centro storico sono a pochi metri, così anche la stazione: comodissimo hotel, vicino ad un garage convenzionato, ideale per clienti d'affari.

Giotto senza rist
piazzale Ponte Corvo 33 ✉ 35121 – ✆ 04 98 76 18 45 – info@hotelgiotto.com – Fax 049 66 26 77 DZ c
34 cam – 59/80 € 79/120 €, 8 €
◆ Poco lontano dalla basilica di Sant'Antonio, albergo riaperto da poco in seguito ad una totale ristrutturazione. Offre soluzioni di taglio moderno e funzionale.

Igea senza rist
via Ospedale Civile 87 ✉ 35121 – ✆ 04 98 75 05 77 – hoteligeapd@iol.it – Fax 049 66 08 65 DZ d
54 cam – 57/65 € 75/90 €, 8 €
◆ Un buon hotel che lavora molto con la clientela dell'Ospedale Civile di fronte a cui è posizionato: un'area comunque centralissima anche per le varie mete turistiche.

Al Fagiano senza rist
via Locatelli 45 ✉ 35123 – ✆ 04 98 75 33 96 – info@alfagiano.com – Fax 04 98 75 33 96 DZ n
29 cam – 52/58 € 75/85 €, 7 €
◆ Ciò che vorremmo trovare in ogni città, arrivando come turisti con tutta la famiglia: un discreto hotel, un po' nascosto, in pieno centro, con un buon rapporto qualità/prezzo.

Al Cason 40,
via Frà Paolo Sarpi 40 ✉ 35138 – ✆ 049 66 26 36 – info@hotelalcason.com – Fax 04 98 75 42 17 CDY d
48 cam – 80 € 105 € – ½ P 90 € – **Rist** – *(chiuso sabato e domenica)* Carta 27/31 €
◆ Periferica e tuttavia molto comoda, in prossimità della stazione ferroviaria, una risorsa a conduzione familiare ormai da parecchi anni, dotata di confort essenziali. Tanta storia per un semplice ristorante moderno.

Belle Parti 20,
via Belle Parti 11 ✉ 35139 – ✆ 04 98 75 18 22 – ristorante@belle_parti.it – Fax 04 98 75 18 22 – Chiuso domenica CDY e
Rist – (prenotare) Carta 45/56 €
◆ Un'unica sala divisa a metà da due piccoli archi: molti quadri alle pareti, specchi, legno per il pavimento e il soffitto. Atmosfera raffinata, con specialità stagionali.

Antico Brolo 22,
corso Milano 22 ✉ 35139 – ✆ 049 66 45 55 – info@anticobrolo.it – Fax 049 65 60 88 – Chiuso dal 12 al 15 agosto e lunedì a mezzogiorno CY a
Rist – Carta 34/72 € (+18 %)
◆ All'interno di un palazzo cinquecentesco, un caldo, elegante ambiente gestito dauna coppia romagnola; piatti locali e creativi, serviti sia in sala che in veranda.

Ai Porteghi 15,
via Cesare Battisti 105 ✉ 35121 – ✆ 049 66 07 46 – aiporteghi@libero.it – Fax 04 98 78 96 69 – Chiuso lunedì a mezzogiorno e domenica DZ e
Rist – Carta 35/62 €
◆ In centro, in un ambiente riservato, atmosfera un po' da pub inglese e tripudio di legni, una cucina di taglio classico che segue il ritmo delle stagioni.

La Vecchia Enoteca
via San Martino e Solferino 32 ✉ 35122 – ✆ 04 98 75 28 56 – Fax 04 98 75 28 56 – Chiuso dal 14 al 21 agosto, domenica e lunedì a mezzogiorno DZ f
Rist – (Coperti limitati; prenotare) Carta 38/50 €
◆ Proposte gastronomiche tradizionali, con piatti di mare e di terra e divagazioni nella cucina veneta: in un localino ben arredato e curato, nella zona degli antiquari.

XX **Gattopardo**
riviera Tiso Camposampiero 11 ✉ 35122 – ✆ 04 98 36 40 60 – info@gattopardo.net – Chiuso agosto e martedì CZ **c**
Rist – Carta 36/46 €
◆ Locale dal design contemporaneo, arricchito da una collezione di arte moderna. Suddiviso in due livelli, la sala supperiore è soppalcata. Cucina fantasiosa.

XX **Zaramella** – Hotel Europa 14,
largo Europa 10 ✉ 35137 – ✆ 04 98 76 08 68 – Fax 049 66 15 08 DY **c**
Rist – *(chiuso agosto, sabato a mezzogiorno e domenica)* Carta 28/39 €
◆ Elegante sala di un rilassante color azzurro pastello e di tono moderno, ma con piacevoli tocchi dal passato quali il vecchio comò o le decorazioni alle pareti.

XX **Alle Piazze-Da Giorgio** 15,
via Manin 8/10 ✉ 35139 – ✆ 04 98 36 09 73 – Fax 04 98 21 99 04 – Chiuso agosto e domenica CZ **b**
Rist – Carta 35/52 €
◆ Nel pieno centro storico della città, locale classico ed elegante che offre proposte del territorio presentate in chiave moderna. Gestione di lunga esperienza.

XX **La Cova** 20,
via Calvi 20 ✉ 35122 – ✆ 049 65 43 12 – Fax 04 98 72 58 61 – Chiuso martedì DY **b**
Rist – Carta 38/55 €
◆ Lungo la piccola via Calvi, un locale ristrutturato da pochi anni dalla nuova, giovane gestione. Quattro sale per gustare pesce, carne, pasta fatta in casa e pizza.

X **Trattoria San Pietro**
via San Pietro 95 ✉ 35139 – ✆ 04 98 76 03 30 – Chiuso dal 25 dicembre al 6 gennaio, luglio, domenica e da giugno a settembre anche sabato CY **d**
Rist – Carta 32/44 €
◆ Una piacevole e signorile trattoria, ubicata nel centro cittadino; un ambiente curato, con numero limitato di posti e menù giornaliero con invitanti piatti casalinghi.

X **Per Bacco**
piazzale Ponte Corvo 10 ✉ 35121 – ✆ 04 98 75 46 64 – per-bacco@per-bacco.it – Chiuso dal 12 al 26 agosto e lunedì, in estate chiuso domenica a mezzogiorno DZ **a**
Rist – Carta 38/49 €
◆ Bottiglie esposte all'ingresso, libri e riviste a tema, tutto favorisce un piacevole incontro con la divinità che dà il nome a questo simpatico ed accogliente locale.

X **Giovanni**
via Maroncelli 22 ✉ 35129 – ✆ 049 77 26 20 – Fax 049 77 26 20 – Chiuso dal 24 dicembre al 3 gennaio, agosto, sabato a mezzogiorno e domenica BV **c**
Rist – Carta 37/45 €
◆ In posizione periferica, uno dei locali tradizionali di Padova dove ancora si possono apprezzare paste fatte in casa e carrelli di bolliti e arrosti proposti tutti i giorni.

a Camin Est : 4 km per A 4 BX – ✉ **35127**

Admiral senza rist 65,
via Vigonovese 90 – ✆ 04 98 70 02 40 – info@hoteladmiral.it – Fax 04 98 70 03 30 BX **d**
50 cam – 🛉60/100 € 🛉🛉85/140 €
◆ Sito nella zona industriale, sull'arteria principale che attraversa la località, un albergo di fattura moderna, distribuito su tre edifici, ideale per la clientela d'affari.

XX **Bion**
via Vigonovese 427, 2 km per via Vigonovese – ✆ 04 98 79 00 64 – gestionibion@virgilio.it – Fax 04 98 79 75 75 – Chiuso dal 26 dicembre al 6 gennaio, dal 10 al 25 agosto e domenica
Rist – Carta 30/36 €
◆ Un locale tradizionale che negli anni, pur migliorando, ha mantenuto un piacevole tono familiare; cucina casereccia con paste fatte in casa e un ricco carrello di bolliti.

in prossimità casello autostrada A 4 Nord-Est : 5 km per S 11 BV :

Sheraton Padova Hotel cam, 600,

corso Argentina 5 ✉ 35129 – ✆ 04 97 80 82 30 – hotel@sheratonpadova.it – Fax 04 98 99 85 55 BV **b**

230 cam – ♦139/220 € ♦♦139/260 € – 2 suites

Rist ***Les Arcades*** – Carta 39/54 €

♦ In posizione strategica per scoprire sia Padova sia Venezia, un hotel che riesce a soddisfare la clientela turistica e d'affari con standard di confort in linea con la catena. Al ristorante raffinata atmosfera ovattata.

ad Altichiero Nord : 6 km per S 47 AV – ✉ **35010 – Padova**

Antica Trattoria Bertolini con cam cam, cam,

via Altichiero 162 – ✆ 049 60 03 57 – info@bertolini1849.it – Fax 049 60 03 57 – Chiuso 3 settimane in agosto AV **t**

14 cam – ♦♦44/90 €, 4 € – **Rist** – *(chiuso venerdì sera e sabato)* Carta 29/33 €

♦ Buon rapporto qualità/prezzo per un locale attivo ormai da generazioni. Proposte del territorio tra cui non mancano i carrelli di bolliti. Piacevoli stanze ben accessoriate.

a Ponte di Brenta Nord-Est : 6 km per S 11 BV – ✉ **35129**

Sagittario 30,

via Randaccio 6, località Torre – ✆ 049 72 58 77 – info@hotelsagittario.com – Fax 04 98 93 21 12 – Chiuso dal 24 dicembre al 6 gennaio ed agosto

41 cam – ♦54/75 € ♦♦78/98 €, 8 € BV **k**

Rist Dotto di Campagna – vedere selezione ristoranti

♦ Decentrato, ma immerso nel verde, un valido appoggio per chi sia soltanto di passaggio o chi desideri visitare meglio le località vicine; camere semplici.

Dotto di Campagna – Hotel Sagittario 20/30,

via Randaccio 4, località Torre – ✆ 049 62 54 69 – risdotto@hotelsagittario.com – Fax 04 98 95 43 37 – Chiuso dal 26 dicembre al 6 gennaio, agosto, domenica sera e lunedì BV **k**

Rist – Carta 24/49 €

♦ Un simpatico indirizzo, un po' fuori città, ove poter assaporare i piatti della tradizione veneta nella più completa rilassatezza e in un ambiente di elegante rusticità.

PAESTUM – Salerno (SA) – **564** F27 – ✉ **84063** *Italia* 7 **C3**

Roma 305 – Potenza 98 – Napoli 99 – Salerno 48

via Magna Grecia 887/891 (zona Archeologica) ✆ 0828 811016, info@infopaestum.it, Fax 0828 722322

Rovine★★★ – Museo★★

Ariston Hotel 1000,

via Laura 13 – ✆ 08 28 85 13 33 – info@hotelariston.comm – Fax 08 28 85 15 96

111 cam – ♦90/110 € ♦♦100/130 €, 10 € – **Rist** – Carta 30/38 €

♦ Un grande complesso turistico alberghiero con ogni sorta di struttura, da quella congressuale a quella sportivo-salutare; camere molto spaziose, dotate di tutti i confort. Sale da pranzo per ogni necessità del cliente, soprattutto per attività banchettistica.

Grand Hotel Tenuta Lupo' 600,

via Laura 201 – ✆ 082 87 20 30 00 – info@tenutalupo.it – Fax 082 87 20 30 01

66 cam – ♦116/164 € ♦♦141/199 € – ½ P 130 € – **Rist** – (solo per alloggiati) Carta 27/40 €

♦ Di recente apertura e ancora in evoluzione, hotel che si propone con spazi e arredi eleganti, ricavati da una tenuta di caccia attiva nel XIX sec.

Savoy Beach cam, 850,

via Poseidonia – ✆ 08 28 72 01 00 – info@hotelsavoybeach.it – Fax 08 28 72 08 07

42 cam – ♦83/164 € ♦♦110/218 € – ½ P 79/139 €

Rist ***Tre Olivi*** – ✆ 08 28 72 00 23 – Carta 35/60 €

♦ Imponente e sfarzoso hotel, realizzato di recente e votato all'attività congressuale e banchettistica. Hall, saloni e spazi comuni (anche esterni) davvero ampi e suggestivi. Sala ristorante in stile con l'hotel, signorile ed elegante.

Le Palme 250,
via Poseidonia 123 – 08 28 85 10 25 – info@lepalme.it – Fax 08 28 85 15 07 – Aprile-28 ottobre
84 cam – 60/98 € 84/146 € – ½ P 52/102 € – **Rist** – Carta 32/46 €
◆ Fuori dall'area dell'antica Poseidonia e non lontano dal mare, una risorsa anni '70 in parte rinnovata nel corso degli anni; offre un settore notte con camere spaziose. Ampia sala ristorante di taglio classico.

Schuhmann mare, 100,
via Marittima 5 – 08 28 85 11 51 – info@ hotelschuhmann.com – Fax 08 28 85 11 83
53 cam – 100/140 € 120/160 € – ½ P 95/100 € – **Rist** – (solo per alloggiati)
◆ Terrazza giardino in riva al mare, per questa piacevole risorsa, molto comoda per chi cerchi anche il relax e la tranquillità del verde e della spiaggia a portata di mano.

Esplanade rist, cam, 200,
via Poseidonia – 08 28 85 10 43 – info@ hotelesplanade.com – Fax 08 28 85 16 00
24 cam – 50/130 € 70/140 € – ½ P 55/93 € – **Rist** – Carta 29/40 €
◆ Il punto di forza dell'hotel è costituito dal gradevolissimo giardino con piscina e dall'ampia zona verde che conduce direttamente alla spiaggia; settore notte ben tenuto. Al ristorante ambienti e atmosfere signorili, di taglio moderno.

Il Granaio dei Casabella cam, 80,
via Tavernelle 84 – 08 28 72 10 14 – info@ilgranaiodeicasabella.com – Fax 08 28 81 18 93 – Chiuso novembre
14 cam – 90/110 € 110/130 €
Rist – *(chiuso domenica sera e lunedì da settembre a giugno)* Carta 27/48 €
◆ Adiacente al sito archeologico, hotel ricavato da un antico granaio, con esito sorprendente. Camere arredate con gusto, mobili d'epoca o in arte povera. Suggestiva sala ristorante dai toni eleganti.

Villa Rita 60,
zona archeologica – 08 28 81 10 81 – info@hotelvillarita.it – Fax 08 28 72 25 55 – 20 marzo-ottobre
19 cam – 55/62 € 76/86 € – **Rist** – (solo per alloggiati) 15 €
◆ Nella campagna prospiciente le antiche mura, immerso in un parco-giardino, un tranquillo alberghetto a conduzione familiare in cui si respira semplicità e sobrietà.

Agriturismo Seliano rist,
Capaccio – 08 28 72 36 34 – seliano@agriturismoseliano.it – Fax 08 28 72 45 44 – Natale, Capodanno e 15 marzo-ottobre
15 cam – 50/95 € 70/120 € – **Rist** – (solo su prenotazione) Menu 25/30 €
◆ L'allevamento di bufale, ecco la vera chicca di questo agriturismo. Nel casale, quattordici camere, graziose e curate, gestite con professionalità e con grande cordialità. Il ristorante propone un menù fisso con grande spazio ai prodotti dell'azienda.

Nettuno
zona archeologica – 08 28 81 10 28 – info@ristorantenettuno.com – Fax 08 28 81 10 28 – Chiuso dal 7 gennaio al 7 febbraio, quindici giorni in novembre e la sera
Rist – Carta 27/41 € (+10 %)
◆ Una casa colonica di fine '800, già punto di ristoro negli anni '20, un servizio estivo in veranda con vista su Basilica e tempio di Nettuno; a tavola, fra l'archeologia.

sulla strada statale 166 Nord-Est : 7,5 km

Le Trabe con cam
via Capodifiume 4 – 08 28 72 41 65 – antoniochiacchiaro@virgilio.it – Fax 08 28 72 41 65 – Chiuso dal 20 dicembre all' 8 gennaio
Rist – *(chiuso lunedì e domenica sera da ottobre a marzo)* Carta 34/53 € (+10 %)
◆ All'interno di un parco-giardino lungo il corso di un fiume, vecchia centrale idroelettrica sapientemente restaurata da due giovani fratelli; piatti creativi e di mare.

PAGANICA – L'Aquila – 563 O22 – Vedere L'Aquila

PALADINA – Bergamo – Vedere Almè

PALAGIANELLO – Taranto (TA) – 564 F32 – 7 643 ab. – alt. 157 m – ✉ 74018
27 C2

Roma 477 – Bari 62 – Matera 44 – Taranto 33

XX **La Strega**

via F.lli Bandiera 61 – ☎ 09 98 44 46 78 – lastregaristorante@virgilio.it – Fax 09 98 44 88 19 – Chiuso dal 1° al 15 luglio, lunedì, martedì a mezzogiorno

Rist – Carta 37/47 €

Spec. Ravioli di cernia in brodetto di canestrelli e alghe (primavera). Sauté di scampi con capocollo di Martina Franca con funghi porcini e zabaione d'aglio. Sella di maialino laccato in salsa di uva fragola e tortino di patate al timo limonato (estate).

◆ Arrivati in paese, nulla farebbe sospettare l'esistenza di una delle migliori tavole della regione. Si scopre invece un giovane cuoco che rivede con estro i piatti regionali.

PALAU – Sassari – 566 D10 – Vedere Sardegna alla fine dell'elenco alfabetico

PALAZZAGO – Bergamo (BG) – 561 E10 – 3 589 ab. – alt. 397 m – ✉ 24030
19 C1

Roma 599 – Bergamo 18 – Brescia 68 – Milano 61 – Monza 39

X **Osteria Burligo**

località Burligo 18, Nord-Ovest : 2,5 km – ☎ 035 55 04 56 – Fax 035 55 04 56 – Chiuso gennaio, lunedì, martedì e a mezzogiorno (escluso i giorni festivi)

Rist – Carta 25/30 €

◆ Un semplice esercizio fuori porta dalla gestione familiare che sa come accogliere il cliente e proporre piatti genuini e gustosi. Due sale semplici e una terrazza estiva.

PALAZZOLO SULL'OGLIO – Brescia (BS) – 561 F11 – 17 840 ab. – alt. 166 m – ✉ 25036
19 D2

Roma 581 – Bergamo 26 – Brescia 32 – Cremona 77 – Lovere 38 – Milano 69

XX **La Corte**

via San Pancrazio 41 – ☎ 03 07 40 21 36 – Fax 03 07 40 21 36 – Chiuso dal 1° al 15 gennaio, dal 7 al 30 agosto, sabato a mezzogiorno e lunedì

Rist – Carta 37/46 €

◆ Ricavati da una casa colonica ristrutturata, ambienti rustici e accoglienti, in cui assaporerete originali proposte culinarie, accompagnate da un'ottima scelta di vini.

XX **Al Torrazzo**

via Canonico Bissolotti 1 – ☎ 03 07 40 06 72 – info@ristorantealtorrazzo.com – Fax 03 07 40 06 72 – Chiuso dal 1° al 7 gennaio, agosto, lunedì sera e martedì

Rist – Carta 30/48 €

◆ Nella ex canonica del XIII sec. che conserva le antiche mura della torre, una giovane coppia, terza generazione della stessa famiglia, gestisce questo storico ristorante.

X **Osteria della Villetta** con cam — cam, cam,

via Marconi 104 – ☎ 03 07 40 18 99 – gaross@libero.it – Fax 03 07 40 18 99 – Chiuso dal 1° al 20 agosto

6 cam – †45 € ††65 € – ½ P 55/60 € – **Rist** – *(chiuso dal 25 dicembre al 3 gennaio, dal 10 al 25 agosto, domenica e lunedì)* Carta 28/38 €

◆ A pochi metri dalla stazione, antica osteria dagli inizi del secolo scorso: lunghi tavoloni massicci, bancone per la mescita del vino e tono casereccio, come i cibi.

a San Pancrazio Nord-Est : 3 km – ✉ 25036 – PALAZZOLO SULL'OGLIO

XX **Hostaria al Portico** — 12/14,

piazza Foibe – ☎ 03 07 38 61 64 – Fax 03 07 38 61 64 – Chiuso dal 26 dicembre al 10 gennaio, agosto, domenica sera e lunedì

Rist – Carta 45/70 €

◆ All'interno delle antiche stalle di un palazzo del '600, tre salette eleganti mentre all'esterno un bel giardino ospita il dehors. Cucina prevalentemente di pesce.

PALAZZUOLO SUL SENIO – Firenze (FI) – **563** J16 – 1 271 ab. – alt. 437 m – ✉ 50035 29 **C1**

Roma 318 – Bologna 86 – Firenze 56 – Faenza 46

Locanda Senio (riscaldata)
borgo dell'Ore 1 – 05 58 04 60 19 – info@locandasenio.it – Fax 05 58 04 39 49 – Chiuso dal 6 gennaio al 13 febbraio
8 cam – 100/115 € 135/170 € – 2 suites – ½ P 105/120 €
Rist – *(chiuso a mezzogiorno escluso sabato-domenica e lunedì-martedì-mercoledì da novembre ad aprile)* Carta 30/42 €
◆ Come cornice un caratteristico borgo medievale, come note salienti la cura, le personalizzazioni, la bella terrazza con piscina... insomma un soggiorno proprio piacevole. Al ristorante piatti del territorio e antiche ricette medievali riscoperte con passione.

Agriturismo Le Panare rist,
località Scheta Sud-Ovest : 5 km – 05 58 04 63 46 – lepanare@tin.it – Maggio-ottobre
4 cam – 40/65 € – ½ P 30/45 € – **Rist** – (solo per alloggiati) Menu 10/20 €
◆ All'interno di un antico borgo rurale, una risorsa ispirata alla semplicità, ubicata in un'area isolata e quindi decisamente tranquilla. Piccolo museo dedicato al medioevo.

PALERMO P – **565** M22 – **Vedere Sicilia alla fine dell'elenco alfabetico**

PALESE – Bari (BA) – **564** D32 – ✉ **70057** 26 **B2**

Roma 441 – Bari 10 – Foggia 124 – Matera 66 – Taranto 98
Sud-Est : 2 km 080 5835200, Fax 080 5835225

Vittoria Parc Hotel 200,
via Nazionale 10/f – 08 05 30 63 00 – info@vittoriaparchotel.com – Fax 08 05 30 13 00
102 cam – 90/105 € 130/150 € – **Rist** – (solo per alloggiati) Carta 25/32 €
◆ Ottimo riferimento per i clienti d'affari che ruotano su Bari e l'aeroporto poco distante; di costruzione recente, offre spazi funzionali, ampi, con arredi iper moderni.

PALESTRINA – Roma (RM) – **563** Q20 – **17 783 ab.** – **alt. 465 m** – ✉ **00036** 13 **C2**
Roma

Roma 39 – Anzio 69 – Frosinone 52 – Latina 58 – Rieti 91 – Tivoli 27

Stella rist,
piazzale della Liberazione 3 – 069 53 81 72 – info@hotelstella.it – Fax 069 57 33 60
28 cam – 50/52 € 60/63 €, 5 € – ½ P 51 € – **Rist** – Carta 30/50 € (+12 %)
◆ Camere semplici, in parte rinnovate, in un curato alberghetto di paese, gestito da quarant'anni dalla stessa famiglia; clientela per lo più di lavoro. Lunga tradizione culinaria al ristorante d'impostazione classica.

Il Piscarello
via del Piscarello 2 – 069 57 43 26 – Fax 069 53 77 51 – Chiuso dal 30 luglio al 31 agosto e lunedì
Rist – Carta 31/61 €
◆ In piena campagna, un ristorante dal salone curato e con un piacevole gazebo esterno; proposte di cucina laziale, funghi, pesce; notevole selezione di grappe.

PALINURO – Salerno (SA) – **564** G27 – ✉ **84064** 7 **D3**

Roma 376 – Potenza 173 – Napoli 170 – Salerno 119 – Sapri 49
(marzo-ottobre) piazza Virgilio 0974 938144

Grand Hotel San Pietro mare e costa, 200,
via Pisacane – 09 74 93 14 66 – info@grandhotelsanpietro.com – Fax 09 74 93 19 19 – Aprile-ottobre
48 cam – 128/198 € 160/246 € – **Rist** – (solo per alloggiati) Carta 56/75 €
◆ Un'ubicazione tranquilla, dalla quale è possibile ammirare il Tirreno e la costa del Cilento: in zona centrale, direttamente sulla distesa marina. Camere spaziose.

Santa Caterina ← costa e mare, rist, VISA

via Indipendenza 53 – ✆ 09 74 93 10 19 – info@albergosantacaterina.com – Fax 09 74 93 83 25

27 cam – 66/80 € 96/202 € – ½ P 75/110 € – **Rist** – *(giugno-settembre)* Carta 41/54 €

♦ Un rinnovo radicale per un risultato ottimale, così oggi l'hotel appare moderno e al passo coi tempi, ma nel rispetto della propria storia. Bella vista dalle camere. Affidabile ristorante con ampi scorci sul paesaggio.

La Conchiglia ← costa e mare, rist, VISA AE

via Indipendenza 52 – ✆ 09 74 93 10 18 – info@hotellaconchiglia.it – Fax 09 74 93 10 30

32 cam – 80/130 € 90/150 € – ½ P 50/100 € – **Rist** – Carta 22/31 €

♦ Hotel di taglio moderno, completamente ristrutturato, ubicato in pieno centro. Spazi comuni completi, camere spaziose, arredi di qualità e una bella terrazza vista mare. Il ristorante dispone di un'ariosa sala interna e di una veranda panoramica.

Lido Ficocella VISA AE

via Ficocella 51 – ✆ 09 74 93 10 51 – Fax 09 74 93 19 97 – Pasqua-ottobre

31 cam – 35 € 70 €, 5 € – ½ P 60 € – **Rist** – (solo per alloggiati) Carta 15/25 €

♦ Albergo familiare, situato ancora in centro, rispetto alla località, ma al contempo appartato e direttamente sulla scogliera che scende all'omonima spiaggetta.

Da Carmelo con cam VISA

località Isca Est : 1 km – ✆ 09 74 93 11 38 – info@dacarmelo.it – Fax 09 74 93 07 05 – Chiuso dal 5 novembre al 27 dicembre

7 cam – 50/80 € 70/120 € – ½ P 47/62 € – **Rist** – *(chiuso mercoledì escluso da aprile a settembre)* Carta 30/40 € (+10 %)

♦ Al confine della località, lungo la statale per Camerota, un ristorante di grandi dimensioni che propone una gustosa cucina di mare, basata su ottime materie prime.

Da Isidoro VISA AE

via Indipendenza 56 – ✆ 09 74 93 10 43 – Fax 09 74 93 10 43 – 15 marzo-15 ottobre

Rist – Carta 19/41 €

♦ Trattoria ruspante, gestita con cortesia e onestà. La cucina propone una buona selezione dei piatti della più casereccia e genuina tradizione locale, prediligendo il mare.

PALLANZA – Verbania – 561 E7 – Vedere Verbania

PALLUSIEUX – Aosta – Vedere PréSaintDidier

PALMANOVA – Udine (UD) – 562 E21 – 5 384 ab. – alt. 26 m – ✉ 33057 11 C3

Roma 612 – Udine 31 – Gorizia 33 – Grado 28 – Pordenone 57 – Trieste 50

Commercio VISA AE

borgo Cividale 15 – ✆ 04 32 92 82 00 – albergocommercio@virgilio.it – Fax 04 32 92 35 68

33 cam – 38 € 56 € – ½ P 39 €

Rist Da Gennaro – vedere selezione ristoranti

♦ Centralissima, all'interno della cittadina a pianta stellata, una comoda risorsa rinnovata negli ultimi anni; buon rapporto qualità/prezzo, semplici stanze, ben tenute.

Al Convento VISA AE

borgo Aquileia 10 – ✆ 04 32 92 30 42 – Fax 04 32 92 30 42 – Chiuso domenica e lunedì a mezzogiorno

Rist – (prenotare) Carta 27/50 €

♦ All'interno di un palazzo del 1600, a pochi metri dalla suggestiva Piazza Grande, un locale di taglio signorile, con atmosfera da bistrot. Piatti classici, rivisitati.

Da Gennaro – Hotel Commercio VISA AE

borgo Cividale 17 – ✆ 04 32 92 87 40 – albergocommercio@virgilio.it – Fax 04 32 92 35 68

Rist – Carta 15/35 €

♦ Entro lo stesso immobile dell'hotel Commercio, ma totalmente autonomo rispetto ad esso, un ristorante di buon tono, che lavora anche come pizzeria.

PALMI – Reggio di Calabria (RC) – 564 L29 – **19 550 ab.** – **alt. 250 m** – ✉ **89015** 5 **A3**
Italia

Roma 668 – Reggio di Calabria 49 – Catanzaro 122 – Cosenza 151 – Vibo Valentia 67

De Gustibus-Maurizio
viale delle Rimembranze 58/60 – ☎ 096 62 50 69 – Fax 096 62 50 69 – Chiuso a mezzogiorno dal 15 luglio al 30 agosto, domenica e lunedì negli altri mesi
Rist – Carta 29/41 €
♦ Ristorante del centro, nei decori l'omaggio alla città e ad alcuni personaggi illustri, nel piatto l'inno ai frutti della pesca. Carta a voce, illustrata dal ruvido titolare.

PALU' – Trento – Vedere Giovo

PALUS SAN MARCO – Belluno – 562 C18 – Vedere Auronzo di Cadore

PANAREA (Isola) – Messina – 565 L27 – Vedere Sicilia (Eolie,isole) alla fine dell'elenco alfabetico

PANCHIÀ – Trento (TN) – 562 D16 – **707 ab.** – **alt. 981 m** – **Sport invernali :** ***Vedere Cavalese (Comprensorio sciistico Val di Fiemme-Obereggen)*** – ✉ 38030 31 **D3**

Roma 656 – Bolzano 50 – Trento 59 – Belluno 84 – Canazei 31 – Milano 314
(luglio-agosto) via Nazionale 32 ☎ 0462 815005

Rio Bianco (riscaldata)
via Nazionale 42 – ☎ 04 62 81 30 77 – info@riobianco.it – Fax 04 62 81 50 45 – Dicembre-20 aprile e giugno-ottobre
32 cam – ♦60/92 € ♦♦100/160 € – ½ P 60/95 € – **Rist** – (solo per alloggiati)
♦ Sorto nella seconda metà dell'800 è proprio sulla statale ma con giardino, piscina riscaldata e invitante centro benessere. In previsione ulteriori servizi e migliorie. Il ristorante propone una cucina con specialità locali.

PANDINO – Cremona (CR) – 561 F10 – **7 994 ab.** – **alt. 85 m** – ✉ **26025** 19 **C2**

Roma 556 – Bergamo 36 – Cremona 52 – Lodi 12 – Milano 35

a Nosadello Ovest : 2 km – ✉ **26025** – **Pandino**

Volpi
via Indipendenza 36 – ☎ 037 39 01 00 – Fax 037 39 14 00 – Chiuso dal 1° al 15 gennaio, dal 15 al 30 agosto, sabato a mezzogiorno, domenica sera e lunedì
Rist – Carta 26/33 €
♦ Un locale elegante ricavato all'interno di un edificio d'epoca, ideale per cene importanti nelle comode salette interne oppure in veranda.

PANICALE – Perugia (PG) – 563 M18 – **5 525 ab.** – **alt. 441 m** – ✉ **06064** 32 **A2**

Roma 158 – Perugia 39 – Chianciano Terme 33
Lamborghini, ☎ 075 83 75 82.

Villa le Mura senza rist
località Villa le Mura 1, Nord-Est : 1 km – ☎ 075 83 71 34 – villalemura@libero.it – Fax 075 83 71 34
4 cam – ♦90 € ♦♦100/120 € – 2 suites – ♦140/160 €
♦ Grande villa nobiliare, contornata da un curato giardino fiorito e avvolta da un parco secolare. All'interno ambienti di notevole fascino, saloni sontuosi e camere affrescate.

verso Montali – ✉ **06064** – **Panicale**

Villa di Monte Solare colline, rist, 45,
via Montali 7, località Colle San Paolo Est : 11 km – ☎ 07 58 35 58 18 – info@villamontesolare.it – Fax 07 58 35 54 62
21 cam – ♦100/115 € ♦♦156/188 € – 7 suites – ½ P 111/127 € – **Rist** – Carta 37/46 €
♦ All'interno di un'area sottoposta a vincolo paesaggistico e archeologico, una villa patrizia di fine '700 e annessa fattoria; elevata ospitalità e cura dei particolari. Accogliente sala da pranzo riscaldata da un bel camino; gustosi piatti del territorio.

Agriturismo Montali

via Montali 23, località Montali Nord-Est : 15 km – ✆ 07 58 35 06 80 – montali@montalionline.com – Fax 07 58 35 01 44 – Aprile-ottobre

10 cam – solo ½ P 80/100 € – **Rist** – Menu 35 €

◆ Chilometri di strada panoramica non asfaltata e, con una vista che spazia sul Lago Trasimeno, il basso Senese e il Perugino, un complesso rurale in posizione isolata.

PANNESI – Genova – Vedere Lumarzo

PANTELLERIA (Isola di) – Trapani – 565 Q17 – Vedere Sicilia alla fine dell'elenco alfabetico

PANTIERA – Pesaro-Urbino – Vedere Urbino

PANZA – Napoli – Vedere Ischia (Isola d') : Forio

PANZANO – Firenze – Vedere Greve in Chianti

PARABIAGO – Milano (MI) – 561 F8 – 24 463 ab. – alt. 180 m – ✉ 20015 18 A2

Roma 598 – Milano 21 – Bergamo 73 – Como 40

Del Riale senza rist 90,

via San Giuseppe 1 – ✆ 03 31 55 46 00 – info@hotelriale.it – Fax 03 31 49 06 67 – Chiuso dal 3 al 26 agosto

37 cam – 107/120 € 150/180 €, 11 €

◆ Confortevole hotel, di taglio moderno, in posizione facilmente raggiungibile da autostrade e aeroporti; camere sobrie e accoglienti con dotazioni funzionali.

Da Palmiro

via del Riale 16 – ✆ 03 31 55 20 24 – dapalmiro@tiscali.it – Fax 03 31 49 26 12 – Chiuso lunedì

Rist – Carta 38/50 €

◆ In posizione centrale, una vera chicca per gli amanti della cucina di mare: ampia scelta e grande varietà anche sul crudo. Non manca qualche piatto stagionale, di terra.

PARADISO – Udine – Vedere Pocenia

PARAGGI – Genova (GE) – 561 J9 – ✉ 16038 15 C2

Roma 484 – Genova 35 – Milano 170 – Rapallo 7 – La Spezia 86

Paraggi

lungomare Paraggi 17 – ✆ 01 85 28 99 61 – hotelparaggi@libero.it – Fax 01 85 28 67 45 – Marzo-ottobre

18 cam – 110/210 € 200/370 €, 16 € – ½ P 250/300 € – **Rist** – Carta 35/80 € (+10 %)

◆ In una delle baie più esclusive della Penisola, tra Portofino e S. Margherita, con una bella posizione affacciata sul mare, ambiente signorile, tale da offrire ogni confort. Ristorante elegante, in veranda, a ridosso della spiaggia.

PARATICO – Brescia (BS) – 561 F11 – 3 675 ab. – alt. 232 m – ✉ 25030 19 D1

Roma 582 – Bergamo 28 – Brescia 33 – Cremona 78 – Lovere 29 – Milano 70

Ulivi senza rist lago d'Iseo,

viale Madruzza 11 – ✆ 035 91 29 18 – ulivihotel@libero.it – Fax 03 54 26 19 69

22 cam – 64/80 € 102/143 €

◆ Una costruzione un po' atipica, ad un piano, che chiude a ferro di cavallo il giardino e la piscina affacciati proprio sul lago; l'ambiente è nuovissimo e accogliente.

PARCINES (PARTSCHINS) – **Bolzano / Bozen (BZ)** – **562** B15 – **3 287 ab.** – **alt. 641 m** – ✉ **39020** 30 **B2**

Roma 674 – Bolzano 35 – Merano 8 – Milano 335 – Trento 95

via Spauregg 10 ✆ 0473 967157, info@partschins.com, Fax 0473 967798

An der Stachelburg rist,

via Cascata 7 – ✆ 04 73 96 73 10 – info@hotel-stachelburg.com – Fax 04 73 96 82 30 – Marzo-novembre

31 cam – 57/67 € 92/112 € – ½ P 71/96 € – **Rist** – (solo per alloggiati)

♦ Piccolo ma piacevole albergo nel centro del paese, molto curato e dotato di camere recentemente ristrutturate. Notevole attenzione per la cucina, servita anche in veranda.

a Tel (Töll)**Sud-Est : 2 km** – ✉ **39020**

Museumstube Bagni Egart-Onkel Taa 16/25,

via Stazione 17 – ✆ 04 73 96 73 42 – onkeltaa@dnet.it – Fax 04 73 96 77 71 – Chiuso dal 15 gennaio al 15 marzo, dal 15 novembre al 3 dicembre e lunedì

Rist – Carta 25/43 €

♦ Uno dei locali storici d'Italia, con raccolta di oggetti d'antiquariato della storia asburgica e infinite decorazioni dell'originale chef, celebrato "re della lumaca".

a Rablà (Rabland)**Ovest : 2 km** – ✉ **39020**

Hanswirt (riscaldata)

piazza Gerold 3 – ✆ 04 73 96 71 48 – info@hanswirt.com – Fax 04 73 96 81 03 – Chiuso dal 10 gennaio al 20 marzo

25 cam – 105/125 € 125/180 € – ½ P 95/110 €

Rist Hanswirt – vedere selezione ristoranti

♦ Struttura recente nata dall'ampliamento di un bell'edificio storico che va ad arricchire l'offerta dell'omonimo ristorante. Ampi spazi e camere eleganti.

Roessl rist,

via Venosta 26 – ✆ 04 73 96 71 43 – info@roessl.com – Fax 04 73 96 80 72 – Chiuso dal 22 dicembre all' 11 febbraio

51 cam – 49/145 € 78/170 € – ½ P 49/95 € – **Rist** – *(chiuso martedì)* Carta 20/33 €

♦ Decorato e sito lungo la via principale, con molte stanze affacciate sui frutteti, albergo con buone attrezzature e piacevole giardino con piscina. Specialità sudtirolesi, in sala o immersi nell'ambiente tipico delle stube.

Hanswirt – Hotel Hanswirt 15/30,

piazza Gerold 3 – ✆ 04 73 96 71 48 – info@hanswirt.com – Fax 04 73 96 81 03 – Chiuso dal 10 gennaio al 20 marzo e mercoledì

Rist – Carta 23/42 €

♦ Ricavato all'interno di un antico maso, stazione di posta, un locale elegante e piacevole, dall'ambiente caldo e tipicamente tirolese.

PARCO NAZIONALE D'ABRUZZO★★★ – **L'Aquila-Isernia-Frosinone** – 563 Q23 *Italia*

PARETI – **Livorno** – **Vedere Elba (Isola d') : Capoliveri**

PARGHELIA – **Vibo Valentia (VV)** – **564** K29 – **1 386 ab.** – ✉ **89861** 5 **A2**

Roma 600 – Reggio di Calabria 106 – Catanzaro 87 – Cosenza 117 – Gioia Tauro 50

Porto Pirgos

località Marina di Bordila Nord-Est : 3 km – ✆ 09 63 60 03 51 – info@portopirgos.com – Fax 09 63 60 06 90 – Maggio-settembre

18 cam – solo ½ P 230/280 € – **Rist** – (solo su prenotazione) Menu 25/50 €

♦ Un piccolo gioiello ad alti livelli, molto curato, personalizzato, di grande impatto: dal restauro di un'antica dimora signorile, sopra un promontorio con discesa a mare. Un pavimento a mosaico impreziosisce la sala da pranzo interna, ed un colonnato incornicia le sue terrazze, con splendida vista sul mare.

 **Panta Rei** ≤ mare e costa,

località Marina di San Nicola Nord-Est : 2 km – ✆ 09 63 60 18 65 – info@hotelpantarei.com – Maggio-settembre

21 cam – solo ½ P 185/300 € – **Rist** – (solo per alloggiati)

◆ Esclusiva e lussuosa residenza in pietra con accesso diretto ad una spiaggetta privata. Camere spaziose e confortevoli, tutte con terrazza. Romantiche cene sulla terrazza e pranzi a buffet in riva al mare.

Un buon ristorante a prezzo contenuto?
Cercate i Bib Gourmand ㊗.

PARMA (P) (PR) – 562 H12 – **164 528 ab. – alt. 52 m** – ✉ **43100** *Italia* 8 **A3**

Roma 458 – Bologna 96 – Brescia 114 – Genova 198 – Milano 122 – Verona 101

via Melloni 1/A ✆ 0521 218889, turismo@comune.parma.it, Fax 0521 234735

La Rocca, Sud-Ovest : 14 km a Sala Baganza, ✆ 0521 83 40 37.

Manifestazioni locali 04.04. - 12.04. : mercantinfiera primavera (mostra internazionale di modernariato)30.09. - 08.10. : mercantinfiera autunno (mostra internazionale di modernariato)17.10. - 20.10. : cibus tec

Complesso Episcopale★★★CY : Duomo★★, Battistero★★**A** – Galleria nazionale★★, teatro Farnese★★, museo nazionale di antichità★ nel palazzo della Pilotta BY★ – Affreschi★★ del Correggio nella chiesa di San Giovanni Evangelista CYZ – Camera del Correggio★CY – Museo Glauco Lombardi★BY **M1** – Affreschi★ del Parmigianino nella chiesa della Madonna della Steccata BZ **E** – Parco Ducale★ABY – Casa Toscanini★BY **M2**

Piante pagine seguenti

Sofitel Parma Grand Hotel de la Ville 250,

largo Piero Calamandrei 11 – ✆ 05 21 03 04 – info@grandhoteldelaville.it – Fax 05 21 03 03 03 CZ **a**

110 cam – 145/280 € 170/340 € – 7 suites – ½ P 115/200 € – **Rist** – Carta 37/47 €

◆ Recente struttura che può contare su spazi decisamente ampi nelle zone comuni. Camere non grandissime, ma dotate di ottima insonorizzazione. Attrezzato centro congressi. Ristorante con proposte più semplici a mezzogiorno e più ricercate alla sera.

Starhotels Du Parc cam, 600,

viale Piacenza 12/c – ✆ 05 21 29 29 29 – duparc.pr@starhotels.it – Fax 05 21 29 28 28 AY **a**

163 cam – 100/390 € – 6 suites

Rist *Canova* – Carta 41/50 €

◆ Un possente edificio del 1921, affacciato sul Parco Ducale, ospita questa stella della hotellerie cittadina: signorilità e ogni genere di comodità, a pochi passi dal centro. Ristorante dall'ambiente raffinato e curato.

Jolly Hotel Stendhal cam, rist, 100,

piazzetta Bodoni 3 – ✆ 05 21 20 80 57 – parma@jollyhotels.com – Fax 05 21 28 56 55 BY **r**

68 cam – 99/128 € 175/220 €, 15 € – ½ P 120/145 €

Rist *La Pilotta* – *(chiuso dal 1° al 20 agosto)* Carta 30/42 €

◆ Nel cuore di Parma, edificata su un'area cortilizia dell'antico Palazzo della Pilotta, una risorsa da poco ristrutturata, con arredi d'epoca diversi nelle varie stanze. Luminosa sala ristorante in stile lineare.

 **Verdi** senza rist

via Pasini 18 – ✆ 05 21 29 35 39 – info@hotelverdi.it – Fax 05 21 29 35 59 – Chiuso dal 23 dicembre al 6 gennaio AY **b**

20 cam – 115/162 € 150/214 € – 3 suites

◆ Dal rinnovo di un edificio in stile liberty, di cui si notano le eco nei begli esterni color glicine e negli interni, un comodo albergo prospiciente il Parco Ducale.

PARMA

Allende (Piazzale S.) .... CY
Antonio Fratti (Viale) .... CY
Aurelio Saffi (Strada) ...... CYZ
Barbieri (Piazzale) . AZ
Basetti (Viale)..... BZ
Berenini (Viale).... BZ
Bottego (Ponte)... BY 18
Bottego (Viale) .. BCY
Cairoli (V.)......... CZ
Caprera (Viale) .... AZ
Cavallotti (Strada) . CY
Cavour (Str.)...... BY 3
Cocconcelli (V.) .. AYZ
Colonne (Borgo d.).... CYZ
Costituente (V. della)........ AZ
Delmazia (V.) ...... CY
Duca Alessandro (Viale) .... CZ
Duomo (Pza) ...... CY
Duomo (Str. al) ... CY 8
Farini (Str.)........ BZ
Felino (Borgo) .... BCZ
Fonderie (Strada d.) BY
Garibaldi (Pza) .... BZ 9
Garibaldi (V.) ..... BCY
Gorizia (Viale) .... ABZ
Imbriani (Strada) . AZ
Kennedy (V.)....... AY
Lalatta (Borgo) .... CZ
La Spezia (V.) ...... AZ
Maria Luigia (Viale) BZ
Maria Rossi (Viale P.) .... CZ
Mariotti (Viale) .... BY
Martiri della Libertà (Viale).......... BCZ
Massimo d'Azeglio (V.) .... ABY
Matteotti (Pza).... AZ
Mazzini (V.)........ BZ 13
Mentana (Viale) .. CYZ
Milazzo (Viale) .... AZ
Mille (Viale dei) .... AZ
Naviglio (Borgo del) CY
Nino Bixio (Strada). AZ
Pace (Pza della) ... BY 15
Padre Onorio Rosi (V.)............ CZ
Palermo (V.) .... CY
Paolo Toschi (Viale) BY
Parma (Borgo R. da)............ BCZ
Parmigianino (Borgo del) ...... CY 16
Partigiani d'Italia (Viale) .... CZ
Pasini (V. A.)....... AY
Passo Buole (V.)... CZ
Piacenza Nuova (Viale) .... AY
Piacenza (Viale) ... AY
Picelli (Pza G.) ..... AZ
Pilotta (Pza) .... BY 17
Ponte Caprazucca . BZ 19
Ponte di Mezzo ... BZ 21
Ponte Italia......... BZ 20
Ponte Verdi .... BY 22
Quartiere (Strada d.)......... AZ
Regale (Borgo)..... CZ
Reggio (V.) .... BY 23
Repubblica (Str. della) .... CZ
Risorgimento (Piazzale)......... CZ
Rondani (Pza)...... BZ
Rustici (Viale G.)... BZ 24
Salnitrara (Borgo) . BZ 26
Sta Croce (Pza) .... AY
Savani (V.).......... AY
Studi (Borgo degli). CY 27
S. Giuseppe (Borgo) .... AZ
S. Michele (Viale).. CZ
Tanara (Viale)..... CYZ
Toscanini (Viale)... BZ 28
Trento (V.)......... CY 30
Trieste (V.)......... CY
Varese (V.) .... BZ 31
Verdi (V.)........... BY
Villetta (Viale d.) .. AZ
Vittoria (Viale della)...... AYZ
Vittorio Emanuele II (Piazzale)....... CZ
Volturno (V.) ...... AZ
20 Marzo (V.) ...... CZ
22 Luglio (Strada).. CZ
25 Aprile (Piazzale). BZ

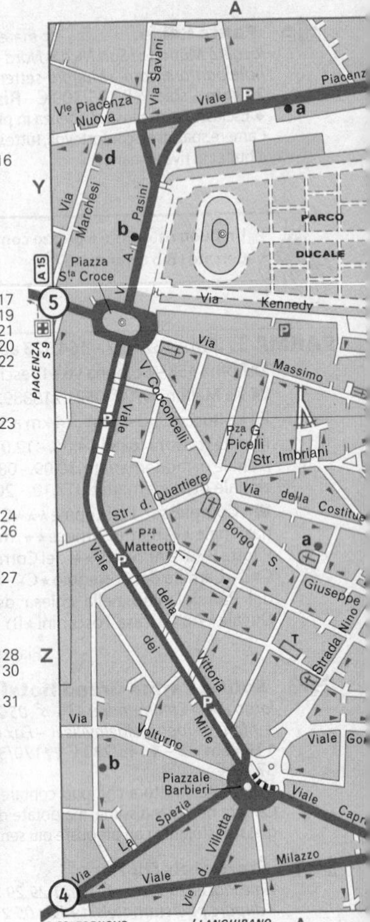

Farnese International Hotel cam, rist, 120,
via Reggio 51/a, per via Reggio
– ℰ 05 21 99 42 47 – info@farnesehotel.it
– Fax 05 21 99 23 17 BY
76 cam – 90 € 135 € – ½ P 90 €
Rist *Cherubino* – ℰ 05 21 29 49 29 – Carta 30/39 €
◆ Un valido indirizzo per una clientela di lavoro: ubicato poco fuori del centro, con un ampio parcheggio, consente di raggiungere agevolmente stazione, aeroporto e fiera. Sale ristorante di taglio moderno.

Park Hotel Toscanini senza rist 50,
viale Toscanini 4 – ℰ 05 21 28 91 41
– info@hoteltoscanini.com
– Fax 05 21 28 31 43 BZ **e**
48 cam – 115/155 € 190/245 €
◆ Bella la posizione sul Lungo Parma, vicinissima al centro: una struttura di taglio moderno, curata nell'arredo delle camere e con una giovane e professionale conduzione.

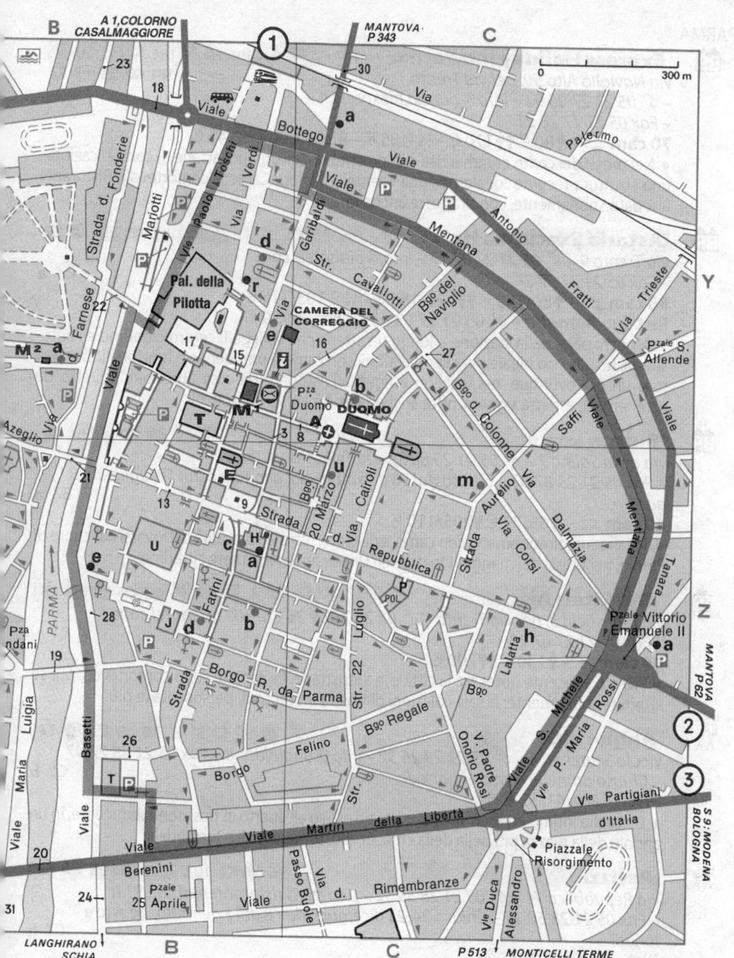

Villa Ducale
via Moletolo 53/a, 2 km per ① – ✆ 05 21 27 27 27 – villaducale@myhotelsresorts.com – Fax 05 21 78 07 56

cam, rist, 250, P, VISA, MC, AE

54 cam – ††89/250 €

Rist – Carta 26/33 €

◆ Fra il centro cittadino e il casello autostradale, l'hotel è ricavato nel contesto di una gradevole villa inserita nel verde di un piccolo parco; accoglienza familiare.

Daniel
via Gramsci 16 ang. via Abbeveratoia, per ⑤ – ✆ 05 21 99 51 47 – info@hoteldaniel.biz – Fax 05 21 29 26 06 – Chiuso dal 24 al 26 dicembre e tre settimane in agosto

P, VISA, MC, AE

32 cam – †85/110 € ††115/140 € – ½ P 75/95 €

Rist Cocchi – vedere selezione ristoranti

◆ Valida struttura gestita da una famiglia con lunga esperienza nel settore; vicinissima al complesso ospedaliero, sulla via Emilia, costituisce un comodo riferimento.

Express Holiday Inn Parma cam, rist, 50,
via Naviglio Alto 50, per via Trento – 05 21 27 05 93 – info@parma.hiexpress.it – Fax 05 21 77 28 21 CY
70 cam – 80 € 120 € – ½ P 85 € – **Rist** – Carta 30/43 €
◆ Nei pressi dei centri commerciali e in prossimità delle grandi arterie di comunicazione, una struttura recente ideale per una clientela d'affari. Camere confortevoli. Ristorante arredato sobriamente, con proposte anche locali.

Astoria Executive Hotel
via Trento 9 – 05 21 27 27 17 – info@piuhotels.com – Fax 05 21 27 27 24 CY **a**
88 cam – 80/150 € 120/188 € – ½ P 103/115 €
Rist *San Barnaba* – 05 21 27 03 65 – Carta 30/39 €
◆ A pochi passi dalla stazione e lungo un'arteria che collega il centro cittadino e l'autostrada, un albergo ideale per clienti d'affari, con camere omogenee e funzionali. Tonalità rosa un po' ovunque, nel localino attiguo all'Astoria e da esso autonomo: diretto da un'energica, esperta signora, offre anche piatti locali, senza fronzoli.

Button senza rist
via della Salina 7 – 05 21 20 80 39 – hotelbutton@tin.it – Fax 05 21 23 87 83 – Chiuso dal 23 dicembre al 2 gennaio e dal 18 luglio al 18 agosto BZ **a**
40 cam – 65/72 € 95/110 €
◆ Totalmente rimodernato, con camere discrete, offre la comodità di trovarsi nel cuore di Parma, nei pressi dei maggiori teatri, dell'Università e altre mete cittadine.

My Hotels Arte senza rist
via Mansfield 3, per via Trento – 05 21 77 69 26 – info@artehotel.com – Fax 05 21 77 67 23 CY
44 cam – 130 € 200 €
◆ Piccolo e recente hotel, tra la città e le autostrade. Le camere sono confortevoli, pur se arredate sobriamente; la sala colazioni dimostra un tocco di personalità in più.

Angiol d'Or 8/18,
vicolo Scutellari 1 – 05 21 28 26 32 – info@angioldor.it – Fax 05 21 28 27 47 – Chiuso domenica sera e martedì CY **b**
Rist – Carta 41/53 €
◆ Un taglio intimo ed esclusivo, un servizio estivo all'aperto in posizione seducente, in un angolo della piazza più bella della città: proposte stagionali e territoriali.

Parizzi 10/20,
via Repubblica 71 – 05 21 28 59 52 – parizzir@ristoranteparizzi.191.it – Fax 05 21 28 50 27 – Chiuso 24-25 dicembre, dall'8 al 15 gennaio, agosto e lunedì CZ **h**
Rist – Carta 48/65 €
Spec. Risotto mantecato al coniglio e taleggio (inverno). Merluzzo fresco gratinato su puré all'olio d'oliva e limone (estate-autunno). Cuor di fragola al frutto della passione (primavera-estate).
◆ Un locale moderno che segue la ricercatezza contemporanea tra faretti e pareti dorate, dove è protagonista la cucina che spazia dai classici parmigiani ai piatti più creativi.

La Greppia
strada Garibaldi 39/a – 05 21 23 36 86 – Fax 05 21 22 13 15 – Chiuso dal 23 dicembre al 5 gennaio, luglio, lunedì e martedì BY **e**
Rist – Carta 43/57 €
◆ Una sala rettangolare e, in fondo, la cucina a vista: moglie ai fornelli, marito in sala. Sapori del territorio ripescati con ricerche su antiche ricette dell'epoca farnese.

Il Cortile 15,
borgo Paglia 3 – 05 21 28 57 79 – ilcortile@tin.it – Fax 05 21 50 71 92 – Chiuso dal 24 dicembre al 2 gennaio, dal 10 al 22 agosto e domenica AZ **a**
Rist – Carta 31/43 €
◆ Un locale accogliente, di tono rustico-elegante, ancora in centro, ma più quieto, con il cortile trasformato in una veranda. Piatti tradizionali con novità del "mercato".

XX **L'Approdo** 25,
via Silvio Pellico 13/a – ☎ 05 21 94 51 12 – rist.approdo@libero.it – Fax 05 21 94 47 39 – Chiuso dal 24 dicembre al 2 gennaio, dal 26 al 29 aprile, agosto e lunedì AZ **b**
Rist – Carta 38/51 €
◆ Locale recente, luminoso, a poca distanza dal centro. Piante in abbondanza a sottolineare la dinamicità trasmessa dai giochi architettonici della sala. Preparazioni di mare.

XX **Parma Rotta** 6/30,
via Langhirano 158, per viale Rustici – ☎ 05 21 96 67 38 – parmarotta@tiscalinet.it – Fax 05 21 96 81 67 – Chiuso dal 24 dicembre al 14 gennaio, domenica da giugno ad agosto, lunedì negli altri mesi BZ
Rist – Carta 35/49 €
◆ Entro una vecchia casa colonica, ormai fagocitata dalla città, tante salette con servizio estivo sotto un pergolato; piatti cotti su una griglia ben visibile ai clienti.

XX **Al Tramezzo** 15/25,
via Del Bono 5/b, 3 km per ③ – ☎ 05 21 48 79 06 – info@altramezzo.it – Fax 05 21 48 41 96 – Chiuso dal 1° al 15 luglio e domenica
Rist – Carta 44/57 €
Spec. Formaggio fresco con pomodori canditi e pistacchi (estate). Cappelletti di pesce bianco con asparagi e latte di cereali (estate). "Pizza" di ricciola, pomodoro dolce, crema di mozzarella e origano in sfoglia.
◆ Qualche difficoltà nel trovarlo ma vale ampiamente la ricompensa gastronomica: le celebrate specialità parmigiane, salumi e paste in testa, ma anche pesce e piatti creativi.

XX **Il Trovatore**
via Affò 2/A – ☎ 05 21 23 69 05 – info@iltrovatoreristorante.com – Fax 05 21 23 69 05 – Chiuso 24-26 dicembre, dal 5 al 25 agosto e domenica BY **d**
Rist – Carta 32/50 €
◆ Un omaggio a Verdi per questa recente e appassionata gestione che ha rinnovato, anche nel nome, un vecchio locale in pieno centro. Vari i piatti, dal parmense al mare.

XX **La Filoma** 9,
via 20 Marzo 15 – ☎ 05 21 20 61 81 – info@lafiloma.it – Fax 05 21 20 61 81 – Chiuso sabato e domenica dal 1° luglio al 25 agosto, mercoledì a mezzogiorno e martedì negli altri mesi CZ **u**
Rist – (Coperti limitati; prenotare) Carta 34/52 €
◆ A pochi passi dal Duomo, in un palazzo seicentesco un vecchio, glorioso ristorante della città gestito ora da due donne. Cucina legata al territorio, ma non solo.

XX **Folletto**
via Emilia Ovest 17/A, per ⑤ – ☎ 05 21 98 18 93 – Fax 05 21 98 18 93 – Chiuso dal 23 al 28 dicembre, dal 1° al 25 agosto e lunedì
Rist – Carta 32/50 €
◆ Giovane gestione in un locale semplice e accogliente, un po' decentrato, ma sulla strategica via Emilia; specialità di mare, con proposte anche di terra.

XX **Osteria del Gesso** cam,
via Ferdinando Maestri 11 – ☎ 05 21 23 05 05 – info@osteriadelgesso.it – Fax 05 21 38 53 70 – Chiuso dal 4 al 14 gennaio, luglio, mercoledì e giovedì a mezzogiorno in inverno, sabato e domenica in estate BZ **b**
Rist – Carta 34/48 €
◆ Strutturalmente molto gradevole, un'osteria nei pressi del Tribunale; conduzione familiare, supportata da un giovane e valido cuoco, per una cucina parmense e stagionale.

XX **Cocchi** – Hotel Daniel 10/25,
via Gramsci 16/a, per ⑤ – ☎ 05 21 98 19 90 – info@hoteldaniel.biz – Fax 05 21 29 26 06 – Chiuso dal 24 dicembre al 6 gennaio, agosto e sabato, anche domenica in giugno-luglio
Rist – Carta 34/45 €
◆ Annessa all'hotel Daniel, una gloria cittadina che, in due ambienti raccolti e rustici, propone la tipica cucina parmense accompagnati da una ricercata lista vini.

X **Gallo d'Oro** 12/25, VISA AE

borgo della Salina 3 – ✆ 05 21 20 88 46 – info@gallororistorante.it – Fax 05 21 20 88 46 – Chiuso Natale, 31 dicembre e domenica sera BZ **c**

Rist – Carta 24/31 €

◆ Ubicazione centrale, alle spalle della Piazza cittadina per antonomasia, per una tipica taverna con volte antiche e ambiente informale: cucina ancorata al territorio.

X **Trattoria del Tribunale** AC 8/25, VISA AE

vicolo Politi 5 – ✆ 05 21 28 55 27 – Fax 05 21 23 89 91 – Chiuso dal 24 al 31 dicembre, dal 3 al 24 agosto, lunedì e martedì; dal 15 giugno al 31 agosto chiuso a mezzogiorno e domenica BZ **d**

Rist – Carta 28/36 €

◆ Nel cuore del centro storico, troverete una trattoria tradizionale, con buoni prodotti e una gestione affidabile; sapori cittadini e molto lavoro con il vicino Tribunale.

X **Casablanca** AC VISA AE

via Marchesi 25 A – ✆ 05 21 99 37 52 – etna600@libero.it – Fax 05 21 99 37 52 – Chiuso agosto, mercoledì e a mezzogiorno AY **d**

Rist – (prenotare la sera) Carta 38/56 €

◆ Alle spalle del Parco Ducale, un ristorantino semplice, condotto e creato dal titolare, un simpatico siciliano qui da anni; piatti forti di mare con divagazioni sicule.

X **Antica Cereria** VISA AE

via Tanzi 5 – ✆ 05 21 20 73 83 – anticacereria@libero.it – Fax 05 21 20 73 87 – Chiuso dal 25 al 31 gennaio, dal 12 al 19 agosto, lunedì e a mezzogiorno escluso sabato, domenica e i giorni festivi BY **a**

Rist – Carta 23/38 €

◆ Osteria tipica, nel borgo natio di Toscanini, con specialità locali, bella cantina con salumi a stagionare e vini che il cliente si sceglie; cucina sino a tarda notte.

X **Osteria del 36** AC VISA AE

via Saffi 26/a – ✆ 05 21 28 70 61 – osteriadel36@libero.it – Fax 05 21 23 28 63 – Chiuso dal 15 luglio al 20 agosto e domenica CZ **m**

Rist – Carta 27/35 €

◆ Una tradizione culinaria locale, con qualche tocco creativo, anche d'ispirazione d'Oltralpe, e riferimenti stagionali; un indirizzo in risalita.

X **I Tri Siochett** 18, P VISA AE

strada Farnese 74, per viale Villetta – ✆ 05 21 96 88 70 – Fax 05 21 96 88 70 – Chiuso dal 24 dicembre al 1° gennaio, dal 14 al 28 agosto, a mezzogiorno (escluso domenica) e lunedì AZ

Rist – Carta 23/32 €

◆ Appena fuori dall'agglomerato urbano, già in campagna, un'antica osteria parmense con un vasto spazio esterno; ricavata da una bella casa colonica, colorata, invitante.

a Coloreto Sud-Est : 4 km per viale Duca Alessandro CZ – ✉ **43100 – Parma**

XX **Il Piccolo Principe** AC P VISA AE

strada Budellungo 96 – ✆ 05 21 64 00 54 – info@ristoranteilpiccoloprincipe.it – Fax 05 21 64 03 08

Rist – Carta 39/63 €

◆ Piatti locali rivisitati e nuove creazioni gastronomiche in questa struttura moderna illuminata da ampie vetrate che si affacciano sul paesaggio agreste circostante.

a Castelnovo di Baganzola per ① : 6 km – ✉ 43100

XX **Le Viole** AC P VISA AE

strada nuova di Castelnuovo 60/a – ✆ 05 21 60 10 00 – Fax 05 21 60 16 73 – Chiuso dal 15 gennaio al 10 febbraio, dal 15 al 30 agosto, domenica elunedì in luglio-agosto, mercoledì e giovedì negli altri mesi

Rist – Carta 25/34 €

◆ Un simpatico indirizzo alle porte di Parma, vicino alla fiera; gestito da due pimpanti sorelle, con uno dei mariti in cucina, propone piatti fantasiosi e genuini.

a Gaione Sud-Ovest : 5 km per via della Villetta AZ– ✉ 43100

Trattoria Antichi Sapori
via Montanara 318 – ✆ 05 21 64 81 65 – info@cucinaparmigiana.it – Fax 05 21 64 95 26 – Chiuso Natale, tre settimane in agosto e martedì
Rist – Carta 26/38 €
◆ Rustica trattoria di campagna alle porte della città. Due sale di cui una con camino al pianterreno. Propone piatti della tradizione, ma anche qualche tocco di fantasia.

a Ponte Taro per ⑤ : 10 km – ✉ 43010

San Marco & Formula Club rist, cam, rist, 200,
via Emilia Ovest 42 – info@hotelsanmarcoclub.it – Fax 05 21 61 50 12
112 cam – †75/125 € ††110/190 € – 2 suites – ½ P 111/125 €
Rist *L'Incontro* – ✆ 05 21 61 50 76 *(chiuso dal 10 al 25 agosto)* Carta 23/39 €
◆ Nei pressi dello svincolo autostradale e della fiera, un nuovo hotel, rinnovato di recente. Particolarmente spaziose ed eleganti le camere del settore "Formula Club". Piacevole sala da pranzo, ravvivata dal simpatico pavimento "scozzese".

PARTSCHINS = Parcines

PASIANO DI PORDENONE – Pordenone (PN) – 562 E19 – **7 530 ab.** – **alt. 13 m** – ✉ 33087
10 **A3**

Roma 570 – Udine 66 – Belluno 75 – Pordenone 11 – Portogruaro 24 – Treviso 45 – Venezia 72

a Cecchini di Pasiano Nord-Ovest : 3 km – ✉ 33087

Il Cecchini cam, 30,
via Sant'Antonio 9 – ✆ 04 34 61 06 68 – info@ilcecchini.it – Fax 04 34 62 09 76
30 cam – †42/45 € ††52/55 € – ½ P 40/50 €
Rist Il Cecchini da Marco e Nicola – vedere selezione ristoranti
Rist – Carta 27/39 €
◆ Sede di numerose manifestazioni di stampo culturale, una piccola villa settecentesca, rinnovata ed ampliata, ospita ambienti sobri dall'arredo moderno ma con eco neoclassiche. Al Bistrot o presso il piccolo spazio all'aperto, pasti informali di tradizione regionale a prezzi contenuti.

Il Cecchini da Marco e Nicola (Carraro) – Hotel Il Cecchini
via Sant'Antonio 9 – ✆ 04 34 61 06 68 12,
– info@newhotelpn.com – Fax 04 34 62 09 76 – Chiuso dal 1° al 7 gennaio, dall'8 al 22 agosto, sabato a mezzogiorno e domenica
Rist – Carta 50/70 €
Spec. Gran piatto di crudo di mare. Granseola alla veneziana. Pesce san Pietro in cotoletta.
◆ Una bella casa di campagna, eleganti sale e una cucina di mare: la ricetta di tanti ristoranti viene qui esaltata dalla qualità del pesce e da scenografiche presentazioni.

a Rivarotta Ovest : 6 km – ✉ 33087

Villa Luppis rist, 180,
via San Martino 34 – ✆ 04 34 62 69 69 – hotel@villaluppis.it – Fax 04 34 62 62 28
39 cam – †135/145 € ††210/255 € – ½ P 160/183 €
Rist *Cà Lupo* – ✆ 04 34 62 69 96 *(chiuso dal 3 al 18 gennaio, martedì e mercoledì a mezzogiorno)* Carta 50/68 €
◆ Lungo il corso del Livenza, in un antico convento immerso nel verde di un grande parco, una raffinata dimora di campagna con arredi d'antiquariato di una nobile famiglia. Ristorante che non rinuncia ai toni caldi e ospitali di una grande casa privata.

PASSAGGIO – Perugia – 563 M19 – **Vedere Bettona**

PASSIGNANO SUL TRASIMENO – Perugia (PG) – 563 M18 – **5 244 ab.** – **alt.** **289 m** – ✉ **06065** 32 **A2**

Roma 211 – Perugia 27 – Arezzo 48 – Siena 80

Kursaal — cam, — VISA

via Europa 24 – ✆ 075 82 80 85 – info@kursaalhotel.net – Fax 075 82 71 82 – Marzo-dicembre

18 cam – 64/72 € 78/89 € – ½ P 59/65 €

Rist – Carta 26/39 €

◆ In prima fila rispetto alla riva del lago, hotel rinnovato di recente, offre camere arredate con gusto combinando una sobria eleganza all'atmosfera vacanziera. Servizio ristorante estivo effettuato in veranda sul lungolago.

Cavalieri — lago, cam, 35, VISA

via delle Ginestre 5, Est : 1,5 km – ✆ 075 82 92 92 – hotelcavalieri@hotelcavalieri.it – Fax 075 82 90 09

35 cam – 50/75 € 70/110 € – ½ P 50/60 €

Rist ***Sosta dei Templari*** – Carta 21/29 €

◆ Vista sul lago Trasimeno dalla terrazza con piscina e solarium di questo confortevole hotel da poco tutto rinnovato; buona cura dei dettagli e comoda posizione elevata. Ristorante con ingresso indipendente che dispone di un'ampia sala rustica.

La Vela — VISA AE

via Rinascita 2 – ✆ 07 58 29 61 33 – info@hotellavela.it – Fax 075 82 82 11 – Chiuso dal 14 al 30 gennaio

29 cam – 35/45 € 55/75 € – ½ P 42/55 €

Rist ***Il Passo di Giano*** – *✆ 07 58 29 61 33 (chiuso gennaio e martedì da febbraio a giugno)* Carta 21/35 €

◆ Poco lontano dal lago e dal centro storico, una risorsa a gestione familiare, senza pretese, ma funzionale nei confort, negli arredi e negli spazi. Un ristorante ove gustare tipiche specialità lacustri.

Trasimeno senza rist — VISA AE

via Roma 16/a – ✆ 075 82 93 55 – info@hoteltrasimeno.it – Fax 075 82 92 67 – Chiuso dal 15 dicembre al 30 gennaio

30 cam – 35/55 € 50/75 €

◆ Vicino alla passeggiata-lago, l'assenza di vista panoramica è compensata dai prezzi contenuti; stanze con mobilio in legno, essenziali e pulite.

Il Fischio del Merlo — VISA AE

località Calcinaio 17/A, Est : 3 km – ✆ 075 82 92 83 – nebru@inwind.it – Fax 075 82 92 83 – Chiuso novembre e martedì

Rist – Carta 33/47 €

◆ Fuori dal paese, in un elegante rustico, mura in pietra, grandi finestre e sala soppalcata, o un gradevole servizio all'aperto con cucina del territorio e sapori di pesce.

a Castel Rigone Est : 10 km – ✉ **06060**

Relais la Fattoria — rist, 120, VISA AE

via Rigone 1 – ✆ 075 84 53 22 – info@relaislafattoria.com – Fax 075 84 51 97

29 cam – 60/80 € 81/189 € – ½ P 66/120 €

Rist ***La Corte*** – *(chiuso dall' 8 gennaio al 2 febbraio)* Carta 32/41 €

◆ La posizione elevata e la distanza dai luoghi più turistici ha preservato questo piccolo, placido borgo medioevale; camere in stile più recente seppure classico. Servizio ristorante estivo su due panoramiche terrazze.

PASSO – Vedere nome proprio del passo

PASSO SELLA – Trento – 562 C17 – Vedere Canazei

Voglia di pranzare all'aperto?
Scegliete un ristorante con terrazza

PASTENA – Frosinone (FR) – 563 R22 – 1 647 ab. – alt. 317 m – ✉ 03020 13 D2

Roma 114 – Frosinone 32 – Latina 86 – Napoli 138

Mattarocci

piazza Municipio – ☎ 07 76 54 65 37
Rist – Carta 17/23 €
◆ Vicoli stretti in cima al paese, poi la piazza del Municipio: qui un bar-tabacchi. All'interno, un localino noto per le leccornie sott'olio. Servizio estivo in terrazza.

PASTRENGO – Verona (VR) – 561 F14 – 2 417 ab. – alt. 192 m – ✉ 37010 35 A3

Roma 509 – Verona 18 – Garda 16 – Mantova 49 – Milano 144 – Trento 82 – Venezia 135

Stella d'Italia

30,
piazza Carlo Alberto 25 – ☎ 04 57 17 00 34 – info@stelladitalia.it – Fax 04 56 77 93 99 – Chiuso domenica sera e mercoledì
Rist – (prenotare) Carta 35/53 €
◆ Specialità del territorio, tra cui non mancano lumache e luccio, in uno storico indirizzo, un tempo locanda, ora elegante locale sotto la direzione del signor Umberto.

a Piovezzano Nord : 1,5 km – ✉ 37010

Eva

via Due Porte 45 – ☎ 04 57 17 01 10 – info@ristoranteeva.com – Fax 04 57 17 02 94 – Chiuso dall'11 al 19 agosto, martedì sera e sabato
Rist – Carta 22/30 €
◆ Nelle colline appena fuori dal paesino, una trattoria vecchia maniera, con ampia sala e alti soffitti, gestione familiare e piatti locali, tra cui i bolliti al carrello.

PAVARETO – La Spezia – 561 J10 – Vedere Carro

PAVIA P (PV) – 561 G9 – 71 660 ab. – alt. 77 m – ✉ 27100 *Italia* 16 A3

Roma 563 – Alessandria 66 – Genova 121 – Milano 38 – Novara 62 – Piacenza 54
via Fabio Filzi 2 ☎ 0382 597001, turismo@provincia.pv.it, Fax 0382 597010
Castello Visconteo★ BY – Duomo★ AZ **D** – Chiesa di San Michele★★ BZ **B** – San Pietro in Ciel d'Oro★ : Arca di Sant'Agostino★ – Tomba★ nella chiesa di San Lanfranco Ovest : 2 km
Certosa di Pavia★★★ per ① : 9 km

Pianta pagina seguente

Moderno

60,
viale Vittorio Emanuele 41 – ☎ 03 82 30 34 01 – info@hotelmoderno.it – Fax 038 22 52 25 – Chiuso dal 24 dicembre al 1° gennaio e dal 4 al 19 agosto AY **a**
32 cam – 115 € 150 € – ½ P 90 €
Rist *Liberty* – ☎ 03 82 30 34 02 *(chiuso dal 28 luglio al 27 agosto, sabato a mezzogiorno e domenica)* Carta 29/51 €
◆ Sul piazzale della stazione, un albergo d'inizio '900 che offre validi confort adeguati ai tempi; camere funzionali ristrutturate in anni diversi. Ristorante con una valida cucina mediterranea.

Excelsior senza rist

piazza Stazione 25 – ☎ 038 22 85 96 – info@excelsiorpavia.com – Fax 038 22 60 30 AY **b**
32 cam – 58 € 84 €, 6 €
◆ Comoda posizione nei pressi della stazione, gestione diretta e attenta all'ospitalità. Camere piacevolmente arredate, spazi comuni limitati.

Il Cigno

cam,
via Massacra 2 – ☎ 03 82 30 10 93 – Fax 03 82 30 83 71 – Chiuso dal 1° al 5 gennaio, agosto e lunedì BZ **c**
Rist – Carta 34/61 €
◆ Atmosfera signorile e gestione diretta per un locale dalle dimensioni contenute, costituito da due salette dal soffitto in legno e camino; piatti creativi, moderni.

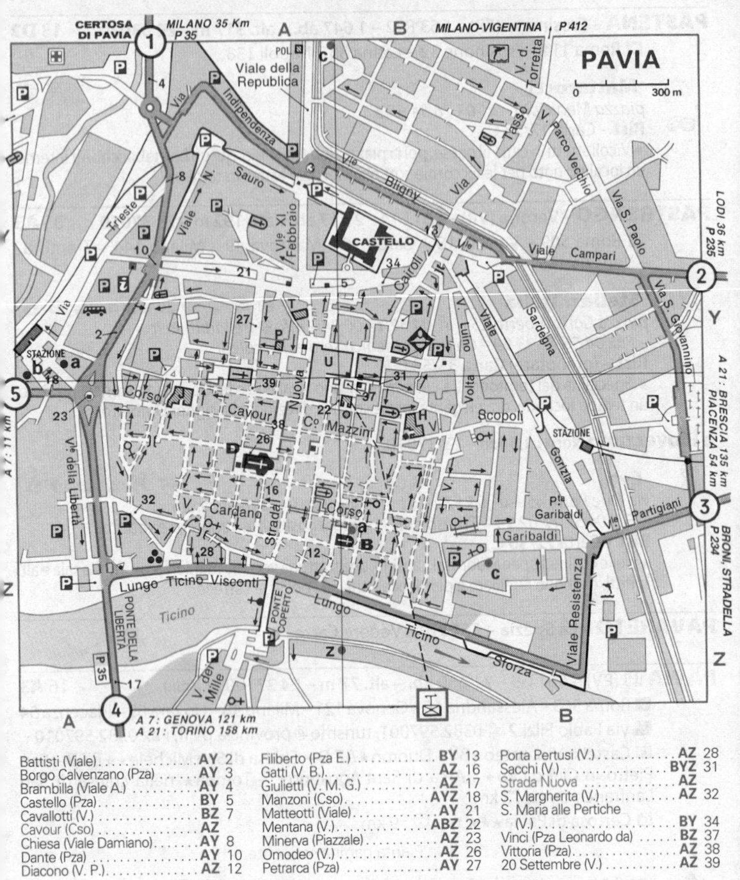

Battisti (Viale) . . . . . AY 2
Borgo Calvenzano (Pza) . . . . . AY 3
Brambilla (Viale A.) . . . . . AY 4
Castello (Pza) . . . . . BY 5
Cavallotti (V.) . . . . . BZ 7
Cavour (Cso) . . . . . AZ
Chiesa (Viale Damiano) . . . . . AY 8
Dante (Pza) . . . . . AY 10
Diacono (V. P.) . . . . . AZ 12
Filiberto (Pza E.) . . . . . BY 13
Gatti (V. B.) . . . . . AZ 16
Giulietti (V. M. G.) . . . . . AZ 17
Manzoni (Cso) . . . . . AYZ 18
Matteotti (Viale) . . . . . AY 21
Mentana (V.) . . . . . ABZ 22
Minerva (Piazzale) . . . . . AZ 23
Omodeo (V.) . . . . . AZ 26
Petrarca (Pza) . . . . . AY 27
Porta Pertusi (V.) . . . . . AZ 28
Sacchi (V.) . . . . . BYZ 31
Strada Nuova . . . . . AZ
S. Margherita (V.) . . . . . AZ 32
S. Maria alle Pertiche (V.) . . . . . BY 34
Vinci (Pza Leonardo da) . . . . . BZ 37
Vittoria (Pza) . . . . . AZ 38
20 Settembre (V.) . . . . . AZ 39

XX **Antica Osteria del Previ**

via Milazzo 65, località Borgo Ticino – ✆ 038 22 62 03 – Fax 03 82 48 56 79 – Chiuso dal 1° al 10 gennaio ed agosto ABZ **z**

Rist – Carta 29/39 €

◆ Nel vecchio borgo di Pavia lungo il Ticino, un piacevole e curato locale con specialità tipiche della cucina lombarda; travi in legno, focolare, aria d'altri tempi.

X **Villaglori al San Michele**

vicolo San Michele 4 – ✆ 038 22 07 16 – Chiuso lunedì e a mezzogiorno escluso sabato e domenica BZ **a**

Rist – Carta 39/50 €

◆ In pieno centro, adiacente la chiesa di San Michele, due sale arredate modernamente e gestite da una giovane coppia che cercherà di incuriosirvi con piatti fantasiosi.

X **Osteria del Naviglio**

via Alzaia 39 b – ✆ 03 82 46 03 92 – info@osteriadelnaviglio.it – Fax 03 82 56 41 75 – Chiuso dal 26 dicembre al 10 gennaio, dal 10 al 17 agosto, lunedì e i mezzogiorno di sabato-domenica AY **c**

Rist – Carta 35/50 €

◆ Non fatevi scoraggiare dall'aspetto esteriore, poco attraente, varcate l'ingresso e accomodatevi nella sala di questa semplice trattoria, il menu è estroso e invitante.

sulla strada statale 35 per ① : 4 km :

XXX **Al Cassinino** 20,
via Cassinino 1 ✉ 27100 – ✆ 03 82 42 20 97 – agoscrem@tin.it – Fax 03 82 42 31 98 – Chiuso mercoledì
Rist – Carta 58/79 €
♦ Proprio sul Naviglio pavese, tra la città e la Certosa, elegante casa con una sorta di veranda chiusa, direttamente sul corso d'acqua; sapori anche del territorio e di mare.

a San Martino Siccomario per ④ : 1,5 km – ✉ 27028

Plaza senza rist
strada statale 35 – ✆ 03 82 55 94 13 – info@plazahotel.it – Fax 03 82 55 60 85 – Chiuso dal 10 al 20 agosto
50 cam – 80/110 € 90/150 €
♦ Comodo per chi deve spostarsi in auto, a pochi km dal centro città; un confortevole hotel, ideale per clienti d'affari. Confort e servizi al passo coi tempi.

PAVONE CANAVESE – Torino (TO) – 561 F5 – 3 823 ab. – alt. 262 m – ✉ 10018

22 **B2**

Roma 668 – Torino 45 – Aosta 65 – Ivrea 5 – Milano 110

Castello di Pavone cam, 150,
via Ricetti 1 – ✆ 01 25 67 21 11 – info@castellodipavone.com – Fax 01 25 67 21 14
27 cam – 130 € 165 € – ½ P 121 € – **Rist** – *(chiuso sabato, domenica e a mezzogiorno)* (prenotare) Carta 53/73 €
♦ Fiabesco castello dell'XI e XIV secolo, protetto da una poderosa cinta muraria, con ricchi interni splendidamente conservati e un'atmosfera ancora pulsante e medievale. Un cortile con pozzo per le colazioni e sale con camini affrescate nel ristorante.

PAVULLO NEL FRIGNANO – Modena (MO) – 562 I14 – 15 683 ab. – alt. 682 m – ✉ 41026

8 **B2**

Roma 411 – Bologna 77 – Firenze 137 – Milano 222 – Modena 47 – Pistoia 101 – Reggio nell'Emilia 61

Vandelli rist, rist, 120,
via Giardini Sud 7 – ✆ 053 62 02 88 – info@hotelvandelli.it – Fax 053 62 36 08
39 cam – 48/60 € 65/78 € – ½ P 55/68 € – **Rist** – *(chiuso martedì e a mezzogiorno)* Carta 25/49 €
♦ Un tripudio di arredi, decori e tocchi personalizzati, nelle camere, tutte con richiami allo stile liberty, country o neoclassico di sicuro effetto. Ampie sale da pranzo, adatte anche per banchetti: pareti con nicchie, colori, cornici dorate.

XX **Parco Corsini**
viale Martiri 11 – ✆ 053 62 01 29 – info@parcocorsini.com – Fax 053 62 01 29 – Chiuso febbraio, lunedì, martedì, mercoledì e giovedì
Rist – Carta 18/35 €
♦ Sapori di cucina casereccia e proposte ligie alle tradizioni locali e alle stagioni; in un'atmosfera classica, piacevolmente retrò, quasi a ricordo dei seducenti anni '60.

PECCIOLI – Pisa (PI) – 563 L14 – 4 851 ab. – alt. 144 m – ✉ 56037

28 **B2**

Roma 354 – Pisa 40 – Firenze 76 – Livorno 47 – Pistoia 99

Tenuta di Pratello rist,
località Pratello via di Libbiano 70, Est : 5 km – ✆ 05 87 63 00 24 – tenuta@pratello.it – Fax 05 87 63 00 37 – Aprile-ottobre
15 cam – 80/130 € 120/180 € – **Rist** – *(chiuso a mezzogiorno)* Carta 28/38 €
♦ Una villa settecentesca al centro di una tenuta faunistico-venatoria con ambienti comuni e camere elegantemente allestiti con pezzi di antiquariato ed una cappella del '600

X **La Greppia**
piazza del Carmine 19/20 – ✆ 05 87 67 20 11 – info@ristorantelagreppia.it – Chiuso martedì e 10 giorni a gennaio
Rist – Carta 30/58 €
♦ Intimo e romantico ristorante, ricavato in antiche cantine con tavoli sono sistemati nelle nicchie che accoglievano le botti. Proposte eclettiche per accontentare ogni palato.

PECETTO TORINESE – Torino (TO) – 561 G5 – 3 759 ab. – alt. 407 m – ✉ 10020 22 **A1**

Roma 661 – Torino 13 – Alessandria 81 – Asti 46 – Novara 108

I Ciliegi Strada Valle Sauglio 130, ☎ 011 860 98 02.

Pianta d'insieme di Torino

Hostellerie du Golf senza rist — 50,

strada Valle Sauglio 130, Sud : 2 km – ☎ 01 18 60 81 38 – info@hotelleriedugolf.it – Fax 01 18 60 90 48 – Chiuso dal 23 dicembre al 7 gennaio e dal 4 al 19 agosto

26 cam – 60/91 € 90/112 € HU **a**

♦ Nel contesto del Golf Club I Ciliegi, hotel ristrutturato recentemente e ideale tanto per la clientela sportiva che per quella d'affari, vista la breve distanza da Torino.

PECORONE – Potenza – 564 G29 – Vedere Lauria

PEDEGUARDA – Treviso – 562 E18 – Vedere Follina

PEDEMONTE – Verona – 562 F14 – Vedere San Pietro in Cariano

PEDENOSSO – Sondrio – Vedere Valdidentro

PEDERIVA – Vicenza – Vedere Grancona

PEDEROBBA – Treviso (TV) – 562 E17 – 6 887 ab. – alt. 225 m – ✉ 31040 36 **C2**

Roma 560 – Belluno 46 – Milano 265 – Padova 59 – Treviso 35 – Venezia 66

Possagno : Deposizione★ nel tempio di Canova Ovest : 8,5 km

ad Onigo di Piave Sud-Est : 3 km – ✉ 31050

Le Rive 30,

via Rive 46 – ☎ 042 36 42 67 – Chiuso dal 9 al 31 gennaio, una settimana in agosto, martedì e mercoledì

Rist – Carta 20/29 €

♦ Una piccola casa di campagna con servizio estivo all'aperto e ambienti interni piacevoli e raccolti: camino, soffitti in legno e locali piatti casalinghi esposti a voce.

PEDRACES = PEDRATSCHES – Bolzano – Vedere Alta Badia

PEIO – Trento (TN) – 562 C14 – 1 862 ab. – alt. 1 389 m – Sport invernali : *1 400/2 400 m* 1 4, – ✉ 38020 *Italia* 30 **A2**

Roma 669 – Sondrio 103 – Bolzano 93 – Passo di Gavia 54 – Milano 256 – Trento 87

alle Terme, via delle Acque Acidule 8 ☎ 0463 753100, peio@valdisole.net, Fax 0463 753180

a Cògolo Est : 3 km – ✉ 38020

Kristiania Alpin Wellness 30,

via Sant'Antonio 18 – ☎ 04 63 75 41 57 – info@hotelkristiania.it – Fax 04 63 74 65 10 – Dicembre-aprile e 10 giugno-25 settembre

44 cam – 75/110 € 90/130 € – 6 suites – ½ P 70/109 € – **Rist** – Carta 23/36 €

♦ Un gradevole complesso in perfetto stile montano, invitante già dall'esterno; buona la disposizione degli spazi comuni, nuovo ed esclusivo centro benessere. Un'ampia sala ristorante dalla calda atmosfera.

Cevedale 45,

via Roma 33 – ☎ 04 63 75 40 67 – info@hotelcevedale.it – Fax 04 63 75 45 44 – 5 dicembre-Pasqua e 10 giugno-15 ottobre

35 cam – 46/55 € 80/100 € – ½ P 40/85 € – **Rist** – Carta 23/33 €

♦ Nato come osteria con camere e poi trasformatosi nel corso di un secolo in un vero e proprio hotel, un bell'albergo in pieno centro, gestito sempre dalla stessa famiglia. Accogliente sala da pranzo, capiente e tutta rivestita in legno chiaro.

Gran Zebrù

via Casarotti 92 – ✆ 04 63 75 44 33 – info@hotelgranzebru.com – Fax 04 63 74 65 56 – Dicembre-aprile e 10 giugno-settembre

20 cam – 80/90 € 90/110 € – ½ P 35/65 € – **Rist** – Carta 26/38 €

♦ Hotel posizionato nei pressi delle piste di fondo e di pattinaggio, caratterizzato dall'ambiente familiare in un contesto ospitale e dotato di ogni comodità. Gravi lignee al saffita, gradiose tendine alle finestre e prelibatezze locali dalla cucina.

Chalet Alpenrose

rist,

via Malgamare, località Masi Guilnova Nord : 1,5 km – ✆ 04 63 75 40 88 – alpenrose@tin.it – Fax 04 63 75 40 88 – 6 dicembre-9 aprile e giugno-24 settembre

10 cam – 75/110 € – ½ P 45/70 € – **Rist** – (solo su prenotazione) Carta 32/47 €

♦ Fuori località, nella tranquillità del verde, un maso settecentesco ristrutturato con estrema cura e intimità. Caratteristica sauna ricavata nel capanno del giardino. Ambienti caldi, rifiniti in legno e ben curati in ogni particolare nella zona ristorante.

PELAGO – Firenze (FI) – 563 K16 – 7 330 ab. – alt. 310 m – ✉ 50060 29 C1

Roma 279 – Firenze 25 – Prato 55 – Arezzo 69

a Diacceto Nord : 3 km – ✉ 50060

Locanda Tinti senza rist

via Casentinese 65 – ✆ 05 58 32 70 07 – info@locandatinti.it – Fax 05 58 32 78 28

6 cam – 80 €, 8 €

♦ Sei belle camere doppie, distribuite su due piani, attrezzate di tutto punto e arredate con mobilio d'epoca. Sul retro un bel dehors utilizzato anche per la prima colazione.

PELLARO – Reggio di Calabria – 564 M28 – Vedere Reggio di Calabria

PELLESTRINA (Isola di) – Venezia – 562 G18 – Vedere Venezia

PELLIO INTELVI – Como (CO) – 914 ab. – alt. 725 m – ✉ 22020 16 A2

Roma 669 – Como 34 – Bergamo 128 – Milano 82 – Monza 88

La Locanda del Notaio

rist,

piano delle Noci Est : 1,5 km – ✆ 03 18 42 70 16 – info@locandadelnotaio.com – Fax 03 18 42 70 18 – Chiuso gennaio e novembre

15 cam – 105/135 € 120/180 € – **Rist** – *(chiuso lunedì e martedì a mezzogiorno)* Carta 44/70 €

♦ Villa dell'Ottocento che in passato fu locanda e oggi è una risorsa arredata con grande cura. Belle camere in legno personalizzate; giardino con laghetto d'acqua sorgiva. Elegante sala da pranzo, cucina estrosa.

PENANGO – Asti (AT) – 556 ab. – alt. 264 m – ✉ 14030 23 C2

Roma 609 – Alessandria 52 – Asti 19 – Milano 102 – Vercelli 41

a Cioccaro Est : 3 km – ✉ 14030 – Cioccaro di Penango

Locanda del Sant'Uffizio

cam, rist, 200,

strada Sant'Uffizio 1 – ✆ 01 41 91 62 92 – santuffizio@thi.it – Fax 01 41 91 60 68 – Chiuso dal 23 dicembre al 28 febbraio

40 cam – 152/200 € 171/240 € – 6 suites – ½ P 143/177 € – **Rist** – Carta 41/55 €

♦ Nel cuore del Monferrato, un edificio seicentesco, ex convento domenicano, all'interno di un parco con piscina e campo da tennis; camere personalizzate e totale relax. Eleganti salette ristorante, con begli arredi antichi, protese sul verde esterno.

Relais Il Borgo

via Biletta 60 – ✆ 01 41 92 12 72 – ilborgodicioccaro@virgilio.it – Fax 01 41 92 30 67 – Chiuso dal 20 dicembre al 15 gennaio

12 cam – 100 € 120 € – ½ P 110 € – **Rist** – *(chiuso dal 20 dicembre al 15 gennaio e dal 7 al 21 agosto)* (solo per alloggiati) Menu 40/60 €

♦ Un piccolo borgo costruito ex novo con fedeli richiami alla tradizione piemontese. Invece è quasi inglese l'atmosfera delle camere, ricche di tessuti e decorazioni.

PENNA ALTA – Arezzo – Vedere Terranuova Bracciolini

PERA – Trento – Vedere Pozza di Fassa

PERDIFUMO – Salerno (SA) – 564 G27 – 1 832 ab. – alt. 415 m – ✉ 84060 7 C3

Roma 334 – Potenza 122 – Castellammare di Stabia 106 – Napoli 124 – Salerno 72

Agriturismo La Mimosa
contrada Difesa Est : 7 km – ✆ 09 74 85 19 98 – lamimosa@agriturismo.com – Fax 09 74 82 40 22 – Chiuso dal 1° al 15 novembre
13 cam – 46/58 € 92/112 € – ½ P 56/60 € – **Rist** – (solo su prenotazione) Menu 20/30 €

◆ A poca distanza dal centro storico di Castellabate, un'oasi di tranquillità tra giardini di ulivi. Attenta e cortese gestione familiare. Una saletta accogliente e familiare offre i piatti della tradizione cilentana preparati con i prodotti di casa.

PERGINE VALDARNO – Arezzo (AR) – 563 L17 – 3 129 ab. – alt. 376 m – ✉ 52020 29 C2

Roma 231 – Firenze 62 – Arezzo 19 – Perugia 106 – Siena 48

a Montelucci Sud-Est : 2,5 km – ✉ 52020 – Pergine Valdarno

Agriturismo Fattoria di Montelucci rist, 200, VISA AE
– ✆ 05 75 89 65 25 – info@montelucci.it – Fax 05 75 89 63 15 – Chiuso gennaio e febbraio
35 cam – 84/98 € 120/140 € – ½ P 89/99 €
Rist *Locanda di Montelucci* – *(chiuso lunedì e martedì escluso giugno-settembre)* (prenotare) Carta 33/50 €

◆ Fattoria seicentesca, isolata sulle colline e completa di ogni confort, ideale per una vacanza di relax, ma anche di sport: passeggiate, piscina, centro ippico. Suggestivo ristorante ricavato nell'ex frantoio, prodotti dell'azienda.

PERGINE VALSUGANA – Trento (TN) – 562 D15 – 17 453 ab. – alt. 482 m – ✉ 38057 30 B3

Roma 599 – Trento 12 – Belluno 101 – Bolzano 71 – Milano 255 – Venezia 152

(giugno-settembre) viale Venezia 2/F ✆ 0461 531258, Fax 0461 531258

Castel Pergine con cam rist, VISA
via al Castello 10, Est : 2,5 km – ✆ 04 61 53 11 58 – verena@castelpergine.it – Fax 04 61 53 13 29 – 5 aprile-4 novembre
21 cam – 31/49 € 62/98 € – ½ P 50/73 € – **Rist** – *(chiuso lunedì a mezzogiorno)* Carta 30/39 €

◆ Sito in posizione particolarmente suggestiva all'interno di un castello medievale, presso le due sale dagli alti soffitti a cassettoni potrete gustare la gastronomia locale. La risorsa dispone anche di alcune camere dagli arredi sobri ed essenziali, in linea con lo stile del maniero.

PERIASC – Aosta – 561 E5 – Vedere Ayas

PERUGIA P (PG) – 563 M19 – 153 857 ab. – alt. 493 m – ✉ 06100 *Italia* 32 B2

Roma 172 – Firenze 154 – Livorno 222 – Milano 449 – Pescara 281 – Ravenna 196

di Sant'Egidio Est per ② : 17 km ✆ 075 592141

piazza 4 Novembre 3 ✉ 06123 ✆ 075 5736458, info@iat.perugia.it, Fax 075 5739386

Perugia Ellera Umbra, località Santa Sabina, ✆ 075 517 22 04.

Piazza 4 Novembre★★ BY : fontana Maggiore★★, palazzo dei Priori★★ **D** (galleria nazionale dell'Umbria★★) – Chiesa di San Pietro★★ BZ – Oratorio di San Bernardino★★ AY – Museo Archeologico Nazionale dell'Umbria★★ BZ **M1** – Collegio del Cambio★ BY **E** : affreschi★★ del Perugino – ≤★★ dai giardini Carducci AZ – Porta Marzia★ e via Bagliona Sotterranea★ BZ **Q** – Chiesa di San Domenico★ BZ – Porta San Pietro★ BZ – Via dei Priori★ AY – Chiesa di Sant'Angelo★ AY **R** – Arco Etrusco★ BY **K** – Via Maestà delle Volte★ ABY **29** – Cattedrale★ BY **F** – Via delle Volte della Pace★ BY **55**

Ipogeo dei Volumni★ per ② : 6 km

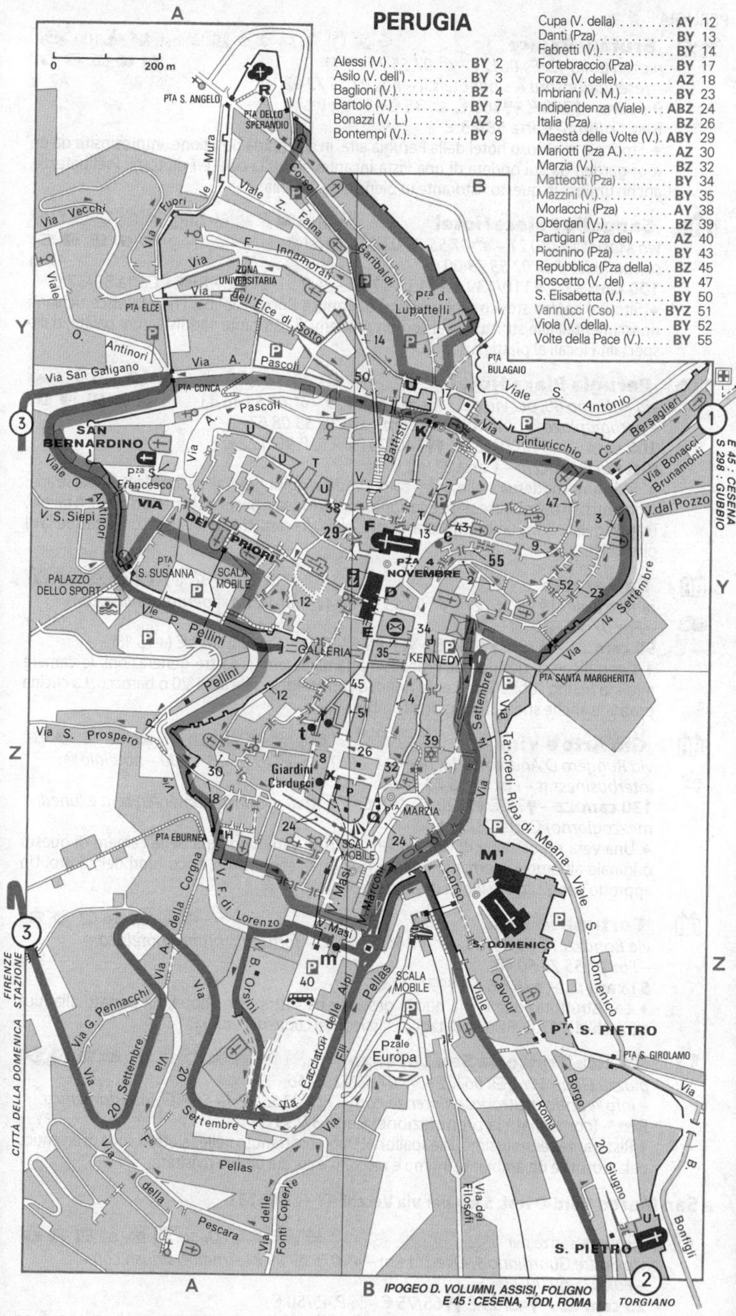

PERUGIA
Alessi (V.) . . . . BY 2
Asilo (V. dell') . . . . BY 3
Baglioni (V.) . . . . BZ 4
Bartolo (V.) . . . . BY 7
Bonazzi (V. L.) . . . . AZ 8
Bontempi (V.) . . . . BY 9
Cupa (V. della) . . . . AY 12
Danti (Pza) . . . . BY 13
Fabretti (V.) . . . . BY 14
Fortebraccio (Pza) . . . . . BY 17
Forze (V. delle) . . . . AZ 18
Imbriani (V. M.) . . . . BY 23
Indipendenza (Viale) . . . ABZ 24
Italia (Pza) . . . . BZ 26
Maestà delle Volte (V.) . ABY 29
Mariotti (Pza A.) . . . . . . AZ 30
Marzia (V.) . . . . BZ 32
Matteotti (Pza) . . . . BY 34
Mazzini (V.) . . . . BY 35
Morlacchi (Pza) . . . . AY 38
Oberdan (V.) . . . . BZ 39
Partigiani (Pza dei) . . . . AZ 40
Piccinino (Pza) . . . . BY 43
Repubblica (Pza della) . . BZ 45
Roscetto (V. del) . . . . . . BY 47
S. Elisabetta (V.) . . . . . . BY 50
Vannucci (Cso) . . . . BYZ 51
Viola (V. della) . . . . BY 52
Volte della Pace (V.) . . . . BY 55
0
200 m
PTA S. ANGELO
PTA DELLO SPERANDIO
ZONA UNIVERSITARIA
PTA ELCE
PTA CONCA
PTA BULAGAIO
SAN BERNARDINO
Pza S. Francesco
VIA DEI PRIORI
Pza 4 NOVEMBRE
Pza d. Lupattelli
PTA S. SUSANNA
SCALA MOBILE
PALAZZO DELLO SPORT
GALLERIA KENNEDY
PTA SANTA MARGHERITA
Giardini Carducci
PTA MARZIA
PTA EBURNEA
S. DOMENICO
Pzale Europa
PTA S. PIETRO
PTA S. GIROLAMO
S. PIETRO
Via San Galigano
Viale S. Antonio
Via Pinturicchio
Via Bonacci Brunamonti
V. dal Pozzo
Via XIV Settembre
Via S. Prospero
Viale Roma
Borgo 20 Giugno
Via della Pescara
Via delle Fonti Coperte
Via Cacciatori delle Alpi
Via G. Pennacchi
Via 20 Settembre
E 45 : CESENA
S 298 : GUBBIO
FIRENZE STAZIONE
CITTÀ DELLA DOMENICA
IPOGEO D. VOLUMNI, ASSISI, FOLIGNO
E 45 : CESENA, TODI, ROMA
TORGIANO

Brufani Palace rist, 100,
piazza Italia 12 ✉ 06121 – ☎ 07 55 73 25 41
– reservationsbru@sinahotels.it – Fax 07 55 72 02 10 AZ **x**
94 cam – 308 € 363 €, 35 € – 15 suites
Rist *Collins* – Carta 58/83 €
◆ Storico e sontuoso hotel della Perugia alta, in splendida posizione, impreziosito da un roof-garden da cui godere di una vista incantevole sulla città e i dintorni. Prelibatezze, anche umbre, in questo ristorante in piena città vecchia.

Sangallo Palace Hotel cam, rist, 140,
via Masi 9 ✉ 06121 – ☎ 07 55 73 02 02 – hotel@sangallo.it – Fax 07 55 73 00 68 AZ **m**
100 cam – 110/139 € 135/178 € – ½ P 91/111 € – **Rist** – Carta 30/37 €
◆ Sito nel centro storico a pochi passi dall'antica Rocca Paolina, l'hotel unisce richiami rinascimentali alle strutture e al confort moderni. Il ristorante soddisfa ogni palato, dalle specialità locali ai piatti nazionali.

Perugia Plaza Hotel 160,
via Palermo 88, per via dei Filosofi ✉ 06129 – ☎ 07 53 46 43
– perugiaplaza@umbriahotels.com – Fax 07 53 08 63 BZ
108 cam – 100/134 € 140/201 € – ½ P 92/122 €
Rist *Fortebraccio* – Carta 31/42 €
◆ Struttura moderna nello stile, comoda da raggiungere all'uscita della superstrada; ambienti ben distribuiti e stanze con ogni confort. Ideale per una clientela d'affari. A tavola, i sapori della cucina umbra. Ristorante ove, oltre alla carta tradizionale, si consulta quella di oli e aceti.

La Rosetta 80,
piazza Italia 19 ✉ 06121 – ☎ 07 55 72 08 41 – larosetta@perugiaonline.com
– Fax 07 55 72 08 41 AZ **r**
90 cam – 79 € 140 € – ½ P 85 € – **Rist** – Carta 21/43 € (+15 %)
◆ Centralissimo, gestito dalla medesima famiglia ormai da tre generazioni, le camere migliori hanno subito un recente rinnovo con arredi in stile anni '20 o barocco. La cucina propone anche specialità regionali umbre.

Giò Arte e Vini 150,
via Ruggero D'Andreotto 19, per ③ ✉ 06124 – ☎ 07 55 73 11 00 – hotelgio@interbusiness.it – Fax 07 55 73 11 00
130 cam – 73 € 120 € – ½ P 63 € – **Rist** – *(chiuso domenica sera e lunedì a mezzogiorno)* Carta 23/29 €
◆ Una vera esposizione di vini e opere di artisti vari in ognuna delle camere di questo originale albergo; un omaggio, senza riserve, all'enoturismo. Poco fuori del centro. Un approdo per gli appassionati di enogastronomia.

Fortuna senza rist
via Bonazzi 19 ✉ 06123 – ☎ 07 55 72 28 45 – fortuna@umbriahotels.com
– Fax 07 55 73 50 40 AZ **t**
51 cam – 75/96 € 97/147 €
◆ La ristrutturazione cui la nuova gestione ha sottoposto l'hotel, ha portato alla luce affreschi del 1700. Risorsa di taglio classico, nel cuore di Perugia.

Antica Trattoria San Lorenzo 12,
piazza Danti 19/A ✉ 06122 – ☎ 07 55 72 19 56
– info@anticatrattoriasanlorenzo.com – Fax 07 55 72 19 56 – Chiuso domenica
Rist – (consigliata la prenotazione) Carta 37/58 € BY **c**
◆ Ristorante centralissimo, alle spalle del Duomo: ottenuto nelle salette a volta di un antico palazzo, offre un ambiente intimo e raccolto e cucina umbra rivisitata.

a San Marco Nord-Ovest: 5 km per via Vecchi AY– ✉ **06131**

Sirius senza rist 50,
via Padre Guardiano 9, Ovest: 1 km – ☎ 075 69 09 21 – mail@siriush.com
– Fax 075 69 09 23
23 cam – 48/53 € 65/75 € – ½ P 45/50 €
◆ Alberghetto situato in campagna, tra il verde e sulla sommità di una collina, poco fuori Perugia; conduzione familiare molto gradevole, camere funzionali.

verso Ponte Felcino per ① : 5 km

Agriturismo San Felicissimo senza rist ← vallata, [P]
strada Poggio Pelliccione 5 ✉ 06077 Perugia – ✆ 07 56 91 94 00 – info@sanfelicissimo.net
10 cam – ††45/98 €
◆ Un piccolo agriturismo periferico, raggiungibile dopo un breve tratto di strada sterrata; edificio rurale, con arredi rustici, tutto rinnovato e cinto da colline e uliveti.

a Ferro di Cavallo per ③ : 6 km – alt. 287 m – ✉ 06127

Holiday Inn Perugia cam, rist, 120, [P]
via del Discobolo 42 ✉ 06132 – ✆ 07 55 17 23 47 – holidayinnperugia@akus.it – Fax 07 55 17 27 19
101 cam – †70/180 € ††80/250 € – ½ P 58/143 € – **Rist** – *(chiuso a mezzogiorno)* (solo per alloggiati) Carta 35/48 €
◆ Al contempo facile da raggiungere ma anche isolato, ai piedi delle prime colline, una recente apertura all'insegna di un design moderno con numerosi richiami alla musica jazz.

Arte Hotel cam, cam, rist, 300, [P]
strada Trasimeno Ovest 159 z/10 – ✆ 07 55 17 92 47 – info@artehotelperugia.com – Fax 07 55 17 89 47
82 cam – †69/84 € ††87/102 €
Rist – (prenotazione obbligatoria) Carta 22/36 €
◆ Lungo una strada di grande transito, ma ben insonorizzato e comodo da raggiungere, opere d'arte moderna ispirano gli interni recentemente rinnovati. Ristorante con ampi spazi, rivolto in particolare alla clientela d'affari.

a Ponte San Giovanni per ② : 7 km – alt. 189 m – ✉ 06087

Park Hotel cam, 260, [P]
via Volta 1 – ✆ 07 55 99 04 44 – info@perugiaparkhotel.com – Fax 07 55 99 04 55 – Chiuso dal 24 al 27 dicembre
140 cam – †60/115 € ††80/165 € – ½ P 70/100 € – **Rist** – Carta 32/39 €
◆ Una torre "spaziale" unita a un corpo centrale: una grande struttura, soprattutto per clientela d'affari e congressuale. Camere con ogni confort e curate nei particolari. Stile moderno anche per le sale del ristorante.

Decohotel rist, 100, P
via del Pastificio 8 – ✆ 07 55 99 09 50 – info@decohotel.it – Fax 07 55 99 09 70 – Chiuso da 23 al 26 dicembre
35 cam – †86 € ††130 € – ½ P 83 €
Rist Deco – vedere selezione ristoranti
◆ Un invitante albergo in una villetta degli anni '30, all'interno di un giardino con piante secolari e dépendance annessa; stanze arredate con cura e attenta gestione.

Tevere cam, cam, 100, [P]
via Manzoni 421/E – ✆ 075 39 43 41 – mail@tevere.it – Fax 075 39 43 42
49 cam – †45/75 € ††75/120 € – ½ P 56/78 € – **Rist** – *(chiuso sabato)* Carta 28/36 €
◆ Allo svincolo del raccordo stradale, e dunque assai pratico da raggiungere, hotel in struttura condominiale poco attraente all'esterno ma rinnovata all'interno. Nella veranda o nelle sale moderne, gusterete la cucina del territorio.

Augusta 100, [P]
via dei Prati 5 – ✆ 07 55 99 00 33 – info@hotelaugusta.it – Fax 07 55 99 64 49
30 cam – †50/55 € ††80/85 € – ½ P 62/67 € – **Rist** – *(chiuso agosto, venerdì, sabato, domenica e a mezzogiorno)* Carta 23/44 €
◆ All'esterno, un piccolo, gradevole condominio, nell'ansa dello svincolo del raccordo per Ponte S. Giovanni; camere ospitali appena rinnovate, cordiale gestione familiare.

Deco 8/12, [P]
via del Pastificio 8 – ✆ 07 55 99 09 50 – info@decohotel.it – Fax 07 55 99 09 50 – Chiuso dal 23 dicembre al 3 gennaio, dal 10 al 20 agosto e domenica
Rist – Carta 34/44 €
◆ Sito entro il Decohotel, ma in una struttura a parte, un ristorante classico, di tono elegante, che propone anche cucina locale e ittica. Servizio estivo all'aperto.

a Cenerente Nord-Ovest: 8 km per via Vecchi AY– ✉ **06070**

Castello dell'Oscano cam, cam, rist, 60,
strada Forcella 37 – ✆ 075 58 43 71 – info@oscano.com – Fax 075 69 06 66
18 cam – 170/190 € 200/230 € – 4 suites – ½ P 130/145 €
Rist – *(chiuso a mezzogiorno)* Menu 30/46 €
♦ Un'elegante residenza d'epoca in un grande parco secolare, favoloso; salottini, biblioteche, angoli sempre da scoprire, una terrazza immensa. E stanze con arredi antichi. Al ristorante i piatti si accompagnano con una selezione di vini umbri.

ad Olmo per ③ : 8 km – alt. 284 m – ✉ **06012 – Corciano**

Relais dell'Olmo senza rist 100,
strada Olmo Ellera 2/4 – ✆ 07 55 17 30 54 – info@relaisolmo.com – Fax 07 55 17 29 07
32 cam – 85/103 € 110/156 €
♦ Una casa colonica radicalmente ristrutturata e trasformata in una struttura alberghiera moderna e funzionale. Ampia gamma di servizi, arredi curati e di stile elegante.

a San Martino in Campo Sud : 9 km per viale Roma BZ– ✉ **06079**

Alla Posta dei Donini cam, cam, 250,
via Deruta 43 – ✆ 075 60 91 32 – info@postadonini.it – Fax 075 60 91 32
48 cam – 183/238 € 212/270 € – ½ P 149/178 € – **Rist** – Carta 32/44 €
♦ Una villa settecentesca con interni affrescati, inserita in un parco secolare: da antica e fine dimora nobiliare, ad elegante ed esclusivo hotel. Per inseguire la bellezza.

a Bosco per ① : 12 km – ✉ **06080**

Relais San Clemente 200,
strada Passo dell' Acqua 34 – ✆ 07 55 91 51 00 – info@relais.it – Fax 07 55 91 50 01
64 cam – 85/170 € 120/200 € – ½ P 80/130 € – **Rist** – Carta 24/35 €
♦ Un'antica dimora in un grande parco, un relais che trae il nome dalla chiesa ancora compresa nel complesso; camere senza fronzoli, ineccepibili per tenuta e confort. Ristorante orientato al comparto congressuale e banchettistico.

PESARO Ⓟ (PU) – 563 K20 – 92 104 ab. – ✉ 61100 *Italia* 20 B1

Roma 300 – Rimini 39 – Ancona 76 – Firenze 196 – Forlì 87 – Milano 359 – Perugia 134 – Ravenna 92

viale Trieste 164 ✆ 0721 69341, iat.pesaro@regione.marche.it, Fax 0721 30462 - via Mazzolari 4 ✆ 0721 359501, Fax 0721 33930

Museo Civico★ : ceramiche★★Z

Pianta pagina a lato

Vittoria rist,
piazzale della Libertà 2 – ✆ 072 13 43 43 – vittoria@viphotels.it – Fax 072 16 52 04 Y e
18 cam – 286 €, 16 € – 9 suites
Rist Agorà – ✆ 072 13 43 44 *(chiuso domenica escluso luglio-agosto e a mezzogiorno da dicembre a febbraio)* Carta 31/41 €
♦ In una zona tranquilla e con un'eccellente vista sul mare, la storica villa ospita eleganti spazi arredati con mobili antichi, sale conferenza, sauna ed una piccola palestra. Due sale ristorante apparecchiate con buon gusto e raffinatezza dove assaporare le specialità della cucina tradizionale.

Cruiser Congress Hotel (riscaldata) rist, 220,
viale Trieste 281 – ✆ 07 21 38 81 – cruiser@cruiser.it – Fax 07 21 38 86 00 Y m
120 cam – 165/175 € 220/240 € – 32 suites – ½ P 112/175 €
Rist – Carta 34/60 €
♦ L'hotel si trova sul lungomare a pochi passi dal centro e dispone di camere confortevoli e sale congressi modulabili, ideali per una clientela di lavoro. La classica sala ristorante, con vista sul mare, propone una cucina tradizionale, mentre il Docks Bar è uno spazio più moderno ed informale.

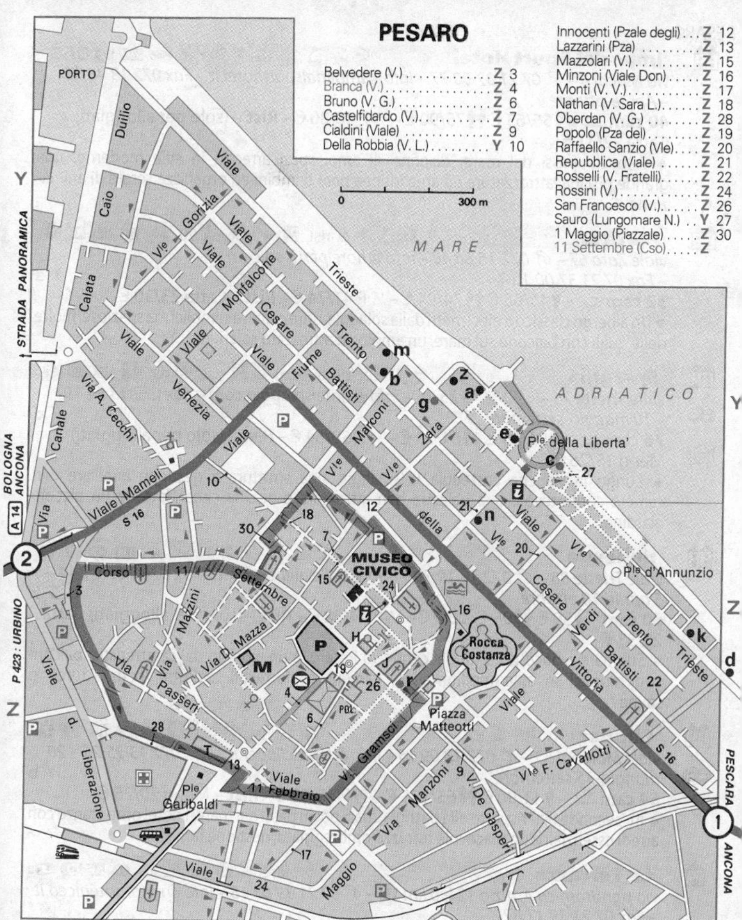

Flaminio

via Parigi 8, per ② – ✆ 07 21 40 03 03 – info@hotelflaminio.com
– Fax 07 21 40 37 57

78 cam – 🛉180 € 🛉🛉260 € – 10 suites – **Rist** – Menu 20/30 €

◆ Di fronte al mare, una struttura dall'architettura elegante e moderna con spazi generosi e luminosi ed arredi semplici nelle camere. 5 sale congressi per ogni tipo di evento. Nella raffinata sala ristorante con vetrate sull'Adriatico, è possibile assaporare piatti della gastronomia locale e nazionale.

Savoy

viale della Repubblica 22 – ✆ 072 16 74 40 – savoy@viphotels.it
– Fax 072 16 44 29 — Z n

51 cam – 🛉🛉178 €, ☕ 13 € – 10 suites – ½ P 108 €

Rist *Fai Vivere* – ✆ 072 16 74 49 – Carta 19/25 €

◆ Sul viale principale, a pochi passi dal mare e dai monumenti più importanti, l'hotel è particolarmente vocato ad una clientela d'affari e vanta ambienti ampi e funzionali. Dalle cucine, un'offerta semplice e tradizionale con specialità di pesce ed offerte regionali in carta a parte.

Imperial Sport Hotel rist,
via Ninchi 6 – 07 21 37 00 77 – info@imperialsporthotel.it – Fax 072 13 48 77 – Aprile-ottobre Y **z**
40 cam – 55/65 € 75/90 € – ½ P 40/80 € – **Rist** – (solo per alloggiati) Carta 22/31 €
◆ A pochi passi dal mare, dispone di ampi spazi arredati in stile moderno, una grande piscina, attrezzature ed aree idonee per i bambini ed organizza serate di animazione.

Perticari rist, rist, 50,
viale Zara 67 – 072 16 86 40 – info@hotelperticari.com – Fax 07 21 37 00 18 Y **a**
32 cam – 46/66 € 74/94 € – ½ P 41/74 € – **Rist** – Carta 23/30 €
◆ Un albergo classico a dieci metri dalla spiaggia, offre camere semplici ma spaziose, molte delle quali con balcone sul mare, un ampio ed attrezzato solarium.

Spiaggia (riscaldata) rist, rist,
viale Trieste 76 – 072 13 25 16 – info@hotelspiaggia.com – Fax 072 13 54 19 – 10 maggio-settembre Z **d**
76 cam – 54/65 € 64/75 € – ½ P 58/64 € – **Rist** – (solo per alloggiati) Menu 15/25 €
◆ Lungo la via che costeggia la spiaggia, una struttura a gestione familiare con camere confortevoli, una palestra ben attrezzata e piscina circondata da un piccolo giardino.

Bellevue
viale Trieste 88 – 072 13 19 70 – info@bellevuehotel.net – Fax 07 21 37 01 44 – 5 aprile-10 ottobre Z **k**
60 cam – 59 € 95 €, 9 € – ½ P 44/68 € – **Rist** – (solo per alloggiati) Carta 28/33 €
◆ Sul mare e poco distante dal centro di Pesaro, è un albergo dai caratteristici balconi con mosaici in stile mediterraneo, camere confortevoli, palestra, bagno turco e sauna.

Clipper rist, rist,
viale Marconi 53 – 072 13 09 15 – info@hotelclipper.it – Fax 072 13 35 25 – 20 maggio-15 settembre Y **b**
54 cam – 43/90 € 65/125 € – ½ P 39/62 € – **Rist** – Menu 20/25 €
◆ In "seconda fila" rispetto alla battigia, ma a pochi passi dal mare, l'hotel offre stanze con arredi essenziali e un piacevole terrazzo ombreggiato; gestione familiare.

Le Terrazze mare,
via panoramica Ardizio 121, 6 km ① – 07 21 39 03 18 – info@ristorantealceo.it – Fax 07 21 39 17 82
20 cam – 40/55 € 60/85 €
Rist Da Alceo – vedere selezione ristoranti
◆ Ubicata in una zona panoramica tra Pesaro e Fano, una struttura moderna circondata dal verde con un'ampia ed elegante hall, camere semplici ma confortevoli.

Villa Serena 250,
strada San Nicola 6/3, 9 km per ① – 072 15 52 11 – info@villa-serena.it – Fax 072 15 59 27 – Chiuso dal 2 al 25 gennaio Z
9 cam – 80/120 € 110/170 €, 10 € – ½ P 120/140 € – **Rist** – (solo su prenotazione) Carta 31/42 €
◆ Circondata da un maestoso parco con piscina, una casa colonica dove vigono raffinatezza e ospitalità, una signorile cornice nella quale allestire congressi, sfilate e ricevimenti. Riservata a pochi commensali, la sala da pranzo è illuminata da candelieri e da una sapiente cucina classica. Il parco è ideale per dei banchetti.

Lo Scudiero
via Baldassini 2 – 072 16 41 07 – info@ristoranteloscudiero.it – Fax 072 16 49 43 – Chiuso dal 1° al 7 gennaio, luglio e domenica Z **r**
Rist – Carta 45/62 €
◆ Uno scudo giallo è il simbolo di questo locale con enoteca, dal soffitto a volta e con mattoni a vista, dove gustare i sapori della cucina regionale e specialità di pesce.

XX **Da Alceo** (Ravagnan) – Hotel Le Terrazze
via Panoramica Ardizio 121, 6 km per ① – ✆ 072 15 13 60 – info@ristorantealceo.it – Fax 07 21 39 17 82
Rist – Carta 37/61 €
Spec. Gran piatto di crostacei. Mezze maniche alla crudaiola di pomodoro fresco e basilico con leone di mare (maggio-ottobre). Rombo chiodato agli agrumi.
◆ Dalla carta o consigliati da Alceo potrete scegliere tra le migliori proposte di pesce ed ammirare il mare dalle finestre o dalla terrazza.

XX **Bristolino**
piazzale della Libertà 7 – ✆ 072 13 16 09 – bristolinopesaro@libero.it – Fax 07 21 37 51 32 – Chiuso domenica escluso agosto Y **c**
Rist – Carta 35/60 €
◆ Un ristorante moderno e grazioso dal tovagliato marino e con vista direttamente sul mare, dove gustare piatti regionali e soprattutto specialità ittiche.

XX **Commodoro**
viale Trieste 269 – ✆ 072 13 26 80 – info@ilcommodoro.com – Fax 072 16 49 26 – Chiuso dal 7 al 18 gennaio, dal 10 al 20 giugno e lunedì Y **g**
Rist – Carta 39/59 €
◆ Un locale classico con un piccolo dehors ed un'enoteca con scaffali a vista, dove farsi servire i sapori di una cucina mediterranea attenta alle proposte giornaliere.

in prossimità casello autostrada A 14 Ovest : 5 km :

Locanda di Villa Torraccia senza rist
strada Torraccia 3 ✉ 61100 – ✆ 072 12 18 52 – info@villatorraccia.it – Fax 072 12 18 52 – Chiuso dal 20 al 28 dicembre
5 suites – 100/130 €, 9 €
◆ Ricavata da una piccola torre medievale circondata da piante secolari, una risorsa accogliente con suites suggestive per un romantico soggiorno nel rispetto della tradizione.

PESCANTINA – Verona (VR) – 562 F14 – 13 504 ab. – alt. 80 m – ✉ 37026 37 A2

Roma 503 – Verona 14 – Brescia 69 – Trento 85

ad Ospedaletto Nord-Ovest : 3 km – ✉ 37026 – Pescantina

Goethe senza rist
via Ospedaletto 8 – ✆ 04 56 76 72 57 – info@hotelgoethe.com – Fax 04 56 70 22 44 – Chiuso gennaio
25 cam – 69 € 99 €
◆ Per scoprire il dolce paesaggio della Valpolicella, coi suoi vini e i suoi prodotti tipici, una risorsa familiare, comoda da raggiungere, in parte rinnovata di recente.

XX **Alla Coà**
via Ospedaletto 70 – ✆ 04 56 76 74 02 – Fax 04 56 76 74 02 – Chiuso dal 26 dicembre al 26 gennaio, agosto, domenica e lunedì
Rist – Menu 35/45 €
◆ Una vecchia casa di paese lungo una strada piuttosto trafficata; all'interno, un locale gradevole, con buona cura dei particolari e stagionali proposte del territorio.

PESCARA (PE) – 563 O24 – 122 083 ab. – ✉ 65100 2 C1

Roma 208 – Ancona 156 – Foggia 180 – Napoli 247 – Perugia 281 – Terni 198

Pasquale Liberi per ②: 4 km ✆ 085 4324200, Fax 085 4324256

lungofiume Paolucci (Palazzo Qadrifoglio) ✆ 085 4219981, presidio.pescara@abruzzoturismo.it, Fax 085 4228533aeroporto Pescara ✆ 085 4322120, iat.aeroporto@abruzzoturismo.it, Fax 085 4322120 - corso Vittorio Emanuele 301 ✆ 085 42900212

Cerreto, Sud : 11 km a Miglianico, ✆ 0871 95 05 66.

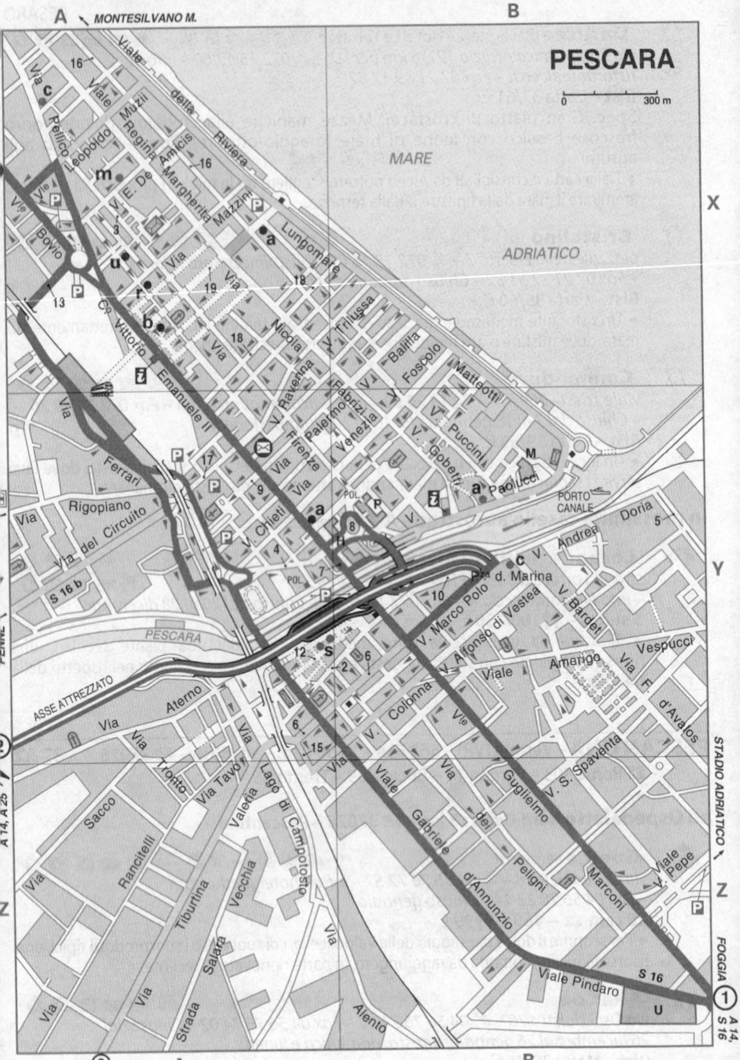

PESCARA

Via	Quadrante	N.
Bastioni (V.)	ABY	2
Battisti (V. Cesare)	AX	3
Bovio (Viale)	AX	
Caduta del Forte (V.)	AY	4
Chieti (V.)	AY	
Colombo (Lung. C.)	BY	5
Conte di Ruvo (V.)	ABX	6
Duca d'Aosta (Pza)	ABY	7
Fabrizi (V. Nicola)	AX	
Firenze (V.)	AXY	
Italia (Pza)	BY	8
L'Aquila (V.)	AY	9
Lungaterno Sud (V.)	BY	10
Manthone (Cso G.)	AY	12
Marconi (Vle G.)	BYZ	
Michelangelo (V.)	AX	13
Orazio (V.)	AYZ	15
Palermo (V.)	AY	
Ravenna (V.)	AXY	
Regina Elena (Viale)	AX	16
Teramo (V.)	AY	17
Trieste (V.)	AX	18
Umberto I (Cso)	AX	19
Venezia (V.)	ABY	
Vitt. Emanuele II (Cso)	AXY	

L'indicazione «Rist» in rosso evidenzia le strutture a cui abbiamo assegnato un riconoscimento: ✿ (stella) o ☺ (Bib Gourmand).

Esplanade rist, rist, 200,
piazza 1° Maggio 46 ✉ 65122 – ✆ 085 29 21 41 – resevations@esplanade.net – Fax 08 54 21 75 40 AX **a**
150 cam – 100/115 € 140/150 € – **Rist** – *(chiuso a mezzogiorno)* Carta 35/55 €
◆ Vicino al mare, un edificio del 1905 ristrutturato ospita un hotel elegante dagli interni - aree comuni e camere - spaziosi, curati e con arredi in stile classico. Luminoso ristorante, al sesto piano, dotato di bella terrazza vista mare.

Plaza 70,
piazza Sacro Cuore 55 ✉ 65122 – ✆ 08 54 21 46 25 – plaza.pe@bestwestern.it – Fax 08 54 21 32 67 AX **b**
68 cam – 84/110 € 132/173 € – ½ P 91/112 € – **Rist** – *(chiuso sabato e domenica sera escluso luglio-agosto)* Carta 28/36 €
◆ In posizione centrale ma tranquilla, poco distante dalla stazione e dal mare, l'hotel dispone di sale conferenza ed accoglienti ambienti arredati con tessuti eleganti e marmo. La piccola e classica sala ristorante propone i piatti della tradizione italiana e soprattutto specialità di pesce.

Duca D'Aosta senza rist 70,
piazza Duca d'Aosta 4 ✉ 65121 – ✆ 085 37 42 41 – duca@schiratohotels.it – Fax 085 38 52 82 AY **a**
72 cam – 63/86 € 89/122 €
◆ L'insegna svetta sull'omonima piazza, in vicinanza del Porto Canale, ma a pochi passi di distanza dal centro. Da segnalare il bel bar panoramico sul roof-garden.

Maja senza rist 60,
viale della Riviera 201, per viale della Riviera ✉ 65123 – ✆ 08 54 71 15 45 – hmaja@tin.it – Fax 08 57 79 30 AX
47 cam – 65/75 € 95/120 €
◆ Reca il nome di un'opera del pescarese D'Annunzio questa confortevole struttura recente, situata sul lungomare di fronte alla propria spiaggia privata; camere rinnovate.

Alba senza rist
via Forti 14 ✉ 65122 – ✆ 085 38 91 45 – info@hotelalba.pescara.it – Fax 085 29 21 63 AX **r**
50 cam – 50/60 € 72/90 €
◆ Nel centro turistico-commerciale della città, semplice, ma accogliente albergo a conduzione familiare; continue opere di aggiornamento nelle camere di buon confort.

Ambra senza rist
via Quarto dei Mille 28/30 ✉ 65122 – ✆ 085 37 82 47 – info@hotelambrapalace.it – Fax 085 37 81 83 AX **u**
61 cam – 66 € 102 €
◆ In centro città, a 300 m dal mare, comodo albergo a gestione familiare, in attività dal 1963; spazi comuni adeguati, camere classiche, con bagni completi e funzionali.

Carlo Ferraioli
via Paolucci 79 ✉ 65121 – ✆ 08 54 21 02 95 – ristorante@carloferraioli.it – Fax 08 54 21 02 95 – Chiuso lunedì BY **a**
Rist – Carta 40/60 €
◆ Tradizione familiare nella ristorazione per il titolare di questo signorile locale sul lungomare, dove sono marinare sia l'ambientazione, sia le specialità proposte.

Taverna 58 8/30,
corso Manthoné 46 ✉ 65127 – ✆ 085 69 07 24 – Fax 08 54 51 56 95 – Chiuso dal 24 dicembre al 1° gennaio, agosto, i giorni festivi, sabato a mezzogiorno e domenica
Rist – Carta 30/39 € ABY **s**
◆ Reperti di epoca romana e medievale nella cantina, visitabile, di un locale di tono rustico, nella parte vecchia della città; cucina legata alle tradizioni locali.

Locanda Manthonè 12/14,
corso Manthonè 58 ✉ 65127 – ✆ 08 54 54 90 34 – locandamanthone@virgilio.it – Chiuso domenica e a mezzogiorno AY **s**
Rist – Carta 31/35 €
◆ La trattoria prende il nome dalla via dove visse D'Annunzio, all'interno gli spazi si snodano tra archi e pavimenti a mosaico. La giovane gestione propone cucina locale.

La Furnacelle

via Colle Marino 25, per via Michelangelo ✉ 65125 – ✆ 08 54 21 21 02 – Chiuso giovedì AX

Rist – Carta 24/37 €

◆ Andamento familiare in un ristorante tradizionale, ben tenuto, in attività dal 1971, che propone una linea gastronomica di terra e specialità abruzzesi.

La Rete

via De Amicis 41 ✉ 65123 – ✆ 08 52 70 54 – debora.giansante@tiscali.it – Fax 08 52 70 54 – Chiuso domenica sera e lunedì a mezzogiorno AX **m**

Rist – Carta 33/46 €

◆ Semplice locale, di tono e andamento familiari; specialità di mare secondo il pescato giornaliero, carne su prenotazione, cantina con vini regionali.

Grotta del Marinaio

via Bardet 6 ✉ 65126 – ✆ 085 69 04 54 – Fax 08 59 72 03 70 – Chiuso dal 24 dicembre al 2 gennaio, dal 28 agosto al 10 settembre, a mezzogiorno (escluso domenica), domenica sera e lunedì BY **c**

Rist – Carta 24/47 €

◆ Cordiale, sorridente accoglienza e servizio familiare in una saletta con ampie vetrate e tavoli ravvicinati; pesce sempre fresco per piatti di cucina marinara.

ai colli Ovest : 3 km per via del Circuito AY **:**

La Taverna Antica

20,

largo Madonna 56 ✉ 65125 – ✆ 085 41 32 56 – info@latavernantica.com – Fax 085 41 20 88 – Chiuso ottobre e martedì

Rist – Carta 23/33 €

◆ In zona collinare non lontano da una basilica del '700, ambiente rustico, con pavimenti di cotto e arredi di pino, in un ristorante con proposte abruzzesi garantite.

PESCASSEROLI – L'Aquila (AQ) – 563 Q23 – 2 218 ab. – alt. 1 167 m – Sport invernali : *1 167/1 945 m* 4; *a Opi* – ✉ 67032 *Italia* 1 B3

Roma 163 – Frosinone 67 – L'Aquila 109 – Castel di Sangro 42 – Isernia 64 – Pescara 128

via Piave 2 ✆ 0863 910097, presidio.pescasseroli@abruzzoturismo.it, Fax 0863 910461

Parco Nazionale d'Abruzzo★★★

Villa Mon Repos

rist,

viale Colli dell'Oro – ✆ 08 63 91 28 58 – villamonrepos@villamonrepos.it – Fax 08 63 91 28 30

13 cam – 120/150 € 150/180 € – 2 suites – **Rist** – Carta 33/42 €

◆ Costruita nel 1919 dallo zio di Benedetto Croce, una residenza d'epoca in un parco non lontano dal centro; stile tardo liberty, molto eclettico, anche all'interno. Piatti abruzzesi o di pesce serviti nell'elegante sala dai soffitti a botte.

Paradiso

cam, rist,

via Fonte Fracassi 4 – ✆ 08 63 91 04 22 – info@albergo-paradiso.it – Fax 08 63 91 04 98 – Chiuso dal 3 al 30 novembre

18 cam – 60/90 € 80/140 €, 6 € – ½ P 51/72 € – **Rist** – (solo per alloggiati) Menu 20/25 €

◆ Questo hotel è il risultato dell'unione di due villini, circondati dal verde, a poco più di un chilometro dal centro. Ambienti curati in stile rustico tirolese.

Il Bucaneve

viale Colli dell'Oro – ✆ 08 63 91 00 98 – info@hotelbucaneve.net – Fax 08 63 91 16 22

15 cam – 49/77 € 70/110 € – ½ P 42/68 € – **Rist** – Carta 23/37 €

◆ Deliziosa villetta rosa a poco più di un chilometro dal centro verso gli impianti di risalita; ingresso accattivante, camere con arredi in arte povera, andamento familiare. Simpatica atmosfera informale nella sala da pranzo, con un grande camino sempre acceso.

Alle Vecchie Arcate
via della Chiesa 57/a – ✆ 08 63 91 06 18 – vecchiearcate@mail.com – Fax 08 63 91 25 98
33 cam – 45/60 € 65/80 € – ½ P 50/75 € – **Rist** – Menu 25/35 €
◆ Un sapiente restauro conservativo ha ricavato un hotel all'interno di un edificio d'epoca in pieno centro storico; gestione familiare, camere con arredi in legno.

Villa La Ruota senza rist
Colle Massarello 3 – ✆ 08 15 44 61 09 – bnb@villalaruota.it – Fax 08 15 64 49 11
7 cam – 60 € 90/100 €
◆ Abbracciata da un grande parco, la villa è la soluzione ideale se cercate un soggiorno tranquillo in una casa dove domina una riservata atmosfera familiare.

Alle Vecchie Arcate
via della Chiesa 41 – ✆ 08 63 91 07 81 – Fax 08 63 91 28 73 – Chiuso dal 5 novembre al 5 dicembre e lunedì
Rist – Carta 19/28 €
◆ Di proprietà della stessa famiglia che gestisce l'omonimo albergo, il locale offre sapori abruzzesi e piatti invece più tradizionali. Sala con arcate in mattoni e camino.

PESCHE – Isernia – 564 C24 – Vedere Isernia

PESCHICI – Foggia (FG) – 564 B30 – 4 314 ab. – ✉ 71010 *Italia* 26 B1

Roma 400 – Foggia 114 – Bari 199 – Manfredonia 80 – Pescara 199
Promontorio del Gargano★★★ Sud-Est

D'Amato rist, 300,
località Spiaggia Ovest : 1 km – ✆ 08 84 96 34 15 – hoteldamato@hoteldamato.it – Fax 08 84 96 33 91 – Pasqua-15 ottobre
86 cam – 52/104 € 80/160 € – ½ P 55/105 € – **Rist** – Menu 25/30 €
◆ Non lonatano dal porto, l'hotel è costituito da due strutture e dispone di luminose sale comuni, ampie camere dal sobrio arredo ligneo ed un'invitante piscina. Sita nel seminterrato, una sala ristorante di tono classico con proposte gastronomiche di taglio nazionale.

Elisa cam, rist,
borgo Marina 20 – ✆ 08 84 96 40 12 – info@hotelelisa.it – Fax 08 84 96 20 71 – Aprile-ottobre
44 cam – 55/70 € 70/120 € – ½ P 50/85 € – **Rist** – Carta 20/30 €
◆ Ai piedi del borgo marinaro di Peschici e vicino al porto turistico, un hotel a gestione familiare dispone di camere luminose dagli arredi in legno colorato e vista sul mare. Ampie vetrate con vista sulla baia ed ottimi piatti di pesce al ristorante.

Peschici mare, rist,
via San Martino 31 – ✆ 08 84 96 41 95 – info@hotelpeschici.it – Fax 08 84 96 41 95 – 30 aprile-ottobre
42 cam – 40/55 € 50/75 €, 10 € – ½ P 40/72 € – **Rist** – (solo per alloggiati)
◆ Sito sulla scogliera in posizione panoramica ma poco distante dal centro storico, un familiare hotel dalle aree comuni semplici e con camere lineari dal sobrio arredo moderno.

Porta di Basso
via Colombo 38 – ✆ 08 84 91 53 64 – porta.dibasso.@tiscali.it – Fax 08 84 91 53 64 – Chiuso gennaio, febbraio e mercoledì (escluso giugno-settembre)
Rist – Carta 34/46 €
◆ Ubicato nel cuore della città, un locale di tono moderno ed un'ottima cucina che si ispira al territorio, particolarmente vocata alla realizzazione di piatti di pesce.

sulla litoranea per Vieste

Park Hotel Paglianza e Paradiso rist, 200,
località Manacore Est : 10,5 km ✉ 71010 – ✆ 08 84 91 11 18 – parkhotel@grupposaccia.it – Fax 08 84 91 10 32 – Maggio-settembre
133 cam solo pens 70/130 € – **Rist** – (solo per alloggiati)
◆ Immerso in una vasta pineta, l'albergo vanta ambienti ben distribuiti, tra cui un'attrezzata area giochi per bambini; all'interno rilassanti ambienti nelle tonalità del verde.

La Collinetta con cam — rist, rist,
località Madonna di Loreto Sud-Est : 2 km ✉ 71010 – ✆ 08 84 96 41 51 – lacollinetta@yahoo.it – Fax 08 84 96 41 51 – 15 marzo-settembre
25 cam – 55 € 65 € – ½ P 60/66 € – **Rist** – Carta 31/49 €
◆ Un locale a conduzione familiare con sale semplici e ben tenute, nonchè una piaceviole terrazza panoramica esterna dove gustare prelibatezze di pesce e specialità pugliesi. Dispone anche di camere sobriamente arredate con gusto moderno.

PESCHIERA BORROMEO – Milano (MI) – 561 F9 – 20 576 ab. – alt. 103 m – ✉ 20068

18 **B2**

Roma 573 – Milano 18 – Piacenza 66

Pianta d'insieme di Milano

Montini senza rist
via Giuseppe di Vittorio 39 – ✆ 025 47 50 31 – hotelmontini@hotelmontini.com – Fax 02 55 30 06 10 – Chiuso dal 10 al 26 agosto e dal 21 dicembre al 6 gennaio
51 cam – 75/150 € 100/200 € CP **c**
◆ Nella zona industriale alle spalle dell'aeroporto di Milano Linate, giovane conduzione familiare che mantiene sempre aggiornata una valida risorsa, comoda e confortevole.

Holiday Inn Milan Linate Airport cam, rist, 70,
via Buozzi 2, all'idroscalo-lato Est – ✆ 02 55 36 01 – holidayinn.linate@alliancealberghi.com – Fax 02 55 30 29 80 CP **a**
142 cam – 139/308 € – **Rist** – *(chiuso a mezzogiorno in agosto)* Carta 29/48 €
◆ Adeguato agli standard della catena, un hotel rinnovato e pratico, sito nella zona aeroportuale e vicino all'Idroscalo che è sede estiva di manifestazioni e concerti. Ambiente elegante e ordinato, per gustare una classica cucina d'albergo.

La Viscontina con cam
via Grandi 5, località Canzo – ✆ 025 47 38 87 – info@laviscontina.it – Fax 02 55 30 24 60 – Chiuso dal 5 al 29 agosto e domenica sera CP **z**
13 cam – 80 € 100 € – **Rist** – Carta 30/45 €
◆ Un ristorante, con qualche camera, curato e a gestione familiare, per proposte quotidiane che seguono le stagioni, la disponibilità del mercato e l'estro dello storico chef.

Trattoria dei Cacciatori 10/25,
via Trieste 2, località San Bovio Nord : 4 km – ✆ 027 53 11 54 – info@trattoriacacciatori.it – Fax 027 53 12 74 – Chiuso dal 31 dicembre al 6 gennaio, dal 9 al 25 agosto, domenica sera e lunedì
Rist – Carta 32/41 €
◆ Cascinale all'interno del castello di Longhignana, antica residenza di caccia della famiglia Borromeo; belle sale rustiche, cucina legata alle tradizioni e grigliate.

PESCHIERA DEL GARDA – Verona (VR) – 562 F14 – 8 871 ab. – alt. 68 m – ✉ 37019

35 **A3**

Roma 513 – Verona 23 – Brescia 46 – Mantova 52 – Milano 133 – Trento 97 – Venezia 138

piazzale Bettolini ✆ 045 7551673, peschiera@aptgardaveneto.com, Fax 045 7550381

Puccini senza rist 20,
via Puccini 2 – ✆ 04 56 40 14 28 – info@hotelpuccini.it – Fax 04 56 40 14 19
32 cam – 47/50 € 75/83 €, 8 €
◆ Piacevole hotel, con bella piscina e giardino, posizionato in prossimità del lungolago, defilato dal centro; ampie stanze, ben tenute, con arredi rinnovati di recente.

Bell'Arrivo senza rist
piazza Benacense 2 – ✆ 04 56 40 13 22 – info@hotelbellarvio.it – Fax 04 56 40 13 11 – Chiuso dal 2 gennaio all'11 marzo
27 cam – 55 € 82 €, 3 €
◆ Albergo rinnovato di recente che può godere di una bella posizione. Le camere sono luminose e affacciate sul lago o sul canale. Arredamenti semplici di tipo classico.

XX **Piccolo Mondo**
riviera Carducci 6 – ✆ 04 57 55 00 25 – Fax 04 57 55 22 60 – Chiuso gennaio, dal 30 giugno al 15 luglio, lunedì e martedì
Rist – Carta 35/50 €
♦ Pesce, di mare e di ottima qualità, esposto in vetrina e servito in una sala con vista sul lago, oggi ancor più luminosa grazie all'ultimo rinnovo; conduzione diretta.

a San Benedetto di Lugana **Ovest : 2,5 km – ✉ 37019**

Saraceno
cam,
via De Amicis 4 – ✆ 04 57 55 05 46 – info@hotelsaraceno.it – Fax 04 56 40 12 60 – Chiuso gennaio
38 cam – 46/66 € 56/78 €, 8 € – ½ P 54/65 € – **Rist** – *(chiuso a mezzogiorno)* (solo per alloggiati) Menu 20 €
♦ Soggiorno di relax in un albergo curato nei particolari dal proprietario, così come l'ampio giardino con piscina; piante esotiche e confortevoli camere, alcune recenti.

Peschiera
via Parini 4 – ✆ 04 57 55 05 26 – info@hotel-peschiera.com – Fax 04 57 55 04 44
30 cam – 55/77 € 74/104 € – ½ P 58/63 € – **Rist** – *(Natale e aprile-ottobre)* (solo per alloggiati)
♦ Hotel che lavora ormai da più di trent'anni, ma che, grazie alle continue migliorie, rimane sempre comodo punto di riferimento; atmosfera semplice, nei pressi del lago. Piatti del territorio, da provare in questo "rifugio mangereccio" dall'ambiente essenziale.

X **Trattoria al Combattente**
strada Bergamini 60 – ✆ 04 57 55 04 10 – lucabaschi@tiscali.it – Fax 04 57 55 04 10 – Chiuso novembre e lunedì
Rist – Carta 23/37 €
♦ Per gli amanti del solo pesce lacustre, elaborato secondo le ricette classiche e legate all'offerta del mercato giornaliero; clientela affezionata e atmosfera familiare.

PESCIA – Pistoia (PT) – 563 K14 – **18 570 ab.** – **alt. 62 m** – ✉ **51017** *Toscana* 28 **B1**

Roma 335 – Firenze 57 – Pisa 39 – Lucca 19 – Milano 299 – Montecatini Terme 8 – Pistoia 30

Villa delle Rose
rist, 150,
via del Castellare 21, località Castellare ✉ 51012 Castellare di Pescia – ✆ 05 72 46 70 – villarose@rphotels.com – Fax 05 72 44 40 03
103 cam – 65/75 € 105/125 € – 3 suites
Rist ***Piazza Grande*** – *(chiuso a mezzogiorno, lunedì e martedì)* Carta 24/42 €
♦ Una signorile e tranquilla villa nobiliare di fine '700, così denominata per la dedizione contadina alla coltivazione floreale; ubicata nel verde di un parco con piscina. Nella struttura vicino alla villa, ristorante con eleganti ambienti, ampi o più raccolti.

San Lorenzo Hotel e Residence
località San Lorenzo 15/24, Nord : 2 km – ✆ 05 72 40 83 40 – s.lorenzo@rphotels.com – Fax 05 72 40 83 33
40 cam – 70 € 98 € – 2 suites – **Rist** – *(chiuso martedì)* Carta 28/41 €
♦ Ubicato sulle pendici del borgo S. Lorenzo, l'albergo è stato inserito in una cartiera del 1700 affacciata sul fiume Pescia; ambienti rustici, molto ben ristrutturati. Sala ristorante con soffitti a volte; simpatica enoteca con vecchi macchinari.

XX **Cecco** con cam e senza
cam,
via Forti 96 – ✆ 05 72 47 79 55 – info@ristorantececco.com – Fax 057 24 73 55 – Chiuso dal 9 al 16 gennaio e lunedì (escluso da aprile a settembre)
6 cam – 35 € 40 € – **Rist** – Carta 25/32 €
♦ Storica trattoria, molto semplice nell'ambiente, ma che risulta particolarmente accattivante nella proposta, fortemente tipica e genuina, con le carni in primo piano. Le camere si affacciane sul centro storico.

PESCOCOSTANZO – L'Aquila (AQ) – 563 Q24 – **1 210 ab.** – **alt. 1 360 m** – ✉ **67033** 1 **B2**

Roma 198 – Campobasso 94 – L'Aquila 101 – Chieti 89 – Pescara 102 – Sulmona 33

vico delle Carceri 4 ✆ 0864 641440, iat.pescocostanzo@abruzzoturismo.it, Fax 0864 641440

Le Torri
corso Roma 21 – ☎ 08 64 64 20 40 – info@letorrihotel.it – Fax 08 64 64 15 73
22 cam – †130/190 € ††146/206 € – ½ P 105/140 € – **Rist** – Carta 31/49 €
◆ Un'antica dimora baronale del '600 nel cuore del paese; all'interno, un hotel interamente giocato sul contrasto tra storico e moderno con risultati originali e mai banali. Anche al ristorante, ambiente contemporaneo, dalle linee pulite ed essenziali.

Archi del Sole senza rist
via Porta di Berardo 9 – ☎ 08 64 64 00 07 – archidelsole@virgilio.it – Fax 08 64 64 00 07 – Chiuso dal 15 al 30 giugno
10 cam – †70/85 € ††85/100 €
◆ Sorto dalla ristrutturazione di due vecchi edifici del centro, un piccolo albergo di fascino a due passi dalla piazza del Municipio; camere semplici ed essenziali.

PESEK – Trieste (TS) – **562** F23 – **alt. 474 m** – ✉ **34018** – **Basovizza** 11 **D3**
Roma 678 – Udine 77 – Gorizia 54 – Milano 417 – Rijeka (Fiume) 63 – Trieste 13

a Draga Sant'Elia **Sud-Ovest : 4,5 km – ✉ 34018 – Sant'Antonio in Bosco**

Locanda Mario con cam — rist,
Draga Sant'Elia 22 – ☎ 040 22 81 93 – Fax 040 22 81 93
8 cam – †40/50 € ††60/70 €, 4 € – ½ P 50/65 € – **Rist** – *(chiuso martedì)* Carta 27/42 €
◆ Quasi alla frontiera, una piccola trattoria che, in ambiente caratteristico, offre una tipica cucina della zona del Carso con divagazioni tra rane, lumache e selvaggina.

PETRALIA SOTTANA – Palermo – **565** N24 – **Vedere Sicilia alla fine dell'elenco alfabetico**

PETRIGNANO – Perugia – **563** M19 – **Vedere Assisi**

PETRIGNANO DEL LAGO – Perugia – **563** M17 – **Vedere Castiglione del Lago**

PETROGNANO – Firenze – **563** L15 – **Vedere Barberino Val d'Elsa**

PETROIO – Firenze – **Vedere Vinci**

PETROSA – **564** G27 – **Vedere Ceraso**

PETROSINO – Trapani – **565** N19 – **Vedere Sicilia alla fine dell'elenco alfabetico**

PETTENASCO – Novara (NO) – **561** E7 – **1 313 ab.** – **alt. 301 m** – ✉ **28028** 24 **A2**
Roma 663 – Stresa 25 – Milano 86 – Novara 48 – Torino 122
piazza Unità d'Italia 3 ☎ 0323 89593, pettenasco@distrettolaghi.it, Fax 0323 89593

L'Approdo — (riscaldata) — cam, rist,
corso Roma 80 – ☎ 032 38 93 45 – info@hotelapprodo.it – Fax 032 38 93 38 – Chiuso sino al 15 marzo — 250,
63 cam – ††120/180 € – ½ P 90/120 € – **Rist** – *(chiuso lunedì a mezzogiorno da novembre al 15 marzo)* Carta 33/43 €
◆ Con un grande sviluppo orizzontale e un grazioso giardino con vista lago e monti, completamente protesa sull'acqua, una valida risorsa per clienti d'affari e turisti. Al ristorante ambienti curati e di tono o una gradevole terrazza esterna.

Giardinetto — lago, — rist,
via Provinciale 1 – ☎ 032 38 91 18 – hotelgiardinetto@tin.it – Fax 032 38 92 19 – 10 aprile-20 ottobre
59 cam – †72/95 € ††104/150 € – ½ P 69/95 €
Rist *Giardinetto* – Carta 29/43 €
◆ Un bianco albergo lambito dalle acque del lago, una struttura confortevole dotata di camere più che discrete, con arredi classici di buona funzionalità. Posizione invidiabile per la bella veranda sul lago, sotto un gazebo.

PETTINEO – Messina – 565N24 – Vedere Sicilia alla fine dell'elenco alfabetico

PFALZEN = Falzes

PIACENZA 🅿 (PC) – 562 G11 – 98 583 ab. – alt. 61 m – ✉ 29100 ▮ *Italia* 8 A1

Roma 512 – Bergamo 108 – Brescia 85 – Genova 148 – Milano 64 – Parma 62

(chiuso lunedì e giovedì mattino) piazza Cavalli ✆ 0523 329324, iat@comune.piacenza.it, Fax 0523 306727

La Bastardina Agazzano, ✆ 0523 97 53 73 ;

Croara, località CroaraNuova Piacenza, ✆ 0523 97 71 05.

Il Gotico★★ (palazzo del comune) : Statue equestri★★ B D – Duomo★ B E

PIACENZA

Strada	Settore	N.
Belcredi (V. G.)	B	2
Borgo (Pza)	A	3
Calzolai (Via)	A	6
Castello (Via del)	A	4
Cavalli (Pza dei)	B	5
Garibaldi (V.)	A	9
Genova (Piazzale)	A	10
Giordani (V. P.)	B	12
La Primogenita (V.)	B	13
Legione Zanardi Landi (V.)	B	15
Legnano (V.)	B	16
Manfredi (V. Giuseppe)	A	17
Marconi (Piazzale)	B	19
Milano (Piazzale)	B	20
Pace (V.)	B	22
Risorgimento (Viale)	B	23
Roma (Piazzale)	B	24
Scalabrini (V.)	B	34
S. Antonino (V.)	B	27
S. Eufemia (V.)	A	28
S. Sisto (V.)	A	29
S. Tommaso (V.)	A	32
Torino (Piazzale)	A	35
Venturini (V.)	A	38
Verdi (V.)	B	39
Vittorio Emanuele II (Cso)	A	40
20 Settembre (V.)	B	41

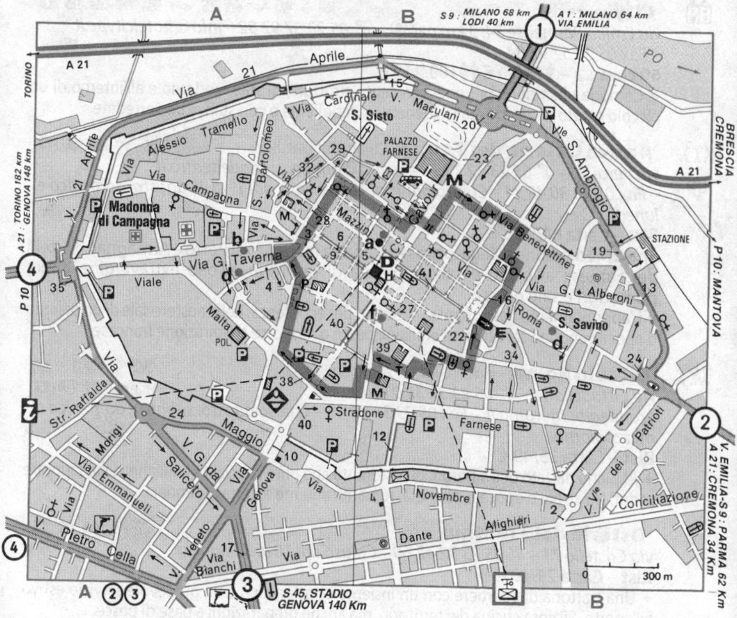

Grande Albergo Roma rist, 200, B a

via Cittadella 14 – ✆ 05 23 32 32 01 – hotel@grandealbergoroma.it – Fax 05 23 33 05 48

76 cam – †135/170 € ††180/220 € – ½ P 123/133 €

Rist Piccolo Roma – vedere selezione ristoranti

♦ Proprio all'interno dell'antica Cittadella, un'importante risorsa, sapientemente restaurata e ridisegnata in uno stile sobrio, essenziale; esperta e signorile conduzione.

Park Hotel cam, rist, 300,
strada Valnure 7, per ③ – ✆ 05 23 71 26 00 – info@parkhotelpiacenza.com – Fax 05 23 45 30 24
99 cam – 69/135 € 89/175 € – 6 suites – ½ P 123 € – **Rist** – Carta 29/41 €
◆ Taglio estremamente moderno per questa struttura comoda e facile da raggiungere da centro storico, autostrada e tangenziale; confort in linea con la catena cui appartiene. Nel contesto del Park Hotel, un ristorante elegante e contemporaneo.

Ovest senza rist 45,
via I Maggio 82, per ④ – ✆ 05 23 71 22 22 – info@hotelovest.it – Fax 05 23 71 13 01
59 cam – 125 € 180 €
◆ Tre giovani gestori e un'insonorizzazione perfetta, malgrado la posizione stradale tuttavia praticissima; tono generale signorile e moderno, servizi e confort completi.

Classhotel Piacenza Fiera cam, rist, 150,
strada Caorsana 127/D, località Le Mose, 2 km per ② – ✆ 05 23 60 60 91 – info.piacenzafiera@classhotel.com – Fax 05 23 59 00 91
80 cam – 65/125 € 85/180 € – ½ P 61/108 € – **Rist** – Carta 29/42 €
◆ Di fronte all'insediamento fieristico, una novità nel panorama alberghiero cittadino. Stile attuale con un design moderno ed essenziale, gestione giovane e intraprendente. Al ristorante arredo in design e piatti tradizionali presentati con tocchi di creatività.

City senza rist 25,
via Emilia Parmense 54, 3 km per ② – ✆ 05 23 57 97 52 – info@hotelcitypc.it – Fax 05 23 57 97 84
60 cam – 73/90 € 100/110 €
◆ Comoda ubicazione per questa recente struttura, di stile moderno e all'interno di un piccolo spazio verde in area residenziale; accogliente e con stanze ben arredate.

Antica Osteria del Teatro (Chiappini Dattilo)
via Verdi 16 – ✆ 05 23 32 37 77 – menu@anticaosteriadelteatro.it – Fax 05 23 30 49 34 – Chiuso dal 1° al 10 gennaio, dal 1° al 25 agosto, domenica e lunedì B **f**
Rist – Carta 64/94 €
Spec. Medaglione di fegato grasso d'anatra marinato al Porto e Armagnac. Tortelli dei Farnese al burro e salvia. Treccia di branzino all'olio extravergine, timo, pomodori e sale grosso
◆ L'appuntamento gastronimico cittadino per eccellenza: nelle austere sale di un palazzo d'epoca vengono serviti piatti emiliani, pesce o proposte d'ispirazione francese.

Piccolo Roma – Hotel Grande Albergo Roma 12/25,
via Cittadella 14 – ✆ 05 23 32 32 01 – hotel@grandealbergoroma.it – Fax 05 23 33 05 48 – Chiuso agosto, sabato e domenica a mezzogiorno B **a**
Rist – Carta 35/49 €
◆ Al piano rialzato dell'albergo, un ristorante che offre specialità emiliane: da assaporare seduti tra arredi d'epoca e, alla sera, romanticamente a lume di candela.

Osteria del Trentino
via Castello 71 – ✆ 05 23 32 42 60 – Chiuso dal 10 al 30 agosto A **d**
Rist – Carta 29/48 €
◆ Una trattoria di quartiere con un insieme caratteristico e un gradevole servizio estivo all'aperto. Sfiziosa cucina del territorio, ma anche preparazioni a base di pesce.

PIADENA – Cremona (CR) – 561 G13 – **3 572 ab. – alt. 35 m** – ✉ **26034** 17 **C3**
Roma 489 – Parma 41 – Cremona 28 – Mantova 38 – Milano 124

Dell'Alba 20,
via del Popolo 31, località Vho Est : 1 km – ✆ 037 59 85 39 – trattoriadellalba@libero.it – Fax 037 59 85 39 – Chiuso dal 25 dicembre al 1° gennaio, agosto, domenica sera e lunedì
Rist – Carta 18/39 €
◆ Tradizionale osteria di paese con mescita a bicchiere, solidi tavoli antichi e piatti casalinghi. Le specialità ovviamente derivano dal territorio: oca, arrosti e bolliti.

PIANA DEGLI ALBANESI – Palermo – 565 M21 – Vedere Sicilia alla fine dell'elenco alfabetico

PIANAZZO – Sondrio – Vedere Madesimo

PIANCASTAGNAIO – Siena (SI) – 563 N17 – 4 133 ab. – alt. 772 m – ✉ 53025 29 **D3**

Roma 176 – Firenze 155 – Perugia 86 – Siena 83 – Terni 130

Anna con cam
viale Gramsci 486 – ✆ 05 77 78 60 61 – Chiuso dal 7 al 15 gennaio, dal 10 al 30 settembre e lunedì escluso luglio-agosto
8 cam – 40 € 60 € – ½ P 50/60 € – **Rist** – Carta 20/31 €
◆ Accogliente ristorante a conduzione familiare che sazierà il vostro appetito con genuini piatti del territorio. Per chi desidera fare una sosta, camere semplici e decorose.

PIANCAVALLO – Pordenone (PN) – 562 D19 – alt. 1 267 m – Sport invernali : *1 260/1 830 m 9,* – ✉ 33081 – Aviano 10 **A2**

Roma 618 – Belluno 68 – Milano 361 – Pordenone 30 – Treviso 81 – Udine 81 – Venezia 111

piazzale della Puppa ✆ 0434 655191, info@piancavallo.com, Fax 0434 655354

Castel d'Aviano, Sud : 2 km, ✆ 0434 65 23 05.

Antares rist,
via Barcis – ✆ 04 34 65 52 65 – info@antarespiancavallo.it – Fax 04 34 65 55 95 – Dicembre-aprile e giugno-settembre
62 cam – 82 € 90 €, 8 € – ½ P 75 € – **Rist** – (solo per alloggiati) Menu 15/25 €
◆ Un albergo di notevoli dimensioni, che si presenta all'esterno come tipica costruzione montana a sviluppo orizzontale; un appoggio per gli sciatori e i turisti estivi.

PIAN DELLE BETULLE – Lecco – Vedere Margno

PIANE DI MONTEGIORGIO – Fermo – Vedere Montegiorgio

PIANFEI – Cuneo (CN) – 561 I5 – 1 928 ab. – alt. 503 m – ✉ 12080 22 **B3**

Roma 629 – Cuneo 15 – Genova 130 – Imperia 114 – Torino 93

La Ruota cam, 300,
strada statale Monregalese 5 – ✆ 01 74 58 57 01 – info@hotelruota.it – Fax 01 74 58 57 00
67 cam – 60/85 € 78/110 € – 4 suites – ½ P 70/95 € – **Rist** – Carta 24/42 €
◆ Sulla statale Cuneo-Mondovì, una grande struttura d'impostazione moderna. Particolarmente indicata per accogliere clientela d'affari e gruppi numerosi. L'ampia sala ristorante vi proporrà il meglio della cucina tipica piemontese ed internazionale. La sera, il piano bar.

PIANIGA – Venezia (VE) – 562 F18 – 9 461 ab. – ✉ 30030 36 **C2**

Roma 517 – Padova 18 – Ferrara 98 – Venezia 31 – Verona 107

Hotel 15.92 senza rist
via provinciale Nord 5 – ✆ 041 46 45 05 – info@hotel15-92.com – Fax 04 15 13 10 86
15 cam – 55/70 € 80/110 €
◆ Il nome, suggerito dall'architetto, indica il grado di curvatura del tetto e introduce ad un hotel di design dallo stile pulito ed essenziale, ravvivato dalle travi a vista.

PIANO D'ARTA – Udine – Vedere Arta Terme

PIANOPOLI – Catanzaro (CZ) – 564 K31 – **2 344 ab.** – **alt. 250 m** – ✉ **88040** 5 **B2**

Roma 594 – Cosenza 81 – Catanzaro 33

Agriturismo Le Carolee

contrada Gabella 1, Est : 3 km – ☎ 096 83 50 76 – lecarolee@lecarolee.it – Fax 096 83 50 76

7 cam – 54/60 € 91/100 € – ½ P 64/74 € – **Rist** – Carta 35/45 €

◆ Una casa padronale ottocentesca fortificata, in splendida posizione e immersa nel silenzio degli ulivi; il passato della terra di Calabria riproposto in chiave moderna.

PIANORO – Bologna (BO) – 562 I16 – **16 581 ab.** – **alt. 187 m** – ✉ **40065** 9 **C2**

Roma 370 – Bologna 16 – Firenze 96 – Modena 59 – Prato 94

a Rastignano Nord : 8 km – ✉ **40067**

Osteria al numero Sette 10/20,

via Costa 7 – ☎ 051 74 20 17 – Fax 051 74 20 17 – Chiuso agosto, domenica sera e lunedì

Rist – Carta 26/38 €

◆ Due salette, calde e accoglienti, precedute da un ingresso con bancone-bar. A poca strada da Bologna, per apprezzare un'allettante scelta esclusivamente di primi piatti.

PIAZZA – Siena – 563 L15 – **Vedere Castellina in Chianti**

PIAZZA ARMERINA – Enna – 565 O25 – **Vedere Sicilia alla fine dell'elenco alfabetico**

PICCHIAIE – Livorno – **Vedere Elba (Isola d') : Portoferraio**

PICERNO – Potenza (PZ) – 564 F28 – **6 247 ab.** – **alt. 721 m** – ✉ **85055** 3 **A2**

Roma 307 – Potenza 24 – Bari 165 – Foggia 128

in prossimità Superstrada Basentana Ovest : 3 km :

Bouganville 50,

strada provinciale 83 ✉ 85055 Picerno – ☎ 09 71 99 10 84 – info@hotelbouganville.it – Fax 09 71 99 09 21

36 cam – 70 € 95 € – ½ P 68 € – **Rist** – Carta 23/34 €

◆ Proprio sulla statale provinciale e facile da raggiungere, una risorsa ai migliori livelli tra gli alberghi della zona: offre degli ampi spazi comuni e ottime camere. Al ristorante eleganti ambienti, vasti e luminosi, con affaccio esterno.

PICINISCO – Frosinone (FR) – 563 R23 – **1 205 ab.** – **alt. 725 m** – ✉ **03040** 13 **D2**

Roma 145 – Frosinone 61 – Isernia 74 – Napoli 128

Villa Il Noce senza rist

via Antica 1, verso borgo Costellone Ovest : 2 km – ☎ 077 66 62 59 – villailnoce@email.it – Fax 077 66 62 59

4 cam – 60 € 80 €

◆ Nella valle ai piedi della località, una risorsa nella quale è facile sentirsi come a casa propria. Ambiente rilassante con un ampio e curato giardino con piscina.

PIEGARO – Perugia (PG) – 563 N18 – **3 651 ab.** – **alt. 356 m** – ✉ **06066** 32 **A2**

Roma 155 – Perugia 33 – Arezzo 82 – Chianciano Terme 28 – Orvieto 45

Ca' de Principi senza rist 40,

via Roma 43 – ☎ 07 58 35 80 40 – cadeprincipi@dimorastorica.it – Fax 07 58 35 80 15 – Aprile-3 novembre

20 cam – 78 € 114 €

◆ Un edificio settecentesco, appartenuto alla nobile famiglia dei Pallavicini, con affreschi d'epoca, all'interno di un borgo ricco di fascino. Insieme di notevole pregio.

PIENZA – Siena (SI) – 563 M17 – 2 227 ab. – alt. 491 m – ✉ 53026 Toscana 29 C2

Roma 188 – Siena 52 – Arezzo 61 – Chianciano Terme 22 – Firenze 120 – Perugia 86

piazza Pio II ✆ 0578 749071, sm.pienza@qlibero.it, Fax 0578 749071

Cattedrale★ : Assunzione★★ del Vecchietto – Palazzo Piccolomini★

Il Chiostro di Pienza

← campagna e colline, ♿ cam, rist, 35, VISA AE

corso Rossellino 26 – ✆ 05 78 74 84 00 – ilchiostrodipienza@virgilio.it – Fax 05 78 74 84 40 – Chiuso dal 7 gennaio al 15 marzo

37 cam – †90/150 € ††120/220 €

Rist ***La Terrazza del Chiostro*** – ✆ 05 78 74 81 83 – Carta 44/54 € (+10 %)

◆ Nel cuore di questo gioiellino toscano voluto da Pio II Piccolomini, un chiostro quattrocentesco incastonato in un convento: per soggiornare nella suggestione della storia. Gradevole servizio ristorante estivo in giardino.

San Gregorio

VISA AE

via della Madonnina 4 – ✆ 05 78 74 81 75 – sangregoriopienza@libero.it – Fax 05 78 74 83 54

3 cam – †60/96 € ††80/96 € – 16 suites – ††86/120 € – ½ P 58/70 €

Rist – Carta 20/35 €

◆ La città rinascimentale progettata dal Rossellino, il vecchio teatro del 1935, oggi riproposto come risorsa ricettiva. Ampie e comode camere, gestione familiare. Al Ristorante "La Piazzetta" le delizie toscane ed il pesce fresco: un ambiente raffinato, ideale per organizzare cerimonie e feste private.

Piccolo Hotel La Valle senza rist

← VISA AE

via di Circonvallazione 7 – ✆ 05 78 74 94 02 – info@piccolohotellavalle.it – Fax 05 78 74 98 63

15 cam – †70/85 € ††90/130 €

◆ Ambienti comuni dagli spazi contenuti, camere dagli ambienti funzionali e moderni, arredi nuovi in tutti i locali. Una risorsa in comoda posizione, confort adeguato.

La Buca delle Fate

VISA AE

corso Rossellino 38/a – ✆ 05 78 74 82 72 – Fax 05 78 74 84 48 – Chiuso dal 7 al 30 gennaio, dal 15 al 30 giugno e lunedì

Rist – Carta 20/29 €

◆ Proposte culinarie semplici e schiette, legate al territorio, nel contesto di un edificio del XV secolo: trattoria familiare e informale, a pochi passi da piazza Pio II.

sulla strada statale 146

Relais La Saracina senza rist

← VISA AE

strada statale 146 km 29,7, Nord-Est : 7,5 km – ✆ 05 78 74 80 22 – info@lasaracina.it – Fax 05 78 74 80 18 – Chiuso dal 10 gennaio al 1° marzo

6 cam – ††230/290 €

◆ In un antico podere tra l'ocra senese degli antichi pendii, la suggestiva magia di un ambiente di rustica signorilità con camere amene di differenti tipologie.

a Monticchiello Sud-Est : 6 km – ✉ 53020

L'Olmo

← colline e borghi circostanti, rist, VISA AE

podere Ommio 27 – ✆ 05 78 75 51 33 – info@olmopienza.it – Fax 05 78 75 51 24 – Aprile-15 novembre

1 cam – ††180 € – 6 suites – ††260/290 € – **Rist** – *(chiuso a mezzogiorno)* (prenotazione obbligatoria) (solo per alloggiati) Menu 45 €

◆ Locanda seicentesca in mezzo al verde della campagna, piccola bomboniera perfettamente incastonata nel paesaggio toscano e nello spirito di un'agreste raffinatezza.

La Porta

← VISA

via del Piano 2 – ✆ 05 78 75 51 63 – rist.laporta@libero.it – Fax 05 78 75 51 63 – Chiuso dal 10 gennaio al 5 febbraio e giovedì

Rist – Carta 29/45 €

◆ Come dice il nome, si trova all'ingresso del piccolo e caratteristico borgo di Monticchiello questo ristorante simpatico e informale in cui non manca la terrazza panoramica.

PIETOLE DI VIRGILIO – Mantova – 561 G14 – Vedere Mantova

PIETRACAMELA – Teramo (TE) – 563 O22 – 303 ab. – alt. 1 005 m – Sport invernali : *a Prati di Tivo: 1 450/2 912 m* 7 – ✉ 64047 1 A1

Roma 174 – L'Aquila 61 – Pescara 78 – Rieti 104 – Teramo 31

a Prati di Tivo Sud : 6 km – alt. 1 450 m – ✉ 64047 – Pietracamela

Gran Sasso 3 VISA AE

piazzale Amorocchi 13 – ☎ 08 61 95 96 39 – gransasso.3@tiscali.it – Fax 08 61 95 96 69 – Chiuso dal 15 al 30 novembre

10 cam – ††53/63 €, ☕ 6 € – ½ P 50/59 € – **Rist** – Carta 21/26 €

◆ Custodito dal silenzio e dalla discrezione delle montagne, un edificio anni Settanta con arredo ligneo in stile dispone di caldi ambienti particolarmente curati. Dalla cucina i sapori regionali, su una griglia in sala le specialità della casa.

PIETRA LIGURE – Savona (SV) – 561 J6 – 9 200 ab. – ✉ 17027 14 B2

Roma 576 – Imperia 44 – Genova 77 – Milano 200 – Savona 31

piazza Martiri della Libertà 30 ☎ 019 629003, pietraligure@inforiviera.it, Fax 019 629790

Buca di Bacco AC P VISA AE

corso Italia 113 – ☎ 019 61 53 07 – bucadibacco@beactive.it – Fax 019 61 89 65 – Chiuso dall'8 gennaio all'8 febbraio e lunedì (escluso luglio-agosto)

Rist – Carta 34/60 €

◆ Le specialità marinare, la cura nella scelta delle materie prime e l'originalità del proprietario caratterizzano questo locale, sito nel seminterrato di un edificio.

PIETRALUNGA – Perugia (PG) – 563 L19 – 2 339 ab. – alt. 565 m – ✉ 06026 32 B1

Roma 225 – Perugia 54 – Arezzo 64 – Gubbio 24

Agriturismo La Cerqua e La Balucca monti e vallata, P VISA AE

case San Salvatore 27, Ovest : 2,2 km alt. 650 – ☎ 07 59 46 02 83 – info@cerqua.it – Fax 07 59 46 20 33 – Chiuso gennaio e febbraio

19 cam ☕ – ††75/90 € – ½ P 55/70 € – **Rist** – *(chiuso a mezzogiorno escluso domenica)* (solo su prenotazione) Menu 20/30 €

◆ Sulle spoglie di un antico monastero in cima ad un colle, due tipici casolari, nel rispetto delle antiche forme, per una vacanza tutta relax e belle passeggiate a cavallo.

PIETRANSIERI – L'Aquila – 563 Q24 – Vedere Roccaraso

PIETRAPIANA – Firenze – Vedere Reggello

PIETRASANTA – Lucca (LU) – 563 K12 – 24 469 ab. – alt. 20 m – ✉ 55045 28 B1

Toscana

Roma 376 – Pisa 30 – La Spezia 45 – Firenze 104 – Livorno 54 – Lucca 34 – Massa 11 – Milano 241

piazza Statuto ☎ 0584 283284, Fax 0584 283284

Versilia, ☎ 0584 88 15 74.

Pietrasanta senza rist AC 30, VISA AE

via Garibaldi 35 – ☎ 05 84 79 37 26 – info@albergopietrasanta.com – Fax 05 84 79 37 28 – Marzo-20 novembre

19 cam – †250/270 € ††380/400 €, ☕ 20 €

◆ In pieno centro storico, in un palazzo seicentesco con giardino, una gradevole atmosfera da abitazione privata e grande eleganza e gusto nell'unione fra antico e moderno.

Palagi senza rist AC VISA AE

piazza Carducci 23 – ☎ 058 47 02 49 – Fax 058 47 11 98

18 cam ☕ – †95 € ††170 €

◆ Posizione centrale e comoda, nei pressi della stazione ferroviaria e del Duomo, per questo albergo a gestione familiare; offre valide zone comuni e arredi dal sapore moderno.

XX **Martinatica**

località Baccatoio Sud : 1 km – ✆ 05 84 79 25 34 – Fax 05 84 79 40 31 – Chiuso lunedì
Rist – Carta 34/44 €
◆ In un antico frantoio ristrutturato; proposte giornaliere, di mare e di terra, legate alle tradizioni toscane, cucina a vista e ambiente di rustica signorilità.

X **Enoteca Marcucci** 18,

via Garibaldi 40 – ✆ 05 84 79 19 62 – enoteca.marcucci@tiscali.it – Fax 05 84 79 19 62 – Chiuso novembre, lunedì e a mezzogiorno (escluso luglio-agosto)
Rist – Carta 41/53 €
◆ Un locale giovane e sbarazzino, di gran moda, imperniato su una vasta e interessante selezione di vini; attorno all'originaria mescita ruota una cucina semplice e sfiziosa.

PIETRASANTA (Marina di) – Lucca (LU) – 563 K12 – ✉ 55044 28 B1

Roma 378 – Pisa 33 – La Spezia 53 – Firenze 104 – Livorno 54 – Lucca 34 – Massa 18 – Milano 246

piazza America 2 ✆ 0584 20331, info@pietrasantaemarina.it, Fax 058424555

Versilia Pietrasanta, Nord : 36 km, ✆ 0584 88 15 74.

Ermione (riscaldata) rist,

viale Roma 183, località Tonfano – ✆ 05 84 74 58 52 – hotelermione@virgilio.it – Fax 05 84 74 59 06 – 24 maggio-settembre
46 cam – 100/130 € 100/160 € – ½ P 80/110 € – **Rist** – (solo per alloggiati) Menu 31/40 €
◆ Solida gestione familiare e ampi spazi esterni quali il giardino con piscina riscaldata: davvero dei punti di forza per un hotel curato e personalizzato anche negli interni.

Lombardi (riscaldata) rist,

viale Roma 27, località Fiumetto – ✆ 05 84 74 58 48 – lombardi@remarhotels.com – Fax 058 42 33 82 – Aprile-settembre
65 cam – 230 € 283 € – ½ P 180 €
Rist – (solo per alloggiati) Menu 47 €
◆ Tra Marina di Pietrasanta e Forte dei Marmi, in prima linea sul mare, un albergo totalmente ristrutturato qualche anno fa; offre gradevoli aree comuni, anche all'aperto.

Joseph cam,

viale Roma 323, località Motrone – ✆ 05 84 74 58 62 – hoteljoseph@bracciotti.com – Fax 058 42 22 65 – Aprile-ottobre
66 cam – 60/80 € 90/130 € – 2 suites – ½ P 60/85 € – **Rist** – (solo per alloggiati) Menu 20/30 €
◆ Una terrazza-solarium con piscina direttamente affacciata sul lungomare, spazi verdi, camere ben accessoriate e confortevoli, capace e valida conduzione, nella signorilità.

Venezia

via Firenze 48, località Motrone – ✆ 05 84 74 57 57 – info@albergovenezia.com – Fax 05 84 74 53 73 – Aprile-20 settembre
66 cam – 90 € 120 € – ½ P 75/88 € – **Rist** – (solo per alloggiati)
◆ Albergo completamente ristrutturato, ubicato in una zona residenziale tranquilla e attorniata dal verde; arredi classici, moderni ed essenziali. Conduzione familiare.

Mediterraneo

viale Catalani 52, a Tonfano – ✆ 05 84 74 69 26 – hotelmediterraneo@landinihotels.it – Fax 05 84 74 69 15 – Aprile-ottobre
32 cam – 50/75 € 70/100 €, 15 € – ½ P 90/99 € – **Rist** – (solo per alloggiati)
◆ Un po' defilata, in area verdeggiante e quieta, una risorsa che ha di recente subito una ristrutturazione negli interni; atmosfera semplice, ma curata e piacevole.

Grande Italia

via Torino 5, a Tonfano – ✆ 058 42 00 46 – Fax 058 42 43 50 – Giugno-17 settembre
22 cam – 70 € 90 €, 8 € – ½ P 75 € – **Rist** – (solo per alloggiati) Menu 25/30 €
◆ Un caseggiato d'inizio secolo scorso quasi immutato all'esterno, arredi in stile nei locali comuni; nel giardino, è stata poi aggiunta una dépendance più recente.

XX **Alex**

via Versilia 157/159 – ✆ 05 84 74 60 70 – info@ristorantealex.it – Chiuso lunedì, martedì e a mezzogiorno da ottobre a maggio

Rist – Carta 39/49 €

◆ In un palazzo d'inizio '900, un piacevole ristorante-enoteca arredato con eco etniche, propone piatti di pesce, carni alla griglia e dispone di un forno a legna per le pizze.

PIETRAVAIRANO – Caserta (CE) – 564 D24 – 3 038 ab. – alt. 250 m – ✉ 81040 6 A1

Roma 165 – Avellino 95 – Benevento 65 – Campobasso 74 – Caserta 44 – Napoli 70

XX **La Caveja** con cam

via strada statale Annunziata 10 – ✆ 08 23 98 48 24 – albergoristorantecaveja@virgilio.it – Fax 08 23 98 29 77

16 cam – †60 € ††80 € – **Rist** – *(chiuso domenica sera e lunedì)* Carta 26/35 €

◆ Grande cascinale con ampi spazi e una buona terrazza per il servizio estivo; un ottimo locale che offre una concreta cucina del territorio elaborata con ottimi prodotti.

PIETRELCINA – Benevento (BN) – 564 D26 – 3 041 ab. – alt. 345 m – ✉ 82020 6 B1

Roma 253 – Benevento 13 – Foggia 109

Lombardi Park Hotel cam, 90,

via Nazionale 1 – ✆ 08 24 99 12 06 – lombardihotel@libero.it – Fax 08 24 99 12 53

55 cam – †80/90 € ††100/110 € – 2 suites

Rist *Cosimo's* – ✆ 08 24 99 11 44 *(chiuso lunedì o martedì)* Carta 24/35 € (+10 %)

◆ Nel paese natale di Padre Pio, vicino al convento dei Cappuccini, un complesso di moderna concezione dagli arredi classici. Servizio impeccabile, valida gestione familiare. Curato ristorante dall'atmosfera tipica.

PIEVE A NIEVOLE – Pistoia – 563 K14 – Vedere Montecatini Terme

---

PIEVE D'ALPAGO – Belluno (BL) – 562 D19 – 2 035 ab. – alt. 690 m – ✉ 32010 36 C1

Roma 608 – Belluno 17 – Cortina d'Ampezzo 72 – Milano 346 – Treviso 67 – Venezia 96

XXX **Dolada** (De Prà) con cam cam,

via Dolada 21, località Plois alt. 870 – ✆ 04 37 47 91 41 – dolada@tin.it – Fax 04 37 47 80 68

7 cam – †78 € ††103 €, 13 € – ½ P 110 € – **Rist** – *(chiuso domenica sera e lunedì escluso luglio-agosto)* Carta 50/70 €

Spec. Chiocciole alle erbe di montagna gratinate con fiore delle Dolomiti (inverno-estate). Ravioli d'anatra, fegato grasso d'oca e cavolo verza. Agnello dell'Alpago nella maniera tradizionale.

◆ Roccaforte dei sapori regionali, dai fagioli all'agnello passando per le lumache; con l'ingresso del figlio, la cucina si è aperta a proposte più innovative e personalizzate.

PIEVE DI CENTO – Bologna (BO) – 562 H15 – 6 683 ab. – alt. 14 m – ✉ 40066 9 C3

Roma 408 – Bologna 32 – Ferrara 37 – Milano 209 – Modena 39 – Padova 105

Locanda le Quattro Piume senza rist

via XXV Aprile 15 – ✆ 05 16 86 15 00 – le-quattro-piume@libero.it – Fax 051 97 41 91 – Chiuso dal 24 dicembre al 7 gennaio ed agosto

16 cam – †43/86 € ††63/126 €

◆ A pochi metri da una delle porte della località, una semplice locanda familiare nello spirito della Bassa; le camere hanno confort essenziali e sono ben tenute.

XX **Buriani dal 1967** 10,
via Provinciale 2/a – ✆ 051 97 51 77 – info@ristoranteburiani.com – Fax 051 97 33 17 – Chiuso 15 giorni in agosto, martedì e mercoledì
Rist – Carta 39/60 €
◆ Sobria eleganza e atmosfera accogliente nel locale presso Porta Bologna: qui la famiglia Buriani insegue la stagionalità dei prodotti, interpretati tra tradizione e ricerca.

PIEVE DI CHIO – Arezzo – Vedere Castiglion Fiorentino

PIEVE DI LEDRO – Trento (TN) – 562 E14 – 574 ab. – alt. 661 m – ✉ 38060 30 B3

Roma 584 – Trento 53 – Brescia 87 – Verona 98

a Mezzolago Est : 2 km – alt. 667 m – ✉ 38060

Mezzolago rist,
via lungolago 2 – ✆ 04 64 50 81 81 – hotelmezzolago@lagodiledro.it – Fax 04 64 50 86 89 – Marzo-novembre
37 cam – solo ½ P 45 € – **Rist** – *(chiuso martedì)* Carta 19/30 € (+10 %)
◆ Situato lungo una strada di passaggio, hotel semplice e d'impostazione familiare con piscina proprio in riva al lago. Le camere dispongono di arredi moderni in legno chiaro. Ristorante da cui è possibile godere di una riposante vista sull'acqua.

PIEVE DI LIVINALLONGO – Belluno (BL) – 562 C17 – alt. 1 475 m – Sport invernali : *Vedere Arabba (Comprensorio Dolomiti superski Arabba-Marmolada)* – ✉ 32020 35 B1

Roma 716 – Belluno 68 – Cortina d'Ampezzo 28 – Milano 373 – Passo del Pordoi 17 – Venezia 174

Cèsa Padon monti e pinete,
via Sorarù 62 – ✆ 04 36 71 09 – info@cesa-padon.it – Fax 04 36 74 60 – Chiuso dal 20 ottobre al 4 dicembre
21 cam – †58/68 € ††88/100 € – ½ P 58/72 € – **Rist** – *(chiuso a mezzogiorno)* Carta 23/49 €
◆ Un accogliente hotel, a gestione familiare, ubicato in una zona tranquilla e panoramica; perfetto punto di partenza per sciate e passeggiate estive sulle Dolomiti. Molto legno e impronta montana anche per la sala ristorante.

PIEVE DI SOLIGO – Treviso (TV) – 562 E18 – 11 307 ab. – alt. 132 m – ✉ 31053 36 C2

Roma 579 – Belluno 38 – Milano 318 – Trento 124 – Treviso 31 – Udine 95 – Venezia 68

Contà senza rist 100,
corte delle Caneve 4 – ✆ 04 38 98 04 35 – hotelconta@nline.it – Fax 04 38 98 08 96 – Chiuso dal 1° al 20 agosto
50 cam – †70/95 € ††95/140 €
◆ Hotel a pochi passi dalla piazza centrale, con porticato prospiciente il corso d'acqua, all'interno propone confort moderni e camere generalmente spaziose.

Delparco rist, 150,
via Suoi 4, Nord-Est : 2 km – ✆ 043 88 28 80 – hoteldelparco@cusinaveneta.it – Fax 043 88 36 75 – Chiuso gennaio e agosto
31 cam – †85 € ††120 € – ½ P 83 €
Rist *Loris* – *(chiuso martedì e domenica sera)* Carta 34/44 €
◆ Nel verde di un giardino dotato di un campo di calcio, in aperta campagna con relativa tranquillità, un hotel dall'atmosfera quieta e familiare; a due minuti dal centro. Ristorante in una casa colonica d'inizio '900 ristrutturata; gradevole pergolato estivo.

X **Enoteca Corte del Medà** 10/20,
corte del Medà 15 – ✆ 04 38 84 06 05 – Fax 04 38 84 06 05 – Chiuso dal 1° al 7 gennaio, una settimana a Pasqua, tre settimane in agosto e domenica
Rist – Carta 21/25 €
◆ Una semplice e informale enoteca con una zona degustazione all'ingresso e una sala nella quale trovare proposte culinarie fragranti, alla buona, ma curate.

a Solighetto Nord : 2 km – ✉ 31053

XX **Da Lino** con cam

via Brandolini 31 – ✆ 043 88 21 50 – dalino@tmn.it – Fax 04 38 98 05 77 – Chiuso sette giorni in febbraio e luglio

17 cam – 70 € 90 € – **Rist** – *(chiuso lunedì)* Carta 38/53 €

◆ Un caratteristico ambiente ai piedi delle Prealpi Trevigiane: raccolta di bicchieri di Murano, 3.000 pentole di rame al soffitto, quadri e sapori caserecci. Belle camere.

PIEVEPELAGO – Modena (MO) – 562 J13 – 2 153 ab. – alt. 781 m – ✉ 41027 8 B2

Roma 373 – Pisa 97 – Bologna 100 – Lucca 77 – Massa 97 – Milano 259 – Modena 84 – Pistoia 63

Bucaneve

via Giardini Sud 31 – ✆ 053 67 13 83 – albergobucaneve@tiscali.it – Fax 053 67 13 83 – Chiuso novembre

25 cam – 35/40 € 50/60 €, 6 € – ½ P 35/50 € – **Rist** – *(chiuso martedì)* Carta 18/22 €

◆ Rimane sempre una corretta risorsa a cui far riferimento, questo piccolo albergo di mezza montagna; di tono familiare, guidato da gestori giovani e intraprendenti. Atmosfera semplice e casalinga per gustare piatti classici, alla buona.

PIEVE SANTO STEFANO – Lucca – Vedere Lucca

PIEVESCOLA – Siena – 563 M15 – Vedere Casole d'Elsa

PIEVE VECCHIA – Brescia – Vedere Manerba del Garda

PIGENO = PIGEN – Bolzano – Vedere Appiano sulla Strada del Vino

---

PIGNA – Imperia (IM) – 561 K4 – 923 ab. – alt. 280 m – ✉ 18037 14 A3

Roma 673 – Imperia 72 – Genova 174 – Milano 297 – San Remo 34 – Ventimiglia 21

Grand Hotel Pigna Antiche Terme (termale) cam, 110,

regione lago Pigo – ✆ 01 84 24 00 10 – info@termedipigna.it – Fax 01 84 24 09 49 – 23 marzo-5 novembre e 26 dicembre-7 gennaio

97 cam – 120/150 € 200/260 € – ½ P 120/150 € – **Rist** – Menu 40 €

◆ Un complesso valido sotto ogni aspetto, una gestione molto attenta, professionale; un vero paradiso per ristabilire corpo e spirito tra Riviera dei Fiori e Costa Azzurra. Al ristorante i sapori di una cucina dietetica e attenta, uniti a piatti del territorio.

X **Terme** con cam

via Madonna Assunta – ✆ 01 84 24 10 46 – cllante@tin.it – Fax 01 84 24 10 46 – Chiuso dall'8 gennaio al 18 febbraio

15 cam – 45 € 60 € – ½ P 45 € – **Rist** – *(chiuso mercoledì escluso agosto; da novembre a marzo la sera solo su prenotazione)* Carta 24/35 €

◆ Nell'entroterra ligure, un ristorante-trattoria che offre una serie di piatti ben fatti e fragranti; ambiente piacevole, di rustica semplicità, e gestione familiare.

PIGNOLA – Potenza (PZ) – 564 F29 – 5 688 ab. – alt. 927 m – ✉ 85010 3 B2

Roma 370 – Potenza 9

XX **Amici Miei**

strada comunale Pantano 6 – ✆ 09 71 42 04 88 – ristoranteamicimiei@tiscali.it – Fax 09 71 42 19 84 – Chiuso lunedì e il 24 dicembre

Rist – Carta 28/38 €

◆ In una villa di campagna, con giardino e vista, appena fuori Pignola, un locale che cerca di recuperare i sapori della cucina lucana più tipica; gradevole atmosfera.

PILASTRO – Parma – 562 H12 – **Vedere Langhirano**

PINARELLA – Ravenna – 563 J19 – **Vedere Cervia**

PINAROLO PO – Pavia (PV) – 561 G9 – **1 562 ab.** – **alt. 67 m** – ✉ **27040** 16 **B3**

Roma 577 – Alessandria 62 – Pavia 20 – Milano 20 – Genova 112

Agriturismo Il Cucinone cam, VISA AE

via Depretis 4/8 – ☎ 03 83 87 87 95 – info@ilcucinone.it – Fax 03 83 87 87 95 – Chiuso mercoledì sera

15 cam – 50 € 80 € – ½ P 60 € – **Rist** – Menu 20/30 €

◆ In centro paese, un cascinale completamente rinnovato per offrire camere confortevoli con arredi in arte povera. In previsione anche una sala riunioni. Ristorante di taglio rustico per proposte di cucina locale.

PINEROLO – Torino (TO) – 561 H3 – **33 816 ab.** – **alt. 376 m** – ✉ **10064** 22 **B2**

Roma 694 – Torino 41 – Asti 80 – Cuneo 63 – Milano 185 – Sestriere 55

viale Giolitti 7/9 ☎ 0121 794003, pinerolo@montagnedoc.it, Fax 0121794932

Regina rist, VISA AE

piazza Barbieri 22 – ☎ 01 21 32 21 57 – info@albergoregina.net – Fax 01 21 39 31 33 – Chiuso dal 1° al 21 agosto

15 cam – 55 € 82 €, 8 € – ½ P 66/75 € – **Rist** – *(chiuso domenica)* Carta 27/45 €

◆ Un albergo comodo, con una posizione centralissima per chi debba soggiornare in città; offre camere ben insonorizzate, rinnovate di recente; conduzione familiare. Ambiente e atmosfera un po' "vecchio Piemonte" al ristorante, con sala d'intonazione classica.

Taverna degli Acaja VISA AE

corso Torino 106 – ☎ 01 21 79 47 27 – acaia@tavernadegliacaia.it – Fax 01 21 79 47 27 – Chiuso dal 1° al 6 gennaio, dal 15 al 30 agosto, domenica e lunedì a mezzogiorno

Rist – Carta 29/39 €

◆ Pochi coperti in un locale di stampo tradizionale e ben curato, sito di fronte al Museo della Cavalleria; a gestire e cucinare, due giovani soci. Pesci e carni.

PINETO – Teramo (TE) – 563 O24 – **13 325 ab.** – ✉ **64025** 1 **B1**

Roma 216 – Ascoli Piceno 74 – Pescara 31 – Ancona 136 – L'Aquila 101 – Teramo 37

via Mazzini 50 ☎ 085 9491745, iat.pineto@abruzzoturismo.it, Fax 0859491745

Ambasciatori VISA

via XXV Aprile – ☎ 08 59 49 29 00 – ambasc@tin.it – Fax 08 59 49 32 50

31 cam – 65/110 € 70/140 € – ½ P 62/105 € – **Rist** – *(aprile-settembre)* (solo per alloggiati)

◆ Poco fuori dal centro, in zona più quieta, in un giardino sulla spiaggia con piscina: proprio sul mare, un piccolo edificio che risplende ancora della recente costruzione.

La Conchiglia d'Oro VISA AE

via Cesare De Titta 16 – ☎ 08 59 49 23 33 – info@ristorantelaconchigliadoro.it – Fax 08 59 49 23 33 – Chiuso dal 25 dicembre al 10 gennaio, domenica sera e lunedì

Rist – Carta 36/56 €

◆ Solo pesce, e rigorosamente locale, viene servito in questo ristorante in posizione leggermente periferica; nato da non molto, si presenta in una veste sobria, ma elegante.

a Mutignano Sud-Ovest : 6,5 km – ✉ **64038**

Bacucco D'Oro VISA

via del Pozzo 6 – ☎ 085 93 62 27 – info@bacuccodoro.com – Fax 085 93 62 27 – Chiuso mercoledì

Rist – Carta 19/34 €

◆ Piccolo ristorante di tono rustico a conduzione familiare, dalla cui terrazza estiva si gode una splendida vista della costa. Cucina tipica a base di prodotti locali.

PINO TORINESE – Torino (TO) – 561 G5 – 8 607 ab. – alt. 495 m – ✉ 10025 22 A1

Roma 655 – Torino 10 – Asti 41 – Chieri 6 – Milano 149 – Vercelli 79

≤★★ su Torino dalla strada per Superga

Pianta d'insieme di Torino

Pigna d'Oro

via Roma 130 – ☎ 011 84 10 19 – pignadoro@libero.it – Fax 011 84 10 53 – Chiuso gennaio, lunedì e martedì a mezzogiorno HT t

Rist – Carta 30/42 €

◆ In un bell'edificio rustico, tipico delle campagne piemontesi, servizio estivo in terrazza panoramica con pergolato sulle colline e cucina ruspante di questa landa.

PINZOLO – Trento (TN) – 562 D14 – 3 058 ab. – alt. 770 m – Sport invernali : *800/2 100 m* *1 7,* – ✉ 38086 30 B3

Roma 629 – Trento 56 – Bolzano 103 – Brescia 103 – Madonna di Campiglio 14 – Milano 194

piazza Ciclamino 32 ☎ 0465 501007, info@pinzolo.to, Fax 0465 502778

Rendena Bocenago, Sud : 4 km località Ischia, ☎ 0465 80 60 49.

Val di Genova★★★ Ovest – Cascata di Nardis★★ Ovest : 6,5 km

Quadrifoglio

rist, rist,

via Sorano 53 – ☎ 04 65 50 36 00 – info@hotelquadrifoglio.com – Fax 04 65 50 12 45 – Dicembre-marzo e giugno-settembre

30 cam – †89/101 € ††128/172 € – ½ P 84/98 € – **Rist** – (solo per alloggiati)

◆ Albergo recente, con validi livelli di confort, poco fuori del centro della località e, inoltre, nelle immediate vicinanze degli impianti sciistici; camere confortevoli.

Centro Pineta

via Matteotti 43 – ☎ 04 65 50 27 58 – info@centropineta.com – Fax 04 65 50 23 11

27 cam – ††80/180 € – ½ P 60/120 € – **Rist** – Menu 25/40 €

◆ Facciata spiovente, stile "scivolo", per un complesso alberghiero in posizione decentrata e piuttosto tranquilla; gradevole giardino e nuovo centro benessere. Al ristorante, caratteristico e gradevole ambiente, rifinito con travi lignee scure.

Europeo

corso Trento 63 – ☎ 04 65 50 11 15 – europeo@hoteleuropeo.com – Fax 04 65 50 26 16 – 20 dicembre-23 marzo e giugno-20 settembre

50 cam – †85/130 € ††150/210 € – **Rist** – Carta 37/51 €

◆ Risorsa accogliente, con profusione di legno chiaro; lungo la strada principale, ma in posizione arretrata. Camere semplici e accoglienti. Caldo ambiente in legno anche al ristorante, con imponenti soffitti a travi e cassettoni.

Cristina

viale Bolognini 39 – ☎ 04 65 50 16 20 – hotelcristina@pinzolo.it – Fax 04 65 51 20 49 – Dicembre-aprile e giugno-settembre

25 cam – †65/105 € ††60/150 € – ½ P 85/95 € – **Rist** – Menu 28/35 €

◆ Albergo nel più classico stile montano, da poco ristrutturato e dotato di un piccolo e completo centro benessere. Ambiente familiare, in posizione strategica per gli impianti.

Corona

rist,

corso Trento 27 – ☎ 04 65 50 10 30 – info@hotelcorona.org – Fax 04 65 50 38 53 – Dicembre-aprile e giugno-settembre

45 cam – †50/70 € ††90/130 €, 10 € – ½ P 60/83 € – **Rist** – Carta 26/33 €

◆ Sempre validamente al passo coi tempi in quanto a nuove proposte per la clientela, un albergo comodo con camere rinnovate in buona parte. Ampia sala da pranzo di taglio classico, con pareti perlinate in legno.

Alpina

via XXI Aprile 1 – ☎ 04 65 50 10 10 – hotelalpina@pinzolo.it – Fax 04 65 50 10 10 – 20 dicembre-Pasqua e 15 giugno-15 settembre

30 cam – †45/65 € ††75/105 € – ½ P 68/78 € – **Rist** – Carta 25/33 €

◆ Davvero un bell'edificio, già dall'impatto esterno; ben tenuti e calorosi anche gli spazi interni, in uno stile montano quasi contemporaneo, lineare; centralissimo. Al ristorante, un ambiente accogliente arredato secondo i dettami della tradizione alpina.

Binelli senza rist
via Genova 49 – ✆ 04 65 50 32 08 – info@binelli.it – Fax 046 55 50 34 65 – Dicembre-5 maggio e 15 giugno-settembre
16 cam ☕ – †35/50 € ††60/90 €
◆ In posizione abbastanza tranquilla, ma non lontana dal centro, una piacevole casetta montana con balconcini in legno scuro; confort e stanze mansardate all'ultimo piano.

Ferrari
rist, VISA
via Matteotti 44 – ✆ 04 65 50 26 24 – hotelferraripinzolo@katamail.com – Fax 04 65 51 23 36 – 20 dicembre-marzo e 15 giugno-15 settembre
22 cam ☕ – ††80/140 € – ½ P 40/70 € – **Rist** – Carta 16/22 €
◆ In prossimità della pineta e del palaghiaccio è una casa a conduzione familiare, semplice dagli arredi in legno, meta di un turismo estivo e degli amanti della natura. Una luminosa sala da pranzo arredata in stile montano per assaporare una classica cucina tradizionale e casalinga.

a Giustino Sud : 1,5 km – alt. 770 m – ✉ 38080 – Pinzolo

Mildas
8, VISA
via Rosmini 7, località Vadaione Sud : 1 km – ✆ 04 65 50 21 04 – info@ristorantemildas.it – Fax 04 65 50 06 54 – Dicembre-Pasqua e luglio-15 settembre; chiuso a mezzogiorno (escluso domenica e agosto) e lunedì
Rist – Carta 32/48 €
◆ Volte e colonne in pietra, in una ex cripta del '300 arredata come un moderno refettorio minimalista. La cucina è espressione della passione e della fantasia dello chef.

a Sant'Antonio di Mavignola Nord-Est : 6 km – alt. 1 122 m – ✉ 38080

Maso Doss
via Brenta 72, Nord-Est : 2,5 km – ✆ 04 65 50 27 58 – info@masodoss.com – Fax 04 65 50 23 11 – Dicembre-Pasqua e giugno-settembre
6 cam ☕ – ††120/220 € – ½ P 77/120 € – **Rist** – (solo per alloggiati)
◆ Un ambiente rustico e davvero suggestivo, quello ricreato in un antico maso immerso nella natura; pochissime stanze, ben curate, e un'accattivante atmosfera ovattata.

PIOBESI D'ALBA – Cuneo (CN) – 561 H5 – 1 133 ab. – alt. 199 m – ✉ 12040 25 C2

Roma 623 – Torino 60 – Asti 35 – Cuneo 62 – Milano 155

Le Clivie
VISA AE
località Carretta 2 – ✆ 01 73 61 92 61 – leclivie@libero.it – Fax 01 73 61 92 61 – Chiuso venti giorni in gennaio, quindici giorni in agosto, lunedì sera e martedì
Rist – Menu 45/60 €
◆ Su una collina all'ingresso del paese, all'interno di un'azienda vinicola, la cucina e la sala sono un connubio tra antico e moderno, tra tradizione e innovazione.

PIOLTELLO – Milano (MI) – 561 F9 – 32 248 ab. – alt. 123 m – ✉ 20096 18 B2

Roma 563 – Milano 17 – Bergamo 38

a Limito Sud : 2,5 km – ✉ 20090

Antico Albergo
A/C 8/22, VISA AE
via Dante Alighieri 18 – ✆ 029 26 61 57 – info@anticoalbergo.it – Fax 02 92 16 11 61 – Chiuso dal 26 dicembre al 6 gennaio, agosto, sabato a mezzogiorno e domenica
Rist – Carta 37/46 €
◆ Papà Elio, con la moglie, ha trasmesso ai figli l'amore per la cucina lombarda e per l'ospitalità, in quest'antica, elegante, locanda con servizio estivo sotto un pergolato.

PIOMBINO – Livorno (LI) – 563 N13 – 34 230 ab. – ✉ 57025 *Toscana* 28 B3

Roma 264 – Firenze 161 – Grosseto 77 – Livorno 82 – Milano 375 – Pisa 101 – Siena 114

per l'Isola d'Elba-Portoferraio – Navarma-Moby Lines, call center 199 303 040 – per l'Isola d'Elba-Portoferraio e Rio Marina-Porto Azzurro – Toremar, call center 892 123

al Porto, via Stazione Marittima ✆ 0565 226627, apt7piombinoporto@costadeglietruschi.it

Isola d'Elba★

Centrale 60, VISA AE

piazza Verdi 2 – ☎ 05 65 22 01 88 – info@hotel-centrale.net – Fax 05 65 22 02 20
40 cam – 100 € 160 € – ½ P 110 €
Rist Centrale – *☎ 05 65 22 18 25 (chiuso dal 22 dicembre al 7 gennaio, sabato e domenica)* Carta 33/49 €
◆ Facile da raggiungere, forse con qualche problema per il parcheggio, questo famoso hotel nel centro storico di Piombino; in lontananza si possono scorgere Elba e mare. Ampia sala ristorante ben illuminata dalle vetrate affacciate sulla città vecchia.

Lo Scoglietto VISA AE

via Carlo Pisacane 118 – ☎ 056 53 05 94 – Fax 056 53 05 94 – Chiuso da 1° al 15 ottobre e martedì (escluso giugno-settembre)
Rist – Carta 28/45 €
◆ La zona non è amena, l'esterno non è pittoresco, ma varcate la soglia e non ve ne pentirete. La sala è abbastanza anonima, ma la cucina è sorprendentemente valida.

a Populonia **Nord-Ovest : 13,5 km – ✉ 57020**

Il Lucumone VISA AE

al Castello – ☎ 056 52 94 71 – Chiuso domenica sera e lunedì da ottobre a marzo
Rist – Carta 77/90 €
◆ In questa zona, il nome del locale non poteva non richiamarsi ad un'antica carica etrusca; nel delizioso borgo, piccolo ed elegante risotorante con specialità di pesce.

PIOPPI – Salerno (SA) – **564** G27 – ✉ **84060** 7 **C3**

Roma 350 – Potenza 150 – Acciaroli 7 – Napoli 144 – Salerno 98 – Sapri 108

Rovine di Velia★ Sud-Est : 10 km

La Vela VISA AE

via Caracciolo 96 – ☎ 09 74 90 50 25 – albergolavela@genie.it – Fax 09 74 90 51 40 – Marzo-novembre
42 cam – 77 € 120 € – ½ P 80 € – **Rist** – Carta 24/31 € (+10 %)
◆ Nel centro del paese, lungo la strada principale, albergo a conduzione familiare, rinnovato in gran parte del settore notte; per un soggiorno marino semplice e gradevole. Servizio ristorante estivo sotto un pergolato, su una bella terrazza affacciata sul blu.

PIOSSASCO – Torino (TO) – **561** H04 – **16 808 ab.** – **alt. 304 m** – ✉ 10045 22 **B2**

Roma 662 – Torino 27 – Cuneo 87 – Milano 163

La Maison dei Nove Merli 30, VISA AE

via Rapida al Castello 10 – ☎ 01 19 04 13 88 – novemerli@novemerli.it – Fax 01 19 04 25 77 – Chiuso dieci giorni in gennaio, agosto, domenica sera e lunedì
Rist – Carta 40/97 €
◆ Un maniero del '500 che domina le colline, fiabeschi ambienti che riportano agli antichi fasti della dimora dei conti di Piossasco; per la regia di uno chef creativo.

PIOVE DI SACCO – Padova (PD) – **562** G18 – **17 885 ab.** – ✉ **35028** 36 **C3**

Roma 514 – Padova 19 – Ferrara 88 – Venezia 43

La Saccisica 25, VISA AE

via Adige 18 – ☎ 04 99 70 40 10 – ristorantesaccisica@virgilio.it – Chiuso dal 15 al 30 agosto e lunedì
Rist – Carta 25/42 €
◆ In un edificio circolare, anche gli ambienti sono divisi in spicchi mentre il vino diventa elemento decorativo oltre che contorno di piatti di mare e terra.

PIOVEZZANO – Verona – Vedere Pastrengo

Hotel e ristoranti cambiano ogni anno.
Per questo, ogni anno, c'è una nuova guida Michelin!

PISA (PI) – 563 K13 – 88 988 ab. – ✉ 56100 *Toscana* 28 **B2**

Roma 335 – Firenze 77 – Livorno 22 – Milano 275 – La Spezia 75

Galileo Galilei Sud : 3 km BZ ✆ 050 849300, Fax 050 500857

piazza Miracoli ✉ 56126 ✆ 050 560464, duomo@pisa.turiscmo.toscana.it, Fax 050 8310626 - piazza Stazione ✉ 56125 ✆ 050 42291, stazione@pisa.turismo.toscana.it, Fax 050 504067 - Aeroporto Galileo Galilei ✆ 050 503700, aeroporto@pisa.turismo.toscana.it

Cosmopolitan, Sud-Ovest : 11 km a Tirrenia, ✆ 050 336 33 ;
, Sud-Ovest : 11 km a Tirrenia, ✆ 050 375 18.

Torre Pendente★★★AY – Battistero★★★AY – Duomo★★AY: facciata★★★, pulpito★★★ di Giovanni Pisano – Camposanto★★AY: ciclo affreschi Il Trionfo della Morte★★★, Il Giudizio Universale★★, L'Inferno★ – Museo dell'Opera del Duomo★★AY **M1** – Museo di San Matteo★★BZ – Chiesa di Santa Maria della Spina★★AZ – Museo delle Sinopie★AY **M2** – Piazza dei Cavalieri★AY : facciata★ del palazzo dei Cavalieri ABY **N** – Palazzo Agostini★ABY – Facciata★ della chiesa di Santa Caterina BY – Facciata★ della chiesa di San Michele in Borgo BY **V** – Coro★ della chiesa del Santo Sepolcro BZ – Facciata★ della chiesa di San Paolo a Ripa d'Arno AZ

San Piero a Grado★ per ⑤ : 6 km

Pianta pagina seguente

Relais dell'Orologio
cam,
via della Faggiola 12/14 ✉ 56126 – ✆ 050 83 03 61 – info@hotelrelaisorologio.com – Fax 050 55 18 69 AY **s**
21 cam – 230/328 € 270/380 € – 2 suites – ½ P 180/250 € – **Rist** – Carta 58/106 €
◆ Una casa-torre trecentesca, nel cuore della città, da sempre appartenuta alla medesima famiglia, eleganza e personalizzazioni in ogni ambiente. Imperdibile sala di lettura. Nella bella stagione il ristorante si sposta nel giardino fiorito.

Repubblica Marinara
100,
via Matteucci 81, per Ponte della Vittoria – ✆ 05 03 87 01 00 – info@hotelrm.it – Fax 05 03 87 02 00 BZ
55 cam – 104/129 € 109/139 € – ½ P 75/95 €
Rist *Le Vele della Repubblica* – *(chiuso dal 1° al 21 agosto, domenica e a mezzogiorno)* Carta 45/72 €
◆ Poco distante dal centro storico, hotel di moderna concezione con interni di buon livello e camere ben accessoriate, funzionali e confortevoli. Ristorante di qualità che presenta anche specialità innovative.

AC Pisa
cam, rist, 120,
via Delle Torri 20, 2 km per Ponte della Vittoria ✉ 56126 – ✆ 050 57 53 95 – acpisa@ac-hotels.com – Fax 050 58 10 39 BZ
107 cam – 88/130 € – ½ P 90 € – **Rist** – (solo per alloggiati) Carta 29/48 €
◆ In zona commerciale, nella prima periferia della città, hotel pensato per le esigenze della clientela business. Arredi di design, camere con tecnologie avanzate. Ristorante dal disegno minimalista, con proposte mediterraneo.

Accademia Palace
160,
viale Gronchi, per ③ : 5 km ✉ 56121 – ✆ 050 98 81 81 – info@accademiapalacehotel.it – Fax 050 98 81 82 – Chiuso Ottobre
96 cam – 110/150 € 140/190 € – ½ P 98/130 € – **Rist** – (solo per alloggiati) Carta 38/53 €
◆ Struttura moderna, in posizione periferica e comoda per chi utilizza l'aeroporto, dotata di servizi completi tra cui una soleggiata piscina. Il ristorante presenta una carta classica e sfiziosa.

Jolly Hotel Cavalieri
rist, cam, rist, 120,
piazza Stazione 2 ✉ 56125 – ✆ 05 04 32 90 – pisa@jollyhotels.com – Fax 050 50 22 42 AZ **a**
97 cam – 170/220 € 190/240 €, 15 € – 2 suites – ½ P 150/170 €
Rist – Carta 30/49 €
◆ A pochi metri dalla stazione ferroviaria e dall'air terminal, valida ospitalità (soprattutto per una clientela internazionale), adeguata al gruppo cui l'hotel appartiene. Buon punto di riferimento per chi desideri trovare proposte culinarie toscane.

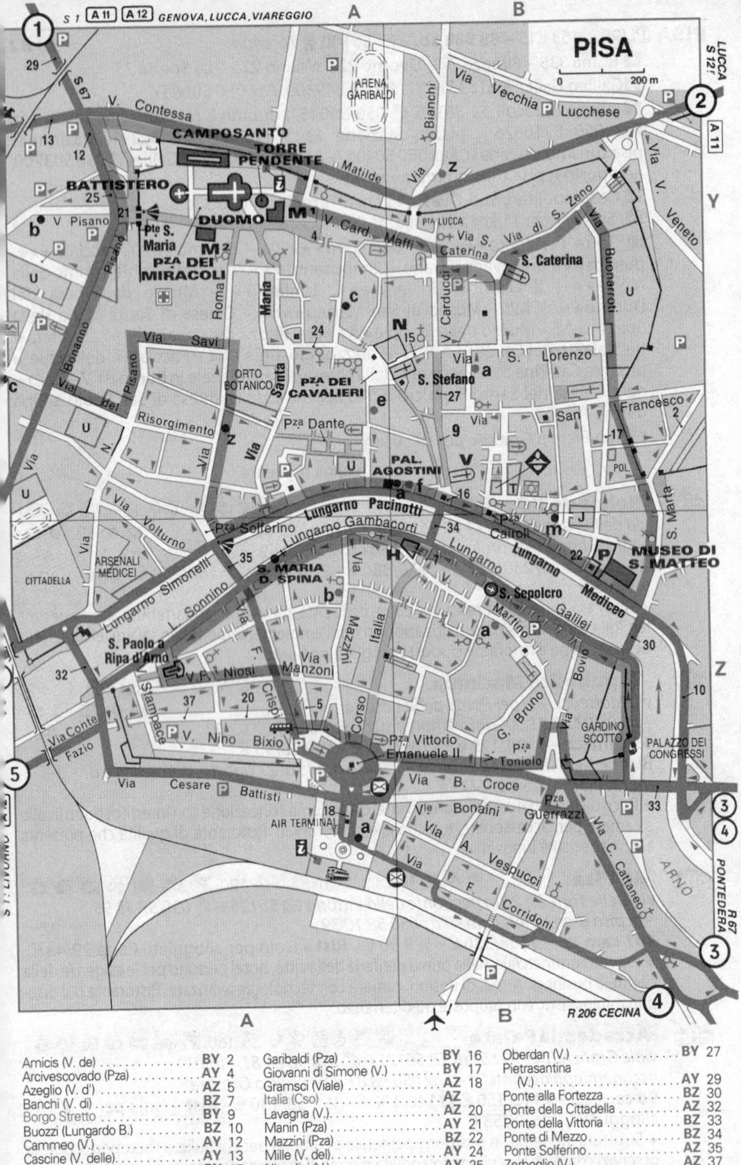

Grand Hotel Bonanno cam, 50, rist, AY c

via Carlo Francesco Gobba 17 – info@grandhotelbonanno.it

89 cam – 115/180 € 160/230 €

Rist – *(chiuso domenica)* (solo per alloggiati) Carta 32/42 €

◆ Hotel adiacente al centro storico, di recente realizzazione, molto comodo per chi viaggia in automobile. Camere di confort omogeneo, ambienti comuni ben distribuiti. Discretamente elegante, il ristorante propone la cucina toscana. Ideale per organizzare colazioni di lavoro e cerimonie a buffet.

Verdi senza rist
piazza Repubblica 5/6 ✉ 56127 – ✆ 050 59 89 47 – hotelverdi@sirius.pisa.it – Fax 050 59 89 44 BYZ **m**
32 cam – 70/95 € 95/120 €
◆ In pieno centro, accanto al Palazzo di Giustizia, hotel a conduzione diretta dotato di ambienti confortevoli e camere arredate con gusto e confort completi.

Amalfitana senza rist
via Roma 44 ✉ 56126 – ✆ 05 02 90 00 – Fax 05 02 52 18 AY **z**
21 cam – 60 € 70 €, 6 €
◆ In pieno centro storico, all'interno di un antico palazzo ristrutturato, piccolo e curato hotel ideale per turisti in visita a Pisa. Prossimo ai principali monumenti.

A Casa Mia 12/30,
via provinciale Vicarese 10, località Ghezzano, 1 km per ② ✉ 56010 Ghezzano – ✆ 050 87 92 65 – ristoranteacasamia@supereva.it – Fax 050 87 92 65 – Chiuso dal 1° al 7 gennaio, agosto, sabato a mezzogiorno e domenica
Rist – Carta 30/37 €
◆ All'interno di una piccola villetta privata, atmosfera curata e molto familiare e una cucina che rielabora ricette tradizionali del territorio in chiave fantasiosa e attuale.

Osteria del Porton Rosso
via Porton Rosso 11 ✉ 56126 – ✆ 050 58 05 66 – Fax 050 58 05 66 – Chiuso dal 5 al 25 agosto, domenica e lunedì a mezzogiorno BY **f**
Rist – Carta 26/37 €
◆ Nelle strette viuzze di una delle zone più caratteristiche e popolari di Pisa, un rustico angolo gastronomico. In cucina, fratello e sorella, in tavola, solo pesce.

La Clessidra
via Santa Cecilia 34 ✉ 56127 – ✆ 050 54 01 60 – info@ristorantelaclassidra.com – Fax 05 09 91 01 14 – Chiuso dal 24 dicembre al 7 gennaio, dal 5 al 30 agosto, domenica e amezzogiorno BY **a**
Rist – Carta 21/33 € (+10 %)
◆ Due salette con un numero limitato di coperti, ai fornelli mani esperte che già hanno creato nel campo ristorativo. Proposte locali di mare e di terra, a prezzi interessanti.

Osteria dei Cavalieri
via San Frediano 16 ✉ 56126 – ✆ 050 58 08 58 – Fax 050 58 12 59 – Chiuso dal 29 dicembre al 7 gennaio, agosto, sabato a mezzogiorno e domenica AY **e**
Rist – (consigliata la prenotazione) Carta 32/38 €
◆ A pochi passi dall'Università, un localino impostosi in virtù di una cucina casereccia e fragrante. Ambienti semplici e curati, piatti di terra e di mare.

sulla strada statale 1 - via Aurelia AY

Holiday Inn Pisa Migliarino cam, 50,
via Aurelia km 342, 8 km per via Pietrasantina ✉ 56010 Migliarino Pisano – ✆ 05 08 00 81 00 – holidayinn.pisa@alliancealberghi.com – Fax 050 80 33 15
62 cam – 90/100 € 110/120 € – **Rist** – *(chiuso a mezzogiorno)* Carta 24/35 €
◆ Lungo la statale Aurelia, a pochi passi dal casello di Pisa nord, una struttura comoda per raggiungere la città, l'aeroporto e il mare. Standard classici, arredi moderni. Una classica cucina d'albergo, servita nella vasta sala al piano terra.

Sergio
via Aurelia, 4 km per via Pietrasantina ✉ 56017 Madonna dell'Acqua – ✆ 050 89 40 68 – ristorantesergio@interfree.it – Fax 050 89 49 32 – Chiuso dal 22 dicembre al 18 gennaio, lunedì e martedì a mezzogiorno
Rist – Carta 37/50 €
◆ Nel contesto di una realtà ricettiva alberghiera, torna alla grande una delle vecchie glorie della ristorazione italiana; servizio curato e proposte di mare e di terra.

XX **La Rota**

via Aurelia 276, 6,5 km per via Pietrasantina ✉ 56010 Madonna dell'Acqua – ✆ 050 80 44 43 – a.virgili@studiovirgili.it – Fax 050 80 31 81 – Chiuso martedì

Rist – Carta 21/32 € (+10 %)

◆ Non lontano dall'uscita di Pisa Nord, ristorante di taglio classico: ampio e confortevole, offre piatti di pesce e carni alla griglia, ben elaborati.

sulla strada statale 206 per ④ : 10 km :

X **Da Antonio**

via Arnaccio 105 ✉ 56023 Navacchio – ✆ 050 74 24 94 – Fax 050 74 44 18 – Chiuso dal 3 al 23 agosto, giovedì e venerdì

Rist – Carta 27/40 €

◆ Storica e familiare questa trattoria sita ad un crocevia, in aperta campagna. Semplice, a gestione diretta, vi delizierà con sapori toscani e carni al girarrosto e alla brace.

PISA (Marina di) – Pisa (PI) – 563 K12 – ✉ 56013 — 28 B2

Roma 346 – Pisa 13 – Firenze 103 – Livorno 16 – Viareggio 31

via Moriconi angolo Via Minorca ✆ 050 311116

XXX **Foresta**

via Litoranea 2 – ✆ 05 03 50 82 – forestasas@virgilio.it – Fax 05 03 50 82 – Chiuso giovedì e domenica sera (escluso giugno-settembre)

Rist – (Coperti limitati; prenotare) Carta 40/68 €

◆ Ristorante dall'ambiente elegante, affacciato sul Tirreno. Servizio attento e ottima accoglienza. La cucina è di qualità e propone molti piatti di pesce.

XX **Da Gino**

via delle Curzolari 2 – ✆ 05 03 54 08 – ristorantedagino@tin.it – Fax 05 03 41 50 – Chiuso Natale, dall' 8 al 23 gennaio, venti giorni in settembre, lunedì e martedì

Rist – Carta 33/55 €

◆ Una ricca esposizione di pesce fresco accoglie i clienti all'ingresso di questo rinomato ristorante. Ambiente accogliente, gestione familiare dalla collaudata esperienza.

PISCIANO – Perugia – 563 L19 – Vedere Gubbio

PISCIOTTA – Salerno (SA) – 564 G27 – 2 978 ab. – alt. 170 m – ✉ 84066 — 7 C3

Roma 367 – Potenza 154 – Castellammare di Stabia 139 – Napoli 156 – Salerno 105

Agriturismo La Locanda del Fiume A' Machina

contrada Fiori – ✆ 09 74 97 38 76 – soniad'amata@libero.it – Fax 09 74 97 37 03 – Marzo-novembre

12 cam – 50/70 € 80/120 € – ½ P 70/80 € – **Rist** – (prenotazione obbligatoria) Menu 20/25 €

◆ Di fronte al borgo medievale di Pisciotta, risorsa ricavata dall'attenta ristrutturazione di un opificio del '700. Arredamento curato nelle camere, sale comuni con vista. Al ristorante appetitosi menù degustazione di cucina locale.

PISSIGNANO ALTO – Perugia – 563 N20 – Vedere Campello sul Clitunno

PISTICCI – Matera (MT) – 564 F31 – 17 837 ab. – ✉ 75015 — 4 D2

Roma 455 – Potenza 93 – Matera 76

a Marconia Sud-Est: 15 km – ✉ 75020

Agriturismo San Teodoro Nuovo

– ✆ 08 35 47 00 42 – doria@santeodoronuovo.com – Fax 08 35 47 00 42

10 cam – 60/70 € 100/120 €, 10 € – ½ P 75/85 € – **Rist** – (solo su prenotazione) Menu 20/35 €

◆ Tra le mura di una masseria del Novecento adagiata nella pianura metapontina, una tenuta agricola orto-frutticola ospita appartamenti arredati con ricercatezza e personalità. Presso le antiche scuderie, le specialità della gastronomia regionale.

PISTOIA 🅿 (PT) – 563 K14 – **84 526 ab.** – **alt. 65 m** – ✉ **51100** ▮ *Toscana* 28 **B1**

▶ Roma 311 – Firenze 36 – Bologna 94 – Milano 295 – Pisa 61 – La Spezia 113

ℹ piazza del Duomo c/o Palazzo dei Vescovi ☎ 0573 21622, aptpistoia@tiscalinet.it, Fax 0573 34327

◉ Duomo★B : dossale di San Jacopo★★★ – Battistero★B – Chiesa di Sant'Andrea★A : pulpito★★ di Giovanni Pisano – Basilica della Madonna dell'Umiltà★A D – Fregio★★ dell'Ospedale del Ceppo B – Visitazione★★ (terracotta invetriata di Luca della Robbia), pulpito★ e fianco Nord★ della chiesa di San Giovanni Fuorcivitas B R – Facciata★ del palazzo del comune B H – Palazzo dei Vescovi★B

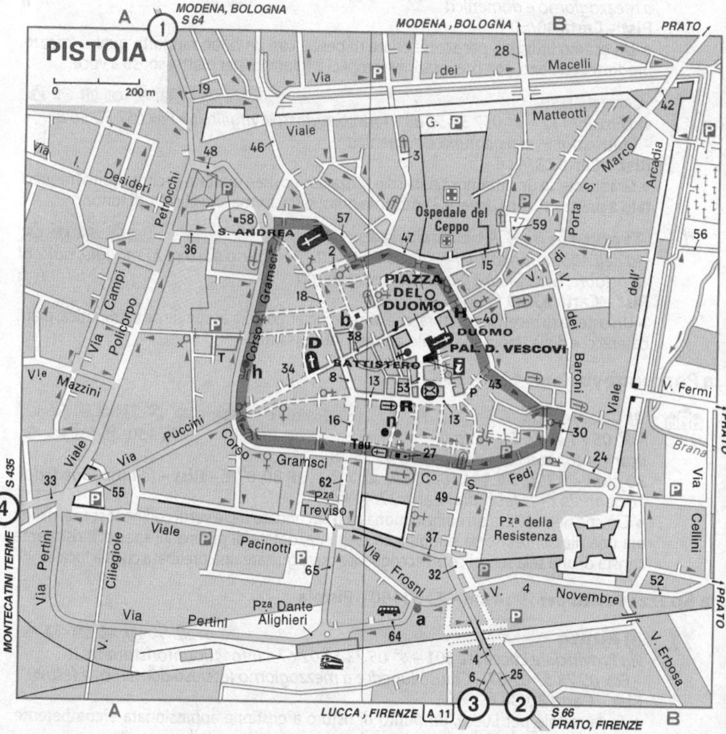

Abbi Pazienza (V.)	A	2	
Armeni (V. degli)	B	3	
Battisti (V. Cesare)	B	4	
Bonellina (V.)	B	6	
Buozzi (V. Bruno)	A	8	
Cavour (V.)	B	13	
Ceppo (V. del)	B	15	
Cino (V.)	A	16	
Curtatone e Montanara (V.)	A	18	
Dalmazia (V.)	A	19	
Ferrucci (V. F.)	B	24	
Fiorentina (V.)	B	25	
Garibaldi (Pza)	B	27	
Italia (Viale)	B	28	
Laudesi (V.)	B	30	
Leonardo da Vinci (Pza)	B	32	
Macallè (V.)	A	33	
Madonna (V. della)	A	34	
Molinuzzo (V. del)	A	36	
Mura Urbane (V.)	AB	37	
Orafi (V. degli)	AB	38	
Pacini (V.)	B	40	
Padre G. Antonelli (V.)	B	42	
Palestro (V.)	B	43	
Pappagalli (V. dei)	A	46	
Pappe (V. delle)	B	47	
Porta al Borgo (V.)	A	48	
Porta Carritica (V. di)	B	49	
Provinciale (V.)	B	52	
Roma (V.)	B	53	
Sacconi (V. Sergio)	A	55	
S. Agostino (V. di)	B	56	
S. Andrea (Via di)	A	57	
S. Francesco d'Assisi (Pza)	A	58	
S. Lorenzo (Pza)	B	59	
Vannucci (V.)	A	62	
Vittorio Veneto (Viale)	AB	64	
20 Settembre (Viale)	A	65	

Patria senza rist — B **n**

via Crispi 8 – ☎ 057 32 51 87 – info@patriahotel.com – Fax 05 73 36 81 68

28 cam ☕ – 🛉65/72 € 🛉🛉80/113 €

◆ Nel pieno centro, una risorsa sempre valida, con camere confortevoli; pur trovandosi in zona a traffico limitato, sono a disposizione pass per le auto dei clienti.

Villa de' Fiori — cam, rist, 80, VISA

via di Bigiano e Castel Bovani 39, per via di Porta San Marco : 2,5 km – ✆ 05 73 45 03 51 – info@villadefiori.it – Fax 05 73 45 26 69 – Chiuso dal 10 gennaio al 15 marzo

8 cam – 40/80 € 60/130 € – ½ P 60/110 € – **Rist** – (solo per alloggiati) Carta 24/45 €

◆ Una villa secentesca con annessa una casa colonica ospita eleganti camere, un parco dove rilassarsi, attrezzature sportive per i più dinamici ed area giochi per i bambini.

Manzoni — VISA

corso Gramsci 112 – ✆ 057 32 81 01 – Fax 05 73 99 30 53 – Chiuso agosto, sabato a mezzogiorno e domenica A **h**

Rist – Carta 40/50 €

◆ Un ottimo indirizzo per scorpacciate di pesce, con un buon rapporto qualità/prezzo; prodotti eccellenti, con preparazioni semplici e fragranti, per piatti esposti a voce.

Corradossi

via Frosini 112 – ✆ 057 32 56 83 – loriscorradossi@virgilio.it – Fax 057 32 56 83 – Chiuso dal 1° al 6 gennaio e domenica B **a**

Rist – Carta 33/43 €

◆ Gradevole, in un intramontabile stile senza tempo, ben quotato in città, molto frequentato a pranzo. A cena, invece, l'ambiente quasi si trasforma: più curato, di tono.

Trattoria dell'Abbondanza — VISA

via dell'Abbondanza 10/14 – ✆ 05 73 36 80 37 – Chiuso dal 6 al 21 maggio, dal 2 al 17 ottobre, mercoledì e giovedì a mezzogiorno A **b**

Rist – Carta 23/29 €

◆ Un'osteria di recente apertura, che offre, in un'atmosfera accogliente e simpatica, piatti caserecci e della tradizione locale, a prezzi interessanti.

a Pontenuovo Nord : 4 km – ✉ 51100

Il Convento — < Pistoia e dintorni, 150, VISA

– ✆ 05 73 45 26 51 – info@ilconventohotel.com – Fax 05 73 45 35 78

30 cam – 75/85 € 110/130 €, 7 € – ½ P 80/87 € – **Rist** – *(chiuso lunedì dal 10 gennaio al 1° febbraio)* Carta 27/41 €

◆ Ciò che nell'800 era un edificio monastico circondato dalle verdi colline toscane, risulta ora una rilassante risorsa signorile ed elegante, dotata di piscina all'aperto. Il ristorante consta di una sala semplice ed accogliente dove gustare una prelibata cucina locale.

a Spazzavento per ④ : 4 km – ✉ 51100 – Pistoia

Il Punto — VISA

via Provinciale Lucchese 301 – ✆ 05 73 57 02 67 – info@ilpuntoristorante.it – Fax 05 73 57 02 67 – Chiuso lunedì e a mezzogiorno (escluso domenica e festivi)

Rist – Carta 30/38 €

◆ Sulla statale per Lucca, un punto di ristoro a gestione appassionata e competente. Gradevole servizio all'aperto e cucina che si apre con piacere alla creatività.

PITIGLIANO – Grosseto (GR) – 563 O16 – ✉ 58017 29 **D3**

Roma 153 – Viterbo 48 – Grosseto 78 – Orvieto 51

piazza Garibaldi 51 ✆ 0564 617111, infopitigliano@lamaremma.info, Fax 0564 617111

Il Tufo Allegro — VISA

vicolo della Costituzione 5 – ✆ 05 64 61 61 92 – iltufoallegro@libero.it – Fax 05 64 61 73 18 – Chiuso dal 10 gennaio al 18 febbraio, dal 23 giugno al 7 luglio, martedì, mercoledì a mezzogiorno (escluso agosto-settembre)

Rist – Carta 32/57 €

◆ Nel cuore della località etrusca, nei pressi della Sinagoga: piatti toscani, un piccolo ristorante con una nutrita cantina di vini e salette ricavate nel tufo.

PITRIZZA – Sassari – Vedere Sardegna (Arzachena : Costa Smeralda) alla fine dell'elenco alfabetico

PIZZIGHETTONE – Cremona (CR) – 561 G11 – **6 814 ab.** – **alt. 46 m** – ✉ 26026 16 **B3**

Roma 526 – Piacenza 23 – Cremona 22 – Lodi 33 – Milano 68

XX **Da Giacomo**

piazza Municipio 2 – ✆ 03 72 73 02 60 – Fax 03 72 73 02 60 – Chiuso quindici giorni in gennaio, venti giorni in agosto e lunedì

Rist – (Coperti limitati; prenotare) Carta 30/46 €

◆ Nel centro storico di questa pittoresca località cinta da mura, un ristorantino che esprime una riuscita miscela di rusticità e design. Cucina del territorio reinterpretata.

PIZZO – Vibo Valentia (VV) – 564 K30 – **8 843 ab.** – **alt. 107 m** – ✉ **89812** 5 **A2**

Roma 603 – Reggio di Calabria 105 – Catanzaro 59 – Cosenza 88 – Lamezia Terme (Nicastro) 33 – Paola 85

Marinella 80,

contrada Marinella Prangi Nord : 4 km – ✆ 09 63 53 48 64 – hotel_marinella@libero.it – Fax 09 63 53 48 84

45 cam – †51/70 € ††75/93 € – **Rist** – Carta 22/31 €

◆ Grande edificio recentemente rinnovato, sito fuori del centro e non lontano dal casello; tre piani per le stanze, di cui l'ultimo mansardato, e colazione all'aperto. Ampie sale da pranzo, quella per cerimonie dispone di una rustica struttura in legno.

XX **Isolabella**

riviera Prangi Nord : 4 km – ✆ 09 63 26 41 28 – chiara.isolabella@virgilio.it – Fax 09 63 26 41 28 – Chiuso lunedì (escluso luglio ed agosto)

Rist – Carta 24/36 €

◆ Lungo la strada litoranea a nord della località, un punto di riferimento, a Pizzo, per chi desideri trovare pesce elaborato in forma tradizionale. Bel giardino estivo.

PLANAVAL – Aosta – **Vedere Valgrisenche**

PLOSE★★★ – **Bolzano** – **alt. 2 446 m** *Italia*

✻★★★

POCENIA – Udine (UD) – 562 E21 – **2 561 ab.** – ✉ **33050** 10 **B3**

Roma 607 – Udine 35 – Gorizia 53 – Milano 346 – Pordenone 51 – Trieste 73

a Paradiso Nord-Est : 7 km – ✉ **33050** – **Pocenia**

XX **Al Paradiso**

via S. Ermacora 1 – ✆ 04 32 77 70 00 – info@trattoriaparadiso.it – Fax 04 32 77 72 70 – Chiuso dal 7 al 25 gennaio, dal 1° al 25 luglio, lunedì e martedì

Rist – Carta 30/42 €

◆ In un antico casolare del 1500 ristrutturato, tra spiedi e antichi rami, troverete sale molto belle e signorili; un'atmosfera accurata per piatti di stampo locale.

PODENZANA – Massa Carrara (MS) – 563 J11 – **1 715 ab.** – **alt. 32 m** – ✉ 54010 28 **A1**

Roma 419 – La Spezia 24 – Genova 108 – Parma 99

X **La Gavarina d'Oro**

via del Gaggio 28 – ✆ 01 87 41 00 21 – e.bonfigli_2005@libero.it – Fax 01 87 41 19 35 – Chiuso dal 9 al 23 marzo, dal 20 agosto al 12 settembre e mercoledì

Rist – Carta 18/30 €

◆ Un ristorante tradizionale, un punto di riferimento nella zona, ove poter assaggiare anche la tipica cucina della Lunigiana e specialità come i panigacci. Nella rusticità.

PODERNOVI – Siena – **Vedere Montalcino**

POGGIBONSI – Siena (SI) – 563 L15 – 28 341 ab. – alt. 115 m – ✉ 53036 29 D1

Roma 262 – Firenze 44 – Siena 29 – Livorno 89 – Pisa 79

Villa San Lucchese ≤ colline, (riscaldata) 70,
località San Lucchese 5, Sud : 1,5 km – ✆ 05 77 93 71 19 – info@villasanlucchese.com – Fax 05 77 93 47 29 – Chiuso dal 10 gennaio al 10 febbraio
38 cam – †100/120 € ††150/193 € – ½ P 104/134 € – **Rist** – *(solo buffet a mezzogiorno)* Carta 29/41 €
◆ Un'antica dimora patrizia del '400, immersa in un parco e affacciata sulle colline senesi; ristrutturata con sobria eleganza, offre un ambiente di charme e confort. Bel ristorante con accogliente terrazza per il servizio estivo.

La Galleria
galleria Cavalieri Vittorio Veneto 20 – ✆ 05 77 98 23 56 – Fax 05 77 98 23 56 – Chiuso dal 25 aprile al 5 maggio, agosto e domenica
Rist – Carta 29/45 €
◆ All'interno di una galleria commerciale, locale di stampo classico con cucina a vista. Proposte di mare e di terra, elaborate da materie prime scelte con cura.

POGGIO – Livorno – 563 N12 – Vedere Elba (Isola d') : Marciana

POGGIO A CAIANO – Prato (PO) – 563 K15 – 8 835 ab. – alt. 57 m – ✉ 59016 29 C1

Toscana

Roma 293 – Firenze 17 – Livorno 99 – Milano 300 – Pisa 75 – Pistoia 18

via Lorenzo il Magnifico ✆ 055 8798779, Fax 055 8796937

Villa★

Hermitage ≤ rist, 100,
via Ginepraia 112 – ✆ 055 87 70 40 – info@hotelhermitageprato.it – Fax 05 58 79 70 57
61 cam – †60/75 € ††70/100 € – ½ P 53/68 € – **Rist** – *(chiuso agosto, venerdì, domenica e a mezzogiorno)* Carta 25/38 €
◆ Struttura di impronta familiare ubicata nei pressi del borgo medievale di Artiminio con ambienti semplici e curati. Tappa ideale per un turismo culturale o d'affari. La sala ristorante, semplice ed accogliente, offre soprattutto la possibilità di degustare specialità regionali.

POGGIO ALLE MURA – Siena – Vedere Montalcino

POGGIO ANTICO – Siena – Vedere Montalcino

POGGIO BERNI – Rimini (RN) – 562 J 19 – 2 971 ab. – alt. 155 m – ✉ 47824 9 D2

Roma 321 – Rimini 16 – Forlì 53 – Pesaro 54 – Ravenna 54

I Tre Re con cam ≤ rist, 70,
via Cervi 1 ✉ 47824 – ✆ 05 41 62 97 60 – hotel@itrere.com – Fax 05 41 62 93 68
13 cam – †100 € ††140 € – **Rist** – *(chiuso mercoledì e a mezzogiorno escluso i giorni festivi)* Carta 36/53 €
◆ Sulle prime colline di Rimini, là ove ancora si vede il mare, un'antica struttura, imponente, di fascino dove gustare cucina romagnola anche all'aperto. Belle camere.

POGGIO MIRTETO STAZIONE – Rieti (RI) – 563 P 20 – alt. 242 m – ✉ 02047 12 B1

Roma 59 – Rieti 47 – Terni 44 – Viterbo 73

Colle dei Tetti, Nord : 4,5 km strada statale 313, località Colli, ✆ 0765 262 67.

sulla strada statale 313 Nord : 4 km :

Borgo Paraelios rist, 60,
località Valle Collicchia di Poggio Catino ✉ 02040 – ✆ 076 52 62 67 – info@borgoparaelios.it – Fax 076 52 62 68
18 cam – †200/240 € ††290/330 € – **Rist** – (consigliata la prenotazione) Carta 46/67 €
◆ Nella Sabina più vera, più antica, parco e terrazze panoramiche con piscina; un casale ristrutturato con gran gusto, per un incessante susseguirsi di sale e angoli ameni. Il sogno continua attorno a un tavolo, nel piacevolissimo e suggestivo relais.

POGGIO MURELLA – Grosseto (GR) – 563 N 16 – ✉ 58050 29 C3

Roma 163 – Grosseto 63 – Firenze 182 – Perugia 126 – Terni 136

Il Cantuccio senza rist

via Termine 18 – ✆ 05 64 60 79 73 – camilli.rossano@tiscali.it – Fax 05 64 60 79 73

6 cam – 45/60 € 60/90 €

◆ Piccola risorsa in posizione dominante a breve distanza dalle terme di Saturnia. Camere graziose e ricche di decorazioni. Colazione con torte fatte in casa.

POGGIORSINI – Bari (BA) – 564 E 30 – 1 485 ab. – alt. 461 m – ✉ 70020 26 B2

Roma 379 – Bari 68 – Altamura 32 – Matera 50 – Potenza 86

Agriturismo Masseria Il Cardinale cam, rist, 100,

località contrada Capoposto Sud-Ovest : 5 km – ✆ 08 03 23 72 79 – info@ilcardinale.it – Fax 08 02 46 41 78 – Chiuso dal 7 gennaio al 28 febbraio

10 suites – 73 € – ½ P 60 € – **Rist** – Menu 27/35 €

◆ Cinta da mura, un'antica masseria con parco, piscina e laghetto; nella villa padronale, ampi e freschi saloni, stanze affacciate su cortili porticati e cappella del '400.

POGLIANO MILANESE – Milano (MI) – 8 070 ab. – alt. 162 m – ✉ 20010 18 A2

Roma 595 – Milano 20 – Como 41

La Corte

via Chiesa 36 – ✆ 02 93 25 80 18 – lacorteristorante@fastwebnet.it – Fax 02 93 25 80 18 – Chiuso dal 1° al 9 gennaio, agosto, domenica sera e lunedì

Rist – Carta 40/52 €

◆ Una piccola bomboniera nel cuore dell'industrializzato hinterland milanese; a condurla con passione e professionalità, due giovani e capaci fratelli, davvero creativi.

POGNANA LARIO – Como (CO) – 561 E 9 – 895 ab. – alt. 307 m – ✉ 22020 18 B1

Roma 638 – Como 12 – Milano 61

La Meridiana

via Aldo Moro 1 – ✆ 031 37 83 33 – Chiuso dal 15 dicembre al 15 marzo, dal 10 al 31 ottobre e mercoledì (escluso luglio-agosto)

Rist – Carta 23/44 €

◆ Una trattoria giunta alla terza generazione di una gestione familiare attenta alla manutenzione e vocata ad una cucina casalinga e del territorio, particolarmente di lago.

POIRINO – Torino (TO) – 561 H 5 – 9 287 ab. – alt. 249 m – ✉ 10046 22 B2

Roma 661 – Torino 28 – Moncalieri 19

Brindor Hotel cam, cam, 30,

via Pessione 12 – ✆ 01 19 45 31 75 – mail@brindorhotel.info – Chiuso dal 10 al 20 agosto

45 cam – 74 € 88 € – ½ P 62 €

Rist *Andrea* – Carta 24/35 €

◆ In posizione stradale, all'ingresso della località, hotel dall'ambiente moderno ed omogeneo. Risorsa di taglio commerciale, perfetta per la clientela d'affari. Ideale per pranzi informali o cene di lavoro, il moderno ristorante propone le specialità del territorio.

POLESINE PARMENSE – Parma (PR) – 562 G 12 – 1 499 ab. – alt. 35 m – ✉ 43010 8 A1

Roma 496 – Parma 43 – Bologna 134 – Cremona 23 – Milano 97 – Piacenza 35

Al Cavallino Bianco

via Sbrisi 2 – ✆ 052 49 61 36 – info@cavallinobianco.it – Fax 052 49 64 16 – Chiuso dal 8 al 23 gennaio e martedì

Rist – Carta 27/39 €

Rist *Tipico di Casa Spigaroli* – *(chiuso la sera escluso i giorni festivi)* Menu 12/15 €

◆ Siamo lungo le rive del grande fiume, in una provincia ove la cucina è quasi un atto religioso, nella terra del culatello: due fratelli se ne fanno creativi portavoce. Al "Tipico di Casa Spigaroli" piatti locali e cibi di loro produzione, ma solo a pranzo.

XX **Colombo**

via Mogadiscio 119 – ✆ 052 49 81 14 – Fax 052 49 80 03 – Chiuso dal 10 al 30 gennaio, dal 20 luglio al 10 agosto, lunedì sera e martedì
Rist – Carta 30/47 €
◆ Servizio estivo sotto un pergolato in una mitica trattoria familiare: l'attuale proprietaria segue le orme paterne anche per produzione e stagionatura di salumi. Da visitare.

POLICORO – Matera (MT) – 564 G 32 – 15 377 ab. – alt. 31 m – ✉ 75025 4 D2

Roma 487 – Bari 134 – Cosenza 136 – Matera 67 – Potenza 129 – Taranto 68

al lido Sud-Est : 4 km :

Heraclea

300,

viale Del Lido ✉ 75025 – ✆ 08 35 91 01 44 – hotelheraclea@heraclea.it – Fax 08 35 91 01 47 – Chiuso dal 20 al 27 dicembre
86 cam – 75 € 140 € – ½ P 70/83 € – **Rist** – *(chiuso domenica escluso da marzo ad ottobre)* Carta 22/30 €
◆ Reca il nome dell'antica colonia della Magna Grecia su cui sorse in seguito Policoro, questo valido hotel non lontano dalla spiaggia; buoni spazi comuni soprattutto esterni. Dispone di una sobria e luminosa sala ristorante nonchè di una spaziosa ed elegante sala dove organizzare banchetti.

Come scegliere fra due strutture equivalenti?
In ogni categoria, hotel e ristoranti sono elencati per ordine di preferenza: ai primi posti, le scelte Michelin.

POLIGNANO A MARE – Bari (BA) – 564 E 33 – 17 513 ab. – ✉ 70044 27 C2

Roma 486 – Bari 36 – Brindisi 77 – Matera 82 – Taranto 70

Covo dei Saraceni

200,

via Conversano 1/1 A – ✆ 08 04 24 11 77 – info@covodeisaraceni.com – Fax 08 04 24 70 10
36 cam – 89/128 € 99/144 € – ½ P 74/97 €
Rist ***Il Bastione*** – Carta 31/48 €
◆ Su uno dei promontori della celebre località, camere recenti ma in grado di rendere indimenticabile il vostro soggiorno, chiedendone una con vista mare. Piacevoli sale ristorante, da cui godere un'ottima vista sul blu; terrazza sugli scogli.

Grotta Palazzese

via Narciso 59 – ✆ 08 04 24 06 77 – grottapalazzese@grottapalazzese.it – Fax 08 04 24 07 67
24 cam – 114/135 € – **Rist** – Carta 72/98 €
◆ Puglia, terra di trulli e di grotte: nell'antico borgo di Polignano, un hotel costruito sugli scogli, proprio a strapiombo sul blu; per dormire cullati dalle onde. Suggestivo servizio ristorante estivo in una grotta sul mare.

XX **Da Tuccino**

via Santa Caterina 69/F, verso San Vito, Nord-Ovest : 1,5 km – ✆ 08 04 24 15 60 – info@tuccino.it – Fax 08 04 25 10 23 – Chiuso dal 15 novembre al 15 gennaio, lunedì a mezzogiorno in agosto,tutto il giorno negli altri mesi
Rist – Carta 34/72 €
◆ Punti di forza del locale sono l'ottima cucina marinara, schietta e fragrante, con prodotti di qualità impeccabile, e un bel dehors panoramico, sul nostro Mediterraneo.

POLLEIN – Aosta – Vedere Aosta

POLLENZO – Cuneo – 561 H 5 – Vedere Bra

POLLONE – Biella (BI) – **561** F 5 – **2 238 ab.** – **alt. 622 m** – ✉ **13814** 23 **C2**

Roma 671 – Aosta 92 – Biella 9 – Novara 62 – Torino 86 – Vercelli 52

Il Patio (Vineis) 20/30, VISA AE

via Oremo 14 – 01 56 15 68 – ilpatio@libero.it – Chiuso dal 6 al 22 gennaio, dal 15 al 30 agosto, lunedì e martedì

Rist – Carta 47/60 €

Spec. Zuppetta di agrumi con mozzarella di bufala e ostriche crude all'erba cipollina (inverno-primavera). Fagottini ai funghi porcini al parmigiano con salsa ai mirtilli (autunno). Crema di albicocche con cereali croccanti, gelato di albicocche e mini pinguino al curry (estate).

♦ Celato nel parco di un hotel, locale ricavato entro vecchie stalle e dotato anche di un piacevole dehors, fresco e ombreggiato. Classe e, in cucina, fantasia e innovazione.

Il Faggio 25, VISA AE

via Oremo 54 – 01 56 12 52 – ilfaggio@libero.it – Fax 01 52 56 37 63 – Chiuso quindici giorni in gennaio, quindici giorni in luglio e lunedì

Rist – Carta 35/45 €

♦ Un villino liberty ospita questo ristorante rinnovato di recente. Gli interni sono di tono classico, molto signorile. Nel piatto viene servito il Piemonte rivisitato.

POLTU QUATU – **Sassari** – **566** D 10 – **Vedere Sardegna (Arzachena : Costa Smeralda) alla fine dell'elenco alfabetico**

POLVANO – **Arezzo** – **Vedere Castiglion Fiorentino**

POLVERINA – **Macerata** – **563** M 21 – **Vedere Camerino**

POMEZIA – Roma (RM) – **563** Q 19 – **45 403 ab.** – **alt. 108 m** – ✉ **00040** 12 **B2**

Roma 28 – Anzio 31 – Frosinone 105 – Latina 41 – Ostia Antica 32

Marediroma, Sud : 8 km a Marina di Ardea, 06 913 32 50.

Selene cam, rist, 500, VISA AE

via Pontina km 30 – 06 91 17 01 – info@hotelselene.com – Fax 06 91 17 05 57

200 cam – 220/330 € – 13 suites

Rist ***Garum*** – *(chiuso tre settimane in agosto)* Carta 40/59 €

♦ Lungo un'arteria a scorrimento veloce, imponente struttura alberghiera recente, dotata di giardino con piscina, ampie, eleganti sale comuni e funzionale centro congressi. Ristorante di taglio moderno; vasta scelta di specialità alla griglia.

Enea cam, 350, VISA AE

via del Mare 83 – 069 10 70 21 – info@eneahotel.it – Fax 069 10 78 05

95 cam – 150 € 200 € – **Rist** – Carta 45/68 €

♦ Funzionale risorsa recente, in comoda posizione tra la statale Pontina e il mare di Torvaianica, con interni di signorile classicità; piscina e attrezzature congressuali. Capienti sale da pranzo di tono raffinato, adatte anche per banchetti.

POMONTE – **Livorno** – **563** N 12 – **Vedere Elba (Isola d') : Marciana**

POMPAGNANO – **Perugia** – **563** N 20 – **Vedere Spoleto**

POMPEI – Napoli (NA) – **564** E 25 – **25 820 ab.** – **alt. 16 m** – ✉ **80045** *Italia* 6 **B2**

Roma 237 – Napoli 29 – Avellino 49 – Caserta 50 – Salerno 29 – Sorrento 28

via Sacra 1 081 8507255, info@pompeiturismo.it, Fax 081 8632401

Foro★★★ : Basilica★★, Tempio di Apollo★★, Tempio di Giove★★ – Terme Stabiane★★★ – Casa dei Vettii★★★ – Villa dei Misteri★★★ – Antiquarium★★ – Odeon★★ – Casa del Menandro★★ – Via dell'Abbondanza★★ – Fullonica Stephani★★ – Casa del Fauno★★ – Porta Ercolano★★ – Via dei Sepolcri★★ – Foro Triangolare★ – Teatro Grande★ – Tempio di Iside★ – Termopolio★ – Casa di Loreius Tiburtinus★ – Villa di Giulia Felice★ – Anfiteatro★ – Necropoli fuori Porta Nocera★ – Pistrinum★ – Casa degli Amorini Dorati★ – Torre di Mercurio★ : ≤★★ – Casa del Poeta Tragico★ – Pitture★ nella casa dell'Ara Massima – Fontana★ nella casa della Fontana Grande

Villa di Oplontis★★ a Torre Annunziata Ovest : 6 km

Amleto senza rist — 50,
via Bartolo Longo 10 – ✆ 08 18 63 10 04 – info@hotelamleto.it – Fax 08 18 63 55 85
26 cam – 75/90 € 99/155 €
♦ Giovane gestione per un recente hotel, nei pressi degli scavi; terrazza solarium, pavimento con riproduzione di mosaici e decorazioni parietali in stile pompeiano.

Forum senza rist
via Roma 99/101 – ✆ 08 18 50 11 70 – info@hotelforum.it – Fax 08 18 50 61 32
36 cam – 120/140 €
♦ Praticamente di fronte all'area archeologica e vicino al famoso Santuario, un esercizio con un gradevole giardinetto interno; optare per le camere rinnovate più di recente.

Giovanna — rist,
via Acquasalsa 18 ✉ 80045 – ✆ 08 18 50 61 61 – info@hotelgiovanna.it – Fax 08 18 50 73 23
24 cam – 65/80 € 84/160 € – **Rist** – *(chiuso lunedì a mezzogiorno)* Carta 35/52 €
♦ Ideale per clienti d'affari e turisti che desiderino la praticità e la quiete, albergo sorto da poco, immerso in un bel giardino; camere spaziose e confortevoli.

Maiuri — 70,
via Acquasalsa 20 – ✆ 08 18 56 27 16 – info@maiuri.it – Fax 08 18 56 27 16
24 cam – 70/80 € 89/110 € – ½ P 65/75 € – **Rist** – Carta 29/41 €
♦ Forse un omaggio all'antica Pompei, nella ripresa del nome di un famoso archeologo italiano; certo un hotel nuovo, molto comodo, dai toni pastello anche negli interni.

Iside senza rist
via Minutella 27 – ✆ 08 18 59 88 63 – info@hoteliside.it – Fax 08 18 59 88 63
18 cam – 60/70 € 80/90 €
♦ Comodo per la visita alla città storica e ad altre mete turistiche, in una zona residenziale tranquilla, con ambienti luminosi e camere semplici, ma accoglienti.

XXX **Il Principe**
piazza Bartolo Longo 8 – ✆ 08 18 50 55 66 – info@ilprincipe.com – Fax 08 18 63 33 42 – Chiuso dal 23 al 26 dicembre, dal 1° al 20 agosto, domenica sera e lunedì
Rist – Carta 57/72 €
♦ Una celebre coppia di coniugi, un raffinato e vivace indirizzo per le prelibatezze della tradizione campana, anche rivisitata, con un occhio rivolto alle antiche ricette.

XXX **President**
piazza Schettini 12/13 – ✆ 08 18 50 72 45 – info@ristorantepresident.it – Fax 08 18 63 81 47 – Chiuso dal 23 al 26 dicembre, dal 10 al 25 agosto, domenica sera e lunedì
Rist – Carta 40/50 €
♦ Non lontano dal santuario, su una modesta piazza, un elegante ristorante dove gustare una cucina che propone piatti di mare nati dalla disponibilità quotidiana del pescato.

XX **Dei Platani**
via Colle San Bartolomeo 4 – ✆ 08 18 63 39 73 – ristorantedeiplatani@libero.it – Fax 08 18 63 39 73 – Chiuso mercoledì escluso da agosto a ottobre
Rist – Carta 25/42 €
♦ I platani che costeggiano la via hanno dato nome al ristorante: una risorsa esistente già da tempo, ma ristrutturata di recente. Specialità stagionali e di pescato.

PONT – Aosta – **Vedere Valsavarenche**

PONTE A CAPPIANO – Firenze – 563 K 14 – **Vedere Fucecchio**

PONTE A MORIANO – Lucca – 563 K 13 – **Vedere Lucca**

PONTE ARCHE – Trento – 562 D 14 – **Vedere Comano Terme**

PONTECAGNANO – Salerno (SA) – 564 F 26 – 23 227 ab. – alt. 28 m – ✉ 84098
7 **C2**

Roma 273 – Potenza 92 – Avellino 48 – Napoli 68 – Salerno 9

sulla strada statale 18 Est : 2 km :

1 + 1 50, VISA AE

via Vespucci 35 ✉ 84090 Sant'Antonio di Pontecagnano – ✆ 089 38 41 77 – info@hotel1piu1.com – Fax 089 84 91 23

35 cam – 50 € 70 € – ½ P 60 € – **Rist** – Carta 20/27 €

♦ Fuori dal centro, lungo la statale che conduce a Battipaglia, un hotel dotato di ampio e comodo parcheggio; a conduzione familiare, senza pretese, ma decoroso. Al ristorante ambienti spaziosi, puliti e ordinati.

a Faiano Nord-Est : 3 km – ✉ 84093

De Gustibus 30, VISA AE

piazza San Benedetto 2 – ✆ 089 20 20 32 – Chiuso domenica sera e lunedì

Rist – Carta 33/47 €

♦ Nel cuore dal centro storico di Faiano, ristorante dai toni caldi con ambienti di eleganza discreta e un gradevole terrazzo fiorito. Piatti a base di pesce.

PONTECORVO – Frosinone (FR) – 563 R 22 – 13 241 ab. – alt. 97 m – ✉ 03037
13 **D2**

Roma 121 – Frosinone 43 – Gaeta 50 – Isernia 65 – Napoli 110

Primavera

piazzale Porta Pia 8 – ✆ 07 76 74 33 95 – ristoranteprimavera@inwind.it – Fax 07 76 74 33 95 – Chiuso dal 12 al 31 agosto e lunedì, solo su prenotazione la sera

Rist – Carta 22/33 €

♦ Piccola gestione familiare, per piatti della memoria locale, fatti al momento, con qualche tocco creativo o proposte, invece, nel solco della classicità; ambiente semplice.

PONTE DELL'OLIO – Piacenza (PC) – 561 H 10 – 4 930 ab. – alt. 210 m – ✉ 29028
8 **A2**

Roma 548 – Piacenza 22 – Genova 127 – Milano 100

Riva (Aradelli) VISA AE

via Riva 16, Sud : 2 km – ✆ 05 23 87 51 93 – info@ristoranteriva.it – Fax 05 23 87 11 68 – Chiuso lunedì, martedì a mezzogiorno

Rist – Carta 44/57 €

Spec. Pancetta fatta a mano con pomodorini, fili di coppa ed erbe. Tagliata di vitello piemontese con tartufo e roesti di patate. Tortino al cioccolato.

♦ In un piccolo borgo con un affascinante castello merlato, la moglie propone una cucina raffinata, misurato equilibrio di territorio e creatività; ai vini pensa il marito.

Locanda Cacciatori VISA AE

località Castione Est : 3 km – ✆ 05 23 87 72 06 – Fax 05 23 87 62 34 – Chiuso dal 10 al 30 gennaio e mercoledì

Rist – Carta 20/35 €

♦ Da più di trent'anni, una locanda gestita dalla stessa famiglia e rimasta immutata nella sua veste interna nel corso del tempo; propone leccornie tipiche della zona.

PONTEDERA – Pisa (PI) – 563 L 13 – 26 421 ab. – alt. 14 m – ✉ 56025
28 **B2**

Roma 314 – Pisa 25 – Firenze 61 – Livorno 32 – Lucca 28 – Pistoia 45 – Siena 86

via della Stazione Vecchia 6 ✆ 0587 53354, ufficioturistico@comune.pontedera.pi.it, Fax 0587 215937

Armonia senza rist 100, VISA AE

piazza Caduti Div. Acqui, Cefalonia e Corfù 11 – ✆ 05 87 27 85 11 – reception@hotelarmonia.it – Fax 05 87 27 85 40

27 cam – 260 € – 4 suites

♦ Storico edificio per una storica accoglienza, in città, sin da metà '800; ospiti illustri, atmosfere eleganti, qualità impeccabile e signorile.

Il Falchetto senza rist
piazza Caduti Div. Acqui, Cefalonia e Corfù 3 – ☎ 05 87 21 21 13 – Fax 05 87 21 21 83
17 cam ☕ – †50/55 € ††75/85 €
◆ Hotel gestito da una coppia di coniugi che ne ha cura quasi come fosse una casa privata; ambienti piacevoli e ricchi di dettagli personali, dotati di ogni confort.

XX **Aeroscalo**
via Roma 8 – ☎ 058 75 20 24 – Chiuso agosto e lunedì
Rist – Carta 29/37 €
◆ Centralissimo ristorante, un punto di riferimento generazionale in Pontedera: due sale arredate con buon gusto, intime e familiari; piatti toscani e carni alla brace.

PONTE DI BRENTA – Padova – 562 F 17 – Vedere Padova

PONTE DI LEGNO – Brescia (BS) – 561 D 13 – 1 849 ab. – alt. 1 258 m – Sport invernali : *1 256/3 069 m 9, ; (anche sci estivo) collegato con impianti del Passo del Tonale* – ✉ 25056 17 C1

Roma 677 – Sondrio 65 – Bolzano 107 – Bormio 42 – Brescia 119 – Milano 167
corso Milano 41 ☎ 0364 91122, iat.pontedilegno@tiscali.it, Fax 036491949
☎ 0364 90 03 06.

Mirella 300,
via Roma 21 – ☎ 03 64 90 05 00 – hotelmirella@pontedilegno.it
– Fax 03 64 90 05 30 – Chiuso ottobre e novembre
61 cam ☕ – †80/110 € ††140/180 € – ½ P 120/160 € – **Rist** – *(chiuso maggio)* Carta 38/56 €
◆ Nato nei primi anni '70, classico, possente albergo di montagna che offre come punto di forza gli ampi spazi comuni, interni ed esterni, ideali per un soggiorno di relax. Imponente sala ristorante con un'infilata di finestroni panoramici.

Sorriso
via Piazza 6 – ☎ 03 64 90 04 88 – info@hotelsorriso.com – Fax 036 49 15 38
– Dicembre-Pasqua e giugno-settembre
20 cam ☕ – †140 € ††220 € – ½ P 120 € – **Rist** – (solo per alloggiati) Menu 30/40 €
◆ Una piccola casa soleggiata, dal caratteristico stile alpino, decentrata e tranquilla, affacciata sulla vallata; una conduzione signorile e accurata per un buon confort.

Mignon
via Corno d'Aola 11 – ☎ 03 64 90 04 80 – info@albergomignon.it
– Fax 03 64 90 04 80
38 cam – †40/52 € ††65/84 €, ☕ 7 € – ½ P 45/74 € – **Rist** – *(chiuso da maggio al 20 giugno, ottobre e novembre)* Carta 23/28 €
◆ Sorta come residenza dei proprietari e poi trasformata in hotel, una risorsa in continua evoluzione, posta ai margini del paese; gestione strettamente familiare. Ristorante familiare, cucina d'impostazione classica.

XX **San Marco**
piazzale Europa 18 – ☎ 036 49 10 36 – sanmarcosome@virgilio.it
– Fax 03 64 90 22 73 – Chiuso lunedì escluso dal 20 dicembre al 15 gennaio, da luglio al 15 settembre e dal 25 settembre all'8 ottobre
Rist – Carta 25/37 €
◆ Centrale, ma non nella zona storica della cittadina, e al piano terra di una villetta; taglio rustico e una cucina di sapore mutevole, tra il camuno e il "tirolese".

PONTE DI NAVA – Cuneo – 561 J 5 – Vedere Ormea

Prima colazione compresa?
Cercate la tazza ☕, dopo il numero di camere.

PONTE DI PIAVE – Treviso (TV) – 562 E 19 – 7 426 ab. – alt. 10 m – ✉ 31047 35 A1

Roma 563 – Venezia 47 – Milano 302 – Treviso 19 – Trieste 126 – Udine 95

a Levada Nord : 3 km – ✉ 31047 – PONTE DI PIAVE

Agriturismo Cà de Pizzol

via Vittoria 92 – ✆ 04 22 85 32 30 – info@cadeipizzol.com – Fax 04 22 85 34 62

5 cam – 30 € 50 € – **Rist** – *(15 settembre-giugno; aperto domenica a mezzogiorno e le sere di venerdì-sabato)* (prenotare) Carta 19/32 €

◆ Un caratteristico casolare di campagna, ristrutturato con cura e passione, fa da sfondo a soggiorni dedicati agli amanti autentici della natura e della quiete.

a San Nicolò Est : 3,5 km – ✉ 31047 – Ponte di Piave

Agriturismo Rechsteiner cam,

via Montegrappa 3 – ✆ 04 22 80 71 28 – rechsteiner@rechsteiner.it – Fax 04 22 75 21 55

11 cam – 35/40 € 55/63 € – ½ P 47/49 € – **Rist** – Carta 17/24 €

◆ Deliziosa casa colonica di un'antica e nobile famiglia, ristrutturata, sita nel verde della campagna, fra i vitigni lungo il Piave; offre buoni confort e molta quiete. Al ristorante si possono degustare vini e prodotti locali.

PONTEGRADELLA – Ferrara – 562 H 16 – Vedere Ferrara

PONTEGRANDE – Verbania – Vedere Bannio Anzino

PONTEGROSSO – Parma – 562 H 11 – Vedere Salsomaggiore Terme

PONTE IN VALTELLINA – Sondrio (SO) – 562 D 11 – 2 230 ab. – alt. 500 m – ✉ 23026 16 B1

Roma 709 – Sondrio 9 – Edolo 39 – Milano 148 – Passo dello Stelvio 78

Cerere 25/30,

via Guicciardi 7 – ✆ 03 42 48 22 94 – Fax 03 42 48 27 80 – Chiuso dal 10 al 20 gennaio, dal 1° al 25 luglio e mercoledì (escluso agosto)

Rist – Carta 26/33 €

◆ Elegante, sito in un palazzo del XVII secolo, locale d'impostazione classica, con "inserti" rustici, che non si limita ad offrire solo piatti di tradizione valtellinese.

PONTE NELLE ALPI – Belluno (BL) – 562 D 18 – 8 069 ab. – alt. 400 m – ✉ 32014 36 C1

Roma 609 – Belluno 8 – Cortina d'Ampezzo 63 – Milano 348 – Treviso 69 – Udine 109 – Venezia 98

sulla strada statale 51

Da Benito con cam 80,

località Pian di Vedoia Nord : 3 km ✉ 32014 – ✆ 04 37 98 12 50 – da-benito@libero.it – Fax 04 37 99 04 72 – Chiuso una settimana in gennaio e tre settimane in agosto

22 cam – 45/55 € 65/80 €, 5 € – **Rist** – *(chiuso domenica sera e lunedì)* Carta 26/41 €

◆ Tra Belluno e Cortina, comodo sulla strada, un caseggiato bianco: all'interno, un ambiente ordinato, con legno chiaro e sorprendenti sapori di pesce. Ma non solo.

Alla Vigna 12/22,

località Cadola 19, Est : 2 km ✉ 32014 – ✆ 04 37 99 05 59 – info@allavigna.it – Fax 04 37 99 05 59 – Chiuso dal 20 al 28 aprile, dal 22 agosto al 7 settembre, martedì sera e mercoledì

Rist – Carta 29/44 €

◆ Salette intime, rustiche, con soffitto a travi, tavoli e divanetti lungo i muri, oggetti vari; gestione diretta e un occhio anche ai piatti di stagione e della zona.

PONTENUOVO – Pistoia – Vedere Pistoia

PONTENUOVO DI CALENZANO – Firenze – 563 K 15 – Vedere Calenzano

PONTE SAN GIOVANNI – Perugia – 563 M 19 – Vedere Perugia

PONTE SAN MARCO – Brescia – 561 F 13 – Vedere Calcinato

PONTE TARO – Parma – 562 H 12 – Vedere Parma

PONTIDA – Bergamo (BG) – 561 E 10 – 3 032 ab. – alt. 313 m – ✉ 24030 19 C1

Roma 609 – Bergamo 18 – Como 43 – Lecco 26 – Milano 52

Hosteria la Marina
via Don Aniceto Bonanomi 283, frazione Grombosco Nord : 2 km – ✆ 035 79 50 63 – Fax 035 79 50 63 – Chiuso martedì
Rist – Carta 25/33 €
◆ Sulle colline alle spalle di Pontida, una semplice trattoria per piatti ruspanti e saporiti, anche legati alle tradizioni locali. Potrete scegliere il vino nella cantina.

PONTREMOLI – Massa Carrara (MS) – 563 I 11 – 8 153 ab. – alt. 236 m – ✉ 54027 28 A1

Toscana

Roma 438 – La Spezia 41 – Carrara 53 – Firenze 164 – Massa 55 – Milano 186 – Parma 81

Agriturismo Costa D'Orsola rist,
località Orsola, Sud-Ovest : 2 km – ✆ 01 87 83 33 32 – info@costadorsola.it – Fax 01 87 83 33 32 – Chiuso gennaio e novembre
14 cam – †60/80 € ††86/114 € – ½ P 58/72 € – **Rist** – *(chiuso a mezzogiorno)* Carta 25/33 €
◆ Camere di buona fattura, ricavate nei caratteristici locali di un antico borgo rurale restaurato con cura. Gestione familiare cortese, atmosfera tranquilla e rilassata. Ristorante suggestivo, con ampi spazi esterni.

Cà del Moro con cam rist,
via Sant'Antonio 13 – ✆ 01 87 83 22 02 – info@cadelmoro.it – Fax 01 87 83 22 02
5 cam – †70/80 € ††102/116 € – ½ P 68/78 € – **Rist** – *(chiuso due settimane in gennaio, una settimana in luglio, due settimane in novembre, domenica sera e lunedì)* Carta 26/34 €
◆ Affascinante ristorante con camere, in campagna, ideale per gli amanti del golf che possono mantenersi in allenamento tra le quattro buche del campo. Cucina del territorio.

PONZA (Isola di)★ – Latina (LT) – 563 S 18 – 3 312 ab. *Italia*

per Anzio e Formia – Caremar, call center 892 123 – per Terracina – Anxur Tours ✆ 0771 72291

Località★

PONZA (LT) – ✉ 04027 13 C3

molo Musco ✆ 0771 80031, prolocoponza@libero.it, Fax 0771 80031

Grand Hotel Santa Domitilla 150,
via Panoramica – ✆ 07 71 80 99 51 – info@santadomitilla.com – Fax 07 71 80 99 55 – Pasqua-15 ottobre
59 cam – †250 € ††330 € – 6 suites
Rist *Melograno* – *(10 giugno-20 settembre)* (prenotare) Carta 54/69 €
◆ Nel cuore dell'isola, abbracciato dalla quiete del giardino, l'hotel dispone di graziose camere, luminosi spazi comuni e tre piscine di cui una ricavata in un'antica grotta. Piatti di pesce nell'ampia sala da pranzo o sotto il pergolato di glicine. Si consiglia la prenotazione.

Bellavista scogliera e mare,
via Parata 1 – ✆ 077 18 00 36 – hotelbellavista@tin.it – Fax 077 18 03 95 – Chiuso dal 15 dicembre al 15 gennaio
24 cam – †180 € ††200 € – ½ P 130 € – **Rist** – *(Pasqua-settembre)* Carta 40/53 €
◆ Arroccato su uno scoglio e cullato dalle onde, l'hotel dispone di ampi spazi comuni, confortevoli camere arredate in legno scuro e un piccolo terrazzo con vista panoramica. Classico ambiente arredato nelle tinte del verde, la sala da pranzo propone la cucina mediterranea e quella regionale.

XX **Acqua Pazza** (Ronca)

piazza Carlo Pisacane – ✆ 077 18 06 43 – acquapazza@ponza.com – Fax 077 18 06 43 – Marzo-ottobre; chiuso a mezzogiorno
Rist – Carta 62/90 €

Spec. Passata di piselli con tagliatelle di seppia e bottarga di tonno. Variazione di gamberoni. Fritto di pesce.

◆ Nella piccola sala o all'aperto, nel dehor allestito davanti al porto, le specialità ittiche vengono proposte in patti sia semplici che elaborati. E' preferibile prenotare.

XX **Orestorante**

via Dietro la Chiesa 4 – ✆ 077 18 03 38 – orestorante@tiscali.it – Fax 077 18 03 38 – Pasqua-settembre; chiuso a mezzogiorno
Rist – Carta 65/82 €

◆ Un piacevole locale da cui si gode la vista sul mare e sul paesino, dove assaporare una sapiente cucina di mare accompagnata da una buona bottiglia di vino.

XX **Gennarino a Mare** con cam — mare e porto, cam,

via Dante 64 – ✆ 077 18 00 71 – info@gennarinoamare.com – Fax 077 18 01 40 – Chiuso dal 20 dicembre al 20 gennaio
12 cam – 195/220 € 220/260 € – **Rist** – *(aprile-ottobre)*
Carta 65/80 €

◆ In posizione dominante sull'antico porto borbonico, costruito sull'acqua sopra una palafitta di legno, il ristorante offre una cucina mediterranea, soprattutto di pesce. Dispone anche di alcune graziose camere arredate con gusto, all'interno di una struttura dalla facciata azzurra.

X **Il Tramonto**

via campo Inglese Nord : 4 km – ✆ 07 71 80 85 63 – tramonto@libero.it – Fax 07 71 80 85 63 – Aprile-settembre; chiuso a mezzogiorno
Rist – Carta 46/58 €

◆ Un servizio giovane e dinamico, una cucina legata alla tradizione isolana dove regna il pesce ed una meravigliosa vista sull'isola di Palmarola per veder declinare il sole.

PONZANO – Firenze – Vedere Barberino Val d'Elsa

PONZANO VENETO – Treviso (TV) – 562 E 18 – 10 894 ab. – alt. 28 m – ✉ 31050 — 35 A1

Roma 546 – Venezia 40 – Belluno 74 – Treviso 5 – Vicenza 62

a Paderno di Ponzano Nord-Ovest : 2 km – ✉ 31050 – Ponzano Veneto

Relais Monaco — cam, 280,

via Postumia 63, Nord : 1 km – ✆ 04 22 96 41 – mailbox@relaismonaco.it – Fax 04 22 96 45 00
79 cam – 95/175 € 120/190 €, 15 € – **Rist** – (prenotare)
Carta 40/55 €

◆ Tra i colli della campagna veneta più dolce, una residenza adatta ad ogni esigenza. A poca distanza dall'autostrada, silenziosa villa d'epoca per turisti e uomini d'affari. Al ristorante ambienti e atmosfere eleganti.

XX **Trattoria da Sergio**

via Fanti 14 – ✆ 04 22 96 70 00 – Fax 04 22 96 70 00 – Chiuso dal 23 dicembre al 6 gennaio, dal 1° al 21 agosto, i giorni festivi, sabato a mezzogiorno e domenica
Rist – Carta 26/42 €

◆ Superate l'aspetto esteriore del locale e varcatene la soglia: una cordiale e simpatica gestione familiare, mamma ai fornelli e figlio in sala. La cucina è casereccia.

POPPI – Arezzo – 563 K 17 – 6 056 ab. – alt. 437 m – ✉ 52014 *Toscana* — 29 C1

Roma 247 – Arezzo 33 – Firenze 58 – Ravenna 118

Casentino, ✆ 0575 52 98 10.

Cortile★ del Castello★

Parc Hotel 50,

via Roma 214, località Ponte a Poppi ✉ *52013 –* ✆ *05 75 52 99 94 – info@parchotel.it – Fax 05 75 52 99 84*
41 cam – †53/57 € ††82/100 €
Rist ***Parc*** – ✆ 05 75 52 91 01 *(chiuso dal 7 al 30 novembre e lunedì escluso agosto)* Carta 23/40 €
◆ Una valida risorsa, di tipo tradizionale, sia per la clientela d'affari che per i turisti di passaggio nel Casentino; settore notte rinnovato di recente, confort moderni. I menù spaziano dalla classica cucina d'albergo, alla gastronomia locale, alle pizze.

La Torricella centro storico e vallata,

località Torricella 14, Ponte a Poppi ✉ *52013 –* ✆ *05 75 52 70 45 – la_torricella@technet.it – Fax 05 75 52 70 46*
13 cam – †38/45 € ††60/68 € – ½ P 42/46 € – **Rist** – Carta 15/26 €
◆ Sulla cima di una collina panoramica, a due passi dal rinomato borgo medievale ove sorge il castello dei Conti Guidi, in un tipico casolare toscano ben ristrutturato. Sala da pranzo rustica con travi in legno e veranda panoramica.

L'Antica Cantina

via Lapucci 2 – ✆ *05 75 52 98 44 – anticacantina@anticacantina.com – Fax 05 75 52 98 44 – Chiuso novembre, lunedì e martedì a mezzogiorno*
Rist – Carta 25/45 €
◆ Lasciata la parte più moderna del paese a valle, sulla collina è adagiato un incantevole borgo medievale: castello, portici e cantine seicentesche per una sana cucina toscana.

Campaldino con cam

via Roma 95, località Ponte a Poppi ✉ *52013 –* ✆ *05 75 52 90 08 – info@campaldino.it – Fax 05 75 52 90 32*
10 cam – †50 € ††65 € – ½ P 50/55 € – **Rist** – *(chiuso dal 1° al 20 luglio e mercoledì escluso agosto)* Carta 21/29 €
◆ Un tributo, nel nome, alla storica Piana ove si tenne la battaglia tra Guelfi e Ghibellini immortalata nei versi danteschi; un'antica stazione di posta, oggi ristorante.

a Moggiona Nord-Est : 10 km – ✉ 52010

I Tre Baroni

via di Camaldoli 52 – ✆ *05 75 55 62 04 – info@itrebaroni.it – Fax 05 75 55 61 35*
21 cam – †50/60 € ††75/90 € – **Rist** – *(chiuso dal 7 gennaio al 15 marzo e mercoledì escluso da luglio a settembre)* Carta 27/42 €
◆ Lungo la strada per Camaldoli un piccolo gioiello di ospitalità, in posizione assolutamente tranquilla. Ricavato da un antico fienile, a gestione familiare. Signorile sala ristorante con proposte di cucina toscana.

Il Cedro

via di Camaldoli 20 – ✆ *05 75 55 60 80 – Fax 05 75 55 60 80 – Chiuso Natale, Capodanno e lunedì (escluso dal 15 luglio ad agosto)*
Rist – (prenotare) Carta 20/28 €
◆ A pochi chilometri dal suggestivo convento di Camaldoli, piccola trattoria, familiare per gestione e ambiente; cucina del territorio, con funghi e tartufi in stagione.

POPULONIA – Livorno – 563 N 13 – Vedere Piombino

PORCIA – Pordenone – 562 E 19 – 14 316 ab. – alt. 29 m – ✉ 33080 10 A3

Roma 608 – Belluno 67 – Milano 333 – Pordenone 4 – Treviso 54 – Trieste 117

Casetta

via Colombo 35, località Palse Sud : 1 km – ✆ *04 34 92 27 20 – Chiuso dal 1° al 6 gennaio, agosto e mercoledì – fab.casetta@inwind.it – Fax 04 34 92 27 20*
Rist – Carta 25/32 €
◆ Aperto qualche anno fa su iniziativa di una coppia di coniugi appassionati di cucina, offre piatti di carne legati alle stagioni, entro un elegante villino ben curato.

PORDENONE P – 562 E 20 – 51 044 ab. – alt. 24 m – ✉ 33170 10 B3

Roma 605 – Udine 54 – Belluno 66 – Milano 343 – Treviso 54 – Trieste 113 – Venezia 93

di Ronchi dei Legionari ✆ 0481 773327, Fax 0481 474150

corso Vittorio Emanuele II,38 ✆ 0434 21912, arpt_pn1@regione.fvg.it, Fax 0434 523814

Castel d'Aviano, Nord-Ovest : 10 km, ✆ 0434 65 23 05.

Palace Hotel Moderno
120, P

viale Martelli 1 – ✆ 043 42 82 15 – info@palacehotelmoderno.it – Fax 04 34 52 03 15

94 cam – 80 € 123 €, 11 € – 3 suites – ½ P 90 €

Rist Moderno – vedere selezione ristoranti

♦ Totalmente rinnovato, un punto di riferimento per l'ospitalità nella cittadina friulana: dotato di strutture nuove, l'albergo offre un valido livello di confort e servizi.

Minerva senza rist
100, P VISA AE

piazza XX Settembre 5 – ✆ 043 42 60 66 – mail@hotelminerva.it – Fax 043 42 97 48

37 cam – 60/110 € 95/120 € – 3 suites

♦ Comodo hotel nel cuore di Pordenone, a pochi passi dai poli della vita socio-culturale della località e dalla stazione ferroviaria e dei bus; rinnovato di recente.

Park Hotel senza rist
70, P VISA AE

via Mazzini 43 – ✆ 043 42 79 01 – parkhotel.pn@tin.it – Fax 04 34 52 23 53 – Chiuso dal 22 dicembre al 7 gennaio

66 cam – 49/87 € 80/135 €

♦ Per chi arriva in città col treno, un albergo molto pratico da raggiungere a piedi, vicino al centro storico; confort e servizi in linea con la catena a cui appartiene.

Moderno – Palace Hotel Moderno
12, P VISA AE

viale Martelli 1 – ✆ 043 42 90 09 – pordenone@eurohotelfriuli.it – Fax 043 42 90 09 – Chiuso dal 26 dicembre all'8 gennaio, dal 5 al 27 agosto, sabato a mezzogiorno e domenica

Rist – (consigliata la prenotazione) Carta 35/53 €

♦ All'interno di un bel palazzo del centro, classico ristorante dalla gestione esperta e separata dall'albergo, panoramica sui piatti e i prodotti nazionali in cucina.

La Vecia Osteria del Moro
VISA AE

via Castello 2 – ✆ 043 42 86 58 – Fax 043 42 06 71 – Chiuso domenica

Rist – (prenotazione obbligatoria) Carta 18/37 €

♦ Centrale, una tipica trattoria che, come insegna la tradizione da queste parti, funziona anche come osteria; in ambiente caldo e coinvolgente, piatti friulani ruspanti.

PORDOI (Passo del) – Belluno e Trento – alt. 2 239 m *Italia*

Posizione pittoresca★★★

PORETTA – Perugia – 563 N 20 – Vedere Spoleto

POROTTO – Ferrara – 562 H 16 – Vedere Ferrara

PORRETTA TERME – Bologna – 562 J 14 – 4 795 ab. – alt. 349 m – ✉ 40046 9 C2

Roma 345 – Bologna 59 – Firenze 72 – Milano 261 – Modena 92 – Pistoia 35

piazza Libertà 11 ✆ 0534 22021, iat@comune.porrettaterme.bo.it, Fax 0534 22328

Santoli
150, P VISA AE

via Roma 3 – ✆ 053 42 32 06 – info@hotelsantoli.com – Fax 053 42 27 44 – Chiuso Natale e Pasqua

48 cam – 70/90 € 95/120 € – ½ P 55/70 €

Rist *Il Bassotto* – *(chiuso Natale, Pasqua, e a mezzoggiorno da ottobre a marzo)* Carta 27/34 €

♦ Complesso adiacente alle terme, in grado di rispondere alle esigenze di una clientela di lavoro o turistica; pulizia, serietà e ampi spazi con alcuni dipinti di fantasia. Ristorante capiente, ornato da decorazioni stagionali tematiche, cucina tradizionale.

PORTALBERA – Pavia – 561 G 9 – 1 434 ab. – alt. 64 m – ✉ 27040 16 B3

Roma 540 – Piacenza 42 – Alessandria 68 – Genova 120 – Milano 61 – Pavia 20

Osteria dei Pescatori

località San Pietro 13 – ✆ 03 85 26 60 85 – Fax 03 85 26 60 85 – Chiuso dal 1° al 15 gennaio, dal 15 al 31 luglio e mercoledì

Rist – Carta 17/31 €

◆ Una classica e piacevole trattoria di paese, con marito in cucina e moglie in sala, in questa piccola frazione del Pavese; piatti del territorio dal gusto deciso.

PORTESE – Brescia – Vedere San Felice del Benaco

PORTICELLO – Palermo – 565 M 22 – Vedere Sicilia (Santa Flavia) alla fine dell'elenco alfabetico

PORTICO DI ROMAGNA – Forlì-Cesena – 562 J 17 – alt. 301 m – ✉ 47010 9 C2

Roma 320 – Firenze 75 – Forlì 34 – Ravenna 61

Al Vecchio Convento

via Roma 7 – ✆ 05 43 96 70 14 – info@vecchioconvento.it – Fax 05 43 96 71 57 – Chiuso dal 12 gennaio al 12 febbraio

15 cam – 50 € 73 €, 9 € – ½ P 74 € – **Rist** – *(chiuso mercoledì)* Carta 26/38 €

◆ Palazzotto ottocentesco in centro paese: consente ancora di respirare un'atmosfera piacevolmente retrò, del buon tempo antico che rivive anche nei mobili. Tre salette ristorante rustiche, con camini, cotto a terra e soffitto a travi.

PORTOBUFFOLÈ – Treviso (TV) – 562 E 19 – 780 ab. – alt. 11 m – ✉ 31040 36 C2

Roma 567 – Belluno 58 – Pordenone 15 – Treviso 37 – Udine 63 – Venezia 45

Villa Giustinian

rist, rist, 150,

via Giustiniani 11 – ✆ 04 22 85 02 44 – info@villagiustinian.it – Fax 04 22 85 02 60 – Chiuso dal 3 al 24 gennaio

35 cam – 120 € 160 € – 8 suites – ½ P 120 €

Rist *Ai Campanili* – *(chiuso domenica sera e lunedì, aperto lunedì sera da maggio al 15 ottobre)* Carta 47/67 €

◆ Nella Marca Trevigiana, prestigiosa villa veneta del XVII secolo, sita in un parco; offre suite ampie e di rara suggestione, decorate da fastosi stucchi e affreschi. Ristorante con cucina di mare nella barchessa.

PORTO CERESIO – Varese – 561 E 8 – 3 080 ab. – alt. 280 m – ✉ 21050 16 A2

Roma 639 – Como 39 – Bergamo 107 – Milano 67 – Varese 14

Trattoria del Tempo Perso

piazza Bossi 17 – ✆ 03 32 91 71 36 – trattoriatempoperso@.it – Fax 03 32 91 71 36 – Chiuso mercoledì

Rist – Carta 20/29 €

◆ Trattoria dall'ambiente raccolto e familiare. Cucina tradizionale in versione casereccia, pasta e dolci sono fatti a mano. Una piccola perla, per una sosta sul lungolago.

PORTO CERVO – Sassari – 566 D 10 – Vedere Sardegna (Arzachena : Costa Smeralda) alla fine dell'elenco alfabetico

PORTO CESAREO – Lecce – 564 G 35 – 4 949 ab. – ✉ 73010 27 D3

Roma 600 – Brindisi 55 – Gallipoli 30 – Lecce 27 – Otranto 59 – Taranto 65

Lo Scoglio

cam,

isola Lo Scoglio, raggiungibile in auto – ✆ 08 33 56 90 79 – info@isolaloscoglio.it – Fax 08 33 56 90 78

45 cam – 40/80 € 60/146 €, 7 € – ½ P 95 € – **Rist** – *(chiuso novembre e martedì escluso da giugno a settembre)* Carta 22/33 €

◆ Sito su un isolotto collegato alla terraferma da un ponticello, l'hotel è circondato da un giardino, vanta ambienti di arredo classico ed è ideale per una vacanza culturale. In cucina, i sapori della tradizione italiana.

PORTO CONTE – Sassari – 566 F 6 – Vedere Sardegna (Alghero) alla fine dell'elenco alfabetico

PORTO ERCOLE – Grosseto (GR) – 563 O 15 – ✉ 58018 ▮ *Toscana* 29 **C3**

▶ Roma 159 – Grosseto 50 – Civitavecchia 83 – Firenze 190 – Orbetello 7 – Viterbo 95

Don Pedro ⩤ porto, cam, cam, 60, P, VISA AE

via Panoramica 7 – ☎ 05 64 83 39 14 – hoteldonpedro@tin.it – Fax 05 64 83 31 29 – Pasqua-ottobre

55 cam – †105/135 € ††120/145 € – ½ P 80/90 € – **Rist** – *(Pasqua-settembre)* Carta 37/45 €

◆ In posizione dominante il porto, con una bella visuale dell'intera insenatura, vi godrete ampi spazi comuni e stanze con arredi in uno stile "moresco", tipico negli anni '70. Piatti toscani e pesce, anche stando accomodati nella grande veranda esterna.

XX **Osteria dei Nobili Santi** VISA AE

via dell'Ospizio 8/10 – ☎ 05 64 83 30 15 – Fax 05 64 83 30 15 – Chiuso lunedì e da giugno a settembre anche a mezzogiorno

Rist – Carta 27/54 €

◆ Nome singolare che si riallaccia allo stesso proprietario; un posto moderno, in pieno centro, con tocchi e specialità unicamente di mare. Forti, gli antipasti e i primi.

XX **Il Gambero Rosso** ⩤ VISA AE

lungomare Andrea Doria 62 – ☎ 05 64 83 26 50 – Fax 05 64 83 70 49 – Chiuso dal 15 novembre al 15 febbraio e mercoledì

Rist – Carta 42/58 €

◆ Un punto di riferimento per il pesce, a Porto Ercole, preso d'assalto nei fine settimana; un classico locale sulla passeggiata, con servizio estivo in terrazza sul porto.

sulla strada Panoramica Sud-Ovest : 4,5 km :

Il Pellicano ⩤ mare e scogliere, (riscaldata) 60, VISA AE

località Lo Sbarcatello ✉ 58018 – ☎ 05 64 85 81 11 – info@pellicanohotel.com – Fax 05 64 83 34 18 – Aprile-ottobre

50 cam – ††554/778 € – 10 suites – ½ P 708/932 €

Rist – Carta 77/100 €

Spec. Zuppetta fredda di melone al lime con culatello e fichi. Paccheri con crema di burrata al sedano farciti con nasello all'origano e pomodoro fresco. Spigola con porro stufato, concentrato di curry e caffé e tartufi di mare.

◆ Nato come un inno all'amore di una coppia anglo-americana che qui volle creare un nido, uno dei punti più esclusivi della Penisola; villini indipendenti, tra verde e ulivi. Al ristorante una cucina elaborata e complicata, filtro di tutte le esperienze internazionali del giovane cuoco.

Rosso = Piacevole. Cercate i simboli X e in rosso.

PORTOFERRAIO – Livorno – 563 N 12 – Vedere Elba (Isola d')

PORTOFINO – Genova (GE) – 561 J 9 – 533 ab. – ✉ 16034 ▮ *Italia* 15 **C2**

▶ Roma 485 – Genova 38 – Milano 171 – Rapallo 8 – Santa Margherita Ligure 5 – La Spezia 87

ℹ via Roma 35 ☎ 0185 269024, iatportofino@apttigullio.liguria.it, Fax0185 269024

◉ Località e posizione pittoresca★★★ ⩤★★★ dal Castello

◉ Passeggiata al faro★★★ Est : 1 h a piedi AR – Strada panoramica★★★ per Santa Margherita Ligure Nord – Portofino Vetta★★ Nord-Ovest : 14 km (strada a pedaggio) – San Fruttuoso★★ Ovest : 20 mn di motobarca

Splendido – (dipendenza: Splendido Mare) promontorio e mare, (riscaldata) 100,
viale Baratta 16 – 01 85 26 78 01
– info@splendido.net
– Fax 01 85 26 78 06 – 23 marzo-11 novembre
58 cam – 660/781 € 858/990 € – 7 suites – ½ P 586/784 € – **Rist** – Carta 79/122 €
◆ In origine villa nobiliare, un hotel esclusivo, di prestigio internazionale, cinto da un rigoglioso parco mediterraneo ombreggiato e affacciato sul promontorio di Portofino. Al ristorante, elitario rifugio di classe, piatti di ligure memoria.

Splendido Mare
via Roma 2 – 01 85 26 78 02 – info@splendido.net – Fax 01 85 26 78 07 – 5 aprile-28 ottobre
14 cam – 495/616 € 561/704 € – 2 suites – ½ P 434/555 € – **Rist** – Carta 72/101 €
◆ Posizionato proprio sulla nota piazzetta di questa capitale della mondanità, un gioiellino dell'hotellerie locale: per soggiornare nel pieno confort e nella comoda eleganza. Sarà piacevole pasteggiare al ristorante, in un contesto di tono e solo per pochi.

San Giorgio senza rist
via del Fondaco 11 – 018 52 69 91 – info@portofinohsg.it – Fax 01 85 26 71 39 – 10 marzo-5 novembre
18 cam – 245/280 € 280/425 €
◆ A monte del centro storico, piccolo hotel rinnovato con molto buon gusto con soluzioni tecnologiche all'avanguardia. Mobilio in tinta chiara e pareti color pastello.

Piccolo Hotel rist,
via Duca degli Abruzzi 31 – 01 85 26 90 15 – piccolo@domina.it – Fax 01 85 26 96 21 – 15 marzo-ottobre
22 cam – 140/215 € 200/360 € – ½ P 155/220 € – **Rist** – (solo per alloggiati)
◆ Deliziose terrazze-giardino sulla scogliera, con discesa a mare, camere spaziose, quasi tutte con angolo salotto: in un edificio dei primi del '900, oggi hotel di charme.

PORTOFINO (Promontorio di) ★★★ – Genova *Italia*

PORTO GARIBALDI – Ferrara – 563 H 18 – Vedere Comacchio

PORTOGRUARO – Venezia – 562 E 20 – 25 158 ab. – ✉ 30026 *Italia* 36 **D2**

Roma 584 – Udine 50 – Belluno 95 – Milano 323 – Pordenone 28 – Treviso 60 – Trieste 93 – Venezia 73

corso Martiri della Libertà 19-21 0421 73558, info@portogruaroturismo.it, Fax 0421 72235

corso Martiri della Libertà★★ – Municipio★

La Meridiana senza rist
via Diaz 5, viale della Stazione – 04 21 76 02 50 – albergolameridiana@libero.it – Fax 04 21 76 02 59 – Chiuso dal 22 al 30 dicembre
13 cam – 48/50 € 72/74 €, 7 €
◆ Villino di fine '800 che sorge proprio di fronte alla stazione; una comoda risorsa, con poche camere, accoglienti e personalizzate. Familiare, senza pretese.

PORTOMAGGIORE – Ferrara – 562 H 17 – 12 158 ab. – alt. 3 m – ✉ 44015 9 **C2**

Roma 398 – Bologna 67 – Ferrara 25 – Ravenna 54

a Quartière Nord-Ovest : 4,5 km – ✉ 44010

La Chiocciola con cam rist,
via Runco 94/F – 05 32 32 91 51 – info@locandalachiocciola.it – Fax 05 32 32 91 51 – Chiuso dall' 8 al 18 gennaio, dal 4 al 18 giugno e dal 1° al 14 settembre
6 cam – 50 € 75 € – **Rist** – *(chiuso domenica sera e lunedì, in luglio-agosto anche domenica a mezzogiorno)* Carta 31/51 €
◆ Un locale ricavato con originalità da un ex magazzino per lo stoccaggio del grano; curato nei particolari e nell'invitante cucina, che mantiene solide radici nel territorio.

PORTO MANTOVANO – Mantova – Vedere Mantova

PORTO MAURIZIO – Imperia – 561 K 6 – Vedere Imperia

PORTONOVO – Ancona – 563 L 22 – Vedere Ancona

PORTOPALO DI CAPO PASSERO – Siracusa – 565 Q 27 – Vedere Sicilia alla fine dell'elenco alfabetico

PORTO POTENZA PICENA – Macerata – 563 L 22 – ✉ 62016 21 **D2**

Roma 276 – Ancona 36 – Ascoli Piceno 88 – Macerata 32 – Pescara 129

via Ettore Bocci 4 ✆ 0733 687927, iat.portopotenza@libero.it, Fax 0733 687927

La Terrazza cam, VISA AE

via Rossini 86 – ✆ 07 33 68 82 08 – info@hotellaterrazza.it – Fax 07 33 68 83 64 – Chiuso gennaio

22 cam – 48/54 € 70/78 € – ½ P 62/68 € – **Rist** – *(chiuso mercoledì)* Carta 26/40 €

◆ Entro un piacevole edificio liberty-moderno, una piccola risorsa, da poco rinnovata e a gestione familiare, in una tranquilla via interna, comunque non distante dal mare. In una bella sala dai toni eleganti proverete una rinomata cucina di pescato.

PORTO RECANATI – Macerata – 563 L 22 – 11 230 ab. – ✉ 62017 21 **D2**

Roma 292 – Ancona 29 – Ascoli Piceno 96 – Macerata 32 – Pescara 130

corso Matteotti 111 ✆ 071 9799084, iat.portorecanati@regione.marche.it, Fax 071 9799084

Enzo senza rist 30, VISA AE

corso Matteotti 21/23 – ✆ 07 17 59 07 34 – info@hotelenzo.it – Fax 07 19 79 90 29

23 cam – 65 € 105 €, 6 €

◆ Porto Recanati, un "salotto sul mare" della Riviera del Conero: il suo centro, il suo porto e il mare, il suo entroterra. Per goderne, un indirizzo confortevole, curato.

Mondial 50, P VISA AE

viale Europa 2 – ✆ 07 19 79 91 69 – mondial@mondialhotel.com – Fax 07 17 59 00 95

42 cam – 80/100 € 80/120 € – ½ P 56/76 € – **Rist** – *(chiuso dal 20 dicembre al 10 gennaio)* Carta 20/33 € (+10 %)

◆ Alle porte della località, arrivando da sud, una risorsa di recente rinnovata, con camere spaziose, lineari ed essenziali. Pratica per il turista e il cliente di lavoro. Luminosa sala con vivaci pareti gialle e vetrinette d'esposizione per l'oggettistica.

sulla strada per Numana Nord : 4 km :

Il Brigantino 40, P VISA AE

viale Ludovico Scarfiotti 10/12 – ✆ 071 97 66 84 – info@brigantinohotel.it – Fax 071 97 66 84

44 cam – 67/88 € 87/118 € – ½ P 60/77 € – **Rist** – *(chiuso novembre)* Carta 27/45 €

◆ A pochi metri dal mare, nella cornice dei monti del Conero che si alzano sullo sfondo, albergo rinnovato con scenografica terrazza sul blu. Optate per le camere vista mare. Gradevole ristorante panoramico.

Dario 16/18, P VISA AE

via Scossicci 9 ✉ 62017 – ✆ 071 97 66 75 – ristorantedario@libero.it – Fax 071 97 66 75 – Chiuso dal 23 dicembre al 26 gennaio, domenica sera (escluso luglio-agosto) e lunedì

Rist – Carta 43/61 €

◆ Sulla spiaggia, a poche centinaia di metri dai monti dal Conero, una graziosa casetta con persiane rosse: il pesce dell'Adriatico e una trentennale gestione.

PORTO ROTONDO – Sassari – 566 D 10 – Vedere Sardegna (Olbia) alla fine dell'elenco alfabetico

PORTO SAN GIORGIO – Fermo – 563 M 23 – 16 137 ab. – ✉ 63017 21 D2

Roma 258 – Ancona 64 – Ascoli Piceno 61 – Macerata 42 – Pescara 95

via Oberdan 6 ✆ 0734 678461, iat.portosangiorgio@regione.marche.it, Fax 0734 678461

David Palace 100,

lungomare Gramsci sud 503 – ✆ 07 34 67 68 48 – info@hoteldavidpalace.it – Fax 07 34 67 64 68

50 cam – 86/108 € 140/162 € – **Rist** – *(chiuso dal 1° al 15 gennaio e la sera del 24-25 dicembre)* Carta 29/36 €

♦ Di fronte al porto turistico, la risorsa annovera una hall con disponibilità di quotidiani, confortevoli camere arredate con gusto moderno e vista mare ed una nuova palestra. Specialità marinare e marchigiane presso l'elegante ristorante.

Il Timone rist, 100,

via Kennedy 85 – ✆ 07 34 67 95 05 – info@hoteltimone.com – Fax 07 34 67 95 56

75 cam – 80/100 € 110/120 € – ½ P 85/105 € – **Rist** – *(chiuso venerdì da ottobre a marzo)* Carta 43/71 €

♦ Una risorsa a spiccata vocazione commerciale articolata su due corpi separati, dispone di spaziose e confortevoli camere dagli arredi tipici degli anni Settanta. Spaziose sale da pranzo, con proposte gastronomiche legate alla tradizione italiana.

Il Caminetto rist, cam, 100,

lungomare Gramsci 365 – ✆ 07 34 67 55 58 – hotel.ilcaminetto@libero.it – Fax 07 34 67 34 77

34 cam – 70/90 € 100/160 € – ½ P 80/100 € – **Rist** – *(chiuso lunedì)* Carta 30/55 €

♦ Frontemare, l'esercizio è adatto per un soggiorno balneare ma anche per una clientela commercilale ed è dotata di un ascensore panoramico in vetro che conduce alla camere. Presso la capiente sala da pranzo arredata nelle calde tinte del rosa e dell'arancione, proposte di stampo nazionali e di pesce.

Tritone

via San Martino 36 – ✆ 07 34 67 71 04 – info@hotel-tritone.it – Fax 07 34 67 79 62 – Chiuso dal 22 dicembre al 2 gennaio

36 cam – 45 € 70 €, 7 € – ½ P 60 € – **Rist** – *(chiuso dal 2 al 12 gennaio e martedì)* Carta 28/40 €

♦ Al limitare della località, una risorsa a conduzione familiare che dispone di camere dagli arredi semplici e di un piccolo giardino con piscina sul retro. Presso la sala da pranzo con vista sul verde, i piatti della gastronomia nazionale.

XX **Damiani e Rossi**

via della Misericordia 7, Ovest : 2 km – ✆ 07 34 67 44 01 – trattoriadamianierossi@libero.it – Fax 07 34 68 45 81 – Chiuso gennaio, lunedì, martedì e a mezzogiorno escluso domenica

Rist – Menu 35 €

♦ In posizione elevata dominante sul paese, una casa semplice ed isolata dagli spazi raffinati dove assaporare piatti tipici realizzati con vena creativa.

PORTO SANTA MARGHERITA – Venezia – Vedere Caorle

PORTO SANT'ELPIDIO – Ascoli Piceno (AP) – 563 M 23 – 23 598 ab. – ✉ 63018 21 D2

Roma 265 – Ancona 53 – Ascoli Piceno 70 – Pescara 103

XX **Il Baccaro**

via San Francesco d'Assisi 41 – ✆ 07 34 90 34 36 – info@ilsibillino.it – Fax 07 34 90 34 36 – Chiuso dal 1° al 7 gennaio, 20 giorni in giugno, mercoledì e a mezzogiorno

Rist – Carta 25/40 €

♦ Nel centro storico, un elegante locale che vanta un salotto-enoteca all'ingresso, due sale al primo piano ed una cucina che propone classici nazionali rielaborati con fantasia

XX **Il Gambero**

via Mazzini 1 – ✆ 07 34 90 02 38 – info@ristoranteilgambero.net – Fax 07 34 90 52 80 – Chiuso novembre, domenica sera e lunedì

Rist – Carta 36/58 €

◆ Sulla tavola di questo ristorante, sito in un rustico marchigiano, arrivano solo semplici proposte di pesce realizzate con prodotti di qualità. Vocazione anche banchettistica.

XX **La Lampara**

via Potenza 22 – ✆ 07 34 90 02 41 – Fax 07 34 99 38 20 – Chiuso dal 1° al 15 settembre, dal 23 al 29 dicembre e lunedì

Rist – Carta 32/47 €

◆ A pochi passi dal mare, il ristorante consta di due salette luminose arricchite da decorazioni murali, dove scegliere tra i molti piatti, esclusivamente a base di pesce.

X **Il Pescatore**

via Napoli 8 – ✆ 07 34 99 36 53 – Chiuso dal 1° agosto al 15 settembre, domenica sera e lunedì

Rist – Carta 34/49 €

◆ Un piccolo locale a conduzione strettamente familiare, dispone di una sala quadrata molto semplice dove assaporare piatti di pesce elaborati con un tocco di creatività.

PORTO SANTO STEFANO – Grosseto (GR) – 563 O 15 – ✉ 58019

Toscana 29 **C3**

Roma 162 – Grosseto 41 – Civitavecchia 86 – Firenze 193 – Orbetello 10 – Viterbo 98

per l'Isola del Giglio – Toremar, call center 892 123

piazzale Sant'Andrea s.n. ✆ 0564 814208, infoargentario@lamaremma.info, Fax0564 814052

<★ dal forte aragonese

Baia d'Argento rist, 60, VISA

località Pozzarello 27, Est : 2 km – ✆ 05 64 81 26 43 – baiadargento@baiadargento.com – Fax 05 64 81 09 26 – Aprile-ottobre

36 cam – †115/120 € ††165/180 € – 3 suites – ½ P 109/116 € – **Rist** – Carta 45/60 €

◆ All'ingresso della località, fronte mare, e sito in una deliziosa baietta del comprensorio dell'Argentario, un bianco albergo che è stato rinnovato di recente. Sala ristorante ampia e luminosa, con arredi e tendaggi dalle tonalità chiare.

X **La Fontanina**

località San Pietro Sud : 3 km – ✆ 05 64 82 52 61 – info@lafontanina.com – Fax 05 64 81 76 20 – Chiuso dal 7 gennaio al 14 febbraio, dal 5 al 30 novembre e mercoledì

Rist – Carta 36/49 € (+12 %)

◆ Servizio estivo sotto un pergolato: siamo in aperta campagna, attorniati da vigneti e frutteti. Solo la musica di cicale e grilli accompagna leccornie di pesce e buoni vini.

a Santa Liberata Est : 4 km – ✉ 58010

Villa Domizia < mare e costa, rist, 100, VISA

strada provinciale 161, 40 – ✆ 05 64 81 27 35 – info@villadomizia.it – Fax 05 64 81 11 19 – Chiuso gennaio e febbraio

24 cam – ††108/200 € – ½ P 79/121 € – **Rist** – Carta 26/46 €

◆ Pochi km separano la località da Orbetello e Porto Santo Stefano. Qui, una villetta proprio sul mare e una caletta privata: lasciatevi incantare dall'amenità del posto. Accattivante ubicazione della sala da pranzo: sarà come mangiare sospesi nell'azzurro.

a Cala Piccola Sud-Ovest : 10 km – ✉ 58019 – Porto Santo Stefano

Torre di Cala Piccola < mare, scogliere ed Isola del Giglio, rist, 60, VISA

– ✆ 05 64 82 51 11 – info@torredicalapiccola.com – Fax 05 64 82 52 35 – 14 aprile - 22 ottobre

51 cam – †280 € ††300/360 € – ½ P 185/215 € – **Rist** – *(chiuso a mezzogiorno)* (prenotazione obbligatoria) Carta 50/83 €

◆ Attorno ad una torre saracena, nucleo di rustici villini nel verde di un promontorio panoramico: mare, scogliera, Giglio e Giannutri davanti a voi. Un angolo incantato. Veranda ristorante in stile rustico, sala con travi a vista e pareti in pietra.

PORTOSCUSO – Cagliari – 566 J 7 – Vedere Sardegna alla fine dell'elenco alfabetico

PORTO TOLLE – Rovigo – 562 H 18 – 10 404 ab. – ✉ 45018 36 **C3**

Roma 430 – Ravenna 73 – Ferrara 68 – Padova 79 – Vicenza 116

largo Europa 2 ✆ 0426 81150

XX **Ponte Molo** con cam

via borgo Molo 5, località Cà Tiepolo – ✆ 04 26 38 08 83 – pontemolo@.it – Fax 042 68 12 38

17 cam – ♦60 € ♦♦82 €, ☕ 10 € – ½ P 55 € – **Rist** – Carta 31/43 €

◆ Ristorante con camere che propone una cucina tradizionale di mare. Possibilità di scelta con menù a prezzi interessanti, molto apprezzati dalla numerosa clientela.

PORTO TORRES – Sassari – 566 E 7 – Vedere Sardegna alla fine dell'elenco alfabetico

PORTOVENERE – La Spezia – 561 J 11 – 4 048 ab. – ✉ 19025 Italia 15 **D2**

Roma 430 – La Spezia 15 – Genova 114 – Massa 47 – Milano 232 – Parma 127

piazza Bastreri 7 ✆ 0187 790691, box@portovenere.it, Fax 0187 790215

Località★★

Royal Sporting 70,

via dell'Olivo 345 – ✆ 01 87 79 03 26 – royal@royalsporting.com – Fax 01 87 77 77 07 – 18 marzo-ottobre

53 cam ☕ – ♦120/150 € ♦♦180/240 € – 5 suites – ½ P 132/162 €

Rist ***Dei Poeti*** – Carta 43/85 €

◆ Un po' defilato rispetto al minuto e pittoresco borgo, ma sul lungomare e dotato di una magica piscina su terrazza panoramica, un albergo direttamente affacciato sul blu. Servizio pranzo, oltre alla colazione, ai bordi della piscina con acqua di mare.

Grand Hotel Portovenere 250,

via Garibaldi 5 – ✆ 01 87 79 26 10 – ghp@village.it – Fax 01 87 79 06 61

54 cam ☕ – ♦139 € ♦♦240 € – 2 suites – ½ P 145 €

Rist ***Al Convento*** – *(chiuso da novembre a febbraio escluso sabato-domenica e i giorni festivi)* Carta 31/49 €

◆ Ricavata all'interno di un monastero del 1300, una seducente finestra sul variopinto porticciolo di Portovenere: un ambiente signorile, con interni moderni. Per sognare. Ristorante nel refettorio dell'antico convento; servizio estivo in terrazza panoramica.

X **Trattoria La Marina-da Antonio**

piazza Marina 6 – ✆ 01 87 79 06 86 – info@trattorialamarina.it – Fax 01 87 79 06 86 – Chiuso novembre e giovedì

Rist – Carta 32/42 €

◆ Una tradizionale trattoria sul porto, semplice e familiare, proprio sulla piazzetta di Portovenere, con un dehors estivo e cucina di pescato da gustare in simpatia.

X **Locanda Lorena** con cam cam,

sull'isola Palmaria, via Cavour 4, Isola – ✆ 01 87 79 23 70 – locanda_lorena@virgilio.it – Fax 01 87 76 60 77 – 15 febbraio-ottobre; chiuso mercoledì escluso da giugno a settembre

7 cam ☕ – ♦90/100 € ♦♦130 € – **Rist** – Carta 40/68 €

◆ Il servizio barca privato vi condurrà sull'isola Palmaria dove potrete apprezzare piatti di pesce freschissimo e soggiornare immersi nella quiete della natura.

a Le Grazie Nord : 3 km – ✉ 19022 – Le Grazie Varignano

Della Baia cam,

via lungomare Est 111 – ✆ 01 87 79 07 97 – hbaia@baiahotel.com – Fax 01 87 79 00 34

34 cam ☕ – ♦124 € ♦♦140/158 € – ½ P 111 € – **Rist** – Carta 41/52 €

◆ In quel gioiellino che è il porticciolo delle Grazie, con la sua tranquilla caletta e l'antico borgo, un hotel da poco rinnovato, con buoni confort e affaccio sul mare. La vecchia osteria sulle cui ceneri è sorto l'albergo riecheggia nella zona ristorante.

Roma 266 - Napoli 57 - Amalfi 17 - Salerno 42 - Sorrento 17
via del Saracino 4 ✆ 089 875067, positanoaast@posinet.it, Fax 089 875760
Località★★
Vettica Maggiore : ≤★★ Sud-Est : 5 km

Le Sirenuse ≤ mare e costa, (riscaldata)
via Colombo 30 - ✆ 089 87 50 66 cam, VISA AE
- info@sirenuse.it - Fax 089 81 17 98 - Marzo-novembre
63 cam - 308/836 € 352/1540 € - 2 suites - ½ P 860 €
Rist *La Sponda* - *(chiuso dal 1° dicembre al 28 febbraio)* Carta 66/126 €
◆ Nel centro della località, un'antica dimora patrizia trasformata in raffinato e storico hotel negli anni '50: terrazza panoramica con piscina riscaldata e charme, ovunque. Imperdibile una cena a lume di candela nell'ambiente ricco di fascino del ristorante.

Covo dei Saraceni ≤ mare e costa, (con acqua di mare)
via Regina Giovanna 5 - ✆ 089 87 54 00 rist, VISA AE
- info@covodeisaraceni.it - Fax 089 87 58 78 - Chiuso sino al 15 marzo
61 cam - 248/296 € - ½ P 166/190 € - **Rist** - (consigliata la prenotazione) Carta 41/71 € (+15 %)
◆ Un'antica casa di pescatori, al limitar del mare, legata alla saga saracena: oggi, una terrazza solarium con piscina d'acqua di mare e signorili angoli, da sogno. Indimenticabili pasti all'aperto avvolti dalla brezza marina sotto il pergolato.

Poseidon ≤ mare e costa, rist,
via Pasitea 148 - ✆ 089 81 11 11 - info@ VISA AE
hotelposeidonpositano.it - Fax 089 87 58 33 - Pasqua-novembre
46 cam - 293 € 303 € - 3 suites - ½ P 192 € - **Rist** - Menu 40 €
◆ Una casa anni Cinquanta, tipicamente mediterranea, sorta come abitazione e successivamente trasformata in hotel dispone di un'ampia e panoramica terrazza-giardino con piscina. Incantevole pergolato dai profumi della natura per pasti memorabili.

Le Agavi ≤ mare e costa, 150, P
località Belvedere Fornillo - ✆ 089 87 57 33 VISA AE
- agavi@agavi.it - Fax 089 87 59 65 - 17 aprile-ottobre
57 cam - 320 € 340 € - 3 suites - ½ P 225 € - **Rist** - Carta 55/92 €
◆ Poco fuori Positano, lungo la Costiera, una serie di terrazze digradanti sino al mare, con una vista mozzafiato; una riuscita sintesi tra elegante confort e piena natura. Sala da pranzo dalle tonalità mediterranee e ristorante estivo in spiaggia.

Eden Roc ≤ mare e Positano, VISA AE
via G. Marconi 110 - ✆ 089 87 58 44 - info@edenroc.it - Fax 089 87 55 52 - Marzo-novembre
26 cam - 198/280 € - 3 suites - ½ P 185/205 €
Rist *Adamo ed Eva* - Carta 44/66 €
◆ Uno dei primi alberghi che si incontrano provenendo da Amalfi, presenta un contesto garbato e curato con servizio di buon livello e camere confortevoli ed eleganti. Pasti al ristorante o sulla terrazza con piscina e vista sulla costa.

Posa Posa ≤ mare e Positano, cam, 20,
viale Pasitea 165 - ✆ 08 98 12 23 77 - info@ VISA AE
hotelposaposa.com - Fax 08 98 12 20 89 - Chiuso dal 7 gennaio al 23 febbraio
24 cam - 190/300 € 200/450 € - ½ P 255/270 € - **Rist** - *(aprile-ottobre; chiuso a mezzogiorno)* Carta 36/46 €
◆ Delizioso edificio a terrazze nel tipico stile di Positano, con una splendida veduta del mare e della città; arredi in stile nelle camere, dotate di ogni confort.

Marincanto senza rist ≤ mare e costa, P
via Colombo 50 - ✆ 089 87 51 30 - info@ VISA AE
marincanto.it - Fax 089 87 55 95 - Aprile-3 novembre
25 cam - 140/184 € 165/209 € - 1 suite
◆ Completamente restaurato qualche anno fa, elegante hotel con bella terrazza-giardino; invitanti poltrone bianche nella hall, arredi stile mediterraneo, camere con vista mare.

Palazzo Murat
via dei Mulini 23 – 089 87 51 77 – info@palazzomurat.it – Fax 089 81 14 19 – Chiuso dall'8 gennaio a marzo
31 cam – 210/265 € 255/425 €
Rist Al Palazzo – vedere selezione ristoranti
◆ A Positano, Murat scelse qui la sua dimora, in questo palazzo in barocco napoletano, nel cuore del borgo antico; una terrazza-giardino, tra lo charme e scorci incantevoli.

Punta Regina senza rist
viale Pasitea 224 – 089 81 20 20 – info@puntaregina.com – Fax 08 98 12 31 61 – Aprile-novembre
18 cam – 180/265 € 195/295 €
◆ Hotel rinnovato, che prende il nome dallo scoglio che chiude Positano ad Ovest; gradevoli le camere, quelle al primo piano con terrazzi molto ampi e abbelliti da piante.

Villa Franca e Residence senza rist — mare e costa,
viale Pasitea 318 – 089 87 56 55 – info@villafrancahotel.it – Fax 089 87 57 35 – Aprile-4 novembre
37 cam – 190/340 € 210/360 €
◆ Nella parte alta della località, tripudio di bianco, di blu, di giallo, di luce che penetra ovunque: un'ambientazione molto elegante e una terrazza panoramica con piscina.

Buca di Bacco — mare e costa, cam,
via rampa Teglia 4 – 089 87 56 99 – info@bucadibacco.it – Fax 089 87 57 31 – Aprile-6 novembre
47 cam – 205 € 240 € – **Rist** – Carta 35/62 €
◆ Da un'originaria taverna, sorta ai primi del '900 come covo di artisti, hotel creato da tre corpi collegati, estesi dalla piazzetta alla spiaggia; dispone di stanze diverse. Una veranda, una terrazza protesa sul blu: a tavola, con un teatro naturale davanti.

Casa Albertina — mare e costa, rist,
via della Tavolozza 3 – 089 87 51 43 – info@casalbertina.it – Fax 089 81 15 40
20 cam – 120/190 € 160/220 € – ½ P 120/140 € – **Rist** – Carta 36/56 €
◆ Sul percorso della mitica Scalinatella, che da Punta Reginella conduce alla parte alta della località, una tipica dimora positanese: intima, quieta, di familiare eleganza. Al ristorante, una sobria atmosfera, un servizio attento e piatti, soprattutto, di pesce.

L'Ancora senza rist — mare e costa,
via Colombo 36 – 089 87 53 18 – info@htlancora.it – Fax 089 81 17 84 – Aprile-2 novembre
18 cam – 232 €
◆ Piccolo albergo interamente restaurato, con zone comuni non ampie, "compensate" dalle incantevoli camere in stile mediterraneo; ammaliante vista del mare e della costa.

Miramare senza rist — mare e costa,
via Trara Genoino 27 – 089 87 50 02 – miramare@starnet.it – Fax 089 87 52 19 – 5 aprile-31 ottobre
15 cam – 150 € 210/320 € – 1 suite
◆ Totalmente rinnovato, un rifugio da cui godere della posizione tranquilla e della vista sulla spiaggia, sul mare e sulla costa, persino da alcuni bagni con vetrate a 360°.

Savoia senza rist
via Colombo 73 – 089 87 50 03 – info@savoiapositano.it – Fax 089 81 18 44 – Chiuso dal 2 novembre al 29 dicembre
39 cam – 100/175 € 130/220 € – 3 suites
◆ Una tipica costruzione locale, con pavimenti in maiolica e soffittature costituite da volte a cupola; una gestione piacevolmente familiare, per vivere il cuore di Positano.

Montemare — rist,
viale Pasitea 119 – 089 87 50 10 – info@hotelmontemare.it – Fax 089 81 12 51
19 cam – 100/140 € 155 € – 3 suites – ½ P 103 €
Rist *Il Capitano* – *(chiuso da novembre al 26 dicembre)* Carta 38/58 €
◆ Tavoli sulla terrazza con vista che spazia sul mare e sulla costa, ambienti dalla semplice gradevolezza, essenziali e funzionali, andamento familiare; a metà del paese. Servizio ristorante estivo in terrazza panoramica, ove il bianco spicca sul blu del mare.

Reginella senza rist mare e costa, VISA AE
via Pasitea 154 – 089 87 53 24 – info@reginellahotel.it – Fax 089 87 53 24 – Chiuso dal 7 gennaio a febbraio e dall'8 novembre al 26 dicembre
10 cam – 100/140 € 120/160 €
◆ Bella vista di mare e costa da un hotel a gestione diretta, con camere semplici, ma ampie, tutte rivolte verso il mare; un'offerta più che dignitosa a un prezzo interessante.

Royal Prisco senza rist AC VISA AE
viale Pasitea 102 – 08 98 12 20 22 – info@royalprisco.com – Fax 08 98 12 30 42 – 25 marzo-10 novembre
15 cam – 80/120 € 100/200 €
◆ Giovane gestione familiare in questa risorsa integralmente rinnovata; un importante scalone conduce alle camere, nuove e spaziose, dove vi sarà anche servita la colazione.

Villa Rosa senza rist mare e Positano, AC VISA AE
via Colombo 127 – 089 81 19 55 – info@villarosapositano.it – Fax 089 81 21 12 – Aprile-ottobre
12 cam – 160/170 € – 1 suite
◆ Una bella villa a terrazze digradanti verso il mare, nel tipico stile di Positano, con vista su un panorama da sogno; ampie camere luminose, con piacevoli arredi chiari.

Villa La Tartana senza rist AC VISA AE
vicolo Vito Savino 6/8 – 089 81 21 93 – info@villalatartana.it – Fax 08 98 12 20 12 – Aprile-ottobre
8 cam – 160/190 €
◆ A due passi dalla spiaggia e al tempo stesso nel centro della località, bianca struttura dai "freschi" interni nei colori chiari e mediterranei; piacevoli e ariose le camere.

La Fenice senza rist (acqua di mare)
via Marconi 8, Est : 1 km – 089 87 55 13 – fenicepositano@virgilio.it – Fax 089 81 13 09
12 cam – 125 €
◆ Due ville distinte, una ottocentesca, l'altra d'inizio '900, impreziosite dalla flora mediterranea che fa del giardino un piccolo orto botanico; camere arredate semplicemente.

Al Palazzo – Hotel Palazzo Murat VISA AE
via Dei Mulini 23/25 – 089 87 51 77 – risto@palazzomurat.it – Fax 089 81 14 19 – Chiuso febbraio, marzo e a mezzogiorno
Rist – Carta 56/89 €
◆ Prelibati piatti fantasiosi da assaporare all'aperto in un piccolo angolo di paradiso, un incantevole giardino botanico; piccole eleganti salette per cene all'interno.

Le Terrazze AC VISA AE
via Grotte dell'Incanto 51 – 089 87 58 74 – info@leterrazzerestaurant.it – Fax 08 98 12 25 07 – Pasqua-ottobre; chiuso a mezzogiorno
Rist – Carta 45/75 €
◆ Ristorante in incantevole posizione sul mare; all'ingresso elegante wine bar, al primo piano due sale con vista su Praiano e Positano; suggestiva cantina scavata nella roccia.

La Cambusa VISA AE
piazza Vespucci 4 – 089 81 20 51 – Fax 089 87 54 32 – Chiuso dal 7 al 30 gennaio
Rist – Carta 45/60 €
◆ Nel cuore di Positano, nella piazzetta di fronte alla spiaggia, una specie di terrazza-veranda, un ambiente di sobria classicità; per gustare piatti legati al territorio.

Chez Black VISA AE
via del Brigantino 19/21 – 089 87 50 36 – info@chezblack.it – Fax 089 87 57 89 – Chiuso dal 7 gennaio al 7 febbraio
Rist – Carta 32/50 € (+12 %)
◆ Una sorta di veranda fissa, in uno dei posti più strategici di Positano, proprio di fronte alla spiaggia; ampia sala marinara, aperta, fusione continua tra dentro e fuori.

Saraceno D'Oro
viale Pasitea 254 – 089 81 20 50 – Fax 089 81 20 50 – Chiuso gennaio e febbraio
Rist – Carta 25/39 €
◆ Il passato saraceno della città è evocato sia dal nome che dalle decorazioni arabeggianti del locale; di gran successo il "take-away" per pizze e per ogni tipo di portata.

sulla costiera Amalfitana Est : 2 km :

San Pietro ⋖ mare e costa, Ascensore per la spiaggia,
via Laurito 2 – ✆ 089 87 54 55 cam,
– reservations@ilsanpietro.it – Fax 089 81 14 49 – Aprile-5 novembre
62 cam – 500 € 570 € – 7 suites – ½ P 395 € – **Rist** – Carta 71/90 € (+15 %)
Spec. Tortino di alici con marmellata di pomodori. Triglie di scoglio con gnocchi di patate croccanti. Filetto di vitello farcito al fior di latte con cianfotta di verdure.

◆ Un'osmosi totale tra l'ambiente naturale e antropizzato, un'indovinata magia di scambio tra terrazze fiorite, rocce, verde e piattaforme: per un raffinato rifugio d'élite. La cucina sublima i prodotti e i sapori campani, l'eccellenza nella semplicità.

La Taverna del Leone
via Laurito 43 – ✆ 089 87 54 74 – Fax 08 98 12 31 68 – Chiuso dal 7 gennaio al 14 febbraio e martedì (escluso luglio e agosto)
Rist – Carta 37/56 €

◆ Fuori paese, ristorante rinnovato recentemente suddiviso tra una sala curata e il piccolo dehors. Gestione familiare di lunga tradizione, proposte locali a base di pesce.

a Montepertuso Nord : 4 km – alt. 355 m – ✉ 84017 – Positano

Donna Rosa ⋖ 12/24,
via Montepertuso 97/99 – ✆ 089 81 18 06 – donnarosaristorante@libero.it – Fax 089 81 18 06 – Chiuso dall'8 gennaio al 12 marzo e martedì, da giugno a settembre lunedì e martedì a mezzogiorno, in agosto solo a mezzogiorno
Rist – Carta 40/85 €

◆ Gestione familiare, padre e figlie in sala e madre ai fornelli, in questo grazioso locale: due curate salette con pavimento di parquet e piatti campani, soprattutto di pesce.

POSTA FIBRENO – Frosinone – 563 Q 23 – 1 248 ab. – alt. 430 m – ✉ 03030

13 **D2**

Roma 121 – Frosinone 40 – Avezzano 51 – Latina 91 – Napoli 130

sulla strada statale 627 Ovest : 4 km :

Il Mantova del Lago
località La Pesca 9 ✉ 03030 – ✆ 07 76 88 73 44 – info@ilmantovadellago.it – Fax 07 76 88 73 45 – Chiuso dall'11 al 17 agosto, novembre, domenica sera e lunedì
Rist – Carta 25/50 €

◆ In riva al piccolo lago, all'interno di un edificio rustico ben restaurato e cinto da un parco, un'elegante oasi di pace: soffitti decorati, sapori di pesce e di carne.

POSTAL (BURGSTALL) – Bolzano – 562 C 15 – 1 585 ab. – alt. 268 m – ✉ 39014

30 **B2**

Roma 658 – Bolzano 26 – Merano 11 – Milano 295 – Trento 77

via Roma 48 ✆ 0473 291343, Fax 0473 292440

Sporthotel Muchele ⋖ (riscaldata) cam,
vicolo Maier 1 – ✆ 04 73 29 11 35 rist,
– info@muchele.com – Fax 04 73 29 12 48 – Chiuso dal 7 gennaio al 28 febbraio
26 cam – 70/95 € 100/140 € – 4 suites – **Rist** – Carta 38/49 €

◆ In questo ameno angolo di Sud Tirolo, immerso tra le montagne e circondato da un giardino fiorito con piscina riscaldata, un bel complesso con numerose offerte sportive. Possibilità di assaporare le delizie culinarie dell'Alto Adige.

Hidalgo
via Roma 7, Nord : 1 km – ✆ 04 73 29 22 92 – hidalgo@rolmail.net – Fax 04 73 29 04 10
Rist – Carta 35/50 €

◆ Bizzarro, trovare qui un locale che si proponga con una cucina in prevalenza orientata alla tradizione mediterranea; colore bianco e luce ovunque, notevole cantina.

POTENZA 🅿 – 564 F 29 – 68 839 ab. – alt. 823 m – ✉ 85100 Italia 3 **B2**

■ Roma 363 – Bari 151 – Foggia 109 – Napoli 157 – Salerno 106 – Taranto 157

ℹ via del Gallitello 89 ✆ 0971 507622, info@aptbasilicata.it, Fax 0971507601

◉ Portale★ della chiesa di San Francesco Y

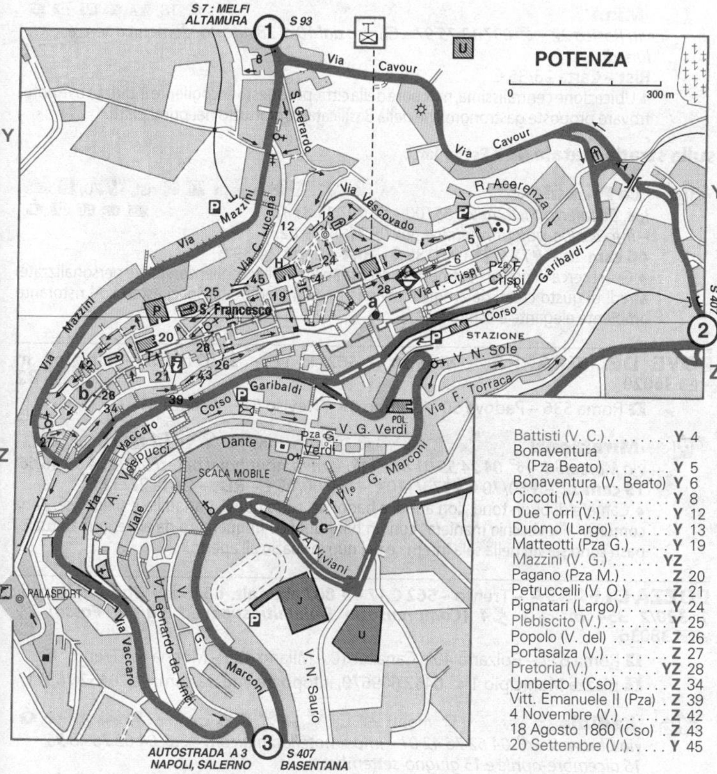

Battisti (V. C.)	Y 4
Bonaventura (Pza Beato)	Y 5
Bonaventura (V. Beato)	Y 6
Ciccoti (V.)	Y 8
Due Torri (V.)	Y 12
Duomo (Largo)	Y 13
Matteotti (Pza G.)	Y 19
Mazzini (V. G.)	YZ
Pagano (Pza M.)	Z 20
Petruccelli (V. O.)	Z 21
Pignatari (Largo)	Y 24
Plebiscito (V.)	Y 25
Popolo (V. del)	Z 26
Portasalza (V.)	Z 27
Pretoria (V.)	YZ 28
Umberto I (Cso)	Z 34
Vitt. Emanuele II (Pza)	Z 39
4 Novembre (V.)	Z 42
18 Agosto 1860 (Cso)	Z 43
20 Settembre (V.)	Y 45

Grande Albergo

corso 18 Agosto 46 – ✆ 09 71 41 02 20 – info@grandealbergopotenza.it – Fax 097 13 48 79 — Y a

63 cam – †70 € ††100 € – ½ P 75 € – **Rist** – Carta 23/35 €

♦ Nei pressi del centro storico, una struttura costituita da diversi piani e con vista sulle colline circostanti; ampie e funzionali le aree comuni, comode le stanze. Calde tonalità nella vasta ed elegante sala ristorante, con poltroncine blu.

Vittoria

rist, 200, 🅿

via Pertini 1, per ③ – ✆ 097 15 66 32 – info@hotelvittoriapz.it – Fax 097 15 68 02

46 cam – †47/67 € ††62/82 € – 1 suite – ½ P 49/59 € – **Rist** – *(chiuso domenica e a mezzogiorno)* Carta 18/28 €

♦ Quest'hotel, situato all'interno di un edificio basso e di costruzione piuttosto recente, vi accoglie non lontano dalla Basentana: confort sobrio e discreta quiete. Zona ristorante dall'ambiente moderno e luminoso.

Antica Osteria Marconi
viale Marconi 235 – ✆ 097 15 69 00 – info@vineriaonline.com – Fax 097 15 69 00 – Chiuso dal 24 al 27 dicembre, dal 10 al 25 agosto, domenica sera e lunedì Z **c**
Rist – Carta 29/46 €
◆ In un piccolo stabile, sulle ceneri di un precedente negozio, superato un disimpegno si aprono due salette separate da un arco: piatti creativi, su basi locali, e pesce.

Mimì 18,
via Rosica 22 – ✆ 097 13 75 97 – Chiuso dal 10 al 28 agosto, domenica sera e lunedì Z **b**
Rist – Carta 28/35 €
◆ Ubicazione centralissima, nel cuore della città, per questo accogliente indirizzo ove poter trovare proposte gastronomiche della Basilicata, soprattutto nei primi piatti.

sulla strada statale 407 Est : 4 km :

La Primula cam, rist, 70,
loc. Bucaletto 61-62/a ✉ 85100 – ✆ 097 15 83 10 – info@albergolaprimula.it – Fax 09 71 47 09 02
46 cam – 77 € 100/135 € – **Rist** – Carta 24/39 €
◆ Qui si cerca di ricreare l'atmosfera di casa anche nell'accoglienza; stanze personalizzate, arredi di gusto creati da artigiani del posto, ottimi inoltre gli spazi esterni. Al ristorante ambiente elegante e ospitale.

POVE DEL GRAPPA – Vicenza – 562 E 17 – 2 991 ab. – alt. 163 m – ✉ 36020 35 **B2**

Roma 536 – Padova 50 – Belluno 69 – Treviso 51 – Vicenza 41

Miramonti cam,
via Marconi 1 – ✆ 04 24 55 01 86 – info@miramontihotel.net – Fax 04 24 55 46 66
15 cam – 50/70 € 70/110 € – ½ P 60/65 € – **Rist** – Carta 27/32 €
◆ Camere di buon tono, con arredi e bagni del tutto nuovi, tranquille e silenziose. Zona comune "alla vecchia maniera" con un bar pubblico frequentato da avventori abituali. I pasti sono serviti nella sala interna e nel nuovo spazio all'aperto.

POZZA DI FASSA – Trento – 562 C 17 – 1 867 ab. – alt. 1 315 m – Sport invernali : *1 320/2 354 m 1 4 (Comprensorio Dolomiti superski Val di Fassa)* – ✉ 38036 31 **C2**

Roma 677 – Bolzano 40 – Canazei 10 – Milano 335 – Moena 6 – Trento 95

piazza Municipio 1 ✆ 0462 609670, infopozza@fassa.com, Fax 0462 763717

Ladinia monti, cam,
via Chieva 9 – ✆ 04 62 76 42 01 – info@hotelladinia.com – Fax 04 62 76 48 96 – 15 dicembre-aprile e 15 giugno-settembre
40 cam – 80/100 € 130/190 € – ½ P 75/100 € – **Rist** – Carta 26/40 €
◆ Conduzione diretta dei titolari per quest'albergo centrale, già gradevole dall'esterno; valide e confortevoli le aree comuni e le camere, accogliente l'atmosfera.

Gran Baita Villa Mitzi cam, 100,
via Roma 57 – ✆ 04 62 76 41 63 – granbaita@yahoo.it – Fax 04 62 76 47 45 – Dicembre-15 aprile e 15 maggio-15 ottobre
49 cam – 119/178 € 140/210 € – 4 suites – ½ P 90/105 € – **Rist** – Carta 33/50 €
◆ Lungo la via principale, all'ingresso del paese, hotel rinnovato e ampliato: alla caratteristica casa ladina si è affiancata una struttura recente. Ampio giardino-pineta.

Sport Hotel Majarè
via Buffaure 21/B – ✆ 04 62 76 47 60 – info@hotelmajare.com – Fax 04 62 76 35 65 – Dicembre-aprile e giugno-settembre
33 cam – 38/49 € 60/83 € – ½ P 39/64 € – **Rist** – *(chiuso mercoledì in bassa stagione)* Carta 29/40 €
◆ A soli 100 m dagli impianti di risalita del Buffaure, risorsa a gestione familiare, offre ambienti ispirati alla tradizione tirolese. Piccolo e accogliente centro benessere. Caldo legno avvolge pareti e soffitto della grande sala ristorante.

René

via Avisio 17 – ✆ 04 62 76 42 58 – info@hotelrene.com – Fax 04 62 76 35 94 – 18 dicembre-aprile e 20 giugno-settembre

34 cam – 50 € 65 € – ½ P 60/65 € – **Rist** – (solo per alloggiati) Carta 19/29 €

◆ Hotel sito in zona residenziale e tranquilla; sorto alla fine degli anni '70, è andato migliorandosi nei vari settori; da non dimenticare l'ampio giardino soleggiato.

Antico Bagno Dolomiti, cam,

via Antico Bagno – ✆ 04 62 76 30 51 – info@hoteltermeanticobagno.it – Fax 04 62 76 32 32 – Chiuso dal 5 ottobre al 4 dicembre

23 cam – 42/47 € 72/82 € – ½ P 47/80 € – **Rist** – Menu 24/37 €

◆ Alquanto tranquilla l'ubicazione di quest'albergo, fuori dal centro e nelle vicinanze del torrente e di una fonte termale; comodo parcheggio privato e atmosfera familiare. Cucina curata direttamente dai titolari, ristorante classico ed informale.

Touring cam, rist,

via Col da Prà 34, Sud : 2 km – ✆ 04 62 76 32 68 – mail@touringhotel.info – Fax 04 62 76 36 97 – 7 dicembre-20 aprile e 4 giugno-1° ottobre

27 cam – 42/84 € 70/140 € – ½ P 71/83 € – **Rist** – (solo per alloggiati)

◆ Gradevole struttura, decentrata e in posizione dominante; rinnovato negli anni, offre una terrazza solarium, un piccolo centro benessere, camere decorose.

Villa Mozart

via Roma 65 – ✆ 04 62 76 35 55 – info@hotelvillamozart.com – Fax 04 62 76 35 55

20 cam – 40/60 € 80/110 € – ½ P 45/75 € – **Rist** – *(dicembre-marzo e luglio-settembre)* (solo per alloggiati)

◆ Una risorsa a conduzione familiare, posizionata alle porte della località, lungo la statale; dispone di un confortevole settore notte.

El Filò

via Roma 42 – ✆ 04 62 76 32 10 – nicola.vian@tin.it – Fax 04 62 76 32 10 – Ciuso 20 giorni in giugno, 20 giorni in ottobre, mercoledì, giovedì a mezzogiorno; da novembre a maggio chiuso a mezzogiorno (escluso sabato e domenica)

Rist – (consigliata la prenotazione) Carta 36/48 €

◆ Piacevole ristorante lungo la statale, ambiente in stile ladino caldo ed accogliente. Cucina regionale con spunti di creatività, a pranzo vengono proposti anche piatti unici.

a Pera Nord : 1 km – ✉ 38030 – Pera di Fassa

Soreje rist,

via Dolomiti 17/b – ✆ 04 62 76 48 82 – info@soreie.com – Fax 04 62 76 37 90 – Chiuso da maggio al 9 giugno e dal 5 ottobre al 30 novembre

21 cam – 60 € 90 € – **Rist** – Menu 16/20 €

◆ Balconi in legno e decori in facciata per quest'hotel a gestione familiare, ubicato in una piccola frazione lungo la statale; bell'angolo soggiorno dotato di stube. Una sala ristorante piuttosto ampia e decisamente invitante, cucina generosa.

POZZI – **Lucca – Vedere Seravezza**

POZZO – **Arezzo – 563** M 17 – **Vedere Foiano della Chiana**

POZZOLENGO – Brescia (BS) – 561 F 13 – 3 037 ab. – alt. 135 m – ✉ 25010 17 D1

Roma 502 – Brescia 43 – Milano 130 – Padova 116 – Verona 31

Antica Locanda del Contrabbandiere con cam

località Martelosio di Sopra 1, Est : 1,5 km – ✆ 030 91 81 51 – info@locandadelcontrabbandiere.com – Chiuso dal 10 al 30 gennaio

3 cam – 80 € 100 € – **Rist** – *(chiuso lunedì e a mezzogiorno, escluso i giorni festivi)* Carta 27/54 €

◆ Un antico casolare circondato da una campagna incontaminata. Ambiente semplice e rustico che propone piatti della tradizione. Sono disponibili alcune camere d'atmosfera.

POZZUOLI – Napoli (NA) – 564 E 24 – 80 956 ab. – ✉ 80078 *Italia* 6 **A2**

Roma 235 – Napoli 16 – Caserta 48 – Formia 74

per Procida ed Ischia – Caremar, call center 892 123 Medmar 081 3334411

piazza Matteotti 1/a ✆ 081 5266639, aziendaturismopozzuoli@libero.it, Fax 081 5265068

Anfiteatro★★ – Tempio di Serapide★ – Tempio di Augusto★ – Solfatara★★ Nord-Est : 2 km

Rovine di Cuma★ : Acropoli★★, Arco Felice★ Nord-Ovest : 6 km – Lago d'Averno★ Nord-Ovest : 7 km – Campi Flegrei★★ Sud-Ovest per la strada costiera – Isola d'Ischia★★★ e Isola di Procida★

Tiro a Volo senza rist

via San Gennaro 69/A, Est : 3 km – ✆ 08 15 70 45 40 – hoteltiroavolo@tin.it – Fax 08 15 70 45 40

40 cam – 55 € 75 €

◆ Tranquillissimo hotel, ubicato in una zona silenziosa e verdeggiante, che continua a dimostrare una buona tenuta generale, da cui consegue un discreto livello di confort.

Trattoria Ludovico

via Fasano 6 – ✆ 08 15 26 82 55 – Fax 08 15 26 54 10 – Chiuso dal 24 al 31 dicembre e lunedì

Rist – Carta 40/50 €

◆ Poco distante dal porto, un ristorante che ovviamente propone una cucina marinara, che si impone in particolare per la freschezza dei prodotti. Ambiente di stile classico.

La Cucina degli Amici

corso Umberto I 47 – ✆ 08 15 26 93 93 – Fax 08 15 26 93 93 – Chiuso 24-25 e 31 dicembre

Rist – Carta 20/57 €

◆ Ristorante piccolo e raccolto, proprio sul lungomare, con un ambiente semplice, ma ordinato; dispone anche di dehors estivo e offre una casereccia cucina marinara.

a Lucrino Ovest : 2 km – ✉ 80078

Villa Luisa senza rist 50,

via Tripergola 50 – ✆ 08 18 04 28 70 – info@villaluisaresort.it – Fax 08 18 04 28 52

37 cam – 85/110 € 90/150 €, 8 €

◆ Sarete delusi se vi aspettate di trovare una villa, ma le nuove camere distribuite in eleganti palazzine soddisferanno appieno le esigenze del vostro soggiorno.

a Cuma Nord-Ovest : 10 km – ✉ 80070

Villa Giulia rist,

via Cuma Licola 178 – ✆ 08 18 54 01 63 – info@villagiulia.info – Fax 08 18 04 43 56

6 cam – 70/85 € 95/130 € – **Rist** – (solo per alloggiati)

◆ Villa in tufo immersa nel verde di un curato giardino, a poca distanza dai resti archeologici di Cuma. Arredi curati e di buon gusto, un'atmosfera ottima.

POZZUOLO – Perugia – 563 M 17 – Vedere Castiglione del Lago

PRADELLA – Bergamo – Vedere Schilpario

PRADIPOZZO – Venezia – 562 E 20 – ✉ 30020 36 **D2**

Roma 587 – Udine 56 – Venezia 63 – Milano 328 – Pordenone 33 – Treviso 49 – Trieste 98

Tavernetta del Tocai

via Fornace 93 – ✆ 04 21 20 42 80 – Fax 04 21 20 42 64 – Chiuso dal 1° al 23 agosto, domenica sera e lunedì

Rist – Carta 24/35 €

◆ Un ristorante enoteca dall'atmosfera rustica, caratterizzato dal tipico fogolar e da massicce travi a vista, propone una cucina stagionale e alla griglia nonchè serate a tema.

PRAGS = Braies

PRAIA A MARE – Cosenza – 564 H 29 – 6 409 ab. – ✉ 87028 5 A1

Roma 417 – Cosenza 100 – Napoli 211 – Potenza 139 – Salerno 160 – Taranto 230

Golfo di Policastro★★ Nord per la strada costiera

Rex rist, VISA

via Colombo 56 – ✆ 098 57 21 91 – info@rexhotel.it – Fax 09 85 77 68 55 – Marzo-novembre

19 cam – †76 € ††90 € – ½ P 68/78 € – **Rist** – (solo per alloggiati) Menu 20/28 €

◆ Tutta rinnovata, una piccola risorsa a conduzione familiare e appassionata; inoltre, dalla cucina, i prodotti dell'azienda agricola di proprietà. Non sul mare, ma godibile.

Garden rist, P VISA

via Roma 8 – ✆ 098 57 28 28 – garden.hotel@tiscali.it – Fax 098 57 41 71 – Aprile-ottobre

44 cam – †40/50 € ††70/100 € – ½ P 73/83 € – **Rist** – Carta 18/34 €

◆ Per un soggiorno spiaggia-sole-mare, questa è la soluzione ideale: quasi direttamente sulla sabbia, un ambiente familiare, ben curato, con un bel giardinetto interno. Cucina genuinamente calabra; dehors estivo.

Taverna Antica VISA AE

piazza Dei Martiri 3 – ✆ 098 57 21 82 – Fax 098 57 21 82 – Chiuso martedì escluso giugno-ottobre

Rist – Carta 24/33 €

◆ Un'impresa familiare unita ad una gestione esperta e intraprendente: nel centro di Praia, rinnovata la vecchia casa dei genitori, i figli offrono piatti locali, di pesce.

sulla strada statale 18 Sud-Est : 3 km :

New Hotel Blu Eden ← mare e costa, P VISA

località Foresta ✉ 87028 – ✆ 09 85 77 91 74 – blueden@webus.it – Fax 09 85 77 92 80

16 cam – †57/85 € ††70/93 €, 4 € – ½ P 59/70 € – **Rist** – (solo per alloggiati) Carta 16/31 €

◆ Hotel realizzato recentemente, dall'aspetto di stile avveniristico, sito in una frazioncina sopra Praia, con appagante vista sul mare e ampia terrazza-solarium. La zona ristorante, con ambienti moderni e luminosi, si apre sul blu del Tirreno.

PRAIANO – Salerno – 564 F 25 – 1 980 ab. – ✉ 84010 6 B2

Roma 274 – Napoli 64 – Amalfi 9 – Salerno 34 – Sorrento 25

Tramonto d'Oro ← mare e costa, rist, P VISA AE

via Gennaro Capriglione 119 – ✆ 089 87 49 55 – info@tramontodoro.it – Fax 089 87 46 70

40 cam – †140/170 € ††190/270 € – ½ P 135/175 € – **Rist** – *(aprile-ottobre)* Carta 40/58 €

◆ Un hotel dal nome già indicativo sulla possibilità di godere di suggestivi tramonti dalla bella terrazza-solarium con piscina; una costruzione mediterranea confortevole. Due ampie sale ristorante al piano terra.

Onda Verde ← mare e costa, P VISA AE

via Terra Mare 3 – ✆ 089 87 41 43 – reservations@ondaverde.it – Fax 08 98 13 10 49 – Aprile-ottobre

25 cam – †150/170 € ††170/190 € – ½ P 110/130 € – **Rist** – Carta 25/40 €

◆ Poco fuori dalla località, lungo la costa, ubicazione tranquilla e suggestiva, a dominare il mare e uno dei panorami più incantevoli della Penisola. Conduzione diretta. La sala ristorante offre una vista mozzafiato a strapiombo sugli scogli ed una semplice e raffinata cucina casalinga dai sapori del mare.

La Brace ← P VISA

via Capriglione 146 – ✆ 089 87 42 26 – labrace.@divinacostiera.it – Chiuso mercoledì escluso dal 15 marzo al 15 ottobre

Rist – Carta 32/40 € (+10 %)

◆ Ristorantino familiare, meta di abitanti della Costiera e di turisti: nel centro di Praiano, una rampa di scale vi introduce in un locale semplice, per mangiate alla buona.

sulla costiera amalfitana Ovest : 2 km :

Tritone ← mare e costa, rist, 120, (riscaldata)
via Campo 5 ✉ 84010 – ✆ 089 87 43 33 – tritone@tritone.it – Fax 089 81 30 24 – 12 aprile-20 ottobre
59 cam – †250/280 € ††250/310 € – 16 suites – ½ P 170/200 € – **Rist** – Carta 43/60 €
♦ Tra Amalfi e Positano, adagiato sulla scogliera dominante il mare e con ascensore per la spiaggia, un confortevole punto di riferimento per i congressi e le vacanze sul blu. A picco sulla Costiera, capiente sala da pranzo; servizio ristorante in terrazza.

PRALBOINO – Brescia (BS) – 561 I 8 – 2 758 ab. – alt. 47 m – ✉ 25020 — 17 **C3**
Roma 550 – Brescia 44 – Cremona 24 – Mantova 61 – Milano 127

XXX **Leon d'Oro** 15,
via Gambara 6 – ✆ 030 95 41 56 – locandaleondoro@virgilio.it – Fax 03 09 52 11 91 – Chiuso dieci giorni in gennaio, agosto, domenica sera e lunedì
Rist – Carta 57/80 €
Spec. Bouquet di foie gras al balsamico. Tortelli di anatra muta con zabaione di parmigiano. Spiedo di quaglia con polentina croccante.
♦ Ospitato in un bel caseggiatto rustico in centro paese, caldi ambienti in legno con camino e una simpatica carta che propone piatti creativi a prevalenza di pesce.

PRAMAGGIORE – Venezia – 562 E 20 – 4 354 ab. – alt. 11 m – ✉ 30020 — 36 **D2**
Roma 571 – Udine 64 – Venezia 65 – Pordenone 34 – Treviso 47 – Trieste 91

a Blessaglia Sud-Ovest : 1,5 km – ✉ 30020 – Pramaggiore

X **Al Cacciatore**
piazza Marconi 1 – ✆ 04 21 79 98 55 – Fax 04 21 20 00 36 – Chiuso dal 1° al 20 agosto, martedì sera e mercoledì
Rist – Carta 20/50 €
♦ Il nome del locale non vi tragga in inganno: carni, certo, ma soprattutto molto pesce. Una calda, sana trattoria di paese, che è sempre un piacere poter ancora trovare.

PRATI DI TIVO – Teramo – 563 O 22 – Vedere Pietracamela

PRATO P (PO) – 563 K 15 – 176 013 ab. – alt. 63 m – ✉ 59100 *Toscana* — 29 **C1**
Roma 293 – Firenze 17 – Bologna 99 – Milano 293 – Pisa 81 – Pistoia 18 – Siena 84
piazza delle Carceri 15 ✆ 0574 24112, apt@prato.turismo.toscana.it, Fax 0574 24112
Le Pavionere, località Tavola, ✆ 0574 62 08 55.
Duomo★ : affreschi★★ dell'abside (Banchetto di Erode★★★) – Palazzo Pretorio★ – Affreschi★ nella chiesa di San Francesco **D** – Pannelli★ al museo dell'Opera del Duomo **M** – Castello dell'Imperatore★**A**

Pianta pagina a lato

Art Hotel Museo cam, rist, 150,
viale della Repubblica 289, per viale Monte Grappa – ✆ 05 74 57 87 – info@arthotel.it – Fax 05 74 57 88 80
110 cam – †85/145 € ††95/160 € – **Rist** – *(chiuso agosto e domenica)* Carta 41/67 €
♦ Situato vicino al museo Pecci di arte contemporanea, offre ampi spazi comuni e camere moderne dotate di ogni confort, un centro fitness ed una piscina all'aperto. Il ristorante propone pietanze dai sapori nazionali e regionali.

President rist, 80,
via Simintendi 20, ang. via Baldinucci – ✆ 057 43 02 51 – info@hotel-president.net – Fax 057 43 60 64 **a**
78 cam – †75/115 € ††100/155 € – **Rist** – *(chiuso a mezzogiorno e domenica)* (solo per alloggiati)
♦ A pochi passi dal Duomo e dal Castello dell'Imperatore, l'hotel vanta una struttura moderna e confortevole ed è dotato di ambienti ampi e luminosi.

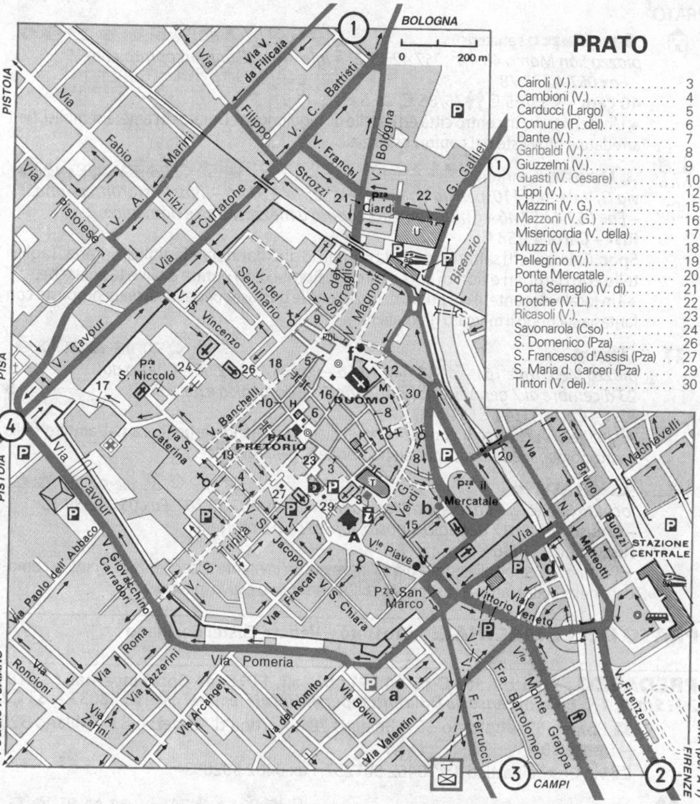

PRATO
Cairoli (V.) 3
Cambioni (V.) 4
Carducci (Largo) 5
Comune (P. del) 6
Dante (V.) 7
Garibaldi (V.) 8
Giuzzelmi (V.) 9
Guasti (V. Cesare) 10
Lippi (V.) 12
Mazzini (V. G.) 15
Mazzoni (V. G.) 16
Misericordia (V. della) 17
Muzzi (V. L.) 18
Pellegrino (V.) 19
Ponte Mercatale 20
Porta Serraglio (V. di) 21
Protche (V. L.) 22
Ricasoli (V.) 23
Savonarola (Cso) 24
S. Domenico (Pza) 26
S. Francesco d'Assisi (Pza) 27
S. Maria d. Carceri (Pza) 29
Tintori (V. dei) 30
BOLOGNA
0 200 m
PISTOIA
A 11: FIRENZE PISA
S 435: PISTOIA
POGGIO A CAIANO
CAMPI
BOLOGNA (per A 1) FIRENZE
DUOMO
PAL. PRETORIO
STAZIONE CENTRALE
Pza il Mercatale
Pza San Marco
Pza S. Niccolò
Via Pomeria
Viale Vittorio Veneto
V. Cavour
Via Valentini
Via del Romito
Via Bovio
V. F. Ferrucci
Vle Monte Grappa
Fra Bartolomeo
V. Firenze
V. G. Galilei
Bisenzio
V. Magnolfi
V. Verdi
Vle Piave

Datini
♨ 🏨 ♿ A/C ⚡ cam, 🏃 200, P VISA MC AE ① S

viale Marconi 80, per viale Monte Grappa
– ✆ 05 74 56 23 48 – info@hoteldatini.com
– Fax 05 74 52 79 76

80 cam ☕ – 🚹72/180 € 🚹🚹92/210 € – ½ P 74/133 € – **Rist** – *(chiuso agosto e domenica)* Carta 28/40 €

◆ In prossimità dell'uscita autostradale, l'hotel è ideale per una clientela business e dispone di camere confortevoli, ampi spazi per convegni ed una piccola palestra. Nell'elegante ed intima sala ristorante, la cucina tradizionale toscana.

Art Hotel Milano senza rist
🏨 ♿ A/C 📞 🏃 60, VISA MC AE ① S

via Tiziano 15 – ✆ 057 42 33 71 – reservation@arthotel-milano.it
– Fax 057 42 77 06 d

70 cam – 🚹75/80 € 🚹🚹90/105 €, ☕ 8 €

◆ Nei pressi della stazione centrale e delle mura cittadine, l'albergo è stato recentemente ristrutturato: un locale di taglio moderno e dotato di ogni confort.

Giardino senza rist
🏨 A/C 📞 VISA MC AE ① S

via Magnolfi 4 – ✆ 05 74 60 65 88 – info@giardinohotel.com
– Fax 05 74 60 65 91 f

28 cam ☕ – 🚹70/90 € 🚹🚹80/100 €

◆ Poco distante dalla stazione, l'albergo è ubicato in un edificio d'epoca e propone ambienti raccolti e curati come punto di appoggio per raggiungere il centro.

San Marco senza rist
piazza San Marco 48 – ☎ 057 42 13 21 – info@hotelsanmarcoprato.com – Fax 057 42 23 78 **v**
40 cam – †55/65 € ††75/85 €, ☕ 5 €
◆ L'hotel si trova in centro città ed è facile da raggiungere. Dotato di camere semplici, ben arredate e provviste dei confort essenziali.

Il Piraña (Santini) ⇔ 24,
via G. Valentini 110, per via Valentini – ☎ 057 42 57 46 – info@ristorantepirana.it – Fax 057 42 57 46 – Chiuso agosto, sabato a mezzoziorno e domenica
Rist – Carta 45/58 €
Spec. Calamaretti saltati in padella con lardo di Colonnata e fagioli di Sorana. Tagliatelle con gamberi e fiori di zucca trifolati. Rombo con patate e olive taggiasche.
◆ Un locale elegante, il cui punto di forza sono le gustose specialità di mare proposte con fantasia secondo il mercato giornaliero.

Tonio ⇔ 20,
piazza Mercatale 161 – ☎ 057 42 12 66 – Fax 057 42 12 66 – Chiuso dal 23 dicembre al 7 gennaio, dal 7 al 29 agosto, domenica e lunedì **b**
Rist – Carta 31/44 € (+10 %)
◆ Una risorsa classica a conduzione familiare con grande esperienza nell'ambito della gastronomia, specializzata nell'elaborazione di piatti di pesce.

Logli Mario
località Filettole, 2 km per via Machiavelli – ☎ 057 42 30 10 – Fax 057 42 30 10 – Chiuso dal 1° al 7 gennaio, agosto, lunedì sera e martedì
Rist – Carta 28/36 €
◆ Profumo di carne alla griglia già all'ingresso: un'invitante accoglienza per farvi accomodare nella bella trattoria rustica, sui colli, con servizio estivo in terrazza.

PRATO DELLE MACINAIE – Grosseto – Vedere Castel del Piano

PREDAZZO – Trento – 562 D 16 – 4 391 ab. – alt. 1 018 m – Sport invernali : *1 018/2415 m 1 1 (Comprensorio Dolomiti superski Val di Fiemme)* – ✉ 38037 31 C2

Roma 662 – Bolzano 55 – Belluno 78 – Cortina d'Ampezzo 83 – Milano 320 – Trento 80

via Cesare Battisti 4 ☎ 0462 501237, Fax 0462 502093

Ancora 70,
via IX Novembre 1 – ☎ 04 62 50 16 51 – info@ancora.it – Fax 04 62 50 27 45 – Chiuso maggio e novembre
35 cam ☕ – †60/90 € ††100/150 € – ½ P 70/100 € – **Rist** – *(chiuso a mezzogiorno da dicembre a Pasqua escluso feste natalizie)* Carta 24/37 €
◆ Sito nel centro della località, un hotel di lunga tradizione nell'ospitalità di Predazzo; da un'antica stazione di posta, una realtà polivalente dotata anche di sala riunioni. Due sale da pranzo rivestite di caldo legno e con atmosfera tipica di questi luoghi.

Sporthotel Sass Maor
via Marconi 4 – ☎ 04 62 50 15 38 – info@Sassmaor.com – Fax 04 62 50 15 39 – Chiuso dal 10 al 30 novembre
27 cam ☕ – †42/62 € ††65/105 € – **Rist** – Carta 23/29 €
◆ Dotata di camere semplici ma confortevoli, in stile montano, e di un curato piano terra, oltre ad un comodo parcheggio privato, una risorsa davvero gradevole. Due piccole e graziose sale ristorante, una stube con legno antico.

PREGANZIOL – Treviso – 562 F 18 – 15 921 ab. – alt. 12 m – ✉ 31022 35 A1

Roma 534 – Venezia 22 – Mestre 13 – Milano 273 – Padova 43 – Treviso 7

Park Hotel Bolognese-Villa Pace (riscaldata)
via Terraglio 175, Nord : 3 km 250,
– ☎ 04 22 49 03 90 – info@hotelbolognese.com – Fax 04 22 38 36 37
95 cam ☕ – †90/180 € ††120/250 € – **Rist** – Carta 47/60 €
◆ All'interno di un grande parco ombreggiato, due corpi di stile diverso: l'uno, il principale, di fine '800, l'altro, più moderno, con sauna e piscina parzialmente coperta. Ristorante con bella apertura sul verde esterno.

Park Hotel Villa Vicini senza rist 30,
via Terraglio 447, Sud 1 km – ✆ 04 22 33 05 80 – info@villavicini.com – Fax 04 22 33 15 97
34 cam – †75/114 € ††90/155 €
◆ Variopinta villa ottocentesca con camere di diverse tipologie: le più tranquille affacciano sul giardino, nella dependance le stanze più semplici ed economiche.

Crystal 100,
via Baratta Nuova 1, Nord : 1 km – ✆ 04 22 63 08 13 – info@crystalhotel.it – Fax 042 29 37 13
69 cam – †60/75 € ††75/100 € – 3 suites – ½ P 54/66 € – **Rist** – ✆ 04 22 63 08 16 *(chiuso dal 1° al 25 agosto)* Carta 15/28 €
◆ Albergo moderno di recente realizzazione, sviluppato in orizzontale secondo un impianto con richiami ad uno stile sobrio e minimalista. Ambienti ariosi e camere lineari. Sala ristorante ampia e dalle delicate tinte pastello.

Magnolia
via Terraglio 136, Nord : 1 km – ✆ 04 22 63 31 31 – info@magnoliaristorante.com – Fax 04 22 33 01 76 – Chiuso dal 5 al 25 agosto, domenica sera e lunedì
Rist – Carta 23/45 €
◆ Nel contesto dell'omonimo hotel, ma da esso completamente indipendente, un ristorante a valida gestione familiare con specialità venete, soprattutto a base di pesce.

a San Trovaso **Nord : 2 km – ✉ 31022**

Sole senza rist
via Silvio Pellico 1 – ✆ 04 22 38 31 26 – sole@hotelalsole.com – Fax 04 22 38 31 26
18 cam – †45/55 € ††60/85 €
◆ Piccola e accogliente risorsa ubicata in periferia; recentemente ristrutturata, si presenta davvero ben tenuta e ospitale, quasi come una confortevole casa privata.

Ombre Rosse
via Franchetti 78 – ✆ 04 22 49 00 37 – claudioscossa@ombrerosse.tu.it – Fax 04 22 49 95 74 – Chiuso a mezzogiorno e domenica
Rist – Carta 25/35 €
◆ Nato quasi per caso dalla passione del proprietario per i vini, e divenuto prima una sorta di wine-bar, oggi, in stile "bistrot", accogliente, vanta fragranti leccornie.

PRÉ SAINT DIDIER – Aosta – 561 E 2 – 991 ab. – alt. 1 000 m – ✉ 11010 34 A2

Roma 779 – Aosta 30 – Courmayeur 5 – Milano 217 – Colle del Piccolo San Bernardo 23

Pianta : vedere Courmayeur

a Pallusieux **Nord : 2,5 km – alt. 1 100 m – ✉ 11010 – Pré Saint Didier**

Le Grand Hotel Courmaison < Monte Bianco, cam, 140,
route Mont Blanc – ✆ 01 65 83 14 00 – hotel@courmaison.it – Fax 01 65 84 76 70 – 3 dicembre-22 aprile e 10 giugno-23 settembre
57 cam – †125/180 € ††200/290 € – 2 suites – ½ P 120/180 € – **Rist** – Carta 36/50 €
◆ Una struttura recente in cui la fresca aria di nuovo si è armoniosamente miscelata con la tradizione degli arredi e delle rifiniture. Grande piscina e camere ampie. Sala ristorante tradizionale, menù con ispirazioni diverse.

Beau Séjour < Monte Bianco,
av. Dent du Géant 18 – ✆ 016 58 78 01 – info@hotelbeausejour.it – Fax 016 58 79 61 – Dicembre-aprile e 15 giugno-settembre BYZ **b**
32 cam – †37/57 € ††67/95 € – ½ P 50/64 € – **Rist** – Menu 20/35 €
◆ Condotto, da tanti anni, dalla mano esperta di una famiglia, un hotel comodo sia per l'estate che per l'inverno, con giardino ombreggiato e bella vista sul Bianco. Accomodatevi in sala da pranzo tra legno, pietra e piatti locali.

Le Marmotte ⟨ Monte Bianco, P
– ✆ 016 58 78 20 – *albergo.le.marmotte@branche.it* – *Fax 016 58 70 49*
– *Dicembre-aprile e 15 giugno-ottobre* BZ **c**
20 cam – †50 € ††80 € – ½ P 46/58 € – **Rist** – Menu 15/25 €
♦ Un piccolo albergo che offre una visuale sulla catena più alta d'Europa e un'atmosfera deliziosamente familiare; calde stanze in pino chiaro, stile chalet.

PRESOLANA (Passo della) – **Bergamo e Brescia** – **562** E 12 – **alt. 1 289 m** – **Sport invernali** : *1 289/2 220 m* 2 3 17 **C2**

Roma 650 – Brescia 97 – Bergamo 49

Del Passo P
via Cantoniera 19 ✉ *24020 Colere* – ✆ *034 63 20 81* – *Chiuso ottobre (escluso sabato e domenica) e martedì (escluso dal 15 giugno al 15 settembre)*
Rist – Carta 22/32 €
♦ In prossimità del Passo, una trattoria semplice che ruota attorno alla figura del simpatico titolare; specialità di carne e verdura cotte "alla pietra", su prenotazione.

PRETURO – **L'Aquila** – **563** O 21 – **Vedere L'Aquila**

PRIMIERO – **Trento** – **Vedere Fiera di Primiero**

PRINCIPINA A MARE – **Grosseto** – **563** N 15 – **Vedere Grosseto (Marina di)**

PRINCIPINA A TERRA – **Grosseto** – **563** N 15 – **Vedere Grosseto**

PRIOCCA D'ALBA – **Cuneo** – **561** H 6 – **1 971 ab.** – **alt. 253 m** – ✉ **12040** 25 **C2**

Roma 631 – Torino 59 – Alessandria 56 – Asti 24 – Cuneo 76

Il Centro AC 15/30, VISA AE
via Umberto I 5 – ✆ *01 73 61 61 12* – *Fax 01 73 61 61 12* – *Chiuso dal 27 dicembre al 10 gennaio, dal 22 luglio al 10 agosto e martedì*
Rist – Carta 32/45 €
♦ In una casa ristrutturata nel centro storico della piccola località, una "trattoria" di alto livello, curata e ben frequentata, per assaggiare il Piemonte più tipico.

PRIVERNO – **Latina** – **563** R 21 – **13 744 ab.** – **alt. 150 m** – ✉ **04015** 13 **C3**

Roma 104 – Frosinone 28 – Latina 28 – Napoli 163

sulla strada statale 156 Nord-Ovest : 3,5 km

Antica Osteria Fanti AC P VISA AE
località Ceriara – ✆ *07 73 92 40 15* – *info@anticaosteriafanti.it* – *Chiuso 25-26 dicembre, dal 20 al 30 ottobre, giovedì e a mezzogiorno in luglio-agosto*
Rist – Carta 34/50 € (+10 %)
♦ Quando si dice conduzione familiare: moglie in cucina, marito e figlio ad occuparsi della sala, in un locale curato con una lista legata al territorio e attenta alle stagioni.

PROCCHIO – **Livorno** – **563** N 12 – **Vedere Elba (Isola d') : Marciana**

PROCIDA (Isola di) ★ – **Napoli** – **564** E 24 – **10 671 ab.** – **La limitazione d'accesso degli autoveicoli è regolata da norme legislative** *Italia* 6 **A2**

per Napoli, per Pozzuoli ed Ischia – Caremar, call center 892 123 – per Pozzuoli – Alilauro, al porto ✆ 081 5267736, Fax 081 5268411

stazione Marittima ✆ 081 8101968

PROCIDA – ✉ **80079** 6 **A2**

La Casa sul Mare senza rist ⟨ mare e costa, AC VISA AE
via Salita Castello 13 – ✆ *08 18 96 87 99* – *lacasasulmare@virgilio.it*
– *Fax 08 18 96 87 99* – *Chiuso dall' 8 gennaio al 28 febbraio*
10 cam – ††90/168 €
♦ Piccolo, accogliente, in ottima posizione dominante, un albergo senza pretese, che vi offre, come punti forti, il sole, la vista e il relax di una casa fresca e gradevole.

Gorgonia
località Marina Corricella – ☎ 08 18 10 10 60 – Fax 08 18 10 10 60 – Marzo-ottobre; chiuso lunedì
Rist – (consigliata la prenotazione) Carta 34/44 €
◆ Un posticino familiare, sito proprio sul porticciolo dei pescatori: sulla banchina si svolge quasi tutto il servizio. A voce, proposte locali e di pescato giornaliero.

Scarabeo
via Salette 10 località Ciraccio – ☎ 08 18 96 99 18 – Fax 08 18 96 99 18 – Chiuso da novembre al 20 dicembre
Rist – Carta 33/64 €
◆ Piacevole e semplice locale con servizio estivo nel giardino-limonaia e una cucina che s'adatta a quanto il mercato del pesce propone quotidianamente. Gestione familiare.

PROH – Novara – Vedere Briona

PRUNETTA – Pistoia – 563 J 14 – alt. 958 m – ✉ 51020 — 28 B1

Roma 327 – Firenze 51 – Pisa 82 – Lucca 48 – Milano 291 – Pistoia 17 – San Marcello Pistoiese 14

Parcohotel Le Lari
via statale Mammianese 403 – ☎ 05 73 77 08 62 – imail.hotel@lelari.it – Fax 05 73 67 29 31 – Aprile-25 ottobre
25 cam – †28 € ††39 €, ☕ 3 € – ½ P 35/38 € – **Rist** – Carta 13/17 €
◆ Già stazione climatica sin da tempi remoti, Prunetta offre questo indirizzo familiare, con gradevole e tranquillo giardino sul retro; un vecchio convento ristrutturato. Cucina toscana, con attenzione ai piatti stagionali dell'Appennino.

PUGLIANELLO – Benevento – 564 D 25 – 1 406 ab. – alt. 61 m – ✉ 82030 — 6 B1

Roma 200 – Napoli 58 – Benevento 39 – Latina 23 – Salerno 103

Il Foro dei Baroni
piazza Chiesa 6 – ☎ 08 24 94 60 33 – info@ilforodeibaroni.com – Fax 08 24 94 60 33 – Chiuso due settimane in agosto, lunedì e a mezzogiorno (escluso sabato, domenica e festivi)
Rist – Carta 31/39 €
◆ Adiacente al castello, dal 1780 la seconda abitazione del paese. La giovane e brillante gestione propone una cucina frutto di un'attenta ricerca dei migliori prodotti locali.

PUIANELLO – Reggio nell'Emilia – 562 I 13 – Vedere Quattro Castella

PULA – Cagliari – 566 J 9 – Vedere Sardegna alla fine dell'elenco alfabetico

PULFERO – Udine – 562 D 22 – 1 174 ab. – alt. 221 m – ✉ 33046 — 11 C2

Roma 662 – Udine 28 – Gorizia 42 – Tarvisio 66

Al Vescovo
via Capoluogo 67 – ☎ 04 32 72 63 75 – info@alvescovo.com – Fax 04 32 72 63 75 – Chiuso febbraio
18 cam – †45 € ††65 €, ☕ 6 € – ½ P 40/45 € – **Rist** – *(chiuso mercoledì e da ottobre a marzo anche martedì sera)* Carta 24/33 €
◆ Struttura potenziata negli ultimi anni sia per quanto riguarda gli spazi, che il livello di confort. Piccolo centro benessere e stanze decisamente graziose. Al ristorante bella terrazza sul fiume e una saga familiare iniziata nel 1820.

PULSANO – Taranto – 564 F 34 – 10 541 ab. – alt. 37 m – ✉ 74026 — 27 C3

Roma 536 – Brindisi 68 – Bari 120 – Lecce 78 – Taranto 22

a Marina di Pulsano Sud : 3 km – ✉ 74026 – Pulsano

La Barca
litoranea Salentina – ☎ 09 95 33 33 35 – Chiuso novembre e lunedì
Rist – Carta 27/44 €
◆ Desiderate mangiare pesce? La sala costeggia l'acqua e a tavola prodotti freschi e locali. D'estate si esce nella veranda di canne, tra il fresco dei pini marittimi.

PUNTA ALA – Grosseto (GR) – 563 N 14 – ✉ 58040 Toscana 28 **B3**

Roma 225 – Grosseto 43 – Firenze 170 – Follonica 18 – Siena 102

Gallia Palace Hotel (riscaldata)
via delle Sughere – ✆ 05 64 92 20 22 – info@galliapalace.it – Fax 05 64 92 02 29 – 18 maggio-24 settembre
83 cam – 280/430 € 320/465 € – 4 suites – ½ P 390/555 €
Rist – *(chiuso a mezzogiorno)* Carta 46/66 €
Rist *La Pagoda* – Carta 55/60 €
◆ Punto d'appoggio ideale per una vacanza culturale, in posizione tranquilla nella macchia mediterranea, l'hotel dispone di camere spaziose con elementi di ceramica locale. Al ristorante, proposte gastronomiche nazionali. Pasti più informali presso il caratteristica e sulla spiaggia "La Pagoda".

Cala del Porto porto e mare, 60,
via del Pozzo – ✆ 05 64 92 24 55 – delporto@relaischateaux.com – Fax 05 64 92 07 16 – 28 aprile-settembre
40 cam – 415/545 € 470/600 €, 25 € – ½ P 285/350 € – **Rist** – Carta 50/80 €
◆ In posizione dominante dall'alto della baia, l'elegante struttura vanta la vista sul porto e sul mare, dispone di spazi comuni dal grazioso arredo e camere confortevoli. Sulla terrazza panoramica e nella sala ristorante interna, proposte di cucina contemporanea.

PUNTA DEL LAGO – Viterbo – 563 P 18 – Vedere Ronciglione

PUNTALDIA – Nuoro – Vedere Sardegna (San Teodoro) alla fine dell'elenco alfabetico

PUOS D'ALPAGO – Belluno (BL) – 562 D 19 – 2 361 ab. – alt. 419 m – ✉ 32015 36 **C1**

Roma 605 – Belluno 20 – Cortina d'Ampezzo 75 – Venezia 95

Locanda San Lorenzo (Dal Farra) con cam
via IV Novembre 79 – ✆ 04 37 45 40 48 – info@locandasanlorenzo.it – Fax 04 37 45 40 49 – Chiuso dal 10 al 30 gennaio
12 cam – 61/65 € 88/95 € – ½ P 68/78 € – **Rist** – *(chiuso mercoledì escluso le sere di agosto)* Carta 47/63 €
Spec. Riso con crescione e gamberi di fiume (primavera-estate). Guancia di vitello stufata ai finferli (estate). Variazione di maiale: pancetta al vapore, piedino ripieno, trippa e orecchio in umido (inverno).
◆ Gestione familiare in un bel contesto di montagna, la cucina ne riflette prodotti e tradizioni con l'autentica passione di chi è innamorato del proprio territorio.

QUADRIVIO – Salerno – Vedere Campagna

QUARONA – Vercelli (VC) – 561 E 6 – 4 275 ab. – alt. 415 m – ✉ 13017 23 **C1**

Roma 668 – Stresa 49 – Milano 94 – Torino 110

Grand'Italia
piazza Libertà 19 – ✆ 01 63 43 12 44 – info@albergogranditalia.it – Fax 01 63 43 25 41
14 cam – 70 € 100 € – ½ P 75 €
Rist Italia – vedere selezione ristoranti
◆ Completamente trasformato e ristrutturato, è ora un'elegante palazzina con interni moderni e spaziosi, linee sobrie ed essenziali ed accenni di design minimalista.

Italia 20,
piazza della Libertà 27 – ✆ 01 63 43 01 47 – info@albergogranditalia.it – Fax 01 63 43 25 41 – Chiuso dall'8 al 20 agosto e lunedì
Rist – Carta 29/40 €
◆ E' una piacevole sorpresa scoprire l'ambiente curato, di taglio moderno, di questo ristorante in una casa nel centro della località; piatti di creativa cucina piemontese.

QUARTACCIO – Viterbo – Vedere Civita Castellana

QUARTIERE – Ferrara – 562 H 17 – Vedere Portomaggiore

QUARTO CALDO – Latina – Vedere San Felice Circeo

QUARTO D'ALTINO – Venezia – 562 F 19 – 7 606 ab. – ✉ 30020 35 **A1**

Roma 537 – Venezia 24 – Milano 276 – Treviso 17 – Trieste 134

Villa Odino senza rist (riscaldata) 50, P VISA AE
via Roma 146 – ✆ 04 22 82 31 17 – info@villaodino.it – Fax 04 22 82 32 35 – Chiuso dal 23 dicembre al 6 gennaio
30 cam – 128/144 € 144/158 € – 3 suites
◆ In una verde oasi di pace, bella villa in splendida posizione sulla riva del fiume Sile: eleganti ambienti dalla calda atmosfera, arredati con gusto, camere accoglienti.

Holiday Inn Venice East rist, 240, P VISA AE
via Della Resistenza 18/20 – ✆ 04 22 70 38 11 – info.venice@promohotels.it – Fax 04 22 70 38 22
153 cam – 65/105 € 85/130 € – ½ P 60/80 € – **Rist** – Carta 32/40 €
◆ Grande hotel di recente costruzione e in grado di offrire un servizio completo in ambienti dal design semplice ma moderno; mostre d'arte allestite negli spazi comuni. Tre sale ristorante, in menù proposte di mare e di terra.

Park Hotel Junior P VISA AE
via Roma 93 – ✆ 04 22 82 37 77 – info@parkhoteljunior.it – Fax 04 22 82 68 40
15 cam – 95 € 110/130 €
Rist Park Ristorante Da Odino – vedere selezione ristoranti
◆ Originale costruzione a un piano, in ampio parco ombreggiato: raffinati interni in stile modernamente attrezzati e curate camere spaziose, con un'intera parete in vetro.

Express by Holiday Inn senza rist 40, P VISA AE
via Pascoli 1 – ✆ 04 22 82 50 00 – info.express@promohotels.it – Fax 04 22 78 06 50
80 cam – 60/100 € 70/115 €
◆ Hotel ideale per la clientela di passaggio, a breve distanza dallo svincolo autostradale, senza pretese particolari ma con confort e pulizia impeccabili. Ottimo nel genere.

XX **Park Ristorante Da Odino** – Park Hotel Junior P VISA AE
via Roma 89 – ✆ 04 22 82 42 58 – info@daodino.it – Fax 04 22 82 68 40 – Chiuso martedì sera e mercoledì
Rist – Carta 48/70 €
◆ Locale con ampio parco ombreggiato e due sale: una più classica, l'altra più particolare, con grande volta circolare rivestita in legno, sorretta da pali; piatti marinari.

XX **Cosmorì** P VISA AE
viale Kennedy 15 – ✆ 04 22 82 53 26 – Chiuso dal 1° al 15 gennaio, dal 5 al 20 agosto e lunedì
Rist – Carta 29/41 €
◆ Accogliente locale di taglio moderno, a gestione diretta: ampia sala impreziosita da numerose formelle in vetro lavorato, dove si propongono gustosi piatti di pesce.

XX **Cà delle Anfore** P VISA
via Marconi 51, Sud-Est : 3 km – ✆ 04 22 82 41 53 – Fax 04 22 82 88 39 – Chiuso gennaio, lunedì e martedì
Rist – Carta 30/55 €
◆ In un caseggiato di campagna con giardino e laghetto, un ristorante che prende il nome da una delle sale, decorata con anfore romane (oggi copie); cucina di mare.

QUARTO DEI MILLE – Genova – Vedere Genova

QUARTU SANT'ELENA – Cagliari – 566 J 9 – Vedere Sardegna alla fine dell'elenco alfabetico

QUERCEGROSSA – Siena – 563 L 15 – Vedere Siena

QUERCETA – Lucca – 563 K 12 – **Vedere Seravezza**

QUINCINETTO – Torino – 561 F 5 – **1 049 ab. – alt. 295 m** – ✉ **10010** 22 **B2**

Roma 694 – Aosta 55 – Ivrea 18 – Milano 131 – Novara 85 – Torino 60

Mini Hotel Praiale senza rist

via Umberto I, 5 – ☎ 01 25 75 71 88 – info@hotelpraiale.it – Fax 01 25 75 73 49

9 cam – 🛉35/40 € 🛉🛉45/50 €, ☕ 7 €

◆ Tra vie strette e tranquille, nel cuore della paese ma a 300 mt. dal casello autostradale, una piccola struttura dall'ambiente semplice e familiare; camere accoglienti.

Da Marino

via Montellina 7 – ☎ 01 25 75 79 52 – rist.marino@tiscali.it – Fax 01 25 75 77 23 – Chiuso dall'8 gennaio al 4 febbraio, dal 25 agosto al 10 settembre e lunedì

Rist – Carta 26/31 €

◆ Gestione diretta di lunga esperienza in un piacevole locale in posizione panoramica; legno alle pareti, sedie in vimini e ampie vetrate che inondano di luce la sala.

QUINTO DI TREVISO – Treviso – 562 F 18 – **9 390 ab. – alt. 17 m** – ✉ **31055** 36 **C2**

Roma 548 – Padova 41 – Venezia 36 – Treviso 7 – Vicenza 57

Locanda Righetto

via Ciardi 2 – ☎ 04 22 47 00 80 – info@locandarighetto.it – Fax 04 22 47 00 80 – Chiuso dal 1° al 10 gennaio, dal 13 al 18 agosto e lunedì

Rist – Carta 31/42 €

◆ Affidabile ristorante a gestione familiare generazionale; ambiente in stile rustico, cucina del territorio e tradizionale, con specialità a base d'anguilla.

QUINTO VERCELLESE – Vercelli – **438 ab.** – ✉ **13030** 23 **C2**

Roma 638 – Alessandria 60 – Milano 70 – Novara 17 – Pavia 70 – Vercelli 7

Bivio

via bivio 2 – ☎ 01 61 27 41 31 – ristorantebivio@hotmail.com – Fax 01 61 27 42 64 – Chiuso gennaio, agosto, lunedì e martedì

Rist – Carta 35/48 €

◆ Ristorante di recente rinnovo, con una luminosa saletta dagli arredi di taglio moderno e pochi tavoli ben distanziati, dove apprezzare creativi piatti locali.

QUISTELLO – Mantova (MN) – 561 G 14 – **5 794 ab. – alt. 17 m** – ✉ **46026** 17 **D3**

Roma 458 – Verona 65 – Ferrara 61 – Mantova 29 – Milano 203 – Modena 56

Ambasciata (Tamani) 24,

via Martiri di Belfiore 33 – ☎ 03 76 61 91 69 – ristoranteambasciata@ristoranteambasciata.it – Fax 03 76 61 82 55 – Chiuso dal 26 dicembre al 14 gennaio, dal 31 luglio al 24 agosto, domenica sera, lunedì e le sere di Natale e Pasqua

Rist – Carta 110/170 €

Spec. Tortelli di cioccolato farciti di robiola, erbette e scampi con salsa allo champagne. Trancio di merluzzo con cipolla "scarfuiada" e salsa alle olive nere. Crema di fagioli con fegato d'oca, cotechino, capesanta al gratin e olio al basilico.

◆ Un ristorante unico in Italia, un circo rinascimentale fra tappeti, fiori e decorazioni di ogni genere. Cerimoniere il cuoco che ripesca accenti e tradizioni del mantovano.

All'Angelo

via Martiri di Belfiore 20 – ☎ 03 76 61 83 54 – all.angelo@tin.it – Fax 03 76 61 99 55 – Chiuso dal 15 al 29 gennaio, dal 9 al 30 luglio, domenica sera e lunedì

Rist – Carta 24/42 €

◆ Trattoria centrale che propone specialità del territorio, piatti tipici della zona e una pregevole carta dei vini; gradevole il salone per banchetti.

RABLÀ = RABLAND – **Bolzano – Vedere Parcines**

RACALE – Lecce – 564 H 36 27 D3

Roma 633 – Bari 203 – Lecce 53

L'Acchiatura

via Marzani 12 – 08 33 55 88 39 – info@acchiatura.it – Fax 08 33 55 14 98 – Chiuso dal 15 al 30 ottobre, martedì e a mezzogiorno (escluso la domenica)

Rist – Carta 19/29 €

◆ Sito nel centro storico, una trattoria ricavata da un antico convento con tavoli in legno, pareti in pietra e piatti del territorio, sia di carne che di pesce.

RACCONIGI – Cuneo – 561 H 5 – 9 886 ab. – alt. 253 m – ✉ 12035 22 B3

Roma 634 – Torino 43 – Asti 65 – Cuneo 47 – Sestriere 88

piazza Carlo Alberto 1 0172 84562, nuovipercorsi@tiscalinet.it, Fax 0172 85875

La Torre

via Carlo Costa 17/a – 01 72 81 15 39 – elio@ristorantelatorre.info – Fax 01 72 81 15 39 – Chiuso lunedì sera e martedì

Rist – (prenotare) Carta 26/35 €

◆ Una sosta ideale per una gita in questa deliziosa località, a poche decine di metri dal maestoso castello un tempo frequentato dai Savoia. Menù tipicamente piemontese.

Il rosso è il colore di chi sa distinguersi; i nostri punti di riferimento!

RACINES (RATSCHINGS) – Bolzano – 4 107 ab. – alt. 1 290 m – Sport invernali : *1 300/2 250 m* 7, – ✉ 39040 30 B1

Roma 700 – Bolzano 70 – Cortina d'Ampezzo 111 – Merano 102

palazzo Municipio 0472 756666, ratschinqa@dnet.it, Fax 0472 760616

Sonklarhof

rist, rist,

località Ridanna alt. 1342 – 04 72 65 62 12 – sonklarhof@web.de – Fax 04 72 65 62 24 – Chiuso dal 6 novembre al 18 dicembre e dal 10 aprile al 8 maggio

55 cam – 72/77 € 105/140 € – 5 suites – ½ P 59/70 € – **Rist** – *(chiuso la sera)* Menu 15/21 €

◆ Struttura ben organizzata, nel cuore della Val Ridanna, in grado di offrire un'accoglienza di buon livello. Apprezzabile il confort delle camere e la dolce atmosfera tirolese. Ambiente ospitale nella colorata e confortevole sala da pranzo.

Gasteigerhof

cam,

via Giovo 24, località Casateia – 04 72 77 90 90 – info@hotel-gasteigerhof.com – Fax 04 72 77 90 43 – Chiuso dal 4 novembre al 5 dicembre

26 cam – 60/72 € 120/140 € – 4 suites – ½ P 60/72 € – **Rist** – Carta 21/38 €

◆ All'inizio della valle un hotel ben tenuto che presenta una struttura con elementi contemporanei accostati ad evidenti richiami alla tradizione. Camere confortevoli. Accogliente sala ristorante, specialità altoatesine.

RADDA IN CHIANTI – Siena (SI) – 563 L 16 – 1 698 ab. – alt. 531 m – ✉ 53017 29 D1

Toscana

Roma 261 – Firenze 54 – Siena 33 – Arezzo 57

piazza del Castello 0577 738494, proradda@chiantinet.it, Fax 0577738494

Relais Vignale

(riscaldata) rist,

via Pianigiani 9 – 05 77 73 83 00 – vignale@vignale.it – Fax 05 77 73 85 92 – 30 marzo-11 novembre

37 cam – 150/190 € 165/260 € – 5 suites – **Rist** – *(chiuso luglio-agosto e giovedì)* Carta 30/35 €

◆ Una dimora elegante, una curata casa di campagna arredata con buon gusto e stile tipicamente toscani. Molte definizioni, una sola bella realtà. Al ristorante accoglienti e caratteristici gli ambienti, puntuale il servizio.

Palazzo Leopoldo rist, 30,
via Roma 33 – ✆ 05 77 73 56 05 – info@palazzoleopoldo.it – Fax 05 77 73 80 31 – Chiuso gennaio e febbraio
14 cam – 160/190 € 180/220 € – 6 suites – ½ P 135/145 €
Rist ***La Perla del Palazzo*** – ✆ 05 77 73 92 70 *(aprile-ottobre; chiuso mercoledì)* Carta 35/46 €
◆ Un ottimo esempio di conservazione di un palazzo di origine medievale, capace di riproporre, con sobrietà ed eleganza immutate, stili ed atmosfere cariche di storia. Ristorante dalla forte impronta locale, sia negli ambienti che nelle proposte gastronomiche.

Palazzo San Niccolò senza rist 40,
via Roma 16 – ✆ 05 77 73 56 66 – info@hotelsanniccolo.com – Fax 05 77 73 90 22 – Marzo-ottobre
12 cam – 120/140 € 160/180 €
◆ Palazzo del Quattrocento recentemente ristrutturato, offre ampie camere arredate con gusto e un suggestivo salone, al primo piano, interamente affrescato ad inizio '900.

Le Vigne
podere Le Vigne Est : 1 km – ✆ 05 77 73 86 40 – Fax 05 77 73 88 09 – Marzo-novembre
Rist – Carta 25/32 € (+15 %)
◆ Un ristorante d'impostazione classica, ma posizionato tra gli armoniosi vigneti di Toscana. Appena fuori dal paese, in zona panoramica, con gradevole servizio all'aperto.

verso Volpaia

La Locanda colline,
strada sterrata per Panzano, località Montanino Nord : 10,5 km – ✆ 05 77 73 88 33 – info@lalocanda.it – Fax 05 77 73 92 63 – Aprile-ottobre; chiuso 10 giorni in agosto
7 cam – 180 € 250 € – **Rist** – *(chiuso domenica, giovedì e a mezzogiorno)* Menu 30 €
◆ Podere in posizione molto isolata che appare come una vera e propria oasi di pace. La vista sulle splendide colline circostanti è davvero eccezionale.

Agriturismo Podere Terreno
Nord : 5,5 km ✉ 53017 Radda in Chianti – ✆ 05 77 73 83 12 – podereterreno@chiantinet.it – Fax 05 77 73 84 00 – Chiuso dal 7 al 27 dicembre
7 cam – solo ½ P 95/120 € – **Rist** – (solo per alloggiati) *(chiuso a mezzogiorno)*
◆ Casa colonica del '500, contornata da vigneti, lo spirito verace di una terra ospitale. Si mangia con i proprietari attorno ad una grande tavola, in una sala con camino.

Agriturismo Castelvecchi
Nord : 6 km ✉ 53017 Radda in Chianti – ✆ 05 77 73 80 50 – castelvecchi@castelvecchi.com – Fax 05 77 73 86 08 – Aprile-novembre
11 cam – 93 € 98 € – ½ P 64 € – **Rist** – Carta 23/35 €
◆ Struttura inserita in un'antica tenuta vitivinicola molto attiva, un grazioso borgo di campagna con giardino. Gli ambienti e gli arredi sono di rustica ed essenziale finezza.

sulla strada provinciale 429

Radda cam, rist,
Ovest : 1,5 km ✉ 53017 – ✆ 057 77 35 11 – hotelradda@hotelradda.it – Fax 05 77 73 82 84
58 cam – 170/200 € 220/250 € – 1 suite – **Rist** – (solo per alloggiati) Carta 62/98 €
◆ Sebbene realizzata in pietra e legno, è una nuova costruzione dal design moderno con arredi dai colori che spaziano dal grigio al sabbia, con camere ampie e confortevoli.

Il Borgo di Vescine colline, rist,
località Vescine Ovest : 6,5 km ✉ 53017 – ✆ 05 77 74 11 44 – info@vescine.it – Fax 05 77 74 02 63 – Aprile-ottobre
23 cam – 155/180 € 190/250 € – **Rist** – *(chiuso a mezzogiorno)* (solo per alloggiati) Menu 25/30 €
◆ L'abitazione di campagna conserva l'originaria struttura del paesino medievale e dispone di camere confortevoli, sala colazione in terrazza, biblioteca e soggiorno con camino.

Villa Sant'Uberto senza rist

Ovest : 6,8 km – ✆ 05 77 74 10 88 – info@villasantuberto.it – Fax 05 77 74 16 09 – Marzo-novembre

10 cam – 77/82 € 85/93 €

◆ Ben collegata ai principali centri della zona ma anche immersa nel silenzio dei colli, la risorsa, ricavata da un'antica trattoria, offre piacevoli colazioni estive all'aperto

RADEIN = Redagno

RADICOFANI – Siena (SI) – 563 N 17 – 1 229 ab. – alt. 896 m – ✉ 53040 *Toscana* 29 D3

Roma 169 – Siena 71 – Arezzo 93 – Perugia 113

Agriturismo la Palazzina rist,

località Le Vigne Est : 6 km – ✆ 057 85 57 71 – info@fattorialapalazzina.com – Fax 057 85 57 71 – Chiuso dal 10 gennaio al 15 marzo

9 cam – 65 € 110 € – ½ P 85 € – **Rist** – *(chiuso a mezzogiorno)* (solo per alloggiati) Menu 30/35 €

◆ In cima ad una collina, la villa settecentesca vanta eleganti sale comuni arricchite con nuovi pezzi d'arredo e confortevoli camere personalizzate, con mobilio d'antquariato.

RADICONDOLI – Siena – 563 M 15 – 1 008 ab. – alt. 510 m – ✉ 53030 29 C2

Roma 270 – Siena 44 – Firenze 80 – Livorno 95

Agriturismo Fattoria Solaio rist, 25,

località Solaio Sud-Ovest : 12 km ✉ 53030 – ✆ 05 77 79 10 29 – info@fattoriasolaio.it – Fax 05 77 79 10 15 – Chiuso dal 7 gennaio al 15 marzo e dal 5 novembre al 26 dicembre

8 cam – 75/90 € – **Rist** – *(chiuso a mezzogiorno)* (solo per alloggiati) Menu 20 €

◆ Dopo alcuni km di strada non asfaltata si trovano l'antica fattoria cinquecentesca, la villa padronale e la chiesetta dell'800. Avvolte da un giardino all'italiana.

RAGONE – Ravenna – 561 I 18 – Vedere Ravenna

RAGUSA Ⓟ – 565 Q 26 – Vedere Sicilia alla fine dell'elenco alfabetico

RAGUSA (Marina di) – Vedere Sicilia alla fine dell'elenco alfabetico

RANCIO VALCUVIA – Varese – 561 E 8 – 948 ab. – alt. 296 m – ✉ 21030 16 A2

Roma 651 – Stresa 59 – Lugano 28 – Luino 12 – Milano 74 – Varese 18

Gibigiana

via Roma 19 – ✆ 03 32 99 50 85 – Fax 03 32 99 50 85 – Chiuso dal 1° al 15 agosto e martedì

Rist – Carta 26/38 €

◆ Caldi e accoglienti ambienti in legno dove apprezzare una cucina affidabile ed incentrata su specialità tradizionali e alla brace, eseguite davanti agli occhi dei clienti.

RANCO – Varese (VA) – 561 E 7 – 1 202 ab. – alt. 214 m – ✉ 21020 16 A2

Roma 644 – Stresa 37 – Laveno Mombello 21 – Milano 67 – Novara 51 – Sesto Calende 12 – Varese 27

Il Sole di Ranco

piazza Venezia 5 – ✆ 03 31 97 65 07 – ivanett@tin.it – Fax 03 31 97 66 20 – Chiuso dal 16 dicembre al 9 febbraio

3 cam – 190/361 € – 6 suites – 242/361 €

Rist Il Sole di Ranco – vedere selezione ristoranti

◆ All'interno di un'antica villa che ha affiancato il ristorante omonimo. Posizione elevata, fronte lago con giardino. Camere e ambienti comuni molto curati, arredi eleganti.

Conca Azzurra rist, 150,
via Alberto 53 – 03 31 97 65 26 – info@concazzurra.it – Fax 03 31 97 67 21 – Chiuso dal 20 dicembre al 10 febbraio
29 cam – 75/85 € 120/145 € – ½ P 78/90 €
Rist *La Veranda* – 03 31 97 57 10 *(chiuso a mezzogiorno escluso sabato, domenica e da maggio a settembre)* Carta 35/53 €
◆ Un albergo di tono classico con una buona offerta di servizi a disposizione dei clienti. Ideale per un rilassante e panoramico soggiorno in riva al lago. Sala da pranzo classica e ampia terrazza con vetrate apribili, specialità di pesce.

Belvedere cam, cam, cam, 40,
via Piave 11 – 03 31 97 52 60 – info@hotelristorantebelvedere.it – Fax 03 31 97 57 73 – Chiuso dal 24 dicembre al 7 febbraio
12 cam – 80/90 € 110/125 € – ½ P 80/93 € – **Rist** – *(chiuso mercoledì)* Carta 33/46 €
◆ In centro e contemporaneamente a pochi passi dal lago, l'hotel offre ai suoi ospiti un'atmosfera familiare ed ampie camere confortevoli arredate con mobili in legno chiaro. Dalla cucina, specialità di lago, piatti rivisitati in chiave moderna e una lunga tradizione nel campo della ristorazione.

Il Sole di Ranco (Brovelli) 14,
piazza Venezia 5 – 03 31 97 65 07 – Fax 03 31 97 66 20 – Chiuso dicembre, gennaio, lunedì e martedì, dal 17 aprile a settembre aperto lunedì sera
Rist – Carta 78/112 €
Spec. Crudo di lago con ricci di mare e caviale di luccio. Tagliolini con lavarello al fumo e barbabietola. Maiale da latte affumicato, pancetta croccante e il suo boudin.
◆ Una villa in posizione dominante sul lago: se le sale all'interno sono eleganti diventa indimenticabile il panorama lacustre nel servizio all'aperto. Cucina inventiva.

RANDAZZO – **Catania** – **565** N 26 – **Vedere Sicilia alla fine dell'elenco alfabetico**

RANZANICO – **Bergamo** – **561** E 11 – **1 167 ab.** – **alt. 510 m** – ✉ **24060** 19 **D1**
Roma 622 – Bergamo 30 – Brescia 62 – Milano 94

Abacanto
via Nazionale 2741 – 035 81 93 77 – info@abacanto.com – Fax 035 82 98 21 – Chiuso due settimane in febbraio-marzo, una settimana in agosto, mercoledì e giovedì
Rist – Carta 47/65 €
◆ Locale elegante sul lungolago. Gli spazi sono ben distribuiti e molto curati gli arredi. Gestito da una giovane coppia che vi accompagnerà in una romantica serata.

RANZO – **Imperia** – **561** J 6 – **546 ab.** – **alt. 300 m** – ✉ **18028** 14 **A2**
Roma 597 – Imperria 30 – Genova 104 – Milano 228 – Savona 59

Il Gallo della Checca 20,
località Ponterotto 31, Est : 1 km – 01 83 31 81 97 – Fax 01 83 31 89 21 – Chiuso lunedì
Rist – (prenotazione obbligatoria) Carta 30/62 €
◆ Ristorante-enoteca che offre interessanti proposte gastronomiche sull'onda di una cucina legata al territorio. In sala bottiglie esposte ovunque: cantina di buon livello.

RAPALLO – **Genova (GE)** – **561** I 9 – **30 134 ab.** – ✉ **16035** *Italia* 15 **C2**
Roma 477 – Genova 37 – Milano 163 – Parma 142 – La Spezia 79
Lungomare Vittorio Veneto 7 0185 230346, iatrapallo@apttigullio.liguria.it, Fax 0185 63051
, Ovest : 2 km, 0185 26 17 77.
Lungomare Vittorio Veneto★
Penisola di Portofino★★★ per la strada panoramica★★ per Santa Margherita Ligure e Portofino Sud-Ovest per ②

Pianta pagina a lato

RAPALLO

Assereto (Cso)	2
Aurelia Levante (V.)	3
Aurelia Ponente (V.)	
Betti (V.)	
Bolzano (V.)	
Cavour (Pza)	4
Colombo (Cso C.)	
Don Minzoni (V.)	
Garibaldi (Pza)	6
Gramsci (V.)	7
Italia (Cso)	8
Lamarmora (V.)	10
Libertà (V. della)	
Maggiocco (V.)	
Mameli (V.)	12
Marconi (Rotonde)	
Matteotti (Cso)	13
Mazzini (V.)	14
Milite Ignoto (V.)	15
Montebello (Viale)	16
Pastene (Pza)	17
Veneto (L. Vitt.)	
Zunino (V.)	20

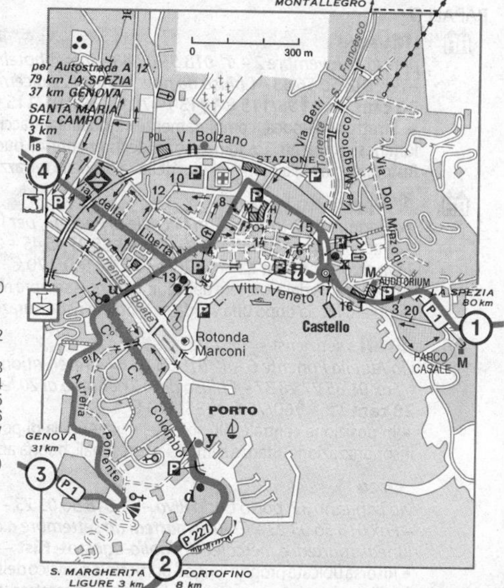

Excelsior Palace Hotel ← Golfo del Tigullio e monte di Portofino,
via San Michele di Pagana 8 – ✆ 01 85 23 06 66 – excelsior@thi.it – Fax 01 85 23 02 14 cam, rist, 450, VISA AE **d**

131 cam – †250/400 € ††500/650 € – 4 suites – ½ P 363 €
Rist – Carta 70/93 €
Rist *Eden Roc* – *(maggio-settembre; prenotare)* Carta 77/99 €

◆ Struttura composita, con una ricca storia e un insieme eclettico di stili. Lusso, raffinata eleganza e tocchi di classe ovunque. In posizione unica, con vista mozzafiato. Al ristorante, colazione a buffet e golosi piatti creativi. All'Eden Roc ambienti prestigiosi e proposte culinarie legate alla tradizione ligure.

Grand Hotel Bristol ← golfo del Tigullio, (acqua di mare)
via Aurelia Orientale 369 : 1,5 km – ✆ 01 85 27 33 13 – reservation.bri@framon-hotels.it – Fax 018 55 58 00 – Marzo-novembre rist, 220, VISA AE

86 cam – †214/280 € ††267/350 € – 6 suites
Rist *Le Cupole* – Carta 57/80 €

◆ Anche Guglielmo Marconi, Evita Peron ed Ezra Pound hanno alloggiato in questo storico albergo frontemare che all'interno dispone di un'elegante hall moderna e spaziose camere. Al ristorante - roof garden, i piatti della cucina ligure ed uno spettacolare panorama.

Europa rist, 60, VISA AE
via Milite Ignoto 2 – ✆ 01 85 66 95 21 – info@hoteleuropa-rapallo.com – Fax 01 85 66 98 47 **x**

60 cam – ††175 € – ½ P 118 €
Rist *Il Trattato* – Carta 35/48 €

◆ Dimora patrizia del XVII sec. riconvertita con gusto a moderna struttura alberghiera. Camere ampie di gradevole effetto, molto curate nei dettagli, decorate con stucchi. Uno stile di semplice raffinatezza caratterizza ambiente e atmosfera del ristorante.

Astoria senza rist ← 40, VISA AE
via Gramsci 4 – ✆ 01 85 27 35 33 – info@infohotelsastoriarapallo.it – Fax 018 56 27 93 **r**

22 cam – †105/155 € ††125/180 €

◆ Edificio in stile liberty rinnovato con l'adozione di soluzioni moderne e funzionali, in posizione centrale, ma con vista sul mare. Piccola e attrezzata sala convegni.

Riviera rist,
piazza 4 Novembre 2 – 018 55 02 48 – info@hotelrivierarapallo.com – Fax 018 56 56 68 – Chiuso da novembre al 22 dicembre r
20 cam – 95/115 € 130/170 € – ½ P 95/115 € – **Rist** – Carta 36/57 €
◆ Struttura d'epoca, completamente rinnovata, affacciata sul mare, dotata di ampi e luminosi ambienti. La stanze sono decisamente di buon livello, così come il servizio. Ristorante che alla gradevolezza della sala e della terrazza unisce il valore della cucina.

L'Approdo senza rist
via Pagana 160, località San Michele di Pagana, per ② – 01 85 23 45 68 – direzione@approdohotel.it – Fax 01 85 23 45 45 – Chiuso dal 7 gennaio al 29 marzo – **32 cam** – 126/130 € 150/170 €
◆ Il panorama dalle camere dell'ultimo piano è sempre magnifico, ma il resto dell'hotel ha cambiato faccia dopo una valida e completa ristrutturazione. Ambienti moderni.

Stella senza rist
via Aurelia Ponente 6 – 018 55 03 67 – reservations@hotelstella-riviera.com – Fax 01 85 27 28 37 – Chiuso dal 10 gennaio al 20 febbraio u
28 cam – 60/75 € 85/120 €
◆ In posizione centrale, all'inizio della via Aurelia di ponente, dotato di validi sistemi di insonorizzazione. Stanze semplici e funzionali, buona accoglienza generale.

Luca
via Langano 32, porto Carlo Riva – 018 56 03 23 – ristoranteluca@yahoo.it – Fax 018 56 03 23 – Chiuso martedì da settembre a giugno, solo i mezzogiorno di lunedì, martedì e mercoledì in luglio-agosto – **Rist** – Carta 44/59 € y
◆ Risorsa ubicata proprio lungo il porticciolo turistico della cittadina. La conduzione, di tipo familiare, è attenta e premurosa; l'ambiente è caratteristico la cucina di mare.

Antica Cucina Genovese
via Santa Maria del Campo 133, 3 km per ④ – 01 85 20 60 36 – anticacucina@libero.it – Fax 01 85 20 63 38 – Chiuso dall'8 gennaio al 9 febbraio e lunedì
Rist – Carta 23/35 €
◆ Locale semplice, spazioso e luminoso, dove lasciarsi conquistare dalla passione per la gastronomia dispensata a piene mani dal titolare. Cucina ligure genuina.

Sotto la Scala
via Cerisola 7 – 018 55 36 30 – sottolascala@libero.it – Chiuso a mezzogiorno (escluso domenica e festivi), domenica sera e lunedì (escluso luglio-agosto)
Rist – Carta 27/36 € n
◆ Oggetti ed utensili d'antiquariato, per arredare i locali di questo caratteristico ristorantino ricavato in una villa d'epoca situata oltre la ferrovia. Cucina ligure.

RAPOLANO TERME – Siena – 563 M 16 – 4 932 ab. – alt. 334 m – ✉ 53040 29 C2

Roma 202 – Siena 27 – Arezzo 48 – Firenze 96 – Perugia 81

2 Mari 100,
via Giotto 1, località Bagni Freddi – 05 77 72 40 70 – info@hotel2mari.com – Fax 05 77 72 54 14 – Chiuso dal 9 gennaio al 3 marzo
59 cam – 55/58 € 78/104 € – ½ P 56/69 € – **Rist** – Carta 25/34 €
◆ Un hotel dalla capace ed attenta gestione familiare, dispone di accoglienti ambienti curati e funzionali, mentre all'esterno un bel giardino custodisce la piscina. Menù regionali presso la sala ristorante di tono classico.

RASEN ANTHOLZ = Rasun Anterselva

RASTELLINO – Modena – Vedere Castelfranco Emilia

RASTIGNANO – Bologna – Vedere Pianoro

RASUN ANTERSELVA (RASEN ANTHOLZ) – Bolzano / Bozen (BZ) – 562 B 18 – 2 761 ab. – alt. 1 030 m – Sport invernali : *1 030/2 273 m 13 16 (Comprensorio Dolomiti superski Plan de Corones)* – ✉ 39030 31 C1

Roma 728 – Cortina d'Ampezzo 50 – Bolzano 87 – Brunico 13 – Lienz 66 – Milano 382

a Rasun (Rasen) – alt. 1 030 m – ✉ 39030

a Rasun di Sotto ✆ 0474 496269, info@rasen.it, Fax 0474 498099

Alpenhof rist,

a Rasun di Sotto – ✆ 04 74 49 64 51 – alpenhof@dnet.it – Fax 04 74 49 80 47 – Chiuso dal 3 al 28 novembre

34 cam – 55/129 € 86/226 € – 5 suites – ½ P 55/159 € – **Rist** – Menu 30/50 €

◆ Piacevole hotel che nasce dall'unione di una casa ristrutturata e di un'ala più moderna, offre camere ed ambienti comuni piacevoli, connotati da spunti di eleganza. E' possibile cenare presso caratteristiche stube o nella calda sala con soffitto in legno.

ad Anterselva (Antholz) – alt. 1 100 m – ✉ 39030

ad Anterselva di Mezzo ✆ 0474 492116, antholz@dnet.it, Fax 0474 492370

Santéshotel Wegerhof cam, cam, rist,

ad Anterselva di Mezzo – ✆ 04 74 49 21 30 – info@santeshotel.com – Fax 04 74 49 24 79 – Natale-Pasqua e maggio-ottobre

28 cam – 80/120 € 160/240 € – ½ P 80/120 €

Rist *Peter Stube* – Carta 25/39 €

◆ Struttura caratterizzata da una gestione attenta, capace di mantenersi sempre al passo coi tempi. Grande considerazione per le esigenze dei "grandi" come dei più piccoli. Piccola e intima stube per apprezzare una genuina cucina del territorio.

Bagni di Salomone-Bad Salomonsbrunn rist, rist,

ad Anterselva di Sotto Sud-Ovest : 1,5 km – ✆ 04 74 49 21 99 – info@badsalomonsbrunn.com – Fax 04 74 49 23 78 – Chiuso dal 15 aprile al 15 maggio e novembre

29 cam – 58/89 € 88/148 € – ½ P 54/84 € – **Rist** – *(chiuso giovedì)* Carta 21/31 €

◆ Gestione familiare, piena di vitalità, in una bella casa d'epoca: al primo piano, il più caratteristico, c'è un ampio corridoio ricco di arredi e quadri di famiglia. I pasti sono serviti in una sala di taglio decisamente classico-elegante.

RATSCHINGS = Racines

RAVALLE – Ferrara – 562 H 16 – Vedere Ferrara

RAVELLO – Salerno (SA) – 564 F 25 – 2 472 ab. – alt. 350 m – ✉ 84010 *Italia* 6 B2

Roma 276 – Napoli 59 – Amalfi 6 – Salerno 29 – Sorrento 40

piazza Duomo 10 ✆ 089 857096, aziendaturismo@ravello.it, Fax 089 857977

Posizione e cornice pittoresche★★★ – Villa Rufolo★★★ : ✻★★★ – Villa Cimbrone★★★ : ✻★★★ – Pulpito★★ e porta in bronzo★ del Duomo – Chiesa di San Giovanni del Toro★

Caruso mare e costa, (riscaldata) rist,

piazza San Giovanni del Toro 2 – ✆ 089 85 88 01 – info@hotelcaruso.net – Fax 089 85 88 06 – 24 marzo-6 novembre

43 cam – 491/818 € 669/1186 € – 7 suites – ½ P 417/676 € – **Rist** – Carta 89/143 €

◆ Successivamente al recente restauro, questo importante hotel ritorna agli antichi fasti grazie alla splendida posizione, al servizio impeccabile ed ai suoi lussuosi ambienti. Piatti di estro contemporaneo presso la raffinata sala ristorante che, d'estate, si apre sulla terrazza affacciandosi sul mare e sulla costa.

Palazzo Sasso mare e costa, (riscaldata) cam, rist, 60,

via San Giovanni del Toro 28 – ✆ 089 81 81 81 – info@palazzosasso.com – Fax 089 85 89 00 – Marzo-ottobre

36 cam – 352/693 € – 7 suites

Rist Rossellinis – vedere selezione ristoranti

Rist *Caffè dell'Arte* – Carta 60/97 €

◆ Senza dubbio uno dei migliori alberghi della costiera: grande eleganza e servizio di livello eccellente. Ambienti comuni raffinati, stanze perfette, panorama mozzafiato. Leggere proposte culinarie, da gustare in una distinta saletta o in terrazza.

Villa Cimbrone ⋞ mare e costa,
via Santa Chiara 26 – ✆ 089 85 74 59 50,
– info@villacimbrone.com – Fax 089 85 77 77 – Chiuso dal 15 novembre a febbraio
19 cam – 315/530 € 345/560 € – 2 suites
Rist *Il Flauto di Pan* – *(chiuso a mezzogiorno)* Carta 70/92 €
◆ Villa patrizia originaria dell'XI sec., immersa in un parco-giardino, da cui è possibile godere di una vista eccezionale sul mare e sulla costa. Risorsa affascinante. Al ristorante vi meraviglieranno tanto l'ambientazione che la cucina.

Palumbo ⋞ golfo, Capo d'Orso e monti, rist,
via San Giovanni del Toro 16 – ✆ 089 85 72 44
– reception@hotelpalumbo.it – Fax 089 85 81 33
12 cam – 430/635 € 530/690 € – ½ P 290/393 € – **Rist** – *(aprile-ottobre)* Carta 68/90 €
◆ Volte, nicchie, passaggi, corridoi e colonne in stile arabo-orientale. Una dimora del XII sec. con terrazza-giardino fiorita: spazi imprevedibili e piaceri sorprendenti. Imperdibile vista dalla terrazza del ristorante.

Rufolo ⋞ golfo, Capo d'Orso e monti, rist,
via San Francesco 1 – ✆ 089 85 71 33
– info@hotelrufolo.it – Fax 089 85 79 35
34 cam – 180/250 € 220/325 € – ½ P 155/195 € – **Rist** – *(chiuso gennaio e febbraio)* Carta 37/48 €
◆ La piscina è inserita in una delle terrazze-giardino che come molte camere si affaccia sul parco di Villa Rufolo e sul golfo sottostante. Nel cuore del centro storico. Sala ristorante con ampie superfici occupate dalla vetrate: per cenare tra cielo e mare.

Villa Maria ⋞ mare e costa,
via Santa Chiara 2 – ✆ 089 85 72 55 – villamaria@villamaria.it
– Fax 089 85 70 71
23 cam – 155/185 € 185/225 € – ½ P 130/150 € – **Rist** – *(chiuso 24 e 25 dicembre)* Carta 35/50 €
◆ Struttura signorile ubicata in una zona tranquilla del paese e raggiungibile soltanto a piedi (il parcheggio è molto vicino). Dotata di un'elegante zona soggiorno comune. Servizio ristorante estivo sotto un pergolato con una stupefacente vista di mare e costa.

Giordano senza rist
via Trinità 14 – ✆ 089 85 72 55 – giordano@giordanohotel.it – Fax 089 85 70 71 – Aprile-ottobre
33 cam – 155 € 175/230 €
◆ A pochi passi dalla piazza, nella direzione di Villa Cimbrone, facilmente raggiungibile in auto e dotato di parcheggio. Camere sobrie e funzionali, grazioso giardino.

Graal ⋞ golfo, Capo d'Orso e monti, rist, 250,
via della Repubblica 8 – ✆ 089 85 72 22 – info@hotelgraal.it – Fax 089 85 75 51
43 cam – 105/145 € 130/170 € – ½ P 95/115 € – **Rist** – *(Natale e marzo-ottobre)* Carta 32/50 €
◆ Vicino al centro storico, in posizione tale da regalare una visuale notevole sul golfo e sui monti circostanti. Struttura recente, dotata di camere di varie tipologie. La sala ristorante colpisce per la luminosità dell'ambiente dovuta alle ampie vetrate.

Rossellinis (Lavarra) – Hotel Palazzo Sasso
via San Giovanni del Toro 28 – ✆ 089 81 81 81
– info@palazzosasso.com – Fax 089 85 89 00 – Marzo-ottobre; chiuso a mezzogiorno
Rist – Carta 80/111 €
Spec. Chitarrina avvolta in carpaccio di pesce spada. Ricciola con emulsione di acciughe e insalata di carciofi (primavera e autunno). Bufalo in crosta di sale (primavera e autunno).
◆ Una cascata di superlativi dove la bellezza pare non conoscere confini, Ravello, la costiera e una cucina che si destruttura e ricompone in piatti sorprendenti.

sulla costiera amalfitana Sud : 6 km :

Marmorata ⊛ ⩤ golfo, ⛱, ⛵, 🅰, ◫, AC, ✂, 🛍 50, 🅿
località Marmorata ✉ 84010 – ✆ 089 87 77 77 – info@marmorata.it – Fax 089 85 11 89 – Marzo-novembre VISA ∞ AE ⊙ $
41 cam ☕ – †115/265 € ††125/280 € – ½ P 98/175 € – **Rist** – Carta 31/64 €
◆ Arroccato sugli scogli, proprio a picco sul mare, albergo ricavato dall'abile ristrutturazione di un'antica cartiera. Gli arredi interni sono in stile vecchia marina. Ambiente curato nella sala ristorante con soffitto a volte, dalla forma particolare.

Villa San Michele ⊛ ⩤ golfo e Capo d'Orso, ⛱, ⛵, AC, ✂, 🅿
via Carusiello 2 – ✆ 089 87 22 37 – smichele@starnet.it – Fax 089 87 22 37 – Chiuso dal 15 novembre al 20 febbraio VISA ∞ AE ⊙ $
12 cam ☕ – ††170 € – ½ P 105 € – **Rist** – *(aprile-ottobre)* Menu 25/30 €
◆ Hotel letteralmente affacciato sul mare, a ridosso degli scogli, inserito in un verde giardino. In perfetta armonia con la natura: per un soggiorno dalle forti emozioni.

RAVENNA 🅿 (RA) – 562 I 18 – 139 021 ab. – ✉ 48100 9 **D2**

▶ Roma 366 – Bologna 74 – Ferrara 74 – Firenze 136 – Milano 285 – Venezia 145

ℹ via Salara 8/12 ✆ 0544 35404, ravenna1@comune.ravenna.it, Fax 0544 482670 (maggio-settembre) via delle Industrie 14 (Mausoleo di Teodorico) ✆ 0544 451539, teodorico.iat@libero.it

◉ Mausoleo di Galla Placidia★★★ Y – Chiesa di San Vitale★★ : mosaici★★★ Y – Battistero Neoniano★ : mosaici★★★ Z – Basilica di Sant'Apollinare Nuovo★ : mosaici★★★ Z – Mosaici★★★ nel Battistero degli Ariani Y **D** – Cattedra d'avorio★★ e cappella arcivescovile★★ nel museo dell'Arcivescovado Z **M2** – Mausoleo di Teodorico★ Y **B** – Statua giacente★ nella Pinacoteca Comunale Z

◎ Basilica di Sant'Apollinare in Classe★★ : mosaici★★★ per ③ : 5 km

Pianta pagina seguente

Jolly ◫ ♿ AC ⇆ cam, ✂ rist, ☏ 🛍 120, VISA ∞ AE ⊙ $
piazza Mameli 1 – ✆ 054 43 57 62 – ravenna@jollyhotels.com – Fax 05 44 21 60 55 Y **c**
83 cam ☕ – †125/160 € ††155/190 € – 1 suite – **Rist** – Carta 25/31 €
◆ Comodo e funzionale per la clientela commerciale ma anche ricco di attenzione per i particolari e per l'estetica adatta alla clientela turistica. Semplice e luminoso ristorante con proposte classiche alla carta o buffet.

Bisanzio senza rist ⛱ ◫ AC ⇆ ☏ 🛍 40, VISA ∞ AE ⊙ $
via Salara 30 – ✆ 05 44 21 71 11 – info@bisanziohotel.com – Fax 054 43 25 39
38 cam ☕ – †106 € ††170 € Y **f**
◆ Nel centro della località, nei pressi della Basilica di San Vitale, un albergo con marmi e lampadari di murano nella hall; camere lineari e complete nei servizi.

S. Andrea senza rist ⛱ ◫ ♿ AC ✂ 🚗 VISA ∞ AE ⊙ $
via Cattaneo 33 – ✆ 05 44 21 55 64 – info@santandrea-hotel.com – Marzo-10 novembre – **12 cam** ☕ – †115 € ††140 € YZ **d**
◆ Ex convento di origine secentesca, ha conservato l'atmosfera tranquilla acquisendo un tono familiare più da casa privata che da albergo. Piccolo giardino, grande oasi.

ClassHotel Ravenna ◫ AC ✂ rist, ☏ 🛍 60, 🅿 VISA ∞ AE ⊙ $
viale della Lirica 141, prossimità strada statale 16, per ④ – ✆ 05 44 27 02 90 – info.ravenna@classhotel.com – Fax 05 44 27 01 70
69 cam ☕ – †60/110 € ††82/130 € – **Rist** – Carta 21/34 €
◆ Hotel moderno, a pochi metri dall'uscita della tangenziale e per questo particolarmente indicato per una clientela di lavoro. Servizi e dotazioni recenti e apprezzabili. Ristorante frequentato soprattutto da ospiti dell'hotel e da uomini d'affari.

Italia senza rist ♿ AC ☏ 🅿 VISA ∞ AE ⊙ $
viale Pallavicini 4/6 – ✆ 05 44 21 23 63 – hitalia@hitalia.it – Fax 05 44 21 70 04
45 cam – †70/100 € ††116/135 €, ☕ 8 € Z **a**
◆ A pochi passi dalla stazione ferroviaria, l'hotel dispone di camere funzionali e accoglienti. Adatto a chi ha bisogno di parcheggio e desidera essere prossimo al centro.

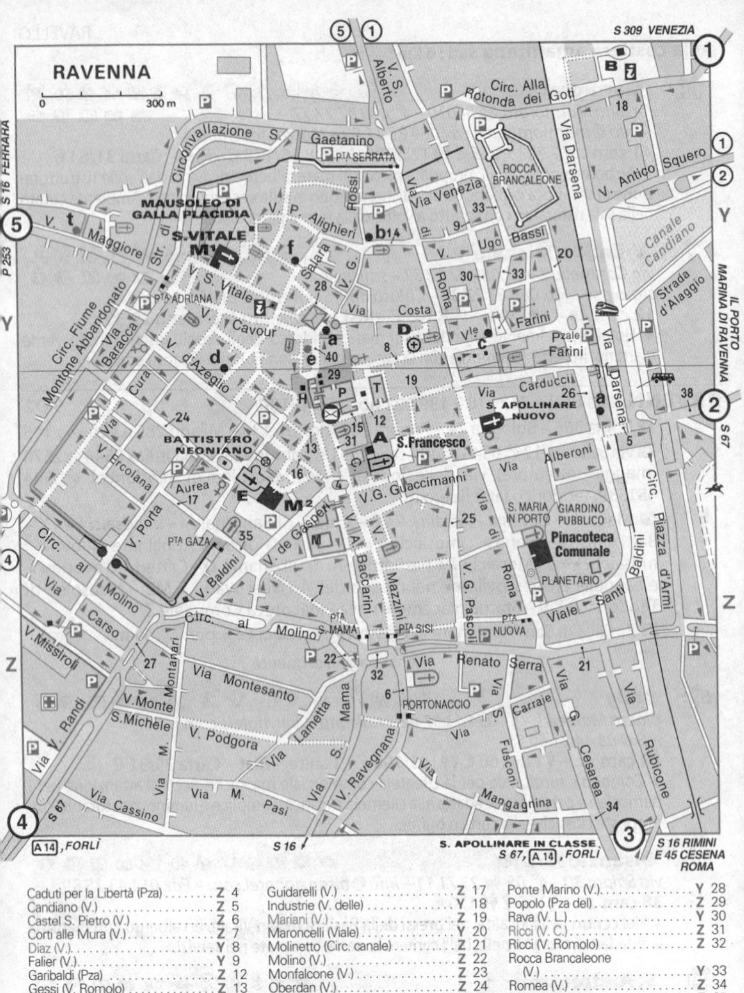

Caduti per la Libertà (Pza)	Z	4	Guidarelli (V.)	Z	17	Ponte Marino (V.)	Y	28
Candiano (V.)	Z	5	Industrie (V. delle)	Y	18	Popolo (Pza del)	Z	29
Castel S. Pietro (V.)	Z	6	Mariani (V.)	Z	19	Rava (V. L.)	Y	30
Corti alle Mura (V.)	Z	7	Maroncelli (Viale)	Y	20	Ricci (V. C.)	Z	31
Diaz (V.)	Y	8	Molinetto (Circ. canale)	Z	21	Ricci (V. Romolo)	Z	32
Falier (V.)	Y	9	Molino (V.)	Z	22	Rocca Brancaleone (V.)	Y	33
Garibaldi (Pza)	Z	12	Monfalcone (V.)	Z	23	Romea (V.)	Z	34
Gessi (V. Romolo)	Z	13	Oberdan (V.)	Z	24	S. Teresa (V.)	Z	35
Ghiselli (V. G.)	Y	14	Oriani (V. A.)	Z	25	Trieste (V.)	Z	38
Gordini (V.)	Z	15	Pallavicini (Viale G.)	Z	26	4 Novembre (V.)	Y	40
Guerrini (V.)	Z	16	Piave (V.)	Z	27			

Diana senza rist

via G. Rossi 47 – ✆ 054 43 91 64 – info@hoteldiana.ra.it – Fax 054 43 00 01 Y **b**

33 cam ☕ – †57/78 € ††83/125 €

◆ Hotel del centro città, che presenta ambienti accoglienti, in cui un certo buon gusto è percepibile dallo stile degli arredi. Camere semplici adeguate ai prezzi.

Cappello senza rist

100, VISA

via IV Novembre 41 – ✆ 05 44 21 98 13 – info@albergocappello.it – Fax 05 44 21 98 14 Y **a**

7 cam ☕ – †120/170 € ††150/200 €

◆ E' un piacere, quasi un privilegio, essere ospitati da una risorsa con camere così eleganti e confortevoli. Palazzo del '400 con affreschi e soffitti a cassettoni.

XXX **Antica Trattoria al Gallo 1909** 10,

via Maggiore 87 – 05 44 21 37 75 – 1909@anticatrattoriaalgallo.191.it – Fax 05 44 21 37 75 – Chiuso dal 20 dicembre al 10 gennaio, Pasqua, domenica sera, lunedì e martedì Y t

Rist – Carta 30/44 €

◆ Trattoria nel nome, un semplice edificio di mattoni fuori ma un tripudio di decorazioni liberty all'interno. Riferimento ineludibile nel panorama della ristorazione ravennate.

XX **Bella Venezia**

via 4 Novembre 16 – 05 44 21 27 46 – Chiuso dal 22 dicembre al 22 gennaio e domenica Y e

Rist – Carta 28/40 €

◆ Ristorante classico, di taglio signorile, suddiviso in due accoglienti salette, situato in pieno centro storico. Cucina versatile per soddisfare tutti i palati.

XX **Trattoria Vecchia Falegnameria**

via Faentina 54, per ⑤ – 05 44 50 18 70 – vecchiafalegnameria@libero.it – Fax 05 44 50 18 70

Rist – Carta 24/35 €

◆ Una ex-falegnameria restaurata e trasformata in un accogliente locale in stile rustico. In cucina dalle paste romagnole alle grigliate, dalla cacciagione alle insalate.

a San Michele Ovest : 8 km – ✉ 48100 – Ravenna

X **Osteria al Boschetto** 8/10,

via Faentina 275 – 05 44 41 43 12 – al-boschetto2002@libero.it – Fax 05 44 41 43 12 – Chiuso dal 7 al 14 gennaio, dal 15 agosto al 4 settembre, giovedì ed in agosto anche a mezzogiorno

Rist – Carta 37/54 €

◆ Non lontano dal casello autostradale di S. Vitale, all'interno di una palazzina d'inizio '900 in mattoni rossi, cucina di varia ispirazione. Servizio estivo in giardino.

a Ragone Sud-Ovest : 15 km – ✉ 48020

X **Flora**

via Ragone 104 – 05 44 53 40 44 – Fax 05 44 53 40 44 – Chiuso dal 20 luglio al 10 agosto e mercoledì

Rist – Carta 18/24 €

◆ Semplice trattoria con bar, oltre alle paste romagnole, in stagione, una buona scelta di funghi e cacciagione. Per arrivare: direzione Forlì e svoltare a destra a Ghibullo.

RAVENNA (Marina di) – Ravenna – 563 I 18 – ✉ 48023 9 D2

Roma 390 – Ravenna 12 – Bologna 103 – Forlì 42 – Milano 314 – Rimini 61

(giugno-settembre) viale delle Nazioni 159 0544 530117

Bermuda senza rist

viale della Pace 363 – 05 44 53 05 60 – hotelbermuda@libero.it – Fax 05 44 53 16 43 – Chiuso dal 20 dicembre al 10 gennaio

23 cam – 65/75 € 90/100 €, 10 €

◆ Ubicato lungo la strada che conduce a sud in direzione di Punta Marina, questo alberghetto ospita clientela commerciale d'inverno e turisti nella stagione baleneare.

XX **Al Porto**

viale delle Nazioni 2 – 05 44 53 01 05 – filippo@ristorantealporto.it – Fax 05 44 53 73 29 – Chiuso lunedì, anche domenica sera da novembre a febbraio

Rist – Carta 34/49 €

◆ Ristorante d'impostazione classica, gestito dalla stessa famiglia sin dal 1936. L'ubicazione, di fronte al mercato del pesce, offre un suggerimento sulle specialità.

RAZZES = RATZES – Bolzano – Vedere Siusi allo Sciliar

RECCO – Genova – 561 I 9 – 10 360 ab. – ✉ 16036 15 **C2**

Roma 484 – Genova 32 – Milano 160 – Portofino 15 – La Spezia 86

via Ippolito D'Aste 2A ✆ 0185 722440, iatpro@libero.it, Fax 0185 721958

La Villa cam, 120,

via Roma 296 – ✆ 01 85 72 07 79 – manuelina@manuelina.it – Fax 01 85 72 10 95

23 cam – 80/120 € 100/135 € – ½ P 60/80 €

Rist *Manuelina* – ✆ 018 57 41 28 *(chiuso dall'8 al 31 gennaio)* Carta 43/60 €

◆ Una risorsa di taglio moderno ricavata però in una villa d'epoca in tipico stile genovese, cui recentemente è stata aggiunta una nuova ala; il confort è ben distribuito. Ristorante molto vivo, con personale esperto e un menu appetitoso.

Da ö Vittorio con cam cam, rist,

via Roma 160 – ✆ 018 57 40 29 – info@daovittorio.it – Fax 01 85 72 36 05

35 cam – 41/82 € 62/114 €, 6 € – ½ P 52/78 € – **Rist** – *(chiuso dal 21 novembre al 6 dicembre e martedì)* Carta 30/56 €

◆ Anticamente era una stazione di posta, oggi un caratteristico ristorante con sala e veranda e una cucina con specialità liguri. Camere moderne nella nuova dépendance.

RECOARO TERME – Vicenza – 562 E 15 – 7 189 ab. – alt. 445 m – Sport invernali : *a Recoaro Mille : 1 000/1 700 m 2,* – ✉ 36076 35 **B2**

Roma 576 – Verona 72 – Milano 227 – Trento 78 – Venezia 108 – Vicenza 44

via Roma 15 ✆ 0445 75070, iat.recoaro@provincia.vicenza.it, Fax 044575158

Trettenero rist,

via V. Emanuele 18 – ✆ 04 45 78 03 80 – info@hoteltrettenero.it – Fax 04 45 78 03 50

58 cam – 46/73 € 70/93 € – **Rist** – *(chiuso a mezzogiorno dal 15 ottobre al 15 maggio)* (consigliata la prenotazione) Carta 23/25 €

◆ Sorto all'inizio dell'Ottocento, prende il nome dal suo fondatore. Si distingue per l'originalità dei decori, per gli ampi spazi a disposizione e per il piccolo parco. Molto capiente la sala da pranzo: colpisce per l'altezza del soffitto e per le decorazioni.

Verona

via Roma 52 – ✆ 044 57 50 10 – hverona@recoaroterme.com – Fax 044 57 50 65 – Maggio-ottobre

35 cam – 40/50 € 57/80 € – ½ P 45/52 € – **Rist** – Carta 21/28 €

◆ Albergo centralissimo che presenta un livello di confort e un grado di ospitalità più che discreto, sotto ogni aspetto. In particolare le stanze sono semplici ma moderne. Luminosa sala ristorante classica.

Carla

via Campogrosso 25 – ✆ 04 45 78 07 00 – info@hotelcarla.it – Fax 04 45 78 07 77

30 cam – 42/46 € 53/59 €, 8 € – ½ P 41/46 €

Rist *55* – *(chiuso domenica sera e lunedì)* Carta 29/40 €

◆ Tranquillo hotel a gestione familiare, con un buon livello di confort. La semplicità degli ambienti comuni e la funzionalità delle stanze risultano comunque apprezzabili. Al ristorante genuinità dei prodotti, preparazioni casalinghe e proposte del territorio.

RECORFANO – Cremona – Vedere Voltido

REDAGNO (RADEIN) – Bolzano / Bozen (BZ) – 562 C 16 – alt. 1 566 m – ✉ 39040 31 **D3**

Roma 630 – Bolzano 38 – Belluno 111 – Trento 60

Zirmerhof monti e vallata,

Oberradein 59 – ✆ 04 71 88 72 15 – info@zirmerhof.com – Fax 04 71 88 72 25 – 26 dicembre-15 gennaio e maggio-6 novembre

32 cam – 58/103 € 110/186 € – ½ P 70/107 € – **Rist** – (prenotare) Carta 27/45 €

◆ Albergo di tradizione ricavato da un antico maso tra i pascoli: in pratica un'oasi di pace con bella vista su monti e vallate. Arredi d'epoca e quadri antichi. Sala ristorante davvero suggestiva, per gustare i prodotti della casa.

REGGELLO – Firenze (FI) – 563 K 16 – 14 588 ab. – alt. 390 m – ✉ 50066 29 C1

Roma 250 – Firenze 38 – Siena 69 – Arezzo 58 – Forlì 128 – Milano 339

a Pietrapiana Nord : 3,5 km – ✉ 50066

Archimede

strada per Vallombrosa – ✆ 055 86 90 55 – archimede@val.it – Fax 055 86 85 84 – Chiuso dal 20 al 30 gennaio

19 cam – 60 € 90 € – ½ P 65 €

Rist Da Archimede – vedere selezione ristoranti

◆ Albergo sorto a metà anni Ottanta, che si caratterizza per la solida struttura in pietra. Arredi di taglio classico, bella hall anche se di dimensioni contenute.

Da Archimede 24,

strada per Vallombrosa – ✆ 05 58 66 75 00 – archimede@val.it – Fax 055 86 85 84 – Chiuso dal 20 al 30 gennaio e martedì escluso da luglio al 15 settembre

Rist – Carta 23/39 €

◆ Ristorante tipico, apprezzato dai clienti del luogo ma ancor più da avventori provenienti da fuori, dove gustare i piatti più tradizionali della cucina toscana.

a Vaggio Sud-Ovest : 5 km – ✉ 50066

Villa Rigacci rist,

via Manzoni 76 – ✆ 05 58 65 67 18 – hotel@villarigacci.it – Fax 05 58 65 65 37

24 cam – 85/95 € 125/165 € – 4 suites – ½ P 90/125 €

Rist *Relais le Vieux Pressoir* – Carta 29/38 €

◆ Incantevole villa di campagna quattrocentesca, completamente immersa nel verde. Un luogo ideale per trascorrere un soggiorno indimenticabile nell'amena terra toscana. Due calde, accoglienti sale da pranzo e servizio estivo sopra la piscina.

a Donnini Nord-Ovest : 10 km – ✉ 50060

Villa Pitiana 70,

via Provinciale per Tosi 7 – ✆ 055 86 02 59 – pitiana@villapitiana.com – Fax 055 86 03 26 – Aprile-ottobre

51 cam – 110/190 € 170/240 € – ½ P 120/155 € – **Rist** – Carta 55/75 €

◆ Complesso costituito da un monastero del XII sec. e da una villa settecentesca, che risulta ulteriormente impreziosito dal bel parco-giardino botanico con piscina. Ristorante con servizio estivo sul prato. Ottima lista vini e buona organizzazione.

REGGIO DI CALABRIA P (RC) – 564 M 28 – 181 440 ab. – ✉ 89100

Italia 5 A3

Roma 705 – Catanzaro 161 – Napoli 499

di Ravagnese per ③: 4 km ✆ 0965 642681

per Messina – Stazione Ferrovie Stato, ✆ 0965 97957

all'Aeroporto ✆ 0965 643291 - Stazione Centrale ✆ 0965 27120

Museo Nazionale★★Y : Bronzi di Riace★★★ – Lungomare★YZ

Pianta pagina seguente

Grand Hotel Excelsior rist, 300,

via Vittorio Veneto 66 ✉ 89121 – ✆ 09 65 81 22 11 – info.excelsior@montesanohotels.it – Fax 09 65 89 30 84 Y c

84 cam – 200 € 250 € – 4 suites – ½ P 155 €

Rist *Galà* – Carta 32/40 €

◆ Struttura dei primi anni '60 assolutamente al passo con i tempi: un punto di riferimento nel panorama dell'ospitalità alberghiera cittadina. Confort e dotazioni ottimi.

Lungomare senza rist

viale Zerbi 13/b ✉ 89124 – ✆ 096 52 04 86 – info@hotellungomare.rc.it – Fax 096 52 14 39 Y a

31 cam – 64/80 € 94/105 €

◆ Ricavato da un palazzo d'inizio '900 splendidamente posizionato sul lungomare e sullo Stretto. Durante l'estate la prima colazione viene servita sulla terrazza solarium.

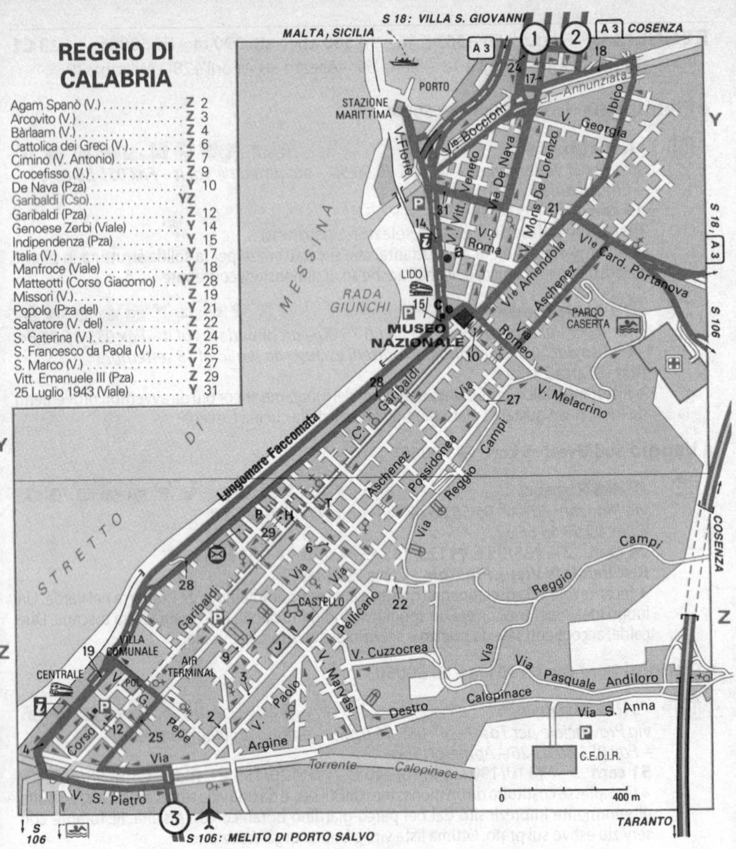

Baylik

vico Leone 1, per ① ✉ 89121 – ✆ 096 54 86 24 – info@baylik.it – Fax 096 54 55 25 – Chiuso luglio e lunedì

Rist – Carta 29/43 €

◆ Situato in zona decentrata è ideale per gustare specialità di mare in un ambiente moderno. Discreta scelta di proposte classiche e tradizionali, sempre affidabili.

a Pellaro Sud : 8 km – ✉ 89066

La Lampara senza rist

lungomare Pellaro – ✆ 09 65 35 95 90 – lalamparapellaro@virgilio.it – Fax 09 65 35 98 66

23 cam – †80/95 € ††90/110 €

◆ Edificio d'epoca ristrutturato totalmente, lungo il tranquillo lungomare della frazione. Posizione panoramica, camere spaziose e confortevoli, meglio se vista mare.

REGGIOLO – Reggio Emilia (RE) – 562 H 14 – 8 776 ab. – alt. 20 m – ✉ 42046 — 8 **B1**

Roma 434 – Bologna 80 – Mantova 39 – Modena 36 – Verona 71

Villa Nabila senza rist

via Marconi 4 – ✆ 05 22 97 31 97 – hotelvillanabila@ilrigoletto.it – Fax 05 22 21 35 98 – Chiuso 1° e 2 gennaio e dal 5 al 19 agosto

26 cam – †68 € ††106 €

◆ Villa di fine Settecento dall'insieme curato, di taglio moderno, ma con un notevole rispetto per gli elementi architettonici originali. Gestione giovane e brillante.

XXX **Il Rigoletto** (D'Amato)
piazza Martiri 29 – 05 22 97 35 20 – ilrigoletto@ilrigoletto.it – Fax 05 22 21 30 19 – Chiuso dal 1° al 10 gennaio, dal 5 al 24 agosto, domenica e lunedì da giugno a settembre, domenica sera, lunedì e martedì a mezzogiorno negli altri mesi settembre
Rist – Carta 80/115 €
Spec. Ravioli di tonno al basilico con pomodoro aromatico e julienne di seppia (primavera-estate). Tortelli di cacciagione con tartufo bianco (inverno). Piccione con mela al maracuja (frutto della passione) e salsa di vino rosso.
◆ Una villa nel centro storico, l'ospitalità di un'elegante casa privata, piatti tecnici e fantasiosi che, nell'intelligenza degli accostamenti, rivelano un raro talento.

XX **Cavallo Bianco** con cam
via Italia 5 – 05 22 97 21 77 – acb@cavallobianco.it – Fax 05 22 97 37 98 – Chiuso da Natale al 10 gennaio ed agosto
14 cam – 55/60 € 75/80 € – **Rist** – *(chiuso sabato e domenica sera, anche domenica a mezzogiorno dal 15 giugno al 31 luglio)* Carta 30/57 €
◆ Edificio storico, adibito a locanda fin dal Seicento, oggi si presenta come una struttura perfettamente funzionale e ricca di confort moderni. Belle camere, cucina affidabile. Sala ristorante d'impostazione classica, cucina stagionale.

verso Gonzaga Nord-Est : 3,5 km :

XX **Trattoria al Lago Verde** 30,
via Caselli 24 42046 – 05 22 97 35 60 – lago.verde@tin.it – Fax 05 22 21 20 22 – Chiuso dal 1° al 5 gennaio, dal 7 al 21 agosto e lunedì
Rist – Carta 26/38 €
◆ Trattoria di campagna aperta pochi anni or sono, in posizione isolata e tranquilla. L'ambiente è molto accogliente e la cucina si fa apprezzare per la propria genuinità.

verso Guastalla Ovest : 3 km

Villa Montanarini cam, 35,
via Mandelli 29, località Villa Rotta 42010 Luzzara – 05 22 82 00 01 – villamontanarini@virgilio.it – Fax 05 22 82 03 38 – Chiuso dal 24 dicembre al 3 gennaio e dal 5 al 26 agosto
16 cam – 95 € 150 €
Rist *Il Torchio* – *(chiuso agosto, domenica e Natale)* Carta 41/57 €
◆ Villa del Settecento, completamente restaurata, immersa nel verde: atmosfera di classe negli interni in stile, arredati con gusto; camere ampie e confortevoli. Raffinata eleganza in sala da pranzo.

Dormire con tutti i comfort a prezzo contenuto?
Cercate i Bib Hotel .

REGGIO NELL'EMILIA (RE) – 562 H 13 – 146 705 ab. – alt. 58 m – 42100 *Italia*

Roma 427 – Parma 29 – Bologna 65 – Milano 149 8 **B3**

piazza Prampolini 5/c c/o Comune 0522 451152, iat@municipio.re.it,Fax 0522 436739

Fattoria del Golf, Sud : 4 km a Canali, 0522 59 93 42 ; Matilde di Canossa, 0522 37 12 95.

Galleria Parmeggiani★ AY **M1**

Piante pagine seguenti

Albergo delle Notarie 65,
via Palazzolo 5 – 05 22 45 35 00 – notarie@albergonotarie.it – Fax 05 22 45 37 37 – Chiuso tre settimane in agosto AZ **r**
51 cam – 98/140 € 126/180 €, 13 € – 3 suites
Rist Delle Notarie – vedere selezione ristoranti
◆ Tanto parquet, travi a vista e un'inconsueta dinamicità degli spazi. Edificio storico, dalle vicende complesse, ristrutturato con intelligenza: un soggiorno speciale.

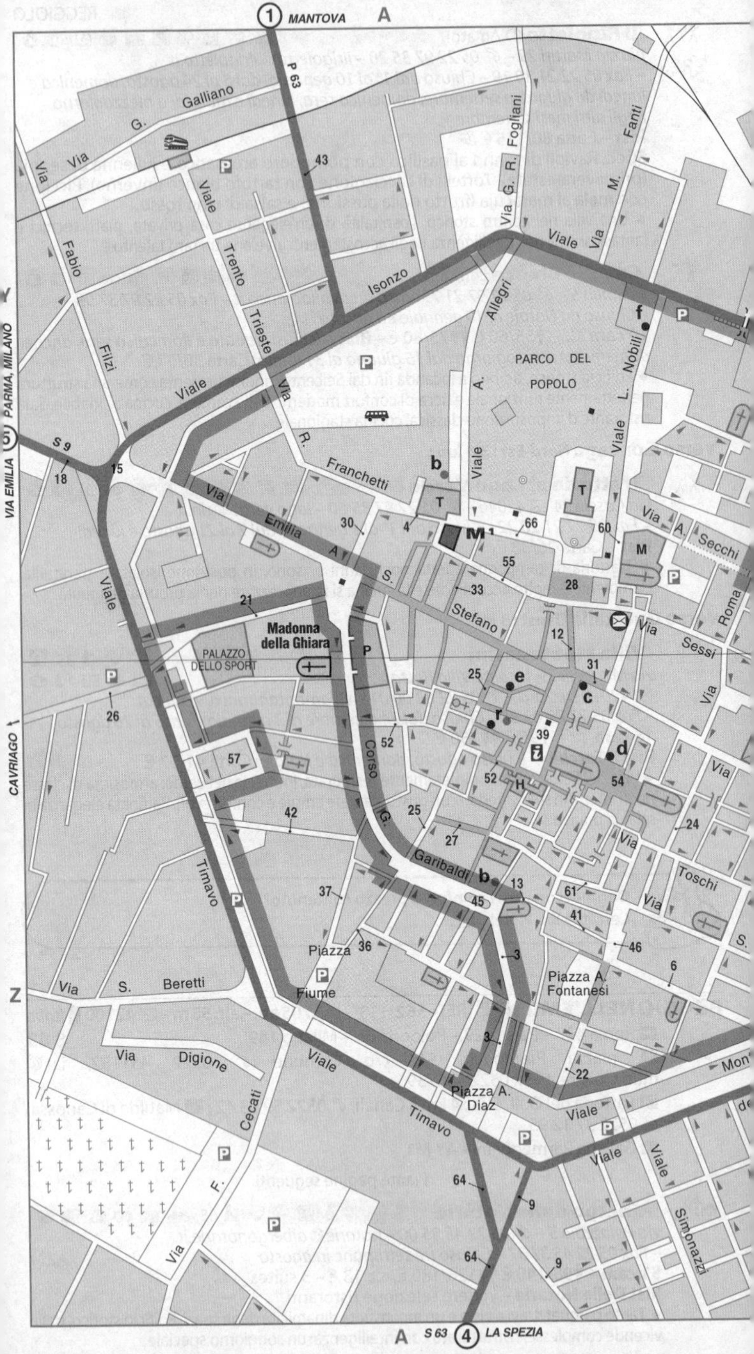

1 MANTOVA
A
P 63
43
Via G. Galliano
Via
Via
Fabio
Viale Trento
Via Trieste
Viale Isonzo
Filzi
Viale
VIA EMILIA
PARMA, MILANO
S 9
18
15
CAVRIAGO
Via R. Foglianì
Via M. Fanti
Viale
Viale A. Allegri
Via R. Franchetti
PARCO DEL POPOLO
Viale L. Nobili
f
b
T
M 1
66
60
M
Via A. Secchi
Via Emilia A S. Stefano
30
4
55
33
28
21
Madonna della Ghiara
PALAZZO DELLO SPORT
P
26
57
Viale
Via Sessi
Roma
12
31
25
e
c
r
39
d
52
52
H
54
42
Corso G. Garibaldi
25
27
24
Via
Via Toschi
Via
b
13
45
61
41
46
6
37
36
Piazza Fiume
Timavo
3
3
Piazza A. Fontanesi
Via S. Beretti
Via Digione
Viale Timavo
Piazza A. Diaz
22
Viale
Viale
Viale Simonazzi
Mon
Cecati
Via F.
64
9
64
9
Z
A
S 63
4 LA SPEZIA

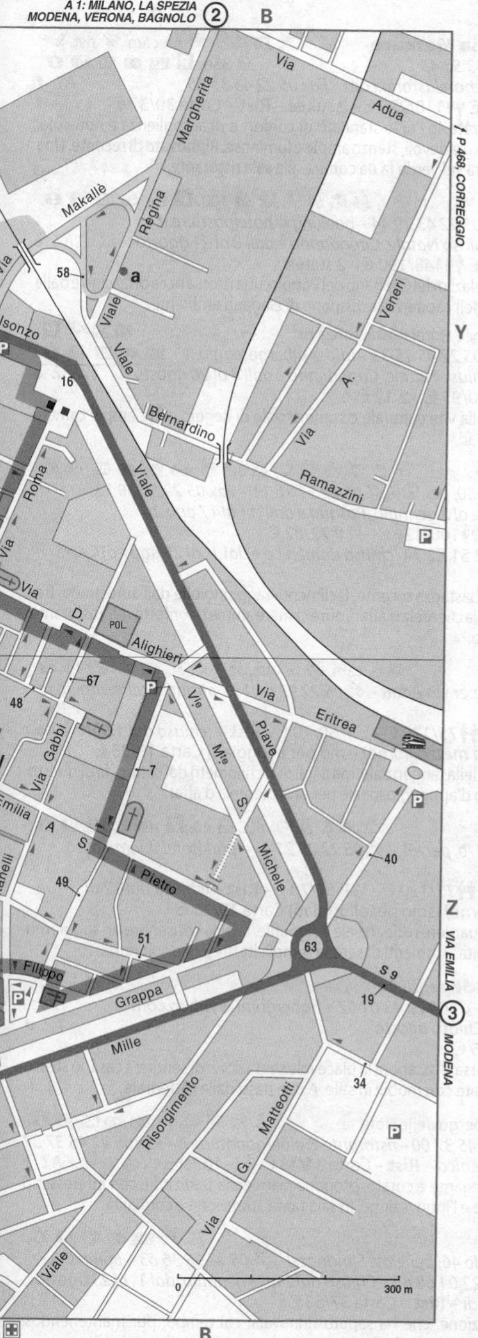

REGGIO NELL'EMILIA

Adua (V.)	BY	
Alighieri (V. D.)	BYZ	
Allegri (Viale A.)	AY	
Ariosto (V. L.)	AZ	3
Beretti (V. S.)	AZ	
Cairoli (Cso B.)	AY	4
Campo Marzio (V.)	AZ	6
Campo Samarotto (V.)	BY	7
Cassoli (V. F.)	AZ	9
Cecati (V. F.)	AZ	
Crispi (V. F.)	AYZ	12
Cristo (V. del)	AZ	13
Diaz (Pza A.)	AZ	
Digione (V.)	AZ	
Duca d'Aosta (Pza)	AY	15
Duca degli Abruzzi (Pza)	BY	16
Emilia all' Angelo (V.)	AY	18
Emilia all' Ospizio (V.)	BZ	19
Emilia A. S. Pietro (V.)	ABZ	
Emilia A. S. Stefano (V.)	AY	
Eritrea (V.)	BZ	
Fanti (V. M.)	AY	
Filzi (V. F.)	AY	
Fiume (Pza)	AZ	
Fogliani (V. G. R.)	AY	
Fontanelli (V.)	BZ	
Fontanesi (Pza A.)	AZ	
Franchetti (V. R.)	AY	
Gabbi (V.)	BZ	
Galliano (V. G.)	AY	
Garibaldi (Cso G.)	AYZ	
Guasco (V.)	AY	21
Guazzatoio (V.)	AZ	22
Guidelli (V.)	AZ	24
Guido da Castello (V.)	AZ	25
Isonzo (Viale)	ABY	
Magenta (Viale)	AZ	26
Makallè (V.)	BY	
Malta (V.)	AZ	27
Martiri del 7 Luglio (Pza)	AY	28
Matteotti (V. G.)	BZ	
Mazzini (V. G.)	AY	30
Mille (Viale dei)	ABZ	
Monte Grappa (Viale)	ABZ	
Monte S. Michele (Viale)	BZ	
Monte (Pza del)	AZ	31
Monzermone (V.)	AYZ	33
Nobili (V. L.)	AY	
Olimpia (Viale)	BZ	34
Panciroli (V. G.)	AZ	36
Piave (Viale)	BYZ	
Porta Brenone (V.)	AZ	37
Prampolini (Pza C.)	AZ	39
Quattro Novembre (Viale)	BZ	40
Quinziane (V. delle)	AZ	41
Racchetta (V. della)	AZ	42
Ramazzini (Viale B.)	BY	
Regina Elena (Viale)	AY	43
Regina Margherita (Viale)	BY	
Risorgimento (Viale)	BZ	
Roma (V.)	ABY	
Roversi (Pza L.)	AZ	45
Secchi (V. A.)	AY	
Sessi (V.)	AYZ	
Sforza (V. G.)	BY	58
Simonazzi (Viale E.)	AZ	
Spallanzani (V. L.)	AY	60
Squadroni (V.)	AZ	61
S. Carlo (V.)	AZ	46
S. Domenico (V.)	BZ	48
S. Filippo (V.)	ABZ	
S. Girolamo (V.)	BZ	49
S. Martino (V.)	BZ	51
S. Pietro Martire (V.)	AZ	52
S. Prospero (Pza)	AZ	54
S. Rocco (V.)	AY	55
S. Zenone (Pza)	AZ	57
Timavo (Viale)	AYZ	
Toschi (V.)	AZ	
Trento Trieste (Viale)	AY	
Tricolore (Pza)	BZ	63
Umberto I (Viale)	AZ	64
Veneri (V. A.)	BY	
Vittoria (Pza della)	AY	66
Zaccagni (V.)	BZ	67

Grand Hotel Astoria Mercure cam, rist,
viale Nobili 2 – 05 22 43 52 45 350,
– prenotazioni@mercurehotelastoria.com – Fax 05 22 45 33 65 AY **f**
108 cam – 93/180 € 118/225 € – 2 suites – **Rist** – Carta 30/37 €
◆ Una risorsa ben organizzata, in cui lo standard di confort e di accoglienza è notevole: ambienti comuni spaziosi e gradevoli, stanze ampie e luminose. Rinnovato di recente. Una luminosa veranda affacciata sul verde fa da cornice alla sala ristorante.

Posta senza rist 100,
piazza Del Monte 2 – 05 22 43 29 44 – booking@hotelposta.re.it
– Fax 05 22 45 26 02 – Chiuso Natale, Capodanno e dall'8 al 21 agosto AZ **c**
38 cam – 108/135 € 148/190 € – 2 suites
◆ Ubicata nel medievale Palazzo del Capitano del Popolo, una risorsa ricca di fascino e dalla lunga tradizione nell'arte dell'ospitare che dispone di eleganti ambienti.

Reggio – dependance Hotel Posta, senza rist
via San Giuseppe 7 – 05 22 45 15 33 – info@albergoreggio.it
– Fax 05 22 45 26 02 – Chiuso Natale, Capodanno e dall'8 al 20 agosto AZ **e**
16 cam – 65/75 € 80/95 €, 12 €
◆ Ideale per partecipare alla vita culturale e commerciale di Reggio, offre ampie camere dagli arredi semplici e lineari.

Cristallo 80,
viale Regina Margherita 30, per ② – 05 22 51 18 11 – Fax 05 22 51 30 73
– Chiuso dal 23 dicembre al 2 gennaio, Pasqua e dall' 11 al 17 agosto
80 cam – 65/80 € 100/120 € – ½ P 72/82 €
Rist *Cristallo* – 05 22 51 52 74 *(chiuso domenica e dal 1° al 25 agosto)* Carta 27/40 €
◆ Hotel di concezione abbastanza recente, facilmente raggiungibile dall'autostrada, frequentato e apprezzato dalla clientela d'affari, offre camere ampie e confortevoli. Ristorante di taglio classico-moderno.

Airone cam, rist, 100,
via dell'Aeronautica 20, per via Adua – 05 22 92 41 11 – aironehotel@virgilio.it
– Fax 05 22 51 51 19 BY
56 cam – 55/80 € 75/120 € – ½ P 50/70 € – **Rist** – *(chiuso dal 12 al 19 agosto, domenica e a mezzogiorno)* (solo per alloggiati) Carta 19/25 €
◆ L'ubicazione nei pressi della tangenziale, ma a soli due chilometri dal centro, fa di questo albergo recente un punto d'appoggio ideale per una clientela d'affari.

Park Hotel rist, 40,
via Guido De Ruggiero 1/b, per ④ – 05 22 29 21 41 – parkhotel@virgilio.it
– Fax 05 22 29 21 43
63 cam – 55/85 € 75/120 € – ½ P 50/70 € – **Rist** – *(chiuso dal 12 al 19 agosto e a mezzogiorno)* (solo per alloggiati) Carta 19/25 €
◆ Hotel che sorge in un quartiere residenziale e signorile, tale da consentire un soggiorno all'insegna della tranquillità. Ambienti di serena semplicità, freschi e colorati.

B&B Del Vescovado senza rist
stradone Vescovado 1 – 05 22 43 01 57 – frabergomi@yahoo.com
– Fax 05 22 43 01 43 – Chiuso agosto AZ **d**
6 cam – 62 € 85 €
◆ Entrando in questa risorsa si assapora la piacevole sensazione di sentirsi a casa; lo stesso vale per le camere, arredate con mobili in stile. A due passi dalla cattedrale.

Delle Notarie – Albergo delle Notarie 10,
via Aschieri 4 – 05 22 45 37 00 – ristorante@albergonotarie.it – Fax 05 22 45 37 37
– Chiuso agosto e domenica – **Rist** – Carta 34/48 € (+10 %) AZ **r**
◆ Ristorante raccolto, elegante e curato, propone piatti della tradizione con interessanti "escursioni" verso il mare e l'innovazione. In sala tanta attenzione e cordialità.

5 Pini-da Pelati
viale Martiri di Cervarolo 46, per viale Simonazzi – 05 22 55 36 63 – 5pini@fastwebnet.it – Fax 05 22 04 68 60 – Chiuso dal 2 all'8 gennaio, dal 1° al 23 agosto, martedì sera e mercoledì – **Rist** – Carta 37/53 € AZ
◆ Locale di lunga tradizione, che ha saputo rinnovarsi col tempo, pur mantenendosi sempre legato alle proprie origini. Cucina del territorio con spunti di creatività.

XX **Caffe' Arti e Mestieri**
via Emilia San Pietro 16 – ✆ 05 22 43 22 02 – Fax 05 22 43 22 24 – Chiuso dal 24 al 30 dicembre, dal 7 al 28 agosto, domenica e lunedì BZ **y**
Rist – Carta 31/50 €
◆ Esposizioni d'arte temporanee alle pareti della sala che si snoda lungo il perimetro del cortile interno di un palazzo storico; proposte differenziate tra pranzo e cena.

XX **Trattoria della Ghiara**
vicolo Folletto 1/C – ✆ 05 22 43 57 55 – Fax 05 22 43 57 55 – Chiuso dal 1° al 24 agosto e domenica – **Rist** – Carta 27/42 € AZ **b**
◆ Ambiente rinnovato pochi anni or sono alla ricerca di un tono moderno e di una nuova e migliore accoglienza per le due sale del ristorante. Cucina attenta alle stagioni.

XX **Il Pozzo** 12,
viale Allegri 7 – ✆ 05 22 45 13 00 – ilpozzo@libero.it – Fax 05 22 45 13 00 – Chiuso una settimana in giugno, dal 15 al 22 agosto, domenica a mezzogiorno e lunedì, in luglio-agosto anche sabato a mezzogiorno AY **b**
Rist – Carta 29/45 €
◆ Ristorante con enoteca abbinata: ottima la carta dei vini. La cucina rivisita il territorio attraverso preparazioni casalinghe e può essere gustata fino a tarda ora.

sulla strada statale 9 - via Emilia per ③ : 4 km :

Classic Hotel cam, cam, 400,
via Pasteur 121 ✉ 42029 San Maurizio – ✆ 05 22 35 54 11 – info@classic-hotel.it – Fax 05 22 33 34 10
91 cam – †92/180 € ††119/205 € – 2 suites – **Rist *L'Amorotto*** – *(chiuso dal 12 al 26 agosto, domenica e lunedì a mezzogiorno)* Carta 29/52 €
◆ Nuovo hotel che manifesta esplicitamente l'intenzione di dedicare attenzioni particolari alla clientela d'affari e congressuale. Comoda ubicazione, buoni servizi e confort. Sala ristorante di taglio attuale e al contempo elegante.

a Codemondo Ovest : 6 km – ✉ 42025

X **La Brace**
via Carlo Teggi 29 – ✆ 05 22 30 88 00 – info@ristorantelabrace.it – Fax 05 22 30 01 16 – Chiuso dal 24 dicembre al 3 gennaio, agosto, sabato a mezzogiorno, domenica e festivi – **Rist** – Carta 25/46 €
◆ Risorsa accogliente connotata da complementi d'arredo di tono moderno. La gestione è a carattere genuinamente familiare, le specialità derivano dal nome del locale.

RENON (RITTEN) – **Bolzano / Bozen (BZ)** – **562** C 16 – **6 848 ab.** – **alt. 1 154 m** – **Sport invernali :** ***1 530/2 260 m*** ***1 3,*** 31 **C2**
Da Collalbo : Roma 664 – Bolzano 16 – Bressanone 52 – Milano 319 – Trento 80

a Collalbo (Klobenstein) – alt. 1 154 m – ✉ 39054
via Paese 5 ✆ 0471 356100, info@ritten.com, Fax 0471 356799

Bemelmans Post (riscaldata) rist, 40,
via Paese 8 – ✆ 04 71 35 61 27 – info@bemelmans.com. – Fax 04 71 35 65 31 – Chiuso dal 4 marzo all'8 aprile
56 cam – †60/88 € ††100/150 € – 6 suites – ½ P 66/99 € – **Rist** – *(chiuso sabato)* (solo per alloggiati)
◆ Un bel parco e un'affascinante fusione di antico e contemporaneo, le stufe originali e i complementi d'arredo più moderni. Può annoverare Sigmund Freud tra i suoi ospiti. Un'ampia sala da pranzo principale e tre stube più piccole ed intime.

Kematen Dolomiti, 55,
località Caminata 29, Nord-Ovest : 2,5 km – ✆ 04 71 35 63 56 – info@kematen.it – Fax 04 71 35 63 63 – Chiuso Epifania e dal 15 gennaio al 1° febbraio
21 cam – †76 € ††76/120 € – 2 suites – ½ P 96 €
Rist Kematen – vedere selezione ristoranti – **Rist** – (solo per alloggiati)
◆ Tipiche stube neogotiche, mobilio e decorazioni in perfetto e omogeneo stile tirolese; posizione meravigliosa e incantevole vista su boschi, pascoli e cime dolomitiche. Due raccolte sale ristorante molto gradevoli grazie all'estrema cura dei dettagli.

XX **Kematten** ← Dolomiti, P VISA

località Caminata 29, Nord-Ovest : 2,5 km – ✆ 04 71 35 63 56 – info@kematen.it – Fax 04 71 35 63 63 – Chiuso Epifania e dal 15 gennaio al 1° febbraio

Rist – Carta 43/59 €

◆ In un antico fienile, circondato da pascoli e boschi, un ristorante con proposte del territorio e specialità di stagione. In estate c'è anche una bella terrazza panoramica.

a Costalovara **(Wolfsgruben)Sud-Ovest : 5 km – alt. 1 206 m –** ✉ **39054 – Soprabolzano**

Lichtenstern ← Dolomiti e pinete, (riscaldata) rist, P VISA

via Stella 8, Nord-Est : 1 km – ✆ 04 71 34 51 47 – info@lichtenstern.it – Fax 04 71 34 56 35 – Chiuso dal 15 gennaio al 15 aprile

27 cam – 55/66 € 96/132 € – ½ P 60/75 € – **Rist** – *(chiuso martedì)* Carta 28/36 €

◆ Un'oasi di pace, con uno stupendo panorama sulle Dolomiti. Conduzione familiare caratterizzata da uno spiccato senso dell'ospitalità; ambienti curati, freschi e luminosi. Accoglienti sale da pranzo rivestite in legno e una bella e ariosa veranda coperta.

Am Wolfsgrubener See ← P VISA

Costalovara 14 – ✆ 04 71 34 51 19 – info@hotel-wolfsgrubenersee.com – Fax 04 71 34 50 65 – 26 dicembre-15 febbraio e 15 aprile-ottobre

25 cam – 60/70 € 120/140 € – ½ P 75/85 € – **Rist** – *(chiuso lunedì)* Carta 20/39 €

◆ Gli spazi interni sono generalmente ampi, e così le camere, luminose e arredate secondo lo stile altoatesino. In riva ad un lago che cinge l'albergo su tre lati. Molto apprezzato il servizio ristorante all'aperto nella bella terrazza a bordo lago.

a Soprabolzano (Oberbozen)Sud-Ovest : 7 km – alt. 1 221 m – ✉ **39059**

via Paese 16 ✆ 0471 345245

Park Hotel Holzner ← Dolomiti e vallata, (riscaldata) cam, rist, P VISA

via Paese 18 – ✆ 04 71 34 52 31 – info@parkhotel-holzner.com – Fax 04 71 34 55 93 – 26 dicembre-6 gennaio e 2 maggio-4 novembre

34 cam – 120/155 € 230/300 € – 6 suites – ½ P 115/155 €

Rist – *(chiuso domenica sera e lunedì)* Carta 35/45 €

◆ Affascinante struttura d'inizio secolo sorta con la costruzione della ferrovia a cremagliera che raggiunge la località. Parco con tennis e piscina riscaldata; per famiglie. Gradevole la sala ristorante interna, così come la zona pranzo esterna.

Regina ← Dolomiti e vallata, P VISA

via Paese 27 – ✆ 04 71 34 51 42 – info@hotel-regina.it – Fax 04 71 34 55 96 – Chiuso dal 9 gennaio al 2 febbraio e dal 9 al 31 marzo

30 cam – 70/75 € 120/140 € – ½ P 65/76 € – **Rist** – (solo per alloggiati) Menu 15/18 €

◆ Arredi in tipico stile tirolese, ma di fattura moderna, per ornare gli spazi comuni e le camere di questa bella casa, in centro paese, ma avvolta da prati e conifere.

RESCHEN = Resia

RESIA (RESCHEN) – **Bolzano / Bozen (BZ) – 562 B 13 – alt. 1 494 m – Sport invernali :** ***1 400/2 500 m* 1 5,** – ✉ 39027 – RESCHEN 30 **A1**

Roma 742 – Sondrio 141 – Bolzano 105 – Landeck 49 – Milano 281 – Trento 163

via Nazionale 22 località Curon Venosta ✆ 0473 633101, reschen@rolmail.net, Fax 0473 633140

Al Moro-Zum Mohren P VISA

via Nazionale 30 – ✆ 04 73 63 31 20 – info@mohren.com – Fax 04 73 63 35 50 – Chiuso dal 25 aprile al 5 maggio e da novembre al 25 dicembre

26 cam – 70 € 100/140 € – ½ P 52/95 € – **Rist** – Carta 24/31 €

◆ Classico e tradizionale albergo di montagna altoatesino, a salda e affidabile conduzione familiare, che si fa apprezzare per la cura generale. Spaziosa zona ristorante, con tocchi di tipicità e tradizione.

REVERE – Mantova (MN) – 561 G 15 – 2 500 ab. – alt. 15 m – ✉ 46036 17 D3

Roma 458 – Verona 48 – Ferrara 58 – Mantova 35 – Milano 210 – Modena 54

Il Tartufo 15, VISA

via Guido Rossa 13 – ✆ 03 86 84 61 66 – tartufo2000@libero.it – Fax 03 86 84 60 76 – Chiuso dal 20 febbraio al 10 marzo e giovedì

Rist – Carta 25/64 €

◆ Ristorante accolto da una villetta nella zona residenziale del paese. Cucina mantovana di ricerca, con specialità a base di tartufo. Atmosfera appartata e intima.

REVIGLIASCO D'ASTI – Asti (AT) – 561 H 6 – 878 ab. – alt. 203 m – ✉ 14010

Roma 626 – Torino 63 – Alessandria 49 – Asti 11 – Cuneo 91 25 C1

Il Rustico VISA AE

piazza Vittorio Veneto 2 – ✆ 01 41 20 82 10 – robebogg@libero.it – Fax 01 41 20 82 10 – Chiuso dal 5 al 20 gennaio, martedì e a mezzogiorno escluso domenica

Rist – Menu 50 €

◆ Un servizio curato con rara cortesia, all'interno di una sala così intima e raccolta da donare l'illusione di essere ospitati da amici. Cucina piemontese rivisitata.

REVINE – Treviso (TV) – 562 D 18 – alt. 260 m – ✉ 31020 36 C2

Roma 590 – Belluno 37 – Milano 329 – Trento 131 – Treviso 50

Giulia 40, P VISA AE

via Grava 2 – ✆ 04 38 52 30 11 – info@cadelach.it – Fax 04 38 52 40 00

35 cam – †60/65 € ††85/95 € – ½ P 70/75 €

Rist ***Ai Cadelach*** – ✆ 04 38 52 30 10 *(chiuso lunedì e martedì a mezzogiorno escluso da maggio a settembre)* Carta 31/49 €

◆ Il giardino con piscina e tennis, il continuo potenziamento della struttura e delle dotazioni, la gestione attenta. E infine le camere, migliori nella dependance sul retro. Al ristorante un'atmosfera romantica; dalla cucina, i sapori regionali. Dispone anche di due sale dove organizzare cerimonie.

REZZATO – Brescia (BS) – 561 F 12 – 12 724 ab. – alt. 147 m – ✉ 25086 17 C1

Roma 522 – Brescia 9 – Milano 103 – Verona 63

La Pina 70, P VISA AE

via Garibaldi 98, Sud : 1 km – ✆ 03 02 59 14 43 – info@lapina.it – Fax 03 02 59 19 37

28 cam – †55/65 € ††75/85 € – ½ P 50/60 € – **Rist** – *(chiuso agosto e lunedì)* Carta 28/42 €

◆ Edificio anni '40 completamente ristrutturato con buona cura per dettagli e tecnologia; grande attenzione per la clientela d'affari, gestione affidabile e intraprendente. Due sale ristorante, la più grande per l'attività banchettistica.

RHÊMES-NOTRE-DAME – Aosta (AO) – 561 F 3 – 95 ab. – alt. 1 723 m – Sport invernali : *1 696/2 200 m* 2, – ✉ 11010 34 A2

Roma 779 – Aosta 31 – Courmayeur 45 – Milano 216

a Chanavey Nord : 1,5 km – alt. 1 696 m – ✉ 11010 – Rhêmes-Notre-Dame

Granta Parey < monti e vallata, rist, P VISA

loc. Chanavey – ✆ 01 65 93 61 04 – info@rhemesgrantaparey.com – Fax 01 65 93 61 44 – Chiuso ottobre e novembre

33 cam – †40/60 € ††84 €, 8 € – ½ P 60/70 € – **Rist** – Carta 25/35 €

◆ Nelle camere i pavimenti sono in legno e gli arredi in pino. Lo stesso calore, senza ricercatezze, lo si ritrova negli ambienti comuni. A pochi metri dalla pista di fondo. Offerta di ristorazione differenziata, da self-service a classica sala da pranzo.

RHO – Milano (MI) – 561 F 9 – 51 136 ab. – alt. 158 m – ✉ 20017 18 A2

Roma 590 – Milano 16 – Como 36 – Novara 38 – Pavia 49 – Torino 127

Green Club, Nord : 6 km a Lainate, ✆ 02 937 10 76.

XX **La Barca**
via Ratti 54 – ✆ 029 30 39 76 – trattori10@labarca.191.it – Fax 02 93 18 65 31 – Chiuso agosto, Natale e martedì – **Rist** – Carta 47/64 €
◆ Moderno ristorante, ristrutturato di recente, dalle linee sobrie ma gradevoli. La cucina trae ispirazione esclusivamente dal mare con aperture alla tradizione pugliese.

RIACE – Reggio di Calabria (RC) – **564** L 31 – **1 638 ab.** – **alt. 300 m** – ✉ **89040** 5 **B3**

Roma 662 – Reggio di Calabria 128 – Catanzaro 74 – Crotone 128

a Riace Marina Sud-Est : 9 km – ✉ 89040 – Riace

Federica
strada statale 106 – ✆ 09 64 77 13 02 – hotelfederica@bagetur.it – Fax 09 64 77 13 05
16 cam – ††80/110 € – ½ P 65/78 € – **Rist** – Carta 23/31 €
◆ Struttura recente, direttamente sulla spiaggia, a pochi metri dal mare blu dello Ionio. Condotta in modo serio e professionale da una giovane e frizzante gestione. Curata sala da pranzo con una grande capacità ricettiva; servizio all'aperto sotto un pergolato.

RICCIONE – Rimini (RN) – **562** J 19 – **34 327 ab.** – ✉ **47838** 9 **D2**

Roma 326 – Rimini 13 – Bologna 120 – Forlì 59 – Milano 331 – Pesaro 30 – Ravenna 64

piazzale Ceccarini 10 ✆ 0541 693302, iat@comune.riccione.rn.it, Fax 0541 605752

Grand Hotel Des Bains rist, 500,
viale Gramsci 56 – ✆ 05 41 60 16 50 – info.reception@grandhoteldesbains.com – Fax 05 41 69 77 72
64 cam – †165/195 € ††200/330 € – 6 suites – ½ P 148/205 €
Rist – *(chiuso a mezzogiorno escluso da giugno a settembre)* (solo per alloggiati) Carta 43/61 €
◆ Struttura sfarzosa, abbondano dorature, stucchi e marmi; boiserie e specchi nelle eleganti camere. Terrazza con piscina sfruttata anche dai numerosi congressisti.

Luna (riscaldata)
viale Ariosto 5 – ✆ 05 41 69 21 50 – info@lunariccione.it – Fax 05 41 69 28 97
38 cam – †100/160 € ††140/260 € – 7 suites – ½ P 80/140 €
Rist – *(maggio-settembre)* Menu 26 €
◆ Centrale ma anche in zona residenziale più verde e tranquilla, l'eleganza esterna dell'edificio è solo un anticipo di luminosi e raffinati ambienti all'interno.

Atlantic (con acqua di mare riscaldata) 250,
lungomare della Libertà 15 – ✆ 05 41 60 11 55 – info@hotel-atlantic.com – Fax 05 41 60 64 02
65 cam – †155/200 € ††210/280 € – 4 suites – ½ P 120/155 € – **Rist** – Carta 45/60 €
◆ Risorsa decisamente apprezzabile per il tenore generale del confort: begli arredi, talvolta personalizzati, accessori e dotazioni all'avanguardia. Gestione attentissima. Ristorante affidabile e curato.

Lungomare 200,
lungomare della Libertà 7 – ✆ 05 41 69 28 80 – lungomare@lungomare.com – Fax 05 41 69 23 54 – Chiuso dal 21 al 27 dicembre
56 cam – †140/170 € ††180/220 € – ½ P 128/155 € – **Rist** – *(20 maggio-20 settembre)* Carta 39/50 €
◆ Risorsa che si contraddistingue per una signorilità dai toni e dall'atmosfera da primi anni Settanta. Una gestione familiare di classe, con tante piccole attenzioni. All'ultimo piano dell'hotel suggestivo ristorante panoramico.

Suite Maestrale
via Carducci 2 – ✆ 05 41 60 27 26 – info@hotelmaestrale.com – Fax 05 41 60 39 79 – Chiuso dal 21 al 27 dicembre
16 cam – †140/170 € ††180/220 € – 10 suites – ½ P 128/155 € – **Rist** – *(10 giugno-5 settembre)* (solo per alloggiati)
◆ Albergo di recente realizzazione, offre ai propri ospiti un notevole confort, anche attraverso una dotazione di accessori molto moderni. Ubicato a due passi dal lungomare.

Corallo (riscaldata) rist, 200,
viale Gramsci 113 – ✆ 05 41 60 08 07 – info@corallohotel.com – Fax 05 41 60 64 00
83 cam – 110/155 € 120/180 € – 3 suites – ½ P 111/155 € – **Rist** – (solo per alloggiati) Menu 30/40 €
♦ Albergo di classe, ubicato in zona residenziale. Offre interni ben rifiniti, arredati e decorati con estro artistico. Le camere sono spaziose e talvolta personalizzate.

Roma (riscaldata) rist,
lungomare della Libertà 12 – ✆ 05 41 69 32 22 – hotelroma@hotelroma.it – Fax 05 41 69 25 03
36 cam – 125/160 € 160/190 € – ½ P 103/118 € – **Rist** – *(15 maggio-20 settembre)* (solo per alloggiati) Menu 30/40 €
♦ Un bell'edificio di primi Novecento, vicino sulla spiaggia, a due passi dal celebre viale Ceccarini, confinante con un fresco parco pubblico. Servizio e ambienti signorili.

Des Nations senza rist 25,
lungomare Costituzione 2 – ✆ 05 41 64 78 78 – info@desnations.it – Fax 05 41 64 51 54
32 cam – 95/175 € 150/270 €
♦ Tra lo storico e il salutistico, l'albergo rappresenta un'eccezione nel panorama cittadino: arredi d'epoca come contorno al benessere fisico e spirituale degli ospiti.

Diamond rist,
viale Fratelli Bandiera 1 – ✆ 05 41 60 26 00 – direzione@hoteldiamond.it – Fax 05 41 60 29 35 – Pasqua-settembre
40 cam – 70/90 € 110/160 € – ½ P 120 € – **Rist** – (solo per alloggiati)
♦ Un hotel confortevole, rinnovato periodicamente, circondato da un bel giardino. Negli interni colpiscono alcuni tocchi di raffinatezza negli arredi e tra le decorazioni.

Apollo senza rist
viale D'Annunzio 34 – ✆ 05 41 64 75 80 – info@hotelapollo.net – Fax 05 41 64 76 22 – Capodanno, 15 gennaio-15 febbraio, marzo-novembre
42 cam – 69/138 € 88/138 €
♦ Vicino al mare, l'eleganza degli interni ne fa qualcosa in più di un alloggio per la spiaggia. Raffinate camere con arredi personalizzati, sfizioso brunch fino alle 13.00.

Select rist,
viale Gramsci 89 – ✆ 05 41 60 06 13 – info@hotelselectriccione.com – Fax 05 41 60 02 56 – Capodanno e 15 marzo-ottobre
45 cam – 40/95 € 80/210 € – **Rist** – (solo per alloggiati) Menu 16/25 €
♦ Un ombroso giardino e alberi ad alto fusto a circondare l'edifico. Oltre alla vicinanza al mare e ai viali cittadini, anche la possibilità di una fresca siesta pomeridiana. La cura per i particolari è una regola anche in cucina.

Novecento cam, rist, 25,
viale D'Annunzio 30 – ✆ 05 41 64 49 90 – info@hotelnovecento.it – Fax 05 41 66 64 90 – Chiuso novembre
36 cam – 60/70 € 100/120 € – ½ P 53/73 €
Rist – *(15 maggio-settembre)* (solo per alloggiati)
♦ Edificio d'inizio secolo arricchito da una bella facciata in stile liberty. All'interno, un'ampia e luminosa hall e ambienti molto ben rifiniti e di ottima fattura.

Arizona (riscaldata) 80,
viale D'Annunzio 22 – ✆ 05 41 64 44 22 – info@hotelarizona.com – Fax 05 41 64 41 08 – Chiuso novembre
56 cam – 100/120 € 140/180 €, 8 € – ½ P 78/98 € – **Rist** – Carta 23/35 €
♦ Camere spaziose e ben arredate, la hall rimodernata pochi anni or sono, il generale tono moderno e funzionale. Insomma una gestione familiare, ma attenta all'innovazione.

Admiral rist,
viale D'Annunzio 90 – ✆ 05 41 64 22 02 – info@hoteladmiral.com – Fax 05 41 64 20 18 – 15 maggio-27 settembre
44 cam – 50/65 € 90/120 €, 12 € – ½ P 60 € – **Rist** – (solo per alloggiati)
♦ Un hotel che la proprietà cura proprio come fosse una casa privata: davvero una valida gestione familiare. Camere non molto ampie, ma funzionali e accoglienti.

Augustus
viale Oberdan 18 ✉ 47838 Riccione – ✆ 05 41 69 33 22 – info@augustusriccione.com – Fax 05 41 69 33 22
44 cam – 82/107 € 122/172 € – ½ P 63/94 € – **Rist** – *(giugno-settembre)* (solo per alloggiati)
◆ A pochi passi dal centro e dal mare, circondato da alti pini marittimi, l'albergo dispone di funzionali ambienti dai sobri arredi moderni ed una terrazza-solarium con piscina.

Gemma (riscaldata) rist,
viale D'Annunzio 82 – ✆ 05 41 64 34 36 – info@hotelgemma.it – Fax 05 41 64 49 10
41 cam – 33/68 € 60/135 € – ½ P 46/80 € – **Rist** – *(marzo-ottobre)* (solo per alloggiati) Carta 18/24 €
◆ La passione della gestione, interamente rivolta all'accoglienza degli ospiti, è visibile tanto negli esterni, quanto negli ambienti comuni e nelle confortevoli stanze.

Maestri rist,
viale Gorizia 4 – ✆ 05 41 69 13 90 – info@hotelmaestri.com – Fax 05 41 69 14 44 – Pasqua-settembre
53 cam – 56/68 € 96/120 €, 8 € – ½ P 66/82 € – **Rist** – (solo per alloggiati) Menu 20/25 €
◆ Hotel ubicato a poca distanza dal mare, in una tranquilla zona residenziale. Tipica gestione familiare calorosa e professionale; agli ultimi piani le camere più recenti.

Dory rist,
viale Puccini 4 – ✆ 05 41 64 28 96 – info@hoteldory.it – Fax 05 41 64 45 88
46 cam – 90 € 160 € – ½ P 98 € – **Rist** – (solo per alloggiati)
◆ Albergo ben ristrutturato, in cui la conduzione ha un'impostazione familiare, ma capacità e professionalità di alto livello. Tante iniziative e proposte per gli ospiti.

Soraya rist,
via Torino 27/A – ✆ 05 41 60 09 17 – info@sorayahotel.it – Fax 05 41 69 40 33 – 15 maggio-settembre
44 cam – 66/71 € 86/94 € – ½ P 64/91 € – **Rist** – Carta 22/30 €
◆ Meno vicino al centro ma direttamente sulla spiaggia, neppure una strada vi separa dal mare. Ambienti semplici, ma molto luminosi e ben tenuti.

Poker (riscaldata)
viale D'Annunzio 61 – ✆ 05 41 64 77 44 – hotelpoker@hotelpoker.it – Fax 05 41 64 86 99 – Chiuso novembre e dicembre
60 cam – 60/70 € 120/140 € – ½ P 47/81 € – **Rist** – Carta 29/35 €
◆ Hotel di lunga tradizione, con gestione familiare solida e affidabile. Gli ambienti sono arredati con brio e freschezza. Indicato anche per una clientela d'affari. Cucina di fattura casalinga.

Antibes (riscaldata) rist,
via Monteverdi 4 – ✆ 05 41 64 42 92 – info@hotelantibes.com – Fax 05 41 64 34 33 – Marzo-ottobre – **30 cam** – 40 € 70/130 € – ½ P 41/80 €
Rist – *(aprile-settembre)* (solo per alloggiati)
◆ Ad un centinaio di metri dal mare, in una traversa molto tranquilla, giovane gestione tra camere con arredi neocoloniali e facilitazioni per gli appassionati di bicicletta.

Darsena rist,
viale Galli 5 – ✆ 05 41 64 80 64 – info@darsenahotel.it – Fax 05 41 64 22 64 – Marzo-ottobre
36 cam – 38/60 € 70/110 € – ½ P 50/70 € – **Rist** – *(Pasqua-ottobre)* (solo per alloggiati) Carta 30/43 €
◆ È proprio sulla darsena che si affacciano alcune camere, le altre godono di uno scorcio di mare. Accogliente e affidabile gestione familiare, in attività dal 1967.

Atlas
viale Catalani 28 – ✆ 05 41 64 66 66 – info@atlashotel.it – Fax 05 41 64 76 74 – 10 maggio-25 settembre
39 cam – 50/60 € 98/110 €, 8 € – ½ P 60/75 € – **Rist** – (solo per alloggiati)
◆ Una di quelle strutture che hanno contribuito a costruire la fama e la forza della riviera. Zona tranquilla, gestione familiare, molta attenzione e passione.

De Londres (riscaldata) rist,
via Leopardi 10 – 05 41 64 80 74 – info@ghotels.it – Fax 05 41 64 82 42 – Pasqua e maggio-settembre
42 cam – 40/60 € 70/100 €, 10 € – ½ P 40/70 € – **Rist** – (solo per alloggiati) Menu 16/22 €
◆ Gestione familiare d'esperienza in questo albergo in parte rinnovato, con ambienti comuni arredati in modo semplice, ma piacevole; camere lineari di taglio moderno.

Mon Cheri
viale Milano 9 – 05 41 60 11 04 – Fax 05 41 60 16 92 – Pasqua-settembre
52 cam – 60 € 120 €, 8 € – ½ P 76 € – **Rist** – (solo per alloggiati)
◆ La gestione sa dimostrare un tale entusiasmo e una tale disponibilità verso gli ospiti, che fa presto dimenticare i piccoli limiti strutturali di questa risorsa.

Romagna rist,
viale Gramsci 64 – 05 41 60 06 04 – info@hotelromagnariccione.com – Fax 05 41 69 16 12 – 25 maggio-15 settembre
50 cam – 54/64 € 85/105 € – **Rist** – (solo per alloggiati) 24 €
◆ Semplicità, affidabilità, cortesia familiare: una risorsa capace di trasmettere con impeccabile immediatezza lo spirito più sincero della celebre ospitalità romagnola.

Margareth cam, rist,
viale Mascagni 2 – 05 41 64 53 00 – hmargareth@hotelmargareth.com – Fax 05 41 64 53 69 – Pasqua-ottobre
50 cam – 63/89 € 126/178 €, 16 € – ½ P 76/86 € – **Rist** – Menu 15/30 €
◆ Apparentemente simile a molte altre risorse della costa di Romagna, si fa apprezzare per la parte notte confortevole e ben accessoriata e per il servizio assai accurato. Nella panoramica sala da pranzo affacciata sul mare, carne, pesce e paste fatte in casa.

Ardea (riscaldata)
viale Monti 77 – 05 41 64 18 46 – info@ghotels.it – Fax 05 41 64 18 46 – Pasqua e maggio-settembre
40 cam – 40/60 € 70/100 €, 10 € – ½ P 40/70 € – **Rist** – (solo per alloggiati) Menu 16/22 €
◆ Nei pressi della passeggiata pedonale di via Dante, ma comunque non lontano dal mare. La gestione particolarmente attiva, compensa appieno alcuni lievi limiti strutturali.

Lugano rist,
viale Trento Trieste 75 – 05 41 60 66 11 – info@hotellugano.com – Fax 05 41 60 60 04 – 15 maggio-settembre
30 cam – 50/60 € 50/80 €, 6 € – ½ P 48/78 € – **Rist** – (solo per alloggiati)
◆ Tutte le zone di questo semplice alberghetto sono state ristrutturate pochissimi anni or sono. Risulta apprezzabile soprattutto la zona notte: un'ottima semplicità.

Le Vele
viale D'Annunzio 59 – 05 41 64 75 10 – info@levelericcione.it – Fax 05 41 64 75 10 – Pasqua-settembre
36 cam – 50/80 € 76/116 € – ½ P 43/60 € – **Rist** – (solo per alloggiati) Menu 16/18 €
◆ Simpatica gestione familiare che, se vede limitata la possibilità d'intervento nelle ridotte parti comuni, concentra la propria attenzione sulle ampie e comode camere.

Cannes rist,
via Pascoli 6 – 05 41 69 24 50 – hotelcannes@hotelcannes.net – Fax 05 41 42 56 44 – Aprile-20 settembre
27 cam – 40/80 € 65/130 € – ½ P 40/73 € – **Rist** – *(20 maggio-settembre)* (solo per alloggiati)
◆ Gestione giovane in un albergo completamente rinnovato, in posizione centrale; ambienti resi ancor più accoglienti dalle calde tonalità delle pareti e degli arredi.

Strand Hotel rist,
viale D'Annunzio 92 – 05 41 64 65 90 – info@hotelstrand.net – Fax 05 41 64 34 88
47 cam – 34/62 € 60/114 € – ½ P 46/69 € – **Rist** – *(maggio-settembre)* (solo per alloggiati)
◆ Struttura accogliente, a gestione familiare, in cui la ricerca di personalizzazione è evidente, pur con toni di grande semplicità. Dotazioni sempre al passo coi tempi.

XX **Al Pescatore**
via Ippolito Nievo 11 – ✆ 05 41 69 27 17 – info@alpescatore.net – Fax 05 41 69 32 98 – Chiuso a mezzogiorno (escluso sabato e domenica) da novembre a marzo
Rist – Carta 31/49 €
◆ In zona centrale, a pochi passi da viale Ceccarini, ristorante dalla simpatica atmosfera romagnola, in cui gustare tradizionali proposte marinare e d'ispirazione giapponese.

XX **Carlo**
lungomare della Repubblica, zona 72 – ✆ 05 41 69 28 96 – info@carloristorante.it – Fax 05 41 47 52 80 – Marzo-ottobre
Rist – Carta 52/85 €
◆ Nella struttura del bagno 72, un piacevole locale con una sala-terrazza al piano superiore e un'altra al piano terra, con un'atmosfera più "da spiaggia"; piatti di mare.

XX **Da Bibo**
via Parini 14 – ✆ 05 41 69 25 26 – Fax 05 41 69 59 17
Rist – Carta 37/57 €
◆ Molte proposte a base di pesce, elaborate in modo classico partendo da buoni prodotti. Locale tradizionale, ubicato a poca distanza dalla zona pedonale di via Dante.

XX **Il Casale**
viale Abruzzi, Riccione alta – ✆ 05 41 60 46 20 – info@ilcasale.net – Fax 05 41 69 40 16 – Chiuso lunedì escluso giugno-settembre
Rist – Carta 30/40 €
◆ Fuori dal caos e dalla frenesia della Riccione conosciuta ai più, una piacevole oasi di pace, immersa nel verde. Solo piatti di carne e ameno servizio in veranda panoramica.

RIETI P (RI) – 563 O 20 – **46 515 ab.** – **alt. 402 m** – ✉ **02100** *Italia* 13 **C1**

Roma 78 – Terni 32 – L'Aquila 58 – Ascoli Piceno 113 – Milano 565 – Pescara 166 – Viterbo 99

piazza Vittorio Emanuele, portici del Comune ✆ 0746 203220, aptrieti@apt.rieti.it

Belmonte in Sabina, località Zoccani, ✆ 0765 773 77 ; Centro d'Italia, ✆ 0746 22 90 35.

Giardino Pubblico★ in piazza Cesare Battisti – Volte★ del palazzo Vescovile

Park Hotel Villa Potenziani cam, 180,
via San Mauro 6 – ✆ 07 46 20 27 65 – info@villapotenziani.it – Fax 07 46 25 79 24
27 cam – †115 € ††130 € – 1 suite – ½ P 90 €
Rist ***Belle Epoque*** – *(chiuso una settimana in agosto e a mezzogiorno)* Carta 35/53 €
◆ Signorile villa settecentesca con amena terrazza, cinta da un ampio e rigoglioso parco; soluzioni personalizzate in ogni ambiente, tali da regalare un soggiorno esclusivo. Sontuosa sala da pranzo con immenso camino, pregevoli rivestimenti e soffitti in legno.

Miramonti 40,
piazza Oberdan 5 – ✆ 07 46 20 13 33 – info@hotelmiramonti.rieti.it – Fax 07 46 20 57 90 – Chiuso dal 15 luglio al 13 agosto
27 cam – †48/77 € ††76/98 € – 3 suites – ½ P 50/60 €
Rist ***Da Checco al Calice d'Oro*** – ✆ 07 46 20 42 71 *(chiuso dal 25 luglio al 14 agosto e lunedì)* Carta 26/32 €
◆ Il più antico edificio di Rieti, oggi monumento nazionale. Un soggiorno peculiare, che consente di respirare la storia a pieni polmoni. Belle stanze, di sobria eleganza. Ristorante che si sviluppa in più sale: ambiente gradevole e specialità della tradizione.

Grande Albergo Quattro Stagioni senza rist 90,
piazza Cesare Battisti 14 – ✆ 07 46 27 10 71 – hotelquattrostagioni@libero.it – Fax 07 46 27 10 90
43 cam – †70 € ††80 €
◆ Struttura storica, ubicata nella piazza principale della città. Si distingue per la ricercatezza degli arredi in stile, l'eleganza degli ambienti e il confort delle camere.

XX Bistrot

piazza San Rufo 25 – ✆ 07 46 49 87 98 – info@bistrotrieti.com – Fax 07 46 49 87 98 – Chiuso dal 20 ottobre al 15 novembre, domenica e lunedì a mezzogiorno
Rist – Carta 31/40 €
♦ In una graziosa e tranquilla piazzetta nel centro della cittadina, un locale piccolo, accogliente e caratteristico, dove gustare specialità della tradizione locale.

RIGUTINO – Arezzo – 563 I 17 – Vedere Arezzo

RIMINI 🅿 (RN) – 562 J 19 – 131 785 ab. – ✉ 47900 ▮ *Italia* 9 **D2**

■ Roma 334 – Ancona 107 – Milano 323 – Ravenna 52
✈ di Miramare per ①: 5 km ✆ 0541 715711, Fax 0541 373649
ℹ piazzale Cesare Battisti 1 (alla stazione) ✆ 0541 51331, infostazione@comune.rimini.it, Fax 0541 27927
⛳18, Sud-Ovest : 14 km a Villa Verucchio, ✆ 0541 67 81 22.
◘ Tempio Malatestiano★ ABZ A

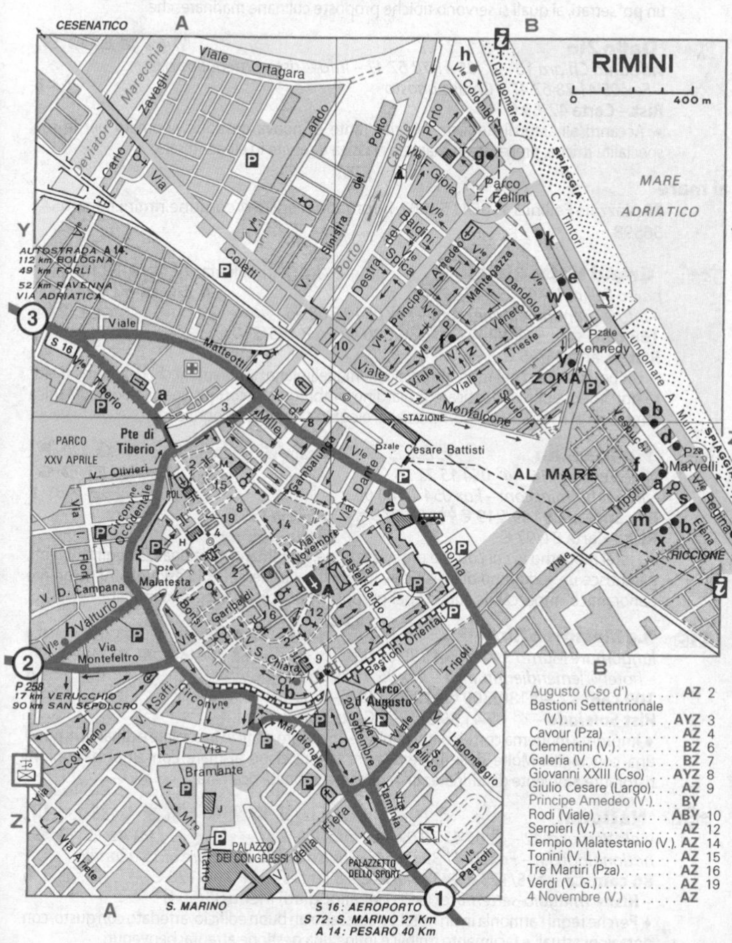

XXX ✿ **Acero Rosso** (Rossi)

viale Tiberio 11 – ✆ 054 15 35 77 – info@acerorosso.it – Fax 054 15 54 61 – Chiuso dal 21 al 27 dicembre, dall'8 al 15 agosto, a mezzogiorno (escluso domenica e i giorni festivi) e lunedì, anche domenica sera da ottobre a maggio AY **a**

Rist – Carta 50/66 €

Spec. Lombo di coniglio ripieno, fagiolini, salsa ai peperoni, chips di patate e olive (primavera-estate). Spaghetti con julienne di calamari, pesto di pomodori secchi, basilico e verdure disidratate (primavera). Ossobuco di vitello in umido con zafferano, piselli, riso pilaw e puré di patate (primavera).

◆ In una Rimini diversa da quella balneare, il centro storico arretrato dal mare, viene servita una cucina creativa, attenta alle presentazioni fino alla piccola pasticceria.

XX **Trattoria Marinelli-da Vittorio** 10,

viale Valturio 39 – ✆ 05 41 78 32 89 – info@damarinelli.it – Fax 05 41 78 32 89 – Chiuso 25-26 dicembre AZ **h**

Rist – Carta 38/84 €

◆ Classico locale riminese a gestione diretta: tradizionale ambiente di trattoria, con tavoli un po' serrati, ai quali si servono tipiche proposte culinarie marinaresche.

X **Dallo Zio**

via Santa Chiara 16 – ✆ 05 41 78 67 47 – info@ristorantedallozio.it – Fax 05 41 78 67 47 – Chiuso agosto AZ **b**

Rist – Carta 42/69 €

◆ Accanto all'Arco di Augusto, un ristorante di nuova gestione rinomato per le sue specialità ittiche, preparate in maniera classica e servite in eleganti sale.

al mare

i piazzale Fellini 3 ✆ 0541 56902, infomarinacentro@comune.rimini.it, Fax 0541 56598

Grand Hotel Rimini (riscaldata) cam, 350,

parco Fellini 1 – ✆ 054 15 60 00 – info@grandhotelrimini.com – Fax 054 15 68 66 BY **g**

168 cam – †180/250 € ††230/320 € – ½ P 165/210 €

Rist – Carta 45/65 €

◆ Un hotel entrato nel mito grazie al cinema felliniano: ambienti ricchi di charme d'altri tempi. Impossibile dimenticare il giardino ombreggiato con piscina riscaldata. Magica atmosfera al ristorante: lusso, finezza ed eleganza avvolgono ogni cosa.

Holiday Inn cam, cam, rist, 220,

viale Vespucci 16 – ✆ 054 15 22 55 – info@hirimini.com – Fax 054 12 88 06 BY **k**

64 cam – †149/219 € ††159/249 € – ½ P 129/159 €

Rist – Carta 81/97 €

◆ Hotel moderno in cui l'ottima organizzazione, unitamente all'eleganza degli ambienti, garantisce un soggiorno di livello elevato anche alla clientela più esigente. Al ristorante panoramico, impeccabile cura sia per gruppi che per clienti in cerca d'intimità.

Le Meridien Rimini (termale) cam, cam, rist, 300,

lungomare Murri 13 – ✆ 05 41 39 66 00 – hotel@lemeridienrimini.it – Fax 05 41 39 66 01 BZ **d**

109 cam – †180/300 € ††220/340 € – 1 suite

Rist *Soleiado* – ✆ 05 41 39 58 42 – Carta 55/59 €

◆ Impronta moderna con eleganti rifiniture, in questo edificio irregolare e dinamico, quasi una conchiglia. Molte delle belle camere si affacciano al mare con ampi balconi. Al ristorante ambiente di raffinatezza minimale e sobrietà ricercata.

National (riscaldata) cam, 250,

viale Vespucci 42 – ✆ 05 41 39 09 44 – info@nationalhotel.it – Fax 05 41 39 09 54 – Chiuso dal 20 dicembre al 15 gennaio

86 cam – †95/125 € ††140/230 € – 3 suites – ½ P 108/128 € BYZ **b**

– **Rist** – *(maggio-settembre)* (solo per alloggiati) Menu 35/50 €

◆ Perché regni l'armonia in un hotel è necessario un buon edificio, arredato con gusto, con dotazioni attuali e facilmente fruibili e infine una gestione attenta: benvenuti.

De Londres senza rist
viale Vespucci 24 – ✆ 054 15 01 14 – info@hoteldelondres.it – Fax 054 15 01 68 BY w
49 cam ☕ – †88/149 € ††128/189 €
◆ Il bianco candore degli esterni e i caldi ed accoglienti arredi interni. Una delle ristrutturazioni più recenti e radicali della zona: il risultato è assai apprezzabile.

Ambasciatori rist, 200,
viale Vespucci 22 – ✆ 054 15 55 61 – info@hotelambasciatori.it – Fax 054 12 37 90 – Maggio-15 settembre BY e
62 cam ☕ – †115/150 € ††135/240 € – 4 suites – ½ P 115/160 € – **Rist** – Carta 51/63 €
◆ Hotel di lunga tradizione, gestito con scrupolosità estrema, alla ricerca di un pieno appagamento della clientela. Ambienti di tono moderno e signorile. Ampia sala da pranzo, con molta luce naturale e l'attenzione per tanti piccoli accorgimenti.

Mercure-La Gradisca cam, rist, 160,
viale Fiume 1 – ✆ 054 12 52 00 – info@hotellagradisca.it – Fax 054 15 62 99 BY y
52 cam ☕ – †183 € ††249 € – **Rist** – *(giugno-agosto)* (solo per alloggiati) Menu 20/60 €
◆ Un albergo originale, impreziosito dall'utilizzo di materiali decorativi di qualità, offre interni personalizzati e caratterizzati da icone felliniane: omaggi al Maestro.

Diplomat Palace rist, 50,
viale Regina Elena 70, per viale Regina Elena – ✆ 05 41 38 00 11 – diplomat@diplomatpalace.it – Fax 05 41 38 04 14 BZ
75 cam ☕ – †80/140 € ††120/180 € – ½ P 92/107 €
Rist – Carta 35/44 €
◆ Hotel in prima fila sul lungomare: molto apprezzato dai turisti nei mesi estivi, si rivela una risorsa ideale per la clientela d'affari nel resto dell'anno. Ben diretto. Sala ristorante situata al primo piano dell'albergo, in posizione panoramica.

Kyriad Vienna rist, 90,
via Regina Elena 11 – ✆ 05 41 39 17 44 – info@ciminohotels.it – Fax 05 41 39 10 32 – Chiuso dal 23 al 27 dicembre BZ s
43 cam ☕ – †100/130 € ††120/180 € – **Rist** – Carta 27/40 €
◆ Tanto rosa un po' dovunque, accompagna l'impostazione omogenea nella scelta dei complementi d'arredo. Le stanze appaiono come bomboniere accuratamente "confezionate". La sala ristorante manifesta un'evidente ricerca di eleganza e personalità.

Luxor
viale Tripoli 203 ✉ 47900 – ✆ 05 41 39 09 90 – info@riminiluxor.com – Fax 05 41 39 24 90 – Chiuso dall'8 al 27 dicembre BZ m
34 cam ☕ – †55/68 € ††90/150 € – ½ P 49/99 € – **Rist** – *(giugno-agosto)* (solo per alloggiati) Menu 18/25 €
◆ Dinamicità e minimalismo caratterizzano ogni ambiente di questa risorsa molto attenta ai particolari, dalla spaziosa hall sorretta da grandi colonne, alle moderne camere.

Residence Hotel Parioli senza rist
viale Vittorio Veneto 14 – ✆ 054 15 50 78 – parioli@tonihotels.it – Fax 054 15 54 54 BY f
44 cam – †120 € ††160 €, ☕ 6 €
◆ Una soluzione originale, interessante, per un soggiorno non privo di confort. Non le solite camere, ma poco più di una quarantina di appartamenti, completi e ben rifiniti.

Villa Bianca cam,
viale Regina Elena 24 ✉ 47900 – ✆ 05 41 38 14 58 – villabianca@tonihotels.it – Fax 05 41 38 13 48 – Aprile-ottobre BZ c
64 cam ☕ – †40/65 € ††60/100 € – ½ P 36/79 € – **Rist** – (solo per alloggiati) Carta 23/27 €
◆ L'ammodernamento della zona riservata alle camere ha sortito un effetto positivo davvero notevole, attenuato soltanto in minima parte dalla limitatezza degli spazi.

Perù cam, rist, 60, VISA AE

via Metastasio 3, per viale Regina Elena ✉ 47900 – ✆ 05 41 38 16 77 – peru@ambienthotels.it – Fax 05 41 38 13 80 BZ

37 cam – ♦30/85 € ♦♦60/120 € – ½ P 45/80 € – **Rist** – *(maggio-settembre)* (solo per alloggiati) Menu 16/35 €

◆ Il segreto di questa accattivante risorsa? Aver puntato su una gestione giovane, dinamica e particolarmente intraprendente, che riserva numerose sorprese ai propri ospiti.

Levante (riscaldata) 30, VISA AE

viale Regina Elena 88, per viale Regina Elena – ✆ 05 41 39 25 54 – rimini@hotel-levante.it – Fax 05 41 38 30 74 BZ

55 cam – ♦50/100 € ♦♦80/125 € – ½ P 70/100 € – **Rist** – *(maggio-settembre)* (solo per alloggiati) Carta 20/40 €

◆ Stessa spiaggia, stesso mare cantava una famosa canzone di diversi anni fa. E questo hotel si offre come un riferimento familiare per vacanzieri in cerca di sole e relax.

Ariminum rist, 120, VISA AE

viale Regina Elena 159, per viale Regina Margherita ✉ 47900 – ✆ 05 41 38 04 72 – info@ariminumhotels.it – Fax 05 41 38 93 01 BZ

47 cam – ♦50/85 € ♦♦70/120 €, 10 € – ½ P 50/80 € – **Rist** – (solo per alloggiati) Menu 15/18 €

◆ La nuova hall, moderna e accogliente, le camere di diversa tipologia e un susseguirsi di spazi dinamici. In poche parole un'affidabile risorsa, con una salda gestione diretta.

Acasamia senza rist VISA AE

viale Parisano 34 – ✆ 05 41 39 13 70 – info@hotelacasamia.it – Fax 05 41 39 18 16 BZ **x**

40 cam – ♦44/80 € ♦♦63/115 €

◆ Se il servizio non è dei più "efficaci", sono senza dubbio apprezzabili l'ampiezza delle camere, ben accesoriate, le dotazioni recenti, e l'ubicazione centrale.

Marittima senza rist VISA AE

via Parisano 24 – ✆ 05 41 39 25 25 – marittima@tiscali.it – Fax 05 41 39 08 92 – Chiuso novembre BZ **b**

40 cam – ♦41/56 € ♦♦65/96 €

◆ Se la semplicità e la sobrietà, sono unite, fuse, con la professionalità che scaturisce da un sincero spirito d'accoglienza, il soggiorno risulta senza dubbio gradevole.

Rondinella e Dependance Viola VISA AE

via B.Neri 3, per viale Regina Elena – ✆ 05 41 38 05 67 – info@hotelrondinella.it – Fax 05 41 38 05 67 BZ

59 cam – ♦31/41 € ♦♦56/68 €, 4 € – ½ P 35/55 € – **Rist** – *(Pasqua-settembre)* (solo per alloggiati) 15 €

◆ In seconda fila rispetto al mare, albergo a gestione familiare che, di stagione in stagione, cerca di offrire un soggiorno sempre più confortevole ai numerosi turisti.

King rist, AE VISA

viale Vespucci 139 – ✆ 05 41 39 05 80 – info@hotelkingrimini.com – Fax 05 41 39 06 56 – Chiuso Natale BZ **f**

42 cam – ♦90 € ♦♦110 € – ½ P 95 € – **Rist** – *(Pasqua e giugno-settembre)* (solo per alloggiati)

◆ Poco distante dal centro storico, la struttura offre camere di modeste dimensioni ma ordinate e confortevoli arredate secondo lo stile veneziano.

XX **Lo Squero** VISA AE

lungomare Tintori 7 – ✆ 054 12 76 76 – Fax 054 15 38 81 – Chiuso da novembre al 15 gennaio e martedì in bassa stagione BY **h**

Rist – Carta 44/70 €

◆ Piacevole ristorante ubicato proprio sul lungomare. Nell'accogliente ambiente interno, così come nell'ampio spazio esterno, propone un'ampia scelta di piatti di mare.

a Rivabella per ④ : 3 km – ✉ 47900

Caesar Paladium ≤ (riscaldata) rist, 50,
viale Toscanelli 15 – ☎ 054 15 42 13 – info@hotelcaesarpaladium.it – Fax 054 15 42 68
38 cam – 50/80 € 70/130 € – ½ P 47/83 € – **Rist** – *(Pasqua-settembre)* (solo per alloggiati) Menu 16/25 €
◆ Ubicata di fronte al mare, struttura di taglio moderno; camere ben arredate, buone attrezzature sportive e sala riunioni: sia per sportivi vacanzieri che per uomini d'affari.

a Rivazzurra per ① : 4 km – ✉ 47900

De France ≤ (riscaldata) cam, rist,
viale Regina Margherita 48 – ☎ 05 41 37 15 51 – info@hoteldefrance.it – Fax 05 41 42 04 51 – 9 aprile-2 ottobre
75 cam – 65/94 € 100/158 € – **Rist** – *(chiuso a mezzogiorno)* (solo per alloggiati) Menu 12/26 €
◆ Una profonda ristrutturazione, svolta con estrema scrupolosità, ha reso questo hotel ancor più confortevole e adatto a soddisfare una clientela esigente.

sulla strada statale 256-Marecchiese per ③ : 4,5 km – ✉ 47037 – Vergiano di Rimini

La Baracca con cam cam,
via Marecchiese 373 – ☎ 05 41 72 74 83 – info@labaracca.com – Fax 05 41 72 71 55
8 cam – 50 € 70 € – **Rist** – *(chiuso mercoledì)* Carta 20/35 €
◆ Ristorante molto conosciuto in zona, frequentato dalla clientela d'affari, con un buon rapporto qualità/prezzo. A disposizione anche alcune camere ben allestite.

a Viserba per ④ : 5 km – ✉ 47811

(giugno-settembre) viale G. Dati 180/a ☎ 0541 738115, infoviserba@comune.rimini.it, Fax 0541 738115

Zeus ≤ rist,
viale Porto Palos 1 – ☎ 05 41 73 84 10 – info@hotelzeus.net – Fax 05 41 73 34 52 – Chiuso dal 10 dicembre al 20 gennaio
48 cam – 75/85 € 85/105 € – ½ P 65/75 € – **Rist** – (solo per alloggiati) Carta 27/33 €
◆ In prima fila davanti al mare, classico albergo con accesso diretto alla spiaggia; camere arredate con semplicità, ma ben accessoriate; capace gestione familiare.

La Torre senza rist
via Dati 52 ✉ 47900 – ☎ 05 41 73 28 55 – info@albergolatorre.it – Fax 05 41 73 22 83
16 cam – 50 € 100 €, 5 €
◆ Una bella villa di fine Ottocento, molto diversa dallo stile della maggior parte degli hotel della zona. Frequentata da una clientela d'affari, è ordinata e confortevole.

a Miramare per ① : 5 km – ✉ 47900 – Miramare di Rimini

(giugno-settembre) viale Martinelli 11/a ☎ 0541 372112, infomiramare@comune.rimini.it, Fax 0541 372112

Nettunia rist, 30,
via Regina Margherita 203 – ☎ 05 41 37 20 67 – info@hotelnettunia.it – Fax 05 41 37 78 77
46 cam – 60/100 € 100/180 € – **Rist** – *(chiuso a mezzogiorno escluso da giugno a settembre)* Carta 18/36 €
◆ Un'originale rielaborazione di stili architettonici che arriva a fondere elementi neoclassici con altri déco. Interni ricercati, ambienti personalizzati, tanti accessori.

Guido ≤
lungomare Spadazzi 12 – ☎ 05 41 37 46 12 – info@ristoranteguido.it – Febbraio-ottobre; chiuso lunedì
Rist – Carta 40/52 €
◆ Praticamente sulla spiaggia, alla terza e giovane generazione, l'antica "Osteria del mare" ha finalmente intrapreso una svolta brillante e creativa, sempre a base di pesce.

a Viserbella per ④ : 6 km – ✉ 47811

Apollo rist, P VISA AE

via Spina 3 – ✆ 05 41 73 46 39 – info@apollohotel.it – Fax 05 41 73 33 70 – 15 maggio-15 settembre

58 cam – ††60/120 € – ½ P 38/70 € – **Rist** – (solo per alloggiati)

◆ Ad un centinaio di metri dalla spiaggia, in posizione tranquilla, un albergo dall'arredo curato e sobrio, ma ricco di dotazioni e servizi a disposizione dei clienti.

Life 30, P VISA AE

via Porto Palos 34 – ✆ 05 41 73 83 70 – info@hotellife.it – Fax 05 41 73 48 10 – Pasqua-20 ottobre

52 cam – †45/68 € ††60/120 € – ½ P 50/70 € – **Rist** – (solo per alloggiati) Menu 15/30 €

◆ Un edificio recente che mostra il meglio di sé al proprio interno, infatti se le camere sono confortevoli, i diversi spazi comuni sono ampi, moderni e ben rifiniti.

Albatros (riscaldata) P VISA AE

via Porto Palos 170 – ✆ 05 41 72 03 00 – info@hotelalbatros.biz – Fax 05 41 72 05 49 – 10 maggio-20 settembre

40 cam – †40/50 € ††60/70 € – ½ P 60/65 € – **Rist** – (solo per alloggiati) Menu 20/26 €

◆ Schiettezza e simpatia ben si sposano con la professionalità di questa gestione familiare. L'albergo è condotto con passione e l'insieme è sobriamente confortevole.

Diana (riscaldata) rist, P VISA AE

via Porto Palos 15 – ✆ 05 41 73 81 58 – dianaht@tin.it – Fax 05 41 73 80 96 – Marzo-ottobre

38 cam – †33/50 € ††46/66 €, 7 € – ½ P 44/60 € – **Rist** – (solo per alloggiati) Menu 14/20 €

◆ Una struttura a due piani, sviluppata in orizzontale, proprio di fronte alla spiaggia da cui è separata soltanto dalla piscina riscaldata. Solida gestione familiare.

a Torre Pedrera per ④ : 7 km – ✉ 47812

(giugno-settembre) viale San Salvador 65/d ✆ 0541 720182, infotorrepedrera@comune.rimini.it, Fax, 0541 720182

Punta Nord rist, 800, P VISA AE

via Tolemaide 4 – ✆ 05 41 72 02 27 – info@hotelpuntanord.it – Fax 05 41 72 05 65

144 cam – †65/160 € ††90/210 € – ½ P 76/150 € – **Rist** – Carta 25/45 €

◆ Un grande complesso, capace di rispondere anche alle esigenze di una clientela fatta di grandi numeri; camere accoglienti, angolo relax con piscina e tennis, centro congressi. Al ristorante spazi che sembrano infiniti, ideali per banchetti e congressi.

Graziella P VISA AE

via San Salvador 56 – ✆ 05 41 72 03 16 – info@hotelgraziella.com – Fax 05 41 72 03 16 – 20 maggio-15 settembre

81 cam – †55 € ††85 €, 8 € – ½ P 41/74 € – **Rist** – (solo per alloggiati) Menu 21 €

◆ Tutto è molto ordinato, lindo e disposto con cura. Hotel che oltre per una notevole funzionalità di ambienti e dotazioni, si distingue per l'intraprendenza della gestione.

Bolognese P VISA AE

via San Salvador 134 – ✆ 05 41 72 02 10 – bolognese@iper.net – Fax 05 41 72 12 40

40 cam – †50/62 € ††76/105 € – ½ P 42/58 € – **Rist** – (solo per alloggiati) Menu 20/50 €

◆ Valida gestione diretta in un tradizionale albergo sul mare di Rimini; luminosi ambienti comuni arredati con semplicità, camere essenziali di taglio moderno.

Du Lac rist, P VISA AE

via Lago Tana 12 – ✆ 05 41 72 04 62 – tosiroberto@tin.it – Fax 05 41 72 02 74 – 15 maggio-20 settembre

52 cam – †34/50 € ††48/79 € – ½ P 52 € – **Rist** – (solo per alloggiati) Menu 18/25 €

◆ Accoglienti camere con balcone, seppur semplici, affacciate su una zona tranquilla. Una risorsa che consente di godere di una buon relax e dell'agognato, meritato riposo.

sulla superstrada per San Marino per ① : 11 km :

XX **Cucina della Nonna**
via Santa Aquilina 77 ✉ 47900 – ✆ 05 41 75 91 25 – Fax 05 41 75 91 25 – Chiuso dal 1° al 15 luglio e mercoledì
Rist – Carta 24/42 €
◆ L'ambientazione è quella di una villetta familiare immersa nel verde, con vista panoramica sulla campagna. La cucina è romagnola e si accompagna ad una discreta cantina.

RIO DI PUSTERIA (MÜHLBACH) – Bolzano / Bozen (BZ) – 562 B 16 – **2 683 ab.** – **alt. 777 m** – **Sport invernali :** ***a Maranza e Valles : 1 350/2 512 m 2 14 (Comprensorio Dolomiti superski Valle Isarco)*** – ✉ 39037 31 **C1**
Roma 689 – Bolzano 48 – Brennero 43 – Brunico 25 – Milano 351 – Trento 112
via Katerina Lanz 90 ✆ 0472 849467, mvs@dnet.it, Fax 0472 849849

Giglio Bianco-Weisse Lilie
piazza Chiesa 2 – ✆ 04 72 84 97 40 – info@weisselilie.it – Fax 04 72 84 97 30 – Chiuso dal 10 al 30 novembre
13 cam – 42 € 84 € – ½ P 38/42 € – **Rist** – (solo per alloggiati)
◆ Semplice alberghetto a conduzione familiare, collocato nella piazzetta pedonale del caratteristico centro storico della località montana. Poche funzionali camere.

a Valles (Vals)**Nord-Ovest : 7 km – alt. 1 354 m – ✉ 39037 – Rio di Pusteria**

Huber rist, rist,
– ✆ 04 72 54 71 86 – info@hotelhuber.com – Fax 04 72 54 72 40 – Chiuso dal 15 aprile al 17 maggio e dal 3 novembre al 24 dicembre
34 cam – 94/150 € – ½ P 57/114 € – **Rist** – (solo per alloggiati)
◆ L'inestimabile bellezza delle verdissime vallate, fa da sfondo naturale a vacanze serene e tranquille. Accogliente gestione familiare particolarmente indicata per famiglie.

Masl cam, rist,
Valles 44 – ✆ 04 72 54 71 87 – info@hotel-masl.com – Fax 04 72 54 70 45 – Dicembre-aprile e giugno-ottobre
45 cam – 45/82 € 72/126 € – 5 suites – ½ P 48/85 € – **Rist** – (solo per alloggiati) Carta 25/30 €
◆ Modernità e tradizione con secoli di vita alle spalle (dal 1680). Grande cordialità in questo hotel circondato da boschi e prati, verdi o innevati in base alle stagioni.

Moarhof cam, rist,
– ✆ 04 72 54 71 94 – info@hotel-moarhof.it – Fax 04 72 54 12 07 – 20 dicembre-20 aprile e 20 maggio-ottobre
24 cam – 40/55 € 60/72 € – 2 suites – ½ P 45/72 € – **Rist** – (solo per alloggiati)
◆ Questo moderno albergo si trova nella splendida valle Pusteria, accanto ai campi della scuola di sci. Camere luminose e confortevoli. Piscina con vetrata sui prati.

a Maranza (Meransen)**Nord : 9 km – alt. 1 414 m – ✉ 39037 – Rio di Pusteria**
frazione Maranza 123 ✆ 0472 520197, info@meransen.com, Fax 0472 520125

Gitschberg monti e vallata, rist, rist, cam,
via Maranza 48 – ✆ 04 72 52 01 70 – info@gitschberg.it – Fax 04 72 52 02 88 – 22 dicembre-10 aprile e maggio-ottobre
30 cam – 61/71 € 96/134 € – ½ P 59/77 € – **Rist** – Carta 22/37 €
◆ In ottima posizione, adagiata sui prati, con bella vista panoramica sui monti circostanti, una bella struttura che garantisce ai propri ospiti camere spaziose. Sala ristorante, anche con servizio bar, a disposizione dei clienti di passaggio.

RIOFI – Arezzo – Vedere Terranuova Bracciolini

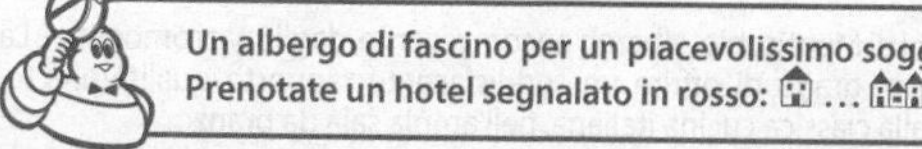

Un albergo di fascino per un piacevolissimo soggiorno?
Prenotate un hotel segnalato in rosso: ... .

RIOLO TERME – Ravenna (RA) – **562** J 17 – **5 401 ab.** – **alt. 98 m** – ✉ **48025** 9 **C2**

▶ Roma 368 – Bologna 52 – Ferrara 97 – Forlì 30 – Milano 265 – Ravenna 48

ℹ corso Matteotti 40 ✆ 0546 71044, Fax 0546 71932

⛳, ✆ 0546 740 35.

Grand Hotel Terme rist, 250,

via Firenze 15 – ✆ 054 67 10 41 – grandhotel@lamiarete.com – Fax 054 67 12 15 – Chiuso gennaio

63 cam – 60/74 € 88/114 € – 2 suites – ½ P 66/76 € – **Rist** – Carta 30/35 €

◆ Immerso in un grande ed ombreggiato parco con viali alberati, l'hotel dispone di un moderno ed attrezzato centro termale, spazi per congressi medici ed ambienti confortevoli. Presso l'elegante ristorante impreziosito da piccoli particolari, la cucina tradizionale.

Golf Hotel delle Terme rist, 150,

via Belvedere 6 – ✆ 054 67 14 47 – htgolf@libero.it – Fax 054 67 70 21 – Chiuso gennaio e febbraio

33 cam – 45/90 € 80/120 € – ½ P 48/54 € – **Rist** – *(chiuso lunedì)* 22 €

◆ Nel cuore del paese, vicino alla rocca medievale, l'hotel vanta ambienti piacevolmente retrò con richiami liberty ed una sala conferenze nei locali di un'adiacente chiesetta. L'elegante sala ristorante arredata con mobili del primo Novecento propone piatti tradizionali e specialità locali.

RIOMAGGIORE – La Spezia (SP) – **561** J 11 – **1 768 ab.** – ✉ **19017** *Italia* 15 **D2**

▶ Roma 447 – Genova 123 – Milano 234 – La Spezia 14 – Massa 51

ℹ c/o Stazione FS ✆ 0187 762287, parconazionale5terre@libero.it, Fax 0187 760092

Due Gemelli mare,

via Litoranea 1, località Campi Est : 4,5 km – ✆ 01 87 92 06 78 – duegemelli@tin.it – Fax 01 87 92 01 11

14 cam – 75 € 80 €, 5 € – **Rist** – Carta 25/40 €

◆ Camere spaziose, tutte con balconi affacciati su uno dei tratti di costa più incontaminati della Liguria. Gli ambienti non sono recenti ma mantengono ancora un buon confort. Ristorante dotato di una sala ampia con vetrate panoramiche.

RIO MARINA – Livorno – **563** N 13 – **Vedere Elba (Isola d')**

RIO NELL'ELBA – Livorno – **563** N13 – **Vedere Elba (Isola d')**

RIONERO IN VULTURE – Potenza (PZ) – **564** E 29 – **13 447 ab.** – **alt. 662 m** – ✉ **85028** 3 **A1**

▶ Roma 364 – Potenza 43 – Foggia 133 – Napoli 176 – Bari 46

La Pergola cam,

via Lavista 27/33 – ✆ 09 72 72 11 79 – hotel.lapergola@tiscalinet.it – Fax 09 72 72 18 19

43 cam – 45 € 62 €, 6 € – ½ P 58 € – **Rist** – Carta 18/27 € (+10 %)

◆ Albergo che, completamente rinnovato, offre camere confortevoli dall'aspetto semplice, ma accogliente; arredi in legno di stile moderno. Buon rapporto qualità/prezzo. Gestione del ristorante molto capace e di lunga esperienza.

San Marco

via largo Fiera – ✆ 09 72 72 41 21 – Fax 09 72 72 41 21 – Chiuso dal 24 al 26 dicembre

25 cam – 43 € 58 € – ½ P 45/55 € – **Rist** – *(chiuso venerdì)* Carta 19/34 €

◆ A poca strada dai Laghi di Monticchio, albergo ancora recente, dagli spazi omogenei. La conduzione familiare è in grado di offrire un soddisfacente rapporto qualità/prezzo. Specialità lucane, oltre alla classica cucina italiana, nell'ampia sala da pranzo.

RIPALTA CREMASCA – Cremona (CR) – 561 G 11 – 3 048 ab. – alt. 77 m – ✉ 26010
19 **C2**

Roma 542 – Piacenza 36 – Bergamo 44 – Brescia 55 – Cremona 39 – Milano 48

a Bolzone Nord-Ovest : 3 km – ✉ 26010 – Ripalta Cremasca

Via Vai

via Libertà 18 – ✆ 03 73 26 82 32 – stefanofagioli@libero.it – Chiuso dal 1° al 10 gennaio, dal 1° al 18 agosto, martedì, mercoledì e a mezzogiorno escluso domenica e i giorni festivi

Rist – Carta 30/36 €

♦ In un angolo incontaminato della pianura, tra campi di mais ed erbe mediche, un locale semplice dove la cucina nobilita la tradizione, a partire dai tortelli dolci cremaschi.

RIPARBELLA – Pisa (PI) – 563 L 13 – 1 407 ab. – alt. 216 m – ✉ 56046
28 **B2**

Roma 283 – Pisa 63 – Firenze 116 – Livorno 41 – Pistoia 124

La Cantina

via XX Settembre 10 – ✆ 05 86 69 90 72 – ristorantelacantina@interfree.it – Fax 05 86 69 80 87 – Chiuso dal 1° al 7 febbraio, dal 1° al 15 ottobre e martedì

Rist – Carta 23/30 €

♦ Sulla via principale, è un accogliente locale rustico a conduzione familiare dove gustare genuini sapori regionali accompagnati da un buon vino toscano, tra quelli proposti.

RIPATRANSONE – Ascoli Piceno (AP) – 563 N 23 – 4 360 ab. – alt. 494 m – ✉ 63038
21 **D3**

Roma 242 – Ascoli Piceno 38 – Ancona 90 – Macerata 77 – Teramo 69

a San Savino Sud : 6 km – ✉ 63038 – SAN SAVINO

I Calanchi colline, 60,

contrada Verrame 1 – ✆ 073 59 02 44 – info@i-calanchi.com – Fax 07 35 90 70 30

32 cam – 85/100 € 130/160 € – ½ P 85/115 € – **Rist** – *(chiuso dal 7 al 31 gennaio)* Carta 21/36 €

♦ Sulle panoramiche colline dell'entroterra, una risorsa ricavata da una casa colonica, attorniata da un paesaggio suggestivo. Una vera e propria oasi di tranquillità. Pur essendo a poca distanza dal mare, il ristorante propone soprattutto sapori della terra.

RISCONE = REISCHACH – Bolzano – 562 B 17 – Vedere Brunico

RITTEN = Renon

RIVÀ – Rovigo – 562 H 18 – Vedere Ariano nel Polesine

RIVABELLA – Rimini – 562 J 19 – Vedere Rimini

RIVA DEL GARDA – Trento (TN) – 562 E 14 – 15 128 ab. – alt. 70 m – ✉ 38066 *Italia*
30 **B3**

Roma 576 – Trento 43 – Bolzano 103 – Brescia 75 – Milano 170 – Venezia 199 – Verona 87

Giardini di Porta Orientale 8 ✆ 0464 554444, info@gardatrentino.it,Fax 0464 520308

Lago di Garda★★★ – Città vecchia★

Du Lac et Du Parc (riscaldata)

viale Rovereto 44 cam, rist, 250,

– ✆ 04 64 56 66 00 – info@dulacetduparc.com – Fax 04 64 56 65 66 – 5 aprile-3 novembre

159 cam – 138 € 236/316 € – 5 suites – ½ P 148/188 € – **Rist** – Carta 40/59 €

♦ All'interno di un grande parco, dove praticare dello sport, la risorsa è vicina al lago e dispone di camere di differenti tipologie, piscina ed un attrezzato centro benessere. Nell'elegante sala ristorante, cene con menù sempre diversi e proposte dietetiche ed ipocaloriche.

Feeling Hotel Luise cam, cam, rist, 70,
viale Rovereto 9 – ✆ 04 64 55 08 58 – feeling@hotelluise.com – Fax 04 64 55 42 50
68 cam – 139/219 € – ½ P 85/135 € – **Rist** – *(chiuso a mezzogiorno)* Carta 21/40 €
◆ Una struttura fortemente personalizzata, dispone di camere in design arredate con colori caldi ed evidenti eco etniche, nonchè una sala riunioni dedicata al futurista Depero. Cucina classica con proposte regionali.

Villa Miravalle rist,
via Monte Oro 9 – ✆ 04 64 55 23 35 – info@hotelvillamiravalle.com – Fax 04 64 52 17 07 – Chiuso dal 2 al 20 novembre
31 cam – 90/110 € 120/150 €
Rist ***Villetta Annessa*** – Carta 32/48 €
◆ In prossimità delle mura della città, l'albergo è il risultato dell'unificazione di due edifici, dispone di un luminoso soggiorno verandato, camere semplici ma accoglienti. Caratterizzato da fotografie e da un design minimalista, il locale propone piatti di terra e alla brace; a mezzogiorno pasti veloci in terrazza.

Parc Hotel Flora senza rist (riscaldata) 45,
viale Rovereto 54 – ✆ 04 64 55 32 21 – info@parchotelflora.it – Fax 04 64 57 15 55
32 cam – 120/140 €
◆ Ottenuto dal restauro e dall'ampliamento di una villa liberty, l'albergo è circondato da un giardino con piscina; all'interno ambienti comuni eleganti e camere più classiche.

Europa cam, rist, 60,
piazza Catena 9 – ✆ 04 64 55 54 33 – info@hoteleuropariva.it – Fax 04 64 52 17 77 – Marzo-novembre
63 cam – 65/82 € 110/144 € – ½ P 65/82 € – **Rist** – *(aprile-ottobre)* Carta 20/29 €
◆ Situato di fronte all'imbarcadero, l'hotel offre funzionali camere di taglio classico, una terrazza solarium con piscina e bagno turco nonchè un piccolo patio interno. Possibilità di gustare la tipica cucina regionale nella sala ristorante panoramica con vista sul lago.

Mirage rist, 80,
viale Rovereto 97/99 – ✆ 04 64 55 26 71 – mirage@rivadelgarda.com – Fax 04 64 55 32 11 – Pasqua-ottobre
64 cam – 130/160 € 140/170 € – ½ P 80/95 € – **Rist** – Menu 23 €
◆ Sito di fronte al porticciolo, è una struttura moderna caratterizzata da vetrate, ampi spazi e pavimenti in granito grigio, mentre nelle camere domina il legno. La sala da pranzo, affacciata sulla piscina e sul piccolo giardino, propone piatti nazionali.

Venezia senza rist 25,
via Franz Kafka 7 – ✆ 04 64 55 22 16 – venezia@rivadelgarda.com – Fax 04 64 55 60 31 – 10 marzo-ottobre
21 cam – 80/95 € 110/120 €
◆ In prossimità del lago, la risorsa è ideale per gli appassionati di sport acquatici e dispone di un ampio soggiorno, camere classiche e piscina nel giardino solarium.

Gabry senza rist 20,
via Longa 6 – ✆ 04 64 55 36 00 – hgabry@tin.it – Fax 04 64 55 36 24 – Aprile-ottobre
42 cam – 60/85 € 92/110 €
◆ Un hotel a conduzione familiare recentemente ristrutturato dotando le camere di ciascun piano di un colore caratteristico, piacevole zona relax ed ampio giardino con piscina.

Kapuziner Am See con cam
viale Dante 39 ✉ 38066 Riva del Garda – ✆ 04 64 55 92 31 – hotelvittoriasnc@virgilio.it – Fax 04 64 55 79 07 – Chiuso dal 1° al 24 febbraio
11 cam – 55/70 € 76/90 € – ½ P 47/57 € – **Rist** – *(chiuso mercoledì da novembre a febbraio)* Carta 17/29 €
◆ In centro paese, un locale nel caratteristico stile rustico che dispone di due piacevoli sale dagli arredi lignei, dove gustare la tipica e saporita cucina bavarese. Dispone anche di alcune camere semplici ma confortevoli.

XX **Al Volt**

via Fiume 73 – ✆ 04 64 55 25 70 – Fax 04 64 55 25 70 – Chiuso dal 15 febbraio al 15 marzo, lunedì e a mezzogiorno in luglio

Rist – Carta 32/41 €

◆ Sito nel centro storico, un ambiente elegante articolato su più sale comunicanti, con volte basse e mobili antichi propone una cucina trentina con tocchi di creatività.

X **Ancora** con cam

via Montanara 2 – ✆ 04 64 52 21 31 – info@albergoancora.net – Fax 04 64 55 00 50

12 cam – 50/55 € 80/90 € – ½ P 50/55 € – **Rist** – *(chiuso giovedì escluso da giugno a settembre)* Carta 16/31 €

◆ Nuova gestione per questo locale in centro con una terrazza che si affaccia sulle mura; propone una cucina nazionale e lavora anche come pizzeria. Piccolo e grazioso, il caratteristico albergo si affaccia sulla zona pedonale e dispone di camere accoglienti, intime e confortevoli.

RIVA DEL SOLE – Grosseto – 563 N 14 – Vedere Castiglione della Pescaia

RIVA DI SOLTO – Bergamo (BG) – 561 E 12 – 836 ab. – alt. 190 m – ✉ 24060

19 **D1**

Roma 604 – Brescia 55 – Bergamo 40 – Lovere 7 – Milano 85

XX **Zu'**

via XXV Aprile 53, località Zù Sud : 2 km – ✆ 035 98 60 04 – ristorantezu@tin.it – Fax 035 98 60 04 – Chiuso martedì a mezzogiorno dal 15 giugno al 30 agosto, lunedì sera e martedì negli altri mesi

Rist – Carta 38/56 €

◆ Servizio in veranda panoramica con vista eccezionale sul lago d'Iseo. Locale d'impostazione classica, che non si limita ad offrire esclusivamente le specialità lacustri.

a Zorzino Ovest : 1,5 km – alt. 329 m – ✉ 24060 – Riva di Solto

XX **Miranda** con cam ← lago e Monte Isola, rist,

via Cornello 8 – ✆ 035 98 60 21 – info@albergomiranda.it – Fax 035 98 00 55

25 cam – 40/46 € 60/72 €, 7 € – ½ P 46/55 € – **Rist** – Carta 26/44 €

◆ Il servizio estivo viene effettuato anche in terrazza, affacciati su un giardino in cui si trova la piscina dell'hotel. Cucina che privilegia i prodotti di mare e di lago.

RIVALTA – Cuneo – Vedere La Morra

RIVALTA DI TORINO – Torino (TO) – 561 G 4 – 18 137 ab. – alt. 294 m – ✉ 10040

22 **A1**

Roma 651 – Torino 20 – Aosta 126 – Asti 63 – Cuneo 85

Pianta d'insieme di Torino

Interporto senza rist 400,

VI strada Interporto Sud Sito – ✆ 01 13 98 16 00 – info@hotelinterporto.it – Fax 01 13 98 17 50

EU **a**

106 cam – 60/100 € 70/135 € – 6 suites

◆ Grande struttura di recente costruzione in prossimità della tangenziale sud di Torino. Camere spaziose, confortevoli e bene insonorizzate; ampi spazi comuni.

RIVALTA SCRIVIA – Alessandria – 561 H 8 – Vedere Tortona

RIVALTA TREBBIA – Piacenza – 562 H 10 – Vedere Gazzola

RIVANAZZANO – Pavia (PV) – 561 H 9 – 4 646 ab. – alt. 157 m – ✉ 27055

16 **A3**

Roma 581 – Alessandria 36 – Genova 87 – Milano 71 – Pavia 39 – Piacenza 71

Salice Terme, ✆ 0383 93 33 70.

XX **Selvatico** con cam — cam, VISA

via Silvio Pellico 19 – ☎ 03 83 94 47 20 – info@albergoselvatico.com – Fax 038 39 14 44 – Chiuso dal 2 all'8 gennaio

21 cam – †40 € ††65 €, ☕ 5 € – ½ P 45 € – **Rist** – *(chiuso domenica sera e lunedì)* Carta 28/43 €

◆ Locale con gestione centenaria, si snoda tra ambienti eleganti in cui spiccano graziosi mobili d'epoca; sala wine-bar. La cucina della tradizione, con specialità di stagione.

RIVAROLO CANAVESE – Torino (TO) – 561 F 5 – 11 978 ab. – alt. 304 m – ✉ 10086 22 B2

Roma 702 – Torino 35 – Alessandria 122 – Novara 92

XX **Antica Locanda dell'Orco** — 30, VISA

via Ivrea 109 – ☎ 01 24 42 51 01 – Fax 01 24 40 16 95 – Chiuso dal 10 al 31 agosto e lunedì – **Rist** – Carta 29/35 €

◆ Ambiente rustico e signorile, con possibilità di accomodarsi all'aperto nella bella stagione, per gustare la tradizionale cucina piemontese. Zona degustazione vini.

RIVAROLO MANTOVANO – Mantova (MN) – 561 G 13 – 2 738 ab. – alt. 24 m – ✉ 46017 17 C3

Roma 484 – Parma 34 – Brescia 61 – Cremona 30 – Mantova 40

XX **Enoteca Finzi** — 20, VISA

piazza Finzi 1 – ☎ 037 69 96 56 – info@enotecafinzi.it – Fax 03 76 95 91 40 – Chiuso dal 18 al 25 gennaio, lunedì e martedì

Rist – Carta 40/59 €

◆ Antica stazione di posta riaperta in anni recenti, dopo un radicale restauro. La cucina affonda le radici nel territorio e si libra sulle ali della fantasia. Ottima cantina.

RIVAROTTA – Pordenone – 562 E 20 – Vedere Pasiano di Pordenone

RIVA TRIGOSO – Genova – Vedere Sestri Levante

RIVAZZURRA – Rimini – 563 J 19 – Vedere Rimini

RIVERGARO – Piacenza (PC) – 561 H 10 – 5 894 ab. – alt. 140 m – ✉ 29029 8 A2

Roma 531 – Piacenza 18 – Bologna 169 – Genova 121 – Milano 84

XX **Castellaccio** — VISA

località Marchesi di Travo Sud-Ovest : 3 km – ☎ 05 23 95 73 33 – ristorante@castellaccio.it – Fax 05 23 95 64 24 – Chiuso dal 8 al 22 gennaio, dal 12 al 28 agosto, martedì, mercoledì e i mezzogiorno di lunedì, giovedì e venerdì

Rist – Carta 31/43 €

◆ Locale luminoso ed accogliente, dispone anche di una sala per la degustazione dei sigari. La cucina dimostra salde radici nel territorio, sapientemente reinterpretate.

RIVIERA DI LEVANTE ★★★ – Genova e La Spezia *Italia*

RIVIGNANO – Udine (UD) – 562 E 21 – 4 180 ab. – alt. 16 m – ✉ 33050 10 B3

Roma 599 – Udine 37 – Pordenone 33 – Trieste 88 – Venezia 93

XX **Al Ferarùt** — 12/16, VISA

via Cavour 34 – ☎ 04 32 77 50 39 – ferarut@adriacom.it – Fax 04 32 77 42 45 – Chiuso dal 20 giugno al 10 luglio, martedì sera e mercoledì

Rist – Carta 42/54 €

◆ La ristorazione e una tradizione familiare che si rinnova oggi nell'ultima generazione, spaziando dai classici dell'Alto Adriatico a piatti più moderni. Prodotti ittici locali.

XX **Dal Diaul** — 8/20, VISA

via Garibaldi 20 – ☎ 04 32 77 66 74 – info@daldiaul.com – Fax 04 32 77 40 35 – Chiuso gennaio, giovedì e a mezzogiorno – **Rist** – Carta 43/63 €

◆ Nei mesi estivi il servizio viene effettuato anche in giardino, durante tutto l'anno ci si può accomodare all'interno, in una sala dall'atmosfera intima e confortevole.

RIVISONDOLI – L'Aquila (AQ) – 563 Q 24 – 701 ab. – alt. 1 310 m – Sport invernali : *a Monte Pratello : 1 370/2 100 m* 1 6, – ✉ 67036 *Italia* 1 **B3**

Roma 188 – Campobasso 92 – L'Aquila 101 – Chieti 96 – Pescara 107 – Sulmona 34

via Marconi 21 ✆ 0864 69351, iat.rivisondoli@abruzzoturismo.it, Fax 0864 69351

Como

via Dante Alighieri 45 – ✆ 08 64 64 19 42 – info@hotelcomo.com – Fax 08 64 64 00 23 – 16 dicembre-14 aprile e 27 giugno-16 settembre

45 cam – †45/65 € ††70/100 €, ☕ 10 € – ½ P 60/90 € – **Rist** – *(chiuso lunedì)* Menu 20/30 €

◆ Albergo ubicato nella parte bassa della località, a salda gestione familiare, presenta camere spartane dagli arredi essenziali, preferite quelle con i bagni rinnovati. La cucina è particolarmente curata.

Reale (Romito)

viale Regina Elena 49 – ✆ 086 46 93 82 – info@ristorantereale.it – Fax 086 46 95 43 – Chiuso dal 4 giugno al 13 luglio, dieci giorni in ottobre, lunedì e martedì

Rist – Carta 44/60 €

Spec. Fagottini di capra in brodo di capra e dragoncello. Quattro espressioni dell'agnello. Cioccolato, pane e finocchio.

◆ In un bel palazzo d'epoca, all'ingresso del centro storico, l'interno si fa moderno per divenire metafora della cucina: preparazioni tecniche e innovative con prodotti tipici.

Da Giocondo

via Suffragio 2 – ✆ 086 46 91 23 – g.gasbarro@libero.it – Fax 08 64 64 21 36 – Chiuso dal 15 al 30 giugno e martedì

Rist – Carta 29/36 €

◆ Nel centro storico cittadino, la tradizione gastronomica abruzzese di montagna. Il locale dispone di un'unica sala dai toni caldi e dal clima particolarmente conviviale.

RIVODORA – Torino – Vedere Baldissero Torinese

RIVODUTRI – Rieti (RI) – 563 O 20 – 1 266 ab. – alt. 560 m – ✉ 02010 13 **C1**

Roma 97 – Terni 28 – L'Aquila 73 – Rieti 17

La Trota con cam

rist, 30,

via Santa Susanna 33, località Piedicolle Sud : 4 km – ✆ 07 46 68 50 78 – info@latrota.com – Fax 07 46 68 54 48 – Chiuso novembre o gennaio

6 cam ☕ – †60 € ††90 € – **Rist** – *(chiuso domenica sera e mercoledì)* Carta 47/63 €

Spec. Filetti di trota con salsa al latte di cocco e zenzero. Lasagnetta di rape rosse con coregone mantecato e variazione di carciofi (primavera). Anguilla nel coniglio e coniglio nell'anguilla con maionese al crescione.

◆ Ingradevole posizione isolata, le spaziose sale sono la passerella di una cucina con diversi piatti di pesce d'acqua dolce e un assortito carrello di formaggi.

RIVOIRA – Cuneo – Vedere Boves

RIVOLI – Torino (TO) – 561 G 4 – 49 868 ab. – alt. 386 m – ✉ 10098 *Italia* 22 **A1**

Roma 678 – Torino 15 – Asti 64 – Cuneo 103 – Milano 155 – Vercelli 82

Pianta d'insieme di Torino

Rivoli senza rist

(riscaldata) 120,

corso Primo Levi 150 – ✆ 01 19 56 65 86 – info@rivolihotel.it – Fax 01 19 53 13 38 ET **b**

283 cam ☕ – †75 € ††100 €

◆ Albergo ospitato in una struttura recente impostata secondo criteri di funzionalità: essenziale e comodo, consente un buon riposo senza particolari suggestioni estetiche.

XXX **Combal.zero** (Scabin)

piazza Mafalda di Savoia – ✆ 01 19 56 52 25 – combal.zero@combal.org – Fax 01 19 56 52 48 – Chiuso 31 dicembre-1° gennaio, lunedì e martedì

Rist – Carta 72/105 €

Spec. Crocchetta di testina di vitello con verdure in carpione. Rana pescatrice in guazzetto di carciofi e coppa di mora romagnola (autunno-inverno). Parfait di cioccolato bianco e gelatina al frutto della passione.

♦ Dominante il paese, riprende le forme moderne ed essenziali dell'adiacente museo d'arte contemporanea. I classici regionali, ma la personalità del cuoco esplode nell'inventiva.

RIVOLTA D'ADDA – Cremona (CR) – 561 F10 – 7 194 ab. – alt. 102 m – ✉ 26027 19 C2

Roma 560 – Bergamo 31 – Milano 26 – Brescia 59 – Piacenza 63

XX **La Rosa Blu** 18/26, P VISA AE

via Giulio Cesare 56 – ✆ 036 37 92 90 – rosablu@telemacus.it – Fax 036 37 92 90 – Chiuso dall'8 gennaio al 2 febbraio, martedì sera e mercoledì

Rist – Carta 30/41 €

♦ Verso il limitare del paese, locale di tono familiare con camino ed arredi d'epoca dove viene proposta una carta tradizionale di carne e di pesce. Servizio anche all'aperto.

ROBECCO SUL NAVIGLIO – Milano (MI) – 561 F 8 – 6 293 ab. – alt. 129 m – ✉ 20087 18 A2

Roma 590 – Milano 28 – Novara 24 – Pavia 53

X **L'Antica Trattoria** 25, P VISA

via Santa Croce 16 – ✆ 029 47 08 71 – Fax 02 94 97 56 35 – Chiuso dal 2 al 7 gennaio, dal 16 al 31 agosto e martedì

Rist – Carta 21/39 €

♦ Ristorante interamente rivestito con perlinato color miele. L'aspetto rustico contrasta con una cucina capace di offrire suggestioni di ampio respiro, dalla terra al mare.

ROCCABIANCA – Parma (PR) – 562 G 12 – 3 147 ab. – alt. 32 m – ✉ 43010 8 B1

Roma 486 – Parma 32 – Cremona 34 – Mantova 73 – Piacenza 55

a Fontanelle Sud : 5 km – ✉ 43010

XX **Hostaria da Ivan** con cam rist, P VISA AE

via Villa 73 – ✆ 05 21 87 01 13 – info@hostariadaivan.it – Fax 05 21 37 01 91 – Chiuso dal 20 luglio al 15 agosto, lunedì e martedì

4 cam – †80 € ††100 €, ☕ 8 € – **Rist** – Carta 33/45 €

♦ Una casa anni Venti ospita una sala rustica ma elegante che d'estate si apre anche sul giardino e propone la gustosa cucina emiliana. Recentemente sono state aperte anche accoglienti camere mansardate, graziosamente arredate.

ROCCABRUNA – Cuneo (CN) – 561 I 3 – 1 454 ab. – alt. 700 m – ✉ 12020 22 B3

Roma 673 – Cuneo 30 – Genova 174 – Torino 103

a Sant'Anna Nord : 6 km – alt. 1 250 m – ✉ 12020 – Roccabruna

XX **La Pineta** con cam P VISA AE

piazzale Sant'Anna 6 – ✆ 01 71 90 58 56 – info@lapinetaalbergo.it – Fax 01 71 91 66 22 – Chiuso dal 7 gennaio al 20 febbraio

12 cam – †40 € ††60 €, ☕ 3 € – ½ P 52 € – **Rist** – *(chiuso lunedì sera e martedì escluso dal 20 giugno al 20 settembre)* Menu 20/35 €

♦ Tranquillissimo hotel di montagna immerso nel verde, ai bordi di una pineta. Una dozzina di camere, al passo coi tempi, gestite con passione da una simpatica famiglia. Al piano terra, il ristorante vi deliziera con una cucina casalinga e gustosa.

ROCCA CORNETA – Bologna – 561 I 14 – Vedere Lizzano in Belvedere

ROCCA DI MEZZO – L'Aquila (AQ) – 563 P 22 – 1 564 ab. – alt. 1 329 m – ✉ 67048
1 **A2**

Roma 138 – Frosinone 103 – L'Aquila 27 – Sulmona 61

Altipiano delle Rocche

strada statale 5 bis 47, traversa – ✆ 08 62 91 70 65 – albergo@inwind.it – Fax 08 62 91 49 30 – **26 cam** – 45/60 € 65/80 € – ½ P 65 €

Rist – *(chiuso la sera in agosto e a mezzogiorno negli altri mesi)* Menu 17/25 €

◆ Costruzione relativamente recente in gradevole stile alpino, non eccessivamente accentuato; arredi rustici anche nelle stanze, quattro delle quali sono mansardate. Ampia e semplice sala ristorante, contigua alla hall dell'hotel.

ROCCA DI ROFFENO – Bologna – 562 J 15 – Vedere Castel d'Aiano

ROCCA PIETORE – Belluno (BL) – 562 C 17 – 1 397 ab. – alt. 1 142 m – Sport invernali : *a Malga Ciapela : 1 446/3 265 m (Marmolada) 5 2 (anche sci estivo),* – ✉ 32020
35 **B1**

Roma 671 – Cortina d'Ampezzo 37 – Belluno 56 – Milano 374 – Passo del Pordoi 30 – Venezia 162

via Roma 15 ✆ 0437 721319, roccapietore@infodolomiti.it, Fax 0437 721290

Marmolada★★★ : ✻★★★ sulle Alpi per funivia Ovest : 7 km – Lago di Fedaia★ Nord-Ovest : 13 km

Villa Eden

rist,

località Col di Rocca 57 Ovest : 2 km, alt. 1 184 – ✆ 04 37 72 20 33 – villaeden@marmolada.com – Fax 04 37 72 22 40 – Chiuso novembre

12 cam – 84/112 €, 6 € – **Rist** – Carta 25/34 €

◆ La posizione è tale da regalare ai clienti di questa risorsa tanto sole, d'estate come d'inverno. E per le serate, piacevoli ambienti interni dagli arredi caratteristici. Nella semplice sala da pranzo simpatica e calda ambientazione tipicamente montana.

a Bosco Verde Ovest : 3 km – alt. 1 200 m – ✉ 32020 – Rocca Pietore

Rosalpina

rist,

via Marmolada, 30 – ✆ 04 37 72 20 04 – rosalpin@marmolada.com – Fax 04 37 72 20 49 – Dicembre-15 aprile e 28 giugno-15 settembre

30 cam – 30/60 € 60/110 € – ½ P 55/72 € – **Rist** – Carta 20/25 €

◆ Una risorsa che si distingue per la particolare cortesia che la gestione, di stile familiare, riserva alla propria clientela. Un piacevole e confortevole soggiorno. L'ambiente ristorante arredato con una semplicità che non toglie alcun calore all'atmosfera.

a Digonera Nord : 5,5 km – alt. 1 158 m – ✉ 32020 – Laste di Rocca Pietore

Digonera

cam, rist,

– ✆ 04 37 52 91 20 – info@digonera.com – Fax 04 37 52 91 50 – Chiuso dal 22 aprile al 20 maggio e dal 5 novembre al 6 dicembre

30 cam – 70/100 € – ½ P 42/65 € – **Rist** – *(chiuso lunedì)* Carta 32/40 €

◆ Ubicato in una frazione di passaggio, presenta la comodità di essere a pochi minuti d'auto da quattro diversi comprensori sciistici. Raccolto e molto accogliente. Sala ristorante davvero caratteristica.

ROCCARASO – L'Aquila (AQ) – 563 Q 24 – 1 654 ab. – alt. 1 236 m – Sport invernali : *1 236/2 140 m 1 13,* – ✉ 67037
1 **B3**

Roma 190 – Campobasso 90 – L'Aquila 102 – Chieti 98 – Napoli 149 – Pescara 109

via D'Annunzio 2 ✆ 0864 62210, iat.roccaraso@abruzzoturismo.it, Fax0864 62210

Suisse

via Roma 22 – ✆ 08 64 60 23 47 – info@hotelsuisse.com – Fax 08 64 61 90 08 – Chiuso dal 1° maggio al 20 giugno – **45 cam** – 70/140 € – ½ P 70/110 €

Rist – *(dicembre-aprile e luglio-settembre)* Carta 21/26 €

◆ Affacciato sulla strada più importante della località, si presenta completamente ristrutturato. Le camere, abbastanza sobrie, hanno arredi in legno scuro e ottimi bagni. Sala ristorante con inserti in legno e pannelli affrescati.

Petite Fleur senza rist
viale dello Sport 5 c – ✆ 08 64 60 20 10 – info@hotelpetitefleur.com – Fax 08 64 60 20 10
11 cam – †120/125 € ††160/165 €
◆ Struttura molto recente realizzata con pannelli di rivestimento tecnologici anche se non proprio montani. Hall piccola ed elegante, camere molto accoglienti e curate.

Iris
viale Iris 5 – ✆ 08 64 60 23 66 – info@hotelirisonline.com – Fax 08 64 60 23 66 – Dicembre-aprile e giugno-settembre
52 cam – †77/80 € ††95/100 €, 6 € – ½ P 105/110 € – **Rist** – Carta 29/37 €
◆ Centrale, ma contemporaneamente in una posizione tale da offrire una discreta quiete, presenta esterni completamente ristrutturati e stanze in via di ammodernamento. Sala ristorante di tono abbastanza sobrio.

a Pietransieri **Est : 4 km – alt. 1 288 m – ✉ 67030**

La Preta
via Adua, 11 – ✆ 086 46 27 16 – lapreta@interfree.it – Fax 086 46 27 16 – Chiuso martedì in bassa stagione
Rist – Carta 23/33 €
◆ Piccolo ristorante familiare, custode della memoria storica e gastronomica del paese tra foto d'epoca appese alle pareti e ricette della tradizione servite in tavola.

ad Aremogna **Sud-Ovest : 9 km – alt. 1 622 m – ✉ 67030**

Boschetto
via Aremogna 42 – ✆ 08 64 60 23 67 – h.boschetto@roccaraso.it – Fax 08 64 60 23 82
48 cam – †80/120 € ††100/160 €, 18 € – ½ P 145 € – **Rist** – Carta 38/69 €
◆ Per una vacanza tranquilla ed isolata, perfetta anche per gli amanti dello sci. Accoglienti saloni in legno, camere sobrie, costantemente in via di ammodernamento. Sala ristorante dall'ambiente suggestivo, grazie all'incantevole vista sui monti.

Pizzalto 40,
via Aremogna 12 – ✆ 08 64 60 23 83 – pizzalto@pizzalto.com – Fax 08 64 60 23 83 – Dicembre-aprile e giugno-10 settembre
50 cam solo pens 86/97 € – **Rist** – (solo per alloggiati)
◆ Grande albergo di montagna a ridosso degli impianti sciistici, è strutturato in modo tale da presentare servizi e dotazioni di ogni tipo, soprattutto estetico e sportivo.

ROCCA SAN CASCIANO – Forlì-Cesena (FC) – 562 J 17 – 2 132 ab. – alt. 210 m – ✉ 47017

9 **C2**

Roma 326 – Rimini 81 – Bologna 91 – Firenze 81 – Forlì 28

La Pace 30,
piazza Garibaldi 16 – ✆ 05 43 95 13 44 – Chiuso lunedì sera e martedì
Rist – Carta 12/25 €
◆ Affacciata sulla piazza principale, trattoria molto semplice con accoglienza e servizio familiari. Dal territorio le specialità di stagione, in preparazioni casalinghe.

ROCCA SAN GIOVANNI – Chieti (CH) – 563 P 25 – 2 332 ab. – alt. 155 m – ✉ 66020

2 **C2**

Roma 263 – Pescara 41 – Chieti 60 – Isernia 113 – Napoli 199 – Termoli 91

in prossimità casello autostrada A 14 **Nord-Ovest : 6 km :**

Villa Medici rist, 100,
contrada Santa Calcagna ✉ 66020 – ✆ 08 72 71 76 45 – htlmedici@tiscalinet.it – Fax 08 72 70 91 22
46 cam – †86 € ††108 € – **Rist** – *(chiuso a mezzogiorno escluso agosto)* Carta 25/39 €
◆ Hotel di recentissima costruzione, unisce confort di alto livello a dotazioni ed accessori completi. Vista anche la comoda posizione, è ideale per la clientela d'affari. Al ristorante notevolissima capacità ricettiva per tutte le occasioni.

ROCCASTRADA – Grosseto (GR) – 563 M 15 – ✉ 58036 29 C2

Roma 241 – Grosseto 37 – Firenze 129 – Livorno 141 – Siena 55

La Melosa

strada Statale 73, Nord : 2 km – ✆ 05 64 56 33 49 – info@lamelosa.it – Fax 05 64 56 32 89 – Chiuso dal 6 novembre al 16 dicembre e dal 9 gennaio al 19 marzo

12 cam – 175/195 € 250/270 € – ½ P 165 € – **Rist** – Carta 35/48 €

◆ Splendida posizione, defilata e incredibilmente tranquilla, per una struttura elegantemente allestita e arredata che propone un servizio di tono familiare e cortese. Piccolo ristorante, grazioso e accogliente.

ROCCELLA JONICA – Catanzaro (CZ) – 564 M 31 – 6 832 ab. – alt. 25 m – ✉ 88021 5 B2

Roma 687 – Reggio di Calabria 110 – Catanzaro 85 – Vibo Valentia 90

sulla strada statale 106 Sud-Ovest : 2 km :

Parco dei Principi Hotel 120,

località Badessa ✉ 89047 – ✆ 09 64 86 02 01 – info@parcodeiprincipi-roccella.com – Fax 096 48 60 26 20

62 cam – 110/130 € 160/200 € – 6 suites

Rist ***L'Angolo del Pignolo*** – Carta 37/61 €

◆ Hotel di recente realizzazione, dall'aspetto molto vistoso. Sontuosa hall circolare, abbondanza di decorazioni, soffitti affrescati e settore notte di alto livello. Ristorante intimo di tono elegante che affianca l'attività banchettistica.

ROCCHETTA TANARO – Asti (AT) – 561 H 7 – 1 424 ab. – alt. 107 m – ✉ 14030 25 D1

Roma 626 – Alessandria 28 – Torino 75 – Asti 17 – Genova 100 – Novara 114

I Bologna 20/30,

via Nicola Sardi 4 – ✆ 01 41 64 46 00 – trattoria.ibologna@libero.it – Fax 01 41 64 41 97 – Chiuso dal 10 gennaio al 10 febbraio e martedì

Rist – Menu 40 €

◆ Un classico della ristorazione monferrina, da anni propone gli immutabili piatti che ci si aspetta di gustare in Piemonte. Gli ambienti sono rustici e l'atmosfera calda.

RODDI – Cuneo (CN) – 561 H 5 – 1 385 ab. – alt. 284 m – ✉ 12060 25 C2

Roma 650 – Cuneo 61 – Torino 63 – Asti 35

Cascina Toetto senza rist

località Toetto 2, Ovest : 1,5 km – ✆ 01 73 61 56 22 – info@cascinatoetto.it – Fax 01 73 61 56 22 – Chiuso agosto

5 cam – 40/50 € 60/75 €

◆ Risorsa inaugurata da pochi anni, ricavata da una cascina degli anni Quaranta alla quale la gestione ha dedicato, e dedica tuttora, una cura impeccabile. Mobilio d'epoca.

RODI GARGANICO – Foggia (FG) – 564 B 29 – 3 702 ab. – ✉ 71012 26 A1

Roma 385 – Foggia 100 – Bari 192 – Barletta 131 – Pescara 184

Bella Rodi

via Scalo Marittimo 49/51 – ✆ 08 84 96 57 86 – Fax 08 84 96 57 86 – Chiuso dal 23 dicembre al 2 gennaio, dal 15 al 25 ottobre e mercoledì escluso da giugno a settembre

Rist – Carta 34/59 €

◆ A pochi passi dalla capitaneria, il ristorante si trova al primo piano di una palazzina e propone pietanze a base di prodotti di mare. Gli antipasti sono la sua specialità.

ROLETTO – Torino (TO) – 561 H 3 – 2 017 ab. – alt. 412 m – ✉ 10060 22 B2

Roma 683 – Torino 37 – Asti 77 – Cuneo 67 – Sestriere 62

Il Ciabot

via Costa 7 – ✆ 01 21 54 21 32 – Fax 01 21 54 21 32 – Chiuso dal 15 giugno al 3 luglio, domenica sera e lunedì

Rist – Carta 22/30 €

◆ Piccolo locale condotto da una giovane ed appassionata gestione familiare. La cucina sa prendere spunto dalle tradizioni, così come elaborare i prodotti con fantasia.

J. Malburet/MICHELIN

Piazza Navona - Fontana Nettuno

ROMA

Carta Michelin : nº 563Q 19
Popolazione : 2 542 003 ab
Altitudine : 20 m
Codice Postale : ✉ 00100
Roma

INFORMAZIONI PRATICHE

Ufficio Informazioni turistiche

via Parigi 5 ✉00185 ✆ 06 36004399, info@aptroma.com, Fax 06 4819316

Automobile Club

Aeroporti

di Ciampino Sud-Est : 15 km BR ✆ 06 794941
Leonardo da Vinci di Fiumicino per ⑧: 26 km ✆ 06 65631

Golf

54 Parco de' Medici, Sud-Ovest : 4,5 km, ✆ 06 655 34 77 ;
18 Parco di Roma via Due Ponti 110, Nord : 4,5 km, ✆ 06 33 65 33 96 ;
27 Marco Simone, Est : 17 km a Guidonia Montecelio, ✆ 0774 36 64 69 ;
27 Arco di Costantino, Nord : 15 km, ✆ 06 33 62 44 40 ;
27 Nord-Ovest : 19 km ad Olgiata, ✆ 06 30 88 91 41 ;
18 Fioranello, Sud-Est : 19 km a Santa Maria delle Mole, ✆ 06 713 80 80.

LUOGHI DI INTERESSE

ROMA ANTICA

Appia Antica★★ - Ara Pacis Augustae★★ - Area Sacra del Largo Argentina★★ - Castel Sant' Angelo★★★ - Colosseo★★★ e arco di Costantino★★★ - Fori Imperiali★★★ e Mercati di Traiano★★ - Foro Romano★★★ e Palatino★★★ - Pantheon★★★ - Terme di Caracalla★★★

LE CHIESE

Chiesa del Gesù★★★ - S. Andrea al Quirinale★★ - S. Andrea della Valle★★ - S. Carlo alle Quattro Fontane★★ - S. Clemente★★ - S. Giovanni in Laterano★★★ - S. Ignazio★★ - S. Lorenzo fuori le Mura★★ - S. Luigi dei Francesi★★ - S. Maria degli Angeli★★ - S. Maria d'Aracoeli★★ - S. Maria Maggiore★★★ - S. Maria sopra Minerva★★ - S. Maria del Popolo★★ - S. Maria in Trastevere★★ - S. Maria della Vittoria★★ - S. Paolo fuori le Mura★★

PIAZZE E FONTANE

- Campo dei Fiori★★ - Piazza del Campidoglio★★★ - Piazza Navona★★★ - Piazza del Popolo★★ - Piazza del Quirinale★★ - Piazza di Spagna★★★

Fontana della Barcaccia★ - Fontana di Trevi★★★ - Fontana del Tritone★

GRANDI MUSEI

Galleria Borghese★★★ - Galleria Doria Pamphili★★ - Galleria di Palazzo Barberini★★ - Musei Capitolini★★★ - Museo etrusco di Villa Giulia★★★ - Palazzo Altemps★★★ - Palazzo Massimo alle Terme★★★

VATICANO

Piazza S. Pietro★★★ - Basilica di S. Pietro★★★ - Musei Vaticani★★★

CAPOLAVORI DEL RINASCIMENTO E DEL BAROCCO

Michelangelo: *S. Pietro in Vincoli - Vaticano: Pietà nella basilica di S. Pietro, Cappella Sistina* ***Raffaello:*** *Galleria Borghese, Galleria di Palazzo Barberini, Villa Farnesina, Vaticano: Stanze di Raffaello e Pinacoteca Vaticana* ***Bernini:*** *Galleria Borghese, Fontana dei Fiumi di piazza Navona, S. Andrea al Quirinale, S. Maria della Vittoria - Vaticano: piazza S. Pietro, Baldacchino e cattedra di S. Pietro* ***Borromini:*** *Oratorio dei Filippini, S. Agnese in Agone, S. Carlo alle Quattro Fontane, S. Ivo alla Sapienza* ***Caravaggio:*** *Galleria Borghese, Galleria Doria Pamphili, Galleria di Palazzo Barberini, Pinacoteca Capitolina, S. Agostino, S. Luigi dei Francesi, S. Maria del Popolo - Vaticano: Pinacoteca Vaticana*

ARTE MODERNA E CONTEMPORANEA

GAM (Galleria Nazionale di Arte Moderna)★★ - Museo MAXXI★ - Museo MACRO - Quartiere E.U.R.★★ - Quartiere Coppedè

I PARCHI

Gianicolo★ - Pincio - Villa Borghese★★★ - Villa Celimontana - Villa Doria Pamphili - Villa Torlonia

LE VIE DELLO SHOPPING

Via dei Coronari★ : antiquariato e brocantage - Il Tridente (via di Ripetta, via del Corso, via del Babuino): negozi di tutti i generi - Via del Babuino: antiquariato e brocantage - Via Margutta: gallerie d'arte e botteghe artigianali - Via Veneto★★ : negozi e hotel di lusso - Via dei Condotti, via Frattina, via Borgognona, via Bocca di Leone: alta moda

DI SERA E DI NOTTE

Trastevere★★ : osterie e trattorie - Testaccio: locali notturni

ROMA DALL' ALTO

Cupola di S. Pietro - Terrazza di Castel S. Angelo - Gianicolo - Pincio - Portico del Vittoriano

Roma genere ristoranti

Gli esercizi con stelle

✿✿✿ 2007

Pergola (La) XXXXX p. 38

✿ 2007

Baby XXXX p. 41
N Mirabelle XXXX p. 32
Agata e Romeo XXX p. 33
Altro Mastai (L') XXX p. 26
Convivio-Troiani (Il) XXX p. 26
N Pagliaccio (Il) XX p. 27

Bib Gourmand ☺

Mamma Angelina XX p. 44

Ristoranti classificati secondo il loro genere

Campana

Ortica (L') XX p. 43

Classica

Antico Bottaro XXX p. 26
Bolognese (Dal) XX p. 27
Enoteca Ferrara XX p. 42
Myosotis XX p. 27
Ninfa (La) XX p. 33
Pancrazio (Da) XX p. 27
Simposio-di Costantini (Il) XX p. 38

Creativa

Pergola (La) XXXXX p. 38
Baby XXXX p. 41
Convivio-Troiani (Il) XXX p. 26
Giuda Ballerino XX p. 44
Pagliaccio (Il) XX p. 27
Red XX p. 43
Taverna Angelica XX p. 38
Bric (Al) X p. 28
Uno e Bino X p. 34

Di pesce

Alberto Ciarla XXX p. 42
Shangri Là-Corsetti Rist. XXX p. 45
Acquolina Hostaria in Roma XX p. 43
Antico Porto (L') XX p. 38
Coriolano XX p. 41
Corsetti-il Galeone XX p. 42

Ristoranti con il servizio estivo all'aperto

Ristoranti aperti al mese d'agosto

Elenco alfabetico degli alberghi e ristoranti

INDICE DELLE STRADE DI ROMA

S. Angelo (Borgo) .... 6 .. JV 151
S. Angelo (Ponte) .... 6 .. KV
S. Chiara (V.) .... 7 .. MX 153
S. Cosimato (Pza) .... 10 .. KZ
S. Francesco d'Assisi (Pza) .. 10 .. LZ
S. Francisco a Ripa (V. di) .... 10 .. KZ
S. Giovanni in Laterano (V. d.) .... 12 .. PZ
S. Gregorio (V. d.) .... 12 .. OZ
S. Ignazio (Pza) .... 7 .. MV 156
S. Marco (V.) .... 11 .. MY 157
S. Maria del Pianto (V.) .... 11 .. MY 159
S. Maria Maggiore (V.) .... 12 .. PX 160
S. Pancrazio (V.) .... 9 .. HZ
S. Pietro (Pza) .... 5 .. HV
S. Prisca (V. di) .... 11 .. NZ 162
S. Sabina (V. di) .... 11 .. MZ
S. Sebastiano (V. di) .... 2 .. BR 163
S. Sonnino (Pza) .... 10 .. LZ
S. Spirito (Borgo) .... 6 .. JV
S. Stefano Rotondo (V. di) .... 12 .. PZ
S. Teodoro (V.) .... 11 .. NY
S. Uffizio (V. d.) .... 5 .. HV 165
Tassoni (Largo) .... 6 .. JV
Teatro di Marcello (V. del) .... 11 .. MY 175
Tebaldi (Lungotev. d.) .... 10 .. KY
Terme Deciane (V.) .... 11 .. NZ 177
Terme di Caracalla (Viale delle) .... 12 .. OZ
Testaccio (Lungotev.) .... 11 .. LZ 178
Teulada (V.) .... 3 .. CS
Tevere (V.) .... 8 .. PU
Tiburtina (V.) .... 2 .. BQ
Tiziano (Viale) .... 3 .. DS
Togliatti (Viale P.) .... 2 .. BR
Tomacelli (V.) .... 7 .. MV
Torlonia (V.) .... 4 .. FS
Torre Argentina (V.) .... 11 .. MY 180
Tor di Nona (Lungotevere) .... 6 .. KV
Traforo (V. del) .... 7 .. NV 181
Trastevere (Vle di) .... 10 .. KZ
Tre Madonne (V.) .... 4 .. ES 183
Trieste (Cso) .... 4 .. FS
Trinità dei Monti (Viale) .... 7 .. NU
Trionfale (Cir.) .... 5 .. GU
Trionfale (V.) .... 1 .. AQ
Tritone (V. del) .... 7 .. NV
Trullo (V.) .... 1 .. AR
Tuscolana (V.) .... 4 .. FT 184
Uffici del Vicario (V.) .... 7 .. MV 186
Umberto I (Ponte) .... 6 .. KV
Università (Viale d.) .... 4 .. FS
Vallati (L. d.) .... 10 .. LY
Valle Giulia (Viale) .... 4 .. ES 187
Valle Murcia (V.) .... 11 .. NZ 189
Vascello (V. d.) .... 9 .. HZ
Vaticano (Lungotevere) .... 6 .. JV 190
Vaticano (Viale) .... 5 .. GV
Venezian (V. G.) .... 10 .. KZ 192
Venezia (Pza) .... 11 .. NY
Vercelli (V.) .... 4 .. FT
Vigna Murata (V.) .... 2 .. BR
Villa Massimo (Vle di) .... 4 .. FS 193
Villa Pamphili (Vle) .... 9 .. HZ
Viminale (V. d.) .... 8 .. PV
Virgilio (V.) .... 6 .. JU
Vitellia (V.) .... 9 .. GZ
Vittoria (Lungotevere d.) .... 3 .. CS
Vittorio Emanuele II (Cso) .... 6 .. KX
Vittorio Emanuele II (Ponte) .... 6 .. JV 195
Vittorio Emanuele Orlando (V.) .... 8 .. PV 196
Vittorio Veneto (V.) .... 8 .. OU
Volturno (V.) .... 8 .. PV 198
XXI Aprile (Viale) .... 4 .. FS
Zanardelli (V.) .... 6 .. KV 199
4 Novembre (V.) .... 11 .. NX 201
20 Settembre (V.) .... 8 .. PU
24 Maggio (V.) .... 7 .. NX
30 Aprile (Viale) .... 10 .. JZ 202

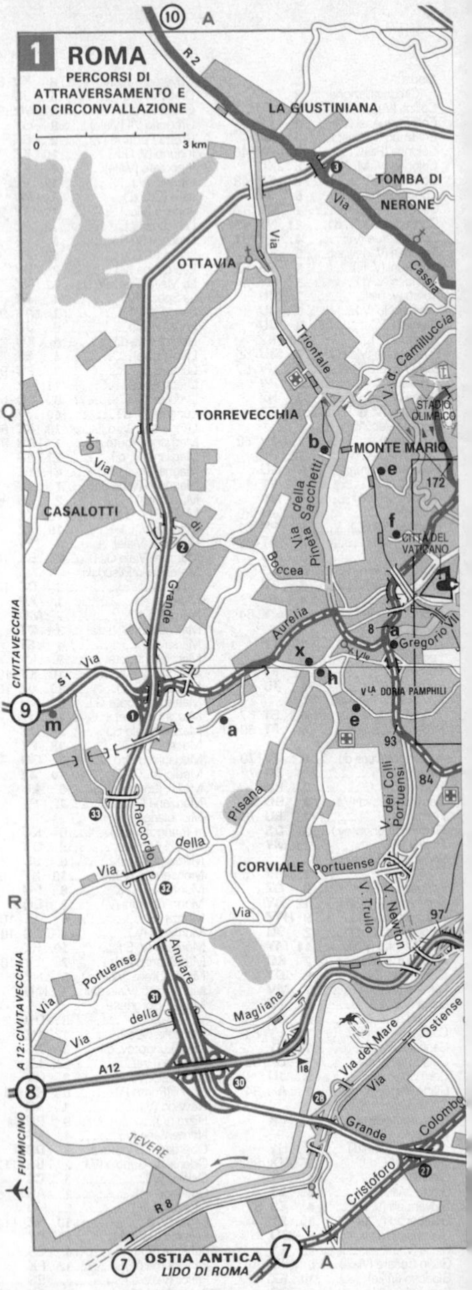

1 ROMA
PERCORSI DI ATTRAVERSAMENTO E DI CIRCONVALLAZIONE

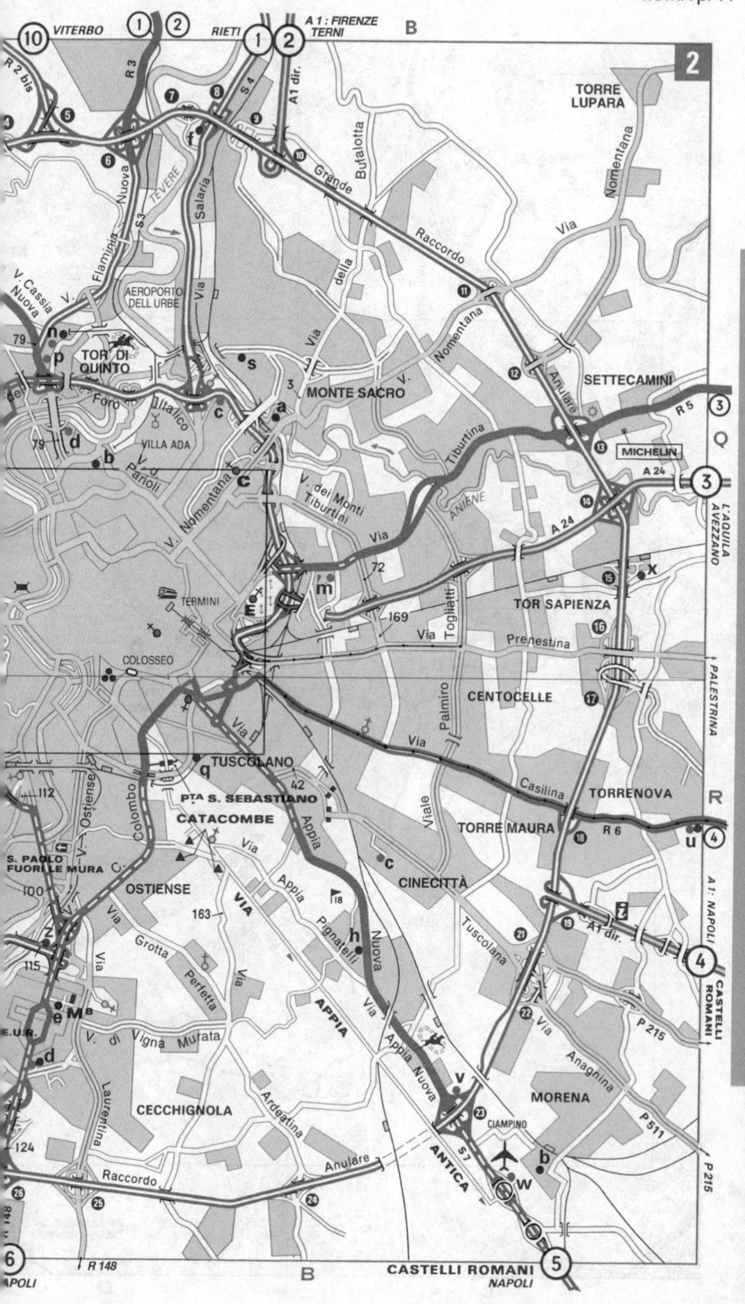
VITERBO
RIETI
A 1 : FIRENZE
TERNI
B
2
TORRE LUPARA
Via Nomentana
Grande Raccordo Anulare
Via della Bufalotta
Salaria
Nuova
Flaminia
TEVERE
AEROPORTO DELL'URBE
V. Cassia Nuova
TOR DI QUINTO
Foro Italico
VILLA ADA
V. d. Parioli
MONTE SACRO
SETTECAMINI
MICHELIN
V. Nomentana
V. dei Monti Tiburtini
Via Tiburtina
ANIENE
A 24
L'AQUILA AVEZZANO
Q
TERMINI
COLOSSEO
TOR SAPIENZA
Via Prenestina
Palmiro Togliatti
CENTOCELLE
PALESTRINA
Via Casilina
TORRENOVA
TORRE MAURA
R
TUSCOLANO
Pta S. SEBASTIANO
CATACOMBE
S. PAOLO FUORI LE MURA
OSTIENSE
V. Ostiense
Colombo
Via Appia
Appia Pignatelli
Via Appia Nuova
CINECITTÀ
Tuscolana
A 1: NAPOLI
CASTELLI ROMANI
Via Grotta Perfetta
V. di Vigna Murata
E.U.R.
CECCHIGNOLA
Laurentina
Ardeatina
Via Anagnina
MORENA
CIAMPINO
VIA APPIA ANTICA
Raccordo Anulare
CASTELLI ROMANI
NAPOLI
R 148
B
P 215
P 511

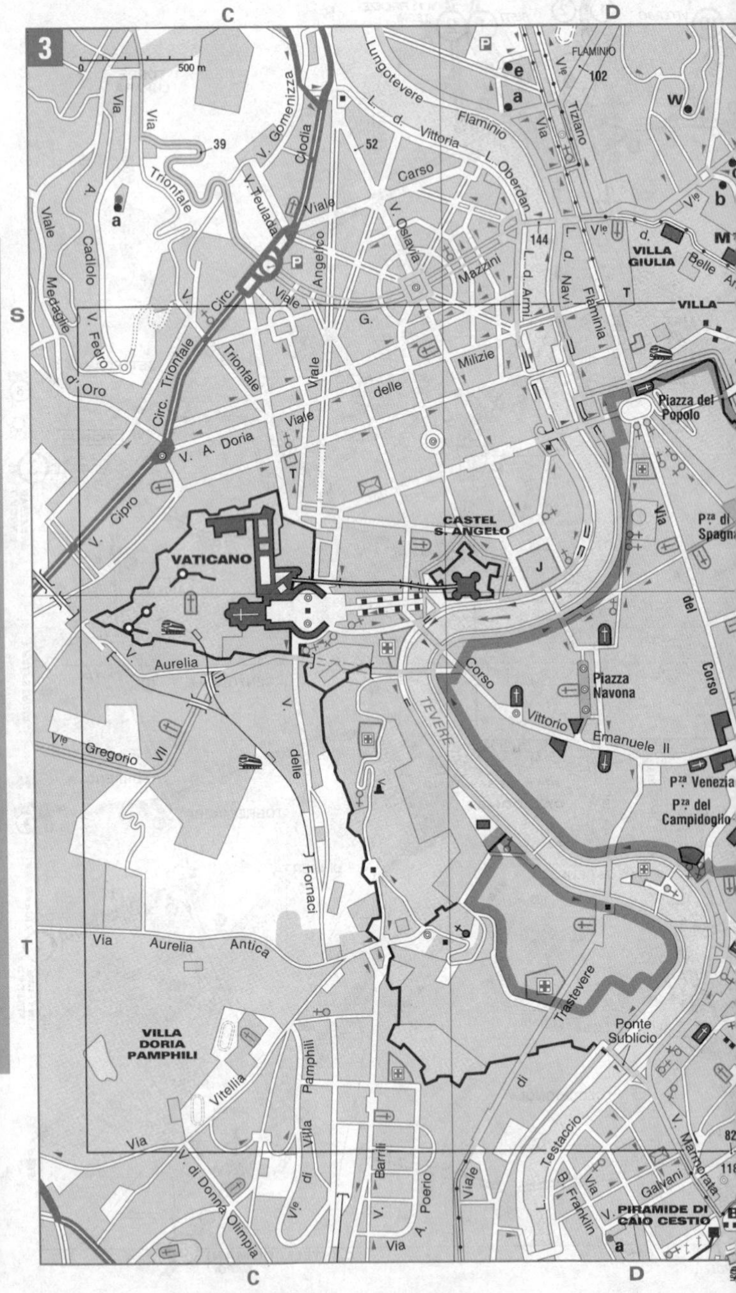
C
D
3
500 m
Lungotevere
Flaminio
L. d. Vittoria
L. Oberdan
V. Gomenizza
Clodia
V. Teulada
Via Trionfale
Viale Angelico
V. Oslavia
Carso
Mazzini
Viale Medaglie d'Oro
A. Cadlolo
V. Fedro
Circ. Trionfale
Viale G.
Viale delle Milizie
Viale Trionfale
V. A. Doria
V. Cipro
VATICANO
CASTEL S. ANGELO
Piazza del Popolo
VILLA GIULIA
Pza di Spagna
Via del Corso
Piazza Navona
Corso Vittorio Emanuele II
TEVERE
Pza Venezia
Pza del Campidoglio
V. Aurelia
Vle Gregorio VII
V. delle Fornaci
Via Aurelia Antica
VILLA DORIA PAMPHILI
Via Vitellia
Vle di Villa Pamphili
V. Barrili
A. Poerio
V. di Donna Olimpia
Viale di Trastevere
Ponte Sublicio
Testaccio
V. Marmorata
Galvani
B. Franklin
PIRAMIDE DI CAIO CESTIO
FLAMINIO
Via Flaminia
L. d. Navi
L. d. Armi
Tiziano
S
T
C
D

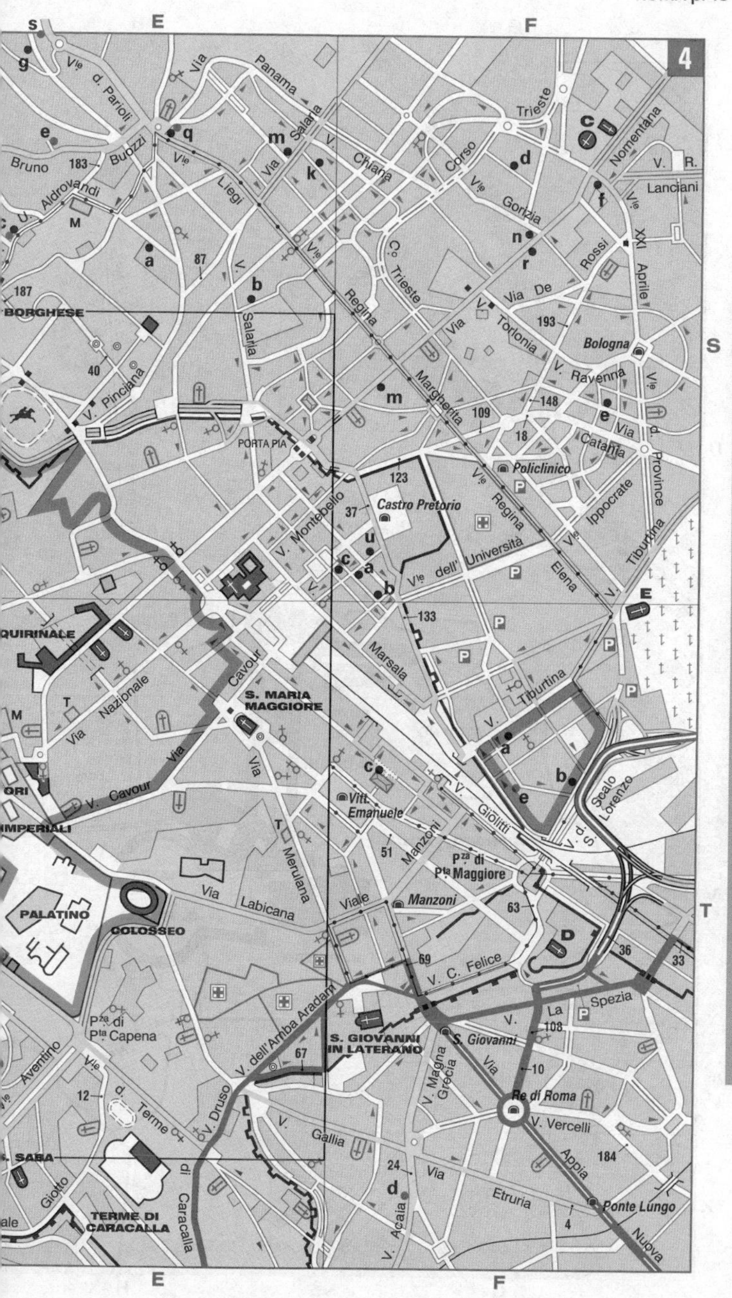

E
F
4
S
T
BORGHESE
PORTA PIA
Castro Pretorio
Policlinico
Bologna
QUIRINALE
S. MARIA MAGGIORE
Vitt. Emanuele
Manzoni
Pza di Pta Maggiore
PALATINO
COLOSSEO
S. GIOVANNI IN LATERANO
S. Giovanni
Re di Roma
Ponte Lungo
TERME DI CARACALLA
Pza di Pta Capena
Via Nomentana
Corso Trieste
Via Salaria
Vle Regina Margherita
Vle Regina Elena
Via Cavour
Via Nazionale
Via Merulana
Via Labicana
Via Appia Nuova
V. Tiburtina
Vle dell' Università
V. Marsala
V. Giolitti
Viale Manzoni
V. C. Felice
V. La Spezia
V. dell'Amba Aradam
Via Etruria
V. Vercelli
V. Gallia
V. Druso
Via di Caracalla
Vle Aventino
Vle d. Terme
V. Magna Grecia
V. Acaia
V. Pinciana
Vle Liegi
V. Chiana
Vle Gorizia
Via De Rossi
Vle XXI Aprile
V. Torlonia
V. Ravenna
Via Catania
Vle d. Province
Vle Ippocrate
V. Montebello
Vle Parioli
Via Panama
Buozzi
Aldrovandi
Bruno
V. R. Lanciani
Scalo S. Lorenzo
Giotto

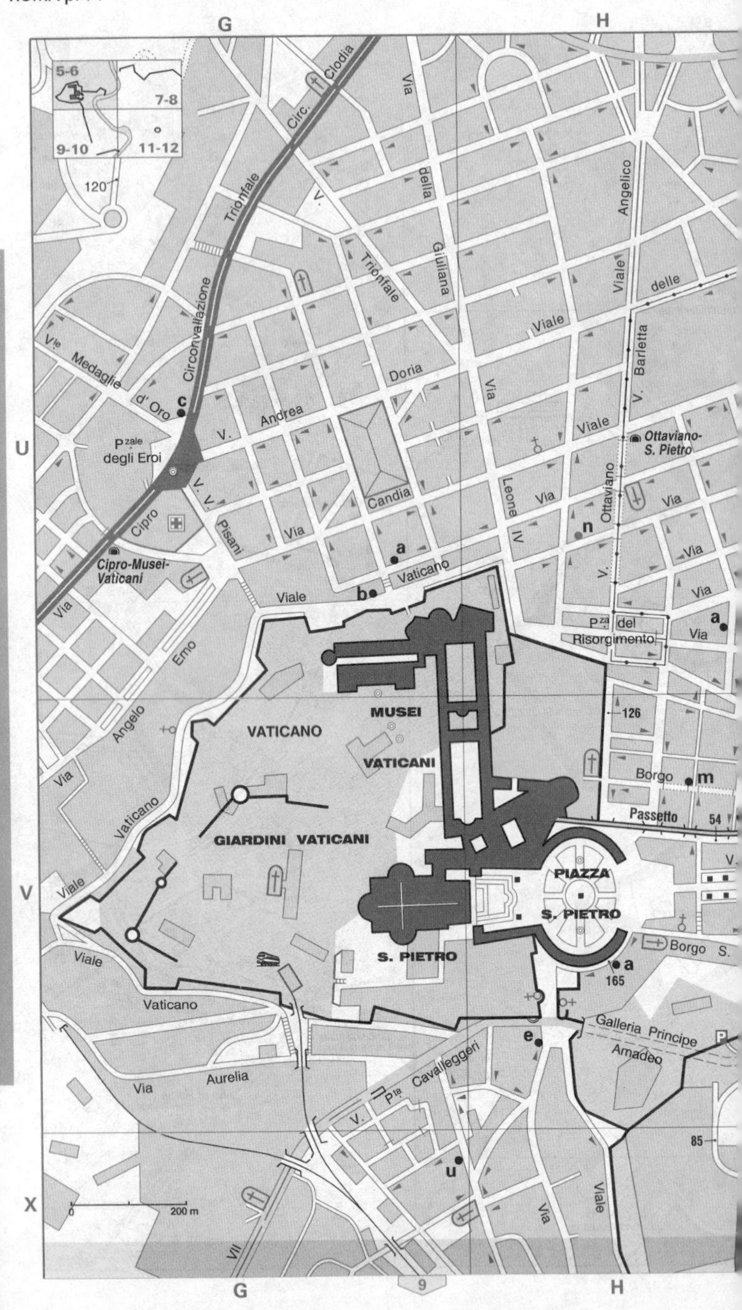
G
H
5-6
7-8
9-10
11-12
120
Circ. Clodia
Via della Giuliana
Trionfale
V. Trionfale
Circonvallazione
Viale Angelico
Viale delle
V. Barletta
Viale
Vle Medaglie d' Oro
c
Doria
Andrea
V.
U
Pzale degli Eroi
Candia
V. V. Pisani
Cipro
Via Leone IV
Viale
Ottaviano-S. Pietro
V. Ottaviano
Via
n
a
Cipro-Musei-Vaticani
Via
Viale Vaticano
b
Pza del Risorgimento
Via
Emo
Angelo
Via
MUSEI VATICANI
VATICANO
126
Borgo
m
Vaticano
GIARDINI VATICANI
Passetto
54
V
Viale
PIAZZA S. PIETRO
S. PIETRO
Borgo S.
165
Viale
Vaticano
Galleria Principe Amadeo
e
Pta Cavalleggeri
Via Aurelia
V.
85
u
X
0
200 m
Viale
Via
VII
G
9
H

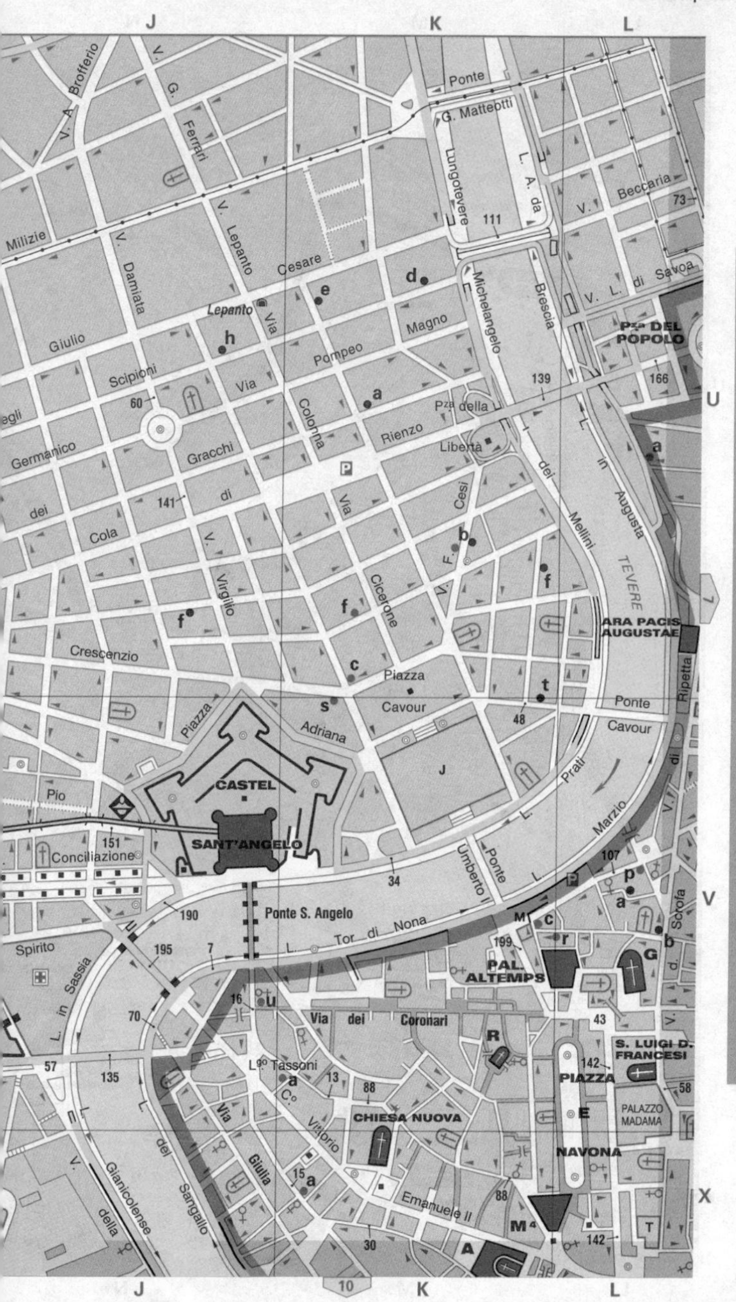

J
K
L
Ponte
G. Matteotti
V. A. Brofferio
V. G. Ferrari
Lungotevere
L. A. da
V. Beccaria
73
Milizie
V. Lepanto
Cesare
111
V. Damiata
d
e
Michelangelo
Brescia
V. L. di Savoia
Lepanto
Via
Magno
Pza DEL POPOLO
Giulio
h
Pompeo
Scipioni
Via
139
166
U
60
Colonna
a
Pza della
Rienzo
egli
Germanico
Gracchi
Libertà
a
dei
in
141
di
Via
Cesi
Augusta
dei
Mellini
Cola
b
V.
V. F.
TEVERE
Virgilio
Cicerone
f
f
f
ARA PACIS AUGUSTAE
Crescenzio
c
Piazza
Ripetta
t
s
Cavour
Ponte
Piazza
48
Adriana
Cavour
J
di
Prati
Pio
CASTEL
V.
Marzio
L.
151
SANT'ANGELO
Conciliazione
Umberto I
Ponte
107
34
p
a
Scrofa
V
190
Ponte S. Angelo
M
c
b
Tor di Nona
r
Spirito
195
7
L.
199
G
PAL. ALTEMPS
Sassia
L. in
16
u
d.
V.
70
Via dei Coronari
43
R
S. LUIGI D. FRANCESI
57
Lgo Tassoni
a
142
135
13
88
PIAZZA
58
C.o
Via
CHIESA NUOVA
PALAZZO MADAMA
Vittorio
E
L.
del
Giulia
NAVONA
V.
Gianicolense
15
a
X
88
Sangallo
Emanuele II
della
M4
T
30
A
142
J
10
K
L

L M N

U

V

X

L M N

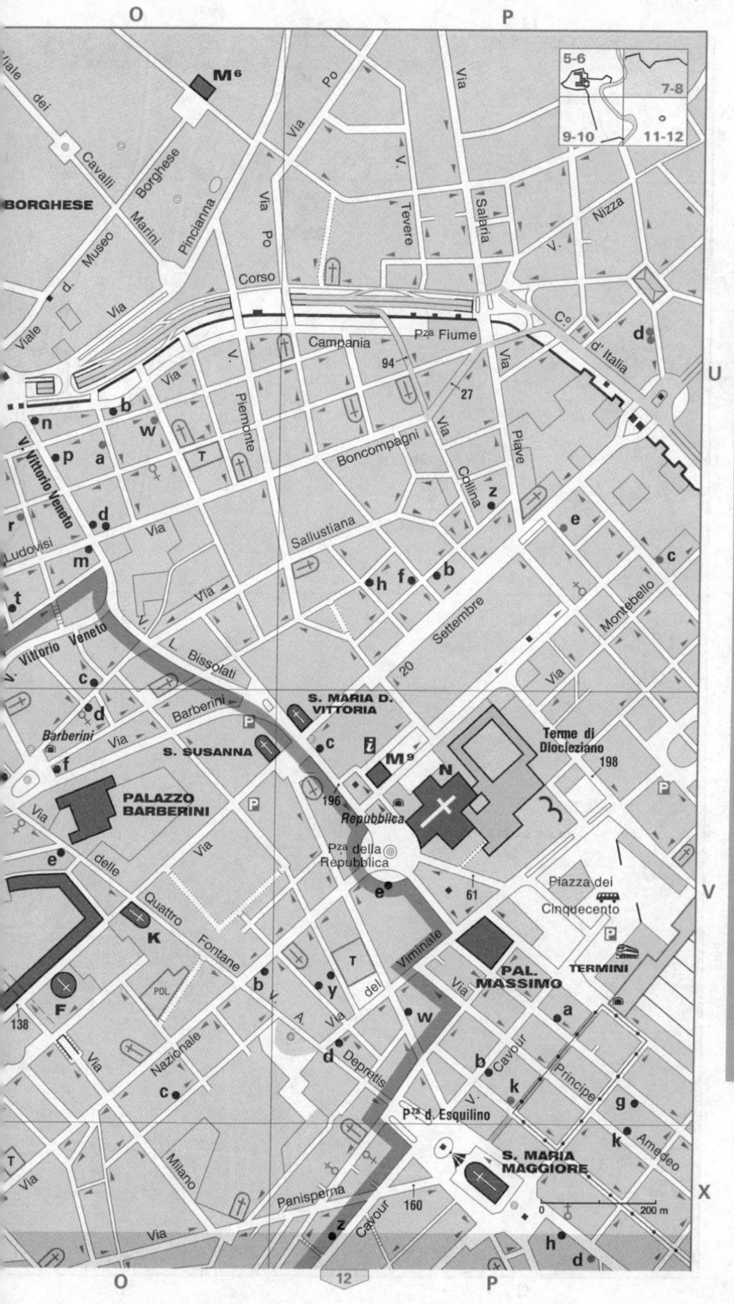
O
P
U
V
X
BORGHESE
PALAZZO BARBERINI
S. MARIA D. VITTORIA
S. SUSANNA
Terme di Diocleziano
Pza della Repubblica
Repubblica
Piazza dei Cinquecento
PAL. MASSIMO
TERMINI
S. MARIA MAGGIORE
Pza d. Esquilino
Barberini
Via Boncompagni
Via Sallustiana
Via Piemonte
Via Po
Via Salaria
Via Piave
Via Collina
V. Nizza
Co d' Italia
Corso
Campania
Pza Fiume
V. Vittorio Veneto
Via Ludovisi
L. Bissolati
Via XX Settembre
Via Montebello
Via Barberini
Via delle Quattro Fontane
Via Nazionale
Via del Viminale
Via Cavour
Via Principe Amedeo
Via A. Depretis
Via Milano
Via Panisperna
Viale dei Cavalli Marini
Viale d. Museo Borghese
Via Pinciana
V. Tevere
0
200 m
12

G
5
H
85
X
0
200 m
VII
Gregorio
Viale
u
Via
Viale
S. PIETRO
delle
Gianicolo
di
delle
Mura
Passeggiata
Y
Aurelie
Fornaci
Via
Aurelia
Antica
Pancrazio
S.
di
V.
V.
del
VILLA DORIA PAMPHILI
Vascello
Z
V.le
di
Vitellia
V.
Dezza
Villa
Fonteiana
25
171
Pamphili
Via
Via
5-6
7-8
9-10
11-12
G
H

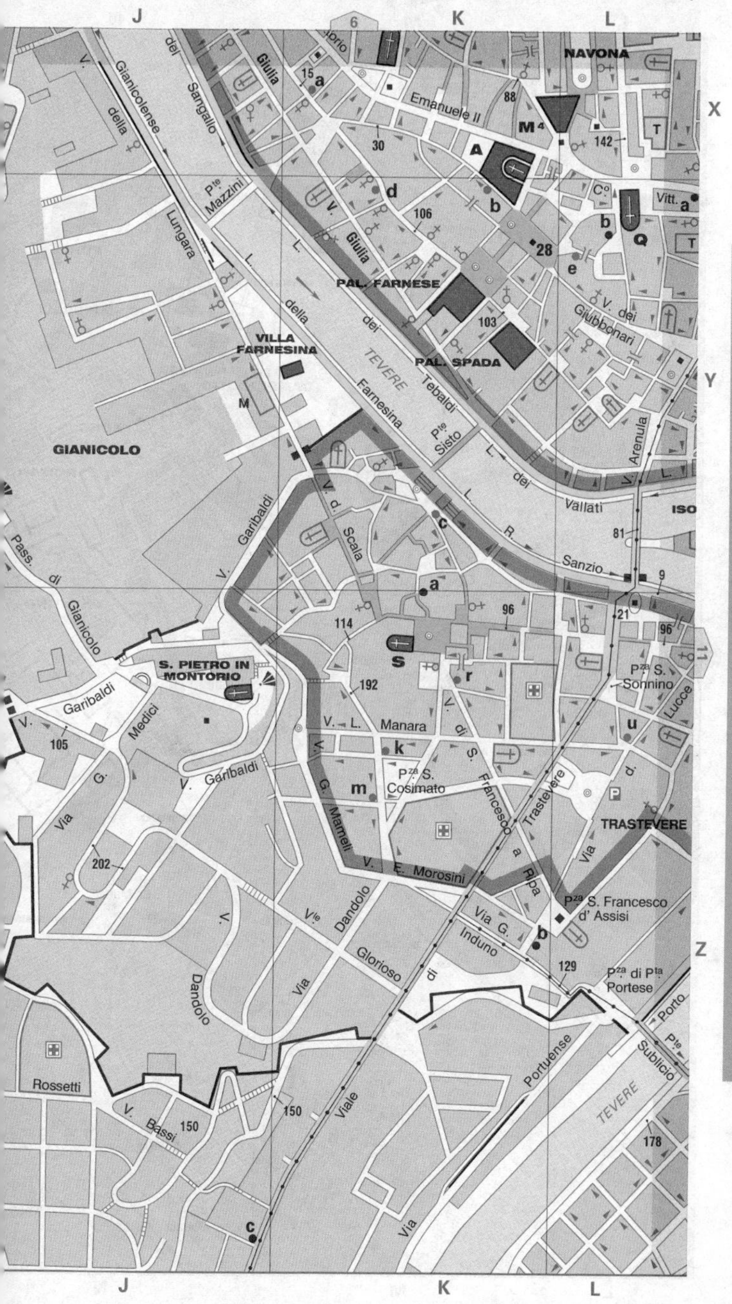
J
K
L
X
Y
Z
NAVONA
Giulia
Sangallo
Gianicolense
della
Emanuele II
M⁴
A
Pte Mazzini
Lungara
Farnesina
PAL. FARNESE
VILLA FARNESINA
PAL. SPADA
TEVERE
Tebaldi
Giubbonari
Pte Sisto
GIANICOLO
Vallati
Sanzio
Arenula
Garibaldi
Scala
S. PIETRO IN MONTORIO
Manara
Medici
Pza S. Cosimato
Pza S. Sonnino
Lucce
Trastevere
TRASTEVERE
Mameli
E. Morosini
Pza S. Francesco d' Assisi
Induno
Glorioso
Dandolo
Pza di Pta Portese
Portuense
Sublicio
Rossetti
Bassi
Viale
Pass. di Gianicolo

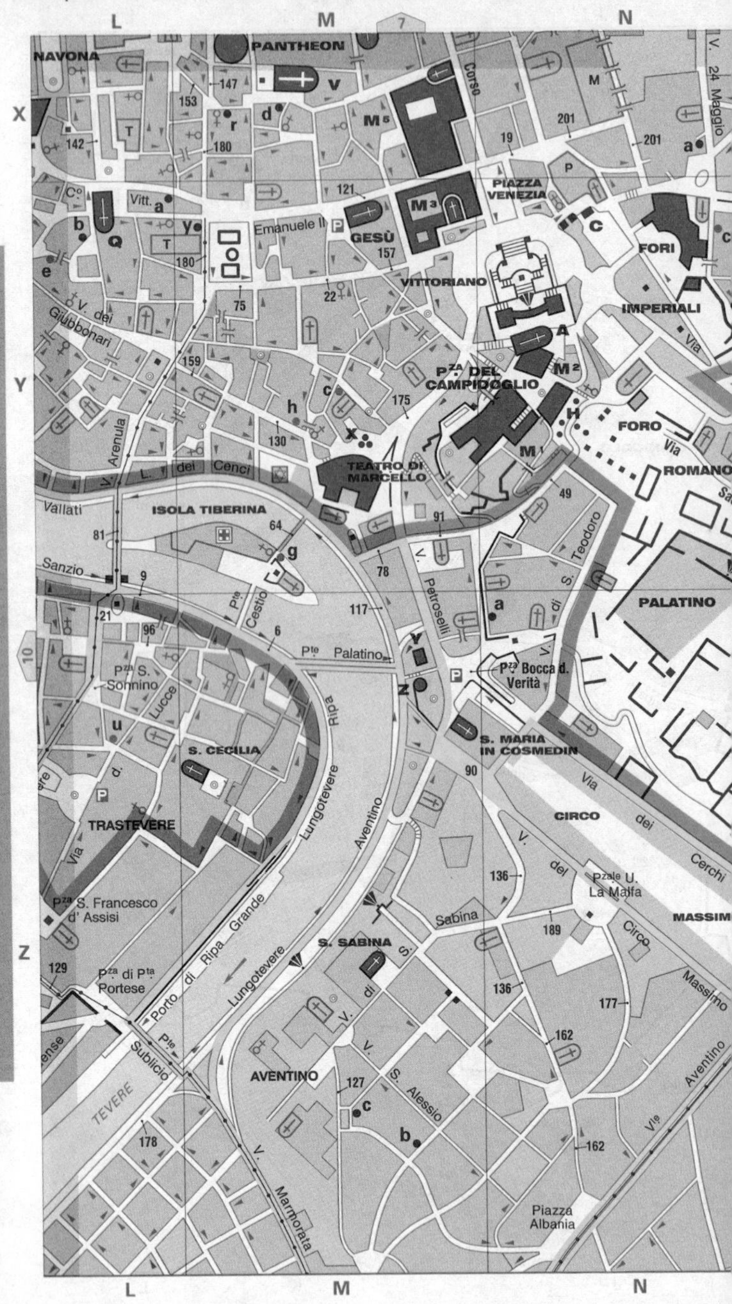
L
M
N
7
X
Y
Z
10
NAVONA
PANTHEON
PIAZZA VENEZIA
Corso
V. 24 Maggio
Vitt.
Emanuele II
GESÙ
VITTORIANO
FORI
IMPERIALI
Via
V. dei Giubbonari
Arenula
P.za DEL CAMPIDOGLIO
FORO
ROMANO
Via
L. dei Cenci
Vallati
TEATRO DI MARCELLO
ISOLA TIBERINA
Sanzio
Pte Cestio
Pte Palatino
V. Petroselli
V. di S. Teodoro
PALATINO
P.za S. Sonnino
Lucce
P.za Bocca d. Verità
S. MARIA IN COSMEDIN
S. CECILIA
Ripa
Lungotevere
Aventino
TRASTEVERE
Via
CIRCO
Via dei Cerchi
MASSIM
V. del Circo Massimo
P.zale U. La Malfa
Sabina
P.za S. Francesco d' Assisi
P.za di P.ta Portese
Porto di Ripa Grande
Lungotevere
S. SABINA
V. di S.
Pte Sublicio
TEVERE
AVENTINO
V. S. Alessio
V.le Aventino
V. Marmorata
Piazza Albania

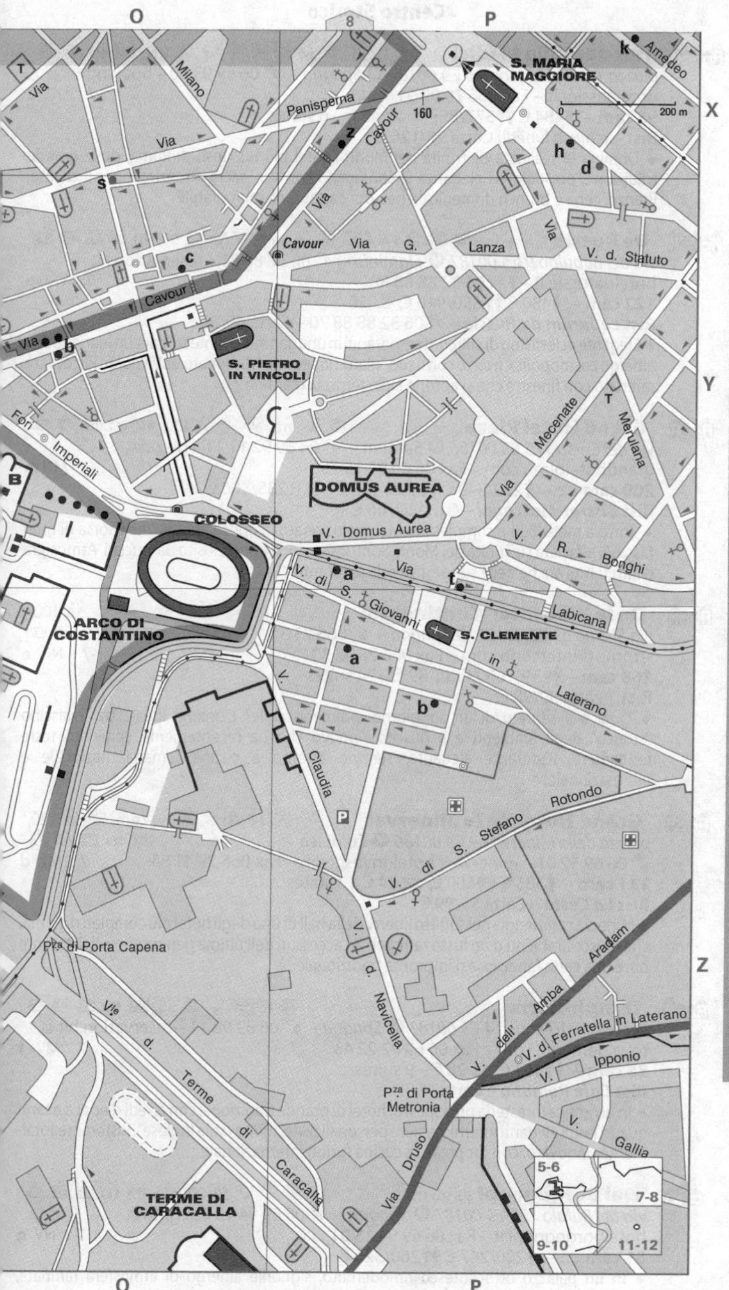
O
P
8
X
Y
Z
S. MARIA MAGGIORE
Amedeo
Milano
Via
Panisperna
Cavour
160
200 m
Via
Cavour
Via G. Lanza
V. d. Statuto
Via
Cavour
Via
S. PIETRO IN VINCOLI
Fori Imperiali
DOMUS AUREA
COLOSSEO
V. Domus Aurea
Via Mecenate
Merulana
Via
V. R. Bonghi
Via Labicana
V. di S. Giovanni in Laterano
S. CLEMENTE
ARCO DI COSTANTINO
V. Claudia
V. di S. Stefano Rotondo
V. d. Navicella
P^za di Porta Capena
V^le d. Terme di Caracalla
V. dell' Amba Aradam
V. d. Ferratella in Laterano
V. Ipponio
V. Gallia
P^za di Porta Metronia
Via Druso
TERME DI CARACALLA
5-6
7-8
9-10
11-12

Centro Storico

Hassler Villa Medici 100,

piazza Trinità dei Monti 6 ✉ 00187 Ⓜ Spagna – ✆ 06 69 93 40 – booking@hotelhassler.it – Fax 066 78 99 91 7 NU **c**

98 cam – 484 € 572/869 €, ☕ 45 € – 6 suites

Rist – *(chiuso lunedì)* Carta 96/126 €

◆ Domina la scalinata di Trinità dei Monti l'hotel più lussuoso di Roma, dove grande tradizione, prestigio ed eleganza si coniugano con una sacra attenzione per il cliente. Pranzo, cena o brunch domenicale nel roof-restaurant: memorabili!

De Russie cam, 90,

via del Babuino 9 ✉ 00187 Ⓜ Flaminio – ✆ 06 32 88 81 – reservations@hotelderussie.it – Fax 06 32 88 88 88 7 MU **p**

122 cam – 480 € 650/910 €, ☕ 28 €

Rist *Le Jardin du Russie* – ✆ 06 32 88 88 70 – Carta 69/88 €

◆ Elegante eclettismo di stili contemporanei in una gamma di tinte soft per un leggendario albergo cosmopolita, risorto con il suo "giardino segreto" disegnato da Valadier. Ristorante raffinato con finestre che si aprono sulla terrazza giardino.

Grand Hotel Plaza cam, 400,

via del Corso 126 ✉ 00186 Ⓜ Spagna – ✆ 06 69 92 11 11 – plaza@grandhotelplaza.com – Fax 06 69 94 15 75 7 MU **m**

200 cam ☕ – 220/340 € 265/450 € – ½ P 285/300 €

Rist *Bistrot-Mascagni* – Carta 51/66 €

◆ Sorto a metà '800 e completamente rivoluzionato in epoca liberty, una risorsa di gran fascino, affaciata su Trinità dei Monti. Sontuoso salone impreziosito da stucchi. Atmosfera d'altri tempi anche nella suggestiva sala ristorante.

De la Ville Inter-Continental cam, 100,

via Sistina 69 ✉ 00187 Ⓜ Spagna – ✆ 066 73 31 – rome@interconti.com – Fax 066 78 42 13 7 NU **e**

168 cam – 399/660 €, ☕ 39 € – 24 suites

Rist – carta 59/98 €

◆ Qual è il segreto di un soggiorno indimenticabile? L'unione ideale tra il fascino "storico" degli ambienti e il riuscito rinnovo che ha recentemente coinvolto tutte le camere. Ristorante elegante, servizio attento e cucina romana, nazionale e internazionale.

Grand Hotel de la Minerve cam, 120,

piazza della Minerva 69 ✉ 00186 Ⓜ Colosseo – ✆ 06 69 52 01 – minerva@hotel-invest.com – Fax 066 79 41 65 7 MX **d**

131 cam – 385 € 600 €, ☕ 34 € – 3 suites

Rist *La Cesta* – Carta 55/99 €

◆ Minerva campeggia nel soffitto liberty della hall di uno degli hotel più completi di Roma, che unisce ambienti d'un lusso raffinato ad accessori dell'ultima generazione. Il ristorante offre una carta fantasiosa d'impronta tradizionale.

D'Inghilterra 55,

via Bocca di Leone 14 ✉ 00187 Ⓜ Spagna – ✆ 06 69 98 11 – reservation.hir@royaldemeure.com – Fax 06 69 92 22 43 7 MV **f**

88 cam – 462 €, ☕ 28 € – 9 suites

Rist *Cafè Romano* – Carta 45/70 €

◆ In un'antica foresteria principesca, hotel di grande tradizione, con arredi d'epoca e tanti quadri negli eleganti interni; camere personalizzate, molto "stile inglese". Ristorante totalmente rinnovato, con proposte di cucina fusion internazionale.

Dei Borgognoni senza rist 60,

via del Bufalo 126 ✉ 00187 Ⓜ Spagna – ✆ 06 69 94 15 05 – info@hotelborgognoni.it – Fax 06 69 94 15 01 7 NV **g**

51 cam ☕ – 200/247 € 260/325 €

◆ In un palazzo ottocentesco rimodernato, signorile albergo di atmosfera raffinata, con ampi spazi comuni, camere confortevoli e un imprevedibile angolo di verde interno.

Piranesi-Palazzo Nainer senza rist 40,
via del Babuino 196 ✉ 00187 Ⓜ Flaminio –
✆ 06 32 80 41 – info@hotelpiranesi.com – Fax 063 61 05 97 7 MU **d**
32 cam – 240 € 320 €
◆ Hotel aperto di recente, d'impostazione classica ed elegante. Il marmo bianco degli interni accresce notevolmente la luminosità che pone in risalto i begli arredi.

White senza rist
via In Arcione 77 ✉ 00187 Ⓜ Barberini – ✆ 066 99 12 42 – white@travelroma.com – Fax 066 78 84 51 7 NV **p**
40 cam – 200/250 € 220/300 €
◆ Nelle adiacenze della fontana di Trevi e del Quirinale, un hotel confortevole, con interni moderni e stanze arredare con mobili in legno dalle tonalità chiare.

Valadier cam, 35,
via della Fontanella 15 ✉ 00187 Ⓜ Flaminio – ✆ 063 61 19 98 – info@hotelvaladier.com – Fax 063 20 15 58 7 MU **k**
67 cam – 140/270 € 210/390 € – 7 suites
Rist Il Valentino – vedere selezione ristoranti
Rist *Hi-Res* – *(chiuso a mezzogiorno)* Carta 72/93 €
◆ Albergo elegante nei pressi di piazza del Popolo; interni raffinati, curati nei dettagli, con profusione di legno e di specchi anche nelle camere; panoramico roof-garden. Al roof garden, il nuovo ristorante Hi Res vi offrira una vista sul centro storico, fra tetti e cupole.

Delle Nazioni senza rist 50,
via Poli 7 ✉ 00187 Ⓜ Spagna – ✆ 066 79 24 41 – nazioni@remarhotels.com – Fax 066 78 24 00 7 NV **m**
79 cam – 290 € 360 €
◆ A pochi metri dalla fontana di Trevi, all'interno di un palazzo di fine Settecento un hotel recentemente rinnovato, in grado di offrire un confort di buon livello.

Albergo del Senato senza rist Pantheon, 40,
piazza della Rotonda 73 ✉ 00186 Ⓜ Spagna –
✆ 066 78 43 43 – info@albergodelsenato.it – Fax 06 69 94 02 97 7 MV **y**
57 cam – 110/245 € 185/415 €
◆ In un palazzo ottocentesco affacciato sul Pantheon, un hotel rinnovato negli ultimi anni, con elegante ambientazione in stile sia negli spazi comuni che nelle camere.

Nazionale rist, 800,
piazza Montecitorio 131 ✉ 00186 Ⓜ Barberini – ✆ 06 69 50 01 – hotel@nazionaleroma.it – Fax 066 78 66 77 7 MV **g**
95 cam – 280/340 € 340/530 € – 2 suites
Rist 31 *Al Vicario* – ✆ 06 69 92 55 30 *(chiuso dal 7 agosto al 4 settembre e domenica)* Carta 38/56 €
◆ Affacciato sulla piazza di Montecitorio, un hotel dagli interni classici e assai ben curati. Il risultato della congiunzione di due distinti edifici in un unico armonioso. Confortevole sala ristorante dove apprezzare la classica cucina italiana.

The Inn at the Spanish Steps senza rist
via dei Condotti 85 ✉ 00187 Ⓜ Spagna – ✆ 06 69 92 56 57 – spanishstep@tin.it – Fax 066 78 64 70 7 MU **e**
24 cam – 400/850 €
◆ Nello stesso palazzo settecentesco che ospita il celebre Caffè Greco, una risorsa che incarna i sogni di tutti i turisti che giungono a Roma con il mito di "Vacanze Romane".

Mozart senza rist
via dei Greci 23/b ✉ 00187 Ⓜ Spagna – ✆ 06 36 00 19 15 – info@hotelmozart.com – Fax 06 36 00 17 35 7 MU **b**
56 cam – 126/180 € 175/250 €
◆ In un palazzo dell'800 in pieno centro, un albergo ristrutturato che sfoggia eleganti arredi in stile sia nelle zone comuni che nelle stanze; bella terrazza-solarium.

Fontanella Borghese senza rist
largo Fontanella Borghese 84 ✉ *00186* Ⓜ *Spagna* – ✆ 06 68 80 95 04 – fontborghese@melink.it – Fax 066 86 12 95 7 MV **d**
24 cam ☕ – 🚹145 € 🚹🚹235 €
◆ In posizione centrale, ma tranquilla, al 2° e 3° piano di un edificio storico affacciato su Palazzo Borghese, un hotel signorile e raffinato, con rifiniture di classe.

Santa Chiara senza rist 30,
via Santa Chiara 21 ✉ *00186* Ⓜ *Colosseo* – ✆ 066 87 29 79 – info@albergosantachiara.com – Fax 066 87 31 44 7 MX **r**
96 cam ☕ – 🚹147 € 🚹🚹240 € – 3 suites
◆ Dal 1830 ininterrotta tradizione familiare di ospitalità in un albergo completamente ristrutturato, alle spalle del Pantheon; gradevole e signorile ambiente classico.

Forte senza rist
via Margutta 61 ✉ *00187* Ⓜ *Spagna* – ✆ 063 20 76 25 – info@hotelforte.com – Fax 06 32 00 27 07 7 MU **h**
18 cam ☕ – 🚹125/176 € 🚹🚹156/255 €
◆ Al 1° piano di un bel palazzo del '700, hotel ubicato all'inizio della strada dei pittori, via Margutta. Le zone comuni sono ridotte ma eleganti, le camere ampie e graziose.

Manfredi senza rist
via Margutta 61 ✉ *00187* Ⓜ *Spagna* – ✆ 063 20 76 76 – info@hotelmanfredi.it – Fax 063 20 77 36 7 MU **h**
18 cam ☕ – 🚹105/210 € 🚹🚹130/310 €
◆ Il punto di forza di questo hotel, ubicato in una delle vie più caratteristiche del centro, sono le camere, tutte ristrutturate: comode e gradevoli, con arredi classici.

Della Torre Argentina senza rist
corso Vittorio Emanuele 102 ✉ *00186* Ⓜ *Colosseo* – ✆ 066 83 38 86 – info@dellatorreargentina.com – Fax 06 68 80 16 41 7 LY **a**
59 cam ☕ – 🚹100/160 € 🚹🚹150/232 €
◆ Ubicato tra il centro storico e la Roma antica, un albergo di buon confort generale, rinnovato negli ultimi anni, che si presenta funzionale e curato nei dettagli.

Del Corso senza rist
via del Corso 79 ✉ *00186* Ⓜ *Spagna* – ✆ 06 36 00 62 33 – info@hoteldelcorsoroma.com – Fax 06 32 60 00 34 7 MU **g**
18 cam ☕ – 🚹150/180 € 🚹🚹180/230 €
◆ Nuova apertura che si distingue per una gestione a carattere strettamente familiare. Spazi comuni ridotti, camere in stile, bagni in marmo, colazione servita in terrazza.

Portoghesi senza rist
via dei Portoghesi 1 ✉ *00186* Ⓜ *Spagna* – ✆ 066 86 42 31 – info@hotelportoghesiroma.com – Fax 066 87 69 76 6 LV **b**
27 cam ☕ – 🚹120/150 € 🚹🚹150/190 €
◆ Adiacente alla chiesa di S.Antonio dei Portoghesi, un albergo classico e signorile che offre confort moderni e interni curati. Esclusivamente per non fumatori.

Bolivar senza rist
via della Cordonata 6 ✉ *00187* – ✆ *066 79 16 14 – bolivar@ludovicigroup.com – Fax 066 79 10 25* 7 NX **a**
30 cam ☕ – 🚹77/258 € 🚹🚹93/310 €
◆ In posizione centralissima, a pochi passi da piazza Venezia, ma tranquilla, una gradevole risorsa, con camere rinnovate; sala colazioni panoramica all'ultimo piano.

Due Torri senza rist
vicolo del Leonetto 23 ✉ *00186* – ✆ *066 87 69 83 – hotelduetorri@mclink.it – Fax 066 86 54 42* 6 LV **a**
26 cam ☕ – 🚹130 € 🚹🚹205 €
◆ Accogliente atmosfera da casa privata con arredi in stile e ospitalità di tono in un angolo tranquillo della vecchia Roma; graziose e curate le stanze, con parquet.

City senza rist
via Due Macelli 97 ✉ *00187* Ⓜ *Spagna* – ✆ 066 78 40 37 – Fax 066 79 79 72
33 cam ☕ – †170 € ††200 € 7 NV **k**
◆ Gestione e accoglienza familiari, cura dei particolari e camere ampie, con parquet e signorili arredi classici, caratterizzano l'hotel, vicino a piazza di Spagna.

Internazionale senza rist
via Sistina 79 ✉ *00187* Ⓜ *Spagna* – ✆ 06 69 94 18 23 – info@hotelinternazionale.com – Fax 066 78 47 64 7 NV **n**
42 cam ☕ – †150/160 € ††180/260 €
◆ In una struttura di origini molto antiche, di cui il sapiente ripristino ha conservato dettagli architettonici, una risorsa originale, con camere di diverse tipologie.

Teatro di Pompeo senza rist
largo del Pallaro 8 ✉ *00186* Ⓜ *Colosseo* – ✆ 06 68 30 01 70 – hotel.teatrodipompeo@tiscali.it – Fax 06 68 80 55 31 10 LY **b**
13 cam ☕ – †160 € ††205 €
◆ Albergo ubicato sulle vestigia del Teatro di Pompeo, le cui volte sono visibili nelle zone comuni; soffitti di legno e pavimenti di cotto nelle confortevoli camere.

Pensione Barrett senza rist
largo Torre Argentina 47 ✉ *00186* Ⓜ *Colosseo* – ✆ 066 86 84 81 – Fax 066 89 29 71 11 MY **y**
20 cam – †85/90 € ††110/115 €, ☕ 6 €
◆ Comoda ubicazione centrale, ambiente e atmosfera da affittacamere all'inglese, premurosa ospitalità familiare e prezzi competitivi in un indirizzo davvero interessante.

Gregoriana senza rist
via Gregoriana 18 ✉ *00187* Ⓜ *Barberini* – ✆ 066 79 42 69 – info@hotelgregoriana.it – Fax 066 78 42 58 7 NV **x**
19 cam ☕ – †148/168 € ††248/288 €
◆ Ubicazione strategica, a pochi passi da Trinità dei Monti, per un piccolo albergo, semplice e familiare, ma confortevole, all'interno di un ex convento del XVII secolo.

Parlamento senza rist
via delle Convertite 5 ✉ *00187* Ⓜ *Spagna* – ✆ 06 69 92 10 00 – hotelparlamento@libero.it – Fax 06 69 92 10 00 7 MV **c**
23 cam ☕ – †115 € ††140 €
◆ Nel cuore della Roma politica, piccolo hotel familiare al 3° e 4° piano di un palazzo seicentesco; ascensore privato, camere semplici, ma con tutto il necessario.

Fellini senza rist
via Rasella 55 ✉ *00187* Ⓜ *Barberini* – ✆ 06 42 74 27 32 – info@fellinibnb.com – Fax 06 42 39 16 48 7 NV **a**
12 cam ☕ – †120/140 € ††140/160 €
◆ A poca distanza dal Quirinale e dalla Fontana di Trevi, al quarto piano di uno stabile ordinario, una risorsa rinnovata e molto curata con terrazzino estivo per le colazioni.

Eva's Rooms senza rist
via dei Due Macelli 31 ✉ *00187* Ⓜ *Spagna* – ✆ 06 69 19 00 78 – booking@evarooms.com – Fax 06 45 42 18 10 7 NV **f**
12 cam ☕ – ††118/150 €
◆ A due passi da trinità dei Monti, una risorsa di tono familiare e professionale in cui apprezzare un buon confort a scapito della disponibilità di spazi comuni.

Hostaria dell'Orso di Gualtiero Marchesi
via dei Soldati 25/c ✉ *00186* Ⓜ *Spagna* – ✆ 06 68 30 11 92 – info@hdo.it – Fax 06 68 21 70 63 – *Chiuso dal 10 al 25 agosto, domenica e a mezzogiorno* 12/28
Rist – Carta 60/98 € 6 KV **c**
◆ Torna ai passati splendori uno storico riferimento della mondanità romana. Edificio del '400 con decorazioni in stile per un locale elegante: ristorante, piano-bar, discoteca.

XXX ✿ **Il Convivio-Troiani** (Troiani) AC ⚘ ⇔ 16/24, VISA MC AE ⓓ ⓢ
vicolo dei Soldati 31 ✉ *00186* Ⓜ *Spagna* – ✆ 066 86 94 32 – info@ilconviviotroiani.com – Fax 066 86 94 32 – *Chiuso dal 9 al 15 agosto, domenica e a mezzogiorno* 6 KLV **r**
Rist – Carta 79/124 €
Spec. Fegato grasso d'anatra al torcione in crosta di fichi e pistacchi. Gnocchi di patate ripieni di broccoletti con salsa alla pescatora. Variazione di agnello da latte della campagna romana.
◆ Moderno piglio creativo nelle preparazioni, di pesce e di carne, proposte nelle tre sale di sobria eleganza di un ristorante nascosto nelle viuzze del centro storico.

XXX **El Toulà** AC ⚘ ⇔ 18, VISA MC AE ⓓ ⓢ
via della Lupa 29/b ✉ *00186* Ⓜ *Spagna* – ✆ 066 87 34 98 – toula2@libero.it – Fax 066 87 11 15 – *Chiuso dal 24 al 26 dicembre, agosto, domenica, lunedì e sabato a mezzogiorno* 7 MV **a**
Rist – Carta 53/107 €
◆ Nel centro politico della capitale, uno storico ristorante dagli interni eleganti e raffinati; cucina rivisitata, affiancata da un menù della tradizione veneta.

XXX **Antico Bottaro** AC ⚘ VISA MC AE ⓓ ⓢ
Passeggiata di Ripetta 15 ✉ *00186* Ⓜ *Flaminio* – ✆ 063 23 67 63 – anticobottaro@anticobottaro.it – Fax 063 23 67 63 – *Chiuso dal 4 al 31 agosto e mercoledì* 7 LU **a**
Rist – Carta 63/94 €
◆ Palazzo del '600 con pavimenti in cotto e pareti a stucco rosa, per la rinnovata e ambiziosa gestione di questo spazio che ospita un ristorante da circa 130 anni.

XXX ✿ **L'Altro Mastai** AC ⚘ VISA MC AE ⓓ ⓢ
via Giraud 53 ang. via dei Banchi Nuovi ✉ *00186* Ⓜ *Spagna* – ✆ 06 68 30 12 96 – restaurant@laltromastai.it – Fax 066 86 13 03 – *Chiuso una settimana in gennaio, agosto, domenica, lunedì e a mezzogiorno* 6 KV **a**
Rist – Carta 64/98 €
Spec. Ostriche in gelatina di sedano con mele candite e scaglie di gorgonzola (autunno-inverno). Ravioli di coniglio e indivia con burro alle alici. Petto di piccione cotto nella cenere di quercia con salsa di peperoni e scorzanera.
◆ Aperto sul finire del 2003 questo ristorante promette di sbalordire e lasciare un segno sulla scena culinaria romana. Ambiente raffinato, grande cantina, servizio all'altezza.

XXX **Enoteca Capranica** AC ⚘ ⇔ 25, VISA MC AE ⓓ ⓢ
piazza Capranica 99/100 ✉ *00186* Ⓜ *Spagna* – ✆ 06 69 94 09 92 – Fax 06 69 94 09 89 – *Chiuso sabato a mezzogiorno e domenica; in agosto aperto la sera* 7 MV **n**
Rist – Carta 50/80 €
◆ A pochi passi da Montecitorio, un'enoteca trasformata in un ristorante esclusivo ed elegante, dove gustare piatti di tradizionale cucina mediterranea. Ottima cantina.

XXX **Il Valentino** – Hotel Valadier AC ⚘ ⇔ 15/20, VISA MC AE ⓓ ⓢ
via della Fontanella 14 ✉ *00187* Ⓜ *Flaminio* – ✆ 063 61 08 80 – Fax 063 20 15 58 7 MU **k**
Rist – Carta 42/72 €
◆ Boiserie chiara e colori caldi nella raffinata sala del ristorante. La cucina è di ricerca e ben si adatta all'ambiente elegante del locale. Servizio accurato.

XX **La Rosetta** AC ⚘ VISA MC AE ⓓ ⓢ
via della Rosetta 9/8 ✉ *00186* – ✆ *066 86 10 02 – larosetta@tin.it – Fax 06 68 21 51 16 – Chiuso dal 10 al 30 agosto e domenica* 7 MV **x**
Rist – Carta 72/147 €
◆ Invitante l'esposizione del freschissimo pescato giornaliero, all'ingresso del locale; l'alta frequentazione non rende meno curata e piacevole l'atmosfera delle sale.

XX **Dal Bolognese**

piazza del Popolo 1/2 ✉ *00187* Ⓜ *Flaminio* – ☎ 063 61 14 26 – dalbolognese@virgilio.it – Fax 063 22 27 99 – *Chiuso Natale, Capodanno, dal 5 al 25 agosto e lunedì* 7 MU **f**

Rist – Carta 51/70 €

◆ Per assaporare i piatti della tradizione emiliana impossibile ignorare questo storico riferimento della ristorazione romana. Dehor estivo in "bella vista" sulla piazza.

XX **Quinzi & Gabrieli** 20/25,

via delle Coppelle 6 ✉ *00186* Ⓜ *Spagna* – ☎ 066 87 93 89 – quinziegabrieli@tin.it – Fax 066 87 49 40 – *Chiuso agosto e a mezzogiorno (escluso domenica)* 7 MV **b**

Rist – Carta 80/105 €

◆ Tutta la fragranza dei profumi e dei sapori del mare senza spostarsi dalla città: è l'esperienza offerta da un locale di alto livello, sempre affollato e alla moda.

XX **Il Pagliaccio** (Genovese)

via dei Banchi Vecchi 129 ✉ *00186* Ⓜ *Spagna* – ☎ 06 68 80 95 95 – info@ristoranteilpagliaccio.it – Fax 06 68 21 75 04 – *Chiuso dal 9 al 17 gennaio, dal 6 al 25 agosto, domenica, lunedì, martedì a mezzogiorno* 6 KX **a**

Rist – Menu 48/70 € – Carta 60/83 €

Spec. Crema tiepida di cannelini, pomodorini e alici fritte in pastella. Candele al forno con cipolle rosse e asparagi selvaggi. Branzino in lardo di Colonnata con polpetta di coda di manzo.

◆ Ristorante "giovanile" e di discreta eleganza; i tavolini distribuiti in due sale sono apparecchiati sobriamente, mentre la cucina propone creatività e territorio.

XX **Vecchia Roma** 10/28,

via della Tribuna di Campitelli 18 ✉ *00186* Ⓜ *Colosseo* – ☎ 066 86 46 04 – Fax 066 86 46 04 – *Chiuso dal 10 al 25 agosto e mercoledì* 11 MY **c**

Rist – Carta 44/60 €

◆ Nelle vicinanze del Campidoglio, piccole, raccolte salette signorili in un ristorante di tradizione, che offre una cucina basata sulle specialità romane e di mare.

XX **Myosotis** 12,

piazza delle Coppelle 49 ✉ *00186* Ⓜ *Spagna* – ☎ 066 86 55 54 – marsili@libero.it – Fax 066 86 55 54 – *Chiuso dal 2 al 9 gennaio, dal 10 al 24 agosto, domenica e a mezzogiorno* 7 MV **m**

Rist – Carta 28/74 €

◆ In un suggestivo vicolo tra piazza Navona e Montecitorio, ristorante rustico-signorile con cucina di mare e di terra consolidata da una lunga esperienza familiare.

XX **Federico I** 26,

via della Colonna Antonina 48 ✉ *00186* Ⓜ *Barberini* – ☎ 066 78 37 17 – info@federicoprimo.com – Fax 066 78 78 18 – *Chiuso dal 24 dicembre al 1 gennaio, dal 10 al 30 agosto, domenica* 7 MV **p**

Rist – Carta 68/86 €

◆ L'indirizzo giusto per gli amanti del pesce, la base di tutte le proposte di questo curato ristorante che, nella bella stagione, si allarga in un piacevole dehors.

XX **Da Pancrazio** 15/30,

piazza del Biscione 92 ✉ *00186* Ⓜ *Piazza del Popolo* – ☎ 066 86 12 46 – dapancrazio@tin.it – Fax 06 97 84 02 35 – *Chiuso Natale, dal 5 al 25 agosto e mercoledì* 10 LY **e**

Rist – Carta 37/52 €

◆ Si respirano duemila anni di storia in questo caratteristico locale costruito su parte dei ruderi dell'antico Teatro di Pompeo: una taverna-museo con cucina del territorio.

X **La Campana**

vicolo della Campana 18 ✉ *00186* Ⓜ *Spagna* – ☎ 066 86 78 20 – ristlacampana@genie.it – Fax 066 86 78 20 – *Chiuso agosto e lunedì* 6 LV **p**

Rist – Carta 31/49 €

◆ E' un classico della ristorazione cittadina questa trattoria con clientela di affezionati habitué; servizio disinvolto, tavoli serrati e cucina romana tradizionale.

Al Bric 20,
via del Pellegrino 51 ✉ 00186 – ✆ 066 87 95 33 – Fax 066 87 95 33 – Chiuso due settimane in agosto e a mezzogiorno escluso domenica da ottobre a maggio 10 KY **b**
Rist – Carta 35/64 € (+10 %)
♦ Pavimenti di cotto e alle pareti i coperchi delle casse di legno con impressi nomi di vini e case vinicole: un originale locale dove sperimentare una cucina moderna.

Hosteria del Pesce
via di Monserrato 32 ✉ 00186 Ⓜ Spagna – ✆ 066 86 56 17 – hosteriadelpesce@hotmail.com – Fax 066 86 56 17 – *Chiuso dal 7 al 27 agosto, domenica e a mezzogiorno* 10 KY **d**
Rist – Carta 67/121 €
♦ Pesce freschissimo in un contesto allegro, frequentato volentieri anche da personaggi dello spettacolo. Adatto a chi non pretende una cena a base di tranquillità e relax.

Giggetto-al Portico d'Ottavia 12/20,
via del Portico d'Ottavia 21/a ✉ 00186 Ⓜ Circo Massimo – ✆ 066 86 11 05 – Fax 066 83 21 06 11 MY **h**
Rist – Carta 30/50 €
♦ Dalle caserecce specialità culinarie all'ambiente, tutto è "romanità" all'ennesima potenza in una storica trattoria tipica, nei pressi del Teatro di Marcello.

Le Streghe
vicolo del Curato 13 ✉ 00186 – ✆ 066 87 81 82 – Fax 066 86 13 81 – Chiuso 20 giorni in agosto e domenica 6 JV **x**
Rist – Carta 30/49 €
♦ Hanno il soffitto di legno le due piccole sale di un grazioso ristorante di ambiente familiare e accogliente, nei pressi del Tevere; cucina romana e laziale.

Stazione Termini

St. Regis Grand 300,
via Vittorio Emanuele Orlando 3 ✉ 00185 Ⓜ Repubblica – ✆ 064 70 91 – stregisgrandrome@stregis.com – Fax 06 47 09 28 31 8 PV **c**
157 cam – †320/785 € ††380/920 €, ☕ 43 € – 21 suites
Rist *Vivendo* – ✆ 06 47 09 27 36 *(chiuso sabato a mezzogiorno e domenica)* Carta 76/104 €
♦ Affreschi, tessuti pregiati e antiquariato stile Impero nelle lussuose camere e negli sfarzosi saloni di un hotel tornato agli antichi splendori delle sue origini (1894). Più eclettico ed effervescente il design del ristorante.

Eden 80,
via Ludovisi 49 ✉ 00187 Ⓜ Barberini – ✆ 06 47 81 21 – 1872.resevations@lemeridien.com – Fax 064 82 15 84 7 NU **a**
108 cam – †506/528 € ††748/858 €, ☕ 50 € – 13 suites
Rist La Terrazza – vedere selezione ristoranti
♦ Classe e sobrietà per un grande albergo dove l'eleganza e il tono non escludono il calore dell'accoglienza. Da alcune camere ai piani alti forse la più bella vista su Roma.

Exedra rist, 120,
piazza della Repubblica 47 ✉ 00185 Ⓜ Repubblica – ✆ 06 48 93 80 20 – reservation@exedra.boscolo.com – Fax 06 48 93 80 00 8 PV **e**
238 cam – ††660 €, ☕ 26 € – 5 suites
Rist *Tazio* – ✆ 06 48 93 81 – Carta 76/103 €
♦ Profusione di eleganza e buon gusto tra marmi e legni intarsiati in un albergo di livello superiore dai grandi spazi, camere con alto livello di confort e tecnologia avanzata. Al ristorante Tazio menù semplice a pranzo, cucina elaborata per cena.

Sofitel cam, 45,
via Lombardia 47 ✉ 00187 Ⓜ Barberini – ✆ 06 47 80 21 – prenotazioni.sofitelroma@accor-hotels.it – Fax 064 82 10 19 7 NU **d**
113 cam ☕ – †440 € ††500 € – **Rist** – Carta 55/67 €
♦ Palazzo storico, interni ispirati ad uno stile neoclassico imperiale-romano con statue e calchi collocati ovunque. Terrazza con vista su Roma, calda atmosfera inglese al bar. Elegante ristorante dai soffitti a volta, ricavato nelle ex scuderie del palazzo.

Majestic cam, 150,

via Vittorio Veneto 50 ✉ 00187 Ⓜ Barberini – ✆ 06 42 14 41 – info@hotelmajestic.com – Fax 064 88 09 84 8 OU **e**

98 cam – †400/495 € ††530/690 €, ☕ 40 €

Rist La Ninfa – vedere selezione ristoranti

Rist *La Veranda* – *(chiuso gennaio e domenica)* Carta 48/66 €

♦ Limitati spazi all'ingresso compensati dal primo piano dove si aprono eleganti saloni con affreschi di fine '800, una chicca lo splendido ascensore. Camere all'altezza. Calda atmosfera, lini e argenti nella raffinata sala del ristorante La Veranda.

Regina Hotel Baglioni cam, 80,

via Vittorio Veneto 72 ✉ 00187 Ⓜ Barberini – ✆ 06 42 11 11 – regina.roma@baglionihotels.com – Fax 06 42 01 21 30 8 OU **m**

143 cam – †290/410 € ††420/470 €, ☕ 29 € – 6 suites – **Rist** – Carta 54/82 €

♦ In un edificio in stile liberty ristrutturato, un hotel storico, che offre ambienti in stile art deco e servizi di alto livello; splendide le camere, di marmi abbaglianti. Atmosfera calda e raffinata al ristorante, cucina internazionale.

Splendide Royal 50,

porta Pinciana 14 ✉ 00187 Ⓜ Barberini – ✆ 06 42 16 89 – reservations@splendideroyal.com – Fax 06 42 16 88 00 7 NU **b**

69 cam ☕ – †300/450 € ††400/680 €

Rist Mirabelle – vedere selezione ristoranti

♦ Stucchi dorati, tessuti damascati e sontuosi arredi antichi: un tributo al barocco romano dedicato a tutti coloro che non apprezzano l'imperante minimalismo.

Aleph cam, cam, 60,

via San Basilio 15 ✉ 00187 Ⓜ Barberini – ✆ 06 42 29 01 – reservation@aleph.boscolo.com – Fax 06 42 29 00 00 8 OU **c**

96 cam – †250/400 € ††300/600 €

Rist *Maremoto* – Carta 103/155 €

♦ Prestigiosa risorsa inserita nel gruppo dei "design hotels". Hall inconsueta per concezione e scelta cromatica, camere dalle linee innovative, valido centro benessere. Ristorante d'impostazione moderna con arredi minimalisti.

Bernini Bristol cam, rist, 100,

piazza Barberini 23 ✉ 00187 Ⓜ Barberini – ✆ 06 48 89 31 – reservationsbb@sinahotels.it – Fax 064 82 42 66 8 OV **f**

127 cam – †445 € ††566 €, ☕ 30 € – 9 suites

Rist *L'Olimpo* – ✆ 064 88 93 32 88 – Carta 84/128 €

♦ Hotel elegante con camere dagli arredi classici o di stile contemporaneo, ma è consigliabile scegliere quelle panoramiche poste ai piani più alti. Ristorante roof-garden con dehors estivo e splendida vista sulla Città Eterna.

Marriott Grand Hotel Flora rist, cam, 150,

via Vittorio Veneto 191 ✉ 00187 Ⓜ Spagna – ✆ 06 48 99 29 – info@grandhotelflora.net – Fax 064 82 03 59 8 OU **n**

137 cam – †322 € ††478 €, ☕ 30 € – 19 suites – **Rist** – Carta 42/82 €

♦ Dopo la totale ristrutturazione, l'hotel, alla fine di via Veneto, si presenta come un armonioso e funzionale insieme di sobria eleganza classica e di rifiniture moderne. Caldo parquet e finiture in legno nell'elegante ristorante. Spunti di cucina napoletana.

Empire Palace Hotel cam, 160,

via Aureliana 39 ✉ 00187 Ⓜ Repubblica – ✆ 06 42 12 81 – gold@empirepalacehotel.com – Fax 06 42 12 84 00 8 PU **h**

105 cam ☕ – †420 € ††586 € – 5 suites

Rist *Aureliano* – *(chiuso domenica)* menu 25 €

♦ Sofisticata fusione di elementi dell'ottocentesca struttura e di design contemporaneo, con collezione d'arte moderna negli spazi comuni; sobria classicità nelle camere. Boiserie di ciliegio e lampadari rossi e blu in sala da pranzo.

Rose Garden Palace rist, 50,
via Boncompagni 19 ✉ 00187 Ⓜ Barberini –
06 42 17 41 – info@rosegardenpalace.com
– Fax 064 81 56 08 8 OU **d**
65 cam – 300 € 520 € – **Rist** – (solo per alloggiati) Carta 45/67 €
◆ Il design moderno di tono minimalista, ispirato a colori tenui, ha ispirato lo stile degli arredi di questa risorsa ricavata all'interno di un palazzo d'inizio Novecento.

Mecenate Palace Hotel senza rist 45,
via Carlo Alberto 3 ✉ 00185 Ⓜ Vittorio Emanuele
– 06 44 70 20 24 – info@mecenatepalace.com
– Fax 064 46 13 54 8 PX **h**
72 cam – 155/330 € 200/390 €
◆ I caldi, eleganti interni in stile non tradiscono lo spirito dell'ottocentesca struttura che ospita questo hotel recente. Dai piani alti bella vista su Santa Maria Maggiore.

Artemide senza rist 120,
via Nazionale 22 ✉ 00184 Ⓜ Repubblica – 06 48 99 11 – info@
hotelartemide.it – Fax 06 48 99 17 00 8 OV **b**
85 cam – 190/262 € 235/362 €
◆ In un pregevole edificio liberty ristrutturato, un hotel di raffinatezza classica, che soddisfa le esigenze di una moderna ospitalità; spazi congressuali ben organizzati.

Victoria rist, 50,
via Campania 41 ✉ 00187 Ⓜ Barberini – 06 47 39 31 – info@
hotelvictoriaroma.com – Fax 064 87 18 90 OU **b**
113 cam – 191/253 € 279/382 € – **Rist** – Carta 39/66 €
◆ Tra via Veneto e Villa Borghese, una struttura con un intelligente mix di antico e modero: suggestioni neoclassiche e liberty ma anche innovativi confort tecnologici. Comoda sala ristorante e piacevoli cene estive sul roof-garden.

Marcella Royal Hotel senza rist
via Flavia 106 ✉ 00187 Ⓜ Repubblica – 06 42 01 45 91 – info@
marcellaroyalhotel.com – Fax 064 81 58 32 8 PU **z**
75 cam – 150/220 € 200/330 €
◆ Nuova e spaziosa hall per vivere l'albergo non solo nelle camere, comunque curate e confortevoli. Servizio colazioni nel panoramico roof-garden.

Canada senza rist
via Vicenza 58 ✉ 00185 Ⓜ Castro Pretorio – 064 45 77 70 – info@
hotelcanadaroma.com – Fax 064 45 07 49 4 FS **u**
70 cam – 124/158 € 142/190 €
◆ In un palazzo d'epoca nei pressi della stazione Termini, un hotel di sobria eleganza, con arredi in stile; stanze signorili: chiedete quelle con il letto a baldacchino.

Ambra Palace senza rist rist, 55,
via Principe Amedeo 257 ✉ 00185 Ⓜ Vittorio Emanuele – 06 49 23 30
– booking@ambrapalacehotel.com – Fax 06 49 23 31 00 4 FT **c**
78 cam – 210 € 430 €
◆ La struttura è quella di un palazzo di metà Ottocento, la risorsa è stata impostata per poter corrispondere al meglio prevalentemente alle esigenze della clientela d'affari.

Britannia senza rist
via Napoli 64 ✉ 00184 Ⓜ Repubblica – 064 88 31 53 – info@hotelbritannia.it
– Fax 06 48 98 63 16 8 PV **y**
33 cam – 140/190 € 220/290 €
◆ Angolo bar in stile inglese, marmi e riproduzioni neoclassiche per un albergo di piccole dimensioni, ma curato nei particolari e dai servizi adeguati. Camere di buon confort.

The Bailey's Hotel senza rist
via Flavia 39 ✉ 00187 Ⓜ Repubblica – 06 42 02 04 86 – info@
hotelbailey.com – Fax 06 42 02 01 70 8 PU **b**
29 cam – 180 € 284 €
◆ Zone comuni ridotte, ma grande sfarzo ed eleganza nelle camere e poi raffinatezza e buon gusto che si fondono con gli accessori più innovativi.

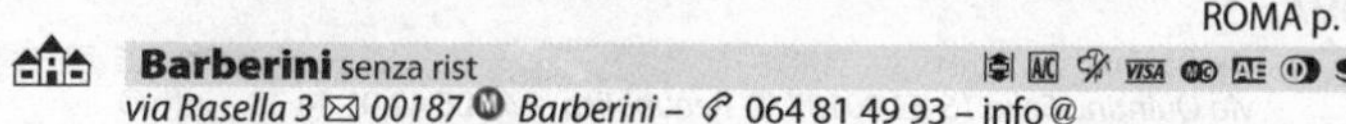

Barberini senza rist

via Rasella 3 ✉ 00187 Ⓜ Barberini – ✆ 064 81 49 93 – info@hotelbarberini.com – Fax 064 81 52 11 8 OV **e**

35 cam – 🚹181/235 € 🚹🚹232/316 €, ☕ 28 €

◆ Vicino all'omonimo Palazzo, bei marmi, tessuti raffinati e rifiniture in legno negli eleganti interni. Roof-garden per panoramiche colazioni e affascinanti aperitivi serali.

Ariston senza rist 90,

via Turati 16 ✉ 00185 Ⓜ Termini – ✆ 064 46 53 99 – hotelariston@hotelariston.it – Fax 064 46 53 96 8 PV **g**

92 cam ☕ – 🚹90/190 € 🚹🚹115/250 €

◆ In comoda posizione nelle vicinanze della stazione Termini, hotel d'impostazione classica con buon livello di confort e servizi moderni. Bassorilievi neoclassici nella hall.

La Residenza senza rist

via Emilia 22-24 ✉ 00187 Ⓜ Barberini – ✆ 064 88 07 89 – info@hotel-la-residenza.com – Fax 06 48 57 21 8 OU **t**

29 cam ☕ – 🚹98 € 🚹🚹199/219 €

◆ Ubicato tra via Veneto e Villa Borghese, un hotel di piccole dimensioni, che unisce servizi alberghieri di buon livello all'atmosfera di un'elegante abitazione privata.

Astoria Garden senza rist

via Bachelet 8/10 ✉ 00185 Ⓜ Castro Pretorio – ✆ 064 46 99 08 – astoria.garden@flashnet.it – Fax 064 45 33 29 4 FS **c**

34 cam ☕ – 🚹100/185 € 🚹🚹130/254 €

◆ Un giardino di aranci, un'occasione quasi unica e rilassante per soggiornare nella Città Eterna. Chiedete le camere che vi si affacciano.

Royal Court senza rist

via Marghera 51 ✉ 00185 Ⓜ Termini – ✆ 06 44 34 03 64 – theroyal@tin.it – Fax 064 46 91 21 4 FS **a**

24 cam ☕ – 🚹120/190 € 🚹🚹140/220 €

◆ Zone comuni limitate ma calda atmosfera di una curata ambientazione in stile con confort aggiornati. Vicino alla stazione Termini, ma in zona residenziale.

Valle senza rist

via Cavour 134 ✉ 00184 Ⓜ Cavour – ✆ 064 81 57 36 – info@hotelvalle.it – Fax 064 88 58 37 8 PX **z**

42 cam ☕ – 🚹95/180 € 🚹🚹120/260 €

◆ Spazi limitati in questo albergo nelle vicinanze della basilica di S.Maria Maggiore; curate e gradevoli le camere, in maggior parte dotate di lettore dvd.

Villa San Lorenzo senza rist

via dei Liguri 7 ✉ 00185 Ⓜ S.Giovanni – ✆ 064 46 99 88 – hotelvillasanlorenzo@virgilio.it – Fax 064 95 73 78 4 FT **b**

39 cam ☕ – 🚹75/140 € 🚹🚹100/190 €

◆ In una via appartata alle spalle della stazione Termini, ha spazi comuni limitati ma camere in genere più grandi con arredi in stile veneziano. Piacevole corte interna.

Virgilio senza rist

via Palermo 30 ✉ 00184 Ⓜ Repubblica – ✆ 064 88 43 60 – mail@hotelvirgilio.it – Fax 064 88 43 60 8 OV **c**

41 cam ☕ – 🚹60/170 € 🚹🚹90/255 € – 1 suite

◆ Nelle vicinanze di via Nazionale, ambiente elegante, ma nello stesso tempo familiare in un accogliente albergo recentemente ristrutturato in stile neoclassico.

Centro senza rist

via Firenze 12 ✉ 00184 Ⓜ Repubblica – ✆ 064 82 80 02 – info@hotelcentro.com – Fax 064 87 19 02 8 PV **y**

39 cam ☕ – 🚹100/140 € 🚹🚹120/180 €

◆ Nei pressi di via Nazionale e non lontano dalla stazione Termini, hotel completamente rinnovato, con belle, curate camere di aspetto moderno e parquet.

Invictus senza rist
via Quintino Sella 15 ✉ 00187 Ⓜ Repubblica – ✆ 06 42 01 14 33 – info@hotelinvictus.com – Fax 06 42 01 15 61 8 PU **f**
13 cam – †105/120 € ††150/190 €
◆ Al primo piano di un palazzo, un piccolo e semplice albergo con spazi comuni quasi inesistenti, tutta la cura è quindi destinata alle camere avvolte in gradevoli tessuti.

Columbia senza rist
via del Viminale 15 ✉ 00184 Ⓜ Termini – ✆ 064 88 35 09 – info@hotelcolumbia.com – Fax 064 74 02 09 8 PV **a**
45 cam – †135/152 € ††150/168 €
◆ Camere calde e accoglienti con arredi in arte povera in una confortevole risorsa, nei pressi della stazione Termini; prima colazione sulla terrazza roof-garden.

Modigliani senza rist
via della Purificazione 42 ✉ 00187 Ⓜ Barberini – ✆ 06 42 81 52 26 – info@hotelmodigliani.com – Fax 06 42 81 47 91 7 NV **b**
23 cam – †137/160 € ††155/195 €
◆ Una simpatica coppia di artisti gestisce questo tranquillo hotel ubicato a due passi da via Veneto. Le zone comuni sono arredate con quadri d'arte moderna.

Cinquantatrè senza rist
via di San Basilio 53 ✉ 00187 Ⓜ Barberini – ✆ 06 42 01 47 08 – info@lhotel53.com – Fax 06 42 01 47 76 OV **d**
14 cam – †130/170 € ††135/190 €
◆ Ambienti comuni ridotti ma camere rinnovate con arredi in stile e sanitari moderni. Un semplice e tranquillo rifugio di relax dopo le faticose escursioni turistiche.

The Boutique Art Hotel senza rist
via Vittorio Veneto 183 ✉ 00187 Ⓜ Barberini – ✆ 06 48 67 00 – info@hotelviaveneto.com – Fax 06 42 01 24 35 8 OU **p**
7 cam – †200/215 € ††220/265 €
◆ Al secondo piano le camere più belle del palazzo ma al prezzo più elevato, al quarto le altre. Tutte sono ben insonorizzate con arredi in noce e doccia Jacuzzi.

66 Imperial-Inn senza rist
via del Viminale 66 ✉ 00184 Ⓜ Termini – ✆ 064 82 56 48 – info@66imperialinn.com – Fax 064 82 56 48 PV **d**
7 cam – †90/160 € ††100/170 €
◆ Al quarto piano di un palazzo residenziale, colazione self-service e bande gratuite sempre disponibili. Decorazioni trompe l'oeil, camere confortevoli con bagni in marmo.

58 Le Real de Luxe senza rist
via Cavour 58 ✉ 00184 Ⓜ Cavour – ✆ 064 82 35 66 – info@58viacavour.it – Fax 064 82 35 66 8 PV **b**
7 cam – ††70/125 €
◆ Nuovo bed and breakfast con arredi eleganti, camere ampie e bene rifinite: schermo tv al plasma, prese modem e bagni moderni. Gestione intraprendente e cordiale.

La Terrazza – Hotel Eden
20,
via Ludovisi 49 ✉ 00187 Ⓜ Barberini – ✆ 06 47 81 27 52 – reservations@hotel-eden.it – Fax 064 81 44 73 7 NU **a**
Rist – Carta 86/136 €
◆ Il fulcro della moderna sala di sobria eleganza, con roof-garden, è il suggestivo panorama di Roma, straordinaria cornice per una cena memorabile.

Mirabelle – Hotel Splendide Royal
20,
porta Pinciana 14 ✉ 00187 Ⓜ Barberini – ✆ 06 42 16 88 38 – reservation@splendideroyal.com – Fax 06 42 16 88 70 – *Chiuso dall'8 al 18 gennaio* 7 NU **b**
Rist – Carta 73/110 €
Spec. Astice al vapore con insalata e frutti di bosco. Pezzogna all'acqua pazza. Piccione disossato in crosta con salsa al tartufo.
◆ Al settimo piano dell'hotel, elegante ristorante riccamente decorato con specchi che esaltano e rimbalzano la vista su San Pietro. Cucina moderna su basi mediterranee.

XXX **Agata e Romeo** (Parisella)

via Carlo Alberto 45 ✉ 00185 Ⓜ Piazza Vittorio – ✆ 064 46 61 15 – ristorante@agataeromeo.it – Fax 064 46 58 42 – *Chiuso dal 1° al 13 gennaio, dal 4 al 25 agosto, sabato, domenica e lunedì a mezzogiorno* 8 PX **d**

Rist – Carta 80/108 €

Spec. Il gambero servito in cinque modi diversi (estate). Raviolini di caprino e asparagi selvatici (primavera). Quattro modi di cucinare il baccalà islandese (autunno-inverno).

◆ Piccolo locale elegante e curatissimo, per una cucina che resta romana nei prodotti ma che rivede le ricette tradizionali, reinterpretandole e alleggerendole.

XX **Al Grappolo d'Oro** 20,

via Palestro 4/10 ✉ 00185 Ⓜ Repubblica – ✆ 064 94 14 41 – info@algrappolodo ro.it – Fax 064 45 23 50 – *Chiuso agosto, sabato a mezzogiorno e domenica*

Rist – Carta 36/48 € 8 PU **c**

◆ Non lontano dalle Terme di Diocleziano, un ristorante classico, che recenti ritocchi hanno migliorato e raffinato, con un ampio menù di proposte tradizionali.

XX **Giovanni** 30,

via Marche 64 ✉ 00187 Ⓜ Barberini – ✆ 064 82 18 34 – Fax 064 81 73 66 – *Chiuso agosto, venerdì sera e sabato* 8 OU **a**

Rist – Carta 50/65 €

◆ L'indirizzo già rivela l'origine delle specialità, marchigiane appunto, di un ristorante di habitué che nella sua accogliente sala propone anche piatti romani e di pesce.

XX **Peppone** 20/30,

via Emilia 60 ✉ 00187 Ⓜ Barberini – ✆ 06 48 39 76 – info@peppone.it – Fax 06 99 70 61 39 – *Chiuso Natale, Pasqua, dal 15 al 30 agosto, sabato e domenica in luglio-agosto, solo domenica negli altri mesi* 8 OU **r**

Rist – Carta 31/45 € (+10 %)

◆ Gestito dalla stessa famiglia dal 1890, un ristorante dove assistere ad una classica carrellata di proposte regionali italiane, con particolare attenzione al Lazio.

XX **La Ninfa** – Hotel Majestic 15/20,

via Vittorio Veneto 50 ✉ 00187 Ⓜ Barberini – ✆ 06 42 14 41 8 OU **e**

Rist – Carta 46/66 €

◆ Nello stesso edificio dell'hotel Majestic, ristorante che nel semplice decoro american-bar fa rivivere i fasti della "dolce vita". Buona flessibilità d'orari.

XX **Monte Caruso Cicilardone** 15,

via Farini 12 ✉ 00185 Ⓜ Termini – ✆ 06 48 35 49 – cicilardone@tiscali.it – *Chiuso agosto, lunedì a mezzogiorno e domenica* 8 PV **k**

Rist – Carta 34/47 €

◆ I sapori del sud in un locale caldo e accogliente a conduzione familiare, con una carta basata sulle specialità lucane, realizzate in modo semplice e genuino.

XX **Papà Baccus** 20,

via Toscana 32/36 ✉ 00187 Ⓜ Barberini – ✆ 06 42 74 28 08 – papabaccus@papabaccus.com – Fax 06 42 01 00 05 – *Chiuso quindici giorni in agosto, sabato a mezzogiorno e domenica* 8 OU **w**

Rist – Carta 42/55 €

◆ Nella zona di via Veneto, ristorante d'impostazione classica, assai frequentato, con invitanti proposte di mare e di cucina toscana (carne chianina e maiale di cinta senese).

XX **Hostaria da Vincenzo** 20/30,

via Castelfidardo 6 ✉ 00185 Ⓜ Termini – ✆ 06 48 45 96 – Fax 064 87 00 92 – *Chiuso agosto e domenica* 8 PU **e**

Rist – Carta 24/41 €

◆ Una certezza: classiche tanto l'impostazione che i piatti regionali o nazionali di carne e pesce. Ambiente simpatico e accogliente, clientela di lavoro e di habitué.

X **Colline Emiliane** 20/30,

via degli Avignonesi 22 ✉ 00187 Ⓜ Barberini – ✆ 064 81 75 38 – Fax 064 81 75 38 – *Chiuso agosto, domenica sera e lunedì* 7 NV **d**

Rist – Carta 29/36 €

◆ Piccolo, semplice e accogliente locale a calorosa gestione familiare è l'ideale per gustare i piatti della tradizione emiliana con paste tirate a mano come un tempo.

Uno e Bino 15/20,
via degli Equi 58 ✉ 00185 Ⓜ Termini – ✆ 064 46 07 02 – Chiuso agosto, lunedì e a mezzogiorno 4 FT **e**
Rist – Carta 45/54 €
♦ L'ottimo rapporto qualità/prezzo è il miglior biglietto da visita di questo raccolto e accogliente ristorantino. Lo stile da bistrot regala un'atmosfera informale e cordiale.

Roma Antica

Fortyseven cam, 45,
via Petroselli 47 ✉ 00186 – ✆ 066 78 78 16 – contact@fortysevenhotel.com – Fax 06 69 19 07 26 11 NZ **a**
61 cam – †300/350 € ††350/400 € – 2 suites – **Rist** – *(maggio-15 ottobre)* (solo su prenotazione) Carta 50/67 €
♦ Nel cuore della Roma antica, in un edificio anni '30 con interni in stile art deco e opere d'arte contemporanea, un hotel di raffinata eleganza. Durante i mesi estivi il ristorante è ospitato dal roof-garden.

Capo d'Africa senza rist 100,
via Capo d'Africa 54 ✉ 00184 Ⓜ Colosseo – ✆ 06 77 28 01 – info@hotelcapodafrica.com – Fax 06 77 28 08 01 12 PZ **b**
65 cam – †300/320 € ††360/400 €
♦ Camere suddivise in due tipologie in base alla metratura, ma la finezza degli arredi e l'ambiente moderno contraddistinguono tutta la struttura. A due passi dal Colosseo.

I Gladiatori senza rist ← Colosseo,
via Labicana 125 ✉ 00184 Ⓜ Colosseo – ✆ 06 77 59 13 80 – info@hotelgladiatori.it – Fax 067 00 56 38 12 PY **a**
17 cam – †190/290 € ††200/430 €
♦ Camere e suite si affacciano sul Colosseo e sulla Domus Aurea, ma il più grande pregio dell'hotel è la terrazza roof-garden, per la prima colazione o per un drink.

Sant'Anselmo senza rist
piazza Sant'Anselmo 2 ✉ 00153 Ⓜ Piramide – ✆ 06 57 00 57 – info@aventinohotels.com – Fax 065 78 36 04 16 MZ **c**
34 cam – †160/200 € ††180/240 €
♦ Nel quartiere Aventino, villa liberty con piccolo giardino interno, completamente ristrutturata dispone di ambienti di lusso con arredi eleganti. Camere tutte personalizzate.

Borromeo senza rist
via Cavour 117 ✉ 00184 Ⓜ Cavour – ✆ 06 48 58 56 – borromeo@ludovicigroup.com – Fax 064 88 25 41 12 PX **z**
30 cam – †85/250 € ††90/260 € – 2 suites
♦ Nelle vicinanze della basilica di S. Maria Maggiore, comodo albergo con camere confortevoli e ben accessoriate; arredi in stile classico e piacevole roof-garden.

Villa San Pio
via di Santa Melania 19 ✉ 00153 Ⓜ Piramide – ✆ 065 70 05 7 – info@aventinohotels.com – Fax 065 74 11 12 11 MZ **b**
78 cam – †124/180 € ††140/220 € – **Rist** – *(chiuso sabato e a mezzogiorno)* (solo per alloggiati)
♦ Con altri due hotel della stessa proprietà la struttura condivide il gradevole giardino e la fisionomia di quieta villa residenziale; bella hall spaziosa, camere nuove.

Cilicia senza rist 100,
via Cilicia 5/7 ✉ 00179 Ⓜ San Giovanni – ✆ 067 00 55 54 – info@hotelcilicia.it – Fax 06 77 25 00 16 2 BR **q**
62 cam – †80/150 € ††110/200 €
♦ Nata nel 2000 da una sapiente opera di ristrutturazione, risorsa moderna, con comodo parcheggio; bella boiserie negli interni in stile e camere dotate di ogni confort.

Celio senza rist
via dei Santi Quattro 35/c ✉ 00184 Ⓜ Colosseo – ✆ 06 70 49 53 33 – info@hotelcelio.com – Fax 067 09 63 77 12 PZ **a**
19 cam – †150/270 € ††190/310 €
♦ Un armonioso mix di atmosfera e confort in questa accogliente risorsa, che offre eleganti stanze personalizzate. Ottima ubicazione, proprio di fronte al Colosseo.

Mercure Hotel Roma Delta Colosseo senza rist
via Labicana 144 ✉ *00184* 80, VISA MC AE
Ⓜ *Colosseo* – ✆ 06 77 00 21
– mercure.romacolosseo@accor-hotels.it – Fax 06 77 25 01 98 12 PYZ **t**
160 cam ☕ – †155/171 € ††243/274 €
◆ Bizzarro contrasto tra la Roma antica e l'edificio contemporaneo di un hotel che ha il suo punto di forza nella piscina su terrazza panoramica con vista sul Colosseo.

Duca d'Alba senza rist
via Leonina 12/14 ✉ *00184* Ⓜ *Cavour* – ✆ 06 48 44 71 – info@hotelducadalba.com – Fax 064 88 48 40 12 OY **c**
27 cam ☕ – †130/155 € ††160/195 €
◆ Nel pittoresco quartiere anticamente detto della Suburra, l'albergo, completamente ristrutturato, è dotato di camere complete, con arredi classici eleganti.

Solis senza rist
via Cavour 311 ✉ *00184* Ⓜ *Cavour* – ✆ 06 69 92 05 87 – info@hotelsolis.it – Fax 06 69 92 33 95 12 OY **b**
17 cam ☕ – †145/190 € ††165/210 €
◆ Dispone ora di una hall al piano terra questo signorile, piccolo albergo raccolto, nelle adiacenze del Colosseo; camere ampie, ben arredate, con ogni confort moderno.

Nerva senza rist
via Tor de' Conti 3/4/4 a ✉ *00184* Ⓜ *Cavour* – ✆ 066 78 18 35 – info@hotelnerva.com – Fax 06 69 92 22 04 11 NY **h**
19 cam ☕ – †100/150 € ††130/220 €
◆ Spazi comuni limitati, ma graziosi, e camere confortevoli in una piccola risorsa a conduzione familiare, ubicata in una via che si affaccia sui Fori Imperiali.

Paba senza rist
via Cavour 266 ✉ *00184* Ⓜ *Cavour* – ✆ 06 47 82 49 02 – info@hotelpaba.com – Fax 06 47 88 12 25 12 OY **b**
7 cam ☕ – †95 € ††140 €
◆ Al secondo piano di un vecchio palazzo, una risorsa moderna, molto contenuta negli spazi, condotta da un'esperta gestione familiare. Prezzi decisamente interessanti.

Anne & Mary senza rist
via Cavour 325 ✉ *00184* Ⓜ *Colosseo* – ✆ 06 69 94 11 87 – info@anne-mary.com – Fax 066 78 06 29 12 OY **b**
6 cam ☕ – †90/100 € ††120/130 €
◆ La gestione affidabile e signorile ha saputo imprimere un'impronta omogenea a questa piccola e graziosa risorsa. Belle camere, al primo piano di un palazzo vicino ai Fori.

Checchino dal 1887
via Monte Testaccio 30 ✉ *00153* Ⓜ *Piramide* – ✆ 065 74 38 16
– checchino_roma@tin.it – Fax 065 74 38 16 – *Chiuso dal 24 dicembre al 2 gennaio, agosto, domenica e lunedì* 3 DT **a**
Rist – Carta 32/51 €
◆ Nel caratteristico quartiere di Testaccio, un indirizzo veramente storico per gustare alcune tipiche specialità della cucina romana, basate su carni e frattaglie.

Maharajah
via dei Serpenti 124 ✉ *00184* Ⓜ *Cavour* – ✆ 064 74 71 44 – maharajah@maharajah.it – Fax 06 47 88 53 93 12 OY **s**
Rist – Carta 33/40 €
◆ Luci soffuse, tappeti, stampe indiane e tendaggi creano la giusta atmosfera, in questo ristorante orientale, per gustare la "vera" cucina indiana non europeizzata.

Papok
salita del Grillo 6/b ✉ *00184* Ⓜ *Cavour* – ✆ 06 69 92 21 83 – info@papok.it
– Fax 06 69 92 21 83 – *Chiuso dal 3 al 31 agosto e lunedì* 11 NY **c**
Rist – Carta 43/63 €
◆ Nella zona dei Fori, ambientazione classica con rifiniture rustiche in un ristorante, di esperta gestione, che propone terra, ma soprattutto mare secondo la tradizione.

San Pietro (Città del Vaticano)

Rome Cavalieri Hilton < città,
via Cadlolo 101 ✉ 00136 cam, 2000, VISA AE
– ☎ 063 50 91 – sales.rome@hilton.com – Fax 06 35 09 22 41 3 CS **a**
370 cam – 655/850 € 710/905 €, 38 € – 25 suites
Rist La Pergola – vedere selezione ristoranti
Rist *Il Giardino dell'Uliveto* – Carta 66/118 €
◆ Vista dall'alto sulla città, terrazze solarium e parco con piscina, collezioni d'arte: solo alcune delle prerogative di un grande albergo che offre il massimo in tutto. Ai bordi della piscina, ristorante di ambiente informale per cenare con musica dal vivo.

Dei Mellini senza rist 70, VISA AE
via Muzio Clementi 81 ✉ 00193 Ⓜ Piazza di Spagna – ☎ 06 32 47 71 – info@hotelmellini.com – Fax 06 32 47 78 01 6 KU **f**
67 cam – 255/275 € 275/385 € – 13 suites
◆ Ambiente di sobria eleganza, moderni confort di alto livello e servizio curato in un hotel sulla riva destra del Tevere; ampie camere ben accessoriate. Terrazza-solarium.

Jolly Hotel Villa Carpegna cam, rist, 330,
via Pio IV 6 ✉ 00165 – ☎ 06 39 37 31 VISA AE
– roma_villacarpegna@jollyhotels.com – Fax 06 63 68 56 1 AQ **a**
199 cam – 225 € 255 €, 20 € – 2 suites – **Rist** – Carta 45/64 €
◆ Il nuovo nato in città della grande catena alberghiera è un complesso di notevole modernità, con piscina all'aperto, comodo parcheggio e un attrezzato centro congressi. Ristorante classico, che d'estate offre servizio in terrazza affacciata sulla piscina.

Visconti Palace senza rist 150, VISA AE
via Federico Cesi 37 ✉ 00193 Ⓜ Lepanto – ☎ 06 36 84 – info@viscontipalace.com – Fax 063 20 05 51 6 KU **b**
247 cam – 290 € 330/340 €
◆ Grande struttura anni '70, che si presta ad una clientela sia di lavoro che turistica; nuova hall di taglio moderno, cosi come la zona congressuale, camere dotate di ogni confort.

Jolly Leonardo da Vinci cam, 180, VISA AE
via dei Gracchi 324 ✉ 00192 Ⓜ Lepanto – ☎ 06 32 84 81
– roma_leonardodavinci@jollyhotels.com – Fax 063 61 01 38 6 KU **a**
244 cam – 195/235 € 225/265 €, 18 € – **Rist** – Carta 36/66 €
◆ La struttura garantisce un elevato standard di confort sia alla numerosa clientela congressuale e d'affari che a quella turistica. Hall ampia ed elegante, così come le camere. Ristorante di stile classico, menù adatto ad ogni palato.

Grand Hotel del Gianicolo senza rist
viale Mura Gianicolensi 107 ✉ 00152 Ⓜ Vaticano 120, VISA AE
– ☎ 06 58 33 34 05 – info@grandhotelgianicolo.it
– Fax 06 58 17 94 34 10 JZ **b**
48 cam – 150/320 € 180/360 €
◆ Un'elegante palazzina dotata di curato giardino con piscina, ospita questo hotel di alto livello con camere confortevoli e spaziose e ambienti comuni raffinati.

Giulio Cesare senza rist 30, VISA AE
via degli Scipioni 287 ✉ 00192 – ☎ 063 21 07 51 – giulioce@uni.net
– Fax 063 21 17 36 6 KU **d**
78 cam – 180/265 € 210/330 €
◆ Eleganza sobria per l'esterno e per gli interni di un hotel accogliente, ubicato in una villa del 1906 con piccolo giardino interno; raffinati arredi in stile Luigi XVI.

Farnese senza rist VISA AE
via Alessandro Farnese 30 ✉ 00192 Ⓜ Lepanto – ☎ 063 21 25 53 – info@hotelfarnese.com – Fax 063 21 51 29 6 KU **e**
23 cam – 170/230 € 190/300 €
◆ La tranquillità del quartiere Prati e la comodità del metrò a 50 m. per una risorsa ospitata in una palazzina patrizia ristrutturata; eleganti, curati interni in stile.

Residenza Paolo VI senza rist
via Paolo VI 29 ✉ 00193 Ⓜ San Pietro – ✆ 06 68 48 70 – info@residenzapaoloVI.com – Fax 066 86 74 28 5 HV **a**
29 cam ☕ – †210/230 € ††270/290 €
◆ Una terrazza affacciata su San Pietro, uno dei panorami più esclusivi e maestosi della Città Eterna. All'interno di un ex monastero, garbo e fascino particolari.

Grand Hotel Tiberio 120, VISA AE
via Lattanzio 51 ✉ 00136 Ⓜ Cipro Musei Vaticani – ✆ 06 39 96 29 – info@ghtiberio.com – Fax 06 39 73 52 02 1 AQ **f**
91 cam ☕ – †125/255 € ††165/295 € – **Rist** – *(chiuso a mezzogiorno)* (solo per alloggiati) Carta 30/47 €
◆ Hotel costruito ex novo in una tranquilla zona residenziale dove un tempo sorgeva un insediamento industriale. Hall ampia con grandi vetrate, camere spaziose e confortevoli.

Starhotel Michelangelo cam, 150, VISA AE
via Stazione di San Pietro 14 ✉ 00165 Ⓜ San Pietro – ✆ 06 39 87 39 – michelangelo.rm@starhotels.it – Fax 06 63 23 59 5 GX **u**
171 cam ☕ – ††130/480 € – 8 suites – **Rist** – Carta 51/63 €
◆ Nelle vicinanze di S.Pietro, albergo che offre confort e servizi adeguati alla sua categoria; arredi in stile sia nelle spaziose zone comuni che nelle curate camere. L'ambientazione di sobria classicità caratterizza anche il ristorante.

Sant'Anna senza rist VISA AE
borgo Pio 133 ✉ 00193 Ⓜ Ottaviano – ✆ 06 68 80 16 02 – santanna@travel.it – Fax 06 68 30 87 17 5 HV **m**
20 cam ☕ – †100/150 € ††150/220 €
◆ Originali murali trompe l'oeil e grazioso cortiletto interno in un piccolo e accogliente albergo, ubicato in un palazzetto cinquecentesco a pochissimi passi da S.Pietro.

Dei Consoli senza rist VISA AE
via Varrone 2/d ✉ 00193 Ⓜ Ottaviano – ✆ 06 68 89 29 72 – info@hoteldeiconsoli.com – Fax 06 68 21 22 74 5 HU **a**
28 cam ☕ – †140/220 € ††150/300 €
◆ Un palazzetto ristrutturato ospita dal 2000 un hotel, curato nei particolari, per una clientela di gusti raffinati; eleganti camere in stile impero. Spazi comuni ridotti.

Bramante senza rist VISA AE
vicolo delle Palline 24 ✉ 00193 Ⓜ Ottaviano – ✆ 06 68 80 64 26 – hotelbramante@libero.it – Fax 06 68 13 33 39 5 HV **b**
16 cam ☕ – †100/160 € ††150/220 €
◆ A pochi passi dal colonnato di San Pietro, quasi a ridosso delle mura della città del Vaticano, un piacevole albergo per chi vuole soggiornare nel cuore della città santa.

Hotel Alimandi Vaticano senza rist VISA AE
viale Vaticano 99 ✉ 00165 Ⓜ Ottaviano – ✆ 06 39 74 55 62 – hotelali@hotelalimandie.191.it – Fax 06 39 73 01 32 5 GU **b**
24 cam ☕ – †140/160 € ††160/190 €
◆ Edificio recentemente ristrutturato, posto proprio di fronte all'ingresso dei Musei Vaticani. Marmi e legni pregiati per rendere più gradevole il soggiorno.

Arcangelo senza rist ← Basilica di San Pietro, VISA AE
via Boezio 15 ✉ 00192 Ⓜ Lepanto – ✆ 066 87 41 43 – hotel.arcangelo@travel.it – Fax 066 89 30 50 6 JU **f**
33 cam ☕ – †100/140 € ††170/211 €
◆ Buon gusto e cura dei dettagli negli spazi comuni, con calda boiserie, di una palazzina di epoca umbertina; terrazza solarium con vista sulla Basilica di S.Pietro.

Gerber senza rist VISA AE
via degli Scipioni 241 ✉ 00192 Ⓜ Lepanto – ✆ 063 21 64 85 – info@hotelgerber.it – Fax 063 21 70 48 6 JU **h**
27 cam ☕ – †95/110 € ††120/150 €
◆ Nelle vicinanze del metrò, un albergo classico, a conduzione familiare; legno chiaro sia negli spazi comuni che nelle camere, essenziali, ma confortevoli.

Alimandi senza rist
via Tunisi 8 ✉ 00192 Ⓜ Ottaviano – ✆ 06 39 72 39 48 – alimandi@tin.it – Fax 06 39 72 39 43 – *Chiuso dall'8 gennaio al 10 febbraio* 5 GU **a**
35 cam – 90/120 € 160/180 €
◆ Risorsa totalmente rimodernata con camere semplici, ma nuove e funzionali, e una bella terrazza su cui in estate viene servita la colazione. A due passi dai Musei Vaticani.

Ara Pacis senza rist
via Vittoria Colonna 11 ✉ 00193 – ✆ *063 20 44 46 – arapacis@ludovicigroup.com – Fax 063 21 13 25* 6 KUV **t**
37 cam – 90/180 € 110/230 €
◆ Ci sono alcuni soffitti lignei originali in questo hotel al 3° piano di un palazzo dell'800, vicino al Tevere; discreti confort, per clienti d'affari e turisti.

Alle Fornaci B & B senza rist
via delle Fornaci 20 ✉ 00165 Ⓜ Barberini – ✆ 06 70 47 69 63 – serenapan@tiscali.it – Fax 06 70 47 69 63 5 HV **e**
3 cam – 80/120 € 100/140 €
◆ Camere colorate, dal design moderno e dotate di impianti multimediali al passo coi tempi. Al quarto piano di una palazzina senza ascensore, a due passi da S. Pietro.

A casa di Serena senza rist
circonvallazione Trionfale 1 ✉ 00195 Ⓜ Cipro-Musei Vaticani – ✆ 06 39 73 55 70 – serena@ilbedandbreakfastaroma.com – Fax 06 68 80 55 86 5 GU **c**
3 cam – 70/80 € 80/120 €
◆ Grazioso bad and breakfast, personalizzato ed elegante. Una delle camere mette a disposizione un grande terrazzo, poco panoramico ma rilassante. Piccola area soggiorno.

La Pergola (Beck) – Hotel Rome Cavalieri Hilton ← città,
via Cadlolo 101 ✉ 00136 – 18,
✆ *06 35 09 21 52 – lapergola.rome@hilton.com – Fax 06 35 09 21 65 – Chiuso gennaio, dal 12 al 27 agosto, domenica, lunedì e a mezzogiorno* 3 CS **a**
Rist – (prenotazione obbligatoria) Carta 111/171 €
Spec. Medaglioni di astice con fragole ed asparagi. Consommé alla liquirizia con ravioli ai peperoni e medaglioni di salmone. Filetto di manzo affogato in salsa di vaniglia su purea di topinambur.
◆ Un'indimenticabile vista su Roma e sui colli accanto ad un impeccabile servizio. Il cuoco, tedesco, è tra i migliori interpreti della cucina italiana e mediterranea.

Il Simposio-di Costantini
piazza Cavour 16 ✉ 00193 Ⓜ Lepanto – ✆ 06 32 11 11 31 – Fax 063 21 15 02 – *Chiuso agosto, sabato a mezzogiorno e domenica* 6 KU **c**
Rist – Carta 35/68 €
◆ Ristorante-enoteca dove è possibile bere un bicchiere di vino al banco o optare per l'elegante sala e scegliere tra piatti freddi e caldi; ampia selezione di formaggi.

Antico Arco 12/30,
piazzale Aurelio 7 ✉ 00152 – ✆ *065 81 52 74 – anticoarco@tiscali.it – Fax 065 81 52 74 – Chiuso dal 23 dicembre al 3 gennaio, dall'8 al 22 agosto e domenica*
Rist – Carta 47/59 € 10 JZ **a**
◆ Locale alla moda, molto affollato, completamente rinnovato secondo uno stile minimalista. All'ingresso il wine-bar, il ristorante è suddiviso su due piani; servizio attento.

Taverna Angelica
piazza Amerigo Capponi 6 ✉ 00193 Ⓜ Ottaviano – ✆ 066 87 45 14 – *Chiuso dal 10 al 20 agosto e a mezzogiorno escluso domenica* 6 HV **t**
Rist – Carta 33/54 €
◆ Locale di gusto moderno, ideale per un dopo teatro. La cucina offre proposte basate su estro e fantasia abbinate ad una buona dose di tecnica.

L'Antico Porto
via Federico Cesi 36 ✉ 00193 – ✆ *063 23 36 61 – boombastik@alice.it – Fax 063 20 34 83 – Chiuso tre settimane in agosto, sabato a mezzogiorno e domenica* 6 KU **b**
Rist – Carta 38/76 €
◆ La gestione, seria ed affidabile ha deciso di puntare sul pesce e il successo non è mancato. Il ristorante è raccolto, d'impostazione classica, complessivamente gradevole.

Dal Toscano-al Girarrosto

via Germanico 58 ✉ 00192 Ⓜ Ottaviano S. Pietro – ✆ 06 39 72 57 17 – info@ristorantedaltoscano.it – Fax 06 39 73 07 48 – *Chiuso dal 24 dicembre al 3 gennaio, dal 10 agosto al 1° settembre e lunedì* 5 HU **n**

Rist – Carta 31/41 € (+12 %)

◆ Atmosfera da trattoria, servizio cordiale, clientela di habitué, carni e altri alimenti a vista in un ristorante specializzato nella cucina toscana; dehors estivo.

Da Cesare

via Crescenzio 13 ✉ 00193 Ⓜ Lepanto – ✆ 066 86 12 27 – cesarrst@tin.it – Fax 06 68 13 03 51 – *Chiuso Natale, dall'11 agosto al 6 settembre, domenica sera e lunedì* 6 KUV **s**

Rist – Carta 30/50 €

◆ Come allude il giglio di Firenze sui vetri all'ingresso, le specialità di questo locale sono toscane, oltre che di mare. Ambiente accogliente, la sera anche pizzeria.

Parioli

Grand Hotel Parco dei Principi (riscaldata) rist, 900,

via Gerolamo Frescobaldi 5 ✉ 00198 Ⓜ Veneto – ✆ 06 85 44 21 – principi@parcodeiprincipi.com – Fax 068 84 51 04 4 ES **a**

180 cam – ♦350/450 € ♦♦450/550 € – 20 suites

Rist ***Pauline Borghese*** – Carta 60/80 €

◆ Affacciato sul grande parco di Villa Borghese, l'hotel è un'oasi di verde tranquillità nel cuore di Roma; interni caldi ed eleganti, cura dei dettagli e servizio attento. Esclusivo ristorante che propone una cucina eclettica ben interpretata.

Aldrovandi Palace 300,

via Ulisse Aldrovandi 15 ✉ 00197 – ✆ *063 22 39 93 – hotel@aldrovandi.com – Fax 063 22 14 35* 4 ES **c**

121 cam – ♦400 € ♦♦490/560 € ☐ 30 – 10 suites

Rist Baby – vedere selezione ristoranti

◆ In un elegante palazzo fine '800 con vista su Villa Borghese, ha un piccolo parco ombreggiato con piscina, lussuosi interni d'epoca e camere di signorile raffinatezza.

Lord Byron

via De Notaris 5 ✉ 00197 Ⓜ Flaminio – ✆ 063 22 04 04 – info@lordbyronhotel.com – Fax 063 22 04 05 3 DS **b**

32 cam – ♦275/400 € ♦♦330/540 €

Rist ***Sapori del Lord Byron*** – *(chiuso domenica)* Carta 51/70 €

◆ Più che un hotel, una dimora per un soggiorno esclusivo: interni eleganti e raffinati, camere che fondono lusso e confort moderni, servizio impeccabile di alto livello. Sala da pranzo dall'ambiente molto signorile, ideale anche per cene intime e raccolte.

The Duke Hotel cam, rist, 80,

via Archimede 69 ✉ 00197 – ✆ *06 36 72 21 – theduke@thedukehotel.com – Fax 06 36 00 41 04* 3 DS **w**

78 cam – ♦277 € ♦♦370/490 € – 7 suites – **Rist** – menu 43 €

◆ Discreta, ovattata atmosfera da raffinato club inglese negli interni in stile di un albergo nuovo, dotato di accessori moderni; il tè delle 5 è servito davanti al camino. Al ristorante la cucina nazionale ed internazionale rivista con creativita.

Mercure Roma Corso Trieste senza rist 30,

via Gradisca 29 ✉ 00198 Ⓜ Bologna – ✆ 06 85 20 21 – mercure.romatrieste@accor-hotels.it – Fax 068 41 24 44 4 FS **d**

97 cam – ♦165/180 € ♦♦185/200 €

◆ Camere moderne, spaziose e confortevoli in questo hotel dall'insolita ubicazione in un quartiere quasi esclusivamente residenziale. All'ultimo piano palestra e solarium.

Albani senza rist 90,

via Adda 45 ✉ 00198 – ✆ *068 49 91 – info.rom@albanihotels.it – Fax 068 49 93 99* 4 ES **b**

154 cam – ♦190/210 € ♦♦270/310 €

◆ Affacciato sul parco dell'antica Villa Albani, non lontano da via Veneto, hotel di concezione moderna e di spazi comuni confortevoli, come l'ampia e luminosa hall.

Claridge cam, rist, 100,
viale Liegi 62 ✉ 00198 – ☎ 06 84 54 41 – claridge@rhr.it
– Fax 068 55 51 71 4 ES **q**
93 cam – 156/205 € 210/305 € – **Rist** – Carta 20/25 €
◆ Se nella grande e luminosa hall domina il bianco, nelle camere prevalgono colori caldi accentuati da un ampio utilizzo del legno, molte dispongono anche di balcone.

Mercure Roma Piazza Bologna senza rist
via Reggio Calabria 54 ✉ 00161 Ⓜ Bologna 60,
– ☎ 06 44 07 41 – mercurehotelsroma@accor-hotels.it
– Fax 06 44 24 54 61 FS **e**
113 cam – 180/195 € 215/245 €
◆ Hotel decisamente votato alla clientela di lavoro, caratterizzato da tutti i servizi e i confort necessari al soggiorno della clientela business. Camere di taglio moderno.

Degli Aranci cam, 40,
via Oriani 11 ✉ 00197 Ⓜ Flaminio – ☎ 068 07 02 02 – info@hoteldegliaranci.com – Fax 068 07 07 04 4 ES **g**
54 cam – 130/200 € 200/250 € – 2 suites – **Rist** – Menu 35/55 €
◆ Nei pressi di viale Parioli, in zona verde e piuttosto tranquilla, una risorsa signorile, con zone comuni in stile, gradevoli e curate; camere dotate di ogni confort. Sala ristorante con le finestre affacciate sul verde.

Fenix cam, 32,
viale Gorizia 5 ✉ 00198 Ⓜ Bologna – ☎ 068 54 07 41 – info@fenixhotel.it
– Fax 068 54 36 32 4 FS **n**
73 cam – 110/130 € 150/200 € – 8 suites – **Rist** – *(chiuso agosto, sabato sera e domenica)* Carta 24/40 €
◆ Vicino al parco di Villa Torlonia, una risorsa con zone comuni curate e molto signorili, stanze arredate con gusto e ben rifinite; piacevole il giardino interno. Tenui e raffinate le tonalità di colore che dominano nella sala ristorante.

Villa Mangili senza rist
via G. Mangili 31 ✉ 00197 Ⓜ Flaminio – ☎ 063 21 71 30 – info@hotelvillamangili.it – Fax 063 22 43 13 – *Chiuso quindici giorni in agosto* 3 DS **c**
12 cam – 185/195 € 230/240 €
◆ Bella villa della metà dgli anni '20, già residenza privata ed oggi un originale albergo capace di fondere stile e modernità con vaghi accenni etnici.

Villa Glori senza rist
via Celentano 11 ✉ 00196 Ⓜ Bologna – ☎ 063 22 76 58 – info@hotelvillaglori.it – Fax 063 21 94 95 3 DS **e**
52 cam – 90/220 € 130/320 €
◆ Nelle vicinanze del Tevere, in comoda posizione, un indirizzo familiare e accogliente, con interni signorili e funzionali; camere con ogni comodità.

Villa Grazioli senza rist
via Salaria 241 ✉ 00199 – ☎ 068 41 65 87 – info@villagrazioli.it
– Fax 068 41 33 85 4 ES **m**
30 cam – 210 € 310 €
◆ Tra i parchi di Villa Ada e Villa Borghese, albergo di recente costruzione, dotato di spazi comuni gradevoli, con originali soffitti a cassettoni, e camere confortevoli.

Santa Costanza senza rist
viale 21 Aprile 4 ✉ 00162 Ⓜ Bologna – ☎ 068 60 06 02 – info@hotelsantacostanza.it – Fax 068 60 27 86 4 FS **f**
74 cam – 112/199 € 150/260 €
◆ Nelle immediate vicinanze della via Nomentana, offre spazi comuni gradevoli, servizio efficiente e camere ristrutturate dotate di ogni confort; grazioso giardino.

Buenos Aires senza rist 35,
via Clitunno 9 ✉ 00198 – ☎ 068 55 48 54 – info@hotelbuenosaires.it
– Fax 068 41 52 72 4 ES **k**
54 cam – 115/180 € 150/240 €
◆ In zona tranquilla e facilmente raggiungibile, una comoda risorsa, che offre confort e servizi adeguati alla categoria; per una clientela sia turistica che di lavoro.

Villa del Parco senza rist
via Nomentana 110 ✉ 00161 Ⓜ Bologna – ✆ 06 44 23 77 73 – info@hotelvilladelparco.it – Fax 06 44 23 75 72 — 4 FS **r**
29 cam – †130 € ††180 €
◆ In una graziosa villa fine '800 circondata da un giardino, un hotel accogliente, che ha nella gestione familiare e nella cura del servizio i suoi punti di forza.

Astrid senza rist
largo Antonio Sarti 4 ✉ 00196 Ⓜ Bologna – ✆ 063 23 63 71 – info@hotelastrid.com – Fax 063 22 08 06 — 3 DS **a**
48 cam – †200 € ††250 €
◆ Gestione cordiale e professionale, camere di buona fattura, rinnovate e ben accessoriate; ma soprattutto la piccola colazione servita sulla bella terrazza panoramica.

Villa Florence senza rist
via Nomentana 28 ✉ 00161 Ⓜ Termini – ✆ 064 40 30 36 – villa.florence@flashnet.it – Fax 064 40 27 09 — FS **m**
34 cam – †130/182 € ††160/228 €
◆ Arretrato di pochi metri rispetto alla trafficata via Nomentana, un delizioso villino ottocentesco tra gli alberi, con elementi liberty. Camere rinnovate o più démodé.

Suite Oriani senza rist
via Barnaba Oriani 92 ✉ 00197 Ⓜ Euclide – ✆ 063 21 83 53 – info@suiteoriani.it – Fax 063 21 83 53 – *Chiuso gennaio e agosto* — BQ **b**
5 cam – †99/129 € ††109/139 €
◆ In uno dei quartieri residenziali più belli della capitale, una villa liberty affrescata d'inizio '900 per un soggiorno tranquillo e riservato, più casa che hotel.

Baby – Hotel Aldrovandi Palace
via Ulisse Aldrovandi 15 ✉ 00197 Ⓜ Flaminia – ✆ 063 21 61 26 – baby@aldrovandi.com – Fax 063 22 14 35 – *Chiuso lunedì* — 4 ES **c**
Rist – Carta 72/93 €
Spec. Ravioli di caciotta fresca e maggiorana con pomodorini vesuviani e basilico. Pesce di scoglio all'acqua pazza. Sfogliatella napoletana.
◆ All'interno dell'hotel Aldovrandi Palace, ambientazione moderna e luminosa per una cucina altrettanto solare, quella del sud. Ricette e prodotti campani rielaborati.

Al Ceppo
via Panama 2 ✉ 00198 – ✆ *068 55 13 79 – info@ristorantealceppo.it – Fax 06 85 30 13 70 – Chiuso dall'8 al 24 agosto e lunedì* — 4 ES **q**
Rist – Carta 47/62 €
◆ Tono rustico, ma elegante, cucina mediterranea, con piatti anche in chiave moderna. Accoglienza familiare caratterizzano un locale assai frequentato da habitué.

La Scala
viale dei Parioli 79/d ✉ 00197 – ✆ *068 08 44 63 – Fax 068 08 39 78 – Chiuso dal 6 al 21 agosto e mercoledì* — 4 ES **s**
Rist – Carta 31/45 €
◆ Gestito dalla stessa famiglia da trent'anni, è un ristorante classico che offre la tradizionale cucina nazionale; a cena, possibilità di gustare anche una pizza.

Coriolano
via Ancona 14 ✉ 00198 Ⓜ Castro Petorio – ✆ 06 44 24 98 63 – Fax 06 44 24 97 24 – *Chiuso dall'8 agosto al 1° settembre* — 8 PU **d**
Rist – Carta 39/61 €
◆ L'omonimo proprietario ha festeggiato i 50 anni di attività di questa trattoria di tono elegante, ma di impronta familiare, con un ambiente piacevole e ben curato.

Ambasciata d'Abruzzo
via Pietro Tacchini 26 ✉ 00197 Ⓜ Piazza Euclide – ✆ 068 07 82 56 – info@ambasciatadiabruzzo.com – Fax 068 07 49 64 – *Chiuso dal 9 al 23 gennaio e dal 23 agosto al 7 settembre* — 4 ES **e**
Rist – Carta 32/48 €
◆ Un "ambasciatore" della cucina abruzzese, che non disdegna però classici piatti laziali e di pesce, in un ambiente rustico e familiare; gradevole il dehors estivo.

Al Chianti 20/30,
via Ancona 17 ✉ *00198* Ⓜ *Castro Pretorio* – ✆ 06 44 25 02 42 – alchianti@nexianet.it – Fax 06 44 29 15 34 8 PU **d**
Rist – Carta 36/45 €
◆ C'è molto legno nell'ambiente caldo e accogliente di questa trattoria con taverna di tono rustico-signorile. Specialità tipiche della cucina toscana, anche cacciagione.

Zona Trastevere

Trilussa Palace 100,
piazza Nevio 27/28 ✉ *00153* – ✆ *065 88 19 63 – info@trilussapalacehotel.it – Fax 06 58 33 17 70* 10 JZ **c**
45 cam – 195/295 € 220/350 €
Rist ***Vanvitelli*** – *(chiuso agosto e a mezzogiorno)* Carta 34/52 €
◆ Nuova struttura situata tra la stazione ferroviaria di Trastevere ed il quartiere vecchio. Hall e corridoi impreziositi dal marmo, moderno roof-garden. Nuovo centro benessere.

Santa Maria senza rist
vicolo del Piede 2 ✉ *00153* Ⓜ *Piramide* – ✆ 065 89 46 26 – info@hotelsantamaria.info – Fax 065 89 48 15 10 KYZ **a**
18 cam – 150/180 € 165/220 €
◆ Si sviluppa su un piano intorno ad un cortile-giardino questa nuova, tranquilla risorsa, nata dove c'era un chiostro del '400. A pochi passi da S.Maria in Trastevere.

San Francesco senza rist
via Jacopa de' Settesoli 7, 10 ✉ 00153 Ⓜ *Piramide* – ✆ 06 58 30 00 51 – hotelsanfrancesco@tin.it – Fax 06 58 33 34 13 KZ **b**
24 cam – 175/220 €
◆ Un ex ostello collegato alla chiesa confinante, oggi completamente ristrutturato e riconvertito ad hotel. Bella sala colazioni, camere nuove e ben accessoriate.

Alberto Ciarla 18,
piazza San Cosimato 40 ✉ *00153* – ✆ *065 81 60 68 – alberto@albertociarla.com – Fax 06 58 33 01 62 – Chiuso una settimana in gennaio, una settimana in agosto, a mezzogiorno e domenica* 10 KZ **k**
Rist – Carta 52/76 €
◆ Piatti della cucina romana si sono aggiunti alle tradizionali specialità di pesce (crudo e non) in un elegante locale nel cuore di Trastevere. Buona la scelta dei vini.

Enoteca Ferrara
piazza Trilussa 41 ✉ *00153* Ⓜ *Piramide* – ✆ 06 58 33 39 20 – info@enotecaferrara.it – Fax 065 80 37 69 10 KY **c**
Rist – Carta 48/62 €
◆ Nata come wine-bar si è sviluppata negli anni fino a proporre ora una cucina che rivisita in chiave contemporanea ricette della tradizione. Vasta scelta di vini italiani.

Sora Lella
via di Ponte Quattro Capi 16, Isola Tiberina ✉ *00186* Ⓜ *Circo Massimo* – ✆ 066 86 16 01 – soralella@soralella.com – Fax 066 86 16 01 – *Chiuso dal 24 al 26 dicembre e domenica* 11 MY **g**
Rist – Carta 55/82 €
◆ Figlio e nipoti della famosa "Sora Lella", ora scomparsa, perpetuano degnamente la tradizione sia nel calore dell'accoglienza che nella tipicità romana delle proposte.

Paris
piazza San Callisto 7/a ✉ *00153* – ✆ *065 81 53 78 – paris@dariocappellanti.191.it – Fax 065 81 53 78 – Chiuso agosto, domenica sera e lunedì* 10 KZ **r**
Rist – Carta 32/67 €
◆ Nel cuore di Trastevere, piacevole locale raccolto e signorile, che offre piatti tipici della tradizione romana rivisti e ingentiliti. Buona scelta di vini.

Corsetti-il Galeone
piazza San Cosimato 27 ✉ *00153* – ✆ *065 81 63 11 – corsettiilgaleone@inwind.it – Fax 065 89 62 55 – Chiuso dal 17 al 29 gennaio, dal 18 al 30 luglio e lunedì* 10 KZ **m**
Rist – Carta 30/54 €
◆ Molto caratteristica l'ambientazione, in un antico galeone, di una delle varie sale del ristorante, gestito dalla stessa famiglia dal 1922. Specialità romane e di mare.

Pastarellaro 20,
via di San Crisogono 33 ✉ 00153 – ✆ 065 89 68 01 – ilpastarellaro@libero.it – Fax 065 81 08 71 – Chiuso a mezzogiorno escluso domenica 10 LZ **u**
Rist – Carta 44/70 € (+12 %)
◆ Ristorante-enoteca dove la sera si cena con l'accompagnamento del pianoforte, gustando una saporita cucina romana tradizionale e piatti di pesce.

Zona Urbana Nord-Ovest

Colony senza rist 90,
via Monterosi 18 ✉ 00191 – ✆ 06 36 30 18 43 – info@colonyhotel.it – Fax 06 36 30 94 95 2 BQ **n**
72 cam – †125 € ††150 €
◆ Nella prima periferia, hotel ideale sia per una clientela di lavoro che per turisti di passaggio; camere confortevoli, in stile coloniale, sale riunione ben studiate.

Zone Hotel senza rist 30,
via A. Fusco 118 ✉ 00136 – ✆ 06 35 40 41 11 – info@zonehotel.com – Fax 06 35 42 03 22 1 AQ **e**
65 cam – †50/130 € ††110/190 €
◆ Non lontano dal Vaticano, un albergo che gode di una buona tranquillità, ubicato in un quartiere residenziale. Struttura moderna, confort classico e navetta per il centro.

Acquolina Hostaria in Roma 10,
via Antonio Serra 60 ✉ 00191 – ✆ 063 33 71 92 – info@acquolinahostaria.com – Fax 063 33 71 92 – Chiuso Natale, 10 giorni in agosto, domenica e a mezzogiorno 2 BQ **n**
Rist – Carta 47/65 €
◆ Giovane e volenterosa gestione per un locale elegante, ubicato nella prima periferia della capitale. La cucina propone i piatti della tradizione, rivisitati e alleggeriti.

Red
via De Coubertin 12/16 ✉ 00196 – ✆ 06 80 69 16 30 – info@redrestaurant.roma.it – Fax 06 80 69 64 03 – Chiuso agosto 2 BQ **d**
Rist – Carta 40/52 €
◆ Nel nuovo auditorium di Renzo Piano, una sala open space dagli arredi di design preceduta da una zona aperitivi. Ambiente giovane, piatti fantasiosi, brunch a pranzo.

L'Ortica 18/30,
via Flaminia Vecchia 573 ✉ 00191 – ✆ 063 33 87 09 – Fax 063 33 87 09 – Chiuso 1 settimana in agosto, domenica e a mezzogiorno; da ottobre ad aprile aperto domenica a mezzogiorno 2 BQ **p**
Rist – Carta 47/62 €
◆ Un ottimo indirizzo per gustare "sfizi" di Napoli e in generale della cucina campana in un ambiente caldo e gradevole, arredato con curiosi oggetti di modernariato.

Zona Urbana Nord-Est

La Giocca cam, 180,
via Salaria 1223 ✉ 00138 – ✆ 068 80 44 11 – hotel@lagiocca.it – Fax 068 80 44 95 2 BQ **f**
88 cam – †106 € ††140 €
Rist *Pappa Reale* – ✆ 068 80 45 03 *(chiuso tre settimane in agosto e una settimana a Natale)* Carta 29/39 €
◆ Moderni confort e funzionalità in un albergo di recente ristrutturazione, ideale per una clientela di lavoro e di passaggio; arredi classici nelle camere, rinnovate. Ristorante con una notevole capacità ricettiva e servizio pizzeria.

Carlo Magno senza rist 40,
via Sacco Pastore 13 ✉ 00141 – ✆ 068 60 39 82 – desk@carlomagnohotel.com – Fax 068 60 43 55 2 BQ **a**
65 cam – †95/105 € ††115/125 €
◆ Comoda ubicazione, lungo la via Nomentana, per una risorsa completamente rinnovata, con interni ben rifiniti e di buon confort; ampia terrazza all'ultimo piano.

La Pergola senza rist
via dei Prati Fiscali 55 ✉ *00141 –* ✆ *068 10 72 50 – info@hotellapergola.com – Fax 068 12 43 53* 2 BQ **s**
91 cam – 🚹95/100 € 🚹🚹110/125 €
◆ Familiari sia la gestione che la cortese ospitalità in un hotel confortevole, nei pressi della via Salaria; nelle camere curate, arredamento moderno con tinte pastello.

Gabriele
via Ottoboni 74 ✉ *00159* Ⓜ *Tiburtina –* ✆ 064 39 34 98 – ristorantegabriele@libero.it – Fax 06 43 53 53 66 – *Chiuso agosto, sabato, domenica e i giorni festivi* 2 BQ **m**
Rist – Carta 45/65 €
◆ Ambiente di stile moderno, appena rinnovato, con sala fumatori perfettamente isolata. Conduzione familiare da quarantennale cucina affidabile, interessante scelta di vini.

Mamma Angelina
viale Arrigo Boito 65 ✉ *00199 –* ✆ *068 60 89 28 – mammangelina@libero.it – Fax 068 61 03 55 – Chiuso agosto e mercoledì* 2 BQ **c**
Rist – Carta 23/37 €
◆ E' il pesce ad avere un leggero sopravvento sulle proposte in menù, ma le preparazioni di carne non mancano. Buon rapporto qualità/prezzo, ambiente classico e informale.

Zona Urbana Sud-Est

Appia Park Hotel cam, 150,
via Appia Nuova 934 ✉ *00178* Ⓜ *Colli Albani –*
✆ 06 71 67 41 – info@appiaparkhotel.it – Fax 067 18 24 57 2 BR **h**
81 cam – 🚹90/140 € 🚹🚹100/170 € – **Rist** – (solo per alloggiati) Menu 27/50 €
◆ Ideale per chi vuol stare fuori città, un albergo con un ameno giardino, non lontano dal complesso archeologico dell'Appia Antica; arredi classici nelle confortevoli camere.

Giuda Ballerino
via Marco Valerio Corvo 135 ✉ *00174* Ⓜ *Giulio Agricola –* ✆ 06 71 58 48 07 – info@giudaballerino.it – *Chiuso agosto, mercoledì e a mezzogiorno da lunedì a giovedì* 2 BR **c**
Rist – Carta 44/55 €
◆ In una zona decentrata, non fatevi ingannare dall'apparenza esteriore. Piccolo ambiente curato con tavole fumettistiche alle pareti. Piatti dai tocchi innovativi.

Rinaldo all'Acquedotto
via Appia Nuova 1267 ✉ *00178 –* ✆ *067 18 39 10 – info@rinaldoallacquedotto.it – Fax 067 18 29 68 – Chiuso dal 10 al 20 agosto e martedì* 2 BR **v**
Rist – Carta 35/55 €
◆ Locale moderno e luminoso di cucina tradizionale e di mare; curiosa la sala "veranda" con vetrate scorrevoli, costruita intorno a due alberi che bucano il tetto.

Roberto e Loretta 10/20,
via Saturnia 18/24 Ⓜ *Re di Roma –* ✆ 06 77 20 10 37 – Fax 06 77 20 10 37 – *Chiuso dal 7 al 31 agosto e lunedì*
Rist – Carta 29/37 €
◆ Uno dei bastioni della cucina romana che recentemente ha cambiato nome e sede: tra esposizioni di foto e bottiglie, un menù apposito per le specialità della cucina romana.

Zona Urbana Sud-Ovest

Sheraton Roma Hotel cam, 2000,
viale del Pattinaggio 100 ✉ *00144* Ⓜ *Magliana –* ✆ 065 45 31 – res497.sheraton.roma@sheraton.com – Fax 065 94 06 89 2 BR **z**
622 cam – 🚹185/445 € 🚹🚹185/470 €, 15 € – 13 suites – **Rist** – Carta 41/51 €
◆ Un imponente complesso moderno e funzionale che offre camere di tipologia varia e completa; ideale per le attività congressuali grazie alle innumerevoli sale modulari. Ristorante elegante, dove gustare specialità italiane e internazionali.

Crowne Plaza Rome St. Peter's & Spa
via Aurelia Antica 415 cam, 260,
✉ 00165 Ⓜ Cornelia – ✆ 066 64 20 – cpstpeters@hotel-invest.com
– Fax 066 63 71 90 1 AQR **h**
321 cam – 180/280 € 200/300 €, 18 €
Rist ***Le Jardin d'Hiver*** – ✆ 066 64 21 69 – Carta 54/74 €
◆ Una grande struttura dotata di ampio parcheggio e tranquillo giardino con piscina, che offre confort di ottimo livello sia nelle zone comuni che nelle spaziose camere. Le Jardin d'Hiver offre un menù sia di livello nazionale che internazionale.

Melià Roma Aurelia Antica
via degli Aldobrandeschi 223 750,
✉ *00163* – ✆ 06 66 54 41 – melia.roma@solmelia.com
– Fax 06 66 54 44 67 1 AR **a**
270 cam – 287 € 307 € – ½ P 112/192 € – **Rist** – Carta 42/63 €
◆ Hotel decentrato, a due chilometri dal grande raccordo anulare: alto livello di confort, panorama completo di servizi in previsione. Ottima struttura congressuale. Ristorante che offrire ai propri ospiti un elevato standard di confort.

Atahotel Villa Pamphili
via della Nocetta 105 ✉ *00164* – cam, 500,
✆ *06 66 02 – prenotazioni@hotelvillapamphili.com*
– Fax 06 66 15 77 47 1 AR **e**
247 cam – 169/215 € 237/283 € – **Rist** – Carta 31/48 €
◆ Ubicazione tranquilla, accanto al parco di Villa Doria Pamphili, per una struttura recente con piacevoli spazi esterni; servizio navetta per piazza Risorgimento. Moderno ristorante con due accoglienti sale.

Shangri Là-Corsetti
viale Algeria 141 ✉ *00144* Ⓜ *Eur Fermi* – ✆ 065 91 64 41 – info@ 80,
shangrilacorsetti.it – Fax 065 41 38 13 2 BR **d**
52 cam – 153 € 210 € – ½ P 140 €
Rist Shangri Là-Corsetti – vedere selezione ristoranti
◆ Bianchi i soffitti a vela, i marmi e i divani nella hall di un hotel anni '60, nei pressi dell'EUR, frequentato soprattutto da clientela di lavoro; bel giardino alberato.

Black Hotel
via Sardiello 18 ✉ *00165* – ✆ *06 66 41 01 48 – info@blackhotel.it* cam, 150,
– Fax 06 66 41 84 83 AQR **x**
62 cam – 130/200 € 150/220 €
Rist ***Edon*** – Carta 48/58 €
◆ Hotel moderno, di grande atmosfera grazie ai ricercati arredi di design. Gli spazi comuni non sono ampi, ma risultano completi. Camere decisamente confortevoli. La fantasiosa cucina dell'Edon vi attende tra i tavoli di un ambiente d'ispirazione etnica, oppure all'aperto in un giardino di piante secolari.

Dei Congressi
viale Shakespeare 29 ✉ *00144* Ⓜ *Eur - Fermi* – ✆ 065 92 60 21 – info@ cam, 250,
hoteldeicongressiroma.com – Fax 065 91 19 03 – *Chiuso dal 30 luglio al 30 agosto* 2 BR **e**
104 cam – 125/160 € 180/220 €
Rist ***La Glorietta*** – *(chiuso dal 28 luglio al 25 agosto e sabato a mezzogiorno)* Carta 36/54 €
◆ Nelle vicinanze del palazzo dei Congressi all'EUR, una struttura funzionale, con un confortevole settore notte, rinnovato di recente, e numerose sale conferenze. Ristorante d'albergo con sala e cucina classiche e gradevole servizio estivo esterno.

XXX **Shangri Là-Corsetti**
viale Algeria 141 ✉ *00144* Ⓜ *Eur Fermi* – ✆ 065 91 88 61 – ristorante@
shangrilacorsetti.it – Fax 065 91 45 81 – *Chiuso dall'12 al 27 agosto* 2 BR **d**
Rist – Carta 39/62 €
◆ Tre ampie sale moderne, confortevoli e curate, e gradevole servizio estivo esterno; il menù spazia dalle ricette tradizionali, ai sapori di mare a quelli internazionali.

Dintorni di Roma

uscita 15 Grande Raccordo Anulare Est : 11 km :

Novotel Roma la Rustica cam, rist, 200,
via Andrea Noale 291 ✉ 00010 – ✆ 06 22 76 61 – novotel.romalarustica@accor-hotels.it – Fax 062 29 17 50 2 BQ **x**
149 cam – 145/175 € 175/235 € – **Rist** – Carta 31/54 €
◆ Moderna struttura, lungo il Grande Raccordo Anulare, dotata di confort di livello internazionale in linea con gli standard della catena di appartenenza. Belle camere. Custo minimalista al ristorante, con separe mobili in legno di ciliegio per dare alle sale l'ampiezza voluta.

sulla strada statale 6 - via Casilina Est : 13 km (Roma : pianta 2) :

Myosotis 220,
piazza Pupinia 2, località Torre Gaia ✉ 00133 – ✆ 062 05 44 70 – hotelmyosotis@tiscali.it – Fax 062 05 36 71 2 BR **u**
44 cam – 78 € 114 € – ½ P 73 €
Rist Villa Marsili – vedere selezione ristoranti
◆ In posizione tranquilla nel verde, in una villa fine ottocento ben ristrutturata troverete una piacevole ambientazione da signorile casa familiare e buoni confort.

Villa Marsili – Hotel Myosotis 20,
via Casilina 1604 ✉ 00133 – ✆ 062 05 02 00 – hotelmyosotis@tiscali.it – Fax 062 05 51 76 – Chiuso dal 15 al 31 agosto 2 BR **u**
Rist – Carta 27/36 €
◆ Sala rustica e affollata, servizio rapido ma non sfuggono le attenzioni alla cucina: mozzarelle di bufala, paste saltate nei sughi più diversi e grigliate espresse.

sulla strada statale 1 - via Aurelia Ovest : 13 km (Pianta : Roma p. 6) :

R 13 Da Checco 20,
via Aurelia 1249 al km 13, uscita zona commerciale ✉ 00166 – ✆ 06 66 18 00 96 – contatti@ristorantecheccoal13.com – Fax 06 66 18 25 47 – Chiuso agosto, domenica sera e lunedì 1 AR **m**
Rist – Carta 35/50 €
◆ Ristorante fuori porta di lunga tradizione familiare spazi ariosi e clientela di habitué; cucina tradizionale, anche di pesce fresco, esposto in sala, e romana.

a Spinaceto, uscita 26 del grande Raccordo Anulare Sud : 13 km– ✉ 00100

Four Points Hotel Sheraton Roma West
via Eroi di Cefalonia 301 – ✆ 06 50 83 41 11 – gm@fourpointssheratonroma.com – Fax 06 50 83 47 01 cam, 450,
221 cam – 128/225 € 182/290 € – 19 suites – **Rist** – Carta 57/80 €
◆ Hotel che si sviluppa orizzontalmente e che dimostra un'ottima e moderna impostazione generale. Particolarmente indicato per i congressi e la clientela d'affari. Un classico ristorante d'albergo ampio e luminoso.

a Ciampino Sud-Est : 15 km (Pianta Roma p. 7) :– ✉ 00043

Villa Giulia senza rist
via Dalmazia 9 Ⓜ Lavagnino – ✆ 06 79 32 18 74 – villagiuliahotel@virgilio.it – Fax 06 79 32 19 94 2 BR **b**
23 cam – 55/65 € 80/100 €
◆ Sembra quasi un'abitazione privata, questo piccolo albergo centrale e tranquillo, semplice ma con camere funzionali e ben accessoriate.

Da Giacobbe
via Appia Nuova 1681 – ✆ 06 79 34 01 31 – ristorantedagiacobbe@virgilio.it – Fax 06 79 34 08 59 – Chiuso dal 10 al 30 agosto, domenica sera e lunedì 2 BR **w**
Rist – Carta 28/38 €
◆ Solide e collaudate sia la gestione familiare di antica data (1835) che la cucina casalinga di una trattoria gradevole nella semplicità dell'ambiente e assai ben tenuta.

sulla strada statale 3 - via Cassia Nord-Ovest : 15 :

Castello della Castelluccia — cam, rist, 200
località la Castelluccia, per via Cavina km 1,9 ✉ 00123 – ✆ 06 30 20 70 41 – info@lacastelluccia.com – Fax 06 30 20 71 10
23 cam – 150/275 € 180/335 € – 2 suites – **Rist** – *(chiuso lunedì sera)* (prenotazione obbligatoria) Carta 53/63 €
◆ Castello eretto tra il XII e il XIII secolo, collocato in una vasta area verde che include anche un giardino all'italiana. Ricco di charme, con una torre/terrazza panoramica. Ristorante elegante, con tocchi di medievale austerità.

ROMAGNANO SESIA – Novara (NO) – 561 F7 – 4 208 ab. – alt. 268 m – ✉ 28078

23 **C2**

Roma 650 – Biella 32 – Milano 76 – Novara 30 – Stresa 40 – Torino 94 – Vercelli 37

Alla Torre — 15
via 1° Maggio 75 – ✆ 01 63 82 64 11 – allatorresrl@libero.it – Fax 01 63 82 64 11 – Chiuso dal 27 dicembre al 10 gennaio e lunedì
Rist – Carta 27/42 €
◆ Una trattoria di centro paese, ricavata all'interno di una torre del XV secolo, piacevolmente rustica ed informale. Cucina attuale, anche se nel solco della tradizione.

ROMANO CANAVESE – Torino (TO) – 2 957 ab. – alt. 260 m – ✉ 10090

22 **B2**

Roma 685 – Torino 42 – Alessandria 105 – Asti 112 – Novara 75

Relais Villa Matilde — 80
via Marconi 29 – ✆ 01 25 63 92 90 – villamatilde@sinahotels.it – Fax 01 25 71 26 59
43 cam – 198 € 297 € – 12 suites – **Rist** – Carta 40/58 €
◆ Villa settecentesca trasformata di recente in un gradevole albergo. Ambienti comuni con sale affrescate, camere di diverse tipologie, all'interno di un parco rigoglioso. Suggestiva ed elegante sala ristorante.

ROMANO D'EZZELINO – Vicenza (VI) – 562 E17 – 13 547 ab. – alt. 132 m – ✉ 36060

35 **B2**

Roma 547 – Padova 54 – Belluno 81 – Milano 238 – Trento 89 – Treviso 51 – Venezia 80 – Vicenza 39

Al Pioppeto — 20
via San Gregorio Barbarigo 13, località Sacro Cuore, Sud : 4 km – ✆ 04 24 57 05 02 – info@pioppeto.it – Fax 04 24 57 07 33 – Chiuso dal 1° all' 8 gennaio, dal 3 al 20 agosto e martedì
Rist – Carta 23/34 €
◆ Risorsa che si propone secondo uno stile classico di buon tono, le due sale dispongono di ampi spazi. Linea gastronomica d'ispirazione tradizionale, servizio attento.

ROMAZZINO – Sassari – Vedere Sardegna (Arzachena : Costa Smeralda) alla fine dell'elenco alfabetico

---

RONCADELLE – Brescia – Vedere Brescia

RONCEGNO – Trento (TN) – 562 D16 – ✉ 38050

31 **C3**

Roma 635 – Trento 38 – Vicenza 186

Park Hotel Villa Angiolina — rist, 100
via Roma 5 – ✆ 04 61 77 10 71 – info@villaangiolina.it – Fax 04 61 77 16 89
43 cam – 60/98 € 104/140 € – ½ P 60/80 € – **Rist** – Menu 12/20 €
◆ Ricavato da una villa dei primi del Novecento sita nella cornice delle Dolomiti, l'hotel ospita spaziose e confortevoli camere classiche, zona benessere e sala riunioni. Particolarmente vocato alla tradizione banchettistica, il ristorante è articolato su due sale e propone piatti classici regionali.

RONCOFREDDO – Forlì-Cesena (FC) – 562 J18 – **2 973 ab.** – **alt. 314 m** – ✉ **47020** 9 **D2**

Roma 326 – Rimini 27 – Bologna 109 – Forlì 44 – Ravenna 56

Osteria dei Frati con cam

via Comandini 149 – ✆ 05 41 94 96 49 – renato@osteriadeifrati.it – Fax 05 41 94 96 49

3 cam – ♦40 € ♦♦60 € – **Rist** – *(chiuso dal 22 dicembre al 20 gennaio, a mezzogiorno in luglio e agosto, lunedì e martedì negli altri mesi)* Carta 20/30 €

◆ Osteria di una semplicità quasi commovente, in menù pochi piatti assolutamente genuini e testimoni veraci dei sapori di queste terre. Possibilità di alloggio.

RONTI – Perugia – Vedere Città di Castello

RONZONE – Trento (TN) – 562 C15 – **369 ab.** – **alt. 1 097 m** – ✉ **38010** 30 **B2**

Roma 634 – Bolzano 33 – Merano 43 – Milano 291 – Trento 52

Orso Grigio (Bertol) 10,

via Regole 10 – ✆ 04 63 88 06 25 – renzo.bertol@tin.it – Fax 04 63 88 06 34 – Chiuso dal 10 gennaio al 10 febbraio e martedì

Rist – Carta 32/41 €

Spec. Carpaccio di piovra con fagioli. Code di gamberi con timballo di riso venere. Tortino di cioccolato fondente.

◆ Situato poco fuori il paese, al limitare del bosco, lungo la strada che porta al passo della Mendola. Tavoli spaziosi ed arredi eleganti, ottimo servizio e buona cantina.

ROSETO DEGLI ABRUZZI – Teramo (TE) – 563 N24 – **23 420 ab.** – ✉ **64026** 1 **B1**

Roma 214 – Ascoli Piceno 59 – Pescara 38 – Ancona 131 – L'Aquila 99 – Chieti 51 – Teramo 32

piazza della Libertà 37/38 ✆ 085 8931608, iat.roseto@abruzzoturismo.it, Fax 085 8991157

Tonino-da Ada cam,

via Mazzini 15 – ✆ 08 58 99 31 10 – info@albergotonino.191.it – Fax 08 58 93 22 10 – Pasqua-settembre

18 cam – ♦40/50 € ♦♦45/55 €, 5 € – ½ P 45/57 € – **Rist** – *(chiuso lunedì)* Carta 30/48 €

◆ Nella silenziosa zona residenziale poco distante dal lungomare, una pensione dotata di semplici ambienti ma di un'atmosfera familiare e di una calorosa accoglienza. Nelle sobrie sale da pranzo, una cucina casalinga che punta particolarmente su piatti a base di pesce fresco.

Tonino-da Rosanna con cam cam, cam,

via Volturno 11 – ✆ 08 58 99 02 74 – Fax 08 58 99 02 74 – Chiuso dal 1° al 15 gennaio e dal 20 al 30 settembre

7 cam – ♦30/35 € ♦♦50/58 €, 5 € – ½ P 45/58 € – **Rist** – *(chiuso martedì escluso da giugno a settembre)* Carta 27/52 €

◆ La freschezza del mare da godere in ambienti di taglio diverso, ma di eguale piacevolezza: dal pranzo veloce, alla cena romantica, passando per l'evento speciale. Dispone anche di alcine camere.

ROSIGNANO SOLVAY – Livorno (LI) – 563 L13 – ✉ **57013** 28 **B2**

Roma 294 – Pisa 43 – Grosseto 107 – Livorno 24 – Siena 104

Elba Hotel senza rist

via Aurelia 301 – ✆ 05 86 76 09 39 – info@elbahotel.net – Fax 05 86 76 09 15

26 cam – ♦70 € ♦♦120 €

◆ Probabilmente l'ubicazione non è tale da offrire una grande tranquillità, ma arredi, colori e accessori donano una generale piacevole sensazione di pulizia ed ariosità.

ROSSANO STAZIONE – Cosenza (CS) – 564 I31 – ✉ 87068 5 B1

Roma 503 – Cosenza 96 – Potenza 209 – Taranto 154

Scigliano

50, rist

viale Margherita 257 – ✆ 09 83 51 18 47 – hscigliano@hotelscigliano.it – Fax 09 83 51 18 47

36 cam ☕ – 🚹54/62 € 🚹🚹85/98 € – ½ P 58 € – **Rist** – Carta 23/32 €

◆ In una moderna palazzina nella zona centrale e commerciale della località, dove le camere possono offrire un buon relax, in piccola parte inficiato dal traffico stradale. Sala ristorante dalle linee essenziali e dallo stile votato alla funzionalità.

Agriturismo Trapesimi

rist,

contrada Amica Est : 4 km – ✆ 098 36 43 92 – info@agriturismotrapesimi.it – Fax 09 83 29 08 48

7 cam ☕ – 🚹🚹68 € – ½ P 53/60 € – **Rist** – (solo su prenotazione) Menu 15/20 €

◆ Caratteristica risorsa ricavata dalla ristrutturazione di un antico casale circondato da ulivi. Offre una grande tranquillità, accompagnata dai piaceri di una cucina genuina.

ROTA D'IMAGNA – Bergamo (BG) – 561 E10 – 835 ab. – alt. 665 m – ✉ 24037 19 C1

Roma 628 – Bergamo 26 – Lecco 40 – Milano 64

Miramonti

< Valle d'Imagna, rist, rist,

via alle Fonti 5 – ✆ 035 86 80 00 – info@h-miramonti.it – Fax 035 86 80 00 – Marzo-ottobre e 24 dicembre-5 gennaio

50 cam ☕ – 🚹40/45 € 🚹🚹60/65 € – ½ P 48/55 € – **Rist** – Carta 23/30 €

◆ Le camere sono state rinnovate di recente, sono confortevoli ed in generale consentono di godere di una bella vista sulla valle. Frequentato soprattutto in estate. Al ristorante un'ampia sala, un vasto salone per banchetti e una grande terrazza estiva.

ROTA (Monte) = RADSBERG – Bolzano – Vedere Dobbiaco

ROTONDA – Potenza (PZ) – 564 H30 – 3 834 ab. – alt. 634 m – ✉ 85048 4 C3

Roma 423 – Cosenza 102 – Lagonegro 45 – Potenza 128

Da Peppe

20,

corso Garibaldi 13 – ✆ 09 73 66 12 51 – antonella449@interfree.it – Fax 09 73 66 12 51 – Chiuso le sere di lunedì e mercoledì escluso agosto

Rist – Carta 20/29 €

◆ Cucina legata ai prodotti del territorio, funghi, tartufi e poi varie paste fresche. Una sala più ampia a piano terra, e una più intima e curata al primo piano.

ROTTOFRENO – Piacenza (PC) – 561 G10 – 9 391 ab. – alt. 65 m – ✉ 29010 8 A1

Roma 517 – Piacenza 13 – Alessandria 73 – Genova 136 – Milano 53 – Pavia 40

Trattoria la Colonna

via Emilia Est 6, località San Nicolò Est : 5 km – ✆ 05 23 76 83 43 – ristorante.colonna@libero.it – Fax 05 23 76 09 40 – Chiuso agosto e domenica

Rist – Carta 36/64 €

◆ Un ristorante che ha saputo approfittare di un recente ampliamento, per accrescere il livello complessivo della propria offerta. Cucina di mare e di terra in eguale misura.

Antica Trattoria Braghieri

località Centora 21, Sud : 2 km – ✆ 05 23 78 11 23 – Fax 05 23 78 11 23 – Chiuso dal 1° al 15 gennaio, dal 25 luglio al 25 agosto, lunedì e la sera (escluso venerdì-sabato)

Rist – Carta 18/27 €

◆ Trattoria di campagna ariosa e luminosa, in cui le donne della stessa famiglia, da ormai quattro generazioni, sono impegnate nella preparazione dei piatti del territorio.

ROVATO – Brescia (BS) – 561 F11 – 15 098 ab. – alt. 172 m – ✉ 25038 19 D2

Roma 556 – Brescia 20 – Bergamo 33 – Milano 76

Due Colombe

via Roma 1 – ✆ 03 07 72 15 34 – stefano@duecolombe.com – Fax 03 07 70 39 57 – Chiuso dal 1° al 6 gennaio, dal 10 al 25 agosto, domenica sera e lunedì

Rist – Carta 49/88 €

Rist *La Cantina delle Due Colombe* – Carta 34/50 €

◆ Ricavato da un vecchio mulino ad acqua, un ristorante aperto di recente e da subito alla ricerca di un'identità basata su uno stile raffinato e sulla fantasia in cucina. Alla "Cantina" un ambiente più informale e una cucina più rapida.

ROVERETO – Trento (TN) – 562 E15 – 34 592 ab. – alt. 212 m – ✉ 38068 30 B3

Roma 561 – Trento 22 – Bolzano 80 – Brescia 129 – Milano 216 – Riva del Garda 22 – Verona 75 – Vicenza 72

corso Rosmini 6 ✆ 0464 430363, info@aptrovereto.it, Fax 0464 435528

Leon d'Oro senza rist 70,

via Tacchi 2 – ✆ 04 64 43 73 33 – info@hotelleondoro.it – Fax 04 64 42 37 77

56 cam – †59/139 € ††69/159 € – 4 suites

◆ Hotel munito di accogliente piano terra con vari ambienti comuni a disposizione degli ospiti e zona notte confortevole con camere dotate di arredi classici-contemporanei.

Rovereto cam, 80,

corso Rosmini 82 d – ✆ 04 64 43 52 22 – info@hotelrovereto.it – Fax 04 64 43 96 44

49 cam – †65/95 € ††115/155 € – ½ P 103 €

Rist *Novecento* – ✆ 04 64 43 54 54 *(chiuso gennaio, luglio e domenica)* Carta 30/43 €

◆ Il completo rinnovo delle camere, avvenuto pochi anni or sono, ha accresciuto il confort delle stanze che ora si distinguono esclusivamente per le diverse metrature. Al ristorante originale ambientazione, fatta di tendaggi, piante, lampade e trompe-l'oeil.

San Colombano 25,

via Vicenza 30, strada statale 46 Est : 1 km – ✆ 04 64 43 60 06 – sancolombano1@tin.it – Fax 04 64 48 70 42 – Chiuso dal 6 al 21 agosto, dal 28 dicembre al 6 gennaio, domenica sera e lunedì

Rist – Carta 29/36 €

◆ Situato fuori città lungo la strada che porta a Vicenza, dispone di arredi contemporanei nella sala principale, maggiore intimità nella saletta al primo piano.

ROVETA – Firenze – Vedere Scandicci

ROVIGO P (RO) – 562 G17 – 50 778 ab. – ✉ 45100 36 C3

Roma 457 – Padova 41 – Bologna 79 – Ferrara 33 – Milano 285 – Venezia 78

via Dunant 10 ✆ 0425 361481, iat.rovigo@provincia.rovigo.it, Fax 0425 30416

, ✆ 0425 41 12 30.

Villa Regina Margherita cam, rist, 120,

viale Regina Margherita 6 – ✆ 04 25 36 15 40 – info@hotelvillareginamargherita.it – Fax 042 53 13 01 – Chiuso dal 2 al 22 agosto

22 cam – †68/73 € ††88/96 € – **Rist** – *(chiuso dal 2 al 10 gennaio, dal 6 al 20 agosto e martedì)* Carta 26/32 €

◆ Villa in stile liberty a poca distanza dal centro storico. Interni decorati, camere ordinarie ma di livello più che apprezzabile. Gestione e servizio motivati e affidabili. Sala ristorante con delicate decorazioni.

Cristallo cam, rist, 200,

viale Porta Adige 1 – ✆ 042 53 07 01 – cristallo.ro@bestwestern.it – Fax 042 53 10 83

48 cam – †55/95 € ††70/135 € – ½ P 60/105 € – **Rist** – Carta 30/42 €

◆ Non lontano dalla tangenziale e dunque in posizione facilmente raggiungibile in auto, un hotel d'impronta recente, con accessori e dotazioni al passo con i tempi. Ristorante che anche se può apparire datato negli arredi, è ancora confortevole.

Corona Ferrea senza rist
via Umberto I 21 – 04 25 42 24 33 – info@hotelcoronaferrea.com – Fax 04 25 42 22 92
30 cam – 77/83 € 100/124 €
◆ Spazi comuni leggermente sacrificati, compensati da un ottimo servizio e da camere tutte simili, ma ben arredate. Prossimo al centro storico, ma in un palazzo moderno.

Granatiere senza rist
corso del Popolo 235 – 042 52 23 01 – hotel.granatiere@libero.it – Fax 042 52 93 88
23 cam – 50/67 € 68/88 €
◆ Prossima al centro storico, soluzione in grado di offrire un discreto confort ad ottimi prezzi. Per turisti di passaggio, come uomini d'affari, a caccia di semplicità.

Tavernetta Dante 30,
corso del Popolo 212 – 042 52 63 86 – Chiuso 20 giorni in agosto e domenica
Rist – Carta 26/35 €
◆ Un'oasi lungo il corso trafficato che attraversa il centro di Rovigo: dall'ambientazione all'interno di un piccolo e grazioso edificio, alla cucina di mare e di terra.

RUBANO – Padova (PD) – 562 F17 – 14 115 ab. – alt. 18 m – 35030 37 B2

Roma 490 – Padova 8 – Venezia 49 – Verona 72 – Vicenza 27

La Bulesca 70,
via Fogazzaro 2 – 04 98 97 63 88 – mail@labulesca.it – Fax 04 98 97 55 43
54 cam – 65/75 € 85/100 €
Rist La Bulesca – vedere selezione ristoranti
◆ L'ampia hall introduce alla discreta zona comune di questo confortevole hotel, dotato di arredi di grande solidità, anche nelle camere rinnovate. Adatto a clienti d'affari.

Maccaroni senza rist
via Liguria 1/A, località Sarmeola – 049 63 52 00 – reception@calandre.com – Fax 049 63 30 26 – Chiuso dal 12 al 26 agosto
33 cam – 50/60 € 90/140 € – 1 suite
◆ Un albergo senza particolari pretese, ma comunque affidabile grazie alla solida gestione. Le stanze, d'impostazione tradizionale, sono complete di tutti i confort.

Le Calandre (Alajmo) 8/16,
strada statale 11, località Sarmeola – 049 63 03 03 – alajmo@calandre.com – Fax 049 63 30 26 – Chiuso dal 1° al 23 gennaio, dal 24 aprile al 1° maggio, dal 14 agosto al 3 settembre, domenica e lunedì
Rist – Carta 80/148 €
Spec. Cappuccino di seppie al nero. Risotto allo zafferano con polvere di liquirizia. Maialino da latte arrostito con spuma di senape e polvere di caffé.
◆ Tecnica, fantasia e creatività filtrate dal patrimonio gastronomico della cucina italiana: forme e colori non conoscono limiti nelle mani del giovane cuoco.

La Bulesca
via Fogazzaro 2 – 04 98 97 52 97 – info@ristorante-labulesca.it – Fax 04 98 97 67 47 – Chiuso dal 1° al 10 gennaio, agosto, domenica sera e lunedì
Rist – Carta 28/40 €
◆ Un ristorante che in particolari occasioni può arrivare a ricevere diverse centinaia di persone, ma che sa esprimere una buona accoglienza anche in situazioni più intime.

Il Calandrino
strada statale 11, località Sarmeola – 049 63 03 03 – calandrino@calandre.com – Fax 049 63 30 00 – Chiuso domenica sera e lunedì
Rist – Carta 34/57 €
◆ Fratello minore delle Calandre, presenta una cucina più semplice e tradizionale ma sempre attenta ai prodotti. Snack bar e pasticceria ad orario continuato.

RUBIERA – Reggio Emilia (RE) – 562 I14 – 12 664 ab. – alt. 55 m – ✉ 42048 8 **B2**

Roma 415 – Bologna 61 – Milano 162 – Modena 12 – Parma 40 – Reggio nell'Emilia 13

XX ✿ **Arnaldo-Clinica Gastronomica** con cam

piazza 24 Maggio 3 – ✆ 05 22 62 61 24 – arnaldo@clinicagastronomica.com – Fax 05 22 62 81 45 – Chiuso dal 24 dicembre al 2 gennaio, Pasqua ed agosto

32 cam – 65 € 95 € – **Rist** – *(chiuso domenica e lunedì a mezzogiorno)* (prenotare) Carta 34/55 € (+15 %)

Spec. Spugnolata. Carrello dei bolliti. Torta di riso.

◆ Bastione della cucina emiliana senza compromessi con la modernità, spume o sifoni: dai celebri salumi alle paste asciutte o in brodo fino alla celebrazione del bollito.

XX **Osteria del Viandante** 6/18,

piazza 24 Maggio 15 – ✆ 05 22 26 06 38 – info@osteriadelviandante.com – Fax 05 22 26 06 22 – Chiuso domenica e lunedì

Rist – Carta 47/60 €

◆ All'interno di un edificio del 1300, il ristorante si compone di sale affrescate e ambienti eleganti. Ampia selezione di vini per accompagnare le ricercate carni proposte.

RUBIZZANO – Bologna – Vedere San Pietro in Casale

RUDA – Udine (UD) – 562 E22 – 2 941 ab. – alt. 12 m – ✉ 33050 11 **C3**

Roma 650 – Trieste 56 – Udine 40

XX ✿ **Osteria Altran** (Devidè) 16,

località Cortona 19, Sud-Est : 4 km – ✆ 04 31 96 94 02 – osteria.altran@libero.it – Fax 04 31 96 75 97 – Chiuso dieci giorni in febbraio, dieci giorni in luglio, dieci giorni in novembre, lunedì, martedì e a mezzogiorno (escluso sabato-domenica e i giorni festivi)

Rist – Carta 43/59 €

Spec. Insalata di coniglio. Pasta mantecata ai fiori di zucca con capretto fritto. Dentice biscottato con trippa di merluzzo e cous cous.

◆ Affascinante borgo di campagna, memoria del tempo passato, la cucina ne riprende prodotti e ricette talvolta sbilanciandosi in interpretazioni più creative.

RUNATE – Mantova – Vedere Canneto sull'Oglio

RUSSI – Ravenna (RA) – 562 I18 – 10 647 ab. – alt. 13 m – ✉ 48026 9 **D2**

Roma 374 – Ravenna 17 – Bologna 67 – Faenza 16 – Ferrara 82 – Forlì 20 – Milano 278

a San Pancrazio Sud-Est : 5 km – ✉ 48020

X **La Cucoma** 10,

via Molinaccio 175 – ✆ 05 44 53 41 47 – cucoma1@alice.it – Fax 05 44 53 44 40 – Chiuso agosto, domenica sera e lunedì

Rist – Carta 28/42 €

◆ Ubicato lungo la strada principale del paese, ristorante familiare con proposte che traggono ispirazione dal mare e ricco buffet di verdure. Sala riservata ai non fumatori.

RUTTARS – Gorizia – Vedere Dolegna del Collio

RUVIANO – Caserta (CE) – 564 D25 – 1 877 ab. – alt. 80 m – ✉ 81010 6 **B1**

Roma 195 – Napoli 56 – Benevento 41 – Campobasso 77 – Caserta 22

ad Alvignanello Sud-Est : 4 km – ✉ 81010

Agriturismo le Olive di Nedda

via Superiore Crocelle 14 – ✆ 08 23 86 30 52 – info@olinedda.it – Fax 08 23 86 30 52

8 cam – 60 € 80 € – ½ P 65 € – **Rist** – 30 €

◆ Immerso tra verdeggianti colline e cinto da uliveti, una casa accogliente ideale per godersi al meglio una vacanza rilassante. Arredi rustici con mobilio in "arte povera". Cibi genuini e ricette di casa, dalla colazione alla cena.

RUVO DI PUGLIA – Bari (BA) – 564 D31 – 25 859 ab. – alt. 256 m – ✉ 70037
Italia 26 **B2**

Roma 441 – Bari 36 – Barletta 32 – Foggia 105 – Matera 64 – Taranto 117

Cratere di Talos★★ nel museo Archeologico Jatta – Cattedrale★

U.P.E.P.I.D.D.E.
10,

corso Cavour ang. Trapp. Carmine – ☎ 08 03 61 38 79 – info@upepidde.it – Fax 08 03 60 13 60 – Chiuso dal 10 luglio al 20 agosto e lunedì

Rist – Carta 22/33 €

◆ Centrale, all'interno delle vecchie mura aragonesi del XVI secolo, è suddiviso in cinque distinte salette, tutte contraddistinte da un ambiente molto caratteristico.

SABAUDIA – Latina (LT) – 563 S21 – 17 171 ab. – ✉ 04016 *Italia* 13 **C3**

Roma 97 – Frosinone 54 – Latina 28 – Napoli 142 – Terracina 21

sul lungomare Sud-Ovest : 2 km :

Le Dune
150,

via lungomare 16 ✉ 04016 – ☎ 077 35 12 91 – hotel@ledune.com – Fax 077 35 12 92 51 – Chiuso sino al 9 marzo

77 cam – †77/100 € ††144/300 € – ½ P 110/188 € – **Rist** – Carta 40/67 €

◆ Nel cuore del parco del Circeo, un edificio bianco di indubbio fascino, ideale per una vacanza di relax da trascorrere tra mare, campi da tennis ed ampi ambienti luminosi. Presso la spaziosa ed accogliente sala ristorante, la classica cucina nazionale.

Zeffiro senza rist

via Tortini – ☎ 07 73 59 35 63 – info@hotelzeffiro.it

26 cam – ††120/170 €

◆ Un nuovo hotel situato all'interno di un centro residenziale, vanta camere dagli arredi moderni caratterizzati da accenni di design ed un piccolo giardino privato.

SACERNO – Bologna – Vedere Calderara di Reno

SACILE – Pordenone (PN) – 562 E19 – 19 100 ab. – alt. 25 m – ✉ 33077 10 **A3**

Roma 596 – Belluno 53 – Treviso 45 – Trieste 126 – Udine 64

Due Leoni senza rist
130,

piazza del Popolo 24 – ☎ 04 34 78 81 11 – info@hoteldueleoni.com – Fax 04 34 78 81 12

60 cam – †92 € ††120 €

◆ Un bell'edificio porticato, sulla piazza centrale. Qui, la storia riecheggia nei due leoni litici trovati nella ristrutturazione dell'hotel: antichità e moderni confort.

Il Pedrocchino con cam

piazza 4 Novembre 4 – ☎ 043 47 00 34 – info@ilpedrocchino.it – Fax 043 47 00 34 – Chiuso tre settimane in agosto, domenica sera e lunedì

6 cam – †70 € ††100 € – **Rist** – Carta 33/48 €

◆ Cinque eleganti salette comunicanti, due con camino, compongono questo ristorante totalmente ristrutturato di tono rustico-signorile, "caldo" e d'impronta familiare. Nello stesso stile le camere.

SACROFANO – Roma (RM) – 563 P19 – 6 239 ab. – alt. 260 m – ✉ 00060 12 **B2**

Roma 29 – Viterbo 59

Al Grottino
20,

piazza XX Settembre 9 – ☎ 069 08 62 63 – Fax 069 08 60 12 – Chiuso dal 16 al 28 agosto e mercoledì

Rist – Carta 25/30 €

◆ Un labirinto di sale, salette, grotte e spazi esterni, tutti molto frequentati, soprattutto la domenica: il motto della cucina qui è "tutto alla brace". Ruspante e genuino.

SACRO MONTE – Novara – Vedere Orta San Giulio

SACRO MONTE – Vercelli – 561 E6 – Vedere Varallo Sesia

SAINT PIERRE – Aosta (AO) – 561 E3 – 2 716 ab. – alt. 731 m – ✉ 11010 34 A2

Roma 747 – Aosta 9 – Courmayeur 31 – Torino 122

La Meridiana Du Cadran Solaire

località Chateau Feuillet 17 – ☎ 01 65 90 36 26 – info@albergomeridiana.it – Fax 01 65 90 98 63

18 cam – ♦70/120 € ♦♦90/130 € – **Rist** – ☎ 33 94 44 42 84 *(chiuso martedì e a mezzogiorno)* Carta 41/69 €

♦ In questa località, sita fra Aosta e Courmayeur e famosa per i suoi castelli, un gradevole hotel, in pietra e legno, semplice e confortevole; una piccola casa familiare. Il ristorante è nelle sapienti mani di uno chef fantasioso ed affermato.

Lo Fleyè senza rist — monti e valle,

frazione Bussan Dessus 91, Nord : 1 km – ☎ 01 65 90 46 25 – info@lofleye.com – Fax 01 65 90 97 14 – Chiuso quindici giorni in gennaio e ottobre

13 cam – ♦45/90 € ♦♦75/85 €

♦ Un gradevole edificio in pietra, al cui ingresso si trova una piccola hall e una saletta colazioni dalle cui vetrate si gode una vista sul castello. Camere luminose.

SAINT RHEMY EN BOSSES – Aosta (AO) – 561 E3 – 425 ab. – alt. 1 632 m – Sport invernali : *1 619/2 450 m* 2, – ✉ 11010 34 A2

Roma 760 – Aosta 20 – Colle del Gran San Bernardo 24 – Martigny 50 – Torino 122

Suisse con cam

via Roma 21 – ☎ 01 65 78 09 06 – info@hotelsuisse.biz – Fax 01 65 78 07 64 – Chiuso maggio e ottobre-novembre

8 cam – ♦45/50 € ♦♦65/70 €, 7 € – ½ P 67/70 € – **Rist** – Carta 31/40 €

♦ A un passo dalla frontiera, in un agglomerato di poche abitazioni incuneate fra due monti, una casa tipica del XVII secolo per assaporare le specialità valdostane. Camere confortevoli in un rustico adiacente.

SAINT VINCENT – Aosta (AO) – 561 E4 – 4 864 ab. – alt. 575 m – ✉ 11027 34 B2

Italia

Roma 722 – Aosta 28 – Colle del Gran San Bernardo 61 – Ivrea 46 – Milano 159 – Torino 88 – Vercelli 97

via Roma 62 ☎ 0166 512239, info@saintvincentvda.it, Fax 0166 511335

De La Ville senza rist

via Aichino ang. via Chanoux – ☎ 01 66 51 15 02 – info@hoteldelavillevda.it – Fax 01 66 51 21 42 – Chiuso dal 16 al 25 dicembre

39 cam – ♦47/75 € ♦♦79/120 €, 9 €

♦ Nei pressi della centrale Via Chanoux, in area pedonale, un raffinato rifugio, curato e di buon gusto, con arredi in legno scuro, confort moderni ed estrema cordialità.

Atahotel Miramonti senza rist — monti e dintorni, 110,

via Ponte Romano 25/27 – ☎ 01 66 52 56 11 – prenotazioni@atahotelmiramonti.com – Fax 016 65 25 60 01 – Chiuso quindici giorni a maggio e quindici giorni in ottobre

50 cam – ♦90/100 € ♦♦140/160 €

♦ Hotel completamente rinnovato, dall'aspetto moderno e di notevole impatto. Alle porte del centro storico, offre spazi comuni ben arredati e camere validamente accessoriate.

Paradise senza rist

viale Piemonte 54 – ☎ 01 66 51 00 51 – info@hparadise.com – Fax 01 66 54 63 09

32 cam – ♦55/60 € ♦♦85/100 €

♦ Graziosa hall con ricevimento, salottino e angolo per le colazioni, camere nuove, in legno chiaro e toni azzurri o salmone, comode; vicina al Casinò, una valida risorsa.

Bijou — rist,

piazza Cavalieri di Vittorio Veneto 3 – ☎ 01 66 51 00 67 – info@bijouhotel.it – Fax 01 66 51 34 30

31 cam – ♦50/64 € ♦♦85/100 € – ½ P 68 € – **Rist** – *(chiuso lunedì)* Carta 33/42 €

♦ All'interno del centro storico, ma vicino ad un parcheggio comunale. Albergo da poco rinnovato con gusto e personalità. Interni allegri e camere affacciate sulla piazza. Ristorante indipendente, ma contiguo all'hotel.

Elena
piazza Monte Zerbion – ✆ 01 66 51 21 40 – hotel.elena@libero.it – Fax 01 66 53 74 59 – Chiuso dall'8 al 25 dicembre
45 cam – 52/68 € 76/100 € – 1 suite – **Rist** – Carta 29/50 €
◆ Un hotel anni '60, situato in pieno centro e ristrutturato nel corso degli anni; offre stanze spaziose, confortevoli, e una cortese gestione familiare. Al ristorante, la cucina regionale.

Olympic cam,
via Marconi 2 – ✆ 01 66 51 23 77 – hotelolympic@virgilio.it – Fax 01 66 51 27 85 – Chiuso dal 1° al 10 giugno e dal 25 ottobre al 20 novembre
12 cam – 57/70 € 85/100 € – ½ P 60/70 € – **Rist** – *(chiuso martedì)* Carta 40/56 €
◆ Completamente rinnovato, un raccolto albergo centrale, a conduzione e andamento familiari; piccolo ricevimento e settore notte con camere nuove e comode. Salettina ristorante curata con una luminosa e panoramica veranda.

Les Saisons senza rist
via Ponte Romano 186 – ✆ 01 66 53 73 35 – lessaisons@inwind.it – Fax 01 66 51 25 73
21 cam – 55/60 € 75/80 €
◆ Posizione piuttosto tranquilla e panoramica, ai margini della cittadina: una casetta di recente costruzione, pulita e funzionale, con atmosfera familiare.

Batezar-da Renato (Cumarini)
via Marconi 1 – ✆ 01 66 51 31 64 – Fax 01 66 51 23 78 – Chiuso dal 15 al 30 novembre, dal 20 giugno al 10 luglio, mercoledì e a mezzogiorno (escluso sabato, domenica e i giorni festivi)
Rist – Carta 50/75 €
Spec. Gran piatto di pesce. Varietà di risotti. Piatto di selvaggina con funghi e polenta
◆ Non lontano dal casinò si celebra una cucina versatile e assortita: un'anima valdostana di salumi e polenta, diversi piatti di carne e proposte di pesce.

Del Viale
viale Piemonte 7 – ✆ 01 66 51 25 69 – ruber.ruber@jumpy.it – Fax 01 66 51 25 69 – Chiuso dal 25 maggio al 15 giugno, dal 1° al 20 ottobre, giovedì e a mezzogiorno
Rist – Carta 55/95 €
◆ Sulla via parallela a quella del Casinò, una sala raccolta, con boiserie, e una veranda; candele ai tavoli e una linea gastronomica stagionale con piatti anche creativi.

SALA BAGANZA – Parma (PR) – 562 H12 – 4 695 ab. – alt. 162 m – ✉ 43038 8 A3

Roma 472 – Parma 12 – Milano 136 – La Spezia 105
La Rocca, ✆ 0521 83 40 37.
Torrechiara★ : affreschi★ e ≤★ dalla terrazza del Castello Sud-Est : 10 km

I Pifferi 16/30,
via Zappati 36, Ovest : 1 km – ✆ 05 21 83 32 43 – Fax 05 21 83 10 50 – Chiuso 24-25 dicembre e lunedì
Rist – Carta 28/38 €
◆ Posizione periferica per questa casa in stile rustico; offre un servizio estivo all'aperto o all'interno di quattro sale. Conduzione familiare e anche sapori parmensi.

SALA BOLOGNESE – Bologna (BO) – 562 I15 – 5 697 ab. – alt. 23 m – ✉ 40010 9 C3

Roma 393 – Bologna 20 – Ferrara 54 – Modena 42

La Taiadèla
via Longarola 25, località Bonconvento Est : 4 km – ✆ 051 82 81 43 – Fax 051 82 94 16 – Chiuso dal 10 al 25 gennaio, dal 10 al 25 luglio e domenica
Rist – carta 26/43
◆ Localino isolato nel verde della Bassa: dietro al semplice bar all'ingresso, tre sale di cui una con veranda estiva, abbellita da vecchi oggetti. Piatti emiliani.

SALA COMACINA – Como (CO) – 561 E9 – 598 ab. – alt. 213 m – ✉ 22010 16 A2

Roma 643 – Como 26 – Lugano 39 – Menaggio 11 – Milano 65 – Varese 49

Taverna Bleu ← lago e dintorni, rist, cam,
via Puricelli 4 – ✆ 034 45 51 07 – info.reception@tavernableu.it – Fax 034 45 47 73 – Marzo-novembre
13 cam – 🛉80 € 🛉🛉110/150 € – **Rist** – *(chiuso martedì)* Carta 31/46 €
◆ Piccolo hotel affacciato sul lago, adiacente alla piccola darsena della navigazione lacustre. All'esterno un bel giardino e varie terrazze, dentro camere in arte povera. Ristorante con proposte di cucina locale.

La Tirlindana
piazza Matteotti 5 – ✆ 034 45 66 37 – p.patricia@libero.it – Fax 034 45 66 37 – Chiuso mercoledì da marzo a settembre, dal lunedì al giovedì negli altri mesi
Rist – Carta 30/46 €
◆ Tirlindana, lunga lenza per la pesca in acque dolci: un nome indovinato per questo elegante locale, con servizio estivo in riva al lago e piatti soprattutto di pesce.

SALEA – Savona – 561 J6 – Vedere Albenga

SALE MARASINO – Brescia (BS) – 561 E12 – 3 076 ab. – alt. 190 m – ✉ 25057 19 D1

Roma 558 – Brescia 31 – Bergamo 46 – Edolo 67 – Milano 90 – Sondrio 112

Villa Kinzica senza rist
via Provinciale 1 – ✆ 03 09 82 09 75 – villakinzica@tiscalinet.it – Fax 03 09 82 09 90
17 cam – 🛉70/90 € 🛉🛉90/130 €
◆ Affacciata sul lago d'Iseo e separata da esso e dalla strada da un grazioso giardino, una bella villa con un patio esterno, ambienti e confort curati in ogni dettaglio.

Della Corona 16,
via Roma 7 – ✆ 03 09 86 71 53 – Fax 03 09 86 70 71 – Chiuso 15 giorni a giugno, martedì e a mezzogiorno
Rist – (consigliata la prenotazione) Carta 37/56 €
◆ Signorile gestione familiare, con moglie in cucina, marito in sala e figlia a coordinare; in un edificio del '400, proposte moderatamente creative, passione e ospitalità.

SALERNO P (SA) – 564 E26 – 136 678 ab. – ✉ 84100 *Italia* 6 B2

Roma 263 – Napoli 52 – Foggia 154

piazza Vittorio Veneto 1 ✆ 089 231432, eptinfo@xcom.it, Fax 089 231432via Roma 258 ✆ 089 224744, Fax 089 252576

Duomo★★ B – Via Mercanti★ AB – Lungomare Trieste★ AB

Costiera Amalfitana★★★

Pianta pagina a lato

Lloyd's Baia ← golfo di Salerno, Terrazze ed ascensore per la spiaggia, rist, 250,
via de Marinis 2, 3 km per ③ – ✆ 08 97 63 31 11 – lloyd.baia@tiscali.it – Fax 08 97 63 36 33
123 cam – 🛉150 € 🛉🛉180 € – **Rist** – Carta 23/37 €
◆ Aggrappato alla roccia della costiera, grand hotel recentemente rinnovato, dotato di una terrazza con magnifica vista mare e di un comodo ascensore diretto per la spiaggia. D'estate è aperto anche un ristorante in riva al mare.

Mediterranea Hotel 400,
via Salvador Allende, 4,5 km per ② ✉ 84131 – ✆ 08 93 06 61 11 – info@mediterraneahotel.it – Fax 08 95 22 30 56
60 cam – 🛉105 € 🛉🛉135 € – ½ P 95 € – **Rist** – Carta 27/45 €
◆ E' ancora tutto nuovo in questa moderna e funzionale struttura recente, decentrata, sulla strada che costeggia il mare; camere confortevoli. Attrezzato centro congressi. Il ristorante dispone di capienti sale di raffinata impostazione moderna.

Circolazione regolamentata nel centro città

Abate Coforti (Largo)	AB 2	Luciani (Pza M.)	A 12	Sedile di Pta. Nuova (Pza)	B 24
Alfano 1 (Pza)	B 3	Mercanti (V.)	AB	Sorgente (V. Camillo)	B 25
Cavaliero (V. L.)	B 4	Paglia (V. M.)	B 13	S. Eremita (V.)	B 20
Cilento (V. A.)	B 6	Plebiscito (Largo)	B 14	S. Tommaso d'Aquino (Largo)	B 22
Dogana Vecchia (V.)	A 7	Portacatena (V.)	A 15	Velia (V.)	B 26
Duomo (V.)	B 8	Porta di Mare (V.)	A 16	Vittorio Emanuele (Cso)	B
Indipendenza (V.)	A 9	Sabatini (V. A.)	A 19	24 Maggio (Pza)	B 27
Lista (V. Stanislas)	A 10	Sedile del Campo (Largo)	A 23		

Fiorenza senza rist — 150, VISA MC AE

via Trento 145, località Mercatello, 3,5 km per ② ✉ 84131 – ✆ 089 33 88 00 – fiorealb@tin.it – Fax 089 33 88 00

30 cam – †65/72 € ††100/107 €

◆ In posizione periferica, risorsa di buon confort, internamente rimodernata negli ultimi anni, ideale per clientela d'affari; camere funzionali e bagni ben rifiniti.

Plaza senza rist — VISA MC AE

piazza Ferrovia o Vittorio Veneto ✉ 84123 – ✆ 089 22 44 77 – info@plazasalerno.it – Fax 089 23 73 11 B

42 cam – †65/70 € ††100/107 €

◆ Un classico albergo di città, che occupa parte di un palazzo fine '800 di fronte alla stazione ferroviaria, comodo per la clientela di passaggio; camere essenziali.

Il Timone — 25, VISA MC AE

via Generale Clark 29/35, 4,5 km per ② ✉ 84131 – ✆ 089 33 51 11 – valeriagiugliano@hotmail.it – Fax 089 33 51 11 – Chiuso domenica sera e lunedì

Rist – Carta 30/45 €

◆ Animazione e servizio veloce in un locale sempre molto frequentato, ideale per gustare del buon pesce fresco, che sta in mostra in sala e lì viene scelto dal cliente.

SALGAREDA – Treviso (TV) – 562 E19 – 5 215 ab. – ✉ 31040 35 A1

Roma 547 – Venezia 42 – Pordenone 36 – Treviso 23 – Udine 94

XX **Marcandole** 8/15,

via Argine Piave 9, Ovest : 2 km – ✆ 04 22 80 78 81 – info@marcandole.it – Fax 04 22 74 70 67 – Chiuso mercoledì sera e giovedì

Rist – Carta 36/63 €

♦ Nei pressi dell'argine del fiume Piave, una giovane conduzione e alcune salette, calde e accoglienti, con bei soffitti lignei, o un gazebo esterno per sapori di pesce.

SALICE TERME – Pavia (PV) – 561 H9 – alt. 171 m – ✉ 27056 16 A3

Roma 583 – Alessandria 39 – Genova 89 – Milano 73 – Pavia 41

via Marconi 20 ✆ 0383 91207, turismo.salice@provincia.pv.it, Fax 0383 944540

, Nord-Ovest : 4 km a Rivanazzano, ✆ 0383 93 33 70.

XXX **Il Caminetto**

via Cesare Battisti 15 – ✆ 038 39 13 91 – info@ilcaminettodisaliceterme.it – Fax 038 39 13 91 – Chiuso due settimane in gennaio, dal 16 al 23 agosto e lunedì

Rist – Carta 30/45 €

♦ Un ristorante-enoteca elegante, di lunga tradizione, a salda conduzione familiare; un'accogliente sala con parquet, toni giallo ocra e camino rifinito in marmo.

XX ✿ **Ca' Vegia** (Musoni)

viale Diviani 27 – ✆ 03 83 94 47 31 – cavegia@libero.it – Fax 03 83 94 46 54 – Chiuso 2 settimane in gennaio, lunedì, martedì a mezzogiorno

Rist – Carta 44/69 €

Spec. Spiedo di capesante e gamberi rossi con gelato alla senape. Terrina di foie gras marinato al Calvados con confettura di ovuli e pain brioche (autunno-inverno). Risotto con carciofi, astice e pistilli di zafferano (inverno).

♦ Centrale, si è avvolti dalla romantica rusticità di pietre a vista e arredi in legno. Se ne distacca la cucina con piatti più moderni e fantasiosi a prevalenza di pesce.

XX **Guado**

viale delle Terme 57 – ✆ 038 39 12 23 – fabdei@libero.it – Fax 038 39 12 23 – Chiuso dal 26 dicembre al 15 gennaio, mercoledì e giovedì a mezzogiorno

Rist – Carta 30/40 €

♦ Una cucina con proposte d'impostazione classica, paste fresche e carni al forno tra le specialità: un ambiente accogliente, con una sala da pranzo curata e raccolta.

SALINA (Isola) – Messina – 565 L26 – Vedere Sicilia (Eolie, isole) alla fine dell'elenco alfabetico

SALÒ – Brescia (BS) – 561 F13 – 10 178 ab. – alt. 75 m – ✉ 25087 *Italia* 17 D1

Roma 548 – Brescia 30 – Bergamo 85 – Milano 126 – Trento 94 – Venezia 173 – Verona 63

piazzale Serenissima ✆ 0365 21423, Fax 0365 21423

Gardagolf, Nord : 12 km a Soiano del Lago, ✆ 0365 67 47 07.

Lago di Garda★★★ – Polittico★ nel Duomo

Salò du Parc

via Cure del Lino 1 – ✆ 03 65 29 00 43 – info@saloduparc.it – Fax 03 65 52 03 90 – Aprile-ottobre

35 cam – †100/150 € ††130/217 € – ½ P 90/139 € – **Rist** – Carta 34/44 €

♦ Un grande complesso di tono elegante, ambientato in un curato giardino con piscina in riva al lago; confortevole in ogni settore e dotato di un centro salute e benessere. Il piccolo ristorante si affaccia sul parco e sul lago ed offre una cucina tradizionale ed una dietetica.

Laurin 30,

viale Landi 9 – ✆ 036 52 20 22 – laurinbs@tin.it – Fax 036 52 23 82 – Chiuso dal 15 dicembre al 31 gennaio

33 cam – †90/110 € ††120/300 €, 15 € – ½ P 118/178 € – **Rist** – Carta 45/67 €

♦ Bella villa liberty con saloni affrescati e giardino con piscina; interni con arredi, oggetti, dettagli dal repertorio dell'Art Nouveau, per un romantico relax sul Garda. Piatti classici rivisitati serviti fra un tripudio di decori floreali, dipinti, colonne.

Bellerive
via Pietro da Salò 11 – ✆ 03 65 52 04 10 – info@hotelbellerive.it – Fax 03 65 29 07 09 – Chiuso dal 15 dicembre al 15 gennaio
40 cam – 150/175 € 200/250 € – 7 suites – ½ P 135/170 € – **Rist** – Carta 38/49 €
◆ Affacciato sul porticciolo turistico, un gradevole hotel di color bianco che spicca in in riva al lago blu; bella piscina circondata da un giardino alla provenzale. Sala ristorante con arredi minimal chic.

Duomo
rist,
lungolago Zanardelli 91 – ✆ 036 52 10 26 – info@hotelduomosalo.it – Fax 03 65 29 04 18
22 cam – 80/140 € 110/190 € – ½ P 90/130 €
– **Rist** – *(chiuso dal 15 al 30 novembre, dal 15 al 31 gennaio, martedì e a mezzogiorno dal 15 ottobre al 1° marzo)* Carta 38/57 €
◆ Proprio sul lungolago, un hotel rinnovato con buon gusto; pavimento in marmo e comode poltrone nella hall, confortevoli camere impreziosite da alcuni mobili antichi. Sala da pranzo essenziale e gradevole veranda per gustare il pesce di lago.

Vigna senza rist
lungolago Zanardelli 62 – ✆ 03 65 52 01 44 – hotel@hotelvigna.it – Fax 036 52 05 16 – Chiuso dal 15 dicembre al 15 gennaio
27 cam – 63/105 € 85/145 € – ½ P 61/86 €
◆ Cordiale accoglienza in una storica locanda, oggi una risorsa con un settore notte totalmente ristrutturato, quindi nuovo e moderno; bella sala colazioni panoramica.

Benaco
rist,
lungolago Zanardelli 44 – ✆ 036 52 03 08 – info@hotelbenacosalo.it – Fax 036 52 10 49 – Chiuso dicembre e gennaio
19 cam – 70/80 € 90/110 € – ½ P 70/80 € – **Rist** – Carta 32/42 €
◆ Un albergo da poco rinnovato, in felice posizione sul lungolago, in area chiusa al traffico: centrale, ma tranquillo, offre camere confortevoli e conduzione familiare. Fresca veranda con un panorama delizioso, sul Garda e il territorio, per pasti estivi.

Antica Trattoria alle Rose
via Gasparo da Salò 33 – ✆ 036 54 32 20 – roseorologio@numerica.it – Fax 036 54 32 20 – Chiuso quindici giorni in gennaio, quindici giorni in novembre e mercoledì
Rist – Carta 27/49 €
◆ Di recente ristrutturata totalmente, una trattoria dallo stile tra il rustico e il moderno, ove confort e tradizione si uniscono; proposte gastronomiche lacustri.

Il Melograno
6/10,
via Panorama 5, località Campoverde Ovest : 1 km – ✆ 03 65 52 04 21 – info@ilmelogranoristorante.it – Fax 03 65 52 41 40 – Chiuso novembre, lunedì sera e martedì
Rist – Carta 33/47 €
◆ Bel ristorante familiare, sito in una vecchia casa con pietra viva: sale di tono rustico, articolate su due livelli, e giardinetto esterno. Cucina legata al territorio.

Alla Campagnola
via Brunati 11 – ✆ 036 52 21 53 – angelodalbon@tin.it – Fax 03 65 29 95 88 – Chiuso dal 6 gennaio al 10 febbraio, lunedì e a mezzogiorno
Rist – Carta 47/57 €
◆ Non direttamente sul lago, un ambiente piacevole, dai toni caldi, tipici di certe vecchie osterie, e tuttavia oggi raffinato; impronta familiare e ampia terrazza-veranda.

Gallo Rosso
vicolo Tomacelli 4 – ✆ 03 65 52 07 57 – Fax 03 65 52 07 57 – Chiuso martedì sera, mercoledì e a mezzogiorno da giugno a settembre (escluso festivi)
Rist – (prenotazione obbligatoria) Menu 15 € bc/28 € bc
◆ Un ambiente piccolo e curato, un localino del centro storico che offre un ottimo rapporto qualità/prezzo; lo chef e titolare è un professionista di grande esperienza.

Osteria dell'Orologio

via Butturini 26 – ✆ 03 65 29 01 58 – roseorologio@numerica.it – Fax 036 54 32 20 – Chiuso quindici giorni in gennaio, quindici giorni in luglio e mercoledì

Rist – Carta 20/41 €

◆ Al piano terra una vera e propria enoteca, con alcuni tavoli per spuntini veloci; al piano superiore, invece, la sala ristorante. Atmosfera caratteristica e accogliente.

a Barbarano Nord-Est : 2,5 km verso Gardone Riviera– ✉ 25087

Spiaggia d'Oro 70,

via Spiaggia d'oro 15 – ✆ 03 65 29 00 34 – info@hotelspiaggiadoro.com – Fax 03 65 29 00 92

36 cam – 120/140 € 160/230 € – ½ P 110/150 €

Rist *La Veranda* – Carta 36/49 €

◆ Prospiciente il porticciolo di Barbarano e dotato di un giardino direttamente sul lago, con piscina, gradevole hotel dotato di un'ottima offerta wellness e SPA. Ben organizzato il ristorante, presso il quale trovoute la cucina nazionale e piatti regionali.

a Serniga Nord : 6 km – ✉ 25087 – Salò

Agriturismo Fattoria il Bagnolo lago, rist,

località Bagnolo Ovest : 1 km – ✆ 036 52 02 90 – info@ilbagnolo.it – Fax 036 52 18 77 – Marzo-ottobre

9 cam – 70 € 90 € – ½ P 65 € – **Rist** – Carta 25/32 €

◆ Incantevole posizione, immersa nel verde, per questo complesso rurale di alto livello; eleganti arredi con personalizzazioni in perfetto stile da casa di campagna. Al ristorante piatti di carne proveniente dall'azienda agricola stessa.

SALSOMAGGIORE TERME – Parma (PR) – 562 H11 – 18 794 ab. – alt. 160 m – ✉ 43039

8 **A2**

Roma 488 – Parma 30 – Piacenza 52 – Cremona 57 – Milano 113 – La Spezia 128

Galleria Warowland piazzale Berzieri ✆ 0524 580211, info@portalesalsomaggiore.it, Fax 0524 580219

, Sud : 5 km località Contignaco-Pontegrosso, ✆ 0524 57 41 28.

Pianta pagina a lato

Grand Hotel Porro (termale) rist, rist, 50,

viale Porro 10 – ✆ 05 24 57 82 21 – info@grandhotel-porro.it – Fax 05 24 57 78 78

Y **b**

77 cam – 133 € 205 € – 6 suites – ½ P 138 € – **Rist** – (solo per alloggiati) Menu 32 €

◆ Sorto in età monarchica come punto di riposo per l'esercito, questo edificio in stile liberty cinto da un vasto parco offre ambienti spaziosi ed un moderno centro benessere.

Villa Fiorita rist,

via Milano 2 – ✆ 05 24 57 38 05 – info@hotelvillafiorita.it – Fax 05 24 58 11 07

Z **c**

48 cam – 80/100 € 110/160 € – ½ P 90/120 € – **Rist** – *(aprile-dicembre)* (solo per alloggiati) Menu 35/40 €

◆ Centralissimo albergo rinnovato recentemente grazie all'impegno della nuova conduzione familiare. Ottimo confort sia nelle camere che negli spazi comuni. Comodo parcheggio.

Excelsior rist, rist, 40,

viale Berenini 3 – ✆ 05 24 57 56 41 – info@hotelexcelsiorsalsomaggiore.it – Fax 05 24 57 38 88 – Marzo-25 novembre

Z **h**

60 cam – 55 € 75/100 € – ½ P 60/90 € – **Rist** – (solo per alloggiati)

◆ Gestione familiare competente e di lunga tradizione per questo albergo ubicato centralmente, nei pressi del Palazzo dei Congressi e delle Terme; comodo e funzionale.

Kursaal rist, 30,

via Romagnosi 1 – ✆ 05 24 58 40 90 – info@hotelkursaalsalso.it – Fax 05 24 58 30 57

Z **b**

40 cam – 70 € 120 € – **Rist** – (solo per alloggiati) Menu 19/25 €

◆ Edificio totalmente ristrutturato e riaperto di recente. Marmo, parquet, illuminazione, design, tutto è all'insegna di eleganza e modernità e il risultato è apprezzabile.

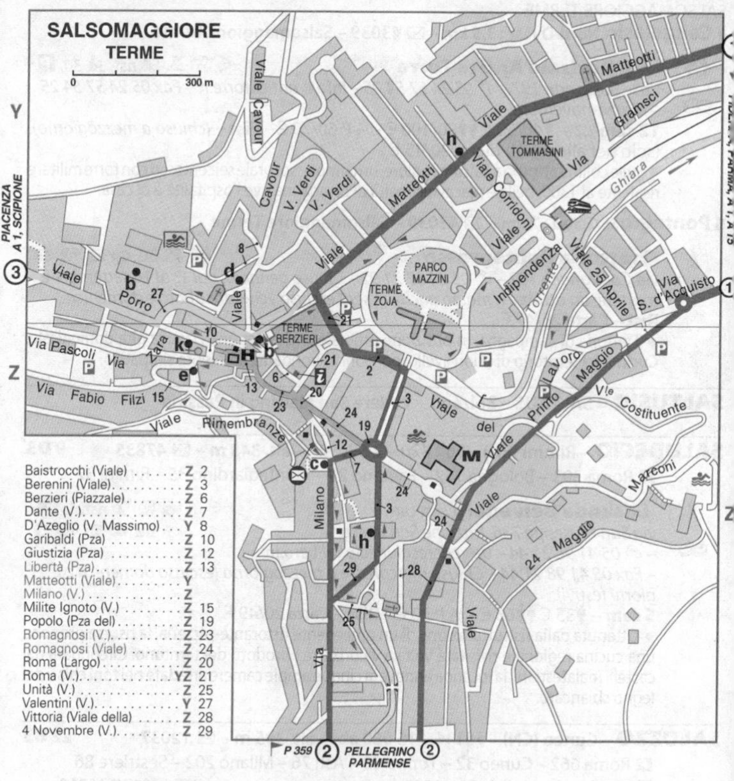

Ritz Ferrari 60, VISA AE

viale Milite Ignoto 5 – ℰ 05 24 57 77 44 – ritz_hotel@tin.it – Fax 05 24 57 44 10 – 26 dicembre-7 gennaio e marzo-15 novembre Z **e**

34 cam – †70/95 € ††95/130 €, ☕ 7 € – ½ P 68/75 €

Rist – Carta 29/38 €

◆ Una gestione familiare che ha saputo sapientemente aggiornare e rinnovare la struttura nel corso degli anni. Ora sono disponibili anche eleganti camere all'ultimo piano. Luminosa e ospitale sala da pranzo.

Elite cam, rist, VISA AE

viale Cavour 5 – ℰ 05 24 57 94 36 – info@albergoelite.it – Fax 05 24 57 29 88 Y **d**

28 cam – †55/60 € ††85/95 € – ½ P 60/65 €

Rist – (solo per alloggiati)

◆ Sobrietà e funzionalità per gli ambienti di questo piccolo hotel: sorto da non molto tempo, si presenta con un'originale architettura in parte con pietra a vista.

Nazionale rist, VISA AE

viale Matteotti 43 – ℰ 05 24 57 37 57 – info@albergonazionalesalsomaggiore.it – Fax 05 24 57 31 14 – 26 dicembre-6 gennaio e marzo-7 novembre Y **h**

42 cam – †55/70 € ††90/100 €, ☕ 10 € – ½ P 55/70 €

Rist – (solo per alloggiati) Carta 18/35 €

◆ Con un giardinetto antistante, un edificio d'epoca oggi rinnovato e aggiornato nei confort: valido il servizio e buona la tenuta generale con continue manutenzioni.

a Cangelasio **Nord-Ovest : 3,5 km – ✉ 43039 – Salsomaggiore Terme**

Agriturismo Antica Torre rist, 30,
Case Bussandri 197 – ✆ 05 24 57 54 25 – info@anticatorre.it – Fax 05 24 57 54 25 – Marzo-novembre
12 cam – 40/50 € 80/100 € – ½ P 60/70 € – **Rist** – *(chiuso a mezzogiorno)* (solo per alloggiati) Menu 20/45 €
◆ Sulle colline attorno a Salsomaggiore, un complesso rurale seicentesco con torre militare risalente al 1300: bella e piacevole realtà di campagna ove l'ospitalità è di casa.

a Pontegrosso **Sud : 7 km – ✉ 43039 – Salsomaggiore Terme**

Trattoria Pontegrosso
via Contignaco 102 – ✆ 05 24 57 21 92 – Chiuso gennaio, dal 1° al 10 settembre e martedì; da ottobre a marzo anche la sera escluso venerdì, sabato e domenica
Rist – Carta 26/47 €
◆ Trattoria di campagna, in posizione ottimale anche per una classica gita domenicale. Cucina del territorio di buon livello, porzioni abbondanti, ambiente simpatico.

SALTUSIO = SALTAUS – Bolzano – Vedere San Martino in Passiria

SALUDECIO – Rimini (RN) – 562 K20 – 2 572 ab. – alt. 348 m – ✉ 47835 9 D3

Roma 393 – Bologna 152 – Faetano 29 – Montegiardino 35 – Rimini 37

Locanda Belvedere con cam rist,
via San Giuseppe 736, frazione San Rocco – ✆ 05 41 98 21 44 – belvederesaludecio@libero.it – Fax 05 41 98 21 44 – Chiuso mercoledì e a mezzogiorno (escluso domenica e i giorni festivi)
5 cam – 35 € 65 € – ½ P 50 € – **Rist** – Carta 20/49 €
◆ Ottenuta dalla ristrutturazione di un precedente ristorante-pizzeria, la risorsa propone una cucina regionale rivisitata volta a valorizzare i prodotti del territorio. Circondata dai castelli malatestiani, la locanda annovera cinque ampie camere arredate nei toni chiari del legno sbiancato.

SALUZZO – Cuneo (CN) – 561 I4 – 16 080 ab. – alt. 395 m – ✉ 12037 22 B3

Roma 662 – Cuneo 32 – Torino 58 – Asti 76 – Milano 202 – Sestriere 86
via Griselda 6 ✆ 0175 46710, iat@comune.saluzzo.cn.it, Fax 0175 46718
Il Bricco, Nord-Ovest : 16 km a Vernasca, ✆ 0175 56 75 65.

Griselda senza rist 80,
corso 27 Aprile 13 – ✆ 017 54 74 84 – info@hotelgriselda.it – Fax 017 54 74 89
34 cam – 75/95 € 88/118 €
◆ A breve distanza dal centro storico, una struttura in vetro e cemento, con ricevimento e salette per la colazione al piano terra e stanze funzionali e confortevoli.

Astor senza rist
piazza Garibaldi 39 – ✆ 017 54 55 06 – astor@mtrade.com – Fax 017 54 74 50 – Chiuso dal 20 dicembre al 10 gennaio ed agosto
23 cam – 55/60 € 80/93 €
◆ Pratico hotel nel centro storico, ma vicino alla stazione ferroviaria e all'area commerciale; settore notte sviluppato su sei piani, zone comuni ampie e gestione cordiale.

La Gargotta del Pellico
piazzetta Mondagli 5 – ✆ 017 54 68 33 – Fax 01 75 24 05 07 – Chiuso martedì e a mezzogiorno escluso domenica e i giorni festivi
Rist – Carta 34/45 €
◆ In pieno centro, a due passi dalla casa natale di Silvio Pellico, due salette con pochi tavoli ed un arredo essenziale ma curato, dove attendere sapori piemontesi rivisitati.

L'Ostu dij Baloss
via Gualtieri 38 – ✆ 01 75 24 86 18 – Fax 01 75 47 54 69 – Chiuso dal 1° al 10 gennaio, domenica (escluso maggio e settembre) e lunedì a mezzogiorno
Rist – Carta 30/45 €
◆ Proposte gastronomiche legate al territorio, rinnovate con periodicità, e possibilità di partecipare a corsi di degustazione: in un antico palazzo del centro storico.

Taverna San Martino

corso Piemonte 109 – ✆ 017 54 20 66 – info@tavernasanmartino.com – Chiuso dal 1° al 20 agosto, martedì sera e mercoledì

Rist – Carta 18/21 €

♦ Un piccolo ristorante con un'unica saletta, ordinata e curata nei particolari; qualche quadro, travi in legno, sedie impagliate e piatti anche locali, con serate a tema.

SALVAROSA – **Treviso** – **Vedere Castelfranco Veneto**

SALZANO – **Venezia (VE)** – **562** F18 – **11 772 ab.** – **alt. 11 m** – ✉ **30030** 36 **C2**

Roma 520 – Padova 30 – Venezia 14 – Treviso 34

verso Noale Nord-Ovest : 4 km :

Da Flavio e Fabrizio

✉ 30030 – ✆ 041 44 06 45 – flavioefabrizio@libero.it – Chiuso dal 5 al 26 agosto e lunedì

Rist – (prenotazione obbligatoria) Carta 28/41 €

♦ A dare il nome, una coppia di fratelli, coadiuvati ai fornelli dalla madre; un ristorantino accogliente, con una cucina di ampio respiro in cui è il pesce a fare da re.

SAMBUCO – **Cuneo (CN)** – **561** I3 – **89 ab.** – **alt. 1 184 m** – ✉ **12010** 22 **B3**

Roma 657 – Cuneo 46 – Alessandria 171 – Asti 136 – Torino 132

Della Pace con cam 70,

via Umberto I 32 – ✆ 017 19 65 50 – info@albergodellapace.com – Fax 017 19 66 28 – Chiuso una settimana in giugno e venti giorni in ottobre

13 cam – †40/46 € ††66/72 € – ½ P 48/54 € – **Rist** – *(chiuso lunedì escluso da giugno a settembre)* Carta 18/28 €

♦ Una bella sala luminosa con pareti bianche e numerose finestre, tavoli ben distanziati e soprattutto un menù con proposte del territorio e di tradizione occitana. Conforteudi le camere, affaciate sulla pineta o sulle granitiche guglie del Monte Bersaio.

SAMPÈYRE – **Cuneo (CN)** – **561** I3 – **1 129 ab.** – **alt. 976 m** – ✉ **12020** 22 **B3**

Roma 680 – Cuneo 49 – Milano 238 – Torino 88

Torinetto rist, 100,

borgata Calchesio 7, Ovest : 1,5 km – ✆ 01 75 97 71 81 – hoteltorinetto@tiscalinet.it – Fax 01 75 97 71 04

74 cam – †30/50 € ††50/70 €, 5 € – ½ P 40/50 € – **Rist** – Carta 20/30 €

♦ Un hotel grande, di montagna, recente, poco lontano dalla statale e in posizione comunque tranquilla; arredi in legno, ambiente sobrio e accogliente. Vaste sale comuni. Ampia sala ristorante al piano terra dell'albergo: luminosa, semplice.

SAN BARTOLOMEO AL MARE – **Imperia (IM)** – **561** K6 – **3 042 ab.** – ✉ **18016** 14 **A3**

Roma 606 – Imperia 7 – Genova 107 – Milano 231 – San Remo 34

piazza XXV Aprile 1 ✆ 0183 400200, infosanbartolomeo@rivieradeifiori.org, Fax 0183 403050

Bergamo rist,

via Aurelia 15 – ✆ 01 83 40 00 60 – info@hotel-bergamo.com – Fax 01 83 40 10 21 – Aprile-10 ottobre

52 cam – †50/55 € ††60/80 €, 11 € – ½ P 68/71 € – **Rist** – Menu 25/30 €

♦ Hotel confortevole, vicino al mare, ormai in auge da parecchi anni; sempre ben tenuto e dignitoso, offre un ambiente accogliente e vasti spazi comuni. Gestione familiare. Sala ristorante arieggiata e illuminata da grandi vetrate.

SAN BASILIO – **Rovigo** – **562** H18 – **Vedere Ariano nel Polesine**

SAN BENEDETTO – **Firenze** – **Vedere Montaione**

SAN BENEDETTO DEL TRONTO – Ascoli Piceno (AP) – 563 N23 – 46 057 ab. – ✉ 63039 21 D3

Roma 231 – Ascoli Piceno 39 – Ancona 89 – L'Aquila 122 – Macerata 69 – Pescara 68 – Teramo 49

viale delle Tamerici 3/5 ✆ 0735 592237, iat.sanbenedetto@regione.marche.it, Fax 0735 582893

Progresso rist, 100,

viale Trieste 40 – ✆ 073 58 38 15 – info@hotelprogresso.it – Fax 073 58 39 80 – Chiuso Natale

39 cam – †50/60 € ††80/100 € – ½ P 80/85 € – **Rist** – Menu 25/28 €

◆ Sul lungomare, un hotel degli anni '20 che ha mantenuto lo stile architettonico dell'epoca. Gli interni, rinnovati e aggiornati, offrono un confort decisamente attuale. Nella luminosa sala ristorante, la cucina nazionale e tante proposte di pesce.

Solarium rist,

viale Scipioni 102 – ✆ 073 58 17 33 – info@hotelsolarium.it – Fax 073 58 16 16 – Chiuso dal 15 dicembre al 15 gennaio

55 cam – †60/72 € ††80/96 € – ½ P 60/95 € – **Rist** – *(chiuso lunedì a mezzogiorno)* Carta 27/43 €

◆ Una struttura di color giallo, affacciata direttamente sulla passeggiata mare e rinnovata di recente in molti settori; è ideale punto di riferimento per tutto l'anno. Moderno ambiente nella sala da pranzo, con vetrate continue e colonne rosse.

Regent senza rist

viale Gramsci 31 – ✆ 07 35 58 27 20 – info@hotelregent.it – Fax 07 35 58 28 05 – Chiuso dal 24 dicembre all'11 gennaio

26 cam – †70 € ††115 €

◆ Un valido servizio, cura e confort, offerti da un albergo già gradevole dall'esterno; nei pressi del centro e del lungomare, nonché della stazione, cortesia e comodità.

Arlecchino

viale Trieste 22 – ✆ 073 58 56 35 – info@hotelarlecchino.it – Fax 073 58 56 82

30 cam – †50/70 € ††70/90 €, 5 € – ½ P 58/82 € – **Rist** – *(15 giugno-15 settembre)* (solo per alloggiati) Menu 28/40 €

◆ Lungo il viale che costeggia la marina, una risorsa impreziosita da una luminosa veranda esterna per le prime colazioni; settore notte non molto ampio, ma confortevole.

Locanda di Porta Antica senza rist

piazza Dante 7 – ✆ 07 35 59 52 53 – info@locandadiportaantica.it – Fax 07 35 57 66 31

5 cam – †88 € ††104 €

◆ Nella parte più antica della località, all'interno di un edificio composito e ricco di storia, poche camere graziose e ricche di personalità, buon gusto ed eleganza.

SAN BENEDETTO DI LUGANA – Verona – Vedere Peschiera del Garda

SAN BENEDETTO PO – Mantova (MN) – 561 G14 – 7 568 ab. – alt. 18 m – ✉ 46027 17 D3

Roma 457 – Verona 58 – Mantova 23 – Modena 60

Agriturismo Corte Medaglie d'Oro senza rist

strada Argine Secchia 63, Sud-Est : 4 km – ✆ 03 76 61 88 02 – cobellini.claudio@virgilio.it – Fax 03 76 61 88 02

7 cam – †40 € ††64 €

◆ Un angolo incontaminato della Bassa più autentica, a pochi metri dall'argine del Secchia. Originale atmosfera rurale, immersi tra i frutteti e accolti con passione.

L'Impronta 10,

via Gramsci 10 – ✆ 03 76 61 58 43 – ristorante.impronta@libero.it – Fax 03 76 61 58 43 – Chiuso venti giorni in gennaio e lunedì

Rist – Carta 23/30 €

◆ Un grazioso edificio d'epoca, restaurato e tinteggiato d'azzurro. In cucina uno chef che ama proporre una cucina personalizzata con estro, partendo dai prodotti del mantovano.

a San Siro Est : 6 Km– ✉ 46027 – SAN BENEDETTO PO

Al Caret
via Schiappa 51 – ✆ 03 76 61 21 41 – Chiuso dal 10 al 20 agosto e lunedì
Rist – Carta 21/25 €
◆ Calda accoglienza e gestione familiare in questa trattoria di paese: una sala semplice, ma ben tenuta, dove gustare piatti locali e carne di bufala, la specialità della casa.

SAN BERNARDINO – Torino – Vedere Trana

SAN BERNARDO – Torino – Vedere Ivrea

SAN BERNARDO – Genova – Vedere Bogliasco

SAN BONIFACIO – Verona (VR) – 562 F15 – 18 482 ab. – alt. 31 m – ✉ 37047

35 **B3**

Roma 523 – Verona 24 – Milano 177 – Rovigo 71 – Venezia 94 – Vicenza 31

Relais Villabella con cam 70,
via Villabella 72, Ovest : 2 km – ✆ 04 56 10 17 77 – info@relaisvillabella.it – Fax 04 56 10 17 99 – Chiuso dal 1° al 10 gennaio e novembre
12 cam – 70/90 € 150/165 € – **Rist** – *(chiuso lunedì sera, sabato a mezzogiorno e domenica)* Carta 30/60 €
◆ Tra i vigneti della Bassa Veronese, un relais di campagna ricavato da una struttura colonica di pregevole e armonioso insieme; elegante sosta culinaria nell'amena natura.

SAN CANDIDO (INNICHEN) – Bolzano / Bozen (BZ) – 562 B18 – 3 120 ab. – alt. 1 175 m – Sport invernali : *1 175/1 600 m 5, ; a Versciaco Monte Elmo : 1 131/2 205 m 2 5 (Comprensorio Dolomiti superski Alta Pusteria)* – ✉ 39038 *Italia*

31 **D1**

Roma 710 – Cortina d'Ampezzo 38 – Belluno 109 – Bolzano 110 – Lienz 42 – Milano 409 – Trento 170

piazza del Magistrato 1 ✆ 0474 913149, info@innichen.it, Fax 0474 913677

Panoramahotel Leitlhof senza rist < Dolomiti e vallata, rist,
via Pusteria 29 – ✆ 04 74 91 34 40 – info@leitlhof.com – Fax 04 74 91 43 00 – 6 dicembre-10 aprile e 25 maggio-7 ottobre
38 cam – 127/162 € 196/266 €
◆ In tranquilla posizione periferica, con bel panorama su valle e Dolomiti, hotel recentemente ristrutturato con sapiente utilizzo del legno; attrezzato centro benessere.

Cavallino Bianco-Weisses Rossl rist,
via Duca Tassilo 1 – ✆ 04 74 91 31 35 – hotel@cavallinobianco.info – Fax 04 74 91 37 33 – 15 dicembre-1° aprile e 21 giugno-1° ottobre
42 cam – 129/149 € 240/280 € – ½ P 195 € – **Rist** – Carta 30/38 €
◆ Le Dolomiti dell'Alta Pusteria fanno da cornice a questo piacevole hotel nella zona pedonale del centro: un susseguirsi di sorprese e cortesia, soprattutto per famiglie. Nell'accogliente stube dalle pareti rivestite in massello, una cucina d'ispirazione moderna.

Orso Grigio-Grauer Bär <
via Rainer 2 – ✆ 04 74 91 31 15 – info@orsohotel.it – Fax 04 74 91 41 82 – 5 dicembre-Pasqua e 15 giugno-10 ottobre
24 cam – 155 € 210 € – ½ P 115 € – **Rist** – Menu 30/40 €
◆ Da oltre 250 anni proprietà della medesima famiglia, un albergo storico di vecchia memoria: muri spessi, grandi spazi ove l'antico e il moderno si fondono per il confort. Al ristorante immutati i profumi, i sapori e le atmosfere di una volta.

Parkhotel Sole Paradiso-Sonnenparadies
via Sesto 13 – ✆ 04 74 91 31 20 – info@soleparadiso.com – Fax 04 74 91 31 93 – Dicembre-marzo e giugno-15 ottobre
rist, 80,
42 cam – 190/220 € 222/240 € – 14 suites – ½ P 121/146 € – **Rist** – Carta 28/44 €
◆ Un caratteristico chalet in un parco pineta, un hotel d'inizio secolo scorso in cui entrare e sentirsi riportare indietro nel tempo; fascino, con tocchi di modernità. Al ristorante gradevoli arredi tipici e cucina del territorio.

Villa Stefania
cam, 60,
via Duca Tassilo 16 – ✆ 04 74 91 35 88 – info@villastefania.com – Fax 04 74 91 62 55 – Chiuso dal 12 aprile al 25 maggio e dal 5 ottobre al 1° dicembre
31 cam – 160/220 € – ½ P 90/130 € – **Rist** – (solo per alloggiati) Menu 25/35 €
◆ Bell'atmosfera familiare, per accoglervi in un caldo abbraccio e farvi scordare lo stress e illustrarvi le bellezze dei monti. A disposizione camere nuove o più "nostalgiche".

Sporthotel Tyrol
rist,
via P.P. Rainer 12 – ✆ 04 74 91 31 98 – info@sporthoteltyrol.it – Fax 04 74 91 35 93 – 5 dicembre-31 marzo e giugno-5 ottobre
28 cam – 72/139 € 110/214 € – ½ P 60/117 € – **Rist** – *(chiuso lunedì)* Carta 24/44 €
◆ Le stanze offrono validi confort e buoni arredi, in questo albergo che, pur trovandosi in centro, vanta alcune gradevoli aree esterne, anche per lo sport. Zona riservata alla ristorazione nel solco della tradizione di queste vallate.

Dolce Vita Alpina Post Hotel
rist, rist,
via Sesto 1 – ✆ 04 74 91 31 33 – info@posthotel.it – Fax 04 74 91 36 35 – 18 dicembre-5 aprile e 10 giugno-5 ottobre
49 cam – solo ½ P 64/129 € – **Rist** – (solo per alloggiati)
◆ Un esercizio di antica tradizione, rinnovato in tempi recenti; camere ampie, solari e gradevoli spazi comuni. Amena la terrazza-solarium con bella vista sui dintorni.

Letizia senza rist
via Firtaler 5 – ✆ 04 74 91 31 90 – hotel.letizia@dnet.it – Fax 04 74 91 33 72
13 cam – 45/70 € 80/160 €
◆ Un piccolo e piacevole albergo nella zona residenziale del centro; si propone con una conduzione familiare diretta e coordinata dalla simpatica signora Letizia.

SAN CASCIANO DEI BAGNI – Siena (SI) – 563 N17 – 1 729 ab. – alt. 582 m – ✉ 53040

29 **D3**

Roma 158 – Siena 90 – Arezzo 91 – Perugia 58

Fonteverde
(termale)
località Terme 1 – ✆ 057 85 72 41 – info@fonteverdespa.com – Fax 054 78 57 22 00
78 cam – 280 € 420 € – ½ P 220 €
Rist – Carta 48/85 €
◆ L'affascinante residenza medicea custodisce ambienti eleganti e camere in stile rinascimentale con bagni in marmo, ma dotate dei moderni confort; terme e centro benessere. Presso le tre sale da pranzo con vista sul parco o sulla vallata, la cucina tradizionale si presenta accanto a piatti di ispirazione moderna.

Sette Querce senza rist
viale Manciati 2 – ✆ 057 85 81 74 – info@settequerce.it – Fax 057 85 81 72 – Chiuso dal 10 gennaio al 10 febbraio
9 cam – 130 € 150 €
◆ All'ingresso del paese, un'antica locanda totalmente ristrutturata con buon gusto. Salette comuni di piccole dimensioni compensate da camere di notevole ampiezza.

Daniela
piazza Matteotti 7 – 057 85 80 41 – info@settequerce.itt – Fax 057 85 81 72 – Chiuso mercoledì (escluso luglio-settembre), da dicembre a febbraio aperto venerdì sera, sabato e domenica
Rist – Carta 33/46 € (+10 %)
◆ Sulla piazza, nei vecchi magazzini del castello, due ambienti rustici ed informali, con soffitti a botte e pavimento in pietra grezza. Cucina del territorio.

a Celle sul Rigo Ovest : 5 km – 563 N17 – ✉ 53040

Il Poggio con cam — colline, 50,
– 057 85 37 48 – info@ilpoggio.net – Fax 057 85 35 87 – Chiuso dal 15 gennaio al 20 febbraio
5 cam – †140/160 € ††190/240 € – ½ P 130/145 € – **Rist** – *(chiuso martedì)* Carta 30/42 €
◆ Qui troverete succulente proposte della tradizionale cucina del territorio, da gustare nello scenario delle crete senesi, accomodati in un ambiente rustico e curato.

SAN CASCIANO IN VAL DI PESA – Firenze (FI) – 563 L15 – 16 613 ab. – alt. 306 m – ✉ 50026 *Toscana* 29 D3

Roma 283 – Firenze 17 – Siena 53 – Livorno 84

Villa il Poggiale senza rist — colline, 50,
via Empolese 69, Nord-Ovest : 1 km – 055 82 83 11 – info@villailpoggiale.it – Fax 05 58 29 42 96 – Maggio-1° novembre
20 cam – †130/200 € ††145/230 € – 4 suites
◆ Dimora storica cinquecentesca adagiata tra le colline del paesaggio toscano più tipico e affascinante. Un soggiorno da sogno, tra ambienti originali, a prezzi molto corretti.

Locanda Barbarossa
via Sorripa 2, Nord-Ovest : 1 km – 05 58 29 01 09 – info@locandabarbarossa.it – Fax 05 58 29 05 52 – Chiuso dal 10 gennaio al 15 febbraio
3 cam – ††130 € – 3 suites – ††210 € – **Rist** – *(chiuso martedì e a mezzogiorno escluso giugno-settembre)* Carta 31/38 €
◆ Una casa colonica elegantemente ristrutturata, circondata da un ampio e curatissimo giardino con piscina, dove godere di un soggiorno bucolico e rilassante. Ristorante d'atmosfera dalle massicce mura in pietra, con piccola "vineria" per degustazioni.

a Talente Nord-Ovest : 2,5 km – ✉ 50026 – San Casciano Val di Pesa

Villa Talente senza rist — colline, 25,
via Empolese 107 – 05 58 25 94 84 – info@villatalente.it – Fax 05 58 25 98 56 – Chiuso dicembre
6 cam – †150 € ††200 €
◆ Villa del '400 affacciata sul quadro della campagna toscana. Struttura inalterata benché moderna negli impianti. Diverse sale comuni e loggiato con affreschi originali.

a Mercatale Sud-Est : 4 km :– ✉ 50020

Agriturismo Salvadonica senza rist
via Grevigiana 82, Ovest : 1 km – 05 58 21 80 39 – info@salvadonica.com – Fax 05 58 21 80 43 – 15 marzo-6 novembre
5 cam – †85/95 € ††113/119 € – 10 suites – ††142/154 €
◆ Un'oasi di tranquillità e di pace questo piccolo borgo agrituristico fra gli olivi; semplicità e cortesia familiare, in un ambiente rustico molto rilassante, accogliente.

a Cerbaia Nord-Ovest : 6 km – ✉ 50020

La Tenda Rossa (Salcuni)
piazza del Monumento 9/14 – 055 82 61 32 – info@latendarossa.it – Fax 055 82 52 10 – Chiuso Natale, dal 12 al 19 agosto, domenica e lunedì a mezzogiorno
Rist – Carta 62/100 €
Spec. Piccoli cannoli di anatra muta con fave fresche alla mentuccia. Astice blu cotto al sale con salsa di agrumi, purea di patata e funghi finferli cristallizzati (primavera-estate). Soufflé al limone con cuore freddo di cioccolato bianco e canditi di zucca gialla.
◆ Se la ristorazione italiana è tradizionalmente familiare, qui sono persino tre le famiglie che si occuperanno di voi: risultati moltiplicati, dal servizio ai piatti.

SAN CASSIANO = ST. KASSIAN – Bolzano – Vedere Alta Badia

SAN CESAREO – Roma (RM) – 563 Q20 – 10 545 ab. – alt. 312 m – ✉ 00030 13 C2

Roma 33 – Avezzano 108 – Frosinone 55 – Latina 55 – Terni 125

Osteria di San Cesario con cam — rist, VISA AE

via Corridoni 60 – ✆ 069 58 79 50 – osteriadisancesareo@yahoo.it – Fax 069 58 79 50 – Chiuso dal 16 al 30 agosto, domenica sera e lunedì

5 cam – 60/90 € – ½ P 70/100 € – **Rist** – Carta 34/46 €

◆ Una piccola località lungo la Casilina, una validissima trattoria ove si possono gustare i veri piatti della campagna romana, genuini e accompagnati da buon vino.

SAN CIPRIANO – Genova (GE) – 561 I8 – alt. 239 m – ✉ 16010 – Serra Riccò 15 C1

Roma 511 – Genova 16 – Alessandria 75 – Milano 136

Ferrando — 25/30, P VISA

via Carli 110 – ✆ 010 75 19 25 – info@ristorante-ferrando.com – Fax 01 07 26 80 71 – Chiuso dieci giorni in gennaio, venti giorni in luglio-agosto, domenica sera, lunedì e martedì

Rist – Carta 23/31 €

◆ Ristorante rustico rallegrato da un grande focolare e da molte piante in vaso; un bel giardino per un aperitivo o un breve relax e piatti liguri con uso di erbe aromatiche.

SAN CIPRIANO = ST. ZYPRIAN – Bolzano – Vedere Tires

SAN CLEMENTE A CASAURIA (Abbazia di) ★★ – Pescara – 563 P23 Italia

Abbazia★★ : ciborio★★★

SAN COSTANZO – Pesaro e Urbino (PU) – 563 K21 – 4 232 ab. – alt. 150 m – ✉ 61039 20 B1

Roma 268 – Ancona 43 – Fano 12 – Gubbio 96 – Pesaro 23 – Urbino 52

Da Rolando — 16, P VISA AE

corso Matteotti 123 – ✆ 07 21 95 09 90 – rolando.ramoscelli@libero.it – Fax 07 21 95 09 90 – Chiuso mercoledì

Rist – Carta 29/46 €

◆ Situato lungo la strada principale, presenta un menù con proposte gastronomiche stagionali a base di carne, funghi, tartufi e formaggi, legate alla tradizione marchigiana.

a Cerasa Ovest : 4 km – ✉ 61039

Locanda la Breccia senza rist — ← campagna e colline, P VISA AE

via Caminate 43 – ✆ 07 21 93 51 21 – info@locandalabreccia.com – Fax 07 21 93 51 21 – Chiuso gennaio e febbraio

5 cam – 100/120 €

◆ Ubicata in posizione ideale per escursioni alla ricerca delle tradizioni locali, la struttura unisce ad un casale contadino la luminosità dell'arredamento moderno.

SAN DAMIANO D'ASTI – Asti (AT) – 561 H6 – 7 960 ab. – alt. 179 m – ✉ 14015 25 C1

Roma 604 – Torino 51 – Alessandria 52 – Asti 17 – Milano 136

Casa Buffetto senza rist — ← colline, P VISA AE

frazione Lavezzole 67 direzione Cava, Nord-Est : 2 km – ✆ 01 41 97 18 08 – info@casa-buffetto.com – Fax 01 41 98 01 52 – Chiuso due settimane in gennaio

7 cam – 105 € 120 €

◆ Sulla sommità di una collina, a dominare il Monferrato, sorge quest'imponente cascina splendidamente ristrutturata. Nelle camere arredi d'epoca con aperture al design moderno.

SAN DANIELE DEL FRIULI – Udine (UD) – 562 D21 – 7 965 ab. – alt. 252 m – ✉ 33038 10 **B2**

Roma 632 – Udine 27 – Milano 371 – Tarvisio 80 – Treviso 108 – Trieste 92 – Venezia 120

via Roma 3 ✆ 0432 941560, info@infosandaniele.com, Fax 0432 940765

Al Picaron ← San Daniele e vallata,
via S.Andrat 3, località Picaron Nord : 1 km 100, VISA
– ✆ 04 32 94 06 88 – info@alpicaron.it
– Fax 04 32 94 06 70
35 cam – †70 € ††100 €, ☕ 8 € – 1 suite – ½ P 65/73 € – **Rist** – *(chiuso lunedì)* Carta 37/48 €

♦ Sulla sommità di una collina, con bel panorama su San Daniele e sulla vallata, una piacevole struttura cinta da un ampio giardino. Gestione attenta. All'interno sala per la degustazione del mitico prosciutto locale.

Alla Torre senza rist VISA AE
via del Lago 1 – ✆ 04 32 95 45 62 – info@hotelallatorrefvg.it – Fax 04 32 95 45 62 – Chiuso Natale e Capodanno
27 cam – †58 € ††88 €, ☕ 8 €

♦ Gestione familiare e ospitale in questo valido punto di riferimento, sia per clienti di lavoro che di passaggio qui per soste culinarie, in pieno centro.

Alle Vecchie Carceri VISA AE
via D'Artegna 16 – ✆ 04 32 95 74 03 – mail@allevecchiecarceri.it
– Fax 04 32 94 22 56 – Chiuso domenica sera e lunedì
Rist – Carta 32/40 €

♦ Un servizio estivo in cortile e proposte gastronomiche d'impronta locale e stagionale, anche rivisitate; conduzione familiare e atmosfera moderna e accogliente.

Antica Osteria Al Ponte P VISA AE
via Tagliamento 13 – ✆ 04 32 95 49 09 – silvabeinat@libero.it
– Fax 04 32 94 22 98 – Chiuso lunedì
Rist – (prenotazione obbligatoria) Carta 28/66 €

♦ Zona bar, il classico fogolar friulano e l'immancabile affettatrice: il prosciutto fa da re in cucina e nello spirito. Servizio estivo in giardino sotto un fresco gazebo.

SAN DESIDERIO – Genova – Vedere Genova

SANDIGLIANO – Biella (BI) – 561 F6 – 2 809 ab. – alt. 323 m – ✉ 13876 23 **C2**

Roma 682 – Aosta 112 – Biella 6 – Novara 62 – Stresa 78 – Torino 68

Cascina Casazza cam, 140, P
via Garibaldi 5 – ✆ 01 52 49 33 30 – info@ VISA AE
hotelcasazza.it – Fax 01 52 49 33 60
70 cam ☕ – †78 € ††100 € – 3 suites – ½ P 70/75 € – **Rist** – *(chiuso agosto)* Carta 25/46 €

♦ Vasti spazi esterni (campo di calcetto e percorso jogging), settore notte di ottimo livello, stanze classiche, eleganti e di tipologia diversa; in una storica cascina. Ristorante dotato di sala ampia e luminosa, per gustare i sapori di sempre.

Cascina Era cam, 200, P VISA AE
via Casale 5 – ✆ 01 52 49 30 85 – hotel@cascinaera.it – Fax 01 52 49 32 66 – Chiuso tre settimane in agosto
19 cam ☕ – †62/78 € ††79/99 € – 10 suites – ††109 € – **Rist** – Carta 31/43 €

♦ Di fronte al castello medievale della Rocchetta, in un antico cascinale ristrutturato con buon gusto, un angolo di confort e relax elegante; notevoli le spaziose camere. Ristorante raffinato e gestito con serietà.

SAND IN TAUFERS = Campo Tures

SAN DOMINO (Isola) – Foggia – 564 B28 – Vedere Tremiti (Isole)

SAN DONÀ DI PIAVE – Venezia (VE) – 562 F19 – 36 887 ab. – ✉ 30027 35 A1

Roma 558 – Venezia 38 – Lido di Jesolo 20 – Milano 297 – Padova 67 – Treviso 34 – Trieste 121 – Udine 90

Forte del 48 200,

via Vizzotto 1 – ☎ 042 14 40 18 – hotelfortedel48@libero.it – Fax 042 14 42 44
46 cam – 48/53 € 75/85 € – **Rist** – *(chiuso dal 26 dicembre al 7 gennaio, dal 4 al 19 agosto e domenica)* Carta 23/39 €
◆ Sull'angolo della strada, all'incrocio, il vecchio corpo dell'hotel accanto al quale svetta, ormai, una struttura dei tempi più recenti; un comodo indirizzo per sostare. Ristorante dominato da un soffitto con lucernari in vetro, clima informale.

a Isiata Sud-Est : 4 km – ✉ 30027 – San Donà di Piave

Ramon

via Tabina 61 – ☎ 04 21 23 90 30 – Fax 04 21 23 90 30 – Chiuso dal 27 dicembre al 10 gennaio, dal 5 al 31 agosto, martedì e lunedì sera
Rist – Carta 23/38 €
◆ Specialità di pesce, elaborato dai titolari stessi, in questo rustico locale in una frazione di San Donà; in un villino, con servizio estivo sotto un porticato.

SAN DONATO IN POGGIO – Firenze – 563 L15 – Vedere Tavarnelle Val di Pesa

SAN DONATO MILANESE – Milano (MI) – 561 F9 – 32 827 ab. – alt. 102 m – ✉ 20097 18 B2

Roma 566 – Milano 10 – Pavia 36 – Piacenza 57

Pianta d'insieme di Milano

Regens cam, 150,

via Milano 2, tangenziale Est,uscita strada statale Paullese – ☎ 02 51 62 81 84 – info@regenshotel.it – Fax 02 51 62 82 16 – Chiuso Natale e due settimane in agosto CP **e**
102 cam – 130/180 € 140/220 €
Rist ***I Sapori de Milan*** – *(chiuso sabato e domenica a mezzogiorno)* Carta 34/44 €
◆ Posizione davvero strategica per questo efficiente ed elegante hotel, di stile moderno, funzionale; offre camere spaziose e signorili, con accessori di qualità, completi. Ristorante che si propone con un ambiente di classe.

Santa Barbara rist, 50,

piazzale Supercortemaggiore 4 – ☎ 02 51 89 11 – santabarbarahotel@tiscali.it – Fax 025 27 91 69 CP **u**
152 cam – 130/175 € 160/220 € – 6 suites – **Rist** – (solo per alloggiati) Menu 18/25 €
◆ In parte rinnovato nelle stanze e nelle zone comuni, un albergo con differenti livelli di confort; ideale per clienti di lavoro e di passaggio, comodo da raggiungere.

I Tri Basei

via Emilia 54 – ☎ 02 39 98 12 38 – giuseppe.spiranelli@fastwebnet.it – Fax 02 51 48 44 – Chiuso una settimana in agosto, sabato e domenica
Rist – Carta 22/28 € CP **r**
◆ Sempre un gradevole indirizzo, semplice, frequentato in prevalenza da una clientela di lavoro soprattutto a pranzo; due salette, un dehors e piatti di tipo classico.

sull'autostrada A 1 - Metanopoli o per via Emilia

Crowne Plaza Milan Linate cam, 1800,

via Adenauer 3 ✉ 20097 San Donato Milanese – ☎ 02 51 60 01 – crowneplaza.milan@alliancealberghi.com – Fax 02 51 01 15 CP **v**
436 cam – 139/165 € 157/190 € – 26 suites
Rist ***Il Giardino*** – Carta 39/49 €
Rist ***La Bottega del Buongustaio*** – Menu 20 €
◆ Ottime attrezzature per riunioni e congressi, valido punto di riferimento per clienti d'affari o di passaggio; zona notte moderna e funzionale, eleganti gli spazi comuni. Al Giardino, atmosfera elegante e piatti italiani. Al "La Bottega del Buongustaio" un ricco buffet sia a pranzo che a cena.

SAN DONATO VAL DI COMINO – Frosinone (FR) – 563 Q23 – 2 180 ab. – alt. 728 m – ✉ 03046
13 **D2**

Roma 127 – Frosinone 54 – Avezzano 57 – Latina 111 – Napoli 125

Villa Grancassa – rist, 100,
via Roma 8 – ✆ 07 76 50 89 15 – info@villagrancassa.it – Fax 07 76 50 89 14
26 cam – 60 € 100 € – ½ P 75 € – **Rist** – Carta 18/31 €
◆ Seicentesca, questa suggestiva e antica residenza vescovile in un parco; corridoi e sale importanti, impregnate di storia, spazi ove godere della tranquillità e del verde. Servizio ristorante estivo in terrazza con vista e ambienti signorili.

SANDRIGO – Vicenza (VI) – 562 F16 – 8 081 ab. – alt. 68 m – ✉ 36066
37 **A1**

Roma 530 – Padova 47 – Bassano del Grappa 20 – Trento 85 – Treviso 62 – Vicenza 14

Antica Trattoria Due Spade 20/25,
via Roma 5 – ✆ 04 44 65 99 48 – duespade@tiscalinet.it – Fax 04 44 75 81 82 – Chiuso dal 1° al 7 gennaio, agosto, lunedì sera e martedì
Rist – Carta 31/35 €
◆ Sede storica della Venerabile Confraternita del Baccalà, un'antica trattoria sorta in una vecchia stalla con porticato e vasta aia. Superfluo dire quale sia la specialità.

SAN FELICE CIRCEO – Latina (LT) – 563 S21 – 8 129 ab. – ✉ 04017
13 **C3**

Roma 106 – Frosinone 62 – Latina 36 – Napoli 141 – Terracina 18

Circeo Park Hotel (con acqua di mare) 200,
via lungomare Circe 49 – ✆ 07 73 54 88 14 – hotel@circeopark.it – Fax 07 73 54 80 28
46 cam – 190/240 € 220/310 € – 2 suites – ½ P 145/180 €
Rist *La Stiva* – ✆ 07 73 54 72 76 *(chiuso dal 7 gennaio al 16 marzo)* Carta 40/65 €
◆ Moderno nelle forme e nei materiali ma anche vicino al mare, hotel dotato anche di strutture per attività congressuali. Lussureggiante giardino di palme e pini marittimi. Ristorante che si estende luminoso e bianco lungo la spiaggia.

a Quarto Caldo Ovest : 4 km – ✉ 04017 – San Felice Circeo

Punta Rossa (acqua di mare) 40,
via delle Batterie 37 – ✆ 07 73 54 80 85 – punta_rossa@iol.it – Fax 07 73 54 80 75 – Marzo-novembre
40 cam – 250 € 350 € – 3 suites – ½ P 215 € – **Rist** – Carta 40/60 €
◆ Sulla scogliera, con giardino digradante a mare, il luogo ideale per chi sia alla ricerca di una vacanza isolata, sul promontorio del Circeo; linee mediterranee e relax. Al ristorante una tavola panoramica da sogno.

SAN FELICE DEL BENACO – Brescia (BS) – 561 F13 – 3 085 ab. – alt. 119 m – ✉ 25010
17 **D1**

Roma 544 – Brescia 36 – Milano 134 – Salò 7 – Trento 102 – Verona 59

Garden Zorzi Salò e lago, rist,
viale delle Magnolie 10, località Porticcioli Nord : 3,5 km – ✆ 03 65 52 14 50 – info@hotelzorzi.it – Fax 036 54 14 89 – 29 marzo-10 ottobre
29 cam – 60/70 € 70/140 €, 9 € – ½ P 60/80 € – **Rist** – (solo per alloggiati)
◆ Una terrazza-giardino sul lago, una bella vista sulla cittadina di Salò, un punto d'attracco privato; in un albergo tranquillo e con un'atmosfera e gestione familiari.

a Portese Nord : 1,5 km – ✉ 25010 – San Felice del Benaco

Bella Hotel e Leisure
via Preone 6 – ✆ 03 65 62 60 90 – info@bellahotel.com – Fax 03 65 55 93 58
22 cam – 110 € 140 € – ½ P 90 € – **Rist** – Carta 43/71 €
◆ Un piccolo hotel, affacciato sull'acqua, con andamento familiare e buon confort nelle stanze e nelle aree comuni, esterne; offre un servizio estivo in terrazza sul lago. Dalle raffinate sale da pranzo, una meravigliosa vista panoramica attraverso le ampie vetrate.

SAN FELICIANO – Perugia – 563 M18 – Vedere Magione

SAN FLORIANO (OBEREGGEN) – Bolzano / Bozen (BZ) – 562 C16 – alt. 1 512 m – Sport invernali : *1 357/2 500 m 1 7 (Comprensorio Dolomiti superski Obereggen)* – ✉ 39050 – Ponte Nova 31 **D3**

Roma 666 – Bolzano 22 – Cortina d'Ampezzo 103 – Milano 321 – Trento 82

località Obereggen 16 Nova Ponente ✆ 0471 615795, info@eggental.com,Fax 0471 615848

Sonnalp monti e pineta,
– *✆ 04 71 61 58 42 – info@sonnalp.com – Fax 04 71 61 59 09 – 2 dicembre-15 aprile e 2 giugno-7 ottobre*
38 cam – 126/144 € 172/208 € – 6 suites – ½ P 103/121 € – **Rist** – (solo per alloggiati) Menu 44/50 €
◆ Gestione familiare, sempre presente e professionale, camere spaziose con balcone direttamente sulle piste da sci e sui prati, ben soleggiate e con il massimo dei confort.

Cristal monti e pinete, rist,
Obereggen 31 – ✆ 04 71 61 55 11 – info@hotelcristal.com – Fax 04 71 61 55 22 – 6 dicembre-22 aprile e 7 giugno-12 ottobre
48 cam – 77/115 € 114/222 € – 2 suites – ½ P 75/131 € – **Rist** – Carta 31/42 €
◆ Belle stanze moderne, con arredi in legno di cirmolo e larice e piacevolmente accessoriate; molte zone relax per il trattamento del corpo e dello spirito, conduzione seria. La cucina rivela una notevole cura e fantasia.

Maria cam,
via Obereggen 12 – ✆ 04 71 61 57 72 – info@hotel-maria.it – Fax 04 71 61 56 94 – Dicembre-aprile e giugno-15 ottobre
18 cam – 1 suite – solo ½ P 54/99 € – **Rist** – (solo per alloggiati)
◆ Quasi un'abitazione privata dall'esterno: una tipica costruzione di queste valli, amorevolmente tenuta e condotta dalla famiglia dei proprietari; presso le piste da sci.

Royal rist, rist,
Obereggen 32 – ✆ 04 71 61 58 91 – hotel.royal@rolmail.net – Fax 04 71 61 58 93 – 5 dicembre-25 aprile e 20 maggio-10 ottobre
21 cam – solo ½ P 57/84 € – **Rist** – (solo per alloggiati)
◆ Nei pressi degli impianti di risalita, un tipico albergo di montagna, ben condotto e ordinato, confortevole sia nel settore notte che nelle aree comuni.

Bewallerhof monti e pinete,
verso Pievalle, Bewaller Nord-Est : 2 km – ✆ 04 71 61 57 29 – info@bewallerhof.it – Fax 04 71 61 58 40 – Chiuso maggio e novembre
19 cam – solo ½ P 55/70 € – **Rist** – (solo per alloggiati)
◆ Una gradevole casa circondata dal verde e con una notevole vista sulle vette che creano un suggestivo scenario; ambiente tirolese curato, per sentirsi come a casa.

SAN FOCA – Lecce – 564 G37 – Vedere Melendugno

SAN FRANCESCO AL CAMPO – Torino (TO) – 561 G4 – 4 431 ab. – alt. 324 m – ✉ 10070 22 **B2**

Roma 703 – Torino 24 – Alessandria 123 – Asti 88 – Novara 97

Romantic Hotel Furno rist, 90,
via Roggeri 2 – ✆ 01 19 27 49 00 – info@romantichotel.it – Fax 01 19 27 93 80 – Chiuso dal 4 al 26 agosto
33 cam – 130/160 € 130/200 €
Rist ***Restaurant Relais*** – *(chiuso dall'8 al 15 gennaio e sabato a mezzogiorno)* Carta 29/49 €
◆ Una famiglia da sempre impegnata nel mondo del turismo, finalmente ha realizzato il proprio sogno aprendo questo hotel: signorile, curato e molto tranquillo. Negli originali spazi dai soffitti ad archi o nel fresco giardino, specialità di pesce e piatti tipici piemontesi.

SAN FRUTTUOSO – Genova (GE) – 561 J9 – ✉ 16030 – San Fruttuoso di Camogli
Italia 15 **C2**

Roma 500 – Genova 50 – La Spezia 91

Posizione pittoresca★★

Da Giovanni ← piccolo golfo,

– ☎ *01 85 77 00 47 – Fax 01 85 77 00 47 – Chiuso novembre e da dicembre a febbraio aperto solo sabato e domenica*

Rist – (prenotazione obbligatoria) Carta 36/60 €

◆ Non semplice da raggiungere, ma con una posizione impagabile e invidiabile, tra il monte di Portofino e la baia di S. Fruttuoso, un rifugio per la cucina ligure, di mare.

SAN GABRIELE DELL'ADDOLORATA – Teramo – 563 O22 – Vedere Isola del Gran Sasso d'Italia

SAN GENESIO – Bolzano / Bozen (BZ) – 562 C16 – 1 247 ab. – alt. 1 353 m – ✉ 39030
31 **C1**

Roma 643 – Bolzano 9 – Trento 66

Belvedere Schoenblick ← Bolzano, valle e monti,

via Pichl 15 – ☎ 04 71 35 41 27 cam, rist,

– info@schoenlick-belvedere.com – Fax 04 71 35 42 77 – Chiuso dal 20 gennaio al 10 marzo

28 cam – 54/100 € 72/136 €, 10 € – 2 suites – ½ P 44/76 €

Rist – *(chiuso giovedì)* Menu 15 €

◆ In posizione panoramica, vanta una gestione familiare giunta alla terza generazione; di recente rinnovato ed ampliato dispone di ampie camere luminose e una nuova beauty farm. Cucina prevalentemente del territorio servita in diverse sale e in una piccola stube.

Antica Locanda al Cervo-Gasthaus Zum Hirschen ←

– ☎ 04 71 35 41 95 – info@hirschenwirt.it 30,

– Fax 04 71 35 40 58 – Chiuso febbraio e marzo

21 cam – 35/45 € 70/90 € – ½ P 38/65 € – **Rist** – Carta 23/33 €

◆ I sessanta cavalli del maneggio rendono la locanda un indirizzo ideale per gli appassionati di equitazione. Affidabile e calorosa gestione familiare. Attenzioni particolari sono rivolte all'appetito e al palato della clientela.

SAN GENESIO ED UNITI – Pavia (PV) – 561 G9 – 3 501 ab. – alt. 87 m – ✉ 27010
16 **B3**

Roma 563 – Alessandria 78 – Milano 34 – Pavia 7

Riz senza rist

via dei Longobardi 3 – ☎ 03 82 58 02 80 – info@hotelrizpavia.com – Fax 03 82 58 00 04

64 cam – 68 € 91 €

◆ In comoda posizione stradale una risorsa funzionale di taglio moderno, ideale per la clientela d'affari con camere spaziose di stile omogeneo. Servizio navetta per Pavia.

SAN GERMANO CHISONE – Torino (TO) – 561 H3 – 1 833 ab. – alt. 486 m – ✉ 10065
22 **B2**

Roma 696 – Torino 48 – Asti 87 – Cuneo 71 – Sestriere 48

Malan-Locanda del Postale 10/28,

via Ponte Palestro 25, Sud-Est : 1 km – ☎ 012 15 88 22 – direzione@ristorantemalan.it – Fax 012 15 88 22 – Chiuso 15 giorni a novembre, 15 giorni a gennaio e lunedì

Rist – Carta 29/39 €

◆ Un tempo cambio della posta, una struttura con origini risalenti all'800: alcune salette rustiche, di cui una con tavolo unico e camino, per piatti piemontesi e creativi.

SAN GIACOMO – Cuneo – Vedere Boves

SAN GIACOMO – Trento – 562 E14 – Vedere Brentonico

SAN GIACOMO DI ROBURENT – Cuneo (CN) – 561 J5 – alt. 1 011 m – Sport invernali : *1 011/1 610 m* ⛷8, ⛷ – ✉ 12080 – Roburent 23 **C3**

▶ Roma 622 – Cuneo 52 – Savona 77 – Torino 92

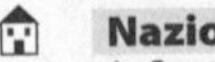

Nazionale — rist, P, VISA, MC, AE, ①, ⑤

via Sant'Anna 111 – ✆ 01 74 22 71 27 – Fax 01 74 22 71 27 – Chiuso dal 1°ottobre al 23 dicembre

33 cam – †45/55 € ††80/90 €, ☕ 5 € – ½ P 65/70 € – **Rist** – Carta 21/29 €

♦ Una risorsa di semplice funzionalità, che lavora in prevalenza con i gruppi in inverno e, d'estate, con clientela soprattutto abituale; posizione centrale e solatia. Semplicità e proposte gastronomiche legate al territorio.

SAN GIMIGNANO – Siena (SI) – 563 L15 – 7 283 ab. – alt. 332 m – ✉ 53037 29 **C2**

Toscana

▶ Roma 268 – Firenze 57 – Siena 42 – Livorno 89 – Milano 350 – Pisa 79

ℹ piazza Duomo 1 ✆ 0577 940008, prolocsg@tin.it, Fax 0577 940903

◉ Località★★★ – Piazza della Cisterna★★ – Piazza del Duomo★★: affreschi★★ di Barna da Siena nella Collegiata di Santa Maria Assunta★, ≤★★ dalla torre del palazzo del Popolo★H – Affreschi★★ nella chiesa di Sant'Agostino

Circolazione stradale regolamentata nel centro città

SAN GIMIGNANO

Berignano (V.)
Bonda (V. di) 2
Capassi (V.)
Castello (V. del) 3
Cisterna (Pza della)
Diacceto (V.) 4
Duomo (Pza del)
Folgore da S. Gimignono (V.)
Fonti (V. delle)
Fossi (V. dei)
Garibaldi (V.)
Ghiacciaia (V.)
Mainardi 7
Martiri di Montemaggio (Piazzale dei)
Pecori (Pza Luigi) 9
Piandornella (V.)
Quercecchio (V. di) 8
Romite (V. delle)
Santo Stefano (V.) 12
S. Giovanni (V.)
S. Matteo (V.)
20 Settembre (V.) 13

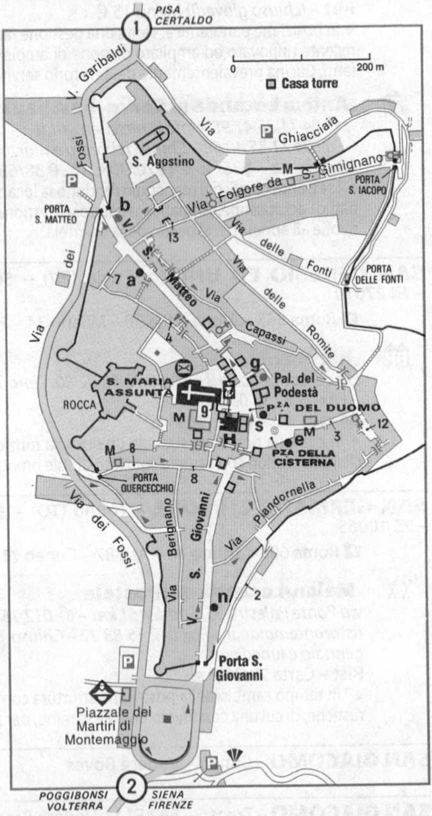

La Collegiata ← campagna e San Gimignano,
località Strada 27, 1,5 km per ① – ✆ 05 77 94 32 01 rist, VISA AE
– collegiata@relaischateaux.com – Fax 05 77 94 05 66 – Chiuso dal 7 gennaio al 15 marzo
20 cam – 300/465 € 340/520 €, 20 € – 1 suite – ½ P 230/330 €
Rist – Carta 67/82 €
◆ Convento francescano cinquecentesco, edificio rinascimentale con giardino all'italiana, raffinato e curato in ogni particolare, in amena quiete. Per un soggiorno da favola. Ambiente suggestivo ed elegante per pasteggiare immersi nella storia.

Relais Santa Chiara senza rist 60, P
via Matteotti 15, 0,5 km per ② – ✆ 05 77 94 07 01 VISA AE
– rsc@rsc.it – Fax 05 77 94 20 96 – 17 marzo-17 novembre
41 cam – 140/160 € 175/195 € – 2 suites
◆ Appena fuori delle mura, un angolo di tranquillità attorniato dal verde della campagna e dotato di giardino con piscina; gradevoli sale e camere confortevoli.

L'Antico Pozzo senza rist VISA AE
via San Matteo 87 – ✆ 05 77 94 20 14 – info@anticopozzo.com
– Fax 05 77 94 21 17 – Chiuso dal 20 gennaio al 20 febbraio a
18 cam – 120/170 €
◆ In un palazzo del '400 nel cuore del centro storico, stanze affrescate con pavimenti in cotto, ambienti raffinati e di buon gusto; atmosfera di familiare eleganza.

La Cisterna cam, VISA AE
piazza della Cisterna 24 – ✆ 05 77 94 03 28 – info@hotelcisterna.it
– Fax 05 77 94 20 80 – Chiuso dal 7 gennaio al 15 marzo e
49 cam – 70/76 € 95/135 € – ½ P 70/90 € – **Rist** – *(chiuso martedì e mercoledì a mezzogiorno)* Carta 32/50 €
◆ Nell'omonima e vivace piazza, all'interno di un edificio medievale, uno storico albergo, "mosso" su vari corpi, panoramico e con una suggestiva sala in stile trecentesco. Favoloso panorama quello che si può amirare dal ristorante, per accompagnare la cucina del territorio.

Sovestro 50, P VISA AE
località Sovestro 63, Est : 2 km – ✆ 05 77 94 31 53 – info@hotelsovestro.com
– Fax 05 77 94 30 89 – Chiuso dal 20 gennaio al 10 febbraio
40 cam – 65/82 € 85/110 € – ½ P 80 €
Rist *Da Pode* – *(chiuso febbraio e lunedì)* Carta 28/39 €
◆ Sorto in anni piuttosto recenti, e a soli 2 km da S. Gimignano, hotel immerso nel verde della campagna con una struttura sviluppata in orizzontale; per un moderno relax. Servizio ristorante estivo all'aperto, sale rustiche, con pietra e mattoni a vista.

Bel Soggiorno VISA AE
via San Giovanni 91 – ✆ 05 77 94 03 75 – info@hotelbelsoggiorno.it
– Fax 05 77 90 75 21 – Chiuso dal 20 novembre al 26 dicembre e dal 15 febbraio al 15 marzo n
20 cam – 65/80 € 90/110 € – 2 suites – **Rist** – *(chiuso mercoledì)* Carta 34/43 €
◆ Presso la Porta S. Giovanni, all'interno delle mura, un confortevole hotel con camere di diversa tipologia, alcune dotate di una bella terrazza che spazia sulla campagna. Ristorante panoramico e rustico, per piatti legati al territorio ma rivisitati.

Leon Bianco senza rist VISA AE
piazza della Cisterna 13 – ✆ 05 77 94 12 94 – info@leonbianco.com
– Fax 05 77 94 21 23 – Chiuso dal 12 novembre al 9 febbraio s
26 cam – 70/85 € 90/115 €
◆ Un albergo ricavato in un edificio d'epoca, di cui, nelle aree comuni soprattutto, conserva alcune peculiarità; camere sobrie e curate, affacciate sulla magnifica piazza.

Dorandò 6/14, VISA AE
vicolo dell'Oro 2 – ✆ 05 77 94 18 62 – info@ristorantedorando.it
– Fax 05 77 94 18 62 – Chiuso dal 10 gennaio al 28 febbraio e lunedì (escluso da Pasqua ad ottobre) g
Rist – Carta 40/54 €
◆ Abbellito da un'esposizione di quadri di pittori toscani, questo ristorante ha rispolverato antichi ricettari ed offre una schietta cucina regionale, correttamente alleggerita.

XX **Il Pino** con cam VISA MC AE ① $
via Cellolese 6 – ☎ 05 77 94 22 25 – info@ristoranteilpino.it – Fax 05 77 94 04 15 – Chiuso dal 10 dicembre al 20 gennaio **b**
5 cam ☕ – †45 € ††55 € – **Rist** – *(chiuso giovedì)* Carta 35/51 €
◆ Locale di lunga tradizione, con gestione capace e professionale, tramandata da una generazione all'altra; offre i sapori più tipici di questa terra, in atmosfera antica.

verso Certaldo

Villa San Paolo Hotel rist,
località Casini, 5 km per ① ✉ 53037 – ☎ 05 77 95 51 00 – info@villasanpaolo.com – Fax 05 77 95 51 13 150, P VISA MC AE ① $
72 cam ☕ – †120/150 € ††220/260 € – 6 suites – **Rist** – *(chiuso mercoledì e a mezzogiorno)* Carta 47/69 €
◆ In un superbo contesto panoramico e collinare, armoniosa fusione di moderno e tipico arricchito da una esposizione permanente di dipinti anni '70. Nuovo centro benessere. Al ristorante lo stesso stile e design del resto dell'hotel.

Le Renaie rist, P VISA MC AE ① $
località Pancole 10/b, 6 km per ① ✉ 53037 Pancole – ☎ 05 77 95 50 44 – lerenaie@iol.it – Fax 05 77 95 51 26 – Chiuso gennaio e febbraio
25 cam ☕ – †70/79 € ††90/135 € – ½ P 68/90 €
Rist ***Leonetto*** – ☎ 05 77 95 50 72 – Carta 33/44 €
◆ Ambienti interni dallo stile sobrio, con tocchi di ricercatezza, e colori tenui; stanze ben accessoriate e posizione tranquilla, immersi nella campagna. Curato ristorante con caminetto, cucina del territorio.

Agriturismo Il Casale del Cotone rist,
via Cellole 59 ✉ 53037 San Gimignano – ☎ 05 77 94 32 36 – info@casaledelcotone.com – Fax 05 77 94 32 36 – Chiuso dal 2 novembre al 23 dicembre P VISA MC AE $
14 cam ☕ – †70 € ††108 € – **Rist** – (solo per alloggiati) 40 € bc
◆ Un complesso rurale di fine '600, cinto da ettari coltivati a vino e olivi; residenza con arredi curati per trascorrere una familiare vacanza nel verde.

Agriturismo Il Rosolaccio colline e campagna,
località Capezzano ✉ 53037 San Gimignano – ☎ 05 77 94 44 65 – music@rosolaccio.com – Fax 05 77 94 44 67 rist, P VISA MC AE $
6 cam ☕ – †95 € ††108 € – ½ P 79 € – **Rist** – *(15 marzo-ottobre; chiuso martedì, mercoledì e a mezzogiorno)* (solo per alloggiati)
◆ Quasi fuori dal mondo, nella più bella campagna toscana, in una posizione dominante e tranquilla, un casolare che, nella propria eleganza, conserva un'agreste rusticità.

Agriturismo Fattoria Poggio Alloro campagna e San Gimignano, P VISA MC $
via Sant'Andrea 23 località Ulignano, 5 km per ⑤ ✉ 53037 San Gimignano – ☎ 05 77 95 01 53 – info@fattoriapoggioalloro.com – Fax 05 77 95 02 90 – Chiuso dal 6 al 31 gennaio
10 cam ☕ – ††76/90 € – ½ P 66/75 € – **Rist** – *(chiuso a mezzogiorno)* (solo per alloggiati) Menu 30/36 € bc
◆ Un'azienda per la produzione di olio, vino e l'allevamento di pregiati bovini di razza Chianina; una gestione schietta e cortese, una splendida vista su campagna e storia.

Agriturismo Podere Villuzza senza rist
località Strada 25 ✉ 53037 San Gimignano – ☎ 05 77 94 05 85 – info@poderevilluzza.it colli e San Gimignano, P VISA MC $
6 cam ☕ – †90 € ††95 €
◆ E' un'oasi di pace ideale per una bucolica vacanza di tutto relax questo tipico casale, che regala la vista delle torri di San Gimignano; curati interni, ospitalità toscana.

Cerchiamo costantemente di indicarvi i prezzi più aggiornati… ma tutto cambia così in fretta! Al momento della prenotazione, non dimenticate di chiedere conferma delle tariffe.

SANGINETO LIDO – Cosenza (CS) – 564 I29 – 1 521 ab. – ✉ 87020 5 A1

Roma 464 – Cosenza 66 – Catanzaro 125

Convito

località Pietrabianca 11, Est : 1 km – ✆ 098 29 63 33 – ristorante@convito.it – Fax 098 29 63 33 – Chiuso novembre e martedì

Rist – (prenotazione obbligatoria) Carta 29/42 €

◆ A poche centinaia di metri dal mare, lungo la strada per Sangineto, un localino con cucina di terra, fragrante e appetitosa. Arredi classici, atmosfera familiare.

SAN GIORGIO = ST. GEORGEN – Bolzano – 562 B17 – Vedere Brunico

SAN GIORGIO – Verona – 562 F14 – Vedere Sant'Ambrogio di Valpolicella

SAN GIORGIO CANAVESE – Torino (TO) – 561 F5 – 2 475 ab. – alt. 300 m – ✉ 10090 22 B2

Roma 704 – Torino 38 – Alessandria 115 – Novara 87 – Vercelli 68

Foresteria del Castello senza rist

via Piave 4 – ✆ 01 24 45 07 38 – info@foresteriadelcastello.it – Fax 01 24 45 05 98

10 cam – 100/120 € 130/150 €

◆ Sontuosa dimora ricavata nella parte più antica del complesso e recentemente riportata al suo originario splendore. Ideale per un soggiorno di relax o per meeting di lavoro.

SAN GIORGIO DI LIVENZA – Venezia – Vedere Caorle

SAN GIORGIO IN SALICI – Verona (VR) – 562 F14 – 100 ab. – ✉ 37060 35 A3

Roma 505 – Verona 18 – Brescia 55 – Padova 102 – Venezia 135

Zibaldone (Nicolis)

località Finiletto 8 Sud : 1,5 km – ✆ 04 56 09 51 65 – info@ristorantezibaldone.it – Chiuso mercoledì

Rist – Carta 54/72 €

Spec. Stivaletti, uova di ricci, triglie e spuma di burrata (primavera-estate). Risotto con astice ed erba cipollina (estate-autunno). Millefoglie con crema al mascarpone.

◆ Villa in campagna con un'unica sala, grande e confortevole. Qui vi accoglie il cuoco per spiegarvi i piatti a voce; pesce o carne poco cambia: i sapori innanzitutto.

SAN GIORGIO MONFERRATO – Alessandria (AL) – 561 G7 – 1 294 ab. – alt. 281 m – ✉ 15020 23 C2

Roma 610 – Alessandria 33 – Milano 83 – Pavia 74 – Torino 75 – Vercelli 31

Castello di San Giorgio con cam rist, 60,

via Cavalli d'Olivola 3 – ✆ 01 42 80 62 03 – info@castellodisangiorgio.it – Fax 01 42 80 65 05 – Chiuso dal 27 dicembre al 10 gennaio e dal 1° al 20 agosto

10 cam – 105 € 155 € – 1 suite – ½ P 128 € – **Rist** – *(chiuso lunedì)* Carta 43/55 €

◆ All'interno di un piccolo parco ombreggiato, sulla sommità di una collina, svetta una costruzione d'epoca; sale eleganti e dal tocco antico, a tavola, sapori piemontesi.

SAN GIOVANNI – Livorno – Vedere Elba (Isola d'): Portoferraio

SAN GIOVANNI AL NATISONE – Udine (UD) – 562 E22 – 5 821 ab. – alt. 66 m – ✉ 33048 11 C2

Roma 653 – Udine 18 – Gorizia 19

Campiello

via Nazionale 40 – ✆ 04 32 75 79 10 – info@ristorantecampiello.it – Fax 04 32 75 74 26 – Chiuso dal 1° al 10 gennaio e dall'8 al 28 agosto

17 cam – 75 € 110 €, 8 € – ½ P 90 € – **Rist** – *(chiuso domenica)* Carta 42/54 €

◆ Una palazzina sita lungo la statale: all'interno, un hotel che offre un buon livello di confort, con stanze ben tenute, gradevoli, ideale per clienti di lavoro o turisti. Al ristorante poltroncine in legno, imbottite, tavoli tondi, parquet a terra.

SAN GIOVANNI D'ASSO – Siena (SI) – 563 M16 – 922 ab. – alt. 322 m – ✉ 53020 29 **C2**

Roma 209 – Siena 42 – Arezzo 58 – Firenze 110 – Perugia 86

La Locanda del Castello
cam, VISA AE
piazza Vittorio Emanuele II 4 – ✆ 05 77 80 29 39 – info@lalocandadelcastello.com – Fax 05 77 80 29 42 – Chiuso dal 15 gennaio al 28 febbraio
9 cam – 100 € 150 € – ½ P 80/100 € – **Rist** – *(chiuso mercoledì)* Carta 26/41 €
◆ In centro, adiacente al castello, una nuova risorsa ricca di fascino e storia. Camere accoglienti, ricche di colori, con pavimenti in legno. Sala ristorante affascinante, con menù di stagione a base di tartufo.

a Montisi Est : 7 km – ✉ 53020

La Locanda di Montisi
VISA AE
via Umberto 1º 39 – ✆ 05 77 84 59 06 – info@lalocandadimontisi.it – Fax 05 77 84 58 21 – Chiuso dal 12 al 23 dicembre e dal 10 gennaio al 10 febbraio
7 cam – 45/55 € 60/80 € – ½ P 65/85 € – **Rist** – *(lunedì)* Carta 21/31 €
◆ In un borgo di pietra e mattoni, nel tipico paesaggio naturalistico toscano, un edificio del '700 con un salone caratteristico e camere con pavimenti in cotto e travi a vista. A pochi passi il ristorante di tono rustico.

SAN GIOVANNI IN CROCE – Cremona (CR) – 561 G13 – 1 612 ab. – alt. 28 m – ✉ 26037 17 **C3**

Roma 490 – Parma 37 – Cremona 30 – Mantova 45 – Milano 134

Locanda Ca' Rossa
cam, P VISA
via Giuseppina 20 – ✆ 037 59 10 69 – locandacarossa@libero.it – Fax 03 75 31 20 90 – Chiuso dal 23 dicembre al 5 gennaio e 2 settimane in agosto
14 cam – 60 € 85 € – **Rist** – *(chiuso domenica sera e lunedì)* Carta 35/52 €
◆ Casa padronale del XVIII sec. divenuta un piccolo albergo pieno di fascino, all'interno di un'oasi di tranquillità situata a fianco al Parco Villa Medici del Vascello. Piatti creativi nelle sale del moderno ristorante.

SAN GIOVANNI IN FIORE – Cosenza (CS) – 564 J32 – 18 573 ab. – ✉ 87055 5 **B2**

Roma 582 – Cosenza 58 – Catanzaro 75 – Crotone 54 – Vibo Valentia 160

L'Antico Borgo
16, P VISA AE
via Salvatore Rota 3 – ✆ 09 84 99 28 39 – Fax 09 84 97 51 02
Rist – Carta 16/30 €
◆ Non aspettatevi di trovarlo nel centro storico, il borgo è stato riscotruito all'interno di uno spazio chiuso. Tutto è nuovo e scenografico, non reale ma molto originale.

SAN GIOVANNI IN MARIGNANO – Rimini (RN) – 562 K20 – 8 015 ab. – alt. 29 m – ✉ 47842 9 **D2**

Roma 310 – Rimini 21 – Ancona 85 – Pesaro 20 – Ravenna 72

Il Granaio
VISA AE
via R. Fabbro 18 – ✆ 05 41 95 72 05 – Chiuso martedì
Rist – Carta 25/37 €
◆ Nel centro storico, edificio restaurato le cui sale con camino e travi a vista erano un tempo i granai del castello; gusterete piatti dell'entroterra romagnolo.

SAN GIOVANNI IN PERSICETO – Bologna (BO) – 562 I15 – 24 498 ab. – alt. 21 m – ✉ 40017 9 **C3**

Roma 392 – Bologna 21 – Ferrara 49 – Milano 193 – Modena 23

Osteria del Mirasole
25, VISA AE
via Matteotti 17/a – ✆ 051 82 12 73 – Chiuso dal 24 luglio al 16 agosto, lunedì e a mezzogiorno escluso domenica
Rist – (prenotazione obbligatoria) Carta 36/46 €
◆ A pochi passi dal Duomo, una piccola osteria stretta e allungata con una profusione di legni scuri, vecchie foto, utensili vari; sul fondo, una piccola brace. Menù vario.

Giardinetto
circonvallazione Italia 20 – ☎ 051 82 15 90 – info@ristorantegiardinetto.it – Fax 051 82 15 90 – Chiuso dal 16 agosto al 2 settembre e lunedì
Rist – Carta 29/43 €
♦ Una sana conduzione familiare, con le donne intente a tirar la pasta; oggi, dalla sala è Nicoletta che ne continua la saga. Ormai un'istituzione gastronomica in loco.

SAN GIOVANNI LA PUNTA – Catania – 565 O27 – Vedere Sicilia alla fine dell'elenco alfabetico

SAN GIOVANNI LUPATOTO – Verona (VR) – 562 F15 – 21 852 ab. – alt. 42 m – ✉ 37057
37 **B3**

Roma 507 – Verona 9 – Mantova 46 – Milano 157

Leone d'Oro
località Camacici Ovest : 1,5 km – ☎ 04 58 75 13 35 – ristoranteleone@tiscali.it – Fax 04 58 77 50 28 – Chiuso dal 1° al 7 gennaio, tre settimane in agosto, domenica sera e lunedì
Rist – Carta 40/51 €
♦ Lasciatevi conquistare dalla calda atmosfera e dall'ambiente raffinato di questo locale arredato con gusto in stile veneziano, all'interno di una villa di fine '800.

Alla Campagna con cam
via Bellette 28, Ovest : 1 km – ☎ 045 54 55 13 – hotelallacampagna@libero.it – Fax 04 59 25 06 80
13 cam – †46/70 € ††55/98 €, ☐ 8 € – ½ P 65/78 € – **Rist** – *(chiuso domenica)* Carta 22/48 €
♦ Una sala dall'arredamento classico dove viene proposta una creativa cucina mediterranea e vegetariana e vengono organizzate settimane gastronomiche a tema. Fiori e cioccolato nelle camere.

SAN GIOVANNI ROTONDO – Foggia (FG) – 564 B29 – 26 437 ab. – alt. 557 m – ✉ 71013
26 **A1**

Roma 352 – Foggia 43 – Bari 142 – Manfredonia 23 – Termoli 86

piazza Europa 104 ☎ 0882 456240, Fax 0882 456240

Grand Hotel Degli Angeli
prolungamento viale Padre Pio – ☎ 08 82 45 46 46 – info@grandhotelgliangeli.it – Fax 08 82 45 46 45 – Chiuso dal 12 dicembre al 28 febbraio
113 cam ☐ – †100 € ††125 € – **Rist** – Carta 32/41 €
♦ Ubicato alle porte della località, poco distante dal Santuario, hotel abbastanza recente, signorile e dotato di ottimo livello di confort. Ristorante a gestione diretta, interessata e capace.

Parco delle Rose
450,
via Aldo Moro 71 – ☎ 08 82 45 67 09 – hotel@parcodellerose.com – Fax 08 82 45 64 05
200 cam ☐ – †70 € ††79 € – ½ P 65 € – **Rist** – *(chiuso venerdì)* Carta 23/29 €
♦ Grande complesso alberghiero sorto negli anni '70, ma da poco ristrutturato; ideale per gruppi e clienti individuali, offre camere di due differenti tipologie. Sale ristorante molto ampie.

Le Terrazze sul Gargano
rist,
via San Raffaele 9 – ☎ 08 82 45 78 83 – info@leterrazzesulgargano.it – Fax 08 82 45 90 01
31 cam ☐ – †57 € ††80 € – ½ P 54 € – **Rist** – *(chiuso dal 10 gennaio al 28 febbraio)* Carta 19/29 €
♦ Hotel non lontano dal santuario, ma in posizione piacevole, panoramica e tranquilla sulle pendici del monte. Atmosfera raccolta e familiare. Luminosa sala ristorante con pavimenti in marmo.

Cassano senza rist
viale Cappuccini 115 – ☎ 08 82 45 49 21 – hotelcassano@tiscali.it – Fax 08 82 45 76 85
20 cam – †35/49 € ††62/75 €, ☕ 6 €
◆ A pochi passi dal Santuario di Padre Pio e dall'Ospedale, hotel di dimensioni contenute e di taglio contemporaneo, con servizi e confort di ottima qualità.

Colonne
viale Cappuccini 135 – ☎ 08 82 41 29 36 – info@hotelcolonne.it – Fax 08 82 41 32 68
32 cam – †52 € ††68 €, ☕ 6 € – ½ P 57 € – **Rist** – *(chiuso martedì)* Carta 20/29 €
◆ Conduzione familiare, solida e nel settore da sempre; per una struttura alberghiera d'impostazione tradizionale, che presenta confort omogeneo in tutti i settori. Ristorante d'impostazione classica, cucina d'albergo.

SAN GIULIANO MILANESE – Milano (MI) – 561 F9 – 32 814 ab. – alt. 97 m – ✉ 20098

18 **B2**

▶ Roma 562 – Milano 12 – Bergamo 55 – Pavia 33 – Piacenza 54

La Ruota
via Roma 57 – ☎ 029 84 83 94 – Fax 02 98 24 19 14 – Chiuso tre settimane in agosto e martedì
Rist – Carta 27/41 €
◆ Rustico, luminoso e vasto locale, con prevalenza di cotture alla brace sia per il pesce che per la carne; ben attrezzato per ospitare banchetti e cerimonie, anche estivi.

sulla strada statale 9 - via Emilia Sud-Est : 3 km :

La Rampina
frazione Rampina 3 ✉ 20098 – ☎ 029 83 32 73 – rampina@rampina.it – Fax 02 98 23 16 32
Rist – Carta 51/70 €
◆ Da quasi trent'anni, in un cascinale del '500, rinnovato con cura, due fratelli, tra passione e competenza, propongono piatti stagionali e lombardi, spesso rivisitati.

SAN GIUSEPPE AL LAGO = SANKT JOSEPH AM SEE – Bolzano – 562 C15 – Vedere Caldaro sulla Strada del Vino

SAN GIUSTINO VALDARNO – Arezzo (AR) – 563 L17 – 100 ab. – ✉ 52020

29 **C2**

▶ Roma 246 – Firenze 60 – Arezzo 20 – Prato 82 – Perugia 113

Osteria del Borro
località Borro 52, Sud : 1 km – ☎ 055 97 71 15 – info@osteriadelborro.it – Fax 055 97 71 15 – Chiuso venti giorni a gennaio, dieci giorni a novembre e mercoledì escluso da maggio ad ottobre
Rist – Carta 25/38 €
◆ Rustico e curato ristorante, alle porte del raccolto borgo medievale di San Giustino. La gestione giovane e briosa vi delizierà con piatti fantasiosi e gustosi.

SAN GIUSTO CANAVESE – Torino (TO) – 561 G5 – 3 133 ab. – alt. 264 m – ✉ 10090

22 **B2**

▶ Roma 667 – Torino 35 – Ivrea 24 – Milano 133

all'uscita autostrada A 5 - San Giorgio Canavese

Santa Fé cam, cam, 500,
via Anna Magnani 1 ✉ 10090 – ☎ 01 24 49 46 66 – info@hotelsantafe.it – Fax 01 24 49 46 90 – Chiuso dal 1° al 21 agosto
101 cam ☕ – †75/220 € ††85/245 € – ½ P 183/193 € – **Rist** – Carta 21/36 €
◆ Ideale per una clientela di lavoro, albergo nuovo di taglio moderno; grandi spazi sia nei confortevoli ambienti comuni che nelle belle camere con arredi in legno scuro. Semplice e luminosa sala da pranzo. A mezzogiorno servizio informale a prezzi contenuti.

SAN GODENZO – Firenze (FI) – 563 K16 – 1 226 ab. – alt. 430 m – ✉ 50060 29 C1

Roma 290 – Firenze 46 – Arezzo 94 – Bologna 121 – Forlì 64 – Milano 314 – Siena 129

Agnoletti

via Forlivese 64 – ✆ 05 58 37 40 16 – Fax 055 83 40 16 – Chiuso dal 7 al 21 settembre, martedì escluso dal 15 giugno al 6 settembre

Rist – Carta 13/22 €

◆ Un ristorante familiare, situato nel centro del paese; da più generazioni, un ambiente semplice, ma accogliente, per sapori caserecci, anche dalla tradizione toscana.

Non confondete le posate e le stelle !
Le posate definiscono il livello di comfort e raffinatezza, mentre la stella premia le migliori cucine, in ognuna di queste categorie.

SAN GREGORIO – Lecce (LE) – 564 H36 – ✉ 73053 – Patù 27 D3

Roma 682 – Brindisi 112 – Lecce 82 – Taranto 141

Monte Callini

via provinciale San Gregorio-Patù – ✆ 08 33 76 78 50 – info@hotelmontecallini.com – Fax 08 33 76 78 51 – Chiuso dal 1º novembre al 19 dicembre

45 cam – 130/160 € – ½ P 110/130 € – **Rist** – Carta 21/29 €

◆ La struttura evoca le antiche masserie salentine dalle grandi arcate, offre camere spaziose e luminose e un bel giardino con vista, dove gustare la colazione a buffet.

Da Mimì

via del Mare – ✆ 08 33 76 78 61 – Fax 08 33 76 51 97 – Chiuso novembre

Rist – Carta 20/32 €

◆ Un esercizio a gestione familiare con un'ampia sala interna arredata in modo semplice e una grande terrazza con pergolato dove assaporare piatti di pesce e proposte regionali.

SAN GREGORIO NELLE ALPI – Belluno (BL) – 562 D18 – 1 617 ab. – alt. 527 m – ✉ 32030 36 C1

Roma 588 – Belluno 21 – Padova 94 – Pordenone 91 – Trento 95 – Venezia 99

Locanda a l'Arte

via Belvedere 43 – ✆ 04 37 80 01 24 – roberto.merlin@cheapnet.it – Fax 04 37 80 04 77 – Chiuso martedì a mezzogiorno e lunedì

Rist – Carta 33/45 €

◆ In campagna, in un caseggiato rustico, interni signorili e gradevole servizio estivo in giardino; proposte del territorio e stagionali, con un pizzico di fantasia.

SANKTA CHRISTINA IN GRÖDEN = Santa Cristina Valgardena

SANKT JOSEPH AM SEE = San Giuseppe al lago

SANKT LEONHARD IN PASSEIER = San Leonardo in Passiria

SANKT MARTIN IN PASSEIER = San Martino in Passiria

SANKT ULRICH = Ortisei

SANKT VALENTIN AUF DER HAIDE = San Valentino alla Muta

SANKT VIGIL ENNEBERG = San Vigilio di Marebbe

SAN LAZZARO DI SAVENA – Bologna (BO) – 562 I16 – 29 984 ab. – alt. 62 m – ✉ 40068 9 **C3**

Roma 390 – Bologna 8 – Imola 27 – Milano 219

Pianta d'insieme di Bologna

Holiday Inn Bologna San Lazzaro cam, rist, 130, VISA

via Emilia 514, località Idice – 05 16 25 62 00 – info@hisanlazzaro.it – Fax 05 16 25 62 43 HV **d**

108 cam – †85/275 € ††95/350 € – ½ P 75/210 €

Rist ***La Pietra Cavata*** – 05 16 25 81 81 *(chiuso lunedì)* Carta 27/38 €

◆ L'incantevole villa del '700 con giardino ombreggiato, è stata ampliata con una nuova struttura, le stanze sono ricche di fascino e calore. Per lavorare, e anche per sognare. Ristorante con camino per una cucina della tradizione.

Il Cerfoglio VISA

via Kennedy 11 – 051 46 33 39 – info@ilcerfoglio.it – Fax 051 45 56 84 – Chiuso dal 27 dicembre al 10 gennaio, dal 1° al 26 agosto, sabato a mezzogiorno e domenica HV **c**

Rist – Carta 47/59 €

◆ Un punto di riferimento per sedersi a tavola, qui a S. Lazzaro, un locale piacevole, nella sala e negli arredi, e soprattutto nella cucina, emiliana o di pesce del giorno.

SAN LEO – Pesaro e Urbino (PU) – 563 K19 – 2 788 ab. – alt. 589 m – ✉ 61018 Italia 20 **A1**

Roma 320 – Rimini 31 – Ancona 142 – Milano 351 – Pesaro 70 – San Marino 24

piazza Dante (palazzo Mediceo) 0541 916306, comune.san-leo@provincia.ps.it, Fax 0541 926973

Posizione pittoresca★★ - Forte★ : ★★★

Castello

piazza Dante 11/12 – 05 41 91 62 14 – albergo-castello@libero.it – Fax 05 41 92 69 26 – Chiuso due settimane in febbraio e due settimane in novembre

14 cam – †45/55 € ††55/76 € – ½ P 45/52 € – **Rist** – *(chiuso giovedì da ottobre a marzo)* Carta 21/25 €

◆ Alberghetto familiare con bar pubblico, situato in pieno centro, nella piazzetta principale; offre camere semplici, ma funzionali, in un angolo medievale del Montefeltro. Ristorante non molto ampio con caminetto e atmosfera casereccia.

verso Piega Nord-Ovest : 5 km

Country House Locanda San Leone VISA

strada Sant'Antimo 102 ✉ 61018 – 05 41 91 21 94 – locanda.sanleone@libero.it – Fax 05 41 91 23 48 – Aprile-settembre

5 cam – †120 € ††150 €, 15 € – 1 suite – **Rist** – *(chiuso dal lunedì al mercoledì e a mezzogiorno escluso domenica)* Carta 33/45 €

◆ Un antico cascinale, già mulino del Montefeltro, posizionato in una piccola e verde valle nei pressi del fiume Marecchia; ospitalità signorile, in mezzo alla natura.

SAN LEONARDO IN PASSIRIA (ST. LEONHARD IN PASSEIER) – Bolzano / Bozen (BZ) – 562 B15 – 3 415 ab. – alt. 689 m – ✉ 39015 Italia 30 **B1**

Roma 685 – Bolzano 47 – Brennero 53 – Bressanone 65 – Merano 20 – Milano 346 – Trento 106

via Passiria 40 0473 656188, info@passeiertal.org, Fax 0473 656624

Strada del Passo di Monte Giovo★ : ★★ verso l'Austria Nord-Est :20 km – Strada del Passo del Rombo★ Nord-Ovest

verso Passo di Monte Giovo Nord-Est : 10 km – alt. m

Jägerhof rist, VISA

località Valtina 80 ✉ 39010 Valtina – 04 73 65 62 50 – info@jagerhof.net – Fax 04 73 65 68 22 – Chiuso dal 6 novembre al 16 dicembre

20 cam – †45 € ††58 € – ½ P 45/70 € – **Rist** – *(chiuso lunedì)* Carta 19/34 €

◆ Piacevole atmosfera semplice e familiare, un ambiente tipicamente montano con largo utilizzo di legno chiaro e arredi tirolesi. Da provare le 10 camere "biologiche". Al ristorante sapori locali originali.

SAN LEONE – Agrigento – 565 P22 – Vedere Sicilia (Agrigento) alla fine dell'elenco alfabetico

SAN LEONINO – Siena – Vedere Castellina in Chianti

SAN LORENZO – Macerata – 563 M21 – Vedere Treia

SAN LORENZO IN CAMPO – Pesaro e Urbino (PU) – 563 L20 – 3 401 ab. – alt. 209 m – ✉ 61047
20 **B1**

Roma 257 – Ancona 64 – Perugia 105 – Pesaro 51

Giardino
via Mattei 4, Ovest : 1,5 km – ✆ 07 21 77 68 03 – giardino@puntomedia.it – Fax 07 21 73 53 23 – Chiuso 24-25 dicembre e dal 10 gennaio al 10 febbraio
16 cam – 60/65 € 74/85 € – **Rist** – *(chiuso domenica sera e lunedì)* (prenotare) Carta 32/51 €
◆ Davvero una bella realtà, questo confortevole albergo a gestione familiare poco fuori paese; camere ben arredate e rifinite anche nei particolari. E' nella cucina, solida e dal gusto classico, che risiede la vera forza della casa, eccellente carta dei vini.

SAN LUCA – Perugia – 563 N20 – Vedere Montefalco

SAN MAMETE – Como – Vedere Valsolda

SAN MARCELLO PISTOIESE – Pistoia (PT) – 563 J14 – 7 024 ab. – alt. 623 m – ✉ 51028 *Toscana*
28 **B1**

Roma 340 – Firenze 67 – Pisa 71 – Bologna 90 – Lucca 50 – Milano 291 – Pistoia 30

villa Vittoria 129 ✆ 0573 630145, apt12pistoia@tin.it, Fax 0573 622120

Il Cacciatore
40,
via Marconi 727 – ✆ 05 73 63 05 33 – info@albergoilcacciatore.it – Fax 05 73 63 01 34 – Chiuso dal 10 al 31 gennaio e dal 5 al 30 novembre
25 cam – 50/55 € 70/80 € – ½ P 52/62 € – **Rist** – *(chiuso lunedì)* Carta 25/34 €
◆ Ubicato sul passaggio per l'Abetone, un albergo che offre un ambiente familiare, all'insegna della semplicità; settore notte con arredi ben tenuti e stanze pulite. Piatti casereccì in un contesto gradevole.

SAN MARCO – Perugia – 563 M19 – Vedere Perugia

SAN MARCO – Salerno – 564 G26 – Vedere Castellabate

SAN MARINO (Repubblica di) – 562 K19 – Vedere alla fine dell'elenco alfabetico

SAN MARTINO – Arezzo – 563PM 17 – Vedere Cortona

SAN MARTINO AL CIMINO – Viterbo – 563 O18 – Vedere Viterbo

SAN MARTINO BUON ALBERGO – Verona (VR) – 562 F15 – 13 139 ab. – alt. 45 m – ✉ 37036
37 **B3**

Roma 505 – Verona 8 – Milano 169 – Padova 73 – Vicenza 43

in prossimità casello autostrada A 4 Verona Est

Holiday Inn Verona Congress Centre
cam, 200,
viale del Lavoro – ✆ 045 99 50 00 – holidayinnverona@metha.com – Fax 04 58 78 15 26
132 cam – 80/210 € 90/290 € – ½ P 60/170 €
Rist *Catullo* – Carta 35/67 €
◆ All'uscita autostradale, un hotel d'impostazione classica, elegante e valido punto di riferimento per una clientela di lavoro; piccola hall e camere confortevoli. Tradizionale cucina d'albergo al ristorante dall'apparenza sontuosa.

a Ferrazzette **Nord-Ovest : 2 km – ✉ 37036**

Agriturismo Musella senza rist

corte Ferrazzette 2, località Ferrazze – ✆ 045 97 33 85 – paulo@musella.it – Fax 04 58 95 62 87 – Chiuso dal 15 dicembre al 15 febbraio

13 cam – 100 € 130 € – 3 suites

◆ Inserito nel contesto di un'azienda che produce vino, olio e miele, è una risorsa ricavata in una villa seicentesca. Camere personalizzate, due delle quali con caminetto.

a Marcellise **Nord : 4 km – alt. 102 m – ✉ 37036**

Grobberio con cam cam,

via Mezzavilla 69 – ✆ 04 58 74 00 96 – posta@albergogrobberio.it – Fax 04 58 74 09 63

14 cam – 37 € 62 €, 6 € – ½ P 52/57 € – **Rist** – *(chiuso venerdì e sabato a mezzogiorno)* Carta 16/20 €

◆ In una piccola frazione, in zona tranquilla, risorsa dove poter gustare sapori locali e atmosfera gradevole soprattutto nella sala con volta in pietra e cisterna per l'olio.

SAN MARTINO DELLA BATTAGLIA – Brescia (BS) – 561 F13 – alt. 87 m – ✉ 25010 17 **D1**

Roma 515 – Brescia 37 – Verona 35 – Milano 125

Da Renato 25,

via Unità d'Italia 73 – ✆ 03 09 91 01 17 – Chiuso dal 1° al 15 luglio, martedì sera e mercoledì

Rist – Carta 15/22 €

◆ Una tipica trattoria di paese con bar pubblico, frequentato anche dai locali; offre una sala di stile classico, ampia, luminosa, e piatti casereccci e ancorati al posto.

SAN MARTINO DI CASTROZZA – Trento (TN) – 562 D17 – alt. 1 467 m – Sport invernali : *1 450/2 380 m 3 16, ; al passo Rolle : 1 884/2 300 m 5, (Comprensorio Dolomiti superski San Martino di Castrozza)* – ✉ 38058 *Italia* 31 **C2**

Roma 629 – Belluno 79 – Cortina d'Ampezzo 90 – Bolzano 86 – Milano 349 – Trento 109 – Treviso 105 – Venezia 135

via Passo Rolle 165 ✆ 0439 768867, info@sanmartino.com, Fax 0439 768814

Località★★

Regina gruppo delle Pale, rist,

via Passo Rolle 154 – ✆ 043 96 82 21 – info@hregina.it – Fax 043 96 80 17 – Dicembre-10 aprile e 15 giugno-settembre

31 cam – 70/130 € 120/240 €, 10 € – 5 suites – ½ P 70/130 € – **Rist** – Carta 20/40 €

◆ Gestita sin dal 1922 dalla medesima famiglia, risorsa molto personalizzata ed originale negli allestimenti. Arredi eleganti, camere differenziate, suites molto spaziose. Sale da pranzo di tono, cucina con qualche divagazione nelle proposte locali.

Letizia rist,

via Colbricon 6 – ✆ 04 39 76 86 15 – hotel@hletizia.it – Fax 04 39 76 71 12 – 4 dicembre-Pasqua e 20 giugno-20 settembre

26 cam – 60/100 € 100/200 € – 10 suites – ½ P 50/110 € – **Rist** – (solo per alloggiati) Menu 18/30 €

◆ Un albergo dall'elegante atmosfera rustica dove regnano, anche negli spazi adibiti all'esclusivo centro benessere, una notevole cura per i dettagli e le personalizzazioni.

Vienna

via Herman Panzer 1 – ✆ 043 96 80 78 – info@hvienna.com – Fax 04 39 76 91 65 – 3 dicembre-10 aprile e 17 giugno-16 settembre

40 cam – 180/198 € 240/264 € – ½ P 110/132 € – **Rist** – (solo per alloggiati)

◆ Struttura recente situata ai margini della pista da fondo; conduzione diretta, di lunga esperienza, piacevole centro fitness con percorso all'aperto. Camere in stile tirolese.

San Martino gruppo delle Pale e vallata, rist,
via Passo Rolle 279 – 043 96 80 11 – info@hotelsanmartino.it – Fax 043 96 85 50 – 20 dicembre-20 aprile e 25 giugno-15 settembre 30,
41 cam – 40/80 € 80/160 € – 4 suites – ½ P 50/110 € – **Rist** – (solo per alloggiati) Menu 18/30 €
◆ All'ingresso della località, al limitare del bosco, albergo familiare che dispone di confortevoli camere, con arredi rustici e funzionali e centro benessere con piscina.

Panorama
via Cavallazza 14 – 04 39 76 86 67 – hotel@hpanorama.it – Fax 04 39 76 86 68 – 20 dicembre-15 aprile e 28 giugno-16 settembre
22 cam – 60/70 € 100/120 € – ½ P 72/95 € – **Rist** – Carta 24/30 €
◆ Un albergo familiare, a pochi passi dalla zona centrale del paese, lungo la strada che conduce alla pista da fondo; camere semplici e funzionali. Sala classica e luminosa in stile tiroloese contemporaneo.

Malga Ces con cam rist, cam,
località Ces Ovest : 3 km – 043 96 82 23 – info@malgaces.it – Fax 043 96 82 23 – Dicembre-15 aprile e 16 giugno-settembre
8 cam – 90/120 € – **Rist** – Carta 23/38 €
◆ All'inizio del bosco e delle piste di sci, bella struttura panoramica con camere ampie e confortevoli. Ristorante molto frequentato con atmosfera vivace e cucina locale.

SAN MARTINO IN CAMPO – Perugia – 563 M19 – Vedere Perugia

SAN MARTINO IN PASSIRIA (ST. MARTIN IN PASSEIER) – Bolzano / Bozen (BZ)

– 562 B15 – 2 899 ab. – alt. 597 m – ✉ 39010 30 **B1**

Roma 682 – Bolzano 43 – Merano 16 – Milano 342 – Trento 102

sulla strada Val Passiria Sud : 5 km :

Quellenhof Resort : Una struttura composta da risorse differenti, tutte gestite dall'intraprendente famiglia Dorfer. Stile omogeneo, confort di diverso livello, ospitalità sempre calorosa. Per i pasti diverse possibilità di scelta, ma soprattutto una buona cucina locale.

Parkresidenz – Quellenhof Resort rist,
✉ 39010 San Martino in Passiria – 04 73 64 54 74 – info@quellenhof.it – Fax 04 73 64 54 99 – Marzo-novembre
10 cam – 25 suites – solo ½ P 70/95 € – **Rist** – (solo per alloggiati) Menu 21 € – Carta 45/63 €
◆ Ultimo nato all'interno della struttura, questo impianto è interamente consacrato al confort e alla riscoperta della bellezza e del benessere da vivere nelle lussuose suite.

Quellenhof-Forellenhof e Landhaus – Quellenhof Resort rist,
✉ 39010 San Martino in Passiria – 04 73 64 54 74 – info@quellenhof.it – Fax 04 73 64 54 99 – Marzo-novembre
63 cam – 10 suites – solo ½ P 75/120 € – **Rist** – Carta 45/63 €
◆ Circondati da un giardino, i tre edifici dispongono di raffinate e spaziose camere, un'invitante piscina e campi da gioco. Il Quellenhof è fulcro amministrativo del resort. Luminosi ed accoglienti, il ristorante e le stube propongono specialità sudtirolesi, la cucina contadina e piatti della tradizione mediterranea.

Alpenschlössl – Quellenhof Resort cam, rist, rist,
✉ 39010 San Martino in Passiria – 04 73 64 54 74 – info@quellenhof.it – Fax 04 73 64 54 99 – Marzo-novembre
17 cam – 70/90 € – 4 suites – **Rist** – Carta 39/52 €
◆ Recente realizzazione, all'avanguardia sia nei materiali utilizzati sia nell'immagine d'insieme, moderna e con dotazioni di prim'ordine; ottima l'area per il relax.

Sonnenalm – Quellenhof Resort rist, rist,
✉ 39010 San Martino in Passiria – 04 73 64 54 74 – info@quellenhof.it – Fax 04 73 64 54 99 – Marzo-novembre
19 cam – 80/95 € – 2 suites – ½ P 80/95 € – **Rist** – Carta 44/59 €
◆ Un complesso completamente rinnovato: si presenta ora forte di tutti i confort desiderabili, offrendo stanze gradevoli, bella piscina all'aperto e strutture sportive.

a Saltusio **(Saltaus)Sud : 8 km – alt. 490 m – ✉ 39010**

Castel Saltauserhof (riscaldata)
via Passiria 6 – ✆ 04 73 64 54 03 – info@ saltauserhof.com – Fax 04 73 64 55 15 – Marzo-10 novembre
41 cam – ††112/154 € – 2 suites – ½ P 65/86 € – **Rist** – (solo per alloggiati)
◆ Una casa con origini che si perdono nel tempo e un ambiente tipico con ottimi confort; un settore notte molto piacevole, con alcuni bagni enormi, e centro fitness. Caratteristiche stube per i pasti.

SAN MARTINO IN PENSILIS – Campobasso (CB) – 564 B27 – 4 821 ab. – alt. 282 m – ✉ 86046 2 D2

Roma 285 – Campobasso 66 – Foggia 80 – Isernia 108 – Pescara 110 – Termoli 12

Santoianni
via Tremiti – ✆ 08 75 60 50 23 – Fax 08 75 60 50 23
15 cam – †30/36 € ††44/52 €, 3 € – **Rist** – *(chiuso venerdì)* Carta 16/26 €
◆ Una casa di contenute dimensioni, con un insieme di validi confort e una tenuta e manutenzione davvero lodevoli; a gestione totalmente familiare, una piacevole risorsa. Capiente ristorante di classica impostazione.

SAN MARTINO SICCOMARIO – Pavia – 561 G9 – Vedere Pavia

SAN MARZANO OLIVETO – Asti (AT) – 561 H6 – 1 041 ab. – alt. 301 m – ✉ 14050 25 D2

Roma 603 – Alessandria 40 – Asti 26 – Genova 110 – Milano 128 – Torino 87

Agriturismo Le Due Cascine cam, rist,
regione Mariano 22, Sud-Est : 3 km – ✆ 01 41 82 45 25 – info@leduecascine.com – Fax 01 41 82 90 28
10 cam – †55 € ††80 € – **Rist** – Menu 18/30 €
◆ Sulle colline del Monferrato, immersi tra i vigneti, sono disponibili camere sobrie e per lo più spaziose. Particolarmente adatta per famiglie.

Del Belbo-da Bardon 20,
valle Asinari 25, Sud-Est : 4 km – ✆ 01 41 83 13 40 – Fax 01 41 82 90 35 – Chiuso dal 18 dicembre al 12 gennaio, dal 16 al 25 agosto, mercoledì e giovedì
Rist – Carta 26/39 €
◆ In una casa di campagna, cucina della tradizione astigiana elaborata con prodotti di allevatori e coltivatori del territorio; un'ex osteria con stallaggio, nata nell'800.

SAN MASSIMO ALL'ADIGE – Verona – Vedere Verona

SAN MAURIZIO CANAVESE – Torino (TO) – 561 G4 – 7 432 ab. – alt. 317 m – ✉ 10077 22 B2

Roma 697 – Torino 17 – Aosta 111 – Milano 142 – Vercelli 72

La Credenza (Grasso) 10/30,
via Cavour 22 – ✆ 01 19 27 80 14 – credenza@tin.it – Fax 01 19 27 80 14 – Chiuso dal 27 dicembre al 4 gennaio, dal 16 al 30 agosto, martedì e mercoledì
Rist – Carta 40/58 €
Spec. Plin alla piemontese. Fantasia di pesce cotto alla pietra di Luserna. Mousse al cioccolato e lamponi con cuore alla vaniglia.
◆ Ristorante con luminosa veranda e grazioso giardino per caffé o aperitivi serali. Piatti creativi, sia di carne che di pesce, dalla tradizione locale e dall'estro dello chef.

Voglia di pranzare all'aperto?
Scegliete un ristorante con terrazza

SAN MAURO A MARE – Rimini (RN) – 562 J19 – ✉ 47030 9 D2

Roma 353 – Rimini 16 – Bologna 103 – Forlì 42 – Milano 314 – Ravenna 36

via Repubblica 8 ✆ 0541 346392, sanmauromare@libero.it, Fax 0541 342252

Internazionale rist,

via Vincenzi 23 – ✆ 05 41 34 64 75 – info@internazionalehotel.com – Fax 05 41 34 07 26 – Pasqua-settembre

36 cam – solo ½ P 70 € – **Rist** – (solo per alloggiati)

◆ Una struttura semplice arredata con colori caldi ma sobri, circondata da un fresco giardino e con una splendida vista sul mare. Camere ampie e silenziose.

SAN MAURO LA BRUCA – Salerno (SA) – 564 G27 – 746 ab. – alt. 450 m – ✉ 84070 7 D3

Roma 364 – Potenza 128 – Napoli 160 – Salerno 105

Agriturismo Prisco cam, cam,

contrada Valle degli Elci Sud-Est : 2,5 km – ✆ 09 74 97 41 53 – info@mieledelcilento.com – Fax 09 74 97 49 28

6 cam – †93/100 € ††116/130 € – ½ P 65/70 € – **Rist** – Menu 15/18 €

◆ Nel parco del Cilento, ospitalità familiare in un'azienda agricola biologica, specializzata nell'apicoltura, offre ambienti curati immersi nel silenzio più assoluto. Per i vostri pasti, una cucina casalinga e genuina realizzata con ingredienti di propria produzione.

SAN MAURO TORINESE – Torino (TO) – 561 G5 – 18 343 ab. – alt. 211 m – ✉ 10099 22 A1

Roma 666 – Torino 9 – Asti 54 – Milano 136 – Vercelli 66

Pianta d'insieme di Torino

La Pace senza rist

via Roma 36 – ✆ 01 18 22 19 45 – info@hotelapace.it – Fax 01 18 22 26 77

35 cam – †50/60 € ††60/70 €, 5 € HT s

◆ Un piccolo albergo posizionato lungo la strada di attraversamento di San Mauro; un comodo punto di riferimento con strutture e servizi aggiornati e gradevoli.

Frandin

via Settimo 14 – ✆ 01 18 22 11 77 – Fax 01 18 22 11 77 – Chiuso dal 16 agosto al 10 settembre e lunedì HT a

Rist – Carta 23/49 €

◆ Cucina piemontese, con le classiche specialità di stagione, per questo posticino in zona periferica, quasi sulle rive del fiume; una piacevole trattoria familiare.

SAN MENAIO – Foggia (FG) – 564 B29 – ✉ 71010 26 A1

Roma 389 – Foggia 104 – Bari 188 – San Severo 71

Park Hotel Villa Maria cam,

via del Carbonaro 15 – ✆ 08 84 96 87 00 – info@parkhotelvillamaria.it – Fax 08 84 96 88 00 – Chiuso dall'8 gennaio al 10 febbraio

15 cam – †75/120 € ††80/130 € – ½ P 65/85 € – **Rist** – *(chiuso lunedì da ottobre ad aprile)* Carta 28/42 €

◆ Un'affascinante villa di inizio '900 abbracciata da un gradevole giardino, offre confortevoli camere completamente ristrutturate e piacevolmente arredate, alcune con terrazza. Nelle due salette interne lievemente eleganti e presso il dehors estivo, proposte di carne e di pesce.

SAN MICHELE = ST. MICHAEL – Bolzano – Vedere Appiano sulla Strada del Vino

SAN MICHELE – Ravenna – 562 I18 – Vedere Ravenna

SAN MICHELE CANAVA – Parma – Vedere Lesignano de' Bagni

SAN MICHELE DEL CARSO – Gorizia – Vedere Savogna d'Isonzo

SAN MICHELE DI GANZARIA – Catania – 565P25 – Vedere Sicilia alla fine dell'elenco alfabetico

SAN MICHELE EXTRA – Verona – 562 F14 – Vedere Verona

SAN MINIATO – Pisa (PI) – 563 K14 – 26 787 ab. – alt. 140 m – ✉ 56028

Toscana 28 **B2**

Roma 297 – Firenze 37 – Siena 68 – Livorno 52 – Pisa 42

piazza del Popolo 3 ✆ 0571 42745, ufficio.turismo@cittadisanminiato.it, Fax 0571 42745

Fontevivo, ✆ 0571 41 90 12.

Villa Sonnino 150,

via Castelvecchio 9/1 località Catena est : 4 km – ✆ 05 71 48 40 33 – villa@villasonnino.com – Fax 05 71 48 51 75

13 cam – †76/80 € ††86/96 € – ½ P 69/75 € – **Rist** – *(chiuso lunedì e martedì)* Carta 26/38 €

◆ La storia di questa villa ha inizio nel '500 quando viene edificato il corpo centrale, mentre nel '700 si procedette ad un ampliamento. Parco e signorilità sono invariati. Affascinante sala ristorante, proposte di cucina mediterranea.

SAN NICOLÒ = ST. NIKOLAUS – Bolzano – 561 G10 – Vedere Ultimo

SAN NICOLÒ – Treviso – 562 E19 – Vedere Ponte di Piave

SAN PANCRAZIO – Brescia – Vedere Palazzolo sull'Oglio

SAN PANCRAZIO – Ravenna – 563 I18 – Vedere Russi

SAN PANTALEO – Sassari – 566 D10 – Vedere Sardegna alla fine dell'elenco alfabetico

SAN PAOLO = ST. PAULS – Bolzano – Vedere Appiano sulla Strada del Vino

SAN PAOLO D'ARGON – Bergamo (BG) – 561 E11 – 4 700 ab. – alt. 255 m – ✉ 24060

19 **C1**

Roma 575 – Bergamo 13 – Brescia 44 – Milano 60

Executive senza rist

via Nazionale 67 – ✆ 035 95 96 96 – info@executive-hotel.it – Fax 035 95 96 97

42 cam – †70/110 € ††85/140 €

◆ Nuova struttura in stile moderno, in prossimità della strada statale. Ambienti sobri ed eleganti con camere ben insonorizzate. Adatto per una clientela d'affari e non.

SAN PELLEGRINO (Passo di) – Trento (TN) – 562 C17 – alt. 1 918 m – Sport invernali : *1 918/2 513 m* *3* *18 (Comprensorio Dolomiti superski Tre Valli)* – ✉ 38035 – Moena

31 **C2**

Roma 682 – Belluno 59 – Cortina d'Ampezzo 67 – Bolzano 56 – Milano 340 – Trento 100

Monzoni ← Dolomiti, 120,

– ✆ 04 62 57 33 52 – info@hotelmonzoni.it

– Fax 04 62 57 44 90 – 7 dicembre-10 aprile e 7 luglio-2 settembre

83 cam – †120/140 € ††160/185 € – **Rist** – Carta 37/46 €

◆ Una lunga tradizione per quest'originario rifugio alpino d'inizio secolo scorso, divenuto poi albergo, costituito da due edifici collegati. Centro benessere con bella piscina. Due sale ristorante con atmosfera di rustica eleganza e animato bar pubblico.

Rifugio Fuciade con cam ← Dolomiti, cam,

– ✆ 04 62 57 42 81 – Fax 04 62 57 42 81 – Natale-Pasqua e 15 giugno-15 ottobre

7 cam – †40 € ††80 € – ½ P 70 € – **Rist** – Carta 35/56 €

◆ A 1980 m, un rifugio in alpeggio da cui si gode un panorama splendido sulle Dolomiti che lo incorniciano; servizio ristorante estivo anche all'aperto, con vista incantevole.

SAN PIERO IN BAGNO – Forlì – 562 K17 – Vedere Bagno di Romagna

SAN PIETRO – Verona – Vedere Legnago

SAN PIETRO A CEGLIOLO – Arezzo – 563 M17 – Vedere Cortona

SAN PIETRO ALL'OLMO – Milano – 561 F9 – Vedere Cornaredo

SAN PIETRO IN CARIANO – Verona (VR) – 562 F14 – 12 616 ab. – alt. 160 m – ✉ 37029
37 **A2**

Roma 510 – Verona 19 – Brescia 77 – Milano 164 – Trento 85

via Indelheim 7 ✆ 045 7701920,iatvalpolicella@tin.it Fax 045 7701920

a Corrubbio **Sud-Ovest : 2 km – ✉ 37029 – San Pietro in Cariano**

Byblos Art Hotel Villa Amista' rist,
via Cedrare 76 – ✆ 04 56 85 55 55 – info@byblosarthotel.com – Fax 04 56 85 55 00
60 cam – †240/330 € ††330/390 € – 7 suites
Rist ***Atelier*** – ✆ 04 56 85 55 83 – Carta 44/68 €
◆ Immerso nel parco, è un hotel di lusso dove la classicità dell'architettura cinquecentesca si unisce ad una selezione di colori oggetti e tessuti dettati dalla moda attuale. Una cucina contemporanea alla continua ricerca di nuovi sapori attraverso cui reinterpretare piatti regionali ed internazionali.

a Pedemonte **Ovest : 4 km – ✉ 36040**

Villa del Quar 100,
via Quar 12, Sud-Est : 1,5 km – ✆ 04 56 80 06 81 – info@hotelvilladelquar.it – Fax 04 56 80 06 04 – Chiuso dall'8 gennaio al 18 marzo
22 cam – †235/255 € ††285/345 € – 6 suites
Rist Arquade – vedere selezione ristoranti
◆ Villa secolare nella campagna veneta, con straordinari arredi, tutti originali, recuperati personalmente dal proprietario; eccezionale accoglienza e atmosfera ricca di magia.

Arquade (Barbieri) – Villa del Quar 20/30,
via Quar 12, Sud-Est : 1,5 km – ✆ 04 56 85 01 49 – info@ristorantearquade.it – Fax 04 56 80 06 04 – Chiuso lunedì e martedì a mezzogiorno da novembre ad aprile
Rist – Carta 77/106 €
Spec. Cannolo croccante di ceci e capesante, salsa di carote (estate). Soffiato di fegato grasso d'anatra (inverno). Pernice affogata al tartufo bianco, salsa di recioto (inverno).
◆ Arredi d'epoca, decorazioni, stampe e lampadari di Murano: quasi un museo che qui diventa semplice sfondo di una cucina sorprendente per forme, colori e accostamenti.

SAN PIETRO IN CASALE – Bologna (BO) – 562 H16 – 10 411 ab. – alt. 17 m – ✉ 40018
9 **C3**

Roma 397 – Bologna 25 – Ferrara 26 – Mantova 111 – Modena 52

Dolce e Salato con cam rist,
piazza L. Calori 16/18 – ✆ 051 81 11 11 – elisabetta@dolcesalato.org – Fax 051 81 88 18
11 cam – †48/100 € ††70/100 €, 8 € – **Rist** – *(chiuso giovedì)* Carta 44/58 €
◆ Piazza del mercato: una vecchia casa, in parte ricoperta dall'edera, con salette rallegrate da foto d'altri tempi. Tante paste fresche e schietti piatti del territorio.

Tubino
via Pescerelli 98 – ✆ 051 81 14 84 – Fax 051 97 31 03 – Chiuso dal 7 al 15 gennaio, due settimane in luglio, venerdì e sabato a mezzogiorno
Rist – Carta 29/38 €
◆ A fare da protagonista qui è la cucina, in modo assoluto: fedele ai sapori della vera tradizione emiliana, con una notevole ricerca di prodotti. Simpatia e pochi tavoli.

SAN PIETRO IN CASALE

a Rubizzano Sud-Est : 3 km – ✉ 40018 – San Pietro in Casale

X **Tana del Grillo** 30, VISA AE

via Rubizzano 1812 – ☎ 051 81 09 01 – Fax 051 81 16 48 – Chiuso dal 1° al 10 gennaio, agosto, lunedì sera e martedì, in luglio anche domenica

Rist – (consigliata la prenotazione) Carta 25/42 €

◆ Una frazione di poche case, un'osteria a fianco del bar del paese; all'ingresso, vi accolgono una rossa affettatrice e il profumo del pane. Poi, ghiottonerie casalinghe.

SAN PIETRO IN CORTE – Piacenza – Vedere Monticelli d'Ongina

SAN PIETRO (Isola di) – Cagliari – 566 J6 – Vedere Sardegna alla fine dell'elenco alfabetico

SAN POLO – Parma – Vedere Torrile

SAN POLO D'ENZA – Reggio Emilia (RE) – 562 I13 – 5 409 ab. – alt. 66 m – ✉ 42020

8 **B2**

Roma 452 – Parma 24 – Modena 43 – Reggio Emilia 20

XX **Mamma Rosa** (Torino) 8/20, VISA AE

via 24 Maggio 1 – ☎ 05 22 87 47 60 – mammaros@mammarosa.191.it – Fax 05 22 25 20 09 – Chiuso Natale, dal 7 al 30 gennaio, dal 25 agosto al 15 settembre, lunedì e martedì

Rist – Carta 41/85 €

Spec. Polpo alla griglia con salsa di peperoncino. Lasagnette di bietole e pesce con salsa di ricci. Treccia di rombo, zucchine e zafferano.

◆ Una famiglia pugliese ha portato su queste prime colline i piatti del sud. Si tratta di pesce: la qualità del pescato è la prima preoccupazione, i sapori seguono a ruota.

SAN POLO DI PIAVE – Treviso (TV) – 562 E19 – 4 668 ab. – alt. 27 m – ✉ 31020

35 **A1**

Roma 563 – Venezia 54 – Belluno 65 – Cortina d'Ampezzo 120 – Milano 302 – Treviso 23 – Udine 99

La Locanda Gambrinus VISA AE

via Roma 20 – ☎ 04 22 85 50 43 – lalocanda@gambrinus.it – Fax 04 22 85 50 44 – Chiuso dall' 8 al 18 agosto

6 cam – †55 € ††90 € – ½ P 80 €

Rist Parco Gambrinus – vedere selezione ristoranti

◆ Risorsa recente, frutto della completa e accurata ristrutturazione di un edificio ottocentesco, consente di alloggiare in camere ampie, arredate con mobili in stile.

XX **Parco Gambrinus** – La Locanda Gambrinus VISA AE

località Gambrinus 18 – ☎ 04 22 85 50 43 – gambrinus@gambrinus.it – Fax 04 22 85 50 44 – Chiuso dal 7 al 18 gennaio, dal 6 al 19 agosto, domenica sera e lunedì (escluso i giorni festivi)

Rist – Carta 38/48 €

◆ Locale signorile ed elegante, alle porte del piccolo paese; piacevolissimo il servizio estivo nel parco con voliere e ruscello; piatti creativi nella campagna trevigiana.

SAN PROSPERO SULLA SECCHIA – Modena (MO) – 562 H15 – 4 880 ab. – alt. 22 m – ✉ 41030

8 **B2**

Roma 415 – Bologna 58 – Ferrara 63 – Mantova 69 – Modena 20

Corte Vecchia senza rist VISA AE

via San Geminiano 1 – ☎ 059 80 92 72 – info@cortevecchia.com – Fax 059 90 89 93 – Chiuso dal 23 dicembre al 6 gennaio e dall'8 al 21 agosto

25 cam – †82 € ††121 €

◆ Vecchio e moderno allo stesso tempo: all'interno di un fienile dell'800 perfettamente ristrutturato, camere nuove, con arredi in stile. In comoda posizione stradale.

SAN QUIRICO D'ORCIA – Siena (SI) – 563 M16 – 2 521 ab. – alt. 424 m – ✉ 53027

Toscana 29 C2

Roma 196 – Siena 44 – Chianciano Terme 31 – Firenze 111 – Perugia 96

via Dante Alighieri 33 ✆ 0577 897211, ufficioturistico@comunesanquirico.it, Fax 0577 897211

Casanova

vallata, 120,

località Casanova 6/c – ✆ 05 77 89 81 77 – info@residencecasanova.it – Fax 05 77 89 81 90 – Chiuso novembre, gennaio e febbraio

70 cam – 100/116 € 120/152 €, 11 € – ½ P 70/86 €

Rist Taverna del Barbarossa – vedere selezione ristoranti

◆ Circondata dalle colline toscane, la struttura consta di una grande hall in pietra e mattonelle, camere dagli arredi sobri, un soggiorno panoramico ed un centro benessere.

Palazzuolo

rist, 200,

via Santa Caterina da Siena 43 – ✆ 05 77 89 70 80 – info@hotelpalazzuolo.it – Fax 05 77 89 82 64 – Chiuso dal 10 gennaio al 15 febbraio

42 cam – 62/70 € 100/110 € – ½ P 69/77 € – **Rist** – Carta 16/29 €

◆ In prossimità del centro storico, l'hotel è circondato da un parco con laghetto e vanta camere ed arredi semplici. Dal giardino un'esclusiva vista sulle colline. Una sala luminosa e sobria dove gustare la tipica cucina toscana.

Relais Palazzo del Capitano – Residenza d'epoca

rist,

via Poliziano 18 – ✆ 05 77 89 90 28 – info@palazzodelcapitano.com – Fax 05 77 89 94 21

13 cam – 100 € 130 € – 3 suites – ½ P 100 € – **Rist** – *(chiuso martedì)* Menu 50/70 €

◆ In pieno centro, all'interno di un palazzo del '400, una nuova realtà che si avvicina ai sogni di chi ricerca, fascino, storia ed eleganza. Il giardino è fonte di meraviglie.

Agriturismo Il Rigo

colli e vallate,

località Casabianca Sud-Ovest : 4,5 km – ✆ 05 77 89 72 91 – ilrigo@iol.it – Fax 05 77 89 82 36 – Chiuso dal 10 gennaio al 13 febbraio

15 cam – 80/85 € 100/110 € – ½ P 72/78 € – **Rist** – *(chiuso a mezzogiorno)* (solo per alloggiati) Menu 15/23 €

◆ In aperta campagna, in un antico casale in cima ad un colle da cui si gode una suggestiva vista sul paesaggio circostante, ambienti piacevolmenti rustici.

Taverna del Barbarossa – Hotel Casanova

vallata,

località Casanova 8 – ✆ 05 77 89 82 99 – t.barbarossa@libero.it – Fax 05 77 89 82 99 – Chiuso gennaio, febbraio, novembre e lunedì

Rist – Carta 29/41 €

◆ Presso la sala dal grande camino in pietra si può gustare la cucina toscana, mentre in estate è accessibile un dehors con vista sulla Val d'Orcia.

Trattoria al Vecchio Forno

via Piazzola 8 – ✆ 05 77 89 73 80 – info@palazzodelcapitano.com – Fax 05 77 89 73 80 – Chiuso gennaio e mercoledì

Rist – Carta 27/39 €

◆ Se cercate un indirizzo per mangiare in centro a prezzi corretti, siete arrivati a destinazione. Ambiente genuino, in tipico stile da trattoria. Bel giardino estivo.

a Bagno Vignoni Sud-Est : 5 km – ✉ 53027

Adler Thermae

(termale)

strada di Bagno Vignoni 1 – ✆ 05 77 88 90 00 – info@adler-thermae.com – Fax 05 77 88 99 99 – Chiuso dall' 8 gennaio al 9 febbraio

90 cam – solo ½ P 102/262 € – **Rist** – (solo per alloggiati)

◆ Ospitalità tirolese armoniosamente impiantata nella verde Toscana. Ambienti signorili ed eleganti per dedicarsi in pieno relax alle cure termali e a trattamenti di bellezza.

Posta-Marcucci ⅋ ← (termale) rist,
via Ara Urcea 43 – ✆ 05 77 88 71 12 40, VISA AE
– info@hotelpostamarcucci.it – Fax 05 77 88 71 19
36 cam – 70/90 € 128/156 € – **Rist** – Carta 24/31 €
◆ Da quattro generazioni un'ospitalità cordiale in ambienti ospitali e personalizzati. Atmosfera familiare e, non solo in estate, una zona all'aperto con grande piscina termale. Classico ristorante frequentato per lo più dai clienti dell'hotel.

La Locanda del Loggiato senza rist VISA AE
piazza del Monetto 30 – ✆ 05 77 88 89 25 – locanda@loggiato.it
– Fax 05 77 88 83 70
8 cam – 130/150 €
◆ Edificio del '400, in pieno centro, confinante con la vasca d'acqua che un tempo fu piscina termale; rivisitato da alcuni giovani, offre oggi un rifugio davvero grazioso.

Osteria del Leone VISA AE
piazza del Moretto – ✆ 05 77 88 73 00 – info@illeone.com – Fax 05 77 88 73 00
– Chiuso dal 10 al 30 gennaio, dal 15 novembre al 5 dicembre e lunedì
Rist – Carta 27/43 €
◆ Un'osteria di antica tradizione, dispone all'interno di tre salette dove sedersi comodamente per assaporare i sapori della cucina regionale.

SAN QUIRINO – Pordenone (PN) – 562 D20 – 3 923 ab. – alt. 116 m – ✉ 33080
10 **A2**

Roma 613 – Udine 65 – Belluno 75 – Milano 352 – Pordenone 9 – Treviso 63 – Trieste 121

La Primula (Canton) 16/30, VISA AE
via San Rocco 47 – ✆ 043 49 10 05 – info@ristorantelaprimula.it
– Fax 04 34 91 75 63 – Chiuso dal 7 al 21 gennaio, dal 10 al 31 luglio, domenica sera e lunedì
Rist – Carta 40/54 €
Spec. Composizione di seppioline con funghi porcini e montasio (estate-autunno). Zuppa d'aglio con frutti di mare ed ostrica al cucchiaio. Roast beef di manzo con salsa profumata all'essenza di ginepro.
◆ E' l'intera famiglia ad occuparsi delle sale, signorili ed accoglienti. Cucina creativa nel rispetto dei prodotti, diversi piatti di pesce ma anche proposte di carne.

Osteria alle Nazioni VISA AE
via San Rocco 47/1 – ✆ 043 49 10 05 – info@ristorantelaprimula.it
– Fax 04 34 91 75 63 – Chiuso dal 20 gennaio al 10 febbraio, dal 1° al 20 agosto, domenica sera e lunedì
Rist – Carta 20/31 €
◆ Simpaticissima osteria che, pur nell'attuale taglio moderno, ha saputo conservare quell'aria di rusticità che l'ha connotata sin dalla lontana nascita; leccornie locali.

SAN REMO – Imperia (IM) – 561 K5 – 51 159 ab. – ✉ 18038 *Italia*
14 **A3**

Roma 638 – Imperia 30 – Milano 262 – Nice 59 – Savona 93

largo Nuvoloni 1 ✆ 0184 59059, infosanremo@rivieradeifiori.org, Fax 0184 507649

Degli Ulivi, Nord : 5 km, ✆ 0184 55 70 93.

Località★★ – La Pigna★ (città alta) B : ←★ dal santuario della Madonna della Costa

Monte Bignone★★ : ★★ Nord : 13 km

Pianta pagina a lato

Royal Hotel ⅋ ← (riscaldata) 200,
corso Imperatrice 80 – ✆ 01 84 53 91 VISA AE
– reservations@royalhotelsanremo.com – Fax 01 84 66 14 45 – Chiuso dal 5 novembre al 20 febbraio
A **h**
127 cam – 246/320 € 328/426 € – 13 suites – ½ P 214/263 €
Rist – Carta 64/96 €
◆ Grand hotel di centenaria tradizione, gestito dalla fine dell'800 dalla stessa famiglia; interni molto signorili e giardino fiorito con piscina d'acqua di mare riscaldata. Per una sosta gastronomica davvero esclusiva.

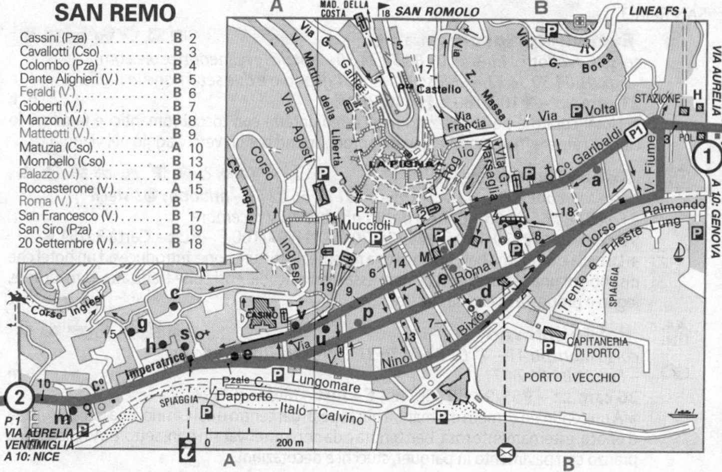

Nazionale

rist, 70,

via Matteotti 3 – 01 84 57 75 77 – nazionale.in@bestwestern.it – Fax 01 84 54 15 35 A **v**

79 cam – 190 € 254 € – 6 suites – ½ P 164 €

Rist *Rendez Vous* – 01 84 54 16 12 – Carta 36/73 €

◆ In pieno centro, di fianco al Casinò, e di recente ristrutturato, un elegante punto di riferimento nella modaiola località. Ampie terrazze solarium panoramiche. Impostazione di signorile classicità per il ristorante.

Europa

corso Imperatrice 27 – 01 84 57 81 70 – aleuropa@tin.it – Fax 01 84 50 86 61 A **e**

65 cam – 85/130 € 100/180 € – 8 suites – ½ P 78/115 €

Rist – *(chiuso mercoledì)* Menu 30/45 €

◆ Dal 1923, in questa palazzina tardo Liberty nei pressi del Casinò e del centro storico, un albergo oggi rinnovato; offre gradevoli interni di taglio classico. Un comodo indirizzo per una sosta culinaria.

Lolli Palace Hotel

rist,

corso Imperatrice 70 – 01 84 53 14 96 – info@lollihotel.it – Fax 01 84 54 15 74 – Chiuso dal 4 novembre al 20 dicembre A **s**

51 cam – 58/120 € 65/160 €, 10 € – ½ P 55/94 €

Rist – Carta 25/48 €

◆ Direttamente sulla mitica Passeggiata Imperatrice, il fascino del periodo Liberty rivive in quest'albergo dagli interni rinnovati e dalle stanze con graziosa atmosfera. Accattivante e piacevolissimo roof-restaurant con vista mare.

Villa Mafalda senza rist

corso Nuvoloni 18 – 01 84 57 25 72 – villamafalda@libero.it – Fax 01 84 57 25 74 – Chiuso da ottobre al 20 dicembre A **c**

34 cam – 110/130 €, 11 €

◆ Un bell'edificio di epoca Liberty, con una facciata colorata e ricca di decorazioni, ubicato nella parte alta della cittadina, alle spalle della passeggiata a mare.

Paradiso

rist, 45,

via Roccasterone 12 – 01 84 57 12 11 – paradisohotel@sistel.it – Fax 01 84 57 81 76 A **g**

41 cam – 75/95 € 105/130 €, 14 € – ½ P 95/110 € – **Rist** – Carta 30/39 €

◆ Un hotel di antiche tradizioni, inserito in una bella struttura di inizio secolo scorso e posizionato nella parte alta e verdeggiante di San Remo; quieto, confortevole. Spaziosa sala ristorante affacciata sul verde.

Eveline-Portosole senza rist

corso Cavallotti 111 – ✆ 01 84 50 34 30 – hotel@evelineportosole.com – Fax 01 84 50 34 31 – Chiuso dal 7 al 21 gennaio e due settimane in luglio

21 cam – 100/180 € 140/250 € B **c**

◆ Hotel curato e personalizzato negli arredi interni con tocchi romantici e familiari; le cinque camere "hammam" e "japan" aprono spunti per un vero viaggio nel viaggio.

Bobby Executive

corso Marconi 208, per ② : 2 km – ✆ 01 84 66 02 55 – htlbobby@sistel.it – Fax 01 84 66 02 96 – Chiuso dal 15 ottobre al 27 dicembre

96 cam – 120/160 € 125/170 € – ½ P 97/100 € – **Rist** – Carta 32/51 €

◆ La bella e moderna hall, frutto di una recente ristrutturazione, introduce ad un hotel che dispone di una settantina di camere assai confortevoli. Posizione trafficata. Al ristorante, legno e proposte di cucina classica.

Bel Soggiorno

corso Matuzia 41 – ✆ 01 84 66 76 31 – info@belsoggiorno.net – Fax 01 84 66 74 71 A **m**

36 cam – 55/97 € 80/164 € – **Rist** – Menu 20/30 €

◆ A un centinaio di metri dal mare, a pochi passi dal centro e dal Casinò, una bella struttura d'epoca, esternamente rosa, ben tenuta e da poco rinnovata in ogni settore. Ampia sala da pranzo con pavimento in parquet, stucchi e decorazioni.

Eletto rist,

via Matteotti 44 – ✆ 01 84 53 15 48 – info@elettohotel.it – Fax 01 84 53 15 06 B **u**

23 cam – 50/70 € 60/85 €, 8 € – ½ P 75 € – **Rist** – *(chiuso novembre)* Menu 20/30 €

◆ Una risorsa semplice, familiare e soprattutto centralissima, nei pressi del Casinò e del Teatro Ariston; con comodo parcheggio, offre spazi completi e ben tenuti.

Paolo e Barbara (Masieri) 10,

via Roma 47 – ✆ 01 84 53 16 53 – paolobarbara@libero.it – Fax 01 84 54 52 66 – Chiuso dal 13 al 28 dicembre, dal 22 al 27 gennaio, mercoledì e giovedì; dal 1° luglio al 6 agosto aperto venerdì, sabato e domenica sera. B **p**

Rist – Carta 72/112 €

Spec. Selezione di pesce crudo in stile mediterraneo. Cappon magro (autunno-primavera). Gamberi di san Remo fiammeggiati al whisky.

◆ Una piccola bomboniera di raffinatezze, culinarie e non. Marito in sala e moglie in cucina, i piatti liguri sono più che rielaborati, quasi reinventati in nuove creazioni.

Da Vittorio 26,

piazza Bresca 16 – ✆ 01 84 50 19 24 – Fax 01 84 50 19 24 – Chiuso dal 10 al 30 novembre e lunedì B **d**

Rist – Carta 43/65 €

◆ A pochi passi dal porto, un locale sempre sulla cresta dell'onda nella cittadina rivierasca; sito all'interno di una vecchia stalla, offre cucina prettamente marinara.

Tony's 22,

corso Garibaldi 130 – ✆ 01 84 50 46 09 – Fax 01 84 50 46 09 – Chiuso ottobre e mercoledì – **Rist** – Carta 28/46 € (+10 %) B **a**

◆ Accogliente, con interni moderni e confortevoli, un ristorante ove troverete proposte di stampo tradizionale, ligure, e classiche in genere; possibilità di pizza.

Vela d'Oro

via Gaudio 9 – ✆ 01 84 50 43 02 – Fax 01 84 50 43 02 – Chiuso dal 28 gennaio all'8 febbraio, dal 10 al 21 giugno e domenica escluso luglio e agosto B **e**

Rist – (consigliata la prenotazione) Carta 31/56 €

◆ Pochi tavoli sistemati in un ambiente dal taglio moderno, molto curato e personalizzato pur nella semplicità; nell'area storica, specialità marinare e della casa.

Ulisse

via Padre Semeria 620, (a Coldirodi) – ✆ 01 84 67 03 38 – Fax 01 84 67 04 11 – Chiuso martedì e a mezzogiorno escluso sabato e domenica

Rist – Carta 31/61 €

◆ La grande casa ospita una capiente sala dalle ampie vetrate ed un dehors dove gustare una fragrante cucina di mare, ricette tradizionali e regionali nonchè piatti stagionali.

a Bussana Est : 5,5 km – ✉ 18038

XX **La Kambusa**

via al Mare 87 – ✆ 01 84 51 45 37 – Fax 01 84 51 45 37 – Chiuso dall' 8 al 15 gennaio, dal 19 settembre al 12 ottobre, mercoledì e a mezzogiorno
Rist – Carta 36/53 €
◆ Proposte di mare e di terra, sia con radici nel territorio che nel filone invece più classico, da gustare fronte mare; interni graziosi e gestione appassionata.

SAN ROCCO – Genova – Vedere Camogli

SAN SALVO – Chieti (CH) – 563 P26 – 17 667 ab. – alt. 106 m – ✉ 66050 2 D2

Roma 280 – Pescara 83 – Campobasso 90 – Termoli 31

a San Salvo Marina Nord-Est : 4,5 km – ✉ 66050 – SAN SALVO MARINA

XX **Falcon's**

complesso le Nereidi – ✆ 08 73 80 34 31 – Chiuso dal 24 dicembre al 2 gennaio, domenica sera e lunedì
Rist – (consigliata la prenotazione) Carta 25/46 €
◆ Curiosa ubicazione per questo locale all'interno di un complesso residenziale; pochi tavoli, una gestione familiare e, ogni giorno, piatti con prodotti marini.

SAN SANO – Siena – Vedere Gaiole in Chianti

SAN SAVINO – Ascoli Piceno – 563 M23 – Vedere Ripatransone

SANSEPOLCRO – Arezzo (AR) – 563 L18 – 15 863 ab. – alt. 330 m – ✉ 52037

Toscana 29 D2

Roma 258 – Rimini 91 – Arezzo 39 – Firenze 114 – Perugia 69 – Urbino 71

Museo Civico★★ : opere★★★ di Piero della Francesca – Deposizione★ nella chiesa di San Lorenzo – Case antiche★

Borgo Palace Hotel 350,

via Senese Aretina 80 – ✆ 05 75 73 60 50 – palace@borgopalace.it – Fax 05 75 74 03 41
75 cam – 83 € 125 € – ½ P 79 €
Rist *Il Borghetto* – *(chiuso agosto)* Carta 27/36 €
◆ Alle porte della città, una moderna struttura con due ascensori panoramici. Interni di sapore neoclassico con camere di confort avvolgente, nulla a che vedere con l'esterno! Sala ristorante ricca di tendaggi, specchi ed ornamenti.

La Balestra 150,

via Montefeltro 29 – ✆ 05 75 73 51 51 – balestra@labalestra.it – Fax 05 75 74 02 82
52 cam – 66 € 92 € – ½ P 64 €
Rist *La Balestra* – *(chiuso dal 23 luglio al 7 agosto e domenica sera)* Carta 19/32 €
◆ Arredi e confort di tipo classico, conduzione diretta e professionale a connotare questo valido punto di riferimento nella località, appena fuori dal centro storico. Ristorante dotato anche di spazio all'aperto.

Relais Palazzo di Luglio città e Val Tiberina,

frazione Cignano 35, Nord-Ovest : 2 km – ✆ 05 75 75 00 26 – info@relaispalazzodiluglio.com – Fax 05 75 75 98 92 – Chiuso dal 10 al 20 gennaio
4 cam – 110/130 € – 10 suites – 150/250 € – **Rist** – (solo per alloggiati) Carta 35/50 €
◆ Sulle prime colline intorno al paese, aristocratica villa seicentesca un tempo adibita a soggiorni estivi in campagna. Spazi, eleganza e storia si ripropongono immutati.

XX **Oroscopo di Paola e Marco** con cam

via Togliatti 68, località Pieve Vecchia Nord-Ovest : 1 km – ✆ 05 75 73 48 75 – info@relaisoroscopo.com – Fax 05 75 75 93 88 – Chiuso dal 2 al 10 gennaio

12 cam – 50/60 € 80/90 € – ½ P 65/75 € – **Rist** – *(chiuso dal 20 giugno al 10 luglio, domenica e a mezzogiorno)* Carta 25/59 €

◆ Nella patria di Piero della Francesca, due giovani coniugi hanno creato questo elegante nido in cui poter anche pernottare ma, soprattutto, assaporare piatti creativi.

X **Fiorentino** 10/20,

via Luca Pacioli 60 – ✆ 05 75 74 20 33 – a.uccellini@tiscali.it – Fax 05 75 74 20 33 – Chiuso una settimana in novembre, una in febbraio, dal 24 al 31 luglio e mercoledì

Rist – Carta 24/36 €

◆ Gestione con cinquant'anni di mestiere che si adopera con professionalità e abilità per accogliere al meglio i propri ospiti in un locale che di anni ne ha circa duecento.

X **Da Ventura** con cam

via Aggiunti 30 – ✆ 05 75 74 25 60 – Fax 05 75 75 95 00 – Chiuso dall'8 al 20 gennaio, dal 1° al 20 agosto, domenica sera e lunedì

7 cam – 29 € 47 €, 4 € – ½ P 40/42 € – **Rist** – Carta 24/35 €

◆ Locale tradizionale, con andamento familiare e ambiente rustico, ben curato; offre una cucina legata al territorio, con bolliti, arrosti, funghi e tartufi in stagione. Al piano superiore, camere pemplici e con parquet.

SAN SEVERINO LUCANO – Potenza (PZ) – 564 G30 – 1 868 ab. – alt. 884 m – ✉ 85030 4 C3

Roma 406 – Cosenza 152 – Potenza 113 – Matera 139 – Sapri 90 – Taranto 142

Paradiso ← monti del Pollino, rist, 240,

via San Vincenzo – ✆ 09 73 57 65 86 – info@hotelparadiso.info – Fax 09 73 57 65 87

62 cam – 62 € 94 € – **Rist** – Carta 19/28 €

◆ Ideale punto di partenza per gite, motorizzate, a piedi o a cavallo, nel Parco del Pollino; una risorsa ben dotata di strutture sportive all'aperto. Camere semplici. Immersi tra natura ancora vera, una sosta gastronomica lucana.

SAN SEVERINO MARCHE – Macerata (MC) – 563 M21 – 13 213 ab. – alt. 343 m – ✉ 62027 21 C2

Roma 228 – Ancona 72 – Foligno 71 – Macerata 30

Palazzo Servanzi Confidati senza rist 300,

via Cesare Battisti 13/15 – ✆ 07 33 63 35 51 – info@servanzi.it – Fax 07 33 63 34 09 – Chiuso dal 22 al 28 dicembre

23 cam – 60 € 93 €

◆ Centrale e aristocratico palazzo settecentesco, magnifica corte interna coperta con lucernario e trasformata in hall, i ballatoi conducono nelle camere in arte "povera".

XX **Locanda Salimbeni** con cam 40,

strada statale 361, Ovest : 4 km – ✆ 07 33 63 40 47 – info@locandasalimbeni.it – Fax 07 33 63 39 01

9 cam – 52 € 65 € – ½ P 52 € – **Rist** – *(chiuso lunedì)* Carta 22/36 €

◆ Oriundi di S. Severino, i fratelli Salimbeni, fra gli artisti più notevoli del '400, danno nome al locale ove l'arte è rievocata sui muri e le Marche rivivono nei piatti. Arredi in stile e letti in ferro battulo nelle camere.

XX **Due Torri** con cam

via San Francesco 21 – ✆ 07 33 64 54 19 – info@duetorri.it – Fax 07 33 64 51 39 – Chiuso dal 20 al 26 dicembre e dal 20 al 30 giugno

14 cam – 50/55 € 60/65 € – ½ P 50/55 € – **Rist** – *(chiuso domenica sera e lunedì)* Carta 21/28 €

◆ Nella parte più alta e vecchia del paese, vicino al castello, proposte culinarie selezionate con cura, una cucina familiare alla scoperta delle fragranze del territorio. Camere semplici ed essenziali, per un soggiorno nella tranquillità.

SAN SEVERO – Foggia (FG) – 564 B28 – 55 700 ab. – alt. 89 m – ✉ 71016 26 A1

Roma 320 – Foggia 36 – Bari 153 – Monte Sant'Angelo 57 – Pescara 151

La Fossa del Grano

via Minuziano 63 – ✆ 08 82 24 11 22 – lafossadelgrano@tin.it – Chiuso dall'8 al 21 agosto, Natale, Pasqua, sabato e domenica in luglio-agosto, domenica sera e martedì negli altri mesi

Rist – Carta 28/41 €

◆ Lungo l'arteria centrale della zona storica della località, piacevole ristorante a conduzione familiare con soffitto a volta in mattoni. Cucina pugliese con ottimi antipasti.

SAN SIRO – Mantova – Vedere San Benedetto Po

SANTA BARBARA – Trieste – Vedere Muggia

SANTA CATERINA VALFURVA – Sondrio (SO) – 561 C13 – alt. 1 738 m – Sport invernali : *1 738/2 727 m* 2 6, – ✉ 23030 17 C1

Roma 776 – Sondrio 77 – Bolzano 136 – Bormio 13 – Milano 215 – Passo dello Stelvio 33

Baita Fiorita di Deborah rist,

via Frodolfo 3 – ✆ 03 42 92 51 19 – deborah@valtline.it – Fax 03 42 92 50 50 – Chiuso maggio e novembre

22 cam – 130/260 € – ½ P 160 € – **Rist** – Carta 38/69 €

◆ Albergo centrale, di antica tradizione, ristrutturato con buon gusto ed eleganza. A condurlo, la famiglia della grande campionessa di sci. Fra romanticismo e comodità. Al ristorante legni, decorazioni e specialità valtellinesi.

Santa Caterina

via Freita 9 – ✆ 03 42 92 51 23 – info@hotelsantacaterina.net – Fax 03 42 92 51 10 – Dicembre-aprile e 20 giugno-20 settembre

36 cam – 70/100 €, 10 € – ½ P 45/85 € – **Rist** – (solo per alloggiati) Menu 25 €

◆ Una posizione tranquilla e comoda, ai piedi delle piste, per questo albergo che offre dei validi spazi comuni, curati e ideali per rilassarsi, e camere dotate di confort.

Nordik

via Frodolfo 16 – ✆ 03 42 93 53 00 – info@nordik.it – Fax 03 42 93 54 07 – Chiuso dal 1° maggio al 15 giugno e dal 15 settembre al 30 novembre

27 cam – 80/120 € – ½ P 46/90 € – **Rist** – Menu 15/30 €

◆ Di recente costruzione, una vasta casa di montagna, ideale per un soggiorno all'insegna dell'ospitalità e del confort; gradevole essenzialità e atmosfera familiare. Una cucina semplice, casereccia, da gustare al sobrio ristorante.

SANTA CATERINA VILLARMOSA – Caltanissetta – 565 O24 – Vedere Sicilia alla fine dell'elenco alfabetico

SANTA CESAREA TERME – Lecce (LE) – 564 G37 – 3 057 ab. – alt. 94 m – ✉ 73020 27 D3

Roma 633 – Bari 203 – Lecce 49

via Roma 209 ✆ 0836 944046, Fax 0836 944043

Alizè rist,

via Paolo Borsellino – ✆ 08 36 94 40 41 – info@hotelalize.it – Fax 08 36 94 40 34 – Maggio-ottobre

56 cam – 56/79 € 84/130 € – ½ P 80/88 € – **Rist** – Menu 15/30 €

◆ In posizione panoramica e poco distante dal centro, un hotel con eco architettoniche arabeggianti, luminose aree comuni, camere sobrie negli arredi, solarium e piscina. Al ristorante, la classica e gustosa cucina del bel Paese.

SANTA CRISTINA – Perugia – 563 M19 – Vedere Gubbio

SANTA CRISTINA VALGARDENA (ST. CHRISTINA IN GRÖDEN) – Bolzano / Bozen (BZ) – 562 C17 – 1 770 ab. – alt. 1 428 m – Sport invernali : *1 428/2 518 m* 8 36 *(Comprensorio Dolomiti superski Val Gardena)* – ✉ 39047 Italia 31 **C2**

Roma 681 – Bolzano 41 – Cortina d'Ampezzo 75 – Milano 338 – Trento 99

strada Chemun 9 ✆ 0471 793046, s.cristina@valgardena.it, Fax 0471 793198

Interski
< Sassolungo e vallata,

strada Cisles 51 – ✆ 04 71 79 34 60 – info@hotel-interski.com – Fax 04 71 79 33 91 – 4 dicembre-15 aprile e 15 giugno-15 ottobre

27 cam – 65/140 € 100/290 € – 1 suite – ½ P 150 € – **Rist** – *(chiuso a mezzogiorno)* (solo per alloggiati)

♦ Un completo rinnovo, piuttosto recente, connota questo albergo, già gradevolissimo dall'esterno; stanze di ottimo confort, con legno chiaro e un panorama di raro fascino.

Geier senza rist
<

via Chemun 36 – ✆ 04 71 79 33 70 – garni-geier@valgardena.com – Fax 04 71 79 33 70 – Chiuso maggio e novembre – **8 cam** – 64/106 €

♦ Una risorsa che si fa apprezzare innanzitutto per la cordialità della famiglia che la gestisce. Stile sobrio, ma con accessori e dotazioni di buon livello. Camere con parquet.

all'arrivo della funivia Ruacia Sochers Sud-Est : 10 mn di funivia – alt. 1 985 m

Sochers Club
< Sassolungo,

✉ 39048 Selva di Val Gardena – ✆ 04 71 79 21 01 – sochers@hotelsochers.com – Fax 04 71 79 35 37 – Dicembre-marzo

24 cam – solo ½ P 192/242 € – **Rist** – (solo per alloggiati)

♦ Direttamente sulla mitica pista 'Saslong', un hotel ideale per una vacanza "ski-total"; si propone come un insieme elegante, con camere di diverse dimensioni, confortevoli. Bella sala da pranzo con finestre affacciate sulle piste.

sulla strada statale 242 Ovest : 2 km :

Diamant Sport & Wellness
< Sassolungo e pinete, rist, 50,

via Skasa 1 ✉ 39047 – ✆ 04 71 79 67 80 – info@hoteldiamant.it – Fax 04 71 79 35 80 – 6 dicembre-15 aprile e giugno-15 ottobre

38 cam – 2 suites – solo ½ P 100/180 € – **Rist** – (solo per allogiati)

♦ Una grande struttura, affacciata su una strada, ma con stanze ben posizionate e un giardino sul retro che assicura la quiete; centro benessere e numerosi altri servizi. Al piano terra il ristorante, dove apprezzare la cucina classica.

SANTA DOMENICA – Vibo Valentia – 564 L29 – Vedere Tropea

SANTA FIORA – Grosseto (GR) – 563 N16 – 2 799 ab. – alt. 687 m – ✉ 58037 29 **C3**

Roma 189 – Grosseto 67 – Siena 84 – Viterbo 75

piazza Garibaldi 39 ✆ 0564 977036

Il Barilotto

via Carolina 24 – ✆ 05 64 97 70 89 – Chiuso dal 25 giugno al 1° luglio, dall'8 novembre all' 8 dicembre e mercoledì

Rist – Carta 21/23 €

♦ Atmosfera e andamento familiari, nel centro storico del paese; piatti del territorio che hanno il proprio punto forte nel periodo autunnale, con funghi e tartufi.

SANTA FLAVIA – Palermo – 565 M22 – Vedere Sicilia alla fine dell'elenco alfabetico

SANT'AGATA DE' GOTI – Benevento (BN) – 564 D25 – 11 479 ab. – alt. 159 m – ✉ 82019 6 **B1**

Roma 220 – Napoli 48 – Benevento 35 – Latina 36 – Salerno 79

Agriturismo Mustilli
cam, 100,

piazza Trento 4 – ✆ 08 23 71 81 42 – info@mustilli.com – Fax 08 23 71 76 19

6 cam – 55 € 80 € – 1 suite – ½ P 65 € – **Rist** – *(chiuso dal 24 al 31 dicembre)* (prenotazione obbligatoria) Menu 25/30 €

♦ E' magica la combinazione di fascino, storia e cordiale accoglienza familiare in questa elegante dimora nobiliare settecentesca, in pieno centro, gestita con cura e passione. Per i pasti il ristorante con cucina casalinga o il wine bar.

SANT'AGATA SUI DUE GOLFI – Napoli (NA) – 564 F25 – alt. 391 m – ✉ 80064

Italia 6 **B2**

Roma 266 – Napoli 55 – Castellammare di Stabia 28 – Salerno 56 – Sorrento 9

Penisola Sorrentina★★ (circuito di 33 km) : ≤★★ su Sorrento dal capo di Sorrento (1 h a piedi AR), ≤★★ sul golfo di Napoli dalla strada S 163

Sant'Agata

via dei Campi 8/A – ✆ 08 18 08 03 63 – info@hotelsantagata.com – Fax 08 15 33 07 49 – 15 marzo-ottobre

37 cam – †40/62 € ††70/87 € – ½ P 60/70 € – **Rist** – Carta 24/33 €

◆ Totalmente rinnovato in alcuni settori, in tempi piuttosto recenti, un confortevole albergo, comodissimo per spostarsi o soggiornare in Costiera; bel porticato esterno. Ambiente curato al ristorante: sale capienti con arredi piacevoli.

Don Alfonso 1890 (Iaccarino) con cam

rist,

corso Sant'Agata 11 – ✆ 08 18 78 00 26 – donalfonso@relaischateaux.com – Fax 08 15 33 02 26 – Chiuso sino a marzo

5 suites – ††220 € – **Rist** – *(chiuso lunedì e martedì a mezzogiorno da giugno a settembre, lunedì e martedì negli altri mesi)* Carta 88/118 €

Spec. Naif di astice e mozzarella con raviolo di barbabietole, pesca e bollicine (estate). Vesuvio di rigatoni. Soffiato di liquore di limoni.

◆ Ha inventato la cucina mediterranea quando intorno c'era il deserto, l'olio, i prodotti dell'orto e i sapori del sud. E' la porta della Campania e, forse, della felicità.

SANTA GIULIETTA – Pavia (PV) – 1 606 ab. – alt. 80 m – ✉ 27100 16 **B3**

Roma 545 – Piacenza 43 – Milano 56 – Pavia 22

a Castello Sud : 4 km – ✉ 27046 – Santa Giulietta

Conte di Carmagnola

via Castellana 7 – ✆ 03 83 89 90 02 – info@ilcontedicarmagnola.it – Fax 03 83 89 90 02 – Chiuso dal 1° al 7 gennaio, tre settimane in agosto, lunedì, martedì e a mezzogiorno escluso domenica e festivi

Rist – Carta 35/45 €

◆ E' un locale piuttosto decentrato, in una frazione della bassa pianura dell'Oltrepò Pavese. Ambienti eleganti e raffinati, terrazza panoramica per il servizio estivo.

SANT' AGNELLO – Napoli (NA) – 564 F25 – 8 744 ab. – ✉ 80065 6 **B2**

Roma 255 – Napoli 46 – Castellammare di Stabia 17 – Salerno 48 – Sorrento 2

a Sorrento, via De Maio 35 ✆ 081 8074033, info@sorrentotourism.com, Fax 081 8773397

Grand Hotel Cocumella

rist, 550,

via Cocumella 7 – ✆ 08 18 78 29 33 – info@cocumella.com – Fax 08 18 78 37 12 – Aprile-ottobre

46 cam – †330 € ††390 € – 7 suites – ½ P 255 €

Rist ***La Scintilla*** – *(chiuso a mezzogiorno dal 15 maggio ad agosto)* Carta 86/123 €

◆ La Penisola Sorrentina, il verde che lambisce la scogliera, un complesso raffinato e affascinante, ex convento gesuita, immerso in un giardino-agrumeto sul mare, con piscina. Verdi paesaggi dipinti sulle pareti abbelliscono la raffinata sala da pranzo.

Mediterraneo

60,

via Marion Crawford 85 – ✆ 08 18 78 13 52 – info@mediterraneosorrento.com – Fax 08 18 78 15 81 – 20 febbraio-20 novembre

70 cam – †150/210 € ††180/250 € – ½ P 105/150 €

Rist – Carta 55/75 €

◆ Fronte mare e abbellito da un ameno giardino con piscina, hotel storico ristrutturato che conserva l'immagine e il fascino di un tempo, offrendo confort adeguati al presente. Accomodatevi sulla bella terrazza panoramica per sorseggiare un cocktail o gustare una pizza oppure assaporare la cucina partenopea.

Caravel
corso Marion Crawford 61 – ☎ 08 18 78 29 55 – info@hotelcaravel.com – Fax 08 18 07 15 57 – Marzo-15 novembre
92 cam – 110 € 160 € – ½ P 90/110 € – **Rist** – (solo per alloggiati) Menu 22/34 €
♦ Nella zona residenziale della località, un hotel d'ispirazione classica, tranquillo e confortevole, con delle piacevoli aree comuni e una valida gestione.

Il Capanno
rione Cappuccini 58 – ☎ 08 18 78 24 53 – paolocapanno@tin.it – Fax 08 18 07 39 11 – Chiuso dal 7 dicembre al 28 febbraio e lunedì (escluso luglio-settembre)
Rist – Carta 24/36 € (+10 %)
♦ Una grande veranda, con un settore esclusivamente estivo, per gustare piatti campani con specialità di pesce, paste fresche e, di sera, anche pizze; conduzione familiare.

SANT' AGOSTINO – Ferrara (FE) – 562 H16 – 6 273 ab. – alt. 15 m – ✉ 44047 9 C2

Roma 428 – Bologna 46 – Ferrara 23 – Milano 220 – Modena 50 – Padova 91

Trattoria la Rosa
via del Bosco 2 – ☎ 053 28 40 98 – info@trattorialarosa1908.it – Fax 053 28 40 98 – Chiuso dal 1° all'11 gennaio, dal 31 luglio al 20 agosto, domenica sera, lunedì e da giugno ad agosto anche sabato a mezzogiorno
Rist – Carta 28/42 €
♦ Nato come trattoria all'inizio del secolo scorso, propone una cucina con i classici regionali, salumi e paste, proposti in un ambiente curiosamente moderno.

SANTA LIBERATA – Grosseto – 563 O15 – Vedere Porto Santo Stefano

SANTA LUCIA DEI MONTI – Verona – Vedere Valeggio sul Mincio

SANTA MARGHERITA – Cagliari – 566 K8 – Vedere Sardegna (Pula) alla fine dell'elenco alfabetico

SANTA MARGHERITA LIGURE – Genova (GE) – 561 J9 – 10 333 ab. – ✉ 16038 15 C2

Italia

Roma 480 – Genova 40 – Milano 166 – Parma 149 – Portofino 5 – La Spezia 82

via XXV Aprile 2/b ☎ 0185 287485, infoapttigullio@liguria.it, Fax 0185 283034

Penisola di Portofino★★★ per la strada panoramica★★ Sud – Strada panoramica★★ del golfo di Rapallo Nord

Imperiale Palace Hotel ← golfo, (riscaldata) 200,
via Pagana 19 – ☎ 01 85 28 89 91 – info@hotelimperiale.com – Fax 01 85 28 42 23 – 4 aprile-29 ottobre
86 cam – 320/400 € – 3 suites – ½ P 230/270 € – **Rist** – Carta 51/74 €
♦ Imponente struttura fine '800 a monte dell'Aurelia, ma con spiaggia privata; parco-giardino sul mare con piscina riscaldata e fascino di una pietra miliare dell'hotellerie. Suggestiva sala da pranzo: stucchi e decorazioni davvero unici; signorilità infinita.

Grand Hotel Miramare ← golfo, (riscaldata) rist, 400,
lungomare Milite Ignoto 30 – ☎ 01 85 28 70 13 – miramare@grandhotelmiramare.it – Fax 01 85 28 46 51
80 cam – 210/230 € 340/380 € – 4 suites – ½ P 210/230 €
Rist *Les Bougainvillées* – carta 40/70 €
♦ Un'icona dell'ospitalità di Santa: celebrità qui dall'inizio del secolo scorso, raffinatezza liberty e relax di lusso; parco fiorito, piscina e piccolo centro benessere. Prestigioso ristorante con occasionali pasti in terrazza.

Metropole rist, 150,
via Pagana 2 – ✆ 01 85 28 61 34 – hotel.metropole@metropole.it – Fax 01 85 28 34 95
59 cam – ♦100/127 € ♦♦174/224 € – 4 suites – ½ P 117/132 € – **Rist** – Carta 34/40 €
◆ Con un parco fiorito, digradante sul mare, e terrazze solatie, tutto il fascino di un hotel d'epoca e la piacevolezza di una grande professionalità unita all'accoglienza. Elegante sala ristorante dove gusterete anche piatti liguri di terra e di mare.

Continental golfo, rist,
via Pagana 8 – ✆ 01 85 28 65 12 – continental@hotel-continental.it – Fax 01 85 28 44 63 – Chiuso gennaio e febbraio
70 cam – ♦136 € ♦♦198 € – ½ P 135/147 € – **Rist** – Carta 30/50 €
◆ Hotel inizio secolo scorso con grande parco sul mare; lo caratterizza una conduzione attenta e signorile da parte della stessa famiglia, da sempre proprietaria della casa. La sala da pranzo è quasi un tutt'uno con la terrazza, grazie alle ampie vetrate aperte.

Jolanda rist, 40,
via Luisito Costa 6 – ✆ 01 85 28 75 13 – manager@hoteljolanda.it – Fax 01 85 28 47 63 – Chiuso da novembre al 20 dicembre
47 cam – ♦80/120 € ♦♦100/150 € – 3 suites – ½ P 70/95 € – **Rist** – (solo per alloggiati) Menu 22/32 €
◆ Rinnovatosi di recente, l'albergo gode di una posizione arretrata rispetto al mare, raggiungibile però in pochi minuti, e di un servizio attento. Bel centro benessere.

Laurin senza rist
lungomare Marconi 3 – ✆ 01 85 28 99 71 – info@laurinhotel.it
43 cam – ♦70/141 € ♦♦129/199 €
◆ Di fronte al grazioso porticciolo, l'hotel è dotato di una terrazza-solarium con piscina e di una raccolta area relax. Tutte le camere si affacciano al mare, alcune con balcone.

Minerva
via Maragliano 34/d – ✆ 01 85 28 60 73 – info@hminerva.it – Fax 01 85 28 16 97
35 cam – ♦68/110 € ♦♦96/160 € – **Rist** – Carta 27/42 €
◆ Ubicazione tranquilla, a pochi minuti a piedi dalla marina: una risorsa d'impostazione classica, condotta con professionalità, passione e attenzione per la clientela. Sala ristorante d'impronta moderna, cucina mediterranea.

Tigullio et de Milan rist,
viale Rainusso 3 – ✆ 01 85 28 74 55 – info@hoteltigullioetdemilan.it – Fax 01 85 28 18 60 – Chiuso da novembre al 26 dicembre
40 cam – ♦65/99 € ♦♦84/132 € – ½ P 70/94 € – **Rist** – (solo per alloggiati)
◆ Un albergo rinnovato nel corso degli ultimi anni; offre validi confort, strutture funzionali, ambienti signorili e resi piacevoli dalle tonalità azzurre, terrazza-solarium.

Fiorina
piazza Mazzini 26 – ✆ 01 85 28 75 17 – fiorinasml@libero.it – Fax 01 85 28 18 55 – Chiuso dal 16 ottobre al 23 dicembre
44 cam – ♦65/100 € ♦♦95/125 € – ½ P 90 € – **Rist** – *(chiuso dal 30 settembre al 23 dicembre e lunedì)* Carta 37/45 €
◆ Camere tutte ammodernate nel corso degli anni, semplici e funzionali, gestione familiare di lunga tradizione, clientela per lo più abituale; una classica risorsa di mare. Spaziosa sala da pranzo ricca di luce.

Fasce senza rist
via Bozzo 3 – ✆ 01 85 28 64 35 – hotelfasce@hotelfasce.it – Fax 01 85 28 35 80 – Chiuso gennaio e febbraio
18 cam – ♦100 € ♦♦113 €
◆ Un piccolo e ospitale albergo caratterizzato da una conduzione di grande esperienza che farà il possibile per farvi sentire a vostro agio; a pochi minuti dal mare.

Nuova Riviera senza rist
via Belvedere 10/2 – ✆ 01 85 28 74 03 – info@nuovariviera.com – Fax 01 85 28 74 03 – Chiuso dal 3 novembre al 26 dicembre
9 cam – ♦90 € ♦♦100 €
◆ In zona residenziale, non lontano dal mare, hotel a gestione prettamente familiare in un villino liberty del 1921; ampie camere dagli alti soffitti, essenziali, ma ben tenute.

Agriturismo Roberto Gnocchi rist, P
via Romana 53, località San Lorenzo della Costa, Ovest : 3 km – ✆ 01 85 28 34 31 – roberto.gnocchi@tin.it – Fax 01 85 28 34 31 – Maggio-15 ottobre
12 cam – 85 € 100 € – ½ P 70 € – **Rist** – *(chiuso a mezzogiorno)* (prenotare; solo per alloggiati) Menu 20 €
◆ E' come essere ospiti in una casa privata negli accoglienti interni di questa risorsa in posizione incantevole: vista del mare dalla terrazza-giardino, anche durante i pasti.

La Stalla 10, P VISA AE
via G. Pino 27, frazione Nozarego Sud-Ovest : 2 km – ✆ 01 85 28 94 47 – Fax 01 85 29 14 38 – Chiuso novembre e a mezzogiorno escluso (sabata-domenica)
Rist – Carta 57/83 €
◆ Ristorante esclusivo, caratteristico e accogliente, in posizione panoramica sulla collina; servizio estivo in terrazza con vista sul golfo del Tigullio e piatti locali.

L'Ardiciocca AC 30, VISA AE
via Maragliano 17 – ✆ 01 85 28 13 12 – ardiciocca@libero.it – Fax 01 85 28 13 12 – Chiuso lunedì, martedì e la sera da ottobre ad aprile, solo lunedì negli altri mesi
Rist – Carta 56/111 €
◆ A pochi passi dal mare, ben inserito nel centro storico, un locale piccolo e grazioso, non privo di eleganza. Grande competenza in cucina come in sala, menù innovativo.

Oca Bianca AC 28, VISA AE
via XXV Aprile 21 – ✆ 01 85 28 84 11 – info@ocabianca.it – Fax 01 85 28 84 11 – Chiuso dal 7 gennaio al 13 febbraio, lunedì e a mezzogiorno da martedìa giovedì
Rist – Carta 46/78 €
◆ Dedicato agli estimatori di tutto ciò che non è di mare, un locale con proposte di carni, verdure e formaggi, elaborati anche con fantasia; ambiente raccolto e piacevole.

Trattoria Cesarina VISA AE
via Mameli 2/c – ✆ 01 85 28 60 59 – Chiuso dal 20 dicembre a gennaio, martedì e in luglio-agosto anche a mezzogiorno
Rist – Carta 43/61 € (+10 %)
◆ Nel centro storico, elegante trattoria familiare che offre piatti di mare, liguri, legati alla disponibilità del mercato giornaliero; tavoli anche sotto un bel porticato.

L'Approdo da Felice AC VISA AE
via Cairoli 26 – ✆ 01 85 28 17 89 – Fax 01 85 28 17 89 – Chiuso dal 10 al 27 dicembre, marzo, lunedì e martedì a mezzogiorno
Rist – Carta 43/70 €
◆ Ristorante moderno e accogliente con spazi raccolti ma dotato anche di un piccolo giardino ombreggiato; troverete una cucina di mare basata sull'offerta quotidiana.

La Paranza VISA AE
via Ruffini 46 – ✆ 01 85 28 36 86 – Fax 01 85 28 23 39 – Chiuso dal 10 al 25 novembre e lunedì
Rist – Carta 35/49 €
◆ Una trattoria quasi di fronte al blu, tradizionale nelle sue offerte gastronomiche, a base di pesce elencate a voce dai proprietari; dispone di un'accogliente verandina.

SANTA MARIA – **Cuneo** – **Vedere La Morra**

SANTA MARIA = **AUFKIRCHEN** – **Bolzano** – **Vedere Dobbiaco**

SANTA MARIA – **Salerno** – **564** G26 – **Vedere Castellabate**

SANTA MARIA DEGLI ANGELI – **Perugia** – **563** M19 – **Vedere Assisi**

SANTA MARIA DELLA VERSA – **Pavia (PV)** – **561** H9 – **2 555 ab.** – **alt. 216 m** – ✉ **27047** 16 **B3**

Roma 554 – Piacenza 47 – Genova 128 – Milano 71 – Pavia 33

c/o Municipio ✆ 0385 278011

XX **Sasseo** < colline e vigneti, 15, P VISA AE

località Sasseo 3, Sud : 3 km – ✆ 03 85 27 85 63 – info@sasseo.com – Fax 03 85 27 85 63 – Chiuso dal 1° al 28 gennaio, 10 giorni in novembre, martedì a mezzogiorno e lunedì

Rist – Carta 31/44 €

◆ Ubicato fra i vigneti, un grande casolare ristrutturato ospita due confortevoli salette con camino arredate con gusto rustico-elegante, dove gustare una cucina fantasiosa.

XX **Al Ruinello** P VISA AE

località Ruinello Nord : 3 km – ✆ 03 85 79 81 64 – Fax 03 85 79 81 64 – Chiuso dal 10 al 22 gennaio, luglio, lunedì sera e martedì

Rist – (consigliata la prenotazione) Carta 27/35 €

◆ Sembra di essere a casa propria in questo piacevole ristorante a conduzione familiare, ricavato in una villetta privata; piatti del territorio, secondo la stagione.

SANTA MARIA DEL PIANO – Parma – Vedere Lesignano de' Bagni

SANTA MARIA DI LEUCA – Lecce – 564 H37 – Vedere Marina di Leuca

SANTA MARIA LA LONGA – Udine (UD) – 562 E21 – 2 380 ab. – alt. 39 m – ✉ 33050

11 **C2**

Roma 619 – Udine 17 – Trieste 56 – Venezia 112

a Tissano Nord-Ovest : 4 km – ✉ 33050 – Santa Maria La Longa

Villa di Tissano cam, P VISA

piazza Caimo 4 – ✆ 04 32 99 03 99 – info@villaditissano.it – Fax 04 32 99 04 35 – Chiuso dal 16 novembre al 14 dicembre e dal 6 gennaio al 14 marzo

23 cam – †45/85 € ††80/160 €

Rist *Osteria Villa di Tissano* – *(chiuso a mezzogiorno dal 15 dicembre al 5 gennaio)* Carta 25/31 €

◆ Antica villa settecentesca immersa in un grande parco: grandi saloni in stile, camere semplici, ma personalizzate e suggestivo dehors per la colazione. Proposte di piatti friulani nel ristorante della villa.

SANTA MARIA MADDALENA – Rovigo – 562H16 – Vedere Occhiobello

SANTA MARIA MAGGIORE – Verbano-Cusio-Ossala (VB) – 561 D7 – 1 225 ab. – alt. 816 m – Sport invernali : *a Piana di Vigezzo : 800/2 064 m* 1 4, – ✉ 28857

23 **C1**

Roma 715 – Stresa 50 – Domodossola 17 – Locarno 32 – Milano 139 – Novara 108 – Torino 182

piazza Risorgimento 5 ✆ 0324 95091, santamariamaggiore@distrettolaghi.it, Fax 0324 95091

Miramonti rist, 50, P VISA AE

piazzale Diaz 3 – ✆ 032 49 50 13 – info@almiramonti.com – Fax 032 49 42 83 – Chiuso novembre

11 cam – †53/60 € ††105/110 € – ½ P 61/75 € – **Rist** – Carta 32/46 €

◆ Un tipico stile montano per questa struttura posizionata nel centro della località e sviluppata su due corpi adiacenti. Troverete un'accoglienza familiare e signorile. La zona ristorante, come il bar, è dislocata nella parte "storica" dell'albergo.

XX **Le Colonne** VISA AE

via Benefattori 7 – ✆ 032 49 48 93 – Fax 032 49 81 32 – Chiuso Natale e mercoledì

Rist – (consigliata la prenotazione) Carta 36/51 €

◆ Nel piccolo centro storico della località, una coppia di grande esperienza gestisce questo ristorante sobrio e curato, dove viene proposta una cucina eclettica.

SANTA MARINELLA – Roma (RM) – 563 P17 – 16 376 ab. – ✉ 00058 12 A2

Roma 58 – Viterbo 65 – Aprilia 94 – Terni 124

Cavalluccio Marino rist, 100,

lungomare Marconi 64 – ✆ 07 66 53 48 88 – cavalluccio@roseshotels.it – Fax 07 66 53 48 66 – Chiuso dal 18 dicembre al 6 gennaio

32 cam – 116/136 € 150/170 € – ½ P 110/120 € – **Rist** – *(chiuso venerdì escluso giugno-settembre)* Carta 35/59 €

◆ Sul lungomare della località, un tipico hotel balneare rinnovato di recente, che si presenta come un punto di riferimento per godersi con stile vacanze "spiaggia e relax". Piatti tradizionali presso la raffinata sala interna o sulla romantica terrazza panoramica con vista sul mare.

SANT'AMBROGIO DI VALPOLICELLA – Verona (VR) – 562 F14 – 10 358 ab. – alt. 180 m – ✉ 37010 35 A3

Roma 511 – Verona 20 – Brescia 65 – Garda 19 – Milano 152 – Trento 80 – Venezia 136

Groto de Corgnan 6/20,

via Corgnano 41 – ✆ 04 57 73 13 72 – grotodecorgnan@libero.it – Fax 04 57 73 13 72 – Chiuso domenica e lunedì a mezzogiorno

Rist – Carta 34/46 €

◆ In una piacevole casa di paese, con un piccolo dehors, un ambiente decoroso e rallegrato dal camino; troverete cibi ancorati alla tradizione locale, ligi alle stagioni.

a San Giorgio Nord-Ovest : 1,5 km – ✉ 37010 – Sant'Ambrogio di Valpolicella

Dalla Rosa Alda con cam

strada Garibaldi 4 – ✆ 04 56 80 04 11 – dallaroasaalda@valpollicella.it – Fax 04 56 80 17 86 – Chiuso gennaio-febbraio

10 cam – 65/75 € 90/105 € – ½ P 60/80 € – **Rist** – *(chiuso domenica sera e lunedì escluso dal 21 giugno al 21 settembre)* Carta 29/50 €

◆ Recentemente ristrutturata ed ampliata, la trattoria propone una selezione di piatti e di vini del territorio, da gustare seguendo i sapienti consigli dei proprietari.

SANT'ANDREA – Livorno – 563 N12 – Vedere Elba (Isola d') : Marciana

SANT'ANDREA – Cagliari – 566 J9 – Vedere Sardegna (Quartu Sant'Elena) alla fine dell'elenco alfabetico

SANT'ANDREA BAGNI – Parma – 562 H12 – Vedere Medesano

SANT'ANGELO – Macerata – 563 M21 – Vedere Castelraimondo

SANT'ANGELO – Napoli – 564 E23 – Vedere Ischia (Isola d')

SANT'ANGELO IN COLLE – Siena – 563 N16 – Vedere Montalcino

SANT'ANGELO IN PONTANO – Macerata (MC) – 563 M22 – 1 509 ab. – alt. 473 m – ✉ 62020 21 C2

Roma 192 – Ascoli Piceno 65 – Ancona 119 – Macerata 29

Pippo e Gabriella

località contrada l'Immacolata 33 – ✆ 07 33 66 11 20 – pippoegabriella@libero.it – Fax 07 33 66 16 75 – Chiuso dal 10 gennaio al 10 febbraio, dal 3 al 9 luglio e lunedì

Rist – Carta 20/29 €

◆ Un'osteria molto semplice, in posizione tranquilla, dove vige un'atmosfera informale ma cortese e si possono gustare specialità regionali. Griglia in sala.

SANT'ANGELO LODIGIANO – Lodi (LO) – 561 G10 – 12 532 ab. – alt. 75 m – ✉ 26866 16 B3

Roma 544 – Piacenza 43 – Lodi 12 – Milano 38 – Pavia 24

San Rocco

via Cavour 19 – ✆ 037 19 07 29 – info@sanroccoristhotel.it – Fax 03 71 21 02 42 – Chiuso dal 1° al 7 gennaio e agosto

16 cam – †56 € ††76 €, ☕ 5 € – ½ P 54 € – **Rist** – *(chiuso domenica sera e lunedì)* Carta 18/28 €

◆ Piccolo albergo nel centro della località. E' gestito dalla stessa famiglia da tre generazioni. Le camere, quasi tutte rinnovate di recente, offrono un buon confort. La cucina propone piatti della tradizione locale.

SANT'ANNA – Cuneo – Vedere Roccabruna

SANT'ANNA – Como – Vedere Argegno

SANT'ANTIOCO – Cagliari – 566 J7 – Vedere Sardegna alla fine dell'elenco alfabetico

SANT'ANTONIO DI MAVIGNOLA – Trento – Vedere Pinzolo

L'indicazione «Rist» in rosso evidenzia le strutture a cui abbiamo assegnato un riconoscimento: ✿ (stella) o ☺ (Bib Gourmand).

SANTARCANGELO DI ROMAGNA – Rimini (RN) – 562 J19 – 19 807 ab. – alt. 42 m – ✉ 47822 9 D2

Roma 345 – Rimini 10 – Bologna 104 – Forlì 43 – Milano 315 – Ravenna 53

via Cesare Battisti 5 ✆ 0541 624270, iat@comune.santarcangelo.rn.itFax 0541 622570

Della Porta senza rist 80,

via Andrea Costa 85 – ✆ 05 41 62 21 52 – info@hoteldellaporta.com – Fax 05 41 62 21 68

22 cam ☕ – †52/78 € ††80/108 €

◆ Alle porte del suggestivo centro storico, piacevole equilibrio fra modernità e tradizione del buon tempo che fu; interni ben rifiniti, accoglienza familiare e ospitale.

Il Villino senza rist

via Ruggeri 48 – ✆ 05 41 68 59 59 – info@hotelilvillino.it – Fax 05 41 32 62 23

12 cam ☕ – †80/100 € ††100/140 €

◆ Villa padronale del Seicento i cui ambienti sono stati riportati all'antico splendore. Nelle camere sono stati posti mobili antichi provenienti da paesi di tutto il mondo.

Osteria la Sangiovesa

piazza Simone Balacchi 14 – ✆ 05 41 62 07 10 – sangiovesa@sangiovesa.it – Fax 05 41 62 08 54 – Chiuso Natale, 1° gennaio e a mezzogiorno

Rist – Carta 31/37 €

Rist *Osteria* – Carta 15/22 €

◆ Risorsa singolare che ospita contemporaneamente due differenti ristoranti. Sale rustico-eleganti con luci soffuse e giochi d'ombra, dove gustare piatti dai sapori ricercati. All'Osteria, invece, un ambiente più informale, semplice ed accogliente in cui domineranno salumi, formaggi e vino... di quello buono.

sulla strada statale 9 via Emilia Est : 2 km

San Clemente senza rist

via Ferrari 1 – ✆ 05 41 68 08 04 – info@infosanclemente.com – Fax 05 41 68 13 66 – Chiuso dal 22 al 27 dicembre

32 cam ☕ – †39/60 € ††68/120 €

◆ Lungo la via Emilia, un complesso inaugurato pochi anni or sono e progettato pensando soprattutto a chi viaggia per lavoro. Insieme curato, dotazioni complete.

a Montalbano Ovest: 6 km – ✉ 47822 – Santarcangelo di Romagna

Agriturismo Locanda Antiche Macine 50,
via Provinciale Sogliano 1540 – ✆ 05 41 62 71 61 – macine.montalbano@tin.it – Fax 05 41 68 65 62 – Chiuso dal 7 al 31 gennaio
9 cam – 55/70 € 90/110 € – 3 suites – **Rist** – *(chiuso lunedì)* Carta 26/40 €
◆ Immerso nel verde della campagna dell'entroterra riminese, una locanda calda ed accogliente dove godere di un soggiorno ricco di fascino, eleganza e ricercatezze.

SANTA REGINA – **Siena – Vedere Siena**

SANTA REPARATA – **Sassari – 566** D9 – **Vedere Sardegna (Santa Teresa Gallura) alla fine dell'elenco alfabetico**

SANTA SOFIA – **Forlì-Cesena (FC) – 562?P47K** 17 – **4 207 ab. – alt. 257 m – ✉ 47018** 9 **D3**

Roma 291 – Rimini 87 – Firenze 89 – Forlì 41 – Perugia 125

a Corniolo Sud-Ovest : 15 km – alt. 589 m – ✉ 47010

Leonardo
località Lago – ✆ 05 43 98 00 15 – info@hotelleonardo.net – Fax 05 43 98 00 15
19 cam – 30/72 € 40/92 € – ½ P 45/77 € – **Rist** – Carta 27/36 €
◆ Hotel situato fuori località, in una zona tranquilla di fianco al torrente con comodo giardino attrezzato per bimbi. Ambienti semplici e gestione familiare davvero calorosa. Due semplici sale ristorante, cucina familiare a base di prodotti locali.

SANTA TECLA – **Catania – 565** O27 – **Vedere Sicilia (Acireale) alla fine dell'elenco alfabetico**

SANTA TERESA GALLURA – **Sassari – 566** D9 – **Vedere Sardegna alla fine dell'elenco alfabetico**

SANTA TRADA DI CANNITELLO – **Reggio di Calabria – 564** M29 – **Vedere Villa San Giovanni**

SANTA VITTORIA D'ALBA – **Cuneo (CN) – 561** H5 – **2 506 ab. – alt. 346 m – ✉ 12069** 25 **C2**

Roma 655 – Cuneo 55 – Torino 57 – Alba 10 – Asti 37 – Milano 163

Castello di Santa Vittoria 120,
via Cagna 4 – ✆ 01 72 47 81 98 – hotel@santavittoria.org – Fax 01 72 47 84 65
39 cam – 100 € 130/140 € – ½ P 95/100 €
Rist Al Castello – vedere selezione ristoranti
◆ Adiacente ad un'antica torre di avvistamento e difesa, in posizione dominante e con bella vista su Langhe e Roero, un elegante albergo con stanze sobrie, ma accoglienti.

Al Castello
via Cagna 4 – ✆ 01 72 47 81 47 – info@santavittoria.org – Fax 01 72 47 84 65 – Chiuso dal 1° al 7 gennaio e mercoledì a mezzogiorno
Rist – Carta 35/46 €
◆ Antichi affreschi che affiorano da pareti e soffitti, un nobile camino e arredi d'epoca per un ristorante raffinato e d'atmosfera; servizio estivo in terrazza, buona cantina.

SANT'ELIA – **Palermo – 565** N25 – **Vedere Sicilia (Santa Flavia) alla fine dell'elenco alfabetico**

SANT'ELPIDIO A MARE – Ascoli Piceno (AP) – 563 M23 – 15 740 ab. – alt. 251 m – ✉ 63019
21 **D2**

▶ Roma 267 – Ancona 49 – Ascoli Piceno 85 – Macerata 33 – Pescara 123

Il Melograno 15/20, VISA

via Gherardini 9 – ✆ 07 34 85 80 88 – info@ristoranteilmelograno.it – Fax 07 34 81 76 11 – Chiuso quindici giorni in agosto e martedì

Rist – Carta 25/41 €

♦ Un palazzo del Seicento in cui sorgono oggi ambienti ospitali, sulle calde tonalità dell'ocra e del bianco: per scoprire sapori casalinghi. Vista panoramica incantevole.

SAN TEODORO – Nuoro – 566 E11 – Vedere Sardegna alla fine dell'elenco alfabetico

SANT'ERACLIO – Perugia – 563 N20 – Vedere Foligno

SANT'ERMETE – Savona – 561 J7 – Vedere Vado Ligure

SANT'EUFEMIA DELLA FONTE – Brescia – Vedere Brescia

SANT'EUFEMIA LAMEZIA – Catanzaro – 564 K30 – Vedere Lamezia Terme

SANT'ILARIO D'ENZA – Reggio Emilia (RE) – 562 H13 – 10 001 ab. – alt. 58 m – ✉ 42049
8 **A3**

▶ Roma 444 – Parma 12 – Bologna 82 – Milano 134 – Verona 113

Forum 80, VISA AE

via Roma 4/A – ✆ 05 22 67 14 80 – info@forumhotel.it – Fax 05 22 67 14 75

54 cam – 60 € 100 € – ½ P 70 €

Rist L'Agorà – vedere selezione ristoranti

♦ Nell'ambito di una struttura che, dall'esterno, non offre il meglio di sé, e in cui sono ospitati anche uffici e negozi, hotel confortevole, ideale per clienti d'affari.

Prater 30, VISA AE

via Roma 39 – ✆ 05 22 67 23 75 – info@praterfood.it. – Fax 05 22 67 12 36 – Chiuso dal 1° al 25 agosto, sabato a mezzogiorno, domenica in giugno-luglio, mercoledì negli altri mesi

Rist – Carta 30/46 €

♦ Proposte radicate nella saga gastronomica di questa terra e accompagnate da una nutrita offerta di vini; da gustare in questo elegante locale in pieno centro storico.

L'Agorà – Hotel Forum 15, VISA AE

via Roma 4/B – ✆ 05 22 67 25 98 – Fax 05 22 67 25 98 – Chiuso dal 12 al 22 agosto e lunedì

Rist – Carta 29/45 €

♦ Vicino al cinema, un ambiente curato suddiviso in due luminose sale. Cucina che spazia dalle preparazioni tradizionali, a piatti più laboriosi a base di pesce.

SANT'OMOBONO IMAGNA – Bergamo (BG) – 561 E10 – 3 078 ab. – alt. 498 m – ✉ 24038
19 **C1**

▶ Roma 625 – Bergamo 23 – Lecco 39 – Milano 68

Villa delle Ortensie cam, rist, 60, VISA AE

viale alle Fonti 117 – ✆ 035 85 11 14 – info@villaortensie.com – Fax 035 85 11 48 – Chiuso dall'8 al 27 dicembre e dal 9 gennaio al 19 febbraio

39 cam – 97/108 € 164/186 € – ½ P 93/104 € – **Rist** – Carta 38/49 €

♦ In posizione leggermente rialzata rispetto al paese, entro una villa dell'800, una struttura notevole per dimensioni e servizi offerti, soprattutto in ambito salutistico. La cucina propone menù vegetariani, oltre a sapori locali.

XX **Posta**

viale Vittorio Veneto 169 – ✆ 035 85 11 34 – posta@frosioristoranti.it – Fax 035 85 11 34 – Chiuso dal 1° al 15 luglio e martedì (escluso dal 15 luglio al 15 settembre)

Rist – Carta 34/53 €

◆ Un piccolo ristorante composto da due sale, di taglio moderno, raggiungibili dopo aver superato il bar d'ingresso; vengono offerti cibi d'ispirazione fantasiosa.

XX **Taverna 800** 10,

località Mazzoleni – ✆ 035 85 11 62 – mirkomazzoleni@tiscali.it – Fax 035 85 11 62 – Chiuso due settimane in giugno e martedì

Rist – Carta 27/44 €

◆ Paste fatte in casa e altri piatti locali, serviti in ambiente rustico, con tocchi eleganti, arricchito da quadri, foto e arredi tipici di campagna; gestione familiare.

SANTO STEFANO AL MARE – Imperia (IM) – 561 K5 – 2 237 ab. – ✉ 18010

14 **A3**

Roma 628 – Imperia 18 – Milano 252 – San Remo 12 – Savona 83 – Torino 193

XX **La Riserva** 15/25,

via Roma 51 – ✆ 01 84 48 41 34 – karim.martini@libero.it – Fax 01 84 48 41 34 – Chiuso ottobre, lunedì (escluso agosto) da maggio a settembre, anche domenica sera negli altri mesi

Rist – Carta 37/50 €

◆ Sito nel centro della località, nei seminterrati di un edificio con origini risalenti al '400, un ambiente caratteristico per gustare menù liguri, soprattutto di mare.

X **La Cucina**

piazza Cavour 7 – ✆ 01 84 48 50 40 – Fax 01 84 48 50 40 – Chiuso dal 7 al 21 marzo, dal 5 al 20 novembre, lunedì e in luglio-agosto anche a mezzogiorno da lunedì a venerdì

Rist – Carta 27/39 €

◆ Un'unica saletta con volte a vela, proprio nella piazzetta della parte vecchia del paese; proposte locali, in prevalenza marinare, in un'atmosfera semplice e familiare.

SANTO STEFANO BELBO – Cuneo (CN) – 561 H6 – 3 996 ab. – alt. 175 m – ✉ 12058

25 **D2**

Roma 573 – Alessandria 48 – Genova 100 – Asti 26 – Torino 81

Relais San Maurizio ← colline, 120,

località San Maurizio 39, Ovest : 3 km – ✆ 01 41 84 19 00 – maurizio@relaischateaux.com – Fax 01 41 84 38 33 – Chiuso dall'8 gennaio al 1° marzo

22 cam – 260/360 € – 9 suites

Rist Il Ristorante di Guido da Costigliole – vedere selezione ristoranti

◆ Monastero del 1600 collocato sulla sommità della collina prospiciente il paese natale di Cesare Pavese. Interni con soffitti affrescati; nuovo centro benessere.

XXX **Il Ristorante di Guido da Costigliole** (Alciati) – Relais San Maurizio

località San Maurizio Ovest : 3 km – ✆ 01 41 84 44 55 – vinoevita@libero.it – Fax 01 41 84 40 01 – Chiuso dal 10 gennaio al 10 febbraio, martedì, mercoledì a mezzogiorno 10,

Rist – Carta 40/78 €

Spec. Vitello tonnato. Gli agnolotti di Lidia. Tiramisù 2005.

◆ In collina, uno dei punti panoramici delle Langhe, circondato da un bellissimo parco. Nelle ex cantine del monastero, cucina e prodotti langaroli con qualche piatto creativo.

SANTO STEFANO DI CADORE – Belluno (BL) – 562 C19 – 2 826 ab. – alt. 908 m – ✉ 32045

36 **C1**

Roma 653 – Cortina d'Ampezzo 45 – Belluno 62 – Lienz 78 – Villach 146 – Udine 104

piazza Roma 37 ✆ 0435 62230, santostefano@infodolomiti.it, Fax 043562077

Monaco Sport Hotel rist, **P**

via Lungo Piave 60 – ✆ 04 35 42 04 40 – info@monacosporthotel.com – Fax 043 56 22 18 – Chiuso dal 4 novembre al 7 dicembre e dal 30 marzo al 14 aprile

26 cam – 45/100 € 70/115 € – ½ P 45/80 € – **Rist** – *(chiuso domenica sera e lunedì)* Carta 23/35 €

◆ Fuori dal centro, oltre il fiume, un tipico albergo di montagna con un'atmosfera molto familiare e gradevoli aree comuni; camere semplici, confortevoli, e legno ovunque. Un'ampia sala ristorante e una più piccola e accogliente stube.

L'indicazione «Rist» in rosso evidenzia le strutture a cui abbiamo assegnato un riconoscimento: (stella) o (Bib Gourmand).

SAN TROVASO – Treviso – Vedere Preganziol

SANTUARIO – Vedere nome proprio del santuario

SAN VALENTINO ALLA MUTA (ST. VALENTIN AUF DER HAIDE) – Bolzano / Bozen (BZ) – 562 B13 – alt. 1 488 m – Sport invernali : *1 500/2 700 m 1 4,* – ✉ 39020

30 **A1**

Roma 733 – Sondrio 133 – Bolzano 96 – Milano 272 – Passo di Resia 10 – Trento 154

via Principale ✆ 0473 634603, st.valentin@suedtirol.com, Fax 0473 634713

Stocker cam, rist, cam, rist, **P**

via Principale 42 – ✆ 04 73 63 46 32 – g.stocker@rolmail.net – Fax 04 73 63 46 68 – 16 dicembre-Pasqua e maggio-20 ottobre

37 cam – 39/57 € 56/92 € – ½ P 48/60 € – **Rist** – *(chiuso lunedì)* Menu 14/20 €

◆ Bella casa di montagna a conduzione familiare, ampliata e rimodernata nel corso degli anni; offre camere di diversa tipologia, alcune completamente in legno. Una sala ristorante classica e una più calda e più tipica.

SAN VALENTINO IN ABRUZZO CITERIORE – Pescara (PE) – 563 P24 – 1 955 ab. – alt. 457 m – ✉ 65020

1 **B2**

Roma 185 – Pescara 40 – Chieti 28 – L'Aquila 76

Antichi Sapori 14, **P**

contrada Cerrone-Solcano 2, Nord : 2 km – ✆ 08 58 54 40 53 – antichisaporisnc@tin.it – Fax 08 58 54 40 53 – Chiuso lunedì

Rist – Carta 22/34 €

◆ Sotto all'omonimo bar, una sala curata d'ambiente rustico-classico. Il servizio cordiale propone una cucina abruzzese rivisitata e, solo di sera, il servizio pizzeria.

SAN VIGILIO = VIGILJOCH – Bolzano – 562 C15 – Vedere Lana

SAN VIGILIO DI MAREBBE (ST. VIGIL ENNEBERG) – Bolzano / Bozen (BZ) – 562 B17 – alt. 1 201 m – Sport invernali : *1 200/2 275m 18 13 (Comprensorio Dolomiti superski Plan de Corones)* – ✉ 39030 *Italia*

31 **C1**

Roma 724 – Cortina d'Ampezzo 54 – Bolzano 87 – Brunico 18 – Milano 386 – Trento 147

Str. Catarina Lanz 14 ✆ 0474 501037, info@sanvigilio.com, Fax 0474 501566

Excelsior Alpi di Sennes e Fanes, **P**

via Valiares 44 – ✆ 04 74 50 10 36 – info@myexcelsior.com – Fax 04 74 50 16 55 – Chiuso dal 21 aprile al 31 maggio

31 cam – 100/145 € 210/300 € – 5 suites – **Rist** – Carta 40/57 €

◆ In zona tranquilla e panoramica, un hotel già invitante dall'esterno, con bei balconi in legno e la nuova veranda; gradevoli spazi comuni interni, luminoso centro benessere. Legni chiari e massicci, per gustare specialità culinarie locali o più classiche.

Almhof-Hotel Call monti, rist, VISA

via Plazores 8 – ✆ 04 74 50 10 43 – info@almhof-call.com – Fax 04 74 50 15 69 – Chiuso dal 16 al 30 aprile e da novembre al 1° dicembre

36 cam – solo ½ P 135/145 € – **Rist** – Carta 39/52 €

◆ Un piacevolissimo rifugio montano, valido punto di riferimento per concedersi un soggiorno all'insegna della natura, del relax e del benessere, coccolati dal confort. Al ristorante per un curato momento dedicato al palato.

Al Sole rist, VISA

strada Catarina Lanz 8 – ✆ 04 74 50 10 12 – hotel@sonnen-hof.com – Fax 04 74 50 17 04 – Dicembre-aprile e luglio-ottobre

20 cam – †70 € ††130 € – ½ P 86/109 € – **Rist** – Carta 23/49 €

◆ Esternamente molto accattivante, con tanto legno lavorato e decorazioni, offre camere moderne e ospitali, con differenti tipologie e metrature; piacevoli spazi relax. Proposte e iniziative gastronomiche ispirate anche alla tradizione culinaria tirolese.

Monte Sella rist, VISA

strada Catarina Lanz 7 – ✆ 04 74 50 10 34 – info@monte-sella.com – Fax 04 74 50 17 14 – Dicembre-15 aprile e 15 giugno-settembre

30 cam – †90/115 € ††150/200 € – 5 suites – ½ P 95/120 € – **Rist** – (solo per alloggiati)

◆ Un'elegante casa d'inizio '900, uno degli hotel più vecchi della località, in cui si è cercato di mantenere il più possibile intatta l'atmosfera del buon tempo che fu.

Tabarel 15, VISA AE

via Catarina Lanz 28 – ✆ 04 74 50 12 10 – tabarel78@yahoo.com – Fax 04 74 50 65 78 – Dicembre-aprile e giugno-novembre

Rist – Carta 34/42 €

◆ Sulla piazza del paese questo locale vi darà la possibilità di scegliere: ambiente rustico-classico al bistrot per pranzi veloci oppure l'enoteca serale. Piatti ladini.

Fana Ladina VISA

strada Plan de Corones 10 – ✆ 04 74 50 11 75 – info@fanaladina.com – Fax 04 74 50 63 26 – Dicembre-18 aprile e 23 giugno-17 settembre

Rist – Carta 28/33 €

◆ In una delle case più antiche di San Vigilio questo ristorante offre proposte tipiche della cucina ladina in sale arredate con abbondanza di legno e con una graziosa stube.

SAN VINCENZO – Livorno (LI) – 563 M13 – 6 685 ab. – ✉ 57027 *Toscana* 28 **B2**

Roma 260 – Firenze 146 – Grosseto 73 – Livorno 60 – Piombino 21 – Siena 109

via della Torre ✆ 0565 701533, apt7sanvincenzo@costadeglietruschi.it, Fax 0565 706914

I Lecci Park Hotel 160, VISA AE

via della Principessa 116, Sud : 1,7 km – ✆ 05 65 70 41 11 – info@ilecci.net – Fax 05 65 70 32 24 – Aprile-14 ottobre

74 cam – solo ½ P 155/170 €

Rist *La Campigiana* – Carta 40/65 €

◆ All'interno di un grande parco sul mare con piscina e tennis, una confortevole struttura alberghiera, imponente, con varie possibilità di alloggio per le famiglie. Per i pasti ci si accomoda in spazi piacevoli, immersi nel verde.

Kon Tiki rist, VISA

via Umbria 2 – ✆ 05 65 70 17 14 – vacanze@kontiki.toscana.it – Fax 05 65 70 50 14 – Chiuso dal 15 dicembre al 15 gennaio

25 cam – †80/130 € ††100/150 € – ½ P 90/105 € – **Rist** – *(aprile-15 ottobre)* – Menu 20/30 €

◆ Nel nome, un omaggio alla famosa zattera norvegese che raggiunse la Polinesia: qui, tra il mare e le conifere, un po' isolato, un hotel semplice, con camere spaziose. Elegante sobrietà nello spazio ristorante.

Il Delfino senza rist VISA AE

via Cristoforo Colombo 15 – ✆ 05 65 70 11 79 – info@hotelildelfino.it – Fax 05 65 70 13 83

53 cam – †90/140 € ††110/150 €, 10 €

◆ Solo una strada poco trafficata la separa dal blu; una struttura con spazi comuni non immensi, ma pieni di luce, e stanze rinnovate negli ultimi anni, confortevoli.

Il Pino
via della Repubblica 19 – ✆ 05 65 70 16 49 – info@ilpino.li.it – Fax 05 65 70 16 49 – Pasqua-20 ottobre
25 cam – †60/95 € ††85/130 €, ☕ 9 € – ½ P 76/93 € – **Rist** – Carta 23/31 €
♦ Del tutto ristrutturato di recente, un albergo sito nella zona residenziale di San Vincenzo: un'area verde e tranquilla, ideale cornice per una casa familiare e semplice. Ristorante classico.

La Coccinella senza rist
via Indipendenza 1 – ✆ 05 65 70 17 94 – coccinella@infol.it – Fax 05 65 70 17 94 – 20 aprile-settembre
27 cam ☕ – †50/75 € ††80/125 €
♦ Indirizzo raccolto e semplice, con una gestione familiare e attenta; raggiungibile facilmente, lungo la strada che porta a Piombino; servizio spiaggia compresa nel prezzo.

Gambero Rosso (Pierangelini)
piazza della Vittoria 13 – ✆ 05 65 70 10 21 – Fax 05 65 70 45 42 – Chiuso dal 29 ottobre al 12 gennaio, lunedì e martedì
Rist – Carta 100/135 €
Spec. Zuppetta di burrata con ravioli di aringa. San Pietro con olive e peperoni. Maialino cinta senese al mirto.
♦ Affacciata sul porto, l'apparente semplicità della sala è una metafora della cucina: si nutrono di complessità ed eleganze nascoste. Piatti storici e continue innovazioni.

sulla strada per San Carlo Est : 2 km :

Dal Conte ← San Vincenzo e dintorni, 6,
strada San Bartolo 23/A ✉ 57027 – ✆ 05 65 70 54 30 – Fax 05 65 70 38 13 – Chiuso una settimana in novembre, tre settimane in gennaio e lunedì
Rist – Carta 37/58 €
♦ Una villetta là ove inizia la collina per San Carlo, un ambiente simpatico e giovanile, per sentirsi a casa propria; vista mozzafiato e sapori toscani, autentici.

SAN VITO AL TAGLIAMENTO – Pordenone (PN) – 562 E20 – 13 522 ab. – alt. 31 m – ✉ 33078

10 **B3**

Roma 600 – Udine 42 – Belluno 89 – Milano 339 – Trieste 109 – Venezia 89

Patriarca cam, rist, 180,
via Pascatti 6 – ✆ 04 34 87 55 55 – hotelpatriarca@hotelpatriarca.it – Fax 04 34 87 53 53
29 cam ☕ – †55/73 € ††86/110 € – ½ P 56/70 € – **Rist** – *(chiuso domenica)* Carta 21/33 €
♦ In prossimità delle mura e della Torre Raimonda, fatta erigere dal Patriarca a fine '200, un bell'edificio per un hotel centralissimo e confortevole; gestione familiare. Sala da pranzo classica: un comodo e gradevole punto di riferimento nella località.

SAN VITO DI CADORE – Belluno (BL) – 562 C18 – 1 745 ab. – alt. 1 010 m – Sport invernali : *1 100/1 536 m* 3 *(Comprensorio Dolomiti superski Cortina d'Ampezzo)* – ✉ 32046 *Italia*

36 **C1**

Roma 661 – Cortina d'Ampezzo 11 – Belluno 60 – Milano 403 – Treviso 121 – Venezia 150

via Nazionale 9 ✆ 0436 9119, sanvito@infodolomiti.it, Fax 0436 99345

Ladinia ← Dolomiti e pinete,
via Ladinia 14 – ✆ 04 36 89 04 50 – ladinia@sunrise.it – Fax 043 69 92 11 – 20 dicembre-20 aprile e 15 giugno-15 settembre
36 cam – †105 € ††190 €, ☕ 11 € – ½ P 75/130 € – **Rist** – (solo per alloggiati)
♦ Ben posizionato, nella parte alta e soleggiata della località, in zona tranquilla e panoramica, un hotel completo di ogni confort e con un validissimo centro benessere.

Nevada
corso Italia 26 – ✆ 04 36 89 04 00 – nevadah@tin.it – Fax 04 36 89 04 17 – 6 dicembre-Pasqua e 16 giugno-settembre
31 cam – †40/52 € ††60/94 €, ☕ 8 € – ½ P 42/90 € – **Rist** – Carta 23/29 €
♦ Una risorsa a conduzione familiare, semplice e curata, posizionata nel centro di San Vito, sulla strada per Cortina; dispone di camere spaziose e rinnovate di recente. Legno e tocchi di modernità al ristorante.

Rifugio Larin ← valle e dolomiti,
località Senes Ovest : 3 km – ✆ 04 36 91 12 – danilobettio@libero.it
– Giugno-settembre
Rist – Carta 22/34 €
◆ È un ristorante estivo questo rifugio panoramico raggiungibile anche in auto; ordinato e pulito, in carta presenta i semplici piatti della tradizione montana e cadorina.

SAN VITO DI LEGUZZANO – Vicenza (VI) – 562 E16 – 3 566 ab. – alt. 158 m – ✉ 36030

35 **B2**

Roma 540 – Verona 67 – Bassano del Grappa 38 – Padova 62 – Trento 70 – Venezia 97 – Vicenza 20

Antica Trattoria Due Mori con cam
via Rigobello 39 – ✆ 04 45 51 16 11 – rosaliasaccardo@libero.it
– Fax 04 45 67 16 35 – Chiuso agosto
10 cam – †55 € ††65 €, ☕ 11 € – **Rist** – *(chiuso lunedì)* Carta 27/34 €
◆ Una linea gastronomica basata sulla memoria veneta, con sfizioserie locali e alcune specialità della casa. Saga familiare e trattoria storica, in un edificio del '700.

SAN VITO LO CAPO – Trapani – 565 M20 – Vedere Sicilia alla fine dell'elenco alfabetico

---

SAN VITTORE DEL LAZIO – Frosinone (FR) – 563 R23 – 2 711 ab. – alt. 210 m – ✉ 03040

13 **D2**

Roma 137 – Frosinone 62 – Caserta 62 – Gaeta 65 – Isernia 38 – Napoli 91

All'Oliveto 20,
via Passeggeri – ✆ 07 76 33 52 26 – info@ristoranteallloliveto.com
– Fax 07 76 33 54 47 – Chiuso lunedì
Rist – Carta 29/40 €
◆ Proprio ai margini di questo bel paese, ingresso importante, fra ulivi e piante ben curate; servizio estivo all'aperto con vista sui colli e la vallata. Pesce, da Formia.

SAN ZENO DI MONTAGNA – Verona (VR) – 562 F14 – 1 328 ab. – alt. 590 m – ✉ 47015

35 **A2**

Roma 544 – Verona 46 – Garda 17 – Milano 168 – Riva del Garda 48 – Venezia 168

(giugno-settembre) via Cà Montagna ✆ 045 7285076, Fax 045 7285076

Diana ← cam,
via Cà Montagna 54 – ✆ 04 57 28 51 13 – info@finottihotels.it
– Fax 04 57 28 57 75 – Pasqua-ottobre
60 cam ☕ – ††90/110 € – ½ P 56/66 € – **Rist** – Carta 25/38 €
◆ Una grande struttura, immersa nel verde di un boschetto-giardino e con vista sul Lago di Garda, aggiornata di continuo in servizi e dotazioni; sport, relax e benessere. Dal ristorante ci si affaccia sulla verde quiete lacustre.

SAN ZENONE DEGLI EZZELINI – Treviso (TV) – 562 E17 – 6 860 ab. – alt. 117 m – ✉ 31020

35 **B2**

Roma 551 – Padova 53 – Belluno 71 – Milano 247 – Trento 96 – Treviso 39 – Venezia 89 – Vicenza 43

Alla Torre 14/20,
via Castellaro 25, località Sopracastello Nord : 2 km – ✆ 04 23 56 70 86
– allatorre@tiscali.it – Fax 04 23 56 70 86 – Chiuso dal 2 al 22 gennaio, dal 1° al 15 novembre, mercoledì a mezzogiorno e martedì
Rist – Carta 27/40 €
◆ Dell'antico maniero medievale resta oggi solo la torre, nelle vicinanze; servizio estivo sotto un pergolato con vista su colli. Sapori locali e qualche proposta di pesce.

Il rosso è il colore di chi sa distinguersi; i nostri punti di riferimento!

SAONARA – Padova (PD) – 562 F17 – 9 278 ab. – alt. 10 m – ✉ 35020 36 C3

Roma 498 – Padova 15 – Chioggia 35 – Milano 245 – Padova 12 – Venezia 40

Antica Trattoria al Bosco

via Valmarana 13 – ✆ 049 64 00 21 – anticatrattoriaalbosco@virgilio.it – Fax 04 98 79 08 41 – Chiuso dal 28 dicembre al 12 gennaio, dal 25 maggio al 5 giugno e martedì

Rist – Carta 23/39 €

◆ Tipica trattoria di campagna, a gestione familiare, con servizio estivo sotto un pergolato; cucina del territorio padovano, carni alla griglia e specialità di cavallo.

SAPPADA – Belluno (BL) – 562 C20 – 1 414 ab. – alt. 1 250 m – Sport invernali : *1 250/2 000 m 11,* – ✉ 32047 36 C1

Roma 680 – Udine 92 – Belluno 79 – Cortina d'Ampezzo 66 – Milano 422 – Tarvisio 110 – Venezia 169

borgata Bach 9 ✆ 0435 469131, sappada@infodolomiti.it, Fax 0435 66233

Haus Michaela ← monti, (riscaldata)

borgata Fontana 40 – ✆ 04 35 46 93 77 – info@hotelmichaela.com – Fax 043 56 61 31 – Dicembre-marzo e 20 maggio-settembre

18 cam – †55/70 € ††70/110 €, 11 € – ½ P 60/93 € – **Rist** – Carta 32/45 €

◆ In posizione soleggiata e decentrata, una casa di montagna completa di validi confort e offerte per il relax e il benessere; estrema cura dei particolari e della pulizia.

Bladen

borgata Bach 155 – ✆ 04 35 46 92 33 – info@hotelbladen.it – Fax 04 35 46 97 86

30 cam – †30/60 € ††60/120 € – ½ P 40/80 € – **Rist** – Carta 21/33 €

◆ In posizione centrale, rialzata e arretrata rispetto alla strada, questa costruzione al limitare del bosco si presenta con camere semplici, ma curate e rinnovate di recente. Particolarmente curata la cucina, con una ricca proposta di piatti locali.

Claudia senza rist

borgata Fontana 38 – ✆ 043 56 62 41 – Fax 04 35 46 61 54 – 20 dicembre-15 aprile e 20 giugno-15 settembre

13 cam – †70/80 € ††80/110 €

◆ Quasi una casa privata, calorosa e ospitale, per trascorrere un soggiorno coccolati e rilassati; un numero ristretto di camere, molto spaziose e ben accessoriate.

Cristina

borgata Hoffe 19 – ✆ 04 35 46 94 30 – info@albergocristina.it – Fax 04 35 46 97 11 – Chiuso dal 10 maggio al 25 giugno e ottobre-novembre

10 cam – †65 € ††100 €, 9 € – ½ P 70/80 € – **Rist** – *(chiuso lunedì escluso dicembre, luglio ed agosto)* Carta 23/38 €

◆ Tranquillo e solatio, cinto da un prato, un vecchio fienile oggi trasformato in hotel: una deliziosa facciata vi accoglie in ambiente semplice, intimo, con poche stanze. Legno scuro, soffitto decorato, tipico arredo montano, eccovi al ristorante!

Posta ← rist,

via Palù 22 – ✆ 04 35 46 91 16 – info@hotelpostasappada.com – Fax 04 35 46 95 77 – Chiuso maggio e novembre

17 cam – †32/50 € ††64/128 € – ½ P 45/75 € – **Rist** – Carta 18/44 €

◆ Qui troverete camere decorose e pulite, alcune delle quali con pareti perlinate, ben accessoriate; accoglienti le zone comuni, impreziosite dal legno. Piccola area relax. Una sala ristorante rallegrata dagli arredi e dalle rifiniture in legno chiaro.

Laite (Meroi)

Borgata Hoffe 10 – ✆ 04 35 46 90 70 – ristorantelaite@libero.it – Chiuso dal 10 al 30 giugno, dal 10 al 30 ottobre, mercoledì e giovedì a mezzogiorno (escluso agosto)

Rist – Carta 48/62 €

Spec. Vellutata di ricotta con raviolini farciti di gamberi di fiume. Lepre temperata. Tiramisù.

◆ Nella parte più tranquilla e autentica del paese, il calore delle stube si coniuga con una cucina creativa che conserva, in una mano femminile, l'amore per i sapori.

XX **Baita Mondschein**

via Bach 96 – ☎ 04 35 46 95 85 – Fax 04 35 46 95 59 – Chiuso dal 25 maggio al 25 giugno e dal 2 novembre al 2 dicembre

Rist – Carta 27/55 €

◆ Locale nel solco dell'atmosfera ospitale delle baite montane; a pochi metri dagli impianti di risalita, ideale anche per passeggiate estive. Molto curati i piatti di carne.

a Cima Sappada **Est : 4 km – alt. 1 295 m – ✉ 32047 – Sappada**

Belvedere

– ☎ 04 35 46 91 12 – info@hotelbelvedere.tiscali.it – Fax 043 56 62 10 – Dicembre-Pasqua e 20 giugno-20 settembre

16 cam ☕ – 🚹50/90 € 🚹🚹60/120 € – ½ P 48/82 € – **Rist** – Menu 28/35 €

◆ Sito nel centro di una pittoresca frazione, un hotel con belle balconate in legno; all'interno, un'accogliente atmosfera familiare. Ottime colazioni con torte fatte in casa. Presso la graziosa sala ristorante, le fragranze e i profumi della tradizione; nella bella stagione si organizzano anche grigliate in baita.

Bellavista ← monti e vallata,

via Cima 35 – ☎ 04 35 46 91 75 – info@albergobellavista.com – Fax 043 56 61 94 – Dicembre-15 aprile e 15 giugno-settembre

24 cam – 🚹38/83 € 🚹🚹50/110 €, ☕ 9 € – **Rist** – *(chiuso martedì)* Carta 25/30 €

◆ Leggermente sopraelevato rispetto al paesino, e praticamente sulle piste da sci, offre la possibilità di godersi una vacanza al sole, fra la quiete e il confort. Sala ristorante con finestre sul panorama esterno.

Agriturismo Voltan Haus senza rist

via Cima 65 ✉ 32047 Sappada – ☎ 043 56 61 68 – info@voltanhaus.it – Fax 043 56 61 68

6 cam ☕ – 🚹80/100 € 🚹🚹100/120 €

◆ Una abitazione d'epoca, interamente realizzata con materiali lignei, dispone di ambienti curati e suggestivi dove respirare la tradizione locale e gustare una ricca colazione.

SAPRI – Salerno (SA) – **564** G28 – **6 975 ab.** – ✉ **84073** 7 **D3**

Roma 407 – Potenza 131 – Castrovillari 94 – Napoli 201 – Salerno 150

Golfo di Policastro★★ Sud per la strada costiera

Pisacane ← rist, 60,

via Carlo Alberto 35 – ☎ 09 73 60 50 74 – info@hotelpisacane.it – Fax 09 73 60 48 74

16 cam ☕ – 🚹🚹100/150 € – ½ P 85/95 € – **Rist** – *(giugno-settembre)* Carta 25/42 €

◆ Di recente apertura, hotel di piccole dimensioni dotato di camere arredate con mobilio di tono moderno e decorate con ceramiche. Graziosa facciata con balconi fioriti. Ristorante con servizio estivo sulla curata terrazza.

Tirreno rist,

corso Italia 44 – ☎ 09 73 39 10 06 – hoteltirreno@libero.it – Fax 09 73 39 11 57

44 cam ☕ – 🚹40/95 € 🚹🚹50/130 € – ½ P 120 € – **Rist** – *(giugno-settembre)* Carta 34/42 €

◆ Accogliente piano terra, settore notte semplice, ma decoroso: un hotel che lavora non solo con clientela turistica, ma anche d'affari. Sul lungomare, fronte giardini. Al ristorante cucina cilentana e nazionale.

Mediterraneo ← rist,

via Verdi 15 – ☎ 09 73 39 17 74 – info@hotelmed.it – Fax 09 73 39 20 33 – Aprile-settembre

20 cam – 🚹100 € 🚹🚹120 €, ☕ 12 € – ½ P 120 € – **Rist** – Carta 30/40 €

◆ All'ingresso della località, direttamente sul mare, un albergo familiare, di recente rimodernato; dotato di parcheggio privato, costituisce una comoda e valida risorsa. Cucina da gustare in compagnia del mare, un'infinita distesa blu.

X **Lucifero**

corso Garibaldi I traversa – ☎ 09 73 60 30 33 – Fax 09 73 60 48 25 – Chiuso novembre e mercoledì escluso dal 15 luglio al 15 settembre

Rist – Carta 24/46 €

◆ Un locale con pizzeria serale, sito nel centro di Sapri; all'ingresso, una sala principale, poi, un secondo ambiente, più grande. Proposte locali e non, di pesce e carne.

SARCEDO – Vicenza (VI) – 562 E16 – 5 208 ab. – alt. 156 m – ✉ 36030 35 B2

Roma 541 – Padova 51 – Trento 82 – Treviso 61 – Vicenza 22

Casa Belmonte senza rist

via Belmonte 2 – ☎ 04 45 88 48 33 – info@casabelmonte.com – Fax 04 45 88 41 34

6 cam – 130/160 € 160/220 €

◆ Sulla collina Belmonte, in posizione panoramica e tranquilla, una casa colonica di fine '800 con piscina ed eleganti arredi; per un confort estremo sulle alture vicentine.

SARDEGNA (Isola) – 566 – Vedere alla fine dell'elenco alfabetico

SARENTINO (SARNTHEIN) – Bolzano / Bozen (BZ) – 562 C16 – 6 651 ab. – alt. 966 m – Sport invernali : *1 570/2 460 m 1 3,* – ✉ 39058 30 B2

Roma 662 – Bolzano 23 – Milano 316

via Europa 15/a ☎ 0471 623091, info@sarntal.com, Fax 0471 622350

Bad Schörgau con cam rist,

Sud : 2 km – ☎ 04 71 62 30 48 – info@bad-schoergau.com – Fax 04 71 62 24 42 – Chiuso marzo e aprile

24 cam – 146/160 € – 5 suites – ½ P 93/100 € – **Rist** – *(chiuso lunedì e martedì a mezzogiorno)* Carta 39/60 €

◆ Ai Bagni di Serga, un'accogliente casa montana con ambienti caldi e design rustico-moderno per una caratteristica sosta gastronomica. In settimana, piccola carta a pranzo.

Auener Hof con cam Dolomiti e pinete, rist,

località Prati 21, Ovest : 7 km, alt. 1 600 – ☎ 04 71 62 30 55 – info@auenerhof.it – Fax 04 71 62 30 55

7 cam – 70/76 € – ½ P 60 € – **Rist** – *(chiuso lunedì)* Carta 28/44 €

◆ In una zona isolata e panoramica, ristorante a gestione familiare per assaporare specialità della tradizione rivisitate in chiave moderna. Ambiente raffinato, servizio curato. Confortevoli e spaziose le camere.

SARNANO – Macerata (MC) – 563 M21 – 3 417 ab. – alt. 539 m – Sport invernali : *a Sassotetto e Maddalena : 1 250/1 450 m 8,* – ✉ 62028 21 C3

Roma 237 – Ascoli Piceno 54 – Ancona 89 – Macerata 39 – Porto San Giorgio 68

largo Enrico Ricciardi 1 ☎ 0733 657144, iat.sarnano@regione.marche.it, Fax 0733 657343

Montanaria rist, 220,

località Marinella Sud-Ovest : 3 km – ☎ 07 33 65 84 22 – info@montanaria.it – Fax 07 33 65 72 95 – Chiuso novembre

45 cam – 80/105 € 80/120 € – 4 suites – ½ P 62/105 € – **Rist** – *(chiuso lunedì)* Menu 25/40 €

◆ Struttura adatta soprattutto a soggiorni di relax da trascorrere presso la beauty farm o sui campi da tennis. All'interno, camere confortevoli arredate in maniera classica. Presso il ristorante si possono gustare piatti della tradizione gastronomica nazionale.

SARNICO – Bergamo (BG) – 561 E11 – 5 870 ab. – alt. 197 m – ✉ 24067 19 D1

Roma 585 – Bergamo 28 – Brescia 36 – Iseo 10 – Lovere 26 – Milano 73

via Lantieri 6 ☎ 035 910900, proloco.sarnico@tiscalinet.it, Fax 0354261815

Sebino cam, 40,

piazza Besenzoni 1 – ☎ 035 91 00 43 – info@hotelsebino.it – Fax 03 54 26 24 11 – Chiuso dal 3 al 18 gennaio

25 cam – 75 € 115/140 €

Rist *Il Chiostro* – *(chiuso lunedì escluso agosto)* Carta 30/55 €

◆ Albergo nel centro della località ricavato in un ex convento e rinnovato di recente. Terrazza per il servizio colazione estivo. Camere semplici, ma di buon confort. Il ristorante, elegante e raffinato, occupa l'area del chiostro.

XX **Al Tram**

via Roma 1 – ✆ 035 91 01 17 – Fax 03 54 42 50 50 – Chiuso mercoledì escluso dal 15 giugno al 15 settembre

Rist – Carta 32/44 €

◆ Sul lungolago, con servizio estivo all'aperto, piatti sia di carne che di pescato, con menù degustazione a prezzi particolarmente interessanti. Gestione familiare.

SARNTHEIN = Sarentino

SARONNO – Varese (VA) – 561 F9 – 37 213 ab. – alt. 212 m – ✉ 21047 18 A2

Roma 603 – Milano 26 – Bergamo 67 – Como 26 – Novara 54 – Varese 29

Green Club, Sud : 6 km a Lainate, ✆ 02 937 10 76.

Albergo della Rotonda cam, rist, 100,

via Novara 53 svincolo autostrada – ✆ 02 96 70 32 32 – reception@albergodellarotonda.it – Fax 02 96 70 27 70 – Chiuso dal 22 novembre al 7 gennaio e agosto

92 cam – †95/195 € ††136/280 €

Rist *Mezzaluna* – ✆ 02 96 70 35 93 – Carta 41/57 €

◆ Hotel signorile, di stampo contemporaneo, sito nei pressi dello svincolo autostradale, proprio di fianco alla Lazzaroni, cui appartiene. Ideale per clienti d'affari. Ristorante dai toni eleganti, piatti classici.

Cyrano senza rist 35,

via IV Novembre 11/13 – ✆ 02 96 70 00 81 – info@hotelcyrano.it – Fax 02 96 70 45 13

40 cam – †115 € ††150 €

◆ Alle spalle del municipio, valida impressione già dalla hall: ambienti e atmosfera raffinati, curati, con stanze spaziose e confortevoli, differenziate nei colori.

Mercurio senza rist

via Hermada 2 – ✆ 029 60 27 95 – info@mercuriohotel.com – Fax 029 60 93 30 – Chiuso dal 24 dicembre al 1° gennaio e dal 14 al 16 agosto

23 cam – †60/65 € ††90/95 €

◆ Ubicazione "cittadina", ma abbastanza tranquilla e in area verdeggiante. Gestione diretta che propone ambienti semplici e accoglienti.

XX **Principe** con cam

via Caduti della Liberazione 18/22 – ✆ 02 96 70 10 73 – info@hotelprincipedisaronno.it – Fax 02 96 70 23 48

40 cam – †68/86 € ††88/105 € – ½ P 62/72 € – **Rist** – *(chiuso domenica)* Carta 31/51 €

◆ Vicino alla stazione, locale a conduzione familiare rinnovato di recente. Cucina di pesce con proposte sfiziose e possibilità di alloggio nelle camere del settore hotel.

X **La Cantina di Manuela** 20,

via Frua 12 – ✆ 029 60 00 75 – saronno@lacantinadimanuela.it – Fax 029 60 00 75 – Chiuso dal 1° al 7 gennaio, dall' 8 al 22 agosto e domenica

Rist – Carta 27/36 €

◆ Interessante locale enoteca che offre anche ristorazione dove passare piacevoli serate in buona compagnia. Cucina legata al territorio, accompagnata da buone etichette.

SARRE – Aosta – 561 E3 – Vedere Aosta

SARSINA – Forlì-Cesena (FC) – 562 K18 – 3 748 ab. – alt. 243 m – ✉ 47027 9 D3

Roma 305 – Rimini 72 – Arezzo 100 – Bologna 115 – Forlì 48

X **Le Maschere** 28/30,

via Cesio Sabino 33 – ✆ 054 79 50 79 – info@lemaschere.it – Fax 054 79 50 79 – Chiuso due settimane in giugno, lunedì e martedì a mezzogiorno escluso festivi

Rist – Carta 31/48 €

◆ Locale del centro storico che deve il nome alle molte maschere appese alle pareti. Gestione e servizio familiari, la cucina offre un sentito omaggio ai prodotti locali.

SARTEANO – Siena (SI) – 563 N17 – 4 641 ab. – alt. 573 m – ✉ 53047
Toscana 29 **D2**

Roma 156 – Perugia 60 – Orvieto 51 – Siena 81

Agriturismo Le Anfore
via Oriato 2/4, Est : 3 km – ✆ 05 78 26 55 21 – leanfore@priminet.com – Fax 05 78 26 55 21 – Chiuso dal 1° al 15 febbraio e dal 15 novembre al 15 dicembre

10 cam – 45/52 € 65/75 € – 3 suites – **Rist** – *(chiuso a mezzogiorno)* (solo per alloggiati) 23 €

◆ In un vecchio casale ristrutturato, ambienti rustici e curati dall'arredo classico, un piacevole soggiorno con caminetto, giardino e piscina. Vendita diretta di olio e vino.

Santa Chiara con cam
piazza Santa Chiara 30 – ✆ 05 78 26 54 12 – conventosantachiara@tiscalinet.it – Fax 05 78 26 68 49 – Chiuso febbraio

9 cam – 130 € – 1 suite – ½ P 75/93 € – **Rist** – *(chiuso martedì e a mezzogiorno escluso sabato e domenica)* Carta 33/49 €

◆ Splendida collocazione in un convento del XV secolo immerso nel verde per questo locale con camere; sala con travi e mattoni a vista, ameno servizio estivo in giardino.

SARZANA – La Spezia (SP) – 561 J14 – 20 126 ab. – alt. 27 m – ✉ 19038
Italia 15 **D2**

Roma 403 – La Spezia 16 – Genova 102 – Massa 20 – Milano 219 – Pisa 60 – Reggio nell'Emilia 148

piazza San Giorgio ✆ 0187 620419, iat.sarzana@libero.it, Fax 0187 634249

Pala scolpita★ e crocifisso★ nella Cattedrale – Fortezza di Sarzanello★ : ★★ Nord-Est : 1 km

Taverna Napoleone
via Bonaparte 16 – ✆ 01 87 62 79 74 – taverna.napoleone@libero.it – Chiuso dal 7 al 14 febbraio, mercoledì e a mezzogiorno

Rist – Carta 26/39 €

◆ Gestione giovane e dinamica in un rustico signorile nel cuore della cittadina; proposte di piatti del territorio elaborati in chiave moderna e buona scelta di vini.

La Giara
8,

via Bertoloni 35 – ✆ 01 87 62 40 13 – Fax 01 87 62 40 13 – Chiuso martedì e mercoledì a mezzogiorno

Rist – Carta 26/37 €

◆ Ambiente raccolto e informale, arredato in modo curato, in una trattoria familiare ubicata in pieno centro storico; cucina locale basata su prodotti stagionali.

I Capitelli
piazza Matteotti 38 – ✆ 01 87 62 28 92 – luca_tonelli@tiscali.it – Chiuso febbraio, 10 giorni in settembre, lunedì e da giugno a settembre anche a mezzogiorno

Rist – Carta 32/53 €

◆ All'aperto sotto i portici oppure in una piccola sala sormontata da una volta di mattoni rossi, due fratelli propongono piatti di pesce ed anche carne alla griglia.

SASSARI P – 566 E7 – Vedere Sardegna alla fine dell'elenco alfabetico

SASSELLA – Sondrio – Vedere Sondrio

SASSELLO – Savona (SV) – 561 I7 – 1 780 ab. – alt. 386 m – ✉ 17046 14 **B2**

Roma 559 – Genova 65 – Alessandria 67 – MIlano 155 – Savona 28 – Torino 150

(maggio-settembre) via Badano 45 ✆ 019 724020, sassello@inforiviera.it, Fax 019 723832

Pian del Sole
rist, rist, 60,

via Pianferioso 23 – ✆ 019 72 42 55 – info@hotel-piandelsole.com – Fax 019 72 00 38 – Chiuso due settimane in gennaio e novembre

32 cam – 40/55 € 65/85 € – ½ P 45/65 € – **Rist** – *(chiuso lunedì e domenica sera da ottobre a marzo)* Carta 20/27 €

◆ A pochi passi dal centro della località, struttura di recente costruzione e di taglio moderno; ampie zone comuni ben tenute e spaziose camere piacevolmente arredate. Capiente sala da pranzo di stile lineare.

SASSETTA – Livorno (LI) – 563 M13 – 531 ab. – alt. 337 m – ✉ 57020 28 B2

Roma 279 – Grosseto 77 – Livorno 64 – Piombino 40

Agriturismo La Bandita rist,

via Campagna Nord 30, Nord-Est : 3 km – ✆ 05 65 79 42 24 – bandita@tin.it – Fax 05 65 79 43 50 – 24 marzo-7 novembre

24 cam – 90/120 € 120/170 € – **Rist** – (solo su prenotazione) Menu 30 €

♦ Villa di fine '700 all'interno di una vasta proprietà. Interni molto curati con arredi d'epoca, notevoli soprattutto nelle aree comuni. Camere eleganti, bella piscina. Fiori ai tavoli, paste fatte in casa e selvaggina nella luminosa sala da pranzo.

Il Castagno

via Campagna Sud 72, Sud : 1 km – ✆ 05 65 79 42 19 – Chiuso febbraio e lunedì, dal 7 gennaio a Pasqua aperto solo nei weekend

Rist – (consigliata la prenotazione) Carta 20/40 €

♦ In piena campagna, una cascina dove il tempo segue i ritmi della natura e dove gustare selvaggina e piatti toscani nella caratteristica sala ornata con trofei di caccia.

SASSO MARCONI – Bologna (BO) – 562 I15 – 14 117 ab. – alt. 124 m – ✉ 40037 9 C2

Roma 361 – Bologna 16 – Firenze 87 – Milano 218 – Pistoia 78

Marconi 10/26,

via Porrettana 291 – ✆ 051 84 62 16 – enoteca.marconi@virgilio.it – Fax 051 84 62 16 – Chiuso dal 13 al 31 agosto, domenica in giugno-luglio, domenica sera e lunedì negli altri mesi

Rist – Carta 47/66 €

♦ Ormai da alcuni anni la gestione è passata dai genitori ai figli che continuano a proporre mare o terra, talora rielaborati con creatività. Ristorante decisamente moderno.

a Mongardino Nord-Ovest : 6 km – alt. 369 m – ✉ 40037

Antica Trattoria la Grotta dal 1918

via Tignano 3 – ✆ 05 16 75 51 10 – lagrotta1918@virgilio.it – Fax 05 16 75 51 10 – Chiuso dal 27 dicembre al 13 febbraio, mercoledì e a mezzogiorno escluso sabato e domenica

Rist – (prenotare) Carta 30/40 €

♦ Lunga tradizione familiare in un ristorante fondato nel 1918; ampia e accogliente sala con parquet dove provare gustose proposte locali, terrazza per i piatti estivi.

SASSUOLO – Modena (MO) – 562 I14 – 41 393 ab. – alt. 121 m – ✉ 41049 8 B2

Roma 421 – Bologna 61 – Milano 177 – Modena 18 – Reggio nell'Emilia 25

La Paggeria 20,

via Rocca 16/20 – ✆ 05 36 80 51 90 – Fax 05 36 80 51 90 – Chiuso gennaio, agosto, sabato a mezzogiorno e domenica

Rist – Carta 29/49 €

♦ In centro città, a pochi passi dal Palazzo Ducale, un ristorante che presenta una lista abbastanza ristretta e affidabile. Cucina del territorio, preparazioni tradizionali.

SATURNIA – Grosseto (GR) – 563 O16 – alt. 294 m – ✉ 58050 *Toscana* 29 C3

Roma 195 – Grosseto 57 – Orvieto 85 – Viterbo 91

Bagno Santo campagna e colline, (riscaldata) rist,

località Pian di Cataverna Est : 3 km – ✆ 05 64 60 13 20 – bagnosanthotel@tin.it – Fax 05 64 60 13 46

14 cam – 90 € 120 € – ½ P 75 € – **Rist** – *(chiuso mercoledì)* Carta 27/36 €

♦ Splendida vista su campagna e colline, tranquillità assoluta e ambienti confortevoli; piacevoli le camere in stile lineare, notevole piscina panoramica. Capiente sala da pranzo dagli arredi essenziali e dall'atmosfera raffinata.

Saturno Suites senza rist colline,

località La Crocina Sud : 1 km – ✆ 05 64 60 13 13 – saturnosuites@tiscali.it – Fax 05 64 60 11 11 – Chiuso dal 10 al 30 gennaio

10 suites – 110/130 €

♦ In posizione panoramica, tra il paese e le terme, un hotel a conduzione familiare con confort di buon livello. Bella piscina con vista e piccolo centro estetico.

Villa Clodia senza rist
via Italia 43 – 05 64 60 12 12 – info@hotelvillaclodia.com – Fax 05 64 60 13 05 – Chiuso dal 10 gennaio al 1° febbraio
10 cam – 70 € 95 €
◆ Nel centro, in zona panoramica, bella villa circondata dal verde; ambiente familiare negli interni decorati con gusto, ma originale e personalizzato; camere accoglienti.

Villa Garden senza rist
Sud : 1 km – 05 64 60 11 82 – info@countryvillagarden.com – Fax 05 64 60 11 82 – Chiuso dal 10 al 20 gennaio
8 cam – 65 € 90 €
◆ A metà strada tra il paese e le Terme, una villetta immersa nella quiete, con un gradevole giardino; piacevoli e curati spazi comuni, camere di buon livello.

I Due Cippi-da Michele 16/25,
piazza Veneto 26/a – 05 64 60 10 74 – michele.aniello@bcc.tin.it – Fax 05 64 60 12 07 – Chiuso dal 9 al 25 gennaio e martedì (escluso agosto)
Rist – Carta 40/64 €
Rist *Enoteca-Da Alessandro* – *(chiuso dal 10 al 31 gennaio, dal 10 al 20 luglio e giovedì)* Carta 40/80 €
◆ Nella piazza del paese, ristorante a gestione diretta in cui gustare piatti toscani, dotato anche di enoteca con ottima scelta di vini e vendita di prodotti della zona.

alle terme Sud-Est : 3 km :

Terme di Saturnia (termale) rist, 300,
via della Follonata – 05 64 60 01 11 – info@termedisaturnia.it – Fax 05 64 60 12 66 – Chiuso dal 17 al 31 gennaio
140 cam – 235/345 € 370/500 € – 8 suites – **Rist** – Carta 46/90 €
◆ Vacanza rigenerante, in un esclusivo complesso dotato di ogni confort, con camere di differenti tipologie; attrezzato centro benessere, piscina termale naturale. Al ristorante, una cucina moderna orientata al benessere: proposte fantasiose a partire dai sapori della tradizione toscana e mediterranea.

SAURIS – Udine (UD) – 562 C20 – 413 ab. – alt. 1 390 m – Sport invernali : *1 200/1 450 m* *3,* – ✉ 33020 — 10 **A1**

Roma 723 – Udine 84 – Cortina d'Ampezzo 102

a Sauris di Sotto 0433 86076, Fax 0433 866900

Schneider
via Sauris di Sotto 92 – 043 38 62 20 – futurasauris@libero.it – Fax 04 33 86 63 10 – Chiuso dal 7 al 28 giugno e dall'8 al 22 novembre
8 cam – 40/45 € 65/70 € – ½ P 52/55 €
Rist Alla Pace – vedere selezione ristoranti
◆ Una decina di camere spaziose, signorili e confortevoli che senza dubbio consentono di godere di un soggiorno ideale per apprezzare le bellezze naturali della località.

Alla Pace – Hotel Schneider
via Sauris di Sotto 38, località Sauris di Sotto – 043 38 60 10 – allapace@libero.it – Fax 04 33 86 63 10 – Chiuso dal 7 al 28 giugno, dall'8 al 22 novembre e mercoledì (escluso luglio-settembre)
Rist – Carta 23/36 €
◆ In un antico palazzo fuori dal centro, locanda di lunga tradizione, gestita dalla stessa famiglia dal 1804: accoglienti salette dove gustare cucina tipica del luogo.

SAUZE D'OULX – Torino (TO) – 561 G2 – 1 085 ab. – alt. 1 509 m – Sport invernali : *1 350/2 823 m 19 (Comprensorio Via Lattea 4 76)* – ✉ 10050 — 22 **A2**

Roma 746 – Briançon 37 – Cuneo 145 – Milano 218 – Sestriere 27 – Susa 28 – Torino 81

piazza Assietta 18 0122 858009, sauze@montagnedoc.it, Fax 0122 858007

Grand Hotel Besson < cam, P VISA AE
via del Rio 15 – 01 22 85 97 85 – info@grandhotelbesson.it – Fax 01 22 85 95 15 – Dicembre-11 aprile, giugno-15 settembre
44 cam – 200 € 320 € – ½ P 140 € – **Rist** – Menu 25 €
◆ In questo albergo troverete ambienti caldi, molto legno e una hall con vetrate affacciate sulla valle. Camere personalizzate in stile rustico, alcune con letto ovale. Al ristorante, legno, pietra ed ampie vetrate incorniciano i sapori della valle.

Jouvenceaux Ovest : 2 km – ✉ 10050 – Sauxe d'Oulx

Chalet Chez Nous senza rist VISA
– 01 22 85 97 82 – info@chaletcheznous.it – Fax 01 22 85 39 14 – 7 dicembre-15 aprile e 20 giugno-10 settembre
10 cam – 50/70 € 100/120 €
◆ Albergo situato in un borgo con strade strette e case in pietra. Difficoltà di parcheggio compensata da un ambiente accogliente e dalla posizione tranquilla. Arredamento in legno.

a Le Clotes 5 mn di seggiovia o E : 2 km (solo in estate) – alt. 1 790 m – ✉ 10050 – Sauze d'Oulx

Il Capricorno < monti e vallate, VISA
via Case Sparse 21 – 01 22 85 02 73 – Fax 01 22 85 00 55 – Dicembre-marzo e 15 giugno-15 settembre
7 cam – 150/170 € 190/220 € – ½ P 160 € – **Rist** – (prenotare) Carta 37/62 €
◆ Vicino alle piste da sci, in una splendida pineta, albergo con magnifica vista su monti e vallate; ambiente signorile nei caratteristici ed eleganti interni rustici. Calda atmosfera, travi a vista, camino, arredi in legno nella bella sala da pranzo.

SAVELLETRI – Brindisi (BR) – 564 E34 – ✉ 72010 — 27 **C2**

Roma 509 – Bari 65 – Brindisi 54 – Matera 92 – Taranto 55
San Domenico a Fasano, Sud-Ovest : 8 km, 080 482 92 00.

Masseria San Domenico (acqua di mare) 150, P VISA AE
strada litoranea 379, località Petolecchia Sud-Est : 2 km ✉ 72010 – 08 04 82 77 69 – info@masseriasandomenico.com – Fax 08 04 82 79 78 – Chiuso dal 10 gennaio al 28 febbraio
40 cam – 292 € 440/594 € – 10 suites – ½ P 280/357 € – **Rist** – (solo su prenotazione) Carta 60/80 €
◆ In un'antica masseria del '400 tra ulivi secolari e ampi spazi verdi, hotel dai raffinati interni, immerso in una dolce quiete; caratteristico l'antico frantoio ipogeo. In sala da pranzo soffitto a volte in mattoni chiari e camino.

Masseria Torre Coccaro rist, 180, P VISA AE
contrada Coccaro 8, Sud-Ovest : 2 km – 08 04 82 93 10 – info@masseriatorrecoccaro.com – Fax 08 04 82 79 92
34 cam – 202/602 € 242/662 € – ½ P 161/371 € – **Rist** – (prenotare) Carta 48/71 €
◆ Più masseria che grande albergo, più elegante che lussuosa, rispetta l'antico spirito fortilizio del luogo con citazioni storiche come la torre del '500 e la chiesa del '700. Il ristorante è accolto dalle sale ricavate nelle ex stalle settecentesche.

Da Renzina < P VISA AE
piazza Roma 6 – 08 04 82 90 75 – info@darenzina.it – Fax 08 04 82 90 75 – Chiuso gennaio e giovedì
Rist – Carta 33/57 €
◆ Ubicato in centro, ristorante con un'ampia sala, quasi interamente a vetri, molto luminosa e accogliente; piacevole servizio estivo in terrazza, cucina di mare.

Gran lusso o stile informale?
I X e i indicano il livello di comfort.

SAVIGLIANO – Cuneo (CN) – 561 I4 – 20 259 ab. – alt. 321 m – ✉ 12038 22 B3

Roma 650 – Cuneo 33 – Torino 54 – Asti 63 – Savona 104

corso Roma ✆ 0172 710247, Fax 0172 715467

Cosmera senza rist
via Alba 31, Est : 2 km – ✆ 01 72 72 63 49 – ronco.mauro@tiscali.it
– Fax 01 72 72 56 64
27 cam – 47 € 68 € – 1 suite
◆ Hotel comodo sia per ubicazione che per organizzazione interna. Una struttura di taglio turistico, ma frequentata con piacere anche dalla clientela d'affari.

SAVIGNANO SUL PANARO – Modena (MO) – 562 I15 – 8 521 ab. – alt. 102 m – ✉ 41056 9 C3

Roma 394 – Bologna 29 – Milano 196 – Modena 26 – Pistoia 110 – Reggio nell'Emilia 52

Il Formicone 15,
via Tavoni 463, verso Vignola Sud : 1 km – ✆ 059 77 15 06 – info@ilformicone.it
– Fax 059 76 21 49 – Chiuso dal 1° al 6 gennaio, dal 10 al 28 luglio e martedì
Rist – Carta 40/50 €
◆ Accoglienza familiare, passione, esperienza e una proposta culinaria con radici nella tradizione locale, ma anche innovativa; aceto balsamico di produzione propria.

SAVIGNO – Bologna (BO) – 562 I15 – 2 570 ab. – alt. 259 m – ✉ 40060 9 C2

Roma 394 – Bologna 39 – Modena 40 – Pistoia 80

Trattoria da Amerigo (Bettini) con cam cam,
via Marconi 16 – ✆ 05 16 70 83 26 – info@amerigo1934.it – Fax 05 16 70 85 28
5 cam – 60/90 € 70/100 €, 7 € – **Rist** – *(chiuso a mezzogiorno escluso i giorni festivi, lunedì e da gennaio a maggio anche martedì)* Carta 30/43 €
Spec. Lasagne bolognesi al forno. Il baccalà alla bolognese in tre modi. Capretto al forno, costola in padella e le frittelline della sua ricotta.
◆ Trattoria di tradizione familiare dal 1934: entrata dall'enoteca, poi si sale nelle due salette rustiche per assaporare cucina emiliana e tartufo. Splendide camere.

SAVIGNONE – Genova (GE) – 561 I8 – 3 161 ab. – alt. 471 m – ✉ 16010 15 C1

Roma 514 – Genova 27 – Alessandria 60 – Milano 124 – Piacenza 126

Palazzo Fieschi 90,
piazza della Chiesa 14 – ✆ 01 09 36 00 63 – info@palazzofieschi.it
– Fax 010 93 68 21 – Chiuso dal 25 dicembre al 28 febbraio
20 cam – 70/90 € 110/140 € – ½ P 80/100 € – **Rist** – *(chiuso a mezzogiorno escluso luglio-agosto)* Carta 23/57 €
◆ Nella piazza centrale del paese, in una dimora patrizia cinquecentesca con un grande giardino, un albergo a gestione diretta; interni confortevoli, ampie stanze in stile. Soffitto decorato, camino e luminose vetrate nell'elegante sala ristorante.

SAVOGNA D'ISONZO – Gorizia (GO) – 562 E22 – 1 753 ab. – alt. 40 m – ✉ 34070 11 D2

Roma 639 – Udine 40 – Gorizia 5 – Trieste 29

a San Michele del Carso Sud-Ovest : 4 km – ✉ 34070

Trattoria Gostilna Devetak 20/30,
Brezici 22 – ✆ 04 81 88 20 05 – info@devetak.com
– Fax 04 81 88 24 88 – Chiuso lunedì, martedì e i mezzogiorno di mercoledì, giovedì e venerdì
Rist – Carta 31/39 €
◆ Cucina carsolina e mitteleuropea in una trattoria dall'ambiente familiare che risale al 1870, circondata da un bosco e abbellita da un giardino con parco giochi.

SAVONA (SV) – 561 J7 – 61 881 ab. – ✉ 17100 *Italia* 14 B2

Roma 545 – Genova 48 – Milano 169

corso Italia 157/r ✆ 019 8402321, savona@inforiviera.it, Fax 019 8403672

Pianta pagina seguente

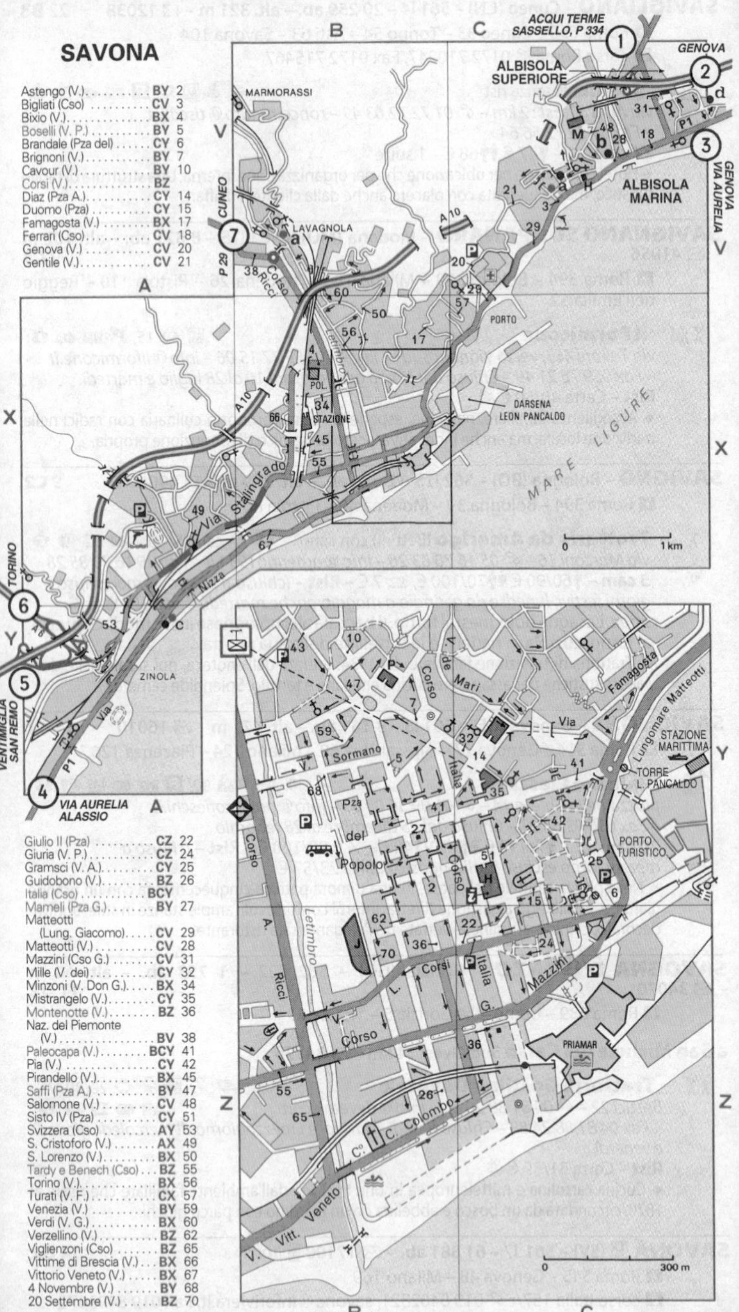
SAVONA
Astengo (V.) . . . . BY 2
Bigliati (Cso) . . . . CV 3
Bixio (V.) . . . . BX 4
Boselli (V. P.) . . . . BY 5
Brandale (Pza del) . . . . . . CY 6
Brignoni (V.) . . . . BY 7
Cavour (V.) . . . . BY 10
Corsi (V.) . . . . BZ
Diaz (Pza A.) . . . . CY 14
Duomo (Pza) . . . . CY 15
Famagosta (V.) . . . . BX 17
Ferrari (Cso) . . . . CV 18
Genova (V.) . . . . CV 20
Gentile (V.) . . . . CV 21
Giulio II (Pza) . . . . CZ 22
Giuria (V. P.) . . . . CZ 24
Gramsci (V. A.) . . . . CY 25
Guidobono (V.) . . . . BZ 26
Italia (Cso) . . . . BCY
Mameli (Pza G.) . . . . BY 27
Matteotti (Lung. Giacomo) . . . . . CV 29
Matteotti (V.) . . . . CV 28
Mazzini (Cso G.) . . . . CV 31
Mille (V. dei) . . . . CY 32
Minzoni (V. Don G.) . . . . . BX 34
Mistrangelo (V.) . . . . CY 35
Montenotte (V.) . . . . BZ 36
Naz. del Piemonte (V.) . . . . BV 38
Paleocapa (V.) . . . . BCY 41
Pia (V.) . . . . CY 42
Pirandello (V.) . . . . BX 45
Saffi (Pza A.) . . . . BY 47
Salomone (V.) . . . . CV 48
Sisto IV (Pza) . . . . CY 51
Svizzera (Cso) . . . . AY 53
S. Cristoforo (V.) . . . . AX 49
S. Lorenzo (V.) . . . . BX 50
Tardy e Benech (Cso) . . . . BZ 55
Torino (V.) . . . . BX 56
Turati (V. F.) . . . . CX 57
Venezia (V.) . . . . BY 59
Verdi (V. G.) . . . . BX 60
Verzellino (V.) . . . . BZ 62
Viglienzoni (Cso) . . . . BZ 65
Vittime di Brescia (V.) . . . BX 66
Vittorio Veneto (V.) . . . . . BX 67
4 Novembre (V.) . . . . BY 68
20 Settembre (V.) . . . . BZ 70
ACQUI TERME
SASSELLO, P 334
GENOVA
ALBISOLA SUPERIORE
MARMORASSI
ALBISOLA MARINA
GENOVA VIA AURELIA
CUNEO
P 29
LAVAGNOLA
Corso Ricci
A 10
Letimbro
PORTO
POL.
STAZIONE
DARSENA LEON PANCALDO
MARE LIGURE
Via Stalingrado
TORINO
A 6
ZINOLA
Via Nizza
VENTIMIGLIA SAN REMO
VIA AURELIA ALASSIO
Corso V. de Mari
Famagosta
Lungomare Matteotti
STAZIONE MARITTIMA
TORRE L. PANCALDO
Sormano
Pza del Popolo
Corso Italia
PORTO TURISTICO
Corso A. Ricci
Corsi
Corso G. Mazzini
PRIAMAR
C. Colombo
V. Vitt. Veneto
0 1 km
0 300 m

Mare 80,
via Nizza 89/r – ✆ 019 26 40 65 – info@marehotel.it – Fax 019 26 32 77 AY **c**
66 cam – †75/95 € ††110/150 €, ☕ 10 € – 8 suites
Rist A Spurcacciun-a – vedere selezione ristoranti
◆ Sulla spiaggia, fuori dal centro, hotel ideale per una clientela d'affari; interni in stile lineare di moderna concezione, camere di due tipologie, entrambe confortevoli.

L'Arco Antico (Costa) 12,
piazza Lavagnola 26 r – ✆ 019 82 09 38 – info@ristorantearcoantico.it – Fax 019 82 09 38 – Chiuso dieci giorni in gennaio, dieci giorni in settembre, domenica, lunedì a mezzogiorno BV **a**
Rist – Carta 44/64 €
Spec. Baccalà al vapore su purea di piselli, schiuma d'aglio e tartufo nero estivo (marzo-settembre). Ravioli farciti di stoccafisso mantecato su crema di patate, olive e capperi. Tonnetto scottato al coriandolo con salsa al Rossese (febbraio-novembre).
◆ In zona periferica verso l'entroterra, elegante semplicità all'interno e conduzione familiare. Protagonista il giovane figlio tra prodotti e sapori liguri personalizzati.

A Spurcacciun-a – Hotel Mare
via Nizza 89/r – ✆ 019 26 40 65 – info@marehotel.it – Fax 019 26 32 77 – Chiuso dal 19 dicembre al 19 gennaio e mercoledì AY **c**
Rist – Carta 42/77 €
◆ Grande cura nella scelta delle materie prime e capace rielaborazione di tradizionali ricette di mare proposte in un ambiente vivace; ameno servizio estivo in giardino.

SCAGLIERI – Livorno – 563 N12 – Vedere Elba (Isola d') : Portoferraio

SCALEA – Cosenza (CS) – 564 H29 – 10 174 ab. – ✉ 87029 5 A1

Roma 428 – Cosenza 87 – Castrovillari 72 – Catanzaro 153 – Napoli 222

Grand Hotel De Rose rist, 200,
lungomare Mediterraneo – ✆ 098 52 02 73 – scalea@hotelderose.it – Fax 09 85 92 01 94 – 15 marzo-15 novembre
66 cam ☕ – †65/105 € ††91/155 € – ½ P 68/128 € – **Rist** – Carta 27/33 €
◆ In posizione panoramica dominante il mare, imponente struttura bianca immersa nel verde: grandi spazi interni, camere classiche; gradevole piscina in giardino pensile. Sala da pranzo, arredata in modo sobrio, proposte di cucina del territorio.

Talao rist, 45,
corso Mediteraneo 66 – ✆ 098 52 04 44 – info@hoteltalao.it – Fax 098 52 09 27 – Chiuso gennaio
45 cam ☕ – †55/90 € ††80/130 € – **Rist** – *(10 marzo-10 novembre)* Carta 24/51 €
◆ Efficiente gestione diretta in un albergo confortevole, dotato di accesso diretto al mare; ariosi ambienti comuni piacevolmente ornati, camere in stile lineare. Arredi semplici ed essenziali nella capiente sala ristorante.

La Rondinella 25,
via Vittorio Emanuele III 21 – ✆ 098 59 13 60 – larondinella@la-rondinella.it – Fax 098 59 05 18 – Chiuso domenica da ottobre ad aprile
Rist – Carta 21/33 €
◆ Nel centro storico, un piccolo ristorante che utilizzando i prodotti dell'azienda agrituristica familiare, recupera in modo intelligente i piatti tipici calabresi.

Tarì
piazza Maggiore De Palma – ✆ 098 59 17 77 – Chiuso gennaio, mercoledì e a mezzogiorno
Rist – Carta 27/41 €
◆ Ristorante del borgo antico con una sala interna di tono rustico, un ambiente curato e un piacevole dehors estivo. In cucina gustose ed elaborate proposte di pesce.

SCALTENIGO – Venezia – 562 F18 – Vedere Mirano

SCANDIANO – Reggio Emilia (RE) – 562 I14 – 23 129 ab. – alt. 95 m – ✉ 42019 8 **B2**

Roma 426 – Parma 51 – Bologna 64 – Milano 162 – Modena 23 – Reggio nell'Emilia 13

Sirio senza rist
via Palazzina 32 – ✆ 05 22 98 11 44 – hotelsirio@libero.it – Fax 05 22 98 40 84 – Chiuso dal 7 al 15 agosto
32 cam – †55 € ††75 €
◆ Alle porte della località, piccola struttura di moderna concezione con ambienti sobri, arredati in modo semplice e lineare; spaziose e funzionali le camere.

Osteria in Scandiano 6/20,
piazza Boiardo 9 – ✆ 05 22 85 70 79 – osteriainscandiano@libero.it – Fax 05 22 76 52 51 – Chiuso dal 24 dicembre al 7 gennaio, agosto, domenica in giugno- luglio, giovedì negli altri mesi
Rist – Carta 27/44 €
◆ Piccolo ristorante di tono familiare e al contempo raffinato. Di fronte alla rocca Boiardo, all'interno di un palazzo del '600, per apprezzare al meglio la cucina emiliana.

ad Arceto Nord-Est : 3,5 km – ✉ 42010

Rostaria al Castello
via Pagliani 2 – ✆ 05 22 98 91 57 – alcastello@larostaria.it – Fax 05 22 98 91 57 – Chiuso una settimana in gennaio, giugno, dal 1° al 7 settembre, lunedì e martedì a mezzogiorno
Rist – Carta 37/58 €
◆ Locale ben tenuto, in un antico edificio sapientemente ristrutturato: elegante sala di tono rustico con soffitto a botte e mattoni a vista; servizio estivo all'aperto.

sulla strada statale 467 Nord-Ovest : 4 km :

Bosco 10/18,
via Bosco 133 ✉ 42019 – ✆ 05 22 85 72 42 – ristorantebosco@libero.it – Fax 05 22 76 76 63 – Chiuso dal 26 dicembre al 6 gennaio, agosto, domenica e lunedì in giugno-luglio, lunedì e martedì negli altri mesi
Rist – Carta 39/55 €
◆ Ristorante a gestione familiare, con tre sale arredate in modo semplice, ma curato; proposte culinarie legate alla stagione e al territorio, interessante lista dei vini.

SCANDICCI – Firenze (FI) – 563 K15 – 50 379 ab. – alt. 49 m – ✉ 50018 29 **D3**

Roma 278 – Firenze 6 – Pisa 79 – Pistoia 36

piazza della Resistenza ✆ 055 7591302, urp@comune.scandicci.fi.it, Fax 055 7591320

a Mosciano Sud-Ovest : 3 km – ✉ 50018 – Scandicci

Le Viste senza rist < colli e Firenze,
via del Leone 11 – ✆ 055 76 85 43 – birgiter@tin.it – Fax 055 76 85 31 – Chiuso dal 10 dicembre al 7 gennaio
4 cam – †150 € ††187/220 €
◆ Elegante residenza di campagna ristrutturata con gusto: atmosfera raffinata negli splendidi interni arredati con mobili d'epoca; terrazza panoramica, camere confortevoli.

a Roveta Sud-Ovest : 8 km – ✉ 50018 – Scandicci

Sorgente Roveta < colline, rist, 40,
via di Roncigliano 11 – ✆ 055 76 85 70 – info@sorgenteroveta.it – Fax 055 76 85 71
40 cam – †105/160 € ††140/200 € – **Rist** – *(chiuso dicembre e gennaio)* Carta 28/41 €
◆ Complesso alberghiero architettonicamente gradevole, con giardino e piscina, ben inserito nel contesto paesaggistico circostante. Signorile e raffinato, ma senza eccessi. Ristorante di taglio classico, comode poltroncine, cucina non priva di fantasia.

SCANDOLARA RIPA D'OGLIO – Cremona (CR) – 561 G12 – 641 ab. – alt. 47 m – ✉ 26047

17 **C3**

Roma 528 – Brescia 50 – Cremona 15 – Parma 68

Al Caminetto

via Umberto I, 26 – ✆ 037 28 95 89 – alcaminetto@tin.it – Fax 037 28 95 89 – Chiuso dal 7 al 15 gennaio, dal 29 luglio al 26 agosto, lunedì e martedì

Rist – (consigliata la prenotazione) Carta 39/54 €

◆ Un locale dall'indiscutibile atmosfera signorile, ideale per festeggiare importanti ricorrenze, propone una prelibata cucina creativa. E' consigliabile prenotare.

SCANNO – L'Aquila (AQ) – 563 Q23 – 2 090 ab. – alt. 1 050 m – ✉ 67038

Italia 1 **B2**

Roma 155 – Frosinone 99 – L'Aquila 101 – Campobasso 124 – Chieti 87 – Pescara 98 – Sulmona 31

piazza Santa Maria della Valle 12 ✆ 0864 74317, iat.scanno@abruzzoturismo.it, Fax 0864 747121

Lago di Scanno★ Nord-Ovest : 2 km

Gole del Sagittario★★ Nord-Ovest : 6 km

Vittoria

cam,

via Domenico di Rienzo 46 – ✆ 086 47 43 98 – hotelvittoriasas@virgilio.it – Fax 08 64 74 71 79 – 20 dicembre-10 gennaio, Pasqua e maggio-ottobre

27 cam – †60 € ††85 € – ½ P 65/75 € – **Rist** – Carta 28/35 €

◆ Nella parte alta della località, una struttura semplice a gestione familiare. Particolarmnte affascinante la vista sul centro storico: chiedete una camera che vi si affacci... Nella sobria sala ristorante, i piatti della tradizione italiana interpretati con spunti moderni.

Grotta dei Colombi

rist,

viale dei Caduti 64 – ✆ 086 47 43 93 – grottadeicolombi@tiscalinet.it – Fax 086 47 43 93 – Chiuso novembre

16 cam – †35 € ††50 €, 6 € – **Rist** – *(chiuso mercoledì)* Carta 22/28 €

◆ Nel centro storico, una pensione familiare articolata su due piani con camere e spazi comuni sobri e confortevoli identici nell'arredo, curiosamente perlinati in legno bianco. Dalla cucina, sapori e prodotti locali.

Osteria di Costanza e Roberto

via Roma 15 – ✆ 086 47 43 45 – info@costanzaeroberto.it – Chiuso dal 15 novembre al 15 dicembre, lunedì e martedì (in bassa stagione)

Rist – Carta 22/39 €

◆ A due passi dalla chiesa, un piccolo e vivace ristorante fedele alla tradizione gastronomica abruzzese senza rinunciare a qualche tocco di creatività nelle presentazioni.

Lo Sgabello

via Pescatori 45 – ✆ 08 64 74 74 76 – Fax 08 64 74 74 76 – Chiuso mercoledì escluso da giugno a settembre

Rist – Carta 20/26 €

◆ In un paese tranquillo e caratteristico, un ristorante semplice dalla seria conduzione dove apprezzare piatti fedeli alla tradizione abruzzese.

al lago Nord : 3 km :

Acquevive

via Circumlacuale – ✆ 086 47 43 88 – acquevive@tin.it – Fax 086 47 43 34 – Pasqua-settembre

33 cam – †70 € ††70/80 €, 7 € – ½ P 70 € – **Rist** – Carta 26/36 €

◆ In un'incantevole zona in riva al lago, una risorsa a gestione familiare particolarmente accogliente, dispone di spaziose camere luminose, discretamente eleganti negli arredi. Ampia e lievemente rustica, la sala da pranzo propone una cucina nazionale.

Un albergo di fascino per un piacevolissimo soggiorno?
Prenotate un hotel segnalato in rosso: ... .

SCANSANO – Grosseto (GR) – 563 N16 – 4 476 ab. – alt. 500 m – ✉ 58054 29 C3

Roma 180 – Grosseto 29 – Civitavecchia 114 – Viterbo 98

Antico Casale di Scansano cam, rist,
località Castagneta Sud-Est : 3 km
– ✆ 05 64 50 72 19 – info@anticocasalediscansano.com – Fax 05 64 50 78 05
27 cam – 105/140 € 140/180 € – 5 suites – ½ P 100/125 €
Rist – Menu 30/40 €
♦ Per una vacanza in campagna, un antico casale maremmano ristrutturato, con piscina e attrezzato maneggio; interni in stile rustico e camere semplici, ma accoglienti. Caratteristica sala ristorante con pietre a vista; gradevole servizio estivo in terrazza.

La Cantina
via della Botte 1 – ✆ 05 64 50 76 05 – enoteca.lacantina@virgilio.it
– Fax 05 64 50 76 05 – Chiuso dal 10 gennaio al 9 marzo, domenica sera e lunedì escluso agosto
Rist – Carta 34/52 €
♦ Un ristorante ricavato in un edificio secentesco del centro con soffitto a volta in pietra e tavoli in legno massiccio; la cantina vanta un'ottima scelta di vini regionali.

SCANZANO IONICO – Matera (MT) – 564 G32 – 6 855 ab. – alt. 14 m – ✉ 75020 4 D2

Roma 483 – Matera 63 – Potenza 125 – Taranto 64

Miceneo Palace Hotel cam, rist, 250,
via provinciale per Montalbano Ionico
– ✆ 08 35 95 32 00 – info@miceneopalace.it
– Fax 08 35 95 30 44
46 cam – 56/90 € 68/110 € – 3 suites – ½ P 80/100 € – **Rist** – Carta 30/40 €
♦ Poco fuori dal centro, albergo recente a vocazione congressuale: ampia hall di moderna concezione, camere confortevoli piacevolmente arredate, numerose sale per meeting. Capiente sala ristorante di tono elegante.

SCAPEZZANO – Ancona – 563 K21 – Vedere Senigallia

SCARLINO – Grosseto (GR) – 563 N14 – 3 282 ab. – alt. 230 m – ✉ 58020 28 B3

Roma 231 – Grosseto 43 – Siena 91 – Livorno 97

Madonna del Poggio senza rist
località Madonna del Poggio – ✆ 056 63 73 20 – Fax 056 63 73 20
7 cam – 65/95 € 75/104 €
♦ In un giardino con olivi secolari, una ex-chiesa del 1200, poi casello del dazio e casa colonica, è oggi un piccolo e originale bed and breakfast con camere semplici ma ampie.

Da Balbo
via Roma 8 – ✆ 056 63 72 04 – Chiuso ottobre e martedì (escluso dal 15 luglio al 30 agosto), in gennaio e febbraio aperto solo sabato e domenica
Rist – Carta 28/41 €
♦ Piatti del territorio e carni alla griglia in un ristorante classico: una sala ben tenuta con cucina a vista e un piacevole servizio estivo in terrazza panoramica.

SCARPERIA – Firenze (FI) – 563 K16 – 7 166 ab. – alt. 292 m – ✉ 50038 29 C1

Roma 293 – Firenze 30 – Bologna 90 – Pistoia 65

a Gabbiano Ovest : 7 km – ✉ 50038 – Scarperia

Una Poggio Dei Medici 200,
via San Gavino 27 – ✆ 05 58 43 50
– una.poggiodeimedici@unahotels.it – Fax 05 58 43 04 39
63 cam – 175/450 € – 7 suites – **Rist** – Carta 39/56 €
♦ Intorno al nucleo originario della cinquecentesca Villa Cignano, un complesso recente, immerso nel verde e nella tranquillità, a ridosso del campo da golf. Ristorante ampliato di recente, ricavato nella nuova ala dell'hotel.

SCENA (SCHENNA) – Bolzano / Bozen (BZ) – 562 B15 – 2 713 ab. – alt. 640 m – ✉ 39017 30 B1

Roma 670 – Bolzano 33 – Merano 5 – Milano 331

piazza Arciduca Giovanni I 1/D ☎ 0473 945669, info@schenna.com, Fax 0473 945581

Pianta : vedere Merano

Hohenwart ≤ monti e vallata, (riscaldata) rist, 35,
via Verdines 5 – ☎ 04 73 94 44 00 – info@hohenwart.com – Fax 04 73 94 59 96 – Chiuso dal 3 al 18 dicembre e dall'8 gennaio al 19 marzo B h
87 cam – 97/135 € 180/255 € – ½ P 103/156 € – **Rist** – Carta 44/51 €
♦ Bella struttura completa di ogni confort, con un'incantevole vista dei monti e della vallata, dotata di gradevole giardino con piscina riscaldata; ampie camere. Cucina del territorio nella capiente sala da pranzo.

Schlosswirt ≤ (riscaldata)
via Castello 2 – ☎ 04 73 94 56 20 – info@schlosswirt.it – Fax 04 73 94 55 38 – Chiuso gennaio e febbraio B u
31 cam – 63/77 € 117/143 € – 1 suite – ½ P 74/87 € – **Rist** – *(chiuso lunedì)* Carta 30/44 €
♦ Bella terrazza con vista e piscina riscaldata in giardino in questa centralissima struttura con interni in stile locale di moderna concezione; gradevoli le camere. Luminose finestre rischiarano la capace sala ristorante.

Gutenberg ≤ cam, rist,
via Ifinger 14, Nord : 1 km – ☎ 04 73 94 59 50 – gutenberg@schenna.com – Fax 04 73 94 55 11 – Chiuso dall' 8 gennaio al 9 febbraio e dal 9 al 21 dicembre
27 cam – 78/102 € 110/150 € – ½ P 85 € – **Rist** – (solo per alloggiati) B v
♦ In zona tranquilla e panoramica, fuori dal centro, bianca costruzione immersa nel verde: ambiente familiare negli interni in tipico stile tirolese, grandi camere lineari.

SCHEGGINO – Perugia (PG) – 563 N20 – 457 ab. – alt. 367 m – ✉ 06040 33 C3

Roma 131 – Terni 28 – Foligno 58 – Rieti 45

Del Ponte con cam
via borgo 15 ✉ 06040 – ☎ 074 36 12 53 – Fax 074 36 11 31 – Chiuso dal 4 al 28 novembre
12 cam – 40 € 55 €, 3 € – ½ P 45/55 € – **Rist** – *(chiuso lunedì)* Carta 19/28 €
♦ Un piccolo paese della Valnerina e un'antica locanda del '900 restaurata, dove riscoprire sapori della tradizione e prodotti classici della zona, tra cui il nobile tartufo.

SCHENNA = Scena

SCHILPARIO – Bergamo (BG) – 561 D12 – 1 294 ab. – alt. 1 124 m – Sport invernali : – ✉ 24020 17 C1

Roma 161 – Brescia 77 – Bergamo 65 – Milano 113 – Sondrio 89

a Pradella Sud-Ovest : 2 km – ✉ 24020

San Marco con cam ≤ cam,
via Pradella 3 – ☎ 034 65 50 24 – albergo.sanmarco@scalve.com – Fax 034 65 50 24 – Chiuso novembre
18 cam – 35 € 53 €, 6 € – ½ P 40/45 € – **Rist** – *(chiuso lunedì)* Carta 21/25 €
♦ In una tranquilla frazione, struttura in stile alpino, in luogo panoramico: ambiente familiare in stile rustico, bella raccolta di fossili e minerali; cucina bergamasca.

SCHIO – Vicenza (VI) – 562 E16 – 38 313 ab. – alt. 200 m – ✉ 36015 35 B2

Roma 562 – Verona 70 – Milano 225 – Padova 61 – Trento 72 – Venezia 94 – Vicenza 23

Nuovo Miramonti senza rist
via Marconi 3 – ☎ 04 45 52 99 00 – info@hotelmiramonti.com – Fax 04 45 52 81 34
67 cam – 99/120 € 120/124 €
♦ Nel centro storico, hotel ideale per una clientela d'affari; ampia hall con angoli per il relax, singolari stanze con parti d'arredo che rendono omaggio ai celebri lanifici.

SCHLANDERS = Silandro

SCHNALS = Senales

SCIACCA – Agrigento – 565 O21 – Vedere Sicilia alla fine dell'elenco alfabetico

SCIALE DELLE RONDINELLE – Foggia – Vedere Manfredonia

SCILLA – Reggio di Calabria (RC) – 564 M29 – 5 224 ab. – ✉ 89058 5 A3

Roma 686 – Reggio di Calabria 24 – Catanzaro 139 – Messina 17 – Vibo Valentia 85

Principe di Scilla-"u Bais" con cam

via Grotte 2, a Chianalea – ✆ 09 65 70 43 24 – principe@hotelubais.it – Fax 09 65 70 43 24

6 cam – 180/230 € – **Rist** – Carta 30/45 €

◆ All'interno di un palazzo patrizio del XVI sec., ristorante elegante con un originale acquario ricavato sotto il pavimento delle sale da pranzo. Caratteristiche camere a tema.

SCOPELLO – Trapani – 565 M20 – Vedere Sicilia alla fine dell'elenco alfabetico

SCORZÈ – Venezia (VE) – 562 F18 – 18 097 ab. – alt. 16 m – ✉ 30037 36 C2

Roma 527 – Padova 30 – Venezia 24 – Milano 266 – Treviso 17

Villa Soranzo Conestabile 150,

via Roma 1 – ✆ 041 44 50 27 – info@villasoranzo.it – Fax 04 15 84 00 88 – Chiuso una settimana a Natale

20 cam – 85 € 125/155 € – ½ P 89/119 € – **Rist** – *(chiuso domenica e a mezzogiorno)* Carta 30/40 €

◆ Elegante palazzo patrizio settecentesco in un parco all'inglese con laghetto e ruscello: affascinanti interni affrescati, arredati con mobili d'epoca; camere confortevoli. Raffinata atmosfera nelle numerose salette dove gustare piatti tradizionali.

Antico Mulino cam,

via Moglianese 37 – info@hotelanticomulino.com – Fax 04 15 84 03 47

28 cam – 55/80 € 90/125 € – ½ P 70/95 €

Rist *Osteria Perbacco* – *(chiuso dal 26 dicembre al 6 gennaio, dal 15 al 31 agosto, sabato a mezzogiorno e domenica)* Carta 33/45 €

◆ Costruito sui resti di un antico mulino in riva al fiume, dopo la completa ristrutturazione, è ora un albergo dai funzionali ambienti di taglio moderno; piacevoli camere. Nel ristorante grande camino e arredi rustici.

San Martino

piazza Cappelletto 1 località Rio San Martino Nord : 1 km – ✆ 04 15 84 06 48 – Fax 04 15 84 06 48 – Chiuso mercoledì

Rist – Carta 27/45 €

◆ Locale di lunga tradizione, un tempo antica trattoria di paese, ora raffinato ristorante d'ispirazione contemporanea; linea gastronomica con radici nel territorio.

I Savi 18,

via Spangaro 6, località Peseggia di Scorzè – ✆ 041 44 88 22 – info@isavi.it – Fax 041 44 95 03 – Chiuso dal 1° al 7 gennaio, dal 7 al 21 agosto e lunedì

Rist – Carta 32/55 €

◆ All'interno di un villino, ambienti classici con molta attenzione sia alla tavola che al servizio. Indirizzo ideale per chi desidera apprezzare specialità di mare.

SCRITTO – Perugia – Vedere Gubbio

SEBINO – Vedere Iseo (Lago d')

SEGESTA – Trapani – 565 N20 – Vedere Sicilia alla fine dell'elenco alfabetico

SEGGIANO – Grosseto (GR) – 563 N16 – 968 ab. – alt. 497 m – ✉ 58038 29 C3

Roma 199 – Grosseto 61 – Siena 66 – Orvieto 109

Silene con cam

località Pescina Est : 3 km – ✆ 05 64 95 08 05 – info@ilsilene.it – Fax 05 64 95 05 53

6 cam – 65/75 € – **Rist** – *(chiuso lunedì)* Carta 36/45 €

◆ In posizione tranquilla, antica locanda rinnovata negli anni: interni dagli arredi curati, sala di tono elegante; proposte di piatti tipici e di propria creazione.

SEGNI – Roma (RM) – 563 Q21 – 9 035 ab. – alt. 650 m – ✉ 00037 13 C2

Roma 57 – Frosinone 43 – Latina 52 – Napoli 176

La Pace 300,

via Cappuccini 9 – ✆ 069 76 71 25 – albergolapace@tiscalinet.it – Fax 069 76 62 62

82 cam – 40/45 € 50/55 €, 5 € – ½ P 45/50 € – **Rist** – Carta 20/31 €

◆ Albergo a gestione familiare a pochissimi passi dal centro, in una zona quieta e circondata da boschi di castagno; piacevoli ambienti di taglio moderno, camere lineari. Capienti sale da pranzo d'ispirazione rustica o classica.

SEGONZANO – Trento (TN) – 562 D15 – 1 486 ab. – alt. 765 m – ✉ 38047 30 B2

Roma 604 – Trento 23 – Bolzano 71 – Venezia 179 – Vicenza 109

Alle Piramidi cam, cam,

frazione Scancio 24 – ✆ 04 61 68 61 06 – piramidihotel@cr-surfing.net – Fax 04 61 68 61 06

36 cam – 42 € 70 € – ½ P 40 € – **Rist** – Carta 16/24 €

◆ In posizione ideale per visitare le famose formazioni geologiche da cui l'hotel prende il nome, un soggiorno rilassante in una risorsa con giardino pensile e piccola piscina. Sala da pranzo ariosa, cucina trentina.

Gran lusso o stile informale?
I e i indicano il livello di comfort.

SEGRATE – Milano (MI) – 561 F9 – 33 196 ab. – alt. 116 m – ✉ 20090 18 B2

Roma 572 – Milano 12 – Bergamo 42 – Brescia 88

Pianta d'insieme di Milano

a Milano 2 Nord-Ovest : 3 km – ✉ 20090 – Segrate

Jolly Hotel Milano 2 rist, rist, 350,

via Cervi – ✆ 022 17 51 – milano_due@jollyhotels.com – Fax 02 26 41 01 15 – Chiuso 2 settimane in dicembre e 3 settimane in agosto CO **m**

143 cam – 144/320 € 164/370 € – ½ P 116/224 €

Rist ***Al Laghetto*** – *(chiuso dal 23 dicembre al 6 gennaio e dal 5 al 26 agosto)* Carta 44/56 €

◆ Totalmente rinnovato, in posizione tranquilla, hotel dotato di ambienti molto luminosi, un attrezzato centro congressi e camere appropriate alla clientela d'affari. Ambiente moderno al ristorante, dove troverete una cucina classica.

SEGROMIGNO IN MONTE – Lucca – 563 K13 – Vedere Lucca

SEIS AM SCHLERN = Siusi allo Sciliar

SEISER ALM = Alpe di Siusi

SELINUNTE – Trapani – 565 O20 – Vedere Sicilia alla fine dell'elenco alfabetico

SELLA (Passo di) ★★★ (SELLA JOCH) – Trento (TN) – alt. 2 244 m – ✉ 38032 – Canazei ▮ *Italia* 31 **C2**

▶ Roma 690 – Bolzano 56 – Innsbruck 125 – Trento 114 – Venezia 186

◉ ❄★★★

Maria Flora ⋞ Dolomiti, rist, P VISA

strada del Sella 18 – ✆ 04 62 60 11 16 – albergomariaflora@tiscali.it – Fax 04 62 60 11 16

17 cam – ††70/80 €, ☕ 9 € – ½ P 50/70 € – **Rist** – *(chiuso da novembre al 15 dicembre)* Carta 28/36 €

◆ Tra la Val Gardena e la Val di Fassa, dove la natura domina incontrastata, un "rifugio" con le comodità di un hotel; camere confortevoli con arredi in legno chiaro. Il legno conferisce calore e atmosfera anche alle caratteristiche salette del ristorante.

SELLIA MARINA – Catanzaro (CZ) – 564 K32 – 5 884 ab. – ✉ 88050 5 **B2**

▶ Roma 628 – Cosenza 116 – Catanzaro 23 – Crotone 52 – Lamezia Terme 60

Agriturismo Contrada Guido P

località contrada Guido, strada statale 106 km 202 – ✆ 09 61 96 14 95 – sophietalarico@hotmail.com – Fax 09 61 96 14 95 – Chiuso dall'8 al 31 gennaio VISA AE

10 cam ☕ – †80/90 € ††130/150 € – ½ P 85 € – **Rist** – *(chiuso lunedì)* Menu 20/40 €

◆ Un signorile borgo agricolo settecentesco con una bella piscina circondata da piante e fiori. Camere raffinate, cura per i dettagli. Cucina di insospettabile fantasia.

SELVA – Vicenza – Vedere Montebello Vicentino

SELVA – Brindisi – 564 E34 – Vedere Fasano

SELVA DI CADORE – Belluno (BL) – 562 C18 – 553 ab. – alt. 1 415 m – Sport invernali : *1 347/2 100 m* ⛷*5 (Comprensorio Dolomiti superski Civetta)* ⛷ – ✉ 32020 36 **C1**

▶ Roma 651 – Cortina d'Ampezzo 39 – Belluno 60 – Bolzano 82

Ca' del Bosco ⋞ Marmolada, cam, P VISA AE

via Monte Cernera 10, località Santa Fosca Sud-Est : 2 km – ✆ 04 37 52 12 58 – ca.delbosco@libero.it – Fax 04 37 52 12 59 – 8 dicembre-9 aprile e 16 giugno-24 settembre

12 cam ☕ – †91 € ††130 € – ½ P 75/95 € – **Rist** – *(chiuso martedì escluso giugno-settembre e ottobre-Natale)* Carta 24/34 €

◆ Gradevole risorsa ubicata nella parte alta della località, in posizione panoramica e tranquilla. Una dimora tipica, ristrutturata e gestita da una giovane coppia.

SELVA DI VAL GARDENA (WOLKENSTEIN IN GRÖDEN) – Bolzano / Bozen (BZ) – 562 C17 – 2 571 ab. – alt. 1 567 m – Sport invernali : *della Val Gardena 1 536/2 682 m* 🚡*8* ⛷*36 (Comprensorio Dolomiti superski Val Gardena)* ⛷ – ✉ 39048 ▮ *Italia* 31 **C2**

▶ Roma 684 – Bolzano 42 – Brunico 59 – Canazei 23 – Cortina d'Ampezzo 72 – Milano 341 – Trento 102

ℹ strada Mëisules 213 ✆ 0471 777900, selva@valgardena.it, Fax 0471 794245

◉ Postergale★ nella chiesa

◉ Passo Sella★★★ : ❄★★★ Sud : 10,5 km – Val Gardena★★★ per la strada S 242

Alpenroyal Sporthotel ⋞ gruppo Sella e Sassolungo, 60, P VISA

via Meisules 43 – ✆ 04 71 79 55 55 – info@alpenroyal.com – Fax 04 71 79 41 61 – Dicembre-20 aprile e giugno-20 ottobre

45 cam ☕ – †196/283 € ††298/438 € – 15 suites – ½ P 169/239 € – **Rist** – Carta 40/54 €

◆ Amena vista del gruppo Sella e Sassolungo da un hotel con ampi spazi esterni e bella piscina scoperta a forma di laghetto; caldi interni in stile alpino di taglio moderno. Accogliente ristorante con caratteristica stube del XVII secolo.

Gran Baita ← Dolomiti, cam, rist,
via Meisules 145 – ✆ 04 71 79 52 10 – info@hotelgranbaita.com – Fax 04 71 79 50 80 – 2 dicembre-14 aprile e 9 giugno-7 ottobre
45 cam – †164 € ††300 € – 10 suites – ½ P 120/190 € – **Rist** – Carta 29/37 €
◆ Hotel di tradizione, recentemente rinnovato, con vista sulle Dolomiti: il sapiente utilizzo del legno regala agli ambienti un'atmosfera avvolgente; camere luminose. Soffitto in legno, comode poltroncine e grandi vetrate in sala ristorante.

Granvara Sport-Wellnesshotel ← Dolomiti e Selva, rist, 60,
strada La Selva 66, Sud-Ovest : 1,5 km – ✆ 04 71 79 52 50 – info@granvara.com – Fax 04 71 79 43 36 – 2 dicembre-10 aprile e giugno-10 ottobre
35 cam – †110/160 € ††220/260 € – **Rist** – (solo per alloggiati) Carta 36/44 €
◆ Gestione familiare in un albergo in favolosa posizione con veduta delle Dolomiti e di Selva, immerso nella quiete assoluta; interni in stile tirolese, bella zona benessere.

Chalet Portillo ←
via Meisules 65 – ✆ 04 71 79 52 05 – info@chaletportillo.com – Fax 04 71 79 43 60 – 5 dicembre-16 aprile e giugno-settembre
31 cam – solo ½ P 105/205 € – **Rist** – (solo per alloggiati)
◆ Alle porte della località, calorosa ospitalità in un hotel all'interno di una tipica casa di montagna; piccola e graziosa piscina, camere molto ampie e arredate con gusto.

Tyrol ← Dolomiti, cam,
strada Puez 12 – ✆ 04 71 77 41 00 – info@tyrolhotel.it – Fax 04 71 79 40 22 – 7 dicembre-20 aprile e 10 giugno-ottobre
55 cam – solo ½ P 115/140 € – **Rist** – Menu 28/32 €
◆ Nella tranquillità dei monti, un albergo che "guarda" le Dolomiti; zone comuni signorili, con soffitti in legno lavorato e tappeti; camere spaziose ed eleganti. Ambiente raccolto e accogliente nella capiente sala ristorante.

Genziana ←
via Ciampinei 2 – ✆ 04 71 77 28 00 – info@callegari.it – Fax 04 71 79 43 30 – Dicembre-20 aprile e 25 giugno-settembre
27 cam – ††160/210 € – ½ P 112/164 € – **Rist** – *(chiuso a mezzogiorno)* (solo per alloggiati)
◆ Una vacanza rilassante in un albergo con giardino e zone comuni non spaziose, ma dall'atmosfera intima, piacevolmente arredate in stile tirolese; camere confortevoli.

Mignon ← cam,
via Nives 4 – ✆ 04 71 79 50 92 – info@hotel-mignon.it – Fax 04 71 79 43 56 – 6 dicembre-10 aprile e 24 giugno-23 settembre
29 cam – †90/143 € ††166/270 € – 1 suite – ½ P 100/185 € – **Rist** – *(chiuso a mezzogiorno)* (solo per alloggiati)
◆ Leggermente fuori dal centro, comunque raggiungibile a piedi, un albergo con un bel giardino e caratteristici interni in stile locale di moderna ispirazione; camere lineari.

Welponer ← Dolomiti e pinete, (riscaldata) cam, rist,
strada Rainel 6 – ✆ 04 71 79 53 36 – info@welponer.it – Fax 04 71 77 17 30 – 20 dicembre-15 aprile e 20 maggio-2 novembre
18 cam – †50/150 € ††100/250 € – ½ P 150 € – **Rist** – *(chiuso a mezzogiorno)* (solo per alloggiati)
◆ Appagante vista di Dolomiti e pinete in un hotel dal curato ambiente familiare, dotato di ampio giardino soleggiato con piscina riscaldata; camere confortevoli.

Freina ← Dolomiti, cam,
via Freina 23 – ✆ 04 71 79 51 10 – info@hotelfreina.com – Fax 04 71 79 43 18 – Dicembre-Pasqua e 10 giugno-15 ottobre
20 cam – †80/100 € ††140/180 € – ½ P 103/133 € – **Rist** – Carta 23/36 €
◆ Bianca struttura circondata da una verde natura: piacevoli ambienti riscaldati dal sapiente uso del legno e spaziose camere ben accessoriate, in moderno stile locale. Tradizionale sala ristorante in stile tirolese.

Linder cam, rist,
strada Nives 36 – ☎ 04 71 79 52 42 – info@linder.it – Fax 04 71 79 43 20 – Dicembre-Pasqua e 15 giugno-settembre
29 cam – 106/151 € 142/202 € – ½ P 86/116 € – **Rist** – (solo per alloggiati)
◆ Piacevole aspetto esterno in stile tirolese, per questa struttura a gestione diretta pluridecennale; le camere sono spaziose e gradevoli.

Laurin
strada Meisules 278 – ☎ 04 71 79 51 05 – info@hotel-laurin.it – Fax 04 71 79 43 10 – Dicembre-15 aprile e luglio-settembre
25 cam – 50/100 € 70/140 € – ½ P 80/160 € – **Rist** – Menu 22/35 €
◆ Giovane gestione per questo hotel centrale, ben tenuto e abbellito da un giardino; spazi comuni scaldati da soffitti in legno, buon centro fitness, camere accoglienti. Capiente sala da pranzo completamente rivestita in legno e calda moquette.

Dorfer cam, cam,
via Cir 5 – ☎ 04 71 79 52 04 – info@dorfer-franca.com – Fax 04 71 79 50 68 – Dicembre-15 aprile e giugno-15 ottobre
27 cam – 100/230 € – ½ P 52/114 € – **Rist** – Menu 22/70 €
◆ Hotel rinnovato nel segno dell'accoglienza e dello stile tirolese che continua a perpetuarsi grazie alla cordiale gestione familiare. Graziose camere, tutte con balcone. Dalle cucine, antipasti e pane fatti in casa e i piatti della tradizione altoatesina.

Pralong
via Meisules 341 – ☎ 04 71 79 53 70 – pralong@val-gardena.com – Fax 04 71 79 41 03 – 4 dicembre-8 aprile e giugno-settembre
25 cam – solo ½ P 58/98 € – **Rist** – (solo per alloggiati)
◆ Simpatica e cordiale gestione in una piccola struttura, con spazi comuni in stile tirolese di taglio moderno dalla calda atmosfera; camere molto confortevoli.

Pozzamanigoni Sassolungo e pinete,
strada La Selva 51, Sud-Ovest : 1 km – ☎ 04 71 79 41 38 – info@pozzamanigoni.com – Fax 04 71 77 08 98 – Dicembre-aprile e giugno-ottobre
13 cam – solo ½ P 85/100 € – **Rist** – *(chiuso a mezzogiorno da dicembre ad aprile)* (solo per alloggiati) Carta 30/34 €
◆ Tranquillità e splendida vista su Sassolungo e pinete da un albergo a gestione diretta, dotato di maneggio e laghetto con pesca alla trota; camere ben tenute.

Armin
via Meisules 161 – ☎ 04 71 79 53 47 – info@hotelarmin.com – Fax 04 71 79 43 63 – 5 dicembre-15 aprile e 10 giugno-settembre
25 cam – 55/80 € 98/160 € – ½ P 55/115 €
Rist – (solo per alloggiati)
Rist *Grillstube* – *(20 dicembre-20 marzo; chiuso sabato e a mezzogiorno)* Carta 27/40 €
◆ Semplice hotel familiare di buon confort, con accoglienti interni luminosi e camere lineari, tra cui alcune mansardate, ampie e ben arredate con mobilio chiaro. Nella Grillstube, un ambiente curato e gradevole.

Concordia senza rist
strada Puez 10 – ☎ 04 71 79 52 23 – info@garni-concordia.it – Fax 04 71 79 45 11 – 5 dicembre-Pasqua e luglio-15 ottobre
16 cam – 60/160 €
◆ Confortevole "garni" che offre il calore della gestione familiare e quello degli arredi tipici ove abbonda il legno chiaro. Camere pulite e ben tenute.

Villa Prà Ronch senza rist Sassolungo e gruppo Sella,
via La Selva 80 – ☎ 04 71 79 40 64 – praronch@valgardena.it – Fax 04 71 79 40 64 – Chiuso novembre
5 cam – 76/100 €
◆ Una bella casa incastonata all'interno di un apprezzabile giardino panoramico. Semplice, accogliente e familiare, insomma una vacanza ideale all'insegna del relax.

verso Passo Gardena **(Grödner Joch)Sud-Est : 6 km :**

XX **Gerard** con cam cam,
via Plan de Gralba 37 ✉ 39048 – ✆ 04 71 79 52 74 – gerard@val-gardena.com – Fax 04 71 79 45 08 – 6 dicembre-Pasqua e 28 maggio-14 ottobre
8 cam – solo ½ P 65/78 € – **Rist** – Carta 27/45 €
◆ Invidiabile vista da un ristorante di montagna con proposte di cucina del luogo; servizio all'aperto con splendida vista del gruppo Sella e Sassolungo. Belle camere.

SELVAZZANO DENTRO – Padova (PD) – 562 F17 – 20 558 ab. – alt. 16 m – ✉ 35030 35 B3

Roma 492 – Padova 12 – Venezia 52 – Vicenza 27
Montecchia, ✆ 049 805 55 50.

XXX **La Montecchia**
via Montecchia 12, Sud-Ovest : 3 km – ✆ 04 98 05 53 23 – montecchia@calandre.com – Fax 04 98 05 53 68 – Chiuso dal 1º al 16 gennaio, dal 12 al 28 agosto, lunedì e martedì
Rist – Carta 54/81 €
◆ Amena ubicazione nel Golf Club della Montecchia per un locale originale e signorile ricavato in un vecchio essicatoio per il tabacco; piatti creativi su base tradizionale.

a Tencarola **Est : 3 km – ✉ 35030**

Piroga Padova 220,
via Euganea 48 – ✆ 049 63 79 66 – info@hotelpiroga.com – Fax 049 63 74 60
62 cam – 62/93 € 83/115 € – **Rist** – *(chiuso quindici giorni in agosto e lunedì)* Carta 22/36 €
◆ Strutture di prim'ordine in un hotel recentemente ampliato e ristrutturato, abbellito da un giardino; ariosi interni di taglio moderno, area congressi, camere ben arredate. Sala da pranzo illuminata da grandi finestre e ornata solo da raffinati tavoli rotondi.

SELVINO – Bergamo (BG) – 561 E11 – 2 044 ab. – alt. 956 m – Sport invernali : *1 000/1 400 m 1 2* – ✉ 24020 19 C1

Roma 622 – Bergamo 22 – Brescia 73 – Milano 68
(chiuso giovedì) corso Milano 19 ✆ 035 763362, apt@comunediselvino.it, Fax 035 761707

Elvezia rist,
via Usignolo 2 – ✆ 035 76 30 58 – info@hotelelvezia.com – Fax 035 76 30 58 – Dicembre e giugno-settembre
20 cam – 52 € 65/75 € – ½ P 60/65 € – **Rist** – *(chiuso lunedì)* Carta 24/29 €
◆ In centro e in posizione tranquilla, un bell'edificio abbellito da un giardino ben tenuto; piacevoli spazi comuni di moderna ispirazione, camere in stile rustico. Interessanti proposte gastronomiche legate al territorio.

SEMPRONIANO – Grosseto (GR) – 563 N16 – 1 281 ab. – alt. 601 m – ✉ 58055 29 C3

Roma 182 – Grosseto 61 – Orvieto 85

a Catabbio **Sud : 6 km – ✉ 58050**

X **La Posta**
via Verdi 9 – ✆ 05 64 98 63 76 – info@trattorialaposta.com – Fax 05 64 98 63 76 – Chiuso dal 10 al 30 gennaio, dal 20 al 30 luglio, lunedì e a mezzogiorno da novembre a marzo escluso i fine settimana
Rist – Carta 30/35 €
◆ La proprietaria in cucina e i figli in sala in una curata trattoria di paese: locale genuino tanto nella tavola e nei piatti, quanto nel servizio schietto e informale.

SENAGO – Milano (MI) – 561 F9 – 19 447 ab. – alt. 176 m – ✉ 20030 18 B2

Roma 591 – Milano 17 – Bergamo 51 – Brescia 97 – Monza 16

La Brughiera 10/12,

via XXIV Maggio 23 – ☎ 029 98 21 13 – info@labrughiera.it – Fax 02 99 81 47 61

Rist – Carta 33/46 €

♦ Locale ad andamento familiare ricavato da una vecchia cascina ora compresa nel parco delle Groane. Ampio e grazioso l'interno. Cucina curata, ampia carta dei vini.

SENALES (SCHNALS) – Bolzano / Bozen (BZ) – 561 B14 – 1 403 ab. – alt. 1 327 m – Sport invernali : *a Maso Corto : 2 000/3 200 m 1 11 (anche sci estivo),* – ✉ 39020 30 B1

Da Certosa : Roma 692 – Bolzano 55 – Merano 27 – Milano 353 – Passo di Resia 70 – Trento 113

piazza Arciduca Giovanni 1 ☎ 0473 679148, touristinfo@dnet.it, Fax 073 679177

a Vernago (Vernagt) Nord-Ovest : 7 km – alt. 1 700 m – ✉ 39020 – Senales

Vernagt lago e monti, rist,

– ☎ 04 73 66 96 36 – info@vernago.com – Fax 04 73 66 97 20 – 20 dicembre-20 aprile e 10 giugno-22 ottobre

37 cam – †81/84 € ††161/180 € – 2 suites – ½ P 100 € – **Rist** – (solo per alloggiati)

♦ Incantevole vista su lago e monti da questa valida risorsa a conduzione familiare; accoglienti spazi comuni in stile locale, camere lineari.

SENIGALLIA – Ancona (AN) – 563 K21 – 43 597 ab. – ✉ 60019 21 C1

Roma 296 – Ancona 29 – Fano 28 – Macerata 79 – Perugia 153 – Pesaro 39

piazzale Morandi 2 ☎ 071 7922725, iat.senigallia@regione.marche.it, Fax 071 7924930

Terrazza Marconi

lungomare Marconi 37 ✉ 60019 Senigallia – ☎ 07 17 92 79 88 – info@terrazzamarconi.it – Fax 07 17 93 81 47 – Chiuso gennaio

30 cam – †109/129 € ††189/299 €

Rist ***Savini*** – ☎ 07 17 93 10 87 *(chiuso novembre e martedì)* Carta 25/58 €

♦ Proprio di fronte alla Rotonda, una casa di taglio moderno con terrazza sul mare, offre spazi ampi un servizio curato e belle camere, nonchè un nuovo piccolo centro benessere. Piatti regionali e di pesce nell'ampia ed elegante sala da pranzo che dispone anche di un servizio all'aperto.

Duchi della Rovere 80,

via Corridoni 3 – ☎ 07 17 92 76 23 – info@hotelduchidellarovere.it – Fax 07 17 92 77 84 – Chiuso dal 23 al 30 dicembre

44 cam – †100/190 € ††120/230 € – 7 suites – ½ P 90/145 €

Rist – ☎ 07 17 93 10 51 *(chiuso Natale, Capodanno e domenica)* Carta 30/53 €

♦ A metà strada tra il mare ed il centro storico, una struttura con camere di differenti tipologie, simili tra loro nell'arredo, ed eleganti aree comuni per i momenti di relax. Classica cucina nazionale, paste fatte in casa, cura nella presentazione e attenzione per la cantina nelle tre sale del ristorante

City cam, 100,

lungomare Dante Alighieri 14 – ☎ 07 16 34 64 – info@cityhotel.it – Fax 071 65 91 80

64 cam – †83/103 € ††103/176 € – ½ P 65/103 € – **Rist** – (solo per alloggiati)

♦ Fronte mare, l'hotel presenta una facciata anni Sessanta ma interni moderni e funzionali, arredati in design e due attrezzate sale congressi.

Ritz (riscaldata) 200,

lungomare Dante Alighieri 142 – ☎ 07 16 35 63 – info@hritz.it – Fax 07 17 92 20 80 – Aprile-novembre

140 cam – †72/82 € ††114/134 € – 10 suites – ½ P 81/95 € – **Rist** – *(giugno-agosto)* (solo per alloggiati) Menu 28/35 €

♦ A pochi passi dalla spiaggia, l'albergo vanta ampi spazi, ben 3 piscine, un giardino privato con percorso vita, un centro congressi e campi da tennis minigolf e bocce.

Bologna rist,
lungomare Mameli 57 – ☎ 07 17 92 35 90 – info@hbologna.net – Fax 07 17 92 12 12
37 cam – 45 € 90 € – ½ P 140 € – **Rist** – *(maggio-settembre)* Carta 35/42 €
◆ Particolarmente idoneo per famiglie con bambini, l'albergo dispone di camere d'ispirazione contemporanea ed ampi spazi attrezzati per animare le giornate dei più piccoli. Un'ampia sala ristorante rimodernata dove gustare una cucina nazionale e di pesce, mentre l'originale Angolo di Capitan Uncino accoglie i bimbi.

Metropol
lungomare Leonardo da Vinci 11 – ☎ 07 17 92 59 91 – info@hotelmetropolsenigallia.it – Fax 07 17 91 44 27 – 27 maggio-16 settembre
57 cam – 65/90 € 100/110 € – 4 suites – **Rist** – (solo per alloggiati)
◆ In posizione leggermente decentrata, ma proprio sul lungomare, una bianca struttura di moderna concezione, che offre camere confortevoli; all'esterno piacevole piscina.

Holiday Inn Express senza rist 70,
via Nicola Abbagnano 12, prossimità casello autostrada – ☎ 07 17 93 13 86 – info@hotelexpress-senigallia.it – Fax 07 17 93 13 87
84 cam – 80 € 100 €
◆ Nei pressi dell'uscita autostradale, l'hotel, ideale per una clientela d'affari, è dotato di camere nuove e spaziose e 7 sale riunioni per grandi e piccoli gruppi di lavoro.

Mareblù
lungomare Mameli 50 – ☎ 07 17 92 01 04 – info@hotel-mareblu.it – Fax 07 17 92 54 02 – Pasqua-settembre
53 cam – 45/85 € 50/90 €, 5 € – ½ P 42/82 € – **Rist** – Menu 20/35 €
◆ Una piccola risorsa fronte mare a gestione familiare con ambienti classici e semplici negli arredi, sala giochi, biblioteca ed ampio giardino con piscina.

Bice
viale Giacomo Leopardi 105 – ☎ 07 16 52 21 – info@albergobice.it – Fax 07 16 52 21
34 cam – 50/60 € 73/85 € – ½ P 60/65 € – **Rist** – *(chiuso dal 27 settembre al 4 ottobre e sabato escluso da giugno a settembre)* Menu 16/45 €
◆ Appena fuori le mura del centro, un hotel a conduzione familiare dai luminosi interni di taglio moderno e caratteristiche camere arredate in modo piacevole. Presso l'amipia sala ristorante dalle calde tonalità, piatti tipici della tradizone locale.

Baltic rist,
lungomare Dante Alighieri 90 – ☎ 07 17 92 57 57 – info@hotelbalticsenigallia.it – Fax 07 17 92 57 58 – 27 maggio-23 settembre
67 cam – 50/60 € 75/85 €, 6 € – ½ P 55/70 € – **Rist** – Carta 24/32 €
◆ Una grande struttura situata sul lungomare, non molto distante dal centro storico, propone ai turisti camere semplici e confortevoli. Il ristorante panoramico propone la cucina nazionale ed i prodotti gastronomici tipici del territorio

L'Arca di Noè
via del Cavallo 79 – ☎ 07 17 93 14 93 – rmorpu@tin.it – Fax 07 17 91 57 00
9 cam – 70/85 € 96/135 € – ½ P 68/87 € – **Rist** – *(chiuso a mezzogiorno e da ottobre a maggio anche le sere di lunedì, martedì e mercoledì)* Carta 30/35 €
◆ A pochi passi dal mare, un suggestivo ed accogliente rifugio con ampi spazi, alcuni arredati in chiave moderna altri con pezzi antichi, provvisto di area giochi per i piccoli. Le sale da pranzo dalle ampie vetrate che danno sul giardino, propongono i piatti della tradizione culinaria nazionale.

Uliassi
banchina di Levante 6 – ☎ 07 16 54 63 – info@uliassi.it – Fax 071 65 93 27 – Chiuso dal 27 dicembre al 21 marzo e lunedì escluso dal 6 al 19 agosto
Rist – Carta 74/94 €
Spec. Strigoli con nero di seppia, calamaretti e parmigiano. Rombo, salsa topinambur e chantilly al lime. Cioccolato, grué (baccello di cioccolato) e gelato al cocco.
◆ Un luminoso locale sulla spiaggia dove tutto profuma di mare a partire da una creativa cucina a base di pesce, sino agli arredi in stile marinaro.

Il Barone Rosso con cam

via Savona 4 – ✆ 07 17 92 68 23 – Chiuso dal 7 al 21 gennaio

7 cam – **†**42/60 € **††**52/82 € – **Rist** – *(chiuso lunedì escluso dal 15 giugno ad agosto)* Carta 30/41 €

♦ Nelle sue caratteristiche tinte dell'azzurro, il ristorante consta di due sale classiche e molto semplici dove gustare specialità di pesce e pasta fatta in casa. Sette camere nuove, colorate e spaziose, cornice ideale per un soggiorno rilassante.

a Marzocca Sud : 6 km – ✉ 60019

Madonnina del Pescatore (Cedroni)

lungomare Italia 11 ✉ 60017 Marzocca di Senigallia – ✆ 071 69 82 67 – cedronisrl@tiscali.it – Fax 071 69 84 84 – Chiuso lunedì

Rist – Carta 55/83 €

Spec. Le "arie"...al limone. Tagliatelle con ragù bianco di mare croccante e marmellata di aceto balsamico. Costoletta di rombo con pastella alla birra, erbe di campo e trippa di coda di rospo.

♦ Atmosfera di elegante modernità nella luminosa sala, mentre in cucina prendono forma proposte fantasiose che spaziano dal pesce crudo sino a ricerche più tecniche.

a Scapezzano Ovest : 6 km – ✉ 60010

Bel Sit mare e campagna, rist, 100,

via dei Cappuccini 15 – ✆ 071 66 00 32 – info@belsit.net – Fax 07 16 60 83 35 – Chiusodal 2 al 7 gennaio

38 cam – **†**57/80 € **††**65/96 €, 7 € – ½ P 57/69 € – **Rist** – *(4 aprile-settembre)* Carta 20/40 €

♦ Abbracciato da un parco secolare e con vista sul mare, la villa Ottocentesca dispone di un nuovo centro benessere, sale comuni con arredi lignei e semplici camere spaziose.

Locanda Strada della Marina cam, rist,

strada della Marina 265 – ✆ 07 16 60 86 33 – info@lsdm.com – Fax 07 16 61 17 27

9 cam – **†**88 € **††**160 € – ½ P 103 € – **Rist** – Carta 31/57 €

♦ Una casa colonica circondata dal parco offre camere sapientemente ristrutturate, arredate con mobili d'epoca, pavimenti lignei e sale per colazioni di lavoro e cerimonie. Quello che un tempo fu un essicatoio, è ora un elegante ristorante con varie proposte regionali di carne e di pesce.

Antica Armonia

via del Soccorso 67 – ✆ 071 66 02 27 – anticaarmonia@libero.it – Fax 071 66 02 27 – Chiuso dal 15 al 30 ottobre

8 cam – **†**50/60 € **††**80/90 € – ½ P 65/70 € – **Rist** – *(chiuso lunedì)* (solo su prenotazione) Carta 25/30 €

♦ Ubicata nel verde delle colline marchigiane, una familiare ospitalità custodisce camere confortevoli e sale comuni dotate di biliardo e riscaldate da un camino. A tavola, piatti della tradizione regionale e del Bel Paese.

a Bettolelle Sud-Ovest : 8,5 km – ✉ 60019

Il Papavero rist,

strada provinciale Arceviese 98 ✉ 60019 – ✆ 07 16 60 45 – info@agriturisilpapavero.it – Fax 07 16 51 11

7 cam – **†**60/70 € **††**80/100 € – ½ P 65 € – **Rist** – Carta 29/40 €

♦ Circondata dalla tranquillità delle colline, la casa colonica è stata tipicamente trasformata in un agriturismo dotato di camere arredate in un sobrio stile country. Il ristorante propone una cucina tradizionale da consumare nella sala al piano terreno dell'edificio, oppure a lume di candela nello splendido dehors.

Prima distinzione: la stella ✿.
Assegnata ai ristoranti per i quali si percorre volentieri qualche chilometro in più!

SENORBÌ – Cagliari – 566 I9 – **Vedere Sardegna alla fine dell'elenco alfabetico**

SERAVEZZA – Lucca (LU) – 563 K12 – **12 916 ab.** – **alt. 55 m** – ✉ **55047**
Toscana 28 **B1**

Roma 376 – Pisa 40 – La Spezia 58 – Firenze 108 – Livorno 60 – Lucca 39 – Massa 24

a Pozzi Sud : 3,5 km – ✉ **55047** – **Seravezza**

XX **Antico Uliveto**
via Martiri di Sant'Anna 76 – ✆ 05 84 76 88 82 – info@antico-uliveto.it – Fax 05 84 79 80 81 – Chiuso a mezzogiorno in agosto (escluso sabato e domenica) e giovedì negli altri mesi
Rist – Carta 38/47 €
◆ Una bella casa nella frazione di Pozzi con un giardino ombreggiato dagli ulivi. All'interno due sale di taglio rustico-signorile, accoglienza cortese e cucina sfiziosa.

a Querceta Sud-Ovest : 4 km – ✉ **55046**

XX **Da Alberto**
via delle Contrade 235 – ✆ 05 84 74 23 00 – Chiuso dal 1° al 15 febbraio, dal 1° al 15 novembre e mercoledì
Rist – Carta 38/68 €
◆ Gestione giovane e dinamica in un bel locale dall'ambiente elegante e curato, dove gustare proposte di cucina tradizionale di terra e di mare; buona scelta in cantina.

SEREGNO – Milano (MI) – 561 F9 – **39 227 ab.** – **alt. 224 m** – ✉ **20038** 18 **B2**

Roma 594 – Como 23 – Milano 25 – Bergamo 51 – Lecco 31 – Novara 66

Umberto Primo senza rist
via Dante 63 – ✆ 03 62 22 33 77 – info@hotelumbertoprimo.it – Fax 03 62 22 19 31 – Chiuso dal 24 dicembre al 2 gennaio e dal 3 al 26 agosto
52 cam – †90 € ††125 €
◆ Albergo recentemente rinnovato, particolarmente adatto a una clientela di lavoro; ariose zone comuni nelle tonalità del legno, piacevoli camere spaziose e lineari.

XX **Osteria del Pomiroeu**
via Garibaldi 37 – ✆ 03 62 23 79 73 – giancarlo@pomiroeu.it – Fax 03 62 32 53 40 – Chiuso una settimana in gennaio, tre settimane in agosto, lunedì e martedì a mezzogiorno
Rist – Carta 67/91 €
◆ Nel centro storico, ambiente rustico di tono elegante in un locale accogliente, con una fornitissima cantina e un abile sommelier pronto a consigliarvi; piatti creativi.

SERIATE – Bergamo (BG) – 561 E11 – **21 221 ab.** – **alt. 248 m** – ✉ **24068** 19 **C1**

Roma 568 – Bergamo 7 – Brescia 44 – Milano 52

XX **Meratti**
via Paderno 4, galleria Italia – ✆ 035 29 02 90 – info@meratti.com – Fax 035 29 02 90 – Chiuso una settimana in gennaio, dal 5 al 25 agosto e mercoledì
Rist – Carta 39/61 €
◆ Ubicato in un piccolo centro commerciale, locale elegante, di moderna concezione: propone una cucina curata, che spazia dai piatti del luogo a quelli a base di pesce.

X **Vertigo**
via Decò e Canetta 77 – ✆ 035 29 41 55 – ristorantevertigo@virgilio.it – Chiuso dal 1° all'8 gennaio e sabato a mezzogiorno, dal 14 al 20 agosto aperto solo la sera
Rist – Carta 31/46 €
◆ Simpatico ristorantino dall'ambiente informale, con sale dai colori vivaci abbellite da quadri di autori contemporanei; proposte culinarie esotiche, ma anche tradizionali.

SERINO – Avellino (AV) – 564 E26 – 7 131 ab. – alt. 415 m – ✉ 83028 7 C2

Roma 260 – Avellino 14 – Napoli 55 – Potenza 126 – Salerno 28

Serino ← 500, VISA AE
via Terminio 119, Est : 4 km – ✆ 08 25 59 49 01 – hotelserino@hotelserino.it
– Fax 08 25 59 41 66
54 cam – 80 € 100 € – ½ P 75 €
Rist ***Antica Osteria "O Calabrisuotto"*** – ✆ 08 25 59 40 79 – Carta 22/29 €
◆ Grande struttura in posizione tranquilla abbellita dal giardino con piscina; le camere affacciano sui boschi e sono ben accessoriate, in particolare le junior suite. Capiente sala da pranzo di taglio moderno, rischiarata da vetrate.

verso Giffoni Sud : 7 km :

Chalet del Buongustaio ← 30, VISA AE
via Giffoni ✉ 83028 – ✆ 08 25 54 29 76 – Fax 08 25 54 29 76 – Chiuso martedì e da dicembre a marzo aperto solo sabato e domenica
Rist – Carta 18/27 €
◆ Avvolto dalla cornice verde dei castagneti, ristorante dall'ambiente familiare, semplice e accogliente. Qui si può gustare una casereccia cucina del territorio e vini locali.

SERLE – Brescia (BS) – 561 F13 – 2 966 ab. – alt. 493 m – ✉ 25080 17 D1

Roma 550 – Brescia 21 – Verona 73

a Valpiana Nord : 7 km – ✉ 25080 – Serle

Rifugio Valpiana ← colline e lago, 20, VISA AE
località Valpiana 2 – ✆ 03 06 91 02 40
– Fax 03 06 91 02 40 – Chiuso dal 1° gennaio al 15 febbraio e lunedì
Rist – Carta 10/29 €
◆ In posizione quieta e pittoresca, incorniciato dai boschi e con una splendida vista sulle colline e sul lago, un locale rustico dalla cucina casereccia, funghi e cacciagione.

SERMONETA – Latina (LT) – 563 R20 – 6 782 ab. – alt. 257 m – ✉ 04013 13 C2

Roma 77 – Frosinone 65 – Latina 17

Principe Serrone senza rist ← vallata, VISA AE
via del Serrone 1 – ✆ 077 33 03 42 – principeserrone@virgilio.it
– Fax 077 33 03 36
17 cam – 40/50 € 75/90 €
◆ Nel borgo medievale, con bella vista sulla vallata, un edificio storico ospita questo hotel ideale per trascorrere soggiorni tranquilli; camere semplici ma confortevoli.

SERNIGA – Brescia – 561 F13 – Vedere Salò

SERPIOLLE – Firenze – Vedere Firenze

SERRA DE' CONTI – Ancona (AN) – 563 L21 – 3 564 ab. – alt. 217 m – ✉ 60030 20 B2

Roma 242 – Ancona 61 – Foligno 89 – Gubbio 57 – Pesaro 62

De' Conti senza rist VISA AE
via Santa Lucia 58 – ✆ 07 31 87 99 13 – hoteldeconti@libero.it
– Fax 07 31 87 04 81
28 cam – 50 € 80 €
◆ Sita nel cuore delle colline del Verdicchio, questa struttura offre camere molto ampie caratterizzate da un arredo moderno in tinte chiare.

SERRAMAZZONI – Modena (MO) – 562 I14 – 7 392 ab. – alt. 822 m – ✉ 41028 8 B2

Roma 357 – Bologna 77 – Modena 33 – Pistoia 101

a Montagnana Nord : 10 km – ✉ 41028

La Noce

via Giardini Nord 9764 – ✆ 05 36 95 71 74 – info@lanoce.it – Fax 05 36 95 72 66 – Chiuso dal 1° al 25 agosto e domenica
Rist – Carta 50/55 €
◆ Esperta gestione familiare in un locale elegante di stile rustico, semplice e sobrio; cucina basata su prodotti del luogo e stagionali, con proposte anche innovative.

SERRA SAN QUIRICO – Ancona (AN) – 563 L21 – 3 003 ab. – ✉ 60048 20 B2

Roma 234 – Ancona 54 – Perugia 93 – Rimini 111

La Pianella

via Gramsci Nord-Ovest : 1,3 km – ✆ 07 31 88 00 54 – Fax 07 31 88 00 54 – Chiuso dal 26 dicembre al 3 gennaio e due settimane in luglio e lunedì
Rist – Carta 32/44 €
◆ Piacevole trattoria appena fuori paese che propone esclusivamente piatti della tradizione marchigiana, abbinati a vini di selezione locale.

SERRAVALLE LANGHE – Cuneo (CN) – 561 I6 – 341 ab. – alt. 762 m – ✉ 12050 25 C3

Roma 593 – Genova 121 – Alessandria 75 – Cuneo 55 – Torino 89

La Coccinella 15/30,

via Provinciale 5 – ✆ 01 73 74 82 20 – ale_coccinella@libero.it – Fax 01 73 74 82 20 – Chiuso dal 6 gennaio al 10 febbraio, dal 25 giugno al 5 luglio, mercoledì a mezzogiorno e martedì
Rist – (consigliata la prenotazione) Carta 31/41 €
◆ Tre fratelli, tutti esperti, conducono con passione questo valido ristorante. La recente ristrutturazione ne ha accresciuto il confort e la notorietà. Cucina piemontese.

SERRAVALLE SCRIVIA – Alessandria (AL) – 561 H8 – 5 990 ab. – alt. 230 m – ✉ 15069 23 C3

Roma 547 – Alessandria 31 – Genova 54 – Milano 95 – Savona 87 – Torino 121

La Bollina 300,

via Novi 25, Nord : 1 km – ✆ 01 43 63 35 17 – info@labollina.it – Fax 01 43 68 65 44
44 cam – †80/150 € ††120/200 € – ½ P 80/125 €
Rist *Villa Bollina* – ✆ 01 43 63 35 79 *(chiuso domenica sera e lunedì)* Carta 30/39 €
◆ Sulle colline alessandrine, complesso di villette a schiera con proprio posto macchina e giardino; all'interno arredi moderni e piacevoli, camere spaziose. Ristorante di sobria eleganza con apprezzabile disponibilità di spazio.

SERRUNGARINA – Pesaro e Urbino (PU) – 563 K20 – 2 264 ab. – alt. 209 m – ✉ 61030 20 B1

Roma 245 – Rimini 64 – Ancona 70 – Fano 13 – Gubbio 64 – Pesaro 24 – Urbino 30

a Bargni Ovest : 3 km – ✉ 61030

Casa Oliva colline, cam, rist, rist,

via Castello 19 – ✆ 07 21 89 15 00 – casaoliva@casaoliva.it – Fax 07 21 89 15 00 – Chiuso dal 10 al 31 gennaio
18 cam – †55 € ††75 € – 2 suites – ½ P 50 € – **Rist** – *(chiuso lunedì)* Carta 25/43 €
◆ Nella quiete della campagna marchigiana, hotel diviso in diversi caseggiati in mattoni di un caratteristico borgo d'epoca; camere di taglio moderno, nuova piccola beauty farm. Proposta di piatti caserecci con radici nel territorio.

Villa Federici
via Cartoceto 4 – 07 21 89 15 10 – info@villafederici.com – Fax 07 21 89 15 10
5 cam – 65/75 € 75/93 € – ½ P 63/75 € – **Rist** – *(chiuso mercoledì)* (solo su prenotazione) Carta 25/36 €
♦ Bel rustico di campagna attorniato da tre ettari di ulivi: interni signorili con ampie camere in stile, alcune con mobili dell'800; "calda" atmosfera nelle salette comuni. Menù giornaliero a base di piatti della tradizione.

SESTO (SEXTEN) – Bolzano / Bozen (BZ) – 562 B19 – 1 918 ab. – alt. 1 311 m – Sport invernali : *1 310/2 200 m 2 7, ; a Versciaco Monte Elmo : 1 131/2 050 m 1 4 (Comprensorio Dolomiti superski Alta Pusteria)* – ✉ 39030 *Italia* 31 **D1**

Roma 697 – Cortina d'Ampezzo 44 – Belluno 96 – Bolzano 116 – Milano 439 – Trento 173

via Dolomiti 45 0474 710310, info@sesto.it, Fax 0474 710318

Val di Sesto★★ Nord per la strada S 52 e Sud verso Campo Fiscalino

San Vito-St. Veit ← Dolomiti e vallata, cam,
via Europa 16 – 04 74 71 03 90 – info@hotel-st-veit.com – Fax 04 74 71 00 72 – Natale-Pasqua e giugno-15 ottobre
33 cam – solo ½ P 70/95 € – **Rist** – Carta 21/27 €
♦ Gestione dinamica in un albergo in area residenziale, dominante la vallata; zona comune ben arredata, camere tradizionali e con angolo soggiorno, ideali per famiglie. Nella sala da pranzo, vetrate che si aprono sulla natura; accogliente stube caratteristica.

a Campo Fiscalino (Fischleinboden)Sud : 4 km – alt. 1 451 m – ✉ 39030 – Sesto

Dolomiti-Dolomitenhof ← pinete e Dolomiti,
via Val Fiscalina 33 – 04 74 71 30 00 – info@dolomitenhof.com – Fax 04 74 71 30 01 – 18 dicembre-20 marzo e 10 giugno-6 ottobre
42 cam – 52/101 € 80/186 € – 3 suites – ½ P 54/103 € – **Rist** – Carta 25/40 €
♦ La cornice naturale fatta di monti e pinete, avvolge questo albergo a gestione familiare in stile anni '70, con centro benessere; alcune camere di ispirazione bavarese. Cucina del territorio nell'ampia sala da pranzo.

---

a Moso (Moos) Sud-Est : 2 km – alt. 1 339 m – ✉ 39030 – Sesto

Sport e Kurhotel Bad Moos ← Dolomiti, (riscaldata) rist, rist, 90,
via Val Fiscalina 27 – 04 74 71 31 00 – info@badmoos.it – Fax 04 74 71 33 33 – 4 dicembre-9 aprile e giugno-4 novembre
73 cam – 130/141 € 242/285 € – ½ P 130/152 € – **Rist** – Carta 35/54 €
♦ Suggestiva veduta delle Dolomiti da un hotel moderno, dotato di buone attrezzature e adatto anche a una clientela congressuale; camere confortevoli. Calda atmosfera nella sala da pranzo; ristorante serale in stube del XIV-XVII secolo.

Berghotel e Residence Tirol ← Dolomiti e valle Fiscalina, rist,
via Monte Elmo 10 – 04 74 71 03 86 – info@berghotel.com – Fax 04 74 71 04 55 – 6 dicembre-Pasqua e 28 maggio-15 ottobre
36 cam – solo ½ P 95/129 € – **Rist** – *(chiuso a mezzogiorno)* (solo per alloggiati)
♦ Splendida vista delle Dolomiti e della valle Fiscalina, da un albergo in posizione soleggiata: zona comune classica, in stile montano di taglio moderno; belle camere luminose.

Tre Cime-Drei Zinnen ← Dolomiti e valle Fiscalina, (riscaldata) rist,
via San Giuseppe 28 – 04 74 71 35 00 – info@hotel-drei-zinnen.com – Fax 04 74 71 00 92 – 22 dicembre-Pasqua e 10 giugno-ottobre
41 cam – 160 € 250 € – ½ P 130 € – **Rist** – (solo per alloggiati) Menu 28/52 €
♦ Cordiale conduzione in una struttura in posizione dominante, progettata da un famoso architetto viennese nel 1930; interni luminosi ed eleganti, camere con arredi d'epoca.

Alpi 🌲 rist., rist., VISA

via Alpe di Nemes 5 – ✆ 04 74 71 03 78 – info@hotel-alpi.com – Fax 04 74 71 00 09 – Dicembre-Pasqua e 25 maggio-14 ottobre

24 cam ☕ – 🛉105/120 € 🛉🛉144/175 € – ½ P 70/89 € – **Rist** – *(chiuso a mezzogiorno)* (solo per alloggiati) Menu 15/50 €

◆ In zona tranquilla e panoramica, vicino agli impianti di risalita, un albergo ben tenuto da una salda gestione familiare che propone camere gradevoli.

a Monte Croce di Comelico (Passo) (Kreuzbergpass)**Sud-Est : 7,5 km – alt. 1 636 m – ✉ 39030 – Sesto**

Passo Monte Croce-Kreuzbergpass 🌲 Dolomiti, cam, rist., VISA AE

via San Giuseppe 55

✉ 39030 Sesto in Pusteria – ✆ 04 74 71 03 28 – hotel@passomontecroce.com – Fax 04 74 71 03 83 – Dicembre-3 aprile e 28 maggio-9 ottobre

34 cam ☕ – 🛉95/119 € 🛉🛉160/210 € – 24 suites – 🛉🛉190/220 € – ½ P 85/110 € – **Rist** – Carta 25/52 €

◆ Nel silenzio di suggestive cime dolomitiche, una struttura a ridosso delle piste da sci, con campo pratica golf; all'interno ambienti eleganti e centro benessere. I pasti sono serviti al moderno ristorante a tema, in terrazza o nella suggestiva cantina.

SESTO AL REGHENA – Pordenone (PN) – 562 E20 – 5 546 ab. – alt. 13 m – ✉ 33079

10 **B3**

▶ Roma 570 – Udine 66 – Pordenone 22 – Treviso 52 – Trieste 101 – Venezia 72

In Sylvis cam, 270, VISA AE

via Friuli 2 – ✆ 04 34 69 49 11 – insylvis@libero.it – Fax 04 34 69 49 90

37 cam ☕ – 🛉72 € 🛉🛉85 € – ½ P 58 €

Rist *Abate Ermanno* – ✆ 04 34 69 49 50 *(chiuso lunedì a mezzogiorno)* Carta 25/35 €

◆ Hotel di recente realizzazione, ma di lunga tradizione, non lontano dalla suggestiva abbazia benedettina di S.Maria; interni in stile sobrio e funzionale, parco privato. Grandi finestre velate da morbide tende e colori caldi nella sala ristorante.

SESTO CALENDE – Varese (VA) – 561 E7 – 10 095 ab. – alt. 198 m – ✉ 21018

16 **A2**

▶ Roma 632 – Stresa 25 – Como 50 – Milano 55 – Novara 39 – Varese 23

ℹ viale Italia 1 ✆ 0331 923329

⛳ Arona a Borgo Ticino, Sud : 4 km, ✆ 0321 90 70 34.

Tre Re VISA AE

piazza Garibaldi 25 – ✆ 03 31 92 42 29 – info@hotel3re.it – Fax 03 31 91 30 23 – Chiuso dal 20 dicembre a gennaio

31 cam – 🛉72/88 € 🛉🛉100/140 €, ☕ 10 € – ½ P 85/95 €

Rist – Carta 35/46 €

◆ Piacevolmente ubicato in riva la lago, albergo classico recentemente rinnovato, belle camere accoglienti, di buon confort e con dotazioni moderne. Luminosa e moderna sala ristorante fronte lago.

Locanda Sole rist., VISA AE

via Ruga del porto vecchio 1 – ✆ 03 31 91 42 73 – Fax 03 31 92 17 59

7 cam – 🛉65 € 🛉🛉80 €, ☕ 5 € – **Rist** – *(chiuso martedì)* Carta 29/43 €

◆ Simpatica locanda a pochi passi dal lungolago, all'interno di un isolato costituito da caratteristiche case di ringhiera degli anni '40. Camere confortevoli, in stile rustico. Curata sala ristorante di tono rustico.

La Biscia VISA AE

piazza De Cristoforis 1 – ✆ 03 31 92 44 35 – Fax 03 31 92 44 35 – Chiuso dal 26 al 31 gennaio, dal 23 al 30 agosto, domenica sera e lunedì

Rist – Carta 26/65 €

◆ Nel centro del paese, sul lungolago, ristorante con una confortevole sala di tono signorile e piacevole dehors fronte lago; linea culinaria di pesce, di mare e di lago.

SESTO FIORENTINO – Firenze (FI) – 563 K15 – 46 458 ab. – alt. 55 m – ✉ 50019 29 **D3**

▶ Roma 283 – Firenze 10 – Arezzo 94 – Bologna 93 – Pistoia 33 – Siena 83

ℹ piazza Vittorio Veneto 1 ✆ 055 4496357, urp@comune.sesto-fiorentino.fi.it, Fax 055 4496377

Pianta di Firenze : percorsi di attraversamento

I Macchiaioli

piazza Lavagnini 12/14 – ✆ 055 44 06 50 – info@imacchiaioli.it – Fax 055 44 06 50 – Chiuso agosto e sabato a mezzogiorno, anche sabato sera e domenica da giugno a settembre AR **d**

Rist – Carta 30/47 €

◆ Semplice e rustica trattoria, affacciata sulla centrale piazza del mercato in cui la cucina è in grado di elaborare una notevole creatività. Ottimo carrello dei formaggi.

SESTOLA – Modena (MO) – 562 J14 – 2 662 ab. – alt. 1 020 m – Sport invernali : *1 020/2 000 m* *1* *13,* – ✉ 41029 8 **B2**

▶ Roma 387 – Bologna 90 – Firenze 113 – Lucca 99 – Milano 240 – Modena 71 – Pistoia 77

ℹ corso Umberto I, 3 ✆ 0536 62324, infosestola@msw.it, Fax 0536 61621

Roma senza rist

corso Libertà 59 – ✆ 05 36 90 80 03 – hotel-roma@appenninobianco.it – Fax 053 66 08 57

19 cam – 85 € 105 €

◆ Nato dalla ristrutturazione di un vecchio albergo, una risorsa accogliente e di taglio moderno, ubicata in pieno centro. Bella sala colazioni e saletta soggiorno.

Al Poggio

monti e vallata, cam, rist,

via Poggioraso 88, località Poggioraso Est : 2 km – ✆ 053 66 11 47 – alpoggio@libero.it – Fax 053 66 16 26 – Chiuso novembre

32 cam – 45/85 € 80/120 €, 10 € – ½ P 80/105 € – **Rist** – Carta 21/29 €

◆ Hotel ubicato in posizione tranquilla, che offre una vista meravigliosa della vallata in particolar modo da alcune delle camere. Conduzione familiare al femminile. Sale sobrie e confortevoli dove accomodarsi a gustare la cucina tipica locale.

San Rocco con cam

cam,

corso Umberto I 39 – ✆ 053 66 23 82 – info@hotelristorantesanrocco.com – Fax 053 66 08 20 – Chiuso maggio e ottobre

10 cam – 75/85 € 85/95 €, 10 € – 1 suite – ½ P 80/90 € – **Rist** – *(chiuso lunedì)* Carta 40/50 €

◆ Dopo una giornata sulle piste da sci o una visita al "Giardino Esperia" concedetevi una cena rigenerante a base di ricette tradizionali in questo piacevole ristorante.

SESTO SAN GIOVANNI – Milano (MI) – 561 F9 – 79 131 ab. – alt. 137 m – ✉ 20099 18 **B2**

▶ Roma 565 – Milano 9 – Bergamo 43

Pianta d'insieme di Milano

Grand Hotel Villa Torretta

240,

via Milanese 3 – ✆ 02 24 11 21 – info@villatorretta.it – Fax 022 41 12 80 00 – Chiuso Natale-Capodanno e agosto

58 cam – 157/457 € 197/517 € – 13 suites – **Rist** – *(chiuso sabato a mezzogiorno e domenica)* Carta 52/71 € BO **f**

◆ Realtà molto elegante ricavata dalla ristrutturazione di una villa suburbana seicentesca. Gli interni sono molto curati e le camere ben tenute e sempre di ottimo livello. Ristorante con sale affrescate ed ambienti esclusivi, servizio accurato.

Abacus

80,

via Monte Grappa 39 – ✆ 02 26 22 58 58 – info@abacushotel.it – Fax 02 26 22 58 60 – Chiuso dal 21 dicembre al 7 gennaio ed agosto BO **h**

94 cam – 185 € 270 € – 2 suites – **Rist** – (solo per alloggiati) Menu 30 €

◆ Moderna e confortevole struttura in comoda posizione a pochi metri dal metrò e dalla stazione ferroviaria: eleganti interni, attrezzato centro fitness, camere lineari.

XX **Al Molo di Via Verdi**
via Verdi 75 – ✆ 02 26 22 17 40 – Fax 02 24 30 30 00 – Chiuso dal 1° al 6 gennaio, dal 6 al 27 agosto e lunedì BO **g**
Rist – Carta 32/46 €
◆ Ambiente in stile contemporaneo in un ristorante con pizzeria serale: una grande sala e diversi angoli più riservati con qualche tavolo; cucina di mare classica.

SESTRIERE – Torino (TO) – 561 H2 – **873 ab. – alt. 2 033 m – Sport invernali : *1 350/ 2 823 m* *2* *16 (Comprensorio Via Lattea* *1* *58)*** – ✉ 10058 22 **A2**
Roma 750 – Briançon 32 – Cuneo 118 – Milano 240 – Torino 93
via Louset 14 ✆ 0122 755444, sestriere@montagnedoc.it, Fax 0122 755171
18, ✆ 0122 79 94 11.

Cristallo
via Pinerolo 5 – ✆ 01 22 75 07 07 – info@newlinehotels.com – Fax 01 22 75 51 52 – Chiuso maggio e ottobre
46 cam – ††114/227 € – **Rist** – Carta 29/51 €
◆ Albergo di prestigio riaperto dopo una ristrutturazione totale. Offre camere eleganti ed accoglienti, ma quelle affacciate verso il colle possiedono maggiore attrattiva. Sala ristorante ampia e luminosa.

Belvedere
via Cesana 18 – ✆ 01 22 75 06 98 – info@newlinehotels.com – Fax 01 22 75 51 52 – Chiuso maggio e ottobre
36 cam – ††98/191 € – ½ P 61/131 € – **Rist** – Carta 25/47 €
◆ Esercizio periferico sulla strada per Cesana Torinese. Una struttura di tipo montano completamente ristrutturata. Ambienti dal tono rustico, ma con tocchi di eleganza. Al ristorante serate a tema nella sala arredata con lunghe panche di legno.

a Borgata Sestriere Nord-Est : 3 km – ✉ 10058 – Sestriere

Sciatori rist,
via San Filippo 5 – ✆ 012 27 03 23 – info@hotelsciatorisestriere.it – Fax 012 27 01 96 – Dicembre-aprile e luglio-agosto
24 cam – †70 € ††100 €, 8 € – ½ P 60/90 € – **Rist** – *(chiuso a mezzogiorno)* (solo per alloggiati)
◆ Semplicità, ordine e ambiente familiare in un hotel a gestione diretta, non lontano dagli impianti di risalita; interni con arredi essenziali, mobili di pino nelle camere.

SESTRI LEVANTE – Genova (GE) – 561 J10 – **18 844 ab.** – ✉ 16039 *Italia* 15 **C2**
Roma 457 – Genova 50 – Milano 183 – Portofino 34 – La Spezia 59
piazza Sant'Antonio 10 ✆ 0185 457011, iatsestrilevante@apttigullio.liguria.it, Fax 0185 459575

Grand Hotel Villa Balbi (riscaldata) 80,
viale Rimembranza 1 – ✆ 018 54 29 41 – villabalbi@villabalbi.it – Fax 01 85 48 24 59 – Chiuso dal 20 ottobre al 27 dicembre
105 cam – †120/145 € ††200/280 € – ½ P 125/170 € – **Rist** – Carta 34/50 €
◆ Sul lungomare, un'antica villa aristocratica del '600 con un rigoglioso parco-giardino con piscina riscaldata: splendidi interni in stile con affreschi, camere eleganti. Continuate a viziarvi pasteggiando nella raffinata sala da pranzo.

Vis à Vis mare e città, (riscaldata) cam, 180,
via della Chiusa 28 – ✆ 018 54 26 61 – visavis@hotelvisavis.com – Fax 01 85 48 08 53 – Chiuso dall' 8 gennaio al 10 febbraio
46 cam – †130/150 € ††220/260 € – 3 suites – ½ P 130/160 €
Rist *Olimpo* – ✆ 018 54 80 88 01 – Carta 35/52 €
◆ Albergo panoramico collegato al centro da un ascensore scavato nella roccia; splendida terrazza-solarium con piscina riscaldata, accoglienti interni di taglio moderno. Semplice, confortevole e panoramica, la sala da pranzo vi delizierà con i sapori mediterranei.

Grand Hotel dei Castelli ← mare e coste, rist,
via alla Penisola 26 – 01 85 48 70 20 – info@hoteldeicastelli.com – Fax 018 54 47 67 – 30 marzo-4 novembre
41 cam – 130/160 € 205/265 € – 7 suites – ½ P 140/170 € – **Rist** – Carta 43/71 €
◆ Su un promontorio con bella vista di mare e coste, caratteristico hotel con costruzioni in stile medievale e ascensori per il mare; interni dalle moderne linee essenziali. Sottili colonne centrali nella raffinata sala da pranzo.

Grande Albergo rist, 180,
via Vittorio Veneto 2 – 01 85 45 08 37 – info@grandalbergo-sestrilevante.com – Fax 01 85 45 05 47 – Chiuso dal 10 gennaio al 15 marzo
68 cam – 140/160 € 208/248 € – ½ P 134/154 €
Rist *Delfino Bianco* – *(chiuso gennaio e febbraio)* Carta 45/65 €
◆ Storico hotel della Riviera di Levante, da pochi anni ha riaperto i battenti in seguito ad una salutare e radicale ristrutturazione. Atmosfera signorile, posizione suggestiva. Bell'ambientazione per la capiente sala ristorante, dehors per i mesi estivi.

Due Mari ← rist, 100,
vico del Coro 18 – 018 54 26 95 – info@duemarihotel.it – Fax 018 54 26 98 – Chiuso dal 15 ottobre al 24 dicembre
53 cam – 50/90 € 95/165 € – 2 suites – ½ P 87/120 € – **Rist** – Carta 26/40 €
◆ Tra romantici edifici pastello, un classico palazzo seicentesco da cui si scorge la Baia del Silenzio, abbellito da un piccolo e suggestivo giardino; interni in stile. Elegante sala da pranzo, specialità di terra e di mare.

Suite Hotel Nettuno ←
piazza Bo 23/25 – 01 85 48 17 96 – info@suitehotelnettuno.com – Fax 01 85 48 24 59
13 cam – 100/180 € 150/320 € – 5 suites – **Rist** – *(chiuso dal 16 ottobre al 3 dicembre)* Carta 26/46 €
◆ Edificio in stile "belle epoque" ubicato sulla passaggiata lungomare. Camere caratteristiche con soppalco per il letto e soggiorno ampio e godibile. Ristorante di grandi dimensioni.

Helvetia senza rist ← baia del Silenzio,
via Cappuccini 43 – 018 54 11 75 – helvetia@hotelhelvetia.it – Fax 01 85 45 72 16 – Aprile-ottobre
21 cam – 130/160 €
◆ In un angolo tranquillo e pittoresco di Sestri, una costruzione d'epoca ristrutturata con eleganza, adornata da terrazze-giardino fiorite; ariosi ambienti lineari.

Marina rist,
via Fascie 100 – 01 85 48 73 32 – marinahotel@marinahotel.it – Fax 018 54 15 27 – Chiuso dal 10 gennaio al 1° marzo
19 cam – 40/55 € 50/60 €, 5 € – ½ P 42/50 € – **Rist** – (solo per alloggiati)
◆ Sulla statale Aurelia, hotel in posizione centrale recentemente rimodernato, che dispone di ampie e funzionali camere per famiglie e di una saletta biliardo.

Dal Marchesino
via Nazionale 26 – 018 54 14 01 – dalmarchesino@fastwebnet.it – Fax 018 54 14 01 – Chiuso dal 15 gennaio al 1°marzo e mercoledì
Rist – Carta 30/48 €
◆ Aperto da pochi anni, gestito con passione, ristorante dall'ambiente suggestivo con gradevoli richiami al lontano oriente. La cucina di mare propone tradizione e gusto.

El Pescador ←
via Queirolo, al porto – 018 54 28 88 – elpescador@dittacarmagnini.191.it – Fax 018 54 14 91 – Chiuso dal 15 dicembre al 1° marzo, martedì dal 15 settembre al 15 giugno, i mezzogiorno di lunedì, martedì e mercoledì negli altri mesi
Rist – Carta 40/55 €
◆ In una piacevole posizione sulla strada che conduce al porto, locale dai luminosi interni con decorazioni in stile marinaro; cucina di mare e carni alla griglia.

XX **San Marco 1957**

via Queirolo 27, al porto – ✆ 018 54 14 59 – rist_s.marco@libero.it – Fax 018 54 14 59 – Chiuso dall' 8 al 25 gennaio, dal 16 al 22 ottobre e mercoledì (anche a mezzogiorno in agosto)

Rist – Carta 28/53 €

◆ Sulla punta estrema della banchina del porticciolo, direttamente sul mare, un ristorante pieno di luce e mondano, arredato in stile marina; proposte di piatti di pesce.

XX **Portobello**

25,

via Portobello 16 – ✆ 018 54 15 66 – marzo-5 novembre, chiuso mercoledì (escluso luglio-agosto)

Rist – Carta 36/58 €

◆ Sulla Baia del Silenzio, ristorante recentemente ampliato, con rustica sala in stile marinaresco; servizio estivo nel dehors sulla spiaggia, piatti a base di pesce.

XX **Rezzano Cucina e Vino**

via Asilo Maria Teresa 34 – ✆ 01 85 45 09 09 – rezzanocucinaevino@libero.it – Fax 01 85 45 09 09 – Chiuso dal 2 al 21 febbraio, dal 2 al 23 novembre, lunedì e a mezzogiorno da giugno a settembre

Rist – Carta 44/68 €

◆ Ristorante aperto nel corso del 2003, completamente rinnovato, presenta un ambiente signorile ma senza sofisticazioni. Tavoli in legno e cucina gustosa, di provata esperienza.

a Riva Trigoso Sud-Est : 2 km – ✉ 16037

XX **Asseü**

via G.B. da Ponzerone 2, strada per Moneglia – ✆ 018 54 23 42 – info@asseu.it – Fax 018 54 23 42 – Chiuso novembre, mercoledì (escluso agosto) e da gennaio a marzo anche lunedì e martedì

Rist – (consigliata la prenotazione) Carta 33/55 €

◆ In bellissima posizione sulla spiaggia sassosa, un ristorante con piacevole sala in stile marina, dove gustare cucina di pesce; ameno servizio estivo in terrazza sul mare.

SESTRI PONENTE – Genova – Vedere Genova

SETTEQUERCE = SIEBENEICH – Bolzano – Vedere Terlano

SETTIMO TORINESE – Torino (TO) – 561 G5 – 47 227 ab. – alt. 207 m – ✉ 10036

22 **B1**

Roma 698 – Torino 12 – Aosta 109 – Milano 132 – Novara 86 – Vercelli 62

Pianta d'insieme di Torino

Green Center Hotel senza rist

via Milano 177, Nord-Est : 2 km – ✆ 01 18 00 56 61 – info@green-center.it – Fax 01 18 00 44 19

41 cam – 103 € 134 €

◆ Decidete di coccolarvi concedendovi un soggiorno in questa struttura moderna con gradevoli interni, molto confortevoli e arredati con gusto; graziose camere luminose.

SEVESO – Milano (MI) – 561 F9 – 19 384 ab. – alt. 207 m – ✉ 20030

18 **B2**

Roma 595 – Como 22 – Milano 21 – Monza 15 – Varese 41

Barlassina, a Birago di Camnago, ✆ 0362 56 06 21.

XX **La Sprelunga**

via Sprelunga 55 – ✆ 03 62 50 31 50 – lasprelunga@libero.it – Fax 03 62 50 31 50 – Chiuso dal 27 dicembre al 6 gennaio, agosto, domenica sera e lunedì

Rist – Carta 30/54 €

◆ Antica trattoria di cacciatori, è ora un confortevole locale di taglio contemporaneo, in posizione decentrata, con proposte culinarie quasi esclusivamente a base di pesce.

Osteria delle Bocce

piazza Verdi 7 – ✆ 03 62 50 22 82 – info@osteriadellebocce.it – Fax 03 62 50 22 82 – Chiuso dal 12 al 30 agosto, dal 29 dicembre al 4 gennaio e lunedì
Rist – Carta 29/48 €
◆ Nel cuore della località, un ristorante che offre una cucina rivisitata con radici nella tradizione; ampia cantina e piatti alla griglia d'estate serviti in giardino.

SEXTEN = Sesto

SEZZE – Latina (LT) – 563 R21 – 22 651 ab. – alt. 319 m – ✉ 04018 13 C2

Roma 85 – Frosinone 41 – Napoli 153

in prossimità della strada statale 156 Sud-Est : 11 km

Da Angeluccio

via Ponte Ferraioli 48, Migliara 47 ✉ 04010 – ✆ 07 73 89 91 46 – angeluccio@orlandopanici.it – Fax 07 73 89 91 46 52 – Chiuso dal 1° al 15 novembre e lunedì
Rist – Carta 19/45 € (+10 %)
◆ Elegante locale con ampia disponibilità di spazi: fuori un piacevole giardino, dentro un'ampia e classica sala. Dalla cucina piatti di terra ma soprattutto di mare.

SFERRACAVALLO – Terni – Vedere Orvieto

SFERRACAVALLO – Palermo – 565 M21 – Vedere Sicilia (Palermo) alla fine dell'elenco alfabetico

SGONICO – Trieste (TS) – 562 E23 – 2 159 ab. – alt. 282 m – ✉ 34010 11 D3

Roma 656 – Udine 71 – Portogruaro 86 – Trieste 14

a Devincina Sud-Ovest : 3,5 km – ✉ 34100 – Sgonico

Savron

via Devincina 25 – ✆ 040 22 55 92 – labbate.savron@tiscali.it – Fax 040 22 55 92 – Chiuso una settimana in febbraio, una in settembre, martedì e mercoledì
Rist – Carta 27/35 €
◆ Locale rustico di moderna ispirazione, con due salette, di cui una dedicata alla civiltà austroungarica (stampe, dipinti e oggetti); proposta gastronomica mitteleuropea.

SIBARI – Cosenza (CS) – 564 H31 – ✉ 87011 *Italia* 5 A1

Roma 488 – Cosenza 69 – Potenza 186 – Taranto 126

sulla strada statale 106 al km 28,200 Nord : 2 km :

Sybaris

rist, 450,

località Bruscate Piccola – ✆ 09 81 78 41 40 – info@sybarismotel.com – Fax 09 81 78 41 11
96 cam – 55/80 € 70/92 € – **Rist** – Carta 19/34 €
◆ In comoda posizione stradale un complesso caratterizzato da varie strutture, dotato di ampio parcheggio, piscina e camere molto ampie. Spiaggia privata a un chilometro. Ristorante di notevoli dimensioni, utilizzato anche per banchetti.

ai Laghi di Sibari Sud-Est : 7 km :

Oleandro con cam

✉ 87070 – ✆ 09 81 79 49 28 – hotel.oleandro@virgilio.it – Fax 098 17 91 41
23 cam – 65/78 € – ½ P 49/60 € – **Rist** – Carta 27/35 €
◆ Una sosta rilassante tra i laghi artificiali di Sibari, per passare una giornata nel verde e gustare cucina marinara nella luminosa sala; piacevole servizio all'aperto. Camere confortevoli.

SICILIA (Isola di) – 565 – Vedere alla fine dell'elenco alfabetico

SICULIANA – Agrigento – 565 O22 – Vedere Sicilia alla fine dell'elenco alfabetico

SIDERNO – Reggio di Calabria (RC) – 564 M30 – 17 176 ab. – ✉ 89048 5 B3

▶ Roma 697 – Reggio di Calabria 103 – Catanzaro 93 – Crotone 144

La Vecchia Hosteria

via Matteotti 5 – ✆ 09 64 38 88 80 – info@lavecchiahostaria.com – Chiuso mercoledì escluso luglio-agosto

Rist – (consigliata la prenotazione) Carta 27/40 €

◆ Ristorante con un'ampia sala dall'accogliente ambiente rustico: soffitto a volte con mattoni a vista e arredi in legno; piatti di mare e tipici locali.

SIEBENEICH = Settequerce

SIENA Ⓟ (SI) – 563 M16 – 54 370 ab. – alt. 322 m – ✉ 53100 *Toscana* 29 C2

▶ Roma 230 – Firenze 68 – Livorno 116 – Milano 363 – Perugia 107 – Pisa 106

ℹ piazza del Campo 56 ✆ 0577 280551, aptsiena@terresiena.it Fax 0577 270676

◉ Piazza del Campo★★★BX : palazzo Pubblico★★★**H**, ✳★★ dalla Torre del Mangia – Duomo★★★AX – Museo dell'Opera Metropolitana★★ABX **M1** – Battistero di San Giovanni★ : fonte battesimale★★AX **A** – Palazzo Buonsignori★ : pinacoteca★★★BX – Via di Città★BX – Via Banchi di Sopra★BVX **4** – Piazza Salimbeni★BV – Basilica di San Domenico★ : tabernacolo★ di Giovanni di Stefano e affreschi★ del Sodoma AVX – Adorazione del Crocifisso★ del Perugino, opere★ di Ambrogio Lorenzetti, Matteo di Giovanni e Sodoma nella chiesa di Sant'Agostino BZ

Circolazione regolamentata nel centro città.

SIENA

Aretina (V.) . . . . . U 3
Banchi di Sopra (V.) . . . . . BVX 4
Banchi di Sotto (V.) . . . . . BX 6
Beccafumi (V. D.) . . . . . BV 9
Bracci (Viale Mario) . . . . . T 12
Camporegio (V.) . . . . . AV 15
Cantine (V. delle) . . . . . BX 16
Capitano (V. del) . . . . . AX 17
Casato di Sopra . . . . . BX 18
Cavour (Vle C. Benso di) . . . . . T 21
Città (V. di) . . . . . BX
Esterna di Fontebranda (V.) . . . . . U 26
Fiorentina (V.) . . . . . T 28
Fusari (V. dei) . . . . . AX 31
Galluzza (V. della) . . . . . AX 32
Gazzani (V.) . . . . . AV 33
Gigli (V. Girolamo) . . . . . U 35
Maitani (V. L.) . . . . . BV 39
Malizia (Strada di) . . . . . T 40
Massetana (Strada) . . . . . AX 42
Montanini (V. dei) . . . . . AV
Montluc (V. Biagio di) . . . . . T 45
Orlandi (V. Nazareno) . . . . . T 47
Orti (V. degli) . . . . . BV 49
Pellegrini (V. dei) . . . . . BX 50
Peruzzi (V. B.) . . . . . TU 52
Pian dei Mantellini . . . . . AX 53
Pian d' Ovile . . . . . ABV 54
Piccolomini (V. E.S.) . . . . . U 57
Porrione (V. del) . . . . . BX 59
Ricasoli (V.) . . . . . T 63
Rinaldini (V.) . . . . . BX 64
Sardegna (Viale) . . . . . T 73
Scacciapensieri (Strada) . . . . . T 74
Sclavo (V. Achille) . . . . . T 75
S. Caterina (V. di) . . . . . AX 67
S. Girolamo (V.) . . . . . BX 68
Tolomei (Pza) . . . . . BV 78
Tufi (V. dei) . . . . . U 82
Vittorio Emanuele II (Viale) . . . AV 85
Vittorio Veneto (Viale) . . . . . T 87

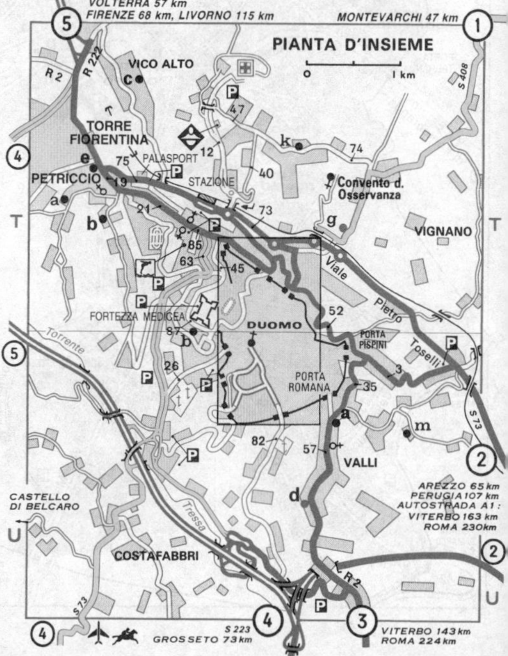

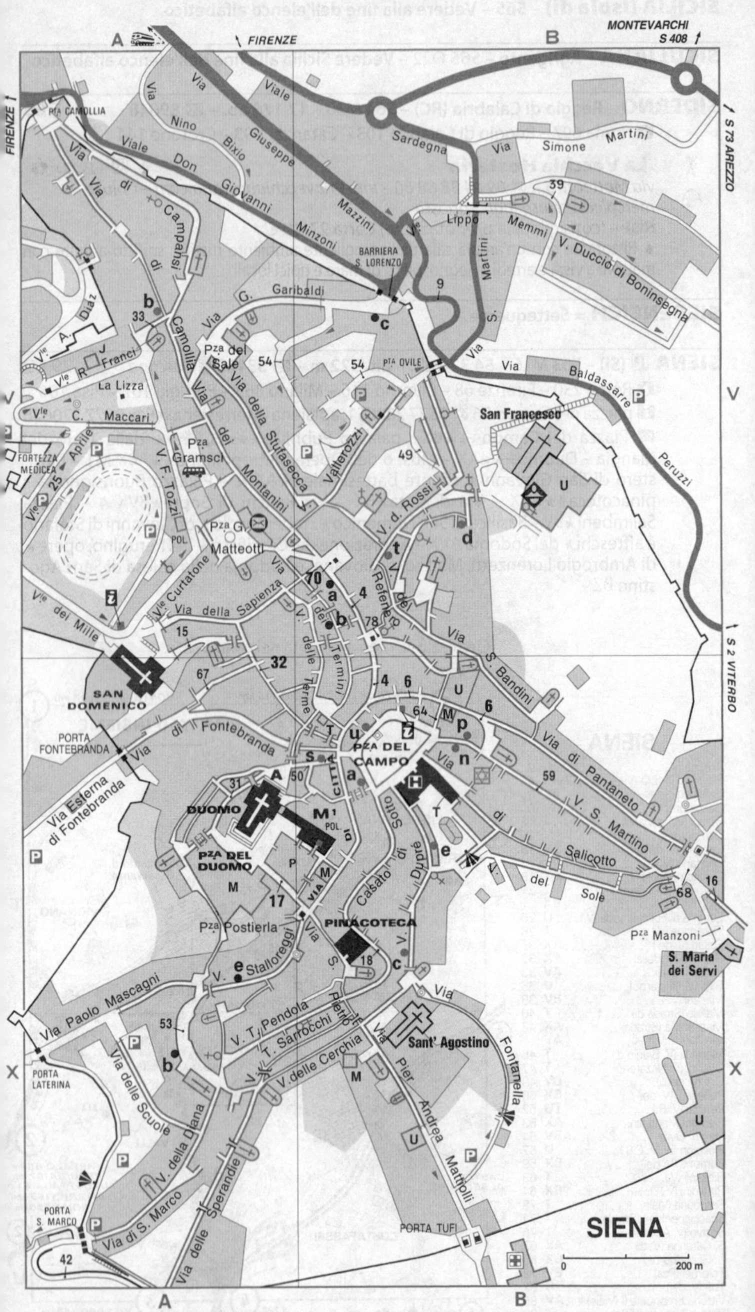
SIENA
MONTEVARCHI S 408
FIRENZE
S 73 AREZZO
S 2 VITERBO
San Francesco
SAN DOMENICO
DUOMO
Pza DEL DUOMO
Pza DEL CAMPO
PINACOTECA
Sant' Agostino
S. Maria dei Servi
FORTEZZA MEDICEA
PORTA FONTEBRANDA
PORTA LATERINA
PORTA S. MARCO
PORTA TUFI
BARRIERA S. LORENZO
Pta OVILE
Pta CAMOLLIA
La Lizza
Pza del Sale
Pza Gramsci
Pza G. Matteotti
Pza Postierla
Pza Manzoni
Via di Fontebranda
Via Esterna di Fontebranda
Via Paolo Mascagni
Via delle Scuole
Via di S. Marco
Via delle Sperandie
V. della Diana
Via Pier Andrea Mattioli
Via Fontanella
V. T. Pendola
T. Sarrocchi
V. delle Cerchia
Via S. Pietro
Casato di Sotto
V. Duprè
Via di Pantaneto
V. S. Martino
V. di Salicotto
V. del Sole
Via S. Bandini
Via del Refe Nero
V. d. Rossi
Via Vallerozzi
Via della Stufasecca
Via dei Montanini
Via di Camollia
Via di Campansi
Via della Sapienza
V. delle Terme
V. dei Termini
Vle Curtatone
Vle dei Mille
Vle 25 Aprile
Vle C. Maccari
V. F. Tozzi
Viale Giuseppe Mazzini
Via Nino Bixio
Viale Don Giovanni Minzoni
Viale Sardegna
Via Simone Martini
Vle Lippo Memmi
V. Duccio di Boninsegna
Via S. Martini
Via Baldassarre Peruzzi
G. Garibaldi
Vle A. Diaz
Vle R. Franci
V. Stalloreggi
CITTÀ
DI CITTÀ
VIA
POL.
SIENA
0
200 m

Grand Hotel Continental 70, VISA AE
via Banchi di Sopra 85 – ☎ 057 75 60 11 – reservation.ghc@royaldemeure.com – Fax 057 75 60 15 55 BV **a**
51 cam – †325/396 € ††396/594 €, ☕ 26 € – 2 suites – **Rist** – Carta 34/68 €
◆ Hotel ospitato all'interno di un prestigioso palazzo seicentesco del centro storico. Riaperto dopo una totale ristrutturazione, presenta un magnifico salone affrescato. Originale ristorante ricavato nella corte interna, per gustare piatti del territorio.

Certosa di Maggiano (riscaldata) cam,
strada di Certosa 82 – ☎ 05 77 28 81 80 – certosa@relaischateaux.com – Fax 05 77 28 81 89 – Aprile-ottobre P VISA AE U **m**
9 cam ☕ – †300 € ††490 € – 8 suites – †650 € – ½ P 235/330 €
Rist ***Il Canto*** – *(chiuso mercoledì a mezzogiorno e martedì)* Carta 59/85 €
Spec. Astice con mele verdi e salsa di lattuga. Variazione di agnello. Mascarpone, caffè e cioccolato.
◆ Un soggiorno esclusivo in una splendida certosa del XIV sec., impreziosita da un incantevole parco con piscina riscaldata; ambienti di estrema raffinatezza, belle camere. Elegante sala da pranzo superbamente arredata con mobili autentici.

Villa Scacciapensieri cam, rist,
via di Scacciapensieri 10 – ☎ 057 74 14 41 – villasca@tin.it – Fax 05 77 27 08 54 – Marzo-dicembre 40, P VISA AE T **k**
31 cam ☕ – †130 € ††245 € – ½ P 166 € – **Rist** – *(chiuso mercoledì)* Carta 48/59 €
◆ Bella villa padronale dell'800 immersa in un parco con splendida vista sulla città e sui colli; gradevole saletta con camino centrale, camere con arredi in stile. Servizio ristorante estivo in giardino fiorito, cucina eclettica.

Palazzo Ravizza rist, P VISA AE
Piano dei Mantellini 34 – ☎ 05 77 28 04 62 – booking@palazzoravizza.com – Fax 05 77 22 15 97 AX **b**
33 cam ☕ – †160 € ††195 € – 4 suites
Rist ***Il Capriccio*** – ☎ 05 77 28 17 57 *(chiuso mercoledì e a mezzogiorno)* Carta 28/36 €
◆ Un tuffo nel passato in un'incantevole costruzione del XVII sec. raccolta intorno a un pittoresco giardinetto; mobilio d'epoca, suggestive camere di monacale semplicità. Ristorante dalle interessanti proposte locali rivisitate.

Garden 600, P VISA AE
via Custoza 2 – ☎ 057 74 70 56 – info@gardenhotel.it – Fax 057 74 60 50
125 cam ☕ – †125/190 € ††150/240 € – ½ P 100/145 € – **Rist** – *(chiuso a mezzogiorno da novembre a febbraio)* Carta 33/45 € T **b**
◆ Alle porte della città, complesso a vocazione congressuale in un rigoglioso parco ombreggiato: eleganti ambienti con soffitti decorati, confortevoli camere rinnovate. Servizio ristorante estivo in terrazza panoramica.

Sangallo Park Hotel senza rist P VISA
strada di Vico Alto 2 – ☎ 05 77 33 41 49 – info@sangalloparkhotel.it – Fax 05 77 33 33 06 T **c**
50 cam ☕ – †80/140 € ††90/140 €
◆ Recente struttura di taglio moderno, con giardino, in strategica posizione per ospedale, centro convegni e città; interni funzionali, camere sobrie, in legno chiaro.

Santa Caterina senza rist P VISA AE
via Piccolomini 7 – ☎ 05 77 22 11 05 – info@hscsiena.it – Fax 05 77 27 10 87 U **a**
22 cam ☕ – †75/115 € ††98/175 €
◆ Appena fuori le mura, gradevole villa raccolta intorno a un suggestivo giardino; all'interno collezione di stampe e oggetti, camere eterogenee, alcune soppalcate.

Villa Liberty senza rist VISA AE
viale Vittorio Veneto 11 – ☎ 057 74 49 66 – info@villaliberty.it – Fax 057 74 47 70 TU **b**
18 cam ☕ – †60/75 € ††100/125 €
◆ Villetta liberty alle porte della città, vicino alla chiesa di S. Domenico: interni ben tenuti e veranda che ne potenzia gli spazi comuni; camere funzionali.

Minerva senza rist 55,

via Garibaldi 72 – ☎ 05 77 28 44 74 – info@albergominerva.it – Fax 057 74 33 43 BV **c**

59 cam – 🛉49/73 € 🛉🛉69/116 €, ☕ 9 €

◆ Hotel facilmente raggiungibile in auto, ma a pochi passi dal centro storico piacevolmente ammirabile dalle camere, alcune con balcone. Interessante rapporto qualità/prezzo.

Villa Piccola Siena senza rist

via Petriccio Belriguardo 7 – ☎ 05 77 58 80 44 – info@villapiccolasiena.com – Fax 05 77 58 95 10 T **e**

13 cam ☕ – 🛉50/80 € 🛉🛉80/140 €

◆ Alle porte della città, piccolo albergo all'interno di due edifici d'epoca: camere accoglienti e curate, arredate con mobilio in stile, non prive di confort.

Duomo senza rist

via Stalloreggi 38 – ☎ 05 77 28 90 88 – booking@hotelduomo.it – Fax 057 74 30 43 AX **e**

20 cam ☕ – 🛉90/140 € 🛉🛉100/150 €

◆ A due passi dal Duomo, un albergo all'interno di un palazzo seicentesco, con una piccola terrazza panoramica; zone comuni lineari, camere di taglio moderno.

Antica Residenza Cicogna senza rist

via dei Termini 67 – ☎ 05 77 28 56 13 – info@anticaresidenzacicogna.it – Fax 05 77 28 56 13 BV **b**

5 cam ☕ – 🛉65/95 € 🛉🛉80/100 €

◆ Al primo piano di un palazzo di origini medievali, camere graziosamente arredate, personalizzate con affreschi ottocenteschi o liberty, una con letto a baldacchino.

Antica Trattoria Botteganova (Sorrentino) 12,

via Chiantigiana 29, per Montevarchi – ☎ 05 77 28 42 30 – info@anticatrattoriabotteganova.it – Fax 05 77 27 15 19 – Chiuso domenica T **g**

Rist – Carta 42/57 €

Spec. Tonno marinato al pesto di basilico su crema di cannellini. Ravioli di ricotta di pecora con ragù d'agnello. Petto di faraona farcito di spugnole su erbette di campo.

◆ Oltre l'ingresso, due piccole ma eleganti sale ricche di decorazioni e con belle esposizioni di vini e riviste dove assaporare la caratteristica cucina toscana.

Al Mangia piazza,

piazza del campo 42 – ☎ 05 77 28 11 21 – almangia@almangia.it – Fax 057 74 39 97 – Chiuso mercoledì escluso da marzo ad ottobre BX **u**

Rist – Carta 40/65 €

◆ In splendida posizione sulla Piazza del Campo, ristorante con una sala elegante, con mattoni a vista; ameno, imperdibile, servizio estivo all'aperto.

Tre Cristi

vicolo di Provenzano 1/7 – ☎ 05 77 28 06 08 – info@trecristi.com – Fax 05 77 28 06 08 – Chiuso dieci giorni in gennaio BV **d**

Rist – Carta 38/56 € (+10 %)

◆ Storico ristorante senese ritornato in auge grazie alla nuova e appassionata gestione. Ambiente elegante dove apprezzare lo stuzzicante menù di mare.

Enzo

via Camollia 49 – ☎ 05 77 28 12 77 – Fax 05 77 28 12 77 AV **b**

Rist – (consigliata la prenotazione) Carta 37/57 € (+10 %)

◆ Piccolo e classico locale a conduzione familiare con sala d'impostazione elegante; il menu propone una buona selezione di piatti di terra e di mare.

Mugolone 16,

via dei Pellegrini 8 – ☎ 05 77 28 32 35 – Fax 05 77 21 90 91 – Chiuso dal 21 gennaio al 10 febbraio, dal 15 al 31 luglio, giovedì e domenica sera BX **s**

Rist – Carta 33/40 € (+13 %)

◆ Contesto tradizionale, ambiente curato con attenta gestione familiare giunta alla terza generazione. Menu legato alle stagioni, funghi e tartufi tra le specialità.

Osteria le Logge 25,
via del Porrione 33 – 057 74 80 13 – osterialelogge@tin.it – Fax 05 77 22 47 97 – Chiuso dall' 8 gennaio al 5 febbraio e domenica BX **p**
Rist – Carta 37/46 €
◆ In centro, una nota trattoria: all'ingresso la cucina a vista e una saletta con alti mobili a vetri, al piano superiore una sala più classica; piatti locali rivisitati.

La Taverna di San Giuseppe
via Giovanni Duprè 132 – 057 74 22 86 – ristorante@tavernasangiuseppe.it – Fax 05 77 21 96 20 – Chiuso dal 15 al 30 gennaio, dal 15 al 30 luglio e domenica BX **c**
Rist – Carta 29/42 € (+10 %)
◆ Gestione giovane in un ristorante caratteristico nel cuore di Siena: ambiente rustico con bei tavoli in legno massiccio. Cantine nel tufo di un'antica casa etrusca.

Trattoria Fori Porta 18/28,
via Claudio Tolomei 1 – 05 77 22 21 00 – foriporta@libero.it – Fax 05 77 22 21 00 – Chiuso dal 20 luglio al 10 agosto e domenica in luglio-agosto U **d**
Rist – Carta 22/40 € (+10 %)
◆ Fuori le mura, oltre Porta Romana, ristorante dall'ambiente semplice con rifiniture in legno, dove provare proposte gastronomiche con radici nel territorio.

Nello "La Taverna"
via del Porrione 28 – 05 77 28 90 43 – ristorantenello@gmail.com – Chiuso gennaio e domenica BX **n**
Rist – Carta 28/39 €
◆ A pochi passi da Piazza del Campo, un locale informale dall'ambiente rustico-moderno. Atmosfera raccolta; piatti del territorio, anche vegetariani, in chiave moderna.

Trattoria Papei
piazza del Mercato 6 – 05 77 28 08 94 – Fax 05 77 28 08 94 – Chiuso dal 20 al 31 luglio e lunedì escluso i giorni festivi BX **e**
Rist – Carta 26/32 €
◆ Locale storico con suggestiva vista della Torre del Mangia: due sale e una saletta rivestita in legno; servizio estivo all'aperto in ampio dehors, cucina casalinga toscana.

Per Santa Regina Est : 2,5 km – 53100 – Siena

Frances' Lodge senza rist — su Siena,
strada Valdipugna 2 – 05 77 28 10 61 – info@franceslodge.it – Fax 05 77 28 10 61 – Chiuso dal 10 gennaio al 10 febbraio
6 cam – 130/140 € 180/220 €
◆ Casa immersa nel verde delle colline, impreziosita da un giardino storico in cui spicca la limonaia. Ambienti di charme e gusto, camere personalizzate, da sogno.

a Colombaio Nord : 4 km per Statale 222 T– 53100 – SIENA

Villa Veronica senza rist
53010 – 057 75 20 54 – villaveronica@villaveronica.it – Fax 057 75 20 54
10 cam – 70/120 €
◆ Una cordiale e intraprendente signora gestisce questa bella casa con giardino che si presenta come un buon punto di riferimento per i turisti in visita a Siena e dintorni.

a Corsignano Nord : 9 km – 53019

Casa Lucia senza rist — colline,
località Corsignano 4, Vagliagli – 05 77 32 25 08 – info@casalucia.it – Fax 05 77 32 25 10 – Chiuso dal 10 gennaio al 28 febbraio
14 cam – 74/78 € 79/89 €, 5 €
◆ Tra vigne e ulivi una risorsa composta da due distinti edifici, egualmente gradevoli e affascinanti. Una fornace e un pagliaio, sapientemente ristrutturati.

a Vagliagli Nord-Est : 11,5 km per Statale 222 T– ✉ 53010

Casali della Aiola senza rist
località l'Aiola Est : 1 km – ✆ 05 77 32 27 97 – casali_aiola@hotmail.com – Fax 05 77 32 25 09
8 cam – 85 € 95 €
◆ Un soggiorno nella natura, tra vigneti e dolci colline, in un antico fienile restaurato: camere molto piacevoli (una con salottino), con arredi in legno e travi a vista.

La Taverna di Vagliagli
via del Sergente 4 – ✆ 05 77 32 25 32 – Fax 05 77 32 18 42 – Chiuso dal 23 gennaio al 15 febbraio e martedì, anche lunedì da novembre a marzo
Rist – Carta 22/36 €
◆ In un caratteristico borgo del Chianti, locale rustico molto gradevole, con pietra a vista e arredi curati; specialità alla brace, cucinate davanti ai clienti.

SIETI – Salerno – 564 E26 – **Vedere Giffoni Sei Casali**

SILANDRO (SCHLANDERS) – **Bolzano / Bozen (BZ)** – **562** C14 – **5 788 ab.** – **alt. 721 m** – ✉ 39028 30 **A2**

Roma 699 – Bolzano 62 – Merano 34 – Milano 272 – Passo di Resia 45 – Trento 120

via Covelano 27 ✆ 0473 730155, schlanders@suedtirol.com, Fax 0473 621615

a Vezzano (Vezzan)**Est : 4 km** – ✉ 39028 – Silandro

Sporthotel Vetzan
– ✆ 04 73 74 25 25 – info@sporthotel-vetzan.com – Fax 04 73 74 24 67 – Natale-7 gennaio e Pasqua-novembre rist,
26 cam – 70/80 € 125/150 € – 1 suite – ½ P 80/92 € – **Rist** – (solo per alloggiati) Carta 33/38 €
◆ Per vacanze nel verde, un albergo immerso tra i frutteti in posizione soleggiata e tranquilla; zone comuni in stile montano di taglio moderno, spaziose camere classiche.

Vinschgerhof
– ✆ 04 73 74 21 13 – info@vinschgerhof.com – Fax 04 73 74 00 41 – Aprile-dicembre
30 cam – 48/68 € 70/110 € – ½ P 70 € – **Rist** – *(chiuso lunedì)* Carta 25/38 €
◆ Per soggiorni tranquilli, piacevole struttura dalla gestione solida e affidabile, dotata di servizi completi e di un rilassante centro benessere. Ristorante molto attivo e frequentato.

SILEA – **Treviso (TV)** – **562** F18 – **9 602 ab.** – ✉ **31057** 35 **A1**

Roma 541 – Venezia 26 – Padova 50 – Treviso 5

Da Dino
via Lanzaghe 13 – ✆ 04 22 36 07 65 – Chiuso dal 24 dicembre al 6 gennaio, quindici giorni in estate, martedì sera e mercoledì
Rist – Carta 30/39 €
◆ Locale semplice e familiare: ambiente accogliente nelle due salette in stile rustico di tono signorile; proposte gastronomiche con radici nel territorio.

SILVI MARINA – **Teramo (TE)** – **563** O24 – **14 983 ab.** – ✉ **64029** 1 **B1**

Roma 216 – Pescara 19 – L'Aquila 114 – Ascoli Piceno 77 – Teramo 45

via Garibaldi 208 ✆ 085 930343, iat.silvi@abruzzoturismo.it, Fax 085930026

Atri : Cattedrale★★ Nord-Ovest : 11 km – Paesaggio★★ (Bolge), Nord-Ovest : 12 km

Mion cam,
viale Garibaldi 22 – ✆ 08 59 35 09 35 – info@mionhotel.com – Fax 08 59 35 08 64 – Maggio-settembre
59 cam – 95/135 € 125/165 € – ½ P 105/160 € – **Rist** – Carta 46/58 €
◆ Fronte mare, l'hotel è cinto da un curato giardino, offre piacevoli spazi comuni arredati con eleganza e gusto coloniale ed alcune camere impreziosite da mobilio d'epoca. Nell'elegante sala ristorante proposte di cucina italiana; d'estate il servizio è anche nella fiorita terrazza accanto alla piscina.

Parco delle Rose cam, rist,

viale Garibaldi 36 – ☎ 08 59 35 09 89 – info@parcodellerose.it – Fax 08 59 35 09 87 – 26 maggio-15 settembre

70 cam – ††80/100 € – ½ P 75/96 €

Rist – menu 26/40 €

◆ Una bianca costruzione circondata da un profumato giardino di gelsomini e rose, dispone di vasti spazi comuni arredati con pezzi d'antiquariato e semplici camere confortevoli. Prodotti locali e nazionali presso le classiche sale da pranzo.

Cirillo

viale Garibaldi 238 – ☎ 085 93 04 04 – hcirillo@insinet.it – Fax 08 59 35 09 50 – Giugno-14 settembre

45 cam – †50/55 € ††70/93 €, 4 € – ½ P 59/91 € – **Rist** – Menu 15/21 €

◆ Situata in posizione tranquilla, la risorsa offre ai suoi ospiti un diretto accesso alla spiaggia, mentre all'interno dispone di spazi curati e camere modernamente arredate. La sobria sala ristorante con vista sul mare propone un ricco buffet di verdure ed una cucina tradizionale.

Miramare rist, rist,

viale Garibaldi 134 – ☎ 085 93 02 35 – info@miramaresilvi.it – Fax 08 59 35 15 33 – Aprile-settembre

55 cam – †50/65 € ††80/110 €, 10 € – ½ P 60/79 € – **Rist** – Carta 25/30 €

◆ Circondato da un giardino, l'albergo vanta un'atmosfera indiscutibilmente familiare e dispone di campi da gioco e confortevoli camere arredate con gusti differenti. Al ristorante, sobri arredi in calde tonalità, cucina nazionale e piatti di pesce.

Don Ambrosio con cam rist,

contrada Piomba 49 – ☎ 08 59 35 10 60 – info@donambrosio.it – Fax 08 59 35 51 40

10 cam – †35/45 € ††80/90 € – ½ P 55/65 €

Rist – *(chiuso dal 5 al 20 novembre, martedì e mercoledì a mezzogiorno)* Carta 21/37 €

◆ In un edificio rustico, il locale si articola in tre salette con archi in mattoni dove gustare una cucina regionale e di carne. D'estate è disponbile un servizio all'aperto. Confortevoli camere country, alcune con vista sul mare.

SINAGRA – Messina – 565 M26 – Vedere Sicilia alla fine dell'elenco alfabetico

---

SINALUNGA – Siena (SI) – 563 M17 – 12 092 ab. – alt. 365 m – ✉ 53048

Toscana 29 **C2**

Roma 188 – Siena 45 – Arezzo 44 – Firenze 103 – Perugia 65

piazza della Repubblica 8 ☎ 0577 636045, infosinalunga@freemail.it,Fax 0577 636938

Locanda dell'Amorosa 40,

Sud : 2 km – ☎ 05 77 67 72 11 – locanda@amorosa.it – Fax 05 77 63 20 01 – Chiuso dall' 8 gennaio al 7 marzo

25 cam – †219/333 € ††244/370 €

Rist ***Le Coccole dell'Amorosa*** – *(chiuso lunedì e martedì a mezzogiorno)* Carta 40/63 €

◆ Un'antica trattoria, al cui interno sono stati ricavati ampi e luminosi spazi comuni dall'arredo rustico ma suggestivo. Fuori, una piscina panoramica tra le colline senesi. Un ambiente rustico, un camino ed archi in mattoni, per gustare una cucina regionale e scegliere entro un intressante ventaglio di vini.

Santorotto rist,

via Trento 171, Est : 1 km – ☎ 05 77 67 90 12 – hotel@santorotto.it – Fax 05 77 67 90 12

27 cam – †50 € ††70 €, 5 € – ½ P 45 € – **Rist** – (solo per alloggiati) Carta 16/23 €

◆ Una piccola e moderna costruzione situata in posizione centrale e, pertanto, facilmente raggiungibile, dispone di camere ampie e confortevoli recentemente rinnovate.

San Giustino ⟨ val di Chiara, 20,
località San Giustino 171, Ovest : 2 km
– ✆ 05 77 63 04 14 – info@sangiustino.com – Fax 05 77 63 22 85 – Chiuso dall' 8 gennaio al 13 febbraio e dal 15 al 28 novembre
14 cam – 100/120 € 130/150 € – 2 suites – ½ P 85/100 € – **Rist** – Carta 30/40 €
♦ In aperta campagna, circondata da cipressi ed ulivi, questa elegante casa colonica offre ampi spazi comuni dagli arredi classici ma conformi ai canoni delle esigenze moderne. Circondato da ulivi ed affacciato alla piscina, il ristorante propone le ricette tipiche toscane.

Da Santorotto
via Trento 173, Est : 1 km – ✆ 05 77 67 86 08 – santorotto@inwind.it
– Fax 05 77 67 86 08 – Chiuso dal 10 al 23 agosto, sabato a mezzogiorno e martedì sera
Rist – Carta 21/26 €
♦ Un locale classico ben illuminato e dall'arredamento moderno, propone una cucina semplice, attenta ai prodotti, e prevalentemente regionale.

a Bettolle Est : 6,5 km – ✉ 53040

Locanda La Bandita rist,
via Bandita 72, Nord : 1 km – ✆ 05 77 62 46 69 – locandalabandita@inwind.it
– Fax 05 77 62 46 49 – Chiuso dal 10 gennaio al 10 marzo
8 cam – 70/85 € 80/100 € – ½ P 75/85 €
Rist *Walter Redaelli* – ✆ 05 77 62 34 47 *(chiuso due settimane in febbraio e martedì)* Carta 32/41 €
♦ Un antico cascinale circondato da un'ampia pineta dà ai suoi ospiti la possibilità di soggiorni rilassanti in camere e spazi comuni dall'arredo moderno. Presso il ristorante, proposte stagionali dai sapori del territorio. D'estate, degustazione di olii nel porticato.

SINIO – Cuneo (CN) – 561 I6 – **474 ab.** – **alt. 357 m** – ✉ **12050** 25 **C2**

Roma 605 – Cuneo 63 – Asti 47 – Savona 72 – Torino 81

Agriturismo Le Arcate ⟨ Colline e vigneti,
località Gabutto 2 – ✆ 01 73 61 31 52 – learcate@yahoo.it – Fax 01 73 61 31 52
– Chiuso dall'8 gennaio al 15 febbraio
8 cam – 40 € 65/68 € – ½ P 48 € – **Rist** – Carta 16/21 €
♦ Azienda agricola di recente realizzazione, da cui si gode una splendida vista su colline e vigneti; belle stanze molto luminose che si aprono sulla campagna circostante. Nelle serate estive, la cena è servita sulla panoramica balconata.

SINISCOLA – Nuoro – 566 F11 – **Vedere Sardegna alla fine dell'elenco alfabetico**

SIRACUSA P – 565 P27 – **Vedere Sicilia alla fine dell'elenco alfabetico**

SIRIO (Lago) – Torino – **Vedere Ivrea**

SIRMIONE – Brescia (BS) – 561 F13 – **7 061 ab.** – **alt. 68 m** – ✉ **25019** *Italia* 17 **D1**

Roma 524 – Brescia 39 – Verona 35 – Bergamo 86 – Milano 127 – Trento 108 – Venezia 149

viale Marconi 2 ✆ 030 916245, iat.sirmione@tiscali.it, Fax 030 916222

Località★★ – Grotte di Catullo : cornice pittoresca★★ – Rocca Scaligera★

Villa Cortine Palace Hotel (riscaldata) rist, 100,
via Grotte 12 – ✆ 03 09 90 58 90
– info@hotelvillacortine.com – Fax 030 91 63 90 – 13 aprile-15 ottobre
52 cam – 200/280 € 260/400 € – 2 suites – ½ P 280 € – **Rist** – Carta 58/78 €
♦ Una vacanza esclusiva in una villa ottocentesca in stile neoclassico all'interno di uno splendido grande parco digradante sul lago; incantevoli interni di sobria eleganza. Raffinatezza e classe nell'ampia sala da pranzo; romantico servizio estivo all'aperto.

Grand Hotel Terme
viale Marconi 7 – ✆ 030 91 62 61 rist, 100,
– ght@termedisirmione.com – Fax 030 91 65 68 – Chiuso dall'8 gennaio al 28 febbraio – **58 cam** – 184/300 € 238/470 € – ½ P 159/275 €
Rist ***L'Orangerie*** – Carta 45/63 €
◆ Un giardino in riva al lago con piscina impreziosisce questa bella struttura panoramica: colori vivaci negli interni arredati con gusto, wellness completo e area congressi. Comodi a tavoda per ammirare il paesaggio lacustre e per assaporare la tradizione mediterranea.

Sirmione
(riscaldata) rist, 40,
piazza Castello 19 – ✆ 030 91 63 31 – hs@termedisirmione.com – Fax 030 91 65 58
101 cam – 136/220 € 146/314 € – 2 suites – ½ P 96/180 €
Rist – *(marzo-dicembre)* Carta 41/62 €
◆ Nel centro storico, ma affacciato sul lago, un albergo in parte rinnovato, diviso in due corpi separati e dotato di centro termale interno, per un soggiorno rigenerante. Raffinata sala ristorante; gradevole servizio estivo sotto un pergolato in riva al lago.

Fonte Boiola
(riscaldata) rist,
viale Marconi 11 – ✆ 030 91 64 31 – hfb@termedisirmione.com – Fax 030 91 64 35 – Chiuso dal 10 al 24 dicembre
60 cam – 96/122 € 142/218 € – ½ P 88/126 € – **Rist** – Carta 27/45 €
◆ Un soggiorno "salutare" in un hotel vicino al centro storico: ameno giardino in riva al lago con piscina termale, ampi e razionali spazi comuni, camere confortevoli. Si affaccia sul giardino la sala da pranzo, ornata in modo piacevolmente semplice.

Olivi
150,
via San Pietro 5 – ✆ 03 09 90 53 65 – info@hotelolivi.com – Fax 030 91 64 72 – Marzo-novembre
64 cam – 98/110 € 150/208 € – ½ P 118/130 € – **Rist** – Menu 26/45 €
◆ Albergo dall'arredamento originale: dalla hall alle stanze, quasi tutte diverse tra loro, si è voluto sfuggire all'omologazione; ameno giardino ombreggiato con piscina. Ampia sala da pranzo di tono elegante, utilizzata anche per banchetti.

Continental
rist, 50,
via punta Staffalo 7/9 – ✆ 03 09 90 57 11 – hotelcontinental@yahoo.it – Fax 030 91 62 78 – 25 marzo-5 novembre
57 cam – 95/140 € 140/235 € – ½ P 95/155 € – **Rist** – Menu 36/40 €
◆ Poco oltre il centro storico, una classica struttura da poco rinnovata. Affacciata sulla riva del lago e attiguo ad un centro benessere è ideale per un soggiorno rilassante. Ampia e fresca sala ristorante.

Catullo
rist,
piazza Flaminia 7 – ✆ 03 09 90 58 11 – info@hotelcatullo.it – Fax 030 91 64 44 – Marzo-novembre
56 cam – 70/110 € 100/140 € – ½ P 70/90 € – **Rist** – Menu 25/50 €
◆ Uno dei più antichi alberghi di Sirmione, annoverato tra i "Locali storici d'Italia"; bel giardino in riva al lago con pontile-solarium, interni eleganti e confortevoli. Affacciato sul suggestivo giardino che ricorda antichi fasti, il ristorante propone la cucina nazionale.

Ideal
lago,
via Catullo 31 – ✆ 03 09 90 42 45 – info@hotelidealsirmione.it – Fax 03 09 90 42 76 – Aprile-ottobre – **30 cam** – 100/150 € 130/160 € – 2 suites – ½ P 100/105 € – **Rist** – Menu 30/35 €
◆ In un'oasi di tranquillità, in posizione panoramica, un hotel a gestione diretta dotato di un grande giardino-uliveto con discesa al lago; camere tutte rinnovate. I sapori della zona direttamente dalle cucine.

Du Lac
cam,
via 25 Aprile 60 – ✆ 030 91 60 26 – info@hoteldulacsirmione.com – Fax 030 91 65 82 – aprile-21 ottobre
35 cam – 68/72 € 95/115 € – ½ P 71/78 € – **Rist** – *(chiuso a mezzogiorno)* Menu 26/36 €
◆ Gestione diretta d'esperienza in un hotel classico, in riva al lago, dotato di spiaggia privata; zone comuni con arredi di taglio moderno stile anni '70, camere lineari. Fresca sala da pranzo, affidabile cucina d'albergo.

Flaminia senza rist
piazza Flaminia 8 – ☎ 030 91 60 78 – info@hotelflaminia.it – Fax 030 91 61 93
43 cam ☐ – †105/130 € ††120/180 €
◆ Si gode una bella vista da questo edificio completamente ristrutturato, abbellito da un'amena terrazza solarium in riva al lago; piacevoli ambienti di taglio contemporaneo.

Marconi senza rist
via Vittorio Emanuele II 51 – ☎ 030 91 60 07 – hmarconi@tiscalinet.it – Fax 030 91 65 87 – 10 marzo-20 novembre
23 cam ☐ – †50/60 € ††80/100 €
◆ In centro, direttamente sul lago, hotel con razionali ambienti per concedersi un momento di relax, con arredi stile anni '70 d'ispirazione contemporanea; camere lineari.

Desiree
via San Pietro 2 – ☎ 03 09 90 52 44 – info@hotel-desiree.it – Fax 030 91 62 41 – Aprile-ottobre
34 cam – †90/105 € ††80/120 €, ☐ 10 € – ½ P 75/85 € – **Rist** – Carta 33/49 €
◆ In posizione tranquilla, albergo periferico a conduzione familiare, abbellito da un giardino curato; spazi comuni arredati in modo sobrio ed essenziale, camere semplici. Si gode una bella vista sulla verde natura, seduti nell'ariosa e grande sala da pranzo.

Speranza senza rist
via Casello 6 – ☎ 030 91 61 16 – hotelsperanza@tiscali.it – Fax 030 91 64 03 – Marzo-novembre
13 cam ☐ – †55 € ††80 €
◆ In un caseggiato del centro storico, un albergo a gestione familiare dall'ambiente semplice; luminosa saletta colazioni al primo piano, camere funzionali.

Astoria Lido senza rist
via Benaco 20 – ☎ 03 09 90 43 92 – info@astorialido.it – Fax 03 09 90 68 18 – Pasqua-15 ottobre
22 cam ☐ – †65/85 € ††82/103 €
◆ Una vacanza rilassante in una struttura rinnovata negli ultimi anni, in posizione tranquilla in riva al lago; spiaggia e pontile privati, camere di taglio moderno.

Villa Rosa senza rist
via Quasimodo 4 – ☎ 03 09 19 63 20 – info@hotel-villarosa.com – Fax 03 09 19 63 20 – Marzo-novembre
14 cam – †48/57 € ††55/69 €, ☐ 8 €
◆ Piccolo hotel a gestione familiare completamente ristrutturato. La luminosa sala colazioni e le camere molto graziose favoriscono un soggiorno rilassante e piacevole.

Corte Regina senza rist
via Antiche Mura 11 – ☎ 030 91 61 47 – lorenzoronchi@libero.it – Fax 03 09 19 64 70 – Aprile-novembre
14 cam ☐ – †70/85 € ††90/110 €
◆ Sorto dalla totale ristrutturazione di una vecchia pensione, piccolo albergo centrale con ambienti arredati in modo sobrio e lineare; resti romani visibili all'interno.

Mon Repos senza rist
via Arici 2 – ☎ 03 09 90 52 90 – info@hotelmonrepos.com – Fax 030 91 65 46 – Pasqua-novembre
23 cam ☐ – †80/110 € ††110/130 €
◆ Veri gioielli di questo hotel sono la splendida posizione, all'estremità della penisola, e il rigoglioso giardino-uliveto con piscina; interni essenziali, camere funzionali.

XXX **La Rucola** (Bignotti)
✿ *vicolo Strentelle 7 – ☎ 030 91 63 26 – Fax 03 09 19 65 51 – Chiuso da gennaio al 10 febbraio, giovedì e venerdì a mezzogiorno*
Rist – Carta 61/88 €
Spec. Trilogia di pesce crudo. Vellutata di cipolle con scampi in veli di lardo. Costoletta di cervo glassata ai frutti rossi.
◆ Alle spalle della Rocca Scaligera, un ristorante elegante dall'atmosfera raffinata, dove si propongono piatti di cucina creativa. Panetteria-pasticceri a della stessa proprietà.

XXX **Signori**

via Romagnoli 17 – 030 91 60 17 – info@ristorantesignori.it – Fax 030 91 60 17 – Chiuso da novembre al 15 dicembre e lunedì

Rist – Carta 60/84 €

◆ Locale d'ispirazione contemporanea con una sala, abbellita da quadri moderni, che si protende sul lago grazie alla terrazza per il servizio estivo; piatti rielaborati.

XX **Trattoria Antica Contrada**

via Colombare 23 – 03 09 90 43 69 – Fax 03 09 90 43 69 – Chiuso gennaio, lunedì e martedì a mezzogiorno

Rist – Carta 34/68 €

◆ Locale dall'ambiente rustico di taglio moderno, situato sulla via che porta al centro storico; gustose specialità di mare, servite d'estate nel raccolto dehors.

X **Risorgimento**

piazza Carducci 5/6 – 030 91 63 25 – Fax 030 91 63 25 – Febbraio-15 novembre e 15 dicembre-7 gennaio; chiuso martedì (esclusoluglio ed agosto)

Rist – Carta 45/66 €

◆ Valida gestione in questo locale all'interno di una bella struttura del centro storico; piacevole dehors per il servizio estivo che si affaccia su un'animata piazzetta.

a Colombare Sud : 3,5 km – ✉ 25019

Porto Azzurro 80,

via Salvo d'Acquisto 1 – 03 09 90 48 30 – info@hotelportoazzurro.it – Fax 030 91 91 75 – Chiuso gennaio e febbraio

33 cam – ††100/130 € – ½ P 66/81 € – **Rist** – Menu 16/25 €

◆ Vicino al porticciolo turistico, struttura di moderna concezione, ornata da un giardino ben tenuto; ampie camere confortevoli, con arredi in ciliegio e dotate di balcone. Spaziosa e classica sala da pranzo.

Europa

via Liguria 1 – 030 91 90 47 – info@europahotelsirmione.it – Fax 03 09 19 64 72 – Aprile-ottobre

25 cam – †70/115 € ††85/130 € – ½ P 65/82 €

Rist – (solo per alloggiati)

◆ In riva al lago, abbellito da un verde giardino, albergo di taglio lineare con spiaggetta, pontile privato e piscina; camere di taglio moderno e personalizzate.

a Lugana Sud-Est : 5 km – ✉ 25019 – Colombare di Sirmione

Arena senza rist

via Verona 90 – 03 09 90 48 28 – info@hotelarena.it – Fax 03 09 90 48 21 – 9 marzo-12 novembre

39 cam – †80/90 € ††95/105 €

◆ Fuori dal centro, confortevole struttura con piscina di recente realizzazione: calda atmosfera negli interni d'ispirazione contemporanea, camere in stile lineare.

Bolero senza rist

via Verona 254 – 03 09 19 61 20 – info@hotelbolero.it – Fax 03 09 90 42 13

8 cam – †70/120 € ††90/142 €, 14 €

◆ Sembra di essere in una casa privata in questo tranquillo e intimo albergo familiare; spazi comuni in stile rustico, abbelliti da quadri, camere confortevoli.

Qualità a prezzi contenuti?
Cercate i Bib: Bib Gourmand rosso per i ristoranti
e Bib Hotel azzuro per gli alberghi.

SIROLO – Ancona (AN) – 563 L22 – 3 376 ab. – ✉ 60020 21 D1

Roma 304 – Ancona 18 – Loreto 16 – Macerata 43 – Porto Recanati 11

(giugno-settembre) via Peschiera ✆ 071 9330611, iat.sirolo@regione.mrche.it, Fax 071 9330789

Conero, ✆ 071 736 06 13.

Sirolo cam, rist, 50,

via Grilli 26 – ✆ 07 17 36 08 93 – info@hotelsirolo.it – Fax 07 19 33 03 73 – Chiuso gennaio-marzo

31 cam – ♦88/108 € ♦♦140/200 € – ½ P 90/100 € – **Rist** – *(chiuso martedì da ottobre a maggio e a mezzogiorno escluso domenica)* Menu 20 €

♦ Costruito nel cuore della città, all'interno del Parco del Conero, una moderna risorsa che ospita ampi ambienti arredati nei caldi colori mediterranei e con ferro battuto. Specialità marinare nella luminosa sala con vista sul giardino, mentre in estate l'angolo ristoro è sotto un gazebo vicino alla piscina.

La Conchiglia Verde rist,

via Giovanni XXIII, 12 – ✆ 07 19 33 00 18 – Fax 07 19 33 00 19

27 cam – ♦65/90 € ♦♦80/120 € – ½ P 75/85 € – **Rist** – *(chiuso a mezzogiorno; anche sabato e domenica da dicembre a gennaio)* Menu 25/35 €

♦ In una tranquilla zona residenziale, una casa d'altri tempi sempre ordinata e dall'atmosfera particolare, dispone di camere accoglienti e luminose. Nella calda sala da pranzo con pavimento in ceramica di Faenza, prelibatezze regionali e a base di pesce.

Locanda Ristorante Rocco

via Torrione 1 – ✆ 07 19 33 05 58 – info@locandarocco.it – Fax 07 19 33 05 58 – Chiuso gennaio e febbraio

7 cam – ♦110 € ♦♦120/150 € – **Rist** – *(Pasqua-ottobre; chiuso martedì escluso da giugno a settembre)* (coperti limitati; prenotare) Carta 42/54 €

♦ Una struttura giovane e moderna tra le mura di una locanda trecentesca, dispone di stanze di design dai colori vivaci e di altre 7 camere nella dependance Rocco in Campagna. La piccola sala ristorante dai pavimenti color melanzana offre pietanze nazionali con tocchi di moderna creatività.

Valcastagno senza rist

Contrada Valcastagno 12 – ✆ 07 17 39 15 80 – info@valcastagno.it – Fax 07 17 39 27 76

8 cam – ♦♦70/140 €

♦ Ricavato in una casa colonica e immerso nella natura incontaminata del Parco, un piccolo hotel con camere accoglienti e graziose sapientemente arredate in ferro battuto.

al monte Conero (Badia di San Pietro) Nord-Ovest : 5,5 km – alt. 572 m – ✉ 60020 – Sirolo

Monteconero mare e costa, rist, 70,

via Monteconero 26 – ✆ 07 19 33 05 92 – info@hotelmonteconero.it – Fax 07 19 33 03 65 – 15 marzo-15 novembre e capodanno

49 cam – ♦105/120 € ♦♦140/150 € – 12 suites – ½ P 89/98 € – **Rist** – Carta 29/40 € (+10 %)

♦ Sito alla sommità del monte che nel medioevo ospitò e nascose degli eremiti, l'hotel domina sul mare e sul parco ed accoglie ampi ambienti dai semplici arredi. La panoramica e luminosa sala ristorante propone piatti classici legati ai sapori della tradizione locale.

SISTIANA – Trieste – 562 E22 – Vedere Duino Aurisina – ✉ 34019

SIUSI ALLO SCILIAR (SEIS AM SCHLERN) – Bolzano / Bozen (BZ) – 562 C16 – alt. 988 m – Sport invernali : *vedere Alpe di Siusi* – ✉ 39040 31 C2

Roma 664 – Bolzano 24 – Bressanone 29 – Milano 322 – Ortisei 15 – Trento 83

via Sciliar 16 ✆ 0471 707024, info@seis.it, Fax 0471 706600

Diana cam, rist,

via San Osvaldo 3 – ✆ 04 71 70 40 70 – info@hotel-diana.it – Fax 04 71 70 60 03 – 20 dicembre-10 aprile e 26 maggio-4 novembre

54 cam – ♦118 € ♦♦166/216 € – ½ P 93/118 € – **Rist** – *(chiuso a mezzogiorno)* (solo per alloggiati)

♦ Una gradevole struttura circondata dal verde, provvista di ampie e piacevoli zone comuni in stile montano di taglio moderno, dalla calda atmosfera; camere accoglienti.

Europa rist, VISA

piazza Oswald Von Wolkenstein 5 – ✆ 04 71 70 61 74 – info@wanderhoteleuropa.com – Fax 04 71 70 72 22 – Chiuso dal 14 aprile al 20 maggio e dal 2 novembre al 16 dicembre

35 cam – 45/75 € 80/140 € – 2 suites – ½ P 65/95 € – **Rist** – *(chiuso a mezzogiorno)* Menu 25/50 €

◆ Tradizionale ospitalità altoatesina in un albergo in posizione centrale; classica zona comune in stile montano, camere luminose e accoglienti, moderna zona relax. Intima ed accogliente la sala ristorante, dove assaporare la cucina altoatesina.

Genziana-Enzian rist, rist, VISA

piazza Oswald Von Wolkenstein 2 – ✆ 04 71 70 50 50 – info@enzianhotel.com – Fax 04 71 70 70 10 – Chiuso dall'11 aprile al 18 maggio e dal 3 novembre al 4 dicembre

33 cam – 58/85 € 146/196 € – ½ P 70/125 € – **Rist** – (solo per alloggiati)

◆ Uno dei primi hotel della località, ubicato nella piazza principale; interni razionali, dotati di buoni confort, caratterizzati dal sapiente uso del legno, belle camere.

Silence & Schlosshotel Mirabell Sciliar e dintorni, rist, VISA

via Laranza 1, Nord : 1 km – ✆ 04 71 70 61 34 – info@hotel-mirabell.net – Fax 04 71 70 62 49 – 23 dicembre-10 aprile e giugno-15 ottobre

27 cam – 135/200 € – ½ P 73/130 € – **Rist** – *(chiuso a mezzogiorno)* (solo per alloggiati)

◆ Una bella casa recentemente ristrutturata, presenta spaziose ed accoglienti salette per il relax nonchè un grande giardino con piscina dal quale ammirare il profilo dei monti.

Aquila Nera-Schwarzer Adler rist, VISA

via Laurin 7 – ✆ 04 71 70 61 46 – info@hotelaquilanera.it – Fax 04 71 70 63 35 – 25 dicembre-10 aprile e 26 maggio-22 ottobre

21 cam – 52/81 € 94/162 € – ½ P 57/91 € – **Rist** – *(chiuso a mezzogiorno)* Menu 28/35 €

◆ Nel cuore della località, una bianca struttura che ospita un albergo di antica tradizione rinnovato nel tempo; camere confortevoli con grazosi arredi in legno chiaro. La cucina offre piatti saldamente legati al territorio.

Parc Hotel Florian Sciliar, (riscaldata) rist, VISA

via Ibsen 19 – ✆ 04 71 70 61 37 – info@parkhotel-florian.com – Fax 04 71 70 75 05 – 20 dicembre-20 aprile e giugno-15 ottobre

28 cam – 59/92 € 118/184 € – **Rist** – Menu 17/45 €

◆ In zona residenziale, hotel a gestione diretta, con un giardino curato; ambiente familiare negli interni in stile tirolese, nuovo salottino alla moda, camere lineari. Nella sobria e luminosa sala ristorante, piatti accurati e gustosi.

Sassegg VISA AE

via Sciliar 9 – ✆ 04 71 70 42 90 – info@sassegg.it – Fax 04 71 70 86 35 – Chiuso tre settimane in giugno,tre settimane in ottobre, a mezzogiorno (escluso domenica) e lunedì

Rist – Carta 40/57 €

◆ Il design accattivante, l'ampio utilizzo di rivestimenti in pelle e legno, costituiscono la giusta ambientazione per un menù che spazia dalla tradizione locale al mare.

a Razzes (Ratzes)**Sud-Est : 3 km – alt. 1 205 m – ✉ 39040 – Siusi allo Sciliar**

Bad Ratzes Sciliar e pinete, rist, rist, VISA

via Ratzes 29 – ✆ 04 71 70 61 31 – info@badratzes.it – Fax 04 71 70 71 99 – 6 dicembre-10 aprile e 25 maggio-14 ottobre

48 cam solo pens 88/120 € – **Rist** – (solo per alloggiati)

◆ Nella completa tranquillità di un'incantevole pineta, ai bordi di un torrente cristallino, una massiccia struttura con bella vista sui monti; numerosi spazi dedicati ai bambini.

SIVIZZANO – Parma – 562 I12 – Vedere Terenzo

SIZZANO – Novara (NO) – 561 F13 – 1 458 ab. – alt. 225 m – ✉ 28070 23 C2

Roma 641 – Stresa 50 – Biella 42 – Milano 66 – Novara 20

Impero – 10, VISA AE

via Roma 13 – ☎ 03 21 82 05 76 – Fax 03 21 82 05 76 – Chiuso dal 26 dicembre al 4 gennaio, agosto, domenica sera e lunedì

Rist – Carta 29/44 €

◆ Bella trattoria rinnovata, a conduzione strettamente familiare: ambiente in stile rustico di taglio moderno, dove gustare cucina del territorio sapientemente rielaborata.

SOAVE – Verona (VR) – 562 F15 – 6 787 ab. – alt. 40 m – ✉ 37038 35 B3

Roma 524 – Verona 22 – Milano 178 – Rovigo 76 – Venezia 95 – Vicenza 32

piazza Antenna 2 ☎ 045 6190773, iat@estveronese.it, Fax 045 6190773

Roxy Plaza senza rist – 120, VISA AE

via San Matteo 4 – ☎ 04 56 19 06 60 – roxyplaza@tin.it – Fax 04 56 19 06 76

37 cam – †59/80 € ††94/126 € – 7 suites

◆ In pieno centro, albergo moderno di recente costruzione: confortevoli zone comuni nelle tonalità del legno e del nocciola, abbellite da tappeti; camere gradevoli.

Lo Scudo – P VISA

via San Matteo 46 – ☎ 04 57 68 07 66 – info@loscudo.vr.it – Fax 04 57 68 07 66 – Chiuso dal 1° al 10 febbraio, tre settimane in agosto, domenica sera e lunedì

Rist – (consigliata la prenotazione) Carta 26/52 €

◆ Locale classico con due raccolte ed eleganti salette curate nei particolari; prodotti di qualità e valide elaborazioni in cucina, piatti anche a base di pesce.

Al Gambero con cam – cam, VISA AE

corso Vittorio Emanuele 5 – ☎ 04 57 68 00 10 – info@algamberosoave.it – Fax 04 56 19 83 01 – Chiuso dal 6 al 28 agosto, martedì sera e mercoledì

12 cam – †35 € ††55 € – **Rist** – Carta 22/28 €

◆ Ristorante tradizionale con camere arredate con mobili d'epoca; ampia e accogliente sala rustica dove gustare una cucina tradizionale, con piatti di terra e di mare.

SOCI – Arezzo – 562 K17 – Vedere Bibbiena

Rosso = Piacevole. Cercate i simboli X e in rosso.

SOGHE – Vicenza – Vedere Arcugnano

SOIANO DEL LAGO – Brescia (BS) – 561F13 – 1 601 ab. – alt. 203 m – ✉ 25080 17 D1

Roma 538 – Brescia 27 – Mantova 77 – Milano 128 – Trento 106 – Verona 53

Il Grillo Parlante – 20, P VISA AE

via Avanzi 9/A, Sud : 1,5 km – ☎ 03 65 50 23 12 – info@ristoranteilgrilloparlante.it – Fax 03 65 50 23 12 – Chiuso quindici giorni in novembre e lunedì

Rist – Carta 28/41 €

◆ In zona residenziale, un locale con due belle sale curate, in cui provare interessanti proposte gastronomiche legate alla tradizione; ameno servizio estivo in terrazza.

Aurora – P VISA AE

via Ciucani 1/7 – ☎ 03 65 67 41 01 – Fax 03 65 67 41 01 – Chiuso mercoledì

Rist – Carta 24/34 €

◆ Fuori dal centro, un villino dai gradevoli interni con tocchi di originalità: sale luminose e panoramiche dove gustare una cucina del territorio piacevolmente rivisitata.

SOLANAS – Cagliari – 566 J10 – **Vedere Sardegna (Villasimius) alla fine dell'elenco alfabetico**

SOLAROLO RAINERIO – **Cremona (CR)** – **561** G13 – **996 ab.** – **alt. 28 m** – ✉ **26030** 17 **C3**

Roma 487 – Parma 36 – Brescia 67 – Cremona 27 – Mantova 42

XX **La Clochette** con cam

via borgo 2 – ☎ 037 59 10 10 – laclochette@virgilio.it – Fax 03 75 31 01 51 – Chiuso dal 1° al 15 gennaio e dal 1° al 15 agosto

12 cam – 45 € 65 € – **Rist** – *(chiuso martedì)* Carta 26/51 €

♦ In una villa d'epoca con parco, sale per privati e per banchetti comunque eleganti e signorili, con decorazioni e soffitti a volta; dotato anche di una sala più riservata. Accoglienti e confortevoli le camere.

SOLDA (SULDEN) – **Bolzano / Bozen (BZ)** – **562** C13 – **alt. 1 906 m** – **Sport invernali :** ***1 860/3 150 m*** **1** **9,** – ✉ **39029** 30 **A2**

Roma 733 – Sondrio 115 – Bolzano 96 – Merano 68 – Milano 281 – Passo di Resia 50 – Passo dello Stelvio 29 – Trento 154

via Principale località Gomagoi ☎ 0473 611811, sulde@suedtirol.com, Fax 0473 611811

Paradies rist,

via Principale 87 – ☎ 04 73 61 30 43 – info@sporthotel-paradies.com – Fax 04 73 61 32 43 – Chiuso dal 6 al 31 maggio e dal 25 settembre al 13 novembre

60 cam – 60/90 € 120/150 € – ½ P 60/100 € – **Rist** – Carta 21/31 €

♦ Risorsa dall'affidabile gestione per una vacanza all'insegna di una genuina atmosfera di montagna. Tutti gli spazi offrono un buon livello di confort, soprattutto le camere. Sala ristorante ricca di decorazioni.

Marlet gruppo Ortles e vallata, rist,

via Principale 110 – ☎ 04 73 61 30 75 – hotel.marlet.sulden.@rolmail.net – Fax 04 73 61 31 90 – 18 dicembre-10 maggio e luglio-settembre

31 cam – solo ½ P 50/97 € – **Rist** – (solo per alloggiati) Menu 15/30 €

♦ In un oasi di quiete, hotel con splendida vista del gruppo Ortles e della vallata; vivace ambiente familiare, camere confortevoli, gradevole spazio whisky bar.

Cristallo

Solda 31 – ☎ 04 73 61 32 34 – hotel.cristallo@dnet.it – Fax 04 73 61 31 14 – 15 novembre-aprile e 21 giugno-19 settembre

37 cam – 35/55 € 70/110 € – ½ P 65 € – **Rist** – Menu 19/35 €

♦ In posizione centrale e panoramica, albergo ammodernato con spazi comuni luminosi e confortevoli. Centro benessere ben ristrutturato, camere spaziose. Ristorante con annessa stube tirolese.

Eller

Solda 15 – ☎ 04 73 61 30 21 – info@hoteleller.com – Fax 04 73 61 31 81 – Dicembre-5 maggio e luglio-29 settembre

44 cam – 52/60 € 82/110 € – ½ P 55/85 € – **Rist** – *(chiuso a mezzogiorno da dicembre a maggio)* Carta 39/47 €

♦ In posizione panoramica, albergo di tradizione rinnovato negli ultimi anni: ampi spazi comuni e piccolo centro relax; accoglienti camere spaziose. Capiente ristorante in stile montano di taglio moderno.

SOLIERA – Modena (MO) – **562** H14 – **13 783 ab.** – **alt. 29 m** – ✉ **41019** 8 **B2**

Roma 420 – Bologna 56 – Milano 176 – Modena 12 – Reggio nell'Emilia 33 – Verona 91

X **Osteria Bohemia** con cam rist, rist,

via Canale 497, località Sozzigalli – ☎ 059 56 30 41 – info@osteriabohemia.it – Fax 059 56 30 41 – Chiuso domenica e lunedì sera

2 cam – 45 € 60 € – **Rist** – Carta 26/39 €

♦ Una piccola ma accogliente casa di campagna, dal cui orto provengono erbe e verdure che si trovano alla base dei piatti regionali proposti dal creativo chef ai commensali.

SOLIGHETTO – Treviso – Vedere Pieve di Soligo

SOLIGO – Treviso – Vedere Farra di Soligo

SOLOFRA – Avellino (AV) – 564 E26 – 11 968 ab. – ✉ 83029 7 C2

Roma 271 – Napoli 75 – Avellino 15 – Benevento 53

Solofra Palace 120, VISA AE

via Melito 6/a – ✆ 08 25 53 14 66 – info@solofrapalacehotel.com – Fax 08 25 53 14 81

32 cam – †72/100 € ††86/140 € – ½ P 58/90 € – **Rist** – Carta 21/33 €

♦ Situato alle porte della località, l'hotel vanta soprattutto una clientela d'affari e dispone di spaziosi ambienti arredati con gusto nonchè di una piccola Beauty farm. Il ristorante si articola su due sale a differente vocazione: una ideale per allestire banchetti, l'altra con cucina regionale e servizio pizzeria.

SOLOMEO – Perugia – Vedere Corciano

SOMMACAMPAGNA – Verona (VR) – 562 F14 – 13 520 ab. – alt. 121 m – ✉ 37066 37 A3

Roma 500 – Verona 15 – Brescia 56 – Mantova 39 – Milano 144

Verona, ✆ 045 51 00 60.

Scaligero VISA AE

via Osteria Grande 41 – ✆ 04 58 96 91 30 – info@hotelscaligero.com – Fax 045 89 78 87 35

23 cam – †50/80 € ††70/120 € – ½ P 47/72 € – **Rist** – *(chiuso due settimane tra luglio-agosto e a mezzogiorno)* Carta 18/29 €

♦ Una struttura a conduzione familiare, propone per il soggiorno camere semplici ed ordinate arredate in chiare tonalità e dotate di ogni confort. La ristorazione consiste nell'attività originaria dei proprietari: buona cucina veneta ed internazionale ma anche pizzeria.

Merica con cam rist, VISA AE

via Rezzola 93, località Palazzo Est : 1,5 km – ✆ 045 51 51 60 – Fax 045 51 53 44 – Chiuso dal 25 dicembre al 6 gennaio e agosto

10 cam – †60 € ††80 € ☕ 5 € – **Rist** – *(chiuso lunedì)* Carta 28/35 €

♦ In comoda posizione poco lontano dal casello autostradale, ristorante con camere in una villetta in piena campagna; linea gastronomica con radici nel territorio.

a Custoza Sud-Ovest : 5 km – ✉ 37060

Villa Vento 30, VISA AE

strada Ossario 24 – ✆ 045 51 60 03 – info@ristorantevillavento.com – Fax 045 51 62 88 – Chiuso dall' 8 al 31 gennaio, dal 24 al 31 ottobre, lunedì e martedì

Rist – Carta 25/38 €

♦ In zona residenziale, ristorante all'interno di una villa d'epoca, con un piccolo parco ombreggiato; andamento familiare, ambiente classico, piatti tipici del luogo.

sull'autostrada A 4 area di servizio Monte Baldo Nord o per Caselle Est : 5 km

Saccardi Quadrante Europa cam, cam, 450, VISA AE

via Ciro Ferrari 8

✉ 37060 Caselle di Sommacampagna – ✆ 04 58 58 14 00 – info@hotelsaccardi.it – Fax 04 58 58 14 02

126 cam – †95/170 € ††135/203 €, ☕ 10 € – ½ P 90/124 € – **Rist** – Carta 34/51 €

♦ Elegante complesso facilmente raggiungibile sia dall'autostrada che dalla cittadina, punto d'incontro per gente d'affari; centro fitness e camere in parte rinnovate. Ristorante di moderna ispirazione, dall'atmosfera raffinata.

SOMMA LOMBARDO – Varese (VA) – 561 E8 – 16 449 ab. – alt. 281 m – ✉ 21019 16 A2

Roma 626 – Stresa 35 – Como 58 – Milano 49 – Novara 38 – Varese 26

Arona a Borgo Ticino, Ovest : 12 km, ✆ 0321 90 70 34.

Domina Inn Malpensa cam, rist, 80,

via Lazzaretto 1 – ✆ 033 12 78 81 – innmalpensa@domina.it – Fax 03 31 27 87 99

143 cam – 99/200 € 99/250 € – ½ P 78/153 €

Rist – Carta 29/51 €

◆ Hotel immaginato per la clientela business, a poca distanza dell'aeroporto. Struttura contemporanea con camere ben accessoriate e ampio parcheggio. Ampia sala ristorante d'impostazione classica.

Corte Visconti 16,

via Roma 9 – ✆ 03 31 25 48 73 – info@cortevisconti.it – Fax 03 31 25 48 73 – Chiuso dal 7 al 25 agosto e lunedì

Rist – Carta 47/71 €

◆ Ambiente classico di tono rustico, con mura in pietra, volte in mattone e soffitti in legno e pietra. La cucina invece, pur partendo dal territorio, spicca per creatività.

a Case Nuove Sud : 6 km – ✉ 21019 – Somma Lombardo

First Hotel Malpensa cam, cam, 100,

via Baracca 34 – ✆ 03 31 71 70 45 – info@firsthotel.it – Fax 03 31 23 08 27

58 cam – 110/200 € 125/250 € – ½ P 135/250 € – **Rist** – Carta 34/48 € (+10 %)

◆ Non lontano dall'aeroporto di Malpensa, nuova struttura dalla linea essenziale; all'interno originali ambienti personalizzati da moderne soluzioni di design, camere sobrie. La sala da pranzo è decorata con parti di aeroplani.

La Quercia

via Tornavento 11 – ✆ 03 31 23 08 08 – Fax 03 31 23 01 18 – Chiuso dal 23 dicembre al 5 gennaio e martedì

Rist – Carta 28/37 €

◆ Buona accoglienza in un locale familiare da 40 anni nei pressi dell'aeroporto di Malpensa: classica sala dove gustare carrello di arrosti e bolliti.

SONA – Verona (VR) – 562 F14 – 14 683 ab. – alt. 169 m – ✉ 37060 35 A3

Roma 433 – Verona 15 – Brescia 57 – Mantova 39

El Bagolo

via Molina 1 – ✆ 04 56 08 21 17 – Fax 04 56 08 21 17 – Chiuso dal 15 al 25 febbraio, dal 1° al 21 settembre, lunedì e a mezzogiorno escluso domenica

Rist – Carta 27/36 €

◆ In un'antica casa del 1300, in centro paese, una trattoria a gestione familiare: simpatica atmosfera in cui gustare cucina del territorio; gradevole servizio in giardino.

SONDRIO P (SO) – 561 D11 – 21 612 ab. – alt. 307 m – ✉ 23100 16 B1

Roma 698 – Bergamo 115 – Bolzano 171 – Bormio 64 – Lugano 96 – Milano 138 – St-Moritz 110

via Trieste 12 ✆ 0342 512500, infovaltellina@provincia.so.it, Fax 0342 212590

Valtellina, Ovest : 4 km a Caiolo, ✆ 0342 35 40 09.

Europa rist,

lungo Mallero Cadorna 27 – ✆ 03 42 51 50 10 – info@htleuropa.com – Fax 03 42 51 28 95

42 cam – 55/60 € 78/84 €, 7 € – ½ P 58/67 € – **Rist** – *(chiuso domenica)* Carta 29/36 €

◆ Albergo nato come semplice pensione a gestione familiare, è ora una struttura dai servizi completi, ubicata nel centro della località; interni e camere in stile lineare. Ristorante d'ispirazione contemporanea.

XX **Trippi Grumello**

via Stelvio 23, Est : 1 km ✉ 23020 Montagna in Valtellina – ✆ 03 42 21 24 47 – marcobaruta@virgilio.it – Fax 03 42 51 85 67 – Chiuso domenica

Rist – Carta 35/47 €

◆ Atmosfera e proposte molto tipiche in un ristorante storico: accoglienti sale di buon livello, dove gustare caratteristici piatti del territorio, ma anche nazionali.

a Montagna in Valtellina Nord-Est : 2 km – alt. 567 m – ✉ 23020

XX **Dei Castelli**

30,

via Crocefisso 10 – ✆ 03 42 38 04 45 – Chiuso dal 25 maggio al 15 giugno, dal 25 ottobre al 15 novembre, domenica sera e lunedì

Rist – Carta 31/45 €

◆ Ambiente caldo e accogliente, curato nella sua semplicità: tavoli di legno elegantemente ornati, camino acceso e atmosfera familiare; proposte di cucina valtellinese.

a Moia di Albosaggia Sud : 5 km – alt. 409 m – ✉ 23100 – Sondrio

Campelli

cam, rist, 40,

via Moia 6 – ✆ 03 42 51 06 62 – info@campelli.it – Fax 03 42 21 31 01

34 cam – 53 € 83 € – **Rist** – *(chiuso dal 1° al 20 agosto, domenica sera e lunedì a mezzogiorno)* Carta 34/46 €

◆ In posizione dominante la valle, non lontano dalla città, albergo moderno recentemente ristrutturato: confortevoli interni dai colori caldi e intensi; camere accoglienti. Ristorante dove gustare proposte culinarie legate alla tradizione e al territorio.

SOPRABOLZANO = OBERBOZEN – Bolzano – Vedere Renon

SORAFURCIA – Bolzano – Vedere Valdaora

SORAGA – Trento (TN) – 562 C16 – 673 ab. – alt. 1 209 m – Sport invernali : *Comprensorio Dolomiti superski Val di Fassa* – ✉ 38030 31 C2

Roma 664 – Bolzano 42 – Cortina d'Ampezzo 74 – Trento 74

stradoun de Fascia ✆ 0462 768114, infosoraga@fassa.com, Fax 0462 768461

Arnica

via Barbide 30 – ✆ 04 62 76 84 15 – info@hotelarnica.net – Fax 04 62 76 82 20 – Dicembre-aprile e giugno-settembre

18 cam – 40/80 € 60/150 € – ½ P 85/90 € – **Rist** – Carta 47/62 €

◆ Albergo recente nella parte alta della località: ambiente familiare, interni funzionali, grazioso centro benessere e camere semplici, tre delle quali in un fienile attiguo. Luminosa sala da pranzo in stile montano con una graziosa stube.

SORAGNA – Parma (PR) – 561 H12 – 4 447 ab. – alt. 47 m – ✉ 43019 8 B2

Roma 480 – Parma 27 – Bologna 118 – Cremona 35 – Fidenza 10 – Milano 104

Locanda del Lupo

rist, 100,

via Garibaldi 64 – ✆ 05 24 59 71 00 – info@locandadellupo.com – Fax 05 24 59 70 66 – Chiuso dal 23 al 29 dicembre e dal 13 al 23 agosto

45 cam – 77/87 € 109/129 €, 8 € – ½ P 80/95 € – **Rist** – Carta 34/47 €

◆ Bella costruzione del XVIII sec., sapientemente restaurata: soffitti con travi a vista negli interni di tono elegante con arredi in stile; camere accoglienti e sala congressi. Calda atmosfera al ristorante con bel mobilio in legno.

XX **Locanda Stella d'Oro** (Dallabona) con cam

cam,

via Mazzini 8 – ✆ 05 24 59 71 22 – stellaoro@libero.it – Fax 05 24 59 70 43

14 cam – 60 € 80 €, 5 € – **Rist** – *(chiuso lunedì)* Carta 44/61 €

Spec. Casseruola di animelle e porcini con santoreggia. Costine e zampone caramellati con saba ai tre puré. Sanato da latte (carne di vitello cruda con condimenti).

◆ Nelle terre verdiane, l'ambiente offre ancora tutto il sapore e la magia di una trattoria. E neppure la cucina se ne discosta tanto, è la tradizione personalizzata.

a Diolo Nord : 5 km – ✉ 43019 – Soragna

X **Osteria Ardenga** 12/25,
via Maestra 6 – ☎ 05 24 59 93 37 – info@osteriaardenga.it – Fax 05 24 59 93 37 – Chiuso dal 7 al 27 gennaio, dal 10 al 31 luglio, martedì sera e mercoledì
Rist – Carta 21/31 €
♦ Locale molto gradevole caratterizzato da uno stile rustico, ma signorile. Tre salette, di cui una dedicata alle coppie, per apprezzare la genuina e gustosa cucina parmense.

SORANO – Grosseto (GR) – 563 N17 – 3 840 ab. – alt. 374 m – ✉ 58010 29 D3

Roma 153 – Viterbo 60 – Grosseto 87 – Orvieto 47 – Siena 100

Della Fortezza senza rist
piazza Cairoli – ☎ 05 64 63 20 10 – info@hoteldellafortezza.it – Fax 05 64 63 32 09 – Chiuso dal 7 al 31 gennaio
15 cam – †80 € ††130 €
♦ Suggestiva collocazione all'interno della fortezza Orsini, imponente struttura militare medievale, per un albergo dagli interni in stile, di tono elegante; belle camere.

SORBO SERPICO – Avellino (AV) – 581 ab. – ✉ 83050 7 C2

Roma 272 – Napoli 76 – Avellino 22 – Benevento 52

XX **Marenna'**
località Cerza Grossa – ☎ 08 25 98 66 66 – marenna@marenna.it – Fax 08 25 98 66 67 – Chiuso dal 1° al 22 gennaio, dal 7 al 20 agosto, a mezzogiorno (escluso domenica), domenica sera e lunedì
Rist – Carta 36/50 €
♦ Nata da un connubio di idee tra designer italo-americani-giapponesi, la sala propone una cucina fedele alla gastronomia locale, ma rivisitata con tocchi di modernità.

SORGONO – Nuoro – 566 G9 – Vedere Sardegna alla fine dell'elenco alfabetico

---

SORI – Genova (GE) – 561 I9 – 4 241 ab. – ✉ 16030 15 C2

Roma 488 – Genova 17 – Milano 153 – Portofino 20 – La Spezia 91

X **Al Boschetto**
via Caorsi 44 – ☎ 01 85 70 06 59 – Fax 01 85 70 06 59 – Chiuso dal 15 al 25 marzo, dal 10 settembre al 10 ottobre e martedì
Rist – Carta 30/40 €
♦ Lungo il fiume, un locale familiare e luminoso caratterizzato da sale dalle ampie vetrate, dove gustare una cucina locale di terra e di mare. Servizio serale di focacceria.

SORIANO NEL CIMINO – Viterbo (VT) – 563 O18 – 8 354 ab. – alt. 510 m – ✉ 01038 12 B1

Roma 95 – Viterbo 17 – Terni 50

X **Gli Oleandri** con cam ≤ Castello Orsini e centro storico, rist, 70,
via Cesare Battisti 51 – ☎ 07 61 74 83 83 – info@glioleandri.com – Fax 07 61 74 82 22 – Chiuso dieci giorni in gennaio
16 cam – †45/50 € ††65/70 € – ½ P 50/55 € – **Rist** – *(chiuso martedì)* Carta 22/31 €
♦ Splendida vista sul Castello Orsini e sul centro storico da un ristorante con camere; due classiche sale rinnovate di recente in cui gustare piatti prevalentemente locali.

SORICO – Como (CO) – 1 182 ab. – alt. 208 m – ✉ 22010 16 B1

Roma 684 – Como 82 – Sondrio 45 – Lugano 53 – Milano 112

Berlinghera rist,
località Dascio, Nord-Est : 3,5 km – ☎ 034 48 40 37 – info@hotelberlinghera.com – Fax 034 48 40 37
16 cam – †30 € ††60 € – ½ P 50/55 € – **Rist** – *(chiuso mercoledì in inverno)* Carta 29/39 €
♦ Tra il lago di Como e quello di Mezzola, in posizione tranquilla e piacevole, un hotel gestito da sempre dalla stessa intraprendente famiglia. Al ristorante proposte tradizionali con specialità di pesce.

SORISO – Novara (NO) – 561 E7 – **747 ab.** – **alt. 452 m** – ✉ **28010** 24 **A2**

▣ Roma 654 – Stresa 35 – Arona 20 – Milano 78 – Novara 40 – Torino 114 – Varese 46

XXXX ✿✿✿ **Al Sorriso** (Valazza) con cam AC rist, ⇋ cam, ✂ ☏ VISA MC AE ◑ $

via Roma 18 – ☏ 03 22 98 32 28 – sorriso@alsorriso.com – Fax 03 22 98 33 28 – Chiuso dall'8 al 23 gennaio e dal 7 al 24 agosto

8 cam ☕ – †120 € ††190 € – ½ P 220 € – **Rist** – *(chiuso lunedì e martedì)* Carta 100/140 € ⚘

Spec. Ristretto di pomodoro e fragole con gamberi rossi e cannolo di riso nero, spuma di capperi di Pantelleria. Cappellacci di nocciole e ricotta con pere al Barolo, salsa spumeggiante alle nocciole. Panettoncino di mandorle e uva sultanina al caffé ristretto e granita alla grappa.

◆ Si parte dal Piemonte per arrivare al mare: la passione di una cuoca autodidatta, al servizio della cucina italiana, propone classici regionali e piatti più creativi.

SORNI – Trento – Vedere Lavis

Il rosso è il colore di chi sa distinguersi; i nostri punti di riferimento!

SORRENTO – Napoli (NA) – **564** F25 – **16 384 ab.** – ✉ **80067** ▮ *Italia* 6 **B2**

▣ Roma 257 – Napoli 49 – Avellino 69 – Caserta 74 – Castellammare di Stabia 19 – Salerno 50

⛴ per Capri – Caremar, call center 892 123

ℹ via De Maio 35 ☏ 081 8074033, info@sorrentotourism.com, Fax 081 8773397

◉ Villa Comunale : ≤★★ A – Belvedere di Correale ≤★★ B **A** – Museo Correale di Terranova★ B **M** – Chiostro★ della chiesa di San Francesco A **F**

◉ Penisola Sorrentina★★ : ≤★★ su Sorrento dal capo di Sorrento (1 h a piedi AR), ≤★★ sul golfo di Napoli dalla strada S 163 per ② (circuito di 33 km) – Costiera Amalfitana★★★ – Isola di Capri★★★

🏨 **Grand Hotel Excelsior Vittoria** ≤ golfo di Napoli e Vesuvio, 🌳 ⛱ 🏊 ⇅ AC ✂ rist, ☏ 🎤 90, P VISA MC AE ◑ $

piazza Tasso 34 – ☏ 08 18 77 71 11 – exvitt@exvitt.it – Fax 08 18 77 12 06 B **u**

98 cam ☕ – †255/340 € ††295/580 € – 15 suites – **Rist** – Carta 74/99 €

◆ Storico hotel con splendida vista panoramica e ascensore per il porto, impreziosito da un giardino-agrumeto con piscina: gran lusso e raffinatezza per vivere una favola. Maestosa sala da pranzo con eleganti pilastri di marmo e uno stupendo soffitto dipinto.

Hilton Sorrento Palace ⩟ golfo di Napoli, cam, cam, 1720,

via Sant'Antonio 13 – ✆ 08 18 78 41 41 – gm.sorrento@hilton.com – Fax 08 18 78 39 33 B **s**

373 cam – 85/255 € 170/340 € – 4 suites – ½ P 210 €

Rist ***Sorrento*** – Carta 45/69 €

♦ Affacciato sul Golfo di Napoli e in posizione tranquilla, un grand hotel capace di unire e fondere stile e confort moderni, ad un paesaggio pittoresco e scenografico. Varie sale ristorante, la più originale con pareti in roccia, a fianco alla piscina.

Grand Hotel Capodimonte ⩟ golfo di Napoli e Vesuvio, (digradante)

via Capo 14 – ✆ 08 18 78 45 55 – capodimonte@manniellohotels.it – Fax 08 18 07 11 93 – 6 aprile-ottobre A **g**

186 cam – 175/280 € 195/300 € – 3 suites – ½ P 120/190 € – **Rist** – Carta 47/57 €

♦ Il Vesuvio e Napoli visibili in lontananza da un albergo abbellito da terrazze fiorite con piscine digradanti circondate da ulivi; curati spazi interni, ampi e luminosi. Ariosa sala da pranzo con pareti decorate e vetrate sull'affascinante paesaggio esterno.

Bellevue Syrene ⩟ golfo di Napoli e Vesuvio, 50,

piazza della Vittoria 5 – ✆ 08 18 78 10 24 – info@bellevue.it – Fax 08 18 78 39 63 A **k**

65 cam – 200/500 € – ½ P 150/300 €

Rist ***Don Giovanni*** – ✆ 08 18 78 17 68 *(chiuso martedì escluso da aprile ad ottobre)* Carta 44/58 €

♦ Un soggiorno da sogno in un'incantevole villa settecentesca con vista sul golfo, giardino, terrazze fiorite e ascensore per la spiaggia; raffinati ambienti con affreschi. Dalla colazione alla cena in una sala con ampie vetrate a picco sul mare, per ammiarare il sorgere del giorno e il calare della sera.

Grand Hotel Riviera ⩟ golfo di Napoli e Vesuvio,

via Califano 22 – ✆ 08 18 07 20 11 – info@hotelriviera.com – Fax 08 18 77 21 00 – Marzo-ottobre B **m**

105 cam – 200 € 246 € – 1 suite – ½ P 155 € – **Rist** – Carta 43/60 €

♦ Struttura semicircolare rinnovata, ornata da un giardino con piscina a picco sul mare: ampi e signorili saloni comuni, camere di taglio moderno; ascensore per la spiaggia. Dalla tradizione alla creatività, la cucina è servita in una candida sala, allestita con eleganza.

Imperial Tramontano rist, 180,

via Vittorio Veneto 1 – ✆ 08 18 78 25 88 – iinfo@hoteltramontano.it – Fax 08 18 07 23 44 – Chiuso gennaio e febbraio A **b**

103 cam – 260 € 315 € – 12 suites – **Rist** – Carta 55/70 €

♦ Uno splendido giardino fiorito con piscina orna questo hotel nato dall'unione di due ville patrizie (una fu casa natale di Tasso); sfarzosi interni recentemente rimodernati. Dalla sala da pranzo potrete ammirare un paesaggio che sembra dipinto.

Royal ⩟ golfo di Napoli e Vesuvio,

via Correale 42 – ✆ 08 18 07 34 34 – ghroyal@manniellohotels.it – Fax 08 18 77 29 05 – 10 marzo-dicembre B **g**

96 cam – 208/320 € 221/340 € – 3 suites – ½ P 140/210 € – **Rist** – Carta 47/57 €

♦ Deliziosa ubicazione panoramica per questa bella struttura dotata di giardino-agrumeto con piscina e ascensore per la spiaggia; ampi spazi comuni, camere funzionali. Ambiente distinto e arredi lineari nell'ariosa sala da pranzo.

Grand Hotel Ambasciatori ⩟ golfo di Napoli e Vesuvio, 180,

via Califano 18 – ✆ 08 18 78 20 25 – ambasciatori@manniellohotels.it – Fax 08 18 07 10 21 – 6 aprile-ottobre B **m**

97 cam – 195/300 € 210/320 € – 6 suites – ½ P 130/200 € – **Rist** – Carta 47/57 €

♦ Grande albergo in suggestiva posizione a strapiombo sul mare, ornato da un giardino-agrumeto con piscina e dotato di ascensore per la spiaggia; classici interni ben tenuti. Capiente sala da pranzo di tono elegante.

Antiche Mura senza rist — 60, VISA
via Fuorimura 7 – ✆ 08 18 07 35 23 – info@hotelantichemura.com – Fax 08 18 07 13 23 B **c**
43 cam ☕ – 🛉125/225 € 🛉🛉130/250 € – 3 suites
♦ Lampadari di Murano, ceramiche di Vietri, intarsiato sorrentino: un elegante albergo lungo il percorso delle mura medievali. Bella piscina circondata dai limoni.

Bristol < golfo di Napoli e Vesuvio, rist, 80, P
via Capo 22 – ✆ 08 18 78 45 22 – bristol@acampora.it – Fax 08 18 07 19 10 A **a**
140 cam ☕ – 🛉200 € 🛉🛉280 € – ½ P 180 € – **Rist** – Carta 50/65 €
♦ Complesso in posizione dominante il mare, abbellito da amene terrazze panoramiche con piscina; camere quasi tutte disposte sul lato mare, più silenziose agli ultimi piani. Incantevole vista su mare e città dalla spaziosa sala ristorante.

Maison la Minervetta senza rist < golfo di Napoli e costiera, P VISA
✉ *80067 Sorrento – ✆ 08 18 77 44 55 – info@laminervetta.com – Fax 08 18 78 46 01 – 15 marzo-6 novembre* A **c**
12 cam ☕ – 🛉200 € 🛉🛉230/380 €
♦ Una casa signorile dagli spazi originali con camere diverse tra loro, alcune delle quali con vista sul golfo; a picco sul mare, una terrazza solarium con vasca idromassaggio.

La Tonnarella < golfo di Napoli e costiera, P VISA
via Capo 31 – ✆ 08 18 78 11 53 – info@latonnarella.it – Fax 08 18 78 21 69 – Chiuso dal 10 gennaio al 1° marzo
24 cam ☕ – 🛉🛉150/170 € – ½ P 100/110 € A **y**
Rist – (Pasqua-ottobre) Carta 28/54 €
Rist *Tonnarella a Mare* – ✆ 08 18 78 10 16 *(5 settembre chiuso la sera)* Carta 24/50 €
♦ Albergo d'impostazione tradizionale che sorge dove un tempo esisteva la tonnara da cui ha preso il nome; camere differenziate le une dalle altre, ma sempre di buon livello. Sala e terrazzo sul mare per gustare piatti della tradizione. In estate, tavoli semplici a pochi passi dall'acqua al ristorante "Tonnarella a Mare".

Villa di Sorrento senza rist VISA
viale Enrico Caruso 6 – ✆ 08 18 78 10 68 – info@villadisorrento.it – Fax 08 18 07 26 79 B **e**
21 cam – 🛉75/81 € 🛉🛉128/135 €, ☕ 11 €
♦ Valida gestione in un piccolo hotel centrale adatto a una clientela itinerante: spazi interni arredati in modo semplice e accogliente, camere funzionali.

Gardenia senza rist P VISA
corso Italia 258, per ① – ✆ 08 18 77 23 65 – info@hotelgardenia.com – Fax 08 18 07 44 86 – Aprile-dicembre
27 cam – 🛉70/130 € 🛉🛉80/140 €, ☕ 15 €
♦ In posizione periferica, una struttura razionale di moderna concezione, ideale anche per il turista di passaggio; interni arredati in stile lineare, camere confortevoli.

XXX **Caruso** 25/30, VISA
via Sant'Antonino 12 – ✆ 08 18 07 31 56 – info@ristorantemuseocaruso.com – Fax 08 18 07 28 99 B **f**
Rist – Carta 30/60 €
♦ Ambiente ispirato al famoso cantante lirico: tre salette piacevoli ed essenziali decorate con foto e oggetti dedicati al maestro; cucina di mare d'ispirazione partenopea.

XX **L'Antica Trattoria** 6/16, VISA
via Padre R. Giuliani 33 – ✆ 08 18 07 10 82 – inform@lanticatrattoria.com – Fax 08 15 32 46 51 – Chiuso dal 15 gennaio al 15 febbraio e lunedì (escluso da marzo a ottobre) A **e**
Rist – Carta 46/74 €
♦ Bel locale del centro: varie salette di taglio elegante, accoglienti e curate, con caratteristici elementi decorativi; ameno servizio estivo sotto un pergolato.

Il Buco (Aversa)
II Rampa Marina Piccola 5 – 08 18 78 23 54 – info@ilbucoristorante.it – Chiuso da gennaio al 15 febbraio e mercoledì B b
Rist – Carta 58/93 €
Spec. Gamberi panati con mozzarella di Sorrento e scottato di pomodorini del Vesuvio. Fedelini ai frutti di mare su passata di fagioli cannellini. Trancio di ricciola al limone e aneto con asparagi, fagiolini verdi, patate ed emulsione di pomodori secchi (estate-autunno).
♦ Ricavato nelle cantine di un ex monastero nel cuore della Sorrento storica, la cucina combina i sapori campani con estro e fantasia: un vulcano di sorprese.

Zi' ntonio 24/30,
via De Maio 11 – 08 18 78 16 23 – info@zintonio.it – Fax 08 18 78 16 23
Rist – Carta 28/42 € B a
♦ Ristorante dall'ambiente caratteristico: due sale rivestite in tufo al piano interrato e una curiosa soluzione a soppalco al piano terra; ampia proposta culinaria e pizze.

Taverna Azzurra-da Salvatore
via Marina Grande 166 – 08 18 77 25 10 – Fax 08 18 77 25 10 – Chiuso dal 9 gennaio al 13 febbraio e lunedì A x
Rist – Carta 24/54 €
♦ Il nome non mente: prevalgono i toni dell'azzurro in questo ristorante dall'atmosfera familiare, sul porticciolo, che propone solo piatti di pesce, rigorosamente fresco.

sulla strada statale 145 per ② :

Grand Hotel President ≤ golfo di Napoli, Vesuvio e Sorrento,
via Colle Parisi 4, Ovest : 3 km ✉ 80067 Sorrento – 08 18 78 22 62 – president@acampora.it – Fax 08 18 78 54 11 – 15 marzo-ottobre
108 cam – †83/250 € ††93/290 € – ½ P 93/180 €
Rist – Carta 40/50 €
♦ Incantevole vista su Napoli e Sorrento in questo hotel con giardino fiorito e terrazze panoramiche con piscina; ampio salone soggiorno e confortevoli camere luminose. Splendida veduta dalla capiente sala da pranzo in elegante stile lineare.

SOSPIROLO – Belluno (BL) – **562** D18 – **3 208 ab.** – **alt. 457 m** – ✉ **32037** 36 **C1**
Roma 629 – Belluno 15

Park Hotel Sospirolo ≤ rist, 100,
località Susin – 043 78 92 73 – parkhotel@worknet.it – Fax 04 37 89 91 37 – Chiuso gennaio e febbraio
20 cam – †50/60 € ††70/77 € – ½ P 55/60 € – **Rist** – *(chiuso domenica sera e a mezzogiorno escluso luglio-agosto)* Carta 25/35 €
♦ Albergo immerso nella tranquillità di un rigoglioso parco: atmosfera familiare nei piacevoli interni di tono signorile, dove prevale l'uso del legno; camere spaziose. Proposte gastronomiche con radici nel territorio.

SOVANA – Grosseto (GR) – **563** O16 – **alt. 291 m** – ✉ **58010** *Toscana* 29 **D3**
Roma 172 – Viterbo 63 – Firenze 226 – Grosseto 82 – Orbetello 70 – Orvieto 61

Sovana senza rist
via del Duomo 66 – 05 64 61 70 30 – info@sovanahotel.it – Fax 05 64 61 71 26 – Chiuso dal 9 al 31 gennaio
18 cam – †80/100 € ††150/200 €
♦ Di fronte al duomo, casa colonica completamente rinnovata, ideale per un soggiorno ambientato nell'eleganza degli ambienti con divagazioni nel verde degli uliveti.

Scilla
via del Duomo 5 – 05 64 61 65 31 – info@scilla-sovana.it – Fax 05 64 61 43 29
20 cam – †70 € ††90 €
Rist Dei Merli – vedere selezione ristoranti
♦ Piccola struttura ubicata all'interno di quest'incantevole paesino. Presenta ai propri ospiti camere di differenti dimensioni e di raffinata semplicità.

Pesna senza rist
via del Pretorio, 9 – 05 64 61 41 20 – info@pesna.it
6 cam – 40/53 € 70/90 €
◆ Nel centro storico del paese, un antico palazzo il cui nome deriva da quello di un valoroso guerriero etrusco, dispone di funzionali e gradevoli camere recentemente rinnovate.

Taverna Etrusca, con cam
piazza del Pretorio 16 – 05 64 61 61 83 – tavernaetrusca@virgilio.it – Fax 05 64 61 41 93
8 cam – 70 € 90 € – **Rist** – *(chiuso dal 10 febbraio al 10 marzo)*
Carta 27/37 €
◆ Nel centro del piccolo borgo, un locale caratterizzato dalla cura degli arredi e dalle fantasiose proposte legate alle ricette locali. Camere confortevoli per riposare.

Dei Merli – Hotel Scilla
via Rodolfo Siviero 1/3 – 05 64 61 65 31 – info@scilla-sovana.it – Fax 05 64 61 43 29 – Chiuso martedì (escluso agosto)
Rist – Carta 26/37 €
◆ Nel caratteristico borgo di origine etrusca un locale con una sala luminosa e specialità tipiche maremmane; nella bella stagione ci si accomoda in giardino.

SOVERATO – Catanzaro (CZ) – 564 K31 – 10 805 ab. – 88068 — 5 B2

Roma 636 – Reggio di Calabria 153 – Catanzaro 32 – Cosenza 123 – Crotone 83

Il Nocchiero 50,
piazza Maria Ausiliatrice 18 – 096 72 14 91 – hotelnocchiero@libero.it – Fax 096 72 36 17 – Chiuso dal 21 dicembre al 7 gennaio
35 cam – 50/80 € 70/100 € – ½ P 60/80 € – **Rist** – Carta 26/32 €
◆ Valida conduzione diretta in una struttura semplice, situata nel centro della cittadina, con interni decorosi dagli arredi lineari; camere confortevoli e rinnovate. Sala da pranzo classica ed essenziale, con pareti ornate da quadri e bottiglie esposte.

Riviera
via Regina Elena 4/6 – 09 67 53 01 96 – Fax 09 67 53 01 96
Rist – Carta 29/61 €
◆ Curato ambiente familiare in un piccolo ristorante nel cuore della località: nella sala soffitto con travi in legno e tavoli quadrati dove provare cucina del luogo.

SOVICILLE – Siena (SI) – 563 M15 – 8 669 ab. – alt. 265 m – 53018 — 29 C2

Roma 240 – Siena 14 – Firenze 78 – Livorno 122 – Perugia 117

dalla strada statale 541 km 1,300 direzione Tonni

Borgo Pretale rist, 60,
località Pretale Sud-Ovest : 13 km – 05 77 34 54 01 – info@borgopretale.it – Fax 05 77 34 56 25 – Pasqua-ottobre
34 cam – 137 € 205 € – 8 suites – ½ P 142 € – **Rist** – *(chiuso a mezzogiorno)* (solo su prenotazione) Carta 40/44 €
◆ In posizione bucolica all'interno di un antico borgo circondato dal parco e sormontato da una torre, la struttura offre ambienti arredati in pietra, legno e tessuti di pregio. Nella suggestiva sala ristorante che domina la vallata, prodotti stagionali di tradizione regionale.

SPARONE – Torino (TO) – 561 F4 – 1 160 ab. – alt. 552 m – 10080 — 22 B2

Roma 708 – Torino 48 – Aosta 97 – Milano 146

La Rocca 20,
via Arduino 6 – 01 24 80 88 67 – Chiuso dal 7 gennaio al 13 febbraio, dal 1° al 14 agosto, domenica sera e giovedì
Rist – (consigliata la prenotazione) Carta 23/45 €
◆ Ambiente elegante nei due curati ambienti, una veranda e una sala con parete di roccia, dove apprezzare proposte di cucina fantasiosa, con piatti di terra e di mare.

SPARTAIA – Livorno – Vedere Elba (Isola d') : Marciana Marina

SPAZZAVENTO – Pistoia – Vedere Pistoia

SPELLO – Perugia (PG) – 563 N20 – **8 510 ab.** – **alt. 314 m** – ✉ **06038** *Italia* 33 **C2**

Roma 165 – Perugia 31 – Assisi 12 – Foligno 5 – Terni 66

piazza Matteotti 3 ✆ 0742 301009, prospello@libero.it, Fax 0742 301009

Affreschi★★ del Pinturicchio nella chiesa di Santa Maria Maggiore

Palazzo Bocci senza rist 35,
via Cavour 17 – ✆ 07 42 30 10 21 – info@palazzobocci.com – Fax 07 42 30 14 64
23 cam – 120 € 160 € – 2 suites
◆ Confort moderni e ospitalità di alto livello in una signorile residenza d'epoca: eleganti spazi comuni in stile, tra cui una sala splendidamente affrescata, belle camere.

La Bastiglia (riscaldata) 50,
via Salnitraria 15 – ✆ 07 42 65 12 77 – fancelli@labastiglia.com – Fax 07 42 30 11 59 – Chiuso dal 7 al 31 gennaio
33 cam – 95 € 155 € – **Rist** – *(chiuso mercoledì e giovedì a mezzogiorno)* Carta 55/71 €
Spec. Controfiletto di chianina marinato all'acqua di pomodoro, cetrioli e basilico, uova di quaglia (estate). Cannelloni di coniglio e melanzane, infusione del suo brodo e zafferano, tartufo estivo (estate). Zuppa di lepre quasi cotta, lenticchie con broccoletti e tartufo nero (inverno).
◆ Ubicato nella tranquilla parte alta del paese e ricavato dalla ristrutturazione di un antico mulino, un albergo con eleganti interni in stile rustico e camere spaziose. Una sala dagli arredi rustici in stile umbro, della regione la cucina conserva i prodotti ma la creatività è tutta personale.

Del Teatro senza rist 30,
via Giulia 24 – ✆ 07 42 30 11 40 – info@hoteldelteatro.it – Fax 07 42 30 16 12 – Chiuso dall'8 al 26 novembre
12 cam – 70/80 € 90/110 €
◆ Nel caratteristico centro storico, piccolo albergo a conduzione familiare in un palazzo settecentesco ristrutturato; interni essenziali, confortevoli camere con parquet.

Agriturismo Le Due Torri
via Torre Quadrano 1, località Limiti, Ovest : 4,5 km – ✆ 07 42 65 12 49 – info@agriturismoleduetorri.com – Fax 07 43 27 02 73 – Chiuso dal 15 gennaio al 15 febbraio
4 cam – 66/80 € – **Rist** – (solo per alloggiati) Menu 20/30 €
◆ All'ombra di una torre di avvistamento medioevale, una casa colonica con camere curate, arredi in stile, piacevoli spazi comuni. Bella piscina nel verde.

Il Molino
piazza Matteotti 6/7 – ✆ 07 42 65 13 05 – ristoranteilmolino@libero.it – Fax 07 42 30 22 35 – Chiuso dal 10 al 31 gennaio e martedì
Rist – Carta 36/48 €
◆ Nel centro del paese, locale ricavato da un vecchio mulino a olio con fondamenta del 1300; sala con soffitto ad archi in mattoni e camino per preparare carni alla griglia.

SPERLONGA – Latina (LT) – 563 S22 – **3 187 ab.** – ✉ **04029** *Italia* 13 **D3**

Roma 127 – Frosinone 76 – Latina 57 – Napoli 106 – Terracina 18

corso San Leone 22 ✆ 0771 557000 - via del Porto ✆ 0771 557341

Virgilio Grand Hotel 300,
via Prima Romita – ✆ 07 71 55 76 00 – info@virgiliograndhotel.it – Fax 07 71 54 84 67 – Chiuso dall'8 gennaio all'8 marzo
72 cam – 80/180 € 100/270 € – ½ P 170 € – **Rist** – (solo per alloggiati) Carta 40/62 €
◆ Risorsa di recente apertura articolata su tre edifici comunicanti, ospita all'interno generosi spazi comuni e nelle camere un mix di legno, tessuti colorati e bagni a mosaico.

Aurora senza rist 60,
via Cristoforo Colombo 15 – 07 71 54 92 66 – info@aurorahotel.it – Fax 07 71 54 80 14 – Pasqua-ottobre
49 cam – 90/150 € 100/230 €
◆ Sul mare, un grazioso hotel circondato da un giardino attrezzato con tavoli e sedie in ferro sbiancato e spazi impreziositi da maioliche azzurre ed arredo negli stessi colori.

La Playa
via Cristoforo Colombo – 07 71 54 94 96 – hotel.laplaya@tiscali.it – Fax 07 71 54 81 06
55 cam – 165/195 € – ½ P 105/125 € – **Rist** – *(maggio-ottobre; chiuso a mezzogiorno)* (solo per alloggiati)
◆ Direttamente sul mare, ospita una rilassante piscina e camere dai nuovi arredi, alcune delle quali con pavimenti in maiolica. Graziose terrazze si affacciano sulla spiaggia.

La Sirenella
via Cristoforo Colombo 25 – 07 71 54 91 86 – albergo@lasirenella.com – Fax 07 71 54 91 89
40 cam – 90/100 € 130/150 € – **Rist** – Menu 25/40 €
◆ Un semplice hotel situato nel centro storico ma con accesso diretto alla spiaggia che dista solo pochi passi, dispone di camere classiche, ben tenute e confortevoli.

Gli Archi
via Ottaviano 17, centro storico – 07 71 54 83 00 – info@gliarchi.com – Fax 07 71 55 70 35 – Chiuso gennaio e mercoledì
Rist – Carta 40/60 €
◆ Nel cuore della località, annovera una piccola sala ad archi ed un ambiente all'aperto dove gustare una cucina semplice, fedele ai prodotti ittici. Si consiglia di prenotare.

SPETTINE – Piacenza – Vedere Bettola alla fine dell'elenco alfabetico

SPEZIALE – Brindisi – 564 E34 – Vedere Fasano

SPEZZANO PICCOLO – Cosenza (CS) – 564 J31 – 2 072 ab. – alt. 720 m – ✉ 87050 5 **A2**

Roma 529 – Cosenza 15 – Catanzaro 110

Petite Etoile
contrada Acqua Coperta, Nord-Est : 2 km – 09 84 43 51 82 – Fax 09 84 43 59 12
15 cam – 34 € 52 € – ½ P 42 € – **Rist** – Carta 20/25 €
◆ Albergo a gestione familiare, situato fuori dal paese: interni classici e camere in legno, arredate in modo semplice. Una buona soluzione per una sosta tranquilla. Spaziosa sala da pranzo al primo piano; buon rapporto qualità/prezzo.

SPIAZZO – Trento (TN) – 562 D14 – 1 164 ab. – alt. 650 m – ✉ 38088 30 **B3**

Roma 622 – Trento 49 – Bolzano 112 – Brescia 96 – Madonna di Campiglio 21 – Milano 187

1/2 Soldo-dal 1897 (Lorenzi) con cam
a Mortaso Nord : 1 km – 04 65 80 10 67 – info@mezzosoldo.it – Fax 04 65 80 10 78 – 5 dicembre-15 aprile e 15 giugno-25 settembre
26 cam – 40/60 € 65/85 € – ½ P 45/70 € – **Rist** – *(chiuso giovedì in bassa stagione)* Menu 26/37 €
Spec. Radicchio dell'orso (germoglio selvatico d'alta montagna). Pasta di grano saraceno con aglio ursino e noci. Nocette di capriolo lardellate con mostarda di mele selvatiche.
◆ Quattro sale personalizzate ma sempre con ambiente tipico e arredi d'epoca, dove assaporare specialità trentine, tra cui piatti non comuni, con materie prime ricercate.

SPILAMBERTO – Modena (MO) – 562 I15 – 11 228 ab. – alt. 69 m – ✉ 41057 9 C3

Roma 408 – Bologna 38 – Modena 16

Da Cesare

via San Giovanni 38 – ✆ 059 78 42 59 – Chiuso dal 15 al 30 maggio, dal 20 luglio al 20 agosto, domenica sera, lunedì e martedì

Rist – (consigliata la prenotazione) Carta 20/35 €

◆ Cordiale e competente gestione familiare in una trattoria con interni arredati in modo semplice, dove provare proposte di una gustosa cucina casereccia.

SPILIMBERGO – Pordenone (PN) – 562 D20 – 11 475 ab. – alt. 132 m – ✉ 33097 10 B2

Roma 625 – Udine 30 – Milano 364 – Pordenone 33 – Tarvisio 97 – Treviso 101 – Trieste 98

La Torre

piazza Castello 8 – ✆ 042 75 05 55 – info@ristorantelatorre.net – Fax 042 75 05 55 – Chiuso domenica sera e lunedì

Rist – (consigliata la prenotazione) Carta 30/39 €

◆ In un castello medievale, nella magnifica cornice del "Palazzo Dipinto", un ristorante elegante dalla calda atmosfera; fantasiose proposte di cucina della tradizione.

Osteria da Afro con cam

via Umberto I 14 – ✆ 04 27 22 64 – osteriadaafro@tin.it – Fax 04 27 22 64 – Chiuso dal 1° al 10 gennaio

8 cam – 60/65 € 100/110 € – **Rist** – *(chiuso domenica sera)* (consigliata la prenotazione) Carta 26/34 €

◆ Osteria da sempre, da qualche tempo anche albergo. Una certezza in zona, con una proposta costante: ambiente semplice e familiare, piatti del giorno genuini e del territorio.

SPINACETO – Roma – Vedere Roma

SPINEA – Venezia (VE) – 562 F18 – 24 536 ab. – ✉ 30038 36 C2

Roma 507 – Padova 34 – Venezia 18 – Mestre 7

Raffaello senza rist

80,

via Roma 305 – ✆ 04 15 41 16 60 – info@raffaellovenice.com – Fax 04 15 41 15 11

27 cam – 45/50 € 70/80 €

◆ Costruzione di moderna ispirazione in posizione centrale, ideale per uomini d'affari e per un turismo di passaggio; piacevoli interni lineari, confortevoli camere sobrie.

SPINETTA MARENGO – Alessandria – 561 H8 – Vedere Alessandria

SPIRANO – Bergamo (BG) – 561 F11 – 4 707 ab. – alt. 156 m – ✉ 24050 19 C2

Roma 591 – Bergamo 16 – Brescia 48 – Milano 42 – Piacenza 75

3 Noci-da Camillo

12,

via Petrarca 16 – ✆ 035 87 71 58 – Chiuso dal 1° al 10 gennaio, dal 10 al 25 agosto, domenica sera e lunedì

Rist – Carta 25/42 €

◆ Piacevole ambiente rustico in un locale di tradizione, dove gustare ruspanti sapori della bassa e carni cotte sulla grande griglia in sala; gazebo per il servizio estivo.

SPOLETO – Perugia (PG) – 563 N20 – 38 111 ab. – alt. 405 m – ✉ 06049 33 C3

Italia

Roma 130 – Perugia 63 – Terni 28 – Ascoli Piceno 123 – Assisi 48 – Foligno 28 – Orvieto 84 – Rieti 58

piazza Libertà 7 ✆ 0743 238921, info@iat.spoleto.pg.it, Fax 0743 238941

Piazza del Duomo★ : Duomo★★ Y – Ponte delle Torri★★ Z – Chiesa di San Gregorio Maggiore★ Y **D** – Basilica di San Salvatore★ Y **B**

Strada★ per Monteluco per ②

Pianta pagina seguente

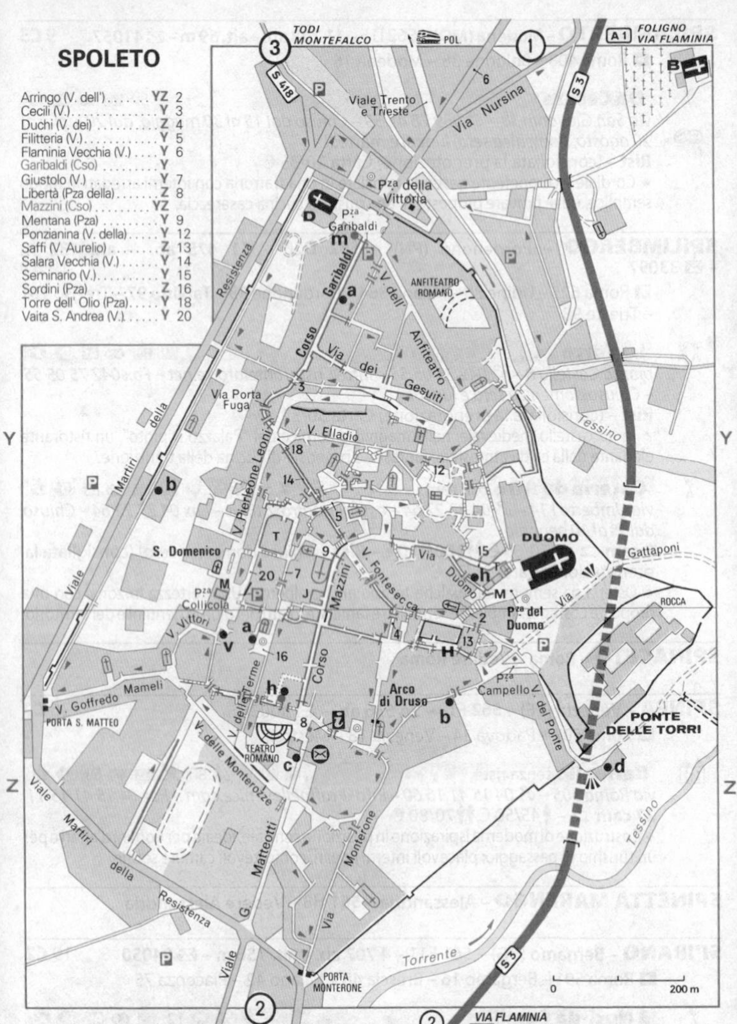

San Luca senza rist — 90, VISA, MC, AE, (D), (S)

via Interna delle Mura 21 – ☎ 07 43 22 33 99 – sanluca@hotelsanluca.com – Fax 07 43 22 38 00 Y **b**

35 cam ☕ – 🛉110/170 € 🛉🛉150/240 € – 1 suite

◆ Una volta conceria, oggi uno dei più bei palazzi della città. Tonalità ocra accompagnano i clienti dalla corte interna alle camere, passando per raffinati saloni e corridoi.

Albornoz Palace Hotel — (riscaldata) & cam, rist, 500, P, VISA, MC, AE, (D), (S)

viale Matteotti, 1 km per ② – ☎ 07 43 22 12 21 – info@albornozpalace.com – Fax 07 43 22 16 00

96 cam – 🛉65/95 € 🛉🛉70/120 €, ☕ 10 € – 2 suites – ½ P 85 € – **Rist** – *(chiuso lunedì)* Carta 27/35 €

◆ Hotel moderno con originali e ampi interni abbelliti da opere di artisti contemporanei; camere eleganti e "artistiche", attrezzato ed apprezzato centro congressi. Spazioso ristorante dove prevalgono le tonalità pastello.

Cavaliere Palace Hotel cam, rist,
corso Garibaldi 49 – ☎ 07 43 22 03 50
– infospoleto@cavalierehotels.com – Fax 07 43 22 45 05 Y **a**
31 cam – 120/170 € 135/300 € – ½ P 93/185 € – **Rist** – Carta 25/36 €
◆ Nella parte bassa della città storica, un palazzo cardinalizio la cui bellezza seicentesca è stata recentemente evidenziata dal restauro. Affascinante terrazza panoramica. Ristorante composto da tre piccole sale decorate con affreschi originali.

Villa Milani senza rist Spoleto e colline,
località Colle Attivoli 4, 2,5 km per viale Matteotti
– ☎ 07 43 22 50 56 – info@villamilani.com – Fax 074 34 98 24 – Chiuso dall' 8 gennaio al 8 febbraio Z
11 cam – 192/304 € 240/380 €
◆ Un tributo all'omonimo architetto che progettò e visse in questa villa eclettica di fine '800. Sontuosi arredi di ogni epoca, giardino all'italiana e passeggiate nel parco.

Gattapone senza rist sul ponte delle torri e Monteluco,
via del Ponte 6 – ☎ 07 43 22 34 47 – info@ hotelgattapone.it – Fax 07 43 22 34 48 40, Z **d**
15 cam – 90/150 € 120/230 €
◆ In posizione tranquilla e dominante, con vista sul ponte delle torri e Monteluco, albergo a gestione affidabile con interni d'ispirazione contemporanea e camere piacevoli.

Dei Duchi rist, 90,
viale Matteotti 4 – ☎ 074 34 45 41 – hotel@hoteldeiduchi.com – Fax 074 34 45 43
48 cam – 75/95 € 110/150 € – 2 suites – ½ P 75/95 € Z **c**
– **Rist** – *(chiuso martedì)* Carta 24/38 €
◆ Nel cuore della città un edificio recente in mattoni: grande e luminosa hall con comodi divani, camere molto spaziose, da poco rinnovate; ideale per uomini d'affari. Dalla grande vetrata del ristorante si gode una bella veduta sulle colline.

Clitunno 40,
piazza Sordini 6 – ☎ 07 43 22 33 40 – info@hotelclitunno.com – Fax 07 43 22 26 63
49 cam – 60/100 € 80/150 € – ½ P 60/95 € Z **a**
Rist *San Lorenzo* – *☎ 07 43 22 18 47 (chiuso martedì)* Carta 27/37 €
◆ Tradizione e modernità, quando espressione del medesimo buon gusto, si esaltano a vicenda: vicino al teatro romano, spunti di design moderno si mescolano ad arredi d'epoca. Al ristorante viene proposta una cucina ricca di estro.

Palazzo Dragoni – Residenza d'epoca senza rist Duomo e dintorni,
via Duomo 13 – ☎ 07 43 22 22 20 25,
– info@palazzodragoni.it – Fax 07 43 22 22 25 Y **h**
15 cam – 100/120 € 125/150 €
◆ Ambiente signorile in un'imponente costruzione del XVI secolo, con bella vista sul Duomo e sui dintorni; piacevoli interni eleganti e camere ben arredate con mobili d'epoca.

Charleston senza rist 50,
piazza Collicola 10 – ☎ 07 43 22 00 52 – info@hotelcharleston.it – Fax 07 43 22 12 44 Z **v**
21 cam – 45/75 € 65/135 €
◆ Nel cuore della cittadina, in un palazzo del 1600 rinnovato, un albergo semplice a conduzione diretta con ambienti di tono signorile e camere rallegrate da nuovi colori.

Palazzo Leti senza rist
via degli Eremiti 10 – ☎ 07 43 22 49 30 – info@palazzoleti.com – Fax 07 43 20 26 23 Z **b**
11 cam – 130/150 € 150/180 € – 1 suite
◆ Regna una raffinata atmosfera in questo palazzo d'epoca arredato con ricercati pezzi antichi nei suoi ambienti e caratterizzato da un giardino-terrazza con vista sui colli.

Aurora
via Apollinare 3 – ☎ 07 43 22 03 15 – info@hotelauroraspoleto.it – Fax 07 43 22 18 85 Z **h**
23 cam – 55/90 €
Rist Apollinare – vedere selezione ristoranti
◆ A pochi passi dalla centralissima via Mazzini, ma lontano dai rumori della strada, hotel a gestione familiare con piacevoli interni e camere interamente rinnovate.

Europa senza rist
viale Trento e Trieste 201, per viale Trento e Trieste – ✆ 074 34 69 49 – europa@hotelspoleto.it – Fax 07 43 22 16 54 Y
23 cam – 45/52 € 62/82 €
◆ In comoda posizione vicino alla stazione, alle porte della località, un albergo con spazi comuni non ampi, ma graziosi e confortevoli; camere funzionali in stile lineare.

Apollinare – Hotel Aurora
via Sant'Agata 14 – ✆ 07 43 22 32 56 – info@ristoranteapollinare.it – Fax 07 43 22 18 85 – Chiuso martedì a mezzogiorno da Pasqua a settembre, tutto il giorno negli altri mesi Z **h**
Rist – Carta 25/38 €
◆ Ambiente elegante e signorile nella sala con pietre e mattoni a vista di un locale del centro storico; gustosa cucina tipica del luogo e qualche piatto di maggior ricerca.

Il Tartufo
piazza Garibaldi 24 – ✆ 074 34 02 36 – truffles@libero.it – Fax 074 34 02 36 – Chiuso dal 10 al 20 febbraio, dal 10 al 20 giugno, domenica sera e lunedì Y **m**
Rist – Carta 29/37 €
◆ Già nel nome l'omaggio al prodotto principe umbro, il tartufo, declinato nelle sue varietà stagionali in piatti della tradizione regionale, talvolta elaborati con creatività.

sulla strada statale 3 - via Flaminia YZ

Il Capanno 60/10,
località Torrecola Sud : 8 km ✉ 06049 – ✆ 074 35 41 19 – info@ilcapannoristorante.it – Fax 07 43 22 50 00 – Chiuso lunedì
Rist – Carta 29/50 €
◆ Sulle colline intorno a Spoleto, locale con grande sala dalle pareti con pietra a vista e camino, che le conferiscono calore e personalità; servizio estivo all'aperto.

Al Palazzaccio-da Piero
località San Giacomo km 134, Nord : 8 km ✉ 06048 San Giacomo di Spoleto – ✆ 07 43 52 01 68 – ristalpalazzaccio@libero.it – Fax 07 43 52 08 45 – Chiuso Natale e lunedì
Rist – Carta 22/35 €
◆ Un accogliente angolo familiare e una meta gastronomica ormai più che trentennale per una sosta amichevole in compagnia; gustosi piatti locali e specialità al tartufo.

a Pompagnano Sud-Ovest : 4 km – ✉ 06049 – Spoleto

Agriturismo Convento di Agghielli ← monti e campagna,
frazione Pompagnano 30,
– ✆ 07 43 22 50 10 – info@agghielli.it – Fax 07 43 22 50 10
10 cam – 90/110 € 120/150 € – 6 suites – 160/250 € – ½ P 83/98 €
Rist – *(chiuso a mezzogiorno escluso sabato-domenica e giorni festivi)* Carta 33/41 €
◆ Immerso in una verde oasi di pace, un antico convento del 1200, ora divenuto agriturismo di classe, offre splendide e ampie suite curate con arredi in piacevole stile country.

a Madonna di Baiano per ③ : 7 km :– ✉ 06049 – Baiano di Spoleto

San Sebastiano in Spoleto
via Acquasparta 4 – ✆ 07 43 53 98 05 – albergosansebastiano@libero.it – Fax 07 43 53 99 61
12 cam – 40/50 € 70/90 € – 1 suite – ½ P 60/80 € – **Rist** – (solo per alloggiati) Carta 35/45 €
◆ Residenza di campagna con arredi d'epoca in un antico mulino ristrutturato con cura, immerso nella quiete della campagna; saletta con piccola biblioteca e camere spaziose.

a Poreta per ① : 11 km – ✉ 06049 – Spoleto

Castello di Poreta – Country House ← vallata, rist,
– ✆ 07 43 27 58 10 – castellodiporeta@seeumbria.com – Fax 07 43 27 01 75 rist,
8 cam – 90 € 100/115 € – ½ P 75/88 € – **Rist** – *(chiuso lunedì e a mezzogiorno escluso domenica)* Carta 29/45 €
◆ All'interno dei resti quattrocenteschi delle mura di un castello, con chiesa del '700, bella struttura in stile rustico di taglio moderno, per un soggiorno nella natura. D'inverno si cena davanti al camino, d'estate sulla terrazza panoramica.

SPOLTORE – Pescara (PE) – 563 O24 – **16 295 ab. – alt. 105 m** – ✉ **65010** 1 **B1**

Roma 212 – Pescara 8 – Chieti 13 – L'Aquila 105 – Terano 58

Montinope ≤ colline e dintorni, 150, VISA AE
via Montinope 1 – ☎ 08 54 96 28 36 – montinope@tiscali.it – Fax 08 54 96 21 43
18 cam – 113 € 165 € – 2 suites – ½ P 102/138 € – **Rist** – *(chiuso domenica sera e lunedì a mezzogiorno)* Carta 34/46 €
◆ Elegante e accogliente struttura in bella posizione tranquilla e panoramica: piacevoli gli interni d'ispirazione contemporanea ben arredati, belle camere confortevoli. La cura riposta nel ristorante è senz'altro notevole.

SPOTORNO – Savona (SV) – 561 J7 – **3 957 ab.** – ✉ **17028** 14 **B2**

Roma 560 – Genova 61 – Cuneo 105 – Imperia 61 – Milano 184 – Savona 15

piazza Matteotti 6 ☎ 019 7415008, spotorno@inforiviera.it, Fax 019 7415811

Villa Imperiale ≤ mare, cam, VISA
via Aurelia 47 – ☎ 019 74 51 22 – info@villaimperiale.it – Fax 019 74 77 59
17 cam – 72/98 € 120/164 € – 9 suites – ½ P 85/127 €
Rist *Torredimare* – *(chiuso martedì da novembre a febbraio)* Carta 30/61 €
◆ Villa anni '30 interamente ristrutturata, in pieno centro lungo la passeggiata. Camere ampie, spesso personalizzate, buona distribuzione di spazi comuni. Piacevole ristorante con ingresso indipendente, buona cucina ligure.

Acqua Novella ≤ mare, costa e isola di Bergeggi,
via Acqua Novella 1, Est : 1 km 150, VISA AE
– ☎ 019 74 16 65 – info@acquanovella.it – Fax 019 74 16 61 55 – Marzo-ottobre
46 cam – 140/200 € – ½ P 98/128 € – **Rist** – Carta 30/48 €
◆ In posizione elevata con vista panoramica, hotel recente dagli ambienti luminosi e curati. Camere solari, impreziosite da belle ceramiche. Ristorante con grandi vetrate e vista a perdita d'occhio.

Tirreno ≤ rist, 50, VISA AE
via Aurelia 2 – ☎ 019 74 51 06 – info@hotel-tirreno.it – Fax 019 74 50 61 – Chiuso dal 31 ottobre al 21 dicembre
48 cam – 70/130 € 100/220 € – 5 suites – ½ P 58/120 €
Rist – Menu 30/50 €
◆ Valida gestione diretta e ambiente signorile in un albergo piacevolmente ubicato sulla spiaggia e non lontano dal centro; luminosi spazi comuni, camere in stile lineare. Allegra sala da pranzo per un pasto rigenerante dopo una dinamica giornata di mare.

Premuda ≤ VISA AE
piazza Rizzo 10 – ☎ 019 74 51 57 – info@hotelpremuda.it – Fax 019 74 74 16 – Pasqua-4 novembre
21 cam – 75/125 € – **Rist** – *(maggio-settembre; chiuso la sera)* Carta 25/34 €
◆ Un dancing degli anni '30 divenuto ora un piccolo albergo ordinato e ben gestito, in bella posizione in riva al mare; piacevoli e "freschi" interni, camere lineari. Ariosa sala da pranzo resa luminosa dalle ampie vetrate che si aprono sulla spiaggia.

Ligure ≤ cam, rist, VISA AE
piazza della Vittoria 1 – ☎ 019 74 51 18 – info@hotelliguresspotorno.it – Fax 019 74 51 10 – Marzo-novembre
32 cam – 88/100 € 90/105 €, 10 € – ½ P 68/83 €
Rist – Carta 28/37 €
◆ In riva al mare e in pieno centro, hotel a conduzione diretta con camere luminose. Recentemente ristrutturato per intero, presenta arredi classici in legno chiaro. La sala ristorante si affaccia direttamente sulla piazza principale.

Riviera 80, VISA AE
via Berninzoni 24 – ☎ 019 74 53 20 – info@rivierahotel.it – Fax 019 74 77 82
50 cam – 45/85 € 60/110 € – ½ P 45/85 € – **Rist** – Carta 32/40 €
◆ Hotel ben tenuto, ristrutturato negli ultimi anni: gradevoli spazi esterni con giardino e piscina, accoglienti interni di moderna concezione, camere confortevoli. Capiente sala ristorante ornata in modo semplice; proposte gastronomiche del territorio.

XX **Al Cambio**

via XXV Aprile 72 – ✆ 01 97 41 55 37 – Chiuso tre settimane in febbraio, giovedì e venerdì a mezzogiorno

Rist – Carta 40/73 €

♦ A pochi passi dalla passeggiata, il locale propone la tradizione gastronomica ligure rielaborata in una sfiziosa cucina mediterranea.

STAFFOLI – Pisa (PI) – 563 K14 – **alt. 28 m** – ✉ **56020** 28 **B1**

Roma 312 – Firenze 52 – Pisa 36 – Livorno 46 – Pistoia 33 – Siena 85

XX **Da Beppe** 20/25,

via Livornese 35/37 – ✆ 057 13 70 02 – info@beppeidea.it – Fax 057 12 13 26 – Chiuso dal 16 al 30 agosto e lunedì

Rist – Carta 65/90 €

♦ In passato era una trattoria di tradizione, ora un moderno ristorante che ha il suo punto di forza nei piatti di pesce, preparati con estro e presentati con notevole fantasia.

STALLAVENA – **Verona** – 562 F14 – **Vedere Grezzana**

STAVA – **Trento** – 562 D16 – **Vedere Tesero**

STEGONA = STEGEN – Bolzano – 562 B17 – **Vedere Brunico**

Dormire con tutti i comfort a prezzo contenuto?
Cercate i Bib Hotel .

STEINEGG = Collepietra

STELLANELLO – Savona (SV) – 561 K6 – **732 ab.** – **alt. 141 m** – ✉ **17020** 14 **A2**

Roma 606 – Imperia 23 – Genova 110 – Savona 62 – Ventimiglia 68

X **Antico Borgo**

località Ciccioni Ovest : 2,5 km – ✆ 01 82 66 80 51 – Chiuso lunedì

Rist – Carta 18/30 €

♦ Ambiente familiare in una semplice locanda dell'entroterra ligure: sala lineare con un grande camino e parete divisoria ad archi dove gustare piatti di cucina del luogo.

STENICO – Trento (TN) – 562 D14 – **1 089 ab.** – **alt. 660 m** – ✉ **38070** 30 **B3**

Roma 603 – Trento 31 – Brescia 103 – Milano 194 – Riva del Garda 29

a Villa Banale Est : 3 km – ✉ **38070**

Alpino

via Leone Salvini 1 – ✆ 04 65 70 14 59 – info@hotalpino.it – Fax 04 65 70 25 99 – Aprile-ottobre

33 cam – †36/41 € ††63/68 € – ½ P 43/54 € – **Rist** – Menu 17/20 €

♦ In posizione tranquilla vicino alla Terme di Comano, l'hotel garantisce un soggiorno di relax a contatto con la natura nei suoi ampi spazi arredati nello stile montano. Classica e luminosa l'ampia sala da pranzo arredata nelle tinte del rosa, dove assaporare la tradizionale cucina regionale.

STERZING = Vipiteno

STILFSER JOCH = Stelvio Passo dello

STINTINO – **Sassari** – **Vedere Sardegna alla fine dell'elenco alfabetico**

STORO – Trento (TN) – 562 E13 – 4 500 ab. – alt. 409 m – ✉ 38089 30 A3

Roma 601 – Brescia 64 – Trento 65 – Verona 115

a Lodrone Sud-Ovest : 5,5 km – ✉ 38089

Castel Lodron 200, VISA AE

via 24 Maggio 41 – ✆ 04 65 68 50 02 – info@hotelcastellodron.it – Fax 04 65 68 54 25

41 cam – ††70/90 € – ½ P 45/50 € – **Rist** – Carta 18/26 €

◆ Cortese ospitalità in un albergo in fase di rinnovo, con un rigoglioso giardino; godibile centro benessere e camere classiche e ben tenute. Classica, capiente sala da pranzo, arredata in modo semplice; ampio salone banchetti.

STRADA IN CHIANTI – Firenze – 563 L15 – Vedere Greve in Chianti

STRADELLA – Pavia (PV) – 561 G9 – 10 799 ab. – alt. 101 m – ✉ 27049 16 B3

Roma 547 – Piacenza 37 – Alessandria 62 – Genova 116 – Milano 59 – Pavia 21

corso XXVI Aprile 13 ✆ 0385 245912

Italia 60, VISA AE

via Mazzini 4 – ✆ 03 85 24 51 78 – info@hotelitalia.ws – Fax 03 85 24 08 47

30 cam – †52/65 € ††70/85 €, 5 € – ½ P 54/64 € – **Rist** – *(chiuso mercoledì)* Carta 20/35 €

◆ Classico hotel ideale per una clientela d'affari: accogliente area ricevimento dove prevale l'uso del legno e camere di semplice funzionalità. Al ristorante un menù con i piatti della cucina pavese.

STREGNA – Udine (UD) – 562 D22 – 443 ab. – alt. 404 m – ✉ 33040 11 C2

Roma 659 – Udine 29 – Gorizia 43 – Tarvisio 84 – Trieste 82

Sale e Pepe 20, VISA AE

via Capoluogo 19 – ✆ 04 32 72 41 18 – alsalepepe@libero.it – Fax 04 32 72 40 81 – Chiuso martedì, mercoledì e a mezzogiorno (escluso sabato e domenica)

Rist – Carta 25/30 €

◆ Bella e accogliente trattoria ubicata nel centro della località, caratterizzata da una gestione volenterosa e davvero appassionata. Cucina con aperture mitteleuropee.

STRESA – Verbano-Cusio-Ossala (VB) – 561 E7 – 4 919 ab. – alt. 200 m – Sport invernali : *a Mottarone: 803/1 492 m* 2 6 – ✉ 28838 *Italia* 24 A1

Roma 657 – Brig 108 – Como 75 – Locarno 55 – Milano 80 – Novara 56 – Torino 134

piazza Marconi 16 ✆ 0323 30150, stresa@distrettolaghi.it, Fax 0323 32561

Iles Borromeés Brovello Carpugnino, località Motta Rossa, ✆ 0323 92 92 85 ;

Alpino di Stresa, a Vezzo, ✆ 0323 206 42.

Cornice pittoresca★★ – Villa Pallavicino★ Y

Isole Borromee★★★ : giro turistico da 5 a 30 mn di battello – Mottarone★★★ O : 29 km (strada di Armeno) o 18 km (strada panoramica di Alpino, a pedaggio da Alpino) o 15 mn di funivia Y

Pianta pagina seguente

Grand Hotel des Iles Borromées rist, 250, VISA AE

lungolago Umberto I 67 – ✆ 03 23 93 89 38 – borromees@borromees.it – Fax 032 33 24 05 Y w

179 cam – †262/311 € ††311/410 € – 15 suites – ½ P 209/258 €

Rist *Il Borromeo* – Carta 55/83 €

◆ Abbracciato dal verde del parco e affacciato sul lago, un maestoso palazzo carico di fascino ospita ambienti lussuosi arredati nelle preziose tinte porpora, oro e indaco. Il ristorante delizia prima gli occhi, con lo sfarzo delle stoffe e dei lampadari, poi il palato grazie alla prelibata cucina dai sapori ricercati.

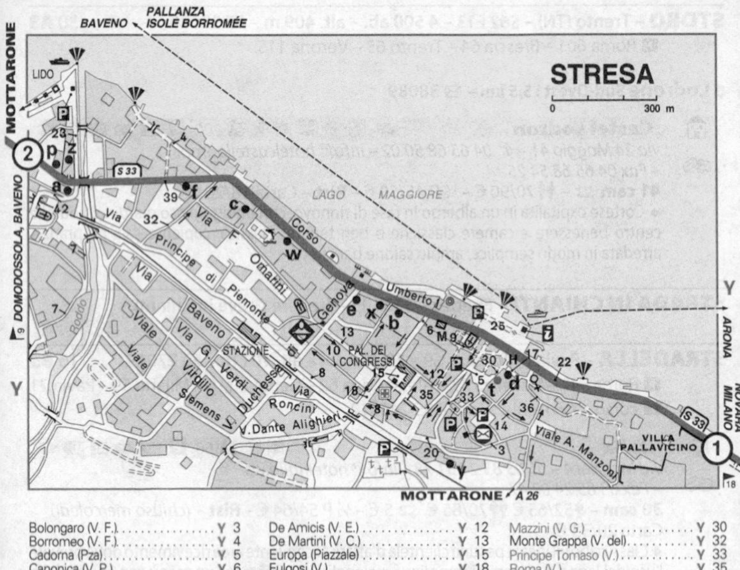

Bolongaro (V. F.)	Y 3	De Amicis (V. E.)	Y 12	Mazzini (V. G.)	Y 30
Borromeo (V. F.)	Y 4	De Martini (V. C.)	Y 13	Monte Grappa (V. del)	Y 32
Cadorna (Pza)	Y 5	Europa (Piazzale)	Y 15	Principe Tomaso (V.)	Y 33
Canonica (V. P.)	Y 6	Fulgosi (V.)	Y 18	Roma (V.)	Y 35
Cardinale F. Borromeo (V.)	Y 7	Garibaldi (V. G.)	Y 17	Rosmini (V. A.)	Y 36
Carducci (V. G.)	Y 8	Gignous (V.)	Y 20	Sempione (Strada statale del)	Y 39
Cavour (V.)	Y 9	Italia (Cso)	Y 22		
D'Azeglio (V. M.)	Y 10	Lido (Viale)	Y 23		
Devit (V.)	Y 14	Marconi (Pza)	Y 25	Volta (V. A.)	Y 42

Grand Hotel Bristol
< Isole Borromee,
lungolago Umberto I 73/75 270,
– ☎ 032 33 26 01 – info@grandhotelbristol.com – Fax 032 33 36 22
– Aprile-ottobre Y c

250 cam – †130/280 € ††165/400 €, ☐ 26 € – 10 suites – ½ P 135/280 €

Rist – Carta 32/95 €

◆ Una conduzione professionale per questo hotel dagli interni arredati con pezzi antichi, lampadari di cristallo e cupole in vetro policromo e nel parco una piscina riscaldata. Affacciata sulle Isole Borromee, la sontuosa sala ristorante propone una carta moderna, ricca di specialità regionali.

Regina Palace
< isole Borromee, (riscaldata)
lungolago Umberto I 33 1000,
– ☎ 03 23 93 69 36 – sales@regina-palace.it – Fax 03 23 93 66 66 – Chiuso dal 21 dicembre al 15 marzo Y b

163 cam ☐ – †240 € ††340 € – 7 suites – ½ P 240 €

Rist – Menu 39 €

Rist *Charleston* – *(chiuso a mezzogiorno)* Carta 51/75 €

◆ In un edificio del primo '900 circondato dal verde, un hotel a forte vocazione congressuale con eleganti spazi arredati in stile, sale conferenza, campi da gioco e piscina. In un'ampia sala da pranzo arredata in tinte dorate, la sapiente cucina moderna. Tavoli rotondi ed un'atmosfera di classe al ristorante Charleston.

La Palma
< isole Borromee e monti, (riscaldata) cam,
lungolago Umberto I rist, 230,
33 – ☎ 032 33 24 01 – info@hlapalma.it – Fax 03 23 93 39 30 – Chiuso gennaio

118 cam ☐ – †150/175 € ††180/235 € – 2 suites – ½ P 110/135 € Y e

Rist – Carta 40/52 €

◆ Sita sul lungolago, la risorsa vanta una gestione attenta, ampie camere signorili e comodi spazi comuni, mentre in una palazzina autonoma è ospitata la zona congressuale. L'accogliente ed intima sala ristorante, propone menù di alta cucina italiana e internazionale ed è disponibile anche per allestire banchetti.

Villa Aminta ≤ isole Borromee, (riscaldata)
strada statale del Sempione 123, per ② : 1,5 km – ✆ *03 23 93 38 18* – *villa-aminta@villa-aminta.it* – *Fax 03 23 93 39 55* – *Marzo-ottobre*
cam, 100,
61 cam – †195/264 € ††264/354 €, ☐ 22 € – 5 suites – ½ P 248 €
Rist – Carta 56/80 €
Rist *I Mori* – Carta 62/90 €
♦ Abbracciata dal verde e dal lago, l'elegante villa custodisce spazi dall'arredo attento e ricercato e dispone di una terrazza con piscina. Al ristorante, specchi e arazzi alle pareti ed un candido tovagliato arricchito da un floreale centrotavola. Nella colorata sala "Y Mori", la gastronomia italiana e business brunch.

Astoria ≤ isole Borromee, (riscaldata) rist, 60,
lungolago Umberto I 31 – ✆ *032 33 25 66* – *h.astoria@stresa.net* – *Fax 03 23 93 37 85* – *30 marzo-27 ottobre* Y **x**
91 cam ☐ – †152 € ††220 € – ½ P 125 € – **Rist** – Menu 26 €
♦ Un albergo moderno situato sul lungolago, dispone di ampi spazi, un luminoso soggiorno, un rilassante e fiorito giardino con piscina e snack bar ed un roof garden con solarium. Affacciato sul lago, un ristorante dall'arredo semplice e moderno dove gustare una sapiente cucina regionale di stampo moderno.

Royal
strada statale del Sempione 22 – ✆ *032 33 27 77* – *info@hotelroyalstresa.com* – *Fax 032 33 36 33* – *Aprile-ottobre* Y **z**
72 cam – †78/100 € ††100/140 €, ☐ 13 € – ½ P 70/100 € – **Rist** – Menu 20/30 €
♦ In posizione tranquilla nella cornice del Lago Maggiore, la risorsa offre spazi moderni e confortevoli, una rilassante sala lettura, ampi spazi verdi ed una terrazza solarium. Nella sala ristorante illuminata da ampie vetrate panoramiche, i sapori della cucina tradizionale.

Della Torre cam, rist,
strada statale del Sempione 45 – ✆ *032 33 25 55* – *dellatorre@stresa.net* – *Fax 032 33 11 75* – *Marzo-ottobre* Y **a**
64 cam – †53/95 € ††80/130 €, ☐ 11 € – ½ P 55/95 € – **Rist** – Menu 20/50 €
♦ Poco distante dall'imbarcadero per le Isole Borromee, l'accogliente risorsa dispone di semplici spazi modernamente arredati con mobili in legno ed un giardino con piscina. Nella spaziosa sala ristorante potrete gustare la tradizionale cucina mediterranea e sapori internazionali.

Du Parc senza rist
via Gignous 1 – ✆ *032 33 03 35* – *info@duparc.it* – *Fax 032 33 35 96* – *Pasqua-15 ottobre* Y **y**
21 cam – †90 € ††120 €, ☐ 9 €
♦ Avvolta da una rilassante cornice verde, una villa d'epoca dagli ambienti signorili ed accoglienti arredati in tinte turchesi e piacevoli spazi per il relax.

Flora (riscaldata)
strada statale del Sempione 26 – ✆ *032 33 05 24* – *info@hotelstresa.net* – *Fax 032 33 33 72* – *15 marzo-3 novembre* Y **p**
32 cam – †60/85 € ††75/115 €, ☐ 10 € – ½ P 60/90 € – **Rist** – Carta 20/41 €
♦ A pochi minuti dal centro della località, l'hotel è stato recentemente ristrutturato ed ampliato e dispone di nuove e moderne camere, nonchè di una piccola piscina. Nella sobria sala da pranzo una cucina raffinata e fantasiosa, mentre d'estate è possibile anche il servizio in giardino.

Saini senza rist
via Garibaldi 10 – ✆ *03 23 93 45 19* – *info@hotelsaini.it* – *Fax 032 33 11 69*
14 cam ☐ – †58/78 € ††69/94 € Y **d**
♦ Un piccolo meuble tra le caratteristiche stradine del centro storico dispone di pochi spazi comui dalle pareti con piete a vista e calde camere moderne con arredi in legno.

La Fontana senza rist
strada statale del Sempione 1 – ✆ *032 33 27 07* – *direzione@lafontanehotel.com* – *Fax 032 33 27 08* – *Chiuso dicembre e gennaio* Y **f**
20 cam – †65/70 € ††75/80 €, ☐ 9 €
♦ Una piccola e graziosa villa degli anni '40 immersa in un rigoglioso parco, dispone di camere semplici e confortevoli spazi comuni dove sostare per rilassarsi o conversare.

XX **Piemontese**
via Mazzini 25 – ✆ 032 33 02 35 – info@ristorantepiemontese.com – Fax 032 33 02 35 – Chiuso dicembre, gennaio, lunedì e da ottobre a marzo anche domenica sera Y t
Rist – Carta 41/53 €
◆ Sito nel cuore della località, una raccolta sala ristorante personalizzata da alcuni quadri a pastello alle pareti: una piacevole atmosfera dove gustare pietanze regionali.

a Vedasco Sud : 2,5 km – ✉ 28838 – Stresa

X **Vecchio Tram** ≤ lago,
via per Vedasco 20 – ✆ 032 33 17 57 – osteria@vecchiotram.net – Chiuso tre settimane in febbraio, martedì e a mezzogiorno (escluso sabato e domenica) da novembre a marzo
Rist – Carta 32/51 €
◆ Alle spalle di Stresa, la trattoria consta di una raccolta e rustica sala interna e di un dehors più spazioso dove gustare una curata cucina che si ispira alle nuove tendenze.

STROMBOLI (Isola) – **Messina** – 565 K27 – **Vedere Sicilia (Eolie, isole) alla fine dell'elenco alfabetico**

STRONCONE – Terni (TR) – 563 O20 – **alt. 451 m** – ✉ **05039** 33 **C3**
Roma 112 – Terni 12 – Rieti 45

La Porta del Tempo senza rist
via del Sacramento 2 – ✆ 07 44 60 81 90 – info@portadeltempo.com – Fax 07 44 60 90 61
8 cam – 50/70 € 70/120 €
◆ In un palazzo antico nel cuore del borgo medievale, una piccola locanda a gestione familiare dall'atmosfera calda e raccolta; camere tutte diverse, arredate con gusto.

XX **Taverna de Porta Nova**
via Porta Nova 1 – ✆ 074 46 04 96 – Fax 07 44 60 72 53 – Chiuso una settimana in gennaio, dal 1° al 15 agosto, mercoledì e a mezzogiorno escluso i giorni festivi
Rist – Carta 26/36 €
◆ All'interno di un ex convento quattrocentesco, un locale con quattro salette dall'ambiente rustico di tono signorile, dove provare cucina del territorio e carne alla brace.

STROVE – **Siena** – 563 L15 – **Vedere Monteriggioni**

SUBBIANO – Arezzo (AR) – 563 L17 – **5 748 ab.** – **alt. 266 m** – ✉ **52010** 29 **D2**
Roma 224 – Rimini 131 – Siena 75 – Arezzo 15 – Firenze 90 – Gubbio 96 – Perugia 87

Relais Torre Santa Flora ≤
località Il Palazzo 169, Sud-Est : 3 km – ✆ 05 75 42 10 45 – info@santaflora.it – Fax 05 75 48 96 07
15 cam – 90 € 110/130 € – 1 suite – ½ P 90 € – **Rist** – *(chiuso domenica e lunedì da ottobre ad aprile)* Carta 37/45 €
◆ Residenza di campagna seicentesca immersa nel verde: calda atmosfera negli splendidi interni in elegante stile rustico di taglio moderno, piacevoli camere accoglienti. Cucina toscana, quattro salette con soffitti in mattoni o con travi di legno a vista.

XX **La Corte dell'Oca** con cam
viale Europa 16 – ✆ 05 75 42 13 36 – info@cortedelloca.it – Fax 05 75 42 04 12
13 cam – 47 € 62 €, 4 € – ½ P 62 € – **Rist** – Carta 27/35 €
◆ Tra tortellini e bolliti si è avverato un sogno, quello del titolare, che ha raccolto oggetti, riviste e suppellettili degli anni '50 per ricreare un'atmosfera da amarcord. Tutte diverse tra loro, le camere si affacciano sul cortile o sul borgo.

SU GOLOGONE – **Nuoro** – 566 G10 – **Vedere Sardegna (Oliena) alla fine dell'elenco alfabetico**

SULDEN = **Solda**

SULMONA – L'Aquila (AQ) – 563 P23 – **25 345 ab.** – **alt. 375 m** – ✉ **67039**
Italia 1 **B2**

Roma 154 – Pescara 73 – L'Aquila 73 – Avezzano 57 – Chieti 62 – Isernia 76 – Napoli 186

corso Ovidio 208 ☎ 0864 53276, iatsulmona@abruzzoturismo.it, Fax 0864 53276

Palazzo dell'Annunziata★★ – Porta Napoli★

Itinerario nel Massiccio degli Abruzzi★★★

Gino
piazza Plebiscito 12 – ☎ 086 45 22 89 – marcoallega@virgilio.it – Fax 086 45 40 26 – Chiuso domenica e la sera
Rist – Carta 26/40 €
◆ Nei locali di un antico palazzo del centro, un tempo adibito alla produzione vinicola, un ristorante a tradizione familiare: bianca sala con volte in pietra, cucina locale.

sulla strada statale 17 Nord-Ovest : 3,5 km :

Santacroce 120,
✉ 67039 – ☎ 08 64 25 16 96 – meeting@arc.it – Fax 08 64 25 16 96
78 cam – †60 € ††81 €, ☕ 5 € – ½ P 60 € – **Rist** – *(chiuso dal 1° al 10 novembre e venerdì)* Carta 23/38 €
◆ Nella zona industriale della città, bianca struttura con un verde giardino; luminosi spazi interni di moderna concezione, confortevoli camere nelle tonalità del verde. Proposte culinarie che vanno dal locale all'internazionale.

SULZANO – Brescia (BS) – 561 E12 – **1 475 ab.** – **alt. 205 m** – ✉ **25058** 19 **D1**

Roma 586 – Brescia 33 – Bergamo 56 – Cremona 76 – Milano 102

Afilod'acqua
via Cesare Battisti 9, località Vertine – ☎ 33 87 41 63 90 – luisa.franceschetti@tin.it – Chiuso gennaio
Rist – (consigliata la prenotazione) Carta 44/64 €
◆ Palazzina sul lago, sapientemente ristrutturata per ospitare un locale gradevole, intimo e raccolto, gestito da una coppia appassionata. Cucina stagionale di gusto moderno.

SUNA – Verbania – 561 E7 – **Vedere Verbania**

SUPERGA – Torino – **alt. 670 m**

Basilica★ : ≤★★★, tombe reali★

SUSA – Torino (TO) – 561 G3 – **6 633 ab.** – **alt. 503 m** – ✉ **10059** 22 **B2**

Roma 718 – Briançon 55 – Milano 190 – Col du Mont Cenis 30 – Torino 53

Porta d'Italia Frazione San Giuliano ☎ 0122 623866, info@montagnedoc.it, Fax 0122 628882

Napoleon senza rist 80,
via Mazzini 44 – ☎ 01 22 62 28 55 – hotelnapoleon@hotelnapoleon.it – Fax 012 23 19 00
62 cam ☕ – †70 € ††95 €
◆ Nel cuore della località, l'hotel vanta una gestione familiare e dispone di moderne camere arredate nelle tinte del rosa nonchè di spazi per lettura, conversazioni e riunioni.

SUSEGANA – Treviso (TV) – 562 E18 – **11 193 ab.** – **alt. 77 m** – ✉ **31058** 36 **C2**

Roma 572 – Belluno 57 – Trento 143 – Treviso 22

Agriturismo Maso di Villa senza rist
via Col di Guarda 15, località Collalto Nord-Ovest : 5 km – ☎ 04 38 84 14 14 – info@masodivilla.it – Fax 04 38 98 17 42
6 cam ☕ – †105 € ††120/160 €
◆ Incantevole posizione collinare tra i vigneti, casa colonica di inizio '900 restaurata con gusto e materiali d'epoca e arricchita da decorazioni in legno di un artista umbro.

sulla strada provinciale Conegliano-Pieve di Soligo Nord : 3 km :

La Vigna 15/20, VISA AE
via Val Monte 7, località Crevada – 043 86 24 30 – info@ristorantelavigna.com – Fax 04 38 65 68 50 – Chiuso domenica sera e lunedì
Rist – Carta 21/30 €
♦ In collina, circondata dal verde, struttura di nuova creazione che ricorda un casolare di campagna, ma con interni d'ispirazione contemporanea; piatti del luogo.

SUTRI – Viterbo (VT) – 563 P18 – 5 482 ab. – alt. 270 m – ✉ 01015 12 B1

Roma 52 – Viterbo 31 – Civitavecchia 60 – Terni 76
Le Querce, località san Martino, 0761 60 07 89.

sulla strada statale Cassia al km 46,700 Est : 3 Km :

Il Borgo di Sutri cam, VISA AE
località Mezzaroma Nuova km 46,700 ✉ 01015 – 07 61 60 86 90 – info@ilborgodisutri.it – Fax 07 61 60 83 08
21 cam – 116 € 140 € – ½ P 95 € – **Rist** – *(chiuso lunedì sera e martedì)* Carta 39/52 €
♦ In zona tranquilla, non lontano da un campo di golf, ampi spazi esterni verdi, interni caldi e accoglienti e camere eleganti, con mobili in massello e tappeti persiani. Ristorante di grande capienza, cucina tradizionale stagionale.

SUTRIO – Udine (UD) – 562 C20 – 1 394 ab. – alt. 572 m – ✉ 33020 10 B1

Roma 690 – Udine 63 – Lienz 61 – Villach 104

Alle Trote VISA AE
via Peschiera, frazione Noiaris Sud : 1 km – 04 33 77 83 29 – alletrote@tiscalinet.it – Chiuso due settimane in marzo, tre settimane in ottobre e martedì escluso luglio e agosto
Rist – Carta 19/25 €
♦ Nei pressi del torrente, un locale a gestione diretta, rinnovato "dalle fondamenta ai soffitti" al fine di accrescere il livello di confort; annesso allevamento di trote.

SUVERETO – Livorno (LI) – 563 M14 – 2 928 ab. – alt. 127 m – ✉ 57028 28 B2

Roma 232 – Grosseto 58 – Livorno 87 – Piombino 27 – Siena 143
(giugno-settembre) via Matteotti 0565 829304, apt7suvereto@costadeglietruschi.it

Agriturismo Bulichella rist, VISA
località Bulichella 131, Sud-Est : 1 km – 05 65 82 98 92 – info@bulichella.it – Fax 05 65 82 95 53
14 cam – 65/75 € 86 € – ½ P 63/68 € – **Rist** – *(chiuso a mezzogiorno)* (solo per alloggiati)
♦ Immersa nel verde delle prime colline toscane, tra vigneti e uliveti, l'azienda agricola biologica offre ospitalità in camere confortevoli e tranquillissime.

Eno-Oliteca Ombrone 16, VISA AE
piazza dei Giudici 1 – 05 65 82 93 36 – ristoranteombrone@virgilio.it – Fax 05 65 82 73 42 – Chiuso dall'8 gennaio al 28 febbraio, i mezzogiorno di lunedì e martedì in luglio-agosto, anche lunedì sera negli altri mesi
Rist – (consigliata la prenotazione) Carta 45/58 € (+4 %)
♦ Nel centro storico, un ristorante all'interno di un vecchio frantoio del '300, celebre per la sua raccolta di oli da gustare con il pane; cucina tipica del luogo.

SUZZARA – Mantova (MN) – 561 I9 – 18 158 ab. – alt. 20 m – ✉ 46029 17 C3

Roma 453 – Parma 48 – Verona 64 – Cremona 74 – Mantova 21 – Milano 167 – Modena 51 – Reggio nell'Emilia 41

Cavour 16/24, VISA
via Cavour 25 – 03 76 53 12 98 – Fax 03 76 53 12 98 – Chiuso dal 14 al 25 gennaio, dal 10 al 25 luglio e lunedì, da ottobrea maggio anche domenica sera
Rist – Carta 33/40 €
♦ Due sale separate da un corridoio dove accomodarsi a gustare un menù di terra e soprattutto di mare. Giovedì e sabato sera la sala più piccola è adibita anche a piano bar.

TABIANO BAGNI – Parma (PR) – 562 H12 – alt. 162 m – ✉ 43039 — 8 A2

Roma 486 – Parma 31 – Piacenza 57 – Bologna 124 – Fidenza 8 – Milano 110 – Salsomaggiore Terme 5

(aprile-ottobre) viale Fidenza 20/a ✆ 0524 565482 infotabiano@portalesalsomaggiore.it Fax 0524 567533

Grande Hotel Terme Astro

rist, 650,

via Castello 2 – ✆ 05 24 56 55 23 – info@grandhoteltermeastro.it – Fax 05 24 56 54 97

115 cam – 80/90 € 105/170 € – ½ P 72/85 € – **Rist** – Carta 25/55 €

◆ Ai margini di una vasta zona boschiva, un'enorme struttura dotata di un buon reparto cure interno, terrazza solarium con piscina e spazi molto ampi, comprese le camere.

Park Hotel Fantoni

rist,

via Castello 6 – ✆ 05 24 56 51 41 – phfantoni@tin.it – Fax 05 24 56 51 51 – Aprile-novembre

34 cam – 40/70 € 70/100 €, 9 € – ½ P 60/65 € – **Rist** – Carta 25/30 €

◆ In area un po' defilata e già collinare, si apre un giardino con piscina: una parentesi blu nel verde, preludio alla comodità dell'hotel. Ascensore diretto per le terme. Per i pasti anche un angolo grill nel parco, per fresche cenette estive.

Rossini

rist,

via delle Fonti 10 – ✆ 05 24 56 51 73 – hotel.rossini@libero.it – Fax 05 24 56 57 34 – Aprile-novembre

51 cam – 70 € 100 €, 6 € – ½ P 58/65 € – **Rist** – (solo per alloggiati)

◆ Un valido albergo che, nel corso degli anni, ha saputo mantenere alti la qualità e il livello dell'offerta; terrazza solarium con una vasca idromassaggio per più persone.

TALAMONE – Grosseto – 563 O15 – Vedere Fonteblanda

TALENTE – Firenze – Vedere San Casciano in Val di Pesa

TAMBRE – Belluno (BL) – 562 D19 – 1 513 ab. – alt. 922 m – ✉ 32010 – TAMBRE — 36 C1

Roma 613 – Belluno 30 – Cortina d'Ampezzo 83 – Milano 352 – Treviso 73 – Venezia 102

piazza 11 Gennaio 1945 1 ✆ 0437 49277, tambre@infodolomiti.it, Fax 0437 49246

Cansiglio, Sud : 11 km a Pian del Cansiglio, ✆ 0483 58 53 98.

Alle Alpi

via Campei 32 – ✆ 043 74 90 22 – hotel.alpi@libero.it – Fax 04 37 43 96 88 – Chiuso ottobre e novembre

28 cam – 52 € 60 €, 6 € – ½ P 40/56 € – **Rist** – Menu 16/22 €

◆ Fra i boschi, albergo familiare, gestito direttamente dal proprietario, ideale per vacanze riposanti; dispone di camere decorose, in gran parte rimodernate di recente. Ristorante dall'ambiente curato e semplice, come a casa vostra; piatti anche locali.

TAMION – Trento – Vedere Vigo di Fassa

TAORMINA – Messina – 565 N27 – Vedere Sicilia alla fine dell'elenco alfabetico

TARANTO P (TA) – 564 F33 – 199 131 ab. – ✉ 74100 *Italia* — 27 C2

Roma 532 – Brindisi 70 – Bari 94 – Napoli 344

corso Umberto I 113 ✆ 099 4532392, infoaptta@libero.it, Fax 099 4520417

Riva dei Tessali Castellaneta, Ovest : 34 km, ✆ 099 843 18 44.

Museo Nazionale★★ : ceramiche★★★, sala degli ori★★★ – Lungomare Vittorio Emanuele★★ – Giardini Comunali★ – Cappella di San Cataldo★ nel Duomo

Pianta pagina seguente

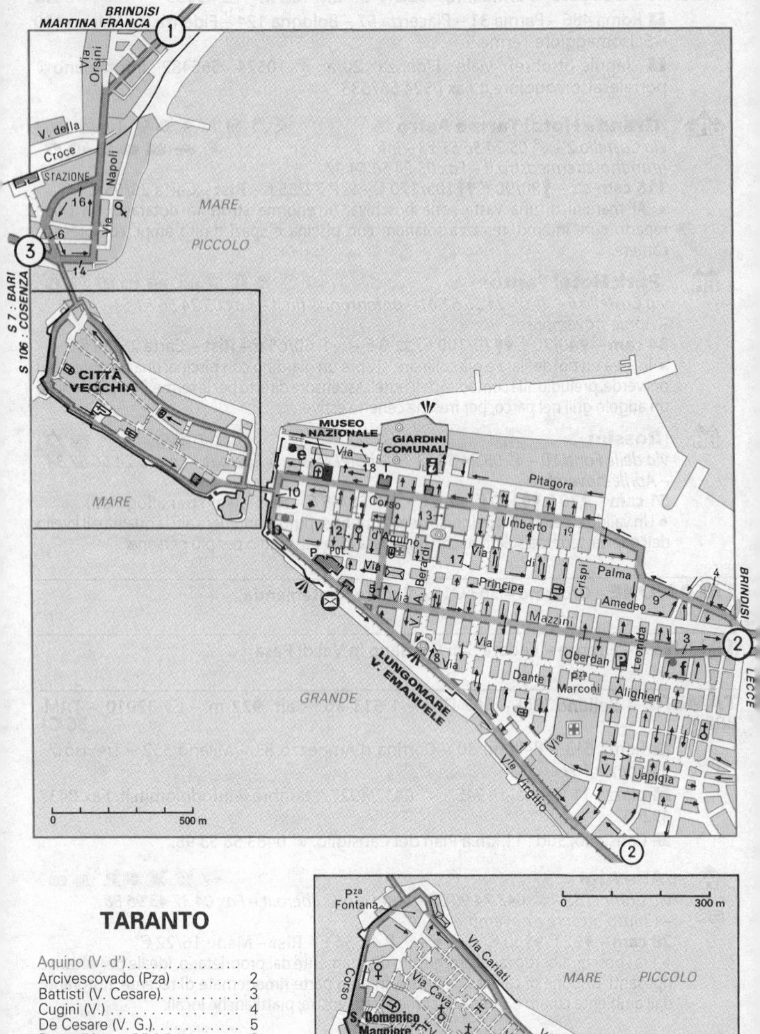

BRINDISI
MARTINA FRANCA
Via Orsini
V. della Croce
STAZIONE
Via Napoli
MARE PICCOLO
S 7 : BARI
S 106 : COSENZA
CITTÀ VECCHIA
MARE
MUSEO NAZIONALE
GIARDINI COMUNALI
Corso Umberto
Pitagora
V. d'Aquino
Via Berardi
Via di Palma
Via Principe Amedeo
Via Mazzini
Crispi
Via Oberdan
Via Dante Alighieri
Pza Marconi
Leonida
LUNGOMARE V. EMANUELE
GRANDE
V.le Virgilio
V. Japigia
BRINDISI
LECCE
0 500 m

TARANTO

Aquino (V. d')	
Arcivescovado (Pza)	2
Battisti (V. Cesare)	3
Cugini (V.)	4
De Cesare (V. G.)	5
Duca d'Aosta (Viale)	6
Ebalia (Pza)	8
Falanto (V.)	9
Mari (Cso due)	10
Massari (V. G.)	12
Mignogna (V. Nicola)	13
Palma (V. di)	
Ponte (Vico del)	14
Porto Mercantile (V.)	16
Pupino (V.)	17
Roma (V.)	18
Vasto (V. del)	19

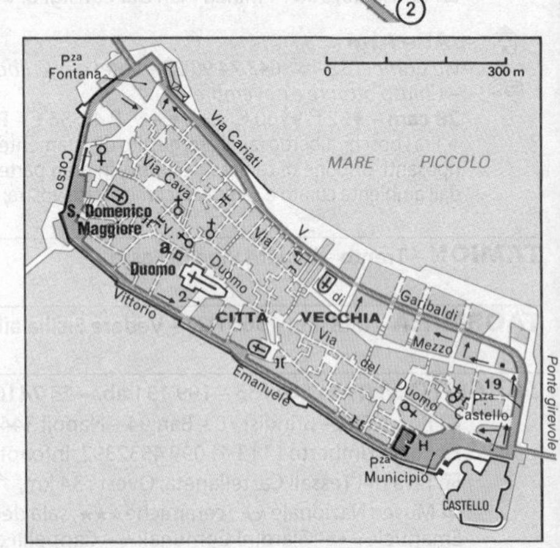

Akropolis
vico I Seminario 3 – ☎ 09 94 70 41 10 – info@hotelakropolis.it – Fax 09 94 70 41 10 a
13 cam – 90 € 130 € – **Rist** – Carta 29/48 €
◆ Il palazzo racconta la storia di Taranto, dalle fondamenta greche agli interventi succedutisi fino all'800. Pavimenti in maiolica del '700, splendida terrazza sui due mari. Elementi d'antiquariato anche nella sala del ristorante.

Europa
via Roma 2 – ☎ 09 94 52 59 94 – info@hoteleuropaonline.it – Fax 09 94 52 59 94 e
42 cam – 70/105 € 110/135 € – 4 suites – **Rist** – Carta 28/41 €
◆ Sul Mar Piccolo con vista su ponte girevole e castello aragonese, funzionale hotel, ex residence, che offre moderne camere molto ampie, spesso sviluppate in due ambienti.

Al Faro mare piccolo e città,
strada vicinale Fonte delle Citrezze 4000, Nord : 1,5 km – ☎ 09 94 71 44 44 – info@alfarotaranto.it – Fax 09 94 71 20 20
18 cam – 100 € 120/140 € – ½ P 90/100 € – **Rist** – Carta 35/52 €
◆ Atipica masseria settecentesca, costruita in riva al mare per l'allevamento dei molluschi. L'attività volge oggi all'ospitalità alberghiera, di ottimo livello in ogni aspetto. Sala ristorante ricavata sotto suggestive volte a crociera.

Il Caffè
via d'Aquino 8 – ☎ 09 94 52 50 97 – Fax 09 94 52 50 97 – Chiuso domenica sera e lunedì a mezzogiorno b
Rist – Carta 20/42 €
◆ Accogliente angolo gourmet in centro città questo ristorante-pizzeria, con sala più informale al pianterreno e una più curata al 1° piano; piatti di cucina marinara.

TARCENTO – Udine (UD) – 562 D21 – 8 857 ab. – alt. 230 m – ✉ 33017 11 C2

Roma 657 – Udine 19 – Milano 396 – Tarvisio 76 – Trieste 90 – Venezia 146

Costantini con cam rist,
via Pontebbana 12, località Collalto Sud-Ovest: 4 km – ☎ 04 32 79 20 04 – prenotazioni@albergocostantini.com – Fax 04 32 79 23 72
22 cam – 55/60 € 65/85 € – ½ P 55 € – **Rist** – *(chiuso domenica sera e lunedì)* Carta 27/49 €
◆ A Collalto, già tappa di sosta per chi dalla Germania si recava in Terrasanta, il signor Eligio prosegue la tradizione dei fratelli Costantini: di cucina e ospitalità.

Al Mulin Vieri
via Dei Molini 10 – ☎ 04 32 78 50 76 – Fax 04 32 79 11 90 – Chiuso una settimana in agosto, lunedì e martedì
Rist – Carta 25/39 €
◆ In riva al fiume Torre, un ristorante con servizio estivo all'aperto, sulla terrazza, talvolta con orchestrine; ambientazione rustico-elegante per piatti friulani doc.

Osteria di Villafredda
via Liruti 7, località Loneriacco Sud : 2 km – ☎ 04 32 79 21 53 – info@villafredda.com – Fax 04 32 79 21 53 – Chiuso gennaio, agosto, domenica sera e lunedì
Rist – Carta 23/38 €
◆ Tranquilla e defilata casa di campagna con servizio estivo in giardino; in un piccolo borgo rurale, antistante una villa padronale, il tipico "fogolar" friulano.

Da Gaspar
via Gaspar 1, località Zomeais Nord : 2,5 km – ☎ 04 32 78 59 50 – Chiuso dal 1° al 10 gennaio, dal 15 giugno al 15 luglio, lunedì e martedì
Rist – Carta 27/41 €
◆ Bella trattoria che gode della vista del fiume; forse non è facile da trovare, ma vi rifarete con una cucina del Friuli che segue il ritmo stagionale e l'estro della cuoca.

TARQUINIA – Viterbo (VT) – 563 P17 – **15 818 ab.** – **alt. 133 m** – ✉ **01016**
Italia 12 **A2**

Roma 96 – Viterbo 45 – Civitavecchia 20 – Grosseto 92 – Orvieto 90

barria San Giusto 23 ☎ 0766 849282, comunetarquinia@tarquinia.net, Fax 0766 849286

, località Marina Velca, ☎ 0766 812109 .

Necropoli Etrusca★★ : pitture★★★ nelle camere funerarie Sud-Est : 4 km – Palazzo Vitelleschi★ : cavalli alati★★★ nel museo Nazionale Tarquiniense★ – Chiesa di Santa Maria in Castello★

Arcadia

via Mazzini 6 – ☎ 07 66 85 55 01 – arcadiaristorante@libero.it – Fax 07 66 85 55 01 – Chiuso gennaio e lunedì (escluso luglio-agosto)

Rist – Carta 23/51 €

◆ In pieno centro, nei pressi del Duomo e del Museo, un'unica sala con soffitto a volte; una giovane coppia sposata, a condurre il locale, e sapori soprattutto di pesce.

a Lido di Tarquinia Sud-Ovest : 6 km – ✉ **01010**

La Torraccia senza rist

viale Mediterraneo 45 – ☎ 07 66 86 43 75 – torraccia@tin.it – Fax 07 66 86 42 96 – Chiuso dicembre e gennaio

18 cam – 🛉55/75 € 🛉🛉75/100 €

◆ Sito in una tranquilla pineta a pochi passi dal mare, l'albergo dispone di camere piccole ma accoglienti ed offre buoni confort sia per i clienti d'affari sia per i turisti.

Gradinoro

lungomare dei Tirreni 17 – ☎ 07 66 86 40 45 – Fax 07 66 86 98 34 – Chiuso la sera (escluso venerdì-sabato) da novembre a febbraio

Rist – Carta 37/70 €

◆ Praticamente "sulla spiaggia", nel contesto di uno stabilimento balneare, un ristorante con vetrate e proposte anche locali, soprattutto marinaresche. E inoltre pizze.

a Marina Velca Ovest : 9 km – ✉ **01016** – **Tarquinia**

Pegaso Palace Hotel 80,

viale Martano snc – ☎ 07 66 81 00 27 – info@hpegaso.it – Fax 07 66 81 07 49

48 cam – 🛉70 € 🛉🛉80/100 € – ½ P 80 € – **Rist** – Carta 24/35 €

◆ Una bella struttura bianca, in stile mediterraneo, pulito, lineare, a pochi metri dal litorale; recente, è dotata di camere spaziose, funzionali, con arredi contemporanei. Sala da pranzo panoramica, con colonne, soffittature moderne e pavimento in cotto.

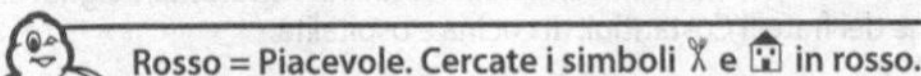
Rosso = Piacevole. Cercate i simboli e in rosso.

TARTANO – Sondrio (SO) – 561 D11 – **240 ab.** – **alt. 1 147 m** – ✉ **23010** 16 **B1**

Roma 695 – Sondrio 34 – Chiavenna 61 – Lecco 77 – Milano 133

La Gran Baita rist,

via Castino 7 – ☎ 03 42 64 50 43 – htl.granbaita@virgilio.it – Fax 03 42 64 53 07 – Chiuso dal 6 al 31 gennaio

34 cam – 🛉35 € 🛉🛉55 € – ½ P 40/43 € – **Rist** – Carta 20/32 €

◆ In Val Tartano, nel Parco delle Orobie, un'oasi di assoluta pace e relax ove potersi godere anche vari servizi naturali per la salute; conduzione familiare e confort. Al ristorante ambiente rustico avvolto dal legno, con vetrate sulla natura.

TARVISIO – Udine (UD) – 562 C22 – **5 055 ab.** – **alt. 754 m** – **Sport invernali :** ***750/1 780 m*** **2** **6,** – ✉ **33018** 11 **C1**

Roma 730 – Udine 95 – Cortina d'Ampezzo 170 – Gorizia 133 – Klagenfurt 67 – Ljubljana 100 – Milano 469

via Roma 10 ☎ 0428 2135, apt@tarvisiano.org, Fax 0428 2972

, ☎ 0428 20 47.

Locanda Edelhof
via Diaz 13 – ☎ 04 28 64 40 25 – info@hoteledelhof.it
– Fax 04 28 64 47 35
16 cam – 70 € 90 € – 1 suite – ½ P 65 € – **Rist** – *(chiuso maggio, giugno, novembre e lunedì)* (consigliata la prenotazione) Carta 27/43 €
♦ Albergo dallo stile originale, ispirato alla zona e creato da una serie di ambienti d'ispirazione tardo gotica. Il confort è invece perfettamente al passo coi tempi. In linea con l'hotel, la sala ristorante è la ricostruzione di una stube d'epoca.

TAUFERS IM MÜNSTERTAL = Tubre

TAVARNELLE VAL DI PESA – Firenze (FI) – 563 L15 – 7 279 ab. – alt. 378 m – ✉ 50028

29 **C2**

Roma 268 – Firenze 29 – Siena 41 – Livorno 92
via Roma 190 ☎ 055 8077832, turismo.tavarnelle@bcc.tin.it, Fax 055 8077832

Castello del Nero
cam, rist, 50,
strada Spicciano 7 – ☎ 055 80 64 70
– reservations@castellodelnero.com – Fax 055 80 64 77 77
50 cam – 660/990 €, 30 € – 18 suites – 1650/3300 € – **Rist** – Carta 60/156 €
♦ In posizione dominante sulle colline, una residenza di campagna di origini duecentesche, dove gli elementi storici si fondono con arredi moderni e accessori d'avanguardia. Sapori tipici toscani interpretati con estro creativo in cucina.

Antica Pieve
strada della Pieve 1 – ☎ 05 58 07 63 14 – info@anticapieve.net
– Fax 05 58 07 65 22
6 cam – 65/90 € 90/120 € – **Rist** – (solo per alloggiati) Carta 15/45 €
♦ Bed and breakfast con camere ben accessoriate e curate. Ristorante per alloggiati e ottimi spazi all'esterno con piscina e giardino. Gestione giovane e motivata.

La Gramola
via delle Fonti 1 – ☎ 05 58 05 03 21 – osteria@gramola.it – Fax 05 58 05 03 21
– Chiuso martedì
Rist – Carta 26/36 €
♦ Doppia sala interna con attrezzi agricoli e cortile per il servizio estivo: leccornie toscane in un'accogliente osteria al centro del paese. Ampia scelta di vini.

in prossimità uscita superstrada Firenze-Siena Nord-Est : 5 km :

Park Hotel Chianti senza rist
località Pontenuovo ✉ 50028 – ☎ 05 58 07 01 06 – info@parkhotelchianti.com
– Fax 05 58 07 01 21 – Chiuso dal 24 dicembre al 7 gennaio
43 cam – 50/85 € 85/122 €
♦ Adiacente alla superstrada Firenze-Siena, ma nel bel mezzo della campagna toscana più tipica, un riferimento ideale per clienti di lavoro o per turisti di passaggio.

a San Donato in Poggio Sud-Est : 7 km – ✉ 50020

La Locanda di Pietracupa con cam e senza
via Madonna di Pietracupa 31 – ☎ 05 58 07 24 00 – info@locandapietracupa.com
– Fax 05 58 07 21 42
5 cam – 60 € – **Rist** – *(chiuso gennaio o febbraio e martedì)* Carta 33/41 €
♦ Ristorante curato con una sala accogliente dall'aspetto rustico, ma con tocchi di eleganza; bel giardino per i pasti estivi. Cucina tradizionale rivisitata.

La Toppa
24,
via del Giglio 43 – ☎ 05 58 07 29 00 – Fax 05 58 07 29 00 – Chiuso dal 7 gennaio all'8 febbraio, lunedì ed in agosto anche a mezzogiorno
Rist – Carta 22/29 €
♦ Piatti toscani, con paste fresche alla romagnola, in un'antica "tinaia" celebre, in loco, per la produzione del Chianti; su un poggio, a cavallo tra Val di Pesa e d'Elsa.

a Badia a Passignano Est : 7 km – ✉ 50028 – Tavarnelle Val di Pesa

XX **Osteria di Passignano**

via Passignano 33 – ✆ 05 58 07 12 78 – marcello.crini@tin.it – Fax 05 58 07 12 78 – Chiuso dall'8 al 31 gennaio, dall'8 al 23 agosto e domenica

Rist – (prenotare) Carta 46/58 €

◆ Incantevole ubicazione: di fianco all'abbazia, nelle cantine fine '800 dei marchesi Antinori; non è da meno la cucina, di stampo moderno con solide radici nella tradizione.

TAVAZZANO CON VILLAVESCO – **Lodi (LO)** – 561 G10 – **5 177 ab.** – **alt. 80 m** – ✉ **26838** 19 **C3**

Roma 543 – Milano 29 – Piacenza 48 – Bergamo 56 – Brescia 74 – Cremona 64 – Pavia 39

Napoleon senza rist

via Garibaldi 34 – ✆ 03 71 76 08 24 – info@hotelnapoleonsrl.191.it – Fax 03 71 76 08 27

26 cam – †75 € ††85/88 €, ☕ 5 €

◆ Piccolo albergo in comoda posizione, tra Lodi e Milano, indicato anche per la clientela fieristica; conduzione familiare e camere spaziose, con arredi moderni.

TAVIANO – **Lecce (LE)** – 564 H36 – **12 604 ab.** – **alt. 55 m** – ✉ **73057** 27 **D3**

Roma 616 – Brindisi 91 – Bari 203 – Lecce 55 – Otranto 60 – Taranto 118

X **A Casa tu Martinu** con cam cam,

via Corsica 97 – ✆ 08 33 91 36 52 – info@acasatumartinu.com – Fax 08 33 91 36 52

11 cam ☕ – ††80/100 € – **Rist** – *(chiuso a mezzogiorno in luglio-agosto e lunedì negli altri mesi)* Carta 22/33 €

◆ Ubicata in un'antica casa privata, una trattoria con due caratteristiche sale dagli arredi semplici e tovaglie a scacchi annovera proposte gastronomiche di sapore regionale. Dispone anche di alcune confortevoli camere dall'arredamento ligneo.

TEGLIO – **Sondrio (SO)** – 561 D12 – **4 714 ab.** – **alt. 856 m** – ✉ **23036** 16 **B1**

Roma 719 – Sondrio 20 – Edolo 37 – Milano 158 – Passo dello Stelvio 76

Combolo rist, 140,

via Roma 5 – ✆ 03 42 78 00 83 – info@hotelcombolo.it – Fax 03 42 78 11 90

44 cam – †50/60 € ††65/78 €, ☕ 6 € – ½ P 50/70 € – **Rist** – *(chiuso martedì escluso da giugno a settembre)* Carta 25/37 €

◆ Hotel dal 1905, da poco ristrutturato, e molto noto in zona, sorge nella piazzetta centrale del paese e offre una piacevole terrazza-giardino; solida la gestione familiare. Rinomate le specialità tipiche, nella sede dell'Accademia dei pizzocheri di Teglio.

TEL = TÖLL – **Bolzano** – **Vedere Parcines**

TELGATE – **Bergamo (BG)** – 561 F11 – **4 504 ab.** – **alt. 181 m** – ✉ **24060** 19 **D1**

Roma 574 – Bergamo 19 – Brescia 32 – Cremona 84 – Milano 67

XX **Il Leone d'Oro** con cam rist,

via Dante Alighieri 17 – ✆ 03 54 42 08 03 – booking@hotelleonedoro.com – Fax 03 54 42 01 98

9 cam ☕ – †50/80 € ††60/100 € – **Rist** – Carta 33/62 €

◆ L'energia e la passione di tre fratelli, aiutati dalle mogli, hanno creato un locale raffinato ove gustare piatti creativi, preparati con prodotti della propria azienda.

TELLARO – **La Spezia** – 561 J11 – **Vedere Lerici**

TEMPIO PAUSANIA – **Sassari** – 566 E9 – **Vedere Sardegna alla fine dell'elenco alfabetico**

TENCAROLA – **Padova** – **Vedere Selvazzano Dentro**

TENNA – Trento (TN) – 562 D15 – **894 ab. – alt. 556 m** – ✉ **38050** 30 **B3**

Roma 607 – Trento 18 – Belluno 93 – Bolzano 79 – Milano 263 – Venezia 144

(giugno-settembre) via Alberè 35 ✆ 0461 706396, Fax 0461 706396

Margherita (riscaldata) rist,

località Pineta Alberè 2, Nord-Ovest : 2 km

– ✆ 04 61 70 64 45 – info@hotelmargherita.it – Fax 04 61 70 78 54 –

15 aprile-ottobre

50 cam – 45/60 € 80/110 € – ½ P 45/65 € – **Rist** – Carta 27/35 €

◆ Nel cuore della pineta di Alberè, l'albergo vanta un ampio parco privato con piscina, campi da tennis e da calcetto e camere classiche arredate in legno di rovere. Nelle luminose sale del ristorante o ai tavoli all'aperto vengono proposti piatti tipici della classica gastronomia regionale.

TEOLO – Padova (PD) – 562 F17 – **8 302 ab. – alt. 175 m** – ✉ **35037** 35 **B3**

Roma 498 – Padova 21 – Abano Terme 14 – Ferrara 83 – Mantova 95 – Milano 240 – Venezia 57

Villa Lussana

via Chiesa 1 – ✆ 04 99 92 55 30 – info@villalussana.com – Fax 04 99 92 55 30 – Chiuso dal 7 al 30 gennaio

11 cam – 60 € 90 € – ½ P 67 € – **Rist** – *(chiuso martedì escluso da giugno a settembre)* Carta 24/35 €

◆ Nella zona centrale della località, ma con un panorama molto bello sui verdi Colli Euganei, una piccola ed elegante villa in stile liberty, tinteggiata in delicato rosa. L'elegante ed intima sala da pranzo offre la vista sul paesaggio circostante e gustosi pasti.

a Castelnuovo Sud-Est : 3 km – ✉ **35038**

Trattoria al Sasso

via Ronco 11 – ✆ 04 99 92 50 73 – Fax 04 99 92 55 59 – Chiuso mercoledì e a mezzogiorno escluso sabato e domenica

Rist – Carta 43/49 €

◆ Potrebbe essere una classica meta delle passeggiate sui colli, con proposte culinarie legate al territorio; semplicità, con un tocco di eleganza, e porzioni abbondanti.

TERAMO (TE) – 563 O23 – **52 696 ab. – alt. 265 m** – ✉ **64100** 1 **B1**

Roma 182 – Ascoli Piceno 39 – Ancona 137 – L'Aquila 66 – Chieti 72 – Pescara 57

via Carducci 11 ✆ 0861 244222, presidio.teramo@abruzzoturismo.it, Fax 0861 244357

Duomo

via Stazio 9 – ✆ 08 61 24 17 74 – Fax 08 61 24 29 91 – Chiuso dal 7 al 27 gennaio, domenica sera e lunedì

Rist – Carta 25/44 €

◆ Tranquillo, a pochi passi dal Duomo, un locale di solida gestione e di elegante atmosfera. Menù esposto sul leggio all'ingresso e piatti abruzzesi con spunti nazionali.

TERENZO – Parma (PR) – 562 I12 – **1 262 ab. – alt. 540 m** – ✉ **43040** 8 **B2**

Roma 456 – Parma 35 – Milano 147 – Piacenza 87 – Reggio nell'Emilia 76

a Sivizzano Nord-Est : 10 km – ✉ **43050**

Agriturismo Selva Smeralda rist,

località Selva Smeralda – ✆ 05 25 52 00 09 – Fax 05 25 52 00 09 – Febbraio-ottobre

5 cam – 40 € 70 € – ½ P 50 € – **Rist** – *(chiuso da lunedì a giovedì a mezzogiorno)* (solo su prenotazione) Menu 30 €

◆ Risorsa ricavata all'interno di una dimora fortificata di origine trecentesca con tanto di torre. Sia gli ambienti comuni che le camere risultano pieni di fascino.

Un buon ristorante a prezzo contenuto?
Cercate i Bib Gourmand .

TERLAGO – Trento (TN) – 562 D15 – **1 528 ab.** – **alt. 456 m** – ✉ **38070** 30 **B3**

Roma 587 – Trento 9 – Brescia 109 – Venezia 169 – Vicenza 93

Lillà ← lago e monti, VISA

località Travolt 14, Est : 1,5 km – ✆ 04 61 86 80 27 – info@hotellilla.com – Fax 04 61 86 86 05 – Chiuso dal 9 al 16 gennaio

25 cam – †47/50 € ††80 € – 1 suite

Rist ***Lillà*** – ✆ 04 61 86 61 59 *(chiuso dall'8 al 20 gennaio e lunedì)* Carta 22/32 €

◆ A pochi passi dal lago, in posizione panoramica, un albergo funzionale con confort moderni. Indirizzo ideale sia per turisti che per chi viaggia per lavoro. Per i vostri pasti, la sala ricavata in una vecchia cantina, una in stile moderno, oppure il giardino.

TERLANO (TERLAN) – **Bolzano / Bozen (BZ)** – **562** C15 – **3 763 ab.** – **alt. 246 m** – ✉ **39018** 31 **D3**

Roma 646 – Bolzano 9 – Merano 19 – Milano 307 – Trento 67

piazza Weiser 2 ✆ 0471 257165, info@tvterlan.com, Fax 0471 257830

Weingarten (riscaldata) VISA

via Principale 42 – ✆ 04 71 25 71 74 – weingarten@dnet.it – Fax 04 71 25 77 76 – Chiuso dal 6 gennaio al 13 marzo

21 cam – †53/58 € ††84/102 € – ½ P 69 € – **Rist** – Carta 34/45 €

◆ Giardino ombreggiato con piscina riscaldata, a due passi dal centro di Terlano, tra vigneti e frutteti. L'albergo dispone di camere luminose e panoramiche. Servizio ristorante all'aperto, all'ombra degli alberi, o nelle tipiche stube.

a Settequerce (Siebeneich)**Sud-Est : 3 km** – ✉ **39018**

Greifenstein senza rist ← VISA

via Bolzano 2 – ✆ 04 71 91 84 51 – info@greifenstein.it – Fax 04 71 20 15 84 – 10 marzo-10 novembre

12 cam – †48/50 € ††75/90 €

◆ Una risorsa semplice, ma pratica e comoda; tutte le stanze sono rivolte verso la vigna e risultano tranquille, così come il piccolo giardino con piscina.

Patauner VISA

via Bolzano 6 – ✆ 04 71 91 85 02 – Fax 04 71 91 85 02 – Chiuso dal 20 febbraio al 10 marzo, dal 30 giugno al 20 luglio, domenica dal 15 giugno al 15 settembre, giovedì negli altri mesi

Rist – Carta 22/32 €

◆ Dal bar pubblico si accede alla sala, senza pretese e tuttavia con una piacevole atmosfera del luogo; tirolesi anche alcuni piatti. Marito in cucina, moglie ai tavoli.

a Vilpiano (Vilpian)**Nord-Ovest : 4 km** – ✉ **39010**

Sparerhof rist, VISA

via Nalles 2 – ✆ 04 71 67 86 71 – info@hotelsparerhof.it – Fax 04 71 67 83 42

15 cam – †50/55 € ††80/90 € – ½ P 52/57 € – **Rist** – Menu 18/36 €

◆ Simpatici e ospitali, i proprietari comunicano brio all'ambiente, gradevole e singolare; oggetti di design e opere d'arte sparsi un po' ovunque, anche nelle piccole camere. Nella semplice ed accogliente sala da pranzo oppure nel fresco giardino, piatti appetitosi e creativi.

TERME – **Vedere di seguito o al nome proprio della località termale**

TERME LUIGIANE – **Cosenza (CS)** – **564** I29 – **alt. 178 m** – ✉ **87020** – **Acquappesa** 5 **A2**

Roma 475 – Cosenza 49 – Castrovillari 107 – Catanzaro 110 – Paola 16

Grand Hotel delle Terme (termale) 200, VISA

via Fausto Gullo 6 – ✆ 098 29 40 52 – grandhotel.terme@libero.it – Fax 098 29 44 78 – 15 maggio-ottobre

125 cam – †60/70 € ††95/110 €, 10 € – ½ P 82/87 € – **Rist** – Menu 25 €

◆ Collegato alle Thermae Novae mediante un passaggio interno, ecco un hotel ideale per i soggiorni terapeutici e dotato di ogni confort e servizi appropriati.

Parco delle Rose

via Pantano 78 – ✆ 098 29 40 90 – info@hotelparcodellerose.it – Fax 098 29 44 79 – Maggio-ottobre

55 cam – 🚹55 € 🚹🚹85 € – ½ P 75 € – **Rist** – Carta 18/35 €

◆ Ambiente familiare e ospitale per un albergo ubicato non lontano dalle strutture termali e a pochi minuti d'automobile dal mare; camere di recente ripotenziate. Spaziosa sala ristorante dalle tonalità molto chiare e dotata di soppalco.

TERMENO SULLA STRADA DEL VINO (TRAMIN AN DER WEINSTRASSE)

– Bolzano / Bozen (BZ) – 562 C15 – **3 197 ab. – alt. 276 m** – ✉ 39040 31 **D3**

Roma 630 – Bolzano 24 – Milano 288 – Trento 48

via Julius V. Payer 1 ✆ 0471 860131, info@tramin.com, Fax 0471 860820

Mühle-Mayer

via Molini 66, Nord : 1 km – ✆ 04 71 86 02 19 – muehle-mayer@dnet.it – Fax 04 71 86 09 46 – 20 marzo-10 novembre

12 cam – 🚹80/90 € 🚹🚹130/150 € – 3 suites – ½ P 75/105 € – **Rist** – *(chiuso a mezzogiorno)* (solo per alloggiati)

◆ Tra i verdi e riposanti vigneti in una zona isolata e tranquilla, un gradevole giardino-solarium e una casa situata su un antico mulino con stanze eleganti e personalizzate.

Tirolerhof (riscaldata) rist,

via Parco 1 – ✆ 04 71 86 01 63 – tirolerhof@tirolerhof.com – Fax 04 71 86 01 54 – Pasqua-15 novembre

30 cam – 🚹55/70 € 🚹🚹90/115 € – ½ P 60/70 € – **Rist** – (solo per alloggiati)

◆ Conduzione familiare ben rodata per quest'albergo che si sviluppa su due costruzioni; deliziosi il giardino e la veranda nonché gli spazi interni.

Schneckenthaler Hof vallata e vigneti, (riscaldata) cam, rist,

via Schneckenthaler 25 – ✆ 04 71 86 01 04 – info@schneckenthalerhof.com – Fax 04 71 86 08 24 – aprile-4 novembre

25 cam – 🚹50/55 € 🚹🚹90/100 € – ½ P 45/60 € – **Rist** – Carta 24/29 €

◆ Risorsa ubicata nella parte alta e panoramica della località, immersa tra i filari dei vigneti. Camere accoglienti e confortevoli, seppur semplici ed essenziali. Una cucina sana e genuina, di fattura casalinga; sala ristorante intima e raccolta.

TERME VIGLIATORE – Messina – 565 M27 – Vedere Sicilia alla fine dell'elenco alfabetico

TERMINI IMERESE – Palermo – 565 N23 – Vedere Sicilia alla fine dell'elenco alfabetico

TERMOLI – Campobasso (CB) – 564 A26 – 30 816 ab. – ✉ 86039 2 D2

Roma 300 – Pescara 98 – Campobasso 69 – Foggia 88 – Isernia 112 – Napoli 200

piazza Melchiorre Bega 1 ✆ 0875 703913, Fax 0875 704956

Santa Lucia

largo Piè di Castello – ✆ 08 75 70 51 01 – info@santaluciahotel.it – Fax 08 75 70 51 01

19 cam – 🚹85 € 🚹🚹120 €, 5 € – ½ P 82/97 € – **Rist** – (solo per alloggiati)

◆ Di recente apertura, hotel dagli ambienti raffinati in cui prevalgono i colori caldi. Camere di buon livello sia per confort che per cura e stile negli arredi. Il menù del ristorante propone piatti adatti ad ogni esigenza.

Mistral

lungomare Cristoforo Colombo 50 – ✆ 08 75 70 52 46 – info@hotelmistral.net – Fax 08 75 70 52 20

66 cam – 🚹75 € 🚹🚹120 € – 2 suites – ½ P 75 € – **Rist** – Carta 27/41 €

◆ Una struttura bianca che svetta sul lungomare prospiciente la spiaggia; di tono piuttosto moderno, a prevalente vocazione estiva, offre camere funzionali. Capiente sala da pranzo movimentata da colonne e una vista sul blu dalle vetrate.

Meridiano rist, 200,
lungomare Cristoforo Colombo 52/a – ✆ 08 75 70 59 46 – info@hotelmeridiano.com – Fax 08 75 70 26 96
81 cam – 80/85 € 100/110 € – ½ P 60/65 € – **Rist** – *(chiuso a mezzogiorno da ottobre ad aprile)* Carta 27/35 €
◆ Affacciato sulla passeggiata mare, un albergo ideale sia per clienti di lavoro che per turisti: discreti spazi esterni, con parcheggio, e confortevole settore notte. Ristorante con vista sul Mediterraneo e sulle mura del centro storico.

Residenza Sveva senza rist
piazza Duomo 11 – ✆ 08 75 70 68 03 – info@residenzasveva.com – Fax 08 75 70 68 03
12 cam – 49/89 € 79/119 €
◆ Nel borgo antico, varie camere distribuite tra i vicoli, tutte affascinanti per raffinatezza e personalizzazioni. Un'opportunità di soggiorno inusuale e molto gradevole.

Z' Bass 20,
via Oberdan 8 – ✆ 08 75 70 67 03 – zbass@virgilio.it – Fax 08 75 70 67 03 – Chiuso lunedì da ottobre a luglio
Rist – Carta 34/62 €
◆ Completamente rifatta qualche anno fa, caratteristica trattoria del centro di tono rustico; piatti tradizionali di pesce, rivisitati con gusto moderno.

Borgo
via borgo 10 – ✆ 08 75 70 73 47 – Chiuso lunedì da ottobre a marzo
Rist – Carta 26/39 €
◆ Nelle strette viuzze del nuovo centro storico, un ristorantino accogliente, con appassionata gestione familiare; proposte termolesi, soprattutto di pesce.

Nonna Maria
via Oberdan 14 – ✆ 087 58 15 85 – Fax 087 58 15 85 – Chiuso dal 10 al 25 gennaio e lunedì
Rist – Carta 33/54 €
◆ Raccolta e curata trattoria del centro a conduzione familiare. In menù un'appetitosa lista di piatti tradizionali e di preparazioni a base di pesce fresco.

Da Noi Tre
via Cleofino Ruffini 47 – ✆ 08 75 70 36 39 – Chiuso dal 24 al 26 dicembre e lunedì
Rist – Carta 22/36 €
◆ Tradizionale cucina di mare, con specialità termolesi, nella nuova sede di un già noto indirizzo in città: ora sulla graziosa e piccola piazza del mercato.

sulla strada statale 87 Sud-Est : 5 km :

Europa 100,
✉ 86039 – ✆ 08 75 75 18 15 – info@hoteleuropatermoli.it – Fax 08 75 75 17 81
33 cam – 55/65 € 70/80 €, 8 € – ½ P 45/55 € – **Rist** – *(chiuso domenica)* Carta 22/43 €
◆ Non lontano dallo svincolo autostradale, ma comodo anche rispetto al cuore della cittadina, un hotel, di colore azzurro, che offre ambienti e confort di stampo moderno. Al piano terra, spaziosa sala ristorante, ben illuminata da vetrate.

sulla strada statale 16-Litoranea

Torre Sinarca
Ovest : 3 km ✉ 86039 – ✆ 08 75 70 33 18 – giacomolanzone@tin.it – Fax 08 75 70 33 18 – Chiuso novembre, domenica sera e lunedì
Rist – Carta 40/60 €
◆ All'interno di una suggestiva torre del XVI secolo, eretta contro l'arrivo dei Saraceni dal mare; di fronte, infatti, solo la spiaggia e il blu. Piatti locali, di pesce.

Villa Delle Rose
Nord : 5 km ✉ 86039 – ✆ 087 55 25 65 – ristorantevilladellerose@virgilio.it – Fax 087 55 25 65 – Chiuso dal 7 al 31 gennaio e lunedì
Rist – Carta 30/45 €
◆ Bel ristorante moderno e luminoso, ricavato da una nuova costruzione lungo la statale. Viene proposta una cucina di mare, ma non solo, tradizionale o più "adriatica".

TERNI 🅿 (TR) – 563 O19 – **108 403 ab. – alt. 130 m** – ✉ **05100** ▮ *Italia* 33 **C3**

▶ Roma 103 – Napoli 316 – Perugia 82

ℹ via Cassian Bon 4 ✆ 0744 423047, info@iat.terni.it, Fax 0744 427259

⛳ Romita, Ovest : 5 km, ✆ 0744 40 78 89.

Ⓖ Cascata delle Marmore★★ per ③ : 7 km

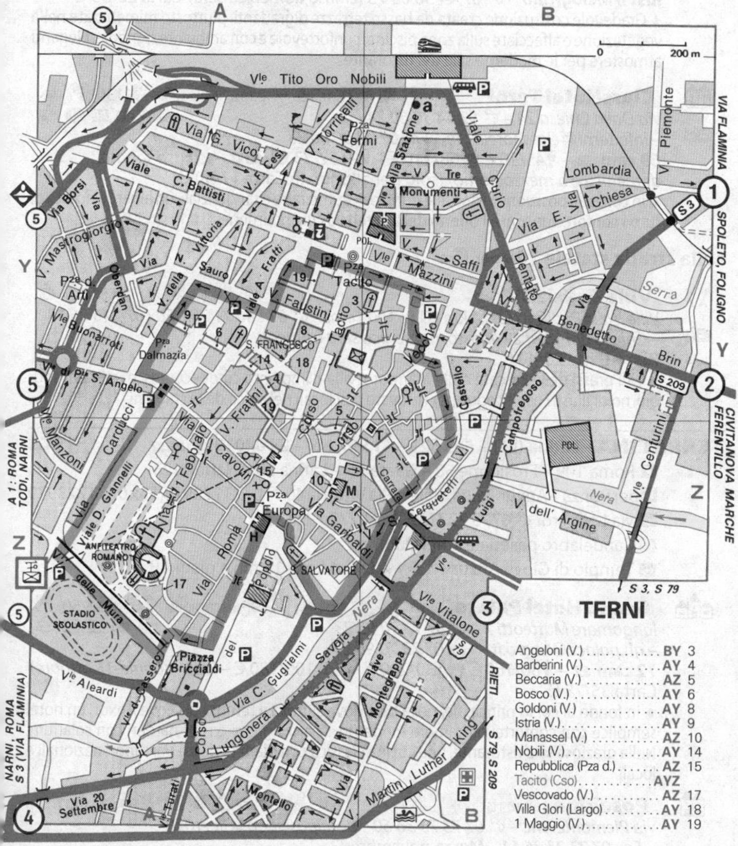

TERNI

Angeloni (V.)	**BY** 3
Barberini (V.)	**AY** 4
Beccaria (V.)	**AZ** 5
Bosco (V.)	**AY** 6
Goldoni (V.)	**AY** 8
Istria (V.)	**AY** 9
Manassel (V.)	**AZ** 10
Nobili (V.)	**AY** 14
Repubblica (Pza d.)	**AZ** 15
Tacito (Cso)	**AYZ**
Vescovado (V.)	**AZ** 17
Villa Glori (Largo)	**AY** 18
1 Maggio (V.)	**AY** 19

Michelangelo Palace cam, 300, 🅿

viale della Stazione 63 – ✆ 07 44 20 27 11 – info@michelangelohotelumbria.it – Fax 074 42 02 72 00 BY **a**

78 cam – 74/105 € 102/135 € – **Rist** – Carta 20/31 €

◆ Dotato di ogni confort, avvolto da un'atmosfera moderna, ma elegante, un hotel recente, di fronte alla stazione; ideale per clienti d'affari e per turisti di passaggio. Ubicato all'ultimo piano, piacevole ristorante panoramico grazie alle vetrate continue.

Locanda di Colle dell'Oro senza rist ← Terni,

strada di Palmetta 31, Nord : 1 km – ✆ 07 44 43 23 79 – locanda@colledelloro.it – Fax 07 44 43 78 26

11 cam – 60/80 € 70/90 €

◆ Dal restauro di vecchi edifici rurali, una magnifica casa in collina con vista su Terni e la vallata; poche camere, curatissime, con uno charme di raffinata rusticità.

uscita raccordo Terni Ovest

Garden Hotel cam, rist, 300,
viale Bramante 4, per via Cesare Battisti
– 07 44 30 00 41 – info@gardenhotelterni.it – Fax 07 44 30 04 14 AY
82 cam – 68/98 € 98/124 € – 10 suites
Rist *Il Melograno* – *07 44 30 03 75 (chiuso domenica sera)* Carta 22/36 €
♦ Gradevole costruzione creata da basse terrazze digradanti, piuttosto mimetizzate nella vegetazione e affacciate sulla zona piscina; confortevole e con ambiente signorile. Eleganti atmosfere per le moderne sale del ristorante.

ClassHotel Terni cam, cam, rist, 130,
via Dalla Chiesa 24 – 07 44 30 60 24
– info.terni@classhotel.com – Fax 07 44 30 06 28
69 cam – 45/70 € 68/110 € – ½ P 52/73 € – **Rist** – *(chiuso sabato, domenica e a mezzogiorno)* (solo per alloggiati) Carta 17/30 €
♦ In comoda posizione vicino alle principali autostrade e tangenziali, un albergo dotato di tutti i confort, consoni all'offerta della catena a cui appartiene.

sulla strada statale 209 per ② :

Villa Graziani 20,
Villa Valle Papigno Est : 4 km ✉ 05100 Terni – 074 46 71 38 – Fax 074 46 76 53
– Chiuso dal 15 al 29 agosto, domenica sera e lunedì
Rist – Carta 20/40 €
♦ Nei pressi delle cascate delle Marmore, villa d'impianto cinquecentesco, meta di soggiorno di illustri ospiti; oggi, per ritrovare cibi locali nel solco delle stagioni.

TERRACINA – Latina (LT) – 563 S21 – 41 997 ab. – ✉ 04019 *Italia* 13 C3

Roma 109 – Frosinone 58 – Gaeta 35 – Latina 39 – Napoli 123
per Ponza – Anxur Tours, viale della Vittoria 40 0773 723978, Fax 0773 723979
via Leopardi 0773 727759, Fax 0773 721173
Candelabro pasquale★ nel Duomo
Tempio di Giove Anxur★ : ✻★★ Est : 4 km e 15 mn a piedi AR

Grand Hotel Palace cam, rist, 50,
lungomare Matteotti 2 – 07 73 70 95 23
– gh.palace@libero.it – Fax 07 73 70 96 23
72 cam – 80/160 € 130/260 € – ½ P 106/180 € – **Rist** – *(aprile-15 ottobre)* Carta 35/75 €
♦ In fondo al corso principale, nella baia dove si trova il tempio di Giove Anxur, un hotel semplice con confortevoli camere moderne, sala congressi e roof-garden con solarium. Nella graziosa sala ristorante, una cucina classica con piatti di pesce dai sapori nazionali e locali.

Poseidon senza rist
via Piemonte, snc – 07 73 73 36 60 – hotelposeidon@libero.it
– Fax 07 73 73 36 61 – Marzo-novembre
46 cam – 120/150 €, 10 €
♦ Un piacevole hotel ben curato e dall'originale architettura a forma di nave da crociera, frequentato soprattutto da una clientela straniera: ideale per un soggiorno balneare.

Il Grappolo d'Uva
lungomare Matteotti 1 – 07 73 70 25 21 – info@grappoloduva.it
– Fax 07 73 70 43 80 – Chiuso novembre e mercoledì
Rist – Carta 35/68 €
♦ Situato proprio sul mare ma altettanto vicino al centro, il locale dispone di una sala dalle ampie vetrate cui si accede da una scalinata; dalla cucina specialità di pesce.

Bottega Sarra 1932 10,
via San Francesco 52-54 ✉ 04019 – 07 73 70 20 45 – Chiuso lunedì e martedì escluso agosto
Rist – (prenotazione obbligatoria) Carta 35/45 €
♦ Recentemente trasferito al limitare del centro storico, un piccolo locale con una sala in stile contemporaneo dai richiami etnici e una cucina di pesce, territorio e fantasia.

TERRALBA – Cagliari – 566H7 – Vedere Sardegna alla fine dell'elenco alfabetico

TERRANOVA DI POLLINO – Potenza (PZ) – 564 H30 – 1 646 ab. – alt. 920 m – ✉ 85030 4 **C3**

Roma 467 – Cosenza 157 – Matera 136 – Potenza 152 – Sapri 116 – Taranto 145

Picchio Nero

via Mulino 1 – ✆ 097 39 31 70 – picchionero@picchionero.com – Fax 097 39 31 70 – Chiuso novembre o dicembre

25 cam – 55 € 67 € – ½ P 57 € – **Rist** – Carta 21/30 €

◆ Piacevole gestione familiare per questa risorsa, nel Parco del Pollino, ideale per gli appassionati di montagna; camere confortevoli, in uno stile adeguato al luogo. Deliziose proposte culinarie legate al territorio e alla cucina lucana.

Luna Rossa 20,

via Marconi 18 – ✆ 097 39 32 54 – info@federicovalicenti.it – Fax 097 39 32 54 – Chiuso dal 1° al 7 ottobre e mercoledì

Rist – (consigliata la prenotazione) Carta 22/30 €

◆ Sulla tavola o presso la terrazza panoramica estiva gli storici precetti culinari romani, medievali, rinascimentali e soprattutto l'antica fragranza delle buone cose nostrane.

TERRANUOVA BRACCIOLINI – Arezzo (AR) – 563 L16 – 11 616 ab. – alt. 156 m – ✉ 52028 29 **C2**

Roma 227 – Firenze 47 – Siena 51 – Arezzo 37

a Penna Alta Nord-Est : 3 km – ✉ 52028 – Terranuova Bracciolini

Il Canto del Maggio

– ✆ 05 59 70 51 47 – info@cantodelmaggio.com – Fax 05 59 70 51 47 – Chiuso lunedì e a mezzogiorno (escluso domenica e festivi), da ottobre a maggio anche martedì

Rist – Carta 27/35 €

◆ Marito e moglie hanno creato questo rifugio per i buongustai in un piccolo borgo toscano ristrutturato: servizio estivo in giardino e piatti regionali, anche molto antichi.

a Montemarciano Nord : 5 km – ✉ 60018

La Cantinella

– ✆ 05 59 17 27 05 – lacantinella2@virgilio.it – Fax 05 59 17 11 52 – Chiuso dal 1° al 15 gennaio, lunedì e a mezzogiorno (escluso i giorni festivi)

Rist – (consigliata la prenotazione) Carta 24/34 €

◆ Ristorantino di campagna degli interni piacevolmente personalizzati, ma anche con un godevole servizio estivo in terrazza. La cucina rivisita la tradizione toscana.

a Riofi Nord-Ovest : 7 km – ✉ 52028 – Terranuova Bracciolini

Agriturismo Villa Riofi senza rist

via Piantavrigne 67 – ✆ 05 59 12 06 96 – villariofi@mad.it – Fax 055 94 31 89 – Chiuso dal 15 al 31 gennaio

12 cam – 50 € 62 €

◆ Signorile villa sttecentesca lungo una verde e tranquilla valle, punteggiata da scenografiche balze. Sono da consigliare le camere di più recente apertura.

TERRASINI – Palermo – 565 M21 – Vedere Sicilia alla fine dell'elenco alfabetico

TERRUGGIA – Alessandria (AL) – 561 G7 – 832 ab. – alt. 199 m – ✉ 15030 23 **C2**

Roma 623 – Alessandria 34 – Asti 38 – Milano 125 – Torino 92

Ariotto 100,

via Prato 39 – ✆ 01 42 40 28 00 – info@ariotto.it – Fax 01 42 40 28 23

70 cam – 100/110 € 120/160 € – ½ P 70/80 € – **Rist** – *(chiuso mercoledì a mezzogiorno)* Menu 30/45 €

◆ Poco distante da Casale Monferrato, all'interno di un piccolo parco ombreggiato, un grazioso villino in stile liberty con annesse dépendance moderne; gestione curata. Le salette da pranzo offrono un ambiente elegante con tavoli tondi.

TESERO – Trento (TN) – 562 D16 – **2 684 ab. – alt. 991 m – Sport invernali :** ***all'Alpe di Pampeago : 1 757/2 415 m 7 (Comprensorio Dolomiti superski Val di Fiemme-Obereggen)*** – ✉ **38038** 31 **D3**

Roma 644 – Bolzano 50 – Trento 54 – Belluno 91 – Cortina d'Ampezzo 96

via Roma 37 ✆ 0462 810097, infotesero@valdifiemme.info, Fax 0462 810097

Park Hotel Rio Stava rist,

via Mulini 20 – ✆ 04 62 81 44 46 – info@hotelriostava.com – Fax 04 62 81 37 85 – Chiuso novembre

46 cam – 54/86 € 76/102 € – ½ P 44/74 € – **Rist** – Carta 21/33 €

♦ Una gradevole casa di montagna, in posizione isolata, poco fuori dal centro e cinta da un giardino; dispone di un'accogliente hall in legno e di camere ben rifinite. Il ristorante offre un caldo ambiente in legno, elegante, o la stube.

a Stava Nord : 3,5 km – alt. 1 250 m – ✉ 38038 – Tesero

Berghotel Miramonti rist,

– ✆ 04 62 81 41 77 – info@berghotelmiramonti.it – Fax 04 62 81 46 46 – Dicembre-aprile e giugno-settembre

37 cam – solo ½ P 54/65 € – **Rist** – Menu 15/26 €

♦ Circondato da un piccolo giardino, l'albergo a conduzione familiare vanta ambienti arredati nel tipico stile montano, una grande stufa in ceramica nella hall e zona benessere. La sala ristorante e la stube saranno lieti di soddisfare l'appetito di ospiti ed escursionisti.

Villa di Bosco

– ✆ 04 62 81 37 38 – info@hotel-villadibosco.com – Fax 04 62 81 37 55 – Dicembre-aprile e giugno-settembre

38 cam – 60/100 € 70/120 € – ½ P 45/80 € – **Rist** – Carta 26/42 €

♦ Dal 1998 l'hotel offre ai propri ospiti la possibilità di trascorrere un soggiorno montano godendo di vari apprezzabili servizi, coordinati da una valida gestione familiare. Sala da pranzo dalla classica atmosfera familiare, accogliente stube.

TESIDO = TAISTEN – Bolzano – Vedere Monguelfo

TESIMO (TISENS) – Bolzano / Bozen (BZ) – 562 C15 – **1 825 ab. – alt. 631 m** – ✉ **39010** 30 **B2**

Roma 648 – Bolzano 20 – Merano 20 – Trento 77

Bäcknhaus 54 ✆ 0473 920822, tisens-prissian@meranerland.com, Fax 0473 921010

Zum Löwen (Matscher)

via Principale 72 – ✆ 04 73 92 09 27 – zumloewen@rolmail.net – Fax 04 73 92 73 12 – Chiuso lunedì e martedì a mezzogiorno

Rist – Carta 47/61 €

Spec. Carpaccio di capesante su spuma di patate tartufate. Filetto di lucioperca su patate all'aglio orsino. Capretto nostrano all'olio d'oliva e rosmarino.

♦ Piatti della tradizione altoatesina interpretati in modo fantasioso e personale; all'interno di una vecchia casa affacciata su uno slargo delle strette viuzze del centro.

TEZZE DI VAZZOLA – Treviso (TV) – 562 E19 – **alt. 36 m** – ✉ **31028** 35 **A1**

Roma 560 – Belluno 58 – Padova 77 – Treviso 21 – Venezia 54

Strada Vecchia

via strada Vecchia 64 – ✆ 04 38 48 80 94 – Fax 04 38 48 80 94 – Chiuso dal 7 al 14 gennaio, dal 7 al 25 agosto e mercoledì

Rist – Carta 26/37 €

♦ D'estate ci si accomoda in giardino, nei mesi più freddi invece nella sala di taglio classico, calda e accogliente. Carne e pesce in piatti locali e nazionali.

TIERS = Tires

TIGLIETO – Genova (GE) – 561 I7 – 622 ab. – alt. 510 m – ✉ 16010 14 **B1**

Roma 550 – Genova 51 – Alessandria 54 – Milano 130 – Savona 52

Pigan

– ✆ 010 92 90 15 – Fax 010 92 90 15

11 cam – 46 € 68 €, 7 € – ½ P 52/54 € – **Rist** – *(chiuso martedì escluso da luglio a settembre)* Carta 19/26 €

◆ Un piccolo hotel d'impostazione rustica, con annesso un boschetto; qui troverete una gestione familiare con lunga tradizione e un trattamento personalizzato. Pulizia e ordine anche al ristorante, pervaso da una gradevole atmosfera di famiglia.

TIGLIOLE – Asti (AT) – 561 H6 – 1 656 ab. – alt. 239 m – ✉ 14016 25 **C1**

Roma 628 – Torino 60 – Alessandria 49 – Asti 14 – Cuneo 91 – Milano 139

Vittoria (Strocco) con cam

via Roma 14 – ✆ 01 41 66 77 13 – giampieromusso@libero.it – Fax 01 41 66 76 30 – Chiuso gennaio ed agosto

11 cam – 125 € 150 € – ½ P 120 € – **Rist** – *(chiuso domenica sera, lunedì, a mezzogiorno escluso i giorni festivi e prefestivi)* Carta 45/60 €

Spec. Lasagna di verdure su crema di formaggi monferrini e langaroli. Bianco di quaglia scottato in insalata con le sue cosce in tempura. Gianduja ghiacciato con fondente (primavera-estate).

◆ Nel centro storico, ormai da quattro generazioni l'offerta non cessa di crescere: dai piatti storici della tradizione a quelli più creativi, passando per le camere eleganti.

TIGNALE – Brescia (BS) – 561 E14 – 1 291 ab. – alt. 560 m – ✉ 25080 17 **C2**

Roma 574 – Trento 72 – Brescia 57 – Milano 152 – Salò 26

La Rotonda lago e dintorni, rist, rist,

via Provinciale 5, località Gardola – ✆ 03 65 76 00 66 – hotellarotonda@libero.it – Fax 03 65 76 02 14 – Aprile-4 novembre

59 cam – 29/43 € 40/75 €, 8 € – ½ P 33/48 € – **Rist** – Carta 16/26 €

◆ Ha subito di recente alcune ristrutturazioni quest'ampia risorsa ubicata sulle verdi pendici del Monte Castello e a picco sul Lago di Garda; valide strutture e confort. Capiente sala ristorante: ambiente di tipo classico, ma bella vista del lago.

TIRANO – Sondrio (SO) – 561 D12 – 9 155 ab. – alt. 450 m – ✉ 23037 *Italia* 17 **C1**

Roma 725 – Sondrio 26 – Passo del Bernina 35 – Bolzano 163 – Milano 164 – Passo dello Stelvio 58

piazza Stazione ✆ 0342 706066, infotirano@provincia.so.it, Fax 034270 6066

Bernina con cam rist, rist, rist, 30,

piazza Stazione – ✆ 03 42 70 13 02 – info@albergobernina.com – Fax 03 42 70 14 30

29 cam – 40/58 € 70/100 € – ½ P 50/80 € – **Rist** – *(chiuso lunedì escluso maggio-ottobre)* Carta 25/43 €

◆ Un totale restauro ha coinvolto sia l'hotel che il ristorante, che si è arricchito del servizio di pizzeria. A poca distanza dalla stazione della ferrovia per la Svizzera.

sulla strada statale 38 Nord-Est : 3 km

Valchiosa rist, rist,

via Valchiosa 17 ✉ 23030 Sernio – ✆ 03 42 70 12 92 – valchiosa@libero.it – Fax 03 42 70 54 84

18 cam – 45/50 € 70/86 € – ½ P 55/68 € – **Rist** – *(chiuso venerdì escluso agosto)* Carta 22/32 €

◆ Già osteria negli anni '30, rinnovato a fine anni '80, l'albergo, ricavato da una rustica casa del paese, presenta un buon livello di confort e scorci panoramici sulla valle. Il ristorante è da sempre un punto di riferimento per la zona; cucina valtellinese.

TIRES (TIERS) – **Bolzano / Bozen (BZ)** – **562** C16 – **903 ab.** – **alt. 1 028 m** – ✉ **39050** 31 **D3**

Roma 658 – Bolzano 16 – Bressanone 40 – Milano 316 – Trento 77

via San Giorgio 38 ☎ 0471 642127, info@tiers.it, Fax 0471 642005

a San Cipriano (St. Zyprian)**Est : 3 km** – ✉ **39050** – **Tires**

Cyprianerhof ← Catinaccio e pinete,
via San Cipriano 88/a – ☎ 04 71 64 21 43 – hotel@cyprianerhof.com – Fax 04 71 64 21 41 – Chiuso dal 10 novembre al 25 dicembre
32 cam – ††148/172 € – ½ P 74/87 € – **Rist** – *(chiuso giovedì escluso da maggio a novembre)* Menu 28/52 €
♦ Proprio di fronte al Catinaccio, una piacevole casa dalla tipica atmosfera tirolese, ideale per chi ama i monti e l'escursionismo anche invernale con le ciaspole. Ristorante dalla tipica atmosfera tirolese.

Stefaner ← Catinaccio e pinete,
via San Cipriano 88 d – ☎ 04 71 64 21 75 – info@stefaner.com – Fax 04 71 64 23 02 – Chiuso dall'8 novembre al 26 dicembre
16 cam – solo ½ P 42/60 € – **Rist** – *(chiuso a mezzogiorno)* (solo per alloggiati)
♦ Un decoroso alberghetto, con balconi in legno, immerso nello splendido scenario alpino; gradevole conduzione familiare grazie all'intraprendenza di due coniugi.

TIRIOLO – **Catanzaro (CZ)** – **564** K31 – **4 066 ab.** – **alt. 690 m** – ✉ **88056** 5 **B2**

Roma 604 – Cosenza 91 – Catanzaro 16 – Reggio di Calabria 154

Due Mari ← dintorni, 60,
via Cavour 46 – ☎ 09 61 99 10 64 – due.mari@tin.it – Fax 09 61 99 09 84
4 cam – †65 € ††80 € – 4 suites – ††100 € – ½ P 53/55 €
Rist Due Mari – vedere selezione ristoranti
♦ Inaugurato nel 2000, un hotel e residence in bella posizione panoramica, da cui nelle giornate terse si vedono davvero i "due mari"; moderni confort in ambiente familiare.

Due Mari ←
via Seggio 2 – ☎ 09 61 99 10 64 – due.mari@tin.it – Fax 09 61 99 09 84 – Chiuso lunedì escluso da giugno a settembre – **Rist** – Carta 16/23 €
♦ Come l'omonimo albergo, anche il ristorante è panoramico; pluridecennale conduzione della stessa famiglia, cucina calabrese e dehors estivo per il servizio di pizzeria.

TIRLI – **Grosseto** – **Vedere Castiglione della Pescaia**

TIROLO (TIROL) – **Bolzano / Bozen (BZ)** – **562** B15 – **2 370 ab.** – **alt. 592 m** – ✉ **39019**
Italia 30 **B1**

Roma 669 – Bolzano 32 – Merano 4 – Milano 330

via Principale 31 ☎ 0473 923314, info@dorf-tirol.it, Fax 0473 923012

Pianta : vedere Merano

Castel ← monti e Merano, (riscaldata) rist,
vicolo dei Castagni 18 – ☎ 04 73 92 36 93 – info@hotel-castel.com – Fax 04 73 92 31 13 – 17 marzo-18 novembre
35 cam – 9 suites – solo ½ P 197 € A **u**
Rist *Trenkerstube* – *(chiuso domenica, lunedì e a mezzogiorno)* (consigliata la prenotazione) Carta 91/120 €
Spec. Variazione di tonno. Branzino in condimento allo speck con asparagi. Vitellino da latte sobbollito in olio d'oliva, cannelloni di patate.
♦ Struttura lussuosa, arredamento elegante, moderno centro benessere: il concretizzarsi di un sogno, in un panorama incantevole. Comodità e tradizione ai massimi livelli. I pasti nell'elegante stube o sotto il soffitto stellato della moderna sala.

Erika ← monti e Merano, (riscaldata) rist, cam, rist,
via Principale 39 – ☎ 04 73 92 61 11 – info@erika.it – Fax 04 73 92 61 00 – Chiuso gennaio e febbraio A **u**
62 cam – †82/127 € ††158/336 € – ½ P 105/198 € – **Rist** – Carta 44/60 €
♦ Organizzazione interna eccellente per l'hotel ospitale e familiare, riccamente arredato in stile tirolese e dotato di giardino con piscina riscaldata e centro benessere. Al ristorante, specialità locali e settimanali serate a sema.

Gartner monti e Merano, VISA
via Principale 65 – 04 73 92 34 14 – info@hotelgartner.it – Fax 04 73 92 31 20
aprile-6 novembre AB **z**
30 cam – solo ½ P 101 € – **Rist** – Carta 25/46 €
◆ All'ingresso della località con bella visuale sulla magica natura circostante e un rilassante giardino con piscina, un albergo nel solco dello stile tirolese. Il menù vanta proposte d'impronta classica, serviti in ambiente elegante.

Patrizia monti e Merano, rist, VISA
via Aslago 62 – 04 73 92 34 85 – info@hotel-patrizia.it – Fax 04 73 92 31 44 – 20 marzo-16 novembre A **c**
33 cam – 4 suites – solo ½ P 90/120 € – **Rist** – (solo per alloggiati)
◆ Camere di varie tipologie, confortevoli e curate, per concedersi un meritato soggiorno per corpo e spirito; godendosi la quiete del giardino con piscina, fra i monti.

Küglerhof monti e vallata, (riscaldata) cam, rist, VISA AE
via Aslago 82 – 04 73 92 33 99 – info@kueglerhof.it – Fax 04 73 92 36 99 – Aprile-11 novembre A **r**
23 cam – 120/140 € 180/220 € – ½ P 105/130 € – **Rist** – (solo per alloggiati)
◆ Avrete la sensazione di trovarvi in un'elegante casa, amorevolmente preparata per farvi trascorrere ore di quiete e svago, anche nel giardino con piscina riscaldata.

Golserhof cam, cam, rist, VISA
via Aica 32 – 04 73 92 32 94 – info@golserhof.it – Fax 04 73 92 32 11 – Chiuso dal 10 gennaio a febbraio e dal 15 al 30 novembre B **w**
30 cam – 80/90 € 135/190 € – 7 suites – ½ P 80/140 € – **Rist** – (solo per alloggiati)
◆ Albergo ricavato da un antico maso contadino, in posizione un po' defilata, per respirare un'atmosfera semplice e familiare; zona relax aperta sul verde esterno.

TIRRENIA – Pisa (PI) – 563 L12 – 56018 *Toscana* 28 **B2**

Roma 332 – Pisa 18 – Firenze 108 – Livorno 11 – Siena 123 – Viareggio 36
(maggio-settembre) viale del Tirreno 26/b 050 32510
Cosmopolitan, 050 336 33 ; , 050 375 18.

Grand Hotel Continental cam, AC
largo Belvedere 26 – 05 03 70 31 – info@grandhotelcontinental.it – Fax 05 03 72 83 280, VISA AE
175 cam – 110/125 € 148/190 € – 4 suites – ½ P 92/120 € – **Rist** – Carta 32/45 €
◆ Direttamente sul mare, nel cuore della località, un hotel completamente rinnovato; offre confort di qualità e tutte le comodità e gli spazi desiderabili, interni ed esterni. Al ristorante vengono servite proposte di cucina mediterranea.

San Francesco AC rist, 50, P VISA AE
via delle Salvie 50 – 05 03 35 72 – hotelsanfrancesco@traveleurope.it – Fax 05 03 36 30
25 cam – 112/134 € 124/156 € – ½ P 98/113 €
Rist – *(giugno-settembre; chiuso a mezzogiorno escluso agosto)* (solo per alloggiati) Carta 35/43 €
◆ Una struttura di contenute dimensioni, sita in una zona defilata e residenziale, appena alle spalle del lungomare. Piacevole giardino con pini marittimi e piscina.

Medusa AC P VISA AE
via degli Oleandri 37 – 05 03 71 25 – info@hotelmedusa.com – Fax 05 03 04 00 – Chiuso dal 20 dicembre al 7 gennaio
32 cam – 40/60 € 80/90 €, 7 € – ½ P 72 € – **Rist** – (solo per alloggiati) Menu 18/20 €
◆ Ambiente familiare nella zona verdeggiante residenziale di Tirrenia, a pochi metri dalla marina; indirizzo semplice e gradevole per vacanze sole e bagni.

XX **Dante e Ivana**
via del Tirreno 207/c – ✆ 050 38 48 82 – dantegrassi@interfree.it – Fax 05 03 25 49 – Chiuso dal 20 dicembre al 30 gennaio, dal 29 marzo al 2 aprile, domenica e lunedì
Rist – Carta 43/57 €
♦ Locale raccolto e signorile, non lontano dal centro, con una bella cantina "a vetro", visibile, e interessante selezione di vini; sapori di pesce, rielaborati con fantasia.

a Calambrone Sud : 3 km – ✉ 56100 – Tirrenia

Green Park Resort — cam, rist, 550, VISA
via dei Tulipani 1 – ✆ 05 03 13 57 11 – info@greenparkresort.com – Fax 050 38 41 38
148 cam – ♦115/266 € ♦♦159/287 € – 4 suites
Rist – Carta 30/55 €
Rist *Lunasia* – *(chiuso lunedì e a mezzogiorno)* Carta 51/78 €
♦ Un'oasi di pace inserita in una rigogliosa pineta, ideale per una clientela esigente in cerca di un soggiorno dedicato al relax e al benessere. Attrezzato centro congressuale. Il ristorante propone le antiche ricette toscane. Atmosfera moderna per Lumania dove regna una cucina creativa.

TISENS = Tesimo

TISSANO – Udine – Vedere Santa Maria La Longa

TITIGNANO – Terni (TR) – 563 N18 – alt. 521 m – ✉ 05010 32 B3

Roma 140 – Perugia 58 – Viterbo 66 – Orvieto 24 – Terni 63

Agriturismo Fattoria di Titignano — ← Vallata e lago di Corbara, rist, 100, VISA
– ✆ 07 63 30 80 22 – info@titignano.com – Fax 07 63 30 80 02
15 cam – ♦60 € ♦♦90 € – ½ P 57 € – **Rist** – (solo su prenotazione) Menu 15/25 €
♦ In un antico borgo umbro rimasto intatto nei secoli, con vista sulla valle e sul Lago di Corbara, una tenuta agricola, di proprietà nobiliare, con un fascino senza tempo. Le tradizioni umbre e toscane nella caratteristica sala do pranzo.

TIVOLI – Roma (RM) – 563 Q20 – 49 768 ab. – alt. 225 m – ✉ 00019 *Roma* 13 C2

Roma 36 – Avezzano 74 – Frosinone 79 – Pescara 180 – Rieti 76
piazza Garibaldi ✆ 0774 311249, iat.tivoli@tiscali.it, Fax 0774 331294
Località★★★ – Villa d'Este★★★ – Villa Gregoriana★★ : grande cascata★★
Villa Adriana★★★ per ③ : 6 km

Pianta pagina a lato

Torre Sant'Angelo — ← Tivoli e vallata, cam, 220, VISA
via Quintilio Varo, per via Quintilio Varo – ✆ 07 74 33 25 33 – info@hoteltorresangelo.it – Fax 07 74 33 25 33
29 cam – ♦130 € ♦♦155/180 € – 6 suites – ½ P 104/125 € – **Rist** – *(chiuso lunedì)* Menu 30/40 €
♦ Sulle rovine della villa di Catullo, atmosfera d'altri tempi in un antico castello; interni molto eleganti, piscina su una terrazza con vista di Tivoli e della vallata. Elegantissima la sala ristorante, con tessuti damascati e lampadari di cristallo.

a Villa Adriana per ③ : 6 km – ✉ 00010

XX **Adriano** con cam — cam, VISA
via di Villa Adriana 194 – ✆ 07 74 38 22 35 – info@hoteladriano.it – Fax 07 74 53 51 22
10 cam – ♦95 € ♦♦115 € – ½ P 83 € – **Rist** – Carta 40/60 €
♦ Vicino all'entrata di Villa Adriana, in mezzo al verde, un ristorante classico di tono elegante, con camere e servizio estivo all'aperto; tradizione locale in cucina.

TIVOLI

Arnaldi (Viale)
Battisti (Largo Cesare) 2
Boselli (V.) 3
Collegio (V. del) 4
Colle (V. del)
Colsereno (V. di)
Garibaldi (Pza)
Gesù (V. del) 5
Giuliani (V. D.)
Inversata (V.)
Lione (V.) 6
Massimo (Pza)
Matteotti (Piazzale)
Mazzini (Viale)
Moro (V. Aldo) 7
Munazio Planco (V.) 8
Nazioni Unite (Pza delle) 9
Palatina (V.)
Parmegiani (V. A.) 10
Parrozzani (V. A.) 12
Plebiscito (Pza) 13
Ponte Gregoriano (V.) 14
Quintilio Varo (V.)
Rivarola (Pza) 16
Roma (Viale)
Santa Croce (Pza)
Sibilla (V. della)
Sosii (V. dei) 20
S. Angelo (Largo)
S. Valerio (V.)
Todini (Vicolo) 21
Tomei (Viale)
Trento (Pza) 22
Trevio (V. del) 24
Trieste (Viale)

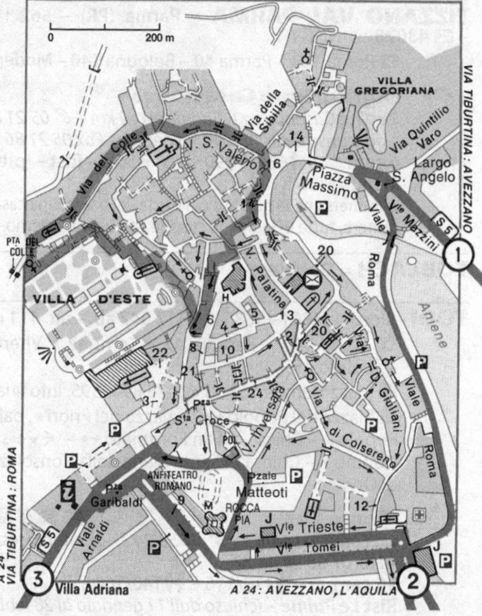

a Villanova di Guidonia per ③ : 6,5 km – ✉ 00010

Park Hotel Imperatore Adriano

👤 180, P

via Garibaldi 167 – ☎ 07 74 32 48 44 – info@imperatorecongressi.com – Fax 07 74 32 48 52

36 cam – †75/100 € ††90/115 € – 6 suites – ½ P 78 € – **Rist** – *(chiuso lunedì e a mezzogiorno)* Carta 30/51 €

◆ Un albergo di recente costruzione che offre camere di buon livello ad un prezzo corretto. Ideale sia per la clientela d'affari che per chi voglia visitare i dintorni. Proposte di cucina mediterranea al ristorante.

a Bagni di Tivoli Ovest : 9 km – ✉ 00011

Grand Hotel Duca d'Este

cam, 👤 400, P

via Tiburtina Valeria 330 – ☎ 07 74 38 83 – ducadeste@ducadeste.com – Fax 07 74 38 81 01

176 cam – †75/120 € ††90/180 € – 8 suites

Rist ***Granduca*** – Carta 28/44 €

◆ Grande albergo ben attrezzato, ideale per convegni; saloni di ampio respiro, giardino con piscina e camere di ottimo livello, con curata scelta di tessuti e tappezzerie. Elegante sala da pranzo, dall'atmosfera ovattata, ideale per cene intime e raffinate.

Tivoli senza rist

👤 30, P

via Tiburtina Valeria 340 – ☎ 07 74 35 61 21 – hoteltivoli@siriohotel.com – Fax 07 74 37 90 34

44 cam – †65/77 ††95/105 €

◆ Nuova struttura, inaugurata nel 2000, moderna e funzionale, con comodo parcheggio chiuso; pavimenti di parquet e mobili di legno chiaro nelle stanze di buon confort.

Cosa si nasconde dietro questo simbolo rosso … un albergo tranquillo, per svegliarsi al canto degli uccelli.

TIZZANO VAL PARMA – Parma (PR) – 562 I12 – **2 153 ab.** – **alt. 814 m** – ✉ 43028 8 **B2**

Roma 503 – Parma 40 – Bologna 140 – Modena 105 – Reggio nell'Emilia 55

Agriturismo Casa Nuova
località Casanuova 1, Sud-Ovest : 2 km – ☎ 05 21 86 82 78 – agriturismocasanuova@libero.it – Fax 05 21 86 82 78 – Chiuso a mezzogiorno
6 cam – 68 € 90 € – ½ P 55 € – **Rist** – (prenotazione obbligatoria) Menu 25/35 €
◆ Immersa nella quiete e nel verde del bosco, una casa gestita con convinzione e stile. Sei camere, tutte in legno, di cui due con bagno esterno. Calorosa accoglienza.

TOBLACH = Dobbiaco

TODI – Perugia (PG) – 563 N19 – **17 047 ab.** – **alt. 411 m** – ✉ **06059** *Italia* 32 **B3**

Roma 130 – Perugia 47 – Terni 42 – Viterbo 88 – Assisi 60 – Orvieto 39 – Spoleto 45

piazza Umberto I°, 6 ☎ 075 8943395, info@iat.todi.pg.it, Fax 075 8942406

Piazza del Popolo★★ : palazzo dei Priori★, palazzo del Capitano★, palazzo del Popolo★ – Chiesa di San Fortunato★★ – ≤★★ sulla vallata da piazza Garibaldi – Duomo★ – Chiesa di Santa Maria della Consolazione★ Ovest : 1 km per la strada di Orvieto

Fonte Cesia 100, VISA AE
via Lorenzo Leonj 3 – ☎ 07 58 94 37 37 – fontecesia@fontecesia.it – Fax 07 58 94 46 77
36 cam – 112/116 € 140/164 €
Rist *Le Palme* – *(chiuso dall'11 gennaio al 28 febbraio e mercoledì)* Carta 31/42 €
◆ In pieno centro storico, e perfettamente integrato nel contesto urbano, un rifugio signorile, con volte in pietra a vista, sobrio nei raffinati arredi, curato nei confort. Ristorante con panorama su tetti e colline, servizio estivo all'aperto.

Bramante 300, VISA AE
via Orvietana 48 – ☎ 07 58 94 83 82 – bramante@hotelbramante.it – Fax 07 58 94 80 74
57 cam – 120 € 130/180 € – ½ P 100/150 € – **Rist** – *(chiuso lunedì)* Carta 45/59 €
◆ Ricavato da un convento del XII secolo, a 1 km dal nucleo cittadino e nei pressi di una rinascimentale chiesa opera del Bramante, un complesso comodo e tradizionale. Servizio estivo in terrazza: un paesaggio dolcissimo fa da cornice alla tavola.

Villaluisa 60, VISA AE
via Cortesi 147 – ☎ 07 58 94 85 71 – villaluisa@villaluisa.it – Fax 07 58 94 84 72
39 cam – 60/80 € 80/120 € – ½ P 75/80 € – **Rist** – *(chiuso mercoledì da novembre a marzo)* Carta 20/33 €
◆ Inserito in un verde parco, nella zona più moderna di Todi e quindi agevole da raggiungere, un albergo semplice e funzionale, con solida gestione familiare. Nell'accogliente sala che conserva ancora qualche eco rustica, una cucina legata alle tradizioni contadine e ai sapori della nostra terra.

San Lorenzo Tre – Residenza d'epoca senza rist VISA
via San Lorenzo 3 – ☎ 07 58 94 45 55 – lorenzotre@tin.it – Fax 07 58 94 45 55 – Chiuso gennaio e febbraio
6 cam – 50/70 € 95/110 €
◆ Nel centro di Todi, a pochi passi dalla piazza centrale, un vecchio palazzo borghese: solo sei camere, piccoli curati gioielli, con arredi d'epoca e d'antiquariato.

verso Duesanti Nord-Est : 5 km:

Agriturismo Casale delle Lucrezie ≤ Todi e colline, VISA
frazione Duesanti, Vocabolo Palazzaccio ✉ 06059 – ☎ 07 58 98 74 88 – info@casaledellelucrezie.com – Fax 07 58 98 74 88 – Chiuso dal 15 al 31 gennaio
13 cam – 55/65 € 70/80 € – ½ P 55/60 € – **Rist** – Carta 21/31 €
◆ Insediamento romano, archi etruschi, residenza delle monache lucrezie dal 1200: punto privilegiato di osservazione su Todi, aperto di recente al pubblico con camere semplici. Pareti e soffitti in pietra anche al ristorante.

verso Collevalenza Sud-Est : 8 km :

Relais Todini ← Todi e dintorni, 70,
vocabolo Cervara 24 – ✆ 075 88 75 21 – relais@relaistodini.com – Fax 075 88 71 82
12 cam – †150/180 € ††200/240 € – 3 suites – ½ P 195/225 € – **Rist** – *(chiuso da lunedì a mercoledì)* Carta 37/57 €
◆ Sito all'interno di una vasta tenuta agricola e di un parco che accoglie laghetti ed animali, la residenza trecentesca dispone di incantevoli camere dal mobilio antico. Il panoramico ristorante che si affaccia alla città, propone specialità di pesce e piatti della tradizione umbra.

Villa Sobrano – Residenza d'epoca ← rist,
vocabolo Sobrano, frazione Rosceto 32 – ✆ 075 88 75 15 – info@villasobrano.com – Fax 075 88 71 27 – Chiuso febbraio
9 cam – †60/80 € ††80/100 € – ½ P 65/80 € – **Rist** – (solo per alloggiati) Menu 20/30 €
◆ In un complesso con tanto di cappella privata e castello di origini duecentesche, soggiornerete nelle poche, confortevoli stanze di una suggestiva residenza d'epoca.

per la strada statale 79 bis Orvietana bivio per Cordigliano Ovest : 8,5 km :

Agriturismo Tenuta di Canonica ← Todi e dintorni,
vocabolo Casalzetta, Canonica 75 – ✆ 07 58 94 75 45 – tenutadicanonica@tin.it – Fax 07 58 94 75 81 – Chiuso dal 1° dicembre al 1° marzo
11 cam – †150 € ††170 € – ½ P 115 € – **Rist** – *(chiuso lunedì e a mezzogiorno)* (solo per alloggiati) 30 €
◆ Annessa ad una fattoria dell'800, una splendida residenza di campagna di origini medievali elegantemente arredata: prezioso punto di ristoro situato sulla sommità d'un colle.

TOFANA DI MEZZO – Belluno (BL) – alt. 3 244 m *Italia*

✳★★★

TOIRANO – Savona (SV) – 561 J6 – 2 205 ab. – alt. 45 m – ✉ 17055 14 B2

Roma 580 – Imperia 43 – Genova 87 – San Remo 71

piazzale Grotte ✆ 0182 989938, toirano@inforiviera.it, Fax 0182 98463

Al Ravanello Incoronato
via Parodi 27/A – ✆ 01 82 92 19 91 – bianco49g@libero.it – Fax 019 66 74 84 – Chiuso dal 20 gennaio al 10 febbraio, martedì e a mezzogiorno (escluso domenica e da maggio a settembre)
Rist – Carta 23/33 €
◆ Un simpatico nome tratto dalla tradizione letteraria, un bel locale sorto non da molto e posizionato nello storico borgo di Toirano; confortevole, con piatti accattivanti.

TOLÈ – Bologna (BO) – 562 J15 – alt. 678 m – ✉ 40040 9 C2

Roma 374 – Bologna 42 – Modena 48 – Pistoia 66

Falco D'Oro rist, 60,
via Venola 27 – ✆ 051 91 90 84 – e-mail@falcodoro.com – Fax 051 91 90 68
62 cam – †42/129 € ††65/173 € – **Rist** – Carta 25/37 €
◆ Ormai un'istituzione a Tolè, tanto che l'insegna dell'hotel è la più visibile in paese; edificio centrale con bar pubblico, periodicamente rinnovato. Al ristorante casereccia cucina locale.

TOLENTINO – Macerata (MC) – 563 M21 – alt. 224 m *Italia* 21 C2

Basilica di San Nicola★★

TONALE (Passo del) – Brescia (BS) – 562 D13 – alt. 1 883 m – Sport invernali : *1 880/3 069 m 1 15, (anche sci estivo) collegato con impianti di Ponte di Legno* 17 **C1**

Roma 688 – Sondrio 76 – Bolzano 94 – Brescia 130 – Milano 177 – Ponte di Legno 11 – Trento 90

via Nazionale 12/b 0364 903838, tonale@valdisole.net, Fax 0364 903895

La Mirandola

località Ospizio 3 38020 Passo del Tonale – 03 64 90 39 33 – lamirandola@tin.it – Fax 03 64 90 39 22 – Dicembre-Pasqua e 15 giugno-15 settembre

30 cam – 45/70 € 80/150 € – ½ P 45/83 € – **Rist** – Carta 28/45 €

◆ Dall'accurato restauro dell'antico ospizio di S. Bartolomeo, per viandanti e pellegrini, risalente al 1100, un caldo rifugio: originale, di particolare fascino e confort. Specialità locali e cacciagione in caldi ambienti con soffitti a volte e pietre a vista.

Delle Alpi

rist,

via Circonvallazione 20 38020 Passo del Tonale – 03 64 90 39 19 – dellealpi@iridehotels.com – Fax 03 64 90 37 29 – Dicembre-Pasqua e 15 giugno-15 settembre

34 cam – 65/78 € 80/135 € – ½ P 40/93 € – **Rist** – Carta 22/32 €

◆ Vicino alla seggiovia di Valbiolo, un giovane e simpatico albergo realizzato in un personale stile montano; belle aree comuni con stube, camere soppalcate e soleggiate. Gradevoli ambienti accoglienti al ristorante: arredi e pavimenti lignei e pareti decorate.

Orchidea

via Ciconvallazione 24 38020 Passo del Tonale – 03 64 90 35 35 – hotelorchidea@tin.it – Fax 03 64 90 35 33 – 4 dicembre-20 aprile

30 cam – 60/80 € 100/140 € – ½ P 65/85 € – **Rist** – Carta 16/25 €

◆ Di recente costruzione e gestito direttamente dai titolari, hotel con una tradizionale impostazione rustico-alpina; semplice funzionalità. Piccolo centro benessere. Rosa e legno in sala da pranzo, dove gustave piatti tipici trentini.

TONDI DI FALORIA – Belluno – alt. 2 343 m *Italia*

★★★

TORBOLE-NAGO – Trento (TN) – 562 E14 *Italia* 30 **B3**

Roma 569 – Trento 39 – Brescia 79 – Milano 174 – Verona 83

a Torbole lungolago Verona 19 0464 505177, Fax 0464 505643

NAGO (TN) – alt. 222 m – 38060 30 **B3**

Atlantic Club Hotel

lago e monti, cam, rist,

località Coe 1 – 04 64 54 82 00 – info@atlanticclubhotel.it – Fax 04 64 54 82 29

61 cam – 75 € 120 € – ½ P 75/80 € – **Rist** – *(chiuso a mezzogiorno)* Carta 30/45 €

◆ Un albergo originale ed esclusivo: grazie ad una passerella, dal quinto piano si può passare ad una piscina pensile scavata tra le rocce, colori etnici e soluzioni di design. Consistente utilizzo del legno nella sala ristorante con vista, dove accomodarsi di fronte a piatti di sapori tradizionali.

TORBOLE – alt. 85 m – 38069 30 **B3**

Piccolo Mondo

cam, rist,

via Matteotti 7 – 04 64 50 52 71 – info@hotelpiccolomondotorbole.it – Fax 04 64 50 52 95 – Chiuso due settimane in febbraio e due settimane in novembre

54 cam – 85/101 € 130/162 € – 4 suites – ½ P 85/101 €

Rist *Chiesa* – *(chiuso martedì, escluso in estate)* Carta 34/45 €

◆ Risorsa di recente ampliamento, pensata per un soggiorno di relax, dispone di camere spaziose e ben arredate, giardino con piscina ed un attrezzato centro benessere. Nell'elegante sala ristorante proposte di cucina regionale e gustose specialità alla mela.

XX **La Terrazza**

via Benaco 14 – ✆ 04 64 50 60 83 – info@allaterrazza.com – Fax 04 64 50 60 83 – Chiuso febbraio, marzo, novembre e martedì escluso giugno-settembre
Rist – Carta 28/39 €
◆ Una piccola sala interna ed una veranda con vista sul lago, che in estate si apre completamente, dove farsi servire piatti di forte ispirazione regionale e specialità di lago.

TORCELLO – Venezia – Vedere Venezia

TORGIANO – Perugia (PG) – 563 M19 – 5 588 ab. – alt. 219 m – ✉ 06089

Italia 32 **B2**

Roma 158 – Perugia 15 – Assisi 27 – Orvieto 60 – Terni 69

Museo del Vino★

Le Tre Vaselle cam, 200,

via Garibaldi 48 – ✆ 07 59 88 04 47 – 3vaselle@3vaselle.it – Fax 07 59 88 02 14
60 cam – 170 € 180/205 €
Rist *Le Melagrane* – Carta 49/61 €
◆ Tre boccali conventuali all'ingresso, danno il nome a questa struttura complessa, affascinante: una casa patrizia sviluppatasi in diverse epoche a partire dal '600. Ingredienti ricercati per il menù proposto nel raffinato ristorante.

C. Bowman/SCOPE

Piazza Castello

TORINO

Carta Michelin : n° 561 G5

▶ Roma 669 – Briançon 108 – Chambéry 209 – Genève 252 – Genova 170 – Grenoble 224 – Milano 140 – Nice 220

Popolazione : 867 857 ab

Altitudine : 239 m

Codice Postale : ✉ 10100

Italia

INFORMAZIONI PRATICHE

Uffichi informazioni turistiche

piazza Solferino (Atrium) ✉10121 ✆ 011535181,
info@turismotorino.org, Fax 011 530070 -
Stazione Porta Nuova ✉10125 ✆011 531327, Fax 011 5617095
Aeroporto Torino Caselle ✉ 10123 ✆ 011 5678124

Aeroporto

Città di Torino di Caselle per ①: 15 km ✆ 011 5676361

Golf

27 I Roveri, a Fiano Torinese, ✆ 011 923 57 19 ;
36 Torino, a Fiano Torinese, ✆ 011 923 54 40 ;
18 Le Fronde, Ovest : 24 km ad Avigliana, ✆ 011 932 80 53 ;
9 Stupinigi, ✆ 011 347 26 40 ;
9 I Ciliegi, a Pecetto Torinese, ✆ 011 860 98 02.

Fiera

04.05. - 08.05. : fiera internazionale del libro

LUOGHI DI INTERESSE

CENTRO MONUMENTALE

Duomo★ - Palazzo Carignano★★ - Palazzo Madama★★ - Palazzo Reale★ - Piazza Castello★ - Piazza S. Carlo★★

QUADRILATERO ROMANO

Palazzo Barolo★ - Piazza del Palazzo di Cttà★ - Santuario della Consolata★ - S. Domenico★

DA PIAZZA CASTELLO AL PO

Via Po★ - Mole Antoneliana★ - Museo di Arti Decorative★ - Piazza Vittorio Veneto★ - Parco del Valentino★

I MUSEI

GAM (Galleria di Arte Moderna)★★ - Galleria Sabauda★★ - Museo di Arte Antica di Palazzo Madama★★ - Museo dell'Automobile★★ - Museo del Cinema★★★ - Museo Egizio★★★ - Museo del Risorgimento★★

DINTORNI

Corona di delizie sabauda★★ : Reggia di Venaria, La Mandria, Castello di Rivoli e Museo di Arte Contemporanea, Palazzina di Caccia di Stupinigi - La collina★★ : Basilica di Superga e Colle della Maddalena - Sacra di San Michele in Val di Susa★★★

ACQUISTI

Via Garibaldi e Via Roma: negozi di tutti i generi - Via Cavour, Via Accademia Albertina, Via Maria Vittoria: antiquariato - Quadrilatero romano: botteghe artigiane e brocantage - Mercato alimentare di Porta Palazzo in Piazza Repubblica - Via Borgo Dora: mercato delle pulci del Balôn il sabato mattina e Gran Balôn (antiquariato e brocantage) la seconda domenica del mese

Golden Palace 120,
via dell'Arcivescovado 18 ✉ 10121 – ☎ 01 15 51 21 11 – goldenpalace@thi.it – Fax 01 15 51 28 00 CXY **h**
183 cam – 180/398 € 210/475 € – 12 suites – **Rist** – *(chiuso agosto)* Carta 40/64 €
◆ Nel cuore della città, un nuovo hotel di lusso con ori, argenti e ottoni a ricreare i colori delle medaglie olimpiche. Un piano intero è dedicato alla clientela business. Ristorante elegante, arredi di design e cucina innovativa.

Le Meridien Lingotto cam, cam, 40,
via Nizza 262 ✉ 10126 – ☎ 01 16 64 20 00 – reservations@lemeridien-lingotto.it – Fax 01 16 64 20 01 GU **a**
240 cam – 110/270 € 125/270 € – 14 suites
Rist ***Torpedo*** – Carta 42/52 €
◆ C'è un giardino tropicale in questo hotel moderno, ospitato nel Lingotto, riuscito esempio di recupero di architettura industriale; camere lussuose con pezzi di design. Comode poltroncine ai tavoli dell'elegante e luminoso ristorante; cucina di ottimo livello.

Grand Hotel Sitea rist, 100,
via Carlo Alberto 35 ✉ 10123 – ☎ 01 15 17 01 71 – sitea@thi.it – Fax 011 54 80 90 CY **t**
120 cam – 115/225 € 159/305 € – 1 suite – ½ P 119/192 € – **Rist** – Carta 49/65 €
◆ Ospitalità, atmosfera, arredi d'epoca: tutto è sotto il segno di una curatissima raffinatezza in un grande albergo di tradizione (dal 1925), rinnovato in anni recenti. Belle finestre affacciate su un angolo verde nel ristorante dall'eleganza sobria e discreta.

Turin Palace Hotel rist, 200,
via Sacchi 8 ✉ 10128 – ☎ 01 15 62 55 11 – palace@thi.it – Fax 01 15 61 21 87 CY **u**
120 cam – 165/230 € 210/295 € – 2 suites – **Rist** – *(chiuso agosto, sabato e domenica a mezzogiorno)*
Menu 28/49 €
◆ Tradizione e raffinatezza nel grande albergo "immagine" di Torino da oltre un secolo; calda atmosfera e sobria eleganza d'epoca negli ampi saloni comuni e nelle camere. Ricercato décor nel ristorante, accogliente e signorile; servizio accurato.

Le Meridien Turin Art+Tech cam, cam, 150,
via Nizza 230 ✉ 10126 – ☎ 01 16 64 20 00 – reservations@lemeridien-lingotto.it – Fax 01 16 64 20 04 GU **b**
141 cam – 150/390 € – 1 suite – **Rist** – Carta 44/54 €
◆ Dalla piccola hall sale fino al tetto un ascensore panoramico, che conduce alle balconate su cui affacciano le camere. L'effetto è sorprendente, il design innovativo. Ristorante elegante e informale allo stesso tempo, incorniciato da legni di ciliegio.

Starhotels Majestic cam, cam, 500,
corso Vittorio Emanuele II 54 ✉ 10123 – ☎ 011 53 91 53 – majestic.to@starhotels.it – Fax 011 53 49 63 CY **e**
161 cam – 105/390 € – 2 suites
Rist ***Le Regine*** – Carta 39/58 €
◆ Spazi, ottimo confort, eleganza e servizi adeguati nelle accoglienti aree comuni e nelle curate camere di un albergo, rinnovato totalmente, in comoda posizione centrale. Una grande cupola di vetro colorato domina la bella sala da pranzo; cucina internazionale.

AC Torino cam, rist, 70,
via Bisalta 11 ✉ 10126 – ☎ 01 16 39 50 91 – actorino@ac-hotels.com – Fax 01 16 67 78 22 GU **d**
89 cam – 105/360 € 130/450 € – 6 suites – **Rist** – (solo per alloggiati) Carta 37/53 €
◆ Ricavato dall'edificio di un ex pastificio, una struttura d'inizio '900 in zona Lingotto, un hotel di taglio contemporaneo con confort moderno e dotazioni all'avanguardia. Ristorante in stile minimal-chic, cucina eclettica.

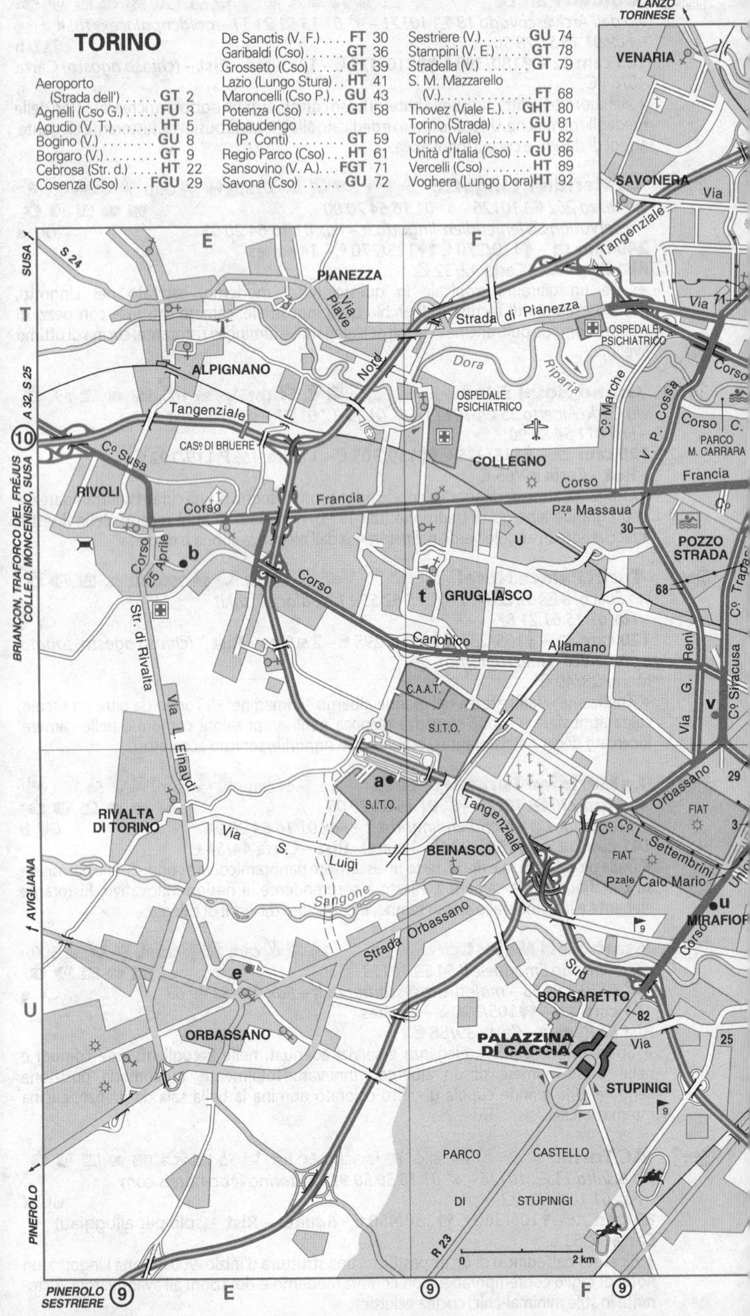
TORINO
Aeroporto (Strada dell') ..... GT 2
Agnelli (Cso G.) .... FU 3
Agudio (V. T.) .... HT 5
Bogino (V.) .... GU 8
Borgaro (V.) .... GT 9
Cebrosa (Str. d.) ..... HT 22
Cosenza (Cso) ...... FGU 29
De Sanctis (V. F.) .... FT 30
Garibaldi (Cso) ...... GT 36
Grosseto (Cso) .... GT 39
Lazio (Lungo Stura) .. HT 41
Maroncelli (Cso P.) .. GU 43
Potenza (Cso) .... GT 58
Rebaudengo (P. Conti) .... GT 59
Regio Parco (Cso) ... HT 61
Sansovino (V. A.) ... FGT 71
Savona (Cso) .... GU 72
Sestriere (V.) .... GU 74
Stampini (V. E.) ..... GT 78
Stradella (V.) .... GT 79
S. M. Mazzarello (V.) .... FT 68
Thovez (Viale E.) .. GHT 80
Torino (Strada) ...... GU 81
Torino (Viale) .... FU 82
Unità d'Italia (Cso) .. GU 86
Vercelli (Cso) .... HT 89
Voghera (Lungo Dora) HT 92
LANZO TORINESE
VENARIA
SAVONERA
SUSA
S 24
E
F
PIANEZZA
Via Piave
Strada di Pianezza
OSPEDALE PSICHIATRICO
Tangenziale
Via 71
T
A 32, S 25
ALPIGNANO
Nord
Dora
Riparia
Corso
OSPEDALE PSICHIATRICO
Cº Marche
V. P. Cossa
Corso C.
PARCO M. CARRARA
10
BRIANÇON, TRAFORCO DEL FRÉJUS COLLE D. MONCENISIO, SUSA
CASº DI BRUERE
Cº Susa
COLLEGNO
Corso Francia
RIVOLI
Corso
Francia
Pza Massaua
Cº
30
U
POZZO STRADA
Corso 25 Aprile
b
Corso
t
GRUGLIASCO
68
Cº Trapani
Str. di Rivalta
Canonico
Allamano
Via G. Reni
C.A.A.T.
S.I.T.O.
V
Cº Siracusa
Via L. Einaudi
a
S.I.T.O.
Orbassano
29
RIVALTA DI TORINO
Via S. Luigi
BEINASCO
Tangenziale
FIAT
Cº Cº L. Settembrini
FIAT
Pzale Caio Mario
Sangone
u
MIRAFIORI
AVIGLIANA
Strada Orbassano
9
Corso
Sud
e
U
BORGARETTO
82
ORBASSANO
PALAZZINA DI CACCIA
Via
25
STUPINIGI
9
PARCO
CASTELLO
DI
STUPINIGI
PINEROLO
R 23
0
2 km
PINEROLO SESTRIERE
9
E
9
F
9

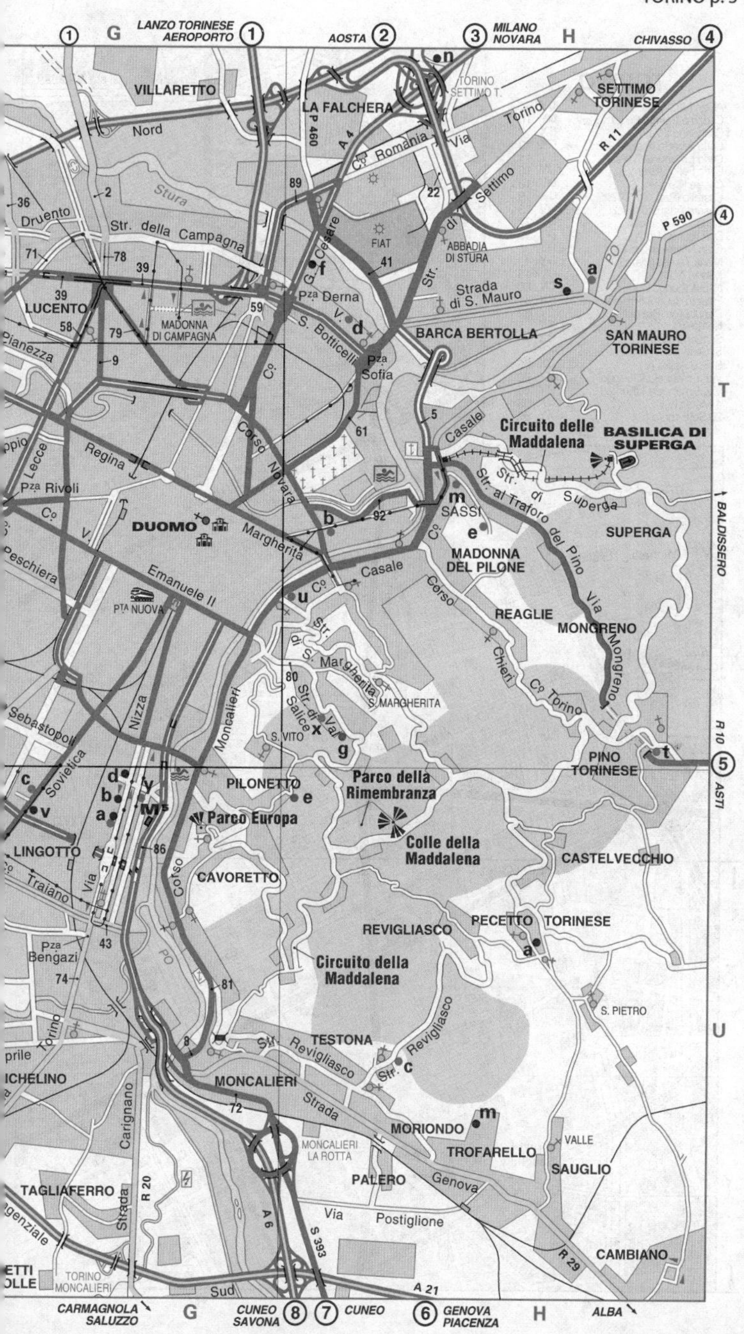

LANZO TORINESE AEROPORTO
AOSTA
MILANO NOVARA
CHIVASSO
VILLARETTO
LA FALCHERA
SETTIMO TORINESE
TORINO SETTIMO T.
Nord
Stura
Druento
Str. della Campagna
C° Romania
Via Torino
Str. di Settimo
FIAT
ABBADIA DI STURA
G. Cesare
LUCENTO
MADONNA DI CAMPAGNA
P^za Derna
Strada di S. Mauro
SAN MAURO TORINESE
BARCA BERTOLLA
Pianezza
S. Botticelli
P^za Sofia
Corso Novara
Regina
Lecce
P^za Rivoli
DUOMO
Margherita
C° Casale
Circuito delle Maddalena
BASILICA DI SUPERGA
Str. di Superga
Str. al Traforo del Pino
SASSI
SUPERGA
MADONNA DEL PILONE
BALDISSERO
Peschiera
Emanuele II
P^ta NUOVA
Corso Chieri
REAGLIE
Via Mongreno
MONGRENO
Str. di S. Margherita
S. MARGHERITA
C° Torino
Sebastopoli
Nizza
Moncalieri
Str. di Val Salice
S. VITO
PINO TORINESE
ASTI
Sovietica
PILONETTO
Parco della Rimembranza
Parco Europa
Colle della Maddalena
LINGOTTO
CAVORETTO
CASTELVECCHIO
Traiano
Via
Corso
PECETTO TORINESE
REVIGLIASCO
P^za Bengazi
Circuito della Maddalena
PO
S. PIETRO
TESTONA
Str. Revigliasco
MONCALIERI
Strada
MORIONDO
MONCALIERI LA ROTTA
TROFARELLO
VALLE
SAUGLIO
Carignano
PALERO
Genova
TAGLIAFERRO
Strada
Via Postiglione
A 6
S 393
R 29
CAMBIANO
TORINO MONCALIERI
Sud
A 21
CARMAGNOLA SALUZZO
CUNEO SAVONA
CUNEO
GENOVA PIACENZA
ALBA

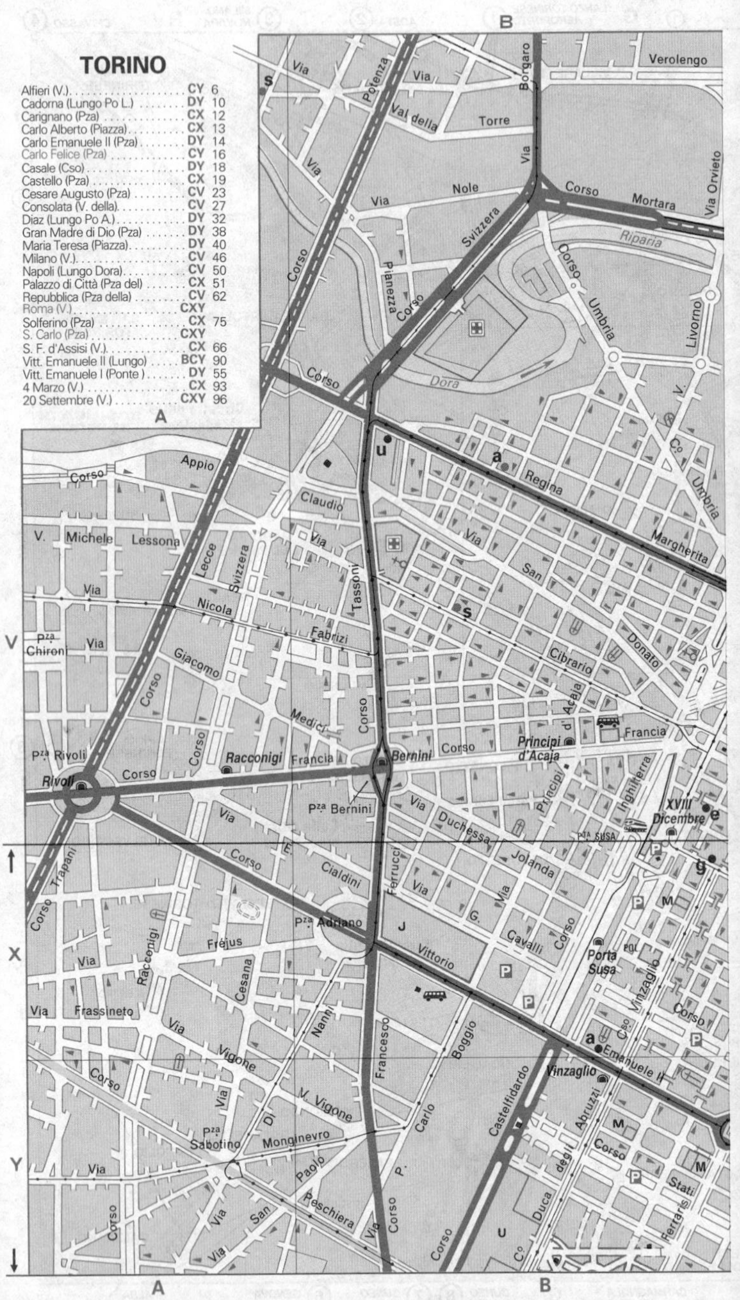
TORINO
Alfieri (V.) CY 6
Cadorna (Lungo Po L.) DY 10
Carignano (Pza) CX 12
Carlo Alberto (Piazza) CX 13
Carlo Emanuele II (Pza) DY 14
Carlo Felice (Pza) CY 16
Casale (Cso) DY 18
Castello (Pza) CX 19
Cesare Augusto (Pza) CV 23
Consolata (V. della) CV 27
Diaz (Lungo Po A.) DY 32
Gran Madre di Dio (Pza) DY 38
Maria Teresa (Piazza) DY 40
Milano (V.) CV 46
Napoli (Lungo Dora) CV 50
Palazzo di Città (Pza del) CX 51
Repubblica (Pza della) CV 62
Roma (V.) CXY
Solferino (Pza) CX 75
S. Carlo (Pza) CXY
S. F. d'Assisi (V.) CX 66
Vitt. Emanuele II (Lungo) BCY 90
Vitt. Emanuele I (Ponte) DY 55
4 Marzo (V.) CX 93
20 Settembre (V.) CXY 96
A
B
V
X
Y
Corso Regina Margherita
Via San Donato
Via Cibrario
Corso Francia
Principi d'Acaja
Bernini
Racconigi
Rivoli
P.za Rivoli
P.za Bernini
P.za Adriano
Corso Vittorio Emanuele II
Porta Susa
XVIII Dicembre
Vinzaglio
Corso Svizzera
Corso Umbria
Corso Mortara
Dora Riparia
Corso Vinzaglio
Corso Castelfidardo
Corso Ferrucci
Corso Francesco Ferrucci
Via Duchessa Jolanda
Via Cialdini
Via Nicola Fabrizi
Via Michele Lessona
Corso Appio Claudio
Corso Tassoni
Corso Lecce
Via Giacomo Medici
Via Fréjus
Via Frassineto
Via Vigone
Corso Peschiera
Via San Paolo
Via Monginevro
P.za Sabotino
Corso Trapani
Corso Duca degli Abruzzi
Corso Stati Uniti
Via Nole
Via Borgaro
Via Verolengo
Via Orvieto
Via Livorno
Via Pianezza
Via Val della Torre
Via Potenza
P.za Chironi
Via Cesana
Via Nanni
Corso Boggio
Via Carlo P.
Via Cavalli
Via Inghilterra
Corso Principi d'Acaja
Corso Racconigi
Via Ferraris
P.ta SUSA

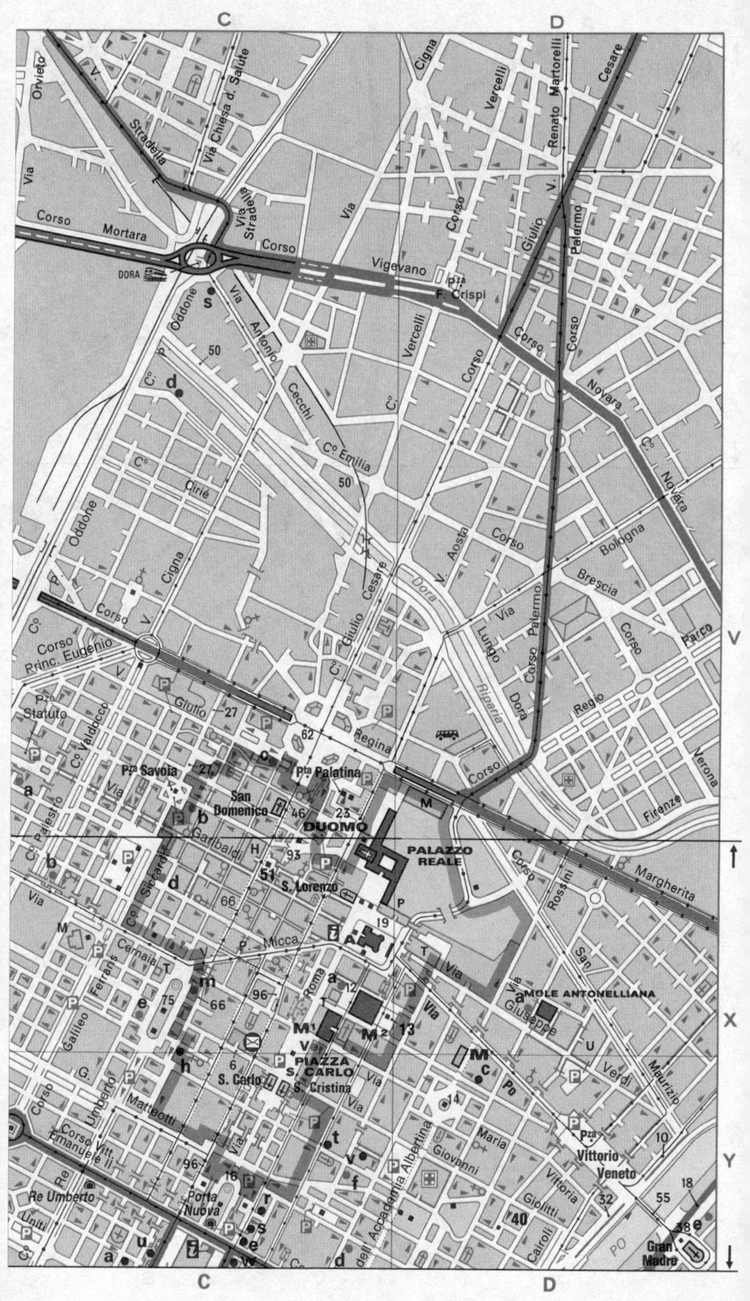
C
D
Corso Vigevano
Pza F. Crispi
Corso Novara
DORA
Corso Mortara
Via Stradella
Via Chiesa d. Salute
Via Cigna
Via Vercelli
Corso Vercelli
Corso Giulio Cesare
Corso Palermo
Via Renato Martorelli
Via Antonio Cecchi
Cº Emilia
Cº Ciriè
Corso Principe Oddone
Corso Principe Eugenio
Pza Statuto
Cº Valdocco
Pza Savoia
Pta Palatina
San Domenico
DUOMO
PALAZZO REALE
S. Lorenzo
Corso Regina
Dora Riparia
Lungo Dora
Corso Aosta
Corso Bologna
Via Brescia
Corso Parco
Corso Regio
Corso Verona
Corso Firenze
Corso Margherita
Corso San Maurizio
Via Rossini
MOLE ANTONELLIANA
Via Giuseppe Verdi
Via Garibaldi
Cº Siccardi
Via Cernaia
Via Pietro Micca
Via Roma
PIAZZA S. CARLO
S. Carlo
S. Cristina
Via Po
Via Maria Vittoria
Via Giovanni Giolitti
Via Cairoli
Via dell'Accademia Albertina
Pza Vittorio Veneto
PO
Gran Madre
Porta Nuova
Corso Vitt. Emanuele II
Corso Re Umberto
Cº Uniti
Via Matteotti
Via Galileo Ferraris
Corso G. Umberto
Cº Palestro
V
X
Y

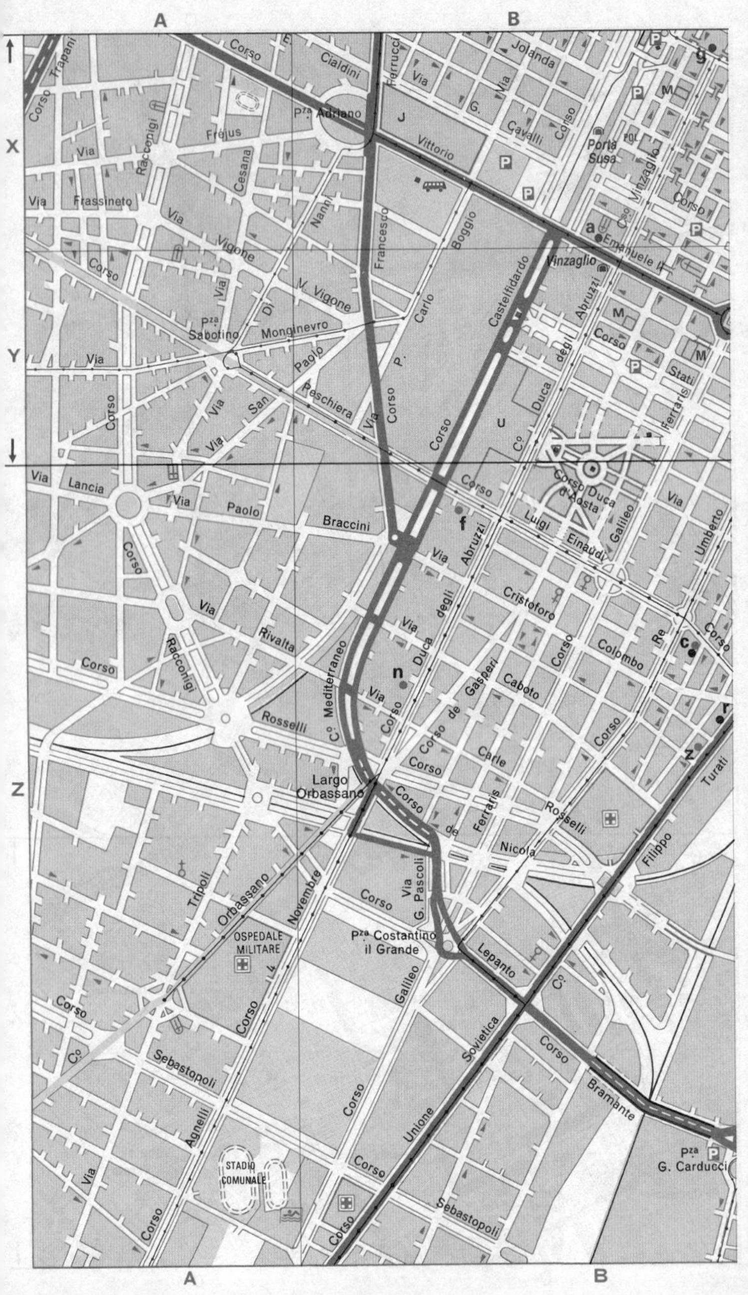
A
B
X
Y
Z
Corso Trapani
Corso Cialdini
Pza Adriano
Via Frejus
Via Racconigi
Via Cesana
Via Frassineto
Via Vigone
Nanni
Francesco Ferrucci
Via G. Jolanda
Via Cavalli
Corso Vittorio Emanuele II
Porta Susa
Corso Vinzaglio
Boggio
Castelfidardo
Pza Sabotino
Via Di Monginevro
V. Vigone
Via P. Carlo
Paolo
Peschiera
Via San
Corso
Via degli Abruzzi
Co Duca
Corso Stati
Ferraris
Via Lancia
Via Paolo Braccini
Corso Duca d'Aosta
Luigi Einaudi
Galileo
Via Umberto
Corso Racconigi
Via Rivalta
Cristoforo Colombo
Re
Corso Rosselli
Co Mediterraneo
Via Duca degli
Corso de Gasperi
Caboto
Carle
Largo Orbassano
Corso de Ferraris
Nicola
Rosselli
Filippo Turati
Corso Orbassano
Via Tripoli
Novembre
OSPEDALE MILITARE
Corso 4
Via G. Pascoli
Pza Costantino il Grande
Galileo
Lepanto
Co
Sovietica
Unione
Corso Bramante
Pza G. Carducci
Corso Sebastopoli
Co
Corso Agnelli
STADIO COMUNALE
Via
Corso
Corso Sebastopoli
A
B

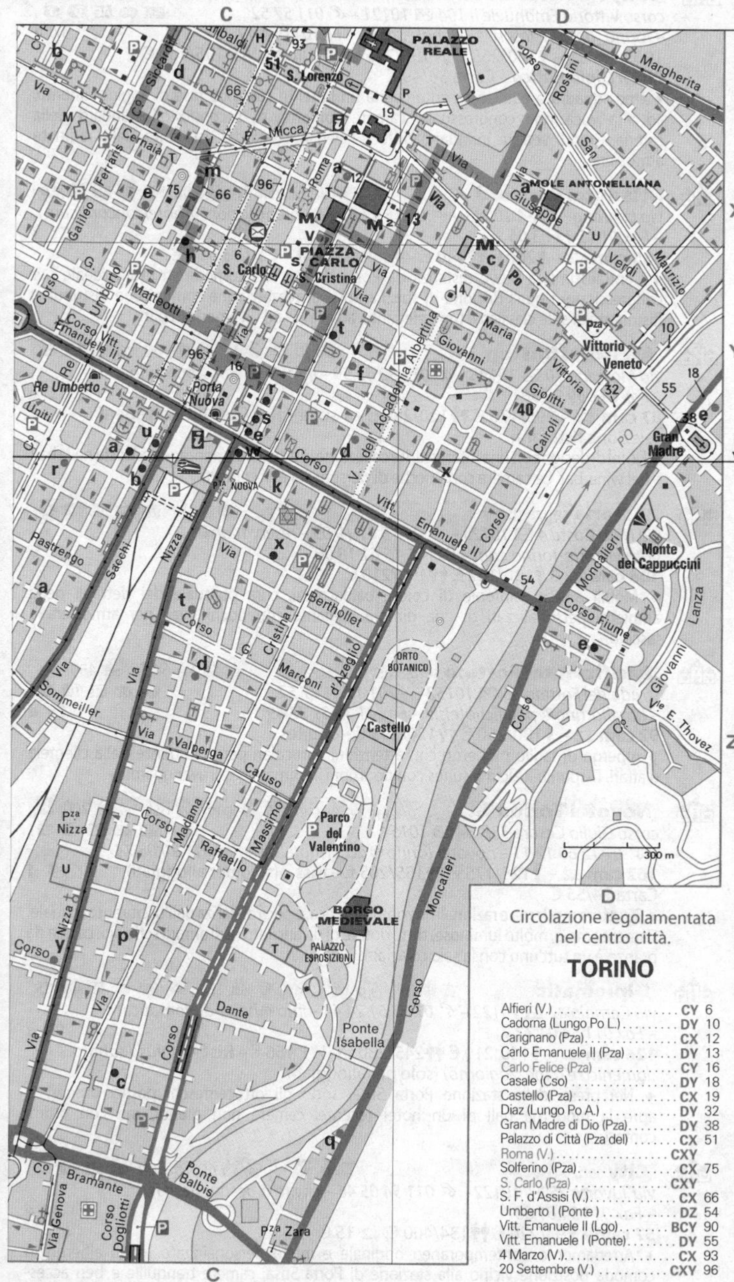

Circolazione regolamentata nel centro città.

TORINO

Jolly Hotel Ambasciatori cam, rist, 350,
corso Vittorio Emanuele II 104 ✉ 10121 – ☎ 011 57 52
– torino_ambasciatori@jollyhotels.com – Fax 011 54 49 78 BX **a**
195 cam – 160/265 € 190/295 € – 4 suites – ½ P 135/187 €
Rist *Il Diplomatico* – Carta 36/49 €
◆ Uno squadrato edificio recente ospita un hotel in continua fase di aggiornamento, ad alta vocazione congressuale; camere confortevoli, secondo gli standard della catena. Grandi vetrate inondano di luce l'elegante sala del ristorante, dalla raffinata atmosfera.

Atahotel Concord rist, 200,
via Lagrange 47 ✉ 10123 – ☎ 01 15 17 67 56 – prenotazioni@hotelconcord.com
– Fax 01 15 17 63 05 CY **s**
135 cam – 260 € 340 € – 4 suites – **Rist** – Carta 33/50 €
◆ Centralissima, a breve distanza da Porta Nuova, una comoda struttura, ideale per congressi, per i quali dispone di spazi ampi e attrezzati; zone comuni ben distribuite. Ristorante di stile classico e tono elegante, adiacente ad un american bar.

Art Hotel Boston 50,
via Massena 70 ✉ 10128 – ☎ 011 50 03 59 – info@hotelbostontorino.it
– Fax 011 59 93 58 BZ **c**
87 cam – 95/170 € 120/280 € – 1 suite – Rist Casa Vicina-vedere selezione ristoranti.
◆ Hotel di design con una interessante collezione di arte contemporanea esposta nella hall e nel wine-bar. Le camere sono ricche di personalità e di confort.

Victoria senza rist
via Nino Costa 4 ✉ 10123 – ☎ 01 15 61 19 09 – reservation@
hotelvictoria-torino.com – Fax 01 15 61 18 06 CY **v**
106 cam – 130/162 € 190/210 €
◆ Mobili antichi, sinfonie di colori, baldacchini, cura puntuale dei dettagli negli ambienti personalizzati di una dimora elegante con pochi rivali per atmosfera e fascino.

Pacific Hotel Fortino senza rist 450,
strada del Fortino 36 ✉ 10152 – ☎ 01 15 21 77 57
– hotelfortino@pacifichotels.it – Fax 01 15 21 77 49 CV **d**
92 cam – 100/250 € 120/295 € – 8 suites
◆ Albergo di taglio moderno con attenzioni particolari per le esigenze della clientela d'affari. Disponibili alcune suites con dotazioni informatiche all'avanguardia.

Novotel Torino cam, cam, rist, 200,
corso Giulio Cesare 338/34 ✉ 10154
– ☎ 01 12 60 12 11 – novotel.torino@accor-hotels.it – Fax 011 20 05 74
162 cam – 125/175 € 155/205 € – **Rist** – (solo per alloggiati) HT **f**
Carta 24/55 €
◆ Struttura moderna e razionale in zona periferica, a poca distanza dall'uscita autostradale. Camere ampie, molto luminose, tutte dotate di divano letto e di ampio scrittoio. La sala da pranzo è un tutt'uno con la sala colazioni.

Diplomatic cam, rist, 180,
via Cernaia 42 ✉ 10122 – ☎ 01 15 61 24 44 – info@hotel-diplomatic.it
– Fax 011 54 04 72 BX **g**
126 cam – 160/210 € 245/280 € – ½ P 166 € – **Rist** – *(chiuso sabato, domenica e a mezzogiorno)* (solo per alloggiati)
◆ Nei pressi della stazione Porta Susa, sotto gli ottocenteschi portici torinesi si apre la moderna hall di un hotel recente; camere non grandi, ma con ottimi confort.

City senza rist 60,
via Juvarra 25 ✉ 10122 – ☎ 011 54 05 46 – city.to@bestwestern.it
– Fax 011 54 81 88 BV **e**
57 cam – 93/220 € 134/400 €, 15 €
◆ Arredamento contemporaneo originale e molto personalizzato in un albergo in comoda posizione vicino alla stazione di Porta Susa; camere tranquille e ben accessoriate.

Holiday Inn Turin City Centre cam, cam, rist, 40,
via Assietta 3 ✉ 10128 – ✆ 01 15 16 71 11 – hi.torit@libero.it – Fax 01 15 16 76 99 CY **a**
57 cam – †90/173 € ††120/228 €, ☕ 16 € – **Rist** – *(chiuso a mezzogiorno)* Carta 31/47 €
◆ Centrale, moderna risorsa all'interno di un palazzo ottocentesco ristrutturato; servizi di tecnologia avanzata e idromassaggio (vasche o docce) o sauna nelle camere. Impostazione e tono di contemporanea ispirazione anche nel ristorante.

Genio senza rist 80,
corso Vittorio Emanuele II 47 ✉ 10125 – ✆ 01 16 50 57 71 – info@hotelgenio.it – Fax 01 16 50 82 64 CYZ **w**
125 cam ☕ – †90/140 € ††140/200 € – 3 suites
◆ Accanto alla stazione di Porta Nuova, un albergo che, dopo i lavori di ampliamento e ristrutturazione, offre ambienti di una certa eleganza; camere curate nei dettagli.

Genova senza rist 60,
via Sacchi 14/b ✉ 10128 – ✆ 01 15 62 94 00 – info@albergogenova.it – Fax 01 15 62 98 96 CZ **b**
78 cam ☕ – †118/200 € ††143/280 €
◆ A Porta Nuova, ambiente signorile in una struttura ottocentesca che aggiornandosi ha saputo coniugare la classicità degli interni con le moderne esigenze del confort.

Royal 600,
corso Regina Margherita 249 ✉ 10144 – ✆ 01 14 37 67 77 – info@hotelroyaltorino.it – Fax 01 14 37 63 93 BV **u**
75 cam ☕ – †65/105 € ††85/150 € – ½ P 65/95 € – **Rist** – *(chiuso sabato e domenica a mezzogiorno)* Carta 36/44 €
◆ La posizione decentrata non danneggia questo albergo di buon livello, ristrutturato in anni recenti, che lavora con ogni tipo di clientela; attrezzato centro congressi. Ambiente classico di una certa raffinatezza nella sala del ristorante.

Lancaster senza rist 60,
corso Filippo Turati 8 ✉ 10128 – ✆ 01 15 68 19 82 – hotel@lancaster.it – Fax 01 15 68 30 19 – Chiuso dal 5 al 20 agosto BZ **r**
83 cam ☕ – †73/122 € ††101/162 €
◆ In un quartiere residenziale semicentrale, una risorsa signorile, con moderni confort e arredi di buon gusto sia nelle zone comuni che nelle camere, di livello superiore.

Giotto senza rist 30,
via Giotto 27 ✉ 10126 – ✆ 01 16 63 71 72 – info@hotelgiottotorino.it – Fax 01 16 63 71 73 CZ **c**
50 cam ☕ – †70/125 € ††90/162 €
◆ Decentrato, non lontano dal Lingotto e dal Valentino, un moderno albergo rinnovato negli interni; complete nei confort le camere, con vasche o docce idromassaggio.

Crimea senza rist 35,
via Mentana 3 ✉ 10133 – ✆ 01 16 60 47 00 – info@hotelcrimea.it – Fax 01 16 60 49 12 DZ **e**
49 cam ☕ – †75/135 € ††90/200 € – 1 suite
◆ Piacevoli interni di eleganza sobria e discreta in un albergo in tranquilla posizione in nella zona residenziale precollinare; arredi recenti nelle confortevoli camere.

Piemontese senza rist
via Berthollet 21 ✉ 10125 – ✆ 01 16 69 81 01 – info@hotelpiemontese.it – Fax 01 16 69 05 71 CZ **x**
37 cam ☕ – †65/119 € ††79/139 €
◆ Costante opera di rinnovo delle camere (alcune con vasca idromassaggio o doccia sauna) in un hotel tra Porta Nuova e il Po; colorate soluzioni d'arredo nelle zone comuni.

Gran Mogol senza rist
via Guarini 2 ✉ 10123 – ✆ 01 15 61 21 20 – info@hotelgranmogol.it – Fax 01 15 62 31 60 – Chiuso dal 23 dicembre al 1° gennaio e dal 30 luglio al 25 agosto CY **r**
45 cam ☕ – †70/100 € ††90/140 €
◆ Centralissimo, nei pressi del Museo Egizio, un hotel signorile, rinnovato, dagli interni riposanti, per clientela sia di lavoro che turistica; stanze di buon confort.

President senza rist
via Cecchi 67 ✉ 10152 – ✆ 011 85 95 55 – info@hotelpresident-to.it
– Fax 01 12 48 04 65 CV **s**
72 cam ☕ – 🛉50/140 € 🛉🛉70/230 €
◆ Costruita alla fine degli anni '70, una struttura funzionale in posizione abbastanza facilmente raggiungibile dall'autostrada; camere di discreto confort, in parte rinnovate.

Cairo senza rist
via La Loggia 6 ✉ 10134 – ✆ 01 13 17 15 55 – hcairo@ipsnet.it
– Fax 01 13 17 20 27 – Chiuso dal 1° al 28 agosto GU **v**
56 cam ☕ – 🛉100 € 🛉🛉130 €
◆ Periferica, con possibilità di parcheggio, una risorsa a gestione familiare, dagli interni accoglienti; le nuove camere nella dépendance offrono un confort superiore.

Des Artistes senza rist
via Principe Amedeo 21 ✉ 10123 – ✆ 01 18 12 44 16 – info@desartisteshotel.it
– Fax 01 18 12 44 66 DY **c**
22 cam ☕ – 🛉95/110 € 🛉🛉130/150 €
◆ Accoglienza garbata e attenta in un albergo centrale, in attività da una decina di anni, pulito e curato; arredi recenti sia nelle zone comuni che nelle camere.

Del Cambio 6/20,
piazza Carignano 2 ✉ 10123 – ✆ 011 54 37 60 – cambio@thi.it
– Fax 011 53 52 82 – Chiuso dal 5 al 27 agosto, dal 1° al 7 gennaio e domenica (escluso gennaio-febbraio) CX **a**
Rist – (consigliata la prenotazione) Carta 60/70 € (+15 %)
◆ In 250 anni ha accolto e saziato personaggi come Cavour, Rattazzi e Lamarmora: ora attende voi, tra i suoi velluti rossi, per deliziarvi con piatti tradizionali o creativi.

Vintage 1997 (Consonni)
piazza Solferino 16/h ✉ 10121 – ✆ 011 53 59 48 – info@vintage1997.com
– Fax 011 53 59 48 – Chiuso dal 1° al 7 gennaio, dal 6 al 31 agosto, sabato a mezzogiorno e domenica CX **e**
Rist – Carta 41/59 €
Spec. Pesce crudo. Pennette di farro con filetti di triglie, fave e basilico. Guanciotto di vitella al Timorosso e piccole verdure.
◆ Al piano rialzato di un palazzo d'epoca, è un insieme ovattato fra tessuti e paralumi. Ampia scelta di primi, paste fresche declinate in tutte le forme, carne e pesce.

La Pista
via Nizza 294 ✉ 10126 – ✆ 01 16 31 35 23 – ristorante@lapista.to.it
– Fax 01 16 31 37 08 – Chiuso una settimana in gennaio e tre settimane in agosto GU **a**
Rist – Carta 68/96 €
◆ Lungo la ex pista di prova veicoli sul tetto dello storico stabilimento del Lingotto, un ristorante luminoso ed elegante dagli spazi davvero originali e suggestivi.

Neuv Caval 'd Brôns 25/30,
piazza San Carlo 155 ✉ 10123 – ✆ 011 56 27 483 – info@cavaldbrons.it
– Fax 01 15 92 04 85 – Chiuso dal 14 al 26 agosto, sabato a mezzogiorno e domenica CX **v**
Rist – Carta 42/67 €
◆ Sotto i portici di uno dei palazzi ottocenteschi della celebre piazza S. Carlo, un prestigioso ed elegante ristorante cittadino torna all'altezza della propria fama.

La Barrique (Gallo) 28,
corso Dante 53 ✉ 10126 – ✆ 011 65 79 00 – labarriquedigallostefano@virgilio.it
– Fax 011 65 79 95 – Chiuso dal 13 al 31 agosto, domenica da giugno a settembre, anche lunedì negli altri mesi CZ **y**
Rist – Carta 58/75 €
Spec. Sella di coniglio al finocchietto con verdure croccanti e sorbetto all'olio d'oliva (estate). Baccalà mantecato in zuppa di cavolfiori e zenzero (autunno-inverno). Rombo al pepe verde con crema di piselli, riso venere e calamaretti (primavera).
◆ Simpatica gestione familiare per questa cucina che unisce i classici regionali, paste fresche, carne e l'inevitabile trionfo di cioccolato a proposte più creative e di pesce.

Marco Polo 12,

via Marco Polo 38 ✉ 10129 – ✆ 011 50 00 96 – ristorantemarcopolo@libero.it – Fax 011 59 99 00 – Chiuso sabato a mezzogiorno e domenica BZ **f**

Rist – Carta 62/90 €

◆ Ristorante con sale distribuite su due piani e con una varietà di linee gastronomiche originali: piatti giapponesi, carni alla griglia, crostacei e frutti di mare crudi.

Moreno La Prima dal 1979 15,

corso Unione Sovietica 244 ✉ 10134 – ✆ 01 13 17 91 91 – info@laprimamoreno.it – Fax 01 13 14 34 23 – Chiuso venti giorni in agosto e lunedì a mezzogiorno GU **c**

Rist – Carta 50/70 €

◆ Dal viale periferico un inatteso vialetto nel verde conduce ad un locale elegante e curato; gradevoli i tavoli vicino alle vetrate sul giardinetto; cucina tradizionale.

Al Garamond 14,

via Pomba 14 ✉ 10123 – ✆ 01 18 12 27 81 – info@algaramond.it – Chiuso sabato a mezzogiorno e domenica CY **f**

Rist – Carta 49/69 €

◆ Porta il nome di un luogotenente dei Dragoni di Napoleone questo locale con una giovane, ma esperta conduzione entusiasta, che si esibisce in estrosi piatti moderni.

Villa Somis

strada Val Pattonera 138 ✉ 10133 – ✆ 01 16 61 26 17 – Fax 01 16 61 23 36 – Chiuso dal 10 al 20 agosto, una settimana in gennaio, domenica sera, lunedì e a mezzogiorno HU **e**

Rist – Carta 48/73 €

◆ Abbracciata dalle colline, la villa settecentesca, che fu dimora dell'omonima famiglia di musicisti, ospita un elegante locale alla carta con piatti di moderna impostazione.

Locanda Mongreno (Bussetti) 20,

strada comunale di Mongreno 50 ✉ 10132 – ✆ 01 18 98 04 17 – info@locandamongreno.it – Fax 01 18 22 73 45 – Chiuso dal 26 dicembre al 10 gennaio, dal 25 agosto al 10 settembre, lunedì e a mezzogiorno HT **e**

Rist – Menu 55/79 €

Spec. Sushi in tre versioni. Sott'olio di capesante, animelle e scalogni al profumo di coriandolo con "vodka lemon" (primavera-estate). Mezzelune di mela verde e lamponi con gelato "croccante" al pralinato e salsa di secondo caglio.

◆ La giovane età non manca di esperienza e sicurezza: i piatti spaziano dai classici piemontesi ad elaborazioni più ardite, a volte in piacevole contrapposizione.

Al Gatto Nero

corso Filippo Turati 14 ✉ 10128 – ✆ 011 59 04 14 – info@gattonero.it – Fax 011 50 22 45 – Chiuso agosto e domenica BZ **z**

Rist – Carta 40/60 €

◆ Gatti di tutte le forme occhieggiano dagli angoli del locale. Illustri frequentazioni per un "evergreen" nel panorama cittadino; cucina tradizionale di matrice toscana.

'L Birichin (Batavia) 12,

via Vincenzo Monti 16/A ✉ 10126 – ✆ 011 65 74 57 – batavia@birichin.it – Fax 011 65 74 57 – Chiuso dal 10 al 26 agosto e domenica CZ **p**

Rist – Carta 45/71 €

Spec. Millefoglie di cardi e foie gras, miele di castagno e cipolla croccante (autunno). Tajarin al Castelmagno su fonduta di toma (autunno-inverno). Guancia di manzo glassato al Barolo chinato, topinambur gratin e nocciole delle langhe (autunno-inverno).

◆ Una delle tavole emergenti nel risveglio gastronomico di Torino. Il giovane cuoco propone una cucina creativa, sovente di pesce, a volte con richiami ai prodotti del sud.

Light

via Giacosa 10/a/bis ✉ 10100 – ✆ 011 19 70 72 81 – giannicorso@hotmail.com – Chiuso sabato a mezzogiorno e domenica CZ **d**

Rist – Carta 33/46 €

◆ Gestione giovane e appassionata, locale moderno e raccolto. Ottima disponibilità e selezione di etichette, cucina curiosa ed attuale con interessanti basi regionali.

XX **Galante**

corso Palestro 15 ✉ 10122 – ✆ 011 53 77 57 – galante@ristoratori.it – Fax 011 53 21 63 – Chiuso agosto, sabato a mezzogiorno e domenica

Rist – Carta 35/50 € CX **b**

◆ Toni chiari e sedie imbottite in una piccola, curata bomboniera con ambientazione neoclassica; nell'ampia carta molte proposte alla brace, sia di carne che di pesce.

XX **Porta Rossa**

via Passalacqua 3/b ✉ 10122 – ✆ 011 53 08 16 – info@laportarossa.it – Fax 011 53 08 16 – Chiuso dal 26 dicembre al 6 gennaio, agosto, sabato a mezzogiorno e domenica CV **a**

Rist – Carta 31/64 €

◆ Vicino a piazza Statuto, tavoli vicini e animazione in un locale moderno e curato; dalla carta o dalle intelligenti formule degustazione, sempre freschissimo il pesce.

XX **Al Bue Rosso**

corso Casale 10 ✉ 10131 – ✆ 01 18 19 13 93 – Fax 01 18 19 13 93 – Chiuso agosto, sabato a mezzogiorno e lunedì DY **e**

Rist – Carta 40/50 € (+10 %)

◆ Collaudata, trentennale gestione familiare per un ristorante classico di tono elegante sulla sponda del Po, vicino alla chiesa della Gran Madre; cucina del territorio.

XX **Casa Vicina** Art hotel Boston

12,

via Massena 66 ✉ 10128 – ✆ 011 59 09 49 – casavicina@libero.it – Fax 011 59 09 49 – Chiuso dal 14 agosto al 7 settembre, domenica sera e lunedì

Rist – Carta 57/78 € BZ **c**

◆ Trasferita dal Canavese, la moderna risorsa annovera una gestione familiare ed ha mantenuto il nome e la tipica cucina legata ai sapori della tradizione regionale.

XX **Locanda Botticelli**

strada Arrivore 9 ✉ 10154 – ✆ 01 12 42 20 12 – locandabotticelli@libero.it – Fax 01 12 46 46 62 – Chiuso agosto e domenica HT **d**

Rist – (consigliata la prenotazione) Carta 31/41 €

◆ Varcato il cancello, ci si lascia alle spalle la periferia per entrare in un bell'ambiente dalla particolare atmosfera; ottima scelta di piatti di carne e di pesce.

XX **Perbacco**

22,

via Mazzini 31 ✉ 10123 – ✆ 011 88 21 10 – Fax 011 83 75 17 – Chiuso agosto, domenica e a mezzogiorno DZ **x**

Rist – Menu 30 €

◆ Centrale, gradevole ristorante solo serale, di tono moderno abbastanza elegante; ognuno "compone" il menù di 4 portate a scelta dalla carta, piemontese e stagionale.

XX **Solferino**

piazza Solferino 3 ✉ 10121 – ✆ 011 53 58 51 – Fax 011 53 51 95 – Chiuso dal 25 dicembre al 2 gennaio, Pasqua, agosto, venerdì sera e sabato CX **m**

Rist – Carta 28/39 €

◆ In una bella piazza torinese, gestione competente da quasi 30 anni per un ristorante classico, rinomato e molto frequentato anche a mezzogiorno; cucina tradizionale.

XX **Il 58**

via Valeggio 9 ✉ 10128 – ✆ 011 50 55 66 – ristoranteil58@libero.it – Fax 011 50 55 66 – Chiuso settembre e lunedì CZ **a**

Rist – Carta 31/42 €

◆ Ristorante signorile, con tocchi di eleganza nelle due accoglienti salette; servizio informale e buoni prodotti per piatti, soprattutto di mare. Gestione giovane.

XX **Conti di Saluzzo**

12,

via Saluzzo 36 ✉ 10125 – ✆ 01 16 50 73 14 – conti_di_saluzzo@libero.it – Chiuso 2 settimane in agosto, lunedì e sabato a mezzogiorno CZ **t**

Rist – (consigliata la prenotazione) Carta 28/56 €

◆ Salette curate, soffitti a volta, l'affiatata coppia alla conduzione, la buona nomea conquistata tra i clienti e una cucina pulita e saporita. Lungo la strada omonima.

XX **Giudice** 25,

strada Val Salice 78 ✉ 10131 – ✆ 01 16 60 20 20 – info@ristorantegiudice.com – Fax 01 16 60 07 79 – Chiuso domenica in giugno-luglio-agosto, martedì e mercoledì a mezzogiorno negli altri mesi HT **x**

Rist – Carta 34/40 €

♦ In collina, un edificio con comodo parcheggio ospita un ristorante classico, di cucina tradizionale con piatti stagionali e piemontesi; servizio estivo in giardino.

XX **Ponte Vecchio**

via San Francesco da Paola 41 ✉ 10123 – ✆ 011 83 51 00 – Fax 011 83 51 00 – Chiuso agosto, lunedì e martedì a mezzogiorno CY **d**

Rist – Carta 29/51 €

♦ Solida gestione familiare, immutata dal 1954, per un centrale locale classico in stile inizio '900; proposte di cucina sia regionali che di carattere nazionale.

XX **Mina**

via Ellero 36 ✉ 10126 – ✆ 01 16 96 36 08 – ristorante.mina.@libero.it – Fax 01 16 96 04 59 – Chiuso agosto, lunedì e dal 15 giugno a luglio anche domenica sera GU **y**

Rist – Carta 25/36 €

♦ Specchi, quadri e decorazioni alle pareti di un frequentato ristorante che prende il nome dalla sua proprietaria, che ne è la vera anima; piatti piemontesi di stagione.

XX **Etrusco** 13/16,

via Cibrario 52 ✉ 10144 – ✆ 011 48 02 85 – Chiuso dal 10 gennaio al 10 febbraio e lunedì BV **s**

Rist – Carta 29/43 €

♦ Contrariamente al nome, rimasto immutato, non sono toscane, ma per lo più di mare le specialità culinarie di un locale di tono moderno nella zona di corso Francia.

XX **Tre Galline** 12/20,

via Bellezia 37 ✉ 10122 – ✆ 01 14 36 65 53 – info@3galline.it – Fax 01 14 36 00 13 – Chiuso dal 1° all'8 gennaio, Pasqua, dal 12 al 20 agosto, domenica e lunedì a mezzogiorno CV **c**

Rist – Carta 40/61 €

♦ Curato ambiente rustico nelle sale con soffitti in travi lignee di questo ristorante storico della città, dove provare le proposte di saporiti piatti tipicamente piemontesi.

XX **Mara e Felice**

via Foglizzo 8 ✉ 10149 – ✆ 011 73 17 19 – Fax 01 14 55 76 81 – Chiuso sabato a mezzogiorno e domenica AV **s**

Rist – Carta 33/61 €

♦ Andamento familiare e frequentazione di habitué in un locale piacevole e tranquillo, in posizione periferica; cucina d'impronta tradizionale, soprattutto di pesce.

X **C'era una volta** 8/10,

corso Vittorio Emanuele II 41 ✉ 10125 – ✆ 01 16 50 45 89 – info@ristoranteceraunavolta.it – Fax 01 16 50 57 74 – Chiuso domenica e a mezzogiorno

Rist – Carta 28/43 € CZ **k**

♦ Un'atmosfera accogliente ed elegante in questo locale recentemente rinnovato: proposte tipiche piemontesi da eleggere all'interno di una carta che varia mensilmente.

X **Da Benito**

corso Siracusa 142 ✉ 10137 – ✆ 01 13 09 03 54 – Fax 01 13 09 03 53 – Chiuso dal 15 agosto al 4 settembre, domenica sera e lunedì FT **v**

Rist – Carta 35/55 €

♦ Da 35 anni questo ristorante periferico, classico nella sua conduzione familiare, è un punto di riferimento in città per chi apprezza una fragrante cucina di pesce.

X **Trattoria Torricelli**

via Torricelli 51 ✉ 10129 – ✆ 011 59 98 14 – info@trattoriatorricelli.it – Fax 01 15 81 95 08 – Chiuso dal 1° al 6 gennaio, dal 10 al 30 agosto, domenica e lunedì a mezzogiorno BZ **n**

Rist – Carta 30/43 €

♦ Ci sono due giovani appassionati, uno ai fornelli e l'altro in sala, in questa trattoria moderna; ottima lista dei vini e, in cucina, tradizione rivisitata con fantasia.

Taverna delle Rose

via Massena 24 ✉ 10128 – ✆ 011 53 83 45 – Fax 011 53 83 45 – Chiuso agosto, sabato a mezzogiorno e domenica CZ **r**

Rist – Carta 30/43 €

◆ Accattivante ambiente caratteristico, che offre un'ampia scelta di piatti tradizionali; la sera scegliete la romantica saletta con mattoni a vista e luci soffuse.

L'Osteria del Corso

20,

corso Regina Margherita 252/b ✉ 10144 – ✆ 011 48 06 65 – info@osteriadelcorso.it – Fax 011 48 05 18 – Chiuso dal 2 all'8 gennaio, dal 15 agosto al 10 settembre e lunedì BV **a**

Rist – Carta 22/40 €

◆ E' gestito da due coniugi questo ristorantino semplice e familiare in un'arteria commerciale della città; gradevole veranda climatizzata e prevalenza di piatti di mare.

Sotto la Mole

via Montebello 9 ✉ 10124 – ✆ 01 18 17 93 98 – sottolamole@tiscali.it – Fax 01 15 21 28 10 – Chiuso Natale, tre settimane in giugno, domenica da giugno a settembre, mercoledì e a mezzogiorno (escluso domenica) negli altri mesi

Rist – Carta 28/49 € DX **a**

◆ Piccolo e gradevole ristorante proprio di fronte alla mole antonelliana. All'interno delle sale una raccolta di manifesti pubblicitari d'epoca. Cucina della tradizione.

Monferrato

20/25,

via Monferrato 6 ✉ 10131 – ✆ 01 18 19 06 74 – monferrato@ristorantemonferrato.com – Fax 01 18 19 76 61 – Chiuso sabato a mezzogiorno e domenica HT **u**

Rist – Carta 31/46 €

◆ In un piacevole quartiere dell'oltrepò, proposte legate alle tradizioni locali con buona ricerca sulla genuinità dei prodotti; ambiente semplice di tono moderno.

Da Toci

corso Moncalieri 190 ✉ 10133 – ✆ 01 16 61 48 09 – Chiuso dal 16 agosto al 10 settembre, domenica e lunedì CZ **q**

Rist – Carta 32/50 €

◆ Il nuovo titolare toscano di questo ristorante, semplice e ben tenuto, ha introdotto nel menù vari piatti della sua terra, ma la linea fondamentale rimane di mare.

Mon Ami

via San Dalmazzo 16 ang. via Santa Maria ✉ 10122 – ✆ 011 53 82 88 – Fax 01 15 13 27 84 – Chiuso agosto, domenica sera e lunedì CX **d**

Rist – Carta 24/36 €

◆ Tavoli ravvicinati in una centrale, semplice trattoria moderna, con piacevole dehors estivo; dalla cucina escono specialità di mare, ma anche nazionali e locali.

Trattoria della Posta

strada Mongreno 16 ✉ 10132 – ✆ 01 18 98 01 93 – info@trattoriadellaposta.com – Fax 01 18 99 46 04 – Chiuso sette giorni in gennaio, agosto, domenica sera e lunedì HT **m**

Rist – Carta 25/46 €

◆ Per gli amanti dei formaggi, piemontesi in particolare, è una vera cuccagna per gli occhi e il palato questa vecchia trattoria d'habitué, con caldo ambiente rustico.

Ristorantino Tefy

corso Belgio 26 ✉ 10153 – ✆ 011 83 73 32 – Fax 011 83 73 32 – Chiuso dal 15 al 30 gennaio, agosto, sabato a mezzogiorno e domenica HT **b**

Rist – Carta 30/50 €

◆ Passione e impegno nella gestione di questo accogliente locale; per viaggiare tra i sapori di mare e di terra, umbra in particolare, fatevi consigliare dal patron.

TORNELLO – **Pavia** – **Vedere Mezzanino**

TORRE A MARE – Bari (BA) – 564 D33 – ✉ 70045 27 C2

Roma 463 – Bari 12 – Brindisi 101 – Foggia 144 – Taranto 94

Da Nicola

via Principe di Piemonte 3 – ☎ 08 05 43 00 43 – ristorante_danicola@libero.it – Fax 08 05 43 00 43 – Chiuso dal 20 dicembre al 20 gennaio, domenica sera e lunedì

Rist – Carta 31/43 €

◆ Un buon localino, semplice e familiare, ubicato in riva al mare e a pochi passi dal centro del paese; piatti marinari e fresca terrazza esterna sul porticciolo.

TORRE ANNUNZIATA – Napoli (NA) – 564 E25 – 47 780 ab. – alt. 14 m – ✉ 80058

Italia 6 B2

Roma 240 – Napoli 27 – Avellino 53 – Caserta 53 – Salerno 28 – Sorrento 26

Villa di Oplontis★★

Grillo Verde cam, rist,

piazza Imbriani 19 – ☎ 08 18 61 10 19 – hgv@hotelgrilloverde.it – Fax 08 18 61 12 90

15 cam – 57 € 79 € – ½ P 55 € – **Rist** – *(chiuso martedì)* Carta 22/33 €

◆ Nei pressi degli scavi di Oplontis e di Pompei, della stazione ferroviaria e degli stabilimenti balneari, albergo a gestione familiare con lunga esperienza, recente rinnovo. Sala ristorante semplice e piuttosto ampia, ove gustare menù casalinghi.

TORRE BOLDONE – Bergamo (BG) – 561 E11 – 7 873 ab. – alt. 280 m – ✉ 24020 19 C1

Roma 618 – Milano 57 – Bergamo 6 – Lecco 47

Don Luis

via De Paoli 2 – ☎ 035 34 13 93 – Fax 035 36 25 83 – Chiuso agosto, lunedì sera e martedì

Rist – Carta 28/44 €

◆ Edificio d'epoca sulle rive di un torrente che nei mesi estivi assicura la giusta frescura durante i pasti all'aperto; due belle sale e una solida conduzione familiare.

Papillon città e pianura,

via Gaito 36, Nord-Ovest : 1,5 km – ☎ 035 34 05 55 – ristorante.papillon@virgilio.it – Fax 035 34 05 55 – Chiuso dal 1° al 7 gennaio, dal 7 al 28 agosto, lunedì e martedì

Rist – Carta 32/51 €

◆ Immerso nel verde d'un grande parco, il villino ospita grandi sale d'ispirazione classica nelle quali vengono proposti piatti contemporanei, accanto a specialità alla griglia.

TORRE CANNE – Brindisi (BR) – 564 E34 – ✉ 72010 27 C2

Roma 517 – Brindisi 47 – Bari 67 – Taranto 57

Del Levante rist, 300,

via Appia 22 – ☎ 08 04 82 01 60 – info@dellevante.com – Fax 08 04 82 00 96

149 cam – 71/157 € 105/207 € – ½ P 79/178 € – **Rist** – *(marzo-15 novembre)* Carta 38/50 €

◆ Un vasto complesso dalle linee moderne, con un grande giardino con piscina in riva al mare; ampio spazio riservato a terrazze e gazebi, arredi freschi, stanze funzionali. Delicate tonalità mediterranee rendono accogliente la sala da pranzo, affacciata sul blu.

Eden cam, 200,

via Potenza 46 – ☎ 08 04 82 98 22 – edenhotel@tin.it – Fax 08 04 82 03 30 – Aprile-ottobre

87 cam – 69/104 € 106/136 € – ½ P 71/91 € – **Rist** – Menu 20/50 €

◆ A pochi metri dal mare, in una località di antiche tradizioni marinare, una risorsa dagli ampi spazi di taglio classico ed una terrazza roof-garden con solarium e piscina. Nei luminosi spazi della sala ristorante, la cucina tipica nazionale.

Prima colazione compresa?
Cercate la tazza, dopo il numero di camere.

TORRECHIARA – Parma (PR) – 562 I12 – ✉ 43010 8 **A3**

Roma 469 – Parma 19 – Bologna 109 – Milano 141 – Modena 72

XX **Taverna del Castello** con cam VISA AE

via del Castello 25 – ☎ 05 21 35 50 15 – Fax 05 21 35 58 49 – Chiuso dal 24 al 26 dicembre

5 cam – ♦65 € ♦♦100 € – **Rist** – *(chiuso lunedì)* Carta 33/53 €

◆ All'interno del castello che domina la zona, un esercizio che propone un'offerta ricettiva a tutto campo (bar, ristorante, camere). Cucina tradizionale e creativa.

TORRE DEI CORSARI – Cagliari – 566 H7 – **Vedere Sardegna (Marina di Arbus) alla fine dell'elenco alfabetico**

TORRE DEL GRECO – Napoli (NA) – 564 E25 – **89 198 ab.** – ✉ 80059 6 **B2**

Roma 227 – Napoli 15 – Caserta 40 – Castellammare di Stabia 17 – Salerno 43

Scavi di Ercolano★★ Nord-Ovest : 3 km

Vesuvio★★★ Nord-Est : 13 km e 45 mn a piedi AR

in prossimità casello autostrada A 3

 **Sakura** cam, rist, 200, VISA AE

via De Nicola 26/28 ✉ 80059 – ☎ 08 18 49 31 44 – info@hotelsakura.it – Fax 08 18 49 11 22

64 cam – ♦♦165/190 € – 13 suites – ½ P 130/160 €

Rist – Carta 46/60 €

◆ Il nome nipponico è preludio di uno stile vagamente ed elegantemente orientaleggiante; all'interno di un parco, un hotel che offre numerosi confort e atmosfera di classe. Vasta sala ristorante che alla sera s'illumina come il cielo stellato.

Marad 120, VISA AE

via Benedetto Croce 20 ✉ 80059 – ☎ 08 18 49 21 68 – marad@marad.it – Fax 08 18 82 87 16

74 cam – ♦88/104 € ♦♦115/140 € – ½ P 80/94 €

Rist – Carta 28/40 €

Rist *La Mammola* – ☎ 08 18 82 56 64 *(chiuso dal 20 dicembre al 3 gennaio, agosto, domenica sera e a mezzogiorno)* (prenotazione obbligatoria) Carta 34/58 €

◆ Alle falde del Vesuvio e comodo da raggiungere dal casello autostradale, un piacevole albergo dotato di corpo centrale e dépendance; gestione appassionata e professionale. Il ristorante guidato da due giovani chef offre una cucina ricca di fantasia.

TORRE DEL LAGO PUCCINI – Lucca (LU) – 563 K12 – ✉ 55048 28 **B1**

Toscana

Roma 369 – Pisa 14 – Firenze 95 – Lucca 25 – Massa 31 – Milano 260 – Viareggio 5

al mare **Ovest : 2 km :**

XX **Il Pescatore Ristoro** 16, VISA AE

viale Europa 15 – ☎ 05 84 34 06 10 – ilpescatoreristoro@libero.it – Chiuso novembre, lunedì e a mezzogiorno (escluso domenica da settembre a giugno)

Rist – Carta 49/84 €

◆ Una cucina regionale e di pesce, buona scelta di vini e piacevoli ambienti arredati con curiosa ispirazione etnica soffusamente illuminati, la sera, da sole candele.

al lago di Massaciuccoli **Est : 1 km :**

XX **Da Cecco** VISA AE

Belvedere Puccini ✉ 55048 – ☎ 05 84 34 10 22 – Fax 05 84 34 10 22 – Chiuso domenica sera e lunedì (escluso luglio-agosto)

Rist – Carta 26/42 €

◆ Un accogliente localino all'inizio del lungolago: qui troverete proposte prevalentemente di mare, sebbene in inverno appaia anche la cacciagione. Ambiente rustico.

TORRE DI FINE – Venezia – 562 F20 – Vedere Eraclea

TORRE DI RUGGIERO – Catanzaro (CZ) – 564 L31 – 1 303 ab. – alt. 594 m – ✉ 88060 5 B2

Roma 632 – Reggio di Calabria 117 – Catanzaro 49 – Vibo Valentia 39

Agriturismo I Basiliani
strada statale 182, Ovest : 2 km – ☎ 09 67 93 80 00 – info@ibasiliani.com – Fax 09 67 93 80 00 – Pasqua-ottobre
14 cam – 45/65 € 64/80 € – ½ P 57/65 € – **Rist** – (solo su prenotazione) Menu 25/35 €
◆ Casale di campagna nato sulle rovine di un monastero medioevale e circondato da un ameno giardino con piscina; belle camere modernamente affrescate e grandi spazi aperti.

TORREGROTTA – Messina – 565 M28 – Vedere Sicilia alla fine dell'elenco alfabetico

TORRE PEDRERA – Rimini – 563 J19 – Vedere Rimini

TORRE PELLICE – Torino (TO) – 561 H3 – 4 620 ab. – alt. 516 m – ✉ 10066 22 B3

Roma 708 – Torino 58 – Cuneo 64 – Milano 201 – Sestriere 71

via Repubblica 3 ☎ 0121 91875, torrepellice@montagnedoc.it, Fax 0121933353

Flipot (Eynard) con cam
corso Gramsci 17 – ☎ 01 21 95 34 65 – flipot@flipot.com – Fax 012 19 12 36 – Chiuso dal 24 dicembre al 10 gennaio e dal 10 al 30 giugno
8 cam – 80 € 100 € – **Rist** – *(chiuso lunedì e martedì)* Carta 67/92 €
Spec. Agnoli di lumache in salsa di erba ruta. Capretto cotto nel fieno maggengo alla prustinenga valdese (primavera). Bavarese ai marron glacé e gelato ai cachi (inverno).
◆ In origine una cascina settecentesca, oggi un'elegante casa piemontese con due giardini interni dove vi sedurranno l'uso di erbe aromatiche e l'impiego di pesci d'acqua dolce.

TORRE SAN GIOVANNI – Lecce (LE) – 564 H36 – ✉ 73059 – Ugento 27 D3

Roma 652 – Brindisi 105 – Gallipoli 24 – Lecce 62 – Otranto 50 – Taranto 117

Hyencos Calòs e Callyon rist, 100,
piazza dei Re Ugentini – ☎ 08 33 93 10 88 – info@hyencos.com – Fax 08 33 93 10 97 – Marzo-ottobre
63 cam – 45/100 € 60/170 € – ½ P 40/107 €
Rist – *(17 maggio-settembre)* (solo per alloggiati) Carta 40/50 €
◆ In posizione centrale, all'interno di una villa dell'800, la struttura dispone di luminosi spazi, camere funzionali e semplici negli arredi, nonchè di una terrazza con vista.

TORRIANA – Rimini (RN) – 562 K19 – 1 254 ab. – alt. 337 m – ✉ 47825 9 D2

Roma 307 – Rimini 21 – Forlì 56 – Ravenna 60

Il Povero Diavolo con cam
via Roma 30 – ☎ 05 41 67 50 60 – povero.diavolo@libero.it – Fax 05 41 67 56 80 – Chiuso dal 28 maggio al 15 giugno e dal 15 al 25 settembre
4 cam – 60 € 90 € – **Rist** – *(chiuso mercoledì e a mezzogiorno escluso domenica e i giorni festivi da ottobre a maggio)* Carta 45/60 €
◆ Ai piedi dei resti dell'antico Castello, un'osteria che si è evoluta nel tempo in ambienti semplici ma accoglienti. Cucina con spunti creativi e camere con arredi in stile.

a Montebello Sud-Ovest : 3,5 km – alt. 452 m – ✉ 47825 – Torriana

Pacini
via Castello di Montebello 5/6 – ☎ 05 41 67 54 10 – ristorantepacini@tin.it – Fax 05 41 67 52 36 – Chiuso gennaio e mercoledì (escluso luglio-agosto)
Rist – Carta 21/32 €
◆ All'interno del piccolo e suggestivo borgo di Montebello, una trattoria familiare con proposte casalinghe e locali; da gustare godendosi il bel panorama.

TORRI DEL BENACO – Verona (VR) – 562 F14 – 2 723 ab. – alt. 68 m – ✉ 37010 35 A2

Roma 535 – Verona 37 – Brescia 72 – Mantova 73 – Milano 159 – Trento 81 – Venezia 159

per Toscolano-Maderno – Navigazione Lago di Garda, viale Marconi 8 ☎ 045 6290272

(Pasqua-settembre) via fratelli Lavanda 5 ☎045 7225120, torriat@libero.it, Fax 045 7225120

Gardesana rist,

piazza Calderini 20 – ☎ 04 57 22 54 11 – info@hotel-gardesana.com – Fax 04 57 22 57 71 – 5 marzo-ottobre

34 cam – †105/140 € ††118/154 €, ☕ 15 € – **Rist** – *(chiuso a mezzogiorno)* Carta 39/67 €

◆ Alla presenza del turrito castello scaligero, proteso sul porticciolo medievale, edificio del 1452 dal fascinoso restauro: elegante, ideale per farsi ammaliare dal Garda. Al ristorante ambiti i tavoli sulla terrazza, per cene con vista davvero indimenticabile.

Galvani

località Pontirola 7, Nord : 1 km – ☎ 04 57 22 51 03 – info@hotelgalvani.it – Fax 04 56 29 66 18 – Chiuso dal 15 gennaio al 28 febbraio e dal 7 novembre al 20 dicembre

34 cam – †50/125 € ††62/140 € ☕ 15 € – ½ P 50/90 € – **Rist** – *(chiuso martedì)* Carta 32/55 €

◆ A 2 km da Torri del Benaco, in posizione quieta, leggermente sopraelevata rispetto al lago, un hotel con buoni confort e strutture sportive; belle camere mansardate. Calda atmosfera nella piacevole e invitante sala da pranzo rustica di tono elegante.

Al Caminetto

via Gardesana 52 – ☎ 04 57 22 55 24 – info@hotelalcaminetto.it – Fax 04 57 22 50 99 – Pasqua-novembre

17 cam ☕ – †50/60 € ††90/110 € – ½ P 54/58 € – **Rist** – *(chiuso a mezzogiorno)* (solo per alloggiati) Menu 18/20 €

◆ Una piccola, deliziosa risorsa a gestione familiare, di rara cortesia, con accurata attenzione per i particolari; a pochi metri dal Garda e dal centro storico. Sala ristorante ricca di decorazioni, cucina del territorio.

Al Caval senza rist

via Gardesana 186 – ☎ 04 57 22 56 66 – info@alcaval.com – Fax 04 56 29 65 70 – Chiuso dal 15 gennaio al 15 marzo

20 cam ☕ – †67/97 € ††80/120 €

◆ Hotel completamente rinnovato sia sotto il profilo dell'impiantistica che della struttura; ora le camere dispongono tutte di un balcone. Gestione familiare.

Al Caval

via Gardesana 186 – ☎ 04 57 22 50 83 – info@ristorantealcaval.com – Fax 04 57 22 58 55 – Chiuso gennaio o febbraio, mercoledì e a mezzogiorno (escluso i giorni festivi)

Rist – Carta 55/71 €

◆ Ristorante originale negli arredi, illuminazione curata i cui giochi colorati contribuiscono a creare un'atmosfera particolare. La cucina coniuga tradizione ed innovazione.

Bell'Arrivo

piazza Calderini 10 – ☎ 04 56 29 90 28 – Chiuso lunedì escluso luglio-agosto

Rist – Carta 35/56 €

◆ Sulla splendida piazzetta col porticciolo, calorosa trattoria dai toni rustici ma curati: pareti gialle, soffitti a volta e piatti del territorio, di pesce e di carne.

ad Albisano Nord-Est : 4,5 km – ✉ 37010 – Torri del Benaco

Panorama ← lago e Torri del Benaco, cam,

via S. Zeno 9 – ☎ 04 57 22 51 02 – info@panoramahotel.net – Fax 04 56 29 01 62 – Marzo-ottobre

28 cam – †70/80 € ††76/88 €, ☕ 9 € – ½ P 48/54 € – **Rist** – Carta 25/40 €

◆ Il nome è preludio di ciò che vi attende: albergo che gode di un'ubicazione unica, dominante il lago e con vista spettacolare. Ambiente semplice, di estrema pulizia. Fiore all'occhiello è il servizio ristorante estivo in terrazza panoramica.

Alpino
via San Zeno 8 – ☎ 04 57 22 51 80 – albergoalpino@tiscalinet.it – Fax 04 56 29 65 93 – 20 marzo-15 novembre
13 cam – 65/78 € 78/82 €, 12 € – ½ P 52/62 € – **Rist** – *(chiuso a mezzogiorno)* (solo per alloggiati)
♦ Piccolo albergo completamente ristrutturato; la piacevolezza del soggiorno è assicurata dalla capace conduzione familiare e dalla qualità di camere e dotazioni.

TORRI DI QUARTESOLO – Vicenza (VI) – 562 F16 – 11 358 ab. – alt. 31 m – ✉ 36040 37 B1

Roma 512 – Padova 28 – Trento 105 – Venezia 65 – Vicenza 9

Locanda le Guizze rist, cam, cam,
via Guizze 1, località Lerino – ☎ 04 44 38 19 77 – info@leguizze.it – Fax 04 44 38 19 92
6 cam – 55/100 € 65/110 € – ½ P 55/75 € – **Rist** – *(chiuso dal 2 al 9 gennaio, dal 21 al 28 agosto, domenica sera e lunedì)* Carta 24/40 €
♦ Nella campagna vicentina, una fattoria ristrutturata, graziosa ed accogliente, dove approfittare di un'ospitalità discreta e gradevole. Le camere sono sobrie e ampie.

TORRILE – Parma (PR) – 562 H12 – 6 386 ab. – alt. 32 m – ✉ 43030 8 B1

Roma 470 – Parma 13 – Mantova 51 – Milano 134

a San Polo Sud-Est : 4 km – ✉ 43056

Ducathotel
via Achille Grandi 7 – ☎ 05 21 81 99 29 – ducathotel@tin.it – Fax 05 21 81 34 82
21 cam – 52 € 72 € – ½ P 49 € – **Rist** – *(chiuso agosto, a mezzogiorno, venerdì, sabato e domenica)* Carta 16/30 €
♦ Un piccolo hotel a conduzione familiare, senza pretese e decoroso, posizionato nella zona residenziale e non lontano dalla ferrovia; adeguato nei confort.

a Vicomero Sud : 6 km – ✉ 43031

Romani 12/15,
via dei Ronchi 2 – ☎ 05 21 31 41 17 – info@ristoranteromani.it – Fax 05 21 31 42 92 – Chiuso dal 26 dicembre al 6 gennaio, dal 1° al 25 agosto, mercoledì e giovedì
Rist – Carta 25/37 €
♦ In aperta campagna, con annessa gastronomia per la vendita di prodotti tipici, locale di cucina parmense che ha come punti di forza i molti antipasti, i salumi, le paste.

TORRITA DI SIENA – Siena (SI) – 563 M17 – ✉ 53049 29 D2

Roma 199 – Firenze 100 – Siena 56 – Arezzo 43

Residenza D'Arte senza rist
località Poggio Madonna dell'Olivo – ☎ 05 77 68 42 52 – residenzadarte@fastwebnet.it – 25 marzo-ottobre
8 cam – 135/180 € 150/200 €
♦ In posizione panoramica sul paese, un living-museum d'arte contemporanea all'interno di un borgo medievale per un soggiorno tra arredi antichi e nuove espressioni artistiche.

TORTOLÌ – Nuoro – 566 H10 – Vedere Sardegna alla fine dell'elenco alfabetico

TORTONA – Alessandria (AL) – 561 H8 – 26 570 ab. – alt. 114 m – ✉ 15057 23 C2

Roma 567 – Alessandria 22 – Genova 73 – Milano 73 – Novara 71 – Pavia 52 – Piacenza 76 – Torino 112

corso Alessandria 62 ☎ 0131 864297, affarigenerali@comune.tortona.al.it, Fax 0131 864267

Villa Giulia senza rist 35,
s.s. Alessandria 7/A – ☎ 01 31 86 23 96 – info@villagiulia-hotel.com – Fax 01 31 86 85 61
12 cam – 75 € 95 €, 11 €
♦ Un'antica casa completamente ristrutturata e trasformata in albergo; periferica, all'ingresso della località arrivando da Alessandria. Pavimenti in marmo e bei parquet.

Casa Cuniolo senza rist

via Amendola 6, zona Castello – ✆ 01 31 86 21 13 – info@gabriellacuniolo.com – Fax 01 31 86 68 31

4 cam – †90 € ††130 €

◆ A casa di un celebre pittore paesaggista, circondati dal verde e coccolati da un'ottima gestione. Poche camere, eleganti e raffinate, quadri ovunque e una bella terrazza.

Vineria Derthona

via Perasi 15 – ✆ 01 31 81 24 68 – girespi@libero.it – Fax 01 31 81 24 68 – Chiuso Natale, Pasqua, due settimane in agosto, lunedì, sabato e domenica a mezzogiorno

Rist – Carta 25/34 €

◆ Reca il nome dell'antica colonia romana questo locale ricavato in un vecchio palazzo centrale; per sorseggiare buon vino unito a pochi, ma saporiti piatti del territorio.

sulla strada statale 35 Sud : 1,5 km :

Aurora Girarrosto con cam

strada statale dei Giovi 13 ✉ 15057 – ✆ 01 31 86 30 33 – info@auroragirarrosto.com – Fax 01 31 82 13 23

19 cam – †70 € ††90 € – **Rist** – *(chiuso dal 5 al 20 agosto)* Carta 36/51 €

◆ Sulla via per Genova, un indirizzo che può soddisfare, a validi livelli, esigenze sia di ristorazione che di pernottamento; a tavola, leccornie piemontesi e liguri.

Un buon ristorante a prezzo contenuto?
Cercate i Bib Gourmand.

TORTORETO – Teramo (TE) – 563 N23 – 8 088 ab. – alt. 227 m – ✉ 64018 1 B1

Roma 215 – Ascoli Piceno 47 – Pescara 57 – Ancona 108 – L'Aquila 106 – Teramo 33

via Archimede 15 ✆ 0861 787726, iat.tortoreto@abruzzoturismo.it, Fax 0861 778119

a Tortoreto Lido Est : 3 km – ✉ 64019

Green Park Hotel

via F.lli Bandiera 32 – ✆ 08 61 77 71 84 – info@hgreenpark.com – Maggio-settembre

48 cam – †50/85 € ††60/95 € – ½ P 67/82 € – **Rist** – (solo per alloggiati)

◆ Un piacevole edificio moderno dalla facciata gialla, incorniciato da un fresco giardino con piscina ed area giochi per bambini; all'interno spazi luminosi ed accoglienti.

Costa Verde

lungomare Sirena 356 – ✆ 08 61 78 70 96 – info@hotel-costaverde.com – Fax 08 61 78 66 47 – Maggio-settembre

50 cam – †50/60 € ††60/80 €, 6 € – ½ P 54/85 € – **Rist** – Menu 20/25 €

◆ Una costruzione moderna sul lungomare con ambienti demodè semplici ed essenziali; all'esterno, cinta dal verde, la piscina: una soluzione ideale per vacaze di sole e mare. Nella sobria sala da pranzo illuminata da grandi vetrate che si aprono sul cortile, la cucina mediterranea.

TORVAIANICA – Roma (RM) – 563 R19 – ✉ 00040 12 B2

Roma 34 – Anzio 25 – Latina 50 – Lido di Ostia 20

Marediroma, a Marina di Ardea, ✆ 06 913 32 50.

Zi Checco

lungomare delle Sirene 1 – ✆ 069 15 71 57 – Fax 069 15 71 57 – Chiuso dal 16 novembre al 3 dicembre e lunedì

Rist – Carta 30/44 €

◆ Come è intuibile dalla posizione sulla spiaggia in uno stabilimento balneare, le specialità sono di mare; locale semplice, a gestione familiare di lunga data.

TOSCOLANO-MADERNO – Brescia (BS) – 561 F13 – 7 425 ab. – alt. 80 m 17 C2

Roma 556 – Brescia 39 – Verona 44 – Bergamo 93 – Mantova 95 – Milano 134 – Trento 86

per Torri del Benaco – Navigazione Lago di Garda, Piazza Matteotti, Desenzano ✆ 030 9149511 e Fax 030 9149520

piazza San Marco 2 ✉ 25088 ✆ 0365 641330, iat.toscolanomaderno@tiscali.it, Fax 0365 641330

Bogliaco, ✆ 0365 64 30 06.

MADERNO (BS) – ✉ 25088

Maderno rist,

via Statale 12 – ✆ 03 65 64 10 70 – hmaderno@tin.it – Fax 03 65 64 42 77 – Aprile-ottobre

45 cam – †70/80 € ††115/140 € – ½ P 70/90 € – **Rist** – Carta 25/32 €

◆ Il Liberty domina anche questa bella risorsa immersa in un piacevole giardino ombreggiato con piscina e sita a pochi metri dal blu lacustre; lunga gestione familiare. Atmosfera e stile d'inizio secolo scorso in sala da pranzo; veranda esterna.

TOVO DI SANT'AGATA – Sondrio (SO) – 561 D12 – 580 ab. – alt. 531 m – ✉ 23030 17 C1

Roma 680 – Sondrio 33 – Bormio 31

Franca con cam

via Roma 11 – ✆ 03 42 77 00 64 – info@albregofranca.it – Fax 03 42 77 00 64 – Chiuso dal 15 al 30 giugno

14 cam – †44/48 € ††65/80 €, 5 € – ½ P 55 € – **Rist** – *(chiuso domenica escluso 15 luglio-15 agosto)* Carta 25/36 €

◆ A metà strada tra Bormio e Sondrio, una villetta di recente costruzione con buone camere ma anche un menù interessante, che spazia tra proposte classiche e valtellinesi.

TRADATE – Varese (VA) – 561 E8 – 16 028 ab. – alt. 303 m – ✉ 21049 18 A1

Roma 614 – Como 29 – Gallarate 12 – Milano 39 – Varese 14

Tradate con cam

via Volta 20 – ✆ 03 31 84 14 01 – aposson@tin.it – Fax 03 31 84 14 01 – Chiuso dal 24 dicembre al 5 gennaio, agosto e domenica

8 cam – †52 € ††65 €, 5 € – **Rist** – Carta 28/53 €

◆ Due sorelle gestiscono ormai da parecchi anni questo locale sito nel centro del paese. Ambiente raccolto e ospitale, con arredi in stile e camino; specialità di pesce.

TRAMIN AN DER WEINSTRASSE = Termeno sulla Strada del Vino

TRANA – Torino (TO) – 561 G4 – 3 489 ab. – alt. 372 m – ✉ 10090 22 B2

Roma 661 – Torino 29 – Aosta 135 – Asti 727 – Cuneo 92

a San Bernardino Est : 3 km – ✉ 28072 – Briona

La Betulla

strada provinciale Giaveno 29 – ✆ 011 93 31 06 – info@ristorantelabetulla.it – Fax 01 19 35 58 42 – Chiuso 2 settimane in gennaio o febbraio e lunedì

Rist – Carta 34/44 €

◆ Ristorante luminoso, con ampie vetrate e giochi di specchi. Tocchi di eleganza e possibilità di pranzare all'aperto. Cucina del territorio rivisitata. Ottima cantina.

TRANI – Bari (BA) – 564 D31 – 53 639 ab. – ✉ 70059 *Italia* 26 B2

Roma 414 – Bari 46 – Barletta 13 – Foggia 97 – Matera 78 – Taranto 132

piazza Trieste 10 ✆ 0883 588830, Fax 0883 588830

Cattedrale★★ – Giardino pubblico★

San Paolo al Convento senza rist — 150, VISA MC AE

via Statuti Marittimi 111 – ✆ 08 83 48 29 49 – hotels.paolo@virgilio.it – Fax 08 83 48 70 96

33 cam – 115/125 € 135/145 €

◆ Nel quattrocentesco convento dei padri barnabiti, con pavimenti e cenacolo originali, belle camere affacciate sul chiostro, sull'incantevole porto, o sui giardini pubblici.

XX **Il Melograno** — 18/25, VISA MC AE

via Bovio 189 – ✆ 08 83 48 69 66 – Chiuso gennaio e mercoledì

Rist – Carta 26/43 €

◆ Ristorante centrale e accogliente, con due salette ben arredate e ordinate; gestione familiare e cucina a base di pescato con proposte del territorio o più classiche.

TRAPANI P – 565 M19 – **Vedere Sicilia alla fine dell'elenco alfabetico**

TRAVAGLIATO – **Brescia (BS)** – **561** F12 – **11 454 ab.** – **alt. 129 m** – ✉ **25039** 19 **D2**

Roma 549 – Brescia 12 – Bergamo 41 – Piacenza 95 – Verona 80

X **Ringo** — VISA AE

via Brescia 41 – ✆ 030 66 06 80 – ristoranteringo@libero.it – Fax 030 66 06 80 – Chiuso lunedì, martedì

Rist – Carta 45/55 €

◆ Se è vero che l'abito non fa il monaco, superate la soglia di questo locale familiare e lasciatevi conquistare da una delle più fragranti cucine di pesce in Lombardia.

TRAVAZZANO – **Piacenza** – 561 H11 – **Vedere Carpaneto Piacentino**

TRAVERSAGNA – **Pistoia** – **Vedere Montecatini Terme**

TRAVERSELLA – **Torino (TO)** – **561** F5 – **369 ab.** – **alt. 827 m** – ✉ **10080** 22 **B2**

Roma 703 – Aosta 85 – Milano 142 – Torino 70

XX **Le Miniere** con cam — vallata, VISA MC AE

piazza Martiri – ✆ 01 25 79 40 06 – albergominiere@albergominiere.com – Fax 01 25 79 40 07 – Chiuso dal 10 gennaio al 13 febbraio

25 cam – 34 € 55 € – ½ P 45 € – **Rist** – *(chiuso lunedì e martedì dal 15 ottobre al 15 giugno)* Carta 24/39 €

◆ Lunga tradizione familiare per questo ristorante in bella posizione panoramica, in un paesino in fondo alla Valchiusella; sapori d'ispirazione piemontese, con fantasia.

TREBBO DI RENO – **Bologna** – 562 I15 – **Vedere Castel Maggiore**

TREBISACCE – **Cosenza (CS)** – **564** H31 – **9 100 ab.** – ✉ **87075** 5 **A1**

Roma 484 – Cosenza 85 – Castrovillari 40 – Catanzaro 183 – Napoli 278 – Taranto 115

Stellato — VISA MC AE

riviera dei Saraceni 34 – ✆ 09 81 50 04 40 – info@hotelstellato.it – Fax 09 81 50 04 00

21 cam – 50/60 € 85/100 € – ½ P 65/75 € – **Rist** – *(chiuso lunedì)* Carta 21/27 €

◆ Piccolo albergo a conduzione familiare, totalmente ristrutturato. Vista l'apprezzabile ubicazione sul lungomare, offre ai propri ospiti anche il servizio di spiaggia. Classico ristorante d'albergo con parete a specchio ad "accrescere" lo spazio.

TRECASTAGNI – **Catania** – 565 O27 – **Vedere Sicilia alla fine dell'elenco alfabetico**

TRECATE – Novara (NO) – 561 F8 – 17 704 ab. – alt. 136 m – ✉ 28069 23 C2

Roma 621 – Stresa 62 – Milano 47 – Torino 102

XX **Caffe' Groppi** (Barbaglini) 20,

via Mameli 20 – ✆ 032 17 11 54 – Fax 03 21 78 57 32 – Chiuso dal 1° al 7 gennaio, dal 12 agosto al 6 settembre, domenica e lunedì

Rist – Carta 65/96 €

Spec. Aragostella con ristretto freddo di cetrioli, yogurt e gelatina di vino e lavanda. Scampi e cappesante in succo di sedano infuso all'assenzio con purea di cippollotti e zenzero. Banana confit su biscotto al vapore e panna cotta, purea di ananas alla vaniglia e rhum.

♦ Il cuoco è giovane ma l'esperienza non gli fa difetto e in cucina padroneggia ogni ingrediente e accostamento: piatti sorprendenti, alcuni storici e millesimati.

TRECCHINA – Potenza (PZ) – 564 G29 – 2 425 ab. – alt. 500 m – ✉ 85049 3 B3

Roma 408 – Potenza 112 – Castrovillari 77 – Napoli 205 – Salerno 150

X **L'Aia dei Cappellani**

contrada Maurino, Nord : 2 km – ✆ 09 73 82 69 37 – Fax 09 79 82 69 37 – Chiuso dal 6 al 27 novembre e martedì (escluso dal 15 giugno al 30 agosto)

Rist – Menu 16/20 €

♦ Campi, ulivi, una piccola scuderia con cavalli: per gustare prodotti freschi e piatti locali caserecci. Piacevole servizio estivo all'aperto con vista panoramica.

TRECENTA – Rovigo (RO) – 562 G16 – 3 116 ab. – alt. 11 m – ✉ 45027 35 B3

Roma 451 – Padova 72 – Ferrara 33 – Rovigo 34 – Venezia 110

Clubhouse La Bisa rist, 65,

via Tenuta Spalletti 400 – ✆ 04 25 70 04 04 – info@labisa.it – Fax 04 25 71 60 07

17 cam – †65/75 € ††90/110 € – ½ P 75/85 € – **Rist** – *(chiuso lunedì e a mezzogiorno escluso sabato, domenica e i giorni festivi)* Carta 26/45 €

♦ Negli ampi spazi della pianura, una realtà avvolta dal verde in cui trovano posto vari edifici per accogliere camere, sale ristorante, piscina a il centro ippico. Dalla cucina una buona scelta di piatti regionali e nazionali.

TREDOZIO – Forlì-Cesena (FC) – 562 J17 – 1 315 ab. – alt. 334 m – ✉ 47019 9 C2

Roma 327 – Firenze 89 – Bologna 80 – Forlì 43

XX **Mulino San Michele**

via Perisauli 6 – ✆ 05 46 94 36 77 – info@mulinosanmichele.it – Chiuso lunedì e a mezzogiorno (escluso i giorni festivi)

Rist – Menu 40/45 €

♦ Nelle vicinanze del fiume, in un angolo caratteristico e ricavato da un ex mulino del '300, serate a tema, proposte di cucina cinquecentesca toscana rivisitata, pesce.

TREGNAGO – Verona (VR) – 562 F15 – 4 851 ab. – alt. 317 m – ✉ 37039 37 B2

Roma 531 – Verona 22 – Padova 78 – Vicenza 48

XX **Villa De Winckels**

via Sorio 30, località Marcemigo, Nord-Ovest : 1 km – ✆ 04 56 50 01 33 – ristorante@villadewinckels.it – Fax 04 56 50 01 33 – Chiuso dal 1° al 5 gennaio, lunedì e martedì sera

Rist – Carta 24/30 €

Rist *Cantina del Generale* – *(chiuso a mezzogiorno)* Carta 20/26 €

♦ Una villa del Cinquecento ricavata da un convento e successivamente trasformata in un piacevole ristorante con varie salette. A gestirlo, tre giovani fratelli. In onore dell'ultimo discendente della famiglia, presso la Cantina potrete degustare vini e cenare con stuzzichini golosi e dolci casalinghi.

TREGOLE – Siena – Vedere Castellina in Chianti

TREIA – Macerata (MC) – 563 M21 – 9 567 ab. – alt. 342 m – ✉ 62010 21 C2

Roma 238 – Ancona 49 – Ascoli Piceno 89 – Macerata 16

a San Lorenzo Ovest : 5 km – ✉ 62010 – Treia

Il Casolare dei Segreti con cam e senza rist,
contrada San Lorenzo 28 – ✆ 07 33 21 64 41 – info@casolaredeisegreti.it – Fax 07 33 21 81 33 – Chiuso dal 3 al 19 novembre

3 cam – 40 € 65 € – **Rist** – *(chiuso lunedì, martedì e a mezzogiorno escluso i giorni festivi)* Carta 27/36 €

◆ Ristorante a conduzione familiare, giovane e motivata. All'interno quattro rustiche salette dove apprezzare una saporita cucina marchigiana. Camere confortevoli.

lungo la strada statale 361 al km 40,500 Sud-Est : 6 km:

Agriturismo Il Vecchio Granaio cam,
contrada Chiaravalle 49 ✉ 62010 – ✆ 07 33 84 34 88 – turigest@tin.it – Fax 07 33 54 13 12 250,

23 cam – 60/80 € 80/100 €, 3 € – ½ P 55/75 € – **Rist** – *(chiuso lunedì)* Carta 20/28 €

◆ In dolce zona collinare, affascinante complesso rurale di fine '700, divenuto corpo centrale dell'hotel e un annesso, più recente, in cui sono state ricavate le camere. Ov'erano i magazzini e la cantina, ristorante dal sapore rustico, con tocchi di eleganza.

TREISO – Cuneo (CN) – 561 H6 – 769 ab. – alt. 412 m – ✉ 12050 25 C2

Roma 644 – Torino 65 – Alba 6 – Alessandria 65 – Cuneo 68 – Savona 105

La Ciau del Tornavento (Garola)
piazza Baracco 7 – ✆ 01 73 63 83 33 – info@laciaudeltornavento.it – Fax 01 73 63 83 52 – Chiuso dal 15 gennaio al 15 febbraio, mercoledì e giovedì a mezzogiorno

Rist – Carta 45/63 €

Spec. Gamberi di San Remo impanati con nocciola tonda gentile. Agnolotti ripieni di acqua di pomodoro al burro e basilico (primavera-estate). Tortino al gianduia con gelato al tabacco.

◆ Un edificio dalle linee severe, un salotto con pianoforte, cucina creativa ed un'ampia sala ristorante con una parete finestrata da cui ammirare la verde distesa delle Langhe.

TREMEZZO – Como (CO) – 561 E9 – 1 317 ab. – alt. 245 m – ✉ 22019 *Italia* 16 A2

Roma 655 – Como 31 – Lugano 33 – Menaggio 5 – Milano 78 – Sondrio 73

(maggio-ottobre) piazzale Trieste 1 ✆ 0344 40493, Fax 0344 40493

Località★★★ – Villa Carlotta★★★ – Parco comunale★

Cadenabbia★★ : ←★★ dalla cappella di San Martino (1 h e 30 mn a piedi AR)

Grand Hotel Tremezzo Palace ← lago e monti, (riscaldata) rist,
via Regina 8 – ✆ 034 44 24 91 – info@grandhoteltremezzo.com – Fax 034 44 02 01 – Marzo-13 novembre 300,

96 cam – 255/345 € 255/525 € – 2 suites – ½ P 224/315 € – **Rist** – Carta 42/64 €

◆ Un parco, con piscina riscaldata e tennis, per gli amanti dello sport e un maestoso edificio d'epoca a rievocare i fasti della grande hotellerie lacustre, da sogno. Atmosfera raffinata al ristorante: ambienti in stile e incantevole terrazza sul blu.

Villa Edy senza rist
località Bolvedro Ovest : 1 km – ✆ 034 44 01 61 – villaedy@libero.it – Fax 034 44 00 15 – Aprile-ottobre

16 cam – 75/80 € 85/95 €, 10 €

◆ Piccolo e accogliente albergo, inserito nel verde e in posizione tranquilla; offre spazi di semplice confort, camere dignitose e ampie, e una gestione familiare.

Rusall ≤ lago e monti, rist,
località Rogaro Ovest : 1,5 km – ☎ 034 44 04 08 – rusall@tiscalinet.it – Fax 034 44 04 47 – Chiuso dal 2 gennaio al 18 marzo e dal 5 al 20 novembre
23 cam – †80/85 € ††88/100 € – ½ P 68/73 € – **Rist** – *(chiuso mercoledì a mezzogiorno)* Carta 26/40 €
◆ Familiare e accogliente risorsa con ubicazione quieta e panoramica; qui troverete una terrazza-giardino con solarium, zone relax e stanze con arredi rustici.

Villa Marie senza rist ≤
via Regina 30 – ☎ 034 44 04 27 – info@hotelvillamarie.com – Fax 034 44 04 27 – Aprile-ottobre
13 cam – †60/65 € ††80/150 €
◆ All'interno di un giardino con piccola piscina, una villa liberty-ottocentesca fronte lago, con alcune delle stanze affrescate; darsena con terrazza per rilassarsi.

TREMITI (Isole) ★ – Foggia (FG) – 564 A28 – 374 ab. – alt. 116 m 26 A1

Isola di San Domino★ – Isola di San Nicola★

SAN DOMINO (ISOLA) – ✉ 71040 – San Nicola di Tremiti

San Domino
via Matteotti 1 – ☎ 08 82 46 34 04 – hdomino@tiscalinet.it – Fax 08 82 46 32 21
25 cam – ††140 € – ½ P 90 € – **Rist** – Carta 26/35 €
◆ Nella parte alta dell'isola, un hotel a conduzione familiare ospita ambienti dai piacevoli arredi in legno, ideale punto di appoggio per gli appassionati di sport acquatici. L'elegante ristorante propone la cucina tradizionale italiana.

Baely Resort
via Matteotti – ☎ 08 82 46 37 67 – info@baely.it – Fax 08 82 46 37 69
11 cam – ††128/186 € – ½ P 96/122 € – **Rist** – (solo per alloggiati) Carta 29/58 €
◆ Una struttura di piccole dimensioni con camere particolarmente confortevoli, differenti tra loro per tipologioa di arredi ed accessori che spaziano dal classico all' etnico.

TREMOSINE – Brescia (BS) – 561 E14 – 1 918 ab. – alt. 414 m – ✉ 25010 17 C2

Roma 581 – Trento 62 – Brescia 64 – Milano 159 – Riva del Garda 19

Le Balze ≤ lago e monte Baldo, cam, rist,
via delle Balze 8, località Campi-Voltino alt. 690 – ☎ 03 65 91 71 79 – lebalze@hotel-lebalze.it – Fax 03 65 91 70 33 – Aprile-ottobre
81 cam – †40/65 € ††62/127 € – ½ P 64/72 € – **Rist** – Carta 29/37 €
◆ Splendida ubicazione per questo complesso alberghiero su una terrazza naturale, alta sul Garda e con una magica visuale sul lago e sulle montagne; tempio del tennis. Panoramica sala ristorante.

Pineta Campi ≤ lago e monte Baldo, rist, rist, rist, 50,
via Campi 2, località Campi-Voltino alt. 690 – ☎ 03 65 91 20 11 – info@hotelpinetacampi.com – Fax 03 65 91 70 15 – Aprile-28 ottobre
87 cam – †46/51 € ††96/105 € – ½ P 44/63 € – **Rist** – Carta 18/27 €
◆ I paesaggi del Parco Alto Garda Bresciano, l'infilata del lago cinto dalle alture, il confort di una struttura ideale per turisti e tennisti: regalatevi tutto questo. Luminosa sala da pranzo di stampo classico.

Villa Selene senza rist ≤ lago e Monte Baldo,
via Lò, località Pregasio alt. 478 – ☎ 03 65 95 30 36 – info@hotelvillaselene.com – Fax 03 65 91 80 78 – Chiuso dal 15 novembre al 18 dicembre
11 cam – ††87/133 €
◆ Una gestione familiare e una posizione panoramica per questo piccolo hotel che offre camere molto curate e personalizzate, persino dotate di idromassaggio.

Lucia ⟨ lago e monte Baldo, rist,
via del Sole 2, località Arias alt. 460 – ✆ 03 65 95 30 88 – reception@hotellucia.it – Fax 03 65 95 34 21 – Marzo-novembre
40 cam – 43/46 € 75/80 € – ½ P 45/50 € – **Rist** – Carta 21/28 €
◆ Belle le zone esterne, con ampio giardino con piscina, una spaziosa terrazza-bar e comode stanze, site anche nelle due dépendance; ambiente familiare, tranquillo. Due vaste sale ristorante: l'una più elegante e di gusto retrò, l'altra di taglio rustico.

Miralago ⟨ lago e monte Baldo,
piazza Cozzaglio 2, località Pieve alt. 433 – ✆ 03 65 95 30 01 – info@miralago.it – Fax 03 65 95 30 46 – Chiuso dal 15 gennaio al 15 febbraio
25 cam – 41/47 € 71/81 € – ½ P 36/51 € – **Rist** – *(chiuso giovedì escluso da aprile ad ottobre)* Carta 20/31 €
◆ Centrali, ma tranquilli, posti su uno spuntone di roccia proteso direttamente sul Garda, due alberghi, due corpi distinti; alcune stanze sono state rinnovate di recente. Ristorante con veranda a strapiombo sul lago, ricavato in parte entro una cavità rocciosa.

Voglia di pranzare all'aperto?
Scegliete un ristorante con terrazza

TRENTO (TN) – 562 D15 – 108 577 ab. – alt. 194 m – Sport invernali : vedere *Bondone (Monte)* – ✉ 38100 *Italia* 30 **B3**

Roma 588 – Bolzano 57 – Brescia 117 – Milano 230 – Verona 101 – Vicenza 96
via Manci 2 ✆ 0461 216000, apt.trento@trentino.it, Fax 0461 232426
Piazza del Duomo★ BZ **10** : Duomo★, museo Diocesano★ **M1** – Castello del Buon Consiglio★★ BYZ – Palazzo Tabarelli★ BZ **F**
Massiccio di Brenta★★★ per ⑤

Pianta pagina a lato

Boscolo Grand Hotel Trento rist, cam, rist, 500,
via Alfieri 1/3 – ✆ 04 61 27 10 00 – reservation@trento.boscolo.com – Fax 04 61 27 10 01 BZ **a**
126 cam – 90/150 €, 10 € – 6 suites – ½ P 70/105 €
Rist ***Clesio*** – Carta 43/55 €
◆ A ridosso del centro storico, un edificio discretamente elegante d'inizio secolo con servizi e spazi da grande albergo, camere classiche ed un piccolo centro benessere. Raffinato ristorante dai signorili tocchi d'antico.

Buonconsiglio senza rist
via Romagnosi 16/18 – ✆ 04 61 27 28 88 – hotelhb@tin.it – Fax 04 61 27 28 89 – Chiuso dal 23 al 30 dicembre e dal 10 al 25 agosto BY **a**
46 cam – 90/93 € 118/124 €
◆ Centrale, a 200 mt dalla stazione e a pochi passi dal centro, una risorsa con aspetto e caratteristiche del tutto moderne; offre camere ampie ideali per uomini d'affari.

Sporting Trento cam, rist, 200,
via R. da Sanseverino 125, 1 km per ④ – ✆ 04 61 39 12 15 – info@hotelsportingtrento.com – Fax 04 61 39 20 52
41 cam – 65/72 € 95/115 € – 2 suites – ½ P 63/73 €
Rist ***Olympic*** – *(chiuso dal 5 al 23 agosto e domenica)* Carta 22/42 €
◆ Nuova risorsa con molti aspetti innovativi e di design. Particolarmente adatto per la clientela business, in comoda posizione lungo la tangenziale ma vicino al centro. Piacevole ristorante con un menù d'ispirazione molto attuale.

America cam, 60,
via Torre Verde 50 – ✆ 04 61 98 30 10 – info@hotelamerica.it – Fax 04 61 23 06 03
67 cam – 65/75 € 98/110 € – ½ P 69/80 € BYZ **d**
Rist – *(chiuso dal 23 luglio al 13 agosto e domenica)* Carta 23/37 €
◆ A ridosso del centro storico, da alcune camere offre una bella vista sul Castello del Buonconsiglio, da preferire quelle con terrazzo. L'atmosfera è calda e familiare. Bar e sala da pranzo con veranda, dalla cucina qualche specialità locale.

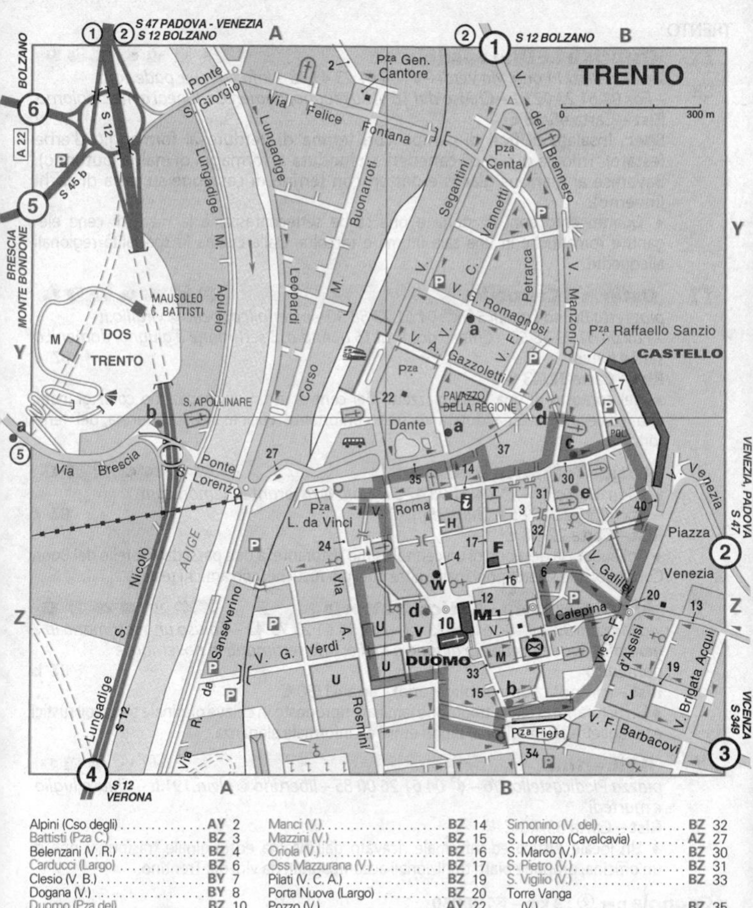

Alpini (Cso degli)	AY	2	Manci (V.)	BZ	14	Simonino (V. del)	BZ	32
Battisti (Pza C.)	BZ	3	Mazzini (V.)	BZ	15	S. Lorenzo (Cavalcavia)	AZ	27
Belenzani (V. R.)	BZ	4	Oriola (V.)	BZ	16	S. Marco (V.)	BZ	30
Carducci (Largo)	BZ	6	Oss Mazzurana (V.)	BZ	17	S. Pietro (V.)	BZ	31
Clesio (V. B.)	BY	7	Pilati (V. C. A.)	BZ	19	S. Vigilio (V.)	BZ	33
Dogana (V.)	BY	8	Porta Nuova (Largo)	BZ	20	Torre Vanga (V.)	BZ	35
Duomo (Pza del)	BZ	10	Pozzo (V.)	AY	22	Torre Verde (V.)	BZ	37
Garibaldi (V.)	BZ	12	Prepositura (V.)	AZ	24	Ventuno (V. dei)	BZ	40
Grazioli (V. G.)	BZ	13	Sta Croce (V.)	BZ	34			

San Giorgio della Scala senza rist — ≤ monti e città, P
via Brescia 133, 1 km per ⑤ – ✆ 04 61 23 88 48 – info@garnisangiorgio.it — AZ **a**
14 cam ☕ – 🛉60/75 € 🛉🛉84/95 €
◆ Piacevole garni in posizione dominante sulla città e la valle. Camere arredate secondo un caldo stile rustico, molte dispongono di balcone o terrazzo.

XXX ✿ **Scrigno del Duomo** — AC ⟡ 12, VISA AE
piazza Duomo 29 – ✆ 04 61 22 00 30 – info@scrignodelduomo.com – Fax 04 61 23 52 89 — BZ **d**
Rist – *(chiuso 10 giorni in gennaio ed agosto)* Carta 48/66 €
Rist *Wine Bar* – Carta 35/56 €
Spec. Trancio di spigola alla brace con trippa di baccalà e favette (estate-autunno). Filetto di cervo al Cassis con crema di sedano e porcini. Biscotto al cocco, mousse di mascarpone e fragoline di bosco (estate-autunno).
◆ Palazzo storico su una scenografica piazza, si entra attraverso un wine-bar ma il ristorante gourmet è tra le fondamenta romane. La cucina rielabora prodotti regionali e non. Al Wine Bar aperitivi e cene sfiziose e saporite.

XX ✿ **Osteria a Le Due Spade**

via Don Rizzi 11 ang. via Verdi – ☎ 04 61 23 43 43 – info@leduespade.com – Fax 04 61 22 02 01 – Chiuso dal 16 al 30 giugno, domenica, lunedì a mezzogiorno

Rist – Carta 45/58 € BZ **v**

Spec. Insalata di fiori di campo con terrina di verdure al formaggio d'erbe (estate). Trilogia di piccoli canederli su fonduta ai formaggi di malga (autunno). Bavarese ai marrons glacés e datteri con terrina di castagne su salsa di cachi (inverno).

◆ Quattrocento anni di storia e una stube settecentesca: è la meta di cene eleganti e romantiche in una sala intima e raccolta. Dalla cucina le specialità regionali alleggerite.

XX **Osteria Il Cappello**

piazzetta Bruno Lunelli 5 – ☎ 04 61 23 58 50 – osteriailcappello@virgilio.it – Fax 04 61 23 58 50 – Chiuso dal 1° al 15 gennaio, 3 settimane a giugno, domenica sera e lunedì BZ **e**

Rist – Carta 32/43 €

◆ Nel contesto di una bella piazzetta del centro, in un ex magazzino color granata, una piacevole taverna dotata di una confortante cucina a vista. Cucina del territorio.

X **Antica Trattoria Due Mori**

via San Marco 11 – ☎ 04 61 98 42 51 – info@ristoranteduemori.com – Fax 04 61 22 13 85 – Chiuso lunedì BZ **c**

Rist – Carta 22/38 €

◆ Collaudata la gestione di un centralissimo ristorante, a due passi dal Castello del Buon Consiglio; due salette principali e altre due, più rustiche, con antichi resti.

X **Ai Tre Garofani - Antica Trattoria** 10,

via Mazzini 33 – ☎ 04 61 23 75 43 – Fax 04 61 23 75 43 – Chiuso una settimana in gennaio, due settimane in giugno o luglio, una settimana in novembre e domenica BZ **b**

Rist – (prenotazione obbligatoria) Carta 41/50 €

◆ Un ristorante di lunga tradizione familiare riproposto in chiave originale tra tavoli rustici e tovagliette all'americana, sapori etnici ed informale eleganza.

X **Il Libertino**

piazza Piedicastello 4/6 – ☎ 04 61 26 00 85 – libertino@alvin.191.it – Chiuso luglio e martedì

Rist – Carta 33/40 €

◆ Un locale rustico ed informale ricavato dall'insolita ed originale trasformazione di un'officina, propone piatti tradizionali accompagnati da vini del Trentino.

a Cognola per ② : 3 km – ✉ 38050

Villa Madruzzo cam, 80,

via Ponte Alto 26 – ☎ 04 61 98 62 20 – info@villamadruzzo.it – Fax 04 61 98 63 61

51 cam – †62/75 € ††95/110 € – **Rist** – *(chiuso domenica)* Carta 29/39 €

◆ Villa ottocentesca in un parco ombreggiato: scelta ottimale per chi voglia fuggire il traffico del centro e preferisca concedersi una sosta più riposante, nel confort. La sala ristorante principale affaccia sul parco, la più piccola si trova nella ex cappella.

TREQUANDA – Siena (SI) – 563 M17 – 1 419 ab. – alt. 462 m – ✉ 53020

Toscana 29 **C2**

Roma 197 – Siena 45 – Firenze 110 – Perugia 72 – Prato 133

a Castelmuzio Sud : 9 km

Locanda della Moscadella cam,

Podere Moscadella 43 – ☎ 05 77 66 53 10 – lamoscadella@lamoscadella.it – Fax 05 77 66 58 07 – Chiuso dal 7 gennaio a febbraio

14 cam – †80 € ††110 € – 2 suites – **Rist** – Carta 31/36 €

◆ Casale del Cinquecento, recentemente ristrutturato, poco distante dal borgo medievale. Camere ben accessiorate e soffitti con travi a vista. Il ristorante nella bella stagione si espande all'aperto.

TRESCORE BALNEARIO – Bergamo (BG) – 561 E11 – 8 702 ab. – alt. 271 m – ✉ 24069 19 D1

Roma 593 – Bergamo 15 – Brescia 49 – Lovere 27 – Milano 60

via Suardi 20 ✆ 035 944777, iat.trescore@tin.it, Fax 035 944777

Della Torre 200,

piazza Cavour 26 – ✆ 035 94 13 65 – info@albergotorre.it – Fax 035 94 08 89

34 cam – †65/80 € ††90/125 €

Rist – Menu 20/42 €

Rist *Sala del Pozzo* – *(chiuso una settimana in gennaio, domenica sera in luglio-agosto, anche lunedì negli altri mesi)* Carta 21/55 €

◆ Nel centro del paese, un edificio d'antica fondazione, costituito da un'ala storica e da una parte più recente, offre confortevoli ambienti ed un gradevole cortile interno. In cucina, i piatti si basano sulla tradizione locale. Alla Sala del Pozzo, un ambiente raccolto ed elegante in un'atmosfera d'altri tempi.

XX **Loro**

via della Resistenza 34 – ✆ 035 94 50 73 – ristorante.loro@virgilio.it – Fax 035 94 50 73 – Chiuso dal 1° al 15 gennaio, dal 10 al 20 agosto, lunedì e martedì a mezzogiorno

Rist – Carta 35/48 €

◆ Sorta dalle ceneri di una trattoria di paese per volontà di due giovani dinamici e con esperienza, la risorsa annovera due salette rustiche e una cucina d'ispirazione moderna.

TRESCORE CREMASCO – Cremona (CR) – 561 F10 – 2 447 ab. – alt. 86 m – ✉ 26017 19 C2

Roma 554 – Bergamo 37 – Brescia 54 – Cremona 45 – Milano 42 – Piacenza 45

XX **Trattoria del Fulmine** (Lupo Stanghellini)

via Carioni 12 – ✆ 03 73 27 31 03 – Fax 03 73 27 31 03 – Chiuso dal 1° al 10 gennaio, agosto, domenica sera, lunedì e martedì sera

Rist – Carta 44/60 €

Spec. Insalata calda di testina di vitello con crema di fagioli e salsa verde (autunno-inverno). Crema di patate al profumo di sedano con guazzetto di lumache. Carré d'agnello profumato al balsamico su fondo di vino rosso con polenta.

◆ Storica trattoria del cremasco, l'affabile proprietario ne ha mantenuto lo spirito informale. Piatti del territorio, i celebri tortelli dolci ma anche culatello e foie gras.

XX **Bistek**

viale De Gasperi 31 – ✆ 03 73 27 30 46 – ristorante@bistek.it – Fax 03 73 29 12 32 – Chiuso dal 1° all'10 gennaio, dal 19 luglio al 15 agosto, martedì sera e mercoledì

Rist – Carta 26/37 €

◆ Due sale dove si organizzano manifestazioni gastronomiche a tema e domina la creatività: una carta regionale con specialità locali e qualche prodotto d'importazione.

TREVENZUOLO – Verona (VR) – 562 G14 – 2 536 ab. – ✉ 37060 35 A3

Roma 488 – Verona 30 – Mantova 24 – Modena 83 – Padova 107

a Fagnano Sud : 2 km – ✉ 37060 – Trevenzuolo

X **Trattoria alla Pergola**

via Sauro 9 – ✆ 04 57 35 00 73 – Chiuso dal dal 24 dicembre al 7 gennaio, dal 15 luglio al 20 agosto, lunedì, martedì sera e sabato a mezzogiorno

Rist – Carta 26/32 €

◆ Una trattoria invitante, di quelle che ancora si trovano in provincia; atmosfera familiare, da ormai tre generazioni, risotti e bolliti al carrello come specialità.

Non confondete le posate X e le stelle ✿! Le posate definiscono il livello di comfort e raffinatezza, mentre la stella premia le migliori cucine, in ognuna di queste categorie.

TREVI – Perugia (PG) – 563 N20 – 7 923 ab. – alt. 412 m – ✉ 06039 33 C2

Roma 150 – Perugia 48 – Foligno 13 – Spoleto 21 – Terni 52

Trevi senza rist
via Fantosati 2 – ☎ 07 42 78 09 22 – info@trevihotel.net – Fax 07 42 78 07 72 – Chiuso dall'8 gennaio all'8 febbraio
11 cam – †81/120 € ††95/129 €
◆ In un antico palazzo del centro storico, un rifugio da sogno per chi desideri immergersi nel fascino antico della città; camere dedicate ai vari colori e confort elevato.

Maggiolini
via San Francesco 20 – ☎ 07 42 38 15 34 – info@ristorantemaggiolini.it – Fax 07 42 38 15 34
Rist – Carta 23/33 €
◆ Tra municipio e Chiesa di S. Francesco, a pochi passi dal belvedere sulla vallata, un locale sito nelle ex cantine di un edificio del '500; piatti del territorio e non.

TREVIGLIO – Bergamo (BG) – 561 F10 – 26 773 ab. – alt. 126 m – ✉ 24047 19 C2

Roma 576 – Bergamo 21 – Brescia 57 – Cremona 62 – Milano 37 – Piacenza 68

San Martino (Colleoni) 25,
viale Cesare Battisti 3 – ☎ 036 34 90 75 – info@sanmartinotreviglio.it – Fax 03 63 30 15 72 – Chiuso dal 26 dicembre al 7 gennaio, dal 13 al 28 agosto, domenica sera e lunedì
Rist – Carta 60/89 €
Spec. Plateau royal di ostriche, conchiglie, pesce marinato e crostacei al vapore. Gallinella di mare con pomodorini caramellati all'aceto di vino di Xeres. Coscia d'agnello cotta allo spiedo verticale.
◆ In continuo miglioramento, un cortile interno porta a sale eleganti e spaziose. Celebre per il pesce, offre diversi prodotti francesi, formaggi e vini compresi.

Qualità a prezzi contenuti?
Cercate i Bib: Bib Gourmand rosso per i ristoranti
e Bib Hotel azzurro per gli alberghi.

TREVIGNANO ROMANO – Roma (RM) – 563 P18 – 4 923 ab. – alt. 166 m – ✉ 00069 12 B2

Roma 49 – Viterbo 44 – Civitavecchia 63 – Terni 86

La Grotta Azzurra
piazza Vittorio Emanuele 4 – ☎ 069 99 94 20 – Fax 069 98 50 72 – Chiuso Natale, settembre e martedì
Rist – Carta 31/42 €
◆ Tradizionale cucina del territorio e del lago in un locale rustico moderno, a conduzione familiare; piacevole servizio estivo in giardino pressoché a bordo lago.

TREVIOLO – Bergamo (BG) – 561 E10 – 9 122 ab. – alt. 222 m – ✉ 24048 19 C1

Roma 584 – Bergamo 6 – Lecco 26 – Mllano 43

Maxim senza rist 200,
via Compagnoni 31, Ovest : 1 km – ☎ 035 20 11 00 – hotelmaxim@libero.it – Fax 035 69 26 05 – Chiuso dal 24 al 27 dicembre e dal 6 al 20 agosto
63 cam – †68 € ††95 €, 8 €
◆ Recente hotel, in comoda posizione sulle vie di collegamento per la città, ideale per clienti di lavoro; ampia hall-bar con saletta colazioni, validi confort e servizio.

TREVISO 🅿 (TV) – 562 E18 – 81 516 ab. – alt. 15 m – ✉ 31100 *Italia* 35 **A1**

Roma 541 – Venezia 30 – Bolzano 197 – Milano 264 – Padova 50 – Trieste 145

piazza Monte di Pietà 8 ✆ 0422 547632, iat.treviso@provincia.treviso.it, Fax 0422 419092

Villa Condulmer, a Mogliano Veneto, ✆ 041 45 70 62.

Piazza dei Signori★ BY **21** : palazzo dei Trecento★ **A**, affreschi★ nella chiesa di Santa Lucia **B** – Chiesa di San Nicolò★ AZ

Piante pagine seguenti

Cà del Galletto
cam, rist, 300, 🅿

via Santa Bona Vecchia 30, per viale Luzzatti – ✆ 04 22 43 25 50 – info@hotelcadelgalletto.it – Fax 04 22 43 25 10 AY

67 cam – †95 € ††180 €

Rist ***Al Migò*** – *(chiuso agosto, domenica e a mezzagiorno escluso giovedi e venerdi)* Carta 35/50 €

◆ In zona periferica relativamente tranquilla, grande complesso con camere generalmente ampie e moderne. Biciclette a disposizione dei clienti più sportivi. Gradevole e curata sala da pranzo d'impostazione moderna.

Al Foghèr
cam, 80,

viale della Repubblica 10, per ⑤ – ✆ 04 22 43 29 50 – htl@alfogher.com – Fax 04 22 43 03 91

55 cam – †80/104 € ††95/145 € – ½ P 75/99 € – **Rist** – *(chiuso agosto e domenica)* Carta 33/44 €

◆ In zona periferica e abbastanza trafficata, troverete un albergo confortevole e accogliente, con camere dagli arredi standard e assolutamente funzionali. Ristorante dall'ambiente curato, molto frequentato anche da clienti di passaggio.

Scala senza rist

viale Felissent angolo Cal di Breda 1, per ① – ✆ 04 22 30 76 00 – info@hotelscala.com – Fax 04 22 30 50 48

20 cam – †65 € ††112 €, 10 €

◆ Appena fuori dal cuore della città e cinta da un piccolo parco, una piacevole villa padronale realizzata nell'architettura tipica di queste zone. Atmosfera familiare.

Al Giardino senza rist

via Sant'Antonino 300/a, Sud : 1,5 km – ✆ 04 22 40 64 06 – info@hotelalgiardino.it – Fax 04 22 40 64 06

43 cam – †54 € ††75 €

◆ Il nome invita ad entrare in questa risorsa immersa nel verde, fuori Treviso; un piccolo e semplice albergo, a gestione familiare, da poco rinnovato nell'ala sul retro.

Agriturismo Il Cascinale
cam, 🅿

via Torre d'Orlando 6/b, Sud-Ovest : 3 km – ✆ 04 22 40 22 03 – info@agriturismoilcascinale.it – Fax 04 22 34 64 18 – Chiuso dal 7 al 18 gennaio e dal 16 agosto al 3 settembre

14 cam – †35/37 € ††48/50 €, 8 € – **Rist** – *(aperto domenica e le sere di venerdì-sabato)* Carta 21/25 €

◆ Ubicato nella prima periferia, ma già totalmente in campagna, un rustico ove troverete ambiente ospitale e familiare e camere molto confortevoli, realizzate di recente.

Beccherie

piazza Ancillotto 10 – ✆ 04 22 54 08 71 – Fax 04 22 54 08 71 – Chiuso dal 15 al 30 luglio, domenica sera e lunedì BY **c**

Rist – Carta 34/46 €

◆ Dietro al Palazzo dei Trecento, in un edificio dalle tradizionali linee delle antiche case veneziane, un locale noto in città per la cucina squisitamente trevigiana.

L'Incontro

largo Porta Altinia 13 – ✆ 04 22 54 77 17 – lincontro@sevenonline.it – Fax 04 22 54 76 23 – Chiuso dal 10 al 31 agosto, giovedì a mezzogiorno e mercoledì BZ **a**

Rist – Carta 33/46 € (+12 %)

◆ Sotto le volte dell'antica porta Altinia, un ambiente sorto dalla fantasia d'un noto architetto e dalla passione di due dinamici soci, propone sapori del territorio.

TREVISO

Via	Quadrante	N.
Antonio Canova (V.)	AY	
Bartolomeo D'Alviano (Viale)	AY	
Burchiellati (Viale B.)	BCY	
Caccianiga (V. A.)	AY	
Cadorna (Viale)	BZ	
Calmaggiore (V.)	BY	
Campana (V.)	BCY	
Carlo Alberto (V.)	CY	
Cavalli (Borgo)	CY	
Cavour (Borgo)	AY	
Cesare Battisti (Viale)	AYZ	
Cornarotta (V.)	BY	
Diaz (V.)	BZ	
Duomo (Pza)	BY	
Enrico Dandolo (V.)	ABZ	
Fabio Filzi (V.)	AYZ	
Filippini (V.)	BY	2
Flli Cairoli (Viale)	ABCY	
Fratelli Bandiera (Viale)	CZ	
Fra Giocondo (V.)	AY	3
Fra' Giocondo (Viale)	BY	
Garibaldi (Pza)	CZ	
Indipendenza (Pza e V.)	BY	4
IV Novembre (Viale)	CY	
Jacopo Tasso (Viale)	CZ	
Luzzatti (Viale)	AY	
Manin (V.)	BYZ	
Manzoni (V.)	CY	
Marchesan (V. A.)	CZ	
Marco Polo (V.)	BCZ	
Martiti della Libertà (V.)	BCYZ	
Matteotti (Pza)	CY	
Monfenera (Viale)	AY	
Montegrappa (Viale)	AY	
Monte di Pietà (Pza)	BY	5
Municipio (V.)	BY	6
Mura di S. Teonisto (V.)	AYZ	
Nazario Sauro (V.)	AYZ	
Nino Bixio (Viale)	CYZ	
Oberdan (Viale)	AZ	
Orleans (Viale)	AZ	
Palestro (V.)	CY	7
Pescheria (V.)	CY	10
Popolo (Cso del)	BZ	
Regg. Italia Libera (V.)	CZ	12
Riccati (V.)	AY	
Roma (V.)	BZ	
Santa Margherita (Riviera)	BCZ	
Scarpa (V. A.)	CZ	
Sebastiano Venier (V.)	CZ	
Signori (Pza dei)	BY	21
Stangade (V.)	CY	
S. Agostino (V.)	CY	
S. Antonio da Padova (Vle)	BY	13
S. Antonio (Strada)	CZ	
S. Caterina (V.)	CY	14
S. Francesco (Pza e V.)	CY	15
S. Girolamo (V.)	CY	
S. Leonardo (Pza e V.)	CY	16
S. Liberale (V.)	AY	
S. Margherita (V.)	BCY	
S. Nicolò (V.)	AZ	
S. Parisio (V.)	CY	17
S. Vito (Pza e Via)	CY	19
Terraglio (Strada del)	BZ	
Tolpada (V.)	CYZ	
Toniolo (V. G.)	BCZ	
Trento e Trieste (Viale)	ABZ	
Ugo Foscolo (V.)	CY	
Verdi (Viale)	AZ	
Vittoria (Pza della)	BZ	23
Vittorio Veneto (Viale)	CY	
20 Settembre (V.)	BY	24

All'Antica Torre
6/22

via Inferiore 55 – 04 22 58 36 94 – info@anticatorre.info – Fax 04 22 54 85 70 – Chiuso agosto, giovedì sera e domenica BY **a**

Rist – Carta 31/54 €

◆ Rustica trattoria ricavata all'interno di una torre duecentesca; ampia collezione di quadri e oggetti d'antiquariato, proposte locali e marinare. Vasta scelta di vini.

Toni del Spin

via Inferiore 7 – 04 22 54 38 29 – info@ristorantetonidelspin.com – Fax 04 22 58 31 10 – Chiuso dal 15 luglio al 15 agosto, domenica e lunedì a mezzogiorno BY **g**

Rist – Carta 24/36 €

◆ Storica trattoria riccamente decorata con menù esposto su lavagne, ove poter mangiare in un ambiente raccolto e caratteristico terminando con l'invitante carrello dei dolci.

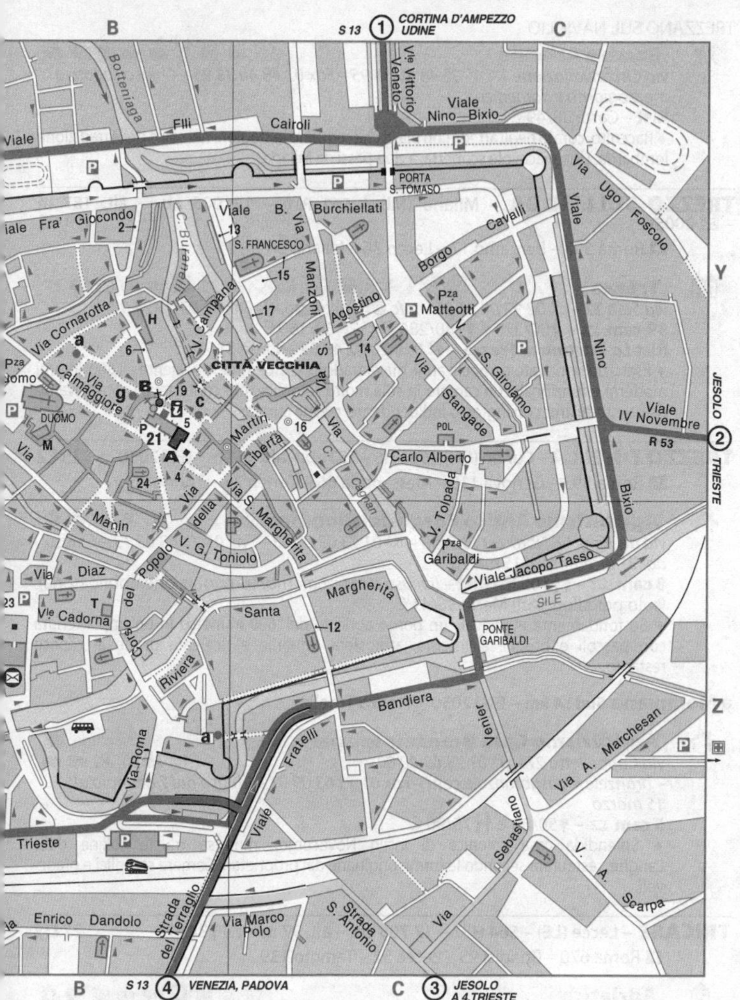

TREZZANO SUL NAVIGLIO – Milano (MI) – 561 F9 – **18 498 ab.** – **alt. 116 m** – ✉ 20090 18 **B2**

▶ Roma 595 – Milano 13 – Novara 43 – Pavia 34

Eur senza rist

viale Leonardo da Vinci 36a – ✆ 024 45 19 51 – info@hoteleurmilano.it – Fax 024 45 10 75

39 cam – †66/102 € ††83/134 €

♦ Comodamente posizionato rispetto all'uscita Vigevanese della tangenziale ovest, accogliente albergo anni '60, aggiornato di recente, con un'esperta gestione familiare.

Bacco e Arianna

via Circonvallazione 1 – ✆ 02 48 40 38 95 – Fax 02 48 40 38 95 – Chiuso sabato a mezzogiorno e domenica
Rist – Carta 38/49 €
◆ Raccolto, curato negli arredi, con piatti che seguono le stagioni nel solco della tradizione lombarda. Una piacevole scoperta, a due passi da Milano.

TREZZO SULL'ADDA – **Milano (MI)** – **561** F10 – **12 005 ab.** – **alt. 187 m** – ✉ **20056** 19 **C2**

Roma 597 – Bergamo 17 – Lecco 36 – Milano 34

Trezzo cam, 35,

via Sala 17 – ✆ 02 92 00 24 01 – info@hoteltrezzo.it – Fax 02 92 00 24 02
39 cam – 60/220 € 80/280 € – ½ P 60/160 €
Rist ***La Cantina di Trezzo*** – ✆ 029 20 02 48 02 – Carta 33/41 €
◆ Esercizio rinnovato da pochi anni, ma di tradizione alberghiera risalente all'800. Interni moderni e funzionali con camere in stile molto semplice, ma confortevoli. Accattivante ristorante-bistrot con ingresso indipendente, cucina curata.

TREZZO TINELLA – **Cuneo (CN)** – **561** H6 – **353 ab.** – **alt. 341 m** – ✉ **12050** 25 **C2**

Roma 593 – Genova 115 – Alessandria 66 – Cuneo 74 – Torino 76

Agriturismo Antico Borgo del Riondino

via dei Fiori 12, Nord-Est : 3,5 km – ✆ 01 73 63 03 13 – Fax 01 73 63 03 13 – Chiuso dal 21 dicembre al 15 marzo
8 cam – 105 € – **Rist** – *(chiuso a mezzogiorno)* (prenotazione obbligatoria) (solo per alloggiati) Menu 36/41 €
◆ Su fondamenta medievali, un borgo agricolo del '600 immerso in un'ampia tenuta con pascoli e boschi; all'interno, atmosfera signorile e ricercata grazie al capace restauro.

a Mompiano **Sud : 4 km** – ✉ **12050** – **Trezzo Tinella**

Agriturismo Casa Branzele senza rist colline, 50,

via Cappelletto 27 – ✆ 01 73 63 00 00 – branzele@casabranzele.com – Fax 01 73 63 09 07 – Chiuso dal 7 gennaio al 15 marzo
5 cam – 50/80 € 75/90 €
◆ Splendida casa colonica di inizio Novecento, immersa tra le colline delle Langhe, restaurata secondo le forme originarie dai proprietari. Camere semplici e gradevoli.

TRICASE – **Lecce (LE)** – **564** H37 – **17 705 ab.** – **alt. 97 m** – ✉ **73039** 27 **D3**

Roma 670 – Brindisi 95 – Lecce 52 – Taranto 139

Adriatico

via Tartini 34 – ✆ 08 33 54 47 37 – adriaticohotel@virgilio.it – Fax 08 33 54 47 37
18 cam – 60/90 € 90/100 € – ½ P 50/60 € – **Rist** – *(chiuso domenica escluso da giugno a settembre)* Carta 20/33 €
◆ A dieci minuti a piedi dal centro del paese, un piccolo hotel a conduzione familiare, dispone di camere semplici e lineari: ideale per una vacanza alla scoperta del Salento. Una sala di tono classico ed un dehors estivo dove gustare piatti nazionali. Ideale per banchetti e colazioni di lavoro.

TRICESIMO – **Udine (UD)** – **562** D21 – **7 398 ab.** – **alt. 198 m** – ✉ **33019** 11 **C2**

Roma 642 – Udine 12 – Pordenone 64 – Tarvisio 86 – Tolmezzo 38

Antica Trattoria Boschetti 20,

piazza Mazzini 10 – ✆ 04 32 85 15 09 – Fax 04 32 85 12 30 – Chiuso domenica sera e lunedì
Rist – Carta 36/44 €
◆ La recente ristrutturazione ha restituito un elegante ristorante dall'ambiente signorile, dove si propongono piatti della tradizione; fornitissima cantina a vista.

Miculan
piazza Libertà 16 – ✆ 04 32 85 15 04 – info@miculan.info – Fax 04 32 85 15 04 – Chiuso dal 12 al 27 luglio, mercoledì sera e giovedì
Rist – Carta 23/29 €
♦ Sulla piazza di Tricesimo, una trattoria con avviato bar pubblico dispone di una saletta con il tradizionale caminetto centrale e piatti friulani con divagazioni di pescato.

TRIESTE (TS) – 562 F23 – **208 309 ab.** – ✉ **34100** *Italia* 11 **D3**

Roma 669 – Udine 68 – Ljubljana 100 – Milano 408 – Venezia 158 – Zagreb 236
di Ronchi dei Legionari per ① : 32 km ✆ 0481 773327, Fax 0481 474150
piazza Unità d'Italia 4/b ✆ 040 3478312, aptour@libero.it, Fax 040 3478320
18, ✆ 040 22 61 59.
Colle San Giusto★★ AY – Piazza della Cattedrale★ AY **9** – Basilica di San Giusto★ AY : mosaico★★ nell'abside, ⩤★ su Trieste dal campanile – Collezioni di armi antiche★ nel castello AY – Vasi greci★ e bronzetti★ nel museo di Storia e d'Arte AY **M1** – Piazza dell'Unità d'Italia★ AY **35** – Museo del Mare★ AY **M2** : sezione della pesca★★
Castello e giardino★★ di Miramare per ① : 8 km – ⩤★★ su Trieste e il golfo dal Belvedere di Villa Opicina per ② : 9 km – ※★★ dal santuario del Monte Grisa per ① : 10 km

Piante pagine seguenti

Grand Hotel Duchi d'Aosta rist,
piazza Unità d'Italia 2 ✉ 34121 – ✆ 04 07 60 00 11 – info@grandhotelduchidaosta.com – Fax 040 36 60 92 AY **r**
53 cam – 182/268 € 240/370 € – 2 suites
Rist *Harry's Grill* – ✆ 040 66 06 06 *(chiuso domenica)* Carta 45/66 €
♦ Su una piazza tra le più suggestive d'Italia, vero e proprio palcoscenico sul mare, albergo di prestigio con interni di austera eleganza mitteleuropea e confort moderni. Inaugurato nel 1972, il ristorante propone cucina regionale ed internazionale, da gustare nello scenario della piazza.

Jolly Hotel rist, cam, rist, 220,
corso Cavour 7 ✉ 34132 – ✆ 04 07 60 00 55 – trieste@jollyhotels.com – Fax 040 36 26 99 AX **c**
169 cam – 150/190 € 170/250 € – 4 suites – ½ P 115/155 € – **Rist** – Carta 32/47 €
♦ Struttura anni '50 ampiamente rimodernata, ora in grado di offrire interni di discreta eleganza e un confort in linea con gli standard europei; sale per convegni. Menù colorato e informale che propone anche formule "agili" e poco dispendiose.

Colombia senza rist
via della Geppa 18 ✉ 34132 – ✆ 040 36 93 33 – colombia@hotelcolombia.it – Fax 040 36 96 44 AX **a**
40 cam – 100/200 € 130/260 €
♦ Cura dei dettagli, pezzi d'epoca e raffinati accostamenti di colori nelle riposanti camere di un albergo centrale, ricco di personalità e con buone dotazioni moderne.

Italia senza rist
via della Geppa 15 ✉ 34132 – ✆ 040 36 99 00 – info@hotel-italia.it – Fax 040 63 05 40 AY **d**
38 cam – 70/110 € 80/130 €
♦ Nel cuore della città, una moderna struttura alberghiera che dispone di ampi spazi comuni e camere arredate con mobili in legno di ciliegio. Ideale per una clientela d'affari.

Abbazia senza rist
via della Geppa 20 ✉ 34132 – ✆ 040 36 94 64 – info@albergoabbazia.com – Fax 040 36 53 14 AX **a**
21 cam – 83/88 € 110/130 €
♦ In comoda posizione centrale, piccolo albergo a conduzione diretta, semplice ma dignitoso e omogeneo nel confort, con una consolidata clientela di lavoro.

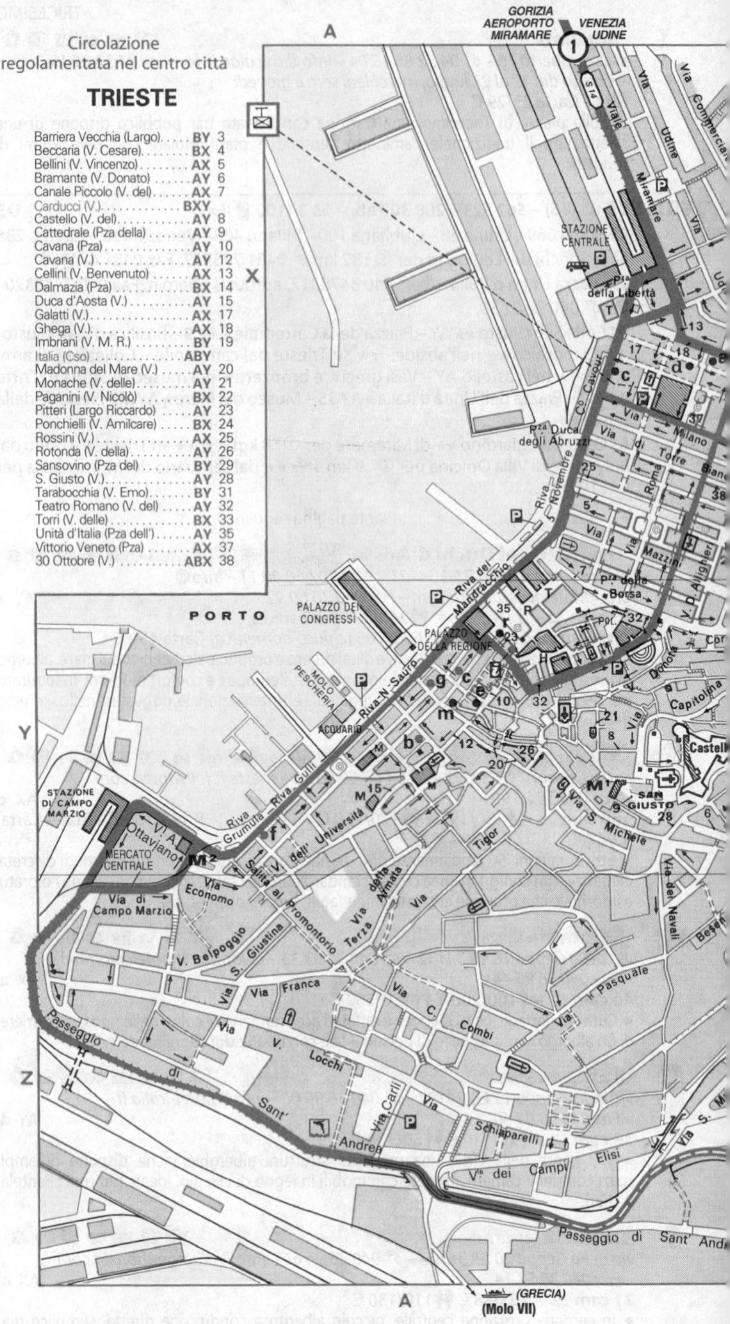

Circolazione regolamentata nel centro città
TRIESTE
Barriera Vecchia (Largo) . . . . . BY 3
Beccaria (V. Cesare) . . . . BX 4
Bellini (V. Vincenzo) . . . . AX 5
Bramante (V. Donato) . . . . AY 6
Canale Piccolo (V. del) . . . . . . AX 7
Carducci (V.) . . . . BXY
Castello (V. del) . . . . AY 8
Cattedrale (Pza della) . . . . AY 9
Cavana (Pza) . . . . AY 10
Cavana (V.) . . . . AY 12
Cellini (V. Benvenuto) . . . . AX 13
Dalmazia (Pza) . . . . BX 14
Duca d'Aosta (V.) . . . . AY 15
Galatti (V.) . . . . AX 17
Ghega (V.) . . . . AX 18
Imbriani (V. M. R.) . . . . BY 19
Italia (Cso) . . . . ABY
Madonna del Mare (V.) . . . . . . AY 20
Monache (V. delle) . . . . AY 21
Paganini (V. Nicolò) . . . . BX 22
Pitteri (Largo Riccardo) . . . . . . AY 23
Ponchielli (V. Amilcare) . . . . . BX 24
Rossini (V.) . . . . AX 25
Rotonda (V. della) . . . . AY 26
Sansovino (Pza del) . . . . BY 29
S. Giusto (V.) . . . . AY 28
Tarabocchia (V. Emo) . . . . BY 31
Teatro Romano (V. del) . . . . . . AY 32
Torri (V. delle) . . . . BX 33
Unità d'Italia (Pza dell') . . . . . . AY 35
Vittorio Veneto (Pza) . . . . AX 37
30 Ottobre (V.) . . . . ABX 38
GORIZIA
AEROPORTO
MIRAMARE
VENEZIA
UDINE
S 14
Viale Miramare
Via Udine
Via Commerciale
STAZIONE CENTRALE
Pza della Libertà
Co. Cavour
Rza Duca degli Abruzzi
Riva 3 Novembre
Via Milano
Via di Torre Bianca
Via Roma
Via Mazzini
V. D. Alighieri
Pza della Borsa
Riva del Mandracchio
PORTO
PALAZZO DEI CONGRESSI
PALAZZO DELLA REGIONE
MOLO PESCHERIA
ACQUARIO
Riva N. Sauro
Riva Gulli
Riva Grumula
STAZIONE DI CAMPO MARZIO
V. A. Ottaviano
MERCATO CENTRALE
Via dell' Università
Salita al Promontorio
Via della Tera Armata
Via Economo
Via di Campo Marzio
V. Belpoggio
Via S. Giustina
Via Franca
Via C. Combi
Via V. Locchi
Via Carli
Via Schiaparelli
Via Donota
Capitolina
Castello
SAN GIUSTO
Via S. Michele
Via dei Navali
Via Tigor
Via S. Pasquale
Passeggio di Sant' Andrea
Vle dei Campi Elisi
Passeggio di Sant' Andrea
(GRECIA)
(Molo VII)

B
C
OPICINA
0
200 m
Via Cesare Cantù
Via Fabio Severo
OPICINA
2
S 14
FUME (RIJEKA) POSTUMIA
Piazzale Europa
Via A. Valerio
U
Via Cologna
Via Commerciale
Pza di Scorcola
V. Martiri d. Libertà
Via Fabio Severo
Coroneo
d'Assisi
Via G. Marconi
Via di
X
Via Giulia
Pza dei Volontari Giuliani
Pza G. Oberdan
4
J
V. Rismondo
Via del F.
Via S. Battisti
SINAGOGA
Via Giulia
Settembre
20
Viale della Ginnastica
Via C.
Via
33
19
Carducci
31
Pza dell' Ospedale
Via della Pietà
Via Domenico Rossetti
V. del Monte
3
Via G. Parini
Via Oriani
V. G. Pascoli
Y
V. Capitolina
Via Madonnina
Pza Garibaldi
Vle
Via del Bosco
V. della Guardia
Via Matteotti
S. Giacomo in Monte
Via Gabriele
V. Ananian
Via delle
Domenico
P.
Revoltella
Rossetti
Via S. Marco
a
dell' Istria
Via
Settefontane
FIERA
Via d'Annunzio
Pza dei Foraggi
Vle dell' Ippodromo
Z
d'Alviano
Via G. Orlandini
Via del Molino a Vento
Via Caduti sul Lavoro
Via B. d'Alviano
Via dell' Istria
GALLERIA DI MONTEBELLO
S 15
FIUME UDINE POSTUMIA
S 202
X
Zorutti
V. P.
3
MUGGIA PULA
S 202
C
B

James Joyce senza rist
via Cavazzeni 7 ✉ 34121 – ☎ 040 31 10 23 – hoteljamesjoyce@email.it – Fax 040 30 26 18 AY **e**
14 cam – 60/70 € 80/95 €
◆ Piccola, recente struttura sviluppata in altezza attorno alla ripida scala a chiocciola in pietra locale. Camere semplici, ma comode. Capace conduzione familiare.

Porta Cavana senza rist
via Felice Venezian 14 ✉ 34124 – ☎ 040 30 13 13 – hotelportacavana@libero.it – Fax 04 03 22 02 62 AY **m**
28 cam – 40/60 € 70/99 €, 6 €
◆ Albergo in pieno centro storico che occupa il primo e il terzo piano di un palazzo. Non c'è ascensore, ma le camere sono molto curate, sia nei dettagli che negli accessori.

Scabar
Erta Sant'Anna 63, per ③ ✉ 34149 – ☎ 040 81 03 68 – info@scabar.it – Fax 040 83 06 96 – Chiuso febbraio, lunedì e martedì a mezzogiorno
Rist – Carta 38/55 €
◆ Vale la pena spingersi fino a questo locale, rinnovato di recente, con un'appassionata gestione familiare; cucina marinara, cantina interessante. Terrazza panoramica.

Ai Fiori
piazza Hortis 7 ✉ 34124 – ☎ 040 30 06 33 – info@aifiori.com – Fax 040 30 06 33 – Chiuso domenica, anche lunedì in giugno-luglio AY **b**
Rist – Carta 38/46 €
◆ Gestito da una famiglia tutta impegnata nell'attività, ristorantino che emerge nel panorama cittadino per la cortesia, le specialità di mare innovative e la cantina.

Città di Cherso
via Cadorna 6 ✉ 34124 – ☎ 040 36 60 44 – Fax 040 30 68 94 – Chiuso tre settimane in agosto e martedì AY **c**
Rist – Carta 37/48 €
◆ In centro città, un piccolo ristorante classico di stile moderno, caldo e accogliente, con diversi tocchi di ricercatezza, dove gustare fragranti specialità di mare.

Montecarlo
via San Marco 10/9 ✉ 34144 – ☎ 040 66 25 45 – Fax 040 66 25 45 – Chiuso domenica sera e lunedì BZ **a**
Rist – Carta 25/30 €
◆ Quattro salette su due piani e un ampio dehors estivo nel cortile interno per un ristorante di tono rustico, con cucina tradizionale sia di terra che di mare.

L'Ambasciata d'Abruzzo
via Furlani 6 ✉ 34149 – ☎ 040 39 50 50 – Fax 040 39 50 50 – Chiuso una settimana in gennaio e lunedì CZ **x**
Rist – Carta 35/46 €
◆ Legno e tanti oggetti esposti (conserve, ceramiche, fotografie ecc.) in un locale caratteristico, rustico e accogliente; unico in città a proporre specialità abruzzesi.

Al Nuovo Antico Pavone 12,
riva Grumula 2 e ✉ 34123 – ☎ 040 30 38 99 – nuovo.pavone@libero.it – Fax 040 30 38 99 – Chiuso domenica e lunedì a mezzogiorno AY **f**
Rist – Carta 32/43 €
◆ Di fronte al porto turistico, caratteristica trattoria, con lungo bancone bar e ampio dehors sulla passeggiata, che propone fragranti specialità di mare.

Al Bagatto
via Venezian 2 ang. via Cadorna ✉ 34124 – ☎ 040 30 17 71 – albagatto@libero.it – Fax 040 30 17 71 – Chiuso domenica AY **g**
Rist – Carta 50/68 €
◆ Saporita cucina di mare servita in una sala graziosa con tavoli molto serrati. La frequentazione di habituè soddisfatti e il servizio attento e cordiale completano il quadro.

TRINITÀ D'AGULTU – **Sassari** – 566 E8 – **Vedere Sardegna alla fine dell'elenco alfabetico**

TRIORA – Imperia (IM) – 561 K5 – 410 ab. – alt. 776 m – ✉ 18010 14 **A2**

Roma 661 – Imperia 51 – Genova 162 – Milano 285 – San Remo 37

Colomba d'Oro

corso Italia 66 – ☎ 018 49 40 51 – info@colombadoro.it – Fax 018 49 40 89 – Aprile-ottobre

28 cam – †35/45 € ††70/80 € – ½ P 55/60 € – **Rist** – *(chiuso lunedì e martedì)* Carta 20/27 €

◆ Un semplice hotel a gestione familiare, particolarmente attento ad un preciso e cordiale servizio, dispone di confortevoli ambienti e camere recentemente rinnovate. La cucina è legata alla tradizione regionale ma, aperta alle nuove influenze, propone piatti sapientemente rivisitati con creatività.

TRISSINO – Vicenza (VI) – 562 F16 – 8 058 ab. – alt. 221 m – ✉ 36070 37 **A1**

Roma 550 – Verona 49 – Milano 204 – Vicenza 21

Cà Masieri con cam

località Masieri 16, Ovest : 2 km – ☎ 04 45 96 21 00 – info@camasieri.com – Fax 04 45 49 04 55 – Chiuso febbraio

12 cam – †50/80 € ††100/130 € – **Rist** – *(chiuso domenica e lunedì a mezzogiorno)* Carta 38/53 €

◆ Un signorile casale di campagna, un complesso rurale del XVIII secolo; servizio estivo all'aperto, fra le colline e salette ove ancora si respira un'atmosfera antica.

TRIVIGNO – Potenza (PZ) – 564 F29 – 791 ab. – alt. 735 m – ✉ 85018 3 **B2**

Roma 385 – Potenza 26 – Matera 83

Agriturismo La Foresteria di San Leo

cam,

contrada San Leo Sud-Ovest : 5 km – ☎ 09 71 98 11 57 – mariagiovanna.allegretti@tin.it – Fax 09 71 44 26 95 – Aprile-ottobre

5 cam – †43/55 € ††76/100 € – ½ P 54/70 € – **Rist** – (solo per alloggiati) Carta 25/35 €

◆ Sorta dal restauro di un eremo benedettino, una piacevole risorsa che conserva ancora i resti di un monastero del '300; cinta dal verde e con vista delle Dolomiti Lucane.

TROFARELLO – Torino (TO) – 561 H5 – 10 985 ab. – alt. 276 m – ✉ 10028 22 **A1**

Roma 656 – Torino 15 – Asti 46 – Cuneo 76

Pianta d'insieme di Torino

Park Hotel Villa Salzea

100,

via Vicoforte 2 – ☎ 01 16 49 78 09 – parkhotel@villasalzea.it – Fax 01 16 49 85 49 – Chiuso dal 26 dicembre al 7 gennaio HU **m**

22 cam – †70/90 € ††90/120 € – **Rist** – *(chiuso agosto e a mezzogiorno escluso sabato e domenica)* (consigliata la prenotazione) Carta 34/58 €

◆ A pochi km da Torino, in una tranquilla area pre-collinare, sorge una signorile villa settecentesca sita in un parco ombreggiato; dotata di camere spaziose, ben arredate. Atmosfere eleganti nelle sale ristorante intime e negli ambienti più ampi, per cerimonie.

TROPEA – Vibo Valentia (VV) – 564 K29 – 6 974 ab. – ✉ 89861 *Italia* 5 **A2**

Roma 636 – Reggio di Calabria 140 – Catanzaro 92 – Cosenza 121 – Gioia Tauro 77

Pimm's

largo Migliarese 2 – ☎ 09 63 66 61 05 – Fax 09 63 66 61 05 – Chiuso lunedì escluso luglio-agosto

Rist – (consigliata la prenotazione) Carta 34/60 €

◆ Percorsa la via dello "struscio" serale, a fianco della mini terrazza, un rifugio a picco sul mare, con balconcino sulla distesa smeraldo; in bocca, sapore di pesce.

a Santa Domenica Sud-Ovest : 6 km – ✉ 89866

Cala di Volpe

(acqua di mare) rist, rist,

contrada Torre Marino – ☎ 09 63 66 96 99 – info@caladivolpe.it – Fax 09 63 66 97 33 – 5 maggio-23 ottobre

50 cam – †70/150 € ††108/240 € – **Rist** – Carta 25/38 €

◆ Direttamente affacciato su mare e spiaggia, immersi in un grande giardino tropicale, avrete la possibilità di trascorrere una vacanza optando per la formula hotel o residence. Ristorante panoramico, suggestivo nei mesi estivi.

TRULLI (Regione dei)★★★ – Bari e Taranto – 564 E33 *Italia*

TUSCANIA – Viterbo (VT) – 563 O17 – **7 763 ab.** – **alt. 166 m** – ✉ **01017** *Italia* 12 **A1**

Roma 89 – Viterbo 24 – Civitavecchia 44 – Orvieto 54 – Siena 144 – Tarquinia 25

Chiesa di San Pietro★★ : cripta★★ – Chiesa di Santa Maria Maggiore★ : portali★★

Tuscania senza rist ← Basiliche e antiche mura,
via dell'Olivo 53 – ✆ 07 61 44 40 80 – info@tuscaniahotel.it – Fax 07 61 44 43 80
25 cam – ♦38/45 € ♦♦64/74 €
◆ Sorto di recente, un albergo sito fuori dal centro, con bella vista da molte camere sulle antiche mura nonchè sulle Basiliche di San Pietro e di Santa Maria Maggiore.

Locanda di Mirandolina rist,
via del Pozzo Bianco 40/42 – ✆ 07 61 43 65 95 – info@mirandolina.it – Fax 07 61 43 65 95 – Chiuso dal 10 gennaio al 15 febbraio
8 cam – ♦35/40 € ♦♦60/70 € – ½ P 55/60 € – **Rist** – *(chiuso lunedì)* Carta 24/48 €
◆ Edera e gelsomino ricoprono quasi interamente la facciata dell'edificio d'inizio '900 che ospita questa gradevole risorsa. In pieno centro, stanze personalizzate.

Al Gallo con cam cam,
via del Gallo 22 – ✆ 07 61 44 33 88 – gallotus@tin.it – Fax 07 61 44 36 28 – Chiuso dal 10 gennaio al 15 febbraio
13 cam – ♦68/88 € ♦♦88/122 € – **Rist** – *(chiuso lunedì)* Carta 34/50 €
◆ Tra stoffe a quadri bianchi e rossi si ha l'impressione di entrare in una ricercata casa di bambole; con vista sui tetti del centro storico, sapori stagionali e creativi.

UDINE (UD) – 562 D21 – **96 196 ab.** – **alt. 114 m** – ✉ **33100** *Italia* 11 **C2**

Roma 638 – Milano 377 – Trieste 71 – Venezia 127

di Ronchi dei Legionari per ③ : 37 km ✆ 0481 773327, Fax 0481 474150

piazza I Maggio 7 ✆ 0432 295972, info@udine-turismo.it, Fax 0432 504743

, Ovest : 15 km per via Martignacco a Fagagna-Villaverde, ✆ 0432 80 04 18.

Piazza della Libertà★★AY **14** – Decorazioni interne★ nel Duomo ABY **B** – Affreschi★ nel palazzo Arcivescovile BY **A**

Passariano : Villa Manin★★ Sud-Ovest : 30 km

Pianta pagina a lato

Astoria Hotel Italia 110,
piazza 20 Settembre 24 – ✆ 04 32 50 50 91 – astoria@hotelastoria.udine.it – Fax 04 32 50 90 70 AZ **a**
70 cam – ♦78/150 € ♦♦118/220 € – 5 suites – **Rist** – *(chiuso due settimane in agosto)* Carta 38/54 €
◆ Hotel di grande tradizione nel centro storico, con eleganti interni d'ispirazione contemporanea e ampie camere in stile; centro congressi nell'attiguo Palazzo Kechler. Atmosfera raffinata nell'ampio salone per banchetti; cucina tradizionale.

Ambassador Palace senza rist 100,
via Carducci 46 – ✆ 04 32 50 37 77 – info@ambassadorpalacehotel.it – Fax 04 32 50 37 11 BZ **a**
80 cam – ♦130 € ♦♦148 € – 2 suites
◆ Hotel a due passi dal centro preceduto da un grazioso giardinetto. Interni rinnovati al fine di offrire un confort di buon livello alla clientela di passaggio dalla città.

Clocchiatti senza rist
via Cividale 29 – ✆ 04 32 50 50 47 – info@hotelclocchiatti.it – Fax 04 32 50 50 47 BY **a**
27 cam – ♦75/150 € ♦♦95/240 €, 10 €
◆ In un villino di fine Ottocento recentemente ristrutturato, un albergo dalla professionale e trentennale gestione familiare con piacevoli camere, alcune mansardate e piscina.

UDINE

Bartolini (Riva) . . . . **AY** 3
Calzolai (V.) . . . . **BZ** 4
Carducci (V.) . . . . **BZ** 5
Cavedalis (Piazzale G. B.) . . . . **AY** 6
Cavour (V.) . . . . **AY** 7
D'Annunzio (Piazzale) . . . . **BZ** 8
Diacono (Piazzale Paolo) . . . . . **AY** 9
Gelso (V. del) . . . . **AZ** 12
Leopardi (Viale G.) . . . . **BZ** 13
Libertà (Pza della) . . . . **AY** 14
Manin (V.) . . . . **BY** 16
Marconi (Pza) . . . . **AY** 17
Matteotti (Pza) . . . . **AY** 18
Mercato Vecchio (V.) . . . . **AY** 19
Patriarcato (Pza) . . . . **BY** 20
Piave (V.) . . . . **BYZ** 21
Rialto (V.) . . . . **AY** 22
Vittorio Veneto (V.) . . . . **BY** 23
26 Luglio (Piazzale) . . . . **AZ** 24

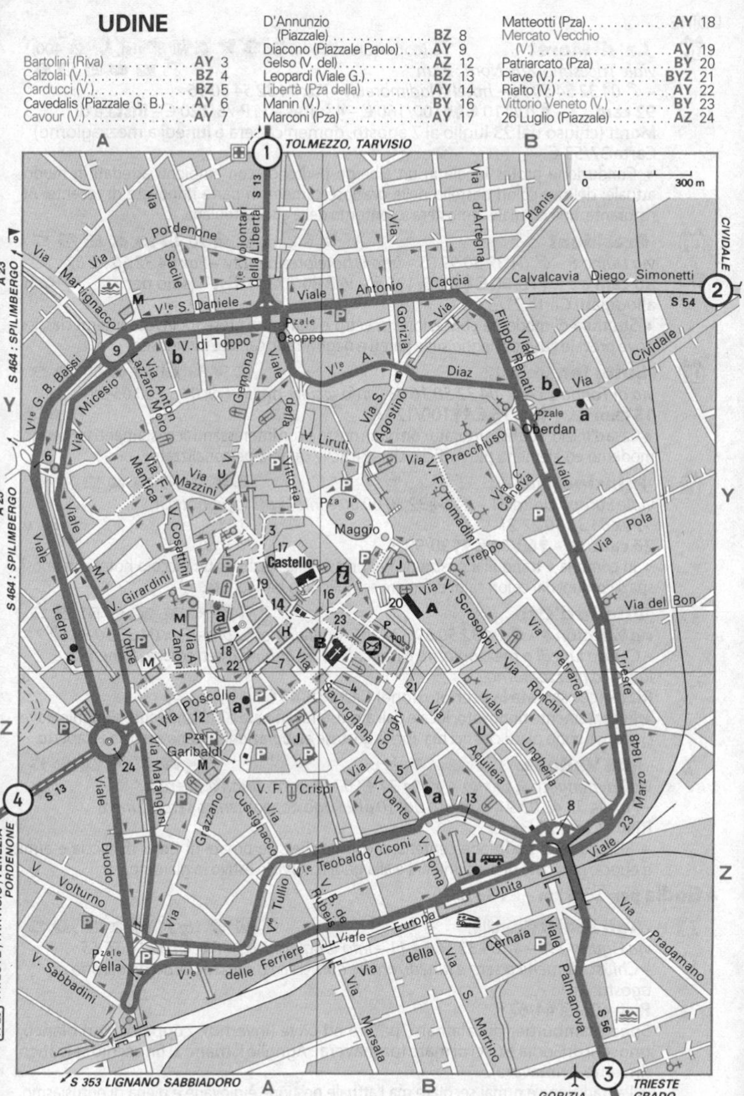

Friuli
viale Ledra 24 – ✆ 04 32 23 43 51
– friuli@hotelfriuli.udine.it – Fax 04 32 23 46 06
– Chiuso dal 22 dicembre al 7 gennaio AY **c**
100 cam – 🚹70 € 🚹🚹113 €, ☕ 11 € – 2 suites – **Rist** – *(chiuso domenica)* Carta 26/37 €
◆ Albergo moderno ideale per un turismo d'affari: gradevoli ambienti dotati di ogni confort e ben arredati in stile essenziale, camere accoglienti e luminose. Il ristorante d'albergo propone la cucina classica.

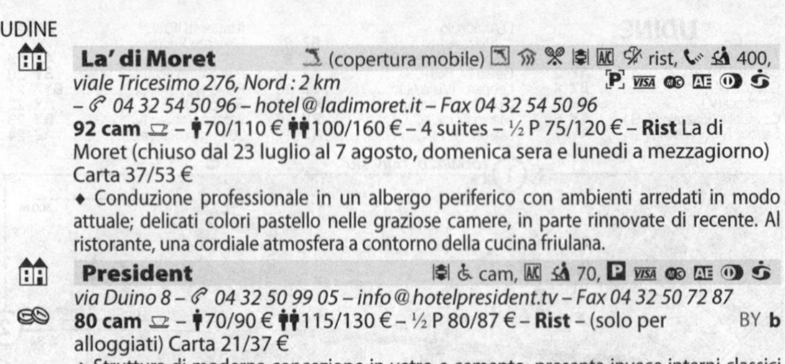

La' di Moret (copertura mobile) rist, 400,
viale Tricesimo 276, Nord : 2 km
– ✆ 04 32 54 50 96 – hotel@ladimoret.it – Fax 04 32 54 50 96
92 cam – 70/110 € 100/160 € – 4 suites – ½ P 75/120 € – **Rist** La di Moret (chiuso dal 23 luglio al 7 agosto, domenica sera e lunedi a mezzagiorno) Carta 37/53 €
◆ Conduzione professionale in un albergo periferico con ambienti arredati in modo attuale; delicati colori pastello nelle graziose camere, in parte rinnovate di recente. Al ristorante, una cordiale atmosfera a contorno della cucina friulana.

President cam, 70,
via Duino 8 – ✆ 04 32 50 99 05 – info@hotelpresident.tv – Fax 04 32 50 72 87
80 cam – 70/90 € 115/130 € – ½ P 80/87 € – **Rist** – (solo per alloggiati) Carta 21/37 € BY **b**
◆ Struttura di moderna concezione in vetro e cemento, presenta invece interni classici dove prevale l'uso del legno sulle pareti e negli arredi; camere luminose.

Suite Inn senza rist
via di Toppo 25 – ✆ 04 32 50 16 83 – info@suiteinn.it – Fax 04 32 20 05 88
13 cam – 60/75 € 100/125 € AY **b**
◆ Casa d'inizio '900 ristrutturata con buon gusto e con interessanti accostamenti tra design moderno ed elementi più rustici o classici. Belle camere personalizzate.

Principe senza rist
viale Europa Unita 51 – ✆ 04 32 50 60 00 – info@principe-hotel.it
– Fax 04 32 50 22 21 BZ **u**
26 cam – 60/69 € 90/99 €
◆ In comoda e tranquilla posizione nei pressi della stazione, un piccolo hotel con ariosi spazi comuni dai colori caldi e camere semplici, ma ben tenute.

Vitello d'Oro 22,
via Valvason 4 – ✆ 04 32 50 89 82 – info@vitellodoro.com – Fax 04 32 50 89 82
– Chiuso lunedì a mezzogiorno e mercoledì, da giugno a settembre domenica e lunedì a mezzogiorno AY **a**
Rist – (consigliata la prenotazione) Carta 38/49 €
◆ Recentemente rinnovato, locale dall'atmosfera raffinata e dall'ambiente signorile dove si propongono piatti classici ma anche gustose elaborazioni; ameno servizio all'aperto.

Alla Vedova
via Tavagnacco 9, per ① – ✆ 04 32 47 02 91 – zamarian@libero.it
– Fax 04 32 47 02 91 – Chiuso dal 10 al 25 agosto, domenica sera e lunedì
Rist – Carta 26/35 €
◆ Ristorante di tradizione centenaria con tipiche sale ornate di trofei di caccia e armi d'epoca; proposte di piatti friulani e alla griglia, servizio estivo in giardino.

a Godia per ① **: 6 km – ✉ 33100**

Agli Amici (Scarello) 16,
via Liguria 250 – ✆ 04 32 56 54 11 – info@agliamici.it – Fax 04 32 56 55 55
– Chiuso domenica sera e lunedì, anche domenica a mezzogiorno da giugno ad agosto
Rist – Carta 44/67 €
Spec. Hamburger di calamaro, patate ed olive (inverno). Zuppa di vino bianco, gnocchi di Godia e ricci di mare (primavera). Agnello istriano al finocchio selvatico (inverno-primavera).
◆ La tradizione è ormai secolare ma l'attuale gestione è giovane e piena di entusiasmo. Come la cucina: tecnica, elaborata ma anche spontanea ed immediata nei sapori.

UGENTO – Lecce (LE) – 564 H36 – 11 799 ab. – ✉ 73059 – UGENTO 27 D3

Roma 641 – Bari 211 – Lecce 66

sulla strada provinciale Ugento-Torre San Giovanni Sud-Ovest: 4 km

Masseria Don Cirillo senza rist
strada Provinciale Ugento-Torre S. Giovanni Km 3 – ✆ 08 33 27 72 17 – info@kalekora.com – Aprile-10 settembre
11 cam – 70/105 € 90/125 € – 2 suites
◆ Abbracciata da profumate distese di ulivi, una piacevole risorsa ricavata da una tenuta nobiliare settecentesca custodisce ampi spazi arredati in rilassanti e chiare tonalità.

UGGIANO LA CHIESA – Lecce (LE) – 564 G37 – 4 309 ab. – alt. 76 m – ✉ 73020 27 D3

Roma 620 – Brindisi 84 – Gallipoli 47 – Lecce 48 – Otranto 6 – Taranto 122

XX **Masseria Gattamora** con cam cam,

via campo Sportivo 33 – ✆ 08 36 81 79 36 – info@gattamora.it – Fax 08 36 81 45 42 – Chiuso gennaio o febbraio

11 cam – †50 € ††105 € – **Rist** – *(chiuso martedì escluso agosto e a mezzogiorno escluso sabato e domenica e i giorni festivi)* Carta 27/37 €

◆ In una bella masseria di fine '800, un grande salone a volte sorretto da massicce colonne, piacevolmente arredato in stile rustico, dove gustare piatti del luogo.

ULIVETO TERME – Pisa (PI) – 563 K13 – ✉ 56010 28 B2

Roma 312 – Pisa 13 – Firenze 66 – Livorno 33 – Siena 104

XXX **Osteria Vecchia Noce**

località Noce Est : 1 km – ✆ 050 78 82 29 – info@osteriavecchianoce.it – Fax 050 78 97 14 – Chiuso dal 5 al 25 agosto, martedì sera e mercoledì

Rist – Carta 42/55 €

◆ All'interno di un antico frantoio del 1700 nel centro di questo piccolo paese, un caratteristico ambiente, elegante e caldo dove assaggiare piatti del territorio.

X **Da Cinotto**

via Provinciale Vicarese 132 – ✆ 050 78 80 43 – Chiuso agosto, venerdì sera e sabato

Rist – Carta 22/33 €

◆ Trattoria a conduzione familiare dove fermarsi per apprezzare una sincera e casereccia cucina toscana e locale. Ambiente semplice, atmosfera informale.

ULTEN = Ultimo

ULTIMO (ULTEN) – Bolzano / Bozen (BZ) – 562 C15 – 2 998 ab. – alt. 1 190 m – Sport invernali : *a Santa Valburga : 1 192/2 600 m 3,* 30 B2

Da Santa Valburga : Roma 680 – Bolzano 46 – Merano 28 – Milano 341 – Trento 102

a Santa Valburga, via Principale 154 ✉ 39016 ✆ 0473 795387, ultenttal@rolmail.net, Fax 0473 7950493

a San Nicolò (St. Nikolaus)Sud-Ovest : 8 km – alt. 1 256 m – ✉ 39016

Waltershof rist,

– ✆ 04 73 79 01 44 – waltershof@rolmail.net – Fax 04 73 79 03 87 – 7 dicembre-11 dicembre, 25 dicembre-17 aprile e 1° giugno-5 novembre

30 cam – †72/88 € ††126/150 € – ½ P 75/134 € – **Rist** – *(chiuso a mezzogiorno)* (solo per alloggiati)

◆ Struttura con bei balconi fioriti, piacevolmente accolta in un verde giardino e dotata di spazi "goderecci": taverna e fornita enoteca; zona per serate di musica e vino.

UMBERTIDE – Perugia (PG) – 563 M18 – 15 427 ab. – alt. 247 m – ✉ 06019 32 B1

Roma 203 – Perugia 32 – Arezzo 62 – Firenze 138 – Gubbio 27

sulla strada statale 416 Nord-Ovest : 7 km

Agriturismo La Chiusa rist,

frazione Niccone 353 ✉ 06019 Niccone – ✆ 07 59 41 08 48 – info@lachiusa.com – Fax 07 59 41 08 48 – Natale-Capodanno e 15 marzo-10 dicembre

5 cam – †75 € ††100/170 € – ½ P 75/85 € – **Rist** – *(chiuso a mezzogiorno escluso domenica)* Carta 31/49 €

◆ Casa colonica nella campagna umbra, dove riscoprire l'autenticità di ambienti rurali dall'atmosfera antica e lasciarsi catturare dal fascino di un piacevole mondo agreste. Accogliente sala da pranzo dove si servono piatti a base di prodotti biologici.

URBANIA – Pesaro e Urbino (PU) – 563 K19 – **6 766 ab.** – **alt. 273 m** – ✉ 61049 20 **A1**

▶ Roma 260 – Rimini 75 – Ancona 112 – Pesaro 47

Agriturismo Mulino della Ricavata

via Porta Celle 5, Nord : 2 km – ✆ 07 22 31 03 26 – info@mulinodellaricavata.com – Fax 07 22 31 03 26

4 cam ☕ – ♦♦70/80 € – ½ P 60/70 € – **Rist** – *(chiuso lunedì)* (solo su prenotazione) Menu 27/32 €

◆ Una tipica casa colonica in pietra dove già nel '300 i frati venivano a macinare le olive. Oggi si coltivano fiori e si può soggiornare in camere sobrie ed essenziali.

URBINO – Pesaro e Urbino (PU) – 563 K19 – **15 489 ab.** – **alt. 451 m** – ✉ 61029
Italia 20 **B1**

▶ Roma 270 – Rimini 61 – Ancona 103 – Arezzo 107 – Fano 47 – Perugia 101 – Pesaro 36

ℹ piazza del Rinascimento 1 ✆ 0722 2613, iat.urbino@regione.marche.it, Fax 0722 2441

◉ Palazzo Ducale★★★ : galleria nazionale delle Marche★★ **M** – Strada panoramica★★ : ≤★★ – Affreschi★ nella chiesa-oratorio di San Giovanni Battista **F** – Presepio★ nella chiesa di San Giuseppe **B** – Casa di Raffaello★ **A**

URBINO

Barocci (V.) 2
Comandino (Viale) 4
Don Minzoni (Viale) 5
Duca Federico (Pza) 6
Giro dei Debitori (V.) . . . 8
Matteotti (V.) 10
Mazzini (V.) 12
Mercatale (Borgo) 13
Piave (V.) 16
Puccinotti (V.) 17
Raffaello (V.) 19
Repubblica (Pza della) . . 20
Rinascimento (Pza) 22
Stazione (V. della) 28
S. Chiara (V.) 23
S. Francesco (Pza) 24
S. Girolamo (V.) 25
Virgili (V.) 29
Vitt. Veneto (V.) 30

Circolazione regolamentata nel centro città

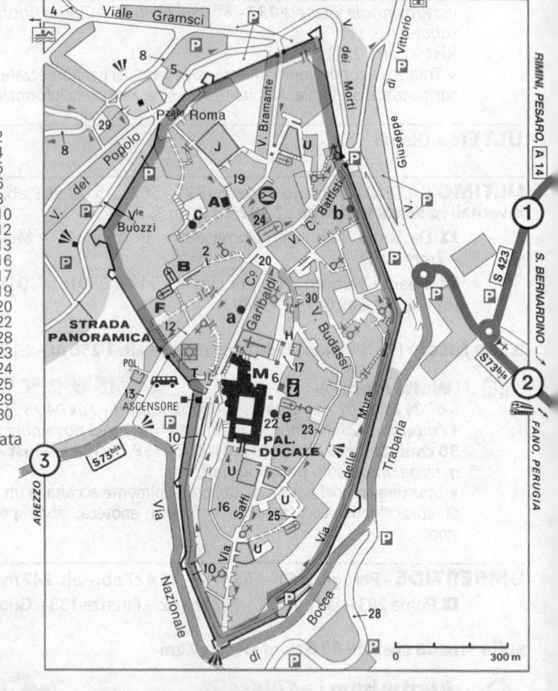

Mamiani 🌿 ≤ ♿ cam, rist, 🅿 120, VISA AE

via Bernini 6, per via Giuseppe di Vittorio – ✆ 07 22 32 23 09 – info@hotelmamiani.it – Fax 07 22 32 77 42 – Chiuso Natale

72 cam ☕ – ♦90 € ♦♦165 € – ½ P 95 €

Rist *Il Giardino della Galla* – ✆ 07 22 24 55 – Carta 22/36 €

◆ Albergo moderno situato in zona tranquilla, fuori dal centro storico: servizio impeccabile, grande cortesia e camere ampie accessoriate con confort all'avanguardia. Gradevoli colori sapientemente abbinati nella spaziosa sala da pranzo di tono elegante.

San Domenico senza rist

piazza Rinascimento 3 – ✆ 07 22 26 26 – domenico@viphotels.it – Fax 07 22 27 27 e

31 cam – ††188 €, ☕ 13 €

◆ Di fronte al Palazzo Ducale, hotel ricavato all'interno di un convento del 1400 rinnovato rispettandone l'elegante semplicità. Signorili ambienti comuni, camere spaziose.

Italia senza rist

corso Garibaldi 32 – ✆ 07 22 27 01 – info@albergo-italia-urbino.it – Fax 07 22 32 26 64 a

43 cam ☕ – †45/65 € ††65/115 €

◆ Già attivo come locanda alla fine dell'Ottocento, ora albergo del centro con confortevoli camere in stile essenziale e moderno. Per soggiornare nel cuore di Urbino.

Raffaello senza rist

via Santa Margherita 40 – ✆ 07 22 48 96 – info@albergoraffaello.com – Fax 07 22 32 85 40 c

14 cam ☕ – †60/80 € ††85/120 €

◆ Tra i vicoli del centro storico, non lontano dalla casa natale di Raffaello, hotel di taglio moderno: ambienti comuni piacevoli, camere accoglienti con mobilio essenziale.

Vecchia Urbino

via dei Vasari 3/5 – ✆ 07 22 44 47 – info@vecchiaurbino.it – Fax 07 22 44 47 – Chiuso dal 15 al 25 dicembre, dal 20 gennaio al 5 febbraio, dal 1° al 10 luglio e martedì b

Rist – Carta 38/49 €

◆ Nell'antica strada dei Vasari, nella contrada di Lavagine, un locale a gestione diretta dall'atmosfera informale, dove la carta parla marchigiano.

Nenè con cam — rist,

strada per campus Sogesta, 2,5 km per ③ – ✆ 07 22 35 01 61 – nene@neneurbino.com – Fax 07 22 35 13 57

7 cam – †47/55 € ††60/90 €, ☕ 6 € – ½ P 50/70 € – **Rist** – *(chiuso lunedì)* Carta 18/33 €

◆ Fabbricato rurale ristrutturato nella pace della campagna a circa 3 km da Urbino. Una saletta rustica con mattoni a vista e un grande salone; cucina locale e nazionale.

a Gadana Nord-Ovest : 3 km – ✉ 61029 – Urbino

Agriturismo Cà Andreana — cam, rist,

località Cà Andreana 2 – ✆ 07 22 32 78 45 – info@caandreana.com – Fax 07 22 32 78 45 – Chiuso dal 9 al 27 gennaio e dal 27 settembre al 7 ottobre

6 cam ☕ – †60/70 € ††78/88 € – ½ P 60/65 € – **Rist** – *(chiuso domenica a mezzogiorno in agosto, domenica sera negli altri mesi, e lunedì)* (prenotare) Carta 27/39 €

◆ In piena campagna, rustico ben tenuto, da cui si gode una splendida vista dei dintorni; offre belle camere, semplici, ma complete di tutti i confort. Ottima scelta di piatti caserecci, da gustare nella sala interna o all'aperto.

a Pantiera Nord : 13 km – ✉ 61029 – Urbino

San Giacomo di Urbino

via San Giacomo in Foglia 15 – ✆ 07 22 58 06 46 – info@sangiacomodiurbino.com – Fax 07 22 58 92 66 – Chiuso lunedì

Rist – Menu 26 € – Carta 43/55 €

◆ Cullato dal verde, un ambiente rustico-elegante con un bel camino nel centro, alti soffitti lignei ed illuminazione suggestiva, dove gustare piatti interpretati con fantasia.

Gran lusso o stile informale?
I ✗ e i 🏠 indicano il livello di comfort.

URGNANO – Bergamo (BG) – 561 F11 – 8 616 ab. – alt. 173 m – ✉ 24059 19 C2

Roma 584 – Bergamo 12 – Lecco 45 – Milano 46

a Basella Est : 2 km – ✉ 24050

X **Quadrifoglio** con cam 100,

via Dante Alighieri 780 – ✆ 035 89 46 96 – info@hotelquadrifoglio.it – Fax 035 89 46 96 – Chiuso dal 1° al 20 agosto

12 cam – †47/72 € ††72/103 € – ½ P 48/64 € – **Rist** – Carta 22/39 €

◆ A poche centinaia di metri dal parco del fiume Serio, ristorante con camere aperto di recente, vicino al Santuario della Basella; cucina del territorio, salone banchetti.

USSEAUX – Torino (TO) – 561 G3 – 193 ab. – alt. 1 217 m – ✉ 10060 22 B2

Roma 806 – Torino 79 – Sestriere 18

via Eugenio Brunetta 53 ✆ 0121 884400, info.usseaux@alpimedia.it, Fax 0121 83948

X **Lago del Laux** con cam

via al Lago 7, Sud : 1 km – ✆ 012 18 39 44 – laux@mclink.it – Fax 012 18 39 44 – Chiuso 2 settimane a maggio e 2 settimane a settembre

7 cam – ††106/126 € – ½ P 74/84 € – **Rist** – *(chiuso mercoledì e da novembre a marzo anche martedì)* Carta 30/47 €

◆ Un rifugio di paradisiaca quiete ospita questo ristorante in riva a un laghetto, con minigolf e pesca sportiva; interni rustici e piatti sia piemontesi che occitani. Accoglienti camere in legno d'abete.

VADA – Livorno (LI) – 563 L13 – ✉ 57018 28 B2

Roma 292 – Pisa 48 – Firenze 143 – Livorno 29 – Piombino 53 – Siena 101

piazza Garibaldi 93 ✆ 0584 788373, apt7vada@costadeglietruschi.it, Fax 0584 785030

Agriturismo Villa Graziani

via per Rosignano 14 – ✆ 05 86 78 82 44 – info@villagraziani.com – Fax 05 86 78 59 98

6 cam – †75/90 € ††110/140 € – 2 suites – **Rist** – Menu 25/30 €

◆ Grande villa all'interno di una tenuta con coltivazioni biologiche e maneggio. Camere spaziose con mobili d'epoca, pranzi e colazioni tutti insieme intorno allo stesso tavolo.

Agriturismo le Biricoccole senza rist e senza

via Vecchia Aurelia 200 – ✆ 05 86 78 83 94 – biricoccole@iol.it – Fax 05 86 78 63 47

3 cam – ††80/180 €

◆ Edificio agricolo della prima metà dell'800 dotato di belle stanze, ognuna di colore diverso. Cucina in comune dove organizzarsi pranzi e cene in massima libertà.

XX **Il Ducale**

piazza Garibaldi 33 – ✆ 05 86 78 86 00 – ristoranteilducale@virgilio.it – Fax 05 86 78 86 00 – Chiuso lunedì

Rist – Carta 43/51 €

◆ A rendere piacevole un pranzo o una cena qui sarà la freschezza del pesce che gusterete, ma anche l'ambiente: arazzi, fiori, tappeti e libri sotto volte di mattoni.

VADO LIGURE – Savona (SV) – 561 J7 – 8 195 ab. – ✉ 17047 14 B2

Roma 535 – Genova 58 – Cuneo 90 – Imperia 69 – Savona 6

a Sant'Ermete Sud-Ovest : 3,5 km – ✉ 17047 – Vado Ligure

XX **La Fornace di Barbablù** (Ricchebuono) 8,

via Lazio 11/a – ✆ 019 88 85 35 – barbablu@lafornacedibarbablu.it – Fax 019 88 89 07 – Chiuso lunedì e a mezzogiorno (escluso i giorni festivi), anche martedì da ottobre ad aprile

Rist – Carta 48/68 €

Spec. Nasello da palamito croccante con parmigiana di melanzane (estate). Pansotti farciti di cipolla fondente con dadolata di san Pietro e grattugiata di bottarga (primavera-estate). Cappon magro.

◆ Una delle ambientazioni più atipiche in una zona di archeologia industriale fra antiche fornaci. Cucina fantasiosa negli accostamenti e nelle coreografiche presentazioni.

VAGGIO – Firenze – 563 L16 – **Vedere Reggello**

VAGLIAGLI – Siena – **Vedere Siena**

VAHRN = Varna

VAIANO – Prato (PO) – 563 K15 – **9 443 ab. – alt. 150 m** – ✉ **59021** 29 **C1**

Roma 325 – Firenze 41 – Prato 9 – Bologna 122 – Modena 160

Trattoria La Tignamica
via Val di Bisenzio 110/c, località La Tignamica Sud : 3 km – ✆ 05 74 98 52 16 – Chiuso lunedì
Rist – Carta 26/41 €
◆ Locale di recente apertura, gestito da personale che vanta grande esperienza nella ristorazione; un ambiente dove apprezzare le specialità della cucina toscana.

VAIRANO PATERNORA – Caserta (CE) – 564 C24 – **6 348 ab. – alt. 250 m** – ✉ **81058** 6 **A1**

Roma 165 – Campobasso 91 – Caserta 43 – Napoli 70

Il Vairo del Volturno
via IV Novembre 60 – ✆ 08 23 64 30 18 – renatomartino2@virgilio.it – Fax 08 23 64 38 35 – Chiuso tre settimane in luglio, domenica sera e martedì
Rist – Carta 35/48 €
◆ Prende il nome da un animale leggendario, incrocio tra un lupo e una volpe, questo locale in cui l'abile chef ha imboccato con successo la via dell'innovazione.

VALBREMBO – Bergamo (BG) – 561 E10 – **3 592 ab. – alt. 260 m** – ✉ **24030** 19 **C1**

Roma 606 – Bergamo 11 – Lecco 29 – Milano 47

Ponte di Briolo 12/20,
via Briolo 2, località Briolo Ovest : 1,5 km – ✆ 035 61 11 97 – augusto.assolari@virgilio.it – Fax 035 61 11 97 – Chiuso mercoledì
Rist – Carta 40/68 €
◆ Un ristorante che da vecchia trattoria di paese si è trasformato in un locale raffinato e di tono; interessante e solida la proposta, sia di terra che di mare.

VALBRUNA – Udine – 562 C22 – **Vedere Malborghetto**

VALDAGNO – Vicenza (VI) – 562 F15 – **27 293 ab. – alt. 266 m** – ✉ **36078** 35 **B2**

Roma 561 – Verona 62 – Milano 219 – Trento 86 – Vicenza 34

Hostaria a le Bele 16/20,
località Maso Ovest : 4 km – ✆ 04 45 97 00 34 – Fax 04 45 97 09 35 – Chiuso dal 10 al 20 gennaio, agosto, lunedì e martedì a mezzogiorno
Rist – Carta 26/39 €
◆ Rallegrata dal camino e da vivaci tovaglie rosse, una rustica trattoria, tipica come la sua cucina vicentina e di ispirazione contemporanea.

VALDAORA (OLANG) – Bolzano / Bozen (BZ) – 562 B18 – **2 857 ab. – alt. 1 083 m – Sport invernali : *1 080/2 275 m 8 17 (Comprensorio Dolomiti superski Plan de Corones)*** – ✉ **39030** 31 **C1**

Roma 726 – Cortina d'Ampezzo 51 – Bolzano 88 – Brunico 11 – Dobbiaco 19 – Milano 387 – Trento 148

a Valdaora di Mezzo-palazzo del Comune ✆ 0474 496277, info@olang.comFax 0474 498005

Mirabell rist, 60,
via Hans Von Perthaler, località Valdaora di Mezzo – ✆ 04 74 49 61 91 – hotel@mirabell.it – Fax 04 74 49 82 27 – Chiuso dal 6 novembre al 3 dicembre
55 cam – 158/182 € 266/306 € – ½ P 140/185 € – **Rist** – Menu 45/50 €
◆ Struttura rinnovata mantenendo inalterato lo stile architettonico locale. L'interno presenta abbondanza di spazi, signorilmente arredati con molto legno, anche nelle camere.

Post ← rist, P VISA MC

vicolo della Chiesa 6, a Valdaora di Sopra – ✆ 04 74 49 61 27 – info@post-tolderhof.com – Fax 04 74 49 80 19 – 6 dicembre-15 aprile e 17 maggio-21 ottobre

36 cam – †83/152 € ††106/220 € – ½ P 68/125 € – **Rist** – Carta 32/47 €

◆ Centrale, signorile albergo di tradizione, dotato di maneggio con scuola di equitazione; settore notte funzionale, rinnovato in anni recenti. Calda atmosfera e raffinata ambientazione tirolese nella sala ristorante.

Markushof ← vallata e monte Plan de Corones, P VISA MC

via dei Prati 9, a Valdaora di Sopra – ✆ 04 74 49 62 50 – info@markushof.it – Fax 04 74 49 82 41 – 5 dicembre-15 aprile e 24 maggio-14 ottobre

28 cam – †42/70 € ††84/120 € – ½ P 55/70 € – **Rist** – (solo per alloggiati) Menu 18/24 €

◆ Gestione familiare cortese e ospitale in un confortevole hotel che ha una posizione soleggiata e tranquilla; camere ampie e piacevole servizio ristorante in terrazza.

Messnerwirt P VISA MC

vicolo della Chiesa 7, a Valdaora di Sopra – ✆ 04 74 49 61 78 – info@messnerwirt.com – Fax 04 74 49 80 87 – Chiuso dal 23 ottobre al 7 dicembre

21 cam – †68/73 € ††106/116 € – ½ P 68/73 € – **Rist** – Carta 19/32 €

◆ Tradizionale albergo di montagna, solido sia nelle strutture di buon confort, che nella conduzione familiare; camere con arredi di legno chiaro. Ampia sala da pranzo per gli alloggiati, per i clienti esterni un'intima stube.

a Sorafurcia Sud : 5 km – ✉ 39030 – Valdaora

Berghotel Zirm ← vallata e monti, rist, P VISA MC

via Egger 16, alt. 1 360 – ✆ 04 74 59 20 54 – info@berghotel-zirm.com – Fax 04 74 59 20 51 – Dicembre-20 aprile e giugno-20 ottobre

30 cam – †98/135 € ††140/240 € – ½ P 85/146 € – **Rist** – (solo per alloggiati)

◆ Vi riempirete gli occhi di un panorama splendido da questa tranquilla risorsa, di fianco alla pista da sci; confort e calore negli spazi comuni e nelle camere rinnovate.

Hubertus ← monti e vallata, rist, rist, P VISA MC

via Furcia 5, alt. 1 250 – ✆ 04 74 59 21 04 – info@hotel-hubertus.com. – Fax 04 74 59 21 14 – 20 dicembre-5 aprile e giugno-19 ottobre

36 cam – solo ½ P 127/182 € – **Rist** – (solo per alloggiati)

◆ Posizione isolata e vista impareggiabile sulla vallata per un'accogliente struttura dagli interni in stile tirolese; nuove camere con ampi spazi, scenografica piscina.

VALDERICE – Trapani – 565 M19 – **Vedere Sicilia alla fine dell'elenco alfabetico**

VALDIDENTRO – Sondrio (SO) – 561 C12 – **3 959 ab. – alt. 1 345 m – Sport invernali : *1 345/2484 m* 9,** – ✉ 23038 17 **C1**

Roma 711 – Sondrio 73 – Bormio 9 – Milano 210

via Nazionale 18 località Isolaccia ✆ 0342 986123, infovdd@valdtline.it, Fax 0342 986605

, Sud-Est : 8 km a Bormio, ✆ 0342 91 07 30.

a Pedenosso Est : 2 km – ✉ 23038 – Valdidentro

Agriturismo Raethia ← P VISA MC AE

via Sant'Antonio 1 – ✆ 03 42 98 61 34 – info@agriturismoraethia.it – Fax 03 42 98 61 34 – Chiuso novembre

8 cam – ††60/80 € – ½ P 40/53 € – **Rist** – Menu 17/22 €

◆ Una nuova risorsa agrituristica ubicata in posizione soleggiata e molto tranquilla. Una gestione familiare capace di trasmettere un genuino e caloroso spirito d'accoglienza. La tipica cucina Valtellinese in una sala accogliente e caratteristica.

a Bagni Nuovi Est : 6 km – ✉ 23032 – Valdidentro

Grand Hotel Bagni Nuovi cam, rist,
– ✆ 03 42 91 01 31 – info@bagnidibormio.it 40,
– Fax 03 42 91 15 76
74 cam – ♀157/196 € ♀♀216/270 € – ½ P 136/275 € – **Rist** – *(chiuso a mezzogiorno)* Menu 28/45 €
◆ Prestigioso albergo conosciuto già dal 1836, al centro di un vasto parco-pineta con percorsi salute. Centro SPA con suggestive vasche termali all'aperto e grotte naturali. Sontuosa, ampia e luminosa sala ristorante.

VAL DI VIZZE = PFITSCH – Bolzano – 562 B16 – Vedere Vipiteno

VALDOBBIADENE – Treviso (TV) – 562 E17 – 10 660 ab. – alt. 252 m – ✉ 31049

36 **C2**

Roma 563 – Belluno 47 – Milano 268 – Trento 105 – Treviso 36 – Udine 112 – Venezia 66

Diana senza rist 80,
via Roma 49 – ✆ 04 23 97 62 22 – info@hoteldiana.org – Fax 04 23 97 22 37
47 cam – ♀70/80 € ♀♀94/103 €
◆ A pochi metri dalla piazza centrale, una struttura di concezione moderna, elegante e confortevole, con spaziose e articolate zone comuni e calde camere ben accessoriate.

a Bigolino Sud : 5 km – ✉ 31030

Tre Noghere
via Crede 1 – ✆ 04 23 98 03 16 – info@trenoghere.com – Fax 04 23 98 13 33 – Chiuso dal 1° al 20 luglio, domenica sera e lunedì
Rist – Carta 28/38 €
◆ Trentennale gestione familiare e ambiente informale per un ristorante di campagna, in un rustico ristrutturato; ampia sala con camino e piccolo dehors sotto un porticato.

Casa Caldart
via Erizzo 265 – ✆ 04 23 98 03 33 – Fax 04 23 98 03 33 – Chiuso lunedì sera e martedì
Rist – Carta 18/30 €
◆ Bar pubblico all'ingresso, sala di stampo moderno e ampio gazebo per il servizio estivo in un locale molto frequentato da clientela di lavoro; cucina veneta.

VALEGGIO SUL MINCIO – Verona (VR) – 562 F14 – 11 657 ab. – alt. 88 m – ✉ 37067

Italia 35 **A3**

Roma 496 – Verona 28 – Brescia 56 – Mantova 25 – Milano 143 – Venezia 147

Parco Giardino Sigurtà★★

Eden senza rist 150,
via Don G. Beltrame 10 – ✆ 04 56 37 08 50 – eden@albergoedenvaleggio.com – Fax 04 56 37 08 60
37 cam – ♀70/75 € ♀♀83/88 €
◆ Recente hotel di buon tono, ideale per clientela di lavoro e come base per escursioni alle attrazioni turistiche della zona; arredi moderni nelle camere; sale riunioni.

Alla Borsa 30,
via Goito 2 – ✆ 04 57 95 00 93 – info@ristoranteborsa.it – Fax 04 57 95 07 76 – Chiuso dal 26 febbraio al 10 marzo, dal 10 luglio al 10 agosto, martedì e mercoledì
Rist – Carta 28/38 €
◆ Un classico della località, centrale ristorante di ambiente tradizionale e andamento familiare; piacevole dehors in cortile e cucina d'influsso mantovano e veronese.

Lepre
via Marsala 5 – ✆ 04 57 95 00 11 – Fax 04 56 37 07 35 – Chiuso dal 15 gennaio al 5 febbraio, 10 giorni in giugno, mercoledì e giovedì a mezzogiorno
Rist – Carta 24/35 €
◆ Osteria nell'800, poi ristorante, è un locale di antica tradizione, nel cuore della cittadina; atmosfera simpatica e piatti del territorio, tra cui ovviamente la lepre.

a Borghetto **Ovest : 1 km – alt. 68 m – ✉ 37067 – Valeggio sul Mincio**

Faccioli senza rist
via Tiepolo 4 – ☎ 04 56 37 06 05 – Fax 04 56 37 05 71 – Chiuso dal 6 al 16 gennaio
15 cam – 60/65 € 90/105 €
◆ Al centro di un borgo medioevale sul fiume Mincio, una casa contadina ristrutturata offre un soggiorno tranquillo in una calda atmosfera da signorile dimora familiare.

Antica Locanda Mincio 10,
via Buonarroti 12 – ☎ 04 57 95 00 59 – anticalocandamincio@libero.it – Fax 04 56 37 04 55 – Chiuso dal 1° al 15 febbario, dal 10 al 25 novembre, mercoledì e giovedì
Rist – Carta 25/39 €
◆ In uno dei "locali storici d'Italia" caldi, suggestivi interni d'epoca e terrazza ombreggiata in riva al fiume per il servizio estivo; piatti di terra e d'acqua dolce.

Al Ponte
via Buonarroti 26 – ☎ 04 56 37 00 74 – Chiuso dal 7 al 20 gennaio, dal 1° al 21 novembre, martedì e mercoledì
Rist – Carta 38/60 €
◆ In un palazzo quattrocentesco ristrutturato nuova sede per un ristorante esistente già da tempo. Anche salumeria-drogheria con vendita di prodotti di nicchia e wine-bar.

Gatto Moro 15/30,
via Giotto 21 – ☎ 04 56 37 05 70 – Fax 04 56 37 05 71 – Chiuso dal 30 gennaio al 15 febbraio, dal 1° al 10 agosto, martedì e mercoledì
Rist – Carta 31/37 €
◆ Il "piacere del convivio", motto del locale, si rinnova da anni in un'ampia sala classica, nella più intima saletta con camino o nel dehors estivo sotto il pergolato.

a Santa Lucia dei Monti **Nord-Est : 5 km – alt. 145 m – ✉ 37067 – Valeggio sul Mincio**

Belvedere con cam cam,
– ☎ 04 56 30 10 19 – rist.belvedere@tin.it – Fax 04 56 30 36 52 – Chiuso dal 15 al 28 febbraio, dal 20 giugno al 1° luglio e dall'11 al 30 novembre
13 cam – 40 € 52 €, 7 € – **Rist** – *(chiuso mercoledì e giovedì)* Carta 27/35 €
◆ Una panoramica casa in cima a un colle propone camere semplici e cucina del territorio, con piatti alla griglia preparati a vista; servizio estivo in giardino.

VAL FERRET – Aosta – Vedere Courmayeur

VALFLORIANA – Trento (TN) – 562 D16 – 100 ab. – alt. 1 154 m – ✉ 38040 31 D3

Roma 648 – Trento 48 – Bolzano 57 – Verona 144

Agriturismo Fior di Bosco
località Sicina 55 – ☎ 04 62 91 00 02 – graziano.lozz@libero.it – Fax 04 62 91 00 02 – 7 dicembre-7 gennaio, Pasqua e giugno-settembre
10 cam – 30/35 € 60/70 € – ½ P 43/49 € – **Rist** – *(chiuso martedì)* Carta 28/35 €
◆ Delizioso agriturismo con annesso caseificio con certificazione biologica. Offre camere di taglio rustico, ideale per apprezzare lo spirito naturale di questi luoghi. Cucina d'ispirazione regionale, molto gettonata la caratteristica stube.

VALLADA AGORDINA – Belluno (BL) – 562 C17 – 561 ab. – alt. 969 m – ✉ 32020 35 B1

Roma 660 – Belluno 47 – Cortina d'Ampezzo 55 – Bolzano 71 – Milano 361 – Trento 115 – Venezia 149

Val Biois
frazione Celat 16 – ☎ 04 37 59 12 33 – biois@libero.it – Fax 04 37 58 80 14 – Chiuso novembre, lunedì e a mezzogiorno (escluso sabato-domenica e luglio-agosto)
Rist – Carta 26/47 €
◆ Un valido indirizzo all'insegna della familiarità e della cucina casalinga: piatti classici e veneti ben preparati e serviti in un ambiente semplice e senza pretese.

VALLE AURINA (AHRNTAL) – Bolzano / Bozen (BZ) – 562 B17 – **5 483 ab. – alt. 1 457 m** – Sport invernali : ***951/2 350 m a Cadipietra: 1 050/2 050 m 1 10,*** – ✉ 39030 31 **C1**

Roma 726 – Cortina d'Ampezzo 78 – Bolzano 94 – Dobbiaco 48

a Cadipietra (Steinhaus) – alt. 1 054 m – ✉ 39030

via Valle Aurina 95 ✆ 0474 652198, Fax 0474 652491

Alpenschlössl & Linderhof cam, cam, rist,

Cadipietra 123 – ✆ 04 74 65 10 10

– info@alpenschloessl.com – Fax 04 74 65 10 08 – Chiuso dal 10 novembre al 1 dicembre

38 cam – solo ½ P 100/190 € – **Rist** – (solo per alloggiati)

◆ Elegante albergo in due edifici gemelli, che nei luminosi interni propone un'interpretazione moderna dello stile tirolese; ampie camere, anche con letti a baldacchino.

Spezialitäten-Stube

Cadipietra 21, Nord-Est 1 km – ✆ 04 74 65 21 30 – Fax 04 74 65 23 21 – Chiuso giugno e da novembre al 20 dicembre

Rist – Carta 24/41 €

◆ In una graziosa casa di montagna, due piccole stube di atmosfera gradevole e una cucina semplice, con porzioni abbondanti di piatti sia italiani che tipici del luogo.

a Lutago (Luttach) – alt. 956 m – ✉ 39030

via Aurina 22 ✆ 0474 671136, info@ahrntal.it, Fax 0474 671666

Schwarzenstein cam, rist

via del Paese 11 – ✆ 04 74 67 41 00

– info@schwarzenstein.com – Fax 04 74 67 44 44 – chiuso dal 12 novembre al 6 dècembre e dal 16 al 20 aprile

87 cam – †70/125 € ††130/284 € – ½ P 72/166 € – **Rist** – Menu 20/28 €

◆ Grande struttura tradizionale di alto confort, con ampie sale comuni ben disposte ed eleganti camere rinnovate, tutte con balcone. Nuova e completa beauty farm.

a Casere (Kasern) – alt. 1 582 m – ✉ 39030 – Predoi

Berghotel Kasern rist, 50,

via Casere 10 – ✆ 04 74 65 41 85 – info@kasern.com – Fax 04 74 65 41 90 – 26 dicembre-6 maggio e 30 giugno-4 novembre

27 cam – †44/62 € ††70/128 € – ½ P 59/72 € – **Rist** – *(chiuso mercoledì escluso luglio, agosto e dal 26 dicembre al 6 gennaio)* Carta 17/32 €

◆ Esiste da quattrocento anni come luogo di posta, oggi è un tipico hotel, con camere graziose ed accoglienti: ottima base per passeggiate o per lo sci di fondo. Al ristorante la stessa atmosfera genuina e familiare dell'omonimo albergo.

VALLEBONA – Imperia (IM) – 1 154 ab. – alt. 149 m – ✉ 18012 14 **A3**

Roma 654 – Imperia 44 – Monte Carlo 26

Degli Amici

piazza della Libertà 25 – ✆ 01 84 25 35 26 – Chiuso dal 19 settembre al 18 ottobre e lunedì

Rist – Menu 25/28 €

◆ Trattoria a gestione familiare, ubicata nel caratteristico borgo; un ambiente semplice e informale dove gustare casalinghi piatti tipici dell'entroterra ligure.

VALLECROSIA – Imperia (IM) – 561 K4 – **7 181 ab. – alt. 45 m** – ✉ 18019 14 **A3**

Roma 652 – Imperia 46 – Bordighera 2 – Cuneo 94 – Monte Carlo 26 – San Remo 14

Miramare senza rist

via Marconi 93 – ✆ 01 84 29 55 66 – Fax 01 84 29 55 66

13 cam – †70 € ††80 €, 7 €

◆ Situata sulla passeggiata di questa tranquilla località, è una risorsa semplice e familiare; arredi moderni nelle camere: chiedete quelle fronte mare con balcone.

XX **Giappun**

via Maonaira 7 – ☎ 01 84 25 05 60 – Fax 01 84 25 05 60 – Chiuso novembre, mercoledì e giovedì a mezzogiorno

Rist – Carta 50/95 €

◆ La freschezza delle materie prime è la carta vincente di questo curato locale che, nato un secolo fa come stazione di posta, porta ancora il soprannome del suo fondatore.

XX **Torrione**

via Aprosio 394 – ☎ 01 84 29 56 71 – Chiuso dal 1° al 10 luglio, dal 20 al 30 ottobre, domenica sera e lunedì

Rist – Carta 33/55 €

◆ Bell'ambiente classico con pochi coperti e piccolo dehors sul retro per un ristorante ubicato sull'Aurelia; piatti di mare secondo la disponibilità del mercato locale.

VALLE DI CASIES (GSIES) – Bolzano / Bozen (BZ) – 562 B18 – 2 126 ab. – alt. 1 262 m – Sport invernali : *a Plans de Corones : 1 200/2 275 m 13 16 (Comprensorio Dolomitisuperski Plans de Corones)* – ✉ 39030 31 D1

Roma 746 – Cortina d'Ampezzo 59 – Brunico 31

a San Martino piazza Centrale t° 0474 978436, Fax 0474 978226

Quelle (riscaldata) cam, 25,

a Santa Maddalena alt. 1 398 – ☎ 04 74 94 81 11 – info@hotel-quelle.com – Fax 04 74 94 80 91 – 7 dicembre-10 aprile e 16 maggio-5 novembre

52 cam – †105/140 € ††254/344 € – 16 suites – ½ P 140/185 € – **Rist** – Carta 32/46 €

◆ In un giardino con laghetto e torrente, una bomboniera di montagna, ricca di fantasia, decorazioni, proposte di svago; curatissime camere, centro benessere completo. Legno, bei tessuti, profusione di addobbi e atmosfera raffinata nella sala ristorante.

X **Durnwald**

a Planca di Sotto alt. 1 223 – ☎ 04 74 74 69 20 – Fax 04 74 74 68 86 – Chiuso giugno e lunedì

Rist – Carta 19/35 €

◆ Nei pressi delle piste di sci da fondo, grandi finestre con vista decorano la curata sala di un ristorante a gestione familiare, dove gustare casereccі piatti tipici.

VALLE IDICE – Bologna – 562 J15 – Vedere Monghidoro

VALLELUNGA (LANGTAUFERS) – Bolzano / Bozen (BZ) – 562 B13 – alt. 1 912 m – ✉ 39020 – Curon Venosta 30 A1

Da Melago: Roma 740 – Sondrio 148 – Bolzano 116 – Landeck 63

Alpenjuwel Monte Palla Bianca, cam, rist,

a Melago – ☎ 04 73 63 32 91 – info@alpenjuwel.it – Fax 04 73 63 35 02 – Chiuso dal 15 giugno al 1° luglio e dal 1° novembre al 25 dicembre

16 cam – †77 € ††134 € – 3 suites – **Rist** – (solo per alloggiati)

◆ Soggiornare qui e dimenticare il resto del mondo: è ciò che promette e mantiene un piccolo, panoramico hotel alla fine della valle; camere non ampie, ma accoglienti.

VALLERANO – Viterbo (VT) – 563 O18 – 2 546 ab. – alt. 403 m – ✉ 01030 12 B1

Roma 75 – Viterbo 15 – Civitavecchia 83 – Terni 54

XX **Al Poggio**

via Janni 7 – ☎ 07 61 75 12 48 – poggioferr@libero.it – Fax 07 61 75 12 48 – Chiuso martedì

Rist – Carta 27/38 €

◆ Proposte tradizionali, paste fatte in casa e il fine settimana anche piatti di pesce in una sala dall'arredamento sobrio e d'estate in una gradevole terrazza.

VALLES = VALS – Bolzano – Vedere Rio di Pusteria

VALLESACCARDA – Avellino (AV) – 564 D27 – 1 472 ab. – alt. 600 m – ✉ 83050 7 **C1**

Roma 301 – Foggia 65 – Avellino 60 – Napoli 115 – Salerno 96

XXX **Oasis-Sapori Antichi** (Fischetti) 10/16, VISA AE

via Provinciale Vallesaccarda – ✆ 082 79 70 21 – info@oasis-saporiantichi.it – Fax 082 79 75 41 – Chiuso dal 1° al 15 luglio, giovedì e le sere dei giorni festivi

Rist – Carta 36/48 €

Spec. Zuppa di cipollotti freschi con polpettine di carne al limone (primavera-estate). Triilluzzi con pomodorini al forno, origano selvatico e cacio ricotta locale (estate). Maiale con puré di patate affumicate e mosto cotto di aglianico (settembre-giugno).

◆ Un viaggio nel tempo alla ricerca di sapori semplici e distinti, senza rinunciare all'eleganza. Piaceri immediati e genuini, altrove una moda, qui la storia di una famiglia.

XX **Minicuccio** con cam rist, 150, VISA

via Santa Maria 24/26 – ✆ 082 79 70 30 – minicuccio@tiscali.it – Fax 082 79 74 54

10 cam – †46 € ††62 €, 5 € – ½ P 52 € – **Rist** – *(chiuso lunedì)* Carta 21/27 €

◆ Dall'inizio del '900 nel rinomato ristorante, quattro generazioni hanno coltivato l'arte del buon mangiare, con le ricette di questa terra; ambienti classici, camere decorose.

VALLE SAN FLORIANO – Vicenza – Vedere Marostica

VALLIO TERME – Brescia (BS) – 561 F13 – 1 092 ab. – alt. 308 m – ✉ 25080 17 **D1**

Roma 549 – Brescia 25 – Bergamo 72 – Milano 116

Parco della Fonte rist, VISA AE

via Sopranico 10 – ✆ 03 65 37 00 32 – info@parcodellafonte.it – Fax 03 65 37 04 12 – Chiuso 15 giorni in gennaio

40 cam – †40/45 € ††70/80 € – ½ P 39/45 €

Rist – Carta 23/44 €

Rist ***Mirto*** – *(chiuso domenica sera e lunedì escluso da giugno a settembre)* Carta 36/80 €

◆ In Valle Sabbia, una confortevole risorsa in corso di rinnovamento, ubicata nei pressi dello stabilimento termale; stanze con balcone di varie tipologie, giardino solarium. Atmosfera discretamente elegante e piatti ricercati al Mirto. Presso l'elegante ristorante, i sapori tradizionali.

VALLO DELLA LUCANIA – Salerno (SA) – 564 G27 – 8 899 ab. – alt. 380 m – ✉ 84078 7 **C3**

Roma 343 – Potenza 148 – Agropoli 35 – Napoli 143 – Salerno 88 – Sapri 56

X **La Chioccia d'Oro** VISA AE

località Massa-al bivio per Novi Velia ✉ 84050 Massa della Lucania – ✆ 097 47 00 04 – Chiuso dal 1° al 10 settembre e venerdì

Rist – Carta 18/25 €

◆ Solida gestione familiare da oltre 20 anni per questo locale: in una sala sobria ed essenziale, o nel dehors estivo, piatti della tradizione locale, a base di carne.

VALLO DI NERA – Perugia (PG) – 563 N20 – 446 ab. – alt. 450 m – ✉ 06040 33 **C2**

Roma 147 – Terni 39 – Foligno 36 – Rieti 57

XX **La Locanda di Cacio Re** con cam monti e vallata, rist, VISA AE

località i Casali – ✆ 07 43 61 70 03 – caciore@tin.it – Fax 07 43 61 72 14 – Chiuso novembre o gennaio

8 cam – †55/60 € ††70/80 € – **Rist** – Carta 30/53 €

◆ Ai margini di un suggestivo borgo, un casolare del 1500 ristrutturato con incantevole vista su monti e vallata. Cucina locale con particolare attenzione ai formaggi.

VALLONGA – Trento – Vedere Vigo di Fassa

VALMADRERA – Lecco (LC) – 561 E10 – 10 998 ab. – alt. 237 m – ✉ 23868 18 B1

Roma 626 – Como 27 – Bergamo 37 – Lecco 4 – Milano 54 – Sondrio 83

Villa Giulia-Al Terrazzo con cam 60,
via Parè 73 – ✆ 03 41 58 31 06 – info@alterrazzo.com – Fax 03 41 20 11 18
12 cam – 50/60 € 110/130 € – **Rist** – Carta 36/62 €
◆ In posizione suggestiva, cinta da un giardino a bordo lago, una signorile villa dell'800. Per i pasti si utilizza l'elegante sala o la splendida terrazza. Belle camere.

VALNONTEY – Aosta – 561 F4 – Vedere Cogne

VALPELLINE – Aosta (AO) – 561 E3 – 615 ab. – alt. 954 m – ✉ 11010 34 A2

Roma 752 – Aosta 17 – Colle del Gran San Bernardo 39 – Milano 203 – Torino 132

Le Lievre Amoureux 60,
località Chozod 12 – ✆ 01 65 71 39 66 – info@lievre.it – Fax 01 65 71 39 60 – Chiuso dal 3 novembre al 3 dicembre
31 cam – 90/120 € – ½ P 65/75 € – **Rist** – Carta 23/30 €
◆ Gestione seria e accoglienza familiare in un simpatico albergo circondato da un ampio prato-giardino dove sono collocati anche quattro chalet; arredi in pino e parquet. Ambientazione di tono rustico nella sala del ristorante.

VALPIANA – Brescia – Vedere Serle

VALPIANA – Grosseto – 563 M14 – Vedere Massa Marittima

VALSAVARENCHE – Aosta (AO) – 561 F3 – 194 ab. – alt. 1 540 m – ✉ 11010 34 A2

Roma 776 – Aosta 29 – Courmayeur 42 – Milano 214

a Eau Rousse Sud : 3 km – ✉ 11010 – Valsavarenche

A l'Hostellerie du Paradis rist,
– ✆ 01 65 90 59 72 – info@hostellerieduparadis.it – Fax 01 65 90 59 71 – Chiuso dall'8 al 31 gennaio e novembre
30 cam – 55 € 90 €, 8 € – ½ P 70/80 € – **Rist** – Menu 20/40 €
◆ Per esplorare un "grande paradiso" naturale, è perfetto questo caratteristico borgo di montagna, dove sta acquattato un originale hotel d'atmosfera e di buon confort. Il ristorante è una delle attrattive dell'albergo e dispone di spazi curati.

a Pont Sud : 9 km – alt. 1 946 m – ✉ 11010 – Valsavarenche

Genzianella Gran Paradiso, rist,
– ✆ 016 59 53 93 – info@genzianella.aosta.it – Fax 016 59 53 97 – 15 giugno-20 settembre
27 cam – 36/47 € 57/79 €, 9 € – ½ P 60/64 € – **Rist** – Carta 18/30 €
◆ Alla fine della valle, in un'oasi di tranquillità e di "frontiera", simpatica risorsa familiare, con rustici arredi montani nelle parti comuni e nelle camere. Calda, caratteristica ambientazione e casalinghe proposte culinarie in sala da pranzo.

VALSOLDA – Como (CO) – 561 D9 – 1 747 ab. – alt. 265 m – ✉ 22010 16 A2

Roma 664 – Como 41 – Lugano 9 – Menaggio 18 – Milano 87

a San Mamete – alt. 265 m – ✉ 22010

Stella d'Italia lago e monti,
piazza Roma 1 – ✆ 034 46 81 39 – info@stelladitalia.com – Fax 034 46 87 29 – 4 aprile-8 ottobre
34 cam – 95/125 € 120/155 € – **Rist** – Carta 33/42 €
◆ E' lambito dalle acque del lago di Lugano il giardino di questo comodo albergo; atmosfera intima e familiare nei piccoli salotti con librerie, camere per metà rinnovate. Quasi un angolo da cartolina la suggestiva terrazza ristorante sul lago.

VALTOURNENCHE - Aosta (AO) - 561 E4 - 2 292 ab. - alt. 1 524 m - Sport invernali : *1 600/3 100 m 1 6, (Comprensorio Monte Rosa ski collegato con Breuil Cervina e Zermatt - Svizzera)* - ✉ 11028 34 **B2**

Roma 740 – Aosta 47 – Breuil-Cervinia 9 – Milano 178 – Torino 107

via Roma 49 ✆ 0166 92029, valtournenche@montecervino.it, Fax 0166 92430

Tourist

via Roma 32 – ✆ 016 69 20 70 – info@hotel-tourist.it – Fax 016 69 31 29 – Chiuso ottobre

34 cam – solo ½ P 50/70 € – **Rist** – (solo per alloggiati)

◆ Dopo la ristrutturazione, è un hotel di funzionalità e confort moderni; spaziose camere di buon livello, curate, con mobili in ciliegio; navetta per gli impianti di sci.

Grandes Murailles

via Roma 78 – ✆ 01 66 93 27 02 – info@hotelgmurailles.com – Fax 01 66 93 29 56 – Chiuso maggio e giugno; in ottobre e novembre aperto solo venerdì e sabato

16 cam ☕ – †65/117 € ††90/176 € – **Rist** – *(chiuso a mezzogiorno)* (solo per alloggiati) Menu 12/25 €

◆ Lo charme e l'atmosfera di questo vecchio albergo anni '50 sono quelli di una casa privata, arredata con mobili d'epoca di famiglia. Piccola brasserie serale per gli ospiti.

VALVERDE - Forlì-Cesena - 563 J19 - Vedere Cesenatico

VALVERDE - Catania - 565 O27 - Vedere Sicilia alla fine dell'elenco alfabetico

VANDOIES - Bolzano / Bozen (BZ) - 562 B17 - 3 162 ab. - alt. 750 m - ✉ 39030 31 **C1**

Roma 685 – Bolzano 55 – Brunico 20 – Milano 327 – Trento 108

via J. Anton Zoller 1 località Vandoies di Sotto ✆ 0472 869100, tourismus.vintl@rolmail.net, Fax 0472 869260

Tilia con cam

via Weisskircher 33, località Vandoies di Sopra – ✆ 04 72 86 81 85 – info@chris-oberhammer.com – Fax 04 72 86 98 89 – Chiuso dal 24 giugno al 15 luglio, martedì e mercoledì a mezzogiorno

3 cam ☕ – †50 € ††100 € – **Rist** – Carta 52/69 €

Spec. Fegato grasso d'anatra arrostito con pane alla frutta e sciroppo d'acero. Galletto arrostito intero ripieno di tartufo nero con verdure. Insalata di arance con champagne e granita al fiore di sambuco.

◆ Caratteristico ristorante all'interno di un'antica sede giudiziaria del 1600 - arredato con gusto, secondo lo stile locale. Cucina dei sapori, fantasiosa ed esperta. Graziase camere dal fascino discreto.

La Passion

via San Nicolò 5/b, Vandoies di Sopra – ✆ 04 72 86 85 95 – lapassion@dnet.it – Fax 04 72 86 99 66 – Chiuso lunedì

Rist – Carta 31/54 €

◆ All'interno di una costruzione residenziale è stata ricavata una piccola e accogliente stube, completamente in legno. Lei in sala, lui in cucina, a tavola la tradizione.

VARALLO SESIA - Vercelli (VC) - 561 E6 - 7 442 ab. - alt. 451 m - ✉ 13019 23 **C1**

Roma 679 – Biella 59 – Milano 105 – Novara 59 – Stresa 43 – Torino 121 – Vercelli 65

corso Roma 38 ✆ 0163 564404, info@atlvalsesiavercelli.it, Fax 0163 53091

Sacro Monte ★★

a Crosa Est : 3 km – ✉ 13853

Delzanno

– ✆ 016 35 14 39 – delzannorist@tiscali.it – Fax 016 35 14 39 – Chiuso lunedì escluso maggio-settembre

Rist – Carta 20/37 €

◆ Nel 2005 ha compiuto 155 anni questo storico locale, sempre gestito dalla stessa famiglia; due salette raccolte, una con camino, all'insegna di semplicità e schiettezza.

a Sacro Monte Nord : 4 km – ✉ 13019 – Varallo Sesia

Sacro Monte rist, P VISA AE
località Sacro Monte 14 – ✆ 016 35 42 54 – info@sacromontealbergo.it – Fax 016 35 11 89 – Aprile-ottobre
24 cam – 45/55 € 75/85 € – ½ P 47/58 € – **Rist** – *(chiuso lunedì escluso luglio-agosto)* Carta 23/44 €
◆ Vicino a un sito religioso meta di pellegrinaggi, ambiente piacevolmente "old fashion" in un hotel con spazi esterni tranquilli e verdeggianti; camere di buona fattura. Gradevole sala ristorante con camino e utensili di rame appesi alle pareti.

Hotel e ristoranti cambiano ogni anno.
Per questo, ogni anno, c'è una nuova guida Michelin!

VARANO DE' MELEGARI – Parma (PR) – 562 H12 – 2 408 ab. – alt. 190 m – ✉ 43040 8 A2

Roma 489 – Parma 36 – Piacenza 79 – Cremona 85 – La Spezia 97

Castello 15, P VISA
via Martiri della Libertà 129 – ✆ 052 55 31 56 – ristorantecastello@libero.it – Chiuso dal 20 dicembre al 20 gennaio, dal 12 al 19 settembre, dal 12 al 19 giugno, lunedì e martedì
Rist – Carta 40/53 €
◆ Tra antico e moderno: dove sorgeva la più alta torre dell'attiguo castello, un piccolo e curato locale di tono con estrose interpretazioni di piatti del territorio.

VARAZZE – Savona (SV) – 561 I7 – 13 782 ab. – ✉ 17019 *Italia* 14 B2

Roma 534 – Genova 36 – Alessandria 82 – Cuneo 112 – Milano 158 – Savona 12 – Torino 153

corso Matteotti 56 ✆ 019 935043, varazze@inforiviera.it, Fax 019 935916

El Chico 125, P VISA AE
strada Romana 63, strada statale Aurelia Est : 1 km – ✆ 019 93 13 88 – elchico.sv@bestwestern.it – Fax 019 93 24 23 – Chiuso dal 20 dicembre a gennaio
38 cam – 130 € 142 € – **Rist** – Menu 25 €
◆ Struttura anni '60 immersa in un parco ombreggiato con piscina; gradevoli e comodi spazi comuni, sia esterni che interni. Nuove sale riunioni per la clientela business. Ampia, luminosa sala da pranzo di taglio moderno, dove si propone cucina mediterranea.

Eden senza rist 90, P VISA AE
via Villagrande 1 – ✆ 019 93 28 88 – eden-hotel@interbusiness.it – Fax 01 99 63 15 – Chiuso dal 18 dicembre all'8 gennaio
45 cam – 46/55 € 88/110 €, 8 €
◆ Gestione familiare in una comoda risorsa centrale, adatta a clientela sia turistica che d'affari; zone comuni signorili e ben distribuite, stanze spaziose e confortevoli.

Cristallo rist, 40, P VISA AE
via Cilea 4 – ✆ 01 99 72 64 – info@cristallohotel.it – Fax 01 99 35 57 57 – Chiuso dal 22 dicembre all' 8 gennaio
45 cam – 75/85 € 110/120 €, 8 € – ½ P 75/90 € – **Rist** – *(chiuso a mezzogiorno e da settembre a giugno anche venerdì-sabato-domenica)* Menu 26/29 €
◆ Per un soggiorno marino in ambiente signorile e ospitale, un hotel che offre camere di diversa tipologia, funzionali e dotate di ogni confort, alcune con idromassaggio. Gradevole sala ristorante, di impostazione classica; piatti italiani e liguri.

Villa Elena rist, P VISA AE
via Coda 16 – ✆ 01 99 75 26 – info@genovesevillaelena.it – Fax 019 93 42 77 – Chiuso da ottobre a Natale
47 cam – 50/60 € 90/100 €, 5 € – **Rist** – Carta 31/44 €
◆ Accoglienza cordiale e affezionata clientela di habitué in questa bella villa liberty, ristrutturata, che conserva al suo interno elementi architettonici originali. Ligneo soffitto a cassettoni intarsiato e lampadari in stile nella raffinata sala ristorante.

Le Roi rist, cam, VISA AE
via Genova 43 – ✆ 01 99 59 02 – hotel@leroi.it – Fax 01 99 59 03
11 cam – 65/90 € 100/120 € – ½ P 65/80 € – **Rist** – *(chiuso lunedì)* Carta 23/44 €
◆ Un albergo fronte mare, totalmente ristrutturato, che si presenta arioso e confortevole; parquet e tinte solari nelle camere arredate modernamente e personalizzate. Luminosa sala da pranzo, con vista mare.

Manila rist, P VISA AE
via Villagrande 3 – ✆ 019 93 46 56 – info@manilahotel.it – Fax 019 93 12 21
17 cam – 50/60 € 85/90 € – ½ P 50/70 € – **Rist** – Carta 28/35 €
◆ Piccola e graziosa risorsa, che offre un'ospitalità familiare in una villa con giardino. Per gli appassionati di immersioni subacquee vengono organizzate escursioni marine. La ristorazione si articola in una saletta interna e in una luminosa veranda.

Ines rist, P VISA AE
via Cavour 10 – ✆ 01 99 73 02 – hotel.ines@tiscali.it – Fax 01 99 35 45 99 – Chiuso dal 12 al 26 dicembre
12 cam – 40/50 € 50/80 € – ½ P 45/60 € – **Rist** – (solo per alloggiati)
◆ Non lontano dal mare, villetta liberty circondata da una piacevole terrazza solarium; accoglienti interni con originali pavimenti a mosaico, camere di taglio classico.

Antico Genovese AC VISA AE
corso Colombo 70 – ✆ 01 99 64 82 – info@anticogenovese.it – Fax 01 99 63 15 – Chiuso una settimana in febbraio, domenica e lunedì a mezzogiorno
Rist – Carta 48/74 €
◆ Il "piacere della tradizione" dal 1910 in un curato locale di tono, le cui proposte mostrano un sapiente equilibrio tra fantasia e riscoperta dei sapori mediterranei.

Bri VISA AE
piazza Bovani 13 – ✆ 019 93 46 05 – info@ristorantebri.it – Fax 019 93 17 13 – Chiuso novembre e mercoledì (escluso giugno-settembre)
Rist – Carta 34/47 €
◆ Mantiene la sua originaria "anima" di osteria, familiare e informale, questo ristorante classico; pochi fronzoli nella solida cucina, che è tipica ligure e di pesce.

VARENA – Trento (TN) – 562 D16 – **824 ab.** – **alt. 1 155 m** – **Sport invernali :** ***Vedere Cavalese (Comprensorio Dolomiti superski Val di Fiemme)*** – ✉ **38030** 31 **D3**

Roma 638 – Trento 64 – Bolzano 44 – Cortina d'Ampezzo 104

Alpino cam, AC rist, P VISA
via Mercato 8 – ✆ 04 62 34 04 60 – info@albergoalpino.it – Fax 04 62 23 16 09 – Chiuso venti giorni in maggio e venti giorni in novembre
28 cam – 60/75 € 75/90 €, 7 € – ½ P 50/70 € – **Rist** – Carta 17/28 €
◆ Nel centro di questo piccolo paese della Val di Fiemme, un gradevole albergo familiare, con giardino e accoglienti spazi comuni per tranquilli momenti di relax. Moderna sala ristorante dall'ambiente informale, servizio estivo in giardino.

VARENNA – Lecco (LC) – 561 D9 – **864 ab.** – **alt. 220 m** – ✉ **23829** *Italia* 16 **B2**

Roma 642 – Como 50 – Bergamo 55 – Chiavenna 45 – Lecco 22 – Milano 78 – Sondrio 60

per Menaggio e Bellagio – Navigazione Lago di Como, call center 800 551 201

piazza Venini 1 ✆ 0341 830367, Fax 0341 830367

Giardini★★ di villa Monastero

Royal Victoria AC 60, VISA AE
piazza San Giorgio 5 – ✆ 03 41 81 51 11 – info@royalvictoria.com – Fax 03 41 83 07 22
43 cam – 105/175 € 130/220 € – ½ P 85/130 € – **Rist** – Carta 38/55 €
◆ Tradizione, signorilità e buon confort garantiti sin dagli inizi dell'800; incantevole terrazza-giardino con piscina in riva al lago. Frequentato sia per affari che turismo. Sobria eleganza nella sala ristorante e nella sala-veranda affacciata sul giardino.

Du Lac senza rist
via del Prestino 11 – ✆ 03 41 83 02 38 – albergodulac@tin.it – Fax 03 41 83 10 81 – Marzo-15 novembre
17 cam – 85/100 € 140/180 € – 2 suites
◆ Sembra spuntare dall'acqua questo grazioso albergo ristrutturato, in splendida posizione panoramica; piacevoli ambienti comuni e un'amena terrazza-bar in riva al lago.

Vecchia Varenna
via Scoscesa 10 – ✆ 03 41 83 07 93 – Fax 03 41 83 07 93 – Chiuso da dicembre al 10 febbraio e lunedì
Rist – Carta 33/50 €
◆ Punto di forza del locale è il servizio estivo in terrazza sul porticciolo con splendida vista di lago e monti; dalla cucina giungono sapori lacustri rivisitati con fantasia.

VARESE (VA) – 561 E8 – 80 107 ab. – alt. 382 m – ✉ 21100 *Italia* 18 A1

Roma 633 – Como 27 – Bellinzona 65 – Lugano 32 – Milano 56 – Novara 53 – Stresa 48

via Carrobbio 2 ✆ 0332 283604, iatvarese@provincia.va.it Fax 0332 283604

, a Luvinate, ✆ 0332 22 93 02 ; Dei Laghi, Ovest : 12 km a Travedona Monate, ✆ 0332 97 81 01.

Sacro Monte★★ : ★★ Nord-Ovest : 8 km – Campo dei Fiori★★ : ★★ Nord-Ovest : 10 km

Pianta pagina a lato

Crystal Hotel senza rist
via Speroni 10 – ✆ 03 32 23 11 45 – info@crystal-varese.it – Fax 03 32 23 71 81 – Chiuso agosto d
44 cam – 100/125 € 150/199 €
◆ Dopo la recente ristrutturazione, si presenta ora come una risorsa dal confort omogeneo nei vari settori; zone comuni non ampie, camere funzionali ed accoglienti.

City Hotel senza rist 60,
via Medaglie d'Oro 35 – ✆ 03 32 28 13 04 – info@cityhotelvarese.com – Fax 03 32 23 28 82 – Chiuso dal 22 dicembre al 7 gennaio e dal 10 al 19 agosto m
46 cam – 99 € 155 €
◆ In centro città, vicino alla stazione ferroviaria, struttura funzionale, con sale riunioni, adatta a clientela sia d'affari che turistica; moderne le camere rinnovate.

Bologna cam,
via Broggi 7 – ✆ 03 32 23 43 62 – info@albergobologna.it – Fax 03 32 28 75 00 – Chiuso dal 1° al 15 agosto c
18 cam – 75 € 95 € – ½ P 90 € – **Rist** – *(chiuso sabato)* Menu 20/25 €
◆ Gestito dalla stessa famiglia da quasi 50 anni, un semplice, ma confortevole hotel, rinnovato in anni recenti; comoda posizione centrale e camere ben arredate. Simpatica sala da pranzo di ambientazione rustica nel frequentato ristorante.

Al Vecchio Convento
viale Borri 348, per ③ – ✆ 03 32 26 10 05 – vecchioconvento@interfree.it – Fax 03 32 26 10 05 – Chiuso dal 27 dicembre al 4 gennaio, dall'11 al 30 agosto, domenica sera e lunedì
Rist – Carta 39/52 €
◆ Chiedete un tavolo nella sala principale, d'atmosfera e con arredi eleganti, per gustare una cucina che segue le stagioni e predilige la Toscana. In posizione decentrata.

Teatro
via Croce 3 – ✆ 03 32 24 11 24 – angelo@ristoranteteatro.it – Fax 03 32 28 09 94 – Chiuso dal 25 luglio al 25 agosto e martedì a
Rist – Carta 39/72 €
◆ Raccontano la storia del teatro, dalle origini greche ai giorni nostri, i quadri alle pareti di un antico locale, in pieno centro; a tavola vanno in scena terra e mare.

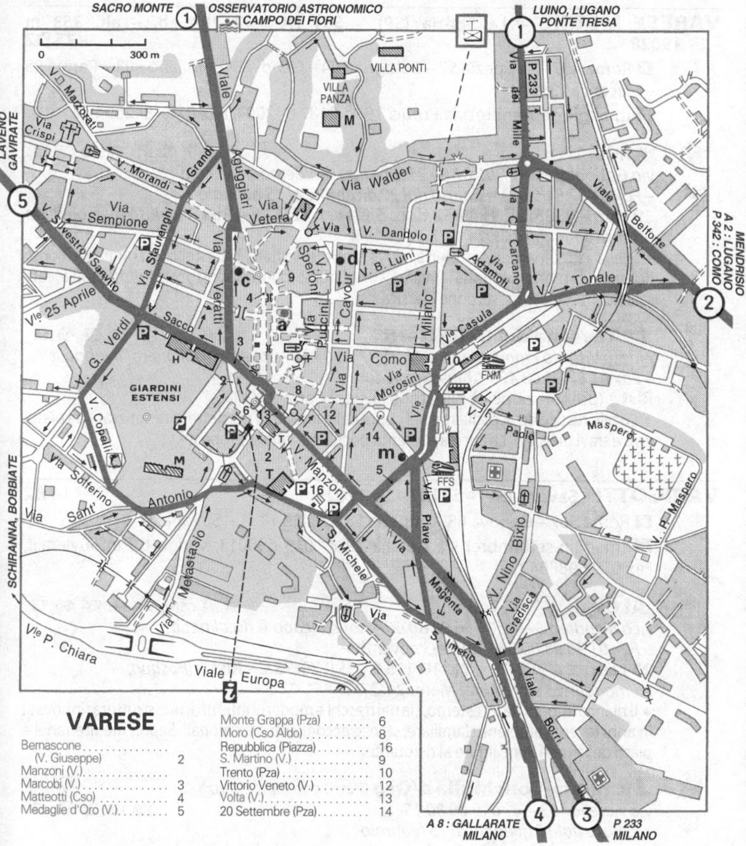

VARESE

Bernascone (V. Giuseppe)	2
Manzoni (V.)	
Marcobi (V.)	3
Matteotti (Cso)	4
Medaglie d'Oro (V.)	5
Monte Grappa (Pza)	6
Moro (Cso Aldo)	8
Repubblica (Piazza)	16
S. Martino (V.)	9
Trento (Pza)	10
Vittorio Veneto (V.)	12
Volta (V.)	13
20 Settembre (Pza)	14

a Capolago Sud-Ovest : 5 km – ✉ 21100

XX **Da Annetta** cam, 14/20, P VISA MC AE

via Fè 25 – ☎ 03 32 49 00 20 – info@daannetta.it – Fax 03 32 49 02 11 – Chiuso dal 3 al 28 agosto, martedì sera e mercoledì

Rist – Carta 40/56 €

◆ In un edificio del '700, rustico e al contempo elegante con raffinata cura della tavola e cucina che prende spunto dalla tradizione, ma sa rivisitarla con fantasia.

a Calcinate del Pesce Est : 7 km – ✉ 21100

XXX **Quattro Mori** 10/20, P VISA MC AE

via E. Ponti 126 – ☎ 03 32 31 08 36 – quattromori@tin.it – Fax 03 32 32 90 12 – Chiuso dal 26 dicembre al 8 gennaio, dal 9 al 26 luglio, domenica sera e lunedì

Rist – Carta 38/70 €

◆ Locale accogliente di tono elegante, ristrutturato di recente, con pareti in stucco veneziano e un giardino curato. Cucina di mare e piatti ricchi di fantasia.

L'indicazione «Rist» in rosso evidenzia le strutture a cui abbiamo assegnato un riconoscimento: ✿ (stella) o ☺ (Bib Gourmand).

VARESE LIGURE – La Spezia (SP) – 561 I10 – 2 283 ab. – alt. 353 m – ✉ 19028 15 D2

Roma 457 – La Spezia 57 – Bologna 194 – Genova 90 – Milano 203 – Parma 98 – Piacenza 139

(maggio-settembre) via Portici 19 ✆ 0187 842094, Fax 0187 842094

Amici

via Garibaldi 80 – ✆ 01 87 84 21 39 – info@albergoamici.com – Fax 01 87 84 08 91 – Chiuso dal 20 dicembre al 15 gennaio

29 cam – †38/42 € ††45/52 €, ☕ 5 € – ½ P 42/47 € – **Rist** – *(chiuso mercoledì da ottobre a maggio)* Carta 19/33 €

◆ Nella cittadina dell'entroterra, dove potrete visitare il Castello e l'originale Borgo Rotondo, confortevole hotel familiare, con giardino; buon rapporto qualità/prezzo. Lineare sala ristorante d'impostazione classica.

La Taverna del Gallo Nero

piazza Vittorio Emanuele 26 – ✆ 01 87 84 05 13 – taverna_gallonero@yahoo.it – Fax 01 87 84 08 42 – Chiuso giovedì

Rist – (prenotazione obbligatoria la sera) Carta 27/33 €

◆ Locale rustico ed accogliente nel cuore della località. Tre salette caratterizzate da pietra viva e travi di legno. La cucina presenta poche ma curate proposte.

VARIGOTTI – Savona (SV) – 561 J7 – ✉ 17029 14 B2

Roma 567 – Genova 68 – Imperia 58 – Milano 191 – Savona 22

(maggio-settembre) via Aurelia 79 ✆ 019 698013, varigotti@inforiviera.it, Fax 019 6988842

Al Capo

cam,

vico Mendaro 3 – ✆ 01 96 98 80 66 – hotel.alcapo@tiscalinet.it – Fax 01 96 98 80 66 – aprile-3 novembre

23 cam ☕ – †68/70 € ††110/115 € – ½ P 70/75 € – **Rist** – *(Pasqua, 25 maggio-25 settembre)* Menu 24/27 €

◆ Il bianco impera sia all'esterno, sia nei freschi e moderni interni di una struttura rinnovata in anni recenti; ambiente familiare, stanze accoglienti e funzionali. Sapori mediterranei e piatti della tradizione ligure al ristorante.

Muraglia-Conchiglia d'Oro (Patri) con cam e senza ☕

via Aurelia 133 – ✆ 019 69 80 15 – Chiuso dal 15 gennaio al 15 febbraio

6 cam ☕ – †70 € ††90 € – **Rist** – *(chiuso mercoledì e da ottobre a maggio anche martedì)* Carta 55/75 €

Spec. Spaghetti alle triglie. Zuppetta di acciughe. Grigliata mista di pesce.

◆ Locale semplice e luminoso per sentirsi a proprio agio in visita nel caratteristico borgo saraceno. La cucina punta sulla qualità del pesce, piatti liguri, anche alla griglia.

La Caravella

via Aurelia 56 – ✆ 019 69 80 28 – Fax 019 69 80 28 – Chiuso novembre e martedì

Rist – (consigliata la prenotazione) Carta 48/62 €

◆ Un'ampia sala luminosa con vetrate che si affacciano sul mare e sulla spiaggia sottostante per una cucina per lo più di pesce; familiari la gestione e l'atmosfera.

VARZI – Pavia (PV) – 561 H9 – 3 525 ab. – alt. 416 m – ✉ 27057 16 B3

Roma 585 – Piacenza 69 – Alessandria 59 – Genova 111 – Pavia 54

piazza della Fiera ✆ 0383 545221

Sotto i Portici

via del Mercato 10 – ✆ 038 35 29 90 – sottoiportici@libero.it – Fax 03 83 54 54 04 – Chiuso lunedì, martedì e a mezzogiorno (escluso sabato, domenica e festivi)

Rist – Carta 30/38 €

◆ Sotto i portici del centro storico, un gradevolissimo locale di sobria eleganza, con servizio accurato; tocco moderno in una cucina saldamente legata alla tradizione.

verso Pian d'Armà Sud : 7 km :

Buscone 25,
località Bosmenso 41, Sud : 7 km – 038 35 22 24 – pocchi@libero.it – Chiuso lunedì escluso luglio e agosto
Rist – Carta 19/27 €
♦ La difficoltà che forse incontrerete per raggiungere questa trattoria, sarà ricompensata dalla piacevolezza e dalla cura dell'ambiente familiare; genuina cucina casalinga.

VASON – Trento – Vedere Bondone (Monte)

VASTO – Chieti (CH) – 563 P26 – 35 916 ab. – alt. 144 m – ✉ 66054 2 C2

Roma 271 – Pescara 70 – L'Aquila 166 – Campobasso 96 – Chieti 75 – Foggia 118
piazza del Popolo 18 0873 367312, iat.vasto@abruzzoturismo.it, Fax 0873 367312

Castello Aragona mare, rist,
via San Michele 105 – 087 36 98 85 – info@castelloaragona.it – Fax 087 36 98 85 – Chiuso dal 24 dicembre al 4 gennaio, dieci giorni in novembre e lunedì
Rist – Carta 35/51 €
♦ Suggestiva cornice in una villa di inizio '900 per un curato locale di taglio classico; servizio estivo in un'ombreggiata terrazza-giardino con splendida vista sul mare.

Lo Scudo
corso Garibaldi 39 – 08 73 36 52 28 – info@ristoranteloscudo.it – Fax 08 73 36 77 82 – Chiuso martedì in bassa stagione
Rist – Carta 29/40 €
♦ S'ispirano ai fasti medievali del vicino castello Caldoresco il nome e l'ambiente di uno storico ristorante, punto di riferimento affidabile per gustare la cucina locale.

VASTO (Marina di) – Chieti (CH) – 563 P26 – ✉ 66054 2 C2

Roma 275 – Pescara 72 – Chieti 74 – Vasto 3

sulla strada statale 16

Excelsior cam, cam, rist, 120,
contrada Buonanotte Sud : 4 km ✉ 66055 – 08 73 80 22 22 – info@hotelexcelsiorvasto.com – Fax 08 73 80 22 22 – Chiuso dal 23 dicembre al 2 gennaio
45 cam – †65/90 € ††95/150 € – 10 suites – ½ P 61/90 € – **Rist** – *(chiuso a mezzogiorno escluso da giugno a settembre)* Carta 32/47 €
♦ Funzionalità e moderni confort in una struttura realizzata in anni recenti, non adiacente al mare, ma dotata di spiaggia riservata; ideale anche per clientela d'affari. Impostazione classica di tono elegante nell'ampia sala ristorante.

Sporting rist,
Sud : 2,5 km ✉ 66055 – 08 73 80 19 08 – info@hotelsportingvasto.it – Fax 08 73 80 96 22
22 cam – †65/77 € ††95/120 € – ½ P 55/70 € – **Rist** – Carta 23/35 €
♦ Per un soggiorno in ambiente familiare, hotel a gestione diretta, circondato da una terrazza-giardino fiorita e non lontano dal mare; interni di curata essenzialità. La cucina viene gestita curata direttamente dal titolare.

Lido rist,
località San Tommaso km 521, Sud : 1 km ✉ 66055 – 08 73 80 14 07 – hotellido@libero.it – Fax 08 73 80 10 69
41 cam – †55/60 € ††65/75 € – ½ P 55/75 € – **Rist** – *(chiuso dal 24 dicembre al 6 gennaio)* Carta 18/35 €
♦ Sulla statale, ma a pochi passi dal mare, che si raggiunge senza attraversare la strada, pensione familiare da poco ristrutturata, con camere intime e confortevoli. Anch'essa rinnovata, la sala ristorante offre un luminoso ambiente di taglio moderno.

XX **Villa Vignola** con cam — mare e costa, rist,
località Vignola Nord : 6 km ✉ 66054 – ☎ 08 73 31 00 50 – villavignola@interfree.it – Fax 08 73 31 00 60 – Chiuso dal 21 al 28 dicembre
5 cam – 70/80 € 120/140 € – **Rist** – Carta 36/51 €
◆ In un giardino con accesso diretto al mare e splendida vista della costa, un ristorante di tono elegante, con camere curate e accoglienti; proposte, ovviamente, di mare.

X **Il Corsaro**
località Punta Penna-Porto di Vasto Nord : 8 km ✉ 66054 – ☎ 08 73 31 01 13 – Chiuso lunedì escluso da aprile ad ottobre
Rist – Menu 40/50 € (+10 %)
◆ Una cordiale famiglia si divide tra sala e fornelli di questa storica trattoria, con servizio estivo in terrazza sul mare; solida cucina basata sul pescato giornaliero.

VATICANO (Città del) – Roma – Vedere Roma

VEDASCO – Verbania – 561 E7 – Vedere Stresa

VEDOLE – Parma – Vedere Colorno

VELLETRI – Roma (RM) – 563 Q20 – 50 036 ab. – alt. 352 m – ✉ 00049

Roma 13 **C2**

Roma 36 – Anzio 43 – Frosinone 61 – Latina 29 – Terracina 63 – Tivoli 56

Castelli romani★★ Nord-Ovest per la via dei Laghi o per la strada S 7, Appia Antica (circuito di 60 km)

XX **Da Benito al Bosco** con cam — 300,
via Morice 96 – ☎ 069 63 39 91 – benitoalbosco@virgilio.it – Fax 069 64 14 14
50 cam – 55 € 80 € – ½ P 65 € – **Rist** – *(chiuso martedì)* Carta 28/39 €
◆ Tra i castagni, in un piccolo parco con piscina, un ristorante classico, di notevole capienza, con nuove, spaziose camere; la cucina laziale punta soprattutto sul pesce.

VELLO – Brescia (BS) – 561 E12 – alt. 190 m – ✉ 25054 – Marone 19 D1

Roma 591 – Brescia 34 – Milano 100

X **Trattoria Glisenti**
via Provinciale 34 – ☎ 030 98 72 22 – Chiuso dal 6 gennaio al 12 febbraio e giovedì, da settembre a maggio anche mercoledì
Rist – Carta 26/38 €
◆ Un indirizzo consigliabile agli appassionati del pesce di lago: semplice trattoria di lunga tradizione familiare, sulla vecchia strada costiera del lago d'Iseo.

VELO D'ASTICO – Vicenza (VI) – 562 E16 – 2 345 ab. – alt. 362 m – ✉ 36010

35 **B2**

Roma 551 – Trento 57 – Treviso 83 – Verona 81 – Vicenza 36

XX **Giorgio e Flora**
via Baldonò 1, al lago di Velo d'Astico Nord-Ovest : 2 km – ☎ 04 45 71 30 61 – info@giorgioeflora.it – Fax 04 45 71 41 43 – Chiuso dal 1° al 15 gennaio, dal 15 al 30 giugno, mercoledì sera e giovedì
Rist – Carta 29/48 €
◆ Una villetta tipo chalet che domina la valle, due sale, di cui una più raccolta ed elegante, un panoramico dehors e piatti della tradizione veneta con tocco personale.

Prima distinzione: la stella ✿.
Assegnata ai ristoranti per i quali si percorre volentieri qualche chilometro in più!

VELO VERONESE - Verona (VR) - 562 F15 - 799 ab. - alt. 1 087 m - ✉ 37030

35 **B2**

▶ Roma 529 – Verona 35 – Brescia 103 – Milano 193 – Venezia 144 – Vicenza 81

Tredici Comuni con cam — cam,

piazza della Vittoria 31 – ☎ 04 57 83 55 66 – hotel13comuni@libero.it – Fax 04 57 83 55 66 – Chiuso dal 15 settembre al 30 ottobre
16 cam – 45/50 € 60/68 € – ½ P 38/45 € – **Rist** – *(chiuso lunedì sera e martedì)* Carta 22/28 €

◆ Nella piazza del paese, classica risorsa familiare, con camere funzionali e cucina del territorio; soffitto di legno nella spaziosa sala ristorante di stile montano.

VENARIA REALE - Torino (TO) - 561 G4 - 35 363 ab. - alt. 258 m - ✉ 10078

22 **A1**

▶ Roma 667 – Torino 11 – Aosta 116 – Milano 143

Galant senza rist

corso Garibaldi 155 – ☎ 01 14 55 10 21 – info@hotelgalant.it – Fax 01 14 55 12 19
39 cam – 98/126 € 127/167 €

◆ Una struttura di taglio moderno, ideale per una clientela d'affari; piacevoli e razionali ambienti comuni, confortevoli camere con ampio scrittoio, sale riunioni.

Il Reale — 8,

corso Garibaldi 153 – ☎ 01 14 53 04 13 – info@ilreale.it – Fax 01 14 54 09 35 – Chiuso dal 10 al 25 agosto
Rist – Carta 35/40 €

◆ Da una ristrutturazione che non ha badato a spese è nato nel 2000 questo nuovo locale di moderna e lussuosa eleganza; direzione appassionata, cucina con spunti creativi.

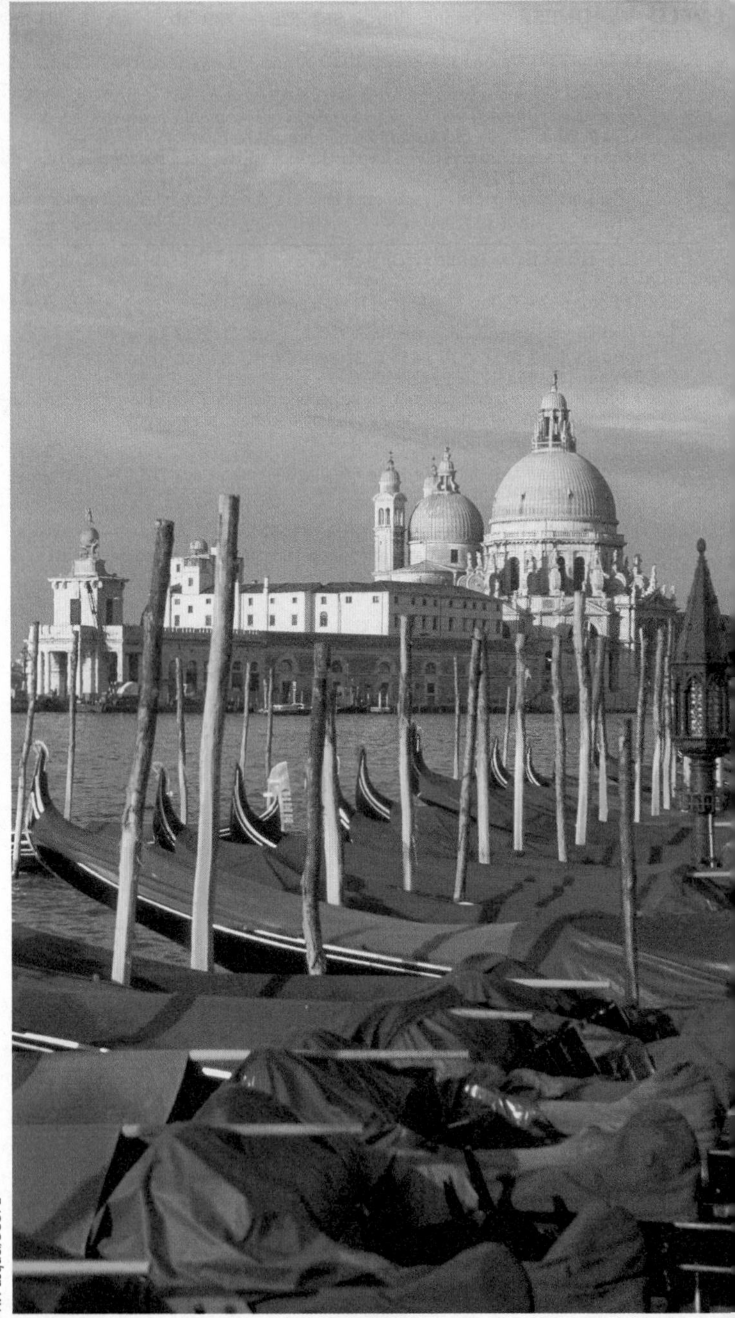
N. Pasquel/SCOPE

VENEZIA

Carta Michelin : n° 562F 19

Roma 528 – Bologna 152 – Milano 267 – Trieste 158

Popolazione : 271 663 ab

Codice Postale : ✉ 30100

Venezia

INFORMAZIONI PRATICHE

Uffici Informazioni turistiche

calle Ascensione - San Marco 71/f ✉ 30124 ✆ 041 5298711, info@turismovenezia.it, Fax 041 5230399 - Stazione Santa Lucia ✉ 30121 ✆ 041 5298711, Fax 041 5230399 - Aeroporto Marco Polo ✆ 041 5415887

Aeroporto

Marco Polo di Tessera, Nord-Est : 13 km ✆ 041 2606111

Trasporti marittimi

da piazzale Roma (Tronchetto) per il Lido-San Nicolò – dal Lido Alberoni per l'Isola di Pellestrina-Santa Maria del Mare

Golf

18 al Lido Alberoni, 15 mn di vaporetto e 9 km, ✆ 041 73 13 33 ;
45 Cá della Nave, Nord-Ovest : 12 km a Martellago, ✆ 041 540 15 55 ;
9 Villa Condulmer, Nord : 17 km a Mogliano Veneto, ✆ 041 45 70 62.

LUOGHI DI INTERESSE

GLI IMPERATIVI CATEGORICI

Basilica di S. Marco★★★ e Museo, con i cavalli di bronzo dorato★★ - Palazzo Ducale★★★ e "Itinerari segreti" - Gallerie dell'Accademia★★★ - Scuola Grande di S. Rocco★★★ - Ca' d'Oro★★★ - Scuola di S. Giorgio degli Schiavoni★★★ - Vista★★★ dal Campanile di S. Giorgio Maggiore - Frari★★★ - Rialto★★ - Vista★★ dal Campanile di S. Marco - S. Maria della Salute★★ - S. Zaccaria★★ - Scala del Bovolo★

MUSEI VENEZIANI

Gallerie dell'Accademia★★★ - Ca' d'Oro★★★ : Galleria Franchetti - Ca' Rezzonico★★ : Museo del Settecento Veneziano - Museo Correr★★ - Collezione Peggy Guggenheim★★ - Fondazione Querini Stampalia★ - Museo Storico Navale★

LA VENEZIA DI ATMOSFERA: LE PASSEGGIATE PER I SESTIERI

S. Pietro di Castello★ - Arsenale★ e S. Francesco della Vigna★ - Campo dell'Abbazia, Sacca della Misericordia, Madonna dell'Orto★, Campo dei Mori e S. Alvise★ - Dogana, Zattere, squero di S. Trovaso, S. Sebastiano★★, Campo S. Margherita - S. Giorgio dei Greci, Campo S. Maria Formosa, SS. Giovanni e Paolo★★ (S. Zanipòlo), S. Maria dei Miracoli★, Fondamenta Nuove, Gesuiti★.

ACQUISTI

Articoli in vetro, moda, maschere, ex libris e carta marmorizzata si troveranno un po' ovunque. Si segnalano le zone più commerciali: Piazza S. Marco, Mercerie★, Rialto, Strada Nuova.

LE ISOLE

Burano★★ : Museo del Merletto - Murano★★ : Museo di Arte Vetraria★, S. Maria e Donato★★ - Torcello★★ : mosaici★★ della Basilica - S. Francesco del Deserto★ - S. Lazzaro degli Armeni★

DINTORNI DI VENEZIA CON RISORSE ALBERGHIERE

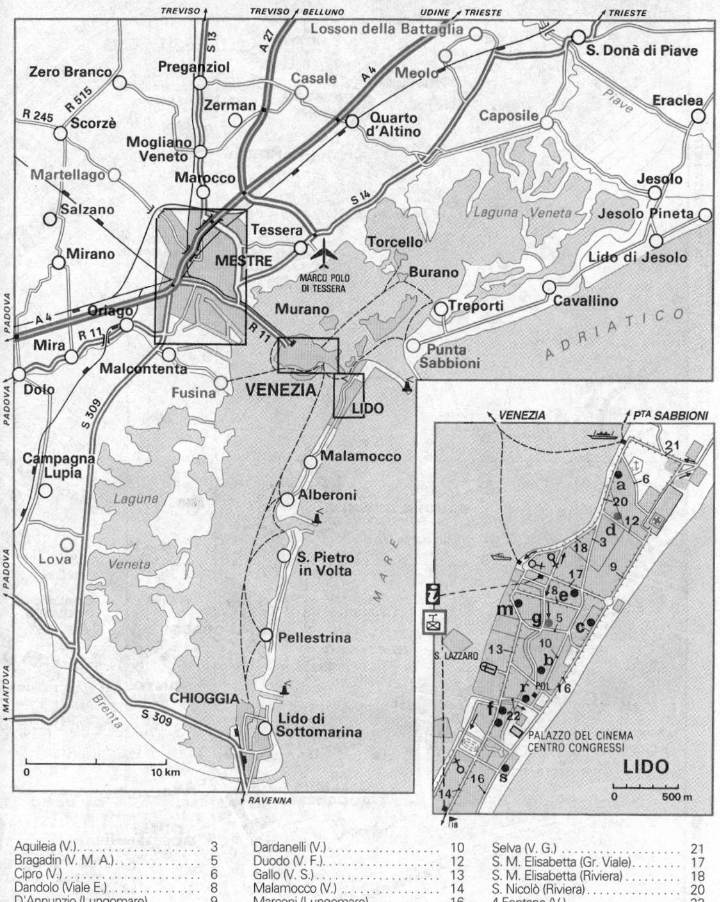

Aquileia (V.)	3	Dardanelli (V.)	10	Selva (V. G.)	21
Bragadin (V. M. A.)	5	Duodo (V. F.)	12	S. M. Elisabetta (Gr. Viale)	17
Cipro (V.)	6	Gallo (V. S.)	13	S. M. Elisabetta (Riviera)	18
Dandolo (Viale E.)	8	Malamocco (V.)	14	S. Nicolò (Riviera)	20
D'Annunzio (Lungomare)	9	Marconi (Lungomare)	16	4 Fontane (V.)	22

Cipriani & Palazzo Vendramin (riscaldata)

isola della Giudecca 10, 5 mn di navetta privata dal pontile San Marco ✉ 30133
– ✆ 04 15 20 77 44
– info@hotelcipriani.it
– Fax 04 15 20 39 30
– Chiuso dal 7 gennaio all'8 marzo

200, VISA

FV **h**

104 cam – 755 € 850/1350 € – 24 suites
Rist Cip's Club – vedere selezione ristoranti
Rist – Carta 87/110 €

◆ Appartato e tranquillo, in un giardino fiorito con piscina riscaldata, grande albergo lussuoso ed esclusivo. Maggiordomo a disposizione nelle raffinate dépendance. In un'elegante saletta interna, sulla fiorita terrazza oppure presso la piscina olimpica, il ristorante offre comunque la vista sulla laguna e sulla città.

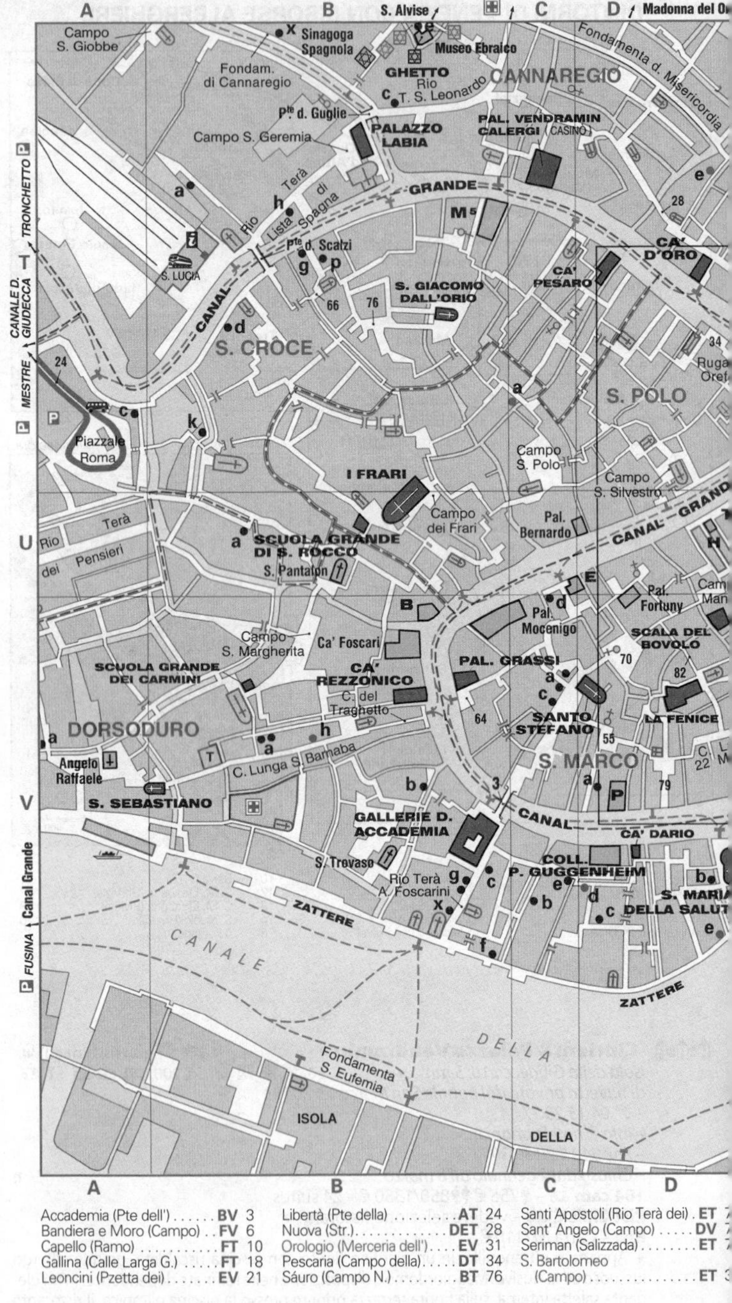

Accademia (Pte dell') . . . . . . **BV** 3
Bandiera e Moro (Campo) . . **FV** 6
Capello (Ramo) . . . . **FT** 10
Gallina (Calle Larga G.) . . . . **FT** 18
Leoncini (Pzetta dei) . . . . . . **EV** 21
Libertà (Pte della) . . . . **AT** 24
Nuova (Str.) . . . . **DET** 28
Orologio (Merceria dell') . . . . **EV** 31
Pescaria (Campo della) . . . . . **DT** 34
Sáuro (Campo N.) . . . . **BT** 76
Santi Apostoli (Rio Terà dei) . **ET** 7
Sant' Angelo (Campo) . . . . . **DV** 7
Seriman (Salizzada) . . . . **ET** 7
S. Bartolomeo (Campo) . . . . **ET** 3

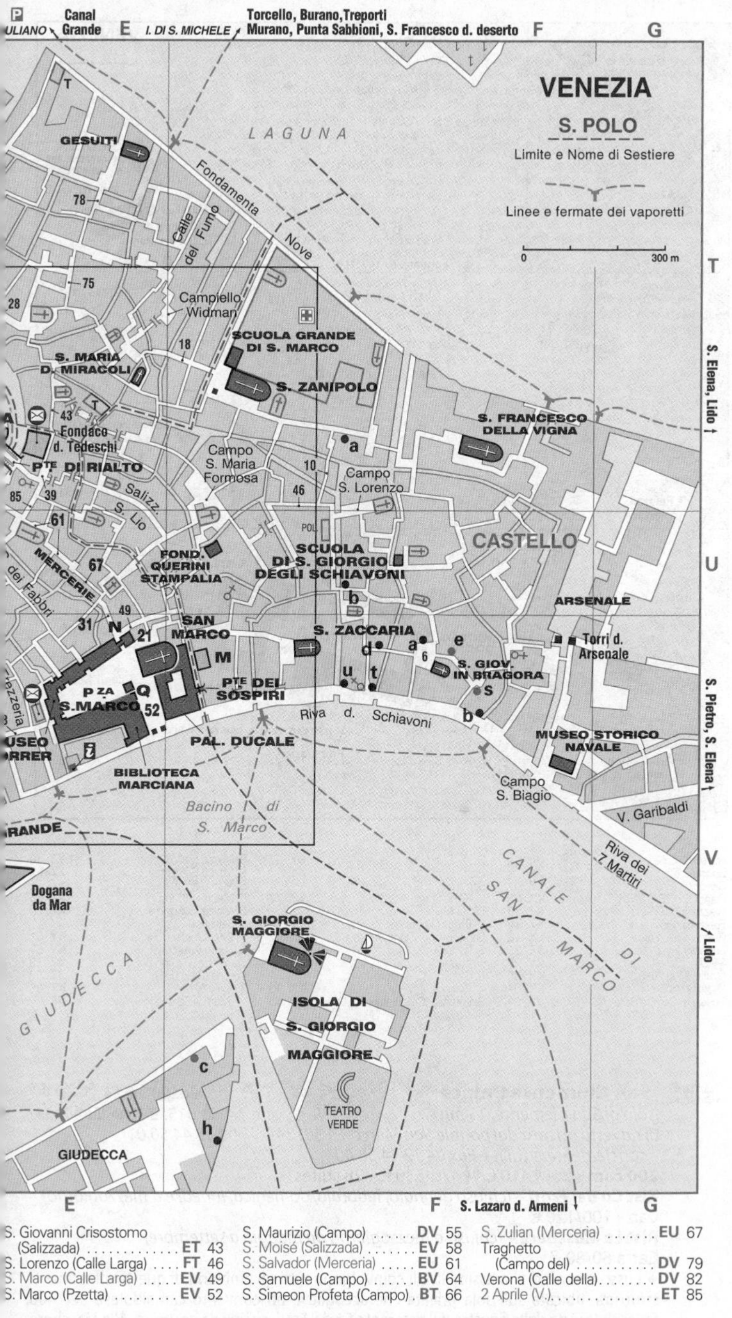

Canal Grande
E
I. DI S. MICHELE
Torcello, Burano, Treporti
Murano, Punta Sabbioni, S. Francesco d. deserto
F
G
VENEZIA
S. POLO
Limite e Nome di Sestiere
Linee e fermate dei vaporetti
0
300 m
LAGUNA
GESUITI
Fondamenta Nove
Calle del Fumo
78
75
28
Campiello Widman
18
SCUOLA GRANDE DI S. MARCO
S. ZANIPOLO
S. MARIA D. MIRACOLI
43
Fondaco d. Tedeschi
Pte DI RIALTO
Campo S. Maria Formosa
10
Campo S. Lorenzo
46
85
39
Salizz. S. Lio
61
MERCERIE
67
FOND. QUERINI STAMPALIA
SCUOLA DI S. GIORGIO DEGLI SCHIAVONI
dei Fabbri
49
31
N
21
SAN MARCO
M
S. ZACCARIA
S. FRANCESCO DELLA VIGNA
CASTELLO
ARSENALE
Torri d. Arsenale
S. GIOV. IN BRAGORA
P ZA S.MARCO
Q
52
Pte DEI SOSPIRI
Riva d. Schiavoni
PAL. DUCALE
BIBLIOTECA MARCIANA
MUSEO STORICO NAVALE
Campo S. Biagio
V. Garibaldi
Riva dei 7 Martiri
Bacino di S. Marco
CANALE DI SAN MARCO
Dogana da Mar
GIUDECCA
S. GIORGIO MAGGIORE
ISOLA DI S. GIORGIO MAGGIORE
TEATRO VERDE
GIUDECCA
T
U
V
S. Elena, Lido
S. Pietro, S. Elena
Lido
S. Lazaro d. Armeni

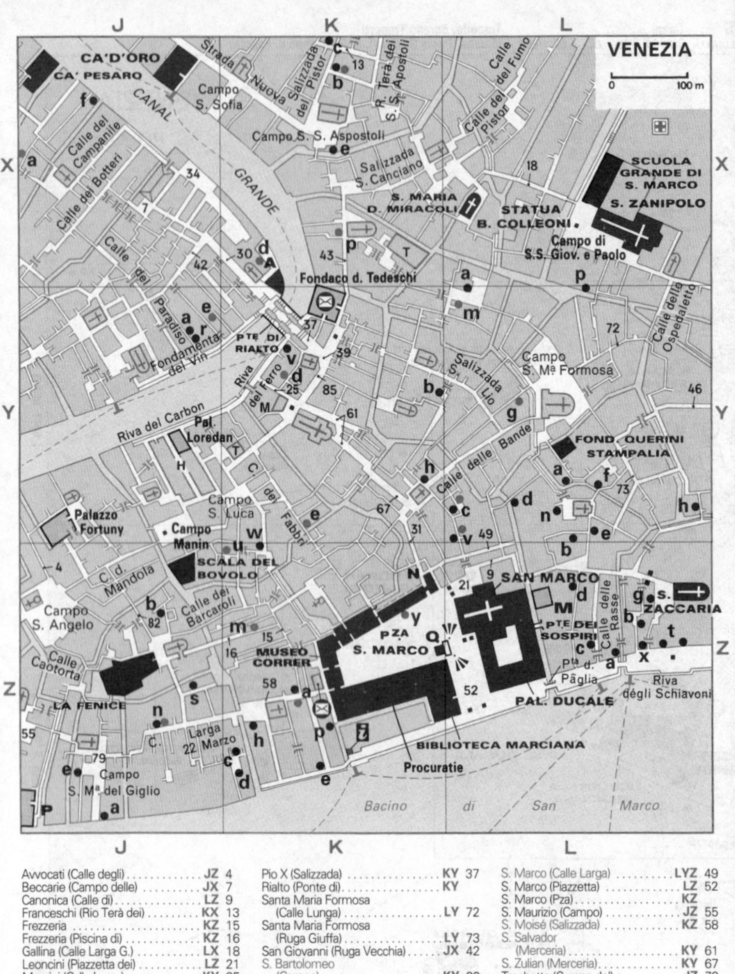

Avvocati (Calle degli) . . . . . JZ 4
Beccarie (Campo delle) . . . . . JX 7
Canonica (Calle di) . . . . . LZ 9
Franceschi (Rio Terà dei) . . . . . KX 13
Frezzeria . . . . . KZ 15
Frezzeria (Piscina di) . . . . . KZ 16
Gallina (Calle Larga G.) . . . . . LX 18
Leoncini (Piazzetta dei) . . . . . LZ 21
Mazzini (Calle Larga) . . . . . KY 25
Orefici (Ruga degli) . . . . . KX 30
Orologio (Merceria dell') . . . . . KY 31
Pescaria (Campo della) . . . . . JX 34
Pio X (Salizzada) . . . . . KY 37
Rialto (Ponte di) . . . . . KY
Santa Maria Formosa (Calle Lunga) . . . . . LY 72
Santa Maria Formosa (Ruga Giuffa) . . . . . LY 73
San Giovanni (Ruga Vecchia) . . . . . JX 42
S. Bartolomeo (Campo) . . . . . KY 39
S. Giovanni Crisostomo (Salizzada) . . . . . KX 43
S. Lorenzo (Calle Larga) . . . . . LY 46
S. Marco (Calle Larga) . . . . . LYZ 49
S. Marco (Piazzetta) . . . . . LZ 52
S. Marco (Pza) . . . . . KZ
S. Maurizio (Campo) . . . . . JZ 55
S. Moisé (Salizzada) . . . . . KZ 58
S. Salvador (Merceria) . . . . . KY 61
S. Zulian (Merceria) . . . . . KY 67
Traghetto (Campo del) . . . . . JZ 79
Verona (Calle della) . . . . . JZ 82
2 Aprile (V.) . . . . . KY 85
22 Marzo (Calle Larga) . . . . . JZ

San Clemente Palace

< (riscaldata)

isola di San Clemente, 15 mn di navetta privata dal pontile San Marco ✉ *30124 – ☎ 04 12 44 50 01 – sanclemente@thi.it – Fax 04 12 44 58 00*

cam, 315, VISA, AE

200 cam – 410 € 470/530 € – 28 suites

Rist *Cà dei Frati* – *(chiuso gennaio, febbraio, domenica, lunedì e a mezzogiorno)*
Carta 100/120 €

Rist *Le Maschere* – *(chiuso a mezzogiorno da maggio a settembre)*
Carta 60/80 €

♦ Lusso e confort ai massimi livelli coinvolgono tutti gli ambienti di questa affascinante struttura, ubicata sull'isola privata che accoglieva un convento camaldolese del '400. Splendida vista dalle finestre del ristorante Cà dei Frati, cucina da gourmet. Alle Maschere, una suggestiva atmosfera e piatti della tradizione.

Gritti Palace < Canal Grande, cam,
campo Santa Maria del Giglio 2467, San Marco
✉ 30124 – ☎ 041 79 46 11 – grittipalace@luxurycollection.com
– Fax 04 15 20 09 42 JZ **a**
85 cam – ††794/878 €, ☕ 50 € – 6 suites
Rist *Club del Doge* – Carta 115/167 €
♦ Prezioso e raccolto gioiello dell'hotellerie veneziana, dove il lusso e l'ospitalità sono avvolgenti, ma con raffinata discrezione. Palazzo cinquecentesco sul Canal Grande. Tessuti preziosi, marmi e soffitti di legno nell'elegantissimo ristorante con terrazza.

Danieli < canale di San Marco, cam, rist, 150,
riva degli Schiavoni 4196, Castello ✉ 30122
– ☎ 04 15 22 64 80 – danieli@luxurycollection.com
– Fax 04 15 20 02 08 LZ **a**
227 cam – †260/447 € ††785/924 €, ☕ 50 € – 6 suites – **Rist** – Carta 98/127 €
♦ Tre diversi edifici, da Palazzo Dandolo al "Danielino", fino al cortile coperto che fu mercato di spezie orientali e prelude a un grande albergo dal fascino unico al mondo. Panoramica sala da pranzo al roof-garden, con servizio estivo in terrazza.

Bauer Hotel cam, cam, 150,
campo San Moisè 1459, San Marco ✉ 30124
– ☎ 04 15 20 70 22 – booking@bauervenezia.it – Fax 04 15 20 75 57 KZ **h**
128 cam – ††682/770 €, ☕ 49 € – 27 suites
Rist – Menu 90/110 €
Rist *De Pisis* – *(chiuso a mezzogiorno)* Carta 83/137 €
♦ Alla prestigiosa struttura, di lunga tradizione e di sofisticata atmosfera veneziana, si è aggiunto di recente lo sfarzoso Palazzo del '700, con ambienti ancor più esclusivi. Splendidi pranzi nel dehors, in riva al Canal Grande o nell'elegante sala.

Bauer il Palazzo 150,
campo San Moisè 1459, San Marco – ☎ 04 15 20 70 22 – booking@bauervenezia.com – Fax 04 15 20 75 57
82 cam – ††847/1265 €, ☕ 49 € – 38 suites
♦ Camere in stile veneziano e sala colazioni al settimo piano del Palazzo.

Luna Hotel Baglioni cam, rist, 150,
calle larga dell'Ascensione 1243, San Marco
✉ 30124 – ☎ 04 15 28 98 40 – luna.venezia@baglionihotels.com
– Fax 04 15 28 71 60 KZ **p**
104 cam – †601/671 € ††631/701 €, ☕ 30 € – 14 suites
Rist *Canova* – Carta 62/105 €
♦ Già al tempo delle crociate ostello per templari e pellegrini, oggi hotel di aristocratica raffinatezza; suite con terrazza, salone con affreschi della scuola del Tiepolo. Molto elegante, il ristorante propone piatti curati di cucina eclettica.

Monaco e Grand Canal < Canal Grande e Chiesa di Santa Maria della Salute, cam, 250,
calle Vallaresso 1332, San Marco
✉ 30124 – ☎ 04 15 20 02 11 – mailbox@hotelmonaco.it – Fax 04 15 20 05 01 KZ **e**
99 cam ☕ – †290 € ††560 €
Rist *Monaco e Grand Canal* – Carta 78/96 €
♦ In comoda posizione panoramica, struttura confortevole dagli interni di tono e raffinatezza classica, con camere molto curate; recente ampliamento in chiave più moderna. Sala da pranzo di sobria eleganza e, d'estate, terrazza sul Canal Grande.

Grand Hotel dei Dogi 80,
fondamenta Madonna dell'Orto 3500, Cannaregio, per Madonna dell'Orto
✉ 30121 – ☎ 04 12 20 81 11 – reservation@deidogi.boscolo.com
– Fax 041 72 22 78 DT
71 cam – ††480/840 €, ☕ 22 € – 1 suite – **Rist** – Carta 62/81 € (+10 %)
♦ Fuori delle rotte turistiche, un palazzo seicentesco, con parco secolare affacciato sulla laguna, ospita un hotel dagli eleganti e ariosi interni in stile '700 veneziano. Incorniciata dal silenzioso giardino, una lussuosa atmosfera di gusto moderno con cucina veneta ed iternazionale.

Metropole ≤ canale di San Marco, 100,
riva degli Schiavoni 4149, Castello ✉ 30122
– ✆ 04 15 20 50 44 – venice@hotelmetropole.com – Fax 04 15 22 36 79
67 cam – ††300/600 € – 9 suites FV **t**
Rist *Met* – ✆ 04 15 24 00 34 *(chiuso lunedì)* Carta 65/86 €
Spec. Fettuccine di seppia alla carbonara. Lombatina di capriolo cotta al vapore di erbe e spezie. Sensazioni di rum e tabacco.
♦ Prestigiosa ubicazione per un elegante albergo sulla laguna, davvero non convenzionale con la sue collezioni di piccoli oggetti d'epoca (crocifissi, orologi, ventagli). Al ristorante cucina di ricerca e personalizzata, la fantasia all'opera.

Londra Palace ≤ canale di San Marco, cam,
riva degli Schiavoni 4171 ✉ 30122 – ✆ 04 15 20 05 33
– info@hotelondra.it – Fax 04 15 22 50 32 LZ **t**
53 cam – †265/575 € ††275/585 € – ½ P 358 €
Rist *Do Leoni* – *(chiuso gennaio)* Carta 45/65 €
♦ Scrigno di charme, eleganza e preziosi dettagli in questo storico albergo, di recente ristrutturato in stile neoclassico, che si annuncia con "cento finestre sulla laguna". Terrazza ristorante estiva sulla "riva" più affollata della città, menu light a pranzo.

The Westin Europa e Regina ≤ Canal Grande,
corte Barozzi 2159, San Marco ✉ 30124 cam, 120,
– ✆ 04 12 40 00 01 – europa®ina@westin.com – Fax 04 15 23 15 33
175 cam – †380/444 € ††635/685 €, 50 € – 9 suites KZ **d**
Rist *La Cusina* – Carta 91/128 €
♦ Cinque edifici fusi in un trionfo di marmi, damaschi, cristalli e stucchi negli interni di un hotel affacciato sul Canal Grande, che offre ottimi confort in ogni settore. Cucina a vista nel ristorante riccamente decorato; terrazza estiva sul canale.

Sofitel Venezia cam, 50,
Santa Croce 245 ✉ 30135 – ✆ 041 71 04 00 – sofitel.venezia@accor-hotels.it
– Fax 041 71 03 94 BT **k**
97 cam – †400 € ††490 € – ½ P 160/285 € – **Rist** – Carta 51/79 €
♦ Vicino a piazzale Roma, hotel elegante, con raffinati arredi classici e dotazioni moderne, sia nelle aree comuni, che nelle camere, con mobili in stile '700 veneziano. Originale ristorante rivestito di sughero e piante: un imprevedibile giardino d'inverno.

Ca' Pisani cam,
rio terà Foscarini 979/a, Dorsoduro ✉ 30123 – ✆ 04 12 40 14 11 – info@
capisanihotel.it – Fax 04 12 77 10 61 BV **g**
29 cam – †222/376 € ††242/396 € – ½ P 248 €
Rist *La Rivista* – ✆ 04 12 40 14 25 – Carta 40/50 €
♦ Struttura del '300, arredi in stile anni '30-'40 del '900, opere d'arte futuriste e tecnologia d'avanguardia: inusitato, audace connubio per un originale "design hotel". Marmi policromi, cuoio amaranto e parquet di bambù nel "wine & cheese bar".

Palazzo Sant'Angelo sul Canal Grande senza rist
San Marco 3878/b ✉ 30124 – ✆ 04 12 41 14 52
– palazzosantangelo@sinahotels.it – Fax 04 12 41 15 57 CUV **d**
26 cam – †429 € ††528 €
♦ All'interno di un piccolo palazzo direttamente affacciato sul Canal Grande, una risorsa affascinante, apprezzabile anche per il carattere intimo e discreto.

Colombina e Locanda Remedio senza rist
calle del Remedio 4416, Castello ✉ 30122 – ✆ 04 12 77 05 25
– info@hotelcolombina.com – Fax 04 12 77 60 44 LY **d**
32 cam – †180/350 € ††190/440 €
♦ Dà sul canale del Ponte dei Sospiri questa raffinata risorsa, che offre moderni confort ed eleganti arredi in stile veneziano; belle le camere con vista sul famoso ponte.

Ca' Maria Adele senza rist ≤ Chiesa della Salute,
rio Terà dei Catecumeni, Dorsoduro 111 ✉ 30123
– ✆ 04 15 20 30 78 – info@camariaadele.it – Fax 04 15 28 90 13 DV **b**
12 cam – †269/308 € ††308/468 € – 2 suites
♦ Affacciata sulla Chiesa della Salute, un'affascinante e pittoresca casa veneziana che presenta la tradizione dello stile locale. Lussuose camere a tema.

Duodo Palace Hotel senza rist

calle Minelli 1887/1888, San Marco ✉ 30124 – ☎ 04 15 20 33 29 – info@duodopalacehotel.com – Fax 04 12 41 59 40 – Chiuso gennaio JZ **b**

38 cam ☕ – ††250 €

◆ A pochi passi dalla Fenice, la signorile dimora secentesca conserva preziosi stucchi ed un pozzo con stemma di famiglia e dispone di camere arredate in sobrio stile veneziano.

Liassidi Palace senza rist

ponte dei Greci 3405, Castello ✉ 30122 – ☎ 04 15 20 56 58 – info@liassidipalacehotel.com – Fax 04 15 22 18 20 FU **b**

26 cam – †250/480 € ††290/520 €

◆ Edificio della seconda metà del '400, finestre ad archi al piano nobile che si affaccia sulla porta d'acqua del canale. Camere personalizzate, con falsi d'autore alle pareti.

Giorgione

calle larga dei Proverbi 4587, Cannareggio ✉ 30131 – ☎ 04 15 22 58 10 – giorgione@hotelgiorgione.com – Fax 04 15 23 90 92 KX **b**

76 cam ☕ – †200 € ††400 €

Rist Osteria Enoteca Giorgione – vedere selezione ristoranti

◆ Nelle vicinanze della Ca' d'Oro, raffinato albergo raccolto intorno a una gradevole corte interna fiorita; eleganti arredi, esposizione di stampe originali del Giorgione.

Kette senza rist

piscina San Moisè 2053, San Marco ✉ 30124 – ☎ 04 15 20 77 66 – info@hotelkette.com – Fax 04 15 22 89 64 JZ **s**

63 cam ☕ – †270 € ††290/390 € – 2 suites

◆ Nelle vicinanze della Fenice, affacciato su un canale, albergo totalmente ristrutturato, con arredi e accessori di qualità, sia nelle zone comuni che nelle camere.

Ca' Nigra Lagoon Resort senza rist

campo San Simeon Grande 927, Santa Croce ✉ 30135 – ☎ 04 15 24 27 90 – info@hotelcanigra.com – Fax 04 12 44 87 21 BT **g**

21 cam – †160/600 € ††180/650 €

◆ Oriente ed occidente fusi tra loro, si sposano ad una modernità tecnologica che assicura confort ed efficienza. Splendido giardino affacciato sul Canal Grande.

Locanda Vivaldi senza rist ≤ isola di San Giorgio e laguna, 35,

riva degli Schiavoni 4150/52, Castello ✉ 30122 – ☎ 04 12 77 04 77 – info@locandavivaldi.it – Fax 04 12 77 04 89 FV **u**

27 cam ☕ – †130/370 € ††180/480 €

◆ Adiacente alla chiesa della Pietà è nato di recente un hotel raffinato, con ampie camere in stile; alcune junior suite sono in un edificio attiguo collegato dal cortile.

Saturnia e International rist, 60,

calle larga 22 Marzo 2398, San Marco ✉ 30124 – ☎ 04 15 20 83 77 – info@hotelsaturnia.it – Fax 04 15 20 71 31 JZ **n**

93 cam ☕ – †120/300 € ††195/492 € – ½ P 306 €

Rist La Caravella – vedere selezione ristoranti

◆ In un palazzo patrizio del XIV secolo, un hotel affascinante, gestito dalla stessa famiglia dal 1908; camere con mobili in stile art deco; panoramica terrazza solarium.

Ai Mori d'Oriente senza rist 25,

fondamenta della Sensa 3319, Cannaregio, per Madonna dell'Orto ✉ 30121 – ☎ 041 71 10 01 – info@hotelaimoridoriente.it – Fax 041 71 42 09 DT

61 cam ☕ – †150/350 € ††200/400 €

◆ Poco distante dalla chiesa della Madonna dell'Orto che conserva i dipinti del Tintoretto, un nuovo albergo dagli originali arredi moreschi ricavato in un palazzo d'epoca.

Sant'Elena senza rist

calle Buccari 10, Sant'Elena, per Riva dei 7 Martiri ✉ 30132 – ☎ 04 12 71 78 11 – mailbox@hotelsantelena.com – Fax 04 12 77 15 69 GV

76 cam ☕ – †109/167 € ††136/208 €

◆ Nella zona più verdeggiante di Venezia un nuovo hotel dagli arredi minimalisti ma dal confort elevato, nato dalla trasformazione di una struttura religiosa degli anni '30.

Bisanzio senza rist

calle della Pietà 3651, Castello ✉ 30122 – ☎ 04 15 20 31 00 – email@bisanzio.com – Fax 04 15 20 41 14 FV **d**

44 cam – 150/350 € 180/380 €

◆ In una calle tranquilla, un'armoniosa fusione di antico e moderno nei raffinati interni; sobrie e accoglienti le camere, alcune con piccolo terrazzo privato.

Principe cam, 35,

lista di Spagna 146, Cannaregio – ☎ 04 12 20 40 00 – info@hotelprincipevenice.it – Fax 04 12 20 40 40 BT **h**

139 cam – 170/350 € 180/435 €

Rist – Menu 40/85 €

Rist *Il Principe* – lista di Spagna 147, Cannaregio *(chiuso a mezzogiorno)* Carta 39/80 €

◆ Fusione di diversi edifici di varie epoche e di stili differenti. Molte camere affacciate sul Canal Grande, tutte diverse tra loro, spaziose e dalle ambientazioni originali. Ristorante con terrazza e posizione strategica, a pochi passi dalla stazione.

Savoia e Jolanda canale di San Marco,

riva degli Schiavoni 4187, Castello ✉ 30122 – ☎ 04 15 20 66 44 – info@hotelsavoiajolanda.com – Fax 04 15 20 74 94

51 cam – 280/432 € 298/450 € – ½ P 177/265 € – **Rist** – Carta 47/63 € (+12 %) LZ **x**

◆ Splendida vista sul canale di S.Marco e sull'isola di S.Giorgio da una bella struttura rinnovata, sita in un palazzetto dell'800 restaurato; camere ricche ed eleganti. Il ristorante dispone di una sala classica e di una terrazza su riva degli Schiavoni.

Gabrielli Sandwirth rist,

riva degli Schiavoni 4110, Castello ✉ 30122 – ☎ 04 15 23 15 80 – info@hotelgabrielli.it – Fax 04 15 20 94 55 – Chiuso dal 9 dicembre al 24 gennaio

100 cam – 250 € 440 € – ½ P 250 € – **Rist** – Menu 35/54 € FV **b**

◆ In uno storico palazzo sulla laguna, albergo dal 1851, che dispone di una piccola terrazza con vista sul canale di S.Marco e corte interna con piccolo giardino fiorito. Il ristorante d'estate offre servizio all'aperto nel caratteristico cortile interno.

Montecarlo

calle dei Specchieri 463, San Marco ✉ 30124 – ☎ 04 15 20 71 44 – mail@venicehotelmontecarlo.com – Fax 04 15 20 77 89 LY **c**

48 cam – 150/210 € 180/320 € – ½ P 200 €

Rist Antico Pignolo – vedere selezione ristoranti

◆ Nei pressi di piazza S.Marco, un hotel, che offre un servizio attento e curato; camere di ottimo livello, arredate con gusto in stile veneziano, preziosi marmi nella hall.

Rialto Ponte di Rialto,

riva del Ferro 5149, San Marco ✉ 30124 – ☎ 04 15 20 91 66 – info@rialtohotel.com – Fax 04 15 23 89 58 KY **v**

79 cam – 200/250 € 250/380 € – **Rist** – *(aprile-ottobre)* Carta 38/59 € (+12 %)

◆ E' un colpo d'occhio davvero unico il Ponte di Rialto visto da questo albergo elegante, che ha servizi di buon livello; camere arredate in classico stile veneziano. Moderna sala da pranzo interna e terrazza all'aperto affacciata sul Canal Grande.

Pensione Accademia-Villa Maravage senza rist

fondamenta Bollani 1058, Dorsoduro ✉ 30123 – ☎ 04 15 23 78 46 – info@pensioneaccademia.it – Fax 04 15 23 91 52

27 cam – 80/130 € 120/250 € BV **b**

◆ Ha un fascino particolare questa villa del '600 immersa nel verde di un giardino fiorito tra calli e canali della Venezia storica; spaziosi e curati interni in stile.

San Cassiano-Cà Favretto senza rist

calle della Rosa 2232, Santa Croce ✉ 30135 – ☎ 04 15 24 17 68 – info@sancassiano.it – Fax 041 72 10 33 JX **f**

36 cam – 300 € 450 €

◆ Atmosfera di austera eleganza classica negli spazi comuni e nelle stanze di un hotel ubicato in un antico palazzo veneziano sul Canal Grande, di fronte alla Ca' d'Oro.

Cà dei Conti senza rist
fondamenta Remedio 4429, Castello ✉ 30122 – ☎ 04 12 77 05 00 – info@cadeiconti.com – Fax 04 12 77 07 27 LY **a**
30 cam ☕ – †170/400 € ††180/420 € – 5 suites
◆ A pochi passi da piazza San Marco, contornato per metà da un canale, un grazioso albergo con camere di gran confort. Doppio accesso da due pittoreschi ponticelli.

Palazzo Priuli senza rist
fondamenta Osmarin 4979/B, Castello ✉ 30122 – ☎ 04 12 77 08 34 – info@hotelpriuli.com – Fax 04 12 41 12 15 LY **h**
10 cam ☕ – †250 € ††415 €
◆ Bella la bifora ad angolo che decora la facciata di questo palazzo nobiliare che ospita un elegante albergo, curata nei particolari; camere spaziose e tutte diverse.

Casa Verardo senza rist
ponte Storto 4765, Castello ✉ 30121 – ☎ 04 15 28 61 27 – info@casaverardo.it – Fax 04 15 23 27 65 LY **f**
22 cam – †100/180 € ††140/275 €
◆ Palazzo del XVI secolo con piccola corte interna e terrazza. Completamente ristrutturato, presenta camere in stile veneziano ed ampi saloni al piano nobile.

Abbazia senza rist
calle Priuli dei Cavalletti 68, Cannaregio ✉ 30121 – ☎ 041 71 73 33 – info@abbaziahotel.com – Fax 041 71 79 49 BT **a**
50 cam ☕ – †80/190 € ††80/250 €
◆ In un convento di Frati Carmelitani Scalzi ristrutturato, suggestivo hotel dagli ambienti austeri, come il bar, che è l'antico refettorio, con tanto di stalli e pulpito.

Santa Marina senza rist
campo Santa Marina 6068, Castello ✉ 30122 – ☎ 04 15 23 92 02 – info@hotelsantamarina.it – Fax 04 15 20 09 07 LXY **a**
39 cam ☕ – †150/260 € ††180/450 €
◆ Albergo ristrutturato nei primi anni '90, signorile e dotato di moderni confort; aree comuni rinnovate, ampliate e arredate in stile, come le spaziose camere.

Ala senza rist 25,
campo Santa Maria del Giglio 2494, San Marco ✉ 30124 – ☎ 04 15 20 83 33 – info@hotelala.it – Fax 04 15 20 63 90 JZ **e**
85 cam ☕ – †80/220 € ††110/380 €
◆ In un antico palazzo in un "campo" non lontano da S.Marco, un albergo, recentemente ristrutturato, con una piccola collezione di armi e armature antiche; camere confortevoli.

San Zulian senza rist
campo de la Guerra 527, San Marco ✉ 30124 – ☎ 04 15 22 58 72 – info@hotelsanzulian.it – Fax 04 15 23 22 65 KY **h**
22 cam ☕ – †70/209 € ††80/248 €
◆ Nel cuore della città, una casa calda e accogliente, rinnovata e potenziata negli ultimi anni; servizio attento e ampie camere accessoriate, con tipici arredi veneziani.

Santa Chiara senza rist
fondamenta Santa Chiara 548, Santa Croce ✉ 30125 – ☎ 04 15 20 69 55 – conalve@doge.it – Fax 04 15 22 87 99 AT **c**
40 cam ☕ – †150/180 € ††188/220 €
◆ Unica a Venezia, una risorsa raggiungibile in auto, affacciata sul Canal Grande e sull'affollato piazzale Roma; camere classiche o più nuove e molto grandi nella dépendance.

Antiche Figure senza rist
fondamenta San Simeon Piccolo 687, Santa Croce ✉ 30135 – ☎ 04 12 75 94 86 – info@hotelantichefigure.it – Fax 04 12 75 66 40 BT **d**
12 cam ☕ – †100/250 € ††120/320 €
◆ Di fronte alla stazione ferroviaria una risorsa totalmente rinnovata che oggi presenta camere confortevoli, arredi signorili e dotazioni adatte anche alla clientela d'affari.

American-Dinesen senza rist
fondamenta Bragadin 628, Dorsoduro ✉ 30123 – ✆ 04 15 20 47 33 – reception@hotelamerican.com – Fax 04 15 20 40 48 CV **b**
30 cam ☕ – †200/250 € ††220/280 €
◆ Lungo un tranquillo canale, signorili spazi comuni, con tanto legno e arredi classici, e camere in stile veneziano, molte con terrazzino affacciato sull'acqua.

Castello senza rist
calle Figher 4365, Castello ✉ 30122 – ✆ 04 15 23 02 17 – info@hotelcastello.it – Fax 04 15 21 10 23 LY **b**
26 cam ☕ – †185 € ††240 €
◆ Nelle adiacenze di piazza S.Marco, una struttura con interni di ambientazione classica tipicamente veneziana; camere in stile, dotate di moderni confort.

Ca' d'Oro senza rist
corte Barbaro 4604, Cannaregio ✉ 30131 – ✆ 04 12 41 12 12 – info@venicehotelcadoro.com – Fax 04 12 41 43 85 KX **c**
27 cam ☕ – †100/170 € ††180/240 €
◆ Da pochi anni nel panorama alberghiero cittadino, una risorsa a gestione diretta, curata nei particolari; confortevoli interni con la classica impronta veneziana.

Tre Archi senza rist
fondamenta di Cannaregio 923, Cannaregio ✉ 30121 – ✆ 04 15 24 43 56 – info@hoteltrearchi.com – Fax 04 15 24 43 56 BT
24 cam ☕ – †240 € ††270 €
◆ Nel sestiere di Cannaregio, meno turistico e più autenticamente veneziano, una neonata risorsa con giardino interno; arredi in stile, ma moderni confort nelle stanze.

Anastasia senza rist
corte Barozzi 2141, San Marco ✉ 30124 – ✆ 04 12 77 07 76 – info@hotelanastasia.com – Fax 04 12 77 70 49 – Chiuso dall' 8 al 25 gennaio
17 cam ☕ – †170 € ††250 € KZ **c**
◆ Riaperto dopo la ristrutturazione, si presenta tutto nuovo questo hotel in un quieto campiello nella zona dei negozi alla moda; confort adeguati alla categoria.

Pausania senza rist
fondamenta Gherardini 2824, Dorsoduro ✉ 30123 – ✆ 04 15 22 20 83 – info@hotelpausania.it – Fax 04 15 22 29 89 BV **a**
26 cam ☕ – †160 € ††250 €
◆ In un edificio trecentesco, che conserva nella corte un pozzo e una scala originali dell'epoca, un hotel dagli ambienti sobri e funzionali, con piccolo giardino interno.

Ai Due Fanali senza rist
campo San Simeon Grande 946, Santa Croce ✉ 30135 – ✆ 041 71 84 90 – request@aiduefanali.com – Fax 04 12 44 87 21 BT **p**
16 cam ☕ – †80/175 € ††100/220 €
◆ Risultato di una bella ristrutturazione, un hotel vicino alla stazione, con una hall accogliente, camere curate e confortevoli e un'altana adibita a solarium.

Belle Arti senza rist
rio terà Foscarini 912/A, Dorsoduro ✉ 30123 – ✆ 04 15 22 62 30 – info@hotelbellearti.com – Fax 04 15 28 00 43 BV **g**
65 cam ☕ – †80/150 € ††100/230 €
◆ Nei pressi delle Gallerie dell'Accademia, struttura recente, funzionale e comoda, con cortile interno attrezzato e ampi spazi interni; camere dotate di buoni confort.

Canaletto senza rist
calle de la Malvasia 5487, Castello ✉ 30122 – ✆ 04 15 22 05 18 – info@hotelcanaletto.com – Fax 04 15 22 90 23 KY **b**
38 cam ☕ – ††270 €
◆ Una risorsa di buon confort, tra piazza S.Marco e il ponte di Rialto, che offre camere ristrutturate, con arredi in stile; visse tra queste mura l'omonimo pittore.

La Calcina canale e isola della Giudecca,
fondamenta zattere ai Gesuati 780, Dorsoduro ✉ 30123 – ✆ 04 15 20 64 66 – la.calcina@libero.it – Fax 04 15 22 70 45 BV **f**
32 cam – 80/106 € 133/201 € – **Rist** – *(chiuso lunedì)* Carta 45/59 €
♦ Ospitalità discreta in una suggestiva risorsa, dove vivrete la rilassata atmosfera della "vera" Venezia d'altri tempi; bella la terrazza bar sul canale della Giudecca. Piccolo e grazioso ristorante con vista sul canale e servizio all'aperto sulla fondamenta.

Antico Doge senza rist
campo Santi Apostoli 5643, Cannaregio ✉ 30131 – ✆ 04 12 41 15 70 – info@anticodoge.com – Fax 04 12 44 36 60 KX **e**
20 cam – 199 € 225 €
♦ Palazzo gotico appartenuto al doge Marin Falier, affacciato su un canale e sul pittoresco campo dei SS. Apostoli. All'interno preziosi broccati arredano camere in stile.

Firenze senza rist
salizada San Moisè 1490, San Marco ✉ 30124 – ✆ 04 15 22 28 58 – info@hotel-firenze.com – Fax 04 15 20 26 68 KZ **a**
25 cam – 120/310 €
♦ In un palazzo liberty dall'originale facciata in stile austro-ungarico, a 30 m da piazza S.Marco, albergo rinnovato di recente, con camere spaziose; terrazza per le colazioni.

Locanda Sturion senza rist
calle Sturion 679, San Polo ✉ 30125 – ✆ 04 15 23 62 43 – info@locandasturion.com – Fax 04 15 22 83 78 JY **a**
11 cam – 170 € 250 €
♦ Al secondo piano di un edificio sul Canal Grande, antichissima locanda di atmosfera intima e familiare, accoglienza cordiale e buon confort; camere spaziose, in stile.

Locanda Ovidius senza rist
calle Sturion 678/a, San Polo ✉ 30125 – ✆ 04 15 23 79 70 – info@hotelovidius.com – Fax 04 15 20 41 01 JY **r**
15 cam – 130/185 € 190/400 €
♦ Una risorsa in un palazzo ottocentesco in zona Rialto; sala colazioni affacciata sul Canal Grande, mobili recenti in stile '700 veneziano nelle camere.

Locanda Fiorita senza rist
campiello Novo 3457/A, San Marco ✉ 30124 – ✆ 04 15 23 47 54 – info@locandafiorita.com – Fax 04 15 22 80 43 CV **a**
10 cam – 90/120 € 120/145 €
♦ Nelle vicinanze di Palazzo Grassi, in un suggestivo campiello, un indirizzo valido e interessante, con camere dagli arredi moderni, ordinate e accoglienti.

Campiello senza rist
calle del Vin 4647, Castello ✉ 30122 – ✆ 04 15 20 57 64 – campiello@hcampiello.it – Fax 04 15 20 57 98 LZ **b**
15 cam – 170/250 €
♦ Edificio del XVI secolo, ex convento oggi albergo dall'atmosfera familiare con camere curate e accoglienti. Caratteristiche e panoramiche altane tra i tetti.

Villa Igea senza rist
campo San Zaccaria 4684, Castello ✉ 30122 – ✆ 04 12 41 09 56 – info@hotelvillaigena.it – Fax 04 15 20 68 59 LZ **g**
20 cam – 160/195 € 225/280 €
♦ Edificio di fine '800 di fronte alla chiesa rinascimentale di San Zaccaria e all'omonimo campo. Camere in stile veneziano, risultato di un'attenta ristrutturazione.

Santo Stefano senza rist
campo Santo Stefano 2957, San Marco ✉ 30124 – ✆ 04 15 20 01 66 – info@hotelsantostefanovenezia.com – Fax 04 15 22 44 60 CV **c**
11 cam – 170/230 € 220/300 €
♦ Hotel d'atmosfera, ricavato in una torre di guardia quattrocentesca al centro di campo S.Stefano; di tono superiore le camere, con mobili dipinti e lampadari di Murano.

La Residenza senza rist
campo Bandiera e Moro 3608, Castello ✉ 30122 – ☎ 04 15 28 53 15 – info@venicelaresidenza.com – Fax 04 15 23 88 59 FV **a**
14 cam ☕ – †50/100 € ††80/160 €
◆ Un antico salone con stucchi e quadri settecenteschi è la hall di questa suggestiva risorsa situata al piano nobile di uno storico palazzo quattrocentesco.

Agli Alboretti cam,
rio terà Foscarini 884, Accademia ✉ 30123 – ☎ 04 15 23 00 58 – info@aglialboretti.com – Fax 04 15 21 01 58 – Chiuso dall' 8 gennaio a Carnevale
23 cam ☕ – †80/115 € ††150/200 € BV **c**
Rist *Agli Alboretti* – *(chiuso dal 19 luglio al 5 agosto, mercoledì e giovedì a mezzogiorno)* Carta 50/80 €
◆ Sembra di entrare in un'elegante casa privata nella hall di un minuscolo e accogliente albergo accanto alle Gallerie dell'Accademia; caldi mobili di legno nelle camere.

Tiziano senza rist
calle Rielo, Dorsoduro 1873 ✉ 30123 – ☎ 04 12 75 00 71 – info@hoteltizianovenezia.it – Fax 04 12 75 63 12 – Chiuso dal 23 al 28 dicembre
14 cam ☕ – †140/260 € ††160/260 € AV **a**
◆ In posizione defilata e tranquilla, a due passi dalla stazione S. Lucia, hotel con interni ristrutturati, camere spaziose e arredi piacevoli. Gestione esperta e affidabile.

Serenissima senza rist
calle Goldoni 4486, San Marco ✉ 30124 – ☎ 04 15 20 00 11 – info@hotelserenissima.it – Fax 04 15 22 32 92 – Chiuso dal 15 novembre al 15 gennaio KYZ **w**
37 cam ☕ – †60/115 € ††100/175 €
◆ Sito nel centro storico della città, questo piccolo albergo vanta un'esperta e cordiale conduzione familiare e camere in stile veneziano arredate in colori differenti.

Commercio e Pellegrino senza rist
calle della Rasse 4551/A, Castello ✉ 30122 – ☎ 04 15 20 79 22 – htlcomm@tin.it – Fax 04 15 22 50 16 – Chiuso dal 10 al 28 dicembre LZ **c**
25 cam ☕ – †180 € ††240 €
◆ Di lato a piazza S.Marco, un hotel che si rinnova periodicamente. Camere tradizionali in stile accanto a soluzioni contemporanee più standard.

Paganelli senza rist
riva degli Schiavoni 4687, Castello ✉ 30122 – ☎ 04 15 22 43 24 – info@hotelpaganelli.com – Fax 04 15 23 92 67 LZ **t**
22 cam ☕ – †100/160 € ††170/250 €
◆ Indirizzo semplice, ma interessante per l'ottima posizione e per il confort offerto anche nella dépendance, dove si trova la sala colazioni; suggestive altane panoramiche.

Bridge senza rist
calle della Sacrestia 4498, Castello ✉ 30122 – ☎ 04 15 20 52 87 – info@hotelbridge.com – Fax 04 15 20 22 97 LY **e**
10 cam ☕ – †190 € ††230 €
◆ Vicino a piazza S. Marco, un bell'esempio di ricupero strutturale, con un'ottima zona notte: travi a vista al soffitto e arredi in stile nelle camere curate.

Palazzo Abadessa senza rist
calle Priuli 4011, Cannaregio ✉ 30121 – ☎ 04 12 41 37 84 – info@abadessa.com – Fax 04 15 21 22 36 DT **b**
12 cam ☕ – †157/265 € ††175/295 €
◆ Storica residenza di una casata di Dogi, abbellita da un prezioso giardino fiorito. Mobilio d'epoca, soffitti affrescati, grandi lampadari a testimoniare il nobile passato.

Novecento senza rist
calle del Dose da Ponte 2683/84, San Marco ✉ 30124 – ☎ 04 12 41 37 65 – info@novecento.biz – Fax 04 15 21 21 45 DV **a**
9 cam ☕ – ††180/260 €
◆ Risorsa ricca di stile e buongusto, in cui mobilio e arredi fondono armoniosamente l'antico e il moderno, Venezia e l'Oriente. All'interno di un palazzo del Settecento.

Locanda Art Decò senza rist
calle delle Botteghe 2966, San Marco ✉ 30124 – ☎ 04 12 77 05 58 – info@locandaartdeco.com – Fax 04 12 70 28 91 CV **a**
6 cam – 🚹150 € 🚹🚹190 €
◆ In una calle con tanti negozi d'antiquariato, nuovissima, confortevole locanda i cui titolari, come annuncia il suo nome, prediligono questa arte degli inizi del '900.

Charming House DD 724 senza rist
ramo da Mula 724, Dorsoduro ✉ 30123 – ☎ 04 12 77 02 62 – info@dd724.com – Fax 04 12 96 06 33 CV **e**
7 cam – 🚹🚹220/396 €
◆ Piccola locanda di charme e design contemporaneo: opere pittoriche si integrano con dettagli high-tech e confort. Dall'unica camera con terrazzino si gode una bella vista.

Cà Bauta senza rist
calle Muazzo 6457, Castello ✉ 30122 – ☎ 04 12 41 37 87 – info@cabauta.com – Fax 04 15 21 23 13 FT **a**
6 cam – 🚹🚹350 €
◆ Una casa d'epoca del '400 con alti soffitti dalle travi in legno scuro, mobilio classico, notevoli lampadari e grandi quadri. Camere ampie, bagni di dimensioni contenute.

Locanda la Corte senza rist
calle Bressana 6317, Castello ✉ 30122 – ☎ 04 12 41 13 00 – info@locandalacorte.it – Fax 04 12 41 59 82 LY **p**
16 cam – 🚹150/180 € 🚹🚹180/220 €
◆ Prende nome dal pittoresco cortile interno, sorta di "salotto all'aperto", intorno a cui si sviluppa e dove d'estate si fa colazione; stile veneziano nelle stanze.

Locanda Ca' del Brocchi senza rist
rio terà San Vio 470, Dorsoduro ✉ 30123 – ☎ 04 15 22 69 89 – locanda@cadelbrocchi.com – Chiuso dicembre e gennaio DV **c**
6 cam – 🚹🚹120/180 €
◆ Piccolo edificio del XVI secolo, in posizione tranquilla e centrale. Arredi in stile ben bilanciati da confort moderni. Eccellente rapporto qualità/prezzo.

Locanda del Ghetto senza rist
campo del Ghetto Nuovo 2892, Cannaregio ✉ 30121 – ☎ 04 12 75 92 92 – alghetto@virgilio.it – Fax 04 12 75 79 87 – Chiuso dal 7 al 31 gennaio
12 cam – 🚹135/160 € 🚹🚹155/185 € BT **e**
◆ Piccola e confortevole risorsa affacciata sulla piazza principale del Ghetto, ricavata all'interno di un edificio che un tempo ospitava una sinagoga. Colazione kasher.

Cà Dogaressa senza rist
fondamenta di Cannaregio 1018 ✉ 30121 – ☎ 04 12 75 94 41 – info@cadogaressa.com – Fax 04 12 75 77 71 – Chiuso gennaio BT **x**
6 cam – 🚹90/110 € 🚹🚹130/220 €
◆ Vicino al Ghetto, dove si respira l'aria di una Venezia autentica, una locanda di recente apertura. Camere eleganti, alcune affacciate sul canale, spazi comuni minimi.

Locanda Gaffaro senza rist
corte del Gallo 3589, Dorsoduro ✉ 30123 – ☎ 04 12 75 08 97 – info@gaffaro.com – Fax 04 12 75 03 75 BU **a**
6 cam – 🚹80/95 € 🚹🚹110/145 €
◆ Una piccola locanda di recente apertura, cui si accede da un giardinetto-terrazza, dove d'estate si fa colazione; confort alberghieri nelle camere in stile.

Locanda Casa Querini senza rist
campo San Giovanni Novo 4388, Castello ✉ 30122 – ☎ 04 12 41 12 94 – casaquerini@hotmail.com – Fax 04 12 41 42 31 – Chiuso dal 22 dicembre all'8 gennaio LY **n**
11 cam – 🚹80/140 € 🚹🚹90/160 €
◆ Cordiale gestione al femminile per una sobria locanda di poche stanze, accoglienti e di buona fattura, alcune con accesso indipendente. In un caratteristico, quieto campiello.

Casa Martini senza rist
rio Terà San Leonardo 1314, Cannaregio ✉ 30121 – ☎ 041 71 75 12 – locandamartini@libero.it – Fax 04 12 75 83 29 BT **c**
9 cam – ††150/170 €
◆ "Casa Martini" appartiene all'omonima famiglia da più di tre secoli e da qualche tempo, al terzo piano, sono state ricavate alcune gradevoli camere. Colazione in terrazzo.

Locanda Cà le Vele senza rist
calle delle Vele 3969, Cannaregio ✉ 30131 – ☎ 04 12 41 39 60 – info@locandalevele.com – Fax 04 12 41 42 80 DT **b**
6 cam – †70/110 € ††80/150 €
◆ Quattro camere e due junior suites, ricavate da un palazzo del '500 e tutte arredate in stile veneziano. Soggiorno suggestivo a prezzi interessanti con colazione in camera.

Casa Rezzonico senza rist
fondamenta Gherardini 2813, Dorsoduro ✉ 30133 – ☎ 04 12 77 06 53 – info@casarezzonico.it – Fax 04 12 77 54 35 BV **a**
6 cam – †70/120 € ††80/150 €
◆ Struttura dotata di poche camere, due con bella vista e tutte rinnovate con gusto. Nella bella stagione la colazione viene servita in giardino.

Don Orione Artigianelli senza rist 150,
Zattere 909/a, Dorsoduro ✉ 30123 – ☎ 04 15 22 40 77 – info@donorione-venezia.it – Fax 04 15 28 62 14 BV **x**
50 cam – †70/75 € ††120/130 €
◆ Un complesso conventuale quattrocentesco, che fu casa d'accoglienza per orfani e minori, ospita ora un tranquillo albergo con camere semplici ed un moderno centro congressi.

Caffè Quadri 30,
piazza San Marco 120 ✉ 30124 – ☎ 04 15 22 21 05 – quadri@quadrivenice.com – Fax 04 15 20 80 41 – Chiuso lunedì da novembre a marzo KZ **y**
Rist – Carta 90/113 €
◆ Nella cornice più prestigiosa di Venezia, elegante trionfo di stucchi, vetri di Murano e tessuti preziosi in uno storico locale; raffinata cucina nazionale e veneziana.

Osteria da Fiore (Zanetti) 8,
calle del Scaleter 2202/A, San Polo ✉ 30125 – ☎ 041 72 13 08 – reservation@dafiore.com – Fax 041 72 13 43 – Chiuso dal 25 dicembre al 15 gennaio, agosto, domenica e lunedì CT **a**
Rist – Carta 75/110 €
Spec. Rosolata di calamaretti in zuppa fredda di verdure. Spaghetti con ragù di triglie e cornetti in salsa di acciughe e pomodoro (estate). Filetto di branzino selvatico all'aceto balsamico tradizionale.
◆ Sempre in voga e frequentato da turisti e veneziani, accogliente locale classico, dove gustare una giornaliera cucina di mare tradizionale. Richiestissimo tavolo sul canale.

La Caravella – Hotel Saturnia e International
calle larga 22 Marzo 2397, San Marco ✉ 30124 – ☎ 04 15 20 89 01 – caravella@hotelsaturnia.it – Fax 04 15 20 58 58 JZ **n**
Rist – Carta 60/80 €
◆ In un caratteristico locale che ricorda gli interni di un'antica caravella, una cucina classica con piatti di stagione. D'estate, servizio all'aperto in un cortile veneziano.

La Colomba 8,
piscina di Frezzaria 1665, San Marco ✉ 30124 – ☎ 04 15 22 11 75 – colomba@sanmarcohotels.com – Fax 04 15 22 14 68 – Chiuso mercoledì e giovedì a mezzogiorno (escluso maggio-ottobre) KZ **m**
Rist – Carta 62/91 € (+15 %)
◆ Circondati dai quadri di arte contemporanea, ci si accomoda nelle numerose salette distribuite sui due piani del locale. Si gustano piatti fantasiosi di cucina tradizionale.

Antico Pignolo – Hotel Montecarlo 20,
calle dei Specchieri 451, San Marco ✉ 30124 – ☎ 04 15 22 81 23 – info@anticopignolo.com – Fax 04 15 20 90 07 LY **v**
Rist – Carta 69/89 € (+12 %)
◆ Un ristorante classico di tono elegante, vocato all'attività prevalentemente serale; cucina tradizionale, con specialità stagionali e veneziane; ottima la cantina.

XX **Fiaschetteria Toscana**

San Giovanni Grisostomo 5719, Cannaregio ✉ 30121 – ✆ 04 15 28 52 81 – Fax 04 15 28 55 21 – Chiuso agosto, martedì, mercoledì a mezzogiorno
Rist – Carta 44/63 € KX **p**
♦ Cortesia e ambiente vivace in un locale caldo ed accogliente, con tavoli molto ravvicinati. Cucina del territorio, di pesce e di carne; dehors estivo in piazzetta.

XX **Do Forni**

calle dei Specchieri 457/468, San Marco ✉ 30124 – ✆ 04 15 23 21 48 – info@doforni.it – Fax 04 15 28 81 32 LY **c**
Rist – Carta 59/85 € (+12 %)
♦ Una saletta intima e curata e altri spazi più semplici e ampi in uno storico ristorante frequentato da turisti e clientela di lavoro; piatti della tradizione e locali.

XX **Al Graspo de Ua**

calle dei Bombaseri 5094/A, San Marco ✉ 30124 – ✆ 04 15 20 01 50 – graspo.deua@flashnet.it – Fax 04 15 20 93 89 – Chiuso lunedì KY **d**
Rist – Carta 48/68 € (+12 %)
♦ Storico ristorante di Venezia a pochi passi dal ponte di Rialto. Ambiente sobrio e luminoso con una bella collezione di litografie numerate di Guttuso.

XX **Cip's Club** – Hotel Cipriani

fondamenta de le Zitelle 10, Giudecca ✉ 30133 – ✆ 04 15 20 77 44 – info@hotelcipriani.it – Fax 04 12 40 85 19 – Chiuso febbraio, marzo e a mezzogiorno
Rist – Carta 87/110 € FV **c**
♦ Ambiente elegante, ma informale in un locale che offre servizio estivo sul canale della Giudecca; cucina tradizionale, di carne e di pesce, con specialità veneziane.

XX **Lineadombra**

ponte dell'Umiltà 19, Dorsoduro ✉ 30123 – ✆ 04 12 41 18 81 – info@ristorantelineadombra.com – Fax 04 12 41 56 17 – Chiuso dal 7 gennaio a febbraio e mercoledì DV **e**
Rist – Carta 62/116 €
♦ Ristorante dal design moderno che fonde cristallo, legno, acciaio e pelle con una stupenda terrazza sul canale della Giudecca. Cucina moderna con radici nella tradizione.

XX **Hostaria da Franz**

fondamenta San Giuseppe 754, Castello, per riva dei 7 Martiri ✉ 30122 – ✆ 04 15 22 08 61 – Fax 04 12 41 92 78 – Chiuso dal 6 novembre all' 11 febbraio
Rist – Carta 58/72 € GV
♦ Nel sestiere di Castello, fuori dalle rotte turistiche, un ristorante classico di atmosfera rustica, ma dai toni raffinati. D'estate si pranza all'aperto, accanto al canale.

XX **Al Covo**

campiello della Pescaria 3968, Castello ✉ 30122 – ✆ 04 15 22 38 12 – Fax 04 15 22 38 12 – Chiuso dal 7 gennaio al 10 febbraio, una settimana in agosto, mercoledì e giovedì FV **s**
Rist – Carta 60/85 € (+12 %)
♦ Vicino alla Riva degli Schiavoni, un ristorante rustico-elegante, molto alla moda, che propone un menù degustazione di pesce e alcuni piatti di carne. Servizio estivo esterno.

XX **Le Bistrot de Venise**

calle dei Fabbri 4685, San Marco ✉ 30124 – ✆ 04 15 23 66 51 – info@bistrotdevenise.com – Fax 04 15 20 22 44 KY **e**
Rist – Menu 25 € (a mezzogiorno) – Carta 40/72 € (+12 %)
♦ Ambiente raccolto e tavoli ravvicinati, "storica" proposta culinaria, pizze e stuzzicante carta dei vini (proposti anche a bicchiere). Dehors su palafitte sul canale.

XX **Ai Mercanti**

corte Coppo 4346/A, San Marco ✉ 30124 – ✆ 04 15 23 82 69 – info_aimercanti@libero.it – Fax 04 15 23 82 69 – Chiuso domenica e lunedì a mezzogiorno
Rist – Carta 62/86 € KZ **u**
♦ Centrale, ma in una piccola corte un po' fuori dai "flussi" turistici, un tranquillo locale elegante, ma senza ostentazioni, che offre piatti prevalentemente di mare.

XX **Ai Gondolieri** AC ⛭ 10, VISA MC AE D ♿
fondamenta de l'Ospedaleto 366, Dorsoduro ✉ 30123 – ✆ 04 15 28 63 96 – aigond@gpnet.it – Fax 04 15 21 00 75 – Chiuso martedì, Natale e a mezzogiorno in luglio-agosto DV **d**
Rist – Carta 62/76 € (+10 %)
◆ Alle spalle del museo Guggenheim, un locale rustico con tanto legno alle pareti, che propone un fantasioso menù solo di terra legato alla tradizione classica e veneta.

XX **L'Osteria di Santa Marina** AC VISA MC ♿
campo Santa Marina 5911, Castello ✉ 30122 – ✆ 04 15 28 52 39 – ostsmarina@libero.it – Fax 04 15 28 52 39 – Chiuso dal 7 al 25 gennaio, dal 5 al 25 agosto, domenica e lunedì a mezzogiorno LY **m**
Rist – Carta 46/64 €
◆ Ristorante classico, anche se l'ambiente richiama atmosfere da osteria; linea culinaria di mare, con piatti tradizionali e altri innovativi e fantasiosi.

XX **Osteria Enoteca Giorgione** – H. Giorgione AC VISA MC ♿
calle Larga dei Proverbi 4582/A, Cannaregio ✉ 30131 – ✆ 04 15 22 17 25 – osteriagiorgione@katamail.com – Fax 04 15 22 17 25 KX **b**
Rist – *(chiuso lunedì)* Carta 36/53 €
◆ Attiguo all'omonimo albergo, locale caratteristico caratterizzato da una curiosa collezione di "ex voto". Cucina marinara d'ispirazione mediterranea.

X **Bacaro Lounge Bar** AC VISA MC AE D ♿
salizada San Moisè 1345, San Marco ✉ 30124 – ✆ 04 12 96 06 87 – Fax 04 12 41 48 85 KZ **a**
Rist – Carta 57/98 €
◆ Nei locali dell'ex cinema San Marco, a due passi dall'omonima piazza, ristorante di tono giovane ed informale. Bella sala superiore, cucina di ampio respiro.

X **Vini da Gigio** AC VISA MC ♿
fondamenta San Felice 3628/a, Cannaregio ✉ 30131 – ✆ 04 15 28 51 40 – info@vinidagigio.com – Fax 04 15 22 85 97 – Chiuso dal 15 gennaio al 7 febbraio, dal 15 agosto al 7 settembre, lunedì e martedì DT **e**
Rist – Carta 40/61 €
◆ Nel sestiere di Cannaregio, ambiente rustico e servizio informale in un'osteria con cucina a vista, che offre piatti sia di pesce che di carne; buona scelta di vini.

X **Trattoria alla Madonna** AC VISA MC AE ♿
calle della Madonna 594, San Polo ✉ 30125 – ✆ 04 15 22 38 24 – Fax 04 15 21 01 67 – Chiuso dal 24 dicembre a gennaio, dal 4 al 17 agosto e mercoledì JY **e**
Rist – Carta 29/40 € (+12 %)
◆ Nei pressi del ponte di Rialto, storica trattoria veneziana, grande, sempre affollata, dove in un ambiente semplice ma animato si gusta la tipica cucina locale.

X **Corte Sconta** AC VISA MC ♿
calle del Pestrin 3886, Castello ✉ 30122 – ✆ 04 15 22 70 24 – Fax 04 15 22 75 13 – Chiuso dal 7 gennaio al 5 febbraio, dal 20 luglio al 16 agosto, domenica e lunedì
Rist – Carta 52/78 € FV **e**
◆ Piacevole locale inizio secolo, nato come bottiglieria, con una vite centenaria a pergolato nella corte interna, dove si svolge il servizio estivo; curata cucina veneziana.

X **Anice Stellato** cam, VISA MC
fondamenta della Sensa 3272, Cannaregio, per fondamenta della Misericordia ✉ 30121 – ✆ 041 72 07 44 – Chiuso dal 23 al 28 febbraio, dal 22 agosto al 4 settembre, lunedì e martedì CDT
Rist – Carta 30/40 €
◆ Osteria fuori mano, molto frequentata da veneziani, con una cucina genuina e generosa a base di pesce. Ambiente e servizio informali, valida e affidabile gestione familiare.

X **Antica Trattoria Furatola** AC ⛭ 16, VISA MC AE D ♿
calle lunga San Barnaba 2870, Dorsoduro ✉ 30123 – ✆ 04 15 20 85 94 – Fax 04 15 20 85 94 – Chiuso dal 15 al 21 agosto, lunedì a mezzogiorno e giovedì BV **h**
Rist – Carta 46/85 € (+10 %)
◆ Trattoria caratteristica, a conduzione familiare, che in un ambiente semplice, decorato con stampe e foto d'epoca, propone una cucina marinara. Curato privè.

Alle Testiere
calle del Mondo Novo 5801, Castello ✉ 30122 – ✆ 04 15 22 72 20 – osterialletestiere@yahoo.it – Fax 04 15 22 72 20 – Chiuso dal 24 dicembre al 12 gennaio, dal 25 luglio al 25 agosto, domenica e lunedì LY **g**
Rist – (prenotare) Carta 51/67 €
◆ Un "bacaro" raffinato, che dell'osteria ha i tavoli di legno con apparecchiatura semplice e la simpatica atmosfera informale; solo piatti di pesce, curati e fantasiosi.

Naranzaria
Naranzaria 130, San Polo ✉ 30125 – ✆ 04 17 24 10 35 – naranzaria@naranzaria.it – Fax 04 17 24 10 35 – Chiuso dal 9 al 19 gennaio, una settimana in novembre e lunedì KX **d**
Rist – Carta 23/43 €
◆ Ai piedi del ponte, ristorante su due livelli piccolo e accogliente. Il meglio è offerto dallo spazio all'aperto con vista sul Canal Grande. Cucina veneta o giapponese.

al Lido 15 mn di vaporetto da San Marco KZ– ✉ **30126 – Venezia Lido**
(giugno-settembre) Gran Viale S. M. Elisabetta 6 ✆ 041 5298711 :

The Westin Excelsior cam, 600,
lungomare Marconi 41 – ✆ 04 15 26 02 01 – excelsiorvenicelido@westin.com– Fax 04 15 26 72 76 – Marzo-novembre
196 cam – 250/885 € – **Rist** – Carta 89/111 € **s**
◆ Proprio sulla spiaggia, ha tutto il fascino dei suoi storici sfarzi questo palazzo merlato in stile moresco, luogo di eventi mondani fin dall'apertura (1908). Lobby anni '70. L'eleganza del ristorante è consona alla cornice prestigiosa in cui si trova.

Des Bains (riscaldata) 380,
lungomare Marconi 17 – ✆ 04 15 26 59 21 – desbains@sheraton.com – Fax 04 15 26 01 13 – Aprile-ottobre **c**
197 cam – 644 €, 40 € – 1 suite – ½ P 384 € – **Rist** – Carta 58/77 €
◆ La morbida, struggente atmosfera fin de siècle immortalata da Thomas Mann aleggia ancora nei fastosi interni di questo hotel; grande parco con piscina e tennis. Stucchi, colonne e sontuosi lampadari, decorano l'elegantissima sala ristorante.

Villa Mabapa rist, 60,
riviera San Nicolò 16 – ✆ 04 15 26 05 90 – info@villamabapa.com – Fax 04 15 26 94 41 **a**
73 cam – 78/360 € 90/385 € – ½ P 248 € – **Rist** – *(chiuso a mezzogiorno escluso da giugno ad ottobre)* Carta 44/58 €
◆ Villa anni '30 completata da due edifici attigui, ognuno con caratteristiche proprie, collegati dal giardino. Camere con arredi d'epoca o contemporanei. Sala da pranzo in stile classico-elegante; d'estate servizio nel bel giardino.

Quattro Fontane – Residenza d'Epoca rist, 40,
via 4 Fontane 16 – ✆ 04 15 26 02 27 – info@quattrofontane.com – Fax 04 15 26 07 26 – Aprile-12 novembre **r**
58 cam – 170/410 € 170/430 € – **Rist** – Carta 67/88 €
◆ Residenza d'epoca che per atmosfera somiglia ad una casa privata, dove da sempre due sorelle raccolgono ricordi di viaggio e mobili pregiati. Rigoglioso giardino. D'estate il servizio ristorante si svolge all'ombra di un enorme platano secolare.

Hungaria Palace Hotel rist, cam, rist,
Gran Viale S. M. Elisabetta 28 – ✆ 04 12 42 00 60 – info@hungaria.it – Fax 04 15 26 41 11 60, **e**
82 cam – 106/370 € 122/412 € – 4 suites – ½ P 241/251 € – **Rist** – Carta 43/57 €
◆ Edificio d'inizio '900 arricchito da un rivestimento in maioliche policrome. Arredi in gran parte in stile liberty, al quarto piano fresco mobilio in midollino. Si cena nei saloni del ristorante, al bar o sulla terrazza.

La Meridiana senza rist
via Lepanto 45 – ✆ 04 15 26 03 43 – info@lameridiana.com – Fax 04 15 26 92 40 – Carnevale e 15 marzo-15 novembre **b**
37 cam – 120/250 € 140/260 €
◆ Albergo di taglio molto tradizionale, nato intorno agli anni '30, mette a disposizione spazi comuni con mobilio in legno massiccio e un giardino ombreggiato. Camere classiche.

Villa Tiziana senza rist
via Andrea Gritti 3 – ☎ 04 15 26 11 52 – info@hotelvillatiziana.net – Fax 04 15 26 21 45 f
16 cam – 300 € 330 €
♦ Villino in posizione defilata con camere rinnovate in stile fresco e sobrio. La gestione è accurata e garantita della presenza dei titolari.

Ca' del Borgo senza rist
piazza delle Erbe 8, località Malamocco Sud : 6 km – ☎ 041 77 07 49 – info@cadelborgo.com – Fax 041 77 07 44
6 cam – 80/200 € 95/268 €
♦ Lo charme raffinato e raccolto di una residenza privata, con arredi antichi e tessuti preziosi, nei saloni e nelle camere di questo hotel in una villa nobiliare del XV sec.

Villa Casanova senza rist
via Orso Partecipazio 9 – ☎ 04 15 26 28 57 – info@casanovavenice.com – Fax 041 77 02 00 m
6 cam – 200 € 220 €
♦ Graziosa villetta anni '30 in un'area residenziale del Lido, circondata da un curato giardino sfruttato per il servizio colazioni. Camere spaziose, curate e romantiche.

Agriturismo le Garzette cam, P
lungomare Alberoni 32 Malamocco – ☎ 041 73 10 78 – legarzette@libero.it – Fax 04 12 42 87 98 – Chiuso dal 21 dicembre al 15 gennaio
5 cam – 80/90 € 90/100 € – ½ P 70/75 € – **Rist** – *(marzo-novembre; aperto nei week-end)* (coperti limitati; prenotare) Carta 27/45 €
♦ Occorre un po' di impegno per arrivare, ma ne vale la pena: si soggiorna immersi tra orti e serre, fra la laguna e il mare aperto. Valida e accogliente gestione familiare.

Trattoria Favorita
via Francesco Duodo 33 – ☎ 04 15 26 16 26 – trattoriafavorita@libero.it – Fax 04 15 26 16 26 – Chiuso dal 15 gennaio al 15 febbraio, lunedì e martedì a mezzogiorno d
Rist – Carta 43/60 €
♦ Trattoria a conduzione familiare, con due salette accoglienti e una zona all'aperto dove si svolge il servizio estivo; cucina di mare con specialità veneziane.

Andri
via Lepanto 21 – ☎ 04 15 26 54 82 – Chiuso gennaio, febbraio, lunedì e martedì
Rist – Carta 37/47 € g
♦ Ristorantino di lunga tradizione familiare, rallegrato da grandi quadri moderni dipinti dallo stesso titolare. Cucina classica con proposte del territorio e della tradizione.

a Murano 10 mn di vaporetto da Fondamenta Nuove EFT **e 1 h 10 mn di vaporetto da Punta Sabbioni– ✉ 30141**

Busa-alla Torre
campo Santo Stefano 3 – ☎ 041 73 96 62 – Fax 041 73 96 62 – Chiuso Natale e la sera
Rist – Carta 37/52 € (+12 %)
♦ Simpatica trattoria rustica, dotata di grande dehors estivo su una suggestiva piazzetta con un pozzo al centro; cucina di mare e specialità veneziane e contagiosa simpatia.

Ai Frati
fondamenta Venier 4 – ☎ 041 73 66 94 – Fax 041 73 93 46 – Chiuso dal 1° al 10 gennaio, dal 1° al 10 agosto e giovedì
Rist – Carta 39/55 €
♦ Mescita vini dalla metà dell'800 e da 60 anni con cucina, trattoria marinara fortemente legata alla vita dell'isola "del vetro"; servizio estivo in terrazza sul canale.

a Burano 50 mn di vaporetto da Fondamenta Nuove EFT **e 32 mn di vaporetto da Punta Sabbioni– ✉ 30012**

Da Romano
via Galuppi 221 – ☎ 041 73 00 30 – info@daromano.it – Fax 041 73 52 17 – Chiuso dal 12 dicembre al 5 febbraio, domenica sera e martedì
Rist – Carta 41/60 € (+10 %)
♦ Sull'isola "dei merletti", un locale con più di 100 anni di storia alle spalle, tappezzato di quadri di pittori contemporanei, dove gustare una fragrante cucina di mare.

Al Gatto Nero-da Ruggero
fondamenta della Giudecca 88 – ✆ 041 73 01 20 – info@gattonero.com – Fax 041 73 55 70 – Chiuso dal 15 al 31 gennaio, dal 15 al 30 novembre e lunedì
Rist – Carta 43/68 €
◆ Impronta familiare, servizio informale, cura nella scelta delle materie prime in una accogliente trattoria tipica con cucina veneziana e di mare; gradevole dehors estivo.

a Torcello 45 mn di vaporetto da Fondamenta Nuove EFT **e 37 mn di vaporetto da Punta Sabbioni– ✉ 30100 – Burano**

Locanda Cipriani con cam
piazza Santa Fosca 29 – ✆ 041 73 01 50 – info@locandacipriani.com – Fax 041 73 54 33 – Chiuso dal 5 gennaio al 5 febbraio
6 cam – †100/120 € ††200/240 € – ½ P 150/220 € – **Rist** – *(chiuso martedì)* Carta 67/98 €
◆ Suggestivo locale di grande tradizione, con interni e atmosfera da trattoria d'altri tempi e raffinata cucina tradizionale; ameno servizio estivo in giardino. Nuove camere.

a Pellestrina 1 h e 10 mn di vaporetto da riva degli Schiavoni GZ **o 45 mn di autobus dal Lidoautobus dal Lido– ✉ 30010**

Da Celeste
via Vianelli 625/B – ✆ 041 96 70 43 – Fax 041 96 73 55 – Marzo-ottobre; chiuso mercoledì
Rist – Carta 30/44 €
◆ Trattoria d'impronta moderna, decorata con grandissimi dipinti contemporanei, che ha il suo punto di forza nella terrazza su palafitte sul mare; cucina solo di pesce.

VENOSA – Potenza (PZ) – 564 E29 – 12 159 ab. – alt. 412 m – ✉ 85029 *Italia* 3 B1

Roma 327 – Bari 128 – Foggia 74 – Napoli 139 – Potenza 68

Abbazia della Trinità★

Il Guiscardo 250,
via Accademia dei Rinascenti 106 – ✆ 097 23 23 62 – hotel.guiscardo@tiscali.it – Fax 097 23 29 16
36 cam – †50 € ††70 € – **Rist** – *(chiuso domenica sera)* Carta 15/30 €
◆ Per clientela d'affari o per chi viene a visitare questa antica cittadina, albergo classico, con giardino e sale per convegni; essenziali arredi moderni nelle camere. Il ristorante dispone di capienti spazi ideali per banchetti e di un'altra sala più raccolta.

VENTIMIGLIA – Imperia (IM) – 561 K4 – 24 866 ab. – ✉ 18039 *Italia* 14 A3

Roma 658 – Imperia 48 – Cuneo 89 – Genova 159 – Milano 282 – Nice 40 – San Remo 17

via Cavour 61 ✆ 0184 351183, infoventimiglia@rivieradeifiori.org, Fax 0184 351183

Giardini Hanbury★★ a Mortola Inferiore Ovest : 6 km – Riviera di Ponente★ Est

Pianta pagina seguente

Sole Mare cam,
via Marconi 22 – ✆ 01 84 35 18 54 – info@hotelsolemare.it – Fax 01 84 23 09 88 **a**
28 cam – †70/90 € ††80/115 €, 7 €
Rist *Pasta e Basta (solo primi piatti)* – ✆ 01 84 23 08 78 *(chiuso dal 12 al 22 giugno, dal 13 al 23 novembre e lunedì escluso agosto)* Carta 19/31 €
◆ Ideale per un turismo residenziale, una struttura in posizione fronte mare, di recente completamente rinnovata, che offre accoglienti camere con arredamento moderno. Simpatico ristorante dall'ambiente informale: primi piatti sfiziosi, insalate e dessert.

Posta senza rist
via Sottoconvento 15 – ✆ 01 84 35 12 18 – info@postahotel.net – Fax 01 84 23 16 00 **u**
26 cam – †60/85 € ††80/95 €
◆ Pluridecennale, seria gestione familiare in un hotel in pieno centro, non distante dalla stazione, rimodernato di recente, che offre confort adeguato alla sua categoria.

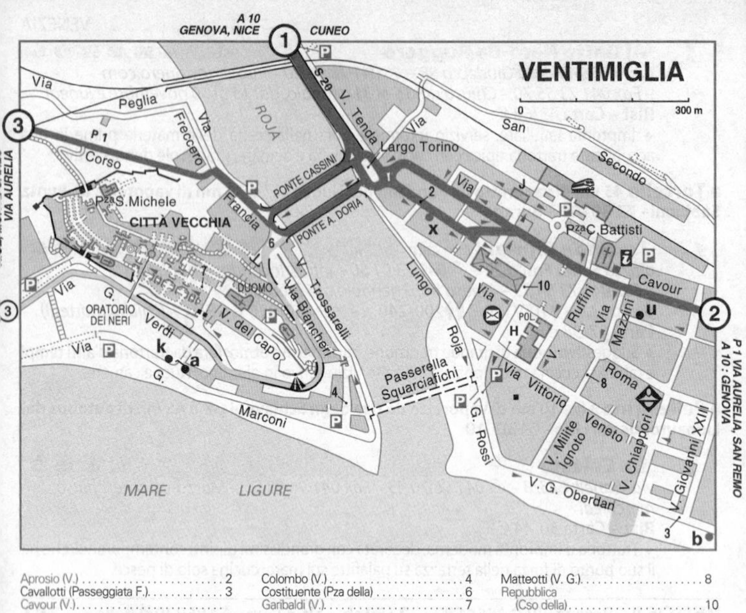

Aprosio (V.) 2
Cavallotti (Passeggiata F.) 3
Cavour (V.) . . . .
Colombo (V.) 4
Costituente (Pza della) 6
Garibaldi (V.) 7
Matteotti (V. G.) 8
Repubblica (Cso della) 10

Sea Gull senza rist
via Marconi 24 – 01 84 35 17 26 – info@seagullhotel.it – Fax 01 84 23 12 17 **k**
27 cam – 65/95 € 80/120 €
◆ Familiari la conduzione e l'ambiente di una comoda risorsa ubicata su una passeggiata a mare, adatta anche a soggiorni prolungati; chiedete le camere con vista mare.

Marco Polo
passeggiata Cavallotti 2 – 01 84 35 26 78 – marcop56@hotmail.com – Fax 01 84 35 56 84 – Chiuso dall'8 gennaio al 28 febbraio e dal 6 novembre al 5 dicembre **b**
Rist – Carta 33/45 €
◆ Lungo la passeggiata, graziosa struttura in legno su palafitte, a diretto contatto con la spiaggia: una luminosa sala o la terrazza per curate variazioni su tema ittico.

Cuneo
via Aprosio 16 – 01 84 23 17 11 – Chiuso dieci giorni in gennaio, dal 20 giugno al 10 luglio, domenica e lunedì sera **x**
Rist – Carta 27/49 € (+5 %)
◆ Accoglienza e atmosfera familiari nell'ambiente anni '60 di un centrale ristorante classico, molto frequentato; collaudate, solide proposte di cucina nazionale.

a Castel d'Appio per ③ : 5 km – alt. 344 m – ✉ 18039

La Riserva di Castel D'Appio — mare e costa, rist,
via Peidaigo 71 – 01 84 22 95 33 – info@lariserva.com – Fax 01 84 22 97 12 – Pasqua-settembre
21 cam – 90/110 € 120/140 €, 8 € – ½ P 90/100 €
Rist – Carta 41/69 €
◆ La tranquilla posizione in collina, con magnifica vista del mare e della costa, è la carta vincente di questa risorsa signorile; camere luminose e confortevoli. Elegante cura della tavola nella sala interna e nella panoramica terrazza per il servizio estivo.

verso la frontiera di Ponte San Ludovico

XXXX **Baia Beniamin** con cam

corso Europa 63, località Grimaldi Inferiore, 6 km per corso Francia
✉ 18039 Ventimiglia – ✆ 018 43 80 02 – baiabeniamin@libero.it
– Fax 018 43 80 02 – Chiuso dal 22 al 29 marzo e novembre
5 cam – 250 € – **Rist** – *(chiuso domenica sera e lunedì, in luglio-agosto solo lunedì)* Carta 65/115 €

◆ Un'incantevole, piccola baia con terrazze fiorite digradanti verso il mare, sala e camere di calda, curatissima eleganza e terrazza estiva: la cucina è il tocco finale.

XXX **Balzi Rossi** (Beglia)

via Balzi Rossi 2-ponte San Ludovico, alla frontiera, 8 km per corso Francia
✉ 18039 Ventimiglia – ✆ 018 43 81 32 – Fax 018 43 85 32 – Chiuso dal 4 al 20 dicembre, lunedì, martedì a mezzogiorno ed in agosto anche domenica a mezzogiorno
Rist – Carta 76/120 €
Spec. Bouquet di crostacei, capesante e totanetti (dicembre-maggio). Linguine all'aragosta (giugno-novembre). La retata di mare (giugno-novembre).

◆ Uno dei locali storici del Ponente dove, negli anni, la cucina si è ampliata fino ad abbracciare piatti e prodotti di regioni diverse, ma l'anima resta ligure come il pescato.

VENTIMIGLIA DI SICILIA – Palermo – 565 N22 **– Vedere Sicilia alla fine dell'elenco alfabetico**

VENTURINA – Livorno (LI) – 563 M13 **– alt. 276 m – ✉ 57029** 28 **B2**

Roma 235 – Firenze 143 – Livorno 71 – Lucca 116 – Pisa 89

X **Otello**

via Indipendenza 1/3/5 – ✆ 05 65 85 12 12 – Fax 05 65 85 85 56 – Chiuso dal 10 al 30 gennaio, dal 20 al 30 giugno e lunedì
Rist – Carta 23/37 €

◆ Ristorante di taglio classico, ubicato lungo la statale, ma dotato di un dehors protetto da una fitta fila di piante. Cucina varia, di terra e di mare, a prezzi interessanti.

Il rosso è il colore di chi sa distinguersi; i nostri punti di riferimento!

VENUSIO – Matera – 564 E31 **– Vedere Matera**

VERBANIA (P) **(VB) – 561** E7 **– 30 548 ab. – alt. 197 m** 24 **B1**

Roma 674 – Stresa 17 – Domodossola 38 – Locarno 42 – Milano 95 – Novara 72 – Torino 146

da Intra per Laveno-Mombello – Navigazione Lago Maggiore: a Intra ✆ 0323 407120

a Pallanza, corso Zanitello 6/8 ✆ 0323 503249, verbania@distrettolaghi.it, Fax 0323 507722

Verbania, ✆ 0323 808 00 ; Piandisole, Nord-Est : 11 km a Premeno, ✆ 0323 58 71 00.

Pallanza★★ – Lungolago★★ – Villa Taranto★★

Isole Borromee★★★ (giro turistico : da Intra 25-50 mn di battello e da Pallanza 10-30 mn di battello)

a Intra – ✉ 28921

Ancora senza rist 45,

corso Mameli 65 – ✆ 032 35 39 51 – info@hotelancora.it – Fax 032 35 39 78
– Chiuso Natale e Capodanno
29 cam – 117 € 196 €

◆ Di fronte all'imbarcadero, l'hotel è vicino a mete turistiche sportive, dispone di camere confortevoli ed è ideale per ospitare meeting e conferenze in moderne sale.

Intra senza rist

corso Mameli 133 – ✆ 03 23 58 13 93 – intra@verbaniahotel.it – Fax 03 23 58 14 04

37 cam ☕ – †42/68 € ††57/114 €

♦ La struttura si affaccia sul lungolago e annovera una nuova saletta comune, spaziose camere con arredi di gusto classico e una sala colazioni con soffitti lignei a cassettoni.

La Tavernetta

via San Vittore 22 – ✆ 03 23 40 26 35 – Chiuso novembre e martedì

Rist – Carta 29/42 €

♦ Un locale accogliente ed originale nel cuore della località, ricavato in un edificio di fine Ottocento, propone una cucina nazionale riproposta con tocchi di creatività.

Taverna Mikonos

via Tonazzi 5 – ✆ 03 23 40 14 39 – bramclaudio@libero.it – Fax 03 23 40 14 39 – Chiuso dal 17 al 31 gennaio, dal 5 al 20 agosto, lunedì, martedì a mezzogiorno e mercoledì

Rist – Carta 24/40 €

♦ Una trattoria moderna dalle vivaci tinte bianche e blu che richiamano i colori del Mediterraneo sono un evidente richiamo alla Grecia, di cui propone la tipica gastronomia.

a Pallanza – ✉ 28922

Grand Hotel Majestic lago e dintorni, rist, 250,

via Vittorio Veneto 32 – ✆ 03 23 50 43 05 – info@grandhotelmajestic.it – Fax 03 23 55 63 79 – Marzo-ottobre

95 cam ☕ – †170/380 € ††190/400 € – ½ P 139/145 €

Rist *La Beola* – Carta 47/63 €

♦ Direttamente sul lago, abbracciata dal verde e dalla tranquillità dell'acqua, una struttura affascinante con camere spaziose e bagni in marmo, dotata di un centro benessere. Elegante ristorante "a la carte", propone la tradizione gastronomica locale interpretata in chiave contemporanea.

Pallanza

viale Magnolie 8 – ✆ 03 23 50 32 02 – belvedere@pallanzahotels.com – Fax 03 23 50 51 94

48 cam – †95/125 € ††100/130 €, ☕ 13 € – ½ P 80/100 €

Rist Visconti – vedere selezione ristoranti

♦ Rinnovato negli ultimi anni, l'hotel è testimone dell'architettura del primo '900 e dispone di camere spaziose ed accoglienti e di una panoramica terrazza con vista sul lago.

Santanna cam, cam, 60,

via Sant'Anna 65 – ✆ 03 23 55 60 86 – info@hotelsantanna.it – Fax 03 23 55 77 77

30 cam ☕ – †80/110 € ††95/150 €

Rist – *(chiuso mercoledì)* Carta 25/35 €

♦ Poco distante dal lago e da Villa Taranto, una struttura moderna immersa in un tranquillo paesaggio che annovera sale riunioni, spazi comuni e camere discretamente eleganti. Una graziosa trattoria dal semplice arredo ligneo, propone la tradizionale cucina piemontese.

Aquadolce senza rist lago e dintorni,

via Cietti 1 – ✆ 03 23 50 54 18 – info@hotelaqualdolce.it – Fax 03 23 55 75 34 – Chiuso dal 15 gennaio al 28 febbraio

13 cam ☕ – †60/75 € ††80/105 €

♦ Un piccolo ed accogliente albergo a conduzione familiare, dispone di ambienti con ampie vetrate che si affacciano sul lago e a colazione allestisce un abbondante buffet.

XX **Visconti** – Hotel Pallanza

Largo Tacchini 17 0323 505290 – ✆ 03 23 50 52 90 – vianivisconti@virgilio.it – Fax 03 23 50 51 94 – Chiuso gennaio e martedì

Rist – Carta 49/66 €

♦ Nell'antico palazzo, sale eleganti ed una spaziosa terrazza dove organizzare banchetti e ricevimenti e gustare una cucina creativa.

X **Osteria dell'Angolo**

piazza Garibaldi 35 – ✆ 03 23 55 63 62 – osteriadellangolo@yahoo.it – Fax 03 23 55 63 62 – Chiuso dal 1° al 7 gennaio e lunedì

Rist – Carta 24/43 €

♦ Nel cuore della città, un piccolo locale dagli ambienti interni recentemente rinnovati e con dehor sotto un piacevole pergolato propone una cucina piemontese e di lago.

a Suna Nord-Ovest : 2 km – ✉ 28925

XXX **Il Monastero** 25,

via Castelfidardo 5/7 – ✆ 03 23 50 25 44 – Fax 03 23 50 25 44 – Chiuso dal 20 luglio al 31 agosto, lunedì e martedì

Rist – Carta 48/79 €

♦ Di tono rustico e discreta eleganza, la risorsa consta di due salette dove vengono servite proposte di gastronomia nazionale e locale affidate ad una moderna rivisitazione.

a Fondotoce Nord-Ovest : 6 km – ✉ 28924

Costazzurra cam,

via 42 Martiri 24 – ✆ 03 23 49 60 46 – info@albergocostazzurra.com

6 cam – 40 € 60 € – **Rist** – Carta 16/21 €

♦ Comoda da raggiungere e poco distante dal parco naturale, la risorsa dispone di camere accoglienti e semplici ambienti comuni, tutti arredati nelle tinte del giallo e del blu. Le stesse tonalità nella sala da pranzo.

XXX **Piccolo Lago** (Sacco) con cam e senza lago di Mergozzo, rist, rist, 60,

via Turati 87, al lago di Mergozzo Nord-Ovest : 2 km – ✆ 03 23 58 67 92 – h.piccololago@stresa.net – Fax 03 23 58 67 91 – Chiuso gennaio e febbraio

12 cam – 60 € – **Rist** – *(chiuso lunedì e martedì; anche domenica sera da ottobre a maggio)* Carta 61/81 €

Spec. Torrone di fegato d'anatra marinato al Porto e Armagnac in variazione di mela, cialda di polenta gialla. Lucioperca, composta di rabarbaro e schiuma della sua bottarga, snack di pesce e purea di carote (maggio-ottobre). I sapori del dolce...

♦ Un ambiente elegante dalle ampie vetrate che si aprono sul lago e sul piccolo giardino, dove assaporare un'eccellente cucina creativa esaltata dall'impiego di prodotti locali. Di fronte al ristorante, possibilità di alloggiare nel piccolo albergo di famiglia.

a Cima Monterosso Ovest : 6 km – ✉ 28900

Agriturismo Il Monterosso laghi e montagna,

via Cima Monterosso 30 – ✆ 03 23 55 65 10 – ilmonterosso@iol.it – Fax 03 23 51 97 06 – Chiuso gennaio e febbraio

9 cam – 39/45 € 60/75 € – ½ P 54/60 € – **Rist** – *(chiuso lunedì e martedì)* Menu 19/22 €

♦ Abbracciato da prati verdi ed aria salubre, il casolare ospita camere accoglienti, due appartamenti con angolo cottura e dispone di sale per allestire meeting e congressi. L'ampia sala ristorante propone una cucina tipica nazionale ma anche internazionale e grigliate su fuoco a legna.

VERBANO – Vedere Lago Maggiore

VERCELLI Ⓟ (VC) – 561 G7 – **44 892 ab. – alt. 131 m** – ✉ **13100** 23 **C2**

Roma 633 – Alessandria 55 – Aosta 121 – Milano 74 – Novara 23 – Pavia 70 – Torino 80

viale Garibaldi 90 ✆ 0161 58002, info@atlvalsesiavercelli.it, Fax 0161 257899

XX **Giardinetto** con cam

via Sereno 3 – 01 61 25 72 30 – giardi.dan@libero.it – Fax 01 61 25 93 11 – Chiuso dal 1° al 5 gennaio e agosto

8 cam – 70 € 80 € – ½ P 77 € – **Rist** – *(chiuso lunedì)* Carta 28/44 €

◆ A pochi passi dal centro storico, una comoda risorsa, a conduzione familiare, che dispone di camere ben arredate e accessoriate; piacevole il giardino interno. Raffinati toni pastello, soffitto di legno e grandi vetrate sul giardino nel rinomato ristorante.

X **Il Paiolo**

viale Garibaldi 72 – 01 61 25 05 77 – Fax 01 61 25 05 77 – Chiuso dal 20 luglio al 20 agosto e giovedì

Rist – Carta 28/38 €

◆ Si trova lungo un viale alberato centrale questa accogliente trattoria di ambiente rustico e familiare, dove gustare una casalinga e sostanziosa cucina locale.

VERDUNO – Cuneo (CN) – 561 I5 – **513 ab.** – **alt. 378 m** – ✉ **12060** 25 **C2**

Roma 645 – Cuneo 59 – Torino 61 – Asti 45 – Milano 165 – Savona 98

Real Castello

via Umberto I 9 – 01 72 47 01 25 – info@castellodiverduno.com – Fax 01 72 47 02 98 – 19 marzo-novembre

20 cam – 90/105 € 100/120 € – ½ P 90/108 € – **Rist** – *(chiuso mercoledì e a mezzogiorno escluso sabato-domenica)* Carta 37/51 €

◆ Il tempo sembra essersi fermato nella quiete di questa risorsa, che occupa parte di un castello sabaudo del XVIII sec.; rigorosi arredi d'epoca nelle camere affrescate. Fascino antico nel curato ristorante.

X **Il Falstaff**

30,

via Comm. Schiavino 1 – 01 72 47 02 44 – Fax 01 72 47 02 44 – Chiuso dal 20 dicembre al 20 febbraio, dal 20 luglio al 20 agosto e lunedì

Rist – Menu 25/42 €

◆ Pochi tavoli ravvicinati e impostazione classica in un piccolo locale del centro, il cui titolare propone cucina tipica locale esclusivamente in menù degustazione.

VERGNE – Cuneo – 561 I5 – **Vedere Barolo**

VERNAGO = **VERNAGT** – **Bolzano** – **Vedere Senales**

VERNANTE – Cuneo (CN) – 561 J4 – **1 303 ab.** – **alt. 790 m** – ✉ **12019** 22 **B3**

Roma 634 – Cuneo 23 – Alessandria 148 – Asti 112 – Torino 108

XX **Nazionale** con cam

via Cavour 60 – 01 71 92 01 81 – ristorante@albergonazionale.it – Fax 01 71 92 02 52

19 cam – 35/45 € 65/80 € – 1 suite – ½ P 50/60 € – **Rist** – *(chiuso mercoledì escluso da luglio al 15 ottobre)* Carta 26/34 €

◆ Varie sale, di cui la più accogliente con volte in mattoni e travi a vista, e una fresca veranda estiva. La cucina è piemontese doc, ma con alcuni tocchi di fantasia.

VERNAZZA – La Spezia (SP) – 561 J11 – **1 035 ab.** *Italia* 15 **D2**

Località★★

Regione delle Cinque Terre★★ Sud-Est e Ovest per ferrovia

VEROLI – Frosinone (FR) – 563 Q22 – **19 932 ab.** – **alt. 594 m** – ✉ **03029** 13 **C2**

Roma 99 – Frosinone 13 – Avezzano 69 – Fiuggi 29 – Latina 66

Antico Palazzo Filonardi colli ciociari,

piazza dei Franconi 1 – 07 75 23 52 96 – info@palazzofilonardi.it – Fax 07 75 23 50 79 – Chiuso dall'8 al 31 gennaio

31 cam – 75/85 € 85/110 € – ½ P 65/75 € – **Rist** – *(chiuso lunedì)* Carta 33/41 €

◆ Nel centro di questo borgo medievale, nuovo, suggestivo albergo ricavato in un ex convento ottocentesco, con chiesa consacrata e panoramica terrazza sui colli ciociari. Al ristorante due eleganti sale "degli Angeli", così dette per le decorazioni sulle volte.

VERONA (VR) – 562 F14 – 258 115 ab. – alt. 59 m – ✉ 37100 Italia 37 **A3**

Roma 503 – Milano 157 – Venezia 114

di Villafranca per ④ : 14 km ✆ 045 8095666, Fax 045 8095868

via degli Alpini 9 ✉ 37121 ✆ 045 8068680, iatbra@tiscalinet.it, Fax 045 8003638 - Stazione Porta Nuova ✉ 37138 ✆ 045 8000861, iatfs@tiscali.it, Fax 045 8000861 - aeroporto Villafranca ✉ 37060 ✆ 045 8619163, iataeroporto@tiscalinet.it, Fax 045 8619163

Verona, Ovest : 13 km a Sommacampagna, ✆ 045 51 00 60.

Manifestazioni locali 8.3 - 11.3: agrifood (salone internazionale del prodotto agroalimentare di qualità) 29.3 - 2.04 : vinitaly (salone internazionale del vino e dei distillati)

Chiesa di San Zeno Maggiore★★ : porte★★★, trittico del Mantegna★★ AY – Piazza delle Erbe★★ CY **10** – Piazza dei Signori★★ CY **39** – Arche Scaligere★★ CY **K** – Arena★★ : ✻★★ BCYZ – Castelvecchio★★ : museo d'Arte★★ BY – Ponte Scaligero★★ BY – Chiesa di Sant'Anastasia★ : affresco★★ di Pisanello CY **F** – ≤★★ dalle terrazze di Castel San Pietro CY **D** – Teatro Romano★ CY **C** – Duomo★ CY **A** – Chiesa di San Fermo Maggiore★ CYZ **B** – Chiesa di San Lorenzo★ BY

Piante pagine seguenti

Due Torri Baglioni
140,

piazza Sant'Anastasia 4 ✉ 37121 – ✆ 045 59 50 44 – reservations.duetorribaglioni@baglionihotels.com – Fax 04 58 00 41 30 CY **x**

91 cam – 318/470 € 496/630 € – ½ P 336 € – **Rist** – Carta 46/66 €

♦ In un edificio del '300, prestigioso albergo di tradizione e fascino, che appartiene alla storia della città; eleganti arredi di diverse epoche e collezione di tazzine. Raffinatezza e classicità anche al ristorante; cucina nazionale e locale.

Gabbia d'Oro senza rist

corso Porta Borsari 4/a ✉ 37121 – ✆ 04 58 00 30 60 – gabbiadoro@easyasp.it – Fax 045 59 02 93 CY **t**

8 cam – 160/290 € 220/370 €, 23 € – 19 suites – 285/830 €

♦ Un opulento scrigno di preziosi e ricercati dettagli e arredi di antiche epoche questo piccolo hotel di charme e lusso, con un suggestivo giardino d'inverno riscaldato.

Victoria senza rist
75,

via Adua 6 ✉ 37121 – ✆ 045 59 05 66 – victoria@hotelvictoria.it – Fax 045 59 01 55 BY **r**

62 cam – 160/215 € 210/305 € – 9 suites

♦ Ci sono anche dei reperti archeologici in questo hotel raffinato, in cui antichità e modernità si amalgamano con armonia; soluzioni diverse e indovinate nelle camere.

Colomba d'Oro senza rist
50,

via Cattaneo 10 ✉ 37121 – ✆ 045 59 53 00 – info@colombahotel.com – Fax 045 59 49 74 BY **n**

51 cam – 143 € 228 €, 17 €

♦ Un'affascinante hall con dipinti alle pareti e al soffitto è il biglietto da visita di un albergo di tradizione e di atmosfera, con eleganti camere curate nei dettagli.

Accademia senza rist
100,

via Scala 12 ✉ 37121 – ✆ 045 59 62 22 – accademia@accademiavr.it – Fax 04 58 00 84 40 CY **d**

94 cam – 168 € 260 €

♦ Servizio solerte e professionale e ottimo livello di confort in questa risorsa ospitata in un edificio storico adiacente all'elegante via Mazzini, ideale per lo shopping.

Grand Hotel senza rist
150,

corso Porta Nuova 105 ✉ 37122 – ✆ 045 59 56 00 – info@grandhotel.vr.it – Fax 045 59 63 85 BZ **b**

57 cam – 160/214 € 178/236 € – 5 suites

♦ Uno storico edificio in stile liberty ospita un albergo raffinato, nei cui interni si fondono la classicità degli arredi e la modernità dei confort; centro congressi.

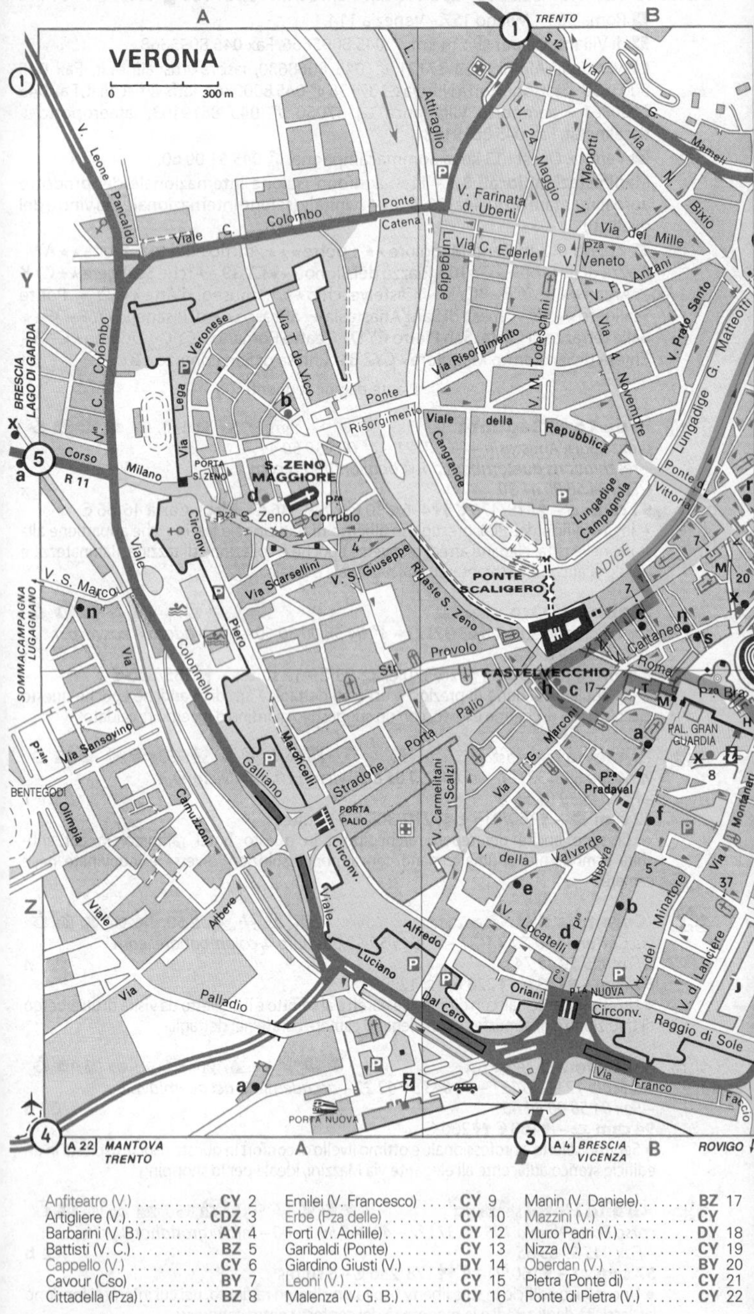

Anfiteatro (V.) . . . . **CY** 2
Artigliere (V.) . . . . **CDZ** 3
Barbarini (V. B.) . . . . **AY** 4
Battisti (V. C.) . . . . **BZ** 5
Cappello (V.) . . . . **CY** 6
Cavour (Cso) . . . . **BY** 7
Cittadella (Pza) . . . . **BZ** 8
Emilei (V. Francesco) . . . . **CY** 9
Erbe (Pza delle) . . . . **CY** 10
Forti (V. Achille) . . . . **CY** 12
Garibaldi (Ponte) . . . . **CY** 13
Giardino Giusti (V.) . . . . . **DY** 14
Leoni (V.) . . . . **CY** 15
Malenza (V. G. B.) . . . . . . **CY** 16
Manin (V. Daniele) . . . . . . **BZ** 17
Mazzini (V.) . . . . **CY**
Muro Padri (V.) . . . . **DY** 18
Nizza (V.) . . . . **CY** 19
Oberdan (V.) . . . . **BY** 20
Pietra (Ponte di) . . . . **CY** 21
Ponte di Pietra (V.) . . . . . **CY** 22

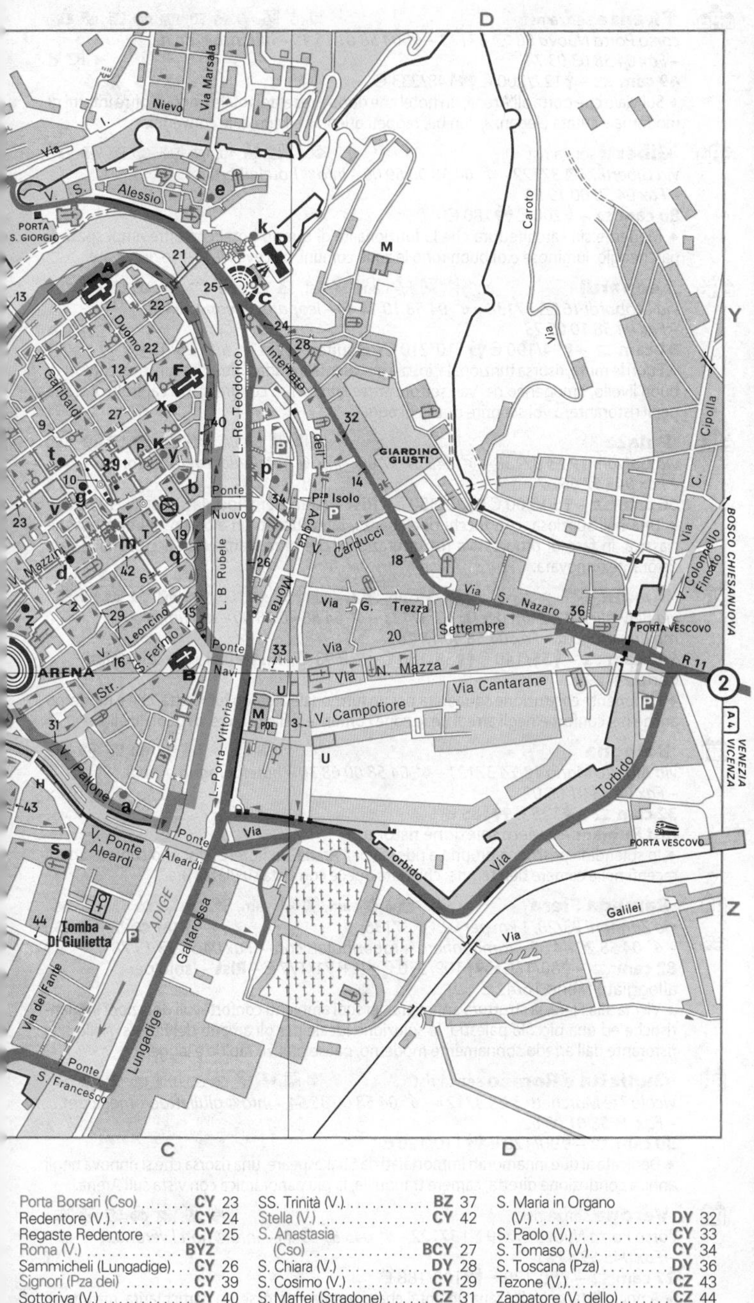
C
D
Y
Z
Via Marsala
Nievo
Via
V.
S.
Alessio
PORTA S. GIORGIO
Caroto
Via
M
GIARDINO GIUSTI
Cipolla
C.
Via
V. Colonnello Fincato
BOSCO CHIESANUOVA
V. Duomo
V. Garibaldi
L. Re Teodorico
Interrato
dell'
Acqua
Morta
Ponte Nuovo
Pta Isolo
V. Carducci
Via G. Trezza
Via S. Nazaro
Via 20 Settembre
PORTA VESCOVO
R 11
A 4 VENEZIA VICENZA
ARENA
Str.
V. Leoncino
S. Fermo
V. Mazzini
L. B. Rubele
Ponte Navi
Via N. Mazza
Via Cantarane
V. Campofiore
POL
L. Porta Vittoria
V. Pallone
V. Ponte Aleardi
Ponte Aleardi
Via Torbido
Torbido
Via
Galilei
Via
ADIGE
Galtarossa
Lungadige
Tomba Di Giulietta
Via del Fante
Ponte
S. Francesco

Firenze senza rist
corso Porta Nuova 88 ✉ 37122 – ☎ 04 58 01 15 10 – hfirenze@tin.it – Fax 04 58 03 03 74 BZ **d**
49 cam – 122/200 € 148/233 €
◆ Sul viale che porta all'Arena, un hotel che dopo il recente, totale rinnovo offre interni di moderna e curata eleganza, con bei tappeti orientali e kilim; sale convegni.

Giberti senza rist
via Giberti 7 ✉ 37122 – ☎ 04 58 00 69 00 – info@hotelgiberti.it – Fax 04 58 00 19 55 BZ **e**
80 cam – 200 € 280 €
◆ Moderne sia l'architettura che la funzionalità di questo hotel che offre ampi spazi di parcheggio; luminose e di buon tono le zone comuni, piacevoli le stanze rinnovate.

Leopardi cam, rist, 150,
via Leopardi 16 ✉ 37138 – ☎ 04 58 10 14 44 – leopardi@leopardi.vr.it – Fax 04 58 10 05 23 AY **a**
81 cam – 94/190 € 110/210 € – 3 suites – **Rist** – Carta 25/45 €
◆ Fuori le mura, risorsa funzionale, ideale per clientela d'affari oltre che turistica; confort di buon livello, omogeneo nei vari settori; attrezzato centro congressi. Un capitolo di storia per il ristorante, a voi scoprire quella di oggi.

Palace 80,
via Galvani 19 ✉ 37138 – ☎ 045 57 57 00 – info@hotelpalaceverona.com – Fax 045 57 66 67 AY **x**
66 cam – 60/300 € 80/350 € – **Rist** – (solo per alloggiati) Carta 27/50 €
◆ Una hall spaziosa, con tocchi di eleganza, introduce in un albergo di impostazione classica, in fase di progressiva ristrutturazione, che offre stanze ben accessoriate. Sala ristorante rinnovata.

Maxim cam, cam, 100,
via Belviglieri 42, 2 km per ② ✉ 37131 – ☎ 04 58 40 18 00 – maxim@maximverona.it – Fax 04 58 40 18 18
146 cam – 55/140 € 55/160 € – ½ P 98 € – **Rist** – (solo per alloggiati) Carta 24/29 €
◆ Imponente costruzione squadrata per un funzionale albergo fuori città, che è moderno anche nel confort e negli arredi delle zone comuni e delle camere, di buon livello.

Bologna
via Alberto Mario 18 ✉ 37121 – ☎ 04 58 00 68 30 – hotelbologna@tin.it – Fax 04 58 01 06 02 BY **x**
32 cam – 125 € 185 €
Rist Rubiani – vedere selezione ristoranti
◆ In splendida posizione proprio a ridosso dell'Arena, un hotel di discreto confort; arredi recenti nelle camere ben tenute: chiedete quelle con vista su Piazza Bra.

Ramada Fiera cam, cam, rist, 65,
via Zannoni 23/28, 1 km per ③ ✉ 37136 – ☎ 04 58 20 44 85 – ramadafiera@fabbrihotels.com – Fax 04 58 23 13 78
82 cam – 80/180 € 109/270 € – ½ P 71/177 € – **Rist** – (solo per alloggiati) Menu 16/42 €
◆ Vicina alla Fiera, la struttura annovera nei suoi ambienti confortevoli dotazioni impiantistiche ed una piccola palestra: la soluzione ideale per gli amanti del fitness. Nella sala ristorante dall'arredo sobriamente moderno, pause pranzo rapide e leggere.

Giulietta e Romeo senza rist 30,
vicolo Tre Marchetti 3 ✉ 37121 – ☎ 04 58 00 35 54 – info@giuliettaeromeo.com – Fax 04 58 01 08 62 CY **z**
30 cam – 90/120 € 110/190 €
◆ Dedicata ai due innamorati immortalati da Shakespeare, una risorsa che si rinnova negli anni, a conduzione diretta; camere tranquille, la più panoramica con vista sull'Arena.

Verona senza rist
corso Porta Nuova 47/49 ✉ 37122 – ☎ 045 59 59 44 – info@hotel.verona.it – Fax 045 59 43 41 BZ **f**
27 cam – 80/170 € 100/188 €
◆ A poca distanza dall'Arena un hotel che presenta esterni senza particolarità, ma interni recenti ed invitanti. Le camere sono molto confortevoli, seppur non ampie.

Novo Hotel Rossi senza rist
via delle Coste 2 ✉ 37138 – ✆ 045 56 90 22 – info@novohotelrossi.it – Fax 045 57 82 97 AZ **a**
38 cam – 84/110 € 136/200 €
◆ Comodo sia per l'ubicazione, nei pressi della stazione ferroviaria, sia per il parcheggio interno, un albergo classico, di buon confort, rinnovato negli ultimi anni.

De' Capuleti senza rist
via del Pontiere 26 ✉ 37122 – ✆ 04 58 00 01 54 – info@hotelcapuleti.it – Fax 04 58 03 29 70 – Chiuso dal 15 novembre al 1° febbraio CZ **s**
42 cam – 90/180 € 90/200 €
◆ Vicino alla Tomba di Giulietta, di cui porta anche il cognome, un hotel d'impostazione classica; camere di due tipologie, le più nuove con parquet e travi a vista.

Mastino senza rist
25,
corso Porta Nuova 16 ✉ 37122 – ✆ 045 59 53 88 – info@hotelmastino.it – Fax 045 59 77 18 BZ **a**
54 cam – 70/140 € 90/185 €
◆ Potrete andare a piedi all'Arena, se alloggerete in questo hotel, confortevole e ben tenuto; arredamento moderno e piacevole nelle stanze, recentemente ristrutturate.

San Marco
rist, 400,
via Longhena 42 ✉ 37138 – ✆ 045 56 90 11 – sanmarco@sanmarco.vr.it – Fax 045 57 22 99 AY **n**
112 cam – 95/190 € 110/230 € – ½ P 80/150 € – **Rist** – *(chiuso domenica da settembre al 20 giugno)* (solo per alloggiati)
◆ Circondati da un piccolo giardino, qui convivono con discreto fascino il classico e il moderno. Recenti lavori di ampliamento hanno introdotto un beauty center ed un solarium.

Aurora senza rist
piazzetta XIV Novembre 2 ✉ 37121 – ✆ 045 59 47 17 – info@hotelaurora.biz – Fax 04 58 01 08 60 CY **g**
19 cam – 90/120 € 100/140 €
◆ E' molto piacevole far colazione (self-service) sulla bella terrazza con vista su Piazza delle Erbe di questa comoda risorsa centrale, dotata di sobrie camere confortevoli.

Cavour senza rist
vicolo Chiodo 4 ✉ 37121 – ✆ 045 59 01 66 – Fax 045 59 05 08 – Chiuso dal 23 al 27 dicembre e dal 9 gennaio al 9 febbraio BY **c**
19 cam – 52/70 € 70/133 €, 12 €
◆ Ubicazione centrale, ma tranquilla per un albergo familiare, che dispone di camere semplici, ma con arredi recenti e accessori adeguati alla sua categoria.

Torcolo senza rist
vicolo Listone 3 ✉ 37121 – ✆ 04 58 00 75 12 – hoteltorcolo@virgilio.it – Fax 04 58 00 40 58 – Chiuso dal 23 gennaio al 11 febbraio BY **s**
19 cam – 72/82 € 100/114 €, 13 €
◆ Per un soggiorno veronese a due passi dalla leggendaria Arena, ma a prezzi accettabili, un hotel modesto, ma accogliente; mobili d'epoca in alcune stanze.

Il Desco (Rizzo)
via Dietro San Sebastiano 7 ✉ 37121 – ✆ 045 59 53 58 – Fax 045 59 02 36 – Chiuso dal 25 dicembre al 7 gennaio, 2 settimane in giugno, domenica e lunedì; in luglio, agosto e dicembre aperto lunedì sera CY **q**
Rist – Carta 82/112 €
Spec. Gamberi crudi con acqua di pomodoro e sorbetto allo zenzero e lime. Crema di ceci con scampi e soppressa. Cappesante alla vaniglia con tortino di indivia caramellata e aceto balsamico.
◆ Un elegante mix di antico e moderno, soffitto a cassettoni e quadri contemporanei con un unico denominatore, il buon gusto, dagli antipasti ai dolci.

XXX **12 Apostoli**
corticella San Marco 3 ✉ 37121 – ✆ 045 59 69 99 – dodiciapostoli@tiscalinet.it – Fax 045 59 15 30 – Chiuso dal 2 all'8 gennaio, dal 15 giugno al 5 luglio, domenica sera e lunedì CY **v**
Rist – Carta 51/66 € (+15 %)
◆ In un palazzo del '700 sorto su rovine romane, ora riportate alla luce, ristorante storico della città, con suggestive sale dalle caratteristiche decorazioni dipinte.

XXX **Baracca**
25,
via Legnago 120, 2,5 km per ③ ✉ 37134 – ✆ 045 50 00 13 – info@ristorantelabaracca.it – Fax 045 50 00 13 – Chiuso dal 1° al 7 gennaio e domenica
Rist – (consigliata la prenotazione) Carta 57/72 €
◆ Fuori delle affollate rotte turistiche, signorile ristorante classico, dove troverete un servizio accurato e gusterete una consolidata, tradizionale cucina di pesce.

XXX **Arche**
14,
via Arche Scaligere 6 ✉ 37121 – ✆ 04 58 00 74 15 – arche@ristorantearche.com – Fax 04 58 00 74 15 – Chiuso dal 7 al 31 gennaio, domenica e lunedì a mezzogiorno CY **y**
Rist – Carta 59/75 €
◆ Un'ospitalità che la stessa famiglia rinnova dal 1879 in un elegante locale con calda ambientazione d'epoca e una cucina di terra e di mare, di tradizione e di ricerca.

XXX **Re Teodorico**
città e fiume Adige,
piazzale Castel San Pietro 1 ✉ 37129 – ✆ 04 58 34 99 90 – info@ristoranteretedorico.com – Fax 04 58 34 99 90 – Chiuso dal 7 al 31 gennaio, domenica sera e mercoledì CY **k**
Rist – Carta 41/74 €
◆ Graditissimo il servizio estivo in terrazza di un locale signorile che ha il suo punto di forza nell'ubicazione: sopra il Teatro Romano, domina la città e il fiume.

XX **Ai Teatri**
16,
via Santa Maria Rocca Maggiore 8 ✉ 37129 – ✆ 04 58 01 21 81 – ristoranteaiteatri@tiscalinet.it – Fax 04 58 02 00 98 – Chiuso dal 1° al 15 gennaio, domenica e lunedì a mezzogiorno CY **p**
Rist – Carta 37/47 €
◆ Esperienza più che decennale nella ristorazione veronese per il titolare di un locale nato da poco al di là dell'Adige; ambiente ricercato e cucina di approccio creativo.

XX **Desinare a Santa Teresa**
via Santa Teresa 77, per ③ ✉ 37135 – ✆ 04 58 23 01 52 – desinareasantateresa@tiscali.it – Fax 04 58 23 01 52 – Chiuso venti giorni in gennaio, venti giorni in agosto, domenica e a mezzogiorno
Rist – Carta 51/65 €
◆ Conduzione esperta in un ristorantino elegante, aperto nel 2001; raffinate la cura della tavola e la presentazione dei piatti, che sono della tradizione veneta e di mare.

XX **Rubiani** – Hotel Bologna
piazzetta Scalette Rubiani 3 ✉ 37121 – ✆ 04 58 00 68 30 – info@ristoranterubiani.it – Fax 04 58 01 06 02 – Chiuso dal 2 al 30 gennaio e domenica (escluso da giugno a settembre) BY **x**
Rist – Carta 40/55 €
◆ Sito all'interno dell'hotel Bologna, è un signorile ristorante d'impostazione classica, che offre un piacevole dehors estivo e piatti di cucina italiana e locale.

XX **Osteria la Fontanina** (Tapparini)
Portichetti Fontanelle Santo Stefano 3 ✉ 37129 – ✆ 045 91 33 05 – Fax 045 91 33 05 – Chiuso una settimana in gennaio, due settimane in agosto, domenica e lunedì a mezzogiorno CY **e**
Rist – (consigliata la prenotazione la sera) Carta 60/76 €
Spec. Saccottini al ripieno di granseola colorati al pomodoro e basilico (primavera-estate). Risotto mantecato al recioto di Soave con scaloppa di fegato grasso e riduzione al Porto (autunno-inverno). Turbante di rombo con farcia di gamberi (primavera-estate).
◆ Un locale piacevole e romantico, risorto dalle ceneri di una semplice osteria di quartiere, dove viene proposta una cucina del territorio sapientemente rivisitata.

XX **Al Cristo** 8,

piazzetta Pescheria 6 ✉ 37121 – ☎ 045 59 42 87 – info@ristorantealcristo.it – Fax 04 58 00 20 10 – Chiuso lunedì CY **b**

Rist – Carta 30/65 €

◆ Nei pressi di Ponte Nuovo un edificio cinquecentesco accoglie questo ristorante articolato su tre livelli, con splendida cantina e bel dehors. Cucina internazionale.

XX **Alla Fiera-da Ruggero**

via Scoppoli 9, 1 km per ③ ✉ 37136 – ☎ 045 50 88 08 – ristofiera.luca@libero.it – Fax 045 50 08 61 – Chiuso dal 10 al 18 agosto e domenica

Rist – Carta 31/60 €

◆ Acquari con astici e altri crostacei e vasche con molluschi vari in uno dei ristoranti ittici più rinomati in città; ambiente curato e solida gestione familiare.

XX **Greppia**

vicolo Samaritana 3 ✉ 37121 – ☎ 04 58 00 45 77 – Fax 045 59 50 90 – Chiuso dal 15 al 30 gennaio, dal 15 al 30 giugno e lunedì CY**m**

Rist – Carta 29/38 €

◆ In una nascosta viuzza del centro, una sala con soffitto a volte e colonne o un gradevole spazio esterno per l'estate in un locale dalle proposte tradizionali e locali.

XX **Locanda Castelvecchio** 20/30,

corso Castelvecchio 21 ✉ 37121 – ☎ 04 58 03 00 97 – Fax 04 58 01 31 24 – Chiuso dal 1° al 15 agosto, martedì e mercoledì a mezzogiorno BZ **h**

Rist – Menu 35/45 €

◆ Proprio di fronte al Castelvecchio all'interno di un edificio del '700, distrutto da un incendio e ristrutturato nel 1830, un ristorante storico dagli arredi caratteristici.

XX **Tre Marchetti** 12,

vicolo Tre Marchetti 19/b ✉ 37121 – ☎ 04 58 03 04 63 – Fax 04 58 00 29 28 – Chiuso dal 1° al 15 settembre, lunedì in luglio-agosto, domenica negli altri mesi CY **z**

Rist – Carta 44/67 € (+15 %)

◆ Si mangia gomito a gomito con i vicini in questo ristorante, dove l'accoglienza è calorosa, i ritmi alquanto veloci e il servizio informale; specialità del territorio.

XX **Al Capitan della Cittadella**

piazza Cittadella 7/a ✉ 37122 – ☎ 045 59 51 57 – alcapitan@libero.it – Fax 04 58 03 78 42 – Chiuso una settimana in gennaio, 3 settimane in agosto, domenica e lunedì a mezzogiorno BZ **x**

Rist – Carta 44/99 €

◆ Un locale rustico ricavato in un antico palazzo del quale conserva ancora il soffitto con travi di legno a vista. Ottima cucina di solo pesce e grande scelta di vini locali.

X **Trattoria al Pompiere** 16,

vicolo Regina d'Ungheria 5 ✉ 37121 – ☎ 04 58 03 05 37 – Fax 04 58 03 05 37 – Chiuso dal 25 dicembre all'8 gennaio, dal 15 al 30 giugno, domenica e lunedì a mezzogiorno CY **r**

Rist – (consigliata la prenotazione) Carta 34/43 €

◆ E' tornata in vita di recente e con successo una delle più vecchie trattorie di Verona; linea gastronomica del territorio e ottima selezione di salumi e formaggi.

X **Trattoria al Calmiere**

piazza San Zeno 10 ✉ 37123 – ☎ 04 58 03 07 65 – calmiere@libero.it – Fax 04 58 03 19 00 – Chiuso dal 30 dicembre al 15 gennaio, domenica sera e lunedì AY **d**

Rist – Carta 37/42 € (+10 %)

◆ Non poteva che trovarsi nella bella piazza del patrono cittadino, che d'estate vi godrete dal dehors, questa trattoria tipica con tradizionale cucina veronese.

X **L'Oste Scuro**

vicolo San Silvestro 10 ✉ 37122 – ☎ 045 59 26 50 – ostescurosrl@yahoo.it – Fax 04 58 04 66 35 – Chiuso dal 25 dicembre al 7 gennaio, dal 5 al 20 agosto, domenica e lunedì a mezzogiorno BZ **c**

Rist – Carta 54/74 €

◆ Simpatica atmosfera familiare da trattoria in un frequentato, centrale localino alla moda, che punta sulla freschezza del protagonista dei suoi piatti: il pesce.

San Basilio alla Pergola

via Pisano 9, 2 km per ② ✉ 37131 – ✆ 045 52 04 75 – Fax 045 52 04 75 – Chiuso domenica

Rist – Carta 24/31 €

♦ Caratteristico l'ambiente in stile campagnolo nelle due sale, con pavimenti in legno e mobili rustici, e semplice, ma curata cucina; piacevole dehors estivo con pergolato.

Al Bersagliere

via Dietro Pallone 1 ✉ 37121 – ✆ 04 58 00 48 24 – info@trattoriaalbersaglere.it – Fax 04 58 00 49 32 – Chiuso domenica ed i giorni festivi CZ **a**

Rist – Carta 22/36 €

♦ Una classica trattoria, con le sale precedute dal bar pubblico, la gestione genuina e appassionata e la cucina locale. Buona cantina e piccolo, gradevole, dehors estivo.

Hostaria la Poiana

via Segorte 7, località Poiano, 3,5 km per via Colonnello Fincato ✉ 37030 Poiano di Valpantena – ✆ 045 55 19 39 – Chiuso dal 1° al 15 febbraio, dal 4 al 27 agosto e martedì DY

Rist – Carta 29/34 €

♦ Un ambasciatore del profondo sud nel nord-est d'Italia: specialità calabresi e carne alla griglia in un accogliente locale rustico al piano terra di un'antica villa.

a San Massimo all'Adige (per via San Marco) : 2 km – ✉ 37139

Trattoria dal Gal

via Don Segala 39/b – ✆ 04 58 90 30 97 – leonardoferrari1965@libero.it – Fax 04 58 90 09 66 – Chiuso dal 30 luglio al 20 agosto, domenica sera e lunedì

Rist – Carta 25/36 €

♦ Madre ai fornelli e figli in sala in questa semplice trattoria in una frazione di Verona; accoglienza cordiale, menù fisso o alla carta, di cucina del territorio.

sulla strada statale 11 via Bresciana AY

Park Hotel Elefante

via Bresciana 27, Ovest : 3,5 km ✉ 37139 Verona – ✆ 04 58 90 37 00 – info@hotelelefante.it – Fax 04 58 90 39 00

11 cam – †59/67 € ††84/94 €, ☕ 8 € – ½ P 70/75 € – **Rist** – (chiuso dal 22 dicembre al 7 gennaio, dal 6 al 19 agosto, sabato sera e domenica) Carta 25/36 €

♦ Sulla statale per il lago di Garda, una villetta di campagna trasformata in un piccolo albergo familiare, con atmosfera da casa privata; soluzioni anche per famiglie. Cucina regionale nella semplice sala ristorante dall'arredo ligneo, ricca di suppellettili.

a San Michele Extra per ② : 4 km – ✉ 37132

Holiday Inn Verona cam, 100,

via Unità d'Italia 346 – ✆ 04 58 95 25 01 – holidayinn.verona@alliancealberghi.com – Fax 045 97 26 77

112 cam ☕ – ††122/150 € – ½ P 76/95 € – **Rist** – Menu 18/30 €

♦ Nella prima periferia cittadina, confort adeguati agli standard della catena cui appartiene in questa struttura funzionale, ideale per clientela d'affari e di passaggio. Gradevole dehors per servizio ristorante estivo.

Gardenia cam,

via Unità d'Italia 350 – ✆ 045 97 21 22 – info@hotelristorantegardenia.it – Fax 04 58 92 01 57 – Chiuso 24-25 dicembre

56 cam ☕ – †70/93 € ††93/114 € – ½ P 75 € – **Rist** – *(chiuso dal 24 dicembre al 7 gennaio, sabato a mezzogiorno e domenica)* Carta 26/34 €

♦ Moderna essenzialità, lineare e funzionale, negli interni di una risorsa in comoda posizione vicino al casello autostradale; confortevoli camere ben accessoriate. Raffinata cura della tavola nelle due sale da pranzo.

in prossimità casello autostradale A 4-Verona Sud per ③ : 5 km :

Sud Point Hotel cam, AC 50, P VISA MO AE ① ₲

via Fermi 13/b ✉ 37135 – ✆ 04 58 20 09 22 – info@hotelsudpoint.com – Fax 04 58 20 09 33 – Chiuso dal 22 dicembre all'8 gennaio

64 cam – 🛉80/160 € 🛉🛉119/190 € – ½ P 73/111 € – **Rist** – *(chiuso a mezzogiorno)* (solo per alloggiati)

◆ Un edificio grigio e rosso di concezione moderna ospita un albergo ben tenuto, ad andamento tradizionale; arredi essenziali nelle stanze; sale convegni.

VERRAYES – Aosta (AO) – 561 E4 – 1 294 ab. – alt. 1 026 m – ✉ 11020 34 B2

Roma 707 – Aosta 26 – Moncalieri 108 – Torino 97

a Grandzon Sud : 6 km – ✉ 11020 – Verrayes

Agriturismo La Vrille vallata e dintorni, cam, P

hameau du Grandzon 1 – ✆ 01 66 54 30 18 – lavrille@gmail.com

6 cam – 🛉50/55 € 🛉🛉70/84 € – ½ P 50/60 € – **Rist** – (solo per alloggiati) Menu 18/22 €

◆ Circondata da cime e vigneti, in posizione elevata e panoramica a qualche chilometro dal paese, una caratteristica baita di montagna offre belle camere con mobili d'epoca. Atmosfera familiare e amichevole anche al ristorante, dove gustare la tradizione valdostana comodamente seduti ai tavoli di legno.

VERRÈS – Aosta (AO) – 561 F5 – 2 585 ab. – alt. 395 m – ✉ 11029 *Italia* 34 B2

Roma 711 – Aosta 38 – Ivrea 35 – Milano 149 – Torino 78

Nni Lausta

via Giardini 25 – ✆ 34 04 00 76 53 – Novembre-maggio; chiuso lunedì e martedì

Rist – Carta 36/46 €

◆ Nel centro della località, locale semplice e accogliente con una gestione giovane ed appassionata. Proposte a voce, solo di pesce, in abbinamento a vini siciliani.

VERUCCHIO – Rimini (RN) – 562 K19 – 9 237 ab. – alt. 333 m – ✉ 47826 9 D2

Roma 316 – Rimini 19 – Forlì 60 – Ravenna 61

piazza Malatesta 21 ✆ 0541 670222, iat.verucchio@iper.net, Fax 0541673266

Rimini, ✆ 0541 67 81 22.

a Villa Verucchio Nord-Est : 3 km – ✉ 47827

Agriturismo Le Case Rosse senza rist P VISA MO AE ① ₲

via Tenuta Amalia 141, Nord-Ovest : 2 km – ✆ 05 41 67 81 23 – info@tenutaamalia.com – Fax 05 41 67 88 76

7 cam – 🛉60 € 🛉🛉80 €

◆ Adiacente ad un campo di golf e con possibilità di gite a cavallo, un'antica casa padronale che conserva le sue caratteristiche originarie; mobili d'epoca negli interni.

VERUNO – Novara (NO) – 1 722 ab. – alt. 357 m – ✉ 28010 24 A3

Roma 650 – Stresa 23 – Domodossola 57 – Milano 78 – Novara 35 – Torino 109 – Varese 40

L'Olimpia AC VISA MO AE ① ₲

via Martiri 3 – ✆ 03 22 83 01 38 – Fax 03 22 83 01 38 – Chiuso dal 1° al 21 gennaio, dal 1° al 12 agosto e mercoledì

Rist – Carta 26/41 €

◆ Caldo e accogliente questo locale, che ha una sala al pianterreno tutta rivestita di legno e una tavernetta con volte in mattoni a vista; cucina soprattutto di pesce.

Come scegliere fra due strutture equivalenti?
In ogni categoria, hotel e ristoranti sono elencati per ordine di preferenza: ai primi posti, le scelte Michelin.

VERZUOLO – Cuneo (CN) – 561 I4 – 6 347 ab. – alt. 420 m – ✉ 12039 22 B3

Roma 668 – Cuneo 26 – Asti 82 – Sestriere 92 – Torino 58

La Scala

via Provinciale Cuneo 4 – ☎ 017 58 51 94 – ristorante.lascala@tiscalinet.it – Fax 017 58 51 94 – Chiuso dal 15 al 25 gennaio, dal 15 al 30 agosto e lunedì

Rist – (consigliata la prenotazione) Carta 30/44 €

◆ Nuova veste caratterizzata da una sobria eleganza nella sala luminosa. Dalla cucina proposte esclusivamente ittiche e giornaliere, secondo la disponibilità del mercato.

VESUVIO★★★ – Napoli – 564 E25 *Italia*

VETRIOLO TERME – Trento – Vedere Levico Terme

VEZZA D'ALBA – Cuneo (CN) – 561 H5 – 2 100 ab. – alt. 353 m – ✉ 12040 25 C2

Roma 641 – Torino 54 – Asti 30 – Cuneo 68 – Milano 170

Di Vin Roero

piazza San Martino 5 – ☎ 017 36 51 14 – Fax 01 73 65 81 11 – Chiuso lunedì e a mezzogiorno (escluso sabato e domenica)

4 cam – 42 € 52 € – ½ P 30/40 € – **Rist** – Carta 15/20 €

◆ Belle camere, pulite e luminose, all'interno di una risorsa ubicata nella parte alta della località. Gestione cordiale ed affidabile. Per chi cerca calma e relax. Informate atmosfera al ristorante, dove gustave una cucina genuina.

VEZZANO – Trento (TN) – 562 D14 – 1 975 ab. – alt. 385 m – ✉ 38070 30 B3

Roma 599 – Trento 11 – Bolzano 68 – Brescia 104 – Milano 197

Lago di Toblino★ S : 4 km

Fior di Roccia (Miori)

località Lon Nord-Ovest: 2,5 km, (trasferimento previsto 2° semestre 2007 a Trento ☎ 04 61 34 95 55) – ☎ 04 61 86 40 29 – Fax 04 61 34 06 40 – Chiuso aprile, maggio, domenica sera e lunedì

Rist – Carta 41/55 €

Spec. Carpaccio di "carne salada" con tartufo locale. Mezzelune agli spinaci uvetta e cioccolato speziato (maggio-luglio). Zuppa fredda di pomodoro con mozzarelline di bufala (estate).

◆ Si respira una cordiale e sana atmosfera familiare in questa casa di stile montano con balconi di legno, dove lo chef-titolare rivisita con estro le tradizioni trentine.

Al Vecchio Mulino

via Nazionale 1, Est : 2 km – ☎ 04 61 86 42 77 – Fax 04 61 34 06 12 – Chiuso dall'8 al 31 gennaio e mercoledì

Rist – Carta 28/40 €

◆ Situato sulla statale, è davvero un vecchio mulino trasformato in un ristorante di ambiente rustico, con dehors estivo; simpatico il laghetto per la pesca sportiva.

VEZZANO = VEZZAN – Bolzano – Vedere Silandro

VIADANA – Mantova (MN) – 561 H13 – 17 380 ab. – alt. 26 m – ✉ 46019 17 C3

Roma 458 – Parma 27 – Cremona 52 – Mantova 39 – Milano 149 – Modena 56 – Reggio nell'Emilia 33

Europa

rist,

vicolo Ginnasio 9 – ☎ 03 75 78 04 04 – info@hotelristeuropa.it – Fax 03 75 78 04 04 – Chiuso dal 24 dicembre al 6 gennaio ed agosto

17 cam – 59 € 88 € – ½ P 54/71 €

Rist *Simonazzi* – *(chiuso sabato a mezzogiorno e domenica sera)* Carta 27/42 €

◆ Nel centro della località, piccolo albergo a carattere familiare, che offre spazi comuni limitati, ma un confortevole settore notte rinnovato di recente negli arredi. Ampio e luminoso ristorante, condotto con passione direttamente dai proprietari.

a Cicognara **Nord-Ovest : 3 km – ✉ 46015**

La Vela
piazza Don Mazzolari 1 – ✆ 03 75 79 01 22 – hotelavela@libero.it – Fax 03 75 79 02 32 – Chiuso dal 20 dicembre al 7 gennaio
19 cam – 45 € 80 € – ½ P 60 € – **Rist** – *(chiuso domenica sera)* Carta 32/50 €
◆ Hotel a gestione diretta, completamente ristrutturato in anni recenti, ospitato all'interno di una gradevole palazzina. Confort adeguato alla categoria nelle camere. Il ristorante è il fiore all'occhiello dell'attività: sala elegante e bel dehors.

VIANO – Reggio Emilia (RE) – 562 I13 – 3 227 ab. – alt. 275 m – ✉ 42030 8 B2

Roma 435 – Parma 59 – Milano 171 – Modena 35 – Reggio nell'Emilia 22

La Capannina
via Provinciale 16 – ✆ 05 22 98 85 26 – info@capannina.net – Chiuso dal 24 dicembre al 6 gennaio, dal 17 luglio al 23 agosto, domenica e lunedì
Rist – Carta 26/36 €
◆ Sono trent'anni che la stessa famiglia gestisce questo locale, mantenendosi fedele ad una linea gastronomica che punta sulla tipicità delle tradizioni locali.

VIAREGGIO – Lucca (LU) – 563 K12 – 63 290 ab. – ✉ 55049 *Toscana* 28 B1

Roma 371 – La Spezia 65 – Pisa 21 – Bologna 180 – Firenze 97 – Livorno 39

viale Carducci 10 ✆ 0584 962233, apt@versilia.turismo.toscana.it, Fax 0584 47336 - Stazione ferroviaria (Pasqua-settembre) ✆ 0584 46382, stazione.vg@versilia.turismo.toscana.it, Fax 0584 430821

Pianta pagina seguente

Grand Hotel Principe di Piemonte
piazza Puccini 1 – ✆ 05 84 40 11 – info@principedipiemonte.com – Fax 05 84 40 18 03 120, Y **d**
91 cam – 200/300 € 260/450 € – 15 suites – ½ P 200/285 € – **Rist** – Carta 44/82 €
◆ Uno dei migliori alberghi della Versilia; rinnovato di recente offre camere raffinate ed accessoriate che presentano stili diversi: impero, coloniale, moderno, classico. Eleganza anche nel ristorante.

Plaza e de Russie 90,
piazza d'Azeglio 1 – ✆ 058 44 44 49 – info@plazaederussie.com – Fax 058 44 40 31
50 cam – 101/116 € 156/283 € – ½ P 110/204 € Z **t**
Rist ***La Terrazza*** – Carta 37/47 €
◆ Il primo albergo di Viareggio nel 1871 rimane ancora il luogo privilegiato di chi cerca fascino ed eleganza d'epoca uniti a moderni confort: per un soggiorno esclusivo. Grandi vetrate da cui contemplare il panorama nel raffinato roof-restaurant.

Grand Hotel Royal 300,
viale Carducci 44 – ✆ 058 44 51 51 – info@hotelroyalviareggio.it – Fax 058 43 14 38 – Febbraio-ottobre Z **g**
114 cam – 95/200 € 130/270 € – 2 suites – ½ P 130/250 € – **Rist** – Carta 60/75 €
◆ E' stata ristrutturata negli ultimi anni questa maestosa costruzione con torrette, tipica degli anni '20, che dispone di ampi spazi comuni e di giardino con piscina. Elegante sala ristorante con suggestivi richiami allo stile Liberty.

President rist,
viale Carducci 5 – ✆ 05 84 96 27 12 – info@hotelpresident.it – Fax 05 84 96 36 58
50 cam – 145/255 € 170/280 € – ½ P 110/180 € – **Rist** – *(aprile-ottobre)* Menu 25/40 € **a**
◆ Raffinata risorsa di tono in un importante edificio sul lungomare, totalmente ristrutturato negli anni '90; sobrietà nelle camere e sala ristorante di taglio classico.

London senza rist
viale Manin 16 – ✆ 058 44 98 41 – info@hotellondon.it – Fax 058 44 75 22
33 cam – 90 € 150 € Z **s**
◆ In una palazzina in stile liberty, hotel familiare nel tono dell'accoglienza e del servizio, ma curato e ben dotato nel confort delle camere e delle ampie zone comuni.

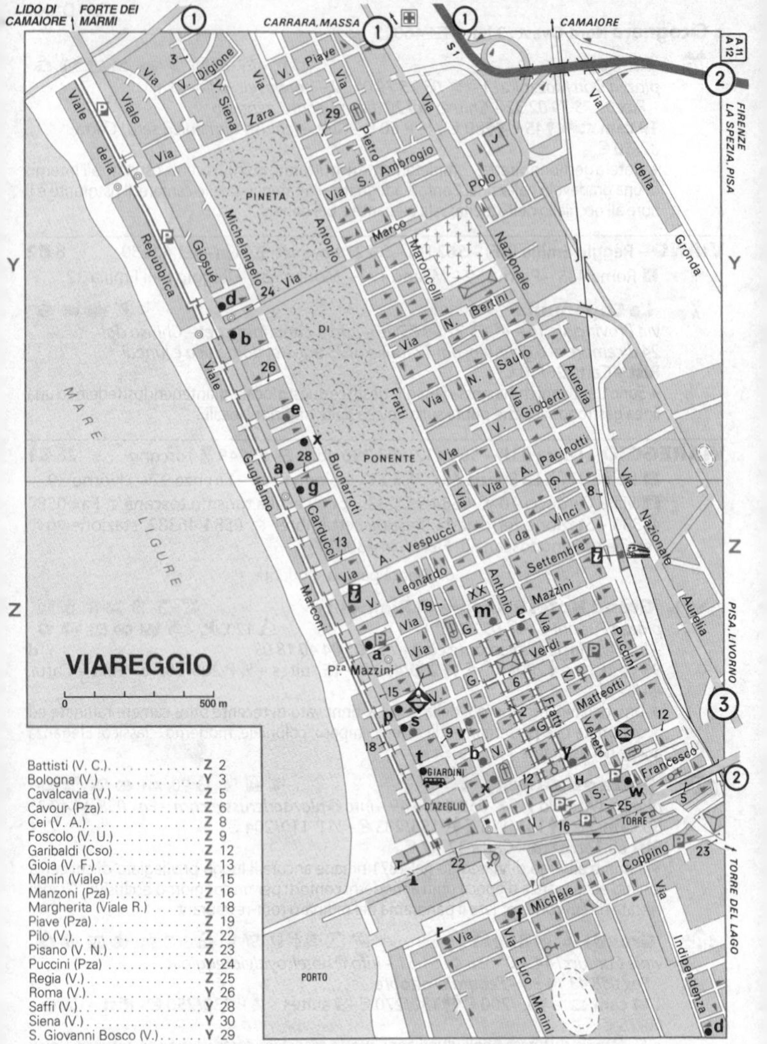

VIAREGGIO

Villa Tina senza rist

via Aurelio Saffi 2 – ✆ 058 44 44 50 – info@villatinahotel.it – Fax 058 44 44 50 – Febbraio-marzo e 15 aprile-15 ottobre Y **a**

14 cam – †80/140 € ††90/210 €, ☕ 15 €

♦ Sul lungomare, una villa liberty ristrutturata, con arredi in stile nei confortevoli interni comuni e nelle spaziose camere, ma con accessori moderni nei bagni.

Eden senza rist

viale Manin 27 – ✆ 058 43 09 02 – info@hoteleden-viareggio.it – Fax 05 84 96 38 07 – Chiuso dal 15 novembre al 15 dicembre Z **p**

42 cam ☕ – †60/95 € ††100/140 €

♦ Una struttura di taglio moderno e buona funzionalità, costantemente aggiornata, adatta a clientela sia turistica che di lavoro; mobili di legno chiaro nelle stanze.

Dei Cantieri senza rist
via Indipendenza 72 – ✆ 05 84 38 81 12 – Fax 05 84 38 85 61 Z **d**
7 cam ☕ – ♦64 € ♦♦94 €
◆ Di fronte alla pineta, due villette d'epoca ristrutturate e in mezzo un giardino, dove d'estate si fa colazione; camere di ottimo livello, superiori alla categoria.

Arcangelo rist, VISA AE
via Carrara 23 – ✆ 058 44 71 23 – hotelarcangelo@interfree.it – Fax 058 44 73 14 – Febbraio-settembre Y **x**
19 cam – ♦70/80 € ♦♦90 €, ☕ 7 € – ½ P 80 € – **Rist** – *(chiuso sino a maggio)* (solo per alloggiati)
◆ Ospitalità familiare e intima ambientazione da casa privata in una palazzina d'epoca in posizione tranquilla; piacevole spazio relax all'aperto e camere accoglienti.

Lupori senza rist
via Galvani 9 – ✆ 05 84 96 22 66 – info@luporihotel.it – Fax 05 84 96 22 67
19 cam – ♦60/65 € ♦♦80/90 €, ☕ 8 € Z **w**
◆ Gestita da 40 anni dalla stessa famiglia, una risorsa con spazi comuni ridotti, ma grandi camere accoglienti: quelle al 2° piano hanno il terrazzo, d'estate attrezzato.

L'Oca Bianca
via Coppino 409 – ✆ 05 84 38 84 77 – oca-bianca@tiscali.it – Fax 05 84 39 75 68 – Chiuso martedì e a mezzogiorno escluso domenica Z **r**
Rist – Carta 44/64 €
◆ La suggestiva vista del porto attraverso le ampie vetrate di questo locale elegante farà da indovinata cornice alla vostra degustazione di un'appetitosa cucina di pesce.

Romano (Checchi)
via Mazzini 120 – ✆ 058 43 13 82 – info@romanoristorante.it – Fax 05 84 42 64 48 – Chiuso dal 7 al al 27 gennaio e lunedì, anche martedì a mezzogiorno in luglio-agosto Z **m**
Rist – Carta 45/79 €
Spec. Passatina di pomodoro, fagiolini verdi, scampi dell'alto Tirreno (estate). Tagliatelle al nero di seppia con scampi, calamaretti e carciofi (inverno). Tegamino di pesce alla viareggina.
◆ Centrale, presso la stazione, è un'intera famiglia che si occupa di un locale solare e moderno. Dalla cucina, i classici di pesce e qualche piatto di carne.

Il Porto
via Coppino 118 – ✆ 05 84 38 38 78 – infodesk@alporto.it – Fax 05 84 38 82 93 – Chiuso novembre, dal 7 al 31 gennaio, domenica e lunedì a mezzogiorno
Rist – Carta 42/64 € Z **f**
◆ Nuova sede per questo ristorante che resta comunque in zona portuale; ambiente arredato semplicemente in cui gustare prodotti ittici preparati in maniera classica.

Mirage con cam cam,
via Zanardelli 12/14 – ✆ 058 43 22 22 – info@hotelmirageviareggio.it – Fax 058 43 03 48 – Chiuso dal 7 gennaio a Carnevale Z **s**
22 cam ☕ – ♦90 € ♦♦140 € – **Rist** – *(chiuso martedì)* Carta 35/60 €
◆ In posizione centrale, è un ristorante classico, ma di tono moderno, con affezionata clientela abituale; le proposte sono nazionali e locali, con specialità di pesce.

Pino
via Matteotti 18 – ✆ 05 84 96 13 56 – Fax 05 84 43 54 42 – Chiuso dal 20 dicembre al 20 gennaio, mercoledì e giovedì a mezzogiorno; in luglio-agosto aperto solo la sera Z **b**
Rist – Carta 53/80 €
◆ E' sardo il titolare di questo locale tradizionale da poco ristrutturato con eleganza, la cui linea gastronomica è quella marinaresca, con predilezione per i crostacei.

Da Remo 20/30,
via Paolina Bonaparte 47 – ✆ 058 44 84 40 – Fax 058 44 84 40 – Chiuso dal 5 al 25 ottobre e lunedì Z **x**
Rist – Carta 41/53 €
◆ Conduzione familiare e impostazione classica in un curato ristorante del centro, che propone tradizionali preparazioni di cucina ittica, con prodotti di qualità.

Il Garibaldino
via Fratti 66 – 05 84 96 13 37 – info@ristoranteilgaribaldino.com – Fax 05 84 96 13 37 – Chiuso a mezzogiorno (escluso sabato-domenica) da giugno a settembre,lunedì e martedì a mezzogiorno negli altri mesi Z y
Rist – Carta 28/46 €
◆ Gestione giovane e dinamica in un locale di tradizione, tra i più vecchi di Viareggio, frequentato da habitué; tradizione anche in cucina, che è quella locale, di mare.

Cabreo
via Firenze 14 – 058 45 46 43 – Chiuso novembre e lunedì Y e
Rist – Carta 30/59 €
◆ Impostazione classica nelle due luminose sale di questo ristorante, a gestione familiare, che propone i suoi piatti secondo la disponibilità del pescato giornaliero.

Da Giorgio 8,
via Zanardelli 71 – 058 44 44 93 – Chiuso dal 24 dicembre al 5 gennaio e dal 10 al 20 ottobre Z v
Rist – Carta 45/60 €
◆ Dediche di ospiti illustri e quadri alle pareti in una simpatica ambientazione di tono familiare; pesce fresco in esposizione con bella scelta di crostacei.

Il Puntodivino 20,
via Mazzini 229 – 058 43 10 46 – niste2@virgilio.it – Fax 058 43 10 46 – Chiuso a mezzogiorno in luglio-agosto e lunedì negli altri mesi Z c
Rist – Carta 30/40 €
◆ Giovane gestione in un ristorante con enoteca: a pranzo piatti del giorno proposti su una lavagna, la sera l'offerta è più ampia e c'è anche il menù degustazione.

VIAROLO – Parma (PR) – 562 H12 – alt. 41 m – 43010 8 A3

Roma 465 – Parma 11 – Bologna 108 – Milano 127 – Piacenza 67 – La Spezia 121

Gelmino
via Cremonese 161 – 05 21 60 51 23 – rist.gelmino@libero.it – Fax 05 21 39 24 91 – Chiuso dal 16 al 23 luglio, dal 16 agosto al 3 settembre, domenica sera e lunedì
Rist – Carta 24/36 €
◆ E' molto frequentato da clienti abituali, soprattutto di lavoro, per il piacevole ambiente familiare e la casalinga cucina del territorio; d'estate si mangia all'aperto.

VIBO VALENTIA P (VV) – 564 K30 – 33 782 ab. – alt. 476 m – 89900 5 A2

Roma 613 – Reggio di Calabria 94 – Catanzaro 69 – Cosenza 98 – Gioia Tauro 40

via Forgiari 20 0963 42008, aptvv@tiscali.it, Fax 0963 44318

501 Hotel rist, 350,
viale Bucciarelli Nord : 1 km – 096 34 39 51 – info@501hotel.it – Fax 096 34 34 00
121 cam – 100/118 € 136/160 € – 3 suites – ½ P 88/100 € – **Rist** – Carta 30/45 €
◆ Panoramico, con vista sul golfo di S.Eufemia, un albergo di recente rinnovato, con zone comuni ben distribuite e di confort superiore; tonalità marine nelle belle camere. Rilassanti tinte pastello e ambientazione moderna nella signorile sala ristorante.

La Locanda Daffinà-Palazzo d'Alcontres con cam
via Murat 2 – 09 63 47 26 69 – info@lalocandadaffina.it – Fax 09 63 54 10 25 – Chiuso Natale e Ferragosto
9 cam – 70 € 130 € – ½ P 90/100 € – **Rist** – *(chiuso domenica sera)* Carta 39/60 €
◆ All'interno di un palazzo nobiliare del '700, questo locale rimane un punto di riferimento nel panorama della ristorazione cittadina. Veranda affacciata sul centro.

a Vibo Valentia Marina Nord : 10 km – 89811

Cala del Porto 90,
I Traversa via Roma – 09 63 57 77 62 – info@caladelporto.com – Fax 09 63 57 77 63
30 cam – 95 € 130 € – 3 suites
Rist L'Approdo – vedere selezione ristoranti
◆ Signorile struttura di recente realizzazione, che dispone di grandi spazi comuni e di un settore notte moderno e dotato di tutti i confort; attrezzature per congressi.

XXX **L'Approdo** - Hotel Cala del Porto 10/30,
via Roma 22 – ✆ 09 63 57 26 40 – info@lapprodo.com – Fax 09 63 57 26 40
Rist – Carta 46/66 €
◆ Indiscutibile la qualità del pesce per una cucina di alto livello, classica e fantasiosa, da gustare in un ambiente di sobria e curata eleganza moderna; dehors estivo.

X **Maria Rosa**
via Toscana 13/15 – ✆ 09 63 57 25 38 – Fax 09 63 57 25 38 – Chiuso dal 15 dicembre al 15 gennaio e lunedì (escluso dal 15 giugno al 15 settembre)l 15 settembre)
Rist – Carta 19/28 €
◆ In una villetta rosa anni '20, sale interne di semplice essenzialità e una piacevole terrazza per il servizio estivo; i sapori sono prevalentemente quelli del mare.

VICCHIO – Firenze (FI) – 563 K16 – 7 516 ab. – alt. 203 m – ✉ 50039

Toscana 29 **C1**

Roma 301 – Firenze 32 – Bologna 96

XX **L'Antica Porta di Levante** 18,
piazza Vittorio Veneto 5 – ✆ 055 84 40 50 – info@anticaportadilevante.it – Fax 055 84 40 50 – Chiuso lunedì e sabato a mezzogiorno da giugno a settembre
Rist – Carta 24/38 €
◆ Storica locanda di posta, nel centro della località, dotata di una caratteristica saletta in pietra, di una sala molto luminosa e di una gradevole veranda estiva con pergolato.

X **La Casa di Caccia**
località Roti Molezzano Nord 8,5 km – ✆ 05 58 40 76 29 – info@ristorantelacasadicaccia.com – Fax 05 58 40 70 07 – Chiuso martedì escluso dal 15 maggio al 15 settembre
Rist – Carta 30/37 €
◆ Un villino con due gioielli per apprezzare ogni stagione: una splendida terrazza panoramica e un'intima saletta interna riscaldata da uno scoppiettante caminetto.

a Campestri Sud : 5 km – ✉ 50039 – Vicchio

Villa Campestri rist,
via di Campestri 19/22 – ✆ 05 58 49 01 07 – villa.campestri@villacampestri.it – Fax 05 58 49 01 08 – 15 marzo-15 novembre
20 cam – †110/150 € ††144/210 € – 2 suites – ½ P 108/157 € – **Rist** – Carta 41/57 €
◆ La natura e la storia della Toscana ben si amalgamano in questa villa trecentesca, su un colle in un parco con piscina e maneggio; suggestivi, raffinati interni d'epoca. Elegante ambientazione d'epoca anche nelle sale del ristorante. Ricca oleoteca.

VICENO – Verbania – 561 D6 – Vedere Crodo

VICENZA P (VI) – 562 F16 – 111 409 ab. – alt. 40 m – ✉ 36100 *Italia* 37 A1

Roma 523 – Padova 37 – Milano 204 – Verona 51

piazza Matteotti 12 ✆ 0444 320854, iat.vicenza1@provincia.vicenza.it, Fax 0444 327072 - piazza dei Signori 8 ✆ 0444 544122, iat.vicenza2@provincia.vicenza.it, Fax 0444 325001

Colli Berici, a Brendola, ✆ 0444 60 17 80 ; , Ovest : 7 km, ✆ 044 34 04 48.

Manifestazioni locali 14.01. - 21.01. : vicenzaoro 1 (mostra internazionale oreficeria ecc.)12.05. - 16.05. : vicenzaoro 2 (mostra internazionale oreficeria ecc.)

Teatro Olimpico★★BY **A** : scena★★★ – Piazza dei Signori★★BYZ **34** : Basilica★★BZ **B** Torre Bissara★BZ **C**, Loggia del Capitanio★BZ **D** – Museo Civico★BY **M** : Crocifissione★★ di Memling – Battesimo di Cristo★★ del Bellini, Adorazione dei Magi★★ del Veronese, soffitto★ nella chiesa della Santa Corona BY **E** – Corso Andrea Palladio★ABYZ – Polittico★ nel Duomo AZ **F** – Villa Valmarana "ai Nani"★★ : affreschi del Tiepolo★★★ per ④ : 2 km – La Rotonda★ del Palladio per ④ : 2 km – Basilica di Monte Berico★ : ✻★★ 2 km BZ

Pianta pagina seguente

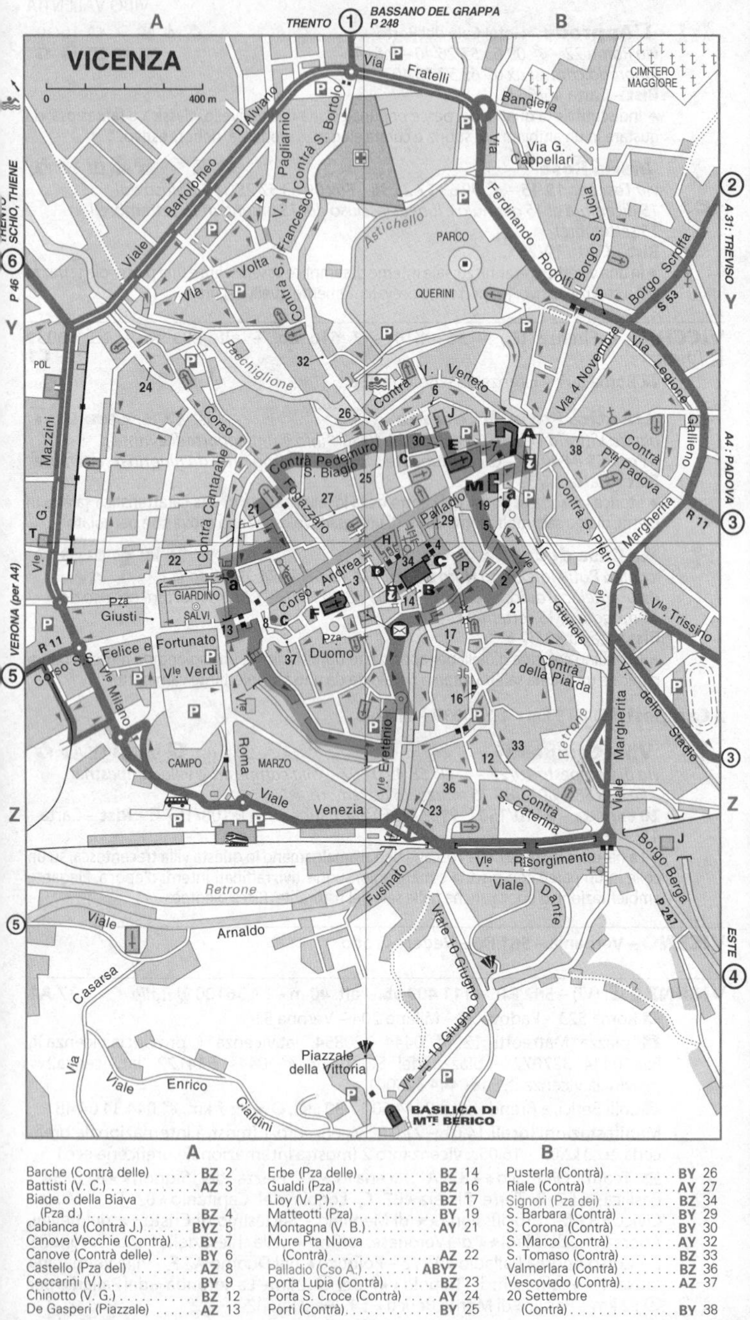

VICENZA
400 m
TRENTO
BASSANO DEL GRAPPA
P 248
A
B
Y
Z
CIMITERO MAGGIORE
A 31: TREVISO
A4 : PADOVA
ESTE
P 247
TRENTO
SCHIO, THIENE
P 46
VERONA (per A4)
R 11
S 53
Via Fratelli Bandiera
Via G. Cappellari
Viale D'Alviano
Viale Bartolomeo
Via Volta
V. Pagliarnio
Contrà S. Bortolo
Contrà S. Francesco
Astichello
PARCO QUERINI
Via Ferdinando Rodolfi
Borgo S. Lucia
Borgo Scroffa
Via 4 Novembre
Via Legione Gallieno
Contrà V. Veneto
Bacchiglione
Corso Fogazzaro
Contrà Pedemuro S. Biagio
Contrà Cantarane
Mazzini
V.le G.
POL
GIARDINO SALVI
Pza Giusti
Corso Andrea Palladio
Pza Duomo
Contrà S. Pietro
Contrà Pta Padova
Margherita
V.le Trissino
V.le Giuriolo
Contrà della Piarda
V. dello Stadio
Viale Margherita
Retrone
Contrà S. Caterina
Borgo Berga
Corso S.S. Felice e Fortunato
V.le Verdi
V.le Milano
CAMPO MARZO
Viale Roma
Viale Venezia
V.le Eretenio
V.le Risorgimento
Viale Dante
Fusinato
Viale Arnaldo
Viale 10 Giugno
Casarsa
Via
Viale Enrico Cialdini
Piazzale della Vittoria
BASILICA DI M.te BERICO

Jolly Hotel Tiepolo cam, 250,
viale S. Lazzaro 110, 2 km per ⑤ – ✆ 04 44 95 40 11
– vicenza_tiepolo@jollyhotels.com – Fax 04 44 96 61 11
115 cam – 255/295 € – ½ P 152/172 €
Rist *Le Muse* – *(chiuso dal 23 dicembre al 7 gennaio ed agosto)* Carta 34/45 €
◆ Inaugurata nel 2000, risorsa moderna di sobria eleganza, che coniuga funzionalità e confort ad alto livello; spazi comuni articolati e camere ottimamente insonorizzate. Una luminosa sala di signorile ambientazione moderna per il ristorante.

Da Porto senza rist
viale del Sole 142, 1 km per ⑥ – ✆ 04 44 96 48 48 – info@hoteldaporto.com
– Fax 04 44 96 48 52
72 cam – 92/199 € 110/225 €
◆ Edificati in una zona verde in una audace architettura, i due moderni edifici ospitano spazi confortevoli con corridoi in marmo ed arredi su misura nelle accoglienti camere.

Giardini senza rist 30,
viale Giuriolo 10 – ✆ 04 44 32 64 58 – info@hotelgiardini.com
– Fax 04 44 32 64 58 – Chiuso dal 23 dicembre al 2 gennaio, dal 6 al 22 agosto BY **a**
17 cam – 130 € 150 €
◆ Piccolo albergo che, dopo la ristrutturazione, offre soluzioni moderne di buon confort sia nelle zone comuni, ridotte, ma ben articolate, sia nelle lineari camere.

Antico Ristorante Agli Schioppi
contrà piazza del Castello 26 – ✆ 04 44 54 37 01 – info@ristoranteaglischioppi.com – Fax 04 44 54 37 01 – Chiuso dal 1° al 6 gennaio, dal 20 luglio al 15 agosto, sabato sera edomenica AZ **c**
Rist – Carta 25/32 €
◆ Mobili di arte povera nell'ambiente caldo e accogliente di uno storico locale della città, rustico, ma con tocchi di eleganza; la cucina segue le tradizioni venete.

Da Biasio 10/12,
viale 10 Giugno 172 – ✆ 04 44 32 33 63 – info@ristorantedabiasio.it
– Fax 04 44 32 68 39 – Chiuso dal 27 dicembre al 2 gennaio, dall'11 al 17 agosto, dal 23 ottobre al 5 novembre, sabato a mezzogiorno e lunedì BZ
Rist – Carta 30/60 €
◆ Gestione giovane, competente e appassionata per un locale piacevole, con camino per l'inverno e terrazza panoramica per la bella stagione. Cucina del territorio rivisitata.

Giardinetto 10,
viale del Sole 142, 1 km per ⑥ – ✆ 04 44 96 61 33 – info@ristorantegiardinetto.com – Fax 04 44 28 18 62 – Chiuso domenica sera e lunedì
Rist – Carta 31/52 €
◆ Accanto all'hotel Da Porto, in posizione decentrata, un'abile ed esperta gestione che garantisce preparazioni affidabili, per una cucina veneta con aperture nazionali.

Storione 6/20,
via Pasubio 62/64, 2 km per ⑤ – ✆ 04 44 56 65 06 – info@ristorantestorione.it
– Fax 04 44 57 16 44 – Chiuso domenica
Rist – Carta 36/58 €
◆ Il nome fa intuire qual è la linea di cucina, solo di pesce secondo la disponibilità dei mercati ittici; luminosa sala di taglio classico e tono signorile, con veranda.

Al Pestello
contrà Santo Stefano 3 – ✆ 04 44 32 37 21 – al-pestello@libero.it
– Fax 04 44 32 37 21 – Chiuso dal 15 al 30 maggio e dal 1° al 15 ottobre
Rist – Carta 24/41 € BY **c**
◆ L'indirizzo giusto per assaporare la vera cucina veneta, e vicentina in particolare, con tanto di menù in dialetto, è questa piccola trattoria con dehors estivo.

Ponte delle Bele 8/30,
contrà Ponte delle Bele 5 – ✆ 04 44 32 06 47 – pontedellebele@libero.it
– Fax 04 44 32 06 47 – Chiuso dal 17 al 24 giugno, dal 5 al 19 agosto e domenica
Rist – Carta 23/30 € AZ **a**
◆ Una trattoria tipica, specializzata in piatti trentini e sudtirolesi; l'ambientazione, d'impronta rustica e con arredi di legno chiaro, è in sintonia con la cucina.

in prossimità casello autostrada A 4 - Vicenza Ovest per ⑤ : 3 km :

Alfa Fiera Hotel senza rist — 500,
via dell'Oreficeria 50 ✉ 36100 – ✆ 04 44 56 54 55
– info@alfafierahotel.it – Fax 04 44 56 60 27
90 cam – 72/230 € 92/270 € – 2 suites
◆ Nei pressi della Fiera, struttura di taglio moderno, che si estende in orizzontale, adatta a clientela di passaggio e congressuale, visto l'attrezzato centro convegni.

in prossimità casello autostrada A 4-Vicenza Est per ③ : 7 km :

Viest Hotel — cam, rist, 200,
strada Pelosa 241 ✉ 36100 – ✆ 04 44 58 26 77
– info@viest.it – Fax 04 44 58 24 34
98 cam – 90/200 € 100/240 € – 4 suites – ½ P 70/150 € – **Rist** – *(chiuso Natale, agosto, sabato e domenica)* Menu 22/35 €
◆ In zona commerciale, le camere sono distribuite in tre diverse palazzine collegate da corridoi, secondo criteri di confort crescente. Il ristorante si segnala per l'ottimo rapporto qualità/prezzo, cucina tradizionale e pizza.

Victoria — rist, 50,
strada padana verso Padova 52 ✉ 36100 – ✆ 04 44 91 22 99 – info@hotelvictoriavicenza.com – Fax 04 44 91 25 70
123 cam – 59/127 € 76/176 € – **Rist** – Carta 22/34 €
◆ Adiacente ad un centro commerciale, una risorsa di taglio moderno, che offre anche soluzioni in appartamenti; camere spaziose, alcune con un livello di confort elevato. Per i pasti, una sala sobria e moderna con grandi vetrate.

Da Remo — 14/20,
via Caimpenta 14 ✉ 36100 – ✆ 04 44 91 10 07 – daremo@tin.it
– Fax 04 44 91 18 56 – Chiuso dal 23 dicembre al 6 gennaio, agosto, domenica sera e lunedì; in luglio anche domenica a mezzogiorno
Rist – Carta 29/39 €
◆ Soffitti con travi a vista nelle sale, di cui una con camino, in questo ristorante rustico-signorile in una casa colonica con ampio spazio all'aperto per il servizio estivo.

Prima colazione compresa?
Cercate la tazza, dopo il numero di camere.

VICO EQUENSE – Napoli (NA) – 564 F25 – 20 402 ab. – ✉ 80069 Italia 6 B2

Roma 248 – Napoli 40 – Castellammare di Stabia 10 – Salerno 41 – Sorrento 9
via San Ciro 16 ✆ 081 8015752, acst.vicoequense@libero.it, Fax 081 8799351
Monte Faito★★ : ✻★★★ dal belvedere dei Capi e ✻★★★ dalla cappella di San Michele Est : 14 km

Antica Osteria Nonna Rosa
via privata Bonea 4, località Pietrapiano Est : 2 km – ✆ 08 18 79 90 55
– Chiuso luglio, agosto, mercoledì, domenica sera e a mezzogiorno (escluso sabato-domenica)
Rist – Carta 44/66 €
◆ Verso il Monte Faito, atmosfera di calda rusticità in una bella casa settecentesca, con numerose suppellettili di cucina. Troverete piatti tradizionali di terra e di mare.

a Marina Equa Sud : 2,5 km – ✉ 80069 – Vico Equense

Eden Bleu — rist,
via Murrano 17 – ✆ 08 18 02 85 50 – edenbleuhotel@libero.it – Fax 08 18 02 85 74 – Aprile-ottobre
17 cam – 75/100 € 100/160 € – ½ P 70/100 € – **Rist** – Menu 18/30 €
◆ Piccola, ma graziosa risorsa, a gestione familiare, situata a pochi metri dal mare, dispone di stanze funzionali e pulite e di appartamenti per soggiorni settimanali. Ambientazione di stile moderno nell'accogliente sala da pranzo.

Torre del Saracino (Esposito)
via Torretta 9 – 08 18 02 85 55 – info@torredelsaracino.it – Fax 08 18 02 85 55 – Chiuso dal 20 gennaio al 12 febbraio, domenica sera e lunedì
Rist – Carta 52/78 €
Spec. Cappesante con pesto di olive nere di Gaeta e salsa all'arancia. Gnocchi ripieni di gamberi rossi e caciocavallo con salsa di vongole e zucchine. Mela annurca al profumo di esperidi (agrumi) e cialda fondente.
♦ Sotto l'omonima torre, è un semplice e gradevole locale in legno. Ma è il giovane cuoco che ormai giganteggia personalizzando una straordinaria cucina di pesce.

sulla strada statale 145 Sorrentina

Capo la Gala — mare, rist, rist,
strada Statale Sorrentina 145 km 14,500 – 08 18 01 57 58 – info@hotelcapolagala.com – Fax 08 18 79 87 47 – 15 marzo-15 novembre
18 cam – 220/300 € – ½ P 145/185 € – **Rist** – Carta 43/63 €
♦ Ben "mimetizzato" tra le rocce e la vegetazione, panoramico albergo sulla scogliera, con ampi spazi esterni per godersi sole e mare; mobili in midollino nelle camere. Sala ristorante dalle rustiche pareti con pietre a vista e veduta del paesaggio marino.

Mega Mare — mare, rist,
località Punta Scutolo Ovest : 4,5 km ✉ 80069 – 08 18 02 84 94 – info@hotelmegamare.com – Fax 08 18 02 87 77
29 cam – 90 € 150 € – **Rist** – Menu 20 €
♦ Hotel realizzato negli anni '90 in eccezionale posizione panoramica a picco sul mare; mobili artigianali e piastrelle di Vietri nelle camere, tutte con balcone e vista. Per i pasti, un'elegante sala affacciata sul golfo di Sorrento ed ampi spazi per cerimonie, meeting e congressi.

a Moiano Sud-Est : 8 km – ✉ 80060

Agriturismo La Ginestra
località Santa Maria del Castello Sud : 2,5 km – 08 18 02 32 11 – info@laginestra.org – Fax 08 18 02 32 11
8 cam – 50 € 90 € – ½ P 90 € – **Rist** – Menu 16/20 €
♦ Un po' di pazienza per raggiungere, sotto le alte cime del Monte Faito, una casa colonica del '700 restaurata con camere semplici e spaziose. Sentieri per passeggiate. Comodi sulle verdi seggiole per gustare la cucina tipica locale, alla scoperta della cultura contadina.

VICOMERO – Parma – Vedere Torrile

VIDICIATICO – Bologna – 563 J14 – Vedere Lizzano in Belvedere

VIESTE – Foggia (FG) – 564 B30 – 13 566 ab. – ✉ 71019 *Italia* 26 B1

Roma 420 – Foggia 92 – Bari 179 – San Severo 101 – Termoli 127
piazza Kennedy 0884 708806
★ sulla cala di San Felice dalla Testa del Gargano Sud : 8 km
Strada panoramica★★ per Mattinata Sud-Ovest

Degli Aranci — rist, 250,
piazza Santa Maria delle Grazie 10 – 08 84 70 85 57 – info@hotelaranci.com – Fax 08 84 70 73 26 – Marzo-ottobre
121 cam – 56/140 € 91/215 € – ½ P 64/145 € – **Rist** – *(aprile-ottobre)* Menu 25/35 €
♦ Poco distante dal mare, un hotel dalla calorosa accoglienza che dispone di ariosi e freschi spazi comuni e funzionali camere caratterizzate da differenti tipologie di arredo. Una ampia sala ristorante di tono classico propone piatti lievemente rivisitati ed è particolarmente adatta per allestire anche banchetti.

Seggio
via Veste 7 – 08 84 70 81 23 – info@hotelseggio.it – Fax 08 84 70 87 27 – Aprile-ottobre
30 cam – 50/70 € 95/140 € – ½ P 87 € – **Rist** – Carta 27/37 €
♦ Sito sul costone di roccia ma contemporaneamente in pieno centro storico, l'hotel è stato realizzato tra le mura di vecchie case e propone camere dagli arredi lineari. Nella piccola sala ristorante, i piatti della tradizione italiana.

Bikini
via Massimo d'Azeglio 13/a – ✆ 08 84 70 15 45 – bikinihotel@virgilio.it – Fax 08 84 70 15 45 – Pasqua-15 ottobre
32 cam – 40/70 € 65/130 € – ½ P 50/90 € – **Rist** – (solo per alloggiati)
◆ Contemporaneamente vicino alla spiaggia, al faraglione di Pizzomunno e al centro della città, una risorsa moderna di sobrie dimensioni con camere funzionali e luminose.

Svevo
via Fratelli Bandiera 10 – ✆ 08 84 70 88 30 – infotiscali@hotelsvevo.com – Fax 08 84 70 88 30 – 30 maggio-15 ottobre
30 cam – 70/145 € – ½ P 49/85 € – **Rist** – *(giugno-settembre)* (solo per alloggiati)
◆ In posizione tranquilla in prossimità dell'antica dimora di Federico II di Svevia, l'hotel dispone di camere semplici e funzionali e di un'ampia terrazza-solarium con piscina.

Punta San Francesco senza rist
via San Francesco 2 – ✆ 08 84 70 14 22 – scalanim@tiscalinet.it – Fax 08 84 70 14 24 – Chiuso dal 10 gennaio al 20 febbraio
14 cam – 45/75 € 70/120 €
◆ Sito sulla punta del promontorio, è stato ricavato da vecchi mulini ed offre spazi confortevoli arredati in modo classico e arte povera. Terrazza solarium con vista mare.

Al Dragone 20,
via Duomo 8 – ✆ 08 84 70 12 12 – troianopa@aliceposta.it – Fax 08 84 70 12 12 – Aprile-21 ottobre; chiuso martedì in aprile-maggio e ottobre
Rist – Carta 28/45 €
◆ Un ambiente caratteristico ricavato all'interno di una grotta naturale; sulla tavola i sapori tipici regionali tra piatti di carne o di pesce ed una buona scelta di vini.

Vecchia Vieste
via Mafrolla 32 – ✆ 08 84 70 70 83 – Chiuso da dicembre a febbraio
Rist – Carta 24/38 €
◆ Sito nel centro storico, un piacevole locale ricavato negli spazi dove sorgevano vecchie cantine, delle quali conserva muri e volte in pietra, dove gustare piatti di pesce.

a Lido di Portonuovo Sud-Est : 5 km – ✉ 71019 – Vieste

Portonuovo
litoranea Sud: 4 km – ✆ 08 84 70 65 20 – info@hotelportonuovo.it – Fax 08 84 70 56 16 – 15 maggio-15 settembre
56 cam – 55/140 € 70/180 € – ½ P 52/107 € – **Rist** – (solo per alloggiati)
◆ Abbracciato da una piacevole pineta, l'hotel si trova a pochi passi dal mare e propone spazi comuni ampi e discretamente eleganti, camere confortevoli dall'arredo ligneo.

Gargano rist,
litoranea Sud: 4 km – ✆ 08 84 70 09 11 – info@hotelgargano.it – Fax 08 84 70 09 12 – Aprile-settembre
76 cam – 50/100 € 80/160 € – ½ P 50/105 € – **Rist** – (solo per alloggiati)
◆ Incorniciato dalla fresca pineta e situato sulla baia di Portonuovo, un hotel con luminosi ambienti in stile mediterraneo, lineari e semplici negli arredi.

VIGANÒ – Lecco (LC) – 561 E9 – 1 784 ab. – alt. 395 m – ✉ 23897 18 B1

Roma 607 – Como 30 – Bergamo 33 – Lecco 20 – Milano 38

Pierino Penati 30,
via XXIV Maggio 36 – ✆ 039 95 60 20 – ristorante@pierinopenati.it – Fax 03 99 21 72 18 – Chiuso domenica sera e lunedì
Rist – Carta 51/91 €
Spec. Risotto con pomodoro verde e cicorino, formaggio ai fiori di campo. Grande bollito misto di mare con condimenti. Tortino di rabarbaro e croccante, sorbetto alla lavanda.
◆ La cura del ristorante si intuisce sin dal giardino esterno per proseguire nell'elegante sala con veranda all'interno. Qualche piatto della tradizione lombarda, carne e pesce.

VIGANO – Milano – 561 F9 – Vedere Gaggiano

VIGARANO MAINARDA – Ferrara (FE) – 562 H16 – **6 621** ab. – alt. **11** m – ✉ 44049 9 **C1**

Roma 424 – Bologna 52 – Ferrara 13 – Modena 65 – Rovigo 45

Antico Casale senza rist
via Rondona 11/1 – ☎ 05 32 73 70 26 – reception@hotelanticocasale.it – Fax 05 32 73 70 26 – Chiuso dal 5 al 19 agosto
17 cam – †75 € ††110 € – 2 suites
♦ Un vecchio casale di campagna, sapientemente ristrutturato, divenuto ora un accogliente albergo; all'interno curati ambienti in stile rustico e camere lineari.

VIGEVANO – Pavia (PV) – 561 G8 – **59 561** ab. – alt. **116** m – ✉ 27029
Italia 16 **A3**

Roma 601 – Alessandria 69 – Milano 35 – Novara 27 – Pavia 37 – Torino 106 – Vercelli 44

c/o Municipio - Corso Vittorio Emanuele 29 ☎ 0381 299282
, Sud-Est : 3 km, ☎ 0381 34 66 28.
Piazza Ducale★★

I Castagni (Gerli) 8,
via Ottobiano 8/20, Sud : 2 km – ☎ 038 14 28 60 – info@ristoranteicastagni.com – Fax 03 81 34 62 32 – Chiuso una settimana in gennaio, tre settimane in agosto, domenica sera, lunedì e martedì a mezzogiorno
Rist – Carta 43/59 €
Spec. Pallottina di storione ripiena di gambero di fiume e guanciale di maiale, biete in zimino, caviale sevruga. Tortelloni ripieni di lumache e patate, guazzetto di sedano e prezzemolo con sugo di cosce di rana (primavera-estate). Maialino disossato ed arrostito al miele, bottaggio di verza alla mela verde, fondo ristretto di piedino (inverno).
♦ Nascosto tra viuzze e villette, locale di calda eleganza. Lei in sala con garbo professionale, lui in cucina con intelligente vena creativa: il risultato non vi deluderà.

Da Maria
corso Milano 200 – ☎ 03 81 34 74 29 – info@damaria.com – Fax 03 81 34 97 57 – Chiuso una settimana in gennaio, agosto, mercoledì e domenica sera
Rist – Carta 34/46 €
♦ Un giovane imprenditore ha lasciato gli affari e si dedica con entusiasmo alla ristorazione. Il risultato è un locale accogliente e gestito con passione paricolare.

Da Maiuccia 20,
via Sacchetti 10 – ☎ 038 18 34 69 – info@damaiuccia.it – Fax 038 18 34 69 – Chiuso dal 24 al 30 dicembre, agosto, domenica sera e lunedì
Rist – Carta 27/65 €
♦ Il pesce fresco in esposizione all'ingresso è una presentazione invitante per questo frequentato ristorante signorile. Rapporto qualità/prezzo ottimale.

VIGGIANELLO – Potenza (PZ) – 564 H30 – **3 415** ab. – alt. **500** m – ✉ **85040** 4 **C3**

Roma 423 – Cosenza 130 – Lagonegro 45 – Potenza 135

Parco Hotel Pollino 150,
via Marcaldo – ☎ 09 73 66 40 18 – hotel@tbridge.net – Fax 09 73 66 40 19
51 cam – †34 € ††64 €, 4 € – ½ P 45/48 € – **Rist** – Carta 15/18 €
♦ Ampie sia le camere sia le zone comuni di una struttura recente, con una buona offerta di servizi (tra cui sauna e piscina); possibilità di escursioni nel Pollino. Al ristorante, la gastronomia tipica del territorio.

Locanda di San Francesco rist,
via San Francesco 4 – ☎ 09 73 66 43 84 – info@locandapollino.it – Fax 09 73 66 43 85
20 cam – †40/45 € ††62/70 € – ½ P 42/45 € – **Rist** – Carta 12/25 €
♦ Nel cuore storico del paese, una locanda ricavata da un palazzo ottocentesco sapientemente ristrutturato. Camere di discrete dimensioni, semplici e accoglienti. In cucina si possono assaggiare i piatti tipici del territorio.

VIGNOLA – Modena (MO) – 562 I15 – 22 094 ab. – alt. 125 m – ✉ 41058 9 C2

Roma 398 – Bologna 43 – Milano 192 – Modena 22 – Pistoia 110 – Reggio nell'Emilia 47

La Bolognese

via Muratori 1 – ☎ 059 77 12 07 – Chiuso agosto, venerdì sera e sabato

Rist – Carta 22/29 €

♦ E' ormai uno storico punto di riferimento in zona questa trattoria, qui da 50 anni e con la stessa gestione familiare; paste fresche e carni arrosto sono le specialità.

VIGO DI CADORE – Belluno (BL) – 562 C19 – 1 643 ab. – alt. 951 m – ✉ 32040 36 C1

Roma 658 – Cortina d'Ampezzo 46 – Belluno 57 – Milano 400 – Venezia 147

Sporting

(riscaldata)

via Fabbro 32, a Pelos – ☎ 043 57 71 03 – spotinghclub@yahoo.it – Fax 043 57 71 03 – 15 giugno-15 settembre

24 cam – †52/93 € ††92/96 €, ☕ 11 € – ½ P 68 € – **Rist** – Carta 20/28 €

♦ Ospitalità semplice e familiare in un albergo solo estivo, in posizione soleggiata e tranquilla, con camere molto semplici, dignitose e pulite. Ambientazione di stile montano, con pareti di perlinato chiaro e camino, nella sala ristorante.

VIGO DI FASSA – Trento (TN) – 562 C17 – 1 076 ab. – alt. 1 342 m – Sport invernali : *1 393/2 000 m 1 4 (Comprensorio Dolomiti superski Val di Fassa)* – ✉ 38039

Italia 31 C2

Roma 676 – Bolzano 36 – Canazei 13 – Passo di Costalunga 9 – Milano 334 – Trento 94

strada Rezia 10 ☎ 0462 609700, infovigo@fassa.com, Fax 0462 764877

Alpen Hotel Corona

cam,

strada Roma 4 – ☎ 04 62 76 42 11 – info@hotelcorona.com – Fax 04 62 76 47 77 – 18 dicembre-20 aprile e 18 giugno-1° ottobre

58 cam ☕ – †79/134 € ††158/184 € – 11 suites – ½ P 104/112 € – **Rist** – (solo per alloggiati)

♦ E' un'istituzione locale questo elegante hotel inaugurato nel 1806; tradizione, confort all'altezza della categoria e un centro sport e salute di notevole ampiezza.

Olympic

strada Dolomites 4, località San Giovanni Est : 1 km – ☎ 04 62 76 42 25 – info@hotelolympic.info – Fax 04 62 76 46 36 – Chiuso dal 15 maggio a giugno e dal 15 ottobre al 1° dicembre

26 cam ☕ – †50/75 € ††79/138 € – ½ P 55/77 € – **Rist** – Carta 23/36 €

♦ Lungo la statale che corre ai piedi della località, accoglienza simpatica e cortese in una comoda risorsa, con spazi comuni ben distribuiti, centro relax e giardino. Calda e piacevole sala da pranzo con stube in stile ladino.

Catinaccio

piazza J.B.Massar 12 – ☎ 04 62 76 42 09 – info@albergocatinaccio.com – Fax 04 62 76 37 12 – Dicembre-aprile e giugno-settembre

22 cam ☕ – †90/110 € ††100/150 € – ½ P 41/89 € – **Rist** – *(chiuso a mezzogiorno da dicembre ad aprile)* Carta 21/28 €

♦ In panoramica posizione centrale, un albergo discreto, a gestione familiare, con interni, sia zone comuni che camere, nel classico, solido stile tirolese. Confortevole sala ristorante che ricalca lo stile dell'hotel.

Millennium

strada Dolomites 6, località San Giovanni Est : 1 km – ☎ 04 62 76 41 55 – hotel.millennium@tiscalinet.it – Fax 04 62 76 20 91 – Dicembre-marzo e maggio-ottobre

10 cam ☕ – †30/50 € ††60/100 € – ½ P 40/65 € – **Rist** – Carta 20/25 €

♦ Sembra quasi una casetta delle fate questo grazioso hotel, nato nel 1998, con begli interni confortevoli, dove domina il legno antichizzato in tipico stile montano. Il ristorante offre piatti nazionali e locali in una sala rifinita in legno.

a Vallonga **Sud-Ovest : 2,5 km – ✉ 38039 – Vigo di Fassa**

Millefiori ← Dolomiti e pinete, rist,
strada De la Vila 16 – ✆ 04 62 76 90 00 – info@hotelmillefiori.com – Fax 04 62 76 90 00 – Chiuso dal 20 giugno al 1° luglio e dal 4 novembre al 4 dicembre
12 cam – 45 € 90 € – ½ P 45/60 € – **Rist** – Carta 16/30 €
◆ La vista dei monti, la quiete e il sole certo non vi mancheranno in questa piccola risorsa in posizione dominante. Accoglienti camere con arredi di abete in stile montano. Sala da pranzo rustica; servizio estivo in terrazza con gazebo e panche in legno.

a Tamion **Sud-Ovest : 3,5 km – ✉ 38039 – Vigo di Fassa**

Gran Mugon ← Dolomiti, rist,
strada de Tamion 3 – ✆ 04 62 76 91 08 – info@hotelgranmugon.com – Fax 04 62 76 91 08 – 20 dicembre-24 aprile e 15 giugno-15 ottobre
21 cam – 40/60 € 65/100 € – ½ P 40/75 € – **Rist** – *(chiuso a mezzogiorno dal 20 dicembre al 24 aprile)* (solo per alloggiati)
◆ La tranquillità dell'ubicazione è il punto di forza di questo piacevole albergo familiare, per una vacanza tutta a contatto con la natura; arredi in legno nelle stanze.

VILLA – Brescia – Vedere Gargnano

VILLA ADRIANA – Roma – 563 Q20 – Vedere Tivoli

VILLA BANALE – Trento – Vedere Stenico

VILLA BARTOLOMEA – Verona (VR) – 562 G16 – 5 422 ab. – alt. 14 m – ✉ 37049 35 B3

Roma 466 – Verona 50 – Bologna 95 – Mantova 52 – Venezia 107

Agriturismo Tenuta la Pila senza rist cam,
via Pila 42, località Spinimbecco – ✆ 04 42 65 92 89 – post@tenutapila.it – Fax 04 42 65 87 07
9 cam – 44/55 € 64/80 € – 2 suites
◆ Agriturismo realizzato in un antico mulino dei primi del '700 con pila ancora visibile in una delle sale comuni. Camere con nomi di frutti, eleganti ed accoglienti.

VILLABASSA (NIEDERDORF) – Bolzano / Bozen (BZ) – 562 B18 – 1 363 ab. – alt. 1 158 m – Sport invernali : *Vedere Dobbiaco (Comprensorio Dolomiti superski Alta Pusteria)* – ✉ 39039 31 D1

Roma 738 – Cortina d'Ampezzo 36 – Bolzano 100 – Brunico 23 – Milano 399 – Trento 160

piazza Von Kurz 5 (Palazzo del Comune) ✆ 0474 745136, info@villabassa.it, Fax 0474 745283

Aquila-Adler rist, 35,
piazza Von Kurz 3 – ✆ 04 74 74 51 28 – info@hoteladler.com – Fax 04 74 74 52 78 – Chiuso da novembre al 6 dicembre e dal 10 al 30 aprile
36 cam – 62/130 € 82/150 € – ½ P 89/139 € – **Rist** – Carta 30/48 €
◆ Residenza nobiliare e locanda già nel '600, nella piazza principale, con interni di raffinata ambientazione d'epoca; ottime le camere più recenti di stile rustico-moderno. Piccole sale tipo stube per gustare una cucina locale e stagionale.

VILLA D'ADDA – Bergamo (BG) – 561 E10 – 4 349 ab. – alt. 286 m – ✉ 24030 19 C1

Roma 617 – Bergamo 24 – Como 40 – Lecco 22 – Milano 49

La Corte del Noce 18,
via Biffi 8 – ✆ 035 79 22 77 – info@lacortedelnoce.com – Fax 035 79 15 83 – Chiuso dal 1° all'8 gennaio, dal 20 agosto al 5 settembre e lunedì
Rist – Carta 48/58 €
◆ In un complesso settecentesco di solido aspetto rurale, curata sala con caminetto e dehors per il servizio estivo all'ombra del grande noce che dà il nome al locale.

VILLA D'ALMÈ – Bergamo (BG) – 561 E10 – 6 760 ab. – alt. 289 m – ✉ 24018 19 C1

Roma 601 – Bergamo 14 – Lecco 31 – Milano 58

XX **Osteria della Brughiera** (Arrigoni) 22,
via Brughiera 49 – ✆ 035 63 80 08 – s.arrigoni@labrughiera.com – Fax 035 63 80 08 – Chiuso dal 1° al 7 gennaio, dal 10 al 31 agosto, lunedì e martedì a mezzogiorno
Rist – Carta 45/87 €
Spec. Carpaccio tiepido di funghi porcini, insalata di patate croccanti (autunno). Fusilli artigianali con sarde al finocchietto, arancia tostata, bottarga di muggine (estate). Vitello a lunga cottura con patate, carciofi, fagiolini e pepe verde (inverno-primavera).
◆ Un caldo mix di colori ed elegante rusticità accoglie i clienti, ma non c'è il tempo per abituarsi: lo stupore continua con la cucina tra piatti creativi e scenografici.

VILLA DI CHIAVENNA – Sondrio (SO) – 561 C10 – 1 118 ab. – alt. 625 m – ✉ 23029 16 B1

Roma 692 – Sondrio 69 – Chiavenna 8 – Milano 131 – Saint Moritz 41

XX **Lanterna Verde** (Tonola)
frazione San Barnaba 7, Sud-Est : 2 km – ✆ 034 33 85 88 – ristorante@lanternaverde.com – Fax 034 34 07 49 – Chiuso dal 20 al 30 giugno, dal 10 al 30 novembre, mercoledì e martedì sera, solo mercoledì in luglio-agosto
Rist – Carta 35/59 €
Spec. Trittico di trota. Tajadin dulz de Villa. Galletto della valle ai tre sapori con ratatouille di peperoni.
◆ Nel verde di una tranquilla vallata, le sale ripropongono il tipico stile di montagna in legno. Cucina giovane e creativa, il pesce d'acqua dolce tra i motivi di richiamo.

VILLAFRANCA DI VERONA – Verona (VR) – 562 F14 – 30 363 ab. – alt. 54 m – ✉ 37069 35 A3

Roma 483 – Verona 19 – Brescia 61 – Mantova 22 – Vicenza 70

, località Casella 32-Pozzomoretto, ✆ 045 630 33 41.

a Dossobuono Nord-Est : 7 km – ✉ 37062

XX **Cavour** 20,
via Cavour 40 – ✆ 045 51 30 38 – Fax 04 58 60 05 95 – Chiuso dal 1° al 7 gennaio, dal 10 al 24 agosto, domenica sera e mercoledì da settembre a maggio, sabato a mezzogiorno e domenica negli altri mesi
Rist – Carta 33/40 €
◆ Si entra in un edificio storico con insegna in ferro battuto, ci si accomoda in un'ampia sala classica e si sceglie tra proposte tipiche del territorio.

VILLAFRANCA IN LUNIGIANA – Massa Carrara (MS) – 563 J11 – 4 613 ab. – alt. 131 m – ✉ 54028 28 A1

Roma 420 – La Spezia 31 – Parma 88

a Mocrone Nord-Est : 4 km – ✉ 54028 – Villafranca in Lunigiana

XX **Gavarini** con cam rist,
via Benedicenti 50 – ✆ 01 87 49 55 04 – info@locandagavarini.it – Fax 01 87 49 57 90 – Chiuso dal 7 al 30 novembre
8 cam – †45/50 € ††70/80 € – ½ P 50/60 € – **Rist** – *(chiuso mercoledì escluso agosto)* Carta 20/40 €
Rist *Enoteca Barton* – *(chiuso a mezzogiorno)* Menu 20/30 €
◆ In un giardino fiorito, una vecchia osteria di tradizione, rinnovata con impronta classica, per gustare piatti tipici della Lunigiana; camere nuove e confortevoli. All'Enoteca ambiente raccolto ma ricco di etichette, cucina semplice e tradizionale.

Rosso = Piacevole. Cercate i simboli X e in rosso.

VILLANDRO (VILLANDERS) – **Bolzano / Bozen (BZ)** – **562** C16 – **1 836 ab.** – **alt. 880 m** – ✉ **39040** 31 **C2**

Roma 679 – Bolzano 29 – Bassano del Grappa 177 – Belluno 132 – Trento 92

Santo Stefano 120 ✆ 0472 843121, tourismsver.villanders@dnet.it, Fax 0472 843347

XX **Ansitz Zum Steinbock** con cam

Santo Stefano 38 – ✆ 04 72 84 31 11 – steinbock@dnet.it – Fax 04 72 84 34 68 – Chiuso dal 10 gennaio al 10 febbraio

19 cam – 57/67 € 80/112 € – **Rist** – *(chiuso lunedì)* Carta 37/62 €

◆ E' romantica e particolare l'atmosfera nelle stube d'epoca e nelle graziose stanze di questo edificio del XVIII sec., con servizio estivo all'aperto; cucina locale e toscana.

VILLANOVA – **Bologna** – **563** I16 – **Vedere Bologna**

VILLANOVA DI GUIDONIA – **Roma** – **Vedere Tivoli**

VILLANOVAFORRU – **Cagliari** – **566** I8 – **Vedere Sardegna alla fine dell'elenco alfabetico**

VILLA ROSA – **Teramo** – **563** N23 – **Vedere Martinsicuro**

VILLA SAN GIOVANNI – **Reggio di Calabria (RC)** – **564** M28 – **13 390 ab.** – **alt. 21 m** – ✉ **89018** *Italia* 5 **A3**

Roma 653 – Reggio di Calabria 14

per Messina – Società Caronte, ✆ 0965 793131, call center 800 627 414 Ferrovie Stato, piazza Stazione ✆ 0965 758241

Costa Viola★ a Nord per la strada S 18

Grand Hotel De la Ville cam, 180,

via Umberto Zanotti Bianco 9 – ✆ 09 65 79 56 00 – delaville.rc@bestwestern.it – Fax 09 65 79 56 40

60 cam – 110/125 €, 15 € – 8 suites – ½ P 65/73 € – **Rist** – Carta 20/36 €

◆ Per una clientela per lo più d'affari, struttura di taglio moderno, che offre servizi e confort all'altezza della sua categoria; accessoriate camere di livello superiore. Ambiente signorile nel ristorante d'impostazione classica.

X **Vecchia Villa Antica Osteria** 30,

via Vecchia Stazione 3 – ✆ 09 65 75 11 25 – Fax 09 65 79 56 70

Rist – Carta 18/39 €

◆ In centro, vicino all'imbarco per la Sicilia, una familiare e accogliente trattoria di lunga tradizione per gustare, oltre alle pizze, la verace cucina calabrese.

a Santa Trada di Cannitello **Nord-Est : 5 km** – ✉ **89018** – **Villa San Giovanni**

Altafiumara mare e costa, cam, rist, 120,

– ✆ 09 65 75 98 04 – info.altafiumara@montesanohotels.it – Fax 09 65 75 95 66

49 cam – 170/180 € 220/260 € – 41 suites – 280/360 € – ½ P 140/160 €

Rist – Menu 20/25 €

Rist *L'Accademia del Vino* – Carta 31/43 €

◆ Grande proprietà, a picco sul mare, in cui domina la fortezza borbonica di fine Settecento all'interno della quale sono state ricavate le camere. Esclusivo centro benessere. Ristorante elegante e wine-bar nella ex santa Barbara della fortezza.

VILLA SANTINA – **Udine (UD)** – **562** C20 – **2 212 ab.** – **alt. 363 m** – ✉ **33029** 10 **B1**

Roma 692 – Udine 55 – Cortina D'Ampezzo 93 – Villach 99

X **Vecchia Osteria Cimenti** con cam

via Cesare Battisti 1 – ✆ 04 33 75 04 91 – vecchiaosteria@libero.it – Fax 04 33 75 04 91

8 cam – 68/78 € 77/101 € – ½ P 64/90 € – **Rist** – *(chiuso lunedì)* Carta 29/44 €

◆ Un ambiente tipo "osteria" dal confort semplice, una saletta più curata e camere ampie, con angolo cottura, per singole notti o formula residence; cucina friulana.

VILLASIMIUS – Cagliari – 566 J10 – **Vedere Sardegna alla fine dell'elenco alfabetico**

VILLASTRADA – Mantova (MN) – 561 H13 – **alt. 22 m** – ✉ **46030** 17 **C3**

Roma 461 – Parma 40 – Verona 74 – Mantova 33 – Milano 161 – Modena 58 – Reggio nell'Emilia 38

Nizzoli
via Garibaldi 18 – ✆ 03 75 83 80 66 – nizzoli@spiderlink.it – Fax 03 75 89 99 91 – Chiuso dal 24 al 29 dicembre e mercoledì
Rist – Carta 32/39 €
♦ Sale tappezzate di ritratti di celebrità e atmosfera conviviale in un ristorante tipico di cucina padana; tra i prodotti locali, rane e lumache la fanno da padrone.

VILLA VERUCCHIO – Rimini – 562 J19 – **Vedere Verucchio**

VILLA VICENTINA – Udine (UD) – 562 D21 – **1 383 ab.** – **alt. 11 m** – ✉ **33059** 11 **C3**

Roma 619 – Udine 40 – Gorizia 28 – Trieste 45 – Venezia 120

Ai Cjastinars con cam 40,
borgo Pacco 1, strada statale 14, Sud : 1 km – ✆ 04 31 97 02 82 – info@hotelcjastinars.it – Fax 04 31 96 90 37
15 cam – ♦44/58 € ♦♦74/96 € – ½ P 48/71 € – **Rist** – *(chiuso venerdì)* Carta 20/38 €
♦ Esperta gestione familiare per un locale sorto nel 1995, particolarmente apprezzato dalla clientela di passaggio soprattutto per le specialità alla brace. Il ristorante presenta ampie sale e un piacevole dehors estivo. Camere confortevoli.

VILLETTA BARREA – L'Aquila (AQ) – 563 Q23 – **608 ab.** – **alt. 990 m** – ✉ **67030** 1 **B3**

Roma 179 – Frosinone 72 – L'Aquila 151 – Isernia 50 – Pescara 138

Il Pescatore 100,
via Roma – ✆ 086 48 93 47 – geampesc@virgilio.it – Fax 086 48 94 39
34 cam – ♦50 € ♦♦70 € – ½ P 50/60 € – **Rist** – Carta 19/24 €
♦ Struttura moderna, ai margini del paese, ideale per chi prediligendo la comodità è disposto a rinunciare a fascino ed atmosfera. Camere moderne e funzionali. Il ristorante offre moderne sale di notevole capienza.

Il Vecchio Pescatore
via Benedetto Virgilio – ✆ 086 48 92 74 – info@ilvecchiopescatore.net – Fax 086 48 92 55
12 cam – ♦50 € ♦♦67 € – ½ P 50/60 € – **Rist** – Carta 20/32 €
♦ Albergo ospitato in un edificio d'epoca sulla strada principale del paese. Gestione familiare, camere semplici, gradevole giardino-solarium estivo. Al ristorante, i piatti della gastronomia regionale.

VILLNOSS = Funes

VILLORBA – Treviso (TV) – 562 E18 – **17 335 ab.** – **alt. 38 m** – ✉ **31020** 35 **A1**

Roma 554 – Venezia 49 – Belluno 71 – Trento 134 – Treviso 10

a Fontane Sud : 6 km – ✉ **31020**

Da Dino
via Doberdò 3 – ✆ 04 22 30 07 92 – ristorantedadino@libero.it – Fax 04 22 42 05 64 – Chiuso dal 10 al 25 agosto e domenica
Rist – Carta 23/31 €
♦ Frequentazione di affezionati habitué e di personaggi famosi in un locale con arredamento rustico-moderno e tante piante verdi; la cucina si rifà alla tradizione veneta.

VILMINORE DI SCALVE – Bergamo (BG) – 561 DE 12 – 1 546 ab. – alt. 1 019 m – ✉ 24020 16 **B1**

Roma 617 – Brescia 69 – Bergamo 65 – Edolo 50 – Milano 110

XX **Brescia** con cam

piazza della Giustizia 6 – ✆ 034 65 10 19 – albergo.brescia@toninellig.it – Fax 034 65 15 55

19 cam – 55 € 85 € – ½ P 47 € – **Rist** – *(chiuso lunedì)* Carta 23/42 €

◆ Risorsa di tradizione, dai primi del '900, gestita dalla stessa famiglia da oltre 50 anni, rinnovata con cura e sobrietà sia nella luminosa sala che nelle comode camere.

VILPIAN = Vilpiano

VILPIANO = VILPIAN – Bolzano – 562 C15 – Vedere Terlano

VIMERCATE – Milano (MI) – 561 F10 – 25 739 ab. – alt. 194 m – ✉ 20059 18 **B2**

Roma 582 – Milano 24 – Bergamo 36 – Como 45 – Lecco 33 – Monza 8

Cosmo cam, cam, 150,

via Torri Bianche 4, Centro Direzionale – ✆ 03 96 99 61 – milano@hotelcosmo.com – Fax 03 96 99 67 77 – Chiuso dal 22 dicembre al 2 gennaio e dal 4 al 19 agosto

127 cam – 169/230 € 215/300 €

Rist *San Valentino* – ✆ 03 96 99 67 06 *(chiuso i mezzogiorno di sabato e domenica)* Carta 39/56 €

◆ Moderno, funzionale, con accessori dell'ultima generazione, ma anche personalizzato, con ricercati arredi di design e raffinata cura dei dettagli; belle le suite a tema. Originali soluzioni decorative negli eleganti ambienti interni del ristorante.

VIMODRONE – Milano (MI) – 561 F9 – 13 760 ab. – alt. 128 m – ✉ 20090 18 **B2**

Roma 582 – Milano 15 – Bellinzona 115 – Lecco 50 – Lodi 44

XX **Il Sorriso** con cam 70,

via Piave 15 – ✆ 022 50 36 53 – ilsorriso@tiscali.it – Fax 022 50 54 83 – Chiuso dal 1° al 10 gennaio e dal 9 al 31 agosto

11 cam – 80 € 90 € – **Rist** – *(chiuso sabato a mezzogiorno e lunedì)* Carta 42/58 €

◆ Ristorante moderno, discretamente elegante, molto ben attrezzato con proposte quasi esclusivamente di mare. Una dozzina di camere, molte delle quali con angolo cottura.

VINCI – Firenze (FI) – 563 K14 – 14 126 ab. – alt. 98 m – ✉ 50059 *Toscana* 28 **B1**

Roma 304 – Firenze 40 – Lucca 54 – Livorno 72 – Pistoia 25

via della Torre 11 ✆ 0571 568012, terredelrinascimento@comune.vinci.fi.it, Fax 0571 567930

Alexandra 30,

via Dei Martiri 82 – ✆ 057 15 62 24 – alexandra@estranet.it – Fax 05 71 56 79 72

47 cam – 45/85 € 65/95 €

Rist *La Limonaia* – ✆ 05 71 56 80 10 *(chiuso dal 5 al 20 agosto)* Carta 23/33 €

◆ Nella parte bassa della città natale di Leonardo, un albergo totalmente ristrutturato in anni recenti, sia nell'impiantistica che negli arredi, di semplice funzionalità. Ristorante con sale di tono moderno, accogliente dehors e qualche piatto regionale.

a Petroio Sud-Est : 8 km – ✉ 50059 – Vinci

Tassinaia senza rist

via di Petroio 15 – ✆ 34 78 27 39 62 – info@tassinaia.it

5 cam – 60/70 € 65/75 €

◆ All'interno di una casa colonica di fine '700, una risorsa dotata di terrazza panoramica da cui è possibile godere della bellezza del panorama sull'incantevole campagna.

VIOLE – Perugia – 563 M20 – Vedere Assisi

VIPITENO (STERZING) – Bolzano / Bozen (BZ) – 562 B16 – **5 870 ab. – alt. 948 m – Sport invernali :** ***948/2 200 m*** ***1*** ***4,*** – ✉ 39049 ***Italia*** 30 **B1**

Roma 708 – Bolzano 66 – Brennero 13 – Bressanone 30 – Merano 58 – Milano 369 – Trento 130

piazza Città 3 ☎ 0472 765325, info@infosterzing.it, Fax 0472 765441

Via Città Nuova★

Aquila Nera-Schwarzer Adler

30, VISA AE

piazza Città 1 – ☎ 04 72 76 40 64 – schwarzeradler@rolmail.net – Fax 04 72 76 65 22 – Chiuso maggio e novembre

33 cam – †74/82 € ††110/120 € – 8 suites – ½ P 80/90 € – **Rist** – *(chiuso a mezzogiorno e domenica escluso agosto e dicembre)* Carta 19/25 €

◆ Grande tradizione insieme a calda eleganza e confort in un albergo costituito da un edificio antico e da un altro più moderno, dove si trova anche il bel centro relax. Rustica ambientazione di stile montano, ma di tono raffinato, nel piacevole ristorante.

Lilie

rist, VISA AE

Città Nuova 49 – ☎ 04 72 76 00 63 – info@hotellilie.it – Fax 04 72 76 27 49 – Chiuso giugno

15 cam – †63/75 € ††100/124 € – ½ P 72/84 € – **Rist** – *(chiuso lunedì)* Carta 25/49 €

◆ Nel centro storico un bell'edificio tardo medioevale convive felicemente con l'hotel che, dopo la recente ristrutturazione, offre ambienti moderni e nobili tracce del passato. Al primo piano la sobria ed elegante sala ristorante.

XX

Kleine Flamme

VISA

via Cittanuova 31 – ☎ 04 72 76 60 65 – restaurant.kleineflamme@dnet.it – Fax 04 72 76 60 65 – Chiuso domenica (escluso a mezzogiorno da ottobre a febbraio) e lunedì

Rist – (prenotazione obbligatoria) Carta 47/61 €

◆ Piccolo ristorante nascosto tra i portici del centro storico dove, inaspettatamente la cucina diventa un ponte tra il Mediterraneo ed il lontano oriente della Tailandia.

in Val di Vizze (Pfitsch :)

Wiesnerhof

cam, rist, VISA

via Val di Vizze 98, località Prati Est : 3 km ✉ 39049 Vizze – ☎ 04 72 76 52 22 – info@wiesnerhof.it – Fax 04 72 76 57 03 – Chiuso dal 15 aprile al 12 maggio e dal 7 novembre al 25 dicembre

36 cam – †65/75 € ††120/140 € – 3 suites – ½ P 60/90 € – **Rist** – *(chiuso lunedì)* Carta 33/44 €

◆ In posizione panoramica all'ingresso della valle, una struttura, completa di ogni confort, ideale per vacanze sia estive che invernali; giardino e bella piscina coperta. Grandi finestre affacciate sul verde rendono luminosa la sala ristorante.

Rose

rist, VISA

via Val di Vizze 119, località Prati Est : 3 km ✉ 39040 Vizze – ☎ 04 72 76 43 00 – info@hotelrose.it – Fax 04 72 76 46 39 – Natale-Pasqua e giugno-ottobre

23 cam – †50/70 € ††72/110 € – ½ P 46/75 € – **Rist** – *(chiuso a mezzogiorno)* (solo per alloggiati) Carta 22/33 €

◆ Un ex della "valanga azzurra" è il titolare di questo simpatico hotel, dove l'ospitalità è familiare e premurosa e non mancano proposte per lo sport e il relax.

Kranebitt

monti e vallata, rist, VISA

località Caminata alt. 1441, Est : 16 km ✉ 39040 Vizze – ☎ 04 72 64 60 19 – info@kranebitt.com – Fax 04 72 64 60 88 – 26 dicembre-Pasqua e 22 maggio-29 ottobre

28 cam – †41/60 € ††92/116 € – ½ P 51/61 € – **Rist** – Carta 23/36 €

◆ Tranquillità, natura incontaminata, splendida vista dei monti e della vallata: godrete di tutto ciò soggiornando nell'ambiente familiare di questa comoda risorsa. Accogliente e calda atmosfera al ristorante.

XX

Pretzhof

VISA

località Tulve alt. 1280, Est : 8 km ✉ 39040 Vizze – ☎ 04 72 76 44 55 – info@pretzhof.com – Fax 04 72 76 44 55 – Chiuso lunedì e martedì

Rist – Carta 33/49 €

◆ Un maso di famiglia dove è grande la passione nel tener viva la tipicità sudtirolese. Gestione giovane e capace, a proprio agio tra il legno delle caratteristiche stube.

VISERBA – Rimini – 563 J19 – Vedere Rimini

VISERBELLA – Rimini – 563 J19 – Vedere Rimini

VISNADELLO – Treviso (TV) – 562 E18 – alt. 46 m – ✉ 31027 35 A1

Roma 555 – Venezia 41 – Belluno 67 – Treviso 11 – Vicenza 69

XX **Da Nano** 8/16, P VISA AE

via Gritti 145 – ☎ 04 22 92 89 11 – info@danano.it – Fax 04 22 62 90 63 – Chiuso dal 1° al 7 gennaio, agosto, domenica sera e lunedì

Rist – Carta 39/51 €

◆ Il pesce fresco in bella vista all'ingresso chiarisce subito la scelta culinaria di questo locale in prossimità della strada statale; sale classiche, rivestite di legno.

Cerchiamo costantemente di indicarvi i prezzi più aggiornati… ma tutto cambia così in fretta! Al momento della prenotazione, non dimenticate di chiedere conferma delle tariffe.

VITERBO P (VT) – 563 O18 – 59 860 ab. – alt. 327 m – ✉ 01100 *Italia* 12 B1

Roma 104 – Chianciano Terme 100 – Civitavecchia 58 – Grosseto 123 – Milano 508 – Orvieto 45 – Perugia 127 – Siena 143

via Romiti (stazione di Porta Romana) ☎ 0761 304795, infoviterbo@apt.viterbo.it, Fax 761 220957

Piazza San Lorenzo★★Z – Palazzo dei Papi★★Z – Quartiere San Pellegrino★★Z

Villa Lante★★ a Bagnaia per ①: 5 km – Teatro romano★ di Ferento 9 km a Nord per viale Baracca Y

Pianta pagina seguente

Grand Hotel Salus e delle Terme (termale) cam, 500, P VISA AE

strada Tuscanese 26/28, 3 km per via Faul – ☎ 07 61 35 81 – info@grandhoteltermesalus.com – Fax 07 61 35 42 62 YZ

100 cam – 120 € 140 €, 20 € – ½ P 120 €

Rist – Carta 31/42 €

◆ Moderno e articolato complesso, dotato di attrezzato centro termale, con grotta naturale, e anche di strutture per congressi; spaziose camere arredate in stile classico. Ristorante dagli ambienti raffinati e signorili.

Niccolò V senza rist (termale) 300, P

strada Bagni 12, 3 km per via Faul – ☎ 07 61 35 01 – info@termedeipapi.it – Fax 07 61 35 24 51 VISA AE YZ

20 cam – 165 € 260 € – 3 suites

◆ All'interno delle Terme dei Papi, con grotta naturale e accesso diretto alle cure, per ritemprare corpo e mente in un ambiente raffinato. Belle, ampie camere in stile.

Nibbio senza rist 40, VISA AE

piazzale Gramsci – ☎ 07 61 32 65 14 – hotelnibbio@libero.it – Fax 07 61 32 18 08 Y a

27 cam – 70/80 € 100/170 €, 8 € – 3 suites

◆ Di fronte alle mura medievali, una villa dell'800 totalmente ristrutturata è diventata una risorsa con arredi e rifiniture di qualità; parquet nelle confortevoli camere.

Mini Palace Hotel senza rist 70, VISA AE

via Santa Maria della Grotticella 2 – ☎ 07 61 30 97 42 – info@minipalacehotel.com – Fax 07 61 34 47 15 Z n

40 cam – 68/80 € 95/110 €

◆ In posizione decentrata, un hotel degli anni '70, che dispone di confortevoli e signorili spazi comuni e di un settore notte rinnovato di recente, con bagni in marmo.

VITERBO

Ascenzi (V. F.) . . . . Y 2
Caduti (Pza dei) . . . . Y 3
Cardinale la Fontaine (V.) . . . . Z 4
Carmine (V. del) . . . . Z 6
Crispi (Pza F.) . . . . Y 7
Fabbriche (V. delle) . . . . Z 10
Gesù (Pza del) . . . . Z 12
Italia (Cso) . . . . Y
Lorenzo da Viterbo (V.) . . . . Z 13
Marconi (V. G.) . . . . Y
Maria SS. Liberatrice (V.) . . . . Y 15
Matteotti (V. G.) . . . . Y
Meone (V. del) . . . . Z 16
Mille (V. dei) . . . . Z 17
Morte (Pza della) . . . . Z 18
Orologio Vecchio (V.) . . . . Y 19
Pace (V. della) . . . . Z 20
Piaggiarelle (V. D.) . . . . Z 23
Pianoscarano (V. di) . . . . Z 24
Pietra del Pesce (V.) . . . . Z 25
Plebiscito (Pza del) . . . . Y 26
Roma (V.) . . . . Y 27
Rosselli (V. Fratelli) . . . . Y 28
Saffi (V.) . . . . YZ 29
San Bonaventura (V.) . . . . Y 32
San Carluccio (Pza) . . . . Z 33
San Leonardo (V.) . . . . Z 36
San Pellegrino (Pza) . . . . Z 37
San Pellegrino (V.) . . . . Z 39
Trinità (Pza della) . . . . Y 40
Vallepiatta (V.) . . . . Y 41
Verità (V. della) . . . . Y 43

Circolazione regolamentata nel centro città

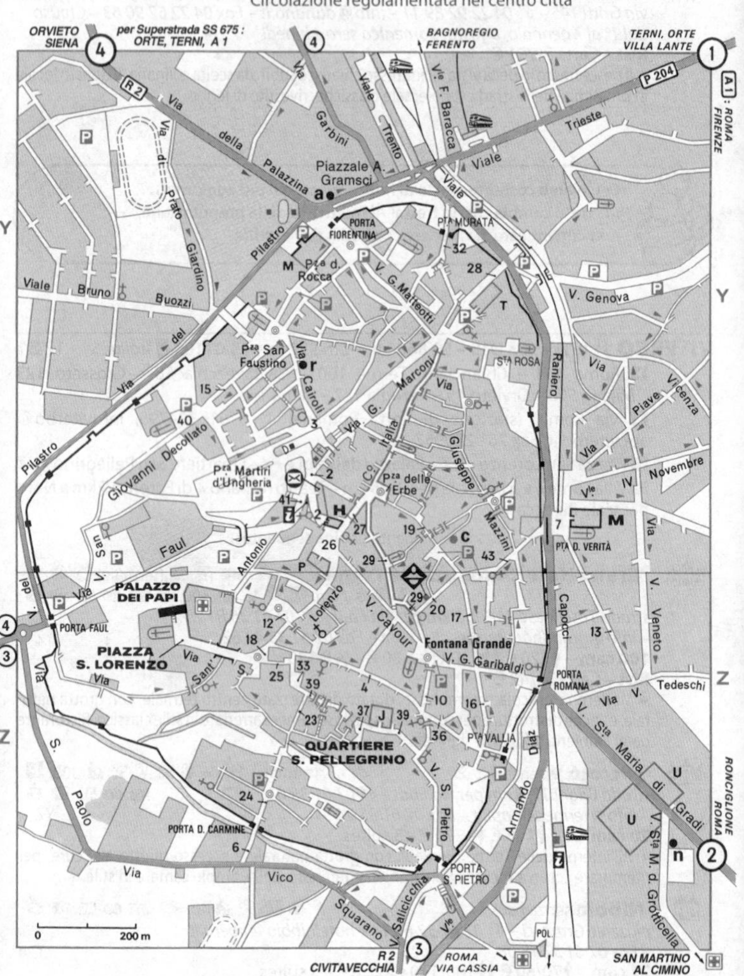

Enoteca La Torre

via della Torre 5 – ☎ 07 61 22 64 67 – info@enotecalatorrevt.com – Chiuso dal 15 luglio ad agosto, domenica sera e lunedì Y **c**

Rist – Carta 40/50 €

◆ Nel cuore della città, un ristorante-enoteca dai soffitti a vela o in mattoni a vista dove gustare una cucina creativa. Accanto, un'osteria propone piatti più semplici.

a San Martino al Cimino **Sud : 6,5 km** Z – **alt. 561 m** – ✉ **01030**

 **Balletti Park Hotel** 350,
via Umbria 2/2-a – ✆ 07 61 37 71 – info@balletti.com – Fax 07 61 37 94 96
136 cam – 64/90 € 106/134 €
Rist ***Il Cavaliere*** – Carta 22/39 €
♦ Per lo sport, il relax o il lavoro congressuale: è completa l'offerta di questo complesso nel verde, formato da un edificio principale e da villini, con piscina e tennis. Simpatico e accogliente ambiente rustico al ristorante.

VITICCIO – **Livorno** – **Vedere Elba (Isola d') : Portoferraio**

VITORCHIANO – **Viterbo (VT)** – **563** O18 – **3 439 ab.** – **alt. 285 m** – ✉ **01030** 12 **B1**

Roma 113 – Viterbo 11 – Orvieto 45 – Terni 55

XX **Al Pallone** con cam
via Sorianese 1, Sud : 3 km – ristorantealpallone@msn.com – Fax 07 61 37 33 54 – Chiuso dall'8 al 29 gennaio e dal 2 al 16 luglio
8 cam – 50 € 70 € – 4 suites – 90 € – **Rist** – *(chiuso domenica sera e mercoledì)* Carta 33/56 €
♦ Una piccola frazione, la salda e calorosa gestione familiare, l'ambiente accogliente e proposte di mare, di terra e di cacciagione. Impossibile pretendere di più!

VITTORIA – **Ragusa** – **565** Q25 – **Vedere Sicilia**

VITTORIO VENETO – **Treviso (TV)** – **562** E18 – **29 174 ab.** – **alt. 136 m** – ✉ **31029** 36 **C2**

Roma 581 – Belluno 37 – Cortina d'Ampezzo 92 – Milano 320 – Treviso 41 – Udine 80 – Venezia 70

viale della Vittoria 10 ✆ 0438 57243, iat.vittorioveneto@provincia.treviso.it, Fax 0438 53629

Cansiglio Tambre d'Alpago, Nord-Est : 21 km a Pian del Cansiglio, ✆ 0438 58 53 98.

Affreschi★ nella chiesa di San Giovanni

Terme 200,
via delle Terme 4 – ✆ 04 38 55 43 45 – info@hotelterme.tv – Fax 04 38 55 43 47
39 cam – 68 € 93 € – ½ P 78 € – **Rist** – *(chiuso domenica sera e lunedì)* Carta 35/43 €
♦ Nella periferia meridionale della località, albergo a vocazione commerciale con un discreto il livello di ospitalità. Settore notte semplice e funzionale. Impostazione classica per la sala ristorante, con vetrate che si affacciano sul giardino.

Agriturismo Alice-Relais nelle Vigne senza rist colline e vigneti,
via Gaetano Giardino 94, località Carpesica – ✆ 04 38 56 11 73 – info@alice-relais.com – Fax 04 38 92 07 54
10 cam – 100/120 € 125/145 €
♦ Nei pressi dell'uscita autostradale sud, ma immersa in un paesaggio da cartolina. Tra colline, vigneti e campanili, una risorsa dotata di ottime camere in legno.

VITULAZIO – **Caserta (CE)** – **564** D24 – **5 530 ab.** – **alt. 57 m** – ✉ **81041** 6 **A1**

Roma 184 – Napoli 52 – Caserta 23 – Latina 42 – Salerno 91

Hermitage Capua Hotel rist, 400,
strada statale Appia km 195,48 – ✆ 08 23 62 15 56 – info@alberghitaliaonline.it – Fax 08 23 62 15 82
53 cam – 85 € 105 € – ½ P 72 € – **Rist** – Menu 20 €
♦ A pochi chilometri dal casello autostradale di Capua, un comodo albergo per sostare in camere rinnovate recentemente. Ideale per chi è in viaggio per motivi di lavoro. Proposte di cucina internazionale e locale al ristorante.

VIVARO – Pordenone (PN) – 562 D20 – 1 290 ab. – alt. 128 m – ✉ 33099 10 **B2**
Roma 614 – Udine 44 – Pordenone 26 – Venezia 110

Agriturismo Gelindo dei Magredi
via Roma 16 – ☎ 33 57 17 08 05 – info@gelindo.it – Fax 042 79 75 15
10 cam – 45/55 € 70/85 € – ½ P 60/70 € – **Rist** – *(chiuso lunedì)* Carta 24/35 €
◆ Accoglienza cordiale, possibilità di escursioni nella campagna friulana e stanze semplici, ma gradevoli in un'azienda agrituristica con maneggio e scuola di equitazione. Gnocchi alle erbe selvatiche, composte di frutta e verdure ed i prodotti della fattoria per i vostri pasti.

Agriturismo Lataria dei Magredi
vicolo Centrico – ☎ 33 57 17 08 08 – lataria@libero.it – Fax 042 79 75 15
14 cam – 45/55 € 70/85 € – ½ P 60/70 € – **Rist** – *(chiuso da martedì a giovedì escluso i giorni festivi)* Carta 25/42 €
◆ All'interno di un ex caseificio, nel centro del paese, una risorsa recente con camere gradevoli. Gestione intraprendente e molto disponibile.

VIVERONE – Biella (BI) – 561 F6 – 1 414 ab. – alt. 407 m – ✉ 13886 23 **C2**
Roma 661 – Torino 58 – Biella 23 – Ivrea 16 – Milano 97 – Novara 51 – Vercelli 32

Marina 150,
frazione Comuna 10 – ☎ 01 61 98 75 77 – info@hotelmarinaviverone.it – Fax 016 19 86 89 – Chiuso dal 20 novembre al 5 febbraio
60 cam – 75/80 € 98/107 € – ½ P 75/78 € – **Rist** – *(chiuso venerdì escluso dal 15 maggio al 15 settembre)* Carta 25/42 €
◆ Circondata da un giardino in riva al lago, confortevole struttura di taglio moderno, con piscina, spiaggia e pontile privati: ideale per un soggiorno di completo relax. Estrema modularità negli spazi del ristorante.

Rolle 20,
via Frate Lebole 27, frazione Rolle – ☎ 016 19 86 68 – Fax 01 61 98 97 07 – Chiuso dal 25 giugno al 4 luglio, dal 10 al 20 settembre e mercoledì
Rist – Carta 19/37 €
◆ In una frazione in posizione dominante, trattoria rustica, a gestione familiare, con pregevole servizio estivo in terrazza panoramica; piatti del territorio.

VIZZOLA TICINO – Varese (VA) – 561 F8 – 432 ab. – alt. 221 m – ✉ 21010 16 **A2**
Roma 619 – Stresa 42 – Como 55 – Milano 51 – Novara 27 – Varese 33

Villa Malpensa rist, 80,
via Sacconago 1 – ☎ 03 31 23 09 44 – info@hotelvillamalpensa.com – Fax 03 31 23 09 50
65 cam – 115/160 € 170/230 € – **Rist** – Carta 65/80 €
◆ Vicino all'aeroporto, dal 1991 una sontuosa residenza patrizia inizio '900 offre una curata ospitalità nei suoi raffinati interni; meno affascinanti ma confortevoli le camere. Signorile sala ristorante e salone con affreschi originali di inizio secolo.

VODO CADORE – Belluno (BL) – 562 C18 – 960 ab. – alt. 901 m – ✉ 32040 36 **C1**
Roma 654 – Cortina d'Ampezzo 17 – Belluno 49 – Milano 392 – Venezia 139

Al Capriolo
via Nazionale 108 – ☎ 04 35 48 92 07 – alcapriolo@hotmail.it – Fax 04 35 48 91 66 – Chiuso da maggio al 20 giugno, dal 20 settembre al 25 ottobre, martedì e mercoledì a mezzogiorno da gennaio ad aprile
Rist – Carta 45/59 €
◆ C'è tutta la concretezza della tradizione locale nelle equilibrate e fini elaborazioni proposte nell'ambiente caldo e raccolto di questo locale in una casa ottocentesca.

VÖLS AM SCHLERN = Fiè allo Sciliar

VOLASTRA – La Spezia – 561 J11 – Vedere Manarola

VOLTA MANTOVANA - Mantova (MN) - 561 G13 - 6 797 ab. - alt. 127 m - ✉ 46049
17 **C2**

Roma 488 – Verona 39 – Brescia 60 – Mantova 25

Buca di Bacco 40, VISA

via San Martino – ✆ 03 76 80 12 77 – info@hotelbucadibacco.it – Fax 03 76 80 16 64

37 cam – 60 € 80 € – **Rist** – Carta 17/29 €

◆ Un'ampia hall con divani vi accoglie in questa risorsa di taglio moderno, a gestione familiare, per clientela sia turistica che d'affari; arredi essenziali nelle stanze. Varie sale da pranzo, semplici e lineari, adatte soprattutto per banchetti.

VOLTERRA - Pisa (PI) - 563 L14 - 11 384 ab. - alt. 531 m - ✉ 56048
Toscana 28 **B2**

Roma 287 – Firenze 76 – Siena 50 – Livorno 73 – Milano 377 – Pisa 64

piazza dei Priori 20 ✆ 0588 87257, info@volterra.it, Fax 0588 86099

Piazza dei Priori★★ – Duomo★: Deposizione lignea★★ – Battistero★ – ≤★★ dal viale dei Ponti – Museo Etrusco Guarnacci★ – Porta all'Arco★

Pianta pagina seguente

Park Hotel Le Fonti ≤ colline, cam, rist, 100, VISA

via di Fontecorrenti – ✆ 058 88 52 19 – info@parkhotellefonti.com – Fax 058 89 27 28 – Chiuso dal 7 gennaio a febbraio **g**

67 cam – 115/125 € 149/165 €

Rist – Carta 28/59 €

◆ Su una collina, poco distante dal centro storico, è una grande struttura in stile toscano con salotti arredati con gusto ed ampie camere, sala meeting e lettura. La cucina s'ispira alla tradizione e ai sapori toscani, da assaporare nelle sale o, durante la bella stagione, su una grande terrazza.

La Locanda senza rist VISA

via Guarnacci 24/28 – ✆ 058 88 15 47 – staff@hotel-lalocanda.com – Fax 058 88 15 41 **e**

19 cam – 92 € 115/180 € – 1 suite

◆ A pochi passi da Piazza dei Priori, l'hotel è stato ricavato dal restauro di un monastero e vanta camere spaziose e raffinate e piccoli spazi comuni piacevolmente arredati.

Villa Nencini ≤ rist, rist, VISA

borgo Santo Stefano 55 – ✆ 058 88 63 86 – villanencini@interfree.it – Fax 058 88 06 01 **b**

35 cam – 62/68 € 83/88 € – ½ P 60/62 € – **Rist** – *(chiuso febbraio)* Carta 19/25 €

◆ Situata tra le mura etrusche e la cinta medioevale, la villa è circondata da un piccolo giardino e dispone di camere semplici ma spaziose. Un ambiente di tono classico invita a gustare proposte gastronomiche del territorio.

Villa Rioddi senza rist ≤ VISA

località Rioddi, 2 km per ③ – ✆ 058 88 80 53 – info@hotelvillarioddi.it – Fax 058 88 80 74 – Chiuso dal 15 gennaio al 2 marzo e dal 3 novembre al 27 dicembre

13 cam – 78/93 € 88/93 €

◆ Una villa toscana medievale con pietre a vista offre raccolte e caratteristiche sale per il relax, camere confortevoli con arredi in legno e vista sulla val di Cecina.

Enoteca del Duca VISA

via di Castello 2 angolo via Dei Marchesi – ✆ 058 88 15 10 – delduca@sirt.pisa.it – Fax 058 89 29 57 – Chiuso dal 23 gennaio al 6 febbraio, dal 13 al 26 novembre e martedì **d**

Rist – Carta 27/45 €

◆ Vicino alla piazza principale e al Castello, il locale ospita una piccola enoteca per la degustazione dei vini ed una sala più elegante dove gustare piatti toscani.

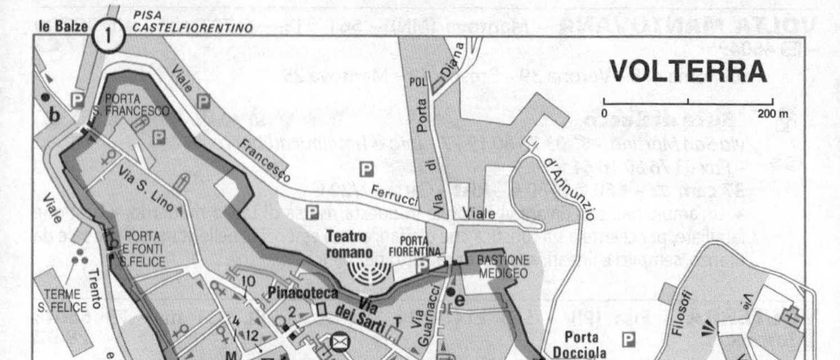

VOLTERRA

Circolazione regolamentata nel centro città.

Buonparenti (V.) 2
Franceschini (V.) 4
Marchesi (V.) 5
Martiri della Libertà (Pza) 6
Matteotti (V.) 7
Porta Secli (V. di) 8
Ricciarelli (V.) 10
Roma (V.) 12
S. Giovanni (Pza) 13
S. Michele (Piazzetta) 14
Turazza (V.) 15

XX **Il Sacco Fiorentino**

piazza 20 Settembre 18 – ✆ 058 88 85 37 – paolodondoli@virgilio.it – Fax 058 88 85 37 – Chiuso dal 10 gennaio al 1° marzo, dal 20 giugno al 5 luglio e mercoledì c

Rist – Carta 24/43 €

◆ In pieno centro, il ristorante è un piacevole e caratteristico locale con due sale che offre proposte stagionali ed un menù degustazione. Dehors su una pedana in legno.

sulla strada statale 439 per ② : 7,5 km:

Agriturismo Villa Montaperti ⩤ Volterra e campagna,

località Montaperti ✉ 56048 Volterra – ✆ 058 84 20 38 – info@montaperti.com – Fax 058 84 20 38 – Pasqua-ottobre

11 cam ☕ – †80 € ††113 € – **Rist** – (solo per alloggiati) 30 € bc

◆ Circondata da un piccolo parco con alcuni sentieri per le passeggiate, la villa padronale settecentesca in pietra offre ampie camere confortevoli arredate con mobili antichi. Il ristorante dall'alto soffitto a volte si trova nell'antica stalla: un locale caratteristico dove assaporare una cucina regionale e casalinga.

Dormire con tutti i comfort a prezzo contenuto?
Cercate i Bib Hotel .

VOLTIDO – Cremona (CR) – 561 G13 – **439 ab.** – **alt. 35 m** – ✉ **26034** 17 **C3**

Roma 493 – Parma 42 – Brescia 57 – Cremona 30 – Mantova 42

a Recorfano Sud : 1 km – ✉ **26034** – **Voltido**

X **Antica Trattoria Gianna**

via Maggiore 12 – ✆ 037 59 83 51 – gianna@anticatrattoriagianna.it – Fax 03 75 38 11 61 – Chiuso dal 23 al 30 luglio, lunedì sera e martedì

Rist – Carta 20/30 €

◆ Autentica, storica trattoria, che propone pasti più semplici e a prezzo contenuto a pranzo e un menù degustazione di piatti della bassa per cena.

VOLTRI – Genova – 561 I8 – **Vedere Genova**

VOZE – Savona – **Vedere Noli**

VULCANO (Isola) – Messina – 565 L26 – **Vedere Sicilia (Eolie, isole) alla fine dell'elenco alfabetico**

WELSBERG = Monguelfo

WELSCHNOFEN = Nova Levante

WOLKENSTEIN IN GRÖDEN = Selva di Val Gardena

ZADINA PINETA – Forlì-Cesena – **Vedere Cesenatico**

ZAFFERANA ETNEA – Catania – 565 N27 – **Vedere Sicilia alla fine dell'elenco alfabetico**

ZAGAROLO – Roma (RM) – 563 Q20 – **13 866 ab.** – **alt. 305 m** – ✉ **00039** 13 **C2**

Roma 46 – Latina 101 – Rieti 111

XX **Il Tordo Matto**

piazza San Martino 8 – ✆ 06 95 20 00 50 – adrianobaldassarre@virgilio.it – Fax 06 95 20 05 41 – Chiuso due settimane in gennaio, due settimane in agosto, martedì e a mezzogiorno (escluso sabato e domenica)

Rist – Carta 53/69 €

◆ Presso la seicentesca porta di San Martino, sono gli archi in tufo della sala a ricordare la storia di Zagarolo, ma è l'estro creativo dello chef a regalare sapori rari.

ZELARINO – Venezia – 562 F18 – **Vedere Mestre**

ZERO BRANCO – Treviso (TV) – 562 F18 – **8 846 ab.** – **alt. 18 m** – ✉ **31059** 36 **C2**

Roma 538 – Padova 35 – Venezia 29 – Milano 271 – Treviso 13

XXX **Ca' Busatti**

via Gallese 26, Nord-Ovest : 3 km – ✆ 042 29 76 29 – cabusatti@inwind.it – Fax 042 29 76 29 – Chiuso dal 2 al 31 gennaio, domenica sera (luglio-agosto anche a mezzogiorno) e lunedì

Rist – Carta 34/51 €

◆ Un piccolo angolo di signorilità cinto dal verde: un'elegante casa di campagna con una saletta interna e un dehors coperto e chiuso da vetrate; fantasiosa cucina veneta.

Qualità a prezzi contenuti?
Cercate i Bib: Bib Gourmand rosso per i ristoranti
e Bib Hotel azzuro per gli alberghi.

ZIANO DI FIEMME – Trento (TN) – 562 D16 – **1 589 ab. – alt. 953 m – Sport invernali :** ***a Cavalese e a Pedrazzo 1 000/1 209 m 2 (Comprensorio Dolomiti superski Val di Fiemme)*** – ✉ 38030 31 **C2**

Roma 657 – Bolzano 53 – Belluno 83 – Canazei 30 – Milano 315 – Trento 75

piazza Italia ✆ 0462 570016, info.ziano@valdifiemme.info, Fax 0462 570270

Al Polo cam, rist, cam,

via Nazionale 7/9 – ✆ 04 62 57 11 31 – info@hotelalpolo.com – Fax 04 62 57 18 33 – Chiuso maggio e novembre

50 cam – 30/60 € 60/100 € – ½ P 40/80 € – **Rist** – Carta 26/33 €

◆ Abbellito da un grazioso giardino, hotel del centro, sito lungo la via principale; accoglienti parti comuni, camere confortevoli, centro benessere con scenografica piscina. Pareti con rivestimenti in legno e travi a vista nella capiente sala ristorante.

ZIBELLO – Parma (PR) – 562 G12 – **1 993 ab. – alt. 35 m** – ✉ **43010** 8 **B1**

Roma 493 – Parma 36 – Cremona 28 – Milano 103 – Piacenza 41

Antica Taverna San Rocco 20,

località Ardola 5 Sud : 1 km – ✆ 052 49 95 78 – Fax 052 49 95 78 – Chiuso agosto, lunedì e martedì

Rist – Carta 28/47 €

◆ Proposte di specialità di mare, nel cuore della terra padana, in un locale di tono elegante, dove ben si inseriscono alcuni elementi rustici (volte in pietra a vista).

Trattoria la Buca 10,

via Ghizzi 6 – ✆ 052 49 92 14 – info@trattorialabuca.com – Fax 052 49 97 20 – Chiuso martedì

Rist – Carta 34/45 €

◆ Generazionale cucina al femminile in un locale rustico: linea gastronomica tipica del luogo e produzione propria di culatello e salumi; servizio estivo all'aperto.

ZINZULUSA (Grotta) – Lecce – 564 G37 – **Vedere Castro Marina**

ZOAGLI – Genova (GE) – 561 J9 – **2 543 ab.** – ✉ **16030** 15 **C2**

Roma 448 – Genova 34 – La Spezia 72 – Massa 87 – Piacenza 168

L'Arenella

lungomare dei Naviganti – ✆ 01 85 25 93 93 – Fax 01 85 25 93 93 – Chiuso febbraio e martedì

Rist – Carta 46/74 €

◆ A cinque minuti a piedi dal centro della località, locale incastonato fra gli scogli a ridosso del mare. La cucina offre piatti di mare preparati con prodotti di qualità.

ZOGNO – Bergamo (BG) – 561 E10 – **9 057 ab. – alt. 334 m** – ✉ **24019** 19 **C1**

Roma 619 – Bergamo 18 – Brescia 70 – Como 64 – Milano 60 – San Pellegrino Terme 7

Tavernetta

via Roma 8 – ✆ 034 59 13 72 – tavernettazogno@libero.it – Fax 034 59 13 72 – Chiuso una settimana in gennaio, tre settimane in agosto, martedì sera e mercoledì

Rist – Carta 37/48 €

◆ Originale connubio tra l'ambiente rustico e le proposte di piatti di mare in un ristorante dove troverete però anche una linea gastronomica tradizionale.

ad Ambria **Nord-Est : 2 km** – ✉ **24019 – Zogno**

Da Gianni con cam

via Tiolo 37 – ✆ 034 59 10 93 – info@albergodagianni.com – Fax 034 59 36 75 – Chiuso dal 1° al 10 settembre

9 cam – 40 € 60 € – ½ P 40 € – **Rist** – *(chiuso lunedì escluso agosto)* Carta 25/35 €

◆ Una sala classica e una più raffinata con pitture murali in un locale con camere sito fuori dal paese; cucina casereccia, con selvaggina in inverno e funghi in stagione. Camere semplici e confortevoli per momenti di relax.

ZOLA PREDOSA – Bologna (BO) – 562 I15 – **16 475 ab. – alt. 82 m** – ✉ **40069** 9 **C3**

Roma 378 – Bologna 12 – Milano 209 – Modena 33

via Masini 11 (Villa Garagnani) ☎ 051 752472, info@iatzola.it, Fax 051 752472

Zolahotel senza rist 130,

via Risorgimento 186 – ☎ 051 75 11 01 – info@hotelzola.it – Fax 051 75 11 01 – Chiuso dal 4 al 19 agosto

108 cam – †92/152 € ††129/216 €

◆ Imponente edificio di non molte attrattive, che si rivela all'interno un albergo ben organizzato, con spaziosa hall e camere funzionali; ideale per chi viaggia per affari.

Masetti 20,

via Gesso 70, località Gesso Sud : 1 km – ☎ 051 75 51 31 – Fax 051 75 51 31 – Chiuso dal 17 al 28 febbraio, dal 1° al 24 agosto, giovedì e venerdì a mezzogiorno

Rist – Carta 25/35 €

◆ Caseggiato nel verde sulle prime colline del bolognese: all'interno un'ampia e sobria sala con grande brace per le carni alla griglia; cucina del territorio.

ZOLDO ALTO – Belluno (BL) – 562 C18 – **1 228 ab. – alt. 1 177 m – Sport invernali :** ***1 388/2 100 m 1 8 (Comprensorio Dolomiti superski Civetta)*** – ✉ 32010 36 **C1**

Roma 646 – Cortina d'Ampezzo 48 – Belluno 40 – Milano 388 – Pieve di Cadore 39 – Venezia 135

località Mareson ☎ 0437 789145, zoldoalto@infodolomiti.it, Fax 0437788878

Bosco Verde

frazione Pecol, alt. 1 375 – ☎ 04 37 78 91 51 – boscoverde@libero.it – Fax 04 37 78 87 57 – Dicembre-aprile e giugno-settembre

20 cam – †50/70 € ††100/120 € – ½ P 55/65 € – **Rist** – Carta 23/41 €

◆ Solida gestione diretta in una baita di montagna ubicata in una tranquilla zona verdeggiante; ambienti curati e spaziosi, piacevole e attrezzata zona benessere. Recentemente ristrutturato nel tipico stile montano, il ristorante offre la cucina casalinga.

ZORZINO – Bergamo – Vedere Riva di Solto

ZWISCHENWASSER = Longega

B. Morandi/MICHELIN

Isola di Spagi – Cala Corsada

SARDEGNA

AGGIUS – Sassari (SS) – 566 E9 – **1 652 ab.** – **alt. 514 m** – ✉ **07020** 38 **B1**

Cagliari 260 – Nuoro 135 – Olbia 53 – Sassari 72

Agriturismo Il Muto di Gallura

località Fraiga, Sud : 1 km – ✆ 079 62 05 59 – info@mutodigallura.com – Fax 079 62 05 59

13 cam – 45 € 80 € – **Rist** – Menu 16/35 €

◆ Il nome di un bandito romantico per uno "stazzu" (fattoria) tra querce da sughero: per chi non cerca confort alberghieri; gite a cavallo in paesaggi di rara suggestione. In sala da pranto, tanto legno ed i prodotti tipici del territorio: dal cinghiale alla zuppa gallurese.

AGLIENTU – Sassari (SS) – 566 D9 – **1 114 ab.** – ✉ **07020** 38 **B1**

Cagliari 253 – Olbia 70 – Sassari 88

Lu Fraili

via Dante 32 – ✆ 079 65 43 69 – Chiuso novembre e giovedì (escluso festivi)

Rist – Carta 25/36 €

◆ Un piccolo ristorante dalla gestione particolarmente attenta alla qualità dei prodotti, dove fermarsi per gustare fragranti specialità galluresi di carne e di pesce.

AGNATA – Sassari – 566 E09 – **Vedere Tempio Pausania**

ALGHERO – Sassari (SS) – 566 F6 – **39 985 ab.** – ✉ **07041** *Italia* 38 **A2**

Cagliari 227 – Nuoro 136 – Olbia 137 – Porto Torres 35 – Sassari 35

di Fertilia Nord-Ovest : 11 km ✆ 079 935039, Fax 079 935043

piazza Portaterra 9 ✆ 079 979054, infotourism@infoalghero.it, Fax 079 974881 - all'Aeroporto ✆ 079 935124, Fax 079 935124

Città vecchia★

Grotta di Nettuno★★★ Nord-Ovest : 26,5 km – Strada per Capo Caccia ≤★★ – Nuraghe Palmavera★ Nord-Ovest : 10 km

Villa Las Tronas ≤ mare e scogliere, (acqua di mare) rist,

lungomare Valencia 1 – ✆ 079 98 18 18 – info@hvlt.com – Fax 079 98 10 44

28 cam – 250/313 € 294/368 € – 1 suite – ½ P 187/224 € – **Rist** – Carta 51/61 €

◆ Invidiabile posizione panoramica su un piccolo promontorio, giardino e interni d'epoca per questa residenza patrizia d'inizio '900. Piscina e solarium sulla scogliera. Atmosfera d'altri tempi e arredamento di sobria classicità nella sala da pranzo.

Florida ≤ rist,

via Lido 15 – ✆ 079 95 05 35 – info@hotelfloridaalghero.it – Fax 079 98 54 24 – Marzo-ottobre

73 cam – 82/107 € 110/162 € – ½ P 74/101 € – **Rist** – *(aprile-ottobre)* (solo per alloggiati)

◆ Curiosa struttura a cubi accostati per una grande, confortevole risorsa degli anni '70, a conduzione familiare, ben ubicata sul lungomare, a ridosso della spiaggia.

Andreini

via Ardoino 45 – ✆ 079 98 20 98 – Fax 079 98 20 98 – Chiuso lunedì escluso da aprile a settembre

Rist – (consigliata la prenotazione) Carta 39/53 €

◆ All'interno di un ex deposito per l'olio, risalente all'epoca della dominazione spagnola, originale ristorante che propone una cucina creativa basata sulla tradizione.

XX **Il Pavone**
piazza Sulis 3/4 – ✆ 079 97 95 84 – Fax 079 97 95 84 – Chiuso dal 1° al 10 novembre, domenica a mezzogiorno da giugno a ottobre, anche domenica sera negli altri mesi
Rist – Carta 45/50 €
◆ Un ambiente intimo e familiare che propone anche un piacevole dehors nel periodo estivo, propone menù regionali, esclusivamente di mare.

XX **Al Tuguri** 12,
via Maiorca 113/115 – ✆ 079 97 67 72 – staff@altuguri.it – Fax 079 97 67 72 – Chiuso dal 20 dicembre al 20 gennaio e domenica
Rist – Carta 38/48 €
◆ Bell'ambiente caratteristico, con tavoli piccoli e serrati, in un'antica casa del centro, a due passi dai Bastioni; griglia a vista per cuocere soprattutto pesce.

XX **Rafel**
via Lido 20 – ✆ 079 95 03 85 – smeraldo_alghero@tiscali.it – Chiuso dal 20 dicembre al 20 gennaio e giovedì in bassa stagione
Rist – Carta 31/40 €
◆ Dalle finestre che scorrono lungo tre pareti della sala-veranda o nei casalinghi piatti proposti, il mare "entra" comunque in questo simpatico locale sulla spiaggia.

a Porto Conte Nord-Ovest : 13 km – 566 F6 – ✉ 07041 – Alghero

El Faro golfo e Capo Caccia, 180,
– ✆ 079 94 20 10 – ask@elfarohotel.it
– Fax 079 94 20 30 – Aprile-ottobre
88 cam – 160/280 € 232/460 € – 5 suites – **Rist**
– Carta 48/80 €
◆ Circondato da un parco di palme nane, aloe ed agavi, l'hotel offre camere arredate con marmo locale, 2 piscine con acqua di mare e opportunità per praticare attività sportive. Un ristorante affacciato sul mare, propone una cucina di sapori esclusivamente regionali e mediterranei.

ARBATAX – Nuoro – 566 H11 – Vedere Tortolì

ARZACHENA – Sassari (SS) – 566 D10 – 11 521 ab. – alt. 83 m – ✉ 07021

Italia 38 **B1**

Cagliari 311 – Olbia 26 – Palau 14 – Porto Torres 147 – Sassari 129
lungomare Andrea Doria t° 0789892019 07020 Cannigione (SS)
Pevero, Nord-Est : 18,5 km a Porto Cervo, ✆ 0789 958 00 00.
Costa Smeralda★★

Albatros Club Hotel cam,
viale Costa Smeralda 28 – ✆ 078 98 33 33 – info@albatrosclubhotel.com – Fax 07 89 84 04 64
34 cam – 60/95 € 150/180 € – ½ P 100/125 € – **Rist** – *(aprile-ottobre)*
Menu 25/35 €
◆ Nel centro commerciale della città, una risorsa moderna con ambienti arredati in stile sardo dai colori pastello, al terzo piano un solarium e una piccola palestra attrezzata. In una sala più rustica, menù stuzzicanti dai gustosi piatti tradizionali e dessert della casa.

sulla strada provinciale Arzachena-Bassacutena Est: 5 km

Tenuta Pilastru cam,
località Pilastru ✉ 07021 Arzachena – ✆ 078 98 29 36 – info@tenutapilastru.it – Fax 078 98 26 84
32 cam – 77/90 € 130/158 € – **Rist** – Menu 28 € bc/30 € bc
◆ Abbracciato dal verde e dalla tranquillità della campagna gallurese, un cascinale ottocentesco ristrutturato ed ampliato offre ai turisti graziose camere in stile country. Leggermente isolato, circondato dalle caratteristiche conche di granito, il ristorante propone una vasta selezione di piatti tipici locali.

sulla strada provinciale Arzachena-Porto Cervo Est : 6,5 km :

Lu Stazzu

al bivio per Baia Sardinia ✉ 07021 Arzachena – ✆ 078 98 27 11 – lustazzu@lustazzu.com – Fax 078 98 27 11 – Pasqua-settembre

Rist – Carta 25/40 €

◆ In un bosco di ulivi e ginepri, un piacevole ristorante a gestione familiare dagli interni recentemente ristrutturati, dispone di una terrazza dove gustare la cucina locale.

La Vecchia Costa

Località Punga ✉ 07021 Arzachena – ✆ 078 99 86 88 – info@lavecchiacosta.it – Fax 078 99 86 88

Rist – Carta 19/39 €

◆ Un locale semplice ma attento ai suoi ospiti questo ristorante-pizzeria che propone ai tavoli una curata e prelibata cucina regionale. Possibile anche il servizio all'aperto.

a Cannigione Nord Est : 8 km – ✉ 07020

Cala di Falco 150,

– ✆ 07 89 89 92 00 – falco@delphina.it – Fax 07 89 89 92 02 – 12 maggio-6 ottobre

40 cam – 180/280 € 182/324 € – 97 suites – 351/588 € – ½ P 106/176 € – **Rist** – *(1° maggio-20 ottobre)* Menu 36/50 €

◆ Direttamente sul mare e immerso nel verde, un complesso di notevoli dimensioni che dispone di ambienti curati nei dettagli, sale convegni, campi da gioco e teatro all'aperto. Nelle capienti ed eleganti sale ristorante, piatti dai sapori semplici e prelibati.

COSTA SMERALDA (SS) 38 B1

a Porto Cervo – ✉ 07020

Cervo (riscaldata) 600,

piazzetta Cervo – ✆ 07 89 93 11 11 – cervo@sheraton.com – Fax 07 89 93 16 13

106 cam – 825/891 € 924/1056 € – 4 suites – ½ P 495/858 €

Rist – Carta 70/95 € – **Rist *Grill*** – Carta 85/115 €

◆ Affacciata sulla piazzetta del paese, un'elegante struttura ideale per una clientela commerciale, ospita camere luminose dall'arredo particolare e una capiente sala congressi. Il ristorante di impostazione classica dispone di un servizio estivo in terrazza. In sala, sapori intensi e spettacolari paesaggi dalle vetrate.

Gianni Pedrinelli

strada provinciale bivio Pevero Sud : 1,5 km – ✆ 078 99 24 36 – giannipedrinelli@tiscalinet.it – Fax 078 99 26 16 – Marzo-ottobre; chiuso a mezzogiorno dal 15 giugno al 15 settembre

Rist – Carta 64/84 €

◆ Lungo la costa, un locale elegante recentemente ristrutturato in alcune parti che dispone di capienti sale dove assaporare una cucina regionale con tocchi di creatività.

a Poltu Quatu – ✉ 07021 – Porto Cervo

Melià Poltu Quatu 200,

strada Provinciale Baja Sardinia Liscia di Vacca – ✆ 07 89 95 62 00 – melia.poltu.quatu@solmelia.com – Fax 07 89 95 62 01 – 5 aprile-15 ottobre

142 cam – 487/647 € 557/747 € – 5 suites – ½ P 421 € – **Rist** – Carta 45/100 €

◆ Una struttura elegante con grandi spazi comuni disponibili per congressi e manifestazioni, sita nel cuore di questa località turistica che ospita molte residenze estive. Nella sala ristorante dai colori del Mediterraneo, la cucina locale è interpretata in chiave creativa.

a Pitrizza – ✉ 07021 – Porto Cervo

Pitrizza baia, (acqua di mare) 50,

– ✆ 07 89 93 01 11 – pitrizza@luxurycollection.com – Fax 07 89 93 06 11 – Maggio-settembre

55 cam – 10 suites – solo ½ P 988 € – **Rist** – (solo per alloggiati)

◆ Circondato dai colori e dai profumi del paesaggio sardo, un hotel dall'antico splendore cela negli ambienti interni lusso e ricercatezza mentre all'esterno offre spazi curati.

a Romazzino – ✉ 07021 – Porto Cervo

Romazzino ⟡ mare ed isolotti, (con acqua di mare) rist, cam,
– ✆ 07 89 97 71 11
– *romazzino@luxurycollection.com – Fax 07 89 97 76 14 – Maggio-ottobre*
94 cam – solo ½ P 759/1804 € – **Rist** – Menu 95/130 €
◆ Un'architettura bianca incorniciata dal colore e dal profumo dei fiori ospita un'accoglienza calorosa, eleganti camere dai chiari arredi e un'invitante piscina d'acqua salata. Insolito connubio tra rustico e chic nella sala ristorante con vista, dove assaporare una cucina classica in cui regna la creatività.

a Cala di Volpe – ✉ 07020 – Porto Cervo

Cala di Volpe ⟡ baia, (con acqua di mare) cam, 50,
– ✆ 07 89 97 61 11
– *caladivolpe@luxurycollection.com – Fax 07 89 97 66 17 – 21 aprile-15ottobre*
125 cam – 12 suites – solo ½ P 995/1755 € – **Rist** – *(maggio-ottobre)* (solo per alloggiati)
◆ Dietro la facciata policroma un'oasi di quiete nello smeraldo della costa, meeting point di feste e manifestazioni con ambienti arredati in ferro battuto e artigianato locale.

Nibaru senza rist
– ✆ *078 99 60 38 – hotelnibaru@tiscalinet.it – Fax 078 99 64 74 – Maggio-15 ottobre*
55 cam – 140/180 € 160/250 €
◆ Immerso nel verde e nella tranquillità, una struttura orizzontale dai caldi colori con camere luminose e confortevoli, grandi arcate che si aprono sulla piscina.

a Baia Sardinia – ✉ 07021 – Arzachena

Club Hotel
– ✆ *078 99 90 06 – info@clubhotelbajasardinia.it – Fax 078 99 92 86*
– Pasqua-ottobre
114 cam – 141/262 € 188/350 € – ½ P 94/226 €
Rist Terrazza Casablanca – vedere selezione ristoranti
Rist – (solo per alloggiati)
◆ Nel cuore del centro storico, direttamente sulla spiaggia, un'elegante struttura di notevoli dimensioni offre camere spaziose e signorili arredate nei colori del Mediterraneo.

Mon Repos ⟡ mare e costa, 50,
✉ *07020 – ✆ 078 99 90 11 – monrepos@tin.it*
– Fax 078 99 90 50 – Aprile-ottobre
60 cam – 50/100 € 90/230 € – 1 suite – ½ P 67/150 €
Rist Conchiglia – vedere selezione ristoranti
◆ Domina la baia questa struttura alberghiera dall'ospitale gestione familiare dispone di camere moderne, semplici nella loro eleganza ed una terrazza panoramica con piscina.

La Bisaccia ⟡ arcipelago della Maddalena,
– ✆ *078 99 90 02 – info@hotellabisaccia.it – Fax 078 99 91 62 – 20 maggio-15 ottobre* 80,
109 cam – 266/380 € 300/435 € – ½ P 166/233 € – **Rist** – Menu 60/80 €
◆ In una zona tranquilla, circondata da prati che declinano verso il mare, la struttura è ideale per una vacanza all'insegna del riposo ed ospita camere semplici e luminose. Nelle raffinate sale del ristorante, la vista sull'arcipelago e i sapori della cucina sarda.

Pulicinu rist, 60,
località Pulicinu Sud : 3 km – ✆ 07 89 93 30 01 – info@hotelpulicinu.com
– Fax 07 89 93 30 90 – 7 aprile-13 ottobre
43 cam – 187/230 € 284/360 € – ½ P 147/170 €
Rist ***Antonella*** – Carta 37/49 €
◆ Avvolto dalla quiete della folta macchia mediterranea e poco distante dalle più note mete vacanziere, l'hotel ospita una piscina rigenerante e camere piccole ma confortevoli. Dalla cucina, i saporiti piatti della cucina regionale da gustare nell'elegante e luminosa sala.

Olimpia senza rist ⋖ arcipelago della Maddalena,
– ✆ 078 99 91 76 – Fax 078 99 91 91 – *10 maggio-settembre*
17 cam – ♦48/89 € ♦♦78/155 €
♦ Affacciato sulla baia di Battistoni, la risorsa è ideale per divertenti vacanze all'insegna del relax nei suoi ambienti spaziosi e presso la piscina panoramica con solarium.

Terrazza Casablanca – Club Hotel
– ✆ 078 99 90 06 – m.gaggioli@clubhotelbajasardinia.it – Fax 078 99 92 86 – *20 maggio-20 settembre; chiuso a mezzogiorno*
Rist – Carta 66/102 €
♦ Sito all'ultimo piano dell'edificio, un locale di grande suggestione dalle proposte regionali rivisitate nel rispetto della moderna creatività.

Conchiglia – Hotel Mon Repos 25,
– ✆ 078 99 92 41 – ristoranteconchiglia@virgilio.it – Fax 078 99 92 41 – *Natale e Pasqua-ottobre*
Rist – Carta 43/57 €
♦ Punto forte del ristorante, oltre alla cortesia, è la cucina marinara da gustare anche sulla terrazza dalla splendida vista panoramica.

BAIA SARDINIA – Sassari – 566 D10 – Vedere Arzachena : Costa Smeralda

BOSA – Nuoro (NU) – 566 G7 – 7 970 ab. – alt. 10 m – ✉ 08013 38 A2

Alghero 64 – Cagliari 172 – Nuoro 86 – Olbia 151 – Oristano 64 – Porto Torres 99 – Sassari 99

Sa Pischedda rist, rist,
via Roma 8 – ✆ 07 85 37 30 65 – info@hotelsapischedda.it – Fax 07 85 37 20 00
15 cam – ♦50/70 € ♦♦75/98 € – ½ P 60/75 € – **Rist** – *(chiuso dal 15 dicembre al 15 gennaio e martedì escluso da giugno al 15 ottobre)* Carta 28/45 €
♦ Nel centro storico, ai piedi del castello Malaspina, l'hotel conserva ancora oggi i dipinti originari e dispone di camere semplici ma confortevoli nelle tinte pastello. Il ristorante-pizzeria offre una piacevole atmosfera nella quale apprezzare la cucina marinara e bosana.

a Bosa Marina Sud-Ovest : 2,5 km – ✉ 08013

Al Gabbiano
viale Mediterraneo 5 – ✆ 07 85 37 41 23 – gabbianohotel@tiscali.it – Fax 07 85 37 41 09
30 cam – ♦♦63/86 €, 6 € – ½ P 59/81 € – **Rist** – *(Pasqua-ottobre)* Carta 23/36 €
♦ Frontemare, un hotel di piccole dimensioni a gestione familiare ricavato all'interno di una villa, dispone di interni dagli arredi lignei e camere semplici ed accoglienti. Dalla cucina, proposte casalinghe dai sapori regionali da gustare in una sobria sala ristorante.

CAGLIARI (P) (CA) – 566 J9 – 162 560 ab. – ✉ 09100 *Italia* 38 B3

Nuoro 182 – Porto Torres 229 – Sassari 211

di Elmas per ② : 6 km ✆ 070 211211

per Civitavecchia, Genova, Napoli, Palermo e Trapani – Tirrenia Navigazione, call center 892 123

piazza Matteotti 9 ✉ 09123 ✆ 070 669255, aast.info@tiscalinet.itvia Roma, Stazione Marittima ✉ 09100 ✆ 070 668352piazza Defennu 9 ✉ 09125 ✆ 070 604241, enturismoca@tiscalinet.it,Fax 070/663207

Museo Nazionale Archeologico★ : bronzetti★★★Y – ⋖★★ dalla terrazza Umberto I Z – Pulpiti★★ nella Cattedrale Y – Torre di San Pancrazio★Y – Torre dell'Elefante★Y

Strada★★★ per Muravera per ①

Pianta pagina a lato

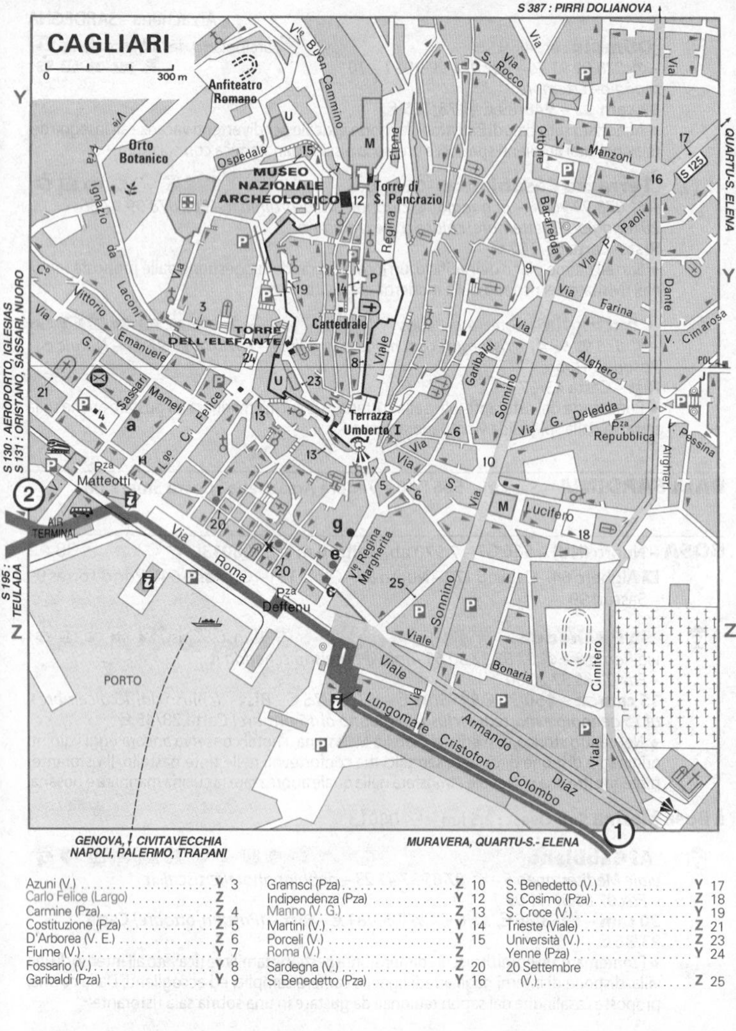

CAGLIARI

Via	Zona	N.	Via	Zona	N.	Via	Zona	N.
Azuni (V.)	Y	3	Gramsci (Pza)	Z	10	S. Benedetto (V.)	Y	17
Carlo Felice (Largo)	Z		Indipendenza (Pza)	Y	12	S. Cosimo (Pza)	Z	18
Carmine (Pza)	Z	4	Manno (V. G.)	Z	13	S. Croce (V.)	Y	19
Costituzione (Pza)	Z	5	Martini (V.)	Y	14	Trieste (Viale)	Z	21
D'Arborea (V. E.)	Z	6	Porceli (V.)	Y	15	Università (V.)	Z	23
Fiume (V.)	Y	7	Roma (V.)	Z		Yenne (Pza)	Y	24
Fossario (V.)	Y	8	Sardegna (V.)	Z	20	20 Settembre (V.)	Z	25
Garibaldi (Pza)	Y	9	S. Benedetto (Pza)	Y	16			

T Hotel 400,
via dei Giudicati, per via Dante – ✆ 07 04 74 00 – reservation@thotel.it – Fax 070 47 40 16
200 cam – ††99/200 € – 7 suites – **Rist** – Carta 31/48 €
◆ Ad un passo dal centro, una nuova struttura funzionale dall'architettura a specchi, un moderno arredo multicolore ed ampi spazi congressuali, vocata ad una clientela business. La grande sala da pranzo propone una cucina ricercata che prende spunto dalle tradizioni regionali.

Regina Margherita senza rist 300,
viale Regina Margherita 44 ✉ 09124 – ✆ 070 67 03 42 – booking@hotelreginamargherita.com – Fax 070 66 83 25 Z **g**
99 cam ☕ – †155 € ††210 €
◆ Nel cuore della città, hotel recente di livello elevato, con ampio e funzionale centro congressi; spaziose sia le zone comuni che le signorili camere di taglio classico.

Caesar's 300,
via Darwin 2/4, per viale Armando Diaz ✉ 09126 – ☎ 070 34 07 50 – info@caesarshotel.it – Fax 070 34 07 55 Z
48 cam – 110/140 € 155/190 €
Rist ***Da Cesare*** – ☎ 070 30 47 68 *(chiuso dal 7 al 25 agosto)*
Carta 26/36 €
♦ Ispirata in scala ridotta a modelli statunitensi, una moderna struttura che si sviluppa intorno ad un patio interno coperto su cui si affacciano i corridoi delle camere. Raffinato, accogliente ristorante, dove gustare piatti tipici della cucina isolana.

Jolly Hotel Cagliari 180,
circonvallazione Nuova Pirri 626, 4 km per via Dante ✉ 09134 Pirri – ☎ 070 52 90 60 – jolly.cagliari@alliancealberghi.com – Fax 070 50 22 22 Y
129 cam – 102/140 € 110/160 € – **Rist** – Carta 25/36 €
♦ Ampia e luminosa la moderna hall di un albergo ubicato sulla circonvallazione, ideale per una clientela di lavoro e di passaggio; confortevoli camere con buone dotazioni. Ambiente piacevole e informale nella sala da pranzo.

Dal Corsaro
viale Regina Margherita 28 ✉ 09124 – ☎ 070 66 43 18 – dalcorsaro@tiscali.it – Fax 070 65 34 39 – Chiuso dal 1° al 15 gennaio Z **e**
Rist – (consigliata la prenotazione) Carta 46/66 €
♦ Tavoli distanziati e atmosfera piacevole in un angolo di sobria eleganza classica in centro città; proposte della tradizione rielaborate in chiave moderna e fantasiosa.

Antica Hostaria
via Cavour 60 ✉ 09124 – ☎ 070 66 58 70 – Fax 070 66 58 78 – Chiuso dal 23 dicembre al 7 gennaio e domenica Z **x**
Rist – Carta 29/42 € (+12 %)
♦ Nel centro storico, atmosfera calda e accogliente in un ristorante caratteristico con raccolta di quadri; la cucina tradizionale spazia su tutto il territorio nazionale.

Al Porto 12,
via Sardegna 44 ✉ 09124 – ☎ 070 66 31 31 – Fax 070 66 31 31 – Chiuso dal 3 al 16 gennaio, due settimane in luglio e lunedì Z **r**
Rist – (consigliata la prenotazione) Carta 28/44 €
♦ Elegante stile marinaro e servizio professionale in un locale del centro storico, con esposizione del pesce di giornata e saletta appartata; cucina locale e di mare.

S'Apposentu
via Sant'Alenixedda, (Teatro Lirico), per Via Dante ✉ 09128 – ☎ 07 04 08 23 15 – info@sapposentu.it – Fax 07 04 52 53 08 – Chiuso una settimana in gennaio, due settimane in novembre, domenica e lunedì Y
Rist – Carta 47/62 €
Spec. Gelato di cipolle con pesce spada affumicato e prosciutto croccante. Dentice di lenza con salmastro di vongole e tagliolini di seppia marinati al basilico. Pancetta di cinghiale cotta a bassa temperatura con insalata di lenticchie e fagiolini.
♦ Ubicato in modo inusuale all'interno del teatro cittadino, il ristorante consta di una saletta elegante dove gustare un'ottima cucina regionale rivisitata in chiave creativa.

Il Molo
Calata dei Trinitari, per lungomare Colombo ✉ 09125 – ☎ 070 30 89 59 – ristorante_ilmolo@tiscali.it – Fax 070 34 42 73 – Chiuso dal 23 al 26 dicembre Z
Rist – Carta 30/44 € (+10 %)
♦ Dispone di una luminosa, simpatica veranda sul porticciolo questo frequentato locale classico, con attiguo locale per la pizzeria serale; le specialità sono di mare.

Flora
via Sassari 43/45 ✉ 09124 – ☎ 070 66 47 35 – ristoranteflora@tiscali.it – Fax 070 65 82 19 – Chiuso agosto Z **a**
Rist – Carta 25/33 €
♦ Pezzi di antiquariato e modernariato raccolti dal titolare rendono originale e insolito questo ristorante signorile, che ha un giardino interno per il servizio estivo.

X **La Stella Marina di Montecristo** 20,

via Sardegna 140 ✉ 09124 – ☎ 070 66 66 92 – Chiuso dal 10 al 20 agosto e domenica
Rist – Carta 25/34 € Z **c**

◆ Conduzione e tono familiari per una trattoria centrale, semplice, ma accogliente; cucina di pesce, specialità di cacciagione, il giovedì e il venerdì, durante tutto l'anno.

al bivio per Capoterra per ② : 12 km :

XX **Sa Cardiga e Su Schironi** 20,

strada statale 195 bivio per Capoterra ✉ 09012 Capoterra – ☎ 07 07 16 52 – sacardigaesuschironi@tiscali.it – Fax 07 07 16 13 – Chiuso gennaio e lunedì (escluso agosto), anche domenica sera da novembre ad aprile
Rist – Carta 40/60 €

◆ Una barca con un trionfo di pesce freschissimo vi accoglie nell'ingresso di questo ristorante classico dagli ampi spazi interni modulabili; specialità di mare.

CALA DI VOLPE – Sassari – 566 D10 – Vedere Arzachena : Costa Smeralda

---

CALA GONONE – Nuoro – 566 G10 – Vedere Dorgali

CALANGIANUS – Sassari (SS) – 566 E9 – 4 605 ab. – alt. 518 m – ✉ 07023 38 B1

Cagliari 255 – Nuoro 144 – Olbia 37 – Sassari 79

verso Priatu Est : 14 km :

X **Li Licci** con cam rist,

– ☎ 079 66 51 14 – info@lilicci.com – Fax 079 66 50 29 – Chiuso dal 7 gennaio a Pasqua – **4 cam** – †65 € ††100 € – ½ P 75/95 € – **Rist** – Carta 25/45 €

◆ Una coppia anglo-sarda gestisce questo simpatico locale con servizio estivo in terrazza tra i lecci; specialità galluresi in un menù imposto. Camere semplici e accoglienti.

CALASETTA – Cagliari (CA) – 566 J7 – 2 798 ab. – ✉ 09011 38 A3

Cagliari 105 – Oristano 145
per l'Isola di San Pietro-Carloforte – Saremar, call center 892 123

Luci del Faro cam, rist,

località Mangiabarche Sud : 5 km – ☎ 07 81 81 00 89 – info@hotelucidelfaro.com – Fax 07 81 81 00 91 – Marzo-ottobre
38 cam – †59/130 € ††80/200 € – ½ P 89/120 € – **Rist** – Carta 37/49 €

◆ Circondato dal verde, l'hotel è realizzato attorno ad una grande piscina e all'interno vanta ampie camere in moderni arredi, sala riunioni ed un'area giochi per i più piccoli.

Bellavista mare e costa,

via Sottotorre 7 – ☎ 078 18 89 71 – tregomar@tiscali.it – Fax 078 18 82 11 – Chiuso dal 4 novembre al 15 dicembre
12 cam – †57/61 € ††84/94 €, 7 € – ½ P 79/85 € – **Rist** – *(chiuso lunedì da ottobre ad aprile)* Carta 30/45 €

◆ Sull'isola di S.Antioco, affacciato su una suggestiva spiaggetta, l'hotel dispone di camere ordinate e graziose, tutte con balcone. Nella piccola e sobria sala ristorante oppure in terrazza panoramica, una cucina a base di pesce.

CANNIGIONE – Sassari – 566 D10 – Vedere Arzachena

CAPO D'ORSO – Sassari – Vedere Palau

CARBONIA – Cagliari (CA) – 566 J7 – 30 625 ab. – alt. 100 m – ✉ 09013 38 A3

Cagliari 71 – Oristano 121

X **Bovo-da Tonino**

via Costituente 18 – ☎ 078 16 22 17 – marcella.bovo@tiscali.it – Fax 078 16 22 17 – Chiuso 25-26 dicembre, Pasqua, Ferragosto e domenica
Rist – Carta 24/44 €

◆ Qui si viene non per l'ambiente, semplice e familiare, ma per l'ottima qualità e la freschezza del pesce, che d'estate si gusta in un ombreggiato spazio all'aperto.

CARLOFORTE – Cagliari – 566 J6 – Vedere San Pietro (Isola di)

CASTELSARDO – Sassari (SS) – 566 E8 – 5 546 ab. – ✉ 07031 38 A1

Cagliari 243 – Nuoro 152 – Olbia 100 – Porto Torres 34 – Sassari 32

Baga Baga ← Castelsardo e mare, rist,
località Terra Bianca Est : 2 km – ✆ 079 47 91 25 – info@bagabaga.it – Fax 079 47 91 22
10 cam – †60/90 € ††90/150 € – ½ P 70/90 € – **Rist** – Carta 30/44 €
◆ Complesso in fase di ultimazione, ma con numerosi settori già attivi, ricavato in zona panoramica con bella vista sul mare e sul paese. Camere accoglienti e curate. Al ristorante cucina sarda e di mare.

Riviera da Fofò ← cam, 50,
via lungomare Anglona 1 – ✆ 079 47 01 43 – fofo@fofo.it – Fax 079 47 13 12
34 cam – †50/145 € ††78/195 € – **Rist** – *(chiuso mercoledì da novembre ad aprile)* Carta 37/55 €
◆ Ubicata nella parte bassa e costiera della località, piacevole risorsa rinnovata in anni recenti, che offre signorili camere di buon gusto, alcune con balcone coperto. Ristorante sulla breccia da decenni: ampia sala e terrazza estiva con vista mare.

XX **Il Cormorano** 14,
via Colombo 5 – ✆ 079 47 06 28 – info@ristoranteilcormorano.net – Fax 079 47 06 28 – Chiuso martedì in bassa stagione
Rist – Carta 39/66 €
◆ Squillanti, solari colori mediterranei, nasse come paralumi, ceramiche sarde e una bella veranda in un curato ristorante di pesce sulle pendici della rocca medievale.

X **Da Ugo** ←
corso Italia 7/c, località Lu Bagnu Sud-Ovest : 4 km – ✆ 079 47 41 24 – ristorantedaugo@tiscali.it – Fax 079 47 41 24 – Chiuso febbraio e giovedì in bassa stagione
Rist – Carta 35/51 €
◆ Lungo la strada costiera, è da anni un indirizzo ben noto in zona per la freschezza e la fragranza dell'offerta ittica; la carne, "porceddu" compreso, è da prenotare.

X **Sa Ferula** ←
corso Italia 1, località Lu Bagnu Sud-Ovest : 4 km – ✆ 079 47 40 49 – Fax 079 47 40 49 – Chiuso dal 20 ottobre al 15 novembre e giovedì in bassa stagione
Rist – Carta 30/46 €
◆ Sorta di bambù indigeno, la "ferula" riveste in parte le pareti di un semplice locale in una frazione sulla litoranea. Cucina della tradizione, di terra e di mare.

CASTIADAS – Cagliari (CA) – 566 J10 – alt. 168 m – ✉ 09040 38 B3

Cagliari 66 – Muravera 30

a Costa Rei Nord-Est : 13 km – ✉ 09040 – Castiadas

XX **Sa Cardiga e Su Pisci**
– ✆ 070 99 11 08 – massessifrancesco@virgilio.it – Fax 07 09 91 90 33 – Aprile-ottobre; chiuso giovedì (escluso da giugno a settembre)
Rist – Carta 28/50 €
◆ Un locale semplice e familiare dall'offerta diversificata: ristorante di casalinga cucina per lo più di pesce, ma anche pizzeria, paninoteca, bar e gelateria.

CONCA VERDE – Sassari – Vedere Santa Teresa Gallura

COSTA REI – Cagliari – 566 J10 – Vedere Castiadas

COSTA SMERALDA – Sassari – 566 D10 – Vedere Arzachena

DORGALI – Nuoro (NU) – 566 G10 – 8 253 ab. – alt. 387 m – ✉ 08022 ▮ *Italia* 38 **B2**

Cagliari 213 – Nuoro 32 – Olbia 114 – Porto Torres 170 – Sassari 152

Grotta di Ispinigoli★★ Nord : 8 km – Strada★★ per Cala Gonone Est : 10 km – Nuraghi di Serra Orios★ Nord-Ovest : 10 km – Strada★★★ per Arbatax Sud

Colibrì

via Gramsci ang. via Floris – ✆ 078 49 60 54 – colibri.mereu@tiscali.it – Chiuso da novembre a gennaio e domenica (escluso luglio-agosto)

Rist – Carta 25/37 €

◆ Una cucina casalinga fedele ai sapori e alle tradizioni della gastronomia dorgolese, accompagnata dalla cordiale ospitalità dei gestori.

a Cala Gonone Est : 9 km – ✉ 08020

Costa Dorada rist,

lungomare Palmasera 45 – ✆ 078 49 33 32 – info@hotelcostadorada.it – Fax 078 49 34 45 – 25 marzo-ottobre

27 cam – †90/130 € ††130/180 €, ☕ 14 € – 1 suite – ½ P 98/135 € – **Rist** – Carta 30/68 €

◆ Ubicato direttamente sul lungomare, l'hotel ospita camere raccolte aredate in stile sardo-spagnolo, un solarium ed ampie terrazze ombreggiate con vista sul golfo. Ogni giorno, piatti di carne e di pesce e proposte regionali nella romantica sala da pranzo.

L'Oasi ← mare e costa, 60,

via Garcia Lorca 13 – ✆ 078 49 31 11 – loasihotel@tiscali.it – Fax 078 49 34 44 – Pasqua-10 ottobre

30 cam ☕ – †56/98 € ††74/122 € – ½ P 52/73 € – **Rist** – *(chiuso a mezzogiorno)* (solo per alloggiati) Menu 13/18 €

◆ In posizione tranquilla e panoramica sul golfo di Ortisei, l'hotel è articolato in tre piccole strutture collegate tra loro da un giardino ed ospita sobri ambienti moderni.

Miramare

piazza Giardini 12 – ✆ 078 49 31 40 – miramare@tiscalinet.it – Fax 078 49 34 69 – 24 marzo-5 novembre

35 cam ☕ – †90/100 € ††130/164 € – ½ P 80/85 € – **Rist** – *(maggio-settembre)* Carta 30/41 €

◆ A pochi metri dalla spiaggia, un piccolo hotel a conduzione familiare con ampi spazi comuni, una bella terrazzza panoramica, camere semplici e piacevoli. Nel giardino-ristorante ombreggiato dalle palme vengono serviti piatti della tradizione gastronomica regionale e soprattutto specialità di mare.

Il Pescatore

via Acqua Dolce 7 – ✆ 078 49 31 74 – roman.luci@tiscali.it – Fax 078 49 31 74 – Pasqua-ottobre – **Rist** – Carta 31/54 €

◆ Fronte mare, il locale ricorda l'antico villaggio di pescatori, annovera un dehors e una semplice sala interna più informale dove gustare la cucina regionale e piatti di pesce.

alla Grotta di Ispinigoli Nord : 12 km :

Ispinigoli con cam rist, 200,

strada statale 125 al km 210 ✉ 08022 Dorgali – ✆ 078 49 52 68 – rist.ispinigoli@tiscali.it – Fax 07 84 92 92 33 – Marzo-novembre

24 cam ☕ – †50/65 € ††75/100 € – ½ P 65/75 € – **Rist** – Carta 28/44 €

◆ Valido punto d'appoggio per chi desidera visitare le omonime grotte, celebri perchè conservano la più alta stalagmite d'Europa, e per assaporare una buona cucina regionale. Dalle camere, semplici e confortevoli con arredi in legno, si può contemplare la tranquillità della campagna circostante.

a Monteviore Sud : 9 km – ✉ 08022 – Dorgali

Monteviore ← Sopramonte e Parco del Gennargentu, rist,

strada statale 125 al km 196 – ✆ 078 49 62 93 – monteviore1@tiscali.it – Fax 078 49 62 93 – Aprile-ottobre

20 cam ☕ – †40/55 € ††68/85 € – ½ P 55/68 € – **Rist** – Carta 21/33 €

◆ Una risorsa particolare all'interno della costa orientale, ideale punto di partenza per muoversi alla scoperta dell'isola, dispone di camere semplici e confortevoli. Sulla terrazza panoramica e nella sala dall'arredamento rustico, proposte gastronomiche dai sapori regionali.

FONNI – Nuoro (NU) – **566** G9 – **4 353 ab. – alt. 1 000 m – ✉ 08023** 38 **B2**

Cagliari 161 – Nuoro 34 – Olbia 140 – Porto Torres 154 – Sassari 133

Monti del Gennargentu★★ Sud

Cualbu 200,

viale del Lavoro 21 – 078 45 70 54 – hotelcualbu@tiscali.it – Fax 078 45 84 03

50 cam – 73 € 80 € – ½ P 62/69 € – **Rist** – Carta 20/30 €

◆ Una struttura originale di grandi dimensioni e dal taglio moderno, dispone di ampi spazi comuni, camere ben accessoriate, piscina, sala conferenze e rilassanti spazi verdi. Nell'elegante e moderna sala ristorante rivivono le più antiche tradizioni culinarie dell'isola.

GAVOI – Nuoro (NU) – **566** G9 – **2 943 ab. – alt. 777 m – ✉ 08020** 38 **B2**

Cagliari 179 – Nuoro 35 – Olbia 140 – Porto Torres 141 – Sassari 120

Gusana lago di Gusana,

località lago di Gusana – 078 45 30 00 – hotelgusana@tiscalinet.it – Fax 078 45 21 78 – Chiuso novembre

35 cam – 52 € 64/72 € – ½ P 48/52 € – **Rist** – *(chiuso lunedì da dicembre a giugno)* Carta 25/35 €

◆ Nel verde delle tranquille sponde dell'omonimo lago, di cui si ha la splendida vista, una piccola struttura con buoni spazi comuni e camere semplici, ordinate e confortevoli. Atmosfera familiare e sapori regionali, particolarmente a base di pesce nella rustica sala ristorante.

GOLFO ARANCI – Sassari (SS) – **566** E10 – **1 957 ab. – ✉ 07020** 38 **B1**

Cagliari 304 – Olbia 19 – PortoTorres 140 – Sassari 122 – Tempio Pausania 64

per Civitavecchia e Livorno – Sardinia Ferries, call center 899 929 206 – per Fiumicino e La Spezia – Tirrenia Navigazione, call center 892 123

Margherita senza rist

via Libertà 91 – 078 94 69 12 – info@margheritahotel.net – Fax 078 94 68 51 – Aprile-ottobre

26 cam – 160/200 € 200/250 €

◆ Si vede il mare da tutte le stanze di questa tranquilla struttura, in centro, non lontano dal porto; piacevole il porticato intorno alla piscina nel giardino fiorito.

Gabbiano Azzurro Golfo degli Aranci e Tavolara,

via dei Gabbiani – 078 94 69 29 50,

– info@hotelgabbianoazzurro.com – Fax 07 89 61 50 56 – Aprile-ottobre

80 cam – 250 € 300 € – ½ P 200/222 € – **Rist** – Menu 45/80 €

◆ Nuove camere confortevoli in un hotel su una delle più celebri spiagge della località, ideale per i bambini e in posizione strategica per ammirare il panorama del golfo. Anche dalla sala ristorante bella vista dell'isola di Tavolara.

ISOLA ROSSA – Sassari – **566** E8 – **Vedere Trinità d'Agultu**

LA CALETTA – Nuoro – **566** F11 – **Vedere Siniscola**

LISCIA DI VACCA – Sassari – **Vedere Arzachena : Costa Smeralda**

LOTZORAI – Nuoro (NU) – **566** H10 – **2 150 ab. – alt. 16 m – ✉ 08040** 38 **B2**

Cagliari 145 – Arbatax 9 – Nuoro 91

L'Isolotto

via Dante – 07 82 66 94 31 – Giugno-settembre; chiuso lunedì

Rist – Carta 19/35 € (+5 %)

◆ Atmosfera familiare e ambientazione semplice in un ristorante che, nella sala interna o in una fresca veranda esterna, propone piatti di mare e del territorio.

MADDALENA (Arcipelago della) ★★ – Sassari (SS) – 566 D10 Italia 38 **B1**

Isola della Maddalena★★ – Isola di Caprera★ : casa-museo★ di Garibaldi

LA MADDALENA – **Sassari (SS)** – **566** D10 – **11 512 ab.** – ✉ **07024** 38 **B1**

per Palau – Saremar, call center 892 123

a Cala Gavetta ✆ 0789 736321, Fax 0789 736655

Garibaldi senza rist

via Lamarmora – ✆ 07 89 73 73 14 – htlgaribaldi@tiscali.it – Fax 07 89 73 73 68 – 20 marzo-10 ottobre – **19 cam** – †85 € ††145 €

◆ Sito in posizione tranquilla nella parte alta della località, un ambiente familiare con camere ben arredate: un buon punto d'appoggio per muoversi alla scoperta dell'isola.

MAGOMADAS – **Nuoro (NU)** – **566** G7 – **611 ab.** – **alt. 263 m** – ✉ **08010** 38 **A2**

Nuoro 85 – Oristano 55 – Sassari 81

Da Riccardo

via Vittorio Emanuele 13/15 – ✆ 078 53 56 31 – riccardocadoni@tiscali.it – Chiuso dal 15 al 31 ottobre e martedì – **Rist** – Carta 22/41 €

◆ In centro paese, una piccola trattoria a conduzione familiare propone, nei suoi ambienti rustici, semplici piatti caserecci legati ai sapori del mare e alla tradizione sarda.

MARAZZINO – **Sassari** – **566** D9 – **Vedere Santa Teresa Gallura**

MARINA DI ARBUS – **Cagliari (CA)** – **566** I7 – ✉ **09031** – **Arbus** 38 **A3**

Cagliari 88 – Iglesias 78 – Nuoro 160 – Olbia 240 – Porto Torres 207 – Sassari 187

Le Dune

località Piscinas Sud : 8 km – ✆ 070 97 71 30 – info@leduneingurtosu.it – Fax 070 97 72 30 – Aprile-2 novembre

26 cam – solo ½ P 320/354 € – **Rist** – Menu 33 €

◆ Sullo sfondo azzurro del Mare Nostrum, un caseggiato in pietra gelosamente custodito tra dune di sabbia: dispone di camere spaziose arredate con gusto e signorilità. Il posto giusto per gustare una cucina tradizionale, praticamente sulla spiaggia.

a Torre dei Corsari Nord : 18 km – ✉ **09031** – **Arbus**

La Caletta ← mare e costa, 150,

– ✆ 070 97 70 33 – info@lacaletta.it – Fax 070 97 71 73 – Pasqua-settembre

32 cam – †85/97 € ††110/134 € – ½ P 56/88 € – **Rist** – Carta 20/60 €

◆ Un panorama di rara bellezza, ma anche un'agevole discesa a mare per questo funzionale albergo di taglio moderno, ubicato a ridosso della scogliera; terrazza con piscina. Semplice essenzialità moderna nella sala da pranzo da cui si gode una splendida vista.

Villaggio Sabbie d'Oro ← dune e mare, rist,

località Sabbie d'Oro Nord : 2 km – ✆ 070 97 70 74 – sabbiedoro@tiscalinet.it – Fax 070 97 70 74

9 cam – ††59/85 €, 10 € – ½ P 63/85 € – **Rist** – *(chiuso novembre)* Carta 22/39 €

◆ Lungo una costa selvaggia, un'immensa, silenziosa baia, camere in bungalow sulle dune di sabbia, una sala con camino o una veranda con incantevole vista sul paesaggio marino.

MARINA TORRE GRANDE – **Oristano** – **566** H7 – **Vedere Oristano**

MONASTIR – **Cagliari (CA)** – **566** I9 – **4 518 ab.** – **alt. 83 m** – ✉ **09023** 38 **B3**

Cagliari 22

Palladium senza rist

viale Europa – ✆ 07 09 16 80 40 – info@hotelpalladiumweb.com – Fax 07 09 16 80 13

25 cam – †55/60 € ††78/90 €

◆ In comoda posizione non lontano dalla statale per Oristano, un elegante edificio di recente costruzione; accoglienti camere ariose e piacevoli, con arredi in stile.

MONTEVIORE – **Nuoro** – **Vedere Dorgali**

MURAVERA – Cagliari (CA) – 566 I10 – alt. 11 m 38 **B3**

Strada★★★ per Cagliari Sud-Ovest

NETTUNO (Grotta di) ★★★ – Sassari – 566 F6 *Italia*

OLBIA – Sassari (SS) – 566 E10 – 47 266 ab. – ✉ 07026 38 **B1**

Cagliari 268 – Nuoro 102 – Sassari 103

della Costa Smeralda Sud-Ovest : 4 km ✆ 0789 563440, Fax 0789 563427

da Golfo Aranci per Livorno – Sardinia Ferries, call center 899 929 206 – per Civitavecchia e Genova – Tirrenia Navigazione, call center 892 123

via Castello Piro 1 ✆ 0789 21453, aastol@tiscalinet.it, Fax 0789 22221

Piante pagine seguenti

Martini senza rist 100,

via D'Annunzio, 22 – ✆ 078 92 60 66 – hmartini@tin.it – Fax 078 92 64 18

66 cam – 71/91 € 106/143 € AY **a**

◆ Affacciato sul porto romano, in un complesso commerciale, signorili interni classici in un albergo recente, vocato al turismo d'affari e di passaggio; terrazza solarium.

Stella 2000 50,

via Aldo Moro 70, per viale Aldo Moro – ✆ 078 95 14 56 – hotelstella2000@tiscali.it – Fax 078 95 14 62 AY

32 cam – 50/80 € 70/140 € – ½ P 60/90 € – **Rist** – Carta 26/43 €

◆ Di recentissima apertura, accogliente risorsa di buon gusto, pensata per una clientela di lavoro, ma dove la raffinatezza degli interni rende piacevole ogni soggiorno.

Cavour senza rist

via Cavour 22 – ✆ 07 89 20 40 33 – hotelcavour@tiscalinet.it – Fax 07 89 20 10 96 – **21 cam** – 50/65 € 75/90 € AZ **c**

◆ Dall'elegante ristrutturazione di un edificio d'epoca del centro storico è nato un hotel dai sobri interni rilassanti, arredati con gusto; parcheggio e piccolo solarium.

Gallura (Denza) con cam rist,

corso Umberto 145 – ✆ 078 92 46 48 – Fax 078 92 46 29 – Chiuso dal 20 dicembre al 6 gennaio AZ **q**

16 cam – 65 € 85 € – **Rist** – *(chiuso dal 15 al 31 ottobre)* Carta 58/80 €

Spec. Pescatrice all'emulsione di pomodoro e origano fresco. Zuppa di cernia alla gallurese con patate e pomodori. Aragosta alla catalana.

◆ Figura storica della gastronomia sarda, la cuoca ha creato piatti che rientrano ormai nel patrimonio culinario dell'isola a cominciare da antipasti e zuppe in bella vista.

sulla strada Panoramica Olbia-Golfo Aranci per ②

Melià Olbia 1000,

Geovillage – ✆ 07 89 55 40 00 – melia.olbia@solmelia.com – Fax 078 95 77 00

219 cam – 160/274 € 217/391 € – ½ P 166/221 € – **Rist** – Bistro – Carta 53/66 €

◆ Una struttura imponente circondata dal mare, realizzata in stile moderno e funzionale, dispone di ampie camere eleganti e di un'originale e ombreggiata piscina con pool-bar. Al ristorante vengono proposti interessanti percorsi gastronomici nei quali la tradizione isolana incontra la cucina internazionale.

Pozzo Sacro cam,

– ✆ 078 95 78 55 – pozzosacro@tiscali.it – Fax 078 95 78 61

50 cam – 120 € 160/210 € – ½ P 80/140 € – **Rist** – Carta 34/50 €

◆ Lungo la costa, in zona decentrata e a breve distanza dal centro, una nuova realtà dotata di spazi e servizi moderni e completi. Piscina con "controcorrente" e cascata. Ristorante con sala fumatori e cantina per degustazioni.

Pellicano d'Oro

località Pittulongu Nord-Est :7 km – ✆ 078 93 90 94 – pellicanodoro@mobygest.it – Fax 07 89 39 81 49 – Aprile-ottobre

70 cam – 285/315 € 380/440 € – **Rist** – Carta 41/68 €

◆ Il verde del giardino e il turchese del mare circondano questa bella struttura ideale per un soggiorno all'insegna del relax. In comoda posizione, a poca distanza da Olbia. Al ristorante oltre al menu degustazione, la carta offre specilità locali e di mare.

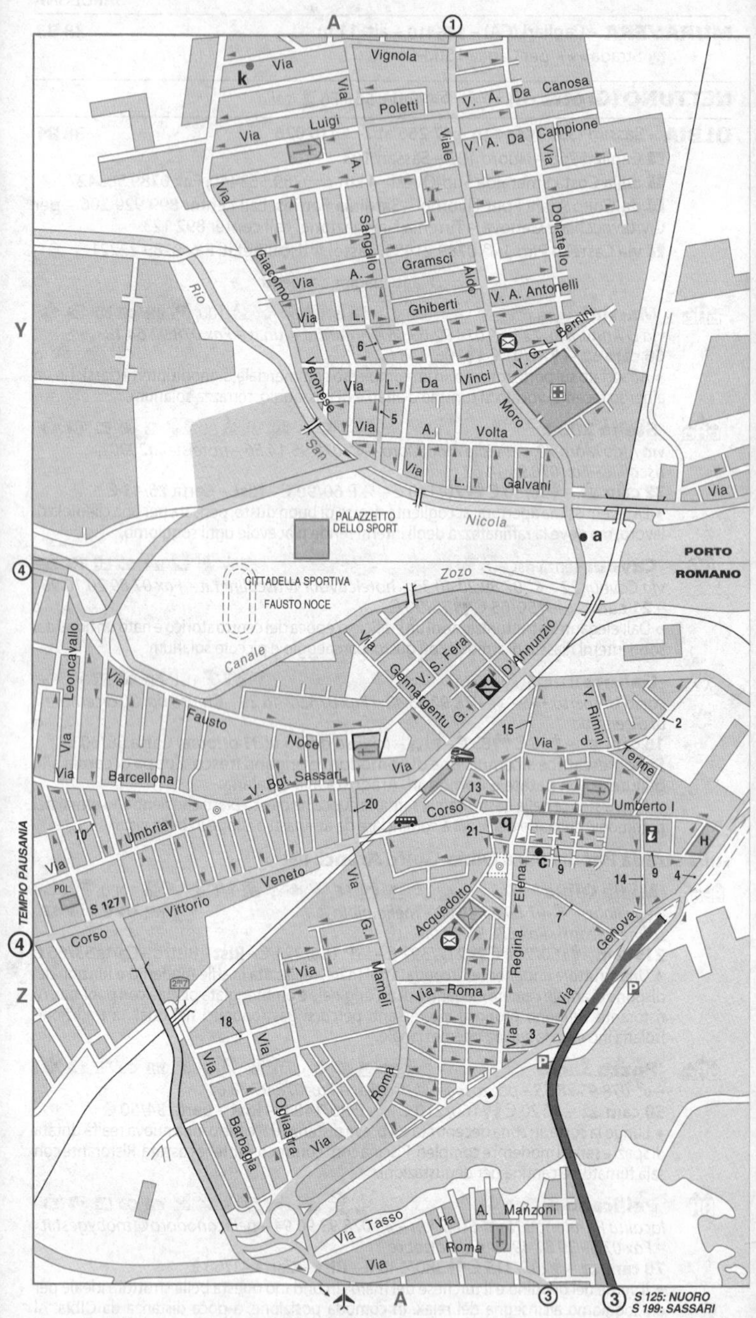
A
1
Via Vignola
Via Poletti
V. A. Da Canosa
Via Luigi
Viale
V. A. Da Campione
Via
A.
Via Sangallo
Donatello
Giacomo
Gramsci
Aldo
Via A.
V. A. Antonelli
Rio
Via L.
Ghiberti
Y
6
V. G. L. Bernini
Veronese
Via L. Da Vinci
Moro
5
Via A. Volta
San
Via L. Galvani
Via
Nicola
PALAZZETTO DELLO SPORT
a
PORTO ROMANO
4
Zozo
CITTADELLA SPORTIVA FAUSTO NOCE
Leoncavallo
Canale
Via Gennargentu
V. S. Fera
D'Annunzio
G.
V. Rimini
2
Via
Fausto
15
Via d. Terme
Noce
Via
Barcellona
V. Bgt. Sassari
13
Corso Umberto I
20
q
10
Umbria
21
c
9
H
Via
Veneto
Via
9
14
4
POL.
S 127
Vittorio
Acquedotto
Elena
7
TEMPIO PAUSANIA
Corso
G.
Genova
Regina
Mameli
Via
Z
Via Roma
Via
P
18
Via
Via
3
Via
P
Roma
Barbagia
Ogliastra
Via
Via Tasso
Via A. Manzoni
Roma
Via
A
3
S 125: NUORO
S 199: SASSARI

OLBIA

Acquedotto Romano (V.). AZ 2
Acquedotto (V.) . . . . AZ
Annunzio (V. G. D') . . . . AZ
Antonelli (V. A.) . . . . AY
Barbagia (V.) . . . . AZ
Barcellona (V.) . . . . AZ
Bernini (V. G. L.) . . . . . . AY
Bgt. Sassari (V.) . . . . . . AZ
Campione (V. A. Da) . . . AY
Canosa (V. A. Da) . . . . . AY
Crispi (Pza) . . . . AZ 3
Donatello (V.) . . . . AY
Emanuele II (Cso V.) . . . AZ 4
Euclide (V.) . . . . AY 5
Fabriano (V. G. Da) . . . . AY 6
Fera (V. S.) . . . . AZ
Filippi (V. De) . . . . AZ 7
Galvani (V. L.) . . . . AY
Garibaldi (V.) . . . . AZ 9
Gennargentu (V.) . . . . . . AZ
Genova (V.) . . . . AZ
Ghiberti (V. L.) . . . . AY
Gramsci (V. A.) . . . . AY
Isola Bianca (Viale) . . . . BZ
Leoncavallo (V.) . . . . AZ
Lidi (V. dei) . . . . BY
Mameli (V. G.) . . . . AZ
Manzoni (V. A.) . . . . AZ
Marche (V.) . . . . AZ 10
Moro (Viale Aldo) . . . . . . AY
Nanni (V. A.) . . . . AZ
Noce (V. F.) . . . . AZ
Ogliastra (V.) . . . . AZ
Pala (V. G.) . . . . AZ 13
Piro (V. C.) . . . . AZ 14
Poletti (V. L.) . . . . AY
Porto Romano (V.) . . . . . AZ 15
Principe Umberto (Cso) ABZ 17
Quirra (V.) . . . . AZ 18
Regina Elena (V.) . . . . . . AZ
Rimini (V.) . . . . AZ
Roma (V.) . . . . AZ
Sangallo (V. A.) . . . . AY
Sassari (V.) . . . . AZ 21
S. Simplicio (V.) . . . . AZ 20
Tasso (V.) . . . . AZ
Terme (V. delle) . . . . AZ
Umberto I (Cso) . . . . AZ
Umbria (V.) . . . . AZ
Veronese (V. G.) . . . . . . AY
Vignola (V.) . . . . AY
Vinci (V. L. Da) . . . . AY
Vittorio Veneto (Cso) . . . . AZ
Volta (V. A.) . . . . AY

Stefania mare,
località Pittulongu Nord-Est : 6 km ✉ 07026 – ☎ 078 93 90 27 – info@stefaniahotel.it – Fax 078 93 91 86 – Chiuso dicembre e gennaio
38 cam – †135/185 € ††170/230 € – ½ P 62/130 €
Rist *Nino's* – *(marzo-ottobre; chiuso mercoledì escluso giugno-settembre)* Carta 47/76 €
♦ In una grande baia di fronte all'isola di Tavolara, non lontano dal mare, confortevole struttura di taglio moderno, con giardino e piscina panoramica; camere funzionali. Suggestioni marinare e ambiente molto mediterraneo nel ristorante "Da Nino's".

sulla strada statale 125 Sud-Est : 10 km

Ollastu
località Costa Corallina – ☎ 078 93 67 44 – ollastu@tiscali.it – Fax 078 93 67 60 – Marzo-novembre
54 cam – †138/170 € ††176/240 € – ½ P 113/145 € – **Rist** – Carta 37/118 €
♦ In posizione panoramica sovrastante il promontorio, una costruzione in stile mediterraneo ospita ampi ambienti di moderna eleganza, piscina, campi da tennis e da calcetto. Nelle caratteristiche sale ristorante, un menù alla carta per gustare i sapori della tradizione regionale.

a Porto Rotondo per ① : 15,5 km – ✉ 07020

Sporting mare e costa, (acqua di mare)
via Clelia Donà dalle Rose – ☎ 078 93 40 05 – sporthot@tin.it – Fax 078 93 43 83 – Maggio-ottobre
27 cam – †627 € ††792 € – ½ P 550/736 € – **Rist** – Carta 72/100 €
♦ Cuore della mondanità, un'elegante e moderna costruzione sviluppata orizzontalmente e circondata dal mare con camere in stile rustico arredate in legno e vista sulla spiaggia. In cucina, la tradizione regionale, soprattutto a base di pesce, è rivista con creatività.

S'Astore mare e costa,
via Monte Ladu 36, Sud : 2 km – ☎ 078 93 00 00 – info@htelsastore.it – Fax 07 89 30 90 41 – Pasqua-25 settembre
18 cam – †70/100 € ††140/180 € – ½ P 120/150 € – **Rist** – Carta 33/54 €
♦ Ubicato nel verde e nella tranquillità, un caratteristico hotel, piccolo e confortevole, con camere accoglienti arredate con pezzi di artigianato locale, veranda e piscina. Cucina nazionale e locale da assaporare nella calda e particolare sala ristorante.

Simposium
via Riccaro Belli 17 – ☎ 07 89 38 11 07 – donyx75@virgilio.it – Fax 07 89 38 11 07 – Aprile-ottobre
Rist – Carta 40/62 €
♦ Dalla terraferma alla Sardegna, due fratelli campani propongono con successo una cucina di mare legata ai sapori della loro tradizione gastronomica.

OLIENA – Nuoro (NU) – 566 G10 – 7 586 ab. – alt. 378 m – ✉ 08025 *Italia* 38 B2

Cagliari 193 – Nuoro 12 – Olbia 116 – Porto Torres 150
Sorgente Su Gologone★ Nord-Est : 8 km

Sa Corte
via Nuoro – ☎ 07 84 28 53 13 – sa.corte@tiscalinet.it – Fax 07 84 28 53 13 – Chiuso dal 10 gennaio a febbraio
Rist – Carta 25/36 €
♦ Decori sardi e caminetto nelle due accoglienti sale di questo ristorante di tono elegante, in un gradevole edificio con giardino; si cena all'aperto nelle sere d'estate.

Enis con cam Badda Manna e monte Ortobene,
località Monte Maccione Est : 4 km – ☎ 07 84 28 83 63 – coopenis@tiscalinet.it – Fax 07 84 28 84 73 – 15 marzo-5 novembre
16 cam – †45 € ††74 € – ½ P 54 € – **Rist** – Carta 19/34 €
♦ In posizione isolata, circondato dal verde e dalla tranquillità ed ideale per gli amanti delle escursioni in montagna, ristorante-pizzeria con proposte di cucina regionale. Dispone anche di alcune camere semplici ma confortevoli, dalle quali si ha una bella vista sulle cime.

alla sorgente Su Gologone Nord-Est : 8 km :

Su Gologone – 200, VISA AE

✉ 08025 – ✆ 07 84 28 75 12 – gologone@tin.it – Fax 07 84 28 76 68 – 18 dicembre-10 gennaio e 15 marzo-10 novembre – **68 cam** – 120/160 € 140/220 € – 4 suites – ½ P 105/155 € – **Rist** – Carta 35/50 €

◆ Un relais signorile avvolto dal profumo di vigneti, olivi e rosmarino con spazi accoglienti arredati in stile sardo, eleganti camere ed una terrazza con vista sulla campagna. Dalla cucina giungono i tradizionali piatti regionali e dalle cantine un'ampia selezione di vini italiani ed esteri.

ORISTANO P (OR) – 566 H7 – **32 238 ab.** – ✉ **09170** *Italia* 38 **A2**

Alghero 137 – Cagliari 95 – Iglesias 107 – Nuoro 92 – Sassari 121

piazza Eleonora 19 ✆ 0783 36831, enturismo.oristano@tiscalinet.it

Opere d'arte★ nella chiesa di San Francesco

Basilica di Santa Giusta★ Sud : 3 km

Mistral 2 – rist, cam, rist, 300, VISA AE

via XX Settembre 34 – ✆ 07 83 21 03 89 – hmistral@tiscali.it – Fax 07 83 21 10 00

130 cam – 68 € 100 € – ½ P 63 € – **Rist** – Carta 23/40 €

◆ Una spaziosa hall con poltrone introduce in questo albergo dall'alta struttura moderna, con comode stanze funzionali; tra i servizi offerti: attrezzature congressuali. Al ristorante ampi spazi adatti anche per banchetti.

Mistral – 60, VISA AE

via Martiri di Belfiore – ✆ 07 83 21 25 05 – hmistral@tiscalinet.it – Fax 07 83 21 00 58

48 cam – 55 € 76 € – ½ P 53 € – **Rist** – (solo per alloggiati) Menu 15/19 €

◆ In un moderno condominio, una struttura semplice e pulita, adatta ad ogni tipo di clientela; essenziali arredi recenti nelle lineari camere, abbastanza spaziose.

Il Faro – VISA AE

via Bellini 25 – ✆ 078 37 00 02 – info@ristoranteilfaro.net – Fax 07 83 30 08 61 – Chiuso dal 22 dicembre al 21 gennaio, dal 23 giugno al 7 luglio e domenica

Rist – Carta 48/68 €

◆ Proposte della tradizione locale rielaborate e ingentilite e buona scelta di vini regionali, da gustare in un signorile locale di ambiente classico piacevolmente démodé.

a Marina Torre Grande Nord-Ovest : 8,5 km – ✉ 09072

Da Giovanni – VISA

via Colombo 8 – ✆ 078 32 20 51 – info@ristorantedagiovanni.com – Fax 078 32 20 51 – Chiuso da novembre a gennaio e lunedì – **Rist** – Carta 30/53 €

◆ Gestione di lunga esperienza in un'accogliente trattoria di recente ristrutturata. In menù tanto pesce, sia dal mare aperto che dal caratteristico stagno di Cabras.

OROSEI – Nuoro (NU) – 566 F11 – **6 052 ab.** – **alt. 19 m** – ✉ **08028** 38 **B2**

Dorgali 18 – Nuoro 40 – Olbia 93

Su Barchile con cam – VISA AE

via Mannu 5 – ✆ 078 49 88 79 – info@subarchile.it – Fax 07 84 99 81 13

16 cam – 70/90 € 100/140 € – ½ P 65/95 € – **Rist** – Carta 22/54 €

◆ Nella cornice della costa sarda, il ristorante annovera due sale arredate in un piacevole stile rustico, dove gustare specialità gastronomiche regionali di carne e di pesce. Dispone anche di alcune camere semplici con mobilio di gusto moderno.

ORTACESUS – Cagliari (CA) – 566 I9 – **989 ab.** – **alt. 161 m** – ✉ **09040** 38 **B3**

Roma 326 – Cagliari 44

via Orlandi 19/a ✆ 081 8371524, office@tourisme.it

Da Severino "Il Vecchio" con cam – VISA AE

via Kennedy – ✆ 07 09 80 41 97 – daseverinoilvecchio@tiscali.it – Fax 07 09 81 91 84 – Chiuso lunedì

30 cam – 35 € 55 € – ½ P 50/55 € – **Rist** – Carta 31/40 €

◆ Di recente apertura, dispone di tre sale capienti e propone una cucina tradizionale fedele ai prodotti del territorio, particolarmente vocata alle specialità ittiche. In hotel, un'atmosfera familiare e confortevoli camere ben arredate.

PALAU – Sassari (SS) – 566 D10 – **3 747 ab.** – ✉ **07020** 38 **B1**

Cagliari 325 – Nuoro 144 – Olbia 40 – Porto Torres 127 – Sassari 117 – Tempio Pausania 48

per La Maddalena – Saremar, call center 892 123

via Nazionale 94 ☎ 0789 709570, aastpalau@tiscali.it, Fax 0789 709570

Arcipelago della Maddalena★★ – Costa Smeralda★★

Palau ← arcipelago della Maddalena e costa, 250,

via Baragge – ☎ 07 89 70 84 68 – info@palauhotel.it – Fax 07 89 70 98 17 – Chiuso gennaio e febbraio

83 cam – 160/185 € 240/265 € – 12 suites – **Rist** – (solo per alloggiati) Menu 25/35 €

◆ Sito nella parte alta della località, la risorsa vanta una nuova gestione e dispone di belle camere spaziose, un'ampia sala polifunzionale e panoramiche terrazze solarium.

La Vecchia Fonte senza rist

via Fonte Vecchia 48 – ☎ 07 89 70 97 50 – info@lavecchiafontehotel.it – Fax 07 89 70 72 95

32 cam – 150/220 € 270/370 € – 2 suites

◆ In pieno centro storico, frontestante il porto turistico, un'elegante hotel di recente costruzione con camere signorili ben arredate nelle sobrie tinte del rosa e del giallo.

La Roccia senza rist

via dei Mille 15 – ☎ 07 89 70 95 28 – info@hotellaroccia.com – Fax 07 89 70 71 55

22 cam – 70/84 € 100/130 €

◆ Un ambiente familiare sito nel cuore della località offre camere semplici ed ordinate e deve il suo nome all'imponente masso di granito che domina sia il giardino che la hall.

La Gritta ← mare e isole,

località Porto Faro – ☎ 07 89 70 80 45 – lagritta@tiscalinet.it – Fax 07 89 70 80 45 – Aprile-ottobre; chiuso mercoledì escluso dal 15 giugno al 15 settembre

Rist – Carta 56/72 €

◆ Un indirizzo ideale per chi desidera deliziare insieme vista, spirito e palato: lo sguardo si perderà tra i colori dell'arcipelago di fronte ad una sapiente cucina di pesce.

Da Franco

via Capo d'Orso 1 – ☎ 07 89 70 95 58 – info@ristorantedafranco.it – Fax 07 89 70 93 10 – Chiuso dal 23 dicembre al 10 gennaio e lunedì (escluso da giugno a settembre)

Rist – Carta 48/67 € (+15 %)

◆ Recentemente rinovato, un locale dalla solida gestione familiare con ambienti eleganti e signorili dove assaporare una sfiziosa carta a base di prodotti di mare.

La Taverna

via Rossini – ☎ 07 89 70 92 89 – Fax 07 89 70 92 89 – Marzo-novembre; chiuso martedì escluso da giugno a settembre

Rist – Carta 41/61 €

◆ Una piccola risorsa nel cuore del centro storico dalle proposte gastronomiche fedeli alla tradizione marinara e sempre diverse a seconda del pescato giornaliero.

PITRIZZA – Sassari – 566 D10 – **Vedere Arzachena : Costa Smeralda**

POLTU QUATU – Sassari – 566 D10 – **Vedere Arzachena : Costa Smeralda**

PORTO CERVO – Sassari – 566 D10 – **Vedere Arzachena : Costa Smeralda**

PORTO CONTE – Sassari – 566 F6 – **Vedere Alghero**

PORTO ROTONDO – Sassari – 566 D10 – **Vedere Olbia**

Il rosso è il colore di chi sa distinguersi; i nostri punti di riferimento!

PORTOSCUSO – Cagliari (CA) – 566 J7 – 5 368 ab. – ✉ 09010 38 A3

Cagliari 77 – Oristano 119

da Portovesme per l'Isola di San Pietro-Carloforte – Saremar, call center 892 123

La Ghinghetta (Vacca) con cam ← mare, costa e isola di San Pietro,
via Cavour 26 – ✆ 07 81 50 81 43
– la.ghinghetta@tiscalinet.it – Fax 07 81 50 81 44 – Aprile-ottobre
8 cam – †135 € ††140 € – ½ P 130 € – **Rist** – *(chiuso domenica)* Carta 56/78 €
Spec. Carpaccio di gamberoni e pesce agli agrumi e aromi d'oriente. Scaloppa di tonno rosso con pancetta e lardo di Colonnata in salsa al carignano (aprile-agosto). Aragoste e crostacei sui carboni ardenti.
◆ Un locale elegante e raffinato a conduzione familiare, propone una cucina regionale, prevalentemente di mare, rivisitata con successo in chiave creativa.

PORTO TORRES – Sassari (SS) – 566 E7 – 21 660 ab. – ✉ 07046 *Italia* 38 A1

Alghero 35 – Sassari 19

per Genova – Tirrenia Navigazione, call center 892 123 – Grimaldi-Grandi Navi Veloci, call center 899 199 069

Chiesa di San Gavino★

sulla strada statale 131 Sud-Est : 3 km :

Li Lioni 30,
regione Li Lioni ✉ 07046 – ✆ 079 50 22 86 – info@lilioni.it – Fax 079 50 22 86 – Chiuso mercoledì
Rist – Carta 30/40 €
◆ Ristorante a gestione familiare dove gustare una buona e fragrante cucina casalinga realizzata a vista, piatti alla brace e specialità regionali. Servizio estivo all'aperto.

PULA – Cagliari (CA) – 566 J9 – 6 801 ab. – ✉ 09010 38 B3

Cagliari 29 – Nuoro 210 – Olbia 314 – Oristano 122 – Porto Torres 258

Is Moslas, Sud-Ovest : 6 km, ✆ 070 924 10 13.

Baia di Nora 200,
località Su Guventeddu – ✆ 07 09 24 55 51 – htlbn@hotelbaiadinora.com – Fax 07 09 24 56 00 – 7 aprile-31 ottobre
120 cam – †286 € ††412 € – ½ P 195 € – **Rist** – menu 40 €
◆ Vicino al sito archeologico di Nora, piacevoli angoli per il relax all'aperto nel giardino con piscina in riva al mare; eleganti camere in villette con patio o terrazzo. Al ristorante ampi, luminosi spazi di impostazione classica e un invitante dehors estivo.

Lantana Hotel e Residence cam, rist,
viale Nora s/n – ✆ 070 92 44 11 – lantanahotel@lantanahotel.com – Fax 07 09 24 60 75 – Pasqua-ottobre
19 cam – †235 € ††290/330 € – ½ P 160/180 € – **Rist** – *(28 aprile-13 ottobre)* (solo per alloggiati) Menu 30/40 €
◆ Gradevole struttura disposta attorno ad un grande giardino con palme, piscina, angolo giochi per bambini. Lettini e ombrelloni a disposizione nella spiaggia poco distante.

Nora Club Hotel senza rist
strada per Nora – ✆ 070 92 44 21 – info@noraclubhotel.it – Fax 070 92 44 22 57
25 cam – †130 € ††160 €
◆ Immerso in un giardino di piante esotiche, l'hotel offre camere arredate nel caldo stile mediterraneo, tutte con tv al plasma; all'esterno una rilassante piscina.

sulla strada statale 195 Sud-Ovest : 9 km :

Is Morus Relais ← 120,
Sud-Ovest : 9 km ✉ 09010 Santa Margherita di Pula – ✆ 070 92 11 71 – ismorusrelais@tin.it – Fax 070 92 15 96 – Aprile-ottobre
85 cam – †215/280 € ††410/540 € – 8 suites – ½ P 228/315 € – **Rist** – Carta 55/80 €
◆ L'ottima posizione, direttamente sul mare, è solo uno dei punti di forza di questa bella struttura. Varie soluzioni di alloggio, da camere classiche fino a romantiche ville. Piacevole ristorante milla spiaggia.

sulla strada statale 195 Sud-Ovest : 11 km :

Forte Village Resort: Immersa in un giardino di 25 ettari una struttura con sette alberghi, quattordici ristoranti, un ottimo centro benessere - talassoterapia e strutture sportive di ogni tipo. Per i pasti ogni tipo di ristorante e un'infinita scelta di menù.

Villa del Parco e Rist. Belvedere – Forte Village
(talassoterapia) 100/1000,
09010 Santa Margherita di Pula – 07 09 21 71 – forte.village@fortevillage.com – Fax 070 92 12 46 – 12 maggio-15 ottobre
5 suites – solo ½ P 1100 € – **Rist** – (solo per alloggiati)
◆ Incorniciata dal verde, una struttura dalla facciata lilla propone eleganti bungalow e spaziose camere dotate di terrazzo o giardino ed invitanti piscine con acqua di mare.

Castello e Rist. Cavalieri – Forte Village
(talassoterapia) 100/1000,
09010 Santa Margherita di Pula – 07 09 21 71 – forte.village@fortevillage.com – Fax 070 92 12 46 – 15 marzo-ottobre
181 cam – 5 suites – solo ½ P 700/1660 € – **Rist** – (solo per alloggiati)
◆ A un passo dal mare e per vivere un soggiorno da fiaba, la risorsa dispone di camere di diverse tipologie arredate con eleganza in un dettagliato e caratteristico stile sardo.

Le Dune – Forte Village
(talassoterapia) 100/1000,
09010 Santa Margherita di Pula – 07 09 21 71 – forte.village@fortevillage.com – Fax 070 92 12 46 – 12 maggio-settembre
51 cam – 6 suites – solo ½ P 1440 € – **Rist** – (solo per alloggiati)
◆ Esclusiva e informale, una risorsa ideale per lasciarsi cullare dalla brezza del mare, dotata di invitanti piscine, camere e bungalow in stile mediterraneo con eco sarde.

Il Borgo e Rist. Bellavista – Forte Village
(talassoterapia) 100/1000,
09010 Santa Margherita di Pula – 07 09 21 71 – forte.village@fortevillage.com – Fax 070 92 12 46 – 12 maggio-settembre
62 cam – solo ½ P 790/850 € – **Rist** – (solo per alloggiati)
◆ Ideale per chi ama l'atmosfera raccolta d'un antico villaggio medioevale, offre camere dagli arredi e dai colori ispirati all'artigianato tipico sardo. Adatto per le famiglie.

Le Palme e Rist. Bellavista – Forte Village
(talassoterapia) 100/1000,
09010 Santa Margherita di Pula – 07 09 21 71 – forte.village@fortevillage.com – Fax 070 92 12 46 – 12 maggio-settembre
140 cam – solo ½ P 600/680 € – **Rist** – (solo per alloggiati)
◆ Tra fiori ed alberi tropicali, ad un passo dal mare, la risorsa dispone di bungalow con giardino o terrazzo privato ed un'atmosfera rilassata per un soggiorno di relax.

Il Villaggio – Forte Village
(talassoterapia) 100/1000,
09010 Santa Margherita di Pula – 07 09 21 71 – forte.village@fortevillage.com – Fax 070 92 12 46 – 12 maggio-settembre
175 cam – solo ½ P 260/305 € – **Rist** – (solo per alloggiati)
◆ Immerso in un giardino tropicale, il villaggio propone accoglienti bungalows, molti comunicanti, tutti con patio o giardino privato. Prima colazione presso la piscina Oasis.

La Pineta e Rist. Bellavista – Forte Village
(talassoterapia) 100/1000,
09010 Santa Margherita di Pula – 07 09 21 71 – forte.village@fortevillage.com – Fax 070 92 12 46 – 15 aprile-15 ottobre
102 cam – solo ½ P 680/695 € – **Rist** – (solo per alloggiati)
◆ Adagiata nel parco all'ombra di alberi secolari, la struttura offre ampie camere arredate in caldi colori: una proposta ideale per una vacanza di tranquillità, riposo e mare.

PUNTALDIA – Nuoro – Vedere San Teodoro

QUARTU SANT'ELENA - Cagliari (CA) - 566 J9 - 69 159 ab. - ✉ 09045 38 B3

Cagliari 7 - Nuoro 184 - Olbia 288 - Porto Torres 232 - Sassari 214

Italia senza rist 50,
via Panzini 67 ang. viale Colombo - ☎ 070 82 70 70 - hitalia.quartu@tiscali.it - Fax 070 82 70 71 - **83 cam** - †85 € ††112 €
◆ Una struttura recente di sette piani ospita una risorsa che dispone di camere funzionali e spaziose, con lineari arredi moderni e dotate di angolo cottura. Sale convegni.

a Sant'Andrea Est : 8 km - ✉ 09045 - Quartu Sant'Elena

Su Meriagu con cam
via Rimini 1 - ☎ 070 89 08 42 - sumeriagu@tiscali.it - Fax 070 89 08 42
8 cam - †60/70 € ††80/100 € - ½ P 60/70 € - **Rist** - *(chiuso martedì escluso luglio-agosto)* Carta 24/31 €
◆ Una sala con caminetto, un'altra più grande, circolare, intorno ad una colonna centrale, specialità sarde, di terra e di mare e accoglienti camere con mobili antichi.

ROMAZZINO - Sassari - 566 D10 - Vedere Arzachena : Costa Smeralda

SAN PANTALEO - Sassari (SS) - 566 D10 - alt. 169 m - ✉ 07020 38 B1

Cagliari 306 - Olbia 21 - Sassari 124

Rocce Sarde mare e monti, rist,
località Milmeggiu Sud-Est : 3 km - ☎ 078 96 52 65 - roccesarde@roccesarde.it - Fax 078 96 52 68 - Aprile-ottobre
70 cam - †96/187 € ††140/272 € - 10 suites - ½ P 160 € - **Rist** - Carta 25/45 €
◆ Una grande struttura ubicata tra i graniti di San Pantaleo, lontano dal caos e dalla mondanità, offre camere confortevoli, un'invitante piscina e la vista sul golfo di Cugnana. Cene a lume di candela nel ristorante con terrazza panoramica, dove assaggiare prelibate proposte gastronomiche fedeli alla tradizione.

Giagoni con cam cam,
via Zara 36/44 - ☎ 078 96 52 05 - info@giagonigroup.com - Fax 078 96 52 98 - Pasqua-15 ottobre - **14 cam** - †76/96 € ††104/160 € - **Rist** - Carta 52/81 €
◆ In centro paese, la risorsa ospita spaziose salette di tono rustico e ben arredate dove farsi servire i piatti tipici della tradizione culinaria sarda. Dispone anche di accoglienti camere per una sosta più prolungata.

SAN PIETRO (isola di) - Cagliari (CA) - 566 J6 - 6 692 ab. 38 A3

CARLOFORTE (CA) - 566 J6 - ✉ 09014 38 A3

per Portovesme di Portoscuso e Calasetta - Saremar, call center 892 123
corso Tagliafico ☎ 0781 854009, Fax 0781 854009

Riviera senza rist
corso Battelieri 26 - ☎ 07 81 85 41 01 - info@hotelriviera-carloforte.com - Fax 07 81 85 60 52
44 cam - †75/160 € ††110/210 €
◆ Recente struttura nel cuore della località, offre camere spaziose moderne nell'arredo ed annovera una terrazza panoramica dalla quale ammirare la cittadina ed il lungomare.

Hieracon
corso Cavour 62 - ☎ 07 81 85 40 28 - hotelhieracon@libero.it - Fax 07 81 85 48 93
18 cam - †55/60 € ††85/100 €, 4 € - 6 suites - ½ P 70/80 € - **Rist** - Carta 30/52 €
◆ Ospitalità familiare in una bella palazzina di fine '800, ubicata sul lungomare, non lontano dal porto e dal centro; camere di buon gusto e bungalow nel grazioso giardino. Ristorante classico che dispone anche di un piacevole dehors estivo.

Al Tonno di Corsa 20,
via Marconi 47 - ☎ 07 81 85 51 06 - info@tonnodicorsa.it - Fax 07 81 85 51 06 - Chiuso dal 7 gennaio al 28 febbraio e lunedì (escluso luglio-agosto)
Rist - Carta 45/61 €
◆ Al tonno catturato nelle tonnare è dedicato non solo il ristorante, ma anche gran parte del suo sfizioso menù; cucina a vista, due salette e due ameni terrazzini.

SANTA MARGHERITA – Cagliari – 566 K8 – Vedere Pula

SANT'ANDREA – Cagliari – 566 J9 – Vedere Quartu Sant'Elena

SANT' ANTIOCO – Cagliari (CA) – 566 J7 – 11 753 ab. – ✉ 09017 Italia 38 A3

Cagliari 92 – Calasetta 9 – Nuoro 224 – Olbia 328 – Porto Torres 272 – Sassari 254

Vestigia di Sulcis★ : tophet★, collezione di stele★ nel museo

Moderno-Da Achille con cam — cam, rist,
via Nazionale 82 – ✆ 078 18 31 05 – info@albergoristorantemoderno.com – Fax 07 81 84 02 52 – **13 cam** – 45/50 € 75/95 € – ½ P 70/80 €
Rist – *(aprile-dicembre; chiuso domenica escluso agosto)* – Carta 40/52 €
◆ Un ambiente classico nelle mani di un giovane chef, abile nella realizzazione di proposte gastronomiche tradizionali e, soprattutto, di mare.

SANTA REPARATA – Sassari – 566 D9 – Vedere Santa Teresa Gallura

SANTA TERESA GALLURA – Sassari (SS) – 566 D9 – 4 508 ab. – ✉ 07028

Olbia 61 – Porto Torres 105 – Sassari 103 38 B1

piazza Vittorio Emanuele 24 ✆ 0789 754127, aaststg@tiscalinet.it, Fax 0789 754185

Arcipelago della Maddalena★★

Corallaro — mare e Bocche di Bonifacio, cam, rist, 40,
spiaggia Rena Bianca – ✆ 07 89 75 54 75 – info@hotelcorallaro.it – Fax 07 89 75 54 31 – Maggio-10 ottobre
85 cam – 71/110 € 88/200 € – ½ P 122 € – **Rist** – (solo per alloggiati)
◆ Immerso nella rigogliosa macchia mediterranea con vista sulle Bocche di Bonifacio, un hotel moderno dalle camere confortevoli e ben arredate ed una nuova piscina solarium.

Marinaro senza rist
via Angioy 48 – ✆ 07 89 75 41 12 – info@hotelmarinaro.it – Fax 07 89 75 58 17
27 cam – 55/100 € 70/130 €
◆ Sito nel centro ma non distante dalla spiaggia, un'edificio dal tipico disegno architettonico locale con ambienti arredati nelle rilassanti tinte del blu e del giallo.

Da Cecco senza rist
via Po 3 – ✆ 07 89 75 42 20 – hoteldacecco@tiscalinet.it – Fax 07 89 75 56 34 – 25 marzo-novembre – **32 cam** – 49/72 € 64/105 €
◆ A ridosso della spiaggia, un piccolo ma piacevole meublè a gestione familiare dai semplici ma accoglienti spazi, una terrazza-solarium con vista sulle Bocche di Bonifacio.

a Santa Reparata Ovest : 3 km – ✉ 07028 – Santa Teresa Gallura

S'Andira
via Orsa Minore 1 – ✆ 07 89 75 42 73 – sandira@tiscali.it – Fax 07 89 75 42 73 – Maggio-settembre – **Rist** – Carta 47/57 €
◆ Un indirizzo di solida gestione e simpatica cortesia, dispone di belle sale e di un piacevole dehors sotto il pergolato in giardino, dove gustare una buona cucina marinara.

a Conca Verde Sud-Est : 12 km – ✉ 07028 – Santa Teresa Gallura

La Coluccia — mare e costa, 100,
– ✆ 07 89 75 80 04 – lacoluccia@mobygest.it – Fax 07 89 75 80 07 – 12 maggio-30 settembre
45 cam – 155/440 € 230/590 € – ½ P 130/320 € – **Rist** – Carta 37/77 €
◆ Di fronte all'isola di Spargi e circondata da un giardino che declina sino alla spiaggia, è una struttura alla moda dotata di ambienti arredati secondo il gusto contemporaneo. Nella sala ristorante di gusto moderno, i sapori della cucina mediterranea e soprattutto regionale.

SAN TEODORO – Nuoro (NU) – 566 E11 – 3 384 ab. – ✉ 08020 38 B1

Cagliari 258 – Nuoro 77 – Olbia 29 – Porto Torres 146 – Sassari 128

Puntaldia, ✆ 0784 86 44 77.

a Puntaldia Nord : 6 km – ✉ 08020 – San Teodoro

Due Lune Resort & Golf ⛰ ← mare e golfo, (acqua di mare) 110, **P** VISA AE
– ✆ 07 84 86 40 75
– *due.lune@tin.it – Fax 07 84 86 40 17 – 11 maggio-7 ottobre*
66 cam – †230/335 € ††306/486 € – 2 suites – ½ P 183/273 € – **Rist** – Carta 45/66 €

◆ In riva al mare, vicina al campo da golf e circondata da un giardino con prato all'inglese, una struttura dal confort esclusivo e raffinato dotata di Beauty farm e zona relax. In un'elegante sala ristorante interna è possibile farsi servire proposte gastronomiche classiche dai sapori regionali.

SASSARI P (SS) – 566 E7 – 121 849 ab. – alt. 225 m – ✉ 07100 *Italia* **38 A1**

Cagliari 211

di Alghero-Fertilia, Sud-Ovest : 30 km ✆ 079 935039, Fax 079 935043

via Roma 62 ✆ 079 231777, aastss@tiscalinet.it, Fax 079 231777via Caprera 36 ✆ 079 299544, Fax 079 299415

Museo Nazionale Sanna★ Z M – Facciata★ del Duomo Y

Chiesa della Santissima Trinità di Saccargia★★ per ③ : 15 km

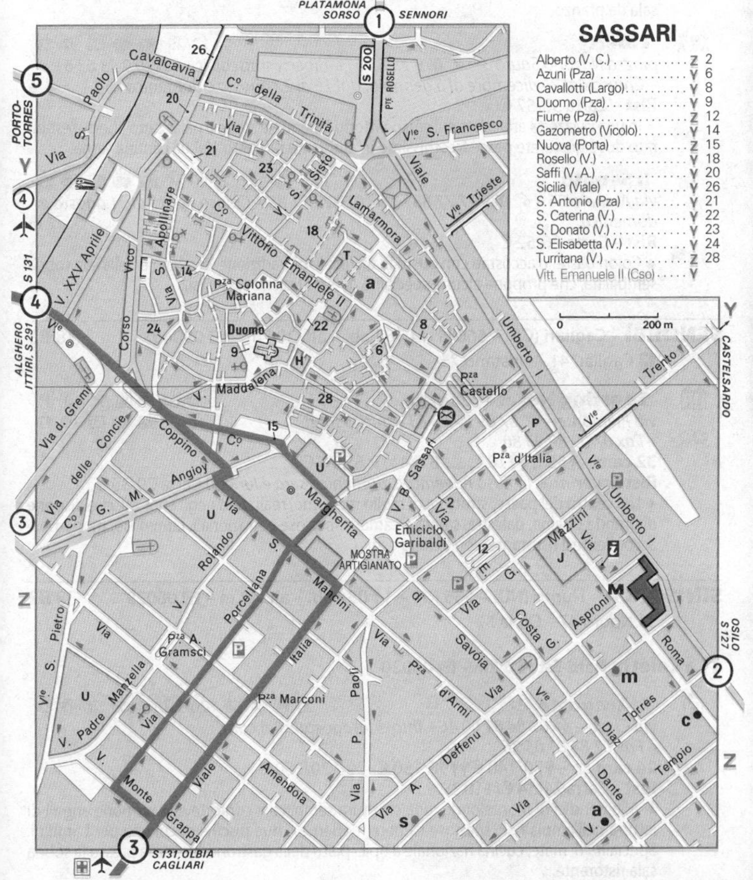

Grazia Deledda rist, rist, 350,
viale Dante 47 – 079 27 12 35 – info@hotelgraziadeledda.it – Fax 079 28 08 84 Z **a**
127 cam – 68/78 € 88/104 € – ½ P 68/98 €
Rist – *(chiuso domenica)* (solo per alloggiati) Carta 25/40 €
♦ Centralissimo, hotel di dimensioni importanti che assicura confort omogeneo nei vari settori; rosa e grigio i colori nelle funzionali camere; servizi congressuali. Ristorante di tono moderno.

Leonardo da Vinci senza rist 140,
via Roma 79 – 079 28 07 44 – info@leonardodavincihotel.it – Fax 07 92 85 72 33 Z **c**
116 cam – 54/81 € 74/103 €
♦ Marmi e divani nell'elegante, spaziosa hall che introduce in un centrale albergo di moderna funzionalità, comodo per clientela sia d'affari e congressuale sia turistica.

Carlo Felice cam, 180,
via Carlo Felice 43, per via Roma – 079 27 14 40 – carlofelice@tiscali.it – Fax 079 27 14 42 Z
60 cam – 62/87 € 88/130 € – ½ P 72/97 € – **Rist** – Carta 28/34 €
♦ Ubicata in zona periferica, una risorsa recentemente ristrutturata, ideale per la clientela di passaggio offre spazi comuni limitati, ma camere dalle eleganti rifiniture. Ampia, curata sala da pranzo.

Liberty 12/25,
piazza Nazario Sauro 3 – 079 23 63 61 – rliberty@tiscali.it – Fax 079 23 63 61 – Chiuso dal 24 dicembre al 6 gennaio, dal 16 al 22 agosto e domenica Y **a**
Rist – Carta 38/57 €
♦ In una piazzetta affacciata sul corso Vittorio Emanuele sorge il palazzetto liberty restaurato dove gusterete pesce freschissimo in ambiente raffinato. Valida cantina sarda.

Il Senato
via Alghero 36 – 079 27 77 88 – Fax 079 27 77 88 – Chiuso dal 15 al 31 agosto e domenica Z **m**
Rist – Carta 26/52 €
♦ Colori pastello accostati con gusto in un locale di tradizione, gradevole nella sua sobria semplicità, che propone alcune specialità di terra tipiche sassaresi.

SENORBÌ – Cagliari (CA) – 566 I9 – 4 382 ab. – alt. 204 m – ✉ 09040 38 B3

Cagliari 41 – Oristano 75

Sporting Hotel Trexenta rist,
via Piemonte – 07 09 80 93 83 – info@sht.it – Fax 07 09 80 93 86
32 cam – 55 € 70 €, 6 € – ½ P 65/75 €
Rist *Severino* – *(chiuso novembre, domenica sera e lunedì)* Carta 20/35 €
♦ Nel centro del paese, struttura di taglio moderno, realizzata negli anni '90, che dispone di grande piscina, palestra, sauna e camere spaziose e funzionali. Luminoso, moderno e accogliente il ristorante, con dehors estivo.

SINISCOLA – Nuoro (NU) – 566 F11 – 11 034 ab. – alt. 42 m – ✉ 08029 38 B1

Nuoro 47 – Olbia 57

a La Caletta Nord-Est : 6,5 km – ✉ 08020

L'Aragosta 120,
via Ciusa – 07 84 81 00 46 – info@laragostahotel.com – Fax 07 84 81 05 76
24 cam – 70/140 € 90/150 € – ½ P 70/100 €
Rist – Carta 24/54 € (+10 %)
♦ Alle pendici di Montelongu, una struttura semplice e confortevole propone angoli di lettura nell'ampia hall, spaziose camere moderne e due piscine di cui una per bambini. Specialità di mare, cucina nazionale e tipici piatti della gastronomia sarda presso la sobria sala ristorante.

SOLANAS – Cagliari – 566 J10 – **Vedere Villasimius**

SORGONO – Nuoro (NU) – 566 G9 – **1 937 ab. – alt. 688 m** – ✉ **08038** 38 **B2**

Cagliari 124 – Nuoro 70 – Olbia 174 – Porto Torres 155 – Sassari 137

Da Nino con cam
corso IV Novembre 24/26 – ✆ 078 46 01 27 – Fax 078 46 01 27 – Chiuso dal 15 dicembre a gennaio
17 cam – 35 € 60 € – ½ P 65 € – **Rist** – Carta 30/38 €
◆ In rustici ambienti con perlinato scuro alle pareti e camino o nella piacevole veranda estiva vi verranno proposti pochi, ma saporiti piatti di cucina casereccia. Camere semplici.

STINTINO – Sassari (SS) – 566 E6 – ✉ **07040** 38 **A1**

Alghero 54 – Porto Torres 30 – Sassari 49
, ✆ 03683 10 43 03.

Agriturismo Depalmas Pietro rist,
località Preddu Nieddu Ovest : 2 km – ✆ 079 52 31 29 – agriturismo.depalmas@tiscali.it
6 cam – 26 € 52 €, 4 € – ½ P 45 € – **Rist** – menu 25 €
◆ Una famiglia cordiale vi accoglie in questa risorsa agrituristica nel mezzo della penisola di Stintino, in zona molto tranquilla; arredi essenziali, maneggio nelle vicinanze.

La guida vive con voi: parlateci delle vostre esperienze.
Comunicateci le vostre scoperte più piacevoli e le vostre delusioni.
Buone o cattive sorprese? Scriveteci!

SU GOLOGONE – Nuoro – 566 G10 – **Vedere Oliena**

TEMPIO PAUSANIA – Sassari (SS) – 566 E9 – **13 996 ab. – alt. 566 m** – ✉ **07029** 38 **B1**

Cagliari 253 – Nuoro 135 – Olbia 45 – Palau 48 – Porto Torres 89 – Sassari 69

Pausania Inn rist, 200,
strada statale 133 Nord : 1 km – ✆ 079 63 40 37 – pausania.inn@tiscalinet.it – Fax 079 63 40 72
60 cam – 34/65 € 68/130 € – ½ P 55/85 € – **Rist** – *(chiuso novembre)* Carta 22/38 €
◆ L'ariosa ampiezza degli interni caratterizza una struttura di recente realizzazione, alla periferia nord, valida per visitare la Gallura. Bel dehors e giardino con piscina. Tutta giocata sul bianco e sul legno chiaro la sala ristorante.

Petit Hotel cam, 50,
piazza De Gasperi 10 – ✆ 079 63 11 34 – petithotel@tiscali.it – Fax 079 63 17 60
59 cam – 45/90 € 70/114 € – ½ P 50/90 € – **Rist** – Carta 23/32 €
◆ In centro, non lontano dalle terme di Rinaggiu, esiste dagli anni '60, ma è stato totalmente ristrutturato di recente questo albergo dai confort moderni; camere spaziose. Ampia sala da pranzo da cui si gode una discreta vista sui monti galluresi.

TORRE DEI CORSARI – Cagliari – 566 H7 – **Vedere Marina di Arbus**

TORTOLÌ – Nuoro (NU) – 566 H10 – **10 130 ab. – alt. 15 m** – ✉ **08048** 38 **B2**

Cagliari 140 – Muravera 76 – Nuoro 96 – Olbia 177 – Porto Torres 234 – Sassari 216
da Arbatax per: Civitavecchia, Fiumicino e Genova – Tirrenia Navigazione, call center 892 123
Strada per Dorgali★★★ Nord

La Bitta cam,
via Porto Frailis, località Porto Frailis ✉ 08041 Arbatax – ✆ 07 82 66 70 80 – labitta@arbataxhotels.com – Fax 07 82 66 72 28
61 cam – 148/175 € 228/360 € – ½ P 145/275 € – **Rist** – *(chiuso novembre)* Carta 33/52 €
◆ Direttamente sul mare, una villa signorile con spaziose aree comuni, belle camere diverse negli arredi e nei tessuti, piscina, solarium ed un'oasi relax appartata nel verde. Piatti di pesce e prodotti tipici locali da gustare nella panoramica sala ristorante oppure all'aperto.

Arbatasar Hotel 100,
via Porto Frailis 11 ✉ 08041 Arbatax – ✆ 07 82 65 18 00 – hotel@arbatasar.it – Fax 07 82 65 18 00
45 cam – 70/140 € 120/240 € – **Rist** – *(chiuso gennaio, febbraio e novembre)* Carta 30/48 €
◆ Il nome riporta alle origini arabe della località, una villa dai colori caldi e sobri con ampie aree, camere spaziose ed eleganti, una piscinainvitante incordniciata da palme. Nell'elegante e raffinata sala da pranzo, proposte di cucina internazionale e regionale realizzate con prodotti locali e pesce del Mare Nostrum.

Il Vecchio Mulino senza rist
via Parigi, località Porto Frailis ✉ 08041 Arbatax – ✆ 07 82 66 40 41 – h.vecchiomulino@tiscali.it – Fax 07 82 66 43 80
20 cam – 85/100 € 110/140 €
◆ Una struttura dal sapore antico, ospita ambienti signorili arredati in calde tonalità, camere con travi a vista e bagni in marmo ed organizza escursioni in veliero nel Golfo.

Victoria cam, rist, 70,
via Monsignor Virgilio 72 – ✆ 07 82 62 34 57 – info@hotel-victoria.it – Fax 07 82 62 41 16
60 cam – 79/126 € 118/212 € – ½ P 85/125 € – **Rist** – *(chiuso dal 20 dicembre al 10 gennaio e domenica escluso da maggio a settembre)* Menu 20 €
◆ In prossimità del porto di Arbatax, una risorsa particolarmente idonea ad una clienttela d'affari con interni moderni arredati nelle tinte del viola ed un centro congressi. Nella caratteristica sala ristorante proposte di cucina regionale e nazionale.

La Perla senza rist
viale Europa, località Porto Frailis ✉ 08041 Arbatax – ✆ 07 82 66 78 00 – laperlahotel@hotmail.com – Fax 07 82 66 78 10 – Chiuso dal 20 dicembre al 10 gennaio – **10 cam** – 40/80 € 60/110 €
◆ Poco distante dal mare, piccolo familiare e piacevole, l'albergo è circondato da un ampio giardino e dispone di camere moderne e funzionali.

ad Arbatax **Est : 5 km – ✉ 08041**

Monte Turri
località Bellavista Sud : 1 km – ✆ 07 82 66 75 00 – monteturri@mobygest.it – Fax 07 82 66 75 55 – 19 maggio-30 settembre
42 cam – 80/280 € 110/380 € – ½ P 70/215 € – **Rist** – Carta 37/77 €
◆ Una residenza elegante e solitaria, circondata dal parco Bellavista con laghetti e sentieri praticabili, offre un soggiorno di tranquillità nei suoi spazi arredati con gusto. Una sosta nella raffinata sala ristorante e sulla terrazza con vista sul mare per abbandonarsi ai sapori della tipica cucina locale.

TRINITÀ D'AGULTU – Sassari (SS) – 566 E8 – 2 037 ab. – alt. 365 m – ✉ 07038 38 A1

Cagliari 259 – Nuoro 146 – Olbia 75 – Porto Torres 59 – Sassari 55

ad Isola Rossa **Nord-Ovest : 6 km – ✉ 07038 – Trinità d'Agultu**

Marinedda mare e costa,
località Marinedda – ✆ 079 69 41 85 – info@delphina.it – Fax 079 69 40 26 – Maggio-settembre
219 cam – solo ½ P 220/425 € – **Rist** – (solo per alloggiati)
◆ Tipica struttura sarda in sasso e tufo a pochi metri dalla spiaggia, consta di interni ben arredati, piscine panoramiche, un centro benessere, campi da tennis e da calcetto.

Torreruja

via Tanca della Torre – ✆ 079 69 41 55 – info@delphina.it – Fax 079 69 41 55 – 12 maggio-22 settembre

112 cam – 107/301 € 144/334 € – **Rist** – (solo per alloggiati) Menu 16/21 €

◆ In prossimità di incantevoli calette di roccia rossa, un villaggio-hotel di recente costruzione con camere in stile mediterraneo e servizi idonei per una vacanza di relax.

Corallo rist,

– ✆ 079 69 40 55 – albergo.corallo@tiscali.it – Fax 079 69 41 11 – 23 aprile-31 ottobre

39 cam – 90/155 € – ½ P 65/110 € – **Rist** – menu 25 €

◆ In comoda posizione vicino al piccolo porto turistico, un piacevole hotel a gestione familiare con camere dal sobrio arredo moderno e vista sul mare o sulla torre aragonese. Nell'elegante sala da pranzo affacciata sul mediterraneo giungono i sapori e le prelibatezze della tradizionale cucina sarda.

VILLANOVAFORRU – **Cagliari (CA)** – **566** I8 – **698 ab.** – **alt. 324 m** – ✉ **09020** 38 **A3**

Cagliari 62 – Iglesias 71 – Nuoro 142 – Olbia 246 – Porto Torres 190 – Sassari 170

I Lecci rist, 200,

viale del Rosmarino, località Funtana Jannus Nord-Ovest : 1 km ✉ 09020 – ✆ 07 09 33 10 22 – info@hotelilecci.com – Fax 07 09 33 10 21 – Chiuso 24-25 dicembre

40 cam – 60 € 95 €, 5 € – ½ P 75 € – **Rist** – Carta 21/36 €

◆ Spazi abbondanti e confort di ottimo livello contraddistinguono questa struttura di recente edificazione. Ideale per la clientela turistica come per chi viaggia per lavoro. Ristorante ampio e arioso, cucina sarda e nazionale.

Le Colline senza rist

viale del Rosmarino Nord-Ovest : 1 km, località Funtana Jannus – ✆ 07 09 30 01 23 – Fax 07 09 30 01 34 – Chiuso dal 3 al 17 gennaio

20 cam – 50 € 70 €, 5 €

◆ Immerso nel riposante paesaggio collinare e poco distante dai siti archeologici di epoca nuragica, l'albergo dispone di camere semplici e confortevoli.

VILLASIMIUS – **Cagliari (CA)** – **566** J10 – **3 029 ab.** – **alt. 44 m** – ✉ **09049** 38 **B3**

Cagliari 49 – Muravera 43 – Nuoro 225 – Olbia 296 – Porto Torres 273 – Sassari 255

Simius Playa cam, rist,

via del Mare – ✆ 07 07 93 11 – info@simusplaya.com – Fax 070 79 15 71 – 10 aprile-2 novembre

38 cam – 270/300 € – ½ P 180/200 € – **Rist** – *(10 maggio-25 ottobre)* Carta 41/59 €

◆ Da un rigoglioso giardino fiorito con piscina, a pochi metri dal mare, emerge una bianca struttura, che da decenni mantiene alto il livello di confort dei suoi interni. Nelle sere d'estate imperdibile cena a lume di candela nella suggestiva terrazza.

Cala Caterina

via Lago Maggiore 32, Sud : 4 km – ✆ 070 79 74 10 – calacaterina@mobygest.it – Fax 070 79 74 73 – 12 maggio-30 settembre

48 cam – 140/425 € 210/570 € – ½ P 120/310 € – **Rist** – Carta 37/77 €

◆ Nella zona turistica della località, un hotel raffinato ideale per vacanze all'insegna del relax, a contatto con una delle nature più sorprendenti della costa sud dell'isola. Affascinante sala ristorante, menù interessante con buona possibilità di scelta.

a Solanas Ovest : 11 km – ✉ **09049** – **Villasimius**

Da Barbara 15,

strada provinciale per Villasimius – ✆ 070 75 06 30 – Fax 070 75 06 30 – Marzo-novembre; chiuso mercoledì (escluso da luglio a settembre)

Rist – Carta 25/40 €

◆ Locale di tradizione, da decenni in attività e gestito dalla stessa famiglia; brace sempre accesa per cuocere carne o pesce e un'ampia sala semplice, ma di buon gusto.

J. Malburet/MICHELIN

Taormina – Teatro greco

SICILIA

ACI CASTELLO – Catania (CT) – 565 O27 – 17 972 ab. – ✉ 95021 *Sicilia* 40 **D2**

Catania 9 – Enna 92 – Messina 95 – Palermo 217 – Siracusa 68

corso Italia 102 ✆ 095 373084, aastcta@tin.it, Fax 095 373072

Castello★

President Park Hotel 300,

via Litteri 88, Ovest : 1 km – ✆ 09 57 11 61 11 – htlpresident@tiscali.it – Fax 095 27 75 69

96 cam – 100/160 € 125/200 € – ½ P 90/125 € – **Rist** – Carta 31/45 €

◆ In zona residenziale, a monte della località, un complesso di struttura semicircolare, con bella piscina al centro. Sia per la clientela d'affari che turistica. Sala da pranzo di impostazione moderna.

ad Aci Trezza **Nord-Est : 2 km – ✉ 95026**

La Cambusa del Capitano

via Marina 65 – ✆ 095 27 62 98 – Fax 095 27 62 98 – Chiuso novembre e mercoledì

Rist – Carta 35/45 €

◆ Semplicissimo ristorante in riva al mare, offre i gustosi prodotti della pescosa riviera dei Ciclopi. Simpatica atmosfera familiare, per un locale tipico ed accogliente.

ACIREALE – Catania (CT) – 565O 27 – 51 532 ab. – alt. 161 m – ✉ 95024 *Sicilia* 40 **D2**

Catania 17 – Enna 100 – Messina 86 – Palermo 225 – Siracusa 76

via Scionti 15 ✆ 095 891999, info@acirealeturismo.it, Fax 095 893134

Piazza del Duomo★ – Facciata★ della chiesa di San Sebastiano

Grande Albergo Maugeri 50,

piazza Garibaldi 27 – ✆ 095 60 86 66 – info@hotel-maugeri.it – Fax 095 60 87 28

59 cam – 95 € 160 € – ½ P 95 €

Rist ***Opera Prima*** – Carta 18/30 €

◆ Albergo di tradizione, ricavato in una palazzina anni Cinquanta, ristrutturata totalmente nel corso dell'anno 2000; si presenta con un interessante rapporto qualità/prezzo. Il ristorante intende imporsi per ampiezza e varietà delle proposte culinarie.

a Santa Tecla **Nord : 3 km – ✉ 95024**

Santa Tecla Palace rist, 450,

via Balestrate 100 – ✆ 09 57 63 40 15 – info@hotelsantatecla.it – Fax 095 60 77 05 – Aprile-ottobre

209 cam – 150/250 € – ½ P 98/152 € – **Rist** – Carta 29/43 €

◆ In corso di ammodernamento, è una bella ed importante struttura situata lungo la Riviera dei limoni ed ospita spaziosi ambienti arredati con gusto in calde tonalità. Dalle cucine, i sapori e i profumi classici della tradizione gastronomica siciliana.

ACI TREZZA – Catania – 565 O27 – **Vedere Aci Castello**

Cosa si nasconde dietro questo simbolo rosso ... un albergo tranquillo, per svegliarsi al canto degli uccelli.

AGRIGENTO (AG) – 565 P22 – **58 853 ab. – alt. 326 m** – ✉ **92100** *Sicilia* 39 **B2**

Caltanissetta 58 – Palermo 128 – Siracusa 212 – Trapani 175

via Cesare Battisti 15 ✆ 0922 20454, Fax 0922 20246

Valle dei Templi★★★Y : Tempio della Concordia★★★**A**,Tempio di Hera Lacinia★★**B**, Tempio d'Eracle★★**C**, Tempio di Zeus Olimpio★★**D**, Tempio dei Dioscuri★★**E** – Museo Archeologico Regionale★★Y **M1** – Quartiere ellenistico-romano★Y **G** – Sarcofago romano★ e ≤★ dalla chiesa di San Nicola Y **N** – Città moderna★ : altorilievi★ nella chiesa di Santo Spirito★Z interno★ e soffitto ligneo★ della Cattedrale

Pianta pagina a lato

Jolly Hotel Della Valle ≤ ⛱ 🏊 ⛶ ♿ AC ✻ 🎓 150, P
via Ugo La Malfa 3 – ✆ 092 22 69 66 – agrigento@jollyhotels.it – Fax 092 22 64 12 VISA MC AE ⊙ Ⓢ Y **m**
117 cam ☕ – †115/145 € ††145/185 € – 3 suites – **Rist** – Carta 26/40 €
♦ Il giardino con piscina, molto curato, si apprezza soprattutto nei mesi più caldi. L'hotel si trova in ottima posizione e consente un soggiorno piacevole. Gli spazi destinati alla ristorazione sono davvero notevoli, l'atmosfera leggiadra.

Colleverde Park Hotel ⛱ ⛶ ♿ cam, AC ✻ rist, 🎓 150, P
via dei Templi – ✆ 092 22 95 55 – mail@colleverdehotel.it – Fax 092 22 90 12 VISA MC AE ⊙ Ⓢ Y **m**
52 cam ☕ – †100/120 € ††120/170 € – ½ P 110/120 € – **Rist** – Carta 32/40 €
♦ In posizione invidiabile, tra la zona archeologica e la città, abbellito da una terrazza-giardino con vista eccezionale sulla Valle dei Templi. Camere comode e moderne. Il piacere di cenare in un ambiente in cui l'eleganza ha un sapore sobrio e antico.

Antica Foresteria Catalana senza rist AC ✆ VISA MC AE Ⓢ
piazza Lena 5 – ✆ 092 22 04 35 Z **c**
9 cam – †55 € ††85 €, ☕ 3 €
♦ In pieno centro storico, poco lontano dal Duomo e dal teatro Pirandello. Albergo che si presenta con particolare personalità e fascino, ma anche con una certa eleganza.

Oasi 2000 senza rist AC ✻ VISA MC AE Ⓢ
via Atenea 45 – ✆ 09 22 59 51 49 – oasi2000ag@libero.it Z **b**
5 cam ☕ – †45/60 € ††90/130 €
♦ Una risorsa del centro città che consente di sentirsi accolti come a casa propria. Camere di stile e confort, con parquet e mobilio pregiato, graziosa sala colazioni.

Trattoria dei Templi AC ⇔ 30, VISA MC AE ⊙ Ⓢ
via Panoramica dei Templi 15 – ✆ 09 22 40 31 10 – Fax 09 22 40 32 56 – Chiuso dal 30 giugno al 10 luglio, domenica in luglio-agosto e venerdì negli altri mesi Y **d**
Rist – Carta 25/39 €
♦ Aperto pochi anni or sono, ma da una gestione con tanta esperienza alle spalle. Un locale d'impostazione classica, con un menù che parte dal mare, per arrivare alla terra.

Spizzulio ⛱ AC VISA MC Ⓢ
via Panoramica dei Templi 23 – ✆ 092 22 07 12 – info@spizzulio.it Y **d**
Rist – Carta 18/28 €
♦ Enoteca wine-bar con uso di cucina e preparazioni saporite di fattura casalinga. Ambiente informale ideale per uno spuntino e per pasti gustosi e allegri.

sulla strada statale 115

Domus Aurea ≤ valle dei Templi, ⛱ ⛶ AC ✻ P VISA MC AE ⊙ Ⓢ
contrada Maddalusa - Strada statale 64 - Km 4.150, Valle dei Templi ✉ 92100 – ✆ 09 22 51 15 00 – info@hoteldomusaurea.it – Fax 09 22 51 24 06 Y **f**
20 cam ☕ – †150 € ††180 € – **Rist** – *(15 aprile-ottobre)* Carta 32/41 € (+8 %)
♦ Villa del Settecento, ristrutturata secondo i principi di stile ed eleganza, in posizione isolata e contornata da un giardino da cui si ha un'ampia vista. Camere confortevoli. Ambiente di classe anche al ristorante, dove gustare piatti di terra e di mare proposti in ricette classiche e rivisitate.

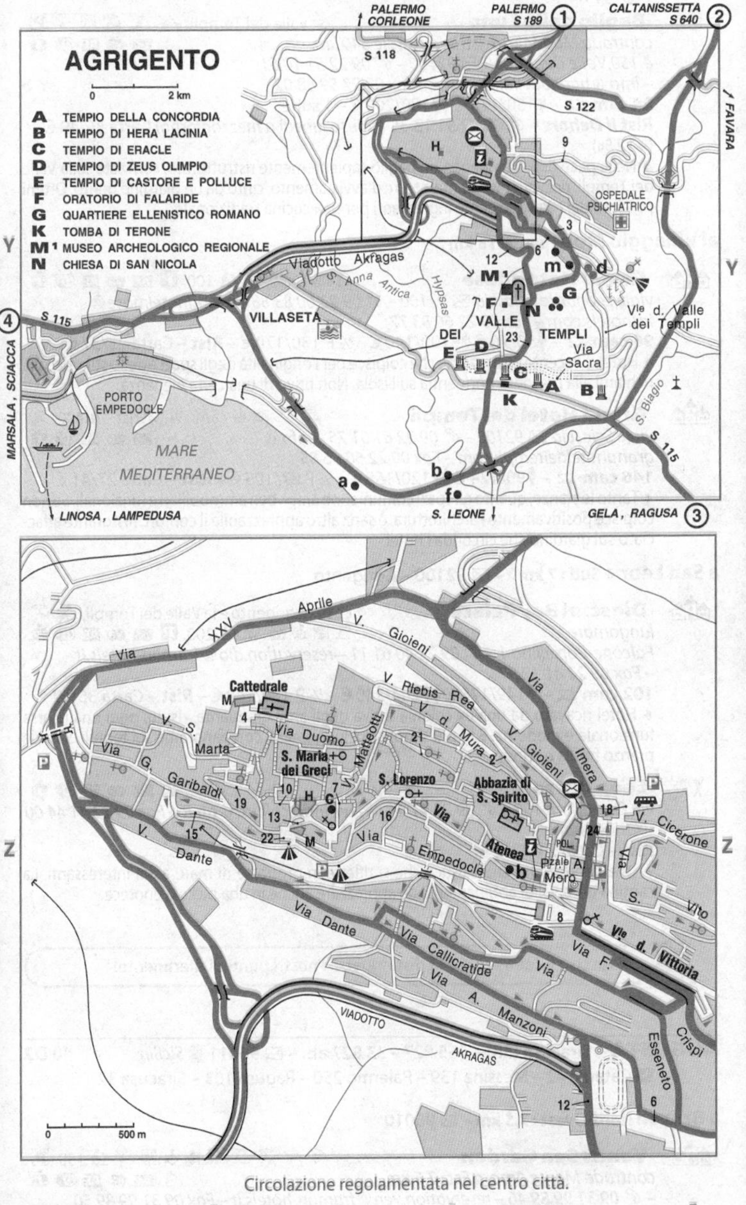

Circolazione regolamentata nel centro città.

Angeli (V. degli) .... Z 2
Atenea (V.) .... Z
Crispi (V. F.) .... Y 3
Don Minzoni (Pza) .... Z 4
La Malfa (V. U.) .... Y, Z 6
Lena (Pza) .... Z 7
Marconi (Pza G.) .... Z 8
Orfane (V.) .... Z 10
Papa Luciani (Via) .... Y 9
Petrarca (V.) .... Y, Z 12
Pietro Nenni (Via) .... Z 15
Pirandello (Pza) .... Z 13
Purgatorio (Pza del) .... Z 16
Rosselli (Piazzale F.) .... Z 18
Sinatra (Pza G.) .... Z 22
S. Giacomo (Largo) .... Z 19
S. Girolamo (V.) .... Z 21
Templi (V. dei) .... Y 23
Vittorio Emanuele (Pza) .... Z 24

Baglio della Luna ← valle dei Templi,
contrada Maddalusa - strada statale 640 km. 4.150,Valle Dei Templi ✉ *92100* – ✆ *09 22 51 10 61 – info@bagliodellaluna.com – Fax 09 22 59 88 02* Y **b**
24 cam – 150/170 € 180/200 € – 1 suite
Rist *Il Dehors* – ✆ 09 22 51 13 35 *(chiuso lunedì a mezzogiorno)* Carta 36/49 € (+12 %)
♦ Nella pace della campagna un baglio sapientemente ristrutturato, con vista sulla Valle dei Templi, ricavato da un'antica torre d'avvistamento, cinto da un giardino fiorito. Ottimi prodotti del territorio come ingredienti per una cucina tradizionale.

al Villaggio Mosè per ③ : 3 km :

Grand Hotel Mosè 100,
viale Leonardo Sciascia ✉ *92100* – ✆ *09 22 60 83 88 – grandhotelmose@iashotels.com – Fax 09 22 60 83 77*
96 cam – 50/70 € 100/140 € – ½ P 130/170 € – **Rist** – Carta 23/37 €
♦ Hotel di recente costruzione che colpisce per l'originalità degli spazi e dello stile, ricco di richiami alla presenza normanna sull'isola. Non privo di una certa eleganza.

Grand Hotel dei Templi cam, rist, 400,
viale Sciascia ✉ *92100* – ✆ *09 22 61 01 75 – info@grandhoteldeitempli.com – Fax 09 22 60 66 85*
146 cam – 90/124 € 120/155 € – ½ P 87/105 € – **Rist** – Carta 27/41 €
♦ Tanto le stanze, quanto gli spazi comuni sono ampi, ben ammobiliati e funzionali. Se non colpisce positivamente l'architettura, è senz'altro apprezzabile il confort. Ristorante affacciato sul giardino che circonda l'hotel.

a San Leone Sud : 7 km Y– ✉ **92100 – Agrigento**

Dioscuri Bay Palace ← costa, Agrigento e la Valle dei Templi, 200,
lungomare Falcone-Borsellino 1 – ✆ *09 22 40 61 11 – reservation.dio@framon-hotels.it – Fax 09 22 41 12 97*
102 cam – 149/175 € 204/240 € – ½ P 130/148 € – **Rist** – Carta 35/47 €
♦ Hotel ricavato da una ex colonia estiva degli anni Cinquanta, risulta oggi una risorsa funzionale e moderna. E in più si trova sul lungomare, con panorama sui templi. Sala da pranzo fresca e ariosa.

XX **Leon d'Oro**
via Emporium 102 – ✆ *09 22 41 44 00 – vittorio.collura@tin.it – Fax 09 22 41 44 00 – Chiuso lunedì*
Rist – Carta 24/42 €
♦ Una conduzione entusiastica che si riflette in proposte di mare assai interessanti. La cantina offre validi abbinamenti, da apprezzare anche in una piccola enoteca.

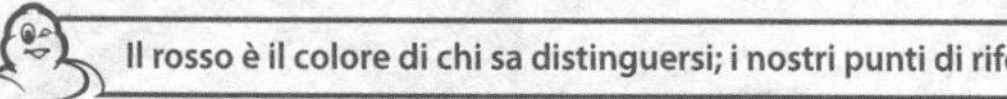

Il rosso è il colore di chi sa distinguersi; i nostri punti di riferimento!

AUGUSTA – **Siracusa (SR)** – 565 P27 – **33 827 ab.** – ✉ **96011** *Sicilia* 40 **D2**
Catania 42 – Messina 139 – Palermo 250 – Ragusa 103 – Siracusa 32

a Brucoli Nord-Ovest : 7,5 km – ✉ **96010**

Venus Sea Garden ← 150,
contrada Monte Amara Est : 3,5 km – ✆ *09 31 99 89 46 – reservation.ven@framon-hotels.it – Fax 09 31 99 89 50 – Marzo-ottobre*
59 cam – 122/158 € 180/230 € – ½ P 120/145 €
Rist *La Conchiglia* – Carta 32/49 €
♦ Partire dallo stile delle architetture degli edifici, passando per la bella posizione fronte mare, per giungere all'apprezzabile tranquillità. Un soggiorno stupendo. Servizio ristorante estivo sulla bella terrazza panoramica.

AVOLA – Siracusa (SR) – 565 Q27 – 31 661 ab. – alt. 40 m – ✉ 96012 40 D3

Roma 879 – Palermo 279 – Siracusa 28 – Ragusa 64

Agriturismo Masseria sul Mare rist, P
contrada Gallina, Nord-Est : 5 km
– ✆ 09 31 56 01 01 – info@masseriasulmare.it – Fax 09 31 56 01 01
22 cam – 140/160 € – ½ P 85/95 € – **Rist** – *(chiuso a mezzogiorno escluso domenica e luglio-agosto)* Menu 17/25 €
◆ 500 ettari di coltivazioni, frumento e ortaggi, circondano la masseria dagli ambienti curati e accoglienti. Poco distante l'incantevole spiaggia privata, sabbia fine e scogli. Puntando sull'agricoltura e sull'allevamento locali, la cucina propone le tradizioni siciliane.

BONAGIA – Trapani – 565 M19 – Vedere Valderice

BORGO MOLARA – Palermo – Vedere Palermo

BRUCOLI – Siracusa – 565 P27 – Vedere Augusta

CALTAGIRONE – Catania (CT) – 565 P25 – 39 166 ab. – alt. 608 m – ✉ 95041 40 C2

Sicilia

Agrigento 153 – Catania 64 – Enna 75 – Ragusa 71 – Siracusa 100
Palazzo Libertini ✆ 0933 53809, Fax 0933 54610
Villa Comunale★ – Scala di Santa Maria del Monte★

Grand Hotel Villa San Mauro 200, P
via Portosalvo 14 – ✆ 093 32 65 00
– reservation.vsm@framon-hotels.it – Fax 093 33 16 61
91 cam – 102/113 € 150/164 € – ½ P 113 €
Rist – Carta 41/67 €
◆ Albergo ristrutturato di recente, ubicato ai margini della località, presenta interni signorili ed eleganti. Le camere sono ben arredate, gli accessori davvero attuali. Curato ristorante, cucina siciliana.

Carneade senza rist e senza
corso Vittorio Emanuele 96 – ✆ 09 33 35 23 94 – carneade.rooms@tiscali.it
6 cam – 39 € 60 €
◆ In pieno centro, a pochi passi dal Duomo, una risorsa semplice e ordinata distribuita all'interno di un edificio di tre piani. Camere spartane ma molto spaziose.

sulla strada statale 124 Nord : 5 km:

Villa Tasca – turismo rurale
contrada Fontana Pietra – ✆ 093 32 27 60 – info@villatasca.it
– Fax 09 33 35 12 69
10 cam – 55/80 € 100/148 € – ½ P 80/120 € – **Rist** – Carta 24/43 €
◆ In posizione defilata e tranquilla, tenuta agricola sapientemente riadattata. Ampi spazi aperti, grande piscina, maneggio con cavalli per passeggiate. Cucina casalinga.

CALTANISSETTA P (CL) – 565 O24 – 60 776 ab. – alt. 588 m – ✉ 93100 40 C2

Sicilia

Catania 109 – Palermo 127
viale Conte Testasecca 20 ✆ 0934 530440, sedecentrale@aapit.cl.it

San Michele senza rist 300, P
via Fasci Siciliani – ✆ 09 34 55 37 50 – hotelsanmichele@tin.it
– Fax 09 34 59 87 91
136 cam – 100 € 120 €
◆ Di recente costruzione, hotel elegante, con dotazioni ed accessori completi. Molto grandi le stanze, alcune con bella vista sulle colline. Ottimo rapporto qualità/prezzo.

Ventura 200,
strada statale 640, Sud-Ovest : 1,5 km – 09 34 55 37 80 – info@hotelventura.it – Fax 09 34 55 37 85
67 cam – 49 € 68 € – ½ P 48 € – **Rist** – *(chiuso domenica)* Carta 17/24 €
♦ Ubicato in posizione comoda per essere raggiunto in auto, risulta, non a caso, molto frequentato dalla clientela d'affari. Gestione capace, arredi semplici ed essenziali. Al ristorante servizio cortese e pasti genuini.

CANICATTÌ – Agrigento (AG) – 565 O23 – 31 665 ab. – alt. 470 m – ✉ 92024 40 C2

Agrigento 39 – Caltanissetta 28 – Catania 137 – Ragusa 133

Belvedere
via Resistenza 20/22 – 09 22 85 18 60 – direzione@hotel-belvedere.org – Fax 09 22 85 18 60 – Chiuso agosto
35 cam – 38/41 € 65/75 € – ½ P 45/50 € – **Rist** – Carta 16/28 €
♦ Sito nella parte alta della località, a pochi passi dalla stazione centrale, un albergo semplice e familiare che offre un'accoglienza rilassante e spazi raccolti e moderni. Nella sobria sala ristorante, prelibati piatti di cucina mediterranea e sarda.

CANNIZZARO – Catania (CT) – 565 O27 – ✉ 95020 40 D2

Catania 7 – Enna 90 – Messina 97 – Palermo 215 – Siracusa 66

Sheraton Catania Hotel cam, 900,
via Antonello da Messina 45 – 09 57 11 41 11 – info@sheratoncatania.com – Fax 095 27 13 80
170 cam – 135/202 € 154/243 € – 3 suites – ½ P 109/154 €
Rist *Il Timo* – 09 57 11 47 64 – Carta 41/62 €
♦ Hotel di classe e tono, fonde con garbo ricettività alberghiera dal confort elevato, all'intensa e ben organizzata attività congressuale. Suggestiva hall e bella piscina. Ristorante curato, adatto per gustare i sapori di Sicilia.

CAPO D'ORLANDO – Messina (ME) – 565 M26 – 12 871 ab. – ✉ 98071 40 C1

Sicilia

Catania 135 – Enna 143 – Messina 88 – Palermo 149 – Taormina 132

viale Sandro Volta, angolo via Amendola 0941 912784, astcapo@enterprisenet.it, Fax 0941 912517

La Tartaruga mare, 150,
Lido San Gregorio 41 – 09 41 95 50 12 – info@hoteltartaruga.it – Fax 09 41 95 50 56 – Chiuso novembre
48 cam – 60/85 € 90/115 €, 5 € – ½ P 80/100 € – **Rist** – *(chiuso lunedì escluso da giugno ad agosto)* Carta 33/46 €
♦ Ubicato nel vero fulcro turistico della località, questa risorsa, affacciata sulla spiaggia, offre una buona ospitalità grazie a camere confortevoli e alla gestione attenta. Valido e rinomato ristorante gestito da una famiglia di pescatori.

La Meridiana senza rist 200,
località Piana Sud-Ovest : 3 km – 09 41 95 77 13 – sigasrl@tiscalinet.it – Fax 09 41 95 77 15 – Aprile-ottobre
54 cam – 70 € 103 €
♦ In posizione leggermente defilata dal centro, hotel, gestito con professionalità, ideale per vacanze di mare. Fresco giardino con piscina, buon rapporto qualità/prezzo.

Trattoria La Tettoia
contrada Certari 80 verso Naso, Sud : 2,5 km – 09 41 90 21 46 – latettoiarp@libero.it – Chiuso dal 10 al 20 marzo e lunedì (escluso da luglio a settembre)
Rist – Carta 17/22 €
♦ In estate il servizio viene effettuato anche in terrazza con vista eccezionale sul mare e sulla costa. Simpatica gestione familiare che propone la cucina del territorio.

CAPO TAORMINA – Messina – 565 N27 – Vedere Taormina

CAPRI LEONE – **Messina (ME)** – **565** M26 – **4 133 ab.** – **alt. 400 m** 40 **C2**

Catania 184 – Messina 93 – Palermo 144

XX **Antica Filanda** con cam ← mare e costa,
contrada Raviola strada statale 157
– 09 41 91 97 04 – info@anticafilanda.it – Fax 09 41 91 95 39
16 cam – 60/70 € 90/110 € – **Rist** – *(chiuso dal 15 gennaio al 15 febbraio e lunedì)* Carta 27/39 €
◆ Nuova sede per un ristorante nato nel 1990 a Galati Mamertino. Grande e luminosa sala da pranzo, cucina della tradizione, ottima cantina e possibilità d'alloggio.

CARLENTINI – **Siracusa (SR)** – **565** P27 – **17 064 ab.** – **alt. 205 m** – ✉ **96013** 40 **D2**

Catania 33 – Messina 130 – Ragusa 77 – Siracusa 44

verso Villasmundo Sud-Est : 4 km

Agriturismo Tenuta di Roccadia
contrada Roccadia ✉ 96013 Carlentini – 095 99 03 62 – info@roccadia.com – Fax 095 99 03 62
20 cam – 70 € 100 € – **Rist** – Menu 20/40 €
◆ All'interno di una tenuta con origini databili attorno al 1070, un agriturismo che, lasciando inalterato lo spirito rurale, è anche in grado di offrire discreti confort. Al ristorante è possibile gustare i genuini prodotti del siracusano.

CASTELBUONO – **Palermo (PA)** – **565** N24 – **9 518 ab.** – **alt. 423 m** – ✉ **90013**
Sicilia 40 **C2**

Agrigento 155 – Cefalù 22 – Palermo 90

Cappella palatina : stucchi★

X **Nangalarruni**
via Delle Confraternite 5 – 09 21 67 14 28 – nangalaruni@libero.it – Fax 09 21 67 74 49 – Chiuso mercoledì
Rist – Carta 25/37 €
◆ Pareti con mattoni a vista, grandi e antiche travi in legno sul soffitto ed esposizione di bottiglie, nella sala di origini ottocentesche; piatti tipici del territorio.

CASTELLAMMARE DEL GOLFO – **Trapani (TP)** – **565** M20 – **14 647 ab.** – ✉ **91014** *Sicilia* 39 **B2**

Agrigento 144 – Catania 269 – Messina 295 – Palermo 61 – Trapani 34

Rovine di Segesta★★★ Sud : 16 km

Al Madarig ← 90,
piazza Petrolo 7 – 092 43 35 33 – almadarig@tin.it – Fax 092 43 37 90
33 cam – 62/74 € 86/108 €, 8 € – ½ P 71/82 € – **Rist** – Carta 25/34 €
◆ Su un'ampia piazza affacciata sul mare, un hotel di recente fondazione, ricavato da alcuni ex magazzini del porto. Gestione simpatica, camere ampie, seppur semplici. Cucina siciliana affidabile, senza sorprese.

Punta Nord Est senza rist ← mare, rist, 200,
viale Leonardo Da Vinci 67 – 092 43 05 11 – puntanordest@tiscali.it – Fax 092 43 07 13
57 cam – 60/70 € 84/94 €, 6 €
◆ Hotel ubicato sul lungomare, ideale tanto per trascorrere una vacanza quanto per la clientela d'affari. Camere dotate di ogni confort, accesso privato alla spiaggia.

Cala Marina senza rist ←
via Don Leonardo Zangara 1 – 09 24 53 18 41 – info@hotelcalamarina.it – Fax 09 24 53 12 49
14 cam – 35/60 € 50/120 €, 3 €
◆ A pochi metri dal mare, di fronte al porticciolo turistico e incorniciato dal borgo marinaro, un hotel di nuova realizzazione dall'atmosfera calda e accogliente.

CASTELMOLA – **Messina** – **565** N27 – **Vedere Taormina**

CASTROREALE TERME - Messina (ME) - 565 M27 - 6 682 ab. - alt. 394 m - ✉ 98050 40 D1

Catania 142 – Messina 51 – Palermo 203

Country Hotel Green Manors
borgo Porticato 70, Sud-Ovest : 2 km – ✆ 09 09 74 65 15 – info@greenmanors.it – Fax 09 09 64 65 07
10 cam – †80/100 € ††100/130 € – ½ P 95/120 € – **Rist** – Carta 25/51 €
♦ Una solida costruzione in pietra in una zona tranquilla. Camere curate e differenziate l'una dall'altra, eleganti aree comuni di soggiorno; giardino e piscina godibilissimi. Sala da pranzo dominata da un imponente camino.

CATANIA P (CT) – 565 O27 – 307 774 ab. – ✉ 95100 *Sicilia* 40 D2

Messina 97 – Siracusa 59

di Fontanarossa Sud : 4 kmBV ✆ 095 340710, Fax 095 349544

via Cimarosa 10 ✉ 95124 ✆ 095 7306233, apt@apt.catania.it, Fax 0957306233 - Stazione Centrale FS ✉ 95129 ✆ 095 7306255Aeroporto Civile Fontanarossa ✉ 95100 ✆ 095 7306266

Palazzo Biscari★ : decorazione★★EZ – Piazza del Duomo★ : Duomo★DZ _ Badia di Sant'Agata★B – Via Crociferi★DYZ – Via Etnea★: villa Bellini★DXY – Complesso Monumentale di San Nicolò l'Arena : Monastero★DYZ S8

Etna★★★ Nord per Nicolosi BU

Piante pagine seguenti

Excelsior Grand Hotel rist, 250,
piazza Verga 39 ✉ 95129 – ✆ 09 57 47 61 11 – excelsior-catania@thi.it – Fax 095 53 70 15 EX a
176 cam – †170/210 € ††230/280 € – 13 suites – ½P 180 € – **Rist** – Carta 36/70 €
♦ Imponente albergo, che dopo la ristrutturazione si situa ai vertici dell'hotellerie catanese: classica sobrietà senza sfarzi negli interni e qualità assoluta nel confort. Raffinata ambientazione in stile e servizio accurato nel ristorante.

UNA Hotel Palace 220,
via Etnea 218 ✉ 95131 – ✆ 09 52 50 51 11 – una.palace@unahotels.it – Fax 09 52 50 51 12 DY b
87 cam – ††132/370 € – 7 suites – **Rist** – Carta 35/65 €
♦ Imponente struttura inaugurata recentemente nel cuore della via Etnea, l'arteria centrale della città. Palazzo d'inizio '900 ristrutturato con ampi ed eleganti spazi comuni. Ristorante panoramico al roof-garden.

Katane Palace cam, cam, rist, 135,
via Finocchiaro Aprile 110 ✉ 95129 – ✆ 09 57 47 07 02 – info@katanepalace.it – Fax 09 57 47 01 72 EX b
58 cam – †108/172 € ††137/250 € – ½ P 103/160 €
Rist *Il Cuciniere* – *(chiuso a mezzogiorno)* Carta 38/53 €
♦ Questo hotel rappresenta una novità sulla scena catanese, costruito ex novo e suddiviso in due edifici, offre ambienti eleganti e signorili, con confort di alto livello. Il ristorante nei mesi estivi si estende in un piacevole patio.

Villa del Bosco 60,
via del Bosco 62 ✉ 95125 – ✆ 09 57 33 51 00 – info@hotelvillavdbnext.it – Fax 09 57 33 51 03 BU a
52 cam – †110/170 € ††165/240 € – ½ P 120/150 €
Rist *Il Canile* – Carta 28/42 €
♦ Testimone di uno stile siciliano, una dimora ottocentesca arredata con mobili d'epoca e, accanto ad essa, una recente struttura con Beauty spa realizzata in un moderno design. Curiosa la sala ristorante dalle pareti con pietre a vista.

Liberty senza rist
via San Vito 40 ✉ 95124 – ✆ 095 31 16 51 – info@libertyhotel.it – Fax 09 57 15 81 99
18 cam – †160 € ††230 € DY a
♦ Piccolo ed elegante albergo ricavato in un palazzo in stile liberty degli inizi del '900. Arredi e dotazioni di una certa eleganza. La prima colazione è servita in camera.

CATANIA

Alagona Artale (Viale) . . . **CU** 2
Angelo Custode (V.) . . . . **BV** 3
Aurora (V.) . . . . **BV** 4
Barcellona (V.) . . . . **BV** 6
Beccaria (V. Cesare) . . . . **BU** 8
Belfiore (V.) . . . . **BV** 10
Bosco (V. del) . . . . **BU** 13
Cantone (V.) . . . . **BU** 16
Caracciolo
(V. Amm. Antonio) . . . . **BV** 17
Cavour (Pza) . . . . **BU** 23
Colombo (V. Cristoforo) . **BV** 24
D'Annunzio
(V. Gabriele) . . . . **CU** 28
Europa (Pza) . . . . **CU** 30
Filocomo (V.) . . . . **BU** 31
Filzi (V. Fabio) . . . . **BV** 32
Forlanini (V. Carlo) . . . . . . **BV** 33
Galatioto (V.) . . . . **CU** 36
Giovanni XXIII
(Pza Papa) . . . . **CV** 38
Giuffrida (V. Vincenzo) . . **CU** 39
Grassi (V. Battista) . . . . . **BU** 41
Imbriani
(V. Matteo Renato) . . . **BU** 43
Indipendenza (Cso) . . . . . **BV** 44
Lavaggi (V. Giovanni) . . . . **BV** 46
Maria SS. Assunta
(V.) . . . . **BV** 48
Marotta (V. Erasmo) . . . . **CU** 49
Martelli Castaldi
(V. Sabato) . . . . **BV** 51
Martiri della Libertà
(Cso) . . . . **CV** 52
Monserrato (V.) . . . . **BU** 55
Montenero (V.) . . . . **BV** 56
Nava (V. Cardinale) . . . . . **BU** 58
Odorico da Pordenone
(Viale) . . . . **BU** 59
Palestro (Pza) . . . . **BV** 61
Passo Gravina (V.) . . . . . . **BU** 64
Plaja (V.) . . . . **BV** 65
Plebiscito (V.) . . . . **BV** 67
Regina Margherita
(Viale) . . . . **BV** 71
Regione (Viale della) . . . . **BV** 72
Risorgimento (Pza) . . . . . **BV** 73
Roccaromana (V.) . . . . . . **BV** 75
Rotolo (Viale del) . . . . . . **CU** 76
Ruggero di Lauria
(Viale) . . . . **CU** 78
Santa Maria
della Catena
(V.) . . . . **BV** 84
Sanzio (Viale Raffaello) . . **CU** 85
San Nicolò al Borgo (V.) . **BU** 83
Stadio (V. dello) . . . . **BU** 88
Stella Polare (V.) . . . . **BV** 89
Tempio (V. Domenico) . . **BV** 93
Vivaldi (Viale Fratelli) . . . . **BU** 99

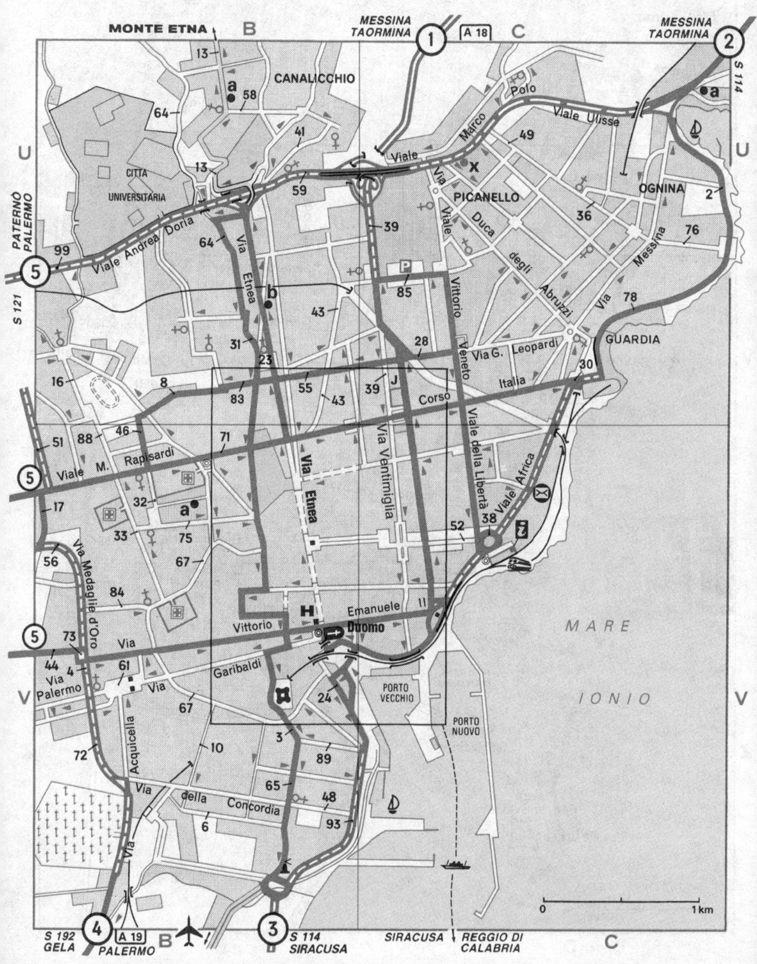

CATANIA

Angelo Custode (V.)	DZ	3
Benedetto (Pza A. d.)	DZ	11
Biondi (V.)	EY	12
Bovio (Pza G.)	EY	15
Carlo Alberto (Pza)	EY	19
Castello Ursino (V.)	DZ	21
Conte di Torino (V.)	EY	25
Currò (Pza)	DZ	26
Cutelli (Pza)	EZ	27
Dante (Pza)	DY	29
Etnea (V.)	DXY	
Giuffrida (V. Vincenzo)	EX	39
Guardie (Pza delle)	EY	42
Imbriani (V. M. R.)	DEX	43
Landolina (V.)	EZ	45
Lupo (Pza Pietro)	EY	47
Museo Biscari (V.)	EZ	57
Orlando (V. Vitt. E.)	EX	60
Porticello (V.)	EZ	68
Rabbordone (V.)	EY	69
Rapisardi (V. Michele)	EY	70
Rotonda (V. d.)	DYZ	77
Spirito Santo (Pza)	EY	87
Stesicoro (Pza)	DY	91
S. Anna (V.)	DZ	79
S. Francesco d'Assisi (Pza)	DZ	80
S. Gaetano alle Grotte (V.)	DEY	81
S. Giuseppe al Duomo (V.)	DZ	82
Teatro Massimo (V.)	EYZ	92
Trento (Pza)	EX	95
Umberto I (V.)	DEX	
Università (Pza dell')	DZ	96
Verga (Pza)	EX	98
Vittorio Emanuele III (Pza)	EY	100

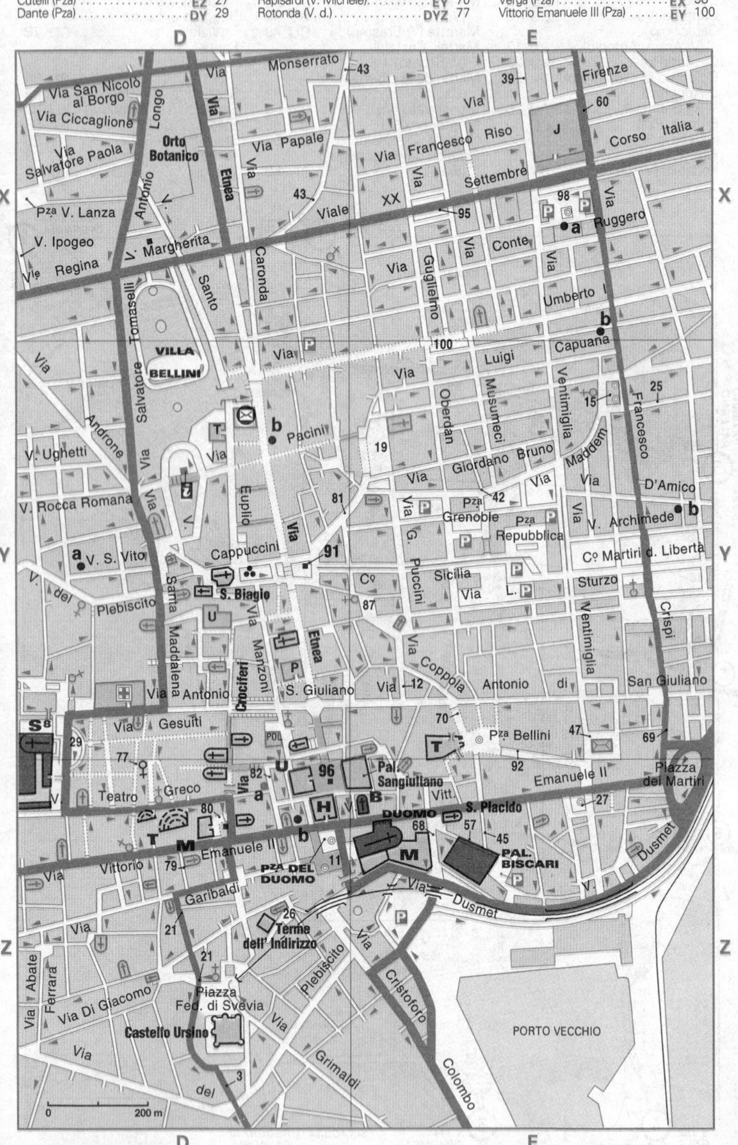

Residence Hotel La Ville senza rist 35,
via Monteverdi 15 ✉ 95131 – ✆ 09 57 46 52 30 – info@rhlaville.it – Fax 09 57 46 51 89 EY **b**
14 cam – 95 € 120 €
◆ Risorsa del centro ospitata da un edificio di inizio '900. A seguito di un'impeccabile ristrutturazione presenta una bella hall e una graziosa sala colazioni. Camere eleganti.

Mediterraneo senza rist 60,
via Dottor Consoli 27 ✉ 95124 – ✆ 095 32 53 30 – info@hotelmediterraneoct.com – Fax 09 57 15 18 18 BV **a**
63 cam – 110/125 € 162/180 €
◆ Albergo di taglio moderno, il design contemporaneo assicura funzionalità e un discreto confort. In posizione centrale, si propone soprattutto ad una clientela d'affari.

Jolly Hotel Catania Ognina senza rist 80,
via Messina 626, località Ognina ✉ 95126 – ✆ 09 57 52 81 11 – jolly.cataniaognina@alliancealaberghi.com – Fax 09 57 12 18 56 CU **a**
66 cam – 106/140 € 124/160 €
◆ Alla fine del lungomare, nel caratteristico rione di Ognina, albergo ristrutturato di buona funzionalità; arredi moderni nelle camere, alcune con vista sul mare.

Savona senza rist
via Vittorio Emanuele 210 ✉ 95124 – ✆ 095 32 69 82 – hotelsavona@tiscali.it – Fax 095 32 69 82 DZ **b**
30 cam – 50/100 € 70/140 €
◆ In pieno centro storico, a due passi dal Duomo, storico albergo cittadino, all'interno di un palazzo del '700, con gestione familiare giunta alla quarta generazione.

La Vecchia Palma senza rist
via Etnea 668 ✉ 95128 – ✆ 095 43 20 25 – info@lavecchiapalma.com – Fax 095 43 11 07 BU **b**
12 cam – 70/80 € 100/110 €
◆ Un'affascinante villa liberty in pieno centro, che una valida gestione familiare ha riconvertito in un'accogliente struttura alberghiera, con tanto di camere affrescate.

Osteria i Tre Bicchieri 9/12,
via San Giuseppe al Duomo 31 ✉ 95124 – ✆ 09 57 15 35 40 – info@osteriaitrebicchieri.it – Fax 09 57 15 35 40 – Chiuso a mezzogiorno DZ **a**
Rist – Carta 32/50 €
◆ Sapori di mare, ma anche di terra nelle fantasiose elaborazioni di un nuovo ristorante elegante. Una zona è riservata all'enoteca, dove si può consumare qualche piatto.

La Siciliana
viale Marco Polo 52/a ✉ 95126 – ✆ 095 37 64 00 – lasiciliana@tiscalinet.it – Fax 09 57 22 13 00 – Chiuso domenica sera, lunedì e le sere dei giorni festivi
Rist – Carta 30/46 € (+15 %) CU **x**
◆ E' ormai diventato un locale storico della città questo ristorante tipico di stile classico; la proposta si muove tra piatti della cucina del luogo e altri più tradizionali.

sull'autostrada A 19 Catania-Palermo per ④ : 8 km :

Il Gelso Bianco cam, cam, 250,
✉ 95045 Misterbianco – ✆ 09 57 18 11 59 – info@gelsobianco.it – Fax 09 57 18 12 70
91 cam – 55 € 83 € – ½ P 83/99 € – **Rist** – Carta 31/41 €
◆ Una confortevole risorsa, ristrutturata di recente, che offre buoni servizi e attrezzature alla clientela sia d'affari e congressuale sia turistica; giardino con piscina. Ampia e moderna sala ristorante, cucina tradizionale e locale.

Come scegliere fra due strutture equivalenti?
In ogni categoria, hotel e ristoranti sono elencati per ordine di preferenza: ai primi posti, le scelte Michelin.

CEFALÙ – Palermo (PA) – 565 M24 – 13 757 ab. – ✉ 90015 Sicilia 40 C2

Agrigento 140 – Caltanissetta 101 – Catania 182 – Enna 107 – Messina 166 – Palermo 68

corso Ruggiero 77 ☎ 0921 421050, info@cefalù-tour.pa.it, Fax 0921 422386

Posizione pittoresca★★ – Duomo★★ – Osterio Magno★ – Museo Mandralisca : ritratto d'ignoto★ di Antonello da Messina

Riva del Sole

100, VISA

lungomare Colombo 25 – ☎ 09 21 42 12 30 – lidia@rivadelsole.com – Fax 09 21 42 19 84 – Chiuso novembre

28 cam – 100/120 € 130/140 € – ½ P 95/101 € – **Rist** – Carta 31/43 € (+10 %)

◆ Una struttura relativamente recente che fin dall'esterno appare per quello che è: sobria, funzionale, moderna e luminosa. La gestione è molto valida. Assai ampia la sala da pranzo affacciata sul lungomare adatta anche per piccoli banchetti.

La Brace

VISA

via 25 Novembre 10 – ☎ 09 21 42 35 70 – ristorantelabrace@libero.it – Fax 09 21 42 35 70 – Chiuso dal 15 dicembre al 15 gennaio, lunedì e martedì a mezzogiorno

Rist – Carta 17/31 €

◆ Una sorta di bistrot, nei vicoli del paese, raccolto e accogliente con una gestione innamorata di questi luoghi. Cucina del territorio, arricchita di tocchi orientali.

Ostaria del Duomo

VISA

via Seminario 5 – ☎ 09 21 42 18 38 – infotiscali@ostariadelduomo.com – Fax 09 21 42 18 38 – 20 marzo-10 novembre

Rist – Carta 25/45 € (+10 %)

◆ Punto di forza del locale è la posizione, proprio ai piedi della facciata del meraviglioso Duomo arabo-normanno. Tradizionale cucina di mare e, la sera, il piano bar.

La Botte

VISA

via Veterani 20 – ☎ 09 21 42 43 15 – labotte87@libero.it – Fax 09 21 42 43 15 – Chiuso gennaio, lunedì, e a mezzogiorno dal 15 luglio al 30 agosto

Rist – Carta 23/51 €

◆ Un "cantuccio" familiare dove sarete conquistati dall'ambiente semplice, ma accogliente e dalla genuinità e freschezza di profumati piatti siciliani a base di pescato.

CHIARAMONTE GULFI – Ragusa (RG) – 565 P26 – 8 096 ab. – alt. 668 m – ✉ 97012 Sicilia 40 D3

Agrigento 133 – Catania 88 – Messina 185 – Palermo 257 – Ragusa 20 – Siracusa 77

Majore

VISA

via Martiri Ungheresi 12 – ☎ 09 32 92 80 19 – info@majore.it – Fax 09 32 92 86 49 – Chiuso luglio e lunedì

Rist – Carta 15/21 €

◆ La cucina è dedita esclusivamente alle preparazioni del maiale, una scritta dice "Qui si magnifica il porco" ed è vero; il tutto per una spesa davvero limitata.

COMISO – Ragusa (RG) – 565 Q25 – 29 325 ab. – alt. 246 m – ✉ 97013 40 C3

Catania 920 – Palermo 230 – Ragusa 18 – Siracusa 94

Agriturismo Tenuta Margitello

vallata,

strada statale 115 km 310,700, Est : 3,5 km – ☎ 09 32 72 25 09 – info@tenutamargitello.com – Fax 09 32 72 25 09

21 cam – 60/84 € – **Rist** – Menu 10/20 €

◆ Sulle pendici dei monti Iblei, avvolto dalla macchia mediterranea, una risorsa che gode di una vista spettacolare. Camere confortevoli e bel giardino con piscina. Il menu presenta un'appetitosa cucina del territorio, a prezzi competitivi.

EGADI (Isole) – Trapani (TP) – 565 N18 – 4 621 ab. *Sicilia* 39 **A2**

Favignana★ : Cala Rossa★ – Levanzo★ : Grotta del Genovese★ – Marettimo★ : giro dell'isola in barca★★

FAVIGNANA – (Isola) – 565 N18 – ✉ 91023 39 **A2**

per Trapani – a Favignana, Siremar, call center 892 123

Aegusa cam,

via Garibaldi 11/17 – ✆ 09 23 92 24 30 – info@aegusahotel.it – Fax 09 23 92 24 40 – Chiuso sino al 20 marzo

28 cam – ♦65/105 € ♦♦100/160 € – ½ P 75/105 € – **Rist** – *(Pasqua-settembre)* Carta 29/38 €

◆ Proprio nel centro del paese, hotel aperto non molti anni or sono, ricavato in un signorile palazzo. Arredi semplici e freschi che ingentiliscono le già graziose camere. Per i pasti ci si accomoda nel giardinetto esterno.

Egadi

via Colombo 17/19 – ✆ 09 23 92 12 32 – info@albergoegadi.it – Fax 09 23 92 12 36 – aprile-ottobre

9 cam – ♦120 € ♦♦180 € – 2 suites – ½ P 130 € – **Rist** – *(chiuso a mezzogiorno)* Menu 30/50 €

◆ Un'accogliente risorsa a gestione familiare nel cuore della località con colorate e funzionali camere in tinte pastello, piscina e una vista panoramica sul mare e sulla costa. Nella raffinata ed intima sala ristorante, piatti tipici a base di pesce interpretati con creatività.

Cerchiamo costantemente di indicarvi i prezzi più aggiornati... ma tutto cambia così in fretta! Al momento della prenotazione, non dimenticate di chiedere conferma delle tariffe.

ENNA P (EN) – 565 O24 – 28 625 ab. – alt. 942 m – ✉ 94100 *Sicilia* 40 **C2**

Agrigento 92 – Caltanissetta 34 – Catania 83 – Messina 180 – Palermo 133 – Ragusa 138 – Siracusa 136 – Trapani 237

via Roma 413 ✆ 0935 528288, aziendaprovturismoenna@tin.it, Fax 0935528229

Posizione pittoresca★★ – Castello★ : ✻★★★ – ⋞★★ dal belvedere – Duomo : interno★ e soffitto★ – Torre di Federico★

Sicilia senza rist 120,

piazza Colaianni 7 – ✆ 09 35 50 08 50 – info@hotelsiciliaenna.it – Fax 09 35 50 04 88

76 cam – ♦64 € ♦♦93 €

◆ Una struttura versatile e quindi consigliabile sia alla clientela turistica che a quella d'affari. In posizione centrale, ha subito di recente un "salutare" rinnovo.

Centrale

piazza 6 Dicembre 9 – ✆ 09 35 50 09 63 – centrale@ristorantecentrale.net – Fax 09 35 50 09 63 – Chiuso sabato escluso da giugno a settembre

Rist – Carta 21/41 €

◆ Come dice il nome del locale, siamo proprio nel cuore della città. Più che una sala, un salone dagli alti soffitti; gli arredi sono in bilico tra tradizione e modernità.

EOLIE (Isole)★★★ – Messina (ME) – 565 L26 – 12 945 ab. *Sicilia* 40 **D1**

per Milazzo e Napoli – a Lipari, Siremar, call center 892 123

Vulcano★★★ : gran cratere★★★ (2 h a piedi AR) – Stromboli★★★ : ascesa al cratere★★★ (5 h a piedi AR), escursione notturna in barca★★★ – Lipari★ : Museo Archeologico Eoliano★★, ✻★★★ dal belvedere di Quattrocchi, giro dell'isola in barca★★ – Salina★ – Panarea★ – Filicudi★ – Alicudi★

LIPARI – Messina (ME) – 565 L26 – **10 654 ab.** – ✉ **98055** 40 **D1**

corso Vittorio Emanuele 202 ✆ 090 9880095, aasteolie@netnet.it, Fax090 9811190

Villa Meligunis 80, VISA
via Marte 7 – ✆ 09 09 81 24 26 – info@villameligunis.it – Fax 09 09 88 01 49
32 cam – 100/240 € 150/290 € – ½ P 177 € – **Rist** – *(Pasqua-ottobre)* Menu 30/32 € (+15 %)
◆ In un caratteristico quartiere di pescatori, una struttura di alto livello, confortevole e dalle dotazioni complete. Per un soggiorno senza pensieri, ma con tanti sogni. Servizio ristorante estivo sulla terrazza panoramica, una bellezza toccante.

A' Pinnata senza rist mare Vulcano e Lipari città, VISA
località Pignataro – ✆ 09 09 81 16 97 – pinnata@pinnata.it – Fax 09 09 81 47 82 – Marzo-ottobre
12 cam – 96 € 140/240 €
◆ Impagabile la vista dalla terrazza-solarium, lo sguardo spazia su Vulcano e domina il porticciolo di Pignataro. Camere di ottimo confort, per un soggiorno suggestivo.

Villa Augustus senza rist 100, VISA
vico Ausonia 16 – ✆ 09 09 81 12 32 – info@villaaugustus.it – Fax 09 09 81 22 33 – Marzo-ottobre
34 cam – 45/115 € 80/175 €
◆ Nascosto tra le case del centro, un albergo ricavato in una storica villa padronale. Camere semplici ed essenziali, godibilissimo patio, gestione salda e affidabile.

Poseidon senza rist VISA
via Ausonia 7 – ✆ 09 09 81 28 76 – info@hotelposeidonlipari.com – Fax 09 09 88 02 52 – Marzo-ottobre
18 cam – 90/100 € 130/150 €
◆ Albergo a gestione familiare, particolarmente cortese e premurosa. Le stanze hanno spazi limitati, ma sono molto carine e dotate di una gamma completa di accessori.

Oriente senza rist P VISA
via Marconi 35 – ✆ 09 09 81 14 93 – info@hotelorientelipari.com – Fax 09 09 88 01 98 – Pasqua-ottobre
32 cam – 60/100 € 60/130 €
◆ Camere semplici immerse nell'ombreggiato giardino di quest'hotel in centro paese. Originale raccolta di materiale etnografico, che testimonia una passione del titolare.

XX **Filippino** 20, VISA
piazza Municipio – ✆ 09 09 81 10 02 – filippino@filippino.it – Fax 09 09 81 28 78 – Chiuso dal 16 novembre al 15 dicembre e lunedì (escluso da giugno a settembre)
Rist – Carta 30/39 € (+12 %)
◆ Locale storico per l'arcipelago e per l'intera Sicilia, consente di gustare una vasta proposta del pescato locale; preparazioni tipiche, servite in un ambiente informale.

XX **E Pulera** VISA
via Isabella Conti Vainicher – ✆ 09 09 81 11 58 – filippino@filippino.it – Fax 09 09 81 28 78 – Giugno-ottobre; chiuso a mezzogiorno
Rist – Carta 30/40 € (+12 %)
◆ Elegante locale dall'atmosfera raffinata e dalla cucina radicata nel territorio. Si mangia sotto un fresco pergolato su tavoli decorati con tipiche e colorate ceramiche.

X **La Nassa** VISA
via Franza 36 – ✆ 09 09 81 13 19 – info@lanassa.it – Fax 09 09 81 22 57 – 27 marzo-7 novembre; chiuso a mezzogiorno escluso luglio-agosto
Rist – Carta 30/49 €
◆ Il servizio estivo viene effettuato sulla caratteristica terrazza eoliana di cui il ristorante dispone. Piatti della tradizione, tra il fresco e il verde delle piante.

X **La Ginestra** P VISA
località Pianoconte Nord-Ovest : 5 km – ✆ 09 09 82 22 85 – Fax 09 09 82 22 85 – Chiuso lunedì escluso giugno-settembre
Rist – Carta 25/37 €
◆ All'interno dell'isola, un locale semplice e alla mano che propone una cucina basata sulla genuinità dei prodotti, sulla tipicità delle preparazioni; prezzi interessanti.

Nenzyna

via Roma 4 – 09 09 81 16 60 – 21 marzo-novembre

Rist – Carta 26/41 €

◆ Trattoria ubicata alla Marina Corta, presenta due salette accoglienti una in fronte all'altra, divise da un vicolo. Cucina marinara genuina, a base di ottime materie prime.

La Cambusa

via Garibaldi 72 – 34 94 76 60 61 – info@lacambusalipari.it – 20 marzo-ottobre

Rist – Carta 26/36 €

◆ Piccola e affollata trattoria del centro, ambiente semplice e ordinato. La cucina si basa sulla disponibilità giornaliera del mercato con un ottimo rapporto qualità/ prezzo.

PANAREA – Messina (ME) – 565 L27 – ✉ 98055 40 D1

Cincotta ≤ mare ed isolotti, (con acqua di mare)

via San Pietro – 090 98 30 14 – info@ hotelcincotta.itt – Fax 090 98 32 11 – 12 aprile-14 ottobre

29 cam – †65/260 € ††130/320 € – ½ P 105/200 €

Rist Da Modesta – vedere selezione ristoranti

◆ Terrazza con piscina d'acqua di mare, una zona comune davvero confortevole e camere in classico stile mediterraneo, gradevoli anche per l'ubicazione con vista mare.

La Piazza ≤ mare ed isolotti, (con acqua di mare)

via San Pietro – 090 98 30 03 – info@ hotelpiazza.it – Fax 090 98 36 49 – Aprile-19 ottobre

31 cam – †101/245 € ††140/290 € – ½ P 95/170 €

Rist – *(maggio-settembre)* Carta 36/56 €

◆ Hotel situato sulle rocce, a picco sul mare. Struttura che rispecchia l'architettura eoliana, con camere confortevoli e una terrazza fiorita con piscina d'acqua salata. Ristorante affacciato sull'acqua blu del Mediterraneo.

Quartara ≤ mare,

via San Pietro 15 – 090 98 30 27 – info@quartarahotel.com – Fax 090 98 36 21 – Aprile-ottobre

13 cam – †80/250 € ††130/380 € – ½ P 120/220 €

Rist – *(giugno-settembre, chiuso a mezzogiorno)* Carta 44/57 € (+10 %)

◆ La terrazza panoramica offre una vista notevole, considerata la posizione arretrata rispetto al porto. Arredi nuovi e di qualità che offrono eleganza e personalizzazioni. Il ristorante offre una grande atmosfera.

Lisca Bianca senza rist ≤

via Lani 1 – 090 98 30 04 – liscabianca@liscabianca.it – Fax 090 98 32 91 – Pasqua-ottobre

28 cam – ††100/300 €

◆ Graziose e gradevoli le stanze, forse un po' ridotti gli spazi comuni. Hotel a gestione familiare ubicato di fronte al porticciolo dell'isola, con vista sullo Stromboli.

Da Modesta – Hotel Cincotta

via San Pietro – 090 98 33 06 – Fax 090 98 32 11 – 28 aprile-settembre

Rist – Carta 47/65 €

◆ Ampia terrazza a picco sul mare, coperta da un pittoresco pergolato. La gestione familiare e ospitale consente di apprezzare con ancor più gusto la genuina cucina di mare.

SALINA – Messina (ME) – 565 L26 – 2 381 ab. 40 C1

Signum ≤ mare, costa, Panarea e Stromboli,

via Scalo 15, località Malfa ✉ 98050 Malfa – 09 09 84 42 22 – salina@hotelsignum.it – Fax 09 09 84 41 02 – Marzo-novembre

30 cam – ††110/210 € – **Rist** – Carta 36/63 €

◆ Circondato dai vigneti, hotel dalle camere di differenti tipologie, distribuite in vari corpi, tutti edificati secondo la caratteristica architettura dell'arcipelago. In terrazza o in veranda, i piatti della tradizione isolana fedeli ai profumi mediterranei.

Bellavista senza rist ← mare e Lipari,
via Risorgimento 242, località Santa Marina Salina ✉ 98050 Leni – ✆ 09 09 84 30 09 – hbellavista@aruba.it – Fax 09 09 84 30 09 – Aprile-settembre
13 cam – †110 € ††190 €
◆ Terrazza solarium panoramica, camere che spiccano per spazi e personalizzazioni, pavimenti in cotto, mobili in legno chiaro. Le parti comuni però sono un po' sacrificate.

Punta Scario ← mare e costa,
via Scalo 8, a Malfa – ✆ 09 09 84 41 39 – info@hotelpuntascario.it – Fax 09 09 84 40 77 – Aprile-ottobre
17 cam – †104/117 € ††160/180 € – ½ P 110/120 € – **Rist** – (solo per alloggiati) Menu 30/40 €
◆ Albergo semplice e spartano, ricavato in uno dei luoghi più suggestivi dell'isola, a strapiombo sulla scogliera, accanto ad una delle poche spiagge del litorale.

XX **Porto Bello** ← mare,
via Bianchi 1, località Santa Marina Salina ✉ 98050 Leni – ✆ 09 09 84 31 25 – portobellosalina@tin.it – Fax 09 09 84 36 77 – 15 marzo-10 novembre
Rist – Carta 38/48 €
◆ Il fresco pergolato dove viene svolto il servizio estivo è la cornice ideale per apprezzare i classici e gustosi piatti della cucina locale. Servizio cordiale e garbato.

XX **Nni Lausta**
via Risorgimento 188, località Santa Marina Salina ✉ 98050 Santa Marina di Salina – ✆ 09 09 84 34 86 – nnilausta@hotmail.com – Fax 09 09 84 36 28 – Giugno-ottobre
Rist – Carta 36/48 €
◆ E' il pesce il protagonista della tavola, la tradizione genuina e gustosa della cucina eoliana viene interpretata con abilità, fantasia e innovazione. Gestione dinamica.

X **Da Franco** ← mare e Lipari,
via Belvedere 8, località Santa Marina di Salina ✉ 98050 Santa Marina Di Salina – ✆ 09 09 84 32 87 – info@ristorantedafranco.com – Fax 09 09 84 36 84 – Chiuso dal 1° al 20 dicembre
Rist – Carta 25/44 €
◆ Locale semplice e caratteristico, in pratica una grande veranda, con notevole vista, che propone la più tipica cucina eoliana con largo uso di verdure ed erbe.

FILICUDI – Messina (ME) – 565 L25 – ✉ 98055 40 C1

La Canna ← mare, costa e isole,
contrada Rosa – ✆ 09 09 88 99 56 – info@lacannahotel.it – Fax 09 09 88 99 66 – Chiuso novembre
14 cam – ††62/140 €, 10 € – ½ P 98 € – **Rist** – Carta 28/33 €
◆ Ubicato nella parte alta e panoramica dell'isola, a picco sul porticciolo, risorsa a gestione familiare, con ampie terrazze, dotata anche di una godibile psicina-solarium.

X **La Sirena** con cam ← mare, cam,
località Pecorini Mare – ✆ 09 09 88 99 97 – info@pensionelasirena.it – Fax 09 09 88 92 07 – Chiuso dal 1° dicembre al 28 febbraio e dal 1° al 15 novembre
12 cam – †30/60 € ††60/120 € – ½ P 65/90 € – **Rist** – Carta 36/49 €
◆ Immaginarsi a cena su di una terrazza, affacciata sul piccolo porticciolo di un'incantevole isoletta del Mediterraneo. Il servizio estivo consente di vivere questo sogno.

STROMBOLI – (Isola) – 565 K27 – ✉ 98050

La Sirenetta Park Hotel ← Strombolicchio, (con acqua di mare)
via Marina 33, località Ficogrande – ✆ 090 98 60 25 – info@lasirenettahotel.it – Fax 090 98 61 24 – Aprile-ottobre
55 cam – †85/135 € ††180/300 € – ½ P 90/180 € – **Rist** – Carta 33/52 €
◆ Il bianco degli edifici che assecondano la caratteristica architettura eoliana, il verde della vegetazione, la nera sabbia vulcanica e il blu del mare: dotazioni complete! Si può gustare il proprio pasto quasi in riva al mare, ai piedi del vulcano.

La Locanda del Barbablu rist,

via Vittorio Emanuele 17-19 – ✆ 090 98 61 18 – info@barbablu.it – Fax 090 98 63 23 – 15 febbraio-ottobre

6 cam – 78/136 € 120/210 € – **Rist** – *(chiuso a mezzogiorno)* Carta 42/51 €

◆ Si potrebbe definire una semplice locanda, ma la cura e le personalizzazioni degli arredi, rendono le poche stanze di questa risorsa un piacevole e accogliente rifugio. La signora Neva propone, ovviamente, una cucina di mare.

Punta Lena

via Marina, località Ficogrande – ✆ 090 98 62 04 – puntalena@libero.it – Fax 090 98 62 04 – Aprile-ottobre

Rist – Carta 33/43 €

◆ Il servizio sotto un pergolato con eccezionale vista sul mare e sullo Strombolicchio, è la compagnia migliore per qualsiasi tipo di occasione. In cucina tanto pesce.

VULCANO (ISOLA) – (Isola) – **565** L26 – ✉ **98050**

(luglio-settembre) Porto di Levante ✆ 090 9852028

Les Sables Noirs

località Porto di Ponente – ✆ 090 98 50 – reservation.lsn@framon-hotels.it – Fax 09 09 85 24 54 – 20 aprile-15 ottobre

48 cam – 130/180 € 180/240 € – ½ P 145/155 € – **Rist** – Carta 37/51 €

◆ Elegante hotel, in posizione invidiabile proprio sulla spiaggia più famosa dell'isola. Una gamma completa di servizi, accessori e dotazioni offrono un ottimo confort. Il servizio ristorante gode di un'ambientazione suggestiva in stile "mediterraneo".

Conti cam, rist,

località Porto Ponente – ✆ 09 09 85 20 12 – info@contivulcano.it – Fax 09 09 85 20 64 – Maggio-20 ottobre

67 cam – 122 € 164 € – ½ P 54/94 € – **Rist** – Menu 18/24 €

◆ Struttura in fresco stile eoliano che si sviluppa in vari corpi distinti. La celebre spiaggia nera è a pochi passi, è questa la risorsa ideale per godersela appieno. Cucina eclettica, con piatti che attingono a tradizioni regionali differenti.

ERICE – Trapani (TP) – **565** M19 – **29 367 ab.** – **alt. 751 m** – ✉ **91016** *Sicilia* 39 **A2**

Catania 304 – Marsala 45 – Messina 330 – Palermo 96 – Trapani 14

via Tommaso Guarrasi 1 ✆ 0923 869388, aast.erice@libero.it, Fax 0923869544

Posizione pittoresca★★★ – ≤★★★ dal castello di Venere – Chiesa Matrice★ – Mura Elimo-Puniche★

Moderno rist, 40,

via Vittorio Emanuele 63 – ✆ 09 23 86 93 00 – info@hotelmodernoerice.it – Fax 09 23 86 91 39

40 cam – 70/90 € 95/120 € – ½ P 90 € – **Rist** – Carta 30/40 €

◆ Gli ambienti comuni si trovano a piano terra, nel corpo centrale, tra i due edifici, collocati uno in fronte all'altro, dove trovano posto le confortevoli stanze. Ristorante molto noto in zona, cucina eclettica.

Monte San Giuliano

vicolo San Rocco 7 – ✆ 09 23 86 95 95 – ristorante@montesangiuliano.it – Fax 09 23 86 98 35 – Chiuso dal 7 al 25 gennaio, dal 5 al 23 novembre e lunedì

Rist – Carta 23/36 €

◆ Il servizio nella terrazza-giardino, della corte interna di questo ristorante, rende ancora più apprezzabili i numerosi piatti della tradizione siciliana presenti in menù.

a Erice Mare Ovest : 10 km – ✉ **91016** – **Casa Santa-Erice Mare**

Baia dei Mulini rist, 350,

lungomare Dante Alighieri – ✆ 09 23 58 41 11 – info@baiadeimulini.it – Fax 09 23 56 74 22

94 cam – 124/144 € 139/159 € – ½ P 92/112 € – **Rist** – Carta 40/56 €

◆ Ubicato sul mare, direttamente sulla spiaggia, albergo di recente ristrutturazione con servizi completi e adatti ad una clientela sia turistica che congressuale. Ampi spazi dedicati alla ristorazione, cucina nazionale con alcune specialità locali.

ETNA ★★★ – **Catania – 565** N26 *Sicilia*

Ascesa al versante sud★★★ da Nicolosi – Ascesa al versante nord★★★ da Linguaglossa

FAVIGNANA (Isola di) – Trapani – 565 N18 – Vedere Egadi (Isole)

FILICUDI (Isola) – Messina – 565 L25 – Vedere Eolie (Isole)

FONTANASALSA – Trapani – Vedere Trapani

Un buon ristorante a prezzo contenuto?
Cercate i Bib Gourmand.

FORZA D'AGRÒ – Messina (ME) – 565 N27 – 870 ab. – alt. 429 m – ✉ 98030 40 **D2**

Catania 61 – Messina 41 – Palermo 271 – Taormina 15

Baia Taormina ≤ costa e mare, rist, 200,

statale dello Jonio 39, Est : 5 km – ✆ 09 42 75 62 92 – info@baiataormina.com – Fax 09 42 75 66 03 – Aprile-novembre

60 cam – ♦122/225 € ♦♦164/310 € – ½ P 107/180 € – **Rist** – (solo per alloggiati)

♦ Sita sullo scoglio panoramico che si affaccia all'omonima baia, un suggestivo ed elegante hotel con spiaggia privata e, in terrazza, due piscine raggiungibili con l'ascensore.

GALLODORO – Messina (ME) – 565 N27 – **406 ab. – alt. 388 m** – ✉ **98030** 40 **D2**

Catania 57 – Messina 52 – Palermo 267 – Taormina 11

Noemi ≤ mare e costa,

via Manzoni 8 – ✆ 094 23 73 38 – Chiuso dal 25 giugno al 15 luglio e martedì

Rist – Menu 25/28 €

♦ Affacciata sul mare, la trattoria propone un'ampia scelta di antipasti, primi e secondi all'interno di una cucina fedele alla tradizione regionale. Servizio estivo all'aperto.

GANZIRRI – Messina – 565 M28 – Vedere Messina

GELA – Caltanissetta (CL) – 565 P24 – **76 998 ab. – alt. 45 m** – ✉ **93012** *Sicilia* 40 **C3**

Caltanissetta 68 – Catania 107 – Palermo 187 – Siracusa 157

via Filippo Morello 31 ✆ 0933 911509, Fax 0933 911488

Fortificazioni greche★★ a Capo Soprano – Museo Archeologico Regionale★

Casanova

via Venezia 89-91 – ✆ 09 33 91 85 80 – Chiuso domenica, anche a mezzogiorno in agosto

Rist – Carta 27/50 €

♦ Locale raccolto e confortevole, ubicato alle porte della località. Cucina che affonda le radici nella tradizione, ma che offre anche indovinate e fantasiose elaborazioni.

strada statale 117 bis Nord-Ovest : 1,5 km:

Villa Peretti cam, 250,

– ✆ 09 33 92 43 11 – Fax 09 33 90 12 06

79 cam – ♦100 € ♦♦125 € – 1 suite – ½ P 83 € – **Rist** – Carta 23/33 €

♦ All'ingresso di Gela, lungo la strada proveniente da Catania, una nuova risorsa sviluppata orizzontalmente, con ampio parcheggio. Belle camere spaziose, varie sale riunioni. Eleganti spazi riservati alla zona ristorante, adatta anche per ricevimenti.

GIARDINI-NAXOS - Messina (ME) - 565 N27 - 9 340 ab. - ✉ 98030
Sicilia 40 **D2**

Catania 47 – Messina 54 – Palermo 257 – Taormina 5

via Tysandros 54 ✉ 98030 ✆ 0942 51010, aast@naxos.it, Fax 0942 52848

Hellenia Yachting Hotel 100,
via Jannuzzo 41 – ✆ 094 25 17 37 – booking@hotel-hellenia.it – Fax 094 25 43 10
112 cam – 119/162 € 139/211 € – 1 suite – ½ P 131 €
Rist – *(solo per alloggiati) (marzo-ottobre)* Carta 25/43 €
◆ Sulla spiaggia sabbiosa dei Giardini Naxos, hotel recente, con interni connotati da una certa opulenza, ideale tanto per i soggiorni di lavoro, che per il turismo balneare. Sale ristorante ampie, dominano l'eleganza, la luminosità e la cura dei particolari.

Tritone senza rist mare,
via Tysandros 22 – ✆ 094 25 14 68 – info@tritonehotel.net – Fax 094 25 32 71
30 cam – 80/160 €
◆ Struttura completamente ristrutturata, gestita da un'esperta famiglia di albergatori. Camere curate e piacevolmente informali, pur senza rinunciare ad alcun confort.

La Riva senza rist
lungomareTysandros 52 – ✆ 094 25 13 29 – hotellariva@hotellariva.com – Fax 094 25 13 20 – Chiuso novembre e dicembre
38 cam – 50/60 € 70/80 €, 12 €
◆ La spaziosa hall introduce ad un settore notte in cui tanti sono gli arredi e le decorazioni riferibili alla tradizione e all'artigianato siciliani. Ristorante panoramico.

Palladio senza rist
via Umberto 470 – ✆ 094 25 22 67 – palladio@tao.it – Fax 094 25 22 67
20 cam – 45/80 € 65/110 €, 10 €
◆ In prima fila sul lungomare con incantevole vista sul golfo, camere rinnovate, arredi in stile, buoni spazi comuni con una piacevole sala colazioni in terrazza.

Sea Sound
via Jannuzzo 37 – ✆ 094 25 43 30 – Fax 094 25 43 30 – 15 aprile-ottobre
Rist – Carta 38/50 €
◆ Locale estivo con servizio su una bella terrazza a mare dove, immersi nel verde, è possibile gustare ottimo pesce, in preparazioni semplici e decisamente sostanziose.

ISOLA DELLE FEMMINE - Palermo (PA) - 565 M21 - 6 622 ab. - alt. 12 m - ✉ 90040
39 **B2**

Palermo 19 – Trapani 91

Sirenetta cam,
viale Dei Saraceni 81, Sud-Ovest : 1,5 km – ✆ 09 18 67 15 38 – informazioni@sirenetta.it – Fax 09 18 69 83 74
29 cam – 110 € 150 € – ½ P 70/100 € – **Rist** – Carta 22/34 €
◆ A pochi passi dalla spiaggia e proprio in fronte alla piccola isola, hotel che oggi si presenta ben rinnovato, in seguito ad una radicale ristrutturazione; bella piscina.

LAMPEDUSA (Isola di) – Agrigento (AG) – 565 U19 – 6 025 ab. *Sicilia*

LAMPEDUSA (AG) – 565 U19 – ✉ 92010

✆ 0922 970006

Baia dell'Isola dei Conigli★★★ – Giro dell'isola in barca★

Linosa★ : giro dell'isola in barca★★

Cupola Bianca rist,
via Madonna 57 – ✆ 09 22 97 12 74 – hotelcupolabianca@interfree.it – Fax 09 22 97 12 74 – Maggio-ottobre
20 cam – 130/180 € 230/310 € – 1 suite – ½ P 140/185 €
Rist – Carta *(solo per alloggiati)* 21/45 €
◆ Una piccola oasi, in posizione un po' discosta rispetto al centro della località, che consente di rilassarsi godendo anche di un ampio giardino. Camere confortevoli.

Martello
piazza Medusa 1 – ☎ 09 22 97 00 25 – hotelmartello@hotelmartello.it – Fax 09 22 97 16 96 – Marzo-novembre
25 cam – 67/140 € 95/200 € – ½ P 62/135 € – **Rist** – Carta 20/24 €
♦ Palazzina di due piani tinteggiata di chiaro, come tutte le abitazioni dell'isola, per un soggiorno confortevole grazie alle buone dotazioni. Attrezzato diving center. Ristorante semplice, fresco, schietto e sicuramente curato con passione.

Cavalluccio Marino
contrada Cala Croce 3 – ☎ 09 22 97 00 53 – info@hotelcavallucciomarino.com – Fax 09 22 97 06 72 – Aprile-ottobre
10 cam – solo ½ P 75/115 € – **Rist** – Menu 35 €
♦ Piccolo graziosissimo albergo nei pressi di una delle calette più belle dell'isola. Gestione familiare molto premurosa che sa mettere a completo agio i propri ospiti. Sentirsi a casa, ma con piaceri riscoperti: eccovi al ristorante!

Gemelli
via Cala Pisana 2 – ☎ 09 22 97 06 99 – milano@ristorantegemelli.it – Fax 09 22 97 06 99 – Aprile-ottobre; chiuso a mezzogiorno
Rist – Carta 38/52 €
♦ Ristorante a poca distanza dall'aeroporto, dove è possibile gustare al meglio i prodotti ittici locali. Il servizio estivo viene effettuato sotto ad un fresco pergolato.

Lipadusa
via Bonfiglio 12 – ☎ 09 22 97 02 67 – Maggio-ottobre: chiuso a mezzogiorno
Rist – Carta 30/44 €
♦ Nel centro del paese, un locale impostato in modo classico per quel che riguarda l'ambiente, molto sobrio, familiare nella gestione e tipico nelle proposte gastronomiche.

LEONFORTE – Enna (EN) – 565 O25 – ✉ 94013 – LEONFORTE 40 **C2**
Roma 879 – Palermo 152 – Enna 23 – Catania 85

Villa Gussio-Nicoletti
strada statale 121, km 94,750 – ☎ 09 35 90 32 68 – info@villagussio.it – Fax 09 35 90 36 27
260,
49 cam – 140/150 € 220/240 € – ½ P 140/150 € – **Rist** – Carta 33/40 €
♦ Una seducente villa del '700 ospita raffinate sale affrescate con immagini campestri e un'ampia invitante piscina. Ideale per un romantico soggiorno alla ricerca dell'armonia. Sulla terrazza panoramica o nelle sale da pranzo riccamente decorate si alternano le ricette della gastronomia tipica locale.

LICATA – Agrigento (AG) – 565 P23 – **39 108 ab.** – ✉ **92027** 40 **C3**
Agrigento 45 – Caltanissetta 52 – Palermo 189 – Ragusa 88

La Madia (Cuttaia)
corso Filippo Re Capriata 22 – ☎ 09 22 77 14 43 – gaetana-cipriano@virgilio.it – Chiuso martedì e domenica sera, in agosto domenica a mezzogiorno
Rist – Carta 35/50 €
Spec. Ninfea di carciofo, gamberi e salsa d'acciughe (dicembre-aprile). Spatola a beccafico con caponata siciliana. Cous cous con pistacchio, gambero rosso e la sua zuppetta.
♦ Intimo ed accogliente, il ristorante dispone di un'unica sala con due grandi affreschi murali, la scenografia di una cucina siciliana rivisitata con fantasia e creatività.

LIDO DI NOTO – Siracusa – 565 Q27 – **Vedere Noto**

LIDO DI SPISONE – Messina – **Vedere Taormina**

LIPARI (Isola) – Messina – 565 L26 – **Vedere Eolie (Isole)**

MARINELLA – Trapani – 565 O20 – **Vedere Selinunte**

MARSALA – Trapani (TP) – 565 N19 – 79 719 ab. – ✉ 91025 *Sicilia* 39 **A2**

Agrigento 134 – Catania 301 – Messina 358 – Palermo 124 – Trapani 31

di Birgi Nord : 15 km ✆ 0923 842502, Fax 0923 842367

via 11 Maggio 100 ✆ 0923 714097, Fax 0923 714097

Relitto di una nave da guerra punica★ al Museo Archeologico

Mozia★ Nord : 10 km – Saline dello Stagnone★

Delfino Beach Hotel
rist, 500,
via lungomare 672, Sud : 4 km – ✆ 09 23 75 10 76 – info@delfinobeach.it – Fax 09 23 75 16 47
91 cam – 100 € 125 €, 5 € – ½ P 50/86 €
Rist Delfino – vedere selezione ristoranti
◆ Complesso di recente realizzazione, ideato in modo tale da proporre diverse formule di soggiorno. Sontuosi ambienti comuni sia interni che esterni, con tanta personalità.

President
cam, 330,
via Nino Bixio 1 – ✆ 09 23 99 93 33 – direzione@presidentmarsala.it – Fax 09 23 99 91 15
128 cam – 76 € 126 € – ½ P 75/88 € – **Rist** – Carta 22/29 €
◆ Risorsa "vissuta" in base a differenti esigenze: soggiorni turistici e d'affari, ma anche meeting e attività congressuali. Circondata da verdi e freschi spazi esterni. Ristorante dagli spazi distinti e ben organizzati.

Bacco's
6/12,
via Trieste 5, contrada S. Venera – ✆ 09 23 73 72 62 – ristorantebaccos@libero.it – Fax 09 23 73 72 62
Rist – Carta 27/42 €
◆ Appena usciti dal centro, in direzione Trapani, ristorante-pizzeria di taglio classico ricavato in una villa ottocentesca. Veranda luminosa e sale rallegrate da colori vivaci.

Delfino – Delfino Beach Hotel
lungomare Mediterraneo Sud : 4 km – ✆ 09 23 99 81 88 – info@delfinobeach.it – Fax 09 23 75 11 56 – Chiuso martedì escluso da aprile ad ottobre
Rist – Carta 22/39 €
◆ Ubicato ai bordi dell'abitato, lungo la litoranea, una struttura imponente in cui trova spazio questo ampio ristorante con sale, salette e saloni per ogni necessità.

MAZARA DEL VALLO – Trapani (TP) – 565 O19 – 51 164 ab. – ✉ 91026 *Sicilia* 39 **A2**

Agrigento 116 – Catania 283 – Marsala 22 – Messina 361 – Palermo 127 – Trapani 53

piazza Santa Veneranda 2 ✆ 0923 941727, Fax 0923 941727

Cattedrale : interno★

Kempinski Giardino di Costanza
rist, 250,
via Salemi km 7,100 – ✆ 09 23 67 50 00 – info.mazara@kempinski.com – Fax 09 23 67 58 76
91 cam – 330 € 390 € – ½ P 241 € – **Rist** – Carta 64/96 €
◆ Abbracciato da un immenso parco, un maestoso complesso con ambienti spaziosi e confortevoli in cui dominano l'eleganza, la ricercatezza, la tranquillità e la professionalità. Nella raffinata sala da pranzo arredata con tavoli rotondi impreziositi da floreali centrotavola una fragrante cucina regionale rivisitata.

MAZZARÒ – Messina – 565 N27 – Vedere Taormina

L'indicazione «Rist» in rosso evidenzia le strutture a cui abbiamo assegnato un riconoscimento: ✿ (stella) o ☺ (Bib Gourmand).

MENFI – Agrigento (AG) – 565 O20 – **12 904 ab.** – **alt. 119 m** – ✉ **92013** 39 **B2**

Agrigento 79 – Palermo 122 – Trapani 100

in prossimità del bivio per Porto Palo Sud-Ovest : 4 km :

Il Vigneto

✉ 92013 – ✆ 092 57 17 32 – Fax 092 57 17 32 – Chiuso lunedì, anche la sera (escluso venerdì-sabato) dal 15 ottobre al 16 maggio

Rist – Carta 27/34 € (+10 %)

♦ Caseggiato situato in aperta campagna dove, in estate, il servizio viene effettuato anche sotto un pergolato in legno. Cucina di terra e di mare, molto profumata.

MESSINA P (ME) – 565 M28 – **248 616 ab.** – ✉ **98100** *Sicilia* 40 **D1**

Catania 97 – Palermo 235

Villa San Giovanni – Stazione Ferrovie Stato, piazza Repubblica 1 ✉ 98122 ✆ 090 671700 – e Società Caronte, ✆ 090 37183214, call center 800 627 414

via Calabria, isolato 301 bis ✉ 98122 ✆ 090 640221, aptmeinfoturismo@virgilio.it, Fax 090 6411047

Museo Regionale★BY – Portale★ del Duomo e orologio astronomico★ sul campanile BY

Pianta pagina a lato

Grand Hotel Liberty cam, cam, 120,

via 1° Settembre 15 ✉ 98122 – ✆ 09 06 40 94 36 – reservation.lib@framon-hotels.it – Fax 09 06 40 93 40 BZ **b**

51 cam – 120/131 € 190/255 € – ½ P 130/163 € – **Rist** – *(chiuso i mezzogiorno da lunedì a sabato)* Carta 32/46 €

♦ Vicino alla stazione ferroviaria, albergo in stile liberty di recente apertura, nei cui interni la moderna funzionalità ben si sposa con decorazioni e arredi primo '900. Ideale per banchetti e colazioni di lavoro, l'elegante sala ristorante.

Europa Palace Hotel cam, cam, rist, 320,

strada Statale 114 km 5,470, 4 km per ② ✉ 98125 – ✆ 090 62 16 01 – deluca.europahotel@email.it – Fax 090 62 17 68

113 cam – 80/103 € 100/150 € – ½ P 72/97 € – **Rist** – Carta 22/38 €

♦ Nei pressi della tangenziale, hotel molto adatto alle esigenze di chi viaggia per lavoro, ma apprezzato anche da turisti di passaggio. Piscina coperta, tennis e palestra. Sala ristorante d'impostazione classica.

Piero 30,

via Ghibellina 119 ✉ 98123 – ✆ 09 06 40 93 54 – Fax 09 06 40 93 54 – Chiuso agosto e domenica AZ **s**

Rist – Carta 33/47 € (+10 %)

♦ Dal 1962 l'omonimo titolare gestisce questo ristorante classico ed elegante, recentemente rinnovato; specialità marinare, ma non mancano insalatone e piatti di carne.

Casa Savoia

via Ventisette Luglio 36/38 ✉ 98123 – ✆ 09 02 93 48 65 – ristorantecasasavoia1@virgilio.it – Fax 09 02 93 48 65 – Chiuso domenica BZ **a**

Rist – Carta 22/31 €

♦ Dopo la ristrutturazione, quello che era un semplice locale a gestione familiare offre ora un ambiente fine '800 con mobili in stile; proposte tipiche dello Stretto.

Le 2 Sorelle

piazza del Municipio 4 ✉ 98122 – ✆ 09 04 47 20 – Chiuso agosto e i mezzogiorno di sabato, domenica e festivi

Rist – Carta 30/44 €

♦ Affacciata sulla piazza del municipio, una vecchia osteria rimodernata, ma sempre dall'ambiente sobrio; sala raccolta, tavoli in legno e cantina di tutto rispetto.

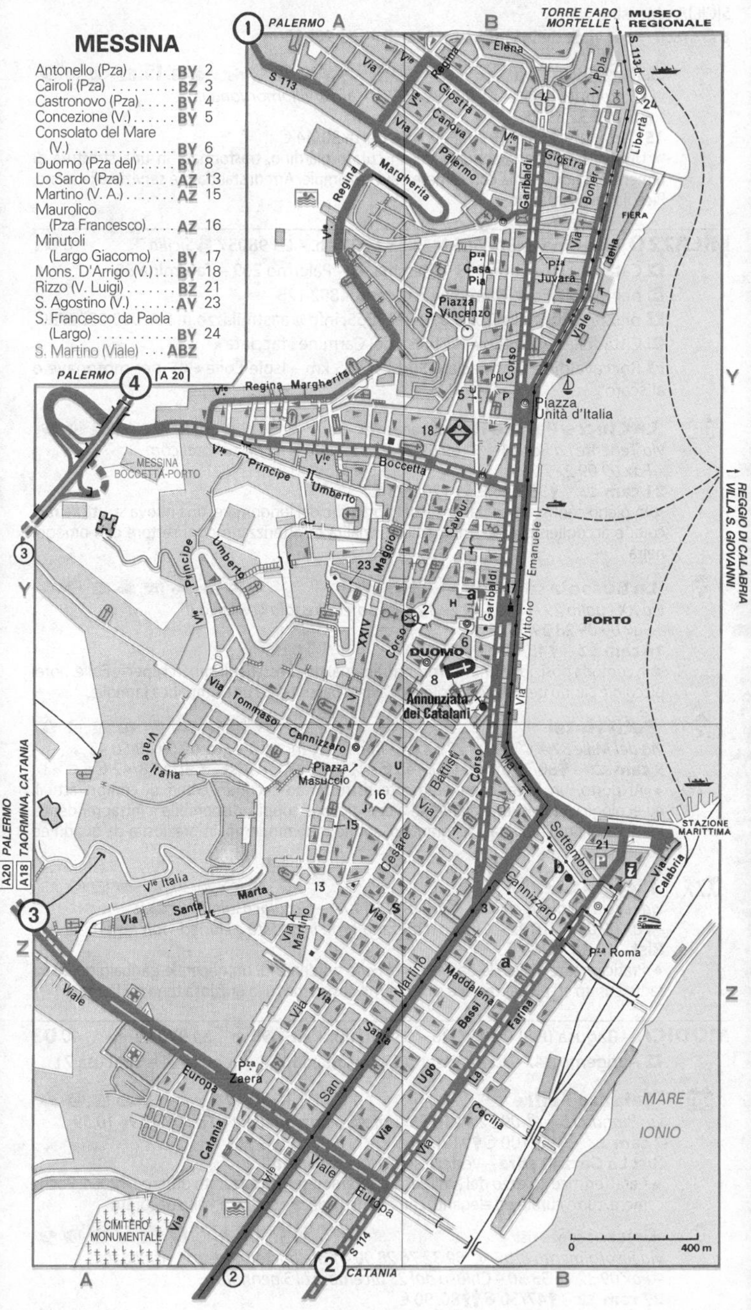
MESSINA
Antonello (Pza) . . . . . . BY 2
Cairoli (Pza) . . . . BZ 3
Castronovo (Pza) . . . . . BY 4
Concezione (V.) . . . . . . BY 5
Consolato del Mare (V.) . . . . BY 6
Duomo (Pza del) . . . . . BY 8
Lo Sardo (Pza) . . . . AZ 13
Martino (V. A.) . . . . AZ 15
Maurolico (Pza Francesco) . . . . AZ 16
Minutoli (Largo Giacomo) . . . BY 17
Mons. D'Arrigo (V.) . . . . BY 18
Rizzo (V. Luigi) . . . . BZ 21
S. Agostino (V.) . . . . . . AY 23
S. Francesco da Paola (Largo) . . . . BY 24
S. Martino (Viale) . . . ABZ
PALERMO
TORRE FARO MORTELLE
MUSEO REGIONALE
PALERMO
A 20
MESSINA BOCCETTA-PORTO
Piazza Unità d'Italia
PORTO
DUOMO
Annunziata dei Catalani
REGGIO DI CALABRIA VILLA S. GIOVANNI
STAZIONE MARITTIMA
FIERA
A20 PALERMO
A18 TAORMINA, CATANIA
Pza Zaera
Pza Roma
CIMITERO MONUMENTALE
MARE IONIO
CATANIA
0
400 m

a Ganzirri per viale della Libertà N : 9 km BY– ✉ **98015**

Villa Morgana rist, 40,
via C. Pompea 1965 – ✆ 090 32 55 75 – info@villamorgana.it
– Fax 090 32 55 75
15 cam – 55 € 90 € – **Rist** – Carta 30/44 €
♦ Una villa privata circondata da un curato giardino, trasformata in una struttura di dimensioni ridotte, ma con camere davvero ampie. Arredi standard e servizio alla mano. Piccola sala ristorante.

MILAZZO – **Messina (ME)** – **565** M27 – **32 327 ab.** – ✉ **98057** *Sicilia* 40 **D1**

Catania 130 – Enna 193 – Messina 41 – Palermo 209 – Taormina 85

per le Isole Eolie – Siremar, call center 892 123

piazza Caio Duilio 20 ✆ 090 9222865, info@aastmilazzo.it, Fax 090 9222790

Cittadella e Castello★ – Chiesa del Carmine : facciata★

Roccavaldina : Farmacia★ Sud-Est : 15 km – Isole Eolie★★★ per motonave o aliscafo

La Chicca Palace Hotel senza rist
via Tenente La Rosa 1 – ✆ 09 09 24 01 51 – info@lachiccahotel.com
– Fax 09 09 22 76 91
21 cam – 95/115 € 120/175 €
♦ In pieno centro ad un passo sia dal porto che dal lungomare, una nuova struttura raccolta e accogliente. Modernità ed essenzialità caratterizzano ogni settore con omogeneità.

La Bussola senza rist
via XX Luglio 29 – ✆ 09 09 22 12 44 – hotelabussola@virgilio.it
– Fax 09 09 28 29 55
16 cam – 45/60 € 75/100 €
♦ In comoda posizione (ma non proprio amena) nei pressi degli imbarchi per le Eolie, hotel piccolo e carino gestito con professionalità e passione da una simpatica famiglia.

Petit Hotel
via dei Mille 37 – ✆ 09 09 28 67 84 – info@petithotel.it – Fax 09 09 28 50 42
9 cam – 80/110 € 100/145 € – ½ P 65/87 € – **Rist** – Carta 28/42 €
♦ Al porto, un hotel completamente ristrutturato secondo criteri di confort attuali ed ecologici. La gestione è affidata a una giovane coppia, disponibile e intraprendente. Piatti casalinghi nella sala ristorante di sobrio tono moderno, impreziosita da quadri ed acquari.

Piccolo Casale 20/30,
via Riccardo d'Amico 12 – ✆ 09 09 22 44 79 – piccolocasale@tiscali.it
– Fax 09 09 24 10 42 – Chiuso a mezzogiorno in agosto e i lunedì non festivi
Rist – Carta 43/64 €
♦ Praticamente invisibile dall'esterno, nella residenza di un generale garibaldino, ristorante curato ed elegante nelle sale interne così come sulla graziosa terrazza fiorita.

MODICA – **Ragusa (RG)** – **565** Q26 – **53 070 ab.** – **alt. 450 m** – ✉ **97015** 40 **D3**

Agrigento 147 – Caltanissetta 139 – Catania 116 – Ragusa 14 – Siracusa 71

Palazzo Failla
via Blandini 5 – ✆ 09 32 94 10 59 – info@palazzofailla.it – Fax 09 32 94 10 59
7 cam – 90/100 € 125/160 € – ½ P 90/115 €
Rist La Gazza Ladra – vedere selezione ristoranti
♦ Caratteristico palazzo del XVIII secolo, interamente ristrutturato durante il 2004. Poche camere, tutte curate ed eleganti, con arredi d'epoca e soffitti a volte decorati.

Bristol senza rist 40,
via Risorgimento 8/b – ✆ 09 32 76 28 90 – hotelbristolmodica@virgilio.it
– Fax 09 32 76 33 30 – Chiuso dal 23 dicembre al 3 gennaio
27 cam – 47/50 € 80/90 €
♦ Piccolo hotel nella zona moderna, condotto da una simpatica gestione; alla clientela d'affari si affiancano, in estate, i turisti in visita ai tesori barocchi della città.

XXX **La Gazza Ladra** – Palazzo Failla
via Blandini 11 – ✆ 09 32 75 56 55 – info@palazzofailla.it – Fax 09 32 94 10 59 – Chiuso martedì
Rist – Carta 31/55 €
◆ Nello stesso edificio del Palazzo Failla, un ristorante di prim'ordine che presenta una cucina fantasiosa e stimolante proposta in un ambiente di sobria eleganza.

XX **Fattoria delle Torri** 24,
vico Napolitano 14 – ✆ 09 32 75 12 86 – peppebarone1960@libero.it – Fax 09 32 75 12 86 – Chiuso lunedì
Rist – (prenotare) Carta 37/46 €
◆ Ristorante che, percorso un vicolo, si mostra d'improvviso nello splendore di un palazzo del centro. Durante la bella stagione si cena all'aperto in un originale limoneto.

X **Hosteria San Benedetto**
via Nativo 30, Modica Alta – ✆ 09 32 75 48 04 – info@hosteriasanbenedetto.it – Chiuso novembre e martedì
Rist – Carta 19/30 €
◆ Nel cuore dell'antico centro storico, un raccolto locale di recente apertura che propone una cucina particolarmente attenta alle tradizioni isolane.

MONDELLO – Palermo (PA) – 565 M21 – ✉ 90151 *Sicilia* 39 **B2**
Catania 219 – Marsala 117 – Messina 245 – Palermo 11 – Trapani 97

Pianta di Palermo : pianta d'insieme

XXX **Charleston le Terrazze** 24/30,
viale Regina Elena ✉ 90151 – ✆ 091 45 01 71 – Fax 091 32 13 47 – Chiuso dal 7 gennaio al 5 febbraio e mercoledì (escluso da aprile ad ottobre) EU **a**
Rist – Carta 44/73 €
◆ All'interno di uno stabilimento balneare in stile liberty, un locale che ha fatto la storia della ristorazione in Sicilia. Ambienti e servizio davvero di ottimo livello.

XX **Bye Bye Blues**
via del Garofalo 23 ✉ 90149 – ✆ 09 16 84 14 15 – info@byebyeblues.it – Fax 09 16 84 46 23 – Chiuso gennaio EU **d**
Rist – Carta 43/66 €
◆ Piccolo locale ubicato tra le vie interne di questa bella località di villeggiatura. La cucina si serve di prodotti freschissimi, le preparazioni sono presentate con cura.

X **Trattoria Simpaty**
via Piano di Gallo 18 ✉ 90151 – ✆ 091 45 44 70 – a.mucera@libero.it – Fax 091 45 44 70 – Chiuso dal 10 gennaio al 7 febbraio e domenica sera (escluso da giugno a settembre) EU **c**
Rist – Carta 35/47 € (+10 %)
◆ Vongole e aragoste in bella vista, decorazioni a tema marino sulle pareti: una piccola e accogliente trattoria familiare, dove gustare bontà culinarie a base di pescato.

MONREALE – Palermo (PA) – 565 M21 – 33 879 ab. – alt. 301 m – ✉ 90046 *Sicilia* 39 **B2**
Agrigento 136 – Catania 216 – Marsala 108 – Messina 242 – Palermo 8 – Trapani 88
Località★★★ – Duomo★★★ – Chiostro★★★ – ≤★★ dalle terrazze

X **Taverna del Pavone**
vicolo Pensato 18 – ✆ 09 16 40 62 09 – info@tavernadelpavone.it – Fax 09 16 40 64 14 – Chiuso dal 15 al 30 giugno e lunedì
Rist – Carta 23/29 € (+10 %)
◆ Tavoli abbastanza ravvicinati, forse a discapito di chi cerca assoluta intimità, ma sicuramente a vantaggio di chi desidera un ambiente, familiare, simpatico ed informale.

NICOLOSI – Catania (CT) – 565 O27 – 6 477 ab. – alt. 698 m – ✉ 95030
Sicilia 40 **D2**

Catania 16 – Enna 96 – Messina 89 – Siracusa 79

via Garibaldi 63 ✆ 095 911505, Fax 095 7914575

a Piazza Cantoniera Etna Sud Nord : 18 km – alt. 1 881 m

Corsaro

– ✆ 095 91 41 22 – info@hotelcorsaro.it – Fax 09 57 80 10 24 – Chiuso dal 15 novembre al 24 dicembre

19 cam – 55/70 € 80/100 € – ½ P 65 € – **Rist** – Carta 21/35 €

♦ La giovane e volenterosa gestione riesce a districarsi a meraviglia tra i tanti turisti che durante l'anno affollano questa risorsa, per godersi le bellezze dell'Etna. Ristorante "preso d'assalto" da gitanti ed escursionisti affamati, cucina sostanziosa.

NICOSIA – Enna (EN) – 565 N25 – 14 762 ab. – alt. 714 m – ✉ 94014 40 **C2**

Agrigento 120 – Caltanissetta 55 – Catania 97 – Enna 48 – Palermo 149

Baglio San Pietro cam, 70,

contrada San Pietro – ✆ 09 35 64 05 29 – info@bagliosanpietro.com – Fax 09 35 64 06 51 – Chiuso novembre

9 cam – 50 € 80 € – ½ P 58 € – **Rist** – Carta 18/26 €

♦ Un ex edificio agricolo, che grazie ad una rispettosa ristrutturazione, si presta ad accogliere gli ospiti con sobria finezza. Giardino e piscina addolciscono il soggiorno. Negli spazi dell'antico fienile o all'aperto per gustare tipici sapori, quasi dimenticati.

NOTO – Siracusa (SR) – 565 Q27 – 23 225 ab. – alt. 159 m – ✉ 96017 Sicilia 40 **D3**

Catania 88 – Ragusa 54 – Siracusa 32

piazza XVI Maggio ✆ 0931 573779, Fax 0931 573779

Corso Vittorio Emanuele★★ – Via Corrado Nicolaci★

Cava Grande★★ Nord : 19 km

La Fontanella senza rist

via Rosolino Pilo 3 – ✆ 09 31 89 47 35 – info@albergolafontanella.it – Fax 09 31 89 47 24

12 cam – 40/45 € 70/80 €

♦ Piccolo albergo ai margini del centro storico che offre camere in stile rustico, alcune mansardate e con balconcino ed una gestione curata e cordiale.

a Lido di Noto Sud-Est : 7,5 km – ✉ 96017 – Noto

La Corte del Sole

contrada Bucachemi, località Eloro-Pizzuta – ✆ 09 31 82 02 10 – info@lacortedelsole.it – Fax 09 31 81 29 13 – Chiuso dal 15 gennaio al 15 febbraio

24 cam – 98/120 € 130/160 € – ½ P 85/103 € – **Rist** – *(chiuso gennaio, febbraio e a mezzogiorno escluso agosto)* Carta 20/32 €

♦ Casa padronale ottocentesca ristrutturata, in una zona isolata immersa nella quiete della natura. Camere accoglienti, spazi comuni soprattutto all'aperto. Il caratteristico ristorante è stato ricavato all'interno del vecchio frantoio.

Villa Mediterranea senza rist

viale Lido – ✆ 09 31 81 23 30 – info@villamediterranea.it – Fax 09 31 81 23 30 – Aprile-ottobre

15 cam – 70/130 € 80/150 €

♦ Struttura che di recente ha pressoché raddoppiato la propria capacità ricettiva, mantenendo però intatto lo spirito d'accoglienza familiare. Accesso diretto alla spiaggia.

sulla strada statale 287 Noto-Palazzolo Nord : 9 km

Masseria degli Ulivi

contrada Porcari – ✆ 09 31 81 30 19 – info@masseriadegliulivi.com – Fax 09 31 81 30 19 – Marzo-9 novembre

16 cam – 80/130 € 90/150 € – ½ P 100/105 € – **Rist** – Menu 25/30 €

♦ In posizione isolata, una bella masseria ristrutturata da pochi anni. Gli uliveti avvolgono la casa e fanno da sfondo anche alla zona della piscina. Camere molto spaziose. Il ristorante d'estate si apre sul giardino, la cucina è siciliana.

PALERMO Ⓟ (PA) – 565 M22 – **679 730 ab.** – ✉ **90100** Italia 39 **B2**

Messina 235

Falcone-Borsellino per ④ : 30 km ✆ 091 7020127, Fax 091 7020394

per Genova e Livorno – Grimaldi-Grandi Navi Veloci, calL center 899 199 069 – per Napoli, Genova e Cagliari – Tirrenia Navigazione, call center 892 123

piazza Castelnuovo 34 ✉ 90141 ✆ 091 6058351, info@palermotourism.com, Fax 091 586338 – Aeroporto Falcone Borsellino ✉ 90100 ✆ 091 591698 – piazza Giulio Cesare (Stazione Centrale) ✉ 90127 ✆ 091 6165914, Fax 091 6165914 - salita Belmonte 1 (Villa Igea) ✉ 90142 ✆ 091 6398011, info@ palermotourism.com, Fax 091 6375400

Palazzo dei Normanni★★ : Cappella Palatina★★★, mosaici★★★, Antichi Appartamenti Reali★★ AZ – Oratorio del Rosario di San Domenico★★★ BY **N2** – Oratorio del Rosario di Santa Cita★★★ BY **N1** – Chiesa di San Giovanni degli Eremiti★★ : chiostro★ AZ – Piazza Pretoria★★ BY – Piazza Bellini★ BY : Martorana★★, San Cataldo★★ – Palazzo Abatellis★ : Galleria Regionale di Sicilia★★ CY **G** – Ficus magnolioides★★ nel giardino Garibaldi CY – Museo Internazionale delle Marionette★★ CY **M3** – Museo Archeologico★ : metope dei Templi di Selinunte★★, ariete★★ BY **M1** – Villa Malfitano★★ – Orto Botanico★ : ficus magnolioides★★ CDZ – Catacombe dei Cappuccini★★ EV – Villa Bonanno★ AZ – Cattedrale★ AYZ – Quattro Canti★ BY – Gancia : interno★ CY – Magione : facciata★ CZ – SanFrancesco d'Assisi★ CY – Palazzo Mirto★ CY – Palazzo Chiaramonte★ CY – Santa Maria alla Catena★ CY **S3** – Galleria d'Arte Moderna E. Restivo★ AX – Villino Florio★ EV **W** – San Giovanni dei Lebbrosi★ FV **Q** – La Zisa★ EV – Cuba★ EV

Monreale★★★ EV per ③ : 8 km – Grotte dell'Addaura★ EF

Piante pagine seguenti

Centrale Palace Hotel

cam, cam, 120,

corso Vittorio Emanuele 327 ✉ 90134 – ✆ 091 33 66 66 – centrale@angalahotels.it – Fax 091 33 48 81 BY **b**

93 cam – 170/185 € 245/269 € – 11 suites – ½ P 155/167 € – **Rist** – *(chiuso a mezzogiorno e domenica)* Carta 37/60 €

◆ La tecnologia moderna c'è, ma non si vede, dietro le sontuose quinte di questa nobile dimora in un palazzo del '700, ristrutturato mantenendo tutto il suo fascino d'epoca. Delizioso servizio ristorante estivo in terrazza panoramica.

Astoria Palace Hotel

cam, 750,

via Montepellegrino 62 ✉ 90142 – ✆ 09 16 28 11 11 – astoria@ghshotels.it – Fax 09 16 37 12 27 FV **a**

326 cam – 122 € 178 € – **Rist** – Carta 27/43 €

◆ Personale cordiale e sorridente e confort di livello elevato in un albergo recente molto funzionale, con spazi comuni ampi e gradevoli; centro congressi all'avanguardia. Ambiente di stile moderno e di tono elegante al ristorante.

Grand Hotel Federico II

50,

via Principe di Granatelli 60 ✉ 90139 – ✆ 09 17 49 50 52 – info@grandhotelfedericoii.it – Fax 09 16 09 25 00 AX **f**

64 cam – 90/200 € 150/350 € – ½ P 150/250 € – **Rist** – *(solo per alloggiati)* Menu 40/50 €

◆ Albergo di sobria eleganza che si esprime anche nella qualità degli arredi, boiserie e mobili in stile impero, e degli accessori. Le camere sono abbastanza spaziose. Ristorante all'ultimo piano con una bella terrazza.

Principe di Villafranca

cam, 140,

via G. Turrisi Colonna 4 ✉ 90141 – ✆ 09 16 11 85 23 – info@principedivillafranca.it – Fax 091 58 87 05 AX **d**

34 cam – 119/140 € 170/200 € – ½ P 113/128 € – **Rist** – *(chiuso due settimane in agosto, domenica e lunedì a mezzogiorno)* Carta 34/60 €

◆ Nata nel 1998 sulle ceneri di un vecchio hotel, è una struttura nuova, elegante e di tono, sia nelle zone comuni, con arredi di inizio secolo, che nelle spaziose camere. Una raffinata classicità caratterizza anche l'ambientazione della sala ristorante.

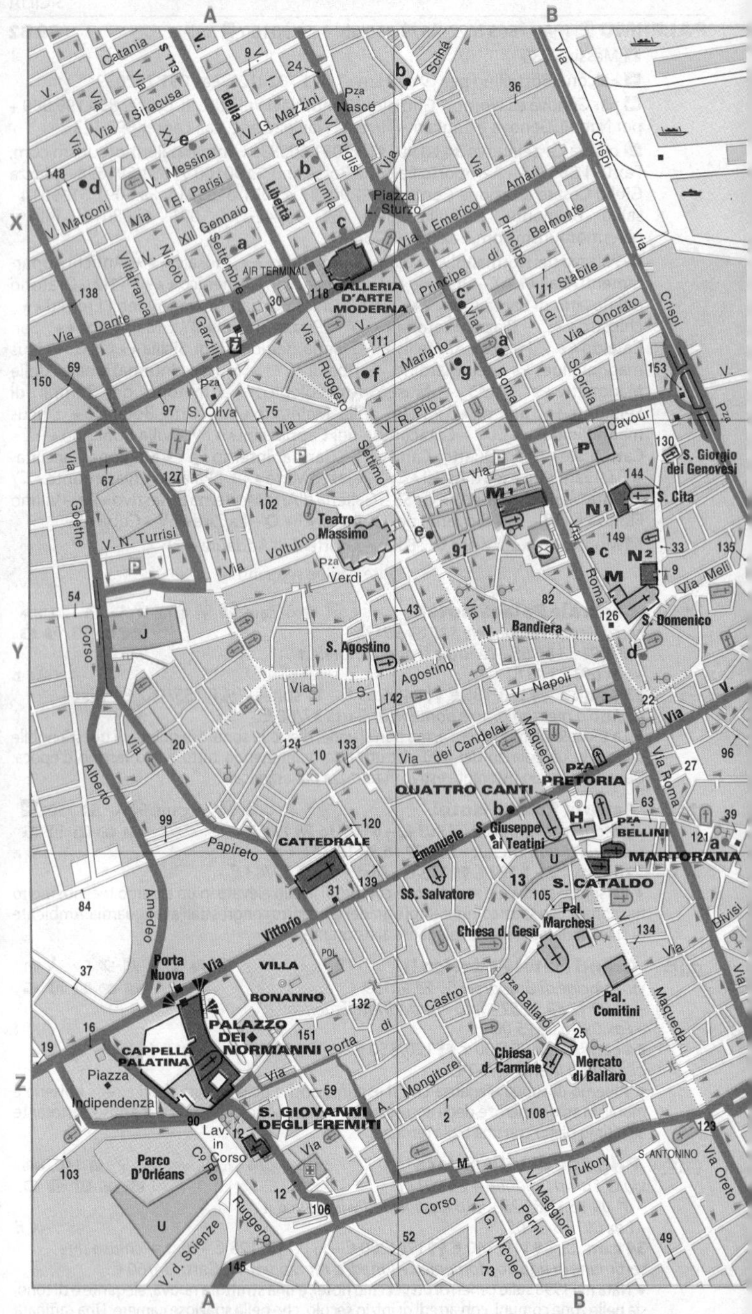

A
B
X
Y
Z
Via Catania
Via Siracusa
V. Messina
V. E. Parisi
Via XII Gennaio
V. Marconi
Villafranca
V. Nicolò Garzilli
Via Dante
Via della Libertà
V. G. Mazzini
Via La Lumia
V. Puglisi
Pza Nascé
Via Scinà
Piazza L. Sturzo
Via Emerico Amari
Via Principe di Belmonte
Via Principe di Scordia
Via Stabile
Via Onorato
Via Crispi
Via Settembre
AIR TERMINAL
GALLERIA D'ARTE MODERNA
Via Ruggero Settimo
V. Mariano
V. R. Pilo
Via Roma
Pza S. Oliva
Pza Cavour
S. Giorgio dei Genovesi
S. Cita
M1
N1
N2
M
S. Domenico
Via Meli
Via Goethe
V. N. Turrisi
Teatro Massimo
Pza Verdi
Via Volturno
Corso Alberto
J
S. Agostino
Via S. Agostino
V. Bandiera
V. Napoli
Via Maqueda
Via dei Candelai
QUATTRO CANTI
PZA PRETORIA
PZA BELLINI
MARTORANA
S. CATALDO
S. Giuseppe ai Teatini
H
T
U
Via Papireto
CATTEDRALE
Via Vittorio Emanuele
SS. Salvatore
Pal. Marchesi
Chiesa d. Gesù
Pal. Comitini
Pza Ballarò
Chiesa d. Carmine
Mercato di Ballarò
Via Divisi
Amedeo
Porta Nuova
VILLA BONANNO
POL
PALAZZO DEI NORMANNI
CAPPELLA PALATINA
Via Porta di Castro
Piazza Indipendenza
S. GIOVANNI DEGLI EREMITI
Via A. Mongitore
Lav. in Corso
Parco D'Orléans
Cº Re Ruggero
V. d. Scienze
Corso Tukory
V. Maggiore Perni
V. G. Arcoleo
S. ANTONINO
Via Oreto
a
b
c
d
e
f
g
P

C
D
PALERMO
0
300 m
STAZIONE MARITTIMA
PORTO
MOLO SUD
GOLFO
DI
PALERMO
X
Y
Z
F. Patti
TORRE MASTRA
Via Castello
LA CALA
Cala
Porta Felice
Foro Umberto Io
Passeggiata delle Cattive
Palazzo Branciforti-Butera
Butera
Pza Marina
Giardino Garibaldi
PALAZZO CHIARAMONTE
PAL. MIRTO
S. FRANCESCO D'ASSISI
Alloro
La Gancia
G
Porta dei Greci
Pza d. Kalsa
S. Maria d. Spasimo
Pza Magione
Pza d. Spasimo
La Magione
Via Lincoln
VILLA GIULIA
ORTO BOTANICO
GIARDINO TROPICALE
Pza Tumminello
Via Ponte di Mare
Corso
Via Roma
AIR TERMINAL
Pza Giulio Cesare
CENTRALE
Via G. F. Ingrassia
Archirafi
Cipolla
Mille
Via Tiro a Segno
Oreto
S 113
V. S. Boccone
U
P
S3
M3
57
109
85
147
136
34
141
96
7
117
58
27

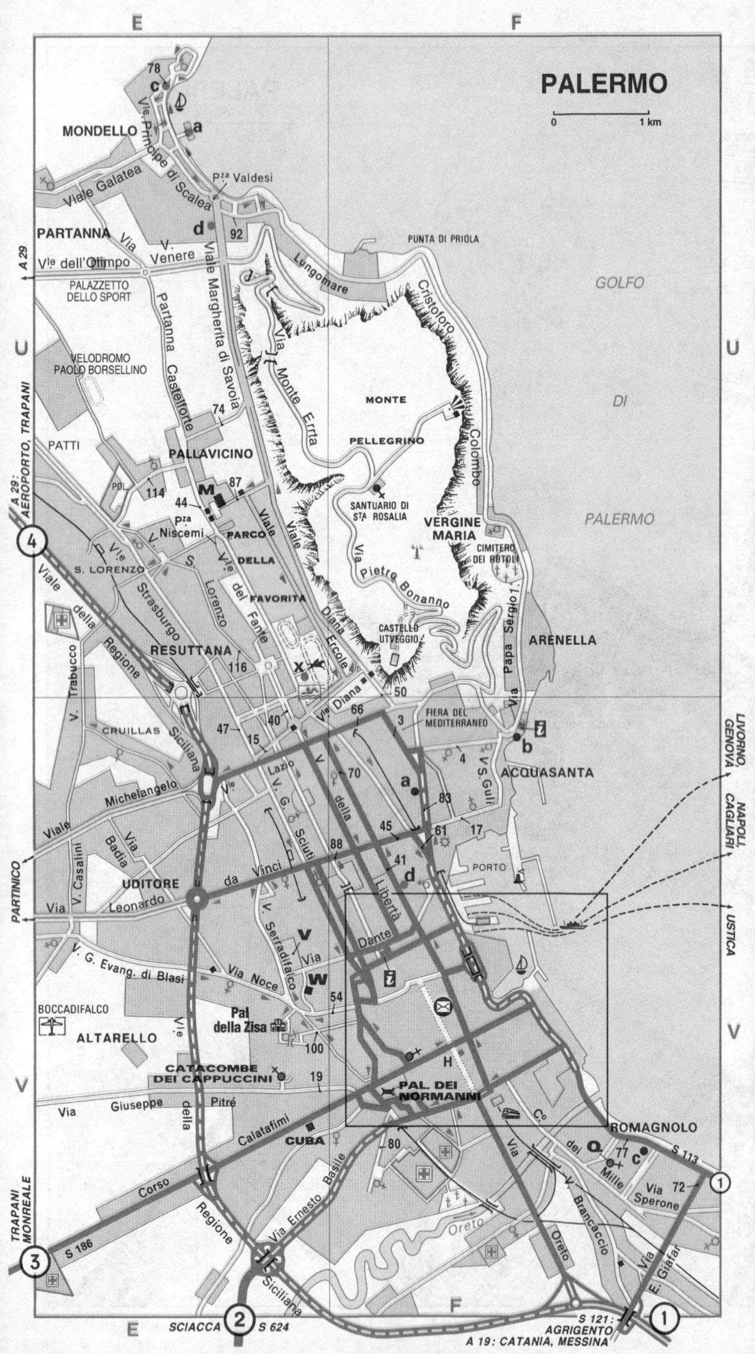
PALERMO
0
1 km
MONDELLO
PARTANNA
PALAZZETTO DELLO SPORT
VELODROMO PAOLO BORSELLINO
PATTI
PALLAVICINO
PARCO DELLA FAVORITA
RESUTTANA
CRUILLAS
UDITORE
BOCCADIFALCO
ALTARELLO
Pal della Zisa
CATACOMBE DEI CAPPUCCINI
CUBA
PAL. DEI NORMANNI
ROMAGNOLO
ACQUASANTA
ARENELLA
PORTO
FIERA DEL MEDITERRANEO
MONTE PELLEGRINO
SANTUARIO DI STA ROSALIA
VERGINE MARIA
CIMITERO DEI ROTOLI
CASTELLO UTVEGGIO
PUNTA DI PRIOLA
GOLFO DI PALERMO
Lungomare Cristoforo Colombo
Via Monte Ercta
Via Pietro Bonanno
Viale Diana
Viale Ercole
Via Papa Sergio I.
Viale Margherita di Savoia
Viale Principe di Scalea
Pza Valdesi
Viale Galatea
Vle dell'Olimpo
Via Venere
Partanna Castelforte
Pza Niscemi
V. S. Lorenzo
Vle S. Lorenzo
Vle del Fante
Viale Strasburgo
Viale della Regione Siciliana
V. Trabucco
Vle Michelangelo
Viale Lazio
V. G. Sciuti
Via della Libertà
V. S. Gulì
Via Badia
V. Casalini
Via Leonardo da Vinci
V. Serradifalco
Via Dante
V. G. Evang. di Blasi
Via Noce
Vle della
Via Giuseppe Pitrè
Corso Calatafimi
Regione Siciliana
Via Ernesto Basile
Oreto
Via Oreto
Co dei Mille
V. Brancaccio
Via Sperone
Via E. Giafar
A 29
A 29: AEROPORTO, TRAPANI
PARTINICO
TRAPANI MONREALE
S 186
SCIACCA
S 624
S 121: AGRIGENTO
A 19: CATANIA, MESSINA
S 113
LIVORNO, GENOVA
NAPOLI, CAGLIARI
USTICA
E
F
U
V

INDICE DELLE STRADE DI PALERMO

Vecchio Borgo senza rist

via Quintino Sella 1/7 ✉ 90139 – ✆ 09 16 11 14 46 – hotelvecchioborgo@classicahotels.com – Fax 09 16 09 33 18 BX **b**

34 cam ☕ – 🚹80/134 € 🚹🚹100/180 €

◆ Una struttura dagli spazi contenuti, con un servizio di livello apprezzabile. Hall elegante, sala colazioni signorile e camere graziose, molto curate anche nei particolari.

Cristal Palace 30, VISA AE

via Roma 477/d ✉ 90139 – ✆ 09 16 11 25 80 – cristal@shr.it – Fax 09 16 11 25 89

86 cam ☕ – 🚹70/95 € 🚹🚹110/150 € – ½ P 95/135 € – **Rist** – (solo per alloggiati) Menu 15/35 € BX **c**

◆ Albergo ristrutturato di recente, ha uno stile moderno ed un design contemporaneo. Camere sobrie e razionali. Piccola zona benessere. Indicato per una clientela d'affari.

San Paolo Palace 1600, P VISA AE

via Messina Marine 91 ✉ 90123 – ✆ 09 16 21 11 12 – hotel@sanpaolopalace.it – Fax 09 16 21 53 00 FV **c**

280 cam ☕ – 🚹85/150 € 🚹🚹110/180 € – ½ P 77/115 € – **Rist** – Carta 22/33 €

◆ Un ascensore panoramico porta al piacevolissimo roof-garden con piscina e solarium di un hotel recente, decentrato, ma prospiciente il mare; attrezzato centro congressi. Il roof-garden è usato in estate anche per l'ameno servizio ristorante all'aperto.

Massimo Plaza Hotel senza rist
via Maqueda 437 ✉ 90133 – ✆ 091 32 56 57 – booking@massimoplazahotel.com – Fax 091 32 57 11 BY **e**
15 cam – ♦130/145 € ♦♦170/200 €
♦ In un palazzo del centro storico di fronte al Teatro Massimo, moderno albergo di classe; curati ed eleganti arredi in stile negli spazi comuni e nelle ampie camere.

Tonic senza rist
via Mariano Stabile 126 ✉ 90139 – ✆ 091 58 17 54 – info@hoteltonic.it – Fax 091 58 55 60 BX **g**
44 cam – ♦80 € ♦♦100 €
♦ Albergo nel centro storico della città. Interni arredati con con mobilio in legno in camere molto spaziose. Gestione efficiente e cortese. Servizi rinnovati di recente.

Residenza D'Aragona senza rist
via Ottavio D'Aragona 25 ✉ 90139 – ✆ 09 16 62 22 22 – info@residenzadaragona.it – Fax 09 16 62 22 73 BX **a**
20 cam – ♦102/126 € ♦♦152/176 € – 16 suites
♦ In un edificio ottocentesco del centro, completamente ristrutturato, piccolo albergo dalla calda atmosfera, con camere spaziose e confortevoli, piacevolmente arredate.

Villa D'Amato 150,
via Messina Marine 180, 1,5 km per ① ✉ 90123 – ✆ 09 16 21 27 67 – info@hotelvilladamato.it – Fax 09 16 21 30 57
37 cam – ♦71/85 € ♦♦91/130 € – ½ P 85/90 € – **Rist** – *(chiuso a mezzogiorno)* Carta 28/52 €
♦ In periferia, ubicato tra la statale per Messina e il mare, un indirizzo comodo e confortevole, con ampio giardino; recenti arredi essenziali nelle luminose camere. Raccolta e tranquilla sala ristorante.

Posta senza rist
via Antonio Gagini 77 ✉ 90133 – ✆ 091 58 73 38 – info@hotelpostapalermo.it – Fax 091 58 73 47 BY **c**
30 cam – ♦85/95 € ♦♦100/115 €
♦ Alle spalle della trafficata via Roma, un hotel sapientemente rinnovato, gestito dalla stessa famiglia dal 1921, frequentato da attori che recitano nel vicino teatro.

Letizia senza rist
via Bottai 30 ✉ 90133 – ✆ 091 58 91 10 – booking@hotelletizia.com – Fax 091 58 91 10 CY **a**
13 cam – ♦85/100 € ♦♦100/124 €
♦ Piccolo ed accogliente hotel a pochi passi dal porticciolo turistico. L'esterno anonimo nasconde ambienti completamente ristrutturati, tra cui tredici belle camere.

XXX **La Scuderia** 25,
viale del Fante 9 ✉ 90146 – ✆ 091 52 03 23 – lascuderia@tiscali.it – Fax 091 52 04 67 – Chiuso dal 13 al 24 agosto e domenica EU **x**
Rist – Carta 34/52 €
♦ Studiata eleganza essenziale nell'ampia sala con colonne e grandi finestre di uno storico ristorante, nel cuore del Parco della Favorita; piatti tradizionali e tipici.

XX **Lo Scudiero**
via Turati 7 ✉ 90139 – ✆ 091 58 16 28 – Fax 091 58 16 28 – Chiuso due settimane in agosto e domenica AX **c**
Rist – Carta 27/43 €
♦ Caldo ambiente, con soffitti di legno, nell'elegante sala di un locale di fronte al Teatro Politeama; gestione esperta, servizio attento e garbato, cucina tradizionale.

XX **Regine**
via Trapani 4/a ✉ 90141 – ✆ 091 58 65 66 – regine@ristoranteregine.it – Fax 091 58 65 66 – Chiuso agosto e domenica AX **e**
Rist – Carta 35/48 €
♦ Buffet di antipasti e pesce in esposizione in un locale d'impostazione classica, punto di riferimento per gustare piatti nazionali e siciliani in un ambiente curato.

XX **Bellotero**
via Giorgio Castriota 3 ✉ 90139 – ✆ 091 58 21 58 – Fax 091 58 21 58 – Chiuso dal 1° al 20 agosto e lunedì FV **d**
Rist – Carta 30/40 €
♦ Al piano interrato di un palazzo, ristorante tradizionale nello stile e nella cucina che riprende i piatti siciliani tipici. Alle pareti esposizione di quadri contemporanei.

XX **Cucina Papoff**
via Isidoro La Lumia 32 ✉ 90139 – ✆ 091 58 64 60 – cucinapapoff@virgilio.it – Fax 091 58 64 60 – Chiuso agosto, sabato a mezzogiorno e domenica
Rist – Carta 33/50 € AX **b**
♦ Ampi soffitti a cassettoni in legno lavorato, dei primi del Novecento, nella sala rustico-elegante dove gustare una cucina di lunga tradizione, rigorosamente siciliana.

XX **Santandrea**
18,
piazza Sant'Andrea 4 ✉ 90133 – ✆ 091 33 49 99 – santandreainfo@ristorante.eu – Fax 09 16 12 56 48 – Chiuso dall'8 al 22 gennaio, domenica e a mezzogiorno
Rist – (prenotazione obbligatoria) Carta 30/40 € BY **d**
♦ Legno e pietre a vista in un'accogliente oasi nel caotico, pittoresco mercato della Vucciria; i piatti della tradizione regionale riflettono la tipicità dell'ubicazione.

X **Osteria dei Vespri**
piazza Croce dei Vespri 6 ✉ 90133 – ✆ 09 16 17 16 31 – osteriadeivespri@libero.it – Chiuso una settimana in febbraio e domenica BY **a**
Rist – Carta 35/59 €
♦ Nel cuore della città antica, locale di piccole dimensioni ma con una "grande" cucina. Due fratelli ai comandi, entrambi esperti ed appassionati, per proposte innovative.

X **Trattoria Biondo**
via Carducci 15 ✉ 90141 – ✆ 091 58 36 62 – trattoriabiondo.pa@virgilio.it – Fax 09 16 09 15 83 – Chiuso dal 30 luglio al 15 settembre e mercoledì
Rist – Carta 31/39 € (+10 %) AX **a**
♦ Nei pressi del Politeama, tavoli vicini in un ambiente semplice, ma caldo e accogliente, dove gustare proposte tipiche e, in stagione, piatti a base di funghi.

a Borgo Molara per ③ : 8 km – ✉ 90100 – Palermo

Baglio Conca d'Oro
cam, cam, 400,
via Aquino 19 c/d – ✆ 09 16 40 62 86 – hotelbaglio@libero.it – Fax 09 16 40 87 42
27 cam – †110/135 € ††160/188 € – ½ P 126 € – **Rist** – *(chiuso a mezzogiorno)* (prenotare) Carta 35/55 €
♦ Una cartiera del '700, completamente ristrutturata con sapiente recupero dell'affascinante struttura originale, è ora un albergo di classe, eleganza e confort completo. Ristorante di austera raffinatezza d'epoca, in armonia con la struttura che lo ospita.

a Sferracavallo Nord-Ovest : 12 km – ✉ 90148

X **Il Delfino**
via Torretta 80 – ✆ 091 53 02 82 – trattoriaildelfino@virgilio.it – Fax 09 16 91 42 56 – Chiuso lunedì
Rist – Menu 23 €
♦ Locale semplice, sempre affollatissimo, dove non avrete l'imbarazzo della scelta: il menù è "simpaticamente" imposto, con sequenza serrata di assaggi solo di pesce.

PANAREA (Isola) – Messina – 565 L27 – Vedere Eolie (Isole)

PANTELLERIA (Isola di) ★★ – Trapani (TP) – 565 Q18 – 7 442 ab. *Italia* 39 **A3**

Sud-Est : 4 km ✆ 0923 911398, Fax 0923 913295
per Trapani – Siremar, call center 892 123
Entroterra★★ – Montagna Grande★★ Sud-Est : 13 km
Giro dell'isola in macchina★★ e in barca★★

PANTELLERIA (TP) – 565 Q17 – ✉ 91017 39 **A3**

La Nicchia
a Scauri Basso – ✆ 09 23 91 63 42 – 10 aprile-ottobre; chiuso a mezzogiorno
Rist – Carta 28/47 €
◆ Un locale semplice, ma ben tenuto dove provare specialità marinare tipiche, nelle sale interne con arredi essenziali o all'esterno, sotto un delizioso pergolato.

PETRALIA SOTTANA – Palermo (PA) – 565 N24 – **3 272 ab.** – ✉ 90027 40 **C2**

Agrigento 118 – Caltanissetta 64 – Catania 132 – Palermo 107

in prossimità svincolo A 19 Sud : 6,5 km

Agriturismo Monaco di Mezzo rist,
contrada Monaco di Mezzo – ✆ 09 34 67 39 49
– info@monacodimezzo.com – Fax 09 34 67 61 14
9 cam – 65/73 € 90/100 € – ½ P 60/65 € – **Rist** – (solo su prenotazione) Menu 23/28 €
◆ Un'antica masseria ristrutturata offre diversi appartamenti con cucina dall'aspetto curato. Il paesaggio si può ammirare comodamente anche dal bordo della piscina. Nel ristorante vengono proposti piatti della tradizione.

PETTINEO – Messina (ME) – 432 N24 – **1 504 ab.** – **alt. 553 m** – ✉ 98070 40 **C2**

Caltanissetta 134 – Catania 140 – Messina 140 – Palermo 100

Casa Migliaca ← rovine di Alesa, mare e dintorni,
contrada Migliaca – ✆ 09 21 33 67 22 – info@
casamigliaca.com – Fax 09 21 39 11 07
8 cam – solo ½ P 75 € – **Rist** – *(chiuso a mezzogiorno)* (solo per alloggiati)
◆ Un ex frantoio del '600, appena fuori dal paese, interamente contornato da ulivi. Una tranquillità assoluta e una vista impagabile attraverso la vallata e fino al mare.

PIANA DEGLI ALBANESI – Palermo (PA) – 565 M21 – **6 180 ab.** – ✉ 90037 39 **B2**

Caltanissetta 149 – Marsala 110 – Palermo 24 – Trapani 94

Agriturismo Masseria Rossella rist, 90,
contrada Rossella Sud-Est :12 km
– ✆ 09 18 46 00 12 – info@
masseria-rossella.com – Fax 09 18 46 00 12 – Chiuso dal 6 gennaio a febbraio
10 cam – 75/85 € 100/120 € – ½ P 73/83 € – **Rist** – Menu 25/35 €
◆ Una fattoria di fine '700 al centro di uno scenario naturale suggestivo e selvaggio. L'albergo si sviluppa intorno ad una corte ombreggiata da grandi gelsi bianchi. Ristorante in quelli che erano i magazzini. Cucina tradizionale.

PIAZZA ARMERINA – Enna (EN) – 565 O25 – **20 760 ab.** – **alt. 697 m** – ✉ 94015
Sicilia 40 **C2**

Caltanissetta 49 – Catania 84 – Enna 34 – Messina 181 – Palermo 164 – Ragusa 103 – Siracusa 134

via Cavour 15 ✆ 0935 680201, Fax 0935 684565

Centro Storico★

Villa romana del Casale★★★ Sud-Ovest : 6 km

Mosaici-da Battiato cam,
contrada Paratore Casale 11 Ovest : 3,5 km – ✆ 09 35 68 54 53 – hotelmosaici@
virgilio.it – Fax 09 35 68 54 53
23 cam – 40 € 50 €, 4 € – ½ P 40 € – **Rist** – Carta 17/23 €
◆ In posizione strategica per chi voglia visitare i mosaici della villa romana del Casale, così come le altre bellezze della cittadina. Hotel sobrio, ordinato e funzionale. Ristorante che si è conquistato una buona fama in zona.

XX **Al Fogher**

strada statale 117 bis, Nord : 3 km – ✆ 09 35 68 41 23 – alfogher@tin.it – Fax 09 35 68 67 05 – Chiuso una settimana in gennaio, venti giorni in luglio, domenica sera e lunedì

Rist – Carta 36/46 €

◆ Locale accogliente e curato con ambiente ricercatamente rustico e al primo piano una saletta raccolta ed intima. In cucina l'esperienza propone il territorio rielaborato.

X **Trattoria la Ruota**

contrada Casale Ovest : 3,5 km – ✆ 09 35 68 05 42 – info@trattorialaruota.it – Fax 09 35 68 05 42 – Chiuso la sera

Rist – Carta 24/31 €

◆ A pochi metri dai resti archeologici della villa romana, un piacevole edificio con rustico porticato dove godersi una sana e genuina, seppur semplice, cucina siciliana.

PORTICELLO – Palermo – 565 M22 – Vedere Santa Flavia

PORTOPALO DI CAPO PASSERO – Siracusa (SR) – 565 Q27 – 3 604 ab. – alt. 20 m – ✉ 96010 *Sicilia* 40 **D3**

Catania 121 – Palermo 325 – Ragusa 56 – Siracusa 58

X **Maurì 1987**

via Tagliamento 22 – ✆ 09 31 84 26 44 – mauri.1987@virgilio.it – Fax 09 31 84 26 44 – Chiuso dal 30 ottobre al 20 novembre e martedì

Rist – Carta 29/49 €

◆ Ristorante e pizzeria in un edificio di due piani, dove è possibile assaporare in tutta comodità il freschissimo pescato locale, in arrivo direttamente dai pescherecci.

RAGUSA P (RG) – 565 Q26 – 71 222 ab. – alt. 498 m – ✉ 97100 *Sicilia* 40 **D3**

Agrigento 138 – Caltanissetta 143 – Catania 104 – Palermo 267 – Siracusa 79

via Capitano Bocchieri 33 (Ibla-Palazzo La Rocca) ✆ 0932 621421, info@ragusaturismo.com, Fax 0932 623476

≤★★ sulla città vecchia dalla strada per Siracusa – Posizione pittoresca★ – Ragusa Ibla★★ : chiesa di San Giorgio★★ – Palazzo Cosentini : balconi★ – Palazzo Nicastro★★

Modica★ : San Giorgio★★, Museo delle Arti e Tradizioni Popolari★, Facciata★ di San Pietro Sud : 15 km – Castello di Donnafugata★ Ovest : 18 km

XX **Baglio la Pergola** 15/20,

contrada Selvaggio, zona stadio – ✆ 09 32 68 64 30 – info@baglio.it – Fax 09 32 66 80 39 – Chiuso dal 7 al 21 gennaio e martedì (in agosto chiuso a mezzogiorno)

Rist – Carta 26/42 €

◆ Un antico baglio che è stato trasformato in un locale di sobria e contenuta eleganza. Tavoli estivi sotto l'ampio porticato, ampia carta dei vini, servizio pizzeria serale.

verso Marina di Ragusa Sud-Ovest : 7,5 km :

Eremo della Giubiliana

contrada Giubiliana ✉ 97100 Ragusa – ✆ 09 32 66 91 19 – info@eremodellagiubiliana.it – Fax 09 32 66 91 29 – Chiuso dal 7 gennaio al 1° marzo

15 cam – †163 € ††250 € – 3 suites – ½ P 170 € – **Rist** – Carta 32/47 €

◆ In passato fu un convento, oggi è senza dubbio una risorsa ricca di fascino, a cominciare dall'ubicazione in aperta campagna tra città e mare. Aeroporto turistico privato. Suggestiva ed esclusiva ambientazione al ristorante.

a Ibla

Il Barocco

via S. Maria La Nuova 1 – ✆ 09 32 66 31 05 – info@ilbarocco.it – Fax 09 32 22 89 13

15 cam – †60/75 € ††100/120 € – ½ P 68/80 €

Rist Il Barocco – vedere selezione ristoranti

◆ Un immobile di fine '800 nato come falegnameria e riconvertito con buon gusto. Si apre intorno ad una corte lastricata. Affreschi su alcune pareti e arredi in arte povera.

Locanda Don Serafino

via XI Febbraio 15 – 09 32 22 00 65 – info@locandadonserafino.it – Fax 09 32 66 31 56

10 cam – 110/145 € 130/195 €

Rist Locanda Don Serafino – vedere selezione ristoranti

◆ Nel centro storico di Ibla, patrimonio dell'Unesco, è il risultato della ristrutturazione di un palazzo ottocentesco. Pietra a vista e camere personalizzate.

XX **Duomo** (Sultano) 6/15,

via Cap. Bocchieri 31 – 09 32 65 12 65 – info@ristoranteduomo.it – Fax 09 32 65 12 65 – Chiuso dal 22 gennaio al 1° febbraio, dal 1° al 12 luglio, dal 19 al 29 novembre, domenica e lunedì a mezzogiorno da maggio a settembre (in agosto chiuso solo i mezzogiorno di lunedì, giovedì e domenica), domenica sera e lunedì negli altri mesi.

Rist – Carta 53/85 €

Spec. Spaghetti alla chitarra scordata con ricci, molluschi e crema di asparagi (febbraio-ottobre). Ventresca di tonno al carbone, cipolla e sugo di carne (maggio-agosto). Tortino di ragusano con confettura di azzeruole, verdure grigliate e salsa di mosto d'uva.

◆ Nessun compromesso: la Sicilia. Dallo splendido centro storico alla cucina è un viaggio attraverso le emozioni e i sapori dell'isola, una tappa di cultura isolana.

XX **Locanda Don Serafino** 20,

via Orfanatrofio 39 – 09 32 24 87 78 – info@locandadonserafino.it – Chiuso martedì

Rist – Carta 50/65 €

◆ Bel locale, in cui si accede attraverso un american bar, allestito di recente nelle ex scuderie e cantine di un palazzo nobiliare. Cucina siciliana, cantina apprezzabile.

X **U' Saracinu**

via del Convento 9 97100 Ragusa – 09 32 24 69 76 – Fax 09 32 24 69 76 – Chiuso domenica

Rist – Carta 18/26 €

◆ Locale storico nel cuore della cittadina barocca. L'ambiente, frequentato in passato da siciliani illustri, è caratteristico; la cucina curata e d'impronta tradizionale.

X **Il Barocco**

via Orfanotrofio 29 97100 Ragusa – 09 32 65 23 97 – ilbarocco@hot.mail.com – Fax 09 23 65 58 54 – Chiuso mercoledì

Rist – Carta 19/26 €

◆ Nella parte centrale della località, un ristorante tipico la cui struttura offre qualche piacevole spunto; lo stile degli arredi è molto, forse un po' troppo, "misto".

RAGUSA (Marina di) – Ragusa (RG) – 565 Q25 – 97010 — 40 C3

Agrigento 156 – Caltanissetta 140 – Catania 126 – Ragusa 24 – Siracusa 74

X **Da Serafino**

lungomare Doria – 09 32 23 95 22 – info@locandadonserafino.it – Fax 09 32 23 95 22 – Aprile-15 ottobre

Rist – Carta 34/50 €

◆ La classica trattoria di mare, semplice ma estremamente corretta nella preparazione di una salda cucina del territorio. Oltre al servizio ristorante c'è anche la pizzeria.

RANDAZZO – Catania (CT) – 565 N26 – 11 302 ab. – alt. 754 m – 95036

Sicilia — 40 D2

Catania 69 – Caltanissetta 133 – Messina 88 – Taormina 45

Centro Storico★

Scrivano

via Bonaventura – 095 92 14 33 – info@hotelscrivano.com – Fax 095 92 11 26

30 cam – 40/50 € 75/85 € – ½ P 50/60 € – **Rist** – Carta 17/41 €

◆ La struttura è stata di recente rimodernata. Forse non sono state sfruttate fino in fondo tutte le opportunità del caso, ma nel complesso offre un discreto confort. L'esperienza dell'attuale gestione rende il ristorante una "chicca" della zona.

Agriturismo L'Antica Vigna ← Etna, **P**
località la Monteguardia Est : 3 km – ✆ 095 92 40 03 – info@anticavigna.it – Fax 095 92 33 24 – Chiuso dal 10 gennaio al 10 febbraio
10 cam – ††66/70 € – ½ P 50/60 € – **Rist** – Menu 20/25 €
◆ Nell'incantevole contesto del parco naturale dell'Etna, una risorsa che consente di vivere appieno una rustica e familiare atmosfera bucolica, tra vigneti e ulivi. Tra cotto, paglia e legno, la cucina tipica siciliana.

Trattoria Veneziano AC VISA AE
via Romano 8/A – ✆ 09 57 99 13 53 – Fax 09 57 99 13 53 – Chiuso dal 1° al 15 luglio, domenica sera e lunedì
Rist – Carta 19/29 €
◆ Proposte gastronomiche in linea con la tradizione locale, ovviamente specializzata nel preparare i funghi che qui, alle pendici dell'Etna, crescono in abbondanza.

SALINA (Isola) – Messina – 565 L26 – **Vedere Eolie (Isole)**

SAN GIOVANNI LA PUNTA – Catania (CT) – 565 O27 – **20 263 ab. – alt. 355 m – ✉ 95037** 40 **D2**

Catania 10 – Enna 92 – Messina 95 – Siracusa 75

Villa Paradiso dell'Etna AC cam,
via per Viagrande 37 – ✆ 09 57 51 24 09 – hotelvilla@paradisoetna.it – Fax 09 57 41 38 61 80, **P** VISA AE
30 cam – †144/180 € ††208/260 € – 4 suites – ½ P 132/158 €
Rist ***La Pigna*** – Carta 33/48 €
◆ Il piccolo parco con piscina e il servizio colazione in terrazza roof-garden con vista incantevole sull'Etna, completano il piacere di interni raffinati e personalizzati. Sale ristorante intime e di gran classe.

Garden AC 200, **P** VISA AE
via Madonna delle Lacrime 12/b, località Trappeto Sud : 1 km ✉ 95030 Trappeto – ✆ 09 57 17 77 67 – info@gardenhotel.ct.it – Fax 09 57 17 79 91
95 cam – †61/109 € ††79/143 € – ½ P 80/125 €
Rist ***La Vecchia Quercia*** – Carta 33/45 €
◆ Vicino alle arterie di grande scorrimento, un piacevole giardino con palme e piante esotiche circonda di verde un albergo recente, con spazi ampi e camere confortevoli. Due luminose sale da pranzo di taglio moderno, affacciate sul giardino; bel dehors estivo.

Giardino di Bacco AC 10/24, VISA AE
via Piave 3 – ✆ 09 57 51 27 27 – giardinodibacco@alice.it – Fax 09 57 51 27 27 – Chiuso lunedì e a mezzogiorno (escluso i giorni festivi)
Rist – Carta 41/49 €
◆ Una volta la dimora del custode di una sontuosa villa, oggi un locale che unisce eleganza e tipicità tanto nell'ambiente, quanto nelle proposte. Servizio estivo in giardino.

SAN LEONE – Agrigento – 565 P22 – **Vedere Agrigento**

SAN MICHELE DI GANZARIA – Catania (CT) – 565 P25 – **4 457 ab. – alt. 450 m – ✉ 95040** 40 **C2**

Agrigento 120 – Catania 88 – Caltagirone 15 – Ragusa 78

Pomara ← AC 150, **P** VISA AE
via Vittorio Veneto 84 – ✆ 09 33 97 69 76 – info@hotelpomara.com – Fax 09 33 97 70 90
39 cam – †60/80 € ††90/110 € – ½ P 65/75 €
Rist ***Pomara*** – ✆ 09 33 97 80 32 – Carta 20/25 €
◆ A metà strada tra Caltagirone e Piazza Armerina, un indirizzo affidabile, che deve la propria fortuna proprio all'ubicazione. Seria e competente gestione familiare. Ristorante dove gustare una genuina cucina siciliana.

sulla strada statale 117 Bis km 60 **Ovest: 4 km :**

Agriturismo Gigliotto ⟵ colli e dintorni, 30,
contrada Gigliotto ✉ 94015 Piazza Armerina
– ✆ 09 33 97 08 98 – gigliotto@gigliotto.com – Fax 09 33 97 08 98 – Chiuso novembre
14 cam – 60 € 80/100 € – ½ P 65/85 € – **Rist** – *(chiuso martedì)*
Menu 25/35 €
◆ Grande tenuta, circa 300 ettari, dove da sempre si coltivano cereali, viti e ulivi. Da pochi anni invece, all'interno di una masseria del '300, una dozzina di belle camere. Gradevole ristorante con cucina siciliana.

SANTA FLAVIA – Palermo (PA) – 565 M22 – 9 995 ab. – ✉ 90017 39 B2

Agrigento 130 – Caltanissetta 116 – Catania 197 – Messina 223 – Palermo 18
Rovine di Solunto★ : ⟵★★ dalla cima del colle Nord-Ovest : 2,5 km – Sculture★ di Villa Palagonia a Bagheria Sud-Ovest : 2,5 km

zona archeologica di Solunto **Nord-Ovest : 1 km :**

La Grotta ⟵ mare e costa,
✉ 90017 – ✆ 091 90 32 13 – f.llibalistreri@solunto.it – Fax 091 90 32 13 – Chiuso dall'8 al 31 gennaio, mercoledì e a mezzogiorno (escluso i giorni festivi)
Rist – Carta 39/56 € (+15 %)
◆ La veranda e la terrazza panoramica sul golfo costituiscono un'attrattiva a cui vanno aggiunte la vicinanza agli scavi archeologici e la cucina di mare. Anche pizzeria.

a Porticello **Nord-Est : 1 km – ✉ 90010**

Al Faro Verde da Benito
largo San Nicolicchia 14 – ✆ 091 95 79 77 – Fax 091 94 73 42 – Chiuso dall'8 al 25 gennaio e martedì (escluso da giugno ad agosto)
Rist – Carta 29/42 € (+10 %)
◆ D'estate si mangia praticamente in riva al mare, d'inverno nell'accogliente sala interna. I prodotti ittici sono sempre preparati al meglio, in modo semplice e gustoso.

a Sant'Elia **Nord-Est : 2 km – ✉ 90017**

Kafara ⟵ mare e scogliere, (con acqua di mare)
litoranea Mongerbano 18 – ✆ 091 95 73 77 rist, 70,
– kafara@kafarahotel.it – Fax 091 95 70 21
64 cam – 82/114 € 126/170 € – ½ P 106/109 € – **Rist** – *(aprile-ottobre)*
Carta 27/45 € (+10 %)
◆ Hotel confortevole, in splendida posizione sulla scogliera, tra terrazze fiorite, adatto soprattutto per soggiorni balneari. Piscina con acqua di mare davvero suggestiva. Cucina d'albergo non della tradizione siciliana, ma che risente degli influssi più vari.

SANTA TECLA – Catania – 565 O27 – Vedere Acireale

SANT'ELIA – Palermo – 565 N25 – Vedere Santa Flavia

SAN VITO LO CAPO – Trapani (TP) – 565 M20 – 3 973 ab. – ✉ 91010

Sicilia 39 A2

Palermo 108 – Trapani 38
via Savoia 57 ✆ 0923 972464

Capo San Vito ⟵ rist,
via San Vito 1 – ✆ 09 23 97 21 22 – hotel@caposanvito.it – Fax 09 23 97 25 59 – Marzo-dicembre
35 cam – 177/227 € 197/252 € – ½ P 127/153 € – **Rist** – Carta 37/53 €
◆ Sia la disponibilità degli spazi che la qualità dei servizi, consentono a questa risorsa di primeggiare nel contesto locale. Ottima ubicazione, sulla bianchissima spiaggia. Suggestiva e magica, così può risultare una cena consumata proprio a bordo spiaggia.

Mediterraneo senza rist
via Generale Arimondi 61 – ✆ 09 23 62 10 62 – medimare@libero.it – Fax 09 23 62 10 61
16 cam – 🚹45/150 € 🚹🚹70/160 €
◆ A cento metri dal mare, un edificio di nuova costruzione ospita questa risorsa di tono elegante con pavimenti in marmo e mobilio d'antiquariato. Camere personalizzate.

Ghibli rist,
via Regina Margherita 80 – ✆ 09 23 97 41 55 – info@ghiblihotel.it – Fax 09 23 62 15 66
17 cam – 🚹45/90 € 🚹🚹70/150 € – ½ P 95/100 €
Rist ***I Profumi del Cous Cous*** – *(aprile-ottobre)* Carta 28/59 €
◆ Hotel centrale con una fresca corte interna, in attività da pochi anni, arredato con mobilio in stile liberty. La gestione è molto attenta e l'atmosfera seria e professionale. Caratteristico ristorante con una specialità da provare: il cous cous!

Vento del Sud senza rist
via Duca Degli Abruzzi 157 – ✆ 09 23 62 14 50 – hotelventodelsud@libero.it – Fax 09 23 62 17 50
9 cam – 🚹90 € 🚹🚹120 €
◆ Albergo di nuova realizzazione, ricco di influenze "arabeggianti" tanto nello stile degli arredi quanto nelle decorazioni. Un piccolo e semplice gioiello, ricco di charme.

Halimeda senza rist
via Generale Arimondi 100 – ✆ 09 23 97 23 99 – info@hotelhalimeda.com – Fax 09 23 62 17 57
9 cam – 🚹48/63 € 🚹🚹76/121 €
◆ Accogliente, tranquillo e originale hotel, curato nei particolari e gestito da giovani simpatici e dinamici; ogni stanza dispone di arredi ispirati ad un tema specifico.

Egitarso cam, rist,
via lungomare 54 – ✆ 09 23 97 21 11 – hotelegitarso@libero.it – Fax 09 23 97 20 62
42 cam – 🚹40/100 € 🚹🚹60/150 € – ½ P 50/95 € – **Rist** – Carta 20/33 €
◆ Albergo che si racconta dall'aspetto esterno: sobrio, quasi spartano, decisamente improntato ad un'essenziale funzionalità. Per chi ama vivere tra spiaggia e mare. Sala dai toni chiari e freschi che contribuiscono ad alleggerire le temperature estive.

Miraspiaggia cam,
via lungomare 6 – ✆ 09 23 97 23 55 – hotel@miraspiaggia.it – Fax 09 23 97 22 63 – Marzo-novembre
39 cam 10 € – 🚹120 € 🚹🚹110/210 € – ½ P 60/140 € – **Rist** – Carta 26/41 €
◆ Il nome la dice lunga e chi la mattina sogna di godersi un bagno in mare appena dopo il risveglio, non rimarrà deluso da questa risorsa. Simpatica gestione familiare. Ristorante con cucina d'albergo semplice e appetitosa.

L'Agave senza rist
via Nino Bixio 37 – ✆ 09 23 62 10 88 – lagavevito@libero.it – Fax 09 23 62 15 38 – Chiuso novembre
10 cam – 🚹110 € 🚹🚹130 €
◆ Piccolo albergo, sorto da poco tempo, mette a disposizione degli ospiti una decina di camere semplici, ma al passo coi tempi. Progetti di crescita sono già in programma.

Tha'am con cam
via Abruzzi 32 – ✆ 09 23 97 28 36 – thaam@wooow.it – Fax 09 23 97 28 36 – Chiuso gennaio e mercoledì (escluso da giugno a settembre)
4 cam – 🚹65 € 🚹🚹110 € – ½ P 81 € – **Rist** – Carta 34/50 €
◆ Locale originale, molto quotato in zona, presenta un ambiente dai forti richiami orientali che costituiscono l'annuncio di una cucina dalle specialità tunisine. Curate e ricche di dettagli, le camere vantano il fascino di una casa privata.

Da Alfredo
contrada Valanga 3, Sud : 1 km – ✆ 09 23 97 23 66 – Fax 09 23 62 17 08 – Chiuso dal 20 ottobre al 20 novembre e lunedì, anche a mezzogiorno in luglio-agosto
Rist – Carta 26/42 €
◆ Il servizio estivo viene espletato sotto il fresco pergolato, approfittando della gradevole terrazza-giardino. Gestione capace e molto simpatica, cucina saporita.

Delfino
via Savoia 15 – ✆ 09 23 97 27 11 – billecifrancesco@virgilio.it – Fax 09 23 62 15 45 – Marzo-15 novembre
Rist – Carta 25/30 €
◆ Nelle immediate vicinanze della spiaggia pubblica, una trattoria-pizzeria che si propone con una cucina di mare, caratterizzata dal tipico e tradizionale cuscus di pesce.

Gna' Sara
via Duca degli Abruzzi 6 – ✆ 09 23 97 21 00 – info@gnasara.com – Chiuso dicembre e gennaio
Rist – Carta 22/49 €
◆ Trattoria-pizzeria del centro, lungo la strada parallela al corso principale. Il menù presenta i piatti della tradizione locale serviti in un ambiente sobrio e affollato.

SCIACCA – Agrigento (AG) – 565 O21 – 40 758 ab. – alt. 60 m – ✉ 92019

Sicilia 39 **B2**

Agrigento 63 – Catania 230 – Marsala 71 – Messina 327 – Palermo 134 – Trapani 112

via Vittorio Emanuele 84 ✆ 0925 84121, info@aziendaturismosciacca.it, Fax 0925 84121

Palazzo Scaglione★

Villa Palocla
contrada Raganella Ovest : 4 km – ✆ 09 25 90 28 12 – info@villapalocla.it – Fax 09 25 90 28 12 – Chiuso dal 1° al 15 novembre
8 cam – †70/85 € ††115/150 € – ½ P 80/100 € – **Rist** – Carta 29/45 € (+10 %)
◆ All'interno di un edificio in stile tardo barocco le cui origini risalgono al 1750, caratteristico hotel avvolto da un giardino-agrumeto in cui trova posto anche la piscina. Al ristorante per gustare una saporita cucina di mare.

Locanda del Moro
via Liguori 44 – ✆ 092 52 30 71 – studio@libero.it – Fax 092 52 30 71
10 cam – †45/55 € ††80/95 €
Rist Hostaria del Vicolo – vedere selezione ristoranti
◆ In pieno centro storico, dopo alcuni anni di lavoro, ha visto finalmente la luce questo piacevole bed and breakfast dotato di una decina di camere graziose e confortevoli.

Hostaria del Vicolo
vicolo Sammaritano 10 – ✆ 092 52 30 71 – ninobentivegna@hostariadelvicolo.com – Fax 092 52 30 71 – Chiuso dal 14 ottobre al 1° novembre e lunedì
Rist – Carta 35/48 €
◆ Siamo in pieno centro storico e questo è un locale raccolto, accogliente e personalizzato. In cucina ci si ispira alla tradizione, rielaborata però con seducente fantasia.

SCOPELLO – Trapani (TP) – 565 M20 – alt. 106 m – ✉ 91014 39 B2

Marsala 63 – Palermo 71 – Trapani 36

Tranchina
via A. Diaz 7 – ✆ 09 24 54 10 99 – pensionetranchina@interfree.it – Fax 09 24 54 12 32
10 cam – †55/65 € ††76/100 € – ½ P 57/73 € – **Rist** – *(chiuso a mezzogiorno)* (solo per alloggiati)
◆ Piccola risorsa, nel cuore dell'affascinante località, che dell'accoglienza cordiale e della buona tavola si può giustamente vantare. Ambienti estremamente sobri.

Agriturismo Tenute Plaia cam,
contrada Scopello – ✆ 09 24 54 14 76 – info@plaiavini.com – Fax 09 24 54 14 76 – 7 dicembre-6 gennaio e 15 marzo-6 novembre
10 cam – †84 € ††120 € – ½ P 80 € – **Rist** – (prenotazione obbligatoria) Carta 23/31 €
◆ A pochi metri dal borgo medievale, la struttura è gestita da una famiglia di imprenditori vinicoli ed ospita camere semplici ma accoglienti, arredate con pezzi di artigianato. Cucina casalinga e servizio estivo all'aperto con vista sul mare e sui dintorni della località.

SEGESTA – Trapani – 565 N20 – alt. 318 m Sicilia

Rovine★★★ – Tempio★★★ – <★★ dalla strada per il Teatro – Teatro★

SELINUNTE – Trapani (TP) – 565 O20 Sicilia 39 B2

Agrigento 102 – Catania 269 – Messina 344 – Palermo 114 – Trapani 92
ingresso Parco Archeologico ✆ 0924 46251
Rovine★★
Cave di Cusa★

a Marinella Sud : 1 km – ✉ 91022

Alceste
cam, VISA AE

via Alceste 21 ✉ 91022 – ✆ 092 44 61 84 – hotelalceste@libero.it – Fax 092 44 61 43 – Chiuso dal 16 novembre al 14 dicembre e dal 16 gennaio al 14 febbraio

30 cam – †65/70 € ††85/90 € – ½ P 70/75 € – **Rist** – Carta 26/37 € (+10 %)

♦ Ai margini della località, a pochi metri dal mare, hotel riportato a nuova vita dopo una recente ristrutturazione. Tocco marinaresco negli arredi, semplici ed essenziali. Ristorante dall'ambiente sobrio, d'impostazione classica.

Sicilia Cuore Mio senza rist
P VISA AE

via della Cittadella 44 – ✆ 092 44 60 77 – aldopera@yahoo.it – Fax 092 44 60 77 – Marzo-novembre

5 cam – †70 € ††85 €

♦ Ubicato nella zona residenziale di Marinella, un villino circondato da un grazioso giardino e dotato di camere in stile tipicamente mediterraneo. Un'ottima prima colazione.

SFERRACAVALLO – Palermo – 565 M21 – Vedere Palermo

SICULIANA – Agrigento (AG) – 565 O22 – 4 700 ab. – alt. 85 m – ✉ 92010 39 B2

Agrigento 19 – Palermo 124 – Sciacca 43

Villa Sikania
cam, cam, 900, P VISA AE

strada statale 115 – ✆ 09 22 81 78 18 – info@villasikania.com – Fax 09 22 81 57 51

42 cam – †90/110 € ††100/120 € – ½ P 60/73 € – **Rist** – Menu 25/50 €

♦ Ubicato in comoda posizione per i turisti, lungo la strada statale, hotel di recente costruzione, che offre un confort ideale soprattutto per la clientela d'affari. Valido riferimento per ritemprarsi con un buon pasto.

La Scogliera
VISA AE

via San Pietro 54, a Siculiana Marina – ✆ 09 22 81 75 32 – Chiuso dal 14 dicembre al 13 febbraio, domenica sera e lunedì (escluso da maggio a ottobre)

Rist – Carta 42/48 €

♦ Ristorantino a conduzione familiare con una bella terrazza affacciata sul mare. Una risorsa ideale per apprezzare appetitose preparazioni a base di pesce fresco.

SINAGRA – Messina (ME) – 565 M26 – 2 944 ab. – alt. 300 m – ✉ 98069 40 D2

Catania 107 – Messina 89 – Palermo 165 – Taormina 85

Trattoria da Angelo
< P VISA AE

strada principale 139 per Ucria Sud : 2 km – ✆ 09 41 59 44 33 – borrello.Ang87@virgilio.it – Fax 09 41 59 44 33 – Chiuso dal 7 al 14 gennaio e lunedì

Rist – Carta 22/37 €

♦ Ambiente rustico, da trattoria, per questo ampio e genuino ristorante a conduzione familiare. Tavoli in sala, o sulla terrazza panoramica, per gustare specialità siciliane.

Non confondete le posate X e le stelle ✿!
Le posate definiscono il livello di comfort e raffinatezza, mentre la stella premia le migliori cucine, in ognuna di queste categorie.

SIRACUSA 🅿 (SR) – 565 P27 – **123 022 ab.** – ✉ **96100** ▮ *Sicilia* 40 **D3**

Catania 59

via San Sebastiano 43 ✆ 0931 481200, info@apt-siracusa.it, Fax 093167803via Maestranza 33 ✆ 0931 65201, aatsr@flashcom.it, Fax 0931 60204

Zona archeologica★★★AY : Teatro Greco★★★, Latomia del Paradiso★★★**L** (Orecchio diDionisio★★★**B**, grotta dei Cordari★★**G**), Anfiteatro Romano★AY – Museo Archeologico Regionale★★BY – Catacombe di San Giovanni★★BY – Latomia dei Cappuccini★★CY – Ortigia★★CZ : Duomo★**D**, Fonte Aretusa★ – Galleria Regionale di palazzo Bellomo★CZ – Palazzo Mergulese-Montalto★CZ **R4**, Via della Maestranza★CZ **18**

Passeggiata in barca sul fiume Ciane★★ Sud-Ovest : 4 h di barca (a richiesta) o 8 km

Piante pagine seguenti

Des Etrangers et Miramare

350,

passeggio Adorno 10 – ✆ 093 16 26 71
– desetranges.prenotazioni@medeahotels.com – Fax 093 16 51 24 CZ **h**

76 cam – 120/260 € 135/275 € – 3 suites – ½ P 105/175 €

Rist – Menu 50/55 €

♦ Tornato ai fasti del passato, un hotel di tradizione che non ha perso l'eleganza e la raffinatezza di un tempo. Spazi generosi nelle camere e negli ambienti comuni. Ristorante roof-garden con vista affascinante sulla città.

Grand Hotel Ortigia

cam, 50,

viale Mazzini 12 – ✆ 09 31 46 46 00 – info@grandhotelsr.it – Fax 09 31 46 46 11

58 cam – 163 € 250 € – ½ P 151 € CZ **c**

Rist ***La Terrazza sul Mare*** – *(chiuso novembre; dal 1° al 20 gennaio, martedì e in luglio e agosto anche a mezzogiorno)* Carta 31/41 €

♦ Qui le camere, così come gli spazi comuni, riescono a fondere e a comprendere in modo mirabile, elementi di design contemporaneo, reperti classici e decorazioni moderne. Il ristorante roof-garden offre una vista panoramica eccezionale sulla città e sul mare.

Grand Hotel Villa Politi

300,

via Politi Laudien 2 – ✆ 09 31 41 21 21 – info@ villapoliti.com – Fax 093 13 60 61 CY **a**

100 cam – 138 € 206 € – 2 suites – ½ P 136 € – **Rist** – Carta 30/38 €

♦ Nello spettacolare contesto del parco delle Latomie dei Cappuccini, una villa liberty che ospita ambienti comuni sontuosi, stanze ampie, eleganti e (molte) panoramiche. Al ristorante ritroverete ancora l'atmosfera di una certa nobile e raffinata "sicilianità".

Roma

120,

via Roma 66 – ✆ 09 31 46 56 26 – info@hotelroma.sr.it – Fax 09 31 46 55 35

44 cam – 136 € 200 € – ½ P 128 € CZ **f**

Rist – Menu 30/35 €

Rist ***Vittorini*** – Carta 35/49 €

♦ Nel cuore di Ortigia, proprio alle spalle del Duomo, un albergo che si ripropone in veste completamente rinnovata, secondo i dettami di uno stile moderno e funzionale. Al ristorante due salette dove gustare piatti siciliani.

Gran Bretagna senza rist

via Savoia 21 – ✆ 09 31 44 90 78 – info@hotelgranbretagna.it – Fax 09 31 44 90 78 CZ **m**

19 cam – 75/85 € 100/110 €

♦ Palazzo d'epoca completamente ristrutturato, costruito su antiche mura di contenimento ancora visibili. Alcune camere con soffitti affrescati. Terrazza solarium.

Relax

rist, 50,

viale Epipoli 159, per viale Teracati – ✆ 09 31 74 01 22 – info@hotelrelax.it – Fax 09 31 74 09 33 BY

55 cam – 89 € 110 € – 2 suites – ½ P 85 € – **Rist** – Carta 23/31 €

♦ Risorsa appropriata per la clientela d'affari, come per quella turistica. Attualmente in fase di ampliamento per accrescere il numero delle camere e il livello di confort. Cucina d'albergo con influssi eterogenei, senza forti connotazioni regionali.

Domus Mariae senza rist
via Vittorio Veneto 76 – 093 12 48 54 – htldomus@sistemia.it – Fax 093 12 48 58 CZ **d**
12 cam – 110 € 135/150 €
◆ Albergo d'impostazione classica, con camere grandi e accoglienti, ubicato sul lungomare, con una curiosa particolarità: la gestione è in mano alle suore orsoline.

Gutkowski senza rist
lungomare Vittorini 26 – 09 31 46 58 61 – info@guthotel.it – Fax 09 31 48 05 05 CZ **x**
25 cam – 60/70 € 85/100 €
◆ La piccola terrazza-solarium panoramica, l'accogliente e caratteristico spazio comune a piano terra, la discreta cura dei particolari, associata all'apprezzabile buon gusto.

Piccolo Hotel Casa Mia senza rist
corso Umberto 112 – 09 31 46 33 49 – info@bbcasamia.it BZ **a**
10 cam – 48/50 € 68/78 €
◆ Sul corso principale che porta ad Ortigia, quasi un'abitazione privata, che offre camere semplici e accoglienti con qualche pezzo d'antiquariato. Bel terrazzino colazioni.

Diana senza rist
piazza Archimede 2 – 09 31 72 11 35 – diana@bbdolcecasa.it – Fax 09 31 72 11 35 CZ **p**
4 cam – 50/65 € 65/85 €
◆ Un B&B ricavato nel Palazzo dell'Orologio affacciato sulla piazza nel cuore dell'Ortigia. Camere diverse fra loro. Prima colazione in convenzione in un bar della piazza.

Giuggiulena senza rist
mare,
via Pitagora da Reggio 35 – 09 31 46 81 42 – info@giuggiulena.it – Fax 09 31 46 81 42 CY **b**
6 cam – 65/70 € 90/95 €
◆ In splendida posizione sul blu del Mediterraneo, che si vede da ogni camera, una casa gestita in modo simpatico e caloroso. Discesa diretta a mare, per un tuffo dagli scogli.

Don Camillo
via Maestranza 96 – 093 16 71 33 – ristorantedoncamillo@tin.it – Fax 093 16 71 33 – Chiuso Natale, quindici giorni in febbraio, quindici giorni in luglio, Ferragosto e domenica CZ **a**
Rist – Carta 35/48 €
◆ Soffitti a volta, pietre a vista e un certo dinamismo nella disposizione degli spazi, connotano questo ristorante che dispone, tra l'altro, di un'interessante cantina.

Minosse
via Mirabella 6 – 093 16 63 66 – ilristorante.minosse@tin.it – Fax 093 16 63 66 – Chiuso dal 20 al 30 luglio e lunedì CZ **e**
Rist – Carta 28/58 €
◆ Nel cuore della pittoresca isola, un ristorante con una linea gastronomica radicata nella tradizione culinaria di mare. L'ambiente è classico, il servizio puntuale.

Darsena da Jannuzzo
riva Garibaldi 6 – 093 16 15 22 – direzione@ristorantedarsena.it – Fax 093 16 61 04 – Chiuso dal 1° al 14 luglio, dal 1° al 7 novembre e mercoledì CZ **g**
Rist – Carta 29/48 €
◆ Bisogna percorrere il canale che separa Ortigia dal resto della città per giungere in questo simpatico locale, d'impostazione classica, specializzato nei prodotti ittici.

verso Lido Arenella

Dolce Casa senza rist
via Lido Sacramento 4, 4 km per ① 96100 Siracusa – 09 31 72 11 35 – contact@bbdolcecasa.it – Fax 09 31 72 11 35
8 cam – 50/60 € 65/85 €
◆ Piacevole struttura a metà strada tra la città e le spiagge, attorniata da un giardino mediterraneo, inserita in un'oasi di tranquillità: per un soggiorno rilassante.

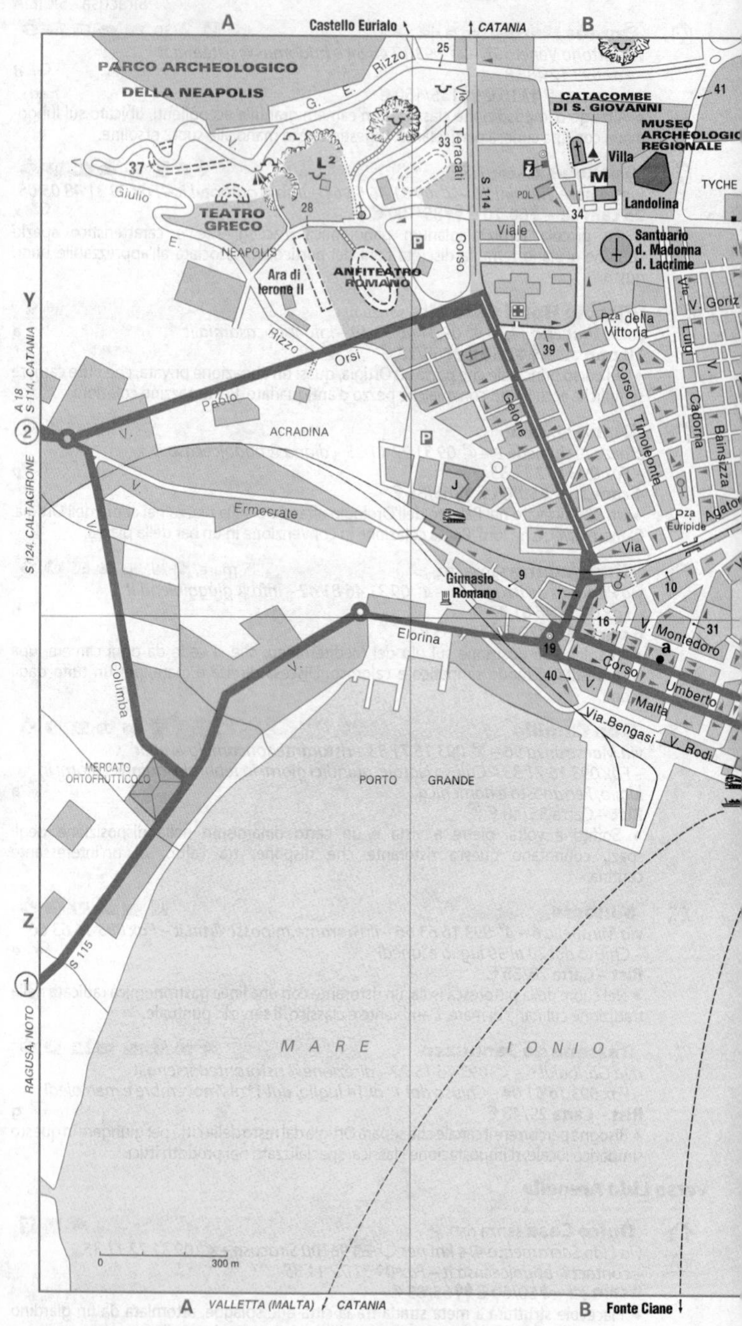

A
Castello Eurialo
CATANIA
B
PARCO ARCHEOLOGICO
DELLA NEAPOLIS
G. E. Rizzo
25
Vle
Teracati
33
CATACOMBE
DI S. GIOVANNI
41
MUSEO
ARCHEOLOGICO
REGIONALE
37
Giulio
V.
L²
TEATRO
GRECO
28
S 114
Corso
PDL
Villa
Landolina
34
TYCHE
Viale
Santuario
d. Madonna
d. Lacrime
E.
NEAPOLIS
Ara di
Ierone II
ANFITEATRO
ROMANO
Y
V. Goriz
Pza della
Vittoria
Vle
Luigi
A 18
S 114, CATANIA
Rizzo
Orsi
39
Paolo
Corso
Gelone
Timoleonte
Cadorna
Bainsizza
2
V.
ACRADINA
V.
J
S 124, CALTAGIRONE
V.
Ermocrate
Pza
Euripide
Agato
Via
Ginnasio
Romano
9
7
10
16
V. Montedoro
31
Elorina
19
a
40
Corso
Umberto
V.
Malta
Columba
Via Bengasi
V. Rodi
MERCATO
ORTOFRUTTICOLO
PORTO GRANDE
Z
S 115
1
RAGUSA, NOTO
MARE IONIO
0
300 m
A
VALLETTA (MALTA)
CATANIA
B
Fonte Ciane

SIRACUSA

Strada	Quadro	N.
Agatocle (V.)	BCY	
Agrigento (V.)	BCY	2
Archimede (Pza)	CZ	3
Arsenale (V. d.)	BCY	
Bainsizza (V.)	BY	
Bengasi (V.)	BZ	
Cadorna (Viale L.)	BY	
Capodieci (V.)	CZ	4
Cappuccini (Pza)	CY	
Castello Maniace (V.)	CZ	6
Catania (V.)	BY	7
Columba (V.)	AYZ	
Crispi (V. F.)	BY	9
Diaz (Viale A.)	BY	10
Dionisio il Grande (Riviera)	CY	12
Duomo (Pza)	CZ	13
Elorina (V.)	ABZ	
Ermocrate (V.)	AY	
Euripide (Pza)	BY	
Foro Siracusano	BYZ	16
Gelone (Cso)	BY	
Gorizia (V.)	BY	
Maestranza (V. d.)	CZ	18
Malta (V.)	BZ	
Marconi (Piazzale)	BZ	19
Matteotti (Cso G.)	CZ	21
Mergulensi (V.)	CZ	22
Mirabella (V.)	CZ	24
Montedoro (V.)	BZ	
Montegrappa (V.)	CY	
Necropoli Groticelle (V. d.)	BY	25
Nizza (V.)	CZ	
Orsi (Viale P.)	ABY	
Pancali (Pza)	CZ	27
Paradiso (V.)	AY	28
Piave (V.)	BCY	
Puglia (V.)	CY	30
Regina Margherita (Viale)	BYZ	31
Rizzo (Viale G. E.)	AY	
Rodi (V.)	BZ	
Romagnoli (V.)	ABY	33
Roma (V.)	CZ	
Sepolcri (V. d.)	AY	37
Svevia (Pza F. d.)	CZ	38
S. Giovanni (Viale)	BY	34
S. Lucia (Pza)	CY	
S. Martino (V.)	CZ	36
Teocrito (Viale)	BCY	
Teracati (Viale)	BY	
Testaferrata (V. G.)	BY	39
Timoleonte (Cso)	BY	
Torino (V.)	CY	
Tripoli (V.)	BZ	40
Umberto I (Cso)	BZ	
Vittoria (Pza d.)	BY	
Vittorio Veneto (V.)	CZ	
Von Platen (V. A.)	BY	41
XX Settembre (V.)	CZ	42

sulla strada provinciale 14 Mare Monti

Lady Lusya cam, rist,
località Spinagallo Sud-Ovest : 14 km – ✆ 09 31 71 02 77 – info@ladylusya.it – Fax 09 31 71 02 74 – Chiuso dal 10 gennaio al 28 febbraio
19 cam – †100 € ††160/212 € – ½ P 110/136 € – **Rist** – (solo per alloggiati) Carta 31/43 €
♦ Masseria fortificata del '500 splendidamente trasformata in hotel: interni di classe, camere distribuite in edifici diversi, tutti circondati dal giardino. Bella piscina. Ristorante di aspetto sobrio, cucina siciliana doc.

Agriturismo La Perciata
via Spinagallo 77, Sud-Ovest : 14 km ✉ 96100 Siracusa – ✆ 09 31 71 73 66 – perciata@perciata.it – Fax 093 16 23 01
13 cam – †65/90 € ††75/99 € – ½ P 61/73 € – **Rist** – *(giugno-settembre; chiuso a mezzogiorno)* Carta 23/31 €
♦ Casa dall'intenso sapore mediterraneo, immersa nella campagna siracusana. Un agriturismo di alto livello, con tante dotazioni e servizi, per un soggiorno di tutto relax.

Agriturismo Limoneto cam, rist,
via del Platano 3, Sud-Ovest : 9,5 km – ✆ 09 31 71 73 52 – limoneto@tin.it – Fax 09 31 71 77 28 – Chiuso novembre
10 cam – †50/70 € ††80/120 € – ½ P 60/80 € – **Rist** – Menu 20/25 €
♦ Attorniata da un rigoglioso giardino agrumeto, struttura in aperta campagna in cui tutte le camere hanno accesso indipendente. La gestione si distingue per la simpatia.

Il rosso è il colore di chi sa distinguersi; i nostri punti di riferimento!

STROMBOLI (Isola) – Messina – 565 K27 – **Vedere Eolie (Isole)**

TAORMINA – Messina (ME) – 565 N27 – **10 858 ab.** – **alt. 250 m** – ✉ **98039**
Sicilia **40 D2**

Catania 52 – Enna 135 – Messina 52 – Palermo 255 – Siracusa 111 – Trapani 359
piazza Santa Caterina (Palazzo Corvaja) ✆ 0942 23243, info@gate2taormina.com, Fax 0942 24941
Il Picciolo Castiglione di Sicilia via Picciolo 1, Ovest : 25 km, ✆ 0942 98 62 52.
Località★★★ – Teatro Greco★★★ : ≤★★★ BZ – Giardino pubblico★★ BZ – ✻★★ dalla piazza 9 Aprile AZ – Corso Umberto★ ABZ – Castello : ≤★★ AZ
Etna★★★ Sud-Ovest per Linguaglossa – Castel Mola★ Nord-Ovest : 5 km – Gole dell'Alcantara★

Piante pagine seguenti

Grand Hotel Timeo ≤ mare, costa ed Etna, 200,
via Teatro Greco 59 – ✆ 094 22 38 01 – reservation.tim@framon-hotels.it – Fax 09 42 62 85 01 BZ **x**
72 cam – †355/460 € ††415/528 € – 11 suites – ½ P 268/324 €
Rist *Il Dito e La Luna* – Carta 48/118 €
♦ Il grande parco e le terrazze fiorite "accarezzano" un albergo che ha fatto la storia dell'ospitalità siciliana e non solo. Confort esclusivo, interni di magico splendore. Ristorante a pochi passi dal teatro greco, una delle viste più belle del mondo.

San Domenico Palace (riscaldata) cam, 400,
piazza San Domenico 5 – ✆ 09 42 61 31 11 – san-domenico@thi.it – Fax 09 42 62 55 06 AZ **m**
105 cam – †295 € ††580 € – 8 suites – ½ P 352 €
Rist – *(chiuso a mezzogiorno da maggio ad ottobre)* Carta 72/101 €
Rist *Principe Cerami* – *(aprile-ottobre; chiuso lunedì e a mezzogiorno)* Carta 90/130 €
♦ Tra le mura di un convento del '400 di cui conserva le strutture originali, custodisce eleganti ambienti ricchi di antichi ricordi, spazi congressuali e vista sulla costa. A tavola, una cucina creativa. Dedicato al nobile siciliano che trasformò l'austerità del luogo con fantasia, antichi profumi e delicati sapori.

Villa Diodoro ← mare, costa ed Etna, cam, 400,
via Bagnoli Croci 75 – ✆ 094 22 33 12 – diodoro@gaishotels.com – Fax 094 22 33 91 VISA AE BZ **q**
102 cam – 198 € 278 € – 3 suites – ½ P 155/188 € – **Rist** – Carta 31/46 €
◆ Maestosa piscina incastonata su una meravigliosa terrazza panoramica, che appare protesa verso l'Etna. Uno dei vari gioielli di un hotel sapientemente ristrutturato. Sorprendente è il fascino della sala da pranzo, così come della terrazza.

Grand Hotel San Pietro ← mare e costa,
via Pirandello 50 ✉ 98031 – ✆ 09 42 62 07 11 – sanpietro@gaishotels.com – Fax 09 42 62 07 70 VISA AE CZ **f**
63 cam – 281/331 € 322/372 € – 1 suite – ½ P 221/241 € – **Rist** – Carta 46/61 €
◆ In splendida posizione panoramica ed abbracciata da un giardino con piscina, un'elegante struttura di nuova apertura con spazi accoglienti, una sala da the ed una biblioteca. Nella raffinata ed intima sala da pranzo, i genuini sapori della gastronomia siciliana.

Grand Hotel Miramare ← mare e costa,
via Guardiola Vecchia 27 – ✆ 094 22 34 01 – miramare@angalahotels.it – Fax 09 42 62 62 23 – Marzo-ottobre VISA AE CZ **c**
68 cam – 143/210 € 184/280 € – ½ P 122/170 € – **Rist** – Carta 39/51 €
◆ Struttura imponente, aggraziatamente inserita in un lussureggiante parco. A disposizione degli ospiti un settore notte di notevole valore, con mobilio in stile impero. Capiente sala ristorante interna, e curatissimi spazi esterni.

Villa Carlotta ← mare e costa, cam,
via Pirandello 81 – ✆ 09 42 62 60 58 – info@villacarlotta.net – Fax 094 22 37 32 – Chiuso sino al 15 marzo VISA AE CZ **a**
27 cam – 130/200 € 130/250 € – **Rist** – Carta 42/53 €
◆ Abbracciata da una folta vegetazione, la villa riprende il suo nome originario ed offre ai suoi ospiti ambienti caratteristici ed una suggestiva vista sullo Ionio e sull'Etna.

Villa Ducale senza rist ← mare, costa ed Etna,
via Leonardo da Vinci 60 – ✆ 094 22 81 53 – info@villaducale.com – Fax 094 22 87 10 – Chiuso dal 10 gennaio al 20 febbraio VISA AE
17 cam – 80/200 € 140/250 € AZ **p**
◆ Villa di famiglia, in posizione incantevole, trasformata in un albergo ricco di charme, atmosfera e personalizzazioni. Gestito da una intraprendente coppia di giovani.

Villa Sirina senza rist VISA AE
via Crocifisso 30, 2 km per via Crocifisso – ✆ 094 25 17 76 – info@villasirina.com – Fax 094 25 16 71 – 21 marzo-9 novembre AZ
16 cam – 120/150 € 160/190 €
◆ Ai piedi della località, quasi alle porte di Giardini, una villa ristrutturata in modo tale da offrire un'ospitalità non lussuosa, ma confortevole. Arredi in stile locale.

Villa Belvedere ← giardini, mare ed Etna,
via Bagnoli Croci 79 – ✆ 094 22 37 91 – info@villabelvedere.it – Fax 09 42 62 58 30 – 10 marzo-26 novembre rist, VISA BZ **b**
49 cam – 85/134 € 110/212 € – **Rist** – *(10 aprile-ottobre; chiuso la sera)* (solo per alloggiati) Carta 25/31 €
◆ Buona distribuzione degli spazi comuni, camere discrete senza particolarità negli arredi. La vista mozzafiato e il bel parco con palme e piscina arricchiscono il tutto.

Villa Fiorita senza rist ← mare e costa, VISA AE
via Pirandello 39 – ✆ 094 22 41 22 – villafioritahotel@libero.it – Fax 09 42 62 59 67
25 cam – 119 € 132 € BZ **s**
◆ Ricavato da una villa settecentesca, un hotel che ha come punto di forza la vista su uno dei paesaggi più famosi del Bel Paese. Arredi omogenei di taglio classico.

Villa Schuler senza rist ← VISA AE
piazzetta Bastione – ✆ 094 22 34 81 – schuler@tao.it – Fax 094 22 35 22 – 10 marzo-18 novembre BZ **d**
27 cam – 80/100 € 100/148 €
◆ Albergo nato nel 1905 e da allora sempre gestito dalla stessa famiglia. Vicino al centro storico, dispone di giardini mediterranei, anche vista mare, ottimi per rilassarsi.

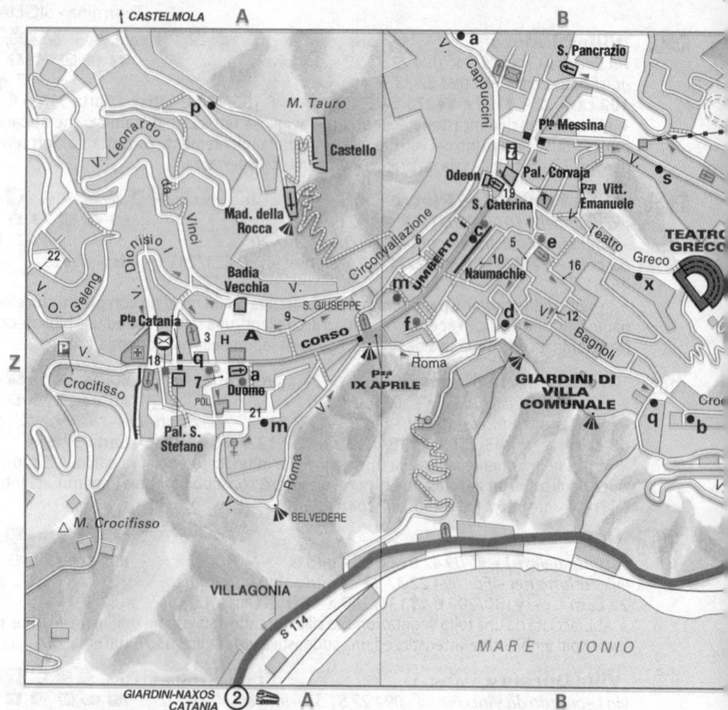

Andromaco senza rist

via Fontana Vecchia, per via Cappuccini – ✆ 094 22 38 34 – info@andromaco.it – Fax 094 22 49 85 BZ

24 cam – 50/105 € 75/140 €

◆ Alberghetto familiare ubicato in zona residenziale, tranquilla e panoramica. Ottima distribuzione degli spazi, buon numero di dotazioni, gestione simpatica ed efficiente.

Condor senza rist

via Dietro Cappuccini 25 – ✆ 094 22 31 24 – condor@tao.it – Fax 09 42 62 57 26 – Marzo-ottobre BZ a

12 cam – 65/85 € 86/108 €

◆ Una dozzina di stanze, una palazzina in posizione panoramica e una gestione di lunga esperienza. Per chi non ricerca l'eleganza, ma si accontenta della semplicità.

La Giara

vico la Floresta 1 – ✆ 094 22 33 60 – info@lagiara-taormina.com – Fax 094 22 32 33 – Chiuso gennaio e domenica (in agosto aperto sola la sera)

Rist – Carta 56/81 € BZ f

◆ Decisamente il locale più alla moda della località: luci soffuse, servizio impeccabile, vista su tetti e terrazze, frequentatissimo piano bar notturno, clientela elegante.

Casa Grugno

via Santa Maria De' Greci – ✆ 094 22 12 08 – info@casagrugno.it – Chiuso dal 20 novembre al 25 dicembre, dal 5 gennaio al 28 febbraio, domenica e a mezzogiorno (escluso da aprile ad ottobre) AZ a

Rist – (prenotazione obbligatoria) Carta 61/83 €

Spec. Tonno in pan pesto profumato con buccia di mandarini e menta in olio ai pomodori secchi. Tortelli con ripieno di ricotta, acciughe salate e pomodorini su crema di ricotta di pecora. Agnello in crosta di pane alle spezie con parmigiana di melanzane.

◆ Un palazzo dall'antica facciata ospita una sala modernamente arredata dove gustare una cucina che predilige la carne e sfiziosi piatti regionali. Si consiglia di prenotare.

Z

Circolazione regolamentata nel centro città da guigno a settembre

TAORMINA

XX **Al Duomo**

vico Ebrei 11 – ✆ 09 42 62 56 56 – info@ristorantealduomo.it – Chiuso dicembre, gennaio e lunedì (escluso aprile-ottobre) AZ **q**

Rist – Carta 38/48 €

◆ Si entra da un vicoletto laterale e varcata la soglia si accede ad un locale ben disposto, affacciato sulla piazzetta del Duomo. Servizio estivo sulla terrazza.

XX **La Griglia**

corso Umberto 54 – ✆ 094 22 39 80 – intelisano@tao.it – Fax 094 22 39 80 – Chiuso dal 20 novembre al 20 dicembre e martedì BZ **c**

Rist – Carta 22/38 €

◆ Lungo il corso principale della località, un ristorante d'impostazione classica con tante belle piante un po' dappertutto. Cucina tradizionale con proposte di stagione.

XX **Vicolo Stretto by Charly**

20,

via vicolo Stretto 6 – ✆ 094 22 49 95 – vicolostretto@virgilio.it – Fax 094 22 49 95 – Chiuso dal 15 novembre al 18 dicembre BZ **m**

Rist – Carta 36/56 €

◆ Il cuscus di pesce è la specialità di una cucina più tipica della parte occidentale dell'isola. Simpatico ristorante, gestito da giovani volenterosi ed entusiasti.

X **Il Baccanale**

piazzetta Filea 1 – ✆ 09 42 62 53 90 – Fax 09 42 62 32 66 – Chiuso giovedì escluso da aprile a novembre BZ **e**

Rist – Carta 23/36 €

◆ Servizio all'aperto sulla piazzetta e tavoli interni abbastanza ravvicinati, ambiente semplice con note di genuina rusticità. Molto frequentato da turisti stranieri.

a Capo Taormina Sud : 4 km – ✉ 98030 – Mazzarò

Atahotel Capotaormina (con acqua di mare) cam,
via Nazionale 105 – ✆ 09 42 57 21 11 450, VISA AE
– prenotazioni@capotaorminahotel.com – Fax 09 42 62 54 67 – Aprile-ottobre
196 cam – 268/323 € 336/446 € – 4 suites – ½ P 215/270 € – **Rist** – Carta 49/76 €
CZ **g**
◆ In splendida posizione, tra le rocce del capo, offre una delle visuali più suggestive della zona. Tra le tante bellezze anche la spiaggia con una caratteristica grotta. Il servizio ristorante viene effettuato sulle meravigliose terrazze a mare.

a Mazzarò Est 5,5 km o 5 mn di cabinovia CZ – ✉ 98030

Grand Hotel Mazzarò Sea Palace piccola baia,
via Nazionale 147 – ✆ 09 42 61 21 11 cam, 100, VISA AE
– info@mazzaroseapalace.it – Fax 09 42 62 62 37 – Marzo-15 novembre CZ **b**
79 cam – 212/275 € 322/508 € – 9 suites – ½ P 310 € – **Rist** – Carta 50/70 €
◆ Insieme armonioso, con un piano soggiorno elegante e ricco di arredi lussuosi. E poi tante terrazze di cui la più bella è un solarium con piscina sulla splendida baietta. Sala raffinata e spazi all'aperto dove cenare a lume di candela.

Grand Hotel Atlantis Bay
via Nazionale 161 – ✆ 09 42 61 80 11 200, VISA AE
– info@atlantisbay.it – Fax 094 22 31 94 – Marzo-15 novembre
84 cam – 267/424 € 322/508 € – 7 suites – ½ P 310 € – **Rist** – Menu 54 €
◆ Una realtà recente, raffinata ed elegante. Interni sontuosi, camere ampie e ricche di ogni confort, tutte vista mare. Splendida terrazza con piscina, spiaggia privata. Meravigliosa sala ristorante curata in ogni dettaglio.

Villa Sant'Andrea piccola baia, 150,
via Nazionale 137 – ✆ 094 22 31 25 VISA AE
– reservation.vsa@framon-hotels.it – Fax 094 22 48 38 – Aprile-novembre
76 cam – 282/352 € 352/440 € – 2 suites – ½ P 226/270 € – **Rist** – Carta 49/87 €
CZ **d**
◆ Risorsa di solida tradizione alberghiera, splendidamente ubicata sulla spiaggia, ricavata in una villa ottocentesca recentemente rinnovata, vanta un'ospitalità di classe. Il servizio ristorante offre una scenografia stupefacente.

Da Giovanni mare ed Isolabella, VISA AE
via Nazionale – ✆ 094 22 35 31 – Chiuso dal 7 gennaio al 10 febbraio e lunedì
Rist – Carta 32/49 € CZ **e**
◆ Classico ristorante a mare con proposte basate sul fresco pescato locale, preparato secondo la tradizione. In posizione panoramica, con vista eccezionale sull'Isola Bella.

Il Delfino-da Angelo piccola baia, VISA AE
via Nazionale – ✆ 094 22 30 04 – Fax 094 22 30 04 – 15 marzo-ottobre
Rist – Carta 25/42 € CZ **b**
◆ Tra un giardino fiorito e la celebre spiaggetta della località, un locale con annesso stabilimento balneare, appropriato per godersi i sapori ed i profumi del mare.

a Lido di Spisone Nord-Est: 1,5 km – ✉ 98030 – Mazzarò

Caparena cam, 200,
via Nazionale 189 – ✆ 09 42 65 20 33 – caparena@gaishotels.com – Fax 094 23 69 13 – Aprile-ottobre VISA AE
88 cam – 131/182 € 174/290 € – ½ P 112/160 € – **Rist** – Carta 36/48 €
◆ Vivere il mare e la natura al meglio: bellezza e confort, palme e acqua limpida, arredi fini e ambienti godibili. Soluzione perfetta per il turista come per il congressista. L'ampio giardino fiorito fa da cornice al servizio ristorante all'aperto.

Baia delle Sirene VISA AE
via Nazionale 163 – ✆ 09 42 62 88 43 – baia.sirene@tiscalinet.it
– Fax 09 42 62 88 43 – 12 marzo-7 novembre
22 cam – 79/91 € 126/148 € – ½ P 84/95 € – **Rist** – *(aprile-ottobre)* Carta 26/40 €
◆ Risorsa ristrutturata di recente, semplice ma con confort assolutamente al passo coi tempi. Per vivere un soggiorno, o meglio una vacanza balneare, in assoluto relax. Circondati da fiori e piante le specialità della cucina siciliana, a prezzi interessanti.

XX **La Capinera**

via Nazionale 177 ✉ 98039 Taormina – ✆ 09 42 62 62 47 – lacapinera2003@yahoo.it – Fax 09 42 62 62 47 – Chiuso febbraio e lunedì

Rist – Carta 37/60 €

◆ Un locale accogliente dalla giovane ed appassionata gestione che propone una cucina innovativa su base regionale ed un servizio estivo in terrazza. E' consigliabile prenotare.

a Castelmola **Nord-Ovest : 5 km** AZ – **alt. 550 m** – ✉ **98030**

Villa Sonia ← Etna, cam, rist, 110,

via Porta Mola 9 – ✆ 094 22 80 82 – booking@hotelvillasonia.com – Fax 094 22 80 83 – Chiuso da novembre al 15 febbraio

38 cam – †120 € ††180 €, 15 € – 2 suites – ½ P 125 €

Rist ***Parco Reale*** – Carta 54/64 €

◆ Quest'antica villa ristrutturata, esattamente all'ingresso del delizioso paesino, al proprio interno ospita anche una raccolta di oggetti d'epoca e d'artigianato siciliano. Ristorante sobriamente elegante con numerosi complementi d'arredo d'epoca.

TERME VIGLIATORE – Messina (ME) – 565 M27 – 6 299 ab. – ✉ 98050

Sicilia 40 **D1**

Catania 123 – Enna 174 – Messina 50 – Palermo 184

Villa Romana★

Il Gabbiano

via Marchesana 4, località Lido Marchesana – ✆ 09 09 78 23 43 – info@gabbianohotel.com – Fax 09 09 78 13 85 – Aprile-ottobre

40 cam – †60/100 € ††80/130 € – ½ P 70/80 € – **Rist** – Carta 24/33 €

◆ Nel suggestivo golfo di Tindari, a poca distanza da numerose attrattive turistiche, una struttura moderna e panoramica che sfrutta appieno la posizione sulla spiaggia. Le sale del ristorante danno sulla terrazza a mare con piscina.

TERMINI IMERESE – Palermo (PA) – 565 N23 – 26 760 ab. – alt. 113 m – ✉ 90018

Sicilia 39 **B2**

Agrigento 150 – Messina 202 – Palermo 36

Grand Hotel delle Terme 150,

piazza Terme 2 – ✆ 09 18 11 35 57 – direzione@grandhoteldelletreme.it – Fax 09 18 11 31 07

59 cam – †125/160 € ††190/260 € – 11 suites – ½ P 115 € – **Rist** – Carta 32/58 €

◆ Edificio storico di fine Ottocento, inserito in un giardino fiorito con piscina e vista panoramica; nei suggestivi sotterranei sgorgano acque termali adatte alle cure. Sala da pranzo classica di tono elegante.

Il Gabbiano

via Libertà 221 – ✆ 09 18 11 32 62 – hotelgabbiano@hotelgabbiano.it – Fax 09 18 11 42 25

24 cam – †58/65 € ††90/120 € – ½ P 60/75 €

Rist ***Santi & Peccatori*** – Carta 21/39 €

◆ Albergo ubicato ai margini del paese, gestito con attenzioni fuori dal comune. Dunque una risorsa apprezzabile, seppur semplice, soprattutto per la clientela d'affari. Ristorante "Santi & Peccatori" in stile contemporaneo con ingresso indipendente.

TERRASINI – Palermo (PA) – 565 M21 – 10 708 ab. – alt. 35 m – ✉ 90049

Sicilia 39 **B2**

Palermo 29 – Trapani 71

Museo Civico : carretti siciliani★

Carini : decorazione a stucchi★★ nell'Oratorio del SS. Sacramento Est : 16 km

XX **Primafila**

via Saputo 8 – ✆ 09 18 68 44 22 – Fax 09 18 68 69 97 – Chiuso dal 1° al 25 novembre e lunedì

Rist – Carta 34/60 €

◆ A ridosso del lungomare, un locale affidabile, dove gustare con soddisfazione i piatti della tradizione. Ambiente caldo e accogliente grazie all'impiego di tanto legno.

TORREGROTTA – Messina (ME) – 565 M28 – 6 747 ab. – alt. 48 m – ✉ 98040 40 **D1**

▶ Catania 141 – Messina 29 – Palermo 215

Thomas

via Sfameni 98, località Scala – ✆ 09 09 98 19 47 – Fax 09 09 98 22 73 – Chiuso dicembre

18 cam – 🚹38 € 🚹🚹53 €, ☕ 5 € – ½ P 48 € – **Rist** – *(chiuso lunedì)* Carta 22/30 €

◆ Sulla strada che porta al mare, tra le numerose case di villeggiatura della zona, una struttura il cui tratto saliente è rappresentato dall'ottimo rapporto qualità/prezzo. Classico ristorante di mare, ambiente semplice e familiare.

TRAPANI Ⓟ (TP) – 565 M19 – 68 335 ab. – ✉ 91100 ▌*Sicilia* 39 **A2**

▶ Palermo 104

✈ di Birgi Sud : 15 km per ① ✆ 0923 842502, Fax 0923 842367

⛴ per Cagliari – Tirrenia Navigazione, call center 892 123 – per le Isole Egadi e Pantelleria – Siremar, call center 892 123

ℹ piazza Saturno ✆ 0923 29000, apttp@apt.trapani.it, Fax 0923 24004

👁 Museo Pepoli★ – Santuario dell'Annunziata★ – Centro Storico★

Ⓖ Isola di Pantelleria★★ Sud per motonave BZ – Isole Egadi★ Ovest per motonave o aliscafo BZ

TRAPANI

Alighieri (Lungomare Dante) **BZ**
Bassi (V. L.) **BZ**
Botteghelle (V.) **AZ** 4
Carolina (V.) **AZ** 6
Cassaretto (V.) **AZ** 7
Catulo Lutazio (V.) **AZ**
Colombo (V. C.) **AZ** 9
Crispi (V.) **BZ** 10
Custonaci (V.) **AZ** 12
Duca d'Aosta (Viale) **AZ**
Fardella (V. G. B.) **BZ**
Garibaldi (Pza) **BZ**
Garibaldi (V.) **BZ**
Ilio (V.) **BZ**
Italia (Cso) **BZ** 15
Jolanda (Pza) **AZ**
Libertà (V.) **BZ** 16
Malta (Pza) **BZ**
Marino Torre (V.) **BZ** 21
Matteotti (Pza) **BZ** 24
Mazzini (V.) **BZ**
Mercato del Pesce (Pza) **BZ** 25
Mura di Tramontana (V.) **BZ** 28
Nasi (V. N.) **AZ** 30
Nausicaa (V.) **BZ** 31
Ninfe (Largo d.) **AZ** 33
Orfane (V.) **BZ** 34

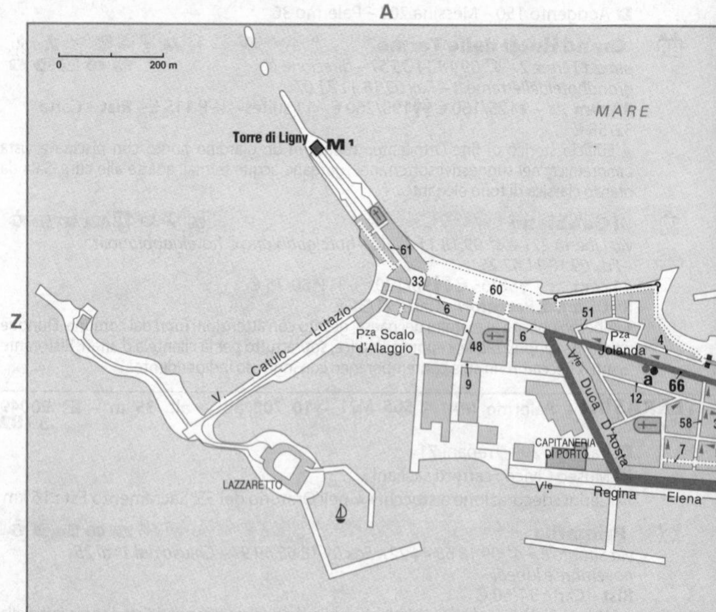

Crystal senza rist 140, VISA AE

piazza Umberto I – ✆ 092 32 00 00 – reservation.cry@framon-hotels.it – Fax 092 32 55 55 BZ **b**

70 cam ☐ – †97/165 € ††136/206 €

◆ Struttura moderna, di taglio avveniristico, sorta circa dieci anni fa. Data questa premessa è ovvio dedurre che servizi e dotazioni siano assolutamente al passo coi tempi.

Vittoria senza rist 50, VISA AE

via Crispi 4 – ✆ 09 23 87 30 44 – info@hotelvittoriatrapani.it – Fax 092 32 98 70 BZ **s**

65 cam ☐ – †65 € ††95 €

◆ Se l'esterno non rappresenta un modello architettonico esteticamente rilevante, gli interni garantiscono un buon confort, molto apprezzato dalla clientela d'affari.

Erice Hotel senza rist VISA AE

via Madonna di Fatima 191, per via Nausicaa – ✆ 09 23 56 83 22 – info@ericehotel.it – Fax 09 23 56 34 11 BZ

32 cam – †50 € ††80 €, ☐ 5 €

◆ Hotel di recente fondazione, ben gestito e ottimamente tenuto. Per ubicazione e dotazioni, si dimostra una risorsa ideale soprattutto per la clientela d'affari.

Osorio (V.)	BZ	
Pallante (V.)	BZ	39
Palmerio Abate (V.)	BZ	42
Palmeri (V. G.)	BZ	40
Passo Enea (V.)	BZ	43
Poeta Calvino (V.)	BZ	46
Procida (V. Giov. d.)	AZ	48
Regina Elena (Viale)	AZ	
Roma (V.)	BZ	49
Scalo d'Alaggio (Pza)	AZ	
Scarlatti (Pza)	BZ	55
Scontrino (V.)	BZ	57
Serisso (V.)	AZ	58
Sirene (Viale d.)	AZ	60
Spalti (V.)	BZ	
Staiti (V. Ammiraglio)	BZ	
S. Anna (V.)	AZ	51
S. Francesco d'Assisi (V.)	AZ	52
S. Francesco di Paola (Largo)	BZ	54
Torrearsa (V.)	BZ	
Torre di Ligny (Viale)	AZ	61
Umberto I (Pza)	BZ	63
Vallona (V.)	BZ	64
Vespri (V.)	BZ	
Virgilio (V.)	BZ	
Vittorio Emanuele (Cso)	AZ	66
Vittorio Emanuele (Pza)	BZ	67
Vittorio Veneto (Pza)	BZ	
XXX Gennaio (V.)	BZ	
XX Settembre (V.)	BZ	69

B
TIRRENO
SCOGLIERA DI TRAMONTANA
Lungomare
Dante
Alighieri
V. Livio Bassi
V. G. B. Fardella
PALERMO, SEGESTA A 29 dir., S 113
S 115, MARSALA Annunziata
Pal. Riccio di Morana
Pal. Fardella di Mokarta
Garibaldi
S. DOMENICO
Pza Vitt. Veneto
Via Spalti
V. Vespri
V. Mazzini
V. Osorio
XXX Gennaio
Badia Nuova
Cattedrale
Collegio
Torrearsa
S. Agostino
Pal. Ciambra
S. PIETRO
S. Maria del Gesù
Pza Garibaldi
STAZIONE MARITTIMA
Via Ammiraglio Staiti
V. Virgilio
Pza Malta
V. Ilio
Z
PANTELLERIA, ISOLE EGADI
CAGLIARI, TUNISI
ISOLE EGADI
B

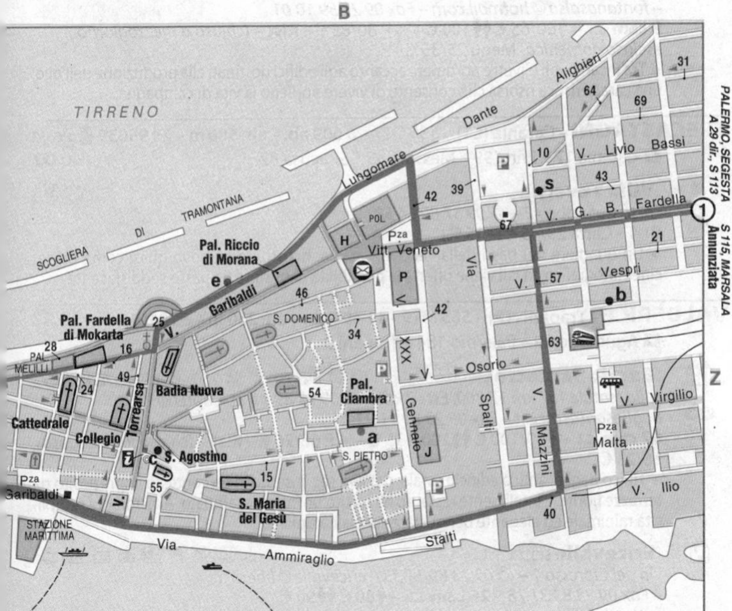

Maccotta senza rist
via degli Argentieri 4 – 092 32 84 18 – albergomaccotta@virgilio.it – Fax 09 22 84 18 – **20 cam** – 35/40 € 65/75 €, 5 € BZ c
♦ Piccolo albergo in pieno centro, ristrutturato totalmente offre un'ospitalità all'insegna del confort e della tranquillità, soprattutto nelle camere rivolte verso la corte.

Ai Lumi senza rist
corso Vittorio Emanuele 71 – 09 23 87 24 18 – info@ailumi.it AZ a
13 cam
♦ Camere in stile, con fascino e carattere, all'interno del settecentesco palazzo Berardo Ferro, nel centro storico della località. Molte stanze dispongono di angolo cottura.

Taverna Paradiso 14,
lungomare Dante Alighieri 22 – 092 32 23 03 – Fax 092 32 23 03 – Chiuso venti giorni in novembre e domenica – **Rist** – Carta 36/58 € BZ e
♦ Ristorante ubicato sul lungomare della città, ideale per gustare al meglio i prodotti ittici della zona. Le specialità si basano sul principe di questo mare: il tonno.

Ai Lumi Tavernetta
corso Vittorio Emanuele 75 – 09 23 87 24 18 – info@ailumi.it – Fax 09 23 54 77 20 – Chiuso domenica escluso agosto AZ a
Rist – (consigliata la prenotazione) Carta 26/43 €
♦ Nel centro della città, un locale giovane, alla moda, caratterizzato da un ambiente curato. Proposte di carne e di pesce attente al territorio, a prezzi interessanti.

Cantina Siciliana
via Giudecca 36 – 092 32 86 73 – cantinasiciliana@libero.it – Fax 09 23 88 27 35 – **Rist** – Carta 22/34 € BZ a
♦ Osteria con origini risalenti ai primi anni '50 totalmente ristrutturata di recente, con l'attenzione a preservare i tratti caratteristici d'un tempo. Specialità trapanesi.

a Fontanasalsa Sud : 9 km – 91100 – Trapani

Agriturismo Baglio Fontanasalsa rist,
via Cusenza 78 – 09 23 59 10 01 – fontanasalsa@hotmail.com – Fax 09 23 59 10 01
9 cam – 60/65 € 100 € – ½ P 80/85 € – **Rist** – *(chiuso a mezzogiorno escluso domenica)* Menu 25/35 €
♦ Tra incantevoli oliveti e agrumeti, accanto agli edifici destinati alla produzione dell'olio, una caratteristica risorsa che consente di vivere appieno la vita di campagna.

TRECASTAGNI – Catania (CT) – 565 O27 – 8 609 ab. – alt. 586 m – 95039 *Sicilia*

Catania 17 – Enna 99 – Messina 85 – Siracusa 82 40 **D2**

Villa Taverna
corso Colombo 42 – 09 57 80 64 58
Rist – Carta 29/45 € (+15 %)
♦ Un quartiere dei bassi della vecchia Catania, ricostruito ex novo quasi come un set cinematografico, in cui viene offerta la possibilità di gustare un pasto soddisfacente.

VALDERICE – Trapani (TP) – 565 M19 – 11 494 ab. – alt. 250 m – 91019 39 A2

Agrigento 99 – Palermo 184 – Trapani 9

Baglio Santacroce rist, 250,
sulla statale 187 km 12,300, Est : 2 km – 09 23 89 11 11 – hotel@bagliosantacroce.it – Fax 09 23 89 11 92
67 cam – 80/100 € 100/135 € – ½ P 66/76 € – **Rist** – *(chiuso lunedì)* Carta 18/23 €
♦ Tipico baglio, antico edificio rurale, del XVII sec. inserito in un contesto impreziosito da terrazze fiorite. L'intelligente restauro ha sortito un insieme raffinato. Al ristorante semplicità minimale ed elegante per gustare specialità tipiche.

Ericevalle senza rist
via del Cipresso 1 – 09 23 89 11 33 – ericevalle@libero.it – Fax 09 23 83 31 78 – **26 cam** – 80 € 90 €
♦ Hotel dall'aspetto moderno, gestione particolarmente cordiale. La struttura riserva alcune particolarità architettoniche, ingentilite dalle numerosissime piante.

a Bonagia Nord-Est : 4 km – ✉ 91010

XX **Saverino** con cam
via lungomare 3/11 – ✆ 09 23 59 27 27 – info@saverino.it – Fax 09 23 59 23 88
20 cam – †77/88 € ††94/106 €, ☐ 6 € – ½ P 60/74 € – **Rist** – *(chiuso lunedì dal 15 settembre al 15 giugno)* Carta 29/44 €
◆ Ha mutato sede negli ultimi anni questo ristorante, che è uno dei locali storici del piccolo borgo di mare. La cucina è quella di sempre, basata sul pescato giornaliero. Camere semplici e luminose, con vista sue mare o sue monte Erice.

VALVERDE – Catania (CT) – 565 O27 – 7 405 ab. – alt. 328 m – ✉ 95028 — 40 D2

Catania 11 – Messina 88 – Palermo 225

XXX **Locanda del Vinattiere**
via Fontana 10 – ✆ 09 57 21 18 65 – info@locandadelvinattiere.it – Fax 095 52 40 76 – Chiuso dal 15 al 22 febbraio, dal 15 al 21 agosto, dal 7 al 22 novembre, martedì e a mezzogiorno (escluso sabato e domenica)
Rist – Carta 36/48 €
Rist *L'Enoteca* – Carta 28/33 €
◆ Raffinato ristorante e informale enoteca: due locali in uno ospitati in una casa della seconda metà dell'800 in una cornice verde. Cucina tradizionale abilmente rivisitata.

VENTIMIGLIA DI SICILIA – Palermo (PA) – 565 N22 – 2 159 ab. – alt. 550 m – ✉ 90020 — 39 B2

Agrigento 103 – Palermo 41 – Termini Imerese 20

Agriturismo Crapa Licca — valle e monti, cam,
località contrada Traversa km 15,600 – ✆ 09 18 20 21 44 – amministrazione@crapalicca.it – Fax 09 18 20 28 78 – Chiuso dall'8 al 25 gennaio
6 cam ☐ – †90 € ††110 € – ½ P 68 € – **Rist** – (solo su prenotazione) Menu 22 €
◆ Immersa tra vigneti e ulivi, antica masseria completamente ristrutturata: stile rustico negli interni e camere confortevoli. Suggestiva piscina scavata fra le rocce. Nella vecchia masseria, l'antica tradizione gastronomica siciliana.

VITTORIA – Ragusa (RG) – 565 Q25 – 59 828 ab. – alt. 169 m – ✉ 97019 — 40 C3

Sicilia

Agrigento 107 – Catania 96 – Ragusa 26 – Siracusa 104

Grand Hotel senza rist
vico Il Carlo Pisacane 53/B – ✆ 09 32 86 38 88 – grandhotelvittoria@tin.it – Fax 09 32 86 38 88
27 cam ☐ – †45/55 € ††60/70 €
◆ Ottima risorsa per la clientela d'affari: poche concessioni a fronzoli e personalizzazioni di carattere estetico, ma buon confort e gestione professionale e affidabile.

VULCANO (Isola) – Messina – 565 L26 – Vedere Eolie (Isole)

ZAFFERANA ETNEA – Catania (CT) – 565 N27 – 8 554 ab. – alt. 600 m – ✉ 95019 — 40 D2

Catania 24 – Enna 104 – Messina 79 – Palermo 231 – Taormina 35

Airone — mare e costa, 40,
via Cassone 67, Ovest : 2 km – ✆ 09 57 08 18 19 – info@hotel-airone.it – Fax 09 57 08 21 42
62 cam ☐ – †70/80 € ††100/120 € – ½ P 80 € – **Rist** – Menu 22/33 €
◆ Piacevole struttura adatta a esigenze diverse, presenta interni recenti e un servizio efficiente. In zona turistica, lungo la strada che conduce alla sommità del vulcano. Il menù presenta una buona articolazione tra proposte di cucina siciliana.

visitsanmarino.com

San Marino

SAN MARINO

SAN MARINO (SMR) – 562 K19 – **4 414 ab. – alt. 749 m** – ✉ **47890** Italia 9 **D2**

Roma 355 – Rimini 22 – Ancona 132 – Bologna 135 – Forlì 74 – Milano 346 – Ravenna 78

piazza della Libertà ✆ 0549 882914, Fax 0549 882915

Posizione pittoresca★★★ – ≤★★★ sugli Appennini e il mare dalle Rocche

Grand Hotel San Marino ≤ rist, 150,
viale Antonio Onofri 31 – ✆ 05 49 99 24 00 – info@grandhotel.sm – Fax 05 49 99 29 51 – Chiuso dal 24 al 26 dicembre Z **a**
62 cam – 65/140 € 85/200 € – ½ P 70/110 €
Rist *L' Arengo* – *(chiuso dal 24 al 26 dicembre)* Carta 38/55 €
◆ In parte rinnovato, il grande "classico" dell'hotellerie locale: per turismo culturale o d'affari, o per ritemprarsi con le cure naturali di un celebre centro francese. Ha il nome di un'antica istituzione della Repubblica, il signorile ristorante.

Cesare ≤
salita alla Rocca 7 – ✆ 05 49 99 23 55 – info@hotelcesare.com – Fax 05 49 99 26 30 Y **b**
18 cam – 55/115 € 85/185 € – ½ P 67/117 € – **Rist** – Carta 35/48 €
◆ Il fascino di un antico edificio coniugato con i vantaggi delle moderne tecnologie in un nuovo, raffinato albergo; camere panoramiche al 3° piano o con balcone al 1°. Nuovo look di elegante design contemporaneo nel ristorante.

Titano
contrada del Collegio 31 – ✆ 05 49 99 10 06 – info@hoteltitano.com – Fax 05 49 99 13 75 – 15 marzo-15 novembre Y **u**
48 cam – 70/85 € 85/130 € – ½ P 85 €
Rist *La Terrazza* – ✆ 05 49 99 10 07 *(16 marzo-14 novembre)* Carta 29/46 €
◆ E' un'istituzione locale questa struttura di tradizione nel centro della Repubblica, che offre un'ospitalità familiare e curata nei suoi signorili interni in stile. Bella vista di valli e Appennini dalla terrazza ristorante affacciata sulla piazza principale.

Joli San Marino
viale Federico d'Urbino 36/b – ✆ 05 49 99 10 09 – hoteljoli@omniway.sm – Fax 05 49 99 10 08 Z **b**
24 cam – 37/80 € 54/105 € – ½ P 42/69 €
Rist *Vecchia Stazione* – Carta 26/35 €
◆ In posizione stradale e con spazi comuni limitati, una proposta comunque interessante per prezzi, vicinanza al centro storico e per le camere rinnovate. Ristorante pizzeria dall'ambiente semplice di tono rustico.

Villa Giardi senza rist
via Ferri 22, 1 km per via d. Voltone – ✆ 05 49 99 10 74 – giardif@omniway.sm – Fax 05 49 99 22 85 Z
8 cam – 50/80 € 72/105 €
◆ Poche camere accoglienti e graziose nella loro linearità in questa simpatica casa dall'ambiente familiare, alle porte della località, vicino ad un parco naturale.

Righi la Taverna
piazza della Libertà 10 – ✆ 05 49 99 11 96 – lataverna@omniway.sm – Fax 05 49 99 05 97 – Chiuso dal 6 al 19 novembre e domenica sera Y **n**
Rist – Carta 34/50 €
◆ Adiacente al Palazzo del Governo, un ristorante dall'arredamento caratteristico: bistrot per pasti veloci al pianterreno, più raffinate le proposte nella sala al 1° piano.

a Domagnano per ① : 4 km – ✉ 47895

Rossi cam, 25, VISA

via XXV Marzo 13 – ✆ 05 49 90 22 63 – mrossi@omniway.sm – Fax 05 49 90 66 42
31 cam – 56/80 € 80/105 € – ½ P 52/68 € – **Rist** – *(chiuso dal 20 dicembre al 6 gennaio e sabato in bassa stagione)* Carta 25/33 €

◆ Distante dal fascino turistico del centro storico, nel cuore delle attività commerciali, l'hotel dispone di camere funzionali arredate con gusto moderno. Nella bella sala ristorante panoramica, una cucina di lunga tadizione.

- → *Scoprire la migliore tavola ?*
- → *Trovare l'albergo più vicino ?*
- → *Orientarsi sulle piante e le carte ?*
- → *Interpretare i simboli utilizzati nella guida...*

Seguite i Bib rossi !

I consigli del **Bib Chef** per aiutarvi al ristorante.

I suggerimenti e le informazioni del **Bib Ammiccante** per orientarsi dentro la guida...e in strada.

I consigli del **Bib Groom** per aiutarvi in albergo.

Distanze

QUALCHE CHIARIMENTO

Nel testo di ciascuna località troverete la distanza dalle città limitrofe e da Roma. Le distanze fra le città della tabella accanto completano quelle indicate nel testo di ciascuna località.

La distanza da una località ad un'altra non è sempre ripetuta in senso inverso: guardate al testo dell'una o dell'altra. Utilizzate anche le distanze riportate a margine delle piante.

Le distanze sono calcolate a partire dal centro delle città e seguendo la strada più pratica, ossia quella che offre le migliori condizioni di viaggio ma che non è necessariamente la più breve.

Distances

QUELQUES PRÉCISIONS

Au texte de chaque localité vous trouverez la distance des villes environnantes et celle de Rome. Les distances intervilles du tableau ci-contre complètent ainsi celles données au texte de chaque localité.

La distance d'une localité à une autre n'est pas toujours répétée en sens inverse : voyez au texte de l'une ou de l'autre. Utilisez aussi les distances portées en bordure des plans.

Les distances sont calculées à partir du centre-ville et par la route la plus pratique, c'est-à-dire celle qui offre les meilleures conditions de roulage, mais qui n'est pas nécessairement la plus courte.

Entfernungen

EINIGE ERKLÄRUNGEN

In jedem Ortstext finden Sie Entfernungen zu größeren Städten in der Umgebung und nach Rom. Die Kilometerangaben dieser Tabelle ergänzen somit die Angaben des Ortstextes.

Da die Entfernung von einer Stadt zu einer anderen nicht immer unter beiden Städten zugleich aufgeführt ist, sehen Sie bitte unter beiden entsprechenden Ortstexten nach. Eine weitere Hilfe sind die am Rande der Stadtpläne erwähnten Kilometerangaben.

Die Entfernungen gelten ab Stadtmitte unter Berücksichtigung der günstigsten (nicht immer kürzesten) Strecke.

Distances

COMMENTARY

The text on each town includes its distance from its immediate neighbours and from Rome. The kilometrage in the table completes that given under individual town headings for calculating total distances.

A town's distance from another is not necessarily repeated in the text under both town names, you may have to look, therefore, under one or the other to find it. Note also that some distances appear in the margins of the towns plans.

Distances are calculated from City-centre and along the best roads from a motoring point of view not necessarily the shortest.

Bergamo - Livorno 336 km

	Ancona	Bari	Bergamo	Bologna	Bolzano	Brescia	Brindisi	Catanzaro	Como	Cosenza	Ferrara	Firenze	Foggia	Genova	L'Aquila	La Spezia	Livorno	Milano	Modena	Napoli	Padova	Parma	Perugia	Pescara	Potenza	Ravenna	Reggio di Calabria	Roma	Salerno	S. Marino	Taranto	Torino	Trieste	Udine	Venezia
Bari	466
Bergamo	457	909
Bologna	225	677	240
Bolzano	497	949	236	282
Brescia	411	863	58	196	190
Brindisi	577	114	1020	789	1061	974
Catanzaro	810	360	1192	969	1233	1146	357
Como	482	934	61	267	320	142	1046	1217
Cosenza	696	268	1100	877	1141	1054	265	99	1126
Ferrara	264	716	207	54	248	161	828	1018	315	926
Firenze	265	677	333	111	374	287	788	863	360	770	161
Foggia	344	134	787	555	828	741	246	429	813	337	595	590
Genova	516	911	203	300	410	232	1023	1097	191	1005	347	238	847
L'Aquila	195	396	638	406	679	592	507	620	664	528	446	364	275	597
La Spezia	431	853	262	216	394	216	965	1013	278	920	263	153	762	109	515
Livorno	420	741	336	202	465	289	853	927	352	835	252	95	655	183	456	97
Milano	429	881	54	213	282	104	992	1163	53	1071	260	305	760	140	605	223	299
Modena	273	725	206	58	247	160	837	1008	232	916	105	150	605	260	450	179	243	178
Napoli	398	262	802	580	843	756	373	408	829	315	630	473	175	707	231	621	543	775	607
Padova	331	783	195	121	191	149	894	1084	251	992	78	226	662	363	507	327	319	242	159	695
Parma	315	767	163	99	245	117	878	1050	179	957	146	191	646	207	491	122	198	125	60	660	208
Perugia	139	564	478	246	519	432	676	761	504	669	274	151	444	385	176	299	239	450	282	372	348	335
Pescara	163	313	606	374	647	560	425	638	633	546	414	409	193	660	103	579	496	578	411	249	476	463	263
Potenza	456	131	899	668	940	853	221	319	926	226	707	613	109	846	370	760	683	914	746	157	769	799	511	303
Ravenna	167	619	318	87	359	272	730	941	345	848	89	190	498	373	343	291	283	291	123	551	166	176	185	315	610
Reggio di Calabria	879	452	1283	1061	1324	1237	449	161	1310	191	1111	954	520	1188	712	1102	1024	1256	1088	499	1173	1141	852	731	410	1033
Roma	306	432	605	382	646	559	544	618	632	526	432	276	345	509	120	424	320	577	409	228	495	462	174	211	368	354	710
Salerno	440	242	844	621	885	798	322	356	871	264	671	515	155	748	272	662	585	816	648	55	734	701	413	291	106	593	448	270
S. Marino	125	577	374	142	415	328	688	898	401	805	182	181	456	428	301	347	339	346	178	508	244	231	167	274	568	83	990	346	553
Taranto	547	96	990	759	1031	944	73	297	1017	205	799	758	217	991	476	906	828	963	795	309	861	848	647	395	157	699	389	513	261	659
Torino	548	1000	183	333	411	233	1112	1261	169	1168	380	401	880	171	725	273	349	143	294	871	371	245	549	697	1010	408	1352	684	916	467	1082
Trieste	450	902	367	295	365	321	1014	1259	423	1166	252	400	782	535	627	501	493	415	333	869	179	386	469	599	894	285	1350	682	914	369	984	543
Udine	420	872	337	264	249	290	983	1228	393	1135	221	370	751	505	596	471	463	384	302	838	148	355	438	568	863	255	1320	651	884	338	953	512	73
Venezia	313	765	230	157	228	184	876	1121	286	1029	115	260	644	398	490	364	356	276	196	732	41	248	332	462	756	148	1213	545	775	232	847	406	161	131
Verona	362	814	120	147	156	74	926	1097	177	1005	97	239	694	289	539	264	332	168	109	708	84	110	384	511	806	222	1189	520	753	281	896	296	256	226	124

SICILIA

	Agrigento	Caltanissetta	Catania	Messina	Palermo	Siracusa
Caltanissetta	58					
Catania	165	111				
Messina	260	205	98			
Palermo	128	128	210	233		
Siracusa	215	160	64	164	259	
Trapani	177	227	309	332	110	357

SARDEGNA

	Nuoro	Olbia	Oristano	Sassari
Cagliari	182	265	97	216
Nuoro		104	90	122
Olbia			174	104
Oristano				125

Prefissi Telefonici Internazionali

Importante: per le comunicazioni internazionali, non bisogna comporre lo zero (0) initiale del prefisso interurbano (esclude le chimate per l'Italia)

Indicatifs téléphoniques internationaux

Important : pour les communications internationales, le zéro (0) initial de l'indicatif interurbainn'est pas à composer (excepté pour les appels vers l'Italie).

da / a	A	B	CH	CZ	D	DK	E	FIN	F	GB	GR
A Austria		0032	0041	00420	0049	0045	0034	00358	0033	0044	0030
B Belgio	0043		0041	00420	0049	0045	0034	00358	0033	0044	0030
CH Svizzera	0043	0032		00420	0049	0045	0034	00358	0033	0044	0030
CZ Rep. Ceca	0043	0032	0041		0049	0045	0034	00358	0033	0044	0030
D Germania	0043	0032	0041	00420		0045	0034	00358	0033	0044	0030
DK Danimarca	0043	0032	0041	00420	0049		0034	00358	0033	0044	0030
E Spagna	0043	0032	0041	00420	0049	0045		00358	0033	0044	0030
FIN Finlandia	0043	0032	0041	00420	0049	0045	0034		0033	0044	0030
F Francia	0043	0032	0041	00420	0049	0045	0034	00358		0044	0030
GB Gran Bretagna	0043	0032	0041	00420	0049	0045	0034	00358	0033		0030
GR Grecia	0043	0032	0041	00420	0049	0045	0034	00358	0033	0044	
H Ungheria	0043	0032	0041	00420	0049	0045	0034	00358	0033	0044	0030
I Italia	0043	0032	0041	00420	0049	0045	0034	00358	0033	0044	0030
IRL Irlanda	0043	0032	0041	00420	0049	0045	0034	00358	0033	0044	0030
J Giappone	00143	00132	00141	001420	00149	00145	00134	001358	00133	00144	00130
L Lussemburgo	0043	0032	0041	00420	0049	0045	0034	00358	0033	0044	0030
N Norvegia	0043	0032	0041	00420	0049	0045	0034	00358	0033	0044	0030
NL Olanda	0043	0032	0041	00420	0049	0045	0034	00358	0033	0044	0030
PL Polonia	0043	0032	0041	00420	0049	0045	0034	00358	0033	0044	0030
P Portogallo	0043	0032	0041	00420	0049	0045	0034	00358	0033	0044	0030
RUS Russia	81043	81032	810420	6420	81049	81045	*	810358	81033	81044	*
S Svezia	0043	00932	00941	009420	0049	00945	00934	009358	00933	00944	00930
USA	01143	01132	01141	001420	01149	01145	01134	01358	01133	01144	01130

** Selezione automatica impossibile*   ** Automatische Vorwahl nicht möglich*

Internationale Telefon-Vorwahlnummern

Wichtig: bei Auslandgesprächen darf die Null (0) der Ortsnetzkennzabl nicht gewäblt werden (ausser bei Gesprächen nach Italien).

International Dialling Codes

Note: When making an international call, do not dial the first (0) of the city codes (except for calls to Italy).

H	I	IRL	J	L	N	NL	PL	P	RUS	S	USA	
0036	0039	00353	0081	00352	0047	0031	0048	00351	007	0046	001	**A Autria**
0036	0039	00353	0081	00352	0047	0031	0048	00351	007	0046	001	**B Belgio**
0036	0039	00353	0081	00352	0047	0031	0048	00351	007	0046	001	**CH Svizzera**
0036	0039	00353	0081	00352	0047	0031	0048	00351	007	0046	001	**CZ Rep. Ceca**
0036	0039	00353	0081	00352	0047	0031	0048	00351	007	0046	001	**D Germania**
0036	0039	00353	0081	00352	0047	0031	0048	00351	007	0046	001	**DK Danimarca**
0036	0039	00353	0081	00352	0047	0031	0048	00351	007	0046	001	**E Spagna**
0036	0039	00353	0081	00352	0047	0031	0048	00351	007	0046	001	**FIN Finlandia**
0036	0039	00353	0081	00352	0047	0031	0048	00351	007	0046	001	**F Francia**
0036	0039	00353	0081	00352	0047	0031	0048	00351	007	0046	001	**GB Gran Bretagna**
0036	0039	00353	0081	00352	0047	0031	0048	00351	007	0046	001	**GR Grecia**
	0039	00353	0081	00352	0047	0031	0048	00351	007	0046	001	**H Ungheria**
0036		00353	0081	00352	0047	0031	0048	00351	*	0046	001	**I Italia**
0036	0039		0081	00352	0047	0031	0048	00351	007	0046	001	**IRL Irlanda**
00136	00139	001353		001352	00147	00131	00148	001351	*	01146	0011	**J Giappone**
0036	0039	00353	0081		0047	0031	0048	00351	007	0046	001	**L Lussemburgo**
0036	0039	00353	0081	00352		0031	0048	00351	007	0046	001	**N Norvegia**
0036	0039	00353	0081	00352	0047		0048	00351	007	0046	001	**NL Olanda**
0036	0039	00353	0081	00352	0047	0031		00351	007	0046	001	**PL Polonia**
0036	0039	00353	0081	00352	0047	0031	0048		007	0046	001	**P Portogallo**
81036	*	*	*	*	*	81031	81048	*		*	*	**RUS Russia**
00936	00939	009353	00981	009352	00947	00931	00948	00935	0097		0091	**S Svezia**
01136	01139	011353	01181	011352	01147	01131	01148	011351	*	011146		**USA**

** Pas de sélection automatique*

** Direct dialing not possible*

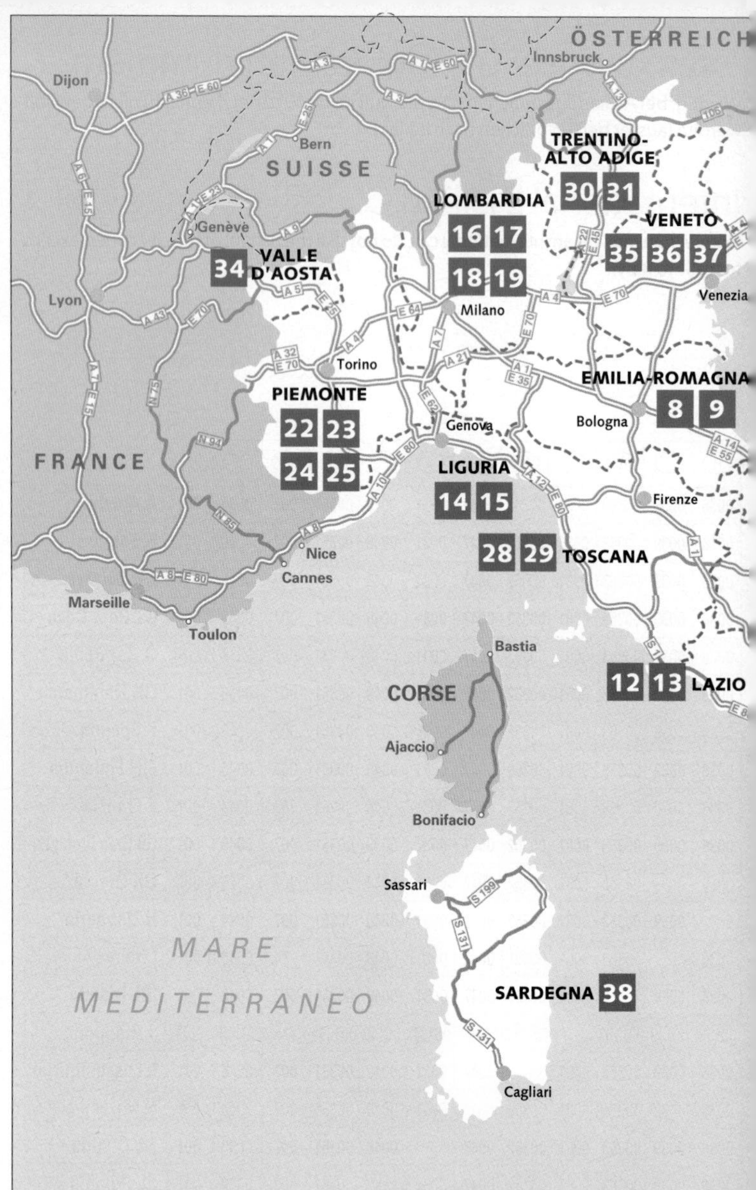

L'Italia in 40 carte

MAGYARORSZÁG
Pécs
FRIULI-
VENEZIA
GIULIA
10 11
Ljubljana
Zagreb
SLOVENIJA
HRVATSKA
Trieste
Rijeka
Beograd
BOSNA
I
HERCEGOVINA
Sarajevo
SRBIJA
Split
CRNA-
GORA
Podgorica
Dubrovnik
Ancona
MARCHE 20 21
UMBRIA
32 33
MARE
ADRIATICO
Pescara
ABRUZZO
1 2
MOLISE
PUGLIA 26 27
Tiranë
SHQIPËRIA
ROMA
Foggia
Bari
Potenza
Napoli
6 7 CAMPANIA
BASILICATA 3 4
CALABRIA 5
MARE
TIRRENO
MARE
IONIO
Messina
Reggio di Calabria
Palermo
Catania
39 40 SICILIA

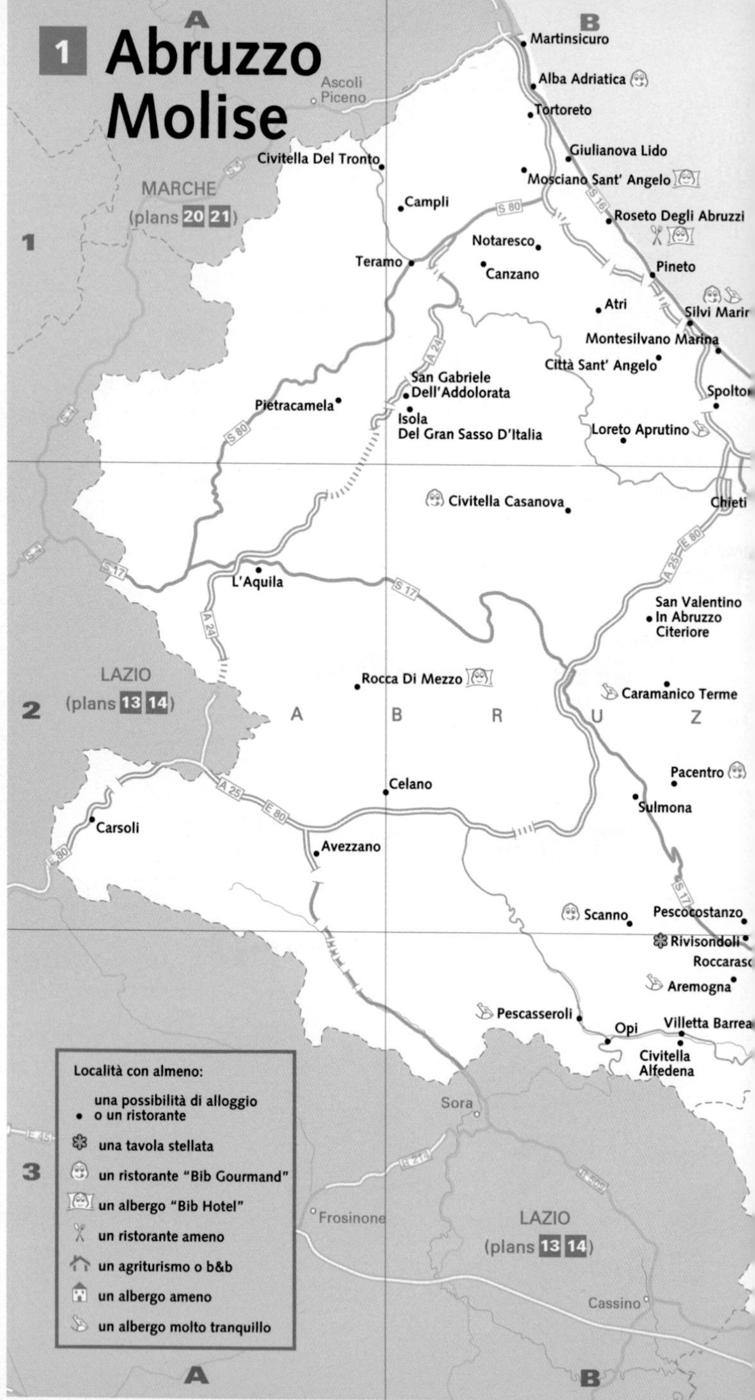
1
Abruzzo
Molise
A
B
1
2
3
Ascoli Piceno
MARCHE
(plans 20 21)
LAZIO
(plans 13 14)
LAZIO
(plans 13 14)
Martinsicuro
Alba Adriatica
Tortoreto
Giulianova Lido
Mosciano Sant' Angelo
Roseto Degli Abruzzi
Civitella Del Tronto
Campli
Notaresco
Teramo
Canzano
Pineto
Atri
Silvi Marin
Montesilvano Marina
Città Sant' Angelo
San Gabriele
Dell'Addolorata
Pietracamela
Isola
Del Gran Sasso D'Italia
Loreto Aprutino
Spolto
Civitella Casanova
Chieti
L'Aquila
San Valentino
In Abruzzo
Citeriore
Rocca Di Mezzo
Caramanico Terme
A B R U Z
Pacentro
Celano
Sulmona
Carsoli
Avezzano
Scanno
Pescocostanzo
Rivisondoli
Roccarasc
Aremogna
Pescasseroli
Opi
Villetta Barrea
Civitella
Alfedena
Sora
Frosinone
Cassino
Località con almeno:
una possibilità di alloggio o un ristorante
una tavola stellata
un ristorante "Bib Gourmand"
un albergo "Bib Hotel"
un ristorante ameno
un agriturismo o b&b
un albergo ameno
un albergo molto tranquillo

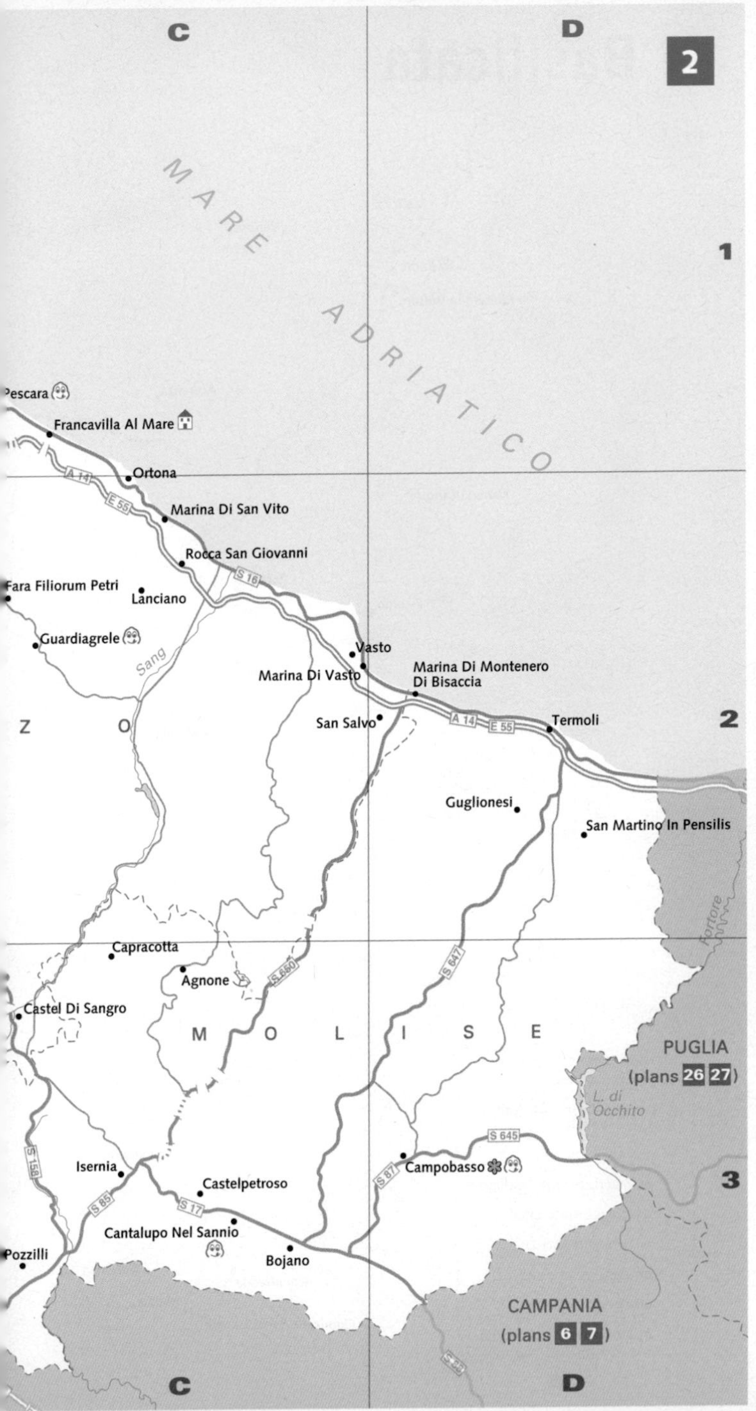

C
D
2
MARE ADRIATICO
1
Pescara
Francavilla Al Mare
Ortona
A 14
E 55
Marina Di San Vito
Rocca San Giovanni
S 16
Fara Filiorum Petri
Lanciano
Guardiagrele
Sang
Vasto
Marina Di Vasto
Marina Di Montenero
Di Bisaccia
San Salvo
A 14
E 55
Termoli
2
Z
O
Guglionesi
San Martino In Pensilis
Fortore
Capracotta
Agnone
S 650
S 647
Castel Di Sangro
M O L I S E
PUGLIA
(plans 26 27)
L. di
Occhito
S 645
S 158
Isernia
Campobasso
S 87
3
Castelpetroso
S 85
S 17
Cantalupo Nel Sannio
Pozzilli
Bojano
CAMPANIA
(plans 6 7)
C
D

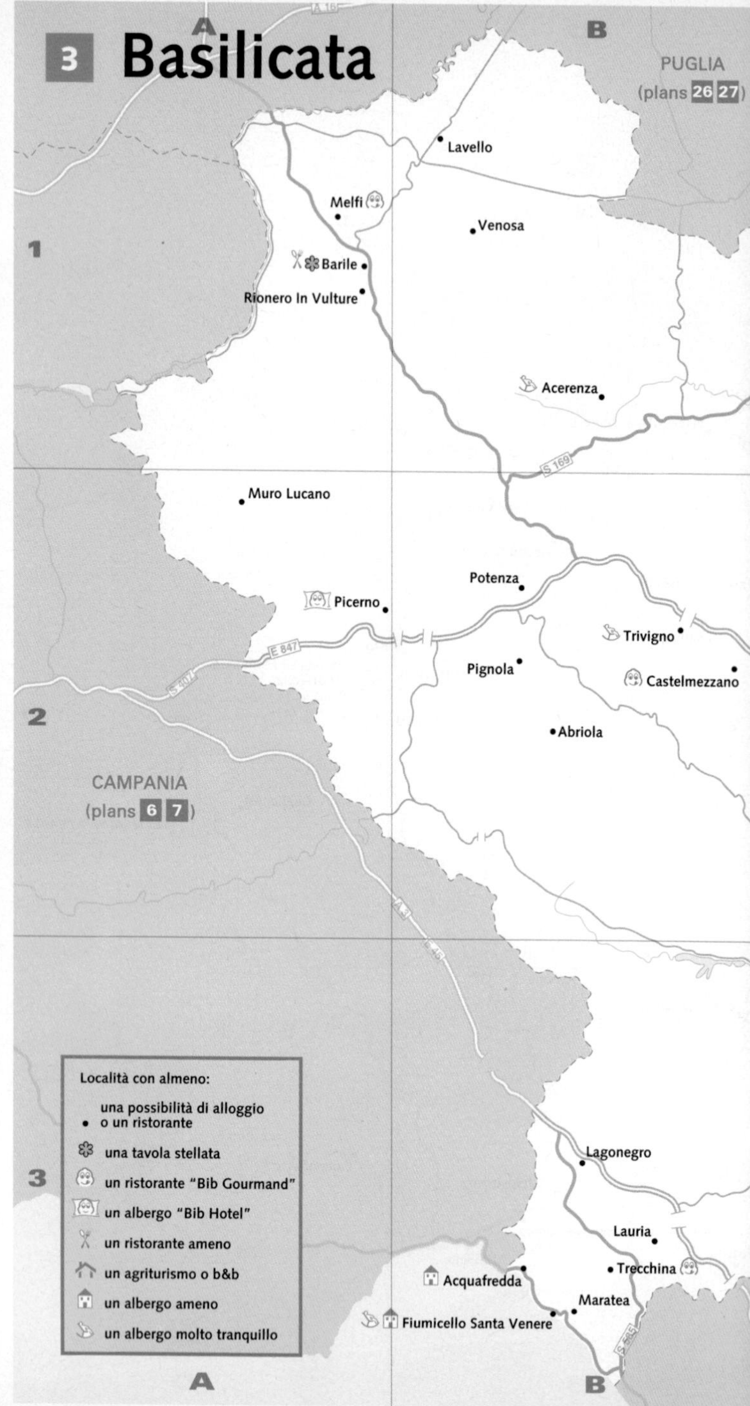
3 Basilicata
A
B
PUGLIA
(plans 26 27)
A 16
Lavello
Melfi
Venosa
Barile
Rionero In Vulture
Acerenza
S 169
Muro Lucano
Potenza
Picerno
Trivigno
Pignola
Castelmezzano
E 847
S 407
Abriola
CAMPANIA
(plans 6 7)
A 3
E 45
1
2
3
Località con almeno:
una possibilità di alloggio o un ristorante
una tavola stellata
un ristorante "Bib Gourmand"
un albergo "Bib Hotel"
un ristorante ameno
un agriturismo o b&b
un albergo ameno
un albergo molto tranquillo
Lagonegro
Lauria
Trecchina
Acquafredda
Maratea
Fiumicello Santa Venere
S 585

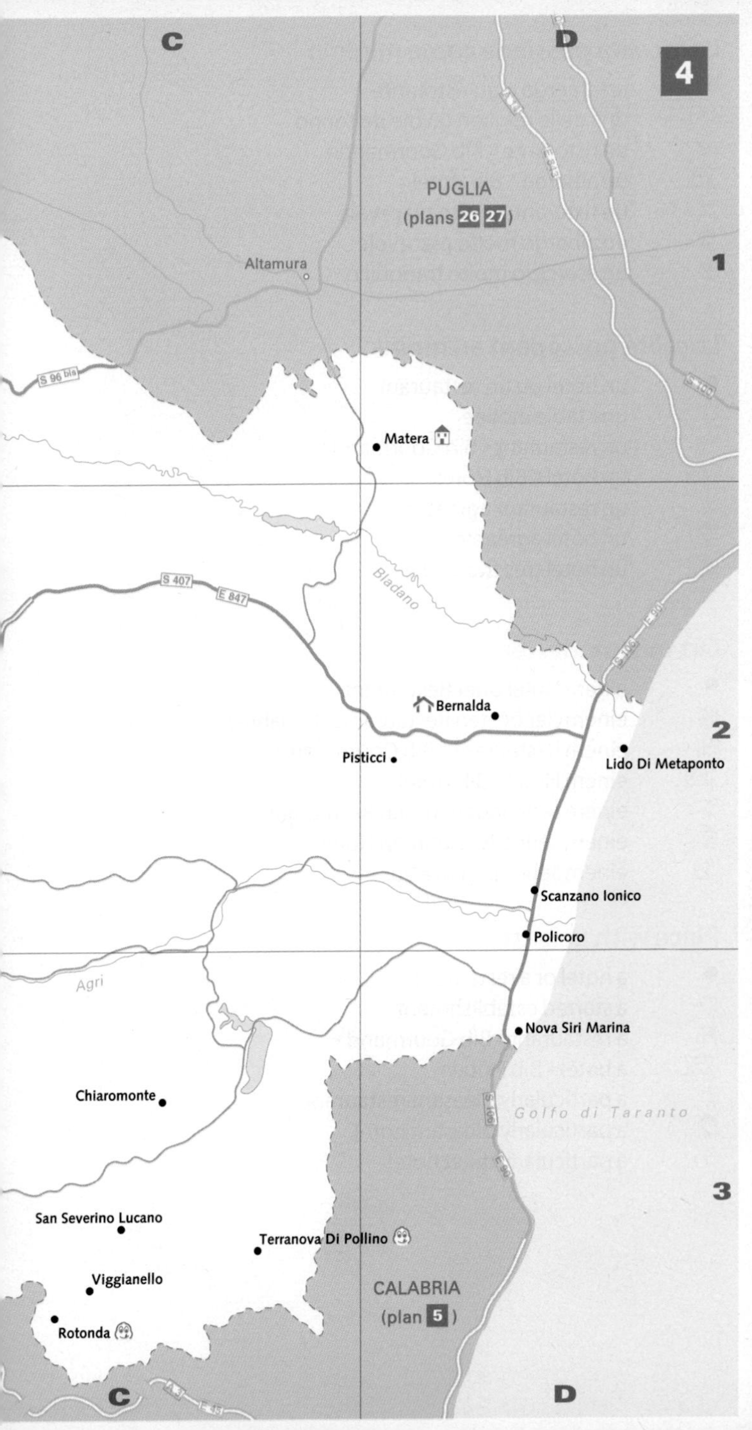
C
D
4
PUGLIA
(plans 26 27)
1
Altamura
S 96 bis
S 100
Matera
Bladano
S 407
E 847
S 106
E 90
Bernalda
2
Pisticci
Lido Di Metaponto
Scanzano Ionico
Policoro
Agri
Nova Siri Marina
Chiaromonte
Golfo di Taranto
3
San Severino Lucano
Terranova Di Pollino
Viggianello
CALABRIA
(plan 5)
Rotonda
C
D

La località possiede come minimo

- ● un albergo o un ristorante
- ✿ una delle migliori tavole dell'anno
- ☺ un ristorante « Bib Gourmand »
- ☺ un albergo « Bib Hotel »
- X un ristorante molto piacevole
- ⌂ un albergo molto piacevole
- ↻ un esercizio molto tranquillo

Localité possédant au moins

- ● un hôtel ou un restaurant
- ✿ une table étoilée
- ☺ un restaurant « Bib Gourmand »
- ☺ un hôtel « Bib Hôtel »
- X un restaurant agréable
- ⌂ un hôtel agréable
- ↻ un hôtel très tranquille

Ort mit mindestens

- ● einem Hotel oder Restaurant
- ✿ einem der besten Restaurants des Jahres
- ☺ einem Restaurant « Bib Gourmand »
- ☺ einem Hotel « Bib Hôtel »
- X einem sehr angenehmen Restaurant
- ⌂ einem sehr angenehmen Hotel
- ↻ einem sehr ruhigen Haus

Place with at least

- ● a hotel or a restaurant
- ✿ a starred establishment
- ☺ a restaurant « Bib Gourmand »
- ☺ a hotel « Bib Hôtel »
- X a particularly pleasant restaurant
- ⌂ a particularly pleasant hotel
- ↻ a particularly quiet hotel

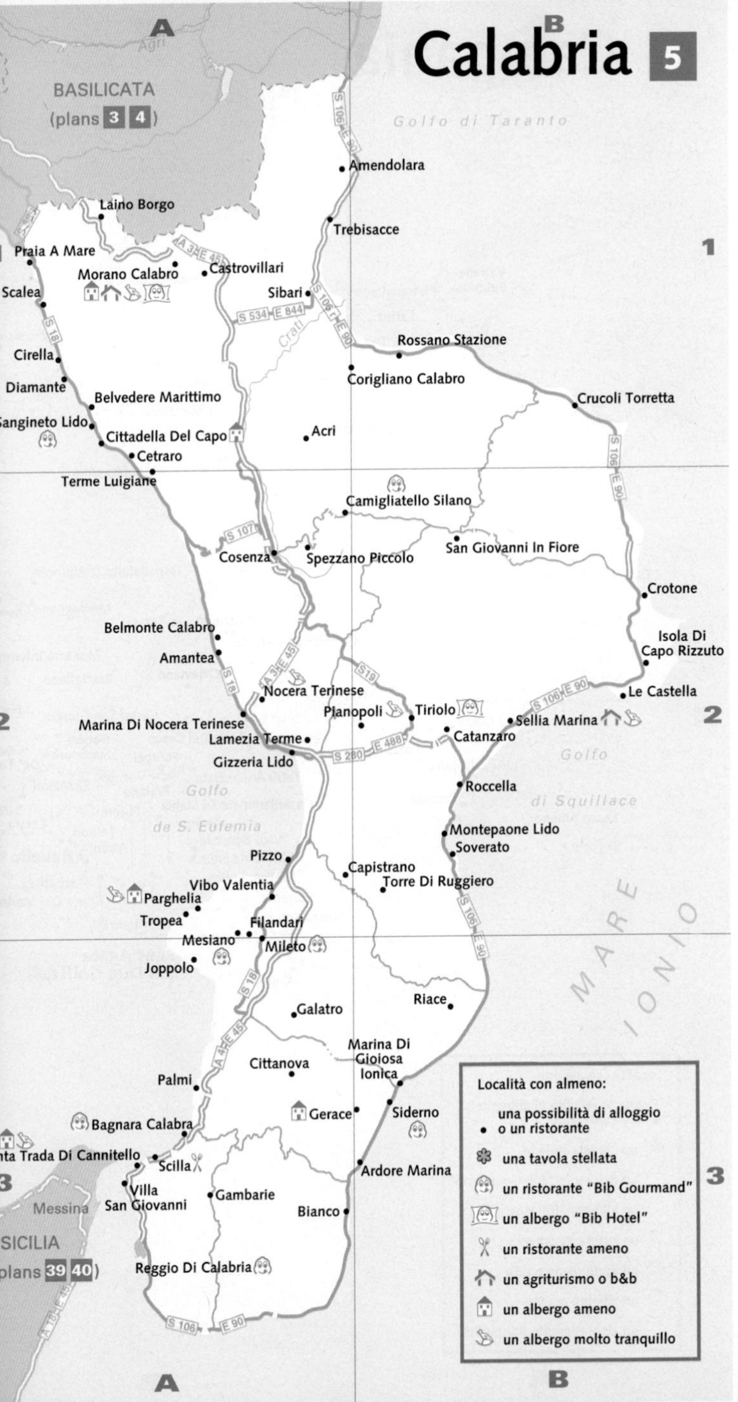

Calabria
5
A
B
BASILICATA
(plans 3 4)
Golfo di Taranto
Amendolara
Trebisacce
Laino Borgo
Praia A Mare
Morano Calabro
Castrovillari
Scalea
Sibari
Cirella
Rossano Stazione
Diamante
Corigliano Calabro
Belvedere Marittimo
Crucoli Torretta
Sangineto Lido
Cittadella Del Capo
Acri
Cetraro
Terme Luigiane
Camigliatello Silano
San Giovanni In Fiore
Cosenza
Spezzano Piccolo
Crotone
Belmonte Calabro
Isola Di Capo Rizzuto
Amantea
Le Castella
Nocera Terinese
Pianopoli
Tiriolo
Sellia Marina
Marina Di Nocera Terinese
Lamezia Terme
Catanzaro
Gizzeria Lido
Golfo di Squillace
Roccella
Golfo de S. Eufemia
Montepaone Lido
Soverato
Pizzo
Capistrano
Vibo Valentia
Torre Di Ruggiero
Parghelia
Tropea
Filandari
Mesiano
Mileto
Joppolo
MARE IONIO
Riace
Galatro
Marina Di Gioiosa Ionica
Cittanova
Palmi
Gerace
Siderno
Bagnara Calabra
Scilla
Ardore Marina
Villa San Giovanni
Gambarie
Bianco
Messina
SICILIA
(plans 39 40)
Reggio Di Calabria
1
2
3
Località con almeno:
una possibilità di alloggio o un ristorante
una tavola stellata
un ristorante "Bib Gourmand"
un albergo "Bib Hotel"
un ristorante ameno
un agriturismo o b&b
un albergo ameno
un albergo molto tranquillo

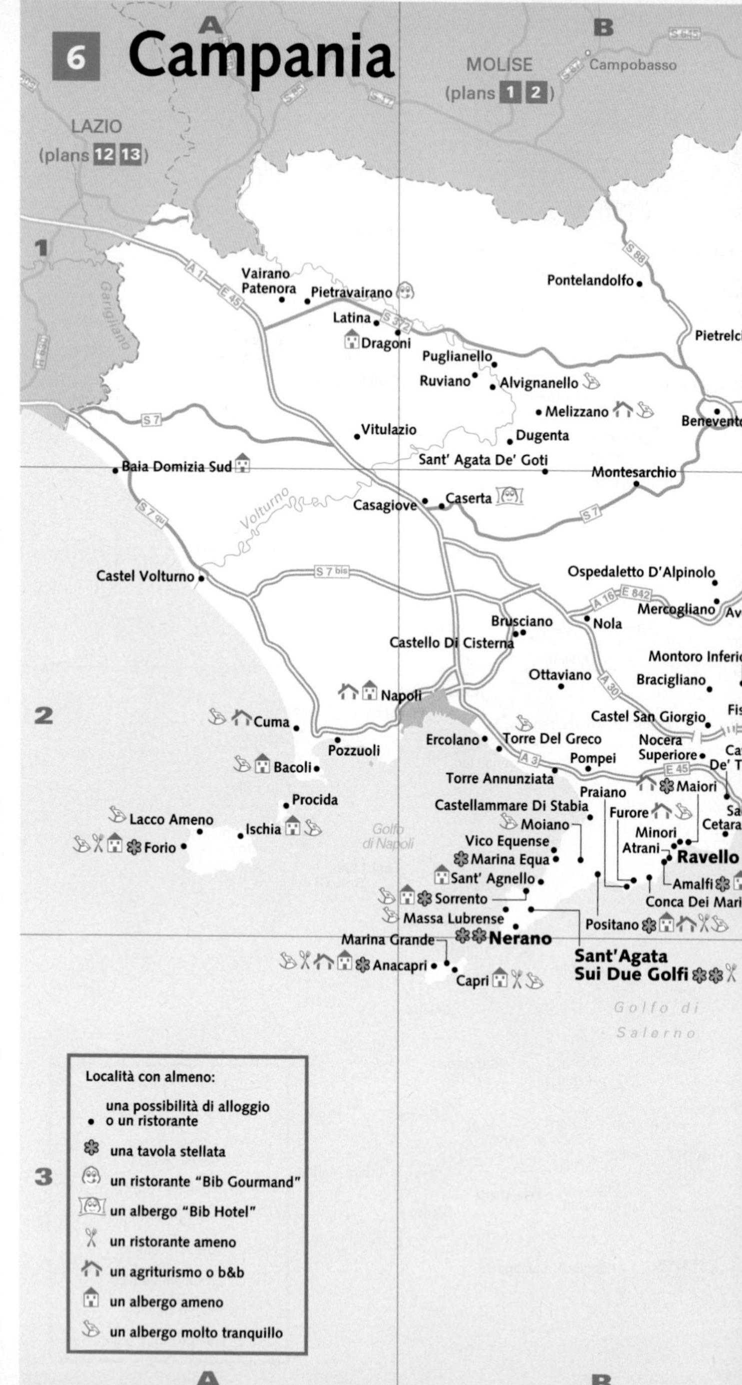

6 Campania
A
B
MOLISE
(plans 1 2)
Campobasso
LAZIO
(plans 12 13)
1
2
3
Vairano Patenora
Pietravairano
Latina
Dragoni
Puglianello
Ruviano
Alvignanello
Melizzano
Pontelandolfo
Benevento
Vitulazio
Dugenta
Sant' Agata De' Goti
Montesarchio
Baia Domizia Sud
Casagiove
Caserta
Volturno
Castel Volturno
Ospedaletto D'Alpinolo
Mercogliano
Nola
Brusciano
Castello Di Cisterna
Montoro Inferiore
Ottaviano
Bracigliano
Napoli
Cuma
Pozzuoli
Bacoli
Castel San Giorgio
Ercolano
Torre Del Greco
Nocera Superiore
Pompei
Torre Annunziata
Praiano
Maiori
Procida
Castellammare Di Stabia
Furore
Lacco Ameno
Moiano
Cetara
Ischia
Forio
Golfo di Napoli
Vico Equense
Minori
Atrani
Ravello
Marina Equa
Sant' Agnello
Amalfi
Sorrento
Conca Dei Marini
Massa Lubrense
Positano
Marina Grande
Nerano
Sant'Agata Sui Due Golfi
Anacapri
Capri
Golfo di Salerno
Località con almeno:
una possibilità di alloggio o un ristorante
una tavola stellata
un ristorante "Bib Gourmand"
un albergo "Bib Hotel"
un ristorante ameno
un agriturismo o b&b
un albergo ameno
un albergo molto tranquillo

C
D
7
FOGGIA
PUGLIA
(plans 26 27)
1
Ariano Irpino
Melito Irpino
Vallesaccarda
Melfi
Montemarano
Nusco
Sorbo Serpico
Solofra
BASILICATA
(plans 3 4)
Giffoni Sei Casali
Sieti
Potenza
2
Campagna
Pontecagnano
Eboli
Atena Lucana
Paestum
Agropoli
Castellabate
San Marco
Perdifumo
Vallo Della Lucania
Castelnuovo Cilento
Ceraso
Casal Velino
Marina Di Casal Velino
Pioppi
3
San Mauro La Bruca
Sapri
Marina Di Ascea
Pisciotta
Palinuro
Marina Di Camerota
C
D

8 Emilia-Romagna

A B

1 2 3

BRESCIA
VERONA
MILANO
LOMBARDIA (plans 16 17 18 19)
Lodi
Mantova
Cremona
Monticelli D'Ongina
Castelvetro Piacentino
Polesine Parmense
Zibello
Piacenza
Rottofreno
Bersano
Roccabianca
Rivalta Trebbia
Besenzone
Busseto
Colorno
Reggiolo
Concordia Sulla Secchia
Borgonovo Val Tidone
Cadeo
Torrile
Vedole
Gualtieri
Gazzola
Carpaneto Piacentino
Soragna
Brescello
Fabbrico
Agazzano
Fiorenzuola D'Arda
San Prospero Sulla Secchia
Rivergaro
Alseno
Fidenza
Correggio
Ponte Dell'Olio
Castell'Arquato
Parma
Carpi
Salsomaggiore Terme
Tabiano Bagni
Soliera
Spettine
Cangelásio
Medesano
Campogalliano
Bettola
Collecchio
Bobbio
Fornovo Di Taro
Felino
San Polo D'Enza
Rubiera
Modena
Varano De Melegari
Langhirano
Scandiano
Formigine
Sivizzano
Fiorano Modenese
Terenzo
Calestano
Viano
Sassuolo
Maranello
Neviano Degli Arduini
Castelvetro Di Modena
Tizzano Val Parma
Borgo Val Di Taro
Berceto
Carpineti
Serramazzoni
Castelnovo Ne' Monti
LIGURIA (plans 14 15)
Pavullo Nel Frignano
Montefiorino
Lama Mocogno
Rapallo
Gaggio Montano
Montecreto
Sestola
Pievepelago
Fiumalbo
Vidiciatico
Lizzano In Belvedere
LA SPEZIA
Massa
Pistoia
TOSCANA (plans 28 29)

A
Viarolo
Vicomero
Castelnovo Di Baganzola
Castelnovo Di Sotto
Parma
Campegine
Bagnolo In Piano
Sant'Ilario D'Enza
Collecchio
Monticelli Terme
Sala Baganza
Cavriago
Reggio Nell'Emilia
Felino
Torrechiara
Lesignano De'Bagni
Albinea

A B

C
D
Vicenza
VENEZIA
PADOVA
GOLFO DI VENEZIA
VENETO
(plans 35 36)
ADIGE
PO
1
2
3
Bondeno
Vigarano Mainarda
Ferrara
Codigoro
Gorino Veneto
Finale Emilia
Sant' Agostino
Ostellato
Comacchio
Cento
Malalbergo
Portomaggiore
Valli di Comacchio
Reno
Argelato
Argenta
Alfonsine
Marina Di Ravenna
Trebbo Di Reno
Budrio
Bologna
Castel Guelfo Di Bologna
Bagnacavallo
Ravenna
Castel San Pietro Terme
Lugo
Russi
Lido Di Classe
Lido Di Savio
Calderino
Mordano
Bagnara Di Romagna
Pianoro
Imola
Cervia
Savigno
Dozza
Riolo Terme
Faenza
Cesenatico
Gatteo A Mare
San Mauro A Mare
Bellaria Igea Marina
Tolè
Casalfiumanese
Brisighella
Forlì
Monzuno
Loiano
Casola Valsenio
Castrocaro Terme
Rocca Di Roffeno
Cesena
Santarcangelo Di Romagna
Monghidoro
Cavina
San Savino
Longiano
Rimini
Misano Adriatico
Castel D'Aiano
Dovadola
Meldola
Bertinoro
Riccione
Cattolica
Castiglione Dei Pepoli
Tredozio
Roncofreddo
Villa Verucchio
Porretta Terme
Rocca San Casciano
Poggio Berni
Portico Di Romagna
Torriana
Verucchio
Misano Monte
San Giovanni In Marignano
Santa Sofia
Sarsina
Montefiore Conca
Saludecio
Corniolo
San Piero In Bagno
Montegridolfo
TOSCANA
(plans 28 29)
Bagno Di Romagna
MARCHE
(plans 20 21)
B
Crevalcore
Pieve Di Cento
San Pietro In Casale
Altedo
Nonantola
Argelato
Bentivoglio
Minerbio
San Giovanni In Persiceto
Sala Bolognese
Castel Maggiore
Castelfranco Emilia
Trebbo Di Reno
Granarolo Dell'Emilia
Calderara Di Reno
Anzola Dell'Emilia
Castenaso
Spilamberto
Bologna
Bazzano
San Lazzaro Di Savena
Zola Predosa
Savignano Sul Panaro
Ozzano Dell'Emilia
Località con almeno:
una possibilità di alloggio o un ristorante
una tavola stellata
un ristorante "Bib Gourmand"
un albergo "Bib Hotel"
un ristorante ameno
un agriturismo o b&b
un albergo ameno
un albergo molto tranquillo
Lago

10 Friuli-Venezia Giulia

C
D
11
ÖSTERREICH
Località con almeno:
una possibilità di alloggio o un ristorante
una tavola stellata
un ristorante "Bib Gourmand"
un albergo "Bib Hotel"
un ristorante ameno
un agriturismo o b&b
un albergo ameno
un albergo molto tranquillo
Tarvisio
Malborghetto
A 23
E55
A 2
206
1
102
Tarcento
Pulfero
Tricesimo
Stregna
E 55
SLOVENIJA
2
Godia
Cividale Del Friuli
Udine
Dolegna Del Collio
103
Buttrio
Ruttars
Capriva Del Friuli
San Giovanni Al Natisone
Mossa
Cormons
Gorizia
Tissano
S 56
Mariano Del Friuli
Corona
Santa Maria La Longa
Savogna D'Isonzo
Medea
Gradisca D'Isonzo
Palmanova
Bagnaria Arsa
Ruda
Monfalcone
Cervignano Del Friuli
Villa Vicentina
Duino-Aurisina
Sgonico
A 4
E 70
A 3
Aquileia
Monrupino
Marano Lagunare
Grignano
S 14
Opicina
3
Trieste
Pesek
Grado
Draga Sant' Elia
Lignano Sabbiadoro
Muggia
S 15
Golfo di Trieste
C
D

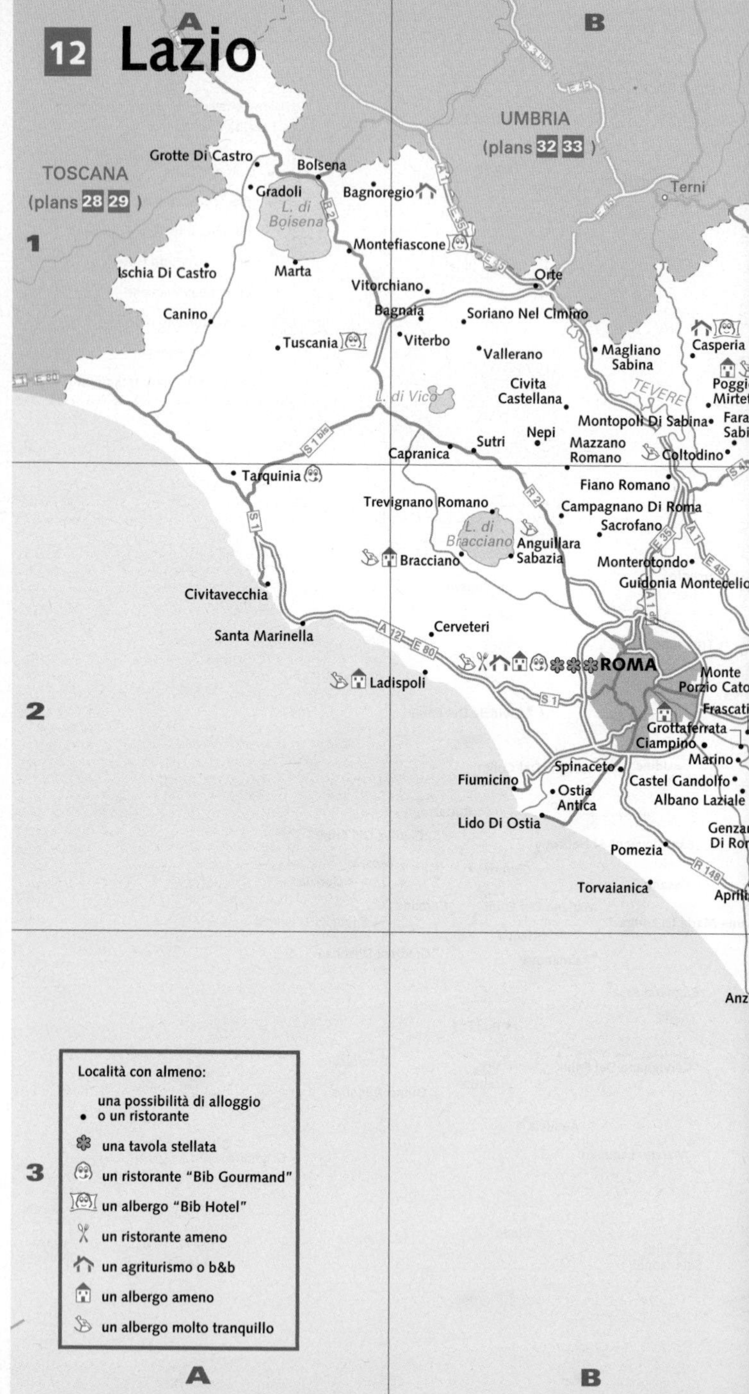

12 Lazio
A
B
TOSCANA
(plans 28 29)
UMBRIA
(plans 32 33)
Terni
1
2
3
Grotte Di Castro
Bolsena
Gradoli
Bagnoregio
L. di Bolsena
Montefiascone
Ischia Di Castro
Marta
Vitorchiano
Orte
Canino
Bagnaia
Soriano Nel Cimino
Tuscania
Viterbo
Vallerano
Magliano Sabina
Casperia
Civita Castellana
L. di Vico
TEVERE
Poggio Mirteto
Montopoli Di Sabina
Fara Sabina
Nepi
Sutri
Capranica
Mazzano Romano
Coltodino
Tarquinia
Fiano Romano
Trevignano Romano
Campagnano Di Roma
Sacrofano
L. di Bracciano
Anguillara Sabazia
Bracciano
Monterotondo
Guidonia Montecelio
Civitavecchia
Santa Marinella
Cerveteri
ROMA
Ladispoli
Monte Porzio Cato
Frascati
Grottaferrata
Ciampino
Marino
Spinaceto
Fiumicino
Ostia Antica
Castel Gandolfo
Albano Laziale
Lido Di Ostia
Pomezia
Torvaianica
Aprilia
Anzio
Località con almeno:
una possibilità di alloggio o un ristorante
una tavola stellata
un ristorante "Bib Gourmand"
un albergo "Bib Hotel"
un ristorante ameno
un agriturismo o b&b
un albergo ameno
un albergo molto tranquillo

C
D
13
Pescara
ABRUZZO
(plans 1 2)
1
Rivodutri
Rieti
Cittaducale
L'Aquila
Castel Madama
Tivoli
Olevano Romano
Zagarolo
Palestrina
Acuto
Fiuggi
Fiuggi Fonte
San Cesareo
Labico
Anagni
Fumone
Alatri
Veroli
Ferentino
Nemi
Velletri
Segni
Frosinone
San Donato Val Di Comino
Posta Fibreno
Isola Del Liri
Arpino
Picinisco
2
MOLISE
(plans 1 2)
Ceprano
Castrocielo
Cassino
San Vittore Del Lazio
Sermoneta
Sezze
Pastena
Pontecorvo
Priverno
Nettuno
Fondi
Garigliano
Formia
CAMPANIA
(plans 6 7)
Sabaudia
Terracina
Sperlonga
Gaeta
San Felice Circeo
Quarto Caldo
Golfo di Gaeta
3
Ponza
C
D

14 Liguria

A
B
TORINO
Località con almeno:
una possibilità di alloggio o un ristorante
una tavola stellata
un ristorante "Bib Gourmand"
un albergo "Bib Hotel"
un ristorante ameno
un agriturismo o b&b
un albergo ameno
un albergo molto tranquillo
1
2
3
Asti
Alessandria
Tanaro
PIEMONTE
(plans 22 23 24 25)
Tiglieto
Sassello
Voltri
Arenzano
Cogoleto
Cairo Montenotte
Varazze
Millesimo
Celle Ligure
Albissola Marina
Altare
Savona
Quiliano
Vado Ligure
Sant'Ermete
Bergeggi
Spotorno
Calizzano
Calice Ligure
Noli
Bardineto
Varigotti
Pietra Ligure
Finale Ligure
Borgio Verezzi
Toirano
Loano
Castelbianco
Salea
Colle Di Nava
Albenga
Borghetto D'Arroscia
Ranzo
Garlenda
Cenova
Alassio
Stellanello
Triora
Andora
Laigueglia
Cuneo
FRANCE
Cervo
Pigna
Diano Marina
San Bartolomeo Al Mare
Imperia
Apricale
Cipressa
Dolceacqua
Santo Stefano Al Mare
San Remo
Arma Di Taggia
Camporosso
Vallebona
Ventimiglia
Bordighera
Vallecrosia
Monte-Carlo-
Monaco
M A R E

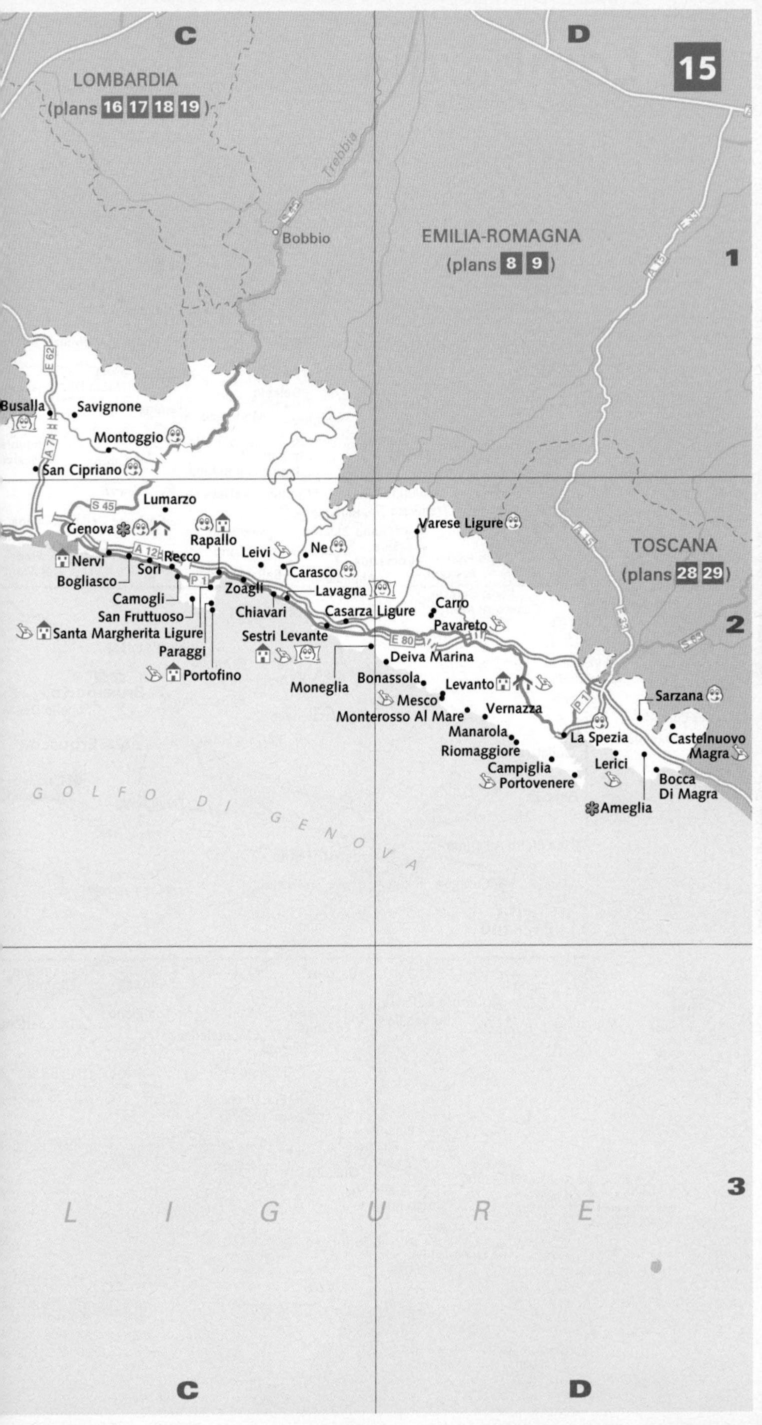

C
D
15
LOMBARDIA
(plans 16 17 18 19)
Trebbia
Bobbio
EMILIA-ROMAGNA
(plans 8 9)
1
Busalla
Savignone
Montoggio
San Cipriano
Lumarzo
Genova
Rapallo
Leivi
Ne
Varese Ligure
TOSCANA
(plans 28 29)
Nervi
Recco
Sori
Bogliasco
Carasco
Camogli
Zoagli
Lavagna
San Fruttuoso
Chiavari
Casarza Ligure
Carro
Santa Margherita Ligure
Pavareto
2
Sestri Levante
Paraggi
Deiva Marina
Portofino
Moneglia
Bonassola
Levanto
Sarzana
Mesco
Vernazza
Monterosso Al Mare
Manarola
La Spezia
Castelnuovo Magra
Riomaggiore
Lerici
Campiglia
Portovenere
Bocca Di Magra
Ameglia
GOLFO DI GENOVA
3
L I G U R E
C
D

16 Lombardia
A
B
1
2
3
SUISSE
SCHWEIZ
SVIZZERA
Livigno
Saint-Moritz
Montespluga
Madesimo
Chiavenna
Villa Di Chiavenna
Mese
Lanzada
Chiesa In Valmalenco
Ponte In Valtellina
Sondrio
Sorico
Delebio
Moia Di Albosaggia
Gravedona
Colico
Morbegno
Tartano
Lago di Como
Lago Maggiore
Varenna
Perledo
Gerola Alta
Foppolo
Nobiallo
Margno
Carona
Valsolda
Pian Delle Betulle
LUGANO
Menaggio
Crandola Valsassina
Branzi
Lanzo D'Intelvi
Tremezzo
Bellagio
Castione Della Presolana
Luino
Campione D'Italia
Lenno
Lierna
Cremeno
Castelveccana
Rancio Valcuvia
Pellio Intelvi
Sala Comacina
Mandello Del Lario
Clusone
Laveno Monbello
Argegno
Ballabio
Abbadia Lariana
Cittiglio
Duno
Porto Ceresio
Cuasso Al Monte
Lecco
Gavirate
Como
Villa D'Almè
Ranco
Ispra
Cadrezzate
Almè
Comabbio
Viganò
Ambivere
Angera
Corgeno
Briosco
Bergamo
Brusaporto
Sesto Calende
Casatenovo
Somma Lombardo
Osio Sotto
Erbusco
Olgiate Olona
Vizzola Ticino
Ferno
Cazzago San Martino
Treviglio
San Pietro All'Olmo
Milano
Trescore Cremasco
Cusago
Novara
Cassinetta Di Lugagnano
Binasco
Bascape
Lodi
Cavenago d'Adda
Casalbuttano Ed Uniti
Vercelli
Vigevano
Certosa Di Pavia
San Genesio Ed Uniti
Sant' Angelo Lodigiano
Pizzighettone
Mortara
Gambolò
Borgarello
Monteleone
Inverno
Maleo
Pavia
Chignolo Po
Guardamiglio
Portalbera
Barbianello
Stradella
Cervesina
Pinarolo Po
Montù Beccaria
Piacenza
Santa Giulietta
Montescano
Casei Gerola
Calvignano
Santa Maria Della Versa
PIEMONTE
(plans 22 23 24 25)
Borgo Priolo
Montecalvo Versiggia
Rivanazzano
Fortunago
Salice Terme
Alessandria
EMILIA-ROMAGNA
(plans 8 9)
Varzi
Bobbio
Ticino
Adda
Tanaro
Trebbia

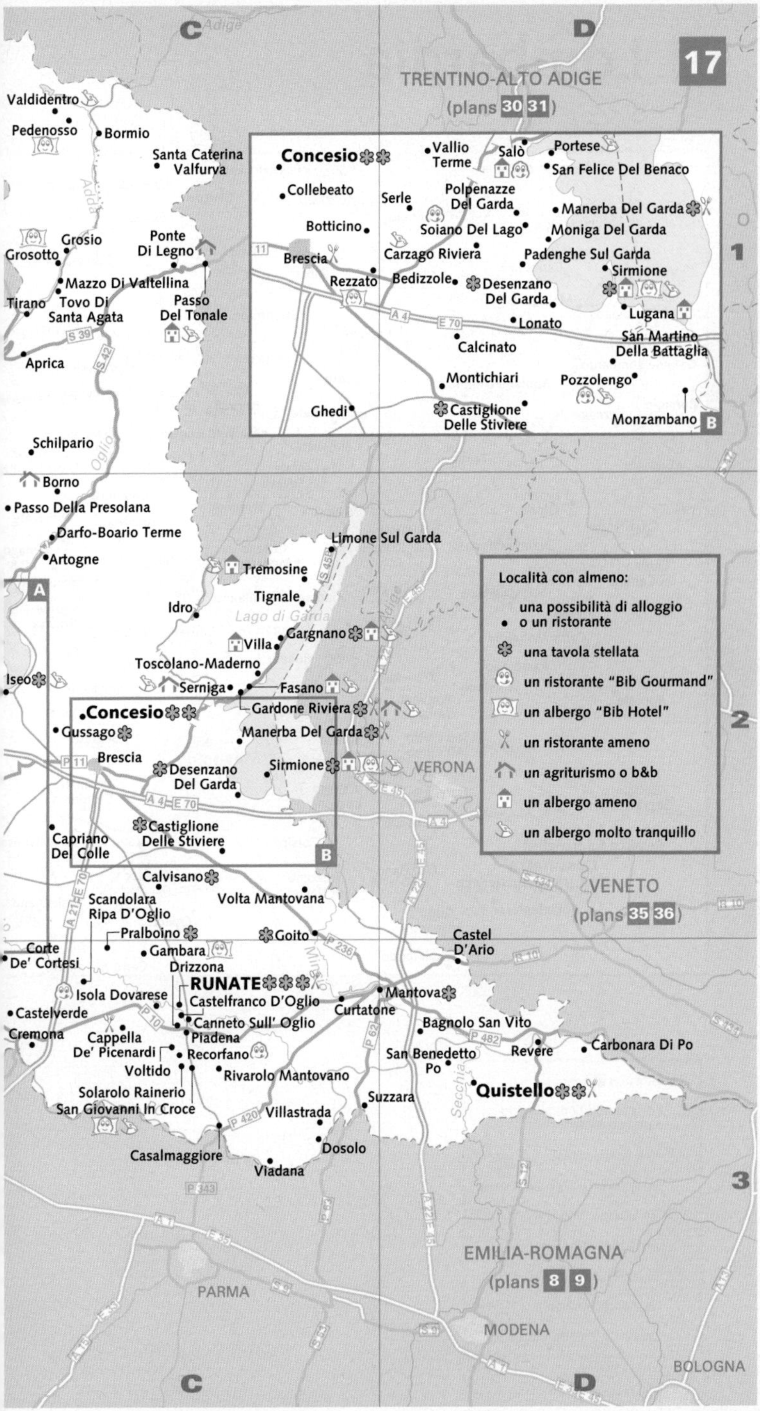

C D

TRENTINO-ALTO ADIGE
(plans 30 31)

Concesio
Collebeato
Botticino
Brescia
Rezzato
Vallio Terme
Serle
Polpenazze Del Garda
Soiano Del Lago
Carzago Riviera
Bedizzole
Salò
Portese
San Felice Del Benaco
Manerba Del Garda
Moniga Del Garda
Padenghe Sul Garda
Sirmione
Desenzano Del Garda
Lugana
Lonato
Calcinato
San Martino Della Battaglia
Montichiari
Pozzolengo
Ghedi
Castiglione Delle Stiviere
Monzambano
B

Valdidentro
Pedenosso
Bormio
Santa Caterina Valfurva
Grosio
Grosotto
Ponte Di Legno
Mazzo Di Valtellina
Tirano
Tovo Di Santa Agata
Passo Del Tonale
Aprica
Schilpario
Borno
Passo Della Presolana
Darfo-Boario Terme
Artogne
Limone Sul Garda
Tremosine
Tignale
Idro
Lago di Garda
Villa
Gargnano
Toscolano-Maderno
Iseo
Serniga
Fasano
Gardone Riviera
Concesio
Gussago
Manerba Del Garda
Brescia
Desenzano Del Garda
Sirmione
VERONA
Castiglione Delle Stiviere
Capriano Del Colle
A
B
Calvisano
Volta Mantovana
Scandolara Ripa D'Oglio
Pralboino
Goito
Castel D'Ario
Corte De' Cortesi
Gambara
Drizzona
RUNATE
Isola Dovarese
Castelfranco D'Oglio
Mantova
Curtatone
Castelverde
Canneto Sull' Oglio
Bagnolo San Vito
Cremona
Cappella De' Picenardi
Piadena
Recorfano
Revere
Carbonara Di Po
San Benedetto Po
Voltido
Rivarolo Mantovano
Quistello
Solarolo Rainerio
San Giovanni In Croce
Suzzara
Villastrada
Dosolo
Casalmaggiore
Viadana

VENETO
(plans 35 36)

Località con almeno:
- una possibilità di alloggio o un ristorante
- una tavola stellata
- un ristorante "Bib Gourmand"
- un albergo "Bib Hotel"
- un ristorante ameno
- un agriturismo o b&b
- un albergo ameno
- un albergo molto tranquillo

EMILIA-ROMAGNA
(plans 8 9)

PARMA
MODENA
BOLOGNA

1 2 3

C D

A B

18 Lombardia

1

2

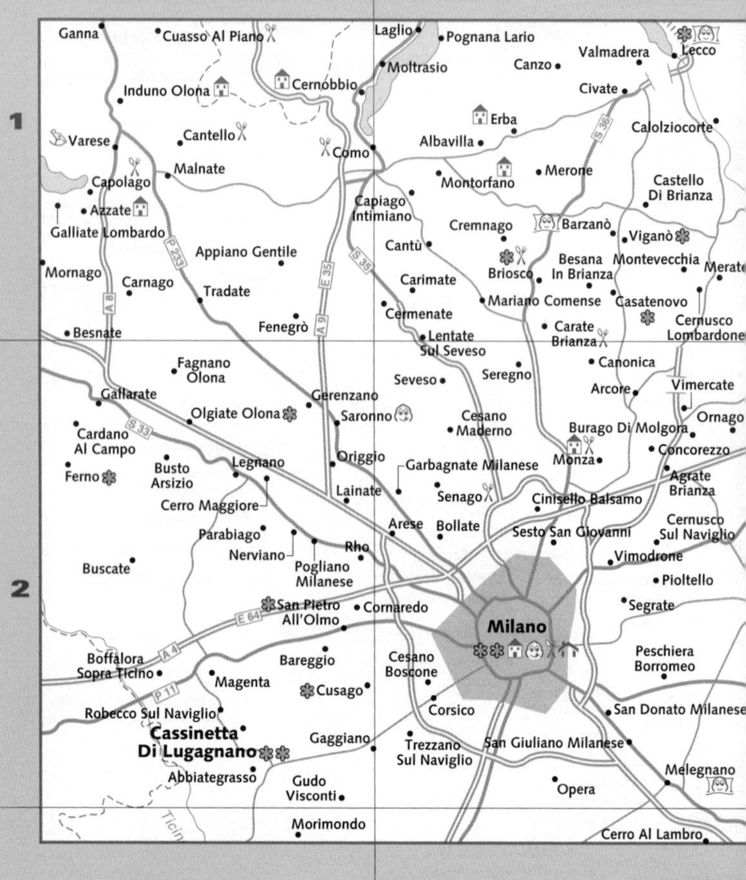

3

Località con almeno:

- una possibilità di alloggio o un ristorante
- una tavola stellata
- un ristorante "Bib Gourmand"
- un albergo "Bib Hotel"
- un ristorante ameno
- un agriturismo o b&b
- un albergo ameno
- un albergo molto tranquillo

A B

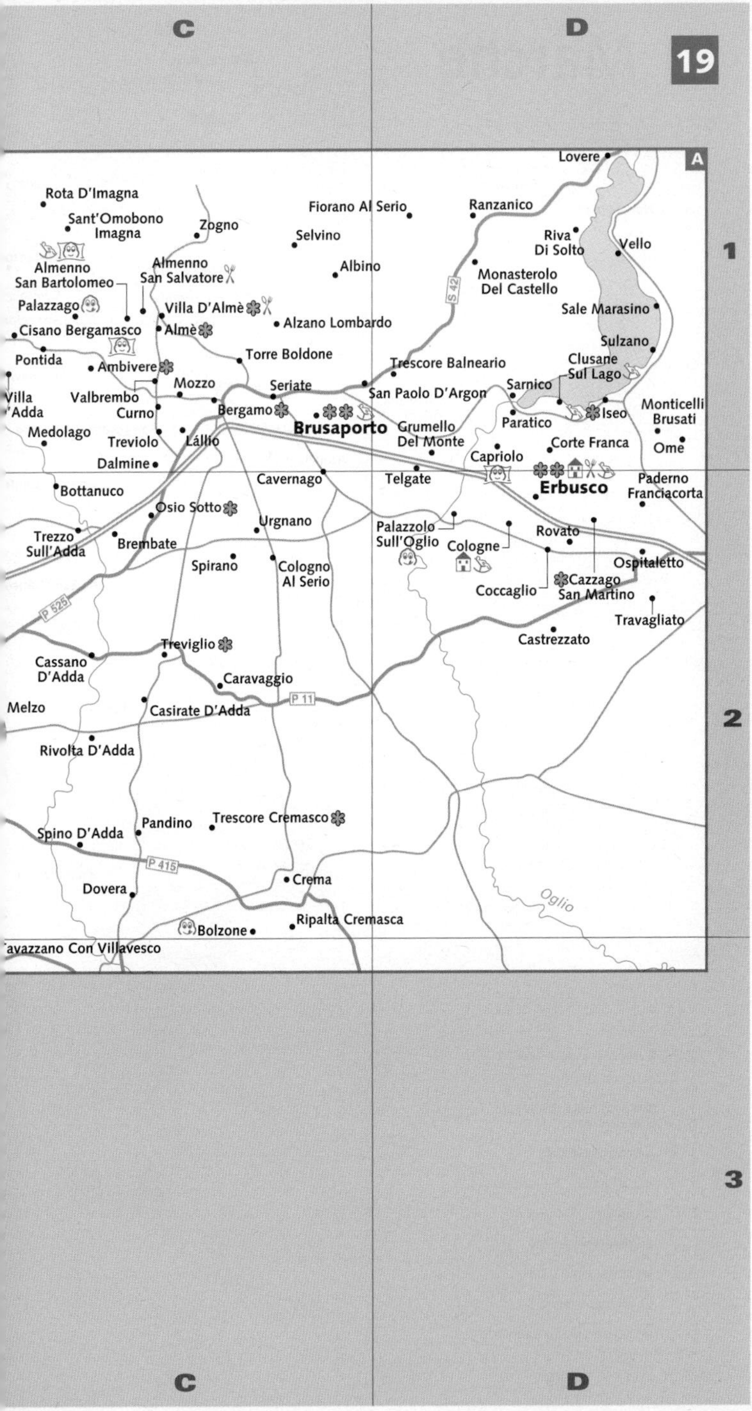

C D

A

1

Lovere
Rota D'Imagna
Fiorano Al Serio
Ranzanico
Sant'Omobono Imagna
Zogno
Selvino
Riva Di Solto
Vello
Almenno San Bartolomeo
Almenno San Salvatore
Albino
Monasterolo Del Castello
Palazzago
Villa D'Almè
Sale Marasino
Cisano Bergamasco
Almè
Alzano Lombardo
Sulzano
Pontida
Torre Boldone
Clusane Sul Lago
Ambivere
Trescore Balneario
Sarnico
Villa D'Adda
Valbrembo
Mozzo
Seriate
San Paolo D'Argon
Monticelli Brusati
Curno
Bergamo
Iseo
Medolago
Treviolo
Lállio
Brusaporto
Grumello Del Monte
Paratico
Corte Franca
Ome
Dalmine
Capriolo
Cavernago
Telgate
Paderno Franciacorta
Bottanuco
Erbusco
Osio Sotto
Urgnano
Palazzolo Sull'Oglio
Rovato
Trezzo Sull'Adda
Brembate
Cologne
Ospitaletto
Spirano
Cologno Al Serio
Coccaglio
Cazzago San Martino
P 525
Travagliato
Castrezzato
Treviglio
Cassano D'Adda
Caravaggio
P 11
Melzo
Casirate D'Adda

2

Rivolta D'Adda
Pandino
Trescore Cremasco
Spino D'Adda
P 415
Crema
Dovera
Oglio
Bolzone
Ripalta Cremasca
Tavazzano Con Villavesco

3

C D

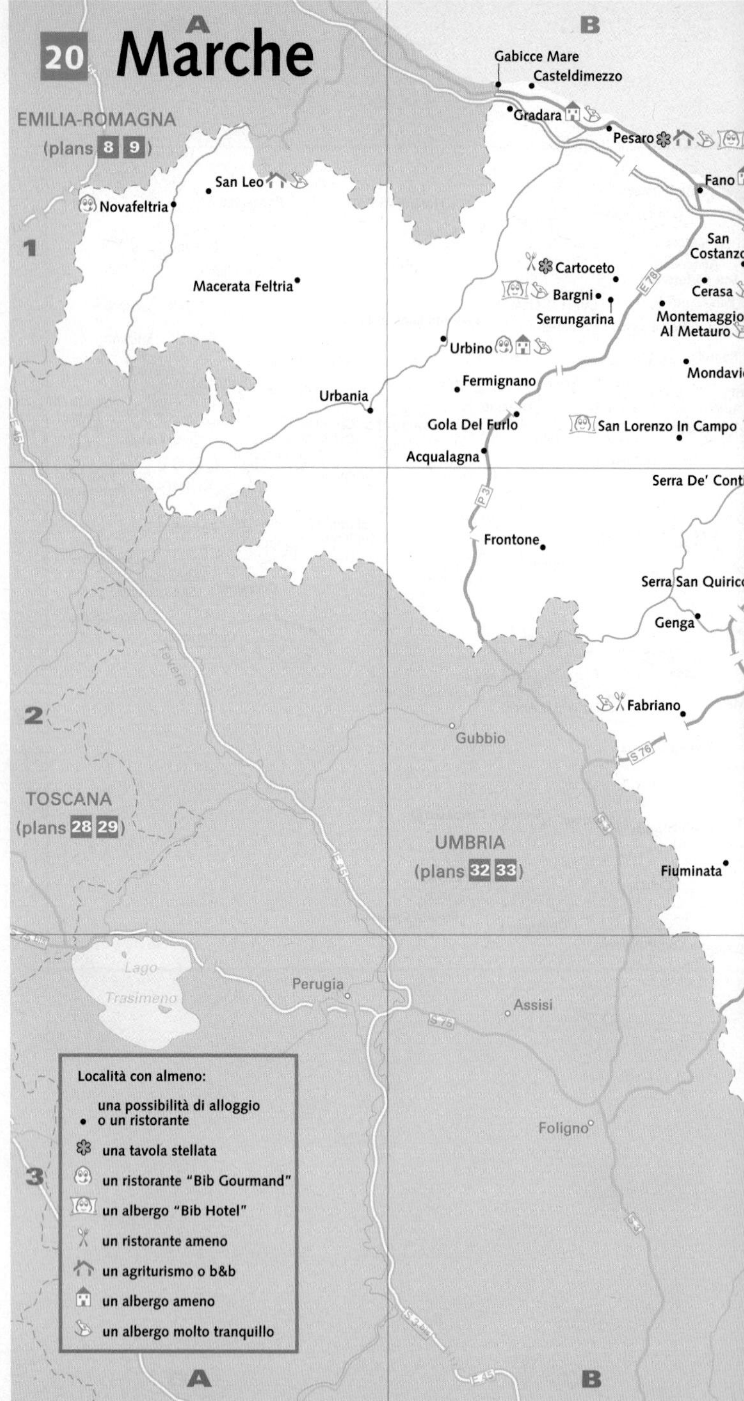

20 Marche
A
B
EMILIA-ROMAGNA
(plans 8 9)
TOSCANA
(plans 28 29)
UMBRIA
(plans 32 33)
1
2
3
Gabicce Mare
Casteldimezzo
Gradara
Pesaro
Fano
San Leo
Novafeltria
San Costanzo
Cartoceto
Macerata Feltria
Bargni
Serrungarina
Cerasa
Montemaggiore Al Metauro
Urbino
Mondavio
Fermignano
Urbania
Gola Del Furlo
San Lorenzo In Campo
Acqualagna
Serra De' Conti
Frontone
Serra San Quirico
Genga
Fabriano
Gubbio
Fiuminata
Tevere
Lago Trasimeno
Perugia
Assisi
Foligno
E 45
E 78
P 3
S 76
S 75
S 3 bis
Località con almeno:
una possibilità di alloggio o un ristorante
una tavola stellata
un ristorante "Bib Gourmand"
un albergo "Bib Hotel"
un ristorante ameno
un agriturismo o b&b
un albergo ameno
un albergo molto tranquillo

C
D
MARE ADRIATICO
1
2
3
Marotta
E 55
Senigallia
capezzano
Marzocca
Falconara
Marittima
Bettolelle
Ancona
Monte San Vito
Portonovo
S 16
Badia Di San Pietro
Camerano
Monsano
Agugliano
Sirolo
Numana
S 76
Jesi
Osimo
Montecarotto
Castelfidardo
Porto Recanati
Loreto
Porto Potenza Picena
Cingoli
Montecosaro
Civitanova Marche
Treia
Macerata
Porto Sant' Elpidio
San Lorenzo
A 14
Sant'Elpidio A Mare
Porto San Giorgio
San Severino Marche
Tolentino
Castelraimondo
Loro Piceno
Fermo
Sant'Angelo
Montegiorgio
Sant' Angelo In Pontano
Camerino
Cupra Marittima
Ripatransone
Grottammare
Sarnano
Montelparo
San
Savino
San Benedetto
Del Tronto
Offida
Montefortino
Colli
Del Tronto
Castel Di Lama
Ascoli Piceno
S 4
ABRUZZO-MOLISE
(plans 1 2)
S 80
Teramo
LAZIO
(plans 12 13)
C
D

22 Piemonte

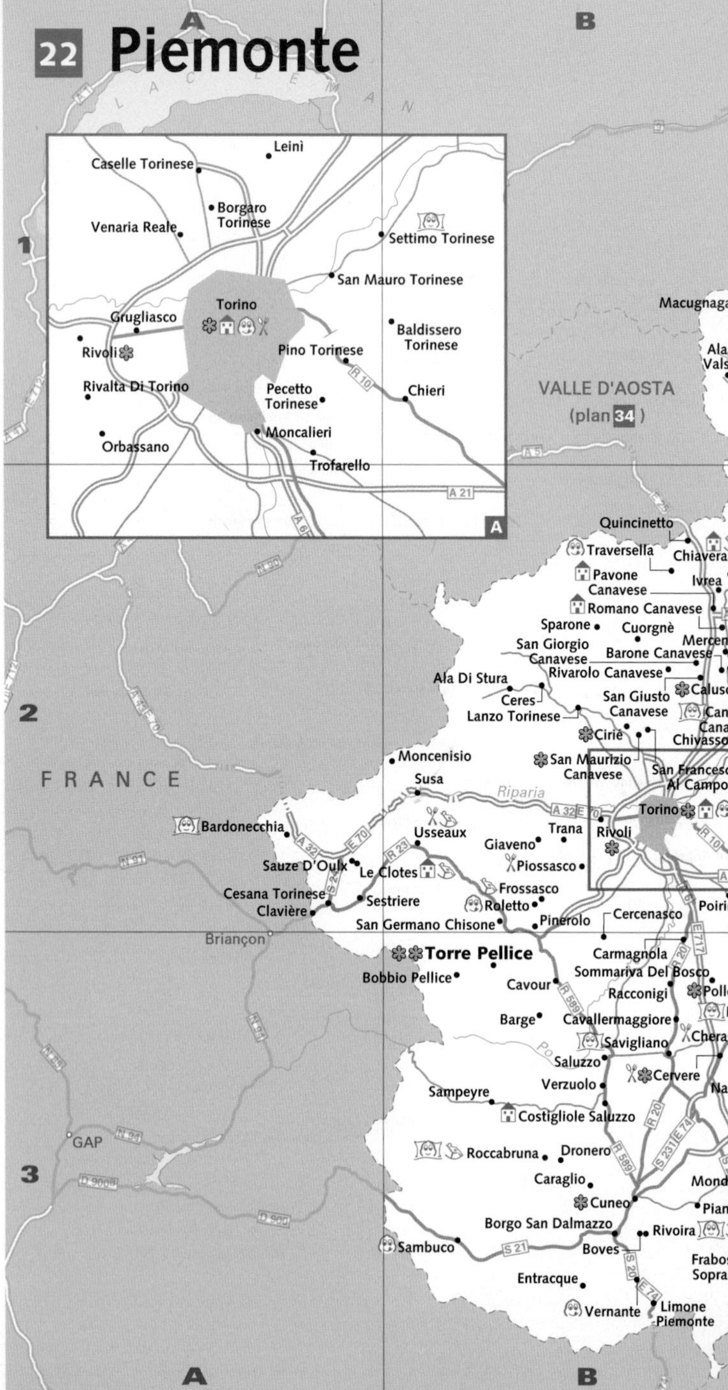

A
B
1
2
3
Leinì
Caselle Torinese
Borgaro Torinese
Venaria Reale
Settimo Torinese
San Mauro Torinese
Torino
Grugliasco
Rivoli
Baldissero Torinese
Pino Torinese
Rivalta Di Torino
Pecetto Torinese
Chieri
Moncalieri
Orbassano
Trofarello
VALLE D'AOSTA
(plan 34)
Macugnaga
FRANCE
Quincinetto
Traversella
Chiaverano
Pavone Canavese
Ivrea
Romano Canavese
Sparone
Cuorgnè
San Giorgio Canavese
Barone Canavese
Rivarolo Canavese
Ala Di Stura
Ceres
Lanzo Torinese
San Giusto Canavese
Caluso
Ciriè
Chivasso
Moncenisio
San Maurizio Canavese
San Francesco Al Campo
Susa
Riparia
Bardonecchia
Usseaux
Trana
Giaveno
Piossasco
Sauze D'Oulx
Le Clotes
Frossasco
Cesana Torinese
Clavière
Sestriere
Roletto
San Germano Chisone
Pinerolo
Cercenasco
Poirino
Briançon
Torre Pellice
Carmagnola
Bobbio Pellice
Cavour
Sommariva Del Bosco
Racconigi
Barge
Cavallermaggiore
Savigliano
Po
Saluzzo
Cervere
Verzuolo
Sampeyre
Costigliole Saluzzo
GAP
Roccabruna
Dronero
Caraglio
Cuneo
Borgo San Dalmazzo
Rivoira
Sambuco
Boves
Frabosa Soprana
Entracque
Vernante
Limone Piemonte

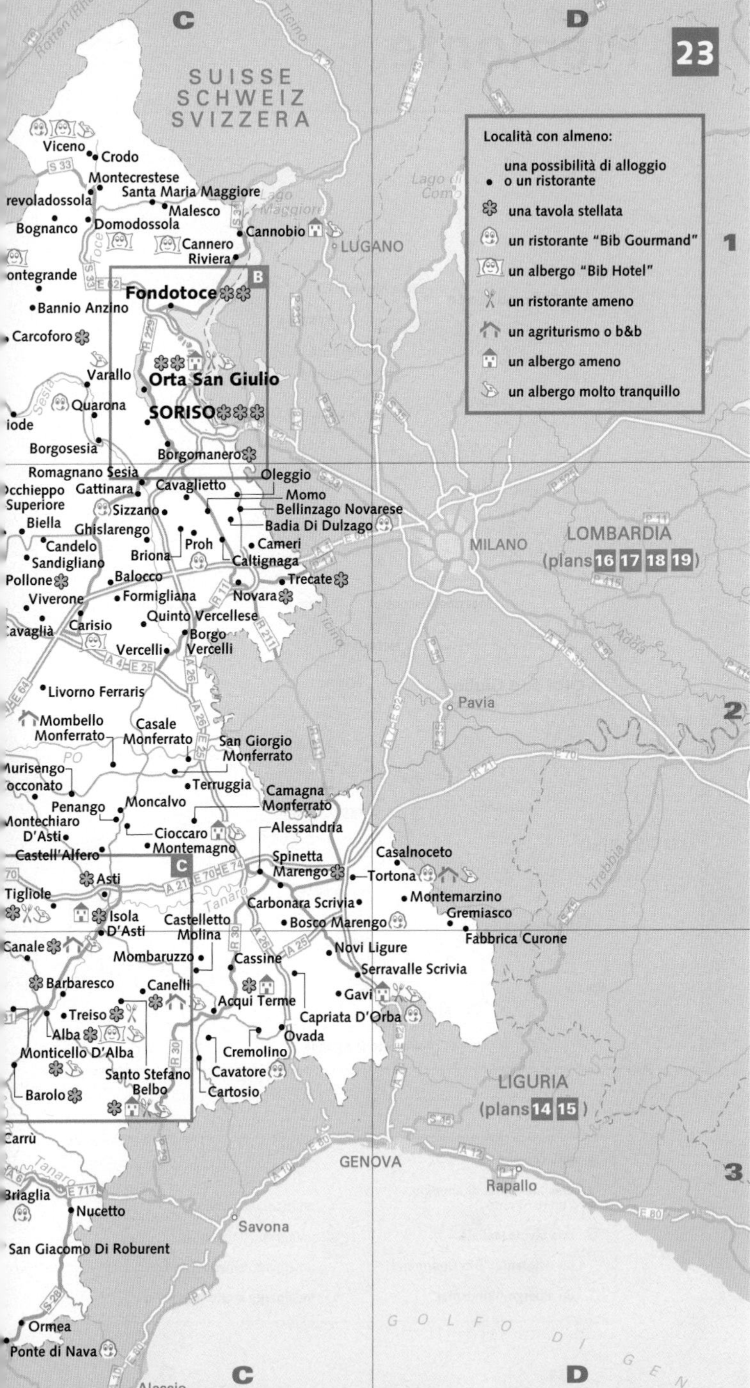
SUISSE
SCHWEIZ
SVIZZERA
Località con almeno:
una possibilità di alloggio o un ristorante
una tavola stellata
un ristorante "Bib Gourmand"
un albergo "Bib Hotel"
un ristorante ameno
un agriturismo o b&b
un albergo ameno
un albergo molto tranquillo
Viceno
Crodo
Montecrestese
Santa Maria Maggiore
Malesco
Domodossola
Bognanco
Cannobio
Cannero Riviera
LUGANO
Lago Maggiore
Lago di Como
Fondotoce
Bannio Anzino
Carcoforo
Varallo
Orta San Giulio
Quarona
SORISO
Borgosesia
Borgomanero
Romagnano Sesia
Gattinara
Cavaglietto
Oleggio
Momo
Bellinzago Novarese
Badia Di Dulzago
Sizzano
Biella
Ghislarengo
Candelo
Sandigliano
Briona
Proh
Cameri
Caltignaga
MILANO
LOMBARDIA
(plans 16 17 18 19)
Pollone
Balocco
Trecate
Viverone
Formigliana
Novara
Quinto Vercellese
Carisio
Borgo Vercelli
Vercelli
Livorno Ferraris
Pavia
Mombello Monferrato
Casale Monferrato
San Giorgio Monferrato
Terruggia
Camagna Monferrato
Penango
Moncalvo
Alessandria
Cioccaro
Montemagno
Castell'Alfero
Spinetta Marengo
Casalnoceto
Tortona
Asti
Montemarzino
Gremiasco
Fabbrica Curone
Isola D'Asti
Carbonara Scrivia
Castelletto Molina
Bosco Marengo
Mombaruzzo
Cassine
Novi Ligure
Serravalle Scrivia
Barbaresco
Canelli
Acqui Terme
Gavi
Capriata D'Orba
Treiso
Alba
Ovada
Monticello D'Alba
Cremolino
Santo Stefano Belbo
Cavatore
Cartosio
Barolo
LIGURIA
(plans 14 15)
GENOVA
Rapallo
Nucetto
Savona
San Giacomo Di Roburent
Ormea
Ponte di Nava
Alassio
GOLFO DI GENO
Ticino
Tanaro
Trebbia
Adda
PO
Sesia
Toce
C
D
1
2
3

24 Piemonte

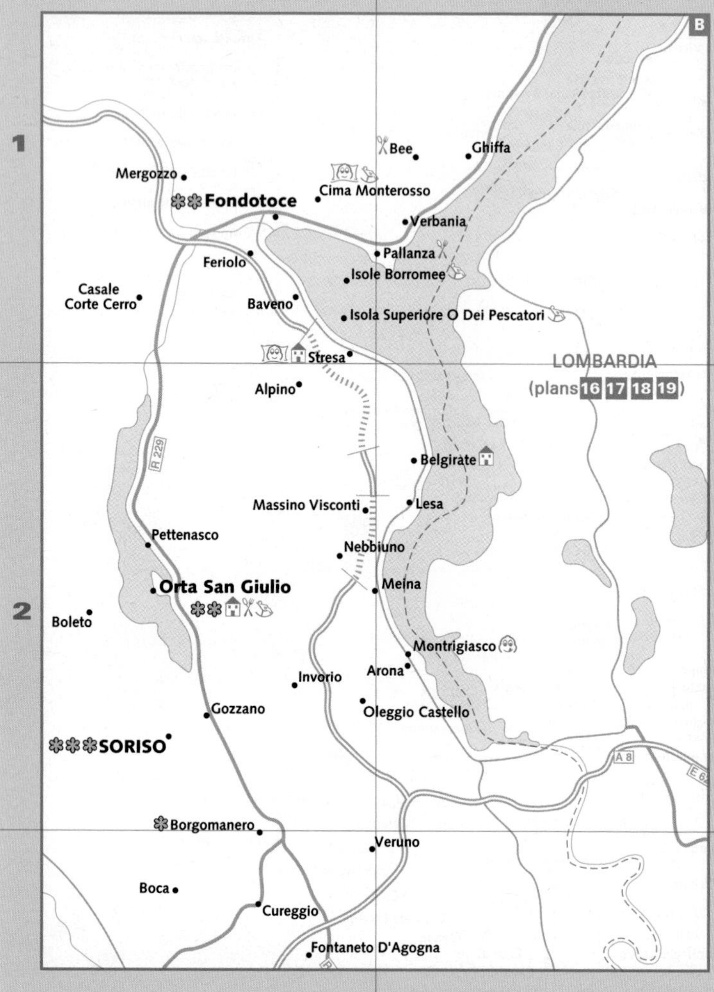

3

Località con almeno:

- una possibilità di alloggio o un ristorante
- una tavola stellata
- un ristorante "Bib Gourmand"
- un albergo "Bib Hotel"
- un ristorante ameno
- un agriturismo o b&b
- un albergo ameno
- un albergo molto tranquillo

A B

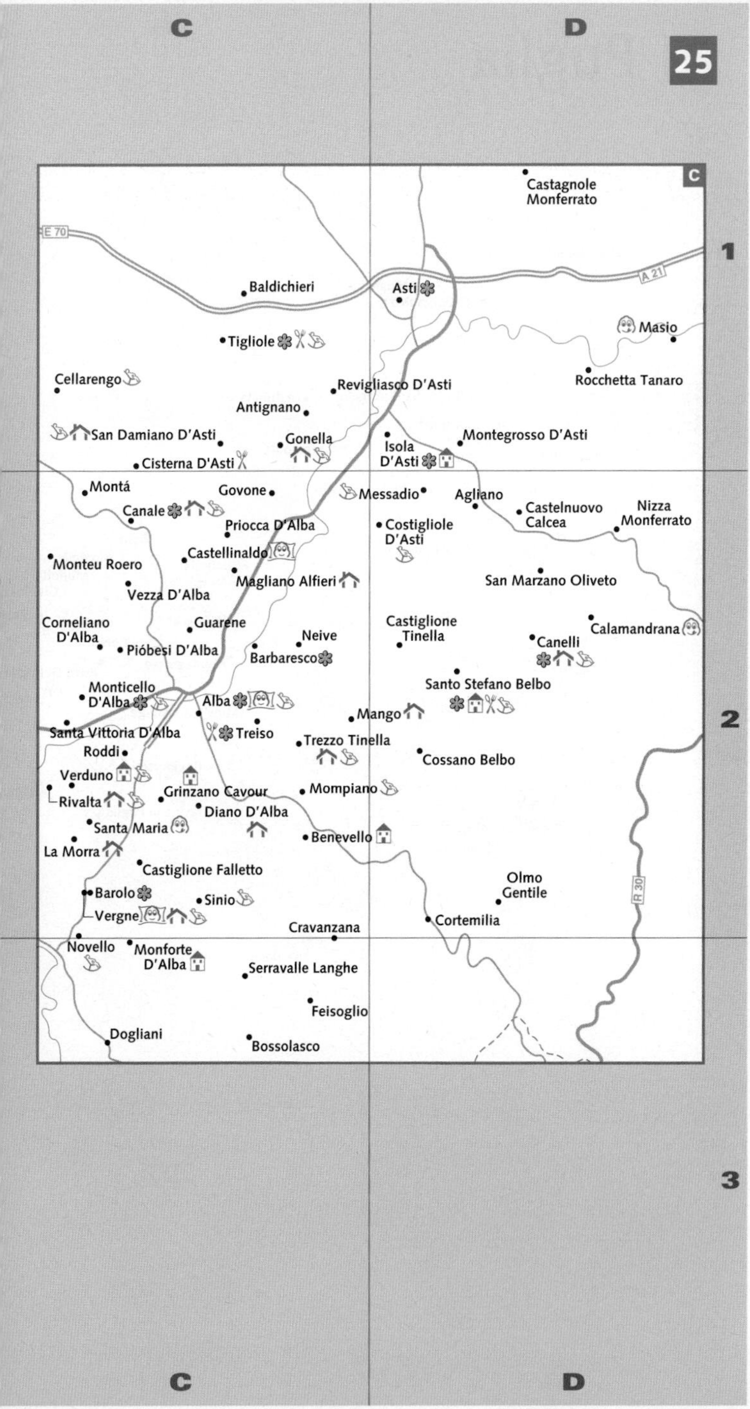

C D

C

1 2 3

E 70
A 21
R 30
Castagnole Monferrato
Baldichieri
Asti
Tigliole
Masio
Cellarengo
Revigliasco D'Asti
Rocchetta Tanaro
Antignano
San Damiano D'Asti
Gonella
Isola D'Asti
Montegrosso D'Asti
Cisterna D'Asti
Montá
Govone
Messadio
Agliano
Canale
Castelnuovo Calcea
Nizza Monferrato
Priocca D'Alba
Costigliole D'Asti
Castellinaldo
Monteu Roero
Magliano Alfieri
San Marzano Oliveto
Vezza D'Alba
Corneliano D'Alba
Guarene
Castiglione Tinella
Calamandrana
Neive
Canelli
Pióbesi D'Alba
Barbaresco
Santo Stefano Belbo
Monticello D'Alba
Alba
Mango
Santa Vittoria D'Alba
Treiso
Trezzo Tinella
Roddi
Cossano Belbo
Verduno
Rivalta
Grinzano Cavour
Mompiano
Diano D'Alba
Santa Maria
Benevello
La Morra
Castiglione Falletto
Olmo Gentile
Barolo
Sinio
Vergne
Cortemilia
Cravanzana
Novello
Monforte D'Alba
Serravalle Langhe
Feisoglio
Dogliani
Bossolasco

C D

26 Puglia

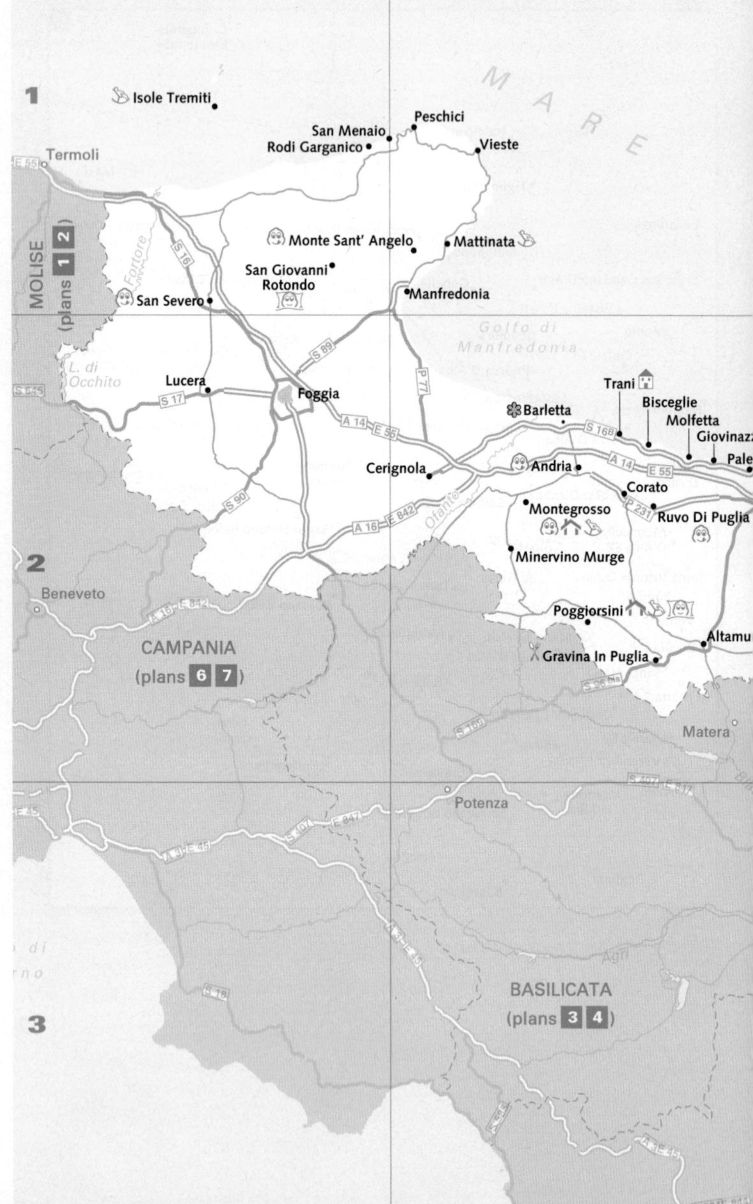

A
B
1
2
3
Isole Tremiti
San Menaio
Peschici
Rodi Garganico
Vieste
Termoli
MARE
MOLISE (plans 1 2)
Monte Sant' Angelo
Mattinata
San Giovanni Rotondo
Manfredonia
San Severo
Golfo di Manfredonia
L. di Occhito
Lucera
Foggia
Trani
Bisceglie
Barletta
Molfetta
Giovinaz
Cerignola
Andria
Pale
Corato
Montegrosso
Ruvo Di Puglia
Minervino Murge
Beneveto
Poggiorsini
CAMPANIA (plans 6 7)
Altamu
Gravina In Puglia
Matera
Potenza
BASILICATA (plans 3 4)

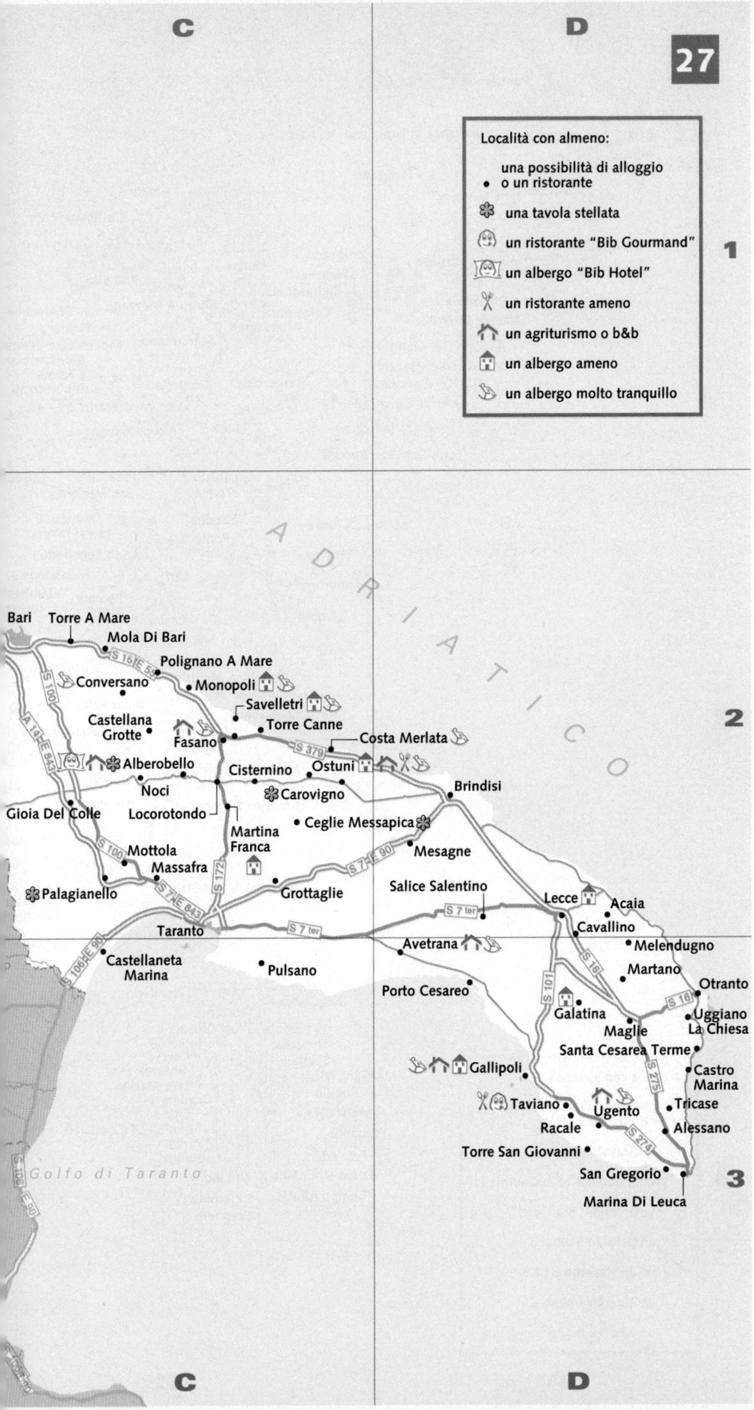

C D

27

Località con almeno:

- una possibilità di alloggio o un ristorante
- una tavola stellata
- un ristorante "Bib Gourmand"
- un albergo "Bib Hotel"
- un ristorante ameno
- un agriturismo o b&b
- un albergo ameno
- un albergo molto tranquillo

1

A D R I A T I C O

2

Bari
Torre A Mare
Mola Di Bari
Polignano A Mare
Conversano
Monopoli
Savelletri
Castellana Grotte
Torre Canne
Fasano
Costa Merlata
Alberobello
Cisternino
Ostuni
Noci
Carovigno
Brindisi
Gioia Del Colle
Locorotondo
Ceglie Messapica
Martina Franca
Mesagne
Mottola
Massafra
Palagianello
Grottaglie
Salice Salentino
Lecce
Acaia
Taranto
Cavallino
Avetrana
Melendugno
Castellaneta Marina
Pulsano
Martano
Porto Cesareo
Otranto
Galatina
Uggiano La Chiesa
Maglie
Santa Cesarea Terme
Gallipoli
Castro Marina
Taviano
Ugento
Tricase
Racale
Alessano
Torre San Giovanni
San Gregorio
Marina Di Leuca
Golfo di Taranto

S 16 E 55, S 100, A 14 E 843, S 379, S 7 E 90, S 172, S 7 E 843, S 7 ter, S 106 E 90, S 16, S 101, S 275, S 274

3

C D

28
A
B
EMILIA-ROMAGNA
(plans 8 9)
LIGURIA
(plans 14 15)
Pontremoli
Madonna Del Monte
Mulazzo
Villafranca In Lunigiana
Fivizzano
Podenzana
Castelnuovo Di Garfagnana
Abetone
Cutigliano
San Marcello Pistoiese
Gavinana
Carrara
Massa
Montignoso
Ponte A Moriano
Bagni Di Lucca
Prunetta
Seravezza
Pietrasanta
Marina Di Carrara
Marina Di Massa
Camaiore
Borgo A Mozzano
Pontenuov
Pistoia
Monsagrati
Segromigno In Monte
Montecatini Terme
Monsumman Terme
Forte Dei Marmi
Marina Di Pietrasanta
Corsanico
Bargecchia
Pescia
Cappella
Lamporecchio
Lido Di Camaiore
Massarosa
Montecarlo
Vin
Viareggio
Lucca
Altopascio
Petroio
Torre Del Lago Puccini
Staffoli
Fucecchio
Empoli
Pisa
Uliveto Terme
San Miniato
Arno
Marina Di Pisa
Cascina
Montopoli In Val D'Arno
Pontedera
Tirrenia
San Benedetto
Lari
Montaione
Calambrone
Peccioli
Gambass Terme
Livorno
Casciana Terme
Volterra
Castellina Marittima
Castiglioncello
Riparbella
Rosignano Solvay
Vada
Montescudaio
Cecina
Guardistallo
Marina Di Cecina
Bibbona
Marina Di Bibbona
Bolgheri
Castagneto Carduc
Sassetta
San Vincenzo
Suvereto
Massa Marittim
Venturina
Valpiana
Piombino
Follonica
Scarlin
Acquaviva
Viticcio
San Giovanni
Biodola
Procchio
Portoferraio
Spartaia
Cavo
Punta Ala
Marciana Marina
Rio Nell'Elba
Rio Marina
Poggio
Bagnaia
Marciana
Ottone
Pomonte
Marina Di Capoliveri
Pareti
Fetovaia
Capoliveri
Marina Di Campo
Lido
Campo All'Aia
Picchiaie
Scaglieri
1
2
3
Località con almeno:
una possibilità di alloggio o un ristorante
una tavola stellata
un ristorante "Bib Gourmand"
un albergo "Bib Hotel"
un ristorante ameno
un agriturismo o b&b
un albergo ameno
un albergo molto tranquillo

Toscana
29
C
D
EMILIA-ROMAGNA
(plans 8 9)
MARCHE
(plans 20 21)
UMBRIA
(plans 32 33)
LAZIO
(plans 12 13)
Covigliaio
Palazzuolo Sul Senio
Marradi
Galliano
Gabbiano
Barberino Di Mugello
Scarperia
Borgo San Lorenzo
Vaiano
Vicchio
San Godenzo
Carmignano
Poggio A Caiano
Campestri
Prato
Olmo
Calenzano
Camaldoli
FIRENZE
Pelago
Artimino
Donnini
Soci
Poppi
Bibbiena
Montelupo Fiorentino
Reggello
Caprese Michelangelo
Montagna
Cerbaia
Vaggio
Alpe Faggeto
Terranuova Bracciolini
Loro Ciuffenna
Sansepolcro
San Giustino Valdarno
Subbiano
Montespertoli
Tavarnelle Val Di Pesa
Riofi
Capolona
Anghiari
Montevarchi
Certaldo
Panzano
Pergine Valdarno
Cavriglia
Montelucci
Arezzo
Castellina In Ch.
Bagnoro
San Gimignano
Gaiole In Ch.
Civitella In Val Di Chiana
San Sano
Montebenichi
Polvano
Colle Di Val D'Elsa
Castelnuovo Berardenga
Monte San Savino
Pieve Di Chio
Gargonza
Castiglion Fiorentino
Badicorte
Marciano Della Chiana
San Pietro A Cegliolo
Cortona
Siena
Rapolano Terme
Pozzo
San Martino
Casole D'Elsa
Farneta
Monte Oliveto Maggiore
Foiano Della Chiana
Pievescola
Asciano
Sovicille
Sinalunga
Monteroni D'Arbia
Torrita Di Siena
Radicondoli
Vescovado
Trequanda
Montefollonico
San Giovanni D'Asso
Chiusdino
Montepulciano
San Quirico D'Orcia
Pienza
Monticchiello
Montieri
Monticiano
Chianciano Terme
Chiusi
Montalcino
Castiglione D'Orcia
Roccastrada
Sarteano
Ghirlanda
Poggio Alle Mura
Cetona
Civitella Marittima
Bagni San Filippo
Seggiano
Radicofani
Castel Del Piano
San Casciano Dei Bagni
Gavorrano
Arcidosso
Celle Sul Rigo
Piancastagnaio
Campagnatico
Caldana
Santa Fiora
Campiglia D'Orcia
Badiola
Semproniano
Grosseto
Sorano
Castiglione Della Pescaia
Poggio Murella
Scansano
Sovana
Marina Di Grosseto
Saturnia
Montemerano
Pitigliano
Magliano In Toscana
Manciano
Fonteblanda
Albinia
Capalbio
Porto Santo Stefano
Orbetello
Cala Piccola
Campese
Porto Ercole
Giglio Castello
Giglio Porto
Lago Trasimeno
Ombrone
Tevere
1
2
3
A
B
Barberino Val D'Elsa
Piazza
Petrognano
Radda In Ch.
Ponzano
Poggibonsi
Castellina In Ch.
Tregole
Vagliagli
Colle Di Val D'Elsa
Monteriggioni
Sesto Fiorentino
Serpiolle
Campi Bisenzio
Fiesole
Candeli
Scandicci
Arcetri
Galluzzo
Bagno A Ripoli
Roveta
Mosciano
Impruneta
San Casciano In Val Di Pesa
Montefiridolfi
Greve In Ch.

30 Trentino Alto Adige

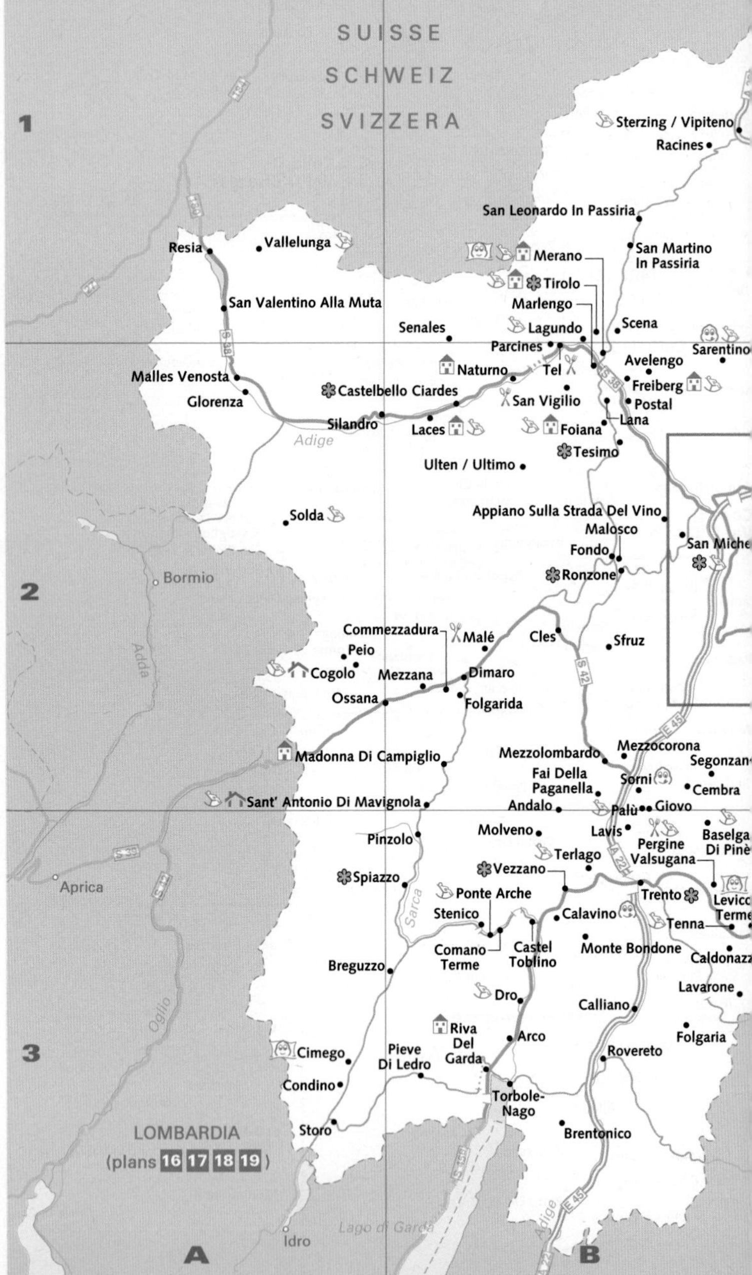

A
B
SUISSE
SCHWEIZ
SVIZZERA
1
2
3
Sterzing / Vipiteno
Racines
San Leonardo In Passiria
San Martino In Passiria
Resia
Vallelunga
Merano
Tirolo
Marlengo
San Valentino Alla Muta
Senales
Lagundo
Scena
Parcines
Sarentino
Avelengo
Naturno
Tel
Malles Venosta
Freiberg
Castelbello Ciardes
San Vigilio
Postal
Glorenza
Lana
Silandro
Laces
Foiana
Adige
Tesimo
Ulten / Ultimo
Solda
Appiano Sulla Strada Del Vino
Malosco
San Miche
Fondo
Bormio
Ronzone
Commezzadura
Malé
Cles
Sfruz
Peio
Adda
Cogolo
Mezzana
Dimaro
Ossana
Folgarida
Mezzolombardo
Mezzocorona
Madonna Di Campiglio
Segonzan
Fai Della Paganella
Sorni
Cembra
Sant' Antonio Di Mavignola
Andalo
Palù
Giovo
Molveno
Lavis
Baselga Di Pinè
Pinzolo
Pergine Valsugana
Terlago
Vezzano
Spiazzo
Aprica
Trento
Levico Terme
Ponte Arche
Sarca
Stenico
Calavino
Tenna
Comano Terme
Castel Toblino
Monte Bondone
Caldonazz
Breguzzo
Lavarone
Dro
Calliano
Oglio
Riva Del Garda
Arco
Folgaria
Cimego
Pieve Di Ledro
Rovereto
Condino
Torbole-Nago
Brentonico
Storo
LOMBARDIA
(plans 16 17 18 19)
Lago di Garda
Idro
Adige
E 45
A 22
S 38
S 42
S 39

C D

ÖSTERREICH

1

Valle Aurina
Campo Tures
Molini
Gsies / Valle Di Casies
Campo Di Trens
Mules
Valles
Falzes
Brunico
Mitterolang / Valdaora Di Mezzo
Niederrasen / Rasun Di Sotto
Tesido
Monte Rota / Radsberg
Dobbiaco
Maranza
Vandoies
Riscone
Rio Di Pusteria
San Candido
Sorafurcia
Villabassa
Sesto
Naz Sciaves
Novacella
Monguelfo
Braies
Bressanone
San Vigilio Di Marebbe
Campo Fiscalino
Chiusa
Cleran
Selva Di Val Gardena
San Genesio / Sankt Genesius
Gudon
Funes
Pedraces
VENETO
(plans 35 36)
Villandro
Alta Badia
Santa Cristina Valgardena
La Villa
Ortisei
San Cassiano
Colfosco
Castelrotto
Bulla
Corvara In Badia
Renon
Siusi
Alpe Di Siusi
Passo Di Sella
Vigo Di Fassa
Canazei
Campitello Di Fassa
Tamion
Pozza Di Fassa
Soraga Di Fassa
Passo Di Costalunga
Passo San Pellegrino
Moena
Predazzo
Ziano Di Fiemme
San Martino Di Castrozza
Fiera Di Primiero

2

Località con almeno:
- una possibilità di alloggio o un ristorante
- una tavola stellata
- un ristorante "Bib Gourmand"
- un albergo "Bib Hotel"
- un ristorante ameno
- un agriturismo o b&b
- un albergo ameno
- un albergo molto tranquillo

Roncegno
Luserna
VENETO
(plans 35 36)
Bassano del Grappa

Collalbo
Razzes
Terlano
Bolzano
Costalovara
Fiè Allo Sciliar
Missiano
Collepietra
San Paolo
Tires
Cornaiano
Nova Levante
Pigeno
San Michele
Nova Ponente
Monte
Caldaro sulla Strada del Vino
San Floriano
San Giuseppe Al Lago
Aldino
Redagno
Ora
Fontanefredde
Termeno Sulla Strada Del Vino
Varena
Carano
Tesero
Egna
Cavalese
Cortaccia Sulla Strada Del Vino
Castello Molina Di Fiemme
Panchià
Valfloriana

3

C D

32 Umbria

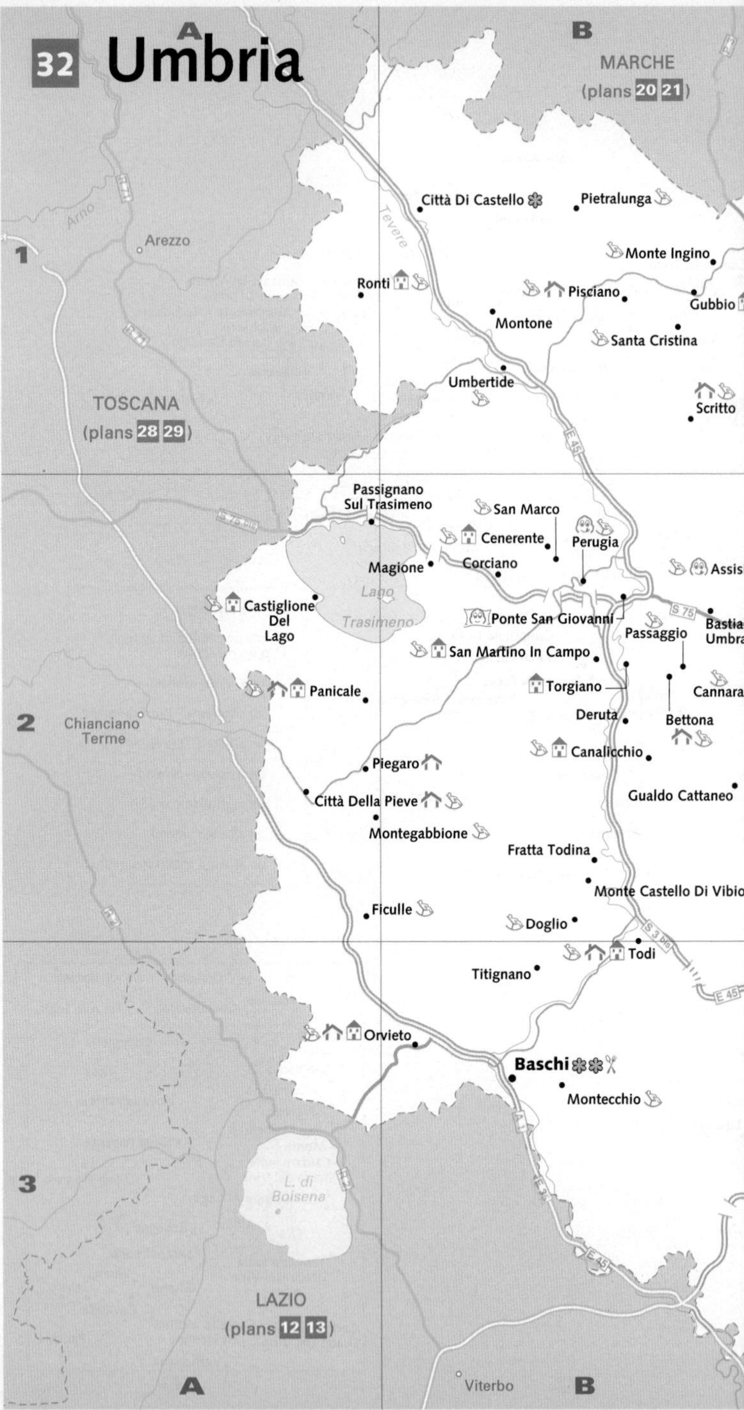

A
B
MARCHE
(plans 20 21)
TOSCANA
(plans 28 29)
LAZIO
(plans 12 13)
1
2
3
Arno
Arezzo
Tevere
Città Di Castello
Pietralunga
Monte Ingino
Ronti
Pisciano
Gubbio
Montone
Santa Cristina
Umbertide
Scritto
E 45
Passignano Sul Trasimeno
San Marco
Cenerente
Perugia
Magione
Corciano
Assisi
Lago Trasimeno
Castiglione Del Lago
Ponte San Giovanni
S 75
Bastia Umbra
Passaggio
San Martino In Campo
Torgiano
Cannara
Panicale
Deruta
Bettona
Chianciano Terme
Canalicchio
Piegaro
Città Della Pieve
Gualdo Cattaneo
Montegabbione
Fratta Todina
Monte Castello Di Vibio
Ficulle
Doglio
S 3 bis
Todi
Titignano
Orvieto
Baschi
Montecchio
L. di Bolsena
Viterbo

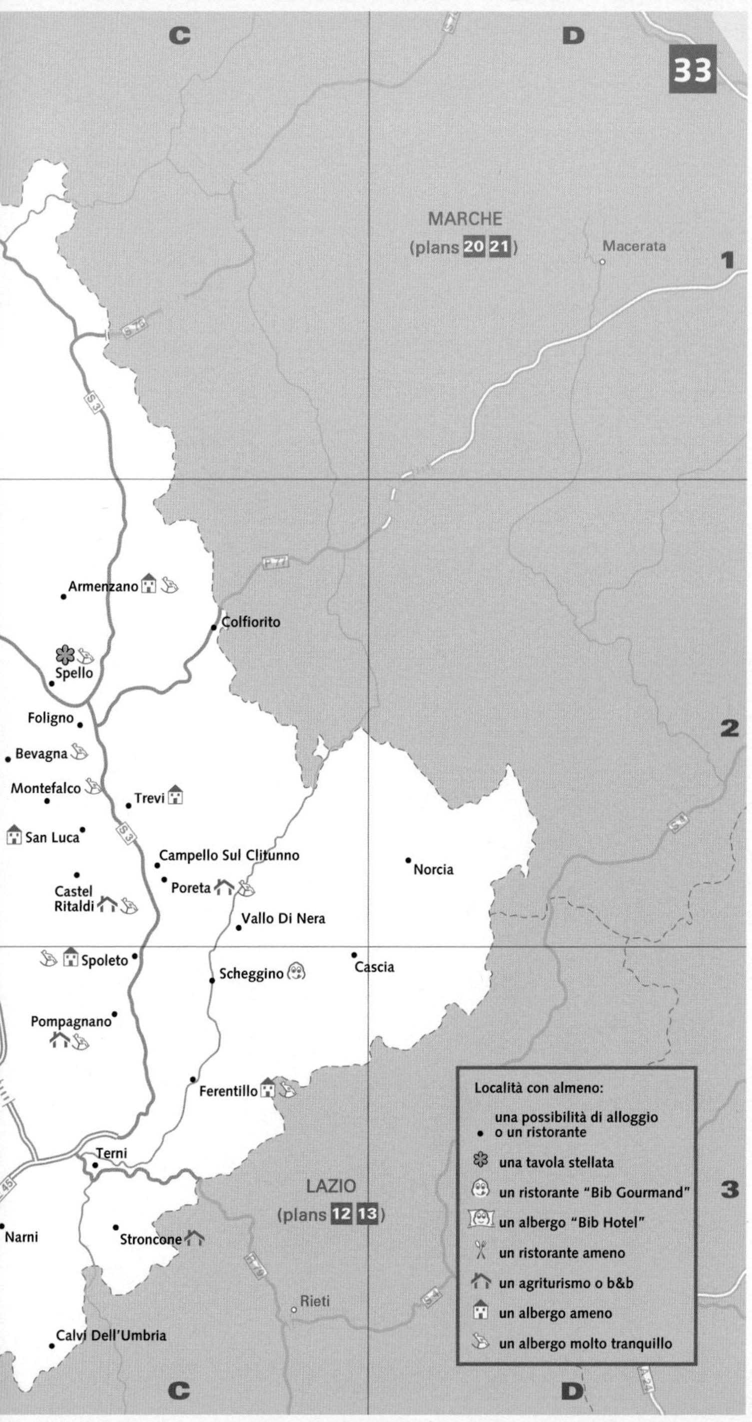

C
D
33
MARCHE
(plans 20 21)
Macerata
1
Armenzano
Colfiorito
Spello
Foligno
Bevagna
Montefalco
Trevi
San Luca
Campello Sul Clitunno
Norcia
Poreta
Castel Ritaldi
Vallo Di Nera
Spoleto
Scheggino
Cascia
Pompagnano
Ferentillo
Terni
LAZIO
(plans 12 13)
Narni
Stroncone
Rieti
Calvi Dell'Umbria
2
3
Località con almeno:
una possibilità di alloggio o un ristorante
una tavola stellata
un ristorante "Bib Gourmand"
un albergo "Bib Hotel"
un ristorante ameno
un agriturismo o b&b
un albergo ameno
un albergo molto tranquillo
C
D

Valle d'Aosta 34

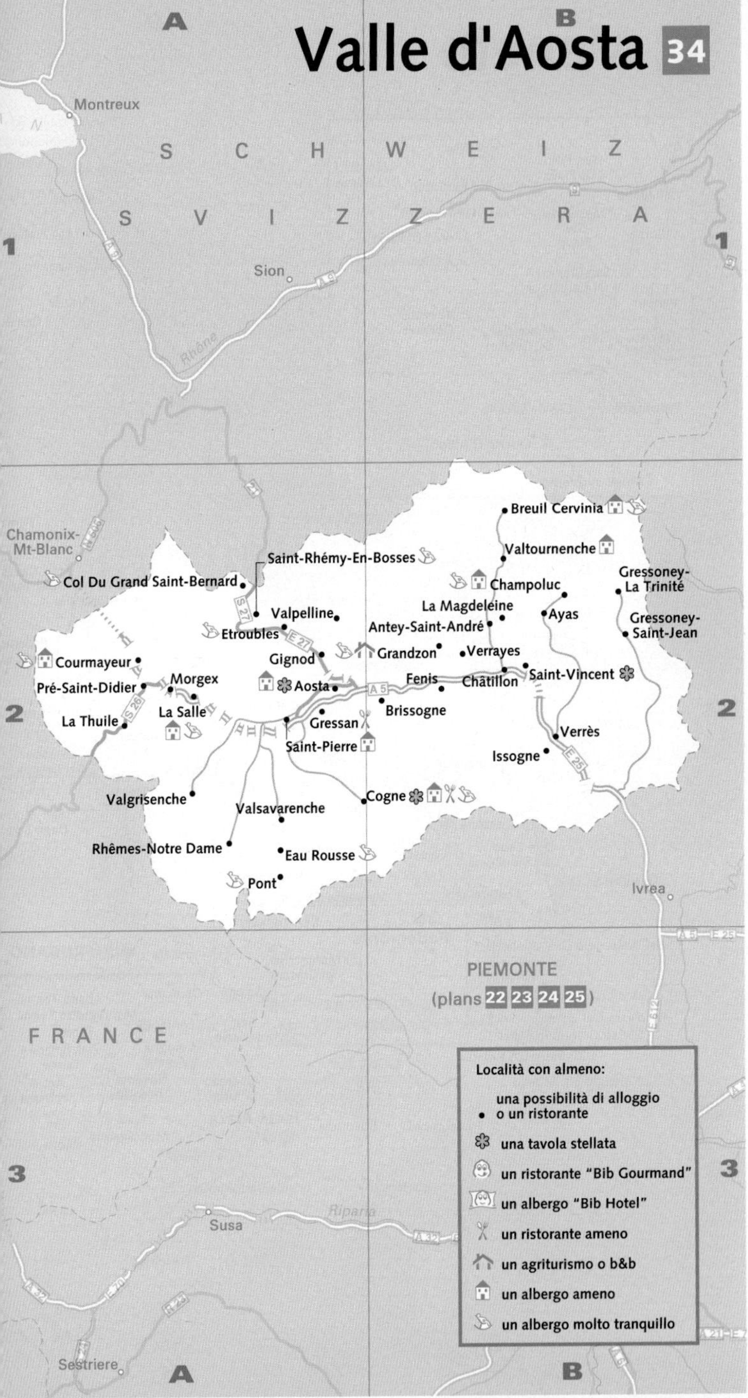

35 Veneto

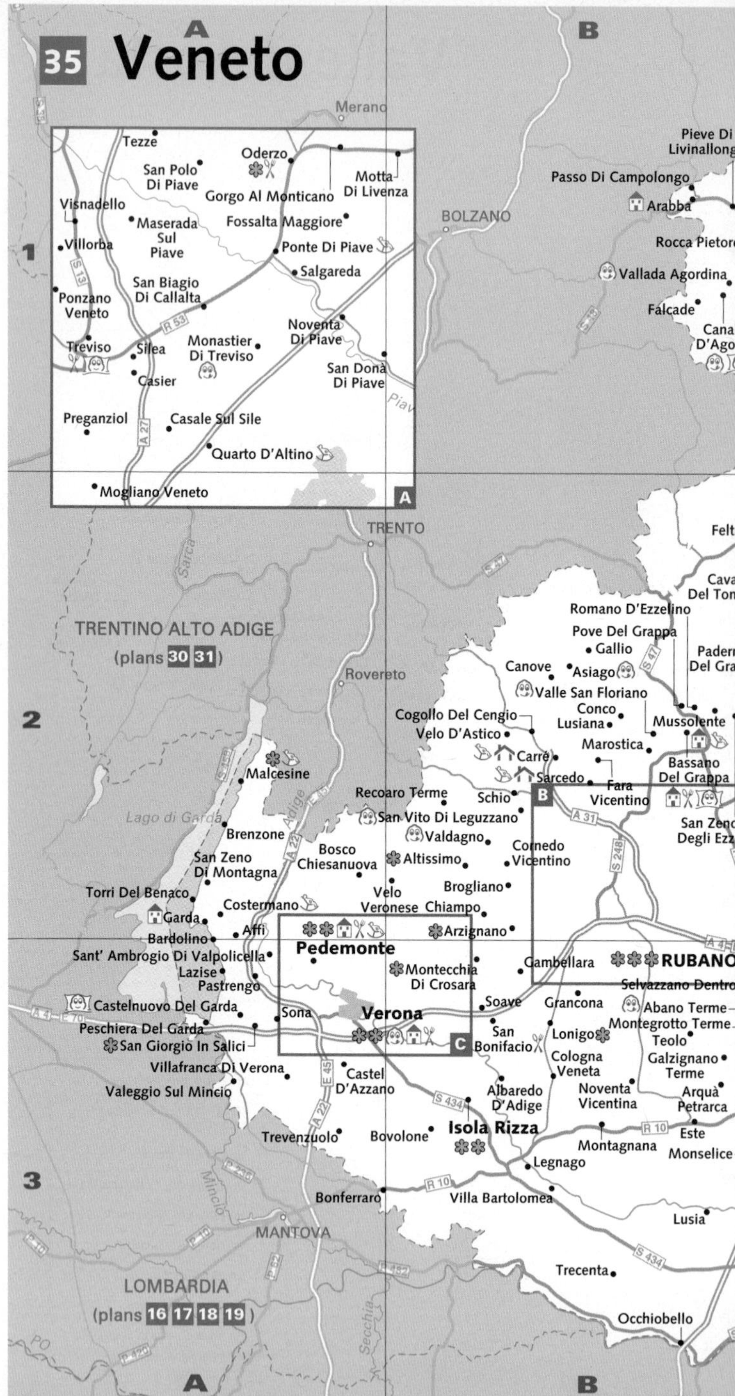

A
B
Merano
Tezze
Oderzo
San Polo Di Piave
Motta Di Livenza
Gorgo Al Monticano
Visnadello
Maserada Sul Piave
Fossalta Maggiore
Villorba
Ponte Di Piave
Salgareda
San Biagio Di Callalta
Ponzano Veneto
Noventa Di Piave
Monastier Di Treviso
Treviso
Silea
San Donà Di Piave
Casier
Preganziol
Casale Sul Sile
Quarto D'Altino
Mogliano Veneto
BOLZANO
Pieve Di Livinallongo
Passo Di Campolongo
Arabba
Rocca Pietore
Vallada Agordina
Falcade
TRENTO
Feltre
TRENTINO ALTO ADIGE
(plans 30 31)
Romano D'Ezzelino
Pove Del Grappa
Gallio
Canove
Asiago
Valle San Floriano
Rovereto
Cogollo Del Cengio
Conco
Lusiana
Velo D'Astico
Mussolente
Marostica
Carrè
Bassano Del Grappa
Malcesine
Sarcedo
Fara Vicentino
Recoaro Terme
Schio
San Vito Di Leguzzano
Lago di Garda
Brenzone
Valdagno
San Zeno Degli Ezzelini
Bosco Chiesanuova
Altissimo
Cornedo Vicentino
San Zeno Di Montagna
Torri Del Benaco
Brogliano
Velo Veronese
Chiampo
Costermano
Garda
Arzignano
Affi
Bardolino
Pedemonte
Sant' Ambrogio Di Valpolicella
Gambellara
RUBANO
Lazise
Montecchia Di Crosara
Pastrengo
Selvazzano Dentro
Castelnuovo Del Garda
Soave
Grancona
Abano Terme
Sona
Verona
Peschiera Del Garda
San Bonifacio
Montegrotto Terme
Lonigo
San Giorgio In Salici
Teolo
Cologna Veneta
Galzignano Terme
Villafranca Di Verona
Castel D'Azzano
Valeggio Sul Mincio
Albaredo D'Adige
Noventa Vicentina
Arquà Petrarca
Isola Rizza
Trevenzuolo
Bovolone
Este
Montagnana
Monselice
Legnago
Bonferraro
Villa Bartolomea
Lusia
MANTOVA
Trecenta
LOMBARDIA
(plans 16 17 18 19)
Occhiobello
1
2
3

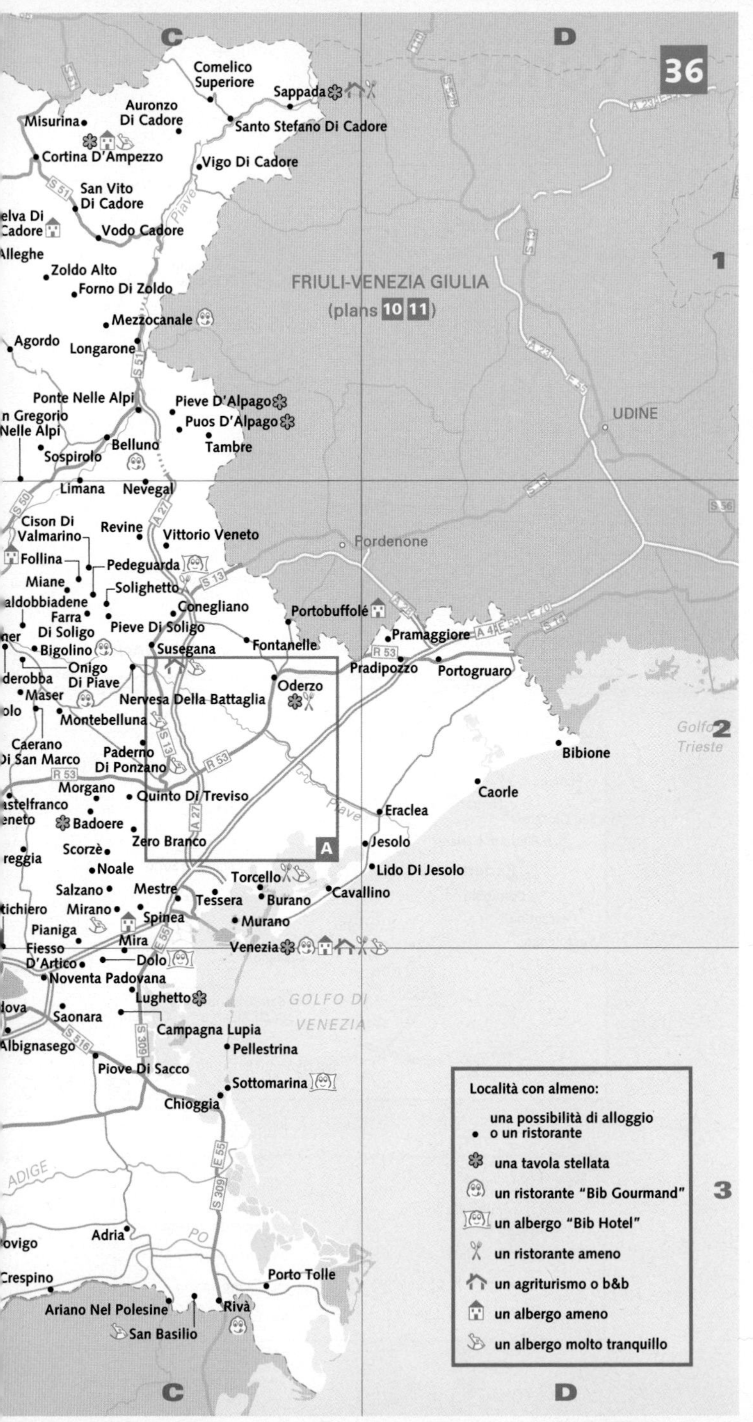

C
D
Comelico Superiore
Sappada
Auronzo Di Cadore
Misurina
Santo Stefano Di Cadore
Cortina D'Ampezzo
Vigo Di Cadore
San Vito Di Cadore
Selva Di Cadore
Vodo Cadore
Alleghe
Zoldo Alto
Forno Di Zoldo
FRIULI-VENEZIA GIULIA
(plans 10 11)
Mezzocanale
Agordo
Longarone
Ponte Nelle Alpi
Pieve D'Alpago
San Gregorio Nelle Alpi
Puos D'Alpago
UDINE
Belluno
Tambre
Sospirolo
Limana
Nevegal
Cison Di Valmarino
Revine
Vittorio Veneto
Pordenone
Follina
Pedeguarda
Miane
Solighetto
Valdobbiadene
Conegliano
Portobuffolé
Farra Di Soligo
Pieve Di Soligo
Pramaggiore
Bigolino
Susegana
Fontanelle
Onigo Di Piave
Pradipozzo
Portogruaro
Crespano del Grappa
Maser
Oderzo
Nervesa Della Battaglia
Montebelluna
Golfo di Trieste
Caerano Di San Marco
Paderno Di Ponzano
Bibione
Morgano
Quinto Di Treviso
Caorle
Castelfranco Veneto
Eraclea
Badoere
Piave
Zero Branco
Jesolo
Scorzè
A
Noale
Lido Di Jesolo
Torcello
Salzano
Mestre
Tessera
Burano
Cavallino
Mirano
Spinea
Murano
Pianiga
Mira
Fiesso D'Artico
Dolo
Venezia
Noventa Padovana
Lughetto
GOLFO DI VENEZIA
Padova
Saonara
Campagna Lupia
Albignasego
Pellestrina
Piove Di Sacco
Sottomarina
Chioggia
ADIGE
Adria
Rovigo
PO
Crespino
Porto Tolle
Ariano Nel Polesine
Rivà
San Basilio
1
2
3
Località con almeno:
una possibilità di alloggio o un ristorante
una tavola stellata
un ristorante "Bib Gourmand"
un albergo "Bib Hotel"
un ristorante ameno
un agriturismo o b&b
un albergo ameno
un albergo molto tranquillo

37 Veneto

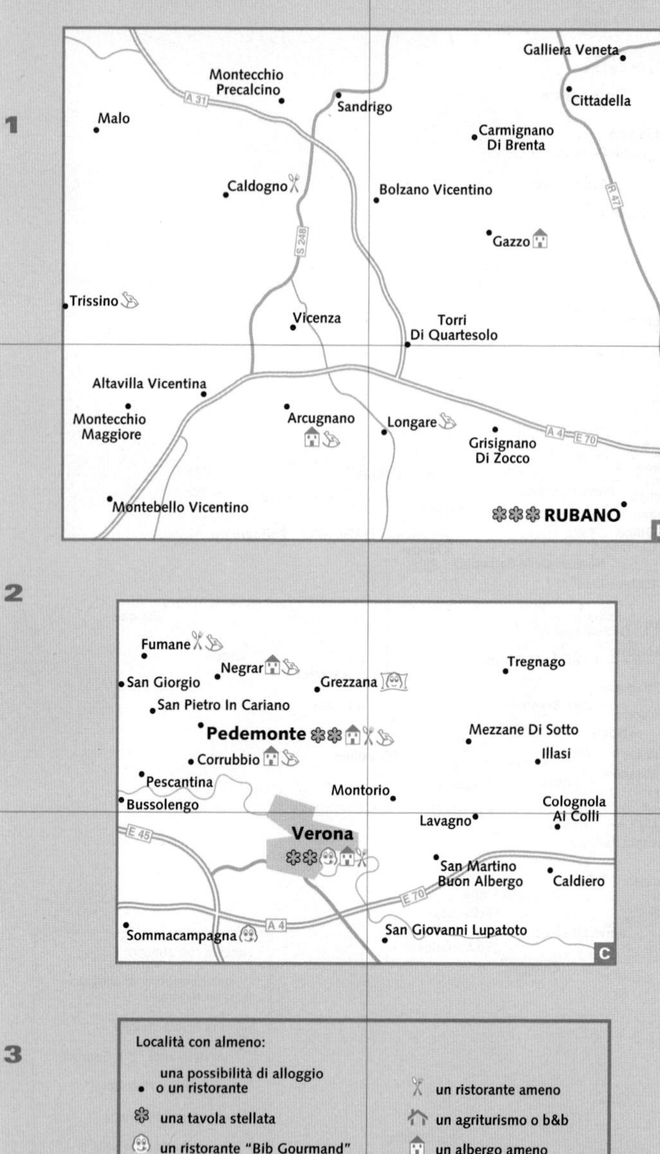

Località con almeno:

- una possibilità di alloggio o un ristorante
- una tavola stellata
- un ristorante "Bib Gourmand"
- un albergo "Bib Hotel"
- un ristorante ameno
- un agriturismo o b&b
- un albergo ameno
- un albergo molto tranquillo

A B

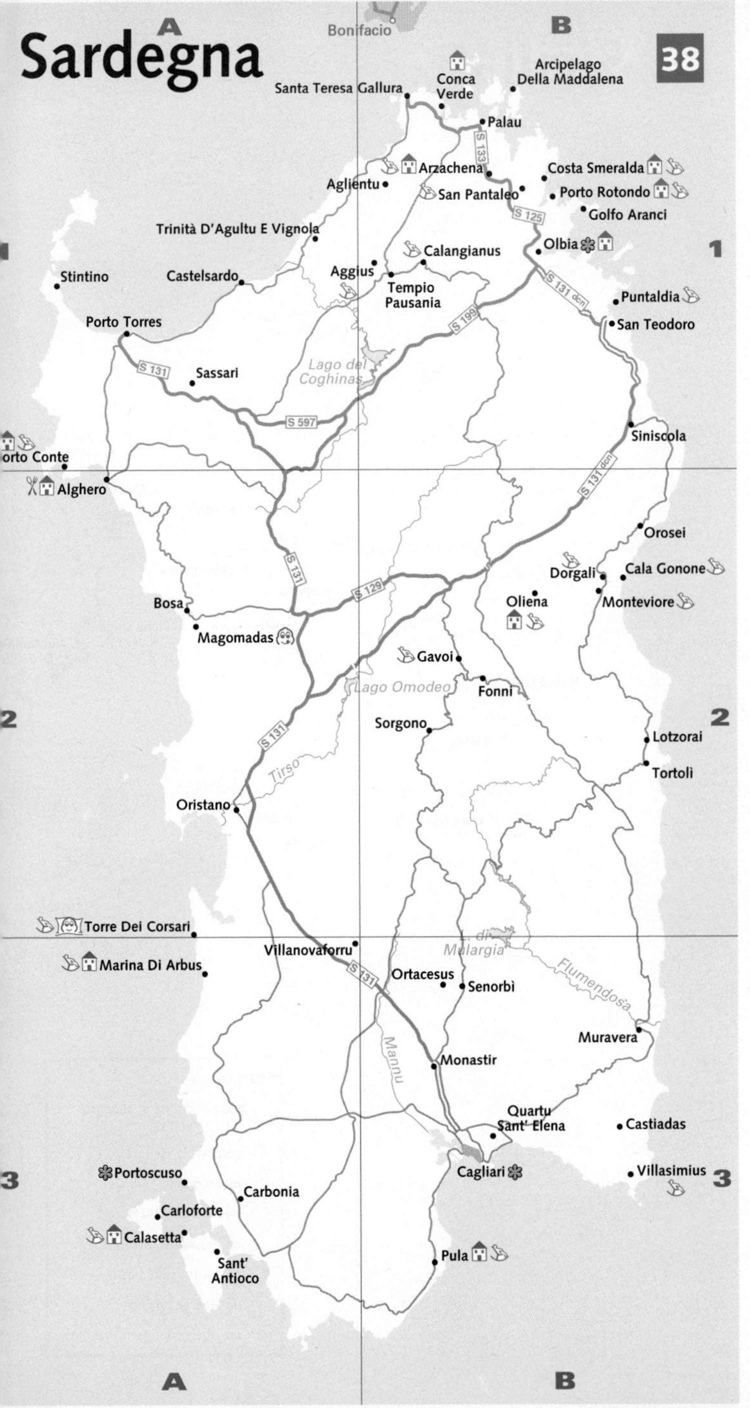

Sardegna
38
A
B
1
2
3
Bonifacio
Santa Teresa Gallura
Conca Verde
Arcipelago Della Maddalena
Palau
S 133
Arzachena
Costa Smeralda
Aglientu
San Pantaleo
Porto Rotondo
S 125
Golfo Aranci
Trinità D'Agultu E Vignola
Olbia
Calangianus
Stintino
Castelsardo
Aggius
Tempio Pausania
S 131 dcn
Puntaldia
Porto Torres
S 199
San Teodoro
S 131
Sassari
Lago del Coghinas
S 597
Siniscola
orto Conte
Alghero
S 131 dcn
Orosei
S 131
Dorgali
Cala Gonone
S 129
Oliena
Monteviore
Bosa
Magomadas
Gavoi
Lago Omodeo
Fonni
S 131
Sorgono
Lotzorai
Tortolì
Tirso
Oristano
Torre Dei Corsari
Villanovaforru
di Mulargia
Marina Di Arbus
S 131
Ortacesus
Senorbì
Flumendosa
Muravera
Mannu
Monastir
Quartu Sant' Elena
Castiadas
Portoscuso
Cagliari
Villasimius
Carbonia
Carloforte
Calasetta
Sant' Antioco
Pula

39 Sicilia

A B

1

2

3

MARE

Pantelleria

Tracino

Località con almeno:

- una possibilità di alloggio o un ristorante
- una tavola stellata
- un ristorante "Bib Gourmand"
- un albergo "Bib Hotel"
- un ristorante ameno
- un agriturismo o b&b
- un albergo ameno
- un albergo molto tranquillo

A B